ENCYCLOPÉDIE

CATHOLIQUE.

PARIS. — IMPRIMERIE ET FONDERIE DE RIGNOUX,
RUE DES FRANCS-BOURGEOIS-SAINT-MICHEL, 8.

ENCYCLOPÉDIE

CATHOLIQUE,

RÉPERTOIRE UNIVERSEL ET RAISONNÉ

DES SCIENCES, DES LETTRES, DES ARTS ET DES MÉTIERS,

FORMANT

UNE BIBLIOTHÈQUE UNIVERSELLE,

Publiée sous la Direction

DE M. L'ABBÉ GLAIRE,

PROFESSEUR D'HÉBREU A LA SORBONNE,

DE M. LE Vte WALSH,

ET D'UN COMITÉ D'ORTHODOXIE.

Tome Second.

ALEX. — ATHAN.

PARIS.

PARENT-DESBARRES, ÉDITEUR,

RUE DE BUSSY SAINT-GERMAIN, 12-14.

M DCCC XL.

ENCYCLOPÉDIE

CATHOLIQUE.

A

ALEXANDRE - SÉVÈRE (MARCUS - AURELIUS - SEVERUS-ALEXANDER), empereur romain, fils de Genesius Marcianus, et de Julie Mamæa, successeur d'Héliogabale, né à Arco, en Phénicie, l'an 208 de l'ère chrétienne, avait pour nom de famille, Alexianus. Son père était Syrien, et avait été consul; il était, par sa mère, fille de Mœsa et sœur de Sæmias, cousin germain d'Héliogabale. Il reçut une éducation remarquable, et sa jeunesse échappa aux corruptions de la cour impériale. Ce fut surtout aux conseils et à la vigilance de sa mère, qui, disait-on, avait adopté secrètement les maximes du christianisme, que le futur héritier de l'empire dut d'être resté pur sur les marches du trône. Grâce à Mamæa, on vit se développer en lui toutes les qualités de l'esprit et du corps, dont il avait reçu le germe. Il était aimé du peuple, adoré des soldats; et lorsqu'en 221, l'empereur chercha quelque moyen de s'assurer l'affection de l'armée, il ne trouva rien de mieux à faire que de l'adopter. Il le nomma César, et changea le nom d'Alexianus en ceux d'Alexandre-Sévère. Mais bientôt il se repentit de son œuvre : il avait espéré modifier à son gré le caractère et les principes d'Alexandre; il rencontra une opposition à laquelle il ne s'attendait pas, et Mamæa elle-même vint protéger son fils contre les tentatives de l'empereur. Dès lors, Héliogabale prit en haine Alexandre; il vit dans leur conduite une satire de ses mœurs et de son caractère : l'intégrité, la vertu, la continence d'Alexandre étaient comme un reproche vivant que le maître de l'empire ne pouvait supporter. Aussi ne tarda-t-il pas à tramer la mort de son fils adoptif. Mais les prétoriens, instruits de ses projets, couvrirent Alexandre de leur égide; la révolte éclata: il fut proclamé empereur, et Héliogabale périt misérablement, massacré par ses gardes. C'était en 222; Alexandre n'avait encore que 14 ans ; mais le sénat n'en ratifia pas moins la proclamation de l'armée. On offrit à Alexandre le surnom d'Antonin; il refusa, en disant qu'il craignait de ne pas porter dignement le fardeau d'un si grand nom, soit modestie, soit défiance de ses forces. — Quelques historiens ont mal à propos blâmé ce sentiment si naturel chez un enfant de cet âge. Le jeune empereur abandonna à Mamæa et à son aïeule Mœsa le soin du gouvernement de l'empire : et ce n'est pas un des faits les moins remarquables de ce règne, que la sagesse avec laquelle elles administrèrent l'État. Sous leur direction éclairée et prudente, les emplois ne furent concédés qu'à des hommes dignes de les remplir. Ce fut ainsi qu'elles nommèrent préfet du prétoire le célèbre jurisconsulte Ulpien. — Parvenu à l'empire, Alexandre-Sévère n'en suivit pas moins scrupuleusement son premier genre de vie. Il faut lire, dans Gibbon, sage et profond historien de la décadence, le portrait de cet empereur, qui semble marquer la dernière phase des beaux temps du vieil empire. On y verra quelle était cette existence si réglée, si sobre, si modeste, si philosophique. — Alexandre prenait connaissance de toutes les pétitions qui lui étaient adressées de toutes les parties du monde soumis à sa puissance, et y répondait lui-même. Il était affable pour tous, et avait des jours d'audience où le palais était ouvert à toutes les misères et à toutes les victimes. Alors, aux portes du palais, on entendait, comme aux mystères d'Éleusis, un crieur public prononcer à haute voix ces paroles : « Que nul

ne pénètre en ces lieux sacrés si son cœur n'est innocent et pur. » Il avait pour conseillers Paul et Ulpien. Il poursuivit sans pitié ces courtisans qu'on appelait vendeurs de fumée, et qui trafiquaient de leur crédit auprès de l'empereur. Il purgea le palais de tous ceux qui s'étaient faits les ministres des débauches d'Héliogabale; rétablit en toutes choses l'ordre et l'économie.—Il se livrait à l'étude de la philosophie ; la République de Platon était, avec celle de Cicéron, sa lecture favorite. Il avait une chapelle particulière dans laquelle on voyait l'image d'Abraham et l'image de Jésus-Christ. Car, bien qu'il fût païen, Alexandre avait adopté certains préceptes du christianisme, dont sa mère, sans doute, lui avait révélé l'excellence. Il répétait souvent cette maxime évangélique : Ne faites pas aux autres ce que vous ne voudriez pas qu'on vous fît à vous-même. Hérodien reproche à Alexandre quelques faiblesses coupables, l'éloignement de sa femme Sulpicia Memmia qu'il relégua en Afrique, et la mort de son beau-père Sulpicius, personnage consulaire; mais on sait qu'Hérodien est loin d'être favorable à l'empereur, et il peut avoir omis des détails précieux, d'autant plus qu'il reconnaît lui-même que jamais Alexandre ne fit périr un innocent, que jamais personne ne fut condamné sans les formalités voulues. Quant à la mort d'Ulpien, massacré sous les yeux de l'empereur, il n'est pas prouvé qu'Alexandre n'ait pas employé tous les moyens pour empêcher ce crime: on assure même que les meurtriers furent tous punis. La fuite de Dion l'historien paraît avoir aussi motivé le reproche de timidité formulé contre Alexandre, par quelques-uns de ses biographes. Mais ces reproches ne tiennent pas si l'on remarque avec quelle énergie il sut étouffer la sédition au moment même où elle arrivait à son plus haut degré de violence ; et l'on s'accorde à reconnaître que l'âge lui donna cette fermeté de caractère dont ses commencements avaient paru dépourvus, du moins dans les grandes circonstances. — Le principal événement militaire de ce règne fut la guerre contre Artaxerce, roi de Perse, qui venait de s'emparer de l'empire des Parthes, par sa révolte contre Artaban, et qui menaçait les provinces romaines. Alexandre avait quitté Rome à la tête de son armée, et s'était mis en marche contre l'ennemi, vers l'an 232. Chose étrange, on ne sait rien de positif sur le résultat de cette expédition : les uns parlent d'une défaite, les autres d'une victoire; le fait est qu'Alexandre annonça une victoire en plein sénat, et obtint les honneurs du triomphe; ce qui ne prouve rien. Dans ce temps, où le sénat n'avait conservé de son indépendance primitive qu'une vaine apparence tout extérieure, ces honneurs accordés au maître de l'empire, ne peuvent avoir aucun poids dans la balance de l'histoire. D'un autre côté, Artaxerce qui était entré en Mésopotamie, retourna dans ses États et s'y tint tranquille. Alexandre ne tarda pas à marcher contre les Germains, qui avaient franchi le Rhin, et qui se répandaient dans les Gaules ; c'était en 234. Comme il s'avançait vers eux, le désordre se mit dans les légions de la Gaule; Alexandre entreprit de les ramener sous la discipline la plus rigoureuse. Ses efforts indisposèrent les esprits ; le mécontentement se répandit autour de lui : Maximin, barbare né en Thrace, et qu'Alexandre avait fait chef d'un corps de Pannoniens, profita de cette disposition des esprits pour les porter à la révolte;

il parvint à ses fins, fut proclamé empereur, et Alexandre périt sans défense sous les coups de ses soldats, le 19 mars 235. Mamæa, qui l'avait suivi dans cette expédition, partagea le sort de son fils. Il mourut à l'âge de 26 ans et demi, et, bien qu'il eût été marié trois fois, il ne laissa point de postérité. E. P.

ALEXANDRE-SÉVÈRE (*numism.*). On lit sur les médailles de ce prince les noms de *Marcus-Aurelius*, de *Severus*, et d'*Alexander*, qui, comme nous l'avons dit, lui furent donnés au lieu des noms de *Bassianus* et d'*Alexianus*: on y voit aussi les titres de *cæsar* et d'*imperator*. Sur ces médailles, la tête de Sévère-Alexandre est associée à celle de *Julia-Mamæa*, sa mère, ou à celle de sa troisième épouse, *Orbiana*, qui, entièrement ignorée dans l'histoire, n'est connue que par les médailles de son mari. Une pièce frappée à Alexandrie nous apprend qu'elle était unie à Alexandre dès la cinquième année de son règne, l'an 226 de J. C. Les médailles d'Alexandre-Sévère sont nombreuses, elles n'offrent pas dans les types et les légendes de grandes différences avec celles des autres empereurs; car nous remarquerons ici une fois pour toutes, que les divinités, les allusions aux qualités de l'empereur ou aux événements de son règne, se répètent sans cesse et fort souvent, sans que la vérité de l'histoire puisse tirer aucune induction de la paix éternelle, de la concorde, de la libéralité, de la félicité des temps, etc., etc. Cependant, sur les médailles d'Alexandre-Sévère, on voit la représentation des thermes qu'il fit construire à Rome. Le médaillon d'or de ce prince vaut 1000 fr.; sa tête, avec celle de Mamæa sur une médaille d'or, 600 fr.; les thermes, 300 fr.; la tête d'Orbiana, 100 fr.; les autres médailles sont dans les prix ordinaires. —On voit dans le musée royal, une très-belle tête d'Alexandre-Sévère, au n° 155; elle est gravée dans l'Iconographie de Visconti, pl. 52, et dans le musée décrit par M. de Clarac. D. M.

ALEXANDRE, troisième fils de Basile Ier et d'Eudoxie; est représenté, sur ses médailles, avec son père et son frère; il mourut en 912. Ses médailles valent en or, de moyen module, 150 fr.; en grand bronze 12 fr.; en moyen bronze 10 fr.; on l'y voit représenté avec son père et son frère. D. M.

ALEXANDRE, tyran (*numism.*). Sous le règne de Maxime, en 308 de Jésus-Christ, cet homme, qui était lieutenant du préfet d'Afrique, se fit déclarer empereur à Carthage. Il fut défait trois ans après et mis à mort. Il était d'une famille obscure de la Pannonie ou de la Phrygie.—Ses médailles, rares en argent, valent 200 fr.; en moyen bronze 72 fr., et en petit bronze 60 fr.— Elles joignent aux légendes *invicta Roma* (Rome invaincue), ou *gloria exercitus* (gloire de l'armée), FÉLIX CARTHAGO, Carthage heureuse. C'était là qu'il avait fixé le siége de son empire. On a aussi la légende VICTORIA ALEXANDRI, la victoire d'Alexandre.

ALEXANDRE, empereur d'Orient, fils de Basile le Macédonien et d'Eudoxie, succéda à Léon le Philosophe, l'an 911 de J. C. Il était né en 870, et, peu de jours avant son avénement, il avait été désigné par l'empereur son frère, comme héritier futur de la pourpre souveraine. A peine arrivé au pouvoir, Alexandre brisa le frein sous lequel la crainte de son frère avait jusqu'alors retenu ses passions. Le gouvernement de l'État fut confié aux ministres de ses débauches. Sous le règne précédent, le patriarche Nicolas avait été privé de son siége, pour avoir mis son opposition aux quatrièmes noces de l'empereur Léon: Alexandre rappela le patriarche, et fit chasser ignominieusement Eutyme; que Léon lui avait donné pour successeur. Il chassa de Constantinople Zoé, sœur de Constantin Porphyrogénète, et dernière femme de son frère. Sur ces entrefaites, le roi des Bulgares, Siméon, envoya vers Alexandre une ambassade chargée de renouveler les traités conclus avec l'empire. Alexandre reçut ces ambassadeurs avec le plus grand mépris: de retour près de Siméon, il ne leur fut pas difficile d'exciter la colère de ce prince: il rassembla ses forces, et déjà il se préparait à marcher contre Alexandre, quand celui-ci mourut dégradé par tous les vices, épuisé par tous les désordres. C'était le 7 juin 912, un an et vingt-neuf jours après son avénement. E. P.

ALEXANDRE DE TRALLES, médecin célèbre au vi^e siècle, était né à *Tralles*, ville de Lydie. Médecin comme son père, il parcourut l'Espagne, les Gaules, l'Italie, et se fixa enfin à Rome, vers le milieu du vi^e siècle, sous le règne de Justinien. Ce fut dans cette dernière ville qu'il acquit cette réputation si justement méritée qui l'a fait placer, avec Arétée, au nombre des meilleurs médecins grecs venus après Hippocrate.— Parmi les ouvrages qu'il a laissés, on remarque surtout sa *Therapeutica*, ou art de reconnaître et de traiter les maladies.

Ce livre a été jugé digne de figurer parmi les meilleurs écrits des anciens auteurs grecs (édition de Winter d'Andernach, Bâle, 1556). Le mérite en ressort avec d'autant plus d'éclat, que l'époque où il parut semblait peu faite pour le produire. Il est remarquable à la fois par l'élégance du style et la justesse des idées, aussi éloignées des théories hasardeuses que du dogmatisme aveugle qui fait le fond des ouvrages publiés dans ces temps sur les mêmes matières. Il décrivit ce qu'il avait vu, observé, approfondi; il l'écrivit avec clarté, précision, simplicité, et les médecins de nos jours peuvent encore parfois consulter ces tableaux tracés depuis tant de siècles. — On assure, toutefois, qu'Alexandre de Tralles ne put rester absolument à l'abri des erreurs de son temps; qu'il crut aux enchantements, aux amulettes, etc.; mais si ces accusations n'étaient assez positivement démenties par le caractère de ses écrits, elles trouveraient peut-être leur excuse dans l'origine orientale d'Alexandre, dans les croyances et les préjugés de ses compatriotes, erreurs dont son enfance dut être naturellement imbue.—Quoi qu'il en soit, le plus sûr est de ne juger que sur les œuvres d'Alexandre de Tralles révèlent plutôt une grande indépendance de pensée et de jugement, qu'une soumission aveugle aux préjugés de son époque. — Ce fut lui qui, le premier, pratiqua la saignée jugulaire, et qui, le premier aussi, administra le fer en substance.—On possède plusieurs éditions de ses œuvres; il y en a une en grec, Paris, in-fol., 1548, chez Robert Étienne, avec les corrections de Jacques Goupil: ce fut P. Duchâtel, grand aumônier de France, évêque de Mâcon, qui donna communication des manuscrits à Goupil. Il existe une vieille traduction en latin barbare faite, à ce que dit Fabricius, sur une version arabe, et intitulée: *Alexandri iatros pratica, cum expositione glossæ interlinearis Jacobi de Partibus, et Simonis Januensis; Lugduni*, 1504, in-4°; *Papiæ*, 1512, in-8°; *Taurini*, 1520, in-8°; *Venetiis*, 1522, in-fol. —Il y eut une nouvelle traduction retouchée et publiée par Albanus Taurinus, qui toutefois ne travailla point sur le texte grec; Bâle, in-fol., 1523. Jean Gontier d'Andernach refit la version sur le grec. Enfin, Sébastien Colin traduisit en français une partie des œuvres d'Alexandre.

ALEXANDRE (S.), évêque de Jérusalem, à la mort de Narcisse dont il fut le coadjuteur, après avoir occupé un siége en Cappadoce, avait été le condisciple d'Origène, l'avait ordonné prêtre, le défendit contre Démétrius d'Alexandrie, et l'autorisa à prêcher, quoique laïque. Il fut persécuté sous Alexandre-Sévère, au commencement du iiie siècle, resta sept ans dans les fers, fut arrêté une seconde fois sous Dèce, et mourut de misère, en prison, à Césarée, en 251. — Saint Alexandre est le premier évêque qui ait reçu le titre et rempli les fonctions de coadjuteur, et le premier également qui ait été transféré d'un siége à un autre. Cette exception aux règles canoniques fut motivée sur l'extrême vieillesse de Narcisse, alors plus que centenaire, et adoptée par un concile des évêques de Palestine, convoqués dans ce but.—Ce saint pontife laissa à Jérusalem une fort belle bibliothèque, qui subsistait encore du temps d'Eusèbe; mais il ne nous reste de lui que des fragments de quatre lettres que nous a conservées cet auteur.

ALEXANDRE (S.), issu d'une famille noble de l'Asie Mineure, occupa d'abord une charge importante dans le palais de l'empereur, puis abandonna la cour, fonda les *Acénètes* (*V.* ce mot), et mourut sur les bords du Pont-Euxin, vers 430.

ALEXANDRE (S.), surnommé le *Charbonnier*, subsistait du travail de ses mains, lorsque saint Grégoire de Nysse, ayant appris par une révélation la rare sagesse et l'éminente sainteté de cet homme, si simple et si obscur en apparence, se fit amener, l'interrogea et, ses réponses ayant montré qu'il était tout autre qu'il ne paraissait être, l'obligea à se faire consacrer, à quitter ses pauvres vêtements, et à revêtir ceux convenables à la dignité épiscopale. Il gouverna avec zèle et sagesse l'église de Comane, et donna sa vie pour la foi, sous l'empire de Dèce, vers 218.

ALEXANDRE (S.) succéda en 313 à saint Achillas sur le siége d'Alexandrie, cité devant une assemblée du clergé l'hérétique Arius, qui avait commencé à répandre ses erreurs après avoir échoué dans ses prétentions au patriarcat pour lequel on lui avait préféré Alexandre, et prononça contre lui une sentence d'excommunication, qui fut confirmée par des pères de cent évêques, dans le concile d'Alexandrie, en 320. Saint Alexandre, dont la longue patience et la légitime sévérité dans cette affaire furent approuvées par le célèbre Osius, chargé par l'empereur Constantin de prendre des informations sur les lieux, assista, accompagné de saint Athanase, alors diacre, au concile général de Nicée, et mourut le 26 février 326, après l'avoir désigné pour son successeur. On trouve dans Théodoret une lettre de lui à Alexandre de Byzance, contre les évêques qui avaient admis Arius à leur communion après la sentence du concile d'Alexandrie; dans Socrate, la circulaire qu'il écrivit au pape saint Sylvestre, et à tous les évêques, pour leur notifier le jugement prononcé contre cet hérésiarque; et dans Cottelier (*Notes sur les constitutions apostoliques*), une troisième épître de ce saint patriarche.

ALEXANDRE Ier (S.), succéda, en 109 de J. C., à saint Évariste, occupa pendant 10 ans la chaire de saint Pierre, mourut, suivant la plus commune opinion, le 3 mai 119, et eut pour successeur saint Sixte. L'histoire ne nous a transmis aucun détail sur sa vie, mais il est nommé parmi les martyrs au canon de la messe, dans le sacramentaire de Grégoire le Grand, dans l'ancien calendrier publié par le P. Fronteau, et dans tous les martyrologes. — On a publié sous son nom quelques épîtres qui paraissent supposées.

ALEXANDRE II (ANSELME DE BADAGE ou DE BAGGIO) était évêque de Lucques, après avoir été honoré de deux légations par Étienne IX et par Nicolas II, lorsqu'en 1061 il fut élu souverain pontife pour succéder à Nicolas II, après trois mois de vacance du saint-siège. Quand cette élection fut connue, les évêques de Lombardie, décriés presque tous pour la dissolution de leurs mœurs, et secrètement excités par Guibert, chancelier du royaume d'Italie, se rendirent à la cour d'Allemagne, tinrent une assemblée à Bâle, et, sous prétexte que l'élection d'Anselme avait eu lieu sans le consentement de l'empereur, élurent, de leur côté, sous le nom d'Honorius II, Pierre Cadaloüs, évêque de Parme, que trois conciles avaient précédemment excommunié. Alexandre, fort de la validité de son élection, faite suivant toutes les règles canoniques, et à laquelle le consentement de l'empereur d'Allemagne n'avait manqué que parce que la cour avait répondu à toutes les démarches des Romains par un silence affecté, dut, après avoir fait soutenir sa cause par un écrit du célèbre Pierre Damien, employer la voie des armes contre son compétiteur; celui-ci se présenta, le 14 avril 1062, devant Rome, obtint d'abord quelques avantages, mais fut enfin contraint de se réfugier à Parme. Bientôt après, malgré la sentence du concile de Mantoue, qui le condamnait de nouveau comme simoniaque, il parvint à entrer dans Rome, et à s'emparer de l'église Saint-Pierre, d'où le peuple chassa ses troupes, et l'obligea de fuir. Il pénétra alors dans le château Saint-Ange, y soutint un siége de 2 ans, s'enfuit déguisé en pèlerin, et survécut peu à sa défaite. Alexandre, libre enfin de consacrer au bien de l'Église un temps et des soins si longtemps donnés au maintien de son autorité, s'occupa avec zèle et sagesse de la réforme du clergé, eut recours aux conseils d'Hildebrand (depuis Grégoire VII), et aux vastes connaissances de Pierre Damien, loua les évêques de France de s'opposer au massacre des juifs, se fit rendre les terres que les princes normands avaient enlevées au saint-siège, et, trop attaché aux devoirs du pontificat pour les enfreindre par la crainte du ressentiment du jeune empereur, Henri IV, envoya Pierre Damien comme légat au concile de Mayence, convoqué pour prononcer sur la demande en divorce formée par ce prince contre Berthe son épouse; le concile rejeta cette demande de la manière la plus humiliante pour ce prince débauché. Après un pontificat de 11 ans, 6 mois et 22 jours, Alexandre mourut le 21 avril 1073. Il eut pour successeur Grégoire VII. Nous avons de ce pape quelques épîtres, parmi lesquelles on distingue celles qu'il écrivit aux évêques de France, relativement au massacre des juifs.

ALEXANDRE III (ROLAND RAINUCE), né à Sienne, était cardinal et chancelier de l'Église romaine à la mort d'Adrien IV, en 1159. Tous les cardinaux, moins trois, l'ayant élu souverain pontife, Octavius, celui d'entre eux qui avait réuni ces trois suffrages (le sien compris), et qui se fit nommer Victor III, arracha à Alexandre la chape dont il était déjà couvert, voulut la revêtir lui-même à la hâte, mais la mit à contre-sens, ce qui fit dire qu'il avait été élu *à rebours*. Obligés, après cette scène indécente et ridicule, de se retirer dans la forteresse de Saint-Pierre, Alexandre et ses amis y demeurèrent 9 jours, puis furent transportés au delà du Tibre, dans une prison plus étroite, d'où ils furent délivrés trois jours après par le peuple. Un conciliabule assemblé à Pavie par Barberousse, en 1160, et composé d'évêques de Lombardie et d'Allemagne, s'étant prononcé en faveur de Victor, qui avait eu de la peine à trouver trois évêques pour le sacrer, et ayant déposé Alexandre, celui-ci se retira à Anagni, y présida une assemblée d'évêques et de car-

dinaux, excommunia l'empereur, déclara ses sujets déliés du serment de fidélité, et fut obligé de se réfugier en France, où Louis le Jeune l'accueillit fort bien; deux assemblées particulières, l'une du clergé anglican à Londres et des évêques normands au pays de Caux, l'autre du clergé français à Beauvais, et un concile général tenu à Toulouse, le reconnurent. La mort de Victor, décédé à Lucques en 1164, semblait devoir mettre un terme à ce déplorable état de choses; mais Barberousse fit élire et sacrer, sous le nom de Pascal III, Gui de Crême, l'un des partisans de Victor, et l'obligea de canoniser Charlemagne. Las enfin de tous ces troubles; menacé par les Vénitiens, qu'Alexandre était allé soulever contre lui, l'empereur, obligé de fuir, offrit la paix au pontife qu'il avait persécuté; se rendit à Venise, et se réconcilia avec lui de la manière la plus solennelle. Pendant cet intervalle, Pascal III était mort, et avait été remplacé par Jean, abbé de Saint-Urine, qui prit le nom de Calixte III. Celui-ci reconnut bientôt ses erreurs, et vint se jeter aux genoux d'Alexandre, qui l'accueillit avec bonté et reçut son abjuration. La paix étant ainsi rendue à l'Église (car les tentatives d'un nouvel antipape, Innocent III, frère de Victor, échouèrent devant la fermeté du légitime successeur de saint Pierre, qui le traita comme un séditieux, et le fit enfermer à Cava), Alexandre fit son entrée à Rome, convoqua en 1179, le troisième concile général de Latran, publia une nouvelle croisade qui fut acceptée par Philippe-Auguste et par Henri II, roi d'Angleterre, abolit l'esclavage, obligea le roi d'Angleterre, Henri II, à expier le meurtre de l'illustre et saint archevêque de Cantorbéry, et mourut le 30 août 1181, à Cita di Castello, après un pontificat pénible, mais glorieux, de 22 ans. Luce III lui succéda. « Alexandre III, a dit un de ses historiens, montra une grande fermeté dans ses malheurs; de la modération dans la prospérité, des lumières dans l'administration, une douceur évangélique, et quelquefois une juste et sage sévérité envers ses ennemis. » Le premier de tous les papes, il se réserva la canonisation des saints, règlement profondément sage, et nécessaire, non-seulement pour rendre la canonisation respectable, mais surtout pour remédier aux abus et à la légèreté avec laquelle la plupart des métropolitains procédaient à un jugement de cette importance. La canonisation de saint Gautier, abbé de Pontoise, faite par l'archevêque de Rouen en 1153, est le dernier exemple d'un saint qui n'ait point été canonisé par un pape. — Alexandre canonisa saint Bernard; c'est lui qui statua que les deux tiers des voix des cardinaux suffiraient pour l'élection d'un souverain pontife. On a beaucoup parlé de son savoir et de son éloquence; mais on ne dit pas qu'il ait laissé quelqu'ouvrage. C'est à ce pape que remonte la cérémonie bizarre célébrée chaque année à Venise, et par laquelle le doge *épouse* la mer. Frédéric Barberousse ayant perdu contre les Vénitiens la bataille navale de Lignano, Alexandre, en mémoire de cet événement, donna son anneau au doge, lui disant de le jeter dans la mer qui devenait son épouse. Nous n'avons pu dire que peu de mots sur les services rendus à l'Église par ce pontife, et sur l'importance des réformes qu'il opéra; mais nous devons ajouter que dans l'entrevue entre ce grand pontife et son plus cruel ennemi, Frédéric, il sut conserver sa dignité, respecter celle de l'empereur, et que tous les détails que quelques historiens se sont plu à raconter, sont totalement dénués de vérité.

ALEXANDRE IV (RINALD), neveu du pape Grégoire IX, et de la famille des comtes de Segni, était évêque d'Ostie depuis trois ans, lorsqu'en 1254, il fut appelé au souverain pontificat après la mort d'Innocent IV. Poursuivi par les soldats de Mainfroi, fils naturel de Henri II, obligé de se réfugier, tantôt à Viterbe, tantôt à Anagni, et de résister aux efforts tentés par les rejetons de la famille de Souabe, pour recouvrer leur héritage dans les royaumes de Naples et des Deux-Siciles, il sut, au milieu des agitations de la guerre et des divisions, dérober aux affaires politiques la plus grande partie de son temps, et la consacrer aux devoirs religieux du pontificat. Les frères prêcheurs obtinrent de lui la restitution de plusieurs priviléges, dont les avait dépouillés Innocent IV, sur les plaintes de l'université de Paris; il fit condamner le livre fanatique de Guillaume de Saint-Amour intitulé : *Des périls des derniers temps*, et *l'Évangile éternel*, composé par les franciscains; répondit, en 1255, à la demande du roi saint Louis, par l'envoi d'inquisiteurs pour la France; réunit en un seul corps cinq congrégations d'ermites, deux de Saint-Guillaume, et trois de Saint-Augustin; s'occupa de la réunion de l'Église latine et de l'Église grecque, et fut surpris par la mort, à Viterbe, le 25 mai 1261, au moment où il s'occupait d'une croisaule contre les infidèles. Il eut pour successeur Urbain IV. Ce fut sous son pontificat, en 1259, que parurent en Italie *les flagellants*, secte de fanatiques qui, pour expier les vices et les désordres de leur temps, donnaient en public le spectacle d'une pénitence non moins scandaleuse que cruelle. — « Alexandre IV, dit Fleury, était pieux, appliqué à la prière, et pratiquait l'abstinence ; mais il passait pour écouter avec trop de facilité les flatteurs. Le poids des affaires politiques, que ses prédécesseurs lui avaient imposé, n'était pas de mesure avec la faiblesse de son caractère. Il eut des ennemis et des malheurs auxquels il ne sut opposer ni assez de force, ni assez de dignité. » Ce fut néanmoins un bon prince et un pontife zélé.

ALEXANDRE V (PHILARGE), né dans l'île de Candie, de parents pauvres qu'il ne connut jamais, mendia d'abord de porte en porte ; reçu, grâce à ses heureuses dispositions, dans l'ordre des cordeliers, envoyé à l'université d'Oxford et à celle de Paris, nommé précepteur du fils de Galéas Visconti, fait évêque de Vicence, de Novarre, archevêque de Milan, honoré de la pourpre et de la légation de Lombardie par Innocent VII, et enfin proclamé pape, le 26 juin 1409, à l'âge de 70 ans, par le concile de Pise qu'il présida depuis la 19ᵉ session. Il n'occupa le trône pontifical que dix mois et huit jours ; il mourut, le 3 mai 1410, à Bologne, où il avait constamment résidé. Ces quelques mois de règne ne furent pas sans orage : les fauteurs du schisme d'Occident, Benoît XIII et Grégoire XII, persistèrent dans leur insubordination ; et on doit l'avouer, les médiocres talents de leur adversaire, bien éloigné de répondre aux espérances qu'il avait fait concevoir, étaient peu propres à les intimider. Les principales mesures qu'il adopta eurent pour objet les ordres mendiants, auxquels il rendit des privilèges excessifs, que son successeur, Jean XXIII, révoqua. — On doit des éloges à la pureté des mœurs, à la droiture des intentions de ce pape, qui, ne se sentant pas capable de gouverner, se soumit trop absolument à l'influence du cardinal Cossa, dont il devint en quelque sorte le ministre, et qui lui succéda sous le nom de Jean XXIII ; il avait eu pour prédécesseur Grégoire XII.

ALEXANDRE VI, pape. (*V.* BORGIA.)

ALEXANDRE VII (FABIO CHIGI), né à Sienne en 1599, nonce en Allemagne, inquisiteur à Malte, vice-légat à Ferrare, évêque d'Imola, cardinal, et pape, le 7 avril 1655, après la mort d'Innocent X, commença son pontificat par confirmer la bulle de son prédécesseur contre les cinq propositions de Jansénius, prescrivit le fameux formulaire de 1665 (*V.* JANSÉNISME.), devenu indispensable pour distinguer les catholiques des jansénistes, ceux-ci ayant recours à toutes sortes d'artifices pour surprendre la bonne foi des fidèles et des pasteurs ; protégea les gens de lettres, donna des sommes considérables pour achever le collège de la Sapience, l'orna d'une belle bibliothèque, embellit Rome de plusieurs édifices, et canonisa saint François de Sales et saint Thomas de Villeneuve. L'événement le plus important de son règne fut une affaire sérieuse avec l'ambassadeur de France, le duc de Créqui. Celui-ci, ayant refusé de se conformer à une loi qui abolissait des franchises nuisibles à l'ordre public, et voulant agir en homme indépendant, fut insulté par la garde corse ; Louis XIV exigea des réparations, et Alexandre, bien qu'il fût en droit d'en demander lui-même, consentit, pour le bien de la religion, à casser cette garde, à élever dans Rome une pyramide (détruite plus tard, avec le consentement de Louis XIV, sous le pontificat de Clément IX), portant une inscription qui rappelait l'outrage et la réparation, et à envoyer le cardinal Chigi, son neveu, en qualité de légat *a latere*, à la cour de Versailles, pour y offrir des excuses de la conduite des Corses. — Ce pontife eut des ennemis, qui ne pouvant attaquer ni ses principes religieux, ni sa conduite toujours édifiante, présentaient sous de noires couleurs ses actions les plus simples en apparence. Il aimait les lettres et les cultiva même avec succès. On publia au Louvre, en 1656, un volume in-folio de poésies qu'il avait faites dans sa jeunesse, lorsqu'il était membre de l'académie des *philomati* de Sienne ; il est intitulé : *Philomati musæ juveniles*. Il mourut le 16 mars 1667, après 12 ans de pontificat, et eut pour successeur Clément IX. Le cardinal de Retz, dont l'influence contribua puissamment à élever Alexandre VII à la chaire de saint Pierre, parle fort longuement de lui dans ses *Mémoires*, mais trop souvent avec son style ordinaire, léger et moqueur, peu digne de l'historien.

ALEXANDRE VIII (PIERRE OTTOBONI), né à Venise, le 10 avril 1610, fils du grand chancelier de cette république, étudia à Padoue, puis à Rome, devint évêque de Bresse et de Frascati, cardinal, et fut enfin élu pape, le 16 octobre 1689, après la mort d'Innocent XI. Louis XIV, fatigué de ses démêlés avec Innocent, auquel il avait enlevé Avignon, rendit cette ville à son successeur, espérant le trouver plus favorable à ses vues ; mais Alexandre, après de longues négociations, ne croyant devoir approuver ni l'assemblée du clergé de France de 1682, ni les quatre articles qu'elle avait adoptés, continua de refuser des bulles aux prélats qui avaient assisté à cette assemblée, et publia même contre les quatre articles une bulle datée du 4 août 1690. Dans le cours d'un pontificat de 16 mois, il secourut l'empereur Léopold Iᵉʳ et les Vénitiens dans leurs guerres contre les Turcs, et mourut le 1ᵉʳ février 1691, dans sa 82ᵉ année. Ce pape était habile, savant, éloquent, actif, prudent et modéré : s'il fut libéral envers ses parents, il ne le fut pas moins envers les pauvres. Son règne a été trop court pour fournir beaucoup d'événements à l'histoire. Son successeur fut Innocent XII.

ALEXANDRE (SS.). Plusieurs autres personnages du nom d'Alexandre sont encore honorés par l'Église : 1° Le 22 avril, saint Alexandre, Grec d'origine, crucifié à Lyon, au IIᵉ siècle, deux jours après saint Épipode, son frère ; 2° le 10 mars, saint Alexandre, Phrygien, martyrisé avec saint Caïus, sous Marc-Aurèle, vers 279, ou sous Sévère, au commencement du siècle ; 3° le 12 décembre, un autre Alexandre, brûlé à Alexandrie, en 250, sous Dèce, avec saint Eximaque ; 4° le 28 mars, saint Alexandre mis à mort avec saint Prisque et saint Malch, à Césarée, en Palestine, en 260 ; 5° le 29 mai, saint Alexandre, martyrisé à Trente en 397, avec saint Martyrin, son frère, et saint Sisinnus ; 6° enfin, le 23 avril, le bienheureux Alexandre Sauli, supérieur général des barnabites, puis évêque d'Aléria et de Pavie, en 1591, mort en 1592, et béatifié en 1742.

ALEXANDRE NATALIS (*V.* NATALIS.)

ALEXANDRE DE PARIS, poëte français du XIIᵉ siècle. On ignore pourquoi on l'appelle Alexandre de Paris, car il était de Bernay, comme il le dit lui-même dans ces vers :

Alexandre nos dit qui de Bernay fust nez
Et de Paris resut ses surnoms appellez
Qui cy a les siens vers o les Lambert jettez.

Ce Lambert est *Lambert li Cort*, ou *la Cour*, qui composa avec lui un poëme, dont le héros est Alexandre le Grand. Ce poëme est une allégorie du règne de Philippe-Auguste, l'Alexandre de son siècle. Les auteurs supposent que Philippe associe son fils, âgé de 13 ans, à la couronne de Macédoine ; qu'Alexandre entreprend la première de ses guerres glorieuses contre un roi imaginaire, à qui le poëme donne le nom de Nicolas, et que, pour faire cette guerre, il obtient la confiscation des biens des usuriers, pour les donner en gratification à ses capitaines. On reconnaît aisément à travers le voile de cette allégorie, l'association de Philippe au trône de son père Louis VII, dit le Jeune, la guerre contre le roi d'Angleterre, et la confiscation de tout ce qui appartenait aux juifs dans le royaume. C'est pour ce poëme qu'a été inventé le rhythme de nos vers de douze syllabes, qui ont pris le nom de vers alexandrins, ou du nom d'Alexandre, l'auteur du poëme, ou d'Alexandre son héros. Peut-être est-ce du héros, car on les appelle aussi vers héroïques.

ALEXANDRE NEVSKI (S.), était fils du grand prince Jaroslaf II, Vsevolodovitch. Il était né en 1219, peu d'années avant l'époque où les Mogols, déjà maîtres d'une grande partie de l'Asie, remportèrent à Kalka cette victoire sanglante qui soumit la Russie à leur puissance. Incapable de résister aux armes de ces terribles ennemis, Jaroslaf II se courbait sous leur domination, à Vladimir, tandis qu'Alexandre Nevski, appelé au gouvernement de Novgorod la Grande, défendait avec tant d'énergie le nord de la Russie, qu'il arrêtait sur les frontières septentrionales les incursions étrangères. Il conservait sa propre indépendance, en dépit des efforts de tous les peuples voisins qui voulaient prendre leur part dans le triomphe des Mogols. Il vit, sans la redouter, se former sous ses yeux, la ligue des Danois, des Suédois, des chevaliers porte-glaive ; il marcha au-devant de ces ennemis conjurés, dont l'armée s'avançait vers les murs de Novgorod ; il les rencontra sur les bords de la Néva, et, malgré l'infériorité de ses forces, il les tailla en pièces. Cette bataille fut sanglante, et valut à Alexandre le surnom de *Nevski*, tiré du nom de la Néva. Il fit ainsi plusieurs campagnes successives ; toujours avec succès. En 1242, nous le voyons triompher de nouveau, près du lac *Peïpous* : enfin, sa persévérance et ses victoires forcent les chevaliers livoniens à implorer la paix qui leur est accordée ;

au prix du territoire de Pskof, dont ils s'étaient rendus maîtres. —Après la mort de Jaroslaf et celle de Michel II , son fils aîné, Alexandre devait hériter directement du pouvoir ; mais son frère André s'empara du trône, et Alexandre fut contraint d'aller implorer le secours du khan de Saraï, qui le plaça bientôt sur le trône de ses ancêtres. C'était en 1252 : alors commença le règne d'Alexandre, et la Russie put admirer la prudence et la sagesse de ce prince, durant les onze années de son gouvernement : à cette époque de triste mémoire pour les peuples de ces contrées, le joug de la conquête (*V.* HORDE) pesait sur la Russie, et ce n'était pas chose aisée que de protéger contre les vainqueurs la nation opprimée. Alexandre n'essaya point de lutter contre les conquérants dont il subissait le pouvoir : une résistance inutile n'eût fait qu'amener sur ses sujets des malheurs irréparables. Il laissa faire au temps et à la Providence, ne prit les armes que pour marcher contre les Tchoudes, les Suédois, les James et les chevaliers livoniens qui harcelaient sans cesse ses frontières du nord : il eut la gloire de repousser toujours ces attaques, et de maintenir son territoire aussi inviolable que le permettait la condition de la Russie. En 1263, comme il revenait de visiter le khan de Kaptchak, Alexandre mourut à Gorodetz. Cette mort répandit parmi le peuple le deuil et la consternation. Le *père* de la Russie, le *protecteur* de la nation était enlevé à ses enfants ; et ils accouraient tous, en lui prodiguant ces noms plus glorieux que toutes les gloires des triomphes et des conquêtes : ils venaient lui rendre les derniers devoirs, et celui dont le souvenir devait rester gravé dans la mémoire des contemporains et sanctionné d'âge en âge par les traditions du peuple. Alexandre Nevski fut plus tard mis au rang des saints, vénéré comme un génie protecteur, et invoqué par la nation , dans les jours de péril ou de misère; sa mission n'a point changé. — On l'enterra à Vladimir , dans la cathédrale. Quand le czar Pierre le Grand fonda Saint-Pétersbourg sur cette même Néva témoin des glorieux exploits d'Alexandre, il voulut sanctifier le sol de cette contrée, et placer, pour ainsi dire, la future capitale de l'empire sous la protection du saint: alors s'éleva, par ses ordres , le *Monastère de Saint-Alexandre Nevski*, où furent exposées, en 1724, les cendres du héros. Pierre le Grand porta , de ses mains, ces reliques sacrées : elles reposent aujourd'hui sous un magnifique mausolée en argent. Élisabeth consacra pour ce splendide monument, le poids énorme de 36 quintaux d'argent : l'impératrice Catherine fit placer devant le tombeau une lampe d'or massif. — Pierre le Grand fonda aussi, en mémoire de saint Alexandre Nevski, l'ordre qui porte ce nom, et dont les insignes consistent en une croix rouge, émaillée, avec des aigles d'or, et suspendue à un large cordon ponceau. Cet ordre ne fut cependant conféré pour la première fois, que sous le règne de Catherine Ire, en 1725 ; depuis cette époque, il n'a fait que grandir dans l'estime du peuple, et il est aujourd'hui dans toute sa splendeur.

ALEXANDRE I, II, III, rois d'Écosse. (*V.* ÉCOSSE.)

ALEXANDRE (NOEL), né à Rouen le 19 janvier 1639, entra, en 1655, dans l'ordre des dominicains, y professa pendant douze ans la philosophie et la théologie, fut reçu docteur de Sorbonne en 1675, nommé provincial en 1706, perdit la vue à la suite de ses grands travaux, et mourut à Paris le 21 août 1724 , à l'âge de 86 ans. Il avait été exilé à Châtellerault, en 1704, pour avoir souscrit au fameux *Cas de conscience;* sa rétractation le fit rappeler : en 1723, il fut privé de sa pension sur le clergé à cause de son opposition à la bulle *Unigenitus.* Cet excellent religieux, que Benoît XIII appelait son maître, que les cardinaux les plus illustres de la cour romaine, que les plus savants prélats de l'Église de France honorèrent de leur estime et de leur amitié, a laissé : I. *Historia ecclesiastica Veteris Novique Testamenti;* Paris, 1699, 8 vol. in-fol. et 25 vol. in-8°; Lucques , 1754, avec des notes de Constantin Roncaglia. II. *Theologia dogmatica et moralis,* 11 vol. in-8° et 2 vol. in-fol.; Paris, 1703, 2 vol. in-fol. III. *Commentaires sur les évangiles et sur les épitres de saint Paul;* 1703 et 1710, 2 vol. in-fol. (en latin). IV. *Apologie des dominicains missionnaires à la Chine,* in-12 , et une foule d'autres écrits si nombreux, qu'on a cru devoir en publier un catalogue raisonné; Paris, 1716, 1 vol. in-4°; on en trouve aussi une liste dans le tom. 33e des *Mémoires de Nicéron,* et dans le 4e du *Nécrologe des plus célèbres défenseurs de la foi.*

ALEXANDRE (NICOLAS), bénédictin attaché à la congrégation de Saint-Maur, auteur de deux ouvrages connus : I. *La médecine et la chirurgie des pauvres;* Paris, in-12 , 1758; II. *Dictionnaire botanique et pharmaceutique,* in-8°, était né à Paris , en 1654, et mourut à Saint-Denis, en 1728.

ALEXANDRE Ier (PAULOWITZ) naquit le 13 décembre 1777. Il était fils de Paul Pétrowitz, empereur de Russie, et de Marie Fœdorovna, princesse de Wurtemberg. Sa naissance avait été précédée d'une inondation terrible : peu s'en était fallu que la ville de Pierre le Grand ne disparût sous les eaux. Une inondation semblable et plus effrayante encore renouvela les ravages de la première, sur la fin de 1824. Les Russes, gens crédules et superstitieux, n'ont pas manqué d'enregistrer ces deux catastrophes et d'y trouver à la fois le présage des invasions qui amenèrent les armées du Nord jusqu'au cœur de la France, et cet autre présage des futurs envahissements que la Russie doit , à leur sens, opérer, dans la suite des temps , sur toute la surface du globe. — Alexandre fut élevé sous les yeux de son aïeule Catherine II, qui avait conçu pour lui une vive affection. Catherine avait , depuis quelques années, manifesté tout son éloignement pour son fils , l'infortuné Paul Pétrowitz, héritier présomptif de la couronne : elle reporta sur Alexandre cet amour maternel qu'elle avait refoulé dans son cœur; et, jalouse de diriger l'éducation de son petit-fils , elle ne permettait même pas au père d'Alexandre d'y prendre la moindre part. A peine la grande-duchesse Marie put-elle échapper à cette sorte d'interdiction formulée contre son époux. Alexandre avait compris tout ce qu'il y avait d'énergie et de dévouement dans la conduite de sa mère : il savait à quelle haine et à quelles persécutions elle s'exposait pour conserver à l'esprit de son fils l'ascendant que la nature lui faisait une loi d'exercer; aussi conçut-il pour la grande-duchesse une estime et une affection qui s'accrurent de jour en jour, et qui finirent par se transformer en une sorte de culte religieux. — Ses sentiments pour Catherine étaient d'une autre nature; non moins profonds peut-être, mais moins spontanés, moins expansifs. Plein de reconnaissance pour les bienfaits de l'impératrice, il ne songeait point assurément à lui faire un crime de l'égoïsme avec lequel elle s'était emparée de lui ; mais tel était le caractère de cette autre Sémiramis, qu'Alexandre ne pouvait s'empêcher de voir en elle l'impératrice avant la mère, et, dans les soins dont il était accablé, la puissance avant l'amour.—Il chérissait la grande-duchesse comme la confidente de ses pensées, la consolatrice de ses peines; il aimait Catherine comme une providence de toutes ses heures, et l'admiration qu'il ressentait pour elle venait encore modifier ses premiers sentiments. Enfin, le souvenir de l'impératrice resta gravé dans son cœur, imposant et solennel, comme les leçons et les exemples dont elle lui avait légué l'héritage. Aussi , à peine monté sur le trône, le vit-on , tout rempli des doctrines dont il avait été nourri, s'efforcer de continuer la politique et les œuvres de Catherine II. Alexandre avait reçu de la nature des qualités distinguées et brillantes. Confié par Catherine II aux soins de Nicolas Soltikof, élevé d'après les plans et les instructions tracées par l'impératrice, il ne resta étranger à aucune des connaissances qui font la richesse et la force de l'espèce humaine: la poésie et la musique lui furent seules interdites : muses joyeuses, mais frivoles, pensait l'impératrice, passe-temps inutile et nuisible souvent chez les maîtres du monde. D'autres soins et d'autres études réclamaient tous ses loisirs. Bientôt, en 1783, M. de Soltikof choisit pour précepteur du prince M. César Laharpe, qui , plus tard , fut un des directeurs de la Suisse, et déjà partisan déclaré des idées libérales sorties du foyer de la France pour se répandre en tous lieux. L'impératrice connaissait les doctrines de M. Laharpe; elle n'en fut point inquiétée : elle ne vit pas quelles seraient les suites d'une éducation si peu en rapport avec les besoins et l'état moral de la nation, et ce fut là peut-être la seule inconséquence qu'elle commit à l'égard de son petit-fils ; inconséquence grave, qui , comme nous le verrons, fit naître dans l'âme d'Alexandre des principes contraires, dont les uns venaient du sol, les autres de l'étranger, et dont la lutte inégale produisit dans l'administration de ce prince tant de contradictions. Dès ce moment, il eut toujours devant lui deux routes qui se croisèrent ; il mit successivement le pied dans l'une et dans l'autre; sa marche ne fut ni régulière, ni ferme, ni dirigée vers un but invariable. Hâtons-nous d'ajouter toutefois que les leçons de M. Laharpe ne furent pas toutes de nature à créer des éternels embarras : Alexandre leur dut ses vastes connaissances, son jugement prompt et indépendant, et cet esprit de tolérance auquel il revenait toujours en toutes circonstances : il leur dut enfin d'être placé aujourd'hui au nombre des grands czars, à la suite d'Ivan IV et de Pierre le Grand. — Mais c'est encore justice d'ajouter que si ce règne fut si glorieux pour la Russie, le génie d'Alexandre eut rarement la supériorité de sa fortune. — M. Laharpe resta près du jeune prince jusqu'au moment où celui-ci, à peine âgé de 15 ans, épousa, en 1793, Louise-Marie-Augusta, princesse de Bade, connue depuis lors sous le nom d'Elisabeth-Alexeïevna, qui atteignait à peine à sa 14ᵉ année. — Nous aurons occasion de voir que ce mariage ne fut pas heureux, et que Catherine II avait vainement espéré prévenir par cet hymen précoce les écarts d'une jeunesse ardente et incapable de résister aux séductions. — Catherine ne survécut pas longtemps à ce mariage : dès lors, Alexandre, comme toute la Russie, eut singulièrement à souffrir des défiances, des bizarreries et des cruautés de Paul Iᵉʳ. Il paraît même que sa liberté fut plus d'une fois en danger ; que Paul avait conçu le dessein de le faire enfermer dans une forteresse avec le reste de sa famille : l'ordre même de ces arrestations aurait été signé, si l'on s'en rapporte aux pièces produites par le comte de Pahlen, pièces qui toutefois peuvent avoir été fabriquées, ou du moins arrachées à l'empereur par cet habile et artificieux favori. Il entrait dans les vues du comte de s'assurer à l'avance la faveur de l'empereur futur. — Cependant la mort tragique de Paul Iᵉʳ hâta pour Alexandre le jour son avénement. Le vœu de Catherine, qui avait essayé de lui passer la couronne, à l'exclusion de son père, se réalisa tout à coup. On sait qu'Alexandre fut accusé de s'avoir trempé les mains dans le sang de Paul Iᵉʳ. Sans doute on a dû s'étonner du peu de soin qu'il prit de venger la mort de son père ; on a dû lui reprocher de s'être borné à éloigner de sa cour les principaux meurtriers, sans en avoir conduit un seul sur les bancs des tribunaux, sans avoir appelé la sévérité des lois sur la tête des assassins ; et, en effet, une indifférence semblable, dans une si grande puissance et dans une affaire si grave, ne saurait, en aucun cas, s'expliquer sans laisser une tache au front de celui qui recueillit le bénéfice du crime ; mais on aurait tort d'apprécier ce fait avec trop de sévérité : tant de ressorts cachés agissent autour des trônes, tant de puissances inconnues amortissent les coups, tant d'obscurités s'accumulent parfois sous les regards du prince ! Qui sait si jamais Alexandre a vu jour au milieu de toutes ces ténèbres ? si les membres de sa famille, étrangers au meurtre sans doute, mais non à la conjuration qui tendait à déposer Paul Iᵉʳ, n'ont pas retenu, dans sa colère, le bras du nouvel empereur ? Toute la vie d'Alexandre proteste contre des soupçons dont le vulgaire est généralement prodigue envers les rois. Il est vrai que ce prince connut tous les détails de la conspiration ; mais jamais on ne lui déclara quelle pouvait en être la véritable fin. Comme en bien d'autres circonstances semblables, les conjurés eux-mêmes ignoraient fort probablement où porterait leur dernier coup ; dans ces voies de hasard et de sang, on s'arrête rarement au point que l'on avait fixé d'avance. — D'ailleurs, si Alexandre garda facilement le secret et donna la main à ces projets de renversement, on peut croire qu'il fût dominé par cette pensée que la déchéance de Paul Iᵉʳ mettrait hors de danger les jours de sa mère, ceux de ses frères et les siens propres pour lesquels on lui donnait à chaque instant de nouvelles inquiétudes. — L'avénement d'Alexandre fut accueilli avec des transports d'une joie rendue plus profonde et plus vive par les souvenirs du règne qui venait de finir, et par les hautes espérances que le petit-fils de Catherine avait fait naître dans l'empire. Ce jour fut célébré par le vieux Klopstock lui-même, dans son ode à l'Idéal de la nature humaine (An die Humanität). — Les espérances du peuple russe ne furent pas trompées. Nous avons dit qu'Alexandre prit à tâche de suivre les voies dessinées par Catherine II ; sous son gouvernement, en effet, la Russie continua de marcher vers la civilisation : les premiers actes de ce règne tendirent à réparer les injustices et les cruautés du règne précédent ; la Sibérie rendit ses exilés innocents, les lois reprirent leur vigueur et leur sainteté, la volonté du souverain n'essaya même plus de prévaloir contre elles ; les tribunaux secrets furent abolis, la censure établie par Paul Iᵉʳ authentiquement révoquée ; le comité des lois fondé par Catherine fut reconstitué sur des bases solides, la torture cessa d'arracher aux victimes des aveux mensongers, les dons de paysans cessèrent d'être en usage, et l'on n'eut plus à lire dans les journaux de l'empire ces scandaleuses annonces d'hommes à vendre, dont ils étaient remplis auparavant. Alexandre voulait mériter l'estime des peuples par la justice, et leur amour par ses bienfaits : tous ses actes se rapprochaient, autant qu'il se pouvait dans ces contrées soumises à tant de préjugés, des droits et des privilèges attachés, dès l'origine, à la nature humaine. — Après les lois et la justice, l'industrie, le commerce, ces sources éternelles de la prospérité des peuples, attirèrent les yeux et les soins d'Alexandre : les communications intérieures devinrent plus faciles et partout plus nombreuses : il y eut des traités

conclus avec les maisons étrangères, on établit des règlements pour la navigation, de nombreuses manufactures s'élevèrent dans l'empire, celles qui existaient auparavant prirent un essor merveilleux ; le trésor de l'État s'enrichit des produits qu'elles répandirent de toutes parts. Alexandre ne montra pas moins de sollicitude pour l'instruction publique : trois nouvelles universités furent fondées en 1803, d'autres furent réorganisées ; on vit s'établir de nombreuses écoles élémentaires qui toutes possédèrent leur gymnase. Alexandre faisait dans l'empire de fréquents voyages pour examiner l'état du peuple, de l'administration, et recueillait partout sur son passage les placets qui lui étaient présentés. Le fond de son caractère était une grande douceur, une simplicité dont tout en lui rendait témoignage, et qu'il était parvenu à communiquer même à cette noblesse si fastueuse de la Russie ; il y avait en lui un penchant à la mélancolie, aux sentiments tendres et mystiques, si l'on peut dire ainsi ; de là surtout naissait sa vive et profonde piété, qui, plus tard, dégénéra en piétisme, et quelquefois en pusillanimité. — Outre la gloire de poursuivre les grands desseins de ses prédécesseurs, Alexandre était encore réservé à cette autre gloire européenne qui attacha son nom aux plus grands événements de notre siècle. Pierre le Grand avait eu à lutter contre Charles XII, le héros de la Suède ; Alexandre se vit aux prises avec l'empereur Napoléon, le plus grand général des temps modernes, pour ne pas dire de tous les temps. — On sait toutefois que de profondes sympathies semblaient devoir unir ces deux maîtres de l'Europe ; mais les événements en décidèrent autrement, et si la fortune se prononça en faveur d'Alexandre, il sut se mettre à la hauteur de sa fortune. — Frappé d'admiration pour le premier consul de la république française, il avait signé avec lui, le 8 octobre 1801, un traité d'amitié ; avec ●, il avait réglé, après la paix d'Amiens, la nouvelle constitution territoriale de l'Allemagne : les envahissements de l'empereur Napoléon, la violation du territoire romain d'où avait été arraché le duc d'Enghien, et surtout la mort de ce prince, dont la cour de Russie porta le deuil, altérèrent ces dispositions amicales. Ce n'est pas qu'Alexandre voulût prendre les armes pour se mêler à ces débats sanglants dont l'Europe était déchirée ; mais la marche progressive des armées françaises et les actes du gouvernement impérial inquiétaient sa politique. Il y eut alors des remontrances pleines de dignité, faites à Napoléon, au nom d'Alexandre : « La Russie, lui dit-on, ne désire point la guerre, mais elle peut y être amenée par les circonstances ; elle ne peut voir d'un œil indifférent les conquêtes de la France, et il est temps de les arrêter. » Bientôt tout espoir d'arrangement s'évanouit ; et, quoiqu'il fît la guerre en Perse, Alexandre se vit conduit à prendre part contre la France dans la ligue formée par l'Angleterre, l'Autriche et la Suède. — Les forces combinées des alliés se trouvèrent bientôt en présence des armées russes dans les champs de la Moravie. Le 2 décembre 1805, la bataille d'Austerlitz ajouta un triomphe éclatant aux triomphes de Napoléon, et décida du sort de l'Allemagne. François II fit la paix ; Alexandre refusa d'en ratifier le traité. Une nouvelle alliance se forma entre Alexandre et Frédéric-Guillaume III ; alliance suivie des désastres d'Eylau et de Friedland. Il trouva une légère consolation de ces défaites dans les avantages remportés par ses armes du côté de la Turquie, où ses généraux avaient soulevé les Serbes, et dans l'Archipel, où son amiral Siniavine avait battu la flotte turque. — Étonné, stupéfait devant le génie de Napoléon, il en vint à négocier avec cet indomptable conquérant, dont les étapes étaient marquées par des victoires, et qui déjà touchait aux frontières de l'empire russe. Au mois de juin de l'année 1807, un pavillon, dressé sur un radeau au milieu du Niémen, entre le territoire de la Russie et celui de la Prusse, réunit les deux empereurs. La vieille amitié d'Alexandre se réveilla devant cet homme, pour lequel, même dans ses défaites, il avait toujours ressenti une si puissante admiration, et qui, dans ce moment solennel, lui prodigua les noms de frère et d'ami. Napoléon lui fit adopter ses vues sur les destinées de l'Europe, et la paix de Tilsitt fut le résultat de cette conférence. Il est vrai de dire que, dans cet épanchement assez peu politique, Alexandre sacrifia à la fois cet allié fidèle que les chances de la guerre avaient dépouillé de presque tous ses États, l'indépendance des États secondaires, et la prospérité même de ses sujets, dont le blocus continental anéantit le commerce et l'agriculture. Un article secret abandonna à Napoléon le sort du pape et celui de l'Espagne : ce fut même une concession qu'on pourra toujours reprocher à Alexandre ; mais, par l'événement, cette concession eut pour les peuples du Nord de plus heureux résultats que la plus éclatante victoire. — Hâtons-nous de dire que tout ne fut pas sacrifié du côté de la Russie : son partage, moins brillant, était bien plus solide que celui de la France. Alexandre obtint, en effet, l'autorisation tacite de conquérir la Finlande suédoise, dont la population s'élevait à plus d'un million d'habitants, et qui, s'étendant dans des parages si voisins de Saint-Pétersbourg, assura à la Russie la prépondérance maritime sur les eaux de la mer Baltique. Ajoutons à cela le sacrifice de notre ancienne alliance avec la Turquie que ce traité de Tilsitt abandonnait aux armes d'Alexandre; et enfin, pour ainsi parler, l'anéantissement décisif de la Pologne réduite en duché de Varsovie : en outre, ces traités particuliers maintinrent l'existence de la Prusse, qui, bien que mutilée et presque sans force, devait retrouver, dans son désespoir même, assez de ressources et de bras pour revenir à la charge. — Quant à la conquête de la Finlande, avantageuse à la Russie, elle ne fut point glorieuse pour Alexandre. Il prit occasion de déclarer la guerre à la Suède, dans l'énergique résistance de Gustave-Adolphe IV, qui, opposé à la révolution française et aux plans de Napoléon, s'obstinait à se tenir en dehors du blocus, et à recevoir dans ses ports les vaisseaux de l'Angleterre; résistance de conviction et de nationalité, digne d'un meilleur sort. — L'année suivante, une entrevue nouvelle réunit, au congrès d'Erfurt, le 27 septembre 1808, les deux dictateurs de l'Europe. Là, au milieu d'une cour de rois, ils resserrèrent les liens de leur amitié. — Pendant ce temps, les armées d'Alexandre se dirigeaient vers la Turquie, emportaient les forteresses de Silistrie, de Rutchuk, de Giorgévo, et Koutouzof forçait, sur la rive gauche du Danube, le gros de l'armée turque à se rendre à discrétion. La guerre contre la Perse amenait aussi, chaque jour, de nouveaux avantages, de nouvelles conquêtes. — Cependant Napoléon poursuivait le cours de ses victoires; Alexandre revenait à ses anciennes inquiétudes, l'état de la Pologne alarmait sa politique; l'Angleterre agissait par tous ses moyens de ruse, de félonie et de désespoir; le système continental mettait sa puissance à l'agonie; Alexandre pressentait d'ailleurs que Napoléon ne s'arrêterait point à la ligne de l'Oder; déjà il s'était emparé du duché d'Oldenbourg. La guerre éclata de nouveau. — L'empereur Napoléon franchit le Niémen : les armées russes, prises à l'improviste, se replient devant lui. Alexandre relève le courage abattu de ses troupes; et se dirige sur Moscou; il fait un appel à tous les sentiments du peuple, et, revenu des erreurs dans lesquelles l'avait entretenu la vanité nationale, il se met enfin sur la défensive. Quoiqu'il n'eût rien d'un général, on peut dire que, dans ces circonstances critiques où le sort de l'Europe allait entrer en jeu, il fit preuve d'un sang-froid et d'une fermeté qu'on n'eût pas attendu de son caractère naturellement faible et indécis. Il se montra l'homme de son pays, et sut faire face à tout événement. Cependant il ne prit pas lui-même le commandement de l'armée; il le confia au maréchal Barclaï de Tolly. — Tout le monde connaît l'histoire de ces temps; les défaites des armées russes, l'incendie appelé au secours d'une puissance aux abois, Moscou réduit en cendres, et les 500,000 hommes de Bonaparte commençant, au cœur de l'hiver, cette retraite qui allait amener sur les terres de France les puissances coalisées. — Mais tel était l'arrêt de la Providence divine : assez de sang avait coulé, d'autres temps, d'autres jours allaient commencer pour l'Europe. Et ici encore Alexandre fut l'homme de la civilisation, comme il avait été, nous le disions plus haut, l'homme de la Russie. — Le voici, au milieu des armées alliées, pacificateur tout-puissant annonçant à la France elle-même ses nouvelles constitutions. — Modéré, généreux dans la victoire, il préserve Paris des ravages dont le menace la rancune des Prussiens, qui avaient à la fois à venger les désastres de leur pays et la déchéance irréparable de leur gloire militaire. Par une condescendance remarquable, il se garde bien d'imposer à la France le choix de son nouveau souverain. — Après les conclusions du traité de Paris, il se rendit en Angleterre; il y fut accueilli avec un enthousiasme d'autant plus véhément, qu'il était, à proprement parler, le sauveur de ce pays. L'Angleterre allait lui devoir sa nouvelle existence; car, enfin, elle pouvait respirer, l'épée de Napoléon ne lui pesait plus sur la poitrine. Sa rentrée à Saint-Pétersbourg, le 27 juillet, fut encore un triomphe plus cher à ses yeux que les autres. A peu de jours de là, il se rendit au congrès de Vienne, qui s'ouvrit le 3 novembre, et où la Russie prit en partage l'ancien royaume de Pologne. — Le 20 mars 1815 donna de nouveau le signal des combats : les puissances, signataires du traité de Paris, réunirent de nouveau leurs forces contre l'ennemi qui se relevait. Waterloo termina le drame. — Alexandre rentra en France : de

nouveaux traités furent conclus, et, tandis que Napoléon allait mourir sur le rocher de Sainte-Hélène, l'empereur de Russie reprit le chemin de ses États. — A cette époque, les dangers qu'il avait courus avec tout son pays, durant l'invasion française; cette inclination à la misanthropie, que les années et les événements avaient accrue, mille éléments pris au dehors et jusque dans le secret du palais impérial, avaient développé en lui ces dispositions maladives, et aussi cette exaltation mystique qui marquèrent ses derniers jours. « L'empereur Alexandre, dit M. de Châteaubriand, fut d'abord sans croyance, et commença par être athée; puis il devint déiste : du déisme, il passa à la religion grecque, avec un penchant pour la religion catholique, dont les jésuites, et surtout le P. Gabriel, l'avaient entretenu. Il resta flottant : comme il cherchait de bonne foi, et que son imagination était exaltée dans les choses pures, il dériva enfin vers l'illuminisme des sectes allemandes. » — Il s'occupa encore, toutefois, du bien de ses États, fit de sages ordonnances, entreprit des améliorations qu'il ne put achever, soit qu'elles fussent trop compliquées, soit qu'elles rencontrassent des obstacles trop nombreux, soit que toute son activité se perdît peu à peu dans ce quiétisme profond auquel il s'était abandonné. — Il commença, en 1818, une tournée de 1500 lieues dans ses États, et ce voyage fut marqué par d'utiles établissements : des monuments furent élevés aux guerriers morts pour la Russie; l'affranchissement des paysans de l'Esthonie et de la Courlande fut enfin promulgué, et Alexandre, en le sanctionnant, prononça ces paroles : « Dans le siècle où nous vivons, il faut, pour le bonheur des peuples, des intentions libérales. » — Et cependant, ces idées libérales l'inquiétèrent plus d'une fois, et il finit par les abjurer. Ce fut à cette époque que les colonies militaires commencèrent à s'établir; et bien que cette institution n'ait pas répondu aux espérances d'Alexandre, elles n'en restent pas moins un exemple de sa sollicitude pour la prospérité de l'empire. — Nous venons de dire qu'Alexandre avait abjuré les idées libérales dont M. Laharpe avait nourri son enfance : en effet, il vint un moment où la plus rigide censure s'établit en Russie sur les choses et sur les hommes. Dès lors, Alexandre, redoutant pour ses sujets le contact des nations libérales, mit les plus grands obstacles à tous voyages hors des limites de la Russie, et la Pologne réclama vainement l'accomplissement des merveilleuses promesses dont on avait leurré sa misère. — Le cabinet de Saint-Pétersbourg devint pour ainsi dire l'esclave du cabinet de l'Autriche et des doctrines politiques de M. de Metternich. — Cependant, l'invasion des Russes en France commençait à porter ses fruits; les idées étrangères avaient germé : une conspiration se trama contre l'ordre des choses et la vie du souverain. Ce fut alors qu'Alexandre, frappé d'un vague pressentiment, quitta Saint-Pétersbourg pour suivre son épouse malade qui partait pour les régions méridionales de la Russie. Il était alors en proie à de tristes impressions. Il fit, dit-on, célébrer avant son départ, et devant lui, un service des morts au couvent de Saint-Alexandre Nevski. Nous ne saurions mieux terminer cet article, qu'en transcrivant ici les détails que M. de Châteaubriand nous a donnés sur les derniers jours de l'empereur Alexandre. — « La résidence favorite de l'autocrate solitaire était Czarskoë-Selo : là vivait séparé du monde, faisant de longues excursions dans un parc de deux ou trois lieues d'étendue : on ne voyait dans ce parc que des sentinelles. A la retraite, la musique des gardes jouait sous les fenêtres du czar des airs mélancoliques. — L'impératrice Élisabeth de son côté passait ses jours dans un profond isolement; elle n'avait auprès d'elle qu'une dame d'honneur, et ne recevait personne à Czarskoë-Selo. Elle était mince, avait le teint et les traits délicats : une langueur était répandue sur son langage et ses manières; son sourire était triste, sa voix douce; en la regardant, on voyait qu'elle allait mourir. Elle errait le soir, à cheval, au pas, dans les plus sombres allées du parc, accompagnée de sa dame d'honneur et d'un écuyer; elle évitait de se promener le matin, de peur de gêner l'empereur. — Alexandre avait eu des faiblesses; de ces faiblesses variables sortit un attachement qui dura près de onze années. Un aide de camp de l'empereur et confident intime devint rival préféré. Une fille avait été le fruit d'une liaison tenue longtemps secrète. Alexandre chérissait d'autant plus cette enfant naturelle, qu'il n'avait point d'enfants légitimes. Élevée à Paris, revenue à Pétersbourg, elle touchait à sa seizième année; prête à se marier sous les yeux de son père, elle manqua tout à coup à l'autel : quand les parures de noces, commandées en France, arrivèrent, la jeune fiancée n'existait plus. Alexandre apprit cette mort à la parade, il pâlit et dit : « Je reçois ma punition»

— Comme empereur était bon, il lui avait fallu une excuse pour se justifier à lui-même l'abandon dans lequel il avait laissé l'impératrice : il s'était figuré qu'elle ne l'aimait pas ; que, froide et insensible, elle était incapable d'affection ; que les erreurs de son mari ne la rendaient point malheureuse ; la supposant sans amour, il la supposait sans souffrance et sans jalousie. — Il n'en était point ainsi : Élisabeth aimait passionnément Alexandre. Averti par son heure, *jam moriente die*, par l'infidélité de la femme dont il avait désiré mieux, par le coup qui l'avait atteint en frappant l'enfant d'une tendresse illégitime, Alexandre se rapprocha de l'impératrice. Lorsqu'il s'aperçut qu'il était chéri d'elle, ses remords s'accrurent ; il l'avait revue en 1814 à Carlsruhe ; elle le rejoignit à Vienne la même année. — La religion vint achever ce que l'ouvrage des jours qui sans cesse détrompent ; mais la vie d'Élisabeth commença rapidement à décliner au moment qu'elle commença d'être heureuse. Elle aimait alors l'empereur de tout le bonheur qu'il lui rapportait et de toute la gloire qu'il avait acquise. Alexandre était préoccupé de sa fin ; on le surprenait la nuit agenouillé dans les cimetières. Quand il partait pour quelque voyage, il avait coutume de dire : « Tous les ans on se hâte de terminer ses affaires avec moi, comme si l'on ne devait plus me voir. » Il répétait souvent : « Je mourrai au coin d'un bois, dans un fossé, au bord d'un chemin, et l'on n'y pensera plus. » — Lorsqu'il sortit de sa capitale pour n'y plus rentrer vivant, les eaux de la Newa, refoulées par la mer, furent au moment d'engloutir Pétersbourg : retiré dans les combles de son palais, Alexandre contemplait avec consternation ces désastres. La croix d'un cimetière, déracinée par les vagues, se vint placer en face du château, sous les yeux de la famille impériale : on prit ce Calvaire mouvant pour un présage funeste. Au moment de quitter Pétersbourg, le czar s'attendrit outre mesure en embrassant ses parents : parvenu à quelque distance, il fit arrêter sa voiture et regarda la ville où il était né. — Cependant Élisabeth ne voulait point se séparer de son mari, ni s'exiler sous son ciel naturel, le doux ciel de l'Italie : avec le souverain de son cœur elle alla, réconciliée à l'existence, implorer la vie dans le climat de la fausse Grèce. Elle voyageait pleine de sa joie présente, et elle avait au sein de la mort que ses infélicités passées y avaient mise. Elle traversa les déserts menteurs, jadis embellis pour Catherine, et villages simulés et de homeaux sans bergers ; mais tout était habité pour Élisabeth ; elle voyait partout Alexandre. — Des bruits de complots militaires qui le menaçaient étaient parvenus jusqu'à l'empereur : de jeunes officiers avaient puisé dans ses propres sentiments l'amour de la liberté : auteur du mal ou du bien que l'on tournait contre sa puissance, il s'éloignait pour se donner à ses compassions accoutumées, et pour n'être pas obligé d'agir avec trop de sévérité. En même temps ses idées le tourmentaient ; il ne savait s'il ne devait pas se mettre à la tête des réformes : il entendait le siècle marcher dans les steppes de la Russie, et la Grèce l'appeler d'une voix plaintive. Mais, cherchant la volonté de Dieu sans la démêler, il craignait de s'engager dans une fausse route, de favoriser ces innovations qui, déjà, avaient fait tant de victimes et si peu d'heureux. — Il laissa sa femme à Taganrog, visita le Don, projeta le voyage d'Astracan, parcourut la côte méridionale de la Crimée, ayant l'air d'errer à l'aventure. Une fièvre causée par un froid humide le contraignit de s'arrêter dans une habitation du comte Woronzoff : se trouvant plus mal, il se fit transporter à Taganrog. On croit qu'il y acquit la preuve de la conspiration ourdie contre sa vie, et qui bientôt vint approcher celle de son frère. Il se contenta de dire : « Quel mal leur ai-je fait ? » Il se mourait : on a parlé de poison, de médecin suspect ; rien n'est certain. L'impératrice expirante était à quelques pas de son mari visité des afflictions sans pouvoir le voir. La maladie ne dura que onze jours. Alexandre rendit l'esprit le 13 décembre 1825. Sur le point de mourir, il commanda de lever les stores de ses fenêtres, et dit : « Quelle belle journée ! » et dit : L'impératrice écrivit à Pétersbourg : « Notre ange est au ciel, j'ai l'espoir de me réunir bientôt à lui. » Espérance qui fut réalisée, au moins en partie, parce que toutes les autres avaient été déçues. — Trois jours après, quand les peuples se présentèrent à Taganrog, pour baiser la main du cadavre, ils ne virent point le front de leur souverain : le visage du prince était couvert d'un voile. — Quelques personnes ont cru qu'Alexandre, vers la fin de sa vie, s'était fait catholique. Son avénement au trône lui enleva son père ; sa descente du trône pensa renverser son empire. Après tant de bruit et de gloire, il ne resta de lui que son cercueil et la bière de sa femme ; coffres scellés et silencieux, passant dans les bois éclairés de

torches de pin, et accompagnés d'une horde de ces Baskirs qui campèrent dans la cour du Louvre. — Là se termina l'affaire entre Alexandre et Napoléon, disparus l'un et l'autre dans un désert. Napoléon avait déjà pris son vol : aigle, on lui avait donné un rocher, à la pointe duquel il demeura au soleil jusqu'à son départ : on l'apercevait de toute la terre. — L'impératrice mère, rassurée par une première lettre de Taganrog, faisait chanter un *Te Deum* dans les églises de Pétersbourg ; le peuple y priait, car Alexandre était adoré. Le *Te Deum* n'était pas fini, qu'un second courrier apporta au grand-duc Nicolas la nouvelle de sa mort. Nicolas, sorti pour recevoir le courrier, rentra dans l'église où tout le monde fut frappé de l'altération de son visage. Il n'osa parler : il ne dit qu'un mot au métropolitain : l'évêque s'avança vers l'impératrice mère, portant une croix couverte d'un voile noir. La mère comprit son malheur, et tomba sans connaissance au verset du *Te Deum* interrompu : *In te Domine, speravi*... — Quelles qu'aient été les hautes qualités du czar, en dernier résultat il a été funeste à son empire : il le mit trop en contact avec l'Europe de l'occident ; il y sema des germes de civilisation qu'il voulut ensuite étouffer. Tiraillées en sens contraire, les populations ne surent ce qu'on leur demandait, ou ce qu'on voulait d'elles, pensée ou abrutissement, obéissance passive ou obéissance réglée, mouvement ou immobilité. Alexandre, franc Tartare, retenant ses peuples dans la barbarie ; Alexandre, prince éclairé, les menant par degrés aux lumières, eût mieux servi son pays. Il était trop fort pour employer le despotisme, trop faible pour établir la liberté : son hésitation ne créa point l'affranchissement national, mais elle enfanta l'indépendance individuelle, libéra, à son tour, au lieu de libérateurs, ne produisit que des assassins. »   HENRI CORNILLE.

ALEXANDRETTE, petite ville de Syrie, située sur la Méditerranée, au fond du golfe d'Ajazze, à l'embouchure d'un ruisseau qu'on appelle Beloum ou Soldrat. Elle est à vingt-huit ou trente lieues ouest d'Alep, dont on la regarde cependant comme le port ; mais son extrême insalubrité, qu'explique la présence de marais infects répandus sur la surface des plaines voisines, oblige la plupart de ses habitants à se retirer, pendant les plus grandes chaleurs, dans un village bâti sur une montagne située à une médiocre distance, et dans lequel ils trouvent à la fois un air pur, des eaux limpides et d'excellents fruits. Cette petite ville, qui figure, sur les cartes, sous le nom turc de Skandiroum, doit sans doute son nom diminutif italien d'*Alessandretta* à la comparaison qu'on en a faite avec sa puissante rivale de la rive africaine. Elle est célèbre en Europe par l'ingénieuse industrie de ses pigeons voyageurs, expédiés à chaque moment pour Alep, afin d'y porter les nouvelles et les dépêches administratives avec une promptitude et une précision qui font de ces petits courriers aériens une ressource précieuse pour tout l'Orient. On multiplie, dans nos contrées, les expériences dont le succès permet d'en espérer l'application prochaine à quelques intérêts publics et privés ; mais l'usage des télégraphes, presque aussi rapide et sujet à moins de hasards, pourrait bien en entraver longtemps les progrès.

ALEXANDRIE D'ÉGYPTE. Alexandrie, la ville d'Alexandre le Grand, avait été fondée 330 ans avant l'ère chrétienne. A cette époque, le vainqueur de Tyr et de Sidon revenait de la haute Égypte ; il songeait à consolider sa puissance dans cette vallée si féconde et si riche, nouvellement réunie à son empire. Il jeta donc les fondements de la cité qui devait hériter des dépouilles de Memphis, l'ancienne capitale. Il la plaça sur le bord de la Méditerranée, à 12 lieues du Nil, auquel il la rattacha par un canal navigable, de telle sorte qu'elle pût à la fois rivaliser, par les avantages de sa situation, avec l'ancienne résidence des rois, et maintenir libres de toute entrave les communications de l'Égypte avec la Grèce. Il n'y avait alors, sur cette plage, que le village de Rhacotis ; mais ce village s'élevait entre deux ports, les seuls que l'Égypte ait jamais possédés, et cette position renfermait tous les germes d'une rapide prospérité. — L'architecte Dinocrate traça le plan d'Alexandrie, et en dirigea les travaux qu'il acheva dans l'espace de soixante-douze jours ; et telle fut la fortune de cette ville, qu'il vint un jour où elle put se porter rivale de Rome ellemême, autant par la majesté de ses proportions que par le nombre de ses habitants. — Au témoignage de Diodore, elle renfermait, de son temps, trois cent mille citoyens libres, évaluation immense, si l'on ajoute à ce nombre les esclaves et les affranchis ; car alors le véritable chiffre de la population dépasserait un million d'âmes. — Il ne reste aujourd'hui d'Alexandrie ancienne, que de rares vestiges ; la ville moderne s'élève hors de l'enceinte qui renfermait la ville ancienne, et dont les ruines subsistent. Elle s'est rapprochée de la mer, et s'est établie sur un isthme nouveau que le temps a formé, et qui réunit aujourd'hui l'île de Pharos au continent. — Les premiers siècles d'Alexandrie furent des siècles de repos et de gloire paisible. Les sciences et les arts,' bannis de la terre de Grèce, étaient revenus vers l'Égypte, leur terre natale, et y avaient trouvé un asile. — Déjà Memphis était tombée, délaissée, anéantie; l'ancienne capitale s'était humiliée devant la capitale nouvelle. Toute l'Égypte se résumait dans cette ville. Le commerce du monde se concentrait sur ses rivages; toutes les galères de la Méditerranée voguaient vers Alexandrie; durant les nuits les plus obscures, des flottes entières venaient jeter leurs ancres dans le port *Eunosthus*, le premier port du monde qui n'eût été éclairé par un phare; et ce phare était le phare de Sostrate! Il s'élevait au-dessus d'une tour de marbre, formée de plusieurs galeries superposées, entourée de colonnes, et bâtie elle-même sur un palais de marbre. Du haut de cette tour, l'une des merveilles du monde, on découvrait, dit-on, les vaisseaux qui entraient dans le port de Rhodes. Enfin, pour comprendre ce qu'il y avait de grandeur et de magnificence dans cette capitale, il suffit de rappeler ici qu'elle était devenue l'entrepôt du monde ancien, et qu'elle réunissait à la fois le génie de la Grèce et le génie de la vieille Égypte. — Le repos d'Alexandrie fut troublé tout à coup par les querelles de Rome. La capitale de l'Égypte sentit profondément le contre-coup de ces révolutions qui ébranlaient sur ses fondements la capitale de l'univers. — Pompée, vaincu dans les champs de Pharsale, vient mourir dans les parages d'Alexandrie, sous le poignard d'Achillas. — Bientôt César, mais César triomphant, se dirige à son tour vers la vallée du Nil, et, comme s'il avait porté avec lui le génie de la guerre civile, sa présence devient, pour l'Égypte et pour Alexandrie, le signal des dissensions intestines. — Cléopâtre triomphe. On connaît l'histoire de ces temps, et la singulière destinée de cette reine, qui vit tour à tour à ses pieds Jules-César et Marc-Antoine, le vainqueur de Pompée et le vainqueur de Cassius. Mais la fortune de Cléopâtre succomba avec la fortune d'Antoine; et la reine d'Alexandrie, réduite à éviter, par la mort, l'esclavage et le mépris de Rome, expira toute couverte encore des insignes royaux. Avec elle s'éteignit la race des Ptolémées. — À l'époque où nous sommes arrivés, l'école d'Alexandrie qui, sous ses derniers rois, s'était élevée à un si haut degré d'illustration, commence à perdre de son éclat; ère de décadence qui va se prolonger longtemps, et qui n'expirera enfin que sous la domination des empereurs d'Orient. Mais à cette école profane une autre école aura insensiblement succédé; celle des Pères de l'Église, celle des premiers patriarches du christianisme. — L'an 269, nous voyons apparaître sur les rivages de l'Égypte la reine de Palmyre, Zénobie. Elle soumet à sa puissance l'ancienne capitale de Cléopâtre; mais les légions d'Aurélien s'avancent dans les sables de l'Asie; l'aigle romaine s'abat sur les murs de Palmyre, et huit après, l'Égypte est rattachée à l'empire. Plus tard, elle sera la proie de ces usurpateurs qui, sortis de son sein, tenteront de l'enlever à Rome pour l'assujettir à leurs lois; mais ces jours de révolutions s'écouleront rapidement, et les *tyrans* d'Alexandrie disparaîtront encore à la voix de Dioclétien. — Ici nous avons à compter quelques années de calme et d'oubli. L'attention du monde se reporte vers l'Italie. L'Égypte se livre en paix au culte des beaux-arts dont les autels vont périr. La religion chrétienne commence à déployer son voile sur la vieille religion des Égyptiens; mais de là tous les maux qui vont accabler Alexandrie: les persécutions commencent : un moment suspendues par la révolte de Maxence, elles se raniment bientôt avec acharnement. Alexandrie devient le principal théâtre de ces désolations; mais comme si la Providence avait pris soin de compenser, par la gloire et les vertus d'un homme, les désastres de la cité, nous voyons apparaître, au milieu de cette tourmente, la grande et sainte figure d'Athanase. — Athanase était un de ces hommes que le ciel donne au monde à de longs intervalles, et qui laissent à leur époque l'empreinte de leur génie. Sa longue carrière ne fut qu'une longue persécution; toutes les puissances de l'empire se liguèrent contre le primat d'Égypte, et, malgré tant d'efforts, vingt ans n'étaient pas écoulés depuis la mort du primat, que la foi d'Athanase devenait la foi de l'empire. — L'Égypte rentre dans son repos : livrée aux soins paisibles de l'industrie et des arts, Alexandrie reste étrangère à ces invasions de barbares qui, dès les premiers jours du v° siècle, viennent ébranler l'Occident. — Ce fut d'Alexandrie que, vers l'an 610, partirent les armées d'Héraclius, alors gouver-

neur de l'Égypte, pour aller combattre Phocas et lui arracher la couronne. — En 616, les Perses, sous la conduite de Chosroès, envahissent Alexandrie : triomphe passager, dont le génie d'Héraclius effaça bientôt les vestiges. — Mais le temps était venu où la fortune de l'Égypte allait passer sous un pouvoir nouveau. Les musulmans arrivent; Amrou-ben-Alas, lieutenant d'Omar, se rend maître de Peluse, s'empare du Delta, et vient planter ses tentes sous les murs d'Alexandrie. Après quatorze mois d'une résistance opiniâtre, la capitale de l'Égypte, la première cité commerçante du monde, tombe sous le joug du croissant, et l'étendard de Mahomet flotte sur la ville d'Alexandrie. — On a dit et répété souvent qu'Amrou ou Amry avait livré aux flammes la bibliothèque des Ptolémées; des historiens, plus justes et plus éclairés, ont prouvé l'absurdité de cette accusation. A l'époque de la conquête musulmane, il n'y avait plus trace de cette bibliothèque dans Alexandrie. — Quinze ans plus tard, cette ville se révolte : Amrou la soumet de nouveau. Un dernier essai semblable la livre à la fureur des lieutenants d'Omar : elle est démantelée en 648. Sous les khalifes fatimites, elle relève ses murailles : elle reste quatre siècles au pouvoir de ces derniers. En 1171, elle est soumise aux lois de Saladin, sultan d'Égypte. En 1250, après la délivrance de saint Louis, elle est livrée aux flammes par les Vénitiens et les Français. Le soudan la reconstruit en 1275; Sélim la réunit à son empire en 1517. Le général Bonaparte s'en empare le 27 juillet 1798 (14 messidor an VI). Les Anglais, commandés par Abercrombie, livrent plusieurs assauts sous les murs d'Alexandrie, et sont repoussés avec perte par le général Friant; dans l'un de ces combats acharnés, Abercrombie reste sur la poussière. Enfin, le général Menou, homme dont l'ineptie et l'incapacité sont devenues historiques, capitule le 28 août 1801, et le 30, il évacue la place avec les honneurs de la guerre. — Aujourd'hui, Alexandrie est devenue la résidence du vice-roi et la capitale de l'Égypte. — Il est aisé de comprendre qu'après tant de révolutions elle n'ait conservé, de son ancien état, que des ruines. Cette ville ne souffrit pas moins de ses religions successives que des bouleversements politiques et des ravages de la guerre. Le même emportement qui excita les chrétiens à renverser les temples des faux dieux poussa les sectateurs de Mahomet à renverser les temples des chrétiens. Nul édifice consacré aux cérémonies du culte ne put trouver grâce devant le vainqueur. — Il serait difficile de reconstituer cette ancienne capitale d'après la description que nous en a laissée Strabon. La mer a creusé ses rivages; elle en a altéré les contours : un isthme de nouvelle création a réuni l'île de Pharos au territoire de l'Égypte, et partagé en deux ports l'ancien port Eunosthus. La cité d'Alexandre occupait toute la hauteur qui va d'un port à l'autre, entre le lac Maræotis et la Méditerranée. Abandonnée depuis longues années, cette ville n'a conservé que les restes de ses murailles, quelques tours demi-circulaires, des citernes taries, quelques débris sans noms, et ses deux obélisques (les aiguilles de Cléopâtre), l'un debout, l'autre abattu et brisé. — Le palais des rois d'Égypte était situé vers le nord-est. Il composait, avec les faubourgs, le muséum et les sépulcres des rois, la dernière et la plus brillante portion de la ville. Ce fut dans ces tombeaux des rois qu'on inhuma le corps d'Alexandre le Grand. Plus tard, il fut enseveli dans un tombeau de verre, sur lequel, à l'époque de son passage en Égypte, Octave déposa de ses mains une couronne d'or : « *Conditorium et corpus Alexandri Magni, cùm prolatum e penetrali subjecisset oculis, coronâ aureâ impositâ, ac floribus aspersis, veneratus est.* » Suétone, *Octavius*, c. 18. Quelques voyageurs prétendent que la dépouille d'Alexandre est encore aujourd'hui renfermée dans une mosquée. — La ville ancienne était traversée, dans toute sa longueur, par une rue de cent pieds de large, toute garnie de somptueux édifices, parmi lesquels on distinguait les écoles publiques avec leurs portiques à perte de vue. Cette rue allait de la porte de Canope à celle de Nécropolis. (Strabon, liv. 17.) — La colonne de Pompée s'élève encore sur son monticule, à l'extrémité sud des murailles. Ce monument, dont Strabon ne fait pas mention, est un ouvrage des Ptolémées. (*V.* COLONNE DE POMPÉE.) Il y avait sur ce monticule un palais magnifique, dans la cour de ce palais, une colonne qui paraît être celle dont nous parlons. — Nous ne rappellerons pas cette multitude de canaux qui partaient d'Alexandrie et qui sillonnaient l'Égypte en tous sens; ce lac Mæreotis qui, creusé de main d'homme, devint le troisième port; le port intérieur de la cité; travaux immenses, qui sont restés, pour nous, l'expression du génie égyptien, comme ils sont aux yeux des Arabes, les œuvres d'un peuple géant. — Enfin, pour terminer ce rapide inventaire, nous transcrirons ici les dernières lignes de cette lettre que le lieutenant d'Omar adressa au khalife : « J'ai pris, écrivait-il, la grande ville d'Alexandrie : je ne ferai pas l'énumération des richesses et des merveilles dont elle est remplie ; je dirai seulement qu'elle renferme quatre mille palais, quatre mille bains, quatre cents théâtres ou lieux de plaisir, douze mille boutiques de comestibles, et quarante mille tributaires juifs. » — Toute cette magnificence a disparu ! Nous avons dit que la ville moderne n'était pas même construite dans les murailles de la ville ancienne ; et, en effet, on la prendrait plutôt pour un village que pour une cité. Aperçue de la mer, elle ne présente qu'un aspect misérable : vue à l'intérieur, elle ne montre que de pauvres maisons de bois, des bazars étroits et infects, des rues poudreuses sans pavé, et des cimetières sans ombrage. — On voit, à l'occident de la ville, le palais du vice-roi, construction toute en bois, qui n'a rien de remarquable : à peu de distance se trouve l'arsenal. La partie méridionale de la ville est habitée exclusivement par des Européens : c'est le quartier le plus animé et le plus moderne. Les habitations qui le composent sont mieux construites et plus élégantes que celles des autres quartiers. L'okel franc, sorte de construction carrée, avec cour intérieure et deux étages garnis de galeries, est, pour ainsi parler, l'entrepôt des marchandises que les négociants européens achètent dans les magasins du vice-roi. C'est là, dans cet okel, qu'ils ont fixé leur quartier général, et presque tous y ont établi leurs comptoirs. — C'est encore à Alexandrie que viennent s'amasser toutes les productions de l'Égypte ; mais ce commerce, qui pourrait enrichir une population plus nombreuse que celle de la vallée du Nil, n'enrichit que le pacha, et quelquefois les négociants étrangers, qui vont acheter par l'exil l'avantage de prendre part à ces richesses. Le premier monopole de tous les produits de l'Égypte appartient au vice-roi ; le second, aux spéculateurs. Chaque année, les marchés sont ouverts longtemps avant la moisson. Là on met à l'encan le coton, le blé, le riz, toutes productions futures qui peut-être n'arriveront pas à leur maturité. Les spéculateurs achètent à l'avance et payent par anticipation le montant de leurs achats : véritables marchés aléatoires, que les caprices du temps peuvent ajourner à une époque plus éloignée, et que les chances de la politique peuvent anéantir. A l'époque de la livraison, les produits de l'Égypte sont partagés au prorata jusqu'à l'entier accomplissement des marchés contractés par les ministres du pacha. Le peuple d'Alexandrie, comme celui du reste de l'Égypte, est donc un peuple pauvre et misérable. Il n'a ni patrimoine, ni héritage ; il cultive pour le pacha, et reçoit, en échange des productions qu'il apporte à Alexandrie, une faible rétribution accordée par la munificence du maître. Les revenus du pacha s'écoulent ensuite en Asie, en Europe, partout où il y a à payer des armées ou des soldats, car le règne de Méhémed-Aly n'aura été jusqu'ici qu'une longue guerre. Les trésors de l'Égypte, comme les eaux du Nil, vont se perdre loin de leur source. La population d'Alexandrie, en y comprenant la population franque, ne dépasse pas 12,000 âmes. Ajoutons, en terminant, pour compléter ce tableau d'une déchéance et d'une dégradation fatales ; ajoutons qu'il ne reste pas vestige de l'ancien *phare* de Pharos, cette merveille si vantée. — Il a été remplacé par un pauvre petit fanal, élevé à l'orient du port principal, et désigné sous le titre exigu de *pharillon*.

HENRI CORNILLE.

ALEXANDRIE (ÉCOLE GRECQUE D'). Lorsque la poésie classique des Grecs, qu'avait fait naître la beauté du climat et un concours heureux de circonstances, se fut fanée dans sa fleur, on tenta de remplacer, à force de savoir, le génie que la nature ne produisait plus spontanément. Les Ptolémées d'Égypte, qui aimaient les arts, firent d'Alexandrie l'asile des lettres et des sciences ; de là vient le nom d'école d'Alexandrie. Ptolémée Philadelphe fonda non-seulement la célèbre bibliothèque d'Alexandrie, mais créa encore le musée, qu'à juste titre on considère comme la plus ancienne académie des arts et des sciences. Parmi les célébrités que l'école d'Alexandrie a produites, et qui étaient issues de l'Égypte, de la Grèce, de la Judée, et même dans les siècles postérieurs de l'Italie et de Rome, ce furent les grammairiens et les poëtes qui acquirent le plus haut degré d'importance. Mais ces grammairiens n'étaient pas de simples éplucheurs de mots, d'arides docteurs en syntaxe : ils furent philologues et littérateurs, et s'attachèrent aux choses plus encore qu'aux mots ; ils formaient une espèce d'encyclopédistes. Tels furent Zénodote d'Éphèse, qui ouvrit la

première école de grammaire qu'il y eut à Alexandrie ; Ératosthène de la Cyrénaïque, Aristophane de Byzance, Aristarque de Samothrace, Cratès de Malles, Denys le Thrace, Apollonius le sophiste, et Zoïle. Ces grammairiens ont le mérite d'avoir, à l'aide de leurs efforts réunis, rassemblé, collationné, apprécié, et conservé aux siècles à venir les monuments alors existants de la littérature. Parmi les poëtes de cette école, nous citerons Apollonius de Rhodes, Lycophron, Aratus, Nicandre, Euphorion, Callimaque, Théocrite, Philétor, Phanocles, Timon le Phliasien, Scymnos, Denys, et les sept poëtes tragiques qu'on appelait la pléiade d'Alexandrie. L'école de ce nom a un génie et une physionomie tout différents de ceux des écoles qui l'ont précédée. Comme on s'y livrait particulièrement à une étude approfondie de la langue, il devenait naturel de diriger sa principale attention à la justesse, à la pureté et à l'élégance du style, et ce furent effectivement aussi ces qualités qui distinguèrent plusieurs écrivains alexandrins. Mais ce que l'étude et nul effort ne peuvent donner, le génie qui avait inspiré la poésie grecque dans son bel âge, le génie manque à la plupart des ouvrages des *Alexandrins*. A force d'artifice dans la composition, on s'efforçait de suppléer à l'absence du génie : la haute science devait produire ce que le génie avait créé précédemment ; c'était demander l'impossible. Un petit nombre d'Alexandrins eurent du génie en partage, aussi s'élèvent-ils bien haut au-dessus des autres écrivains de cette école. Ceux-ci produisirent ce qu'à force d'étude et de travail on peut produire : leurs ouvrages, peut-être exempts de défauts, sont maigres, sans âme et sans vie. Lorsqu'une école poétique avait de tels maîtres, que pouvaient produire les élèves qui les prenaient pour modèles ? des ouvrages encore plus maigres, où le travail se sentait encore davantage. Reconnaissant leur défaut d'originalité, originalité dont ils comprenaient tout le mérite et à laquelle ils s'efforçaient d'atteindre, ils arrivèrent à un état d'atonie, où toute poésie se glace de froidure. Ils voulurent être à toute force neufs, originaux, élégants. Par ce motif, la majeure partie des poëtes alexandrins, qui étaient en même temps grammairiens, devinrent des versificateurs pénibles, guindés et sans génie. — Mais on n'entend par école d'Alexandrie, non-seulement les poëtes et grammairiens qui en sont sortis, mais encore les philosophes qu'elle a produits. Ce qui caractérise ces philosophes, c'est que leur école était le point de contact de la philosophie orientale et de celle de l'Occident, et qu'en somme l'effort d'accorder entre eux les principes opposés y devint dominant : c'est pourquoi on appelle fréquemment philosophes éclectiques, ceux de cette école, qui se livraient à cet instinct (Triebe) de compiler, de réunir et d'amalgamer. Toutefois, cette dénomination ne convient pas à tous les philosophes alexandrins, car à côté des éclectiques, il s'en éleva qui furent dogmatiques et sceptiques. Mais ce furent les philosophes néo-platoniciens d'Alexandrie qui acquirent le plus de célébrité et qui, abandonnant la marche sceptique de la nouvelle académie, s'efforcèrent de fondre les doctrines de Platon dans celles de la philosophie orientale. Déjà le juif Philon d'Alexandrie (*V.* PHILON) faisait partie des premiers néo-platoniciens. Dans le 1er et le IIe siècle de notre ère, ces philosophes commentèrent et comparèrent avec ardeur Platon et Aristote. Mais l'école néo-platonicienne d'Alexandrie proprement dite fut fondée par Ammonius Saccas, qui eut pour élèves Plotin et Origène d'Alexandrie. (*V.* NÉO-PLATONICIENS.) Presque tous Orientaux, mais imbus des auteurs grecs, ces philosophes firent dans leurs écrits un étrange amalgame des éléments d'Orient avec ceux d'Occident ; tels furent Ammonius, Plotin, Jamblique, Porphyre : et la ville d'Alexandrie était bien propre à devenir le lieu d'une telle fusion, à cause de son origine grecque, de sa situation et de son vaste commerce. Réunissant la théosophie orientale avec la dialectique des Grecs, leur philosophie gagna beaucoup d'influence en Égypte, mais cette influence ne s'étendit pas sur le christianisme, quoi qu'en aient dit certains écrivains protestants, tels que Mosheim, Leclerc et ceux qui dans ces derniers temps leur ont servi d'écho. Les principaux systèmes du gnosticisme naquirent et se développèrent à Alexandrie (*V.* GNOSTICISME). — L'école d'Alexandrie s'illustra surtout dans les sciences mathématiques. Elle prit aussi la première la véritable voie pour arriver au progrès dans les sciences naturelles. Cette école se maintint pendant près de 400 ans, à une hauteur qui la rendait le centre du monde savant, et son nom ne se perdit pas mille ans après sa fondation. Les astronomes de cette école se distinguèrent de prime abord de leurs devanciers, en ce que, mettant de côté toutes vaines hypothèses, ils basèrent leurs travaux sur les données de l'expérience et de l'observation positive. Tels furent, dans le III° siècle, avant notre ère, Aristille et Timocharis, puis Archimède, Eratosthène, Aristarque de Samos, Ptolémée, etc. La période florissante de l'astronomie finit à Alexandrie dans le II° siècle de notre ère. — On doit à M. J. Matter un Essai sur l'école d'Alexandrie, essai qui, bien qu'offrant en général une lecture intéressante, renferme cependant des inexactitudes et des erreurs. (*Paris*, 1820, 2 vol. in-8°.)

C. L.

ALEXANDRIE (écoles d'). Écoles judaïque, chrétienne, gnostique. (*V.* ÉCOLES RELIGIEUSES.)

ALEXANDRIE (CONCILE D') Il se tint à Alexandrie un grand nombre de conciles, parmi lesquels on remarque celui qu'assembla Démétrius en 231, et dans lequel on dégrada Origène pour s'être mutilé. Dans un autre concile d'Alexandrie, tenu peu de temps après, le même Démétrius déposa Origène du sacerdoce et l'excommunia. Néanmoins d'autres églises prirent la défense d'Origène. En 235 se tint dans la province ecclésiastique d'Alexandrie, un concile que quelques auteurs comptent à tort comme d'Alexandrie même. Il porte le titre de *concilium Alexandrinum* (Labbe, t. 1, col. 1654), parce qu'il fut formé des évêques suffragants d'Alexandrie; comme on appelait *concilium Senonense*, un concile tenu par les évêques de la province de Sens, dans quelque lieu qu'ils se rassemblassent. — Dans le concile des évêques suffragants d'Alexandrie, Héracléas, prélat de cette ville, ramena à la foi l'évêque Ammonius qui s'en était écarté. La ville de cet évêque, où ille concile s'est tenu, n'est point nommée. — Au concile de 301, sous Pierre, martyr, Mélèce, évêque de Lycopolis, convaincu d'avoir abandonné la foi, d'avoir sacrifié aux idoles, et de plusieurs autres crimes, y fut déposé. Mélèce refusa de se justifier, et occasionna un schisme qui dura plus de 150 ans. Tillemont rapporte ce concile à l'an 306, sur une lettre de saint Athanase, qu'il suppose écrite en 361, et où ce Père compte 55 ans depuis la naissance du schisme de Mélèce. Mais dom Cellier (t. III, p. 678) prouve, d'après D. Montfaucon, que la lettre dont il s'agit fut écrite vers l'an 355; *l'Art de vérifier les dates* fixe ce concile à l'année 301. — En 321, ou environ, se tinrent deux conciles. Dans le premier, le prêtre Arius et sept diacres furent excommuniés unanimement par saint Alexandre et par tout son clergé; dans le second, saint Alexandre, à la tête des évêques d'Égypte, condamna de nouveau Arius et ses sectateurs, qui soutenaient qu'il y avait un temps où le Fils n'avait point *été*, et qu'ainsi il n'était point parfaitement Dieu. Celui de 324, célébré par Osius, que Constantin y avait envoyé pour la réunion de saint Alexandre avec Arius, fut remarquable par la condamnation des ariens, et avec eux des colluthiens, qui soutenaient que Dieu n'est point l'auteur du mal physique, comme il ne l'est point du péché (*V.* les *Mémoires* de Tillemont); celui de 340 fut en faveur de saint Athanase, qui avait été renvoyé à son église par Constantin le Jeune en 338. Ce concile, d'environ cent évêques, réfuta dans une lettre circulaire, toutes les calomnies avancées contre saint Athanase par les eusébiens (Pagi). Labbe se trompe en rapportant ce concile à l'an 339. (Voir *la collection de Venise*, t. II.) Dans celui de 362, saint Athanase et plusieurs confesseurs exposèrent ce qu'on doit croire de la Trinité et de l'Incarnation. Ils décidèrent qu'il fallait recevoir avec affection les évêques séduits par les ariens, et les ariens même, s'ils revenaient sincèrement à l'Église. Cette douceur déplut à Lucifer de Cagliari, qui était à Antioche, et sa rigueur le jeta dans le schisme appelé depuis des *lucifériens*. Il perpétua aussi le schisme d'Antioche, en donnant pour évêque à cette ville Paulin, que les méléciens ne voulurent point reconnaître. Ce schisme d'Antioche, commencé à la déposition de saint Eustache, en 331, ne finit qu'en 415, sous l'évêque Alexandre. Celui tenu au mois de juillet ou d'août, en 363, fut composé des évêques de toute l'Égypte, assemblés par saint Athanase pour satisfaire à la demande que lui avait faite l'empereur Jovien, de lui envoyer une exposition de la vraie foi. Dans sa réponse, saint Athanase exhorta l'empereur à s'attacher à la foi de Nicée (*V.* Pagi). Du concile de 370, saint Athanase écrivit au pape Damase pour le remercier de ce qu'il avait condamné Ursace et Valens. Saint Athanase témoigne la nécessité de condamner aussi Auxence de Milan, ce qui paraît avoir donné occasion au concile de Rome de 372. L'évêque Théophile rassembla un concile en 399, contre les partisans d'Origène. La lettre synodique de ce prélat, traduite en latin par saint Jérôme, se trouve (ép. 92) parmi les lettres de ce Père, dans l'édition de

Vérone. Le P. Pagi et Tillemont paraissent se tromper en rapportant ce concile à l'an 401. (*V.* Mansi, *Suppl. conc.* t. 1, et *l'Art de vérifier les dates*). Le 3 novembre de l'année 430, saint Cyrille dressa dans un concile douze anathèmes, et les envoya à Nestorius avec la lettre du pape (D. Cellier). Enfin, en 633, le patriarche Cyrus tint un concile à Alexandrie, en faveur des monothélites. Ce concile, dans l'original, est daté du mois payni, qui répond à nos mois de mai et de juin (Mansi).

LOUIS DE MASLATRIE.

ALEXANDRIE (*numismat.*). Après le règne des Ptolémées, qui avait duré depuis l'an 300 jusqu'à l'an 47 avant J. C., l'Égypte ayant été réduite en province romaine lors de la défaite de Marc-Antoine à la bataille d'Actium, la ville d'Alexandrie frappa ses monnaies à l'effigie des empereurs. Depuis Auguste jusqu'aux règnes de Dioclétien et de Maximien, et pendant ces trois siècles, elle nous fournit un nombre incroyable de médailles curieuses par leurs types variés autant que par la série non interrompue de ses nouveaux maîtres. Le culte des dieux de l'ancienne Égypte s'y retrouve constamment et s'y joint à la mythologie des Grecs. Ces médailles n'ont pas tout à fait le même intérêt sous le rapport de l'art et de l'exécution monétaire, que celles des contrées de la Grèce où les artistes avaient élevé au plus haut degré; mais elles offrent des sujets particuliers, et complètent nos connaissances dans le système numismatique des anciens. Elles sont remarquables aussi par leur caractère chronologique, en ce qu'elles mentionnent les années du règne de chaque empereur pendant lequel elles ont été frappées. — Elles portent aussi des portraits de princes et de princesses que ne nous donnent point les médailles romaines. L'Othon de bronze, qui n'a point été frappé à Rome, se retrouve à Alexandrie. Quelques règnes, tels que ceux d'Adrien et d'Antonin, sont remarquables par le nombre et la diversité des sujets représentés sur les médailles d'Alexandrie. — Outre le bronze, et l'argent qui est rare, ces médailles sont très-souvent frappées en un métal nommé potin, qui est un alliage d'argent et de bronze, à un titre très-bas. Elles sont reconnaissables à la forme de leurs bords qui est en biseau. Plusieurs auteurs ont traité particulièrement des médailles d'Alexandrie. Le principal est Zoega, qui a publié un volume où toutes ces médailles sont représentées et expliquées. (*V.* aussi Eckhel, tom. IV, et *Mionnet*, tom. XII.)

DU MERSAN.

ALEXANDRIE DE LA PAILLE (*Alessandria della Paglia*), ville de Piémont, l'une des plus fortes des États sardes, au confluent de la Bormida et du Tanaro. — On a longtemps cherché à expliquer le nom bizarre qui la distingue de la grande Alexandrie d'Égypte, en disant que les empereurs y recevaient une couronne *de paille*; mais c'est un conte indigne de la majesté de l'histoire. Bâtie en 1178 par les Crémonais, les Milanais et les Plaisantins qui flottèrent longtemps, au milieu des luttes politiques et religieuses du moyen âge, entre les empereurs et les papes, elle fut d'abord dite *Césarée*, de la qualité de l'empereur Frédéric I°, Barberousse. Le pape Alexandre III l'ayant postérieurement érigée en évêché, ses habitants la nommèrent *Alexandrie* en l'honneur de ce pontife; et, enfin, l'empereur, piqué de ce qu'à sa demande ils se refusaient à rendre à leur ville sa première dénomination, l'appela dérisoirement *Alexandrie de la Paille*, peut-être parce que ses murailles n'étaient alors que de paille et de bois, recouverts de terre. — Quoi qu'il en soit, cette ville a été la cause ou l'occasion de longs et sanglants combats, dans les guerres si fréquentes dont la haute Italie fut de tout temps le théâtre. Assiégée et prise en 1522 par le duc de Milan, Sforze, à l'époque où ce prince contraignit les Français commandés par Lautrec à quitter le Milanais; vainement assiégée en 1657 par ces derniers, sous le commandement du prince de Conti qui fut obligé de l'abandonner le 18 août, dans les guerres contre la maison d'Autriche, au commencement du règne de Louis XIV; prise en 1707 par le prince Eugène, dans les mêmes guerres, à l'époque où commencèrent les revers du grand roi, dont les troupes durent alors évacuer toute la Lombardie, Alexandrie fut cédée par la paix d'Utrecht, en 1713, au roi de Sardaigne, à qui les Français l'enlevèrent en 1745; mais il la leur reprit l'année suivante. Il ne s'y passa aucun autre événement remarquable jusqu'au commencement du XIX° siècle; mais, le 16 juin 1800, le général autrichien Mélas, et Bonaparte, général en chef de l'armée française, y concurrent, après la fameuse bataille de Marengo gagnée l'avant-veille par les Français, un armistice qui livra aux vainqueurs toute la haute

2.

Italie et douze forteresses. — Devenue plus importante et plus florissante de siècle en siècle, grâce surtout à deux grandes foires annuelles qui en font le centre comme le lien de toutes les relations commerciales entre Gênes, Turin, Milan et les autres grandes cités du Piémont et du royaume lombard-vénitien, Alexandrie est aujourd'hui la capitale d'une province à laquelle elle donne son nom. Ses défenses se composent des bastions dont elle est entourée, d'une citadelle qui lui est unie par un pont, de plusieurs ouvrages extérieurs établis sur la rive gauche du Tanaro, et d'une tête de pont sur la rive droite de la Bormida. — On lui donne une population de 30,000 âmes.

ALEXANDRIN (CODE) (hist. littér.). Ce fameux manuscrit peut être comparé, sous le rapport du prix qu'on y attache, et aussi quant à la nature des matières qu'il contient, au Codex aureus non moins célèbre conservé à Copenhague. L'origine égyptienne en est attestée par Cyrille Lascar, patriarche de Constantinople, qui en fit hommage à Charles Ier en 1628; mais, s'il fut vraiment écrit en Égypte, il n'est pas aussi sûr, malgré le nom qui le distingue, qu'il l'ait été dans Alexandrie même. Quoi qu'il en soit, il faisait, dès 1098, partie de la bibliothèque des patriarches alexandrins. Il est écrit sur parchemin en langue grecque, sans accents ni esprits, et forme 4 vol. in-fol. ; c'est l'un des plus curieux ornements du musée britannique. Il contient la Bible entière, avec les Lettres de Clément, évêque de Rome. Il est divisé en quatre sections, dont les trois premières renferment l'Ancien Testament, suivant la version des Septante; et la quatrième, le Nouveau. Cette dernière section, nonobstant quelques lacunes, est fort estimée pour la partie des Épîtres; mais les Évangiles sont moins précieux. L'Ancien Testament, mis à contribution par J. Ernest Grabe, pour son édition de la Bible des Septante, a été imprimé à Londres, en 1816 seulement, par Henri Hervey Baber, tandis que le Nouveau l'a été, dès 1786, dans la même ville, par Woïole.

ALEXANDRINE (LA LIGNE). Vers la fin du XVe siècle, la découverte d'un nouveau monde étonna l'Europe comme un éblouissant miracle, et les esprits furent d'autant plus émerveillés de cette découverte qu'ils s'étaient refusés à la croire possible. Christophe Colomb avait repassé triomphant les mers inconnues qu'il avait si audacieusement traversées, et, au mois de mars 1493, Philippe et Isabelle demandèrent à Alexandre VI la donation de ce nouveau monde apparu tout à coup comme une création spontanée. On ne pouvait s'imaginer qu'il appartînt à d'autres qu'à Dieu, et on s'adressa au vicaire de Jésus-Christ, au chef visible de l'Église, pour être mis en possession de ce monde, dont on ne soupçonnait pas encore toute l'étendue et toutes les richesses. Alexandre VI, par une bulle datée du 4 mai 1793, accorda à Leurs Majestés Catholiques la souveraineté de toutes les îles et terres découvertes, ou qui pourraient être découvertes par la suite à l'occident et au midi de l'Europe; et, pour mieux marquer la limite ou l'immensité de ses concessions, il tira une ligne imaginaire qui s'étendait du pôle arctique au pôle antarctique, et qui passait à cent lieues, à l'ouest, des Açores et du cap Vert. Du nom du souverain pontife, cette ligne s'appela ligne Alexandrine. La même bulle ordonna néanmoins que les princes chrétiens qui, à partir de Noël précédent qui était, suivant la manière de compter à cette époque, le premier jour de l'année, auraient découvert ou possédé quelque terre nouvelle au delà de la ligne Alexandrine, en demeureraient en possession. La ligne Alexandrine n'est plus depuis longtemps qu'un souvenir de l'histoire.

ALEXANDRINS (VERS). Une définition de l'alexandrin est devenue assez difficile depuis tantôt dix années. S'agissait-il autrefois de tracer les règles dont ne s'écartaient jamais ni Boileau, ni Racine, ni Corneille, rien de plus aisé : douze syllabes symétriquement réunies; repos rigoureux et marqué après la sixième syllabe; second hémistiche augmenté d'une syllabe quand la terminaison était féminine; enjambements rares et timides; hiatus ignominieusement flétris; consonnances expressément bannies entre le premier hémistiche et les rimes voisines. Ainsi Boileau pouvait s'ériger en poétique législateur, et graver sur les tables de loi du Parnasse français :

Ayez pour la cadence une oreille sévère;
Que toujours dans vos vers le sens coupant les mots
Suspende l'hémistiche, en marque le repos.
Gardez qu'une voyelle à courir trop hâtée
Ne soit d'une voyelle en son chemin heurtée.
Il est un heureux choix de mots harmonieux.
Fuyez des mauvais sons le concours odieux :

Le vers le mieux rempli, la plus noble pensée,
Ne peut plaire à l'esprit, si l'oreille est blessée.

Cela est clair, rigoureux et précis; mais aujourd'hui! qu'est-ce un alexandrin? Douze syllabes au hasard rassemblées, enjambant sur la douzaine qui suit, enjambée par celle qui précède; des césures partout et nulle part; un mot formant un hémistiche à lui seul, à côté d'un hémistiche formé de six monosyllabes. Si quelqu'un s'amusait à mettre le Code en vers, en le coupant simplement par tranches de douze syllabes, le plus mauvais de ces vers vaudrait bien celui-ci, qui sert comme de portique à un drame bien connu :

Demain vingt-cinq juin mil six cent cinquante-sept,

ou celui-ci non moins curieux :

Nous avons plusieurs points à disputer touchant
Notre complot.....

Mais qu'on n'aille pas croire que nous faisons ici le procès à notre littérature moderne, et que nous prétendons renouveler, à propos d'alexandrins, la vieille querelle des classiques et des romantiques. Eh! mon Dieu, non : que les deux écoles dorment en paix; c'est à l'alexandrin, lui seul, que nous en voulons; à ce mètre monotone et lourd dont nos grands poètes n'ont déguisé les formes sèches et carrées qu'à force de génie et d'étude; à ce vers si roide, qu'il s'est brisé dès qu'on a voulu le plier aux exigences de l'école nouvelle. Disons cependant quelques mots de l'origine de l'alexandrin. — L'alexandrin a été employé, pour la première fois, dans un poème probablement écrit sous Philippe-Auguste, vers la fin du XIIe siècle, et que l'on peut voir parmi les manuscrits de la bibliothèque royale. Voici le titre de ce singulier poème : ROMANS D'ALEXANDRE, composé par Alexandre surnommé de Paris, né à Bernay, et Lambert-li-Cort, clers de Chastiaudun, suivi de la Vengence d'Alexandre, composé par Jean le Nivelois (d'autres manuscrits portent : Jehan de Venelais). Ce roman, où l'on voit, entre autres choses : 1° Comment le duc de la Roche fut pris et pendus; 2° La bataille du roi Nicholas et d'Alexandre; 3° Comment Alexandre assied le chastel de Tyr; 4° Enfin, tout ce que ce grand conquérant vit-et fit en son tans, et les veus dou Poon..... et les accomplissemens et les mariages, etc., etc. Ce roman est une histoire fabuleuse d'Alexandre le Grand, tirée du latin d'après l'aveu de l'auteur. Quelques anciens critiques avaient cru reconnaître dans ce vieux monument de la littérature française une traduction de l'histoire de l'élève d'Aristote, attribuée à Callisthène; mais il n'en est rien. D'ailleurs, le poète y a introduit une foule de détails empruntés aux mœurs de son siècle, et ce n'est pas chose peu curieuse de voir figurer, à côté du Macédonien, les douze pairs qui venaient d'ouvrir en France l'ère de la chevalerie. Voici quelques vers qui donneront la mesure de ce qu'était l'alexandrin quand on l'inventa; c'est une partie de la description du couronnement d'Alexandre :

Le rois et ses barons par sa terre mande
Dur et princes et comtes et les autres choses
Ce jour fut haute feste que il fut couronnes
Plus richement de lui ne fut rois atornes
Sa couronne soutindrent Danclins et Tholomes
Qui tant paroistoit chiere pierres i fut asses
Sa moiller Rosones qui tant ot de biautes
Fut ce jour le sien cors de corones honores

Et le poète ajoute un peu plus bas, en parlant de la reine, que son visage.

couloures
De blanc et de vermeil estoit enlumines

Voilà l'alexandrin dans sa naïveté première; on y trouve bien quelques terminaisons en e muet de trop; mais dans le dernier vers, par exemple, le nombre de syllabes, la césure, le rhythme enfin, tout est observé. Il est vrai que Malherbe n'était pas encore venu, qui devait trouver le secret du croisement des rimes, de leur mélange régulier; aussi notre poète du XIIe siècle, lorsqu'il lui arrive de rencontrer un riche filon, l'exploite-t-il jusqu'à ce qu'il l'ait épuisé; il n'est pas rare de rencontrer dans le roumans d'Alexandre jusqu'à trois pages entièrement sur la même rime. — Des alexandrins d'Alixandre de Paris et de Lambert-li-Cort à l'alexandrin de Malherbe, et de celui-ci à l'alexandrin de Corneille, de Racine et d'André

Chenier, la distance, il faut l'avouer, ne laisse pas que d'être considérable ; mais le progrès n'a pas été si grand qu'on trouve un abîme entre tel et tel poète. L'alexandrin, avons-nous dit, est roide, sec et carré par sa nature ; ses éléments, son rhythme, sa division en deux parties égales par une césure de rigueur, tout a tendu à le rendre monotone, et à restreindre à deux ou trois les modifications dont il est susceptible ; nos plus minces poëtes du XVIᵉ siècle ont pu, en une strophe de six vers, varier l'alexandrin autant qu'il en était susceptible. Lorsqu'avec Boileau vous aurez fait des vers d'une seule pièce, et tombant lourdement sur leurs rimes comme le marteau sur l'enclume ; lorsqu'avec Racine ou Corneille vous aurez timidement placé la seconde ou à la quatrième syllabe, et risqué, avec André Chenier, quelques enjambements sauvés par un tour antique, vous serez au bout de votre travail ; un pas de plus, et vous dépassez l'alexandrin. — Bien des critiques en sont convenus ; nos vers de douze pieds seront toujours le plus grand obstacle que rencontrerait le poëte qui voudrait enrichir notre littérature d'un poëme épique. Et le drame, est-il bien satisfait de l'alexandrin, et celui-ci, du drame ? et la satire ? et la comédie ? L'épitre seule en ferait assez son affaire. On me répondra cependant que, s'il nous manque un véritable poëme épique, le vers de douze syllabes ne nous a pas privés du plus beau théâtre de l'Europe, d'un comique supérieur à tous ses rivaux, et d'un recueil de satires qui a fait pâlir celles de Juvénal. Oui : mais si les hommes de génie parviennent à se faire un harmonieux langage avec les éléments les moins parfaits, savez-vous jusqu'où se seraient élevés ces mêmes hommes avec le secours d'un mètre tour à tour léger, flexible, serré, sublime, gracieux, comme l'octave de la *Gerusalemme liberata*. D'ailleurs, sans jeter les yeux sur la littérature étrangère, quel parti la comédie ne pouvait-elle pas tirer du vers de dix syllabes, si naïf, si malléable, si je puis ainsi dire ; que l'on peut rendre si noble par l'inversion, et si familier par les enjambements qu'il souffre toujours. Quant au poëme épique et au drame, disons-le hardiment, un nouveau mètre était à trouver ; tous l'ont reconnu ; aucun n'a osé l'entreprendre. Lisons le fameux manifeste du chef des romantiques de 1829 : « Nous voudrions, dit-il, un vers libre, franc, loyal, osant tout dire sans pruderie, tout exprimer sans recherche ; passant de la comédie à la tragédie, du sublime au grotesque ; tour à tour positif et poétique, tout ensemble artiste, inspiré, profond et soudain, large et vrai ; sachant briser à propos et déplacer la césure pour déguiser sa monotonie ; ami de l'enjambement qui l'allonge, évitant l'inversion qui l'embrouille ; inépuisable dans la variété de ses tours, insaisissable dans ses secrets d'élégance et de facture ; prenant, comme Protée, mille formes, sans changer de type et de caractère. » — Tout cela est juste, vrai, profond ; mais comment, après avoir tracé un si beau programme, l'auteur des *Orientales* va-t-il en faire l'application sur un cadavre. Vous voulez briser et transposer la césure ; je soupçonne même que vous l'escamoterez plus d'une fois : mais la césure fait seule l'alexandrin ; notre langue, dépourvue de nombre, n'a pu trouver, comme celle de Virgile, dans sa prosodie les éléments de rhythme ; un vers latin, outre sa césure qu'on peut déplacer, et dont les lois sont si faciles, se distingue de la prose par l'harmonieux accord de ses syllabes ; c'est là la grande ligne de démarcation qui sépare la poésie du discours ordinaire. Mais, à nous, que nous reste-t-il après la césure ? un monotone bourdonnement de consonnances revenant à périodes réguliers, et douze syllabes égales en quantité, ou à bien peu de chose près, ce qui du reste n'influe en rien sur leur position dans l'hémistiche. Il faut avouer qu'un vers ainsi démantelé ressemble beaucoup à de la mauvaise prose, et n'est pas fait pour donner du relief à la pensée. L'alexandrin a tort, nous le savons ; mais il n'y a que deux choses à faire : le rejeter courageusement, entrer dans une nouvelle voie, créer quelque chose de régulier et d'harmonieux, qui réunisse toutes les qualités que vous avez énumérées tantôt ; ou l'adopter franchement, continuer à lutter contre ce lourd antagoniste, et vous regarder bienheureux lorsqu'après cinquante vers tombant lourdement deux à deux, vous aurez rencontré un enjambement pittoresque et agréable, une césure déplacée qui donne un tour harmonieux et nouveau à votre mètre. Mais, de grâce, tant que l'alexandrin subsistera et que vous n'aurez rien mis à sa place, contentez-vous-en, et plutôt que de l'étendre sur le lit de Procuste, résignez-vous à écrire de la prose ; le Bourgeois gentilhomme était si content d'en faire.

ALBERT MAURIN.

ALEXANDRION était une forteresse, ou château bâti par Alexandre Bannée, roi des Juifs, puis démoli par Gabinius, général romain, et enfin rebâti par Hérode le Grand, qui y fit porter les corps d'Alexandre et d'Aristobule, ses fils, qu'il avait fait mourir à Samarie. Josèphe, en parlant de ce château, nous apprend qu'il était situé sur le sommet d'une montagne, près de Coréa. (*V.* CORÉA, *et Josèphe, Antiq., l.* XIII, *c.* 24 ; XIV, 6, 10 ; 27 ; XVI, 2. *De bello jud., l.* V, *c.* 4.)
J. G.

ALEXAS, troisième mari de Salomé, sœur d'Hérode le Grand, s'attira l'estime et l'amitié de toute la nation juive, en mettant en liberté les principaux des Juifs qu'Hérode avait enfermés dans l'hippodrome de Jéricho, et qu'il avait commandé de faire mourir aussitôt qu'il rendrait le dernier soupir lui-même, afin que toute la Judée, affligée de la mort d'un si grand nombre de ses plus nobles enfants, pourrait au moins célébrer le deuil de son roi. (*Josèphe, Antiq.,* l. XVII, c. 10.) J. G.

ALEXEJEW (Pierre-Alexejewitsch), liturgiste et historien russe du XVIIIᵉ siècle, protopope à l'église de l'Archange à Moscou, sa ville natale, mort en 1801. Il fit ses études avec distinction à l'académie ecclésiastique de Moscou, devint professeur de catéchétique à l'université de la même ville, et exerça le ministère dans plusieurs églises principales ; il fut *kljutschar* (custode) de la grande église cathédrale. Son ouvrage principal est un *Dictionnaire ecclésiastique*, dans lequel il explique tous les termes esclavons et grecs des livres de liturgie et des Pères de l'Église. La meilleure édition originale est celle de St-Pétersbourg, en 3 vol. (1794), parce que l'auteur y a fait beaucoup de corrections et d'additions, et réduit l'ouvrage dans un ordre systématique. Après sa mort parurent encore plusieurs éditions (entre autres en 1817-19, 5 vol.), dans lesquelles on fit des changements, quelques-unes de ses explications ayant paru hasardées, trop libres et peu orthodoxes. On doit en outre à Alexejew des sermons russes, une traduction de Grotius, *De verit. relig. christ.*, et plusieurs autres ouvrages qui existent en manuscrits ; par exemple, un *Dict. hist.* de tous les hérétiques et rasskolniks, qui se trouve à la bibliothèque de l'académie d'Alexandre Nevski.
R.

ALEXIS Iᵉʳ COMNÈNE, fils de Jean Comnène, né à Constantinople en 1048 de J. C., honoré du titre de César par Nicéphore Botoniate, se souleva contre lui peu de temps après, et se fit proclamer empereur par l'armée de la Thrace ; s'empara du trône et en fit descendre Nicéphore l'an 1081. Il mourut en 1118. Ses monnaies, où se fait sentir la barbarie de l'art dans sa décadence, et où l'on trouve de celles que l'on nomme *scyphati*, en forme de coupe, portent son buste ou sa figure debout, tenant le *labarum* et un globe surmonté d'une croix, et au revers le Christ assis, nimbé, tenant le livre des Évangiles, ou le buste de la Vierge avec l'enfant Jésus : quelquefois le buste de saint George. Il y prend le titre de Despote (ΔΕСΠΟΤΗC). Elles valent en or 30 fr., en argent 24 fr., et en petit bronze 10 fr. (Voyez, outre Mionnet, MARCHANT, *Mélanges de numismatique et d'histoire*, lettre XI, fig. 3.) D. M.

ALEXIS II COMNÈNE, né en 1167, fut déclaré Auguste dès l'âge de deux ans ; il monta sur le trône après la mort de son père, et sous la régence de sa mère, l'an 1180. Il fut étranglé par les ordres de son cousin Andronic Comnène, l'an 1183. Eckhel (*Doctrina nummor.*, t. VIII, p. 260) avait donné au premier *Alexis* toutes les médailles qui portent ce nom : mais M. de Kœhler, conservateur du cabinet impérial de Russie, a publié des médaillons qui étaient inconnus à Eckhel, et qu'il pense devoir appartenir à Alexis II, à cause de saint Eugène que l'on voit au revers, ce qui paraît pour la première fois sur les médailles de Jean II Comnène, grand-père d'Alexis II. Le médaillon d'or publié par le père Khell ne peut aussi être attribué qu'à Alexis II, à cause de l'association de ce jeune empereur avec Andronic qui avait usurpé la régence. — Ces pièces offrent l'empereur à cheval, tenant un sceptre, et au revers saint Eugène, la tête nimbée, tenant une croix et aussi monté à cheval. Le médaillon a pour revers le buste de la Vierge, au milieu des fortifications de Constantinople ; il vaut 150 fr. Les autres médailles en argent valent 50 fr. (Voyez au mot COMNÈNE, l'histoire de cette famille.)
D. M.

ALEXIS (le Faux). Le règne d'Isaac-l'Ange fut fameux par les vices et les faiblesses d'un prince dépravé. Alexis, homme audacieux, résolut de mettre à profit le mécontentement général pour parvenir au pouvoir. Sa ressemblance avec Alexis II, fils de Manuel Comnène, lui servit pour lever l'étendard de la révolte dans les provinces asiatiques de l'empire (1191). Il chercha à gagner l'amitié du sultan d'Icone, qui lui promit du secours. Il rassembla les troupes, et remporta plusieurs avantages ; mais ces troupes, composées en grande partie d'infidèles, ravagèrent les provinces chrétiennes que le faux Alexis voulait soumettre. Les excès et les cruautés auxquels se livraient ses soldats allumèrent le fanatisme chez les prêtres et la haine chez les chrétiens. Un moine ascétique résolut de délivrer ses coreligionnaires des persécutions d'un tel imposteur. A la faveur de la nuit il s'introduisit dans sa chambre, saisit son épée suspendue au chevet du lit, et lui trancha la tête. Les révoltés privés de leur chef se dispersèrent ; et les musulmans, dont l'armée d'Alexis était formée, cherchèrent en toute hâte à regagner leurs foyers.

J.-F. DE LUNDBLAD.

ALEXIS MICHAELOVITZ, fils de Michel Féodorovitz, naquit en 1630. Il n'avait que 16 ans lorsque son père mourut et lui laissa l'empire. Les grands de Russie ou, comme on les appelait, les *boïards*, étaient puissants alors, et c'était surtout à la mort de leurs souverains qu'ils s'élevaient de nouvelles prétentions et tâchaient de faire valoir leurs priviléges. Le gouverneur d'Alexis, *Boris Joannovitz Morizof*, homme d'un jugement solide et d'un esprit pénétrant, redoutant ces causes de désordre, le fit proclamer immédiatement. Il eut soin de conserver le pouvoir entre ses mains et de tenir le jeune prince en tutelle. A une ambition démesurée il joignait une avarice qui lui fit chercher les moyens de s'enrichir aux dépens du peuple dont il dirigeait les destinées. Il maria d'abord son pupille à *Marie*, belle et jeune fille d'un noble russe, Miloslavski ; il en épousa lui-même la sœur quelques jours après. Il fonda sur ces liens l'espoir de s'affermir dans l'amitié d'Alexis et de se mettre, sous sa protection, à l'abri de la haine du peuple. Cette haine, pourtant, ne lui fit pas défaut. Le fardeau des impôts qui pesait sur les basses classes, la jalousie des grands contre le favori, tout concourut à armer les mécontents. A peine le jeune empereur put-il sauver sa couronne et la vie de celui qu'une alliance lui faisait un devoir de défendre. Les premières années du règne d'Alexis n'annonçaient que faiblesse ; mais, à peine abandonné à lui-même, il déploya une énergie qui étonna ses sujets. Il donna plus d'une fois des preuves d'humanité au milieu d'un peuple encore plongé dans la barbarie. Il est vrai qu'on reproche à son souvenir la *chancellerie secrète*, espèce d'inquisition devant laquelle étaient traduites toutes les personnes accusées de haute trahison. Mais c'est à lui que la Russie doit un *code de lois* dont la plupart sont encore en vigueur. Il favorisa l'industrie et imprima surtout une grande impulsion aux fabriques de soieries et de toile. Il agrandit la capitale de deux faubourgs. Les premières communications entre l'empire russe et la Chine s'ouvrirent en 1652 ; il y envoya le boïard *Andréef*. Son règne ne fut pas tranquille. Il eut à soutenir une guerre contre la Pologne et contre la Suède ; la paix de Cardis mit fin à la dernière (1661). Ce fut surtout la révolte des Cosaques du *Don* qui jeta le plus de trouble dans ses États, y causa le plus de désastres et fut l'occasion des plus grandes cruautés. Cette révolte, qui s'était allumée en 1669, ne fut apaisée qu'en 1671. Le chef, *Stenko Razin*, fut pris et décapité. Alexis épousa en secondes noces *Nathalie Naritschkin*, de laquelle il eut *Pierre le Grand*. Ce prince mourut le 29 janvier 1677.

J. F. DE LUNDBLAD.

ALEXIS PETROVITZ, fils de Pierre le Grand et d'Eudoxie Lepouskin, naquit à Moscou le 29 février 1690. Dès son enfance, cet infortuné prince parut destiné aux malheurs qui frappèrent sa jeunesse et préparèrent sa mort. Sa mère, répudiée par Pierre le Grand, embrassa le parti des mécontents, suscité par les innovations de son mari. Entourée de nobles qui haïssaient les nouvelles mœurs que voulait introduire leur maître, imbue de tous les principes du clergé moscovite qui ne redoutait pas moins les projets du czar, cette princesse éleva son fils dans les mêmes opinions. Autant Pierre tenait à civiliser son peuple et à lui faire jouer ainsi un rôle sur la scène du monde, autant le fils était attaché fortement à ce qui était d'origine purement russe. L'enfant se ressentit de la mauvaise intelligence qui existait entre son père et sa mère. L'aspect sévère de son père, les reproches qu'il en essuyait constamment étouffèrent l'amour qu'il aurait pu éprouver pour lui. Le père, de son côté, n'aimant pas son épouse, l'avait fait enfermer dans un cloître, et ne voyant pas dans son fils les qualités qui distinguaient lui-même, il craignit que les fruits de son règne ne se perdissent sous un si faible successeur. Aussi, disait-il : Je confierais plutôt l'empire à un étranger qui en serait digne, qu'à mon fils qui ne le mériterait pas. Cependant, avant que le prince fût l'objet du ressentiment de

son père, Pierre lui donna quelques marques de confiance. C'est ainsi qu'il le nomma au gouvernement pendant son expédition contre les Turcs. Il voulait le familiariser avec les mœurs européennes, en lui faisant épouser une princesse allemande. En effet, il fut fiancé en 1716 à *Charlotte*, princesse de Brunswick Wolfenbuttel. Il devint, par cette alliance, beau-frère de l'empereur Charles VI. Mais le jeune prince rendit son épouse malheureuse ; elle mourut, peu de temps après, d'ennuis et de chagrins. Cette conduite d'Alexis rendit plus hostiles encore les rapports entre le père et le fils ; ils devinrent tels enfin que le prince, profitant de l'absence de son père, quitta secrètement l'empire et se rendit d'abord à Vienne, puis à Inspruck et à Naples. Le père lui dépêcha des envoyés avec la promesse de tout oublier, et Alexis se laissa prendre au piège. A peine rentré dans sa patrie, on lui fit signer un acte de renonciation au trône, et il fut arrêté. Sa mère et sa tante partagèrent sa disgrâce. Tous ceux que le cruel Pierre soupçonnait d'avoir favorisé ou seulement connu l'évasion de son fils, furent punis avec toute la rigueur qui était un trait principal du caractère de ce monarque. Une commission de 124 délégués fut établie pour juger le malheureux prince, qui, faible et sans amis, se déclara coupable. Il fut condamné à mort en juillet 1718, et cette nouvelle, d'après le récit de la cour, fit une telle impression sur Alexis qu'il fut frappé d'une apoplexie foudroyante, à la suite de laquelle il expira, après avoir reçu le pardon et les larmes de son père. Mais une version qui mérite plus de crédit est celle qui le fait périr de mort violente, ou par le *poison* ou par le *fer*. On désigne le général *Weide*, une des créatures de Pierre, comme son bourreau. (*V. Brisching* et le récit de *Bruce*.) J. F. DE LUNDBLAD.

ALEXIS (S:) florissait, suivant la plus commune opinion, sous le pontificat d'Innocent Ier qui mourut en 417 ; ce qu'on sait de plus positif sur sa vie, c'est que, fort jeune et le jour même de son mariage, union qu'il n'avait contractée que par obéissance pour ses parents, il se retira dans la solitude, d'où il rentra, après quelques années, mais comme pèlerin, dans la maison paternelle. Là il vécut ignoré, et ne se fit connaître qu'au moment de sa mort. Les Églises grecque et latine honorent sa mémoire ; sa vie est rapportée par Métaphraste ; mais elle renferme des particularités si étranges que, sans douter de l'existence de ce saint et de la légitimité du culte qu'on lui rend, on ne peut être blâmé d'en rejeter la plus grande partie. Sa légende est surtout tirée d'un poëme de Joseph le jeune, qui vivait dans le IXe siècle ; d'une Vie *anonyme*, écrite dans le Xe siècle ; d'une homélie de saint Adalbert, évêque de Prague, et de plusieurs autres ouvrages. La mémoire de ce saint a été vengée d'une partie des attaques dont il avait été l'objet, par Nérinio, abbé des hiéronimites de Rome, dans une dissertation *De templo et cœnobio SS. Bonifacii et Alexii*, Rome, 1752, in-4°. On a dit aussi que saint Alexis et saint Jean Calybite (*V.* ce mot) n'étaient qu'un seul et même personnage.

ALEYRODE, genre d'insectes de l'ordre des *hémiptères*, famille des *aphidiens*, ayant pour caractères : élytres et ailes en toit ; antennes de six articles, courtes et presque cylindriques. — L'insecte type de ce genre, le seul même qui le compose encore aujourd'hui, avait été nommé par Linné, *tinia proletella*, et par Geoffroy, *la phalène culiciforme de l'éclaire*. M. Latreille lui a donné le nom d'*aleyrode de l'éclaire* ; d'abord, parce qu'il est blanchâtre, comme enveloppé de farine, et ensuite parce qu'il semble habiter de préférence sous les feuilles de la grande éclaire, dont il pompe le suc avec son long bec, et sous lesquelles on le trouve pendant toute l'année, même à l'époque des froids les plus rigoureux. Cependant, je dois dire qu'il n'est pas rare de le rencontrer sur les feuilles de chou, sur celles de chêne et de quelques autres végétaux. Son corps est mou, à peine long d'une ligne, jaunâtre, quelquefois un peu rose ; ses élytres et ses ailes sont blanches, ses yeux sont noirs. Le suc d'un jaune orangé que l'insecte suce tire des feuilles de l'éclaire paraît à travers sa peau, qui est frangée de cils. — Réaumur, qui a écrit un mémoire sur l'aleyrode, l'a placé à tort parmi les lépidoptères (papillons) ; mais Latreille, dans un autre mémoire qui fait partie du *Magasin encyclopédique*, a bien assigné le rang que doit occuper cet insecte, voisin des *pucerons* par la forme du corps, et des *psylles* par les métamorphoses qu'il subit. Ses œufs, au nombre de neuf à trente, sont déposés en cercle, sur une tache couverte de poussière blanche, entre les grosses côtes de la surface inférieure des feuilles ; ils sont blancs, gélatineux, lisses et luisants. La larve est ovale, très-aplatie, d'un verdâtre transparent, ressemblant à une petite écaille ; Réaumur prétend qu'avant de se changer en nymphe, cette larve prend une figure conique. Au moment où elle se prépare à cette métamorphose, son corps s'élargit ; elle se fixe sur la feuille au moyen d'une espèce de glu ou de liqueur visqueuse, qui forme une frange à chaque extrémité du corps. Bientôt il n'en reste plus qu'une membrane sèche qui laisse voir la nymphe, laquelle est couverte d'une enveloppe brune qui se fend par le milieu pour donner issue à l'insecte. — Dans un calcul auquel on peut cependant reprocher quelques irrégularités, Réaumur établit, qu'en supposant sept générations de mars en septembre, et cinq mâles avec autant de femelles par génération, un couple produira 195,000 à 200,000 individus ; ce qui l'emporte sur la fécondité déjà si prodigieuse des pucerons. Mais des cinips et une espèce d'acarus font à cet insecte une guerre d'extermination.   N. C.

ALEZAN. Ce mot vient de l'espagnol *alazan*, ou de l'arabe *alhassan*, cheval de bonne race ; il sert à désigner une des nuances du poil des chevaux ; dont la base est un jaune plus ou moins foncé. (*V.* CHEVAL [*poils du*]).

ALFADER (*myth. scand.*). Le plus ancien et le plus grand des dieux dans la théogonie scandinave. (*V.* ODIN).

ALFIERI (VICTOR), né dans la petite ville d'Asti, en Piémont, le 17 janvier 1749, est l'un des écrivains modernes dont l'Italie se glorifie. — Il donna à la tragédie un nouvel essor, et bientôt sa réputation s'étendit hors des limites de sa patrie. — Il était à peine âgé d'un an lorsque son père mourut. Alfieri fut alors placé sous la tutelle de Pellegrino Alfieri, son oncle, gouverneur de Coni. — D'un esprit mobile et capricieux, d'un tempérament nerveux, prompt à se pénétrer de toutes les impressions, Alfieri révéla, dès sa jeunesse, ce caractère farouche et opiniâtre qu'il conserva toute sa vie. Telle était la vivacité et la violence de ses passions, qu'à l'âge de sept ans, dans un accès d'agitation, il tenta de s'empoisonner. — Il fit ses premières études à Turin, dans le collège des nobles ; études que son caractère irritable et de fréquentes maladies rendirent presque nulles. En 1765, la mort de son tuteur le mit en possession d'une immense fortune : il venait de sortir du collège et se trouvait ainsi maître absolu de ses volontés, de sa personne, de sa destinée ; il était âgé de seize ans. Il commença l'apprentissage de sa liberté par les voyages : il parcourut successivement l'Italie, la France, l'Angleterre et la Hollande ; mais il porta, dans ses courses, le même esprit de mécontentement, de caprice et de mélancolie qui avait eu pour lui jusqu'alors de si tristes résultats. Il fit ses voyages comme ses études, sans rien voir, sans rien apprendre, comme s'il n'eût eu d'autre idée, d'autre désir que de changer de place. — Cependant le jour devait arriver où il sentirait tout le vide de cette existence. — En effet, tout à coup il fait un retour sur lui-même : il s'indigne de cette apathie dans laquelle il était plongé ; et, décidé à réparer les années stériles de sa jeunesse, il recommence à voyager. — Toute l'énergie de ses passions et de son esprit se concentrent sur les voyages : il traverse l'Allemagne, le Danemark, la Suède, la Prusse, la Russie, revient en Hollande, passe en Angleterre où il séjourne six mois, sillonne en tous les sens la France, l'Espagne, le Portugal, et rentre à Turin en 1772, après une absence de dix-huit mois. — Il a consigné dans ses Mémoires quelques-unes des opinions que lui inspirèrent, dans ses pèlerinages, les hommes et les choses. L'*Héloïse* de J. J. lui parut une œuvre *sans âme* et remplie d'affectation ; le *Contrat social*, une inintelligible rêverie ; le théâtre de Voltaire, la *Henriade* et l'*Esprit des lois* furent, un temps, sa lecture favorite : il portait avec lui les œuvres de Montaigne, et ne s'en séparait jamais ; les Etats de Frédéric le Grand ne parurent à notre futur poëte des libertés antiques, qu'un vaste corps de garde. Il avait une antipathie prononcée contre l'état militaire, et, pour lui, le premier mérite d'une ville était l'absence de tout uniforme. Il avait la vie de Pierre Ier écrite par Voltaire : et, sur la foi du philosophe, il avait visité la Russie. Ce pays l'avait ennuyé. — Echappé aux arsenaux et aux douanes de la Prusse, aux aventures de l'Angleterre, il arrive à Paris, et là, pour la première fois, il entreprend la lecture des classiques de l'Italie : pour la première fois Dante, Pétrarque, Arioste et le Tasse révèlent à son esprit la grande poésie de sa patrie. — Ce fut là l'étincelle qui devait allumer en lui le feu sacré : son imagination s'éveille ; lui aussi il est poëte ; pour lui aussi, il y a dans ce monde une destinée de gloire ! — La carrière dramatique s'ouvre devant ses pas ; il ne tardera pas à s'y aventurer. — Nous ne parlerons point des premiers vers écrits par Alfieri, douloureux opuscules destinés à exhaler les douleurs d'un amour sans espoir, et que plus tard lui-même il appela *vers malheureux*. Hâtons-nous d'arriver à ses premières œuvres dramatiques :

en 1775, il débute au théâtre de Carignan, à Turin, par la pièce de Cléopâtre, sorte de pastiche également étrangère à la comédie et au drame, mais où l'on reconnut pourtant les germes d'une haute destinée théâtrale. Telle est, en effet, l'histoire de presque tous les hommes dont le génie n'est pas encore dégagé de ses langes : dans leurs premiers tâtonnements, et jusque dans leurs erreurs, on pressent ce que l'avenir leur réserve de progrès et d'inspirations. Après tout, Alfieri n'était pas un génie de première trempe : il n'aurait pas pu dire, comme le Cid de Corneille :

> Mes pareils à deux fois ne se font pas connaître,
> Et pour leurs coups d'essai veulent des coups de maître.

Cette suprématie de prime abord est un bienfait dont le ciel a toujours été peu prodigue. — L'une des plus grandes difficultés qu'Alfieri rencontra dans ses débuts littéraires, fut une question d'idiome. Né à Turin, élevé dans le jargon piémontais, il ne connaissait presque point la langue italienne. Dans le cours de ses voyages, il avait appris le français et trouvait que cette langue se prêtait merveilleusement à fixer les idées ; il s'en servit en plusieurs occasions pour dresser les plans de ses ouvrages. — Mais quand il s'est agi enfin d'écrire ses tragédies, il comprit qu'avant tout il fallait parler le langage de son pays. Le voilà donc qui se rend en Toscane : là, il commence ses nouvelles études sur les écrivains de Rome ancienne ; il cherche, dans la belle latinité des siècles d'Auguste, les origines de la langue italienne, à laquelle bientôt il va se consacrer tout entier. C'est alors que, pénétré de la mission vers laquelle il se sent appelé, il forme le noble projet d'élever le théâtre de sa patrie à la hauteur du théâtre français et des scènes de l'antiquité. — Le voilà donc enfin sorti de tous ses embarras, régénéré par le travail ; tout rempli des pensées de la Grèce et de Rome ; le voilà qui va réparer la longue oisiveté de sa jeunesse. Sept ans seront à peine écoulés, que quatorze tragédies auront immortalisé le nom d'Alfieri. *Philippe II, Polynice, Antigone, Agamemnon, Virginie, Oreste, la Conjuration des Pazzi, Don Garcia, Rosemonde, Marie-Stuart, Timoléon, Octavie, Mérope* et *Saül*, telle est la nomenclature de ces œuvres qui parurent successivement et presque sans intervalle. — Ajoutez à ces tragédies le *Traité de la tyrannie*, la traduction de *Salluste*, en prose ; l'*Etrurie vengée*, poëme en quatre chants, et *cinq odes sur la révolution de l'Amérique*. — Ce fut sur ces entrefaites, en 1777, qu'il rencontra à Rome la comtesse d'Albany (*V.* ce mot), femme du prétendant Édouard Stuart (Jacques IV), et qu'il en devint éperdument amoureux. — A cette époque, les vers républicains d'Alfieri couraient toutes les bouches : le gouvernement romain était indisposé contre le poëte ; les rapports qui s'établirent entre Alfieri et la comtesse ajoutèrent encore aux mécontentements du saint-siège : il ne pouvait plus supporter la présence d'un homme qui, non content de semer en tous lieux des germes de révolution, donnait encore par sa conduite privée des exemples contraires à la morale publique : Alfieri fut exilé. — Il se rendit alors à Strasbourg, où il écrivit *Sophonisbe, Agis, Myrrha* et les *deux Brutus*. De là il se rendit à Paris, et, durant le séjour qu'il fit dans cette capitale, il composa son *Traité des Princes et des Lettres*, son *Panégyrique de Trajan*, la *Vertu méconnue* et l'*Amérique libre*. — Cependant l'orage révolutionnaire commençait à gronder autour du trône de Louis XVI : Alfieri écrivit à ce roi une lettre où respirait le génie de ses œuvres, et qui resta sans effet : le 14 juillet, la révolution éclata. Les passions démocratiques et républicaines qui jusqu'alors avaient animé le poëte, prirent en ce moment dans son âme une violence nouvelle : il composa une ode sur la prise de la Bastille (Parigi Sbastigliato) ; mais au milieu de son exaltation, il s'aperçut tout à coup que le mouvement populaire allait déborder ; que la révolution allait inonder la France de larmes et de sang ; que, lui-même, le poëte de la liberté, n'était plus en sûreté sur cette terre *libre*. Réduit à prendre la fuite, il se rend à Florence. Les biens qu'il possédait en France sont confisqués et vendus ; sa bibliothèque est pillée, ses manuscrits saisis ; il est traité en rebelle et en traître. Alors, tout cet enthousiasme dont il avait fait tant de bruit, tous ces beaux élans poétiques par lesquels il avait accueilli les premiers chants républicains, tout cela fit place en lui à un mépris profond, à une horreur désormais invincible pour tout ce qui portait le nom français. — Cette haine nouvelle s'accrut bientôt encore des triomphes de nos armées en Italie ; elle dégénéra même en une sorte de fureur et de monomanie dont on voudrait trouver la cause dans un sentiment de patriotisme et non dans la douleur d'une illusion évanouie. — Alfieri touchait à sa cinquantième année quand il résolut d'apprendre le grec. Ce fut à peu de temps de là qu'il traduisit l'*Alceste* d'Euripide, les *Grenouilles* d'Aristophane, et les *Perses* d'Eschyle. — Revenu à ses travaux dramatiques, il composa encore cinq tragédies, sept comédies et une sorte de drame intitulé *Abel*. — Plus tard, il traduisit en vers les comédies de Térence et l'*Enéide* de Virgile. — Il composa aussi l'histoire de sa vie, qui fut ensuite continuée jusqu'en 1803, par la comtesse d'Albany. — Il mourut, en cette même année, le 8 octobre, et son corps fut inhumé dans l'église de *Santa-Croce*, entre les tombeaux de Machiavel et de Michel-Ange. — Quelque temps avant sa mort, Alfieri qui, dans ses travaux sur la littérature grecque, s'était épris pour Homère d'un juste enthousiasme, avait fondé un *ordre homérique* dédié au *poeta Sovrano*, et s'en était armé lui-même chevalier. — Les insignes de cet *ordre* se composaient de 23 pierres précieuses réunies en collier, et portant chacune un nom de poète célèbre; au-dessous du collier on lisait deux vers grecs dont voici la pensée : « L'ordre « des chevaliers d'Homère, créé par Victor Alfieri, est un or- « dre divin, plus grand, plus honorable que tous les ordres « inventés par les souverains de la terre. » — Les œuvres complètes d'Alfieri ont été plusieurs fois imprimées en Italie. Nous en possédons une édition en 22 volumes in-8°, publiée à Paris de 1805 à 1815. — Ses tragédies, imprimées par Didot, en 1788 et 1789, composent 6 vol. in-8°. — Le caractère principal du talent d'Alfieri est l'élévation des idées, la hardiesse de l'expression, quelquefois âpre et sauvage, mais presque toujours vraie et profonde. Son dialogue est vif ; il n'a point la douceur et les épanchements de Racine, mais dans les situations énergiques il s'élève parfois à une grande hauteur de pensée et de style. Avant Alfieri, la tragédie italienne n'existait pas: les œuvres de Maffei et de Conti étaient restées comme des essais incomplets, comme des imitations sans caractère propre... — Les tragédies d'Alfieri ont été traduites par Petitot, Paris, 1802, 4 vol. in-8°. Mais cette traduction est beaucoup trop imparfaite pour qu'on y renvoie le lecteur. Un autre essai de ce genre et en vers fut tenté en 1809, par J. A. de Gourbillon, et avec aussi peu de succès. Il est peut-être vrai de dire que ces œuvres, dont le plus grand éclat est emprunté à l'élégance et à la splendeur du langage italien, ne sauraient être exactement traduites, et perdraient à coup sûr dans cette transformation quelques-unes de leurs plus heureuses qualités. — Alfieri ne fut point imitateur : il n'étudia les anciens que pour ramener le théâtre à la majestueuse simplicité des Grecs, et en cela il réussit. — L'Italie lui rend toute justice, et cependant ses tragédies sont rarement jouées : c'est que la simplicité même de leur ordonnance et de leur action les a, pour ainsi dire, dépouillés de tout mouvement ; or, sans péripéties, les plus beaux vers, les plus hautes pensées soutiennent difficilement pendant cinq actes l'attention du spectateur.

ALFONSIE (*botanique*). Genre de palmiers établi par MM. de Humboldt, Bonpland et Kreuth. Il a pour caractères spéciaux : des fleurs monoïques, un calice à six divisions profondes, presque égales, dont trois intérieures et trois extérieures; six étamines à filets réunis à la base; un ovaire simple; trois styles ; une drupe ovoïde, fibreuse et monosperme. — La seule espèce connue de ce genre est originaire de l'Amérique méridionale ; c'est l'*alfonsie oléifère*, ainsi nommée parce que ses fruits fournissent le fameux *manteca del corozo*, huile légèrement aromatique, et que l'on brûle dans les églises et dans les maisons particulières. L'alfonsie ne s'élève pas au-dessus de six pieds, et son sommet est couronné d'une touffe de feuilles pennées. Les fleurs de ce petit palmier ne sont pas entremêlées ; les fleurs mâles et femelles sont sur des spadices distincts du même individu, elles sont sessiles et logées dans la substance des rameaux du spadice.   N. C.

ALFORT. Il existe en Angleterre, dans le Lincôlnshire, à dix lieues E. de la ville de Lincoln, un bourg d'Alfort, où se fabriquent des étoffes de laine ; mais ce n'est pas de ce bourg qu'il est question dans cet article. — L'Alfort dont nous avons à parler un petit hameau situé à deux lieues E. de Paris, sur la rive gauche de la Marne, en face de Charenton, département de la Seine ; et si ce hameau, dont on attribue l'origine et le nom à un château dit Harfort ou Hasseffort, ne marque pas beaucoup dans la géographie que le bourg précédent, il est infiniment plus célèbre par son *école vétérinaire*, établissement de la plus haute importance pour l'économie sociale. — Considérées, tour à tour, comme des écoles d'hippiatrique, d'économie rurale, de médecine pour la conservation et la guérison des animaux ; et, enfin, comme devant réunir

ces trois branches d'enseignement, les écoles vétérinaires ont principalement pour objet de former des hommes capables de se rendre utiles aux armées, dans les villes et dans les campagnes, par l'application de connaissances spéciales acquises sur les maladies des animaux domestiques et sur leur meilleur mode de traitement. — Tel est, du moins, le point de vue sous lequel les considérait Bourgelat, écuyer de Lyon, qui le premier en eut l'idée. Cet homme distingué, soutenu du crédit du ministre Bertin, fonda dans sa ville natale en 1762 le premier établissement de ce genre qu'on ait vu en France ; et quelques années plus tard, en 1766, le second, celui d'Alfort. Tous deux ont servi de modèle aux établissements analogues fondés depuis lors dans presque toutes les capitales de l'Europe. — Nous ne nous occupons en ce moment que de l'école vétérinaire d'Alfort. Son histoire se divise en trois périodes, dont la première s'étend de l'époque de sa fondation à l'année 1813. — Dans ce premier intervalle, l'école eut pour directeurs, d'abord Bourgelat, son fondateur, puis Chabert, mort en 1814 ; elle compta, parmi ses professeurs, des noms chers aux sciences naturelles dans toutes les branches, tels que ceux de Vicq d'Azyr, pour l'anatomie comparée; de Daubenton, de Broussonnet son adjoint, et de Gilbert, pour l'histoire naturelle et l'économie rurale; de Fourcroy, pour la chimie ; de Flandrin, en même temps directeur-adjoint, pour l'anatomie, remplacé dans cette dernière chaire par Girard, depuis troisième directeur; de M. Dupuy enfin, qui, après y avoir enseigné trente ans la botanique, la thérapeutique et la pharmacie, fut, en 1828, chargé de fonder et de diriger une troisième école vétérinaire, principalement destinée à l'étude des maladies des bêtes bovines, et dont le siège est à Toulouse. — Le 29 germinal an III, il parut une loi portant organisation de deux écoles d'économie rurale vétérinaire, et d'après laquelle l'enseignement fut partagé en six professeurs. — En 1813, l'école d'Alfort subit, en vertu d'un décret impérial du 15 janvier, une réorganisation, par laquelle l'enseignement y fut divisé en deux parties distinctes. L'une, dite *cours de médecine vétérinaire*, astreignait les élèves à deux ans d'étude, sous trois professeurs : Dulong, pour la chimie; Victor Yvart, pour l'agriculture ; et, pour la zoologie, le célèbre entomologiste Olivier, postérieurement remplacé par Latreille, non moins illustre. — L'autre partie, qu'on appelait *cours de maréchalerie vétérinaire*, comportait les mêmes sujets d'enseignement que ci-dessus, divisés entre le même nombre de professeurs ; mais alors, Chabert fut chargé du cours de maréchalerie; Verrier, de celui des maladies; et Godine jeune, du cours d'éducation et d'histoire naturelle extérieure des animaux. — En 1825 enfin, une ordonnance du 1er septembre, concernant l'organisation des écoles royales vétérinaires, vint de nouveau modifier l'ordre établi, en constituant une inspection générale de ces écoles, et en réduisant de sept à cinq les chaires fondées pour Alfort par le décret impérial précité, et en supprimant le cours de médecine. — Tel est le régime sous lequel l'école d'Alfort subsiste encore aujourd'hui. — Son directeur actuel est M. Eugène Renaut, nommé depuis quelques mois. — L'ancien château de plaisance où siège l'école, situé entre deux grandes routes, a vue, tout à la fois, sur la Marne et sur la Seine. Il renferme, dans une enceinte de trente-deux arpents enclos de murs, un jardin botanique, rangé par M. Dupuy, d'après les belles familles de Jussieu ; un cabinet d'anatomie comparée des plus précieux, surtout avant l'établissement de celui du Jardin des Plantes ; un beau chenil; des locaux bien disposés pour recevoir les animaux qu'on y traite de diverses maladies ; un bel amphithéâtre pour les cours ; et enfin une machine hydraulique de Perrier, qui suffit pour le service de la maison. — On y entretient quelques mérinos, des moutons de race anglaise, à laine longue et lustrée, propre au peigne, et des vaches laitières choisies parmi les meilleures races d'Angleterre. — L'école vétérinaire d'Alfort, telle qu'elle est maintenant constituée, et dans la localité où elle se trouve occupe, a déjà rendu d'immenses services aux grands intérêts publics et privés qu'elle est chargée de soutenir et de défendre. Nous nous serions néanmoins peut-être permis de reproduire ici le vœu déjà plusieurs fois exprimé de sa translation dans la capitale, où il y en a mille raisons de penser qu'elle pourrait devenir beaucoup plus utile encore ; mais une allocation nouvelle de six à sept cent mille francs, destinée à compléter tout ce qui est relatif à la partie d'application chimique dont l'enseignement était, jusqu'à nos jours, très-insuffisant, vient renverser cette espérance. Puisse l'école tenir désormais tout ce qu'on aura droit d'en attendre, dès qu'on y enseignera plus complètement ce qui concerne les épizooties, si désastreuses pour notre économie sociale, comme le témoigne le fait trop avéré de la perte énorme de dix millions de bêtes bovines, dans le court espace de moins d'un siècle; perte qu'on peut, sans exagérer, évaluer en argent à la somme de plusieurs centaines de millions de francs: ce qui ne surprendra personne, si l'on réfléchit que, dans le nombre des victimes, se trouvaient au moins un tiers ou moitié de femelles qui auraient efficacement servi la multiplication de l'espèce.   P. E. R.

ALFRED LE GRAND. Alfred, sixième roi d'Angleterre de la dynastie anglo-saxonne, doit être regardé comme le fondateur de la monarchie anglaise, à plus juste titre encore que son aïeul Egbert qui, en renversant l'heptarchie, avait détruit le fractionnement de l'empire plutôt qu'il n'en avait établi l'unité politique. Né en 849, il était le quatrième des fils d'Ethelwulf, roi de Wessex. Son père, sous prétexte de lui épargner des chagrins, ayant longtemps reculé le moment de l'occuper d'études sérieuses, à douze ans il savait même pas lire; mais, frappé comme d'un trait de lumière en entendant réciter un poème saxon dont sa mère faisait ses délices, cédant à l'entraînement de son génie, et, d'ailleurs, puissamment encouragé par cette princesse éclairée, il passa bientôt de la connaissance de sa langue maternelle à celle des langues de l'antiquité. Son activité, son zèle, aidés d'un long séjour à la cour du pape Léon IV et de l'expérience anticipée qu'il dut à ses voyages ainsi qu'à l'observation des mœurs des peuples méridionaux, bien plus avancés, à cette époque, que ne l'étaient les peuples du Nord, ne tardèrent pas à faire de lui l'un des hommes les plus distingués et le prince le plus instruit de son temps. — En 871, parvenu à l'âge de vingt-deux ans, sans avoir ambitionné ni connu d'autre bonheur que celui de la culture des lettres, la mort de son frère Ethelred et le choix de son peuple l'appelèrent au trône. Il se vit contraint à sacrifier son repos personnel au salut de son pays, qui se trouvait alors dans un état déplorable et presque tout entier occupé par l'ennemi; car, déjà maîtres du Northumberland et de l'Est-Anglie, les Danois avaient envahi jusqu'au Wessex; les Merciens levaient l'étendard de la révolte contre le nouveau souverain, et la contrée, en proie à l'incendie, n'offrait de toutes parts que des amas de ruines fumantes. — A peine a-t-il fermé les yeux à son frère, qu'il lui faut marcher contre les Danois. Vainqueur dans une première affaire, vaincu dans la suivante, il rachète bientôt cet échec par de nouveaux efforts; il triomphe de nouveau, et conclut avec ses ennemis un traité par lequel ils doivent se retirer, mais que leur mauvaise foi rend inutile. En vain il multiplie contre eux les victoires. Revenant toujours à la charge, reparaissant plus forts après chaque défaite, leur persistance décourage enfin la nation, dont les membres fuient et se soumettent, froissés par un gouvernement juste, mais peut-être trop sévère; indisposés par des réformes sages sans doute, mais prématurées, et que leur ignorance ne peut apprécier. Placé par son éducation si fort au-dessus des hommes grossiers qu'il conduit, le roi sembla trop jaloux de leur faire sentir sa supériorité: on pourrait croire qu'il les dédaigne, qu'il les méprise, qu'il ferme l'oreille à leurs plaintes, quand ses vœux méconnus ne tendent qu'à les soulager. En 878, il appelle en vain à la défense du pays, encore attaqué par les Danois, des sujets qui, aveuglés par la crainte, le haïssent et l'abandonnent comme un mauvais roi. Vaincu par la force d'inertie bien plutôt que par les armes, il fuit, il abandonne à son tour, dépose les insignes d'un pouvoir méconnu, se cache sous d'humbles habits, et, gardant les troupeaux d'un pâtre pour gagner son pain, il vit un an, au nord de Cornouailles, au confluent des rivières de Tone et de Parret, du butin qu'il arrache à ses adversaires. Aidé d'un petit nombre d'amis, seuls confidents de sa retraite, il attend, avec de meilleurs jours, le moment de punir ses sujets de leur abandon, en les affranchissant pour jamais du joug étranger. Un léger avantage obtenu par le comte de Devon, l'un de ses partisans déclarés, encourage tous ceux qui, ne s'étant pas prononcés encore, viennent enfin se grouper autour de lui. Non moins actif que brave, il les rallie dans la forêt de Selwood, pénètre, déguisé en barde, dans le camp des Danois insouciants et inattentifs, reconnaît leurs forces au camp d'Etanolum (frontières de Wilh et de Sommerset), en triomphe dans une grande bataille (879), force leur chef Guthrum et quelques-uns de ses guerriers à embrasser le christianisme, et permet aux autres de s'embarquer pour la Flandre, sous le commandement d'Hastings, un autre de leurs chefs qui refusait de subir la loi du vainqueur. — Réconcilié dès lors avec son peuple par la victoire, et sans doute aussi mûri par les revers, Alfred est bien-

tôt reconnu dans le Sussex, dans le Kent, où le sauvage Hastings, débarqué de nouveau, n'ose l'attendre. Il équipe une flotte, brûle seize vaisseaux danois au port d'Harwich, renforce la garnison de Londres, et augmente les fortifications de cette ville qu'il embellit pour en faire sa capitale; car, à l'époque de son règne, où nous arrivons (883), déjà plus rien ne résiste à l'autorité de son nom, à la puissance de ses armes. Rentré depuis longtemps dans ses domaines héréditaires, il est maître de plus de terrain que tous ses prédécesseurs. Les rois de Galles lui rendent hommage; les Northumbres sont gouvernés par des chefs de son choix. Tous ses ennemis courbent la tête sous son sceptre ou du moins ne murmurent plus qu'en silence. — Un autre genre d'activité va remplir les loisirs que lui laisse le repos des armes. Il doit réparer les maux de la guerre; il doit civiliser une nation ignorante et barbare, en prémunissant son avenir contre de nouveaux malheurs. A cet effet, il encourage les sciences, l'instruction. Blessé de voir la nation tellement illettrée, qu'à peine y pouvait-on trouver un prêtre capable de lire son bréviaire en latin, il fonde ou rétablit l'université d'Oxford, en attirant à sa cour tous les savants de l'Europe; il soutient les arts mécaniques; il protège l'agronomie; il établit toutes sortes de manufactures; il rebâtit les villes ruinées, arme et enregistre les citoyens en milice régulière, crée des forces navales permanentes, une flotte de cent vingt bâtiments de guerre protége les côtes contre les tentatives des pirates du Nord, soit en les prévenant, soit en en paralysant les effets. — Des compilateurs peu réfléchis lui ont attribué un code de lois, l'institution du jury, la division du royaume en shires ou comtés, et par dixaines, par centaines de familles; toutes institutions des longtemps importées des marais de la Frise et des forêts de la Germanie dans le pays, par les Angles et par les Saxons; mais quand il ne les aurait qu'étendues et consolidées en Angleterre, en y asseyant l'état social, ne serait-ce pas assez pour sa gloire? — Dans les dernières années du règne d'Alfred, la paix, qui avait coûté tant de sang, fut encore troublée (vers 893) par une nouvelle invasion des Danois, qui, sous le commandement du fameux *roi de la mer* Hastings, s'emparèrent d'une partie de l'Essex. Ils furent vaincus, ainsi que les Danois d'Est-Anglie et de Northumbrie, excités par cette audacieuse tentative et par l'amour du pillage à menacer Exeter avec une flotte de deux cent quarante vaisseaux. Un troisième corps de pirates ayant risqué une pointe sur Bodington (Glocestershire), ne réussit pas davantage, et tous ceux d'entre eux qui tombèrent au pouvoir des soldats anglais furent pendus, pour l'exemple, à Winchester. — S'il faut en croire le témoignage des plus anciens auteurs nationaux, et surtout celui d'Asserius, qui a écrit en particulier la vie d'Alfred, aucune des connaissances cultivées de son temps ne lui était étrangère. Grammaire, rhétorique, histoire, philosophie, poésie: — Il traduisit en saxon la Lettre pastorale de Grégoire Ier, partie des Consolations philosophiques de Boëce, l'Histoire ecclésiastique de Bède, et peut-être même les fables grecques attribuées à Ésope, pour mettre, par lui-même, plus directement à la portée d'un peuple encore enfant les premiers éléments de la morale. Architecture et géométrie: — Il apporta d'ingénieuses innovations à l'application de ces sciences, comme la substitution de la brique au bois dans la construction des édifices. Musique: — On a vu que cet art agréable ne fit pas non plus défaut, dans l'occurrence, aux desseins du guerrier et du politique. Géographie: — Il tenta, dit-on, d'établir des relations commerciales avec l'Orient, par l'Égypte, par l'isthme de Suez, par la Perse; et enfin, s'il est vrai qu'il ait ordonné un voyage pour la découverte d'un passage aux Indes par le nord de l'Europe et de l'Asie, combien n'est-il pas curieux de voir germer, dès le IXe siècle, dans une tête royale de l'Angleterre, une idée que de simples particuliers, sujets de la même couronne, devaient réaliser neuf siècles plus tard? — Il mourut en 902, à cinquante-trois ans, après un règne de plus de vingt-neuf années, et fut enterré dans le monastère de Winchester, qu'il faisait bâtir quand la mort vint le surprendre. Il laissa de sa femme Ethelswitha trois fils: Edmond, mort sans postérité; Ethelward, satisfait de mener une vie privée; et Édouard, qui lui succéda sous le titre d'*Édouard l'ancien.* — Modéré, courageux et ferme, entreprenant, juste, indulgent, pieux, clément et doux, tel fut le caractère d'Alfred au moral; et comme si aucun avantage n'eût dû manquer à un homme qui en possédait de si précieux, la nature l'avait encore doué d'un corps robuste et d'une taille imposante, des manières les plus gracieuses et d'une physionomie des plus agréables. — Ses talents, ses vertus permettent de le comparer avec avantage, à tout ce que l'histeire ancienne ou moderne nous signale de grands et bons rois. Plusieurs traits de sa vie, sa clémence, sa grandeur d'âme, sa fermeté dans le malheur, sa modération dans la prospérité, le rapprochent également du Trajan, du Marc-Aurèle, du Titus des vieux Romains ; du Gustave-Vasa des Suédois ; du Henri IV. et du Louis XIV des Français. Placé sur un moins vaste théâtre, pourvu de moins de ressources, mais ayant à lutter contre non moins d'obstacles, Alfred d'Angleterre reproduit, de plus, sous bien des rapports, notre Charlemagne, dont il fut presque le contemporain ; Charlemagne, avec son activité, son ardeur, sa bravoure à la guerre, sa passion des arts de la paix ; mais Charlemagne moins la cour whémique, moins ces missions armées par lesquelles il ensanglanta trente ans l'Allemagne. Décoré du nom de *grand* par l'histoire, aucun monarque ne le mérita mieux que lui. Tous les partis, toutes les opinions, tous les écrivains, tant nationaux qu'étrangers, semblent s'être entendus pour lui trouver toutes les vertus, sans un seul défaut, ou pour excuser les quelques taches que l'humanité laisse apercevoir sur son caractère ; et, chose remarquable, tout ce qu'on peut avoir à en dire ressemble plutôt au panégyrique que la flatterie prononce sur la tombe à peine fermée de l'idole qu'elle encensa, qu'à l'histoire impartiale d'un prince dont la cendre est refroidie depuis des siècles.   P. E. R.

ALFRÉDIE (*botanique*). C'est pour placer seulement sa, *quenouillette penchée*, que M. H. Cassini a proposé d'établir ce nouveau genre dans la famille des *synanthérées* et la tribu des *carduacées*. En effet, la quenouillette penchée ou *cnicus cernuus*, belle plante originaire de la Sibérie, diffère du genre *cnicus* de Linnée par ses aigrettes doubles et par les filets de ses étamines, qui sont libres et sans duvet.   N. C.

ALGALIE, instrument de chirurgie dont on se sert pour donner issue à l'urine, quand elle est retenue et accumulée dans la vessie par un effet commun à plusieurs maladies. Il n'est pas certain que les Grecs connussent l'emploi de l'algalie dans les affections des voies urinaires ; mais les Latins en faisaient fréquemment usage, car Celse recommande de se servir de cet instrument dans la rétention d'urine, suite de la débilité sénile, d'un calcul vésical, ou d'un état inflammatoire : il veut qu'on en ait de différentes longueurs, tant pour les hommes que pour les femmes, et il décrit très-bien la manière dont on doit s'y prendre pour les introduire. — La forme des algalies a été modifiée dans une foule de circonstances, suivant le parti qu'on cherchait à tirer de cet instrument, et aujourd'hui nous en connaissons un bon nombre d'espèces qui diffèrent encore par la substance de leur composition. Ces variétés, presque innombrables, se rapportent cependant à trois classes, qui ont reçu des noms particuliers : ainsi celui de *cathéter* paraît réservé d'une manière presque exclusive à l'instrument plein et solide que dirige l'opérateur dans la lithotomie (opération de la taille) ; on appelle *bougie*, celui qui est plein et flexible, servant à dilater le canal de l'urètre dans certains cas de rétrécissement où la cautérisation ne doit pas être mise en pratique ; enfin, on appelle *algalie* ou *sonde*, une tige métallique, le plus ordinairement en argent, creuse, canaliculée à l'intérieur, munie d'un stylet qui la pénètre dans toute sa longueur et percée de deux yeux à son extrémité inférieure, ce qui la rend propre, non-seulement, comme nous l'avons déjà dit, à retirer l'urine de la vessie, mais encore à y porter des injections, si utiles pour la guérison de plusieurs maladies. L'extrémité supérieure ou pavillon offre deux anneaux qui empêchent que l'instrument ne glisse entre les mains de l'opérateur, ou servent à le fixer quand on veut le laisser à demeure. Les algalies ont une longueur différente, suivant qu'on les destine aux hommes ou aux femmes ; dans le premier cas, il leur faut de sept à onze pouces ; dans le second, elles en ont assez de six. Le calibre en est aussi variable, suivant l'individu que l'on veut sonder. Enfin, il faut que les parois aient une épaisseur suffisante pour que l'instrument résiste aux obstacles que l'on rencontre trop souvent dans le trajet du canal de l'urètre. Les premières algalies dont on se soit servi étaient de cuivre, si on en croit Celse, qui les nomme *fistulæ æneæ*. Elles avaient le grave inconvénient de s'incruster de sels produits de ce métal et des acides que renferme l'urine. Dans ces derniers temps on en a fait d'acier, afin de leur donner plus de solidité. Quoique fort utiles, et même indispensables dans beaucoup d'occasions, ces algalies ont le grand défaut de n'être point flexibles, et par conséquent inapplicables au traitement d'un grand nombre de cas pathologiques. On a donc cherché à s'en procurer de flexibles, et, après de nombreux essais plus ou moins heureux, et que nous ferons connaître à l'article SONDE, on est parvenu à trou-

ver les sondes en *caoutchouc* ou gomme élastique, qui sont, sans contredit, une des plus belles conquêtes de la chirurgie moderne. — Nous renvoyons aux mots BOUGIE, CATHÉTER et SONDE, pour compléter ce qu'il y avait à dire sur cet instrument, et nous donnerons au mot CATHÉTÉRISME le procédé opératoire par lequel on le fait pénétrer dans la vessie. N. C.

ALGARDE (L'), ALESSANDRO ALGARDI, naquit à Bologne en 1598. Ce sculpteur célèbre dut principalement l'éclat de sa réputation à son admirable bas-relief en marbre dans lequel il représenta saint Léon au moment où, arrêtant Attila dans sa marche et dans sa fureur, il l'empêche d'entrer à Rome. Ce morceau justement célèbre se trouve encore aujourd'hui dans l'église Saint-Pierre de Rome. Il est placé au-dessus de l'autel de Saint-Léon. Algardi a suivi, pour l'exécution de cette œuvre, les principes de la peinture : ses figures du premier plan sont tout à fait en relief. On peut voir, dans Cigognara, *Storia della scoltura*, la gravure de ce chef-d'œuvre, dans lequel toutefois quelques parties accusent un peu de pesanteur et d'opacité. — Algardi fut chargé de restaurer les statues des jardins du cardinal Ludovisi ; il y en ajouta quelques-unes qui sortirent de ses ateliers. Il est aussi l'auteur d'une Sainte-Madeleine qu'il fit pour l'église de Saint-Sylvestre au mont Quirinal. — Il mourut à Rome, en 1654.

ALGAROTTI (FRANÇOIS [comte d']), né à Venise, en décembre 1712, est l'un des auteurs italiens qui ait su allier avec le plus de bonheur le mérite du savant à celui de l'artiste et de l'homme de lettres. Après avoir fait de brillantes études à Rome, puis à Venise et à Bologne, il vint en France, où il connut les plus grandes célébrités de l'époque. Il n'avait que 21 ans lorsqu'il composa, à Paris, un ouvrage intitulé : *Neutonianismo per le donne*. Ce livre, dont la *Pluralité des mondes*, de Fontenelle, avait donné l'idée à Algarotti, fit sensation et commença par le rendre célèbre : il fut traduit en français, en anglais et en allemand. Algarotti consacra une grande partie de sa vie à voyager : il parcourut la France, l'Angleterre, la Russie, l'Allemagne, l'Italie. En revenant de Saint-Pétersbourg, où il avait accompagné lord Baltimore, il s'arrêta à Rheinsberg, résidence de Frédéric II, qui à cette époque était encore prince royal. Il sut si bien gagner les bonnes grâces de ce prince, que, dès qu'il fut monté sur le trône, il fit venir Algarotti à Berlin, le combla de faveurs, et lui accorda le titre héréditaire de comté. Auguste III, roi de Pologne, voulut aussi l'avoir à sa cour, et le nomma son conseiller intime. Le pape Benoît XIV, le duc de Savoie, l'infant duc de Parme, et plusieurs autres princes d'Italie, lui témoignèrent, par de flatteuses distinctions, l'estime que leur inspiraient ses talents et son caractère. En 1754, Algarotti, dont la santé était altérée par le climat du nord, retourna à Venise : il habita ensuite Bologne, et enfin Pise, où il mourut, le 3 mars 1764, d'une affection de poitrine. Les souffrances que lui causait sa dernière maladie n'avaient influé ni sur son humeur ni sur ses goûts, et il s'occupa avec calme, jusqu'à sa mort, de beaux-arts et de littérature. Il dressa lui-même le plan de son tombeau et composa son épitaphe. Le roi de Prusse lui fit élever un monument magnifique dans le Campo Santo de Pise, et ajouta une pompeuse inscription latine à celle plus simple qu'avait indiquée Algarotti. — Les OEuvres complètes d'Algarotti ont paru à Venise de 1791 à 1794 ; elles forment 17 volumes. L'étendue, et l'on peut même dire l'universalité des connaissances de l'auteur, répandent une grande variété dans ses ouvrages, et en rendent la lecture aussi instructive qu'amusante. Poëte gracieux, prosateur élégant, dessinateur et graveur habile, amateur éclairé de la peinture, de l'architecture et de la musique ; il a mérité, par les talents si divers, les éloges que ses plus illustres contemporains lui ont prodigués : d'un caractère doux et liant, il trouva des amis dans tous les pays qu'il parcourut ; il correspondait avec tous les hommes célèbres de son temps, et Voltaire ne l'appelait que son cher cygne de Padoue.   JULES VAN GAVER.

ALGARVES (royaume des), une des six provinces du Portugal, située sur l'océan Atlantique ; le fleuve Guadiana la sépare de l'Espagne. Son étendue est d'environ douze milles carrés : le sol de l'Algarve présente des nuances assez remarquables dans sa végétation. Traversé par de nombreuses montagnes, il est généralement rocailleux ; mais ses vallées sont d'une fertilité admirable. Un grand nombre de petites rivières s'échappent du flanc des monts, qui sont recouverts de forêts de kermès et de liège ; les autres principales productions du pays sont des fruits délicieux ; entre autres des grenades, des oranges et des dattes. Ses vins tiennent le premier rang parmi ceux que récolte le Portugal. Le climat des Algarves est tempéré, grâce aux brises de la mer, qui rafraîchissent continuellement l'atmosphère. La population de cette province s'élève au-dessus de 127,000 habitants. Outre Lagos, sa ville principale, on y remarque encore Faro, bon port de mer, au sud-ouest, et Tavira, sur la Segna.　　　　　　　　　　　J. VAN GAVER.

ALGÈBRE, mot dérivé de l'arabe, et qui signifie *réduction*. Pour exprimer ce que nous entendons aujourd'hui par algèbre, les Arabes disent *algebra macabelah*, c'est-à-dire, *réduction par opposition et comparaison*. Il est difficile de bien définir l'algèbre. D'abord, ce mot s'applique à une *langue* ou à un système de signes, particulièrement employé pour toutes les opérations de calcul faites sur les grandeurs en général ; ensuite il est usité pour désigner *la théorie de cette langue*, théorie qui consiste à combiner les signes de toutes les manières possibles, et à trouver, au moyen de ces combinaisons, l'expression de vérités inconnues et de tous les rapports qui peuvent lier les grandeurs entre elles. S'il s'agit d'appliquer des formules trouvées, cette théorie n'est qu'un art, une grammaire ; mais elle devient une science lorsqu'il s'agit de se livrer à l'étude profonde de théorèmes connus ou d'en chercher de nouveaux (*V.* THÉORÈME). Employée à résoudre des questions d'astronomie, de physique, etc., l'algèbre prend le nom d'*analyse astronomique, physique*, etc. (*V.* ANALYSE.) Ainsi on appelle *analystes* les mathématiciens dont les travaux roulent sur les applications diverses de l'algèbre aux grandeurs, et *algébristes* ceux qui traitent spécialement de la méthode générale pour les calculer. Certains auteurs ont défini l'algèbre, *l'art de résoudre les problèmes mathématiques*. On voit, par ce que nous venons de dire, que cette définition est au moins incomplète. D'autres l'ont appelée *arithmétique spécieuse* (de *species*), parce qu'ils la regardaient comme un calcul général ; d'autres, *arithmétique littérale*, parce qu'ils avaient en vue surtout la substitution dans le calcul des lettres aux signes numériques. Dans les ouvrages des anciens auteurs italiens, on lit, pour définition de l'algèbre, *regula rei et census*, ou règle de la racine et du carré. — Newton, dont le génie s'éleva si haut, se représenta toutes les arithmétiques particulières possibles avec leurs divers modes de calcul dominées par une méthode générale qui renfermât tous les rapports communs. L'algèbre fut pour lui cette méthode, et c'est de là qu'il nomma cette science *arithmétique universelle*. La langue algébrique est la plus simple et la plus concise de toutes les langues connues, la plus parfaite qui existe en ce genre ; et il n'est pas douteux qu'une foule de problèmes seraient restés à tout jamais au delà des forces humaines, si la force humaine n'eût trouvé, pour s'aider, un instrument de cette nature. L'alphabet algébrique contient deux classes de signes, servant, les uns, à représenter les grandeurs, les quantités ; les autres, à exprimer les rapports qui lient ces grandeurs ou ces quantités. La première de ces deux classes se compose des lettres de l'alphabet, soit latin, soit grec : ces lettres s'emploient arbitrairement pour représenter des nombres, des lignes, des plans, des volumes, des grandeurs quelconques. Outre les incalculables avantages qui résultent pour la science de l'emploi de ces signes, applicables à toutes les grandeurs, et à l'expression des vérités les plus générales, il ne faut pas oublier la commodité de leur emploi. Ces lettres sont des moyens d'abréviation propres à faciliter les raisonnements mathématiques ; et certes, sans leur secours, bien des opérations resteraient impraticables. — La seconde classe comprend dix signes ou sortes de signes principaux : 1° Le signe +, qui signifie *plus*, et s'emploie pour additionner les quantités. 5 + 6 se lit 5 *plus* 6 ; de même $a + b$ se lit *a plus b*, et dans ces deux exemples, le signe + ne fait qu'indiquer, de la même manière, qu'il faut ajouter 5 à 6 et a à b, quelles que soient les valeurs numériques qu'il conviendra ensuite de donner à ces deux lettres. — 2° Le signe —, qui veut dire *moins*, et indique une soustraction à faire toutes les fois qu'il est placé entre deux quantités : 7 — 3 se lit 7 *moins* 3 ; de même $a — b$ se lit *a moins b* ; et l'on voit que, dans tous les cas, ce signe — a pour rôle de marquer que la quantité qu'il le suit doit être retranchée de celle qui le précède. Ainsi $a — b$ n'est autre chose qu'une certaine quantité a diminuée d'une autre quantité b. — 3° Le signe ×, qui tient lieu des mots *multiplié par*. 5 × 6 indique la multiplication de 5 par 6, et se lit 5 *multiplié par* 6. 5 × 6 × 7 × 3 indique la multiplication de tous ces nombres les uns par les autres successivement. Il en sera de même pour $a × b × c × d$. Souvent, au lieu du signe × on fait usage d'un point (.), qu'on place aussi entre le multiplicande et le multiplicateur : 5.6, $a.b$; mais quand on a des lettres à multiplier, on n'emploie ordinairement aucun signe de multiplication, il suffit de les

écrire immédiatement les unes à la suite des autres : $a b$ est la même expression que $a × b$, ou $a . b$; $a b c d$ est la même que $a × b × c × d$, ou $a . b . c . d$. — 4° Faites une barre horizontale, écrivez au-dessus le dividende, au-dessous le diviseur ; la barre sera le signe de la division, et remplacera les mots *divisé par*. Ainsi vous lirez $\frac{30}{6}$ 30 *divisé par* 6, ou 30 *sur* 6, comme on est convenu de le faire. De même $\frac{a}{b}$ se lira a *divisé par* b, ou a *sur* b. On peut aussi indiquer la division par deux points (:), à la gauche et à la droite desquels on écrit le dividende et le diviseur : 30 : 6, $a : b$ sont exactement les mêmes expressions que $\frac{30}{6}$ et $\frac{a}{b}$. Il est souvent commode d'employer l'une de ces deux manières d'écrire de préférence à l'autre. — 5° Les signes ( ), ou *parenthèses*, dont on se sert pour comprendre plusieurs ou tous les termes d'une expression, et marquer que la même opération doit se faire sur tous ces termes. Ainsi $(a + b) × c$ signifie que a et b doivent tous les deux être multipliés par c, et c'est absolument la même chose que si l'on eût écrit $a × c + b × c$. $(a + b + c) × (d + e + f)$ indique la multiplication de chacun des termes a, b, c, renfermés dans les premières parenthèses, par chacun des termes d, e, f, contenus dans les secondes. De même, on écrit, pour la division, $(a + b) : c$, ou $\frac{a + b}{c}$; mais, dans ce dernier cas, le signe devient inutile. — 6° Les *coefficients*. On appelle ainsi les nombres qui s'écrivent à gauche des quantités littérales, pour indiquer combien de fois elles doivent être répétées. Soit à additionner $a + a + a$; on aura $3 a$, expression bien plus simple que la précédente, et 3 sera le coefficient de a. De même, au lieu de $a b + a b + a b$, on écrira $3 a b$, ce qui voudra dire que le produit de a par b doit être pris trois fois. Il est à remarquer que l'unité coefficient ne se rencontre jamais, car il est plus simple d'écrire a au lieu de $1 a$, et de lieu de $1 b$. — 7° Les *exposants*. Ils se placent à la droite des lettres, et désignent le nombre de fois que les quantités représentées par ces lettres doivent être multipliées par elles-mêmes. Soit à multiplier a 5 fois par lui-même ; au lieu de $a × a × a × a × a$, on écrit a^5 ; et en supposant que a ait pour valeur numérique 6, a^5 n'est que l'expression sous une autre forme de $6 × 6 × 6 × 6 × 6$, ou 7776. L'exposant exprime le *degré* ou la *puissance* des lettres, c'est-à-dire qu'il marque combien de fois la multiplication doit être répétée sur la même lettre ou sur la quantité qu'elle représente. L'exposant 1 ne s'écrit point ; car la lettre qui n'a point d'exposant est censée avoir l'unité, et il est plus simple d'écrire au lieu de a^1. — 8° Le signe de l'extraction des racines √. On le place à la gauche des quantités dont les racines doivent être extraites. Ainsi √ a signifie qu'il faut extraire la racine carrée de a. La racine carrée d'un nombre est un autre nombre qui, multiplié par lui-même, reproduit le premier. Le carré d'un nombre est la deuxième puissance de sa racine. Les exposants, placés au haut et entre les deux branches du signe √, désignent le degré de la racine à extraire ; comme, par exemple, la racine quatrième de a, $\sqrt[4]{a}$. On écrit $\sqrt[3]{a}$ pour la racine cubique de a, et il est à remarquer qu'on ne met jamais l'exposant du deuxième degré. — 9° Pour exprimer le rapport qui existe d'une quantité plus grande à une quantité moindre, et réciproquement, on emploie le signe >, qui signifie tour à tour *plus grand que* ou *plus petit que*, suivant que l'ouverture est tournée vers la droite ou vers la gauche. Lorsqu'il est question entre les deux quantités, la plus grande est toujours celle vers laquelle est dirigée l'ouverture. Ainsi $a > b$ signifie que a est plus grand que b, et $a < b$, que a est plus petit que b. — 10° Le signe =, qui sert à exprimer les rapports d'égalité. $a = b$ se lit a *égale b* ; ou est égal à b ; $a + b = c + d$ indique que la somme de a et de b égale la somme de c et de d. — On voit que les signes de la langue algébrique sont éminemment propres à l'abréviation du discours, et, comme nous l'avons dit, à faciliter les opérations de l'intelligence. Nous rendrons cette vérité plus sensible par des exemples, et en appliquant de diverses manières les signes dont nous venons d'exposer la nomenclature. Avant tout, il convient de donner une idée de la pratique du langage algébrique. Dans toute question, la vérité qu'on cherche à découvrir est dite *inconnue*. Les *inconnues* se représentent ordinairement par les dernières lettres de l'alphabet ; les premières sont spécialement consacrées à la désignation des quantités supposées connues. La lettre x est préférée,

3.

quand il n'y a qu'une seule inconnue; et s'il y en a plusieurs, on se sert de x, y, z, v, u, etc., suivant le nombre des valeurs à déterminer. Aucune solution ne peut avoir lieu sans égalité, c'est-à-dire qu'aucune valeur inconnue ne peut être déterminée sans avoir été comparée à une valeur connue qui lui soit égale. Un pareil résultat exprimé prend le nom d'*équation*. Celle-ci se compose de deux *membres*, qui sont toujours séparés par le signe =, et dont l'un contient l'inconnue et l'autre la quantité connue. L'équation cependant ne se présente point toujours sous une forme aussi simple; il arrive souvent que le rapport d'égalité existe entre des membres composés chacun de plusieurs termes, et dans l'un desquels se trouvent une ou plusieurs inconnues. Alors l'équation n'est plus un dernier résultat, elle n'est plus qu'une forme qui donnera lieu à des simplifications et à des réductions par lesquelles on arrivera aux vérités cherchées. Soit l'équation $x + 5 = a$; $x + 5$ composent *le premier* membre de cette équation; a en forme le *second*. Dans le premier, x est un terme, et 5 un autre terme; dans le second, il n'y a qu'un seul terme, a. x représente une inconnue, a est une quantité déterminée. Il est évident que puisque x augmenté de 5 est égal à a, x tout seul vaudra a diminué de 5. L'équation prendra cette forme: $x = a - 5$. D'où l'on voit que, pour transporter un terme d'un membre dans un autre, il faut l'écrire à la suite de cet autre membre, avec un signe contraire à celui dont il était affecté auparavant. On appelle équation *littérale* celle dont tous les termes sont représentés par des lettres, comme $x + b = a$, et équation *numérique* celle dont tous les termes, excepté l'inconnue, sont des nombres; telle est $x + 5 = 9$. Soit maintenant à résoudre la question suivante: *La somme de deux nombres est 96, leur différence 18; quels sont ces deux nombres?* On peut facilement les trouver sans s'aider de l'algèbre; il suffit de faire ce raisonnement: Si les deux nombres dont 96 est la somme étaient égaux, 48, qui est la moitié de 96, serait le nombre cherché. Mais ils sont pour différence 18; il est clair qu'en ajoutant à 48 la moitié de cette différence, on aura le plus grand nombre demandé, et qu'en retranchant aussi de 48 la même moitié de la différence, on obtiendra le plus petit. En effet, 48 + 9 ou 57, ajouté à 48 — 9 ou 39, donne 96. L'algèbre conduit plus simplement et plus rapidement au même résultat. En appelant x le plus grand des deux nombres, on a $x - 18$ pour le plus petit, et à la suite l'équation $x + x - 18 = 96$. En faisant passer le terme 18 dans le second membre, on obtient $x + x$ ou $2x = 96 + 18 = 114$. Or, si $2x$ valent 114, x vaudra $\frac{114}{2}$ ou 57, et 57 est en effet le nombre cherché, puisque l'équation subsiste lorsqu'on le met à la place de l'inconnue: 57 + 57 — 18 = 96. Ce raisonnement peut et doit s'écrire d'une manière plus abrégée, ainsi qu'il suit:

$$x + x - 18 = 96$$
$$2x = 114$$
$$x = \frac{114}{2} = 57.$$

— Supposons maintenant que x représente le plus petit des deux nombres; le plus grand devra être désigné par $x + 18$, et l'on aura l'équation $x + x + 18 = 96$. En suivant la même méthode que ci-dessus, nous obtiendrons successivement $2x = 78$, $x = \frac{78}{2} = 39$, nombre qui ne satisfait pas moins à la question proposée que 57, fourni par l'autre solution. Comme la précédente, cette opération devra être ainsi ordonnée:

$$x + x + 18 = 96$$
$$2x = 78$$
$$x = \frac{78}{2} = 39.$$

— En opérant sur des équations numériques, on n'obtient que des solutions particulières; il n'en est pas de même si l'on applique le même raisonnement à des expressions littérales. La solution devient alors commune à tous les problèmes semblables, et où l'on ne fait varier que les valeurs numériques des données. Le résultat obtenu est ce qu'on appelle une *formule* ou règle générale, immédiatement applicable à toutes les questions de même espèce. Soit à *trouver deux nombres dont la somme est b et la différence d*. Si nous représentons par x le plus grand des deux nombres, nous aurons:

$$x + x - d = b$$
$$x = \frac{b + d}{2}$$

et par conséquent $x - d$, le plus petit des deux nombres, devra être égal à $\frac{b+d}{2} - d$; mais $\frac{b}{2} + \frac{d}{2} - d$ se réduit à $\frac{b}{2} - \frac{d}{2}$, de sorte que, si l'on traduit les deux résultats $\frac{b}{2} + \frac{d}{2}$ et $\frac{b}{2} - \frac{d}{2}$, on doit dire: *Le plus grand des deux nombres s'obtient en prenant la moitié de la somme et de la différence; le plus petit, en retranchant de la moitié de la somme la moitié de la différence.* On voit que cette opération est absolument la même que celle que nous avons faite en commençant avec le seul secours de notre intelligence; mais combien aussi le langage algébrique est-il court, exact, sûr et propre aux combinaisons les plus difficiles et les plus nombreuses! — *Trouver un nombre dont les $\frac{3}{5}$ diminués de 10 soient égaux à 27 augmenté de $\frac{1}{14}$ de ce même nombre.* Soit x l'inconnue, on a l'équation $\frac{3x}{5} - 10 = 27 + \frac{x}{14}$, d'où l'on tire, en lui faisant subir des transformations, $\frac{3x}{5} - \frac{x}{14} = 37$. Réduisons maintenant les fractions au même dénominateur; il vient $\frac{42x}{70} - \frac{5x}{70} = 37$, et comme on peut multiplier les deux membres d'une équation par un même nombre, ce qui revient évidemment à supprimer le dénominateur 70 dans les termes fractionnaires, on obtient $(42x - 5x)$ ou $47x = 37 \times 70$ d'où $x = \frac{37 \times 70}{37} = 70$, qui est en effet le nombre demandé. — On peut généraliser ce problème en désignant par $\frac{ax}{b}$ la fraction de l'inconnue dans le premier membre, par c le nombre à en retrancher, par d le terme connu du second membre, et par $\frac{x}{f}$ la fraction de l'inconnue qui vient ensuite. Ainsi on a l'équation $\frac{ax}{b} - c = d + \frac{x}{f}$, d'où $\frac{ax}{b} - \frac{x}{f} = d + c$, d'où $\left(\frac{af}{bf} - \frac{b}{bf}\right) x = d + c$, et, en faisant disparaître les dénominateurs, $(af - b) x = (d+c) \times bf$, d'où enfin $x = \frac{(d+c) \times bf}{af - b}$.

Un voiturier a été chargé de transporter 100 vases de porcelaine, à condition de recevoir pour prix du transport 15 sous par chaque vase qu'il rendrait en bon état, et de payer 3 francs par chaque vase brisé. Après le transport il a reçu pour solde de son compte 45 francs. On demande combien il y avait eu de vases cassés. Si nous connaissions le nombre des vases rendus en bon état et celui des vases cassés, en multipliant le premier par 15, et en retranchant de ce produit le produit du second par 60, nombre de sous contenus dans 3 fr., nous devrions retrouver 900 sous ou 45 fr. pour résultat. Soit donc x le nombre des vases cassés; $100 - x$ représentera celui des vases en bon état; $(100 - x) \times 15$ sera l'expression de la somme reçue par le voiturier pour le prix du transport, $x \times 60$ désignera la somme qu'on lui aura retenue. On aura donc l'équation $(100 - x) \times 15 - x \times 60 = 900$, et en effectuant les calculs

$$1500 - 15x - 60x = 900.$$

Comme on peut, sans altérer une équation, changer les signes de tous les termes dans les deux membres, il viendra

$$- 1500 + 15x + 60x = - 900$$

d'où $75x = 1500 - 900 = 600$

d'où enfin $x = \frac{600}{75} = 8.$

En effet, si $x = 8$, le nombre des vases en bon état sera de 92, pour lesquels le voiturier aura reçu 1380 sous ou 69 fr.; mais on aura dû lui retenir sur cette somme 480 sous ou 24 fr. pour les huit vases cassés; il n'aura donc touché que 900 sous ou 45 fr.

Deux voyageurs se dirigent de Paris à Caen. Le premier a sur le second 1000 pas d'avance. Il fait trois pas pendant que l'autre n'en fait que deux; mais trois pas du second en valent cinq du premier. Combien faudra-t-il que le dernier fasse de pas pour atteindre l'autre? Soit x le nombre de pas demandé. Il est évident qu'il devra se composer des 1000 pas d'avance qu'a le premier voyageur sur le second, plus de tous les pas que fera ce premier voyageur pendant le temps que le second mettra à l'atteindre. Or, il fait 3 pas quand le second n'en fait que 2 ; il résulte de ce rapport que, x représentant le nombre de pas du dernier voyageur, on aura $\frac{3x}{2}$ pour exprimer le nombre des pas du premier. Mais les pas des deux voyageurs ne sont pas égaux ; 1 pas du premier ne vaut que les $\frac{3}{5}$ de 1 pas du second, et par conséquent $\frac{3x}{2}$ est une valeur trop forte dont on ne doit prendre que les $\frac{3}{5}$.

De là l'équation $x = 1000 + \frac{3x}{2} \times \frac{3}{5}$

d'où $10x = 10000 + 9x$
et $x = 10000$.

Ainsi le dernier voyageur fera 10000 pas pour atteindre le premier, et celui-ci pendant le même temps en fera $10000 \times \frac{3}{2}$ ou 15000.

Un père qui a trois enfants ordonne par son testament que son bien leur soit partagé de la manière suivante : au premier une somme a, plus la $n^{ième}$ partie de ce qui reste ; au second, une somme de 2 a, plus la $n^{ième}$ partie de ce qui reste après le prélèvement de la première part et de 2 a ; au troisième, une somme de 3 a, plus la $n^{ième}$ partie de ce qui reste. Le bien est entièrement partagé ; on demande la valeur de ce bien.

Si nous désignons par x le bien du père, et si, à l'aide de cette quantité, nous pouvions former les expressions algébriques des trois parts, nous retrancherions leur somme du bien total x, et le reste égalé à zéro donnerait l'équation du problème. Or, puisque x désigne le bien du père, après qu'on en a retranché a, il reste $x - a$, et l'on a pour la part du premier enfant $a + \frac{x-a}{n}$,

et, en réduisant en fraction, $\frac{an+x-a}{n}$. C'est sur $x - \frac{an+x-a}{n}$ que restent à prendre les parts des deux autres enfants. Si, pour former la seconde, on retranche de cette quantité 2 a, il viendra $x - \frac{an+x-a}{n} - 2a$, et en réduisant en fraction $\frac{nx-an+x-a-2an}{n}$ ou $\frac{nx-3an+x-a}{n}$, qui est le reste dont le second enfant doit avoir la $n^{ième}$ partie. Ainsi la seconde part sera $2a + \frac{nx-3an+x-a}{n}$, et, réduisant l'entier en fraction, $\frac{2an^2+nx-3an+x-a}{n^2}$. En continuant la même méthode et en retranchant de x les deux premières parts et 3 a, il vient un reste qui est celui dont le troisième enfant doit avoir la $n^{ième}$ partie, et l'on a

$$x - 3a - \frac{(an+x-a)}{n} - \frac{(2an^2+nx-3an+x-a)}{n^2}$$

et après réduction et simplification

$$\frac{n^2x+6an^2-2nx+4an+x-a}{n}$$

d'où la troisième part

$$\frac{3a+n^2x-6an^2-2nx+4an+x-a}{n^3}$$

et réduisant l'entier en fraction

$$\frac{3an^3+n^2x-6an^2-2nx+4an+x-a}{n^3}$$

Or, le bien étant entièrement partagé, la différence entre x et la somme des trois parts doit être égale à zéro ; d'où l'équation

$$x - \frac{(an+x-a)}{n} - \frac{(2an^2+nx-3an-x+a)}{n}$$
$$- (3an^3+n^2x-6an^2-2nx+4an+x-a) = 0 ;$$

et réduisant $n^3x-6an-3n^2x+10an+3nx-5an-x+a=0$

d'où $x = \frac{6an^3-10an^2+5an-a}{n^3-3n^2+3n-1} = \frac{a(6n^3-10n^2+5n-1)}{n^3-3n^2+3n-1}$,

et si l'on observe que, d'après l'énoncé, il ne peut y avoir de reste pour la troisième part, et que par conséquent le reste $n^2x-6an^2-2nx+4an+x-a$ est nul et égal à zéro, on trouvera $x = \frac{6an^2-4an+a}{n^2-2n+1} = \frac{a(6n^2-4n+1)}{n^2-2n+1}$; expression qui est numériquement identique à la précédente, ainsi qu'on le prouverait en faisant voir que la seconde pro-

vient de la première ; dans les deux termes de laquelle on tirait supprimé un facteur commun. Appliquons maintenant la formule à un exemple. Supposons $x = 20000$ et $n = 4$, nous aurons $x = \frac{20000(6 \times 16 - 4 + 1)}{16 - 8 + 1} = \frac{1620000}{9} = 180000$.

On peut vérifier l'énoncé sur cet exemple. Le premier enfant doit avoir $20000 + \frac{180000-20000}{4}$ ou 60000. Le reste $180000 - 60000$, ou 120000, contient les parts des deux autres enfants. Le second prendra $40000 + \frac{120000-40000}{4}$ ou 60000.

Il reste donc 60000 pour le troisième, qui, en effet, doit recevoir 3 a ou 3 fois 20000. Parmi les questions que nous venons de résoudre, il y en a dont l'énoncé renferme plus d'une inconnue ; cependant nous sommes parvenus à leur résolution en n'employant qu'un seul caractère, et cela avec raison qu'il était facile d'exprimer les autres inconnues au moyen de ce caractère.

Il n'en est pas toujours de même dans les problèmes où il y a plus d'une inconnue. Supposons qu'une question donne lieu aux deux équations suivantes :

$$3x - 10y = 40$$
$$x + y = 35$$

Ces deux équations renferment deux inconnues. On n'en obtiendra la résolution qu'en *éliminant* une inconnue, c'est-à-dire, en faisant disparaître l'une des deux, de telle sorte que l'autre puisse être déterminée au moyen des nombres connus qui forment avec elle l'équation, après l'élimination. Pour que l'élimination soit praticable pour une inconnue, il est nécessaire que dans l'une et l'autre équation elle soit affectée du même coefficient, ce qui s'obtient facilement et par un procédé semblable à celui qu'on emploie pour réduire les fractions au même dénominateur. On multiplie tous les termes de la première équation par le coefficient qui affecte dans la seconde l'inconnue qu'on veut éliminer, et réciproquement tous les termes de la seconde équation par le coefficient de la même inconnue dans la première. On aura pour les équations ci-dessus

$$3x - 10y = 40$$
$$10x + 10y = 350$$

et en ajoutant la première à la seconde, on obtiendra

$$13x = 390$$

d'où $x = \frac{390}{13} = 30$.

La valeur de x une fois connue, il est facile de déterminer celle de y en substituant dans l'équation à x sa valeur numérique :

$$90 - 10y = 40$$
ou $10y = 90 - 40 = 50$;

d'où $y = \frac{50}{10} = 5$.

On se sert du même procédé lorsqu'il y a un plus grand nombre d'inconnues, et l'élimination se continue jusqu'à ce que l'équation à résoudre n'en contienne plus qu'une seule. Toute équation dont l'inconnue n'a point d'exposants est dite du *premier degré*. Telles sont les équations que nous venons de résoudre, et dans lesquelles chaque inconnue a pour exposant l'unité qu'on est convenu de ne pas écrire. Les équations du 2e, 3e, 4e, etc., degré renferment des inconnues qui ont pour exposants les nombres 2, 3, 4, etc. $x^3 = a$, $x^4 = b$ sont des équations du 3e et 4e degré.

Lorsque l'énoncé d'un problème fournit moins de conditions à exprimer qu'il n'y a d'inconnues, le problème est dit *indéterminé*. On entend par là que ses équations ne peuvent être satisfaites qu'en donnant à quelques-unes des inconnues des valeurs déterminées, prises arbitrairement ou assujetties à des restrictions particulières. Par ex. : $10x + 6y = 160$ n'est autre chose qu'une équation indéterminée du premier degré. — L'algèbre, comme l'arithmétique, a ses quatre opérations fondamentales, *l'addition, la soustraction, la multiplication et la division*. Nous renvoyons aux traités d'algèbre les personnes qui voudraient les étudier ; nous n'avons point en vue de réunir dans cet article les éléments de la science ; notre objet a été de faire comprendre aux lecteurs l'utilité et l'importance de l'algèbre, la manière dont on emploie les signes de cette langue, qui a tous les caractères que les philosophes assignent à un langage bien fait. On trouvera au mot ANALYSE, ce que nous aurions pu dire concernant l'application de l'algèbre aux diverses sciences, et quelques définitions que nous avons dû nous dispenser de mettre ici. — Par qui l'algèbre a-t-elle été inventée ? Quels sont les peuples chez lesquels on cultiva d'abord cette science ? Comment s'est-elle répandue en

Europe? Voilà des questions qui ont été souvent traitées, et auxquelles nous allons essayer de répondre succinctement. On a cru longtemps que les anciens mathématiciens, tels que Thalès, Platon, Pappus et autres, possédaient une algèbre à peu près semblable à la nôtre, et l'on se fondait sur l'impossibilité où ils eussent été de découvrir certains théorèmes sans l'aide d'un pareil moyen. Depuis le commencement de ce siècle cette opinion est tombée, à la suite de l'examen approfondi qui a été fait des anciens ouvrages, et l'on a reconnu que ces mêmes résultats des modernes ont obtenus à l'aide des applications de l'algèbre, découlent d'une analyse qui devait tout à la géométrie. On ignore quel fut le premier inventeur de l'algèbre. Environ vers l'an 360 de notre ère vivait Diophante; c'était un mathématicien de l'école d'Alexandrie, et son génie fit faire un grand pas à la science. Il inventa l'analyse indéterminée. Il résolvait, par des procédés qui ont un rapport évident avec nos méthodes, les équations du premier et du second degré. C'est peut-être pour cela qu'on lui a attribué l'invention de l'algèbre. Nous possédons de lui sept livres d'arithmétique; il en avait composé treize; les autres se sont perdus. Ce qui nous reste des ouvrages de Diophante fut traduit en latin par Xylander, peu de temps après la découverte du texte dans la bibliothèque du Vatican, et édité en 1575. En 1621, Bachet de Méziriac en fit une traduction plus complète et accompagnée d'un excellent commentaire, qui fut augmenté peu après par le savant Fermat. Celui-ci fit aussi une édition de Diophante, et c'est la meilleure qui existe (1670). Mais l'algèbre était connue en Europe avant la découverte de l'ouvrage du mathématicien d'Alexandrie. Un Pisan nommé Léonardo, qui commerçait avec les Maures, et qui avait voyagé en Afrique et en Asie, étudia l'arithmétique des Arabes, et leur emprunta l'algèbre, qui entrait dans leur système de numération. Il cultiva avec goût cette étude, dans laquelle il devint habile, et composa un traité qui fut publié en 1202. On avait cru longtemps, d'après Vossius et quelques auteurs italiens modernes, que Léonard de Pise vivait seulement vers la fin du XIVᵉ siècle; mais un chanoine de Parme, M. Cossali, découvrit, vers le milieu du siècle dernier, le manuscrit du traité publié en 1202, et reproduit en 1228, après avoir été entièrement refondu. Léonardo répandit ses connaissances parmi ses compatriotes. Il était très-versé dans l'analyse du genre des problèmes de Diophante, et l'on a reconnu, en lisant son manuscrit, qu'il avait poussé l'algèbre jusqu'à la résolution des équations cubiques et des équations supérieures qui peuvent s'abaisser au second ou au troisième degré. Il employait souvent, pour démontrer les règles algébriques, des moyens géométriques, car il avait acquis aussi une profonde connaissance de cette branche des mathématiques. Ses raisonnements sont exprimés par des mots entiers; les signes et l'art de les combiner n'étaient pas encore inventés de son temps. — Les Arabes, auxquels Léonardo fut redevable de ses premières connaissances en algèbre, attribuent l'invention de cette science à un de leurs compatriotes, nommé Mohamed-ben-Musa, ou Mohamed de Musana. Ce mathématicien vivait dans le IXᵉ siècle. Il composa un traité dont il n'est resté qu'une copie faite en l'année 1342, et trouvée dans la bibliothèque Bodléienne, à Oxford. Une note marginale de cette copie établit que ce traité est le premier ouvrage sur l'algèbre, qui ait été composé par un musulman. Nous ne connaissons pas exactement l'étendue des progrès que fit l'algèbre chez les Arabes; quelques indices laisseraient présumer qu'ils allèrent plus loin que Diophante; qu'ils parvinrent à résoudre les équations du troisième degré et quelques cas particuliers du quatrième. Il existe, dit-on, dans la bibliothèque de Leyde, un manuscrit arabe intitulé: L'algèbre des équations cubiques, ou la résolution des problèmes solides. — Vers le milieu du XIIᵉ siècle de notre ère, vivait un algébriste oriental, nommé Bhascara-Acharia. Il écrivit un traité sur l'algèbre, intitulé Vija Gannita, et qui, conjointement avec un traité sur l'arithmétique et la géométrie, forme les préliminaires d'un cours d'astronomie. En 1813, M. Édouard Strachey fit la version de ce traité sur une traduction en persan; et, quatre ans plus tard, M. Henri-Thomas Colebrooke en donna aussi une traduction sur le sanscrit original. Elle fait partie de l'ouvrage intitulé: Algèbre, Arithmétique, l'Art des mesures, traduit du sanscrit de Brahmegupta et Bhascara. — Brahmegupta, de qui l'on ne saurait dire à quelle époque il vécut, nous a laissé deux traités, le Gannita d'Haya et le Cuttaca d'Hyaya; ils forment les douzième et dix-huitième chapitres d'un cours d'astronomie. Un des mathématiciens les plus anciens chez les Indous, et connu sous le nom d'Aria-Bhatta, est cité par un commentateur de Bhas-

cara, nommé Gonessa. D'après M. Colebrooke, les algébristes indiens sont allés plus avant dans la science que Diophante, et ils ont inventé des méthodes semblables à celles qui font la gloire des savants modernes. Ils ont résolu les équations du quatrième degré, et appliqué l'algèbre à la géométrie et à l'astronomie, branches dans lesquelles ils ne sont pas toujours restés en arrière des savants de notre époque. — L'imprimerie venait d'être inventée; le premier livre d'algèbre qui parut en Europe fut composé par un moine nommé Lucas Pacioli, ou Lucas de Borgo, parce qu'il était né à Borgo en Toscane. Ce fut en 1494 que ce livre parut; il fut publié sous ce titre: Summa de arithmetica, geometria, proportioni et proportionalita. L'algèbre n'avait point progressé depuis Léonard de Pise; elle se bornait encore à la résolution complète des équations des deux premiers degrés. Le passage aux degrés supérieurs était difficile. C'est à l'Italie que nous devons l'extension de l'algèbre par la résolution générale des équations du troisième et du quatrième degré. Scipion Ferrei, professeur de mathématiques à Bologne, fut le premier qui parvint à résoudre un cas particulier d'équations du troisième degré. Il donna ainsi une formule. Ce fut une découverte importante, qui apprit aux savants de l'époque à ne pas désespérer de résoudre quelque jour les équations des degrés supérieurs. Ceux qui, à cette époque, étudiaient l'algèbre, avaient coutume de tenir secrètes leurs découvertes, et de se proposer mutuellement des défis pour des solutions de questions plus ou moins difficiles. Il y avait alors une sorte de tournois scientifiques, où tout ce que l'Italie possédait de savants venait se réunir et lutter chacun avec ses propres découvertes. Ferrei communiqua la sienne à un Vénitien, son élève, nommé Florido, qui défia le célèbre Tartalea de Brescia. Celui-ci avait déjà découvert la même méthode que Ferrei, et des règles pour la solution d'autres cas; Florido fut vaincu, et ne put résoudre qu'une seule question sur trente qui lui furent posées par Tartalea, tandis que ce dernier résolut les trente questions de Ferrei en deux heures. Cardan, qui rapporte tous ces détails dans son livre intitulé De arte magna, était sur le point de terminer un ouvrage sur les mathématiques, quand Tartalea fit ses découvertes. Il le pria avec instance de lui communiquer ses démonstrations, et, après avoir hésité quelque temps, le savant de Brescia consentit à révéler ses secrets, à condition que Cardan ne les publierait jamais et ne les transmettrait à qui que ce fût. Le mathématicien de Milan ne tint point sa parole. Il crut s'être approprié les découvertes de Tartalea en les modifiant et en les perfectionnant. Il parvint à résoudre toutes les équations du 3ᵉ degré, et il publia en 1545 un supplément à son traité sur l'arithmétique, l'algèbre et la géométrie, et publié six ans auparavant. Ce supplément contenait les découvertes de Tartalea, qui se plaignit du procédé de Cardan et revendiqua l'invention de ses formules. Ce fut peu de temps après qu'on trouva la résolution des équations du 4ᵉ degré. — Un élève de Cardan, Louis Ferrari, jeune homme doué d'une grande pénétration, fut chargé par son maître de la solution d'une question très-difficile proposée par un algébriste italien. Le problème fut résolu, et une méthode générale pour la résolution des équations du 4ᵉ degré inventée. Elle est connue aujourd'hui de tous les analystes, sous le nom de méthode italienne. A parler rigoureusement, les algébristes modernes n'ont pas encore dépassé la limite où s'arrêta Ferrari. Si l'on excepte les équations qui par des transformations de calcul se réduisent, en dernière analyse, aux quatre premiers degrés, l'art de résoudre les équations en général n'a fait aucun progrès depuis Ferrari et Raphaël Bombinelli, qui démontre, dans son algèbre imprimée en 1579, que les parties de la formule représentant chaque racine dans le cas irréductible, forment, par leur assemblage, un résultat réel dans tous les cas. — En 1540 était né Viète, notre compatriote. C'est à lui que la science doit la généralisation de l'algorithme de l'algèbre, ainsi que plusieurs découvertes importantes. Jusqu'à lui, on ne résolvait que des équations numériques; le premier il employa des caractères généraux, pour que toutes les équations particulières d'un même ordre ne fussent que de simples traductions d'une formule générale. Viète introduisit les lettres de l'alphabet dans les calculs algébriques et obtint ce résultat. Il fit lui-même un très-heureux usage de ce nouvel algorithme. Il apprit à faire subir diverses transformations aux équations de tous les degrés, sans en connaître les racines; à les priver du second terme; à chasser les coefficients fractionnaires; à augmenter ou à diminuer les racines d'une quantité donnée; à multiplier ou à diviser les racines par des nombres quelconques; il donna aussi une méthode ingénieuse et noutvelle pour. résoudre les équations du 3e et du 4e degré. Enfin, au défaut d'une résolution rigoureuse des équations de tous les degrés, il parvint à une résolution approchée; elle est fondée sur ce principe qu'une équation quelconque n'est qu'une puissance imparfaite de l'inconnue. — Le Flamand Albert Gérard poussa un peu plus loin que Viète la théorie des équations. Il fut le premier qui parla des quantités imaginaires et qui se servit du signe négatif dans les problèmes géométriques. Neper inventait alors les logarithmes. Thomas Harriot faisait aussi faire un progrès marqué à l'algèbre. — Il publia en 1620 son livre intitulé : *Artis analyticæ praxis* et dans lequel se trouve tout ce qu'on avait écrit jusqu'alors de plus important sur l'algèbre, ainsi que ses propres inventions. Harriot simplifia la notation de Viète en substituant les lettres minuscules aux majuscules et en introduisant de nouveaux signes pour abréger le discours. Il imagina le premier d'égaler l'équation à zéro en mettant d'un même côté tous les termes d'une équation, et il rendit un grand service à la science en observant que toutes les équations qui sont au-dessus du premier degré peuvent être regardées comme produites par la multiplication d'équations du premier degré. Suit, dans l'ordre chronologique, Descartes, dont le génie ne contribua pas peu à l'avancement général de la science analytique. Nous lui devons l'application de l'algèbre à la théorie des lignes courbes et la notation des puissances par les exposants. Les analystes qui l'avaient précédé ne connaissaient point l'usage des racines négatives dans les équations, ils les rejetaient comme inutiles; mais Descartes fit voir qu'elles sont tout aussi propres à résoudre une question que les racines positives. La méthode des indéterminées, entrevue par Viète, fut développée par Descartes, qui l'appliqua d'une manière fort heureuse aux équations du 4e degré. Le XVIIe siècle nous présente un si grand nombre de mathématiciens, que nous croirions mal faire que d'entreprendre ici la description des travaux de chacun, description qui exigerait, pour satisfaire les lecteurs, d'être traitée avec une étendue que ne comporte point l'ouvrage dont cet article doit faire partie. Qu'il nous suffise de citer en finissant les noms de Kepler, Wallis, Cavalieri, Newton, Leibnitz, Fermat, Hudde, Roberval, Huygens, Herman, Bernouilli, Pascal, Barrow, Halley, Gregori, Taylor, Maclaurin, Cotes, Euler, Moivre, Stirling, Nicole, Clairaut, Condorcet, d'Alembert, Lagrange, Carnot, Laplace, Legendre, Fourier, etc.

BUCHET de CUBLIZE.

ALGÉBRIQUES (fonctions). Le mot fonction a toujours été employé, en algèbre, pour désigner certaines combinaisons de l'inconnue. Dans l'ancienne algèbre, fonctions algébriques de x ou de y étaient synonymes de puissances de ces inconnues; aujourd'hui, et déjà depuis longtemps, on appelle fonctions algébriques, une quantité composée d'autant de termes qu'on voudra, et dans laquelle l'inconnue x ou y se trouve d'une manière quelconque, mêlée ou non avec des constantes. Ainsi :

$$x^2 + x^3 \qquad\qquad x + \frac{ab^2}{bx}$$

$$\sqrt{aa + xx} \qquad\qquad \sqrt{\frac{a^m + x^3}{b.c - x^5}}$$

$$\int dx \sqrt{b^3 + x^m}$$

sont des fonctions algébriques de x.

Ainsi :

$$a^2 x y^2 + a b x^3 - y^3$$

est une fonction algébrique de x et de y.

Tous les termes d'une fonction algébrique sont toujours censés avoir la même dimension; quand ils ne l'ont pas, on sous-entend une constante qu'on suppose égale à l'unité : ainsi, dans la deuxième fonction algébrique ci-dessus :

$$x + \frac{ab^2}{b.x}$$

si nous trouvons que tous les termes ne sont pas de même dimension, nous combinerons les termes de cette fonction avec une constante c, en nous souvenant que nous devons savoir

$$c = 1$$

Quand la fonction algébrique n'est ni une fraction, ni un radical, sa dimension est égale à l'un de ses termes; ainsi, dans la première fonction algébrique citée,

$$x^2 + x^3$$

il faut que nous ayons

$$x^2 = x^3$$

ce qui arrivera quand nous aurons

$$x = 1 \text{ ou } x = 0$$

Ainsi dans la fonction algébrique

$$ab^2 + xa$$

nous aurons

$$ab^2 = xa$$

ce qui revient à dire

$$b^2 = x.$$

Nous n'avons cité que des fonctions de deux termes; mais quel que soit le nombre des termes d'une fonction algébrique, tous les termes réunis sont toujours égaux à l'un des termes, quand la fonction n'est ni radicale, ni fractionnaire. Quand la fonction algébrique est une fraction, elle est égale à celle du numérateur, moins le dénominateur; ainsi, si nous avions la fonction algébrique

$$\frac{ab^2 + xb}{bx + ac}$$

nous pourrions conclure que

$$\frac{ab^2 + xb}{ax \times ac} = ab^2 + xb - ax - ac.$$

Enfin quand la fonction algébrique est un radical, elle est égale à celle de la quantité qui est sous le signe, divisée par son exposant. Ainsi, soit la fonction algébrique

$$\sqrt[3]{ax + bx}$$

nous aurons

$$\sqrt[3]{ax + bx} = \frac{ax + bx}{3}.$$

On appelle fonctions algébriques homogènes celles où se trouvent plusieurs variables dans lesquelles les dimensions sont les mêmes. On appelle fonctions algébriques semblables celles où les variables et les constantes entrent de la même manière. On appelle fonctions algébriques invariables ou symétriques des racines d'une équation, toute combinaison de ces racines, dont la valeur numérique reste la même, en faisant entre ces racines, dans la fonction algébrique, tous les échanges possibles. La somme des racines, celle de leurs produits différents 2 à 2, 3 à 3, etc., sont des fonctions algébriques de ce genre; les sommes des puissances de même exposant, positives ou négatives, de toutes les racines d'une équation, sont aussi des fonctions algébriques invariables ou symétriques. Donnons un exemple de cette espèce de fonctions algébriques, et cherchons à l'exprimer en coefficients de l'équation.

Soit l'équation :

$$x^m - A x^{m-1} + B x^{m-2} - C x^{m-3} = 0 \text{ (M)}$$

a, b, c, étant les racines, on aura l'identité

$$x^m - A x^{m-1} + B x^{m-2} - C x^{m-3}$$
$$= (x - a)(x - b)(x - c) \text{ (N)}$$

Cette équation ayant lieu quel que soit x, aura encore lieu en écrivant $x + i$ pour x, x et i étant quelconques; en sorte que

$$(x + i)^m - A(x + i)^{m-1} + B(x + i)^{m-2} - C(x + i)^{m-3}$$
$$= [(x - a) + i][(x - b) + i][(x - c) + i] \text{ (N)}$$

on aura donc, entre les coefficients de la première puissance de i, l'identité :

$$m x^{m-1} - A(m-1)x^{m-2} + B(m-2)x^{m-3} - C(m-3)x^{m-3}$$
$$= (x - b)(x - c) + (x - a)(x - c) + (x - a)(x - b)$$

dont le second membre est la somme des quotients qu'on obtiendrait en divisant le produit de tous les facteurs de la même posée successivement par chacun de ces facteurs : d'où il viendra

$$\frac{m x^{m-1} - A(m-1)x^{m-2} + B(m-2)x^{m-3} - C(m-3)x^{m-3}}{x^m - A x^{m-1} + B x^{m-2} - C x^{m-3}}$$
$$= \frac{1}{x - a} + \frac{1}{x - b} + \frac{1}{x - c}$$

équation qui aura lieu pour toute valeur de x; mais nous savons que :

$$\frac{1}{x - a} = \frac{1}{x} + \frac{a}{x^2} + \frac{a^2}{x^3} +, \text{ etc.}$$

$$\frac{1}{x - b} = \frac{1}{x} + \frac{b}{x^2} + \frac{b^2}{x^3} +, \text{ etc.}$$

$$\frac{1}{x - c} = \frac{1}{x} + \frac{c}{x^2} + \frac{c^2}{x^3} +, \text{ etc.}$$

On peut poser pour abréger

$$a + b + c = f$$
$$a^2 + b^2 + c^2 = f^2$$
$$a^3 + b^3 + c^3 = f^3$$

f étant des fonctions à évaluer, l'identité deviendra

$$\frac{m\,x^{m-1} - A\,(m-1)\,x^{m-2} + B\,(m-2)\,x^{m-3} - C\,(m-3)\,x^{m-4}}{x^m - A\,x^{m-1} + B\,x^{m-2} - C\,x^{m-3}}$$

$$= \frac{m}{x} + \frac{f_1}{x^2} + \frac{f_2}{x^3} + \frac{f_3}{x^4}.$$

Multipliant les deux membres de l'équation par le dénominateur du premier, nous aurons :

$$m\,x^{m-1} - (m-1)\,A\,x^{m-2} + (m-2)\,B\,x^{m-3}, \text{ etc.}$$

$$= m\,x^{m-1} - m\,A \left| x^{m-2} + m\,B \right| x^{m-3} - m\,C \left| x^{m-4} \text{ etc.} \right.$$
$$+ f_1 \left| \quad -A f_1 \right| \quad + B f_1 \left|$$
$$+ f_2 \left| \quad -A f_2 \right.$$
$$+ f_3 \left|$$

Comparant les coefficients des puissances semblables de x, nous aurons les identités : $m = m$

$$f_1 - m\,A = -(m-1)\,A$$
$$f_2 - A f_1 + m\,B = (m-2)\,B$$
$$f_3 - A f_2 + B f_1 - m\,C = -(m-3)\,C, \text{ etc.}$$

D'où

$$f_1 - A = 0 \dots\dots\dots\dots (1)$$
$$f_2 - A f_1 + 2\,B = 0 \dots\dots (2)$$
$$f_3 - A f_2 + B f_1 - 3\,C = 0\,(3).$$

L'Abbé de FONVIELLE.

ALGER. L'ancienne régence d'Alger, aujourd'hui soumise au pouvoir de la France, comprenait les provinces d'Oran, de Médéyah, d'Alger et de Constantine. Située entre la Méditerranée et le mont Atlas, elle occupait toute la côte septentrionale de l'Afrique, depuis le 6° de longitude orientale jusqu'au 4° de longitude occidentale, sur environ 200 lieues de long et 75 de large. Longtemps son nom fut le terreur de la Méditerranée. Les pirates d'Alger mettaient à contribution le commerce de l'Orient et de l'Occident. Ils s'emparaient des navires marchands, en enlevaient les cargaisons, en égorgeaient les équipages, et abandonnaient ensuite à l'aventure les bâtiments sans boussole et sans matelots. Dans leurs jours de générosité, ils se bornaient à percevoir une sorte de péage, une rançon, qu'ils taxaient les armes à la main ; mais ces jours étaient rares. Le bruit de leur audace, de leurs vols et de leurs cruautés, s'était répandu dans tous les pays du monde. En horreur à toutes les nations, on attendait le jour qui viendrait délivrer la Méditerranée de ce redoutable fléau ; mais la régence d'Alger, la plus puissante et la mieux défendue des régences barbaresques, dédaignait toutes les menaces et résistait à tous les assauts. Le jour arriva pourtant que ce pavillon sinistre cessa d'épouvanter les mers. Mais n'anticipons point. — Les premiers habitants des régions barbaresques étaient, selon toute apparence, des peuples pasteurs. Tel est en effet le caractère général des races asiatiques et africaines. Au rapport de Salluste l'historien, qui fut pendant quelque temps gouverneur de ces provinces, elles avaient été peuplées dès l'origine par les Gétules et les Libyens, peuples sauvages vivant d'herbes et de chairs crues.—Plus tard vinrent les Mèdes, les Arméniens, les Perses, qui, sous la conduite d'Hercule, passèrent d'Espagne en Afrique, et, se mêlant aux peuplades indigènes, formèrent la nation des Numides et des Maures. Le territoire d'Alger se compose donc aujourd'hui de l'ancienne Numidie et d'une portion de l'ancienne Mauritanie, dont les Romains avaient fait la conquête. Pendant une longue suite de siècles, cette contrée jouit d'une paix aussi parfaite que pouvaient l'espérer des peuples naissants. — Ennemis du luxe et de la mollesse, les Numides habitaient les montagnes ; ils trouvaient là tout ce que réclamaient leurs habitudes de frugalité et la simplicité de leurs mœurs : des sources abondantes, une végétation magnifique, d'excellents pâturages pour leurs troupeaux, des forteresses naturelles contre les ennemis qui auraient essayé de venir troubler leur repos ou attenter à leurs libertés. Les Maures, au contraire, recherchaient avant tout les douceurs, les somptuosités de la vie. La plaine devint leur séjour ; on vit s'élever sur la côte des villes qui bientôt arrivèrent à une brillante prospérité. Navigateurs hardis et expérimentés, les Maures établirent des relations de commerce entre l'Afrique et toutes les contrées maritimes de l'Europe. La race des Maures s'est perpétuée jusqu'à nous ; elle a conservé son nom, et se trouve encore répandue dans toute la contrée. Les Numides eux-mêmes se sont propagés dans leurs montagnes, et quoiqu'ils aient reçu dans le cours des temps une dénomination nouvelle, ils n'ont rien perdu des mœurs et du sang de leurs ancêtres. On les appelle aujourd'hui Berbères-Kabaïles. A l'exemple de leurs pères, ils vivent dans les montagnes. Intrépides et infatigables, d'une agilité merveilleuse et d'une férocité implacable, ils se montrent en tout point dignes fils de ces guerriers si redoutés chez les Romains. Tout le monde sait ce que coûta jadis aux vainqueurs de Carthage la soumission des Numides, tout imparfaite qu'elle ait jamais été. Tandis que la patrie d'Annibal subissait toutes les conséquences d'une défaite irréparable, lorsque Rome n'avait à construire autour de Carthage que des routes et des aqueducs destinés à embellir, à féconder ce nouveau jardin de l'Italie, les Numides, dans leurs montagnes, renouvelaient chaque jour, chaque nuit, leurs révoltes et leurs combats. Les rochers et les monts étaient devenus d'inutiles remparts pour les soldats de Rome ; la nature n'avait point d'obstacles dont ne vînt aisément à bout l'intrépidité des Numides. On fut réduit à bâtir sur les points élevés des forts dont on retrouve encore les ruines. L'un de ces forts, désigné aujourd'hui sous le nom de Guelma, a été occupé par nos soldats dans notre première expédition contre Constantine. — A l'époque où les barbares se répandirent en Europe et envahirent l'Italie, les colonies africaines essayèrent de se soustraire aux lois de la métropole. On vit alors éclater de toutes parts des révoltes sans cesse renaissantes. Mais ces essais d'affranchissement, mal concertés, mal suivis, n'aboutissaient à rien : l'insurrection était presque toujours étouffée au berceau ; et sans doute l'empire n'eût point alors été sérieusement troublé dans ces possessions, sans la révolte du comte Boniface, qui gouvernait en Afrique au nom de Valentinien, et qui, en 428, appela à son aide les Vandales d'Espagne. Bientôt une armée formidable, commandée par Gontharic, un des chefs de ce dernier peuple, traversa le détroit, franchit les colonnes d'Hercule, s'empara de toutes les places qui tenaient encore pour l'empereur, en détruisit quelques-unes, et s'avança jusqu'à Carthage, résidence de Boniface. Déjà celui-ci avait reconnu sa faute ; il essaya d'écarter adroitement ces redoutables amis. On devina sa pensée ; ses efforts furent inutiles ; contraint à prendre les armes, il expia par une éclatante défaite le crime de sa rébellion et l'imprudence de ses démarches. La contrée plut aux Vandales : ils trouvèrent le pays à leur gré, et ils résolurent de s'y établir. Ils offrirent à l'empereur de reconnaître sa puissance et de lui payer tribut, s'il consentait à les laisser tranquilles possesseurs de leur conquête. L'offre était singulière ; mais, dans la position où se trouvait l'empire, assez d'ennemis menaçaient sa débile existence : il n'avait nul besoin d'en provoquer de nouveaux. Valentinien feignit en conséquence d'accepter ces propositions, et laissa à l'avenir le soin de décider si l'héritier des maîtres du monde devait ainsi transiger avec des ennemis armés et présents sur le territoire de l'empire. Mais la mort le surprit avant qu'il eût tiré vengeance des Vandales. Plus de cent années s'écoulèrent sans apporter aucun changement à l'état de l'Afrique. Enfin, en 534, Bélisaire chassa ces usurpateurs étrangers, et rétablit jusqu'au détroit la domination romaine. — A cette époque, le christianisme commençait à s'établir dans ces contrées. Mais deux siècles plus tard, quand les Arabes, maîtres de l'Égypte, se furent avancés le long des côtes de l'Afrique, jusque dans les montagnes des Numides, les vaincus furent cruellement persécutés à cause de leur croyance. Non-seulement il fallait supporter le joug de l'étranger, mais encore on leur faisait une loi d'embrasser l'islamisme. Les Maures opposèrent peu de résistance ; les Numides, au contraire, retranchés dans leurs montagnes, se défendirent courageusement, et même ils descendirent plus d'une fois du haut de leurs rochers, pour porter secours aux habitants de la plaine. Fiers de leur conquête, les Arabes s'élancèrent enfin vers les rivages de l'Espagne, où les appelait la vengeance du comte Julien. Plus tard, lorsque le roi Ferdinand eut porté le dernier coup à la puissance de ces infidèles, qui depuis trop longtemps étaient maîtres de l'Andalousie, et qui avaient même plusieurs fois porté leurs armes victorieuses jusque dans le nord de la Péninsule, alors ces étrangers furent rejetés sur le sol de l'Afrique, et les navires espagnols poursuivirent au delà du détroit. Le fort de Mers-el-Kébir, situé près d'Oran, tomba au pouvoir du vainqueur, et la ville d'Oran elle-même reçut bientôt après les lois du cardinal Ximénès, qui, à la tête d'une armée redoutable, était venu s'en emparer. Le cardinal laissa dans cette place Pierre de Navarre, et le chargea de poursuivre les conquêtes de l'Espagne : celui-ci eut bientôt fait reconnaître le nom de son souverain dans les environs d'Oran, et jusque dans la ville de Bougie, dont la prise entraîna la soumission de toute la province et par conséquent d'Alger. Cette place, qui alors était loin de présenter un aspect imposant, et qui pouvait à peine résister à un coup de main, dut à la domination espagnole les premiers éléments de la puissance qui, dans la suite des temps, la rendit si redoutable. On établit sur les rochers qui s'élevaient en face de la ville, un fort qui plus tard, réuni à la terre par une chaussée, s'incorpora, pour ainsi dire, dans les fortifications. Les Turcs développèrent ensuite, sur une plus grande échelle, les proportions de ce fort, d'où paraissait dépendre toute la force d'Alger. Dès cette époque, les pirates commencèrent à se multiplier, et leur existence seule mit cette ville en état d'hostilité permanente contre les puissances étrangères. Cependant le joug de l'Espagne pesait cruellement sur ces populations : elles attendaient avec impatience que le jour vînt de reconquérir leur liberté. La mort de Ferdinand V favorisa leurs desseins : appelé par leurs vœux, Sélim Utémi, prince arabe, se présenta devant les murs d'Alger avec une armée imposante ; en même temps, et par le conseil de Sélim, le célèbre corsaire Barberousse vint mouiller sous le fort avec ses galères. Cette double attaque, à laquelle la garnison était loin de s'attendre, chassa les Espagnols de la ville ; les libérateurs y entrèrent, et, par un retour inattendu, imposèrent aux habitants le joug de la conquête. Cependant une rivalité qu'il était aisé de prévoir ne tarda pas à diviser les vainqueurs ; les populations, trompées, auraient pu profiter de ces dissensions pour recouvrer cette indépendance au nom de laquelle elles avaient été rejetées dans l'esclavage ; mais Barberousse ne leur en laissa pas le temps : il fit périr Sélim, et demeura seul maître de la contrée. Cependant les Espagnols n'avaient pu, sans douleur, se voir chassés de cette ville. Ils résolurent de la reconquérir, et vinrent débarquer, au nombre de 100,000, sous les murs de la cité. Cette armée formidable eût assurément pu renverser la puissance de Barberousse ; mais, incapable de s'astreindre aux lois de la discipline militaire, elle ne tarda pas à se compromettre elle-même. Comme elle s'abandonnait au pillage, Barberousse la surprit tout à coup, et en fit un horrible massacre. Les débris de l'armée regagnèrent précipitamment leurs navires, mais bien peu de ces fugitifs parvinrent à rentrer dans leur patrie. Excité par cette victoire, Barberousse entreprit de chasser de l'Afrique les Espagnols qui s'y maintenaient encore, et sans doute il y fût parvenu, si la mort ne l'eût frappé à la bataille de Tlemcen. Barberousse avait donné à la piraterie un élan redoutable. On a toujours pensé qu'il avait été envoyé par le sultan dans le nord de la Méditerranée pour contre-balancer la puissance des chevaliers de Rhodes, qui, chassés de leur île, s'étaient établis à Malte et prenaient de nouveau une attitude imposante. Dans cette conjecture, il avait dû comprendre de quelle valeur serait pour lui la conquête d'Alger, et il prouva, par la suite, tout le prix qu'il y attachait. Barberousse eut pour successeur son frère Khéridin, qui porta aussi le nom de Barberousse, et qui s'en montra digne sous quelques rapports. Cependant il n'avait ni l'activité ni la hardiesse de son modèle. Il fut aussi en guerre avec les Espagnols ; mais ces derniers étaient les agresseurs ; et il vint un moment où il désespéra de leur résister plus longtemps. Alors il résolut de se rendre à Constantinople, et de faire comprendre au divan tout l'intérêt que la Turquie avait à transformer Alger en place forte, et l'entourer de travaux formidables. Il partit donc, et laissa le commandement de la ville au renégat italien Hassan-Aga. L'empereur Charles-Quint, dont les regards se portaient vers Alger, crut que le départ de Khéridin était une occasion favorable pour reconquérir cette ville. Déjà deux armées réunies sur les côtes de l'Espagne étaient prêtes à s'embarquer. Ce n'était plus chose aisée que de remettre le pied sur les côtes d'Afrique, et l'on peut citer, comme une preuve des difficultés de l'entreprise, l'empressement que la noblesse mit à s'armer pour cette conquête. Bientôt, deux flottes espagnoles, commandées par l'amiral Doria, le plus grand homme de mer que cette époque ait produit, déployèrent leurs voiles et commencèrent à voguer vers les rivages d'Alger. La traversée fut pénible ; les vents déchaînés contre les vaisseaux semblaient offrir le triste présage des résultats funestes de cette expédition. Enfin, le 26 octobre, ces deux armées, composées d'Espagnols, d'Allemands, de Bourguignons, de Maltais et d'Italiens, multitude assez mal assortie, et dont le chiffre total montait à 22,000 hommes, débarquèrent sur la côte d'Alger, à deux milles d'Alger. — Les premiers événements du siège donnèrent d'abord quelques espérances, qui malheureusement ne se

réalisèrent pas. Déjà le jour de l'attaque avait été fixé, lorsque, dans la nuit qui le précéda, une horrible tempête fit fondre sur le camp des flots de pluie glacée qui renversèrent les travaux de l'armée ; la flotte se dispersa, et 150 vaisseaux avec plus de 8,000 hommes furent engloutis dans la mer. Pendant ce temps, les assiégés assaillirent tout à coup les Espagnols épouvantés, et en massacrèrent le plus grand nombre. Cette catastrophe inattendue força Charles-Quint à lever le siège. Ce fut à grand'peine qu'il parvint, avec les débris de son armée, jusqu'au cap Matifou, où l'attendait Doria avec le reste des marins qu'il avait pu rallier. Dans cette retraite fatale, on perdit une grande partie du matériel ; pour embarquer les soldats, on fut réduit à jeter à la mer les chevaux qui restaient à bord ; quant à ceux qui avaient pris terre, ils y furent abandonnés. A leur tour les pirates d'Alger, encouragés par ce triomphe, allèrent assaillir les côtes de l'Espagne et de l'Italie. La terreur de leurs armes se répandit en tous lieux : non contents de dévaster les rivages de ces contrées, ils en enlevaient les habitants, les transportaient en Afrique et les réduisaient en esclavage. Cet état de choses dura jusqu'en 1663, époque où le duc de Beaufort remporta sur les pirates de nombreux avantages, et les força de suspendre leurs ravages. En 1682, sous le règne de Louis XIV, Duquesne fit à son tour une expédition contre Alger, mais les coups de vent et les ouragans l'empêchèrent d'y donner suite. Plus heureux l'année suivante, il alla bombarder cette ville, et en détruisit une partie. Le mauvais temps vint toutefois interrompre le cours de ces succès, mais le blocus continua. Forcés de faire leur soumission, les Algériens parurent un moment renoncer à leurs déprédations ; mais cet intervalle de repos ne dura pas longtemps : ils reprirent la mer avec une audace nouvelle qui s'arrêta toutefois devant les vaisseaux de Tourville et du maréchal d'Estrées (1687 et 1688). Durant le siècle qui suivit, l'Espagne fit de nouveaux efforts pour anéantir la puissance d'Alger, et elle ne put y parvenir. Nous signalerons ici le désastre d'O'Reilli, qui, arrivé dans ces parages avec une armée de 30,000 hommes et 100 pièces de canon, perdit la moitié de ses troupes et laissa presque tout son matériel aux mains de l'ennemi. Bientôt commencèrent en Europe ces troubles et ces guerres qui, pendant vingt-cinq ans, laissèrent aux Algériens le temps de réparer leurs pertes, et de remettre leur puissance sur un pied formidable. Lorsque la paix de 1816 eut ramené le calme, lord Exmouth, chargé par l'Angleterre de châtier les Algériens qui n'avaient pas craint d'épuiser toute leur barbarie sur deux citoyens anglais, se présenta devant Alger avec une escadre de 37 navires, dont six portant pavillon hollandais. Les négociations ne réussirent pas ; le dey d'Alger rejeta toutes les propositions de lord Exmouth, qui, entre autres concessions, demandait que tous les Européens détenus en esclavage fussent rendus à la liberté. Cependant, à la faveur de ces pourparlers, dont il prévoyait l'inutilité, lord Exmouth avait tout disposé pour l'attaque, de sorte que les premiers coups de canon partis de ses vaisseaux démontèrent les batteries du fort l'Empereur. En même temps il fit mettre le feu aux navires algériens, qui périrent presque tous. Cette attaque avait été vive et sanglante : plusieurs vaisseaux anglais restaient dégarnis de leur mâture, et 2,400 hommes de leurs équipages avaient été mis hors de combat. Mais la ville avait éprouvé des pertes plus considérables encore ; le peuple, mécontent, s'insurgea contre le dey, et le somma de demander la paix. Quoiqu'il fût hors d'état de poursuivre ses attaques, lord Exmouth n'en imposa pas moins de graves conditions : il exigea de nouveau que les captifs fussent délivrés de leurs fers et renvoyés sans rançon ; il exigea, en outre, le payement d'une forte somme, et d'autres concessions qu'il serait trop long de détailler. Le dey, forcé de se soumettre, consentit à tout. La flotte anglaise se retira, et les pirates d'Alger se remirent de nouveau à parcourir la mer. — A quelques années de là, le congrès d'Aix-la-Chapelle décida que la piraterie serait abolie par tous les moyens : une flotte anglo-française fit voile pour Alger, et alla déclarer au dey cette résolution des puissances européennes ; le dey répondit qu'il imposerait un tribut à tous les navires étrangers, et qu'il coulerait à fond ceux qui refuseraient de payer. Les choses ne changèrent pas avant 1824, époque où s'élevèrent, entre la France et Alger, les différends qui devaient mettre fin à ce fléau, depuis si longtemps en possession d'épouvanter la Méditerranée ! — Hussein-Pacha, dey d'Alger, avait plus d'une fois provoqué les mécontentements du représentant de la France. Un jour, au milieu d'une réception solennelle, à l'occasion du Bairam, une discussion s'éleva entre le dey et le consul français, M. Duval, qui avait à se plaindre de récentes attaques faites par les Algériens contre les bâtiments de notre pavillon. Hussein-Dey, qui, dans son humeur impatiente et despotique, supportait difficilement les réclamations, se livra tout à coup à l'impétuosité de sa colère, et lança son chasse-mouche à la figure du consul. La cour de France, informée de ce traitement, ordonna à son représentant de quitter Alger, sans retard. — La guerre fut déclarée. Elle commença par un blocus qui dura trois ans et ne produisit aucun résultat. Plus tard, le gouvernement français députa vers le dey M. de la Bretonnière, dont la mission resta sans effet; il y eut même, à cette occasion, une nouvelle insulte faite au pavillon français. Au moment où M. de la Bretonnière sortait du port d'Alger, toutes les batteries firent feu sur son vaisseau. — C'était plus qu'il n'en fallait : la mesure était comblée. Une flotte française se réunit aussitôt sur la rade de Toulon; elle se composait de six bâtiments à vapeur, 200 transports et 60 navires de guerre : elle était montée par 27,000 marins, et portait 64,000 hommes et 4,000 chevaux. L'armée était commandée par le général Bourmont, ministre de la guerre; la flotte, par l'amiral Duperré, qui avait fait ses preuves contre les Anglais, dans la mer des Indes. On mit à la voile le 25 mai 1830. — Après un siège de vingt jours, cette ville d'Alger, que l'Espagne et l'Angleterre n'avaient pu soumettre à leurs armes, réduite à demander merci, reçut dans ses murailles les bataillons français. Par une singulière témérité qui trahit, jusque dans ces derniers moments, le caractère avide et rapace des Algériens, Hussein-Dey n'avait opposé aucun obstacle au débarquement, afin, disait-il, de prendre d'un coup de filet les ennemis, leurs tentes, leurs canons et leur matériel. Cette soif de butin accéléra sans doute la chute de la ville, que les ouragans et les tempêtes auraient peut-être encore délivrée cette fois. — Dans ce siège, qui fut terrible, l'armée algérienne, dont le chiffre s'élevait à plus de 30,000 hommes, fut aux prises avec l'armée française, qui la mit en déroute et en frappa de terreur les derniers débris. Le fort l'Empereur, déjà maltraité par nos boulets, fut détruit par l'explosion des poudres qu'il renfermait, et auxquelles trois nègres, ses derniers défenseurs, eurent le courage de mettre le feu. — L'artillerie algérienne tomba en notre pouvoir; cinquante millions de francs, trouvés dans les trésors de la Kasba, résidence du dey, et un butin considérable, tiré des magasins où les pirates déposaient le produit de leurs excursions maritimes, servirent à dédommager la France des frais du blocus et de l'expédition. Cette conquête glorieuse restera comme un des plus nobles monuments de nos victoires, et comme un éternel bienfait dont la nation française aura doté la Méditerranée. — Plusieurs années s'écoulèrent avant que la conquête se consolidât dans nos mains. On eut à réduire d'abord le pacha de Titéry, dont les soldats massacraient nos avant-postes, et dont le général Clausel détruisit la puissance, après avoir franchi les gorges escarpées du mont Atlas et occupé Medeyah, capitale de la province. Alger passa ensuite sous le commandement du général Berthezène, qui engagea des luttes fréquentes avec les Berbères et les Arabes; puis sous l'autorité du duc de Rovigo, qu'une maladie cruelle arrêta dans ses projets, et qui transmit ses pouvoirs au général Voirol. Ce dernier se fit remarquer par une politique adroite qui tendait à pacifier l'Algérie. L'administration du comte d'Erlon n'amena aucun changement à la situation des choses. Le général Clausel, retourné en Afrique, avec le titre de maréchal de France et de gouverneur général, fit de nouvelles tentatives pour amener la soumission des Arabes; mais elles furent infructueuses. On sait quelle fut l'issue de son expédition sur Constantine : les mauvais temps, les maladies et le manque de vivres arrêtèrent sa marche et causèrent à l'armée française des pertes déplorables. — Le général Damrémont, successeur du maréchal Clausel, illustra son passage par la conquête de Constantine et par la gloire de sa mort : il périt sous les murs assiégés, au moment où il allait visiter ses batteries, un boulet de canon le frappa au milieu de la poitrine. Cependant Abd-el-Kader, chef des Arabes, restait en hostilité permanente contre la France. Le général Bugeaud, que ses succès en Afrique devaient recommander à la reconnaissance publique, conclut enfin, avec cet infatigable ennemi, un traité de paix et d'alliance, le traité de la Tafna. — A l'époque où nous sommes arrivés, l'Algérie est en voie de colonisation, et l'on ne peut nier qu'elle ne soit destinée à la plus brillante prospérité. Sur cette terre où la végétation se déploie avec une énergie remarquable, on pourrait recueillir presque tous les produits de l'Inde, de l'Amérique et de l'Europe : l'olivier, le palmier, le grenadier, le myrte, l'oranger, la vigne, le dattier, l'arbousier, le nopal,

le jujubier, s'y élèvent de toutes parts; la culture du coton, du café, de l'indigo, de la cochenille, de la garance, y est appelée à recevoir des développements considérables, et pourrait affranchir notre commerce du tribut qu'il paye depuis si longtemps à l'Inde, à l'Égypte, à l'Amérique. — Voici ce que nous lisons dans un des derniers rapports sur l'Algérie : « Tout présage que ce territoire clos et assaini serait promptement peuplé d'une multitude de colons européens, attirés par la fécondité et la beauté des lieux. C'est surtout la plaine qui se déroule en pente douce au pied de l'Atlas, abritée contre les vents du midi par la chaîne des montagnes, susceptible d'être arrosée par les eaux qui en découlent, que des bras intelligents et laborieux féconderaient et embelliraient promptement. Déjà les environs de Blida (V. ce mot), renommés pour leur salubrité et leur beau ciel, sont ombragés de bois touffus d'orangers et de citronniers, qui croissent presque sans culture au milieu des ravages de la guerre, et malgré l'incurie des naturels. Que serait-ce, si ce beau pays était cultivé par des colons européens, actifs, intelligents, stimulés par le charme de la propriété au sein d'une contrée paisible? Partout l'on verrait circuler l'eau bienfaisante des montagnes, détournée par des canaux d'irrigation du lit des rivières et des ruisseaux qui en sortent : la Chiffa, l'Harach, l'el Kébir, le Hamiz; et l'on sait quels miracles de végétation produit l'alliance de la chaleur et de l'eau courante : des Huertas d'Espagne nous en donnent une faible idée. L'on verrait sur les flancs des collines des bois d'oliviers, qui croissent spontanément, et qui n'attendent qu'une main intelligente pour être greffés; dans les vallées, des bosquets d'orangers et de citronniers; dans les plaines, des champs de cannes à sucre, de cotonniers, de cafiers; partout des mûriers annonçant d'abondantes récoltes de soie. Nul doute que cette foule d'agriculteurs européens, que nous voyons traverser l'Atlantique pour aller chercher des propriétés et du travail dans des contrées sauvages, fort éloignées, et beaucoup moins favorables à la création des richesses, ne se rendissent de préférence dans ce délicieux pays, situé aux portes de l'Europe. Le climat de l'Algérie est plus tempéré qu'on ne l'avait cru avant la conquête : la moyenne de sa température donne 17 degrés centigrades. Dans les plus grandes chaleurs de l'été, le thermomètre ne s'élève pas au-dessus de 34 degrés, si l'on excepte toutefois les jours où le vent du désert, la khamsin, l'élève jusqu'à 38. » Mais ces jours sont rares, et dans les proportions de ceux où le vent d'autan souffle sur nos provinces méridionales. L'hiver est tempéré : on n'y voit presque jamais de glace, et rarement le thermomètre descend au-dessous de O. Les sommités de l'Atlas connaissent seules les rigueurs du froid : elles sont d'ordinaire couvertes de neige au mois de décembre. — L'hiver de l'Algérie, c'est la saison des pluies. Elles commencent vers le 15 décembre et se prolongent jusqu'au mois de janvier. Il y a toutefois des interruptions. Sur la fin du mois de janvier, le soleil reparaît et retrouve son énergie. Alors la végétation se manifeste et arrive en peu de jours à l'état le plus florissant. C'est le temps des orages, qui se renouvellent par intervalles jusqu'au mois de mars. Le mois d'août est dangereux par ses exhalaisons marécageuses, source des fièvres qui, chaque année, exercent leurs ravages dans l'Algérie. Les derniers jours de novembre sont marqués d'ordinaire par de terribles ouragans qui brisent les navires à la côte et jusque dans le port. La plus sûre ressource alors est de gagner la pleine mer. — On trouve dans ce pays presque tous les animaux de l'Europe, et, de plus, le chameau, ce navire du désert, qui transporte l'Arabe et sa famille d'un bout de l'Afrique à l'autre. Le loup, le lion et le tigre y sont rares; le chacal s'y rencontre assez souvent; mais il est peu redoutable. Quant aux chevaux d'Alger, ils ne valent ni les chevaux de l'Égypte, ni ceux de la Syrie, ni ceux de la race pure des étalons arabes : cependant ils ont conservé quelques traits de ressemblance qui les rendent encore recommandables. — La ville d'Alger présente un aspect tout oriental. Elle s'élève en amphithéâtre et projette dans les airs ses coupoles et ses minarets; les habitations en sont blanches, couvertes de terrasses, et ornées à l'intérieur de galeries grillées, dont les arêtes sont découpées en festons et enrichies de dorures. Le palais des deys d'Alger, la Kasba, servait à la fois de citadelle et de résidence au souverain dont le pouvoir était au moins aussi absolu que celui du sultan. Elle renfermait une poudrière, une mosquée, des casernes, une ménagerie, des magasins, des jardins élégants et une fabrique de monnaies : tout l'arsenal de la puissance, de la richesse et du luxe algériens. Devant la ville, se déploie en fer à cheval les forts de la marine : le phare s'élève au centre du fer à cheval. Les gros navires ne peuvent mouiller dans ce port, et, durant les mauvais temps, les petits bâtiments n'y sont pas même en sûreté. — La marine algérienne, cette marine si redoutée, ne possédait à l'époque de la conquête que cinq frégates armées de 40 à 50 canons, et quatre corvettes de 20 à 30. — Au retour des expéditions, les pirates jetaient les esclaves au bagne, les plus belles femmes au sérail, et partageaient le prix de leur butin avec le dey et les mosquées. — Si nous en exceptons les juifs, les peuples de l'Algérie professent le culte musulman et paraissent singulièrement attachés à leur croyance. — L'introduction du christianisme au milieu de ces contrées infidèles ne sera pas l'un des moindres bienfaits de la conquête et de la civilisation. — L'Algérie vient d'être érigée en évêché; il était dans les desseins de la providence divine, d'appeler enfin ces nations aveuglées aux lumières de la foi; ce sera aussi une gloire pour la France que d'avoir concouru à cette œuvre de régénération morale et intellectuelle. Si, nous passons maintenant aux mœurs de ce pays, nous ne saurions mieux faire que d'emprunter au *Moniteur* de 1837, les détails curieux et authentiques que nous transcrivons ici: «En Europe, les villes constituent la force et la puissance des États, les campagnes n'en sont qu'un accessoire; c'est justement le contraire en Afrique : les villes dans l'ancienne régence sont rares, et, à l'exception d'Alger, elles sont en général petites, chétives, remplies de misérables cahutes, sans symétrie, sans ordre, entourées d'un mur sans fossés. Les musulmans qui les habitent, connus sous le nom de Maures, sont la plupart marchands ou artisans; il y en a qui possèdent des jardins arrosés, sous la protection des murs de la ville; et ils font cultiver par leurs esclaves; rarement la culture s'étend plus loin. On y trouve aussi quelques familles juives. Dans quelques-unes des principales villes, on voit en outre des Coulouglis; cette race croisée, issue des Turcs et des femmes maures, formait une milice à la solde des beys ou gouverneurs de province; maintenant les Coulouglis, en butte aux attaques des tribus arabes et à la haine des Maures, sans appui et sans point de réunion, traînent une existence précaire. — La véritable population du pays, celle qui a la force, le courage et le nombre, en partage, erre dans les campagnes, divisée en tribus nomades, connues sous le nom d'Arabes dans les plaines, de Kabaïles dans les montagnes. Le nom est différent; les mœurs se ressemblent beaucoup; si ce n'est que les Kabaïles sont moins errants que les Arabes. Ils habitent, en général, sous des tentes ou dans de mauvaises baraques; à peu d'exceptions près, on ne voit ni villages ni maisons dans les campagnes; on n'y trouve que des campements, nommés *douars*. Je dis à peu d'exceptions près, car il existe non loin de certaines villes, quelques maisons éparses ou groupées dans des lieux dont l'extrême fertilité invite les habitants à se fixer au sol, nonobstant les ravages fréquents des nomades. C'est une civilisation naissante qui essaye de lutter contre la barbarie; mais dans cette lutte, la barbarie finit par l'emporter. — La tribu forme un ou plusieurs douars, suivant qu'elle est plus ou moins nombreuse. Elle s'établit dans un endroit fertile, auprès des sources, sur le bord des ruisseaux; elle y forme son campement habituel; on gratte la terre, on l'ensemence du froment ou de l'orge; ensuite on va plus loin à la recherche de nouveaux pâturages pour les troupeaux de chameaux, de chevaux, de bœufs, de moutons, de chèvres, qui forment la richesse des familles. Plus tard, on revient pour faire la moisson qu'on enfouit, grain et paille, dans des silos dont l'entrée est soigneusement dérobée aux yeux des étrangers. Ce sont les magasins de réserve de la tribu. — La propriété du sol est, à peu d'exceptions près, inconnue; chaque famille choisit et cultive son champ; la récolte enlevée, il redevient le plus souvent commun. — Les femmes et les esclaves font tous les travaux domestiques; et, comme la simplicité des besoins rend peu nombreux, on n'entretient que peu d'esclaves. Le grand nombre serait à charge, on aurait trop de bouches à nourrir. — Les hommes montent à cheval, pillent et font la guerre; c'est leur seule occupation. — La guerre est pour ces barbares l'état normal et celui qu'ils préfèrent. — Les tribus se battent pour des pâturages, pour une source, pour se refouler sur leur terrain respectif, pour s'enlever des troupeaux, pour se brûler des moissons, par esprit de vengeance. Outre ces combats partiels, les tribus se rassemblent quelquefois pour de grandes expéditions, sous la conduite d'un chef habile qui sait leur inspirer de la confiance. L'ambition de ce bey les tient en haleine par des guerres continuelles; la paix amènerait la ruine par l'influence : les tribus se disperseraient. Sa vie est une lutte, un combat continuel. Ses traités

de paix ne sont que des trèves momentanées pour respirer un instant, ou pour se retourner avec toutes ses forces contre un nouvel ennemi. Du reste les expéditions sont courtes; il faut bientôt se disperser de nouveau pour vivre. — Le but de la victoire, c'est le pillage; jamais la gloire ou la conquête stable. Rarement fait-on des prisonniers; le grand nombre d'esclaves gênerait. Le malheureux qui tombe dans leurs mains, ils lui coupent la tête lorsqu'ils n'espèrent pas en tirer une rançon, ou trouver à le vendre comme esclave. La vie rude de ces brigands et l'habitude de la guerre, ferment leur âme féroce à toute pitié; ils répandent le sang comme l'eau, avec indifférence. — Le premier soin du jeune Arabe, dès qu'il commence à sentir ses forces, est d'acquérir d'abord un fusil; ensuite un cheval. Si sa famille est trop pauvre pour lui en fournir, il fait tout pour s'en procurer; pillage, surprise, assassinat, tout lui est bon pour parvenir à son but. Si la fortune ne le sert pas, il va jusqu'à louer ses services, dans les villes, à des Maures et même à des juifs, malgré son orgueil, pour gagner de quoi acheter ces objets de son ambition. Les possède-t-il enfin, le voilà un homme, un guerrier à ses yeux et aux yeux de sa tribu. Il trouve une femme : désormais le pillage lui fournira de quoi la nourrir. — Ces nomades se battent montés sur des chevaux rapides, souples, adroits, sobres, infatigables. Les fantassins ne sont que d'une exception composée de malheureux, méprisés dans la tribu, qui n'ont pu se procurer un cheval. Rarement des combats en rase campagne; presque toujours des guerres de surprises, tout est fini en un coup de main; le vaincu, échappe au sabre du vainqueur, de toute la vitesse de son cheval. — On-dit-il affaire à des troupes régulières, ils s'ouvrent devant elles, se dispersent presque sans combat, gagnent les flancs et les derrières des colonnes, les harcèlent, pillent les convois et les bagages, surprennent, égorgent les traînards et les postes détachés. Fait-on rétrograder des troupes contre eux, ils s'échappent aussitôt, grâce à la vitesse et à l'agilité de leurs chevaux. Ce sont plutôt des surprises de voleurs que de véritables combats. Comme ils ne font ferme nulle part, et qu'ils sont les cavaliers les plus rapides et les plus adroits du monde, vaincus, ils perdent bien peu de monde, vainqueurs, ils font beaucoup de mal. Leurs femmes et leurs troupeaux sont envoyés dans des lieux écartés, loin du théâtre de la guerre. — Leur manière de combattre exige de l'espace, aussi répugnent-ils à se renfermer dans les villes pour les défendre. En général, ils évitent les sièges comme les batailles. Quand il s'agit de marcher au combat, les guerriers des tribus arrivent au rendez-vous avec armes, sans bagages, chacun portant quelques petits pains et un peu d'orge. Le pillage leur fournit le reste, ils sont d'une sobriété incroyable. Dans l'abondance, ils se contentent de peu; dans la disette, quelques racines, de la gomme, des insectes même, les moindres choses suffisent pour soutenir leur existence. — Ces mœurs des Arabes actuels étaient celles des anciens Numides. Elles n'ont pas changé depuis des siècles; elles tiennent à la nature du sol et au voisinage du désert. »

ALGÉRONDE, trente-sixième évêque de Coutances; il occupait le siège de ce diocèse en 890, lorsque Rollon, déjà maître de Rouen, y laissa sa flotte pour marcher vers le Cotentin: ce saint évêque était à Saint-Lô, quand le conquérant normand vint mettre le siège devant cette ville qui se défendit vigoureusement. Rollon, pour enlever aux assiégés une ressource sans laquelle il leur devenait impossible de vivre, détourna un ruisseau qui leur fournissait de l'eau en abondance. Alors ils promirent de rendre la place, si on voulait leur laisser la vie sauve. On accepta ces conditions; mais on viola horriblement le traité, car ils furent tous passés au fil de l'épée. Dans ce massacre, Algéronde reçut la couronne du martyre.

ALGIDE (*méd.*). Ce mot désigne spécialement les affections qui se manifestent par un sentiment de froid glacial, ainsi que cela a lieu à la suite de vives douleurs, et principalement au début des maladies intermittentes. Dans les fièvres de cette nature, le mot *algide* désigne surtout, et c'est sa principale acception, la période où le mal est arrivé à son plus haut point d'intensité. On a appliqué dans ces derniers temps la dénomination d'algide à cette phase du choléra qui jetait le malade dans un état de marasme et d'épuisement, glacé si voisin de la mort. On combat ce froid général à l'aide de boissons excitantes, de frictions et d'applications chaudes; quelquefois, aussi, à l'aide d'effusions froides, dont l'effet est de provoquer une réaction salutaire. Mais ce moyen hasardeux présente les plus grands dangers, et a souvent été suivi de conséquences fatales.

4.

ALGOLOGIE. (*V.* ALGUES.)

ALGONQUINS. (*V.* ESQUIMAUX.)

ALGRIN. (*V.* HALEGRIN.)

ALGUACIL est le nom que l'on donne en Espagne aux bas-officiers de justice, institués pour assurer l'exécution des ordonnances du magistrat ou du juge. Ce mot répond assez à ce qu'en France on appelait jadis *exempt*, à un huissier actuel ; dans notre langage familier, il est synonyme d'espion de bas étage, de *mouchard*. Le mot alguacil est d'origine arabe, comme beaucoup d'autres termes de la langue espagnole.

ALGUES (*bot.*), ALGÆ. Famille de plantes qui paraît tenir le milieu entre les *mousses* et les *champignons*. Elle embrasse plusieurs genres auxquels appartiennent des plantes de diverses figures, caractérisées par l'imperfection de leurs organes. Ordinairement les algues rampent ou sont plongées dans l'eau ; rarement leurs feuilles sont distinguées de leurs tiges, qui presque toujours sont très-imparfaites. La substance de ces plantes est ou membraneuse ou gélatineuse, ou filamenteuse, ou crustacée, ou coriace. Les botanistes divisent les algues en trois sections : 1° celles dont la fructification est douteuse ou non apparente ; cette section comprend les genres *bysset*, *conserve*, *ulve*, *tremelles* et *varec*. On les trouve toujours ou dans l'eau, ou dans les lieux humides, et la substance en est ou membraneuse ou gélatineuse, ou filamenteuse. 2° Celles dont la fructification est apparente, quoique peu connue : elles se font remarquer par des cupules ou des verrues dont le volume est sujet à varier ; mais il n'y a jamais épanouissement à une époque déterminée. Il faut y rapporter les genres *tasselle*, *ceratosperme* et *lichen*. 3° Celles dont la fructification est très-apparente, et chez lesquelles on remarque, à une certaine époque de la maturité, l'épanouissement ou l'explosion par laquelle s'échappent les matières fécondantes. Les parties qui s'ouvrent pour répandre au dehors la semence ne doivent point être confondues avec les urnes des mousses ; ce sont ou des sachets globuleux, pédiculés, divisés en quatre parties, ou des calottes, pédiculées aussi, et portant en dessous, des globules qui s'ouvrent par plusieurs valves, ou enfin des tubes et de longues cornes bifides. Elles diffèrent de celles des deux sections précédentes en ce que, relativement à la couleur et à la substance, elles ont plus de rapport avec la mousse. Les genres *riccie*, *blasie*, *anthocère*, *targione*, *hépatique*, *jongermanne*, appartiennent à cette troisième section.

B. DE CUBLIZE.

AL-HAKEM-BEAM-RILLAH. Al-Hakem-Beam-Rillah, moins connu sous le nom d'Abou-Ali-Almansour, est le quatrième khalife fatimite d'Égypte. Obeïdalah, fondateur de cette dynastie, se prétendait issu directement d'Ali et de Fatime, fille du prophète ; il avait conquis la vaste province d'Afrique. (*V.* FATIMITES.) Almoaz-Ledin-Allah recueillit l'héritage de son père, et il y joignit la conquête de l'Égypte, une vaste portion de l'Arabie et la Syrie entière. Son fils Al-Aziz était d'une humeur douce et pacifique ; il n'étendit pas ses États, mais il rendit ses sujets heureux. On dit qu'il circulait dans la ville du Caire une pièce de vers très-mordante, principalement dirigée contre le vizir, mais dans laquelle le khalife n'était pas épargné. L'auteur des vers fut découvert par les agents du vizir ; le khalife défendit de le poursuivre ; et comme le vizir se plaignait à son maître de cet excès de bonté : « Je suis de moitié dans ton injure, lui dit le khalife, sois de moitié dans le pardon que j'accorde. » Ce prince mourut l'an 336 de l'hégire (996 de J. C.), et son fils Al-Hakem monta aussitôt sur le trône, quoiqu'il fût à peine âgé de douze ans. Il paraît que la province de Fez, conquise par Almoaz, profita de la minorité du nouveau khalife pour secouer le joug fatimite, et lorsqu'il fut en état d'agir, il ne songea point à la faire rentrer sous sa domination. Bien différent d'Al-Aziz, ce prince capricieux, fantasque, maniaque jusqu'à la folie, fut redouté de ses sujets, et même de ses plus zélés serviteurs. Ses historiens, et principalement Aboul Faradj, conviennent qu'il était magnifique et de mœurs très-pures, mais cruel et sanguinaire, et très-inconstant, défaisant le lendemain son ouvrage de la veille ; ce fut ainsi qu'à des époques très-rapprochées, il fit démolir, et puis rebâtir l'église de la Résurrection de Jérusalem. Il ordonna aux habitants de l'Égypte, coptes ou juifs, d'embrasser l'islamisme, ou de quitter l'Égypte, s'ils n'aimaient mieux se soumettre à porter un costume qui les distinguât des musulmans. Comme on connaissait sa haine pour tout ce qui n'était point la religion du prophète, la crainte causa beaucoup d'abjurations. Il déclamait souvent contre la loquacité des femmes. Passant un jour devant une maison de bains à l'heure où il n'y avait que

des femmes, il entendit de la rue de bruyants éclats de rire. Il envoya chercher sans délai des maçons, et il leur donna l'ordre de murer immédiatement toutes les issues. On eut beaucoup de peine à sauver ces malheureuses femmes, en les faisant sortir la nuit par les toits. Dans une autre occasion, il défendit aux femmes du Kaire, sous peine de mort, de sortir de leurs maisons. Les habitants se plaignirent ; Al-Hakem ordonna pour lors aux marchands d'apporter et de vendre dans les rues ce qu'ils vendaient au marché ; mais il leur était expressément défendu de passer le seuil de la porte des maisons où on les appelait. D'un autre côté, les femmes ne pouvaient avancer que jusqu'à certaine distance de la porte d'entrée, de sorte que, pour leur faire passer les denrées qu'elles demandaient, les marchands se servaient d'une espèce de grande cuiller de bois, emmanchée d'un long manche comme une pelle à four. Le khalife avait l'habitude de se promener tous les soirs dans la campagne, tantôt seul, tantôt accompagné de deux serviteurs, et se servant habituellement d'un âne pour monture. Dans une de ces courses, qui presque toujours se prolongeaient assez avant dans la nuit, il disparut sans qu'on ait jamais su positivement ce qu'il était devenu (477 de l'hégire, ou 1035). On croit qu'il fut assassiné sur le mont Mokkatam, auprès d'une fontaine, au bord de laquelle s'élevait le tombeau d'un Santon. On trouva son âne mort, et à peu de distance, quelques-uns de ses vêtements, mais les plus exactes perquisitions ne firent point découvrir son corps. Ce fut, dit-on, la propre sœur d'Al-Hakem, Sitt-al-Mouck, qui dirigea la main des meurtriers. Dans un de ses moments de fureur, Al-Hakem avait ordonné le supplice de Sitt-al-Mouch, et celle-ci n'avait vu de moyen de salut pour elle que dans la mort de son frère lui-même. La couronne fut placée sur la tête du fils d'Al-Hakem, encore très-jeune, et sa tante gouverna le royaume pendant quatre ans avec beaucoup de sagesse ; au bout de ce temps, elle mourut.

J. DE MARLÈS.

AL-HAKEM, khalife de Cordoue. Ce prince monta sur le trône l'an 797 de J. C., après la mort de son père Hixem, qui lui-même avait succédé au fondateur du khalifat d'Espagne, Abderahman Ier. Il avait des qualités brillantes, de la bravoure, de la générosité, un esprit cultivé et vingt-cinq ans ; mais il était fier, emporté, violent, dangereux dans sa colère. On pouvait espérer un règne glorieux, mais on devait craindre un règne agité. Dès les premiers jours qui suivirent son avénement, il eut à combattre contre son oncle Abdallah. Celui-ci avait toujours élevé des prétentions à l'héritage d'Abderahman ; elles avaient échoué contre l'expérience de son frère Hixem ; il les fit revivre, quand il crut que la jeunesse du nouveau souverain lui rendrait le succès plus facile, mais la fortune protégea son neveu. Après quelques engagements partiels, les deux armées en vinrent aux mains dans la plaine de Valence ou de Tadmir. Abdallah déploya sur le champ de bataille tout ce qu'il avait de talents militaires ; Al-Hakem fit des efforts prodigieux de bravoure : la victoire resta longtemps indécise ; la mort du frère d'Abdallah, Suleyman, qui périt dans la mêlée, entraîna la défaite de son parti. Abdallah courut s'enfermer dans Valence, ville dévouée à ses intérêts. De là, il demanda la paix. Al-Hakem avait donné des larmes à Suleyman ; il se rendit aux vœux d'Abdallah, qui lui envoya ses fils en otage. Le khalife conçut pour ses cousins tant d'affection, qu'il donna pour épouse à Elbâh, l'un d'eux, sa sœur Alkinza, et le gouvernement de l'importante province de Mérida. Cette première guerre ne fut pas plutôt terminée, que le khalife fut obligé de reprendre les armes. La révolte éclata dans Tolède : il y envoya un de ses officiers et des troupes, tandis que lui-même se dirigeait vers les Pyrénées, que les Français avaient franchies depuis deux ans, sous la conduite du roi d'Aquitaine, Louis, fils et plus tard successeur de Charlemagne. Toute la Catalogne, ou, pour mieux dire, tout le pays jusqu'à l'Èbre, avait été délivré du joug musulman. Al-Hakem, alarmé des progrès des Français, avait résolu de les arrêter par ses armes. Louis venait de rentrer en France, lorsqu'Al-Hakem arriva sur les bords du fleuve, et la plupart des villes conquises, Huesca, Pampelune, Tarragone, Tortose, etc., rentrèrent en son pouvoir. Il se disposait à faire le siège de Barcelone, mais de nouveaux troubles venaient d'éclater dans l'intérieur ; il reprit à la hâte le chemin de Cordoue. Son cousin Esah avait destitué le wali de la province, et cet officier se vengea par la calomnie ; il peignit Esbâh au khalife sous les traits d'un rebelle et d'un ennemi. Al-Hakem irrité déposa son cousin ; celui-ci refusa de recevoir son successeur ; Al-Hakem envoya des troupes, et les portes de Mérida ne s'ouvrirent pas pour les recevoir. Al-Hakem partit alors de Cordoue pour aller en personne assiéger le rebelle. Quand il fut près de la ville, Alkinza se rendit auprès de lui, et non-seulement elle le désarma par ses larmes, mais encore elle obtint pour Esbâh l'oubli du passé. Les habitants de Mérida célébrèrent par des fêtes le rapprochement qui venait de s'opérer, car ils étaient attachés à leur gouverneur. Une fâcheuse nouvelle vint arracher le khalife aux plaisirs que lui offrait Mérida. Kasem, second fils d'Abdallah, lui mandait que la population de Cordoue était toute disposée à la révolte; que les conjurés lui avaient proposé la couronne à lui-même; qu'il avait eu l'air de céder à leur invitation, afin d'acquérir une entière connaissance de leurs projets; et qu'il devait être le premier sur qui leurs coups tomberaient. Al-Hakem profita de cet avis, et le matin du jour même que les conjurés avaient choisi, trois cents têtes tombèrent dans Cordoue. Après cette sanglante exécution, Al-Hakem qui craignait après lui pour son fils Abderahman l'ambition de ses cousins, convoqua les walis des provinces, leurs vizirs, et tous les officiers de l'État, et le jeune prince fut solennellement déclaré l'héritier du trône. Après avoir pris cette précaution, Al-Hakem parut avoir tout à fait oublié ses devoirs de souverain, qu'il avait jusque-là remplis avec zèle, et il se livra tout entier à la mollesse et au plaisir. Cette conduite irrita les partisans zélés de l'islamisme; les imans, les émirs excitèrent le peuple à la révolte. La populace en armes se porta vers le palais qu'habitait le khalife, des cris sinistres vinrent retentir jusqu'à ses oreilles; alors Al-Hakem, sortant tout d'un coup de l'apathie où il semblait plongé, saisit ses armes, s'élance à cheval, et suivi de sa garde il se jette au milieu des mutins. Excitée par l'exemple, la garde frappe à coups redoublés cette multitude en désordre. Surpris par cette vive attaque, les rebelles ne songent pas à se mettre en défense; ils fuient de toutes parts. Le massacre fut horrible; trois cents malheureux qu'on fit prisonniers furent empalés. Le faubourg de l'Ouest, où la révolte avait commencé, fut livré au pillage et ensuite aux flammes; ceux qui survécurent aux terribles vengeances du khalife furent bannis de Cordoue. Quinze mille de ces malheureux voguèrent vers les côtes de l'Egypte, et, conduits par le désespoir plus encore que par le courage, ils forcèrent les murs d'Alexandrie. Il fallut composer avec eux, dit le Massoudi; on leur donna une somme d'argent considérable, avec la faculté de s'établir dans quelqu'une des îles de la mer de Grèce. Les Cordouans s'arrêtèrent dans l'île de Crète, où ils ne trouvèrent que peu d'habitants. Beaucoup d'Egyptiens et même de Syriens se joignirent à eux, et la ville de Candie ne tarda pas à s'élever, et à devenir un riche entrepôt du commerce du Levant. D'autres, au nombre de sept à huit mille, allèrent chercher un asile dans la ville alors naissante de Fez. Le quartier qu'ils y fondèrent s'est toujours appelé le *Quartier andalous*. Al-Hakem reçut du peuple le surnom de *Cruel*, et lui-même se reprocha bientôt son barbare emportement; depuis ce moment, il devint sombre, inquiet, rêveur; son imagination épouvantée ne lui représentait que des scènes de carnage et de sang. Il n'oubliait ses souffrances morales qu'avec le secours de la poésie et de la musique qu'il avait toujours aimées avec passion. Il mourut au bout de quatre ans (822), dévoré de remords et de regrets.

J. DE MARLÉS.

ALHAMBRA (*architect.*). A l'extrémité méridionale d'une riche et fertile plaine, au sud de la Sierra-Nevada, chaîne alpestre de montagnes dont le sommet est couvert de neiges éternelles, s'élève Grenade, la ville des khalifes. Veuve de ses enfants et de sa puissance, elle garde dans son malheur des témoins imposants de sa splendeur passée. Du milieu de la ville, se dresse, comme une phare au-dessus de cet océan de maisons, une colline escarpée. Là s'élèvent de vénérables murailles flanquées de tours crénelées, qui suivent les contours des rochers, et reposent sur leur front comme une couronne. Ces tours carrées et sévères, ces murs rongés par le temps, c'est l'Alhambra. — Sur la déclivité méridionale s'étend un riche manteau de verdure qui fait ressortir la chaude coloration imprimée à ce palais par le soleil de l'Andalousie. C'est seulement par ce côté boisé que l'Alhambra est accessible. Un chemin tournant comme celui d'un labyrinthe conduit à la porte du Jugement, monument arabe d'une construction mâle, dont le sommet crénelé indique aussi bien que l'absence de tout ornement frivole, l'entrée d'une forteresse bien plus que celle d'un palais. Sous la voûte, une salle carrée, entourée d'un divan de pierre, servait de corps de garde. Le chemin devient ensuite plus roide, et ce n'est qu'après cinq laborieuses minutes que l'on parvient au plateau sur lequel est assis l'édifice principal. Rien n'indique encore que ce monu-

ment justifie sa réputation d'élégance et de richesse : les murailles et les tours ont le même aspect triste et délabré à l'intérieur et à l'extérieur. — On passe sous une seconde porte, nommée *Puerta del Vino* (du Vin). A l'ouest s'élèvent les murs; au nord jaillit, au pied d'une tour, une source dont s'abreuve Grenade; à l'est, un monument d'une architecture particulière appelle l'attention par ses proportions carrées, ses piliers massifs, sa prétention à la richesse, justifiée jusqu'à un certain point par une ornementation lourde et maladroitement prodiguée. C'est le palais de Charles-Quint. Pour construire ce triste édifice, on a démoli une partie de l'Alhambra, et cependant il est resté inachevé. — A côté de ces constructions s'ouvre une porte simple, à l'arc recourbé. Un gardien, seul habitant du plus merveilleux palais de l'Europe, vous conduit dans une petite chambre dont les murs sont blanchis à la chaux, dans la *Cour des Myrtes*. Jamais il n'exista de contraste plus frappant que celui des choses que l'on quitte avec celles qui s'offrent alors aux regards. La cour présente, dans son plan, un parallélogramme rectangle. Les deux grands côtés sont percés de croisées et de portes irrégulières, dont l'encadrement est orné de dessins riches et riches de goût. Au sud, des portiques élégants s'adossent à l'une des faces du palais de Charles-Quint; au nord, une galerie sert de péristyle à la *Salle des Ambassadeurs*. Au milieu de la cour, un bassin de marbre, dans lequel on descend par des degrés, est rempli d'une eau qui se renouvelle sans cesse. Ce bassin était destiné aux femmes du harem, qui, dit-on, venaient y faire leurs ablutions. Le bord en est ombragé de myrtes et d'arbustes fleuris, qui parfument l'air en même temps qu'ils réfléchissent dans les eaux leurs corolles brillantes et variées. — Les murs de la cour sont revêtus, jusqu'à la hauteur de cinq pieds, d'azuléjos (faïences), dont les couleurs, ingénieusement combinées, forment des dessins si subtils, que l'œil et le doigt ont peine à en suivre les contours. Par une porte modeste, mais élégante, située sur la face orientale, on pénètre dans la salle qui sert de vestibule à la *Cour des Lions*. Le plan de cette cour est aussi un parallélogramme rectangle qui s'étend de l'est à l'ouest; seulement, sur les deux petits côtés, s'avancent deux kiosques qui produisent un délicieux effet. La décoration consiste dans une colonnade de marbre blanc qui règne tout autour de la cour, et qui soutient des arcs enrichis de tous les ornements dus au génie inventif des Arabes. Cette cour célèbre n'est pas, au reste, aussi vaste qu'on le croirait d'abord. Elle n'a que 100 pieds d'un mur à l'autre, sur le plus grand côté. Nouvelle preuve que la véritable grandeur consiste plus dans l'harmonie des proportions que dans leurs dimensions. Le milieu de la cour est orné d'une superbe fontaine. Des lions de marbre blanc supportent plusieurs étages de cuves d'où l'eau retombe en cascades. La sculpture de ces lions appartient évidemment à l'époque byzantine, et leur présence à Grenade ne peut être que le fait de la conquête. Sans doute ces animaux avaient été enlevés de quelque monument chrétien pour venir orner la résidence du vainqueur. L'espace compris entre le bassin et les colonnes est enrichi de fleurs et d'arbustes. Deux chemins qui se croisent à la fontaine divisent la cour. Les ornements des archivoltes et ceux des corniches, à l'extérieur, sont de la couleur du stuc. Mais, sous le péristyle qui règne alentour, l'or, l'azur, le pourpre, le vert, cette couleur du vrai croyant, se marient pour faire mieux ressortir la finesse des arabesques qui se croisent, s'enroulent, et suivent néanmoins leurs courbes ingénieuses. — A l'extrémité orientale s'ouvrent les trois *Salles de la Justice*, couronnées par trois autres, où résident maintenant d'innombrables chauves-souris. Six tableaux remarquables, peints dans les frises, décorent ces trois salles; ils représentent deux chasses au lion, un combat, une chasse à l'once, et, les deux derniers, une série de graves personnages assis. Les parties inférieures, les parois du péristyle, sont ornées d'azuléjos dont les dessins changent à chaque division de colonnes. Le parquet offre une belle mosaïque en marbre de diverses couleurs. — Au milieu de la face méridionale de la Cour des Lions s'ouvre une large porte. Elle sert d'entrée à une pièce éclairée d'en haut, et au centre de laquelle jaillit un jet d'eau. C'est dans cette pièce que furent décapités les malheureux Abencerages dont elle porte le nom. Le même choix de couleurs, les mêmes arabesques, la même variété d'azuléjos décorent cette salle. — En face, sur le côté du nord, s'ouvre une suite de salles dont la première porte le nom de *Salle des Deux-Sœurs*. Les ornements sont multipliés dans ces différentes pièces avec une abondance d'imagination qui impose; une croisée qui appartient à la dernière s'ouvre sur un jardin d'orangers. — En tournant à l'ouest, on passe à la Salle des Ambassadeurs, où l'on peut entrer aussi par la Cour des Myrtes. C'est pour la construction de cette salle que les architectes arabes paraissent avoir réservé toutes les ressources de leur génie. Rien n'égale la gracieuse courbure des arcs, la dentelle aux mille nuances qui s'étend partout, sur les murs, à la voûte, dans les frises. L'œil est ébloui. Nul doute que l'effet de cette magnifique salle ne fût calculé. Les envoyés des nations n'en peuvent sortir qu'avec le sentiment navrant de leur infériorité. Trois croisées l'éclairent, et pourtant la lumière ne pénètre pas jusqu'au point culminant de la voûte, qui se perd dans l'ombre et donne presque l'idée de l'infini. Au-dessous de cette salle sont des pièces plus fraîches destinées aux bains. — Un corridor élégant conduit de la Salle des Ambassadeurs à la *Toilette de la Reine*. C'est un kiosque ouvert sur trois faces. Des colonnes déliées soutiennent de légers arcs. Le parquet est percé de trous imperceptibles par lesquels s'exhalait l'odeur des parfums brûlés dans les étages inférieurs. — De ce point élevé on découvre, à l'est, le Généraliffe, résidence séparée de l'Alhambra par une vallée. De noirs cyprès se détachent rudement sur le blanc éclatant de cette élégante construction; au pied du spectateur, le Darro coule à travers des rochers; et l'œil découvre à plusieurs lieues de vertes prairies qu'arrosent le Génil et même Darro. A l'horizon, des montagnes arrêtent les regards. Si la vue pouvait percer le mur méridional, on apercevrait un point assez semblable à un siège : c'est le *Soupir du roi*. De là le dernier khalife contempla l'Alhambra pour la dernière fois. — On peut consulter sur l'Alhambra l'ouvrage de MM. Jules Goury et Owen Jones, Londres; et les *Souvenirs de l'Alhambra*, de Girault de Prangey, Paris, 1837.

HENRI PRAT.

ALI, nom d'homme très-usité parmi les musulmans, et qui, dans la langue arabe, d'où il est tiré, signifie à la fois, au sens propre, *fort*, *robuste*, et au figuré; *élevé*, *noble*, *suprême*, *sublime*. Le gendre de Mahomet fut le premier qui ait porté ce nom. La vénération que les sectateurs de l'islamisme professent pour leur prophète et pour son gendre leur fait préférer les noms de *Mahomet* et d'*Ali* à tous les autres. Les musulmans sont persuadés qu'il existe des rapports intimes, et une espèce de parenté mystique entre les hommes qui ont mérité, par leurs vertus, le bonheur éternel, et ceux qui, sur la terre, portent les noms de ces saints personnages. Aussi cherchent-ils toujours à mettre leurs enfants sous la protection immédiate de quelque puissant intercesseur auprès de Dieu. Leur sollicitude sur ce point va même jusqu'à leur donner plus d'un patron dans le ciel.

JULES VAN GAVER.

ALI-BEN-ABOU-THALEB, c'est-à-dire, *fils d'Abou-Thaleb*, cousin et gendre de Mahomet, surnommé par les musulmans, *Açad-Allah-al-Galeb*, *le lion de Dieu toujours victorieux*, fut le dernier des quatre khalifes, successeurs du prophète. Ali naquit à la Mecque, dans les dernières années du VIe siècle, ou au commencement du VIIe de l'ère chrétienne : sa mère Fathime lui donna le jour dans le temple même de cette ville, célèbre par la naissance du fondateur de l'islamisme. Il porta d'abord le nom de *Caïd*, que Mahomet changea plus tard en celui d'*Ali*. Il fut élevé dans la maison du prophète, qui se l'attacha par les liens de l'amitié. Les musulmans prétendent qu'Ali fut le premier qui embrassa l'islamisme; il est certain du moins qu'il en devint le plus ardent sectateur. Il s'offrit à Mahomet pour être son vizir, l'appela *prophète de Dieu*, et se dévoua entièrement à sa cause. Il se distingua au siège de Khaïbar, en plantant l'étendard sur les murs, et en pénétrant dans la forteresse. Lorsque Mahomet partit pour l'expédition de Syrie, il confia le pouvoir à Ali, et, comme celui-ci se plaignait de l'inaction à laquelle cet honneur allait le condamner : « Eh quoi! lui dit le prophète, refuserais-tu de remplir auprès de moi la place qu'occupait Aaron auprès de Moïse? » — Ali fut le confident de son cousin, et l'apôtre de l'islamisme : il propagea la doctrine du Coran, dans l'Yémen, soit par ses prédications, soit par la force des armes. Lorsque Mahomet, poursuivi par les habitants de la Mecque, se sauva à Médine, Ali, pour lui donner le temps de fuir, se mit dans le lit du prophète, et fit passer pour Mahomet. Touché de tant de dévouement, celui-ci lui donna en mariage Fathime, sa fille unique. Cette alliance semblait devoir assurer l'élection d'Ali, après la mort de son beau-père; mais comme il n'avait pas été expressément désigné par Mahomet pour lui succéder, ses ennemis, parmi lesquels se trouvait Aïché, l'épouse bien-aimée du prophète, réussirent, par leurs intrigues, à l'écarter du pouvoir. Il eut la douleur d'y voir monter avant lui Abou-

Bekr, Omar et Osman : mais, après l'assassinat de ce dernier par les Égyptiens, le khalifat fut offert à Ali, qui l'accepta lorsqu'il se fut assuré que tel était le vœu général des musulmans. Son avénement eut lieu dans la 35e année de l'hégire (656 de J. C.). — A peine monté sur le trône, Ali commença par déposer tous les gouverneurs nommés par son prédécesseur Osman. Cette mesure impolitique excita des troubles dans les provinces, mais surtout en Syrie, où Moavia, qui y commandait, s'était mis à la tête d'un parti nombreux. En outre, Thalkha et Zobeïr, chefs arabes qui jouissaient d'une grande considération, ayant demandé à Ali les gouvernements de Koufa et de Basra (Bassora), il les leur refusa, sous le prétexte qu'il ne voulait pas se priver de leurs conseils. Ces guerriers, mécontents de refus, se rendirent à la Mecque, auprès de la veuve de Mahomet, qui se déclara ouvertement contre Ali, et rallia autour d'elle tous les mécontents. Basra tomba bientôt au pouvoir des rebelles; mais Ali marcha à leur rencontre avec une armée de 30,000 hommes. Lorsqu'il fut en présence des révoltés, qui accusaient Ali d'avoir soudoyé les meurtriers d'Osman, et qu'il vit Aïché à leur tête, il dit en souriant : « Quand Osman nous quitta, il était très-barbu; mais aujourd'hui il revient vers nous sans barbe. » — Après quelques tentatives de réconciliation, que la haine d'Aïché pour Ali rendit infructueuses, commença la fameuse bataille, appelée *Journée du Chameau*, à cause de celui que montait la veuve de Mahomet. Thalkha et Zobeïr y perdirent la vie, ainsi que 17,000 Arabes, et Aïché tomba au pouvoir d'Ali, qui, loin de se venger d'elle, se contenta de la renvoyer à la Mecque. Quelques historiens, moins favorables à Ali, assurent qu'avant de rendre la liberté à sa prisonnière, il l'accabla de reproches et d'injures. Cette victoire ouvrit à Ali les portes de Basra; il en donna le commandement à Ebn-Abbas, et alla établir à Koufa le siège de son empire. — Cependant le triomphe d'Ali était loin d'être complet : Moavia avait réuni autour de lui les parents et les partisans d'Osman. Pour exciter le peuple à la vengeance, on montrait dans la ville de Damas les vêtements ensanglantés du dernier khalife. Une partie de la population de la Syrie se déclara pour Moavia, et la lutte entre les deux rivaux ne tarda pas à commencer. Ali voulut pourtant essayer les voies de la douceur; mais, n'ayant pu ramener les rebelles à leur devoir, il marcha contre eux à la tête de 80,000 hommes. Les deux armées se rencontrèrent dans les plaines de Saféin, et pendant onze mois elles ne se quittèrent point. Quatre-vingt-dix combats eurent lieu, dans lesquels Ali perdit 25,000 hommes, et son antagoniste 45,000. Enfin, Moavia, voyant que ses troupes avaient le désavantage, usa d'artifice; il ordonna d'attacher des exemplaires du Coran aux fers de plusieurs lances, qu'il fit porter devant le camp ennemi; par des soldats qui criaient : « Voici le livre qui doit décider de nos différends, et qui défend de répandre ainsi sans raison le sang des musulmans. » — Ce stratagème réussit complétement. Les troupes d'Ali l'obligèrent à remettre ses intérêts et ceux de son concurrent entre les mains de deux arbitres. C'était ce que désirait l'artificieux Moavia : il fit choix d'Amrou-Ben-Alas, Arabe rusé, qui commandait en Palestine; et les soldats d'Ali nommèrent Abou-Mouça-al-Achari, homme vertueux, mais simple. Après cette nomination, Ali se retira à Koufa, et Moavia à Damas, pour attendre la décision des arbitres. Amrou parvint à persuader à son collègue qu'il fallait, pour rétablir la paix entre les musulmans, déposer les deux prétendants, afin d'élire ensuite un khalife au gré de tous. On éleva donc une tribune, où Abou-Mouça montant le premier prononça la déchéance d'Ali et de Moavia. Amrou déposa à son tour Ali; mais, au lieu d'en agir de même envers Moavia, il déclara qu'il l'investissait du khalifat, avec d'autant plus de raison que Moavia avait été choisi par Osman pour lui succéder et qu'il se présentait comme son vengeur. — Cette publication excita le plus grand étonnement parmi les partisans d'Ali : à la surprise du premier moment, succédèrent bientôt le mécontentement et les murmures; on fit un crime à Ali d'avoir remis au jugement des hommes une cause sacrée sur laquelle Dieu seul avait le droit de prononcer. Achaath-Ben-Caïs, l'un des chefs des troupes de l'Irak, se mit à la tête d'un parti de rebelles, qui prirent le nom de *Kharidji*, et refusèrent d'obéir à Ali. Il fut alors obligé d'employer la force, et de marcher contre les révoltés; mais, avant d'en venir aux mains, il fit planter un étendard devant le camp et promit de pardonner à tous ceux qui se rangeraient sous ce drapeau, ou qui se retireraient dans la ville de Koufa. Ces propositions décidèrent la plupart des *kharidji* à rentrer dans le devoir, et le reste fut aisément dispersé. — Malgré les succès d'Ali, Moavia n'en persistait pas moins dans sa rébellion, et lui enlevait peu à peu ses plus belles conquêtes. La Mecque, Médine, Basra se soumirent à ce chef de révoltés, qui parvint enfin à resserrer l'autorité d'Ali dans les contrées arrosées par l'Euphrate et le Tigre. A mesure qu'Ali perdait de ses possessions, il voyait ses meilleurs amis l'abandonner; il eut la douleur d'apprendre que son propre frère Okaïl s'était rangé du parti de Moavia, qui l'avait reçu à bras ouverts, et lui avait assigné, au prix de sa désertion, des revenus considérables. — Peu de temps après la défaite des *khâridji*, trois de ces sectaires, se trouvant ensemble à la Mecque, complotèrent entre eux d'assassiner, à la fois, Ali, Moavia et Amrou. Ils choisirent, pour l'exécution de leur dessein, le vendredi 17 du mois de Ramazan, et se rendirent l'un à Damas, où se trouvait Moavia, l'autre en Égypte, résidence d'Amrou, et le troisième à Koufa, où Ali s'était retiré. Amrou fut sauvé par une méprise de celui qui voulait le tuer; Moavia reçut une blessure dont il guérit; Ali, seul, atteint d'un coup sur la tête, ne survécut que peu de temps à sa blessure: il expira le 19, le 20 ou le 21 du mois de ramazan, dans la quarantième année de l'hégire (661 de J.-C.). Il était âgé d'environ soixante ans, et en avait régné près de cinq. Les historiens musulmans prétendent qu'il eut, pendant tout le mois de ramazan, divers pressentiments de sa fin prochaine; ils racontent que le vendredi, jour de sa mort, Ali, se rendant à la mosquée, fut arrêté un instant par une grande quantité d'oiseaux de basse-cour, qui firent un grand bruit à son passage; et qu'un esclave leur ayant jeté un bâton pour les faire taire, Ali lui dit: « Laisse-les crier, car leurs cris ne sont les plaintes et le chant lugubre de ma mort. » — Son assassin, nommé Abdalrahman, fut remis, sur l'ordre d'Ali, entre les mains de son fils aîné Haçan, qui, lorsque son père eut rendu le dernier soupir, fit périr, d'un seul coup, son meurtrier, suivant la recommandation expresse d'Ali lui-même. — Ce prince fut enseveli secrètement par ses fils, et le lieu de sa sépulture ne fut découvert que trois siècles plus tard, sous le règne d'*Adhad-Eddoulat*, de la maison des *Bouïdes*, qui lui fit élever, près de Koufa, un monument somptueux, appelé par les Persans *Kunbud Faïz-al-Anovar*, le *Dôme du Distributeur des lumières et des grâces*. Son sépulcre est visité avec une grande vénération par les musulmans *Chi'is*, sectateurs d'Ali. — Entre les surnoms honorables que les mahométans donnent à Ali, les deux principaux sont: *Vassi*, qui signifie en arabe *mandataire* ou *héritier* de Mahomet; et *Morthadhi*, c'est-à-dire, *agréable à Dieu*. Ali eut neuf femmes, quinze fils et dix-huit filles. Sa nombreuse postérité a régné en Afrique, en Espagne, en Egypte, en Arabie; mais, pendant plusieurs siècles, le nom d'Ali fut maudit solennellement dans les mosquées par l'ordre des Ommiades, successeurs de Moavia. Ce fut seulement sous le khalife Omar, fils d'Abdalaziz, que cette coutume fut abolie. Depuis, les musulmans de toutes les sectes professent le plus grand respect pour le gendre de Mahomet. Mais les Persans, qui sont tous Chi'is, maudissent la mémoire des trois premiers khalifes, qu'ils traitent d'usurpateurs; ils regardent Ali comme le premier successeur légitime du prophète, dont ils le font presque l'égal. Ils disent que s'il n'est pas véritablement Dieu, il participe de la nature divine, et que, sans lui, Mahomet n'aurait jamais pu établir l'islamisme sur la terre. Aussi, rapportent-ils que Mahomet disait souvent: « Ali est pour moi, et je suis pour lui. Il est auprès de moi dans le même rang qu'Aaron était auprès de Moïse. Je suis la ville où toute la science est enfermée, et Ali en est la porte. » Une des sentences favorites des Chi'is, est: « Mahomet, prophète de Dieu; Ali, ami de Dieu. » Quoique son sépulcre soit bien connu, il y a quelques-uns d'entre eux qui le croient encore vivant, et qui sont persuadés qu'il reparaîtra à la fin du monde. Ils le regardent comme leur intercesseur auprès de Dieu, et lui donnent le titre d'*indulgent*. — Quelles que soient les fables que les sectateurs d'Ali aient inventées sur le gendre de leur prophète, on ne peut s'empêcher de reconnaître, dans le premier apôtre de l'islamisme, un prince aussi brave que bon et généreux. Abou-Bekr disait de lui: « Lorsqu'Ali parut dans le monde, les plus braves épées rentrèrent dans le fourreau. » — Enthousiasmés des exploits, les musulmans les attribuaient à la vertu de l'épée Doulfékar, qu'il tenait de Mahomet. — Ali était dans l'usage, chaque vendredi, de distribuer aux pauvres l'argent qui restait dans le trésor. S'il montra peu de talents politiques, c'est qu'il ne pouvait se résigner à marcher dans les voies tortueuses de la diplomatie. Aussi écrivait-il à Moavia: « Souviens-toi que j'ai immolé plusieurs des tiens, et que tu trouveras en moi un ennemi redou-

table, mais franc et méprisant la trahison. » — Malgré la bravoure incontestable d'Ali, il ne se décidait à employer la force des armes que lorsqu'il avait épuisé tous les moyens de conciliation. Il ménageait le sang de ses soldats, pour qui il avait la tendresse d'un père, et que sa brillante valeur, sa vertu et sa modération avaient attachés à sa cause et surtout à sa personne. — Ali passe, chez les musulmans, pour un des hommes les plus savants et les plus éloquents de son siècle. Il reste de lui divers ouvrages en prose et en vers, entre autres un recueil de *Cent maximes* ou *sentences*, qui ont été traduites de l'arabe en persan et en turc; un *Divan* ou recueil de ses poésies, intitulé *Anovar al okaïl men Achaar vassi al reçoul*. Golius a publié à Leyde, en 1629, une partie des sentences d'Ali, que Vatier traduisit en français et fit imprimer à Paris en 1660. — En 1748, un autre traducteur, nommé Leité, reproduisit des fragments de ses maximes. Ockley donna une version anglaise de 169 sentences d'Ali; Tocherning publia une centurie de ses proverbes, et Guadagnoli fit paraître à Rome, en 1642, une traduction latine de ses poésies. — Outre les ouvrages dont nous venons de parler, on trouve dans les auteurs orientaux plusieurs apophthegmes qu'ils attribuent à Ali. L'auteur du *Rabi-al-Abrar* cite le suivant: « Celui qui veut être riche sans biens, puissant sans sujets, et sujet sans maître, n'a qu'à quitter le péché et servir Dieu, et il trouvera ces trois choses. »

JULES VAN GAVER.

ALI (ABOUL-HAÇAN), roi de Maroc, troisième prince musulman de la dynastie des Almoravides ou *Almorabeth*, et fils de *Youçouf-ibn-Tachfin*, lui succéda en 1106. Il acheva la ville de Maroc, fondée par son père en 1069, et réunit sous sa domination l'Andalousie, Grenade, Valence, l'Aragon, la Catalogne, une partie du Portugal, et tout le territoire compris sous le nom d'Empire de Maroc, entre le mont Atlas et la Méditerranée. Suivant les historiens arabes, la prière était faite au nom de ce prince dans trois cent mille mosquées. Pendant qu'il était occupé en Afrique à embellir sa capitale, où il fit élever de somptueux édifices, et entre autres la grande mosquée de Maroc, ses gouverneurs en Espagne opprimaient ses sujets et excitaient un mécontentement général. Profitant de ces dispositions des peuples soumis à Ali, les rois chrétiens d'Aragon et de Castille essayèrent de rentrer en possession des villes que les musulmans leur avaient enlevées; mais Ali se mit à la tête de nombreuses troupes, repassa en Espagne, et livra plusieurs combats meurtriers à ses adversaires, qui lui firent acheter chèrement ses victoires. Tandis que le monarque africain défendait ses conquêtes en Espagne, une nouvelle secte s'élevait, en 1116, dans les montagnes de l'Atlas; ces fanatiques, connus sous le nom d'*Almohades*, et qu'Ali traita d'abord avec mépris, finirent par méconnaître son autorité, et se retirèrent dans des positions escarpées d'où il lui fut impossible de les chasser. Au bout de quelques années, ils parvinrent même à lui enlever une grande partie de ses États; enfin il mourut en 1140 ou 1143, ne laissant à son fils Tachfin-Al-Masmudi, qu'un empire démembré, dont les restes devaient bientôt tomber au pouvoir des Almohades. — Ali aimait les arts et les lettres; il protégea les nobles entreprises de la science. Ce fut sous les auspices qu'une société de savants arabes recueillit les œuvres d'Avicenne;

J. V. G.

ALI (MOUSTAPHA-BEN-AHMED-BEN-ABDUL-MOLA) fut un historien musulman très distingué. Son principal ouvrage est une histoire universelle intitulée *Kounhnol - Achbar*, c'est-à-dire, *Mine de nouvelles* ou de *connaissances*. Elle est divisée en quatre parties; la dernière est consacrée à l'histoire des Ottomans depuis la fondation de leur empire, en l'an 699 de l'hégire (1300 de J. C.), par Osman, fils d'Erthogroül, jusqu'à une époque très avancée du XVIe siècle de l'ère chrétienne. Ali publia ensuite un petit extrait de son grand ouvrage, qu'il fit servir de base à des considérations politiques et morales sur les causes de la décadence de divers empires et la chute des familles souveraines qui les gouvernèrent. On connaît encore de lui un recueil de lettres familières adressées à ses amis: cette correspondance est pleine d'intérêt. — Ali occupa des charges publiques: il était *defterdar* (trésorier ou receveur) de Damas lorsqu'il mourut dans cette ville, l'an de l'hégire 1006 (1597 de J. C.).

J. V. G.

ALI-BEY, chef de mamlouks, né dans le pays des Abases, vers 1728, commença, à l'âge de treize ans environ, par être esclave d'un *kiahia*, ou colonel des janissaires, qui l'acheta au Caire où il avait été amené. Son maître, nommé Ibrahim, jouissait en Égypte d'une grande influence; il s'en servit pour s'emparer du pouvoir, et se déclarer indépendant de la Porte ottomane. Ali-Bey, doué d'une force de corps et d'une adresse remarquables, passa quelques années à se livrer avec ardeur à tous les exercices militaires; il y réussit à un si haut degré, que ses compagnons, étonnés de sa hardiesse et de sa pétulance, le surnommèrent *Djendali* (le fou). A vingt ans, il obtint sa liberté et le titre de *kachef*, ou gouverneur de district. Peu de temps après, il fut promu au rang des vingt-quatre beys qui commandaient les provinces de l'Égypte, sous l'autorité d'un pacha représentant la Porte. En 1757, son ancien maître *Ibrahim-kiahia* mourut, et Ali-Bey conçut, dès ce moment, les projets les plus hardis. Ses premières tentatives pour s'emparer de toute l'autorité ne réussirent point, et il fut puni de sa rébellion par un exil dans la haute Égypte. Après y avoir passé deux années à combiner l'exécution de ses desseins ambitieux, il parvint enfin, en 1766, à se faire déclarer chef suprême. Il se défit des beys qui s'opposaient à son élévation, renversa le pacha qui gouvernait au nom du Grand Seigneur, prit lui-même le titre de sultan, s'affranchit du tribut, et s'arrogea le droit de *sikké*, c'est-à-dire, de battre monnaie en son propre nom. Cet acte d'indépendance eut un plein succès : le sultan Moustapha III, occupé de la guerre contre la Russie, fut obligé de remettre à un moment plus opportun la répression de la révolte d'Ali-Bey, qui profita de ces circonstances favorables pour affermir sa domination. Il s'empara d'un port du Saïd (haute Égypte), et il envoya à la Mecque un corps de cavalerie sous les ordres de son favori Mohammed-Bey, qui pénétra dans la *ville sainte* et la pilla sans scrupule, tandis qu'une flotte, sortie de Suez, prenait possession du port de Djedda. Ali, maître de l'Égypte, voulut rendre à cette contrée célèbre son antique splendeur. D'après les conseils des négociants européens qui fréquentaient ses États, il forma le projet de faire reprendre aux navires marchands qui allaient trafiquer dans l'Inde l'ancienne route de la Méditerranée et de la mer Rouge; il se flattait aussi de reculer les limites de l'Égypte, et d'en faire de nouveau une vaste et puissante monarchie, comme au temps des Ptolémées et du grand Saladin. Pour accomplir ses vues, il commença par faire alliance avec la Russie; il envoya son lieutenant Mohammed-Bey se joindre, avec une armée puissante, aux troupes du pacha de Saint-Jean-d'Acre, le fameux Cheikh-Daher, qui s'était révolté contre le sultan. En 1770, Ali-Bey avait déjà soumis Gaza, Jaffa et toute la Palestine. Le 6 juin de l'année suivante, les forces combinées de Daher-Pacha et de Mohammed-Bey repoussèrent victorieusement l'armée sous les ordres des pachas ottomans, et entrèrent dans Damas. Le château seul tenait encore; mais il ne pouvait tarder à se rendre, et le triomphe des armes d'Ali-Bey semblait assuré, lorsque tout à coup Mohammed-Bey battit en retraite et regagna précipitamment l'Egypte. Il s'était laissé corrompre par l'or et les promesses du pacha de Damas. Cette conduite du favori d'Ali, de l'esclave qu'il avait nommé son fils adoptif, le combla de douleur et d'indignation; mais il dissimula son ressentiment, et tenta une nouvelle expédition contre la Syrie : elle fut sans succès. Mohammed-Bey, craignant la colère de celui qu'il avait trahi si indignement, s'enfuit dans la haute Égypte, où il se fit des partisans : dès lors il ne garda plus de ménagement envers son bienfaiteur, et lui livra bataille près du Caire. La fortune commençait à abandonner Ali-Bey. Battu par son perfide lieutenant, il se réfugia chez son allié Daher : de concert avec ce chef, il marcha alors au secours de Sidon, bloquée par les troupes ottomanes, et les défit complètement en juin 1772. Les deux alliés mirent ensuite le siège devant Jaffa, qui leur ouvrit ses portes au bout de huit mois. Mais ces succès ne consolaient pas Ali-Bey de la perte de la souveraineté. Poussé par le désir de se venger et par l'espoir de ressaisir la puissance, il n'attendit pas, dans son impatience, l'arrivée des secours que l'empereur de Russie lui avait promis; il se mit en route avec les mamlouks qui lui étaient restés fidèles, et un corps de 1,500 hommes commandé par un fils de Daher. Induit en erreur par la peinture que ses amis lui faisaient de l'indignation qu'avait excitée la trahison de Mohammed, Ali-Bey se flattait de l'espoir que sa seule présence soulèverait en sa faveur la population tout entière. Il marcha donc avec confiance sur le Caire; mais, arrivé près de Salehyé, il tomba dans une embuscade, et fut fait prisonnier par un chef de mamlouks nommé Mourad-Bey, qui, dans la mêlée, l'avait blessé d'un coup de sabre à la tête. Ali fut conduit devant Mohammed qui le reçut avec les démonstrations du plus grand respect, et se prosterna devant lui en disant qu'il était son esclave; *puisqu'il avait mangé son pain et son sel.* Ali-Bey

mourut trois jours après cette entrevue; il est difficile de savoir si cette mort fut la suite naturelle de sa blessure, ou l'effet de quelque poison secret. C'est ainsi que finit, en 1773, ce mamlouk célèbre, qui d'abord simple esclave, avait fini par être le dominateur de l'Égypte dont il s'annonçait comme le régénérateur : il fixa sur lui l'attention de l'Europe, de l'Asie et de l'Afrique; mais sa conduite ne répondit pas à ses promesses, et ses talents n'étaient pas au niveau de son ambition. Ses malheurs furent amenés par sa confiance aveugle dans Mohammed-Bey, et par le peu de prudence qu'il mettait dans toutes ses entreprises. On doit ranger aussi, parmi les causes de sa chute, les vexations et les impôts dont il écrasait le peuple, et ses prodigalités inouïes. La seule expédition de Djedda lui coûta 26 millions; la poignée de son candjiar valait deux cent vingt-cinq mille francs. — Ali-Bey, avant de parvenir au pouvoir suprême, ne recula devant aucun des crimes qu'il jugea capables de lui en aplanir la route; mais, dès qu'il fut maître absolu du pays, il fit régner la justice la plus sévère et la plus impartiale. En ce sens son administration fut favorable aux Européens que le commerce attirait dans ses États. Comme la plupart des souverains musulmans, Ali-Bey était très superstitieux, et les décisions astrologiques servaient souvent de règle à sa conduite. — Cependant, malgré les faiblesses, les fautes et les crimes d'Ali-Bey, on ne peut sans injustice lui refuser une certaine grandeur de pensée, et quelques conceptions vastes que les circonstances ne lui ont pas permis de développer, mais qui dénotent un homme au-dessus du vulgaire.

J. V. G.

ALI-BEY, dont le nom véritable était *Domingo Badia y Leblich* ou *Castillo*, naquit en Espagne dans l'année 1766. Doué d'une intelligence vive, il fit de très bonnes études, et s'adonna surtout aux mathématiques, à la physique et aux sciences naturelles. Le goût des voyages se développa bientôt chez Badia, et comme il joignait à ce désir de voir et d'étudier des choses nouvelles une certaine originalité dans l'esprit, qui le poussait vers tout ce qui sort de la voie commune, il résolut de n'imiter en rien ses devanciers. Décidé à parcourir l'Asie et l'Afrique, il commença par étudier la langue arabe. Lorsqu'il se crut suffisamment instruit dans cet idiome, il conçut le singulier projet de prendre un nom musulman, et de se faire passer pour un descendant de la famille des khalifes abassides. Mais il avait besoin d'appui pour réussir dans son dessein; il s'adressa donc au gouvernement espagnol, et parvint à faire goûter son plan au prince de la Paix qui, à cette époque, jouissait de la plus haute faveur auprès du roi Charles IV. Après avoir obtenu l'approbation de Godoy, Badia partit pour Londres; il chercha, par de nouvelles études, à bien connaître le génie et les mœurs des peuples orientaux, et, pour compléter la ressemblance qu'il voulait avoir avec eux, il se soumit à la circoncision. Il revint ensuite en Espagne, s'y embarqua pour l'Afrique, et arriva à Tanger en juin 1803. Il était revêtu du costume musulman et avait adopté le nom d'Ali-Bey. C'est ainsi qu'il parcourut tour à tour Fez, Maroc, Tripoli, l'île de Chypre et l'Égypte. Après avoir visité en détail la Mecque en 1807, il séjourna à Jérusalem, à Damas et à Constantinople. Il avait recueilli les détails les plus circonstanciés et les plus curieux : il songea à revenir dans sa patrie pour publier la relation de son voyage. On était alors en 1809, et les Français venaient d'envahir l'Espagne. Badia fut du nombre des Espagnols qui, sous le nom d'*Afrancesados*, se rangèrent au parti des vainqueurs; il obtint l'intendance de Ségovie, d'où il passa à la préfecture de Cordoue. Lorsque les Français abandonnèrent l'Espagne, Badia les suivit, et fit imprimer en France son intéressant itinéraire. Quelque temps après, sa passion pour les voyages se réveilla, et il partit encore pour la Syrie; il avait pris, dans cette nouvelle excursion, le nom d'*Ali-Othman*. Il était chargé, à ce que l'on croit, de la mission secrète d'établir entre l'Orient et la France des relations commerciales plus actives. Il se livrait avec ardeur à l'accomplissement de son mandat, lorsque la mort vint, en 1819, mettre un terme à ses travaux. Il se trouvait alors à Alep. Cette mort subite et prématurée fit penser qu'il avait été empoisonné. Tous ses papiers furent saisis par le pacha de Damas, et la tentative inachevée de Badia n'eut point de suites. — Par ses connaissances variées en physique, en minéralogie, en astronomie, et par les avantages que lui donnait le rôle qu'il avait adopté chez les peuples orientaux, Badia était l'homme le plus capable de voyager avec fruit dans des contrées jusqu'alors imparfaitement décrites. Aussi trouve-t-on dans sa relation, des détails que n'avait donnés aucun voyageur, avant lui; on y remarque la description de la mosquée d'Omar à Jérusalem, de la Mecque et de son temple. L'ouvrage de Badia fut reçu d'abord par le public avec une défiance que l'on croyait fondée; mais on reconnut ensuite la fausseté des soupçons que l'on avait conçus sur la véracité et le mérite de cette relation, aujourd'hui très-estimée. L'auteur cependant n'avait pas assez approfondi la langue arabe, et n'avait que des notions très-imparfaites sur l'état de l'Orient à l'époque reculée où régnaient les khalifes abassides, dont il se faisait passer pour le descendant. — Dans la préface de son livre, Badia annonçait une seconde partie qui devait contenir la preuve de ses observations météorologiques, astronomiques, etc. Il est à regretter que cette portion scientifique de son œuvre n'ait jamais été publiée.

J. V. G.

ALI, grand vizir du sultan Ahmed III, fut surnommé *Coumourdji*, parce qu'il était fils d'un marchand de charbon (en turc *coumour*). Il dut sa haute fortune à ses agréments extérieurs. Le sultan Ahmed II, traversant un jour une forêt voisine d'Andrinople, aperçut Ali, encore enfant, et il fut tellement frappé de la beauté de ses traits, qu'il le fit enlever et conduire au sérail. Ali commença par remplir les fonctions de page ou *icoglan* (itch-oghlan). Il s'était déjà élevé jusqu'au grade de *silihdar-aga* ou *porte-glaive* du sultan, lorsqu'il obtint la faveur d'Ahmed III, et devint tout-puissant dans l'empire. Coumourdji, trop jeune encore pour être grand vizir lui-même, n'en exerçait pas moins toute l'autorité. Il parvint enfin, en 1714, à la dignité de premier ministre, dont, depuis plusieurs années, il ne lui manquait plus que le nom. Ce fut à cette époque que Charles XII, roi de Suède, se rendit dans les Etats du Grand Seigneur; il trouva dans Ali-Coumourdji un obstacle invincible à la réussite de ses projets, et il fut obligé de quitter la Turquie.—En 1715, Ali-Coumourdji, qui depuis longtemps médité le projet de reprendre la Morée aux Vénitiens, fit déclarer la guerre à leur république, et s'empara de la contrée qu'il convoitait. Les vaincus s'adressèrent alors à l'empereur d'Allemagne, Charles VI, pour en obtenir du secours : ce monarque ne voulant pas rompre le premier le traité de Carlowitz, se proposa pour médiateur entre Venise et la Porte; mais Coumourdji, aveuglé par ses succès en Morée, et fier de se voir à la tête de cent cinquante mille hommes, brûlait de se mesurer avec le prince Eugène : « Je deviendrai un plus grand général que lui à ses dépens, » disait le présomptueux Ali. La guerre fut donc déclarée, et le grand vizir entra dans la Hongrie. Les armées ottomane et allemande se rencontrèrent à Peterwaradein; et malgré l'infériorité numérique des troupes du prince Eugène, cet habile général remporta une victoire complète. Ali-Coumourdji, blessé grièvement dans la mêlée, mourut deux jours après sa défaite, l'an 1128 de l'hégire (1716 de J. C.).

J. V. G.

ALI-PACHA (MUEZZIN-ZADÈ), capitan-pacha, ou mieux *kapoudan-pacha*, sous le règne du sultan Sélim II, commandait l'escadre ottomane qui, en l'an 978 de l'hégire (1570 de J. C.), de concert avec l'armée du grand vizir Moustapha, assiégea l'île de Chypre, défendue par les Vénitiens. L'année suivante, pendant le siège de Famagouste par les troupes de terre, l'amiral ottoman ravagea Candie, Cérigo (l'ancienne Cythère), Navarin, Zante, Céphalonie, Butrinto, Lesina, Curzola, et soumit les places de Dulcigno (Oulgoum), d'Antivari (Bar), et de Budoa en Dalmatie. Il fut moins heureux devant Cattaro, qu'il fut obligé d'abandonner. Les Vénitiens s'étant ligués avec le pape et le roi d'Espagne contre les Ottomans, Ali-Pacha reçut l'ordre de se remettre en mer : il réunit une flotte de trois cents voiles environ, ravagea les côtes de Dalmatie, d'Istrie, d'Italie, et fit trembler Venise. Après cette expédition, le kapoudan-pacha se dirigea vers le golfe de Lépante. Le célèbre don Juan d'Autriche, fils naturel de Charles-Quint, prit la même route; il commandait une escadre chrétienne de plus de deux cents navires, provenant des forces réunies des Espagnols, du pape et des Vénitiens. Le 7 octobre 1571, les confédérés se trouvaient à la hauteur des îles *Curzolari*. Ali-Pacha qui avait sous ses ordres le dey d'Alger et dix-sept autres pachas, les réunit en conseil de guerre, et les consulta sur la conduite qu'il devait tenir dans cette circonstance décisive. Tous ces chefs furent d'opinion de ne pas hasarder le combat; mais l'impétueux Ali, emporté par son courage, ne tint aucun compte de l'avis de ses lieutenants; il sortit du golfe et rangea ses vaisseaux en bataille devant la flotte chrétienne : les deux partis s'examinèrent longtemps en silence avant d'engager l'action; enfin, un coup

de canon tiré par le vaisseau du kapoudan-pacha donna le signal du combat : il fut terrible, et dura une heure avec le plus grand acharnement, sans que la victoire penchât d'aucun côté. Ali-Pacha ayant reconnu la galère de l'amiral chrétien, l'aborda avec tant d'impétuosité, que la violence du choc brisa la proue du vaisseau ennemi et celle de son propre navire. Une lutte corps à corps s'engagea entre les deux équipages; enfin, le kapoudan-pacha ayant été tué d'un coup de feu, ses soldats mirent bas les armes; les Espagnols coupèrent la tête de l'amiral ottoman et la portèrent en triomphe à don Juan d'Autriche. Les cris de joie des vainqueurs, à ce sanglant spectacle, portèrent l'épouvante et le découragement parmi la flotte ottomane, qui perdit trente mille hommes, deux cent vingt-quatre vaisseaux qui furent brûlés ou brisés sur les côtes, et près de quatre cents canons.

J. V. G.

ALI, PACHA DE JANINA, si célèbre par le rôle qu'il a joué, de nos jours, dans les affaires de l'empire ottoman, naquit vers 1741, à Tébèlen, en Albanie. Son père, réduit par la haine de ses frères à quitter le toit paternel, devint chef d'une troupe de Klephtes, véritable horde de bandits. Poussé par le désir de la vengeance, il assiégea ses frères dans la maison d'où ils l'avaient chassé, y mit le feu, et les fit tous périr dans les flammes. Digne épouse de ce monstre, la mère d'Ali, appelée Kamco, fille d'un bey du pays, se servait tour à tour du fer et du poison pour se délivrer des personnes qu'elle haïssait. Lorsqu'elle resta veuve, son fils n'avait que treize ans; cette femme féroce et vindicative se plut à lui inculquer ses horribles principes : « Mon fils, lui disait-elle souvent, souvenez-vous que le bien des autres n'est à eux que parce qu'ils sont forts; mais, si vous êtes plus fort qu'eux, ce bien deviendra le vôtre. » Ces odieux préceptes ne pouvaient manquer de porter leurs fruits. Le jeune Ali se faisait déjà remarquer par un caractère turbulent et sanguinaire. Dès qu'il se sentit en état de prendre les armes, il se livra au pillage, parcourut les contrées environnantes; et, à la faveur de l'anarchie qui régnait, il acquit dans l'empire de grandes richesses et une haute réputation d'audace, de bravoure et d'intrépidité. Un bey, séduit par la renommée brillante du jeune chef de partisans, lui accorda sa fille. Peu de temps après son mariage, Ali recommença ses courses, parvint à s'emparer de Tébèlen et de quelques autres villes voisines. La guerre qui éclata bientôt entre la Russie et la Porte fournit à Ali de nouvelles occasions de se distinguer : à la tête d'un corps d'Albanais, compagnons intrépides de ses excursions et accoutumés à vaincre sous ses ordres, il donna tant de preuves éclatantes de courage, que le sultan lui accorda le titre de pacha à deux queues, la charge de gouverneur de Tricala en Thessalie, et celle de *dervendji-pacha*, ou grand prévôt des routes. Ali, dont les honneurs ne faisaient qu'accroître l'ambition, parvint par ses intrigues à se faire nommer, en 1788, pacha de Janina. Habitué à employer tous les moyens pour arriver à ses fins, il dut à une calomnie le pachalik d'Arta; il arracha par la force l'Acarnanie et quelques autres pays aux gouverneurs qui les possédaient. Chaque nouvelle conquête était pour Ali l'occasion de nouveaux crimes; il faisait périr sans distinction tout musulman ou chrétien qui lui portait ombrage, ou dont les richesses le tentaient. La peuplade chrétienne des Souliotes dut fuir devant Ali-Pacha, vaincue par sa perfidie plus encore que par ses armes. Lorsqu'en 1797 les troupes françaises enlevèrent aux Vénitiens Corfou et leurs autres possessions du golfe Adriatique, Ali-Pacha, qui convoitait Prévésa et quelques villes de la côte soumises à la république de Venise, crut devoir se concilier l'amitié de nos soldats. Il savait, lorsqu'il le croyait utile à ses vues, plier son caractère despotique à toutes les bassesses de la flatterie : il fraternisa avec les jacobins, orna son turban de la cocarde tricolore; il voulait, disait-il, être admis parmi les adorateurs de la *carmagnole*, qu'il prenait pour une nouvelle religion. Il sut inspirer tant de confiance aux chefs du gouvernement français de cette époque, qu'ils le laissèrent armer une flotte. Ali-Pacha, habile à saisir le moment favorable, profita des solennités de Pâques pour effectuer une descente sur la côte, que les habitants, empressés de se rendre à l'église, avaient laissée sans défense. Six mille chrétiens, attaqués à l'improviste, furent impitoyablement massacrés. — Vers cette époque, l'invasion de l'Égypte par l'armée française ayant décidé la guerre avec la Porte, Ali-Pacha conçut l'espoir de s'emparer des îles Ioniennes. Il eut l'adresse d'attirer à Janina un officier français appelé Rose, lui arracha, par les tortures, tous les renseignements nécessaires sur les moyens de défense et la force des garnisons, et l'envoya à Constantinople, où ce malheureux mourut bientôt par suite des souffrances qu'il avait endurées. — Avant d'attaquer Prévesa, Ali-Pacha commença par faire empoisonner l'officier du génie qui dirigeait les travaux de défense; à l'aide des partisans qu'il s'était faits dans la ville, il parvint ensuite à y semer le désordre et la révolte; la garnison française, réduite à ses seules forces, et se voyant entourée de traîtres, capitula : sa retraite abandonna Prévesa au meurtre et au pillage. Le Grand Seigneur envoya au vainqueur à cette occasion un cimeterre d'honneur et un kaftan. En 1803, Ali fut élevé au rang de pacha à trois queues, et nommé *Roumili-vélissi*, ou *commandant général de la Romélie*. Cette province était devenue très-dangereuse pour les caravanes par le grand nombre de bandits qui l'infestaient; la terreur qu'ils inspiraient dans toute la contrée, avait fait interrompre toutes les relations commerciales. Le nouveau gouverneur convoqua tous les pachas des environs à Bitoglia, où il se rendit lui-même avec dix mille Albanais; il se mit ensuite à la tête de toutes les forces des chefs réunis sous ses ordres; elles s'élevaient à quatre-vingt mille hommes. La Porte craignit un moment qu'Ali-Pacha ne se servît contre elle de cette armée formidable; mais il se borna à parcourir la contrée en faisant décapiter les principaux rebelles; il retourna ensuite à Janina, en levant des contributions sur la route et en dévastant tout le pays. Le sultan se repentit alors d'avoir confié trop de pouvoir à un sujet aussi redoutable; mais il n'était plus temps de le lui retirer. D'ailleurs Sélim III, dont les malheureux essais de réforme avaient affaibli l'autorité, ne pouvait songer à frapper un coup qui n'eût fait sans doute que hâter la révolte du terrible pacha. Ali, profitant de la faiblesse du gouvernement, étendit ses conquêtes, et travailla dès lors à se rendre indépendant de la Porte. Pour arriver à ce but secret de son ambition, il rechercha l'amitié de la France, qui venait de soumettre les provinces Illyriennes: Napoléon envoya à Janina M. de Pouqueville avec le titre de consul général. Un officier du génie français, entreprit de fortifier Prévesa et Janina. L'aîné des fils d'Ali fut nommé au pachalik de Lépante, et son second fils à celui de Morée, grâce à l'intervention de Napoléon auprès du sultan. Malgré les avantages qu'il retirait de son alliance avec la France, Ali-Pacha travaillait en secret à établir des relations avec l'Angleterre; il en reçut en don six cents fusées à la Congrève et un parc d'artillerie. Il trouva bientôt l'occasion d'en faire usage. Le pacha de Berat, beau-père de ses deux fils aînés, et dont les possessions bornaient les siennes au nord, fut attaqué, fait prisonnier et conduit à Janina, où le tyran le fit enfermer dans un souterrain. Cette agression, que la Porte n'avait pas autorisée, fut excusée par elle, moyennant les présents qu'Ali fit aux principaux membres du divan avec les dépouilles du vaincu. Il eût été difficile d'ailleurs de punir Ali tant qu'il resterait en Albanie, et le rusé pacha n'avait garde d'en sortir. Ce fut en vain que le sultan essaya de l'attirer sur les bords du Danube, sous prétexte de la guerre avec la Russie; Ali feignit une maladie, et n'obéit point. En 1807, lorsque Sélim III fut déposé, par suite d'intrigues auxquelles Ali ne fut peut-être pas étranger, il s'empara de plusieurs villes albanaises, et entre autres de Kardiki. Les habitants de cette dernière ville s'étaient rendus coupables d'une insulte envers la mère et la sœur d'Ali; ils l'expièrent cruellement : tous les hommes furent massacrés, et les femmes, après avoir été exposées aux outrages des soldats, furent dépouillées de leurs vêtements et conduites dans de vastes forêts, où elles moururent de faim et de froid. — En 1814, Ali-Pacha fit une tentative pour s'emparer de Parga, seule ville qui restât aux Français sur la côte de l'Épire : il fut même sur le point de réussir; mais la bravoure de la garnison repoussa ses troupes, qui avaient déjà pénétré dans la ville. Quinze jours après cette tentative infructueuse, les Anglais s'introduisirent par trahison dans la place, et transportèrent à Corfou la garnison française. Ali-Pacha sentit renaître ses espérances en voyant flotter le pavillon anglais sur les remparts de Parga. Il intrigua si bien auprès de lord Maitland, qu'il obtint, à très-bas prix, la cession de cette ville. En 1820, Ali, quoique âgé de près de quatre-vingts ans, songeait toujours aux projets d'indépendance qu'il avait médités toute sa vie. Le sultan Mahmoud n'ignorait pas les ambitieux desseins du vieux pacha; qui, d'ailleurs, ne prenait plus la peine de les dissimuler; mais le grand âge d'Ali faisait espérer sa mort prochaine, et cet espoir avait jusqu'alors engagé le Grand Seigneur à fermer les yeux sur la conduite de son audacieux sujet. Les ennemis d'Ali furent moins patients : ils obtinrent du sultan un *khatti-chérif* qui accusait

le pacha de rébellion, et le sommait de se rendre, dans le délai de quarante jours, à Constantinople, pour y présenter sa justification. Une armée partait en même temps pour Janina, et une flotte mettait à la voile pour effectuer une descente sur les côtes. Dans ce pressant danger, Ali ne se découragea point. Il convoqua tous les chefs sous ses ordres; et mit le fameux Omer-Brione à la tête de son armée, composée de chrétiens, grecs et albanais et de musulmans. Dès que ces derniers aperçurent les Ottomans, ils refusèrent de combattre les soldats du sultan leur souverain, et firent leur soumission; les Grecs, voyant la désertion des Turcs, se retirèrent; les fils même et les petits-fils d'Ali l'abandonnèrent, et coururent se ranger sous les drapeaux du croissant. Le pacha de Janina, craignant de ne pouvoir se défendre dans cette ville, l'incendia, et s'enferma dans la forteresse, située près d'un lac qu'elle domine. Il se soutint dans cette position, pendant plusieurs mois, contre toute l'armée ottomane. Enfin le sultan envoya, au commencement de 1821, Kourchid-Pacha prendre le commandement des troupes assiégeantes, et le siège de la forteresse fut poussé vigoureusement. Ali, craignant pour ses trésors, en cacha une partie dans le magasin des poudres, et le reste dans le lac. Abandonné, au mois d'octobre suivant, par la garnison, que l'avare pacha payait fort mal, il se trouva réduit à une cinquantaine d'hommes dévoués, mais trop faibles pour le défendre. Dans cette cruelle extrémité, le terrible Ali arrêta encore longtemps ses soixante mille hommes, qui l'assiégeaient : Kourchid-Pacha ayant envoyé auprès de lui des officiers pour l'engager à capituler, il leur fit visiter la caverne où ses trésors étaient placés sur deux mille barils de poudre, auprès desquels un homme sûr, nommé Féhim, entretenait nuit et jour une mèche allumée; prêt à y mettre le feu au signal de son maître. Le général ottoman, désespérant de s'emparer d'Ali par la force, eut recours à la ruse : il entama des négociations avec le vieux pacha, s'engagea à obtenir sa grâce, et parvint à lui faire oublier un moment sa défiance habituelle. Ali consentit à une entrevue dans l'île du Lac : cette démarche imprudente le perdit; l'île fut cernée par les troupes de Kourchid; quelques jours après, ce général annonça à son prisonnier que son pardon était arrivé, et qu'il ne pouvait se refuser à faire éteindre la mèche que Féhim entretenait allumée dans la caverne où étaient ses trésors. Ali-Pacha comprit alors sa faute, et demanda instamment à retourner dans sa forteresse : Kourchid, tout en refusant d'accéder à cette demande, tâcha de le convaincre qu'il n'avait rien à craindre, et le tyran se décida enfin à remettre le signe mystérieux qui devait désarmer le farouche gardien. En effet, dès que cette espèce de talisman eut été présenté à Féhim, il s'inclina profondément, et éteignit la mèche : un moment après il n'existait plus. Cependant Ali attendait avec impatience le résultat des promesses de Kourchid; mais les heures s'écoulaient, et tout était morne, silencieux autour du pacha; assis devant la porte de son kiosque; il cachait, sous un extérieur calme et impassible, le trouble qui l'agitait. Les deux tiers de la journée s'étaient écoulés dans cette cruelle attente; tout à coup une troupe armée s'avance vers le kiosque; Omer-Brione la guidait. Ali se lève vivement et saisit ses pistolets : on lui parle de faire sa dernière prière et de livrer sa tête au bourreau : « Ma tête, s'écrie-t-il, ne se livre pas si facilement. » En disant ces mots, il tue un officier qui s'avançait vers lui, en blesse un second, et tombe enfin percé de coups après une longue résistance. Ainsi finit cet homme extraordinaire, mélange affreux de cruauté, d'avarice, de dissimulation et d'intrépidité. Sa tête fut présentée, sur un plateau de vermeil, à Kourchid, qui en baisa respectueusement la barbe. Cette tête faisait encore trembler les soldats qui la regardaient, mais la terreur se mêlait chez eux à l'admiration. Kourchid fit parfumer d'essences précieuses la tête d'Ali, la renferma dans une boîte d'argent, et l'envoya à Constantinople, où elle fut exposée à l'entrée du sérail. On fut obligé de la montrer, pendant la route, à la foule qui accourait pour s'assurer par ses yeux de la mort du redoutable vieillard; on finit même par la faire voir à prix d'argent. — Après la fin tragique d'Ali-Pacha, sa postérité fut presque entièrement détruite. Ses filles furent vendues à des pâtres turcomans, et ses fils mis à mort; l'épouse de Véli, l'un d'eux, fut cousue dans un sac et jetée dans une rivière. Deux de ses petits-fils furent seuls épargnés. — Des immenses trésors d'Ali, on ne découvrit que 60,000 bourses, c'est-à-dire près de 25 millions de francs. Il avait amassé des richesses bien plus considérables, mais ses officiers se refusèrent toujours à désigner le lieu où elles étaient cachées; et la torture même ne put vaincre leur obstination. — Ali-Pacha , que sa puissance, ses intrigues et ses talents avaient rendu si redoutable à la Sublime Porte, était presque entièrement dénué d'instruction ; mais il avait un grand fond de sagacité, il savait employer la douceur et les caresses envers ceux qu'il avait besoin de ménager : il poussait l'hypocrisie au plus haut degré, et , quoiqu'il n'eût aucun principe religieux, il professait publiquement le plus grand respect pour l'islamisme, ce qui ne l'empêchait pas, lorsqu'il se trouvait avec des chrétiens , de boire *à la santé de la bonne Vierge.* D'une activité prodigieuse, qu'il conserva jusque dans la vieillesse la plus avancée , Ali se levait toujours avant l'aurore ,et s'occupait d'abord des détails de l'administration. Il se faisait traduire ensuite les journaux étrangers, et suivait avec beaucoup d'intelligence tous les mouvements de la diplomatie européenne. Par l'opinion , peut-être exagérée , que les puissances chrétiennes s'étaient formée de l'importance politique du pacha de Janina, il se trouva en relation directe avec plusieurs d'entre elles. Le Directoire, Napoléon lui-même, crurent devoir le ménager et rechercher son alliance. Le gouvernement anglais lui fit plus d'avances encore , et de nombreux agents allaient sans cesse de Londres à Janina. — D'une avarice sordide, Ali entrait dans les plus petits détails de ses dépenses, et ne cessait d'augmenter ses trésors en confisquant les biens de ses victimes, dont le seul crime était souvent de posséder des richesses que le tyran convoitait. La terreur qu'il inspirait était si grande, qu'il avait pu établir dans ses États l'ordre le plus sévère, et le moindre excès était puni avec rigueur. Lui et ses fils , seuls , se livraient impunément à la tyrannie la plus atroce. Sa lubricité était insatiable : il déshonora ses petites-filles et l'épouse de son second fils. La plume se refuse à décrire les honteux excès auxquels il s'abandonnait : il faisait de ses infâmes penchants un moyen politique : il croyait s'assurer le dévouement de ceux qu'il avait avilis. Il se plaisait à faire expirer dans les plus cruels supplices les malheureux qui avaient encouru sa disgrâce ; il les livrait souvent à un énorme léopard enfermé dans une cage de fer. Il serait trop long de raconter tous les autres traits de cruauté de ce despote sanguinaire, l'effroi de ses sujets, de ses alliés et de ses voisins, et qui était parvenu, par le meurtre et les rapines, à se faire presque l'égal du sultan, son suzerain. Ses États , en y joignant ceux de ses enfants, comprenaient une grande portion de l'Albanie, l'Acarnanie, l'Étolie , la Livadie, la Thessalie et l'Épire. Leur population s'élevait au-dessus d'un million d'habitants. Son armée était de 14,000 hommes environ, Turcs et chrétiens. Il retirait à peu près dix millions de francs du produit des impôts , indépendamment de celui des fermes gérées pour son compte , et du butin pris sur l'ennemi. Ali avait du penchant pour la magie et l'alchimie ; la chimère de la pierre philosophale lui fit dépenser des sommes considérables. Il semblait oublier alors son avarice accoutumée , mais ce n'était que dans l'espoir d'amasser de nouveaux trésors. Il avait aussi le goût des constructions, ou plutôt le désir d'attirer sur lui l'attention publique en entrepreneur de grands travaux ; mais ils sont tous restés inachevés. — Nous n'avons pu donner qu'une analyse resserrée et incomplète de la vie du fameux pacha de Janina : pour la suivre dans ses détails, il faut lire l'*Histoire de la régénération de la Grèce* , par M. de Pouqueville, et les *Mémoires sur la Grèce et l'Albanie pendant le gouvernement d'Ali-Pacha,* par Ibrahim Manzour-Effendi. C'est dans ces deux ouvrages que l'on prendra une connaissance parfaite de ce despote, dont la monstrueuse puissance étonna l'Europe, et qui est devenu pour les musulmans le type de tout ce qu'il y a de plus redoutable au monde.

JULES VAN GAVER.

ALIBERT (JEAN-LOUIS), officier de la Légion d'honneur, chevalier de l'ordre de Saint-Michel et de Saint-Wladimir, premier médecin ordinaire du roi, professeur à l'école de médecine, médecin en chef de l'hôpital Saint-Louis et du collège de Henri IV, membre de l'académie de médecine, naquit à Villefranche, dans le département de l'Aveyron, le 12 mai 1766. Il fit ses premières études sous les frères de la doctrine chrétienne, et, pendant toute sa vie, on a pu voir à sa douceur, à sa bienveillance, quels avaient été ses premiers maîtres. Il vint à Paris à l'époque de la fondation de l'école normale, et figura avec honneur parmi les élèves les plus distingués de cette école. Son amitié pour Roussel et pour Cabanis décida de sa carrière et lui fit embrasser la médecine. Ses premiers écrits avaient révélé un écrivain spirituel ; il avait publié la Dispute des fleurs et un poème sur l'émulation, et l'on peut croire que, s'il n'eût suivi que son penchant, il se serait adonné uniquement

à la littérature dans laquelle l'harmonie de son style lui aurait assuré une place éminente. Mais la gravité de son état, les devoirs que lui imposaient les fonctions de professeur et de membre de l'académie de médecine, lui firent sacrifier son goût. Cependant il trouva le moyen de concilier le devoir et l'inclination; il écrivit ses ouvrages sur les sciences médicales avec tout le luxe d'une imagination ardente et des périodes harmonieuses; il créa, pour ainsi dire, le genre médico-littéraire. Ce fut une révolution, et les gens du monde furent étonnés de lire avec plaisir des ouvrages dont le titre seul, jusqu'à lui, annonçait aux lecteurs l'âpreté du sujet, et la manière sèche et aride dont il était traité. Louons-le d'avoir fait entrer la science dans cette voie; car, quoique les médecins l'aient blâmé, ils ont essayé de marcher sur ses traces. Il a écrit dans ce genre ses Réflexions sur les poëmes médicaux, ses Dissertations sur la vieillesse , son discours sur les rapports de la médecine avec les sciences physiques et morales, ses Éloges historiques de Roussel, Spallanzani et Galvani , dans lesquels il a su saisir les traits caractéristiques de chacun de ses personnages, et donner à toutes ses pensées de la clarté, du coloris, de l'expression; mais c'est surtout dans sa Physiologie des passions qu'il s'est montré écrivain harmonieux et habile. La Rochefoucauld croyait trouver le principe de toutes nos actions dans l'amour-propre; Hobbes et Helvétius, dans l'intérêt personnel ; Hutchison, dans la bienveillance; Adam Smith, dans la sympathie : Alibert reconnaît quatre instincts primitifs qui régissent les corps vivants. Il les appelle instincts de conservation , d'imitation, de relation, de reproduction. Il en fait découler toutes les passions, ou, comme il le dit, toutes les affections de l'âme; car Alibert n'était pas matérialiste : il porta dans l'enseignement de la thérapeutique et de la matière médicale le même esprit que l'illustre Dumas portait dans l'enseignement anatomique. Alibert créait même cette science qu'il a professée jusqu'à sa mort avec éclat et dont il a publié les éléments. Devenu médecin en chef de l'hôpital Saint Louis spécialement destiné aux maladies du système cutané , il entrevit une mine fort riche et qui n'avait pas encore été exploitée; il composa son grand ouvrage où il décrit si bien toutes les maladies de la peau, et où il eut le premier la gloire de les distribuer par familles, et de les enfermer dans un cadre nosologique. Vif , spirituel, enjoué, aimant les sciences et les arts, il avait une conversation piquante et anecdotique; sa parole était aussi élégante que son style; il aimait à faire le bien et oubliait le mal. On prétend que sa facilité de mœurs et de caractère lui fit quelquefois oublier dans sa conduite privée et même dans ses fonctions la dignité et la sévérité de principes qui convenaient à son art. Nous ne partageons pas l'opinion d'un journal qui disait le lendemain de sa mort : « Alibert s'est endormi à la fin de sa journée, n'ayant plus rien à dire ni à faire, au terme d'une gloire qu'il avait placée et dépensée en viager. » Nous pensons mieux de l'auteur des Dermatoses; son nom lui survivra et comme professeur et comme écrivain distingué. Il est mort dans les premiers jours de novembre 1837. Pariset prononça son éloge sur sa tombe; le 14 novembre il a prononcé à l'académie de médecine. Outre les ouvrages dont nous avons parlé, Alibert a publié encore un Traité des fièvres pernicieuses et ataxiques intermittentes, dans lequel il a eu la gloire de répandre un grand jour sur cette matière; un Traité des pertes de sang chez les femmes enceintes; Clinique de l'hôpital Saint-Louis; Nosologie naturelle, ou les maladies du corps humain distribuées par familles; Réflexions sur la valeur des systèmes dans l'étude des sciences; Considérations sur les odeurs; Observations et expériences sur quelques médicaments purgatifs, diurétiques employés à l'extérieur; Mémoire sur l'usage du coignassier; du Pouvoir de l'habitude dans l'état de santé et de maladie. Il a publié aussi six éditions du Système physique et moral de la femme, par Roussel.

ALIBI (*jurisprudence*), mot latin qui veut dire *ailleurs*, et qui s'emploie en français pour signifier *absence par rapport au lieu où un crime ou un délit a été commis*. L'accusé qui allègue son *alibi*, proteste contre l'accusation intentée contre lui , en déclarant que le jour et au moment où l'acte réputé crime ou délit a été accompli, il était dans un lieu éloigné ou différent de celui où cet acte a eu lieu. L'alibi peut être proposé dans les interrogatoires; mais l'accusé ne peut être admis à la preuve qu'après la confrontation et lorsque les faits articulés sont à sa décharge. C'est une des preuves justificatives les plus efficaces qu'on puisse employer contre une accusation de crime ou de délit; toutefois, elle n'a de force qu'autant que l'alibi présente des circonstances telles qu'il ait été impossible de se trouver réellement à l'endroit

où le crime s'est commis. Par exemple, l'alibi serait la justification la plus complète d'un homme qui, accusé de vol,
prouverait qu'il était à Paris le jour même où le vol se commettait à Bordeaux. — La preuve de l'alibi se fait par titres
ou par témoins. Par titres, lorsqu'on peut présenter un acte
authentique, comme un acte passé devant notaire, un grade
pris dans une académie, un procès-verbal constatant la présence de l'accusé dans tel endroit, etc.; par témoins, et l'on admet, selon les circonstances, les dépositions des domestiques de
l'accusé, lesquels deviennent quelquefois témoins nécessaires.

BUCHET DE CUBLIZE.

ALIBUYAH, fils d'un simple pêcheur persan, fonda, vers
l'an 907, la dynastie des Dilémides qui régnèrent sur la moitié
de la Perse. — Les kalifes d'Orient avaient conquis la Perse
au milieu du vIIᵉ siècle; mais après la mort du célèbre Haroun-al-Raschid, les Persans secouèrent le joug des Arabes,
et ils se donnèrent des princes de leur race; le kalife appela les
Tartares à son secours; ceux-ci accoururent conduits par Ismaël-
Samani qui subjugua une partie de la Perse et qui la garda.
Pendant qu'il élevait un trône pour lui et pour ses descendants, qui formèrent la dynastie des Samanides, Alibuyâh,
homme audacieux et habile, se mit à la tête d'un parti de
mécontents, battit à plusieurs reprises le lieutenant du kalife
Yakout, et s'empara des provinces de Kerman, de Khuz, de
Fars et de la meilleure partie de l'Irack. Animé par ses succès,
Alibuyâh marcha sur Bagdad, et très-probablement il s'en serait rendu maître, si le kalife effrayé ne lui avait prodigué les
honneurs et les titres pour obtenir la paix. Alibuyâh mourut
vers l'an 923, après un règne glorieux de seize ans; il laissa la
couronne à son frère. La dynastie des Dilémides ne s'étendit
pas au delà du xᵉ siècle. Le fameux Mahmoud de Ghazna,
dont le nom seul fait encore frémir de terreur les Hindous,
avait conquis la Perse avant d'envahir l'Indoustan. Le Farsistan et le Kerman conservèrent pourtant des princes dilémides jusqu'au milieu du xıᵉ siècle.

DE MARLÈS.

ALICANTE, ville située sur le bord de la Méditerranée, dans la
partie sud du royaume de Valence, en Espagne. — L'origine de
cette ville ne remonte pas à des temps bien éloignés : c'est,
pour ainsi dire, une ville moderne. Au rapport de Viciana, il
n'existait, en 1519, sur l'emplacement où cette ville s'élève, que
six maisons de chétive apparence. En 1562, on y comptait plus
de mille maisons. La ville s'était formée tout à coup; cet accroissement précipité paraît avoir été le résultat des précautions que les habitants de cette ville naissante avaient prises
pour échapper aux entreprises des corsaires. Ils avaient établi,
sur le rivage de la mer, de solides fortifications derrière lesquelles
ils opposaient une résistance opiniâtre, toujours couronnée du
succès. A cette époque où des pirates redoutables, soutenus
par les galères des Maures, se pressaient autour de l'Espagne;
à cette époque où Dragut et Barberousse semaient, sur les
rivages de la Péninsule, l'épouvante, la désolation et la mort,
une cité, si petite qu'elle fût, placée tout à coup à l'abri de
ces dévastations, devait naturellement attirer dans ses murs
tout un peuple de fugitifs. Alicante était un lieu sûr, capable de
défense, et les négociants de Carthagène s'empressèrent d'y
transporter leurs établissements. On y vit arriver jusqu'à des
commerçants de Gênes et de Milan; ce concours inattendu
commença la prospérité d'Alicante. — C'est aujourd'hui une
ville florissante, assez proprement bâtie, avec une population
de 18,000 âmes, et un mouillage fréquenté, une baie protégée
au levant par le cap de la Huerta, à l'ouest par le cap Ste-
Pôle et l'île de Tabarque; les vaisseaux y mouillent à un
mille environ du môle, sur sept, huit et dix brasses d'eau,
fond d'herbe vaseux. Telle est la disposition de ce mouillage,
qu'on peut y arriver par tous les vents. — Alicante présente la
forme d'une demi-lune; les rues de cette ville sont en général
étroites et mal pavées. Elle renferme quatre églises paroissiales,
un chapitre métropolitain, huit couvents, et une école gratuite fondée par un chanoine; là les enfants des pauvres
reçoivent une éducation élémentaire, et, chose assez curieuse,
ils y apprennent l'exercice des armes. — Alicante est administrée par un gouverneur militaire et civil, par un lieutenant
du roi, un préposé à la marine et un capitaine du port. —
Alicante était autrefois défendue par un château fort construit
sur une montagne qui la domine, à plus de mille pieds de
hauteur; ce fort, à demi ruiné durant la guerre de succession,
n'a pas été réparé depuis, et menace de disparaître entièrement. Cette ville, comme toutes les cités dont elle est entourée, passa de la domination de Rome à celle des Goths. Ceux-ci
la laissèrent tomber dans les mains des Grecs en 552, et la

reprirent en 624. Abdelaziz, fils de Maza, général des Arabes,
s'en empara en 718; le roi Ferdinand III la soumit à son tour
par la force des armes au xIIIᵉ siècle, et la réunit au royaume
de Murcie. Plus tard, en 1304, Alicante fut cédée au roi
Jaime II, roi d'Aragon, et depuis lors elle a été irrévocablement incorporée au royaume de Valence. — Dans la guerre de
succession, Alicante resta fidèle au roi Philippe V. Cette ville
opposa, en 1706, une résistance opiniâtre aux attaques des
Anglais qui étaient venus l'assiéger au nom de l'archiduc Charles
d'Autriche; vaincue par la supériorité des armes et du nombre, elle tomba au pouvoir des ennemis. Plus tard, elle fut
assiégée par le marquis d'Asfeldt, général de Philippe V; c'était
au mois de décembre 1708; alors la population, toujours dévouée à son roi légitime, força le gouverneur anglais à remettre la place aux mains des Espagnols; le gouverneur se
retira dans le château dont nous avons parlé : il y soutint
un siége de cinq mois et capitula en 1709. — Rentrée sous
la domination de Philippe, Alicante devint, pour ainsi dire,
l'entrepôt des productions du royaume de Valence, de celui de
Murcie, de l'Aragon et de la Nouvelle-Castille; après Cadix
et Barcelone, ce fut la cité la plus commerçante de l'Espagne; tous les ans elle compte sur son mouillage plus de
mille bâtiments de toutes nations. — Pour ce qui est de l'a-
griculture, Alicante, placée au milieu de montagnes calcaires, a dû borner à ses vallées l'exploitation de son territoire.
La ville est environnée d'une plaine qui porte le nom de
Huerta, jardin, et qui réunit dans un seul point toutes les
productions du royaume de Valence; la Huerta est arrosée
par les eaux d'un grand réservoir qu'on nomme *el Pantano* (le
marais), établi entre deux montagnes, lequel atteint les proportions d'un véritable lac (236 pieds de longueur sur 132 de
largeur et 24 de profondeur). Les eaux se distribuent par
quantités égales, et de manière à ce que tous les propriétaires
puissent en profiter; ils payent pour ce droit une légère redevance; les murailles de ce réservoir ont près de 200 pieds
de haut et, à la base, plus de 40 pieds d'épaisseur. — Alicante
fait un commerce considérable d'antimoine, d'alun, d'eau-de-
vie, d'anis, de sel, de vermillon, de cumin, de soie et de
vins. Ces vins, désignés en Espagne sous le nom de *vino tinto*,
et justement estimés dans toute l'Europe, ont, depuis longtemps, assuré la prospérité d'Alicante. — Ce fut dans cette ville
que naquit Mohamed-ben-Abderhaman, poète arabe qui écrivit
les annales de l'Espagne, et mourut à Tremen, l'an 616 de
l'hégire (1213); elle donna aussi naissance à D. Carlos Coloma,
l'historien des guerres de Flandre, mort en 1637.

ALIDADE (*géométrie*). On appelle ainsi une règle mobile
fixée au centre d'un instrument de géométrie ou d'astronomie,
de telle façon qu'elle puisse en parcourir le limbe et indiquer
les degrés qui servent à mesurer les angles et à déterminer les
distances et les hauteurs. — L'alidade s'adapte à plusieurs
instruments fort en usage, tels que le graphomètre, les plan-
chettes, le quart de cercle, etc., et on la trouve presque toujours accompagnée de la lunette et des pinnules; celles-ci
s'élèvent perpendiculairement à ses deux extrémités et portent
dans le milieu une fente pratiquée de haut en bas. Lorsqu'on
mesure des hauteurs, des distances, lorsqu'on opère sur le
terrain, c'est par ces fentes, qui sont avec la *ligne de foi* dans
un même plan, que passent les rayons visuels venant des objets à l'œil. — En physique, l'alidade s'emploie creusée en
gouttière pour connaître le temps que met un corps à tomber
par un plan incliné, et pour comparer la vitesse de cette chute
à celle d'un corps qui tomberait suivant la verticale. L'alidade
sert alors à retenir les corps sphériques qu'on fait tomber.
Alidade est un mot arabe, usité dans le sens que nous lui
donnons. Les Grecs, pour dire la même chose, se servaient
du mot δίοπτρα.

ALIÉNATION (*jurisprudence*). On appelle ainsi tout acte,
soit à titre onéreux, soit à titre gratuit, par lequel un individu
transfère à un autre la propriété d'une chose; ainsi il
y a *aliénation*, lorsqu'on *vend*, lorsqu'on *échange* ou lorsqu'on *donne*. — Dans une signification plus étendue, le mot
aliénation comprend les différents actes par lesquels une chose
est *engagée*, *hypothéquée*, soumise à un droit d'*usufruit* ou
grevée d'une *servitude* (V. GAGE, HYPOTHÈQUE, USUFRUIT,
SERVITUDE). On *aliène* aussi lorsqu'on laisse s'établir une
prescription (V. ce mot), lorsqu'on consent à l'extinction
d'une servitude ou de tout autre droit réel, lorsqu'on détériore la chose par des dégradations. — Quoi qu'il en soit, les
actes qui opèrent une mutation de propriété constituent l'*a-
liénation* proprement dite, et dans l'usage, dans le langage
habituel de la loi et des auteurs, c'est spécialement à ces

sortes d'actes que le terme d'*aliénation* s'applique. — En principe général, tout propriétaire a la faculté d'*aliéner* les choses qui lui appartiennent (C. c., art. 537) ; ce principe reçoit néanmoins certaines modifications (*ibid.*). (*V.* PROPRIÉTÉ, OBLIGATIONS, CONTRAT, VENTE, DONATION). —L'*aliénation* des biens de l'*État*, des *communes* et *établissements publics*, des *femmes mariées*, des *mineurs* et *interdits*, est soumise à des règles particulières (*V.* ces mots et DOMAINE PUBLIC, CONTRAT DE MARIAGE, RÉGIME DOTAL, TUTELLE). — On comprend que les biens qui sont hors du commerce sont frappés d'inaliénabilité absolue (*V.* INALIÉNABILITÉ). Par suite, nul ne peut en prescrire le domaine (C. c., art. 2226). — Les baux de plus de neuf ans sont considérés comme des espèces d'*aliénations*, en ce sens qu'ils excèdent les pouvoirs d'un simple *administrateur* (*V.* BAIL, TUTELLE, COMMUNAUTÉ, ÉMANCIPATION). — On peut *aliéner* par l'entremise d'un mandataire ; mais, suivant l'article 1988 du Code civil, le mandat, conçu en termes généraux, n'embrasse que les actes d'administration. S'il s'agit d'*aliéner* ou hypothéquer, ou de quelque autre acte de propriété, le mandat doit être *exprès* (*V.* MANDAT).

                       R. B.

ALIÉNATION DES BIENS DE LA COURONNE. Il paraît, par plusieurs monuments historiques, qu'anciennement on distinguait le domaine particulier de nos rois du domaine qui était attaché à la couronne. Ils pouvaient alors disposer librement du premier et même l'aliéner, lorsqu'il n'avait pas été réuni au domaine de la couronne par une loi particulière ; mais depuis l'ordonnance de Moulins, en 1566, et l'édit de 1607, on ne fit plus aucune distinction entre le domaine privé du roi et celui de la couronne, et tous les biens qui pouvaient survenir au roi, à quelque titre que ce fût, étaient censés réunis et faire partie des biens de la couronne, quand bien même il n'y aurait pas eu de déclaration ou édit portant la réunion expresse. L'inaliénabilité du domaine de la couronne n'a pas toujours été regardée comme un droit certain, mais il fut de principe, dans les derniers temps, que les biens du domaine de la couronne ne pouvaient être aliénés, ou du moins qu'on ne pouvait en faire aucune aliénation qu'à la charge de rachat, lorsqu'on le jugerait à propos ; et quand cette clause n'aurait pas été insérée dans l'acte d'aliénation, elle y était toujours sous-entendue. Quelques auteurs ont prétendu que Charles V avait le premier établi cette jurisprudence, en ordonnant la réunion des domaines aliénés à la couronne ; mais on a des ordonnances d'un temps bien antérieur au règne de saint Louis, lesquelles ont ordonné la révocation de ces sortes d'aliénations. Dans le principe, la défense d'aliéner les biens du domaine n'était établie par aucune loi précise ; elle naquit, comme le droit des gens, de la nature même des choses et de l'utilité évidente pour le royaume. Nos anciens rois, au moment de leur sacre, juraient de conserver intacts les biens, les droits et l'honneur de leur couronne. Charles VI, à l'imitation de ses prédécesseurs, fit serment, lors de son sacre, en 1380, de ne point aliéner son domaine. Ce monarque prit même à cet égard des précautions particulières ; car il fut rendu sous son règne une ordonnance solennelle en forme de pragmatique, jurée sur les saints Évangiles par le roi, les princes et les officiers de la couronne, laquelle prohibait, cassait et annulait les dons du domaine, tant de celui que le roi tenait en pleine propriété, que de ce qui pouvait lui échoir par dons, achats, successions, forfaitures et confiscations. Charles VIII, par sa déclaration du 22 septembre 1483, révoqua les dons et engagements du domaine de la couronne ; et le 27 décembre 1484, il donna des lettres patentes portant règlement pour la réunion du domaine aliéné depuis le décès de Charles VII. François Ier, par ses édits et sa déclaration des 13 septembre 1517, 30 juin 1539 et 10 septembre 1543, révoqua tous les dons et aliénations du domaine, à l'exception des terres aliénées pour les frais de la guerre. Par un autre édit du 18 août 1559, François II révoqua pareillement tous les dons et aliénations que ses prédécesseurs avaient faits des biens et revenus du domaine de la couronne, et il déclara qu'il ne pourrait être fait à l'avenir de pareille aliénation, à moins que ce ne fût pour constituer la dot des filles de France et le douaire des reines, ou pour l'apanage des frères et enfants du roi. Au mois de février 1566, Charles IX donna à Moulins, un édit qu'on appelle communément l'ordonnance du domaine, dont l'article premier porte que le domaine de la couronne ne peut être aliéné qu'en deux cas seulement : l'un pour l'apanage de puînés de la maison de France, lequel doit retourner à la couronne, s'ils viennent à décéder sans enfants mâles ; l'autre pour se procurer les deniers nécessaires aux frais d'une guerre ; et, dans ce cas, il y a faculté perpétuelle de rachat. Louis XIV ordonna,

par édit du mois d'avril 1667, la réunion de tous les domaines aliénés, nonobstant toute prescription et espace de temps, sans qu'à l'avenir ces domaines pussent être aliénés ni distraits, sinon pour apanage des enfants mâles puînés de France, et à la charge de retourner à la couronne, le cas échéant. Enfin Louis XV, par son édit de juillet 1717, concernant les princes légitimés, a reconnu que les lois fondamentales du royaume le mettaient dans l'heureuse impuissance d'aliéner le domaine de la couronne. Cette jurisprudence, qui déclare le domaine inaliénable et qui est l'ouvrage de tant de rois, reçoit néanmoins quelques exceptions, dans le détail desquelles il serait trop long d'entrer. La loi du 22 novembre 1790 a confondu les domaines de la couronne avec les domaines de l'État, et a déclaré qu'ils pouvaient être aliénés en vertu d'une loi. La constitution de 1791 ordonnait que les biens possédés par le roi à son avènement fussent réunis au domaine de l'État ; que, pendant sa vie, il pût disposer de ceux qu'il aurait acquis à titre singulier ; mais ceux dont il n'aurait pas disposé devaient faire retour à l'État à son décès. La loi du 2 mars 1831 a dérogé à ces principes en laissant au roi Louis-Philippe la libre disposition de tous les biens qu'il possédait en montant sur le trône. La même loi désigne les biens qui formeront à l'avenir la dotation de la couronne, et les déclare inaliénables et imprescriptibles ; ils ne peuvent être par conséquent ni engagés ni grevés d'hypothèques. Napoléon avait créé un domaine extraordinaire composé d'objets conquis par les armes ou les traités ; il en avait conservé la libre disposition ; la loi du 2 mars 1831 interdit pour l'avenir la formation d'un domaine extraordinaire.

                       A. SAVAGNER.

ALIÉNATION MENTALE. L'étude des désordres de l'esprit est, sans contredit, la plus intéressante de l'histoire de l'homme. Est-il, en effet, un accident plus terrible que la perte de la raison ? Mais par quelles influences cette intelligence, souvent si brillante, s'obscurcit-elle tout à coup ? Jusqu'à quel point l'organisation, le monde extérieur et intérieur contribuent-ils à favoriser le développement de la folie ? Peut-on remonter à la cause prochaine de cette maladie affligeante ? Est-il au pouvoir du médecin de dissiper les ténèbres qui couvrent la raison ? et s'il obtient un si beau résultat, par quels moyens y parvient-il ? Toutes questions que nous allons essayer de traiter dans cet article ; heureux si nous pouvons en résoudre quelques-unes. — *Historique.* — Les anciens connurent la folie. Hippocrate lui a consacré quelques pages. Les Livres saints en renferment plusieurs exemples. Saül était certainement atteint d'une fureur intermittente que calmait la musique. Arétée, Cœlius Aurélianus, Celse, ont consacré plusieurs chapitres à cette déplorable infirmité. Mais il faut arriver à la fin du XVIIIe siècle pour voir l'étude de l'aliénation reprendre son rang parmi les autres branches de l'art de guérir. — A la voix de Pinel, les chaînes sont détachées, les cachots étroits et infects sont ouverts, et les règles du traitement s'établissent d'une manière convenable. Tout en rendant justice aux travaux de cet homme illustre, à ceux de M. Esquirol et des savants nationaux et étrangers que nous aurons l'occasion de citer, nous devons reconnaître qu'il y a beaucoup de points à éclaircir. — Ainsi, dès nos premiers pas, nous nous trouverions arrêtés par le sens que nous devons donner au mot aliénation, si nous ne tranchions la difficulté en la définissant : l'égarement prolongé de la raison, avec ou sans intervalles lucides. — Ajoutons, pour compléter la définition, que cette maladie peut être compliquée des lésions de la sensibilité et du mouvement, et qu'elle a lieu, le plus ordinairement, avec l'état normal des fonctions organiques. — Mêmes difficultés pour les divisions. — La classification actuelle, fondée sur un ensemble de symptômes qui n'ont rien de constant, qui se transforment assez souvent les uns dans les autres, et qui ne sont pas toujours nettement dessinés, ne saurait satisfaire l'esprit. Celle qu'ont proposée Gall et Spurzheim ne repose sur aucune base solide, comme nous le prouverons plus tard. — L'anatomie pathologique ne nous fournit pas de renseignements plus précis. Au milieu de données si peu certaines, que faut-il faire ? suivre les anciens errements, sauf quelques modifications. C'est aussi la marche que nous avons adoptée, et voici le tableau de la classification qui nous paraît le plus conforme aux faits, tableau que nous avions déjà publié dans notre *Mémoire sur l'interdiction* :

Division générale.

Désordre de la pensée :	1° simple.
	2° avec hallucination.
	3° avec lésion des mouvements musculaires.

Subdivisions.

1er genre. 1° *Monomanie* : désordre fixe sur une seule idée | gaie, triste; r2° *oligomanie* : désordre fixe sur un petit nombre d'idées; 3° *tropomanie* : désordre sur une idée ou un petit nombre d'idées, mais qui changent pendant le cours de la maladie. — 2e genre. 1° *Manie* : désordre général avec ou sans fureur; 2° *exaltation maniaque* : sorte d'ivresse; l'aliéné crie, gesticule, court çà et là, injurie, entre en fureur; mais si on fixe quelques instants son attention, il répond juste; 3° *folie raisonnante* de Pinel : l'individu raisonne bien, écrit; mais ses actions sont déraisonnables. — 3e genre. 1° *Delirium tremens* (folie des ivrognes); 2° *délire nerveux des blessés* (Dupuytren, leçons orales). — 4e genre. *Stupidité* : occlusion fortuite et souvent momentanée de l'intelligence. — 5e genre. 1° *Démence* : faiblesse dans les idées, impossibilité de raisonner juste; elle offre des degrés très-divers; 2° *démence sénile* : usure du cerveau par les progrès de l'âge, quelquefois par la maladie. Ces trois genres, à l'exception de la démence sénile, peuvent se présenter à l'état aigu, chronique, rémittent, intermittent. — 6e genre. 1° *Imbécillité* : faiblesse innée ou acquise de l'intelligence; il y a eu, ou il y a même encore, un développement plus ou moins grand des facultés intellectuelles; 2° *idiotie* : nullité complète de l'intelligence qui ne s'est jamais manifestée; 3° *crétinisme* : variété de l'imbécillité ou de l'idiotie, caractérisée par des difformités extérieures, liées à des influences locales. — 7e genre. 1° *Hallucinations* : erreurs des sens ayant leur siége dans le cerveau; 2° *illusions* : erreurs des sens déterminées par une altération de la sensibilité spéciale, mais avec un certain trouble cérébral. — Cette classification n'est pas plus à l'abri des objections que les autres, mais elle nous paraît plus complète. Au reste, nous sommes très-portés à croire que les formes diverses du délire dans la manie, la monomanie, ne sont que les expressions des tempéraments et des caractères propres aux aliénés. — *Causes.* L'influence des causes sur le développement des maladies a de tout temps fixé l'attention des observateurs : considérées sous des aspects très-divers, leur classification la plus naturelle est celle qui les partage en physiques et en morales. Mais avant de passer en revue ces causes nombreuses et variées et de signaler leur influence, il faut parler de la *prédisposition*, sans laquelle, dans l'immense majorité des cas, il n'est pas de folie possible. — La prédisposition, dont on ne connaît ni la nature ni l'essence, ne se révèle après la mort par aucune altération organique, que qui est déjà d'un mauvais augure pour les lésions propres à la folie; elle s'annonce, en général, dès les plus jeunes années, par une grande légèreté ou bizarrerie de caractère, par une conduite inconséquente, contradictoire, versatile; les individus qui subissent sa funeste puissance passent pour des hommes singuliers, extravagants, originaux : ils forment une multitude de projets, dont le dernier est toujours le meilleur; trouvent-ils de l'opposition, leur figure s'anime, leurs yeux font saillie hors de l'orbite, et offrent quelque chose d'étrange, d'insolite qui n'échappe point aux regards. — La prédisposition peut être acquise. C'est ainsi, par exemple, qu'à la suite de coups, de chutes sur la tête, de frayeurs habituelles, de terreurs, d'une éducation vicieuse, l'intelligence est vivement impressionnée dès le jeune âge, et qu'on voit survenir la folie à une période plus avancée de la vie; mais de toutes les influences, celles dont l'action se fait plus fortement sentir sur la prédisposition est, sans contredit, l'hérédité. — M. Esquirol avait déjà remarqué que, chez les riches, l'aliénation était héréditaire trois fois sur six et seulement une fois chez les pauvres. D'après Burrows, cette proportion serait plus considérable encore; puisqu'elle s'élèverait aux cinq sixièmes. Nous l'avons constatée sur la moitié environ des malades que nous avons observés en France, et sur un grand nombre de ceux que nous avons examinés en Italie, en Allemagne et en Pologne; elle est fréquente entre les catholiques d'Angleterre, dans la société des Amis, et dans plusieurs anciennes maisons écossaises, chez les juifs, les princes. Il est peu de grandes familles en France qui ne comptent un fou ou un épileptique; aussi la nécessité du croisement des races est-elle pour nous indispensable. Il y a longtemps que les historiens de Rome avaient fait la remarque que la ville éternelle aurait été détruite à la troisième génération si les provinces, véritables artères de l'empire, n'y eussent continuellement versé leur sang le plus pur. Les alliances entre les grands sont sans doute naturelles; mais nous ne saurions assez recommander de bien s'informer, avant le mariage, de la santé de la famille. Jamais les aliénés et les épileptiques ne devraient s'unir entre eux. Nous irons plus loin : les deux époux ne devraient pas être originaires de la même ville, et surtout de la même capitale; l'amélioration des races est à ce prix. — L'hérédité nous conduit naturellement à l'examen des causes, et si les relevés statistiques ont présenté quelquefois des différences notables, c'est que l'hérédité, influence prédisposante, avait été considérée à tort comme purement physique (*V.* HÉRÉDITÉ). — *Causes physiques.* On a vu éclater la folie après une forte chaleur. Ramazzini rapporte que dans un été bien chaud et par un jour de température très-haute, les habitants d'Abdérite assistaient à la représentation d'une tragédie d'Euripide. Tout à coup un certain nombre de spectateurs furent atteints d'une fièvre cérébrale qui se terminait vers le dix-septième jour par des sueurs abondantes et des hémorragies nasales. Pendant leur accès, les malades couraient dans les rues comme des insensés, criant de toutes leurs forces et récitant des vers de la tragédie d'Euripide. Dans les campagnes d'Égypte et d'Alger, les soldats avaient des hallucinations, devenaient furieux ou mélancoliques et se suicidaient. Pendant la désastreuse retraite de Moscou, beaucoup de militaires, transis de froid, entrèrent dans les hôpitaux d'aliénés de l'Europe; mais il est certain que les passions tristes devaient aussi fortement affecter le moral. — Les émanations de plomb donnent lieu à une espèce de folie dans laquelle les malades se déchirent avec les dents, et que les paysans écossais appellent *mill reek*. La folie a été aussi observée parmi les mineurs du Pérou et du Mexique. Rush dit que les ouvriers qui travaillent au bleu sont moroses et portés à la mélancolie. Nous ne faisons qu'énumérer les coups sur la tête, les vices de conformation de cet organe, les maladies des méninges et de la pulpe cérébrale, etc., etc. — M. Foville considère l'usage du bourrelet, en Normandie, comme augmentant, dans cette province, le nombre des aliénés. Déjà les missionnaires avaient attribué l'arrêt de développement du cerveau, chez les Indiens du Pérou, et la stupidité de ces peuples, à l'habitude où ils sont de serrer la tête de leurs enfants avec des bandes qui l'allongent dans le sens vertical, en même temps qu'ils l'aplatissent d'avant en arrière. Sans nier tout à fait l'influence du bourrelet, nous croyons que le grand nombre d'aliénés, en Normandie, tient au développement considérable de l'industrie, au libertinage et aux excès qui sont le résultat du mélange continuel des deux sexes, dès leur bas âge. D'ailleurs, certaines peuplades sauvages, les Caraïbes, entre autres, ainsi que l'a observé M. le docteur le Blond, ont la tête aplatie par une compression méthodique, et il n'a cependant pas remarqué d'idiots parmi eux; ces peuples sont, au contraire, fins, rusés, courageux, adroits. — Parmi les causes physiques qui contribuent à développer l'aliénation mentale, toutes n'agissent pas primitivement sur le cerveau; il en est dont l'action est d'abord éloignée : tels sont les poisons, les médicaments, les substances narcotiques, les boissons alcooliques. Dans l'Inde, lorsqu'un homme a la manie du suicide, il prend de l'opium, devient furieux et se précipite alors à travers les rues, en tuant tout ce qu'il rencontre pour arriver à son tour. On peut lire dans le curieux ouvrage intitulé : *l'Anglais mangeur d'opium*, les singulières hallucinations que détermine l'emploi de cette substance. Kempfer raconte que les brahmines du Malabar ont un électuaire composé de semences de stramoine, d'opium et de poussière de fleurs de chanvre, qui donne lieu aux illusions les plus étranges. Kempfer et ses amis en ayant pris une petite quantité, leur raison se troubla tellement, qu'ils s'imaginèrent être montés, pendant la nuit, sur des chevaux, entourés d'arcs-en-ciel, sur lesquels ils voyageaient à travers les mondes. Une dame ayant avalé de la digitale eut l'idée fixe qu'elle s'entretenait avec l'empereur Joseph, qui était mort depuis longtemps. — L'influence des boissons alcooliques se fait principalement sentir dans les dernières classes de la société. Le plus ordinairement, leur usage donne lieu à une variété de la folie appelée *delirium tremens* (*V.* ce mot); mais elle peut aussi déterminer toutes les autres formes de l'aliénation. Aux États-Unis, en Angleterre, en France, en Allemagne, la folie, par suite d'ivresse, est très-fréquente; on l'observe également en Italie, mais à un degré peu marqué. Ce beau pays est surtout affligé par une aliénation particulière que nous avons décrite sous le nom de *folie pellagreuse*, et qui est occasionnée par une maladie à laquelle on donne, comme symptôme apparent, a fait donner le nom de *Pellagre*; elle porte plus particulièrement au suicide, et quelquefois même à une variété de la monomanie homicide, dans laquelle les individus sont poussés à tuer leurs enfants. Les causes physiques qui favorisent encore le développement de l'aliénation sont les affections convulsives, l'épilepsie, l'hystérie, l'hypocondrie, la masturbation, les excès dans les plaisirs de l'amour, l'abus des jouissances de toute espèce, les dérangements dans la menstruation, le temps critique, les convulsions pendant la grossesse. — Le célibat peut aussi, dans certains cas, prédisposer à l'aliénation. Dans les relevés généraux faits en France, en Angleterre et aux États-Unis, la proportion des hommes aliénés mariés est généralement plus faible. Sur 1,726 femmes, 980 étaient célibataires, 291 veuves et 397 mariées. Sur 764 hommes, 492 étaient célibataires, 59 veufs et 201 mariés (Esq.). La grossesse et surtout les suites de couches peuvent donner lieu à des désordres d'esprit qu'on connaît sous le nom de *folie puerpérale*. Sur 740 femmes, 79 perdirent la raison par cette cause (Haslam); mais la grossesse peut aussi, en raison des vives émotions éprouvées par la mère, être le point de départ de l'aliénation pour l'enfant. L'onanisme doit appeler toute l'attention des médecins; l'excellent ouvrage du docteur Deslandes a prouvé combien ce triste penchant était commun, porté à l'excès, il a plus d'une fois déterminé la perte complète des facultés intellectuelles. L'épilepsie n'est pas une cause moins puissante : sur 628 épileptiques, observés par Esquirol, 397 étaient atteints d'aliénation. — Il est d'observation que chez les individus qui sont devenus aliénés après avoir été épileptiques, il y a eu beaucoup de vertiges. L'aliénation est d'autant plus à craindre que l'épilepsie s'est développée de meilleure heure. — La folie, quoique ayant son siège dans le cerveau, peut donc être provoquée par des causes éloignées, tantôt d'une manière sympathique, tantôt d'une manière symptomatique. — Dans ces derniers temps, on a attribué beaucoup d'influence au cœur sur le cerveau. A l'appui de cette opinion, Cox rapporte l'observation d'un homme qui, à 40 pulsations du pouls, était à moitié mort; à 50, mélancolique; à 70, parfaitement raisonnable, et à 80, maniaque. Nous ne partageons pas tout à fait cette manière de voir; si les maladies du cœur sont fréquentes dans l'aliénation, c'est que, le plus ordinairement, elles sont les effets de l'agitation, de l'activité, des excitations continuelles auxquelles ces malades se livrent, ou bien encore de simples complications. — Pinel, Prost, Amard et les anciens ont fait connaître assez bien des désordres du bas-ventre dans l'aliénation; mais ni les uns ni les autres n'ont indiqué si les altérations abdominales étaient effet ou cause de la folie. — A la suite des entérites prolongées et surtout de l'entérite folliculeuse (fièvre typhoïde), on a vu apparaître une véritable aliénation. La monomanie hypocondriaque se montre souvent avec la gastrite chronique. Au lieu de cette vésanie, on peut observer une idée fixe relative aux fonctions des intestins; ainsi des aliénés croient être empoisonnés; ils ont des goûts bizarres, refusent des aliments; d'autres s'imaginent qu'un corps étranger leur ronge, les dévore; —De ces diverses altérations du bas-ventre, il en est deux qu'on a cru mériter une attention spéciale, le déplacement du colon transverse et son rétrécissement. La première a été décrite par Wichman, Hesselbach, et surtout par M. Esquirol; la seconde par Bergman; mais il est encore impossible ici de savoir si ces états morbides sont une cause de la folie, s'ils ne sont que l'effet de cette dernière, ou même qu'une simple complication. Dans les faits cités par Bergman, les malades croyaient avoir des grenouilles, des serpents dans le ventre; ils étaient tourmentés par des rêves bizarres, des images fantastiques; le mal dégénérait en manie, puis en démence. — *Causes morales.* Tous les observateurs ont signalé la prédominance des causes morales sur les causes physiques. — La folie n'étant, le plus ordinairement, qu'une exagération des passions, on conçoit qu'elle sera d'autant plus fréquente que celles-ci auront un champ plus libre et plus vaste. Là où le désir effréné des richesses, l'oubli des préceptes religieux et moraux, le scepticisme, l'individualisme existeront, là aussi se développera de préférence la folie. Les auteurs des documents statistiques sur la Grande-Bretagne, publiés en 1825, ont signalé les résultats bien graves du développement artificiel de l'industrie, dont les oscillations continuelles causent la ruine d'une foule d'individus. Un des corollaires les plus pénibles de leur livre, c'est qu'en général l'accroissement du nombre des crimes paraît être quatre fois aussi rapide que celui du commerce. — En comparant les divers tableaux publiés par les médecins, on trouve toujours la prédominance des causes morales sur les causes physiques. De 1808 à 1813, on reçut à Bicêtre 1,079 aliénés : 116 l'étaient devenus par infortune, 99 par des chagrins, 78 par ambition, 58 par de vives révolutions d'esprit; 55 par religion; 37 par amour; 24 par suite d'événements politiques; 20 par une éducation trop sévère; 49 par excès de travail. Pinel a constaté que 464 individus étaient devenus fous par causes morales, et 219 par causes physiques. En Italie nous avons ob-

tenu des résultats semblables. — Quelles preuves plus fortes pouvons-nous citer, en faveur de la prédominance des causes morales sur les causes physiques, que ces folies nombreuses qui portent le cachet de chaque événement, de chaque siècle, de chaque pays? fait extrêmement curieux et sur lequel nous avons déjà appelé l'attention il y a huit ans, dans la *Gazette médicale*, et dernièrement dans un mémoire, lu à l'Académie des sciences et inséré dans la *Revue française* (avril 1838). Pas de découverte, pas de changement politique qui ne produise des aliénations mentales. L'histoire pourrait presque se lire dans la peinture des désordres de l'esprit. A l'époque de la révolution française, les familles nobles remplirent les maisons de santé, comme dans la révolution de 1688 en Angleterre, les nouveaux nobles devinrent en grand nombre aliénés. Partout se retrouve cette influence. Pendant notre visite à la maison d'Aversa, dans le royaume de Naples, le docteur Vulpes nous fit observer que les révolutions qui ont tourmenté ce pays ont chacune produit une série de fous. Après la chute de la Pologne, plusieurs de ses habitants devinrent aliénés. Depuis 1815, nous avons remarqué une suite d'aliénations dont l'histoire retracerait fidèlement le désastre de l'empire, la révolution de juillet, l'apparition du choléra, les journées des 5 et 6 juin, et même la catastrophe du 28 juillet. — L'étude des causes d'un si haut intérêt serait à peine effleurée si nous ne jetions un coup d'œil rapide sur la *géographie* de l'aliénation mentale. Une première remarque que nous suggère ce sujet, c'est que l'expression de la folie varie suivant le caractère national de chaque peuple. Visitez les établissements de la France, de l'Angleterre, de l'Italie, de l'Allemagne, de la Belgique, et vous serez frappés des différences extrêmes que présentent les fous de ces diverses contrées. Les uns seront causeurs, emportés, bruyants; les autres, calmes, silencieux, moroses; ceux-ci, bienveillants, communicatifs; ceux-là, méchants, taciturnes; en un mot, la physionomie générale de l'hôpital reflétera l'habitude extérieure de la nation. Il en sera de même des passions et des événements propres à chaque peuple; ils donneront lieu à autant d'espèces particulières de folies (*V.* le Mémoire De l'*influence de la civilisation sur le développement de la folie.* (Revue française et Annales d'hygiène, 1838 et 1839.) — Nous venons de faire connaître les causes physiques et morales les plus importantes; il nous reste quelques mots à dire de certaines causes spéciales, dont l'influence est également fort puissante. — L'action des tempéraments sur la folie est trop marquée pour avoir échappé aux regards. On a fréquemment constaté les monomanies tristes chez les individus bilieux; la manie chez les sanguins; la manie et la monomanie chez les nerveux; l'imbécillité, la démence chez les lymphatiques. Toutes ces folies peuvent encore se combiner suivant les différentes combinaisons de ces tempéraments. Hâtons-nous cependant de faire observer que ces règles ne sont point sans de nombreuses exceptions. — Sous le rapport de l'âge, il y a plusieurs remarques à faire. L'enfance n'est pas précisément à l'abri de la folie; quoiqu'il y soit très-rare, Haslam et M. Esquirol en ont rapporté plusieurs observations. Dans notre *Mémoire sur les établissements d'aliénés en Italie*, nous avons cité le fait d'un enfant de dix ans devenu fou furieux après avoir reçu un coup sur la tête. En examinant toutes ces observations, on voit que si l'imbécillité se montre accidentellement chez quelques enfants, la mélancolie et la manie se rencontrent plus fréquemment chez eux. Depuis deux ans, les papiers publics ont cité dix suicides d'enfants de 9 à 13 ans. A la puberté, des besoins nouveaux, vifs, impétueux, font bientôt naître l'aliénation. C'est l'époque des folies érotiques, hystériques et religieuses. Déjà l'Arabe Ali-Abbas avait noté la mélancolie religieuse. Le penchant au suicide est très-fréquent à cet âge; on y a constaté plusieurs fois le désir de mettre le feu. Pendant la jeunesse et l'âge viril, les passions éclosent de toutes parts; c'est aussi l'époque où l'aliénation est la plus fréquente. Avec les progrès des années, leur feu s'amortit, s'éteint, et l'aliénation devient de plus en plus rare. — La considération des âges nous conduit à rechercher quelles sont les périodes de la vie où l'on observe plus particulièrement la folie. Un coup d'œil jeté sur le tableau suivant nous donnera les éléments de la réponse :

Admissions.	Age de 20 à 50 ans.
1,644 dans l'établissement de Bedlam, de 1784 à 1794 (Haslam)	910
70 dans la Pensylvanie (Rush)	64
1,293 à Bicêtre, de 1784 à 1794	1,175
1,118 à la Salpêtrière, de 1811 à 1814	914
327 dans l'établissement de M. Esquirol	304

318 dans mon établissement.................... 221
1,890 en Norwége............................ 1,061
1,224 dans l'hôpital de St-Pétersbourg, de 1820 à 1830. 1,042
7,787

Dans un autre tableau publié par M. Esquirol, pour Paris, on trouve :

	Hommes.	Femmes.	Total.
Avant 20 ans................	436	348	784
De 20 à 25 ans..............	624	563	1,187
De 25 à 30..................	635	727	1,362
De 30 à 40..................	1,441	1,607	3,048
De 40 à 50..................	1,298	1,479	2,777
De 50 à 60..................	847	954	1,801
De 60 et au-dessus.........	875	1,035	1,910
	6,156	6,713	12,869

Les conclusions à tirer de ces chiffres sont évidentes : 1° le nombre des aliénés va en augmentant, de 20 à 30 ans ; 2° de 30 à 40 ans, il a atteint le maximum; 3° de 40 à 50 ans, il diminue, et cette diminution est encore plus sensible après 50 ans. Ainsi, numériquement parlant, il y a plus de fous de 30 à 40 ans; mais si l'on compare leur nombre avec le chiffre de la population générale, qui a déjà diminué, on arrive à cette autre conclusion, que l'augmentation relative des fous est plus marquée à mesure qu'on avance dans la vie. Il y a, ce nous semble, une observation capitale à faire sur ces derniers chiffres. Certes, le nombre des fous, considéré par rapport à la population relative, est plus grand de 70 à 80 ans que de 30 à 40 ans; mais aussi les aliénations sont toutes différentes : tandis qu'entre 30 à 40 éclatent ces folies qui annoncent le plus haut degré de l'exaltation du cerveau, et qui portent le cachet des nombreuses passions de la jeunesse et de l'âge mûr, les folies de la vieillesse sont surtout caractérisées par l'usure du cerveau. C'est l'âge de la démence sénile. La proportion de l'aliénation mentale est plus forte chez les femmes avant l'âge de 20 ans et après 50 ; aussi admettons-nous, avec M. Esquirol, que la raison est plus vacillante chez les femmes aux deux extrêmes de la vie, et chez l'homme dans l'âge consistant. — Le rapport du nombre des aliénés, relativement au sexe, a été l'objet d'actives recherches. Plusieurs observateurs avaient émis l'opinion que les femmes folles étaient plus nombreuses que les hommes. Il y a des variations suivant les localités. Sur un total de 76,526 aliénés, M. Esquirol a trouvé 37,825 hommes et 38,701 femmes : différence en plus du côté des femmes, 876. Lorsque nous visitâmes l'Italie, en 1830 , il y avait dans les établissements 3,441 fous. En y réunissant les 407 de la Sicile, le total était de 3,848 aliénés, dont 1,960 hommes et 1,888 femmes : différence en plus du côté des hommes, 72. — Dans l'établissement de Sonneinstein, à Pyrna, près Dresde, le directeur nous a dit qu'il y avait 90 hommes et 60 femmes. Dans la maison de Francfort-sur-le-Mein, nous trouvâmes 60 aliénés ; autant d'hommes que de femmes. Il y avait dans la division des fous, à l'hôpital de la Charité, à Berlin , 150 individus ; le nombre des hommes et des femmes était à peu près le même. A Saint-Pétersbourg, au 1er janvier 1832, on comptait 113 malades, dont 54 hommes et 59 femmes. Le nombre des hommes, en Norwége, dépasse celui des femmes d'un sixième environ. Dans les États de New-York, de Pensylvanie, du Connecticut, sur 4,722 aliénés, on trouve 3,219 hommes et 1,503 femmes ; ici la proportion des hommes aux femmes est : : 2 : 1. Dans les établissements de la Belgique, on a reçu, pendant un temps donné, 850 hommes et 1,019 femmes. En réunissant tous les fous qui ont existé de 1820 à 1825, en Hollande, on trouve 2,157 hommes et 2,362 femmes. Les résultats sont à peu près les mêmes en Angleterre. Dans le nord de la France, il y a plus de femmes folles, tandis que dans le midi, le nombre des hommes est plus considérable. A Paris, la différence des hommes est celle des femmes : : 5 : 7. Tous les observateurs étrangers qui ont signalé cette prédominance de l'aliénation chez les Françaises, l'ont attribuée à la légèreté de leur éducation, à la préférence accordée aux arts d'agréments sur les occupations sérieuses, à la lecture des romans, à la fréquentation prématurée des théâtres et de la société, à l'abus de la musique et à l'oisiveté. En Angleterre et en Amérique, où la proportion des femmes aliénées est moins considérable, cette différence doit nécessairement résulter de leur éducation et de leur genre de vie. Dans ces contrées, en effet, les femmes reçoivent une instruction forte; elles mènent une vie retirée, ne jouent pas de rôle dans le monde, et n'exercent point sur la vie sociale des hommes l'influence qu'ont les Françaises. — Si la recherche de l'aliéna-

tion relativement aux sexes est curieuse, celle du rapport du nombre des aliénés *à la population* n'est pas moins digne d'intérêt. Les derniers recensements ont donné : pour

Pays.	Habitants.	Fous.	Rapport.
L'État de New-York....	1,617,458	2,240	1 : 721
L'Angleterre.........	12,700,000	16,222	1 : 783
Le pays de Galles......	817,148	896	1 : 911
L'Écosse............	2,093,454	3,651	1 : 563
La Norwége..........	1,051,318	1,909	1 : 551
La France...........	32,000,000	32,000	1 : 1,000
Provinces rhénanes.....	2,067,104	2,015	1 : 1,000
La Belgique..........	3,816,000	3,763	1 : 1,014
L'Italie.............	16,789,000	3,441	1 : 4,879

Les bornes de cet article ne nous permettent pas de développer toutes les conséquences qui résultent de l'examen rapide de ces chiffres ; mais on voit jusqu'à l'évidence que l'aliénation est d'autant plus fréquente que les pays sont moins tranquilles et plus tourmentés par les besoins de la civilisation, ce que nous avons déjà établi d'une manière générale dans notre coup d'œil sur la géographie de la folie, et surtout dans notre mémoire *De l'influence de la civilisation sur le développement de la folie*. Au 1er janvier 1801, il existait dans les hospices de Paris 1,070 malades; au 31 décembre 1805, 1,225 ; à la fin de 1810 , 1,590; en décembre 1815 , 1,800; en 1820, 2,145 ; en 1822, 2,493, dont 2,172 appartenait au département de la Seine. De 1832 à 1833, le nombre s'est considérablement accru , et le chiffre a été porté à 2,919, proportion énorme, et qui montre toute l'influence que les commotions politiques, les événements malheureux ont sur le développement de cette grave maladie. — Le docteur Guislain, dans son excellent traité de l'aliénation, a également montré que le nombre des aliénés de l'hospice de Gand avait toujours été en augmentant depuis 1816. Une pareille progression ne saurait être le seul résultat de la destruction des préjugés, de l'amélioration des traitements, de l'admission des idiots et des déments. Les tourments de toute espèce qui ont agité la France, le bouleversement des fortunes, les discussions si vives de la presse et de la tribune, l'état politique d'origine toute récente, l'essor prodigieux de l'industrie en donnent une explication bien autrement satisfaisante. Or, si le fait de l'accroissement des fous est incontestable, et la statistique le démontre, il reste établi, contrairement à l'opinion d'un homme célèbre, que leur nombre croît avec la civilisation, et qu'il y a plus d'aliénés aujourd'hui à Paris qu'il n'y en avait il y a soixante ans, comparativement à la population prise en considération. Nul doute que si les réformes introduites en Turquie par le sultan prennent racine, les voyageurs ne trouvent dans quelques années la proportion des fous de ce pays très augmentée. Il en sera de même pour l'Espagne et le Portugal. Déjà les journaux ont plusieurs fois rapporté des suicides de Turcs et d'Égyptiens. — L'influence des professions a été signalée depuis longtemps ; toutes ont compté des aliénés , mais il en est dont l'action se fait plus vivement sentir. Le dérangement de l'esprit est assez commun parmi les poëtes et les artistes. Un journal s'étonnait dernièrement du petit nombre de fous qu'on trouve parmi les littérateurs. Si l'auteur de l'article eût passé en revue la vie des hommes de lettres véritablement célèbres, il eût vu l'hypocondrie, les hallucinations, la folie faire le malheur de beaucoup de ces infortunés. Quant à ceux qui escomptent leurs talents, rapportent tout à eux, fuient les émotions, n'ont aucune croyance, et considèrent l'espèce humaine comme une matière exploitable, il est vrai de dire qu'ils sont peu sujets à la folie ! — Une note de M. Esquirol, relative à cent soixante-quatre individus, fournit les résultats suivants sur la prédominance des diverses professions : cinquante négociants ; trente-cinq militaires ; vingt-cinq étudiants ; onze agents d'affaires ; onze avocats et notaires ; deux artistes ; quatre médecins ; trois laboureurs ; trois marins ; deux ingénieurs ; quatre chimistes. — La folie est fréquente parmi les rois, les courtisans, les grands, les riches. Aristote avait fait la remarque que les législateurs célèbres étaient fous mélancoliques. — La géographie de l'aliénation et les statistiques que nous avons données ont dû démontrer que les affections mentales étaient plus communes dans les pays tempérés , ce qui tient sans doute aux grandes variations atmosphériques, et plus encore aux institutions et aux mœurs. Le climat influe cependant sur le moral, en le disposant à tel ou tel genre d'idée ou de passion , et il restera toujours vrai que la susceptibilité morale est plus exaltée dans les pays chauds que dans les pays froids. Aussi les passions violentes, l'imagination et les écarts, l'extase, les manies, seront-elles fréquentes dans les premiers , tandis que la folie sombre, l'idiotie, la démence s'observeront dans les seconds. La folie varie encore suivant les localités ; chez les habitants des montagnes elle affecte des formes différentes de celles qu'elle présente chez les habitants des plaines : dans les pays marécageux, la démence est plus fréquente, l'imbécillité s'y multiplie. L'idiotie est fort commune dans les lieux élevés de l'Écosse et de la Norwége. Il est aussi remarquable que le crétinisme soit endémique dans les gorges des montagnes. — Les maladies mentales se montrent ordinairement en été. Dans les maisons de santé et les hôpitaux, on a observé que les admissions étaient plus nombreuses en mai, juin, juillet, août, qu'elles décroissent de septembre à décembre, et encore davantage en février et en mars. Les diverses espèces de folies sont jusqu'à un certain point soumises à l'ordre des saisons ; la manie se montre de préférence en été : la monomanie et la démence se manifestent plus uniformément à toutes les époques. A Aversa, nous avons observé que les monomanies étaient plus communes en septembre. Dans quelques cas, l'influence des saisons se fait sentir par le changement de la folie. On a cité l'observation d'une femme qui était nymphomane au printemps, furieuse, monomane, ambitieuse en été ; apathique et folle religieuse en automne, et raisonnable en hiver (Esquirol). Les guérisons obtenues dans les saisons chaudes sont les plus durables ; les plus nombreuses ont lieu en automne. Les rechutes se montrent ordinairement au printemps et en été. Elles arrivent le plus souvent à l'époque où la folie a éclaté, et se montrent surtout avec une régularité parfaite dans les aliénations intermittentes. — Les approches des orages déterminent souvent une grande excitation parmi les fous. Il en est de même des premiers jours d'un temps sec et froid. Certains vents ont une singulière influence. Lorsque le siroco souffle en Italie, il augmente le nombre des fous. Ce fait avait été bien remarqué, et il était défendu par une ancienne loi de Naples de punir aussi sévèrement les crimes commis pendant la durée de ce vent. On avait pensé que la lune était toute-puissante sur le développement de l'aliénation, et de là était venu le nom de *lunatiques ;* mais cette opinion, qui ne repose sur aucune base solide, compte aujourd'hui très-peu de partisans. L'action des fluides impondérables nous paraît au contraire digne de recherches. — Une remarque fort curieuse, c'est que la folie, comme les maladies nerveuses, se communique par imitation ; c'est une véritable contagion morale qui s'étend, se propage sur un grand nombre d'individus. L'histoire des filles de Milet, les suicides de la garde consulaire, les nombreux exemples de monomanie homicide, mettent cette vérité dans tout son jour. Une autre remarque, c'est que la simulation de la folie peut rendre véritablement fou. On peut citer l'observation de deux matelots français qui avaient simulé l'aliénation pour échapper à l'horrible captivité des pontons ; leur ruse, d'abord couronnée de succès, eut pour eux le résultat fâcheux, car ils devinrent réellement aliénés. — *Symptômes.* Au premier abord, il paraît extrêmement difficile d'embrasser tous les phénomènes propres à la folie ; mais si l'on porte dans ce dédale le double flambeau de l'analyse et de la synthèse, on s'aperçoit bientôt que ces symptômes si multipliés peuvent se ranger sous quatre grands chefs : désordres de l'intelligence, de la sensibilité, de la mobilité et de la vie organique : 1° *Désordres de l'intelligence : Caractères généraux* s' observent sous l'influence de la prédisposition, et par suite d'une des causes que nous avons énumérées ; il se manifeste un changement dans l'individu. Il devient brusque, emporté, inégal ; le moindre sujet le mécontente, l'irrite. Il témoigne encore de la bienveillance à ses proches, à ses amis ; mais si on l'examine attentivement, on le trouve froid, contraint ; il sent que sa raison est vacillante, et cette observation le rend défiant, ombrageux : il triomphe cependant de ses chimères, et lui seul connaît ce qu'il souffre ; mais à force de lutter péniblement contre son mal, son énergie s'use, ses sentiments s'altèrent, et le délire éclate. Il en est d'autres qui, naguère calmes, économes, tranquilles, raisonnant bien, deviennent turbulents, prodigues, brouillons, faibles d'esprit, bavards, et qui à l'occasion d'une cause, en apparence primitive, perdent la raison. Les parents vous affirment que le dérangement mental est récent, mais, en se faisant rendre un compte exact de l'état antérieur du malade, de ses habitudes, on voit que le désordre est déjà ancien, et que la cause à laquelle on l'attribue n'a fait que hâter l'explosion ; c'est cette période de la folie souvent négligée, et pourtant si importante, que les auteurs ont nommée *incubation.* Elle dure quelquefois plusieurs jours, un ou deux mois, beaucoup plus longtemps ; elle peut disparaître, revenir ; enfin le délire se montre plus souvent la nuit que le jour ; c'est la *période d'invasion.* Il est des cas où la folie éclate tout à coup chez des individus qui ont pleinement joui jusqu'à ce moment de leurs facultés intellectuelles. Un grand chagrin, une révolution politique, un renversement de fortune rompent l'équilibre des forces de l'esprit ; mais ces accidents sont rares, et l'aliénation se manifeste de préférence chez ceux qui y sont prédisposés. — Le délire une fois déclaré, on observe des phénomènes aussi multipliés que les combinaisons possibles de la pensée, aussi nombreux que les préjugés, les penchants, les passions, aussi diversifiés que l'éducation. L'attention est généralement pervertie ; elle se concentre avec une ténacité extrême sur un objet, et rien ne peut l'en détourner ; ou bien elle ne peut être fixée ; tant les sensations, les idées sont rapides, mobiles ou faibles ; des erreurs dans les rapports, les comparaisons, les jugements, sont nécessairement les résultats de ces défauts de l'attention. — La mémoire offre aussi des particularités remarquables ; celle des choses présentes se fait mal, tandis que presque tous les aliénés conservent le souvenir des choses passées ; elle peut se perdre pour les événements antérieurs à la maladie et pour les personnes avec lesquelles l'aliéné vivait. Quelquefois elle s'arrête au moment même où se développe la folie ; Bergman a rapporté l'observation d'un vieillard âgé de 90 ans, devenu fou à 18 ans, et qui croyait toujours n'avoir que cet âge. Plusieurs aliénés ont la mémoire de ce qui s'est passé pendant leurs maladies, et se souviennent très-bien des bons procédés, des menaces et des châtiments. Aussi le médecin doit-il être ferme, mais juste à leur égard ; quelquefois la vue des objets qui causèrent leur folie peut la faire renaître. On lit dans l'excellent ouvrage du professeur Friedreich de Wurtzbourg un fait fort intéressant emprunté au Magasin de Moretz. Un jeune homme que des études théologiques opiniâtres avaient plongé dans une mélancolie profonde, est conduit dans une maison de fous. Pendant sa convalescence, on le change d'établissement. A l'arrivée de son père, une fête est donnée pour célébrer sa guérison ; en sortant de table, on va se promener dans le jardin ; malheureusement il avait vue sur la maison d'aliénés. Pendant quelques instants, le jeune homme reste anéanti ; en vain on veut l'éloigner, il est trop tard ; en un instant, il se rappelle avec une incroyable lucidité tout ce qui lui est arrivé, et demande d'une voix si effrayante à revoir sa cellule, qu'on cède à ses désirs. A peine est-il entré qu'il s'écrie : «Voilà donc le tombeau où j'ai été torturé, privé d'aliments, couché sur la paille. Père barbare, tu as voulu ma mort ; eh bien, ton fils va se venger ; » et s'emparant à l'instant même d'un vase de plomb, il brise la tête de son infortuné père. — L'association des idées n'éprouve pas des altérations moins nombreuses; la faculté de l'association, ainsi que celle de la mémoire, peuvent être nulles ou presque nulles. Dans la démence, la volonté n'est point au pouvoir des fous, ou bien elle prend une direction vicieuse ; dans ce cas, les actions sont motivées, les actes les plus bizarres sont fondés sur quelque raison particulière dont ils donnent souvent l'explication après la guérison. — La détermination n'est pas toujours irréfléchie ; elle s'appuie sur des principes erronés ; le point de départ est juste, mais les conséquences sont fausses. Comme la plupart des aliénés sont persuadés qu'ils ont leur bon sens, tout ce qu'on dit pour les convaincre de la fausseté de leurs idées les fait sourire de pitié, ou les irrite, sans altérer en aucune façon leur manière de voir. — Le P. Sgombari rêve qu'il va être élu cardinal ; le général de son ordre le fait venir, et par les discours les plus sensés et les plus paternels, il cherche à le convaincre de son erreur. Pour toute réponse, Sgombari lui propose ce dilemme : « Ou je suis fou, ou je ne le suis pas. Dans le premier cas, vous êtes un sot, car on ne persuade jamais un fou ; dans le second cas, vous êtes un impertinent. » Lorsque l'aliéné connaît son erreur, les conseils ne sont guère plus heureux. « Je sens toute la justesse de vos raisonnements, » nous disait un jour une dame aussi bonne mère qu'épouse estimable ; « mais ils m'affligent et me font mal, parce que mon idée s'est emparée de tout mon être, qu'elle m'obsède, qu'elle ne me quitte pas un seul instant, et qu'elle détruit sans cesse l'impression que vos discours font sur moi. » Les désordres de l'imagination sont curieux à étudier chez les aliénés. Il y en a qui se croient de verre et qui prennent toutes les précautions possibles pour n'être pas brisés ; d'autres s'imaginent avoir des ongles d'une longueur démesurée. Le grammairien Artamidor fut tellement saisi de frayeur à la vue d'un crocodile vivant, que sa raison s'égara. Il avait l'idée fixe que l'animal lui avait mangé le pied et la main gauches (Cœlius Aurelianus, liv. 1er). Tout le monde a lu, dans la *Revue britannique*, l'histoire de ce fou qui se croyait changé en théière, et qui, pour simuler l'anse, appuyait l'une de ses mains sur sa hanche, et étendait l'autre bras pour représenter le goulot. — En général, les individus doués d'une grande imagination sont exposés à la monomanie. On remarque quelquefois chez les aliénés une excitation maladive des talents, ou le développement de qualités inconnues. Il y a des fous qui montrent une finesse d'aperçus très-ingénieuse, qui se distinguent par la force et l'éclat de leurs pensées, et se servent des comparaisons les plus justes. On a vu des paysans qui pouvaient à peine lire, dont la langue semblait pour ainsi dire se délier. Il est des malades qui manifestent une aptitude particulière pour l'éloquence, la poésie, la musique, la peinture, etc. Rush a cité l'observation d'une femme devenue folle par suite de couches, qui lui récitait, pendant ses accès des vers de sa composition, qu'elle improvisait et qu'elle semblait écouter avec un grand plaisir. Par opposition, et ce nombre est plus considérable, il en est qui composent des vers, écrivent des manuscrits inintelligibles. Au lieu de cette aptitude aux talents, aux sciences, on voit souvent apparaître des penchants plus ou moins variés. — Ainsi des aliénés sont tourmentés par l'idée de se baigner continuellement dans l'eau, de s'y précipiter; d'autres sont poussés à voler. Un gentilhomme avait la manie de dérober les cuillers d'argent dans les cafés. Un jour qu'il s'était abandonné à sa manie, le maître de l'établissement, qui avait été prévenu, lui réclama hautement la cuiller qu'il avait prise; l'impression que le malade reçut de cette scène publique fut si forte, qu'elle le guérit de sa folie (Esq.). D'autres éprouvent le besoin irrésistible de mettre le feu. Le docteur Longworthy avait à Bath une malade qui prenait avec ses mains des charbons ardents pour incendier des tas de paille. Le penchant au suicide est très-commun dans l'aliénation; on y observe également le besoin de tuer (*V.* les mots SUICIDE, MONOMANIE, HOMICIDE). — Ces impulsions diverses portent aussi les fous à des appétits bizarres, à des gestes obscènes, à frapper, à répéter continuellement la même chose. Nous avons vu, dans l'établissement de Montmartre, un aliéné qui tournait, depuis des années, toutes les trois minutes, deux fois sur lui-même; un autre enfonçait à chaque instant un petit bâton dans la terre, s'imaginant qu'il élevait l'eau à des milliers de pieds. — Certains aliénés ont l'habitude de se parler à eux-mêmes; d'autres rient sans cesse aux éclats. Il n'est pas rare de voir se manifester parmi eux du penchant ou de l'éloignement pour des individus qu'ils n'ont jamais vus. — Mais un signe beaucoup plus commun est la perversion des affections. En général, les aliénés éprouvent de l'indifférence, de l'éloignement, de l'antipathie, de la haine pour les personnes qui leur étaient chères; ou bien, s'ils continuent à les aimer, ils ne les écoutent plus. On peut dire, en général, que la perversion des affections est le plus haut degré de la folie, et leur retour le signal d'une guérison prochaine. — Les fous sont défiants, passablement entêtés, opiniâtres, quelquefois malicieux, méchants, actifs ou apathiques, sans qu'ils puissent résister à l'impulsion qui les porte à agir ou à rester dans la plus complète inaction. L'égoïsme est leur caractère distinctif. Ils sont indifférents l'un à l'autre. J'ai cependant vu, dans la maison de Montmartre, deux folles qui ne se quittaient jamais. L'une d'elles était un véritable modèle d'attachement; lorsque son amie était souffrante, elle la veillait et lui donnait tout ce dont elle avait besoin. Pendant sa dernière maladie, elle passa huit nuits auprès d'elle; le lendemain de sa mort, elle l'avait oubliée, et depuis elle n'en a plus parlé. — Les fous ont le sentiment du juste et de l'injuste, et témoignent quelquefois de la reconnaissance pour ceux qui les ont soignés; beaucoup néanmoins sont ingrats, ce qui nous paraît surtout dépendre du chagrin et de la honte que leur cause leur maladie. Toutes les passions s'observent chez eux, comme dans la société. Un aliéné, furieux de ce que la fille d'un chef d'établissement lui avait refusé une légère demande, concentra sa colère pendant trois jours, puis, au moment où elle passait devant lui, il la tua avec un morceau de fer qu'il avait aiguisé. — *Caractères spéciaux.* Dans l'exposé que nous venons de tracer, nous avons considéré les désordres généraux de l'intelligence; nous renvoyons à chaque espèce de délire pour les caractères spéciaux (*V.* MONOMANIE, MANIE, DÉMENCE, etc.). — II. *Désordres de la sensibilité.* Ils sont de deux espèces; ou ils se rapportent aux sensations spéciales ou à la sensibilité générale. Dans le premier cas, les fonctions des sens sont perverties; les malades croient voir des êtres fantastiques, entendre des voix imaginaires; ces altérations de la sensibilité (*V.* HALLUCINATIONS) existent chez un grand nombre d'aliénés; elles sont souvent la cause de ces actes insolites, bi-

zarres, dangereux, auxquels ils s'abandonnent; plus d'une fois le suicide et le meurtre ont été le résultat de ces erreurs des sens. Ravaillac, qui assassina le meilleur des rois, sentait des pesanteurs de feu et de soufre s'exhaler de ses pieds; il voyait des corps voltiger sur sa figure, des hosties voler dans l'air et venir se placer des deux côtés de son visage; il lui semblait aussi que sa voix résonnait comme une trompette. Un jour, il crut apercevoir une tête de mort sur une statue; ayant prié un peintre de la lui dessiner, il la retrouva chez lui; dès lors, il fut persuadé qu'Henri IV était damné et qu'il fallait le faire périr. (Bazin, *Histoire du règne de Louis XIII.*) — Il peut y avoir des hallucinations d'un seul sens, de plusieurs, de tous. On lit dans l'ouvrage du docteur Ozanam sur les épidémies, un fait fort curieux d'une hallucination qui eut lieu chez 800 soldats français en Calabre, à deux reprises différentes. — La sensibilité générale peut être exaltée, abolie. Nous avons vu, il y a quelques années, dans l'asile de St-Yon, à Rouen, avec le directeur, M. de Boutteville, un ancien soldat appelé Lambert; cet homme se croyait mort depuis la bataille d'Austerlitz. Quand il parlait de lui, il disait : « Cette machine qu'on a cru faire à ma ressemblance est très-mal faite. » Voulait-il se désigner, il se servait du mot *cela,* chez lui la sensibilité générale était éteinte; on pouvait le pincer, le piquer, sans qu'il s'en aperçut. — On a prétendu que les fous résistaient à tous les extrêmes de température; il y en a, il est vrai, qui supportent très-bien l'action du froid, mais on peut dire que c'est le petit nombre. Qu'on entre en hiver dans les dortoirs, les salles de conversation, on les verra se presser autour des poêles, des cheminées, et manifester le plaisir que leur cause la chaleur. D'ailleurs ils éprouvent tous les effets du refroidissement; comme diarrhées, coliques, rhumes, etc. Le canal intestinal est souvent insensible à l'action des médicaments. — Mutzel a rapporté l'observation d'un aliéné qui ne vomissait qu'après avoir pris dix-sept grains d'émétique. D'autres lésions de la sensibilité s'observent assez souvent chez les fous. On en voit qui se déchirent les chairs sans manifester de douleur. Burrows raconte qu'un aliéné mit ses pieds dans un feu violent qu'il entretenait avec les feuillets d'un livre; un autre but d'un trait un verre d'eau bouillante, et aucun des deux ne parut souffrir; quelques-uns mangent leurs excréments, avalent de la paille, de l'herbe; il en est qui s'exposent nus à l'ardeur du soleil, ou qui le regardent fixement pendant fort longtemps, et lisent immédiatement après. Une dame, se croyait la femme du soleil; toutes les fois que cet astre se levait brillant et majestueux, elle manifestait sa joie par des révérences sans nombre. Je l'ai vue le regarder des heures entières, sans que ses yeux en fussent en aucune manière éblouis; lorsqu'il était caché par les nuages, elle devenait triste et s'enfermait dans sa chambre. — La plupart des aliénés aiment passionnément le tabac, et ils demandent de l'argent pour en acheter; mais cela se remarque surtout dans les hôpitaux, car les aliénés qui appartiennent aux classes bien élevées conservent, en général, leur vernis d'éducation. — III. *Désordres du mouvement.* L'exagération des mouvements s'observe fréquemment chez les aliénés. Nous avons décrit des convulsions épileptiformes que nous avons attribuées à leur voracité. On observe de temps en temps des mouvements convulsifs, irréguliers, locaux, et qui ont beaucoup de ressemblance avec les convulsions névralgiques. Mais l'altération du mouvement qui doit surtout fixer l'attention, est celle qui a été désignée, dans ces derniers temps, sous le nom de paralysie des aliénés (*V.* ce mot). — IV. *Désordres de la vie organique.* Le dérangement des fonctions digestives, circulatoire, respiratoire, nutritive, l'état de la peau, de l'utérus et des organes génitaux, doivent être pris en considération. En général, surtout à l'instant des accès, les aliénés éprouvent de la soif, du dégoût pour les aliments, ou bien un appétit vorace; la langue est blanche ou légèrement jaunâtre, quelquefois rouge, brune, noire ou fuligineuse. Ils se plaignent de douleurs, de chaleur à l'épigastre, dans le bas-ventre; le plus ordinairement, ils sont tourmentés par une constipation opiniâtre; quelques-uns ont des déjections involontaires. Ces symptômes diminuent et cessent souvent avec les accès; la respiration, ordinairement normale, peut être troublée. — Beaucoup de discussions se sont élevées sur l'état du pouls; d'après les recherches de MM. Leuret et Métivier, les genres de folie, classés d'après la fréquence du pouls, se rangeraient ainsi : hallucinations avec ou sans complication de monomanie ou de manie; manie, monomanie, démence. — M. Foville calcule la moyenne proportionnelle à 84 pulsations. En général, le pouls des aliénés est fréquent au début de la maladie, pendant l'accès, et souvent pendant les paroxysmes : Celui des carotides est dur, ce qui s'observe aussi pour le pouls des maniaques ; car chez les mélancoliques il est plus ordinairement petit, concentré et même lent. Cox, Bird, Burrows ont vu la radiale battre quatre-vingt-dix fois par minute, et la carotide cent quinze, cent vingt fois. La plupart des aliénés ont aussi des altérations remarquables dans les battements du cœur. Nassi avait déjà reconnu la fréquence des lésions organiques du cœur ; suivant M. Foville, elles existeraient sur plus des 5/6es des cadavres ; d'après M. Calmeil, au contraire, sur les 7/10es des insensés, le volume du cœur serait normal, et seulement lésé sur 1/10e. — Au commencement de la maladie, les aliénés maigrissent ; lorsqu'elle dure depuis longtemps, la nutrition se rétablit ordinairement, le sujet reprend de l'embonpoint, quoique le désordre intellectuel continue. C'est une remarque assez généralement faite par les praticiens, que le retour de la graisse, sans amélioration dans l'intelligence, est un signe d'incurabilité. Les règles sont très-souvent supprimées ou considérablement diminuées ; mais la conception et la gestation ont lieu comme à l'ordinaire. Plusieurs aliénés ont une salivation continuelle ; diverses affections de la poitrine ou du ventre peuvent compliquer la folie et lui imprimer une marche intermittente. Madame de B!., atteinte d'une phthisie pulmonaire, devint aliénée. Pendant plusieurs années, la maladie de poitrine fut suspendue ; le désordre mental ayant cessé, la phthisie fit des progrès ; l'aliénation reparut, et la phthisie fut de nouveau arrêtée. Quelques mois avant sa mort, madame de B... recouvra ses facultés intellectuelles ; dès lors la phthisie marcha avec une rapidité effrayante jusqu'à la terminaison fatale. — L'insomnie est un phénomène fort commun dans la folie ; surtout lorsque l'affection est récente ; il existe aussi dans la plupart des aliénations anciennes qui ont conservé de l'acuité ; et dans les accès ; quelques fous, au contraire, ont un besoin continuel de dormir. Le sentiment de la faim et de la soif est très-vif chez les aliénés, et la privation des aliments a pour eux de fâcheuses conséquences. Le penchant à l'amour est aussi très-développé parmi eux, et cette raison exige une séparation très-sévère entre les deux sexes. Les imbéciles, les idiots, les crétins sont souvent réduits aux deux seuls instincts de la faim et du besoin sexuel. Ils se livrent avec fureur à la masturbation. Pendant leurs accès, les fous et surtout les maniaques déploient une force prodigieuse. Les symptômes accessoires, fournis par l'habitude extérieure du corps, ne sont point sans intérêt. Chez la plupart des aliénés, l'expression de la physionomie est en rapport avec la nature des passions dominantes. — Haslam et Crowther ont signalé un relâchement de la peau du crâne remarquable au front, et donnant lieu à des rides considérables. Suivant Crowther, ce signe serait un mauvais augure ; la peau est chaude, sèche ou humide ; c'est surtout au front que la chaleur est plus marquée ; elle coïncide avec le froid des extrémités inférieures. Les aliénés exhalent une odeur particulière, qui est surtout prononcée lorsque la maladie est ancienne ; elle s'attache aux vêtements, aux lits, aux meubles, et s'imprègne si fortement dans tout l'appartement, que, suivant la remarque de Miling, elle peut encore être perçue longtemps après le départ du malade. — Burrows, dont je partage entièrement l'opinion, la regarde comme si caractéristique, qu'il dit que s'il la sentait dans une personne, il n'hésiterait pas à déclarer celle-ci aliénée, quand bien même il n'aurait pas d'autres preuves. Plusieurs écrivains l'ont attribuée, il est vrai, aux évacuations involontaires d'urine et d'excréments ; mais la réponse à cette objection nous paraît péremptoire : elle existe chez des malades qui ne gâtent pas, et ne ressemble point à celle qui se produite dans les autres maladies par la sortie des déjections involontaires. — La position, les différentes attitudes et les mouvements des fous ne sont pas non plus sans intérêt pour le diagnostic des maladies intercurrentes, puisqu'ils indiquent souvent le siége de la douleur ou du mal, lorsque les aliénés, qui, sous ce rapport, ont beaucoup de ressemblance avec les enfants, ne se plaignent pas. On a encore cherché dans la coloration des cheveux et des yeux des renseignements sur le genre d'aliénation ; mais elle n'a rien appris de particulier. Friedreich attribue quelque importance à la longueur ou à la brièveté du cou ; c'est un fait à examiner. (A l'article ALIÉNÉS, nous parlerons de la marche, des types, des crises de la folie, et des maladies qui sont propres aux aliénés.) — Durée de la folie. Elle présente des différences suivant qu'on l'étudie chez les individus curables et incurables. La durée moyenne chez les individus qui guérissent est fort variable ; Pinel l'a fixée entre cinq et six mois ; le docteur Tuck, médecin de la maison d'York, lui donne une extension plus grande. C'est aussi l'opinion de M. Esquirol ; il y a été con-

duit en faisant le relevé des aliénées admises à la Salpêtrière pendant dix ans ; sur ce nombre, 604 ont été guéries dans la première année ; 502 dans la seconde ; 86 dans la troisième ; 41 dans les sept années suivantes ; d'où il conclut : 1° que l'on obtient le plus grand nombre de guérisons possibles dans les deux premières années ; 2° que le terme moyen des guérisons est d'un peu moins d'un an ; 3° que, passé la troisième année, la probabilité des guérisons n'est plus que de 1/30e. Dans le relevé de M. Foville, fait à l'asile de St-Yon, on voit que 1/6e des guérisons a été observé dans le premier mois ; les 2/5es dans le second, et enfin les 3/5es, ou plus de la moitié, dans le troisième. Les calculs de la science ne sont pas heureusement sans exceptions ; Rush a cité plusieurs observations d'aliénés qui avaient guéri après cinq et dix-huit ans de folie ; Baumes a consigné le fait d'une femme maniaque qui revint à la raison après vingt-cinq ans. Nous avons vu, dans la maison de santé Marcel-Ste-Colombe, une dame aliénée qui recouvra, après douze ans, l'usage de ses facultés intellectuelles. — Les saisons paraissent avoir une influence marquée sur les guérisons. Les plus nombreuses s'obtiennent au printemps et à l'automne ; l'âge le plus favorable est depuis vingt jusqu'à trente ans ; passé cinquante ans, les guérisons sont rares. La durée de la maladie chez les aliénés curables nous conduit naturellement à rechercher la proportion des guérisons. Les relevés démontrent que la cure absolue des aliénés est d'environ un tiers, et que ce nombre varie, suivant les localités et les traitements, du quart à la moitié ; dans plusieurs établissements de l'Italie, nous l'avons trouvée d'un cinquième. D'après Crowther, lorsqu'il n'y a pas de lésions du cerveau ou du bas-ventre, et que la maladie n'a pas plus de trois mois de date, on peut guérir sept personnes sur dix. Le tableau suivant donnera un aperçu des guérisons :

Nombre des individus traités.	Guéris.
32,744 dans les établissements anglais de Bethlam, St-Lucas, York, Manchester, Montrose, Rottingham, Exeter, Glasgow, de 1748 à 1820	12,254
4,213 à la Salpétrière, Bicêtre, Charenton, et dans les établissements particuliers d'Esquirol et Dubuisson, de 1801 à 1813	1,893
6,006 dans l'hôpital de la Senavre, à Milan, de 1802 à 1826	3,516
1,356 dans l'hôpital des fous de Moscou, de 1811 à 1819	819
3,216 à la Chaut, à Berlin, de 1807 à 1818	782
179 à Sonnenstein ; de 1814 à 1816	22
528 dans l'hôpital de Wurtzbourg, de 1798 à 1823.	292
215 à St-Georges, près Bayreuth, de 1791 à 1820.	90

Total : 48,467 individus traités, dont 19,168 ont été guéris, ce qui établit le rapport des premiers aux derniers comme 5 : 2. En comparant maintenant les résultats de nos observations dans les différents pays, que nous avons visités, nous croyons pouvoir dire que les guérisons sont plus nombreuses en France et en Angleterre que dans les autres contrées. Certains établissements de l'Italie et de l'Allemagne méritent, sous ce rapport, une attention particulière. Les rechutes ont paru très-fréquentes dans cette maladie ; on les évalue à 1/10e à la Salpêtrière. Sur 934 guérisons obtenues à Bethlam, de 1772 à 1787, il y a eu 523 rechutes, c'est-à-dire plus de la moitié. M. Pinel les porte à 1/6e, ce qui est à peu près le chiffre de M. Desportes. Les rechutes sont, en général, moins fréquentes chez les riches que chez les pauvres ; il ne faut pas confondre les rechutes avec les retours liés à une maladie périodique et séparés des intervalles lucides. Les influences qui les favorisent sont le printemps, l'automne, les objets qui rappellent la maladie. En général, elles sont d'autant moins à craindre, que la folie n'est point héréditaire, qu'un temps plus long s'est écoulé depuis la guérison, que la cause est accidentelle et l'individu jeune. — Considérée chez les aliénés, la durée de la vie n'est pas toujours facile à déterminer ; mais un fait incontestable, c'est qu'elle se prolonge d'autant plus, que la condition est meilleure et les établissements bien tenus. — Suivant M. Desportes, parmi les aliénés de Bicêtre qui s'y trouvaient au 1er janvier 1822, 1 y était depuis 56 ans, 3 depuis 40 ans, 21 depuis plus de 30 ans, 50 depuis plus de 20 ans, 150 depuis plus de 10 ans, 186 depuis plus de 5 ans, 166 depuis 2 à 5 ans, et 180 depuis 1 an. Il en conclut que le terme moyen de la durée du séjour est de 7 ans 4 mois 21 jours à Bicêtre ; et par un calcul semblable de 9 ans 11 mois et 5 jours à la Salpêtrière ; la vie des femmes aliénées serait par conséquent plus longue que celle des hommes. — La mortalité des fous varie beaucoup ; non-seulement suivant les localités, mais encore suivant les époques. Pinel, faisant abstraction des démences séniles, la porte d'un à 20, et même d'un à 23. M. Esquirol la croit plus forte; mais, pour avoir des idées plus précises, il l'a considérée dans les divers genres de folie; suivant lui, elle serait, pour la manie, d'un sur 25, pour la monomanie, d'un sur 16, et pour la démence, d'un sur 3. — De 1822 à 1824, la proportion des décès, dans les hôpitaux de Paris, a été d'un huitième. M. Foville dit qu'à Saint-Yon elle n'était que d'un vingt-troisième. Dans l'établissement de Gênes, lorsque nous le visitâmes en 1829, elle avait été du quart pour l'année 1828; mais il faut dire que c'est un des plus mauvais hôpitaux de l'Italie; depuis notre voyage, un magnifique établissement, construit sur le plan de celui de Glascow, a été élevé par les soins de M. le comte Brignole. — Dans la première année de l'admission, il meurt un grand nombre de fous; mais cette circonstance fâcheuse tient à ce que beaucoup d'entre eux sont affectés de phlegmasie grave de la tête, de la poitrine et du ventre, ou ne présentent en réalité qu'un délire aigu. L'époque de l'année où la mortalité est la plus grande, s'observe dans les mois de décembre, de janvier, de février. — *Diagnostic.* A son début, l'aliénation peut être confondue avec la méningite, l'encéphalite, la fièvre typhoïde ataxique, l'ivresse, l'empoisonnement par quelques substances narcotiques, le délire causé par l'inflammation de divers organes. Un examen attentif, fait pendant plusieurs jours, suffit souvent pour lever toutes les incertitudes. — Le diagnostic de la folie proprement dite n'est pas lui-même sans difficulté. Il y a des aliénés qui ne délirent que sur un point, et qui parviennent à cacher leur idée fausse à tout le monde. La baronne de.., atteinte de nymphomanie, savait si bien dissimuler son malheureux penchant, qu'après plusieurs heures de conversation, on la quittait admirant son esprit, mais ne soupçonnant pas sa folie. Ce n'est alors que par une observation de tous les moments qu'on réussit à arracher leur secret. Une jeune dame se croyait empoisonnée par son mari; voulions-nous l'interroger, elle nous répondait en peu de mots, et évitait avec un soin extrême tout ce qui pouvait faire allusion à son idée; ce ne fut qu'au bout de quinze jours qu'elle nous avoua la vérité. D'autres fois, des coupables peuvent simuler la folie; c'est un point fort important, et qui nous paraît devoir être mieux traité à l'article MÉDECINE LÉGALE. — *Pronostic.* L'hérédité est une circonstance défavorable. L'idiotie, l'imbécillité, la démence sont presque incurables. Les manies guérissent plus facilement que les monomanies; sur 100 maniaques et 100 mélancoliques traités à Bethlam, 67 des premiers ont guéri, et seulement 27 des seconds. En général, moins la raison est lésée, plus les chances de succès sont douteuses. La folie sans complication est d'un pronostic beaucoup plus favorable que celle qui est liée aux hallucinations. La paralysie générale est au-dessus des ressources de l'art; on peut en dire autant de l'épilepsie, des congestions apoplectiformes, épileptiformes. Les folies qui ont agi lentement laissent moins de chances de succès que celles dont l'action a été brusque. D'après Haslam, les aliénations par suite de couches guérissent dans une proportion très-grande. Sur 92 malades, 55 revinrent à la raison dans les six premiers mois. La proportion des guérisons dans la plupart des relevés est en faveur des femmes. La vulve, l'onanisme, les excès vénériens, l'ivrognerie, l'exaltation de la sensibilité sont d'un mauvais augure. La bonne conformation du crâne est plus favorable qu'une boîte osseuse défectueuse. Suivant M. Foville, les têtes très-petites ou très-grosses présentent moins de chances de succès. La folie intermittente guérit plus sûrement qu'une première attaque d'aliénation; mais le plus ordinairement elle se termine par la démence. Les rechutes sont défavorables, les malades qui n'éprouvent aucun soulagement des traitements doivent inspirer des inquiétudes; l'affaiblissement de la mémoire annonce le passage à la démence. Le professeur Friedreich pense que les malades dont la folie roule sur des objets qu'ils ne peuvent posséder, guérissent plus facilement que ceux qui se persuadent avoir atteint leur but. Willis a remarqué que les individus qui se croyaient empoisonnés, et prétendaient avoir un autre mal, avaient moins de chances de guérison que ceux qui s'imaginaient qu'ils étaient coupables, ou que leur bonheur était détruit. — *Ouvertures* (nécropsies). L'explication des désordres fonctionnels des organes par les lésions trouvées après la mort était trop dans l'esprit de la médecine pour que l'aliénation échappât aux investigations du scalpel. A peine le signal eut-il été donné, que tous les observateurs s'élancèrent dans le champ de l'anatomie pathologique. — Morgagni signala l'endurcissement du cerveau, sa mol-

lesse et des épanchements séreux dans les ventricules. Greding nota l'épaississement des os du crâne, la fétidité, la mollesse du cerveau, l'atrophie des couches optiques. Haslam remarqua l'adhérence du péricrâne aux os, leur épaisseur ou leur amincissement; la fermeté ou la mollesse du cerveau. Prost chercha à prouver que la folie était l'effet d'une inflammation des intestins. Rush en plaça la cause dans les vaisseaux sanguins du cerveau. M. Esquirol, après plusieurs centaines d'ouvertures, fut conduit à conclure que, de toutes les altérations qu'il avait observées, chacune d'elles en particulier ayant été aussi rencontrée dans des cas étrangers à la folie, on ne pouvait être rapportée à la production du délire des aliénés. Bien que cet observateur, cédant à l'impulsion générale, ait un peu modifié ses conclusions, il n'a pas laissé connaître les caractères des lésions propres à la folie. Depuis cette époque, MM. Foville, Delaye, Pinel-Grandchamp, Scipion Pinel, Bayle, Purchappe, Broussais, ont publié différents travaux sur l'aliénation. Suivant ces docteurs, on trouve constamment dans le cerveau des lésions appréciables, et qui varient d'après l'état aigu ou chronique de la maladie, et d'après la nature des symptômes: ils pensent que ces lésions ont un rapport direct avec le dérangement mental. Voici, au reste, l'exposé sommaire de leurs découvertes: *à l'état aigu*, la substance grise extérieure offre dans son épaisseur des membranes plus ou moins foncées, de petits épanchements, une rougeur générale ou partielle; sa consistance est augmentée ou diminuée, les vaisseaux artériels sont souvent dilatés. La fréquence de ces désordres va en décroissant d'avant en arrière. *A l'état chronique*, la *substance grise* se détache en deux couches; on y trouve de nombreux bourgeons charnus; dans quelques cas, elle se ramollit, le volume des circonvollations peut être diminué, souvent alors il existe de petites cavités remplies de sérosité; l'atrophie de la partie frontale est la plus fréquente; la substance grise peut disparaître complétement; elle peut augmenter de consistance. Dans un certain nombre de cas, les cornes d'Ammon ont présenté des modifications. La *substance blanche*, plus souvent intacte que la grise, présente cependant des altérations; elle peut être injectée, indurée, offrir une couleur nacrée; ses divers plans fibreux peuvent avoir contracté des adhérences entre eux; les méninges ont aussi leurs désordres: elles sont plus ou moins injectées; on y distingue l'opacité, l'augmentation de consistance, les adhérences, les fausses membranes, la sérosité s'y remarquent également. Enfin la *boîte osseuse* peut elle-même, par suite de la diminution du cerveau, s'épaissir par l'addition de couches de phosphate calcaire ou bien s'atrophier, le diploé disparaître et les deux lames devenir très-minces. — Une première question que suggère l'examen de ces lésions, est celle-ci : De quelle nature sont ces désordres, à quelle classe faut-il les rapporter? La réponse ne saurait être douteuse : à l'inflammation. Quels sont, en effet, les caractères de ce genre de maladie? la rougeur, l'injection, l'adhérence, la suppuration, la production de fausses membranes, les collections de sérosité, etc.; mais toutes ces altérations ont été mille et mille fois rencontrées sur des individus morts de méningite, d'encéphalite, de délire aigu, sans que pendant leur vie ils aient présenté de désordres analogues à celui de la folie. Car il ne suffit pas que la raison ait été troublée pour qu'il y ait aliénation, il faut encore qu'elle l'ait été d'une manière spéciale. On voit quelquefois périr dans les hôpitaux des hommes avec une inflammation bien prononcée des membranes, avec un ramollissement évidemment inflammatoire du cerveau, pendant la vie il n'y a pas eu de dérangement d'esprit. Que dis-je? tous ces désordres se présentent à l'ouverture de corps de malades qui ont succombé à des affections d'une nature différente. Voulez-vous d'autres preuves? elles abondent. Il n'est pas de médecin suivant assidûment les cliniques qui n'ait vu, surtout parmi les adultes, des individus offrir des symptômes cérébraux qui annonçaient une méningite, une encéphalite, un ramollissement, et à la mort aucune lésion cadavérique n'a pu être constatée, quelque minutieuses qu'aient été les recherches. Si l'étendue déjà trop considérable de cet article ne nous arrêtait, nous citerions les faits curieux de ce genre que nous avons recueillis dans les services de MM. Dupuytren, Fouquier, Lherminier, Louis, Andral, Chomel, Magendie. D'autres objections viennent encore se présenter; l'injection, la suffusion, la rougeur des tissus peuvent être le résultat d'une congestion sanguine produite dans les derniers moments par des accidents convulsifs, épileptiformes ou apoplectiformes, par l'embarras de la circulation de la respiration, et par une stase sanguine due à une agonie pénible et longue. Cette congestion peut elle-même n'être que l'effet répété de ces raptus si communs chez les aliénés, comme elle n'est évidemment dans l'épilepsie qu'une conséquence des attaques. Voilà pour l'état aigu du cerveau; passons à un degré plus avancé. L'opacité, l'épaississement, l'adhérence des membranes, l'atrophie, l'induration du cerveau, les adhérences des plans fibreux entre eux, les collections de sérosité, ont été considérés comme des résultats de l'inflammation chronique; mais toutes ces altérations ont été vues chez des individus qui n'avaient point offert de dérangement d'esprit, ou dont le délire ne ressemblait point à la folie. M. Lelut, médecin de la division des aliénés à Bicêtre, a constaté, sur 25 cerveaux de ramollissiés, l'opacité et l'épaississement de l'arachnoïde. Ces lésions sont très-fréquentes chez les vieillards, sans pour cela que leur intelligence soit lésée ou qu'elle présente un délire analogue à celui de la folie. Chez les individus atteints de paralysie générale, ces désordres ne s'observent pas dans tous les cas, ainsi que le prouvent les observations contradictoires de M. Calmeil et les faits négatifs de M. Lelut et de M. le professeur Rech. Il y a plus; la substance grise enflammée présente les mêmes caractères dans le délire aigu, la méningite, la méningo-céphalite et la paralysie générale; de sorte que l'état aigu ne peut être distingué de l'état chronique, ce qui, du reste, ne doit pas paraître surprenant, puisque toutes ces maladies, ainsi que le fait remarquer le médecin de Bicêtre, peuvent se produire sans lésion appréciable de l'encéphale. — En raisonnant dans l'hypothèse que les lésions que nous venons de décrire sont constantes, nous arrivons donc à cette conclusion, qu'elles sont les produits variés d'une même cause, l'inflammation; mais si elle explique le délire aigu, la méningite, l'encéphalite, et souvent le ramollissement, elle ne peut, toujours identique à elle-même, rendre compte de l'épilepsie, de l'hystérie, de la manie, de la monomanie, etc.; raisonner ainsi, c'est violer les plus simples notions du bon sens. L'inflammation du poumon donne constamment lieu à l'hépatisation; celle des bronches, à la rougeur de la muqueuse, à des sécrétions morbides; et lorsque des affections différentes, telles que les tubercules, l'hémoptysie, l'apoplexie, envahissent l'organe, des lésions cadavériques diverses s'y remarquent également. — Mais il s'en faut de beaucoup, ainsi qu'on vient de le voir, que les traces de l'inflammation se retrouvent chez tous les fous; elles sont souvent vagues, indéterminées, légères, ou manquent complétement, et les adhérences des plans fibreux n'ont pas été vues par la plupart des médecins. Voici comme s'exprime M. Lelut, dans ses *Inductions sur la valeur des altérations de l'encéphale dans le délire aigu et la folie*: 1° si, dans la moitié des cas de délire aigu, le cerveau et les membranes offrent des vestiges d'inflammation, dans la manie aiguë 3 aliénés au plus sur 20 succombent à une phlegmasie méningo-encéphalique. Dans les autres cas, le cerveau et ses enveloppes n'offrent aucune lésion explicative des symptômes de la manie; 2° dans la moitié des cas de manie chronique et de démence simple, il n'existe aucun désordre appréciable du cerveau et de ses membranes; dans l'autre moitié, on trouve des lésions; 3° enfin, dans aucune de ces formes, les altérations ne sont constantes ni exclusives. D'ailleurs les lésions inflammatoires qu'on rencontre dans ces différents cas peuvent être les suites de l'aliénation, comme les désordres matériels de la nostalgie succèdent au chagrin causé par l'éloignement du pays. — Dans la recherche des lésions cadavériques nous n'avons point parlé de cette longue liste d'altérations complaisamment énumérées par les auteurs, telles que les tumeurs, les coquilles, les cancers, les kystes hydatides, parce qu'elles ne sont que des complications de la maladie principale, et qu'elles existent chez des milliers d'individus qui ne sont pas aliénés. Quant aux altérations des poumons, du ventre, des intestins, elles sont, dans bien des cas, indépendantes de la folie; elles en indiquent quelquefois le siège éloigné, mais elles ne peuvent jamais en être le siège immédiat. La pesanteur spécifique du cerveau a encore fixé l'attention des observateurs. Meckel avait dit que celui des aliénés était plus léger que celui des personnes saines. Ce point méritait d'être examiné. MM. Leuret et Metivier ont repris ce travail avec soin; ils ont trouvé que la moyenne de la pesanteur spécifique du cerveau d'un individu intelligent était de 1,028, tandis que celui d'un aliéné était de 1,031; M. Purchappe est arrivé à la même conclusion, résultat opposé à celui de Meckel. Malheureusement nous-mêmes les pesées de M. Lelut ne lui ont pas donné de différence appréciable. — Il nous resterait à parler de la configuration du crâne chez les aliénés; mais si la boîte osseuse présente quelquefois des déformations, il est vrai de dire avec Georget que, dans beaucoup de cas, on rencontre chez les fous les mêmes formes de

tête que chez les gens sensés; aussi renvoyons-nous à l'article IDIOTIE pour l'étude des altérations organiques du crâne, parce que c'est seulement dans cette forme de la folie qu'on les observe presque constamment. — Quelle conséquence tirerons-nous des faits précédents? qu'il est impossible, dans l'état actuel de la science, de dire que la folie ait des caractères anatomiques constants, et que ces caractères lui soient propres; aussi, pensons-nous contrairement à M. Foville, dont nous apprécions les travaux, que les lésions de la substance corticale ne sont pas liées aux dérangements intellectuels, et que les altérations de la substance blanche ne sont pas plus en rapport avec les désordres des mouvements. On veut à toute force connaître la cause prochaine de la folie, et l'on ne sait rien sur celle de l'épilepsie, de la catalepsie, de l'hystérie, de l'hypocondrie, du tétanos, de la chorée, de la rage et des autres maladies nerveuses. — Une question fort importante se présente ici : Toutes les variétés de la folie désignées sous le nom de monomanie, et qui portent le cachet d'une passion, d'un penchant, tiennent-elles à la lésion isolée d'un organe particulier? *A priori*, cette doctrine, soutenue par Gall, paraît devoir se résoudre affirmativement, car les passions, les penchants, les aptitudes, les goûts, les instincts peuvent se manifester séparément. C'est ce qu'on voit tous les jours dans la société. Or, si le cerveau a la possibilité d'exécuter isolément ces différents actes, pourquoi n'aurait-il pas autant d'organes particuliers que de fonctions? L'observation des aliénés ne justifie point les espérances conçues par les phrénologistes; ainsi l'on voit des fous par ambition, par orgueil, par fanatisme, chez lesquels les saillies correspondantes à ces diverses passions n'offrent rien de particulier ou sont même déprimées. J'ai tous les jours devant moi un littérateur distingué qui a l'organe des langues très-proéminent, et qui n'a jamais eu de goût pour les langues étrangères. La folle de la Salpêtrière citée par M. Leuret avait le sentiment de la musique très-prononcé, et, quoique réduite au dernier degré de la démence, elle répétait aussitôt les différents motifs qu'elle entendait : chez elle il y avait absence complète de l'organe des tons. M. Combette a présenté à l'Institut le cerveau d'une jeune fille qui avait une certaine excitation des organes sexuels; le cervelet manquait entièrement. Le moule de la tête de l'Indienne Mariammé, offert à l'Académie de médecine par M. Souty, présentait les plus étranges déformations des os du crâne, et cependant chez cette fille on n'a jamais remarqué moins d'intelligence que chez ses compagnes, ni des goûts, ni des penchants particuliers, ni le moindre acte de folie. Nous avons déjà parlé de ces peuplades caraïbes dont on aplatit artificiellement la tête, et qui ne sont dépourvues ni d'éloquence ni de résolution. Beaucoup de personnes ont pu voir, dans le service de M. Andral, un individu qui avait l'organe de la religion excessivement développé, et chez lequel pourtant il n'existait aucun penchant religieux. M. Lelut a envoyé dernièrement un travail à l'Académie des sciences morales qui détruit le siége de l'organe de la destructivité. Les partisans de la phrénologie ont avancé, il est vrai, que le développement extraordinaire de l'organe n'était pas nécessaire, que son inflammation pouvait déterminer son activité; mais l'ouverture des corps nous a montré plusieurs fois, dans la monomanie, des désordres absolument semblables à ceux qu'on a rencontrés dans le délire général. Les plaies de tête que nous avons eu si souvent l'occasion d'observer dans le service de M. Dupuytren, ne nous ont point offert de développement ou d'abolition d'un organe particulier. Plusieurs fois nous avons donné des soins à des individus qui avaient un délire général, et chez lesquels, à l'autopsie, on trouvait une inflammation exactement limitée à un organe, sans que cette irritation partielle se fût révélée par aucun acte pendant la vie. Souvent la même monomanie correspond chez plusieurs malades à des formes opposées de la même partie du crâne. Certes il y a des aliénés chez lesquels on trouve les protubérances de la religion, du vol, de l'amour physique, et dont la folie a pour cachet l'exagération de ces penchants; mais, je ne crains pas de le dire hautement, là plupart de ceux qu'on soumet à l'exploration n'offrent aucun résultat satisfaisant, et souvent même induisent en erreur. Quel est le médecin qui, dans le cours d'une longue pratique dans les établissements d'aliénés, n'a point rencontré de ces fous qui se croient changés en chien, en loup, en serpent, en cloche de verre, en femme? A la lésion de quelle faculté fondamentale rapportera-t-on un pareil délire? Il est donc impossible, dans l'état actuel de la science, de résoudre par la cranioscopie la question des monomanies, d'indiquer par les saillies extérieures de la tête en quoi consiste la prédisposition à l'aliénation. Gall, dit M. Reveillé-Parise, a très-bien exposé l'influence générale du cerveau sur le moral ; mais quand il veut assigner les limites de chaque sens en particulier, circonscrire nos facultés, parquer nos affections, dire : là est le bon sens, ici la folie ; voilà l'organe de l'ambition, etc., il se perd dans un labyrinthe de conjectures. On s'aperçoit que la map-pemonde cranioscopique a été tracée par là prévention systé-matique (*Physiologie et hygiène des hommes livrés aux travaux de l'esprit*, t. I, p. 150). Est-ce à dire pour cela que nous ne regardons pas le cerveau comme le siège de la folie ? ce serait s'abuser étrangement sur le sens de nos paroles. Oui, certes, la folie a son siège immédiat dans le cerveau ; mais là se borne tout notre savoir. Nous ignorons complétement la cause prochaine qui la détermine, et si nous parvenons un jour à cette découverte, ce ne sera qu'à l'aide d'une connaissance véritable de l'anatomie intime de cet organe. Quant aux lésions inflammatoires du cerveau et de ses tuniques, elles sont souvent consécutives, existent dans des maladies différentes, se montrent chez des individus qui n'ont jamais déliré, manquent dans maintes circonstances ; aussi, logiquement parlant, ne peuvent-elles être considérées comme constituant l'aliénation. Comment, d'ailleurs, expliquer par un vice organique la guérison obtenue par les moyens moraux ? Un de nos malades est atteint de la monomanie suicide ; rien ne peut lui ôter sa funeste pensée : il fait la rencontre d'une jeune personne bien digne de fixer l'attachement d'un honnête homme, et il est radicalement guéri de sa folie. Une dame perd son mari qu'elle adorait ; sa tête s'égare, elle s'élance de sa maison pour se noyer. Sur son chemin, elle rencontre une église ; une impulsion irrésistible l'y fait entrer ; à la vue de la croix, une révolution subite s'opère dans tout son être ; elle sent l'horreur de l'action qu'elle allait commettre, elle retourne chez elle résignée, et sa vie n'est plus qu'un long acte de dévouement et de belles actions. Lisez les derniers travaux publiés par MM. Jules Lafargue et Lelut, et pesez la force de leurs arguments contre la phrénologie.—En résumant maintenant tous ces faits, nous acquérons la preuve que l'anatomie pathologique et la phrénologie ne sauraient répondre à l'interpellation que nous leur avons adressée. La question de la cause prochaine de la folie reste donc pour nous ensevelie dans la plus profonde obscurité. C'est là, au reste, le sort qu'ont en toutes les recherches entreprises depuis un quart de siècle pour fixer les différentes fonctions du cerveau. Des milliers d'animaux ont inutilement péri sans avoir donné la solution du problème. Lorsqu'une expérience faite sur un être vivant semblait annoncer un résultat nouveau, un fait d'anatomie morbide venait anéantir la découverte et son explication. Cette ignorance, contre laquelle nous nous débattons en vain, est pour nous le résultat d'un point fondamental, la solidarité de toutes les parties de l'intelligence, parce qu'elle est elle-même un principe unique, immatériel, immortel. Quelque complexe que soit le cerveau, il existe une harmonie parfaite dans l'exercice de ses diverses parties ; or, de cette harmonie résulte le *moi*. La liaison des idées, cet admirable phénomène de psychologie, ne se conçoit que par l'unité du moi ; mais ce moi a-t-il un organe particulier ? voilà la demande à laquelle on n'a jamais répondu. Peut-être nous reprochera-t-on d'admettre les maladies de l'âme, et de tomber à notre tour dans le matérialisme. Notre réponse est simple : les rapports du corps et de son principe intelligent nous sont totalement inconnus, car c'est encore un de ces mille secrets dont la Divinité s'est réservé l'explication. Mais il est évident pour nous que l'âme est une intelligence servie par des organes ; or, dès que les rouages seront arrêtés, la pensée ne pourra plus se traduire au dehors. Quelle est cette altération du cerveau ? est-ce un dérangement des fibres, une modification du fluide nerveux ? nous n'en savons rien. Connaissons-nous mieux la différence qu'il y a entre le cerveau d'un homme éveillé et celui d'un homme qui rêve. Le scalpel pourra-t-il nous montrer jamais le mécanisme des opérations de l'esprit ? Sait-on pourquoi celui-ci est bon, celui-là méchant ? pourquoi tel est gai, vif, enjoué ; l'autre, triste, lent, morose ? Quelle est donc cette opiniâtreté à pénétrer les mystères de l'intelligence, lorsqu'on n'a jamais pu soulever le voile qui recouvre la vie organique ? Jusqu'alors l'étude des formes et des manifestations nous a seule été permise. Il est probable que l'essence des choses, la cause première, nous échappera toujours.—*Traitement.* La folie, compagne inséparable de la civilisation, croissant avec elle, se multipliant à mesure que les vices, les passions, les inventions, les idées nouvelles germent, se développent, se pressent dans la tête de l'homme ; la folie, dis-je, n'est point du domaine de tous.

Elle veut, pour être comprise, un médecin psychologiste et moraliste, dont les connaissances soient aussi étendues en thérapeutique qu'en hygiène. Comment, en effet, combattre les maladies incidentes, appliquer les médicaments convenables, si l'on n'a examiné avec soin l'organisation des fous et les modifications qu'elle éprouve ? Comment, surtout, diriger le traitement moral, si l'on n'a fait une étude approfondie des passions qui agitent et tourmentent la vie ? Mais eût-il toutes ces qualités, le médecin ne serait pas encore capable de traiter les fous, s'il n'avait longtemps vécu avec eux dans les hôpitaux et dans les établissements qui leur sont consacrés. Ces principes, que nous avons déjà exposés ailleurs, nous servent d'introduction naturelle au traitement de cette grave maladie — Lorsqu'on parcourt les ouvrages des auteurs qui ont écrit sur la cure de la folie, on est réellement surpris de la confusion des moyens mis en usage. Ils y sont entassés pêle-mêle, nul discernement ne préside à leur choix. La distinction du traitement physique et moral est sans doute établie, mais les époques ne sont pas nettement tracées. Une appréciation plus rigoureuse était donc nécessaire ; voici les règles que nous avons adoptées : 1° L'isolement, dans le plus grand nombre de cas ; 2° les moyens pharmaceutiques, dans la période aiguë ; 3° les moyens moraux, dans la convalescence ; 4° un traitement inerte, dans la période chronique ; 5° les moyens hygiéniques, dans toutes les périodes ; 6° les moyens prophylactiques, après la guérison ; 7° le traitement préventif et modificateur, dans le cas de disposition héréditaire. — Cette division, beaucoup plus complète qu'aucune de celles qui ont été établies jusqu'alors, nous paraît aussi plus rationnelle et plus pratique. — 1re Section. L'isolement est une mesure dont l'utilité est trop généralement comprise pour que nous en fassions sentir la nécessité (*V.* ISOLEMENT). Il ne faut pas croire cependant que l'isolement soit toujours indispensable. Lorsque le délire est léger ; lorsque le monomane remplit exactement ses devoirs et que son idée fixe ne peut avoir d'inconvénients, il serait peut-être dangereux de le séquestrer, à moins qu'il ne le voulût lui-même, car on pourrait craindre que le séjour au milieu des fous n'aggravât une affection peu avancée. Jusqu'à quel point, d'ailleurs, un pareil spectacle ne peut-il pas développer ou augmenter la maladie ? L'isolement dans une maison séparée nous a réussi quelquefois (*V.* ÉTABLISSEMENTS D'ALIÉNÉS). — 2e Section. Lorsque la folie se montre pour la première fois, et qu'elle offre les symptômes de la période aiguë, si l'individu est fort et sanguin, il faut pratiquer la saignée. Elle convient surtout chez les maniaques, les monomaniaques à idées gaies, et, en général, chez tous les fous qui présentent des signes évidents de congestion. Elle doit être répétée selon les forces du malade. Le plus ordinairement on a recours à la saignée du bras ; mais lorsqu'il y a céphalalgie opiniâtre, suppression de quelque flux, la saignée du pied est fréquemment employée avec avantage. L'application des sangsues, des ventouses, offre aussi de grands avantages ; elle doit être subordonnée à de certaines indications, comme la suppression des règles, des hémorrhoïdes, etc. — La constipation, qui se remarque si fréquemment dans l'aliénation, a de tout temps suggéré l'idée des purgatifs. L'ellébore jouissait d'une immense réputation dans les temps anciens ; la méthode purgative convient dans les embarras intestinaux, dans les monomanies tristes, dans l'état de stupeur, quand les malades n'ont pas été depuis longtemps à la garde-robe, dans les folies par suite de couche. Il est quelquefois nécessaire d'en augmenter la dose : les plus employés parmi ces médicaments sont l'émétique en lavage, le sulfate de soude, l'eau de sedlitz, l'huile de croton tiglium.—Les vomitifs ne sont pas ainsi généralement employés ; ils sont cependant utiles lorsqu'il y a embarras de l'estomac, lorsqu'il existe une mélancolie avec stupeur ou une tendance au suicide. Ils doivent, ainsi que les purgatifs, être répétés plusieurs fois.—L'eau, sous toutes les formes, est un des agents thérapeutiques les plus indiqués. L'utilité des bains est incontestable ; il est peu d'aliénés qu'ils ne soulagent ; plusieurs y éprouvent un mieux marqué : les bains tièdes sont ceux qu'on administre le plus souvent. Mélampe, après avoir fait prendre de l'ellébore aux filles du roi Prætus, les fit baigner dans une fontaine chaude, et l'histoire dit qu'il les guérit par ce moyen de leur délire. (*Histoire philos. de la méd.*, par E. Tourtelle.) Tantôt on n'y laisse le malade qu'une heure, tantôt 2, 3, 6, 8 et même 10 heures. Lorsqu'il y a de la chaleur à la tête ou de la céphalalgie, on recommande de mettre des compresses d'eau froide sur le front. Nous avons plusieurs fois expérimenté l'eau vinaigrée, et nous nous en sommes bien trouvés. Les affusions froides sont beaucoup moins employées, et il est certain qu'elles sont quelquefois suivies d'une vive réaction ou d'un collapse profond; mais elles nous paraissent avantageuses dans les grandes excitations maniaques, lorsque la tête est brûlante et que les remèdes antiphlogistiques ont été sans action. L'usage des douches est aujourd'hui singulièrement restreint; on ne les prescrit plus guère que quand il s'agit d'infliger une punition : nous croyons cependant que la douche en arrosoir devrait être d'un usage plus fréquent. — Les bains froids sont très en vogue en Angleterre; ils ne doivent pas être prescrits indifféremment; l'hystérie, la nymphomanie, l'ésotomanie, l'excès des plaisirs des sens, la faiblesse de l'intelligence, en réclament plus spécialement l'usage; on recommande encore, dans le traitement de la folie, les manuluves et les pédiluves ou bains de pieds; les lavements simples ou médicamenteux ne doivent pas être oubliés. — Lorsque ces différents moyens ont été prescrits sans succès, on peut recourir aux révulsifs cutanés : les sinapismes, les vésicatoires, les moxas, les sétons, sont d'un usage très général; l'application des vésicatoires est surtout indiquée lorsque la folie survient après la suppression d'une maladie de la peau, dans les aliénations puerpérales, dans les folies avec stupeur, dans les mélancolies profondes. On a dit qu'il ne fallait pas placer les vésicatoires trop près de la tête : dans les mélancolies, la nuque nous a paru le véritable lieu d'élection : les cautères conviennent encore dans le cas de suppression de maladie cutanée, dans les anomalies de la menstruation, à l'époque critique. Parmi tous ces moyens, le séton est, sans contredit, un des plus puissants; nous l'employons dans les cas de stupeur, dans les céphalalgies violentes, dans les folies qui annoncent un commencement d'affaiblissement; dans celles où il y a légèreté et mobilité dans les idées; dans les complications d'épilepsie, et de paralysie. Plusieurs fois le séton nous a été utile quand il y avait une disposition héréditaire. — Les frictions peuvent être avantageuses. Boerhaave dit que les frictions faites avec plus ou moins de douceur sur le sommet de la tête sont parfois capables de calmer les transports furieux des maniaques. Le professeur Guislain recommande les frictions stibiées dans la folie qui succède à la disparition d'une affection de la peau. — Les boissons qu'on fait prendre dans la période aiguë sont mucilagineuses, rafraîchissantes, acidules; lorsqu'il y a constipation, elles doivent être légèrement laxatives. La diète est, en général, une mesure nécessaire au début de la maladie, quand il existe un mouvement fébrile, une sécheresse de la peau, de la soif, de la fétidité dans l'haleine; elle ne doit pas être continuée aussi longtemps que dans les autres affections aiguës.— Les anciens avaient fréquemment recours à l'opium dans la folie; il doit être prescrit chez les individus dont le système nerveux est très affecté. Dans le Nord, on donne ce médicament dans la monomanie caractérisée par des pleurs continuels, des soupirs. Hodgkin le prescrit avec succès dans deux cas de mélancolie suicide. L'opium est surtout indiqué dans la folie des ivrognes et dans le délire des blessés. Vanswieten rapporte l'observation d'une fille maniaque qui revint à la raison après avoir avalé par mégarde un mélange d'un scrupule d'opium dans du vinaigre. Il y a des recherches nouvelles à faire sur la digitale, la jusquiame, la belladone, le camphre, le musc, l'électricité et le galvanisme. Le quinquina a paru utile dans la véritable intermittence. Basori nous a cité le fait curieux d'un individu qui fut guéri d'une sorte de démence par le mercure. L'année suivante, à l'époque de son aliénation, il fut pris d'une salivation abondante; la raison resta intacte. Les toniques ont souvent procuré de bons effets lorsqu'ils étaient convenablement administrés. — 3e *Section*. Le traitement moral, d'une influence si réelle et si grande, ne peut offrir de chances certaines de succès qu'autant que le malade est entré en convalescence. Sans doute la science possède des observations d'individus qui ont guéri dans les périodes aiguë et chronique par les moyens moraux, mais ces faits sont rares. La direction à donner aux passions, leur emploi exigent le retour de la raison, ou du moins un grand affaiblissement de l'excitation cérébrale. La cure morale de la folie est, sans contredit, le point capital du traitement, et celui qui fait des médecins une classe à part. Il ne s'agit point ici de ces consolations banales que nous avons vu si souvent prodiguer comme des formules tout apprises; mais bien de l'art fort difficile de combattre les passions par les passions, en opposant aux passions désordonnés, emportés, vicieux, des inclinations plus tranquilles, des penchants meilleurs, en substituant d'autres idées à celles qui font le tourment des malades. Le choix judicieux des moyens moraux exige de la part du médecin une grande habileté et une connaissance parfaite des hommes, surtout dans les classes

éclairées. L'homme du monde conserve dans ses maux ses habitudes et ses goûts. Comment s'insinuer dans ses bonnes grâces s'il ne retrouve dans le médecin qui l'approche les usages, et le ton de la bonne compagnie, et si celui-ci, par l'étendue et la variété de son instruction, ne lui donne une opinion favorable de sa personne ? c'est à l'aide de ces moyens qu'il parvient à s'emparer de l'esprit de son malade. En vivant dans sa familiarité, il étudie, sans affectation, ses penchants, ses goûts, ses faiblesses même : l'habitude de se voir, de causer ensemble, de mieux s'apprécier, amène nécessairement cette confiance si indispensable pour la cure des affections nerveuses. Une fois introduit dans la place, le médecin en connaît le fort et le faible, sait quand il convient de parler avec fermeté, d'abonder dans le sens du malade, de le contrarier, de lui adresser des reproches; il sait mieux que personne calmer son imagination exaltée, détourner son attention concentrée sur un objet, réveiller ses sensations affaiblies, et surtout faire briller de temps en temps à ses yeux le flambeau de l'espérance. A force de répéter continuellement et avec adresse les mêmes choses, il finit par produire une impression durable sur son esprit. Faisons l'application de ces préceptes. Un soldat suisse, nostalgique, est atteint de consomption à l'hôpital de Gand : tous les moyens sont infructueux. On lui promet son congé, avec cette restriction qu'il ne pourra l'obtenir qu'après être entier rétablissement. La guérison est prompte et rapide (Guislain). Une jeune personne accouche dans le délire; son enfant lui est soustrait : on l'amène dans une maison de santé. Au désordre des idées succède une mélancolie profonde. On fait naître dans son esprit l'espoir de retrouver son enfant : à peine cette idée lui est-elle suggérée, qu'elle veut se mettre en route; nous la suivons, bien persuadés qu'elle ne saura où diriger ses pas. A l'étonnement général, l'instinct maternel la guide au milieu du dédale des rues vers le lieu même où ses couches se sont faites; elle détient les renseignements qu'elle demandait, et l'intelligence lui est tout à fait rendue. Fleury raconte dans ses *Mémoires* que le célèbre Préville, de la Comédie française, devint sujet, à l'époque de la révolution, à une monomanie caractérisée par la frayeur. Il se croyait dénoncé, prêt à paraître devant le tribunal révolutionnaire, et sur le point d'être condamné à mort. Ses amis imaginèrent de simuler un tribunal devant lequel il comparut : après les plaidoiries, les réquisitoires, le prétendu jury acquitta Préville. La guérison du comédien fut le résultat de ce moyen hardi. Lorsque l'aliénation dépend d'un amour malheureux, le mariage peut guérir ; mais si l'érotomanie est un symptôme de la maladie, un pareil conseil serait dangereux. Le père de Frank fut consulté pour une jeune personne qu'on disait folle par amour. Ce médecin recommanda le mariage; il fut célébré : la malade recouvra la raison, mais ce fut pour abhorrer celui qu'elle n'avait aimé que dans son imagination déréglée. La crainte peut être employée comme moyen curatif; il faut alors redoubler de précautions, car les passions tristes ont une fâcheuse influence sur le physique et le moral. Langerman a cité, dans sa thèse, l'observation d'une femme qui prétendait que son fils avait été assassiné. La présence de ce jeune homme ne pouvait la convaincre de son erreur. On lui annonce que son fils au désespoir va mourir; cette triste nouvelle opère aussitôt en elle un brusque changement; elle ne pense plus qu'au moyen de le guérir, et le retour de la raison est le fruit de cette nouvelle direction d'idées. Le plus ordinairement il faut agir avec prudence et lenteur; quelquefois cependant la secousse doit être brusque. Quelque importante que soit dans la cure morale la direction à donner aux passions, aux idées des malades, l'emploi des distractions n'est pas d'un secours moins efficace. Les réunions à table, dans les salons de conversation, les jeux, les causeries, la musique, leur procurent d'agréables diversions. On ne peut surtout se faire une idée de l'impression favorable que produit sur eux l'active bienveillance des femmes. Lorsqu'un établissement est assez heureux pour avoir une directrice bonne, affectueuse, ferme et juste, la physionomie générale de la maison porte l'empreinte de son influence. Parmi les distractions qui méritent une mention spéciale, les promenades, le travail, les voyages, tiennent un rang important : les promenades doivent avoir lieu de préférence dans les endroits agréables, loin de la multitude, lorsque la chaleur est tombée ou dès l'aube du jour. On a senti de tout temps la nécessité du travail pour les aliénés : une occupation constante change la chaîne vicieuse de leurs idées, fixe les facultés de l'entendement en leur donnant de l'exercice, et entretient l'ordre dans les rassemblements nombreux. L'utilité du travail ne saurait être mise en doute; mais il faut avouer que son exécution n'est pas aussi facile qu'on se l'imagine. Elle est presque impraticable chez les gens riches ou chez ceux qui ont brillé dans le monde par leur esprit, leurs talents, leurs places. C'est alors qu'il convient de recourir aux voyages; l'avantage de cette mesure n'avait point échappé aux anciens. — Aux extrémités de l'Égypte, il y avait deux temples dédiés à Saturne, où les mélancoliques et les hypocondriaques de cette époque étaient envoyés en grand nombre. Bien pénétré de l'action puissante de ce moyen, nous l'avons mis en pratique sur plusieurs malades que nous avons accompagnés dans les diverses contrées de l'Europe, et nous avons eu la satisfaction de les rendre complétement à la raison. Le choix du pays n'est point indifférent. En général, il faut préférer celui qui, par la beauté de ses campagnes, le grand nombre de ses monuments, la magnificence de ses phénomènes naturels, la multitude et la variété de ses villes, peut faire naître continuellement de nouvelles sensations. Les voyages ne sont pas seulement utiles par les distractions qu'ils causent; mais les fatigues de la route, les secousses de la voiture, la vivacité de l'air sont autant d'agents puissants qui modifient l'organisation. Les eaux minérales ont été aussi préconisées dans certaines aliénations. On a surtout vanté, dans l'hypocondrie, les eaux de Carlsbad. Les voyages sur mer ne doivent pas être oubliés. Ils sont quelquefois avantageux par les nausées et les évacuations alvines qu'ils déterminent, par la nature de l'air, par la nouveauté du spectacle. — L'équitation, la chasse, les exercices gymnastiques et les spectacles ont encore été mis en usage dans le traitement de la folie; leur emploi est très-limité. L'expérience faite, il y a quelques années, à Charenton, n'a pas été en faveur des spectacles. — 4e *Section*. Dans la période chronique, le petit nombre de guérisons que nous avons rapportées prouve qu'il ne faut pas regarder la maladie comme tout à fait incurable. Mais ici les règles n'ont rien de fixe. Les bains, les exutoires, les purgatifs sont les remèdes qui offrent le plus de chances. A Florence, le docteur Bruni usait de toutes les ressources de la médecine pendant 5 ou 6 mois; puis il laissait le malade tranquille, n'employait plus, à son égard, que les moyens hygiéniques, et quelquefois il guérissait. — 5e *Section*. Il y a peu de maladies où les secours de l'hygiène soient plus nécessaires que dans la folie. La pureté de l'air est une des premières conditions de la santé des aliénés. La nourriture n'est pas moins importante; mais si les malades doivent être bien nourris, quand la période aiguë est passée, il faut aussi surveiller, sous ce rapport, ceux qui ont une disposition aux congestions ou qui ont un commencement de paralysie. Le régime ne peut être le même pour tous. Ainsi, les furieux, les malades très-agités, auront une alimentation peu nourrissante. Dans la démence, l'imbécillité, l'idiotie, la nourriture sera substantielle; on insistera également sur un bon régime, quand la folie sera compliquée de scorbut ou de scrofules. Les convalescents, les aliénés tranquilles dîneront à une table commune, qui sera sous l'inspection d'un des agents de la maison. — La plupart des aliénés sont sensibles aux influences atmosphériques; il faut avoir soin de les vêtir chaudement dans l'hiver, jusqu'aux approches des chaleurs; l'on doit également se hâter de leur faire mettre des vêtements d'hiver en automne. La flanelle de santé convient à tous ceux qui ont la poitrine délicate, aux malades sujets aux dérangements du ventre et aux femmes qui ont des fleurs blanches. Il est un soin sur lequel l'on ne saurait assez insister: nous voulons parler de la propreté. Le linge des aliénés doit être fréquemment changé; il en est de même de leurs vêtements. Les dortoirs, les cellules, les lits, les vases de nuit réclament toute la surveillance des agents. Le travail et les promenades, dont nous avons fait sentir l'utilité dans le traitement de la convalescence, ne sont pas moins avantageux sous le rapport de l'hygiène. Dans la période chronique, les distractions peuvent aussi produire de bons résultats. — Jusqu'ici nous avons raisonné dans la supposition que les aliénés sont dociles aux ordres du médecin; mais il peut arriver qu'ils soient sourds à la voix de la douceur, aux avis, aux menaces même. Turbulents, agités, furieux, ils portent dans l'institut le trouble et le désordre: mais avant d'en venir aux mesures coercitives, il faut recourir à des moyens plus doux. Les remontrances, le changement dans les repas, portant sur la qualité ou la quantité des mets, le changement de demeure doivent être essayés avant toute autre punition. La réclusion dans la cellule, la camisole et le fauteuil de force, les genouillères et les douches, telles sont les seules punitions dont on fait usage aujourd'hui, lorsque l'aliéné est incorrigible. Mais s'il était atteint de monomanie suicide, et s'il avait résisté aux douches, à l'ouverture forcée de la

bouche, à l'introduction de la sonde œsophagienne par le nez, on pourrait recourir à la machine rotatoire. L'obstination des suicides est quelquefois si opiniâtre, et leur mort si certaine, qu'on ne doit pas être arrêté parce que la machine rotatoire a quelquefois déterminé des congestions cérébrales; jamais l'aphorisme *meliùs remedium anceps quam nullum* ne fut d'une application plus vraie. — 6e *Section*. L'aliéné guéri, le rôle du médecin n'est point terminé, car les rechutes sont à craindre. Une des premières règles du traitement prophylactique, est de bien connaître la cause pour éviter sa fatale influence. Si la cause de la folie était due à une suppression d'un exanthème, d'un flux habituel, il faudrait prendre les précautions nécessaires pour en prévenir le retour, ou combattre ces accidents lorsqu'ils existent. Les agents thérapeutiques sont aussi utiles dans certains cas. Si, par exemple, il se manifeste des symptômes de pléthore, on leur oppose la saignée. Les bains, les purgatifs exutoires ne doivent pas être négligés. Il faut surtout se défier longtemps des aliénés qui ont des penchants au suicide, et exercer sur eux une surveillance active, sans qu'ils le soupçonnent. — 7e *Section*. La prédisposition héréditaire, dont nous avons signalé toute l'influence, doit faire vivement sentir la nécessité d'un traitement préventif et modificateur. Malheureusement il existe une lacune bien grande dans les études. La science de l'homme est totalement ignorée, et cependant cette connaissance tient à la santé, à l'hygiène publique et privée, à la médecine légale, à l'étude des passions, à l'histoire des préjugés, des erreurs populaires. Si les hommes du monde avaient quelques notions de médecine, ils comprendraient la puissance de l'hérédité dans les maladies et éviteraient, par le croisement des races, de peupler leurs familles de scrofuleux, de rachitiques, de phthisiques, de fous et d'épileptiques. Nous avons souvent insisté, dans nos écrits, sur cette grande mesure. — Nul doute que toutes ces difformités se disparussent à la longue, par des mariages convenables, et qu'on n'arrivât même à obtenir de beaux enfants, ainsi que plusieurs exemples nous en ont donné la preuve. L'éducation physique et morale mérite surtout l'attention du médecin. Les enfants nés de parents aliénés doivent d'abord être confiés à des nourrices saines, bien constituées, habitant la campagne. On ne sait pas assez, parmi les personnes riches, les inconvénients nombreux qui résultent des nourrices sur lieu. A mesure que l'enfant grandit, il faut chercher à développer son système musculaire par tous les exercices possibles. La gymnastique rationnelle, et non celle des funambules, doit former son éducation première. Lorsque les progrès de l'âge exigent, à leur tour, la culture des facultés intellectuelles, il faut éviter les arts d'imagination, et donner la préférence aux sciences exactes, physiques et naturelles; dans le choix d'un état on doit recommander celui qui fatigue peu le cerveau. — Quand l'époque de s'attacher à la société par des liens plus intimes est arrivée, la première loi est de ne pas contracter d'alliance avec des familles entachées de folie, d'épilepsie, etc., et de se conduire, en un mot, d'après les règles que nous avons tracées dans les causes physiques. Mais on n'aurait encore opposé que de faibles digues au développement de la folie, si l'on ne s'était empressé d'inculquer de bonne heure, dans l'esprit de l'enfant, des préceptes religieux et moraux, fortifiés par l'exemple des vertus domestiques. Ce n'est pas seulement l'aliénation qu'on arrêtera par ces moyens; mais l'égoïsme, le scepticisme, la corruption, ne diminueront qu'autant que l'éducation reposera sur des bases morales, et qu'elle ne sera pas entièrement sacrifiée à l'instruction.　A. BRIERRE DE BOISMONT.

ALIÉNATION MENTALE (*médecine légale*). (*V.* FOLIE.

ALIEN-BILL; ce mot désigne, en Angleterre, un bill du parlement concernant les étrangers. Quand ce bill fut discuté à la chambre des communes vers la fin de l'année 1792, il fut combattu avec force par Fox, dont l'opinion trouva de puissants adversaires: Burke et Williams Pitt l'emportèrent enfin; le bill fut adopté, et cette adoption fut, l'année suivante (1793), confirmée par la chambre haute. — Les principales dispositions de cette loi ordonnaient que les étrangers se fissent connaître et déposassent, en entrant sur le territoire britannique, les armes qui leur étaient inutiles pour leur défense personnelle. — En 1798, on y ajouta l'obligation pour tous les étrangers, de se faire enregistrer et d'obtenir une permission de séjour; il leur fut défendu de débarquer sur le rivage de l'Angleterre avant que le capitaine du bâtiment qui les porterait eût fait sa déclaration, et de sortir du royaume sans s'être munis d'un passe-port; ou prit encore d'autres mesures commandées par la prudence, et l'on n'exempta de ces formalités que les enfants et les évêques de France. Ajoutons encore, que les émigrés de ce dernier pays ne pouvaient y être poursuivis pour dettes contractées auparavant et hors de l'Angleterre.

ALIGNAN (BENOIT), religieux de l'ordre des Bénédictins, naquit à *Alignan-du-Vent*, petit village près de Pézénas. On ne connaît pas précisément l'année de sa naissance, qui date certainement de la fin du XIIᵉ siècle. Sa famille, qui était d'origine noble, l'envoya passer ses premières années dans un monastère de l'ordre de Saint-Benoît; se sentant touché de la grâce divine, il prononça ses vœux. Son mérite se fit bientôt connaître, et, en 1224, il fut nommé à une abbaye considérable du diocèse de Carcassonne. Cette partie de la France était alors agitée par les Albigeois, que le jeune comte de Toulouse, Raymond VII, soutenait ouvertement. Béziers, Carcassonne était des foyers de révolte, Alignan, par sa fermeté autant que par sa douceur, rappela ces deux villes à l'obéissance envers leur souverain, et ce fut entre les mains de l'abbé qu'elles prêtèrent serment de fidélité. Il sut aussi ramener à une règle sévère les moines de l'ordre dont il était membre, lesquels s'étaient bien relâchés de l'admirable discipline qui les avait jusqu'alors gouvernés; il ne fit du reste qu'obéir en cette occasion à l'ordre que lui avait donné le pape Grégoire IX. Satisfaite de tant de zèle, la mère de saint Louis, alors régente, le récompensa en le nommant, en 1229, à l'évêché de Marseille. Quelques démêlés qu'il eut avec les habitants de cette ville, au sujet de certains droits seigneuriaux qu'il voulait y faire revivre, le forcèrent à quitter au bout de dix ans son siége épiscopal, et il suivit, en 1239, Thibaut, comte de Champagne et roi de Navarre, qui partait pour la Palestine. Alignan rendit dans la terre sainte de nombreux services à la cause des chrétiens. Il ne revint point en Europe avec les croisés, mais il resta en Syrie, et parvint à faire rebâtir par ceux qui s'y trouvaient encore la forteresse de Saphet, destinée à protéger contre l'ennemi toute la contrée jusqu'à Saint-Jean-d'Acre. Après avoir pris ce soin, et lorsqu'il vit les choses dans un état satisfaisant, il revint à Marseille en 1242, assista au concile de Lyon (1245), à celui de Valence en 1248, et alla bientôt rejoindre saint Louis qui était parti pour la Palestine. Revenu en France en 1264, il prêcha une nouvelle croisade d'après l'ordre d'Alexandre IV. Puis, ayant renoncé à son évêché, saisi d'un saint repentir pour le mal qu'il avait pu commettre, il entra dans un monastère dont la discipline était fort sévère, et en 1268 il rendit le dernier soupir. Alignan est l'auteur de plusieurs ouvrages de théologie dont nous donnerons le titre : ce sont généralement des manuscrits que l'on conserve à la bibliothèque royale : *Tractatus fidei contra diversos errores super titulum de summa trinitate et fide catholica in decretalibus.* — Une lettre d'Alignan au pape Innocent IV : *De rebus in terra sancta gestis.* (*V.* le tome VII du Spicilegium d'Achery.) — Un petit ouvrage *sur les Dîmes.* — Une exposition de l'*Oraison dominicale et de la Salutation angélique.* CH. BAUDIER.

ALIGNEMENT. Nous définirons ainsi ce terme générique : disposition de plusieurs objets sur une même ligne. On aligne des troupes, des arbres, des constructions, etc. C'est surtout par rapport aux constructions que nous devons fournir quelques détails sur le mot *alignement.* Les voies publiques ne sont pas toujours formées au hasard : par suite de l'accroissement de la population et des nouvelles nécessités survenues dans l'intérêt général de la sûreté et de la salubrité, les lois ont dû prescrire un système de voies publiques. Au XVIIᵉ siècle, nous voyons des ordonnances royales recommander le redressement des *rues* publiques et des murs où il y a plis et coudes. En 1765, et à des époques plus rapprochées, des plans d'alignement ont été tracés par ordonnances, afin d'améliorer les rues existantes et d'organiser à l'avance les constructions futures. D'après ces plans qui sont déposés pour Paris dans chaque mairie, on recule ou l'on avance les constructions irrégulières. Ceux dont on abat ou dont on redresse les propriétés ont droit à une *indemnité* fixée par la loi. En France, l'alignement des voies publiques est confié à des *voyers*, qui seuls peuvent autoriser les constructions nouvelles et tenir la main aux redressements. — Quant aux principes généraux établis au sujet des *alignements*, nous renvoyons nos lecteurs au courage qui en ont traité spécialement : voir le *Recueil des lois et règlements sur la voirie*, par Davesne; le *Cours de droit administratif appliqué aux travaux publics*, par Cotelle; le *Code de la voirie*, par Daubanton, etc., etc.

ALI-GOHAR, fils et successeur d'Alloum-Ghire II, empereur mogol. Ahmed-Abdallah qui, de simple officier du fameux Nadir était parvenu à fonder un puissant empire entre l'Inde et la

Perse, avait conçu le projet d'étendre sa domination sur les deux rives du Gange. Alloum-Ghire II régnait alors à Delhy. Ce faible prince avait été placé sur le trône par l'ambitieux Ghazi (*V.* ce mot) qui, sous le titre de vizir, exerçait sans obstacle sur l'Indoustan l'autorité suprême. Il avait détrôné Ahmed, parce qu'Ahmed s'était révolté contre son despotisme; il souffrait Alloum-Ghire parce qu'il le supposait d'une nullité absolue; mais le pouvoir a tant de charmes que le prince le moins capable de gouverner veut toutefois le posséder sans partage. Alloum-Ghire, jaloux de son ministre, devint son ennemi, et les courtisans ne manquèrent pas d'unir leurs ressentiments aux ressentiments de leur maître. Ghazi découvrit leurs manœuvres : il allait s'en venger par des proscriptions, lorsqu'il reçut avis qu'Abdallah menaçait l'Indoustan. On leva des troupes à la hâte, mais non sans peine, parce que le trésor était vide; le prince Ali-Gohar en prit le commandement; Ghazi se réserva le droit de diriger les opérations. — Au lieu de combattre comme on s'y attendait, Ghazi conclut un armistice (1755), et il reprit la route de Delhy, emmenant avec lui le jeune Ali-Gohar; ses agents lui avaient mandé qu'Alloum-Ghire cherchait à soulever contre lui les omrahs et le peuple. Des arrêts de mort, des emprisonnements, des confiscations signalèrent le retour du vizir dans la capitale; l'empereur et son fils furent étroitement renfermés dans la citadelle. Fatigués d'une captivité qui pouvait durer plusieurs années, ou même les conduire à quelque sanglante catastrophe, les deux princes écrivirent secrètement au roi des Abdallis, et, pour l'engager à les secourir promptement, ils lui marquèrent que, dès qu'il serait près de Delhy, la plus grande partie de l'armée impériale passerait dans ses rangs. — La chose arriva comme Alloum-Ghire l'avait annoncé; l'armée mogole se débanda et Ghazi tomba du pouvoir des Afghans (1756); mais l'espoir des ennemis du vizir fut trompé de leurs vœux son supplice, et Abdallah qui estimait ses talents l'accueillit avec faveur et lui donna sa confiance. Après le départ de ce prince, le vindicatif Ghazi resserra les liens d'Alloum-Ghire et de son fils; mais celui-ci parvint à rompre ses chaînes (1757); il se retira au delà du Gange, auprès de l'ami de sa famille, Hidgib-Dowlah, qui avait par malheur moins de crédit que de bonne volonté. — Cependant les Mahrattes déclarèrent hautement qu'ils voulaient exterminer tous les musulmans et rétablir le culte de Bramah et le trône antique de l'Inde. Abdallah jugea sainement que le moment était venu pour lui d'accomplir ses desseins; tous les musulmans de l'Inde viendraient nécessairement se rallier à lui. Il descendit des montagnes de l'Afghanistan avec une armée formidable; Ghazi eut de vives inquiétudes dont il craignait Abdallah, et, soupçonnant que c'était Alloum-Ghire qui, pour la seconde fois, l'appelait à Delhy, il arma lâchement contre l'infortuné prince deux assassins qui le tuèrent; Ghazi, chargé des dépouilles du trésor, s'enfuit chez les Jauts. — Tandis qu'Abdallah occupait Delhy qu'il couvrait de ruines et de cadavres, Ali-Gohar, ignorant encore la mort de son père, cherchait partout des alliés et des soldats. Il trouva beaucoup d'omrahs qui lui firent de stériles protestations de dévouement et qui s'excusèrent de le servir. Le gouverneur d'Allahabad, Mohammed-Kouli-Khan, se mit, seul, avec ses troupes à la disposition du prince qui, secondé par cet officier plein de zèle, parvint à réunir soixante mille hommes. Ali-Gohar comptait avec ces forces soumettre aisément le Bengale; mais là se trouvait le colonel anglais Clive qui, déjà regardant le Bengale comme une propriété de la compagnie, en défendit l'accès au souverain. Ali-Gohar tourna pour lors ses armes contre le Bahar; et il y obtint d'assez brillants succès. Ce fut dans ces circonstances qu'ayant appris la mort funeste de son père, il se fit proclamer empereur des Mogols sous le nom de Schah-Alloum. Abdallah lui envoya sur-le-champ un message, l'engageant à se rendre à Delhy pour y recevoir de sa main la couronne impériale; mais le nouvel empereur n'osa point se fier aux paroles de l'Afghan; il ne se rendit à Delhy qu'après la bataille célèbre de Pannipout (1761) où se perdit la cause des Mahrattes, et le départ du vainqueur rendit le royaume de Kaboul. Pour le règne désastreux d'Ali-Gohar, voyez SCHAH-ALLOUM.

J. DE MARLES.

ALIGRE (ÉTIENNE D'), né à Chartres, en 1559, suivit la carrière de la magistrature, où son application au travail, sa probité et ses connaissances le firent bientôt distinguer. En 1587, il était président au présidial de sa ville natale; il fut nommé ensuite conseiller au grand conseil, intendant du comté de Soissons, et désigné enfin par Henri IV pour présider le parlement de Bretagne. Sous Louis XIII, Étienne d'Aligre entra dans le conseil d'État, et parvint, en 1624, à la dignité de chancelier de France et de garde des sceaux. Son protecteur le surintendant de la Vieuville ayant été enfermé au château d'Amboise par ordre du cardinal de Richelieu, d'Aligre ne put conserver les sceaux plus de deux années. Le ministre ayant fait arrêter, comme impliqué dans une conspiration, le maréchal d'Ornano, gouverneur de Gaston, duc d'Orléans et frère du roi, ce prince reprocha, dit-on, à d'Aligre cet acte d'autorité. Le chancelier tremblant s'excusa en assurant qu'il n'assistait pas au conseil où cette mesure avait été prise. Cette faiblesse de caractère le perdit dans l'esprit de Richelieu qui ne craignit pas de dire à Gaston lui-même qu'*il avait fait arrêter M. d'Ornano parce qu'il le méritait*. Pour punir d'Aligre de la timidité qu'il avait montrée, il l'exila dans sa terre de La Rivière du Perche. Nous devons ajouter, à la louange du chancelier, que sa réponse au duc d'Orléans ne fut que le prétexte dont se servit le cardinal pour éloigner de la cour un homme vertueux et qui ne voulait pas vendre sa conscience aux vengeances de l'irascible ministre. D'Aligre emporta dans son exil la réputation d'*un des plus honnêtes hommes de la robe*. Il mourut dans sa retraite, le 11 décembre 1635. Il laissa un fils, *Étienne d'Aligre*, qui suivit la même carrière que son père, et qui, après avoir rempli diverses hautes fonctions de la magistrature, devint, comme lui, garde des sceaux et chancelier. — Un descendant de cette illustre famille, *Étienne-François d'Aligre*, premier président du parlement de Paris, s'opposa énergiquement, en présence de Louis XVI et du ministre Necker, à la convocation des états généraux. Aux premiers symptômes de la révolution française, il émigra, et mourut à Brunswick en 1798. — Son fils, le marquis d'Aligre, est aujourd'hui pair de France.

JULES VAN GAVER.

ALI-KHAN-LOUFT, dernier roi de la Perse, de la dynastie Zend. Ce prince, fils aîné de Jaffer-Khan, avait reçu de la nature une haute stature, une force athlétique, une infatigable activité, un cœur intrépide. Si Ali-Khan n'eut pas lui-même amené par son despotisme cruel, la catastrophe qui le précipita du trône dans la tombe, Ali-Khan-Louft, par sa valeur brillante, aurait entouré d'une auréole de gloire la couronne qui se brisa sur le front de son père. Quand ce dernier fut assassiné, Ali-Khan était à Kerman, anéantissant un parti de rebelles, et le chef des meurtriers fut proclamé roi par ses complices. Hagi Ibrahim, qui, de simple bourgeois de Schiraz, était devenu chef suprême de la justice sous le règne de Jaffer-Khan, était secrètement dévoué au jeune Ali-Khan-Louft, fils de son bienfaiteur; mais il ne put empêcher les meurtriers de Jaffer de s'approprier sa dépouille. Toutefois, tandis qu'Ali-Khan trouvait un asile hospitalier chez le scheik arabe d'Aboúschir, il travaillait à gagner à la cause du prince les habitants de Schiraz et les scheiks des tribus. Sioud Mourad (c'était l'usurpateur) envoya une armée contre l'Arabe d'Aboúschir; mais tous les officiers de cette armée, anciens serviteurs de Jaffer, se déclarèrent en faveur de son fils, gagnèrent aisément les soldats, et proclamèrent Ali-Khan-Louft, souverain de l'Irach. L'usurpateur, obligé de se rendre à discrétion, fut envoyé au supplice. Ici commence le règne aventureux, ou plutôt la carrière orageuse de ce prince, auquel on ne saurait comparer que Charles XII de Suède. Ali-Khan-Louft sortait à peine de l'adolescence, mais il s'était formé de bonne heure à la vie dure et active des camps, et son esprit avait acquis, des événements et de l'expérience, la maturité que d'autres ne tiennent que des années. On le regardait généralement comme le meilleur soldat de la Perse, et ses qualités corporelles confirmaient l'opinion qu'on avait prise de sa bravoure. Il possédait d'ailleurs des manières douces et prévenantes qui lui gagnaient les cœurs. On espérait un règne heureux et prospère: malheureusement il ne conserva ni son affabilité, ni la franchise ordinaire à son âge; il devint sombre et soupçonneux, s'arma de méfiance contre ceux qui l'avaient élevé au pouvoir, se tint surtout en garde contre Hagi Ibrahim, auquel il devait la couronne. — Aga Mohammed, qui s'était fortifié dans Téhéran, et avait formé une armée nombreuse, ne tarda pas à se montrer dans le Farsistan. Ali-Khan essaya vainement de lui résister avec une poignée de soldats; il dut se replier sur Schiraz, où bientôt après, il eut une ligue à soutenir. Aga Mohammed, à son tour, échoua devant cette place, et après un mois consumé en efforts inutiles, il s'éloigna de Schiraz, pour retourner à Téhéran, dont il avait fait la capitale de ses États (1789). Ali-Khan s'attendait à revoir Aga

Mohammed l'année suivante, mais le prince des Kourjours faisait la guerre dans l'Aderbijan. Ali-Khan ne voulut point que ses préparatifs fussent perdus; il alla, contre l'avis de ses officiers, qui alléguaient la saison déjà trop avancée, investir la ville de Kerman dout le gouverneur aspirait à l'indépendance. Ce que ses généraux avaient prévu arriva, la campagne de neige et de glace, et les assiégeants, non moins à plaindre que les assiégés, se virent contraints à la retraite. — Pendant son absence, la mésintelligence s'était glissée dans Schiraz entre le commandant militaire et Hagi Ibrahim. Le premier desservit Hagi dans l'esprit du prince qui, plus méfiant depuis qu'il était malheureux, aurait fait arrêter son ministre, s'il n'avait craint d'exciter le peuple à la révolte. Il comprima ses ressentiments; mais il était facile de voir qu'il n'avait pour Ibrahim ni affection, ni reconnaissance; aussi, ce dernier disait-il souvent qu'il s'attendait chaque jour à voir sa vie livrée aux bourreaux. Cet état violent ne pouvait durer. Pour sauver sa tête et celle de ses amis (1791), Hagi Ibrahim, qui exerçait dans Schiraz une grande influence, résolut de renverser du trône le prince ingrat qu'il y avait placé; et, convaincu qu'Ali-Khan ne pouvait réaliser les espérances qu'on avait eues, qu'il se laissait conduire par son humeur à la tyrannie, et qu'il n'y avait plus avec lui de bonheur possible pour le pays; voyant que les querelles invétérées qui divisaient les deux familles de Zend et de Kourjour faisaient couler le sang par torrents; que les propriétés étaient dévastées, le commerce anéanti, les fortunes les plus solides renversées, l'esprit de guerre et de pillage substitué partout au patriotisme; ayant conçu d'Aga Mohammed une haute idée, et le jugeant plus digne de la couronne qu'Ali-Khan qui n'était qu'un soldat, Hagi, secondé par un petit nombre de citoyens, saisissant le moment où Ali-Khan venait de partir pour assiéger Ispahan, se saisit de la personne du commandant militaire, et se rendit maître de la citadelle par des mesures si bien concertées qu'il n'y eut pas une goutte de sang versé. Hagi avait un frère qui n'avait pas moins de crédit à l'armée, qu'il n'en avait lui-même sur les citoyens; il lui envoya un messager pour l'informer de ce qui venait de se passer dans Schiraz et lui donner ses instructions. Le frère d'Ibrahim fit part à tous ses amis de ce qu'on lui mandait de Schiraz, et, la nuit du même jour, tous les soldats, conduits par leurs officiers, s'avancèrent vers la tente d'Ali-Khan, demandant sa tête à grands cris. Toutefois les conjurés n'en voulaient pas à sa vie; ils ne cherchaient qu'à l'effrayer. Ali, croyant ses jours menacés, n'eut que le temps de monter à cheval; il partit accompagné d'un seul officier et de soixante-dix serviteurs ou soldats. A peu de distance de Schiraz, il apprit que cette ville s'était révoltée. Il ne laissa pas de continuer sa route avec sa petite troupe qui s'était grossie de trois cents cavaliers. Arrivé aux portes de la ville qu'il trouva fermées, il envoya un messager à Hagi Ibrahim. «Dites à Ali-Khan-Louft, répondit Hagi à ce messager, que ses desseins contre moi m'étaient connus; que le seul moyen de garantir ma vie, c'était de le priver de l'autorité, et ce moyen, je l'ai pris; dites-lui surtout qu'il renonce à l'espoir de rentrer dans Schiraz. » — « Les traîtres sont lâches, s'écria Ali-Khan, lorsque cette réponse lui fut transmise; nous les dompterons, ces bourgeois, ces artisans, ces marchands! » Il oubliait, en parlant ainsi, que son ennemi était actif, habile et fécond en ressources. Mais quelques corps de troupes, qui vinrent se joindre à lui, augmentèrent sa confiance, et il entreprit le siége de Schiraz. Hagi, de son côté, prépara tout pour la défense; mais il voulait vaincre le prince sans répandre le sang persan. Ali-Khan, avant son départ, avait enfermé dans Schiraz les familles de tous les officiers ou soldats dont il n'était pas sûr, et cette précaution dictée par une injurieuse méfiance, devait se tourner contre lui. Hagi fit publier dans le camp d'Ali-Khan, que tous ceux qui avaient leurs familles dans Schiraz, et qui tenaient à conserver leurs femmes et leurs enfants, n'avaient qu'à rentrer sans délai dans leurs maisons. En un instant, la désertion se mit dans les rangs d'Ali-Khan, qui, resté seul avec trois ou quatre mille, alla demander asile au scheik d'Aboúschir; mais ce scheik était dans le parti d'Hagi Ibrahim; il se contenta de ne pas l'arrêter, par respect pour les lois de l'hospitalité. Ali-Khan reçut un meilleur accueil du scheik d'une ville voisine; il en tira quelques secours en argent et environ deux cents hommes. Ce fut avec cette faible troupe que, comptant sur sa valeur et sur sa fortune, il jura de rentrer dans Schiraz ou de périr sous ses murs. Un premier avantage qu'il obtint sur le scheik d'Aboúschir enfla son courage, et doubla le nombre de ses soldats; ceux du scheik passèrent en partie sous ses drapeaux; il défit ensuite le gouverneur de Kazéroum, et, l'ayant fait prisonnier, il ordonna qu'on lui crevât les yeux; acte impolitique de barbarie, qui rendit tous les parents, tous les amis de ce gouverneur, ses ennemis mortels. On était disposé à lui porter de l'intérêt, à cause de sa jeunesse, de son courage et de ses malheurs, et cet intérêt s'affaiblit. Peu de temps après, il alla mettre le siège devant sa capitale, et certainement il s'en serait rendu maître, s'il n'avait eu en tête un homme qui, calculant froidement toutes les chances, éloignait le danger, inspirait à tous la confiance, n'aventurait rien, et ne tentait rien aussi qu'il ne fût presque assuré du succès. La milice bourgeoise de la ville s'élevait à peine à trois mille hommes, et il y avait dans la ville dix ou douze mille soldats, qui avaient fait partie de l'armée d'Ali-Khan, et qui donnaient à Ibrahim de vives inquiétudes; il réussit par ruse à les désarmer les uns après les autres, et à les expulser successivement de la ville. Aga-Mohammed, de son côté, avait accueilli avec empressement l'offre qu'on lui faisait de le faire régner sur toute la Perse; il envoya une armée au secours de Schiraz, mais ces troupes bien supérieures en nombre aux soldats d'Ali-Khan, furent complètement battues. A la nouvelle de ce désastre, Aga-Mohammed réunit sans délai une seconde armée, et il la conduisit en personne du côté de Schiraz; mais comme il connaissait l'audace et le courage de son rival, il redoublait de précautions à mesure qu'il avançait, afin de se garantir de toute surprise. — Il avait planté ses tentes à Mayen, non loin des ruines fameuses de Persépolis. Trente mille hommes formaient son armée. Ali-Khan, qui méprisait la vie, s'il devait le traîner dans l'obscurité, avait sept à huit cents soldats déterminés, et il ne craignit pas de se précipiter au milieu des flots d'ennemis. Le jour était près de finir; il attaque brusquement l'avant-garde d'Aga-Mohammed, à la nuit empêchant les Kourjours de voir le petit nombre des assaillants; ils crurent avoir en tête toute l'armée persane, et ils se replièrent en désordre sur le gros de l'armée. Les vainqueurs pénétrèrent avec eux dans le camp: en un instant la terreur fut au comble; les fuyards communiquèrent leur frayeur aux autres, la déroute devint générale. En ce moment, un officier d'Aga-Mohammed, ayant l'air de passer du côté d'Ali-Khan, représenta au vainqueur que la tente royale renfermait des richesses prodigieuses, que tous les joyaux de la couronne s'y trouvaient, et qu'il était de son intérêt d'empêcher le pillage de ce quartier. Ali-Khan donna dans le piège, le pavillon royal fut respecté; mais le matin, dès que le jour parut, les crieurs publics donnèrent de la tente royale, le signal de la prière du matin, que ce n'a jamais lieu dans les camps que lorsque le roi s'y trouve. Tous les Kourjours qui étaient restés dans le camp ou aux environs, apprenant par là qu'Aga-Mohammed n'est pas sorti de sa tente, y accourent en armes de tous côtés. Ali-Khan manqua d'être pris avec tous les siens; il réussit pourtant à se sauver; emportant le cuisant regret de n'avoir point complété sa victoire, et d'avoir aventuré sa couronne, pour conserver de frivoles trésors. — Lorsque plus tard, Aga-Mohammed se rappelait cette mémorable journée, et il le faisait volontiers, il disait que dans l'histoire moderne de la Perse, trois choses seules lui semblaient dignes d'être transmises à la postérité: l'habileté d'Hagi Ibrahim, qui, sans autre secours que celui de quelques bourgeois, avait défendu Schiraz pendant plusieurs mois contre toutes les tribus guerrières de la Perse; la valeur surhumaine d'Ali-Khan-Louft, qui, avec six ou sept cents hommes, en avait attaqué trente mille, et les aurait dispersés s'il avait poursuivi sa victoire; la force d'âme que lui-même avait montrée en restant toute la nuit dans sa tente, quand tout avait fui autour de lui, et l'ordre qu'il avait donné aux crieurs publics d'annoncer la prière du matin, afin de faire connaître à tous, amis ou ennemis, qu'il s'était maintenu à son poste. — Ali-Khan se retira dans le Kerman, mais Aga-Mohammed, qui était entré dans Schiraz, envoya contre lui un fort détachement, et les troupes qu'il avait commencé de réunir se dispersèrent d'elles-mêmes; Ali-Khan se sauva dans le Khorassan, qui, depuis la mort de Nadir, était régi par des scheiks indépendants. Un de ces scheiks lui confia deux cents hommes; il n'en fallait pas davantage pour lui rendre ses espérances; il obtint quelque avantage sur les troupes du gouverneur d'Yezd, répandit de tous côtés, des proclamations, appela ses partisans aux armes, réunit quinze cents hommes, et attaqua la ville de Darabjird (1793). L'approche d'une armée de Kourjours força le prince à lever le siège à battre en retraite; mais, ayant voulu prendre position à peu de distance, il fut attaqué par des forces tellement supérieures que, malgré sa bravoure, il fut complètement défait; il retourna presque seul dans le Khorassan, d'où il revint dans le Kerman. Là, deux scheiks lui four-

nirent quelques hommes, et, encore une fois, ses espérances se rallumèrent: il parvint même, moitié par surprise, moitié de vive force, à s'emparer de la capitale de la province. Aga-Mohammed ne perdit pas de temps, il partit pour le Kerman, et alla camper sous les murs de la ville. Ali-Khan fit une défense héroïque: mais la défection de quelques-uns de ses officiers en présence d'une armée nombreuse, lui laissait peu de chances de salut. Il tenta de sortir de la ville, et quoiqu'elle fût étroitement bloquée; il eut le bonheur de réussir. Le prince fugitif se retira dans le Hermanschir, qui fait partie du Kerman. Le gouverneur le reçut assez bien; mais, ayant appris que son propre frère était prisonnier d'Aga-Mohammed, il résolut de sauver son frère aux dépens d'Ali-Khan. Les serviteurs de celui-ci découvrirent le complot tramé par le gouverneur; mais il refusa tout crédit à ce qu'ils lui rapportèrent; il ne fut pas même ébranlé, quand il les vit s'éloigner de lui, comme d'un homme qui s'obstine à vouloir périr. Toutefois, lorsqu'il se trouva au milieu d'une troupe d'hommes armés qui s'avançaient pour le prendre, il ne douta plus de la vérité; mais son courage ne l'abandonna point: il tire son épée, fond comme un lion sur cette troupe que la crainte arrête un instant, profite de son hésitation, s'élance sur son cheval, qui plus d'une fois l'a sauvé par sa course rapide. Malheureusement, un des assaillants frappe l'animal d'un coup de cimeterre sur les jarrets; le cheval tombe, entraîne le prince dans sa chute; celui-ci se relève, soutient pendant quelque temps une lutte inégale, jusqu'à ce que, tout couvert de blessures, épuisé par la perte de son sang, il laisse échapper son épée. Alors on le saisit, on le charge de liens, et, après l'avoir abreuvé d'outrages, on le conduit au camp d'Aga-Mohammed. Le prince kourjour ne se montra pas généreux: après avoir joui de l'humiliation et des souffrances de son prisonnier, il ordonna qu'on lui arrachât les yeux, ensuite il le fit conduire dans une tour de Téhéran, où, après l'avoir laissé languir quelque temps, il le fit étrangler. Né en tout autre temps, ou roi d'un peuple soumis, Ali-Khan aurait égalé, surpassé peut-être, les Genghiz-Khan, les Timourleng, et les Nadir; mais, à l'époque où il monta sur le trône, deux qualités étaient nécessaires dans le souverain, la prudence et le jugement, et ces deux qualités lui manquaient tout à fait. Sa présomption et sa confiance en lui-même lui firent commettre bien des fautes; les conseils que lui donnaient les autres étaient toujours dédaignés. Emporté, violent, dur, inflexible, il ne savait employer de la force; jamais il n'eut recours à la politique, jamais il n'usa de modération. Aujourd'hui toutes ses fautes, tous ses torts sont oubliés; les Persans ne parlent que de son courage, de sa jeunesse, et de ses infortunes. Ali-Khan fut le dernier prince de la dynastie de Zend, qui avait tenu le sceptre pendant un demi-siècle.

J. DE MARLÈS.

ALIMENTS. A peine l'enfant vient-il de naître qu'il cherche avec avidité le sein de sa mère, et qu'il exprime par ses vagissements le besoin de se nourrir. — L'alimentation commence, elle ne cessera qu'avec l'existence. — C'est qu'en effet le corps devant croître, se renouveler, réparer les pertes qu'entraîne l'exercice des fonctions, il devient indispensable que des matériaux soient sans cesse introduits dans les organes digestifs pour obéir à cois de l'économie. — L'aliment, voilà donc le but vers lequel vont tendre tous les efforts de l'homme. Mais en quoi consiste cet aliment? est-il unique ou composé de principes divers? doit-il être cherché dans les trois règnes de la nature, ou dans l'un d'eux exclusivement? ou en d'autres termes, l'homme est-il omnivore, frugivore ou carnivore? Peu de mots vont répondre à ces différentes questions. — Prétendre qu'il n'existe qu'un principe alimentaire, c'est ignorer la composition du corps humain. Jetez seulement un coup d'œil sur l'analyse du sang, et vous verrez que les nombreux éléments découverts jusqu'à présent par les chimistes renversent de fond en comble cette théorie des anciens. L'anatomie se charge également de détruire les brillants paradoxes de Plutarque et de Rousseau. — La bouche est en effet garnie de dents, dont quelques-unes, à juste titre nommées canines, sont destinées à déchirer; la mâchoire inférieure elle-même est articulée pour produire ce résultat, tout autant que pour broyer. — L'appareil de la digestion établit encore une autre différence entre l'homme et ceux des animaux qui doivent se nourrir de végétaux. Chez les herbivores, la nature a été obligée de multiplier les organes pour rendre aptes à la nutrition les végétaux si difficiles à décomposer, et fournissant des sucs si peu assimilables. Aussi la longueur des intestins est-elle, chez les herbivores, vingt-cinq fois aussi considérable que celle de leur corps, tandis que, chez les carnivores, des intestins courts et grêles suffisent au but de la digestion. — L'homme, pour la longueur relative du tube digestif, tient à peu près le milieu entre les premiers et les seconds. — Le canal intestinal a, chez lui, quatre à cinq fois la longueur de la totalité du corps, et son estomac conserve moins longtemps les aliments que celui des herbivores, et plus longtemps que celui des carnivores. De ces considérations, il résulte qu'une alimentation mixte est celle qui paraît le mieux convenir à l'homme. — On a cherché à apprécier la proportion des substances animales et végétales qui devaient former son régime ordinaire. Elle varie suivant une foule de circonstances, parmi lesquelles le climat doit nécessairement avoir une grande influence. Dans le Nord, la nourriture sera de préférence animale, tandis qu'elle deviendra de plus en plus végétale à mesure que nous remonterons vers l'Orient ou le Midi. Ici l'état plus ou moins avancé de la civilisation, les localités, les conditions sociales, la disette, les goûts particuliers, des usages propagés par l'imitation, des idées religieuses ou morales, des préjugés divers, commandent ou interdisent l'usage de telles ou telles substances. — A mesure que la civilisation a fait des progrès, l'homme a restreint le nombre des substances alimentaires, pour le rendre meilleures et plus abondantes. — En même temps s'est étendu, perfectionné, l'art d'apprêter, d'assaisonner les aliments. — L'organisation humaine se prête avec la plus grande facilité à ces divers genres de subsistance. — Mais ce privilège n'est point exclusif à l'homme. Les gallinacés et d'autres oiseaux se sont très-bien arrangés d'une substance animale. La même remarque a été faite pour les chevaux et les vaches. M. Magendie a trouvé un grand avantage à donner au cochon de la viande de cheval. M. Payen l'a également nourri avec des débris d'animaux. — Ces préliminaires posés, examinons maintenant les parties principales de la question. En quoi consistent les qualités digestives et nutritives des aliments? quels sont leurs effets physiologiques sur l'économie? leurs qualités se révèlent-elles par des résultats bien tranchés? existe-t-il des causes qui changent les effets que doivent avoir les différentes classes d'aliments? sur quelle base enfin doit reposer leur classification? — Dès l'instant de l'introduction des aliments dans la bouche, ou du moins dès leur arrivée dans l'estomac, le sentiment douloureux de la faim disparaît; il semble qu'une nouvelle vie s'empare de tout notre être. Mais ce n'est à proprement parler que lorsqu'ils sont transformés en chyle que la réparation commence. La proportion des parties nourrissantes contenues dans les substances alimentaires, leur aptitude à former un chyle plus ou moins riche, constituent leur propriété nutritive. Toutefois nous devons faire observer que cette propriété ne peut être que relative. Les Japonais et les Tartares ne sont pas incommodés par les champignons vénéneux. Plusieurs peuplades font usage de chairs crues et putréfiées. Le capitaine Ross a vu les Esquimaux couper de longues lanières de bœuf musqué, les avaler jusqu'à ce que la déglutition fût impossible, couper l'excédant avec leur couteau contre leurs dents, se renverser sur le dos, et attendre, comme les serpents, que le morceau fût passé pour recommencer la même opération. L'habitude du régime alimentaire nous rend souvent insupportable celui d'autres contrées. On voit des individus qui digèrent des substances malsaines; il y a plus, l'estomac semble assez souvent faire un choix parmi les différents mets qu'il a reçus. Des effets particuliers sont même quelquefois produits par certains aliments. Nous connaissons un médecin qui, toutes les fois qu'il mange du pâté, est pris d'un véritable accès d'asthme. La nutrition présente encore d'autres variétés : telles personnes sont très-bien nourries avec une petite quantité d'aliments ou avec des aliments peu riches; telles autres ont, au contraire, besoin de substances très-nourrissantes. — Pour être facilement digérées, les parties alimentaires doivent passer rapidement à l'état fluide, et déterminer la sécrétion des humeurs qui doivent les dissoudre ou se les assimiler. Les substances qui offrent ces qualités au plus haut degré sont : la gomme, le sucre, l'amidon, l'albumine (ou blanc d'œuf) non coagulé, la gélatine, l'osmazôme. Les principes organiques qui ont besoin du concours des acides pour se dissoudre, tels que le gluton, l'albumine concrète, la fibrine, le caséum, exigent une action plus énergique et plus longue de l'estomac. Le défaut de solubilité explique pourquoi les huiles et les matières grasses se digèrent si difficilement. Les assaisonnements, en donnant des qualités stimulantes aux aliments, les rendront plus digestibles que ceux qui sont fades ou douceâtres. L'expérience directe a sanctionné la vérité de ces faits. Dupuytren, à qui l'humanité doit de si belles et de si consolantes découvertes, et entre autres la fameuse opération de l'anus contre nature, a suivi avec un soin tout particulier le travail de la

digestion chez des individus atteints de cette déplorable infirmité. Il résulte de ses recherches que les végétaux font un séjour bien moins long dans l'estomac que les viandes. Les lentilles, les haricots, les groseilles, sortent presque sans altération, et leur quantité est quelquefois énorme. Les viandes rôties font un plus long séjour, aussi les malades les préfèrent-ils. Les aliments durs, peu mâchés, gélatineux, restent plus longtemps que ceux qui sont dans des circonstances opposées. M. Lallemand, qui a publié des résultats semblables, a fait la remarque que les fruits cuits étaient rendus moins promptement que les crus. Le pain reste fort longtemps, ainsi que les viandes bouillies, mais moins que les viandes rôties. Le lait provoque presqu'à l'instant le dévoiement; il paraît en grumeaux coagulés comme le caséum. — Lorsque des aliments de nature différente sont mêlés dans l'estomac, ceux qu'on a indiqués comme restant moins longtemps, et qu'on peut reconnaître, sortent également les premiers; ainsi les fruits crus mangés après la viande se présentent toujours les premiers. M. Leude a publié des observations analogues. — On a beaucoup discuté pour savoir s'il n'y avait qu'une seule matière nutritive; nous avons fait connaître notre opinion sur ce sujet. Mais une question plus importante est celle du degré de puissance nutritive existant dans les divers genres de substances qui servent à la nourriture. Il est incontestable que cette puissance est beaucoup plus prononcée dans les substances animales que dans les végétales. Dupuytren avait vu, chez les équarrisseurs et les vidangeurs des environs de Paris, à l'époque où il s'occupait de son travail sur les fosses d'aisance, plusieurs poules fort grosses, que l'on nourrissait exclusivement avec de la chair de cheval, et dont les œufs, que l'on aurait pu regarder comme des œufs d'oie, avaient le plus souvent deux jaunes. — Les végétaux peuvent cependant être employés seuls, sans que l'existence en éprouve aucune atteinte : c'est ainsi, par exemple, que les Indiens se nourrissent exclusivement de substances végétales. Des sectes religieuses n'ont pas d'autre régime. Avant Pythagore, les athlètes en Grèce ne se nourrissaient que de blé et de fromage. Cependant Haller ayant voulu se soumettre, à différentes reprises, à la diète végétale, en éprouva chaque fois un affaiblissement général. Ce genre d'alimentation n'explique-t-il pas aussi l'infériorité dans laquelle se trouvent les peuples qui sont soumis à ce genre de vie? — On a cherché à préciser encore plus la question, en étudiant la faculté nutritive dans les substances qui ont un caractère essentiellement végétal, c'est-à-dire, qui ne contiennent pas d'azote. Les expériences de M. Magendie, sur les chiens, ont fait voir que ces animaux qu'il nourrissait de gomme, de sucre, d'huile, de beurre, maigrissaient au bout de deux semaines, et succombaient du trente-deuxième au trente-sixième jour. Mais il ne faudrait pas tirer une conclusion trop rigoureuse; car certains peuples ne vivent que de riz, de dattes, de figues, de maïs. Les nègres, que l'on nourrit avec le sucre brut de la canne à sucre, deviennent gras et replets. Les Africains se contentent souvent de millet. On sait que les Arabes, en traversant le désert, en sont souvent réduits à manger de la gomme. Au rapport de Linné, on a vu plus de cent hommes enfermés dans une place assiégée ne vivre que de gomme pendant deux mois. Peut-être cependant ces substances sont-elles mêlées à d'autres, ou contiennent-elles encore un peu d'azote. Toujours est-il que la vie peut être entretenue par des aliments qui ne renferment qu'une très-petite portion d'azote. — Du reste, des expériences ultérieures de MM. Edwards et Balzac ont démontré que le régime de pain et de gélatine est nutritif, mais insuffisant; qu'il amène un dépérissement suivi de la mort de l'animal, sans altération organique appréciable. L'addition d'un peu de bouillon suffit pour entretenir la santé et développer le corps. — Ces faits prouvent qu'aucun produit azoté ou non azoté ne suffit à l'alimentation, et qu'il lui faut plusieurs produits associés diversement. — L'action des aliments sur l'organisation doit être étudiée sous le rapport de leur quantité comme sous celui de leurs qualités différentes. — Dans la première catégorie, des effets différents s'observent, suivant que l'alimentation est modérée, trop abondante, insuffisante, nulle, ce qui constitue l'abstinence. — Lorsque les aliments sont pris en quantité modérée, ils déterminent une sensation agréable, celle d'un besoin satisfait dans des limites convenables. Il paraîtrait que le pouls augmente d'une douzaine de pulsations pendant deux ou trois heures. Tous les philosophes ont loué la tempérance. Le moral est en effet plus avantageusement disposé. On sait que Newton, pendant la composition de son Optique, ne prenait qu'un peu de vin, de pain et d'eau. — Si les aliments sont, au contraire, introduits dans l'estomac en trop grande quantité, tous les symptômes de l'indigestion peuvent se manifester. L'habitude de beaucoup manger donne lieu à des effets fort opposés. Quelques individus deviennent gras, affaiblis qu'ils sont par les excès de table. Leur tempérament est lymphatique et sanguin. Ils sont lourds, peu irritables, assoupis, dorment souvent sans quitter la table. Ils offrent un embonpoint excessif et hideux, surtout dans la région du ventre. Avons-nous besoin de dire qu'ils sont disposés à la goutte, aux inflammations du ventre, de la poitrine, aux apoplexies, et que leurs maladies se terminent rarement d'une manière heureuse. Quelquefois l'habitude de beaucoup manger ne rend pas obèse, quoique les digestions se fassent bien ; le superflu de la nourriture se dissipe par d'autres voies. — D'autres individus ont de mauvaises digestions, des vomissements, ou bien les aliments imparfaitement digérés franchissent le pylore : ces personnes restent maigres ; leurs intestins deviennent le siège d'irritations chroniques, de désorganisations auxquelles elles finissent par succomber. Aussi a-t-on dit avec raison que ce n'est pas ce qu'on mange qui nourrit, mais ce qu'on digère. — Des effets fort différents se remarquent quand les aliments sont pris en trop petite quantité. — L'organisme est jeté dans l'épuisement, le volume du sang diminue, les tissus se décolorent, toutes les fonctions s'affaiblissent ; la respiration et la circulation se ralentissent ; il survient de l'oppression, des palpitations, de la disposition aux syncopes, un état de cachexie quelquefois suivie d'enflure, comme on l'a observé en 1817 sur de malheureux paysans que la disette avait obligés à se nourrir d'aliments herbacés. L'abstinence complète produit des phénomènes plus graves : l'haleine devient forte, la faim est douloureuse, atroce. Le malheureux ne peut se remuer, il éprouve des ardeurs dans la bouche, la gorge ; la salive est âcre, la soif extrême, la peau sèche, l'urine rare, brûlante, la conjonctive desséchée, les yeux et les pommettes rouges. A un degré plus avancé, il y a excitation du cerveau, des sens ; la raison est égarée. — On a remarqué que, sur *la Méduse*, plusieurs personnes avaient été en proie à un délire féroce. — D'autres phénomènes se passent dans l'économie ; l'estomac revient sur lui-même. Le sang s'appauvrit de plus en plus. La graisse se fond, la sérosité disparaît et l'aspect du corps est celui d'un cadavre. Le pouls devient de plus en plus petit et fréquent, et la vie cesse dans un accès de délire, de convulsions, ou au milieu d'un évanouissement. (*V.* ABSTINENCE.) — Les aliments n'agissent pas seulement sur nous par leur excès ou leur défaut, chacun d'eux présente encore un mode d'action particulier. M. Rostan a établi plusieurs préceptes qui nous paraissent d'une heureuse application. Les uns, par exemple, procurent une alimentation rafraîchissante. Ce sont, en général, les végétaux, et surtout les fruits. Ils excitent l'appétit et favorisent la digestion. Trop abondants, ils provoquent des selles copieuses. Ces aliments diminuent l'énergie intellectuelle et la vivacité des passions. Les personnes qui s'en nourrissent sont faibles et se fatiguent promptement. Leur usage convient dans les congestions, les irritations d'intestin, les hémorragies. — Les autres sont relâchants. Leur contact avec l'intestin diminue l'énergie des forces digestives. Ils agissent à la manière des médicaments laxatifs. Leur usage produit en général l'embonpoint. Le corps prend une constitution humide. Ce régime réprime les passions, rend le caractère doux ; mais l'intelligence perd de son activité. Les individus ainsi nourris sont lourds et paresseux, mous et sans vigueur. C'est la constitution lymphatique des modernes. Les scrofules, les écoulements muqueux chroniques, les engorgements chroniques, les hydropisies, en sont les conséquences. A cette classe appartiennent les aliments où prédomine le principe mucilagineux, les huiles, le beurre, les corps gras et le lait. On peut en rapprocher les substances gélatineuses, tels que le veau, l'agneau, le poulet, etc. — Il est quelquefois utile d'avoir recours à une alimentation tonique et médiocrement réparatrice. Ces propriétés existent dans le principe amer, dans le corps sucré, dégagé de mucilage, dans le principe âcre des crucifères et dans celui de la choucroute. L'usage de ces substances active la nutrition ; il convient chez les personnes à chair molle, et dans les maladies dont le caractère principal est la lenteur et l'inertie. — D'autres fois, il faut revenir à une alimentation qui ne soit ni tonique ni délayante. La fécule et l'albumine peu concrète remplissent très-bien ces conditions. Elles réparent les forces, sans développer beaucoup de chaleur, elles n'impriment aux organes et aux fonctions que des changements peu appréciables. S'agit-il, au contraire, de donner au corps une nourriture très-réparatrice et très-tonique, c'est principalement dans les

viandes de bœuf, de mouton, etc., qu'on rencontre les principes propres à ce résultat. Ces aliments impriment un surcroît d'activité à l'estomac. Le sang est plus riche, son impulsion plus rapide. Il se développe alors un véritable embonpoint. L'homme qui se nourrit ainsi est très-porté aux plaisirs des sens. Il est susceptible des passions les plus vives. L'ambition, l'audace, la colère, le courage, se montrent tour à tour ; il est capable des plus grandes actions vertueuses ou criminelles. La constitution sanguine est le résultat de cette nourriture. Ses maladies sont les inflammations, les hémorragies et tous les désordres avec excès de ton. Ce régime convient aux scrofuleux, aux lymphatiques, aux individus faibles. — Plusieurs causes peuvent modifier les effets des différentes classes d'aliments, telles sont la préparation, le mélange, le peu de persévérance dans le régime alimentaire adopté. Il est certain, en effet, que les préparations de l'art culinaire changent les propriétés des substances. — La farine du froment est plus salubre sous la forme de pain que sous une autre. Il n'en est pas de même de tous les farineux ; leur décoction dans l'eau, le lait ou le bouillon, est une des meilleures préparations que puissent subir les graines féculentes. Elles ont besoin de bouillir quelque temps, et on ne peut les regarder comme cuites que quand elles ont augmenté de volume et se laissant pénétrer par l'eau. — La torréfaction peut remplacer jusqu'à un certain point la fermentation. Au reste, beaucoup de peuples vivent de gâteaux préparés sans fermentation ni torréfaction. — Concassées imparfaitement ou à l'état de farine, les semences légumineuses se réduisent facilement en purée homogène, et forment des mets plus ou moins agréables. La sauce de ces divers végétaux se prépare avec le beurre et la farine, avec l'huile et le vinaigre, ou avec le jus des viandes. Les haricots verts, les pois, les fèves, peuvent être conservés pour l'hiver, sans qu'ils soient plus difficiles à digérer, comme on l'a prétendu. On a beaucoup perfectionné, depuis quelques années, les moyens de conservation des substances alimentaires. Du lait, préparé par le procédé de M. Appert, s'est trouvé très-bon au bout de sept ans. — Des viandes, des poissons, des fruits, des légumes verts, ont passé la ligne équinoxiale et ont gardé toutes leurs bonnes qualités pendant plus de deux ans. — Les aliments mucilagineux ont presque tous besoin d'être soumis à une décoction préliminaire. Tels sont l'épinard, la carotte, la betterave, le panais, le navet, le chou, le poireau, l'oignon, l'oseille, les asperges, les salsifis, les artichauts. On fait souvent frire quelques-unes de ces substances. En bonne santé, cette préparation n'a aucun inconvénient ; mais l'âcreté que contractent ainsi la graisse, le beurre ou l'huile, irrite l'estomac des personnes faibles et des convalescents, et y détermine une chaleur brûlante. Cette préparation est encore plus indigeste, si l'on revêt les mets qu'on doit frire d'une croûte farineuse connue sous le nom de *friture en pâte*. Il est quelques autres productions de cette classe qui se mangent aussi souvent crues que cuites. Le pourpier, la laitue, l'endive, la chicorée, le céleri, sont de ce nombre, et composent principalement nos salades. — La plupart des fruits proprement dits, sont mangés tels qu'ils sont cueillis. Tous peuvent être soumis à la cuisson. Les marmelades, les gelées de toute espèce, qui sont le résultat du mélange de ces fruits avec une certaine quantité de sucre sont des mets aussi utiles qu'agréables. Conservés dans l'alcool, les fruits acquièrent des propriétés fort excitantes ; il faut alors en user avec beaucoup de réserve. On mélange la plupart des fruits acidules, ou muqueux et sucrés, avec le sucre, la crème et l'eau glacée, pour en faire une préparation connue sous le nom de glaces et de sorbets. Leur extrême fraîcheur peut arrêter la digestion ; aussi convient-il de ne les confier à l'estomac qu'un certain espace de temps après l'ingestion des aliments. — Les préparations de miel et d'amande, appelées nougat, sont fort agréables et sans aucune propriété dangereuse. Les amandes pilées, mêlées avec le lait et le sucre, constituent un mets délicat connu sous le nom de frangipane ; le mélange du cacao avec le sucre, la cannelle, la vanille et le girofle, forme le chocolat, aliment nourrissant, mais fort excitant et ne convenant aucunement aux personnes dont l'estomac est très-impressionnable. On peut le rendre d'une digestion plus facile, et il forme alors une très-bonne nourriture. — Les préparations d'œufs sont presque toutes fort salutaires, à-moins qu'on n'y ajoute trop de poivre ou de vinaigre ; mélangés avec une certaine quantité de lait et de sucre, et diversement préparés, selon qu'ils sont séparés ou non de leur blanc et soumis à une chaleur plus ou moins prolongée, les œufs forment les mets agréables et légers, appelés crèmes, œufs à la neige, œufs au lait. En y ajoutant un peu de farine, on en fait des gâteaux d'un goût flatteur et d'une digestion peu difficile, auxquels on donne le nom de flan. Il n'en est pas de même des crêpes; comme on les mange avant que l'intérieur soit réellement cuit, et lorsqu'elles sont à peine revêtues d'une croûte toujours grasse, c'est un aliment très-réfractaire au travail de l'estomac. — Les différentes manières de cuire les viandes consistent à les faire bouillir, à les rôtir, à les préparer dans leur propre jus, ou avec une petite quantité d'eau dans des vases clos, à les accommoder à l'étuvée, à les faire frire et à les fumer. La décoction des viandes dissout la gélatine et l'osmazôme; le bœuf bouilli conserve cependant un bon goût et constitue un excellent aliment. De ce mode de préparation résulte le bouillon, facile à digérer pour les gens en santé, mais fort excitant à son état ordinaire pour les convalescents et les estomacs faibles. Depuis quelques années on a mis à contribution la gélatine des os pour nourrir les classes pauvres; mais il s'est élevé des doutes dans ces derniers temps sur la valeur réelle de cet aliment. Seul, nous le croyons impropre à la nourriture. Le rôti bien fait à la manière anglaise conserve le mieux aux chairs leurs principes; il est très-nourrissant et excitant. Les viandes visqueuses ont plus que les autres besoin d'être rôties; le cochon de lait, l'agneau et le chevreau ne peuvent se manger que de cette manière. La cuisson des viandes dans leur propre jus, ou avec une petite quantité d'eau dans des vases clos, les rend très-faciles à digérer et en même temps très-nourrissantes. L'étuvée est une préparation au vin, principalement consacrée au poisson d'eau douce : s'il n'y a point trop d'épices, ce mode n'a rien de nuisible et est fort agréable. La friture est lourde; mais si l'on enlève la croûte extérieure, l'aliment devient très-salubre. Les roux sont une mauvaise préparation qui irrite les estomacs faibles. — On conserve les chairs des animaux en les imprégnant de sel ou en les exposant à l'action de la fumée : ces viandes sont insalubres, si on en use continuellement; mais les personnes bien portantes n'en sont point incommodées si elles en mangent modérément. Les viandes conservées dans le vinaigre, l'huile et la graisse sont en général malsaines quand l'estomac est délicat. — Les aliments ont souvent besoin qu'on les rende plus stimulants pour corriger leurs propriétés fades ou douceâtres, ou pour leur communiquer une saveur plus agréable. Tel est l'effet des assaisonnements. Leur abus est assurément l'une des sources les plus fécondes de maladies. Ces substances sont tirées des trois règnes de la nature. — Le sel, le plus utile de tous les assaisonnements, objet de première nécessité, est fourni par le règne minéral. Il est le plus puissant moyen de conservation de beaucoup de substances alimentaires. Le beurre est mêlé à la préparation d'un grand nombre d'aliments. — Dans le midi de la France, presque tous les mets sont préparés à l'huile. La crème des campagnes est un bon assaisonnement; les enchois, les sardines, les huîtres marinées, sont des substances excitantes. — Le règne végétal est le plus riche en assaisonnements. L'oignon n'a aucune qualité nuisible; il est dépourvu dans le Midi de son principe volatil irritant. Le poireau donne un goût agréable aux aliments. Le raifort tendre imprime un sentiment de fraîcheur par l'abondance de son suc; lorsqu'il est moins jeune, il contient un principe âcre et piquant. Les olives, cueillies longtemps avant leur maturité et confites, sont d'un goût agréable; elles doivent être prises modérément : on en tire par expression une huile excellente. Le vinaigre doit être employé avec la plus grande réserve. Il en est de même du verjus. L'usage très modéré de la moutarde est très-nuisible; lorsqu'on en prend beaucoup, il faut boire abondamment. L'ail, l'échalote, la ciboule, le cerfeuil, le persil, l'estragon, le romarin, la sauge, le serpolet, le thym, le laurier-sauce, contiennent des principes aromatiques plus ou moins excitants. Il serait contraire à la santé de les associer habituellement à nos mets. Il faut user avec la plus grande réserve des cornichons, des câpres, des capucines et du piment confits dans le vinaigre. Les champignons sont une des substances les plus excitantes. Les bons champignons peuvent contracter des propriétés nuisibles lorsqu'on les récolte trop tard, ou lorsqu'ils sont déposés dans des lieux trop humides. Les truffes ont une saveur et un arome qui les fait rechercher avec avidité. Elles sont fort excitantes, d'une digestion difficile, et paraissent déterminer une exaltation des forces de l'appareil reproducteur. Le miel et le sucre rendent les plus grands services. Leur mélange avec les substances acides ou mucilagineuses corrige les propriétés irritantes des unes, la fadeur des autres, et fournit les préparations et les rafraîchissements les plus agréables. Le citron donne un suc abondant extrême-

ment acide. Le safran est très-employé en Espagne. Le poivre est fort usité; il peut devenir incendiaire. La cannelle, la girofle, le gingembre, la muscade, la vanille, qui croissent sous un climat brûlant, jouissent des propriétés les plus actives. — Si nous résumons maintenant l'effet des assaisonnements mis dans les mesures convenables, on voit qu'ils ont pour but l'augmentation de la digestibilité des aliments; leur usage peu modéré détermine l'irritation aiguë ou chronique de l'estomac; à la longue, il amène la langueur des fonctions, l'usure prématurée de tous les organes. Leur privation laisse séjourner dans l'estomac les substances relâchantes et émollientes. Les assaisonnements actifs conviennent aux tempéraments lymphatiques, à la vieillesse, aux hommes adonnés à des professions fatigantes, à l'habitant des climats très-froids et à celui des climats très-chauds. Ils sont contraires aux tempéraments sanguins, aux bilieux, au jeune âge, aux adultes dans les climats tempérés, enfin aux femmes qui nourrissent. L'habitude rend les assaisonnements aussi indispensables que les aliments eux-mêmes, et met ceux-ci dans l'impossibilité d'être digérés sans le concours des premiers. Dans leur emploi, il faut prendre en considération le tempérament, la profession, l'âge, le climat, l'état des organes et les habitudes. — Plusieurs classifications des aliments ont été proposées. Ainsi, on les a divisés en végétaux et en animaux, on les a rangés suivant la prédominance de leur principe immédiat; d'autres fois, suivant la quantité d'azote qu'on croyait entrer dans chaque aliment. La meilleure manière de les classer nous paraît celle qui les rapproche par leurs propriétés communes, et qui les réunit en groupes ou familles comme les végétaux. D'après cela, nous distinguerons les genres suivants d'aliments. — Substances végétales. — Fécule, aliments qui la contiennent. La fécule amylacée (amidon) est une des substances alimentaires les plus répandues. Elle existe à différentes proportions dans les grains de toutes les plantes légumineuses et graminées, dans le froment, dans l'avoine qui prend le nom de gruau lorsqu'elle est dépouillée de son enveloppe, dans les pommes de terre, dans les racines d'arum, de bryone; les racines d'igname, et de manioc : on la trouve encore dans le salep, le sagou, l'arrow-root. La fécule est d'une digestion facile, très-nourrissante, et forme peu de matières excrémentitielles. La fécule est presque pure dans l'orge et le riz parfaitement mondés; elle est peu mélangée dans le maïs : le millet se trouve dans peu près dans les mêmes conditions; il sert à faire la bouillie des peuples occidentaux de l'Afrique. — Le blé sarrasin, l'avoine, les haricots, les pois, les gesses, les lentilles, les fèves contiennent une certaine quantité de matière sucrée unie à la fécule. Il en est de même de la châtaigne et de la patate d'Amérique. Les semences connues sous le nom d'émulsives, contiennent communément un principe aromatique d'une saveur amère et acide : l'huile y est unie à la fécule; c'est à l'huile que l'on doit attribuer la difficulté avec laquelle ces semences se laissent pénétrer par l'eau même bouillante; elles résistent à l'action de l'estomac, si elles sont peu brisées. Un grand nombre de semences émulsives, principalement celles des familles des amandiers, telles que les amandes amères, celles des pêchers, des abricotiers, contiennent un principe amer, qui n'est autre que l'acide prussique (acide hydrocyanique). Il est très-dangereux quand il est concentré; aussi ne pourrait-on prendre impunément une grande quantité d'amandes amères. — Les noisettes et les noix ont une saveur particulière, un principe odorant qui leur est propre, et ce principe ne permet pas de confondre leurs huiles avec d'autres. La semence du cacao présente les mêmes caractères, et de plus une matière colorante, brune, amère, excitante. Dans le manioc, la fécule sort pure de cette racine, quand on en a exprimé le suc vénéneux. Les sucs âcres contenus dans la racine d'arum et de bryone n'altèrent aucunement les matières nutritives qu'on en retire. — Il est une substance bien remarquable, dont la présence dans la matière farineuse lui donne, lorsqu'elle est humectée par l'eau, la propriété de former une pâte plus ou moins liée et de s'étendre sans se rompre, c'est le gluten découvert par Beccaria. On en a reconnu un peu dans l'orge et le seigle, dans plusieurs autres céréales et dans un assez grand nombre de semences. La fève de marais, la pomme de terre, en contiennent aussi. — La population des environs de Paris et d'une grande partie de la France fait une consommation considérable de seigle. Le froment est de tous les aliments celui qui, en Europe, sert le plus généralement à la nourriture des hommes. — L'aliment féculent convient peu aux tempéraments lymphatiques, à moins qu'il ne soit pris sous la forme de pain ou associé aux aliments fibrineux. Il est au contraire utile aux tempéraments bilieux, aux constitutions nerveuses. Il doit faire la base du régime des individus irritables. — *Aliments gommeux et mucilagineux.* Le mucilage trop abondant cause des nausées ; au contraire, une heureuse combinaison de mucilage avec l'eau, un acide, le sucre ; une substance volatile, aromatique ou âcre, produit des aliments aussi utiles qu'agréables. La famille des arroches, dans laquelle se trouve la plante du même nom, la bette, la blette et l'épinard ont un mucilage beaucoup plus délayé. Tous les aliments de cette famille sont légers, promptement digérés et fort adoucissants ; les pourpiers, les ficoïdes, sont également d'une digestion facile. La laitue, l'endive, l'escarole et la chicorée ont une partie extractive dont on empêche le développement par l'étiolement ; c'est à ce moyen qu'on doit les cardons. Les asperges contiennent un principe odorant ; les salsifis, les topinambours, sont des matières alimentaires de la même espèce, et ont une saveur légèrement sucrée. Nous devons également mentionner les haricots verts, le potiron, l'artichaut, la carotte et le panais. On trouve dans la betterave une quantité considérable de sucre ; les navets ont aussi un mucilage sucré, mais de plus un principe actif commun à toutes les crucifères. Le principe âcre est le plus marqué dans le radis, la rave, le raifort. Les plantes de cette nature dont on mange les tiges et les feuilles contiennent le même principe ; mais, pour peu qu'on réprime le développement de leur principe volatil, elles fournissent un aliment agréable ; tels sont le chou, le chou-fleur, le chou-brocoli. Les alliacées unissent au mucilage une partie volatile : l'oignon, le poireau, la ciboule, l'échalote, l'ail, sont de ce nombre. Le mucilage s'unit à un acide dans l'oseille. Nous ne pouvons omettre ici la figue et la datte, à cause de l'abondance de leur mucilage : ces fruits sont très-nourrissants. — A cette classe appartiennent les fruits. Avant d'être mûrs, les fruits sont acerbes, puis acides, et finissent par être sucrés à leur parfaite maturité. Il en est qui restent toujours acerbes : tels sont les coings et les nèfles, ainsi que beaucoup de fruits sauvages. La décoction et l'altération spontanée corrigent ce goût acerbe. Les fruits qui ont ce goût produisent en général la constipation. Les fruits acides et sucrés sont nombreux. Les cerises, qui font partie de ce groupe, sont rafraîchissantes. Les bigarreaux sont d'une digestion difficile. Plusieurs prunes sont acidules. Il en est de fort douces, telles que celles de reine-Claude. Desséchées, les prunes prennent le nom de pruneaux ; leur décoction est légèrement purgative. Les abricots n'ont pas de propriétés malfaisantes. Le fruit du pêcher ne se prend point en gelée ; c'est un des plus succulents. L'orange, le citron, le limon, ont un suc très-aqueux, plus ou moins acide ; plus ou moins sucré. — Les poires et les pommes contiennent beaucoup d'acide malique. Certaines poires sont fondantes, plusieurs sont fermes, les unes douces et sucrées, les autres acides et astringentes. Les pommes peuvent se garder beaucoup plus longtemps. Leur suc se prend en gelée. Les groseilles sont acides, leur suc forme aussi une excellente gelée. La groseille à maquereau est douce et sucrée. Le cassis est pénétré d'un aromate particulier. Le fruits des airelles ou canneberges sont pénétrés d'un suc plus ou moins acide. Le suc du raisin est tantôt acidule, tantôt sucré, tantôt aromatique ; il se concentre en gelée par l'évaporation. Le raisin desséché se rapproche beaucoup des dattes et des figues ainsi conservées. Les fraises et les framboises ont un suc légèrement acidule et filant qui exige la présence du sucre. Les mûres contiennent beaucoup de sucre et de mucilage : l'arbousier a la plus grande analogie avec la fraise. — Les cucurbitacées ont un suc très-aqueux et plus ou moins sucré ; cette famille comprend la pastèque, le melon, le concombre, le melon d'eau et le potiron. Ces fruits contiennent un principe un peu nauséabond avant la maturation, qui prend, après cette époque, des modifications propres à chacun d'eux. Il est des genres de cette famille qui, tels que la coloquinte, sont de violents purgatifs. Beaucoup de fruits étrangers, comme ceux du palmier, des ananas, les bananes, les bacopes, les goyaves, les papayes, peuvent être compris dans cet article. — Les aliments mucilagineux conviennent en général aux personnes pléthoriques irritables ; associés aux féculents, ils sont favorables aux tempéraments bilieux et nerveux. Ils sont nuisibles aux tempéraments lymphatiques. Cette alimentation est insuffisante pour les hommes dont les travaux exigent l'emploi de forces musculaires considérables. — *Substances animales.* — *Aliments albumineux.* Les plus usités sont les œufs de gallinacés et ceux des poissons. Le blanc d'œuf est de l'albumine pure. A l'état liquide et visqueux, il est assez difficile à digérer ; étendu et agité dans l'eau, il peut servir de boisson ; à l'état laiteux, il est très-digestible ; lorsqu'il est durci, il con-

tracte une odeur très-prononcée de gaz hydrogène sulfuré et est d'une digestion difficile. S'il est altéré, il est d'un goût détestable et dangereux. Dans le jaune d'œuf, l'albumine est unie à une huile grasse, animale et à une matière colorante. L'œuf frais est un bon aliment, nourrit beaucoup et fournit très-peu de matières excrémentitielles, ce qui l'a fait considérer comme échauffant ; cette opinion n'est pas plus fondée que pour le riz. Les œufs de poissons ont de l'analogie avec ceux des oiseaux. Ceux qui restent par la cuisson demi-transparents, et mêlés d'une substance glutineuse et visqueuse, ne sont pas très-sains. Les moules et les huîtres, molles et transparentes, lorsqu'elles sont crues, deviennent dures et coriaces par la cuisson. Aussi se digèrent-elles facilement dans le premier état, difficilement dans le second ; conservées dans la saumure, elles sont beaucoup moins saines que fraîches. — *Substances caséeuses.* — *Lait et fromage.* Abandonné à lui-même, le lait se sépare en trois parties : la crème ou matière butyreuse (beurre), la matière caséeuse (fromage), et le petit-lait ou sérum. Il contient de plus une certaine quantité de sucre. Le lait de femme varie dans sa composition, selon l'espace qui s'est écoulé depuis l'accouchement. Il est très-séreux dans les premiers mois et prend ensuite de la consistance. Aussi a-t-on tort de donner à un nouveau-né un lait ancien. Les nourrices qui vivent entièrement ou en grande partie de végétaux ont une plus grande quantité de lait, et de meilleure qualité que celles qui prennent beaucoup de substances animales. Le lait des animaux de plaine est léger et séreux ; celui des animaux de montagne est riche en matière butyreuse et caséeuse. Le lait de vache est généralement le plus utile. Il est des personnes qui ne peuvent le digérer. Le lait d'ânesse est regardé comme très-avantageux dans les affections d'estomac et de poitrine. Ce liquide est d'autant plus léger qu'il contient plus de sérum, et d'autant plus nutritif qu'il renferme plus de caséum. Il arrive souvent que l'enfant nourri de lait de vache rend des pelotons blancs entièrement non pénétrés par la bile ; il est bientôt pris de dévoiement, et il faut lui donner promptement la mamelle. Il est certains laits de femme qui sont trop nourrissants, il faut les changer. Il est à remarquer que le lait cuit en bouillie, avec quelque farineux que ce soit, ne produit pas le même effet. Les farines qui contiennent de la fécule seule, comme le riz, sont plus convenables que le froment. Si l'on est forcé de recourir au lait de vache pour les nouveau-nés, il faut apporter la plus grande attention au degré convenable de chaleur, à la propreté des vases, à la netteté des filtres qu'on présente à l'enfant. Le petit-lait ne s'emploie guère qu'en médicament. Le beurre est une substance grasse qui se rancit et devient malfaisante. Quant au caséum, c'est le milieu d'autant des diverses espèces de fromages. Les préparations du fromage consistent dans l'emploi du sel et un commencement d'alcalescence. Ces moyens, combinés à des degrés différents avec des proportions variées de matières caséeuses, butyreuses, et de sérosité, produisent toutes les espèces de fromages. La crème n'est qu'un lait dans lequel la matière butyreuse est en excès par rapport au caséum. — Les effets du lait sont presque analogues à ceux des végétaux mucilagineux, des fruits sucrés ; il paraît favoriser l'embonpoint. Le lait est la nourriture du premier âge ; mais, lorsque les dents sont poussées, il faut l'associer avec les féculents. Cet aliment convient aux sujets nerveux ; il est surtout propre à combattre l'abus des stimulants : c'est le contre-poison des sels de zinc, d'étain, de plomb, de cuivre et de mercure. Dans les grandes villes, il n'a plus les effets avantageux qu'il produit dans les campagnes. Il ne convient point aux individus lymphatiques, ni aux habitants des pays bas et humides. — *Aliments fibrineux.* — *Fibrine ; chair des animaux.* Les parties musculaires des animaux qui constituent la chair proprement dite, ont pour base la fibrine unie à la gélatine, à l'osmazôme, et souvent à la graisse. La fibrine est très-nutritive, s'assimile promptement. Elle a peu de consistance dans les chairs des jeunes animaux. Chez ceux qui sont vieux, elle résiste souvent à l'action des organes digestifs. La gélatine est très-abondante dans les chairs des jeunes animaux ; chez ceux qui sont voisins de la naissance, elle rend les chairs visqueuses et d'une digestion difficile. Beaucoup de personnes ne peuvent manger du jeune veau sans être incommodées. Le moment où les animaux en général sont le plus propres à notre nourriture est celui où la partie gélatineuse a perdu la viscosité du très-jeune âge, et où la fibrine n'a encore acquis ni une grande solidité, ni une trop forte prédominance. De toutes les parties constituantes des matières animales, l'osmazôme est la plus réparatrice ; le bouillon en contient une partie sur sept de gélatine, et lui doit sa couleur, sa saveur et une partie de ses propriétés nutritives. Les tablettes de bouillon ont cette substance pour base générale. L'osmazôme forme la partie principale de ce qu'on nomme jus en terme de cuisine. La graisse, qui s'amasse chez les animaux oisifs dans les intestins, des fibres musculaires, les amollit, les rend plus souples, et par conséquent d'une digestion plus facile. C'est ce qu'on remarque dans les muscles fessiers du bœuf, dans les muscles psoas et dans ceux des gouttières dorsales qui forment ce qu'on appelle le filet. Si la graisse est au contraire seule et abondante, elle est d'une digestion difficile. — *Mammifères.* C'est dans cette classe que se trouvent les aliments les plus réparateurs, les plus convenables aux personnes fortes et qui se fatiguent beaucoup. La chair de bœuf est très-nourrissante, et d'une facile digestion pour les personnes en bonne santé. Le veau est un aliment peu excitant, et convenable pour les personnes dont l'estomac est peu énergique. Le mouton (bélier châtré) est très-nourrissant, il n'est réellement bon qu'à cinq ans. Ceux qui paissent dans les lieux secs, élevés, ou sur les rives de la mer, sont bien supérieurs aux autres. L'agneau est assez délicat, d'une plus facile digestion. Le chevreau est fort usité dans certains pays. Le cochon nourrit bien ceux qui le digèrent aisément. La graisse est presque entièrement accumulée, sous le nom de lard, dans le tissu sous-cutané. Les personnes qui se livrent à des exercices violents peuvent impunément faire usage de la chair du cochon ; mais elle est peu convenable en été, dans les climats chauds. Le cochon de lait rôti est un mets agréable, mais il ne convient qu'à peu d'estomacs. La hure de sanglier est un mets recherché. Le chevreuil est un aliment exquis, surtout dans les pays secs, élevés, et à l'âge d'un ou dix-huit mois. Le cerf est tendre quand il est jeune ; les pousses encore tendres de son bois se mangent en friture. La chair du lièvre est une des plus nourrissantes, par cela même qu'elle est trop riche. La chair du lapin est blanche, peu ferme, assez fade, mais d'une digestion facile. — Les effets des aliments fibrineux sont trop connus pour que nous y insistions. Ils sont surtout utiles aux individus qui exercent des professions fatigantes ou qui exigent beaucoup d'agitation, de mouvement. Les hommes qui se livrent aux travaux de l'esprit doivent en faire un usage modéré. — *Oiseaux.* La chair du coq est blanche, tendre, nourrissante et fort peu excitante : sa femelle a les mêmes qualités ; mais elles se perdent en partie chez le premier lorsqu'il s'est livré aux plaisirs de l'amour, et chez la seconde lorsqu'elle a pondu. De jeunes poulets au-dessous d'un an sont un mets aussi agréable que docile à l'action de l'estomac. Le dindon est un peu moins délicat. Le canard a une chair brune, assez succulente, mais d'une digestion difficile : celui qui vit en liberté est bien préférable à l'autre. L'oie résiste encore plus aux estomacs peu énergiques. Le pigeon se digère facilement. Le faisan est un mets recherché, mais qui a besoin d'un commencement de décomposition. La perdrix est un aliment excitant, la rouge est préférable à la grise. La grive, le coq de bruyère, le pluvier doré, le râle d'eau, la bécasse, la bécassine, sont agréables, mais excitants. Il en est de même de l'ortolan, de la gelinotte, de la caille, qui fatiguent par la graisse dont ils sont revêtus ; l'alouette et la mauviette se digèrent plus facilement ; la sarcelle, la foulque ou poule d'eau, l'hirondelle de mer, le cygne, l'outarde, sont peu employés ; la maquereuse est indigeste. Le merle, l'étourneau, le cul-blanc, le rameu, les becfigues, les passereaux, servent d'aliments sans donner lieu à aucune remarque particulière. — *Poissons.* La plupart de ces animaux sont d'un goût agréable, d'une chair tendre, d'une digestion facile. — Parmi les poissons d'eau douce, le brochet a une chair blanche, mais ferme, et cependant facile à digérer ; la carpe cède aussi aisément à l'action de l'estomac ; la perche, le barbeau, la loche sont d'une digestion peu laborieuse ; la bondelière, la vaudoise, le goujon, l'ombre sont fort agréables et ne fatiguent pas l'estomac. La brème et la tanche sont loin d'avoir cet avantage ; la lotte est un mets exquis ; la truite est un excellent aliment ; l'anguille, la lamproie, sont onctueuses et ne cèdent que difficilement au travail gastrique ; la lamproie se trouve aussi dans la mer. L'alose, qui existe dans les mers et dans les fleuves, est facile à digérer ; le saumon, qui pèse jusqu'à soixante livres, et quitte la mer pour remonter les fleuves, est un aliment fort nourrissant, mais qui demande beaucoup de modération ; il en est de même de l'esturgeon, surtout lorsqu'il est gras. On en distingue deux variétés, dont l'une fournit la colle de poisson ; l'autre est un aliment fort recherché : on prépare ses œufs sous le nom de caviar. Originaire des mers, où il n'a guère qu'un pied et demi, il entre dans les rivières et y devient aussi grand qu'un cétacé. —

Parmi les poissons pêchés dans la mer, le merlan, l'éperlan, les homards, le rouget, sont d'une facile digestion. La sole est plus compacte, et cependant assez docile à l'action gastrique. Il en est de même du turbot, ainsi que de la dorade. La raie est un assez bon poisson. La morue fraîche est délicate et ne fatigue point l'estomac. Le hareng frais a les mêmes avantages ; mais, salé et séché à la fumée, sous le nom de hareng saur, il a tous les inconvénients des poissons salés. Les sardines fraîches sont agréables : on les emploie en assaisonnement comme les anchois. Le maquereau est d'une très-difficile digestion, il se montre en avril : le thon est un aliment digestif ; on le dépèce par tronçons, on le rôtit et on le frit dans l'huile d'olive, assaisonné de sel, de poivre ; on le fait mariner pendant quelque temps dans de nouvelle huile et un peu de vinaigre. La tortue est très-nourrissante, mais médiocrement facile à digérer à cause de sa graisse. La grenouille est très-convenable pour les personnes d'une faible santé et pour les convalescents ; l'écrevisse des ruisseaux, celle de mer ou homard, la langouste, la chevrette ont une chair ferme, savoureuse, d'une digestion assez difficile. Le sel qui accompagne les huîtres, l'osmazôme qu'on y a récemment découvert, leur donnent quelques propriétés excitantes ; la moule a des qualités analogues, elle est sujette à différentes maladies qui occasionnent des affections de peau, et quelquefois même d'assez fortes indispositions. Le limaçon est usité dans certains pays. — Les aliments peuvent être altérés, falsifiés. Ainsi la farine peut être mélangée avec le sable, ce que l'on reconnaît en la délayant avec l'eau froide ; le sable se précipite bientôt avec tous les caractères qui lui sont propres. La farine peut encore être falsifiée avec le plâtre (sulfate de chaux), la craie (carbonate de chaux), la céruse (sous-carbonate de plomb), le blanc de fard (ou sousnitrate de bismuth), le sous-carbonate de potasse, le jalap. La farine de froment peut encore être mêlée avec la farine de vesce, de haricots. L'eau de puits, de pompe, de Paris, dans laquelle beaucoup de boulangers font cuire leur pâte, est détestable, en ce qu'elle contient beaucoup de sels que la cuisson ne peut lui faire perdre. Le chocolat peut être falsifié par la fécule. Le café est souvent mêlé avec la chicorée. Le lait peut être altéré par l'eau, la farine, le sous-carbonate de potasse. Les aliments en état de décomposition produisent sur l'économie les effets les plus fâcheux. Les matières en putréfaction occasionnent l'inflammation des parties avec lesquelles elles sont en contact. Il paraît qu'il se développe dans les graisses animales, dans les pâtés et autres préparations longtemps conservées, une certaine quantité d'acide prussique qui peut donner promptement la mort. Les substances alimentaires exposées longtemps à la fumée peuvent aussi contracter des propriétés délétères excessivement actives. La chair des animaux malades a toujours été regardée comme malfaisante : on a cherché depuis quelque temps à établir le contraire ; nous croyons que, dans le doute, malgré des faits qui paraissent concluants, il vaut mieux s'abstenir. Le vinaigre de vin est quelquefois mélangé avec le vinaigre de cidre, et il en est résulté plusieurs accidents. Le vinaigre peut être altéré par le poivre, la moutarde, les graines de paradis, le garou, le pyrèthre, l'arum, l'acide sulfurique et l'acide nitrique. (*V.* FALSIFICATION, SOPHISTICATION.)

A. BRIERRE DE BOISMONT.

ALIMENTS (*jurisp.*). Ce mot signifie, d'après l'article 210 du Code civil, tout ce qui est nécessaire au logement, à la nourriture et à l'entretien d'une personne. *Cibaria, vestitus et habitatio, quia sine his ali corpus non potest*, dit la loi 6 au Digeste, *De alim. vel cib. leg.* La loi divine et la loi naturelle imposent à tous les hommes l'obligation de se fournir mutuellement ces trois choses indispensables à la vie, et, parmi les chrétiens, le sublime précepte de la charité en a fait un devoir plus étroit encore. Sous le rapport purement légal, il n'est guère que trois classes de personnes qui y soient assujetties. Ce sont : 1° les parents envers leurs enfants, et réciproquement ; 2° les époux entre eux ; 3° les créanciers envers les débiteurs qu'ils privent de leur liberté. Reprenons séparément chacune de ces catégories. — I. *Les parents et les enfants.* De la part des premiers, le fait seul du mariage donne naissance à l'obligation de nourrir et entretenir les enfants qui en proviennent (C. civ., art. 203) ; mais c'est pour les aliments seuls, et non pour obtenir des établissements ou contracter des mariages, que la loi donne action aux enfants (204). Observons ici que, malgré le silence du Code sur les autres ascendants, les pères et mères, à défaut de ceux-ci, les ascendants supérieurs sont également tenus de la dette des aliments envers leurs descendants, le principe dominant en cette matière étant la réciprocité (207) Ainsi, les enfants doivent à leur tour des aliments à leur père et mère et autres ascendants qui sont dans le besoin (205). La créance d'aliments s'établit aussi par l'affinité. Les beaux-pères et belles-mères en doivent à leurs gendres et belles-filles *et vice versâ*. Si la belle-mère se remarie, ou si celui des époux qui produisait l'affinité et les enfants qui la continuaient sont décédés, l'obligation cesse (206). L'adoption, qui crée une paternité et une filiation fictives, emporte entre l'adoptant et l'adopté l'obligation réciproque d'aliments en cas de besoin (349). La tutelle officieuse, sorte d'adoption, entraîne des conséquences analogues, mais seulement de la part du tuteur envers le pupille et pour un temps limité (364 ; 367 , 359). Enfin , le donateur, devenu nécessiteux, a également droit à des aliments de la part du donataire; car si celui-ci les refuse , la donation peut être révoquée pour cause d'ingratitude (955 , 956 , 957). Les parentés purement naturelles engendrent, comme les parentés légitimes , l'obligation réciproque d'aliments entre les enfants bâtards reconnus et leurs pères et mères , d'après la jurisprudence. Mais comme ces enfants n'ont aucun droit sur les biens des parents de leurs pères et mères, on a décidé, par une juste analogie, que l'obligation, quant aux aliments , s'arrêtait à ces derniers. Si le père, en vertu de sa puissance paternelle, fait enfermer son fils pour cause d'inconduite, il est obligé de lui fournir les aliments convenables (378); même disposition pour les pères et mères des enfants naturels légalement reconnus (383). — II. *Des aliments que se doivent les époux*. Les époux se doivent mutuellement secours, assistance (212). Le mari , chef de l'association conjugale , est obligé de recevoir sa femme et de lui fournir tout ce qui est nécessaire pour les besoins de la vie, selon ses facultés et son état (214). Sous quelque régime que le mariage ait lieu , une portion des revenus de la femme est destinée aux dépenses du ménage; elle y contribue pour sa part, et, si le mari est hors d'état d'y satisfaire, elle les supporte en entier, même après la séparation de biens (1409, 1448 , 1558). L'immeuble dotal peut être aliéné pour fournir des aliments à la famille (*Ibid.*). La séparation de corps, qui relâche sans les rompre les liens du mariage , ne fait pas cesser pour les époux l'obligation de se donner mutuellement des aliments. Nous disons *mutuellement*, quoique l'article 301 ne donne positivement le droit d'en exiger qu'au conjoint qui a obtenu la séparation. Mais nous pensons , avec Toullier, que le Code n'a pas fait exception, pour le cas de séparation de corps, aux règles générales posées dans les articles 212 et 214, et qu'on ne peut, sans excès de pouvoir, suppléer des exceptions qui ne sont pas dans la loi. Pendant l'instance en séparation, la femme a droit à une pension alimentaire, dont la quotité est fixée, s'il y a lieu, par le tribunal (268). Dans le cas aussi où les juges, sans admettre immédiatement la séparation de corps, autorisent la femme à quitter la compagnie de son mari pour un certain temps, ils peuvent , en cas d'insuffisance des revenus de la femme pour subvenir à ses besoins, condamner le mari à lui payer une pension alimentaire selon ses facultés (259). Ces deux dernières dispositions sont du nombre de celles que la jurisprudence a extraites du titre du Divorce pour les appliquer à la séparation de corps. Après la dissolution du mariage, la veuve peut, dans le cas de renonciation à la communauté, comme dans celui de l'acceptation, de la faculté de prendre, pendant les délais qui lui sont accordés pour cette option, sa nourriture et celle de ses domestiques sur les provisions existantes, et à défaut, par emprunt, au compte de la masse commune (1465); même disposition et plus favorable encore sous le régime dotal, qui étend à un an la durée des aliments que la femme peut exiger après la mort de son mari, et aux dépens de sa succession (1570). Des principes communs à la plupart des dispositions que nous venons de rappeler doivent trouver ici leur place. Les aliments ne sont accordés que dans la proportion du besoin de celui qui les éprouve et de la fortune de celui qui les doit (208). Lorsque celui qui fournit et celui qui reçoit les aliments sont replacés dans un état tel que l'un ne puisse plus en donner, ou que l'autre n'ait plus besoin en tout ou en partie, la décharge ou réduction peut en être demandée (209). Si la personne qui doit fournir des aliments justifie qu'elle ne peut payer la pension alimentaire, le tribunal pourra, en connaissance de cause, ordonner qu'elle recevra dans sa demeure, qu'elle nourrira et entretiendra celui auquel elle devra des aliments (210). Le tribunal prononcera également si le père ou la mère qui offrira de recevoir, nourrir et entretenir dans sa demeure l'enfant à qui il devra des aliments, devra, dans ce cas, être dispensé de payer la pension alimentaire (211). On voit

que, dans tous ces cas, c'est à la prudence des magistrats que la loi s'en est rapportée pour des appréciations de fait et de convenances, qu'il lui était, en effet, impossible de préjuger elle-même. — III. *Des aliments dus par le créancier au débiteur incarcéré*. Ici, au contraire , la loi devait spécifier clairement le taux des aliments que le créancier aurait à fournir au débiteur. Autrement, la cupidité d'un côté, le ressentiment de l'autre, auraient trouvé un champ fertile à des discussions sans fin sur l'élévation ou l'abaissement de ce taux. Aussi, depuis l'ordonnance de 1670, les aliments dus au débiteur incarcéré avaient-ils été fixés à 10 livres. Ils le furent à une somme double par la loi du 15 germinal an VI, art. 14, sur la contrainte par corps. Enfin , par l'article 29 de la loi du 17 avril 1832, les aliments ont été fixés à 30 francs pour Paris, et à 25 francs pour les autres villes, payables d'avance et pour *chaque période de trente jours*. Ces dernières expressions ont eu pour but de mettre fin à une difficulté longtemps débattue dans les tribunaux, et qui avait pour objet de savoir si, depuis le rétablissement du calendrier grégorien, postérieur à la loi de l'an VI, la consignation d'aliments devait être la même pour les mois de 31 jours que pour ceux qui n'en comptent que 30; désormais, ce sera, par chaque période de 30 jours que les aliments devront être consignés, ce qui dissipe toute incertitude. — Outre les cas que nous venons de développer, et dans lesquels la prestation d'aliments est obligatoire, elle peut résulter de certaines conventions ou dispositions purement facultatives. Ainsi, on peut donner ou léguer des aliments, consistant en une pension ou rente viagère (1015). Ces legs jouissent du privilège d'être insaisissables (Cod. civ., 58); cependant ce privilège cesse, si le donataire ou légataire est lui-même tenu de payer des aliments (*Ibid.* , 582). Une autre faveur accordée à ces sortes de créances, c'est qu'on ne peut leur opposer aucune compensation (Cod. civ. , 1293). Enfin, la loi a défendu de compromettre sur les dons ou legs d'aliments (C. P. civ., 1004).

B. DE P.

ALIMENTATION (*hygiène*). On comprend quel rôle important remplissent dans la vie de l'homme la manière dont il se nourrit, les aliments dont il fait usage, les modes divers de préparation auxquels il soumet ces mêmes aliments. Il est clair que l'alimentation qui convient à l'un et contribue à augmenter ses forces, peut être souverainement nuisible à l'autre : elle doit donc varier suivant les tempéraments; à celui-ci une nourriture forte et réparatrice, à celui-là une alimentation rafraîchissante et légère. — Peut-être sera-t-il bon de rappeler la manière dont s'opère l'alimentation. Broyés par les dents, humectés par la salive, les aliments arrivent à l'estomac où ils s'imprègnent de divers sucs et liquides attirés par leur présence; une partie s'y décompose en acide carbonique et acétique; une véritable fermentation a lieu; il reste une sorte de pâte humide à laquelle on donne le nom de chyme. Cette pâte s'introduit de l'estomac dans le duodénum, dans un temps plus ou moins long, selon les tempéraments, suivant la nature et l'assaisonnement des mets. Enfin, après avoir encore été modifiés par la présence de la bile, après avoir subi en un mot ce qu'on appelle la digestion duodénale, les aliments sont saisis en partie par les vaisseaux absorbants, et se convertissent en chyle, composé en grande partie de matière albumineuse. Celui-ci passe des vaisseaux chylifères dans le sang où il se modifie de nouveau, subit l'influence de l'air par la respiration, et, après avoir été porté dans toutes les parties de notre corps par les tubes capillaires, finit par s'assimiler, c'est-à-dire, par devenir une portion de nous-mêmes. — Dès que l'on saura que le chyle est la matière qui sert à réparer les pertes que nous faisons journellement, et que l'expérience aura prouvé que le chyle fourni par certains aliments est plus réparateur que celui que donnent certains autres, on concevra toute l'importance que peut avoir dans l'économie animale une alimentation bien entendue. — Ainsi le régime végétal ne produisant qu'un chyle beaucoup moins abondant et moins fortifiant que les aliments pris dans le règne animal, il est évident qu'il doit exercer sur l'homme qui le subit une action toute différente de celle qu'exercera le régime des viandes. — Les végétaux ne conviennent donc en aucune façon pour une alimentation que l'on voudrait rendre tonique et fortifiante; disons néanmoins que certains végétaux produisent des effets analogues à ceux d'une nourriture animale, et paraissent donner du ton aux tempéraments affaiblis; ce sont en général ceux où l'oxygène est à l'hydrogène dans une proportion de plus de 1 à 2, ainsi qu'il se trouve dans l'eau; ou bien ceux qui contiennent de l'azote (élément qui n'appartient ordinairement qu'aux subs-

tances animales), et que M. Orfila a nommés *végéto-ani-*
maux. — Ce qui sert à notre nutrition dans les matières végétales est surtout le gluten dans les graminées, le mucilage dans les fruits acides, le sucre dans les fruits, doux, la
fécule dans les plantes légumineuses. — Dans le règne animal, la fibrine, l'albumine, la gélatine, le caséum et l'osmazôme jouissent seuls, parmi beaucoup d'autres principes qui
composent ce règne, des propriétés nutritives. La fibrine est
un des principes les plus propres à réparer nos pertes quoti-
diennes et à donner de la force au corps : les chairs musculaires en contiennent une très-grande quantité, et par conséquent sont éminemment propres à une forte alimentation. La
quantité de fibrine varie suivant les animaux ; elle est beaucoup moins considérable dans les chairs blanches, comme
celles de la volaille, du veau, etc., que dans les chairs noires,
comme celles du bœuf, du gibier, etc. Il faut aussi observer
que les chairs, quelles qu'elles soient, desséchées par une trop
longue cuisson, perdent leurs qualités réparatrices ; ainsi, le
roast-beef et le beefstak un peu saignants sont beaucoup plus
nourrissants et plus tendres que lorsqu'ils ont été trop longtemps éprouvés par l'ébullition, ce qui tient à l'action
prolongée du feu, les a privés de presque tous leurs sucs for-
tifiants. — Quant à l'albumine, c'est surtout dans les œufs
qu'elle se trouve ; on peut même dire qu'elle les compose
presque totalement ; elle est fort nourrissante, mais moins
que la fibrine. — La gélatine est moins réparatrice que la fibrine et même que l'albumine ; son aspect est celui d'une gelée
à peu près transparente, sans couleur ni odeur. Elle se rencontre surtout dans les animaux fort jeunes, ou dont la chair
est blanche ; elle occupe un très-grand espace, tout en renfermant peu de matière nutritive ; enfin elle entre pour beaucoup
dans l'alimentation relâchante, dont nous parlerons tout à
l'heure. — Quant au caséum, il se trouve dans le lait, dans
les différents fromages dont il forme même la base principale.
Le caséum est ou relâchant, ou rafraîchissant, ou tonique,
ou stimulant, selon le degré de salaison, son âge, plus ou
moins avancé, les ingrédients qu'on y aura mêlés. Le lait possède des propriétés réparatrices ; c'est lui qui est notre premier
aliment : celui de la femme est moins nutritif que celui de la
vache, quoique la composition des deux laits soit à peu près la
même. Remarquons ici une circonstance curieuse et qui montre
toute la bonté de Dieu : l'enfant qui vient de naître ne pourrait supporter une matière nourrissante un peu forte ; aussi le
lait de la mère, au moment où elle vient d'accoucher, est-il
peu chargé de caséum et très-séreux ; il s'épaissit à mesure
que l'enfant prend des forces. — L'osmazôme est la plus nourrissante des substances qui composent les aliments. Absolument privés de ce principe dans leur jeunesse, les animaux en
acquièrent en grandissant ; aussi leurs chairs, de molles, blanches et relâchantes qu'elles étaient, deviennent-elles fermes,
brunes et toniques. L'osmazôme elle-même est fortement colorée en brun-rouge ; c'est elle qui donne au bouillon sa couleur, son odeur et sa saveur. On la combine avec quelques
autres substances pour former ce que nous appelons des tablettes de bouillon qui, fondues dans l'eau, donnent un excellent potage. L'usage exclusif de l'osmazôme aurait des inconvénients, irriterait les intestins et enflammerait le sang. — En
vain certaines personnes maigres s'imaginent-elles pouvoir
s'engraisser par une alimentation copieuse ; la limite est marquée, et quel que soit l'excès de la nourriture prise, nos organes
sont disposés de façon à ne pouvoir élaborer qu'une certaine
quantité de chyme ; l'excédant des aliments, s'il ne donne pas
lieu à une indigestion, part avec les excréments. — On a signalé les différentes qualités des principes nutritifs qui composent le régime végétal et le régime animal ; on a montré que
ces principes variaient non-seulement suivant l'âge des végétaux et des animaux, mais même dans leurs différentes parties ;
qu'ainsi les chairs musculaires sont beaucoup plus réparatrices
que les chairs blanches. C'est donc par la connaissance des
propriétés des divers aliments que l'on peut arriver à une alimentation convenable. Ainsi on peut à son gré, et suivant les
besoins du tempérament, avoir recours à une alimentation
rafraîchissante, ou relâchante, ou réparatrice, ou tonique, et
souvent même tonique et réparatrice à la fois. — Pour la première, les végétaux, et surtout les fruits légèrement aigres,
sont généralement employés, l'oseille, le limon, l'orange,
la groseille, le raisin, etc. L'alimentation rafraîchissante
est utile aux personnes dont le sang est enflammé, et qui
sont prédisposées à la pléthore, à celles dont le tube intestinal est irrité. — L'alimentation relâchante convient aux
tempéraments scrofuleux, aux hydropisies, aux agitations

fiévreuses ; on devra employer les fruits et végétaux mucilagineux, le laitage, les corps gras en général, les huiles en
particulier, les chairs de poulet, de veau, et toutes celles qui
contiennent des principes gélatineux. — L'alimentation tonique,
mais peu réparatrice, se prendra parmi les fruits et les végétaux qui, en contenant peu de matière nutritive, sont cependant doués de propriétés toniques et propres à favoriser la
formation du chyle. Cette alimentation convient aussi aux
scrofuleux, aux lymphatiques, et aux personnes attaquées de
maladies lentes. — L'alimentation réparatrice en général est
celle dont doivent user les personnes en bonne santé. L'alimentation tonique et réparatrice convient aux tempéraments
usés, aux personnes faibles, d'un sang appauvri, et minées
par les maladies. Le bœuf et le mouton rôtis, le gibier, les
viandes noires qui contiennent beaucoup d'osmazôme, sont
essentiellement toniques et réparatrices. — En un mot, nous
l'avons déjà dit, et nous le répétons, l'alimentation doit être
proportionnée au tempérament, tant pour la qualité que pour
le mode de préparation ; un emploi bien dirigé des matières
alimentaires que nous tenons de la Providence contribue plus
qu'on ne pense à la conservation de la santé.

CH. BAUDIER.

ALIMENTATION (*physique*). C'est l'opération par laquelle
la matière qui nourrit l'animal s'introduit dans son corps,
pénètre dans ses organes, répare leurs pertes ou ajoute à leur
substance, et sert ainsi à leur développement, à leur accroissement et à leur renouvellement. Dans cette opération, le
corps vivant puise dans la matière extérieure, qu'il saisit et
métamorphose en sa propre substance. Il suffit pour cela d'une
élaboration continuelle, de l'assimilation d'un fluide nourri-
cier dans les corps vivants d'un ordre inférieur, ainsi que dans
le fœtus de l'animal vertébré avant la naissance. Chez les
animaux dont l'organisation est supérieure ou plus développée,
l'alimentation n'est plus une fonction aussi simple ; elle comprend plusieurs fonctions, telles que la digestion, la respiration, l'absorption, la circulation, les sécrétions et la nutrition.
Nous n'avons point à traiter ici du mot *alimentation* dans un
sens aussi étendu. Chaque fonction sera l'objet d'un article
séparé et nous ne considérerons dans celui-ci que l'assimilation de la matière solide et digestive aux organes des corps
vivants. — Les substances alimentaires s'imprègnent, pendant
la mastication, d'un mélange d'air et de salive ; c'est le premier changement qu'elles subissent avant d'entrer dans l'estomac et dans les intestins. D'autres changements ont lieu par
l'action des sucs gastrique et pancréatique, et de la bile ; il y a
aussi absorption de l'oxygène de l'air, remplacé par du gaz
acide carbonique et de l'hydrogène. On ignore absolument la
nature des changements produits sur la substance alimentaire
par l'action des sucs gastrique et pancréatique ; quand, au moyen
de la bile, le véritable aliment a été séparé de la matière non-
nutritive, il est lactiforme et diffère très-peu du sang. Après
l'estomac et les intestins, c'est dans les vaisseaux chylifères, et
dans les glandes ou ganglions lymphatiques, que l'aliment
peut éprouver de nouvelles altérations : il y est mêlé avec la
lymphe. De là il est versé dans le sang, et passe immédiatement après dans les vaisseaux pulmonaires. Le mouvement
de la respiration et les effets de l'air dans cette fonction sont
les principales causes dont l'aliment doit alors éprouver l'action, et l'on peut dire qu'il est par cette action même identi-
fié au sang, tel qu'il devient par l'air de la respiration ; c'est-
à-dire avec la couleur rouge-vermeille et les autres qualités
qui le distinguent du sang veineux. Mêlé avec le sang, l'aliment passe du poumon dans les artères, et pénètre jusqu'aux
ramifications les plus éloignées. Arrivé à celles qui s'étendent
sous la peau, il doit éprouver avec le sang l'influence de l'air
extérieur en contact avec elle. Il se produit alors dans l'atmosphère ambiante diminution de gaz oxygène et augmentation
de gaz acide carbonique. C'est aussi, à ce qu'il paraît, dans ce
premier passage du sang des vaisseaux pulmonaires aux vaisseaux artériels, que se forme le lait des femmes qui nourrissent ; et dès lors le produit de cette sécrétion a déjà contracté
un caractère animal qui se manifeste par les propriétés de la
partie caséeuse. L'aliment circule ainsi mêlé au sang ; et, à la
suite de cette opération répétée plusieurs fois, il fournit des
sécrétions plus animalisées. Passant soit à l'état gélatineux,
soit de l'état caséeux à l'état de substance albumineuse coagulable, et enfin à celui de fibrine, il pénètre dans les gaînes
organiques du tissu cellulaire, où il reçoit une forme organisée, suivant la nature du tissu. Car si l'aliment n'est point renouvelé, le lait lui-même disparaît, la graisse s'épuise, toutes
les traces de la crudité alimentaire s'effacent entièrement ; et

si ce renouvellement tarde trop longtemps à se faire, les humeurs deviennent âcres, et pour lors, quand elles ont le contact libre de l'air, elles deviennent promptement alcalescentes et putrescentes. Le sang lui-même, au bout d'une longue abstinence, paraît perdre sa fibrine ; sa couleur rouge devient sombre et presque noire ; les organes eux-mêmes se dépouillent peu à peu de leur propre substance, de leur volume et de leur force. Toutes ces progressions sont parfaitement marquées, dans l'état, des urines, qui, depuis le moment où l'aliment est reçu dans le sang jusqu'à celui où le besoin de son renouvellement se fait sentir de la manière la plus pressante, présentent des degrés successifs relatifs à l'état des humeurs. Le mécanisme de l'assimilation paraît se faire en trois temps, qui rappellent les trois coctions de l'ancienne médecine : il s'opère successivement dans le canal intestinal, dans la respiration, et à la surface de la peau. Dans les trois temps, l'air atmosphérique, et son oxygène en particulier, est l'instrument principal des combinaisons par lesquelles l'assimilation est produite : il enlève du carbone à celles des substances alimentaires qui le contiennent en excès, et facilite la combinaison de l'aliment, avec la portion de l'azote excédante dans les humeurs animales. Par conséquent, dans ce travail, divisé en trois temps, il se fait à la fois un changement réciproque, tant dans la substance de l'aliment que dans celle des humeurs animales, par lequel, l'une étant animalisée, l'autre perdant, si on peut dire ainsi, l'excès de son animalisation, toutes deux sont amenées comme à un même degré, c'est-à-dire, assimilées. — Pour apprécier d'une manière plus positive les changements qu'éprouve l'aliment avant d'être assimilé, il faudrait connaître la nature des différentes substances qui s'unissent à cet aliment, depuis le suc salivaire jusqu'aux sucs, gastrique et pancréatique, et aux sucs intestinaux ; il faudrait connaître la nature des sucs lymphatiques auxquels il s'unit dans les vaisseaux et les glandes lymphatiques ; il faudrait, après ces révolutions qu'il éprouve, pouvoir le connaître lui-même séparément, analyser la masse alimentaire dans l'estomac et dans les différents intestins, analyser le chyle prêt à être versé dans le sang, l'analyser dans le sang même, au sortir du poumon, et après les différentes sécrétions dont il fournit la matière. Mais ces recherches nous paraissent à peu près impossibles. Ainsi, nous établirons sur la matière qui vient d'être traitée les conclusions générales suivantes, qui appartiennent à MM. Hallé et Nystem, auxquels nous avons emprunté en partie l'exposé qui précède. — 1° Nos organes ne variant pas seulement dans leur texture, mais encore dans leur composition, la matière assimilée destinée à les réparer doit varier de même, puisqu'elle doit leur être parfaitement semblable ; 2° la matière nutritive est de nature différente et variée, même avant son assimilation : elle n'est pas essentiellement et exclusivement fournie par le mucilage ; mais elle peut être tirée de plusieurs substances très-différentes entre elles par leur nature et par la combinaison de leurs principes ; cependant un seul des produits immédiats, des composés organiques, comme la gomme, la fécule, etc., peut suffire, au moins pendant quelque temps, à la nutrition ; 3° nos aliments, nécessairement tirés des animaux ou des végétaux, et par conséquent composés au moins de carbone, d'hydrogène et d'oxygène, éprouvent, pour s'assimiler à notre propre substance, des changements dans les proportions de leurs principes ; et, lorsqu'ils ne contiennent pas d'azote dans leur composition, ils se combinent avec ce corps, qu'ils rencontrent au dedans de nous ; 4° plus la composition des aliments s'approche de la nôtre, moins elle oppose de résistance aux combinaisons qui constituent l'assimilation ; il en résulte de la chaleur dans le travail de l'assimilation, par la rapidité avec laquelle se font les combinaisons animales. Au contraire, plus les corps nutritifs sont éloignés des combinaisons qui leur sont propres et y offrent de résistance, moins la chaleur que leur assimilation produit doit être sensible ; 5° ces combinaisons, qui constituent l'assimilation des aliments, ont lieu sous l'influence des lois organiques, se font dans le canal alimentaire, dans le poumon, et sans doute à la peau ; il paraît que ces changements s'opèrent surtout par l'intermède de l'oxygène de l'air, au moyen duquel l'aliment se débarrasse d'une portion de son carbone, et se combine avec l'azote devenu excédant dans les liqueurs animales ; 6° c'est sans doute dans le moment où s'est formée la masse chymeuse, premier résultat de ces changements, que les proportions animales commencent à s'établir en échange de celles qui formaient les matériaux immédiats de nos aliments. — Pour ce qui est de l'alimentation, considérée par rapport à la manière dont les aliments doivent être pris ou ordonnés, voyez les mots DIÈTE,

RÉGIME, et tous ceux qui concernent les aliments en particulier.

ALIMAS ou **ALIMES**. On voit par le premier livre des Machabées (v, 26), seul endroit où il soit question de cette ville, qu'elle était située dans le pays de Galaad, au delà du Jourdain. Isaïe fait mention d'un nom de lieu appelé *Beér Elim*, ou puits d'Élim, qui était également situé dans le pays de Moab (xv, 8) ; on connaît encore *Helmon-Deblataïm*, ou *Almon-Deblataïm*, dans le même pays ; ce qui a fait penser que ce pourrait bien être l'Alimas des Machabées. **J. G.**

ALI-MOURAD, roi de Perse. Ce prince était neveu du farouche Zoucki-Khan, frère de Kourrim-Khan, mort en 1779, après un règne glorieux de plus de vingt ans. Quand Zoucki voulut tenter d'abattre la puissance du fameux Aga-Mohammed, qui a occupé plus tard le trône de Perse et qui s'était emparé de la province de Mazenderan, il envoya contre lui une armée d'élite, sous les ordres de son neveu ; mais celui-ci, plein d'ambition et d'audace, et sûr d'avance de l'affection de ses troupes, se révolta ouvertement contre son oncle qui s'était emparé du gouvernement de la Perse ; et, par des marches forcées, il alla surprendre dans Zoucki négligé de mettre en état de défense. A cette nouvelle, ce dernier se livra aux terribles accès d'une fureur qu'il jura d'éteindre dans le sang des rebelles. Ali-Mourad, trop faible encore pour lutter contre son oncle, se hâta d'évacuer Ispahan pour se replier sur Téhéran, où il fit de nouvelles levées. Il revint ensuite sur la capitale, dont il se rendit maître. Zoucki venait d'être assassiné par ses propres soldats. Un autre frère de Kourrim, Sadouck-Khan, s'était mis en possession de Schiraz. Ali-Mourad courut l'y assiéger, le força de capituler, et le jeta dans une prison où il ne le laissa pas longtemps, incertain de son sort. Le vainqueur le fit égorger avec toute sa famille ; il ne fit grâce qu'à Jaaffer, son plus jeune fils. Devenu souverain de la Perse par le droit du glaive, comme cela n'arrive que trop souvent dans l'Orient, Ali-Mourad, après avoir passé quelques mois à Schiraz, reprit le chemin d'Ispahan, où le siège du gouvernement fut de nouveau transféré (1782). Comme le meurtre de Sadouck et de ses parents avait excité contre lui l'animosité de tous les princes de la dynastie zend (par Kourrim-Khan), Ali-Mourad tâcha de s'attacher le fils même de Sadouck, Jaaffer-Khan, en lui donnant un gouvernement considérable. Mais un ennemi plus dangereux que les princes de la dynastie déchue menaçait son trône usurpé ; c'était Aga-Mohammed. Une première armée envoyée contre ce prince fut complètement battue. Ali-Mourad, irrité, fit punir de supplices infamants la plus grande partie de ses officiers qu'il accusait de lâcheté ; et par l'appareil de ces supplices, il ne donna point du courage à ceux qui en manquaient : seulement il se fit des ennemis implacables. Jaaffer-Khan, excité par eux, marcha sur Ispahan avec quelques troupes ; Ali-Mourad voulut y arriver avant son neveu, et surpris en chemin par un mal violent et subit, il expira dans les convulsions d'une rage impuissante, à douze lieues d'Ispahan. Sa mort fut attribuée au poison (1785). Jaaffer entra dans Ispahan sans obstacle, et il fut proclamé roi de Perse ; mais son règne ne fut pas long : il fut dépossédé par Aga-Mohammed. — Ali-Mourad était doué de courage et de résolution. Aga-Mohammed, qui joignait de grands talents à la bravoure, le craignait et ne s'en cachait pas. A ceux qui le pressaient de faire une irruption dans l'Irack, il répondait : « Laissez partir le borgne (Ali-Mourad), car, tant qu'il vivra ou qu'il gouvernera, nous échouerons dans nos tentatives. » Ces paroles d'un ennemi tel qu'Aga-Mohammed sont le plus digne éloge de l'homme qu'elles désignaient.

J. DE MARLÈS.

ALIPATA, arbre des îles Philippines, croissant sur les bords de la mer, et très-redouté des habitants, à cause de ses propriétés vénéneuses. Suivant Camelli, son ombrage est nuisible par les vertiges qu'il occasionne, la fumée de son bois aveugle, et le suc laiteux qu'il contient produit le même effet, si par malheur il est lancé sur les yeux. Aussi M. de Jussieu penche-t-il à croire que c'est l'*Excœcaria* de certains botanistes. Ses fleurs sont petites, odorantes, et fournissent aux abeilles la matière d'un miel amer. **N. C.**

ALIPS ou **ALIPIDE** de Mons, troisième femme d'Enguerrand de Marigny. Elle coopéra avec son mari à la fondation de l'église d'Écouis. Leurs images étaient représentées avant la révolution sur le grand portail. Ils tenaient tous deux à la main une petite église sculptée qu'ils offraient à la mère de Dieu, dont la statue était placée sur le pilier central qui divisait le portail. L'acte de fondation est du mois de janvier 1311 ; il fut confirmé, au mois de mai de la même année, par le pape Clément V, et ratifié par lettres patentes du roi au mois de mai 1315. Cette église, terminée en 1313, fut dédiée la même année par le cardinal Nicolas de Fréanville, légat du pape en France. Il était assisté de deux archevêques et de onze évêques, parmi lesquels on remarquait les frères d'Enguerrand de Marigny, Philippe, archevêque de Sens, et Jean, évêque de Beauvais. A cette occasion, le pape accorda un jubilé perpétuel à l'église d'Ecouis pour toutes les années où la fête de l'Annonciation et le vendredi saint se rencontreraient le même jour. Ce jubilé, de cent vingt jours d'indulgences, fut originairement établi par les prélats consécrateurs eux-mêmes, comme le prouve la bulle du pape Clément VI, datée du 24 avril 1348. Ce privilége, qui d'abord se bornait au jour où le vendredi saint et l'Annonciation se rencontreraient ensemble, fut ensuite étendu par les papes aux années où la fête de l'Annonciation tomberait un des jours de la semaine sainte. Enguerrand de Marigny, après avoir été pendu au gibet de Montfaucon qu'il avait fait élever lui-même peu de temps auparavant, fut enterré dans l'église des Chartreux de Paris; mais sa réhabilitation ayant eu lieu, son corps fut rapporté en 1324 dans l'église d'Ecouis qu'il avait fondée, et qu'il avait choisie pour être le lieu de sa sépulture et le tombeau de sa famille. Il est probable qu'Alips de Mons, qui avait coopéré à la fondation de la collégiale d'Ecouis, y avait été aussi inhumée auprès de lui. Ses enfants furent Louis de Marigny, qui épousa Roberte de Beaumez; Raoul et Thomas de Marigny, morts enfants; Alips de Marigny, femme du sire de Fécamp; Marie de Marigny, religieuse à Maubuisson, et Isabeau de Marigny, femme de Hugues de Dancy.

ALIQUOTE (*partie*). On dit qu'un nombre est décomposé en *parties aliquotes* lorsque les parties qui résultent de sa décomposition sont exactement contenues les unes dans les autres. Les parties aliquotes d'un nombre s'obtiennent par la division. Cette méthode de décomposition est utile, et employée surtout dans les cas où l'on doit opérer sur des nombres qui contiennent des unités de grandeurs différentes (*V. Nombre complexe*); car les calculs deviennent plus longs et plus difficiles à mesure que les unités présentent plus de variété dans l'espèce. *Une unité étant donnée, on la convertit en unités plus grandes ou plus petites, en la divisant ou en la multipliant par le nombre qui exprime le rapport de la plus grande unité à la plus petite.* La toise contient 6 pieds, le pied 12 pouces, le pouce 12 lignes, la ligne 12 points; on peut réduire la toise en points, et l'on a, en multipliant successivement par les nombres de pieds, de pouces, de lignes et de points, 1 toise $=$ 3168 points. D'un autre côté 3168 points, divisés successivement par les mêmes nombres, donneront au quotient l'unité. *La conversion des unités d'un ordre supérieur en unités d'un ordre inférieur a lieu nécessairement dans toutes les divisions qui laissent des restes, soit après le commencement, soit à la fin de l'opération; soit que l'on calcule sur des nombres incomplexes, soit que l'opération se fasse sur des nombres complexes. Pour diviser un nombre complexe ou incomplexe par un nombre entier abstrait, il faut commencer par les unités les plus élevées et convertir ensuite chaque reste en unités d'un ordre immédiatement inférieur. On obtient ainsi les unités des différents ordres du quotient. Si la division se pratique sur deux nombres complexes, elle peut toujours être ramenée à la division d'un nombre concret par un nombre entier abstrait* (*V.* pour les développements, DIVISION *des nombres complexes*). La méthode des parties aliquotes, qui n'est autre chose qu'une manière d'appliquer les règles ci-dessus, sert à simplifier les calculs que nécessite la multiplication d'un nombre complexe par un nombre entier ou par un nombre complexe. Elle consiste en général à décomposer le multiplicande et le multiplicateur, de telle sorte que les produits partiels puissent s'obtenir facilement en divisant par des nombres entiers abstraits.

EXEMPLE : *Calculer le produit de* $10^{\#}\ 4^{s}\ 6^{d}\ \frac{2}{3}$ par 12.

On dispose ainsi l'opération :

Multiplicande	$10^{\#}$	4^{s}	$6^{d}\ \frac{2}{3}$
Multiplicateur	12		
12 fois $10^{\#}$ font..................	$120^{\#}$	0^{s}	0^{d}
12 fois $1^{\#}$ donneraient $12^{\#}$			
12 fois 4^{s} donnent le 5e de $12^{\#}$ ou	2	8	0
12 fois 6^{d} donnent le 8e de $2^{\#}\ 8^{s}$ ou	0	6	0
12 fois 2^{d} donneraient 24^{d}			
12 fois $\frac{2}{3}^{d}$ donnent le tiers de 24^{d} ou	0	0	8
Donc 12 fois $10^{\#}\ 4^{s}\ 6^{d}\ \frac{2}{3}$ font......	$122^{\#}$	14^{s}	8^{d}

Et l'on raisonne ainsi : 12 fois $10^{\#}$ font $120^{\#}$; 12 fois $1^{\#}$ donneraient $12^{\#}$; mais 4^{s} est le cinquième de 1; 12 fois 4^{s} donneront le cinquième de $12^{\#}$ ou $2^{\#}\ 8^{s}$; et comme 6^{d} est le huitième de 4^{s}, 12 fois 6^{d} donneront le huitième de $2^{\#}\ 8^{s}$ ou 48^{s}, c'est-à-dire 6^{s}. 12 fois 2^{d} donneraient 24^{d}, 12 fois le tiers de 24^{d} donneront 24 tiers ou 8^{d}. Puis, additionnant les produits partiels des différentes parties du multiplicande par le multiplicateur, on a $122^{\#}\ 14^{s}\ 8^{d}$.

Le prix d'une toise étant	$20^{\#}$	4^{s}	$6^{d}\ \frac{2}{3}$
Quel est le prix de	12^{t}	5^{p}	8^{p}
Prix de douze toises.	$242^{\#}$	14^{s}	8^{d}
Prix de $\frac{1}{2}$ toise ou 3 pieds.	10	2	$3\ \frac{1}{3}$
Prix de $\frac{1}{3}$ de toise ou 2 pieds.	6	14	$10\ \frac{2}{9}$
Prix de 8^{p} ou $\frac{1}{3}$ de 2 pieds.	2	4	$11\ \frac{11}{27}$
Prix total.	$261^{\#}$	16^{s}	$9^{d}\ \frac{11}{27}$

Ce calcul consiste à décomposer l'ouvrage dont on doit trouver le prix en parties aliquotes les unes des autres, de manière que le prix de chaque partie de l'ouvrage devienne une partie aliquote d'un prix déjà obtenu. BUCHET DE CUBLIZE.

ALISE (*Alexia*), ville principale des Mandubiens, qui habitaient dans la Ire Lyonnaise (Bourgogne actuelle), célèbre par le siége qu'elle soutint contre César. Ce général venait de se rendre dans la Gaule Cisalpine, pour y passer l'hiver et organiser le parti qui devait lui assurer le pouvoir suprême à Rome. Les Gaulois profitèrent de son éloignement pour faire un dernier effort en faveur de la liberté nationale. Vercingétorix fut l'instigateur et le chef des peuples qui se soulevèrent. Il eut d'abord de brillants succès; mais César se hâta de repasser les Alpes; les choses changèrent de face. Après un combat où la victoire fut vivement disputée, Vercingétorix fut réduit à s'enfermer dans Alexia (aujourd'hui Alise, canton de Flavigny, département de la Côte-d'Or). César dirigea contre lui tous ses efforts; il sentait que de la ruine de Vercingétorix dépendait l'entier asservissement de la Gaule. Il investit Alexia, distribua son armée autour de cette ville en vingt-deux camps, protégés par des retranchements et liés entre eux par une ligne de contrevallation d'environ 4 lieues de développement; cette ligne fut couverte par deux avant-fossés, par de fortes palissades en abatis, par des fossés et des chausse-trapes. Vercingétorix interrompit plus d'une fois ces travaux par de vigoureuses attaques. César acheva partout son œuvre, et éleva, du côté de la campagne, une ligne de circonvallation; ce fut l'ouvrage de quarante jours. Le général romain avait 60,000 fantassins et 4,000 cavaliers. Vercingétorix n'avait que 20,000 hommes et point de cavaliers. La famine le força à chasser de la ville les individus incapables de porter les armes; repoussés par les Romains, ils périrent d'une mort affreuse entre les deux camps. Vercingétorix, trompé dans toutes ses espérances, se défendit avec un admirable courage; il fut même une fois sur le point, dans ses tentatives, de forcer les lignes romaines. Enfin il se livra aux Romains. La liberté gauloise périt à Alise. (*V.* CÉSAR et VERCINGÉTORIX.)

ALISIER ou **ALIZIER**. Genre de plantes de la famille des rosacées, et renfermant des arbres et des arbrisseaux, la plupart indigènes de l'Europe. Les limites de ce genre ne sont pas jusqu'ici bien précises, les espèces qui en font partie suivant quelques auteurs étant portées par d'autres dans les genres voisins : néflier, sorbier, etc., avec lesquels, en effet, les alisiers ont de très-grands rapports. Quoi qu'il en soit, nous conserverons le genre alisier de Linnée, de Thumberg, et de quelques autres botanistes, et nous lui reconnaîtrons pour caractères : feuilles entières ou lobées, perdant leur éclat de bonne heure; fleurs venant par bouquets et produisant un assez bel effet au printemps; ces fleurs ont un calice à cinq divisions, une corolle à cinq pétales, vingt étamines de deux à cinq styles, autant de stigmates. Il succède à ces fleurs une pomme charnue, oblongue, couronnée par le calice, et contenant de deux à cinq graines cartilagineuses. — Les espèces, au nombre de vingt-quatre, sont répandues en Europe, au nord de l'Amérique et de l'Afrique, ainsi que dans les régions tempérées de l'Asie. Nous ne parlerons que des principales espèces d'Europe, car leurs fruits sont bons à manger, et leur bois est utile dans les arts.

ALISIER COMMUN (l'), appelé *alouche* en Bourgogne, *alisier blanc* dans d'autres pays, est commun dans les bois de la Haute-Marne, dans le Jura et les Basses-Alpes; ses feuilles sont ovales avec de grandes et de petites dentelures sur leurs bords; elles sont garnies au-dessous d'un coton très-blanc. Son bois, à raison de sa grande ténacité, est estimé pour faire des vis de pressoir, des fuseaux pour les rouages de moulins;

il est aussi employé par les tourneurs pour faire des boîtes de savonnettes, des flûtes, des fifres et plusieurs petits meubles. Le bois de cet arbre, qui atteint de vingt à trente pieds de haut, a une odeur agréable et prend fort bien la teinture. Les fruits, quoique acerbes, se mangent après avoir été quelque temps sur la paille, et y être venus en cet état qu'on appelle blosis ou blet, état intermédiaire entre la maturité et la pourriture.

ALISIER A FEUILLES DÉCOUPÉES (l'), dont les feuilles sont pétiolées, larges, très-anguleuses, cordiformes à la base, et dont les fleurs sont blanches, disposées en corymbes, est appelé crategus torminalis par Linnée. Son bois est employé aux mêmes usages que celui de l'espèce précédente ; ses fruits sont de petites baies, d'un brun obscur dans leur maturité, et d'un goût assez agréable ; aussi en voit-on dans les marchés de quelques villes d'Allemagne. L'écorce, astringente, était autrefois employée en médecine ; aujourd'hui c'est le fruit ou alise, qui ayant la même propriété, peut être employé contre le cours de ventre. Cet alisier, que l'on peut multiplier par graines ou par marcottes, croît naturellement dans nos forêts. Il ne convient ni dans les grandes avenues, ni dans les grandes futaies ; on peut en faire de petites allées dans les parcs, ou le placer dans les taillis où son fruit attire les oiseaux. — Nous citerons encore pour mémoire, l'alisier nain, espèce rare, qui croît dans les hautes montagnes, et l'alisier à feuilles rondes, petit arbuste très-agréable, assez commun dans les montagnes découvertes, et même à Fontainebleau. Quant aux espèces exotiques, elles ont de grands rapports avec cette dernière, et ne sont cultivées que pour l'embellissement de nos jardins. N. C.

ALISMACÉES (botanique). Ventenat, dans son tableau du règne végétal, divise la famille des joncs établie par Jussieu ; il en sépare les genres dépourvus d'endosperme, et en forme une nouvelle famille sous le nom d'alismoïdes. Puis vient Richard père, qui divise à son tour ce nouveau groupe en trois familles : les alismacées, les butomées et les juncaginées. — Les alismacées sont des plantes herbacées, vivaces, à feuilles simples ; elles se plaisent sur le bord des ruisseaux et des étangs. Voici les caractères que M. Richard assigne à cette famille : calice à six divisions profondes, dont trois intérieures, pétaloïdes et caduques ; étamines au nombre de six et quelquefois plus, insérées au calice ; le nombre des pistils varie de six à trente ; ils sont uniloculaires, et renferment un ou deux ovules dressés et pariétaux ; les fruits sont autant de petites capsules indéhiscentes ; les graines renferment un embryon dépourvu d'endosperme, souvent recourbé en forme de fer à cheval. Le plantain d'eau (alisma plantago) est le prototype de cette famille. N. C.

ALISPHRAGMOUTHOSIS, dernier pharaon de la XVII⁰ dynastie. Après avoir repris la ville de Memphis sur les rois phéniciens, que Manéthon appelle Hicsos ou pasteurs, il entreprit de délivrer l'Égypte de ces étrangers ; mais la mort le surprit au milieu de ses préparatifs de guerre. Il eut pour successeur son fils Amosis. (V. HICSOS, AMOSIS.)

ALITURGIQUES (jours), de α privatif, et λειτουργία, ministère sacré. On nomme ainsi, en termes d'église, les jours où l'on ne fait aucun office. (V. LITURGIE.)

ALIX PERRERS, ancienne femme de chambre de Philippine de Hainaut, femme d'Édouard III d'Angleterre. Après la mort de sa maîtresse, elle continua de résider à la cour, et comme à beaucoup de beauté elle joignait beaucoup d'adresse, elle prit sur l'esprit du roi un ascendant tel qu'elle obtint de lui pour elle-même l'abandon de tous les joyaux qui avaient appartenu à la reine, et qu'elle devint pour les autres la dispensatrice des faveurs royales. Le peuple et les grands éclatèrent en murmures, Alix les méprisa ; elle parut même se plaire à braver par un faste insolent l'indignation que sa conduite faisait naître. On lui reprochait surtout d'arrêter ou de détourner le cours de la justice en faveur de ceux qui achetaient sa protection. Aussi quand le bon parlement ouvrit sa session (avril 1376), le président de la chambre des communes fit entendre des plaintes amères sur l'état d'épuisement du trésor, épuisement qu'il attribuait aux dilapidations de certains favoris. Pour satisfaire l'opinion publique, on fit signer au roi une ordonnance qui déclarait Alix Perrers prévenue d'avoir suivi diverses causes devant la cour du banc du roi et de l'avoir fait pour de l'argent qu'elle aurait reçu. Le roi lui défendait en conséquence de récidiver sous peine de confiscation et même de bannissement. Quelques écrivains ont prétendu qu'Alix fut immédiatement expulsée de la cour ; mais les documents du temps sont muets sur cette circonstance, et les événements postérieurs confirment la présomp-

tion qui naît de ce silence ; car lorsqu'on vit le roi, depuis longtemps malade, s'avancer rapidement vers le terme de sa carrière, on l'abandonna aux soins de cette femme qui d'Eltham le suivit à Shene où la mort l'attendait. Alix n'attendit pas le dernier moment ; aussitôt que son agonie eut commencé, elle enleva de son doigt une bague précieuse, et elle partit précipitamment. Aussitôt les domestiques mirent le palais au pillage. Le malheureux Édouard, abandonné de tous, lui qui fut autrefois tout-puissant sur la terre, n'aurait eu personne pour lui fermer les yeux, si un prêtre qui se trouvait à Shene n'eût pénétré jusqu'à lui. Édouard reçut des mains de ce digne ecclésiastique un crucifix qu'il baisa et qu'avant d'expirer il mouilla des larmes du repentir (21 juin 1377).
(V. ÉDOUARD III.) J. DE MARLÈS.

ALIX DE CHAMPAGNE. Elle était fille de Thibaut IV, comte de Champagne. Après avoir fait pendant longtemps le charme de la cour de son père par ses grâces et par ses qualités précieuses, elle vint faire l'ornement de la cour de France, après son mariage avec Louis VII, veuf en 1160 de Constance de Castille, qui avait remplacé la fameuse Éléonore de Guyenne. De ses deux premiers mariages, Louis n'avait pas eu d'enfants pour lui succéder. Son union avec Alix, pendant quatre ans stérile, ne permettait presque plus l'espérance, lorsque au bout d'une heureuse grossesse, la nation vit naître un héritier du trône (1165). Le jeune prince reçut le nom de Philippe, et ses victoires, ses grands talents, sa politique habile lui valurent plus tard le titre d'Auguste. Sa naissance fut célébrée par tout le royaume, et comme elle remplissait le vœu du peuple, le peuple spontanément l'appela Dieu-Donné. Alix fut bonne mère ; elle éleva son fils avec de tendres soins ; mais elle était ambitieuse, et quand Louis VII mourut, laissant Philippe âgé de 14 ans, elle réclama la régence. Le comte de Flandre la lui disputa ; il était beau-père de Philippe, qui venait d'épouser sa fille Isabelle ; et Philippe qui aimait sa mère et respectait le comte, mais se sentait peu disposé à se mettre en tutelle, opposa les prétendants l'un à l'autre, les tint adroitement divisés, et puis déclara qu'il prendrait dans ses mains les rênes de l'État. Alix s'était mise à la tête d'un parti de seigneurs mécontents ; elle avait même demandé des secours au roi d'Angleterre Henri II ; mais, touchée des sentiments d'affection de son fils, elle aima mieux qu'il fût roi sans elle, que de voir l'autorité souveraine passer momentanément aux mains du comte de Flandre. Elle se réconcilia sincèrement avec le jeune roi qui, voulant de son côté reconnaître la sage conduite de sa mère, la nomma régente du royaume lorsqu'il partit pour la Palestine (1190). Ce fut alors qu'Alix déploya sans contrainte l'art de gouverner, art qu'elle ne devait qu'à la nature. Elle sut maintenir la paix intérieure, et faire respecter la France au dehors ; elle contint les grands vassaux dans le devoir et la dépendance ; L'une, fille du comte de Champagne, Henri le jeune, épousa Hugues de Lusignan, soulagea le peuple en supprimant quelque impôt onéreux ; elle protégea l'industrie, les beaux-arts, le commerce, et la justice prit un libre cours que n'arrêtèrent ni le crédit ni la faveur. Aussi Alix emporta-t-elle à sa mort (4 juin 1206) les regrets du peuple et ceux de la noblesse. — Ce nom d'Alix a été commun à plusieurs princesses françaises ; L'une, fille du comte de Champagne, Henri le jeune, épousa Hugues de Lusignan, et devint reine de Chypre ; l'autre épousa le comte de Toulouse, Bertrand. Une troisième Alix épousa le comte de Blois, son mari, dans un voyage à la terre sainte ; une quatrième épousa Pierre de Dreux, auquel elle apporta pour dot le duché de Bretagne. Les deux filles d'Alix de Champagne et de Louis VII portèrent enfin le nom de leur mère. La première se maria avec Thibaut, comte de Blois ; la seconde, avec Guillaume, comte de Ponthieu. J. DE MARLÈS.

ALIX ou ADÉLAÏDE DE SAVOIE. Elle était fille de Humbert II, comte de Mayence. Elle épousa Louis VI, le Gros, et pendant vingt-deux ans que dura leur union, aucun nuage ne s'éleva pour en troubler la paix. Elle eut de lui sept enfants. Après la mort du roi, elle épousa en secondes noces le connétable Mathieu de Montmorenci, auquel elle donna une fille, qui fut mariée à Gaucher de Châtillon. Les anciens historiens vantent les mœurs et la piété de cette princesse. Devenue une seconde fois veuve, elle se retira à l'abbaye de Montmartre, qu'elle avait fondée ; elle y mourut au bout de peu de temps (1154), elle était sexagénaire. J. DE MARLÈS.

ALIZÉS (vents). On appelle ainsi certains vents réguliers qui soufflent sur la mer, toujours du même côté. Quant aux vents qui éprouvent des alternatives dans leur direction, on les désigne par le nom de moussons (V. ce mot. V. aussi VENT). Les vents alizés règnent dans les grandes parties de l'Océan Atlantique, de la mer du Sud et de l'océan Indien, etc. Un peu au delà des îles Canaries, à environ vingt-huit degrés de latitude septentrionale, règne un vent de nord-est qui prend d'autant plus d'est qu'on s'approche davantage des côtes d'Amérique. Du côté de l'Afrique, il paraît se lever du sud-est, dans la mer d'Éthiopie. Ces vents subissent l'influence des saisons, et varient avec le mouvement du soleil. Pendant que cet astre se trouve entre le tropique du cancer et l'équateur, le vent de nord est, au nord, prend de l'est, et le vent de sud-est, vers la partie méridionale, prend du sud. Si, au contraire, le soleil se trouve entre l'équateur et l'autre tropique, les vents de nord-est de l'Atlantique prennent du nord, et ceux de sud-est de la mer d'Éthiopie prennent de l'est. — Le vent général d'est souffle aussi dans la mer du Sud : il est vent de nord-est dans la partie septentrionale de cette mer, et vent de sud-est dans la partie méridionale. De chaque côté de l'équateur ces deux vents s'étendent jusqu'aux vingt-huitième et trentième degrés : ils sont si constants et si forts, que les vaisseaux traversent cette mer, depuis l'Amérique jusqu'aux îles Philippines, en dix semaines de temps environ, car ils y soufflent avec plus de violence que dans l'Atlantique et dans la mer des Indes. Des marins ont prétendu que, vu le peu de variation de ces vents et l'absence presque totale d'orages dans les zones où ils règnent, on pourrait arriver plus tôt aux Indes en passant par le détroit de Magellan qu'en allant doubler le cap de Bonne-Espérance. — La parfaite correspondance qui existe entre le cours du soleil, les phénomènes de la chaleur et les vents alizés, ne permet guère de douter que cet astre n'en soit la cause et le moteur. Les vents alizés règnent sur presque toute la zone torride, qui est la partie de notre globe que le soleil échauffe avec une force d'autant plus grande, que ses rayons agissent plus verticalement, et que la terre qui les reçoit les réfléchit plus abondamment. Il n'est pas étonnant que les courants d'air produits par ces effets soient plus marqués que dans les régions où l'action solaire est moindre. L'air échauffé dans ces circonstances se dilate, se raréfie de manière qu'il ne peut s'échapper par les côtés, parce qu'il est environné partout de colonnes d'air plus denses qui le forcent à s'élever, et il le fait avec d'autant plus de facilité qu'il devient plus léger par sa raréfaction même. Mais il est un terme à l'élévation de cet air, au delà duquel il se refroidit et se condense; il gravite alors et se répand, pour se mettre de niveau : assez souvent dans ces mouvements il se réunit au cours de l'atmosphère inférieure, qui est la région des vents en général; quelquefois cependant il se répand dans tous les sens, comme on peut facilement s'en convaincre en observant, dans la zone torride, le cours des nuages élevés, qui diffère de celui des nuages inférieurs, et est même parfois entièrement opposé à la direction du vent constant qui règne dans la région basse de l'atmosphère. L'air cependant ne peut se dilater ainsi dans tout l'espace exposé à l'action du soleil, sans que les colonnes latérales, composées d'un air plus dense et par conséquent plus pesant, viennent remplir le vide qu'il s'y forme; pour être raréfiées et élevées à leur tour à mesure qu'elles se trouvent exposées aux rayons du soleil, faisant ainsi place à de nouvelles colonnes qui éprouvent les mêmes effets et suivent la même marche. Si le soleil agissait toujours sur le même centre, il n'est aucun doute que l'air ne se précipitât de tous les points vers ce foyer; mais la terre, par sa rotation, oppose à chaque instant, des centres nouveaux à l'action du soleil, et, comme l'action de cet astre se porte successivement vers les parties occidentales du globe, ce sont donc les colonnes d'air orientales qui se refroidissent pendant que celles qui sont plus à l'ouest s'échauffent et se dilatent; et par suite, les parties de l'atmosphère, plus à l'orient acquièrent, en se condensant, un poids et une force qui les déterminent à se précipiter vers le vide successif que le soleil forme à l'ouest. Voilà donc une force active et un déplacement successif, enfin un courant d'air déterminé entre les tropiques. Telle est l'économie de la nature dans la formation des vents alizés. En effet, l'expérience confirme pleinement la théorie. Le vent alizé est constant comme la marche de l'astre qui est le principe; il n'est jamais accompagné de tempête; par un beau temps, il prend une activité très-marquée pendant le jour, et redevient plus calme la nuit. Peut-être objectera-t-on le peu de force du vent alizé qui, dépendant de la marche du soleil, devrait avoir une vitesse proportionnée à celle du mouvement de la terre sur son axe; car ce vent ne fait qu'environ dix-pieds par seconde, tandis que l'équateur en parcourt quatre cent vingt-cinq dans le même espace de temps. Mais cette difficulté paraîtra sans force si l'on considère que le soleil n'agit à la fois que sur une partie de l'atmosphère, et qu'il a conséquem-

ment beaucoup de résistance à vaincre à chaque instant, soit pour échauffer, soit pour déplacer les masses d'air sur lesquelles il agit. D'ailleurs l'atmosphère supérieure, qui ne participe point à cette action du soleil, forme un obstacle; la surface du globe hérissée de montagnes en présente un autre, à quoi il faut ajouter une décomposition de forces très-propre à retarder le mouvement dont il s'agit. Le soleil agissant par sa chaleur sur une zone aussi étendue que celle des vents alizés, ne peut avoir une action égale sur tout cet espace, et l'on conçoit facilement que lorsqu'il est dans l'équateur, la partie de l'atmosphère qui répond verticalement à ses rayons est plus échauffée que celle qui se trouve à trente degrés de distance vers le nord ou vers le sud. Il en résulte donc que les colonnes d'air du nord ou du sud pressent sur les colonnes orientales, qui, en se refroidissant, viennent remplacer les vides que le soleil produit par sa chaleur vers l'ouest. Ainsi, dans l'hémisphère boréal, le vent alizé doit prendre en partie du nord, et dans l'hémisphère austral le même vent doit prendre en partie du sud, et c'est ce qui arrive en effet. Or, ces deux vents, en se rencontrant vers l'équateur, s'affaiblissent nécessairement par leur choc et par la destruction de leurs directions opposées, et, il en résulte sous la ligne même un vent directement à l'est, mais calme, qui est est-nord-est et est-sud-est, plus frais; à quelque distance de l'équateur, et qui, sur les limites respectives des vents alizés, est presque nord-est et sud-est.

ALIZÉS (*vents*). On vient de voir dans l'article précédent que les vents alizés soufflent entre les tropiques dans la direction constante de l'est à l'ouest, ajoutons que plus d'une fois ils se font sentir au delà des tropiques, et qu'ils s'étendent jusqu'au 40° degré de latitude boréale ou centrale. Les physiciens ont cherché à tout temps à indiquer les causes de ce phénomène, mais les explications que la plupart d'entre eux ont données sont loin d'être satisfaisantes. Nous nous bornerons à citer l'opinion de Hadley. L'action efficace du soleil entre les tropiques, dit ce savant physicien, échauffe prodigieusement l'atmosphère, force l'air à se dilater, à s'élever dans les régions supérieures et, par là, cause un vide que l'air situé au delà des tropiques vient remplir sur les deux côtés de l'équateur. Ce n'est pas tout; en tournant rapidement sur son axe d'occident en orient, la terre doit communiquer à la masse d'air qui l'entoure un mouvement de rotation dont la vitesse est nécessairement proportionnelle à la longueur du rayon du parallèle (cercle de latitude) où se trouve chaque portion de cette masse. Mais, comme ces diverses parties de la masse d'air sont tour à tour poussées vers l'équateur avant qu'elles aient pu acquérir le degré de vitesse qu'elles devraient avoir, elles tournent moins vite que les parties correspondantes du globe, de sorte qu'elles frappent la terre en sens contraire de son mouvement, ce qui produit un courant d'air dans ce même sens, c'est-à-dire de l'est à l'ouest. Il y a plus : en se rendant vers les tropiques, l'air qui vient des parallèles plus éloignés acquiert une vitesse qui lui est propre, et qui s'exerce dans le sens du méridien; ce mouvement, qui coupe presque perpendiculairement le mouvement de rotation, produit en se combinant avec ce dernier un mouvement composé qui éloigne l'air de l'équateur, le pousse au nord dans l'hémisphère boréal, et au sud dans l'hémisphère austral. —Mais, dit-on, la ligne qui sépare les alizés du nord-est des alizés du sud-est se trouve, non sous l'équateur, mais à trois ou quatre degrés de l'équateur au nord. Cela peut tenir à des causes locales, et surtout au séjour plus long du soleil dans l'hémisphère nord que dans l'hémisphère sud; ce qui excitant nécessairement une plus grande dilatation de l'air le rend si faible qu'il ne peut résister à la pression qu'exerce sur lui l'air qui arrive du sud. Dans la mer du Sud, en effet, les vents alizés dépassent moins l'équateur que dans l'océan Atlantique. C'est que la température étant plus froide au sud qu'au nord à latitude égale, l'air moins raréfié oppose plus de résistance à la pression des masses d'air latérales. —On croit que dans les régions supérieures de l'atmosphère et par-dessus les vents alizés, il règne un contre-courant de l'ouest à l'est, et directement opposé au cours de ces vents. Ce contre-courant est probablement produit par l'air que la raréfaction qui s'opère sous les tropiques force à s'élever et qui reflue de l'équateur vers les pôles pour remplacer celui qui des pôles vient vers l'équateur. — On a remarqué plus d'une fois que lorsqu'une éruption volcanique entre les tropiques élève dans les airs des nuages de cendres, ces matières vont souvent retomber à l'est du volcan; cela fait supposer qu'elles ont franchi la hauteur des vents alizés et qu'elles sont emportées par un vent contraire. — Sur la limite des vents alizés on trouve les vents étésiens, ainsi nommés d'un mot grec qui signifie annuel; ils soufflent tous les ans pendant quelques mois dans la saison des chaleurs; ils ont la même direction que les vents alizés, mais ils ne sont guère sensibles que sur la Méditerranée. J. DE MARLÈS.

ALKALI. (*V.* ALCALI.)

ALKERMÈS, nom d'un insecte qui sera décrit au mot KERMÈS (*V.*).

ALKMAAR, qu'on écrit aussi Alkmaër, et qu'il faut prononcer *Alcmâr*, ville de la Nord-Hollande, située entre la mer du Nord et le Zuyderzée, et l'une des plus anciennes, pour ne pas dire la plus ancienne de tout le pays. Elle en a été aussi l'une des plus florissantes par son commerce, jusqu'au moment où Amsterdam, dont elle n'est éloignée que d'environ sept lieues N. O., lui enleva sa supériorité. Cette ville n'a pas cessé néanmoins d'être renommée pour la bonté de ses fromages et de son beurre. Elle reste, comme jadis, rivale d'Haarlem, pour la richesse de ses parterres et la beauté des tulipes qu'on y cultive, en raison d'une ancienne *anthomanie* des Hollandais qui n'a rien perdu encore de son intensité. La ville d'Alkmaar fut souvent ravagée par les Frisons, peuples septentrionaux vivant de l'autre côté de la mer Intérieure; en 1573, dans la longue et sanglante lutte des Hollandais contre Philippe II, roi d'Espagne, lutte dont le résultat fut l'affranchissement des Provinces-Unies, elle soutint contre les Espagnols un siége que ceux-ci furent contraints de lever. — Alkmaar fut le berceau de Corneille Bontekoe, médecin distingué, mort en 1685. P. E. R.

ALLA BREVE, mot italien qu'on place en tête d'un morceau de musique pour indiquer une mesure à deux temps très-précipitée. Cette mesure se compose d'une ronde et se marque par un 2 ou par un C barré; le mouvement est à deux temps et doit être très-hâté; sous la mesure de l'*alla breve*, il faut exécuter les rondes aussi vite que les blanches, les blanches aussi vite que les noires, les noires aussi vite que les croches, et ainsi de suite. — L'*alla breve* n'est plus guère en usage qu'en Italie et dans la musique d'église; elle s'appelle aussi *alla capella*. — Il est encore d'autres mesures dans le genre de l'*alla breve*, comme l'*alla zoppa*, qui marque un mouvement contraire et syncopant, comme si entre deux notes de même valeur, deux croches par exemple, il se trouve une note de valeur double, une noire; l'*allà ottava*, qui se marque ainsi 8ᵃ, indique qu'il faut jouer le morceau à l'octave au-dessus ou au-dessous du médium, etc.

ALLACCI (LEONE), né en 1586 dans l'île de Chio, était d'une famille de Grecs schismatiques. Ses parents l'envoyèrent à l'âge de neuf ans en Calabre: après y avoir consacré cinq années à ses études, il se rendit à Rome pour les achever. En 1622, il fut chargé par le pape Grégoire XV de transporter à Rome la bibliothèque de Heildelberg, que l'électeur de Bavière avait offerte au saint-père. Allacci devint ensuite bibliothécaire du cardinal Fr. Barberini, et en 1661 il fut nommé bibliothécaire du Vatican, place qu'il occupa jusqu'à sa mort, qui arriva en janvier 1669. — Allacci était un savant laborieux qui, servi par une mémoire prodigieuse, amassa pendant une longue vie consacrée à l'étude des trésors d'érudition. Mais on s'aperçoit, en lisant ses ouvrages, qu'il manquait de finesse et de jugement dans sa critique. Ses œuvres, très-volumineuses, traitent en général de matières théologiques; il a publié aussi quelques écrits littéraires. — Minutieux et méthodique jusque dans les plus petits détails, Allacci se servit, assure-t-on, pendant quarante ans de la même plume, et il éprouva un véritable chagrin lorsqu'il perdit ce fidèle instrument de ses travaux. Afin de s'y livrer avec plus d'assiduité, il ne voulut jamais se marier; mais il se refusa aussi à recevoir les ordres. Comme le pape Alexandre VII l'questionnait au sujet de ces deux résolutions qui lui paraissaient contradictoires, Allacci répondit qu'il ne se mariait pas pour pouvoir prendre les ordres quand il voudrait, et qu'il ne s'engageait pas dans les ordres pour pouvoir se marier s'il lui en prenait fantaisie. — La plupart de ses ouvrages sont écrits en latin et signés du nom d'*Allatius*. JULES VAN GAVER.

ALLAH, mot arabe composé de l'article *al* et du substantif *elah*, qui signifie l'*Être adorable*. C'est le dieu de tous les mahométans. *Allah* est le maître du monde dans la religion du prophète: il tire son origine de lui-même et domine tous les êtres. De lui procèdent toutes choses, la matière et l'intelligence (*V.* ISLAMISME). Le nom d'*Allah* répond à celui d'*Élohim*, qui signifie Dieu chez les Hébreux.

ALLAH-ABAD (*géograph.*), province de l'Hindoustan, l'une des plus fertiles de ces contrées, renferme deux villes importantes, *Allah-abad* et *Bénarès*. La première est regardée par les naturels du pays comme une ville sainte et privilégiée; elle est située non loin du confluent de la Djumnah et du Gange. Les Hindous ont donné à ce confluent, qu'ils regardent aussi comme sacré, et dont ils doivent faire le pèlerinage une fois au moins dans le cours de leur vie, le nom de *Prayaga*. *Bénarès* renferme une population de 600 mille habitants; c'est une des villes les plus importantes de l'Hindoustan; elle est située à environ 19 lieues d'Allah-abad; on y remarque une mosquée magnifique élevée par Aureng-Zeb: tout le système planétaire se trouve représenté dans sa coupole qui se meut à volonté; ce système est à peu près celui de Copernic, mais il remonte à une bien plus haute antiquité. On est frappé aussi de la beauté des quais qui bordent le Gange et qui sont tous construits en pierre. Les écoles de Bénarès sont célèbres; il y vient une grande quantité d'étudiants de toutes les parties de l'Inde. Enfin, cette ville a mérité d'être appelée l'Athènes des Indiens. Son commerce est considérable, surtout en soies, en toiles de coton et en indigo. — La province d'Allah-abad a subi depuis l'an 1000, jusqu'au moment où elle est devenue possession anglaise, la domination de divers radjas ou monarques. Tour à tour envahie par Mahmoud, sultan de Ghasna (1021), par le sultan gauride Mohammed-Chebad-Eddin (1193), dont les successeurs, souverains de Dehly, la conservèrent pendant deux siècles; usurpée par Kwadja Djihan (1394); ministre d'un de ces rois de Dehly qui fit du territoire de cette province un royaume indépendant; reconquise (1478) par le prince qui fonda la dynastie des Afghans à Dehly; la province d'Allah-abad ne reçut que fort tard de l'empereur Akber le nom qu'elle porte aujourd'hui. Après bien des vicissitudes nouvelles, après être devenue la propriété des nababs d'Aoude, elle tomba enfin au pouvoir des Anglais. Cette puissance fut reconnue dans le district de Bénarès en 1775, par un traité conclu avec Assaf-Eddaulah, et, dans la province entière d'Allah-abad, 26 ans plus tard, en 1801, par une convention faite avec Saudet Ali, successeur d'Assaf-Eddaulah. — La ville d'Allah-abad est devenue d'une importance extrême pour les Anglais; elle leur sert, pour ainsi dire, d'arsenal; la population de la province excède 7,000,000 d'habitants.

ALLAINVAL (D') (LÉONOR-JEAN-CHRISTINE-SOULAS), abbé, né à Chartres, vers le commencement du XVIIIᵉ siècle. Il ne manquait pas d'esprit et de talent; cependant il vécut dans une extrême misère et mourut à l'Hôtel-Dieu en 1753. C'est à ce malheureux abbé, souvent réduit, dit-on, à chercher pour la nuit un gîte dans une de ces chaises à porteurs alors en usage, que le public fut redevable de l'*Embarras des richesses*, charmante comédie représentée au théâtre Italien avec beaucoup de succès: nous devons citer aussi le *Tour de Carnaval* et l'*Hiver*, joués au même théâtre; la *fée Marotte*, à l'Opéra-Comique; l'*École des Bourgeois*, sa meilleure comédie après l'*Embarras des richesses*; les *Réjouissances publiques*, ou le *Gratis*, la *Fausse comtesse*, et le *Mari curieux*, au Théâtre-Français. — L'abbé d'Allainval n'a pas seulement fait des pièces de théâtre, il a aussi publié de petits opuscules assez plaisants: *Bigarrures calotines*, 4 vol. in-12. — *Éloge de Car*, 1731. — *Lettres à Milord**** *au sujet de Baron et de la demoiselle Le Couvreur*, in-12. — *Almanach astronomique*, *géographique et qui plus est* VÉRITABLE; *Anecdotes de Russie sous Pierre Iᵉʳ*, 1745, 2 petits vol. in-12.

ALLAITEMENT. Il n'y a rien dans le monde de plus conforme à la nature que l'allaitement de l'enfant par sa mère; aussi tous les moralistes ont-ils eu raison de s'élever contre les nourrices mercenaires; mais ici comme partout l'exception se place à côté de la règle. Si l'on examine la femme qui a conçu, on voit en effet les glandes mammaires se gonfler dès les premiers moments de la fécondation, et le fluide qu'elles sécrètent offrir toutes les qualités propres à la nourriture de l'être faible et délicat qui vient de naître. Mais si, parmi tous les animaux, se retrouve cette dépendance intime de la mère et de l'enfant, de nombreux empêchements existent dans l'espèce humaine. Ainsi il se peut que la laitée se montre jamais, comme nous en avons eu un exemple sous les yeux chez une dame, mère de quatre enfants; le mamelon peut manquer ou être mal conformé; ou bien encore ce sont des maladies graves, comme la phthisie, l'aliénation, les scrofules, la syphilis, etc. La faiblesse peut être suffisante pour faire tomber dans l'épuisement ou le marasme, et forcer à suspendre l'allaitement; une jeune dame peut avoir des crevasses tellement douloureuses qu'elles la jetaient dans des demi-défaillances, lui occasionnaient de violents maux de tête, à la suite desquels sa raison semblait s'égarer. Parmi les causes qui doivent encore empêcher la mère de nourrir, il faut citer la fièvre, les passions; des vices de conformation, tels que le bec de lièvre, peuvent d'un autre côté s'opposer à ce que l'enfant prenne le sein, etc. — La trop petite quantité de lait n'est point un obstacle à l'allaitement, parce que la succion prolongée peut l'augmenter, et qu'on peut d'ailleurs suppléer à sa moindre quantité par le lait coupé d'un animal. La présence des règles n'est pas non plus une contre-indication, lorsque la santé de l'enfant n'en souffre pas; si cependant il éprouvait des coliques ou d'autres symptômes, on remplacera, pendant les jours que dure l'écoulement menstruel, le sein maternel par un lait étranger. La même raison peut être faite pour la grossesse; quand la femme et l'enfant se portent bien, il n'y a pas de raison pour discontinuer l'allaitement; l'exemple des villageoises qui donnent le jour à un enfant tous les ans, et nourrissent pendant neuf mois, prouve que l'objection n'est que spécieuse. La mauvaise conformation du mamelon peut s'opposer à l'allaitement; on y remédie sans doute, en faisant opérer, un mois avant l'accouchement, la succion par une personne adulte, ou par des chiens nouveau-nés, ou bien encore en ayant recours aux bouts de sein artificiels; mais il n'en est pas moins vrai qu'il est quelquefois impossible de surmonter les difficultés : une jeune dame, dont le lait était très-abondant, ne put jamais nourrir à cause de l'absence du mamelon; la liqueur sortait des canaux lactifères, mais les lèvres du nourrisson se promenaient avidement sans pouvoir rien saisir. — Parmi les causes qui peuvent exercer une haute influence sur la nourriture de l'enfant, l'habitation dans les grandes villes, les professions, les conditions sociales, l'état de santé, n'ont pas été assez pris en considération. Oui certes, la mère doit allaiter son enfant, c'est un fait que nous reconnaissons; mais les circonstances que nous venons d'indiquer ne modifient-elles pas cette proposition générale? A voir des individus nombreux qui portent sur la figure l'expression de la souffrance et de la maladie, n'est-on pas en droit de se demander si l'allaitement des campagnes n'aurait pas retrempé chez eux les sources de la vie? notre conviction sur ce point est basée sur des faits multipliés. Toutes les fois que cela a été en notre pouvoir, nous avons constamment envoyé à la campagne les enfants nés de parents faibles et délicats; deux à trois ans de séjour loin des villes ont eu la plus heureuse influence, et les nourrissons sont revenus gros, forts et pleins de santé. Comment d'ailleurs ne pas reconnaître l'action toute-puissante de l'air, en observant l'extinction graduelle des populations des villes, qui deviendraient bientôt d'immenses tombeaux si les campagnes ne comblaient sans cesse les vides? Que de causes de mort dans une multitude de professions, dans la mauvaise alimentation, dans l'étroitesse des logements, dans la viciation de l'air! Jamais on ne pourra nous faire croire que l'insalubrité de l'atmosphère ne soit pas nuisible à l'homme; jamais nous n'admettrons que les maladies héréditaires, la phthisie, la folie par exemple, ne puissent être modifiées avantageusement par un lait étranger. Nous avons l'intime persuasion que la grande mortalité des enfants dans les villes doit être surtout attribuée à l'habitude que les mères ont prise de les nourrir elles-mêmes et de les élever. — Mais, après avoir fait la part de ce qui est, nous nous empressons de le proclamer, l'allaitement de la mère, placée dans des circonstances favorables, est pour elle et pour l'enfant une loi nécessaire, indispensable. La femme qui nourrit échappe à beaucoup d'accidents. Lorsque le nouveau-né est vigoureux, la fièvre de lait manque ou paraît à peine; on n'a point à redouter les accidents inflammatoires, la congestion ou la péritonite, la métrite, la folie puerpérale, les sueurs abondantes et les éruptions qui en sont la suite; enfin on évite encore ainsi la tension douloureuse, l'engorgement des seins, les rhumatismes, les lochies excessives et de trop longue durée. — Les avantages de l'allaitement maternel ne sont pas moins positifs pour l'enfant. Le lait nouveau de sa mère, appelé colostrum, lubréfie la surface interne du conduit intestinal, le fait contracter sans efforts, délaye le méconium, et par cela même en rend l'expulsion plus facile. Ses qualités changent avec les forces de l'enfant; séreux, jaunâtre, peu abondant, il ne tarde pas à devenir plus substantiel, plus riche : cette différence du lait, suivant les époques, explique très-bien pourquoi les nouveau-nés, allaités par les nourrices temporaires des hôpitaux, dépérissent rapidement entre leurs mains, malgré la quantité du lait. Ce n'est pas seulement par ses propriétés

que l'allaitement maternel est si supérieur à tout autre, il l'est encore par ces soins véritablement instinctifs, et qui semblent aller au-devant de tous les besoins de l'enfant. — Il y a dans l'allaitement quelques circonstances qu'il importe de connaître, et au premier rang desquelles il faut placer l'action de teter. Lorsque l'enfant exerce convenablement la succion, on entend le bruissement du liquide qui passe de la bouche dans l'œsophage, et, lorsqu'il est trop abondant, on le voit ruisseler sur les lèvres. L'enfant tette-t-il à vide, pour nous servir de l'expression consacrée, on n'entend plus le bruissement que nous avons signalé, et les mouvements de déglutition n'ont lieu que d'une manière incomplète. Il faut alors être sur ses gardes, car l'enfant s'épuiserait en efforts superflus et s'affaiblirait de plus en plus. — On pourrait mettre le nouveau-né au sein presque aussitôt après sa naissance; mais la faim se fait rarement sentir dès les premiers instants. Au reste, les mouvements de succion qu'il exécute avec vigueur, les vagissements qu'il pousse, indiquent assez le besoin qu'il éprouve. Quelques personnes veulent qu'on attende jusqu'après la fièvre de lait pour faire teter l'enfant; un nouveau-né faible ne pourrait supporter un pareil délai sans inconvénients. En général, le sein doit être donné de bonne heure. Dans les premiers temps, l'enfant tette souvent, parce qu'il prend peu à la fois; mais après les sept ou huit premières semaines, il met plus d'intervalle dans ses demandes. Il est difficile de fixer le nombre de ses repas; il doit nécessairement varier selon sa force et celle de la mère, l'abondance et la qualité du lait. Cependant, d'après plusieurs accoucheurs éclairés, et surtout d'après l'expérience des mères, on peut donner comme terme approximatif l'espace de deux heures pour les premiers temps, de trois heures à une époque plus éloignée; on peut les écarter un peu plus la nuit que le jour. Certaines nourrices ne présentent qu'un sein, et réservent l'autre pour l'allaitement prochain; cette habitude a des inconvénients, et les mamelles ne se prêtent guère d'ailleurs à cette alternative. — A quelle époque convient-il d'ajouter un aliment nouveau au lait? On a fixé cette addition au quatrième mois; cependant rien n'est plus variable encore que cette nécessité. C'est sur la fatigue qu'éprouve la mère, sur les besoins que l'enfant paraît ressentir, qu'il faut se guider à cet égard. Les crèmes de pain à l'eau sucrée, au lait, à l'œuf, plus tard même au bouillon, sont l'aliment le plus convenable; elles sont ordinairement avec la croûte séchée au four, ramollie dans l'eau et passée qu'on les compose. Les nourrices de la campagne sont dans l'habitude de donner dans les premiers huit jours à leurs enfants de la bouillie faite avec de belle farine de froment et du lait de vache. Nous croyons cet aliment bien inférieur aux précédents, et peut-être même donne-t-il lieu aux flatuosités et aux coliques qui tourmentent si souvent les enfants. — Il arrive un moment où il convient de cesser l'allaitement; mais cette période de l'âge n'est pas indiquée d'une manière plus précise que dans le cas précédent. On peut cependant dire, avec raison, que l'époque où l'enfant a ses vingt premières dents est celle où l'allaitement doit se terminer. Les anciens paraissent avoir cette opinion; c'est du moins ce que semble dénoter l'expression de dents de lait. Cette détermination peut être, au reste, modifiée par différentes causes qui seront examinées à l'art. SEVRAGE. Par la même raison, nous renvoyons au mot NOURRICE tout ce qui concerne l'allaitement par une femme étrangère. — La personne qui nourrit n'a pas à suivre des règles particulières de régime, mais il est évident qu'elle doit se conformer plus strictement que jamais aux lois de l'hygiène, puisque sa santé est si intimement liée à celle de son nourrisson. L'alimentation n'est point sans une grande influence, et quoiqu'on ne puisse établir de préceptes absolus à cet égard, il faut cependant faire observer qu'il est des précautions qu'on ne saurait négliger sans inconvénient; c'est ainsi, par exemple, que les liqueurs alcooliques peuvent causer des coliques, des convulsions, l'ivresse, et peut-être même la mort. Les épices, le café, le thé, ne conviennent pas au nouveau-né; il ne faut pas seulement que la femme évite les aliments excitants; les émotions, les impressions trop vives lui sont également défavorables, et quelquefois même très-nuisibles. Lorsqu'elle se livre aux devoirs conjugaux, elle ne doit pas présenter le sein immédiatement après l'émotion qu'elle vient d'éprouver; l'exercice dans des limites convenables est très-salutaire. Quant au froid, on ne saurait assez recommander à la mère de se garantir de son action. — Une question qui n'est pas sans intérêt se présente naturellement ici. Quelle est l'influence de la nourriture sur l'organisation et les dispositions morales de l'enfant? Un homme d'un mérite incontestable, Désormeaux, a prétendu que la transmission des qualités morales avait plutôt lieu par l'imitation des manières de la mère et l'espèce d'éducation qu'elle lui donne que par le lait. Cette opinion nous paraît beaucoup trop exclusive. Cessez de vous renfermer dans les généralités, et observez avec soin dans un grand nombre de faits : vous acquerrez la conviction que la nature du lait, qui dépend beaucoup de la constitution physique et morale de la nourrice, a une véritable influence sur la santé et la constitution de l'enfant, et qu'elle n'est pas non plus sans action sur son développement intellectuel et moral. Nous connaissons deux frères qui ont été élevés avec le lait de chèvre ; tous les deux sont vifs, pétulants, emportés, colères, mais doués d'un excellent cœur. Des exemples bien authentiques démontrent que le caractère de la nourrice se reproduit dans l'enfant : comment nier l'influence de l'alimentation, en observant les changements de caractère, d'habitudes, de mœurs, que présentent les peuples, suivant les différentes espèces de nourriture. Comparez l'Indien avec l'Anglais, et le Français avec le Flamand ou le Hollandais. Voyez ce qui se passe chez les hommes qui se nourrissent exclusivement de viandes ou de végétaux. Y a-t-il quelque comparaison à établir entre celui qui mène une vie sobre, boit de l'eau, et l'individu qui mange des viandes rôties et boit des vins généreux ? Une abstinence prolongée ne détruit-elle pas toute énergie, tandis que des aliments trop succulents réveillent et excitent les passions ? Sans vouloir attribuer à la nourriture une action toute-puissante, il faut cependant avouer qu'elle modifie fortement l'organisation, et ceci nous paraît une conséquence toute naturelle de l'étroite liaison que Dieu a mise entre l'esprit et le corps. Bien persuadé de cette vérité, nous attacherons toujours beaucoup d'importance au choix d'une nourrice, et chez elle les qualités morales ne seront pas moins recherchées que les qualités physiques.

ALLAITEMENT ARTIFICIEL. Il peut arriver que les obstacles du côté de la mère et de l'enfant soient insurmontables, et, quelque rares que soient ces circonstances, les besoins du nouveau-né exigent qu'un allaitement artificiel lui soit donné ; c'est le plus ordinairement au lait des animaux qu'on a recours dans ce cas. Le plus généralement employé est celui de chèvre ou de vache. Pris sans mélange, ce lait ne saurait convenir à tous les estomacs ; aussi a-t-on la précaution de le couper. Dans les derniers mois on le donne pur, et quelquefois alors, pour lui conserver ses propriétés, on fait téter l'animal par l'enfant ; mais cette méthode exige des conditions de logement qui en rendent l'usage difficile. On préfère, en général, la chèvre aux autres animaux, à cause du peu de grosseur de ses trayons et de la facilité avec laquelle on la dresse : il faut la choisir blanche, parce que le lait a moins d'odeur, et avoir soin qu'elle soit jeune.—Le lait de chèvre ou de vache se coupe avec la décoction d'orge, de riz, de gruau, ou avec l'eau sucrée. Les proportions de ces liquides dépendent de l'âge et de la force des organes de l'enfant. La dose du mélange est d'abord des deux tiers ; on la diminue ensuite graduellement jusqu'à ce que l'enfant ait atteint l'âge de 6 mois ; époque à laquelle on donne le lait pur. — Quant à ce qui est du mode d'administration, il présente quelques variétés. Les uns se servent du gobelet, les autres de la cuiller ; mais le biberon terminé par un tuyau étroit est plus commode. Les biberons ordinaires consistent tout simplement en une bouteille d'une forme quelconque dont on garnit le goulot avec une éponge fine : il est nécessaire de la changer et de la laver souvent pour empêcher de contracter une odeur désagréable. Le lait doit être renouvelé pour que ses qualités ne s'altèrent pas ; il ne doit être également préparé qu'à mesure qu'on en a besoin : il convient aussi que la température du liquide soit tiède ; pour cela, on fait chauffer un peu le mélange avec lequel on coupe le lait le plus récemment trait qu'il est possible, et l'on verse le tout dans le biberon que l'on offre à l'enfant. Dans ces derniers temps, M. le Breton et M. Darbo ont proposé des biberons qui paraissent offrir plusieurs avantages.—La nourriture des animaux exerce une influence marquée sur leur lait ; aussi, dans les premiers temps de la vie, doivent-ils être alimentés avec des végétaux verts ; il n'est pas moins important qu'ils mangent en plein air et en liberté, qu'ils couchent sur la paille renouvelée chaque jour. Est-on dans la nécessité de les nourrir dans les villes, on aura soin de les étriller exactement pour faciliter la transpiration, et de les promener un peu. Enfin, il n'est pas non plus indifférent de conserver l'animal qu'on a choisi, le changement ne pourrait être que préjudiciable. Lorsqu'il n'y a qu'un enfant, on prend les précautions convenables pour débarrasser les mamelles du superflu du lait. — Si l'enfant ne pouvait prendre l'allaitement artificiel, on lui donnerait du lait sucré, de petites soupes de biscottes bouillies, etc.

A. BRIERRE DE BOISMONT.

ALLAN (DAVID), peintre écossais. Nous citerons quelques-uns de ses tableaux : le Carnaval à Rome, l'Origine de la peinture, les Bergers calabrais. Il a fait aussi plusieurs gravures et quelques estampes à l'acqua-tinta, qui ont été justement remarquées. Allan, né à Alloa en 1744, mourut à Édimbourg en 1796.

ALLA-OUL-DIEN, neveu de l'empereur mahométan de l'Inde Féroze II, de la dynastie de Chiligi. Ce prince avait été élevé par son oncle avec le plus grand soin, et il reçut de lui la soubahbie du Kourrah, contrée limitrophe du Dékhan, et celle de la province d'Oude. Les avantages qu'il obtint sur les Hindous voisins de son gouvernement lui inspirèrent le désir des conquêtes ; il entreprit celle du Dékhan (1294). Il partit avec huit mille cavaliers déterminés, traversa les territoires de plusieurs radjahs, publiant sur sa route qu'il allait offrir ses services à Ramdeo, radjah de Telingam, le plus puissant prince hindou de la Péninsule. A l'aide de ce stratagème et par une marche de deux mois, il arriva sans opposition jusqu'à Deoghir, capitale de Ramdeo. Celui-ci, pris à l'improviste, n'avait pu réunir que deux ou trois mille soldats ; et, persuadé que les troupes d'Alla, ne formaient que l'avant-garde de l'armée impériale, il offrit au chef musulman une somme considérable pour la rançon de la ville et du pays. Alla accepta ; mais par malheur, au moment où il commençait sa retraite, le fils aîné de Ramdeo arriva conduisant vingt-quatre ou vingt-cinq mille hommes. Vainement son père lui fit-il dire que la paix était faite ; comptant sur le nombre de ses soldats, il donna le signal du combat. Les musulmans combattirent avec la plus grande valeur, et les Hindous opposèrent une assez vive résistance ; mais à la fin ils furent complètement défaits, la ville fut livrée au pillage, et Ramdeo fut obligé de souscrire aux conditions les plus dures. Alla s'en retourna chargé d'un butin immense. Cependant Féroze, qui depuis plusieurs mois n'avait point de nouvelles de son neveu, craignit qu'il ne lui fût arrivé quelque accident sinistre, et il partit de Délhi à la tête d'un corps nombreux de cavalerie ; mais à peu de distance de sa capitale, il apprit que son neveu revenait vainqueur du Dékhan ; il reprit alors le chemin de Délhi. A peine y fut-il arrivé, qu'il reçut un message d'Alla-oul-Dien. Le prince demandait grâce pour lui et pour ceux qui l'avaient accompagné dans son expédition, pour laquelle il n'avait point demandé le consentement de son souverain. Le confiant Féroze lui répondit par une lettre pleine d'expressions de tendresse. Alla eut l'air d'insister sur la demande du pardon. Il chargea son frère Almass, qui résidait à Délhy, de représenter à l'empereur qu'il était public dans Kourrah, que sa perte était décidée, de le conjurer de pardonner, et de l'avertir que s'il ne se laissait point toucher, il allait lui-même terminer ses jours par le poison. Féroze, ému jusqu'au fond du cœur, ne voulut pas s'en rapporter à des messagers pour aller calmer les vives craintes de son neveu ; il déclara qu'il se rendait lui-même au Bengale, où Alla-oul-Dien s'était retiré comme s'il n'eût voulu que se procurer un asile, tandis qu'il s'occupait en secret à faire des levées d'hommes. Mais Féroze avait eu soin de l'enfance d'Alla ; il l'avait traité, il l'avait chéri comme son fils ; pouvait-il le soupçonner d'intentions criminelles ? Il arriva par le fleuve sur une simple chaloupe, sans troupes, sans escorte, avec huit ou dix serviteurs. Alla s'avança de son côté avec quelques amis. Dès que l'empereur eut mis le pied sur le rivage, Alla se prosterna devant lui ; Féroze le prit par la main pour le relever, et il l'embrassa tendrement en lui disant : Je t'ai toujours tenu lieu de père : pouvais-tu croire que le père conspirerait contre la vie de son fils ? Ce fut ce moment que le perfide Alla choisit pour donner le signal aux assassins qu'il avait amenés. Au premier coup de poignard, l'infortuné monarque s'écria : Que fais-tu, traître ? Ce furent ses derniers mots. De nouveaux coups lui arrachèrent la vie. Un de ces infâmes meurtriers saisit par les cheveux la tête du noble vieillard, la coupa, la planta au bout d'une lance et la promena dans le camp en criant : Vive Alla notre nouveau maître ! — La nouvelle de ce lâche assassinat plongea dans la consternation les habitants de Délhy. Les deux fils de Féroze firent d'infructueux efforts pour saisir la couronne : l'ascendant d'Alla-oul-Dien l'emporta. Des distributions d'argent et de vivres au peuple, des titres d'honneur aux grands, de l'or à tous ceux qui en voulurent en échange de leur loyauté, tels furent les moyens, presque toujours efficaces, par lesquels le bourreau de son oncle fit sanctionner son odieuse usurpation par le peuple. La mort de ses deux cou-

II.

sins la consolida. Cent mille Mogols crurent pouvoir profiter des troubles de l'Hindoustan ; ils envahirent le Penjâb (1296). Elich, frère d'Alla, fut envoyé à leur rencontre, et il remporta sur eux, dans les champs de Lahore, une victoire qui leur coûta vingt mille hommes, ce qui les contraignit de se retirer. L'année suivante, le Guzzerat fut dévasté et plusieurs de ses villes reçurent garnison musulmane. Quelques mois après, les Mogols reparurent beaucoup plus nombreux que la première fois. Ils éprouvèrent d'abord des échecs ; mais il leur vint des renforts si considérables, que les troupes d'Alla furent contraintes de se replier sur Délhy. Cette ville elle-même ne tarda pas à être investie. Le danger était grand. Pour le faire cesser, il fallait une victoire. Alla-oul-Dien l'obtint, sanglante mais complète. Il y perdit le brave Ziffer, son plus habile capitaine. Ziffer s'était mis à la poursuite des vaincus avec un corps peu nombreux de cavalerie, comptant qu'il serait soutenu ; Alla donna l'ordre à son frère de se joindre à Ziffer. Élich, jaloux de la gloire de ce dernier, n'obéit pas, et Ziffer fut accablé par le nombre. — Alla-oul-Dien, vainqueur des Mogols, ouvrit son cœur à l'orgueil ; et comme si la gloire des armes ne suffisait pas à un homme qui ne savait pas lire, il aspira non-seulement à celle d'administrateur, mais encore à celle de législateur et de prophète. De même que Mahomet, il voulait donner à ses sujets une religion nouvelle. Le chef de la justice, Alla-oul-Moulouk, le fit renoncer à ce dessein. Il en avait formé un second qui n'était pas d'une exécution plus facile : c'était de faire la conquête de tout le monde connu. Il prit même le nom de *Secander* second, *Alexandre* II. La monnaie battue à cette époque portait ce nom autour de son effigie. Il fallait commencer par subjuguer tous les princes de la Péninsule, et reprendre sur les Mogols les provinces septentrionales du Sind. L'armée envoyée contre le radjah de Rantampour ayant été battue, il prit en personne avec des renforts le chemin de Rantampour où se trouvait l'armée sous les ordres d'Élich (1299). Arrivé à Zilpour, il fit halte pour laisser reposer ses chevaux, et comme il restait encore quelques heures de jour, il voulut les employer à la chasse. La nuit le surprit au milieu d'une forêt ; il attendit le retour de l'aurore. Dès qu'elle parut, Akit, son neveu et son héritier, Akit que dévorait le désir de régner, le voyant presque seul, crut le moment favorable pour attenter à sa vie. Alla tomba percé de plusieurs flèches. Akit se disposait à lui couper la tête. On lui représenta qu'il y aurait peu d'honneur à mutiler un cadavre. Sur cette observation, il s'achemina sans délai vers la tente impériale, et annonça la mort de son oncle. Comme il était son plus proche parent, on le reconnut sans difficulté. Cependant Alla n'était pas mort ; revenu à lui au bout de quelques heures, il avait lui-même pansé ses blessures, et il s'était éloigné du lieu où le crime avait été commis. Il rencontra quelques chasseurs, auxquels il proposa de l'accompagner auprès de son frère. Mélik Hauid, l'un d'eux, lui représenta que l'usurpateur n'aurait pas eu encore le temps de consolider son pouvoir ; que les soldats lui étaient tous attachés, et qu'aussitôt qu'ils le reverraient, ils reviendraient en foule vers lui. Alla suivit le conseil de Mélik. Il fit déployer sa bannière blanche et reprit le chemin du camp. Les prévisions de Mélik se vérifièrent ; officiers et soldats, tous accoururent, et Akit, abandonné par l'armée entière, prit la fuite. Il fut poursuivi et atteint par des cavaliers qui le ramenèrent au camp, où il y subit la juste punition de son crime. Alla, guéri de ses blessures, pressa le siége de Rantampour ; mais les remparts de cette place étaient si forts et si élevés, que les généraux d'Alla, désespérant de pouvoir la réduire, conseillèrent à leur maître de lever le siége. Alla rejeta ce conseil timide, et fit construire une longue et large chaussée, qui, s'élevant par degrés, arrivait au niveau du sommet des remparts. Quand ce travail fut fini, l'assaut fut donné, la ville emportée et livrée au pillage, la garnison passée au fil de l'épée. Après cette conquête, l'empereur retourna à Délhy, où des révoltes fréquentes annonçaient l'existence de quelque vice dans le gouvernement. Il convoqua les principaux omrahs, ses généraux, ses ministres et les imans des mosquées, pour qu'ils l'aidassent à trouver le mal et qu'ils lui en indiquassent le remède. Après mûre délibération, on déclara que le mal provenait : du cumul des places qui donnaient le crédit et l'influence ; de l'alliance que formaient entre elles les familles puissantes, ce qui augmentait leur force par l'appui mutuel qu'elles se prêtaient ; de la division inégale de la propriété foncière, division qui plaçait toute la richesse territoriale dans un petit nombre de mains, de la trop grande étendue des pouvoirs donnés aux gouverneurs des provinces, lesquels, à force d'agir en souverains, voulaient le devenir ; de l'usage immodéré

du vin et des liqueurs spiritueuses, usage qui donnait lieu à des rassemblements, dont le but apparent était le plaisir et dont les résultats étaient les conspirations. Alla-oul-Dien, adoptant en entier les vues de l'assemblée, porta la réforme sur tous les abus qu'on avait signalés. Il s'attacha aussi à faire une répartition plus égale de l'impôt, et il tint la main à ce que tous les règlements nouveaux fussent exécutés. Ce qu'il y eut de plus extraordinaire, ce fut de voir cet empereur illettré protéger efficacement les lettres et les arts dont il avait appris à sentir le besoin et l'utilité, et il ne dédaigna point de se faire instruire lui-même. — Ces occupations paisibles n'empêchaient point Alla de diriger en personne ou par ses généraux les opérations de la guerre. Il avait envoyé une armée dans le Bengale, il en conduisit lui-même une autre (1303) devant la forteresse de Chitor. Les Mogols profitèrent de son éloignement de Délhy pour faire une irruption dans l'Hindoustan. Alla les contraignit de se retirer ; et, pour mettre désormais l'empire et sa capitale à l'abri de l'invasion, il résolut d'augmenter les fortifications de Délhy et de porter chez les Mogols mêmes le théâtre de la guerre. De ces deux projets le premier s'exécuta sans difficulté ; le second rencontra un obstacle invincible dans l'impossibilité actuelle de pourvoir aux frais d'une expédition de ce genre : mais, tandis qu'Alla travaillait à ramener l'ordre dans les finances, les Mogols envahirent de nouveau le Moultan (1304), et, repoussés avec beaucoup de perte, ils revinrent plus nombreux encore l'année suivante. Ces peuples s'étaient acharnés à la conquête d'un pays dont les grandes richesses allumaient leurs désirs ; ils furent plus maltraités dans leur seconde campagne qu'ils ne l'avaient été dans la première ; car, tandis qu'Alla les attaquait de front, son général Touglick leur coupait la retraite. Tous ceux qui ne périrent pas sur le champ de bataille furent faits prisonniers et condamnés à être écrasés sous les pieds des éléphants. L'horrible sentence fut exécutée ; Alla détestait les Mogols et il fut toujours pour eux sans pitié. Après avoir triomphé des Mogols, Alla tourna ses armes contre les radjahs de la Péninsule (1306) ; il envoya son favori Cafour, sorti de la servitude pour exercer les premières charges de l'État, faire le siége de Déoghir, plus connu sous le nom de Dowlat-Abad. Le radjah Ramdeo se sauva par une prompte soumission ; il alla lui-même à Délhy faire hommage de l'empereur de tous ses États, et l'empereur les lui rendit, en y ajoutant des territoires voisins, à la charge de les tenir comme un fief de l'empire. Le fort réputé imprenable de Sawana, au sud-ouest de Délhy, avait résisté jusque-là aux efforts de tous les prédécesseurs d'Alla ; il succomba devant lui. Son général Cafour ravageait alors même temps le Bengale, et prenait le fort d'Arinkel. Le butin immense que produisaient toutes ces conquêtes ne pouvait assouvir l'insatiable avarice de l'empereur ; il envoya Cafour, que la fortune avait constamment accompagné, faire la conquête du Carnatic. Cafour, s'il faut en croire Ferishta, déposa aux pieds de son maître des richesses inestimables : plusieurs éléphants furent chargés d'or, de perles et de pierreries. Les détails où entre Ferishta passent toute croyance. Mais il faut se rappeler que depuis un temps immémorial il recevait tous les ans, en échange de ses denrées, des quantités prodigieuses d'or et d'argent qui demeuraient à jamais enfouies dans le pays. Enivré des douceurs du despotisme flattèrent son cœur. Toutefois il abusa peu de son pouvoir ; la justice sagement administrée, le bon ordre maintenu, la paix intérieure, le commerce protégé, l'agriculture honorée, rendirent l'Hindoustan heureux, riche et puissant ; cet état de prospérité ne commença à s'altérer que lorsque l'empereur remit aux mains de son favori les rênes du gouvernement, afin de pouvoir se livrer tout entier au plaisir. La tyrannie de Cafour fit maître le mécontentement parmi les omrahs. Chizer, l'aîné des fils d'Alla, soubah de Chitor, mit à profit la disposition des esprits, pour se faire un parti qui le mit en état de balancer le pouvoir du favori. Celui-ci, qui ne voulait de rival ni dans l'autorité, ni dans la renommée, apprenant que Chizer se proposait d'envahir le Dékhan, obtint aisément de son maître la faculté d'y retourner en personne avec une armée, sous prétexte de faire rentrer plusieurs radjahs dans le devoir. Sa marche, comme de coutume, fut marquée par des triomphes ; mais Alla qui ruinait sa santé par les excès, étant tombé dangereusement malade, Cafour se hâta de retourner auprès de lui ; et comme la faiblesse physique de l'empereur rendait l'ascendant de Cafour plus absolu, il ne lui fut pas difficile à ce dernier de rendre suspects à son maître Chizer, ainsi que sa mère et plusieurs omrahs distingués, dont il pouvait redouter le crédit dans le cas où l'empereur viendrait à mourir. Chizer et son frère Shadi furent enfermés dans le château de Goualior; plusieurs omrahs périrent par le supplice. Ces exécutions alarmèrent plusieurs soubahs ou gouverneurs de provinces. Le Guzzerat, le pays de Chitor, tout le Dékhan, se soulevèrent; la révolte éclatait partout à la fois; sur plusieurs points de l'empire, les troupes d'Alla furent battues ou passèrent dans les rangs des rebelles. Ces nouvelles firent monter au plus haut degré l'irritation de l'empereur. L'espèce de rage à laquelle il s'abandonna rendit son mal plus actif, et, malgré tout l'art des médecins, il expira dans les convulsions d'une impuissante fureur, après un règne d'environ vingt ans. (1316-716 de l'Hég.)

J. DE MARLÈS.

ALLATIUS (LÉO.) V. ALLACCI.

ALLÉ (JÉRÔME) naquit à Bologne dans les dernières années du XVI° siècle. Membre de la congrégation de Saint-Jérôme de Fiesole, il remplit à Bologne une chaire de théologie. Plus tard, il devint un des directeurs de la congrégation. Jérôme Allé s'est surtout distingué par plusieurs sermons qu'il publia à Bologne de 1641 à 1650. A cette même époque, parurent des opuscules en vers, sous le titre de *Representations*. Ce sont des mystères religieux, dans lesquels des épisodes tirés de l'histoire sainte sont mis en action. Ces ouvrages sont écrits en forme de dialogue, et d'un style affecté qui rappelle la rhétorique italienne de cette époque.

ALLECTUS. Il fut officier dans les troupes de Carausius en Angleterre, et son lieutenant. Après avoir assassiné son maître, il se fit proclamer empereur, l'an 293 de J. C., et fut tué dans une bataille que lui livra Asclépiodore, général de Constance Chlore, l'an 296. Les médailles de ces tyrans éphémères sont toujours plus rares et plus chères que celles des princes qui ont fait un long séjour sur le trône, quoique les types soient toujours les mêmes que ceux de leurs prédécesseurs et de leurs compétiteurs. On avait à peine le temps de les changer, et on se contentait de substituer la tête du nouvel empereur à celle qui se trouvait déjà sur la monnaie. Cependant, outre la *Paix*, la *Providence*, et la *Félicité des temps*, qui ne manquent jamais sur les monnaies des princes sous lesquels l'empire était le plus agité, on remarque sur celles de Carausius un vaisseau ou une galère, avec la légende VIRTVS AVGVSTI, *le courage de l'empereur*, pour faire allusion sans doute à quelque bataille navale dans laquelle il défendit son autorité naissante dans l'île où il l'avait usurpée. — Les médailles d'or de Carausius valent 600 francs, avec la légende SALVS ou SPES; celles d'argent valent 150 fr. On en a point en grand ou moyen bronze, parce qu'il ne les frappait qu'à Rome, et par un sénatus-consulte, et que le sénat ne l'accordait guère qu'au prince qui était présent dans la capitale; le petit bronze vaut 8 francs, excepté le type SALVS avec la déesse Hygiée, qui est plus rare, et qui vaut 20 francs.

D. M.

ALLÉE. On donne le nom d'allée dans un jardin, dans un parc ou dans une promenade, à une avenue plantée d'arbres, bordée de gazon, d'arbrisseaux, de haies, de charmilles, de fleurs, laquelle sert de passage ou de promenade, et dont le sol est gazonné et plus communément sablé. On appelle *contre-allées* les allées latérales qui longent de chaque côté la grande allée ou maîtresse allée. Celle-ci sert ordinairement destinée aux voitures; les contre-allées sont réservées pour les gens à pied. Une allée est *couverte* lorsque les arbres qui la bordent unissent leurs rameaux au-dessus d'elle, et offrent au promeneur un toit de verdure qui lui procure de l'ombrage et de la fraîcheur. Quand l'allée n'a point d'arbres, ou qu'ils sont taillés de manière à laisser pénétrer le soleil, elle est *découverte*. Il y a des allées *droites*, des allées de *traverse*, des allées *tournantes*, etc. Ces noms divers expliquent assez leur forme ou leur destination. L'allée *en perspective* est celle qui est moins large à l'une de ses extrémités qu'à l'autre. Les allées sont ordinairement construites en dos d'âne, afin de faciliter l'écoulement des eaux pluviales. — En architecture, on donne le nom d'allée à un passage ou corridor qui conduit d'une pièce à une autre pièce, ou de la porte d'entrée de la maison à l'escalier ou à la cour intérieure. J. DE MARLÈS.

ALLÉES. On désigne sous ce nom des voies généralement symétriques et régulières qui se développent dans les jardins, dans les avenues, d'ordinaire en lignes directes, quelquefois en sinuosités; elles sont bordées d'arbres, de gazons ou de fleurs. — Les allées doivent être proportionnées aux lieux dans lesquels on les établit; elles doivent avoir un but, et sont soumises à des règles d'art, comme l'architecture et les chemins publics. Il faut surtout observer, dans la formation des allées, les lois de la perspective. Quelle que soit leur disposition, elles sont plus souvent un embellissement qu'une nécessité, et

doivent, par conséquent, offrir aux regards un aspect harmonieux.

ALLÉGATION. Citation d'une autorité : ce mot est très-peu usité dans ce sens; il se dit beaucoup plus souvent de la simple proposition d'une chose qu'on met en avant sans être bien certain qu'elle soit vraie; quelquefois même quoiqu'on sache qu'elle ne l'est pas.

ALLÉGE. On donne ce nom en architecture, à cette partie de l'épaisseur d'un mur qui sert d'appui dans l'embrasure d'une fenêtre. — En termes de marine, une allège est une embarcation qui sert à alléger et à décharger un vaisseau, ainsi qu'à le charger. Le commerce emploie aussi, sur la Méditerranée, une sorte de petits navires qui servent au transport des marchandises des ports d'Italie, et que l'on désigne également par le nom *allége*.

ALLÉGEANCE (SERMENT D'). C'est le serment de fidélité que les Anglais prêtent à leur roi en sa qualité de prince et seigneur temporel, différent de celui qu'ils lui prêtent en la qualité qu'il prend de chef de l'Église anglicane, lequel s'appelle serment de suprématie, V. SUPRÉMATIE. — Le serment d'allégeance est conçu en ces termes : «Je N...... proteste et déclare solennellement devant Dieu et les hommes, que je serai toujours fidèle et soumis au roi N...... Je professe et déclare solennellement que j'abhorre et déteste et condamne de tout mon cœur, comme impie et hérétique, cette damnable proposition, que les princes excommuniés ou destitués par le pape ou le siège de Rome peuvent être légitimement déposés ou mis à mort par leurs sujets, ou par quelque personne que ce soit. » — Les quakers sont dispensés du serment d'allégeance; on se contente de ce sujet de leur simple déclaration. — *Allégeance* (terme de coutume). Dans le style des cours et justices séculières du pays de Liége, on se sert du mot d'allégeance pour désigner les exceptions que le défendeur allègue contre la demande. V. EXCEPTION. A. SR.

ALLÉGER. Décharger en partie d'un fardeau. On dit alléger quelqu'un de son fardeau, alléger un bateau. Au figuré, alléger signifie apporter quelque soulagement aux peines, aux maladies.

ALLEGHANYS ou **APPALACHES.** C'est une chaîne de montagnes de moyenne hauteur de l'Amérique du Nord, laquelle s'étend sur une longueur d'environ quatre cents lieues, depuis la Géorgie jusqu'au fleuve Saint-Laurent, et sur une largeur de trente à quarante lieues. Ces montagnes ne se composent guère que de rochers de granit et de schiste, dont l'élévation est médiocre; car, bien qu'on y rencontre des pics qui ont jusqu'à mille toises d'élévation, la chaîne en général ne s'élève qu'à deux cents ou deux cent cinquante toises. Ces rochers sont escarpés et nus; dans quelques endroits, le sol des vallées est partout sablonneux, et semé de cailloux; en d'autres endroits, le sommet de la chaîne, ou, pour mieux dire, des deux principales branches de la chaîne, est couvert de forêts. — Il y a dans la Pensylvanie une rivière qui porte le nom d'Alleghany; elle coule de l'ouest à l'est, et va se jeter dans l'Ohio.

J. DE MARLÈS.

ALLÉGORIE (*littérature, beaux-arts*). L'allégorie est un voile dont on se sert dans le discours, non pour cacher une vérité, mais pour la faire arriver adroitement à celui à qui l'on n'oserait la montrer toute nue. Mais si l'allégorie est le détour que prend l'homme faible pour instruire le puissant ou pour l'avertir de ses fautes, elle est aussi le langage flatteur du courtisan. Noble et hardie dans la bouche de l'un, elle est rampante et servile dans la bouche de l'autre; cependant elle peut être aussi un tour ingénieux pour ôter à la louange directe ce qu'elle aurait de trop peu délicat. L'étymologie grecque de ce mot en explique le sens; il vient de ἄλλος, autre, et ἀγορά, discours. L'allégorie dit donc autre chose que ce qu'elle semble dire : c'est une fiction dont l'artifice est de présenter à l'esprit un objet de manière à lui en désigner un autre; c'est une allusion, une métaphore prolongée; mais il faut qu'elle soit intelligible : c'est ce que qu'a exprimé le Mierre dans ce vers :

L'allégorie habite un palais diaphane.

Le voile dont elle couvre la vérité doit être transparent. — Toutefois, l'allégorie a son danger quand elle est satirique; car, dès qu'elle est comprise, elle appelle la colère ou la vengeance comme tout autre discours, et c'est à la flatterie que ce langage est le plus convenable. L'apologue (V. ce mot) des bâtons flottants sur l'onde coûta à Ésope, dit-on, en croit l'auteur de sa Vie. Le prophète Nathan fut plus heureux avec sa parabole (V. ce mot) de l'homme qui n'avait qu'une seule brebis; il ouvrit les yeux du coupable David. Et Menenius Agrippa ramena dans la ville le peuple romain qui, mécontent du sénat, s'était retiré sur le mont Sacré, en lui adressant l'apologue des Membres et l'Estomac heureusement imité par la Fontaine. Du Marsais (Tropes, XII) dit avec raison que la métaphore joint le mot figuré à quelque terme propre, comme *le feu de vos yeux*; au lieu que dans l'allégorie tous les mots ont un sens figuré, c'est-à-dire que tous les mots d'une phrase ou d'un discours allégorique forment un sens qui n'est pas littéralement celui qu'on a dessein de faire entendre, mais les idées accessoires en dévoilent ensuite le sens véritable et en font faire l'application. Quintilien (l. VIII, c. 6) recommande que l'allégorie soit soutenue par des images qui toutes aient rapport à l'image principale par où la figure a commencé. Car, dit-il, il y en a beaucoup qui commencent par une tempête et qui finissent par l'incendie ou la ruine, ce qui est une inconséquence ridicule. C'est ce qu'il est facile de sentir sans l'autorité de Quintilien. —Devons-nous voir l'allégorie dans les premiers signes qui ont traduit aux yeux le langage parlé? Les hommes se servant de la représentation d'objets physiques pour peindre les idées, ont-ils fait naître ainsi le premier germe de l'allégorie? Ce serait donner trop d'extension à ce mot. Le signe matériel était la représentation de l'objet qui pouvait figurer le mieux la pensée à laquelle on donnait un corps; mais ces signes, tout en matérialisant même une idée abstraite, ne peuvent entrer dans le domaine de l'allégorie, puisque l'allégorie, ainsi que nous l'avons dit, a pour résultat de présenter une chose à la place d'une autre, avec cette condition que le nom de la personne ou de la chose sera changé, mais qu'il y aura analogie dans les caractères et dans l'action. —Est-il vrai que les anciens ont d'abord expliqué par une histoire fabuleuse les effets naturels dont ils ignoraient les causes, et que ce sont les commentateurs qui ont donné des sens allégoriques à ces histoires? — On a voulu, en effet, voir dans les divinités du paganisme la personnification des vertus et des qualités dont l'homme reconnaît la puissance. On a fait ainsi de toute la mythologie une allégorie perpétuelle des opérations et des mystères de la nature; mais il y a, je crois, inversion dans la manière dont on a procédé, et on a pris le résultat pour la cause. —Si la religion des anciens avait été faite tout d'un coup, d'un seul bloc, et par le même législateur, on comprendrait qu'il eût opéré d'après un système uniforme et d'un olympe allégorique; mais le sentiment naturel de l'homme le portant à l'adoration d'un être plus puissant que lui, il a été tout simple qu'il douât les dieux qu'il se forgeait de toutes les perfections et de toute la puissance auxquelles ne peut prétendre notre faiblesse. C'est lorsqu'il a voulu donner un corps à ces dieux pour que leur image le frappât plus vivement, et quand il a voulu exprimer les qualités de chacun d'eux par des attributs, qu'obligé d'avoir recours aux objets qu'il connaissait, l'homme a associé ces objets à ses dieux, et il en a ainsi fait des emblèmes allégoriques. —Plus tard, les dieux eux-mêmes, dans le langage poétique, sont devenus les allégories des perfections que les hommes leur avaient attribuées. La poésie, qui ne vit que d'images, s'empara de toutes celles que pouvait produire cette source féconde, et la religion des anciens rendit aux arts et à la poésie ce que la poésie et les arts lui avaient prêté. — Cependant beaucoup de mythologues ont dit que les anciennes fables ou mythes (*V.* ce mot) étaient des allégories, et cachaient des faits ou des vérités sous des enveloppes poétiques. Mais de quel ordre sont ces vérités? Ils sont partagés sur ce point. — La grande diversité qui se trouve dans la plupart de ces interprétations prouvent qu'elles ont été faites après coup; et saint Augustin disait de ces commentateurs : « Malgré tout leur esprit, ils se jettent dans des embarras si grands; que leur vaine subtilité est pour nous un objet de compassion. » — Les allégories que des modernes ont vues dans les fables ou mythes ont cependant été regardées comme telles par les anciens eux-mêmes, comme, nous pouvons le prouver par un passage de Plutarque dans son Traité sur la manière de lire les poètes. Ces fables, dit-il, que les anciens appelaient *énigmes*, et que nous nommons *allégories*, ont été souvent détournées par les commentateurs à des sens absolument forcés et étrangers à celui du poète. Ils ont dit, par exemple, l'adultère de Mars et de Vénus, qui fut découvert par le Soleil (Odyss., VIII, 226), signifiait que les personnes nées sous l'aspect de Vénus et de Mars, quand ces planètes sont en conjonction, sont sujettes à l'adultère, et que si leur naissance concourt avec le lever du soleil, leurs adultères sont découverts. « La fable de la Ceinture de Vénus, que Junon emprunta pour surprendre Jupiter (Iliad., XIV, 197), représente, selon eux, l'épuration de l'air par le mélange du feu. » Après avoir blâmé ces interprétations forcées, Plutarque en donne lui-même qui ne le sont pas moins et qu'il serait trop

long de rapporter ici. Nous pouvons seulement conclure avec lui que, si les philosophes pour nous instruire tirent leurs exemples des choses véritables, les poètes produisent le même effet par les fictions dont ils sont les inventeurs. — Rien ne saurait donner une idée plus complète et mieux exprimée de l'allégorie mythologique que ces vers de Boileau dans le troisième chant de l'*Art poétique* :

> Tout prend un corps, une âme, un esprit, un visage,
> Chaque vertu devient une divinité.
> Minerve est la sagesse et Vénus la beauté.
> Ce n'est plus la vapeur qui produit le tonnerre ;
> C'est Jupiter armé pour effrayer la terre.
> Un orage terrible aux yeux des matelots,
> C'est Neptune en courroux qui gourmande les flots.
> Écho n'est plus un son qui dans l'air retentisse,
> C'est une nymphe en pleurs qui se plaint de Narcisse.

Quant aux modernes, Banier, dans son ouvrage intitulé la *Mythologie expliquée par l'histoire*, a cherché à prouver que toutes les fables étaient fondées sur la vérité et n'étaient qu'une allégorie perpétuelle. Dupuis, au contraire, dans l'*Origine des Cultes*, au lieu d'expliquer l'histoire des dieux par celle des hommes, a entrepris de prouver que c'était le ciel qui avait peuplé la terre d'une multitude d'êtres symboliques, et que la simple théorie des levers et couchers d'étoiles, représentés dans les planisphères sous la figure d'hommes et d'animaux, était l'origine de ce nombre immense de faits merveilleux, d'aventures chimériques qui étonnent dans la mythologie, et dont on demanderait en vain raison à l'histoire. De nos jours encore on a poussé tellement loin l'exagération du système dans l'application de l'allégorie, qu'en 1818 M. Roulhac a fait imprimer un opuscule (Lettre à M. Jomart, Merlin, Paris, 1818), dans lequel il explique toute l'histoire d'Hercule par ce qui a rapport à l'air. Il est fils de Junon qui est l'air. Il est un des curètes, et les curètes sont des vents. Ses douze travaux sont les explosions de l'air qui ont détruit des faits naturels. Il est esclave d'Omphale, c'est l'air prisonnier qui ne peut sortir de la cavité qui l'enferme. Enfin Hercule épouse à la fois les cinquante filles de Testius, c'est l'air qu'un tremblement de terre fait sortir par cinquante soupiraux. Je n'aurais pas, dans un ouvrage sérieux, cité tant d'absurdités si je n'avais eu pour but de faire voir jusqu'où l'esprit de système va chercher des allégories pour en tirer des explications forcées. Il y a heureusement aujourd'hui peu de savants qui fassent de ces sortes d'ouvrages ; mais il y en a encore quelques-uns pour la honte de la science et pour l'amusement des gens d'esprit. L'abus de l'allégorie a été critiqué d'une manière très-ingénieuse, dont je donnerai deux exemples : le premier est un article inséré dans le Magasin encyclopédique de Millin (année 1796, t. IV, p. 507) et intitulé *Allégorie de la Révolution française*, par de Bugny. L'auteur prouve que Mirabeau, Robespierre, les Feuillants, la Gironde, sont autant d'idées emblématiques dans lesquelles les savants philosophes ont enveloppé de grandes idées républicaines. Il trouve dans les étymologies de ces noms, qu'il prend dans différentes langues, les preuves complètes de son système, qui est une parodie spirituelle de celui de Dupuis. Une autre plaisanterie du même genre est celle d'un écrivain qui prouve par de savantes applications que Napoléon n'a jamais existé. — Ignorant la véritable source des fables anciennes, nous répéterons que la théologie fabuleuse n'a été l'ouvrage ni d'un seul homme ni d'un seul peuple. « Tout au contraire, chaque nation, en admettant une partie des dogmes anciens, y a ajouté des traditions nationales, des fables locales, de sorte que cette religion s'est accrue de presque toutes ces traditions du monde connu. (Mongez, Dict. d'antiq., l. 118.) » Ce n'est donc pas l'allégorie qui a dicté les mythes sacrés qui ont formé la première religion des polythéistes : il n'y a pas de doute que beaucoup de ces mythes n'ont dû leur puissance à des faits réels, que l'imagination des poètes, l'admiration des hommes et l'habileté des législateurs ont amplifiés à propos; il est certain aussi que beaucoup de dogmes, de cérémonies religieuses et d'aventures attribuées aux dieux avaient un sens mystique et allégorique, comme le prouvent les mystères et les initiations. (*V.* ces mots.) Mais, aux dieux principaux, les anciens ajoutèrent une quantité de divinités qui n'étaient que des sentiments personnifiés. — Les Romains, qui avaient reçu les dieux des Grecs, des Égyptiens et même des Perses, imaginèrent encore de diviniser les vertus, les qualités, les affections de l'âme, et ils les ont représentées par divers attributs sur les monuments, et principalement sur les médailles. Ces divinités n'ont pas comme les autres une histoire mythologique; ce sont des dieux sans famille et sans postérité, mais dont quelques-uns ont survécu à l'âge qui les avait formés, et sont restés comme des types poétiques, ainsi que tout ce que nous a légué le génie fécond de l'antiquité. Non-seulement le courage, l'honneur, le hasard, l'abondance, la fortune, l'espérance, le bon succès, la paix, la victoire, la sécurité, la liberté ont reçu un culte et ont été figurés; mais, la peur et la pâleur ont été aussi personnifiées par les Romains, qui les ont placées sur leurs monnaies. La Peur porte une figure barbue dont les cheveux se dressent sur la tête; elle est dans le caractère de Pan, peut-être pour indiquer la *terreur panique*; la Pâleur a le visage d'une jeune femme effrayée avec les cheveux flottants. (*V.* MORELL, Médailles consulaires, à la famille *Hostilia*.) Il y a sans doute un rapprochement entre ces divinités guerrières et le nom de famille qui fait allusion aux ennemis, *Hostes*, que doivent seuls effrayer ces suivants de Mars. Une allégorie prolongée est ordinairement froide; il y a cependant des poëmes entiers qui sont allégoriques. Tel est celui d'Hudibras, qui n'est qu'une allégorie des guerres civiles de Cromwell. Le long poëme du Dante, *la Divina Comedia*, se fonde sur une allégorie, et est semé de personnages allégoriques dont quelques-uns touchent au sublime; telle est la figure de Béatrix. On a vu dans les romans de Rabelais des allégories des règnes de Louis XII et de François Ier. — L'allégorie est ingénieusement employée dans des épisodes poétiques. Boileau dans *le Lutrin*, Voltaire dans *la Henriade*, ont donné des modèles du goût qui doit présider à ce genre de composition, lorsqu'ils ont décrit, le premier, la Mollesse chez les moines de Cîteaux; le second, à la Discorde excitant les fureurs de la Ligue. Combien de fois, depuis Horace, a-t-on comparé un État au vaisseau battu par les tempêtes politiques! (liv. I, od. 14.) Cicéron, dans son discours contre Pison, se sert de la même allégorie, et compare la république romaine à un vaisseau agité par l'orage : mais dans cette allégorie il se met en scène lui-même comme un pilote qui a gouverné ce vaisseau, et qui l'a conduit dans le port, malgré les vents et les flots qu'il a affrontés en se dévouant pour le salut de tous. — Les vers allégoriques de madame Deshoulières à ses enfants sont souvent cités comme un petit chef-d'œuvre dans ce genre.

Dans ces prés fleuris
Qu'arrose la Seine,
Cherchez qui vous mène,
Mes chères brebis;

Sans chien, sans houlette,
Puis-je vous garder?

Que Pan vous défende, etc.

On voit assez que la bergère qui parle est madame Deshoulières elle-même, que les brebis sont ses enfants, que le gardien du troupeau était son mari qu'elle avait perdu, et que le dieu Pan est le roi dont elle implore les secours. — Jean-Baptiste Rousseau est, je crois, le seul poëte français qui ait fait *spécialement* des allégories. Il a consacré à ce genre de poésies deux livres contenant douze pièces sous ce titre, qui ne sont pas ses meilleurs ouvrages. La plupart sont écrites en style marotique, que Rousseau affectionnait beaucoup; et, excepté les allégories tirées de la mythologie, il est difficile de deviner aujourd'hui à quoi ces petits poëmes faisaient allusion. — Les arts n'ayant d'autre ressource que de parler à l'esprit par les yeux, sont bien forcés d'admettre des personnages allégoriques : ainsi l'artiste comme le poëte doivent connaître les allégories et les symboles des anciens que la tradition a consacrés, dont on a fait un usage si ingénieux et si fréquent; mais il n'est plus permis de les altérer si l'on veut être compris. Les dieux du paganisme étant devenus des types généralement employés, leurs noms significatifs offrent un sens connu de tous. Tant que l'allégorie sera la langue universelle des arts, la mythologie des Grecs en sera l'âme. Nos colonnes triomphales seront surmontées d'une victoire; nos vaisseaux ornés de Syrènes et de Tritons; nos fontaines de Naïades; nos tribunes de Renommées; et sur nos médailles Apollon sera toujours le génie des arts, comme Minerve le sera de la sagesse. — Si un poëte compare Louis XIV à Mars et à Hercule, il emploie une image raisonnable; mais qu'un sculpteur, comme sur les bas-reliefs de la porte Saint-Martin, travestit le même prince en Hercule, en l'y plaçant tout nu avec sa grande perruque et une massue à la main, il commet une inconvenance qui choque le goût. Que la belle Diane de Poitiers soit représentée en Diane avec les

attributs de cette déesse, comme dans la belle statue de Jean Goujon, qui est au musée du Louvre, cette allégorie est poétique et gracieuse; mais que François Ier soit revêtu du caractère de toutes les divinités, comme dans une peinture curieuse de Nicolo del' Abbate, conservée au cabinet des estampes de la bibliothèque royale, cet amalgame mythologique devient complétement absurde, car ce qui parle à l'esprit ne peut pas toujours se traduire matériellement, et c'est là surtout ce que

l'art judicieux
Doit offrir à l'oreille et reculer des yeux.
BOILEAU, Art poétique.

La description de cette peinture et les vers qui l'accompagnent ne seront pas inutiles ici, pour donner une idée du goût de l'époque et de ce qu'il est nécessaire d'éviter dans les arts. On voit le roi debout portant le casque de Mars; il a le bras droit armé de fer, le bras gauche nu et il tient le caducée; l'égide de Minerve couvre sa poitrine; il est habillé en Diane et porte le carquois de l'amour; il s'appuie sur un arc, et ses brodequins ont les talonnières de Mercure. Voici les vers qu'on lit au bas de cette *mascarade allégorique* :

Françoys en guerre est un Mars furieux,
En paix Minerve, et Diane à la chasse;
A bien parler Mercure copieux :
A bien aimer vrai amour plein de grace.
O France heureuse! honore donc la face
De ton grand roy qui surpasse nature,
Car l'honorant, tu sers en même place
Minerve, Mars, Diane, Amour, Mercure.

Ces vers n'offrent point à l'esprit une allégorie déplacée, tandis que l'image qu'ils accompagnent est complétement ridicule. — On a beaucoup vanté les tableaux de Rubens, représentant l'histoire de Marie de Médicis et faits pour la galerie du Luxembourg; mais ce grand peintre y a fait souvent un grand abus de l'allégorie. En effet, on peut voir la France recevant l'enfant royal que la reine met au monde : mais il est singulier de voir, au milieu des cardinaux vêtus de la pourpre et du costume ecclésiastique, Mercure nu, le pétase sur la tête et se présentant devant eux avec son caducée. Ce mélange de la religion chrétienne et de la mythologie rappelle l'usage qu'en a fait le Dante dans son Enfer. — Le célèbre Winckelman a donné un Traité de l'allégorie qui ne peut qu'être de la plus grande utilité à ceux qui veulent l'appliquer aux arts. Il a été traduit et publié par Jansen (an VII, 2 vol. in-8°); et accompagné d'ouvrages sur le même sujet par Addison, Gibbon, Sulzer et Junker. — En général, on ne doit employer comme figures allégoriques que celles dont le caractère est généralement connu, et que les traditions ont adoptées, sans quoi l'on risque d'être incompréhensible; mais il faut encore savoir se servir de ces attributs et de ces emblèmes (*V.* ce mot), et n'en pas en faire une application inexacte ou un abus inconvenant. C'est dans les arts surtout que l'allégorie doit être soumise à des règles dictées par l'instruction et modifiées par le goût. DU MERSAN.

ALLÉGORIE (*gramm.*, *rhét.*). Ce mot (où les deux *ll* se prononcent) signifie une sorte de fiction par laquelle on fait entendre, sous les mots qu'on emploie, une idée dont les rapports avec l'objet que ces mots peignent ou expriment sont plus ou moins éloignés, sans qu'ils le soient assez toutefois pour que l'auditeur ou le lecteur ne puissent méprendre sur le vrai sens qu'on veut leur offrir. Ainsi quand les Grecs représentèrent l'Amour sous la figure d'un enfant, armé de flèches aiguës et portant des ailes, ils exprimèrent sous le voile de l'allégorie que cette passion naît d'ordinaire sans le concours de la raison, comme tous les sentiments de l'homme dans son enfance; qu'elle produit les plus grands désordres, qu'elle est légère et manque de durée. On peut voir par cet exemple que l'allégorie n'est guère qu'une métaphore longue et développée. Ainsi encore on représente la Justice sous la forme d'une femme qui tient d'une main la balance, de l'autre le glaive, et qui, de même que l'Amour, porte un bandeau sur les yeux. Il n'est pas difficile de saisir le sens qui respire sous cette figure. Dans la balance elle pèse les droits, par le glaive elle punit. On dit de l'Amour qu'il est aveugle, parce qu'il procède sans discernement; la Justice au contraire doit être très-clairvoyante : le bandeau signifie qu'elle ne fait point acception de personnes : elle ne voit pas, ne connaît pas ceux qui recourent à elle.
J. DE MARLÈS.

ALLÉGORIE (*Écrit. sainte*.) (*V.* SENS DE L'ÉCRITURE.)

ALLEGRAIN (CHRISTOPHE-GABRIEL), sculpteur, né à Paris en 1710, eut pour père Étienne Allegrain, paysagiste et peintre du roi. — Il épousa la sœur du sculpteur Pigale. Il ne suivit, dans ses œuvres, ni les doctrines de l'école française, ni les systèmes adoptés de son temps. Malgré les efforts et les conseils de son beau-frère Pigale, il voulut à toute force créer un genre nouveau et faire école. Si ses compositions ne furent remarquables ni par le bon goût, ni par la méthode, elles se distinguèrent pourtant des œuvres de son époque; elles sont même de nature à faire croire qu'Allégrain se serait élevé à une grande hauteur de talent, s'il ne se fût laissé entraîner par la manie de l'originalité et par le mauvais goût de son siècle. Sa vie du reste fut agitée et pleine de soucis : on comprend facilement quels obstacles devaient être suscités à cet homme, qui refusait ainsi de ployer sous l'exigence de l'opinion et de la mode. Les portes de l'Académie lui furent fermées jusqu'au moment où il eut produit son Narcisse; cet œuvre, fort admirée alors, n'obtient plus aujourd'hui des connaisseurs que des éloges relatifs, arrachés par la comparaison de cette sculpture avec les autres ouvrages du temps. Mais sa Vénus et sa Diane sont encore justement appréciées; on peut les voir dans la galerie du Luxembourg. Madame Dubarry fit sculpter à Allégrain plusieurs statues pour son jardin de Louvecienne. Allégrain mourut en 1795, âgé de 85 ans.

ALLEGRI (ALEXANDRE), poëte italien, naquit à Florence dans le courant du XVIe siècle, et mourut vers la fin de ce même siècle ou dans les premières années du suivant. Il se distingua dans le genre burlesque, alors en vogue en France et surtout en Italie, et ses poésies se recommandent, dans ce genre ennemi du goût et de la raison, par l'agrément et le sel qu'il a su y répandre. On voit qu'il avait fréquenté les hommes éclairés de son temps, et qu'il avait puisé auprès d'eux une grande facilité d'expression. Dans sa jeunesse, il parcourut la carrière militaire; qu'il abandonna pour entrer dans les ordres, ce qui ne lui fit rien perdre de son enjouement. Ses poésies, recueillies en 1605 (après sa mort), ont été imprimées en quatre parties, à Vérone et à Florence, de 1605 à 1613. Des préfaces très-gaies et presque bouffonnes précèdent chaque partie. On les trouve aussi réunies en un seul volume, dans lequel les éditeurs ont inséré trois lettres adressées au cardinal Bembe, à Boccace et aux mânes de Pétrarque. Ce volume se termine par une plaisanterie où les pédants sont tournés en ridicule. Allegri avait aussi composé quelques poésies latines, publiées à Florence en 1719, et une tragédie intitulée : Idoménée, roi de Crète. Ses œuvres italiennes ont été réimprimées à Amsterdam, en 1754. J. DE MARLÈS.

ALLEGRI (GRÉGOIRE), célèbre compositeur et chanteur de la chapelle du pape, né à Rome vers l'an 1587 suivant les uns, quelques années plus tôt suivant les autres. Il appartenait à la famille du Corrège. Ses Concerts et ses Motets ont été publiés à Rome, de 1618 à 1621. Les archives de la chapelle de Sainte-Marie du Vatican renferment encore de lui des compositions manuscrites; mais son plus beau titre à la célébrité, c'est son Miserere, qu'on chante tous les ans à la chapelle Sixtine durant la semaine sainte. On assure que le pape était si jaloux de la possession exclusive de ce beau morceau, qu'il avait défendu, sous les peines sévères, d'en tirer des copies; mais il ne put empêcher que le célèbre Mozart, après l'avoir entendu seulement deux fois, ne le retînt par cœur tout entier. Le pape, informé que Mozart allait faire jouir le public des fruits de son heureux vol, se départit de sa rigueur, et il en envoya même une copie au roi Georges III, en 1773, quoiqu'il eût déjà été gravé à Londres. Il l'a été à Paris en 1810, dans la collection des classiques de M. Choron. Il se trouve pareillement à Leipzick, dans le recueil intitulé : Musica sacra. Allegri mourut au commencement de février 1640. Il avait eu pour maître Jean-Marie Marini, et il le surpassa. J. DE MARLÈS.

ALLEGRI (JÉRÔME), peintre célèbre, plus connu sous le nom de Corrège (V. ce mot).

ALLEGRO (musique). Ce mot, placé en tête d'un morceau de musique, indique que ce morceau doit être exécuté vivement. Si l'on en croyait sa signification italienne, on s'imaginerait qu'il désigne nécessairement un genre gai : ce serait une erreur. Sans doute il s'applique presque toujours aux airs bouffes; mais on se sert fort souvent de l'allegro pour les compositions musicales qui expriment des sentiments de colère, d'indignation, etc. Ainsi dans le grand duo de Sémiramide, entre Assur et Arsace, lorsque les deux rivaux, après s'être menacés réciproquement, arrivent au dernier degré de la fureur et de l'emportement (Va, superbo !...), le mouvement, de lent qu'il était, devient vif et impétueux; il passe de l'adagio à l'allegro.

ALLELUIA s'écrit en hébreu, d'où il est tiré, hallelou-iah, et signifie louez l'Éternel; mais, indépendamment de cette si-

gnification littérale, ce terme renferme aussi l'idée d'une acclamation, d'un cri de joie, qu'une simple traduction grammaticale ne saurait assez bien exprimer. C'est sans doute pour cette raison que les interprètes de l'Ancien Testament, et que les auteurs du Nouveau, aussi bien que l'Église chrétienne, n'ont conservé sans le traduire. Ce mot, que l'on trouve à la tête ou à la fin de quelques psaumes, se chantait dans les jours de solennité et de joie publique (Tob. XIII. 12. Apoc. XIX. 1, 3, 4, 6). — De la synagogue, ce chant passa à l'Église chrétienne. Il paraît que saint Jérôme est le premier qui a introduit le mot alleluia dans le service de l'Église. Ce Père, en racontant qu'aux funérailles de sainte Fabiole on avait chanté alleluia, fait remarquer que ce chant était en usage dans l'Église grecque toutes les fois qu'on rendait les derniers devoirs à quelque saint personnage (Hier. in obitu Fabiolæ); il nous apprend encore que les moines de la Palestine s'éveillaient aux veilles de la nuit au chant de l'alleluia (Idem, in Epitaph. Paulæ). L'usage de chanter l'alleluia a été assez longtemps dans l'Église latine restreint à une seule fois l'année, c'était le jour de Pâques, tandis que, dans l'Église grecque, on le chantait souvent et quelquefois même pendant le carême; mais saint Grégoire le Grand, comme le remarque Bergier (Dict. théolog.), ordonna qu'on le chanterait toute l'année dans l'Église latine, et son décret fut tellement reçu dans toute Église, qu'on y chantait l'alleluia même dans l'office des morts, ainsi que l'a fait observer Baronius dans sa description de l'enterrement de sainte Radegonde. Dans la messe des morts, selon le rit mosarabique, messe que l'on attribue à saint Isidore de Séville, on trouve à l'introït ces mots : Tu es portio mea, Domine, alleluia; in terra viventium, alleluia, alleluia. Depuis plusieurs siècles l'Église romaine a supprimé le chant de l'alleluia dans l'office et à la messe des morts, et, dans toutes les autres parties de la liturgie, depuis la Septuagésime jusqu'au graduel de la messe du samedi saint. Dans son canon XIe, le quatrième concile de Tolède en fit une loi expresse, qui a servi de règle aux autres Églises de l'Occident. Mais, comme ces matières sont purement d'usage et de discipline, les cérémonies, selon la remarque de D. Calmet (Dict. de la Bible), n'ont jamais été ni universelles, ni uniformes. J. G.

ALLELUIA (bot. et méd.). Cette plante, de la famille des géranoïdes, est l'oxalis acetosella de Linnée; elle est vulgairement appelée pain à coucou; on lui a aussi donné les noms d'oxalide oseille, oxalide surelle, oseille de bûcheron, etc. La substance que l'on appelle sel d'oseille s'extrait de l'alleluia, qui, lorsqu'il est recueilli au moment de sa floraison, écrasé par le pilon et fortement comprimé, fournit une grande quantité de ce sel, appelé par la chimie oxalate de potasse. Si l'on soumet à l'évaporation le liquide obtenu de l'alleluia, et si l'on y ajoute une petite quantité de potasse, on verra se former de petits cristaux blancs et opaques. L'alleluia est une plante commune; elle se trouve en abondance dans les contrées septentrionales, dans l'Allemagne, la Suisse, en France même et aux environs de Paris; elle se plaît dans les forêts et dans les lieux ombragés. Le sel fourni par l'alleluia suisse était autrefois le plus estimé dans le commerce. Les feuilles de cette plante sont portées sur de longs pétioles, composées de trois folioles sessiles, d'un vert très-clair, et couvertes, à des distances assez espacées, de poils fins, tirant sur le blanc : sa racine est rampante, écaillée, et dentée. Sa fleur est blanche, composée de cinq pétales, qui forment un calice peu profond, et se rattachent délicatement l'un à l'autre par leurs onglets. L'alleluia a une saveur très-acide; on l'emploie dans la médecine contre les maladies putrides ou inflammatoires; les feuilles et la racine peuvent s'administrer en infusion, ou en prépare aussi un sirop et une sorte de confiture. Le scorbut, les aphthes et les maux de la bouche peuvent être traités avec succès par l'alleluia convenablement préparé.

ALLEMAGNE (géographie et statistique). Ce pays, qui est situé dans la zone la plus fertile de l'Europe, est borné à l'orient par la Prusse, le grand-duché de Posen, le royaume de Pologne, le territoire de Cracovie, la Gallicie, la Hongrie et la Croatie; au midi, par la mer Adriatique, le royaume lombardo-vénitien et la Suisse; à l'occident, par la France, la Belgique et la Hollande; au nord, par la mer du Nord, le Danemark et la mer Baltique. L'Allemagne se développe sur une étendue de 11,600 milles carrés (quinze milles font 25 lieues de France de 25 au degré). On divise ce pays en Allemagne septentrionale, centrale et méridionale, ou en basse, moyenne et haute Allemagne. La Poméranie, le Brandebourg, le Mecklembourg, le Holstein, le Hanovre, Brunswick, Oldenbourg, les deux principautés de Lippe, et les villes libres de Hambourg, Lübeck et Brême composent l'Allemagne septentrionale, qui s'étend depuis les rivages de la mer du Nord jusqu'à la chaîne des monts Ourals. Cette région est généralement plane : on y trouve en quelques endroits des couches de terrain calcaire. Aux bords de la mer Baltique, près de Stubbenkammer, et dans l'île de Rugen, le sol présente l'aspect de la craie : dans ce pays de plaine, les plus hautes collines s'élèvent à peine à 500 pieds, si l'on en excepte les monts Hartz, dont le sommet arrive à une élévation de 3,500 pieds. — L'Allemagne centrale embrasse le Luxembourg, la Hesse, la Saxe, les duchés de Nassau, d'Anhalt, de Schwarzbourg, de Reuss, de Waldeck, les principautés de Hohenlohen et de Liechtenstein: C'est dans les Alpes de cette région que prennent leur source, à sept milles de distance seulement, les deux grands fleuves d'Allemagne, le Danube et le Rhin (*V.* ces mots), qui coulent dans des directions contraires. Le Wéser, l'Elbe et l'Oder sont les autres grands fleuves de ce pays, qui compte environ 500 rivières. Ses principaux lacs sont ceux de Constance, de Chiem, de Zirknitz, les lacs Salé et Doux de Mansfeld, ceux de Traun et de Hallstaedt, ceux appelés Wurmsée, Dumersée, Gloenersée, Haffelsée, Kolch et Bannwaldsée, Steinhudermeer et le Haff de Stettin. Les principales chaînes de montagnes sont : le Hartz, où se trouve le mont Brockem, haut de 3,500 pieds ; la Forêt-Noire avec le mont dit Feldberg, haut de 4,600 pieds ; le Raue-Alp, les Alpes Rhétiennes et Noriques, où s'élève l'Ortelspitz, haut de 14,800 pieds ; le Grossglockner, haut de 12,000 pieds ; le Hohhorn, haut de 10,600 ; le Glatei-Kogel, haut de 9,700 ; le Watzmann, dans le pays de Salzbourg, haut de 9,150 ; les Alpes Carniques et Juliennes avec le mont Terglou, haut de 10,800 pieds ; le Fichtelgebirge avec le mont Schneeberg, haut de 3,400 pieds ; les Sudètes et le Riesengebirg, dont le sommet le plus élevé, la Schneekuppe, a 5,000 pieds de hauteur ; la chaîne des montagnes de Moravie ; une ramification des monts Carpathes, qui se lient aux montagnes de la Moravie par l'abaissement des Sudèles ; la forêt de Thuringe ; l'Erzgebirge ou les monts aux Mines ; le Spessart ; les montagnes dites de Rhoen ; la forêt de Bohème ; les montagnes dites du Wéser ; le Westerwald ; l'Odenwald et le Siebengebirge, ou les Sept-Montagnes. Sur la rive gauche du Rhin se trouvent les monts Eifel, le mont Tonnerre et le Hundsruck : ces deux derniers sont en communication avec les Vosges et avec les Ardennes. Vers la mer du Nord et vers la mer Baltique, le sol de l'Allemagne s'abaisse ; vers la mer du Nord il se trouve sans cesse menacé d'être envahi par les flots. Dans les plaines septentrionales de l'Allemagne, qui sont ouvertes aux vents de l'ouest et du nord, l'air est plus rude et plus humide que dans l'Allemagne centrale ; tandis que l'Allemagne méridionale, en raison de sa position au midi, jouit d'un climat plus sec et plus régulier ; toutefois la chaleur y est moindre que dans le centre du pays. L'Allemagne septentrionale possède des forêts de pinastres ; l'Allemagne du centre, des forêts de chênes ; cette dernière région produit à l'occident d'excellents vins, et à l'orient du houblon. L'Allemagne méridionale a aussi de belles forêts, où l'on trouve le sapin blanc, le micocoulier et d'autres beaux conifères, mais les essences ordinaires y prédominent. L'Autriche et la Moravie produisent d'assez bons vins ; le Holstein, des chevaux grands et vigoureux ; le Mecklembourg, des chevaux d'une race plus distinguée et de plus haute taille. Les rivages de la mer Baltique nourrissent de grands troupeaux de vaches ; on ne préfère aux vaches de l'Ostfrise que celles de l'Helvétie. La race ovine a été tellement ennoblie dans l'Allemagne centrale, que la mère-patrie des belles laines, l'Espagne, a de nos jours fait venir des béliers de la Saxe et de la Silésie, pour perfectionner ses produits. La population de l'Allemagne est évaluée à 35 millions d'habitants, dont 27,700,000 sont de race allemande, et 6,300,000 de race slave : parmi cette dernière race on compte les Czèches de la Bohème, les Valaques, les Croates, les Cassubes de la Poméranie, et les Wendes de la Lusace. L'Allemagne renferme encore 300,000 Juifs, 200,000 Italiens, ceux-ci habitent l'Illyrie et le Tyrol ; 35,000 Français et Wallons sur les bords du Rhin ; 6,000 Grecs et Arméniens,

dès bandes de bohémiens ou nomades, etc. Dix-huit millions d'habitants professent la religion catholique ; 15 millions le culte protestant : il y a environ 10,000 frères moraves et un petit nombre de mennonites, d'anabaptistes, etc. Les Allemands ont fait de grands progrès dans les sciences et les arts (*V.* ces mots) ; ils peuvent, sous ce rapport, marcher de front avec les peuples les plus cultivés de l'Europe. Ce pays possède 23 universités, et en avait autrefois un bien plus grand nombre ; il s'y trouve près de 400 gymnases et lycées, beaucoup d'académies, d'innombrables sociétés savantes, littéraires et artistiques. L'Allemagne possède comparativement un plus grand nombre d'établissements d'instruction publique que les autres pays. L'instruction primaire y est fort répandue, même parmi les gens de la campagne. L'Allemagne compte plus de 40 bibliothèques qui renferment environ 2,500,000 volumes : celles de Munich, Vienne, Berlin, Dresde, Gœttingue, Hambourg, Wolfenbuttel et Prague sont les plus riches. Les galeries de tableaux de Dresde, Vienne, Berlin, Munich et Cassel, sont du nombre des premières de l'Europe. On cite encore les collections d'antiques de Dresde, Vienne, Munich et Berlin ; les observatoires de Berlin, Vienne, Prague, Munich, Lilienthal et Séeberg auprès de Gotha ; les cabinets d'histoire naturelle de Vienne, Berlin, Gœttingue, Munich, Hambourg, Neuvied. L'Allemagne se distingue dans l'art d'exploiter les mines et les forêts : cet art est enseigné aux académies de Freiberg, Tharandt, Mariabrunn, Dreissigacker et autres. Dans l'éducation des bestiaux et dans l'agriculture, l'Allemagne approche de la perfection où sont arrivées la Suisse et l'Angleterre. Ses fabriques et manufactures rivalisent avec celles de la France et de l'Angleterre ; mais ses transactions commerciales ne sont ni aussi étendues, ni aussi importantes que celles de ces deux nations. La Saxe et la Silésie, mais surtout la Lusace, tissent des toiles de lin et des toiles damassées d'une perfection inimitable. De nos jours, la fabrication des draps a été perfectionnée dans le Brandebourg, en Bohème, en Moravie, en Saxe et sur les bords du Rhin ; toutefois les produits de ces manufactures sont loin de valoir ceux de France, d'Angleterre et de Belgique. En revanche, la Prusse et la Saxe fournissent au commerce d'excellentes étoffes de coton et de soie : on exporte annuellement en Amérique et dans l'Orient une grande quantité d'indiennes d'Elberfeld et de l'Ertzgebirg. La Styrie, le Tyrol, la Bohème, la contrée du Hartz et la Westphalie travaillent avec succès le fer et l'acier ; et le Bas-Rhin le laiton. Vienne, Augsbourg, Berlin, Dresde, Prague, Pforzheim, fournissent des articles d'ornement et de luxe en or et en argent, articles qui sont très-estimés. La porcelaine de Saxe l'emporte en qualité sur celle des autres pays, excepté sur la porcelaine de Sèvres et de Berlin. La verrerie et l'hyalite de Bohème ont conservé leur ancienne réputation. Les monts Ertz (*Ertzgebirge*) de la Saxe fournissent les meilleurs ustensiles faits en serpentine : on tire de Passau et de Grossalmerode des creusets fort recherchés. Nuremberg, le Tyrol et les monts Ertz fournissent au reste de l'Europe une grande quantité de jouets d'enfants. L'Allemagne fait un grand commerce sur terre et sur mer, commerce qui serait plus considérable sans le manque de canaux, sans l'inégalité des monnaies, des poids et mesures, et sans les systèmes prohibitifs des douanes. Ce pays exporte des bois, du blé, des vins, du fil et des toiles de lin, des articles de fer et d'acier, et ceux dits de Nuremberg ; de la porcelaine, des objets vernissés, du mercure, du plomb, du verre, des miroirs, des bestiaux, des chevaux de trait, de la chicorée, des fruits, de la laine, du sel, des minéraux, des grenats de Bohème, de l'ambre, de la viande fumée et salée, de la poterie, du smalt, etc., des marchandises en cuir, en laine, en carton, etc. On importe en Allemagne des vins, des liqueurs, du tabac, des fruits du midi, des épiceries, du sucre, du café, du thé, de la soie, du coton, des tissus de qualité supérieure faits en laine, coton et soie, des modes et des articles de luxe, etc. Les premiers ports de commerce de l'Allemagne sont, sur la mer du Nord : Hambourg, Altona, Brême et Emden ; sur la mer Baltique : Lubeck, Wismar, Rostock, Stralsund, Stettin ; et le port de Trieste sur la mer Adriatique. Les premières places de commerce de l'Allemagne sont, au nord : Leipzig, Brunswick, Magdebourg, Breslau et Francfort-sur-l'Oder ; au midi : Francfort-sur-Mein, Nuremberg, Augsbourg, Prague, Vienne et Botzen. — On peut consulter, pour plus de détails, le *Tableau orographique et géognostique du nord-ouest de l'Allemagne*, par Hoffmann (Leipzig, 1830, et avec atlas, Berlin, 1830) ; et *Manuel du voyageur en Allemagne et dans les pays limitrophes*, par Schultz (Berlin, 1830). — Les

cartes d'Allemagne qu'on estime le plus sont celles de Rey-
mann (Berlin, 1825 et années suivantes), et celles de Weiss et
de Woerl (Fribourg, 1825, in-8°, 5 feuilles).   C. L.

ALLEMAGNE (*langue*). Cette langue dérive de l'ancien
idiome germanique, qui embrasse le scandinave, l'anglo-saxon
et l'allemand proprement dit. Elle se subdivisa très-anciennement en deux dialectes, le bas-allemand (*das Glattdeutsche*),
et l'allemand méridional (*das Oberdeutsche*), dialectes qui se
décomposent eux-mêmes en plusieurs sous-dialectes. Tous ces
dialectes diffèrent entre eux, soit par leurs nomenclatures,
soit par leurs formes grammaticales : cependant on reconnaît
toujours leur commune origine. Pris dans sa signification absolue, *l'allemand* désigne la langue littéraire (*das Hachdeutsche*),
la langue des auteurs classiques et des gens instruits. Il est
difficile de savoir dans quelle contrée de l'Allemagne on parle
le meilleur allemand : un célèbre grammairien, Adelung, a
prétendu que c'est dans la Haute-Saxe, et surtout en Misnie;
mais, on a eu raison de contester cette assertion. En effet,
l'histoire nous apprend que le *haut-allemand* n'est pas autre chose
que l'idiome épuré et poli, tel que l'ont écrit, à partir du xvi° siècle, les hommes dont le nom fait autorité. En 1701, Bocdicker,
savant grammairien, s'exprimait ainsi sur ce point : « Le haut-
allemand, dit-il, n'est pas le partage exclusif d'une contrée ou
d'une tribu; le génie des hommes de lettres l'a tiré de l'universalité de la langue, et l'a introduit dans toutes les contrées
de l'Allemagne. » L'allemand qu'on parle dans le midi, et
surtout dans les environs des Alpes ou des monts Crapacks,
est celui qui a le plus d'idiotismes. Dans la Haute-Souabe, la
Haute-Bavière et l'Autriche, la prononciation des voyelles est
longue, traînante; celle des consonnes y est souvent sifflante;
dans la Westphalie occidentale, dans le Bas-Rhin, le Mecklembourg et la Poméranie, le langage s'amollit et se noie dans un
déluge de voyelles : ces variations sont dues en grande partie
à l'influence du climat sur les organes de la parole. C'est
dans l'Allemagne centrale, et surtout dans la Haute-Saxe, que
la langue se parle avec le moins d'idiotismes et le plus de perfection; mais vers les monts Sudètes, elle devient chantante,
et rude; en tirant sur le Bas-Brandebourg, elle s'affaiblit sensiblement : dans la Basse-Saxe méridionale, dans le Hanovre,
le pays de Brunswick, et à Gœttingue, elle s'élève au plus
haut degré de pureté. Les Courlandais et les Livoniens sont
ceux qui, hors des limites de l'Allemagne, parlent l'allemand
le plus pur. — La langue allemande, par ses racines et ses formes grammaticales, est intimement liée au sanscrit, au persan,
au grec, au latin, au lithuanien et aux autres ramifications inhérentes à la tige commune de ces idiomes : c'est
ce qu'ont démontré les grammairiens J. Grim, Gräff et surtout Bopp, auteur d'une grammaire comparée (Berlin, 1733).
« L'examen des langues grecque et allemande, dit Voss, nous
fait voir qu'elles ont une origine commune : les vieilles hordes
helléniques, suivant la tradition, reçurent de la Thrace septentrionale leur première civilisation, avec le culte de Bacchus,
et celui des nymphes qui président aux fontaines; l'histoire
nous montre dans cette même contrée, qu'on appela plus tard
la Scythie, une race germanique, les Goths qui habitaient les
bords de la mer Noire, et qui conservèrent dans les formes
grammaticales de leur idiome une ressemblance frappante
avec le grec. Ces langues sont deux sœurs jumelles; l'une,
fille des régions méridionales, parvint à une rare beauté,
grâce à la sérénité du ciel, au commerce et à la liberté, tandis
que l'autre végéta tristement dans les contrées du Nord. Celle-
ci, toutefois, resta pure, intacte, énergique, se perfectionna,
s'ennoblit, sans avoir besoin d'emprunter le secours des autres
langues : l'allemand actuel est le seul des idiomes de l'Europe
actuelle qui puisse rivaliser avec le grec. » L'allemand est une
mère-langue, dont on ne peut contester l'originalité; ce fait
est suffisamment démontré par la comparaison de cet idiome
avec les idiomes étrangers, et par cette particularité, que, dans
chacun de ses mots, l'accentuation se porte sur la syllabe racine, tandis que les autres syllabes ne sont point accentuées,
ou ne le sont que faiblement, comme l'a fait observer le judicieux Adelung. Il ne nous reste de la langue primitive des
Allemands qu'une faible nomenclature; suffisante toutefois
pour prouver que déjà, dans ces temps éloignés, elle possédait
les racines dont l'allemand actuel se compose; la prononciation en était seule différente. Pomponius Méla dit qu'une
bouche romaine peut à peine articuler ces mots, et Nazarius
ajoute que leur intonation excite l'horreur. Adelung conclut
de ces passages, qu'on abusait alors des consonnes dures et
heurtées, des lettres aspirées, des voyelles et des diphthongues
traînantes; mais il ne faut pas ajouter une foi absolue au té-

moignage des Grecs et des Romains, peuples efféminés alors,
et qui appelaient barbare la langue germanique, par la seule
raison, peut-être, qu'elle leur était étrangère; en outre, l'accumulation des consonnes ne rend pas une langue nécessairement dure; témoin l'idiome polonais qui, malgré la multiplicité
de ses consonnes, est très-harmonieux. — Le plus ancien monument en prose de la langue germanique remonte au milieu
du IV° siècle. Alors florissait le savant et pieux *Ulphilas*, évêque de cette branche des Goths qui s'était établie dans la
Dacie, la Thrace et la Mœsie (la Valachie actuelle), et qu'on
appelait la nation des Ouest-Goths ou *Visigoths*. — Ulphilas
s'était formé à l'école des Grecs, qui entretenaient avec ses
compatriotes des relations de voisinage et de commerce. Il traduisit la Bible, moins les livres de Samuël et des Rois. La version
de ce savant évêque des Goths est le plus précieux fragment de
l'antiquité germanique, et c'est à cette source qu'il faut étudier
la forme primitive de la langue allemande. Il n'est pas de nation moderne qui ne fût glorieuse de voir figurer à la tête de
sa littérature un monument aussi précieux et aussi célèbre que
la version d'Ulphilas. — Le petit nombre d'ouvrages qui parurent depuis cette époque jusqu'à l'avènement de Charlemagne,
étaient des versions plates et serviles. — Le dialecte franc prit un
rapide essor sous le règne glorieux du chef de la dynastie carlo-
vingienne, et devint l'élément principal de la langue allemande.
« Charlemagne travailla lui-même, dit Eginhard, à une grammaire
allemande. » Dans son amour pour la langue de ses pères, il alla
jusqu'à inventer des mots allemands pour désigner les mois et les
vents. Cet élan progressif que la langue avait pris sous ce grand
monarque ne continua point sous le règne de ses faibles successeurs, et ne recommença que sous les rois de la dynastie
saxonne (912-1024), grâce à Notker Labéo et à quelques autres écrivains. La langue toutefois n'avait encore ni unité, ni
règles, ni fixité. Il en fut de même sous les empereurs de la
maison de Franconie (1024-1137), période dans laquelle parurent la paraphrase de Williram et un poëme composé en
l'honneur d'Annon, archevêque de Cologne. Ces productions
présagèrent à la langue allemande une ère plus heureuse,
celle qui, sous le règne des Hohenstaufen, vit fleurir les chantres d'amour ou *Minnesaenger*. Alors l'idiome allemand
s'était dégrossi; déjà il avait pris une certaine douceur et quelque flexibilité; il était en voie de progrès et de perfection. A
partir de Conrad III (1137), le dialecte franc, qui avait régné
si longtemps, se fondit dans le dialecte souabe, déjà plus cultivé à cette époque, et qui ne pouvait, grâce à cette alliance,
que s'élever au premier rang. Bientôt en effet ce dialecte ainsi
modifié fut adopté par l'Allemagne civilisée; il y domina jusqu'au xvi° siècle, époque où la Saxe acquit à son tour les honneurs de la prééminence littéraire. — Ce beau dialecte souabe,
dont les délicieuses intonations se conservent encore dans quelques cantons du Wurtemberg, de Bade, de Suisse et d'Alsace,
changea complétement le dialecte franc, l'ennoblit et le plia aux
exigences de la poésie. Non-seulement il était plus riche en voyelles, en particules, en prépositions et en ellipses, mais encore
il se prêtait mieux à cette merveilleuse composition de mots,
qui est l'un des plus précieux caractères de l'allemand. Fécond
en rimes et singulièrement propre à la poésie, cet idiome devint pour l'écrivain un instrument admirable, à l'aide duquel il
put désormais exprimer à la fois les sentiments les plus tendres
et les plus intimes. — Lorsque les Minnesaenger cessèrent de
faire entendre leurs chants harmonieux, et que de simples
artisans, qui se qualifièrent de maîtres-chanteurs, aspirèrent
à l'honneur de leur succéder, le dialecte souabe perdit son ascendant, et les autres dialectes marchèrent de front avec lui.
Les maîtres-chanteurs, dont le plus célèbre et le plus fécond
fut Hans Sachs, qui fleurit dans la première moitié du xvi°
siècle, ne perfectionnèrent pas la langue, ils lui donnèrent
seulement un peu plus de régularité; d'ailleurs, on continuait
à prêcher et à plaider en latin, coutume défavorable au perfectionnement de l'idiome national. — Les traductions de la Bible,
qui parurent de 1518 à 1545, mirent fin à ce temps d'arrêt. Dans
la première moitié du xvi° siècle, l'allemand devient enfin la
langue des lois, des affaires, et plus tard celle des lettres et
des sciences. Ensuite cet idiome éprouva encore quelques vicissitudes de progrès et de décadence : enfin vinrent le noble et
mâle Opitz, à qui les muses inspirèrent des chants purs et
énergiques; le brûlant Lohenstein qui, dans son roman d'Arminius et Thusnelda, déploya une admirable richesse d'expression; et l'enjoué Hagedorn, qui façonna, pour les accents
de la joie et les préceptes d'une douce philosophie, un idiome
qui avait besoin de se dépouiller de la roideur que le pédantisme des savants lui avait imprimée. — Les Allemands,

dans leur amour pour le progrès de leur langue, fondèrent, dans le cours du XVIIᵉ siècle, plusieurs sociétés littéraires, dont le but principal fut l'épuration de l'allemand : tels furent l'ordre du Palmier, à Weimar (1617) ; la société des Sapins, à Strasbourg (1633) ; l'ordre fleuri des Bergers de la Pégnitz, à Nuremberg (1644) ; celui des Cygnes de l'Elbe (1660) ; la société allemande de Leipzig (1697). Ces réunions littéraires ne réalisèrent pas les espérances que leurs fastueuses dénominations avaient fait naître ; toutefois, elles rendirent quelques services à une époque où la langue française s'implantait en Allemagne, et allait même y dominer (*V.* Radlof, *De l'empire despotique de la langue et de l'esprit des Français en Europe*, Munich, 1814). Gotsched et son école affectèrent un purisme outré, avec lequel ils se flattaient vainement de neutraliser la prépondérance qu'avait acquise en Allemagne la langue des Corneille et des Racine. Leurs efforts étaient louables, mais leurs productions étaient trop médiocres pour arrêter la gallomanie et le mélange des mots étrangers. Gellert, Haller, Klopstock, Vieland et Lessing, par leurs immortels chefs-d'œuvre, vinrent polir et fixer la langue, en la relevant de l'anathème que le grand Frédéric avait lancé contre elle dans sa fameuse lettre : *De la littérature allemande*, Berlin, 1780 ; lettre qui fut d'ailleurs très-bien réfutée par l'abbé Jérusalem, Mœser, Traller et Wezel (*V.* Kolbe : *De la richesse des langues française et allemande, et des ressources qu'elles offrent à la poésie*, Berlin, 1818-1820, 2ᵉ édit., 3 vol.). De nos jours, on a fondé en Allemagne, sur les ruines des associations dont nous avons déjà parlé, plusieurs sociétés nouvelles, dont les travaux ont également pour but le progrès de l'idiome allemand : telles sont la société de Berlin due à MM. Wolke et Krauss (1815), et celle de Francfort-sur-le-Mein (1817). Si les Allemands n'ont pas, comme leurs voisins d'outre-Rhin, une académie dont les décisions fassent loi, il faut chercher la cause de cette lacune dans le morcellement de l'Empire en un si grand nombre d'États souverains et indépendants, chacun a sa capitale, et cette particularité a rendu impossible la création d'un corps littéraire et national qui fût commun à toute l'Allemagne. — Nous finirons l'histoire de la langue allemande, en faisant connaître ses principales propriétés ainsi que ses meilleurs dictionnaires et grammaires. Cet idiome a la merveilleuse faculté de créer par lui-même de nouveaux termes sans les emprunter au grec, ainsi que nous sommes obligés de le faire. Cette composition a lieu, soit à l'aide des cas, des racines, des prépositions initiales et des désinences, soit par la réunion de deux ou plusieurs mots. A cet avantage l'allemand joint une nomenclature dont la richesse est incalculable et qui va toujours augmentant. Il jouit aussi d'une extrême flexibilité, de sorte qu'il peut rendre très-fidèlement, et souvent mot pour mot, les auteurs anciens et étrangers, avec les nuances les plus délicates des pensées et du style. Enfin la prosodie de ses syllabes est si bien déterminée qu'il peut dans sa poésie se passer du secours de la rime, et reproduire toutes les espèces de vers métriques dont les anciens faisaient usage. Toutefois l'allemand manque, du moins jusqu'à un certain point, de cette admirable clarté qui distingue si éminemment le génie de la langue française, clarté qui dans les langues sera toujours le premier de tous les mérites. — Valentin Jckelsamer a composé la première grammaire allemande qui ait paru (Nuremberg, 1537) : c'était, il est vrai, un essai encore informe, mais important toutefois en ce qu'il fit naître le goût de la nation pour la science grammaticale. Dans le siècle suivant, Morhof, Schottel et Bœdiker publièrent des grammaires qui furent estimées. Le XVIIIᵉ et le XIXᵉ siècle ont vu éclore sur cette science une foule de traités, parmi lesquels on distingue ceux de Gotsched, Adelung, C. Ph. Moritz et M. Heinsius. Récemment M. J. Grimm a publié une grammaire qui est supérieure à toutes les précédentes, et qui fait époque dans la science (Gottingue, 1822-1831, in-8°, t. I-III). Eberhard et Maas ont fait paraître un bon traité des synonymes allemands, traité qui a été refondu par Gruber (Halle, 1826 et suiv. 6 vol. in-8°). L'Allemagne a produit aussi de bons lexicographes : Wenceslas Brack ouvrit la lice (1478). Plus tard, Dasypode (1535) et Maaler (1561) publièrent des lexiques qui surpassent beaucoup l'essai de Brack. Dans le XVIIᵉ et dans la première moitié du XVIIIᵉ siècle, Spaten, Schilter, Shery, Wachter, Frisch et Haltaus furent des lexicographes qu'il faut consulter encore. Les lexicographes modernes les plus célèbres sont Fulda, Adelung, Campe et M. Heinsius : on consulte généralement de nos jours les dictionnaires allemands que ces trois savants ont publiés ; en voici les titres : Ade-

lung, *Grammatical-krit. Woerterbuch der hochdeutschen Mundart*, Leipzig, 1774-86, 5 vol. ; — Campe, *Woerterbuch der deutschen sprache*, 5 vol. in-4°, Brunswick, 1807-1811 ; — Heinsius, *Volkthümlicher Woerterbuch der deutchen sprache*, Hanovre, 1818-1822, 4 vol. in-8°.

H. APFFEL.

ALLEMAGNE (*écriture*). La première écriture connue en Allemagne fut l'écriture runique (*V.* ce mot) : cependant les lettres et la langue latines y furent bientôt employées ; car les instituteurs de la nation qui vinrent d'Irlande et d'Angleterre écrivaient en cette langue. A cette époque l'allemand commençait à peine à se répandre. Il fit de grands progrès sous Charlemagne ; enfin, on l'écrivit au IXᵉ siècle, mais avec des caractères latins. Ce fut vers le XIIIᵉ siècle, sous le règne de l'empereur Frédéric II, que s'introduisit l'usage de l'écriture allemande. L'Allemagne a deux sortes d'écritures qui lui soient propres, la gothique et la cursive ; l'écriture coulée, qu'on emploie dans la chancellerie et dans les bureaux, n'est que l'écriture gothique disposée de manière à ce qu'on puisse l'écrire rapidement ; les lettres en sont inclinées et unies entre elles. L'écriture gothique allemande (*fractur-schrift*) tire son origine de l'écriture monacale, et de celle qu'on est convenu d'appeler néogothique, dont l'usage date du XIᵉ siècle. Plus tard et à la fin du XVᵉ seulement, l'écriture *cursive* fut employée pour l'impression des livres, car jusqu'alors les lettres étaient perpendiculaires. Ce perfectionnement fut l'ouvrage d'Alde Manuce l'ancien (*V.* ce mot). Au XVIᵉ siècle, Albert Durer (*V.* ce mot) détermina les justes proportions de l'écriture allemande, à laquelle, plus tard, ses élèves et les calligraphes donnèrent la forme régulière qui la distingue aujourd'hui.

C. L.

ALLEMAGNE (*histoire d'*). Les Romains donnaient à l'Allemagne actuelle le nom de Germanie. Ils comprenaient sous cette dénomination : le Danemarck, la Norwége, la Suède, la Finlande, la Livonie et la Prusse. A l'époque de la grande migration des peuples, l'invasion des hordes scythes et germaines en Europe eut pour résultats principaux l'anéantissement de l'empire romain d'Occident par Odoacre qui s'érigea en roi d'Italie, la conquête de la Gaule par les Francs et la fondation de leur royaume. C'était à ce dernier peuple qu'il était réservé de donner un jour une organisation politique et un chef suprême à l'Allemagne proprement dite, à ce pays où étaient restés les Saxons, les Frisons, les Thuringiens et les *Alemani*. Lorsque les Carlovingiens montèrent sur le trône de France, ils combattirent avec une ardeur infatigable toutes les tribus germaines qui n'étaient pas encore incorporées dans leur empire ; parmi ces peuples, les Saxons étaient les plus redoutables. Alors le roi des Francs, Charlemagne, entreprit de mettre fin à une lutte presque interminable, en forçant les Saxons de se convertir au christianisme : il trouva chez ce peuple une résistance qui se prolongea pendant trente années. Mais enfin Wittikin, duc ou chef des Saxons, se soumit pour ménager le sang de ses soldats ; il se fit baptiser, et son armée entière suivit son exemple. Ainsi se constitua la grande monarchie des Francs, qui embrassa la Gaule, l'Italie et l'Allemagne jusqu'aux rivages de la mer du Nord. Les Saxons qui habitaient sur la rive gauche du Wéser s'étaient soumis sans peine à la puissance de Charlemagne ; mais les magistrats qu'il leur imposa les gouvernèrent avec rigueur ; les Saxons opprimés se réfugièrent sur la rive droite du Wéser ; de là, ils attaquèrent les Français et ceux de leurs compatriotes qui n'avaient pas émigré comme eux. Lorsque Charlemagne eut subjugué la rive droite du Wéser, les nobles et les prêtres mécontents se réfugièrent sur la rive droite de l'Elbe, et du sein de cette contrée ils renouvelèrent contre ce prince une lutte acharnée qui dura longtemps encore. Ce fut alors que Charlemagne transplanta dans la Picardie les familles les plus turbulentes des insurgés ; il donna à d'autres familles les possessions territoriales qui étaient restées vacantes ; et permit à ce peuple de se donner à lui-même des magistrats tirés de son sein : dès lors la paix s'établit dans la contrée. Cependant lorsque les petits-fils de Charlemagne se partagèrent l'empire fondé par leur aïeul, l'Allemagne, séparée de la monarchie des Francs, devint un État indépendant. — Louis fut le *premier roi des Allemands* (843). Le Rhin devint la limite de ce royaume, auquel on ajouta toutefois Spire, Worms, Mayence et le territoire qui dépendait de ces villes, non à cause des habitants, mais à cause des vins dont il ne fallait pas priver le royaume nouveau. — Ce pays garda l'organisation intérieure que lui avaient donnée les rois francs. Sous le règne de Louis, on établit des margraves et on éleva des châteaux forts, afin de se garantir des incursions dévastatrices des Normands, des Slaves, et surtout des Wendes.

Louis ajouta à ses provinces l'héritage de son neveu Lothaire II : Cologne, Trèves, Aix-la-Chapelle, Utrecht, Metz, Strasbourg, Bâle et plusieurs autres cantons de la rive gauche du Rhin. Bientôt il mourut lui-même (876) : ses trois fils, Carloman, Louis le Jeune et Charles le Gros, se partagèrent sa succession. A partir de l'an 884, l'Allemagne et la France furent de nouveau gouvernées par un seul et même monarque. Charles le Gros réunit sous son sceptre presque tous les pays qui avaient composé l'empire de son bisaïeul ; mais il était loin de posséder le génie de Charlemagne, qui avait su former un seul tout de ces éléments hétérogènes. En 887, les Allemands prononcèrent la déchéance de ce prince, et appelèrent au nouveau trône d'Allemagne son neveu Arnold de Carinthie, fils naturel de Carloman. Arnold soutint plusieurs guerres acharnées contre les Slaves de la Moravie. Il appela à son secours les Hongrois, qui s'étaient établis depuis 889 au pied des monts Carpathes ; ensuite, vainqueur de Bérenger, duc de Frioul, il reçut la couronne impériale. Il mourut en 899 : il eut pour successeur son fils, âgé de six ans, Louis, dit l'Enfant, qui mourut en 911 : avec ce prince s'éteignit en Allemagne la race des Carlovingiens. — Le duc de Saxe, Othon le Sérénissime, ayant refusé, à cause de son âge avancé, le trône qui lui était offert, on élut d'après son conseil Conrad Ier, duc de Franconie. Depuis cette époque, l'Allemagne devint une monarchie élective : cet état de choses dura jusqu'au 6 août 1806, jour où, après la fondation de la confédération rhénane, l'empereur François II déposa la couronne impériale et proclama la dissolution du saint-empire. — En jetant un regard attentif sur cette période qui embrasse 970 années, nous verrons le royaume presque toujours en proie au pouvoir arbitraire ; nous verrons les rois eux-mêmes souvent à la merci des grands et des nobles dont la puissance va toujours croissant ; nous verrons les progrès intellectuels de la nation retardés par les dissensions incessantes, par des rivalités sans fin ; les peuples opprimés sous un système féodal ; nous signalerons enfin les premières luttes des puissances temporelles contre les prérogatives du saint-siège. Conrad II, prince éclairé pour son temps, répandit un faible rayon de lumière sur l'Allemagne (1024-1039). Il donna un nouveau code à la féodalité, opposa une première limite au droit du plus fort en instituant la trève de Dieu, et agrandit l'empire par l'acquisition de la Bourgogne cisjurane et transjurane. — Henri III ne signala son règne (1039-1056) que par ses querelles avec la cour de Rome. Sous le règne de Henri IV (1056-1106) on agita vivement en Allemagne la question si controversée de la prééminence du pouvoir spirituel du saint-siège sur le pouvoir temporel. En même temps les preux d'Allemagne, impatients d'exercer leur ardeur guerrière, commencèrent à prendre le chemin de la terre sainte. Les croisades, contre lesquelles on a tant déclamé, contribuèrent à civiliser l'Allemagne et l'Europe. Dans ces luttes sacrées, les chevaliers se confédéraient entre eux à la vie et à la mort, nobles ligues qui donnèrent naissance aux ordres de Saint-Jean, des Templiers, des Chevaliers Teutoniques. Le saint enthousiasme qu'inspirèrent ces pèlerinages lointains réveilla en Allemagne le génie de la poésie profondément assoupi. Les Minne-saenger (les trouvères ou chantres d'amour) firent entendre ces accents harmonieux qui ont trouvé de l'écho chez leurs descendants : ces troubadours allemands exprimaient les chagrins de l'absence, et leurs chants inspirés ont toujours fait les délices de leur patrie. Bientôt le commerce amena en Allemagne les productions du sol et de l'industrie asiatiques : la connaissance des arts, de l'Orient commença de se répandre. Toutefois, l'organisation défectueuse de l'Empire s'opposa longtemps encore au développement intellectuel des populations : les empereurs étaient toujours en guerre, soit avec leurs vassaux, soit avec les souverains du dehors ; ils n'avaient guère le temps pour l'administration de l'État ; on s'était réduit à former des alliances particulières pour se mettre à l'abri des prédations auxquelles se livraient, sur terre et sur mer, les innombrables despotes nés de la féodalité. Ainsi naquit, sous le règne de l'empereur Frédéric Ier (1152-1190), la ligue Anséatique ; cette association renfermait en elle-même les éléments qui devaient un jour diriger le commerce dans ses vues politiques. Frédéric mit quelques restrictions aux guerres particulières que se faisaient sans cesse les possesseurs de fiefs ; il ordonna qu'elles seraient précédées d'une déclaration publique promulguée trois jours avant le commencement des hostilités. La paix intérieure fut plus particulièrement consolidée par Frédéric II (1218-1250), qui, le premier, prit le titre de roi de Jérusalem. Cet empereur reconnut les états provinciaux comme souve-

rains dans l'étendue de leurs possessions ; mais il institua une juridiction aulique qui en son absence aurait à prononcer sur les contestations qui surviendraient entre ces états divers. Les princes feudataires de l'Empire imitèrent les diètes générales de l'Allemagne ; et sur une moindre échelle, ils en établirent de semblables dans leurs possessions respectives. Ils appelaient aux délibérations qui concernaient l'intérêt général les syndics des villes, les prieurs des monastères et les seigneurs, leurs vassaux : ainsi naquirent les assemblées provinciales des états. Frédéric II exerça par son noble et grand caractère, une influence salutaire sur toute l'Allemagne ; malheureusement la dynastie des Hohenstaufen avait des ennemis nombreux et puissants, qui neutralisèrent ou détruisirent tout ce que faisait l'empereur. Cet ordre de choses produisit un interrègne, qui commença à la mort de Frédéric II (1250), ou qui datait même de 1248, c'est-à-dire de l'époque à laquelle Henri Raspe, landgrave de Thuringe, avait été élu roi. Le fils de Frédéric II, Conrad IV, élu dès l'an 1237, eut à lutter contre Guillaume de Brabant, Alphonse de Castille et Richard de Cornouailles : par une suite nécessaire de ces guerres qui occupèrent exclusivement Conrad IV, l'Allemagne fut de nouveau livrée à un désordre général. Les traités s'étaient méconnus et les lois violées ; le droit du plus fort y reparut avec toutes ses horreurs ; la petite noblesse même s'arrogea insolemment ce droit barbare et odieux. L'ordre équestre de la Souabe, de la Franconie et du Rhin, s'érigea en puissance féodatrice du saint-empire. Charles d'Anjou fit périr à Naples sur l'échafaud le dernier rejeton des Hohenstaufen, Conradin de Souabe (1268). Les seigneurs, restés fidèles à cette dynastie et qui étaient eux-mêmes opprimés, invoquaient le secours d'un homme qui les sauvât du danger où ils couraient ou qu'ils croyaient courir d'être sacrifiés à leur tour. — La Providence fit alors monter sur le trône d'Allemagne le comte de Habsbourg, Rodolphe Ier (1272-1291) : ce prince tint d'une main vigoureuse les rênes de l'empire, et rétablit le bon ordre dans toutes les parties de l'administration ; mais il n'y réussit que par des mesures énergiques. Il fit démolir les châteaux qui servaient de repaire aux brigands ; il abolit le droit du plus fort. Dans son adroite politique, il sut rattacher à sa famille par des mariages la puissance des grands feudataires. Il fit la guerre à Ottocar, roi de Bohême, et conquit l'Autriche, la Styrie, la Carniole. Il devint la tige de la dynastie dont la ligne féminine occupe encore aujourd'hui le trône d'Autriche. Sous le règne d'Albert (1298-1308), le deuxième successeur de Rodolphe, les Suisses conquirent leur indépendance ; sous celui de Henri VII de Luxembourg (1308-1313), on vit naître les factions des Guelfes et des Gibelins, qui continuèrent la lutte que les héritiers des Hohenstaufen avaient commencée contre la puissance pontificale. Henri fit une expédition en Italie, afin d'apaiser cette querelle : son absence menaça de nouveaux dangers le repos de l'Allemagne. Quand la mort eut frappé ce prince, deux rois se disputèrent ce malheureux pays, Frédéric d'Autriche et Louis de Bavière. Après une guerre acharnée, Louis resta vainqueur, et le pape mit sur sa tête la couronne impériale ; mais ce prince ne put empêcher que des différends nouveaux n'éclatassent entre lui et le saint-siège : l'Allemagne fut frappée d'interdit par la cour de Rome. Alors six princes les plus puissants de ce pays, auxquels le septième, le souverain de la Bohême, ne se joignit pas, formèrent une alliance électorale (1338) destinée à contre-balancer l'influence du saint-siège dans l'élection des rois ; ils établirent, comme loi fondamentale, que tout prince qui obtiendrait à l'avenir la majorité des suffrages dans les élections, serait roi d'Allemagne, sans qu'il y eût lieu à contester sa nomination. Charles IV, roi de Bohême, petit-fils de Henri VII, lequel avait été déjà élu pendant la vie de Louis (1346), régna seul à la mort de son compétiteur Gunther de Schwarzbourg. Il augmenta les revenus de la couronne, en introduisant l'usage de conférer des lettres de noblesse, et il promulgua la bulle d'or, charte fondamentale du saint-empire, qui décréta le droit électoral conféré exclusivement aux électeurs de Mayence, de Trèves, de Cologne, de Bohême, du Palatinat, de la Saxe et du Brandebourg ; — le droit de primogéniture dans les familles des électeurs ; l'indivisibilité de cette prérogative ; — le privilège appelé *Jus de non appellando* ; — le cérémonial de l'élection et le couronnement des rois, etc. : une dernière disposition de la bulle d'or fut l'abolition du droit du plus fort. — Dès lors l'Allemagne entra de nouveau dans les voies de la civilisation. Cependant l'habitude primordiale innée dans l'âme des Allemands de se faire justice eux-mêmes; les armes à la main, et de venger sur-le-champ les injures reçues, sans attendre la décision des juges, cette coutume barbare se maintint longtemps encore, et se déploya dans toute sa force sous le règne de Wenceslas (1378-1410). On opposa à ce prince trois compétiteurs, Robert du Palatinat, Sigismond, son propre frère, et Jobst de Moravie. A la mort de Wenceslas, Sigismond parvint à se faire reconnaître comme seul roi d'Allemagne (1411-37). Ce fut pendant son règne que se tint le concile de Constance, et qu'eurent lieu le procès et le supplice de J. Huss, qui avait propagé en Bohême les principes de Wiclef : ce fut encore sous l'empereur Sigismond qu'éclata la guerre des Hussites, qui s'étendit à la Bohême, à la Misnie, à la Franconie et à la Bavière. Le successeur de Sigismond, Albert II d'Autriche, régna trop peu de temps pour mettre à exécution le plan qu'il avait formé d'anéantir le *droit du plus fort*, et de diviser l'Empire en six cercles mieux circonscrits. Le règne de Frédéric III (1439-1493) fut remarquable par le progrès des sciences, par la fondation de plusieurs universités nouvelles et par la découverte de l'Amérique. Cette découverte imprima un nouvel essor à l'Europe en général et à l'Allemagne en particulier. — Maximilien Ier, fils de Frédéric (1493-1519), accomplit le vœu des états et des populations opprimées : il abolit le droit du plus fort, en décrétant *la paix perpétuelle*. On établit en même temps une haute cour de justice, *la Chambre impériale*, pour punir les infractions, et l'on fit un règlement de procédure : on donna une nouvelle organisation à l'Empire ; on créa un conseil aulique (*Reichshofrat*), et l'on divisa l'Allemagne d'abord en six cercles (1500), ensuite en dix. Maximilien, pour donner plus de relief à sa couronne, prit le titre d'empereur romain. Sous Maximilien, le pouvoir judiciaire reçut des formes plus prononcées, et suivit une marche nouvelle. On organisa la police et on établit une direction des postes (1516). Quant à ce qui concerne le département de la guerre, on partagea l'armée en *Fœhnlein* et en régiments ; on créa de hautes dignités militaires et l'on perfectionna l'artillerie. Le dernier, le plus grave événement de ce règne, fut la naissance du protestantisme qui surgit tout à coup en 1517, à l'université de Wittemberg. — Charles-Quint, son petit-fils, déjà roi d'Espagne, lui succéda. Les électeurs présentèrent au nouvel empereur et lui firent jurer une loi fondamentale dite *Wahl-Capitulation*. Mais ce prince viola cette loi en toute occasion. Les doctrines nouvelles que prêchait Martin Luther commencèrent à se répandre ; la guerre dite *des Paysans*, dont Thomas Munzer était le chef, désola toute l'Allemagne ; le landgrave Philippe de Hesse et l'électeur de Saxe concurrent une alliance en faveur du protestantisme ; la *protestation* solennelle, d'où les sectateurs de Luther prirent leur nom, eut lieu en 1529 ; les princes *protestants* conclurent une ligue à Schmalkalde en 1530, et la guerre qui porte ce nom éclata en 1546. Le traité de paix conclu à Wittemberg décida du sort du malheureux électeur de Saxe, Jean-Frédéric ; la ligne Ernestine perdit la dignité électorale, l'intérim de 1548 n'accorda aux protestants que le mariage des prêtres et la célébration de la cène sous les deux espèces. Plus tard, par le traité de Passau (31 juillet 1552), Charles-Quint, contraint de céder à l'électeur Maurice qui s'était uni à la France et à la ligue de Schmalkalde, accorda aux protestants le libre exercice de leur religion et la jouissance des droits civils. Ce traité servit de base à la *paix de religion*, qui fut signée définitivement à Augsbourg en 1555. Pour ce qui est de l'organisation intérieure de l'Allemagne, Charles-Quint nomma, lors de la première diète qui eut lieu sous son règne, à Worms, la commission impériale (*Reichs-Regiment*) ; il y renouvela la loi sur la paix publique et l'institution de la Chambre impériale : on promulgua aussi à cette diète *la Matricule d'Empire*, qui détermina le contingent dû par les divers États à l'armée de l'Empire. Charles-Quint, las de porter le fardeau de la couronne, abdiqua en 1556 et se retira dans un monastère d'Espagne, où il mourut (1558). — Ferdinand Ier, son frère, lui succéda en Allemagne ; lors de son élection on revisa la charte électorale (*Wahl-Capitulation*), et on y inséra les stipulations du traité de *la paix de religion*. Sous le règne de ce prince, le concile de Trente, qui s'était ouvert en 1545, termina ses travaux (1563) ; il avait tracé une ligne de séparation entre les catholiques et les protestants. Le saint-siège retint en partie son autorité spirituelle sur l'Allemagne ; mais afin de pouvoir l'exercer convenablement, il établit à demeure des nonces à Vienne, à Bruxelles, à Cologne, et il favorisa l'accroissement de l'ordre des jésuites, fondé en 1540. — Le règne de Maximilien II, successeur de Ferdinand (1564-1576), occupe dans l'histoire une place peu remarquable. On y voit les disputes religieuses qui divi-

sèrent les protestants ; les querelles de Mélanchton et de Calvin, et la publication de la *Formula concordiæ*, qui consomma la séparation des calvinistes et des luthériens. Sous le règne de Rodolphe II, fils de Maximilien, la fondation de l'Union et de la Ligue prépara la guerre de trente ans ; les utraquistes de la Bohême obtinrent, par le décret impérial dit *Lettre patente de Majesté*, le libre exercice de leur religion, la possession de Prague et le droit de fonder de nouvelles églises. Peu de temps après, on prit les armes, sous Mathias. Ferdinand II (1619-1637), empereur plein de zèle pour la religion catholique, mais d'un caractère emporté, ralluma le feu de la guerre. Le sang allemand coula par torrents ; Tilly et Wallenstein soumirent à la domination impériale la plus grande partie du pays. Dans plusieurs cantons on exécuta de force l'édit de restitution portant que toutes les fondations, tous les domaines pris ou sécularisés par les protestants, seraient restitués à l'Église romaine, et conférant aux princes catholiques le droit de forcer leurs sujets à l'abjuration ou de les exiler. Au moment où Ferdinand pensait avoir atteint le but qu'il s'était proposé, le roi de Suède, Gustave-Adolphe, conformément au plan du cardinal de Richelieu, intervint dans la cause des protestants. A la mort de ce prince (1632), la France prit les armes contre l'Autriche, et l'électeur de Brandebourg, Frédéric-Guillaume, embrassa (1640) le parti de la réforme. Alors Banner et Torstenfen, Wrangel et Turenne se comblèrent de gloire, et la paix de Westphalie (1648), après trente années de calamités, rendit à l'Europe ébranlée le repos dont elle avait été si longtemps privée. Avant que le Brandebourg se fût immiscé dans cette guerre, Ferdinand III avait succédé à son père Ferdinand II (1637-1657). Cet empereur, vaincu par les armes de la France et de la Suède, fut contraint de se soumettre aux stipulations de cette paix, qui consacra la liberté des cultes, à l'exception des États héréditaires d'Autriche : le traité de Westphalie stipula aussi l'indépendance de la Suisse et des Provinces-Unies. On créa un huitième électorat pour la maison bavaro-palatine, et toutes les parties intéressées obtinrent des indemnités. — Le traité de Westphalie, qui a longtemps formé le droit public de l'Europe, eut des résultats importants : l'organisation meilleure et mieux définie de l'empire d'Allemagne ; la réduction de la ligue anséatique aux villes de Hambourg, Lubeck et Brême ; l'établissement des armées permanentes, et un système d'impôts sagement réparti. La liberté religieuse avait gagné du terrain, lorsque Léopold Ier monta sur le trône impérial (1657) ; ce fut sous le règne de ce prince que la diète devint permanente, à partir de 1663. Quoique Léopold fût d'un caractère pacifique, il prit part néanmoins à plusieurs guerres contre la Turquie et contre la France. Il créa un neuvième électorat en faveur du prince de Brunswick-Lunebourg, tandis que la Prusse, érigée en royaume (1701), acquérait un grand poids dans la balance politique de l'Allemagne. Le fils de Léopold, l'empereur Joseph Ier (1705-1711), continua la guerre d'Espagne, et mit au ban de l'Empire les électeurs de Bavière et de Cologne, parce qu'ils avaient suivi le parti de la France. Ce prince mourut subitement : son frère Charles VI lui succéda sur le trône impérial. Bientôt le traité de paix d'Utrecht et celui de Radstadt détruisirent les projets que Charles nourrissait de réunir le royaume d'Espagne à ses possessions héréditaires d'Allemagne. Il fut plus heureux dans la loi de famille qu'il porta, sous le nom de *Pragmatique-Sanction*, par laquelle il régla l'ordre de successibilité de sa race. La paix de Vienne (1735) termina favorablement pour la Saxe la guerre qu'avaient fait naître l'élection du roi de Pologne et le traité de Belgrade (1739) ; elle mit fin à la guerre de Turquie, que l'Autriche acheta au prix de quelques cantons. Charles VI mourut en 1740, et avec lui s'éteignit la ligne masculine de la dynastie de Habsbourg ; sa fille Marie-Thérèse prit possession des États héréditaires d'Autriche. Mais l'électeur de Bavière, Charles-Albert, manifestant des prétentions sur la succession de Charles VI, élevé même à l'empire sous le nom de Charles VII, fit à Marie-Thérèse une guerre qui dura pendant huit années. A la mort de ce prince (1745), Marie-Thérèse, qui, dans l'intervalle, avait de son côté soutenu contre le roi de Prusse une guerre acharnée, conclut le traité de paix de Fussen, et ensuite celui d'Aix-la-Chapelle. Son mari, Françoiser, fut élu empereur d'Allemagne le 15 septembre 1745. Le traité signé à Hubertsbourg termina la guerre de sept ans, qui avait été ruineuse pour l'Allemagne. L'empereur Joseph II succéda à son père François Ier (1765). Il signala le commencement de son règne en publiant des règlements par lesquels il réforma l'ordre judiciaire et le conseil aulique. Les dernières années du règne de Joseph furent troublées par la révolte de la Belgique et par la reprise des hostilités avec la Porte Ottomane. Accablé de soucis, ce prince mourut le 20 février 1790. La charte d'élection, dite *Wahl-Capitulation*, ayant été modifiée, Léopold II, grand-duc de Toscane, et frère du dernier empereur, fut élu à sa place (le 30 septembre). L'orage grondait en France; le nouvel empereur se hâta de conclure la paix avec la Turquie par la médiation de la Prusse; il voulait être prêt pour la guerre si la révolution française s'avançait vers le Rhin armée de ses principes ennemis des rois; un traité d'alliance entre l'empereur et le roi de Prusse fut conclu à Pilnitz (le 25 août 1791), à l'effet de maintenir l'empire d'Allemagne dans son existence politique et dans son organisation intérieure; ils voulaient aussi protéger le pouvoir royal en France; mais l'empereur mourut subitement (le 1er mars 1792). Son fils, l'empereur François II, continua l'alliance que son père avait contractée à Pilnitz. Sur ces entrefaites, la Convention nationale déclara la guerre à la maison d'Autriche, et le 23 novembre 1792, l'empire d'Allemagne rompit avec la France. Mais bientôt la Prusse accepta l'alliance de la nouvelle république (1795), et plusieurs princes allemands suivirent cet exemple. La paix, signée à Campo-Formio, le 17 octobre 1797, rétablit la bonne intelligence entre la France et l'Autriche. Des conférences se tinrent à Radstadt pour négocier la paix avec l'empire d'Allemagne. Mais avant la fin des conférences, la guerre éclata de nouveau (1799). Le traité de Lunéville, le 9 février 1801, donna le Rhin pour limite à la France; l'Allemagne perdit plus de 1,200 milles carrés, et près de quatre millions d'habitants. François II érigea (1804) l'Autriche en empire héréditaire, pendant que le premier consul, Bonaparte, se faisait proclamer empereur, sous le nom de Napoléon Ier. Bientôt l'Autriche et la Russie se liguèrent contre Napoléon; le traité de Presbourg, conclu le 26 décembre 1805, mit fin à cette guerre, à laquelle trois États de l'empire d'Allemagne, la Bavière, le Wurtemberg et Bade, avaient pris part comme alliés de la France. L'année suivante, seize princes allemands se détachèrent du lien fédéral, et formèrent une ligue, dont l'acte constitutif, rédigé à Paris le 12 juillet 1806, fut sanctionné à Saint-Cloud le 19 du même mois, et notifié à la diète générale, à Ratisbonne, par Bacher, chargé d'affaires de France. Aux termes de cet acte, les confédérés se soumirent à l'empereur des Français, leur protecteur, et donnèrent à leur association le nom de *Confédération rhénane* (*V.* ce mot). Cette démarche décisive en nécessita une seconde. Napoléon avait déclaré qu'il regardait cette confédération comme une suite naturelle et nécessaire de la paix de Presbourg: « La diète, disait-il, a cessé depuis longtemps d'avoir une volonté; la réunion de Hanovre à la Prusse a fait supprimer un électorat, et un prince des contrées septentrionales (le roi de Suède) a incorporé à ses États une province de l'Empire.» Napoléon termina en déclarant qu'il ne reconnaissait plus l'existence de l'empire allemand, mais bien la souveraineté plénière de chacun des princes dont les États composent l'Allemagne actuelle, et qu'il désirait entrer en relation avec eux sur le même pied qu'avec les autres souverains de l'Europe. En conséquence de cette déclaration, l'empereur François renonça, le 6 août 1806, à la couronne impériale d'Allemagne, déposa les rênes du gouvernement, et prononça la séparation de ses États héréditaires d'avec le corps germanique; en même temps il recommanda les divers fonctionnaires de l'empire dissous aux États qui l'avaient composé. — Une année ne s'était pas écoulée depuis la fondation de la confédération germanique, et déjà les soldats qu'elle avait fournis à Napoléon se battaient contre la Prusse sur les bords de la Saale, de l'Elbe, de l'Oder, et contre la Russie, sur les rives de la Vistule. Onze maisons princières au nord de l'Allemagne accédèrent à la confédération germanique, après la paix de Tilsitt. Un trône français fut élevé en Allemagne sur les débris des anciennes souverainetés. La nouvelle confédération se composait de quatre rois, cinq grands-ducs et vingt-cinq autres princes. La paix de Vienne (14 octobre 1809) agrandit encore l'étendue et la puissance de la confédération. Les contrées septentrionales de cette ligue et les villes anséatiques, Hambourg, Lubeck et Brême, furent réunies à l'empire français. Lorsqu'en 1812 Napoléon fit son expédition désastreuse de Russie, des contingents nombreux de confédérés se joignirent à la grande armée. Toutefois les princes et les peuples de la confédération se sentaient convaincus qu'ils n'étaient que des instruments dans les mains de Napoléon, et qu'ils n'avaient plus ni justice ni liberté à espérer sous la domination de ce conquérant. Cependant ils obéirent à la loi de la nécessité, et 100,000 soldats allemands périrent ensevelis sous

les neiges de la Moscovie. Les Russes poursuivirent leurs avantages jusqu'aux frontières de l'Allemagne; la Prusse se joignit à Alexandre par le traité signé à Kalisch le 28 février 1813; plusieurs États du Nord se réunirent à ces deux puissances; Lubeck et Hambourg prirent les armes contre Napoléon. Les Allemands semblaient intimement convaincus que l'époque de leur affranchissement était arrivée. Cette conviction s'affermit, lorsque l'Autriche se joignit, le 10 août, à la ligue formée contre l'empereur des Français. Les alliés, unanimes dans leurs vues, étaient remplis d'un vif enthousiasme : aussi les événements militaires prirent-ils une tournure qui leur fut favorable. A son tour, la Bavière se sépara de la France, et, en exécution du traité signé à Ried, le 8 octobre 1813, elle réunit ses armes à celles des autres alliés. Dix jours plus tard, la bataille de Leipzig anéantit la domination des Français en Allemagne; elle fit tomber en ruine l'édifice de la confédération rhénane. Le roi de Würtemberg accéda, le 22 novembre, à la grande alliance, et les autres souverains du midi l'imitèrent. — Après la victoire que Napoléon remporta à Hanau le 30 octobre, l'armée française se retira sur la rive droite du Rhin. Dès lors toute l'Allemagne prit une nouvelle forme. Les Français avaient évacué ce pays, à l'exception de quelques forteresses qu'ils gardaient encore. Le royaume de Westphalie, le grand-duché de Berg n'existaient plus. Partout on vit revenir dans leurs possessions les princes qui en avaient été chassés. L'Allemagne tout entière fit d'immenses préparatifs, afin d'assurer son affranchissement; elle se leva en masse pour combattre en faveur d'une cause sacrée. Les armées passèrent le Rhin le 1er janvier 1813; elles occupèrent les contrées que la France avait conquises sur l'Allemagne depuis 1793, et les grands événements qui signalèrent la campagne de 1814 leur en assurèrent la possession. La paix fut signée à Paris, le 30 mai 1814. Aux termes de ce traité, la France céda toutes les conquêtes qu'elle avait faites, à l'exception de Montbéliard et de quelques autres petits cantons; mais ces pays ne furent pas tous rendus à la mère patrie : tout l'ancien cercle de Bourgogne et l'évêché de Liège furent donnés à la Hollande, et avec elle le nouveau royaume des Pays-Bas. A l'égard des affaires intérieures de l'Allemagne, ce traité de paix portait que les divers États qui composent ce pays seraient indépendants les uns des autres, mais qu'ils seraient unis par un lien fédéral. Le congrès de Vienne, ouvert le 1er novembre 1814, mit cette clause à exécution; il concilia les prétentions des États, et posa les bases des droits dévolus à la *confédération germanique* (8 juin 1815). Conformément à cette disposition, l'Allemagne cessa d'être un empire séparé, un et indivisible; elle se changea en une ligue d'États, dont les membres ne sont nullement subordonnés les uns aux autres, mais possèdent des droits égaux, système qui avait déjà été adopté pour la ci-devant *confédération rhénane*. Cette métamorphose du saint-empire romain en une simple ligue fédérative; les maximes qui furent adoptées pour l'admission des membres de la confédération, et les principes insérés dans l'acte fédéral relativement aux relations intérieures des États de cette ligue, tout cela fit évanouir les espérances dont se berçaient encore une multitude d'Allemands. Toutefois, avant la signification de l'acte fédéral, un événement inattendu menaça de compromettre et de ruiner cet édifice naissant. Le retour de Napoléon alluma une guerre nouvelle, que les alliés eurent le bonheur de terminer promptement : la paix définitive fut signée le 20 novembre 1815. Ce traité rendit à l'Allemagne, à l'exception de Montbéliard et de quelques cantons enclavés dans la Lorraine, tous les territoires, au fond peu importants, que la France avait conservés par le traité de 1814. L'ouverture de la diète, retardée par les difficultés que présentaient les arrangements territoriaux, n'eut lieu que le 5 novembre. (*V.* EMPIRE D'ALLEMAGNE, CONFÉDÉRATION GERMANIQUE, GUERRE RUSSE-ALLEMANDE DE 1812 à 1815.) On peut consulter avec fruit, sur l'histoire de ce pays, dont nous venons de tracer le résumé succinct, les ouvrages suivants : Histoire des Allemands, par Posselt, continuée par Pœlitz (Leipzig, 1819-1821, 2e édit., 4 vol.); Histoire des Allemands par Schmidt, continuée d'abord par Mitbiller, ensuite par Dresch (Ulm, 1785-1826, 25 vol.); Histoire d'Allemagne, par Heinrich (Gotha, 1825-1832); Histoire des Allemands, par Pfister, (Hambourg, 1829 et années suiv.), et Lettres sur l'Allemagne (Stuttgard, 1826-1828, 4 vol.).
C. L.

ALLEMAGNE (*poste*). Ce fut vers le milieu du xve siècle que Roger, comte de la Tour, Taxis et Walsalline, fonda les premières postes allemandes. Son fils, François de Taxis, les régularisa sous le règne de Maximilien Ier, et en eut la direction générale. après avoir été autorisé à faire les avances qu'exigeait une institution de cette importance: L'empereur, qui voulait ménager son petit-fils l'archiduc Charles, souverain des Pays-Bas, établit les premières postes entre Bruxelles et Vienne, avec l'agrément des États dont cette route traversait le territoire. Cet établissement reçut de grandes améliorations sous le règne de Charles-Quint, par les soins de Jean-Baptiste de Taxis; et Philippe II prolongea un embranchement de sa poste d'Italie, pour joindre celle des Pays-Bas à Augsbourg. L'empereur Mathias, pour récompenser les services des princes de la maison de Taxis dans la conduite de cette entreprise, érigea la surintendance générale des postes d'Allemagne en fief de l'Empire, en faveur de Lamoral, baron de Taxis, et de ses descendants: et, comme les successeurs de Charles-Quint possédaient l'Allemagne, l'Espagne et les Pays-Bas et une partie de l'Italie, le titre de grand maître des postes de tous ces États y fut attaché; elles portèrent même pendant longtemps la dénomination de *postes espagnoles*. Ce droit s'est conservé jusqu'en 1803, époque à laquelle un décret de la députation de l'Empire décida que la maison princière de la Tour et Taxis continuerait d'avoir ses privilèges de poste sur tous les États de la confédération, mais qu'il dépendrait d'eux de les racheter. Les événements postérieurs ont apporté de grandes modifications dans l'exécution du décret. Au fond, le service de la poste aux chevaux en Allemagne diffère très-peu de ce qui s'observe en France à cet égard: Quant à celui de là, poste aux lettres, il se fait aussi avec assez de régularité. On y a apporté dernièrement quelques changements, soit dans le travail des lettres, soit dans la marche des courriers qui parcourent actuellement une poste en une heure et demie. Le port des lettres est réglé par des tarifs établis sur des bases moins fortes que celles qu'ont adoptées les autres nations de l'Europe, et calculé sur la population, les relations commerciales de l'intérieur et de l'extérieur, et sur le cours de l'argent. A Vienne, l'établissement de la petite poste a commencé en 1772: il est dû à M. Schatten, qui suivit l'exemple donné en France, douze ans auparavant, par M. Chamousset. — La petite poste a son bureau particulier et ses messagers qui parcourent les rues six fois par jour, en annonçant leur présence par une sonnette. La station de poste de Burgersdorff est remarquable par la pyramide élevée à la place où le pape Pie VII fut reçu et embrassé par l'empereur Joseph II, lorsque le premier se rendait à Vienne. — A voir le costume des maîtres de postes dans les divers États qui dépendent de l'Empire, on pourrait les prendre pour d'anciens militaires auxquels ces places offrent d'honorables retraites: Ce costume consiste en un dolman bleu clair, bordé de fourrures et orné de boutons et de galons de soie, un pantalon bleu galonné de la même manière, et des demi-bottes. Ils portent tous de longues moustaches. — Parmi les édifices destinés aux postes, dans les États dépendants de l'Allemagne, celui de Prague est très-remarquable.

CH. B.

ALLEMAGNE (*Église d'*). Dès les premiers temps du christianisme, il se trouva des disciples du Christ dans les pays allemands qui étaient sous la domination des Romains; car les légions de l'empire, établissant des colonies en plusieurs endroits de l'Allemagne, y introduisirent les mœurs romaines et la religion qu'elles avaient pratiquée en Italie. Le nombre des chrétiens devait même augmenter d'autant plus qu'ils pouvaient y exercer leur religion avec plus de liberté que lorsqu'ils se trouvaient en contact avec la populace païenne des bords du Tibre, avec les prêtres des idoles dont ils connaissoient la jalousie et avec les césars qui faisaient répandre leur sang. Les villes coloniales, telles que *Vindobona* (Vienne), *Fabiana* (Salzbourg), *Laureacium* (Lerch), *Augusta Vindelicorum* (Augsbourg), etc., se trouvent déjà nommées dès les premiers siècles de l'ère vulgaire, et l'on ne saurait douter que le christianisme n'y ait été connu, puisque les colons étaient la plupart chrétiens. Nous avons même, à partir du IIIe siècle, des témoignages incontestables de l'existence de plusieurs sièges épiscopaux établis sur le Rhin, les sièges sont ceux de Mayence, de Strasbourg, de Spire, de Worms, de Trèves et de Cologne. — Mais en Allemagne, comme dans le reste de l'Europe, tous les germes du christianisme et de la civilisation furent détruits presque universellement par les migrations des peuples: et, bien que des communautés chrétiennes se fussent établies çà et là, comme aux bords du Danube, où saint Séverin procura, jusqu'en 482, des secours spirituels et corporels aux chrétiens que l'affluence des peuplades étrangères jetait dans la détresse, ces communautés auraient été bientôt dépourvues de prêtres et

de soutiens, l'ignorance et la barbarie auraient encore envahi les forêts de chênes de la Germanie, s'il n'était venu du secours de l'Irlande, alors patrie des sciences et des mœurs chrétiennes. Colomban fut le premier qui osa s'expatrier, en 585, accompagné de trente-deux de ses compatriotes, pour aller prêcher l'Évangile sur les rives des lacs de Genève, et de Constance. Il mourut l'an 615 au couvent de Bobbio, dont il était le fondateur. Gall, son disciple, fondait le couvent de Saint-Gall auquel il donna son nom, tandis qu'Eustace, autre compagnon de saint Colomban, exerçait son activité bienfaisante chez les Bojoariens (Bavarois), ce qui donna sa mort arrivée en 625. Saint Emmeram, qui vint à Ratisbonne en 650, chercha à propager l'instruction chez les habitants des campagnes, qui en manquaient; mais il mourut deux ans après d'un cruel martyre que lui fit subir l'artificieuse et infâme Uta, fille de Théodon, duc de Bavière. L'œuvre commencée par Emmeram fut reprise avec d'heureux succès par Rupert, le saint évêque de Worms que le comte Théodon II, selon l'opinion de plusieurs, appela en Bavière l'an 696. Rupert convertit au christianisme un très-grand nombre d'infidèles; il bâtit des églises et des couvents, releva du triste Invavia (Salzbourg) du milieu des ruines, y fonda un siége épiscopal, le premier qu'ait eu la Bavière, établit des écoles pour y former de jeunes prêtres, pourvut à l'éducation du sexe par des couvents érigés à cette fin, et eut la consolation en mourant (723) de voir que les bénédictions du ciel s'étaient étendues à tout le pays. Ce fut vers le même temps que le siége épiscopal de Freysingue fut fondé par saint Corbinien, et celui de Wurzbourg par saint Kilien, originaire d'Irlande ou d'Écosse. Alors on voit paraître l'homme auquel l'Allemagne doit sa régénération. Saint Boniface (Winfried) y entre en 715 revêtu des pouvoirs du pape. Grégoire II. Il travaille à son œuvre de salut dans la Bavière et la Thuringe, particulièrement dans la Frise, la Hesse et la Saxe; il édifie des couvents et cherche de toutes manières à propager, par la prédication, les vérités de l'Évangile, les lumières et les bonnes mœurs dans les districts germains. Élevé à la dignité d'évêque d'Allemagne en 723, il jette les fondements de l'abbaye de Fulde, d'où sont longtemps sortis de dignes ministres des autels, nomme aux divers évêchés des hommes d'un mérite reconnu, répand des bénédictions partout où retentit sa voix, où brillent ses vertus, et enfin meurt martyr en Frise le 5 juin 755. Son successeur au siége archiépiscopal de Mayence fut Lullus. L'église d'Allemagne ainsi fondée continua de s'étendre et de s'affermir sous le règne prospère de Charlemagne. Ce prince ne trouva pas de meilleur moyen que la prédication de l'Évangile pour adoucir les mœurs des Saxons qu'il avait domptés et pour se les rendre fidèles. Il envoya des missionnaires dans les pays conquis, entre autres saint Willehad et saint Ludger, qui s'y distinguèrent, et il érigea des siéges épiscopaux à Bremen, à Osnabruch, à Minden, à Verden, à Paderborn, à Munster et en d'autres endroits. Il dota plusieurs couvents du sein desquels les lumières et la civilisation devaient s'étendre sur tout le pays, transplantées par les prêtres et les moines qu'on y formait. Des écoles destinées à l'instruction du peuple s'établirent en différents lieux; de riches donations permirent de célébrer solennellement l'office divin, et plus d'un grand dignitaire de l'église reçut à la manière des laïques l'investiture féodale, mais sans l'obligation d'aller à la guerre comme les autres vassaux. Le clergé était élevé au premier rang dans l'État; l'empereur en tirait ses agents et ses conseillers. Aussi les assemblées politiques différaient peu des conciles, et les décrets de l'Empire s'appelaient *capitulaires*. — Si Louis le Débonnaire n'hérita pas de l'énergie de son père, il eut du moins comme lui la volonté sincère de procurer de beaux jours à l'église et par là le bonheur à ses sujets. Il est vrai que sa faiblesse jeta le pays dans de grands désordres et le jeta lui-même dans bien des chagrins. Mais le concile d'Aix-la-Chapelle, tenu en 816, montre clairement combien la prospérité de l'église lui tenait à cœur. Dès lors il fallut qu'une discipline plus sévère et une surveillance plus exacte prévinssent la corruption des mœurs qui menaçait le clergé, la règle de Chrodegang servit à atteindre ce but, et Benoît d'Anagni, ramenant les couvents à leur état primitif, en fit des foyers d'instruction pour le peuple, des refuges contre le besoin et la persécution, des modèles de tempérance et de frugalité au milieu de peuples grossiers et rapaces. Ils éveillèrent l'activité et l'industrie et leurs nombreux établissements dans des contrées inhabitables changèrent en champs fertiles des marais et des bois jusque-là inutiles aux hommes. — Le bien qui était résulté pour l'église du règne de Charlemagne, et qui s'était maintenu sous les plus proches successeurs de ce prince, ne tarda pas à être détruit. Lorsque les hordes normandes eurent pris l'habitude de visiter de temps en temps l'Allemagne pour la piller et la ravager, la nécessité de se défendre, personnes et biens, produisit insensiblement la passion des combats. Hors des exercices militaires, on n'eut plus le temps et l'on ne sentit plus le besoin de se former l'esprit et le cœur; ainsi les jeunes Allemands ne trouvèrent à l'école de leurs pères qu'une grossièreté licencieuse et des arts de destruction. Les ecclésiastiques avaient conservé quelque culture intellectuelle; mais plusieurs d'entre eux se laissèrent entraîner peu à peu par le torrent de la corruption, et de farouches gentilshommes qui dévoraient les revenus des évêchés et des abbayes avaient plus de penchant pour les parties de chasse et de table que pour les exercices que leur imposait une sainte charge. Cela fit tomber la considération due aux supérieurs ecclésiastiques et le respect envers les pasteurs des âmes; puis, quand les couvents étaient pillés et ravagés, les moines, dispersés et sans surveillance, préféraient l'indolence et la liberté à la règle de Saint-Benoît. Il fallait une main puissante pour arrêter les progrès du mal en Allemagne. Elle se trouva bientôt dans la personne de l'empereur Othon le Grand, qui régna depuis l'an 936 jusqu'en 973. Il dompta les Normands, les Vénèdes, les Danois et les Hongrois qui assaillaient l'Empire au dehors, dissipa les factions au dedans et chercha comme Charlemagne à cimenter par le christianisme le bonheur des peuples subjugués, et à faire naître des sentiments chrétiens dans les cœurs de tous ses sujets. L'érection des évêchés de Magdebourg, de Misnie (Meissen), de Mersebourg, de Zeits, de Naumbourg et de Posen, en fournit la preuve.—Quelques empereurs, en rendant d'un côté de grands services à l'Église, furent pour elle d'un autre côté la cause de bien des maux. La querelle qui s'était élevée sous Charlemagne entre le pouvoir ecclésiastique et le pouvoir temporel était éteinte depuis longtemps. Sous les successeurs de ce prince, les papes, contraints par les besoins de l'Église et des peuples, à suivre une marche ferme pour empêcher de plus grands désastres, avaient obtenu sur les empereurs un utile ascendant. Mais lorsque, bientôt après, la chaire de Saint-Pierre fut occupée par des hommes faibles et peu dignes de cette mission, les empereurs se crurent aussi en droit d'empiéter et d'étendre leur puissance sur le domaine ecclésiastique, ce qui tourna bientôt au plus grand détriment de l'Église. Cette tendance se produisit en Allemagne dans l'abus dominant des *investitures*. (*V.* cet article.)—A l'exemple de Charlemagne, Othon le Grand accorda une protection particulière au clergé contre l'ignorance, la barbarie et les prétentions des grands du siècle. Il en tira ses conseillers, lui confia les affaires les plus importantes de l'Empire, lui conféra des duchés et des comtés, et lui fit prendre ainsi une position avantageuse vis-à-vis des hommes du monde dont il ne pouvait se servir. Au fond, les empereurs ne donnaient guère l'investiture, des principautés vacantes qu'aux ecclésiastiques qui leur étaient attachés par les liens du sang ou d'une amitié à l'épreuve: c'était un moyen de ramener à l'unité les débris épars de l'Empire. On vit bientôt les hautes dignités de l'Église tenues en fief de la couronne, et l'empereur ou le roi avait le droit d'en disposer chaque fois qu'il s'agissait d'élire un nouveau dignitaire; en sorte qu'il fallait à tout évêque l'autorisation de la puissance temporelle pour entrer en charge. Par la suite des temps, la présentation de la crosse et de l'anneau donna une certaine solennité à cette inféodation. L'usage de l'Église avait fait depuis longtemps de la crosse le signe du plein pouvoir. Les empereurs étant venus à s'en servir pour conférer l'entrée en charge, il sembla qu'en vertu d'un accord tacite les évêques recevaient d'eux non-seulement une nouvelle investiture, mais encore l'autorité ecclésiastique, comme si cette autorité ne fût pas venue uniquement de l'Église et que l'État en eût eu aussi une part à donner. C'était déjà une assez grande injustice; mais par une conséquence naturelle, les mêmes dignités furent encore conférées à prix d'argent, toutes les fois qu'un empereur ou un roi se trouva assez peu consciencieux pour l'oser. Ce droit d'investiture, aussi nuisible qu'ignominieux, se soutint d'autant mieux qu'il s'exerçait justement à l'époque où les empereurs jouissaient du fait du droit de confirmer l'élection des papes, sans que ceux-ci cherchassent à s'y soustraire, persuadés qu'ils étaient que les circonstances leur rendaient le succès impossible. On ne songeait pas même à l'injustice de ce prétendu droit, et si l'on s'emporta quelquefois en cette matière, ce fut contre la fraude, la vénalité, la simonie. Il était réservé à Grégoire VII de sonder et de mesurer la profondeur de l'abîme que cet abus ouvrait à l'Église, de découvrir les vraies causes du mal et de l'extirper à force de vigueur et de persévérance. Il se vit, en même temps entouré presque de tous côtés de prêtres disso-

lus qui se souillaient par la simonie et se déshonoraient, eux et leur état, par le concubinage devenu alors une mode. Enflammé d'ardeur pour le bien, il n'éprouva qu'un désir: ce fut de rétablir un ordre souverain et des mœurs meilleures, vu surtout que la plaie commençait à se cicatriser, parce qu'on ne pouvait plus depuis longtemps imprimer une force obligatoire aux ordres de Rome. A cette fin, défense fut faite aux ecclésiastiques de continuer à dépendre de la faveur ou de l'autorité arbitraire d'un grand du monde. On leur fit un saint devoir de se dégager de tous les liens de la vie civile et de s'élever au-dessus de tous les autres états, tandis que le pape se tiendrait à la plus grande hauteur avec une autorité absolue sur tous, enchérirait sur le pouvoir temporel en le prenant sous sa surveillance, et ramènerait les ecclésiastiques dans les limites de l'ordre. Grégoire tendait ainsi au bien général, et il ne manquait ni de pénétration ni de force pour exécuter ses vastes desseins. Un concile tenu à Rome en 1074 enjoignit sévèrement aux ecclésiastiques la loi du célibat. On se récria de tous côtés contre cette injonction. Mais Grégoire ne se laissa pas rebuter; il redoubla de sévérité l'année suivante, et comme il avait enjoint le célibat, il défendit encore les investitures. Dès lors personne ne dut plus recevoir ni évêché, ni abbaye, ni aucune autre charge ecclésiastique de la main d'un laïque. On se persuadera facilement qu'en s'attaquant aux princes et aux grands du monde, Grégoire avait à lutter avec moins d'avantage que qu'il ne s'adressait qu'à des prêtres irréfléchis. La victoire lui resta néanmoins, parce que son plan fut puissamment appuyé par les idées religieuses des générations contemporaines, qu'il trouva très-susceptibles d'impressions pieuses, et qui comptaient moins sur la justice et la droiture de l'autorité temporelle que sur celle du chef de l'Église, lequel, vu de plus loin, ne leur paraissait que plus vénérable. De là les perplexités où tomba l'empereur Henri IV, persuadé qu'il pourrait se soustraire sans inconvénient aux exigences du souverain pontife. L'œuvre de Grégoire se maintint plus ou moins entière sous ses successeurs; la querelle des investitures, après avoir duré longtemps encore, fut terminée sous le pape Calixte II en 1123 par l'accord du concile de Latran. Cet accord portait que les empereurs renonçant à l'investiture par la crosse et l'anneau, qu'ils accordaient à l'Église le libre choix de ses dignitaires, et qu'ils leur conféreraient par le sceptre l'investiture des biens et des droits temporels. (*V.* RÉGALE.) — L'église d'Allemagne remportait enfin la victoire: elle avait encore conquis une foule d'autres prérogatives durant la lutte; elle s'était créé une puissance qui excita la jalousie de plusieurs personnes et que d'autres, faute de prendre en considération la différence des époques, trouvèrent incompatibles avec la constitution de l'église primitive. Aussi l'Allemagne fourmilla-t-elle plus que jamais de gens qui déploraient la décadence de l'Église, criaient à la corruption et à l'impiété, reprochaient au pape et aux évêques de combattre pour de vains honneurs, de donner cours à des doctrines contraires à l'Écriture et à la raison, et mettaient en avant d'autres griefs de ce genre. Cette disposition des esprits envers le gouvernement ecclésiastique, alimentée par les idées d'indépendance qui surgirent en Allemagne durant les croisades, entretenue par le défaut, commun alors, d'instruction religieuse et par les abus ou les erreurs qui en résultèrent, comme il arriva au temps des flagellants, parut successivement dans Arnold de Brescia, par les Vaudois, les Albigeois et les autres novateurs du dehors, trouva enfin un foyer en Allemagne par le moyen de Jean Huss. Il était disciple de Wiclef, cet Anglais célèbre par la haine qu'il voua à la hiérarchie. Recteur de l'université de Prague, il se mit à prêcher contre l'immoralité et les vices qui régnaient parmi le clergé, avec plus de véhémence qu'il n'en fallait pour le maintien de la tranquillité; il professa publiquement les principes de Wiclef, quoiqu'ils fussent condamnés depuis longtemps, et il devint plus véhément à mesure que le nombre de ses partisans s'accrut. Sa mort et celle de Jérôme de Prague, son disciple, au lieu d'étouffer les troubles, poussèrent les hussites de Prague au comble de la fureur. Ils ébauchèrent un nouveau symbole, se retranchèrent formellement de la communion de l'Église catholique, firent de la Bohème un théâtre de dérèglements sauvages et d'horribles dévastations, se répandirent dans les pays voisins, en Moravie, en Silésie jusqu'à la Saxe, en Franconie, en Bavière, et se multiplièrent de plus en plus à la faveur des fanatiques et des novateurs disséminés sur plusieurs points. Divisés entre eux, ils se partagèrent en deux partis, les *calixtins* et les *thaborites*. (*V.* ces deux mots.) Les premiers se rejoignirent à l'Église, lorsqu'elle leur eut permis l'usage du calice à la communion, pourvu qu'ils ne le regardassent pas comme essentiel. Les, autres, ayant Zisca à leur tête, refusèrent toute déférence; ils soutinrent la nécessité de la communion sous les deux espèces et demandèrent une nouvelle constitution dans l'Église. Puis les calixtins prirent les armes contre les thaborites, et une sanglante défaite de ces derniers en 1434 mit fin à l'effroyable guerre des hussites. — Cependant le feu n'était pas entièrement éteint; seulement il couvait sous la cendre pour éclater encore avec plus de force à la première occasion. Les conciles de Constance, de Bâle, de Pise et de Rome, ne satisfirent point les vœux, entretenus par plusieurs et légitimes à quelque égard, d'une sage réforme dans l'Église. Elle était demandée à grands cris, par des esprits inquiets et avides de nouveautés, qui joignaient aux vœux des autres leurs espérances outrées, leurs exigences extravagantes, et auxquels il ne manquait qu'un point de ralliement pour mettre tout en feu. Luther vint le leur fournir. Ses tentatives, confinées d'abord en Allemagne, devinrent bientôt la source d'événements funestes à l'Église. Nous voici arrivés à la *réforme*. — Le génie impétueux de Luther n'était malheureusement que trop propre à pousser dès le commencement les choses aux extrêmes; et puis, il faut le dire, la grande dépravation qui infestait l'Église, le besoin généralement senti d'une réforme, la profonde ignorance du peuple en matière de religion, l'attrait qu'on trouve toujours dans la nouveauté, les avantages qu'en retiraient des princes et des magistrats ambitieux et avides de richesses, l'éloquence de quelques réformateurs, éloquence ardente, populaire et qui ne connaissait ni ordre ni bienséance, l'usage du calice rendu aux laïques, la prévoyance de la possibilité future du bonheur conjugal pour une foule d'ecclésiastiques indignes, enfin les abus ations et les calomnies dont la doctrine catholique fut l'objet, tout concourut pour favoriser l'entreprise. — Il n'était plus temps d'empêcher la grande séparation : cependant les vérités éternelles de l'Église catholique reçurent une lumière nouvelle et furent mises en sûreté contre les attaques de l'hérésie, par les décisions du concile de Trente. On posa, conformément à l'esprit de l'Église et au but qu'on voulait atteindre, le principe de la réforme jugée nécessaire, et les enfants vigilants de Loyola opposèrent une digue aux progrès de l'erreur, principalement dans les pays méridionaux et occidentaux de l'Allemagne. — Quoique ce fût en face des attaques des protestants que le concile de Trente avait établi la constitution de l'Église comme un tout achevé, la juridiction dans les affaires extérieures ne s'accordait pas sur plusieurs points avec les vues ambitieuses de plusieurs princes; car les papes, dont la vigilance allait croissant, continuaient de revendiquer leurs prérogatives, de les établir par des moyens qu'ils y jugeaient propres, et même de les étendre, s'il était possible. La bulle *In cœna Domini*, donnée par Pie V, trouva en Allemagne comme ailleurs beaucoup de contradicteurs. Les princes-évêques, accoutumés à exercer un pouvoir absolu dans l'ordre civil, visaient à l'exercer sur les affaires ecclésiastiques. D'ailleurs les réformés leur avaient appris à faire face à l'autorité de l'Église par des exigences impérieuses, à ne plus craindre ni excommunication, ni interdit, ni censure quelconque, et à regarder comme une faute légère leur propre désobéissance engendrée par l'égoïsme. Ils surmontaient par là divers scrupules et traitaient, sans avoir égard aux souverains pontifes, les affaires qu'à force de considérations ils pouvaient faire rentrer dans l'ordre civil. C'est ainsi qu'en Allemagne la bulle *In cœna Domini* fut tacitement repoussée, et l'on peut voir quelle était la véritable tendance des électeurs dans un ouvrage qui parut sous le nom supposé de *Justin Febronius*, mais dont l'auteur était Nicolas de Hontheim, évêque suffragant de l'archevêque de Trèves. Ce livre reconnaît aux papes une primauté conservatrice de l'unité, mais sans aucune juridiction. On y voit que la juridiction ecclésiastique a été donnée par le Christ à l'assemblée des fidèles, qu'elle est exercée par les ministres de l'Église, parmi lesquels le pape a la prééminence; que le pape est du reste subordonné au corps des fidèles, et que ses dispositions ne sont obligatoires que quand elles ont le consentement unanime des évêques : la primauté du souverain pontife dans l'Église équivaudrait, selon Febronius, à la présidence d'un président de parlement. Clément XIII défendit ce livre aussitôt qu'il eut paru, et il enjoignit à l'évêque de le retirer. Febronius se rétracta; mais son commentaire hérissé de notes montrait bien que sa rétractation n'était pas fort sérieuse. Cette tendance des électeurs fut favorisée par les entreprises de l'empereur Joseph II, qui s'érigea en réformateur absolu des affaires ecclésiastiques dans ses États, et chercha à relâcher de plus en plus le lien qui attachait ses sujets à Rome. Aussi vit-on ces mêmes électeurs s'élever contre les nonciatures que les souverains pontifes avaient introduites en Allemagne, et

chercher à en empêcher une nouvelle qui allait être établie dans le palatinat bavarois. N'ayant pas réussi, ils se concertèrent pour prendre des mesures communes : c'étaient les archevêques de Cologne, de Mayence, de Trèves et de Salzbourg. Ils ouvrirent un congrès à Ems, aux environs de Coblentz, en 1785, pesèrent les points concernant le grief et conclurent dans leur sens qui était déjà connu. Mais les autres évêques firent échouer l'exécution par leur refus. Indépendamment de leur foi et de leur amour pour l'ordre, ils étaient d'autant moins disposés à adopter le plan des quatre grands prélats, que ceux-ci avaient négligé de prendre préalablement leur avis, et qu'il y avait toute apparence que de telles mesures ne tendaient qu'à l'extension du pouvoir archiépiscopal. Ainsi le congrès d'Ems ne produisit aucune modification nouvelle, et les choses restèrent dans le même état qu'auparavant, attendu que les nonces Pacca et Zoglio, l'un à Cologne, l'autre à Munich, furent assez fermes et éclairés pour continuer, malgré toute opposition, à exercer leurs fonctions comme ils l'avaient fait jusque-là. — Telle fut la situation des affaires jusqu'à la révolution française, qui devait *décatholiser*, selon l'expression de Mirabeau, non seulement la France, mais encore l'Allemagne, mais l'Europe entière. Alors l'ordre établi dans l'église d'Allemagne éprouva un bouleversement total. Par la paix de Lunéville en 1801 et la diète impériale de 1803, tous les pays appartenant aux prélats-électeurs furent ou cédés à la France, ou sécularisés, pour dédommager les princes qui perdaient la rive gauche du Rhin. Après la dissolution de l'empire d'Allemagne et l'anéantissement de la domination française au delà du Rhin, les États détachés cherchèrent à introduire une nouvelle organisation dans leurs affaires ecclésiastiques par des concordats avec le saint-siège. — L'église d'Allemagne comprend en ce moment des églises particulières qui suivent : 1° l'empire d'Autriche, avec 13 archevêchés et 70 évêchés, dont une partie cependant n'appartient pas à l'église d'Allemagne; 2° le royaume de Prusse, dont les affaires ecclésiastiques furent réglées par la bulle pontificale *De salute animarum* du 16 juillet 1821. Ce royaume a 2 archevêchés, 4 évêchés suffragants et 2 évêchés sans métropolitain, savoir : I. l'archevêché de Cologne avec les sièges suffragants de Trèves, de Munster et de Paderborn; II. l'archevêché de Gnesen et de Posen avec l'évêché suffragant de Culm. Les deux évêchés sans métropole sont ceux d'Ermeland et de Breslau. En Prusse il y a environ 5,200,000 catholiques sur une population de 13,000,000. 3° Le royaume de Bavière, où l'on compte 8 évêchés, savoir : l'archevêché de Munich-Freisingen avec les évêchés suffragants de Passau, d'Augsbourg, de Ratisbonne, et l'archevêché de Bamberg avec les sièges suffragants d'Eichstaedt, de Wurtzbourg et de Spire. Les affaires ecclésiastiques du royaume de Bavière furent réglées en 1817 par un concordat avec Pie VII. 4° Le pays que les Allemands appellent *Province ecclésiastique du Haut-Rhin*, et qui comprend le royaume de Wurtemberg, les grands-duchés de Bade et de Hesse, l'électorat de Hesse avec le grand-duché de Weimar, et le duché de Nassau avec la ville libre de Francfort, etc. Ce pays fut érigé en province ecclésiastique par un accord entre ses divers princes respectifs et le saint-siège; Pie VII a commencé l'œuvre et Pie VIII l'achevée. Fribourg en Brisgau en est la métropole; les évêchés suffragants sont Rottenbourg pour le royaume de Wurtemberg; Mayence pour le grand-duché de Hesse; Fulde pour l'électorat de Hesse; Limbourg sur la Lahn pour le duché de Nassau. 5° Les catholiques du royaume de Hanovre, lesquels ont un évêque à Hildesheim et un évêque auxiliaire à Osnabruck. 6° Le royaume de Saxe, où les catholiques ont un vicaire apostolique et un évêque *in partibus* à Dresde, dont la juridiction s'étend en outre sur les catholiques de quelques États protestants d'alentour. Dans la Lusace il y a un évêque à Bautzen. — Quant aux autres missions des petits États et des villes libres du nord de l'Allemagne, d'après l'ancien usage, c'est aux évêques de Paderborn, de Munster et Hildesheim, etc., à les pourvoir. (*V.* les art. AUTRICHE, PRUSSE, BAVIÈRE, HANOVRE, RÉFORME, LUTHER, INVESTITURE, etc.) R.

ALLEMAGNE (*philosophie*). La philosophie allemande proprement dite se fait remarquer par un invincible penchant à créer des systèmes et des principes généraux : ce qui distingue encore cette philosophie, c'est sa direction cosmopolite. Elle commence avec Leibnitz, premier esprit philosophique qui ait paru chez les Allemands; c'était, au XVII° siècle. Ses ingénieuses hypothèses sur les idées innées, sur les monades et sa *Théodicée*, les efforts qu'il fit pour découvrir un principe suprême, occupèrent tous les esprits sérieux de son époque; il jeta les fondements d'un réalisme rationnel, qui est en opposition avec le système de Locke, et qui tend à ramener la science philosophique vers les prétendues vérités innées de la raison. Wolf développa ces vues ; il leur donna des formes encore plus larges, et sa doctrine se répandit au loin, sous le règne de Frédéric le Grand. Le défaut capital de sa philosophie est dans l'opinion, que la vérité se trouve renfermée dans la méthode démonstrative, sorte de formalisme que développèrent jusqu'à satiété ses innombrables disciples. Wolf trouva dans Crusius, à partir de l'an 1747, et dans Darcès, des contradicteurs puissants, qui s'attachèrent toutefois moins à l'ensemble qu'aux détails de son système. De 1760 à 1780, certains philosophes s'approprièrent le système de Descartes, qui établit pour base de sa doctrine la séparation de l'âme et du corps : d'autres adoptèrent les investigations psychologiques de Locke, tels furent Feder, Garve et autres. Enfin, excité par le scepticisme de Hume et par les œuvres de Locke, Emmanuel Kant, adversaire déclaré de l'école dogmatique, avec qui commence la deuxième période de la philosophie allemande, Kant s'efforça de déterminer les limites de l'intelligence humaine ; il voulut scruter les procédés que la raison emploie, et ses recherches le conduisirent à cette conclusion, que le savoir humain ne s'étend pas au delà du domaine de la conscience et des résultats de l'expérience. Dans le système de Kant, nul ne peut connaître les faits surnaturels ou métaphysiques ; mais la raison pratique peut nous donner la conviction des choses que ne rejette pas la raison spéculative. Keinhold chercha à établir sur cette opinion une théorie de l'entendement ; tentative que Schultz dans son ouvrage Acnesidem, combattit avec les armes du scepticisme. La Critique de Kant réveilla chez les Allemands le goût de la philosophie. L'énergique penseur Fichte vit que cette philosophie s'arrêtait avant d'arriver à l'idéalisme, et il établit un système d'idéalisme, en pressant rigoureusement les conséquences ; il écrivit alors sa Science du Savoir (Wissenschaftslehre), œuvre dans laquelle il s'efforça de faire dériver tout savoir, toute vérité d'un seul principe, le moi. Fichte se rattachant à la doctrine de la subjectivité de Kant, envisagea le moi ; le sujet soumis à l'action des causes, comme le principe actif qui produit les objets, ce qui était, à proprement parler, renverser l'ordre et la réalité des faits ; Schelling établit une manière nouvelle d'envisager la question ; en présence de la philosophie idéale et subjective, il suppose un idéalisme objectif, c'est-à-dire une philosophie d'après laquelle on part de la nature pour arriver au moi : comme dans le système opposé on procède du moi pour arriver à la nature. Plus tard Schelling chercha à unir ces deux systèmes de la philosophie ; il publia sa Doctrine de l'identité, dans laquelle l'absolu est posé comme identité de la pensée, de l'être, et l'intuition intellectuelle comme la reconnaissance (Erkenntniss) de cette identité. Partant des doctrines de Schelling, Hegel chercha à établir un idéalisme absolu, fondé rigoureusement sur la méthode dialectique. — Les systèmes philosophiques que nous avons mentionnés jusqu'ici peuvent être considérés comme une série continue de vues et de points d'arrêt ; mais la doctrine et l'école de Negel ont atteint le point culminant, et elles cherchent à s'introduire dans toutes les sciences. Postérieurement on a vu naître une multitude de systèmes opposés. On trouve dans le Synthétisme de Frier toutes les doctrines fondamentales de la philosophie critique de Kant, liées entre elles sous une forme systématique. Bardili cherche également à faire de l'absolu la base de toute philosophie ; il trouva l'absolu dans la pensée, et pour ce motif il voulut élever la logique à la hauteur de Dieu même. J. J. Wagner, Ch. F. Krauf et K. A. Eschenmayer cherchèrent à rectifier la doctrine de Schelling et à la perfectionner. Frédéric Schlegel, Gœrres, Bader, Gunther, parmi les catholiques ; Steffens et Schubert, parmi les protestants, suivirent la direction mystique. Mais on doit mettre au rang des penseurs originaux qui ont exposé leurs propres vues en opposition à tous les systèmes énoncés, Jacobi, auteur de la doctrine du sentiment et de la foi ; Kœppen, Bouterwek, dont le rationalisme est basé sur la foi et la raison ; Schultz, auteur d'un système sceptique, mais conditionnel, et Herbart, qui s'efforça de réfuter par une méthode d'inductions les contradictions démontrées par l'expérience, et de fonder la psychologie sur les mathématiques. La plupart de ces vues philosophiques que nous venons de faire connaître se sont succédé dans les vingt premières années de notre siècle, et il est digne de remarque que les investigations auxquelles les Allemands se sont livrés à cette époque ont répondu par leur étendue et leur profondeur aux grands événements politiques qui se passaient en Europe, au moment où un conquérant célèbre tenait enchaînée sous sa main l'indépendance politique de l'Allemagne. Les événements qui ont renversé sa domination, et les efforts des États allemands pour se reconstituer en souverainetés indépendantes, paraissent au contraire se lier à des phénomènes opposés, nés dans le domaine de la philosophie. La plupart des savants qui s'occupent de la culture et de l'enseignement des doctrines philosophiques se rattachent à l'un des systèmes connus, le développent et le perfectionnent, soit dans la forme soit dans le fond, dans son ensemble ou dans ses parties, avec la méthode critique ou dogmatique, et ils traitent d'après le système qu'ils ont adopté, des branches isolées de la philosophie, la logique, la morale, l'esthétique, ou bien ils cherchent a rectifier la psychologie de Kant, et à consolider la philosophie, en suivant la voie de la doctrine expérimentale, comme fit Bencke, par exemple, ou en prenant pour guide la théorie de notre entendement, comme fit E. Reinhold. C'est à la direction psychologique, suivie par les philosophes des derniers temps, que se rattachent les études historiques sur la philosophie allemande. La diversité des systèmes spéculatifs, et la controverse qu'ils ont fait naître, ont dû naturellement reporter les esprits sur la récapitulation de ce qui est, sur l'enchaînement des systèmes et sur leurs résultats. Mais l'étude de l'histoire de la philosophie engendre dans certains esprits la tiédeur et la nonchalance ; on suppose qu'il y a peu de vérités dans une science dont les principes sont toujours contestables, on déplore la diversité qui caractérise les opinions philosophiques ; on ne considère pas la concordance qu'elles peuvent avoir entre elles. Cette manière de voir est bien répandue de nos jours ; nous sommes tombés sur ce point dans un état d'atonie et d'indifférence qui n'est favorable qu'à la critique et à l'application des systèmes philosophiques. Chaque fois que les investigations de la métaphysique n'ont pas été accueillies avec chaleur, approfondies avec soin, elles sont peu à peu tombées dans l'oubli. La métaphysique ne prospère que par l'échange actif des méditations. L'organisation actuelle des études académiques nuit essentiellement en Allemagne au progrès de la philosophie. L'immense majorité des étudiants, imbus, il est vrai, de connaissances philologiques et historiques, mais sans études préliminaires qui les disposent aux questions philosophiques, se hâtent de suivre un cours de logique ou un cours de droit naturel, et passent aussitôt à celle des facultés qui doit leur ouvrir les routes de la fortune. D'ailleurs, dans la plupart des universités allemandes, les étudiants n'ont à subir aucun examen sur les sciences philosophiques. Si l'Allemagne ne veut pas perdre les plus nobles éléments de toute éducation intellectuelle, il est temps qu'elle ranime dans ses écoles et dans ses universités les graves et profondes études des sciences philosophiques. C. L.

ALLEMAGNE (droit) (Jus germanicum). A l'époque où les tribus germaniques se réunirent pour constituer la nation allemande proprement dite, l'occident et le midi de l'Allemagne étaient déjà provinces romaines : les premiers germes de la civilisation s'y étaient répandus ; mais au nord et à l'est les populations slaves refusèrent d'adopter la langue et les mœurs allemandes. La conversion de ces peuples au christianisme fut l'époque réelle où s'établit l'ordre légal : avec la religion chrétienne, elles adoptèrent leurs premières lois, que l'on regarde improprement comme un ancien droit coutumier ; car la plus grande partie de ces lois ne consiste qu'en dispositions nouvelles adoptées à cette époque. Ce fut du ve au ixe siècle que l'on décréta les anciennes lois : c'étaient, pour la plupart, des capitulations intervenues entre les conquérants et les peuples vaincus, des transactions passées entre ces peuples et les chrétiens, pendant que les premiers étaient encore plongés dans les ténèbres de l'idolâtrie ; enfin, des conventions établies pour protéger la liberté nationale contre la domination des seigneurs. Nous mentionnerons ici les lois des Visigoths rendues par le roi Euric, de 466 à 484 ; celles des Francs saliens promulguées vers la fin du ve siècle ; celles des Bourguignons qui datent à peu près de l'an 517 ; celles des Francs ripuaires de 511 à 534 ; des Bavarois et Alemanni de 613 à 638 ; des Frisons, Angles, Saxons au temps de Charlemagne ; des Lombards de 643 à à 724 ; des Anglo-Saxons, d'Adelbert de Kent de 501 à 604 ; jusqu'à la conquête de l'Angleterre par les Normands. Toutes ces législations offrent dans leur ensemble le caractère de l'uniformité ; cependant, on ne doit pas conclure de l'une à l'autre, et chacune d'elles exige une étude spéciale. Philipps, dans son Histoire du droit anglo-saxon (Gœttingen, 1825), nous offre le premier travail dirigé sur ce principe. — La seconde période est formée par les capitulaires royaux, promulgués dans les temps postérieurs, quand les rois eurent acquis la toute-puissance souveraine. A partir du xᵉ siècle, le système féodal fut généralement appliqué à la propriété foncière, et devint même la base du droit public ; mais il satisfit peu aux besoins qu'on avait d'une législation complète et rationnelle. Aussi le droit romain, qui bientôt après fut enseigné de nouveau dans la haute Italie, trouva-t-il des disciples nombreux. Plus tard, on revêtit d'une forme systématique les lois anciennes et nationales : tel fut le travail d'Ecke ou Ekhard de Repkow, appelé plus tard *Miroir des Saxons*, qui parut de 1215 à 1235, et qui fit naître en Allemagne un grand nombre d'imitations, de compilations, d'extraits, d'appendices, etc. Pareille chose se fit en même temps dans presque tous les pays de l'Europe. On vit paraître dans le royaume de Naples par les soins de Pierre de Vincis le Code de l'empereur Frédéric II, tandis que dans le Nord Waldemar II rédigeait le Code jutlandais. Une multitude de villes obtinrent des législations particulières, qui se composaient soit de lois écrites, soit de coutumes. Néanmoins, l'autorité du droit romain, dont le droit féodal des Lombards formait un appendice, s'étendit chaque jour, et acquit une influence puissante, même dans les choses d'administration. La législation commune de l'Empire fut paralysée par les lois locales. Celles-ci cependant contenaient malgré leurs différences des principes communs et fondamentaux. Enfin, au xvᵉ siècle, on vit éclore un grand nombre de législations *provinciales*, de codes civils et privés. Presque chaque province indépendante eut son ordonnance provinciale ; l'ordonnance de la *chambre impériale* de 1495 fut suivie de divers codes de procédure pour les États séparés ; l'ordonnance criminelle de l'empereur Charles V, que promulguée pour mettre un frein aux abus du droit pénal, en fit naître de semblables dans les États particuliers de l'Allemagne. A l'époque de la guerre de trente ans, on abandonna dans l'étude du droit public la méthode *romaine* ; on remonta aux sources nationales et historiques, et les esprits revinrent aux études scientifiques du droit privé. Il est juste d'attribuer une grande part des innovations au célèbre Hermann Conzing, qui mourut en 1681, quoique George Beyer fût le premier qui, en 1707, ouvrit un cours spécial sur le droit civil et allemand. — Lorsque de nos jours, on dit le *droit allemand*, on entend par ce terme le *droit privé* seulement, en tant que les sources du droit qui a force de loi en Allemagne, ne découlent ni de la législation romaine, ni de la législation papale, ni des codes provinciaux. Quant à ce droit commun, usuel et pratique, on adopta d'abord aveuglément les règles coutumières, générales, et d'origine allemande ; on accepta toutes les conséquences qui en sortaient, d'après certains principes fondamentaux ; on éleva dès lors mille systèmes divers ; on s'efforça de faire dériver les principes généraux du droit, de dispositions locales et fortuites. Certains jurisconsultes contestaient l'existence d'un droit commun allemand, basé sur des règles normales et enchaînées entre elles : ils se contentaient de recourir à une théorie générale et aux analogies, pour expliquer ou compléter le droit privé de chaque État. C'est là aussi le point de vue sous lequel les jurisconsultes nouveaux ont écrit sur le droit privé, et ont envisagé la question ; seulement Eichorn, dans son *Introduction au droit privé allemand* (Gœttingen, 1823, 2ᵉ édit., 1826), cherche dans les données de l'histoire, dans le rapprochement des monuments les plus anciens du droit, les principes généraux qui devront servir à éclaircir et à suppléer le droit positif de chaque État particulier. (*V.* l'ouvrage de Mittermaier, *Principes du droit privé des Allemands*, 2ᵉ vol., 4ᵉ édit., Landshut, 1830.) — Jacques Grimm a décrit les origines du droit germanique, jusqu'au xIIIᵉ siècle, dans l'ouvrage qu'il a publié sous le titre : *Antiquités du droit allemand* (Mayence, 1828). Le droit public des Allemands se divise aujourd'hui en deux catégories, le droit commun de la confédération germanique, et le droit public spécial à chaque souveraineté. (*V.* Lois organiques des États allemands, Darmstadt, 1828 et années suiv., 2 vol., et *Matériaux pour servir au droit public des Allemands*, par Heffter, Bonn, 1829.)   C. L.

ALLEMAGNE (*littérature*). La littérature allemande est, sans contredit, une de celles qui méritent le plus d'être étudiées. Elle est ancienne, elle est riche et peu connue hors de l'Allemagne. Ce qui la distingue spécialement, c'est une grande vigueur de conception, une sorte de culte pour la nature, un sentiment profond de la religion. De même que le pays où elle est née, elle forme une véritable transition entre la littérature de l'Orient, dont elle a toute la gravité, tout le mysticisme, et la littérature scandinave, plus grandiose, plus âpre, plus sévère. — Dans sa poésie comme dans sa prose, elle a su fondre plu-

sieurs genres en un seul pour en constituer un nouveau, appelé communément genre romantique. C'est ainsi que, dans l'appréciation de cette littérature, nous verrons comparaître à la fois et se confondre, l'esprit des troubadours provençaux, l'imagination rêveuse des poètes de l'Orient et le sombre génie du Nord qui vit dans la tempête et préside à ces batailles gigantesques où les plus braves guerriers luttent corps à corps avec les dieux. — Mais le génie de l'épopée se répand sur l'Allemagne par mille canaux ; nous trouverons sur notre route tantôt le récit des premiers exploits d'un peuple sauvage et belliqueux, tantôt de pieuses légendes où la foi la plus naïve s'enveloppe de formes poétiques, tantôt les vastes conceptions d'une philosophie hardie et savante ; tout cela, hérissé bien souvent d'anachronismes et d'erreurs graphiques, mais toujours riche en couleur, plein de sève et de vie, brillant de poésie, et admirable même dans les plus violents écarts de l'imagination. — Tels sont les caractères qui assignent à la littérature allemande un rang à part, et qui doivent donner le désir de la connaître. Les chefs-d'œuvre dont elle s'enorgueillit occupent une place spéciale dans les annales de l'esprit humain. — L'histoire de la littérature allemande se divise en sept périodes. — 1° LA PÉRIODE GOTHIQUE. — *Depuis les temps les plus reculés jusqu'au règne de Charlemagne* (768 de l'ère chrétienne). — C'est l'époque où les derniers restes de la civilisation romaine disparaissent devant un peuple barbare, qui remplit les vallées et les monts du bruit de ses festins, de ses chants d'allégresse et de ses cris de guerre. C'est dans l'enthousiasme de la victoire et dans l'orgie des banquets que nous voyons poindre les premières lueurs de la littérature germanique. — Ainsi que tous les anciens peuples, les Germains avaient des hymnes joyeux et des chansons de guerre pour leurs fêtes et leurs combats : c'était là qu'ils aimaient à rappeler leurs lois antiques, leurs exploits, les hauts faits d'armes de leurs plus braves guerriers. Telle est du moins l'opinion unanime des historiens romains (Tacite, Ann., lib. I, cap. 65. — Le même, Germ., cap. 3. — Ammien Marcellin, lib. XVI, cap. 12. — Végèce, lib. III, cap. 18. — Diodore de Sicile, V, 31, et Strabon, IV, 197). Aucun de ces chants n'est parvenu jusqu'à nous. — Le plus ancien monument en prose de la littérature germanique date du IVᵉ siècle. Alors florissait le savant et pieux *Ulphilas*, évêque de cette branche des Goths qui s'était établie dans la Dacie, la Thrace et la Mœsie, et qu'on appelait la nation des West-Goths ou Visigoths. Ulphilas traduisit la Bible, moins les livres de Samuel et des Rois. La traduction de ce savant évêque est le plus précieux fragment de l'antiquité germanique ; c'est à cette source qu'il faut étudier la forme primitive de la langue allemande. — Les autres monuments qui nous restent de cette époque sont : d'abord, un fragment d'une traduction allemande du traité d'*Isidore de Séville*, qui appartient au commencement du VIIIᵉ siècle, ensuite la traduction de la règle de Saint-Benoît par Kéro, écrite vers l'an 720, et enfin les gloses du Malberg sur les lois saliques, rédigées par Wisogast, Bodogast, Salogast et Windogast. Recueillies environ cent ans après Ulphilas, ces gloses eurent force de loi jusqu'au XIIᵉ siècle. — Les gloses du Malberg ne sont plus intelligibles que pour les érudits. Le style des deux traductions est plus moderne ; comme elles sont du VIIIᵉ siècle, elles font connaître la langue que Charlemagne a pu parler dans son enfance. — Il reste aussi un monument poétique antérieur à ce monarque. C'est une espèce de prière, écrite dans le dialecte franc et appelée l'*Oraison de Wessobronne*. Cette composition, grave et dénuée de verve, se rapporte à la seconde moitié du VIIIᵉ siècle. — Les monuments de la langue allemande, avant le règne de Charlemagne, sont, à coup sûr, peu nombreux : mais n'est-ce pas l'histoire de toutes les littératures modernes ? La littérature française est même moins favorisée, puisque son plus ancien document date du IXᵉ siècle ; c'est le texte en langue romane du serment prêté à Strasbourg par deux fils de Louis le Débonnaire, Charles le Chauve et Louis le Germanique. — 2° PÉRIODE FRANQUE. — *De Charlemagne à la dynastie des Hohenstaufen* (768-1137). — L'Europe est encore plongée dans les ténèbres de l'ignorance ; Charlemagne se lève, il tente de nobles efforts pour ranimer le flambeau des lettres ; puis il descend dans la tombe, et tout rentre dans l'obscurité. Seulement on a conservé la grammaire franque et les recueils des chants guerriers qu'on doit à la munificence impériale. Le poème d'Otfrid, intitulé *Harmonie des Evangiles*, se présente à la tête des monuments littéraires de cette période. Otfrid, bénédictin du monastère de Wissembourg et disciple de Raban-Maur, mit, vers l'année 870, les évangiles en strophes rimées. Ce poëme est un des plus anciens et des plus curieux que possède l'Europe. Ce ne fut pas aux seuls essais de la poésie religieuse que se borna l'Allemagne ; elle s'aventura dans la poésie épique. Un fragment de ce genre, connu sous le nom de *Chant d'Hildebrand*, et qui appartient incontestablement à ces siècles reculés, est parvenu jusqu'à nous. — Les monuments en prose de cette période sont des traductions, savoir : 1° une version de l'*Harmonie des Évangiles*, ouvrage de Tatien, fait dans le III° siècle : la version date du IX°; 2° une traduction des *Psaumes* par Notker-Labéo, religieux du monastère de Saint-Gall, où il mourut en 1022; 3° enfin, une paraphrase du *Cantique des Cantiques* par Williram, abbé d'Éberberg. — 3° PÉRIODE SOUABE. — *De l'avénement des Hohenstaufen à l'origine des universités* (1137-1348). — C'est l'une des plus remarquables périodes de la littérature allemande, celle où l'on voit briller de tant de gloire et s'abreuver de tant de larmes les nobles princes de la maison de Hohenstaufen, à la fois guerriers et philosophes, savants et poëtes, si bien faits pour régner sur leurs contemporains par le triple ascendant du génie, de la valeur et de la bienveillance. C'est le temps des croisades, des troubadours et des *Minneséenger*; c'est le moment où les chevaliers, qui font marcher de front la poésie et les amours, la dévotion et les combats, impriment au moyen âge ce caractère d'originalité dont le souvenir exalte encore aujourd'hui, après tant d'années, l'imagination des romanciers. — Le plus célèbre poëme que vit éclore cette période fut le *Chant des Nibelungen*, qui est comme le résumé de toutes les traditions de l'ancienne Germanie; mélange curieux de mythologie et d'histoire, de récits merveilleux et d'aventures héroïques, d'allégories et de sentences. A côté de cette magnifique composition, cette époque en offre une seconde non moins remarquable, un recueil de poésies tirées des traditions des Lombards et des Ostrogoths, connu sous le titre de *Livre héroïque*. Ce sont des morceaux de divers auteurs, qui se rattachent principalement à Attila et à la grande migration des peuples; et dont la forme se rapproche des *Nibelungen*. Il paraît que Henri d'Ofterdingen en a composé quelques-unes; il y en a aussi de *Wolfram d'Eschenbach*. Nous passons sous silence quelques poëmes qui n'ont de remarquable que leur antiquité. Toutefois nous mentionnerons les compositions suivantes : le *Grand poëme de Roland* ou la *Bataille de Roncevaux*, par le prêtre Conrad; *Fleur et Blanche-fleur*, par Fleck; *Saint-Guillaume d'Oransé*; *Iwein*; le *Chevalier du Lion*; *Lancelot du Lac*; *Tristan et Iseult*; *Wigalois* ou le *Chevalier à la roue*, et *Wigamur* ou le *Chevalier et son Aigle*. Toutes ces épopées se rattachent à Charlemagne et à ses illustres paladins. — La légende la *Sainte Coupe*, dite le *Saint-Gral* (*V.* ce mot), a fait naître une autre série de poëmes épiques : *Parcival*, poëme d'Eschenbach; *Titurel*, ou le *Gardien de la sainte coupe*; le poëme de *Lohengrin*, etc. — Tels sont les poëmes les plus importants de cette période. Il en reste néanmoins quelques autres, mais moins considérables, parmi lesquels nous citerons le *Chant* composé à la gloire de *saint Annon*, archevêque de Cologne, mort l'an 1075. Ce morceau est vraisemblablement du XII° siècle; on n'en connaît pas l'auteur. — Cette période offre encore de charmantes légendes en vers : la plus ancienne est celle qu'un prêtre, le pieux Vernher, a publiée dans le XII° siècle, sous le titre de la *Vie de la Vierge Marie*. — On le conçoit, la poésie didactique, œuvre de loisir, de méditation et de science, n'a pas dû fleurir dans ces temps de naïve inspiration, où il y avait si peu d'études et tant d'activité extérieure. — Cependant la littérature allemande de cette époque nous offre quelques sentences, quelques instructions, des proverbes, des dialogues moraux, etc.; le tout écrit d'un style fort simple, et quelquefois d'une délicieuse naïveté. — C'est la poésie lyrique qui domine naturellement chez les chantres d'amour. L'amour est l'objet principal de leurs inspirations; leur nom le dit assez. Les plus anciens de ces poëtes, les Veldeck, de la Rüe, Eschenbach, Reinmar le Vieux et Vogelweide, les plus récents, tels que Lichenstein, Walther de Metz, le comte de Kierhberg; Wenceslas, roi de Bohême (*V.* ces noms), tous ont principalement consacré leurs chants à l'amour. Parmi les poëmes lyriques de cette époque, il en est un, le *Combat poétique du château de Wartbourg*, qui mérite une mention particulière. Cette curieuse production nous donne le récit d'une espèce de tournoi poétique, qui s'engagea au château de Wartbourg, à la cour de Hermann, landgrave de Thuringe, et de la princesse Sophie, son illustre épouse. L'action a lieu en l'an 1207. — La prose, beaucoup

moins honorée que la poésie, ne fit pas, dans cette période, des progrès aussi remarquables. On ne daignait alors écrire qu'en vers, et il nous reste peu de prosateurs à signaler. Cependant quelques sermons et deux recueils de lois, de *Miroir des Saxons* et le *Code des Souabes* (*V.* ces mots), méritent l'attention de l'historien. — 4° PÉRIODE RHÉNANE. — *De l'origine des universités à la réforme* (1348-1534). — Vers le milieu du XIII° siècle la poésie des Minneséenger, ayant atteint son apogée. Ensuite elle déclina sensiblement : lorsque la voix de ces ménestrels eut cessé de se faire entendre à la cour des princes allemands, la poésie devint le partage des artisans. Entre des mains profanes, elle prit un air de métier : les poëtes se nommèrent sérieusement maîtres-chanteurs (*Meistersaenger*). — En effet, il s'établit de grandes associations poétiques qui formaient entre elles de véritables corporations, et qui, à l'exemple des autres corps de métiers, avaient leurs statuts, leurs privilèges, leurs jours d'assemblée, leurs cérémonies. Les villes du Rhin, Mayence, Francfort, Colmar, Strasbourg, etc., étaient les principaux centres des réunions de ces graves versificateurs d'ateliers. Des sociétés analogues s'établirent aussi à Ulm, Augsbourg, Nuremberg, Heilbronn et autres *villes libres et impériales*. — Il est inutile d'insister sur le peu de mérite de ces artisans poëtes. Ce qu'ils appellent *poésie* n'est souvent qu'une suite de lignes rimées et de pensées triviales ou obscures. Cependant il y aurait de l'injustice à méconnaître les services qu'ils ont rendus à la langue et à l'art poétique. Ils ont assujetti leurs chansons à un rhythme sévère et régulier; ajoutons de plus qu'ils ont exercé sur la nation une influence profonde. Cet amour du chant et des lettres, cette singulière culture morale et intellectuelle, qui distinguent encore aujourd'hui l'artisan allemand, ont évidemment leur source dans les exercices des *maîtres-chanteurs* du moyen âge. — Quoi qu'il en soit, il ne faudrait pas juger l'ensemble de cette période sur ces honnêtes *Meistersaenger*, qui, tous du reste, ne furent pas des hommes dépourvus de talent. — En dehors de leurs corporations, il y eut, à cette même époque, des poëtes didactiques, satiriques, et des chansonniers qui méritent d'être connus : tels sont Mugelin, Muscatblut, Suchenwirth, Veitweber, Suter, Tauler, Conrad de Queinfurt, Boner, etc. Toutefois, un seul de ces nombreux écrivains est tout à fait hors de ligne, c'est Brant dit Titio à qui l'on doit le poëme satirique le *Vaisseau des fous*, où l'on trouve beaucoup d'expressions heureuses et de fines observations. Ce poëme a été populaire en Allemagne, et on l'a traduit en plusieurs langues. — Un autre poëme remarquable de cette époque, *Reineke le Renard*, est une composition à la fois satirique, allégorique et épique. Ce fut, pendant des siècles, le livre favori et populaire du nord de l'Europe, et particulièrement de l'Allemagne. Le célèbre Gœthe a rajeuni et amélioré ce poëme dans cette belle imitation qu'il en a faite, et qui est si fidèle qu'on pourrait en quelque sorte la prendre pour une traduction. Il a paru dans cette période un autre poëme célèbre intitulé le *Seigneur Teurdank*, composé par Pfinzing, qui fut secrétaire de l'empereur Maximilien, I°r. — Jusque-là le drame était inconnu en Allemagne. Cette période en posa les premiers éléments : Rosenplut, le Thespis de la scène germanique, composa six pièces dites de carnaval qui, en leur temps, eurent le plus grand succès. — Ce n'est qu'au milieu du XIV° siècle qu'on s'exerça dans l'art d'écrire en prose. Au nombre des romans populaires qui parurent à cette époque, les plus goûtés furent *Fortunat* et *Till espiègle*. Peu à peu les écrivains allemands s'élevèrent du roman au genre historique : Cependant on ne vit paraître encore, durant cette période, que des chroniques arides. En revanche, l'éloquence sacrée fut cultivée avec quelque succès, par Tauler, dominicain de Strasbourg, et par son émule Geiler de Kaiserberg. — 5° PÉRIODE SAXONNE. — *De l'école de Luther à celle d'Opitz* (1534-1625). — La période saxonne embrasse la plus importante partie du XVI° siècle, elle correspond à une série d'événements mémorables qui ont exercé l'influence la plus décisive sur les destinées de l'Occident : c'est l'époque de la renaissance, celle des guerres de religion, et de la découverte de l'Amérique. L'esprit de controverse allume un vaste incendie dans les provinces allemandes; mais la littérature ne cesse pas d'y être cultivée avec succès. Quelques hommes de génie, quelques poëtes, viennent tempérer l'ardeur des discussions théologiques et consoler par leurs travaux ou par leurs gracieuses fictions les amis de la science et des belles-lettres. La Saxe mérite de donner son nom à cette période par le nombre et l'excellence de ses écrivains et par l'importance de leurs travaux littéraires.

Les deux principaux dialectes alors en usage jetés au creuset fournirent aux écrivains de la Saxe le type du nouvel idiome qui est devenu la langue littéraire de l'Allemagne. — A la tête des poètes de cette période se place un homme qui s'est essayé dans tous les genres, et qui a exercé sur son siècle une influence si générale, qu'il mérite un rang à part. — Hânssachs ne fut proprement que le premier des maîtres-chanteurs. Contemporain du Tasse, de l'Arioste et de Cervantes, il fut le poëte le plus fécond, non-seulement de son époque, mais de tous les siècles. Ses premiers essais poétiques datent de sa vingtième année, mais la belle période de son génie commence en 1530 et finit en 1558. Dans cet espace de temps il composa la plupart de ses poésies, qui sont au nombre de 6048 ! Il nous reste de cette prodigieuse fécondité, 56 tragédies, 68 comédies, 62 pièces de carnaval, 210 narrations bibliques et discours sacrés, 150 psaumes, 480 contes et pièces fugitives et 286 fables et facéties. — Tout cela eut parmi les contemporains du poëte un succès immense. Cependant les classes élevées et instruites l'apprécièrent avec réserve, et, vers la fin du XVIᵉ siècle, Hanssachs tomba dans un discrédit complet. On fut plus sévère encore à son égard dans le siècle suivant, où l'on représenta ce maître-chanteur comme le type de la sottise. Mais, au dernier siècle, Wieland et Gœthe jugèrent mieux de son mérite, et rappelèrent l'attention sur ses œuvres. Alors le persifflage dont Hanssachs était devenu l'objet, cessa peu à peu, et l'on apprécia mieux un auteur qu'il faut juger d'après l'esprit de son siècle et non d'après le goût du nôtre. — On doit à Fischant un poëme épique, le Vaisseau fortuné, composition où l'auteur, contre son habitude, a de la chasteté dans le langage, de la noblesse et de la vigueur dans le style. — Rollenhagen composa des comédies et plusieurs ouvrages en vers, mais il n'est connu que dans l'histoire littéraire que par son imitation de la Batrachomyomachie d'Homère. Son poëme est le pendant de celui de Reineke le Renard. — Quant à la poésie dramatique, on vit, dans cette période, la Bible, les grands drames et surtout la passion du Sauveur, former, ainsi qu'en France, le sujet de toutes les représentations scéniques. — Les drames de cette époque étaient une espèce de solennité religieuse; on n'avait alors ni salles de spectacle ni troupes d'acteurs. Les représentations avaient lieu en plein vent; les acteurs étaient des amateurs qui jouaient à leurs frais; on déployait une grande magnificence, et le nombre des personnages était considérable. Les principaux auteurs dramatiques de cette période furent Hanssachs, Ayrer et Brummer. — Une époque de polémique fut naturellement aussi une époque de satire. La satire est d'ailleurs dans les mœurs des peuples qui ont beaucoup de bonhomie et de gaieté. Les lettres allemandes offrent des satires à toutes les époques. A cette époque, l'écrivain le plus caustique, le plus gai, fut Fischant, le célèbre auteur du Vaisseau fortuné. Ce fécond écrivain a composé un grand nombre d'ouvrages satiriques, dont les principaux sont : la Chasse aux puces et le Manuel des goutteux. — Murner, autre poëte satirique, était un homme d'une instruction remarquable, et digne de marcher sur les traces de Brant. Mais il avait peu de modération et de mesure : si Brant censure, Murner invective; si l'un fait rougir le vice, l'autre l'irrite; cependant Murner a peut-être plus de verve satirique que Brant, et l'on doit enfin lui rendre la justice d'autant plus méritée qu'il en a été privé plus longtemps. Parmi les nombreux écrits publiés sous son nom, nous citerons : la Conjuration des fous, la Conjuration des fripons et le Pré aux fous. — Dans le genre didactique, cette période ne nous offre qu'un seul auteur remarquable, c'est Ringwald. Il composa un poëme religieux, la Pure vérité, qui fut très-recherché en son temps. — Quant à la poésie lyrique, elle se borne au chant sacré et à la chanson populaire. — Waldis, qui vivait dans la première moitié du XVIᵉ siècle, est un fabuliste distingué, que Gellert et Zacharie ont imité avec succès. — Nous venons d'esquisser les productions poétiques de cette période; la prose, à son tour nous appelle. — Dans le XIVᵉ siècle, Tauler, élève de l'école mystique, et Geiler, de Kaisersberg, étaient devenus célèbres sur les bords du Rhin; ils joignaient à des sentiments profonds une diction énergique et persuasive. Dans le XVᵉ siècle, l'éloquence de la chaire s'éleva à une certaine hauteur; mais la langue que parlaient les sermonnaires de cette époque, trahissait leurs efforts; et si nous en jugeons d'après notre goût actuel, ils furent des orateurs remarquables, mais nullement classiques. Un orateur, qu'on appela le Démosthène de l'Allemagne, mérite ici toute notre attention : Ulric de Huttin fut un écrivain élevé et énergique dont la verve oratoire se

déploya particulièrement dans les célèbres philippiques qu'il publia contre le duc de Wurtemberg. — La grandeur des événements aurait dû former, durant cette période, des historiens éminents. La prise de Constantinople, la découverte d'une route aux Indes, la découverte de l'Amérique, les guerres de Charles-Quint et de François Iᵉʳ, le règne de Henri VIII, les schismes de l'Église, tous ces grands drames devaient éveiller le génie des écrivains, à une époque où l'on relisait Thucydide et Tacite. Cependant l'Allemagne n'eut alors que des chroniqueurs. Sa langue ne permettait pas qu'elle eût des historiens. Parmi ces chroniqueurs, nous citerons Peutinger, Sleidan, Turnmeyer, Tschudi, Kanzow, Pantaléon et Sébastien Frank. — Entre les moralistes de cette époque, le plus populaire fut sans contredit Jean Arndt, auteur ascétique; il publia, sous ce titre : du Vrai Christianisme, un ouvrage dans lequel il cherche à prouver que le dérèglement des mœurs qui régnait alors parmi les protestants, ne venait que de ce qu'ils rejetaient les bonnes œuvres et qu'ils se contentaient d'une foi stérile. — Les autres productions de cette période furent le roman de Till l'espiègle, la Légende du docteur Faust et celle du Juif errant; l'imitation du Gargantua de Rabelais par Fischant; la Grammaire allemande de Clajus; le Traité des synonymes allemands de Fabricius; les Traités des proverbes allemands de Bébel et de Sébastien Frank. — 6ᵉ PÉRIODE SILÉSIENNE ET HELVÉTIQUE. — De l'école d'Opitz à celle de Klopstock (1625-1750). — De graves conflits littéraires, des luttes de théorie partagent l'Allemagne savante en plusieurs camps. Opitz, nourri de la lecture des classiques, fonde l'école dite de Silésie, qui se fractionne bientôt en plusieurs branches. Les Français inondent le sol de la Germanie; ils y introduisent, avec leurs idées et leurs modes, leurs goûts, leurs habitudes et les germes d'une littérature nouvelle, qu'un assez grand nombre d'écrivains allemands cherchent à féconder, tandis que d'autres s'unissent pour repousser l'invasion. Des sociétés littéraires s'élèvent de toutes parts; elles ont surtout pour objet de conserver à la langue allemande sa pureté, et, en quelque sorte, son patriotisme. — Cette lutte, qui n'est exempte ni de ridicule ni de violence, excite cependant un puissant intérêt, par deux motifs : le premier, c'est qu'elle dérive d'une cause noble, juste et éminemment populaire; le second, c'est qu'elle sert de prélude à la formation d'une littérature classique, époque de la plus grande gloire des lettres allemandes. — Trois poëtes estimables apparaissent d'abord sur le Parnasse allemand, comme les précurseurs d'Opitz : ce sont Weckerlin, Spée, Andreæ. Ces écrivains avaient fait faire quelques pas à la littérature allemande; elle reçut tout à coup une impulsion nouvelle. Il était réservé à la Silésie de guider l'Allemagne dans ces voies de progrès. — Opitz, né en Silésie, fut bien digne d'être appelé le restaurateur de la littérature nationale. Il surpassa ses prédécesseurs et ses contemporains par sa connaissance de la langue, par son goût et son génie, par le choix des sujets et la manière dont il les traite; il exerça sur les autres l'influence que les classiques, dont il s'était pénétré, avaient exercée sur lui. Formé par l'étude, les voyages et l'usage du monde, il donna à la littérature ce qui lui manquait alors : de la vie et de la grâce. La langue allemande lui doit des mots nouveaux, des tours heureux, de la régularité, et surtout cette pureté, cette chasteté d'expression et de pensée qui la distinguent si éminemment parmi les langues du Nord. — Ce fut dans les genres didactique et descriptif que ce poëte réussit le mieux; et comme ces sortes de compositions touchent de près à la prose noble et oratoire, le style d'Opitz fut souple, clair, nombreux. Il ne pèche que par trop de prolixité dans ses descriptions. — Comme Opitz était justement apprécié de ses contemporains, il se forma, sur son exemple, un grand nombre d'écrivains, une nouvelle école poétique composée des élèves et de ses admirateurs, l'École silésienne. — Opitz a publié des poésies didactiques, descriptives, dramatiques et lyriques. Ses poëmes didactiques ou descriptifs sont, les Consolations dans les malheurs de la guerre, l'Éloge de la vie champêtre, Zlatna ou le Repos de l'âme, le Vésuve. Tous ces ouvrages sont écrits en vers alexandrins. Opitz traduisit en vers les Troyennes de Sénèque et l'Antigone de Sophocle. Il imita de l'italien, Daphné, opéra, et Judith, tragédie sacrée. Ses Cantiques et sa traduction des Psaumes renferment de grandes beautés et sont lus encore avec plaisir. Sa paraphrase du Cantique des Cantiques, en strophes, est un morceau parfait. Ses poésies légères et ses sonnets ne sont pas encore appréciées autant qu'ils méritent; cette réflexion s'applique également à ses Bosquets poétiques.

— Parmi ses ouvrages en prose, on distingue sa *Prosodie*, ou *Traité de la poésie allemande*. Ce fut le premier essai d'une poétique allemande. — L'école d'Opitz était dans la bonne voie. Hoffmannswaldau et Lohenstein, poètes ampoulés, l'abandonnèrent : alors le mauvais goût envahit la littérature et la domina pendant toute la seconde moitié du XVIIᵉ siècle. — Nous allons succinctement faire connaître les principales productions de cette période, en commençant par la poésie. — Renner composa le poème de *Hennink*, qui est une continuation de *Reineke le Renard*. C'est à peine si l'on peut qualifier de poésie épique le travail de ce versificateur. Werder traduisit avec bonheur, en vers alexandrins, *la Jérusalem délivrée* du Tasse et les trente premiers chants de *Roland furieux*. — La poésie dramatique était presque abandonnée ; l'Allemagne sentait trop la supériorité du théâtre étranger pour ne pas lui accorder la préférence. D'un autre côté, le peuple ne voulait pas renoncer aux drames sacrés. Aussi vit-on sur le théâtre, longtemps même après Opitz, saint Joseph et la Vierge, la chaste Suzanne, l'archange Raphaël et l'infortuné Nabuchodonosor, Le drame religieux trouva même un nouveau poëte. *Klaje* ou *Clajus* reprit des sujets déjà traités et encore chers au peuple, *Hérode l'infanticide*, *le Combat des Anges contre les Dragons* et quelques autres de même nature ; mais cet auteur est fort médiocre. L'art dramatique se trouvait ainsi dans un état de transition, lorsque parut un poëte, aujourd'hui bien obscur, mais jadis le premier écrivain dramatique de son époque, *Gryph* qu'on a quelquefois appelé le créateur du théâtre allemand. Ses pièces sont imitées, en grande partie, du latin, du français, de l'italien et du hollandais : plusieurs sont surchargées d'allégories et de locutions pompeuses ; mais il y règne une bonne ordonnance, un dialogue vif et une peinture fidèle du cœur humain. — Si l'épopée ne fut pas abordée, l'ode au contraire fut cultivée avec assez de succès par les poëtes de l'école Opitz. Zinkgref, son ami de jeunesse, a publié *l'Éloge du soldat*, qui est une imitation des chants de guerre de Tyrtée, moins remarquable par l'harmonie de la versification que par l'élégance de style. Les autres lyriques à citer sont Hombourg, Flemming, Dach, Gerhard, Leumark, Néander et Scheffler. — Logau et Wernike ont laissé de bonnes épigrammes. Canitz s'est distingué dans l'épître. Laurenberg et Rachel dans la satire. — Cette époque a produit également des prosateurs qui n'étaient pas sans talent. — Un encyclopédiste, Morhof, cultiva avec succès l'histoire littéraire et en propagea l'étude. Ses *Éléments de la langue et de la poésie allemandes* offrent aux philologues et aux littérateurs des notions curieuses. Le polygraphe Harsdœrfer, tantôt grave, tantôt badin, a tout embrassé : histoire, mathématique, poésie, théologie. La littérature allemande, qui tend en général vers le mysticisme, reçut dans cette période un développement spécial sous ce rapport. Elle eut un écrivain qui exerça sur la langue une influence profonde. Ce fut le célèbre Boehme, que les critiques vulgaires traitèrent comme ils avaient traité Hanssachs, et qui triompha, comme ce dernier, de leurs impuissants dédains. Boehme avait de grandes dispositions, surtout une imagination ardente et un penchant décidé pour les idées mystiques. Cette tendance se développa rapidement, et bientôt Boehme parvint à un degré d'exaltation qui surpasse tout ce qu'on pourrait imaginer. Pour lui tout devint révélation. Il affectait même d'avoir des extases et des visions qu'il qualifiait d'illuminations immédiates du Saint-Esprit. Il publia environ vingt-neuf ouvrages, dont les principaux sont la *Théorie des trois principes de l'Être divin* et *l'Aurore naissante*. Ces ouvrages ont, pour l'histoire de la langue, une haute importance. — *Le miroir des gloires de la maison d'Autriche*, que publia Birken, est le meilleur ouvrage historique de ce temps. On estime beaucoup aussi le récit qu'Oléarius a tracé de son voyage en Orient. Arnold, l'un des plus ardents défenseurs des *piétistes*, publia plusieurs ouvrages, dont le plus remarquable est *l'Histoire de l'Église et des hérésies*. Mascow et Bunau sont aussi des historiens à mentionner. — L'Allemagne comptait, depuis la renaissance, un assez grand nombre de philosophes, Reuchlin à leur tête ; mais aucun n'avait daigné écrire dans la langue nationale. Enfin Boehme donna l'exemple; on le suivit. Puffendorf n'osa écrire en allemand qu'une histoire des principaux états. Leibnitz écrivit aussi en latin ou en français. Cependant ce philosophe, en rédigeant en allemand un excellent mémoire sur l'usage et le perfectionnement de la langue allemande, donna l'éveil à la nation. Wolf a non-seulement continué et perfectionné son système, il a de plus suivi ses conseils sur l'usage de la langue nationale; il a façonné cette langue à l'expression des idées abstraites. La plupart de ses ouvrages philosophiques sont écrits en allemand, et, le premier, il rendit la philosophie nationale. Ses *Idées sur les facultés de la raison humaine et leur juste emploi pour la connaissance de la vérité, et sur l'action et l'inaction de l'homme par rapport aux progrès de sa félicité*, sont encore au nombre des livres classiques du pays. Il fut le créateur de la philosophie allemande. — Les autres prosateurs que nous rencontrons à cette époque sont Schuppe et Moscherosch, qui publièrent des satires et des œuvres morales. Zézen, jadis célèbre, aujourd'hui obscur, fut le premier grammairien de son temps. — Nous passons à la seconde section de notre sixième période, section qui s'étend de Haller à Klopstock. — Poëte didactique et lyrique, Haller fut le fondateur, sinon d'une ère nouvelle, du moins d'une nouvelle école, de celle qui releva l'école de Silésie. Cet écrivain avait reconnu de bonne heure ce caractère de la langue allemande, de dire beaucoup de choses en peu de mots, et on le vit sans cesse occupé à rechercher cette brièveté féconde en idées. Il l'atteignit enfin à un haut degré. L'harmonie et le rhythme manquèrent, il est vrai, à sa diction ; mais la richesse et la pénétration de son esprit, la profondeur de sa pensée, la pureté de sa morale, qualités qui se réfléchissent dans un style noble et énergique, le font distinguer entre tous ses contemporains. Ses *Méditations matinales*, études sur la grandeur de Dieu et les beautés de la nature ; ses odes sur *l'Honneur* et sur *l'Éternité* sont les plus belles productions de sa muse lyrique. Toutefois, c'était à ses deux poèmes *des Alpes* et *de l'Origine du mal* qu'il était réservé de fonder sa véritable gloire. Le premier renferme une série de peintures animées de la nature et des mœurs de la Suisse. Rarement des vers plus énergiques ont célébré l'innocence du cœur, la frugalité et la simplicité des habitudes. Le poème de *l'Origine du mal* est regardé par l'auteur lui-même comme son meilleur ouvrage. — Pendant que Haller donnait au genre grave et didactique une direction si élevée, *Hagedorn*, son contemporain, devint le chantre des plaisirs et de la gaieté. Le premier imprima à la langue un caractère mâle et énergique, son rival lui donna de l'aménité et de la grâce : les efforts tentés par l'un et par l'autre firent entrer la littérature allemande dans le domaine des études classiques. La poésie légère convint particulièrement au genre de talent qu'Hagedorn avait reçu en partage : aussi ses chansons furent-elles les premières dont la modestie n'eut pas à rougir. L'enjouement y règne, mais c'est un enjouement de bon ton; elles respirent un badinage plein d'esprit et de naïveté. Le style en est léger, agréable; leur versification rhythmique les rendit nationales et même populaires. Hagedorn s'occupa de travaux plus nobles : des poésies morales, les unes purement didactiques, les autres satiriques. Cependant c'est par ses fables et ses contes que cet écrivain s'est acquis le plus de gloire. — Troisième illustration de cette époque, Gellert dota l'Allemagne de quelques ouvrages, modèles de style et de pensée. Gellert, le seul poëte de cette époque qu'on lise encore dans la chaumière comme dans les palais, est devenu, par la lucidité de son esprit, par son goût, par sa piété, le précepteur de la vertu, de la religion et des lettres. Il a composé des fables, des contes, des drames, des cantiques et des odes. Il a surtout réussi dans l'apologue : on peut, sous certains points, le comparer à la Fontaine, il en a la facilité et la douceur; s'il pèche quelquefois, c'est par un peu de redondance. Il charme le lecteur par un babil plein de bonhomie; ses contes sont, encore de nos jours, dans la mémoire des gens du peuple. Il eut aussi de grands succès dans la poésie lyrique : ses odes et ses cantiques sont de magnifiques compositions qui expriment, avec entraînement, les sentiments d'un cœur voué à l'amour de Dieu et de la vertu. On remarque principalement son cantique : Dieu est l'objet de mes chants, *Gott ist mein Lied*. — D'autres poëtes, quoique inférieurs aux trois grands écrivains que nous venons de faire connaître, méritent toutefois encore une mention honorable : tels sont Drollinger, Sucro, Bodmer, Pyra, Lange, Liscov, Rost, Zernitz, les trois frères Schlegel, qui doivent à leurs descendants une partie de leur célébrité; Zacharie, dont on a de bons poëmes héroï-comiques; Schmidt et Cramer, qui ont publié de beaux cantiques. — D'estimables travaux en prose, de bons traités de grammaire et de lexicologie parurent vers la même époque. L'éloquence de la chaire et la composition historique firent des progrès analogues, la première par un mouvement spontané, la seconde par de bonnes traductions. — Megerlé, prédicateur de la cour de Vienne, fut inimitable dans cette espèce de faconde qui était alors à la mode, et qui faisait courir les orateurs après le bel esprit, les pointes et les saillies. Ses écrits dans le genre enjoué ont surpassé ceux de Fischant et de Murner ; mais ses sermons, où il descend parfois jusqu'à la bouffonnerie, sont de mauvais exemple, car on les lit encore dans l'Allemagne méridionale avec une admiration qui ne se lasse point. S'il est difficile de trouver une lecture plus amusante, il n'en est pas de moins grave. Le roman *Judas l'archicoquin* est, sous le rapport littéraire, un des ouvrages les plus remarquables que Megerlé ait publiés. Il est plein de sens et de tableaux charmants. — Vers le milieu du XVIIIe siècle, une éloquence plus grave retentit tout à coup du haut de la chaire. Mosheim, Cramer et Bambach exercèrent naturellement une grande influence sur les lettres, puisqu'ils vivaient dans un pays où les ministres de la religion président généralement aux études. — Ici encore, comme dans tous les travaux de cette période, on voit se manifester ce fait important, trop peu signalé dans l'histoire de la littérature allemande ; nous voulons parler de l'influence primitive qu'ont exercée sur elle les littératures étrangères, et surtout celle de la France. — Rabener publia des écrits satiriques, qui eurent un succès immense, et qui firent oublier ceux de Liscov. Les satires de Rabener sont ce qu'elles devaient être, une peinture poétique des imperfections du monde, mises en contraste avec la perfection idéale que demande la raison. Un esprit fin, observateur et jovial, règne dans tous ses écrits. Il ne déchire pas, mais il raille. Il ne s'attaque pas aux vices dont la pensée attriste, mais aux folies qui naissent du choc des relations sociales. Satirique avec bonhomie, il évite en toute circonstance d'humilier ou de blesser : *Castigat ridendo mores*. — Gellert, dont nous avons ci-dessus mentionné les travaux poétiques, fut aussi un prosateur de mérite : témoin ses *Leçons de morale*, et son roman la *Comtesse suédoise de G***.* Sa prose est aussi correcte, aussi élégante que ses vers sont faciles et harmonieux. — Les grammairiens et lexicographes remarquables que produisit cette dernière époque, furent Boediker, Frayer, Spaten, Schilter, Scherz, Wachter, Frisch et Haltaus. — 7° PÉRIODE ALLEMANDE OU CLASSIQUE. — *De Klopstock à nos jours* (1750-1838). — La littérature dont nous esquissons le tableau est parvenue à son apogée. Le génie allemand, sorti vainqueur de la lutte qu'il avait engagée, se voit couronné par la plus illustre pléiade qui ait jamais brillé dans l'antique Germanie : Klopstock, Wieland, Lessing, Goëthe, Schiller, Herder et tant d'autres, dont nous rencontrerons les noms immortels dans les détails de cette période classique. — On a vu à chacune de ces époques, la dernière exceptée, c'est une des grandes familles de la nation allemande qui a conduit toutes les autres, qui a prévalu dans la pensée comme dans les affaires, dans les lettres comme dans la vie sociale, qui enfin a imprimé son caractère au reste de la nation, et l'a fécondé de son génie. Dans cette dernière période, et depuis Klopstock, la culture intellectuelle est devenue plus générale ; on peut dire même qu'elle a été à peu près égale chez les diverses fractions du peuple germanique. Cependant, à l'époque de Schiller et de Goëthe, la Saxe et le Wurtemberg ont encore exercé une sorte de supériorité. — Parmi les influences étrangères qui ont agi avec le plus de force sur les tendances de la littérature allemande, la France a le droit de revendiquer une part glorieuse. En effet, c'est tantôt la belliqueuse tribu de France qui impose son dialecte à la nation germanique ; tantôt ce sont les croisades où la France entraîne à sa suite tous les peuples de l'Occident, les façonne à ses usages, les ploie à ses habitudes, les fait vivre de sa vie ; tantôt ce sont les troubadours qui inspirent les *Minnesaenger* ; tantôt c'est la France armée, promenant sur le sol allemand, durant trente années consécutives, ses mœurs et sa littérature ; tantôt enfin, c'est l'émigration française, qui envahit les provinces allemandes ; et, dans cet échange de devoirs mutuels entre le protégé et le protecteur, entre le fils adoptif et sa nouvelle famille, l'esprit français, admis au foyer de l'hospitalité, conquiert le droit de bourgeoisie. — Cet intérêt que nous apportons à constater ici un fait glorieux pour la France peut servir de témoignage à la haute admiration que nous professons pour les lettres allemandes ; il va se présenter une foule d'occasions de signaler tout ce qu'il y a de neuf et d'original dans le génie des Allemands, tout ce qu'il y a de sérieux et de profond dans ces laborieuses investigations, dans ces études opiniâtres, dans ces conceptions hardies qui ont imprimé enfin, à la littérature de ce peuple, un cachet national, et en ont fait, en quelque sorte, une vaste encyclopédie des connaissances humaines. — Lorsque Frédéric le Grand monta sur le trône, il se formait, dans un petit collége, un poëte qui devait un jour doter l'Allemagne d'une lan-

gue et d'une poétique presque nouvelles, et réaliser dans ses productions ce beau idéal que l'Allemagne ne faisait encore qu'entrevoir. Ce poëte fut Klopstock. — Jeune encore, il avait pris la résolution de consacrer toutes ses facultés au progrès de la langue et des lettres allemandes ; il voulut être, et il le fut, national dans le sentiment, dans la pensée, dans l'expression. Les plus nobles sentiments, la religion, le patriotisme, l'amitié avaient embrasé l'âme de Klopstock dès son adolescence, et jamais, peut-être, ces hautes vertus n'ont fait battre plus vivement le cœur d'un poëte. L'amour de Dieu dominait son âme tout entière, il le portait à dédaigner les choses profanes, élevait son génie à de saintes et sublimes inspirations, et lui faisait, en quelque sorte, entrevoir la Divinité. Son patriotisme était une estime réfléchie de sa nation et un dévouement entier à sa gloire. Son amitié était si vive, si noble, si désintéressée, qu'il s'abandonnait de tout son être aux âmes qui le comprenaient. Ces généreuses passions inspirèrent Klopstock dans sa *Messiade*, dans ses *Bardits*, dans ses hymnes et dans ses odes. C'est dans la grandeur de son âme qu'il faut chercher le secret de l'élan sublime et de l'admirable énergie de son style. — Mais ce n'est pas seulement par ses productions poétiques qu'il a enrichi la langue et les lettres allemandes, il composa aussi en prose des ouvrages utiles sur la grammaire et la versification. Il fut secondé par deux autres écrivains qui, moins célèbres, rendirent peut-être à la littérature allemande de plus grands services ; nous voulons parler de Wieland, cet heureux imitateur de l'élégance française, et de Lessing, l'ingénieux créateur de la critique classique. — Aucun écrivain allemand n'a composé un nombre plus considérable d'ouvrages, ni traité des sujets aussi divers que Wieland. Aucun n'a réuni, au même degré, l'esprit, la grâce, la légèreté et une haute sagesse ; aucun n'a été autant lu, prôné avec tant de chaleur. Véritable protée littéraire, il parcourut dans ses écrits le domaine entier des connaissances humaines. Une imagination riante, un esprit inépuisable, une ironie qui paraissait réfléchir celle d'Horace, une sensibilité profonde et une vaste érudition distinguent la plupart de ses ouvrages. Cet ingénieux écrivain sait se reporter facilement à tous les temps et chez tous les peuples. Il prend les couleurs locales ; il marie le vrai à la fiction, les images empruntées de la nature à celles de la métaphysique, les pensées les plus indépendantes aux principes les plus austères ; il satisfait à la fois le cœur, l'imagination et la raison ; il est également admirable dans ses tableaux comiques ou graves. Ses ouvrages sont une sorte de miroir de tout ce que les sages de l'antiquité ont écrit de beau, de sublime, ou les écrivains modernes de bien pensé ; en un mot, de tout ce qui excite l'admiration chez les meilleurs auteurs. Il a une supériorité décidée dans l'érudition classique. — Lessing, qui partage avec Klopstock et Wieland la gloire d'avoir fondé la littérature classique des Allemands, fit pour cette littérature ce que plus tard Kant devait opérer pour la philosophie. C'était un de ces génies qui font révolution sur tous les points où ils portent leurs investigations. Il donna même une impulsion nouvelle au théâtre. — Si Klopstock, Wieland et Lessing furent les trois premiers écrivains dans la seconde moitié du XVIIIe siècle, le XIXe fit surgir pareillement trois génies de ligne : Goëthe, Schiller et Herder, les nouveaux représentants des lettres germaniques. Goëthe embrassa à peu près toutes les parties de la littérature ; Schiller devint classique dans la tragédie, aussi bien que dans la poésie fugitive ; Herder s'illustra par ses travaux critiques, historiques, poétiques et philosophiques. — Goëthe a publié des pièces fugitives, des élégies, des ballades, des poëmes épiques, des tragédies, des opéras, des comédies, des proverbes, des romans, etc. Tantôt, ainsi qu'il l'a dit, il a bien connu et jugé l'Allemagne, tantôt Goëthe s'abandonne à la passion, comme dans *Werther* et le comte d'*Egmont*. Une autre fois, il ébranle toutes les cordes de l'imagination par ses poésies fugitives ; une autre fois encore, il peint l'histoire avec une vérité scrupuleuse, comme dans *Goetz de Berlichingen* ; ou bien, il est naïf comme les anciens, dans *Hermann et Dorothée* ; enfin, il se plonge avec *Faust* dans le tourbillon de la vie ; puis, tout à coup, dans le *Tasse*, la *Fille naturelle*, et même dans *Iphigénie*, il conçoit l'art dramatique comme un monument élevé près des tombeaux. Ses ouvrages ont alors les belles formes, la splendeur et l'éclat du marbre ; mais ils en ont aussi la froide immobilité. — La deuxième illustration littéraire du XIXe siècle, « Schiller, a dit un de ses biographes, doué de l'âme mobile du poëte, de l'enthousiasme, de l'artifice et de la finesse d'investigation idéale du philosophe allemand, s'est jeté tour à tour dans chacune des routes qui s'offraient aux diverses facultés de son esprit. S'il partage avec ses compatriotes les défauts d'une littérature qui s'égare souvent dans le vague de ses conceptions, son nom demeurera immortel parmi les peintres dramatiques, et la faculté de créer les caractères, de les développer, de les faire agir, la connaissance du jeu des passions, l'admirable habileté à faire revivre les mœurs et les époques, assureront à jamais sa gloire. » Schiller s'est distingué aussi dans la poésie légère et dans la composition historique. *Walleinstein*, *Marie Stuart*, *Guillaume Tell*, dans la tragédie ; la *Cloche* ; les *Plaintes de Cérès*, le *Partage de la terre*, dans la poésie fugitive ; ses *Discours sur l'histoire universelle* et sa *Guerre de trente ans*, dans le genre historique, tels sont ses principaux titres de gloire. — Le troisième des écrivains éminents de la dernière époque, Herder, qu'on a nommé le Fénélon de l'Allemagne, contribua puissamment, ainsi que Gœthe et Schiller, à la culture intellectuelle de ce pays. Orateur sacré, poëte original, traducteur, philologue, archéologue, historien, philosophe et critique, Herder, doué d'une brillante imagination, écrivant avec plus de chaleur et plus d'éclat que de profondeur, fut considéré pendant quelque temps comme un savant universel ; mais l'universalité à laquelle il eut la faiblesse d'aspirer ou de se laisser aller l'empêcha seule d'arriver au premier rang, et de transmettre à la postérité son génie, si ce n'est peut-être sa *Philosophie de l'histoire* qui est son chef-d'œuvre. Cette dangereuse facilité, qui égare tant d'hommes de talent, lui fit étudier toutes les langues, embrasser tous les genres de littérature, poursuivre sans cesse les lauriers académiques de Berlin et de Munich, et s'attaquer enfin au géant de la philosophie allemande, à Kant, dont le langage est si difficilement compris, et dont le génie était si différent du sien. Les ouvrages de Herder, jadis trop célébrés, sont trop délaissés maintenant ; car l'Allemagne, qui s'enthousiasme facilement, cesse généralement d'estimer dès qu'elle cesse d'admirer. — Après avoir esquissé les traits généraux des grands écrivains que nous venons de nommer, nous ferons connaître les productions les plus remarquables que cette dernière période a fait éclore, en commençant par la poésie. — A la tête des poëmes épiques figure la *Messiade*. Adolescent et encore sur les bancs du collège, Klopstock avait résolu de composer une épopée nationale. Un poëme classique de ce genre manquait à la littérature allemande. Un héros du moyen âge, Henri l'Oiseleur, allait en fournir le sujet à Klopstock, comme il le dit lui-même dans son ode à la patrie. Mais la sainte muse du poëte devait prendre son vol vers les cieux, et chanter le divin rédempteur. Klopstock écrivit la *Messiade*, poëme épique en vingt chants, et son principal titre à la gloire. Il y chante l'Homme-Dieu, depuis le commencement de sa passion jusqu'à son ascension. Il dessine fièrement et noblement ses personnages ; il crée des scènes dramatiques ; son style est toujours poétique et original ; il revêt, comme d'un tissu aérien, les êtres physiques, de même qu'il humanise ou matérialise, si l'on peut s'exprimer ainsi, les purs esprits. La versification de la *Messiade* est harmonieuse, et les hexamètres de ce poëme, par leur rhythme savant, jettent sur les tableaux le plus brillant coloris. La *Messiade* est bien ordonnancée dans son plan ; elle intéresse vivement par la variété des récits, des dialogues, l'éclat des tableaux et la mélodie des chants lyriques ; les images et les comparaisons y abondent ; la versification et la forme, en général, en sont d'une perfection classique. La réunion de tant de beautés élève ce poëme au-dessus de toutes les épopées allemandes, et lui assigne une place honorable à côté des chefs-d'œuvre que les autres nations ont produits dans ce genre. — On a de Gœthe, *Hermann et Dorothée*, petite épopée en neuf chants qui portent chacun le nom de l'une des muses. Le sujet du poëme est l'union d'Hermann avec la belle Dorothée, jeune villageoise qui, au commencement de la révolution française, a suivi ses compatriotes dans leur émigration de la rive gauche du Rhin sur la rive opposée. Les autres personnages de cette épopée bourgeoise sont le père d'Hermann, aubergiste au *Lion d'or* ; sa mère, bonne ménagère ; un pasteur et un pharmacien, amis de la maison. Des peintures riantes de la nature, des scènes touchantes et une versification constamment harmonieuse donnent un grand intérêt à ce sujet assez mince par lui-même, et ennoblissent des personnages tirés des classes inférieures de la société. Traduite en prose, cette composition est encore un charmant tableau de famille. — Les autres ouvrages épiques qui méritent d'être cités, sont *Donatoa* de Sonnenberg, *Jakonde* de Kosegarten, *Parthénaïs* ou le *Voyage aux Alpes* de M. de Baggesen, *Wlasta* de M. Ébert, la *Tunisiade* et *Rodolphe de Habsbourg* du prince Ladislas Perker, et la *Silésie affranchie* de M. Kannegiesser. — Le

chef-d'œuvre du genre héroï-comique est le poëme si connu d'*Obéron*, en quatorze chants, de Wieland. Fictions gracieuses, nobles descriptions des scènes de la nature et des passions humaines ; récits entraînants ; style naturel et vif, versification élégante, voilà ce qui caractérise cette composition qui a été traduite en plusieurs langues. — Muller, qui fut l'imitateur le plus spirituel de Wieland, a laissé trois poëmes, *Richard Cœur de Lion*, *Alphonse* et *Adelbert le Sauvage*. Enfin on a d'Ernest Schulze *Cécile*, en vingt-quatre chants, et *Rose magique*, poëmes romantiques écrits en stances de huit vers, d'un rhythme ravissant. Malheureusement on trouve beaucoup d'afféterie dans ces ouvrages. — Aucun de ces poëmes, il faut le dire, n'a balancé le mérite de l'*Obéron*, de même que nul épique allemand n'a su atteindre au rang de Klopstock. De la poésie épique, passons à la poésie dramatique, à l'épopée en action. Restaurateur de la scène germanique, Lessing y fit régner le bon goût, soit par les chefs-d'œuvre dont il enrichit la scène, soit par ses admirables travaux de critique. On a de Lessing des comédies, des tragédies et des drames. Ses ouvrages les plus admirés sont : *Minna*, comédie ; *Emilia Galotti*, tragédie, et, *Nathan le Sage*, drame. — L'auteur de la *Messiade*, Klopstock, a laissé aussi des poëmes dramatiques, dont trois roulent sur des sujets bibliques, et trois sont tirés de l'histoire d'Allemagne. Ces pièces conviennent plus à la lecture qu'à la scène ; mais on y reconnaît toujours la manière large du grand poëte. Wieland a fait *Alceste*, le premier opéra un peu remarquable qui ait paru sur la scène allemande. Les autres écrivains dramatiques qui remplissent l'intervalle de Lessing à Gœthe et à Schiller sont Gerstenberg, Weisse, Brandir, Kruger, Brave, Cronegh, Engel et Klinger. — Gœthe et Schiller éclipsèrent sur la scène dramatique tous les auteurs qui les y avaient précédés. Le premier s'est illustré par ces quatre tragédies : le *Comte d'Egmont*, le *Tasse*, *Faust* et *Iphigénie en Tauride*. — « *Iphigénie en Tauride*, a dit un écrivain distingué, dont nous partageons sur ce point l'opinion, est le chef-d'œuvre de la poésie classique chez les Allemands. Cette tragédie rappelle le genre d'impression qu'on reçoit en contemplant les statues grecques. Le sujet d'*Iphigénie en Tauride* a été traité tant de fois depuis Euripide qu'il était difficile à Gœthe de le présenter sous une face nouvelle ; il y est parvenu néanmoins, en donnant un caractère vraiment admirable à son héroïne. » — Schiller, que l'on appelle le Sophocle de l'Allemagne, mit au jour des chefs-d'œuvre qui lui assurent à jamais une place glorieuse au rang des plus nobles génies. *La Fiancée de Messine*, *Jeanne d'Arc*, *Marie Stuart*, *Guillaume Tell*, *Don Carlos*, *Wallenstein* : tels sont les principaux fleurons de son immortelle couronne. — Le cadre de cet article ne nous permet pas d'analyser ces pièces ; nous nous bornerons à faire remarquer seulement que *Guillaume Tell* est le plus bel ouvrage dramatique de cet écrivain célèbre. Là tout est simple, vrai, éloquent, admirable ; les mœurs helvétiques y sont peintes avec une fidélité merveilleuse, et dans le vaste tableau tracé par le poëte on trouve la plus parfaite unité d'action et de sentiment. Si c'est le chef-d'œuvre dramatique de Schiller, c'est aussi celui de l'Allemagne. Ce pays a produit d'autres tragiques encore ; mais ils sont bien inférieurs à Schiller et Gœthe. Nous citerons aussi Werner, Leisewitz, Collin, Koerner, Müllner et Grabbe. Parmi les poëtes dramatiques de l'école actuelle, on distingue MM. Tieck, Grillparzer, Oclen-Schlager, et surtout Raupach, le plus fécond de tous. — Si la malice naturelle aux hommes est le principe de la comédie ; si le talent de saisir les ridicules donne à ce genre de composition sa force et ses moyens ; si, pour bien peindre les travers de l'humanité, il faut de la finesse dans l'esprit, de la grace dans la diction, et surtout un fonds inépuisable de gaieté, il est aisé de comprendre qu'une nation naturellement débonnaire, réfléchie, peu railleuse, mais excessivement susceptible, n'a pas dû briller dans cette partie de la littérature. L'Allemagne n'a donc eu ni son Ménandre ni son Molière. L'Allemagne est sérieuse, profonde, méditative. On n'y veut dérider son front, il lui faut des parades, des bouffonneries, de *Kasparlé* ; la haute comédie ne va pas à son génie. Toutefois nos voisins d'outre Rhin ont enfin heureusement plusieurs chefs-d'œuvre empruntés à d'autres nations ; ils ont même composé quelques comédies originales qui ne manquent pas de mérite. On a de Koerner la comédie de *Toni*, et de Tieck *l'Empereur Octavien*, pièces qui ont obtenu du succès. Le drame, ce genre mixte, pour ne pas dire bâtard, que les anciens ont dédaigné, est le triomphe des Allemands. Qui ne connaît *Goetz de Berlichingen*, dit *la main de fer*, dont le sujet est tiré de la biographie de ce vieux chevalier écrite par lui-même. Gœthe a fidèlement peint cet ancien preux, qui, sous le règne de Maximilien Iᵉʳ, défendait encore la vie chevaleresque et l'existence féodale des seigneurs châtelains. On a de Dabo *Othon de Wittelsbach*, pièce de chevalerie. Un auteur qui fit longtemps les délices de l'Allemagne, Iffland, a composé un grand nombre de drames, parmi lesquels ceux qu'on estime le plus sont : la *Dot*, le *Crime causé par l'Ambition* et les *Chasseurs*. On doit au fameux Kotzebue, qui a péri sous le poignard d'un étudiant fanatique, plus de deux cents pièces de théâtre, parmi lesquelles on distingue *Gustave Wasa*, les *Hussites*, *Octavie*, la *Prêtresse du Soleil*, les *Espagnols au Pérou*, *Hugo Grotius*, ainsi que les *Deux Frères* et *Misanthropie et Repentir*; drames qui l'un et l'autre ont été naturalisés sur la scène française. — Arrivons maintenant à la poésie lyrique. Les productions les plus classiques dans ce genre sont, en Allemagne, les cantiques et les hymnes. Les chants pieux que répètent les fidèles les consolent dans leurs peines, et les édifient dans les trois grandes époques de leur vie passagère, la naissance, le mariage, et la mort. Dans ces compositions sacrées, la poésie n'est pas un jeu de l'imagination, ni une ivresse factice comme dans les compositions profanes. Les cantiques spirituels que composa Klopstock respirent une sainte onction, une foi vive, une piété sincère : ces odes portent le caractère de la perfection humaine. Lavater a composé des cantiques : il a écrit aussi des hymnes patriotiques que chantent encore aujourd'hui les pâtres de la *Gungfrau*, de Lucerne et de Morat. Glerm s'est immortalisé par ses chants guerriers, comme par e titre du *Grenadier prussien*, surnom qui est resté longtemps à l'auteur. Ewald Kleist, Ramler, Hortly, Novalis, Uz, Schubert, furent encore des lyriques estimables; mais Goëthe et Schiller les ont laissés bien loin derrière eux. — Le premier dota l'Allemagne d'un grand nombre de poésies lyriques et légères, où il prit toutes les formes, tous les genres, tous les styles. Parmi ces pièces détachées, on remarque : le *Nouveau Rausias*, la *Bayadère*, le *Pêcheur*, et la *Fiancée de Corinthe*. — Supérieur à Goëthe dans le genre lyrique, Schiller a composé aussi une multitude de pièces détachées, dont les sujets sont tirés de l'histoire ou de la mythologie : ce sont des ballades, des hymnes, des chansons, etc. Toute l'Allemagne sait par cœur l'*Hymne à la joie*, la *Cloche*, le *Plongeur*, l'*Anneau de Polycrate*, le *Partage de la Terre*, les *Planètes de Cérès*, etc. Ces pièces sont écrites en mètres variés, et plusieurs d'entre elles sont d'une perfection classique. — Au-dessous de ces deux grands écrivains, mais dans un rang honorable encore, se groupent beaucoup d'autres lyriques : Herder, Voss, Matthisson, Kœrner, Conz, Muller dit le Peintre, Seume, Schenkendorff, etc. — Parmi nos contemporains, Uhland et Buckert sont les poètes favoris des Allemands. Ajoutons toutefois que dans les provinces du nord, on donne la palme au dernier, tandis que les provinces du midi proclament la supériorité d'Uhland. — Il nous reste à faire connaître ce que, durant cette dernière période, l'Allemagne a produit de remarquable dans la poésie didactique et descriptive. — Dusch a publié deux poëmes didactiques, *Les Sciences* et *La Certitude de la Raison*. Ces ouvrages sont écrits d'un style agréable, vif, sans emphase, et de bon goût. — L'on doit à Kleist un poëme descriptif, le *Printemps*, écrit dans le mètre héroïque des anciens. Cette composition occupe un rang élevé, pour ne pas dire le premier, parmi les poëmes descriptifs de l'Allemagne. Le *Printemps* se distingue par un style noble et des peintures gracieuses. Le poëme d'*Uranie*, que l'on doit à Tiedge, est écrit d'une manière noble et harmonieuse. Neubeck a chanté les *Sources minérales* et les bienfaits dont l'humanité souffrante leur est redevable. Nous avons distingué dans son ouvrage plusieurs beaux morceaux, tels que les *Bains de Tœplitz et de Bade*. Enfin l'auteur des célèbres *Paraboles*, Krummacher, poëte pieux et spirituel, a publié en quatre chants le *Monde des enfants*. — Lessing a fait des épigrammes, des fables et des contes d'un mérite supérieur. Cependant le premier fabuliste de l'Allemagne est Lichtwer. Ses apologues se recommandent par les ressources de l'invention, une bonne ordonnance, une morale pure, de la gaieté, des saillies agréables et un style énergique. On estime aussi les fables et les contes de Nicolay et de l'Alsacien Pfeffel. Enfin, Langbein a laissé des contes dont la lecture déride les fronts les plus austères. — Falk, dans ses satires, manque souvent d'originalité. Haug, que les Allemands appellent leur *Martial*, est le seul poëte épigrammatique de cette période. — La poésie pastorale fut cultivée avec succès par les poètes allemands, qui sentent et peignent si bien les charmes de la nature, les douces affections de la famille. Gessner, que son traducteur, Huber,

a naturalisé en France, composa de charmantes idylles que tout le monde a lues. Elles sont écrites avec grâce, et avec une sensibilité naïve. On doit aussi à Gessner la *Mort d'Abel*, le *Premier Navigateur* et *Daphnis*; ces idylles sont toutes écrites en prose. Un autre grand poëte bucolique, Voss, a publié des idylles et le poëme pastoral de *Louise*. — Nous terminerons le tableau des œuvres poétiques, en faisant observer que cette période a produit un grand nombre de bonnes traductions; celles d'Homère par Voss, et de Virgile par Neuffer sont devenues classiques. Vers le milieu du XVIIIᵉ siècle, la prose allemande se perfectionna, et se mit au niveau avec la poésie. L'éloquence et l'histoire marchèrent de front avec les arts et les sciences. Clarté dans la pensée, variété, élégance dans l'expression, tels sont les caractères des prosateurs de cette période. — A cette époque (1750), l'éloquence de la chaire prit des formes plus nobles, elle marcha vers son but, sans plus dévier de sa route : la controverse et les formes antinationales se perdirent, ainsi que cette érudition très-déplacée des temps antérieurs. Mosheim fut l'orateur par excellence de son temps; on remarque dans ses discours une effusion de sentiments, une richesse d'imagination et une grâce qui étaient inconnues avant lui. — On vit marcher sur ses traces Sarck, Jérusalem Spalding, prédicateur distingué, mais plus instruit qu'éloquent. Rezewitz, Teller et Lavater se placent sur la même ligne. Sturm, Setenis, Tiede et Dinter, sont aussi des orateurs estimables, dont le style est simple, populaire et édifiant. Mais tous ces orateurs devaient céder la palme à Jollikofer, à Reinhard, à Ribbeck, à beaucoup d'autres encore, et enfin aux prédicateurs de notre époque. Dans l'éloquence académique, on cite avec honneur Herder, Engel, Fichte et Schelling. — Le gouvernement représentatif n'ayant été introduit que récemment dans la confédération germanique, l'éloquence de la tribune n'a pas pu y mûrir, et n'y a pas encore produit d'orateurs remarquables. — L'histoire, cette école de la vie, cette messagère de l'antiquité, comme l'appelle l'orateur romain, occupe une belle et noble place dans la hiérarchie des lettres en Allemagne. Cette contrée peut citer aussi ses Salluste et ses Tite-Live : Jean de Muller, Herder, Pfister, Raumer, Ranke et Hammer ont obtenu les suffrages de l'Europe, et nous ne parlons pas ici des historiens qui les ont précédés, Winckelmann, Mascow, Schmidt, Archenholz et Meiners. — Jean de Muller a publié une excellente histoire de la confédération helvétique. Cette composition est pleine de recherches sur les origines des villes et sur leurs traditions particulières; la manière de l'auteur est large, grave, un peu froide peut-être, mais souvent noble et majestueuse. L'opinion publique accorde assez généralement à Muller le premier rang parmi les historiens de son temps. — Un écrivain que nous avons déjà nommé plusieurs fois, Herder, a publié la *Philosophie de l'Histoire*, qui est peut-être le livre allemand dont le style ait le plus de charme. C'est une lecture délicieuse que ses deux chapitres sur Persépolis et Babylone, sur les Hébreux et les Égyptiens; il semble qu'on se promène au milieu de l'ancien monde avec un poëte historien qui touche les ruines avec sa baguette, et reconstruit à nos yeux les édifices abattus. — Entre autres ouvrages, on a de Pfister l'*Histoire d'Allemagne*, depuis les temps les plus reculés jusqu'à nos jours, composition remarquable et par le fond et par le style. — On doit à M. Raumer une *Histoire des Hohenstaufen*, où abondent les idées nobles, les réflexions profondes, les investigations savantes, et les vues de l'homme d'État; et l'*Histoire de l'Europe*, depuis la fin du XVᵉ siècle. — M. Léopold Ranke a composé une *Histoire de la Papauté*, dont il vient de paraître une traduction à Paris. La réputation dont jouit cet ouvrage, même parmi les catholiques, fait un devoir aux rédacteurs de l'*Encyclopédie catholique* d'en dire au moins quelques mots, afin de fixer l'opinion de ses lecteurs sur le vrai mérite de cet ouvrage. Le livre de M. Ranke a paru sous le titre suivant : Les *Pontifes romains, leur Église et leur État dans le* XVIᵉ *et* XVIIᵉ *siècles*. Il a été traduit par M. Haibert et publié par M. A. de Saint-Chéron, en 4 vol. in-8°, sous le titre d'*Histoire de la Papauté pendant les* XVIᵉ *et* XVIIᵉ *siècles*. Tout en convenant que M. Ranke a écrit son histoire avec un ton de modération et dans un esprit d'impartialité que nous chercherions en vain dans les anciens auteurs protestants qui ont écrit sur des matières qui touchent au catholicisme, nous ne saurions partager entièrement le sentiment de son éditeur français dans le jugement qu'il porte de son ouvrage. D'abord M. Ranke émet dans sa préface des opinions contraires à ce que nous enseigne la Bible, et à ce que prescrit la morale fondée sur la révélation divine. Les considérations générales qui embrassent les deux premiers chapitres sont assez superficielles, et souvent même en opposition avec les faits de l'histoire ecclésiastique. Il est vrai que M. Ranke ne paraît pas avoir fait une étude bien approfondie de cette histoire, puisqu'il s'étonne que le concile de Trente ait demandé au pape la confirmation de ses décrets; comme si les plus anciens conciles généraux eux-mêmes qui se sont tenus en Orient n'en avaient pas toujours usé de même. Une preuve non moins claire du peu de connaissance de l'écrivain dans l'histoire de l'Église, c'est le ton d'assurance avec lequel il dit que la hiérarchie des évêques, patriarches, métropolitains, s'étant élevée dans l'empire romain, ce ne fut qu'au bout d'un certain espace de temps que les évêques de Rome occupèrent le premier rang, et que Grégoire VII, *en introduisant* le célibat, changea tout le clergé *en une espèce d'ordre monacal*. Nous pourrions citer un grand nombre d'exemples d'erreurs aussi graves et dans lesquelles il est impossible à un écrivain sincère de tomber, à moins qu'il n'ignore jusqu'aux éléments mêmes de l'histoire ecclésiastique. On sait d'ailleurs que M. Ranke a composé la plus grande partie d'un ouvrage avec des relations manuscrites et incomplètes d'ambassadeurs vénitiens qu'il a trouvées à Venise et à Vienne; documents dont il a fait usage, sans en examiner attentivement la valeur, sans les confronter avec d'autres pièces de même nature et avec tous les ouvrages qui ont paru sur ces matières. De là cette foule d'historiettes (c'est véritablement le nom qui méritent les anecdotes bizarres et puériles que l'auteur a cru devoir rapporter dans son livre), aussi fausses que ridicules, que M. Ranke nous donne sérieusement pour des faits historiques. Le tableau qu'il trace du concile de Trente est également incomplet, plein d'erreurs et d'inexactitudes; d'un autre côté, il fait preuve d'ignorance complète des particularités les plus connues de la vie du trop fameux Luther; car il assure que ce chef de la réforme ne croyait ni aux inspirations ni aux apparitions, tandis que Luther raconte lui-même dans ses œuvres qu'il a eu avec le diable plusieurs entrevues, et surtout une conférence dans laquelle ce prince des ténèbres lui prouva en forme qu'il fallait abolir les messes privées. En un mot, l'ouvrage de M. Ranke est bien au-dessous de l'éloge qui en a été fait dans un certain nombre d'écrits; nous pensons que, sous le rapport religieux aussi bien que sous le point de vue de la science historique, on ne peut en tirer qu'une utilité fort médiocre. — Un des plus féconds orientalistes, M. Hammer, a publié de nos jours l'*Histoire de l'empire ottoman*, œuvre pleine de recherches neuves et savantes, mais d'un style lâche, incorrect et diffus. Ce qu'on peut dire de cet ouvrage, c'est qu'il constitue moins une histoire d'une lecture attachante qu'il ne renferme une collection de matériaux pour l'histoire, matériaux qui attendent une main habile pour les mettre en œuvre. Auprès de Raumer, de Hammer, de Ranke, se groupent d'autres historiens recommandables, tels que Rotteck, Sezlosser, Schiller, Manso, Léo, Heezen, Wilken, Niebuhr, etc. L'Histoire de l'Italie de Léo est un ouvrage recommandable par l'étendue des recherches qu'il renferme, l'esprit de modération et de vérité qui a présidé à sa rédaction, et les soins qu'on voit que l'auteur s'est donnés pour satisfaire la juste curiosité des lecteurs. Peu d'histoires peuvent intéresser plus que celle de l'Italie; et si nous ne sommes dans l'erreur, Léo a dignement rempli sa tâche d'historien, malgré quelques longueurs; quelques digressions oiseuses qu'on lui reproche et qu'il était difficile peut-être d'éviter dans une œuvre d'une nature aussi compliquée. L'avantage que l'Histoire de Léo ne partage au surplus avec aucune autre, c'est d'offrir aux lecteurs le tableau le plus complet qui ait encore paru sur l'histoire de cette antique et belle contrée. — Cette période est riche en bonnes relations de voyages, dues à la plume de Forster, M. Frédéric de Humboldt, Seume, du prince Puckler Muskan, etc. — Quant à l'histoire de la philosophie, l'Allemagne est riche en bons ouvrages sur ces matières profondes. M. Cousin a traduit l'*Histoire de la philosophie*, par Tennemann; M. Tissot celle de Bitter, et sans doute, on essaiera un jour de transporter dans notre langue l'ouvrage de M. de Michelet (de Berlin). — Le genre du roman, qui forme la transition de la poésie à la prose, a fait éclore chez les Allemands un nombre prodigieux d'ouvrages. Le cadre de cet article ne nous permet que d'indiquer ici les principaux écrivains qui se sont exercés dans cette branche de la littérature : nous citerons Wieland, auteur d'*Argthon*; Engel, dont on a *Laurent Starck*; Musée, dont les contes sont devenus populaires; Jacobi, à qui on doit *Woldemar*; Meisner, dont l'*Alcibiade* répandit le goût des romans historiques; le docteur Jung, dit Stilling, dont la *Nostalgie* eut

un succès immense; l'universel Goëthe, auteur de *Werther*, roman qui a été traduit dans toutes les langues; enfin, deux écrivains hors ligne, Hoffmann et Richter. — Le premier, romancier remarquable et spirituel, se complaît trop dans les terribles et merveilleux rêves d'une imagination riche, puissante et capricieuse. Il débuta dans la carrière des lettres par ses *Tableaux fantastiques*, cadres dans lesquels il développe ses conceptions sur un art dont il avait une connaissance profonde, la musique. Il publia ensuite une série de romans, les *Elixirs du diable*; *Klein Zacher*; *Vues de la vie de Matou Murr*; les *Frères de Saint-Sérapion*, recueil précieux de contes et de nouvelles. — Le second, qui prit le nom de *Jean-Paul*, à l'imitation de Jean-Jacques, fut un écrivain célèbre et populaire. Voici les titres de ses principaux romans : *Hespérus*; *Fleurs*, *Fruits et Épines*; *Tatan*; les *Années de crise de l'adolescence d'un rustre*. « Le caractère particulier du talent de Jean-Paul, dit un de ses bons biographes, est un mélange de grandeur et d'ironie, de rire et terreur; il secoue fortement l'imagination et pénètre au fond de l'âme. C'est un écrivain inimitable, dont l'exemple ne peut être que nuisible; un homme de génie, mais un écrivain de mauvais goût. » — La nation allemande, celle de toutes les nations européennes qui écrit le plus, a dû produire un grand nombre de *mélanges* et d'*ouvrages critiques*; elle est, en effet, d'une incroyable fécondité dans cette branche de la littérature. — On connaît le célèbre ouvrage de Lavater, sur la science physiognomonique. On doit à Ersch et à Gruber une *Encyclopédie universelle des sciences et des arts*; à Brockaur le *Dictionnaire de la conversation*. — Dans la critique littéraire, Lessing occupe le premier rang : il a composé une foule d'excellents articles de théorie et d'érudition, parmi lesquels on remarque la dissertation intitulée le *Laocoon*, et dans laquelle il fixe les limites respectives de la peinture et de la poésie. L'auteur établit un parallèle ingénieux entre la poésie et l'art plastique, appelés à traiter le même sujet. — Goëthe, Schiller et Herder ont également écrit des articles remarquables de critique. Le *Génie de la poésie hébraïque*, composé par Herder, est resté inachevé; quoi qu'il en soit, il n'existe dans la littérature moderne aucun livre qui peigne mieux l'antique Orient des patriarches. Nous mentionnerons encore les ouvrages suivants, tout en regrettant d'avoir à faire un choix si restreint parmi tant de richesses : le *Cours de Littérature dramatique*, par Auguste Schlegel; l'*Histoire de la poésie et de l'éloquence modernes*, par Bouterwek; l'*Allemagne littéraire*, de Meusel; le *Manuel de la littérature allemande*, par Ersch, bibliographie qui est un modèle de classification, d'ordre et d'exactitude. — Sous le point de vue des humanités et de l'érudition, l'Allemagne occupe peut-être le premier rang dans la république des lettres. Heine est connu de tous les admirateurs de Virgile par le savant commentaire qu'il a publié sur ce poète. Le *Manuel de littérature biblique*, que l'on doit à Bellermann, est fort estimé des théologiens du Nord. On a de Passow et de Schneider des *Lexiques grecs*; de Scheller et de Bauer des *Dictionnaires latins* faits avec beaucoup de soin et de talent. Il faudrait des volumes entiers pour présenter la seule nomenclature des ouvrages de ce genre qu'a produits l'Allemagne. — Le célèbre Adelung, esprit vaste et méthodique, possédait l'érudition qui rassemble les matériaux, le jugement qui les classe, la sagacité qui les féconde, l'esprit d'analyse qui les réduit aux plus simples expressions; son Dictionnaire est une des compositions les plus importantes de son époque. Plus récemment, Campe et Heinsius ont publié des dictionnaires allemands, qui ont obtenu l'approbation générale. On a de M. Jean Grim une grammaire réputée classique, et d'Éberhard et Maass un excellent dictionnaire de synonymes allemands.

ALLEMAGNE (*architecture*). Les Allemands sont restés étrangers à l'architecture jusqu'au règne de Charlemagne. A cette époque, l'architecture néo-grecque, importée d'Italie, commença de s'y montrer. Plus tard, l'architecture arabe la remplaça chez les peuples de l'Occident. Les architectes allemands devinrent habiles dans ce genre si rempli d'originalité; mais ils mêlèrent l'architecture arabe à l'architecture néogrecque. Cette réunion produisit une architecture mixte, qui se maintint jusqu'au milieu du XIIIe siècle, et qui donna naissance à l'architecture *allemande*, ou plutôt *romantique*; car le génie romantique du moyen âge lui a imprimé son cachet. Ce genre se développa merveilleusement en Allemagne, et il enfanta des prodiges : il créa les cathédrales de Strasbourg et de Cologne, l'église de Saint-Étienne de Vienne, la cathédrale d'Erfurth, l'église de Saint-Sébalde de Nuremberg, et celle de Sainte-Élisabeth de Marbourg. Du sein de l'Allemagne, il se répandit en France, en Angleterre, en Espagne, en Italie. L'architecture allemande a un caractère religieux approprié au climat du pays, caractère qui se fait surtout remarquer dans la construction des églises. Là, les pilastres s'élancent en faisceaux vers le ciel, s'entrelaçant toujours en plus grand nombre à mesure qu'ils s'élèvent davantage. Serait-ce une imitation indirecte ou involontaire de l'antique usage des Germains, qui dressaient leurs autels au pied des vieux chênes, dans les bois sacrés? Le clair obscur qui règne dans le sanctuaire excite l'âme au recueillement et empêche les distractions mondaines; l'âme s'élance vers l'infini, quand l'œil se lève vers la voûte du temple. C'est par cette raison que les ornements appliqués aux anciennes églises d'Allemagne ne sont pas un objet abandonné au caprice de l'architecte : ces ornements forment, en quelque sorte, un langage mystérieux et sacré; là où brille l'ostensoir radieux, l'architecte a reproduit, dans des proportions exiguës et délicates, le temple tout entier. On admire avec juste raison l'ordonnance des monuments de ce genre, l'entente et l'harmonie générales, le mérite de l'exécution, l'immensité des masses et le caractère grave et solennel dont elles sont revêtues. — On peut consulter sur cette matière les ouvrages de Costenoble sur l'*Ancienne architecture des Allemands*, et les *Investigations italiennes* de Rumohr, 3ᵉ vol.

ALLEMAGNE (*musiq.*). De tout temps les Allemands se sont fait remarquer par leurs dispositions et leur goût pour la musique. Tacite nous a transmis le souvenir de leurs chants guerriers : dans le culte primitif qu'ils rendaient aux dieux, ils se servaient d'instruments à vent. Toutefois ils connaissaient aussi la harpe; elle ressemblait à l'ancienne harpe d'Écosse. Ils durent au christianisme la connaissance d'une harmonie nouvelle : l'orgue sacré fit retentir de ses accords les voûtes des temples; il fut accueilli avec transport, et bientôt les papes mêmes appelèrent à leur cour les organistes allemands. Ce fut, à proprement parler, au IXᵉ siècle que l'art musical se répandit en Allemagne. Il émanait du monastère de Fulde, où florissait Raban Maur. Nous ne connaissons pas les productions de cette époque; nous savons seulement qu'elles étaient vantées partout; Raban Maur et ses élèves excitaient l'admiration publique par leur chant et leur talent sur l'orgue, sur le cor, sur la trompette, le saquebut (trombone) et le cor à bouquin. Nous n'avons pas de notions plus exactes sur Hukbald et sur la musique que Notker composa pour l'Église : nous ne saurions non plus, faute de documents, déterminer l'influence que l'Italien Guido d'Arezzo (*V.* ce nom) exerça sur l'Allemagne : on a dit qu'il avait enseigné la musique à Brême, mais il n'en est rien; au temps d'Arezzo, les Allemands ne connaissaient pas les notes. On employait divers signes nommés *tablatures*, et plus communément on apprenait les airs par cœur. La connaissance des notes et des gammes s'introduisit que plus tard. On ignore quel fut l'inventeur du chant mesuré; on ignore aussi l'époque de cette invention. Franco de Cologne, grand propagateur de l'art musical en Allemagne, n'a fait que la perfectionner. On n'a conservé de ces temps éloignés que ces mélodies populaires, dues aux inspirations des minnesængers allemands. Vers le milieu du XVᵉ siècle, le chant à plusieurs parties commença de se régulariser; il semblait même près d'arriver à un certain degré de perfection; mais ce ne fut ni de l'Angleterre ni de l'Italie que les Allemands tirèrent la doctrine du contre-point; elle leur vint des Pays-Bas où elle était alors très-suivie. Les artistes de ce pays furent les maîtres, en ce genre, des Italiens et des Allemands; l'école d'Ockenheim exerça à son tour une grande influence. La musique d'église gagna beaucoup à l'invention des pédales, invention due à l'Allemand Bernhard, le même qui fort probablement tint à son orgue de l'église de Saint-Marc, à Venise, de 1419 à 1445. A cette époque les Allemands se distinguaient déjà par leurs chants simples et touchants; déjà, avant la réforme, des sociétés musicales et des écoles de chant s'étaient formées parmi eux. Postérieurement l'hérésiarque Luther, secondé par son ami Louis Senfel, sous prétexte de rendre au chant d'église son ancienne simplicité, établit des corporations de musiciens, et il introduisit les instruments à vent jusque dans les écoles. On fait remonter à cette époque, et même à une époque plus reculée encore, l'origine de la danse allemande ou de la valse, dite *schleifer*, représentation animée mais peu décente de la gaieté germanique. Avant la guerre de trente ans, la musique était surtout en faveur à la cour impériale de Vienne, chez les électeurs de Bavière, qui avaient pour maître de chapelle le célèbre Orland Lassur, et auprès de plusieurs évêques qui entretenaient des musiciens et des chœurs. Dans le cours de cette guerre, on per-

fectionna la *marche allemande*; après cette lutte désastreuse, l'art musical s'éleva à une grande hauteur : en 1698, Rénard Kaiser, compositeur fécond, écrivit un opéra bon pour le temps. La musique de salon et de concert se forma à la cour de l'empereur Léopold et de ses successeurs; toutefois, la musique d'église y conserva la prééminence. L'empereur Charles VI possédait le plus nombreux orchestre de son époque; il avait pour maîtres de chapelle Fuchs et Caldara. Ce fut là que la musique allemande prit le caractère national qui la distingue, et s'affranchit insensiblement des lois et du genre italiens. « Profondeur sans pédantisme, dit Schübert dans son *Esthétique de l'art musical*, coloris animé et brillant, instrumentation vigoureuse et savante, tels sont les traits principaux auxquels on reconnaît l'école de Vienne. » Sous Marie-Thérèse, la musique fit de plus grands progrès encore : ainsi se prépara, surtout en Autriche, la période brillante de l'art musical. De son côté, la Saxe créait une école nouvelle remarquable par un style particulier. Sous le règne des rois de Pologne, une excellente *chapelle* s'établissait à Dresde. Le maître de chapelle Schutz composait, en 1628, la musique de *Daphné*; et l'Allemagne tout entière applaudissait à ces accords. Sébastien Bach, Haendel, Hasse, Homilius, Hiller, Naumann, Schweitzer, Benda, Wolf, et beaucoup d'autres encore ont légué à la Saxe, qui les a vus naître, leur grande renommée musicale. Ce fut principalement à Frédéric le Grand, dont le maître de chapelle était un Saxon nommé Graun, que l'école de Berlin dût son existence et sa gloire. De grands instrumentistes, Quandz, qui donna des leçons de flûte à Frédéric, François Benda et quelques autres, favorisèrent l'élan de la musique de salon et de concert. Il sortit aussi du sein de cette école de grands théoriciens, tels que Marpurg et Kirnberger. Là vécut quelque temps Schulz, excellent compositeur et chansonnier joyeux. Fasch, Reichardt, Himmel, Ch. M. de Weber, Zelter, etc., furent des maîtres distingués. Dans la Bavière, de même que dans toutes les cours des princes allemands et même dans les villes principales, la musique en honneur faisait chaque jour de nouveaux progrès. Parmi les principaux compositeurs allemands de cette époque, nous citerons Vogler, Winter, Romberg, Spohr et Poissl. Bientôt la musique de théâtre éleva son style au plus haut degré de perfection; mais, pendant que ce style et celui des concerts se perfectionnaient, la musique d'église prit un caractère profane en se rapprochant du style dramatique ou lyrique : aussi fut-on obligé, dans les derniers temps, de revenir à la simplicité de l'ancienne harmonie religieuse. Sur la fin du XVIIIᵉ siècle et au commencement du XIXᵉ, la musique allemande a développé ce caractère romantique qui la distingue aujourd'hui, et qui offre, aux Allemands, du moins, tant de solennité et de profondeur : dès lors on a pu la croire à son apogée, et, chose remarquable! elle y parvenait en même temps que la poésie atteignait le sien, et ce n'est pas le seul rapport commun qu'on remarque entre ces deux arts libéraux. On a observé aussi que la même période a produit, dans l'intervalle de peu d'années, plusieurs chefs-d'œuvre remarquables dus à un petit nombre de génies supérieurs, et marqués chacun d'un cachet spécial : or, ces hommes supérieurs devinrent à la fois les modèles des contemporains et l'écueil de leurs successeurs. En effet, si les premiers sont parvenus à se suivre de loin dans la route qu'ils avaient tracée, leurs successeurs les ont imités maladroitement, et ils se sont perdus en voulant les surpasser par des compositions désordonnées. Haydn, Mozart, Beethoven, gloire de la musique allemande, ont égalé en profondeur et en abondance leurs grands prédécesseurs, J. S. Bach, Haendel, Gluck, et ils les ont surpassés en richesse, en audace, en originalité. — Quant à la musique dramatique, la partie instrumentale a toujours eu, en Allemagne, la prépondérance sur la partie vocale, tandis que, chez les Italiens, cette dernière domine invariablement sur l'instrumentation. Cette différence nous explique le schisme musical qui s'est formé dans une grande partie de l'Allemagne, et principalement dans les villes où la musique a été le plus cultivée. Les uns s'attachent avec une prédilection passionnée à la nouvelle musique des opéras italiens et reconnaissent pour chef Rossini, tandis que les autres continuent à rendre un culte exclusif aux œuvres nationales. Les deux partis se livrent de violents combats, surtout dans l'Allemagne méridionale; et dans les villes même où vécurent les coryphées de la musique allemande, à Munich et à Vienne. Dans ces deux capitales, la musique italienne paraît devoir garder la suprématie, car elle y fut introduite par des virtuoses de l'Italie qui l'ont soutenue par tous les prestiges du talent. Dans l'Allemagne du nord au contraire, à Berlin et à Leipzig, le parti allemand l'emporte : la prédilection prononcée en faveur de Mozart, de

Gluck et des autres maîtres dont les compositions sont chaque jour admirablement exécutées, grâce à l'habile direction de Spontini, paraît devoir opposer une forte digue au torrent envahissant des productions italiennes. Cependant il est peu de grands chanteurs allemands qui n'aient adopté le genre de l'Italie, soit par imitation, soit parce qu'ils se sont formés à l'école de ce pays. On comprendra que, dans ces circonstances, l'opéra allemand court risque de perdre insensiblement son caractère national, à moins qu'il ne rencontre des compositeurs qui, à l'exemple de Weber dans son célèbre *Robin des Bois*, lui appliquent avec discernement le chant de pure origine allemande, opposant ainsi aux séduisantes innovations apportées de l'Italie le simple et vieux genre de l'Allemagne. Le compositeur Spohr, du moins dans ses premiers opéras, et de nos jours Marschner, appartiennent à la bonne école allemande, et sont au nombre des artistes qui s'opposent avec succès à la manière superficielle qui cherche à s'établir dans leur pays. Toutefois, l'école allemande se perdra inévitablement, s'il arrive qu'à l'exemple de Meyer-Beer ses compositeurs les plus habiles se courbent sous le joug étranger. — Nous venons d'indiquer l'état présent de la musique dramatique, passons à la musique d'église. D'abord on ne saurait s'empêcher de reconnaître que la musique profane ne lui ait causé un grand préjudice. Il est bien difficile de retrouver le style des harmonies purement religieuses dans les compositions de notre époque, quand les compositeurs ne peuvent eux-mêmes renoncer à l'éclat et à la manie de plaire, et qu'ils abandonnent la sage méthode de la science qui consiste à exprimer simplement les profondes émotions de l'âme en présence de son Créateur. En outre, les virtuoses du chant et de l'instrumentation exigent du compositeur qu'il fournisse à leur talent l'occasion de se déployer, malgré la sainteté du lieu. Autrefois on formait des chanteurs et un orchestre pour la musique sacrée seulement; les églises étaient assez riches pour entretenir des *chapelles* qui se vouaient à l'exécution de la musique sacrée; de nos jours on emploie le plus souvent à cet usage des virtuoses de théâtre et de concerts profanes. La musique d'église est bien déchue dans l'Allemagne catholique, où existaient jadis tant de chapelles épiscopales, et qui faisait de la musique un accessoire essentiel du culte; elle est déchue aussi dans l'Allemagne protestante, parce que le rite protestant ne laisse qu'une place restreinte à la musique, et que sa liturgie est peu liée avec elle. Aussi, les grandes compositions d'église, les oratorio, les cantates sacrées deviennent chaque jour plus rares chez les Allemands. Toutefois, le *Jugement dernier* de Frédéric Schneider, les œuvres musicales de Schicht, de Scyfried, de Fesca, d'Eybler et de beaucoup d'autres, ont prouvé qu'il existe encore en Allemagne des artistes qui savent suivre les bonnes voies dans la musique sacrée. Il ne faut donc point désespérer de l'avenir: il existe toujours en Allemagne des chœurs de chanteurs qui font partie des écoles, nobles institutions des temps anciens: il y a encore un grand nombre d'académies de chant et de sociétés chantantes qui exécutent des compositions sacrées et qui étudient les chefs-d'œuvre de l'ancienne musique d'église. A Stuttgard, et dans quelques autres villes, les communautés de fidèles chantent les cantiques spirituels à quatre parties. On peut ajouter que le chant sacré est devenu un objet de l'enseignement public dans beaucoup d'écoles inférieures, et que de bonnes méthodes l'ont rendu agréable à la jeunesse. On compose tous les ans des chants et des chœurs sacrés qui sont au nombre des productions les plus estimables de l'époque. Toutes ces circonstances nous donnent lieu d'espérer qu'à l'avenir le chant sacré se relèvera. Si nous envisageons maintenant la musique des concerts, nous remarquerons qu'en Allemagne l'exécution instrumentale a été poussée au plus haut degré de perfection: on a aussi admirablement perfectionné les instruments eux-mêmes. Dans les diverses catégories d'exécutants, l'Allemagne a compté des virtuoses: le trombone lui-même a eu ses triomphes, et souvent le talent n'a pas attendu les années: des adolescents, des enfants même, ont parfois mérité le titre de virtuoses. Mais, pour les véritables artistes, l'exécution mécanique n'est qu'un moyen; pour eux, tout l'art dépend de l'inspiration. C'est ainsi qu'éloignant les faiseurs de tours de force, ils ont maintenu la musique de concert dans son véritable caractère. — Considérons enfin le perfectionnement de la musique instrumentale, par rapport à chaque instrument. De nos jours le piano-forte a été cultivé avec le plus grand succès: succès dû en partie à la perfection mécanique donnée à l'instrument même par d'habiles facteurs de Vienne et d'autres villes, et en partie aux progrès immenses qu'a faits le mécanisme du jeu; le nombre toujours croissant des

bonnes compositions musicales a dû encore y contribuer. L'Allemagne a compté aussi de grands virtuoses sur le violon; mais elle a toujours manqué d'artistes habiles à manier les autres instruments à cordes. — Dans une autre catégorie, la flûte et la clarinette y sont en honneur; mais, de nos jours, le hautbois si ingrat est tombé dans un discrédit profond. Il en est de même du basson; pour le trombone, employé avec succès dans la musique militaire, il y est arrivé à son plus haut degré de perfection. Le cor de chasse s'est perfectionné, grâce aux travaux de Stoclz. L'orgue n'est pas dépourvu de grands artistes; mais ils sont peu encouragés, et trouvent peu d'instruments dignes de leur talent. Les premiers organistes de notre époque sont Rink, Schneider et Hess. On a inventé depuis peu beaucoup d'instruments nouveaux; le *terpodion* seul a répondu aux besoins du moment. On s'est éloigné de la guitare, dont on a senti la faiblesse et l'imperfection. Pourquoi se fait-il qu'on ait aussi négligé la harpe? — Les compositeurs allemands ont élevé l'orchestre à un haut degré de perfection; leurs symphonies exigeaient un grand talent d'exécution. Le nombre des virtuoses de tout genre justifiait leur exigence, et l'orchestre finit par exécuter des morceaux que les maîtres seuls pouvaient aborder jadis. Beethoven, Spohr, Riès, Kalliwoda, Onslow n'ont été surpassés ni en originalité ni en puissance. La *grande symphonie*, cette fleur de la musique instrumentale, continuera de briller en Allemagne, malgré le mauvais goût et l'absence d'encouragement. — Il existe pour les divers instruments de bonnes *méthodes*, des *exercices* et des *études* qui ne laissent rien à désirer. — On a composé en Allemagne, et surtout dans la partie septentrionale de ce pays, un grand nombre d'airs nationaux et de chansons populaires. Des sociétés *chantantes* se sont organisées de toutes parts. En revanche, le goût pour les ballades s'est perdu. Quant à la musique militaire et à la musique de bal, ce n'est guère; pour l'une comme pour l'autre, qu'une insipide reproduction de quelques airs d'opéra. Strauss seul fait de nos jours une honorable exception: ses compositions riches en mélodie, harmonieuses et originales, semblent avoir créé, surtout pour les airs de valse, une catégorie à part. — Pour ce qui est des théories musicales, elles ont fait naître des systèmes nombreux. Nous devons mentionner la *Théorie de la composition*, par Weber; l'*École musicale de Vienne*, par Preindl; les ouvrages d'Ebhardt, de Swoboda, de Birnbach, etc., qui tous ont écrit pour les musiciens de profession; la méthode de Logier a popularisé en Allemagne l'étude de la musique, qui a cherché à s'introduire jusque dans les écoles primaires. —La *Gazette musicale* de Leipzig, que Rochlitz et Haertel ont fondée en 1798, continue ses publications. Berlin et d'autres villes allemandes possèdent des journaux qui traitent exclusivement des spécialités musicales.

ALLEMAGNE (*peinture*). Les établissements fondés par les Romains sur les bords du Rhin et du Danube changèrent les mœurs des tribus germaniques, et firent naître chez ces peuples le sentiment des beaux-arts. Plus tard, la peinture byzantine fit école dans les provinces rhénanes et dans tout l'Occident, et cette école s'y est longtemps maintenue. Ce fut vers l'an 900 que l'abbé Reginbald, fondateur du monastère de Murr, éveilla en Allemagne le goût de la peinture: saint Thiémo de Salzbourg et Gisela, reine de Hongrie, protégèrent cet art naissant. Les premiers évêques de la Silésie, qui tous y étaient envoyés de Rome, firent de la peinture un moyen de répandre les doctrines de la foi: ils exposèrent, dans les tableaux de leurs églises, les principaux faits de l'histoire sainte. On voit à Breslau, dans les chapelles de Sainte-Élisabeth et de Sainte-Barbe, des tableaux remarquables, produits de ces temps reculés; mais le monument le plus célèbre de ce genre est l'*Hedwigstafel*, qui se trouve aussi à Breslau, dans l'église de Saint-Bernard; en trente-deux panneaux, il représente l'histoire de sainte Hedwige. L'empereur Charles IV appela en Bohême des peintres habiles qui, vers l'an 1348, fondèrent une corporation. L'école de Breslau, qui précéda celle de Nuremberg, commença à fleurir vers 1450. En Bavière, le duc Théodo II s'efforça de répandre le christianisme par les prédications de saint Rupert; il le fit venir de la ville de Worms. Dans cette province, comme partout ailleurs, l'art de la peinture s'introduisit et se développa avec le christianisme. Ce fut dans les monastères des bénédictins que les beaux-arts furent cultivés avec le plus d'ardeur. La Bavière cite avec orgueil les noms d'*Alfred* et d'*Ariram*, moines de Saint-Emmeran, et celui de *Wernher* de Tegernsee, habile à peindre sur verre, lequel vivait à la même époque: elle se glorifie encore d'avoir donné le jour à Gleissmyller, à Maïer, à Maechselkircher, à Fütere, à Zawnhak, dont les œuvres remontent au xv° siècle. En Franconie, les premiers vestiges de l'art se montrent vers le temps de saint Bruno, qui en 1042 fit bâtir la cathédrale de Wurtzbourg. On voit encore dans le couvent d'Heilbronn plusieurs tableaux du temps de saint Othon, évêque de Bamberg, qui mourut en 1139. A Nuremberg, la peinture arriva de bonne heure à un haut degré de perfection : les tableaux qui en décorent les églises sont des monuments précieux que lui léguèrent Jean Traut, Kulenbach, Jean Baeuerlein et Michel Wohlgemuth. La miniature et la peinture sur verre prirent aussi, dans cette ville, des développements remarquables. Augsbourg, Ulm et Nördlingue comptèrent alors aussi des maîtres habiles et célèbres. Dans les contrées supérieures du Rhin, Charlemagne fonda les premiers établissements de toute culture, tant intellectuelle que artistique. — On peut dire que la période de 1153 à 1350 imprima dans toute l'Allemagne un mouvement décisif aux beaux-arts, à la langue et à la poésie. A cette époque, un siècle avant que Giotto et Cimabue rétablissent la peinture en Italie, on voit fleurir à Cologne la plus ancienne école de peinture allemande, école qui l'emporte incontestablement sur celle de Nuremberg, tant par la pureté du style que par le charme des compositions et du coloris. — La plupart des tableaux de cette école sont peints sur bois : on appliquait sur les panneaux une couche de craie, et sur cette couche de craie une toile qui elle-même recevait une préparation particulière. Le chef-d'œuvre de cette époque est encore aujourd'hui dans la cathédrale de Cologne. Les uns l'attribuent à Pierre Calf, les autres à Guillaume de Cologne, le dernier peintre et le plus distingué de cette école byzantine. Wallraf, les frères Boisserée et Bettendorf rassemblèrent les tableaux les plus précieux de cette période, et Frédéric Schlegel appela le premier sur ces œuvres anciennes l'attention publique. Dans ces temps reculés, il faut chercher les premiers indices de l'art, non-seulement dans les églises et dans les couvents, mais encore sur les manuscrits ornés, les habits sacerdotaux et sur les tapisseries des autels. La peinture parut alors quitter les provinces inférieures du Rhin, pour se reporter vers les régions méridionales de l'Allemagne. Dans le cours des xv° et xvi° siècles, de beaux écoles de peinture s'ouvrirent à Nuremberg et à Augsbourg. La riche famille de Fugger devint pour cette dernière ville ce qu'avait été pour Florence la famille des Médicis. Par elle le Tyrol fut converti en musée national de l'Allemagne. — L'école de Jean Van Eyck, dans les Pays-Bas, donna une nouvelle impulsion à la peinture, et l'on ne saurait méconnaître l'influence qu'elle exerça sur Michel Wohlgemuth de Nuremberg, sur Fréd. Herlen de Nördlingue, sur Martin Schoen de Colmar, etc. Albert Durer, qui mourut en 1528, et que Raphaël même avait une si profonde estime, Albert Durer, qui s'était formé d'abord à l'école de Wohlgemuth, puis dans les Pays-Bas et en Italie, fit époque dans l'histoire de l'art en Allemagne. Les tableaux de Lucas Kranach, qui mourut en 1553, excitèrent un intérêt particulier : c'étaient pour la plupart des portraits de personnages contemporains. La famille Holbein compta dans son sein un grand nombre de peintres habiles, le plus distingué fut Jean Holbein, qui mourut en 1554. Les autres peintres de ce siècle fécond furent Altdorfer, Béham, Bink, Penz, Bargkmaier, Scheuffelin, Grünewald, Springinklee, tous élèves et successeurs de Durer; ensuite, dans les Pays-Bas, Lucas de Leyde, Heemskerk, Joan de Mabuse et Schoreel, Sütermann, Goltzius, Florir, Frank, Schwarz, Rottenhammer et surtout Elzheimer; à partir de Lucas de Leyde, les peintres, dont on reconnaît d'ailleurs le mérite, furent, en général, imitateurs plus ou moins déclarés de l'école italienne. On reproche à leur manière l'incorrection, l'absence de mouvement, la monotonie et la froideur. Tout à coup, dans les premiers jours du xvii° siècle, l'art s'éteignit en Allemagne. Il faut chercher la raison de ce fait singulier dans la réforme et dans la guerre de trente ans. Il était réservé à Chenas de réveiller dans ces contrées le goût de la peinture; toutefois il en laissa graver et sévère, eut peu d'imitateurs : le plus grand nombre de ses élèves préfèrèrent le genre gracieux et superficiel; nous mentionnerons parmi eux Maron, Unterberger, Oefer et Angélique Kauffmann. Nous aurions à citer ici des noms contemporains et déjà célèbres, mais c'est à la postérité seule qu'il appartient de juger les artistes et de leur assigner un rang spécial. Füger, de qui on a d'excellents dessins qu'il avait composés pour la Messiade de Klopstock, a fondé une école de peinture qui serait bien plus utile si, aux avantages qu'elle offre aux élèves, elle ne joignait le défaut d'un style prétentieux et maniéré. Hetsch, de Stuttgard, fut

pas seulement un artiste habile, mais encore il a développé par ses leçons, plus d'un talent qui, sans lui, serait resté ignoré. Waechter se fit remarquer à Stuttgard par un style simple, pieux et souvent grandiose, comme on peut le voir dans son tableau de Job qui est bien conçu et bien exécuté. Gerhard de Kugelgen, à Dresde, artiste qui mourut assassiné en 1820, est du nombre des peintres les plus ingénieux de l'Allemagne. Hartmann, aussi de Dresde, est l'un des plus savants; ses portraits sont parlants; son Énée, son Hector et d'autres compositions de cet artiste se distinguent par le dessin autant que par le coloris; son Éros et Antéros, son Erlkoenig et plusieurs autres ouvrages de lui sont remplis de grandes beautés. Matthæi s'est fait un nom par ses portraits, surtout par ses têtes d'hommes; il s'est montré excellent dessinateur et grand connaisseur de toute la partie technique de son art, dans plusieurs tableaux d'histoire. Roesler, dans ses tableaux tirés de l'histoire de Saxe, se montre disposé à suivre la voie du progrès. Feu Seydelmann fut unique dans les grands ouvrages à la sépia. Weitsch, de Berlin, exécute aussi bien qu'il invente. Hummel et Nähl, de Cassel, méritent aussi une mention honorable. Retzsch, de Dresde, inventeur spirituel de petites scènes romantiques, connu aussi par ses portraits, s'est acquis de la réputation par les belles esquisses et les dessins qu'il a faits pour les œuvres de Shakspeare et de Goëthe. Vogel a peint agréablement les enfants; ses compositions ont beaucoup de moelleux et de douceur. Citons encore Joseph-Pierre de Langer, qui fut directeur de l'académie de Munich, mort en 1824, et son fils, Robert de Langer, qui a embelli de peintures à fresque sa maison de campagne et le palais de Maximilien, duc de Bavière, et qui a fait plusieurs bons élèves. — Pendant que la plupart de ces artistes travaillaient, chacun de son côté, sans se rattacher à aucune école, la peinture allemande prenait, à Rome, un caractère national bien marqué. Déjà Carstens, qui mourut en 1798, avait mis dans ses spirituelles compositions, de la vérité, du naturel et une exécution soignée. On vit se rattacher à ce maître plusieurs peintres de ce temps; mais son émule et son rival de talent, ce fut Schick, de Stuttgard; mort en 1811; ce peintre n'a été encore égalé par aucun artiste allemand, dans ses sujets mythologiques et la reproduction des belles formes humaines. Les peintres allemands auraient dû suivre la voie qu'il leur avait ouverte : ils auraient pu se distinguer dans les sujets tirés du christianisme, sujets qui reprenaient faveur à cette époque. Ce furent d'abord les écrits de Wackenroder, de Tieck, de Novalis et des frères Schlegel qui produisirent cette heureuse innovation : on chercha aussi des sujets dans l'histoire du moyen âge; les grands changements politiques opérés en Europe avaient été favorables à cette école. Pfarr de Francfort, Overbeck de Lubeck, Cornélius de Dusseldorf, Veit et Schadon de Berlin, et le Suisse Vogel furent les premiers qui se distinguèrent dans ce genre, qu'on appela romantique; mais ils tracèrent une fausse route aux élèves de cette nouvelle école; ceux-ci tentèrent bien d'imiter les anciens maîtres italiens et allemands, dans leur faire religieux, simple et noble à la fois, dans la pureté de leurs compositions, mais en quelque sorte ils reculèrent au lieu d'avancer, en prenant de leurs modèles tous les défauts qu'on leur reproche. On pourrait en citer toutefois quelques-uns, qui, dans les peintures à fresque (telles sont celles que quatre d'entre eux exécutèrent à Rome, dans la maison Bartholdy), ont su se garantir de cet inconvénient. Overbeck, dans ses tableaux religieux, montre un style si pur et si noble, qu'il s'est placé à côté des meilleurs maîtres anciens, sinon pour la correction et l'énergie, du moins pour la grâce et l'expression. Comme il est toujours resté à Rome, il n'a point formé d'élèves allemands; Cornélius de Dusseldorf, au contraire, a exercé la plus grande influence sur la peinture allemande. Chargé par le prince royal de Bavière de peindre quelques salles du musée de la Glyptothèque, il a dû revenir à ses sujets mythologiques, et il a traités à la manière de Jules Romain, c'est-à-dire qu'il y a mis toute la verve d'une imagination riche et grandiose, mais en même temps il s'est montré sec, roide et dur dans la conception, le dessin et le coloris. Successivement directeur des académies de peinture de Dusseldorf et de Munich, il réveilla chez ses nombreux élèves l'idée des compositions historiques, et il exécuta avec eux beaucoup de peintures à fresque dont les sujets étaient tirés de l'histoire; on en voit sous les arcades du jardin royal de Munich. Toutefois on reconnut bientôt que la peinture à fresque, quelque soin qu'on y apportât, ne suffisait pas pour former une bonne école, si d'ailleurs on y négligeait la partie technique de l'art. Schnorr et Hess se distinguèrent, à Munich, dans ce genre de compositions. Le premier, doué d'un talent d'invention vive et gracieuse, a exécuté dans cette ville une série de tableaux dont les sujets sont tirés du poëme des *Nibelungen*; le second, grave et correct, fut chargé d'orner de peintures bibliques la chapelle royale. Hess a déployé encore un autre genre de talent; il a dirigé les peintures sur verre que le roi de Bavière a fait exécuter dans la cathédrale de Ratisbonne. Schadon remplaça Cornélius à Dusseldorf, et se livra dans cette ville presque exclusivement à la peinture à l'huile; l'école qu'il y a fondée se distingue moins par le grandiose et le nombre de ses compositions, que par une bonne entente de l'art. A la même époque, Berlin a eu les peintres Wach et Begasse; Dresde a eu Vogel; Lehbold et Dietrich à Stuttgard, Schnorr et Olivier à Vienne, ont pris tous la même direction générale, mais chacun à sa manière particulière. Après ces maîtres viennent de plus jeunes artistes qui montrent de la fécondité. — Ce qui a favorisé surtout la peinture d'histoire en Allemagne, c'est, d'une part, l'ardeur avec laquelle les artistes ont suivi la nouvelle direction qui leur avait été donnée, et, d'autre part, la protection que leur ont accordée les souverains, soit en leur commandant de grands travaux, soit en leur donnant des places aux académies de peinture, ce qui les a mis en état de former de bons élèves et de continuer à produire de bons tableaux. En revanche, le public ne montre de prédilection que pour le paysage et la peinture *de genre*; deux espèces de compositions qui se sont bien perfectionnées. On y remarque peu d'invention, mais on y trouve une imitation fidèle et ingénieuse de la nature. Quelques peintres de batailles font voir du talent; d'autres peignent assez heureusement les scènes ordinaires de la vie. Il y a aussi de bons paysagistes, des peintres d'animaux, de fruits, de fleurs. Toutes ces branches secondaires de la peinture ont été protégées par les sociétés artistiques qui se sont formées dans beaucoup de villes d'Allemagne, depuis l'année 1823, dans l'intention de fournir aux artistes l'occasion d'exposer leurs tableaux, de leur en procurer la vente et de propager le goût de la peinture. Mais comme les succès trop rapides, ont fait retomber beaucoup de jeunes artistes dans le superficiel et le maniéré, les sociétés artistiques qui se sont formées plus tard ont plus spécialement favorisé les peintres d'histoire, et cherché à ranimer le goût du public pour cette espèce de composition. C. L.

ALLER (*terme de vénerie*). On dit qu'une bête va *d'assurance*, lorsqu'elle marche d'un pas égal et régulier, couvrant avec le pied de derrière la trace que le pied de devant a laissée sur le sol. Elle va *de bon temps* quand il n'y a pas longtemps qu'elle a passé sur le lieu où le chasseur retrouve sa trace, et qu'il reconnaît qu'elle n'est pas ancienne. La bête, au contraire, va *de hautes erres* quand on reconnaît qu'elle a passé la veille. (*V.* ALLURE.)

ALLÉRION, et mieux ALÉRION, dérivé du latin *valeria*, mot par lequel Pline désignait l'aigle. C'est aujourd'hui le nom vulgaire du martinet noir. — En terme de blason, on appelle alérion un petit aiglon sans bec et sans pieds qu'on représente les ailes éployées. — Les alérions ornaient souvent les armoiries des familles anciennes. On croit que les douze alérions qu'on voyait dans l'écu des Montmorency, aux angles de la croix, qui en occupait le centre, y avaient été introduits pour perpétuer le souvenir du brillant fait d'armes de Mathieu de Montmorency qui, à la bataille célèbre de Bouvines, livrée en 1214, enleva aux Impériaux douze étendards. La maison de Lorraine, aujourd'hui d'Autriche par l'avénement de François, grand-duc de Toscane, au trône impérial, portait sur un champ d'or une bande de gueules chargée de trois alérions d'argent. Il ne faut pas confondre les alérions avec les merlettes (*V.* ce mot), comme l'a fait Voltaire :

> Vers les confins du pays champenois
> Où cent poteaux marqués de trois *merlettes*
> Disent aux gens : En Lorraine vous êtes,
> Est un vieux bourg.

J. DE MARLÈS.

ALLETZ (TOUSS.-AUGUSTIN) fut du petit nombre de ces avocats du siècle dernier qui, par leurs lumières, jetèrent un vif éclat sur le barreau de Paris; né à Montpellier en 1703, il cultiva les lettres avec succès et se livra particulièrement à l'étude du droit : animé de l'amour du bien public, il voulut mettre à profit les connaissances qu'il avait acquises, et vint à Paris où il publia un grand nombre d'ouvrages, dont plusieurs doivent occuper un rang élevé parmi les publications de cette époque. Quelques écrivains appelés à le juger nous semblent avoir passé les bornes d'une stricte impartialité, en

donnant le nom de compilations à des œuvres pleines de sens et de savoir : nous citerons, à l'appui de cette opinion, le *Dictionnaire des conciles*, recueil immense où l'auteur a su réunir, comme dans un cadre, un tableau animé des luttes qui, à des époques tantôt lointaines et tantôt rapprochées, sont nées de la discussion des grands intérêts religieux : l'*Histoire abrégée des papes* témoigne encore hautement que le but de l'auteur fut de soumettre des documents précieux à l'appréciation des contemporains, et de remettre en litige des questions longtemps controversées et débattues, en les dégageant de tout esprit de parti, et en donnant surtout à chacun de ses personnages, d'après les portraits les plus fidèles, le caractère qui lui est propre. D'autres écrits méritent encore d'être mentionnés, ce sont : les *Ornements de la mémoire*, réimprimés sous le titre de *Petit Cours de littérature*, un *Tableau de l'histoire de France*, et un *Abrégé de l'histoire grecque*, ouvrage qui fut traduit en anglais, en polonais et en allemand. Dans ces divers écrits, l'auteur fait preuve d'un esprit éclairé et impartial, dégagé de toute passion, bien que les circonstances où il se trouvait eussent pu le pousser à la partialité. Son jugement toujours juste est de nature à dissiper bien des erreurs, et à tirer des ténèbres où elles étaient ensevelies, les questions qui ont longtemps divisé des hommes recommandables. Alletz publia encore quelques livres de piété qui attestent son amour du bien public et de la religion. Pour mieux connaître le genre de mérite qui lui est propre, on peut consulter les ouvrages mêmes de cet écrivain, et on nous saura gré d'avoir indiqué les principaux. — Alletz mourut à Paris le 6 mars 1785, à l'âge de 82 ans.

ALLEU. (*V.* FRANC-ALLEU.)

ALLEZOIR (*V.* ALÉSOIR.)

ALLIA ou AIA (*géographie*), petite rivière d'Italie. Elle coule vers le nord-ouest, dans cette partie des États de l'Église qui s'appelait autrefois *Sabine* (*Sabina*), pays riche et fertile, et elle va se jeter dans le Tibre près du Monte-Rotondo, à dix-neuf milles au-dessus de Rome. Cette rivière est célèbre par la bataille qu'y perdirent les Romains contre les Gaulois, l'an de Rome 140.

ALLIACÉ. On désigne par ce mot tout ce qui tient de l'ail, soit par la forme, soit par l'odeur ou la saveur. On appelle alliacées toutes les plantes qui sont de l'espèce des aulx. — On donne le nom d'*alliaire* à une plante de la famille des crucifères, laquelle a l'odeur de l'ail, et qu'on voit croître en France dans tous les lieux sombres et humides.

J. DE MARLÈS.

ALLIAGE (*numism.*). Les peuples anciens ont employé pour la fabrication des monnaies et médailles, l'or, l'argent et le cuivre. Divers degrés d'alliage, qui furent particulièrement usités pour l'or et pour l'argent, établirent des distinctions dans l'usage de ces deux métaux. D'autres matières furent aussi employées, et nous avons quelques renseignements à cet égard, soit par l'existence des pièces mêmes, soit par des passages d'anciens écrivains. Ces matières sont le fer, l'étain et le plomb; mais leur usage fut très-borné. — On sait que les métaux ne peuvent être réduits que difficilement à l'état de pureté parfaite, et qu'ils ont toujours quelques parties d'alliage, soit parce que les matières étrangères s'y trouvent encore mêlées naturellement après les opérations de l'extraction et de la fonte, soit parce qu'elles y ont été ajoutées à dessein. Dans les monnaies, surtout, l'or et l'argent n'ont été employés qu'avec des alliages en plus ou moins grande quantité, qui réduisaient le titre du métal à un taux plus ou moins éloigné de la pureté parfaite. Le cuivre n'a pas été non plus employé à l'état de pureté. Cette branche de l'art de monnayage tient à la partie des connaissances physiques et chimiques qui concerne l'exploitation des mines, la fusion des métaux, leur séparation et leur affinage. Nous ne pouvons pas donner ici sur ce point des détails qui seraient tout à fait déplacés dans un article de numismatique, mais *V.* MINES, MÉTAUX, etc. — L'emploi des métaux, comme représentant la valeur de tous les objets échangeables, avait été un des premiers résultats de la civilisation; et l'invention du monnayage qui a en suite suivi, était une des plus importantes découvertes que les hommes eussent faites, l'agent le plus utile qu'ils eussent imaginé; mais pour que les monnaies offrissent constamment les avantages qu'elles doivent procurer, sans aucun des inconvénients auxquels elles peuvent être sujettes, il eût fallu que les connaissances qui doivent servir de règle au monnayage eussent fait de grands progrès chez les anciens. Il ne pouvait pas en être ainsi dans les premières époques de l'introduction des monnaies, ni même longtemps après. — Les anciens n'avaient pas une assez grande masse de connaissances acquises dans l'économie politique pour établir de bonnes théories monétaires, et les sciences physiques, chimiques et mécaniques, n'étaient pas assez avancées chez eux pour conduire à une pratique perfectionnée de la partie matérielle du monnayage. D'un autre côté, la cupidité mal entendue des chefs, autre suite de l'ignorance des véritables principes, devait amener quelquefois des altérations dans le titre et dans le poids des monnaies, et d'autres irrégularités. Mais ce que les anciens ont fait dans le monnayage, malgré l'insuffisance et l'imperfection de leurs connaissances théoriques et pratiques, est étonnant; c'est une des choses les plus dignes d'admiration que les résultats obtenus par les peuples de l'antiquité dans cette branche d'économie politique, et cela dès l'origine de l'art du monnayage. — Le degré de pureté des deux métaux précieux qui furent employés pour les premières monnaies, est un des points les plus remarquables des systèmes monétaires des anciens. Quand on pense d'ailleurs que cette fidélité dans le titre des métaux se conserva si généralement et si longtemps, sauf quelques exceptions dans les temps voisins de la décadence de l'empire romain, et cela chez tant de peuples différents d'usages, de gouvernements et de langues, et privés des moyens de communication qui se sont multipliés depuis, on doit s'étonner davantage encore. Les systèmes monétaires des anciens méritent d'autant plus d'être étudiés, qu'en les comparant avec ce qui s'est fait plus tard à la renaissance de la civilisation chez presque tous les peuples modernes, on reconnaît aisément leur supériorité. Les vraies théories du monnayage ont été constamment ignorées ou violées dans la plupart des pays, jusqu'à ces derniers temps. A cette même époque, la partie matérielle, restée très-imparfaite pendant plusieurs siècles, a été portée au point de perfection où nous la voyons aujourd'hui, sauf quelques exceptions qui ne remontent pas à une date bien ancienne. Dans beaucoup de contrées la pratique est encore loin d'être satisfaisante. Les vrais principes de la science économique, ceux de la probité, de la fidélité aux engagements, et les règles du bon sens public ont été souvent violés. — Les altérations de titre et de poids dans les monnaies n'ont été, jusqu'à nos jours, considérées que comme des opérations de finances plus ou moins avantageuses au fisc, selon qu'elles étaient plus ou moins fatales pour les citoyens, et par conséquent pour le pays. — De nos jours, enfin, cette partie des connaissances économiques a été généralement appréciée; on est revenu de préjugés, d'usages absurdes et peu honorables, et des idées simples et claires se répandant sur cette matière jadis obscure, ont rendu impossibles pour l'avenir les fraudes et les tromperies. Les anciens ont employé en général, pour leurs monnaies, l'or à un degré de pureté très-élevé, et aussi fin qu'on peut l'obtenir par les procédés les plus parfaits. Ce fait honorable prouve que, malgré l'imperfection des connaissances des anciens, ils avaient cependant acquis une grande habileté dans l'affinage des métaux. Cette finesse de l'or se remarque dès les premières monnaies frappées par les peuples grecs, dans le VIIe siècle avant J.-C., et elle s'est constamment maintenue chez ces peuples. Les Romains suivirent le même système, lorsqu'ils commencèrent à frapper des monnaies d'or, et ils le conservèrent sans interruption jusqu'au Bas-Empire. — L'or fut cependant altéré, pour la fabrication des monnaies, dans quelques contrées et à certaines époques. Cet or mêlé avec d'autres métaux et presque constamment avec l'argent, était nommé dans l'antiquité electrum. Ce nom lui a été conservé par les numismatistes. Le peu de passages des auteurs anciens où il soit question des monnaies d'electrum indiquent que cette matière était composée de quatre parties d'or et d'une d'argent (Pline, lib. XXXIII, 23), ou bien de trois parties d'or et d'une d'argent (Isidore, lib. XVI, c. 23); mais il en existe à un titre encore plus bas. On trouve des médailles fabriquées avec cet alliage à Syracuse, à Panorme (Palerme) avec des types carthaginois, parmi les monnaies de quelques rois du Bosphore Cimmérien, dans diverses villes de la Grèce voisines de la mer Égée, et en assez grand nombre; dans les pièces de travail barbare, que l'on classe parmi les gauloises: celles-ci sont à un très-bas titre. — Les seuls exemples de monnaie d'or altéré par l'alliage dans la série des empereurs, se trouvent dans les temps du Bas-Empire, et particulièrement sous les Comnène. — Les notions générales qui viennent d'être exposées relativement à l'or s'appliquent en grande partie à l'argent. Ce métal fut altéré dans les monnaies de diverses contrées et de diverses époques par l'alliage du cuivre, du plomb, et d'autres substances métalliques, mais seulement plusieurs siècles après l'établissement du monnayage. Ces altérations forment des exceptions dans la numismatique des anciens; puisque l'argent fut en général employé fort pur; mais elles sont plus nombreuses que celles qui eurent lieu pour la monnaie d'or. On arriva successivement à frapper des monnaies prétendues d'argent, dans lesquelles il ne restait plus que l'apparence de ce métal. — On a donné aux matières d'argent altéré les noms de potin et de billon. Le nom de potin est plus généralement appliqué aux impériales grecques, et particulièrement à celles qui ont été frappées dans Alexandrie; et celui de billon aux monnaies romaines: parmi celles-ci, les pièces d'argent sont venues au point de n'être plus que du cuivre recouvert d'une légère couche d'argent, ou même de métal blanc; on a donné à ces monnaies le nom de pièces saucées. Cependant, il paraît que la couche de métal blanc aurait été appliquée avant la frappe. Il ne faut pas la confondre avec les monnaies fourrées (V. ce mot). La monnaie d'argent de coin romain fut de la plus grande pureté jusqu'au règne de Septime-Sévère; sous ses successeurs le titre de l'argent fut sensiblement baissé; à l'époque d'Alexandre Sévère, les monnaies de ce métal ne contenaient plus qu'un tiers d'argent; à l'époque de Gallien la partie d'argent se trouve réduite à presque rien. Dioclétien rétablit la monnaie d'argent fin, qui continua d'être ainsi frappée, sauf quelques exceptions dans le temps du Bas-Empire. — Le cuivre pur n'est pas d'un emploi entièrement convenable pour la fabrication des monnaies. Ce métal ne reçoit pas avec facilité l'empreinte délicate et fine du travail des coins; enfoui dans la terre, il s'oxyde profondément. Allié avec une partie d'étain, le cuivre acquiert pour le monnayage, les qualités contraires aux inconvénients qui viennent d'être indiqués; il peut séjourner dans la terre sans être altéré, il y acquiert une couverte adhérente, dure, très-fine, qui a été nommée patine du mot italien patina. On a donné au cuivre ainsi allié d'étain le nom de bronze. — L'alliage a eu lieu beaucoup plus fréquemment dans les monnaies modernes; il se fait d'après des édits et des ordonnances. (V. les mots AFFAIBLISSEMENT, ALTÉRATION, TITRE, POIDS, etc.) DU MERSAN.

ALLIAGE (RÈGLE D'), c'est le procédé arithmétique dont on se sert pour calculer les diverses proportions dans lesquelles les métaux sont employés pour la formation des alliages. L'alliage est le résultat de la combinaison qui a lieu entre deux ou plusieurs métaux fondus ensemble, et une masse quelconque d'un métal ou d'un alliage s'appelle lingot. — La règle de l'alliage s'applique aux poids, non aux densités; c'est-à-dire que dans cette sorte de calcul on considère le poids des corps et non leur volume. Le poids de l'alliage est égal à la somme des poids de tous les métaux qui entrent dans sa composition. — On évalue les alliages par le titre de chaque métal dont ils sont formés. Le titre d'un métal est la quantité de ce métal pur contenue dans un alliage, et exprimée en fractions du poids de cet alliage; ou autrement, le rapport du poids de ce métal au poids total de l'alliage dont il fait partie. S'il n'y a pas alliage, si le métal est pur, son titre est à son plus haut degré. Ainsi, dans un alliage du poids de 10 livres, et qui contient 9 livres d'or pur, l'or est au titre de 9/10. Un lingot d'or au titre de 9/10, et pesant 1000 grammes, est un alliage d'or et d'autres métaux qui contient en or pur les 9/10 de 1000 gr. ou 900 gr. Un lingot d'or et d'argent au titre de 7/10 pour l'or, et de 3/10 pour l'argent, pèse 300 gr., il contient par conséquent 210 gr. d'or pur et 90 gr. d'argent pur. On voit que le titre d'un métal n'est autre chose que l'expression de son degré de pureté. Pour l'or, il s'évalue souvent en carats; pour l'argent, en deniers de fin. On dit de l'or pur qu'il est à 24 carats, et de l'argent pur, qu'il est à 12 deniers de fin. Ainsi, un lingot d'or à 18 carats est un lingot qui contient les 18/24 de son poids en or pur, ou qui est au titre de 18/24; un lingot d'argent à 10 deniers de fin contient les 10/12 de son poids en argent pur, où est au titre de 10/12. En général, pour obtenir le titre d'un métal, il faut diviser le poids de la quantité du métal pur contenu dans l'alliage par le poids total de l'alliage. — Pour obtenir la quantité de métal pur contenu dans un alliage, lorsque le titre du métal est donné, il suffit de multiplier le poids total de l'alliage par le titre donné. Pour trouver le titre de l'alliage résultant de la fonte de plusieurs lingots, on multiplie le poids de chaque lingot par son titre, et on divise la somme de ces produits par le poids total de l'alliage. — PROBLÈMES et applications des règles précédentes. — 1° Trouver le titre de l'alliage qui résultera de 100 gr. d'or au titre de 8/10, qu'on aura fait fondre avec 100 autres grammes d'or au titre de 7/10. — Le poids de l'alliage ou le nombre de grammes multiplié par le titre donne la quantité d'or pur qu'il contient. Ainsi le premier lingot de 100 gr. au titre de 8/10, contient 80 gr. d'or pur. En opérant de même pour le second, on trouve 70 gr. ; et en faisant là somme des deux nombres, on obtient 150, qui est le nombre de grammes d'or pur contenus dans l'alliage dont il s'agit de trouver le titre. Or, si l'alliage pèse 200 gr., et qu'il contienne 150 gr. d'or pur, il ne reste, d'après la règle ci-dessus, qu'à diviser 150, poids de la quantité d'or pur, par 200, poids total de l'alliage, pour avoir le titre demandé, et il vient 150/200 ou 3/4. — 2° *Un alliage est composé de 100 gr. à 18 carats ; de 20 gr. à 12, de 75 gr. à 16, de 45 gr. à 1 ; quel est le titre de l'or par rapport à cet alliage?* — D'après la règle que nous avons établie, nous prendrons les 18/24 de 100 gr., les 12/24 de 20 gr., les 16/24 de 75 gr., et les 11/24 de 45 gr. ; nous obtiendrons successivement 75 gr., 10, 50, et 20 gr., 625, dont la somme est de 155 gr., 625. Divisant ensuite cette somme par le poids total de l'alliage, ou par 240 gr., nous aurons la fraction 155625/240000 ou 225/384 pour le titre demandé. — 3° *On a deux lingots d'or, l'un au titre de 0,80, l'autre à 0,95 ; dans quelle proportion devront-ils être combinés pour former un alliage au titre de 0,89 ?* — 100 gr. au titre de 0,95 contiennent de trop 6 gr. Il en manque 9 à 100 gr. au titre de 0,80. On peut par conséquent combiner 9 gr. d'or au titre de 0,95 avec 6 gr. de même métal au titre de 0,80, car il y aura compensation. Les 15 gr. d'alliage résultant de cette combinaison contiendront de trop 9 fois 0 gr., 06, ou 0,54 d'or fin, et il manquera 6 fois 0 gr., 09, ou 0 gr., ,54 de la même matière. Donc chaque gramme de l'alliage demandé contient les 6/15 de 1 gr. d'or au titre de 0,80, et les 9/15 de 1 gr. au titre de 0,95. — 4° *On a deux lingots d'or dont les titres sont 0,90 et 0,80 ; combien faudra-t-il prendre de grammes de chaque lingot pour composer un alliage de 100 gr. au titre de 0,87 ?* — 100 gr. au titre de 0,87 contiennent 87 gr. d'or pur. Si nous prenons 100 gr. d'or au titre de 0,90, nous aurons 90 gr. d'or pur, au lieu de 87 gr., c'est-à-dire 3 gr. de trop. Mais nous pouvons remplacer un certain nombre des grammes d'or à 0,90 de fin par le même nombre de grammes à 0,80, de telle sorte que les 100 gr. d'alliage ne renferment plus que 87 gr. d'or pur. En effet, si nous remplaçons 1 gramme à 0,90 de fin par 1 gramme à 0,80, la quantité d'or contenue dans les 100 gr. diminue de 0 gr. 10. Or, puisque nous avons à enlever trois grammes d'or pur à l'alliage formé de 100 gr. au titre de 0,90, il suffira de substituer à un gramme de cet alliage un gramme de l'alliage dont le titre est 0,80, autant de fois que 0 gr. 10 est contenu dans 3 gr., c'est-à-dire 30 fois. Ainsi 100 grammes de l'alliage demandé, doivent être composés de 100 — 30 ou 70 grammes à 0,90 de fin, et de 30 grammes à 0,80 de fin. Cette question peut aussi être résolue comme le problème précédent, c'est-à-dire qu'en supposant la quantité de l'alliage non donnée, on cherche dans quelles proportions les deux lingots d'or doivent entrer dans la formation de l'alliage au titre de 0,87. On trouve que chaque gramme de cet alliage doit contenir 0 gr. 7 du premier lingot et 0 gr. 3 du deuxième ; ce qui, pour le cas dont nous nous occupons, revient à employer 70 grammes du premier lingot et 30 du second. — 5° *Un orfèvre veut composer un lingot du poids de 100 gr., qui contienne 60 gr. d'or et 40 gr. de cuivre. Il doit employer pour cela deux lingots qui sont composés, le premier de 300 gr. d'or et de 150 gr. de cuivre, le second de 100 gr. d'or et de 85 gr. de cuivre. Combien faudra-t-il qu'il prenne de chaque lingot pour composer l'alliage demandé ?* — D'abord, il est nécessaire de connaître les titres des trois lingots. Il est facile de les déterminer au moyen de la méthode ci-dessus indiquée ; on trouvera pour les deux premiers les fractions approximatives 0,86 et 0,53, pour le troisième, 0,60. Dès lors il ne reste plus qu'à calculer la proportion dans laquelle les lingots à 0,86 et à 0,53 doivent être combinés pour obtenir 100 gr. au titre de 0,60 ; ce qui est encore facile en faisant les mêmes raisonnements que pour le problème précédent (4°). En effet, si l'on prend 100 grammes du lingot dont le titre est 0,53, le gramme de ce lingot sera de 0 gr. 07, au-dessous du titre demandé. Pour élever le titre à 0,60, on doit employer un lingot à 0,86 de fin. Il est évident que, si l'on remplace un certain nombre de grammes à 0,53 par le même nombre de grammes à 0,86, on pourra obtenir l'élévation du titre, qui doit résoudre le problème. La différence de 0,86 à 0,53 est de 0,33 ; chaque gramme à 0,86 substitué à 1 gramme à 0,53, donnera au titre une augmentation de 0,33. Combien faut-il de fois 0,33 pour faire 7 ? La division donne approximativement 21,21,, d'où il suit que sur 100 grammes, l'orfèvre devra employer 21,21,, ou 78 gr. 79 au titre de 0,53, et 21 gr. 21 au titre de 0,86, pour obtenir un alliage à 0,60. — 6° *Combien faut-il ajouter de cuivre à 100 gram-*

mes d'or au titre de 0,60 pour abaisser ce titre à 0,57?* — Les 100 grammes d'or, au titre de 0,60, contiennent 60 grammes d'or pur. Lorsqu'on aura ajouté la quantité de cuivre nécessaire pour remplir la condition du problème, le lingot ne contiendra toujours ni plus ni moins que 60 grammes d'or pur. Mais cet alliage devant être au titre de 0,57, les 0,57 de son poids total devront produire les 60 gr. d'or pur qu'il contient, et en divisant ce nombre de grammes par la fraction, on trouve pour le poids total 105,263, nombre approximatif. Donc il faudra ajouter 5 gr. 263 pour obtenir l'abaissement du titre demandé. — 7° *Les monnaies anciennes sont au titre de 11/12 ; les nouvelles, au titre de 9/10. On a fait avec des monnaies anciennes un lingot pesant 400 gr. Combien faut-il y ajouter de cuivre pour composer un alliage qui convienne aux monnaies nouvelles ?* — Les 11/12 de 400 gr. font 366 gr. 66, expression du titre du lingot formé avec des monnaies anciennes. Divisez 366 gr. 66 par 9/10, et les 409 gr. 4, que vous obtiendrez représenteront le nombre de grammes contenus dans le poids total de l'alliage, après l'addition du cuivre qui doit abaisser le titre 11/12 à 9/10 ; d'où l'on voit qu'il faut ajouter, pour cela 7 gr. 4. — Les alliages peuvent donner lieu à un nombre infini de questions solubles d'une manière analogue. Nous pensons qu'il suffit d'avoir indiqué la marche générale à suivre dans les solutions de ce genre, et nous renvoyons ceux de nos lecteurs qui voudront approfondir la matière et s'exercer sur un plus grand nombre de problèmes, aux divers traités d'arithmétique. (*Théorie des proportions, Problèmes sur les mélanges*, etc.)

BUCHET DE CUBLIZE.

ALLIAGE (*arts industriels*). On donne ce nom au résultat de la fusion de divers métaux mélangés ensemble dans des proportions qui varient à l'infini, du moins jusqu'à présent. Ce mélange fait changer les propriétés des métaux unis ensemble : ainsi ils deviennent ou plus sonores, ou plus durs, ou plus fusibles ; et cette variété dans leurs propriétés et la manière dont ils se comportent pendant leur union rendent ces mélanges infiniment utiles dans les arts industriels, surtout lorsque le mercure y entre ; alors le produit porte le nom spécial d'amalgame. — L'amalgame le plus promptement liquéfié se compose de 118 parties d'étain en limaille, de 284 de bismuth en poudre fine et de 1616 de mercure ; ce mélange abaisse la température immédiatement de 18° cent. de chaleur à 20° cent. de froid. — Le plus fusible ensuite fond à 50°, et il se compose de 8 parties de bismuth, 5 de plomb, 3 d'étain et 3 de mercure ; il sert à faire des injections dans le système artériel. — Ensuite vient l'alliage fusible de d'Arcet fondant de 94 à 100° cent. composé de 8 de bismuth, de 5 de plomb et 3 d'étain ; il est employé pour fabriquer les rondelles fusibles ou de sûreté des chaudières à vapeur, et par quelques dentistes pour plomber les dents. — Cependant cet alliage des rondelles de sûreté ne doit pas être fusible toujours au même degré, et par conséquent elles ne sont pas toujours composées dans les mêmes proportions ni avec ces trois métaux, le plomb et l'étain seuls pouvant quelquefois les former ; aussi dispose-t-on ces proportions et ces mélanges de manière qu'elles puissent offrir des rondelles de sûreté qui, suivant les besoins des chaudières sur lesquelles on doit les placer, peuvent fondre depuis 100 jusqu'à 292° cent. de chaleur ; l'alliage prenant le damassé et le plus fusible à composer est le mélange de l'acier avec 0,010 à 0,015 de chrome. — Les alliages les plus durs se composent de 500 d'acier et de 1 d'argent, ou de 100 d'acier et 1 à 2 de rhodium ; mais dans l'horlogerie, pour les pivots et les crapaudines, on préfère ceux qui sont formés de 31 d'or, 19 d'argent, 10 de palladium et 39 de cuivre, ou de 3 d'or, 19 20/72 d'argent, 1/72 de palladium et 3 20/72 de cuivre. — L'alliage qui prend le plus beau poli, présente dans sa composition 50 d'acier et 50 de platine. L'acier lui-même n'est qu'un alliage dont la composition n'est pas encore définie d'une manière bien absolue ; aussi M. Boussingault, à l'exemple de Clouet, a fabriqué de l'acier qui ne présentait qu'un alliage de fer et de silicium, en cémentant du fer avec un mélange d'argile et de chaux pure au lieu du carbonate de chaux de Clouet. Le plus ductile et le plus élastique, propre à la confection de quelques ressorts, est composé de 15 d'or et de 1 de platine. Les soudures des métaux précieux ont toujours pour bases ces mêmes métaux, alliés à d'autres ; ainsi la soudure d'argent contient 19 d'argent, 1 de cuivre et 1 de zinc ; celle d'or, 12 d'or et 2 d'argent ; celle de platine, 7 1/2 d'or et 1/2 de platine. — L'étamage le plus solide exige 16 de fer, 384 de plomb et 5 d'antimoine, ou, plus habituellement 2 d'étain et 1 de fer. — Le fameux cuivre blanc de la Chine, qui sert dans cette contrée à confectionner des cymbales d'une sonorité admirable, se composé de 26 de fer, 40,4 de cuivre, 25,4 de zinc et 31,6 de nickel; en France on le forme par un alliage de 10 de cuivre contre 1 à 1.1/4 d'arsenic. — L'or faux.le plus riche moins par son aspect brillant que par sa valeur réelle, demande dans sa composition 16 de platine , 7 de laiton et 1 de zinc. — Mais sans entrer dans l'indication de tous les alliages employés dans les arts, nous allons présenter la composition de la plupart de ceux qui se travaillent ou qui sont connus en France, en faisant observer que leurs parties proportionnelles sont en poids et non en volume :

	CUIVRE.	PLOMB.	ÉTAIN.	ZINC.	ANTIMOINE.	BISMUTH.	NICKEL.
Alliage violet.....	50	»	»	50			
D° pour caractères d'imprimerie.	»	5	»	10			
D° d° meilleur.	»	8	1/8	2			
D° pour stéréotypage. ...	»	4 1/2	»	1		1	
Alliage de l'étain de vaisselle. ...	3	8	24	»	17		
D° plus fin. ...	»	»	100	»			
D° pour soudure très-dure.	16	»	»	1			
D° d° dure.	3	»	»	1			
D° tendre pour cuivre et fer.	2	1	»	1			
D° cassante.	2	»	»	1			
D° pour clefs d'instruments.	4	»	»	1	2		
Alliage très-brillant.	»	19	29	»			
Alliage Maillechort.	66	»	»	13,6			19, 3
D° d° excellent.	60	»	»	20			20, 03
Métal du prince Robert.	4	»	»	2			
Tortenay.	»	»	2	»			
Packfond ou argenton.	2 à 2, 3/4	»	1/2 à 3/4	»			
Métal blanc anglais pour théières.	4	»	9	»		1	1
D° d°.	4	»	100	»	8	4	1
Tutania.	4	»	4	»			1
Laiton.	9	»	»	3			
Bronze ou airain.	7	»	2	3			
D° pour télescopes.	7	»	4	3			
D° des canons anglais.	9	»	1	»			
D° des canons français.	90,90	»	09, 09	»			
Métal de cloches et de tamtam.	78	»	22	»			
D° de cymbales.	80	»	20	»			
Airain pour dorer.	72, 43	»	2, 65	25, 2			
Or faux anglais.	16	»	»	5			
Pinchbeck ou faux or.	5	»	»	1			
Or de Manheim ou similor.	3, 36/72	»	13/72	»			
Tombac.	11	»	»	1			
D°.	16	»	1	1			
Alliage plus dur que les métaux.	»	2	6	»			
D° plus pesant qu'eux.	2	»	2	»			

— Dans la fusion de ces métaux, la pratique fait connaître différentes précautions qu'il ne serait pas facile d'indiquer par écrit; ainsi les métaux les plus volatils doivent être mis au creuset les derniers, tantôt d'une seule fois et tantôt par petites parties; lorsque l'occasion nous mettra à même de parler spécialement de chacun d'eux, nous expliquerons autant que possible les procédés qui leur conviennent. — Les alliages éprouvent en outre, par la trempe, une réaction tout à fait opposée à celle qu'en reçoit le fer et l'acier; car la trempe, au lieu de rendre cassants les alliages, leur donne de la malléabilité; aussi, pendant qu'on les travaille, plus on les trempe, moins ils sont sujets à se déchirer; mais la chaleur employée et la main-d'œuvre se multiplient en raison de l'augmentation de ces opérations.

J. ODOLANT DESNOS.

ALLIANCE, **ALLIÉ** (législat., jurispr.). L'alliance, connue dans le droit romain sous le nom d'affinitas, et qui prend aussi quelquefois chez nous le nom d'affinité, est le lien qui unit chacun des deux époux aux parents du conjoint. Les alliés (en droit romain affines) sont les personnes que ce lien attache aux époux. Ainsi tous les parents du mari sont les alliés de la femme, et réciproquement tous les parents de la femme sont les alliés du mari. — L'alliance naît du mariage et commence avec lui; l'étroite union qu'il établit entre les époux n'en faisant plus, pour ainsi dire, qu'une seule et même personne, associe nécessairement chacun d'eux à la parenté de l'autre. — Elle n'existe qu'entre chacun des époux et les parents, soit légitimes soit naturels de l'autre. En conséquence elle n'établit aucun lien soit entre les parents et alliés respectifs du mari et de la femme, soit entre chacun de ces derniers et les alliés de l'autre; d'après ce principe que l'alliance ne produit pas l'alliance: Affinitas affinitatem non generat; elle ne peut résulter que du double rapport du mariage et de la parenté. — Les degrés se comptent entre alliés comme entre parents : tout parent d'une personne, à quelque degré qu'il le

soit, se trouve allié au même degré du mari ou de la femme de cette personne, et réciproquement. — Les alliés des degrés les plus proches se désignent respectivement par les dénominations suivantes : beau-père, belle-mère; beau-fils, belle-fille (dans les lois romaines, vitricus, noverca; privignus, privigna); ces termes expriment le rapport établi par le mariage entre chacun des deux époux et les enfants, soit légitimes, soit naturels, que l'autre conjoint aurait eus antérieurement. — Beau-père, belle-mère; gendre, bru (en droit romain, socer, socrus; gener, nurus); ces dénominations corrélatives, comme les précédentes, indiquent la position respective de chaque époux, et des père et mère de son conjoint. — Enfin les noms de beau-frère et de belle-sœur (chez les Romains levir et glos [1]) servent à désigner le mari relativement aux frères et sœurs de sa femme, ou la femme relativement aux frères et sœurs de son mari. — De ces trois catégories de dénominations, les deux premières, comme on le voit, concernent les alliés du premier degré en ligne directe, et la troisième les alliés du second degré en ligne collatérale. Pour les degrés plus éloignés, il n'y a pas de termes spéciaux; on se sert de ceux qu'on emploie habituellement pour indiquer la parenté, en y ajoutant, s'il le faut, les mots par alliance. — Sauf quelques modifications importantes, les effets produits par l'alliance, dans les rapports civils et judiciaires des personnes, sont les mêmes que ceux que produit la parenté. Nous allons successivement les faire connaître. — Le premier, c'est d'établir entre certains individus un empêchement dirimant au mariage. En effet, le mariage est prohibé en ligne directe entre tous les alliés, quel que soit leur degré d'alliance; en ligne collatérale, entre alliés au degré de frère et de sœur (Code civil, art. 161, 162). Cette prohibition de mariage entre

[1] Les jurisconsultes Festus et Madestinus, qui emploient ces expressions, ne les appliquent qu'au frère et à la sœur du mari considérés par rapport à la femme. Plaute se sert aussi de ce mot dans le même sens.

beaux-frères et belles-sœurs peut, depuis la loi du 16 avril 1832, être levée pour des motifs graves, en vertu d'une dispense du roi, au lieu qu'avant cette époque rien ne pouvait la faire disparaître. Les alliés au degré d'oncle et de neveu et ceux des degrés plus éloignés ne sont pas soumis à cette prohibition, qui, comme on le voit, embrasse ici un degré de moins qu'en matière de parenté. Les mêmes empêchements étaient consacrés par le droit romain ; mais le premier seul y avait toujours existé, le second ne fut établi que par des constitutions impériales de Constantin et de ses successeurs. — Quant à l'empêchement qui existe aux termes de l'art. 348 du Code civil entre l'adopté et le conjoint de l'adoptant, et *vice versâ* entre l'adoptant et le conjoint de l'adopté, il résulte de l'affinité civile produite par l'adoption plutôt que de l'alliance ; car l'adoption laissant l'adopté dans sa famille naturelle, n'engendre ni alliance ni parenté. — Le droit canonique, qui était autrefois en France la seule loi du mariage, alors envisagé uniquement comme sacrement et lien religieux, étend beaucoup plus loin ses prohibitions en matière d'alliance, à laquelle il donne plus spécialement le nom d'*affinité*. Nous renvoyons à ce mot (*Droit canonique*) l'exposé des règles de cette législation, qui, bien que la constatation de l'état civil des personnes soit aujourd'hui dévolue à l'autorité civile, n'a pas cessé d'obliger, comme loi religieuse, tous ceux qui font profession de la loi catholique. — L'alliance considérée comme empêchement au mariage peut-elle provenir d'une union illicite ? Existe-t-elle, par exemple, entre l'homme qui a eu avec une femme un commerce criminel et la fille de cette femme, ou dans tout autre cas analogue ? Cette importante question, formellement décidée autrefois dans le sens affirmatif par les dispositions du droit canonique, semble avoir été négativement résolue depuis le Code civil par la cour royale de Nîmes, dans un arrêt du 3 décembre 1811, rapporté par Sirey, en 1812. Nous n'adoptons pas entièrement l'avis de cette cour. Sans doute quand le fait du commerce illicite n'est pas reconnu constant, quand il n'en existe pas de preuve légale, on conçoit aisément qu'il n'y a pas alliance aux yeux de la loi civile, et que, dans le dessein d'éviter de scandaleuses recherches, on s'en rapporte à la conscience des futurs époux. Mais lorsque la certitude légalement acquise du commerce illicite rend sur ce point toute investigation superflue, comme dans les cas de reconnaissance d'enfants issus de ce commerce, ou de condamnation pour adultère, la justice, armée de l'article 161 du Code civil, qui assimile aux ascendants et descendants *légitimes et naturels, les alliés dans la même ligne,* peut et doit intervenir pour empêcher un mariage que réprouvent à la fois la religion et la morale. — L'alliance produit, mais seulement entre chacun des époux et les père et mère de l'autre, l'obligation respective de se fournir des aliments en cas de besoin ; encore cette obligation cesse-t-elle lorsque la belle-mère a convolé en secondes noces, ou lorsque celui des deux époux qui produisait l'alliance et les enfants issus du mariage sont décédés (Cod. civ., art. 206, 207). (*V.* ALIMENTS.) — Les alliés d'un mineur, chacun dans leur ligne, sont appelés comme les parents à composer le conseil de famille ; seulement, en cas de concours d'un allié et d'un parent du même degré, l'on doit préférer celui-ci (Cod. civ., art. 407). (*V.* CONSEIL DE FAMILLE, TUTELLE.) — On ne peut admettre comme témoins à un testament par acte public, les alliés jusqu'au quatrième degré inclusivement, des légataires institués par ce testament (Cod. civ., art. 975). (*V.* TESTAMENT.) — En général les alliés, de même que les parents, ne peuvent, suivant certaines règles tracées par les lois, figurer comme témoins dans les procès où leurs alliés sont parties. Le lien qui les unit peut faire craindre leur connivence, et dès lors le législateur a dû soigneusement la prévenir comme pouvant porter obstacle à la manifestation de la vérité. Ainsi les alliés en ligne directe de l'une ou de l'autre des parties ne peuvent être assignés comme témoins dans une enquête. Quant aux alliés collatéraux, la loi ne défend pas de les assigner ; mais elle permet de les reprocher pour cause d'alliance si les témoins seraient alliés jusqu'au degré de cousin issu de germain de l'une ou de l'autre des parties, ou même de leurs conjoints, si les conjoints sont encore vivants ou s'il existe des enfants du mariage. Dans le cas contraire, les alliés en ligne directe et leurs beaux-frères et belles-sœurs peuvent seuls être reprochés (Cod. de procéd. civ., art. 268, 283). (*V.* ENQUÊTE.) — En matière criminelle, cette prohibition a beaucoup moins d'étendue. Ce sont seulement les alliés en ligne directe et les beaux-frères et belles-sœurs du prévenu qui ne peuvent être appelés ni reçus en témoignage devant les tribunaux correctionnels et de simple

police. Toutefois leur audition n'opère pas une nullité, lorsque, soit le ministère public, soit la partie civile, soit le prévenu ne se sont pas opposés à ce qu'ils fussent entendus (Cod. d'instr. crim., art. 156, 189). Les mêmes règles s'appliquent aux cours d'assises (art. 322) ; seulement la jurisprudence a admis que le président pouvait, en vertu de son pouvoir discrétionnaire, faire entendre, à titre de simples renseignements, les personnes qui se trouvent dans les cas d'exception ou de prohibition prévus par la loi. (*V.* COURS D'ASSISES, TÉMOIN, TRIBUNAUX.) Les mêmes motifs tirés de l'alliance qui rendent en matière civile les témoins reprochables, sont également, dans le cas d'une expertise ordonnée par justice, des causes de récusation contre les experts (Cod. de procéd. civ., art. 310). (*V.* EXPERTISE.) — L'alliance est aussi, dans les circonstances déterminées par la loi, une cause de récusation. Ainsi, aux termes de l'article 44 du Code de procédure civile, les juges de paix peuvent être récusés s'ils sont alliés d'une des parties jusqu'au degré de cousin-germain inclusivement, ou si, dans l'année qui a précédé la récusation, il y a eu procès criminel entre eux et un allié en ligne directe de l'une des parties. Aux termes de l'article 378 du même Code, applicable à toutes les cours et tribunaux, un juge peut être récusé : 1° s'il est allié des parties jusqu'au degré de cousin issu de germain inclusivement ; 2° si sa femme est alliée de l'une des parties, ou s'il est lui-même allié de la femme de l'une des parties, au même degré lorsque la femme est vivante, ou, lorsque étant décédée, il en reste des enfants. Dans le cas contraire, le beau-père, le gendre ou le beau-frère peuvent seuls être récusés ; 3° si les alliés en ligne directe du juge ont un différend sur la même question que celle qui divise les parties ; 4° s'ils ont un procès en leur nom dans un tribunal où l'une des parties sera juge ; 5° s'ils sont créanciers ou débiteurs d'une des parties ; 6° si, dans les cinq ans qui précédé la récusation, il y a eu procès criminel entre eux et l'une des parties, ou son conjoint, ou ses parents ou alliés en ligne directe ; 7° enfin s'il y a procès civil entre eux et l'une des parties, et si ce procès, au cas où il est intenté par le juge, l'a été avant l'instance dans laquelle la récusation est proposée, ou si, ce procès étant terminé, il ne l'a été que dans les six mois qui ont précédé la récusation. (*V.* RÉCUSATION.) — Outre cela, lorsqu'une partie a deux alliés jusqu'au degré de cousin issu de germain parmi les membres d'un tribunal de première instance, ou trois alliés au même degré parmi les membres d'une cour royale, et lorsqu'étant elle-même membre de ce tribunal ou de cette cour, elle y a dans le premier cas un allié, et deux dans le second, l'autre partie peut non seulement proposer la récusation individuelle contre ces magistrats, mais encore demander le renvoi de l'affaire devant une autre cour ou devant un autre tribunal. (*V.* RENVOI.) — L'alliance entre deux personnes forme aussi un empêchement à ce qu'elles fassent partie du même tribunal. Cet empêchement, consacré par les anciennes ordonnances, et fixé par la loi du 11 septembre 1790 au degré de cousin issu de germain, fut restreint par l'art. 207 de la constitution du 5 fructidor an III au degré de cousin germain. Enfin la loi du 20 avril 1810 sur l'organisation judiciaire, aujourd'hui en vigueur, décide (art. 63) que les alliés jusqu'au degré d'oncle et de neveu inclusivement ne peuvent être membres d'une même cour ou d'un même tribunal, soit comme juges, soit comme officiers du ministère public, soit comme greffiers, sans une dispense du roi, laquelle ne peut jamais être accordée pour les tribunaux composés de moins de huit juges. Si l'alliance survient entre deux membres du même tribunal, celui qui l'a contractée ne peut continuer ses fonctions sans avoir obtenu la même dispense. Dans le cas même de dispense obtenue, les voix des deux alliés aux degrés ci-dessus, lorsqu'ils opinent dans la même cause et qu'ils soient du même avis, ne comptent que pour une, d'après un avis du conseil d'État du 23 avril 1807 qui, suivant la jurisprudence de la cour de cassation, est encore suivi. (*V.* COURS ET TRIBUNAUX, ORGANISATION JUDICIAIRE.) — Un empêchement semblable existe dans les tribunaux militaires. D'après l'art. 7 de la loi du 13 brumaire an V, les alliés aux degrés prohibés par la constitution de l'an III, c'est-à-dire, jusqu'au degré de cousin germain, ne peuvent être membres du même conseil de guerre. (*V.* CONSEIL DE GUERRE.) — Toutes ces règles, relatives soit à la récusation, soit au renvoi, soit à l'empêchement de faire partie d'un même tribunal, à raison de l'alliance, ne reçoivent jamais d'application à l'égard du jury : le ministère public et l'accusé trouvent, pour tous ces cas, une garantie suffisante dans la faculté que la loi leur donne de récuser, sans faire connaître leurs motifs, un certain nombre de jurés. (*V.* COUR

D'ASSISES, JURY.) — L'alliance modifie dans certains cas l'application de la loi pénale. Ainsi, la soustraction commise par un individu au préjudice de son allié en ligne directe, n'est pas passible des peines du vol; elle ne peut donner lieu qu'à des réparations civiles (Cod. pén., art. 380). — L'alliance donne encore lieu à certaines règles que doivent observer les officiers ministériels, dans l'exercice de leurs fonctions. Ainsi les notaires ne peuvent recevoir d'actes dans lesquels seraient parties leurs alliés en ligne directe à tous les degrés, en ligne collatérale jusqu'à celui d'oncle et de neveu inclusivement, ou qui contiendraient en faveur des mêmes personnes quelques dispositions. Le même degré d'alliance entre deux notaires les empêche de pouvoir concourir au même acte. Enfin les alliés au même degré, soit du notaire, soit des parties contractantes, ne peuvent être pris comme témoins (loi du 25 ventôse an XI, art. 8 et 10). (V. NOTAIRE.) — Les huissiers ne peuvent instrumenter pour leurs alliés, en ligne directe à l'infini, et en ligne collatérale jusqu'au degré de cousin issu de germain inclusivement (Cod. de procéd. civ., art. 66). Cette prohibition en ligne collatérale est restreinte aux beaux-frères et belles-sœurs pour les huissiers des justices de paix, lorsqu'ils instrumentent en cette qualité (ibid., art. 4). — L'huissier qui procède à une saisie ne peut prendre pour témoins les alliés des parties jusqu'au degré de cousin issu de germain inclusivement; il ne peut non plus établir gardiens les alliés au même degré du saisissant; quant à ceux du saisi, ils peuvent, avec le consentement du saisissant, être constitués gardiens (ibid., art. 585 et 598). (V. HUISSIER, SAISIE.) — Tous les effets de l'alliance sont, comme on le voit, communs avec la parenté; celle-ci au contraire produit dans nos lois certains résultats importants que ne peut jamais avoir l'alliance. Ainsi les alliés ne peuvent former opposition au mariage de leur allié, même dans les cas prévus par l'art. 174 du Code civil; ni provoquer son interdiction (Cod. civ., art. 490). Les alliés d'une femme mariée ne sont pas appelés, comme ses parents, à composer l'assemblée de famille qui doit, aux termes de l'article 2144 du même Code, donner son avis préalable sur la restriction de l'hypothèque légale de la femme, demandée par le mari. Enfin les alliés n'ont aucun droit sur les biens de leurs alliés décédés; l'article 731 du Code civil ne donne qu'aux parents le droit de succession. (V. PARENTÉ.) — On regarde généralement l'alliance comme ayant cessé lorsque celui des époux qui la produisait est décédé sans laisser d'enfants du mariage, ou lorsque ceux-ci sont eux-mêmes décédés sans postérité. Aucun rapport, aucun lien ne subsiste plus en effet entre les membres de deux familles qui désormais sont complètement étrangères l'une à l'autre. La dissolution de l'alliance, ainsi advenue, fait naturellement disparaître tous ses effets, à l'exception cependant de l'empêchement au mariage, qui continue toujours de subsister entre les personnes qu'elle unissait. A. G.

ALLIANCE (théolog.) terme qui répond à celui des Hébreux berith. Les Septante l'ont rendu par διαθήκη; Aquila, Symmaque et Théodotien par συνθήκη; et la Vulgate par testamentum, d'où sont venus les noms d'Ancien et de Nouveau Testament, pour désigner les deux grandes alliances que Dieu a faites, l'une avec la nation hébraïque, l'autre avec son peuple nouveau, par la médiation divine de Jésus-Christ. Beaucoup de critiques et d'interprètes ont prétendu que le nom de Testament convenait peu à l'ancienne alliance; mais cette opinion n'est pas suffisamment fondée, comme nous espérons le démontrer ailleurs. (V. TESTAMENT, Ecrit. sainte.) Quoi qu'il en soit, Dieu a daigné contracter alliance avec les hommes en plusieurs rencontres. — La première de ces alliances fut celle que Dieu fit avec Adam, lorsqu'après l'avoir créé, il lui défendit l'usage du fruit de l'arbre du bien et du mal, en lui disant : « Tu peux manger librement des fruits de tous les arbres du jardin; mais garde-toi de toucher à celui de la science du bien et du mal; car si tu en manges, tu n'échapperas pas à la mort (Gen., II, 16, 17). ». Or, cette défense, nous ne saurions en douter, est un véritable contrat entre Dieu et l'homme; c'est ainsi que l'ont compris l'auteur de l'Ecclésiastique et saint Augustin; le premier, quand il dit que cette sentence de Dieu : Tu mourras infailliblement, est une alliance contractée avec le genre humain : Testamentum enim hujus mundi : Morte morietur (Eccli., XIV, 12); et ce dernier lorsqu'il enseigne que cette menace est la première alliance de Dieu avec l'homme : Testamentum autem primum quod factum est ad hominem primum, profectò illud est : Quâ die ederitis, morte moriemini (de Civit. Dei, l. XVI, c. 27). — La seconde alliance est celle que Dieu fit avec l'homme après sa prévarication, en lui promettant un rédempteur; car c'est évidemment le Messie

qu'il faut entendre par cette postérité de la femme qui doit écraser la tête au serpent (Gen., III, 15). Cette promesse, à la vérité, était conçue en termes figurés; mais ces termes avaient une signification déterminée par les circonstances qui rendaient la promesse assez claire pour faire naître dans l'esprit de nos premiers parents une pensée de consolation et une douce espérance. D'ailleurs les autres oracles prophétiques qui ont eu lieu à différentes époques ont toujours éclairci de plus en plus le sens de cette promesse divine, jusqu'à ce que Jésus-Christ, le Messie promis, est venu la mettre dans tout son jour en l'accomplissant en sa personne. De là vient que saint Paul ne cesse de relever les précieux avantages de ce pacte sacré entre la Divinité et sa créature, tantôt en se félicitant de ce que tous les hommes étant morts en Adam, tous seront vivifiés par Jésus-Christ (I. Cor., XV, 22); tantôt en nous affirmant que de même que par la désobéissance d'un seul, la multitude des hommes est devenue coupable de péché, de même aussi par l'obéissance d'un seul, un grand nombre deviendront justes (Rom., V, 19); tantôt en proclamant que Jésus-Christ en mourant a détruit celui qui avait l'empire de la mort (Hébr., II, 14). — La troisième alliance est celle que Dieu fit avec Noé, lorsqu'il lui ordonna de construire un grand vaisseau, pour y conserver les animaux de la terre, et pour s'y mettre lui-même ainsi que sa famille à l'abri des eaux du déluge (Gen., VI, 18). Cent vingt et un ans après, cette même alliance fut confirmée. Comme Noé, sorti de l'arche avec sa famille, offrait en actions de grâces un sacrifice à l'Éternel (Gen., VIII, 20), l'Éternel leur dit : « Je vais établir mon alliance avec vous et avec votre postérité, avec tous les êtres vivants qui sont avec vous, avec tous les animaux qui sont sortis de l'arche avec vous. Cette alliance sera pour vous un sûr garant, qu'à l'avenir je ne ferai plus périr toute créature par le déluge. Or, voici le signe de cette alliance que je contracte avec vous et avec tous les êtres vivants, et qui doit durer éternellement dans la suite des siècles. J'ai mis mon arc dans les nues; qu'il soit signe d'alliance entre moi et la terre. Ainsi, lorsque des nuages se formeront au-dessus de la terre, l'arc paraîtra dans la nue, et je me souviendrai de l'alliance que j'ai contractée avec vous et avec tout être vivant; et les eaux ne serviront plus à ravager et à détruire la terre (Gen., IX, 8-15). » Toutes ces alliances, on le voit, étaient générales, elles embrassaient le genre humain tout entier. Ainsi Adam et Noé traitaient avec le Créateur au nom de tous les hommes. L'alliance que Dieu fit dans la suite avec Abraham fut beaucoup plus limitée; elle ne regardait que ce patriarche et les descendants qu'il devait avoir par Isaac; car ni la postérité d'Ismaël, quoique son propre fils, ni les enfants que devait lui donner Céthura, n'étaient destinés à y avoir part (Gen. XVII, 19-21). Dieu dit donc à ce patriarche : « Sors de ton pays, de ta patrie, et de la maison de ton père, et viens dans la terre que je te montrerai. Je ferai de toi une grande nation, je te bénirai, je rendrai ton nom grand et illustre, et tu seras toi-même une bénédiction. Je bénirai tous ceux qui te béniront; je voueral à l'exécration ceux qui te maudiront; et de toi la bénédiction se répandra sur tous les peuples qui se succéderont sur la terre (Gen. XII, 1-3.) » Moïse, qui nous a fidèlement conservé cette promesse divine, lui donne ailleurs le nom d'alliance (XV, 18); mais Dieu lui-même, lorsqu'il la renouvelle dans d'autres circonstances, ne l'appelle point autrement (XVII, 7, 19, 21.) Mais si cette alliance qui fut confirmée à Isaac et à Jacob, est beaucoup plus restreinte que les précédentes, elle a du moins cela de particulier, qu'elle exprime de la manière la plus explicite le pacte par excellence, qui devait se faire plus tard entre le ciel et la terre par l'un des descendants d'Isaac, et dont la promesse avait été publiée pour la première fois dans le jardin d'Éden. La marque et le sceau de cette alliance que Dieu contracta avec Abraham, fut la circoncision, que tous les mâles de la famille du patriarche devaient recevoir le huitième jour après leur naissance. Quant à l'effet de ce pacte, l'histoire entière des Hébreux fait foi qu'il ne leur a jamais manqué, et que le nom de peuple de Dieu n'était pas un vain titre; seulement ce pacte n'a été parfaitement accompli et consommé que par la venue du Messie. — « Dans le discours ordinaire, remarque D. Calmet, nous ne parlons guère que de l'Ancien et du Nouveau Testament; de l'alliance du Seigneur avec la race d'Abraham, et de celle qu'il a faite avec tous les hommes par Jésus-Christ, parce que ces deux alliances contiennent éminemment toutes les autres, qui en sont des suites, des émanations et des explications; par exemple, lorsque Dieu renouvelle ses promesses à Isaac et à Jacob (Gen. XXVI, 4, XXVIII, 14), et qu'il fait alliance à Sinaï avec les Israélites (Exod., VI, 4, 7, XIX, 5, 6, et suiv. xx, 1, 2, 3, etc.), et leur donne sa loi; lorsque Moïse, peu de temps avant sa mort, renouvelle l'alliance que le Seigneur a faite avec son peuple (*Deut.*, xxix), et qu'il rappelle devant leurs yeux tous les prodiges qu'il a opérés en leur faveur; lorsque Josué se sentant près de sa fin (*Jos.* xxii, xxiv), jure avec les anciens du peuple, une fidélité inviolable au Dieu de leurs pères; tout cela n'est qu'une suite de la première alliance faite avec Abraham. Josias, Esdras, Néhémie (4 *Reg.* xxiii, 1-3; 2 *Par.* xxxiv, 26; 1 *Esdr.* x, 3; 2 *Esdr.* ix, 38), renouvelèrent de même en différents temps, leurs engagements et leur alliance avec le Seigneur; mais ce n'est qu'un renouvellement de ferveur, et une promesse d'une fidélité nouvelle à observer les lois données à leurs pères. (*Diction. de la Bible*, art. ALLIANCE.) » Cependant on peut distinguer trois alliances principales. La première est celle que Dieu fit avec Adam, et qui forme ce que l'on appelle l'état de nature; la seconde, celle qu'il contracta avec Abraham, et qui se trouve expliquée dans la loi mosaïque: c'est la loi de crainte, ou de rigueur; et la troisième, qui est l'alliance de Dieu avec tous les hommes, par la médiation de Jésus-Christ, et qu'on appelle la loi de grâce ou d'amour. — Cette dernière est la plus grande, et la plus parfaite. Les autres en effet ne devaient durer que pendant un certain temps, tandis que celle-ci, éternelle comme la Divinité elle-même, doit subsister au delà du temps et des siècles. Ce n'est pas le sang des boucs et des taureaux qui doit la cimenter, mais bien le sang du Fils de Dieu lui-même; et, dans le sacrifice qui est offert pour la ratifier, on ne voit point comme dans l'ancienne loi, pour souverain sacrificateur un faible mortel qui, a ses propres fautes à expier avant d'intercéder pour les péchés du peuple: on remarque un pontife saint et éternel, qui, assis sur un trône céleste, à la droite de son père, lui offre en expiation des crimes des hommes le trésor inépuisable de ses mérites infinis. — En vain, le juif prétendrait que le pacte sacré fait avec sa nation par l'intermédiaire de Moïse, étant d'après les paroles de Dieu même, durable et jamais, toute autre alliance devient impossible; car, il sera toujours forcé d'avouer que l'avénement du Messie, promis dès l'origine du monde, auteur d'une nouvelle loi et d'une révélation plus claire et plus abondante, qui devait être publiée dans tout l'univers, enfin, médiateur d'un testament ou d'une alliance, dans laquelle tous les peuples seraient compris, il sera toujours forcé, disons-nous, d'avouer que cet avénement futur la toujours passé, parmi les docteurs les plus anciens et les plus éclairés de sa nation, pour un fait incontestable, que Dieu lui-même annonça à son peuple, lorsqu'il lui donnait sa loi. Dieu en effet fit déclarer aux Hébreux par Moïse, qu'il leur enverrait dans la suite des siècles un prophète semblable à Moïse, c'est-à-dire, un législateur comme lui, mais d'une loi plus sainte et plus parfaite, en leur ordonnant d'écouter fidèlement ce prophète, et de lui obéir en toutes choses (*Deut.*, viii,15). De là tous les livres sacrés de l'Ancien Testament sont pleins de cette vérité, et retentissent partout de l'annonce du Messie à venir. Tout parlait du Messie aux anciens enfants d'Israël: leur culte le figurait; leurs prophètes le prédisaient; leurs justes et leurs héros en étaient l'image. Ils voyaient le Messie partout; ils avaient sans cesse entre les mains et sous les yeux le signalement de ce libérateur promis à leur nation et à tous les hommes; afin que quand il paraîtrait, ils pussent le connaître eux-mêmes et le montrer aux autres peuples. D'un autre côté, Dieu déclare par ses prophètes qu'il rejettera les anciens sacrifices, et qu'il veut établir un sacerdoce nouveau (*Jes.* i, 16; et suiv. LXVI, 23; *Jer.* vii, 21; *Eze.* xx, 33 et suiv. *Mich.* vi, 6; *Malach.* i, 10.) En troisième lieu, les Juifs eux-mêmes conviennent que l'ancienne alliance mettait un mur de séparation entre leur peuple et les autres nations; que la loi mosaïque n'était praticable que dans la Judée, tandis que sous le Messie, toutes les nations de l'univers doivent se réunir pour ne former qu'un seul peuple, le peuple du Seigneur. Mais pour cela ne faut-il point une loi nouvelle qui puisse être pratiquée dans toutes les parties du monde? Enfin la destruction du temple, la dispersion de l'ancien peuple de Dieu, la confusion des généalogies, et l'incompatibilité des lois judaïques avec le droit public de toutes les nations, en rendant la loi de Moïse impraticable aux Juifs eux-mêmes, ne prouvent-elles point jusqu'à l'évidence que l'ancienne alliance demeure abolie comme ayant rempli sa destinée, et n'ayant désormais plus d'objet? Ne proclament-elles pas hautement que le Messie, ce *désiré de toutes les nations* (*Agg.* ii, 8), et qui devait être le terme de la loi ancienne, est déjà venu et que par son mort il a ratifié dans la grande semaine, le nouveau pacte fait entre le ciel et la terre? *Et post hebdomades sexaginta duas occidetur Christus.*

Confirmabit autem pactum multis hebdomada una. (*Dan.* ix, 26; 27.) » L'abbé J. GLAIRE.

ALLIANCE (*droit des gens.*) C'est l'union que font entre eux les souverains et les États pour leur sûreté, leur défense et leurs avantages communs. C'est dans ce sens que l'on dit de deux princes ou de deux nations, qu'ils sont alliés; alors le mot d'allié est synonyme de celui de confédéré. Quoique le titre d'allié des États fût une espèce de servitude, il était pourtant fort recherché. Polybe raconte qu'Ariarathes offrit un sacrifice d'action de grâces aux dieux pour l'avoir obtenu. La raison en était que dès lors ces alliés n'avaient plus rien à craindre d'aucun autre peuple. Les Romains avaient différentes sortes d'alliés: quelques-uns participaient avec eux aux priviléges des citoyens, comme les Latins et les Herniques, d'autres leur étaient unis par leur origine, comme les colonies sorties de Rome; d'autres tenaient à eux par les bienfaits qu'ils en avaient reçus, comme Massinissa, Eumènes et Attale, qui leur étaient redevables de leurs États. Quelques-uns devenaient alliés par des traités consentis librement, mais qui aboutissaient toujours à les rendre sujets de Rome, comme les rois de Bithynie, de Cappadoce, d'Égypte, et la plupart des villes de Grèce; d'autres enfin étaient devenus par des traités forcés et en qualité de vaincus: car les Romains n'accordaient jamais la paix à un ennemi, qu'ils ne fissent alliance avec lui, c'est-à-dire qu'ils ne subjuguaient jamais aucun peuple, qui ne leur servît en subjuguer d'autres. — Dans les gouvernements monarchiques, il n'y a que le souverain qui ait le droit de contracter des alliances: dans les républiques, ce droit réside dans le peuple ou dans ses représentants. Il peut y avoir aussi une différence essentielle entre les alliances qui se font par les souverains, et celles qui se contractent entre les républiques: ces dernières sont toujours réelles, tandis que les autres sont quelquefois personnelles: c'est-à-dire que les alliances contractées par des républiques sont faites de peuple à peuple, de nation à nation; mais entre ceux qui l'ont contractée, et à la mort de l'un des deux, elle ne subsiste plus entre le survivant et le successeur du prédécédé: pour rendre une alliance réelle, il faut qu'elle soit spécialement contractée entre les souverains et leurs peuples, pour eux et pour leurs successeurs. Les alliances doivent subsister non-seulement lorsqu'elles sont égales, c'est-à-dire lorsque les engagements sont réciproques, et que les avantages des souverains qui s'unissent sont équitablement stipulés en faveur des uns et des autres, mais encore lorsqu'il y a dans le traité des conditions inégales, comme, par exemple, lorsqu'on oblige un des contractants à rembourser les frais de la guerre, à raser les fortifications de quelque place, à donner des otages, à ne point construire de places fortes dans certains endroits, etc. Une alliance entièrement inégale n'oblige pas un souverain, lorsqu'elle n'est point volontaire de sa part, et qu'elle devient préjudiciable à ses sujets. C'est par cette raison que François Ier n'a pu être obligé d'accomplir le traité de Madrid, et de céder la Bourgogne à Charles-Quint: il n'était pas libre dans le moment où il contracta l'obligation onéreuse de céder plusieurs provinces contre le vœu et l'intérêt de la France. Il ne pouvait pas même les faire passer sous une domination étrangère; car il n'avait pas le droit d'aliéner le domaine de sa couronne. — Toute alliance est interrompue de droit, lorsque l'une des parties contractantes cesse de remplir ses engagements; il en est de même, lorsque le temps déterminé pour sa durée expire, à moins que les deux puissances ne continuent de faire ce qu'elles faisaient auparavant: car alors l'alliance est censée tacitement renouvelée. Il est bon d'observer que si dans un traité on a compris réciproquement les alliés des deux parties, cela s'entend non-seulement de ceux qui sont alliés au moment du traité; mais encore de tous ceux qui le deviendront dans la suite. (*V.* TRAITÉS.) A. SAVAGNER.

ALLIANCE. (*V.* ANNEAU.)

ALLIER. (DÉPARTEMENT DE L'.), formé de la plus grande partie de l'ancien Bourbonnais. La rivière de l'*Allier* qui le traverse du sud au nord, et le divise en deux parties, lui a donné son nom. Il est borné au nord par les départements de la Nièvre et du Cher; à l'est, par la Loire; le département du même nom; et celui de Saône-et-Loire; au sud, par le département du Puy-de-Dôme; et à l'ouest par celui de la Creuse. Si l'on en excepte quelques parties où la pureté de l'air est altérée par les exhalaisons des étangs et des marais, ce pays jouit d'un climat sain, quoique très-variable. — L'hiver y est souvent rigoureux, l'été, presque toujours brûlant. Il n'est pas rare que le thermomètre de Réaumur y descende à 14 et 15° au-dessous de 0, ou qu'il y monte à 30° au-dessus, ce qui, en peu de temps, lui fait ainsi parcourir une échelle de 45°. On attribue avec raison ces froids et ces chaleurs extrêmes au voisinage des montagnes de l'Auvergne et du Forez; la présence de ces pics élevés, presque toujours couverts de glaces et de neiges, explique ces brusques variations de l'atmosphère qui, plus d'une fois dans le même jour et à plusieurs reprises, éprouve les deux extrêmes de la température. Lorsque le vent est au N. ou au N.-O., le souffle en est tempéré; mais lorsqu'il tourne au S., il perd tout son calorique sur les sommets glacés des montagnes, et devient froid comme un vent d'hiver. Ce phénomène a lieu surtout au printemps: alors, les vents qui arrivent de l'Auvergne amènent d'ordinaire avec eux des neiges et des gelées, qui portent à l'agriculture un préjudice irréparable. La belle saison de ce pays, c'est l'automne. — L'Allier coule au milieu d'une vallée dont les pentes presque insensibles se déroulent en vastes plaines, et présentent, à peu de chose près, l'aspect d'un pays plat. Traversé du nord au sud par deux chaînes de collines qui, en quelques endroits, s'élèvent à une assez grande hauteur, le département de l'Allier n'est pas également productif dans toutes ses parties. Les terres basses, les vallées, les plaines abritées, moins exposées aux changements atmosphériques, sont généralement chaudes, fertiles et donnent des fruits précoces. Les terres élevées, découvertes, tourmentées par le climat, sans cesse en mouvement, tantôt brûlées par le soleil, tantôt couvertes de neige, ont des moissons tardives, incertaines et presque toujours incomplètes. Le sol des parties basses est argileux; celui des hauteurs présente aussi ce caractère, mais avec des altérations fréquentes: il y a une autre partie, sur la Bouble, la Sioule et la Bèbre, toute composée de terre forte: ces trois sortes de terrains constituent environ la moitié du département. — Les productions principales de ce pays sont: le froment, l'avoine, l'orge, le foin, les légumes, les vins rouges et les fourrages. On récolte dans la partie argileuse, de l'avoine, du foin, des vins blancs en bois et, en grande quantité; dans le reste du pays, le sol, composé de sable et de gravier, assis sur un fond granitique, donne du seigle, des vins blancs, des fruits, des pommes de terre, des graines oléagineuses, etc. C'est dans cette partie que se trouvent en général les veines métalliques. — Les paysans qui vivent sur les bords de l'Allier sont pauvres et malheureux: leur misère contraste fortement avec la richesse apparente de la nature, dont la main a multiplié sur ces rives les ombrages et les sites pittoresques, mais n'a donné qu'un sol avare qui ne répond pas aux efforts des cultivateurs: dans la partie haute, au contraire, le bonheur et l'aisance respirent sur tous les visages: les habitations sont tenues avec soin, les travaux mieux entendus, les champs clos de haies vives, ce qui est d'autant plus à remarquer que dans le reste de la contrée on ne rencontre pour ainsi dire que des haies de bois mort. Cette uniformité donne même au pays un caractère de stérilité et de monotonie sombre et triste à voir. Là aussi, sur ces hauteurs fortunées, les bestiaux sont nombreux, de bonne race et de belle apparence. Le produit des terres fortes ne donne pour le froment que 6 à 7 pour 1; on recueille dans les terres sablonneuses une grande quantité d'orge, dont on fait la majeure partie du pain qui se consomme. Le seigle mêlé au froment est la nourriture commune des cultivateurs du sol argileux. — Le département de l'Allier, divisé en 4 arrondissements et en 26 cantons renfermant 326 communes, présente une superficie de 370 lieues carrées, contient une population de 298,257 habitants, et a pour chef-lieu Moulins. — Géologie. La constitution géognostique de ce département développe, dans un ordre distinct de superposition, le granit du plateau central, le gneiss, le terrain houiller, le grès alternativement rouge et blanc, revêtu d'argiles panachées, le calcaire tertiaire et quelques couches d'alluvion. Remarquons toutefois que ces différentes espèces de terrains ne sont pas toujours réunies. — Minéralogie. Mines de fer, manganèse, plomb, antimoine, houille, carrières de marbre, de granit, de grès, terre à creusets, pierre à chaux, argile à potiers. — Hydrographie. Les trois cours principaux du département sont: la Loire, l'Allier et le Cher. La Loire, qui en forme la limite à l'est, dans un espace de 17 lieues, reçoit par sa rive gauche la Vouzance, la Roudon, l'Odde et la Bèbre. Le cours de l'Allier qui, comme nous l'avons dit, partage le département vers la partie centrale, y prolonge son cours sur une étendue de 28 lieues, et passe à Moulins. Il reçoit à droite, le Mourgon et le Sichon; à gauche, l'Andelot, la Sioule, la Chamaron et la Biendre. — Le Cher a 17 lieues de cours dans ce département: il reçoit du côté droit, l'Aumance, grossie elle-même des eaux du Morgon et de l'OEil; du côté gauche, la Mijieure et

la Queune. — On compte dans ce département un grand nombre d'étangs, source probable des maladies épidémiques qui ont souvent ravagé le pays: ces étangs nourrissent un grand nombre de poissons dont la vente est très-productive: ils servent aussi à alimenter les cours d'eaux destinés à l'irrigation des prairies, et ces avantages peuvent, jusqu'à un certain point, compenser les maux que font naître, à des intervalles heureusement fort éloignés, ces eaux stagnantes et marécageuses. — Le canal du Cher, projeté depuis longtemps, n'est pas encore achevé: il part des mines de Commentry et se dirige vers Montluçon, côtoie le Cher jusqu'au village d'Ainay-le-Vieil, et de là jusqu'à Saint-Amand; il longe ensuite la rive droite de la Marmande, passe à Charenton et joint le bassin du Rimbé dans le voisinage de l'Auron. Ce canal a reçu jusqu'ici un développement de 70 lieues. — Le canal de la Loire, en construction depuis l'année 1822, commence aux environs de Digoin, où vient aboutir le canal du Centre, se prolonge, en suivant la rive gauche de la Loire, jusque vis-à-vis de Briare et présente une étendue de 46 lieues. Il a été destiné à établir une communication permanente entre les canaux du Nivernais, du Cher, de Briare et du Centre, communication devenue nécessaire par l'état de la Loire, dont la navigation entre Digoin et Briare est tout à fait impraticable pendant neuf mois de l'année. En outre, il doit mettre la rive gauche du fleuve à l'abri des inondations qui portent leurs ravages très avant dans le pays. — Forêts. Une grande partie de ce département est couverte de bois qui en occupent 109,527 hectares: c'est à peu près la septième partie du territoire. Les masses principales sont celles de Tronçais, de Moladier, de Messayes, de Grosbois, de Lespinasse, de Munay et de Marcenne. Ces bois sont pour la plupart composés de chênes, de hêtres, de sapins et de charmes. — Le pays possède des sources minérales parmi lesquelles on cite celles de Bourbon-l'Archambault et de Vichy (V. ces mots). Les premières sont chaudes, saturées de sel marin, du sulfate de soude; elles renferment de l'acide carbonique libre. On les prend en bains et en boisson; leurs propriétés sont incisives, apéritives, et provoquent la transpiration. — Le territoire de l'Allier est traversé par neuf routes royales et sept routes départementales. Le commerce de la contrée consiste surtout en grains, vins, chanvre, bois, planches, merrain, charbon de bois, fer, etc. — Quant à l'industrie des habitants, elle se résume en fabriques de coutellerie, de billes de billard, taillanderie, hauts fourneaux, forges, tréfileries, tanneries, corderies, verreries, papeteries, exploitations de houilles qui s'exportent en partie par les canaux du Cher et de Briare, par l'Allier, la Seine et la Loire. — Les villes principales du département sont: Moulins, chef-lieu de l'Allier, avec des tribunaux de commerce et de première instance (chambre consultative des manufactures, des sociétés d'économie rurale et d'agriculture, une école normale, une école primaire, un collège royal et une population de 14,672 habitants. (V. Moulins). — Gannat, chef-lieu de sous-préfecture, tribunal de première instance, patrie du cardinal Duprat: mines d'alun, population, 5246 habitants. — Montluçon, l'une des plus vieilles cités du Bourbonnais: population, 4991 habitants. — Bourbon-l'Archambault, eaux thermales; population, 2909 habitants. — Ebreuil, sur la rive droite de la Sioule, 2670 âmes, ville d'une haute antiquité, dont il est parlé dans les écrits de Sidoine Apollinaire, et qui paraît avoir renfermé l'un des quatre palais où Charlemagne avait fixé la résidence de son fils Louis, lorsqu'il lui conféra le royaume d'Aquitaine. Arfeuilles, 3370 hab. — Huriel, 2407 hab. — Néris-les-Bains, jadis saccagée sous Constant II, restaurée par Julien, dévastée de nouveau par Clovis, détruite par les Normands, réduite enfin à l'état de simple bourg; population, 1392 habitants, eaux thermales d'une composition très-compliquée, où dominent le carbonate, le sulfate et l'hydrochlorate de soude. — La Palisse, chef-lieu de sous-préfecture, située sur la Bèbre, est où l'on voit les restes d'un ancien château qui, dans le XVIe siècle, appartenait au compagnon de Bayard, Jacques de Chabannes, seigneur de la Palisse, dont une chanson populaire et triviale atteste au moins la célébrité: population, 2245 habitants. — Varennes sur l'Allier, jadis place forte, dont Charles VII s'empara pendant la guerre du bien public; 2000 habitants. — Vichy enfin, ville plus importante par ses eaux minérales que par son commerce et le chiffre de sa population.

HENRI CORNILLE.

ALLIÉS (DROIT DES) (V. DROIT SOCIAL.) (Jus sociorum.)

ALLIÉS (V. COALITION.)

ALLIÉS (GUERRE DES) (V. GUERRE SOCIALE.)

ALLIGATOR (herpétologie). Les naturalistes ont été fort

longtemps à s'entendre et ne s'entendent peut-être pas encore très-bien sur le sens à donner aux mots *alligator* et *crocodile*, considérés comme devant désigner certaine famille de sauriens monstrueux. Les progrès de la science nous permettent de ne voir ici qu'une dispute de mots. Prenant pour point de départ et comme dénomination générique, le mot le plus anciennement connu, nous donnons le nom de *crocodile*, mot qui signifie, en grec, *animal craignant le rivage*, à tout *lézard dont la queue est aplatie, et qui a cinq doigts aux pieds de devant*. Or, il ne nous paraît exister que deux espèces de lézards distingués par ce double caractère; nous ne devons donc admettre que deux espèces de ce genre, savoir : 1° le *crocodile proprement dit* (*crocodilus vulgaris*, Cuv., Geoff.), ou crocodile africain et américain, appelé, le plus ordinairement, *alligator*, en Afrique, et, en Amérique, *caïman* ou *cayman*; 2° le *crocodile asiatique* ou *gavial* (*crocodilus gangeticus*, Cuv.).—De ces deux espèces, la première est la seule dont nous ayons à nous occuper ici. — Bien qu'on ait longtemps soutenu le contraire, la comparaison faite du crocodile d'Afrique et de celui d'Amérique semble prouver assez qu'ils ne constituent qu'une seule et même espèce, dont les individus varient seulement, sur l'un et sur l'autre continent, par la taille et par quelques-unes de leurs habitudes, en raison de la différence de climat, de nourriture, des conditions hygrométriques de l'air, et d'autres faits accidentels qui ne peuvent influer spécifiquement sur l'organisation des êtres; mais ici même, nous aurons une distinction à faire entre le crocodile proprement dit *vert* ou *du Nil*, commun aux deux mondes, et qui se trouve dans tous les fleuves d'Afrique et d'Amérique; et le crocodile proprement dit *noir*, (*crocodilus biscutatus*, Cuv.), qui semble différer du crocodile vert, seulement par sa couleur, et des habitudes plus carnassières; ajoutons qu'il ne s'est trouvé encore que dans les eaux du Sénégal. Ces distinctions établies, tout ce que nous allons dire du crocodile proprement dit, devra s'appliquer à l'alligator comme au caïman. — Le nom d'*alligator*, par lequel les Anglais et les Hollandais surtout désignent le crocodile proprement dit, paraît être la corruption du mot portugais *lagartor*, corrompu, lui-même, de *lacerta*, qui nous ramène à la synonymie scientifique. Les nègres du Sénégal le nomment *diasik*, et l'appellent aussi très-souvent *cayman* ou *caïman* (mot américain), à l'imitation des colons français du Sénégal et de la Guyane. Le crocodile ressemble, dans sa forme générale, à tous les autres lézards; mais il s'en distingue par une tête aplatie, allongée, fortement ridée; par un museau gros, arrondi; par une gueule ouverte jusqu'au delà des oreilles, et garnie de fortes dents pointues, profondément implantées, le plus ordinairement au nombre de trente-six dans la mâchoire supérieure, et de trente dans celle d'en bas, cette dernière seule mobile, comme dans les autres quadrupèdes; une langue fort large, quoiqu'on ait cru qu'il n'en avait pas du tout; des yeux très-brillants, placés obliquement au-dessus de la tête; des oreilles situées très-près et au-dessus des yeux; le cerveau très-petit; la queue très-longue et en forme d'aviron; quatre doigts aux pieds de derrière. Pour arme défensive à une cuirasse formée d'écailles très-dures, presqu'à l'épreuve de la balle, et qui, distribuées soit irrégulièrement, soit par bandes transversales, couvrent toutes les parties de son corps, excepté le dessous des épaules, le sommet de la tête, le ventre et la région ophthalmique.—Considéré relativement à sa couleur, le crocodile est, en dessous, d'un blanc jaunâtre; en dessus, tantôt d'un jaune verdâtre, faiblement tacheté ou zoné de vert faible, le tout ressemblant assez à du bronze que la rouille commence à ronger; et c'est à proprement parler, le crocodile vert du Nil, du Sénégal, de toute l'Afrique; c'est aussi le crocodile américain. Tantôt, il est extrêmement brun; et c'est alors le crocodile noir, aussi habitant de l'Afrique, mais on ne l'y trouve que sur les bords du Sénégal; il faut observer d'ailleurs que ce crocodile a les mâchoires bien plus allongées que l'autre, et que, suivant Adanson qui l'a fait connaître, il passe pour être plus carnassier. --Quant à la taille du crocodile, on lui a donné jusqu'à trente et trente-trois pieds de long; mais il résulte aujourd'hui que les plus grands, dans les conditions les plus favorables, les plus grands ne vont pas au delà de vingt-cinq à vingt-six pieds; et les plus grands sont tous d'Afrique; car ceux du nouveau monde mesurent rarement plus de treize à quatorze pieds. Comment expliquer les exagérations des anciens voyageurs? La simple vérité n'est-elle déjà pas assez merveilleuse? — S'ils ont pour patrie les grands fleuves de l'Afrique et de l'Amérique, les crocodiles ont, pour résidence de choix, les rivages de ces mêmes fleuves, les jonchées qui les bordent, les marécages qui les avoisinent, les

vastes étangs dont ils sont couverts, les plaines nues ou savanes herbeuses qu'ils arrosent. C'est là qu'en silence, calmes et patients, aidés de leur couleur, de leur forme, de leur immobilité, qui les feraient prendre pour des troncs d'arbre abattus, ils guettent, tour à tour, les grenouilles, les testacés, les petits lézards, les vers, les poissons, les oiseaux de mer, et jusqu'aux grands animaux, cochons, chèvres, béliers ou bœufs, dont ils font leur nourriture.... Malheur même à tout imprudent qui, sans précaution, vient les troubler dans leur asile! Renversé d'un coup de queue, saisi par des griffes formidables, coupé en deux ou broyé par des dents acérées, il devient la proie du monstre. Mais s'il est redoutable sur terre, le crocodile l'est bien davantage au sein des eaux! là, il se trouve dans son élément, maître de toutes ses forces, aussi agile qu'il est lourd sur la terre où il ne peut courir qu'en ligne droite et se sol est uni, il triomphe aisément de la résistance du plus terrible ennemi. — Le crocodile cache au printemps ses amours au fond de sa retraite terrestre. Sa femelle y dépose, sur le sable, jusqu'à trois fois consécutives, de vingt à vingt-quatre œufs, gros comme ceux d'une oie pour le crocodile africain, et comme ceux d'une dinde, pour le crocodile d'Amérique. Ni la femelle ni le mâle ne les couvent; la chaleur seule les fait éclore; et, dès que les petits ont brisé leur coquille, ils se jettent à l'eau pour commencer à chercher leur nourriture. —On n'a encore aucune donnée certaine sur la durée de la vie du crocodile; mais de fortes raisons portent à croire qu'elle se prolonge beaucoup; ce qui, indépendamment de son extrême fécondité, le rendrait infiniment dangereux, si beaucoup d'animaux ne lui faisaient la guerre; les plus forts : tigres, congouars; hippopotames, en l'attaquant lui-même; les plus faibles : poissons, tortues, mangoustes, loutres, singes, sagouins, sapajous, plusieurs oiseaux d'eau, en dévorant ses œufs.—Le témoignage de tous les voyageurs démontre que les crocodiles des régions chaudes ne s'engourdissent jamais pendant l'hiver; il peut faire penser aussi, que ceux des latitudes élevées subissent cette loi d'existence commune à un grand nombre des animaux ovipares. — On a fait aux crocodiles une réputation de cruauté dont la justice exige que la science moderne les disculpe. On a prétendu qu'ils dévoraient jusqu'aux individus de leur propre espèce. Ils sont voraces, en effet, quand la faim les presse, quoiqu'ils sachent très-bien se soumettre à la nécessité d'une longue abstinence; mais ils ne sont pas aussi féroces qu'on le suppose. Ce qui le prouve, c'est qu'on les rencontre souvent vivant paisiblement en troupe par un instinct de sociabilité que ne présenteraient jamais d'autres espèces véritablement sanguinaires; c'est encore qu'en pourvoyant à leurs besoins, on parvient à les apprivoiser, de manière à ce que les enfants puissent jouer avec eux comme avec de jeunes chiens; — Les nègres africains, et quelques peuples de l'Amérique, mangent avec plaisir leurs œufs et leur chair; mais cette dernière répugne aux Européens, à cause de la forte odeur de musc qu'elle exhale. — Les nègres les combattent souvent, corps à corps, armés d'une hache, d'une sagaie ou d'un grand couteau. On les prend aussi avec de forts hameçons ou dans des fosses légèrement recouvertes de branchages et de terre. — Les anciens ne paraissent avoir connu que le crocodile du Nil. On ne croit plus aux miraculeuses propriétés médicales qu'ils attribuaient à plusieurs de ses parties; mais on sait le culte qu'on lui rendait dans quelques parties de l'Égypte, et principalement dans la ville de *Crocodilopolis* ou *la ville des crocodiles* où les prêtres entretenaient des crocodiles sacrés (*V.* CROCODILOPOLIS); mais partout ailleurs les Égyptiens avaient le crocodile en horreur; étranges effets de la superstition, qui se fait des mêmes objets une idole ou un objet de terreur, suivant l'impulsion que lui donnent ceux qui l'ont fait naître et qui sont intéressés à l'entretenir.   P. E. R.

ALLIGHUR. On désigne par ce nom un district de la province d'Agra, au confluent de la Djumna et du Gange, entre les cantons d'Agra, de Délhy, de Ferruckabad et de Merut. L'Allighur se compose en grande partie de terres incultes; ce qu'il ne faut pas attribuer à l'incurie des habitants, mais à la mauvaise qualité du terrain, qui ne consiste qu'en sables stériles. La partie méridionale, fertilisée par les débordements du fleuve, produit au contraire d'abondantes et riches récoltes. La capitale, qui porte aussi le nom d'Allighur, située à deux journées au nord d'Agra (27° 36' latit. 75° 34' long. E. de Paris), possède un établissement judiciaire de la compagnie; mais les membres de l'administration civile et militaire résident à Coël, peu distant d'Allighur.   A. D. M.

ALLIONI (CHARLES), médecin piémontais, né en 1725. Il

se fit connaître par plusieurs ouvrages sur.a botanique, qui, s'ils ne mettent point leur auteur au rang des hommes de génie à qui on doit d'importantes découvertes, le classent parmi ces savants laborieux qui ont mis, de l'ordre dans la science et augmenté le nombre des plantes connues. Il fut professeur de botanique à l'université de Turin, membre de l'Institut de Bologne, des sociétés royales de Montpellier, de Londres, de Gottingue, de Madrid, etc. Il mourut octogénaire, en 1804. Lœffling lui a consacré, sous le nom d'*Allionie*, un genre de la famille des dipsacées, adopté par Linné. Son meilleur ouvrage est la *Flore du Piémont : Flora, Pedemontana*, sive *Enumeratio methodica stirpium indigenarum Pedemontii; Angustæ Taurinorum*, 1785, 3 vol. in-fol. Le troisième volume renferme un abrégé de botanique et 92 planches, qui présentent des figures parfaitement dessinées de 237 espèces. Les deux premiers volumes donnent la notice et les synonymes de 2,800 plantes distribuées en douze classes, selon le nombre des pétales et la forme de la corolle. Les détails les plus minutieux sont indiqués avec la plus grande exactitude, et Allioni a dû, dans ce long travail, se faire aider par des botanistes dont il cite les noms avec reconnaissance. Quoique plus versé dans la botanique que dans la médecine proprement dite, il a néanmoins traité des propriétés médicales des plantes avec une grande supériorité. Parmi les autres ouvrages, on distingue : 1° *Stirpium præcipuarum littoris et agri Nicæensis enumeratio methodica, cum elencho aliquot animalium ejusdem maris;* Paris, 1757. Un ami d'Allioni, Jean Giudice, botaniste de Nice, avait déjà ramassé la plus grande partie des matériaux de cet ouvrage. Allioni les mit en ordre après la mort de son ami, et classa les plantes suivant la méthode de Ludwig. 2° *Synopsis methodica horti Taurinensis*, 1762, in-4°. Les plantes, dans ce volume, sont divisées en treize classes; sa méthode est presque entièrement celle de *Rivin*, et n'en diffère qu'en ce qu'elle ne considère pas la régularité et l'irrégularité des corolles. Les sections, qui forment la division des classes, sont tirées du système sexuel de Linné. Allioni a aussi publié plusieurs mémoires dans les Mélanges de l'académie de Turin. CH. B.

ALLITÉRATION (*rhét.*) C'est une figure de mots, par laquelle on répète, exprès, dans la même phrase, les mêmes syllabes, de manière à produire plusieurs fois de suite le même son. C'est un vrai froissement de lettres qui se heurtent, comme l'indique l'étymologie qu'on fait dériver d'*allidere* et de *littera*. Primitivement destinée à produire l'harmonie imitative, l'allitération dégénère en cacophonie. Beaucoup d'auteurs et surtout de poëtes latins ont fait usage de cette figure de mauvais goût, dont le vers suivant d'Ennius offre un exemple :

O Tite, tute, tàli, tibi tanta, tyranne, tulisti.

Les poëtes du moyen âge employaient souvent l'allitération, dont ils faisaient grand cas ; mais personne aujourd'hui n'en fait usage. CH. B.

ALLOBROGES, habitants du haut Dauphiné et de la Savoie. Les Allobroges (*Albrog*, hauts villages) appartenaient à la race gallique, la première qui paraisse avoir occupé le sol de notre patrie. — Braves, intelligents, comme tous les Galls, ils en partagèrent sans doute les dispositions mobiles qui les poussèrent à couvrir le monde de leurs colonies, et à porter partout un nom redouté. Mais les courses de nos premiers ancêtres ne nous sont connues que par les rapports de quelques historiens grecs et latins qui, le plus souvent, se contentèrent de donner l'épithète de barbares à des hommes qu'ils affectaient de mépriser, n'osant s'avouer à eux-mêmes à quel point ils les craignaient. Nous avons donc peu de lumières sur les périodes reculées de l'histoire des Allobroges, et sans pouvoir douter qu'ils n'aient pris part aux grandes invasions des Gaulois en Italie (1400 et 600 avant J. C.), nous nous voyons dans l'impossibilité d'en donner des preuves directes. Nous ne pouvons parler avec certitude des Allobroges qu'à dater de l'an 222 avant notre ère. A cette époque, ils paraissent encore attachés à leurs vieilles traditions religieuses et politiques. — Le panthéisme indien des druides Kymris n'avait pas fait plus de progrès chez eux que n'en avaient fait les formes électives introduites par ces prêtres dans le gouvernement des provinces où ils dominaient. Le polythéisme gaulois et le système du clan prévalaient encore dans les montagnes du Dauphiné, quand Annibal y arriva. — Deux frères se disputaient alors la royauté dans une des tribus des Allobroges. Le Carthaginois s'interposa comme arbitre, et obtint de celui qu'il éleva au trône, les secours les plus importants. Brancus (tel est le nom donné par les auteurs au protégé du grand capitaine) voulut même accompagner son bienfaiteur jusqu'aux premières vallées des Alpes, pour le mettre à l'abri des attaques de ses compatriotes. Annibal échoua dans ses efforts pour abattre la puissance de Rome, et dès lors la liberté des Gaules fut menacée. A l'extrémité méridionale de la moderne Provence, Massalie ou Marseille avait été fondée par quelques Phocéens fugitifs ; mais elle n'avait pu faire accepter sa civilisation aux Ligures, ses voisins, qui ne voyaient sa prospérité qu'avec envie. Une ligue redoutable se forma contre elle. Marseille comptait, parmi ses enfants, plus de marchands que de guerriers ; elle désespéra de se défendre et implora la dangereuse assistance de Rome. — La Gaule cisalpine venait d'être définitivement soumise ; le peuple-roi ne demandait qu'un prétexte pour franchir les Alpes. La guerre fut donc déclarée aux Ligures ; une armée romaine les vainquit et leur chef Teutonal chercha un asile chez les Allobroges. — Les vainqueurs cependant n'eurent garde de laisser échapper l'occasion que leur offrait la fortune de prolonger leur séjour dans une terre dont ils aspiraient à se rendre maîtres : ils demandèrent l'extradition du fugitif. — Les Allobroges ne répondirent qu'en se préparant à la guerre et appelèrent à leur aide le puissant Bituit, roi des Arvernes ; mais leur impétueuse colère ne leur permit pas d'attendre cet utile allié — Ils descendirent inconsidérément de leurs montagnes, bravèrent les futurs maîtres du monde et perdirent la bataille de Vindalia (Vinasque). Bituit ne put les venger. Aix et Narbonne reçurent des colonies romaines, et une province tout entière subit le joug de l'ambitieuse république, sans que l'invasion des Cimbres et des Teutons pût l'en délivrer. — Cependant les débats sanglants de Marius et de Sylla semblèrent menacer la ville éternelle d'une ruine complète. — Longtemps même après le triomphe et les proscriptions de Sylla, le parti de son rival conserva des forces imposantes; et lorsqu'il reconnut pour chef Sertorius, les Gaulois méridionaux saluèrent le lieutenant de Marius comme un libérateur. Les Allobroges surtout se montrèrent ardents à entrer dans la voie de délivrance qui leur était ouverte, et assiégèrent plusieurs fois Marseille, première cause de tous leurs malheurs : ce fut en vain. Pompée étouffa toutes leurs espérances, et la chaîne devint d'autant plus pesante qu'on avait fait plus d'efforts pour s'y soustraire. D'avides collecteurs d'impôts parcoururent la province et portèrent la désolation dans les plus obscures retraites. Dans ces tristes circonstances les Allobroges se décidèrent à envoyer des députés au sénat pour implorer sa pitié, puisque tout sentiment de justice paraissait éteint. — Catilina ourdissait alors le plus vaste complot qui eût menacé Rome. Il sentit l'importance des services que pouvaient lui rendre les Gaulois, et fit faire aux députés des Allobroges les propositions les plus séduisantes. C'est sans doute un des plus grands spectacles que la Providence ait proposés aux hommes, que celui des destinées de Rome mises entre les mains de quelques envoyés d'une tribu opprimée! *Sed tandem vicit fortuna reipublicæ*, dit Salluste. — Les Allobroges comptèrent plus sur la reconnaissance du sénat que sur les promesses des conjurés. Cicéron reçut leurs communications, acquit le titre de père de la patrie, et quant à eux, ils furent payés d'ingratitude. Justement irrités, les hardis montagnards reprirent les armes. Marseille et Narbonne furent menacées à la fois. Mais il n'était plus possible de braver une puissance que chaque victoire augmentait. Catugnat, le dernier chef des Allobroges, fut accablé sous le poids des forces supérieures dont disposait le préteur Promptilius. Ce fut là le dernier effort de ces braves montagnards pour recouvrer leur indépendance, et Jules César leva chez eux des troupes dont il se servit pour conquérir le reste de la Gaule. — Au commencement de la révolution française, on vit un club et une légion ressusciter le nom des Allobroges ; mais il ne nous appartient pas de rappeler les exploits de l'une et les motions de l'autre. HENRI PRAT.

ALLOCATION. On entend par ce mot l'action d'allouer, c'est-à-dire de déclarer juste et légitime dans un compte rendu un article de dépense déjà faite ou qui doit se faire. Il n'est pas nécessaire de dire que l'allocation doit avoir lieu de la part de celui à qui le compte est rendu. Ainsi un tuteur qui rend le compte de tutelle à son pupille devenu majeur, porte dans son chapitre de dépense une somme employée utilement pour le mineur ; celui-ci alloue l'article, ce qui équivaut à la reconnaissance formelle que la dépense a été justement faite. Les ministres en Angleterre, en France, présentent aux chambres leurs chapitres de dépenses, et les chambres allouent ou rejettent les divers articles, suivant que la dépense leur paraît justifiée et prouvée, ou arbitraire et sans utilité pour l'État. A. D. M.

ALLOCUTION (*terme militaire*). Les Romains désignaient par ce nom la harangue d'un général aux soldats placés sous ses ordres. — A Rome, on attachait un prix inestimable à l'art de la parole; on l'exigeait surtout d'un chef d'armée. L'homme était jugé digne de commander les citoyens qui composaient les légions, quand, par la confiance inspirée aux soldats, par ses talents militaires, il pouvait fixer parmi eux la force morale, et qu'il avait aussi le pouvoir, par la puissance de la parole, de réveiller les sentiments généreux, et de remuer les nobles passions, au moment du danger et des grandes crises de guerre. Des plus petits détails surgit cette tendance des esprits vers l'éloquence. Quand on eut fondu les trois manipules des hastaires, des princes et des triaires, la nouvelle unité tactique fut appelée *Cohorte*, de *Cohortari*, troupe composée d'un nombre de légionnaires en rapport avec l'étendue de la voix qui devait les exhorter, les encourager et les guider au moment du combat. — La tribune aux harangues, construite en gazon, était toujours élevée au milieu du camp, et se trouvait placée au centre des troupes qui se rangeaient en cercle pour écouter l'allocution de leur général. — Les empereurs, dans les premiers temps du gouvernement qui avait succédé à la république, étaient tous orateurs, et les vieillards remarquèrent avec chagrin que Néron avait eu recours à Sénèque pour composer et orner ses discours. — Lorsque les troupes romaines ne furent plus recrutées que de mercenaires et de barbares, d'hommes privés de ces sentiments généreux qui existent chez le citoyen armé pour la défense de son pays, les allocutions perdirent successivement de leur puissance, et elles disparurent avec la nationalité des armées. (*V.* ÉLOQUENCE MILITAIRE.) L. DELAVILLE.

ALLOCUTION (*numism.*) On vient de voir que par ce mot on entendait les harangues qu'adressaient aux soldats les généraux et les empereurs. Ceux-ci en conservaient la mémoire par des médailles qui montrent l'empereur debout sur une estrade nommée *suggestum*, où il est accompagné du préfet du prétoire, et au bas de laquelle on voit plusieurs soldats qui l'écoutent. On lit autour la légende ADLOCVTIO. COH. (*allocutio cohortium*.) La première médaille frappée ainsi, est de Caligula. Le dernier Auguste dont nous ayons une *allocution* est Maxence. Ces allocutions prouvent que les harangues des anciens, rapportées dans les historiens et que quelques critiques ont voulu rendre suspectes, étaient en usage, puisque les empereurs ont consacré par des monuments publics qu'ils les faisaient à leurs armées. Nous remarquerons cependant que le terme dont se servent les historiens est *concio*, que nous traduisons par le mot *harangue*, et que les monuments portent toujours ADLOCVTIO; ce qui peut faire penser que ce mot était consacré par l'usage pour cette circonstance particulière. D. M.

ALLODIAL (*anc. jurispr.*) On employait autrefois ce terme en parlant de ce qui était franc-alleu. (*V.* FRANC-ALLEU.) L'allodial corporel était un fonds tenu en franc-alleu; l'allodial incorporel, une rente foncière possédée de la même manière. E. H.

ALLODII (LES ALEUX) monastère de religieuses sous l'invocation de la sainte Vierge et de l'ordre de Saint-Benoît, dans le diocèse de Poitiers. Il était situé dans le haut Poitou, entre les bourgs de Chef-Boutonne et de Lezay. Les ruines qui restaient de cette abbaye, avant la révolution, montraient que les bâtiments étaient autrefois assez beaux. Cette abbaye, fondée en 1420, par saint Geraud donna à l'église de Poitiers l'illustre évêque Grimold qui gouverna ce diocèse avant Gilbert de la Porée. Celui-ci tomba malheureusement dans quelques erreurs religieuses.

ALLODII (LES ALOIS), abbaye de filles sous l'invocation de la sainte Vierge et de saint Laurent, de l'ordre de Saint-Benoît, du diocèse de Limoges; fondée en 1198. La communauté était composée ordinairement de 25 religieuses. Le revenu de la maison était de 10,000 livres environ, dans le dernier siècle.

ALLODIUM BEATÆ MARIÆ, monastère d'hommes; le même que Molina, du diocèse de Namur.

AELONGE. On donne en général le nom d'allonge à toute pièce qui s'adapte à une autre dans le sens de la longueur, et qu'on y ajoute à dessein pour rendre la première plus longue. Ainsi les charpentiers, les constructeurs de navires, les menuisiers et beaucoup d'autres artisans se servent du mot d'allonge pour désigner une pièce rapportée à une autre dans l'intention de l'allonger. On met une allonge à une robe, à une table, à tout ce qui a besoin d'une plus grande longueur. L'allongement et le prolongement ne doivent pas se confondre avec l'allonge : ces deux mots n'ont pas d'ailleurs le même sens. On peut entendre par allongement l'action par laquelle

on allonge, ou bien la partie allongée. Le prolongement s'entend plus particulièrement de l'extension qu'un objet déjà étendu reçoit encore de la nature ou de l'art. La queue d'un animal est le prolongement de l'épine dorsale. Il est nécessaire de prolonger un canal, si ce canal est trop court; mais il faut veiller à ce que l'allongement, c'est-à-dire, la partie ajoutée, soit solidement construit. — En terme d'allongement, on appelle *allonge* le tuyau qui unit le récipient au chapiteau. — En terme de boucher, c'est un nerf de bœuf auquel on attache un crochet de fer, et qui sert à suspendre la viande. A. D. M.

ALLONGÉ (*oiseau*). C'est un oiseau qui a ses plumes entières et d'une bonne longueur. — En vénerie, on dit qu'un chien est allongé quand il a les doigts du pied étendus par suite d'une blessure. C. G.

ALLONYME (*V.* PSEUDONYME).

ALLOPATHIE (*V.* HOMŒOPATHIE).

ALLOPHYLES. Ce mot, qui vient du grec ἀλλόφυλοι, et qui signifie proprement *les étrangers*, est ordinairement employé dans la version grecque de l'Ancien Testament pour désigner les Philistins. J. G.

ALLORI (ALEXANDRE), dit le Bronzino, peintre florentin, naquit en 1535. Il fut l'élève et le neveu du premier Bronzino, et le maître de Civoli. Dès l'âge de 17 ans, il avait fait, sous les yeux de son oncle, un tableau qu'Alexandre de Médicis jugea digne d'être placé dans sa chapelle. Rome et Florence possèdent la plus grande partie des œuvres d'Allori, dont le pinceau se fait remarquer par une touche délicate et une grâce exquise. A l'aspect des tableaux de Michel-Ange, à Rome, il avait été saisi d'admiration, et ce sentiment fit naître en lui l'émulation. Il étudia la manière de ce peintre célèbre et des grands maîtres de l'antiquité : il s'appliqua aussi à la connaissance de l'anatomie; il acquit ainsi une grande correction de dessin, et il composa un traité d'anatomie à l'usage des peintres. Lorsqu'il revint à Florence, il fit beaucoup de tableaux de genres différents : sujets religieux, portraits, sujets tirés de la Fable, des ouvrages d'Homère, et surtout de la Batrachomyomachie, faussement attribuée à ce poète. On peut faire à Allori le même reproche qu'à Michel-Ange, si pur dans son dessin; c'est d'avoir quelquefois manqué de variété et de coloris. Le *Sacrifice d'Abraham* est de tous ses tableaux celui qui prête le moins à la critique. La *Femme adultère* est encore une de ses bonnes compositions. — Allori écrivit, dit-on, des poésies burlesques; il fit aussi un traité, orné de figures, sur les principes du dessin : cet ouvrage est perdu. Il mourut en 1607, dans sa 72e année. — Son fils Christophe ne suivit pas la manière de son père, et ne partagea pas son admiration pour Michel-Ange. La Judith de Cristofano passe pour un bel ouvrage : il avait fait poser une femme dans l'attitude qu'il a donnée à son héroïne; mais, ne pouvant trouver un modèle pour son Holopherne, il laissa croître sa barbe et ses cheveux, et se copia lui-même. On cite aussi son tableau de Saint-Julien. Il mourut en 1621, âgé de 42 ans. Ce fut le troisième et dernier des Bronzino. CH. BAUDIER.

ALLOUÉS (*anc. jurispr.*) On appelait ainsi les jeunes gens qui apprenaient à travailler d'un métier, sans avoir cependant de brevet d'apprentissage. — L'*alloué* diffère de l'apprenti, dit Denisart, en ce que celui-ci peut parvenir à la maîtrise, au lieu que l'autre ne le peut pas, parce que les statuts de toutes les communautés exigent un apprentissage avec brevet passé devant notaire, en présence et de l'agrément des syndics et jurés du corps. — On nommait aussi *alloués*, en Bretagne, les lieutenants ou substituts, auxquels le sénéchal déléguait une partie de ses fonctions. — Il paraît enfin que très-anciennement on a désigné par le mot *alloués*, de simples mandataires. R. B.

ALLOUMGHIRE Ier, célèbre empereur du Mogol. *V.* AURENG-ZEB.

ALLOUMGHIRE II. Ce prince monta sur le trône de l'Hindoustan (1755, 1168 de l'hég.), après la déposition de l'empereur Ahmed. Ghazi, vizir ou *boukschi* de l'empire; et disposant à ce titre de toutes les forces de l'empire, avait renversé Ahmed d'une main, et de l'autre élevé Alloumghire, prince faible et sans énergie, afin de régner sous son nom; mais le pouvoir suprême a tant de charmes, que l'homme le moins capable de l'exercer veut néanmoins le posséder sans partage : Alloumghire savait jaloux de son ministre. Dès que cette disposition de son esprit fut connue, beaucoup d'omrahs se joignirent à lui pour conspirer avec lui contre le vizir. Celui-ci découvrit les mystérieuses manœuvres qui s'ourdissaient contre son pouvoir, et peut-être contre sa vie; et il allait s'en venger par des supplices, lorsqu'on reçut la fâcheuse nouvelle que le chef puissant des Abdallis menaçait de nouveau l'Hindoustan. On leva une armée, dont le commandement fut donné au fils aîné de l'empereur, Ali Gohar, sous la direction de Ghazi. Celui-ci, qui n'ignorait pas qu'à Delhy on profitait du temps de son absence pour former à l'empereur un parti puissant, conclut un armistice avec Abdallah, et revint à toute hâte à Delhy. Il signala son retour par des vengeances. Toutes les têtes suspectes tombèrent ; l'empereur fut enfermé dans la citadelle, et Ghazi s'empara du pouvoir absolu. Pour se tirer d'esclavage, Alloumghire écrivit en secret au prince des Abdallis, Ahmed Abdallah, pour implorer son secours. Abdallah (1756) partit aussitôt du Kaboul avec une armée nombreuse, et on le vit bientôt sous les murs de sa capitale. Après avoir mis la ville en état de défense, Ghazi se mit à la tête d'une armée qu'il avait réunie, et il marcha contre Abdallah ; mais à peine les deux armées furent-elles en présence, que les deux tiers de la sienne, suivant ce qu'Alloumghire avait annoncé dans sa lettre, passèrent dans les rangs abdallis. Ghazi fut fait prisonnier, ou, suivant quelques écrivains, il se remit lui-même entre les mains d'Abdallah, dont il sut si bien ménager l'humeur et gagner la confiance, qu'il fut replacé à la tête des affaires. Les malheureux habitants de Delhy virent leurs maisons, leurs mosquées, les palais de leurs empereurs, les monuments publics dévastés et pillés. Avant son départ, Abdallah épousa une fille de l'ancien empereur Mohammed Shah, fit épouser à son fils Timur une fille d'Ali-Gohar, et exerça pendant quelque temps la puissance absolue, comme s'il eût voulu préluder à la possession du trône de l'Hindoustan. — En reprenant le timon de l'État, Ghazi devint soupçonneux, dur et cruel ; il prit à sa solde un corps mahratte et surchargea le peuple d'impôts. L'empereur et son fils avaient été privés de la liberté ; Ali-Gohar eut le bonheur de tromper la vigilance de ses gardiens. — Cependant Abdallah ne perdait pas l'Hindoustan de vue. Ce pays lui semblait inépuisable en richesses, et cette idée souriait à son avarice. Il n'ignorait pas d'ailleurs que l'intention des Mahrattes, s'ils étaient favorisés par la fortune, était d'exterminer tous les musulmans de l'Inde ; en comme il voulait s'asseoir lui-même sur le trône impérial, il était urgent pour lui d'arrêter les progrès des Mahrattes. Quand il eut réuni son armée, il descendit des montagnes de l'Afghanistan, comme un torrent qui tombe dans la plaine. L'alarme se répandit dans Delhy. Ghazi n'en fut pas exempt, parce qu'il s'était conduit d'une manière tout opposée aux promesses qu'il avait faites au prince abdalli. Malheureusement pour Alloumghire, Ghazi s'imagina que c'était lui qui, pour la seconde fois, attirait dans l'Inde des dangereux ennemis. Deux misérables, auxquels il promit de l'or et l'impunité, s'introduisirent auprès du monarque et le tuèrent. Son corps resta exposé sur les sables de la Djumna, sa tête fut portée à Ghazi qui, sans perdre un instant, tira de sa prison un jeune prince de la race impériale et le fit proclamer empereur sous le nom de Jehaoun II. Le même jour il fit ouvrir les portes de la ville aux Mahrattes, qui pendant plusieurs jours se livrèrent aux plus grands excès. Lorsque Ghazi apprit que les Abdallis s'avançaient ; il se sauva chargé de richesses, et se retira chez les Jauts, parmi lesquels il vécut ignoré.   J. DE MARLÈS.

ALLOUM (SHAH). V. 'ALI-GOHAR et SHAH-ALLOUM.'

ALLRUNNES (antiquités), nom que donnaient les anciens Germains à petites statuettes représentant des femmes réputées magiciennes, et quelquefois, mais plus rarement, des figures d'hommes. Ces statuettes étaient faites, communément de racines de mandragore ; il paraît même que les véritables allrunnes devaient se trouver façonnées, par la nature seule, dans les terrains sur lesquels se faisaient les exécutions publiques. Il n'était pas permis à tout le monde d'en faire la recherche ; il fallait une autorisation expresse ; les recherches ne pouvaient même avoir lieu qu'à certaines heures, et à certaines conditions. Les Germains attachaient un grand prix à ces petites statues de six pouces de haut ; qui leur servaient de dieux lares, et ils supposaient en elles beaucoup de vertu ; celui qui possédait une allrunne avait la réputation de découvrir les trésors cachés et de connaître l'avenir. Comme on regardait ces idoles comme l'image des dieux qui tenaient dans leurs mains la fortune des hommes, on les habillait magnifiquement ; on les étendait sur une couche très-molle, au fond d'une petite boîte ; on les lavait chaque semaine dans un peu d'eau et de vin ; on plaçait chaque jour des mets devant elles, de crainte qu'elles ne se plaignissent ; on les gardait ensuite dans une espèce de sanctuaire, ignoré de tous, excepté de son heureux possesseur, qui ne redoutait plus ni maladies ni

revers de fortune. — Les Germains avaient aussi donné le nom d'allrunnes à certaines femmes qui faisaient métier de prophétiser, et qu'on nommait également droudhes et trouthes.   CH. B.

ALLUCHONS (arts et métiers). On appelle ainsi les grandes dents qui ne font pas corps avec les roues dentées de certains systèmes d'engrenage : ces alluchons sont toujours destinés à engrener dans une lanterne, et chacun d'eux ne doit quitter le fuseau qui le touche que lorsque le suivant se trouve en prise. Pour offrir plus de résistance, lorsqu'ils sont en bois, ils doivent être coupés de manière qu'une fois en place ; le fil de leur bois se présente dans la direction des rayons de la roue dentée. Chaque alluchon offre dans sa forme : la tête, qui est façonnée suivant le tracé d'une courbe que nous indiquerons au mot DENTS DE ROUE ; le corps, qui est un parallélipipède rectangle ; le tenon, dont la hauteur est la même que celle du corps, mais qui est un peu moins large, de manière à permettre la jonction de deux épaulements ; la cheville ou clef. Les alluchons en bois ne sont donc que des morceaux de bois fixés dans des mortaises pratiquées sur le pourtour de la couronne des roues, et maintenus par leur extrémité inférieure ou tenon dans cette mortaise au moyen d'une cheville.
J. ODOLANT DESNOS.

ALLUCIUS, prince des Celtibériens. Ce fut la fiancée de ce prince que les soldats de Scipion amenèrent dans la tente de leur général, parce qu'ils la jugeaient digne de lui être offerte à cause de sa beauté accomplie. Scipion commença par s'informer du nom et de la famille de la belle prisonnière. Dès qu'il eut appris qu'elle était promise à Allucius, il fit chercher ce prince et il l'appela devant lui, de même que la famille de la jeune fille. Quand ils furent tous réunis en sa présence, il rendit sa prisonnière à ses parents et à son époux, ajoutant à la dot la somme d'argent qu'on voulut le forcer d'accepter, moins à titre de rançon que comme un gage de reconnaissance. On a beaucoup vanté la retenue et la modération de Scipion. Sans rien diminuer de la gloire de ce Romain, il est permis de penser qu'il agit en cette occasion moins par vertu que par politique. Son armée s'était affaiblie par les triomphes mêmes ; Allucius était un prince puissant du pays ; il sut ainsi l'attacher à sa cause ; lui et ses nombreux partisans. Allucius ne tarda pas à lui amener un corps de quatorze cents cavaliers bien armés et qui lui furent d'un grand secours. Cette vertu qui fait triompher des passions et des mouvements du cœur, c'est la religion seule qui peut la donner. — Quand Charles VIII fit sa brillante campagne d'Italie, on lui amena de même qu'à Scipion une jeune et belle personne, et Charles était au moment d'employer la force brutale, quand cette fille aperçut une image de la Vierge, s'écria par une inspiration subite : « Au nom de cette vierge, de cette mère de pureté, sauvez mon honneur. » Le roi, frappé de cette exclamation, s'arrêta, et l'honneur de la prisonnière fut respecté.   J. DE MARLÈS.

ALLUMETTES (arts et mét.). Ce sont de petits brins de bois très-sec, de roseau, de chenevotte, de carte, de coton ciré, portant à leurs extrémités une matière inflammable, comme le soufre. Pour fabriquer les allumettes en bois de forme carrée, on fait sécher au four des billots de bois de tremble ; puis avec une plane ou couteau à main, on les fend dans la direction des fibres du bois que l'on refend transversalement de manière à produire de petits brins qu'on réunit par poignées en petits paquets. Ensuite on les attache avec une petite ficelle, et on les égalise par les bouts ; après quoi on les livre aux ouvriers qui doivent placer à leurs extrémités la matière inflammable. Un seul ouvrier peut ainsi refendre quatre à cinq mille allumettes à l'heure. Pendant quelque temps, on a fait usage d'allumettes plates ; mais le mode commence à les abandonner, parce qu'elles sont trop larges ; il est facile néanmoins de ne leur donner que la largeur ordinaire d'une ligne, et le moyen mécanique que l'on emploie pour leur fabrication en donne jusqu'à soixante mille à l'heure : ce moyen consiste à les refendre en lames parallèles en promenant une espèce de rabot sur une planche de bois frais. Des fabricants, MM. Pelletier et Cochet, établirent, il y a une quinzaine d'années, une machine complète pour faire manœuvrer ce rabot ; mais le travail de l'homme suffit pour cet instrument, qui n'est pas autre chose que la varlope des fabricants de fils de sparterie. Ces derniers peut-être ne perdraient pas le temps, qu'ils emploieraient à refendre ainsi en allumettes avec leur varlope le bois inutiles qui ne peuvent leur fournir des fils assez blancs pour le tissage. Cette varlope est celle des menuisiers, seulement son fer est précédé d'une platine en forme de peigne, portant un certain nombre de lames semblables à leur extrémité à de petites lancettes, afin de couper dans le sens de sa longueur le bois, que le fer de la varlope enlève ensuite, et presque en même temps, dans l'épaisseur. Cette platine est maintenue dans une coulisse par une vis, et le fer est monté entre deux fers doubles à chanfrein. Alors à mesure qu'on promène cette varlope sur le bois, elle enlève un ruban qui est aussitôt redressé par un autre fer placé au devant de celui qui coupe, de manière que les allumettes peuvent sortir toutes dressées. Ainsi, en donnant plus de fer, on obtiendra plus d'épaisseur dans les rubans, et en multipliant ou diminuant le nombre des dents du peigne, on enlèvera ou des fils de sparterie, ou des allumettes, ou des lames d'éventails. — Quant aux autres matières qui servent à fabriquer les allumettes, il ne s'agit que de les faire bien sécher, et de les couper de la longueur qu'on désire les avoir. Quand on a obtenu ces buchettes, on les soufre en trempant de deux lignes tour à tour chacune des deux extrémités des petites bottes, dans du soufre fondu. — Mais pour les allumettes des briquets oxygénés, on s'y prend d'une autre manière, et l'on trempe, l'un après l'autre, un bout de chaque allumette dans un mélange d'une partie de fleur de soufre lavée et séchée, de trois de chlorate de potasse, de gomme adragant et d'un peu de lycopode, le tout coloré par du cinabre, de l'indigo, ou telle autre couleur qu'on veut donner aux allumettes, qu'on plante ensuite par le bout non oxygéné dans du sable pour les laisser sécher. — Afin de présenter sous un plus petit volume une plus grande quantité d'allumettes, M. Merckel a eu l'idée de couper par brins de 18 lignes de longueur des fils de coton enduits de cire, dont on garnit ensuite une des extrémités de matière oxygénée, comme nous venons de l'indiquer pour les allumettes en bois. Quelque temps après on a inventé, en Allemagne, les allumettes électriques, qui prennent feu par le simple frottement : elles sont garnies d'une pâte analogue à celle des allumettes oxygénées, seulement on y remplace le chlorate de potasse par du fulminate de mercure et de la poudre de verre très-fine; mais ces allumettes, quoique commodes, exigent dans l'usage les plus grandes précautions; déjà elles ont donné lieu à de graves accidents, tant elles sont facilement inflammables. J. ODOLANT DESNOS.

ALLURE. C'est la manière de marcher d'un homme ou d'un animal; s'il s'agit d'un homme, allure pour démarche, s'emploie toujours au singulier; employé au pluriel ce mot signifie, manière de se conduire dans les affaires, et il se prend assez souvent en mauvaise part. Il appartient au surplus au style familier. Il se dit aussi de la tournure que prend une affaire. Dans le sens le plus ordinaire, le mot d'allure s'applique aux diverses manières d'un animal dans sa marche, soit qu'il s'avance au pas simple, soit qu'il coure de toute sa vitesse. Il se dit plus particulièrement du cheval dont les trois allures ordinaires sont le pas, le trot et le galop; entre ces diverses allures il en existe en quelque sorte d'intermédiaires, le pas précipité, le grand trot et le galop à toute bride ou ventre à terre. (*V.* PAS, TROT, GALOP.) L'amble est une allure artificielle qu'on fait contracter au cheval, et qui consiste à lui faire avancer à la fois les deux pieds du même côté. L'amble est une allure assez douce pour le cavalier, mais elle ruine le cheval parce qu'elle l'empêche de développer toutes ses forces.
A. D. M.

ALLURE. Ce mot signifie la distance plus ou moins grande qu'il y a d'une des voies ou d'un des pas du cerf à l'autre pas. — On distingue par les allures le cerf de la biche; on juge de son corsage, on voit s'il a perdu sa tête, s'il est sain, s'il n'a point essuyé de rudes fatigues. C. G.

ALLUSION (*Écriture sainte*). L'allusion est une figure par laquelle les prophètes, en rappelant au moyen de certaines expressions l'idée d'événements passés, annoncent sous ces mêmes images d'autres événements semblables; elle tient de la métaphore et de l'allégorie, suivant qu'elle est plus ou moins étendue; mais on doit éviter de la confondre avec ces deux figures, parce qu'au fond elle en est assez distincte. Ainsi, quand Isaïe dit : *Quomodò cecidisti de cœlo, Lucifer* (ou selon l'hébreu, *filius Aurorœ*), *qui manè oriebaris* (XIV, 12)? il cite aux Juifs la chute ancienne de Satan, qui leur était connue; il fait *allusion* à cet ancien événement, et, sous cette même image, il annonce une ruine semblable au roi de Babylone. Cet exemple suffit pour montrer qu'on aurait tort de confondre l'allusion avec la métonymie, la métaphore ou l'allégorie; car le nom de *Lucifer* n'est ici ni une métaphore, ni une métonymie, qui serve uniquement à désigner le roi de Babylone, mais une simple allusion qui n'a d'autre but que de comparer Lucifer avec ce prince. Ainsi Lucifer marque ici, dans son sens propre, le démon; et le roi de Babylone n'est

que désigné d'une manière obscure sous ce nom emprunté. Les allusions dans le style des prophètes; c'est la remarque du P. Houbigant, sont ordinairement prises des anciennes merveilles connues de la nation juive, au lieu que les métaphores et les allégories sont tirées des choses qui arrivent selon le cours ordinaire de la nature. Il serait plus exact de dire que l'allusion et là métaphore diffèrent en ce que l'allusion est essentiellement relative à un fait, au lieu que la métaphore est simplement tirée de la nature des choses, indépendamment des faits; et l'exemple que nous venons de citer semble assez bien justifier notre observation. Ainsi, dans ce texte, il y a en même temps allusion et métaphore; il y a allusion dans ces mots *Lucifer, cecidisti*, puisque le prophète compare qu'à la chute de Lucifer, qui est un fait, avec celle du roi de Babylone, qui est encore un fait; tandis qu'il y a métaphore dans l'expression *de cœlo*; car l'un et l'autre ne tombent pas du ciel de la même manière : Lucifer a été précipité du ciel proprement dit, et le roi de Babylone doit tomber de sa haute élévation, métaphoriquement désignée par les mots *de cœlo*. Quant à l'allégorie, comme elle n'est qu'une métaphore continuée, on peut dire qu'elle diffère de même de l'allusion, en ce que cette dernière, plus ou moins étendue, est relative aux faits, au lieu que l'allégorie embrasse avec les faits la nature même des choses, et que, dans le langage des prophètes, les allusions sont relatives aux événements passés, tandis que les allégories se rapportent aux événements futurs. (*V. Bible de Vence*, DISSERTATION SUR LES PROPHÈTES.)
J. G.

ALLUSION. C'est une figure de rhétorique par laquelle, sans nommer une chose, on dirige vers cette chose l'attention de l'auditeur en parlant d'objets qui ont avec elle des rapports plus ou moins éloignés. Les étymologistes font venir ce mot du latin, *ludere ad*, jouer avec ou sur une chose, un mot, etc. Elle a beaucoup de rapport avec l'allégorie; mais il y a cette différence que : dans l'allégorie, la chose qu'on veut faire entendre sous le voile d'une image est toujours plus importante que l'image elle-même, comme lorsqu'on ramène un peuple révolté contre ceux qui le gouvernent, par l'apologue des membres et de l'estomac; que dans l'allusion, au contraire, les mots qu'on emploie ont un sens direct et précis, qu'on saisit de suite, et qui se rapporte immédiatement à ce qu'on ne dit pas, comme lorsque Cicéron, de qui nous avons tant de reparties fines, ingénieuses et vives; répondit au défenseur de Verrès, Hortensius, qui se plaignait *qu'il ne comprenait pas les énigmes*, donnant à entendre que Cicéron s'exprimait en termes ambigus ou obscurs : « Vous devriez pourtant bien les comprendre, car vous avez chez vous le Sphinx, » statue d'argent qu'Hortensius avait reçue de Verrès, et qui provenait de ses rapines. Le mot d'Hortensius avait été provoqué par une sanglante allusion de Cicéron au nom même de Verrès (qui en latin signifie aussi *cochon*). Après avoir parlé des commencements de l'administration de Verrès, commencements d'assez heureux augure, il s'écrie : « Mais tout d'un coup, je ne sais quelle Circé a fourni le breuvage, d'homme il est devenu Verrès. » (*Repente, ex homine, tanquam aliquo circeo poculo, factus est Verres.*) — L'allusion a eu les mêmes causes que l'allégorie : on a craint d'exciter le ressentiment de ceux à qui l'on voulait faire entendre la vérité, en la montrant toute nue. Les anciens, tant grecs que latins, faisaient un grand usage de l'allusion. Molière a presque toujours fait allusion à la profession ou au caractère dans les noms qu'il a donnés à ses personnages. Dans Gorgibus, dans Trissotin, Harpagon, M. Purgon, Sottenville, etc., qui ne reconnaît de suite un bon bourgeois, un faux bel esprit; un avare, un médecin, un sot gentilhomme ? — Souvent les auteurs dramatiques dans leurs pièces, les écrivains dans leurs ouvrages font allusion à des événements ou à des personnages connus. Ces allusions au théâtre sont toujours avidement saisies et applaudies avec fureur, suivant qu'elles flattent les sentiments ou les opinions des spectateurs. Souvent aussi on voit des finesses et des allusions là où l'auteur n'a pas eu seulement la pensée d'en mettre. Nous nous souvenons d'avoir assisté en 1815, quand Napoléon voguait vers Sainte-Hélène, à une représentation du vieil opéra de Sédaine, *Richard Cœur de Lion*, et d'avoir entendu une partie des spectateurs, parmi lesquels se trouvaient beaucoup de militaires, applaudir avec une sorte de frénésie à l'air magnifique : *O Richard! ô mon roi! l'univers t'abandonne*, etc., demander le bis, et continuer d'applaudir à ébranler la voûte. — Ce même Napoléon, après sa désastreuse campagne de Russie, subit en personne à l'Opéra-Comique, où l'on jouait *le Tableau parlant*, le terrible supplice de l'allusion. Ce fut à cet air que la soubrette chante au vieillard, air que jusqu'à ce moment on avait regardé comme bien inoffensif :

Ils sont passés, ces jours de fêtes,
Ils sont passés et ne reviendront plus.
Et vous aviez pour faire des conquêtes,
Et vous aviez ce que vous n'avez plus.

Quand Racine fit dire de Néron, dans *Britannicus* :

« Pour mérite premier, pour vertu singulière,
Il excelle à traîner un char dans la carrière,
A disputer des prix indignes de ses mains,
A se donner lui-même en spectacle aux Romains,

et qu'ensuite on vit Louis XIV renoncer à se donner lui-même *en spectacle aux Français*, on prétendit que c'était une allusion aux goûts du roi que le poëte avait voulu faire ; nous ne le croyons pas : Racine était un grand poëte ; mais s'il faut en croire ses biographes, qui le font mourir de douleur d'avoir déplu au roi, il n'est guère probable que le poëte courtisan eût osé fronder la conduite du souverain. (*V.* ALLÉGORIE, JEU DE MOTS, CALEMBOUR.) A. D. M.

ALLUVION (*géologie*). (*V.* TERRAIN D'ALLUVION.)

ALLUVION (*jurispr.*) Ce mot signifie les atterrissements et accroissements qui se forment successivement et imperceptiblement aux fonds riverains d'un fleuve ou d'une rivière (Cod. civ., art. 556). L'alluvion est une des branches de l'*accession* en matière immobilière (*V.* ACCESSION, chap. 2, § 1.); elle profite au propriétaire riverain. — Avant d'aborder les dispositions de la loi actuelle, il est utile de rechercher ce qui existait sous le droit romain et sous notre ancien droit français. — On lit dans les Institutes de Justinien : « Quod per alluvionem agro tuo flumen adjecit jure gentium tibi adquiritur; est autem alluvio incrementum latens ; per alluvionem id videtur adjici, quod ita paulatim adjicitur ut intelligere non possis quantum quoquo momento temporis adjiciatur. » (Lib. 2, tit. 1, de divisione rerum et qualitate, § 20). Des décisions analogues sont consignées au Digeste et au Code (Dig. lib. 41, tit. 1, *de acquirendo rerum dominio*, leg. 7, § 1. Cod. lib. 7, tit. 43, *de alluvionibus*; etc., leg. 1.) Ce dernier texte s'applique spécialement aux *relais*. — Une modification avait été apportée aux règles sur l'alluvion; elle concernait les terres *limitées*, c'est-à-dire celles qui étaient concédées ou adjugées au nom du peuple, jusqu'à concurrence d'une mesure déterminée. On avait pensé que la contenance des terrains ainsi assignés, ayant été exactement fixée dès le principe, ne devait pas varier par la suite : « In agris limitatis jus alluvionis locum non habere constat; idque divus Pius constituit. » (Dig., lib. 41, tit. 1, *de acquirendo rerum dominio*, leg. 16.) Ajoutons qu'aux termes de la loi 12 du même titre, l'alluvion n'avait pas lieu non plus par rapport aux lacs et aux étangs. « Lacus et stagna, licet interdùm crescant, interdùm exarescant, suos tamen terminos retinent : ideoque in his jus alluvionis non adgnoscitur. », — En France, les pays de droit écrit suivaient les principes de la législation romaine, quant à l'alluvion ; les inspirations du droit romain se retrouvaient également dans plusieurs coutumes, telles que celle d'Auxerre (art. 268), et celle de Normandie, dont l'article 195 portait : « Les terres d'alluvion accroissent aux propriétaires des héritages contigus, à la charge de les bailler par aveu au seigneur du fief et d'en payer les droits seigneuriaux, comme des autres terres adjacentes, s'il n'y a titre, possession ou convenant au contraire. » Mais d'autres coutumes renfermaient des dispositions opposées. L'article 212 de la coutume de Bar était ainsi conçu : « Celui qui perd son héritage ou partie d'icelui par le moyen du cours de la rivière, en peut reprendre autant de l'autre côté, moyennant que le voisin ou voisins dudit côté aient ce qui leur appartient. » — Suivant la coutume de Vic, en Auvergne : « La rivière de Cère ne *tolle* ni ne *baille*; c'est à savoir que, quand elle prend d'aucunes possessions par inondations, ou *autrement petit à petit*, deçà ou delà de l'eau, et est permis à celui qui perd de suivre sa possession. » Il paraît qu'en Franche-Comté on observait aussi la règle : *Le Doubs ne tolle ni ne baille*; c'est ce qu'affirment plusieurs auteurs, et notamment *Dumoulin*, dans sa note sur l'article précité de la coutume de Vic. Néanmoins, il n'y avait rien de particulier touchant l'alluvion dans les coutumes du duché ni du comté de Bourgogne (nouveau *Denizart*, au mot *alluvion*). La coutume du bailliage d'Hesdin, art. 47, voulait que : « Si rivières et eaux courantes au dehors de l'ancien cours gagnaient quelque chose contre autrui, soit sur prés, jardins, manoirs et terres à labour ou bois, par mesureur ser-

menté, on les redressât et remît en leur ancien cours, *au plus près que faire se pourrait*. » — Une extension abusive, donnée aux droits de la couronne et à ceux des seigneurs, vint compliquer la matière. Les agents du fisc s'autorisèrent de ce que le souverain était maître des *choses publiques*, pour soutenir qu'il devait profiter de tout ce qui était produit par les fleuves ou rivières navigables, et conséquemment des alluvions. De leur côté, les seigneurs s'attribuèrent le même privilége relativement aux alluvions formées dans les rivières non navigables. Des auteurs appuyèrent ces prétentions, sanctionnées aussi par quelques monuments de jurisprudence. Mais beaucoup d'autres jurisconsultes et plusieurs parlements des pays de droit écrit demeurèrent invariablement fidèles aux doctrines romaines sur l'alluvion, doctrines qu'ils déclaraient être d'*ancienne observance* dans le royaume. — Du reste, la question de savoir à qui, du roi ou des propriétaires riverains, devaient appartenir les alluvions qui se formaient sur les bords des fleuves et rivières navigables, cette question, disons-nous, fut résolue sous Louis XVI de la manière la plus positive et la plus solennelle. Voici dans quelles circonstances : par deux arrêts du conseil, en date des 5 juillet 1781 et 31 octobre 1783, l'aliénation au profit du roi avait été ordonnée de toutes les alluvions formées sur les bords des rivières de Gironde, Garonne et Dordogne. Ces arrêts, qui menaçaient de ruiner un grand nombre de familles, excitèrent d'autant plus de plaintes que le droit romain formait la loi municipale de la Guyenne. Aussi, le parlement de Bordeaux montra-t-il une vive résistance. Les lettres patentes, rendues le 14 mai 1786, prescrivirent l'exécution des deux arrêts, mais elles ne furent enregistrées que du *très-exprès commandement du roi*. Frappé de cette opposition du parlement, Louis XVI voulut, pour en approfondir les causes, que le point de droit dont il s'agissait fût contradictoirement débattu en sa présence ; et les magistrats bordelais furent mandés tous à Versailles. « La conférence, dit M. Henrion de Pensey (*Dissertations féodales*, 1789, t. 1er, p. 648), se tint dans le cabinet du roi le 29 juillet 1786, et commença à onze heures du matin. Là cette importante question mit envisagée sous tous ses rapports. Enfin, à six heures du soir, après avoir discuté toutes les difficultés, déterminé le véritable sens des lois antérieures, en un mot, après avoir tenu, pendant sept heures, et d'une main toujours ferme, la balance entre la nation et la couronne, le roi prononça lui-même contre lui et déclara tous les riverains propriétaires des alluvions. Les sentiments de bonté, de droiture et de justice que le roi ne cessa de faire éclater pendant cette longue séance, rendent ce jour à jamais mémorable. » La décision du roi fut suivie de lettres patentes dont le dispositif était conçu en ces termes : « Ordonnons que l'enregistrement fait de notre très-exprès commandement, le 30 mai dernier, de nos lettres patentes du 14 mai dernier, concernant la recherche et la vérification des îles, des îlots, atterrissements, alluvions et relais formés dans les rivières de Gironde, Garonne et Dordogne, et sur la côte de Médoc, depuis la pointe de la Grange jusqu'à Soulac, sera exécuté selon sa forme et teneur; ordonnons en conséquence au grand maître des eaux et forêts de Guyenne de procéder aux procès-verbaux et arpentages prescrits par nosdites lettres patentes, sans néanmoins qu'on puisse en induire que les alluvions, atterrissements et relais, formés sur les bords des dites rivières ni d'aucune rivière navigable, puissent appartenir à d'autres qu'aux propriétaires des fonds adjacents à la rive desdites rivières, à nous lorsque la rive sera adjacente à des fonds de terre faisant partie de notre domaine. N'entendons que, sous prétexte de rechercher et de vérifier les terrains dépendant de notre domaine, on trouble les propriétaires dans la possession et jouissance des fiefs, terres, seigneuries et autres propriétés qu'ils possèdent d'ancienneté par eux ou par leurs auteurs, et que rien n'annonce faire partie de notre domaine, etc... » Ici, nous ne pouvons nous défendre d'un douloureux souvenir. Quel roi que Louis XVI! et quelle justice a trouvée devant les hommes ce prince si bon justicier!... — Ainsi qu'on l'a vu par la définition, donnée au commencement de cet article, l'alluvion, sous le Code civil qui nous régit comme sous le droit romain, ne peut résulter que d'un accroissement produit d'une manière successive et imperceptible. « Ces deux conditions, disait M. Faure au tribunal, sont absolument indispensables. La nature, par une opération si lente, semble s'être complu à gratifier les fonds riverains de ce supplément de richesse. » Ajoutons que la justice et la nécessité du droit d'alluvion viennent précisément de ce que le fonds riverain n'est *enrichi* qu'insensiblement et peu à peu. Comment, en effet, apprécier ce que chaque jour lui vaut d'augmentation? Comment reconnaître les parcelles de terre que le fleuve détache d'un héritage, pour les porter à un autre? La constatation est ici impossible et, par cela même, la revendication doit l'être aussi. Accorder une action en reprise ou même en indemnité au propriétaire dont le champ a souffert; c'eût été soulever des questions presque toujours insolubles; c'eût été ouvrir une large voie aux procès, et troubler par là même la bonne harmonie du voisinage par des réclamations incessantes. Mieux valait sans doute soumettre sous ce rapport les propriétés riveraines à l'arbitrage ou, si on le veut, au caprice des eaux. — Mais, dans le cas de l'*avulsion*, c'est-à-dire lorsqu'un fleuve ou une rivière, navigable ou non, enlève par une force subite une partie *considérable* et *reconnaissable* d'un champ riverain, et la porte vers un champ inférieur ou sur la rive opposée, le propriétaire de la partie enlevée peut réclamer sa propriété, à la condition toutefois de former sa demande dans l'année. Il n'est plus recevable après ce délai, à moins que le propriétaire du champ auquel la partie enlevée a été unie, n'ait pas encore pris possession de celle-ci (Cod. civ., art. 559). Ainsi, pour qu'il y ait action en revendication, il ne suffit pas que la partie enlevée soit *reconnaissable;* il faut encore qu'elle soit *considérable*, ou, en d'autres termes, d'une importance susceptible d'être appréciée. On retrouve dans cette disposition la sagesse du législateur; le législateur a voulu interdire les contestations judiciaires qui reposeraient sur un intérêt minime. L'article 559 fixe nettement les conditions auxquelles la revendication est autorisée. — L'alluvion profite au propriétaire riverain, soit qu'il s'agisse d'un fleuve ou d'une rivière navigable, flottable ou non (Cod. civ. art 556); mais, dans le premier cas, le propriétaire est obligé de laisser le marchepied ou chemin de halage, conformément aux règlements (ibid.). D'après les règlements, le chemin de halage doit avoir vingt-quatre pieds de largeur. Du reste, il faut bien remarquer que, quoique consacré à un service d'utilité générale, l'espace occupé par le chemin de halage ne cesse pas d'appartenir au propriétaire riverain. Le propriétaire riverain recueille le bénéfice de l'alluvion, et peut, par conséquent, à mesure que l'alluvion augmente son domaine, reculer d'autant le chemin de halage. — S'il existe entre la propriété privée et le fleuve un chemin public, la propriété privée n'a pas droit à l'alluvion, puisqu'elle n'est pas *riveraine*. Ce point, quoique ayant été controversé, paraît hors de doute; les arrêts de la cour de cassation l'ont consacré. — Le *relais* est assimilé à l'alluvion proprement dite, et soumis par la loi aux mêmes règles. On appelle *relais* le terrain que laisse à découvert l'eau courante, lorsqu'elle se retire insensiblement de l'une de ses rives, en se portant sur l'autre. Le riverain du côté de la partie découverte profite du *relais*, par droit d'alluvion, sans que celui du côté opposé y puisse venir réclamer le terrain qu'il a perdu (Cod. civ. art. 557). — Des particuliers ne sauraient profiter des relais de la mer, puisque les rivages de la mer appartiennent à l'État. Telle est aussi la disposition expresse de l'article 557. — Les lacs et étangs ont des limites fixées d'une manière certaine. Voilà pourquoi l'alluvion n'a pas lieu à leur égard. Le propriétaire du lac ou de l'étang conserve toujours le terrain que l'eau couvre quand elle est à la hauteur de la décharge, encore que le volume de l'eau vienne à diminuer; réciproquement, il n'acquiert aucun droit sur les terres riveraines que son eau vient à couvrir dans des crues extraordinaires (Cod. civ. art. 558). — Une hypothèse que la loi distingue du relais; est celle où une alluvion ou une rivière, navigable, flottable ou non, *se forme un nouveau cours; en abandonnant son ancien lit*. Dans ce cas, les propriétaires des fonds nouvellement occupés prennent, à titre d'indemnité, le lit abandonné, chacun dans la proportion du terrain qu'il a perdu (Cod. civ., art. 563). (*V.* ACCESSION.) Plusieurs auteurs pensent que, pour être conforme aux principes, la disposition de l'article 563 doit être restreinte au changement de lit *subit et instantané*. La loi elle-même ne distingue pas. — Nous avons aussi parlé, au mot *accession*, des îles qui se forment dans les fleuves ou rivières; ce n'est pas ici le lieu de s'en occuper. — L'alluvion, faisant corps avec le fonds qu'elle enrichit, profite à l'usufruitier (Cod. civ., art. 596); elle profite également et par la même raison au fermier. (*V.* USUFRUIT, BAIL).   R. DE BELLEVAL.

ALMAGESTE. On désigne par ce nom un ouvrage d'astronomie de Ptolémée, composé vers le milieu du deuxième siècle de l'ère chrétienne. Son auteur lui avait donné le nom de Syntaxe; plus tard on y joignit l'adjectif *megas*, grand, ou *megiste*, très-grand. Dans le neuvième siècle, les Arabes supprimèrent le mot de syntaxe, qu'ils remplacèrent par celui de *Kitab*, livre, et ils nommèrent l'ouvrage *Kitab al Megisti*.

C'est de ce dernier mot et de l'article *al* que s'est formé, à ce qu'il paraît, le nom assez bizarre d'Almageste, nom qui s'est conservé même après la découverte du manuscrit de Ptolémée. Cet ouvrage traite dans treize grandes divisions de tout ce que les astronomes antérieurs avaient écrit ou découvert; ainsi les observations astronomiques de Meton, de Timocharès, d'Hipparque, etc., se trouvent réunies dans l'Almageste; ce livre contient en outre le résultat des propres travaux de l'auteur, de sorte qu'on peut le considérer comme un traité élémentaire, ou plutôt comme un exposé de toutes les connaissances astronomiques de cette époque. Le traité de la sphère, la théorie des éclipses et la trigonométrie sont, d'après Delambre qui a traduit l'Almageste, la meilleure portion de l'ouvrage. Ce livre fut d'abord traduit en arabe, ensuite de l'arabe en espagnol, et de l'espagnol en latin. Après qu'on eut retrouvé l'original, George de Trébizonde en fit une version qu'on dit très-peu fidèle. Le texte grec a eu deux éditions, l'une in-fol. à Bâle 1538; l'autre en 2 vol. in-4°, imprimés et publiés à Paris, de 1813 à 1815. Cette édition offre en regard une traduction française de l'abbé Halma.   A. D. M.

ALMAGRO (DIEGO DE), naquit en Espagne en 1463, dans le village d'Almagro, dont il prit le nom. Ses parents étaient pauvres, et l'on assure qu'Almagro ne les connut point. Jeté comme aventurier sur le sol nouveau de l'Amérique, il devint, en 1525, le compagnon de François Pizarre et de Fernand de Luque, pour les aider dans la conquête du Pérou. Pizarre était parti le premier pour ces contrées lointaines; ce ne fut que douze ans après qu'Almagro, quittant la presqu'île de Panama, où il était resté, alla débarquer sur les côtes du Pérou avec quelques renforts destinés à secourir Pizarre. L'expédition fut alors poussée avec plus de vigueur, et plusieurs parties de la contrée furent conquises par Almagro. En 1534, nommé par l'empereur Charles-Quint, gouverneur de quelques-unes des provinces découvertes par Pizarre, il se mit en mesure d'étendre ses conquêtes, et il pénétra dans le Chili, à la tête de 15,000 Indiens auxiliaires, et de quelques aventuriers espagnols. Cependant les Péruviens s'étaient révoltés: cet événement l'arrêta dans sa marche expéditionnaire. Il revint sur ses pas, s'empara par surprise de Cusco, la ville révoltée, et prétendit alors avoir des droits à la possession du principal territoire. Pizarre, son frère se soumettre, prit les armes contre Almagro, et le 25 avril 1538 ces deux chefs en vinrent aux mains sous les murs de Cusco. Almagro, vaincu et fait prisonnier, fut étranglé en prison. Il mourut à 75 ans.

ALMALEC-AL-MOADHIM, sultan d'Égypte. Ce prince, encore jeune, fut placé sur le trône, après la mort de son père Alsaleh, par l'émir Ezzodin, surnommé Turcoman, qui avait joui de la faveur du défunt, et par une des femmes de ce dernier, Schajer-Aldor, en qui le courage et l'audace égalaient la beauté, les grâces et le talent. Comme Almalec était absent du Kaire au moment où son père avait cessé de vivre, Ezzodin et Schajer-Aldor lui avaient envoyé des messagers pour hâter son retour; mais ils ne l'avaient élevé au pouvoir que sous des conditions qui le plaçaient sous leur dépendance. Pour régner, Almalec les avait acceptées. A peine ces arrangements étaient-ils terminés (648 de l'hég. ou 1250 de J.-C.), qu'on reçut la nouvelle que les croisés, maîtres de Damiette, s'avançaient dans l'intérieur? Ce n'était qu'un corps de deux mille chevaux qui, sous la conduite de Robert d'Artois, frère du roi, s'était porté sur Mansourâh pour reconnaître le pays. Ce détachement avait rencontré un parti musulman et l'avait mis dans une déroute complète. Le prince français, ne consultant que son courage, se mit à la poursuite des vaincus, et ce fut avec tant d'ardeur que les habitants de Mansourâh n'eurent pas le temps de fermer leurs portes. Toutefois, disent les historiens arabes, ils se défendirent dans leurs maisons; mais, n'étant pas soutenus, ils finirent par se soumettre. Ce succès inespéré, enflammant le courage de Robert, lui fit négliger toutes les règles de la prudence; et laissant derrière lui Mansourâh, il s'engagea témérairement dans un pays qu'il ne connaissait pas, à la recherche d'ennemis qu'il dédaignerait de compter, mais qui l'accableraient par leurs masses. Ce fut ce qui arriva. Après des prodiges de valeur, il fut obligé de battre en retraite. Mais de nouveaux dangers, de nouveaux ennemis l'attendaient à Mansourâh. Il périt lui et tous les siens. Le roi n'apprit ce désastre que lorsqu'il n'était plus temps d'y porter remède. Lui-même, attaqué dans son camp, harcelé nuit et jour par les Mamlouks, épuisé par les privations de tout genre, perdant beaucoup de soldats par les maladies, se vit obligé de reprendre le chemin de Damiette; mais il ne put y arriver. Des nuées d'Arabes et de Mamlouks fondirent de toutes parts sur l'armée française, si affaiblie par la disette que les soldats pouvaient à peine soutenir leurs armes. Le roi courut les plus grands dangers. On l'entraîna tout sanglant à une maison qui se trouvait près du funeste champ de bataille; mais il n'y fut pas plustôt entré que la maison fût investie par une troupe nombreuse; Louis et tous les siens, incapables d'opposer la moindre résistance, furent faits prisonniers. La victoire des Égyptiens était due à la bravoure et aux talents d'Ezzodin et de ses Mamlouks. Almalec n'avait pris que très-peu de part à l'action. Cependant quelques jeunes Mamlouks, jaloux du pouvoir d'Ezzodin, cherchèrent à faire partager au sultan le sentiment qu'ils éprouvaient eux-mêmes, et ils n'y réussirent que trop pour le malheur d'Almalec. Ils lui conseillèrent de traiter secrètement avec les Francs et leur roi prisonnier. Almalec, fatigué de l'espèce de tutelle à laquelle on l'avait soumis, suivit le conseil de ces jeunes gens. Ezzodin n'eut connaissance du traité qu'après qu'il eut été conclu; et quelque avantageux qu'il fût à l'Égypte, il ne voulut y voir, il n'y vit pas autre chose que la volonté du sultan de se soustraire à son autorité. Aussitôt et de concert avec Schajer-Aldor, il court aux armes; tous ses amis, tous ses partisans se joignent à lui; Almalec craignant pour sa vie prend la fuite, et se perd par cet acte de faiblesse; il s'enferme dans une tour de bois située sur les bords du Nil; les Mamlouks y lancent des matières enflammées. Bientôt l'incendie éclate, le sultan s'élance d'une croisée dans le fleuve; des flèches ennemies l'y poursuivent, les eaux se teignent de son sang; ses forces s'épuisent, son corps s'abandonne au courant, ses yeux se ferment et ne se rouvrent plus. Les Mamlouks, après cet attentat, cherchèrent l'impunité dans la révolte et dans le renversement de la dynastie ayoubite; que Solah-Eddin avait fondée glorieuse et puissante; ils résolurent d'élire un roi parmi eux, et leur choix tomba sur Ezzodin. L'armée entière le confirma; mais comme Almalec-al-Moadhim avait de nombreux partisans au Kaïre, ce qui rendait nécessaire dans cette ville la présence du nouveau sultan, Ezzodin ratifia le traité fait avec Louis IX, tant pour la rançon de ce monarque que pour la reddition de Damiette. Louis, rendu à la liberté, partit pour la Palestine, et Ezzodin se rendit au Kaïre où il fut reconnu et proclamé sans obstacle. J. DE MARLÈS.

ALMAMOUN, septième khalife de la race des Abassides, succéda à son frère Amin-Mohammed qui l'avait persécuté. Avant d'arriver au khalifat, il portait le nom de Mohammed. Son premier acte de souveraineté fut un acte de reconnaissance. Il récompensa son ancien général, son serviteur dévoué Thaher, en lui donnant pour lui et pour ses descendants le gouvernement du Korassan. Voilà un fief dans l'Orient. Thaher prit sur-le-champ possession de son gouvernement, et crut remarquer que le nouveau khalife regardait avec crainte la main qui avait donné la mort à son prédécesseur. Almamoun confirma dans leurs honneurs plusieurs des serviteurs de son frère, entre autres, le vizir Fadel, qui avait tenté de l'éloigner du trône. Par le conseil de Fadel, Almamoun quitta l'habit noir, couleur des Abassides, pour adopter la robe verte, couleur de Mahomet et d'Ali. Ce conseil pensa être fatal au khalife; car le changement qu'il avait amené entraîna la révolte de trente-trois mille Abassides qui proclamèrent pour le remplacer son oncle Ibrahim, fils du khalife Mahadi. Almamoun, apprenant pendant cette révolution opérée dans sa capitale, accourut à Bagdad; il se hâta de révoquer les innovations dont on se plaignait, surtout la désignation qu'il avait faite de Fiman Réza pour son successeur. Peu après Réza fut empoisonné et Fadel tué par les gens de sa maison. Almamoun qui ne voulait point du successeur que la nature lui avait donné, choisit pour hériter un de ses frères, nommé Môtassem, au préjudice des droits qu'avait un khalifat son second frère. Ayant réglé ainsi les affaires intérieures de son empire, il déclara la guerre aux Grecs de l'Asie Mineure. Il s'avança jusqu'à Tharse en Cilicie, et s'empara de quinze villes fortes. Après cette expédition en retournant à Bagdad, il passa près des sources du Bédizon. Il trouva leurs eaux si belles et si pures, qu'il en but avec excès. Ces eaux étaient glacées, et le khalife avait mangé beaucoup de dattes; il eut une indigestion dont il mourut en 840. Il était brave guerrier, clément, aimant les lettres et les sciences, surtout l'astronomie, qui, ainsi que la philosophie, se partageaient ses loisirs. D. L. M.

ALMANACH (prononcez *almana*). On donne le nom d'almanach à un petit livre dont la forme et le volume varient beaucoup, et qui contient outre le calendrier (*V.* ce mot), c'est-à-dire la division de l'année en mois, en semaines et en

jours, une infinité d'indications plus ou moins utiles, et souvent puériles ou même ridicules, comme des pronostics de bon et de mauvais temps, de pluie ou de vent, de soleil ou de brouillard, etc. On donne aussi le nom d'almanach à certains livres spéciaux qu'on publie tous les ans et qui contiennent des détails d'un intérêt général, sur les personnes et sur les choses, sur les administrations, les ministères, le commerce, la statistique du pays, etc. Tels sont l'Almanach royal, l'Almanach du commerce, l'Almanach des connaissances utiles, etc. — Ce mot paraît venir de l'arabe *manach*, qui signifie compter, précédé de l'article *al*, de sorte que notre mot almanach aurait signifié primitivement, selon cette étymologie, *action de compter*, signification qui convient mieux au calendrier qui, aujourd'hui, compose une portion seulement de l'almanach. — La coutume d'ajouter au calendrier les indications qui constituent principalement l'almanach est déjà très-ancienne. Comme les premiers almanachs furent composés par des médecins astrologues, ils devaient naturellement contenir des conseils hygiéniques et des prédictions pour l'année où l'on allait entrer. C'était se procurer adroitement des acheteurs en offrant un aliment à la curiosité, que ne manque jamais d'exciter la promesse de révéler l'avenir ou l'espoir d'obtenir une santé inaltérable par le moyen des panacées dont l'almanach contenait la recette. Pour joindre l'utile à l'agréable, suivant le précepte d'Horace, les almanachs étaient mêlés de prose et de vers, comme les Voyages de Chapelle qui, à commencer par les Lettres à Émilie, ont été tant d'insipides imitateurs; on les écrivait en latin et en français, on les ornait de gravures sur bois, et alors comme aujourd'hui il y avait une classe de lecteurs d'une foi robuste qui ne juraient que par l'almanach, dont les prédictions non vérifiées avaient mille fois trompé leur attente, et qui n'en cherchaient pas moins la prédiction du jour suivant pour régler sur elle leur lendemain. Nous disons alors comme aujourd'hui, car on trouve bien des gens encore, surtout dans les campagnes et les petites villes, qui n'entreprennent rien sans avoir consulté l'almanach. Qu'on se trouve dans la nécessité d'entreprendre un voyage, n'est-il pas bien agréable de savoir d'avance si l'on aura beau temps?. L'almanach le promet superbe, on s'aventure; la pluie arrive, mais l'almanach ne saurait avoir tort : il pleut, il gèle à Paris, mais le soleil luit sur les Pyrénées. Que l'almanach annonce donc le beau temps ou la pluie, il dit toujours juste; si ce n'est dans un lieu, c'est dans l'autre que la prédiction s'accomplit. — Ce ne fut guère que dans le XVIe siècle qu'on porta la réforme dans les almanachs, et qu'on les purgea, du moins en partie, des erreurs grossières qu'ils renfermaient en hygiène, en statistique, en agriculture, et malheureusement aussi en morale. Un Allemand publia, peu de temps après, un gros livre qu'il intitula *la Grand-mère des Almanachs*; il tournait en dérision l'astrologie avec cette fine plaisanterie allemande qui était celle du pays et de l'époque. Les Anglais qui venaient d'accepter leur roi, très-peu orthodoxe et même très-peu chrétien, pour chef et pontife de la religion nouvelle, se servirent de la voie des almanachs pour prédire périodiquement la *mort du papisme* sans qu'ils aient pu toutefois éteindre dans leur patrie la foi catholique, même en donnant à l'almanach pour auxiliaire la hache du bourreau. En France, les améliorations avaient lieu avec moins de bruit et sans altérer la forme du petit livre qui était en possession paisible d'intéresser le public vulgaire sous son enveloppe bleue et ses traits surannés. A la fin du XVIIe siècle, l'Almanach de Laurent d'Houry substitua le titre pompeux d'Almanach royal au titre modeste qu'il portait auparavant; mais sous ce nouveau nom il conserva un bon nombre de ses vieilles allures; ce n'était pas tout d'un coup qu'on pouvait sevrer le bon public de tout ce qui l'avait charmé jusqu'alors dans ce livre favori. Ainsi on continua d'y voir un chapitre qui enseignait à connaître les jours bons et les jours mauvais, suivant la disposition de la lune; un autre chapitre qui réglait l'usage de la médecine sur l'aspect des planètes, un traité de géomancie, une prédiction générale des événements de l'année, etc. — Dans le cours du XVIIIe siècle, l'almanach reçut encore en France de nouvelles améliorations. L'almanach de Liège du fameux Mathieu Laensberg, dont le nom est certainement à l'immortalité, tout imprimé qu'il est sur gros papier gris-bleu, n'a pas laissé de rendre quelques services en faisant circuler d'assez bons articles de statistique, des notices curieuses sur les peuples anciens et modernes, d'utiles conseils pour les cultivateurs, les jardiniers, quelquefois même des articles de saine morale, à la faveur des prédictions de rigueur pour la température et pour les événements politiques. Seulement les nouveaux rédacteurs eurent soin d'envelopper leurs prédictions de termes vagues et obscurs qu'on pût interpréter suivant les circonstances. Les oracles païens ne raisonnaient pas mieux, et les Romains et les Grecs crurent aux oracles. — Le Mathieu Laensberg, fit naître le Messager boiteux de Bâle, et les deux almanachs, écrits dans le même esprit, se sont vendus par milliers jusqu'à la révolution. En 1789 et postérieurement, les almanachs liégeois et suisse furent négligés; mais après les longues et sanglantes guerres qui ont marqué cette époque, la portion du public qui se nourrissait de la curieuse lecture du Messager boiteux et de l'œuvre de Laensberg, a repris peu à peu ses habitudes. Les faiseurs d'almanachs l'ont alors servi selon son goût; il y a eu un Double Liégeois, un Triple Liégeois même; mais nous doutons que cette innovation soit heureuse, malgré la précaution qu'on a prise de présenter ces doublures sous de grosses couvertures bleues. On en revient toujours à ses premières affections, et cent mille exemplaires, qui se vendent au moins du véritable Mathieu Laensberg prouvent tous les ans à ses auteurs qu'ils n'ont point perdu la faveur publique. L'Almanach des connaissances utiles est assurément meilleur que l'Almanach de Liége; et l'Annuaire du bureau des longitudes est bien supérieur à l'un et à l'autre, mais le grand nombre des acheteurs reste fidèlement attaché au liégeois. — Depuis peu d'années, la France est inondée d'almanachs; beaucoup de départements dont chacun le sien, et la capitale en fournit aux départements qui n'en ont pas. Malheureusement la plupart de ces almanachs, organes d'un parti, tendent ouvertement à faire adopter au peuple les opinions et les passions de ce parti. Cette tendance politique qui fait des almanachs des instruments de propagande suffit pour neutraliser ce qu'ils peuvent renfermer de bon et d'utile. (V. ÉTRENNES MIGNONNES.) J. DE MARLÈS.

ALMANARRA, Hières ou la Manarrez, abbaye d'hommes, sous le patronage de saint Pierre, était de l'ordre de Cîteaux, du diocèse de Toulon. Elle fut fondée en 1220.

ALMANISCHA ou **ALMONACHÆ**, Almenesches, monastère de filles de l'ordre de Saint-Benoît, fondé vers l'an 700. Cette abbaye était déjà florissante en 740, quand sainte Lanthilde ou Nantilde en était abbesse. Elle éprouva la fureur des Northmen, qui la détruisirent vers l'an 766, selon quelques-uns, et vers l'an 770 selon d'autres. Roger II du nom, sire de Montgommery, la rétablit vers l'an 911, et lui donna la terre de Saint-Germain de Montgommery, et plusieurs droits et priviléges. L'église de cette abbaye fut d'abord sous l'invocation de la sainte Vierge; mais dans la suite, elle fut mise sous le patronage de sainte Opportune, dont elle possédait une partie des reliques. L. D. M.

ALMANSOR. (V. MANSOUR.)

ALMANZA. C'est un gros bourg de la Nouvelle-Castille, situé au milieu des montagnes, sur la frontière du royaume de Valence, à 18 ou 20 lieues S. O. de la ville de ce nom. Il n'offre rien de remarquable, et il serait à peine connu, sans la bataille qu'y livra l'armée anglo-autrichienne à l'armée franco-espagnole le 25 avril 1707, et l'importante victoire que le maréchal de Berwick (V. ce mot.) y remporta sur lord Galloway et le marquis de las Minas. Cette victoire releva l'honneur des armées françaises, fit renaître les cœurs espagnols le courage et l'espérance, et consolida le trône ébranlé de Philippe. Berwick, qui n'avait que très-peu de monde, avait pendant longtemps évité la rencontre de l'ennemi qui, cherchant à profiter de l'avantage du nombre, le poursuivait avec persévérance: mais aussitôt que Berwick eut reçu les renforts qu'il attendait, il se laissa atteindre par lord Galloway, mais il eut l'air de n'accepter le combat qu'à regret. L'action s'engagea vers les deux ou trois heures du soir, et le succès de la journée ne fut pas longtemps incertain. Les Anglais furent très-maltraités. Quelques bataillons, voyant la bataille perdue, se retranchèrent sur un rocher boisé, où ils passèrent la nuit; mais le lendemain ils mirent bas les armes. Les Anglo-Autrichiens perdirent douze mille hommes pris ou tués; Berwick n'en perdit que deux mille environ. On remarqua comme un fait assez extraordinaire que le général de Philippe était Anglais de naissance au service de Louis XIV, et que son adversaire, lord Galloway, né Français, avait passé au service de l'Angleterre. — On a élevé sur la grande route de Madrid à Valence, au-dessus d'Almanza, une colonne chargée d'une inscription qui rappelle la bataille qui se livra aux environs; mais on s'est servi pour construire ce monument d'une pierre si tendre et qui s'altère si aisément, que cinquante ans après son érection, il avait déjà tous les signes de la vétusté. Almanza est à 38° 54' de lat. et 3° 25' de long. O. de Paris. A. D. M.

ALMATH. Ce nom est donné dans la Bible au neuvième fils de Béchor, fils de Benjamin (1, Par. VII, 8); 2° à une ville de la tribu de Benjamin, qui était au nombre des villes de refuge (1, Par. VI, 60). Comme le mot Almath se trouve dans ces deux passages des Paralipomènes joint à Anathoth, et que dans Josué (XXI. 18), Almon, ville de refuge, et donnée comme Almath aux prêtres de la famille d'Aaron, est également jointe à Anathoth, il paraît certain qu'Almath était la même qu'Almon. J. G.

ALMAZAN (géogr.) Petite ville espagnole, située dans la Vieille-Castille, sur le Duero, à douze lieues d'Osma. Ce fut là que Henri, roi de Castille, et Pierre IV d'Aragon, terminèrent leurs longues querelles par un traité de paix. Ferdinand VII accorda, quelque temps avant sa mort, le titre héréditaire de duc d'Almazan au vicomte de Saint-Priest qui avait été ambassadeur de France à Madrid. Ch. B.

ALMEÏDA, place forte du Portugal, importante par sa situation sur la frontière et sur la rivière de Coa, dans la province de Beyra. Les Espagnols s'en rendirent maîtres en 1762, et ils la rendirent à la paix. Dans le cours de la malheureuse guerre qui naquit en 1808 des événements de Bayonne, Almeïda a été plusieurs fois occupée et abandonnée par les Anglo-Espagnols et par les Français. Lorsque Masséna fut obligé d'évacuer le Portugal au printemps de 1811, il laissa dans Almeïda le général Brenier, pensant que si la place tenait quelques jours, elle protégerait sa retraite, ce qui ne l'empêcha pas d'avoir à soutenir pendant quarante-huit heures un combat opiniâtre contre Wellington, à Fuentes de Onoro. Le siége d'Almeïda fut entrepris deux ou trois jours après. Brenier, sommé de capituler, fit sauter les fortifications, et, se frayant ensuite un sanglant passage à travers l'armée ennemie, il alla heureusement rejoindre le gros de l'armée française. Les Anglais se hâtèrent de relever les remparts d'Almeïda. A. D. M.

ALMEÏDA (FRANÇOIS D'), comte d'Abrantès, fut envoyé par Emmanuel aux Indes orientales, en 1505, pour prendre le commandement des troupes et consolider ou étendre les conquêtes du Portugal sur la côte de Malabar. Il se distingua par son courage et ses talents, et rendit à son pays d'éminents services. Remplacé par Albuquerque, il partit pour Lisbonne; malheureusement il relâcha au cap de Bonne-Espérance. Là, son équipage eut avec les Cafres une contestation qui dégénéra bientôt en rixe sanglante. Une flèche partie du côté des sauvages atteignit Almeïda d'une blessure mortelle (1509 ou 1510). — Almeïda (Apollinaire), jésuite portugais, évêque de Nicée, se dévoua aux périls d'une mission en Ethiopie, pays plein de schismatiques cent fois plus dangereux que les idolâtres. Il fut lapidé, dit-on, par les premiers en 1638. Un autre jésuite portugais du même nom d'Almeïda s'était rendu en Ethiopie en 1622, avec le titre d'ambassadeur ou député de son ordre. Accueilli d'abord favorablement par le prince du pays, il fut bientôt après obligé de se rembarquer. Mort à Goa en 1646. On a de lui une Histoire de la haute Ethiopie, imprimée in-folio, à Coïmbre, en 1660, et des Lettres historiques publiées à Rome en italien. — A une époque beaucoup plus rapprochée, le Portugal a vu un autre Almeïda (Théodore, oratorien) se distinguer lui-même et honorer son pays par de vastes connaissances dans les sciences physiques. Il naquit à Lisbonne en 1722, et il y est mort en 1803. L'académie royale des sciences de cette ville l'avait admis au nombre de ses membres. On a de lui plusieurs ouvrages : les Récréations philosophiques, 5 vol. in-8°, 1751; Misseno ou L'homme heureux par son indépendance, poème qui a été traduit en français par l'abbé Jamet; Harmonie de la religion et de la raison, ou Réponse aux arguments des incrédules; le Trésor de patience caché dans les plaies de J. C. Ce dernier ouvrage a été aussi traduit par l'abbé Jamet; le précédent l'a été par un curé de St-Jacques du Haut-Pas. A. D. M.

ALMELOVEEN (THOMAS JANSSON VAN), médecin hollandais du XVIIᵉ siècle, a publié une volumineuse description des plantes de Malabar, sous le titre de Hortus malabarius, 12 tomes in-folio, imprimés à Amsterdam en 1678-79 et années suivantes. Le même écrivain a donné sous le nom de Flore de Malabar, un supplément in-folio à son précédent ouvrage. — Théodore Jansson Van Almeloveen, frère ou cousin de Thomas, fut professeur d'histoire, de langue grecque et de médecine, à Harderwick. Il était né aux environs d'Utrecht et il mourut à Amsterdam en 1712. Parent du célèbre imprimeur Jansson, il avait puisé auprès de lui le goût de la bibliographie. Il a donné des éditions de plusieurs écrivains classiques de l'antiquité, et il a souvent éclairé le texte par des notes et des commentaires. Strabon, Juvénal, les Aphorismes d'Hippocrate, le Traité de médecine de Celse, celui de Cœlius Aurelianus sur les maladies chroniques, ont été tour à tour publiés par le savant Almeloveen. On lui doit encore plusieurs ouvrages biographiques, bibliographiques, historiques ou de controverse. Voici les principaux : *De vitis Stephanorum*, Amsterdam, 1683, in-12; *Onomasticon rerum inventarum*, 1684, id.; *Bibliotheca promissa et latens*, 1692, id.; *Amœnitates theologico-philologicæ*, 1694, in-8°; *Fasti consulares*, id., etc. A. D. M.

ALMENARA. C'est une petite ville peu éloignée de Lérida, laquelle serait fort peu connue sans le combat que les troupes de Philippe V y soutinrent, le 27 juillet 1710, contre celles de l'archiduc. Ce dernier, réduit à une situation presque désespérée, s'était enfermé dans son camp retranché de Balaguer, tandis que le roi frappait de contributions la province entière. Toutefois, lorsqu'il eut reçu des renforts considérables qui lui arrivèrent de Valence, il se détermina, par le conseil du général Staremberg, à tenter un effort pour arrêter la marche de Philippe. Les troupes qui formaient l'avant-garde de l'armée royale, attaquées à l'improviste, se débandèrent, et s'enfuirent sous le canon de Lérida. Comme l'action n'avait commencé que vers les sept heures du soir et peu de temps avant le coucher du soleil, elle ne fut ni bien meurtrière ni décisive, parce que la nuit sépara les combattants après le premier choc. Philippe rallia son armée à Lérida. Le combat d'Almenara, où les Autrichiens eurent quelque avantage, amena peu de temps après la bataille de Saragosse. A. D. M.

ALMENESCHES. (*V.* ALMANISCHÆ.)

ALMÉS ou bayadères d'Égypte. On a donné le nom d'almés à des femmes qui forment une espèce de corporation de danseuses, musiciennes et cantatrices. Pour être admise au nombre des almés, une fille doit avoir la voix belle et posséder à fond la langue arabe ainsi que les règles de la versification, afin de pouvoir improviser si le cas l'exige; car les almés, de même que les poëtes improvisateurs, sont appelées dans toutes les réunions, toutes les fêtes des musulmans d'Égypte. Les almés amènent toujours avec elles deux joueurs d'instruments, une musette et un tambourin; pendant que les unes dansent, les autres chantent; les premières s'accompagnent de castagnettes. Leur danse, comme celle des bayadères de l'Inde, est plus que voluptueuse. Avant de se livrer à cet exercice, qui par sa vivacité et sa durée devient très-violent, elles quittent leurs longs voiles, et ne gardent que leurs vêtements intérieurs qui consistent en une tunique de gaze de soie, recouverte d'une robe de soie très-légère. Les almés sont en général de mœurs extrêmement dissolues; elles boivent à grands traits des liqueurs fortes et enivrantes; aussi, quoiqu'elles soient ordinairement très-jeunes, on en voit rarement dont les traits flétris n'annoncent pas l'inconduite. Il faut ajouter que les Égyptiens honnêtes les méprisent, bien qu'un vieil usage dont ils ne peuvent ou ne veulent pas s'affranchir exige qu'elles soient de toutes les fêtes de naissance et de mariage, et qu'elles assistent même aux convois funèbres; leurs chants sont analogues à la circonstance; dans les enterrements, elles prennent le rôle de pleureuses; elles hurlent leur feinte douleur. Les musulmans riches les introduisent dans leurs harems pour donner des leçons de danse et de maintien gracieux. Il y a des almés d'un ordre inférieur qui se consacrent aux plaisirs du peuple; elles remplissent les promenades et les places publiques, comme nos saltimbanques. Elles sont en général d'un cynisme qui révolte. Des voyageurs, même modernes, vantent beaucoup les almés, leurs chants et leurs danses. On vantait beaucoup aussi les bayadères, avant que les Anglais, devenus possesseurs de l'Hindoustan, eussent pu les voir de près. Mais de même que pour se plaire à ces danses de bacchantes des bayadères et à leur musique plus que sauvage, il faut avoir les yeux et les oreilles d'un Hindou, nous pensons que pour aimer les almés et leurs exercices, il faudrait les yeux et les oreilles d'un Bédouin.

J. DE MARLÈS.

ALMOHADES. Ce fut vers l'an 1120 (514 de l'hégire) qu'Abdallah-ben-Tamurt, de la tribu de Masamuda au pays de Suz, commença de prêcher dans les villes de la Mauritanie les doctrines de l'iman Algazali de Bagdad, doctrines que les imans de Cordoue avaient condamnées et qu'Ali-ben-Youssef avait proscrites dans ses États d'Afrique. Aben-Tamurt se fit de nombreux prosélytes; à ceux-ci se joignirent tous les mécontents. Ali-ben-Youssef se repentit alors d'avoir trop longtemps ménagé ce novateur qui, sous prétexte de religion, visait ouvertement à la puissance temporelle. Ali voulut sévir contre lui; mais il n'était plus temps. Tamurt se disait envoyé de Dieu pour restaurer l'islamisme et la vraie foi, et, afin de donner à ses paroles

plus d'autorité, il avait pris le nom de *Méhédi*, c'est-à-dire *croyant en un seul Dieu* ou *qui enseigne l'unité de Dieu* (c'est la définition d'Aboulféda), et ses disciples prirent celui d'*Almohades*. Le nouveau prophète était parvenu à se soustraire aux poursuites des soldats envoyés contre lui; il alla chercher un asile à Tinmal dans le pays de Suz. Ses partisans l'y suivirent en grand nombre, et il leur donna une espèce de constitution politique. Un de ses disciples, Abdelmumen, fut chargé du commandement des troupes, et s'il essuya quelques revers, il remporta de grandes victoires. Après la mort d'El-Méhédi, Abdelmumen prit sa place, et le nouvel émir, après une lutte assez longue, finit par renverser le trône des Almoravides. Celui qu'il éleva pour lui-même et pour ses descendants ne résista pas plus d'un siècle aux tempêtes qui l'assaillirent. Vers le milieu du XIIe siècle il avait subjugué l'Afrique et ajouté l'Espagne à cette conquête. Son fils Abou-Jacûb-Youssef avait consolidé son ouvrage, et Jacûb-Almanzor avait fait monter au plus haut degré la puissance almohade. La bataille d'Alarcos (1196) mit l'Espagne chrétienne à deux doigts de sa perte, mais la grande victoire de las Navas de Tolosa (1212) porta un coup mortel à la domination almohade en Espagne. (*V.* EL-MÉHÉDI, ABDELMUMEN, JACUB (Abou), JACÛB-ALMANZOR, MOHAMMED - ANNAZIR, ALPHONSE III de Castille, TINMAL, etc.) A. D. M.

ALMIRUS-CENOMANENSIS (S.), ancienne abbaye d'hommes au Mans; elle avait été fondée avant 796.

ALMON, ville de la tribu de Benjamin. (*V.* ALMATH.)

ALMORAH, province et ville de l'Hindoustan. C'est une contrée assez fertile, mais peu importante; elle est resserrée entre deux longues chaînes de montagnes; la ville est située sur une rivière dont les eaux se jettent dans le Gange. A. D. M.

ALMORAVIDES. Au delà de la grande chaîne de l'Atlas vivait, dans le XIe siècle, une ancienne tribu arabe qu'on nommait *Lamtuna*, tribu nomade, parcourant le désert, plantant ses tentes dans les oasis et, dans ses courses vagabondes, portant ses pas jusqu'aux rivages de la mer Atlantique. Ce fut un Lamtunien, Yahia-ben-Ibrahim, qui, ayant acquis quelque instruction dans ses voyages, forma le projet d'initier ses compatriotes aux connaissances qu'il avait acquises. Il s'était lié à Caïrvan avec un célèbre asfaqui de Fez, nommé Abou-Amram; celui-ci lui donna un de ses disciples, doué d'audace, de talent, d'enthousiasme et d'une éloquence entraînante, tout propre à jouer le rôle d'apôtre; il se nommait Abdalla-ben-Yasim. Le chef des Lamtunes s'étant déclaré son disciple, il exerça le pouvoir souverain dans toute son étendue; donna aux adeptes le nom d'*Almorabethan* (Almoravides, c'est-à-dire *consacrés au service de Dieu*), et mourut l'an 451 de l'hégire (1059), après avoir créé une puissance nouvelle, qui ne tarda pas à étendre sa domination sur toute l'Afrique, et successivement sur l'Espagne mahométane. Le plus célèbre et le plus puissant de tous les émirs almoravides fut Youssef-ben-Taxfin qui prit le titre d'*émir Almumenin*. Après la mort de Youssef (1106), la puissance des Almoravides alla toujours déclinant, lentement sous Ali-ben-Youssef, rapidement sous ses successeurs, jusqu'à ce qu'elle fût enfin renversée par l'almohade Abdelmumen, vers l'an 541 de l'hégire 1146. (*V.* YAHIA-BEN-IBRAHIM, AMRAM (Abou-), YASIM (Abdallah-ben-), LAMTUNA, MAROC, ZACARIA-BEN-OMAR, OMAR (Abou-Béck're-ben-), TAXFIN (Youssef-ben-), TAXFIN (Ali-ben-Youssef-ben-), TAXFIN (Ali-ben-), IBRAHIM (Abou-Ischak), etc.) A. D. M.

ALMOSAL. C'est l'ancienne Ninive. Almosal a été bâtie des ruines de cette ville célèbre, sur la rive opposée du Tigre. Un pont réunit l'emplacement de la ville détruite aux quartiers de la ville qui l'a remplacée. (*V.* NINIVE.)

ALMOSNINO (MOISE), rabbin de Salonique, qui vivait vers le milieu du XVIe siècle, se distingua par son grand savoir et son habileté dans la prédication. Il a beaucoup écrit sur des matières différentes. Ceux de ses ouvrages qui méritent le plus d'attention sont : 1° *Jedé Mósché*, ou *Les mains de Moïse*; c'est un commentaire sur les cinq *Meguillôth*, c'est-à-dire le Cantique des cantiques, Ruth, les Lamentations de Jérémie, l'Ecclésiaste et Esther. Cet ouvrage a été imprimé in-4°, d'abord à Salonique en 1572, puis à Venise en 1597. — 2° *Pirké Mósché*, ou *Chapitres de Moïse*; c'est un commentaire sur le *Pirké Avôth* (*V.* ce mot); in-4°, Salonique, 1563. — *Tephilá de Mósché*, c'est-à-dire *Prière de Moïse*; ouvrage qui traite de l'excellence et de l'utilité de la loi mosaïque et de la prière dite *Schema*; in-4°, Salonique, 1563, et Cracovie, 1586. — 4° *Meammeth-Coah*, ou *Corroborant les forces*; in-4°, Venise 1588. Cet ouvrage est un recueil de discours composés en différentes circonstances; on y remarque trois oraisons funèbres. — 5° Un cinquième ouvrage dans lequel l'auteur trace des règles de conduite ; in-4°, Salonique 1564, et Venise 1604. Selon Wolf, ce livre aurait été composé en italien et écrit en caractères hébraïques ; mais, suivant de Rossi, ce serait en espagnol et sous le titre de : *Regimiento de vita*. — 6° *Extremos y grandezas de Constantinopla*, in-4°, Madrid 1638 ; cet ouvrage composé en hébreu a été traduit en espagnol et publié en cette langue par Jacob Cansino. — 7° *Pené Moschè*, ou *La face de Moïse* ; c'est un commentaire sur le Pentateuque ; il n'a pas été imprimé ; on le trouve parmi les manuscrits de la bibliothèque d'Oppenheim. — 8° *Béth Elohim*, c'est-à-dire, *La maison de Dieu* ; c'est une traduction hébraïque de l'ouvrage de Jean de Sacro Bosco, intitulé : *La sphère du monde*, à laquelle Almosnino a ajouté un commentaire en 1553 : Ce manuscrit se conserve dans la bibliothèque Bodleyenne, et il en existe une copie dans celle de l'abbé de Rossi. — 10° *Schahar haschschâmaim*, ou *La porte du ciel*, qui n'est encore qu'une simple traduction d'un traité sur *La théorie des étoiles*, qui n'a jamais été imprimée, se trouve parmi les manuscrits de l'abbé de Rossi, aussi bien que le suivant. — 11° *Migdal hôz*, c'est-à-dire, *Rempart de la force* ; c'est un commentaire de l'ouvrage du philosophe arabe *Abu-Ahmed-al-Gazali* sur *les opinions des philosophes* (*V.* de Rossi, *Dizionario storico degli autori ebrei*; vol. I, pag. 48, 49). J. G.

ALMOSTANSER-BILLAH, calife fatimite d'Égypte. Almostanser-Billah, fils du calife Aldhaher ou Aldaher et d'une esclave nubienne, monta sur le trône l'an 427 de l'hégire (1035), à l'âge de sept ans ; son premier nom fut Abou-Témim ; mais il n'est connu que par le surnom de Almostanser qui lui fut donné à son avènement. Sa mère avait été vendue par un marchand juif nommé Abou-Saïd-Sahal, et ce juif conserva toujours sur elle, un ascendant dont il abusa. Régente et souveraine pendant la minorité de son fils, elle lui confia un pouvoir sans bornes, dont l'exercice, impatiemment supporté par le peuple, occasiona plus d'une fois des troubles et des soulèvements. Plusieurs émirs se révoltèrent, et celui de Syrie se déclara indépendant. Le mal venait de ce que le gouvernement n'offrait pas de stabilité ; les vizirs se succédaient rapidement, et même plusieurs d'entre eux ne sortirent de charge que pour monter sur l'échafaud. Enfin le vizir Al-Felahi, voyant sa tête menacée, se délivra du juif par un assassinat ; il n'y gagna rien : la mère du calife vengea ce crime par un autre crime. Al-Felahi fut immolé aux mânes du favori. Le gouverneur de Syrie, Moezz-ed-Doulah, profita de ces événements pour obtenir du calife, ou plutôt de sa mère, la reconnaissance de son usurpation (440-1048). A peu près vers le même temps l'émir d'Afrique ou de Cairoan, Moezz-ben-Badis, fit supprimer de la Chotba (prière publique dans les mosquées) le nom d'Almostanser pour y substituer celui de Kaïm-Beamrillah, calife abbasside de Bagdad. Le vizir Yazouri, l'un des plus sages ministres qu'ait eus l'Égypte, s'il faut en croire Aboulféda et surtout Macrizy, suscita contre Moezz plusieurs tribus arabes de l'Atlas, et, soutenant à propos leur invasion, il rendit ces tribus victorieuses : Moezz fut dépouillé de la plus grande partie de la province d'Afrique : Cairoan même rentra au pouvoir d'Almostanser, mais ce ne fut qu'après douze ans de guerre. Par une sorte de compensation, le prince de l'Yémen, Ali-ben-Mohammed, fit rayer de la Chotba le nom du calife de Bagdad et il adopta pour calife le calife du Kaïre. Le premier protesta contre cette innovation ; il contesta l'origine prétendue des fatimites, et c'était là tout ce qu'il pouvait faire, car ce prince n'avait hors de Bagdad aucune autorité. Attaqué dans sa propre capitale par ses émirs rebelles, dès l'an 427 il avait appelé à son aide les tribus seljoukides qui, sous les ordres de Togroul-Beg, avaient posé dans l'Orient les fondements d'une monarchie nouvelle ; et les Seljoukides, accourant à sa voix, avaient dispersé les rebelles ; mais ce fut pour eux-mêmes qu'ils conquirent l'Irack, la Mésopotamie et la Perse. Toutefois, dans les dix années suivantes, les émirs reprirent les armes, et les Seljoukides abandonnèrent toutes leurs conquêtes. Le vizir Yazouri soutenait en secret ces émirs ; et tandis qu'il travaillait ainsi à augmenter la faiblesse de l'abbasside, il étendait au loin l'autorité de son maître et voulait faire renaître ces jours de gloire où le calife régissait de son sceptre la moitié de l'Asie, l'Afrique et l'Espagne. Le Turc Besasiri, qui, de général de Kaïm-Beamrillah, était devenu son plus dangereux ennemi, avait demandé des secours au fatimite ; et Almostanser écrivit pour lui à Kaïm ; mais le fier abbasside lui renvoya sa lettre sans l'ouvrir, et il mit de sa main ces mots sur l'enveloppe : « Qui es-tu ? qui es-tu ? dis-moi qui tu es. » Almostanser irrité

fit passer à Besasiri des secours d'hommes et d'argent (450). Des agents du rebelle s'introduisirent dans Bagdad, gagnèrent un grand nombre d'officiers du calife, et se conduisirent avec tant d'adresse et de bonheur, qu'au moment même où Kaïm se flattait de l'espoir d'étouffer la révolte, Besasiri pénétra dans la ville avec un corps d'élite, assiégea le calife dans son palais, fit réciter la Chotba au nom d'Almostanser, força les imans, les cadis, les principaux habitants de Bagdad à jurer fidélité au fatimite, et contraignit le calife lui-même à signer, tant pour lui que pour ses héritiers, sa renonciation formelle à la possession du califat, puisqu'il *existait des descendants de Fatime*. Cette déclaration fut envoyée au Caire où elle fut conservée jusqu'au temps de Salah Eddin, qui, pour acheter la faveur du calife abbasside, la lui renvoya avec d'autres objets qui avaient été apportés de Bagdad. — Si Yazouri avait conservé la direction des affaires, il est probable qu'Almostanser aurait ajouté à son empire toutes les provinces de l'Orient, depuis la mer Caspienne jusqu'au golfe Persique ; mais ce prince irréfléchi, livré à ceux qui flattaient ses goûts immodérés pour le plaisir, reprit le pouvoir des mains de son vizir, qui, pour prix d'un long dévouement, fut livré aux bourreaux après quatre ou cinq ans d'exil. Almostanser ne tarda pas à recueillir le fruit de son ingratitude ; six mois ne s'étaient pas écoulés depuis la disgrâce de Yazouri, et déjà les Seljoukides avaient rétabli dans Bagdad l'autorité de Kaïm ; la Syrie que le vizir avait fait rentrer sous la domination de son maître se révolta de nouveau. L'Égypte elle-même, depuis le rivage de la mer jusqu'au fond de la Thébaïde, fut en proie aux discordes et à la guerre civile ; et la cour du calife était devenue un foyer d'intrigues où chacun ne songeait qu'à sa propre fortune. Le calife n'étant plus dirigé par une main sûre et fidèle s'abandonnait au torrent tumultueux de ses passions, sans cesse excitées par les flatteurs qui l'entouraient ; et quand les rebelles menaçaient les portes du Caire, il ne s'occupait que de plaisirs et de fêtes. La guerre avait commencé (460-1068) par une simple querelle entre un soldat turc pris de vin et un soldat nègre ; le premier fut tué ; les Turcs coururent aux armes et attaquèrent les nègres qui, protégés et soutenus par la mère du calife, se défendirent pendant longtemps avec avantage. Les Turcs, plus aguerris, mais beaucoup moins nombreux, cherchèrent à se donner des alliés ; ils réussirent à se liguer avec plusieurs tribus arabes, et ils nommèrent pour leur chef Nazer-ed-Doulah, officier plein d'audace et de talent, mais sanguinaire et cruel ; il fit aux nègres une guerre opiniâtre. Plusieurs fois la fortune contraire trahit son attente, mais elle ne put lui ôter ni le courage ni la persévérance ; il fit un dernier effort ; et cette fois la fortune, vaincue elle-même, dut s'attacher à ses drapeaux. Les nègres, complétement défaits, furent chassés, poursuivis, égorgés par toute l'Égypte, et leur pouvoir s'anéantit pour toujours. Nazer-ed-Doulah devint alors maître de l'Égypte. Le faible calife n'eut plus qu'un titre sans pouvoir, et les trésors de ce prince furent bientôt épuisés par les exactions de Nazer et de ses Turcs. Ils avaient commencé par exiger une augmentation de solde ; puis ils demandèrent leur solde prétendue arriérée ; Almostanser fut obligé de vendre ses pierreries, ses joyaux et jusqu'à ses meubles. Durant plusieurs années, dit Macrisy, ce fut un scandaleux pillage de tout ce qui se trouvait au palais d'objets précieux. Tout se vendait, il est vrai, à la chaleur des enchères ; mais les Turcs faisaient eux-mêmes l'estimation ; et comme ils écartaient tous les enchérisseurs, ils se rendaient adjudicataires. Macrisy entre à ce sujet dans des détails où nous ne le suivrons pas. Il assure que les meubles vendus le seul mois de safer, produisirent trente millions de dinars. Il y a sans doute dans les récits de Macrisy beaucoup d'exagération ; mais on ne peut douter que le palais du calife ne renfermât d'immenses richesses. — Après avoir consommé la ruine du calife, Nazer conspira ouvertement contre lui. Il réunit ses Turcs ; fut battu sous les murs du Caire par les partisans du calife, se retira du côté d'Alexandrie dont il se rendit maître, attira dans ses rangs les Arabes de Serbas et les Bérébères de Lewatâh ; s'empara de toute la basse Égypte, fit proclamer l'abbasside Kaïm, dévasta la campagne, intercepta les convois destinés pour le Caire et fit naître une horrible famine dans cette malheureuse ville, que déjà la disette et les maladies désolaient depuis cinq ou six ans. Les historiens arabes, et principalement Abdallatif, dont on ne conteste pas la véracité, parlent avec beaucoup de détail de ce fléau terrible qui, dans quelques semaines, enleva la moitié de ses habitants. Après avoir mangé tous les animaux, on finit par dévorer les hommes. On y vendit presque publiquement la chair humaine ; les cadavres même de ceux qui périssaient étaient rongés jusqu'aux os. On ne pouvait se procurer quelques vivres qu'à un prix excessif. Une femme, dit Abdallatif, offrit un boisseau (moudd) de pierreries, pour un peu de farine, et elle ne trouva point de vendeur. Une autre donna pour un petit gâteau un collier de mille dinars. Le calife lui-même fut obligé de vendre tout ce que les Turcs lui avaient laissé; il ne lui resta, dit Macrisy, qu'une simple natte qui lui servait de siége et de lit. Dans cette extrémité cruelle, le calife envoya chercher le chef de la police : il lui dit que si dans peu d'heures le marché n'était garni de pain à un prix modéré, il lui ferait couper la tête. Cet officier effrayé fit amener chez lui huit ou dix criminels condamnés à mort et il les fit habiller comme de riches marchands; ensuite il manda tous les marchands de grain, boulangers et meuniers de la ville ou des environs. Quand ils furent tous réunis, il fit avancer ces criminels l'un après l'autre, reprochant à chacun d'eux d'accaparer les grains afin de produire ou d'augmenter la famine. A peine cessait-il de parler qu'à un signal donné les bourreaux abattaient la tête du malheureux. Les marchands et boulangers qui prenaient ces hommes pour des marchands comme eux, n'eurent pas plutôt vu tomber quatre ou cinq têtes, qu'ils se mirent tous à crier : « Merci, émir, merci; nous te jurons d'ouvrir nos greniers et de fournir le marché à un prix raisonnable. » L'émir feignit d'abord de se montrer impitoyable, puis il réduisit de moitié le prix que les marchands demandaient, et il les congédia en les menaçant de les traiter comme ils avaient vu traiter *leurs confrères*, s'ils ne remplissaient immédiatement leurs promesses. (462-1070). — Cependant l'audacieux Nazer, ayant rassemblé une armée nombreuse, vint camper sous les murs du Caire. L'infortuné calife fut contraint de demander la paix et d'accepter les conditions qu'il plut au rebelle de lui imposer. Privé de toute autorité, séparé violemment de tous les membres de sa famille que Nazer chassa de l'Égypte après les avoir complètement dépouillés, abandonné de tous ses anciens serviteurs, il fut réduit à une pension de douze cents dinars que l'insolent Nazer eut l'air de lui assigner par compassion. Au dehors, les affaires n'allaient pas mieux; toute la Syrie était en feu, alternativement ravagée par les Arabes et les Turcomans. Le nom du calife abbasside et celui du sultan de Bagdad (car déjà le calife n'avait plus qu'un titre sans pouvoir) furent substitués dans la Chotba au nom d'Almostanser; cet exemple fut suivi par l'émir de la Mecque et l'émir de Syrie. Certain alors qu'Almostanser ne trouverait point de défenseurs, Nazer se livra sans retenue à tout le désordre de ses passions; mais bientôt l'émir Ildecouz, craignant son despotisme (465-1073), arma contre lui des assassins. Almostanser ne gagna rien à cet événement : il ne fit que changer de maître. Ildecouz s'était emparé du pouvoir, et, comme Nazer, il en abusa. Almostanser eut recours en secret à l'émir de Syrie Bèdre-al-Djemali; il lui offrit le gouvernement de l'empire pour le délivrer de la tyrannie d'Ildecouz; Bèdre accourut avec un corps d'élite tout composé de Syriens, et en peu de temps l'Égypte entière rentra sous la domination d'Almostanser. Celui-ci, fidèle à sa promesse, investit solennellement son libérateur de toute l'autorité civile et militaire; Bèdre en profita pour étouffer tous les germes de révolte. Ildecouz et un grand nombre d'émirs et de chefs rebelles furent livrés au supplice. La tribu de Lewatah demanda la paix; les farouches Bérébères furent dispersés et refoulés dans leurs déserts. Alexandrie ouvrit ses portes, un combat sanglant où périrent, dit-on, vingt mille de ses défenseurs. Quelques rassemblements s'étaient formés dans le haut Saïd; Bèdre s'y rendit en personne, et le même bonheur accompagna ses armes. L'Égypte respira. Bèdre, qui unissait aux talents militaires les qualités d'un habile administrateur, ne se contenta pas de lui donner la paix, il voulut encore assurer à ses habitants un long avenir de prospérités. Il ranima l'industrie, favorisa de tout son pouvoir la classe des cultivateurs, protégea les entreprises commerciales, diminua les impôts, rappela les populations fugitives d'un grand nombre de villes, mit enfin tant de sagesse et de prévoyance dans les divers actes de son administration, qu'en assez peu d'années l'Égypte restaurée perdit jusqu'au souvenir de ses longs désastres. — Des revers au dehors compensaient tous ces avantages. Acre tomba au pouvoir des Turcomans. Un officier de cavalerie, Atziz, chef des Turcs de la Syrie, fit la guerre aux Turcomans; mais bientôt, égaré par l'ambition et de serviteur dévoué devenu rebelle, il s'empara pour son compte de la Palestine et de la Syrie, et fit proclamer dans Damas le calife abbasside. Ce premier succès lui inspirant plus d'audace, il ne craignit pas de tenter la conquête de l'Égypte (470-1078). La nouvelle de son arrivée jeta l'alarme dans le Caire, et lorsque du haut des murailles, on

aperçut ses bandes, la consternation devint générale. Bèdre, qui malgré son grand âge n'avait rien perdu de son activité, réunit quelques troupes, négocia d'abord avec l'ennemi pour gagner du temps, et lorsque ses préparatifs de défense furent terminés, il se mit à la tête de l'armée et livra bataille aux rebelles avec tant de vigueur qu'il remporta sur eux une victoire complète. Atziz ne ramena à Damas que six cavaliers. Toutes les villes de la Palestine se hâtèrent d'acheter par la soumission l'oubli de leur défection passée; mais Damas opposa de la résistance. Atziz avait appelé à son secours le sultan de Bagdad, Alp-Arslan; et Bèdre, qui s'avançait avec quelques troupes, ne se sentant pas assez fort pour lutter contre des troupes réunies de Damas et de Bagdad, reprit la route de l'Égypte, afin de faire quelques levées d'hommes. Là des soins nouveaux appelèrent son attention; la révolte des Alexandrins excitée par un de ses propres fils, une conspiration dangereuse dirigée contre sa vie, des troubles intérieurs, les craintes d'Almostanser qui ne consentait qu'avec peine à ce qu'il s'éloignât de lui, les infirmités inséparables de la vieillesse, empêchèrent Bèdre de conduire lui-même l'armée égyptienne en Syrie; mais il lui donna des chefs habiles. Acre, Tyr, Balbec et beaucoup d'autres places capitulèrent, mais Damas resta au pouvoir du sultan de Bagdad. — Bèdre termina paisiblement sa longue et glorieuse carrière après avoir gouverné l'Égypte avec une autorité sans limites pendant plus de vingt ans (487-1094). Il fut généralement regretté, bien qu'on le craignît plus qu'on ne l'aimait; mais il avait porté dans l'administration une telle supériorité de vues, que le pays avait recouvré sous lui une bonne partie de son ancienne splendeur. Almostanser suivit de très-près son vizir au tombeau, après un règne de soixante ans, durant lequel l'inconstante fortune lui fit passer plusieurs fois par les plus rudes épreuves après l'avoir poussé au faîte des grandeurs humaines. Après la mort de ce prince, la puissance des fatimites, qui depuis longtemps se trouvait sur les voies de la décadence, déclina rapidement. La sage administration de Yasoury, les talents de Bèdre avaient soutenu l'état chancelant sur les bords de l'abîme où l'entraînait la faiblesse des califes; il y tomba sous le règne des successeurs d'Almostanser. Son fils perdit la Palestine et Jérusalem, qui lui furent ravis par les croisés; son petit-fils, Alamer, vit la Syrie et l'Afrique s'échapper sans retour de ses mains. Le successeur d'Alamer, d'un caractère faible et pusillanime, fut réduit à n'avoir qu'un vain titre. Aldhafer, Alfaïz, Alhadel, qui vinrent ensuite, ne régnèrent que de nom; à ce dernier finit la dynastie des fatimites. Le fameux Salah-Eddin, son vizir infidèle, le renversa du trône pour s'y asseoir lui-même (567-1071).

                      J. DE MARLES.

ALMUGIM, comme on lit au 3ᵉ livre des Rois, chap. x, vers. 11 et 12, ou bien **ALGUMIM**, comme porte le 2ᵉ livre des Paralipomènes, au chap. ii, vers. 7-9, 10, 11, est une espèce de bois précieux que Salomon fit venir d'Ophir, et que l'on employa à la construction du temple et à faire des instruments de musique. La plupart des rabbins rendent ce mot hébreu par *corail*, quelques-uns par *ébène*, d'autres par *pin*, d'autres enfin l'entendent du *bois de Brésil*. La Vulgate a traduit le terme du texte sacré par *ligna thyina*, du bois de thya, qui est un bois odoriférant. Quoiqu'on n'ait sur cette matière rien de certain, on peut toutefois dire que le corail n'est nullement propre à faire des instruments de musique, qu'il ne saurait entrer dans la structure des balustrades. Quant au pin, c'était un bois trop commun dans la Judée et les pays environnants pour que Salomon en envoyât chercher à Ophir. D'ailleurs, l'historien sacré ajoute qu'on n'apporta et qu'on ne vit jamais à Jérusalem de cette sorte de bois (3, *Rois*, x, 12). Les interprètes et les philologues de nos jours croient assez généralement que l'almugim n'est pas autre chose que le *bakkam* des Arabes, c'est-à-dire le bois de Brésil.   J. G.

ALNA (*Aulne-sur-Sambre*), abbaye d'hommes dans le diocèse de Liége; elle avait pour patron saint Pierre, et appartenait à l'ordre de Cîteaux. On rapporte l'époque de sa fondation à l'an 650 environ.

ALNASER, sultan d'Égypte. Après la mort de Kélaoun, l'un des plus célèbres sultans d'Égypte de la race des mamlouks turcs ou *bahrites*, ses deux fils Alaschraf et Alnaser montèrent successivement sur le trône (1290-689 de l'hégire). Le premier, ambitieux et entreprenant, voulut étendre sa domination dans la Syrie et la Palestine. Il emporta de vive force la ville de Saint-Jean-d'Acre, et il se préparait à de nouvelles conquêtes lorsqu'il tomba sous le fer d'un assassin. Le meurtrier, Baïder (1293), tenta d'usurper la couronne, ses partisans, dit Maured Allatafed, lui donnèrent le nom d'Almalec-al-Kaher ce qui fait que cet écrivain le compte au nom des sultans. Mais, dès le lendemain de son usurpation, il fut immolé aux mânes d'Alashraf par d'anciens serviteurs de Kéloun. Alnaser fut alors proclamé sous le nom de Almalec-Alnaser-Mohammed-ben-Kélaoun ; mais comme il n'était encore âgé que de neuf ans, ce qui le rendait incapable de gouverner par lui-même, il fut immédiatement déposé (1294) et remplacé par Almalec-Aladel-Zinoddin qui, au bout de deux ans, craignant pour ses jours que menaçait l'émir de Syrie Almalec-Almanzour-Horameddin, fut contraint d'abdiquer ; il évita par une prompte fuite la mort que lui destinait son rival. Celui-ci, moins heureux encore, ne jouit pas tranquillement de la dépouille de Zinoddin : il fut assassiné (1298). Les inconstants mamlouks, après un interrègne de quarante jours employés à discuter sur le choix d'un nouveau souverain, s'accordèrent pour rétablir Alnaser. Ce prince, malgré sa jeunesse (il n'avait que quatorze ans), ne tarda pas à donner de grandes preuves de courage. Les Tartares venant une seconde fois d'attaquer la Syrie ; ils étaient nombreux et aguerris : Alnaser n'hésita pas à les attaquer. La lutte fut longue et opiniâtre, mêlée de revers et de succès. Mais, à la fin la fortune ayant abandonné les Tartares, Alnaser les refoula vers l'orient, après leur avoir fait un grand nombre de prisonniers et s'être chargé de butin. — Le sultan avait repris glorieux le chemin de l'Égypte : tout à coup on lui persuade qu'il s'imagine que ses amis conspirent contre lui ; il quitte l'armée clandestinement, se dépouille des ornements royaux, dépose toutes les marques de la puissance, se dirige vers la Mecque et fait parvenir au Caire son abdication (1308). Les mamlouks lui donnent pour successeur Almalec-Almodhaffer-Bibars. — Quand on a goûté une fois les douceurs du pouvoir, on a bien de la peine à rentrer dans la condition privée. Dans un moment d'humeur chagrine ou d'exaltation, on peut renoncer à une couronne ; mais les regrets ne se font pas attendre. Alnaser n'était pas encore arrivé à la ville du prophète que le projet de s'y rendre n'existait déjà plus. Il sonda ses amis qu'il trouva disposés à le seconder ; des sommes d'argent distribuées en secret aux soldats lui donnèrent l'armée. Almodhaffer, informé du mouvement qui s'opérait dans la Syrie en faveur de l'ancien souverain, réunit promptement quelques troupes qu'il tâcha de gagner par des largesses. Cependant Alnaser, reconnu à Damas et dans toute la Syrie, s'avançait à marches forcées ; à son approche, la désertion se mit dans le camp d'Almodhaffer qui, prévoyant qu'il allait se trouver sans défenseurs, prit le sage parti d'abdiquer ; précaution malheureusement inutile ! Alnaser, de retour au Caire, le fit étrangler. Un grand nombre d'émirs et de mamlouks eurent le même sort ; telle est la politique de l'Orient : étouffer dans le sang tous les germes de révolte. Alnaser consolida sa puissance par des supplices. Toutefois, pour occuper les émirs et l'armée, il ordonna diverses expéditions contre les Nubiens, et cette guerre dura plusieurs années. D'un autre côté, pour venir au secours du peuple que les mauvaises récoltes menaçaient de disette, il ordonna des travaux qui employèrent un grand nombre d'individus. Il fit creuser un canal qui prit son nom. Sept ponts unirent les deux rives ; quelque temps après il le reconstruire son palais et divers édifices publics. — Des troubles sérieux naquirent un jour à l'occasion d'une de ces reconstructions. Il y avait près du pont des Lions une butte qu'on voulait raser ; mais sur le sommet de cette butte se trouvait une église chrétienne. Le sultan désirait que, par l'effet des travaux, l'église s'écroulât d'elle-même sans qu'on pût l'accuser de l'avoir renversée. On enleva donc toutes les terres autour de l'église qu'on laissa, pour ainsi dire, suspendue sur une pointe de terre, minée à sa base par des excavations circulaires. La populace, impatiente ou plutôt excitée par des imans fanatiques, s'arma d'instruments et se porta furieuse à l'église, qui en peu d'heures n'offrit plus que des décombres. Le sultan irrité donna ordre à ses officiers de charger la populace ; mais les officiers, zélés musulmans, avertirent ou firent prévenir les mutins auxquels ils laissèrent tout le temps de se retirer. Quelques jours après on reçut la nouvelle que les habitants de Fostat et de plusieurs autres villes avaient suivi l'exemple donné au Caire. Le courroux du sultan augmenta ; les officiers ainsi que les imans mirent beaucoup de peine à l'adoucir. Le calme commençait à peine de se rétablir, que de nombreux incendies éclatèrent au Caire ; des édifices publics et des mosquées devinrent la proie des flammes. On accusa les chrétiens d'y avoir mis le feu par vengeance ; on prétend même que deux religieux du monastère dit du Pas de la Mule furent surpris en flagrant délit, armés de mèches imprégnées de soufre, de camphre et de naphte. Le patriarche

d'Alexandrie fut mandé au Caire, mais il resta démontré que ce prélat n'avait eu aucune part à ces déplorables représailles. Il y eut plusieurs exécutions, ce qui ne suffit pas pour arrêter le mal. Les musulmans exaspérés menaçaient d'égorger tous les chrétiens, et par malheur beaucoup d'entre eux exécutèrent leurs sinistres menaces. Le sultan prit des mesures sévères pour empêcher de nouveaux désordres ; mais en même temps il publia une amnistie qui lui valut les bénédictions du peuple ; car après le premier moment d'effervescence les musulmans commencèrent à trembler pour eux-mêmes, connaissant l'inflexible sévérité de leur souverain. Au bout de quelque temps Alnaser permit aux chrétiens de relever leur église, et les chrétiens, excédant les bornes de la concession, y ajoutèrent plusieurs bâtiments qui auparavant n'existaient pas. Alnaser ordonna la démolition de l'église ; les habitants du Caire abattirent aussi l'église, et ils y construisirent à la hâte un mihrab (mosquée) où l'on fit la prière. Les chrétiens se plaignirent au grand cadi, dont la décision leur fut favorable. Alnaser fit démolir le mihrab, mais, pour ménager les préjugés des musulmans, il ne permit pas de rééditier l'église. — Alnaser avait atteint sa cinquante-septième année (1340-741 de l'hég.), et à vigueur de son tempérament semblait lui promettre encore une longue vie ; mais on ne doit pas plus compter sur la santé que sur la fortune ; il ne faut souvent qu'un instant pour détruire l'une et renverser l'autre. Alnaser mourut après une courte maladie. Il avait désigné pour son successeur son fils Almanzour-Abou-Beckre, et les mamlouks rendirent à sa mémoire un hommage peu ordinaire dans l'Orient et même en Europe : ils exécutèrent ses dernières volontés. Alnaser emporta les regrets des Égyptiens ; il avait souvent déployé de grandes qualités, et parmi elles se retrouvait un amour sincère pour la justice. Pour dédommager le peuple de la servitude, il s'occupa constamment d'améliorer son sort ; il avait cherché à faire revivre cet ancien commerce de l'Inde qui répandit jadis tant de richesses sur l'Égypte. Pour y parvenir, il accorda des immunités aux marchands indiens qui abordaient à Djiddah, et il ferma ce port aux Arabes de l'Yémen. Cette double mesure avait fait tomber le commerce d'Ader, et la ville de Djiddah était parvenue à un très-haut degré de prospérité. Malheureusement cela ne dura pas. Aussitôt qu'Alnaser eut fermé les yeux, les ambitions particulières longtemps comprimées profitèrent pour se montrer de la faiblesse d'un gouvernement nouveau, et en s'agitant elles ébranlèrent le trône ; de longs désordres affligèrent l'Égypte ; on eût dit que la discorde s'était assise sur le tombeau d'Alnaser, et que de là elle secouait ses brandons sur toute la contrée. J. DE MARLÈS.

ALNETUM (AULNAY), abbaye d'hommes de l'ordre de Cîteaux, dans le diocèse de Bayeux, sur la rivière d'Odon, à six lieues de Caen. Jourdain de Saye, baron d'Aulnay, et Luce sa femme fondèrent ce monastère l'an 1131, sous l'épiscopat de Richard de Douvre, onzième du nom, et ils y firent venir des religieux de l'abbaye de Savigny. Le monastère fut achevé par leur beau-fils Richard du Hammet, connétable de Normandie, qui, s'étant fait religieux, y mourut en 1181. L'église était très-bien bâtie ; elle fut dédiée en 1190 à la sainte Vierge. Aulnay avait autrefois un grand nombre de religieux ; sous le père Thomas de Manois, qui mourut en 1651, ils étaient réduits à quarante. L'abbaye souffrit beaucoup de la part des calvinistes durant les guerres de religion ; mais ensuite elle se releva et fut reformée. Ses revenus s'élevaient à environ 12,000 livres de rente. Le savant Huet, évêque d'Avranches, a été abbé d'Aulnay, et a rendu ce monastère célèbre par les ouvrages qu'il y a composés pendant les laborieuses vacances qu'il venait y passer à la belle saison. — Le monastère de Lannoy (Lanneium), du diocèse de Beauvais, était également nommé Alnetum. (V. LANNEIUM.)

ALOÈS (hist. nat. thérap.). — § I. Variétés de l'aloès : extraction. — L'aloès, de l'arabe alloêh, est une substance extracto-résineuse, solide, dure, friable, que l'on retire des feuilles de plusieurs espèces de plantes du genre aloé, qui appartient à la famille des asphodèles de Jussieu (hexandrie monogynie, Linn.). — Les aloès, originaires pour la plupart de l'Amérique ou du cap de Bonne-Espérance, offrent une racine fibreuse ; des feuilles épaisses et succulentes réunies à la base de la tige, des fleurs disposées en épi, un calice à six divisions peu profondes, des étamines au nombre de six, attachées à la base du calice, un stigmate trilobé. Le fruit est une capsule trigone, triloculaire. Le port des aloès est assez analogue à celui des agaves ; la beauté de leurs fleurs les fait cultiver dans nos serres comme objet d'ornement. — Pendant longtemps les colons du cap de Bonne-Espérance ignorèrent le nom et les qualités de l'aloès. Les naturels, dit-on, leur cachaient avec soin les propriétés de cette plante. On ajoute que la reconnaissance de l'un d'eux pour son maître en fit découvrir la vertu. On a dit à peu près la même chose de la découverte du quinquina. On tire le suc d'aloès des feuilles charnues de plusieurs espèces dont les principales sont : l'aloè perfoliata, l'a. spicata, l'a. vulgaris, l'a. elongata. Il est renfermé dans les vaisseaux qui sont à la surface de la feuille. — 1° Le premier procédé qu'on employait pour l'extraire, abandonné aujourd'hui, à ce qu'on prétend, consistait à faire aux feuilles des incisions transversales ; il en découlait un suc visqueux, incolore, qui jaunissait en se solidifiant, par le contact de l'air ; c'était l'aloès le plus pur ; il ne se trouve plus que dans les droguiers. On le désignait autrefois par le nom d'aloès lucide. Quelques voyageurs prétendent cependant qu'on prépare encore l'aloès succotrin d'après ce procédé.— 2°. Le second consiste à comprimer les feuilles pour en extraire le suc ; il donne l'aloès hépatique. — 3° Enfin, par la trituration des débris des feuilles, employées aux opérations antérieures, on n'obtient qu'un aloès moins pur, l'a. caballin, à l'usage de la médecine vétérinaire. Ces différents modes d'opérer varient suivant les pays. Ainsi, dans quelques endroits, une seule opération fournit les diverses espèces d'aloès destinées au commerce ; elle se réduit à exprimer les feuilles, à en concentrer le suc par la chaleur, à le mettre, lorsqu'il a acquis une certaine densité, dans des vases où bientôt il se sépare en trois couches qui donnent, la première, l'a. succotrin ; la seconde, l'a. hépatique ; la troisième, l'a. caballin. Chez les Hottentots, selon Thunberg, on coupe le sommet des tiges, et on reçoit dans des vases le suc qui en découle. A la Jamaïque, on fait subir aux feuilles une légère immersion dans l'eau bouillante, et on soumet la liqueur à une évaporation légère. — Les variétés de l'aloès ne viennent guère que du mode de préparation. Elles sont au nombre de trois ; l'a. succotrin, ainsi appelé du nom de Succotra ou Soccotora, île située près des côtes de l'Arabie, d'où sortait autrefois le meilleur aloès ; on l'apporte aujourd'hui du cap de Bonne-Espérance et de la Jamaïque. Il est en masses brunes, brillantes ; translucides et rouges sur les bords ; sa cassure est résineuse, sa poudre d'un jaune doré, son odeur assez agréable, sa saveur très-amère. L'a. hépatique est moins pur ; sa teinte ressemble à celle du foie ; sa cassure est terne, sa poudre d'un jaune rouge, son odeur désagréable et nauséabonde. La troisième espèce, l'a. caballin, est le moins estimé ; il est presque noir et renferme beaucoup de matières étrangères ; sa poudre est très-colorée, son odeur forte et désagréable. — § II. Analyse chimique. — Soumis à l'analyse, l'aloès donne les caractères d'une matière extracto-résineuse ; peu soluble dans l'eau froide, il se dissout aisément dans l'eau chaude, l'alcool et l'éther.— MM. Bouillon Lagrange et Vogel ont trouvé dans l'aloès succotrin 68 parties d'extractif et 32 de résine, tandis que l'aloès hépatique est composé de 48 parties de résine pour 52 d'extractif. M. Trommsdorf a donné le premier une analyse qui paraît plus exacte : principe savonneux amer, 75 ; acide gallique, une trace ; résine, 25. — L'a. succotrin fournit en outre à la distillation une certaine quantité d'huile volatile à laquelle l'élixir de Garus doit une partie de son arome agréable et de ses propriétés stomachiques. — Quoi qu'il en soit, les propriétés de l'aloès résident particulièrement dans l'extractif : elles sont altérées en partie par l'ébullition. — § III. Pharmacie. L'aloès est employé en médecine sous des formes très-variées ; mais son excessive amertume fait préférer généralement la forme pilulaire : il est presque toujours nécessaire de le déguiser avec une matière inerte, comme la gomme arabique.—Tantôt il entre presque seul dans la préparation ; tantôt il ne s'y trouve que comme élément ; ainsi dans l'élixir de longue vie, dont la réputation est si ancienne ; dans l'élixir de propriété, dont Paracelse est l'inventeur ; dans l'élixir de Garus ou ratafia, où s'emploie moins comme médicament que comme liqueur ; enfin, dans beaucoup d'autres élixirs, l'aloès existe plus ou moins. Beaucoup de pilules en contiennent également différentes doses. Les pilules ante-cibum, sont composées de deux grains d'aloès, un grain de quinquina, un tiers de grain de cannelle et de sirop d'absinthe ; les pilules d'Anderson ou écossaises, de six parties d'aloès, six de gomme-gutte, une d'essence d'anis et de sirop simple. Dans les grains de vie ou grains de santé du docteur Frank, dans beaucoup d'électuaires et dans les pilules de Bontius, l'aloès est un accessoire fort important. A l'intérieur, l'aloès se donne en poudre, en vin, en teinture ou même en extrait, mais rarement. A l'extérieur, il se prend en lavements, en

lotion, en injection ou en pommade.— § IV. Thérapeutique. Il faut reconnaître dans l'aloès une action double, l'une purgative, et l'autre dérivative. Les médecins ont mis à profit les effets physiologiques de cette substance, qui, administrée à petite dose, donne lieu à une légère diarrhée, ou seulement stimule les fonctions de l'estomac. Lorsque les doses sont plus fortes et que son usage est prolongé, une fluxion sanguine s'opère vers les organes situés dans le bassin. L'extrémité inférieure du tube digestif, et les organes urinaires éprouvent quelque excitation. Ces résultats variés ont mis sur la voie de nombreuses applications thérapeutiques. Ainsi, la propriété stimulante de l'aloès sur l'estomac, a fait composer des pilules destinées à réveiller l'appétit, à activer une digestion languissante. Les pilules ante-cibum ont reçu le nom de pilules gourmandes, parce qu'elles atteignent ce but : comme leur action est lente, elles ne troublent pas le travail de la digestion, et leur qualité irritante ne se manifeste que lorsque l'aliment déjà dénaturé par l'élaboration digestive arrive aux gros intestins.—Toutes les fois qu'il s'agit de combattre un état de constipation habituel, on retire un grand avantage de l'administration de l'aloès, depuis 2 jusqu'à 6 grains par jour. Les hommes de lettres, les artistes, tous ceux chez qui une vie trop sédentaire rend l'estomac paresseux, trouvent dans ce médicament une ressource précieuse. — Est-ce parce que les qualités irritantes de l'aloès se portent de préférence sur les gros intestins, que son administration provoque des selles ? Ou n'est-ce pas plutôt, comme le pense M. de Wedekind, à la nature bilieuse des garde-robes, parce qu'elles ont une influence spécifique sur le foie, où elles stimulent là sécrétion ? Une expérience assez curieuse semblerait venir à l'appui de son opinion : une demi-once d'extrait d'aloès avec l'eau pour véhicule, donnée en lavement, ne purge pas plus que de l'eau simple si le lavement est rendu trop tôt ; mais s'il est gardé assez longtemps pour que l'absorption se fasse, 7 ou 8 heures par exemple, l'effet purgatif a lieu. — Sans décider le pourquoi de ce médicament, disons qu'il est surtout précieux en ce que sous un petit volume il a une action puissante, en ce que cette action est constante, régulière, et modérée tout à la fois. Ces avantages réunis lui ont valu de l'antiquité une réputation méritée, qui s'est conservée jusqu'à nos jours, et sur laquelle a renchéri encore le docteur Hamilton, dans son Traité des purgatifs. L'usage de l'aloès étant contraire aux pléthoriques, aux gens affectés d'hémorroïdes, aux femmes grosses, par l'activité circulatoire qu'il imprime aux organes du petit bassin, on a dû profiter de ces effets physiologiques, quand il s'est agi d'exciter la circulation abdominale dans les cas où elle languit, pour rappeler, par exemple, des hémorroïdes supprimées, ou pour les suppléer par une fluxion sanguine semblable ; mais il ne faudrait pas exagérer la puissance de ce moyen, et dire avec Fallope, que sur cent personnes qui prennent habituellement de l'aloès, quatre-vingt-dix ont des hémorroïdes. J'ai vu plus d'une fois un suppositoire de beurre de cacao, où l'aloès était incorporé, produire rapidement une forte révulsion sur les vaisseaux du rectum. — La vertu emménagogue de ce médicament est moins prononcée, bien qu'elle soit cependant réelle : il est utile, soit pour hâter la venue ou le retour des règles, soit pour vider le molimen hemorrhagicum qui se fait à l'époque menstruelle. — On l'a encore employé avec succès pour combattre les congestions sanguines du cerveau ou de la poitrine ; son action révulsive dans des cas où le sang se porte vers ces organes avec une préférence fâcheuse, est incontestable ; il a fait cesser des céphalalgies opiniâtres, avec étourdissements ou engourdissement de tête, des palpitations nerveuses, des dyspnées, des étouffements qui avaient pour cause la réplétion des vaisseaux sanguins.— L'aloès a aussi la vertu de faire périr les vers qui séjournent dans le tube digestif, ou plutôt de les entraîner en provoquant la sécrétion de la muqueuse, avec les matières que l'intestin expulse. Si l'on en croit le docteur Thomas Salisbury, il suffit d'appliquer sur le ventre des enfants un cataplasme fait avec le suc d'aloès pour obtenir cet effet vermifuge. — Enfin, à l'extérieur, l'aloès est employé comme tonique et comme excitant dans des ophthalmies chroniques ; comme d'autres solutions irritantes, il change le mode d'inflammation de la conjonctive, et hâte la guérison. Il agit de même dans les ulcères atoniques. — On voit par cet exposé rapide, combien est précieuse cette substance qui n'a point de succédanée, et dont plusieurs médecins ne consentiraient pas à se passer. Disons pour terminer, qu'on la fait également servir à des usages économiques. MM. Fabroni, et Guyton ont découvert dans les feuilles de l'aloé une couleur

II.

pourpre - violette. Il paraîtrait aussi que les brasseurs anglais le font entrer dans la fabrication du porter.

ALOÈS (*bois*). En matière médicale, on désigne sous le nom de *bois d'aloès* trois espèces de bois, qui souvent sont substitués l'un à l'autre. Le premier est le bois *d'aloès vrai* (lignum aloès); c'est l'*excaecaria agallocha*, de la famille des euphorbiacées de Jussieu, qui vient de la Cochinchine. Il est dur, pesant, résineux, veiné de blanc; son odeur, nulle dans l'état ordinaire, devient légèrement aromatique et agréable quand il a été frotté. — Le second est le *bois d'aigle*, fourni par l'*aquilaria agallocha* de Roxburgh; il vient de l'Inde, et les Européens qui habitent ces contrées lui ont donné le nom de bois d'aloès. Il est d'une couleur plus claire que le bois d'aloès, et ressemble au santal citrin. — Enfin, le troisième est le bois d'*aspalath*, d'un rouge foncé et marbré. On ignore son origine. — Le vrai bois d'aloès sert à faire de petites boîtes aromatiques, qui à la Chine et au Japon, sont payées au poids de l'or. L'exploitation de l'excaecaria n'est pas sans quelque danger. Leschenault de Latour raconte que des matelots étant allés couper du bois dans une forêt, et ayant frappé sur un de ces arbres perdirent la vue, pour quelques gouttes de liquide qui leur jaillirent aux yeux : de là le nom d'excaecaria, arbre qui aveugle. — Jadis le bois d'aloès était utile en pharmacie; aujourd'hui il ne sert qu'à préparer les trochisques odorants.

ALOÈS (*bibliographie*). Mindererus. *Aloedarium maracosticum*, Augsbourg, 1596. — Lis (Gualt. Van), *de aloe*, Utrecht, 1745, in-4°. — Murray (Jo. And.). *Program. succi aloësamari initia*, Gottingue, 1765, in-4°. — Mérat et Delens, *Dictionnaire*. Article ALOÈS. HENRY ROGER.

ALOGA. M. de Drieberg, dans son Dictionnaire de Musique grecque, donne le nom d'aloga à un intervalle musical, ou bien à un système qui ne peut se rapporter à aucun autre système.

ALOGES, ALOGIENS (du grec ἀ privat. et λόγος, parole, verbe : sans verbe), hérétiques du IIe siècle qui niaient la divinité du Verbe, et rejetaient comme apocryphe l'Évangile de saint Jean. Cette secte, dont on attribue l'origine à Théodote de Byzance (*V.* ce nom) avait adopté en partie les erreurs de Sabellius, qui ne regardait point le Verbe comme une personne distincte du Père, et des ariens, qui, en reconnaissant que le Verbe était distinct du Père, prétendaient qu'il n'était qu'une simple créature.

ALOI, état de l'or ou de l'argent fixé par la loi. Ainsi l'expression, or, argent de bon aloi, signifie que ces métaux sont au titre de l'ordonnance, et l'expression de bas aloi annonce que la composition de ces métaux n'est pas ce qu'elle devrait être. — Au figuré, on dit qu'un homme est de bas aloi pour dire qu'il est de basse naissance, de basse condition, d'une profession vile, ou qu'il est méprisable par lui-même. On appelle également marchandises de mauvais aloi celles qui ne réunissent pas la qualité exigée par les règlements et les ordonnances.

ALOÏDES (*mythologie grecque*). Géants nés de Neptune et d'Iphimédie, épouse d'Aloëus ou Aloüs, fils de Titan et de la Terre. Suivant quelques auteurs, Iphimédie, éprise du dieu de la mer, allait tous les jours sur le rivage puiser de l'eau dans sa main, et pratiquer certaines ablutions dont le résultat fut de la rendre mère de ces êtres fantastiques; suivant Ovide, Neptune l'enleva, après avoir pris, pour la surprendre la forme du fleuve Énipée. Quelque version qu'on veuille adopter, les deux fils qu'elle eut, et qu'Homère nomme Otus et Éphialtès, furent élevés par Aloëus, leur père putatif; et de là leur nom patronymique de Aloïdes. Doués d'une grande précocité, ces enfants, dès leur neuvième année, avaient grossi de neuf coudées et grandi de trente-six; ils croissaient chaque année en proportion de ces commencements, ce qui peut faire supposer que leur taille, à vingt-cinq ans, était prodigieuse. Les auteurs ne s'expliquent pas, du reste, très clairement sur la valeur de la coudée, valeur qui variait de 19 à 22 pouces. Orgueilleux de leur force physique, ils ne pouvaient guère manquer de s'en prévaloir; aussi, les voit-on, combattre aux premiers rangs contre les dieux dans la fameuse révolte des Titans, où ceux-ci parvinrent à escalader l'Olympe, en entassant Ossa sur Pélion. Les Aloïdes réussirent à blesser le dieu Mars et à le faire prisonnier; Mercure seul put, au bout d'une année, pénétrer dans la prison d'airain où ils le retenaient enfermé, et il réussit à briser ses chaînes. La puissance des dieux semblait s'éclipser devant leur puissance à un tel point que ces derniers, pour les vaincre, avaient dû recourir à l'artifice. Diane, changée en biche, se jeta au milieu des deux frères, et comme ils voulurent à la fois percer la biche de leurs

flèches, ils se blessèrent mortellement l'un l'autre; bientôt après ils furent précipités dans le Tartare, les uns disent par Jupiter, les autres par Apollon. Par une contradiction qu'on ne trouve que dans les fables, c'est aux Aloïdes qu'on attribue le culte rendu aux Muses et la consécration du mont Hélicon, qui devint, avec le Pinde et le Parnasse, une de leurs résidences favorites. P. E. R.

ALOMANCIE, de ἅλς, sel, et μαντεία, divination. Art de deviner par le sel. *V.* DIVINATION.

AL-OMARI, célèbre aventurier arabe; il descendait, dit-on, du calife Omar, et il portait le nom d'Abderahman al-Omari. Il avait entendu parler d'une mine d'or existante en Nubie, et, dans l'espérance de pouvoir corriger les torts de la fortune, il était parti pour Assouan, d'où il avait pris le chemin du lieu où se trouvait la mine d'après les renseignements qu'il s'était procurés. La tribu arabe de Modar l'élut pour chef. Comme les Nubiens incommodaient très souvent les Arabes dans leurs travaux, al-Omari convertit en épées les instruments des mineurs, et ses paroles excitant leur courage, ils défirent complètement les Nubiens; ils les poursuivirent même au-delà du fleuve que les Nubiens regardaient comme une barrière que les Arabes ne pourraient franchir, parce qu'ils n'avaient pas de barques; mais les Arabes traversèrent le Nil sur des outres enflées de vent, et ils arrivèrent sur la rive gauche à temps pour s'emparer des barques nubiennes. Al-Omari resta possesseur de la mine, et il fit un grand commerce avec Assouan. Kirki régnait alors sur la Nubie; il envoya une armée contre les Arabes, sous les ordres de son neveu Niouti. Celui-ci éprouva tant de résistance, qu'au lieu de continuer la guerre il préféra la terminer par un traité. Al-Omari reçut un canton en toute propriété. Niouti s'étant assuré de son armée tourna ses armes contre son oncle. Kirki fit alors partir ses deux fils, avec ordre d'attaquer à la fois le rebelle et al-Omari. Les deux princes furent battus. Zacharie, le plus jeune, se sauva presque seul, et, traversant le Nil à cheval, il se rendit avec deux esclaves auprès des Arabes. Il se donna d'abord pour un serviteur de Zacharie, ensuite pour un de ses officiers qui venait demander un sauf-conduit pour le prince. Sur la réponse pleine de franchise d'al-Omari, Zacharie finit par se découvrir, et al-Omari, non moins émerveillé de la prudence qu'il avait montrée que favorablement prévenu par sa bonne mine, lui accorda sa confiance, lui fit part du message qu'il avait reçu de Niouti, et par lequel celui-ci lui offrait une somme d'argent pour qu'il lui livrât son cousin. Zacharie paya par une perfidie la généreuse conduite d'al-Omari. Il avait attiré son cousin dans une embuscade, et il l'avait tué. L'armée nubienne était rentrée dans le devoir. Il écrivit alors à al-Omari qu'il allait se rendre auprès de lui avec son armée et sa sœur qu'il avait promis de lui donner pour épouse. Al-Omari, trompé par les termes affectueux de cette lettre, ne conçut pas le moindre soupçon; il ne fit même aucun préparatif de défense, de sorte qu'attaqué à l'improviste, il fut obligé de se retirer vers Assouan. Là, un nouveau danger l'attendait; Ahmed-ben-Touloun, qui s'était rendu indépendant du calife de Bagdad dans son gouvernement d'Égypte, vers 868 (254 de l'hég.), avait envoyé une armée pour le chasser des environs d'Assouan. Al-Omari ne perdit point courage; il divisa sa troupe en deux corps, laissa l'un en face des Nubiens, et se mit à la tête de l'autre pour recevoir l'armée touloubide. Il tenta d'abord de négocier; mais le général d'Ahmed refusa de combattre. Al-Omari fut vainqueur. Sans perdre un moment, il traversa le Nil dans l'intention de se venger du perfide Zacharie; mais celui-ci, informé de la victoire qu'al-Omari venait de remporter, crut prudent d'éviter le combat, et, avant le retour d'al-Omari, il avait disparu. Al-Omari reprit alors le chemin de la mine; mais pendant son absence, les Arabes de la tribu de Rébiah s'en étaient emparés. Après une guerre assez longue, il obligea les Arabes de Rébiah à reconnaître pour leur scheik supérieur. Au moment où il allait enfin jouir en paix du fruit de ses travaux, un de ses officiers, mécontent d'un lui dressa des embûches et l'assassina lâchement. Il envoya sa tête à l'émir de Fostat, Ahmed-ben-Touloun, par deux esclaves qui, comptant sur une ample récompense, se vantèrent de l'avoir tué. Ahmed fortement indigné, envoya ces deux esclaves au supplice, et il fit ensevelir la tête d'al-Omari, avec de grands honneurs. J. DE MARLÈS.

ALOMBRADOS, secte religieuse qui se forma en Espagne vers 1623. Le nom d'*alombrados* que prirent les membres de cette secte, signifie *illuminés*. Ces illuminés répandirent leurs erreurs dans l'évêché de Cadix, et dans l'archevêché de Séville. L'inquisiteur général, instruit de l'existence de cette association, publia un mandement qui condamnait soixante-seize propositions hétérodoxes des alombrados. Les censures de l'inquisition portaient surtout sur quelques maximes contraires à l'obéissance due aux supérieurs, à l'usage du mariage, et à une fausse interprétation de l'Écriture sainte. Ces nouveautés n'eurent pas de succès.

D' L. M.

ALOPÉCIE (autrefois *pelade*); c'est la chute du poil ou des cheveux s'opérant naturellement comme chez les vieillards, ou par l'effet de quelque maladie, ou simplement de quelque affection du cuir chevelu. Quelquefois l'alopécie est le résultat des excès de tout genre auxquels on se livre, d'une maladie de la peau, d'une longue convalescence. Dans certains cas le cuir chevelu n'offre pas la plus légère altération. Comme les cheveux sont un des plus beaux ornements de la tête, il était naturel de chercher tous les moyens d'en prévenir ou d'en arrêter la chute. Ces moyens, dont l'expérience a démontré l'inefficacité, étaient autrefois dans les attributions de la médecine; ils sont aujourd'hui abandonnés aux coiffeurs qui n'ont pas manqué, comme il fallait s'y attendre, d'y ajouter les promesses pompeuses du charlatanisme; aussi ce n'est plus la chute des cheveux qu'ils arrêtent, ce sont les têtes chauves qu'ils peuvent repeupler à leur gré; ce sont des chevelures blondes, noires, châtain clair ou foncé, toujours plus belles que celle qu'on a perdue, qu'ils offrent, moyennant des poudres, des élixirs, des pommades, tous ingrédients bien inoffensifs sans doute, et qui n'ont pas d'autre résultat que de faire des dupes. Le moyen le plus sûr pour faire revenir les cheveux, lorsqu'ils sont tombés par l'effet d'une maladie, c'est de se raser la tête fréquemment. Les cheveux repoussent alors plus sains et plus nombreux. Nos jeunes amateurs de moyen âge qui veulent à quinze ans avoir barbe, moustache et favoris, n'ont pas d'autre procédé pour arriver plus tôt à posséder ce qui donne à beaucoup d'entre eux l'aspect d'une bête fauve. (V. CHEVEUX.)

J' DE MARLÈS.

ALOSE (*ichthyologie*). Considérée sous le rapport scientifique, l'alose appartient au genre *clupée* de Lacépède, et s'y place au troisième rang comme espèce, sous le nom de *clupée alose* (clupea alosa, Lin. Gmel. Lacep. *alosa communis*; Cuv.). — Sa synonymie locale la fait retrouver sous les noms de *saboza, saccolos*, en Espagne; *laccia*, à Rome; *alse, else* ou *goldfish*, en Allemagne; *elft*, en Hollande; *shad*, en Angleterre; et là aussi, *mother of herring*, mère des harengs, à cause de sa ressemblance avec les poissons de cette dernière espèce. Dans nos départements du Midi, on la nomme assez généralement *alauze, cola, loche d'étang*. Quoiqu'elle arrive quelquefois à la longueur de trois pieds, elle est toujours extrêmement mince, et ne pèse guère plus de trois ou quatre livres; les mâles sont plus petits que les femelles. — Un des caractères distinctifs de l'alose est l'extrême petitesse de sa tête, qui contraste avec l'ampleur de sa bouche, dont la mâchoire supérieure en retraite sur l'autre est garnie de très-petites dents qui lui suffisent pour saisir et assimiler sa nourriture, laquelle se réduit à des vers, des insectes et des petits poissons. Voici des autres traits importants de son diagnostic: nageoire dorsale à dix-neuf rayons; nageoire caudale fourchue à dix-huit rayons; jaune verdâtre au dos, flancs blancs, nageoires toutes grises, bordées de bleu avec deux taches brunes à celle de la queue; écailles grandes et dures. — L'alose se trouve dans l'océan Atlantique, septentrional, et dans certaines mers intérieures, comme la Méditerranée, la mer Caspienne. — L'époque du frai n'est déterminée, pour les aloses, que par les circonstances accidentelles de la fonte des neiges ou de la chute des pluies, variant selon les climats, dans les divers fleuves qu'elles remontent toujours, assez souvent, jusqu'à leur source. Elles fraient, en conséquence, à différentes époques, du printemps, de l'été, de l'automne et de l'hiver, suivant qu'elles pénètrent dans les fleuves du Nord, tels que le Volga, l'Elbe ou le Rhin; du Sud, comme le Tibre ou le Nil; de l'Ouest, comme la Seine, la Moselle, la Garonne, la Loire; celui de nos fleuves où elles sont en général le plus abondantes. Avril, et mai sont les mois où elles fraient le plus ordinairement chez nous. — Les aloses ont pour ennemis, surtout dans leur jeunesse, les silures, les brochets, les perches. — Quoique les anciens habitants des bords du Bétis, en Hispanie, en gravassent la figure sur leurs monnaies en signe de prospérité commerciale, l'alose comme substance alimentaire, était néanmoins peu estimée. Peut-être ignoraient-ils qu'elle n'est bonne qu'avant son entrée dans les eaux douces, parce qu'elle est alors maigre et sèche, ni immédiatement après le frai, à cause de la maladie que lui occasionne cet accident; mais, en la pêchant dans la bonne saison (qui varie suivant les lieux), quand elle a eu le temps de s'engraisser, l'alose offre aux ama-

teurs de bon poisson un mets délicat, surtout l'alose mâle. Les meilleures aloses se pêchent dans la Seine, depuis le mois de février ou de mars jusqu'à la fin de mai, quoique le temps de la pêche de ce poisson se prolonge pour les rivières de France, jusqu'à la fin de juin. On les prend à la nasse, à la seine, au trouble, du tramail; le plus souvent par une nuit obscure, et quand les eaux ne sont pas claires; le succès de la pêche varie d'ailleurs beaucoup d'une année à l'autre.

P. E. R.

ALOUATE (V. SINGE et SAPAJOU.)

ALOUETTE (*ornithologie*). — Les auteurs du dictionnaire des sciences naturelles (1816) attribuent à cet oiseau pour caractères génériques un bec cylindrique en alène, la langue fourchue, les narines à demi couvertes, quatre doigts sans membranes, avec l'ongle du doigt postérieur bien plus long que les autres; plumage gris ou sombre, grivelé à la gorge, au col, à la poitrine. — Ils en distribuent les espèces en trois sections, savoir: 1° *Alouettes ordinaires*, caractérisées par le bec robuste, un peu conique; la tête non huppée, et comprenant: l'alouette commune, la calandre, l'alouette à cravate jaune, l'alouette à hausse-col noir, l'alouette sirli; 2° *alouettes huppées*, dont le caractère est: bec robuste allongé, et comprenant le cochevis, l'alouette lulu, la coquillade, l'alouette huppée, du Sénégal, l'alouette huppée du Malabar; 3° enfin, *alouettes pipiels*, ayant pour caractères: le bec mince, droit, subulé; la queue allongée; pas de huppe sur la tête; et comprenant: l'alouette pipi (A. trivialis, Lin.), l'alouette spipolette (A. campestris, Lin.), la locustelle (A. obscura, Latham), le cujelier (A. arborea, Lin.), la farlouse (A. pratensis, Lin.), la rousseline (A. mosellana), l'alouette aux joues brunes (A. rubra, Gmel.), l'alouette noire à dos fauve, l'alouette rougeâtre ou couleur de brique (A. testacea, Gmel.). — Ils ne parlent qu'avec doute de quelques oiseaux, trouvés par Azara dans l'Amérique méridionale, et qui, bien que donnés par cet observateur pour des alouettes, ne leur paraissent pas se rapporter avec certitude à ce genre. Telles sont: l'alouette correndera, l'alouette chii, l'alouette brune, l'alouette mineuse, l'alouette à dos rouge. — Postérieurement, les progrès de la science ont déterminé Cuvier et Vieillot à distraire du genre alouette, tous les oiseaux dits alouettes pipiels, à l'exception du cujelier, et à les reporter, d'après Bechstein, Meyer et Temminck, au genre anthus, en adoptant, d'ailleurs, pour terme générique français le premier de ces auteurs, le mot farlouse, le second le mot pipi (V. ces mots). Comme cette classification nous semble devoir être admise, nous n'avons plus à nous occuper que des genres compris dans les deux premières sections ci-dessus indiquées; ainsi nous dirons, en nous appuyant sur la classification de G. Cuvier: ALOUETTES (alauda, Lin.), oiseaux appartenant comme genre, à l'ordre des passereaux et à la famille des conirostres, qui comprend des genres à bec fort, plus ou moins conique et sans échancrure; tous granivores et d'autant plus que leur bec même est plus robuste et plus épais. — Car. génériques: — Ongle du pouce droit, robuste, plus long que les autres. — Oiseaux pulvérateurs, nichant et séjournant à terre. — Espèces. Les principales peuvent se diviser en deux sections: ALOUETTES NON HUPPÉES. — 1° espèce. — Alouette ordinaire ou des champs (A. arvensis, Lin.). Cette espèce, la plus connue, n'en est pas moins l'une des plus intéressantes. — Sept pouces de longueur totale, du bout du bec qui a cinq à six lignes, à l'extrémité de la queue qui a deux pouces et demi; iris gris brun; pieds d'un pouce de haut. Plumage généralement gris mêlé de roux; de noir et de blanc; les teintes de la femelle plus sombres. Le mâle est plus gros; mais la plus grosse des alouettes ne pèse guère plus de deux onces. — Tout le monde connaît le chant vif et pressé qu'elle fait entendre dans nos campagnes pendant toute la belle saison; et surtout le matin et le soir; en s'élevant verticalement d'un vol rapide; assez haut pour qu'on la perde de vue, et se laissant tomber ensuite sur la terre avec la vélocité de la flèche. — Le printemps est la saison de ses amours; elle pond deux fois par an, de quatre à cinq œufs tachetés de brun, sur un fond grisâtre; elle couve quinze jours, et donne à ses petits nouvellement éclos, une éducation aussi prompte que complète; les nourrissant de chenilles, d'œufs de fourmi, de sauterelles, dans un nid placé entre deux mottes de terre, artistement tapissé d'herbes délicates, de petites racines, et caché avec le plus grand soin. — Adulte, mange toute sorte de végétaux, etc. — Elle habite l'Europe entière et les contrées septentrionales de l'Asie et de l'Afrique. Les alouettes arrivent de très-bonne heure, au printemps, dans nos départements de l'Est et du Centre-Nord, et ne nous quittent que fort tard l'hiver : beaucoup d'entre elles passent même l'arrière-saison parmi nous. — Elles servent l'agriculture en détruisant les insectes ; mais elles lui nuisent en mangeant les grains ; et comme, en automne, elles engraissent de manière à fournir un excellent gibier, on a double intérêt à les chasser ; aussi les chasse-t-on tout l'hiver par mille moyens, le fusil, les gluaux, les collets, le miroir, etc., le miroir, surtout, qui en procure des milliers ; car elles sont aussi imprudentes, aussi curieuses que pétulantes et légères. Elles figurent sur nos tables à Paris sous le nom de *mauviettes*. — Elles s'apprivoisent sans peine, malgré leur naturel sauvage, et savent imiter le chant des autres oiseaux. — 2ᵉ Espèce. *Alouette calandre* (*A. calandra*, Lin.). Sept pouces trois lignes de long. Mêmes habitudes, même nourriture, même nombre d'œufs que la précédente, même talent d'imitation du chant des autres oiseaux ; mais son organe est plus éclatant encore, sans être moins agréable ; sa taille est beaucoup plus avantageuse que celle des autres espèces, d'où son surnom de *grosse alouette* ; son bec est beaucoup plus gros ; et son plumage, tout en présentant à peu près les mêmes teintes, se distingue par un collier noir. On la trouve dans tout le midi de l'Europe et dans nos départements méridionaux. — 3ᵉ Espèce. *Alouette à cravate jaune* (*A. capensis*, Lin.) : du cap de Bonne-Espérance, à plumage brun, varié de gris : huit pouces de longueur. — 4ᵉ Espèce. *Alouette à hausse-col noir* (*A. alpestris*, Lin.) ; la même que *l'alouette de Virginie*, *l'alouette de Sibérie*, la *ceinture de prêtre* de Baffin : abondante l'hiver dans l'Amérique septentrionale. Nourriture et propagation inconnues. — 5ᵉ Espèce. *Alouette sirli* (*A. Africana*, Lin.) : des plaines sablonneuses de l'Afrique. Plumage ressemblant beaucoup à celui de notre alouette commune. — 6ᵉ Espèce. *Alouette nègre* (*A. tartarica*, Pall.) : des parties septentrionales ou centrales de l'Asie, d'où elle passe, en automne, mais en petit nombre, en Russie. Six pouces et quelques lignes de longueur. Le noir domine sur son plumage, d'où vient son nom. Nourriture et propagation inconnues. — ALOUETTES HUPPÉES. — 1ʳᵉ espèce. *Alouette cochevis* (*A. cristata*, Lin.), dite aussi *grosse alouette huppée*. — Six pouces neuf lignes de longueur totale. Plumage analogue à celui des autres espèces, mais se distinguant par la huppe de neuf à douze plumes qu'elle penche en arrière à volonté. Généralement sédentaire et quittant rarement les régions centrales et méridionales de l'Europe, où elle habite les chemins, près desquels elle pond quatre ou cinq œufs cendrés, à taches brunes, dans un nid caché derrière une motte de terre ou un buisson. Elle se nourrit de semences et même d'insectes. Le mâle chante dans les beaux jours et fort agréablement ; mais il se tait les jours sombres et pluvieux. Beaucoup moins commune que l'alouette ordinaire, cette alouette s'apprivoise plus difficilement. — 2ᵉ Espèce. *Alouette lulu* ou *cujelier* (*A. nemorosa*, Gmel.), dite aussi *petite alouette huppée*, en raison de l'infériorité de sa taille, comparativement aux autres espèces qui comme elle se parent d'une huppe. La sienne est en proportion plus longue que celle du cochevis ; mais sa taille n'excède pas cinq pouces de longueur totale. — Elle habite, dans les parties septentrionales, occidentales et centrales de l'Europe, ainsi qu'au nord de l'Asie, les clairières et les grands bois voisins des plaines, y vivant d'insectes et de substances végétales. — Sociables entre elles, les alouettes lulu ne se mêlent jamais aux autres oiseaux. — Elles semblent manquer à la vocation de leur genre en ne faisant entendre, comme chant, qu'une espèce de cri plaintif peu agréable. — Leurs femelles déposent dans un nid formé d'herbes sèches et de crins, quatre ou cinq œufs, fond gris taché de brun. — L'espèce est de passage dans le Nord et sédentaire dans le Midi. Estimée comme gibier. — 3ᵉ Espèce. *Alouette coquillade* (*A. nudata*, Gmel.). Même taille que celle du cochevis. Habite le midi de la France et surtout le département des Bouches-du-Rhône. Vit d'insectes. — 4ᵉ Espèce. *Alouette huppée du Sénégal* (*A. Senegalensis*, Gmel.) ; taille de l'alouette ordinaire ; huppe du cochevis. Vit sur les arbres. — 5ᵉ Espèce. *Alouette huppée du Malabar* (*A. Malabarica*, Gmel.), décrite par Sonnerat. Cinq pouces neuf lignes de longueur. Huppe formée de plumes brunes, terminées de blanc. P. E. R.

ALOYAU. Entrer en des détails trop circonstanciés sur cette matière, ce serait empiéter indiscrètement sur le domaine de l'*Almanach des gourmands* ou de la *Cuisinière bourgeoise*. Il suffira de rappeler à nos lecteurs que cette partie du bœuf, placée anatomiquement sous les lombes de l'animal, est, depuis des siècles, en possession de former une des bases de nos festins ; mais le mot nous suggère une observation d'une plus

haute portée, en économie rurale ; c'est que, malgré nos progrès incontestables dans cette branche si importante des sciences, nous sommes encore, à cet égard, bien loin de nos voisins d'outre-mer, qui excellent dans l'art d'engraisser les viandes de boucherie. Leurs vaches de Durham, en effet, ont acquis dans toute l'Europe une célébrité méritée. Ce sont, surtout ces races perfectionnées qui leur fournissent leurs fameux roast-beef, dont quelques-uns ne pèsent pas moins de cinquante livres ; et seuls, depuis un siècle, ils sont, par des croisements bien raisonnés, parvenus à doubler le poids brut des animaux destinés à la consommation alimentaire, en diminuant de moitié le système osseux ; et à porter, de préférence, la graisse dans ces régions dont la chair est constamment d'un prix plus élevé, comme l'aloyau, en raison de la surabondance des sucs nutritifs qu'elle renferme. Cette observation, dont le développement nous entraînerait trop loin, ne paraîtra peut-être pas oiseuse à ceux de nos fermiers et de nos agriculteurs qui ont à cœur les intérêts matériels du pays. P. E. R.

ALP ou ALB DE SUABE. On désigne sous ce nom, le prolongement septentrional de la forêt Noire, et la chaîne de montagnes qui s'étend sur la limite sud-est du Wurtemberg. — Ces monts de nature calcaire se développent sur une longueur de quinze milles ; leur largeur moyenne est d'environ trois milles et demi : on donne à leurs sommités le nom d'*Alp sauvage* : elles sont dépouillées et stériles ; cependant la cime la plus élevée n'excède point 3,000 pieds au-dessus du niveau de la mer : dans les Alpes au contraire, à cette hauteur au-dessus de laquelle on ne voit plus de chênes, commence le domaine des pins et des bois résineux, qui s'y déploient à une élévation immense. On ne trouve dans l'*Alp* que fort peu de métaux ; en revanche, les grottes s'y multiplient de toutes parts, et en général elles sont tapissées de stalactites. Quelques-unes renferment des pétrifications, dont les masses augmentent à mesure que le sol s'élève. Les bases de ces montagnes sont couvertes de pâturages et de vergers exploités avec soin, et d'un produit avantageux : les bestiaux qui couvrent ces prairies dans la belle saison sont d'une espèce assez estimée. H. CORNILLE.

ALPAGA et mieux ALPACA. C'est un animal originaire de l'Amérique du Sud, commun au Pérou, ressemblant au lama, que les Espagnols écrivent et prononcent *llama*, mais plus bas monté sur ses jambes, plus gros, et, malgré cela, très-vif et léger à la course. Son corps est couvert d'une laine épaisse, brillante et soyeuse, dont on fait des étoffes, des sacs des cordes, etc. Depuis peu de temps, on fabrique à Paris des étoffes à long poil, qu'on nomme alpagas, très-chaudes et d'un prix assez modéré. L'alpaca, de l'ordre des ruminants, du genre lama, se croise tant avec le lama qu'avec la vigogne (*V.* ces deux mots) ; ce qui l'a fait souvent confondre avec ces deux animaux, dont il se distingue par le défaut absolu de callosités sur les membres et sur le poitrail. Sa couleur est d'un brun fauve, excepté à la tête qui est grise, et à la queue qui est brune. Son front est couvert de poils beaucoup plus longs que ceux de la face, le dessous du ventre est revêtu d'une laine longue et presque blanche, l'intérieur des cuisses est grisâtre et à poil ras. Nous avons vu dans plusieurs villes d'Espagne des alpacas apprivoisés ; leur laine était plus longue et plus fine que celle des alpacas libres. On les nourrissait comme on nourrit les moutons. Ils avaient trois pieds à peu près de hauteur, la tête non comprise ; quelques-uns étaient d'un beau noir. Il serait à désirer qu'on tentât d'acclimater l'alpaca en France ; nos provinces méridionales leur offriraient un climat doux et d'excellents pâturages. — L'alpaca, que les Péruviens nomment plus communément paco, a été ainsi décrit par Frézier. « Il est noir, ressemble assez au llama ; il a les jambes plus courtes et le muſle ramassé, de manière qu'il a quelque rapport au visage humain. Les Indiens se servent des alpacas à divers usages ; ils les chargent d'environ cent livres. Leur laine, qui est très-fine, sert à faire des étoffes et des cordes, leurs os à faire des instruments de tisserand, enfin leur fiente à faire du feu. » — Ulloa dit que la laine de l'alpaque est comme celle de la vigogne, d'un brun clair. Cette contradiction avec Frézier n'est qu'apparente, car il y a des alpaques noirs, très-bruns et même blanc de neige : ce sont ces derniers que les Indiens estiment le plus. — Suivant d'Acosta, le paco est de belle apparence ; il ne craint pas l'homme ; quelquefois pourtant il s'effraye au point de s'enfuir avec sa charge à travers les rochers. On est alors obligé de le tuer à coups de fusil si l'on ne veut perdre la charge. Cet écrivain ajoute que si le paco vient à se coucher par suite d'une trop grande fatigue, il n'est plus possible de le relever, de quelque manière qu'on s'y prenne. Ulloa n'attribue cette espèce d'entêtement qu'au llama. — J. DE MARLÈS.

ALP-ARSLAN, sultan de Perse. Il était neveu de Toghroul, chef de la puissante tribu de Seljouki, et fondateur de la dynastie seljoukide, qui remplaça sur le trône de Perse les successeurs du fameux Mahmoud le Gaznevide, fléau de l'Hindoustan. Alp-Arslan, en arrivant au pouvoir (1063, 455 de l'hég.), ne montra ni moins de courage que son oncle, ni moins d'ardeur pour les conquêtes; il se déclara de plus protecteur des poëtes et des savants. Mais, rempli comme les musulmans des premiers siècles d'un zèle fanatique pour la propagation de l'islamisme, il persécuta violemment les chrétiens qui ne voulurent pas se souiller d'une abjuration. L'empereur de Constantinople, Diogène, alarmé des progrès que ce prince avait faits dans l'Asie Mineure, leva une puissante armée pour arrêter sa marche. Les Grecs et les musulmans se rencontrèrent dans une plaine de l'Aderbijan, voisine du village de Konongo. Avant d'en venir aux mains, le sultan offrit la paix à l'empereur. Celui-ci regardant cette offre comme une preuve de faiblesse, voulait dicter les conditions, et comme s'il eût été vainqueur, il les rendait si onéreuses que le sultan à son tour les rejeta et qu'il rompit brusquement les négociations. Diogène dut se repentir de s'être montré trop exigeant. Vaincu par les armes, il le fut encore en générosité par le sultan qui, maître de sa personne, ne le traita pas seulement avec tous les égards dus à une grande infortune, mais encore lui rendit la liberté sans rançon. (1070) Quelque temps après cette éclatante victoire, Alp-Arslan forma le dessein de soumettre à sa domination l'ancienne patrie des Seljoukides. Il fut arrêté pendant plusieurs mois devant le fort de Berzem, situé au delà de l'Oxus. La garnison, dignement dirigée par le brave Youssouf, ne se rendit qu'à la dernière extrémité. Alp-Arslan, que la résistance avait irrité, démentit en cette occasion à l'égard du gouverneur sa générosité naturelle, et il en fut cruellement puni; Youssouf avait été conduit en sa présence; quand ce courageux Tartare entendit donner l'ordre de son supplice, il tira son glaive, s'élança vers le prince et le frappa d'un coup mortel. Le monarque, dit-on, s'écria au moment d'expirer que *sa mort était juste*. Les Persans sentirent vivement la perte qu'ils venaient de faire. Ils disaient hautement que leur pays n'avait eu quelque prospérité que depuis que les Tartares l'avaient conquis (les Seljoukides étaient Tartares); et ce qui naturellement devait augmenter leurs regrets, c'était de voir le prince qu'ils chérissaient périr si malheureusement au milieu d'une carrière si glorieusement commencée. (1073, 466 de l'hég.) J. DE MARLÈS.

ALOPO (PANDOLPHE), ministre de Jeanne, reine de Naples, qui avait succédé à son frère Ladislas. Comme on prétendait qu'il existait entre Alopo et la reine des rapports d'intimité d'une nature suspecte, Jacques de Bourbon, comte de la Marche, ne fut pas plutôt devenu l'époux de cette princesse que, sous prétexte de malversations, Alopo fut arrêté, jugé et condamné. Il perdit la tête sur l'échafaud en 1415.
— D. L. M.

ALPES (Notre-Dame des), monastère d'hommes de l'ordre de Citeaux, dans le diocèse de Genève, fondé en 1136.

ALPES (montagnes). On comprend sous ce nom la grande chaîne de montagnes qui commence près du col de Tende, entre les sources du Tanaro et de la Roya, au mont Cassino, en Italie; et qui, après avoir pris d'abord sa direction de l'orient à l'occident, se détourne vers le nord, monte jusqu'au Valais, s'incline ensuite à l'est jusqu'aux sources de la Drave, puis fléchissant insensiblement vers le sud-est, se développe en demi-cercle et se termine en Illyrie. De vastes ramifications de la chaîne des Alpes empiètent et se prolongent sur le territoire de la France : parties du noyau de ces monts qui se trouve en Savoie, les unes s'élancent à travers les départements des Hautes et Basses-Alpes, pénétrent en s'abaissant dans le département du Var, et disparaissent au bord de la mer; les autres traversent le département de l'Isère, une partie de celui de la Drôme, et s'étendent dans celui de Vaucluse. D'autres se rattachent à des montagnes étrangères, et vont se perdre au loin. La longueur totale des Alpes, si l'on en calcule l'étendue depuis le 4° jusqu'au 19° degré de longitude O. de Paris, présente un développement de 400 lieues. Les Alpes se divisent en Alpes Bernoises, du nom du canton de Berne, où elles s'étendent en venant du Saint-Gothard : celles-là occupent aussi le Valais, et s'avancent aux environs du Jura. — Alpes Rhétiennes, entre le mont Bernardin et le mont Crocé. — Alpes des Grisons, qui vont hors de la Suisse se confondre avec le mont d'Arlberg en Tyrol. — Alpes Noriques dans le pays de Saltzbourg. — Alpes Cottiennes et Maritimes : celles-ci courent par le Piémont et le comté de Nice. — Alpes Pennines et Nepontiennes qui descendent du mont Blanc et comprennent le Saint-Gothard et le mont Rosa. On cite encore dans les possessions autrichiennes les Alpes de la Styrie et les Alpes Juliennes, qui se dessinent au bord de l'Adriatique. A partir des hautes sommités qui couronnent le massif des Alpes, les crêtes de ces montagnes vont partout s'abaissant de degrés en degrés vers la mer Baltique, la Méditerranée, la mer Noire et l'océan Atlantique. Cette conformation explique le cours de toutes les rivières qui descendent des hauts points de ces monts, et, courant par leurs flancs, se réunissent toutes en fleuves qui vont se perdre dans la mer; c'est qu'il y a des mers sur les quatre faces des Alpes. Ainsi le Rhône descend vers la Méditerranée, le Rhin vers l'Océan, l'Inn vers le Danube qui se jette dans la mer Noire. Nous donnerons ici quelques-unes des principales hauteurs qui présentent, à partir du niveau de la mer, les sommités des Alpes : — le mont Blanc, 14,676 pieds ; — l'Ortelès dans le Tyrol, 14,666 p. ; — le mont Rosa, 13,428 p. ; — le Pelvoux, 13,226 p. ; — la Jungfrau, 12,875 p. ; — le mont Viso, en Piémont, 12,000 p. ; — le grand Saint-Bernard, 10,580 p. ; — le Saint-Gothard, 9,964 p. ; — le Simplon (route), 6,174 p. ; — le mont Cenis, (route), 5,879, p. — La principale masse des Alpes, surtout au centre du noyau, est formée de granits, de schistes, de calcaire, etc. Quelques-unes des roches comprises dans ces montagnes sont de formation primitive, composées de granit, de quartz, de mica, de feldspath, etc.; le reste est de formation secondaire, quoique d'une grande ancienneté, et présente en général des éléments calcaires. A la hauteur de 8,000 ou de 9,000 pieds commencent les glaciers que l'on rencontre sur les monts de Sept-Laux, Ant-du-Pont, Roussès-en-Oysans, Venoz, Bérarde, Lautaret, Vallouise et Lans-en-Oysans. Ces glaciers ont en quelques endroits une épaisseur presque invariable de quelques centaines de pieds; dans les régions les moins élevées, ils croissent ou diminuent suivant la température. Au-dessus de Chamouni, on rencontre le glacier des Bois, nommé la *mer de Glace*, et qui n'a pas moins de cinq lieues de longueur. Les Alpes sont en quelques endroits couvertes de glaces éternelles, qui, se détachant tout à coup, produisent ces avalanches redoutables dont on a tant de fois raconté les ravages (*V.* AVALANCHE). La végétation de ces montagnes s'arrête aux limites de la région tempérée, au point où commencent les neiges permanentes. Au pied des Alpes, on cultive les grains, la vigne, et sur les versants qui regardent l'Italie, aux points que le soleil échauffe de ses rayons, on voit même fleurir l'oranger et l'olivier. Le chêne cesse de végéter au delà de 3,300 pieds d'élévation; alors commence le domaine exclusif des arbres résineux, dont les cimes verdoyantes contrastent singulièrement avec la blancheur des neiges, et couronnent ces sommités de leur éternel feuillage. De toutes parts on aperçoit sur les flancs des montagnes d'immenses pâturages, couverts de troupeaux nombreux et de belle race; c'est une des plus grandes richesses de ces contrées essentiellement pastorales. Çà et là sur des roches isolées ou près des bosquets de chênes, s'élèvent des chalets solitaires où les pâtres de ces montagnes passent toute la belle saison. C'est leur séjour d'été; ils vivent là au milieu de leurs troupeaux, leur donnent tous leurs soins, leur espoir et leur joie; ils fabriquent des fromages, dont ils porteront à la ville les provisions nouvelles, lorsqu'au retour de l'hiver, ils regagneront les vallées. Les hautes régions des Alpes sont habitées par les chamois, les ours, les loups, les chats sauvages, les lynx, et souvent au-dessus des bassins qui portent jusqu'aux nues leurs immenses parois, on voit l'aigle, roi des airs, dessiner dans son vol des cercles innombrables, et planer quelquefois immobile et majestueux comme le génie des montagnes solitaires. La flore des Alpes est d'une grande richesse. Il existe sur ce sujet des ouvrages très-remarquables; la vallée de Genève entre autres, bordée au sud-est par les Alpes et leurs appendices, au nord-ouest par la chaîne du Jura, concentre en été une chaleur assez grande pour produire des plantes qui ne se trouvent communément que dans les climats méridionaux, et pour peu qu'on s'élève sur les montagnes, on y trouve les végétaux des contrées septentrionales : d'autres parties des Alpes présentent des phénomènes naturels tout aussi curieux. — Quant aux richesses minérales, on ne les connaît pas encore entièrement : quelques rivières charrient des paillettes d'or, mais on ignore s'il existe dans ces contrées des mines de ce métal; on y trouve en abondance du marbre et du fer; des cristaux, des rubis et autres pierres fines; ce pays est surtout renommé par son caractère pittoresque, imposant, majestueux et varié;

tout ami de la nature aime à parcourir les régions montagneuses, où elle semble avoir réuni à plaisir toutes ses richesses et tous ses contrastes. Que sont, en effet, les pays de plaine avec leur fatigante monotonie et leurs productions uniformes ! Les Alpes présentent mille sites d'un aspect admirable et poétique; on y trouve, surtout en Suisse, des cascades, des rochers, des vallons, du soleil, de la neige, des glaces, des forêts, des lacs, des rivières, etc. La nature y subit à la fois, et presque sur un même point, toutes ces transformations. Là, s'assemblent chaque année des voyageurs de tous pays, ils viennent respirer un air pur, et retremper leur âme dans les mœurs innocentes et primitives des habitants de ces contrées. Jadis rendues impénétrables par l'obstacle de leurs glaciers et de leurs roches, à pic, les montagnes de la Suisse ont ouvert leurs flancs à l'étranger. Le Saint-Gothard, le Simplon, le mont Cenis, le grand Saint-Bernard et bien d'autres monts encore sont aujourd'hui sillonnés de routes magnifiques et praticables presque en toute saison. Nous avons dit que les mœurs des habitants étaient avant tout pastorales: ajoutons que, dès leur enfance, ils conçoivent pour leur patrie un amour si violent qu'il n'existe pas pour eux de plus cruel châtiment que l'exil. S'ils s'éloignent de leur pays pour aller demander aux contrées étrangères le travail que leur refusent leurs montagnes natales, ils emportent avec eux l'espoir de venir achever leurs jours dans la vallée qui les vit naître; et quand la mort les frappe avant qu'ils aient pu accomplir ce dernier vœu, ils expirent en reportant vers leur berceau des yeux mouillés de larmes.

Et dulces moriens reminiscitur Argos. H. C.

ALPES (ROUTES DES). (V. SAINT-BERNARD, BERNARDIN, BRENNER, GENÈVE, SAINT-GOTHARD, SIMPLON, etc.)

ALPES (DÉPARTEMENT DES HAUTES-). Ce département, qui doit son nom à sa position physique, est borné au nord et à l'est par le Piémont, au sud par le département des Basses-Alpes; à l'ouest, par celui de la Drôme; au nord-ouest par celui de l'Isère. Il est formé d'une portion de l'ancien Dauphiné, et entièrement couvert de montagnes qui s'échelonnent du sud au nord. Le point culminant est au sommet du Pelvoux; leur élévation moyenne est de 2,800 mètres. Les intervalles qui les séparent sont divisés en cinq bassins principaux, désignés sous les noms de la Durance, du Guil, du Drac, du Buech, de l'Aigues. Là viennent aboutir d'innombrables vallées sillonnées par des torrents dont, déjà fort nombreux, se multiplient encore d'année en année. Ces courants, impétueux, grossissent aux moindres pluies et, quand arrivent les orages, ils s'élèvent à des hauteurs considérables. Alors, ils roulent avec fracas leurs ondes déchaînées, entraînant des arbres, des débris de rochers, et portant alentour le ravage et la désolation. Des habitations, des villages entiers disparaissent parfois dans ces bouleversements. — Durant l'été, au contraire, quand le soleil remplit de ses rayons, ces vastes profondeurs, les torrents se resserrent, et se réduisent même en quelques endroits à de simples filets d'eau, amoindris chaque jour par les tributs que prélèvent sur eux les canaux d'irrigation. — L'aspect de ces montagnes est imposant et varié, si la partie qui regarde le sud est terne, dépouillée, sillonnée de crevasses, dessinées en zigzag, la partie exposée au nord déploie de toute part ses prairies, ses forêts de châtaigniers, de chênes et de pins, végétation puissante qui se prolonge jusqu'aux nues. Au bas de ces amphithéâtres, les productions des collines qui en forment les premiers degrés présentent tour à tour des espaces arides, des pâturages aux couleurs vives et chatoyantes, et des bosquets de pins. Vers le milieu du printemps, quand les feux du soleil ont fondu les neiges qui couvraient les sommités de ces montagnes, on les voit se revêtir dans toutes leurs parties fertiles, de gazons frais et de fleurs odorantes. Alors les troupeaux sortent de leurs étables; ils s'élancent en bondissant à travers ces prairies: depuis longtemps renfermés dans leurs infectes et obscures retraites, ils semblent célébrer par leurs élans de joie le retour de la lumière et de la nature. C'est un spectacle gracieux et pittoresque que de voir ces troupeaux groupés de distance en distance, sur les échelons des montagnes. Depuis la base jusqu'au faîte, ils broutent une herbe succulente et trouvent sous le feuillage des arbres un abri contre les chaleurs de l'été. Les prairies qui occupent la plus grande partie de ces plans inclinés, s'étendent jusqu'au point où finit la végétation. Çà et là on voit s'élever des laiteries, des chalets, des villages entiers, villages d'été toutefois; car l'hiver à peine venu, ils s'enveloppent tristement dans leurs man-

teaux de neige, et alors la solitude reprend ses droits. — Au penchant des montagnes, sur le bord des taillis, les bergers établissent leurs chaumières : c'est là qu'au coucher du soleil ils rassemblent leurs brebis, et leurs chèvres pour en traire le lait, travail champêtre qu'ils renouvellent au lever du jour; puis, lorsqu'arrive l'époque du retour à la ville, c'est chose à voir encore que ce déménagement des troupeaux, qui descendent par le flanc des rochers tout couverts de leurs épaisses toisons, tout chargés d'embonpoint; et joyeux encore, comme au départ. Viennent ensuite les bêtes à cornes, puis les ânes, puis les mulets, portant les provisions de fromage, les ustensiles, les femmes et les enfants : c'est une véritable émigration; mais celle-là du moins n'aboutit pas à l'exil. — Nous avons dit que la partie méridionale des Hautes-Alpes était aride et dépouillée : tel n'est pas toutefois le caractère des vallées; presque stériles au nord, elles produisent au midi du blé, du vin, de l'huile de noix, des pommes de terre. Dans les vallées briançonnaises, les champs sont cultivés avec un soin extrême; ils ne le cèdent, sous ce rapport, ni aux jardins des environs de Paris, ni aux vignobles de la Côte-d'Or. Le terrain en est meuble, sablonneux et léger; mais, à force d'engrais, d'assolements et d'arrosage, on parvient à en retirer 12 ou 15 pour 1. Le climat de ce département, comme celui de tous les pays montagneux, est généralement pur, serein, peu sujet aux brouillards; mais variable et passant presque sans intervalle d'une extrémité à une autre. Lorsque les neiges couvrent les sommités des monts, les vents qui les effleurent remplissent les vallées d'une fraîcheur soudaine et d'un froid pénétrant, redoutable en été, rigoureux en hiver, surtout au mois de février. La chaleur de l'été est souvent excessive, surtout dans les vallées étroites. L'automne est frais et brillant; l'hiver qui dure huit mois dans les hautes vallées, se fait péniblement sentir; il élève de toutes parts des barrières de glace, et transforme, pour ainsi dire, chaque vallée en lieu de détention, car toute communication est fermée, tous rapports sont interrompus. On n'a pas l'idée de la fureur des vents quand ils s'engouffrent dans ces vallons: au printemps, c'est le vent du nord, modéré et fécond; les champs violent, est déchaîné, il disperse de toutes parts les neiges qu'il enlève aux glaciers, et va répandant la gelée, malgré les efforts du soleil qui se ranime. Le vent d'ouest succède pour l'ordinaire aux jours de pluie, en fait que passer; c'est le vent des orages, le destructeur des arbres qu'il déracine, des toitures qu'il arrache et dont il sème les débris alentour. Le vent du sud amène la pluie: il souffle rarement. Au mois de février s'élève le vent d'est, qui tombe au mois de mars. Les pluies ne sont ni périodiques ni exclusives; elles donnent chaque année 18 pouces d'eau. Du mois de juin au mois de septembre, il y a des orages fréquents qui durent pour l'ordinaire deux ou trois heures; ils amènent la grêle et des pluies si violentes qu'on les nomme fardeaux, ou faix-d'eau. La neige règne constamment sur les hautes sommités des Alpes; elle ne tombe sur les pics secondaires que vers la fin de l'automne, et dans les vallées que vers la Noël; elle disparaît en février. La fin de mai dégage les collines; et successivement aussi les montagnes de la région tempérée quittent leurs manteaux blancs pour revêtir leur parure d'été. — Le département des Hautes-Alpes a pour chef-lieu la ville de Gap. Il est divisé en 3 arrondissements et 24 cantons, renfermant en totalité 189 communes. Il se développe sur une étendue de 280 lieues carrées, et possède une popul. de 129,102 hab. — Minéralogie. Indices de mines d'or; mines d'argent et de plomb; indices de mines de cuivre; minerai de fer; carrières de marbre, d'albâtre, de porphyre, de granit, de variolite; plombagine, craie, plâtre, kaolin, ardoise; pierres lithographiques; exploitation de cristal de roche; mines de houille, anthracite, etc. — Sources d'eaux minérales au Monestier, au plan de Phazi, près Mont-Dauphin, à Saint-Pierre, à Tresclaux, à Saint-Bonnet. — Productions. Céréales pour la consommation exclusive des habitants: seigle, avoine, pommes de terre, légumes potagers, châtaignes, chanvre, graine de mélèze, plantes vulnéraires et aromatiques, au nombre de plus de 2,700; pâturages; vignes produisant par année 70,000 hectolitres de vin, quantité insuffisante pour les besoins du pays; on cite, parmi les crus de ce département, ceux de Roche-de-Jarjaie, de Letrat, de Châteauneuf de Chabre, de celui de Nelles, et celui qui produit le vin blanc appelé clarette de la Saulce. — Les forêts occupent une superficie de 76,885 hectares. — Les troupeaux y sont beaux et de bonne race; plusieurs vallées n'ont d'autres richesses que les vaches, les chèvres, y sont nombreuses, les chevaux excellents pour l'usage de la cavalerie, les ânes, les mulets sont aussi de la bonne espèce. — Ces montagnes abondent en bêtes fauves et en gibier; tel que loups-cerviers, ours, chamois, orto-lans, perdrix et faisans. — Les rivières et les lacs donnent un poisson estimé. — *Industrie*. Manufactures de draps communs; fabriques de toiles, de bas de laine, de chapeaux, de rubans de laine; buisselerie; instruments aratoires; mine de plomb noire; térébenthine; exploitations d'albâtre gypseux et de cristal de roche; filatures de coton; distilleries d'eau-de-vie; tanneries, mégisseries, chamoiseries. — Chaque année, l'é-migration répand hors du département et dans toute l'étendue de la France, 4, à 5 mille habitants des Hautes-Alpes; ils vont exercer au dehors une industrie qui manque d'aliments dans leur pays. De ce nombre, on compte annuellement, terme moyen, 128 colporteurs, 500 peigneurs de chanvre, 250 ber-gers, 460 chartiers de ferme ou vercassiers, 256 marchands de fromages, 28 mégissiers, 80 charcutiers, 410 aiguiseurs, 30 voituriers, 6 porteurs de marmottes, 470 individus exer-cant des professions diverses, et chose remarquable, 706 ins-tituteurs. — C'est qu'en effet, dans ces étroites et profondes vallées du Briançonnais, dans ces lieux pour ainsi dire sépa-rés du monde, par ces précipices sans fond, que l'homme le plus intrépide ne franchit pas sans effroi, l'instruction devient la première ressource et l'existence même des habitants. Là, tout le monde comprend la nécessité de donner à l'esprit cet aliment dont il ne saurait se passer au milieu d'un séjour ina-nimé et presque solitaire. Puis, à des intervalles marqués, lorsque l'on reconnaît que le sol des vallées ne peut nourrir ses habitants, lorsque l'émigration se prépare, ces jeunes gens, qui ont acquis dans les veillées de l'hiver et dans le repos de l'été, les connaissances qui font l'homme savant, viennent se joindre à leurs compatriotes, et tous s'acheminent vers l'issue des montagnes pour aller exploiter au dehors leurs différentes industries. Dès lors le savoir lui-même rentre dans l'ordre des métiers, et, dans les foires de l'automne, il est assez curieux de voir, au milieu des moutons, des bœufs, des artisans, se promener, graves et silencieux, ces précepteurs de nouvelle façon, couverts d'habits grossiers et portant au chapeau une plume fraîchement taillée, indice de leur art qu'ils ont mis à la merci du premier qui viendra les *louer* pour un temps et moyennant un prix convenu. — Dans cette nouvelle condition, ces enfants des montagnes remplissent à la fois les fonctions de pédagogues et tous les emplois hors d'œuvre dont on vise-à-les charger : ce sont, en vérité, les savants pour tout faire; ils donnent leurs leçons et balayent la salle à manger, expliquent le *De viris illustribus*, et, comme Cincinnatus re-venu des combats, ils bêchent le jardin du patron qui les nourrit. Intelligents, braves et dévoués, ils se prêtent à tous les services, car ils ne croient jamais assez payer le peu d'argent et l'hospitalité qu'on leur donne. Souvent, à la fonte des neiges, ils retournent dans leurs montagnes, et travaillent la terre pendant la belle saison. Il n'y a pas une heure pendant que cette existence active. — *Commerce*. Grains, fruits, noix, manne, vins, fromages, bestiaux, cuirs, suif, térében-thine. — *Villes et localités principales*. GAP, chef-lieu des Hautes-Alpes, ville ancienne : tribunal de 1re instance et de commerce, collège communal, 7,215 habitants, ville d'ori-gine celtique, jadis connue sous le nom de *Vap*, capitale des Tricorii, elle fut appelée par les Romains *Vapincum*. Démé-trius, disciple de saint Jean l'Évangéliste, en convertit les habitants au christianisme sous le règne de Domitien. Ville épiscopale du IVe siècle, elle eut, au nombre de ses évêques, Grégoire qui, en 1058, obtint de l'empereur Frédéric le titre de prince et d'autres privilèges dont héritèrent ses successeurs. En 1184, Guillaume, évêque, prit le titre de seigneur et comte de Gap; mais il fut obligé de partager avec le dauphin ses droits et sa suzeraineté. De là deux partis dans la ville, l'un militant pour le pouvoir épiscopal, l'autre pour celui des dauphins; de là aussi de nombreuses querelles et des luttes violentes. François Ier dépouilla les évêques du titre de prin-ces, mais il leur laissa celui de comtes qu'ils portèrent long-temps encore. La ville de Gap fut prise, reprise et incendiée plusieurs fois par les barbares. Elle eut à souffrir de la peste, des tremblements de terre et des guerres de religion. Elle avait embrassé le parti de la ligue et chassé les huguenots de son sein. Lesdiguières irrité s'en rendit maître et fit massacrer une partie de la population; ensuite il s'établit à Gap et re-leva la forteresse que les Sarrasins avaient construite sur la hauteur de Puymoze. — La paix et la prospérité revinrent plus tard dans cette ville; alors, sa population atteignit le nombre de 16,000 habitants. La peste de 1630, le sac de la place en 1692, la révocation de l'édit de Nantes et l'épidémie de

1744 réduisirent des deux tiers cette population qui ne s'est pas reconstituée dans son premier état. — Gap est situé sur les ruisseaux de Bonne et de la Luye, au milieu d'une belle vallée dont les coteaux montent insensiblement et arrivent ainsi à la plus grande hauteur vers le nord-est; cette ville s'é-lève sur le chemin qui conduit d'Espagne en Italie par le mont Genèvre, et de Paris à Marseille par Lyon. Elle est assez mal construite et d'un aspect peu agréable. — Elle possède dans ses environs des sources minérales. — Parmi ses édifices, elle compte la cathédrale, construction gothique qui renferme le mausolée de Lesdiguières. Le connétable est représenté cou-vert de son armure, étendu à demi et appuyé sur le coude; les traits de son visage rappellent ceux de Henri IV : c'est l'ou-vrage de Jacob Richier. — Ce monument fut d'abord élevé au château de Lesdiguières en 1626, et transféré à la cathédrale en 1798. — On distingue encore l'hôtel de ville, le palais de justice, la préfecture et l'évêché. — *Fabriques* de toile, draps, tissus de laine et de laine; martinets, tanneries, mégisseries, chamoiseries, outils aratoires. — *Commerce* de grains, fruits, bestiaux, laine, cuirs, etc. — *Situation* à 26 lieues de Gre-noble, 20 1/2 de Digne, 171 de Paris. — SERRES, petite ville, à 9 lieues 3/4 de Gap; assis un peu au-dessous du confluent des deux Buechs, ancienne résidence du bailli de Gapençais, plus tard place forte des protestants, et chatellenie donnée par le roi au connétable de Lesdiguières, est adossée à une mon-tagne, possède des fabriques de linge, chapeaux, tannerie, et une population de 1,155 habitants. — TALLARD, petite ville sur la Durance, bâtie sur l'emplacement de l'ancienne Ala-rante, au milieu d'un territoire fertile en vins estimés, à 3 lieues 1/2 de Gap, renferme une population de 1,140 habitants. On y voit les restes d'un château qui, selon la tradition, aurait eu autant de tours qu'il y a de mois dans l'année, autant de portes qu'il y a de semaines, autant de croisées qu'il y a de jours. Il fut cons-truit au Xe siècle par un chevalier, et détruit en 1692 par l'armée sarde. — BRIANÇON, chef-lieu de préfecture, ancienne et forte ville, place de guerre de 1re classe; tribunal de 1re ins-tance; population, 2,939 habitants. — L'origine de cette ville se perd dans l'antiquité : Strabon l'appelle *Brigantium Vicum*; Ptolémée, *Brigantion*; Amnien-Marcellin, *Virgantia Cas-tellum*. Pline en attribue la fondation à une colonie de Grecs chassés des bords du lac de *Como* : d'autres, à Bellovèse ou à Brennus. Après la chute de l'empire d'Occident, cette ville se constitua en république, défendit longtemps son indépendance, et finit par se donner volontairement aux dauphins viennois. — Elle avait pour devise : *Petite ville et grand renom*. — Elle fut brûlée en partie pendant les guerres de religion, à la fin du XVIe siècle, puis incendiée de nouveau en 1624 et en 1692. Ce dernier incendie détruisit ses archives, et avec elles les éléments de l'histoire des Alpes Cottiennes; cette perte est irréparable. — Briançon s'élève au bas du col de Genèvre, sur un mamelon, à la jonction des vallées de la Clarée et de la Guisanne, au confluent des deux rivières de ce nom qui prennent en cet endroit le nom de *Durance*. Entourée d'une triple enceinte de murs, cette ville est défendue par sept forts, dont les feux se croisent. Plusieurs lunettes et quelques re-doutes battent les routes d'Italie; mais les principales fortifi-cations s'élèvent sur le versant opposé de la Clarée et com-muniquent avec la ville par un pont d'une seule arche jeté sur un précipice, et au milieu duquel on lit cette inscription :

Du règne de Louis XV, ce pont de 120 pieds d'ouverture, diarche, élevé de 168 pieds au-dessus de la rivière, a été construit par les ordres du maréchal d'Asfeld, général des ar-mées du roi, chevalier de la Toison d'or, directeur général des fortifications. L'an 1734.

Les forts communiquent entre eux par de belles routes et par des galeries souterraines. — Briançon est, de ce côté, le prin-cipal arsenal de la France; c'est encore le point d'attaque et de la défense dans les Alpes françaises. — Briançon n'a qu'une belle rue, encore est-ce une rue escarpée et rapide : elle tra-verse la place de haut en bas. L'aspect général de la ville est triste et monotone; mais, comme on a pu en juger par la des-cription sommaire, rien n'est plus pittoresque que les environs montagneux de Gap et de Brian-çon. — En face de cette dernière ville, à 2,000 mètres d'éléva-tion, on voit, sur la montagne de Poirelle, une petite chapelle dédiée à *Notre-Dame-des-Neiges*. — *Fabriques*. Bonneterie, cotonnades, faux, peignes à chanvre, crayons, clous, fonde-ries, tanneries, etc. — *Commerce* de mine de plomb, craie, crayons; mulets, juments et moutons; térébenthine, eau de lavande, suc résineux et graine de mélèze. — Briançon est situé à 23 lieues de Gap, 171 lieues 1/2 de Paris. — EMBRUN, place forte, chef-lieu de sous-préfecture, tribunal de 1re instance, collége communal; population, 3,000 habitants. — Cette ville, l'une des principales des Caturiges, nommée par eux *Eburdunum*, fut transformée par les Romains en poste militaire. Elle reçut de Néron les priviléges des colonies latines; de Galba, ceux des cités alliées; d'Adrien, le titre de métropole des Alpes maritimes, après, la division des Gaules en 15 provinces. Ses archevêques durent à l'empereur Conrad II des droits régaliens et celui de battre monnaie. — Saccagée par les Vandales, les Huns et les Saxons, elle tomba, en 966, au pouvoir des Maures qui la mirent à feu et à sang; les grandes bandes la pillèrent en 1573, et Lesdiguières la rançonna ensuite; elle fut ravagée de nouveau par les armes du duc de Savoie en 1692. — Elle est située sur une élévation, au pied de laquelle se développe une vaste prairie traversée par la Durance. Elle est entourée de bastions, de remparts et de fossés. A l'extérieur, l'aspect de la ville est majestueux; à l'intérieur, il est sombre et confus; les rues étroites, quoique garnies de maisons bien bâties, sont irrégulières et tortueuses. — La cathédrale d'Embrun, édifice de style gothique, est imposante à voir, riche de détails d'architecture et surmontée d'une flèche hardie. — *Fabriques* de draps; rubans, de laine, ratines, couvertures, chapeaux, cotonnades; tanneries. — *Commerce* de fruits, vins, cuirs et bestiaux. — Embrun est situé à 11 lieues de Gap, 182 lieues de Paris.

H. CORNILLE.

ALPES (DÉPARTEMENT DES BASSES-). Ce département, composé d'une portion de la haute Provence et de la vallée de Barcelonnette, a reçu son nom de la forme des montagnes sur lesquelles il est assis. — Les derniers échelons des Alpes viennent s'abaisser sur son territoire. — Borné au nord par le département des Hautes-Alpes, au sud par celui du Var, à l'ouest par ceux de Vaucluse et de la Drôme, il est divisé en deux parties, nord et sud, par une ramification des Alpes. La partie méridionale comprend les arrondissements de Barcelonnette et de Castellane; la partie septentrionale, ceux de Sisteron et de Forcalquier. L'industrie des habitants a pu seule fertiliser le sol ingrat et montueux : il produit, au nord du seigle, de l'orge, de l'avoine, des pommes de terre qui, mélangées avec le seigle, donnent un pain excellent; des fruits, des bois de charpente, etc.; au sud, l'amandier, le figuier, l'olivier, le citronnier, le mûrier réussissent à merveille; les poiriers, les pêchers, les pommiers, les abricotiers, les amandiers, et surtout les pruniers se multiplient en quelques endroits : on récolte en certains cantons la manne, l'agaric et la térébenthine. On trouve sur le revers méridional des montagnes abondance de myrte, de lavande, de thym et d'autres plantes aromatiques. On fait aussi dans le département un vin d'assez bonne qualité; enfin, on y rencontre d'excellents pâturages qui nourrissent de nombreux troupeaux. — Les vallées des Basses-Alpes présentent en général un aspect agreste et fortement caractérisé; mais, souvent des paysages riants adoucissent l'âpreté sévère de l'ensemble. Ici, s'élancent dans les nues des pics rocailleux et dépouillés : là, des plaines joyeuses et toutes chargées de leurs productions méridionales s'étendent à perte de vue; plus loin vous promenez les yeux sur des pelouses émaillées de fleurs, et derrière ces pelouses, vous apercevez une masse de roches noires et crevassées, puis, une forêt de pins et de mélèzes; au-dessous, des grottes profondes présentent aux regards les bizarres combinaisons de leurs stalactites; leurs colonnades de basalte et leurs sources mystérieuses; enfin, des montagnes si diverses élèvent au-dessus des nuages leurs dômes immobiles et couverts de neiges éternelles. — C'est surtout dans la vallée de Barcelonnette que se multiplient ces contrastes; la petite rivière d'Ubaye la parcourt dans toute sa longueur; elle promène ses eaux limpides entre deux rangées de montagnes qui, superposées les unes aux autres, arrivent majestueusement aux plus imposantes hauteurs, (2 à 3 mille mètres), et se couvrent, dans la vide, d'une crête de neige. La vallée, divisée en deux parties, prend d'un côté le nom de Châteaux bas; de l'autre, celui de Val-des-Monts ou Châteaux hauts : cette dernière partie comprend les villages de Faucon, de Josiers, du Châtelard, villages élégants et dont les environs sont parfaitement cultivés. Au plus haut point du bassin, on distingue le village de Tournoux, position militaire qu'occupèrent à des époques bien éloignées, les soldats romains et les volontaires de la république française. Avant d'arriver à Tournoux, la vallée se bifurque et présente deux défilés dont l'un est

arrosé par l'Ubaye, l'autre par l'Ubayette. Au-dessus des villages se développent de vastes et riches pâturages qui, dans l'été, sont couverts de troupeaux; au delà, toute végétation disparaît : les sapins, les mélèzes forment les dernières limites de la nature cultivée et féconde; la vallée se prolonge encore, mais ce n'est plus qu'un affreux ravin labouré par les torrents, bouleversé par les tempêtes, séjour de tristesse et d'horreur, et couronné dans le lointain par le pic sombre et inaccessible du mont Viso. — L'une des principales richesses du département des *Basses-Alpes* consiste dans ses montagnes; l'aspect en est remarquable. Au commencement de l'été, elles se couvrent d'une herbe haute et touffue qui touche au poitrail des chevaux, et d'où s'élancent des fleurs de mille espèces, dont le parfum se répand dans toute la vallée. — Là, des troupeaux de brebis broutent une herbe tendre et savoureuse : plus loin, des chevaux paissent en liberté; et, pour couronner le tableau, des troupes de chamois, légers comme le vent, viennent aussi prendre leur part de ce festin offert par la nature, et disparaissent en bondissant. — Parmi ces montagnes pittoresques, on remarque celle de *Louz*, qui possède à son sommet un lac, poissonneux d'une lieue de circonférence, et qui nourrit trois mille brebis, des chamois, des marmottes, des perdrix bartavelles, des perdrix blanches, des lièvres blancs, etc. — Celle de *Monier*, si riche en beaux mélèzes. — Celle de l'*Arche*, celle du *Lauzanier*, féconde en toute sorte de beautés naturelles, et qui contient trois lacs. La *grande montagne* de Seyne, etc. — Prises dans leur ensemble, les montagnes pastorales des *Basses-Alpes* nourrissent annuellement 400,000 moutons transhumants, qui l'été abandonnent les plaines de la Crau et de la Camargue. La marche de ces troupeaux, qui font à peine chaque jour trois ou quatre lieues, est uniforme, et s'annonce par le bruit des sonnettes attachées au cou des boucs, conducteurs des troupeaux. C'est une sorte d'émigration naturelle; les bergers, leurs fils et leurs chiens dirigent les troupeaux; les femmes suivent avec les jeunes filles et les vieillards; elles conduisent de petites troupes d'ânes qui portent les enfants trop jeunes pour marcher, les agneaux nouveau-nés, les bagages, les vases pour traire le lait, les ustensiles pour la confection du beurre et du fromage, etc. Les loups sont communs dans ces parages, et font, comme partout, une guerre acharnée aux troupeaux, que les bergers et les chiens défendent nuit et jour. — Le climat des *Basses-Alpes* est sain mais variable; il y a surtout une grande différence entre le climat de la partie méridionale et celui de la partie septentrionale; dans la première, végètent en même temps, suivant les expositions et la nature du sol, les productions de l'automne, du printemps et de l'été; au nord, le froid et la neige retardent quelquefois durant des mois entiers l'époque des semailles. Dans la vallée de Barcelonnette, on ne connaît, pour ainsi dire, que deux saisons, l'hiver et l'été; l'hiver s'annonce par des neiges qui tombent souvent dès les premiers jours de novembre, pour ne disparaître qu'au mois de mai; les rigueurs de cette saison sont telles, que souvent le thermomètre de Réaumur descend à 18°; alors la neige et la glace recouvrent le pays tout entier à une épaisseur d'un mètre et demi! rochers, montagnes et vallées, tout se revêt de cette froide écorce qui arrête le cours des ruisseaux, enchaîne les branches des arbres, et semble jalouse des moindres bruits qui pourraient s'élever dans le silence de ces contrées! plus de végétation, plus de troupeaux; plus de joie; le soleil, pâle et languissant, ne paraît que pour disparaître; l'ombre immobile des montagnes se projette sur la vallée; et les nuits éclairées par la réverbération des neiges, prennent une splendeur inaccoutumée. Immobilité, monotonie, majesté grave et imposante, silence profond qu'interrompent parfois le cri fugitif des oiseaux ou le hurlement des loups; tel est le caractère de ce pays quand l'hiver le tient sous le joug. — Puis, tout à coup, l'été vient déchirer cette enveloppe de frimas, et ranimer la vie dans ces vallées; les arbres reprennent leur feuillage, la végétation éclate de toutes parts, et les rochers retrouvent leurs formes anguleuses, noires et pittoresques. C'est un changement soudain, presque sans transition : un passage soudain de la mort à la vie, des ténèbres à la lumière. L'été des *Basses-Alpes* est tempéré, même durant la canicule. Le thermomètre ne s'élève guère au-dessus de 15°, et toujours un vent frais qui règne de onze heures à midi, ravive l'atmosphère. — Le département, qui a pour chef-lieu la ville de *Digne*, se divise en cinq arrondissements, en trente cantons, renfermant en totalité 257 communes! Il se développe sur une étendue de 372 lieues carrées, et contient une population de 155,896 habitants. — *Minéralogie.* Indices de mines d'argent; indices de fer;

plomb, cuivre, bismut, baryte, succin, cristal de roche, jaspe, soufre, vitriol, houille, jayet, marbre, gypse, argile, porphyre, ardoise, fossiles en grand nombre. — Sources minérales à Digne, Greaix, Colmar; sources salées à Tartonne, Lambert, Agnac, Clumany, Moriez, Gévaudan, etc. — Productions : seigle, orge, avoine, châtaignes, pommes de terre, prunes, citrons, oranges, olives, amandes, chiendent, plantes aromatiques, manne, térébenthine, agaric, truffes; pâturages et prairies. — Forêts : 59,794 hectares de pins, mélèzes, chênes blancs, chênes verts, hêtres. — Vignes : 5,631 hectares produisant chaque année, terme moyen, 150,000 hectolitres de vin de bonne qualité qui est absorbé par la consommation intérieure. — Moutons mérinos, bêtes à cornes, mulets, ânes, chevaux; on y voit aussi le jumart, qui naît de l'accouplement de l'ânesse et du taureau. — Gibier : lapins, bécasses, perdrix blanches, canards sauvages, chamois. — Poisson de rivière et d'étang, truites fort estimées. — Éducation des vers à soie et des abeilles. — Industrie : étoffes de soie, filoselle, toile, bonnets, petites draperies, faïence, corderie, coutellerie, filature de soie et de coton, poteries, corroieries, tanneries; moulins à l'huile, distilleries d'eau-de-vie, taillanderies, papeteries, huiles aromatiques, surtout de mélisse et de lavande, qu'on se procure avec des laboratoires ambulants, établis sur les montagnes. — Chaque année, émigration de plusieurs milliers d'hommes, vers la basse Provence, les côtes de Nice et d'Arles: les hommes se font domestiques, journaliers, commissionnaires, quelques-uns vont montrant la lanterne magique; les enfants portent des marmottes, vendent des almanachs, des aiguilles, des lacets, etc. Ces émigrés voyagent d'ordinaire dans des pays lointains: ils sont intelligents, sobres, d'une fidélité à l'épreuve et d'un courage infatigable. — Commerce de vins, esprit de vin, eaux-de-vie, huile de noix et d'olive; beurre, fromage, miel blanc, cire jaune, moutons, fruits, pruneaux, sirop de raisin; draps communs, bonnets gasquets pour le Levant, soie, filoselle, laine, etc. — Villes principales : Digne, chef-lieu du département, petite ville d'une haute antiquité; tribunal de première instance, collège communal, évêché, séminaire diocésain : population : 3,932 habitants : cette ville porta jadis le nom de *Dénia*, capitale des *Bodiontici*, peuplade celto-lygienne, incorporée aux *Albici*, dont la capitale était *Riez*. Elle eut beaucoup à souffrir des invasions successives que les barbares firent pendant sieurs siècles sur le territoire de la Provence : les Vandales, les Goths, les Lombards, les Sarrasins assouvirent tour à tour sur ces malheureuses vallées leur implacable férocité. En 340 Digne embrassa le christianisme, qui fit dans le pays de grands progrès; mais durant les guerres de religion elle fut saccagée quatre fois par les religionnaires, notamment en 1562 et 1591. Elle fut ravagée par la peste de 1629, et la population de Digne eut tant à souffrir du fléau, qu'elle se réduisit, de 10,000 âmes, à 1,500, et que, depuis, elle n'a plus dépassé le nombre de 4000. — Digne est située au pied des Alpes, sur le torrent de la *Bléone*; elle est assise sur une éminence; près de cette éminence s'élève un rocher sur lequel on a construit la cathédrale, dont la flèche et le dôme dominent sur la ville. — L'aspect de cette cité est généralement confus et désagréable : les rues en sont étroites, tortueuses et malpropres. Digne possède une bibliothèque publique, riche de 3000 volumes, et un cabinet de lecture: A l'extérieur, cette ville présente tous les avantages et toutes les beautés des contrées montagneuses. La vallée de la *Bléone* est vaste, garnie de maisons de campagne, de jardins et de vergers. — Eaux thermales : à une demi-lieue de la ville, au pied d'un mont agreste, se trouve un établissement thermal qui peut recevoir soixante baigneurs. On y compte quatre bains auxquels on a donné les noms de : bains de Saint-Jean, de Saint-Gilles, de Notre-Dame, et des Vertus. Ils sont alimentés par quatre sources; il y en a une cinquième, dont on emploie les eaux en boisson: Ptolémée et Pline font mention de ces eaux thermales. On les visite depuis le 1er mai jusqu'au 1er septembre; c'est un séjour agréable. Ces eaux, qui ont une saveur douceâtre, légèrement salée, exhalent l'hydrogène sulfuré; leur température s'élève, dans les temps chauds, jusqu'à 40 degrés Réaumur; l'eau destinée à la boisson n'en passe pas 32°, le bain des Vertus, 29°. La chimie a trouvé dans ces eaux des carbonates de chaux et de magnésie, de l'hydrochlorate de soude et du gaz hydrogène sulfuré. La médecine en conseille l'usage pour la guérison des blessures, des vieilles plaies, des paralysies, des rhumatismes, des affections cutanées, des tumeurs scrofuleuses, les vertiges, etc.; on boit de ces eaux à la dose de quatre ou cinq verres; les bains renferment des étuves taillées dans le roc, et des douches ascendantes et descendantes. — Fabrique de cuirs; commerce de fruits secs et confits; pruneaux et pistaches; de graine de trèfle et de chanvre; de miel et de cire jaune; de laine et de toile; de peaux de chevreaux et de coutellerie. — Situation : à 20 lieues de Gap, 20 l. de Draguignan, 26 l. de Nice, 192 l. de Paris. — Les-Méez, petite ville fort ancienne, sur la rive gauche de la Durance, à 7 lieues de Digne, avec une population de 2129 habitants. On trouve sur son territoire des vestiges de son ancienneté : des débris de temple romain et des inscriptions. Elle exista d'abord sur les hauteurs, d'où elle descendit vers la Durance, au XVIe siècle : elle fait le commerce de vins. — Chezel, sur la rive droite de l'Alle, à 5 lieues de Digne : population, 875 habitants. — Moustiers, petite ville, à 11 lieues de Digne, bâtie dans une situation singulièrement pittoresque, au pied d'une chaîne de rochers, séparée en deux par un large vallon qui laisse d'un côté la ville, de l'autre le faubourg qu'une suite de ponts y réunit. On trouve au-dessus, et pour ainsi dire, à l'entrée de cette vallée, deux rochers énormes qui forment pour ainsi dire, la porte de cette vallée; et qu'une chaîne de 700 pieds, fixée à leur sommet respectif, rattache l'un à l'autre. On s'est épuisé en conjectures sur l'auteur de cet enchaînement bizarre: on a fini par croire que ce fut le résultat d'un de ces vœux qui, dans les anciens temps, précédaient d'ordinaire les grandes entreprises. Au milieu de cette chaîne, est suspendue une étoile dorée à cinq pointes. Sans doute cette étoile était un emblème emprunté aux armoiries du preux chevalier qui avait fait le vœu. Un ancien manuscrit l'attribue à Anne de Riquety, qui vivait vers la fin du XIVe siècle. — Riez, l'ancienne Abèce, érigée sous Auguste en colonie romaine, nommée plus tard *Reia*, dut être jadis une ville considérable : on trouve autour d'elle de vieux débris, et d'antiques fondations qui s'avancent dans la campagne, des colonnes brisées, etc. Elle souffrit de tous les malheurs qui accablèrent la ville de Digne; agréablement située, au pied des montagnes, à l'extrémité d'une vaste plaine, elle récolte de bons vins et des fruits estimés, dont elle fait commerce. C'était jadis le siège d'un évêché qui fut supprimé au commencement de la révolution. — Riez fabrique des cordes dites *ouages* et autres, huile d'olive et vinaigre: elle a des tanneries et des mégisseries : sa population s'élève à 3115 habitants. Elle est située à 12 lieues de Digne. — Seyne, ville forte sur la rivière de Blanche, à 3 lieues 1/4 de Digne: 2,795 habitants. — Thoard, à 4 lieues de Digne : 962 habitants. — Allos, dans la vallée de Barcelonnette, jadis capitale des *Gallitæ*, peuplade celto-lygienne, ville située dans une charmante position, au pied de montagnes couvertes de mélèzes et de sapins, et au milieu de vastes prairies : population, 1513 habitants. — Barcelonnette, jolie petite ville, sur la rivière de l'*Ubaye*, chef-lieu de sous-préfecture, collège communal, tribunal de première instance. Située au milieu de la riche vallée à laquelle elle a donné son nom, cette ville paraît avoir succédé à un établissement romain dont il reste peu de vestiges; elle fut appelée *Barcelonnette* par Raymond Bérenger IV, comte de Provence, qui la fit restaurer et rebâtir en partie. On sait que les comtes de Barcelone étaient devenus, par droit de succession, de conquête ou d'échange, comtes de Provence, de Montpellier, de Narbonne, de Carcassonne, etc. Barcelonnette éprouva de nombreuses vicissitudes; elle fut incendiée sept fois de suite par les ravages de la guerre ou le feu du ciel; brûlée par le marquis d'Uxel, en 1528, par les Français, en 1542, par le baron de Vins, en 1582, par les religionnaires en 1601, elle devint par accident la proie des flammes en 1714; la foudre la frappa en 1740, et en détruisit quatre-vingts maisons; enfin, en 1761, une imprudence la livra de nouveau à l'incendie. Elle peut être considérée comme la plus jolie ville des Alpes françaises. Les rues en sont régulières, les maisons bien bâties. Elle fabrique des soieries, des cadis et de petites draperies. Elle tient marché tous les samedis, et renferme une population de 2,144 habitants, et est située à 18 lieues de Digne, 16 lieues de Gap, 134 lieues de Paris. — Saint-Paul, petite ville, à l'extrémité de la vallée, sur la rive droite de l'Ubaye, à 5 lieues de Barcelonnette : population, 1802 habitants. — Amiot, petite ville : population, 1292 habitants. — Castellane, petite ville fort ancienne, jadis capitale des *Suètri*, sous le nom de *Salinæ*, détruite vers 812 par les Sarrasins, rebâtie et nommée depuis *Castellana*. Elle est située au pied des Alpes, dans une vallée fertile, sur la rive droite du Verdon; les montagnes qui l'environnent contiennent une grande quantité de fossiles et de pétrifications : des poissons, des crustacés, des coquilles, etc. Elle fabrique des draps communs, fait le commerce des fruits secs, surtout des pruneaux dits de *Castellane*, et renferme une population de 2,106 habitants. Elle est à 9 lieues 1/2 de Digne, 201 de Paris. —

Colmars, petite ville forte, au confluent du Verdon et de la Sence, tire son nom, dit-on, d'une colline consacrée jadis par les Romains au dieu de la guerre ; plus tard, les premiers chrétiens y firent élever une église en l'honneur de saint Pierre. Réduite en cendres par Raymond de Turenne, en 1390, prise en 1583 par le capitaine Cartier, elle devint enfin dans le XVIIᵉ siècle propriété de la France, qui en fit une place de guerre. Elle commande et défend le défilé qu'elle occupe. On trouve dans ses environs une fontaine intermittente, dont les périodes sont de 7 à 8 minutes. Colmars a des fabriques de draps, des tanneries, et fait le commerce des fromages : population, 927 habitants. — Entrevaux, petite ville forte, sur la rive gauche du Var, près des frontières du Piémont : population, 1485 habitants. — Forcalquier, chef-lieu de sous-préfecture, petite ville très-ancienne : tribunal de première instance, collège communal, séminaire : population, 3,036 habitants. Cette ville, jadis capitale des Memini, fut prise par les Romains qui en firent une position importante, et lui donnèrent le nom de Forum Neronis. Plus tard, en 474, elle tomba au pouvoir des Bourguignons, et fut successivement ravagée par les Normands, les Lombards, les Saxons, les Hongrois et les Sarrasins. Forcalquier n'est plus aujourd'hui situé sur son ancien mamelon : il s'est abaissé vers la plaine, où il se dessine en amphithéâtre. Il fabrique des cadis, des chapeaux, file la soie et fait le commerce du trèfle, de la luzerne, du sainfoin ; il fournit aussi du miel, de la cire jaune, de la poterie, de la laine, des chevaux et des bestiaux ; à 12 lieues 1/2 de Digne et 195 de Paris. — Manosque, petite ville, qui doit son origine aux comtes de Forcalquier, dont elle était d'abord la résidence d'hiver ; elle appartint ensuite à l'ordre de Saint-Jean de Jérusalem. Elle s'élève au milieu d'un territoire fertile, couvert de vignes, de noyers et d'oliviers : elle fabrique des toiles, cadis, filoselles ; possède des distilleries d'eau-de-vie, des moulins à l'huile, des tanneries, des exploitations de houille ; fait le commerce du sirop de raisin, des vins, eaux-de-vie, esprits, huiles d'olive, amandes, graines potagères, truffes noires, miel, soie, laine, etc. ; et renferme une population de 5,543 habitants. — Sisteron, ville ancienne et forte, chef-lieu de sous-préfecture, tribunal de première instance, collège communal, nommée sous les Romains Cistero, puis Segestero, puis Segustero, etc. Ravagée par les Huns, les Vandales, les Sarrasins, elle devint au VIᵉ siècle siège d'un évêché suffragant de l'église d'Aix, fut prise et pillée plusieurs fois dans le cours du XVIᵉ siècle par les religionnaires. Il y eut, autour du château de cette ville, des luttes nombreuses et sanglantes entre les catholiques et les protestants ; ce château fut plus tard la prison de Casimir, frère de Ladislas VII, roi de Pologne, lequel fut plus tard transféré à Vincennes. La ville de Sisteron est située au confluent du Büch et de la Durance, dont elle commande les vallées, fermant ainsi le passage qui conduit de la Provence au Dauphiné. Elle fait le commerce des vins ; elle est à 10 lieues de Digne, à 10 lieues 1/2 de Gape, et contient une population de 3920 habitants.

H. CORNILLE.

ALPESTRE, se dit de tout ce qui a rapport aux Alpes, des plantes qui croissent sur ces montagnes, des animaux qui les habitent. C'est un mot nouveau qu'il ne faut pas confondre avec Alpines, adjectif qui ne s'emploie qu'au pluriel féminin et s'applique à toutes les plantes qui croissent sur les hautes montagnes. On donne aussi le nom d'alpines à un genre de plantes de l'Amérique septentrionale. A. D. M.

ALPHA et OMÉGA. Ce sont les noms des deux lettres qui commencent et terminent l'alphabet grec. On emploie quelquefois ces mots pour désigner le commencement et la fin d'une chose. Autrefois les médecins, les auteurs, et en général tous ceux qui écrivaient, mettaient en tête de leurs écrits les mots alpha et oméga qu'on remplaça bientôt par un signe d'abréviation, ou pour mieux dire par les deux lettres séparées par un trait a/ω : ce signe répondait à l'ancienne formule : Sit nomen Domini benedictum, in nomine Patris, etc. A. D. M.

ALPHA (théol.) Ce mot, qui est le nom de la première lettre de l'alphabet grec, se trouve dans plusieurs endroits de l'Apocalypse, joint au oméga qui est le dernier caractère de ce même alphabet, pour désigner le commencement et la fin. Dieu qui dit de lui-même, qu'il est le commencement et la fin de toutes choses : Ego sum a et ω, principium et finis (Apoc. I, 8 ; compar. XXI, 6, et XXII, 13) ; paroles qui, outre qu'elles prouvent l'éternité de Dieu, comme l'insinue saint Jean qui ajoute immédiatement : dicit Dominus Deus, qui est, et qui erat, et qui venturus est, nous apprennent qu'il est à la fois et le principe d'où émane toute créature, et la fin dernière en

laquelle seule on peut trouver la souveraine félicité. J. G.

ALPHABET. On entend par alphabet la collection complète de tous les signes, quelle que soit leur forme, par lesquels on représente les mots d'une langue, ou pour mieux dire les sons divers dont ces mots se composent. Ces signes ont reçu le nom de hiéroglyphes lorsqu'ils peignent à l'esprit le sens ou la valeur d'un mot par des images, et celui de lettres ou caractères lorsque leur forme, toute de convention, ne consiste qu'en quelques traits diversement tracés dont la réunion est regardée comme l'équivalent d'un son déterminé. L'alphabet a été ainsi nommé des deux premières lettres de l'alphabet grec, alpha et béta ; lesquelles tirent leur origine des deux premières lettres de l'alphabet hébreu, aleph et beth ; mais cette dénomination inexacte pour certaines langues ne peut s'appliquer justement qu'à celles qui, de même que le français, l'espagnol, l'italien, etc., ont pour premières lettres un A et un B. Malgré ce défaut d'exactitude absolue, le mot d'alphabet n'en a pas moins, dans les langues modernes de l'Europe, une signification générale qui embrasse toutes les langues anciennes et modernes, mortes ou vivantes. Ainsi on dit l'alphabet sanscrit, l'alphabet phénicien, comme on dit l'alphabet allemand ou anglais. Tout alphabet se compose de deux sortes de signes, les uns qui expriment un son simple et pour ainsi dire primitif, les autres qui ne peuvent rendre un son que par leur adjonction aux signes de la première espèce, de telle sorte que ces seconds signes servent à modifier le son simple. (V. LETTRES, CARACTÈRES.) Ces divers signes ont reçu les noms de voyelle et de consonnes. (V. VOYELLE, CONSONNE et DIPHTHONGUE.) Ainsi on conçoit que le son d'a est simple et qu'il se modifie diversement lorsqu'il s'unit à un b, à un d, à un f, etc., sans cesser néanmoins de tenir la principale place dans cet assemblage de voyelles et de consonnes qui forment les syllabes. (V. SYLLABE.) — On a discuté dans le XVIIIᵉ siècle la vaine question de savoir par quel mot à sens plus précis on pourrait remplacer le mot un peu vague d'alphabet. On a répondu que l'alphabet prendrait lui-même un nom convenable si l'on parvenait jamais à en faire un bon. Ce n'est point là résoudre la question ; car bien évidemment il ne sera jamais possible d'avoir un bon alphabet, c'est-à-dire un alphabet d'une bonté absolue, parce que les langues ne se ressemblant pas et n'étant pas soumises aux mêmes règles, l'alphabet qui remplira les besoins de l'une se trouvera insuffisant pour l'autre. Quant à nous, nous pensons que le mot d'alphabet exprimant très-bien, malgré son étymologie en plusieurs cas défectueuse, l'idée que nous avons de la réunion de tous les signes dont se forment les mots d'une langue, on doit le conserver sans se mettre en peine de la justesse ni bien rigoureuse de l'étymologie. Quant à ce qui concerne la bonté d'un alphabet, nous croyons que le meilleur de tous sera toujours celui qui, sans trop multiplier les signes, contiendra tous ceux qui seront nécessaires pour exprimer tous les sons dont se compose la parole, et qui n'établira pas des contradictions choquantes entre la prononciation et l'écriture. Sans parler ici des alphabets hébreu, syriaque, phénicien, sanscrit, etc., ni de l'alphabet grec ou même de l'alphabet latin, sur lesquels nous ne pouvons guère porter qu'un jugement conjectural pour ce qui regarde l'accord existant entre la prononciation et l'écriture, nous dirons sans hésiter que parmi les alphabets européens un des premiers en mérite est l'alphabet espagnol, parce qu'à peu de sons simples, où l'a est toujours un a, l'e toujours un e, etc., sans ces différences que, par exemple, la langue française met entre l'a de pâtre et celui de battre, entre l'é grave, l'è aigu et l'e muet ; où l'on ne trouve pas de diphthongues, c'est-à-dire de réunions de voyelles qui se prononcent par une seule émission de voix, dont le son n'a aucun rapport avec les voyelles dont la diphthongue se forme, comme dans roi, moi ; où l'écriture, en un mot, peint très-fidèlement la prononciation, sauf la prononciation gutturale du jota, laquelle est particulière à cette langue. Ajoutons que le plus imparfait des alphabets modernes est, par une raison opposée, celui de la langue anglaise où, sans parler des diphthongues et des voyelles doubles, l'a est un a, l'i est un aï, l'o est un a ou un o muet, etc. ; ce qui forme un système bizarre de prononciation qui désole les étrangers. — Un défaut commun à la plupart de nos alphabets, c'est la nécessité d'assembler quelquefois plusieurs lettres pour exprimer un son. Les Russes expriment par un seul signe le ch français de charité ; les Anglais, les Italiens, les Espagnols ont besoin de deux lettres sh, sc, ch. Les Allemands en emploient trois, sch. L'alphabet polonais a le grand défaut de multiplier les consonnes. L'anglais partage ce défaut d'autant plus grave que le plus souvent beaucoup de consonnes dont les mots sont surchargés sont tout à fait muettes. — Les questions que nous venons d'énoncer ne sont pas les seules auxquelles a donné lieu l'alphabet. On s'est demandé si l'écriture alphabétique a précédé ou suivi l'écriture symbolique ou hiéroglyphique; quel a été ou d'où est sorti le premier alphabet; si les caractères dont l'alphabet se compose ont été dans l'origine des signes arbitraires ou des signes symboliques; si les peintures des Mexicains étaient une écriture; si, comme l'a prétendu M. Klaproth, les alphabets européens ont trois sources, diverses dans l'écriture chinoise, hindoue et sémitique; s'il serait possible d'obtenir un alphabet universel où les sons simples de toutes les langues fussent représentés. Nous renvoyons pour toutes ces questions aux mots LANGAGE, LANGUE, ÉCRITURE, PAROLE, HIÉROGLYPHE, MEXICAINS (écriture des); etc. Quant à la dernière question, nous dirons seulement que toute discussion sur ce point nous semble d'autant plus oiseuse qu'elle ne saurait réellement produire aucun résultat; car pour représenter dans chaque langue les sons des voyelles et des diphthongues avec les diverses nuances de ces sons, il faudrait une vingtaine de signes au moins pour beaucoup d'entre elles, ce qui rendrait cet alphabet universel aussi long, aussi difficile à retenir qu'un alphabet chinois. Au surplus, l'universalité de l'alphabet ne donnerait pas la connaissance des langues et ne dispenserait pas du travail de les apprendre. Nous ne voyons donc pas l'utilité que pourrait avoir l'alphabet universel. Formons seulement le vœu que dans chaque langue l'alphabet renferme les signes propres à exprimer les sons de cette langue, et qu'il ne renferme que ces signes, afin qu'il ne soit pas en contradiction manifeste et permanente avec la prononciation. Au fond il sera toujours très-difficile, pour ne pas dire impossible, d'obtenir une telle réforme, car toutes les langues se sont identifiées par une longue habitude avec leurs alphabets et s'en sont approprié les imperfections. Il n'est pas un Français peut-être qui n'ait mille fois prononcé le mot *roi* sans avoir remarqué que prononcé comme il est écrit il devrait faire ró-i. J. DE MARLÈS.

ALPHABET (liturg.) grec ou latin; ce sont des caractères ou lettres qui sont en usage chez les Grecs aussi bien que chez les Latins, dans la consécration des églises. Après qu'on a couvert de cendre le pavé du nouveau temple, l'évêque consécrateur y trace ces lettres avec son doigt, pendant qu'on chante le cantique: *Benedictus Dominus Deus Israel*. Comme l'alphabet renferme les éléments d'une langue, le but de cette cérémonie est de nous rappeler que l'Église est la vraie mère des fidèles, qu'elle leur donne les éléments de la vraie science, qui est la science du salut, et qu'elle réunit et embrasse tous les peuples. J. G.

ALPHÉE. Ce fleuve, ainsi nommé, au rapport de Strabon, parce que ses eaux avaient la vertu de guérir les alphos, n'a pas encore trahi le secret de ses sources; ce mystère dont il semble envelopper son berceau a exercé une fois la sagacité des anciens: Strabon, au 8e livre de sa Géographie, donne à ce fleuve et à l'Eurotas une origine commune; il les fait d'abord couler ensemble dans un lit souterrain, puis à découvert, et se séparer ensuite pour suivre solitairement leur direction respective. Il existait, selon lui, une fable singulière sur ce phénomène naturel: on disait que lorsque deux couronnes étaient jetées dans le lit commun de l'Eurotas et de l'Alphée, chacun de ces fleuves entraînait celui-là ou celle-ci de ces couronnes qui lui avait été destinée: *adeo uti fabula fidem invenerit, coronas quæ alterutri amnium nuncupatæ, in communem alveum injicientur; quamque in eo qui nuncupatæ fuerint, amne emergere.* — Si l'on en croit Pausanias, l'Alphée se engloutit sous la plaine de Tégée, reparaît ensuite pour se mêler à l'Eurotas, disparaît de nouveau et va remonter aux *fontaines* des Arcadiens; Polybe partage l'opinion qui attribue à ce fleuve un cours souterrain; enfin, le colonel Leake, dans son *Voyage en Morée*, déclare, après avoir longtemps étudié les lieux, que les sources de l'Alphée et de l'Eurotas jaillissent du versant septentrional du *Parnon*, montagne désignée aujourd'hui sous le nom de *Malevo*; que le premier de ces fleuves, formé d'abord par des ruisseaux qui coulent aux environs du village de *Verneva*, et bientôt grossi des eaux du Kyria-Veysi, se dirige vers le sud du mont *Cresium*. On voit par ce récit que la question n'est pas encore décidée. Quoi qu'il en soit, on aperçoit au point où l'Eurotas et l'Alphée sont censés reparaître au jour deux sources abondantes dont l'une donne ses eaux au premier, l'autre au second. — L'Alphée, fleuve de l'Arcadie dans le Péloponèse, reçoit le Ladon et l'Erymanthe, rivières au nom sonore et poétique, réduites aujourd'hui, comme presque toutes celles de la Grèce, à l'état de simples ruisseaux, qui né

dans les montagnes qui s'élèvent au sud de Mégalopolis, il s'avance à travers l'Élide, contourne les ruines d'Olympie, et va se jeter dans la mer Ionienne, presque en face de l'île de Zante. Ce fleuve, le seul de la Morée qui mérite ce nom, tandis que l'Eurotas solitaire ne roule qu'un petit courant d'eau sur les graviers dont son lit est rempli, l'Alphée d'aujourd'hui n'a pas même gardé son nom; on l'appelle Roufia. H. CORNILLE.

ALPHÉE. Il est question dans le Nouveau Testament de deux personnages qui ont porté ce nom: 1° Alphée, père de saint Jacques le Mineur, premier évêque de Jérusalem (*Matth.* x, 3; *Luc.* VI, 15). On croit que c'est le même que Cléophas, dont il est parlé dans saint Luc (XXIV, 18). Dans cette hypothèse, Alphée serait son nom grec, et Cléophas son nom hébreu ou syriaque. Saint Jean, en parlant dans son Évangile (XIX, 25) des femmes qui se tenaient au pied de la croix de Jésus-Christ, nomme *Marie de Cléophas*, comme étant sœur de la très-sainte Vierge; d'où les interprètes ont conclu, les uns, que cette Marie était femme d'Alphée, et les autres, qu'elle était sa sœur. Le texte est en effet amphibologique, c'est-à-dire qu'il se prête également à l'une et à l'autre de ces deux explications. 2° Le second Alphée dont il est fait mention dans le Nouveau Testament est le père de Lévi (*Marc.* II, 14) ou Matthieu, qui était d'abord publicain, et que Jésus-Christ appela à sa suite pour en faire un apôtre et un évangéliste. A son nom près, l'Écriture et la tradition ne nous ont rien appris de cet Alphée. J. G.

ALPHÉE. On donne ce nom à un crustacé que M. Latreille rapporte à la section des homards, et M. Cuvier à celle des salicoques. L'alphée se distingue à la série unique d'articulations dont ses pieds sont formés, à ses antennes latérales situées sous les antennes mitoyennes, avec leur pédoncule recouvert d'une grande écaille, au test qui se prolonge en avant en forme de bec, à la longueur du ventre, qui est relevé dans le milieu en forme d'une portion de cercle; enfin, à ses deux premières paires de pattes didactyles. Les alphées ne s'éloignent guère du lieu où ils sont nés, à moins qu'ils ne soient poursuivis par d'autres poissons. On a cru longtemps que ce crustacé habitait exclusivement la mer des Indes; mais le naturaliste Risso en a trouvé plusieurs espèces dans les eaux de Nice. L'alphée *caramote*, que Latreille rapporte au genre persée, vit dans les fonds vaseux qui se trouvent entre les rochers qui bordent la Méditerranée. Parmi les diverses espèces d'alphée, on distingue l'alphée élégant, ainsi nommé à cause de la beauté de ses couleurs. A. D. M.

ALPHEN (JÉRÔME-SIMON VAN), professeur de théologie protestante à Utrecht, né le 23 mai 1663 à Hanau, dans la Hesse électorale, fit ses études théologiques à Leyde et à Heidelberg, fut en 1687 ministre à Warmond, puis à Thielt, Zutphen et Amsterdam, et après 1715 professeur à Utrecht, où il mourut le 7 novembre 1742. Il composa beaucoup d'ouvrages, presque tous écrits en latin; quelques-uns le sont en hollandais; on a aussi de lui une oraison funèbre d'Anslarius en allemand (voy. pour plus de détails le Neubauer, *Nachrichten von den jetzt lebenden Theologen*, t. II, p. 435 *et seq.*). R.

ALPHEN (JÉRÔME VAN), fils du précédent, fut d'abord ministre à Amsterdam, puis à Leuwarden. On a de lui: *De Vorseggingen van den Heere-Jesus-Christus, aengaende de Verwoesting van Jerusalem*. Leeuwarden, 1734, in-4° (Prophéties de N. S. J. C., concernant la destruction de Jérusalem). R.

ALPHENUS VARUS. C'est le nom d'un ancien et célèbre jurisconsulte romain, auteur d'un corps de droit ou digeste en quarante livres. Justinien, dans ses Pandectes, en a conservé plusieurs fragments. On croit que cet Alphenus avait commencé par être cordonnier, et que c'est celui dont parle Horace dans ses satires. Parvenu, par son seul mérite, aux plus hautes dignités, Alphenus fut consul l'an 2 de J. C. A. D. M.

ALPHÉSIBÉE (mythol.) Elle était fille de Phégée et épouse d'Alcméon, fils d'Amphiaraüs. Alcméon s'était réfugié auprès de son père après avoir donné la mort à sa mère Ériphile. Il fit don à la jeune Alphésibée du collier qu'Ériphile avait reçu de Polynice pour prix de son infidélité (V. AMPHIARAÜS). L'inconstant Alcméon, voulant contracter un nouvel hyménée, ne se contenta pas de répudier Alphésibée; il voulut encore lui reprendre le fatal collier, mais les frères de cette dernière attaquèrent et tuèrent Alcméon. A. D. M.

ALPHITOMANCIE (du grec ἄλφιτον, farine, et μαντεία, divination). On ne sait pas bien précisément comment avait lieu cette espèce de divination par la farine. On croit que lorsqu'on voulait tirer d'un accusé l'aveu d'un crime, on lui faisait manger un gâteau d'orge. S'il pouvait l'avaler sans peine, il était réputé innocent; si la déglutition était laborieuse et pénible, l'accusé était condamné.'   A. D. M.

ALPHONSE Ier, roi des Asturies, avait été le compagnon de Pélage, restaurateur de la monarchie espagnole, et il devint son gendre en épousant Ermésinde; il succéda à Favila son beau-frère, mort sans enfants. Sa piété le fit surnommer le Catholique. Il continua l'œuvre de Pélage, battit souvent les Arabes et leur reprit un grand nombre de places en Galice et en Portugal. Il mourut en 757 en odeur de sainteté, âgé de soixante-huit ans, après un règne de dix-huit. De son mariage il eut trois fils : Froïla, son successeur immédiat; Vimaran, qui fut assassiné par Froïla; et Aurelio, qui succéda à son frère. Il eut aussi une fille nommée Adosinde.

ALPHONSE II, roi des Asturies, surnommé le Chaste, à cause de la pureté de ses mœurs et du célibat auquel il se condamna, quoiqu'il fût marié. Il était fils de Froïla, que les nobles du royaume avaient assassiné pour venger le meurtre du prince Vimaran qui venait de périr victime des soupçons qu'il avait inspirés à son frère. Alphonse était alors enfant, et pour consolider l'œuvre de Pélage on avait besoin d'un souverain en état de gouverner et de combattre. Le choix tomba sur Aurelio, neveu d'Alphonse Ier (768). Celui-ci mourut au bout de six ans et fut remplacé par Silo, gendre du même Alphonse. Le règne de Silo ne fut que de neuf ans (783). Comme il ne laissa point de postérité, les anciens partisans de Froïla firent monter sur le trône où l'appelait sa naissance; mais un fils naturel d'Alphonse le Catholique, nommé Mauregat, se révolta contre le jeune monarque, le força de chercher un asile en Biscaye et s'empara de la couronne, qu'il ne garda que six ans (789). On pouvait croire qu'Alphonse II serait réintégré sans obstacle : un nouveau compétiteur se présenta et l'emporta même sur lui : ce fut Bermude, neveu d'Alphonse Ier, et surnommé le Diacre parce qu'il avait reçu le diaconat dans sa jeunesse. On prétend qu'il s'était exclusivement livré à l'étude et que ce fut contre son gré qu'on le tira de sa retraite. Ce qui peut fortifier cette assertion, c'est qu'au bout de trois ans il résigna volontairement le pouvoir (791) en faveur de son neveu, dont la possession, depuis ce moment, ne fut troublée que par une révolte passagère. Le nouveau souverain signala son avénement par une grande victoire qu'il remporta sur les musulmans, qui perdirent sept mille hommes. Ce glorieux fait d'armes servit de prélude à de nouveaux triomphes. Alphonse pénétra dans la Lusitanie et s'empara de Lisbonne, où il trouva de grands trésors. Ce fut qu'à cette occasion il envoya une ambassade à Charlemagne dont il était l'ami et l'allié (797). Ce fut ce moment que choisirent quelques mécontents pour se révolter; ils parvinrent même à se rendre maîtres de sa personne, et ils le confinèrent dans un monastère. Theuda, chef des nobles restés fidèles, ne tarda pas à le tirer de sa prison et à le rétablir sur le trône. Alphonse II, rentré dans ses droits, remporta sur les musulmans de nouvelles victoires, et il donna pour limite à ses États le cours entier du Duero. Il s'occupa pour lors de créer pour ses sujets des institutions sages, de comprimer l'esprit de révolte et d'assurer la paix publique. Ce fut ce prince qui transféra à Oviédo le siége de son gouvernement, et qui embellit cette ville de plusieurs édifices sacrés ou profanes. Il fonda aussi dans sa capitale un évêché, qui plus tard devint métropole. Il fit encore bâtir à Compostelle en Galice une riche basilique pour recevoir le tombeau de saint Jacques qu'on avait découvert sur une montagne voisine de cette ville. (V. l'art. MORALÈS.) Alphonse mourut à Oviédo après un règne glorieux d'un demi-siècle, âgé lui-même de 70 ans (20 mars 842). On doit rejeter au rang des fables tout ce qui s'est dit de la sœur d'Alphonse et du fils de celle-ci, Bernard del Carpio (V. ce mot), quoique Mariana ait admis dans son ouvrage toutes les traditions populaires qui défigurent l'histoire.

ALPHONSE III, dit le Grand, roi des Asturies et de Léon, monta sur le trône, âgé à peine de quatorze ans, après la mort de son père Ordogne, événement que le savant critique Masdeu place au 26 mai 866, contre l'assertion de Mariana qui l'avance de quatre ans. Il fut couronné et sacré le jour de la Pentecôte. Cette coutume de donner aux souverains l'onction sainte avait été introduite par le roi Ramire Ier (V. ce mot); elle imprimait au souverain un caractère sacré qui le rendait pour le peuple un objet de vénération : la religion fut toujours le plus solide appui du trône. Aussi la révolte de Froïla, gouverneur ou comte de la Galice, ne trouva-t-elle aucune sympathie dans la nation. Profitant, il est vrai, de la sécurité des habitants d'Oviédo et du premier moment de trouble causé par son appa-

rition à main armée, il s'était emparé de cette capitale; mais il ne tarda pas à y trouver la mort, dans un soulèvement populaire qu'il voulut apaiser. Alphonse rentra dans Oviédo aux acclamations générales; et, dès les premiers jours de sa restauration, il vit s'ouvrir devant lui la carrière de triomphes qu'il a parcourue avec tant de gloire. Il commença par soumettre les Navarrais et les Basques qui, depuis le règne d'Alphonse le Catholique, s'étaient rendus indépendants; ensuite il tourna ses armes contre les musulmans qui assiégeaient la ville de Léon. Alphonse vola au secours de la place, et le prince Elmondhir, qui commandait l'armée arabe, fut complétement défait. Une seconde armée musulmane avait pénétré dans la Galice, où se trouvaient encore des partisans du rebelle Froïla; surprise et enveloppée dans un défilé, elle fut totalement détruite. Encouragés par ces premières victoires, les Asturiens envahirent le Portugal et s'emparèrent de Coïmbre, qui se repeupla de chrétiens; pour consolider ses conquêtes, Alphonse fit construire une ligne de forteresses sur ses frontières nouvelles. Les années suivantes Alphonse continua ses incursions dans les états musulmans, il passa le Tage et arriva même jusqu'à la Guadiana; l'importante ville de Mérida fut menacée. Ce prince aurait même fait de plus grands progrès, si le même esprit de discorde qui tenait les Sarrasins divisés n'eût malheureusement exercé sa funeste influence sur les chrétiens. Vers l'an 870 (Mariana indique par erreur l'an 874 et Ferreras l'an 896), les cinq frères d'Alphonse prirent les armes contre lui; ils furent vaincus et faits prisonniers. Tous perdirent la vue; c'était l'usage de ce bon temps du moyen âge que tant de gens ont l'air de regretter. Vérémond, l'un d'eux, se sauva de prison malgré sa cécité, et ses partisans le conduisirent à Astorga, où il se maintint six ou sept ans dans l'indépendance avec le secours des musulmans; mais au bout de ce temps, ces derniers ayant éprouvé de sanglantes défaites (878) près de la rivière d'Urbégo et de la ville fameuse de Zamora (V. ce mot), se retirèrent en désordre, et l'aveugle Vérémond les suivit pour ne pas tomber entre les mains de son frère, qui probablement ne l'aurait pas épargné. — Cependant les Arabes et leur calife Mohammed faisaient les plus grands efforts pour résister aux attaques des chrétiens et surtout aux entreprises du rebelle Hafsun (V. ce mot) qui, soutenu par les Navarrais, s'était emparé d'une partie de l'Espagne et faisait trembler Cordoue. Le prince Elmondhir remporta près d'Aybar (882) une victoire signalée. Le prince ou roi de Navarre Garcie Iniguez y périt. Hafsun, grièvement blessé, prit la fuite. Le prince arabe aurait pu rétablir l'autorité de son roi jusqu'aux Pyrénées, mais le succès qu'obtenait Alphonse auprès de Mérida le rappelèrent vers les provinces méridionales. Lorsqu'il arriva, Alphonse avait opéré sa retraite chargé d'un riche butin. Le printemps venu, Elmondhir voulut porter dans les États d'Alphonse le théâtre de la guerre, mais il trouva son ennemi si bien sur ses gardes qu'il fut obligé de se retirer sans avoir pu rien entreprendre. — Il fut alors question de paix; des deux côtés on la désirait. Ces dispositions mutuelles d'Alphonse et de Mohammed devaient en rendre les conditions faciles; il paraît que la trêve conclue en 883 se prolongea jusqu'à la mort d'Alphonse; car ni dans les chroniques des chrétiens ni dans les annales arabes il n'est plus question de guerre entre les deux souverains. — Alphonse, content d'avoir reculé au loin les bornes de son empire et de s'être assuré, par le traité de paix qu'il venait de conclure, la possession de Lamego, de Visen, de Coïmbre, de Coria et de Salamanque, ne songea plus qu'à l'administration intérieure, qu'il améliora dans toutes ses branches. Il fonda des églises, des évêchés et des monastères, il entoura de remparts la ville de Burgos, il établit sur le Duero et au delà des postes militaires, il rebâtit Zamora, Toro, Simancas, construisit une citadelle à Oviédo, il érigea une église nouvelle sur le tombeau de l'apôtre de la Galice. L'ancienne était de bois; il lui substitua la pierre et le marbre. — Des révoltes qui éclatèrent (885) furent promptement apaisées par le supplice des chefs des rebelles. La dédicace de la métropole de Saint-Jacques se fit avec la plus grande solennité; presque tous les évêques d'Espagne et un grand nombre de comtes et de seigneurs y assistèrent (899); un concile se réunit à Oviédo, qui fut érigé en métropole; mais une conspiration qui mit en danger les jours d'Alphonse, et dans laquelle trempèrent, dit-on, sa famille et ses enfants, vint l'arracher aux paisibles soins dont il s'occupait. Les détails de cette conjuration sont peu connus; on sait seulement que Garcie, fils aîné du roi, désigné comme le chef de la révolte, fut arrêté et enfermé dans la forteresse d'Oviédo; que les autres conjurés, craignant le même sort, prirent aussitôt les armes; qu'Alphonse, qui ne voulait pas répandre de sa main le sang des chrétiens, prit, au lieu de combattre, le parti d'abdiquer sa couronne (910), et qu'il se rendit aussitôt après au tombeau de saint Jacques. Avant de quitter Oviédo il avait désigné pour son successeur son fils aîné Garcie; il avait donné au second, Ordogne, le gouvernement de la Galice, et au troisième, Froïla, celui des Asturies. — Quelque temps après, Alphonse, en qui les années n'avaient point amorti l'ardeur martiale (il avait alors cinquante-huit ans), se rendit auprès de son fils pour lui demander le commandement d'une armée destinée à agir contre le dangereux Hafsun, et la victoire lui fut encore fidèle; mais, de retour à Zamora, il fut saisi d'une fièvre maligne qui l'enleva le 20 octobre 910. — Alphonse reçut de ses contemporains le surnom de Grand, et la postérité le lui a conservé; il le mérita par ses victoires, par la sagesse de son gouvernement, par les institutions qu'il donna à ses sujets, par son amour pour les lettres et les soins qu'il mit constamment à propager l'instruction dans ses États. Un grand nombre d'écrivains espagnols lui attribuent la rédaction de la chronique dans laquelle on retrouve un précis de tous les événements arrivés en Espagne depuis le règne de Wamba jusqu'à la mort de son père Ordogne. Alphonse est le dernier roi titulaire des Asturies. Son fils Garcie prit le titre de roi de Léon.

ALPHONSE IV, roi de Léon et des Asturies, dit *le Moine* ou *l'Aveugle*. Il était fils d'Ordogne II, mais il ne monta pas sur le trône immédiatement après son père; son oncle Froïla s'empara de la couronne et la garda quatorze mois; il mourut (925), dit-on, de la lèpre, genre de mort qui couronnait dignement un règne, heureusement très-court, de proscriptions et de supplices. Les grands, qui avaient usurpé en quelque sorte le droit de choisir leur souverain, proclamèrent et couronnèrent Alphonse, prince faible et sans expérience, peu capable de défendre la monarchie naissante contre les attaques multipliées des Arabes. Lui-même se rendit si bien justice, qu'au bout d'environ cinq ans il abdiqua solennellement à Zamora en faveur de son frère Ramire II, heureux si, oubliant à jamais les douceurs du pouvoir suprême, il avait su garantir son cœur de ses regrets. L'histoire des abdications, excepté peut-être celle de Dioclétien, se composa toujours des mêmes circonstances : une résolution généreuse, une renonciation volontaire à la possession des grandeurs, et peu de temps après, sous diverses formes, le regret cuisant de les avoir perdues. Alphonse était descendu du trône pour s'enfermer dans un cloître, et dès les premiers jours de sa retraite, obsédé par les souvenirs de sa royauté, il voulut la reconquérir, mais il ne trouva pas son frère disposé à redescendre au rang de sujet. Alphonse s'était rendu à Léon et il y avait formé un parti; Ramire courut l'y assiéger avec les troupes qu'il avait réunies pour envahir les terres des musulmans. Cependant les fils de Froïla s'étant révoltés dans les Asturies, Ramire fut obligé de diviser ses forces, ce qui prolongea le siège de Léon. A la fin pourtant cette ville ouvrit ses portes et Alphonse tomba aux mains de son frère, qui le jeta dans une prison. Les fils de Froïla ne furent pas plus heureux. Contraints de se rendre à discrétion, ils furent conduits à la forteresse qui déjà renfermait Alphonse. Tous quatre subirent le même jour le même supplice; ils eurent les yeux crevés. Après cette cruelle exécution, Ramire, comme si la pitié rentrait dans son cœur, fit construire un monastère où les quatre victimes de sa politique ombrageuse furent traitées avec tous les égards qui pouvaient adoucir leurs souffrances. Alphonse y vécut encore deux ans; il mourut en 932.

ALPHONSE V, roi de Léon et des Asturies, fils de Bermude le Paralytique, mort en 999. (*V.* BERMUDE.) L'Espagne chrétienne était descendue au fond de l'abîme creusé par les armes du valeureux mais farouche Almanzor. Le Léon, la Castille, la plus grande partie de la Galice, convertis en un désert stérile, n'offraient plus que des monceaux de cendres et de ruines. La population tout entière avait disparu; les uns avaient péri sous le fer des Sarrasins, les autres avaient fui vers les montagnes des Asturies, de la Biscaye et de la Navarre, leur dernier asile; une multitude infinie d'enfants et de femmes, proie des vainqueurs, gémissaient dans l'esclavage. Seulement on apercevait par intervalles sur les débris fumants des cités populeuses, quelques malheureux que la misère attachait malgré eux au sol natal et qui n'ayant ni force pour résister aux musulmans, ni biens pour exciter leur cupidité, conservaient une vie qu'on dédaignait de leur prendre. Le service divin avait cessé partout, et le nom chrétien semblait près de s'effacer des annales de l'Espagne. Le roi Bermude avait obtenu d'Al-

manzor une trêve qui lui permit de respirer et de mettre en état de défense tous les passages des montagnes; mais la mort le surprit avant qu'il eût terminé son ouvrage; et pour le continuer, pour défendre la monarchie ébranlée, pour repousser l'agression nouvelle qu'on prévoyait à l'expiration de la trêve, il laissait un enfant de trois ans, Alphonse V, sous la tutelle de sa mère Elvire, femme faible, timide et sans expérience ! Mais la Providence veillait sur les destinées de l'Espagne, et l'église du Christ devait sortir enfin triomphante des rudes attaques de l'islamisme. — Plus tard les historiens ont cherché à déterminer les causes de cet état déplorable où se trouvait l'Espagne. L'évêque d'Oviédo, Pélage, cité et réfuté par Florez et par Masdeu, attribuait tous les désastres qui accablèrent le Léon et la Castille aux iniquités de ce malheureux Bermude qui depuis son enfance était frappé de paralysie. Nous ne dirons pas que le ciel, justement irrité par les désordres des chrétiens, n'a pas voulu les frapper d'un châtiment terrible, mais évidemment le mal venait de plus loin que du règne de Bermude. Les divisions des chrétiens entre eux, leurs guerres sanglantes, leurs continuelles révoltes contre leurs souverains, avaient, en les affaiblissant, livré ce pays sans défense à l'invasion musulmane. — Dès qu'Almanzor eut appris la mort de Bermude, considérant la trêve comme rompue, il annonça la reprise des hostilités, jura de porter les derniers coups à la puissance espagnole, à élever la gloire du Coran sur les ruines de l'Évangile, à exterminer tout ce qui portait le nom chrétien, Almanzor proclama la *guerre sainte* dans l'Andalousie et en Afrique; il appela sous les drapeaux d'innombrables cohortes d'Arabes et de Maures. L'insensé ! il ne savait pas que cet Allah qu'il invoquait resterait sourd à sa voix et que le vrai Dieu des armées combattrait contre lui avec les chrétiens ! — Les préparatifs d'Almanzor jetèrent parmi les princes espagnols l'alarme et l'épouvante; ils comprirent qu'il n'y avait pour eux de salut que dans la victoire; que, vaincus, ils seraient exterminés. Alors se calmèrent et s'assoupirent toutes les jalousies, toutes les haines; au lieu de rivaux jusque-là ennemis on ne vit plus que des hommes unis par le danger commun. Le cri de guerre retentit du sommet des montagnes jusqu'aux profondes vallées, jusqu'au bord de la mer. Le lieu du rendez-vous général était dans les montagnes de la Biscaye; car c'était, vers les sources du Duero qu'on présumait qu'Almanzor dirigerait sa marche. Là se trouvèrent les Astures, les Galiciens et les Léonais, commandés par le comte de Galice, Menendo Gonzalez, tuteur du jeune Alphonse; les Castillans qui avaient survécu à la dévastation de leur pays, sous les ordres de leur comte Sancho Garcia; les Navarrais et les Basques avec leur roi Sancho Abarca. Toutes les troupes réunies occupaient un camp retranché au pied d'une montagne que les Arabes nomment *Calat Annozor* (le sommet des vautours; *vulturum altitudo*). Les musulmans ne tardèrent pas à paraître; ils apportaient l'espérance de la victoire et une confiance sans bornes dans la fortune d'Almanzor : ils trouvèrent dans leurs ennemis le courage du désespoir. La bataille se livra vers la fin de juin de l'an 1002. Elle fut opiniâtre et sanglante. La nuit sépara les combattants. Les chrétiens s'attendaient à recommencer la lutte meurtrière dès le point du jour; mais lorsque, rangés en bataille, ils s'avancèrent vers le camp ennemi où ils voyaient encore les tentes dressées, ils le trouvèrent abandonné. Almanzor, retiré dans sa tente après la bataille, avait envoyé l'ordre à ses généraux de se rendre auprès de lui; mais presque tous étaient morts ou grièvement blessés. Ceux qui vivaient encore lui dirent que l'armée était réduite des deux tiers. Alors Almanzor, frémissant de honte et de courroux, donna l'ordre de la retraite. Il laissait les débris de ses troupes, mais la douleur d'avoir été vaincu avait frappé son cœur d'un trait empoisonné; il expira cinq ou six jours après. — La mort d'Almanzor fut le salut des chrétiens; toutefois le danger n'était pas entièrement passé; le fils aîné d'Almanzor, Abdelmelick, fit de 1003 à 1008 plusieurs incursions désastreuses dans le royaume de Léon; mais Abdelmelick mourut, et son frère qui lui succéda fut assassiné au bout de seize mois (1010). Depuis ce moment le royaume de Léon jouit d'une trêve prolongée, durant laquelle le comte Gonzalez, et après lui Alphonse devenu majeur, s'occupèrent de restaurer les villes détruites et les églises renversées, et de repeupler les campagnes. Alphonse releva les fortifications de Léon et rebâtit la ville elle-même; il y transféra de nouveau le siège du gouvernement. La cathédrale fut consacrée en 1020, et il s'y tint un synode où se trouvèrent tous les évêques du pays et en même temps tous les grands du royaume. On y parla des affaires ecclésiastiques, mais on y traita de questions importantes d'administration. On fit aux lois des Visigoths des additions qu'on désigna par le nom de *buenos fueros* (bons droits ou priviléges) il y fut décidé que les usages et coutumes des villes auraient à l'avenir force de loi. Sancho, comte de Castille, avait déjà donné cet exemple, et, comme plusieurs villes du Léon montraient l'intention de se livrer à lui afin de jouir des priviléges qu'il avait répandus sur les villes castillanes, Alphonse fut obligé de leur accorder ce que Sancho leur offrait. Après avoir retenu ainsi dans l'obéissance les villes dont la fidélité lui paraissait suspecte, Alphonse prit les armes, traversa le Duero à Zamora et pénétra dans la Lusitanie. Le fort de Viseu ayant refusé de se rendre, le siége en fut entrepris. Un jour Alphonse faisait à cheval le tour des remparts pour en découvrir le côté le plus faible; l'assaut devait être tenté le lendemain. Une flèche partie du haut des murailles l'atteignit au cœur, et le tua (13 mai 1027). Il laissa pour lui succéder son fils Bermude, âgé de douze ans.

ALPHONSE VI était le second fils de Ferdinand le Grand, qui avait réuni sous le sceptre le royaume de Léon et les Asturies, la Castille et le Portugal, et soumis au tribut les émirs de Saragosse, de Tolède, de Séville et de Badajoz. Suivant l'usage de ce temps et malgré les leçons fréquentes de l'expérience, Ferdinand avait divisé ses États entre ses trois enfants; il avait même donné des apanages à ses deux filles. Alphonse eut en partage le Léon et les Asturies, avec la suzeraineté sur l'émir de Tolède. Deux ans à peine s'étaient écoulés depuis la mort de Ferdinand, et déjà la guerre avait éclaté entre les trois frères. Sanche, qui possédait la Castille, vainquit Alphonse, le fit prisonnier et se disposait à le faire périr; il accorda sa vie aux instances de leur sœur commune, l'infante Urraque, qui par la suite eut plus d'une occasion de montrer son attachement aux intérêts d'Alphonse. Celui-ci fut jeté dans un monastère; Urraque lui procura les moyens d'en sortir et d'arriver sain et sauf chez l'émir de Tolède, qui lui accorda une généreuse hospitalité. Sanche poursuivit alors son second frère Garcia et l'obligea de se sauver à Séville. Maître des trois royaumes, il ne lui restait qu'à dépouiller ses deux sœurs. Elvire, l'une d'elles, ouvrit les portes de sa ville de Toro, mais la fière Urraque s'enferma dans Zamora qui lui appartenait, et, secondée par quelques braves chevaliers, elle se défendit avec un courage qui ne fit qu'irriter l'ambitieux Sanche. Désespérant d'emporter la place de vive force, ce prince convertit le siége en blocus; il comptait plus sur la famine que sur ses armes pour réduire la place. Mais à peine le blocus était-il commencé qu'il tomba sous le fer d'un assassin (1072) qu'on prétendit avoir été suscité par Urraque et son frère Alphonse. Celui-ci, informé par Urraque de ce qui s'était passé, se hâta de rentrer dans ses anciens États. Dans le royaume de Léon il fut proclamé sans difficulté, mais il n'en fut pas de même dans la Castille, où les grands refusèrent de le reconnaître s'il n'affirmait par serment qu'il n'avait pas trempé dans le meurtre de Sanche. Cette condition humiliante lui fut imposée, dit-on, par le fameux Cid Campeador, Rodrigue Diaz de Bivar, qui avait été lui-même le conseiller et l'instrument le plus actif de l'usurpation violente de Sanche. Alphonse ne lui pardonna jamais de l'avoir soumis à cette espèce de diffamation qui le signalait aux yeux de ses peuples comme un vil assassin. Les soupçons de Rodrigue parurent, surtout fondés, lorsque le roi de Galice étant aussi rentré dans ses États, et réclamant une partie de la Castille comme cohéritier de Sanche, Alphonse l'attira perfidement dans une entrevue, se saisit de sa personne, et l'enferma dans une forteresse, où il le retint prisonnier jusqu'à sa mort. Ainsi Alphonse ne tarda pas à poser sur son front les trois couronnes que son père avait portées, et il prit le titre de roi de Castille et de Léon. — Les mêmes scènes de trouble, d'usurpation, de guerres intestines, avaient lieu dans l'Andalousie, depuis que l'empire des ommeyans avait été renversé et que, de ses débris, s'étaient formés les royaumes de Badajoz, de Séville, de Tolède, de Valence, de Cordoue, de Saragosse, etc. La plus grande inimitié surtout existait entre les émirs de Séville et de Tolède; mais ce dernier, tant qu'il vécut, l'émir porta sur son adversaire, par les secours que lui fournit Alphonse, qui se ressouvint, roi, que, proscrit fugitif, il avait trouvé un généreux asile chez le prince musulman. Mais, après la mort d'Almamun (c'était le nom de l'émir de Tolède), Alphonse se montra beaucoup moins dévoué aux intérêts de son fils Alcadir, et il se laissa aisément gagner par la promesse que lui fit l'émir de Séville, Almutamed, d'une grosse somme d'argent, et l'offre de rester neutre ou même de l'aider en secret s'il voulait entreprendre la conquête de Tolède. Alphonse en

revanche devait souffrir qu'Almutamed se rendît maître de Badajoz, de Grenade et de Saragosse. Pour sceller cette alliance, Alphonse, dit-on, épousa la musulmane Zaïde, fille de l'émir; mais ce fait a été reconnu inexact; ce qui paraît vrai, c'est que Zaïde fut admise au nombre des concubines légales d'Alphonse; car, à cette époque et par une déplorable imitation des coutumes mahométanes, la plupart des princes et des seigneurs de l'Espagne chrétienne avaient des harems. — Alphonse commença aussitôt la guerre contre l'émir de Tolède, et, tandis qu'Almutamed menaçait Badajoz, Saragosse et Grenade, il dévastait les campagnes, qui entouraient la ville, s'emparait du cours du Tage et de plusieurs places fortes, afin d'ôter aux habitants de la capitale tout espoir de secours et en même temps tout moyen de subsistance, car il voulait prendre Tolède avec ses palais, son château, ses remparts; il ne voulait pas d'un monceau de ruines. Ce ne fut donc que la sixième année qu'il ceignit étroitement Tolède d'un cordon nombreux de troupes aguerries. Le malheureux Alcadir offrit en vain soumission entière et large tribut; après un long blocus, pressé par la faim, il fut contraint de se rendre sans condition. Le 25 mai 1085 Alphonse VI fit son entrée solennelle dans l'ancienne capitale des rois visigoths; et après trois cent soixante-douze ans de domination étrangère, cette ville, libre du joug, reprit son rang de métropole de l'Espagne. Alcadir reçut en dédommagement la ville et le pays de Valence. — L'émir de Séville avait consenti, suivant lui-même, à ce qu'Alphonse s'emparât de la ville de Tolède, mais il exigeait que le roi de Castille bornât là ses conquêtes; Alphonse, au contraire, se croyait en droit d'ajouter à son empire tout le pays qui avait dépendu de Tolède; ces prétentions opposées rompirent la bonne intelligence qui avait régné entre l'émir et lui, et la guerre ne tarda pas à se rallumer. Alphonse cessa même alors de dissimuler son intention de soumettre l'Andalousie entière. La chute de Tolède avait jeté l'épouvante dans tous les cœurs musulmans, les immenses préparatifs d'Alphonse les découragèrent, et se croyant hors d'état de résister au torrent qui menaçait de les entraîner dans son cours orageux, ils appelèrent à leur secours les Almoravides d'Afrique. (V. ALMORAVIDES, YOUSSEF BEN TAXFIN.) — Les musulmans regardaient le souverain des Almoravides comme le seul qui pût les sauver du joug des chrétiens, et le danger leur semblait d'autant plus imminent que le roi de Castille, continuant ses conquêtes, réduisait d'un côté Saragosse aux abois, menaçait de l'autre Séville et Grenade, et refusait toutes les offres de soumission et de tribut qui lui étaient faites, preuve incontestable qu'il voulait plus qu'une simple suzeraineté, et que son dessein était d'expulser tous les musulmans de l'Espagne. On écrivit à Youssef lettre sur lettre, on lui envoya messager sur messager; et l'émir de Séville passa la mer en personne et se rendit près du monarque africain. Youssef ne se rendit qu'aux instances réitérées qu'à la condition que la ville et le port d'Algésiras lui seraient livrés, afin, disait-il, d'assurer sa retraite en cas de malheur. Ce fut, à la fin de l'été (1086) que Youssef franchit le détroit et vomit ses nombreux bataillons sur la Péninsule. Alphonse n'en eut pas plus tôt reçu la nouvelle qu'il leva le siége de Saragosse pour venir au secours de Tolède, qui probablement aurait à soutenir les premières insultes des Andalous et des Maures, leurs auxiliaires. Le roi d'Aragon, Sanche Ramirez, et le comte de Barcelone, Raymond Bérenger, abjurant toutes les vieilles haines, se réunirent avec leurs troupes à celles qu'Alphonse avait levées. Ce fut dans les plaines voisines de Badajoz que les deux armées se rencontrèrent. Les Espagnols leur donnent le nom de *Sacralias*, les Arabes celui de *Zalaca*, et ce dernier nom est celui qu'adopte l'histoire pour désigner la grande bataille qui se livra le 23 octobre. C'est une des plus longues, des plus terribles, des plus meurtrières que les annales d'aucun peuple aient jamais enregistrées. La victoire, qui d'abord avait semblé favoriser les chrétiens, se tourna vers le soir du côté des musulmans, et il arriva, mais en sens inverse, ce qui était arrivé à Calat-Annozor. La nuit sépara les combattants; et les chrétiens, effrayés de leurs pertes, prirent la fuite pendant la nuit. Alphonse, grièvement blessé, fut entraîné malgré lui loin du funeste champ de bataille. — Alphonse ne perdit point courage; il avait de l'activité, du génie, de la constance, tout ce qu'il fallait pour sauver l'Espagne. Il sut en quelque sorte paralyser la fortune de son ennemi; il l'empêcha de profiter de ses avantages, il lit échouer ses desseins, et lorsque Youssef, rappelé en Afrique par la mort de son fils Abou-Beckre, se fut éloigné, on aurait pu croire que le vainqueur de Zalaca était Alphonse de Castille. Jamais peut-être aucun autre prince n'a autant ressemblé qu'Alphonse au grand

Frédéric qui ne desespéra jamais de sa fortune, trouva dans son génie d'inépuisables ressources quand tout semblait perdu, vaincu, apparaissait le lendemain de sa défaite avec une armée nouvelle; vainqueur, poursuivait l'ennemi avec ardeur et ne s'arrêtait qu'après l'avoir anéanti ou complétement dispersé. Almutamed avait pris quelques villes de la province de Tolède, enflé de ce succès, il voulut pénétrer dans le royaume de Murcie, et il essuya une défaite si complète qu'il eut beaucoup de peine à se sauver. Enfin, un an après la journée de Zalaca (1087), une armée castillane assiégeait la ville de Murcie, d'autres corps menaçaient Valence et Saragosse, et Alphonse poussait sa cavalerie, qu'il soutenait de près, jusqu'aux environs de Séville. — Cependant Youssef était revenu en Espagne, amenant avec lui une seconde armée; mais la mésintelligence ne tarda pas à se mettre entre ce prince et les émirs andalous, qui probablement entrevoyaient déjà ses projets de spoliation. Aussi lorsque l'infatigable Alphonse, informé de cet état de choses, se fut porté rapidement vers Murcie où se trouvait l'armée confédérée des musulmans, qu'en dévastant le pays ou en interceptant les convois il eut fait naître la famine dans le camp ennemi, et qu'ensuite il parut lui-même avec une armée nombreuse et dans une position habilement choisie, Youssef décampa sur-le-champ afin d'éviter le combat; plusieurs émirs andalous disparurent avec leurs troupes; Almutamed resté seul fut obligé de s'enfermer dans les montagnes de Lorca, et Alphonse rentra dans Tolède avec un butin immense et non moins de gloire (1091). — L'année suivante, le roi des Almoravides revint en Espagne; cette fois personne ne l'attendait, personne ne le désirait, mais ses généraux avaient reçu ses ordres: il venait présider à l'exécution. Par ruse ou par violence, tous les émirs andalous furent dépouillés et envoyés en Afrique. Almutamed, qui avait appelé sur l'Espagne l'orage qui maintenant y semait la dévastation, ne fut pas plus épargné que les autres; bientôt il ne lui resta de ses vastes possessions que Séville et Cardonne. Réduit à la plus cruelle détresse, le fier Almutamed s'humilia devant celui dont il s'était montré l'implacable ennemi; il sollicita le secours d'Alphonse; quelques écrivains pensent que ce fut alors seulement qu'il lui donna sa fille (Zaïde). Mais il était trop tard. Les troupes envoyées par Alphonse sous la conduite du comte Gomez furent battues, et cet échec entraîna la chute de Séville; Grenade, Valence, les îles Baléares, Murcie, Badajoz eurent le même sort. Au bout de quelques mois, Youssef se trouva possesseur de toute l'Espagne musulmane, à l'exception de Saragosse, dont l'émir fut conservé à son poste comme pouvant former un rempart contre les chrétiens des Pyrénées (1094). Depuis ce moment il y eut entre les Castillans et les Almoravides une espèce de trève. Elle n'avait pas été convenue, mais la situation des deux princes la rendait nécessaire. Youssef ne pouvait guère compter sur la fidélité des Andalous; avant de faire la guerre aux chrétiens il devait consolider son pouvoir. Alphonse de son côté voulait réparer toutes les pertes qu'il avait faites avant de reprendre les hostilités. Ali, successeur de Youssef, suivit pendant longtemps la politique de son père. Ce ne fut qu'en 1108 qu'il se crut en état d'attaquer sans danger la Castille — A la première nouvelle de l'invasion, Alphonse sentit se ranimer sa vieille ardeur belliqueuse; mais, d'une part, la nature ne répondait plus à ce que lui demandait son courage; de l'autre, il voulait attacher à quelque brillant fait d'armes le nom de son fils unique, de l'infant Sanche, âgé de onze ans. Ce jeune prince était fils de Zaïde. Les grands du royaume répugnaient à l'idée qu'ils auraient un jour pour souverain le fils d'une musulmane. L'infante Urraque, princesse ambitieuse et hautaine, avait des prétentions formelles à la succession; Henri de Besançon, qui avait épousé une fille naturelle d'Alphonse, Thérèse, qui lui avait reçu de lui le Portugal en fief, laissait voir des espérances pour lui-même; Urraque et Henri avaient chacun des partisans. Alphonse, au contraire, voulait transmettre sa couronne à son fils. Ce fut pour lui montrer à l'armée, aux généraux, à sa noblesse, qu'il le confia aux soins du comte Garcia de Cabra qu'il chargeait du commandement des troupes destinées à repousser l'agression d'Ali. — Les Almoravides avaient investi la forteresse d'Uclez. Quand l'armée chrétienne parut, le général d'Ali voulait lever le siége et fuir; ses officiers le forcèrent à livrer bataille. Le résultat en fut désastreux. Les chrétiens, rompus au premier choc, se débandèrent; l'infant fut renversé de cheval par les fuyards; les Almoravides ne tardèrent pas à l'atteindre. Le loyal Garcia couvrit l'infant de son corps et périt en le défendant; l'infant fut tué auprès du comte, et la déroute devint générale quand le cri fatal L'infant est mort! se fit entendre et poussé, à ce qu'on

croit, par des voix ennemies. Vingt mille chrétiens périrent dans la journée d'Uclez (29 mai 1108). Toutefois les Almoravides ne tirèrent pas avantage de leur victoire: ils avaient aussi perdu beaucoup de monde. Le chagrin qu'Alphonse eut de la mort de son fils ne tarda pas à le conduire lui-même au tombeau; il mourut au commencement de l'année suivante, après un règne glorieux de quarante-quatre ans, dont lequel, malgré le désastre de Zalaca, il avait fondé pour la Castille cette solide puissance qui devait résister aux divisions intestines, et préparé la future délivrance de sa patrie. Cet événement qu'il s'était flatté de produire, l'expulsion des Sarrasins de la Péninsule, aurait eu incontestablement lieu dès les premières années qui suivirent sa mort, sans le caractère impérieux, emporté, souvent bizarre de l'infante. — Alphonse avait en plusieurs femmes; aucune ne lui donna d'enfants mâles. Constance de Bourgogne, qui fut la seconde, ne lui que une fille; Urraque. Trois épouses nouvelles qui se succédèrent, Berthe de Toscane, Elisabeth de France et Béatrix d'Est, moururent sans postérité. Mais Alphonse, comme nous l'avons dit, ne se bornait pas à une épouse légitime; il eut toujours des concubines comme un prince de l'Orient. L'une d'elles, d'une maison illustre de la Galice, eut deux filles; Thérèse et Elvire. La première épousa Henri de Besançon, auquel elle apporta le Portugal en dot; l'autre devint la femme de Raymond, comte de Toulouse. Urraque fut mariée à l'âge de dix ou onze ans avec le comte Raymond de Bourgogne. Il ne sortit de cette union qu'un seul fils qui reçut comme son aïeul le nom d'Alphonse, et n'avait que trois ans à la mort de son père arrivée en 1109. Après la mort de l'infant Sanche, le trône de Castille devenait l'héritage d'Urraque; Alphonse le sentait bien, mais il craignait les écarts de son caractère; il était d'ailleurs persuadé que pour attaquer avec fruit les musulmans et les chasser enfin du royaume, il fallait que toute l'Espagne chrétienne obéît aux lois d'un seul maître. Ce fut pour arriver à ce résultat qu'il donna pour second époux à sa fille Urraque Alphonse Ier, roi d'Aragon et de Navarre, prince doué de courage, d'activité, de talent, déjà connu et redouté des musulmans. Quant au jeune fils d'Urraque et de Raymond de Bourgogne, il fut décidé qu'il jouirait de la Galice, sous la suzeraineté de la Castille, de même que le comte Henri de Portugal jouissait de son comté; que, s'il naissait un fils du second mariage d'Urraque, il réunirait sous son sceptre toute l'Espagne chrétienne; que, dans le cas contraire, le fils de Raymond serait l'unique héritier de sa mère. — Alphonse ne survécut à ces dispositions que de très peu de temps. Il fut pleuré par le peuple espagnol: c'est le plus bel éloge qu'on puisse faire de ce prince qui, en trente-neuf batailles, où presque toujours il fut vainqueur, mérita le surnom de Bouclier de l'Espagne. Quand l'empereur d'Allemagne, Henri III, eut l'air d'aspirer à la suprématie universelle, Alphonse prit de son côté le titre d'empereur, soit pour montrer qu'il ne reconnaissait nullement pour supérieur l'empereur d'Allemagne, soit parce qu'il se croyait supérieur lui-même aux autres princes chrétiens de l'Espagne, sur lesquels d'ailleurs, il avait cru prétendait avoir des droits de suzeraineté.

ALPHONSE VII de Castille et Ier d'Aragon, En recueillant la succession de Pierre Ier son frère, mort sans postérité en 1105, ce prince avait acquis l'Aragon, la Navarre et une partie de la Catalogne; en devenant l'époux d'Urraque, il étendit sa domination sur toute l'Espagne chrétienne; les comtes de Barcelone et de Portugal étaient ses vassaux. A peine sur le trône, il tourna ses armes contre les Sarrasins, et ses premiers pas furent marqués par des victoires; sa réputation de vaillant et heureux guerrier parcourut rapidement l'Espagne musulmane, et son nom était pour les Andalous un objet de terreur avant même que son mariage avec l'infante de Castille eût placé sous sa main des forces suffisantes pour les accabler. Telle avait été l'espérance d'Alphonse VI quand il reçut pour gendre le roi d'Aragon; il se flattait que l'Espagne respirerait bientôt libre d'un joug odieux; mais Urraque, par son caractère fier, orgueilleux, violent, avide de pouvoir, fit évanouir comme une ombre, comme un nuage léger que chasse la tempête, le rêve des deux Alphonses. Le vieux roi de Castille n'eut pas plutôt fermé les yeux qu'Urraque réclama le gouvernement de tous ses États; Alphonse devait repousser des prétentions qui le réduisaient en Castille au rang de sujet. L'altière reine, blessée par cette résistance, crut pouvoir se passer du consentement de son époux; elle exerça le pouvoir souverain en destituant tous les fonctionnaires qu'elle jugeait appartenir au roi. Cette conduite hostile ne pouvait manquer de produire l'irritation; la mésintelligence éclata ouvertement. Des démarches inconsidérées de la reine, ses prédilections pour certains seigneurs envenimèrent le mal ; Urraque voulut divorcer sous prétexte de parenté (elle et son mari étaient cousins issus de germains), et n'y pouvant réussir, elle essaya de soulever les Castillans. Le roi, pour mettre un terme à des manœuvres qui tendaient à un bouleversement général, fit enlever sa femme et l'enferma dans la forteresse de Castellar. Secourue par quelques seigneurs castillans, elle brisa ses chaînes. Des amis communs parvinrent à opérer une réconciliation qui ne pouvait durer, puisque ni de part ni d'autre elle n'était sincère. Les liaisons scandaleuses d'Urraque avec le comte Gomez et le comte Lara n'étaient ignorées ni du roi ni du public. Alphonse profita de l'espèce de révolution qui s'opérait en sa faveur dans l'esprit du peuple pour s'emparer du gouvernement de la Castille et agir en vrai souverain. Toutefois les grands et les nobles, en haine de la domination aragonaise, ne partageaient point les sentiments de la nation ; ils se liguèrent en faveur de la reine, et la guerre commença entre les deux époux. Ce qu'il y eut de plus déplorable ce fut de voir les ecclésiastiques prendre parti dans ces funestes querelles ; et, sous prétexte de nationalité, défendre la femme adultère contre un prince que la Providence semblait avoir envoyé pour arracher l'Espagne à l'islamisme. De tous les ennemis d'Alphonse aucun ne fut plus actif, plus ardent, plus implacable que l'évêque de Sant-Yago, don Diègue Gelmirez. Ce fut lui qui, pour donner aux mécontents et aux conjurés un point d'appui, fit couronner et sacrer dans son église le jeune Alphonse Raymundez, âgé de six ans, en qualité de roi de Galice. Cependant le roi venait de remporter une victoire éclatante sur les partisans révoltés d'Urraque, dans la plaine voisine de Sépulveda (26 octobre 1110) ; et le comte Gomez y périt avec une grande partie des siens ; et Pierre de Lara ne dut son salut qu'à la fuite. La nouvelle de cette victoire vint troubler les fêtes du sacre. On apprit que la reine était assiégée par les Aragonais dans Astorga, et que plusieurs villes de la Galice se déclaraient pour le vainqueur. Le découragement gagna tous les cœurs ; l'évêque Gelmirez, seul, tint tête à l'orage. Il ramena les Galiciens à l'obéissance, souleva les Asturiens et les Léonais, détacha le comte de Portugal de l'alliance du roi, et conduisit une armée au secours d'Astorga. Il avait eu la précaution d'amener avec lui l'enfant royal ; il voulait offrir aux peuples dans ce simulacre de roi un appât pour la loyauté, et transformer les rebelles en défenseurs de leur futur souverain. Le roi, informé de tous ces mouvements, ne négligea rien pour les déjouer. Une rencontre meurtrière eut lieu non loin de Léon (1111). Le roi resta maître du champ de bataille, mais le turbulent Gelmirez parvint à se sauver et à sauver son pupille. Cet homme, plus propre à commander les armées qu'à gouverner une église, déploya au milieu du danger les plus grandes ressources. Il soutint la garnison d'Astorga, harcela l'armée du roi, introduisit la défection dans ses rangs, souleva contre lui les populations, et même, s'il faut en croire les Aragonais, il invita secrètement les Almoravides à faire des irruptions dans l'Aragon et dans la Castille. Le roi fut obligé de lever le siège pour aller défendre ses propres États (1112) ; les Galiciens l'attaquèrent dans sa retraite et furent battus. Les chrétiens d'Espagne se trouvèrent alors divisés en trois partis ; les Aragonais, les Castillans ou partisans de la reine, les grands et les nobles, qui ne voulant ni de la domination du roi d'Aragon ni de celle d'une femme, se ralliaient autour du roi de Galice. Ces trois partis se faisaient la guerre entre eux, et les Sarrasins profitaient de ces discordes pour dévaster impunément les frontières de la Castille, et enlever successivement Talavera, Madrid, Guadalaxara, Alcala, etc., et menacer Tolède avec une puissante armée qu'Ali-ben-Youssef avait amenée d'Afrique, tandis qu'une seconde armée d'Almoravides envahissait le Portugal, et qu'un troisième corps se dirigeait de Saragosse vers Barcelone. Dans le même temps, les flottes ennemies s'emparaient des îles Baléares et ravageaient les côtes de la Galice et des Asturies. Le roi se hâtait d'accourir sur les points attaqués, mais rarement les musulmans l'attendaient ; et il ne pouvait les poursuivre qu'avec ce qu'il comptait pas sur ses troupes ; et qu'il n'ignorait pas qu'au moment même où il combattait pour sauver la Castille, les Castillans ne songeaient qu'à le perdre lui-même. — Cependant quelques esprits sages, qui craignaient la ruine de l'Espagne, désiraient sincèrement la réconciliation du roi et de la reine. Beaucoup de nobles castillans se plaignaient de l'autorité qu'exerçait Pierre de Lara. La reine et le favori furent contraints de convoquer une assemblée de la nation castillane. Un grand nombre de voix firent entendre le vœu du rapprochement des époux ; mais l'évêque Gelmirez s'opposa de toutes ses forces à ce que ce rapproche-

ment fût tenté, prétendant que le mariage était nul, quoique le pape eût accordé la dispense. Le roi prit alors son parti ; ce fut d'abandonner la Castille, le Léon, la Galice aux entreprises des musulmans, sauf quelques places fortes qu'il voulut retenir, et il alla s'emparer de la province de la Rioja qui avait dépendu autrefois de la Navarre. Quand les bourgeois de Burgos eurent connaissance de ce qui s'était passé, ils se livrèrent à un tel degré d'exaspération contre le prélat, qu'ils l'accablèrent d'outrages et qu'ils l'auraient même tué si quelques seigneurs castillans ne l'avaient tiré de leurs mains. Le prélat courut des dangers encore plus grands à Sant-Yago, où il se rendait insupportable par son despotisme. La reine, qui ne craignit pas de le reconduire à sa cathédrale, fut gravement insultée et même maltraitée par la populace. — Pendant que tout cela se passait, l'enfant royal atteignait sa douzième année et, par ses manières douces et prévenantes autant que par les qualités précoces de son esprit, il gagnait si bien les cœurs que toute la noblesse de Léon et des Asturies n'hésita à le proclamer roi de Léon et à l'aider dans le dessein de conquérir la Castille pour son propre compte. — Le roi d'Aragon était alors occupé dans le Nord, où, après avoir fait la conquête de plusieurs villes qui étaient encore au pouvoir des Almoravides, il se disposait à faire le siège de Saragosse. Tolède, pressée au midi par les musulmans, étroitement bloquée au nord par les Castillans, livrée aux horreurs d'une longue famine et forcée d'ouvrir ses portes, ne pouvait pas balancer entre les musulmans et les chrétiens. Alphonse Raymundez fut reçu dans Tolède après un long siège ; à Soria, à Ségovie il fut proclamé roi de Castille, quoique Urraque se fût expressément réservé le gouvernement de ce royaume, par l'accord qu'on l'avait précédemment obligée de faire avec son jeune fils ; mais le scandale de sa conduite avait aliéné d'elle ses plus zélés partisans, et Lara, fait prisonnier par Alphonse Raymundez et jeté dans une prison d'où il avait eu le bonheur de se sauver, était allé chercher un asile à Barcelone. — Tandis que le fils d'Urraque s'emparait de Tolède, le roi d'Aragon se dédommageait aux dépens des mahométans. Il prit possession de Saragosse le 18 décembre 1118, après avoir remporté sur les Andalous et les Almoravides réunis un grand nombre de victoires qui lui valurent le surnom de Batailleur. Tarrazone, Calatayud, Daroca et plusieurs autres places fortes de la Sierra-Molina, chaîne de montagnes qui sépare la Castille de l'Aragon, tombèrent pareillement au pouvoir des Aragonais. Une sanglante bataille, où les Almoravides perdirent plus de vingt mille hommes (1120), acheva d'assurer au roi la possession paisible de ses importantes conquêtes. Ali-ben-Youssef, affligé de ces pertes, passa le détroit avec une armée nombreuse, mais il n'osa rien entreprendre contre le roi Batailleur, Aben-Radmir (c'était le nom que les Maures donnaient à Alphonse, parce que le premier roi d'Aragon s'appelait Ramire). Ali se contenta de ravager le Portugal. — Cependant les nombreux chrétiens mozarabes (V. ce mot) de l'Andalousie regardant le roi d'Aragon comme un héros invincible, lui envoyèrent plusieurs messages pour l'engager à se rendre au milieu d'eux. Ils lui promettaient de se joindre à lui dès qu'il aurait mis le pied sur le sol andalou ; il pouvait compter sur des vivres, des soldats, de l'argent et sur le soulèvement général des Mozarabes. Alphonse se laissa entraîner par des offres si séduisantes ; il partit au milieu de l'été (1125) avec quatre mille chevaliers, et laissant derrière lui Xucar, Dénia, Murcie, Baëza, etc., il se présenta subitement devant Grenade. S'il avait surpris cette place, qui renfermait un grand nombre de chrétiens, sa course aventureuse aurait pu avoir d'importants résultats ; mais la fermeté, le courage, l'intrépidité du gouverneur musulman firent échouer les tentatives d'Alphonse, quoique son armée eût prodigieusement grossi ; les relations arabes la font monter à cinquante mille hommes. Le frère d'Ali, Temim, accourut avec tout ce qu'il avait pu réunir de troupes almoravides ou andalouses. L'approche de ces troupes contraignit Alphonse de lever le siège ; mais au lieu de battre en retraite il s'avança du côté de la mer pour accomplir, disait-il, le vœu qu'il avait formé d'aller pêcher sur la côte de Grenade. Temim tenta de troubler sa marche au moment où une partie de son armée était encore engagée dans les défilés des Alpuxarres. Alphonse battit complètement les Almoravides, que la nuit seule déroba aux poursuites, et il descendit jusqu'au bord de la mer entre Almérie et Malaga. La, disent les relations arabes, il fit construire une barque, se mit en mer et se livra pendant trois ou quatre heures à l'exercice de la pêche. La retraite d'Alphonse commença bientôt après, et elle se fit en bon ordre. Cette expédition, qui paraît avoir duré cinq ou six mois, n'eut pas de résultat apparent, puisque Alphonse ne fit point de conquêtes, mais son résultat moral fut immense par la terreur qu'elle inspira aux musulmans. Dix ou douze mille Mozarabes suivirent Alphonse en Aragon. Ceux qui restèrent dans l'Andalousie furent presque tous transportés en Afrique. Si les Castillans avaient dans le même temps attaqué Cordoue, que les Portugais eussent envahi les terres de Séville, et les Catalans celles de Valence, on ne saurait douter que la domination des Sarrasins n'eût cessé en Espagne trois cent cinquante ans avant la prise de Grenade par Ferdinand V. — Les états de Castille s'étaient soustraits à la domination du roi d'Aragon, mais les peuples ne furent pas plus heureux, et, jusqu'à la mort de la reine, heureusement arrivée dans les premiers jours de mars 1126, ce ne furent que troubles civils, émeutes, discordes, massacres entre les partisans de la mère et ceux du fils; et tous ces maux furent toujours augmentés par la part très-active qu'y prit l'évêque de Sant-Yago, que le pape Calixte II venait d'élever à l'archiépiscopat. Après la mort d'Urraque, son fils Alphonse Raymundez fut proclamé roi de Castille et de Léon. Le roi d'Aragon ne put s'y opposer, parce qu'il était encore engagé dans son expédition d'Andalousie, et qu'à son retour dans ses États il y trouva tant de désordre qu'il dut se consacrer tout entier au soin de le faire cesser. Ce ne fut qu'au bout de deux ans qu'excité par des grands de Castille mécontents, il franchit la chaîne des montagnes (1127). La guerre dura trois ans. Les évêques castillans et aragonais agissant de concert firent tant par leurs mutuels efforts qu'ils amenèrent les deux souverains à une trêve. Alphonse de Castille céda la province de Rioja; Alphonse d'Aragon renonça au titre d'empereur qu'il avait toujours porté depuis la mort de son beau-père; mais l'année suivante (1131) il ajouta à ses autres titres celui de roi de Bayonne, parce qu'il s'était rendu maître de cette ville. Cette conquête ne fut pas plutôt terminée qu'Alphonse d'Aragon voulut étendre ses domaines jusqu'à la mer et avoir la libre navigation de l'Èbre; mais outre Tortose à l'embouchure du fleuve, et Méquinenza au confluent de la Sègre et de l'Èbre, les Sarrasins possédaient encore Lérida et Fraga dans l'intérieur. Le roi jugea qu'avant d'attaquer Tortose il devait se mettre en possession des autres places. Méquinenza fut emportée d'assaut, mais Fraga, défendue par sa position, opposa une vive résistance. Les Almoravides firent plusieurs tentatives pour faire lever le siège, et ils n'y purent réussir; leurs efforts échouèrent devant l'inébranlable valeur des chevaliers aragonais. Ils eurent alors recours à la ruse, et leur stratagème leur réussit que trop bien. Ils eurent l'art d'abandonner un convoi de vivres et de munitions de toute espèce. Les chrétiens donnèrent dans le piège, et, en voulant surprendre le convoi, ils se laissèrent pousser dans une embuscade (17 juillet 1134). Beaucoup d'Aragonais y périrent; mais après la bataille de Fraga, de même qu'après la bataille de Guadalète, on apprit que le roi avait disparu, sans qu'on pût savoir ni qu'on ait jamais su positivement ce qu'il était devenu. On avait dit que Rodrigue était mort sur le champ de bataille ou en traversant la rivière pour se sauver; à Fraga le roi ne se retrouva ni parmi les morts ni parmi les vivants. Les chroniqueurs ont fait sur cet événement mille conjectures, mais ces conjectures n'ont rien éclairci, et on a toujours ignoré quel ait été le sort de cet Alphonse qui avait tant gagné de batailles. L'opinion générale est qu'il succomba pendant l'action.

ALPHONSE VIII, roi de Castille et de Léon, empereur des Espagnes. Nous avons parlé de son enfance et des événements auxquels donnèrent lieu les ignobles querelles de sa mère et de son beau-père. Après la mort d'Urraque, qui lui avait disputé le pouvoir comme à un ennemi, il fut proclamé sans opposition dans tous les États de son aïeul; mais il fut obligé de défendre ses provinces et son autorité contre Alphonse d'Aragon. Nous avons dit aussi qu'au bout de trois ans de guerre, une paix ménagée par les évêques permit aux deux Alphonse de tourner leurs armes contre les ennemis du christianisme, l'un pour s'assurer la navigation de l'Èbre, en s'emparant des places fortes qui le dominaient, l'autre pour repousser les attaques dirigées contre Tolède. Ali-ben-Joussef venait de faire passer en Espagne une armée que les Arabes font monter à cinq cent mille hommes, et qu'on peut au moins regarder comme très-nombreuse; il en avait donné le commandement à son Taxfin. Cette expédition (1131), principalement destinée contre la capitale chrétienne, n'eut pas plus de succès que les précédentes; elle fut même funeste aux musulmans, parce qu'après avoir ravagé une partie de la Castille, ils furent poursuivis par Alphonse qui, par repré-

sailles, dévasta l'Andalousie, depuis Séville jusqu'à Cordoue, et finit par faire subir à Taxfin une sanglante défaite non loin de Séville. Cette victoire jeta même parmi les Sarrasins tant d'épouvante, que les habitants d'un grand nombre de villes lui envoyèrent des députés pour lui offrir de se rendre ses tributaires. — La mort d'Alphonse le Batailleur (1134) avait fait naître pour l'Espagne chrétienne de nouveaux intérêts; le royaume de Navarre s'était une seconde fois séparé de l'Aragon; le comte de Barcelone devenait un prince puissant; le comte de Portugal, Alphonse, aspirait à la royauté. Mais comme les deux comtes, ainsi que le roi d'Aragon et celui de Navarre, reconnurent la suzeraineté du roi de Castille et de Léon, celui-ci prit le titre d'empereur, et il fut couronné à Léon en cette qualité, dans une brillante assemblée, à laquelle assistèrent tous les princes chrétiens de l'Espagne, par eux ou par leurs envoyés. — Tout semblait promettre aux chrétiens une paix intérieure durable; mais deux ans à peine étaient-ils écoulés que la guerre éclata dans le Nord. Le roi de Navarre Garcia se plaignit de ce que le roi d'Aragon avait fait déclarer sa fille Pétronille, encore en bas âge, héritière de sa couronne, au préjudice d'une convention antérieure, par laquelle ces deux souverains avaient mutuellement appelé à la succession du prédécédé le survivant d'entre eux. Il s'allia secrètement avec le comte de Portugal, et il commença les hostilités. L'empereur rassembla une armée à la hâte, et il aurait probablement soumis la Navarre, malgré les talents déployés par Garcia, si dans le même temps les Portugais n'avaient menacé la Galice, pendant que les Almoravides entraient dans les terres de Tolède. Tandis que l'empereur repoussait cette double agression, le roi d'Aragon fiançait la jeune Pétronille au comte de Barcelone, Raymond Bérenger, et cette alliance, confirmée par l'empereur, de qui Raymond-Bérenger était beau-frère, unit dès ce moment l'Aragon et la Catalogne, de manière à ce que ces deux États ne se sont plus séparés (V. RAMIRE II, PÉTRONILLE, RAYMOND BÉRENGER IV). Cet accroissement de puissance de l'Aragon était pour le roi de Navarre d'un fâcheux augure. Pressé en effet par le nouveau souverain, et de l'autre par l'armée impériale, abandonné par le comte de Portugal, qui venait d'essuyer une déroute totale sur le Duero, Garcia se trouva bientôt réduit à un état désespéré; il confia sa défense à ses évêques, et ceux-ci, parlant au nom d'un Dieu de paix et de miséricorde, désarmèrent le courroux d'Alphonse (1140) qui, en signe de réconciliation, donna pour épouse à son fils, don Sanche, l'infante de Navarre. Toutefois, la guerre se prolongea deux ou trois ans encore entre la Navarre et l'Aragon. Mais lorsque les Almohades, vainqueurs des Almoravides en Afrique, passèrent dans la Péninsule (1144) pour leur arracher les débris de la monarchie espagnole, l'empereur résolut de porter la guerre dans l'Andalousie, et il dit adopter ses vues par ses vassaux. Sa politique ne fut pourtant pas bien franche en cette occasion; car, après avoir fait, pour ainsi dire, cause commune avec les Almohades contre les Almoravides, il fournit des secours à ceux-ci contre les Almohades, comme s'il eût voulu soutenir leur domination chancelante. Il avait aidé même leur chef Aben-Gonia à s'emparer de Cordoue et de plusieurs autres places; mais le désir qu'il montra de retenir Cordoue pour les frais de la guerre, rompit cette bonne intelligence; sa protection se dirigea pour lors vers l'émir andalou, Hamdain, que les Almoravides avaient expulsé. Puis, voulant nettoyer la mer des pirates mauresques qui l'infestaient, il rassembla une armée nombreuse, prit des marins et des vaisseaux génois et pisans à sa solde, et alla mettre le siège devant Alméria, qu'il réduisit en peu de temps à une grande détresse; cette place fut emportée d'assaut, au mois d'octobre 1145, et la garnison passée au fil de l'épée. Alphonse se montra généreux envers ses auxiliaires, auxquels il distribua l'immense butin qu'il avait fait; il reprit ensuite le chemin de ses États, après avoir laissé dans Alméria une forte garnison bien approvisionnée. — Alphonse de Portugal avait contribué au succès de l'expédition d'Alméria, en attaquant les musulmans sur la rive gauche du Tage. Il avait reçu de ses soldats sur le champ de bataille, par acclamation, après une victoire remportée sur cinq Walis réunis des Algarves, le titre de roi, et, par de nouveaux triomphes, il voulut se montrer digne du trône. Il assiégea Lisbonne, et soutenu par des croisés anglais, allemands et flamands, qui stationnaient à l'embouchure du Duero, attendant le moment de partir pour la terre sainte, et se laissèrent gagner par ses offres, il s'empara de cette ville malgré la vive résistance des habitants. Lisbonne ouvrit ses portes le 21 octobre, six jours après la chute d'Alméria. Le comte de Barcelone, excité de son côté par ce double exemple, étendait jusqu'à l'Èbre les frontières de l'Aragon et de la Catalogne; et l'année suivante (1148), il attaqua et prit l'importante ville de Tortose. Méquinenza, Lérida et Fraga tombèrent aussi en son pouvoir. — Cependant le successeur du Méhédi, l'émir Almumenim, Abdelmumen, mécontent du peu de succès qu'obtenaient ses généraux en Andalousie, faisait passer tous les jours des troupes nouvelles dans la Péninsule; le danger commun avait réuni les Andalous, les Almoravides, et même les chrétiens. La lutte devint acharnée et meurtrière; il paraît toutefois que les résultats étaient favorables aux Almohades. Vainement l'empereur, de concert avec le roi de Navarre, alla-t-il mettre le siège devant Cordoue (1150); la garnison, protégée par des remparts d'une solidité à toute épreuve, repoussa victorieusement les efforts des assiégeants; l'empereur en se retirant emporta d'assaut la ville de Jaen, faible dédommagement des préparatifs qu'il avait faits pour abattre d'un coup la puissance des nouveaux ennemis du nom chrétien. La guerre continua cinq ou six ans, encore entre les Almohades et les Andalous réunis aux Almoravides; mais peu à peu les premiers s'emparèrent de toutes les villes, de toutes les places fortes. Celles que les chrétiens avaient possédées eurent le même sort; Alméria elle-même finit par succomber après un siège de plusieurs années (1157). Grenade, dernier boulevard des Almoravides, fut aussitôt investie. Abdelmumen envoya l'ordre à ses généraux de s'en rendre maîtres à tout prix. L'empereur voulut alors opérer une utile diversion en faveur des assiégés. Il partit à la tête de forces considérables. L'héritier présomptif de la couronne, don Sanche, l'accompagnait; l'archevêque de Tolède se joignit aux deux princes. Cette dernière expédition ne fut point heureuse. Les chrétiens, harcelés dans leur marche par des essaims d'ennemis, livrèrent plusieurs combats qui ne décidèrent rien; ils emportèrent la ville de Baéza, mais après cet exploit inutile, ils furent obligés de se retirer. A peine l'armée fut-elle arrivée aux défilés de Muradal, que l'empereur tomba malade. On ignore si ce fut seulement la fatigue et la douleur des blessures qu'il avait reçues qui l'obligèrent de s'arrêter, ou si son mal n'était pas plutôt causé par le chagrin d'avoir échoué dans ses desseins tardifs. Ce qui paraît certain, c'est que la nouvelle on lui apporta de la prise de Grenade et de l'horrible massacre que les Almohades avaient fait des chrétiens et des musulmans qui défendaient cette ville, fit empirer le mal au point de ne plus laisser d'espérance. Alphonse expira le 31 août 1157, dans sa soixantième année. Avant de mourir il avait, suivant l'usage funeste de ce temps, divisé son royaume entre ses deux fils, Sanche et Ferdinand. Le premier eut la Castille et la Biscaye, avec le droit de suzeraineté sur l'Aragon, la Navarre et la Catalogne; le second eut le Léon, la Galice, les Asturies, et les droits sur le Portugal; une de ses filles, Élisabeth-Constance, qu'il avait eue de sa femme Bérengère, épousa le roi de France, Louis VII, après que celui-ci eut répudié la fameuse Éléonore de Guienne. Alphonse VIII fut le dernier souverain espagnol qui porta la couronne impériale; ses descendants ont occupé le trône jusqu'au milieu du XVe siècle. Son administration se distingua par la sagesse des mesures qu'il adopta, par l'énergie qu'il mit constamment dans l'exécution. Il rétablit l'ordre, contint les grands dans le devoir, le peuple dans la soumission; il punit sévèrement les malfaiteurs, les dilapidateurs de fonds publics, les agents de révolte et de désobéissance; mais il récompensa en souverain les services rendus à l'État; il protégea le clergé, dota les églises, se montra zélé pour la religion; mais ce fut sans surcharger le peuple d'impôts, et sans l'intolérance aveugle qui fait des parjures et des hypocrites, et n'opère point les conversions. On lui reproche d'avoir passé rapidement d'une alliance à l'autre, dans les dernières années de sa vie; mais il faut observer qu'il ne fit en cela que consulter l'avantage actuel de la Castille. Cette considération, il est vrai, ne le lave pas d'avoir sacrifié les règles sévères de la loyauté à des vues d'intérêt particulier, mais cela peut du moins atténuer ses torts. Au surplus, le règne d'Alphonse a manqué d'historiens, et nous ignorons toutes les circonstances des événements survenus pendant la dernière moitié de son règne; Ces circonstances, si elles étaient mieux connues, serviraient à expliquer sa conduite. Ce qu'on peut dire, c'est qu'il acquit, même chez les musulmans, la réputation d'un général habile et d'un grand souverain, et que cette réputation méritée lui a survécu.

ALPHONSE IX, roi de Léon et des Asturies. Alphonse VIII avait divisé ses États entre ses deux enfants; Sanche avait eu la Castille, Ferdinand le Léon et les Asturies. Alphonse IX était fils de ce dernier et de sa femme Urraque, infante de Portugal. Il monta sur le trône immédiatement après son père, qui mourut dans les derniers jours de janvier 1188. (Dans quelques chroniques cet Alphonse est désigné comme le huitième seulement de ce nom, parce qu'elles ne comptent pas au nombre des rois de Léon Alphonse le Batailleur.) Peu de temps après son avénement, le prince eut une entrevue à Carrion avec le roi Alphonse de Castille, son cousin germain. Celui-ci l'arma chevalier, et Alphonse IX, dans un élan d'enthousiasme chevaleresque, baisa la main du roi de Castille, ce que celui-ci eut l'air de regarder comme une reconnaissance de son droit prétendu de suzeraineté. Alphonse IX, malgré sa jeunesse, ne tarda pas à se repentir de ce qu'il avait fait, quoiqu'il n'eût pas eu bien certainement l'intention de se soumettre à la suprématie de son voisin. Pour se donner un appui contre les prétentions de la Castille, il contracta une étroite alliance avec le roi de Portugal, dont il épousa la fille (1189). Clément III, qui occupait alors le siége pontifical, déclara le mariage nul pour cause de parenté (Alphonse et l'infante étaient cousins); et Célestin III, successeur de Clément, convoqua un synode à Salamanque (1192), où il se fit représenter par un légat. Celui-ci excommunia les évêques de Salamanque, d'Astorga, de Zamora et de Léon, qui avaient soutenu la validité du mariage; et menaça le roi et la reine des mêmes peines s'ils ne se séparaient immédiatement. Alphonse brava cette menace, et le pape (1193) mit en interdit les deux royaumes de Portugal et de Léon. Cette mesure violente eut des résultats déplorables, dont les musulmans profitèrent. L'évêque de Zamora se rendit à Rome, et il parvint à fléchir le pontife qui leva l'interdit, mais qui maintint la défense de célébrer aucun acte religieux en présence des deux époux. Ce ne fut qu'au bout de cinq ans, et après la naissance de trois enfants, qu'Alphonse consentit au divorce; mais au fond du cœur il en conserva un si vif ressentiment que, confondant les intérêts de la religion dans la haine qu'il portait à Calixte, il refusa de secourir le roi Alphonse de Castille contre les Almohades qui l'attaquaient avec des forces immenses. On l'accuse même d'avoir contribué en secret au funeste succès de la journée d'Alarcos qui réduisit la Castille aux plus cruelles extrémités. Ici, au surplus, la conduite d'Alphonse de Léon avait une seconde cause non moins active dans les sentiments particuliers d'aversion qu'il nourrissait contre Alphonse de Castille. Cette animosité, d'ailleurs réciproque, des deux cousins produisit les fruits qu'on devait en attendre : une guerre acharnée, où se mêlèrent les rois de Navarre et d'Aragon. Heureusement pour l'Espagne chrétienne, le vainqueur d'Alarcos, Jacob Almanzor, fut obligé de retourner en toute hâte en Afrique pour apaiser une révolte dangereuse qui venait d'éclater. Le clergé et les grands des deux royaumes, voulant éviter la ruine de l'Espagne, firent les plus grands efforts pour ramener la concorde entre les deux princes; ils y réussirent, et le traité de paix fut scellé par un mariage : Alphonse de Léon épousa sa cousine Bérengère, fille aînée d'Alphonse de Castille. Ce mariage, sous le rapport de la politique, était très-avantageux à cause de l'Espagne, car si Bérengère avait un fils, il était probable que ce fils réunirait sur sa tête les deux couronnes de Castille et de Léon (et ce fut en effet qui arriva), puisque le roi de Castille avait perdu tous ses enfants mâles à l'exception du plus jeune, et que la santé délicate de cet enfant donnait peu d'espérance; mais Bérengère était parente d'Alphonse IX, et celui-ci, ne considérant que ses intérêts personnels ou même sa passion pour sa jeune épouse, brava pour la seconde fois les censures de la cour de Rome, s'embarrassant peu de demander une dispense qu'il aurait facilement obtenue. Célestin III ne se montra pas plus indulgent pour cette seconde alliance que pour la première, et Innocent III qui lui succéda lança une bulle d'excommunication, et mit les deux royaumes en interdit. Alphonse de Castille déclara qu'il était prêt à reprendre sa fille et les diverses places qu'il avait données en dot; Alphonse de Léon ne voulut rendre ni les villes qu'on lui avait cédées, ni une épouse qu'il aimait; il fondait encore sur le sort futur des enfants qu'il avait eus de Bérengère, et que la prononciation du divorce aurait fait déclarer illégitimes. Comme le clergé du royaume était divisé et qu'un assez grand nombre de prélats tenaient pour le roi, qui se montrait d'ailleurs inébranlable, le pape Innocent III avait modifié la sentence d'interdit; mais les restrictions qu'il avait apposées n'empêchèrent pas l'aîné des enfants d'Alphonse (Ferdinand III, dit le Saint) d'être baptisé dans Léon avec beaucoup de pompe (1199), et d'être déclaré, cinq ans après, par les cortès héritier légitime des États de Léon. Ce ne fut qu'après ce second acte des cortès (1204) que Bérengère consentit à retourner auprès de son père, afin de rendre la paix au royaume. L'interdit fut aussitôt levé; mais bientôt après la guerre éclata. Bérengère en partant avait renoncé à reprendre sa dot, mais son père prétendit que la renonciation était nulle. La Castille et le Léon furent horriblement dévastés. Le pape offrit vainement sa médiation; on la rejeta dédaigneusement de part et d'autre, parce que de part et d'autre on l'accusait d'être cause du mal. Ce ne fut que lorsque les Almohades, transportant dans la Péninsule des forces immenses, menacèrent l'Espagne d'une seconde journée d'Alarcos que les deux rois se réconcilièrent. Après la grande et décisive bataille d'Alcalab ou de las Navas de Tolosa (16 juillet 1212), où périt pour toujours la puissance des Africains en Espagne, on pouvait espérer que la paix des États chrétiens ne serait plus troublée. Cet espoir fut trompé. Alphonse IX reprit les hostilités contre la Castille. La modération d'Alphonse de Castille, qui abandonna au roi de Léon plusieurs places frontières, empêcha une rupture éclatante. Les deux royaumes jouirent alors d'une trêve de quelques années; mais lorsqu'après la mort d'Alphonse de Castille (1214) et celle de Henri Ier, son fils unique (1217), la couronne de Castille se plaça sur le front de Bérengère, et que celle-ci eut appelé immédiatement auprès d'elle son fils aîné Ferdinand, issu de son mariage avec Alphonse IX, ce prince, d'humeur inquiète et jalouse, reprit les armes, moins pour défendre les droits de son ancienne épouse et ceux de son fils, que pour se faire adjuger à lui-même la couronne de Castille. Bérengère prit aussitôt un parti décisif : elle abdiqua en faveur de Ferdinand qui touchait à sa dix-huitième année, et Ferdinand fut solennellement reconnu et proclamé roi de Castille par la nation entière. Alphonse IX ne craignit pas de faire alors la guerre à son propre fils et de se réunir aux séditieux comtes de Lara, de qui l'ambition avait si souvent troublé la Castille. Mais Bérengère avait pris de si sages mesures, et Ferdinand à la tête des troupes déploya tant d'intelligence et de courage que les rebelles rentrèrent dans le devoir et que le roi de Léon fut contraint de regagner ses États (1218). Ce ne fut pas pour longtemps : les seigneurs de Lara reprirent les armes, et le roi de Léon les reprit avec eux; mais les prélats du royaume parvinrent enfin à lui faire sentir combien il était révoltant de voir un père armé contre son fils et faisant cause commune avec d'odieux rebelles flétris par l'opinion publique. L'année suivante la paix fut heureusement rétablie. Depuis cette époque et pendant dix années consécutives les Léonais et les Castillans, étroitement unis, firent régulièrement chaque printemps une irruption sur les terres des musulmans, ce qui ne contribua pas peu à détruire complètement la puissance almohade. Alphonse IX acquit dans ces guerres, que presque toujours il conduisit en personne, une réputation méritée de talent et de bravoure. En 1230, il remporta sur les Andalous une victoire éclatante qui mit en ses mains la ville de Badajoz. Comme il avait eu à combattre des ennemis de beaucoup supérieurs en nombre, il crut lui-même qu'il n'avait dû la victoire qu'à l'intervention miraculeuse de l'apôtre saint Jacques, et il résolut de se rendre en pèlerinage à Sant-Yago. A peine arrivé dans cette ville, il tomba malade et il y mourut le 23 septembre. — Ce prince a été diversement jugé, les uns ont prodigué l'éloge, les autres le blâme et la censure. On a pu voir par ses actes qu'il a mérité la censure et l'éloge. Il avait le goût des constructions; il fit bâtir à Léon un palais et un vaste hospice pour les pèlerins de Sant-Yago; il érigea sur le tombeau de l'apôtre une nouvelle et magnifique église; il releva les tours de Léon, construisit un grand nombre de châteaux forts, répara soigneusement les grandes routes, fonda (1222) l'université, devenue depuis si fameuse, de Salamanque. Il eut pour successeur son fils Ferdinand, qui régnait déjà sur la Castille, et les deux royaumes n'ont plus été séparés depuis cette époque; il fut même arrêté par les états réunis des deux royaumes que les deux couronnes seraient désormais inséparables, nonobstant toutes dispositions qui pourraient intervenir de la part du possesseur; et cette mesure ne fut pas l'événement le moins important du treizième siècle.

ALPHONSE X, roi de Castille et de Léon, monta sur le trône immédiatement après la mort de Ferdinand son père, arrivée le 30 mai 1252. Non moins ambitieux, mais moins prudent et moins réfléchi, il eut d'abord l'intention de tourner ses armes contre les Anglais, afin de leur enlever la Gascogne qui avait été promise à son aïeul quand celui-ci avait épousé une fille de Henri III. Le roi d'Angleterre, qui avait pris la croix, voulant avant son départ pacifier ses provinces, fit proposer au roi de Castille le mariage de son fils Édouard avec l'infante

Éléonore, sœur d'Alphonse; il offrait en même temps de donner aux époux les pays en litige; Alphonse accepta, le mariage eut lieu et la paix fut rétablie. Il n'en fut pas de même dans le midi de la Péninsule, où plusieurs villes des Algarves, soumises par Ferdinand, se révoltèrent. Les Castillans, sous les ordres du prince Henri, frère d'Alphonse, obtinrent d'abord des succès; mais ce prince ayant éprouvé quelque sujet de mécontentement, se révolta lui-même, et bientôt après il se retira en Afrique. Le wali de Niebla, assiégé dans cette ville, fut contraint de se rendre. Ce siège occupe dans l'histoire des Arabes d'Espagne une place remarquable, parce que, suivant toutes leurs relations, ce fut à ce siège qu'on fit pour la première fois usage d'artillerie. Cette place était la seule qui fût restée aux Almohades, et ceux-ci, impatients du joug chrétien, implorèrent le secours de l'émir de Grenade, en offrant de se soumettre à lui. Cet émir s'était rendu vassal de la Castille; ce n'était même qu'à ce prix que Ferdinand ne l'avait pas dépouillé; il hésita quelque temps, mais à la fin l'ambition l'emporta sur le devoir. — La fortune des armes trahit son attente; il fut vaincu par Alphonse et obligé de demander la paix, que le vainqueur accorda. Les Portugais prétendirent alors que les Algarves étaient une dépendance de leur territoire, et Alphonse en fit la cession moyennant divers devoirs féodaux à remplir par le roi de Portugal (1266). — Ce fut vers ce temps qu'Alphonse aspira ouvertement à la couronne impériale d'Allemagne. Il avait allégué ses droits sur la Souabe, du chef de sa mère Béatrix qui était fille du duc de Souabe Philippe, et ses réclamations furent d'abord soutenues par le pape Alexandre IV, mais la Souabe reconnut pour souverain un prince, parent de Frédéric II. Alphonse ne fut pas plus heureux dans ses prétentions à l'empire. A la mort de l'empereur Guillaume, arrivée en 1256, il fut élu par un parti et repoussé par un autre parti qui lui opposa le prince Richard, frère de Henri III, et celui-ci l'emporta. Alphonse répandit à cette occasion des sommes énormes en Allemagne et en Italie, ce qui aliéna de lui le cœur de ses sujets. Richard étant mort en 1271, Alphonse X se remit sur les rangs; le pape Grégoire X, qu'il tâcha de gagner à sa cause, montra pour elle peu de sympathie, et le choix des électeurs tomba sur le comte Rodolphe de Hasbourg. Ce mauvais succès aigrit le caractère du roi; ce qui ne lui ramena pas les Castillans. On lui reprochait au contraire ses querelles avec le pape, la cession des Algarves à Alphonse II de Portugal, et surtout la ruine de son royaume qu'il avait épuisé pour fournir à ses profusions dans la poursuite d'une couronne étrangère. Les grands, ayant à leur tête l'infant don Philippe, frère du roi, et le comte Gonzalez de Lara, chef de cette famille presque toujours ennemie du souverain, prirent les armes sous divers prétextes, et le roi, au lieu de marcher immédiatement contre les rebelles, leur fit des offres de conciliation. Les rebelles, que cet acte de faiblesse rendit exigeants jusqu'à l'insolence, firent des demandes exorbitantes, et le roi promit encore que ces demandes seraient soumises aux états. Les états ayant été convoqués à Burgos, les rebelles s'y rendirent en armes. Le roi accorda tout ce qu'ils voulurent, quoiqu'il eût encore évidemment la majorité pour lui. Les rebelles, craignant alors que cette extrême facilité du roi ne cachât quelque piège, se sentirent tellement frappés d'une terreur subite qu'ils se retirèrent en toute hâte à Grenade (1272). Le roi, toujours faible, les sollicita pendant deux ans entiers de rentrer en Castille. Pour les y déterminer il fut en quelque sorte obligé de leur donner des garanties d'impunité. Ces troubles étaient à peine terminés qu'Alphonse, poursuivant toujours sa chimère, se rendit en France, où se trouvait alors Grégoire X, pour se rendre ce pontife favorable; mais ce voyage ne fut pas moins infructueux que ses précédentes démarches. Pendant son absence (1275) mourut le prince Ferdinand de la Cerda, son fils aîné. Cet événement eut des résultats bien importants. Suivant la loi romaine, l'aîné des deux fils de l'infant devait lui succéder au trône; mais la loi des Wisigoths n'admettait pas le droit de représentation, et dans ce cas la couronne passait au frère et non au fils du défunt. Les cortès convoquées à Ségovie (1276) se décidèrent en faveur du représentant immédiat, c'est-à-dire que le second fils d'Alphonse, l'infant don Sanche, fut proclamé successeur immédiat de son père. Cependant Alphonse n'ignorait pas que les dispositions du droit romain sur cette matière avaient passé dans les siete partidas (V. ce mot), et il ne protesta point contre la décision de l'assemblée. On présume que cette décision eut principalement pour cause l'extrême jeunesse des enfants de la Cerda, et d'un autre côté la réputation de bravoure que Sanche s'était faite en combattant contre les Maures. Mais le roi de France, qui était beau-

17.

frère du défunt, laissa éclater en menaces son mécontentement. La jeune veuve et ses deux enfants, ainsi que la reine mère, s'enfuirent de Burgos à Saragosse. Le roi d'Aragon trouvait là un prétexte pour satisfaire de vieux ressentiments contre la Castille; il garda les deux princes, afin de pouvoir s'en servir comme d'un épouvantail; Blanche, leur mère, retourna auprès de son frère, qui déclara la guerre à l'Espagne. Le pape Nicolas III empêcha par son active intervention l'effusion du sang chrétien; la reine mère retourna auprès de son époux, que les revers qu'il avait essuyés aigrirent au point qu'il ne craignit pas de faire assassiner son frère Fadrique, qu'il accusait d'avoir favorisé la fuite des princesses et des infants. A cet acte de cruauté, qui le rendit odieux, il joignit l'imprudence d'altérer le titre des monnaies; la nation entière se souleva. Les partisans de Sanche se réunirent à Valladolid (1282), sous la direction de l'infant don Michel, frère d'Alphonse. Ils voulaient proclamer Sanche roi de Castille, mais celui-ci se contenta de prendre le titre de régent. Le malheureux Alphonse supplia vainement les rois de la Péninsule de le secourir; il se rendit même à Maroc pour solliciter l'appui du souverain de ce pays, et il ne reçut partout que des marques stériles d'intérêt ou plutôt de compassion. Cependant les deux villes de Badajoz et de Séville se maintenaient fidèles; le roi se rendit à Séville; le pape eut pitié de lui; il menaça d'excommunication les partisans de Sanche. Les prélats et le clergé furent les premiers à rentrer dans le devoir; leur exemple entraîna beaucoup de grands, de nobles et de villes; une réaction complète s'opéra en faveur du roi: Sanche épouvanté envoya faire à son père des propositions de paix; mais à peine ses députés furent-ils partis qu'il tomba dangereusement malade. A cette nouvelle, le vieux roi montra une douleur si vive, et cette douleur fut si réelle qu'il en fut malade lui-même; mais le mal de Sanche céda aux remèdes, et celui d'Alphonse, empirant de jour en jour, ne tarda pas à le conduire au tombeau. Il mourut le 5 avril 1284, un règne agité de trente-deux ans. Ce prince avait reçu de ses contemporains le titre de Sabio qu'on a toujours ridiculement traduit par le mot de Sage, quoique les actes de son règne prouvent qu'il ne fut rien moins que sage. Le mot sabio a, il est vrai, la signification de sage; mais il a aussi celle de savant, et c'est dans ce dernier sens seulement qu'on peut l'appliquer à ce prince. Alphonse eut en effet des talents d'un ordre supérieur, et pour son temps il fut très-éclairé. Les tables astronomiques connues sous le nom d'Alphonsines furent en grande partie son ouvrage. Il y fut aidé par les plus savants astronomes de l'Espagne, et principalement par ceux de Grenade qu'il attira auprès de lui tant pour diriger la formation des calculs que pour y coopérer. Il prit aussi une grande part dans la rédaction de la chronique qui porte son nom ou qu'on lui attribue, de même que dans celle de la compilation des Siete partidas. Ce prince s'était ouvertement déclaré contre le système cosmologique de Ptolémée, dont il n'était pas permis alors de s'éloigner, ce qui lui faisait dire en riant que s'il avait été consulté pour la création du monde, il aurait donné quelques bons avis. Ces mots, qui bien certainement ne portaient que sur le système si évidemment erroné de Ptolémée, furent cités comme un blasphème par quelques hommes qui eurent l'air de s'y méprendre, et ils lui ont été aigrement reprochés, quoiqu'il ne se soit jamais élevé aucun doute sur l'orthodoxie d'Alphonse et sur son attachement sincère à la foi catholique. — Voici, au surplus, ce qu'on peut dire de la Chronique générale d'Espagne: c'est que la plus grande partie de cet ouvrage, auquel on ne saurait contester qu'Alphonse lui-même n'ait mis la main, est prise dans les Annales de saint Isidore de Béja, de Sébastien Sampiro, du moine de Silos et de la Chronique de l'archevêque de Tolède Rodrigue. Malheureusement les divers collaborateurs du royal écrivain ont admis dans cette chronique générale toutes les fables qui avaient été débitées sur le fameux Bernard del Carpio et le non moins fameux Rodrigue de Bivar ou Cid Campeador. Cette chronique, malgré ses imperfections, n'en est pas moins un monument précieux de la littérature espagnole du XIVe siècle. Quant aux Tables astronomiques, elles se distinguent par beaucoup de précision et d'exactitude, et il n'était pas possible de faire mieux au temps où elles parurent. On sait à la vérité que d'autres savants l'aidèrent dans ses recherches; mais il est évident qu'il avait lui-même conçu l'idée et le plan de ces tables, et l'on voit par les parties qui sont de lui qu'il était bien capable de faire tout le travail par lui-même et beaucoup plus avancé dans les mathématiques transcendantes que ne semblait le permettre l'état des sciences à cette époque.

ALPHONSE XI, roi de Castille et de Léon. Il était fils de

Ferdinand II, qui mourut presque subitement à l'âge de trente ans, le 17 septembre 1312, ne laissant pour héritier de son trône qu'un enfant d'un an. Les infants, frères de Ferdinand, et le chef des Lara, éternels artisans de troubles et de désordre, se disputèrent l'éducation et la tutelle d'Alphonse, c'est-à-dire l'exercice de l'autorité. Les cortès, convoquées à Palencia (1313), ne furent point d'accord. Les uns voulaient donner la régence à la reine mère et à l'infant Jean, et les autres à la reine Marie, aïeule d'Alphonse, et à l'infant Pierre. On prit les armes; mais au moment où l'on en venait aux mains, les deux infants consentirent à gouverner conjointement. Ces deux princes ayant péri en 1319, dans une bataille livrée à l'émir de Grenade, les troubles pour la régence recommencèrent. Plusieurs membres de la famille royale, plusieurs seigneurs la réclamèrent à la fois; la reine Marie, qui par sa prudence avait jusque-là prévenu l'explosion de toutes ces prétentions rivales, étant venue à mourir, la guerre civile éclata, et, pendant plusieurs années, tout le royaume fut en proie à de dévastations réciproques. La tranquillité ne revint que lorsque Alphonse, déclaré majeur par les cortès de Valladolid, put gouverner par lui-même. On lui reproche d'avoir employé sans scrupule et bien jeune encore, pour s'assurer le succès, la ruse, le parjure, et même l'assassinat. Le prince Jean-Emmanuel et Jean le Borgne, seigneur de Biscaye, ses deux plus puissants adversaires, étaient au moment d'unir leurs forces, et de cimenter cette alliance par le mariage de Constance, fille d'Emmanuel, avec Jean le Borgne. Le roi ne trouva pas de meilleur moyen d'empêcher cet hymen (1327) que de demander pour lui-même la main de Constance. Peu de temps après, Constance fut honteusement renvoyée à son père, Jean le Borgne assassiné, la Biscaye réunie à la couronne. Le roi épousa immédiatement une infante de Portugal; le prince Emmanuel courut aux armes, et soutenu d'une part par l'émir de Grenade, et de l'autre par les Aragonais, il fit beaucoup de mal à la Castille pendant plusieurs années. Ce ne fut qu'en 1334 qu'il consentit à rentrer dans le devoir, à condition que sa fille Constance épouserait l'infant de Portugal, ce qui eut lieu la même année. Les rebelles firent encore quelques mouvements l'année suivante, et même jusqu'en 1338; à cette dernière époque, ils déposèrent les armes pour ne plus les reprendre. Alphonse mourut douze ans après cette pacification, qui permit enfin aux Castillans de songer à réparer les maux dont ils avaient souffert durant tant d'années. Il fut attaqué de la peste devant Gibraltar dont il faisait le siège (1350), et il succomba. Quoique le règne de ce prince n'eût été qu'un long tissu de guerres et de calamités publiques, son successeur le fit regretter: ce fut le fameux Pierre, si justement surnommé le Cruel. Alphonse laissa de Léonore de Gusman, qui, restée veuve à dix-huit ans, n'eut pas assez de vertu pour refuser le titre de maîtresse d'un roi, un grand nombre d'enfants, dont l'aîné fut ce fameux Henri de Transtamare qui, après avoir longtemps fait la guerre à son frère, devait finir par s'asseoir sur le trône, prix d'un fratricide diversement jugé (V. HENRI DE TRANSTAMARE). Alphonse ne manquait ni de courage ni de talents militaires; malgré les fréquentes révoltes de ses sujets, il fit souvent la guerre aux Maures de l'Andalousie et à ceux de l'Afrique, que l'émir de Grenade avait appelés à son secours, en leur livrant la place importante de Gibraltar. Il se procura des vaisseaux, triompha par sa constance de la tempête, qui à deux reprises avait dispersé sa flotte, s'empara de la mer afin d'intercepter les secours qui arrivaient, et remporta près de Rio-Salado une victoire signalée sur les Africains et les Andalous réunis (1340). Dans sa campagne suivante contre les musulmans, Alphonse fit la conquête d'Algésiras, que suivit une trève de dix ans; mais cette trève n'était pas expirée lorsqu'il résolut de mettre le siège devant Gibraltar où la mort l'attendait. L'émir de Grenade, Jussef III, bien que délivré par la mort d'Alphonse de son plus dangereux ennemi, porta publiquement et fit prendre à sa cour le deuil d'un prince qu'il regardait comme l'un des plus valeureux guerriers et des plus grands souverains que l'Espagne chrétienne eût jamais opposés à l'islamisme.

ALPHONSE Ier, roi d'Aragon et de Navarre, dit le Batailleur. (V. ALPHONSE VIII DE CASTILLE.)

ALPHONSE II était fils de Pétronille (fille de Ramire II, dit le Moine), héritière de l'Aragon, et du comte Raymond Bérenger, qui en l'épousant prit le titre modeste de régent du royaume. Alphonse n'avait que onze ans (1162) lorsqu'il monta sur le trône sous la tutelle de sa mère; trois ou quatre ans après, il fut déclaré majeur par les états tenus à Saragosse. Des règlemements très-sages, qui limitèrent la puissance des grands, furent promulgués au nom du roi. Comme il paraissait doué de qualités précoces, on l'avait armé chevalier de bonne heure. C'était comme pour lui ouvrir la carrière des combats ; il fallut envoyer une armée dans la Provence, qui appartenait alors à l'Aragon, pour défendre cette belle province contre les prétentions du comte de Toulouse. La victoire couronna de lauriers le jeune Alphonse. Un traité que le comte de Toulouse fut obligé de subir, lui assura la possession paisible de cette contrée célèbre (1176); toutefois, comme elle se trouvait très-éloignée de l'Aragon, il en fit l'échange avec Pierre, son frère cadet, à qui Raymond Bérenger avait donné Carcassonne, Narbonne et la Cerdagne. De retour en Espagne, Alphonse fit la paix avec la Castille, afin de pouvoir reprendre les hostilités contre la Navarre, et surtout contre les musulmans. Il fit plusieurs incursions dans le royaume de Valence, soumit au tribut divers petits princes andalous, et se prépara les voies pour arriver à de nouvelles conquêtes. Sanche VI de Navarre profita de l'absence d'Alphonse pour entrer dans l'Aragon. Cette irruption, qui n'eut pour lui aucun résultat, ne fit que servir les musulmans, parce que, pour aller au secours de ses propres États, Alphonse fut obligé d'ajourner ses desseins de conquête. Peu de temps après, il épousa la sœur du roi de Castille, Alphonse le Magnifique, et par la médiation du roi d'Angleterre, Henri II, les deux rois espagnols accordèrent pour d'un temps illimité au roi de Navarre, qu'il était au surplus difficile de forcer dans ses montagnes inaccessibles. — L'alliance de l'Aragon avait été nécessaire au roi de Castille pour le mettre en état de résister avec avantage aux flots d'ennemis dont l'Afrique almohade inondait la Péninsule. Le roi d'Aragon y gagna son indépendance absolue, et se délivra pour toujours de la qualité de vassal que le roi de Castille lui avait imposée, et que Raymond Bérenger avait portée constamment sans murmure pour le fief de Saragosse et de plusieurs autres villes que l'empereur Alphonse lui avait cédées à l'occasion de son mariage avec Pétronille. Cependant le roi d'Aragon craignit que le roi de Castille ne devînt trop puissant, et s'empara des provinces de Valence et de Murcie, qu'il regardait comme une dépendance de l'Aragon : il retint en partie les secours qu'il donnait ; mais cette cause de mésintelligence fut heureusement écartée dans une entrevue (1179) entre les deux rois, par une convention qui déterminait une ligne de démarcation entre les conquêtes futures. Ainsi Murcie, Valence, Denia, Xatiera, etc., devaient appartenir à l'Aragon; Grenade, Guadix, Malaga, etc., et tout le pays à l'ouest formeraient le lot de la Castille. C'était là ce qu'on appelle vulgairement se partager la peau de l'ours avant de l'avoir mis à terre. Deux ans après ce singulier traité, le frère d'Alphonse, Pierre de Provence, ayant été assassiné, le roi d'Aragon se mit en possession du comté, malgré la vive résistance de Raymond de Toulouse; il eut plus de peine à contenir les grands de son royaume dans de justes bornes. Assurés de l'impunité, ils se livraient à toutes sortes d'excès, ne respectant ni le souverain, ni les prélats, ni les mandataires du souverain pontife; deux archevêques de Tarragone fut traîtreusement assassinés, et le roi ne put venger ce double attentat. Un Navarrais établi en Aragon, nommé Pierre de Azagra, s'empara du château de Sainte-Marie près d'Albaracin, s'érigea lui-même en prince indépendant, et il se maintint jusqu'à sa mort dans ses possessions, protégé par la mutuelle jalousie des rois d'Aragon et de Castille, et souvent même par les Sarrasins, qui recherchaient son alliance, parce qu'il avait une troupe aguerrie qui faisait pencher la victoire du côté où elle se plaçait. — Cependant le roi d'Aragon qui, malgré quelques mouvements d'humeur qu'il avait laissé voir, était resté l'allié de la Castille, se ligua tout à coup avec les rois de Navarre, de Léon et de Portugal, contre Alphonse le Magnanime, comme s'il eût voulu anéantir à jamais cette puissance rivale (1191). Heureusement pour la Castille, le roi d'Aragon fut obligé de se rendre à ses possessions de France, pour les défendre contre son voisin de Toulouse. — Après la désastreuse bataille d'Alarcos (1195), le roi d'Aragon comprit que, la Castille abattue, il resterait lui-même exposé à toute la fureur de l'ennemi victorieux ; et, bien convaincu des erreurs de la politique qu'il avait suivie, il se hâta de réparer le mal autant qu'il était en son pouvoir, en faisant tourner à la défense commune les alliances qu'il avait contractées avec les rois de Léon, de Navarre et de Portugal. Il se rendit immédiatement à Sant-Yago, où se trouvait le roi de Léon; de là il partit pour Coïmbre, où il rencontra le roi Sanche de Portugal; il réunit ensuite à Tar-

razone les rois de Castille et de Navarre; et malheureusement il trouva partout des animosités si vives, des haines si invétérées, principalement dans le cœur d'Alphonse IX, qu'il ne put parvenir à vaincre les répugnances qui s'opposaient à un rapprochement sincère. Irrité du peu de succès de ses démarches, il résolut de faire seul, par les plus grands efforts, de réunir toute sa noblesse de France et d'Aragon, et de conduire en personne une armée nombreuse au secours de la Castille. Il franchit aussitôt les Pyrénées, et convoqua dans Perpignan les états de Languedoc et de Provence; mais la Providence ne permit pas qu'il pût lui-même accomplir ses desseins : il tomba malade dans cette ville; le chagrin, la fatigue, et sans doute aussi le regret d'avoir manqué à son plus ancien allié pour de vaines jalousies, et dans le moment où son secours lui aurait été le plus nécessaire, aggravèrent son mal au point qu'il y succomba. Son règne avait été de trente-quatre ans, en y comprenant le temps de sa minorité. Il laissa une réputation méritée de générosité et de vertus chevaleresques, et sous ce rapport peu de princes l'ont égalé. On lui reproche ses démêlés avec le roi de Castille ; mais il faut observer que c'est par les auteurs castillans que ce reproche lui est adressé. Les annalistes aragonais le peignent comme un prince juste, intelligent, éclairé, cherchant de bonne foi à rendre heureux ses peuples, libéral envers le clergé, qui le secondait dans ses vues d'amélioration; de mœurs pures, protecteur des arts utiles comme, il le fut des poëtes et des troubadours. Il fit en mourant le partage de ses États entre ses deux fils; il donna l'Aragon avec toutes ses dépendances et les provinces pyrénéennes à Pierre, l'aîné; la Provence et le pays de Montpellier furent l'apanage d'Alphonse. Il avait un troisième fils, Ferdinand, qui entra dans les ordres sacrés et fut moine de Cîteaux.

ALPHONSE III, roi d'Aragon et de Valence. Il était fils de Pierre III, et il se trouvait aux îles Baléares, achevant la conquête de ce petit royaume sur son oncle Jacques, lorsqu'il reçut la nouvelle de la mort de son père. Comme Jacques ne s'était pas fait aimer par les habitants, Alphonse n'éprouva point de grands obstacles, et les Majorcains n'attendirent pas même, pour le proclamer souverain, la décision des états d'Aragon. Les nobles ou ricos hombres, de leur côté, se montrèrent très-offensés de ce qu'Alphonse avait pris, sans leur consentement préalable, le titre de roi. Il leur fit dire, pour les apaiser, que, s'il avait pris la couronne, c'était parce qu'elle lui appartenait par droit de succession; qu'au surplus à la cérémonie du sacre il remplirait toutes les conditions exigées par les constitutions du royaume. Ce que voulait au fond l'ordre de la noblesse, c'était s'arroger à elle-même la plus grande partie de l'autorité suprême, et n'avoir qu'un simulacre de souverain; aussi demandait-elle que la nomination des ministres et même celle de tous les officiers de la maison du roi lui fussent confiées. Cette prétention, qui attaquait directement la prérogative royale, fut accueillie avec indignation par la partie saine du peuple aragonais; mais les mécontents, comme cela se voit presque toujours et partout, par leur activité, par leur énergie, par la hardiesse de leur langage et leurs menaces, réduisaient au silence les hommes qui ne comptaient que sur la raison et la justice, ou craignaient de recourir à des mesures violentes. Alphonse, pour éviter la guerre civile, et pour s'assurer la coopération de tous ses vassaux, fit des concessions qui transportèrent le pouvoir des mains royales en celles des grands. Ainsi la monarchie se trouva changée en république, république il est vrai, d'aristocrates, hâtons-nous de le dire, et d'aristocrates qui, tout en alléguant les intérêts du peuple, s'embarrassaient réellement très-peu du peuple et de tout ce qui se trouvait en dehors d'eux. — Pendant le règne d'Alphonse, lequel fut très-court, le roi détrôné de Majorque, qui possédait encore Montpellier, fit une irruption dans la Catalogne; mais il n'eut pas le courage d'attendre son neveu qui accourut avec des troupes (1288): il avait conclu un traité avec Charles d'Anjou, son prisonnier, traité par lequel celui-ci s'engageait formellement à renoncer au trône de Sicile en faveur de l'infant Jacques, fils cadet de Pierre III; mais le pape désapprouva le traité, et il alla même jusqu'à excommunier Alphonse. Mais comme ce moyen ne produisit pas d'effet, le pape consentit à un congrès, qui eut lieu à Tarascon en 1291. Les conditions que ce congrès imposait au roi d'Aragon étaient dures et humiliantes : ce prince s'obligeait non-seulement à ne pas secourir les Siciliens, mais encore à le chasser de la Sicile. Quand les alliés, dans la guerre de succession, exigeaient de Louis XIV qu'il chassât lui-même d'Espagne son petit-fils, il repoussa cette condition contraire à toutes les lois de l'honneur, bien qu'il fût réduit à une cruelle détresse. Les Siciliens, qui avaient librement reconnu l'autorité de Jacques, puisèrent dans leur indignation profonde la résolution généreuse de soutenir à tout prix le prince qu'ils s'étaient donné. Alphonse ne survécut pas à ce traité honteux. Il mourut presque subitement à Barcelone au mois de juin de la même année (1291), ne laissant pour héritier de sa couronne que ce même Jacques auquel il aurait dû ravir la sienne au profit d'un prince étranger. Jacques accourut pour prendre possession de ce riche héritage qui ne lui fut point contesté.

ALPHONSE IV, roi d'Aragon. Il monta sur le trône en 1327, après la mort de Jacques II, son père. Peu de temps après son avénement, il eut à soutenir contre les Génois une guerre opiniâtre et meurtrière, qui se prolongea jusqu'à sa mort. Il s'agissait de la possession des rochers de la Sardaigne. Le pape tenta vainement d'arrêter l'effusion du sang; les Génois demandaient des indemnités qui valaient certainement plus que la Sardaigne elle-même, et Alphonse ne voulait rien accorder. Aux soucis de cette guerre se joignirent des chagrins domestiques. Pierre, fils aîné du roi, irrité de ce que son père voulait détacher quelques portions de ses États pour en former un apanage pour un fils qu'il avait eu d'une autre femme de sa première épouse, leva l'étendard de la révolte, et ne cacha point ses intentions de ne laisser subsister aucune disposition faite par son père, lorsqu'il arriverait lui-même au pouvoir. Alphonse, faible et malade, ne punit point cette criminelle audace; mais le chagrin qu'il en ressentit hâta les progrès de son mal. Alphonse descendit au tombeau en 1336, après huit ans d'un règne agité.

ALPHONSE V, roi d'Aragon. Il était fils de Ferdinand Ier, qui mourut en 1416, et il signala son avénement par un bel acte de clémence. On lui présenta une longue liste de nobles qui avaient conspiré contre son père et contre lui-même en faveur du comte d'Urgel, qu'ils avaient voulu élever sur le trône à la mort de Martin. Alphonse prit la liste, et sans y jeter seulement les yeux, il l'anéantit. Cela n'empêcha pas les nobles aragonais et valenciens de renouveler les prétentions qu'ils avaient formées sous Alphonse III, de nommer à tous les emplois du palais; il répondit avec fermeté, qu'un roi devait avoir le même droit qui appartenait au dernier de ses sujets, celui de choisir ses serviteurs; il ajouta qu'à l'avenir, de pareilles demandes, injurieuses à la majesté royale, exposeraient leurs auteurs à des poursuites rigoureuses. Mais tout en louant ce prince de la vigueur qu'il avait déployée en cette occasion, ses contemporains l'accusent d'avoir poussé quelquefois jusqu'à une injustice atroce le sentiment exagéré de ce qu'il regardait comme justice. L'archevêque de Saragosse, soupçonné de manœuvres criminelles avec le roi de Castille, fut jeté dans une prison où il périt. Au reste, le règne d'Alphonse V, assez peu important pour l'Espagne, regarde plus spécialement l'Italie. La Corse avait été donnée en même temps que la Sardaigne à un prédécesseur d'Alphonse, mais l'autorité du roi d'Aragon n'avait jamais été que très-imparfaitement reconnue en Corse; Alphonse entreprit de soumettre cette île entière, et ses efforts échouèrent devant Bonifaccio. Il fut d'ailleurs obligé de lever le siége pour aller apaiser des troubles dans la Sardaigne; et bientôt même il quitta la Sardaigne pour se rendre à Naples, où son ambition lui montrait un trône. La reine Jeanne lui faisait offrir de l'adopter pour son héritier, s'il voulait la maintenir sur le trône, et la protéger contre le duc d'Anjou, qu'un parti de mécontents appelait. Alphonse se rendit à cette invitation, quoique l'inconstance et presque l'infamie de Jeanne fussent parfaitement connues. Alphonse fut reçu à Naples avec les plus grands honneurs, et mis immédiatement en possession du duché de Calabre. Cependant le duc d'Anjou possédait plusieurs forteresses qu'Alphonse tenta de reprendre. Mais Jeanne alors s'alarma de voir Alphonse agir en souverain, et se persuadant qu'il avait l'intention de la détrôner lui-même, elle forma le dessein de le prévenir en le faisant empoisonner ou assassiner. Le roi informé à temps se tint sur ses gardes; mais au lieu de se plaindre de la perfidie de Jeanne, il eut l'air de tout ignorer. Il s'avança vers le château de Naples, avec l'intention secrète de s'en rendre maître et de se saisir ensuite de la personne de Jeanne; mais il fut accueilli par une grêle de traits qu'on lança des murs du château. Alphonse, plein de courroux, voulut forcer les portes, et il n'y put réussir. Investi bientôt lui-même dans ses quartiers, il se tint sur la défensive jusqu'à ce qu'il eût reçu des renforts de l'Aragon et de la Sicile. Naples et son

château furent emportés d'assaut, et il se conduisit en vainqueur irrité. La reine, retirée à Nola, révoqua l'adoption, et demanda du secours aux Français, aux Génois, au pape et au duc de Milan. Alphonse laissa le commandement de la ville et de la flotte à son frère don Pédro, et il reprit le chemin de ses États, que le roi de Castille menaçait depuis quelque temps. Après avoir fait la paix avec ce prince, Alphonse retourna en Italie pour consolider sa conquête, se brouilla avec le pape Martin V qui l'excommunia, eut de nouvelles discussions avec la Castille, et parut renoncer à l'espoir de posséder Naples, jusqu'à ce que, vers l'an 1430, ayant appris que la reine avait expulsé le duc d'Anjou, et que les Napolitains annonçaient le désir de revoir parmi eux les Aragonais, il fit de grands préparatifs d'invasion. Mais ce ne fut qu'au bout de deux ans qu'il mit à la voile avec des forces considérables. Lorsqu'il fut arrivé en Sicile, il apprit qu'une coalition dangereuse venait de se former contre lui: le pape Eugène III, l'empereur, le duc de Milan, les Génois, les Pisans, les Vénitiens y étaient entrés, et le duc d'Anjou, soutenu par tous ces puissants alliés, lui laissait peu d'espérance de réussir. En 1434, le duc d'Anjou mourut, et Alphonse jugea le moment favorable pour tenter le débarquement; mais une bataille navale s'étant engagée dans les eaux de Gaëte, dont il avait entrepris le siége par mer et par terre, il fut battu et fait prisonnier avec ses deux frères, le roi de Navarre et l'infant Henri. On les conduisit à Milan; là ils furent traités comme des hôtes qu'on attend pour les honorer, et ils recouvrèrent immédiatement la liberté. Alphonse en profita pour reprendre ses projets de conquête, et à force de persévérance il finit par triompher de tous les obstacles. Le pape Eugène IV se montra disposé à lui donner l'investiture, quand il vit le maître de Naples et du royaume, et Alphonse, qui aurait pu s'en passer, accepta l'offre du pontife; il se reconnut son vassal (1438). L'absence d'Alphonse se prolongea plusieurs années; ses sujets d'Espagne se plaignaient de la prédilection qu'il montrait pour le séjour de Naples. Malgré ces murmures, la paix intérieure ne fut pas troublée, grâce à la sage administration de la reine son épouse, et du roi de Navarre son frère. — Alphonse mourut à Naples, en 1458. Par son testament, il donnait l'Aragon et ses dépendances, la Sicile, la Sardaigne et les Baléares à son frère de Navarre. Quant au royaume de Naples, il le laissait à Ferdinand, son fils naturel, que le pape Eugène avait déclaré légitime. Les historiens contemporains ont tous reconnu dans Alphonse de la bravoure, du talent, de la vigueur dans le caractère; mais ils lui ont reproché l'abandon dans lequel il laissa constamment sa propre femme pour une femme étrangère.

ALPHONSE Ier, de Castille (V. ALPHONSE VI, de Léon).

ALPHONSE II (V. ALPHONSE VIII).

ALPHONSE III, dit le Magnanime, roi de Castille. Il était fils de Sanche III, roi de Castille, qui lui-même l'était de l'empereur Alphonse VIII. On sait que ce dernier, cédant à un usage funeste, avait divisé ses États entre ses deux fils, Sanche et Ferdinand; que ces deux princes, jaloux l'un de l'autre, eurent pour héritiers, le premier Alphonse III, de Castille; le second, Alphonse IX, de Léon, et que les deux cousins, exagérant toutes les causes de division qui avaient existé entre leurs pères, vécurent toute leur vie en ennemis déclarés. Sanche était mort à Tolède, après un règne très-court de quelques mois, le 31 août 1158, et son fils Alphonse n'avait alors que trois ans; aussi l'histoire des premières années du nouveau règne n'a-t-elle à peindre qu'un temps de troubles et de discordes, pendant lequel le pouvoir royal s'éclipsa devant l'aristocratie des grands. Il est même à remarquer que le tableau qu'offre la Castille se retrouve à cette même époque dans tous les États chrétiens de la Péninsule, le Léon, le Portugal, l'Aragon et la Navarre; c'est que partout on voit la même cause existante, et qu'une cause identique, avec les mêmes moyens de développement, doit nécessairement produire les mêmes effets. La bravoure était alors la vertu la plus estimée, parce que c'était celle dont les chrétiens avaient le plus de besoin pour résister à leurs implacables ennemis; les hommes ne brillaient donc que par l'épée. Les sciences, les lettres, les arts, la morale elle-même ne venaient qu'après le courage; le courage seul conduisait aux honneurs et à la fortune. De là était né un esprit belliqueux qui, donnant aux nobles et aux chevaliers la plus haute opinion d'eux-mêmes, opinion qui s'exaltait dans chacun d'eux en proportion du nombre de ses guerriers, ne pouvait se soumettre; quand la paix arrivait, aux lois et aux institutions du pays. Une telle disposition dans les esprits ne pouvait manquer d'amener une lutte opiniâtre entre la force aveugle et brutale d'une part, et le gouvernement de l'autre; le gouvernement qui n'a de base solide que dans les institutions et dans les lois. Quelques princes avaient su par la vigueur et l'énergie du caractère *joint à la bravoure personnelle*, faire respecter les droits de leur couronne. Mais sous des princes faibles ou enfants, l'aristocratie gagnait plus en un jour qu'elle n'avait perdu sous un règne. Pour mieux dire, sous le règne d'un prince à grand caractère, l'aristocratie était contenue; mais elle ne perdait rien; elle ne sortait pas de ses limites; mais elle reculait pas. Sous un prince faible elle empiétait, et dès qu'une fois elle avait franchi les bornes de ses prérogatives, elle n'y rentrait plus. — Après la mort de Sanche III, les deux maisons de Castro et de Lara se disputèrent l'éducation et la tutelle du jeune Alphonse, parce qu'à la tutelle se trouvait uni le pouvoir, car le peuple, accoutumé à ne voir le gouvernement que là où se trouvait le roi, devait regarder comme vrais dépositaires de l'autorité ceux à qui la personne du roi serait confiée. Nous ne parlerons pas ici de cette lutte acharnée, qui plus d'une fois ensanglanta le sol espagnol. (*V.* CASTRO et LARA); qu'il nous suffise de dire que tous les grands du royaume, que plus d'une fois même les prélats y prirent une part active; que le roi de Léon, Ferdinand II, se rangea souvent du côté des Castro ou des Lara, suivant que la fortune les abandonnait ou les favorisait tour à tour, comme s'il n'avait aspiré qu'à la ruine totale de la Castille, que les seuls qui profitèrent réellement de ces dissensions déplorables, ce furent les Almohades; que non-seulement ces nouveaux ennemis eurent le temps de s'affermir dans l'Andalousie, mais que, soutenus ou excités par l'un ou l'autre des deux partis, ils firent dans la Castille des irruptions dévastatrices, et mirent souvent en danger le trône de la Castille. — Cet état de choses dura jusqu'à l'an 1169. A cette époque les états de Burgos déclarèrent le roi majeur, bien qu'il n'eût encore que quatorze ans, et que son père eût par son testament fixé à la quinzième année la majorité de son fils. Heureusement Alphonse avait reçu du ciel un jugement droit et réfléchi, qui, à quatorze ans, semblait le placer bien au-dessus de son âge. Il fut aidé, il est vrai, par les conseils du roi d'Angleterre, Henri II, dont il épousa une fille la même année, la princesse Éléonore; et une paix nécessaire fut conclue entre la Castille, le Léon, l'Aragon et le Portugal. — Les premiers regards du jeune roi se tournèrent vers les frontières du sud, constamment exposées aux irruptions des Almohades, qui, devenus maîtres de l'Andalousie entière, depuis les Algarves jusqu'à Valence, se trouvaient partout en contact immédiat avec les chrétiens, et principalement avec les Castillans. Le roi d'Aragon, qui portait aussi le nom d'Alphonse, opposait aux musulmans une résistance souvent victorieuse; mais comme il était menacé d'un côté par le roi de Navarre, et de l'autre dans ses possessions du midi de la France, par le comte Raymond de Toulouse, il comprit qu'il lui serait très-utile de resserrer son alliance avec la Castille, et en 1174, il épousa la sœur d'Alphonse III, l'infante Sancha. L'union de ces deux princes aurait produit incontestablement les meilleurs résultats, si le roi de Navarre n'avait entretenu des relations secrètes avec le prince des Almohades, et conçu la folle espérance de s'emparer, avec ce secours, de toute l'Espagne chrétienne. Ces résultats auraient été surtout plus décisifs; si le roi de Léon, Ferdinand II, malgré sa qualité d'oncle d'Alphonse, et malgré les traités qu'il avait faits à la majorité de son neveu, n'avait tour à tour soutenu les factions de Lara et de Castro, dont les vieilles haines survivaient à l'événement qui avait placé les rênes de l'État dans les mains du roi. Cependant des négociations actives eurent lieu en 1177 et les années suivantes entre les princes chrétiens, et dans une entrevue des rois de Léon et de Castille, à Tordesillas en 1180, on convint enfin des bases d'une pacification générale. Lorsque après la mort de Ferdinand, son fils Alphonse IX monta sur le trône (1188) une nouvelle entrevue eut lieu à Carrion entre les deux rois, et Alphonse IX y reçut de son cousin de Castille le titre et l'accolade de chevalier. — Cependant et malgré les efforts du roi de Castille pour entretenir la paix entre les chrétiens, la guerre fut plus d'une fois sur le point d'éclater entre les trois Alphonse (Alphonse III de Castille, Alphonse II d'Aragon et Alphonse IX de Léon). Les Almohades, que des chrétiens, indignes de ce nom, informaient très-exactement de l'état des affaires et de la disposition des esprits chez leurs voisins, crurent le moment favorable pour tenter un coup décisif. Jacob-Almanzor, prince audacieux, entreprenant et brave, avait sa propre ambition

à satisfaire par des conquêtes, et la mort de son père tué au siège de Santarem, à venger par des victoires. Il leva une armée innombrable; traversa le détroit sans obstacle, prit terre à Algésiras, et après avoir accordé à ses troupes quelques jours de repos, il s'avança rapidement sur les frontières de la Castille, avec l'intention de surprendre Tolède. Mais le roi de Castille n'avait pas attendu l'arrivée des Almohades pour se mettre en état de défense; il avait réuni toutes les troupes dont il pouvait disposer, et pris position entre Calatrava et Cordoue. Les deux armées se trouvèrent en présence dès les premiers jours de juillet (1195), mais ce ne fut que le 12 que la bataille s'engagea dans les champs à jamais célèbres d'Alarcos. Les musulmans surpassaient de beaucoup les chrétiens en nombre; leurs relations, de même que les chroniques espagnoles, font monter ce nombre à six cent mille hommes. Les chrétiens comptaient environ cent mille combattants; mais, si l'on considère que leur armée se composait de soldats aguerris et soumis à une sorte de discipline, la disproportion aurait pu s'effacer, si Alphonse, comprimant l'élan de son propre courage, avait su opposer à cette multitude infinie d'ennemis cette ancienne et rusée tactique, si souvent victorieuse des masses africaines; s'il avait su s'enfermer dans les forteresses ou garder les montagnes et leurs défilés, en attendant que la première ardeur des Africains s'usât dans l'inaction, et que la disette, les maladies, le découragement et la mauvaise saison, sûrs et puissants auxiliaires, vinssent forcer les agresseurs à la retraite. Alphonse prit le parti de combattre, et il fut accablé par le nombre. Trente mille Castillans restèrent, dit-on, sur le champ de bataille; vingt mille furent faits prisonniers. Alphonse courut vingt fois les plus grands dangers; il fallut l'arracher violemment des lieux témoins de sa défaite, à laquelle il ne voulait pas survivre. Ses historiens prétendent qu'il n'accepta la bataille que parce qu'il se méfiait des rois de Léon et de Navarre, qui, sous prétexte de lui amener des troupes, devaient se joindre aux ses ennemis. Ce qui paraît certain, c'est que le roi de Léon s'était allié secrètement avec Jacob Almanzor, et que le roi de Navarre avait envoyé ses meilleurs chevaliers combattre sous l'étendard vert des Almohades. On assure encore que ceux-ci furent principalement redevables de la victoire aux talents du comte Pierre Fernandès de Castro, précédemment exilé de la Castille. — Cette victoire d'Alarcoz semblait devoir anéantir la puissance de la Castille; toutefois, grâce à l'activité d'Alphonse et à son courage supérieur à sa mauvaise fortune, elle n'eut que des résultats assez peu importants. Le prince avait rallié les fuyards; mais, hors d'état de tenir la campagne, il mit garnison dans ses diverses places, et lui-même s'enferma dans Tolède. Vainement Jacob Almanzor vint-il l'y attaquer avec toutes ses forces (1196), il fut contraint de se retirer pour aller à des conquêtes plus faciles. Guadalaxara et Salamanque, assez mal fortifiées, ouvrirent leurs portes, et furent dévastées; Madrid et Alcala résistèrent. Comme tous les habitants du plat pays avaient abandonné leurs habitations, emportant toutes leurs provisions, et livrant aux flammes ce qu'ils ne pouvaient emporter, la disette ne tarda pas à se faire sentir parmi les Almohades; ils furent contraints de retourner sur leurs pas. Alphonse, abandonné à ses seules ressources par tous les princes chrétiens, et convaincu que plusieurs d'entre eux avaient recherché l'alliance de Jacob Almanzor, sut habilement profiter de l'embarras où des révoltes sérieuses, qui venaient d'éclater à Maroc, plaçaient le souverain almohade, pour lui faire des propositions de paix; et les ouvertures d'Alphonse furent d'autant mieux accueillies par Jacob Almanzor, que, sans parler de la nécessité où il se trouvait de retourner en Afrique, il s'était pleinement convaincu que, pour se rendre maître de la Castille, il ne lui avait pas suffi de remporter une victoire éclatante; il consentit à un armistice. Ce fut alors que le roi d'Aragon, excité par le pape Célestin III, comprit le danger que courait l'Espagne chrétienne (*V.* ALPHONSE II). Malheureusement ses efforts pour amener une réconciliation furent infructueux. L'odieuse obstination de ses voisins de Léon et de Navarre contraignit Alphonse le Magnanime à prendre les armes. Après s'être étroitement uni avec le nouveau roi d'Aragon, Pierre II, il conduisit contre le roi de Léon une puissante armée. Nous avons dit, en parlant du règne d'Alphonse IX de Léon, que, pour détourner l'orage qui le menaçait, et surtout entraîné par l'opinion publique qui réprouvait hautement cette guerre impie et son alliance avec les Sarrasins, il demanda la main de Bérengère, fille du roi de Castille. Cette union rétablit, pour quelque temps du moins, la concorde et la paix. D'un autre côté, la mort de Jacob Al-manzor, arrivée peu de temps après (1199), permit au roi de Castille de réparer ses places fortes et de créer des armées. La dissolution du mariage d'Alphonse de Léon et de Bérengère (1204) devint le signal d'une guerre nouvelle ; il s'agissait de la restitution des places qu'Alphonse de Castille avait données en dot à sa fille, et que le roi de Léon refusait de rendre. Cette guerre dura plusieurs années ; elle ne cessa qu'au moment où le successeur d'Almanzor, Mohammed Annasir Ledinallah, menaça de submerger les États chrétiens de la Péninsule sous des flots dévorants de population africaine. Cinq grands corps d'armée furent jetés sur l'Espagne. Les écrivains les moins exagérés portent à cinq ou six cent mille hommes le nombre des combattants qui passèrent le détroit. Mohammed Annasir suivit ces troupes, et après un court séjour à Tarifa, où il avait pris terre aux premiers jours du printemps (1211), il se dirigea sur Séville. Heureusement pour le roi de Castille, Mohammed perdit plusieurs mois sous les murs de Salvatierra, que sa position sur des rochers escarpés rendait inexpugnable. Alphonse eut le temps de préparer sa défense. L'archevêque de Tolède parcourut l'Espagne ; le pape Innocent III joignit tous ses efforts à ceux du roi, et lorsque enfin arriva le jour de cette bataille fameuse de las Navas de Tolosa (15 juillet 1212), les rois d'Aragon et de Navarre, l'infant de Portugal avec leurs troupes, tous les ordres de chevalerie, un corps auxiliaire de Léonais, de Galiciens et d'Astures, un grand nombre de chevaliers français, etc., se trouvèrent réunis aux Castillans. La bataille fut longue, acharnée et sanglante ; mais les musulmans ne combattaient que dans l'espoir du pillage ; les chrétiens avaient à défendre leurs autels, leur patrie et le trône : ils devaient l'emporter, et cette fois leur courage arracha la victoire au grand nombre. Les musulmans, s'il faut s'en rapporter aux relations contemporaines, perdirent près de deux cent mille hommes, dont le plus grand nombre périrent dans la déroute ; la perte des chrétiens fut beaucoup moindre. Les résultats de cette victoire furent immenses ; outre le butin qui fut fait, les places qui ouvrirent leurs portes, les populations qui se soumirent au tribut, la puissance des Almohades resta pour toujours anéantie. Mohammed Annasir ne s'arrêta dans sa fuite que lorsqu'il eut passé le détroit. On a longtemps célébré, dans la métropole de Tolède, l'anniversaire de la journée de las Navas de Tolosa par une fête pompeuse et solennelle. — Le roi de Léon, constant dans son aveugle haine, ne tarda pas à reprendre les hostilités. Pour le faire cesser, Alphonse de Castille consentit à des sacrifices ; il invita même les souverains à une entrevue à Placentia. Il était question d'y établir des bases solides pour une paix durable, que tant d'années de guerres, de troubles et de dévastations, rendaient si nécessaire. En arrivant au bourg d'Arevalo, sur la route de Placentia, Alphonse le Magnanime fut attaqué presque subitement d'un mal aigu qui en peu de jours lui ouvrit le tombeau (6 octobre 1214). Il avait cinquante-huit ans. Ses sujets donnèrent à sa mort des larmes sincères ; et il les méritait, car il se montra toujours juste envers tous, clément et magnanime envers ses ennemis vaincus, actif et courageux sur le champ de bataille, généreux pour les pauvres, zélé pour les intérêts de la religion, ami des sciences, pour lesquelles il créa l'université de Palencia (1209), la première qu'ait eue l'Espagne, protecteur des arts utiles et des classes moyennes dont il voulut, en les attachant au trône, se faire un appui, contre les prétentions de la noblesse. On lui a reproché sa passion ou plutôt sa faiblesse pour une jeune juive qui le domina pendant huit ans. Suivant la Chronique générale (part. 4, fol. 387), quelques grands du royaume, voulant délivrer le roi de cette obsession, se rendirent au palais, et tandis que les uns parlaient au roi, les autres entrèrent dans les appartements de la *belle* juive (c'est par le nom de *Formosa* qu'on la désignait), et ils la tuèrent. Cet incident a fourni la matière d'une tragédie espagnole, intitulée : *La Raquel*, pièce qui n'est pas sans mérite, mais que les éditeurs, dans leur aveugle présomption nationale, n'hésitent pas à mettre au-dessus des chefs-d'œuvre de la scène française.

ALPHONSE Ier, dit Henriquez, était fils de Henri de Besançon, qui avait épousé la princesse Thérèse, fille naturelle d'Alphonse VI, roi de Castille et de Léon, et reçu en dot ou pour récompense de ses services tout le pays compris entre l'embouchure du Duero et celle du Tage, sous le titre de comté de Portugal (*V.* HENRI DE BESANÇON). Il naquit vers l'an 1110 : quelques écrivains le font naître seize ans plus tôt, ce qui ne saurait se concilier avec le fait avéré de la minorité d'Al-

phonse Henriquez, après la mort du roi de Castille. Il eut pour tutrice sa mère Thérèse, dont toute la politique se dirigea constamment vers le même but, l'indépendance du Portugal. Mais Thérèse, accoutumée à posséder le pouvoir, refusa de s'en dessaisir après la majorité de son fils ; il fallut l'y contraindre. En 1128, il fut proclamé comte de Portugal. Son humeur belliqueuse ne tarda pas à se développer. Il fit d'abord la guerre aux Castillans, qui avaient donné contre lui des secours à sa mère ; il tourna plus tard ses armes contre les musulmans. En 1139, il remporta sur cinq émirs ou walis andaloux qui avaient réuni leurs forces, une victoire signalée, et ses soldats, dans l'ivresse de la victoire, à laquelle il avait contribué par sa valeur, le proclamèrent roi sur le champ de bataille ; il est à présumer au surplus que la chose avait été arrangée ou préparée d'avance. Cette bataille, qui fut suivie de l'émancipation du Portugal, est connue sous le nom d'Ourique, qui est celui du lieu où elle se livra. En 1145, Alphonse convoqua les cortès du royaume à Lamégo, et l'archevêque de Bragance plaça sur sa tête la couronne royale. Cette cérémonie accomplie, il présenta aux députés une constitution qui fut votée à l'unanimité par l'assemblée. L'indépendance absolue du Portugal fut pareillement décrétée. Alphonse Henriquez se montra digne du rang suprême. En 1147, il se rendit maître de Lisbonne, après un long siége. Il prit ensuite les armes contre le roi de Léon, Ferdinand II, qui lui disputait l'avantage de prendre Badajoz sur les Maures. Comme il était déjà d'un âge avancé, il tomba malheureusement de cheval, ce qui le mit au pouvoir des Léonais. Le roi de Léon le traita avec beaucoup d'égards, mais il ne lui rendit la liberté qu'après en avoir obtenu diverses concessions. Le pape Alexandre III avait confirmé en sa faveur (1169) le titre de roi, qu'il tenait de l'armée et des états de la nation. Il mourut à Coïmbre le 7 novembre 1185, âgé de 75 ans, et de 91, suivant ceux qui le font naître en 1094. Ce prince était, dit-on, d'une taille très-élevée. Il créa deux ordres militaires, et fonda les monastères de Coïmbre, d'Alcobaza et de Saint-Vincent, près de Lisbonne.

ALPHONSE II, dit *le Gros* (*o gordo*) à cause de son embonpoint extrême, était fils de Sanche Ier, roi de Portugal, décédé vers la fin de mars 1211. Il ne fut pas plutôt monté sur le trône, que la mésintelligence éclata entre lui et ses sœurs, à qui Sanche avait donné par son testament un certain nombre de places, à charge de relever de la couronne, et les deux infantes refusèrent de reconnaître la suzeraineté de leur frère. Ces contestations furent enfin terminées par une espèce d'arbitrage confié au souverain pontife. Les parties intéressées se montrèrent également satisfaites de la sentence (avril 1216), qui ne faisait au surplus qu'ordonner l'exécution du testament et la garde des places, contestées à l'ordre des templiers. Après avoir ainsi terminé ces fâcheuses contestations, Alphonse tourna ses armes contre les Sarrasins, et, puissamment aidé par les croisés allemands, que le mauvais temps avait forcés de mouiller à Lisbonne, il alla conquérir l'importante forteresse d'*Alcazar do Sal* (octobre 1217). Bientôt après, il eut de graves discussions avec son clergé, notamment avec l'archevêque de Coïmbre. La querelle était née du refus fait par les évêques d'acquitter les contributions dont Alphonse avait grevé les biens de l'Église. Le pape intervint : il menaça le roi de l'excommunier, de mettre son royaume en interdit ; le roi ne céda pas, mais il ne tarda pas à tomber malade, et le mal fit dès progrès si rapides, qu'il expira au bout de peu de jours (25 mars 1223). Dans les premiers temps de son règne, il avait convoqué les états du royaume à Coïmbre ; cette assemblée publia quelques statuts ou règlements, qui plus tard trouvèrent leur place dans le code d'Alphonse V.

ALPHONSE III était frère de Sanche II. Celui-ci, devenu odieux aux grands et aux prélats pour des griefs imaginaires, avait été solennellement déposé par Innocent IV, qui se trouvait alors à Lyon (1245), sur le motif qu'il avait enlevé violemment quelques possessions du clergé, et que par son indifférence et son apathie il se montrait incapable de gouverner. Confiné il n'avait point d'enfants, l'infant Alphonse fut déclaré régent du royaume et héritier présomptif de la couronne, dans le cas où Sanche ne laisserait point de successeur légitime. Alphonse était en ce moment à Paris, auprès de Blanche de Castille, mère de saint Louis ; il se hâta de rentrer dans le Portugal : toutefois le pouvoir ne lui fut remis qu'après qu'il eut prêté serment d'observer certaines conditions, qui lui furent imposées. Sanche s'était réfugié à Tolède, et Ferdinand III lui avait promis de l'aider à remonter sur le trône ; il envoya même une armée dans le Portugal sous les ordres de l'infant. Alphonse accourut au-devant de cette armée ; mais, avant d'engager le combat, il négocia; il fit voir à l'infant le bref du pape, et la peine d'excommunication prononcée contre tous ceux qui s'opposeraient à son exécution. L'infant, craignant alors d'attirer sur la Castille les ressentiments du saint-père, s'en retourna sans avoir combattu. Sanche mourut à Tolède, au mois de janvier 1248. Ce ne fut qu'après la mort de son frère, qu'Alphonse III prit le titre de roi, et qu'il songea sérieusement à faire la guerre aux musulmans. Déjà Sanche II avait conquis une partie de l'Algarve; Alphonse s'empara de tout le reste dans une seule campagne. En 1250, l'Algarve tout entière faisait partie du Portugal, et elle n'en a plus été séparée. L'année suivante, le roi passa la Guadiana, et fit quelques conquêtes assez peu importantes, sur la rive gauche du fleuve; mais comme il se trouvait en contact avec la Castille, il fut obligé de renoncer à sa nouvelle conquête, et les cours du fleuve jusqu'au confluent de la Chanza, fut déclaré limite des deux états. Seulement il obtint quelques cantons au-dessus de ce confluent jusqu'à Mouraz. Depuis cette époque, le Portugal ne s'est plus agrandi. Il mourut le 16 février 1279, et s'intitulait roi de Portugal et des Algarves.

ALPHONSE IV. Né à Coïmbre en 1290, et roi de Portugal en 1325. Il fut mauvais fils, mauvais père, mauvais frère, et longtemps mauvais roi. Il avait, par de fréquentes révoltes, comblé d'amertume la vieillesse de Denis le Libéral, auquel il devait le jour. Son fils Pierre avait épousé en secret la belle Inès de Castro (V. ce nom.); il permit qu'on la poignardât. L'infant Alphonse Sanchez avait rendu à l'état plusieurs services : il le persécuta tant qu'il vécut. Dans les commencements de son règne, il se livrait avec une sorte de fureur à l'exercice de la chasse. On dit qu'un jour que son conseil était convoqué pour des affaires sérieuses, il ne l'entretint d'abord que d'une partie de chasse qu'il avait faite; on ajoute que ses conseillers lui représentèrent avec force que la chasse n'était pas la digne occupation d'un roi, qu'ils n'étaient pas réunis pour l'entendre parler de chasse, et que le peuple mécontent pourrait bien se laisser aller à la révolte. Alphonse, dit-on, encore, sortit furieux de la salle du conseil où, toutefois, il rentra bientôt après entièrement changé, remerciant ses conseillers de lui avoir fait entendre la vérité, et promettant de ne s'occuper à l'avenir que du bien général. Il tint pendant quelque temps cette promesse. Il eut ensuite à soutenir une guerre aussi longue qu'opiniâtre contre le roi de Castille, son gendre. Après bien des combats qui, sans rien décider, firent couler beaucoup de sang, les deux princes se rapprochèrent et tournèrent leurs armes contre les Maures. Alphonse assista à la fameuse bataille de Tarifa (1340), et il s'y distingua par son courage. Les dernières années de sa vie furent assez tranquilles; il mourut en 1366 dans sa 77e année.

ALPHONSE V, roi de Portugal et des Algarves, surnommé l'Africain, pour avoir pris Tanger et quelques autres places sur la côte septentrionale de l'Afrique. Il était né en 1432, et il monta sur le trône à l'âge de six ans, après la mort de son père, Édouard Ier. Sa mère Éléonore d'Aragon, soutenue par quelques seigneurs, avait pris la tutelle et en même temps la régence; mais les états ne voulant pas obéir à une femme, nommèrent pour régent Pierre, duc de Coïmbre, oncle du jeune roi. Celui-ci parvenu à sa majorité, et probablement excité par les ennemis du régent, l'accusa d'infidélité et de trahison, le poursuivit en armes, et lui livra un combat sanglant et décisif. Pierre y trouva la mort. Plus tard, sa mémoire fut lavée du reproche de félonie. Après son retour d'Afrique (1471), Alphonse porta la guerre en Castille. La mort d'Élisabeth de Portugal, sa première femme (elle était fille du duc de Coïmbre), l'ayant laissé libre, il épousa la fille de Henri IV, dit l'Impuissant, afin de s'assurer l'héritage de ce prince qui n'avait pas d'autre enfant; mais les Castillans s'obstinaient à regarder la jeune princesse qu'ils désignaient par le nom expressif de Beltranéja (fille de Bertrand), comme le fruit d'un commerce adultère de la reine; ce qui porta Isabelle, sœur de Henri, à se faire proclamer héritière présomptive de la couronne de Castille. Les droits d'Isabelle étaient soutenus par les armes de Ferdinand V d'Aragon qui, devenu son époux, avait les mêmes prétentions qu'Alphonse. Ce dernier parvint pourtant à se faire nommer roi de Castille et de Léon, après son mariage avec la Beltranéja; mais forcé d'en venir aux mains avec Ferdinand, le 1er mars 1476, il fut complètement battu à Toro. Alphonse se rendit alors en France, pour demander le secours à Louis XI, duquel il n'obtint que des promesses. Rentré en Portugal, il fit la paix avec Ferdinand en 1479. Deux ans après, fatigué des grandeurs, ou dans un moment d'humeur, causé par les contrariétés qu'il avait éprouvées, il abdiqua en faveur de son

fils, dans l'intention d'aller s'enfermer dans un cloître. Il se rendait à un monastère voisin de Cintra, lorsqu'il fut atteint de la peste (1481); il y succomba. Il n'avait pas encore cinquante ans. Quant à sa seconde femme, elle finit ses jours dans la retraite. Le pape Sixte IV avait accordé la dispense pour le mariage; mais prétendant ensuite qu'il avait été surpris par un faux exposé, il annula la dispense et par suite le mariage; l'infortunée princesse se jeta dans un monastère. Alphonse V est le premier roi de Portugal qui ait montré quelque amour pour la science; il avait formé dans son palais une bibliothèque. Ce fut sous le règne de ce prince que les Portugais firent quelques établissements sur la côte de Guinée. — Le Portugal a eu encore un roi du nom d'ALPHONSE. Il était fils de Jean IV, duc de Bragance, qui en s'emparant du trône, y avait fait remonter l'ancienne dynastie portugaise. Après la mort de Jean IV (1656), il fut proclamé sous le nom d'Alphonse VI. Il fit d'abord la guerre aux Espagnols avec quelque succès; mais après un règne de onze ans, il se laissa détrôner par quelques intrigants excités par sa femme, qu'on accusa d'avoir entretenu avec son beau-frère don Pédro, des liaisons criminelles (1667). Alphonse fut relégué dans l'île Tercère, où il mourut en 1683. Il eut pour successeur l'infant D. Pedro.

ALPHONSE II, roi de Naples, petit-fils d'Alphonse V d'Aragon, mort en 1458. Ce dernier avait fait la conquête du royaume de Naples que, par son testament, il laissa au fils qu'il avait eu d'une dame de sa cour nommée Marguerite de Hijar. Ferdinand fut reconnu par les Napolitains malgré le vice de sa naissance, et il occupa le trône jusqu'en 1494. Ferdinand eut pour successeur son fils Alphonse, qui s'était déjà fait connaître avantageusement par les talents militaires, mais qui d'un autre côté s'était fait de nombreux ennemis par l'emportement de son caractère et son avarice sordide. Il montait au pouvoir en des circonstances fâcheuses : Ludovic Sforce travaillait à ravir le Milanais à son pupille Jean Galéas, gendre du nouveau souverain, et Charles VIII, alléguant ses droits au royaume de Naples, envahissait l'Italie. Alexandre VI promit d'abord de joindre ses troupes à celles d'Alphonse, mais ils ne furent pas d'accord sur les conditions, et Alexandre s'allia secrètement avec Sforce et même avec le roi de France, qui ne tarda pas à s'avancer vers le royaume de Naples comme s'il eût marché à un triomphe. Alphonse n'attendit pas Charles VIII, et craignant de ne pouvoir défendre son trône, parce que l'aversion de ses sujets lui était connue, il en descendit volontairement après y avoir placé son jeune fils Ferdinand II, et il alla se cacher dans un monastère de Mazzara, dans la Sicile. Il y mourut peu de mois après, vers la fin de novembre 1495. On dit que ses derniers jours s'écoulèrent dans des exercices de piété, mais l'opinion des Napolitains ne revint pas sur son compte, et la mémoire d'Alphonse II est restée couverte de la haine publique.   J. DE MARLÈS.

ALPHONSE, roi de Congo, était fils de Luquem, son prédécesseur, qui en recevant le baptême avait pris le nom de Jean. Alphonse avait un frère nommé Panso-Aquétima, qui conserva une aversion profonde pour le christianisme, et parvint même à obtenir l'abjuration de son père. Celui-ci, en revenant au culte des idoles, devint persécuteur. Alphonse refusa d'apostasier; il fut exilé par son père, qui le déclara déchu de ses droits à la couronne. Luquem mourut en 1492. Panso voulut s'emparer du trône, mais Alphonse le prévint et se fit proclamer roi. Il fut aidé en cette occasion par ceux de ses sujets qui faisaient profession du christianisme, et par trente-sept Portugais qui embrassèrent sa cause. Avec ces faibles secours, il combattit la nombreuse armée de son frère et la défit. Panso-Aquétima et son général furent faits prisonniers. Le premier s'attendait à la mort, mais son frère, brûlant du feu de la charité chrétienne, l'embrassa et fit panser ses blessures. Tant de vertus restèrent impuissantes sur ce cœur endurci; Panso mourut sans vouloir sortir de son aveuglement, repoussant toutes les consolations qui lui furent offertes. Le roi de Portugal, informé des progrès du christianisme dans le Congo, y envoya un ambassadeur, donna au roi le titre de frère comme aux rois de l'Europe, et lui fit remettre un étendard où les armes qu'il lui accordait étaient brodées avec leurs émaux. Elles étaient de gueules à la croix d'argent. Le roi de Congo adopta ces armoiries que ses successeurs ont conservées. L'amitié de ce prince et des Portugais ne fut pas de longue durée; les intérêts commerciaux l'altérèrent; le roi de Congo prit le parti de ses peuples, vexés par les négociants portugais, mais il fut vaincu et obligé de se soumettre; il lui en coûta même une partie de son royaume pour obtenir la paix, et pour conserver ses liaisons avec don Emmanuel, roi de Portugal. En 1525, il fut attaqué d'une maladie très-grave; sur son lit de mort, il appela don Pedro, son fils aîné, l'exhorta à protéger et à répandre le christianisme, à combattre et à détruire l'idolâtrie. Puis sentant la mort qui venait, il lui donna sa bénédiction, et ferma paisiblement les yeux.   D. L. M.

ALPHONSE (FRANÇOIS-JEAN-BAPTISTE, baron d'), naquit en 1758, suivit dans sa jeunesse la carrière du barreau, prit ensuite un emploi dans la finance et, quand survint la révolution, se montra un de ses plus ardents défenseurs. En 1795, il fut nommé membre du conseil des anciens pour le département de l'Allier. Il faut dire qu'il sut se défendre de l'exagération, ce qui pouvait passer alors pour un bien grand mérite; qu'il combattit même l'exagération dans les autres, et qu'il fit adopter quelques mesures sages ou humaines. Tel fut le décret rendu sur sa proposition, le 12 septembre 1796, lequel ordonne la restitution aux prêtres déportés ou emprisonnés de leurs biens confisqués. Malgré la rigidité de ses principes constitutionnels, il ne fut point frappé par les fructidoriens. Dans la fameuse séance de Saint-Cloud, il se prononça pour le maintien de la constitution, ce qui néanmoins ne l'empêcha pas de servir le consulat en qualité de secrétaire du corps législatif; mais il cessa volontairement ses fonctions à l'époque où fut voté le consulat à vie. Il montra toutefois des opinions plus flexibles, quand le premier consul *à vie* l'eut investi de la préfecture de l'Indre, et successivement de celle du Gard, et que, de consul à vie devenu empereur, il le décora de la croix de commandeur de la légion d'honneur, et qu'il l'envoya en Hollande, en 1810, avec les titres de maître des requêtes et de *baron*, et la commission d'y organiser l'administration sous le titre d'intendant de l'intérieur. La restauration, et pour mieux dire, les événements de 1814 le laissèrent sans emploi; aussi dans les cent jours il ne manqua pas de se rattacher au parti de Napoléon, qui paya son dévouement par les fonctions de commissaire extraordinaire dans la neuvième division. Le retour du roi le força de rentrer dans la vie privée; mais en 1819, il fut nommé député: sa place dans la chambre était marquée d'avance par ses opinions. Il mourut à Moulins deux ans après. Pendant qu'il était préfet de l'Indre, il fit la statistique de ce département; et il y a mit tant d'ordre et de clarté, qu'elle a mérité de servir de modèle à toutes celles qui ont été faites depuis pour les autres départements.   N. M. P.

ALPHONSIN. C'est le nom d'un instrument de chirurgie, ainsi appelé du prénom de son inventeur, Alphonse Perri, qui vivait au milieu du XVI° siècle. Cet instrument se compose de trois branches élastiques qu'on peut éloigner ou rapprocher à volonté, comme celles d'un porte-crayon; il était destiné à extraire les balles qui sont restées dans les chairs. N. M. P.

ALPHONSINES (tables.) (*V.* ALPHONSE X, vers la fin de l'article.)

ALPHOS, du grec ἀλφός, blanc; c'est une espèce de lèpre qu'Avicenne a nommée *albaraz*, et M. Alibert *lèpre squameuse*. L'alphos proprement dit n'attaque que l'épiderme; la leucé affecte le derme même. Il y a une espèce d'alphos qu'on appelle lèpre noire, *lépra melas*, parce que les écailles qu'elle produit sont de couleur grise tirant sur le noir. On la regarde comme une complication de la lèpre et du scorbut.   N. M. P.

ALPIN (PROSPER); professeur en botanique à Padoue, naquit en 1553, dans une petite ville de l'état de Venise, et mourut à Padoue en 1617. On a de lui un Traité des plantes exotiques écrit en latin, imprimé in-4° à Venise, en 1627. Un voyage qu'Alpin fit en Égypte, lui fit faire de nombreuses découvertes qu'il a consignées dans un ouvrage intitulé : *De plantis Ægypti*, imprimé in-4° à Padoue, en 1640. Alpin paraît aussi s'être adonné à l'étude de la médecine; car on a de lui un Traité en latin; de la Médecine des Égyptiens, imprimé in-4° à Venise, 1591; un autre ouvrage intitulé : *Medecina methodica*, Leyde, 1710, in-4°; et un livre curieux sur les pronostics de vie et de mort que peuvent offrir les malades: *De præsagiendâ vitâ et morte ægrotantium.* On peut même croire que ce livre n'était point sans mérite, puisqu'il fut publié à Leyde, en 1740, par les soins du savant Boerhaave. Vers la fin de sa vie, Alpin fut atteint de surdité, ce qui l'engagea, mais sans beaucoup de succès, à faire de nombreuses recherches sur la cause de cette infirmité et sur les moyens d'y remédier. Tournier a donné à un genre de plantes de l'Amérique le nom d'*alpina*; c'est l'*alpina* de Linné de la famille des balisiers.   N. M. P.

ALPINES. *V.* ALPESTRES.

ALPINI ou **ALPINS.** C'était un peuple de l'ancienne Ibérie, qui habitait sur les bords de l'Ebre.

ALPINUS (CORNELIUS), poète dont Horace dans sa première satire, tourne en ridicule le style boursouflé. — Deux frères du nom d'*Alpinus*, nés à Trèves, furent sénateurs l'un et l'autre; le premier, connu sous le nom de Montanus, servit d'abord la cause de Vitellius, et embrassa plus tard celle de Vespasien, qui l'envoya dans les Gaules pour apaiser la révolte de Civilis ou pour la combattre; mais il paraît que dans la suite il se déclara contre les Romains, car il se rendit avec son frère au delà du Rhin, pour demander du secours aux tribus germaines transrhénanes, en faveur des tribus gauloises révoltées.   N. M. P.

ALPISTES. On désigne par ce nom un genre de la famille des graminées, auquel on donne pour caractères distinctifs un calice ou enveloppe extérieure de la fleur, divisé en deux valves naviculaires membraneuses, plus longues que la fleur, et souvent ailées; une enveloppe intérieure également divisée en deux parties; trois étamines; deux stigmates plumeux; un ovaire à petites écailles glabres; un fruit oblong, aplati comme une lentille en sens contraire de l'embryon; les fleurs disposées en épis. — Parmi les diverses espèces d'alpistes, on distingue l'alpiste chiendent (*V.* CHIENDENT), et l'alpiste des Canaries. Celui-ci, qu'on appelle aussi millet long, est cultivé en France pour ses graines, qui servent à nourrir les oiseaux, et surtout les serins; les fanes donnent du fourrage pour les chevaux et le gros bétail. L'alpiste demande un sol argileux, mais bien cultivé et pourvu d'engrais; on doit le sarcler avec soin, parce que, croissant très-lentement, il pourrait être étouffé par les mauvaises herbes qui croissent au contraire fort vite dans la saison où il fleurit, c'est-à-dire vers la fin de juillet. C'est le *phalaris arundinacea.* — Il y a une espèce d'alpiste qu'on cultive quelquefois dans les jardins à cause de ses fleurs rougeâtres réunies en panache, et de ses longues feuilles à bandes vertes, blanches et jaunes.   N. M. P.

ALPUXARRAS (les). Chaîne de montagnes qui se rattachent à la Sierra Nevada, en Espagne, et s'étendent dans le royaume de Grenade dont fait partie la belle et jadis magnifique Andalousie. La plus haute élévation des Alpuxarras est de 4910 p. au-dessus du niveau de la mer. — D'un aspect généralement uniforme et dépouillées dans leur partie supérieure, ces montagnes présentent dans leurs régions tempérées, et surtout vers leurs bases, de vastes pâturages où se répandent ces troupeaux de mérinos dont la laine est si justement estimée. Les vallées situées au pied des Alpuxarras sont riches, fertiles, couvertes de toutes les productions dont l'Espagne méridionale est merveilleusement dotée : elles se réunissent à la Vega de Grenade, plaine délicieuse qui ne le cède pas en beauté à la *Huerta* fameuse de Valence, célébrée par les poëtes du Cid. Les Alpuxarras contiennent les sources de 99 rivières qui, après un cours peu prolongé, se perdent dans les eaux de la mer.   H. CORNILLE.

ALQUES. On désigne par ce nom des oiseaux aquatiques, très-habiles plongeurs, et se nourrissant de poisson qu'ils saisissent très-adroitement. Les uns les confondent avec les guillemots dont ils ont les mœurs, les habitudes et le plumage, les autres n'en font qu'une variété des pingoins. (*V.* PINGOIN, GUILLEMOT.) Les alques habitent les régions polaires; ils ne s'éloignent des eaux glacées au milieu desquelles ils vivent que dans les hivers très-longs et très-rudes. Au surplus ils ne quittent pas les bords de la mer ou des grands fleuves; la forme de leurs pieds renversés en arrière, rend leur marche sur la terre très-pénible et très-difficile.   A. D. M.

ALQUIÉ. (FRANÇOIS-SAVINIEN, d'.) , fut un écrivain du XVII° siècle dont les ouvrages sont : 1° les *Mémoires de François Chirou*, marquis de Ville, où l'*Histoire du siége de Candie*, en 1669, Amsterdam, 1671, 2 vol. in-12. C'est dans les *Mémoires d'un témoin oculaire* et de quelques autres que l'auteur a puisé ses renseignements. 2° Les *délices de la France*, 1699, 2 vol. in-12. Cet ouvrage mal exécuté, peu exact, a eu 3 éditions, en 1728, en 3 vol. in-8°, une seconde édition, qui est moins incorrecte que la première. 3° L'*État de l'empire d'Allemagne*, traduit du latin de Severinus de Mozambane, 1699, in-12; 4° Alquié passe pour avoir également écrit le *Voyage de Galilée*, publié à Paris en 1670, in-12.

ALQUIER (CHARLES-JEAN-MARIE), né à Talmont (Vendée), en 1752, d'une famille honnête, à laquelle il dut le bienfait d'une éducation soignée. Il avait suivi de bonne heure la carrière du barreau; la révolution le poussa aux fonctions d'*avocat du roi* à la Rochelle; malheureusement ses opinions politiques répondaient peu à un titre qui semblait lui faire un devoir d'être fidèle à celui dont il était l'organe. Élu maire de cette ville, et député du tiers état aux états généraux, en 1789, il prit une part très-active aux travaux de l'assemblée qui usurpa le titre de nationale, à ceux de l'assemblée législative, et successivement aux excès de la convention. C'est à dire qu'il fut un des juges-bourreaux de l'infortuné Louis XVI. A la vérité, disent ses apologistes (car les crimes politiques trouvent des gens qui les louent, ou qui du moins les excusent), il mit à son vote cette restriction illusoire : que l'exécution n'aurait lieu qu'à la paix générale. On a dit qu'il avait voulu sauver le roi ; mais s'il avait eu réellement cette intention, pourquoi n'aurait-il pas eu plutôt le courage de voter l'acquittement, ou tout au plus la détention ? Ce vote, au surplus, équivalait si bien à celui de la mort pure et simple, qu'il contenait la clause d'exécution immédiate en cas d'invasion étrangère. — De la convention, de funeste mémoire, Alquier passa au conseil des anciens, où il fut rapporteur, commissaire, secrétaire. Après le renversement du directoire, il se renferma dans la carrière diplomatique, qu'il avait déjà commencée sous le directoire, qui l'avait nommé son ministre plénipotentiaire auprès de l'électeur de Bavière. Le premier consul l'envoya négocier là paix à Naples ; mais sa mission n'eut aucun résultat, parce qu'une flotte anglo-russe entra dans le port, au mépris des conventions antérieures de neutralité. Il fut chargé ensuite de rétablir la bonne intelligence entre Napoléon devenu empereur, et S. S. Pie VII, et il ne fut pas plus heureux à Rome qu'à Naples. Napoléon l'envoya plus tard en Suède, pour y faire adopter et exécuter son fameux système de blocus continental, et successivement à la cour de Danemark. A la restauration, il revint en France, et il y jouit de l'amnistie accordée aux régicides ; mais durant les cent jours, violant les conditions tacites de cette amnistie, il reporta aux pieds de Napoléon sa fidélité républico-impériale. Aussi lui appliqua-t-on la loi de bannissement de janvier 1816. Il se retira dans les Pays-Bas. Boissy-d'Anglas obtint le rapport de la loi pour ce qui concernait Alquier. Au bout de deux ans, ce dernier rentra en France. Il y est mort dans les premiers jours de février 1826. Il avait été créé baron de l'empire par Napoléon.

A. D. M.

ALQUIFOUX. C'est le nom qu'on donne aux diverses espèces de plomb sulfuré ou galène que les potiers emploient pour recouvrir leurs vases grossiers et former cet enduit brillant qui en bouche les pores et les rend imperméables. La composition de cet enduit ou couverte n'est pas toujours la même ; mais bien qu'elle varie suivant les circonstances et la qualité du vase auquel on l'applique, il doit toujours former une matière vitreuse et fusible lorsqu'on le chauffe au degré nécessaire pour la cuisson de la poterie, ou même à un degré inférieur. L'alquifoux au surplus ne s'emploie que pour la grosse poterie sur laquelle on le place en couche légère. (V. POTIER, POTERIE.) Il n'est pas nécessaire de dire qu'on fait usage pour les vases destinés à contenir de l'eau ou à faire cuire les aliments, que des alquifoux dépourvus de toute substance arsénicale ou antimoniale. On choisit de préférence les galènes à grandes facettes. Quant à l'alquifoux en *schlich* , c'est-à-dire en poudre ou en sable, on ne le tire que des lieux qui sont depuis longtemps connus pour ne produire que des galènes sans mélange. La plus grande partie de l'alquifoux qui se consomme en France y arrive de l'étranger, quoiqu'il fût probablement très-facile d'en extraire de nos mines de plomb. Les trois quarts au moins des alquifoux étrangers sortent des montagnes du royaume de Grenade en Espagne. N. M. P.

ALRAM ou **ALÉRAM** fut le premier marquis de Montferrat en 967. Il épousa *Adélaïde* ou *Althérie*, fille de l'empereur Othon Ier. Il en eut sept fils. Ce fut le dernier qui lui succéda. Il épousa en secondes noces Gerberge, fille de Bérenger, roi d'Italie, dont il eut aussi des enfants. Alram était fils de Witikind IV, duc de Saxe, et arrière-petit-fils de Witikind le Grand.

D. L. M.

ALRIC (FRANÇOIS). C'est le nom d'un dominicain d'Alby, né vers l'an 1745, et qui, fidèle à son Dieu et à sa conscience, refusa le serment civique auquel sa conscience répugnait. Au commencement du printemps de 1792, il n'hésita pas à se soumettre à la loi de déportation. Il prit un passe-port, et avec quatre prêtres qui se joignirent à lui, il se dirigea vers Narbonne, dans l'intention de quitter la terre de la liberté, où l'on ne pouvait, sans exposer sa tête, conserver une opinion politique ou religieuse. Arrêtés auprès de Saint-Chaumont, sous prétexte que leurs passe-ports devaient être visés, Alric et ses compagnons de voyage furent conduits à la maison commune où, peu de temps après, la populace furieuse et pro-

bablement excitée, commença par insulter les cinq infortunés, et, de l'insulte passant aux voies de fait, finit par les assassiner. La rage des anarchistes n'étant pas encore satisfaite, elle s'assouvit sur leurs cadavres qui ne reçurent la sépulture que le lendemain.

A. D. M.

ALSACE, pays situé entre les 24° 29' et 25° 50' de longitude est du méridien de l'Ile-de-Fer, et entre les 47° 29' 30" et 49° 9' 30" de latitude nord. Le Rhin à l'est, les Vosges et le Mont-Jura à l'ouest, sont pour l'Alsace des limites si naturelles, que, sous divers régimes politiques, elle les a presque toujours conservées. (V. plus de détails géographiques aux articles BAS-RHIN (département du) et HAUT-RHIN (département du). — L'histoire de l'Alsace peut se diviser en six périodes : — I. *Période celtique et gauloise.* L'Alsace était autrefois couverte presque partout de vastes forêts entrecoupées de marais et de rivières. Le climat était bien plus froid qu'aujourd'hui ; car le Rhin gelait chaque année ; cependant les terres cultivées étaient productives. Le Rhin séparait déjà la Gaule de la Germanie (Germania omnis à Galliâ, Rheno separatur. Tacit. ; *de Mor. Germ. initio*). Trois peuplades, quoique distinctes, toutes d'origine gauloise, se partageaient entre elles le territoire de l'Alsace ; elles habitaient particulièrement les rives de l'Ill et du Rhin. Les *Médiomatriciens* (V. ce mot), dont la capitale était Divodur (Metz), s'étendaient dans tout le nord ; leurs principales places fortes étaient Salet, (Seltz), Brocomag (Brumath), Argentorat (Strasbourg) et Helvet. Les *Séquaniens* (V. ce mot), dont la cité principale était Vesontio (Besançon), habitaient le côté méridional, excepté une faible partie, située nant au Mont-Jura, qu'occupaient les *Rauraques* (V. ce mot) ; la ville capitale de ces derniers était Rauricum (Augst, à deux lieues de Bâle). Argentouar (Horbourg) ; Olin, Brisiac (Vieux-Brisach), Stabul (Danzenheim), Urunc, Cambs, Arialbin (Binningen), Larg (Largitzen) et Gramat (Grandvillars), étaient des villes ou des fortsqui appartenaient aux Séquaniens. Ces peuplades parlaient la langue celtique dont on trouve encore des traces incontestables dans le val de Villé, de Lièpvre et d'Orbey, au ban de la Roche, et aux environs de Belfort. Leur religion était celle des druides. Ils attribuaient au Rhin la vertu de faire connaître la fidélité des femmes. Le père mettait le nouveau-né sur un bouclier, et l'abandonnait ensuite aux eaux du fleuve ; s'il était submergé, on le regardait comme illégitime, et s'il avait le bonheur d'être retiré sain et sauf de dessus le bouclier, la fidélité de la femme semblait prouvée. (Juliani Epist. ad Maximum. Claudianus in Rufin, II, 112.) — L'Alsace, à en juger par sa position, dut être le théâtre de grands événements politiques. Mais comme les druides ne laissaient rien par écrit, nous ne saurions rien de ce qui est arrivé durant cette période, si Tite-Live (*Hist.*, V, 34) ne nous avait pas conservé une vieille tradition. Selon l'historien romain, le roi Ambigat, voyant que le pays soumis à son commandement était trop peuplé, tâcha de le soulager. Ce fut avec cette intention qu'il nit ses deux neveux, Sigovèse et Bellovèse, à la tête de deux armées formidables pour qu'ils allassent s'établir sur quelque terre étrangère en offrant la paix ou par la force des armes. Bellovèse s'empara de l'Italie supérieure, qui depuis cette époque a porté le nom de *Gaule cisalpine* ; mais Sigovèse se dirigea vers le nord, traversa le pays des Séquaniens, passa le Rhin et alla se fixer sur les bords du Danube. Il est probable que les *Volcæ Tectosages* qui, selon César, (*De bello, Gallico,* VI, 24), habitaient la forêt Noire, y étaient venus avec Sigovèse, mais ne l'avaient pas suivi plus loin. Cette expédition fut entreprise 163 ans après la fondation de Rome ou 591 ans avant Jésus-Christ. — II. *Période marcomane.* (92 av. J. C. — 58.) — Une nation étrangère s'introduisit dans les Gaules à la faveur de la discorde intérieure. Parmi les Gaulois, la prééminence était disputée par deux peuples, les Éduens et les Séquaniens. Le péage établi sur l'Arar (la Saône), qui séparait les possessions des peuples rivaux, fut l'occasion de la guerre que chacun désirait. Les Séquaniens essayèrent de considérer les Éduens en leur reprochant, devant les autres peuples gaulois, d'avoir facilité l'introduction des Romains dans les Gaules. Puis ils appelèrent des peuplades germaniques pour les aider à anéantir la puissance de leurs ennemis. Les Germains s'empressèrent de répondre à l'appel : c'était une bonne occasion de tenter leur domination. Quinze mille Germains, ayant à leur tête Arioviste, chef des *Marcomans*, passent le Rhin, 72 av. J. C. Après plusieurs combats insignifiants, Arioviste livre enfin aux Éduens une bataille décisive, près d'Amagetoleria (probablement Moigte-de-Broie sur Saône), et il taille leur armée en pièces. Mais il abusa de la victoire pour s'emparer d'une partie de l'Alsace méridionale ; en outre,

18.

il demanda une forte portion de territoire, afin de récompenser les 20,000 Harudes qui, ayant passé le Rhin, étaient venus le joindre depuis peu. Durant quatorze ans, il pille, dévaste l'Alsace méridionale et laisse ses troupes commettre toutes sortes de cruautés. Voyant son armée considérablement augmentée, il résolut de subjuguer toutes les Gaules. Le danger commun réconcilia les Séquaniens avec les Éduens. Mais Arioviste se trouvait à la tête de cent vingt mille hommes ; il fallait, pour lui résister, un puissant allié. Les Gaulois s'accordèrent pour implorer le secours des Romains. César accepta l'alliance et se dirigea vers Vesontio, dont il s'empara. Peu de jours après (*De bello Gallico*, I, 53) il défit complètement les Germains, non loin du Rhin. Arioviste fut obligé de se sauver à la hâte ; il traversa le Rhin dans une nacelle et alla mourir sur la rive opposée du fleuve. Ainsi finit la période marcomane, dont la durée, quoique courte, suffit pour introduire en Alsace, depuis Breucomag jusqu'aux frontières de l'Helvétie, la langue, les mœurs et la religion des Germains. — III. *Période romaine.* (57 av. J. C. — 407 de l'ère chrétienne). L'Alsace resta indépendante pendant une année. Mais César était trop puissant pour ne pas tenter de faire la conquête de ce pays éminemment propre à servir aux Romains de barrière contre les invasions des peuplades germaines. D'ailleurs le plus célèbre des magistrats éduens, Divitiac (Tertiamque partem agri sequanici, qui esset optimus totius Galliæ, occupasset. César, *De bello Gallico*, I,), lui avait appris que le sol de l'Alsace était le meilleur de la Gaule. Aussi César et Labiénus, son lieutenant, réduisirent bientôt tous les habitants de l'Alsace sous la domination romaine (l'an de Rome 697). Cependant les Rauraques, les Séquaniens et les Médiomatriciens ne tardèrent pas à s'allier avec les autres Gaulois pour secouer le joug étranger. Ces trois peuples envoyèrent même (l'an de Rome 702) des troupes à Vercingetorix, chargé par les révoltés de faire lever à César le siége de la ville d'Alise; mais leurs efforts furent inutiles. L'an de Rome 705, César entraîna une grande partie des habitants de l'Alsace en Italie pour combattre Pompée, son rival : il remporta la victoire avec leur aide. Ce fut vers ce temps que les Triboques (peuplade germaine qui avait déjà suivi Arioviste en Alsace, mais avait été repoussée avec lui) vinrent s'établir dans l'Alsace septentrionale. — Octavien, plus connu sous le nom d'Auguste, voyagea dans les Gaules vingt-huit ans avant l'ère vulgaire, et fit une nouvelle division par laquelle l'Alsace se trouva comprise dans cette partie des Gaules qui fut nommée *Germanie supérieure*. En 738, seize ans avant J. C., l'empereur retourna dans les Gaules, parcourut lui-même les bords du Rhin, et y établit un cordon militaire pour repousser les invasions des peuples germains. Dès lors les empereurs romains choisirent toujours les hommes les plus distingués pour commander les troupes cantonnées sur les bords du Rhin. A la mort de Caligula (41 après J. C.), les soldats de la Germanie supérieure veulent élever Galba à la dignité d'empereur; mais celui-ci l'abandonne à Claude. Lorsque Néron périt assassiné, Galba fut une seconde fois élu (68) par les Gaulois; et il fut aussi par les Espagnols. Aussitôt qu'Othon se fut emparé du gouvernement, les légions de la Germanie supérieure proclamèrent empereur Vitellius, leur général, et le conduisirent victorieux à Rome. Cláudius Civilis, Belge qui jouissait d'une grande influence, excita (Tacite, *Hist.*, lib. IV et V) une révolte dans la Germanie supérieure et dans le nord des Gaules. Les insurgés eurent d'abord du succès; mais Flavius Vespasien, que l'armée de Syrie avait proclamé empereur, passa dans les Gaules (en l'an 70 après J. C.) à la tête d'une armée nombreuse, dissipa en peu de temps les révoltés et rendit la paix à l'Alsace. Malgré les victoires des empereurs Maximin, Posthume, Aurélien, Probus, Maximien-Herculius, Constance-Chlore, les Germains tentèrent souvent de s'emparer des Gaules et de les ravagèrent l'Alsace. Constantin le Grand repoussa, en 306, les Francs et les Alémans des bords du Rhin, et fit prisonniers Ascaric et Gaïse, leurs chefs. Ce fut en Alsace que vers 311 il vit la croix miraculeuse qui occasionna sa conversion. Constance ayant appris à Arles (354) que les deux frères Gundomare et Vadomaire, chefs des peuplades germaniques, ravageaient l'Alsace méridionale, il se rendit dans ce pays, repoussa les agresseurs et les força à demander la paix. A peine Constance se fut-il éloigné, que les Germains envahirent de nouveau l'Alsace. Ils s'emparèrent bientôt de plus de quarante villes gauloises. Pour arrêter ces dévastations, Constance envoya (355) Julien sur les bords du Rhin. Après avoir fait reculer les Germains de la ville d'Autun jusqu'aux Vosges, il entra en Alsace, fortifia *Trestabernæ* (Saverne), et marcha sur Breucomag (Brumath), où l'armée des Alémans,

qui l'attendait, fut battue et obligée de repasser le Rhin. Deux ans après, les Alemans parurent de nouveau et s'avancèrent même jusqu'à Lugdunum (Lyon). Julien les repoussa encore jusqu'au-delà du Rhin, et (Exercitus prope collem advenit molliter editum à superciliis Rheni haud longo intervallo distantem. Amm., XVI, c. 12.) au pied d'une colline peu éloignée du Rhin, il livra une bataille aux sept princes alémans, Chnodomaire, Westralpe, Urius, Ursicin, Sérapion, Suomaire et Hortaire, qu'il mit en déroute. Dès l'an 365 Valentinien se vit obligé d'aller dans les Gaules pour repousser les Alémans qui avaient recommencé leurs invasions : ces barbares furent obligés de repasser le Rhin. Les Alémans ayant exercé leurs déprédations en Alsace et presque sur les rives de la Moselle (366), Jovinus, général romain, les repoussa. Priarius, roi des Lentiens (peuple germain), ayant passé le fleuve avec 40,000 hommes, les Romains, commandés par Nannienus et Mallobandès, roi des Francs, les battirent et les poursuivirent jusqu'au-delà du Rhin, dans les montagnes. — L'Alsace prit part à la révolte de Maxime contre Gratien; mais Théodose punit l'usurpateur et rétablit l'ordre dans les Gaules. Dès le commencement du vᵉ siècle, les Vandales, les Alains, les Sarmates, les Saxons et d'autres peuplades venues du nord s'avancèrent vers le Rhin. Les historiens Orose et Procope nous apprennent que les Francs, loin de rompre les traités qu'ils avaient faits avec les Romains, tâchèrent d'arrêter leur irruption ; mais le succès ne couronna pas leurs efforts. Ces peuples ravagèrent les bords du Rhin, surtout l'Alsace, et ne laissèrent aux Romains qu'une ombre de leur puissance. L'administration de l'Alsace subit plusieurs changements sous les Romains. D'abord l'Alsace fut occupée militairement pendant quelques années. Mais Auguste ayant fait un voyage dans ce pays, il y établit un gouvernement régulier : l'Alsace méridionale fut confiée au gouverneur de Lyon, et l'Alsace septentrionale à celui de la Haute-Germanie. Ces gouverneurs administraient dans leurs ressorts respectifs d'après les ordonnances particulières de l'empereur et les lois de l'empire ; ils se réglaient aussi sur un droit provincial : ils se mettaient à la tête des troupes dès que les intérêts de l'empire l'exigeaient. Cet ordre de choses, qui dura pendant les trois premiers siècles, fut changé par Constantin. Aguri reconnut combien l'autorité de ses prédécesseurs avait souffert de la trop grande puissance des gouverneurs, il ne chargea ses préfets (præfectus prætorio) que de l'administration de la justice, de la police et des finances ; les affaires de la guerre furent remises à deux généraux en chef, dont l'un commandait l'infanterie et l'autre la cavalerie. Dès lors l'Alsace méridionale fit partie de la province appelée *Maxima Sequanorum*, dont la capitale était Vesontio (Besançon); et l'Alsace septentrionale fut réunie à la Germanie supérieure. — Au commencement de la période romaine, trois religions combinées entre elles, la gauloise, la germanique et la romaine, se partageaient l'Alsace : il y avait en outre quelques traces du culte égyptien. L'influence de la civilisation des Romains fit disparaître peu à peu quelques coutumes barbares des habitants; en adoucissant les mœurs, elle prépara la voie au christianisme. Aussi la lumière de l'Évangile y pénétra dès le deuxième siècle, d'après les auteurs contemporains [*]. Il paraît que la langue latine était devenue plus générale en Alsace que les langues celtique et germanique. — IV. *Période franque.* (414 à 870 après J. C.) Rome succomba sous le fer d'Alaric, roi des Goths, et l'Empire penchait vers sa ruine. Aussi, lorsque les Francs traversèrent le Rhin (probablement vers 414), ils purent s'établir sans grande difficulté dans l'Alsace déjà ruinée par les autres peuplades germaniques. Clodion, qui devint roi des Francs vers 427, choisit pour domicile le château de Disparg (en Alsace). Il étendit ses conquêtes jusqu'à Cam-

[*] Un Père de l'Église écrivait l'an 209 : «In Christum jam credere omnes terminos et Galliarum diversas nationes, et Britannorum inaccessa Romanis loca, et Sarmatarum, et Dacorum, et *Germanorum.*» Tertull. *contra Judæos*, c. 7. «Ce Père, dit un historien protestant, entend sous le nom de Germains les peuples des Germanies qui étaient sur le Rhin, soumises aux Romains, dont l'une faisait partie de la Germanie première ou supérieure, et l'autre de la Germanie inférieure.» «Comme les Romains avaient des forteresses et des légions dans ces provinces, on ne peut douter, dit le même auteur, qu'il n'y eût quelques églises où Jésus-Christ fut adoré.» Voici le texte original : «Loquuntur autem de Germaniis ad Rhenum quarum altera prima, superior, et altera inferior, secunda, Romanæ tum ditionis..... Non dubium est, quin et ibi essent aliquæ ecclesiæ Christo deditæ.» Joan. Henr. Ursini, *de primâ Ecclesiæ Germ. orig.*, l. II, c. 1, p. 20.

Plusieurs années auparavant, un autre Père de l'Église porte le même témoignage. (Voyez le même *Contre les hérét.*, livre Iᵉʳ, chap. 10.)

brai, dont il s'empara en 437. Merwig (Mérovée), fils cadet de Clodion, lui succéda en 448 ; mais il ne fut pas aussi heureux que son père. Etzel (Attila), ce redoutable roi des Huns que son siècle et la postérité ont appelé fléau des nations, s'avança (451) depuis la Tartarie jusqu'aux bords du Danube, et passa le Rhin, ravagea l'Alsace, détruisit Argentorat (Strasbourg), pilla, saccagea Magentia, Meltzodunum et Vesontio. Ce péril commun força trois peuples ennemis à s'allier : les Romains qui avaient pour général Aetius, les Francs commandés par Mérovée et les Visigoths par Théodoric. Etzel n'ayant pu remporter dans les champs cataluniques aucun avantage sur ses ennemis coalisés, se retira entrant en Italie. — Clovis, petit-fils de Mérovée, qui succéda à Childéric en 481, eut un règne glorieux. Il anéantit les restes de la puissance romaine représentée par Syagrius (481), et réunit (491) la Germanie supérieure à ses états. Il y avait à peine trois ans qu'il avait épousé Clotilde, fille de Chilpéric, roi des Bourguignons, que sa puissance menaça de s'écrouler. Les Alémans passèrent le Rhin, envahirent l'Alsace et la Germanie supérieure. Mais il les défit complètement aux environs de l'ancien Argentorat. A la suite de cette victoire qu'il avait remportée en invoquant le dieu de Clotilde, il embrassa la religion catholique et se fit baptiser avec trois mille Francs [1]. Vers la fin du ve siècle il fit rebâtir Argentorat sous le nom de Strasbourg ; il y rétablit ensuite le siège épiscopal. En 510 il posa dans cette ville les premiers fondements d'une église, sur l'emplacement de l'ancien temple d'Hercule, où se trouve aujourd'hui la cathédrale. L'Alsace jouit d'une paix profonde sous les règnes de Thierry, Théodebert, Théobalde, Clotaire, rois d'Austrasie. Childebert II choisit (575) l'Alsace pour y séjourner ; et ses successeurs suivirent son exemple. Ce pays fut souvent le sujet, le théâtre et la victime des querelles soulevées entre les rois de Neustrie et d'Austrasie : Louis le Débonnaire y devint prisonnier de son fils Lothaire (833). En 838 Charles et Louis renouvelèrent à Strasbourg leur alliance contre Lothaire qui avait essayé de les opprimer. Lothaire étant mort, l'Alsace échut à Louis le Germanique et fut réunie à l'Allemagne. — De même que l'Alsace avait pris le langage, les mœurs et les coutumes des Romains, elle emprunta tout des Francs, lorsqu'ils s'y fixèrent. Les noms de Némètes, de Triboques, de Séquaniens, de Rauraques tombèrent en désuétude. Ce pays reprit son unité primitive, et reçut des Francs le nom d'Elsase : il fut divisé en Nordgau (partie septentrionale) et Lemdgau (partie méridionale). Les couvents se multiplièrent prodigieusement ; ce qui hâta le développement de l'agriculture. Ils fournirent un grand nombre de savants, de littérateurs et d'artistes. — Les rois eux-mêmes rendaient quelquefois la justice. Le duc ou le comte, sous la présidence duquel la décision était donnée, conformait le jugement prononcé aux lois et coutumes du pays ; puis il le faisait exécuter par les échevins, élus par le peuple. Le plus ancien duc d'Alsace, dont l'histoire nous ait conservé le nom, est Gundo, qui mourut vers 656 ; il eut pour successeur Boniface. Altik, aussi appelé Adalrich, reçut (662) de Childéric le duché d'Alsace, moyennant la protection de Léodegaire. La grande influence qu'exercèrent en Alsace Altik, Adelbert son fils et Leutfried son petit-fils, fut très-utile à la religion et à la civilisation. Après le décès de Leutfried, le pays conserva le titre de duché, mais il ne fut administré que par des comtes, parce que les rois, dont la puissance déclinait, redoutaient l'ascendant des ducs. Cependant Lothaire II, roi de Lorraine, nomma encore duc d'Alsace Hugues, son fils naturel. Mais le pouvoir du nouveau duc fut très-restreint, lorsqu'à la mort de Lothaire l'Alsace échut à Louis, roi de Germanie. — V. Période allemande. (890-1648). — A la mort de Louis le Germanique, Charles le Gros ayant hérité de l'Alsace, fit crever les yeux au duc Hugues et le fit enfermer dans le couvent de Saint-Gall. Pendant qu'il tenait sa cour à Kirchein (en Alsace), ce prince ajoutant foi aux discours de vils calomniateurs, répudia sa femme Richarde. Celle-ci passa le reste de ses jours à Andlau, dans un couvent fondé par elle. En 911 l'Alsace tomba au pouvoir de Louis IV, fils légitime d'Arnoul. Les Hongrois, qui de la mer Noire étaient venus jusqu'en Allemagne, passèrent le Rhin et dévastèrent pendant quelque temps toute l'Alsace. En 925, sous le règne de Henri l'Oiseleur, cette province fut ren-

due à l'Allemagne. Les Hongrois dévastèrent ce pays une seconde fois. — Durant la confusion causée en Allemagne par la guerre civile au commencement du xiiie siècle, les villes situées près du Rhin et les princes ou seigneurs voisins de ce fleuve forment, pour le maintien de la paix publique, la célèbre confédération du Rhin, sanctionnée par le roi Guillaume, en 1255, à Oppenheim. Strasbourg, Schlestadt, Brisach, Haguenau, Wissembourg, Lauterbourg en font partie. La maison de Hohenstauffer s'éteignant avec Conradin, le duché de Souabe, et celui d'Alsace restent vacants. La noblesse et les villes, tant de Souabe que d'Alsace, deviennent immédiates de l'empereur. Après la mort de l'empereur Henri VIII, l'Alsace est désolée pendant huit ans par deux partis, dont l'un soutient Frédéric le Bel d'Autriche et l'autre Louis de Bavière. Léopold III gouvernait le Landgraviat de la Haute-Alsace, en qualité de fils d'Albert le Sage, fils d'Albert Ier. Enguerrand de Coucy, petit-fils de Léopold II, fils aîné d'Albert Ier, élève (1375) des prétentions sur la Haute-Alsace (la Haute-Alsace est la partie méridionale qui s'appelait Sundgau sous les Francs) et le Brisgau. Ce seigneur français assemble une armée de 60,000 hommes et envahit l'Alsace ; mais la disette de vivres le force de licencier son armée. L'empereur Sigismond confirme, en 1414, les droits des villes impériales de Haguenau, de Colmar, de Schlestadt, de Wissembourg, d'Obernai, de Kaisersberg, de Mülhouse, de Munster, de Furkheim, de Rosheim et de Selz. De 1436 à 1440 l'art d'imprimer les livres en caractères mobiles est, suivant quelques-uns, inventé à Strasbourg par Gutenberg. Vers 1439 l'Alsace est ravagée par les Armagnacs, qui ne sont repoussés qu'après avoir brûlé cent dix villages. Il reviennent en 1444 y porter de nouveau la désolation, mais ils se retirent bientôt. Sigismond d'Autriche vend (1470) le landgraviat d'Alsace, le Brisgau et le comté de Terrette à Charles le Hardi, duc de Bourgogne, pour la somme de 80,000 florins d'or, à condition que les archiducs d'Autriche auront toujours la faculté de recouvrer les pays vendus par le remboursement du prix d'achat. Mais le duc Charles ne peut faire respecter l'autorité de son grand bailli, malgré une armée de 5000 cavaliers, qu'il commande en personne (1474). Louis XI, roi de France, réussit bientôt à former une ligue entre les confédérés de la Suisse, les villes d'Alsace et le duc Sigismond, pour s'opposer en commun aux entreprises ambitieuses de Charles. En vertu d'un traité conclu à Constance, Strasbourg, Bâle, Colmar, Schelestadt et quelques autres villes se cotisent pour payer les 80,000 florins d'or, qui sont aussitôt déposés à la monnaie de Bâle. Le duc de Bourgogne refuse de restituer le Brisgau et les autres pays qu'il avait achetés ; ses troupes ravagent, au contraire, la Haute-Alsace ; mais il est poursuivi bientôt par les Suisses et par les Alsaciens, qui lui livrent la bataille d'Héricourt dont l'issue leur est favorable. Il pille la Lorraine et attaque la Suisse ; c'est dans ce dernier pays que les Alsaciens et les Suisses lui livrent les batailles meurtrières de Granson et de Morat. En 1493 et en 1503, des paysans lèvent l'étendard de la rébellion et causent beaucoup de troubles. — Depuis longtemps, mais surtout à la fin du xve siècle, le magistrat de la ville de Strasbourg enviait la puissance de l'évêque de ce diocèse et cherchait à empiéter sur ses droits : il faisait tous ses efforts pour s'immiscer dans les affaires religieuses. Aussi lorsqu'un moine fougueux jeta dans l'empire germanique, et dans la chrétienté le brandon de la discorde religieuse et civile, le magistrat profita d'une si belle occasion pour faire de l'opposition contre l'évêque. D'ailleurs l'autorisation que le moine apostat donnait au pouvoir temporel de s'emparer des biens du clergé régulier et séculier n'avait-elle pas un grand attrait ? Le magistrat fut secondé dans ses vues par quelques prêtres, quelques religieux, quelques religieuses, qui ne pouvaient dompter la chair par l'esprit, et ne se souciaient guère ni des réformes proposées par Pierre d'Ailly, par Gerson et par le cardinal Durand, ni de celles qu'avaient ordonnées le pape Paul III, les synodes de Latran, les conciles de Pise, de Constance et de Bâle. De ce nombre étaient : Matthieu Zell, Forn, Capito, Martin Bucer, la nonne Élisabeth Labenfels, et Symphorien Pollion. Mais les nouvelles erreurs avaient aussi un grand nombre de zélés adversaires, tels que le fameux évêque de Strasbourg, Guillaume de Hohenstein ; Thomas Murner, écrivain satirique remarquable ; Conrad Trerer, Wendelin, Thomas Vogler, Étienne Tiberus, Drensz, Wolf Obretch, Philippe de Haguenau, le docteur Triesz, et Jérôme Gebwiller, le restaurateur des sciences et des lettres en Alsace. Cependant vingt mille paysans, déclarant la guerre à toute autorité, parcourent l'Alsace (1525), et là ravagent. L'année suivante, les protestants anabaptistes mettent la con-

[1] Henschen (Act. Sanctor. J. Bolland, t. I, p. 795), Laguille (Histoire d'Alsace, I, p. 41), Grandidier (Histoire d'Alsace, I, p. 288), se fondant sur une biographie de saint Waast, revue par Alcuin, ont démontré que l'opinion des historiens français au sujet de Tolbiac est insoutenable.

trée à feu et à sang. En 1529, le magistrat de Strasbourg défend la célébration de la messe dans cette ville et dans les villages dont elle avait la seigneurie. Presque tout le reste de l'Alsace lutte contre le magistrat de Strasbourg, qui veut imposer partout le protestantisme. Ernest, le comte de Mansfeld, vers 1623, ravage toute l'Alsace, surtout les villes et les villages catholiques. Les Suédois l'envahissent aussi; leur séjour y produit une telle misère, que beaucoup de ces villages sont entièrement abandonnés (1632). Quatre ans après, les Français auxquels un général catholique, le comte de Salm, avait déjà confié la protection de Saverne et de Haguenau, occupent Philippsbourg, Colmar et Schelestadt qu'Oxenstiern, général suédois, ne peut plus défendre, et qu'il craint de voir tomber entre les mains de l'empereur. Le duc Bernard de Weymar envahit (1637) l'Alsace avec 8,000 hommes. Il allait ériger, pour lui-même une principauté dans le Brisgau et dans l'Alsace, avec la permission du roi de France, lorsqu'il meurt à Huningue (1639). Par la paix de Westphalie (1648), l'empereur et l'empire cèdent au roi de France presque toute l'Alsace, et peu à peu, le reste tombe en son pouvoir. — La dignité ducale, autrefois conférée par les rois de France, le fut alors par les empereurs d'Allemagne. Les ducs exerçaient une haute magistrature à laquelle étaient attachées diverses prérogatives; mais, quoique revêtus d'une autorité active et puissante, ils étaient révocables. Les deux comtes provinciaux avaient aussi une grande influence, leur destination primitive était de rendre la justice. L'un de ces comtes exerçait son autorité sur la haute Alsace, et l'autre sur la basse Alsace. Cette dignité, qui avait aussi une origine franque, demeurait subordonnée à l'autorité des ducs. Les landvotes étaient plus spécialement officiers de l'empereur et de l'empire, dont ils devaient défendre les intérêts dans toute la province. Ils étaient chargés de veiller aux droits du fisc, au maintien des limites, à la défense et à la paix des villes et des terres qui relevaient directement de l'empereur. Ce furent eux qui, après l'extinction des ducs, représentèrent l'unité impériale dans l'Alsace, souvent fédéralisée de diverses manières. — Dès le commencement de la période allemande, les germes de civilisation dus au clergé régulier et séculier, prirent un développement plus large en Alsace. Olfried, moine de Wissembourg, laissa à la postérité le plus ancien monument de poésie allemande. Ce fut lui qui termina la grammaire de l'idiome franc, commencée par Charlemagne. Maître Godfried fleurit au commencement du xiii° siècle. Sébastien Brandi (Titio), harcela dans ses écrits mordants les travers de son siècle (1458); il fut bientôt suivi de Thomas Murner, qui passa en revue les folies et les vices de ses contemporains, surtout des prétendus réformateurs. La poésie latine est cultivée par Richarde, impératrice, et abbesse d'Andlau; Bruno d'Éguisheim, (pape sous le nom de Léon IX); Herrade de Landsberg, abbesse de Hohenbourg, Jean Tauler et Geyler de Kaisersberg portent l'éloquence chrétienne à une hauteur qui n'a plus été atteinte par les Allemands: ce dernier prophétise, plusieurs années auparavant, l'apparition de l'hérésie du xvi° siècle, dans un sermon où il attaque les mœurs de son temps; mais il meurt le 10 mars 1510, avant d'avoir vu la prétendue réforme. Les sciences prennent un grand essor (1436), sous l'impulsion de deux prêtres, Dringenberg et Gebariler. De leur école, établie à Schelestadt, sortent des hommes distingués: Jacques Wimpheling, historien et poëte; Jacques Spiegel, conseiller de Charles-Quint et de Ferdinand; Jean Lapidus, poëte; et Bild (Beatus Rhenanus). V. ce nom), littérateur; tous deux amis intimes, fondateurs à Schelestadt de la première société savante et littéraire, qui ait existé. Ce grand mouvement, favorisé par l'art de l'imprimerie, inventé ou perfectionné en Alsace, est arrêté, tout à coup, par la fâcheuse conséquence de la prétendue réforme. —VI. Période française. (1648). — Pendant plusieurs années, l'empire contesta quelques droits à la France; des villes et des seigneurs lui firent des réclamations. Mais le 29 septembre 1681, les députés du magistrat de Strasbourg ont une entrevue avec le marquis de Louvois (à Illkirch), au sujet de la capitulation de cette ville; les deux partis s'accordent, et la capitulation est signée; dès lors l'Alsace entière tombe au pouvoir de Louis XIV. Ainsi, sont confirmés et complétés les traités de paix de Westphalie et de Nimègue. La liberté est rendue à la religion catholique à Strasbourg, et dans les villages soumis à cette ville: plus de cinq mille protestants de Strasbourg rentrèrent bientôt dans le sein de l'Église catholique. La conquête de l'Alsace était en même temps le fruit et des victoires de Turenne remportées en Alsace, et de la politique prudente du marquis de Louvois. La guerre de la succession d'Espagne, et celle de la succession

d'Autriche, amenèrent les impériaux en Alsace; durant cette dernière guerre, les Hongrois et les Croates y commirent toutes sortes de cruautés; aussi cette invasion est-elle appelée vulgairement l'*alarme* des Pandours. Les traités successifs, par lesquels les diverses parties de l'Alsace avaient été réunies au royaume de France, accordaient à cette province de précieux privilèges. Mais deux siècles après, l'anarchie révolutionnaire entraîna dans une même ruine ses lois, ses droits et ses libertés. Les hommes les plus remarquables de la période française sont: Obrecht, premier préteur royal; le père jésuite Laguille; l'abbé Grandidier, et Schœpflies, historiens; les abbés Jeanjean et Moser, dignes successeurs dans l'éloquence de la chaire des Tauler et des Geyler; les pères jésuites Dez, Scheffmacher, et les abbés Sattler, Louis, connus comme théologiens catholiques; Haffner, théologien protestant; Hiro, evêque de Tournay; Colmar, évêque de Mayence; Humann, évêque de Mayence; Pfeffel, et de Nicolaï, président de l'académie des sciences à Strasbourg, littérateurs allemands; Schweighœusser et Brunck, hellénistes; le père jésuite Balde, poëte latin; Richter, compositeur, maître de chapelle dans la cathédrale de Strasbourg; de Ramond, membre de l'institut; Rœderer. Peu de provinces ont fourni autant de militaires distingués dans les guerres de la révolution et de l'empire. De Wurmser, général autrichien; Kellermann, Kléber, Rapp, et beaucoup d'autres généraux français. — En 1790, le royaume de France ayant été divisé en 83 départements, l'Alsace perdit aussi son unité. On forma de cette province deux départements, celui du *Bas-Rhin* et celui du *Haut-Rhin*. (*V.* ces deux articles, quant à l'état actuel de ce pays.) — Consultez: Jacob von Kœnigshoven, *Elsaessische und Straszburgische chronik*; 1386. Gœl. Wimpkeling, *Cis Rhenum Germania*, 1501; Matern Berler, *Elsaessische chronik*, 1510; Ulrici Obrecht, *Prodromus rerum Alsalicarum*, 1681; Louis la Guillé, *Histoire de la province d'Alsace*; 1727; G. D. Schœpflin, *Alsatia illustrata*, 1751; J. D. Schœpflin, *Alsatia diplomatica*, 1592; de Bong, *Recueil des édits, déclarations, lettres patentes, arrêts du conseil d'état et du conseil souverain d'Alsace*, 1775; Grandidier, *Histoire de l'Église et des évêques princes de Strasbourg; Histoire ecclésiastique, militaire, civile et littéraire de la province d'Alsace*, 1776, 1786; Jean Fréd. Hermann, *Notices historiques, statistiques et littéraires sur la ville de Strasbourg*, 1817; De Kœtzinger, *Documents tirés des archives de la ville de Strasbourg; Strasbourg et l'Alsace*, 1818 et 1824; Aufschlager, *Alsace, Nouvelle description historique et topographique des deux départements du Haut et du Bas-Rhin*; 1825.

LOUIS DE HUMBOURG.

ALSACE (THOMAS-LOUIS DE HÉNIN-LIÉTARD D'), descendant de Thierri d'Alsace, qui était comte de Flandre en 1128, naquit à Bruxelles le 22 novembre 1680. Il fit sa philosophie à Cologne, étudia la théologie à Rome, fut reçu docteur dans l'académie grégorienne, devint grand vicaire de l'évêque de Gand, prélat *domestique* de Clément XI, archevêque de Malines, primat des Pays-Bas en 1714, et cardinal en 1719. Il assista au conclave qui élut Innocent XIII, se rendit à Vienne, en Autriche, en 1721, et y reçut de l'empereur le titre de conseiller intime. Le prince de Chimai, son frère, étant mort sans postérité en 1740, le cardinal d'Alsace renonça au riche héritage du défunt en faveur d'Alexandre-Gabriel, son frère cadet; il lui abandonna la principauté, la grandesse et tous les biens, ne se réservant que quelques portions de revenus pour augmenter ses aumônes. Il mourut doyen des cardinaux le 6 février 1759. Ce prélat, que sa naissance, sa fortune et ses qualités personnelles appelèrent aux plus grandes dignités, fut toujours humble et modeste, et donna, au milieu des honneurs dont il fut comblé, l'exemple de toutes les vertus épiscopales. — Il laissa trois neveux, qui moururent tous sans postérité; il ne reste plus de cette illustre maison que des branches collatérales.

ALSA-BLOT. C'était le nom d'un sacrifice que les anciens Islandais offraient aux génies des fleuves et des campagnes, afin d'obtenir des récoltes abondantes pour eux, et de faire périr les récoltes de leurs ennemis. A. D. M.

ALSCHECH (MOÏSE), de Saphet, ville de la Haute Galilée, était d'une famille originaire d'Espagne. Il se livra à l'étude avec tant d'ardeur et d'assiduité, et il y fit de si grands et de si rapides progrès qu'il devint un des prédicateurs les plus célèbres, et un des interprètes de l'Écriture le plus habile de sa nation, la fin du xvi° siècle, époque à laquelle il florissait. Son mérite le fit élire grand rabbin de Saphet: D. Calmet, le nomme à tort *Mosche Alsec*, dans le supplément de la Bibliothèque sacrée, à la fin du tome IV de son Dictionnaire de la

Bible, page 85 : c'est la remarque de Wolf (*Biblioth. hebr.* tome IV, page 905, n. MDXXIII). Les principaux ouvrages que ce rabbin célèbre a laissés sont : 1° *Torath Mosché* ou *La loi de Moïse*, c'est un commentaire sur le Pentateuque, qui fut d'abord imprimé in-fol. à Belvédère, puis à Venise en 1601, et à Amsterdam en 1710. 2° Un commentaire sur les premiers prophètes, c'est-à-dire Josué, les Juges, les livres de Samuel et ceux des Rois, in-fol. ; Venise 1601 et 1620 ; Prague 1610 et Offenbach 1719. Le titre de ce commentaire *Maroth Hatslsobeoth* est pris de l'Exode XXXVIII, 8, et se traduit généralement par les *Miroirs des troupes* (*specula militantium*). 3° Un commentaire sur les derniers prophètes, ou Isaïe, Jérémie, Ézéchiel et les douze petits prophètes. Ce commentaire, qui porte le même titre que le précédent, a été publié in-fol. à Venise en 1607, et à Jesnitz en 1720 et 1730. 4° *Rômémôth El*, ou *exaltations de Dieu*, c'est un commentaire sur les psaumes, qui a été imprimé in-4° d'abord à Venise en 1605, puis à Amsterdam en 1695, enfin à Jesnitz en 1721. 5° *Rôb penînîm* ou *Multitude de pierres précieuses*, explication sur les Proverbes, in-4°, Venise 1601, et in-fol. Jesnitz 1722. Wolf (tome IV, page 906) fait remonter l'édition de Venise à l'an 1595, ce qui est une erreur selon l'abbé de Rossi. 6° *Helkath Mehôkêk* ou *Portion de législateur*, commentaire sur Job, in-4°, Venise 1603 et in-4° Jesnitz 1722. 7° *Schôschannath-hamâkîm* ou *Lis des vallées*, commentaire sur le Cantique des cantiques, in-4°, Venise 1591. 8° *Hênê Mosché*, c'est-à-dire *Les yeux de Moïse*, explication du livre de Ruth, in-4° Venise 1601. 9° *Dêbârîm nihumîm* ou *Paroles consolantes*, commentaires sur les Lamentations de Jérémie. 10° *Dêbârîm tôbîm*, c'est-à-dire *bonnes paroles*, explication de l'Ecclésiaste. 11° *Mascath Mosché* ou *Oracle de Moïse*, commentaire sur Esther. Ces trois derniers ouvrages parurent à Venise en 1601, et les cinq *Megillôth*, c'est-à-dire le Cantique des cantiques, Ruth, les Lamentations de Jérémie, l'Ecclésiaste et Esther, furent réimprimés ensemble à Prague en 1610, à Amsterdam 1698, et à Francfort-sur-Mein en 1717. Wolf rapporte, mal-à-propos selon de Rossi, quatre de ces commentaires imprimés à Venise, à l'année 1606. 12° *Habatséléth hascsârôn* ou *Rose du Saron*, commentaire sur Daniel, in-4°, Saphet, 1563, Venise 1592, Wandesbek et Amsterdam 1726. Le catalogue de la Bibliothèque d'Oppenheim porte une édition d'Offenbach de 1718. Quant à celle de Saphet, elle est réellement de 1563 et non de 1568, comme le prétendent Bartolocci et Wolf ; c'est la remarque de l'abbé de Rossi. Outre ces ouvrages, qui, comme on le voit, roulent tous sur la Bible, Alschech en a composé plusieurs sur d'autres sujets ; parmi ces derniers on distingue *Scheêlôth ou theschoubôth*, c'est-à-dire *Questions et réponses* sur les matières légales. — Dans tous ces commentaires, Alschech, outre le sens littéral, donne le sens allégorique, mystique et cabalistique. « La lecture de Moïse Alschech, dit Richard Simon (*Hist. crit. du Vieux Testament*, l. III, ch. VI), est plus propre à des Juifs qu'à des chrétiens, parce que cet auteur a compris dans son commentaire la plupart des sens de l'Écriture, soit littéraux, soit allégoriques ou mystiques, et cabalistiques. » Les Juifs en effet font un grand cas des commentaires de ce rabbin, non point tant à cause du parti qu'il sait si bien tirer de ces divers sens du texte, que parce qu'il fait revivre les explications des anciens docteurs de la synagogue, en leur donnant, avec une finesse incroyable, un certain air de nouveauté, qui plaît infiniment au lecteur. J. G.

ALSODÉE, genre de plante de la famille des violacées. (*V.* VIOLACÉE, VIOLETTE.)

ALSPACUM, ALTZPACH, monastère d'hommes, du diocèse de Strasbourg, de l'ordre des Urbanistes ou de Sainte-Claire. On sait qu'il fut reconstruit en 1283 ; mais on ignore la date de sa fondation.

ALSTÉDIUS (JEAN-HENRI), né vers la fin du XVI° siècle, et mort en 1638 à l'âge de cinquante ans, fut professeur de philosophie et de théologie à Herborn, et plus tard à Albe-Pile. Parmi les nombreux ouvrages qu'il a laissés, on distingue les suivants : *Encyclopædia*, 2 vol. in-fol. Lyon, 1640. C'est un recueil de matériaux, fait sans beaucoup de choix, prouvant beaucoup d'érudition, mais peu d'imagination et encore moins de goût. *Methodus formandorum studiorum* ; *Philosophia restituta* ; *Elementa mathematica* ; *Tractatus de mille annis*, etc. Tous ces ouvrages sont écrits avec cette prolixité, souvent obscure, qui a toujours caractérisé l'école allemande, mais le dernier est curieux ; c'est la défense du système des millénaires, qui prétendaient qu'après le jugement dernier, les élus resteraient mille ans sur la terre, pour y jouir de toutes les plaisirs que la terre peut offrir. La fille d'Alstédius avait

donné dans les mêmes visions. Alstédius assista au synode de Dordrecht. A. D. M.

ALSTRŒMER (JONAS), naquit dans une petite ville de la Westrogothie en 1685. Il suivit d'abord la carrière du commerce, et il était à Londres chez un négociant de cette ville, lorsqu'en comparant ce qu'il voyait à ce qu'il avait vu dans sa patrie, il forma le louable dessein d'employer toutes les ressources de son esprit et de sa fortune pour donner par l'exemple à ses compatriotes le goût des entreprises commerciales. Il commença par visiter la France et la Hollande ; il engagea des ouvriers de plusieurs sortes à le suivre en Suède où il voulait établir une fabrique de drap, de toiles de coton et de soieries ; il se procura aussi quelques machines, triomphant à force d'activité des obstacles qu'on lui opposait ; même dans la Suède où il eut à lutter contre la défaveur qui, dans tous les pays livrés à l'ignorance, accueille toujours les établissements nouveaux, et contre le défaut presque absolu de capitaux. Mais lorsqu'enfin on eut aperçu que ses efforts tendaient au bien du pays, il fut protégé par la diète qui frappa de droits assez forts les marchandises étrangères qui pouvaient nuire par la concurrence aux produits de sa fabrique. Alstrœmer ne se borna pas à la fabrication des étoffes, il s'appliqua fortement à propager la culture des pommes de terre et du tabac, et à l'amélioration des laines par l'introduction des mérinos, ainsi qu'à perfectionner la fabrication des fers indigènes. Le gouvernement ne pouvait laisser sans récompense un homme qui faisait pencher de plusieurs millions la balance du commerce en faveur du pays. Il devint membre de l'Académie des sciences et du conseil de commerce. Son buste fut placé en 1756 dans la Bourse de Stockholm ; mais il ne jouit pas longtemps de cet honneur ; il mourut en 1761, laissant une fortune considérable honorablement acquise, et quatre fils qui tous se distinguèrent dans les sciences. Charles, l'un d'eux, devint un grand botaniste. Il a donné, ou pour mieux dire, on a donné son nom à un genre de plantes exotiques. (A. b.) M.

ALSTRŒMERIE. C'est un genre de plantes de la famille des amaryllidées de Robert Brown, ainsi nommées en l'honneur du savant botaniste suédois Alstrœmer. Ce sont des plantes exotiques qui, fleurissant alternativement dans toutes les saisons, pourraient orner élégamment nos parterres et nos serres chaudes. On n'en cultive guère dans nos jardins que trois espèces, la pélégrine, la pulchrelle ou gracieuse, et la ligta ou rayée ; encore les deux premières, à très-peu de chose près, se ressemblent-elles de manière à ne se distinguer que par des feuilles un peu plus étroites dans la pulchrelle, un involucre plus long que la fleur, et les pétales pointus et recourbés en arrière. La pélégrine a sa racine formée de tubercules tendres et allongés ; des feuilles d'un beau vert et repliées en dehors entourent la tige que couronne une fleur de deux pouces teinte de couleurs variées. Les pétales extérieurs, plus larges que les intérieurs, sont blancs sur les bords, d'un rouge foncé au milieu, terminés par trois dents dont l'une, au centre, est verte et les deux autres rosées. Les pétales intérieurs sont jaunes par le bas et tachetés de pourpre. Les étamines penchent en dehors de la corolle. Trois de ces étamines sont plus longues que les autres. Dans la pulchrelle, trois pétales de la corolle sont striés et tachés de rouge par le bas et d'un rouge vif au sommet. Les autres sont blancs et plus petits. Dans la troisième espèce, la tige d'environ huit pouces de haut se termine par une rosace de feuilles qui servent d'involucres ; ses fleurs rayées sont odorantes. Il y a une quatrième espèce d'alstrœmerie ; c'est celle qu'on appelle *formosissima*, très-belle. Elle se distingue de toutes les autres par sa touffe de fleurs, au nombre de quarante au moins et de quatre-vingts ou plus, longues de quinze à vingt lignes, panachées de rouge, de jaune et de bleu. — Cette plante a besoin d'une terre légère et de peu d'arrosement, mais elle est très-sensible au froid. Ses racines broyées fournissent une substance farineuse qui au Pérou sert d'aliment aux convalescents. Quelques espèces produisent des fruits. A. D. M.

ALTA-COMBA ou **ALTA COLUMBA**, Hautecombe, monastère d'hommes de l'ordre de Cîteaux, fondé en 1135, quelques-uns disent en 1145, par Amédée IV de Savoie, à la prière de saint Bernard. Il s'éleva sur un emplacement très-agréable, près du lac du Bourget, au pied du mont du Chat. Les ducs de Savoie avaient choisi autrefois cette abbaye pour leur sépulture. L'architecture de ce monastère était remarquable ; le réfectoire surtout passait pour très-beau ; c'était là qu'un jour saint Bernard s'en montra scandalisé, et qu'il laissa tomber ces mots, qui devinrent prophétiques : « Tu es trop belle, Hautecombe, ma mignonne ; tu ne pourras pas subsister. »

Après quelque temps de prospérité, la discipline se relâcha dans le monastère, les mœurs des religieux s'altérèrent, la vie monastique fit place aux désordres, et le monastère reçut une autre destination. — *Alta Crista*, Hautecrête, monastère d'hommes de l'ordre de Cîteaux, dans le diocèse de Lausanne, fondé en 1142. — *Altæ Brueriæ*, Hautes-Bruyères, était un monastère d'hommes, du diocèse de Chartres, fondé peu avant 1071. — *Alta Petra in Vosago*, Haute-Pierre, était un monastère d'hommes, du diocèse de Saint-Diez (Vosges), près de Moyen-Moutier. — *Altaripa*, Haute-Rive, monastère d'urbanistes où de l'ordre de Sainte-Claire, fondé avant 1381; il avait cette sainte pour patronne. — *Altaripa*, Haute-Rive, monastère d'hommes, de l'ordre de Cîteaux, du diocèse de Lausanne, fondé en 1137. — *Alta Sylva*, Haute-Seille, était un monastère d'hommes, de l'ordre de Cîteaux, de la filiation de Theuley, du diocèse de Nancy, sur la rivière de Vauseuse, près de Blammont; sa fondation était de l'an 1140. — *Altæ Valles*, Haut-Val, était un monastère d'hommes, du diocèse de Poitiers, fondé en 1178. — *Altenberga*, Altenberg, monastère d'hommes, de l'ordre des Prémontrés, diocèse de Trèves, fondé en 1178, sous l'invocation de Saint-Nicolas.　L. D. M.

ALTAÏ. Là chaîne de montagnes qui porte ce nom, s'étend dans l'intérieur de l'Asie, sur les frontières de la Chine et de la Sibérie. Elle se développe au loin vers l'est et l'ouest : elle se divise en deux branches; le grand Altaï, au sud; le petit Altaï, ou le Biéloï, entre l'Irtyche et le lac Baïkal. La première partie, toute au midi, est couverte à ses sommités de neiges qui y séjournent pendant presque toute l'année : le froid qui règne sur ces hauteurs, les escarpements qu'elles présentent ont arrêté jusqu'ici l'exploration des pics. Le petit Altaï, moins élevé et taillé en pointes moins abruptes, est aussi chargé de neiges à ses cimes les plus hautes. Les pics les plus remarquables sont les Kaolival, situés entre l'Ob et l'Irtyche : ils renferment des mines d'or et d'argent; les Koussnetz, entre les rivières d'Ob et d'Ieniceï; enfin les Saïzan, entre l'Ieniceï et la Lena. L'Altaï présente généralement des masses de granit en décomposition, et des rochers de porphyre et de schiste. On prétend que ses flancs renferment de nombreuses mines métalliques. Les Russes, depuis 1725, ont établi sur les versants du nord de vastes exploitations. Peu habitées pour la plupart, ces montagnes sont devenues l'asile des brigands et des fugitifs de la Russie et de la Chine. On y trouve des animaux dont la fourrure est recherchée. L'histoire naturelle y compte 1700 espèces de plantes. On peut consulter sur ces montagnes la Géographie de Ritter. Une erreur trop accréditée rattache aux Altaï des montagnes qui leur sont étrangères, et qui leur donneraient des développements immenses.　H. CORNILLE.

ALTAMIRA. C'est le nom d'une des plus anciennes, des plus riches et des plus puissantes maisons d'Espagne. Le chef de la famille, quoiqu'il n'eût que le titre de comte, était grand de première classe. Le seigneur de ce nom, qui vivait à la fin du XVIII° siècle, était de très-petite taille. On raconte que Charles IV, l'apercevant un jour, lui dit en riant : « Que tu es petit, mon ami ! » (Le roi d'Espagne tutoyait tout le monde sans distinction.) «Seigneur, répondit fièrement le comte, je suis grand chez moi. »　N. M. P.

ALTDORFER (ALBERT). Il naquit en 1488 dans la petite ville d'Altdorf en Bavière, et il en prit le nom. Elève d'Albert Durer, il fut comme lui peintre et de plus graveur. Ses tableaux sont en général médiocres, et c'est probablement cette médiocrité de ses compositions qui lui a fait donner en France le nom de *Petit Albert*. Peut-être n'y a-t-il là au fond qu'une comparaison établie entre son talent et celui de son maître, qui s'appelait comme lui Albert. On vante néanmoins d'Altdorfer une *Naissance du Sauveur* qu'on conserve à la galerie impériale de Vienne. On a aussi de lui un assez grand nombre de gravures sur acier et sur bois; il mourut à Ratisbonne à l'âge de 50 ans.　N. M. P.

ALTENBOURG (duché d'). Le duché d'Altenbourg, gouverné par la branche Ernestine de Saxe, est divisé, par le comté de Reuss, en deux parties. La partie orientale est presque entièrement enclavée dans le royaume de Saxe; elle touche aussi au duché de Saxe-Weimar, à la seigneurie de Gera, et à la province prussienne de Saxe : elle est traversée par la Pleisz. La partie occidentale est bornée au sud et à l'est par la principauté de Weimar, au sud par le duché de Saxe-Meiningen, et à l'ouest par celui de Saxe-Weimar : elle est arrosée par la Sale. — Ce pays était anciennement habité par les Vandales, qui furent subjugués par Henri I° et son fils Othon, rois d'Allemagne. Plus tard, l'empereur Lothaire l'acheta au comte Radebold, pour la somme de cinq cents marcs d'argent. Les empereurs Conrad III, Frédéric I° et Othon V, établirent le siége de la diète à Altenbourg. L'empereur Frédéric II en fit la cession au comte de Meisznen, en 1246; mais le roi Rodolphe le racheta (1290). Deux ans après, le roi Adolphe le donna à Wenceslas, roi de Bohême et beau-père de son fils Robert. Le landgrave Frédéric I° s'empara (1308) du château et de la ville d'Altenbourg, au détriment du roi Albert, et s'appropria le pays comme dédommagement de ses frais de guerre. Le comte de Weimar vendit (1344) le comté d'Orlamunde au landgrave Frédéric II : dès lors Altenbourg, Schmœlln, Dornbourg, Orlamunde, et le reste de la contrée qu'arrose la Pleisz fut réuni au pays situé à l'est de la Thuringe. Le landgraviat fut encore agrandi (1359) par la cession que les comtes de Schwarzbourg firent du château de Leuchtenbourg, de la ville et du territoire de Saalfeld. Le chapitre de Naumbourg abandonna (1400) au landgrave les châteaux de Schmœlln et de Ronnebourg. Lorsque l'électeur Frédéric le Débonnaire et le duc Guillaume se partagèrent, en 1440, le pays dont ils venaient d'hériter, le district d'Altenbourg échut à l'électeur, et le reste à son frère le duc Jean-Guillaume, fils cadet de l'électeur Jean-Frédéric le Magnanime, qui laissa deux fils, Frédéric-Guillaume et Jean. Ce dernier, à la mort de son frère (1602), se retira à Weimar. L'année suivante, il céda le pays d'Altenbourg à son neveu, dont la branche s'éteignit en 1672. La branche de Saxe-Gotha gouverna le duché, qui fut d'abord morcelé en trois parts : deux de ces parts ayant été ensuite réunies, l'ancien duché fut partagé entre la maison Gotha proprement dite, et celle de Saalfeld. A la suite d'un nouvel arrangement (1826), le duché presque tout entier échut au duc de Saxe-Hildbourghausen, qui prit le titre de duc de Saxe-Altenbourg : et le duc de Meiningen, qui eut Cambourg et Hildbourghausen, se fit nommer duc de Saxe-Meiningen-Hildbourghausen. — Depuis le 27 avril 1831, ce duché est gouverné d'après une constitution que le duc a donnée à ses sujets. La chambre législative est composée de vingt-quatre députés et d'un président qui est délégué par le duc. La population de ce duché ne s'élève pas à plus de cent vingt mille habitants. L'industrie et le commerce y ont pris un très-grand développement : c'est ce pays qui fournit la laine connue sous le nom de *laine électorale.*　L. DE H.

ALTENKIRCHEN. C'est un ancien château, autrefois résidence des comtes de ce nom, dépendant aujourd'hui de la régence de Coblentz; il est situé dans le voisinage de la forêt d'Hochsteinbach. Quand le général Jourdan, qui avait pénétré jusqu'au cœur de l'Allemagne, fut contraint de battre en retraite en 1796, le général Marceau qui tenait alors bloquée la ville de Mayence, fut obligé de suivre le mouvement de l'armée, dont il protégea même la marche rétrograde en repoussant à plusieurs reprises l'avant-garde autrichienne de l'archiduc Charles. Le 20 septembre Marceau fut attaqué à peu de distance d'Altenkirchen, et dès le premier choc il fut atteint d'un coup de feu qui le renversa mort. Ce général avait si bien gagné l'amour des soldats et l'estime de ses ennemis que les premiers arrosèrent son cercueil de larmes amères, et que les seconds, mêlant leurs regrets aux douleurs des Français, assistèrent au convoi funèbre avec le plus profond recueillement.　N. M. P.

ALTENSTEIN (CHATEAU ET GROTTE D'). Dans le duché de Saxe-Meiningen, non loin d'Eisenach, sur le sommet d'une roche calcaire qui s'élève au bas de la forêt de Thuringe, on aperçoit le château d'Altenstein assez heureusement situé. Ce fut à un demi-mille environ de ce château que l'Electeur de Saxe, Frédéric, fit enlever en secret le fougueux Luther, afin de le soustraire aux dangers qu'il avait appelés sur sa tête par ses violentes attaques contre la religion de son pays. Le duc George a fait considérablement embellir ce château, qui depuis quarante ans forme pour la cour du prince une résidence d'été. On y voit avec intérêt le parc, l'étang rempli de truites, la cascade qui l'alimente, la chapelle gothique, le pont dit *du Diable* à cause de sa hardiesse, et la pierre creuse qui rend, dit-on, un son harmonieux quand on la frappe avec un corps dur. Les environs offrent beaucoup de rochers au milieu desquels on découvre une belle grotte du fond de laquelle s'élance un jet d'eau si abondant qu'à peu de distance de la source on l'emploie à faire mouvoir une usine. De la première salle on arrive par une galerie souterraine à la salle principale où l'on a ménagé une place pour un orchestre nombreux qu'on ne voit pas, mais dont on peut entendre les accords.　N. M. P.

ALTENZELLE. C'est une abbaye célèbre du royaume de Saxe, sur la Mulde. Elle fut fondée en 1162 par le margrave de Misnie, Othon le Riche. Les moines d'Altenzelle vivent sous la règle de Cîteaux ; ils dirigent depuis quatre cents ans une école qu'on regarde comme une des plus anciennes et des plus utiles institutions de la Saxe. Ces religieux, de même que les bénédictins en France, se sont toujours distingués par leurs connaissances et leur amour pour la science. Il existe dans les caveaux du cloître plusieurs tombeaux des margraves de Misnie.

A. D. M.

ALTÉ, ALSÉ ou **ALTIS**, mot dérivé du grec ἄλσος, qui signifie bois sacré. C'était en effet une forêt d'Olympie qui renfermait dans son enceinte plusieurs monuments célèbres tels que le palais de Léonidas (*V.* ce mot), le temple de Jupiter Olympien et l'atelier dans lequel Phidias avait sculpté la statue du dieu. On plaçait dans cette forêt sacrée les statues de tous ceux qui remportaient les prix aux jeux Olympiques.

A. D. M.

ALTER (FRANÇOIS-CHARLES), savant philologue, naquit à Engelsberg dans la Silésie vers le milieu du XVIIIᵉ siècle. Il commença chez les jésuites sa carrière scientifique ; il entra même dans leur ordre fort jeune encore et il y resta jusqu'à sa suppression. Écrivain fécond, il a publié 250 mémoires, écrits ou dissertations sur diverses matières. Dans ce nombre n'est point comprise l'édition critique du Nouveau Testament : *Novum Testamentum ad codicem Vindobonensem græcè expressum ; varietatem lectionis addidit Franciscus-Carolus Alter, professor gymnasii Vindobonensis*; imprimé en 1786 et 1787, in-8ᵒ. Cet ouvrage a été fait sur le *Codex Lambecii*, avec lequel l'auteur a compulsé les versions copte, esclavonne et latine qu'il a trouvées dans la même bibliothèque qui possédait le *Codex*. Alter a aussi publié la traduction allemande de la *Bibliothèque classique* d'Édouard Harvood, ministre anglican; Vienne, 1778, in-8ᵒ. Le traducteur y a ajouté des notes, de même qu'il avait enrichi de variantes ses éditions de l'Iliade et de l'Odyssée, des Tusculanes de Cicéron et de Lucrèce. On doit encore au même écrivain une Notice en allemand sur la littérature géorgienne, etc. J. G. Menzel a donné dans son *Allemagne savante* la liste raisonnée de tous les écrits d'Alter.

A. D. M.

ALTERA PARS PETRI. C'est un ancien terme de scolastique par lequel on désignait l'entendement ou le jugement. Dire d'un homme qu'il n'avait pas l'*altera pars Petri* (l'autre partie, la partie essentielle de Pierre), c'était dire qu'il manquait de jugement.

A. D. M.

ALTÉRANTS. Parmi les anciens auteurs qui ont écrit sur les matières médicales il en est plusieurs qui divisent les médicaments en deux classes : les altérants et les évacuants. Ils appellent altérants ceux qui provoquent des modifications dans l'économie, sans pour cela donner lieu à une évacuation sensible des humeurs. Ils rangent dans cette première classe le plus grand nombre des médicaments, qu'ils divisent ensuite en deux séries, selon que leur action a lieu sur les solides ou sur les fluides ; mais cette distinction n'est pas juste, car il est impossible de distinguer autrement que par la pensée l'action d'un médicament sur les organes ou sur les humeurs. D'un autre côté, la classe des altérants n'est pas aussi distincte de celle des évacuants qu'on pourrait le croire d'abord. Plusieurs altérants, tels que la décoction de racine de patience, le quinquina en poudre et beaucoup d'autres amers, donnent lieu quelquefois à des évacuations intestinales. Le sublimé et le mercure doux déterminent la salivation et dans certains cas la diarrhée. D'une autre part, certains purgatifs, tels que la rhubarbe et plusieurs sels alcalins, peuvent être employés en petite quantité sans produire d'évacuations alvines. Dans toutes ces circonstances, la distinction entre les altérants et les évacuants consiste moins dans la nature des médicaments que dans la manière dont on les emploie. Il n'existe aucune action altérante générale, identique et commune à tous les médicaments rangés dans la grande division des altérants. Chaque espèce jouit d'une action particulière, relative aux propriétés qui lui appartiennent ; il n'y a donc pas de médication altérante proprement dite.

ALTÉRATION. Ce mot s'emploie dans plusieurs cas, avec quelques nuances dans la signification, quoique au fond il signifie toujours changement, modification, soit dans la nature, soit dans la forme ou les propriétés d'un corps simple, d'un corps composé dont un objet qui par sa ténuité échappe au toucher, comme l'air, ou dont on ne peut pas dire qu'il soit un corps, comme le son.—En hygiène, en médecine, il se prend presque toujours en mauvaise part; ainsi quand on dit altération de la santé, altération du pouls, altération de la face, ce mot indique un changement fâcheux du bien au mal, ou du mal au pis. Il peut aussi indiquer simplement un changement de forme sans qu'on y attache aucune idée de mal, comme

lorsqu'on parle de l'altération des aliments dans l'estomac, c'est-à-dire, de leur transformation par l'élaboration en chyme et en chyle. Quelquefois les médecins désignent par le mot altération une grande soif accompagnée de sécheresse de langue et de gosier.—En morale, comme en grammaire, il s'emploie très-souvent dans le sens figuré, et il exprime le changement qui s'opère dans les affections, dans les mœurs, dans le caractère. Quelquefois il signifie seulement une certaine agitation intérieure qui naît le plus souvent de quelque cause imprévue et soudaine, et qui se manifeste par le changement subit des traits, par le son de la voix, par la rougeur et la pâleur, suivant la nature du sentiment qui produit cette agitation.—Altération signifie encore falsification des monnaies, soit par le mélange d'une trop grande quantité d'alliage, soit par la diminution de poids qu'on lui fait subir en le rognant ou de toute autre manière.—En musique, on entend par altération le changement qu'on fait subir à un ton en le haussant ou en le baissant au moyen d'un dièse ou d'un bémol (*V.* ces mots). Cette altération n'est jamais que d'un demi-ton; mais il est possible qu'une note déjà altérée subisse une seconde altération au moyen d'un double dièse ou d'un double bémol, alors l'altération est d'un ton entier; ainsi un *ut* dièse marqué d'un double dièse devient un *ré*. Pour faire cesser l'altération on se sert d'un signe qu'on nomme bécarre (*V.* ce mot). Les Italiens donnent à leur mot *alteratò* une signification plus restreinte. Ils ne l'appliquent qu'aux intervalles que les Français désignent par *superflus* (*V.* INTERVALLE, SUPERFLU).

A. D. M.

ALTER-EGO. C'était un titre autrefois en usage dans la chancellerie du royaume de Naples, par lequel le roi se donnait un lieutenant ou vicaire général qui le remplaçait, un *autre lui-même* qui avait le plein et entier exercice de la puissance souveraine, de telle sorte que les actes émanés de l'altèr-ego équivalaient à ceux du roi lui-même, et ne pouvaient rencontrer aucune opposition. Les ministres plénipotentiaires du roi d'Espagne recevaient quelquefois aussi le titre éminent d'alter-ego. Cet officier ne pouvait être créé que par le roi, nul autre que le roi ne pouvant disposer de l'autorité royale. A. D. M.

ALTERIACUM, AUTREY. Monastère d'hommes, de l'ordre de Saint-Augustin, du diocèse de Toul, fondé en 1150, sous l'invocation de la sainte Vierge.

ALTERNAT. C'est, à proprement parler, l'action ou la faculté d'alterner, c'est-à-dire, de faire deux choses successivement et l'une après l'autre, et de recommencer de la même manière. On le dit de deux villes qui ont le droit d'être chacune à son tour siége d'administration, de deux chambres d'un tribunal, qui deviennent aussi tour à tour section civile et section correctionnelle ou criminelle, etc. En agriculture, on donna d'abord ce nom à l'usage où étaient les agriculteurs de laisser reposer pendant quelque temps les terres qui avaient donné une récolte, avant de leur confier de nouvelles semences, et de faire alterner ainsi leur état inculte ou de jachère et l'état de culture. Mais on ne tarda pas à s'apercevoir que les terres qu'on laissait en jachère ne se reposaient pas, à proprement parler, puisqu'elles produisaient des plantes, de mauvaise qualité sans doute, mais pour la nutrition desquelles les sucs de la terre n'étaient pas moins nécessaires. Cette observation fit naître l'idée de mettre à profit la force de végétation des terres, en plaçant entre deux récoltes une récolte intermédiaire. Seulement il est nécessaire d'observer, suivant la nature du climat et la qualité même des terres, qu'il est des plantes qui ne réussissent bien que lorsqu'elles succèdent à certaines autres. C'est cette succession de récoltes, combinée d'après une sage expérience, qui constitue le système d'assolement. (*V.* ASSOLEMENT.)

ALTERNATION diffère d'alternat, en ce que le premier de ces deux mots désigne le changement même que subissent les choses ou les personnes en alternant, au lieu que l'alternat ne s'applique qu'à l'action ou à la faculté de changer. L'alternative diffère aussi de l'alternation en ce qu'elle signifie la faculté d'option entre deux choses.

A. D. M.

ALTERNATIVE (OBLIGATION) (*Jurispr.*). C'est l'obligation qui embrasse deux ou plusieurs choses, de manière cependant qu'il y ait pour le débiteur libération par le payement d'une seule d'elles (*V.* OBLIGATION).

R. B.

ALTERNE. C'est un adjectif des deux genres qui s'emploie en géométrie et en botanique. En géométrie, on appelle angles alternes ceux qui sont formés par deux lignes parallèles coupées par une ligne droite, sur les deux côtés de cette ligne.—En botanique, on donne le même nom aux feuilles, aux fleurs, aux fruits, etc., qui croissent sur les côtés opposés d'une tige ou d'une branche, mais non en face les uns des autres. Ainsi les feuilles du rosier, du tilleul, sont alternes; elles ne partent pas de points correspondants, comme celles qu'on nomme opposées.

— ALTERNER se dit de deux personnes qui font tour à tour la même chose, de plusieurs objets qui se succèdent régulièrement, comme par exemple, dans une allée où l'on a placé alternativement des tilleuls et des peupliers, de manière que chaque peuplier se trouve entre deux tilleuls. — En agriculture, on fait alterner un champ lorsqu'on lui fait produire tour à tour des grains et des fourrages, ou des récoltes d'espèce différente. A. D. M.

ALTESSE (*Protocole et Cérémonial, Droit politique*). Nos rois de la première et de la seconde race, à l'exemple des empereurs d'Orient, se donnaient quelquefois le titre d'*Altesse*, comme cela résulte notamment d'un rescrit du roi Childéric, de l'an 744, et d'un *obit* fondé par l'empereur Charles le Chauve en 870. Ces deux princes disent, en parlant d'eux-mêmes, *Altitudo mea*, et *Celsitudo noster* (nous n'avons pas à nous occuper de ce solécisme). Il résulte d'un autre document diplomatique, déposé aux archives de la couronne, qu'en 1534, on ne donnait encore à notre roi François Ier que le titre d'Altesse, et Ruitter Huisius a fait observer que Charles-Quint n'en avait jamais reçu d'autre avant son élévation au trône impérial. Ce n'est que depuis Henri second que la qualification de Majesté se trouve employée pour les *roys christianissimes, à l'effect*, dit un contemporain, *de ne se pas voyr primer par un chef électif de l'Allemaigne, empereur tudesque, et sorty de bien moindre lieu que la plus grande part des premiers subjects et grands vassaulx de nostre empire françoys*. On voit par une lettre de Henri IV, à la reine Élisabeth, laquelle est écrite *advant qu'il ne se fust abouché politiquement avec cette femme d'Angleterre* (V. ÉLISABETH), on voit qu'il ne lui donnait alors que le titre de Votre *Altesse* ou Votre *Sérénité*. Les czars de la famille Romanoff et les rois de Portugal de la branche bâtarde, c'est-à-dire de la maison de Bragance, ont été les derniers à obtenir la qualification de Majesté de la part des rois Très-Chrétiens, qui ne leur accordaient encore que le *traitement d'Altesse* sous le règne de Louis XIII et pendant la minorité de son fils. Tous les rois de l'Europe ayant fini par se donner, réciproquement le titre de Majesté, il s'ensuivit que tous les souverains qui n'étaient pas *têtes couronnées* prirent alors celui d'Altesse; mais nos rois ne l'accordaient officiellement qu'à des princes souverains, et l'on trouve dans les instructions de Louis XIV pour le comte d'Avaux et M. Servins, ses plénipotentiaires, « qu'ils auront à n'octroyer en aucuns cas ce titre d'Altesse au sieur Cromwel, non plus qu'au comte de Nassau, se disant prince d'Orange, à qui son coutumier traitement d'Excellence est très-suffisant. » Il paraît que sous les règnes de François II et de Charles IX, tous les fils de France étaient qualifiés d'Altesse, ainsi que les infants d'Espagne et les fils de l'empereur germanique; mais il paraît aussi que pour les princesses de ces familles royales, il n'y avait encore rien de réglé d'une manière bien précise. Ce fut seulement en 1622 que cette qualité s'étendit aux princes du sang royal de France, et ce fut en faveur du prince de Condé, Henri II de Bourbon, dont le petit-fils y joignit l'agno-qualification de Sérénissime, *à celle fin de ne pas rousler pesle-mesle avecque les ducs de la Mirandolle et le prince évesque d'Osnabruck* (V. PRINCES DU SANG). On voit dans Norugna que les anciens *ricos-hombres*, aujourd'hui les grands d'Espagne, ne voulurent consentir à donner la qualité d'*Altissime* à don Juan d'Autriche, fils légitime de leur roi Philippe IV, qu'à la condition de recevoir du même don Juan le titre d'*Excellentissime*. On y voit encore qu'ils s'y refusèrent à l'égard des princes cadets et autres agnats des principaux souverains d'Allemagne, ainsi qu'envers les princes des maisons de Savoie, de Lorraine et de Médicis. — Dans l'état actuel des choses, la qualification d'Altesse appartient naturellement et sans contestation possible à tous les personnages issus directement de famille régnante. De plus, elle est acquise dans les cours et les chancelleries germaniques, à tous les gentilshommes qui sont décorés du titre de prince, et le protocole allemand qu'on leur applique, correspond à *Hautesse princière (Furstliche Hoveit)*. Ces gentilshommes *princes* prétendent à l'Altesse de la part des étrangers, soit qu'ils se trouvent qualifiés du titre princier en vertu d'un ancien diplôme impérial et germanique, appelé du *Saint-Empire romain*; soit qu'il ne leur provienne que d'une concession plus récente, émanée de l'empereur d'Autriche ou du roi de Prusse et même du roi de Bavière. L'empereur de Russie confère aussi la qualité d'Altesse, par surérogation du titre de prince accordé par lui précédemment. Il résulte d'un

ukase de l'empereur Nicolas, qu'il n'avait d'abord accordé à son ambassadeur à Londres, le comte de Lieven, que la qualité de *knias*, ou prince du second ordre, ce qui lui conférait seulement le droit de se faire appeler *Vache Siatelstro* (littéralement *votre lucidité*); tandis que la dernière investiture lui permet de se qualifier de *Vacha Svetlost*, ce qu'on traduit en Russie par Votre Altesse (mot à mot *votre éclat*). — On a eu souvent occasion de remarquer que la haute noblesse de France et d'Italie, qui s'accorde sur ce point avec la grandesse espagnole des trois classes, se refuse habituellement et généralement à donner le titre d'*Altesse* à tous ceux dont la qualité de *prince* n'est que *titulaire*; autrement dit, à ceux dont la qualification princière n'est établie que sur un diplôme, et dont la famille ne descend pas originairement et directement d'un souverain *dynastique*, c'est-à-dire d'un prince régnant au troisième degré de filiation légitime.

ALTESSE CELSISSIME. (*Altitudo Celsissima*). Qualification qui n'était prise que par l'archevêque de Cologne, électeur électif et archichancelier du Saint-Empire romain. Scaliger a fait observer que lorsqu'un électeur de Cologne était né de famille princière, il abandonnait ce protocole électoral en employant préférablement celui qui revenait à sa maison.

ALTESSE ÉLECTORALE (en allemand *Kurfurstlichen Durchlancht.*). Titre qu'on donnait aux électeurs héréditaires et séculiers de l'Empire germanique, avant la dissolution de cet empire et l'établissement de la confédération du Rhin, dont Napoléon s'était constitué le chef suprême et le maître absolu sous le nom de *protecteur*. On voit dans les manuscrits laissés par Desmarets, et qui proviennent de la collection de M. de Châteaugiron, que le ci-devant électeur archevêque de Mayence (Charles, né baron de Dalberg), ancien archichancelier de l'Empire et primat de Germanie, désirait qu'on le dispensât de donner de l'Altesse Sérénissime et même simplement de l'Altesse à MM. Cambacérès et Lebrun. Voici la note de Fouché qui se rapporte à cette négociation : « Le primat primat se trouverait embarrassé, pendant son séjour à Paris, dans ses relations avec monseigneur le duc de Parme, prince archichancelier, et avec monseigneur le duc de Plaisance, prince architrésorier de l'empire français, il ose prier Votre Majesté Impériale de vouloir bien observer et prendre en considération ce quisuit : Il vient de me faire dire qu'il n'a jamais reçu pour lui-même le titre d'*Altesse* de la part de ses confrères, les autres souverains coétats de l'ancien Empire germanique, et qu'ils n'employaient, en lui parlant ou en parlant de lui, que le titre de *Kurfurstlichen Gnadin*, équivalent à celui de *Votre Bonté électorale* : ceci parce qu'il n'est pas né de famille de princes, qu'il n'avait reçu son droit d'électeur de l'Empire et de souveraineté que par élection. Il propose de se servir, en adressant la parole à ces deux grands dignitaires, du mot ELLE, afin, dit-il, de laisser toute espèce de cérémonial de protocole indécis entre l'*Altesse* et l'*Excellence*. C'est pour éviter, dit-il aussi, de s'attirer quelque nouveau sujet de reproche des autres princes allemands, qui sont d'une vanité puérile et très-susceptibles pour les choses de cérémonial. Je supplie V. M. I. de me faire connaître son auguste volonté à ce sujet. Signé le duc d'Otrante. »

ALTESSE ÉMINENTISSIME. Qualification réservée pour les cardinaux qui sont issus de famille souveraine. Ils ne la partageaient autrefois qu'avec le grand-maître de Malte, à titre de chef de l'ordre, dit le rituel pontifical, et comme étant vicaire du saint-siège au, « régime et gouvernement de la milice et religion souveraine de Saint-Jean de Jérusalem. »

ALTESSE IMPÉRIALE (*Kaiserliche Hoheit. Césarienne Hautess.*). Appellation d'origine autrichienne, et qui n'est usitée pour les archiducs que depuis le règne de l'empereur Joseph II. On donne ce titre aux grands-ducs, frères et enfants de l'empereur de Russie; quand on leur parle en français. Il avait été conféré par Bonaparte *aux princes et princesses de sa dynastie*. Don Pedro de Bragance se l'était réservé en abdiquant la souveraineté du Brésil; mais dans la plupart des cours et des chancelleries allemandes, on n'a pas voulu le reconnaître en faveur de la veuve de ce prince, et l'on a supposé que c'était à l'instigation de l'Autriche.

ALTESSE ROYALE. On rapporte généralement l'origine et l'usage de ce titre à l'infant d'Espagne, don Ferdinand d'Autriche, cardinal, archevêque de Tolède, et vice-roi des Pays-Bas, lequel « auroit combiné cette qualification pour se faire distinguer avec plus de *sérénité*, dit le père Henricariot, dans cette grande foule et numérosité de princes italiques qui s'étoient produits depuis un demi-siècle, et surtout de princes tudesques. » Ce religieux rapporte également que Gaston de France, frère de Louis XIII et duc d'Orléans, réfugié à Bruxelles en 1633, ne voulut pas être en reste avec l'infant cardinal, et que ces deux fils des deux plus grands rois de l'Europe se donnèrent réciproquement et par politesse la qualité d'Altesse Royale. Les ducs de Savoie l'obtinrent quelque temps après, par un diplôme de l'empereur Léopold, à raison de leurs droits successifs aux royaumes de Chypre et d'Arménie. Les ducs de Lorraine élevèrent ensuite une prétention semblable, en qualité de rois titulaires de Jérusalem; ils obtinrent le même privilège que les ducs de Savoie, et l'empereur Joseph avait fini par l'accorder à Jean-Gaston de Médicis, grand-duc de Toscane, au commencement du dernier siècle. Comme tous les fils et petits-fils des autres rois s'étaient décorés de l'Altesse Royale, Louis XIV ne voulait pas qu'on s'en servît à l'égard du dauphin, à cause de cette quantité de princes qui la prenaient. Mais il ne paraît pas qu'il en ait interdit l'usage à son frère, Philippe de France, duc d'Orléans, non plus qu'à son petit-fils, tant qu'il ne fut que duc de Bourgogne. Quoique les princes du sang royal de France n'eussent autrefois dans leur pays que le titre d'Altesse Sérénissime, ils prenaient toujours celui d'Altesse Royale, aussitôt qu'ils avaient passé la frontière du royaume, et c'était pour simplifier les choses de cérémonial, attendu qu'en vertu de leur extraction de la maison de France ils obtenaient sans contestation les honneurs royaux dans toutes les cours étrangères, et ce privilège sur tous les autres princes chrétiens. Pendant l'émigration dite des cent jours, on a vu à Bruxelles que le prince d'Orange, héritier présomptif du royaume des Pays-Bas, ne manquait jamais de céder le pas ou la droite à M. le prince de Condé, dans toutes les cérémonies publiques ainsi que dans le palais du roi son père; et pourtant M. le prince de Condé n'était issu d'un roi de France qu'au seizième degré de génération paternelle. Lorsque le roi Charles X autorisa le dernier duc de Bourbon, prince de Condé, et la branche d'Orléans, à prendre l'Altesse Royale; il fut probablement déterminé par un motif de bon ordre et de bienveillance: il voulut régulariser la situation de ces princes à l'égard de sa cour et de ses chancelleries, en la faisant concorder pour leur titulature, leur protocole et le cérémonial de France, avec le traitement d'Altesse Royale et les honneurs royaux qui leur étaient dus à l'étranger. — A l'époque de la promotion des rois de Saxe, de Bavière, de Hollande et de Wurtemberg; Napoléon conféra la qualité de grands-ducs, et par suite le titre d'Altesse Royale, aux ducs souverains de Saxe-Weimar, de Holstein-Oldembourg, de Mecklembourg-Schwerin et de Mecklembourg-Strélitz, au margrave de Bade et au landgrave de Hesse-Darmstadt. En 1789, il n'y avait en Europe que trente-sept personnages qui fussent pourvus de cette qualité. On en compte aujourd'hui cinq cent quarante-six, même sans y comprendre les agnats de la maison d'Autriche et de celle de Russie, qui se qualifient d'Altesse Impériale. On n'en sera pas surpris si l'on considère que la seule famille de Wurtemberg fournit quarante-quatre princes ou princesses de sang royal. On peut supposer qu'en se multipliant ainsi, la qualification d'Altesse Royale a perdu quelque chose de sa distinction primitive et de son importance. Avant la révolution de 1789, on trouvait déjà convenable de ne plus s'en servir à l'égard des enfants de France et des frères du roi. (V. ÉTIQUETTE.)

ALTESSE SÉRÉNISSIME. Titre qui n'appartient qu'à des agnats de maison royale ou aux chefs de famille dynastique de la plus ancienne extraction. Le titre de Sérénissime a toujours été regardé comme la plus haute qualification qu'on puisse donner à des princes. (V. SÉRÉNISSIME, DOGE DE VENISE, et SÉRÉNITÉ.)

C. de C.

ALTHAMER ou ALTHAMMER (ANDRÉ), né à Brentz, en Souabe, vers la fin du XVe siècle, ce qui l'a fait quelquefois appeler Andraeas Brentius, et mort à Anspach en 1540, exerça les fonctions de ministre luthérien à Nuremberg et à Anspach. Il assista au colloque tenu à Berne en 1527 et 1528, sur la manière dont s'opère la présence de J.-C. dans le sacrement de l'Eucharistie. On a de lui des notes sur l'épître de saint Jacques, et, suivant le témoignage de Bayle, qui assurément n'est point suspect, Althamer parle de l'apôtre avec la plus grande irrévérence; un Dictionnaire des noms propres que renferme la Bible, sous le titre de: Sylva biblicorum nominum; des Notes estimées sur Tacite: De situ, moribus et populis Germaniae. Son ouvrage le plus connu est son Dialloge seu Conciliatio locorum Scripturae, qui prima facie pugnare videntur, imprimé à Nuremberg, in-8°, 1528, et souvent réimprimé depuis en latin et en allemand. Les Notes sur Tacite ont été pareillement imprimées à Nuremberg,

in-4°, 1529. Althamer se montra toujours très-zélé partisan de Luther dont il avait embrassé les erreurs. A. D. M.

ALTHAMA ou ALTHAEA, ville de l'Hispanie chez les Olcades. Il est probable que cette ville est celle que Tite-Live appelle Cartheia dans ses passages relatifs aux exploits d'Annibal; du moins Polybe la nomme Althaea, et c'est d'après lui que Cellarius a cru qu'il fallait réformer Tite-Live. — Lorsque Annibal eut été mis à la tête des armées carthaginoises, il s'enfonça dans le pays, et vint mettre le siège devant Althaea, qu'il prit, ainsi que plusieurs autres places voisines. Son armée chargée de butin revint à Carthagène. Il y a des auteurs qui pensent que c'est aujourd'hui Ocana (ocagna), petite ville d'Espagne, à vingt ou vingt-cinq lieues S.E. de Madrid.

ALTHÉE. (myth.) fille de Thestius, femme d'OEnée, roi de Calydon, ville d'Étolie, et mère de Méléagre et de plusieurs autres enfants. Quand Méléagre naquit, les Parques déclarèrent qu'il ne vivrait que le temps que durerait un tison qui brûlait alors dans le feu. Althée retira aussitôt ce tison, l'éteignit avec soin, et l'enferma de même, afin de le conserver; mais, quand Méléagre fut devenu grand, il se prit un jour de querelle avec le frère de sa mère, et il le tua. Althée, irritée et trop peu maîtresse d'elle-même, jeta le tison au milieu d'un brasier ardent, où il fut bientôt consumé. Méléagre expira au moment où le tison fut réduit en cendres; Althée inconsolable se donna la mort. — Il y avait dans la Tarragonaise une petite ville du nom d'Althée, voisine de Sagonte. A. D. M.

ALTHÉINE. M. Bacon, pharmacien de Caen, a découvert en 1827 dans la racine de guimauve une matière qu'il regarde comme un sel naturel organique, et qu'il appelle malate acide d'althéine, parce qu'il le croit formé par l'acide malique. M. Plisson, qui a examiné attentivement ce produit, y a reconnu un mélange de malate de magnésie et d'une substance semblable à l'asparagine, ou même identique à cette dernière. (V. ASPARAGINE.) N. M. P.

ALTHEIM. Le 20 septembre de l'an 916, il se tint à Altheim, dans la Rhétie, une assemblée mixte, en présence de l'empereur ou roi Conrad. Un légat du pape y assista; dix-huit canons furent décrétés. Les états y firent le procès aux princes révoltés contre le roi Conrad: Erchanger, duc de Souabe, et son frère Berthold, quoique beaux-frères de Conrad, furent condamnés comme rebelles à perdre la tête, et ils subirent leur sentence, en vertu d'un arrêt de la diète de Mayence. Le synode et la diète d'Altheim prononcèrent de concert anathème et proscription contre tous ceux qui manqueraient à la fidélité due au roi Conrad (Conc. germ., t. II, et Pellel, Arb. chr.). Mansi place ce concile en 918. — Il y eut, dans cette même ville, un autre concile en 931 ou environ. On y fit trente-sept capitules que nous n'avons plus (Pagi).

LOUIS DE MASLATRIE.

ALTHÉMÈNES, fils de Crétée, roi de Crète. L'oracle avait prédit qu'il tuerait son père; pour éviter ce malheur, il s'exila volontairement du sol natal. Crétée, ayant perdu tous ses enfants et ne pouvant se résoudre à vivre plus longtemps séparé d'Althémènes, équipa une flotte et partit pour l'île de Rhodes où il avait appris que son fils s'était retiré. Malheureusement, comme il aborda sans s'être fait connaître, on le prit lui et les siens pour des ennemis, et on voulut les repousser par les armes. Lorsque dans celui qu'il venait d'immoler Althémènes eut reconnu son père, il conjura les dieux de lui ôter la vie. Les dieux exaucèrent cette prière, et Althémènes fut englouti dans la terre qui s'entr'ouvrit sous ses pieds. A. D. M.

ALTHUSEN ou JEAN ALTHUSIUS, jurisconsulte allemand, professa le droit à Herborn. Il était né vers le milieu du XVIe siècle. En 1603, il entreprit de développer, dans un livre intitulé: Politica methodice digesta, les théories politiques les plus exagérées. Selon Althusen, les rois sont de simples magistrats; toute souveraineté, toute majesté vient du peuple, qui a droit de vie et de mort sur le monarque. Le démagogue Althusen avait puisé ces principes politiques dans l'esprit révolutionnaire de son siècle. Ce livre fut combattu; mais, à cette époque de prétendue réforme, où toute nouveauté politique ou religieuse trouvait des partisans enthousiastes, les théories de ce fougueux jurisconsulte ne manquèrent pas de défenseurs et d'apologistes. Althusen était protestant; il mourut au commencement du XVIIe siècle. Il a fait plusieurs autres ouvrages peu remarquables et peu connus.

ALTIERI. C'est le nom d'une famille célèbre de la Rome moderne. Le pape Clément X en fut le dernier membre; toute fois ce nom a été transféré par la voie de l'adoption à la famille Pauluzzi. (*V.* ce mot.). **J. DE M.**

ALTING (HENRI), né à Embden en 1583, se distingua autant par ses écrits que par la grande part qu'il prit dans les discussions religieuses qui eurent lieu de son temps. Il fut d'abord précepteur du prince électoral palatin, puis directeur d'un collège à Heidelberg. Député par le palatinat au synode de Dordrecht, il y défendit avec chaleur le parti des gomaristes. Son zèle ardent et emporté le fit justement regarder comme un des principaux artisans de ce fanatisme qui avait mis l'Allemagne en feu; aussi, en 1622, lorsque Heidelberg fut pris par les catholiques, sous la conduite de Maximilien de Bavière, on ne négligea aucun moyen de le découvrir; et, s'il parvint à se soustraire à toutes les recherches, il ne dut son salut qu'à une équivoque. Échappé à ce danger, Alting fut nommé plus tard professeur de théologie à Groningue; il conserva sa chaire jusqu'à l'année 1644, qui fut celle de sa mort. Quant à ses écrits, voici ce qu'en dit le Dictionnaire historique de Feller : « Ce protestant a laissé beaucoup d'ouvrages imprimés et manuscrits, où ceux qui s'en tiennent à la simplicité de la foi et à l'unité de l'Église n'ont rien à gagner. » — Il y a eu un second Henri Alting, qui a publié un éloge de tous les personnages de sa famille et de son nom qui se sont distingués; cet ouvrage a pour titre : *Succincta narratio de claris in republicá, Ecclesiá, academiá, et arte militari Altingis*; Groningue, 1772, in-8°. **J. G.**

ALTING (JACQUES), fils du premier Henri dont nous venons de parler, s'est fait remarquer par son érudition variée. Il naquit à Heidelberg en 1618. Après avoir professé l'hébreu à Groningue avec beaucoup de distinction, il occupa la chaire de théologie dans cette université. Ses disputes avec le ministre Samuel Desmarêts, qui se déclara pour la méthode scolastique, ont fait beaucoup de bruit tout le temps qu'elles durèrent. Alting mourut en 1679. Ses nombreux écrits, qui se composent en grande partie de dissertations, de traités, de commentaires sur l'Écriture sainte, ont été recueillis et publiés à Amsterdam, 1687, en 5° vol. in-fol. L'autorité qu'il donne assez généralement aux rabbins et sa condescendance pour leurs opinions l'ont fait regarder par ses adversaires comme un prosélyte du judaïsme. Parmi les ouvrages d'Alting, nous devons faire remarquer comme excellent en son genre, la grammaire hébraïque qu'il a composée sous le titre de *Fundamenta punctationis linguæ sanctæ*. Quant à sa *Synopsis institutionum Chaldæarum et Syrarum*; elle n'est pas sans quelque mérite, à cause surtout de la clarté et de la méthode. Schultens montre tout le cas qu'il faisait lui-même de la grammaire hébraïque d'Alting, quand il dit : *Tenui ordinem Cl. Altingii, atque ad numeros quoque regularum ejus me adstrinxi, ne præstantissimam grammaticam, quam meritis semper laudibus celebrari, quáque toto professionis meæ cursu usus sum, ex manibus excutere, aut abolere, velle viderer.* (Albert. Schultens, *Institutiones ad fundamenta linguæ hebrææ*, Prefat.) **J. G.**

ALTING (MENSO), de la même famille que les précédents, mort en 1733, fut bourgmestre de Groningue; il s'y fit remarquer par son instruction et ses connaissances. On lui doit une chronique sacrée en latin, et une description de la basse Germanie. Ces deux ouvrages furent imprimés in-fol. à Amsterdam, 1697, sous ce titre : *Chronica sacra; Descriptio Germaniæ inferioris.* Le dernier livre ne consiste qu'en une géographie des Pays-Bas. **A. D. M.**

ALTINO. Vers l'an 799, au plus tard, il se tint à Altino, dans la marche Trévisane, un concile qu'on place ordinairement en 802. Saint Paulin, patriarche d'Aquilée, qui s'y trouvait, en envoya les actes à Charlemagne, le suppliant d'arrêter le cours des violences qui s'exerçaient contre certains prêtres. (Labbe, *Conc.*, t. VII, col. 1187.) La lettre de Paulin à Charlemagne est le seul monument qui nous reste de cette assemblée; on prélat n'y donne au prince que le simple titre de roi (*Voy.* Murat, *Annal. ital.*, t. IV, p. 449), ce qui prouve évidemment que le concile est antérieur à l'an 800. **LOUIS DE MASLATRIE.**

ALTIQUE ou **ALTISE.** C'est un petit insecte de l'ordre des coléoptères, de la tribu des *galérucites*. Les altiques, de forme un peu allongée, sur une longueur qui varie de deux à cinq ou six lignes, ont des antennes filiformes, six pattes terminées par des tarses de quatre pièces, les cuisses postérieures un peu renflées, la tête dure et garnie de mâchoires, le corps lisse et brillant. Ces insectes importuns abondent dans les pays chauds, tant dans l'ancien que dans le nouveau monde. L'Europe en compte une centaine d'espèces. Le nombre en Amérique est au moins triple. Les espèces de l'Amérique sont en

général d'une plus forte taille que celles de l'Europe, où quelques-unes, telles que l'altise potagère, n'a guère qu'une ligne et demie de longueur. Cet insecte commet de grands dégâts dans les jardins potagers. On le reconnaît aisément à la faculté qu'il a de sauter, ce qui l'a fait nommer puce des jardins, à son corselet ovale, à ses longues antennes, aux couleurs vives et brillantes dont la nature l'a paré. Les larves de l'altique vivent dans le parenchyme des feuilles; elles nuisent plus à la plante que l'insecte lui-même développé. L'altique potagère se montre vers le milieu du printemps, et ne disparaît qu'au retour du froid. Les ravages qu'elle cause par sa voracité sont d'autant moins considérables, que la végétation se trouvait plus avancée au moment de son apparition. — On peut détruire les altiques par des aspersions d'eau de chaux, ou en saupoudrant de chaux éteinte pulvérisée ou de cendre non lessivée. **N. M. P.**

ALTITONA. Monastère d'hommes du diocèse de Strasbourg, le même que *Mons Sanctæ-Odiliæ.*

ALTMAN (JEAN-GEORGE), né à Zoffengen en 1697, mort en 1758; il fut curé d'un village du canton de Berne, et il professa dans Berne même la morale et la langue grecque. Il a laissé un grand nombre d'ouvrages qui lui ont fait un nom en Suisse; outre un très-grand nombre de mémoires sur la géographie, l'histoire et les antiquités de sa patrie, on a de lui : 1° *L'état et les délices de la Suisse*, Amsterdam, 1730, 4 vol. in-12; Neuchâtel, 1778, 2 vol. in-4°; cette seconde édition est beaucoup plus exacte que la première; 2° *Description des glaciers de l'Helvétie*, Zurich, 1751-1753, en allemand; 3° *Meledemata philologico - critica*, 3 vol. in-4°; *Principia ethica*, Zurich, 1753; 4° *Exercitatio de linguá Italorum antiquissimá*, Berne, 1721. **A. D. M.**

ALTO ou **ALTO-VIOLE.** C'est un instrument à quatre cordes, autrefois connu sous le nom de viole, et tenant le milieu entre le violon et le violoncelle. Il est de la même forme, mais plus grand que le violon, se place de même et se joue comme lui avec un archet. Le son de l'alto est beaucoup moins aigu que celui du violon, ce qui tient à la nature des quatre cordes dont il se compose, et qui s'accordent à vide par quintes, mais dont la première, qui tient lieu de chanterelle, ne donne qu'un *la*, comme le violoncelle; les autres cordes à vide sont *re*, *sol*, *ut*. La musique qu'on écrit pour cet instrument se met à la clef d'*ut* sur la troisième ligne, et quelquefois à la même clef sur la quatrième. De même que le violoncelle, l'alto seul peut produire de grandes beautés d'exécution, mais il faut qu'il se trouve en des mains habiles; dans l'orchestre il remplit une place essentielle. Cet instrument, qui avait autrefois sept cordes, nous vient de l'Italie, où il a été de tout temps en usage; aussi les luthiers italiens excellaient-ils dans la fabrication des alto. Ceux d'Amati jouissent encore d'une grande réputation, et se vendent à des prix très-élevés. L'alto se forme de deux tables montées et collées sur des éclisses, et d'un manche dont l'extrémité supérieure ou sommier porte les chevilles servant à monter les cordes qui partent d'une pièce de bois qu'on appelle *queue*, et sont soutenues au-dessus du manche et à une petite hauteur par le chevalet placé près de la queue et le sillet qui termine, au-dessous du sommier, la partie du manche que recouvre la *touche*, c'est-à-dire la partie sur laquelle l'exécutant place les doigts pour tirer les sons. **N. M. P.**

ALTON (RICHARD, comte d'), né en Irlande vers le commencement du XVIII° siècle, embrassa de bonne heure la carrière des armes et entra au service de l'empereur d'Allemagne. La faveur dont il jouit auprès de Joseph II, en prêtant son appui au système de réformes introduit par ce prince, le porta au grade de général en fort peu de temps. Il fit la guerre en Hongrie avec succès, mais il fut obligé d'évacuer les Pays-Bas avec les troupes sous ses ordres en 1789. Il mourut à Trèves l'année suivante; on croit que le chagrin contribua puissamment aux progrès de son mal; l'empereur l'avait disgracié. En 1791, on a publié en Belgique toute sa correspondance avec Joseph II, et il résulte de cette publication qu'il ne faut pas chercher d'autre cause à la révolte des Pays-Bas à cette époque que les ordres donnés par l'empereur pour y opérer la réforme, et la manière dont ces ordres furent exécutés. **A. D. M.**

ALTONA, ville du Danemark dans le duché de Slesswigh, au bord de l'Elbe, à deux milles de Hambourg, renferme une population de 26,000 habitants. Cité commerçante, quoique d'une importance inférieure à celle de Hambourg sa voisine, elle a pour branches principales de son industrie les raffineries de sucre, les savonneries, les fabriques d'huile de poisson, les manufactures d'indiennes. Avec ces éléments et l'activité de ses habitants, elle serait devenue peut-être la rivale de Hambourg, si elle n'avait dû se soumettre à cette dernière ville par les nécessités mêmes de sa situation physique. Dépourvue de ports et de rades, elle est contrainte d'aller faire ses chargements dans la ville libre, et d'en emprunter alors le pavillon. Malgré cette servitude, elle a prospéré; elle possède en propre environ quatre-vingts navires qui font pour la plupart la pêche de la baleine et du hareng. L'histoire d'Altona ne remonte guère au delà de l'année 1500; elle n'était alors qu'un village habité par des pêcheurs; elle grandit et s'accrut pendant les deux siècles qui suivirent. Ravagée en 1713 par les Suédois, elle se vit exposée à subir de nouveau les calamités de la guerre, exactement un siècle après ses premiers désastres. Lorsqu'en 1813, l'Europe coalisée assiégea dans Hambourg les Français commandés par le maréchal Davoust, le territoire d'Altona manqua d'être envahi et désolé par les bataillons assiégeants : heureusement pour elle on la traita en ville neutre, et l'orage né ne l'atteignit pas. A partir de l'année 1814, la population et l'industrie de cette ville prirent de nouveaux développements. Altona présente un aspect régulier; les rues en sont droites et larges; la rue de *Palmaille* est remarquable par la beauté des maisons dont elle est bordée, par les arbres qui l'ombragent, et par la vue de l'Elbe qu'on découvre de plusieurs points. On compte dans la population 2400 juifs, sous l'autorité d'un grand rabbin dont le pouvoir s'exerce aussi sur les juifs de Hambourg. — Altona possède une chambre du commerce, une bourse, un hôtel des monnaies, un gymnase académique.

ALTORFER (ALBERT), peintre d'origine suisse, naquit, en 1488, dans le canton d'Uri, à Altorf, d'où il tire son nom d'Altorfer. Quoiqu'il ait paru à une époque où la peinture avait déjà fait des progrès immenses, ses œuvres portent l'empreinte des temps barbares et nous montrent l'art au berceau. Loin du théâtre où brillait le talent des grands maîtres, ne pouvant puiser à la source ni s'inspirer de leurs créations sublimes, il suivit les vieux errements, et prit place au rang des peintres gothiques, les imitant en ce qui les distingue le plus, le défaut absolu des convenances et une ignorance complète de la perspective : il se fait remarquer par quelques beautés de détail, mais le fini minutieux qui le caractérise le fait tomber souvent dans une fatigante monotonie. A travers ces imperfections on distingue le vrai talent et un génie qui eût brillé à l'école des vrais maîtres en peinture. Les reproches que la critique adresse à cet artiste perdent de leur gravité, si l'on considère qu'il fut le plus ancien peintre de la Suisse; qu'il ne soupçonna jamais l'existence des modèles de l'art, et qu'il fut privé de toutes les ressources qui auraient pu développer son génie. On peut juger de ce qu'il aurait pu faire par ses deux dessins qui représentent le *Martyre de saint Sébastien* et un *Crucifiement*, faits l'un et l'autre à la plume et rehaussés de blanc. Altorfer a aussi gravé sur bois, et nous a laissé des modèles de sculpture gothique du plus grande perfection. Il mourut, en 1573, à Ratisbonne, où il était devenu sénateur.

ALTORFIUM ou **ALTUM CŒNOBIUM**; **ALTORF.** Ancienne abbaye d'hommes, de l'ordre de Saint-Benoît, dans le diocèse de Strasbourg, fondée en 960. Ses revenus s'élevaient dans les derniers temps à 7 ou 8000 liv.

ALTORFIUM SUEVIÆ. Monastère d'hommes, de l'ordre de Saint-Benoît, du diocèse de Constance, fondé en 910.

ALTOUMSH, troisième roi de Delhy de la dynastie ghauride. Ce prince descendait d'une noble famille tartare; Élim, son père, avait occupé les premiers rangs dans l'armée. La nature avait comblé de ses faveurs le jeune Altoumsh; et son père, qui avait remarqué ses heureuses dispositions, lui montrait des préférences qui remplirent d'envie ses autres enfants. Ceux-ci entraînèrent un jour leur frère à la chasse; ils se saisirent de sa personne, et le vendirent à des marchands qui le revendirent au prince de Bokhara: A la mort de son maître on le conduisit à Ghazna et successivement à Delhy: Coutoub, fondateur de la dynastie ghauride, l'acheta pour cinquante mille pièces d'argent. Les services qu'il rendit à son nouveau maître lui valurent sa faveur constante. Après avoir passé par tous les grades militaires, il finit par devenir le gendre du souverain. A la mort de ce dernier (1210-607 de l'hég.), on lui donna pour successeur son fils Aram; mais c'était un prince faible et sans talent, incapable de porter la couronne à une époque où, pour consolider la monarchie nouvelle, il fallait une main ferme et vigoureuse. Les omrahs appelèrent Altoumsh, qui était gouverneur de Boudaoun. Altoumsh accourut avec une armée; Aram tenta d'opposer quelque résistance;

mais la fortune se déclara contre lui dès le premier moment, et son beau-frère fut immédiatement proclamé (1215). Quelques omrahs, mécontents ou jaloux de l'élévation d'Altoumsh, prirent les armes : ils furent vaincus, et tous ceux qui ne périrent point dans le combat furent livrés au bourreau. Le souverain de Ghazna, Elduze, expulsé de son royaume, voulut se dédommager sur Delhy; le roi de Moultan et du Penjab élevait non loin de cette ville une puissance rivale : ils furent obligés l'un et l'autre de subir la loi du souverain de Delhy. Successivement Altoumsh s'empara du Bengale, de Rantampour, d'Outch, et de plusieurs autres places. La fameuse forteresse de Goualior, que les Hindous avaient reprise sous le règne d'Aram, fut obligée de rentrer sous le joug. Cette conquête fut suivie de celle du Malva et d'Ougein, sa capitale, ancienne résidence du célèbre Vicramaditya. Dans Ougein, le vainqueur ternit sa gloire par un acte d'intolérance aussi injuste qu'impolitique : il y avait dans cette ville un temple magnifique consacré à Mahakali (la grande déesse Kali). Les Hindous l'avaient construit sur le même plan que l'ancien temple de Sumnaut, abattu par Mahmoud le Ghaznevide. Le temple de Mahakali fut démoli de fond en comble, et la statue du héros de la contrée, de Vicramaditya, transportée à Delhy pour y être brisée. Altoumsh mourut à Delhy fort peu de temps après cette expédition, et les Hindous ne manquèrent pas de dire que sa mort était un châtiment céleste. Altoumsh avait régné vingt-six ans. Il emporta les regrets des musulmans. (1235-633 de l'hég.).   J. DE MARLÈS.

ALTOVITIS ou **ALTOUVITIS** (MARSEILLE D'), naquit à Marseille en 1550. Fille de Philippe d'Altovitis, premier consul d'Aix en Provence, et de Renée de Rieux, baronne de Castellane, elle fut tenue sur les fonts par le conseil municipal de Marseille qui lui donna le nom de sa ville natale. Sa famille, originaire de Toscane, était probablement alliée de celle d'Antoine d'Altovitis, archevêque de Florence; les biographes n'en disent rien toutefois. Le père de la jeune Altovitis, homme d'un grand mérite, ne négligea rien pour développer ses talents précoces, aussi devint-elle bientôt la femme célèbre de l'époque, et les recueils du temps contiennent un grand nombre de ses poésies, tant en français qu'en italien, deux langues qu'elle connaissait parfaitement. Louis Galaup de Chasteuil, dans son recueil manuscrit intitulé : *Secondes pensées de la muse de Loys Galaup, sieur de Chasteuil*, a conservé un sonnet italien de Marseille d'Altovitis. L'abbé Gouget cite dans le tome XIII de sa *Bibliothèque* une ode assez mauvaise de la Sapho provençale; cette pièce, adressée à Pierre Paul et à Louis Bellaud, restaurateurs de la poésie des troubadours, est loin de justifier les éloges outrés que les contemporains ont prodigués à son auteur. Mais avant de juger trop sévèrement Marseille d'Altovitis, nous devons nous rappeler qu'elle vécut dans une province où la langue française était à peine connue, et qui avait sa littérature propre et ses poètes particuliers; que d'ailleurs la langue française elle-même était loin encore d'être fixée, que Malherbe et les écrivains qui l'ont tirée de la barbarie ne sont venus qu'après sa mort.—Tous les poètes du temps ont chanté les talents et les grâces de Marseille d'Altovitis; et Jean de Bermont ou Bremond, Marseillais, qui composa son épitaphe, l'appelle la dixième Muse et la quatrième Grâce :

> Le jour était couché dans l'ombre,
> Quand la Parque, d'un esprit sombre,
>
> Sépara des parfaites âmes
> L'âme de toutes les femmes;
> Ce fut des Muses la dixième;
> Ce fut des Grâces la quatrième,
> MARSEILLE qui nous ravit.
>
> (JARDIN DES ÉPITAP. CHOIS., p. 481.)

Marseille d'Altovitis mourut en 1606, âgée de 56 ans, et fut ensevelie dans l'église des Grands-Carmes, où toutes les familles nobles avaient leur tombeau.   ALBERT M....

ALTRANSTADT. C'est le nom d'un village situé dans la portion de la Saxe qui appartient aujourd'hui à la Prusse, entre Mersebourg et Leipzig, à peu de distance de Lutzen, petite ville devenue fameuse par la mort de Gustave-Adolphe, et par les combats que les troupes françaises y ont soutenus après la malheureuse campagne de Russie. Quant au village d'Altransstadt, son nom serait à peu près ignoré, si le traité conclu par Charles XII et le roi de Pologne, du 24 septembre 1706, n'était daté de ce lieu. On sait qu'Auguste II avait été dépouillé par la diète polonaise, et que Stanislas Leczsinski, fut appelé à lui succéder; qu'Auguste, soutenu par le czar Pierre, avait cherché à recouvrer sa couronne, et qu'il obtint même quelques légers avantages que rendit superflus la victoire que remporta sur les Saxons le général suédois Renskœld. Ce fut alors que Charles XII, pénétrant en Saxe par la Silésie, conquit en peu de temps tout l'électorat, et établit dans Altranstadt son quartier général. Auguste fut contraint de souscrire à la paix, et ce, ne fut qu'à des conditions très-dures qu'il put l'obtenir. Il conserva le titre de roi, mais il renonça à la Pologne et à la Lituanie. Il promit de livrer à la Suède la Livonie, de fournir dans l'électorat des quartiers d'hiver à l'armée ennemie, de rompre son alliance avec le czar, et de n'introduire dans ses États aucun changement qui pût nuire aux intérêts du protestantisme. Ce traité avait été signé par ses plénipotentiaires Imhof et Pfingsten; Auguste refusa d'abord de le ratifier; la nécessité lui arracha son consentement; seulement il tâcha de dérober aux Russes la connaissance des conditions auxquelles il avait souscrit. Après la journée de Pultawa, Auguste annula le traité d'Altranstadt, sous le spécieux prétexte que ses plénipotentiaires avaient excédé ses pouvoirs. Ce qu'il y eut de plus fâcheux pour ces derniers, ce fut la condamnation prononcée contre eux : Auguste oubliait que, contraint par la fortune des armes, qui s'était déclarée contre lui, il avait sanctionné l'ouvrage de ses ministres.   N. M. P.

ALTRINGER (Jean), feld-maréchal des armées impériales, pendant la guerre dite *de trente ans*, ne dut son élévation qu'à son mérite. Né de parents pauvres, aux environs de Luxembourg, mais doué par la nature d'une intelligence vive et active, il se rendit de Luxembourg à Paris, où la misère l'obligea de louer ses services comme valet de chambre. Il n'y resta pas longtemps, il est vrai, dans cette condition peu honorable; et après avoir passé quelques années auprès d'un seigneur tyrolien, il entra dans la chancellerie de l'évêque de Trente, frère de ce seigneur. Peu de temps après, il s'enrôla dans les troupes impériales comme simple soldat, et parvint en 1622 au grade de colonel. Trois ans plus tard, il fut créé baron de Roschitz, et successivement, comte de Ligma, et commissaire général auprès du général de Wallenstein, qu'il suivit dans la Saxe et dans le Danemark. Une action d'éclat le fit nommer général-major et commissaire impérial. En 1628, il alla prendre possession pour le duc de Friedland, du duché de Mecklembourg, et il fut ensuite envoyé à Lubeck où des conférences pour la paix avaient été ouvertes. La paix y fut signée en effet le 6 mars 1629, mais elle ne dura pas, et la même année les hostilités furent reprises. Altringer continua de servir sous divers généraux, et de se signaler par son talent et par son courage. Blessé grièvement au passage du Leck, où le général en chef Tilly fut tué, il prit le commandement des troupes et repoussa les ennemis. Nommé feld-maréchal en 1633, il obtint d'abord quelques succès dans la Bavière et la Souabe, mais sa fortune ne se soutint pas. Ce fut alors qu'il laissa éclater son animosité contre Wallenstein, dont il avait été si longtemps l'ami le plus dévoué. On prétend que cette inimitié avait sa source dans un sentiment honorable, sa fidélité à l'empereur; contre lequel il soupçonnait le général en chef d'avoir conçu des projets ambitieux; mais, Wallenstein mourut, et Altringer lui succéda dans le commandement de l'armée autrichienne du haut palatinat. Altringer périt malheureusement: il avait voulu défendre contre les Suédois le passage de l'Isar près de Landshut, mais ses troupes furent enfoncées; entraîné lui-même par les fuyards, il se jeta dans la rivière, où il fut atteint d'un coup de feu qui le renversa. Il se montrait si dur et si rigoureux envers ses soldats, qu'on supposa généralement qu'il avait péri de la main de ses siens. Il était au surplus odieux, non-seulement aux soldats, mais encore aux populations qui eurent beaucoup à souffrir de ses exactions. Aussi laissa-t-il à ses héritiers de grandes richesses.   A. D. M.

ALTRIPIA. Monastère d'hommes, du diocèse de Trèves, fondé avant 868. — ALTUM FAGETUM, FAGET. Monastère d'hommes, du diocèse d'Auch, fondé avant 817, sous le patronage de saint Sixte. — ALTUM MONASTERIUM. Monastère d'hommes, à Mayence (on nomme *B. Virgo*).   L. D. M.

ALTUMVILLARE (HAUTVILLERS). Monastère d'hommes, de l'ordre de Saint-Benoît, diocèse de Reims, sur la Marne, à quatre lieues de Reims, fondé vers l'an 662, sous l'invocation de saint Pierre et de saint Paul, par saint Nivard, archevêque de Reims, qui s'y retirait fort souvent et qui voulut y être inhumé. On y a longtemps conservé dans de très-belles châsses d'argent ses reliques et celles de sainte Hélène, qui, suivant les traditions locales, est la même que la mère de l'empereur Constantin. Saint Bercaire fut le premier abbé de Hautvilliers; mais il n'accepta cette dignité qu'à condition que le monas-

tère serait toujours dans la dépendance des évêques de Reims. Le corps de saint Sandony, Sandon ou Syndulphe, prêtre solitaire du diocèse de Reims, fut transporté dans l'abbaye de Hautvilliers, qui a été fort augmentée par les comtes de Champagne. Ce fut dans ce monastère que le fameux Gotescalc fut renfermé pour y faire pénitence. Ce monastère était fort célèbre sous les deux premières races. Dans la décadence de l'observance, il fut presque réduit à rien : à peine y avait-il de quoi entretenir un petit nombre de religieux. Dans la suite, les pères de la congrégation de Saint-Vannes, qui firent revivre le premier esprit de saint Benoît et de saint Nivard, par l'introduction de la réforme, rétablirent ce monastère par leur économie, et ils en firent une des meilleures abbayes du royaume. De tous les anciens monuments écrits; il n'y restait avant 1789 qu'un texte des Évangiles, écrit en lettres d'or et d'une beauté remarquable; il est du temps de l'archevêque Ebon; le calendrier est le même que le P. Fronta a fait imprimer. Les ruines du monastère, qui existent encore, sont fort belles, et ne feront pas un des moindres ornements de la statistique du département de la Marne, ouvrage dont le ministre de l'instruction publique a confié la rédaction à MM. Didron, Varin et Durand. L. D. M.

ALTUSFONS (HAUTEFONTAINE). Monastère d'hommes, de l'ordre de Cîteaux, de la filiation de l'abbaye de Trois-Fonfaines, du diocèse de Châlons-sur-Marne; il fut fondé en 1136, sous l'invocation de la sainte Vierge. Il tire son nom d'une fontaine qui jaillit d'un rocher, sur lequel ce monastère fut établi, et qui apporte à la Marne le tribut de ses eaux. On voyait dans l'église deux tombeaux des seigneurs de Sainte-Livière.   L. D. M.

ALTUSMONS (HAUTMONT ou OMONT.) Monastère d'hommes, de l'ordre de Saint-Benoît, du diocèse de Cambrai, situé dans le Hainaut, sur la rivière de Sambre; à une lieue environ de la ville de Maubeuge. Il fut fondé en 649, sous le patronage de saint Pierre et de saint Paul, par le comte Madelgaire, dit saint Mauger ou saint Vincent de Soignies, époux de sainte Vaudru. Ce seigneur s'y retira pour s'y consacrer au service de Dieu, mais il n'y mourut point : pour se dérober à l'empressement importun de ceux qui venaient le voir et troubler sa solitude, il alla s'enfermer au monastère de Soignies. Saint Ausbert, évêque de Rouen, exilé à Hautmont, y termina sa carrière.   L. de M.

ALUA. (*V.* ALVA.)

ALUCITE. C'est un insecte de l'ordre des lépidoptères, et de la tribu des tinéites. L'alucite ou *teigne des grains* est d'un gris brillant semé de taches un peu moins foncées; elle a trois lignes environ de longueur comme la mouche ordinaire. Elle est très-commune dans le midi de l'Europe et en Amérique; où elle commet de grands dégâts sur les champs. Sa chenille, blanche, lisse et à tête brune, se trouve souvent dans les champs même où elle dépose ses œufs, et plus souvent encore dans les greniers, où, garantie du froid et de l'humidité, elle pullule à un point extraordinaire. Cette chenille, qui n'a pas plus d'une ligne de long, pénètre dans le grain, dont elle dévore toute la substance farineuse en assez peu de temps. Elle se transforme ensuite en chrysalide. On assure que dans les pays chauds l'alucite se reproduit jusqu'à cinq ou six fois dans le cours de l'été. Aussi emploie-t-on pour la détruire tous les moyens dont on peut s'aviser, mais qui sont loin d'être complétement efficaces.   N. M. P.

ALUDEL. C'est un chapiteau sans fond et de forme conique en terre, dont on se sert pour la sublimation du soufre. Comme il n'a point de fond, on peut en emboîter plusieurs les uns dans les autres, de manière à former un tuyau de la longueur dont on a besoin.   A. D. M.

ALUMELLE. On désigne par ce nom une lame de couteau ou une lame d'épée longue et mince. Dans ce sens il vieillit. — On appelle aussi de la même manière un fourneau de charbonnier où l'on commence d'allumer le feu; dans ce sens on écrit plus correctement *allumelle*. — En terme d'art, l'alumelle est une lame de fer qui n'est aiguisée que d'un seul côté, comme le biseau d'un ciseau de menuisier. On se sert de cet outil pour gratter ou racler le bois, l'ivoire, la corne, etc. — En terme de marine, on appelle alumelles des lames ou plaques de fer dont on garnit l'intérieur de la mortaise du gouvernail pour la garantir des effets du frottement, ou pression de la barre.   A. D. M.

ALUMINE (*oxyde d'aluminium*) (*chim.*). Ce mot dérive du latin *alumen* (*alun*), parce que c'est ordinairement de l'alun que l'on extrait l'alumine, qu'on rencontre aussi en grande quantité dans les terres argileuses. L'alumine est une poussière blanche, douce et comme onctueuse au toucher, insipide, inodore et happant à la langue. Elle forme avec l'eau une pâte qui, durcie au feu, devient solide, compacte, imperméable, et constitue la base des poteries. — On prépare ordinairement l'alumine pure en décomposant l'alun par l'ammoniaque et la potasse, et en lavant le précipité jusqu'à ce que les eaux de lavage ne précipitent plus les dissolutions de baryte. Ce procédé demande beaucoup de temps, à cause de la lenteur avec laquelle l'alumine se dépose, et il est rare qu'on obtienne cette terre très-blanche et dans un grand état de division. Ces difficultés ont empêché jusqu'à présent d'employer l'alumine, et M. Gay-Lussac a rendu, il y a quelques années, un véritable service aux arts, en indiquant un moyen prompt et facile de l'obtenir parfaitement pure, et en aussi grande quantité qu'on peut le désirer. Ce moyen consiste à prendre de l'alun à base d'ammoniaque, que l'on trouve aujourd'hui en abondance dans le commerce : on commence par le calciner pour le dépouiller de son eau de cristallisation, et on le décompose ensuite dans le creuset à une chaleur rouge. L'acide et l'ammoniaque se dégagent, et l'alumine reste seule dans le plus grand état de pureté. Cette terre ainsi préparée est très-blanche et d'une ténuité extrême. Elle se lie bien avec l'eau, mais elle l'abandonne par une douce chaleur, et reprend ses propriétés, comme Théodore de Saussure l'a déjà remarqué. Sa grande division et la dureté de ses molécules pourront la rendre propre à lustrer les métaux; et sa blancheur permettra même de l'employer dans la fabrication des couleurs. — Tout récemment un chimiste anglais crut avoir découvert un nouveau métal; mais ce métal, comme on l'a reconnu depuis, n'est autre chose que de l'alumine mêlée à de l'oxyde de fer. M. Richardson, dans le numéro de juin 1836, Records of general science, annonça l'existence du prétendu nouvel oxyde qu'il venait de découvrir dans la Davidsonite. Il donna à cet oxyde, qui ne différait de l'alumine que par la coloration de quelques précipités qu'il présentait avec certains réactifs, le nom de donium. Un mois après, dans le numéro de juillet du même journal, M. Henry S. Boase publia quelques observations sur le même corps, pour s'assurer sa participation à cette découverte. Il avait été frappé de voir de l'alumine se dissoudre dans l'ammoniaque; le changement de couleur qu'elle éprouvait à l'air en passant du blanc au brun, sa précipitation en vert par le sulfhydrate d'ammoniaque; toutes ces réactions lui semblèrent ne pas appartenir à l'alumine. Dès lors il fut conduit à regarder ce corps comme nouveau, et il allait proposer pour lui le nom de Treenium, de Treene, lieu où il avait été trouvé, quand M. Richardson le devança. M. Smith reprit depuis ces travaux, et ne tarda pas à s'apercevoir qu'au lieu d'avoir affaire à un nouvel oxyde, MM. Richardson et Henry S. Boase n'avaient eu dans les mains qu'un mélange d'alumine et d'oxyde de fer. On savait d'ailleurs depuis longtemps que la dissolution aluminique, contenant de l'oxyde de fer, donnait, par le sulfhydrate d'ammoniaque, un précipité vert, et que le précipité formé par l'ammoniaque se dissolvait de nouveau dans un excès de précipitant, ce qui n'a pas toujours lieu; aussi s'étonne-t-il que ces deux chimistes aient considéré ces réactions comme nouvelles. Quoiqu'il en soit, la davidsonite peut être regardée avec certitude comme un silicate d'alumine mélangé avec le silicate d'oxyde de fer. (V. Lond. and Edimb. phil. Magaz. act. 1836, 255.) L'alumine ne se trouve jamais dans la nature à l'état de pureté, on la rencontre le plus ordinairement mêlée à des corps dont il est souvent fort difficile de la débarrasser. Ces corps sont plus particulièrement la chaux et la magnésie. Tous les moyens d'analyse employés jusqu'à présent ont été défectueux et insuffisants, pour séparer convenablement l'alumine de la chaux et de la magnésie. Nous trouvons dans un journal de chimie allemand (Journ. für Praktische Chemie v. Erdmann, etc.), un procédé facile, mais un peu cher, indiqué par M. Anthon. Ce procédé est fondé sur la propriété que possède le tungstate simple de soude, de ne pas précipiter les solutions neutres de magnésie. Pourtant, il ne faudrait pas substituer au tungstate de soude l'acide tungstique libre hydraté; car cet acide, à l'état de liberté, précipite la magnésie. Comme la chaux et l'alumine sont toujours précipitées de leurs dissolutions par le tungstate de soude, il deviendra très-facile de séparer ces bases les unes des autres. L'addition d'un excès d'acide ou de sel ammoniac ou d'acide oxalique n'empêchera point la magnésie de rester en dissolution; l'acide tartrique seul en pourrait produire la précipitation. — L'alumine se comporte comme une base; elle se combine avec les acides pour former des sels, mais ces sels ne sont jamais neutres; ils rougissent la teinture de tournesol, ce qui démontre que tout l'acide n'est

pas neutralisé, et qu'il y en a une certaine quantité libre. Ces mêmes sels sont toujours astringents, d'une saveur fraîche et acide; ces caractères suffisent jusqu'à un certain point pour distinguer les sels d'alumine des sels de magnésie, qui ont une saveur amère, et des sels de glucyne, qui ont une saveur légèrement sucrée. — L'alumine possède une propriété qu'il est important de signaler; une fois saturée d'eau, elle s'oppose au passage de ce liquide; on profite de cette propriété pour retenir des liquides dans les réservoirs et bassins, d'où tôt ou tard ils s'écouleraient sans cette précaution. On revêt inférieurement et latéralement les cavités où les bassins doivent être établis, d'une couche plus ou moins épaisse d'argile détrempée, destinée à empêcher le passage de l'eau. Cette propriété de l'alumine explique encore comment ces terrains argileux, qu'on nomme terres fortes, sont particulièrement bons pour les cultures qui exigent de l'humidité : ils absorbent et retiennent les eaux pluviales. L'argile réduite en pâte et exposée à l'air prend de la solidité et perd une portion de l'eau qu'elle contenait; néanmoins elle en retient encore beaucoup, que l'on peut en séparer peu à peu, et à mesure qu'on la soumet à une température de plus en plus élevée. Plus elle perd d'humidité, plus ses molécules se resserrent, son volume diminue et sa dureté augmente. C'est sur l'observation de ce fait que Wedgwood a imaginé son pyromètre, instrument qui sert à déterminer les températures que le thermomètre ne peut plus indiquer (V. PYROMÈTRE). Un des caractères essentiels de l'alumine est d'être soluble, même à froid, dans la potasse ou soude en excès. C'est pour cela qu'on ne peut faire usage de la potasse pour précipiter l'alumine, et que l'on préfère l'emploi de l'ammoniaque pour la précipitation de cet oxyde terreux. Un bon caractère de l'alumine est de se transformer, par l'addition de la potasse ou ammoniaque et de l'acide sulfurique, en alun qui cristallise en octaèdres réguliers. L'alumine forme la base de la plupart des pierres précieuses, parmi lesquelles nous nommerons le rubis, la topaze, le saphir et le corindon. — Parmi les sels d'alumine, nous signalerons 1° le sulfate d'alumine, qui est le produit de la combinaison directe de l'alumine et de l'acide sulfurique. Ce sel, toujours acide, ne cristallise que difficilement en houppes soyeuses, ou en lames nacrées et flexibles, qui ne se conservent point, parce que ce sel attire l'humidité de l'air. Il est décomposé entièrement à la chaleur rouge-blanc, avec dégagement d'acide sulfureux, d'oxygène et d'acide sulfurique; on a pour résidu l'alumine. Combiné avec de la potasse ou de l'ammoniaque, il donne de l'alun. Il est employé en médecine comme un remède, caustique et astringent. 2° Le nitrate d'alumine : il est acide et non cristallisable comme le sel précédent; il est le résultat de la combinaison directe de l'alumine et de l'acide nitrique. On ne le rencontre pas plus dans la nature qu'on n'y trouve le sel précédent. — Des autres sels d'alumine, comme le phosphate, le borate, l'oxalate, sont de peu d'importance, et leurs caractères ne diffèrent pas beaucoup de ceux du sulfate d'alumine (V. SCHEELE, de silice, argila et alumine, dans ses Opuscul. II, p. 67. Bergmann, de confectione aluminis (Opuscul. I, 279). Théodore de Saussure).

F. HŒFER.

ALUMINIUM (chim.) est un corps simple, obtenu par la désoxydation de l'alumine. L'oxygène paraît être en combinaison si intime avec l'aluminium qu'il est extrêmement difficile de l'en séparer. H. Davy a le premier tenté cette séparation, soit en faisant agir sur de l'alumine la pile électrique, soit par l'action des vapeurs de potassium sur de l'argile chauffée au blanc. Mais, quelque puissants que fussent ces procédés, il n'a point obtenu l'aluminium en quantité suffisante ni dans un état de pureté assez grand pour avoir pu en étudier les propriétés. Cependant, on arrive à isoler l'aluminium de l'oxygène, non pas par voie directe, comme on l'avait fait jusqu'ici, mais par voie indirecte. Pour cela, il faut d'abord former du chlorure d'aluminium. Ensuite on place au fond d'un creuset de porcelaine plusieurs fragments de ce chlorure d'aluminium qu'on recouvre de fragments de potassium parfaitement pur. Le tout étant ainsi disposé, on chauffe le creuset bien fermé par un couvercle, d'abord lentement; vers la fin on le chauffe de plus en plus fort. Si on chauffait trop dès le commencement de l'opération, on s'exposerait à une explosion qui ne serait peut-être pas sans danger. L'opération étant terminée, on trouve au fond du creuset une poussière grisâtre, douée d'un éclat métallique aux rayons du soleil. Cette poussière c'est l'aluminium! Passé au brunissoir, l'aluminium prend un éclat blanc d'étain; pilé dans un mortier d'agate, il se laisse réduire en petites lamelles luisantes; enfin, il prend tous les caractères extérieurs propres aux métaux. Ayant pris nais sance à une température élevée et à l'aide d'un procédé très-énergique, l'aluminium est, comme on peut le concevoir aisément, extrêmement réfractaire au feu. Il ne fond point à la température du fer fondant. Chauffé dans un tube de verre bien fermé, il prend une couleur un peu plus foncée et devient moins oxydable. Dans l'état lamelleux, il est conducteur de l'électricité, tandis qu'il ne l'est point à l'état de poussière. Chauffé à l'air, il devient incandescent, brûle avec une belle flamme blanche très-éclatante, et laisse pour résidu de l'argile pure très-compacte. En faisant tomber la poussière d'aluminium à travers la flamme d'une bougie, on produit une foule d'étincelles aussi brillantes que celles que produit le fer brûlé dans l'oxygène. Brûlé sous une cloche contenant de l'oxygène, il jette un éclat tellement éblouissant que l'œil ne peut le supporter; en même temps il se développe une si grande chaleur que l'argile, qui se forme à mesure que l'aluminium brûle, entre en fusion. Les parcelles d'argile ainsi fondues sont jaunâtres et certainement aussi dures que l'argile naturellement cristallisée, connue sous le nom de corindon. Ces parcelles coupent le verre comme le diamant. L'aluminium ne s'oxyde point dans l'eau à la température ordinaire, mais il décompose l'eau bouillante, s'empare de l'oxygène et dégage de l'hydrogène. Cette décomposition est cependant peu vive. L'acide sulfurique et l'acide nitrique n'attaquent point l'aluminium à la température ordinaire. Il se dissout au contraire rapidement dans l'acide sulfurique chauffé, en dégageant de l'acide sulfureux. Il se dissout également dans l'acide chlorhydrique faible, en dégageant de l'hydrogène. Il disparaît aussi dans l'ammoniaque qui retient une grande quantité d'alumine en dissolution. Chauffé dans un courant de chlore gazeux et sec, il s'enflamme et se change en chlorure d'aluminium. — Le soufre se combine avec l'aluminium à une température élevée. Le *sulfure d'aluminium* se présente sous forme d'une matière noirâtre, qui sous le brunisseur prend l'aspect du fer; exposé à l'air, il s'altère, tombe en une poussière d'un gris blanchâtre, en exhalant l'odeur caractéristique de l'hydrogène sulfuré. Mis dans l'eau, il se décompose encore plus rapidement. Le phosphore se combine avec l'aluminium également à une température élevée. Le *phosphure d'aluminium* est noirâtre, pulvérulent, ayant l'odeur de l'hydrogène phosphoré. Mis dans l'eau, il dégage de l'hydrogène phosphoré spontanément inflammable à l'air. Le *séléniure d'aluminium* est analogue au sulfure d'aluminium. Pendant la combinaison avec l'arsenic, l'aluminium brûle avec une faible flamme. L'*arséniure d'aluminium* est grisâtre, pulvérulent, prend, par le frottement, un éclat métallique foncé, et exhale une odeur d'hydrogène arsénié. Le tellure se combine avec l'aluminium à une température assez élevée et avec une flamme considérable. Le produit de cette combinaison est noirâtre, pulvérulent et répand une odeur d'hydrogène telluré. Il se décompose avec une grande rapidité dans l'eau, qui se colore d'abord en rouge, puis en brun, enfin se trouble tout à fait par le tellure qui se dépose. — Le procédé que nous avons décrit pour la préparation si difficile de l'aluminium est le procédé qu'a employé pour la première fois F. Woehler, chimiste allemand fort célèbre. Avant lui, M. Oersted, chimiste danois, avait employé un procédé un peu plus compliqué, mais fort ingénieux, que voici : on fait passer un courant de chlore gazeux sur de l'argile mêlée avec de la poussière de charbon, en même temps on fait agir sur ce mélange un amalgame de potassium (potassure de mercure); il se produit, pendant cette réaction, un amalgame d'aluminium, duquel on peut éliminer le mercure par la distillation. L'aluminium ainsi obtenu, dit M. Oersted, se présente sous forme de globules métalliques ressemblant à de l'étain. F. Woehler, qui a essayé lui-même quelque temps après le procédé d'Oersted, n'a point obtenu le même résultat. Voici maintenant comment F. Woehler procède pour obtenir d'abord facilement le chlorure d'aluminium dont il tire ensuite l'aluminium lui-même, comme nous l'avons décrit plus haut: On précipite à chaud une dissolution d'alun par du carbonate de potasse. L'alumine ainsi précipitée est convenablement lavée et séchée. Pour mêler ensuite intimement l'alumine avec du charbon, on chauffe celle-là avec de la poussière de charbon, de l'huile et du sucre, le tout réuni en une pâte compacte; on continue à chauffer jusqu'à ce que toute la matière organique soit complètement détruite. Le mélange est ensuite porté dans un tube de porcelaine qu'on chauffe au rouge pendant qu'on le fait traverser par un courant de chlore. Tout le chlore est d'abord absorbé; mais bientôt le chlorure d'aluminium qui se forme se dégage, et, en se déposant sous forme de poussière, il peut obstruer l'extrémité inférieure du tube de porcelaine.

Ce produit est d'une couleur jaune-verdâtre, demi-transparent, d'une structure à peu près lamelleuse. Il fume à l'air, exhale une odeur de chlorhydrique et tombe en déliquium. Mis dans l'eau, il se décompose avec effervescence. Il est volatil. On peut le conserver dans de l'huile de naphte. (V. *Annalen der Physik und Chemie*, v. *Poggendorff*, vol. xi; Leips. 1827. F. *Woehler ueber das Aluminium*. — *Oersted dans les Mémoires de Danemark*. — *Oversigt over det K. Danske Videnskabernes selskabs forhandlinger og dets Medlemmers Aibeider, fra mai 1827, til 31 mai 1825*.

F. HŒFER.

ALUN. C'est une substance saline, produit de la nature ou de l'art, longtemps regardée comme un corps simple et reconnue aujourd'hui pour un sel double ou même triple, qui se compose d'alumine, de potasse, d'ammoniaque, d'acide sulfurique, et désigné par les noms de sulfate acide d'alumine et de potasse ou d'ammoniaque, d'alumine sulfatée alcaline, de vitriol d'argile, d'alumine vitriolée, etc. L'alun se trouve en cristaux formant un octaèdre régulier d'une saveur styptique ou astringente, transparents, incolores et légèrement efflorescents. L'alun se dissout difficilement dans l'eau froide; à l'eau bouillante il perd les trois quarts de son poids. — On le trouve rarement tout formé, surtout en état de pureté. L'art sur ce point va plus loin que la nature. Au surplus, les matières dont il se compose sont extrêmement communes, surtout dans les contrées où des volcans ont existé. La plus grande partie de l'alun qu'on livrait autrefois au commerce se tirait de la Syrie ou de l'Égypte. On appelle *beurre de montagne*, et dans les pharmacies *sel kalotrie de scopoli* celui qui est jaunâtre et onctueux et qu'on regarde comme un alun capillaire (le *trichites* des anciens) et qu'on trouve de la chaux sulfatée et du fer. Celui qu'on nomme *alun de plume* ou alumine sulfatée fibreuse se trouve sous la forme de filaments soyeux parallèles, qu'on a confondus quelquefois avec l'amiante flexible. Quand les mines contiennent l'alun tout formé, on se contente de lessiver et de faire cristalliser. Pour le retirer des schistes alumineux qui le renferment, on expose les schistes à l'air pour les faire effleurir, on les calcine pour produire la plus forte oxydation possible du sulfate de fer qui s'est manifesté par l'efflorescence et le rendre insoluble; on lessive ensuite et l'on réduit en cristaux. — On retire encore l'alun des substances qui en contiennent les éléments, telles que l'argile, les terres glaises, etc., en soumettant ces matières à l'action de l'acide sulfurique; pour le convertir ensuite en cristaux on ajoute de l'ammoniaque et de la potasse. L'alun chauffé dans son eau de cristallisation donne une masse transparente qui constitue l'*alun de roche*. Soumis à une température plus élevée, il perd son eau et devient opaque, c'est l'*alun calciné*. Chauffé au rouge avec du charbon pulvérisé, il produit le pyrophore (V. ce mot). L'alun cristallisé est un des plus puissants astringents; l'alun calciné s'emploie comme escharotique et dessiccatif. — Plusieurs procédés sont mis en usage pour la fabrication de l'alun; mais, quel que soit celui qu'on préfère, l'alun présente toujours, à très-peu de chose près du moins, la même composition. Il n'y a donc aucun motif pour attacher plus de prix à l'un qu'à l'autre. L'alun de Rome se prépare à Civita-Vecchia; il offre de petits cubes couverts d'une efflorescence rose qui provient de la présence de l'oxyde de fer. L'alun du Levant se compose aussi de fragments assez irréguliers couverts d'une efflorescence rougeâtre. L'alun de roche doit son nom, à ce que prétend Leibnitz, à la ville de Roche en Syrie. L'alun d'Angleterre passait autrefois pour le meilleur; il est démontré aujourd'hui que c'est un de ceux qui renferment le plus d'impuretés de sulfate de fer. — L'alun est d'un usage très-étendu dans les arts. Les teinturiers s'en servent pour fixer les couleurs qu'ils emploient; les fabricants de papier pour l'empêcher de boire; les fabricants de chandelles pour rendre le suif plus ferme; les fourreurs pour conserver les peaux qui ont leur poil; les Anglais pour raffiner le sucre. On fait encore entrer l'alun dans la préparation de la colle forte et dans la préparation moderne de certains enduits qui mettent le bois et la toile à l'abri des atteintes du feu. (V. DÉCORATIONS DE THÉÂTRE.) — En minéralogie on donne le nom d'*alunites* à des substances qui renferment les mêmes éléments que l'alun, mais dans des proportions différentes. Ils se composent principalement de sulfate de potasse et de sulfate d'alumine combinés avec l'hydrate d'alumine; comme cette combinaison empêche les deux premiers sels de se dissoudre, on soumet les alunites à un feu modéré qui suffit pour décomposer l'hydrate sans altérer les sulfates. Après cette opération il ne reste que des sulfates solubles et de l'alumine inerte. On sépare les premiers des résidus terreux par lixiviation. L'alunite

dans son état naturel présente une substance pierreuse extrêmement dure capable de rayer le verre, et formant des cristaux de forme rhomboïdale. (*V.* SELS D'ALUMINIUM, SELS HALOÏDES, SELS AMPHIDES, SULFATE ALUMINIQUE.)
N. M. P.

ALUNAGE. C'est le mot par lequel on désigne dans la *teinture* une opération qui consiste à tremper dans une dissolution d'alun les tissus de fil, de laine, de coton ou de soie, avant de les plonger dans la couleur. Cette opération est fondée sur la connaissance qu'on a acquise de l'affinité de l'alun pour la matière colorante, ce qui sert à fixer la couleur et à la rendre solide. On donne assez généralement aux dissolutions d'alun le nom de mordant. Au reste la dissolution doit être plus ou moins chargée suivant la nature du tissu et de la couleur qu'on emploie. N. M. P.

ALUNG-GOA, tige des souverains des anciens Mongols, et dont Tschinggis Chaghan ou Genghiskhan descendait en dixième ligne (*V.* BEDETSĖKHAN.) Elle était fille de Choritai, prince de Tummed, et de Baraghodschin Goa, sa femme. Dobo Mergen l'ayant épousée en eut Belgetei et Begoentei. Après la mort de son mari, Alung-Goa, malgré son veuvage, eut encore trois fils, savoir : Bughu Chatai, Bughu Soaldschigho et Budantsar Moug Khan, duquel descendait Tschinggis. Elle prétendit que c'était un *etgri* (esprit divin) qui les avait engendrés en elle, voulant leur donner par là une origine céleste, comme le faisaient la plupart des autres dynasties de l'Orient. Mais l'historien mongol Ssanang Ssetsen donne le mot de l'énigme (*V.* son *Histoire des Mongols orientaux,* traduite en allemand par J. Schmidt, p. 59). D'après lui, des *gens mal intentionnés* auraient dit, lorsque les enfants étaient grands : « Est-il de coutume qu'une femme qui vit seule mette des enfants au monde? Machali, de la tribu de Bajagod, avait l'habitude de venir chez vous : c'est bien de lui que vous les avez eus. » R.

ALUNIÈRE, lieu d'où l'on tire l'alun; lieu où on le travaille pour le livrer au commerce. A.

ALUNNES, famille d'insectes de l'ordre des coléoptères. A.

ALURNES, insectes herbivores qui n'appartiennent point au pays où on les aperçoit et qui y sont arrivés d'une autre contrée. A.

ALUS ou **ALLUS.** On lit au livre des Nombres que les Israélites, étant partis de Daphca, vinrent camper à Alus (*Num.* XXXIII, 13); ce qui fut leur dixième campement dans le désert. Les Septante ont rendu le terme hébreu *Alousch* par Ἀλοῦς. Le livre de l'Exode, qui rapporte les différentes stations du peuple hébreu, ne fait mention ni de celle-ci ni des deux précédentes. Voici ce que dit à ce sujet D. Calmet : « Moïse n'a pas marqué ces campements dans l'Exode, parce qu'apparemment ils étaient dans le désert de Sinaï, et qu'il n'y était rien arrivé de singulier (*Comment. sur l'Exode,* XVII, 1). » Quant à la position du lieu, le même auteur ajoute : « On connaît dans l'Arabie Pétrée *Alus* et *Elisa* ou *Lusa* (*Vide Euseb.* in Ἀλλοῦθ, *et* Ptolom., *Geogr.,* lib. v, cap. 16 et 17). Il y en a qui en font deux villes (*Comment. sur les Nombres,* XXXIII, 13). L'une des deux fut bâtie, ou la première simplement rétablie, par un Chananéen de Bethel, du temps des Juges (*Jud.,* I, 26). » J. G.

ALUTA, fleuve de la Dacie Trajane, lequel descend des montagnes situées dans la partie septentrionale de cette contrée, et coule vers le sud où il rencontre l'Ister, là où l'Ister lui-même se jette dans l'Osmus, dans la basse Mésie. Il porte aujourd'hui les noms d'Olt, Ault ou Alut. A. D. M.

ALVA DE TORMÈS (BATAILLE ET VILLE). Ce fut le 28 novembre 1809, près d'Alva de Tormès, que les Français, commandés par Kellermann, remportèrent sur les Espagnols une victoire signalée. Cette ville s'élève sur le penchant d'une colline, sur la rive septentrionale du Tormès. Elle fut érigée en duché au XVe siècle par Henri IV de Castille, qui la donna à la maison d'Alvarez. Située à 5 lieues S.-E. de Salamanque, elle renferme une population de 4,000 habitants, possède 9 paroisses, 5 couvents, dont un fut fondé par sainte Thérèse de Jésus, et un magnifique château qui appartient à ses seigneurs. Une plaine immense l'environne, et du haut de la ville on jouit d'un spectacle admirable.

ALVA Y ASTORGA (PIERRE), Espagnol de naissance, passa de bonne heure au Pérou où il prit l'habit de Saint-François. De retour en Europe, il alla s'établir dans les Pays-Bas où il mourut en 1667, après avoir été procureur à la cour de Rome et qualificateur de l'inquisition. Il a composé plusieurs ouvrages, parmi lesquels on distingue son *Index chronologicus ou Table chronologique de tous les brefs des papes,* adressés

aux religieux de Saint-François; son traité sur la conception de la sainte Vierge, sous le titre singulier de *Funiculi nodi indissolubiles de conceptu mentis et conceptu ventris,* dans lequel il rapporte avec soin toutes les opinions qui ont été émises sur cette matière; mais de tous ses ouvrages celui qui a fait le plus de bruit, c'est une *Vie de saint François,* qu'il a intitulée *Naturæ prodigium, gratiæ portentum,* etc., imprimée à Madrid, in-fol., 1651. Ce livre, très-rare aujourd'hui, contient un tableau des conformités de saint François avec J. C. L'auteur a trouvé quatre mille conformités. On a déjà eu occasion de dire combien un livre publié dans le XVIe siècle, sous le titre de *Conformités,* avait donné lieu aux protestants de tourner en dérision divers objets du culte catholique.
N. M. P.

ALVAH. On lit au livre de l'Exode (xv, 23-25) que les Israélites, après avoir parcouru le désert de Sur pendant trois jours, sans trouver d'eau bonne à boire, parce qu'elle était trop amère, murmurèrent contre Moïse, et que Moïse ayant adressé ses prières au ciel, Dieu lui indiqua un certain bois qui, jeté dans les eaux, en ôta toute l'amertume. L'Écriture ne nous a pas conservé le nom de ce bois, mais les mahométans l'appellent *alvah,* et croient que Moïse en gardait, dans l'arche d'alliance, un morceau qui lui était venu par succession des patriarches, depuis Noé qui l'avait conservé lui-même dans l'Arche (Herbelot, *Biblioth. orient., art.* ALVAH *et* THALOUT). Mais laissons cette tradition fort suspecte des Arabes pour nous occuper d'un point plus important. Les incrédules du siècle dernier et les rationalistes de nos jours n'ont vu dans le changement de ces eaux qu'un fait purement naturel, et les premiers ont poussé l'impudeur jusqu'à dire que Moïse qui connaissait la propriété qu'avait un certain bois de rendre douces les choses amères, se servit habilement de cette connaissance pour jouer un miracle. Le ton seul de simplicité avec lequel Moïse raconte cet événement mémorable suffit pour fermer la bouche à ces blasphémateurs. Quant à l'opinion des rationalistes, nous convenons avec eux qu'il existe plusieurs espèces de bois qui rendent les eaux douces et potables. Mais peut-on conclure de là que la chose se fit sans miracle à la source de Mara? nullement. D'abord il faudrait qu'on prouvât qu'il se trouvait précisément dans ce lieu quelqu'une des espèces de ce bois qui adoucit les eaux; et c'est ce qu'on ne pourra jamais faire. De là le savant Huet pensé qu'il y a un véritable prodige en ce que Moïse trouva dans le désert le bois propre à opérer cet effet, bois qu'il n'y aurait jamais découvert sans une révélation expresse (*Quæst. Alnet.,* lib. II, p. 208). En second lieu, Moïse nous affirme que c'est Dieu lui-même qui lui indiqua le bois dont il se servit pour adoucir les eaux de Mara. Mais ce qui achève de montrer que la Divinité intervint d'une manière surnaturelle dans cet événement, c'est de voir une petite quantité de ce bois adoucir sur-le-champ autant d'eau qu'il en fallait pour désaltérer un si grand nombre de personnes et d'animaux, et cela de manière à faire cesser au moment même les plaintes et les murmures de tout un peuple. Pour prouver que ce changement des eaux n'a rien de surnaturel, Rosenmüller donne pour raison que s'il s'était agi d'un miracle, il n'aurait pas été nécessaire d'indiquer à Moïse un bois particulier pour le jeter dans l'eau, puisqu'il pouvait se servir pour cela de la verge divine qui avait déjà opéré tant d'autres miracles (*Scholia in Exodum,* cap. xv, vers. 25). Mais le savant commentateur, dont la fine critique est évidemment en défaut, aurait dû au moins nous montrer que Dieu s'était engagé à ne jamais faire de miracles que par la verge divine, qui en avait fait plusieurs en Égypte, ou bien nous prouver que, dans cette dernière circonstance, le bois jeté dans les eaux fut le moyen même qui les rendit douces, et ne fut pas au contraire un de ces simples signes extérieurs que la puissance divine a si souvent employés pour cacher son action immédiate. On ne détruit pas la réalité d'un prodige aussi patent par des raisons aussi faibles. J. G.

ALVA ou **ALUA** fut le second chef de l'Idumée; il succéda à Thamna (*Gen.,* XXXVI, 40; *I Paral.,* I, 51). Les Septante le nomment *Gola,* et le texte hébreu *Halvâ,* par l'*h* la plus aspirée, que les Septante expriment très-souvent par un *g.* J. G.

ALVAN, fils aîné de Sobal, l'un des descendants d'Esaü, qui s'étaient fixés dans le pays d'Édom (*Gen.,* XXXVI, 23). La Vulgate le nomme *Alian* (*I Paral.,* I, 40); la version des Septante *Gôlam* dans la Genèse, et *Alôn* dans les Paralipomènes. Quant à l'hébreu, il porte dans la Genèse *Halvân,* et au livre des Paralipomènes *Haliân,* leçon que les Massorèthes regardent comme vicieuse, et à laquelle ils substituent *Halvân.* D. Calmet a confondu Alvan avec Alva; cependant la Bible paraît assez clairement en faire deux personnages distincts.

J. G.

ALVAR. C'est le nom d'une province de l'Hindoustan entre Delhy et Agra. Elle est montagneuse et boisée, offrant à ses habitants des lieux presque inaccessibles d'où ils peuvent braver les efforts de leurs ennemis. Elle est gouvernée par un radjah indépendant qui réside à Machevry, l'une des villes de la province. Alvar, qui en est la capitale, est située au pied d'une montagne escarpée et défendue par de bonnes fortifications et un château qui s'élève au sommet de la montagne. Cette ville est située à 27° 44' de lat. N. et 74° 6' de longit. E. de Paris. Le radjah de Machevry a profité de son alliance avec la compagnie d'East-India pour s'agrandir aux dépens du radjah de Burspour qui avait joint ses troupes à celles du fameux Hólkar.

A. D. M.

ALVARADO (Pierre d'), né à Burgos en 1492. Entré de bonne heure dans la carrière militaire, il partit en 1518 avec Fernand Cortez dont il devint le compagnon fidèle et dont il partagea les travaux et les succès. Ce fut à lui que Cortez confia la garde de Montézuma en 1520 lorsqu'il fut obligé lui-même d'aller au-devant de Narvaez qui s'élevait contre son autorité. Il déploya dans ces combats beaucoup de bravoure et d'intrépidité, mais après la victoire il montra une insatiable avarice. Après avoir contribué puissamment à la conquête du Mexique, il aida Pizarre à s'emparer du Pérou. Charles-Quint l'avait nommé gouverneur de Guatémala. En 1541 une peuplade indienne s'étant révoltée, il marcha aussitôt contre elle; les Indiens prirent la fuite; poursuivis par les vainqueurs, ils se retournaient de temps en temps pour leur lancer des pierres avec des frondes; une de ces pierres atteignit Alvarado qui tomba mort sur-le-champ.

A. D. M.

ALVARE Ier, roi de Congo, succéda à don Henrique son père. Il était brave, religieux et digne du trône. Sous son règne les Giagues, peuples barbares, firent dans le royaume une irruption si subite et si imprévue, ils l'attaquèrent de tant de côtés à la fois, qu'ils le ravagèrent complètement avant que don Alvare pût rassembler ses troupes pour les combattre. Il n'eut d'autre moyen lui-même de se soustraire à leur fureur que de se cacher dans les îles du Zaïre ou la disette et la peste le suivirent. Les Giagues, n'ayant plus rien à piller se retirèrent chargés de butin. Le roi reprit alors le chemin de la capitale dont il releva les maisons brûlées ou détruites; mais comme les terres n'avaient point été cultivées pendant l'invasion, elles n'offraient aucune ressource aux habitants; on se hâta de les ensemencer. Pour comble de malheur, des nuées de sauterelles dévorèrent l'herbe des prairies, les feuilles des arbres, l'écorce des palmiers et les fruits sur lesquels on comptait. La famine devint extrême; on en vint au point de dévorer des cadavres. Heureusement les Portugais apportèrent des vivres. La famine cessa. On se croyait sauvé quand la peste reparut. Dieu eut enfin pitié de ce prince et de son pauvre peuple. La peste discontinua ses ravages. Après un règne peu fortuné de quarante années, Alvare Ier mourut en 1587.

ALVARE II, roi de Congo, succéda à son père Alvare Ier. Il prit possession du trône sans opposition. Ce fut lui qui obtint pour son pays un évêque particulier. Ce prélat vint accompagné de plusieurs missionnaires qui eurent beaucoup de peine à ramener à Dieu les peuples redevenus presque sauvages, et qui, restés sous l'influence de la peur d'une seconde irruption des Giagues, s'étaient retirés sur des montagnes inaccessibles. Sous le règne d'Alvare II, le Congo jouit d'une paix profonde, et la religion chrétienne fit de grands progrès. Ce prince régna vingt-sept ans. Il mourut en 1614, laissant pour successeur don Bernard, son fils aîné.

ALVARE III, roi de Congo, succéda à son frère, don Bernard, qu'on le soupçonna d'avoir fait assassiner pour régner. Il tâcha de prouver la fausseté de cette accusation, mais ses efforts n'eurent pas un résultat bien satisfaisant. Avant de monter sur le trône, en 1615, il portait le titre de duc de Bamba. Une seconde mission de religieux de la compagnie de Jésus étant arrivée au Congo, il envoya une ambassade au pape Paul V, qui fit donner les plus grands soins à l'ambassadeur, que le changement de nourriture et de climat avait rendu malade. Ce seigneur africain mourut malgré tous les secours de l'art; mais il montra des sentiments dignes d'un chrétien et il emporta la consolation d'avoir reçu les bénédictions du père commun des fidèles. Il fut enterré avec une grande pompe dans l'église de Sainte-Marie-Majeure. Don Alvare III était un prince sage, courageux, libéral, désirant sincèrement la prospérité de son royaume. Ses sujets l'aimaient, et les étrangers qui trafiquaient avec eux le regardaient comme un protecteur

sur ce rivage lointain. Il mourut le 4 mai 1622; après un règne de sept ans.

ALVARE IV, quatorzième roi de Congo, succéda à don Ambroise: c'était un des fils d'Alvare III, mais on ignore quel lien l'attachait à ses prédécesseurs immédiats. Au reste, son règne peu remarquable ne dura que cinq ans. Il mourut le 25 février 1636.

ALVARE V, quinzième roi de Congo, succéda immédiatement à Alvare IV, mais il ne fit que paraître sur le trône; après un règne de six mois, il fut tué dans la seconde bataille qu'il livra au duc de Bamba et au marquis de Chióua qui étaient ses frères utérins. C'était à la fin d'août 1636. Dans la première action il avait été fait prisonnier. Les deux princes vainqueurs donnèrent alors aux marques d'une grande modération la victoire. Ils respectèrent la vie du monarque, ce qui n'était guère dans les mœurs africaines, et ils lui montrèrent autant de respect que s'il avait été dans son palais. Ils le servirent à table à genoux, voulant ainsi le convaincre de leur fidélité dont il avait douté au point de leur faire la guerre. Ils lui rendirent bientôt après la liberté et le reconduisirent jusque dans sa capitale. Pour lui prouver leur soumission, ils le portèrent dans un hamac sur leurs épaules. Malgré toutes ces preuves de dévouement, Alvare ne crut point à la sincérité des princes. Dès qu'il se retrouva libre, il assembla de nouvelles troupes et envahit brusquement le duché de Bamba. Ses frères tentèrent vainement de calmer ses injustes ressentiments; obligés de se défendre, ils acceptèrent le combat: la victoire fut cette fois encore d'accord avec la justice. Le roi fut trouvé parmi les morts.

ALVARE VI, seizième roi de Congo, succéda à Alvare V, son frère utérin, qu'il avait vaincu (V. l'art. précédent). Alvare VI, avant de monter sur le trône, portait le nom de duc de Bamba; après sa victoire, les états du royaume s'étant assemblés le reconnurent en qualité de souverain. Alvare VI envoya un ambassadeur au pape Urbain VIII pour lui demander des missionnaires. Il ne régna que cinq ans et mourut le 22 février 1642.

ALVARE VII, dix-neuvième roi de Congo, succéda, en 1666, à don Antoine, qui avait péri dans une bataille contre les Portugais. C'était un prince du sang royal échappé aux fureurs de don Garcie et de son fils. Il monta sur le trône au milieu de la confusion où tout avait été plongé par la défaite et la mort du roi. On ignore si le nom d'Alvare était le sien; on sait seulement qu'il le prit à son avénement. D'un caractère féroce, il régna en tyran. Il n'était chrétien que de nom et n'en comprenait pas plus les devoirs qu'il ne les remplissait. Son règne fut un tissu de meurtres, de brigandages et de débauches. Le peuple, auquel il s'était rendu insupportable, courut aux armes; le comte de Sogno se mit à la tête des révoltés. Alvare fut détrôné au mois de juin 1666.

ALVARE VIII, vingtième roi de Congo, était un jeune prince du sang royal. Le comte de Sogno, après avoir vaincu et détrôné Alvare VII, le fit élire par les états. Il avait vingt ans. Peut-être aurait-il gouverné avec sagesse et avec bonheur s'il n'avait pas trouvé le royaume déchiré par les factions et épuisé par de longues guerres. De fréquentes révoltes ne lui permirent pas de consolider sa puissance. Le marquis de Pémba déclara contre lui; et, soutenu par un parti nombreux de mécontents, il usurpa la couronne en 1670.

D. L. M.

ALVAREZ. C'est le nom d'une famille noble et d'origine ancienne; les membres de cette famille ont porté différents titres, à partir du duc de La Cérda dont le nom se trouve souvent mêlé à celui du roi Henri de Navarre. Henri de Castille les mit en possession d'Alva de Tormès.—Le nom d'Alvarez a aussi appartenu à des poètes, à des écrivains, et notamment au savant dominicain qui fut choisi pour soutenir conjointement avec le théologien Lémos la cause des thomistes dans les congrégations de auxiliis. Il en est parlé dans l'article suivant sous le nom d'Alvarez.

ALVAREZ (Emmanuel), né à Madère en 1526, entré de bonne heure dans la société de Jésus, devint recteur des collèges de Coïmbre et d'Évora, et de la maison professe de Lisbonne. Il passait pour très-versé dans les langues hébraïque, grecque et latine. On a de lui une très-bonne grammaire latine sous ce titre: De institutione grammaticâ, in-4°, 1599. On en a fait plusieurs éditions in-12. Il a écrit aussi un traité en latin sur les poids et les mesures. Il mourut en 1582. — Diègue Alvarez, né à Vieille-Castille vers le milieu du xvie siècle, fut professeur de théologie en Espagne et en Italie; il devint archevêque de Trani dans le royaume de Naples. Il mourut en 1635, après avoir fortement défendu

la cause des thomistes contre les molinistes, et publié plusieurs écrits justificatifs de ses doctrines. — François Alvarez, né à Coïmbre, fut chapelain du roi de Portugal, Emmanuel, et successivement aumônier de l'ambassadeur que ce prince envoya en 1515 à l'empereur d'Éthiopie ou de Nubie ; Alvarez avait reçu en partant le titre de secrétaire d'ambassade. Il passa douze ans à Gondar, et il les employa à s'instruire de l'histoire naturelle et politique du pays qu'il habitait. On lui doit une Relation de son voyage, Lisbonne, in-fol., 1540, traduite en latin, sous le titre de Fides moresque Æthiopum, et plus tard, en français, sous le titre de Description de l'Éthiopie ; Anvers, 1558, in-8°. Cet ouvrage eut quelque succès ; mais on lui préfère la Relation de Jérôme Lobo, comme plus exacte et plus complète. Alvarez mourut en 1540, laissant après lui la réputation d'un savant modeste et pieux.
A. D. M.

ALVAREZ DE CASTRO, né en 1775 à Osma en Espagne, entra de bonne heure au service, et, protégé par des amis puissants, il parvint jeune encore au grade de colonel. Il était gouverneur du fort de Mont-Joui lorsque les troupes françaises, dominées par les ordres de Napoléon, s'emparèrent de Barcelone, et successivement du fort lui-même. Alvarez fit pendant quelque temps une guerre de partisan, après que l'insurrection eut éclaté en Espagne. Sa conduite, pleine de bravoure et d'intelligence, le fit juger digne du commandement de Girone, dont les Français avaient commencé le siège depuis près de trois mois. La fortune ne seconda pas ses efforts ; il ne put empêcher la ville de capituler. Il fut conduit au château de Figuères, où il mourut de maladie et de douleur en 1810. Il avait reçu de la junte le grade de lieutenant général. A. D. M.

ALVENSLEBEN est le nom d'un bourg situé dans le cercle prussien de Magdebourg, autrefois propriété d'une ancienne famille noble dont il a pris le nom. — Cette famille historique, dont l'origine remonte au XIIᵉ siècle, donna successivement des grands maîtres aux ordres de Saint-Jean de Jérusalem et des Templiers, plusieurs généraux aux armées du pays, et à l'Église de hauts dignitaires, parmi lesquels on trouve des évêques. Elle s'est divisée en plusieurs branches, l'une réside aujourd'hui dans le royaume de Hanovre, l'autre dans l'Altmark et le pays de Magdebourg.

ALVENSLEBEN (PHILIPPE CHARLES D'), né en 1745 à Hanovre, comte prussien, seigneur de Hundisbourg, de Neugattersleben, fut ministre d'État et ministre de la guerre du roi de Prusse, qui le décora de tous les ordres de son royaume. Envoyé à Magdebourg pendant la guerre de sept ans, il partagea l'éducation du prince Frédéric-Guillaume, qui monta plus tard sur le trône sous le titre de Frédéric-Henri-Charles. Il étudia la jurisprudence à Halle ; fut nommé en 1770 référendaire de la cour des comptes, suivit en 1773 le chancelier de Furst dans la mission confiée à ce dernier, et dont le résultat devait être d'inaugurer dans la Prusse occidentale un système nouveau d'administration judiciaire. Plus tard, en 1774, le comte d'Alvensleben abandonnant la carrière judiciaire, obtint le titre de cavalier d'honneur du prince Ferdinand. Bientôt il essaya d'entrer dans les voies de la diplomatie ; cette tentative réussit doublement. Envoyé vers l'électeur de Saxe en qualité de ministre plénipotentiaire, il rendit en cette occasion des services importants à Frédéric II, et acquit dès ce jour la faveur de ce prince. Lorsque le roi de Prusse conclut avec l'électeur de Saxe une alliance contre Joseph II qui envahissait la Bavière, ces négociations difficiles furent confiées au comte d'Alvensleben, qui pendant tout le temps que dura la guerre soulevée au sujet de la succession de ce pays, remplit toujours les fonctions de médiateur entre Frédéric et le prince Henri, entre son maître et l'ancienne cour électorale. Ce fut lui qui signa en 1778 le traité qui intervint. Sous Frédéric-Guillaume II, en 1787, il fut envoyé à Paris ; l'année suivante, il continua sa mission diplomatique auprès des états généraux, et il passa en Angleterre. En 1789, peu disposé à tenir tête aux agitations de cette époque, il demanda sa retraite ; elle ne lui fut accordée qu'en 1790. Rentré dans son pays, il fut appelé aux fonctions de conseiller d'état et de ministre de la guerre. Dès lors il recueillit le prix des longs travaux qu'il avait consacrés aux intérêts de son pays. Il se vit successivement décoré de tous les ordres du royaume. Il mourut à Berlin en 1802, couvert d'honneurs, entouré de la considération publique. Malgré les soins que lui demandaient les fonctions dont il fut investi, il donna constamment à l'étude ses heures de loisir. Il a laissé un ouvrage publié à Berlin en 1792, sous le titre de Essai d'un tableau chronologique des événements de la guerre, depuis la paix de Munster jusqu'à celle de Hubertsbourg.

ALVÉES. C'était le nom par lequel les Romains désignaient de petites barques qu'on appelait plus souvent monoxiles (V. ce mot.) A. D. M.

ALVÉOLE. On donne le nom d'alvéole aux petites cellules que les abeilles forment dans les ruches avec la cire, tant pour déposer leur couvain que pour conserver leur miel (V. ABEILLE et RUCHE.) — On a donné le même nom, par analogie aux petites cavités où les dents se trouvent logées et comme enchâssées. Il n'est pas nécessaire de dire que les dents étant de grosseur inégale, les alvéoles sont toujours d'une grandeur correspondante. Ils sont percés dans le fond de petits trous, qui laissent passer les nerfs et les vaisseaux dentaires ; la gencive se prolonge intérieurement dans la cavité de la dent (V. DENT.) — En botanique, on nomme alvéoles les petites loges qui reçoivent les semences, l'espèce de coupe où le gland et la noisette sont enchâssés ; diverses cavités où certaines fleurs se trouvent naturellement implantées ; lorsque le réceptacle contient plusieurs alvéoles, on l'appelle réceptacle alvéolé. A.

ALVÉOLITHE. C'est une espèce de polipier pierreux ou fossile, qui appartient à l'ordre des millepores. Lamarck les a compris dans sa division des polipiers entièrement pierreux. Il y a aussi des mollusques fossiles du genre des discolithes, auxquels on donne le nom d'alvéolithes (V. MOLLUSQUES, MILLEPORES, POLIPIERS.) A. D. M.

ALVIANE (BARTH.), général des armées vénitiennes pendant la ligue et la guerre de Cambrai, se fit remarquer par son courage énergique et son heureuse témérité ; à l'époque même, où la réputation des troupes françaises intimidait les généraux italiens qu'ils n'osaient plus engager d'actions décisives. Après avoir honorablement servi sous le duc de Gandie, en 1497, Alviane, appelé au commandement de l'armée vénitienne, justifia toutes les espérances que la république avait fondées sur lui au milieu des événements critiques qui la menaçaient de toutes parts. René, comte de Provence, en cédant ses États à Louis XI par son testament, lui avait transmis aussi les droits de la maison d'Anjou au trône de Naples et de Sicile. Louis XI ne songea guère à faire valoir ces droits ; mais Charles VIII, poussé par une déplorable ambition, entraîna la France à une guerre qui, après quelques brillants faits d'armes, finit par une honorable mais désastreuse retraite. Louis XII, en montant sur le trône, fit revivre les prétentions de son prédécesseur, auxquelles il ajouta les siennes. Il s'empara de Naples et du Milanez ; mais bientôt, trahi par Ferdinand son allié et obligé d'évacuer le royaume d'Italie, il ne put se maintenir que dans les États de Milan. Pour s'assurer la paisible possession de ce duché, il résolut d'abattre les Vénitiens dont le voisinage lui portait ombrage. Louis parvint alors à former contre la république vénitienne une ligue puissante, où entrèrent le pape, l'empereur et le roi d'Espagne. La situation de Venise était presque désespérée lorsque Alviane se mit à la tête des troupes, sa campagne de 1508 dans les Alpes Juliennes contre Maximilien fut des plus brillantes, et, s'il faut en croire les historiens, l'armée impériale, commandée par le duc de Brunswick, fut taillée en pièces dans la journée de Cadora. — Malgré ce succès éclatant, Alviane se vit forcé d'interrompre le cours de ses victoires, et pendant que, par de brillantes manœuvres, il travaillait à prévenir la réunion des confédérés, un ordre du sénat, dicté par une circonspection inopportune, vint lui interdire l'offensive. Découragé par le peu d'énergie de la république, Alviane se laissa surprendre à Ghiaradadda (14 mai 1509) ; il eut dix mille hommes de tués à cette affaire, et lui-même fut fait prisonnier par Louis XII. Il ne fut rendu à la liberté qu'en 1513, lorsque le roi de France, abandonné par ses alliés d'Italie et attaqué dans son royaume par les Anglais et les Suisses, s'estima heureux de pouvoir faire la paix avec les Vénitiens. — Rentré au service de la république, Alviane se fit pardonner l'échec de Ghiaradadda par la prise de Brescia, de Bergame, qu'il enleva au duc de Milan. Quelque temps après il parvint à enfermer près de Vicence le général espagnol Cardone ; mais, au lieu d'éviter le combat et de se tenir sur la défensive, ce qui aurait obligé les Espagnols à mettre bas les armes, il offrit la bataille à un ennemi réduit au désespoir, et il la perdit (7 octobre 1513). La conquête de Crémone et de Lodi vint effacer, peu de temps après, le souvenir de cette défaite. — Lors de son avénement au trône, François Iᵉʳ se hâta de reprendre les projets de son prédécesseur sur l'Italie, et s'empara du Milanez. Alviane contribua puissamment à la victoire que le roi de France remporta à Marignan (14 septembre 1515). L'armée de François, pliait déjà devant les phalanges suisses, réputées alors les meilleures de l'Europe, lorsque Alviane ac-

courut avec trois cents cavaliers : « Courage, mes amis ! s'é-
crie-t-il ; nous en aurons plus de gloire. Suivez-moi seulement,
et la victoire est à nous ! » En effet, sa petite troupe se précipita aussitôt sur les Suisses avec tant d'ardeur que ceux-ci
plièrent à leur tour, et laissèrent aux Français le champ de
bataille., Alviane mourut le 7 octobre de la même année,
laissant plusieurs enfants, que le sénat adopta par reconnaissance. Une particularité remarquable de la vie de cet homme
illustre, c'est qu'au milieu du tumulte et de l'agitation des
camps il nourrit constamment un goût prononcé pour les lettres, et consacra aux muses les rares loisirs que lui laissaient
ses fonctions de général. Les biographes racontent qu'il s'interrompit plus d'une fois dans l'étude de ses plans de campagne pour rimer quelque gracieuse canzone. Il fonda une
académie à Pordenone, bourg qu'il possédait dans le Frioul.
ALBERT MAURIN.

ALVINZY (N. BARON D'), feld-maréchal au service de l'Autriche, naquit en Transylvanie en 1726. Il servit d'abord pendant la guerre de sept ans, en qualité de capitaine de grenadiers. En 1789, il commandait une division de l'armée du
général Landon, dirigée contre les Turcs. L'année suivante,
il mit le siège devant la ville de Liége, et la réduisit sous
l'obéissance de son évêque. Lors de la guerre contre la France,
il fit diverses campagnes dans les Pays-Bas et sur les bords du
Rhin. Nommé plus tard au commandement de l'armée d'Italie,
il obtint d'abord quelques avantages dans diverses escarmou-
ches près de Scaldaferro, à Bassano et à Vicence; mais il fut
complètement défait aux fameuses batailles de Rivoli et d'Arcole. Là se termine la carrière militaire du baron d'Alvinzi.
Accusé d'incapacité et même de trahison, il parvint cependant
à se disculper auprès de son empereur, qui lui donna le gouvernement général de la Hongrie. Il sut se faire estimer dans l'exercice de cette charge pénible, et contribua, par sa bonne administration, à la prospérité des provinces confiées à ses soins. Il
mourut à Ofen d'une attaque d'apoplexie, le 27 novembre 1810,
à l'âge de quatre-vingt-quatre ans:

ALXINGER (JEAN-BAPTISTE D'), né à Vienne en 1755, et
mort, jeune encore, en 1797, se fit un nom distingué par la publication d'un volume de poésies, Halle, 1780. Une seconde
collection de ses œuvres fut imprimée à Vienne en 1794. On y
remarquait deux romans versifiés de chevalerie, Doolin de
Mayence, et Bliombéris. On trouva que le talent de l'auteur
ne se soutenait pas dans ces ouvrages à la hauteur où il s'était
placé à ses premières productions. A. D. M.

ALYATTE, fils de Sadyatte, roi de Lydie, succéda à son
père, l'an 619 avant l'ère chrétienne. Fatigué de faire aux Milésiens une guerre sans résultat, il conclut la paix avec eux au
bout de sept ans. Il se tourna alors contre les Cimmériens,
qui s'étaient établis en Asie, et il parvint à les chasser de cette
contrée; il prit d'assaut la ville de Smyrne, mais il échoua devant les murs de Clazomènes. Il fit aussi la guerre à Cyaxares,
roi des Mèdes, et ce fut, dit-on, une éclipse de soleil, survenue au moment d'une bataille, qui porta les deux princes à la
paix. Cette paix fut négociée par l'entremise de Syennesis, roi
de Cilicie, et de Labynète, roi de Babylone. Alyatte, pour confirmer le traité d'alliance, accorda sa fille en mariage à Astyage
fils de Cyaxares. Il mourut vers l'an 562 avant l'ère chrétienne.
Son fils Crœsus lui succéda sur le trône.

ALYPIAS ou ALIPE, géographe du IVe siècle, né à Antioche,
auteur d'une Géographie qu'il dédia à l'empereur Julien, mais
que le critique Bayle lui conteste, sur le motif que l'auteur n'y
parle que par ouï-dire, quoiqu'il eût longtemps résidé dans
cette province. La Géographie d'Alypias, ou du moins une
Géographie qui porte ce nom, et qu'on croit être la même, a
été publiée en grec et en latin par Jacques Godefroi, Genève,
in-4°, 1628. On a confondu avec Alypias d'Antioche un architecte romain que l'empereur Julien avait chargé de reconstruire
le temple de Jérusalem, et qui ne put exécuter cet ordre,
parce que, dit-on, la terre vomissait des flammes partout où
l'on tentait de la creuser pour y jeter les fondements du nouvel
édifice. — Vers la même époque, c'est-à-dire au milieu du IVe
siècle après J. C, vivait un troisième Alypias, musicien et
poëte. Il ajouta deux modes nouveaux aux treize qui étaient déjà
en usage. — Il y a encore un Alypias, originaire d'Andrinople de Paphlagonie; il a été canonisé et surnommé le stylite,
parce qu'il passa plus d'un demi-siècle sur une colonne (Voy.
SAINT SIMÉON STYLITE.) A. D. M.

ALYPTIQUE, mot formé du grec ἀλειπτικός, qui signifie relatif aux onctions. Comme les anciens avaient remarqué que
dans certaines maladies, les onctions avec des matières grasses
ou huileuses produisaient quelquefois de bons effets ils en

avaient fait une espèce de panacée, et on donnait le nom
d'alyptæ aux empiriques qui ordonnaient les frictions, et qui
d'ordinaire les faisaient eux-mêmes. (V. IATRALEPTIQUE.)
La médecine moderne emploie quelquefois encore les onctions.
A. D. M.

ALYRRHOTHIUS, ALIRRHOTHIUS ou HALYRRHOTIUS, fils de
Neptune. Pour venger son père vaincu par Minerve lorsqu'il
fut question de nommer la ville d'Athènes, il résolut de couper
tous les oliviers, présent de la déesse; mais une force inconnue
ayant poussé l'instrument dont il se servait, il se blessa lui-
même si profondément qu'il en mourut. D'autres prétendent
qu'il fut tué par le dieu Mars, parce qu'il avait abusé par la
violence d'une fille du dieu. On ajoute que Neptune cita le
meurtrier devant un tribunal qui le renvoya absous. Ce tribunal prit le nom d'aréopage, du mot Ἄρης, Mars, et de πάγος,
colline. Les marbres de Paros placent cet événement sous le
règne de Cranaüs, roi d'Athènes, vers l'an 1532 avant J. C.
J. L. G.

ALY-SCHIR. Il descendait de la tribu turque de Djagataï, se
fit distinguer de bonne heure par son mérite et ses connaissances, remplit de hautes fonctions auprès du sultan du Khora-
çan, les résigna volontairement pour se consacrer tout entier
aux lettres, fut appelé à la cour de Housseïn Mirza qui s'était
emparé du pays et avait établi sa résidence à Hérat, devint
favori de son nouveau maître, qui après l'avoir élevé à des emplois éminents le fit son grand vizir, rentra une seconde fois
dans la retraite, en fut tiré encore pour prendre le gouvernement de la province d'Asterabad, et acheta, par des présents
considérables qu'il envoyait annuellement au sultan, le droit
de se livrer tout entier à l'étude et aux beaux-arts. Il mourut
à Hérat dans un âge avancé, vers l'an 906 de l'hég. (1500).
Cette ville lui devait des monuments et des édifices publics.
Il fut l'ami et le protecteur de l'historien Mirkhond; lui-même a
laissé des poésies persanes qui sont moins estimées que celles
qu'il écrivit en langue turque de son pays. Il réunit aussi dans
Hérat une bibliothèque qu'il rendit publique, et dont il confia la
garde à l'historien Khondemir. A. D. M.

ALYSIE (entomol.), insectes de la tribu des ichneumoni-
des, famille des suppivores, genre des hyménoptères; mandibules carrées, tridentées à l'extrémité; antennes articulées,
presque grenues; tarière assez saillante; corps noir et pieds
fauves. La femelle aime à déposer ses œufs sur les excréments
humains, ce qui lui a fait donner le nom d'alysie stercoraire.
J. L. G.

ALYSON ou ALYSSON, du genre des hyménoptères, famille
des crabonites (V. ce mot). On trouve communément ces
insectes sur les feuilles et sur les fleurs. — On donne aussi le
nom d'alysson à une plante vivace du genre des crucifères, à
laquelle les anciens attribuaient une grande vertu contre la
rage des chiens. — Il y avait dans l'Arcadie une fontaine et
un ruisseau du nom d'Alyson ou Alyssus, dont les eaux très-
froides passaient, suivant Pausanias, pour avoir la même
vertu. Il est probable que le nom que porte la plante lui vient
de celui de la fontaine. J. L. G.

ALYTARQUE. Dans l'Église d'Antioche, on appelait ainsi le
prêtre spécialement chargé d'ordonner les cérémonies publiques et de veiller à ce qu'elles ne fussent pas interrompues.
L'alytarque était changé tous les quatre ans.

ALYZIE, ancienne ville de l'Acarnanie, non loin de la mer.
Elle avait un port et un temple consacré à Hercule. Les curieux et les étrangers allaient, dit-on, y admirer un tableau
du fameux Lysippe. J. L. G.

ALZATE Y RAMIREZ (DON ANTONIO), né à Mexico au
commencement du XVIIIe siècle, se fit de bonne heure un nom
distingué par ses connaissances variées; ce fut principalement
comme astronome et géographe qu'il honora son pays, qui,
jusqu'à lui n'avait guère produit d'hommes versés dans les
sciences. Ses observations astronomiques et les mémoires qu'il
adressa à l'académie des sciences de Paris sur les éclipses des
satellites de Jupiter lui valurent l'honneur d'être nommé membre correspondant de cette société savante. On lui doit, outre
ses observations, plusieurs ouvrages géographiques, savoir : 1°
État de la géographie de la Nouvelle-Espagne, et des moyens
de la perfectionner, imprimé en castillan à Mexico, 1772;
2° des Lettres sur différents sujets d'histoire naturelle, adressées à l'académie des sciences; 3° un Mémoire sur la limite
des neiges perpétuelles sur la montagne-volcan de Popocat-
tepelt. Alzate était géographe et littérateur : comme géographe, il a donné plusieurs cartes du Mexique; comme littérateur, il a rédigé pendant quelque temps à Mexico une gazette
littéraire. J. L. G.

AMAAD, ou, comme porte le texte hébreu, HAMHAD, était une des villes échues en partage à la tribu d'Aser. Elle était située sur la frontière de cette tribu. (Jos., XIX, 26.)
J. G.

AMABLE (S.), né à Riom, en Auvergne, à la fin du IVᵉ ou au commencement du Vᵉ siècle, fut attaché à l'église cathédrale de Clermont par Sidoine Apollinaire, et mourut dans cette ville le 1ᵉʳ septembre 476, ou 464 suivant Grégoire de Tours. Il fit élever à Riom deux églises, l'une sous le vocable de Saint-Jean-Baptiste, l'autre sous celui de Sainte-Bénigne. Vers la fin du Vᵉ siècle, après d'assez longues et d'assez vives contestations, son corps fut transporté et déposé dans cette dernière église. Un sermon prononcé à cette occasion par un prêtre nommé Justus, fut traduit en 1702 par l'abbé Foydit, qui en retrancha la relation de quelques miracles qu'il regardait comme apocryphes. — Du reste, le tombeau de saint Amable a été célèbre par un grand nombre de guérisons miraculeuses, dont plusieurs ont été opérées devant saint Grégoire de Tours qui en rend témoignage. L'Église célèbre la fête de saint Amable le 11 juin, sans doute en mémoire de quelque translation de ses reliques. A. P.

AMABLE (SAINT-) de Riom, *Amabilis Ricomagensis (Sanctus)*, monastère d'hommes de l'ordre de Saint-Augustin, diocèse de Clermont-Ferrand, doit son origine à Durand, évêque de Clermont, qui donna, en 1077, l'église paroissiale de Saint-Amable à Pierre de Chavanon, fondateur de Pébrac, pour y établir des chanoines réguliers. L. D. M.

AMAC ou AMACK. C'est une petite île plate et tout unie, très-voisine de la ville de Copenhague, à laquelle un pont la réunit. Elle est plantée en jardin potager. — On connaît un poëte persan du nom d'Amak, qui a laissé des élégies et un roman versifié, intitulé : *Joseph et Zulica*, estimé des Orientaux. On ignore l'époque précise où il vivait. A. D. M.

AMACOSAS, AMAKOSAS ou KOUSSAS. C'est le nom qu'on donne à une peuplade de Cafres qui habitent sur les frontières orientales des possessions dépendantes du Cap. Les Anglais, aujourd'hui maîtres de cette colonie, ont d'abord reconnu quelques-uns de leurs chefs comme rois des Cafres; mais Hinga, un de ces rois, ayant été tué il y a peu d'années, les Anglais n'ont voulu reconnaître son successeur qu'au prix d'une cession de territoire. A. D. M.

AMADÉISTE ou AMADRISTE, nom par lequel on a désigné les religieux de la règle de Saint-Augustin ou de Saint-François. A. D. M.

AMADESI (LOUIS-JOSEPH), citoyen de Bologne, naquit le 28 août 1701, à Livourne, pendant un court séjour qu'y firent ses parents. Étant allé en 1718 à Ravenne avec son père, il s'y fit si bien remarquer par ses talents et ses qualités morales, qu'il fut successivement le secrétaire de trois évêques de cette ville. En 1734, il fut élevé à la dignité de chef du clergé de Saint-Nicandre et gardien des archives de Ravenne. Il y fit régner l'ordre le plus complet, et il les enrichit de documents précieux, qu'il employa plus tard dans de savants ouvrages. Il fut trois fois à Rome pour des missions qu'il remplit avec bonheur. Il publia les ouvrages suivants : en 1747, à Ravenne, *de Juridictione Ravennatum archiepiscoporum in civitate et diœcesi Ferrariensi*; en 1758, à Rome, *de Jure Ravennatum archiepiscoporum deputandi notarios*; en 1763, *de Comitatu Argentano*, etc. — Il fut un des fondateurs du cercle littéraire du marquis César Rasponi, et un amateur éclairé de la poésie. Il a coopéré au poëme si original, connu sous le nom de *Bertholdo con Bertholdino e Cacasenno* : le XVIIᵉ chant est de lui, ainsi que les notes de ce même chant. Il mourut à Rome où il était en mission, le 8 février 1773; il fut vivement regretté de ses amis. A. L.

AMADIS DE GAULE. « Grâce pour celui-ci, s'écrie le curé de Cervantès, lorsque, secondé par le barbier du village, la gouvernante et la nièce de D. Quichotte, il condamne au feu les histoires de chevalerie dont se composait la bibliothèque du vieux gentilhomme, et que le roman d'Amadis de Gaule tombe par hasard sous sa main. C'est le premier livre de chevalerie qu'on ait imprimé en Espagne, ajoute le curé, et il a servi de modèle à tous les autres. Et si pour avoir tant produit de mauvaises copies il est digne du feu, ce n'en est pas moins le meilleur livre qu'il y ait en ce genre, *et comme tel il mérite qu'on lui pardonne.* » Le jugement de Cervantès ne s'applique pas du reste à tout le roman qui porte le nom d'Amadis de Gaule, lequel originairement n'avait que quatre livres et qui en a aujourd'hui vingt-trois; il ne porte que sur ces quatre premiers livres, infiniment supérieurs, sous le rapport de l'in-

térêt et du style, à la continuation qu'on leur a faite : *rudis indigestaque moles*. Cette première partie du roman parut à Séville en 1496 sous ce titre : *Los quatro libros del caballero Amadis de Gaula*. Cet ouvrage eut un grand succès en Espagne. L'esprit chevaleresque importé par les Arabes et par les Maures, promptement acclimaté chez les Goths, avait pénétré dans toutes les classes; c'est ce qui explique l'espèce d'enthousiasme avec lequel l'ouvrage fut accueilli et le nombre infini d'imitations qu'il produisit. La renommée d'Amadis ne s'arrêta pas aux Pyrénées. D'Herberay traduisit l'ouvrage espagnol, et sa traduction, dédiée à François Iᵉʳ, fut imprimée à Paris in-fol., format peu commode pour un roman. A cette époque, les quatre premiers livres d'Amadis avaient reçu une longue continuation, continuation, comme nous venons de le dire, bien inférieure au commencement. C'est le défaut ordinaire des continuateurs qui, ajoutant aux produits de l'imagination du premier écrivain les fruits et souvent les écarts de leur propre imagination, restent au-dessous de l'ouvrage qu'ils continuent, parce qu'ils n'ont pas l'inspiration primitive de laquelle l'ouvrage est sorti. L'Arioste seul, continuateur du Boyardo, fait une brillante exception à la règle commune; encore n'a-t-il point fini son Roland, imitant en cela les continuateurs d'Amadis de Gaule, lesquels, après l'avoir rendu fou sous le nom de Beau Ténébreux, le laissent enchanté pour un temps dont rien n'annonce le terme. A la vérité, un littérateur français, touché du désappointement des lecteurs qui voudraient connaître la fin des merveilleuses aventures de tous ces héros fameux, a pris la peine de désenchanter Amadis comme il avait pris celle de terminer l'Arioste, et mème les bons Chevaliers de la Table ronde. Cependant, comme il faut faire à chacun honneur de ses œuvres, nous devons dire que l'idée première de réveiller Amadis ne lui appartient pas. Un sieur Duverdier, écrivain du commencement du grand siècle de Louis XIV, mais qui ne fut pas lui-même un grand écrivain, secoua la poussière qui couvrait Amadis, et il le désenchanta par sept gros volumes, qui, *des mains de Barbin passant à celles de l'épicier*, n'ajoutèrent pas à la gloire du héros. — A l'époque où parut la traduction de d'Herberay, une grande question s'éleva parmi les littérateurs de l'époque, et la question n'est pas encore bien décidée, au moins pour tout le monde. A qui attribuer l'honneur de la création d'Amadis? Les Espagnols en étaient en possession, et l'ancien traducteur l'a revendiqué pour la France. Il a formellement prétendu qu'Amadis de Gaule parut d'abord en France, se fondant sur la raison convaincante que là Gaule n'est pas l'Espagne, et que si Amadis n'est pas Espagnol son histoire n'a pu être écrite par un Espagnol. A cette raison il en joint une autre à laquelle il ne manque rien que la preuve. Il prétend avoir eu ou vu des fragments « d'un vieil livre escrit en langage picard, » sur lequel il soutient que les Espagnols ont fait leur traduction. Malheureusement ce vieil livre n'a pas été représenté dans le procès. Le comte de Tréssan, traducteur obligé de tous les romans de chevalerie, embrassa l'opinion de d'Herberay, mais c'est sur le motif que le patois picard ressemble encore aujourd'hui à la langue romane qu'on parlait au XIIᵉ siècle; d'où il conclut qu'Amadis de Gaule qui ressemble assez pour le fond et la manière aux romans français de ce temps, c'est-à-dire du XIIᵉ siècle, pourrait n'être qu'un roman écrit en langue romane; ce qui ne nous semble pas très-concluant, car il ne peut supposer que les quatre livres du chevalier Amadis de Gaule ne sont qu'une traduction d'un roman français, il n'est pas facile de concevoir comment tous les exemplaires de ce roman français auraient disparu pour ne laisser subsister que le livre espagnol, qui bien certainement a été imprimé à Séville à la fin du XVᵉ siècle, et réimprimé en 1525 par *Garcia Ordoñez de Montalvo*. Au surplus, l'opinion n'était pas bien fixée, même en Espagne, sur la question de savoir quel était l'auteur d'Amadis. Quelques-uns l'attribuaient à l'infant D. Pedro, fils du roi de Portugal Jean Iᵉʳ, qui régna jusqu'à l'an 1433; d'autres en faisaient honneur à un Portugais nommé Vasco de Lobeira, ou même à une dame portugaise anonyme. Ajoutons en finissant, que la continuation des quatre livres d'Amadis de Gaule se rapporte moins au héros principal qu'aux divers chevaliers de sa famille, Esplandian, Amadis de Grèce, Amadis de Trébizonde, etc.; mais nous devons remarquer aussi que, malgré leur parenté avec Amadis de Gaule, ils n'ont point trouvé grâce devant le terrible curé de Cervantès. N. M. P.

AMADIS (mode). On a donné ce nom à des bouts de manche qui s'attachaient ou se boutonnaient au poignet. Quand on donna pour la première fois l'opéra d'*Amadis*, tous les acteurs portaient des manches de ce genre, et la mode en profita pour étendre son domaine. N. M. P.

AMADOCI, anciens peuples de la Sarmatie d'Europe, et dont le pays était situé entre celui des Bastarnes qui habitaient au pied des monts Krapaks (autrefois Alpes Bastarniques) et celui des Roxolanes, auxquels ont succédé les Cosaques. — Aristote fait mention d'un roi de Thrace du nom d'*Amadocus*, lequel fut vaincu et détrôné par un prince nommé *Séathès*, nom commun à plusieurs rois de cette contrée. A. D. M.

AMADOU. C'est une substance solide, compacte, spongieuse et très-combustible, qu'on tire de l'agaric amadouvier (*boletus ignarius*), qui croît sur le tronc mort de vieux arbres, tels que chênes, ormes, charmes, bouleaux, etc. L'écorce de l'agaric, dure et blanchâtre en dehors et d'un brun clair en dedans, couleur qui se fonce et finit par tirer sur le noir à mesure qu'il approche de sa maturité, recouvre une substance molle et spongieuse, douce et veloutée, matière première de l'amadou. La récolte se fait en septembre. Pour préparer l'amadou, il faut d'abord enlever avec un couteau l'écorce extérieure, dégager ensuite la substance fongueuse de ses parties ligneuses, ensuite on le coupe en tranches minces, que l'on bat au marteau jusqu'à ce qu'elles soient arrivées à un degré de souplesse qui permette de les déchirer avec les doigts. Dans ce premier degré de préparation, l'amadou est employé à divers usages médicinaux; il est bon surtout pour arrêter les hémorragies. — Mais, pour ajouter encore à sa combustibilité, il est nécessaire de lui faire subir un dernier apprêt. On le fait bouillir dans une forte lessive de nitrate de potasse, ou mieux encore, dans une dissolution de chlorate de potasse; quelquefois aussi on le roule dans de la poudre à canon; de là vient la différence qu'on remarque entre l'amadou noir et l'amadou roussâtre. — Depuis l'importation d'Allemagne des briquets et allumettes chimiques, c'est-à-dire préparées avec de la poudre fulminante, on a adapté ce genre de préparation à l'amadou. Quelques grains de cette poudre, déposés sur de petits morceaux d'amadou, permettent de l'enflammer à l'instant; en effet, il suffit de frotter fortement sur un corps dur la partie de l'amadou chargée de cette poudre, pour qu'à l'instant même ce frottement produise des étincelles qui, en se communiquant à l'amadou, lui font prendre feu instantanément. — En général, avec toutes les plantes du genre lycoperdon, qui ont pour base une substance charnue ou filandreuse, on peut faire de l'amadou, en l'imbibant d'une légère eau saturée de poudre! Dans l'Inde, la plante légumineuse appelée *sola* lorsqu'elle est réduite en cendres remplace avantageusement notre amadou. — La France ne produit pas tout l'amadou nécessaire à sa consommation; les pays qui lui en fournissent le plus sont l'Allemagne, l'Espagne et la Sardaigne. On peut évaluer à 200,000 francs environ la valeur de l'amadou brut ou préparé qu'on importe de l'étranger. — On tire encore de l'amadou du vieux papier gris et surtout du vieux linge qu'on fait brûler jusqu'à ce qu'il n'y ait plus de flamme, mais qu'on a soin de recouvrir de suite pour empêcher de se réduire en cendres. G. OZENNE.

AMADOUVIER. C'est le nom de l'espèce de champignon avec lequel on prépare l'amadou. (*V.* AMADOU.)

AMAFANIUS, philosophe, un peu antérieur à Cicéron; partisan des principes d'Épicure, qu'il essaya de développer dans plusieurs ouvrages écrits en latin, ce qui éloignait de l'usage où l'on était d'écrire en grec tout ce qui se rapportait aux matières philosophiques. Cicéron, qui en parle dans ses *Questions académiques*, ne fait pas l'éloge de son style. N. M. P.

AMAIOUVIER. C'est un arbre dont le tronc n'a guère que six pieds de haut sur environ six ou sept pouces de diamètre. Les branches, qui ont aussi une longueur de six pieds, s'élèvent presque perpendiculairement. Elles sont droites et garnies de grandes feuilles ovales, réunies par trois. Les fleurs paraissent à l'extrémité des branches et des rameaux qui naissent à l'aisselle des feuilles. Les fruits qu'on nomme *amaioua* ou *amajova* sont charnus, sessiles ou sans pédicule et de couleur jaunâtre. Ils sont surmontés d'une espèce de couronne ou calice qui renferme plusieurs rangs de graines disposés autour d'un placenta qui occupe le centre. L'amaiouvier est originaire de la Guyane; les naturels l'appellent arbre à *tatou*, parce que le petit animal qu'on appelle ainsi est très-friand de ses graines. M. Lamarck fait de cet arbre une espèce du genre des hamélies (renonculacées d'Amérique); d'autres naturalistes le placent dans la famille des rubiacées.
A. D. M.

AMAJOVA (*V.* ci-dessus AMAIOUVIER).

AMAIGRISSEMENT. La race humaine et surtout l'espèce caucasique sont caractérisées par l'heureuse harmonie des lignes droites et des lignes courbes qui, se fondant les unes dans les autres, donnent au corps ces formes arrondies, si agréables à l'œil, que les peintres et les sculpteurs se plaisent à reproduire dans leurs modèles. — Cette morbidesse est due à la présence de la graisse dans les mailles du tissu cellulaire. Lorsque, par des causes que nous indiquerons plus tard, ce produit prédomine, il en résulte l'état que l'on connaît sous le nom d'embonpoint (*V.* ce mot.). Si, au contraire, la graisse diminue, disparaît, il se manifeste une disposition inverse qui constitue l'amaigrissement ou l'émaciation. Mais on n'aurait qu'une idée fort incomplète de cet état du corps, si l'on n'étudiait les causes sous l'influence desquelles apparaît l'amaigrissement. On peut les rapporter à deux catégories principales; les causes physiologiques et les pathologiques, ou bien encore, l'amaigrissement peut être divisé en essentiel ou idiopathique, c'est-à-dire ne dépendant d'aucune lésion organique, et en symptomatique, c'est-à-dire, lié comme effet à une altération d'organe, ou à une affection aiguë ou chronique déterminée. — La maigreur peut exister avec la santé, c'est ainsi qu'on l'observe chez les personnes bilieuses et nerveuses; il est digne de remarque que ces individus sont beaucoup plus exposés que d'autres aux irritations locales, suivant la prédominance actuelle de vitalité des appareils organiques, d'après les différentes périodes de la vie. — Chez les jeunes gens de l'un et de l'autre sexe, à l'époque de la puberté, la graisse diminue souvent à l'extérieur, surtout chez les hommes. Dans la vieillesse, le même phénomène a lieu; mais dans la décrépitude la plus avancée, il reste toujours de la graisse dans les organes internes. — L'amaigrissement peut encore tenir à l'inanition, à l'usage d'aliments de mauvaise nature ou insuffisants, à l'usage prolongé des acides, à l'abus des liqueurs alcooliques, à l'emploi intérieur des préparations d'iode, à la présence des vers dans les voies digestives. Des habitudes vicieuses, comme la masturbation, des travaux mécaniques ou intellectuels excessifs; certaines professions, telles que celles des mineurs, des doreurs; la viciation de l'air; les affections morales profondes et concentrées; les hémorragies abondantes, les évacuations excessives; l'allaitement chez certaines femmes; un accroissement trop rapide; les pâles couleurs; les excès vénériens; un état mental ou hypocondriaque, sont autant de causes qui peuvent amener l'amaigrissement, sans toutefois s'accompagner d'aucune lésion sensible d'organe. — L'amaigrissement pathologique est beaucoup plus grave. Toutes les maladies aiguës ou chroniques qui s'opposent à l'exercice régulier des fonctions nutritives, surtout celles qui sont accompagnées de fièvres et d'évacuations abondantes, amènent inévitablement l'amaigrissement. Parmi les affections chroniques, il en est surtout deux dont l'émaciation forme un caractère constant : ce sont la phthisie pulmonaire et le carreau ou obstruction. Les phénomènes de l'amaigrissement sont les suivants : la sérosité et la graisse extérieure diminuent progressivement de quantité. La résorption porte ensuite sur les fluides du tissu cellulaire intermusculaire, puis sur la graisse située plus profondément dans les interstices des organes. Les tissus cellulaire et musculaire se flétrissent, se dessèchent à leur tour. Les autres tissus ne sont pas aussi constamment lésés; la peau paraît cependant manifestement amincie; l'amaigrissement atteint les muscles de la vie nutritive; le cœur, l'utérus, les vaisseaux sanguins et lymphatiques diminuent également de volume. Il en est de même des glandes, et selon toutes les probabilités, du sang. — A mesure que ces faits ont lieu, les parties perdent leurs contours arrondis, les muscles se dessinent davantage, forment des saillies sur lesquelles la peau vient se coller; les os deviennent plus proéminents, les tempes s'aplatissent, les yeux s'excavent, le nez s'effile, et la physionomie prend un aspect hideux. Le ventre semble toucher à la colonne vertébrale; les membres sont réduits aux os, les doigts sont effilés, les ongles se recourbent; enfin les poils et les cheveux tombent. Dans les derniers moments, il peut survenir un œdème des extrémités inférieures. — Nous avons vu, il y a quelque temps à Paris, un homme qui était réduit au dernier degré de marasme, et chez lequel les fonctions nutritives s'exécutaient encore très-bien. L'atrophie de tous les tissus était telle, qu'on l'avait surnommé le squelette vivant; les muscles avaient à peine quelques lignes d'épaisseur, on eût dit que c'est les seuls existaient. Aucun organe n'était en apparence lésé. L'aspect de cet homme était désagréable à voir. — Lobstein a rapporté un exemple d'émaciation fort remarquable. Un jeune homme de 22 ans, bien constitué, d'une conduite exemplaire, sous l'influence d'idées tristes, vit son appétit diminuer de plus en plus. A peine pouvait-il avaler quelques cuillerées de bouillon sans répugnance, et cependant il n'avait ni vomissements ni rapports; la maigreur et la faiblesse devinrent extrêmes. Dans les derniers jours de sa vie, les yeux se présentaient sous un aspect horrible; le pouls ne se faisait plus sentir; le cœur lui-même n'avait que d'obscurs frémissements. L'intelligence se conserva intacte. A l'ouverture on trouva les organes sains; le cœur ne pesait que 6 onces, il ne renfermait pas de sang; et il était blanc comme s'il eût été lavé plusieurs fois; la rate, les poumons, les tissus étaient décolorés, exsanguins. — La résorption de la graisse peut se faire très rapidement, comme dans le choléra épidémique; mais il ne faut pas croire que cette diminution de volume qu'on observe au début de beaucoup de maladies aiguës, soit toujours liée à l'émaciation; elle tient le plus ordinairement à la contraction des tissus. Un amaigrissement très-prompt est en général d'un fâcheux augure; on doit craindre une rechute, lorsqu'à la fin d'une maladie, le corps n'a pas subi de diminution; c'est un mauvais signe que de ne pas recouvrer l'embonpoint à proportion de la nourriture. Le pronostic est également fâcheux, lorsque la maigreur subsiste, après que les affections morales tristes qui l'avaient produite ont cessé. L'émaciation est l'un des premiers symptômes qui se montrent dans la phthisie. Certaines circonstances peuvent hâter ses progrès, telles sont la fièvre et la diarrhée. — Dans les maladies cancéreuses, le marasme peut atteindre son dernier degré, sans l'existence de ces deux symptômes. Une remarque assez curieuse que suggèrent les faits d'amaigrissement, c'est que cette profonde altération des solides et des liquides laisse en quelque sorte intactes les fonctions intellectuelles. — Dans la plupart des cas, l'amaigrissement a lieu dans un ordre de succession à peu près régulier. Il se manifeste d'abord à la face; ensuite aux membres inférieurs, puis aux membres supérieurs et au tronc. Mais cet ordre ne s'observe pas également chez tous les individus. — Le traitement de l'amaigrissement doit être dirigé d'après les deux ordres de causes que nous avons signalés. Est-il purement physiologique, des bains d'amidon souvent répétés, une alimentation, féculente, le régime lacté, des gelées de jeunes animaux, des viandes blanches sont autant d'aliments qui peuvent être tentés avec avantage. — Dans ces dernières années un médecin a prescrit avec succès la nourriture exclusivement animale. — Quant à l'amaigrissement pathologique, tous les moyens qui ne seraient pas dirigés vers la source même du mal, seraient à peu près inutiles, puisque ce phénomène n'est que l'effet nécessaire et inséparable de la maladie.

A. BRIERRE DE BOISMONT.

AMALABERGUE, nièce de Théodoric, roi des Ostrogoths, épousa Hermenfroi, un des trois fils du roi de Thuringe qui, suivant l'usage, avait partagé entre eux ses États. Amalabergue, princesse ambitieuse, aurait voulu que toute la Thuringe fût placée sous la domination de son mari. Excité par sa femme, Hermenfroi, qui déjà s'était emparé de la portion de son plus jeune frère, se ligua avec Thierry, roi de Metz, pour dépouiller l'autre. On dit qu'Amalabergue, pour déterminer son mari, s'était avisée de faire servir un jour devant lui une table à moitié couverte. Comme il lui en demanda la raison, elle lui répondit froidement que celui qui n'avait que la moitié d'une couronne n'avait besoin que de la moitié d'une table. Hermenfroi comprit que trop bien sa femme, et son frère fut assassiné. Cependant Thierry, qui avait aidé Hermenfroi à s'emparer des parts de ses frères, réclama celle qui lui avait été promise; Hermenfroi lui répondit par un refus. Thierry dissimula, et eut l'air de mépriser cette injure; mais ses ressentiments ne tardèrent pas à éclater. Il s'entendit avec Clotaire son frère, roi de Soissons, pour conquérir la Thuringe. Hermenfroi se présenta hardiment au combat. Il obtint d'abord quelques succès en employant la ruse; mais Thierry et Clotaire évitèrent heureusement les pièges qu'on leur avait tendus; et ils défirent complètement Hermenfroi, qui fut obligé de se livrer au vainqueur. On ajoute que peu de temps après Thierry le fit périr. Cet événement eut lieu en 531. Amalabergue, cause première de tous ces malheurs, se sauva avec ses enfants en Afrique où était sa mère. D. L. M.

AMALAFRÈDE était fille de Valamir, et sœur de Théodoric, qui furent l'un et l'autre rois des Ostrogoths en Italie. Amalafrède avait eu d'un premier mariage, Théodat, qui fut à son tour roi des Goths en Italie, et Amalabergue, qui épousa Hermenfroi, roi de Thuringe. Devenue veuve, elle épousa Trasimond, roi des Vandales d'Afrique, et ne lui donna point d'enfants. A la mort de Trasimond arrivée en 523, Hildéric qui lui succéda

fit enfermer Amalabergue dans une prison; elle y mourut en 526. D. L. M.

AMALAFROI, neveu d'Hermenfroi, roi de Thuringe, tomba au pouvoir de Clotaire, après la conquête de ce royaume en 531; la sœur d'Amalafroi, Radégonde, partagea sa destinée. Radégonde fut envoyée au château d'Athré, dans le Vermandois; elle y fut instruite dans la religion chrétienne. Plus tard, elle devint épouse de Clotaire (V. RADÉGONDE). Son frère, Amalafroi, fut moins heureux; Clotaire le sacrifia quelque temps après, à sa politique ombrageuse. D. L. M.

AMALAIRE (FORTUNÉ), choisi en 810 parmi les bénédictins de l'abbaye de Madeloc pour être élevé sur le siége archiépiscopal de Trèves, rétablit en 811 la religion chrétienne dans la partie de la Saxe située au delà de l'Elbe, que Charlemagne l'avait chargé d'évangéliser, et il fonda, puis consacra la première église catholique de Hambourg. En 813 un nouvel ordre de Charlemagne l'envoya auprès de Michel Curopalate, empereur d'Orient, avec le titre d'ambassadeur. Ces nouvelles fonctions l'éloignant de son diocèse, il en confia l'administration à des ecclésiastiques que leurs vertus et leurs talents rendaient dignes de suppléer le premier pasteur pendant son absence. Il mourut l'année suivante, au retour de cette ambassade, dont il laissa une relation qui a été perdue. On n'a conservé de ce saint prélat qui était fort savant, et pour lequel aussi les savants avaient une profonde estime, qu'un Traité du sacrement de baptême, dédié à Charlemagne et imprimé sous le nom et dans les œuvres d'Alcuin. A. P.

AMALAIRE (SYMPHORIEN), élève d'Alcuin, diacre, puis prêtre de l'église de Metz, abbé de Hornbac, évêque ou seulement chorévêque de Lyon, et qu'il ne faut pas confondre avec le précédent, dont il était contemporain, fut chargé, par Louis le Débonnaire, de la direction des écoles du Palais; assista en 825, au concile de Paris; fut député pour porter à la cour, avec Halitgaire, les décisions de cette assemblée sur le culte des images, et mourut en 837 à Saint-Arnoult de Metz, où on a longtemps conservé son tombeau et où on l'honorait comme saint. C'était l'homme le plus savant de son siècle dans la liturgie. On a de lui : I. Traité des offices ecclésiastiques, publié d'abord en 820, puis en 827, avec des changements nombreux et importants; ses explications des prières et des cérémonies de l'office divin, dans lesquelles il recherche le sens mystique beaucoup plus que le sens littéral, et quelques expressions nouvelles sur l'Eucharistie soulevèrent une assez vive discussion entre lui et Agobald et Fleurus, le premier archevêque, le second diacre de l'église de Lyon. Les conciles de Thionville et de Quierci, appelés à juger ce différend, ayant été d'une opinion tout opposée, celui de Thionville approuvant et celui de Quierci condamnant, cette controverse ne fit que rendre davantage l'ouvrage qui en était l'objet. II. Ordre de l'Antiphonien, composé dans le but de concilier le rit anglican avec le rit romain. III. L'Office de la messe, explication mystique des cérémonies de la messe pontificale. IV. Règle des chanoines, approuvée par le concile d'Aix en 816, envoyée à tous les chapitres par Louis le Débonnaire, et suivie généralement jusqu'au XIe siècle. V. Un assez grand nombre de lettres qu'on trouve dans le Spicilége de D. d'Achéry, et dans les Anecdotes de D. Martenne. — L'édition la plus correcte du Traité des offices ecclésiastiques et de l'Ordre de l'Antiphonien, est celle de la Bibliothèque des Pères, imprimée à Lyon; l'Office de la messe est inséré dans l'Appendice des Capitulaires de Baluze. A. P.

AMALARIC, était fils de cet Alaric qui perdit la vie à la bataille de Vouillé (507). La victoire des Francs jeta la division parmi les Visigoths; ils se retirèrent les uns en Espagne, les autres, et ce fut le plus grand nombre, à Narbonne, où un fils naturel d'Alaric, nommé Gesalaic, fut proclamé roi. Amalaric, qui n'avait alors que cinq ans, eut pour lui le parti d'Espagne qui l'avait emmené dans ce pays, et l'assistance de son aïeul maternel Théodoric, roi d'Italie. Quand Clovis eut envahi tout le territoire qui s'étend de la Loire aux Pyrénées, Gesalaic s'enfuit en Espagne, et le royaume des Visigoths serait indubitablement resté tout entier aux mains du roi des Francs, si Théodoric n'eût défendu contre le conquérant l'héritage des Théodomes. L'armée des Visigoths rencontra près d'Arles une armée de Francs et de Bourguignons; ceux-ci furent taillés en pièces, et la victoire, après sa victoire, prit la Provence et le Languedoc, deux des plus beaux débris du royaume destiné au fils d'Alaric II. Gesalaic, voulant profiter de la défaite des Francs, reparut dans la Gaule, et tenta de ravir à son frère légitime le trône que la main puissante de Théodoric avait soutenu; mais il fut tué dans une action où son parti fut complètement défait, et vers le temps où

Clovis cessait de vivre, Amalaric était reconnu roi des Visigoths. Pendant sa minorité, Théodoric avait eu la régence, gouverné la monarchie entière, et gardé la Provence pour se couvrir des frais de la guerre ; mais la mort qui frappa bientôt le roi d'Italie, rendit à Amalaric tous ses droits, et vint mal à propos peut-être l'affranchir d'une tutelle, à laquelle il devait toute sa sécurité. Aussi, pour ne pas rester seul exposé aux attaques des fils de Clovis, il fit deux parts de toutes ses possessions dans la Gaule, se réserva celle qui était plus voisine de l'Espagne, et donna l'autre à son cousin Athalaric, qu'il voulait par là intéresser à la défense commune de leurs possessions. Il fut convenu que le Rhône séparerait les deux empires des Ostrogoths et des Visigoths, et que l'Espagne ne payerait plus de tribut à l'Italie. La politique du Visigoth, qui semblait avoir résolu de ne rien négliger pour se maintenir, le porta encore à solliciter la main de Clotilde, fille de Clovis, et cette alliance parut d'abord être un gage de paix entre les deux nations, mais il n'en fût point ainsi. Les doctrines d'Arius, placées entre les deux époux, amenèrent leur désunion et firent éclater une guerre nouvelle. Clotilde, vivement sollicitée par Amalaric d'embrasser l'arianisme, ne put jamais consentir à trahir la religion de sa mère. Voyant que tous les moyens de persuasion étaient inutiles, le roi des Visigoths employa pour la vaincre l'outrage et même la barbarie. On vit cette reine, se rendant à l'église, insultée par les passants qui la couvraient de boue et lui adressaient des paroles injurieuses. Quand elle était rentrée dans son palais, elle y trouvait un lâche et cruel oppresseur. Dans son désespoir, elle fit porter un jour à son frère Childebert, roi de Paris, un mouchoir teint du sang qu'elle avait répandu sous les coups de son mari. Childebert n'attendait qu'un prétexte ; il se mit aussitôt en campagne, entra sur les États de son beau-frère, et le battit sous les murs de Narbonne. Amalaric rentrait dans cette ville pour enlever ses trésors, quand il fut tué d'un coup de lance. Il fut le dernier des Théodomes. Après lui, la monarchie des Visigoths se concentra en Espagne, et d'héréditaire devint élective. BUCHET DE CUBLIZE.

AMALASONTE. Théodoric Ier, roi des Ostrogoths, eut d'Audéfleda, fille de Childéric, une fille unique qu'il appela *Amalsventa*, nom tiré de celui de la race des Amales. Il lui fit épouser, en 515, Eutharic Cilicus, qui descendait comme lui des rois goths, et qui mourut peu de temps après, laissant un fils nommé Athalaric. Ce dernier succéda à Théodoric, en 526, et ce fut à cette époque que sa mère Amalasonte, qui avait la tutelle, commença d'exercer l'autorité suprême, qu'elle devait perdre neuf ans plus tard par une catastrophe tragique. Occupant en réalité le trône de Théodoric, elle comprit qu'elle avait à poursuivre l'œuvre importante qu'il avait commencée : réunir les vainqueurs et les vaincus, opérer une fusion entre les deux peuples, introduire chez les Goths les usages, les mœurs, la législation des Romains, et surtout faire aimer par ces barbares les arts et les lettres, et tout ce qui subsistait encore de l'antique civilisation. Elle prit pour premier ministre le Romain Cassiodore, qui entrait avec le plus grand empressement dans ses vues, et qui avait à cœur de faire prédominer l'esprit de sa nation sur le caractère du peuple goth. Elle témoigna pour tout ce qui tenait à la civilisation romaine un respect qui elle-même devait descendre chez ses sujets, et contribuer pour beaucoup à ce nouvel état de choses qu'elle avait entrepris d'établir. Elle manifesta dans ses relations avec les puissances étrangères, une fermeté et une énergie qui la firent regarder comme une autre Sémiramis, tandis qu'à l'intérieur elle dirigeait avec habileté l'administration, et s'efforçait même de faire oublier les dernières rigueurs de Théodoric. Les enfants de Boèce et de Symmaque avaient perdu leurs pères, et les héritages qu'ils pouvaient en attendre. Amalasonte leur rendit les biens confisqués après le supplice. — Athalaric, son fils, dut recevoir une éducation conforme aux idées qu'elle s'était faites sur l'importance et l'utilité d'adopter les formes romaines ; il prit les leçons des meilleurs maîtres du temps, il étudia les lettres et les arts libéraux ; mais la méthode d'éducation était à cette époque très-imparfaite ; tout avait dégénéré, et cinq siècles de despotisme avaient épuisé cette sève qui avait donné la vigueur aux générations antérieures. Les précepteurs du jeune prince cherchèrent à le dominer par la crainte ; sa mère même, dit-on, lui donna un jour un soufflet. Les Goths s'indignèrent d'un traitement ignoble qui ne pouvait que dégrader le caractère de celui qui devait les gouverner un jour ; ils l'arrachèrent à sa mère et à ses pédagogues qu'ils méprisaient : « Comment, disaient-ils, voulez-vous que nos enfants soient braves et supportent la vue de l'ennemi, si vous leur donnez de pa-

reils maîtres ? » et ils ne permirent plus depuis qu'Athalaric se livrât à des exercices autres que ceux du corps, exercices dans lesquels de nombreux rivaux pouvaient exciter son émulation, et contribuer ainsi à affermir son courage. Mais Athalaric ne devait jamais être un héros ; soit que le résultat de ce mélange de deux éducations opposées eût été mauvais, soit qu'il y eût vice naturel, il se livra à la débauche la plus effrénée. Ce fut au milieu des excès où l'entraînèrent ses honteuses passions, qu'il mourut en 534. Sa mère alors, voulant conserver le trône de Théodoric, s'unit à Théodate, fils de la sœur de ce prince. Son nouvel époux était depuis longtemps son ennemi secret ; quand il fut roi, il la fit enfermer dans une des îles du lac de Bolsena, et là, il fut permis à ceux qui avaient à s'en venger, de la poursuivre comme une bête fauve et de l'étrangler. Sa mort servit de prétexte à Justinien pour la guerre aux Ostrogoths. BUCHET DE CUBLIZE.

AMALBERGE. (Ste), fut aimée de Charlemagne. Elle triompha par sa résistance, de la passion de ce monarque puissant et aimable ; mais en voulant se soustraire à ses poursuites, elle tomba et se cassa un bras. Elle mourut vierge, et l'Église l'a placée au nombre de ses saintes. D. L. M.

AMALECH, AMALÉCITES. Amalech était fils d'Éliphaz et de Thamna, sa femme de second rang, et petit-fils d'Ésaü. Il fut le successeur de Gatham dans le gouvernement de l'Idumée (Gen., XXXVI, 12, 16 ; 1 Paral., I, 36). C'est du nom de ce prince que vient celui de *pays d'Amalech*, de *peuple d'Amalech*, ou *Amalécites*, dont il est souvent parlé dans les livres saints. Il est vrai que Moïse fait mention du territoire des Amalécites lorsqu'il raconte la guerre de Chodorlahomor contre les rois de la Pentapole, c'est-à-dire longtemps avant la naissance d'Amalech ; mais il paraît que l'historien sacré n'a nommé ici le pays d'Amalech que par anticipation, et que le sens du passage : *Et percusserunt omnem regionem Amalécitarum* (Gen., XIV, 7) est celui-ci : « Et ils battirent tous les habitants du pays qui est maintenant celui des Amalécites. » On peut dire, pour justifier cette explication, qui est au reste celle du plus grand nombre des interprètes, que la Genèse est pleine de ces sortes d'anticipations. Quant à ce pays des Amalécites, il n'est pas facile d'en fixer la position ; cependant le premier établissement de ce peuple ne dut pas être loin du pays d'Édom, puisque son chef Amalech fut lui-même un des gouverneurs de l'Idumée, et que l'historien Josèphe partage le pays d'Édom en *Hamalékitide* et *Gabalitide* (Antiquit., l. II, c. 1). D'un autre côté, l'auteur des Paralipomènes distingue très-bien les Iduméens des Amalécites (1 Paralip., XXVIII, 11). Ce qui est incontestable, c'est que le royaume d'Amalech avait des rapports avec l'Égypte, et qu'il y avait un chemin qui conduisait au pays des Philistins et à celui de Chanaan (Joseph., Antiq., l. VI, c. 7 ; 1 Reg., XXVII, XXX ; 1 Paralip., IV, 42). D'où l'on peut conclure que ce royaume était borné au septentrion par le pays de Chanaan, au midi par l'Égypte ou quelque contrée dépendante, à l'orient par Édom, et à l'occident par les déserts situés du côté de la mer, ou peut-être par la mer même (V. Reland, Palæst. illustr., l. I, c. 13). — Mais passons à l'histoire des Amalécites. Descendants d'Ésaü, les Amalécites avaient hérité de la haine et de la jalousie de leur père contre les enfants d'Israël ; ce devait être pour eux un sujet d'inquiétude de les voir en si grand nombre s'approcher insensiblement de leurs frontières ; et ils pensaient tout naturellement qu'une si grande multitude d'hommes ne voyageait pas dans les déserts sans avoir l'intention de s'établir dans quelque canton et d'en chasser les habitants. Pleins de cette pensée, ils vinrent surprendre à Raphidim les Israélites qui s'y étaient arrêtés pour se refaire des fatigues d'une longue marche, et qui n'avaient point manifesté des vues hostiles. A cette lâcheté, qui leur avait fait attaquer à l'improviste des voyageurs paisibles et inoffensifs, au moment même où ils sortaient d'une longue et cruelle servitude, les Amalécites ajoutèrent un trait de barbarie digne seulement des peuples les plus féroces ; ils massacrèrent impitoyablement tous ceux que la fatigue ou les infirmités avaient retenus en arrière (Deut., XXV, 17, 18). Indigné d'une pareille conduite, Moïse ordonna à Josué de choisir une troupe de guerriers, de se mettre à leur tête et d'aller livrer bataille à leurs injustes agresseurs. Pendant tout le combat, qui fut sanglant et opiniâtre, Moïse, accompagné d'Aaron et de Hur, se tint sur la montagne, les mains élevées vers le ciel, et ce ne fut qu'au coucher du soleil que la victoire se déclara pour les enfants d'Israël (Exod., XVII, 12). Dieu, qui avait été infiniment offensé de la conduite des Amalécites, jura de s'en venger d'une manière éclatante : « Écris, dit-il à Moïse, écris cette victoire dans le livre, afin qu'on en conserve à jamais le souvenir; et dis expressément à Josué que j'effacerai entièrement en mémoire d'Amalech de dessous le ciel (*Ibid.*, ver. 14). » Plus tard, ce terrible anathème fut renouvelé en des termes plus précis encore : « Lorsque le Seigneur (c'est Dieu qui parle à Moïse) t'aura mis à l'abri des attaques de l'ennemi qui t'environne de toutes parts, lorsque tu posséderas paisiblement le pays qu'il t'a donné, tu extermineras de dessous le ciel la mémoire d'Amalech : ne l'oublie point (*Deut.*, XXV, 19). » Ici ce peuple disparaît dans l'histoire jusqu'au temps des Juges, où nous le voyons se joindre aux Moabites (*Juges*, III, 13), puis aux Madianites (*Ibid.*, VI, 3) contre Israël, et éprouver dans ces deux circonstances une déroute complète. Plusieurs années après, vers l'an 1070 avant J. C., Dieu ordonna à Samuel de dire de sa part à Saül de marcher contre Amalech, de le tailler en pièces et de le vouer à une entière destruction, sans épargner ni le vieillard décrépit, ni l'enfant encore à la mamelle, ni même les bêtes de service. Saül s'avança donc vers la capitale des Amalécites, les attaqua et en fit un horrible carnage; les poursuivant depuis Hévila jusqu'à Sur; seulement il épargna Agag (*V.* AGAG et SAUL), leur roi, contre l'ordre exprès du Seigneur (1 *Rois*, XV). Environ cinquante ans après cette défaite, les Amalécites reparaissent dans l'histoire, mais c'est pour la dernière fois. L'auteur du premier livre des Rois nous apprend (XXX) en effet que des Amalécites étant venus piller et mettre à feu la ville de Sicéleg, qui appartenait à David, ce prince, après avoir fait consulter le Seigneur par le grand prêtre Abiathar, les poursuivit et, après les avoir atteints et leur avoir repris tout le butin qu'ils avaient enlevé, les extermina tous, à l'exception de quatre cents jeunes hommes qui parvinrent à s'échapper sur des chameaux. — Dès le commencement de cet article, nous avons prévenu le lecteur que l'origine assignée aux Amalécites n'était pas entièrement certaine. Quelques écrivains arabes prétendent en effet qu'Amalech était fils de Cham et petit-fils de Noé, et qu'il fut père d'Ad et aïeul de Schedad (*V.* AD); d'autres veulent qu'il ait été fils d'Ad, petit-fils de Hutz, qui fut lui-même fils d'Alam et petit-fils de Cham, fils de Noach ou Noé. Cette tradition a fait croire à plusieurs habiles interprètes que le passage de la Genèse (XIV, 7) que nous avons rapporté plus haut ne devait pas être considéré comme une simple interprétation, mais bien comme l'expression du véritable état des choses à cette époque. Ces mêmes interprètes ont fait remarquer qu'il est difficile de concevoir qu'Amalech, fils d'Éliphaz et petit-fils d'Esaü, ait pu être père d'un peuple aussi nombreux et aussi puissant que l'étaient les Amalécites lorsque les Hébreux sortirent de l'Égypte; que Balaam ayant désigné Amalech dans sa prophétie, sous le nom de *Commencement des nations* (*Nombr.*, XXIV, 20), ce titre ne saurait convenir aux Amalécites, descendants d'Esaü, puisque, du temps de Balaam, c'était seulement la troisième génération qui vivait, savoir :

Esaü,	Jacob,
Éliphaz,	Lévi,
Amalech,	Caath,
	Amram,
	Aaron, Moïse.

Ils remarquent encore que Moïse ne reproche jamais aux Amalécites d'avoir attaqué les Israélites, *leurs frères*; circonstance importante, disent-ils, qu'il n'aurait pas omise s'ils eussent été descendants d'Esaü, et en ce sens frères des Israélites. Enfin ces interprètes ajoutent que dans l'Écriture on joint presque toujours les Amalécites aux Cananéens et aux Philistins, et jamais aux Iduméens, et que, lorsque Saül fit la guerre à Amalech et qu'il l'extermina, les Iduméens n'essayèrent ni de les secourir ni de les venger; et ils concluent de toutes ces raisons que les Amalécites, dont il est si souvent parlé dans l'Écriture, étaient un peuple descendu de Chanaan, et dévoué à l'anathème de même que les autres Amorrhéens, et fort différent des descendants d'Amalech, petit-fils d'Esaü et que par conséquent la tradition des Arabes n'est pas à dédaigner. (*V.* Relandi, *Palæst. illustr., pag.* 78-82; J. D. Michaelis *Spicilegium geogr. hebr. extr., tom. I, pag.* 170-177; et *Supplem. ad Lexica hebraica, pag.* 1927, 1928; Pocockii *Specimen. hist. Arab., pag.* 39 de l'ancienne édition; et *pag.* 50, 179 de l'édition d'Oxford, 1806.) J. G.

AMALECH était une montagne dans le pays d'Éphraïm, sur laquelle était situé Pharaton, ville où fut enterré Abdon, fils d'Illel (juge d'Israël (*Juges*, XII, 14, 15). J. G.

AMALÉCITES. (*V.* AMALECH.)

AMALES. C'était une race de héros dont il est souvent fait mention dans les anciennes traditions de la Germanie, telles que le Nibelungenlied; on leur donne le nom d'*Amalungen*. La famille des Amales régnait sur les Ostrogoths; où du moins elle tenait parmi ces peuples un rang très-distingué, s'il faut en croire Jornandez, qui leur donne l'épithète de *præclari*. Théodoric le Grand appartenait à cette famille; et sa fille reçut le nom d'*Amalesuenta*, Amalasonte, c'est-à-dire, vierge des Amales. N. M. P.

AMALFI (VILLE), située sur le golfe de Salerne, à l'ouest de la ville qui porte ce même nom. Amalfi, qu'on appelle aussi Malphi, cité du royaume de Naples, paraît avoir existé dès la plus haute antiquité. Elle ne commence toutefois à jouer un rôle particulier que vers le XIe siècle; antérieurement à cette époque, elle avait défendu avec succès sa vieille indépendance contre les entreprises des Lombards; le duc de Salerne l'avait soumise à son pouvoir en 825; mais elle était parvenue plus tard à recouvrer sa liberté. Ce fut dans Amalfi qu'en l'année 1059, le pape Nicolas II. réunit le concile dans lequel, après avoir déposé un évêque, il accorda irrévocablement à Robert Guiscard, chef des Normands, l'investiture des duchés de la Pouille et de la Calabre, dont cet aventurier s'était emparé, et dont il conserva la possession, moyennant un tribut annuel imposé par le saint-siége. A cette époque, Amalfi, constituée en république indépendante, entretenait avec l'Orient un commerce considérable; elle voyait croître chaque jour son importance et ses richesses. Au commencement du XIIe siècle nous trouvons Amalfi dépendante des rois de Naples; en 1133, Lothaire, dont les forces s'étaient considérablement accrues par l'alliance des Pisans, la soumit à ses armes et la livra au pillage. — On rapporte à cette époque et à cet événement la découverte du célèbre exemplaire des *Pandectes* conservé dans la bibliothèque de Florence. Quelques auteurs veulent rattacher à cette circonstance la réintégration du droit romain en Italie : cette opinion erronée n'a pas besoin d'être combattue; la renaissance ou le droit incontestablement d'une époque antérieure. C'est avec plus de raison qu'on attribue à quelques citoyens d'Amalfi la fondation de cette chapelle de Jérusalem connue sous le nom de *chapelle de Saint-Jean l'aumônier*, laquelle donna naissance à l'ordre des chevaliers de Saint-Jean. — Quant à l'invention de la boussole, attribuée à *Flavo Gioia*, citoyen d'Amalfi, qui vivait au XIVe siècle, elle appartient à des temps plus reculés : il est aujourd'hui reconnu que déjà au XIIIe siècle cet appareil était en usage chez les marins de la Provence. Seulement il est à croire que *Flavo Gioia* apporta quelques améliorations dans le système de cet instrument et qu'il passa pour l'avoir créé, comme Améric Vespuce eut l'honneur de donner son nom au nouveau monde, découvert par Colomb. — La boussole est décrite avec tous ses détails dans le poème satirique de *Guiot de Provins*, publié par Méon dans les *Tableaux et Contes français du moyen âge*. — En 1206, le cardinal Pierre de Capoue transféra dans Amalfi les cendres de saint André. — Cette ville, au XVIe siècle, était devenue la propriété des Piccolomini (*V.* ce nom); ce fut alors qu'en l'honneur de Piccolomini (Octave), l'un des plus grands hommes de guerre du temps où il vivait, elle fut érigée en duché. Aujourd'hui cette ville est de peu d'importance; elle renferme à peine 3,000 habitants, cependant elle possède toujours un siége archiépiscopal. H. CORNILLE.

AMALFI (PRINCESSE D'), née *Constance d'Avalos*, dans la ville de Naples, devint, par son mariage avec Alphonse Piccolomini, duchesse d'Amalfi (*V.* l'art. précédent). Après la mort d'Alphonse elle reçut de Charles V le titre de princesse. Elle mourut à Naples en 1560, et emporta au tombeau la réputation de poète remarquable, réputation méritée et qui la classe au rang des esprits les plus distingués du XVIe siècle. Les œuvres de la princesse d'Amalfi ont été publiées dans le recueil de Louis Domenichi, mis au jour sous le titre de *Rime diverse di alcune nobilissime e virtuosissime donne*. H. C.

AMALGAME. Le mélange de métaux différents s'appelle en chimie *alliage*. Les anciens chimistes désignaient sous le nom d'*amalgame* tout alliage où il entre du mercure, et cette dénomination s'est conservée. — Le mercure s'amalgame avec un grand nombre de métaux, tels que l'or, l'argent, le plomb, le bismuth, le zinc, l'étain, le cuivre, le palladium, etc.; il ne s'allie pas ou ne s'allie que très-difficilement avec le manganèse, le rhodium, le fer, le cobalt, le nickel, le platine, etc. — Tous les amalgames se décomposent par la chaleur; cependant les dernières traces de mercure sont quelquefois difficiles à séparer des métaux auxquels il se trouvait uni; on remarque de plus que le mercure entraîne toujours avec lui une petite quantité du métal allié, lorsque ce métal n'est pas absolument fixe. Les amalgames qui contiennent un grand excès de mercure sont mous ou même liquides; mais lorsqu'on les comprime dans une enveloppe poreuse comme une peau de chamois ou des planches préparées qu'on obtient en sciant des pièces de bois perpendiculairement aux fibres, l'excès du mercure est expulsé, et il reste des amalgames consistants dont la composition est définie et qui pour la plupart sont solides et susceptibles de cristalliser. — *Mercure et plomb.* Le plomb s'amalgame facilement avec le mercure, et celui-ci peut absorber jusqu'à la moitié de son poids de plomb sans perdre sa liquidité; mais alors il tache les doigts et *fait la queue*, c'est-à-dire que les gouttes, au lieu de conserver leur forme globuleuse, s'allongent lorsqu'on les met sur un plan de verre. Le mercure qui contient de 1/4000 à 1/5000 de plomb acquiert la propriété de prendre une surface parfaitement plane dans le verre, et l'on peut alors s'en servir avec avantage pour graduer les tubes. L'amalgame composé d'une partie de plomb, une partie de bismuth et trois parties de mercure est très-fluide à la température ordinaire et passe à travers la peau de chamois comme le mercure seul; aussi arrive-t-il assez souvent que dans le commerce on vend un pareil amalgame pour du mercure pur. — *Mercure et bismuth.* La combinaison de ces deux métaux s'opère très-facilement. Contenant un excès de mercure, l'amalgame est fluide et a la propriété de dissoudre une grande quantité de plomb sans se solidifier. Lorsqu'il est saturé de bismuth, il est susceptible de cristalliser. — *Mercure et étain.* Il y a en général contraction dans les amalgames d'étain; mais dans celui qui est formé d'une partie d'étain et de deux parties de mercure, il n'y a ni contraction ni dilatation. 1616 parties de mercure, 118 d'étain en limaille, 284 de bismuth en poudre composent l'amalgame le plus promptement liquéfiable. Il abaisse aussitôt la température de 18° cent. au-dessus de zéro à 20° au-dessous. — *Mercure et argent.* Ces deux métaux s'allient ou s'amalgament très-bien lorsqu'on les triture ensemble à la température ordinaire ou mieux à une douce chaleur. La combinaison s'opère plus promptement encore en projetant de l'argent chauffé au rouge dans du mercure. Les amalgames qui contiennent un excès de mercure sont liquides, mais moins que le mercure pur. En les comprimant dans une peau de chamois ou dans des vases de bois poreux, le mercure en excès s'écoule, et il reste un amalgame mou comme de la cire et blanc comme de l'argent; on s'en sert pour argenter les métaux. Les amalgames d'argent sont facilement décomposés par la chaleur rouge; le mercure entraîne tout point d'argent, mais il paraît que l'argent retient des traces de mercure qu'on ne peut pas lui enlever même en le chauffant très-fortement. — On obtient par *voie humide* un amalgame d'argent composé de petits grains cristallins groupés en forme de ramifications et qu'on nomme *arbre de Diane*, en procédant comme il suit : on mêle trois parties d'une dissolution de nitrate d'argent saturé de métal avec deux parties d'une dissolution de nitrate de mercure également bien saturée de métal, et l'on place au fond du vase qui contient le mélange un amalgame fait avec sept parties de mercure et une partie d'argent. Au bout de quarante-huit heures tout l'argent est précipité à l'état d'amalgame solide. — *Mercure et or.* Lorsqu'on plonge de l'or dans du mercure, il blanchit aussitôt et il finit par s'y dissoudre même à la température ordinaire. La chaleur accélère beaucoup la combinaison. L'alliage saturé de mercure est comprimé dans de la peau de chamois est blanc, mou d'abord, mais solide après un certain temps. Il cristallise à quatre pans. Il renferme environ deux parties d'or et une partie de mercure. L'amalgame pétrissable contient sept parties de mercure et une partie d'or. On l'emploie beaucoup pour dorer les métaux. On l'applique immédiatement sur l'argent. Mais pour fixer l'or sur le cuivre, il faut d'abord frotter celui-ci avec du sublimé corrosif, afin de le recouvrir de mercure, et l'enduire ensuite d'amalgame; en chauffant les pièces ainsi préparées on volatilise tout le mercure et elles se trouvent couvertes d'or mat; on leur donne le poli en les frottant sous l'eau avec une brosse de laiton. C'est aussi au moyen de l'amalgame qu'en plusieurs pays on extrait l'or des mines. On broie les minerais avec du mercure, qui se charge de ce qu'ils ont de fin; on lave ensuite; le tout se sépare entièrement de la pierre et de la terre; on le retire du fond du bassin où s'est fait le lavage et on évapore le mercure par l'action du feu. Cette opération se pratique dans des vaisseaux clos, lorsqu'on ne veut point perdre le mercure, et le métal qui reste après l'évaporation est toujours divisé en parties fines, réduit à l'état de poudre. Quand c'est de l'or on l'appelle *chaux d'or.* On fait fondre cette poudre, pour avoir

le métal dans son premier état. — *Mercure et palladium.* Le palladium s'amalgame très-facilement; il a une telle affinité pour le mercure, qu'à la chaleur rouge il en retient un atome pour deux atomes; cependant il l'abandonne en totalité à une forte chaleur blanche. Quand on précipite le palladium d'une dissolution de mercure en excès, il se forme un amalgame composé de 0,513 de palladium et de 0,487 de mercure. — *Mercure et platine.* Le mercure n'a pas une grande affinité pour la platine. Cependant on peut obtenir l'amalgame en chauffant du mercure dans un vase au fond duquel on plonge des fils de platine extrêmement déliés. Mais on réussit mieux encore en triturant à une douce chaleur du platine en éponge avec du mercure. L'amalgame séparé de l'excès de platine par la peau de chamois est blanc et éclatant comme l'argent. Il est d'abord mou et il adhère facilement au verre; mais il prend peu à peu de la consistance. Tout le mercure s'en sépare par la chaleur. — Selon M. Daniell, lorsqu'on plonge dans du mercure des tiges d'étain, de plomb, de zinc, d'argent ou d'or, après un temps plus ou moins long elles se couvrent de cristaux d'amalgame. La même chose n'a pas lieu avec le platine; mais si l'on verse en même temps sur le mercure de l'eau acidulée par de l'acide acétique ou contenant en dissolution un sel neutre, l'amalgame se forme et il y a dégagement d'hydrogène et formation d'acétate de mercure. — Nous venons de mentionner les principaux amalgames; nous renvoyons les lecteurs aux articles sur les différents métaux. B. DE C.

AMALGAMATION. C'est l'opération par laquelle le mercure s'unit aux métaux. On l'indique abréviativement par AAA. — Pour amalgamer un métal avec du mercure on le fait ordinairement fondre ou chauffer, on y ajoute une certaine quantité de mercure qui s'incorpore avec lui. Dans un assez grand nombre de cas la trituration suffirait pour que l'amalgame eût lieu, mais l'opération se fait mieux par la chaleur. (V. AMALGAME.) B. DE C.

AMALIE, née en Italie en 1739, de la famille des Guelfes, épousa à dix-sept ans le duc Ernest-Constantin de Saxe-Weimar, le perdit au bout de deux ans, et malgré sa jeunesse, qui semblait ne l'appeler qu'aux plaisirs, elle remplit ses devoirs de mère et, de régente des États, se fit avec tant de sagesse et de bonheur, qu'elle parvint à guérir les maux que la guerre de *sept ans* avait faits au pays. Elle avait confié à Wieland l'éducation de son fils, et ce savant s'acquitta de ses devoirs avec beaucoup de zèle. La duchesse elle-même remit aux mains du jeune prince devenu majeur le gouvernement du duché, pour se livrer tout entière à l'étude et au commerce des gens de lettres et des savants. Goëthe, Bœtigger, Schiller, Horder, Knebel et beaucoup d'autres, attirés à Weimar par sa munificence, l'aidèrent à créer ou à améliorer divers établissements utiles aux arts, à la science et à l'industrie. Sur la fin de ses jours, elle fit un voyage en Italie, accompagnée par l'auteur de *Werther*, le célèbre Goëthe. Elle mourut le 10 avril 1806. On prétend qu'elle succomba au chagrin qu'elle ressentit, après la bataille d'Iéna, à cause du danger que courut son fils d'être sacrifié au ressentiment du vainqueur, qui pouvait punir en lui un manque de foi. N. M. P.

AMALRIC (ARNAUD), dix-septième abbé de Cîteaux, fut choisi en 1204, par Innocent III, pour travailler, conjointement avec Pierre de Castelneau et Arnoul, à la conversion des Albigeois, dont l'hérésie s'étendait de plus en plus dans le Languedoc et la Provence. (V. GUERRE DES ALBIGEOIS.) Ces trois prélats, revêtus de pleins pouvoirs par le souverain pontife, se rendirent dans les provinces d'Aix, d'Arles et de Narbonne, et commencèrent leurs prédications avec beaucoup de zèle, mais sans aucun succès. L'évêque d'Osma, Diego de Azebez, qui voyageait à cette époque dans le midi de la France avec saint Dominique Guzman, sous-prieur de sa cathédrale, ayant rencontré les légats à Montpellier, attribua le défaut de résultat de leur mission au luxe dont ils aimaient à s'entourer, ce qui contrastait avec la misère du peuple. Le pieux évêque leur fit comprendre qu'ils ne parviendraient à toucher le cœur des hérétiques qu'en imitant la simplicité des apôtres. Joignant l'exemple au précepte, Diego de Azebez et saint Dominique se réunirent aux trois légats et se mirent à parcourir le pays, vêtus d'habits grossiers, nu-pieds, couchant dans de pauvres chaumières, et ne dédaignant pas de disputer avec les sectaires de la plus basse condition. Les Albigeois ne se montrant pas plus dociles, Amalric prêcha une croisade contre ces hérétiques, d'après les ordres d'Innocent III. Dans les commencements de la guerre le légat jouissait d'un grand ascendant sur les croisés, ce qui l'a fait faussement regarder par quelques-uns comme le généralissime de l'expédition. Ce fut Amalric qui investit le comte de Montfort, au nom du pape, de la souveraineté du pays conquis sur les hérétiques. Accusé plus tard auprès du saint-siége de violence et d'injustice, il fut remplacé dans ses fonctions de légat apostolique; le pape lui reprocha même dans une lettre, ainsi qu'au comte de Montfort, d'avoir envahi non-seulement les biens des Albigeois, mais encore ceux des catholiques. Néanmoins cette accusation n'eut pas de suite et l'abbé de Cîteaux fut nommé à l'évêché de Narbonne. — Inquiet et remuant, habitué à une vie active, aux disputes théologiques, à l'agitation des camps, Amalric ne pouvait se plaire dans les paisibles fonctions de l'épiscopat; aussi abandonna-t-il bientôt son diocèse pour se rendre en Espagne. Il nous a laissé une relation de son voyage dans la Péninsule; il paraît, d'après ses récits, que s'étant mis à la tête de quelques chevaliers, il prit part à la bataille fameuse de las Navas qu'Alphonse IX gagna sur les musulmans en 1212. De retour de cette seconde croisade, il voulut assurer l'indépendance du diocèse de Narbonne. Simon de Montfort, oubliant qu'Amalric l'avait autrefois puissamment secondé, s'opposa vivement aux prétentions du prélat, qui se rapprocha pour lors de Raymond, comte de Toulouse. Amalric présida en 1224 le concile de Montpellier, spécialement convoqué pour écouter les plaintes de ce même Raymond; il mourut l'année suivante : son corps fut transporté à Cîteaux, où les religieux lui élevèrent un beau mausolée.

A. M.

AMALRIC (AUGERI), écrivain ecclésiastique qui vivait dans le XIVe siècle. Compilateur studieux, il compulsa plus de deux cents auteurs pour composer une histoire des papes (*Chronicon pontificale*), qu'il dédia à Urbain V. A. M.

AMALRIC (FRANÇOIS DE SALES), d'une famille noble de Provence, embrassa de bonne heure l'état ecclésiastique et devint grand vicaire de l'évêque de Tulle. Il ne tarda pas à se faire un nom distingué comme prédicateur; il avait été même désigné pour prêcher le carême devant Louis XVI et sa cour. Les événements politiques ne lui permirent pas de remplir sa mission. Il eut même la faiblesse, pour se soustraire aux persécutions, de prêter le serment civique et de se marier; mais il eut plus tard le courage d'avouer publiquement ses torts. Le souverain pontife, touché de son repentir sincère et usant d'indulgence, le rendit à l'état séculier. Il a laissé quelques écrits, parmi lesquels on distingue le *Cours de morale pour les jeunes demoiselles, à l'usage des maisons d'éducation d'Écouen et de Saint-Denis*, 3 vol. in-12, 1803, réimprimé en 1808; et le *Missionnaire selon l'Évangile*, Paris, in-12, 1820. On ignore la date de sa mort de même que celle de sa naissance. A. D. M.

AMALTEO (PAUL), né à Pordenône dans le Frioul vers 1455, entra dans l'ordre des religieux mineurs, ce qui ne l'empêcha pas de se livrer avec ardeur à la poésie et aux belles-lettres, qu'il professa dans plusieurs villes, et principalement à Vienne en Autriche, où il fut couronné poëte par Maximilien Ier. Ses ouvrages, tous écrits en latin, sont restés inédits en très-grande partie; le catalogue en a été donné par Mittarelli. Paul mourut assassiné en 1517. — Marc-Antoine, frère cadet du précédent, parcourut l'Autriche et la Hongrie, professa dans plusieurs villes, et revint mourir dans sa patrie en 1558. — François, le plus jeune frère des deux précédents, professa les belles-lettres à Sacile; mais il s'occupa surtout des sciences; Rorario le regarde comme un des hommes les plus érudits du XVIe siècle. François se maria en 1505; l'époque de sa mort n'est pas connue. — Jérôme Amalteo, fils aîné de François, né en 1507, se fit remarquer par son aptitude presque universelle. Il fut considéré comme le meilleur médecin théoricien et praticien de l'Italie; mais les travaux de cette science austère ne l'empêchèrent pas de professer la philosophie à Padoue et d'écrire, dans ses heures de loisir, des poésies latines. Une de ses compositions les plus intéressantes, par le sujet au moins, est la *Gigantomachia heretica*, où il exhorte Paul IV à extirper l'hérésie de quelque façon que ce soit. On a blâmé vivement Amalteo de l'opinion qu'il y manifestait. Cette opinion toutefois ne prouve pas qu'une chose si ce n'est qu'il avait deviné les malheurs que la réforme préparait à l'Europe entière. Ses épigrammes ont un mérite littéraire certainement supérieur à celui de la *Gigantomachia*; quelques-unes parurent même dignes d'être traduites en plusieurs langues; elles l'emportent aussi sur ses églogues. Jérôme mourut en 1574. Ses œuvres ont été imprimées à diverses reprises à Amsterdam, avec les notes de Grævius, 1684, in-12; mais la meilleure édition est celle qui a été donnée dans les œuvres latines de Sannazar, Amsterdam, 1728, in-8°. — Jérôme Amalteo laissa deux enfants qui, sans porter aussi haut que

leur père la gloire de leur nom, ne laissèrent pas de se distinguer, l'un comme théologien, l'autre comme médecin et philosophe.

AMALTEO (JEAN-BAPTISTE), frère de Jérôme, né à Oderzo en 1525 et envoyé de bonne heure à l'université de Padoue, y fit de si bonnes études qu'âgé seulement de vingt ans il fut appelé à Venise pour y achever l'éducation des seigneurs Lippomani; et Giraldi, qui écrivait en 1548 son second dialogue sur les poëtes ses contemporains, cite, comme donnant de hautes espérances, le jeune Amalteo, que ses poésies lui avaient déjà fait connaître. Tout en faisant ses cours, Amalteo ne négligea pas ses propres travaux, et à l'étude des langues grecque, latine et italienne, il joignit celle de la philosophie, de la théologie et de la jurisprudence. En 1554, il fit le voyage d'Angleterre à la suite de l'ambassadeur de Venise; il fut ensuite nommé secrétaire de la république de Raguse, appelé au secrétariat particulier de Pie IV, et de là à celui du concile de Trente; enfin, en 1567, il se trouvait à Milan avec le cardinal Charles Borromée, et il mourut à Rome six ans après, emportant les regrets de ses contemporains dont il avait recueilli les plus magnifiques éloges. Ses poésies latines ne le cèdent ni en grâce, ni en légèreté aux meilleures de son époque; ses élégies surtout sont d'une coupe harmonieuse et pleine de fraîcheur et de naïveté : quoi de mieux que ces deux vers :

> Huic semper nemora, huic placuerunt mollia semper
> Gramina, qui viridi nunc quoque gaudet humo.

Ses églogues ne sont pas indignes de sa renommée; on doit les lire comme un spécimen précieux de cette littérature latine du XVIe siècle, élégante mais peu connue. Les églogues et les élégies furent publiées en 1550, et Aleandre en joignit une collection plus complète à l'édition de ses propres ouvrages, imprimée en 1627. — Corneille Amalteo, frère cadet du précédent, le remplaça au secrétariat de Raguse. En 1560, il aida Paul Manuce dans la rédaction du catéchisme latin demandé par Pie IV. Outre des épigrammes, Corneille écrivit deux poëmes : l'un à Venise pour sujet; l'autre, sous le titre de *Prothée*, prédit à Jean d'Autriche la bataille de Lépante. Ginguené fait un grand éloge de ce dernier ouvrage, publié à Venise, 1572, in-4°. Le comte DE BELLEVAL.

AMALTHÉE (mythol.), Ἀμάλθεια : *Amalthea*. Comme la plupart des mythes païens, celui d'Amalthée se présente à nous avec un grand nombre de contradictions et d'obscurités, et il faudrait renoncer à l'éclaircir, si l'on prenait à la lettre les récits des poëtes. Puisque Varron a compté jusqu'à trois cents Jupiter, et a trouvé quarante-trois Hercule là où Cicéron n'en aperçoit que six, ne soyons pas surpris de rencontrer trois ou quatre Amalthée pour donner leur lait à tous ces Jupiter. Ainsi, tantôt Amalthée est fille de Crète, nommé Mélisse, et Melissa est sa sœur, tantôt elle est fille du Soleil, nymphe ou simplement chèvre. Certains récits ne font pas mention d'Amalthée : ils parlent d'une Ega ou Aix, fille du Soleil ou d'Olène; d'autres confondent les deux mythes : la vue d'Ega effrayait, disent-ils, les Titans, ses frères; à leur sollicitation, la Terre, leur mère, confia Ega à la nymphe Amalthée, qui la cacha dans un antre de Crète et lui donna dans la suite Jupiter à nourrir. Remarquons, avant d'aller plus loin, qu'Ega ou Aix vient indubitablement du grec αἴξ, chèvre, et qu'Olène, qu'on lui donne pour père, pourrait au besoin être pris pour rocher, dans un sens figuré : car on lit dans Ovide que Léthée, fière de ses charmes, ayant osé se comparer aux déesses, celles-ci se disposaient à la vengeance; lorsqu'Olène, mari de Léthée, s'offrit à sa place, et qu'il fut changé aussitôt en rocher. Nous ne verrions plus ainsi qu'une expression poétique dans *la chèvre fille du rocher*, Ega, fille d'Olène. Quoi qu'il en soit de ces variantes, on admet généralement que Jupiter ayant été soustrait à la voracité de son père, fut confié aux Corybantes, qui l'emportèrent dans la Crète où il fut nourri par la chèvre Amalthée, ou une chèvre appartenant à la nymphe de ce nom. — La reconnaissance de Jupiter a-t-elle placé la vierge ou la chèvre parmi les constellations célestes, ou n'y a-t-il mis qu'une des cornes de la chèvre? Nouveau sujet d'embarras, nouvelles contradictions. Puis vient la corne d'abondance. On raconte qu'un jour la chèvre, qui n'avait rien perdu de sa vivacité ni de ses habitudes frivoles, quoique nourrice d'un dieu, alla étourdiment donner de la tête contre un rocher, si bien qu'une de ses cornes se brisa. Ici, au moins, le fait est clair, et l'aventure ne saurait être mise au compte de la nymphe. Celle-ci tout en larmes, remplit la corne de fruits et de fleurs, et l'alla placer sur l'autel

21.

de Jupiter, qui accepta l'offrande, et transforma la corne en une étoile de première grandeur ; c'est celle qu'on voit briller sur l'épaule gauche du cocher. — Cette corne est la corne d'abondance. On trouve quelque part que Mercure, l'ayant acquise, on ne sait comment, en fit don à Hercule, qui, à son tour, la donna à OEnée quand il obtint Déjanire, quoiqu'il l'eût déjà cédée au fleuve Achéloüs en échange de celle qu'il lui avait arrachée ; suivant d'autres récits, Achéloüs la reçut d'Amalthée elle-même. Personne n'ignore les merveilleuses propriétés de cette corne, d'où les poëtes et les peintres font découler tour à tour les plus riches trésors de l'art et de la nature. — La sculpture et la numismatique ont conservé le souvenir de la chèvre nourricière de Jupiter. Un bas-relief du palais Giustiniani représente, dit-on, une nymphe qui donne à boire au maître des dieux dans une corne ; la Junon *Sospita* ou *Conservatrice* figurée sur les deniers du triumvir monétaire L. Procilius, a sur sa tunique une peau de chèvre qui pourrait bien être celle d'Amalthée. L'allaitement de Jupiter forme le sujet d'un bas-relief qui décore la troisième face de l'autel quadrilatère, détaillé au *musée Capitolin*, IV, 5, 6, 7. Enfin une médaille d'or de Valérien nous montre un petit Jupiter assis sur sa chèvre, et on y lit : *Jovi crescenti*. Nous avons vu à Arles, parmi les immenses débris qui encombrent une cour du musée, un petit fragment de bas-relief, présentant aussi, au-dessus d'une tête d'enfant, quelques lettres qui sembleraient être restées seules des mêmes mots : IOV....RESCEN... — Jupiter a été surnommé par Homère Egiochus ou Eginchus, soit parce qu'il a été nourri par une chèvre, soit parce qu'il portait une égide faite de la peau de cet animal. Winkelmann, dans son Histoire de l'Art, a prouvé que cette égide n'était que la peau de la chèvre Amalthée dont Jupiter avait entouré son bras gauche. — Quelques philologues pensent que Melisse, Melissa, Amalthée, ne sont qu'un seul et même personnage, dédoublé en père et en filles ; c'est la nutrition (maha-ilitt) diversement modifiée. Nous donnons cette opinion sans la soutenir, et seulement comme une ingénieuse hypothèse. Il serait certainement absurde de chercher un symbole moral, une figure dans tous les mythes du paganisme. Là où le caprice du poète sert le plus souvent de théogonie, on ne saurait trouver un de ces mystérieux symboles que les prêtres égyptiens cachèrent sous les formes de leur culte. — ALBERT MAURIN.

AMAM était une des villes échues en partage à la tribu de Juda. Elle était située sur la frontière de cette tribu (*Jos.* XV, 26). J. G.

AMAMA (SIXTINUS) naquit dans une ville de la Frise, vers le milieu du XVIe siècle, et mourut à la fin de 1629. Il fut professeur d'hébreu à l'université de Franeker. On a de lui l'*Antibarbarus biblicus*, 1656, in-4° ; c'est un recueil de dissertations critiques de toutes les traductions de la Bible adoptées par l'Église catholique. C'est principalement contre la Vulgate qu'il se livre à toute l'amertume de son zèle pour les traductions faites par les protestants, traductions où l'on ne trouve ni l'énergie de la Vulgate, ni sa noble simplicité ; auxquelles surtout manque tout ce qu'a la Vulgate : les suffrages des Pères, l'approbation des conciles, la possession non contestée d'un long service dans l'Église de J. C. ; ce qui, sans parler de sa grande supériorité, sous le rapport de l'exactitude et du style, suffit pour la placer infiniment au-dessus de toutes les traductions des sectaires. Au surplus, Amama ne prend pas la peine de dissimuler sa haine contre tout ce que les catholiques vénèrent ; il critique, ou plutôt il déchire avec une sorte de fureur qui le conduit souvent à la grossièreté. — N. M. P.

AMAN, fils d'Amadath, et de la race d'Agag, ou Amalécite, comme on le lit dans le texte hébreu d'Esther (III, 1), était favori d'Assuérus, roi de Perse. Il avait tellement gagné les bonnes grâces d'Assuérus, que ce prince, non content de lui avoir donné le premier rang dans son royaume, avait ordonné à tous ses serviteurs de fléchir le genou devant lui et de l'adorer. Le Juif Mardochée, oncle d'Esther, mais qui n'était pas encore connu à la cour en cette qualité, refusa de lui rendre ces honneurs. Choqué de ce refus, le favori essaya d'abord de fléchir Mardochée ; mais voyant que tous ses efforts étaient inutiles, il résolut de se venger de ce qu'il regardait comme un affront, non-seulement sur la personne de Mardochée, mais encore sur toute la nation des Juifs répandue dans le royaume d'Assuérus. Le crédit qu'il avait sur l'esprit du roi lui fit obtenir d'autant plus facilement un arrêt de mort contre les Juifs, qu'il eut soin de les peindre comme obéissant aveuglément à leurs propres lois et à leurs cérémonies particulières, et méprisant les édits et les ordonnances du royaume. Muni d'une permission qui lui offrait le moyen d'assouvir en-

tièrement sa vengeance, Aman rassembla les secrétaires d'Assuérus, et fit expédier, le treizième jour du mois de nisan, l'ordre d'exterminer les Juifs dans toute l'étendue du royaume de Perse. Cet ordre barbare fut porté dans toutes les provinces par les courriers même du roi ; et l'exécution, plus barbare encore, était abandonnée à la discrétion de chaque Perse, qui pouvait à volonté se porter sur eux, les massacrer et piller leurs biens. Heureusement, le jour où devait commencer le massacre était le treizième du mois d'adar, qui était le dernier de l'année sainte, c'est-à-dire que l'exécution de l'édit ne devait avoir lieu qu'un an entier après sa publication ; la divine Providence, qui se joue des vains projets des hommes, accordait ce délai aux Juifs pour leur donner le moyen de se soustraire aux suites d'un édit aussi injuste qu'inhumain. Cependant la vue de l'inflexible Mardochée excitait de plus en plus le dépit et la rage d'Aman. Irrité surtout un jour de ce qu'à la sortie d'un festin auquel Esther l'avait invité, Mardochée ne s'était pas levé en sa présence, il exprima son mécontentement à sa femme et à ses amis, en leur déclarant qu'il ne compterait pour rien la faveur que lui avait faite la reine Esther en l'invitant seul avec le roi à son festin, tant qu'il verrait le Juif Mardochée assis à la porte du palais et refusant de se lever devant lui. A ces plaintes, qui parurent justes et fondées, sa femme et tous ses amis répondirent qu'il était assez puissant pour se défaire d'un ennemi qui n'était après tout qu'un serviteur ordinaire, et que la mort n'était pas un châtiment trop sévère pour punir une audace aussi révoltante. Ils conseillèrent donc à Aman de faire dresser une potence haute de cinquante coudées, et de demander au roi que Mardochée y fût attaché. Ce conseil ayant plu à l'orgueilleux favori, la potence fut dressée sur-le-champ ; et dès le lendemain de grand matin, Aman était déjà dans l'antichambre du roi pour lui demander la mort de Mardochée. Lorsqu'il fut introduit auprès d'Assuérus, le prince, qui venait d'apprendre que ce Juif avait découvert une conspiration contre sa personne, demanda avant tout à Aman ce que l'on pouvait faire pour un homme que le roi désirait combler d'honneurs. L'orgueilleux courtisan s'imaginant qu'Assuérus voulait parler de lui : « Il faut, répondit-il, que cet homme soit revêtu des habits royaux, qu'il monte le cheval du roi, et que, le front ceint du diadème royal, il soit conduit dans toutes les places de la ville par le premier officier de la cour, qui criera devant lui : C'est ainsi qu'est honoré l'homme qui a mérité les faveurs du roi. — Eh bien ! répondit Assuérus, fais ce que tu viens de dire au Juif Mardochée, qui a découvert une conspiration contre ma personne sans avoir reçu aucune récompense. » Cette réponse fut un coup de foudre pour Aman ; mais il fallait exécuter l'ordre royal. Ainsi, malgré toute sa répugnance, le favori obéit au commandement du prince. Cependant Aman fut invité à un second festin que la reine avait préparé. Comme au milieu du repas Assuérus, s'adressant à Esther, l'engageait à lui demander tout ce qu'elle souhaiterait : « Grand roi, répondit-elle, si j'ai trouvé grâce à tes yeux, je te conjure de m'accorder ma vie et celle de mon peuple, pour lequel j'implore ta clémence. — Qui donc, demanda alors le roi, serait assez hardi pour attenter à ta vie ? — C'est Aman, reprit Esther, cet Aman que tu vois et qui est notre mortel ennemi. » A ces mots l'indigne courtisan consterné ne put supporter les regards ni d'Assuérus ni d'Esther ; profitant d'un moment d'absence que fit le roi, il se jeta aux pieds du reine. Assuérus entrant en ce moment même, et jugeant mal des intentions d'Aman, éleva la voix contre lui, et aussitôt on se saisit d'Aman et on lui couvrit le visage, comme à un homme qu'on va conduire au supplice. Alors l'un des eunuques ayant dit qu'Aman avait préparé pour Mardochée une potence haute de cinquante coudées, Assuérus ordonna qu'Aman y fût attaché. C'est ainsi que périt cet insolent favori, cet homme cruel et barbare, qui n'avait pas craint de sacrifier à son orgueil un peuple entier ; et avec lui périrent ses dix enfants. Sa maison fut donnée à Esther, et la dignité et les emplois qu'il avait à la cour furent accordés à Mardochée. Quant aux Juifs, Assuérus publia un second édit qui, en abrogeant le premier, leur permettait de se mettre en état de tirer une juste vengeance de leurs ennemis. On place cet événement à l'année 508 avant J. C. (*V.* ASSUÉRUS, ESTHER, MARDOCHÉE.) — Les interprètes et les philologues de nos jours se sont exercés sur l'étymologie du mot *Aman*, qui en hébreu s'écrit *Hâman*, la plus probable est celle qui le fait dériver du persan *homâm*, magnifique, illustre, ou du sanscrit *hêman*, qui se dit de la planète de Mercure. (*V.* aussi ARDESCHIR.) J. G.

AMAN, AMANBLUCÉE, ou AHANBLURÉE. Ce mot sert à

désigner une des ablutions journalières des musulmans schiites, tels que les Turcs. C'est aussi le nom qu'on donne à une toile de coton du Levant, qui se fabrique principalement dans Alep. — C'est encore un terme de marine par lequel on désigne un cordage qui sert à élever les antennes. A. DE M.

AMAN. C'est le nom d'une ville très-ancienne qu'il ne faut pas confondre avec celle d'Amam (*V.* ce mot); elle était située dans la Cœlé-Syrie. Ce fut dans Aman que Tryphon, usurpateur du trône de Syrie, fut assiégé par les Machabées (*V.* TRYPHON).

AMAN (MICHEL), bénédictin à Oberaltaich, en Bavière, né le 24 octobre 1752, à Bogen, dans la Bavière inférieure, mort le 20 août 1797, enseigna la théologie et mérita d'être nommé secrétaire général de la congrégation des bénédictins en Bavière. On a de lui : *Exercitatio analytica et hermenentica selectorum capitum et locorum textus hebraici et græci*, Ratisb. 1777. R.

AMANA. Nom d'une montagne dont il est parlé dans le Cantique des cantiques (IV, 8), mais dont ce livre sacré ne nous apprend que le nom. Plusieurs auteurs pensent qu'elle n'est autre que le mont Amanus dans la Cilicie. D'après saint Jérôme et les rabbins, la terre d'Israël, du côté du nord, s'étendait jusqu'à cette montagne. Il est hors de doute que du temps de Salomon les Hébreux avaient porté jusque-là leur domination. Strabon dit que le mont Amanus est une suite du Taurus, et qu'il s'étend jusqu'à l'Euphrate (*lib.* XI *et* XIV). Cicéron écrit à Atticus qu'il sépare la Syrie de la Cilicie : *Tarsum veni..... inde ad Amanum contendi, qui Syriam à Cilicià in aquarum divortio dividit* (*lib.* V, *ad Attic. epist.* XX). — Au IV⁰ livre des Rois (V, 12) il est question d'un fleuve *Abana* dans le texte hébreu, mais les Massorèthes veulent qu'on lise *Amana*; d'après cette opinion, le mont Amana tirerait son nom de ce fleuve; et c'est aussi ce que pensent généralement les nouveaux interprètes. — Eugène Roger fait mention dans sa *Terre sainte* (*liv.* I, *pag.* 227) d'une montagne de ce nom. Voici ce qu'il en dit : « Dans cette même tribu de Manassé est le mont Amana, que les Arabes nomment *Gébel Chaïque*, c'est-à-dire le *mont Vieillard*, à cause que le sommet d'iceluy est en toute saison couvert de neige. Il est distant du lac de Moron de deux lieues, et en a trois de circuit par le pied, où se voit un beau vignoble cultivé par les Maures et les Druges des villages circonvoisins. » Sur quoi D. Calmet (*Dict. de la Bible*) fait observer que quelques auteurs croient que c'est là le mont Amana dont il est parlé dans le Cantique des cantiques ; mais « que, pour lui, il ne remarque pas que ni Josèphe, ni saint Jérôme, ni Eusèbe aient connu cette montagne; du moins qu'ils n'en parlent pas sous le nom d'Amana. » J. G.

AMAND (PIERRE) naquit dans la Provence, vers le milieu du XVII⁰ siècle, et mourut à Paris en 1720. Ce fut un chirurgien-accoucheur célèbre et qui mérita sa renommée autant par sa science que par sa dextérité. On lui doit des *Observations nouvelles sur la pratique des accouchements, etc.*, imprimées à Paris in-8⁰ en 1713 et réimprimées deux ans après. On y trouve des remarques très-curieuses sur la matière des accouchements, et sur plusieurs cas de grossesses *extra-utérines*. Il a inventé ou décrit une espèce de filet propre à saisir et à retirer la tête de l'enfant. A. D. M.

AMAND, évêque de Bordeaux après saint Delphin, de 402 à 404, instruisit saint Paulin des mystères de la foi, le prépara à la réception du baptême, et voulut être son parrain. Par un rare exemple d'humilité, ayant pu apprécier les vertus éminentes et les talents remarquables de saint Séverin, évêque de Cologne, il abandonna son siége, l'obligea à l'occuper à sa place, et n'y remonta qu'après la mort de ce saint prélat. — Cette circonstance de la vie de saint Amand a été révoquée en doute par quelques biographes, et traitée même de conte apocryphe dans la *Biographie universelle* ; mais plus graves autorités l'attestent néanmoins, nous n'avons pas cru devoir retrancher de cette courte notice un trait qui fait à la fois l'éloge de deux saints évêques honorés par l'Église. La fête de saint Amand se célèbre le 18 juin. A. P.

AMAND (S.), vulgairement *saint Chamant*, né à Rodez, fut élu évêque de cette ville, convertit un grand nombre de païens, et mourut à la fin du v⁰ siècle. Il est honoré le 4 novembre. A. P.

AMAND (S.), né en 589 dans les environs de Nantes, se retira à l'âge de 20 ans dans un monastère de la petite île d'Oye, près de celle de Ré, puis à Bourges, où il vécut pendant un peu moins de 25 ans, sous la direction du saint évêque Anstrégésile, dans une petite cellule voisine de la cathédrale. Il fit ensuite un pèlerinage à Rome, et à son retour, en 628, il fut sacré évêque, sans désignation de siége, mais avec mission de

prêcher la foi aux infidèles. Après avoir successivement parcouru la Flandre, la Carinthie, les provinces voisines du Danube, la Gascogne, la Navarre, évangélisant et convertissant partout, il baptisa Sigebert, fils de Dagobert, puis alla travailler à la conversion des habitants presque barbares du territoire de Gand. Son zèle triompha de tous les obstacles: les persécutions même auxquelles il fut en butte ne servirent qu'à donner un nouvel éclat à ses travaux apostoliques. Après avoir baptisé un grand nombre d'infidèles, il fonda plusieurs églises en 633, éleva à Gand deux monastères, dont l'un, sous l'invocation de saint Baron, vit ériger en cathédrale son évêché en 656. A l'époque de l'érection, il en construisit un troisième à trois lieues de Tournai, et fut élu évêque de Tongres, en 649. Il ne gouverna cette église que pendant trois ans, après lesquels il désigna pour son successeur saint Remacle, abbé de Cougnon, et se consacra de nouveau à la mission laborieuse qui avait occupé la plus grande partie de sa vie. Ce ne fut que quand les forces manquèrent à son zèle, qu'il se retira à l'abbaye d'Elnon : il la gouverna encore pendant un peu plus de quatre ans, en qualité d'abbé, et il y mourut, à l'âge de 90 ans, en 675 ou 679, le 6 février, jour auquel l'Église honore sa mémoire. Ses restes y furent déposés, et un grand nombre de miracles opérés sur son tombeau témoignèrent bientôt de sa sainteté. A. P.

AMANDE, du latin *amandala*, mot corrompu du grec *amygdala*. C'est le fruit de l'amandier (*V.* l'article suivant.) On donne généralement le nom d'amande à la substance qui occupe l'intérieur du noyau de tous les fruits à noyau, comme l'abricot, la pêche, la prune, etc. Dans les arts, on désigne par ce même nom divers objets qui ont la forme d'une amande. Les ouvriers en cristal, par exemple, appellent ainsi des morceaux de cristal taillés en forme d'amande, et qui servent à orner les lustres.

AMANDIER. Arbre assez semblable au pêcher pour la forme. Il appartient à la famille des rosacées. Le genre, amandier, *amygdalus*, comprend dix ou douze espèces qu'on cultive tant pour le fruit qu'on en retire que pour l'agrément. Les botanistes modernes divisent le genre entier en deux sections, d'après la forme du calice en cloche ou en entonnoir. Dans l'usage ordinaire, on distingue aussi l'amandier en deux classes, suivant la nature de l'amande, qui est douce ou amère. Le fruit de l'amandier consiste en un drupe dont le brou est sec, fibreux, et recouvert d'un duvet velouté, le tout enfermé dans un noyau recouvert d'une coque verte, lisse ou rugueuse, et quelquefois marquée de petits sillons. Dans la première classe des botanistes, calice en cloche, on range l'amandier commun, qui se reconnaît à ses feuilles longues, lancéolées, dentées, et à ses fruits ovoïdes et cotonneux. L'amandier paraît originaire de l'Afrique septentrionale et de l'Asie. Les Romains, qui le connaissaient dès le temps des guerres puniques, donnaient à son fruit le nom de *noix grecque*. — L'amandier à fruit amer a les dentelures inférieures des feuilles glanduleuses, les fleurs grandes; le style ne dépasse pas les étamines, au lieu que dans l'amandier à fruit doux, les étamines ont beaucoup moins de longueur que le style. Il y a dans ces deux espèces plusieurs variétés parmi lesquelles on distingue celle dont les fruits ont la coque très-mince et très-fragile, et que par cette raison, on appelle *amandier des dames*. — Dans la section des amandiers à calice en entonnoir, on distingue les trois ou quatre espèces d'amandiers nains, qui n'ont guère que trois ou quatre pieds de hauteur, mais qui servent à l'embellissement des jardins, où on les emploie à former des haies vives. — L'amande fraîche a un goût assez agréable, mais elle devient difficile à digérer à mesure qu'elle se sèche. Il n'est personne qui ne sache que les pâtissiers, les confiseurs et les pharmaciens font un grand usage des amandes douces. On extrait des amandes, par simple expression, une huile fort douce, dont les parfumeurs se servent comme cosmétique, et qui en pharmacie s'emploie comme liniment. Le marc, après l'extraction de l'huile, n'est point perdu, il sert à divers usages sous le nom de pâte d'amandes. L'huile qu'on extrait des amandes amères contient de l'acide benzoïque, et l'amande elle-même renferme de l'acide hydrocyanique. C'est la présence de ces deux acides qui rend l'amande amère très-dangereuse pour les animaux, et surtout pour les oiseaux ; ces substances délétères ne passent point dans l'huile obtenue par l'expression à froid. — Le bois de l'amandier est très-dur, souvent coloré et veiné; il est susceptible d'un très-beau poli. — L'amandier a été acclimaté en Italie, en Espagne, et dans les provinces méridionales de la France ; il demande une terre sablonneuse et légère et une bonne exposition. Il est sensible au froid, et comme il fleurit aussitôt après les gelées de l'hiver, ses fruits souffrent souvent des gelées du printemps.　　　　　　N. M. P.

AMANDUS (Neus Salvius), un des généraux de Dioclétien, fut envoyé dans les Gaules, vers l'an 283. Il contribua, conjointement avec Pomponius Ælianus, qui avait réuni une troupe de brigands et d'esclaves fugitifs, à la révolte des Bagaudes (V. ce mot), qui l'élurent pour chef. Amandus poussa d'audace ou la confiance en ses propres forces, jusqu'au point de se parer de la pourpre impériale. Dioclétien fit marcher contre lui son collègue Maximien, qui, après avoir livré plusieurs combats aux Bagaudes, finit par les exterminer dans une action générale. Amandus périt dans une de ces rencontres.　　　　　　　　　　N. M. P.

AMANDUS DE COLI, (Sanctus) Saint-Amand de Coli, de l'ordre de Saint-Augustin, diocèse de Sarlat, monastère d'hommes, fondé vers l'année 431, dans le voisinage de la ville de Terrasson, par saint Amand, compagnon de saint Sore et de saint Cyprien. L'abbaye fut ruinée par les Anglais; mais l'église échappa de leurs ravages, et seule elle a longtemps témoigné de l'ancienne splendeur du monastère. — AMANDUS IN AGRO BORBONICO (S.), Saint-Amand en Bourbonnais. Monastère d'hommes, du diocèse de Clermont, fondé vers l'an 630. — AMANDUS IN PABULA (Sanctus), Saint-Amand en Pevezle. Monastère d'hommes, de l'ordre de Saint-Benoît, dans le diocèse de Tournay, fut fondé en 637. C'était une des plus illustres abbayes des Pays-Bas; elle était située dans la petite ville de Saint-Amand, sur la Scarpe; on l'appelait anciennement Monasterium elnonense, parce que l'édifice avait été bâti près d'Elnon. Le roi Dagobert la dota richement en 639, à la demande de saint Amand, qui bâtit deux églises, l'une en l'honneur de saint Pierre et de saint Paul, l'autre en celui de saint André. Le saint apôtre plaça dans cette dernière église des prêtres séculiers, qui, sous la direction d'un doyen, se dévouaient uniquement aux fonctions du ministère sacré; mais Guillaume, archevêque de Reims et cardinal légat, les supprima en 1200. L'abbé était seigneur de la ville, qui tira son origine de l'abbaye. Ce monastère était remarquable par ses édifices, et surtout par l'église, qui avait 460 pieds de longueur et 78 de largeur. — AMANDUS ROTOMAGENSIS (S.), Saint-Amand de Rouen. Monastère d'hommes de l'ordre de Saint-Benoît, fondé en 1030.　　　　　　　　　　L. D. M.

AMANITE, nom commun de toutes les espèces du genre des agarics (agaricus) de Linnée, qui ont une vulve avant leur développement complet. Ces espèces de champignons sont les unes très-estimées pour leur saveur, et les autres très-dangereuses pour le venin qu'elles renferment. Malheureusement elles diffèrent très-peu, de sorte qu'à moins d'être bien exercé, il est très-difficile de les distinguer. Le parti le plus sage est de s'en abstenir (V. Champignons, Oronges.)　　　X. X.

AMANITINE. On a désigné par ce nom le principe vénéneux des oronges ou amanites, lequel se combine avec le fungate de potasse. C'est un poison narcotique très-actif, même à fort petite dose.　　　　　　　　　　X. X.

AMANIUM, monastère d'hommes du diocèse de Liége, fondé avant 934 sous l'invocation de la sainte Vierge et de saint George.　　　　　　　　　　L. D. M.

AMANS, terme employé par la coutume du pays Messin, pour désigner les officiers publics destinés à recevoir les actes et contrats passés entre les citoyens; les amans ont été institués par Bertram, cinquante-neuvième évêque de Metz, qui, en 1197, ordonna que l'on rédigerait par écrit tous les actes et qu'ils seraient conservés dans chaque paroisse par deux prud'hommes. Ces officiers étaient de simples garde-notes. Aussi trouve-t-on, dans les anciennes ordonnances de Metz, les noms réunis d'amans et de notaires, de même qu'on réunissait ailleurs ceux de tabellions et de garde-notes. L'ordonnance du même Bertram appelle arche l'endroit où les amans devaient déposer les minutes des actes.　　　　　　A. S.

AMANTIUS BUXIENSIS (Sanctus), Saint-Amand de Boisse ou de Baix, monastère d'hommes de l'ordre de Saint-Benoît, doit sa fondation au saint dont il porte le nom; il était dans le diocèse d'Angoulême, près de la Rochefoucauld. L'illustre solitaire Amand naquit à Bordeaux. Il vint à Angoulême du temps de saint Cybar, et, d'après l'avis de ce prélat, il se retira dans la solitude de Boisse, où il mourut en 600. Les comtes d'Angoulême bâtirent en ce lieu un monastère que le comte Arnaud commença de rééditier au xe siècle et que Guillaume, son fils, acheva en 988. Après l'avoir entièrement terminé, il le rendit à l'église de Saint-Pierre, à laquelle on l'avait soustrait précédemment.　　　　　　L. D. M.

AMANTIUS CADURCENSIS (S.). Saint-Amans de Cahors. Monastère d'hommes fondé vers 630.

AMANTIUS RUTHENENSIS. Saint-Amand de Rhodès, ancien monastère d'hommes de l'ordre de Saint-Benoît; fut soumis en 1079, par Pons, évêque de Rhodès, à l'abbaye de Saint-Victor de Marseille; dont il devint un prieuré. L. D. M.

AMANUS. C'était le nom d'une divinité qu'on adorait dans l'Arménie et dans la Cappadoce.　　　　　　A. D. M.

AMAR, ancien avocat au parlement de Grenoble, zélé partisan des idées révolutionnaires, et par là jugé digne d'aller siéger en 1792 à la convention. Il ne trompa point les espérances de ceux qui l'avaient nommé. Lorsque Lanjuinais tenta de contester à la convention le droit de juger Louis XVI, il le combattit avec violence, et, fidèle à ses principes, il vota la mort sans appel et l'exécution dans les vingt-quatre heures. Après ce premier pas, il ne devait pas s'arrêter dans la carrière des excès. Il contribua puissamment à l'érection du tribunal révolutionnaire; représentant du peuple dans le département de l'Ain, il ne resta pas au-dessous des Carrier et des autres agents de meurtre; secrétaire de la convention et membre du comité de sûreté générale, il se distingua par son ardeur de délation et de persécution; longtemps séide de Robespierre, il se déclara contre lui, lorsque, après avoir abattu la commune et les Cordeliers, Robespierre voulut attaquer les comités; il fut un des auteurs du 9 thermidor. Il fut pourtant décrété d'accusation et jeté dans une prison, où il passa plusieurs mois, jusqu'à la loi d'amnistie de décembre 1795. Il ne tarda pas à renouer ses liaisons avec les jacobins; compromis dans la conspiration de Babeuf, il fut arrêté et mis en jugement devant la haute cour nationale de Vendôme, mais il fut acquitté. Après les cent jours, il avait été question de le comprendre dans la liste des régicides bannis de France; il se défendit en disant que depuis 1814 il n'avait rempli aucune fonction publique, ni proféré aucun serment. On le laissa se cacher dans l'obscurité d'où, pour son honneur, il n'aurait jamais dû sortir; il mourut peu de mois après, presque subitement, laissant un nom justement odieux.　　　　　　　　　　N. M. P.

AMARAL (André d'), chancelier de l'ordre de Saint-Jean de Jérusalem et prieur de Castille, né en Portugal dans le xve siècle. Il avait remporté en 1510, sur le sultan d'Égypte, et conjointement avec le commandeur Villiers de l'Ile-Adam, une grande victoire navale. Pour prix de cette victoire, il prétendit à la grande maîtrise, mais l'Ile-Adam lui fut préféré. On l'accusa plus tard d'avoir livré Rhodes à Soliman en 1522; on invoqua contre lui le témoignage plus que suspect d'un domestique qui prétendit que, dans un premier moment de colère, Amaral s'était écrié que l'Ile-Adam serait le dernier grand maître de Rhodes; on prétendit sans le prouver, qu'Amaral avait envoyé un esclave turc à Soliman pour lui faire connaître les endroits faibles de la place. Sur d'aussi faibles indices, Amaral fut appliqué à la question, et les plus affreuses tortures ne purent lui arracher aucun aveu. Il n'en fut pas moins livré aux bourreaux; sa fermeté ne se démentit pas lorsque, avec un raffinement oriental de cruauté, on lui laissa voir tous les lents apprêts de son supplice.　　　　　　N. M. P.

AMARAND (S.), naquit près d'Alby, et reçut la couronne du martyre sous le règne de Dèce, dans cette ville ou dans le village de Vieux, qui s'élève à trois lieues de distance. Grégoire de Tours rapporte que le tombeau du saint martyr, longtemps caché sous des ronces et des épines, fut ensuite miraculeusement retrouvé. Saint Eugène, évêque de Carthage, exilé dans l'Albigeois par Huméric, roi des Vandales, fixa sa demeure auprès des reliques de saint Amarand, et mourut non loin du tombeau qui les contenait. Ces précieuses reliques ont été portées à Alby, et sont déposées sous le maître-autel de la métropole; on les expose parfois aux regards des fidèles.　C. L.

AMARANTHACEÆ (bot.), famille naturelle de plantes, pentandrie digynie du système de Linnée. —Cette famille a beaucoup de rapports avec celle des chénopodacées. La plus grande partie des plantes qui composent cette famille sont exotiques; celles qui sont indigènes ne viennent principalement que dans le midi de l'Europe, ou dans les contrées tempérées. —Leurs feuilles sont simples, opposées ou alternes, nues ou stipulées. Leurs fleurs en épi ou en capitule sont petites, nombreuses, souvent colorées et entourées d'écailles scarieuses; elles n'ont point de corolles et sont presque toutes hermaphrodites. (Celles du premier genre sont monoïques.) Les étamines, en nombre défini, sont attachées sur le réceptacle ou au calice; l'ovaire est simple et surmonté d'un, de deux ou de trois styles; cet ovaire devient plus tard une capsule à une loge, dans laquelle sont renfermés plusieurs akènes attachés à un réceptacle central ; enfin l'embryon est roulé autour d'un périsperme farineux. — Les amaranthacées peuvent être divisées en deux sections principales, dont la première renferme les genres à feuilles alternes (amaranthe), et à feuilles opposées (amaranthine) ; la seconde section ne contient que les genres qui ont les feuilles stipulées (la panarine, la turquette). Quoi qu'il en soit de ces deux divisions principales, les botanistes ont divisé cette famille en plusieurs genres, dont les types sont pour chaque genre : l'amaranthe (amaranthus), le passe-velours (celosia), l'amaranthine (gomphrena), l'irésine (irésine), le cadélaris (achyrantes), le paronique (paronychia). A chacun de ces genres appartiennent aussi beaucoup d'espèces, qui sont pour l'amaranthus : A. albus, A. græcisans (Linn.), ou A. angustifolius, A. tricolor, A. polygeneus, A. gangeticus, A. tristis, A. lividus, A. oleraceus, A. mangestanus, A. blitus, A. spicatus, A. polygonoïdes, A. scandens. Ces espèces que je viens d'énumérer ont trois étamines ; les suivantes en ont cinq : A. hybridus, A. paniculatus, A. sanguineus, A. retroflexus, A. flavus, A. fasciculé (hypochondriatus), A. cruentus, A. caudatus, A. spinosus. — Pour le genre celosia : C. argentea, C. margaritacea, C. albida, C. cristata, C. coccinea, C. castrensis, C. paniculata, C. trigyna, C. cernesa, C. virgata, C. nodiflora, C. polygonoïdes, C. madagascariensis, C. baccata. — Pour le genre gomphrena : G. globosa, G. perennis, G. tispida, G. bresiliensis, G. flava, G. arborescens, G. spicata. — L'irésine ne contient pas d'espèces, ou du moins elles ne sont pas encore connues. — Les espèces du genre cadélaris (achyrantes) sont au contraire très nombreuses : A. argentea, A. obtusifolia, A. fruticosa, A. styracifolia, A. atropurpurea, A. prostata, A. patula, A. pungens, A. sanguinolenta, A. brachiata, A. polygenoïdes, A. halimifolia, A. macronata, A. ficoïdea (1. illecebrum sessile, 2. illecebrum ficoïdeum.), A. lanata, A. alopocuroïdes, A. muriceta, A. amaranthoïde, A. ciliata, A. bengalensæ. — Le genre Paronychia n'est pas moins fertile en espèces que le genre précédent ; elles sont au nombre de dix-neuf : P. verticillata, P. echinata, P. hispanica, P. hisp. frutescens, P. hisp. oblonga, P. rotonda, P. arabica, P. serpellifolia, P. argentea, P. capitota, P. nivea, P. subulata, P. susfruticosa, P. striata, P. dicôthoma, P. linearifolia, P. cymosa. — La plupart des plantes que je viens d'énumérer sont cultivées comme plantes d'ornement ; quelques-unes sont employées comme aliment, arrangées à la manière des épinards ; dans certaines contrées de l'Amérique. Enfin ces plantes sont presque toutes annuelles, ou à tiges herbacées, et très-rarement vivaces ou à tiges ligneuses.

S. HILLAIRE.

AMARANTHUS (bot.), premier genre de la famille des amaranthacées. Ce genre est composé de 26 espèces annuelles ou bisannuelles ; elles sont pour la plupart employées comme plantes potagères en Amérique et dans l'Inde, où elles croissent spontanément ; tandis qu'en Europe elles ne sont cultivées que pour servir, particulièrement en automne, à l'ornement des jardins. — Les espèces d'Europe ont en général les feuilles d'un vert bleuâtre, présentant des stries rouges. — Celles qui servent à l'ornement des jardins sont en général l'amaranthus caudatus, dont les fleurs sont réunies en grappes autour d'un long rameau pendant à terre, ce qui leur donne l'aspect d'une longue queue ; l'amaranthus tricolor, qui est très remarquable par la réunion de trois couleurs, le jaune, le vert et le rouge ; l'amaranthus cruentus, l'A. sanguineus, etc. — Cependant, malgré leur variété de couleurs, les amaranthes d'Europe ont un aspect triste qui les a fait choisir par les anciens, pour orner les tombeaux le jour des funérailles. Il paraît aussi que ces plantes étaient connues de l'antiquité la plus reculée, car Pline le naturaliste parle dans un de ses écrits d'une espèce d'amaranthe dont les teinturiers n'ont jamais pu réussir à imiter la belle couleur rouge : Amarantho non dubio vinci mera est autem spica purpurea... C'est probablement l'amaranthus aristatus. — Les poètes ont aussi beaucoup parlé des amaranthes, et entre autres Rapin, dans son poème sur les jardins :

† Linnée a réuni, sous le nom d'illecebrum. paronychia, plusieurs plantes qui ont un port commun, mais qui ont cependant beaucoup de dissemblance.

‡ Il a été établi pour ce genre et le précédent une nouvelle famille connue sous le nom de paronychiées. Comme elle a été transportée parmi les plantes pourvues de corolle, il a fallu convertir en pétales des petites écailles qu'on regarde comme des filaments stériles.

Sed reliquos inter flores quos serior æstas
Proferet, insignes magis et majore superbos,
Ornatu, videas immortales amaranthos.

En effet, les amaranthes sont les plantes d'automne qui vivent le plus longtemps ; il en est même qui végètent pendant l'hiver ; de là leur vient le nom que porte l'amaranthus (fleur qui ne se flétrit pas), dérivé de deux mots grecs, μαραίνω, je flétris, ἄνθος, fleur, et l'à privatif. — Voici les caractères particuliers du genre amaranthus : la tige est de un à deux pieds de haut, quelquefois de quatre, cinq ou six pieds ; il existe même une espèce observée par Bosc et Michaux en Amérique, laquelle a douze pieds de haut et égale le bras en grosseur. Leur tige est rameuse et sillonnée ; les feuilles sont ovales, ou ovales lancéolées ; les fleurs sont très-petites, nombreuses, grappées aux aisselles des feuilles supérieures, ou disposées, à l'extrémité de la tige et des rameaux, en grappes cylindriques qui, par leur ensemble, forment une espèce de panicule. Les fleurs sont monoïques ; mais chaque individu porte des fleurs mâles et femelles, munies d'un calice à trois ou cinq folioles lancéolées, pointues ; les calices de celles d'Europe n'en ont généralement que trois. Les fleurs mâles ont trois étamines dans une partie des espèces (celles d'Europe), et cinq dans les autres : les filets ne sont point réunis. Les fleurs femelles ont un ovaire terminé par trois styles, qui devient plus tard une capsule remplie par une seule graine et s'ouvrant comme une boîte à savonnette. — N. B. La distinction de la plupart des espèces d'amaranthes est très-difficile à établir, aussi la trouve-t-on encore imparfaitement déterminée. Il y a apparence qu'on prend souvent pour des espèces de ce genre des plantes qui ne sont que des variétés des espèces véritables, et que plusieurs espèces réelles restent encore à caractériser. On pense, en conséquence, que ce genre est du nombre de ceux qui exigent un travail particulier des botanistes pour acquérir le degré de clarté et de précision qui doit résulter de l'exacte et solide distinction de leurs espèces. — Pour les secondes espèces de ce genre voir l'art. précédent. S. HILLAIRE.

AMARANTHINE. C'est un des genres des plantes à feuilles nues et opposées de la nombreuse famille des amaranthacées. Ce genre se compose de huit ou neuf espèces, toutes herbacées, dont l'une se cultive dans nos jardins sous le nom de gomphrena globuleuse. Ses fleurs, de couleur pourpre, quelquefois blanche, sont remarquables par leur beauté. X. X.

AMARIAS. Parmi les quatre personnages de ce nom qui figurent dans l'Écriture, nous ne citerons qu'Amarias, premier fils de Mirajôth, et père du grand prêtre Achitob. Il doit avoir exercé la souveraine sacrificature, mais on ne saurait fixer au juste les années de son pontificat. Quelques-uns pensent que cet Amarias pourrait bien-être le même qu'Azarius, sous le règne d'Ozias (2. Par. XXVI. 17). On peut consulter à ce sujet la Dissertation de D. Calmet, sur l'ordre et la succession des grands prêtres des Juifs, en la comparant avec les réflexions dont elle est accompagnée dans la Bible de Vence. J. G.

AMARI-LACUS, nom du canal qui établissait la communication entre le canal de Trajan dans la basse Égypte, et la mer Rouge (V. ÉGYPTE, CANAL DE TRAJAN, etc.) A. D. M.

AMARINE et AMARINITE, c'est le principe amer du quassia amaræ et du simaruba excelsa, lequel s'obtient en faisant évaporer la décoction du bois de ces arbres. C'est une substance transparente, de couleur jaunâtre tirant sur le brun, insoluble dans l'alcool, mais soluble dans l'eau ou même dans l'alcool affaibli. La quassine soumise à l'action du feu ne donne point d'ammoniaque, semblable en cela aux substances non azotées. — M. Devaux avait compris, sous le nom générique d'amarinite, plusieurs principes plus ou moins amers des végétaux ; l'amarine était un de ces principes, mais les caractères qu'il leur assigne sont très-vagues, et ne peuvent fournir que des données trop incertaines pour fonder un système. X. X.

AMARINER (S.) (hygiène navale). On emploie maintenant cette expression, pour désigner l'acclimatation du corps humain au séjour de la mer, l'habitude contractée de subir, sans en souffrir, toutes les influences maritimes. Ces influences sont de deux sortes, les unes prochaines et immédiates, les autres éloignées et secondaires : les premières, qui sont la suite presque inévitable de l'embarquement sur la mer, ou à l'embouchure des grands fleuves, tiennent au balancement continuel qui agite les navires, et elles amènent des dérangements notables, quelquefois alarmants, mais rarement dangereux, dans les fonctions du système nerveux, de la circulation et de la digestion, ce qui constitue la maladie appelée mal de mer (V. ce mot). Les influences secondaires de la mer sur le corps humain tiennent à trois choses auxquelles il est plus ou moins difficile de se soustraire : 1° à l'action de l'air maritime, qui, par son humidité et les parties salines qu'il tient suspendues, surtout près de la surface de la mer et sous l'influence de certains vents, détermine, après un certain temps, des changements notables dans les fonctions vitales. 2° Aux inconvénients de l'habitation d'un nombre d'hommes plus ou moins grand, dans un espace plus ou moins resserré et toujours humide, quelque précaution qu'on puisse prendre; cette cause est la plus efficace de toutes celles qui agissent sur les hommes embarqués. 3° A la nature des aliments dans les navigations de long cours, où les vivres frais finissent toujours par manquer, et où l'on est obligé de nourrir les équipages de viandes salées ou fumées; nourriture, qui, prolongée pendant un certain temps, amène infailliblement des dérangements profonds dans l'organisation et des fonctions animales. Ces trois causes réunies produisent, suivant l'âge et le tempérament, plusieurs maladies, plus ou moins dangereuses, et dont il sera parlé aux articles *Hygiène navale, Médecine navale, Scorbut* (V. ces mots). — On s'amarine plus ou moins difficilement, suivant certaines conditions d'âge, de tempérament ou d'idiosyncrasie, et suivant aussi les précautions que l'on prend pour se soustraire, autant que possible, aux effets de l'embarquement. Les personnes qui vont habiter les bords de la mer, surtout quand les côtes sont basses, éprouvent l'action de l'air maritime, et doivent aussi s'amariner; mais on sent que n'étant pas soumises aux deux dernières causes dont nous avons parlé, l'influence maritime doit avoir sur elles des effets bien moins graves et bien plus restreints.

AMARINUS IN VOSAGA (S.), Saint-Damarin en Vosges, monastère d'hommes fondé vers l'an 660.

AMAROU, c'est le nom sous lequel on désigne un poëte indien dont les poésies ont été recueillies dans un recueil nommé *Amarou-Shatacam* (Centuries d'Amarou). On ignore à quelle époque précise il a vécu; mais à la pureté de son langage, aux images gracieuses et vraies qui embellissent ses vers, on suppose qu'il vivait vers le temps où la littérature hindoue jetait encore un vif éclat; et cette période, qui commence au poëme célèbre du Mahabharat, ou au Sacontala, s'étend jusqu'à l'ère de *Vicramadytia*, contemporain de Jules-César et d'Auguste. Dans les temps modernes, on a cru devoir attribuer ces poésies, qui se distinguent par la délicatesse, la naïveté et la grâce, à un philosophe ascétique du VIII° siècle: La collection des cent pièces qui composent l'Amarou-Shatacam comprend, dans une série de tableaux charmants, l'histoire de Kama, le Cupidon des Grecs et des Latins. M. de Chézy a publié à Paris une belle édition de cinquante pièces choisies de la collection sanscrite, avec la traduction en regard et des notes servant de commentaire. N. M. P.

AMARQUE, c'est une pièce de bois ou un tonneau vide qu'on laisse flotter sur l'eau pour indiquer un écueil. (V. Bouée.) X. X.

AMARRAGE, AMARRE, AMARRER (*terme de marine.*) Amarrer un vaisseau, c'est jeter l'ancre dans une rade, dans une baie, dans un havre; c'est le fixer à l'aide de câbles, l'attacher sur un point quelconque : à l'avant, à l'arrière, parfois de tous côtés. Amarrer un cordage, c'est le maintenir dans l'état de tension nécessaire. A bord d'un navire, tout doit être amarré, tonneaux, canons, voiles, ustensiles, instruments de toute espèce : la seule précaution; le mouvement de la mer ne laisserait rien en place. Les liens dont on se sert en ce cas sont des *amarres*. Un navire est *sur les amarres*, quand il est fixé par des câbles, des chaînes ou autres attaches *amarrées* à des ancres, ou bien encore, à des tonneaux, à des trains de bois, ou autres objets flottants, retenus eux-mêmes au rivage ou au fond de la mer. Deux amarres à la proue et deux autres à la poupe font dire d'un vaisseau, qu'il est sur *quatre amarres*. — Il serait difficile de donner au mot *amarre* une étymologie naturelle : les uns le font venir de l'anglais *to moor*; les autres du latin *manere*, qui prit successivement bien des formes étranges, mais où nous ne saurions voir l'analogie que nous cherchons. Qu'on fait de *manere : manre, mandre, mendre,* etc., il y a loin de là au mot amarrer. On trouve, il est vrai, dans un lai du XIII° siècle ce vers : « La reyne merra ode soi, » la reine *demeurera* avec lui; mais ne serait-il pas hasardeux d'accepter cette origine? Nous serions plus tenté de la chercher dans quelque patois des provinces maritimes, ou dans l'argot des matelots, ou, avec quelques auteurs, dans l'italien *ad mare*. — Deux objets liés ensemble sur un navire composent un amarrage. Il y a l'amarrage plat, l'amarrage à

fouet, l'amarrage au taquet ou à la cheville, l'amarrage en étuve, etc.; toutes ces dénominations viennent de la nature des formes, de la position des choses amarrées, ou de l'espèce d'amarres employées pour les réunir. Sans entrer dans le détail de ces qualifications différentes, nous renverrons le lecteur au *Manuel du matelotage*, publié par M. Dubreuil.

AMARU-TUPAC, fils de Manco-Capac, souverain du Pérou, et successeur de son frère aîné mort sans enfants vers le temps de la conquête, opposa aux Espagnols une résistance opiniâtre, mais trop peu efficace pour triompher de ces ennemis farouches. Trop faible pour tenir la campagne, il s'était retiré dans les montagnes; mais, poursuivi sans relâche, il finit par tomber aux mains de ses ennemis (1562). Le gouverneur, François de Tolède, lui fit faire le procès comme à un rebelle, condamner par des juges iniques, et conduire immédiatement au supplice. Ce fut le dernier prince qui porta le titre d'inca (V. INCA). — Vers l'an 1780, les Indiens ne pouvant plus supporter les horribles vexations auxquelles on les soumettait, levèrent l'étendard de la révolte. Un descendant d'Amaru-Tupac, connu sous le nom de Joseph-Gabriel Condoréanqui, et plus tard sous celui du prince duquel il descendait, se mit à la tête des insurgés, et comme il possédait du courage et de l'audace, il se rendit d'abord redoutable aux Espagnols; mais il n'avait ni les qualités d'un général ni celles d'un prince restaurateur d'un trône abattu. Au bout de quelques mois il fut fait prisonnier avec sa femme et ses enfants, jugé, condamné à mort et exécuté. Sa famille partagea son sort. L'horrible supplice qu'on lui fit subir fut loin de calmer l'irritation des esprits. Les insurgés, sous la conduite d'un cousin d'Amaru-Tupac, nommé André, exercèrent de terribles représailles, et mirent en péril le gouvernement espagnol, qui, ne comptant plus sur la force des armes, eut recours à la corruption. André et les principaux chefs furent livrés par leurs propres domestiques. Leur mort mit fin à la révolte. N. M. P.

AMARYLLIDÉES, famille de plantes que Jussieu a comprise dans les narcisses, et que Robert Brown en distingue à cause de leur ovaire adhérent à la base du calice, ce qui n'existe pas dans les narcisses. (V. ce mot). Les divers genres de cette famille forment deux sections qu'on reconnaît à la forme des racines. Dans la première section on distingue l'amaryllis, qui est en quelque sorte la reine de la famille. L'amaryllis, originaire du Cap et de l'Amérique, offre une soixantaine d'espèces qui toutes se distinguent par la beauté de leurs fleurs. Parmi les espèces qu'on cultive en Europe est l'*amaryllis formosissima*, l'amaryllis à fleurs en croix de Saint-Jacques. On lui a donné ce nom parce que les lobes calicinaux représentent par leurs nervures les épées rouges que les chevaliers de l'ordre de Saint-Jacques de Calatrava portaient brodées. On remarque encore l'*amaryllis sarniensis*, originaire du Japon et naturalisée, dit-on, dans l'île de Guernesey, à la suite du naufrage que fit sur les côtes de cette île un vaisseau où il s'en trouvait plusieurs pieds. Ses fleurs, au nombre de huit ou dix, rangées en ombelles, sont d'un beau rouge couleur de cerise; les feuilles renversées à leur extrémité supérieure, frappées des rayons du soleil, paraissent saupoudrées de grains d'or. L'amaryllis à fleurs roses s'élève à deux pieds environ et se couronne d'un bouquet de douze grandes fleurs panachées et odorantes; on lui donne le nom de belladone d'automne. Il y a encore l'amaryllis jaune, l'amaryllis dorée, l'amaryllis écarlate; ces divers noms indiquent la couleur des fleurs; toutes les amaryllis; ou du moins la plus grande partie, se multiplient au moyen de caïeux. — On donne aussi le nom d'amaryllis à un joli papillon de jour. X. X.

AMARYNTHE. Nom qu'on donnait à un bourg de l'île d'Eubée où Diane recevait un culte particulier; quelquefois on désignait par ce nom l'île elle-même. On appelait amarynthies les fêtes qu'on y célébrait en l'honneur de la déesse.

AMAS. Les géologues désignent par le nom d'amas des dépôts irréguliers de substances minérales qu'on rencontre dans des masses de roche de diverse nature, et les minérais qu'on extrait des carrières pour en tirer les métaux constituent des amas. Ces masses ne présentent pas toujours la même situation; quelquefois elles n'ont aucun rapport de forme avec la roche qui les recouvre; d'autres fois au contraire elles se montrent aplaties entre les strates ou couches de la roche. Les amas ne varient pas moins dans le volume que dans la forme. (V. FILONS, NOYAUX, NODULE, ROGNONS, etc.; V. aussi MINES, SALINES, CARDONNE [montagne de sel].) A. D. M.

AMAS (*gramm.*). (V. AMASSER.)

AMASA. Il y a eu deux personnages de ce nom; le premier

était fils de Jéther et d'Abigaïl, sœur de David (2 *Rois*, XVII, 25). Dans sa révolte contre David, Absalom choisit Amasa pour commander ses troupes. Ce chef, digne sans doute de seconder un fils révolté contre son père, livra à Joab, général des armées de David, une bataille qu'il perdit. Cependant le parti d'Absalom ayant été entièrement détruit, David offrit généreusement à Amasa le pardon de sa rébellion (2 *Rois*, XIX, 1, etc.); il lui promit même de lui donner le commandement de toute son armée, et de le substituer ainsi à Joab, qu'il ne pouvait plus souffrir tant à cause de son insolence que parce qu'il avait tué Absalom. Le nouveau général ne jouit pas longtemps de cette faveur; car peu de temps après qu'il en eut été investi, il tomba mort aux pieds de Joab qui, pour satisfaire un vif ressentiment de jalousie, le perça de son glaive, au moment même où il le faisait mine de l'embrasser. Cette fin terrible du neveu de David arriva vers l'an 1023 avant J. C. — Le second Amasa était fils d'Adali. Il figure dans la Bible parmi ceux qui s'opposèrent à ce que l'on fit entrer dans Samarie les prisonniers faits dans le royaume de Juda sous le règne d'Achaz (2 *Paral.*, XXVIII, 12).   J. G.

AMASAÏ, transporté par l'esprit de Dieu, vint à la tête de trente braves trouver David quand il s'était retiré dans la forteresse de Maspha au pays de Moab (1 *Rois*, XXII, 3), pendant la persécution que Saül lui avait suscitée. Lors donc que ces braves arrivèrent auprès de David, ce prince leur dit: « Si vous venez dans des vues pacifiques pour me secourir, mon cœur ne fera qu'un avec les vôtres; mais si vous êtes envoyés par mes ennemis pour me dresser des embûches, malgré mon innocence, que le Dieu de nos pères soit juge entre vous et moi. » Amasaï prenant aussitôt la parole: « Nous sommes à toi, ô David! s'écria-t-il; nous ne voulons jamais te quitter, ô fils d'Isaï! Que la paix t'environne, toi et tous ceux qui prendront ta défense: car ton Dieu te protège. » Après une telle déclaration, David ne balança pas de donner à ces hommes braves et généreux un commandement dans ses troupes (1 *Paral.*, XII, 18). — Il est fait mention, 1 *Paral.*, VI, 25, d'un Amasaï lévite, fils d'Elcana; c'est peut-être le même celui-ci.   J. G.

AMASEO (GRÉGOIRE), né à Udine vers 1460, se fit remarquer de bonne heure par son aptitude aux sciences, ce qui lui valut d'être nommé en 1483 à la chaire de grammaire d'Udine en remplacement de Sabellico son maître, qu'on l'accusa d'avoir persécuté. Sa conduite fut souvent assez irrégulière pour le faire ignominieusement chasser d'un poste où son savoir ne pouvait le maintenir qu'avec peine. Il le conserva néanmoins jusqu'à ce qu'une liaison criminelle, qui le rendit père de Romulus (*V.* l'article suivant), l'eut contraint de prendre la fuite. Condamné à payer une forte amende à la cathédrale, il fit de vains efforts, lorsqu'il obtint des mains de Frédéric III la couronne poétique en même temps que son frère Jérôme, pour se laver de la tache dont il s'était souillé. Ce ne fut qu'au bout de plusieurs années qu'il revint à Udine et qu'il reprit son professorat. Parmi ses nombreux travaux historiques, on distingue ses *Mémoires sur Aquilée*.

AMASEO (Romulus), fils de Grégoire, naquit à Udine le 24 juin 1489 et parvint à faire légitimer sa naissance. Ce fut un des hommes les plus célèbres de son temps; et plusieurs souverains se disputèrent l'avantage de le posséder. Il passa son enfance à voyager avec son père ou à cultiver son esprit auprès de son oncle. En 1507, le jeune savant s'était rendu à Rome dans l'espoir d'y trouver la fortune, mais ne réussissant pas, il accepta la proposition du célèbre augustin, Egidius de Viterbe, d'enseigner les belles-lettres aux novices de son ordre à Padoue. — Romulus ne séjourna que peu de mois dans cette ville; l'approche des troupes de Louis XII, en 1509, le contraignit de se retirer à Bologne, où il fut accueilli de la manière la plus flatteuse; ce n'était au fond qu'un hommage dû à ses talents et à ses vertus. En 1513, il y fut nommé professeur d'éloquence, et il remplit ses fonctions avec tant de succès, que de toutes parts on accourut pour l'entendre, et que, plus d'une fois même, la foule se pressait tellement qu'on en venait aux mains pour acquérir la faculté d'entrer dans la salle où Amaseo donnait ses leçons. Le sénat vénitien, frappé de cette gloire, s'étonnait que le professeur était né son sujet, et il le réclama. Amaseo quitta Bologne, mais ce fut pour aller à Padoue, où, pendant quatre années, il produisit la même sensation qu'à Bologne. Clément VII le redemanda, et Venise n'osa résister aux désirs du pontife: Amaseo revint à Bologne. L'université de Padoue florissait alors par les soins éclairés du cardinal Pietro Bembo; celui-ci fit entendre des plaintes amères quand on lui enleva l'illustre professeur, qui

fut suivi par un grand nombre de ses élèves. Ce fut alors que, de tous côtés, arrivèrent à Romulus des offres avantageuses qu'il refusa constamment, parce qu'il était satisfait de ses appointements et de l'honorable distinction de secrétaire du sénat bolonois qu'il venait d'obtenir. — Le cardinal Bembo à Padoue; Clément VII à Rome; le cardinal Volsey en Angleterre, le cardinal Hercule de Gonzague à Milan, se disputèrent sans pouvoir obtenir la préférence. Après l'élection de Paul III, Amaseo fut renvoyé à Rome pour traiter avec le pape d'affaires fort graves. Ses négociations réussirent, et le sénat reconnaissant porta ses appointements à la somme alors très-considérable de 1250 *lire*. Romulus continua ses travaux jusqu'en 1545, où des affaires particulières et publiques l'obligèrent de faire plusieurs voyages. Cette même année, les offres de Paul III qui désirait lui confier l'éducation de son neveu, le déterminèrent à se fixer à Rome; où l'ennui vint bientôt le saisir, avec le regret d'avoir quitté Bologne où il était si aimé; il voulut y retourner, mais Paul s'y opposa. Jules III, successeur de Paul, le nomma son secrétaire et prélat domestique; Amaseo ne jouit pas longtemps de ces nouveaux honneurs; il mourut au Vatican le 6 juillet 1552. Il nous reste peu d'écrits de ce grand orateur dont toute la vie fut consacrée à l'enseignement; on a de lui cependant: 1° des discours latins, dont les deux principaux furent prononcés à Bologne, en 1529, en présence de Clément VII, de Charles-Quint et d'un concours immense de hauts dignitaires et d'hommes de lettres. 2° Des poésies latines assez médiocres; et un grand nombre de lettres répandues dans divers recueils: 3° Une traduction latine du Cyrus de Xénophon, Bologne, 1533, in-folio; et 4° une traduction latine de Pausanias, Rome, 1547, in-4. Par un travers d'esprit assez commun parmi les savants de cette époque, Amaseo se plaint amèrement des progrès que faisait la langue italienne, qu'il fallait laisser, disait-il, aux campagnards, aux marchands et à la populace. — Pompilius Amaseo, fils de Romulus, fut secrétaire des cardinaux Cesia et Quignoni, et successivement professeur de grec à Bologne, où il vécut paisiblement depuis 1543 jusqu'en 1582. A cette époque, les infirmités inséparables de la vieillesse ne lui permirent pas de continuer ses travaux; et le sénat lui accorda une retraite. Il mourut deux ou trois ans après (1585). On lui doit 1° la traduction de deux fragments de Polybe, imprimés à Bologne en 1543; 2° une traduction des livres du sacerdoce de saint Jean Chrysostôme.   L. C. DE BELLEVAL.

AMASIAS, huitième roi de Juda, fils et successeur de Joas, monta sur le trône en l'année 839 avant J. C. et à la vingt-cinquième de son âge. Le commencement de son règne fut assez heureux. Quand il se vit bien affermi dans le royaume il vengea la mort de son père en faisant périr tous ses meurtriers. Sous le règne de Joram, environ cinquante ans auparavant, les Iduméens s'étaient soustraits à l'obéissance des rois de Juda; Amasias, pour les y faire rentrer, leva une armée composée de trois cent mille hommes de son royaume, et de cent autres mille qu'il acheta au roi d'Israël. Sur l'ordre de Dieu, qui lui fit déclarer par un prophète que son esprit n'était plus avec Israël, ce prince congédia les cent mille Israélites et marcha contre les Iduméens avec ses seules forces. Il remporta sur ce peuple une victoire complète, mais qui fut pour lui l'occasion d'un grand crime, et par là même d'un terrible châtiment de la part du Seigneur. Après avoir taillé les Iduméens en pièces, Amasias enleva leurs idoles et les adora. Irrité de cette idolâtrie, Dieu envoya un de ses prophètes pour lui en faire de justes reproches; mais le prince insensé ne répondit à l'envoyé du Seigneur qu'en le menaçant de le faire mourir. Cependant son orgueil croissant toujours de plus en plus, Amasias se regarda comme invincible. Dans cette folle pensée, il écrivit à Joas, roi d'Israël, pour l'engager à venir se mesurer avec lui les armes à la main; mais ce prince lui ayant répondu par l'apologue du cèdre du mont Liban, dont un vil chardon demande à épouser la fille, tandis que les bêtes de la forêt venant à passer le foulent aux pieds, il lui déclara une guerre dans laquelle il perdit la bataille et fut fait prisonnier. Amasias régna encore après cette défaite pendant quinze ou seize ans, au bout desquels ses propres sujets le poignardèrent dans une conspiration. Ce fut ainsi qu'il mourut l'an 810 avant J. C. après un règne de vingt-neuf ans, et laissant son fils Azarias pour successeur (4 *Rois*, XIV; 2 *Paral.*, XXIV, XXV).   J. G.

AMASIAS, prêtre des veaux d'or qui étaient à Bethel, n'est connu dans l'Écriture que par une dénonciation qu'il fit du prophète Amos à Jéroboam, roi d'Israël. Amos ayant dit que les hauts lieux qu'Israël tenait pour sacrés seraient, renversés, et que la maison de Jéroboam périrait par le glaive,

Amasias envoya dire en effet au roi qu'Amos révolté contre lui prédisait publiquement sa ruine; et comme il voulait encore empêcher Amos de continuer ses prédictions à Béthel; le prophète lui prédit à lui-même qu'il serait mené captif en Syrie, où il périrait misérablement après avoir vu sa femme prostituée sur la place de Samarie, et ses fils et ses filles massacrés impitoyablement par les soldats ennemis (*Amos*, VII).

AMASIE. Ancienne ville de l'Asie Mineure, dépendante d'abord de la Cappadoce, et plus tard, du royaume du Pont. Ce fut dans cette ville que Strabon reçut le jour. Dans le XVe siècle, les sultans turcs y résidèrent. Bajazet l'orna de mosquées et d'édifices publics, il y fonda aussi un collège. Le fameux Sélim, conquérant de l'Égypte, naquit dans cette ville qui est commerçante, et dont les habitants ne manquent pas d'industrie. Elle est défendue et dominée par un château construit sur la cime du rocher. On voit dans le voisinage d'Amasie des restes d'antiquité; on prétend que les tombeaux des anciens rois du Pont étaient situés en ce lieu. X. X.

AMASIS, cinquième Pharaon de la 29e dynastie. Ce prince, qui a laissé après lui une grande renommée, fut placé par la révolte sur le trône de l'Égypte (569 ans avant J.-C.). Il avait été envoyé par Apriès (Ouaphris, l'Ophra de l'Écriture) dans la Cyrénaïque, pour y apaiser l'insurrection des troupes (*Voy.* APRIÈS). Amasis, au lieu de calmer les esprits, attisa secrètement le feu de la révolte, et recueillant le fruit de sa perfidie; il fut proclamé roi par l'armée. Le Pharaon, se croyant assez fort pour combattre et punir les rebelles, marcha contre eux à la tête des troupes qui lui restaient. La fortune trompa ses espérances; il fut vaincu et jeté par ordre d'Amasis dans une prison, d'où les mécontents l'arrachèrent presque aussitôt pour l'immoler à leur haine. Amasis fut, dit-on, soutenu dans sa révolte par le roi de Babylone (Nabuchodonosor), qui avait saisi, pour envahir l'Égypte, le moment où elle était livrée à des dissensions intérieures, ou qui même, s'il faut en croire Josèphe, avait été appelé par Amasis lui-même. Ce prince s'en retourna chargé de butin, mais il laissa un corps d'armée sous les ordres d'Amasis, tandis qu'Apriès n'avait pour toute défense que quelques troupes grecques en petit nombre. — Amasis fit oublier son usurpation en s'occupant avec soin de l'administration de l'État, et surtout en travaillant de tout son pouvoir au bonheur du peuple. Tous les historiens de l'antiquité s'accordent à dire que durant tout son règne l'Égypte fut tranquille et heureuse. On raconte que dans les premiers temps, les Égyptiens ne supportaient qu'avec répugnance la domination d'un homme né dans une classe obscure, et dont la réputation n'était pas intacte; car on prétendait qu'il avait usé sa jeunesse dans la débauche, et que lorsqu'il manquait d'argent, il ne se faisait point scrupule de voler et dépouiller les voyageurs. Informé de ces murmures, Amasis ordonna de fondre une aiguière d'or de laquelle il se servait pour laver ses mains et ses pieds. De cette matière il fit fabriquer une statue d'Osiris, qui, placée à dessein dans un lieu apparent, ne tarda pas à recevoir les hommages des Égyptiens. Amasis, perçant un jour la foule des adorateurs du dieu, « Cette statue que vous honorez, s'écria-t-il, est sortie par le travail de l'ouvrier, d'un vase immonde. Égyptiens, j'étais autrefois ce vase, la fortune m'a fait votre roi, je suis maintenant la statue. » Cet apologue produisit son effet, et les murmures cessèrent. — Les Égyptiens eurent toujours la première part à ses bienfaits, mais il les répandit aussi sur les Grecs qui, depuis Psammétique, n'avaient cessé de rendre à l'État les plus grands services. Il en réunit un grand nombre dans la ville de Naucratès, près de la bouche canopique, et le commerce maritime rendit en peu de temps cette ville riche et florissante. Il améliora aussi la législation, et on lui attribue la loi fameuse, que Solon inséra plus tard dans son code; loi qui enjoignait à chaque citoyen, sous les peines les plus graves, de déclarer tous les ans aux magistrats quels étaient ses moyens d'existence. Amasis épousa une Cyrénéenne renommée pour sa beauté, et la fit jouir d'une grande influence, afin de s'attacher de plus en plus la population grecque; et beaucoup d'habitants de la Cyrénaïque vinrent en effet s'établir en Égypte. — Le règne de ce prince fut long et glorieux: c'étaient les dernières lueurs de la puissance des Pharaons. Il avait porté le diadème pendant plus de quarante ans, et il mourut à propos pour sa gloire, puisqu'il ne vit point l'Égypte courbée sous le joug des Perses. Les historiens varient beaucoup sur l'époque précise de la mort d'Amasis. Hérodote et Manéthon affirment qu'il était descendu au tombeau six mois avant l'entrée de Cambyse à Péluse (525 ans av. J.-C.); d'autres le font survivre à la perte d'une bataille; ils ajoutent que le vainqueur le laissa vivre, et se con-

tenta de l'envoyer à Suze; mais la clémence n'était pas dans le caractère de Cambyse. Quant à la cause de l'invasion perse, voilà celle que les historiens indiquent: Cyrus, père de Cambyse, avait fait demander au Pharaon sa fille en mariage. Amasis, qui n'ignorait pas que le roi de Perse avait déjà une épouse et des concubines, comme tous les princes de l'Orient, craignit que sa fille ne fût placée parmi ces dernières. Toutefois, ne voulant pas rompre avec Cyrus, il lui envoya, sous le nom de sa fille, la princesse Nitétis, fille ou plutôt petite-fille d'Apriès. Nitétis, par ses charmes, se rendit maîtresse du cœur de Cyrus. Elle lui révéla pour lors le secret de sa naissance, et elle l'excita par ses vives instances à venger la mort du Pharaon. Cyrus, qui n'avait besoin que d'un prétexte pour envahir l'Égypte, assembla sur-le-champ une armée; la mort arrêta ses projets de conquête; mais il légua ses intentions à son fils, que les Grecs ont nommé Cambyse, et que les historiens persans nomment Lohrasp. — Amasis avait érigé un grand nombre de monuments; on lui attribue diverses statues colossales qui décoraient le temple de Minerve à Saïs, et celui de Vulcain à Memphis; un temple monolythe de trente-trois pieds de long, sur vingt-deux de large, et treize de hauteur. On lui attribue aussi la tête de sphinx, qui se conserve encore auprès de la grande pyramide de Dgizeh. On croit que ce monument avait été destiné à lui servir de tombeau. Hérodote affirme qu'il fut inhumé dans la cour du temple de Minerve. — Diodore de Sicile, parlant de la XIXe dynastie, y place plusieurs rois dont les noms ne se trouvent ni dans Manéthon, ni même dans Hérodote. Parmi les noms de ces rois se lit celui d'un Amasis, qui ne fut, dit-il, qu'un despote capricieux et cruel, qui se plaisait à répandre le sang de ses sujets, s'emparait de leurs biens par la confiscation, et préparait la confiscation par le supplice de ceux qu'il voulait dépouiller. Par cette conduite tyrannique, il s'aliéna les cœurs égyptiens, que lorsqu'il fut attaqué par le roi d'Éthiopie Actizanè, il ne trouva point de défenseurs. Il est évident que Diodore a confondu les documents qu'il s'était procurés. Les catalogues de Manéthon n'offrent pas la moindre trace de cet Amasis de Diodore.

J. DE MARLÈS.

— On prétend que pour légitimer en quelque sorte son usurpation, Amasis avait épousé une sœur d'Apriès, nommée Onckh-Nas; elle était fille de Psammétique II. On puise la preuve de l'existence de ce mariage dans les inscriptions d'un sarcophage en basalte vert, apporté à Paris en même temps que l'obélisque de Luxor, et cédé postérieurement au musée britannique. Ce sarcophage, qui a servi, dit-on, de sépulture à cette princesse, est couvert d'hiéroglyphes désignant son nom et sa qualification, de même que le titre de : *Royal Germe de Psammetichus et de Nitocris.* On dit aussi que Cambyse, maître de l'Égypte, fit tirer Amasis de son tombeau, et qu'après l'avoir fait battre de verges et comblé d'outrages, il livra ses restes aux flammes. — Plutarque a beaucoup parlé d'Amasis, il en parle surtout dans le *Banquet des sept sages,* où Bias reçoit une lettre avec cette souscription : *Amasis, roi d'Égypte, à Bias, le plus sage des Grecs.* Ce prince demande au philosophe la solution d'une proposition difficile à résoudre. Le roi d'Éthiopie, qui dispute d'habileté avec Amasis, lui propose de boire toute la mer, lui abandonnant, s'il satisfait à cette question, plusieurs villes de son royaume, ou s'il ne peut y répondre, exigeant qu'il lui cède Éléphantine. « Dites au roi d'Égypte, répondit Bias, qu'il écrive au roi d'Éthiopie, d'arrêter tous les fleuves qui se jettent dans la mer, jusqu'à ce qu'il ait bue telle qu'elle est actuellement. » Amasis fait aussi tirer du philosophe Bias, de prendre d'une victime ce qu'il y avait dans sa chair, de meilleur et de plus mauvais: Bias se contente d'en ôter la langue. — Dans le même traité, Chilon ouvre l'avis d'envoyer à Amasis des maximes utiles pour le gouvernement de son royaume: chacun des sept sages donne la sienne, et exprime son sentiment sur ce qu'était la véritable grandeur des rois. — Plutarque parle encore d'Amasis au chapitre d'Érixo, dans le traité *Des actions courageuses des femmes.* — Pour compléter cet article, nous y ajouterons ce que les découvertes nouvelles nous ont appris sur l'histoire de l'Égypte; c'est la notice des cartouches qui portent le nom d'Amasis, tirés de divers monuments, et expliqués par feu le savant Champollion, dont nous avons sous les yeux le manuscrit. — 1. Légende complète de ce Pharaon, dessinée à Éléphantine, et dans l'île de Beïbé, près de Philée; par M. Wilkinson. — 2. *Le fils du soleil* AMASIS, *modérateur du monde.* Scarabée du musée de Turin. — 3. AMASIS, *enfant de Neith.* Scarabée du musée de Turin. — 4. Variante du *prénom.* Naophore du musée du Vatican. — 5. Même variante avec le *nom propre.* Grand cylindre en terre émaillée. Cabinet royal de Paris , acquis de M. Médenal. — 6. Même variante et nom propre, dessiné sur un rocher de l'île de Biggé , par M. Wilkinson. — 7. Variante du prénom, aux Greniers de Joseph, au Caire , dessiné par M. Wilkinson. — 8. Dans l'inscription d'une naophore du musée royal de Paris. — 9. Sur un sarcophage du musée britannique.

DU MERSAN.

— Quoique le nom de ce prince ne se trouve point écrit dans le texte des livres sacrés , il ne laisse pas que d'être célèbre dans l'histoire sainte. L'Écriture fait mention de Néchos ou Néchas, qui tua Josias, roi de Juda , à la bataille de Magéddo (4, Rois, XXIII, 29. Jer. XLVI). Or à Néchas succéda Psammis, à Psammis, Apriès, nommé dans Jérémie (XLIV, 30) Éphrée, et à Éphrée, Amasis, qui vivait en Égypte dans le même temps que Cyrus à Babylone.

J. G.

AMASSER. C'est mettre en amas, accumuler, entasser un grand nombre de choses de même nature. L'amas diffère du tas en ce que le tas se compose de choses amoncelées de toute nature; l'entassement est le tas fait sans ordre; l'accumulation est l'entassement toujours croissant ; le monceau est un tas volumineux. Le mot amasser s'emploie quelquefois dans un sens absolu; il signifie alors thésauriser. Autrefois on disait amasser pour ramasser, c'est-à-dire pour relever de terre une chose qui était tombée. — Amasser , en architecture, c'est recueillir l'eau d'une source pour l'appliquer aux besoins qu'on en a.

X. X.

AMASTRIS (histoire ancienne, numism.) Cette princesse eut pour père Oxathrès, frère de Darius Codoman, dernier roi de Perse. Alexandre, après sa victoire, lui fit épouser Cratérus, l'un de ses premiers généraux : mais lorsque celui-ci l'eut répudiée, après la mort d'Alexandre, elle épousa Denys, tyran d'Héraclée, à qui elle se donna avec toutes ses richesses, A la mort de ce second mari, elle devint tutrice de ses enfants , et épousa en troisièmes noces Lysimaque, roi de Thrace, qui bientôt après l'abandonna pour relever Arsinoé, sœur de Ptolémée Philadelphe. Elle retourna alors à Héraclée, et fit bâtir dans la Paphlagonie une ville à laquelle elle donna son nom. (V. plus bas.) — Cette reine infortunée périt victime de ses enfants , qui la firent précipiter dans la mer; mais leur crime ne fut pas impuni, car Lysimaque qui , bien que séparé d'Amastris, l'avait toujours aimée, les sacrifia aux mânes de leur mère. Ces deux parricides, Cléarque et Oxathrès, étaient les fils qu'elle avait eus de Denys; elle en avait eu aussi une fille , nommée comme sa mère, Amastris ; elle avait encore (selon Poliænus) un fils nommé Alexandre, mais qui avait pour père Lysimaque. — La médaille d'Amastris , frappée à Héraclée de Bithynie, représente une tête jeune, coiffée d'un bonnet phrygien, orné d'une couronne de laurier. Il est du moins douteux que cette tête soit celle d'Amastris, c'est peut-être celle du génie de la ville : Visconti ne l'a point admise dans son Iconographie. Le revers porte la légende BAΣIAI ΣΣHΣ AMAΣTIOΣ (de la reine Amastris); et présente une femme tourelée, la ville elle-même, tenant un sceptre et une victoire. Cette médaille rare , en argent, de neuf lignes de diamètre, vaut 400 francs : celle de bronze, de huit lignes , qui porte une tête laurée, jeune, aux cheveux flottants, et au revers un arc et un carquois , vaut 100 francs.

DU MERSAN.

AMASTRIS (numism.) Cette ville de l'ancienne Paphlagonie, contrée de l'Asie Mineure, maintenant Bolli, porte aujourd'hui le nom d'Amastro et Samatro: elle est située sur la côte méridionale du Pont-Euxin (la mer Noire) à droite de l'embouchure du fleuve Lycus (la rivière Dolap). Elle prit le nom de la princesse Amastris, fille d'Oxathrès, frère de Darius Codoman, et selon Pline, elle se nommait anciennement Sesamus. Cependant, il paraît que les Amastriens ont adopté pour leur ville deux origines, l'une historique , l'autre mythologique, et que selon cette dernière, ils prétendaient devoir la fondation de leur ville à une Amazone nommée Amastris. Du reste, la fondation de beaucoup de villes de l'Asie Mineure est attribuée aux Amazones. Les médailles d'Amastris rappellent les types les plus anciens des traditions religieuses et historiques du Pont, et particulièrement, Persée, la tête de Méduse et l'égide. — Sur les médailles d'une époque moins ancienne, la ville porte avec son nom, le titre de Sebaste ou Auguste. C'était un honneur rarement accordé aux villes soumises à la domination romaine : car il était jaloux commun d'abolir leur ancien nom, et de leur donner celui de Sebaste. — Amastris est la seule ville où l'on trouve, donné à Jupiter , le surnom de Stratège, ou chef de l'armée. — Un type unique, celui de l'Amastris, est celui qui nous offre les traits d'Homère, ou du moins ceux que dans l'antiquité on lui avait traditionnellement con-

servés. La tête du prince des poètes est barbue, elle porte le diadème (V. ce mot); sur ses épaules est un manteau : on lit auprès : OMHPOC, Homère; au revers , on voit le fleuve Mélès, couché, tenant de sa main droite une lyre appuyée sur son genou, et un roseau de sa main gauche, qui repose sur une urne renversée, d'où s'échappent des eaux : à l'exergue, on lit MEAEC, Mélès, nom du fleuve. — Il paraît que la ville d'Amastris, ou plutôt l'ancienne ville de Sesamus, qui devait son origine à une colonie ionienne, comme presque toutes les villes du Pont, a voulu rappeler son origine, qu'elle tenait peut-être de Smyrne, où coule le fleuve Mélès, duquel Homère avait reçu le nom de Mélésigène. — On n'a de médailles en monnaies d'Amastris qu'en bronze: Le prix des autonomes varie depuis 8 jusqu'à 30 francs : on vend à ce dernier prix celle d'Homère, d'un pouce de diamètre. Les impériales ont été frappées avec les têtes de Domitia, Narva, Plotine, Hadrien, Antonin Pie, les deux Faustine, Marc-Aurèle, Lucius Varus, Crispine, Caracalla, Julia Mæsa, et Gordien Pie. Elles varient du prix de 4 à 20 francs ; celle de Marc-Aurèle ayant au revers le fleuve Parthénius , et qui a dix lignes de diamètre, vaut 60 francs : celle de Julia Mæsa avec le zodiaque, 30 francs. Le médaillon de Plotine est très-suspect. — Une médaille d'Antonin porte les noms réunis d'Amastris et d'Amisus, ville de Pont. Elle représente deux femmes tourelées, et se donnant la main sur un autel. Vaillant et Eckhel ont fait de ces femmes deux Amazones : mais ce sont les villes personnifiées, jurant leur alliance.

DU MERSAN.

AMAT , vulgairement AMÉ (S.), ayant été ordonné prêtre, se retira dans le monastère d'Agaune, et y vécut dans les exercices de la piété et dans l'étude des saintes lettres. Appelé d'abord à gouverner, avec le titre d'abbé, le monastère de Saint-Maurice d'Agaune, il fut élevé, en 669, sur le siège épiscopal de Sion en Valais (et non de Sens, comme le dit la Chronique d'Auxerre, et après elle Baillet, les bollandistes et plusieurs autres historiens). Il fut exilé à Péronne par Thierri, fils de Clovis II, auquel des courtisans, que son zèle avait blessés, le représentaient comme un ennemi dangereux. Il mourut en 690.

AMATA ou AMATE (mythol.). Elle était mère de Lavinie, promise à Turnus, roi des Rutules, avant l'arrivée d'Énée en Italie. Elle se déclara hautement contre le prince troyen; et lorsque celui-ci, vainqueur du Rutule, eut obtenu du vieux Latinus la main de Lavinie, elle se pendit de désespoir pour ne point voir sa fille au pouvoir de l'odieux étranger.

X. X.

AMAT-DOR, qu'on écrit encore Hammot-dor ou Hammoth-dor , ou bien Emath , était une ville lévitique dans la tribu de Nephtali : elle fut donnée à la famille de Gerson. (Jos. XIX , 35; XXI, 32.)

J. G.

AMATELOTER. On se servait autrefois de ce mot sur les vaisseaux de l'État , pour exprimer l'acte d'associer deux des matelots qui servaient sur un même navire, à l'effet de leur donner le même hamac, de même que dans les casernes on fait partager le même lit par deux soldats. Cette coutume , qui n'existe plus aujourd'hui, était extrêmement ancienne, et malgré les inconvénients qu'il accompagnaient, elle s'est longtemps soutenue. L'encombrement qui régnait autrefois sur les bâtiments ne permettait pas de disposer d'un vaste emplacement pour les besoins de l'équipage. On était donc obligé d'amateloter les marins deux à deux ; et comme le hamac était trop étroit pour contenir deux personnes, on avait soin de placer les amatelots dans des divisions différentes, afin que l'un pût rester six heures couché, tandis que l'autre faisait son quart sur le pont. — Aujourd'hui l'emplacement seul du hamac sert pour deux , mais chaque marin a le sien. Quand celui dont le tour de service arrive doit monter sur le pont ou travailler aux pompes, il décroche son hamac pour que son camarade puisse y suspendre le sien. — Les matelots mettaient toujours le plus grand soin à choisir leur camarade; car il devait nécessairement s'établir entre les amatelotés une étroite intimité ; aussi les capitaines se montraient-ils fort complaisants sur ce point. Ce n'est, au surplus, que sur les bâtiments de médiocre grandeur que l'emplacement est commun aux deux matelots; sur les vaisseaux de guerre, chaque homme a un hamac et un emplacement particulier. C'est un perfectionnement dû aux Anglais ; mais les matelots n'en conservent pas moins l'habitude de s'amateloter, c'est-à-dire de se donner un camarade, l'un d'eux qui partage leurs peines et leurs plaisirs, et les aide à supporter avec plus de courage les ennuis inséparables de leur position.

X. X.

AMATEUR ; mot dont l'étymologie est latine, amator, et

22.

qui, s'emploie généralement pour signifier : Qui aime, qui a du goût pour, du penchant, qui se plaît à, etc. Ainsi on dit d'un homme qu'il est amateur de la science, des beaux-arts, de la nouveauté, de la pêche, de la chasse, des vieilles éditions, des tableaux de prix, des médailles, des fleurs rares, des chevaux de race, de tous les objets curieux ou de luxe, etc. Celui qui est amateur de physique, de chimie, ou d'histoire naturelle, ne peut satisfaire son goût sans réunir des matériaux suffisants pour faire des expériences, ou pour former des collections plus ou moins riches, plus ou moins complètes, à moins qu'il ne trouve en quelque sorte sous sa main les objets dont il a besoin, comme il arrive à ceux qui peuvent jouir des cabinets, des laboratoires et des collections des établissements scientifiques. On trouve parfois des hommes bizarres, originaux, qui se plaisent à vivre au milieu de vases antiques et de meubles noircis par les couches de plusieurs siècles, qui semblent ne pouvoir respirer à leur aise s'ils n'ont sous les yeux leurs statuettes égyptiennes, leur amphore étrusque, leur lance, revenue des croisades; ajoutez encore de vieilles tapisseries, un médaillier, des épées, des coutelas, des gravures de toutes les époques jusque vers le milieu du siècle dernier; c'est là quelquefois le travers des amateurs d'antiquités et d'archéologie. Charles-Quint, pendant les années qu'il passa vers la fin de sa vie dans un monastère, devint amateur de la mécanique, il faisait des horloges; Henri IV fut amateur de la chasse et des grandes chôses; beaucoup de savants ont été amateurs du jardinage et de l'agriculture; les gourmands sont amateurs de tel ou tel mets. — Pris dans un sens absolu, ce mot désigne les personnes qui cultivent un art sans en faire leur profession. L'amateur de violon, de basse ou de tout autre instrument, a travaillé plusieurs années, il s'est élevé peut-être à un haut degré de force, mais il n'est point, ou plutôt il ne se dit point artiste, parce que ce titre ne se donne qu'à ceux qui font profession de leur art. Il en est de même pour la peinture, la sculpture, etc. Les étudiants qui suivent les cours des diverses facultés sans prendre aucun grade sont aussi des amateurs.   B. DE CUBLIZES.

AMATH ou ÉMATH, ville de Syrie qu'on croit être la même qu'Émèse sur l'Oronte. (V. ÉMATH.) Il faut remarquer que le mot Amath, qui s'écrit en hébreu Hamath, signifie, dans cette langue, des eaux chaudes. C'est ce qui explique comment on trouve dans la Palestine un si grand nombre de lieux qui portent ce nom.   J. G.

AMATHA, bourg proche de Gadare, où il y avait des bains d'eaux chaudes (Euseb. Onomast., in voc. Αϑαμ.), fut un des cinq siéges établis par Gabinius pour rendre la justice. (Joseph., De bello. jud., l. 1, c. 6.)   J. G.

AMATHÉENS, peuple qui doit son nom à un des fils de Chanaan, Amath. « Nous voyons, dit D. Calmet, qu'ils demeurèrent dans la ville d'Émath, ou Amath, ou Emèse, dans la Syrie, sur le fleuve Oronte. » (Dict. de la Bible.)   J. G.

AMATHONTE. C'était une ville de l'île de Chypre, située sur la côte méridionale et consacrée spécialement à Vénus. On croit qu'elle fut d'abord habitée par des Phéniciens; elle le fut plus tard par des Grecs. Son nom lui fut donné par Amathus, fils d'Hercule; et on désigna l'île elle-même par celui d'Amathusie. — Quelques écrivains donnent aussi le nom d'A-mathonte à la ville d'Amathus. (V. l'art. suiv.)   X. X.

AMATHUS, ville située au delà du Jourdain. Selon Eusèbe, elle était à vingt et un milles de Pella, vers le midi (Onomast., in voc. Αϑαμ.). Prise par Alexandre Jannée, Amathus fut ruinée par le prince. (Joseph., Antiq., l. XIII, c. 21). Quelques-uns croient qu'elle fut un des cinq siéges de la justice établis par Gabinius, mais d'autres veulent que ce soit Amatha en deçà du Jourdain. Reland soupçonne qu'Amathus n'est autre que Ramoth de Galaad.   J. G.

AMATI. Cette famille, célèbre dans les annales de Crémone, a possédé pendant plusieurs siècles la réputation de renfermer dans son sein les premiers luthiers de l'Europe; mais comme toute la vie de ces artistes s'écoulait dans l'intérieur de leur laboratoire et ne se révélait que par leurs chefs-d'œuvre, on nous a transmis peu de détails sur leur existence intime et sur leur caractère personnel. Nous savons seulement que Amati (Nicolas) fonda, dans le XVIᵉ siècle, cette fabrique d'instruments fameux, dont un certain nombre sont venus jusqu'à nous; que, secondé dans ses travaux par son frère André Amati, il confectionna, pour la chapelle de Charles IX, vingt-quatre instruments, merveilles de l'art : six quintes, six dessus, six tailles, et six basses de viole; que Jérôme Amati, fils aîné d'André, continua plus tard, avec Antoine Amati, l'œuvre de son père et de son oncle, qui lui avaient

légué leurs secrets et leurs principes; que Jérôme Amati eut pour successeur Nicolas son fils, lequel eut enfin pour élève Stradivarius, le grand maître, le roi du violon. — Stradivarius est le seul qui ait fait pâlir la gloire des Amati; mais ils n'en restent pas moins après lui les artistes les plus distingués en ce genre. — On confond souvent le dernier des Amati que nous venons de nommer, avec le chef de la famille, dont il porte le prénom, Nicolas Amati. — On trouve encore, dans l'histoire des luthiers, un Giuseppe Amati, neveu de Jérôme et d'Antoine, qui travaillait à Bologne. — Il fut loin d'égaler ses parents, et il ne se rattache que par le nom à cette famille remarquable.   H. CORNILLE.

AMATIR (orfév.). C'est rendre ou laisser l'or ou l'argent mat, c'est-à-dire sans brillant et sans poli. En terme de monnaie, amatir les flans (V. ce mot), c'est les blanchir afin de leur ôter tout poli.   X. X.

AMATIUS. C'est le nom d'un aventurier romain qui voulut se faire passer pour le petit-fils de Marius. Il avait séduit plusieurs familles de Rome. Antoine le fit arrêter et étrangler dans sa prison.   X. X.

AMATOR (S.-), Saint-Amateur, près de Langres, monastère d'hommes, fondé vers l'an 1115. — Un autre monastère de ce nom, situé à Auxerre, avait une origine bien plus ancienne; on dit que sa fondation remontait à l'an 418.

AMAUROSE (gutta serena des Latins, amaurosis des Grecs). On a généralement désigné jusqu'aujourd'hui en ophthalmologie (V. ce mot), sous le nom d'amaurose, une cécité nerveuse plus ou moins complète, sans se rendre raison de la nature de la maladie et sans admettre d'autres variétés que celles qui se trouvaient naturellement caractérisées par la plus ou moins grande intensité des symptômes de cécité, ou par la présence ou l'absence de la douleur. — Pour se rendre raison de l'affection à laquelle on a donné le nom d'amaurose, on a presque toujours eu recours à des hypothèses toutes inadmissibles, en ce qu'on n'est pas parti de ce principe physiologique certain, que, pour qu'il y ait vision distincte, il faut toujours que l'action de la rétine (V. ce mot) et celle du nerf de la cinquième paire (V. NERFS) soient en rapport d'équilibre parfait, en constante harmonie d'action. Toutes les fois que ce défaut d'équilibre existe, par la paralysie complète ou incomplète de l'un ou de l'autre de ces deux nerfs, il y a amaurose et cécité plus ou moins intense; quand il y a lésion des deux, il y a amaurose complète, cécité complète, et le plus souvent incurable. — Partant des principes que je viens d'énoncer, et que les connaissances actuelles de la physiologie me permettent d'établir avec certitude, on voit que l'amaurose, c'est-à-dire l'affection du symptôme nerveux de l'appareil de la vision, peut exister de plusieurs manières différentes, présenter une série de signes et de symptômes variables, exiger des traitements divers, suivant la partie qui est plus ou moins affectée. — Nous diviserons donc l'amaurose ainsi qu'il suit : 1° amaurose par altération spéciale du nerf de la cinquième paire; 2° amaurose par altération spéciale de la rétine.; 3° amaurose par altération de la rétine et du nerf de la cinquième paire; amaurose confirmée complète; 4° enfin, nous traiterons d'un état particulier de la vue, que les auteurs ont confondu avec l'amaurose proprement dite, et qui n'a cependant, avec les espèces que nous venons d'indiquer, de commun que la cécité qu'il produit. Cette affection me paraît dépendre de l'injection, de la compression du cerveau. — 1° Amaurose par altération du nerf de la cinquième paire. — Cette espèce d'amaurose est la plus fréquente, et c'est en général celle contre laquelle les ressources de l'art employées à temps ont une plus grande efficacité. — L'aspect général de l'œil n'est pas précisément changé, seulement il est en général plus terne et plus hagard. Son examen plus approfondi offre des notions en général assez précises. La pupille (V. ce mot) a peu de mobilité dès le principe; lorsque la maladie est ancienne, elle n'en a plus du tout. L'iris (V. ce mot) est mou et tremblotant; le plus ordinairement la pupille est dilatée, et une grande lumière est fatigante pour le malade. Dans le commencement de la maladie la vue se conserve encore assez bien; les malades peuvent même lire; ils préfèrent, il est vrai, pour cela un très-petit jour; peu à peu la vue diminue sensiblement de portée; le moindre fatigue, une lumière un peu éclatante, déterminent une sécrétion plus abondante de larmes, quelquefois même l'œil semble s'injecter; puis des douleurs circum-orbitaires se font sentir assez aiguës pour forcer le malade à fermer momentanément les yeux. Ces douleurs, quoique assez fréquentes, sont ordinairement assez légères et bornées au pourtour de l'orbite; les malades n'éprouvent assez généralement des douleurs de tête que lorsqu'ils sont exposés à une trop vive lumière. On s'explique facilement ces douleurs, ressenties par l'action d'une trop vive lumière, en considérant que dans ce cas la rétine ayant conservé son intégrité se trouve surexcitée par trop de lumière, l'iris n'exerçant plus qu'imparfaitement ses fonctions ou ne les exerçant même pas du tout. — L'examen de l'intérieur de l'œil ne présente rien de particulier ; la transparence des humeurs reste parfaite, la diaphanéité des membranes complète, et la rétine se laisse assez habituellement apercevoir comme dans l'état naturel. — Lorsqu'on ne porte point remède aux symptômes que nous venons d'indiquer, ou que l'on est assez malheureux pour ne pas réussir à les combattre avantageusement, on voit peu à peu l'œil devenir plus terne, plus hagard, plus fixe, et la vue se perdre complètement. — 2° *Amaurose par altération spéciale de la rétine.* — Dans le principe de la maladie il est impossible de remarquer rien de particulier dans l'apparence extérieure de l'œil ; il est absolument encore comme dans l'état naturel, et déjà les malades se plaignent d'un grand affaiblissement de la vue, affaiblissement qui se manifeste surtout à l'occasion du plus léger travail ; cependant la pupille se contracte encore sous l'influence de la lumière. Plus tard seulement, lorsque la maladie date déjà d'un mois ou deux, si l'on observe le fond de l'œil avec attention et surtout avec la loupe, on remarque que la rétine présente une couleur verdâtre et comme transparente, quelquefois veinée de rainures verdâtres plus prononcées sur un fond également vert, mais qui paraît plus transparent. Cet état de la rétine ne s'observe pas toujours aussi apparent que nous venons de l'indiquer ; on ne commence quelquefois à l'apercevoir que dans un degré déjà très-avancé de la maladie. — Il n'y a assez ordinairement aucune douleur dans ce cas, et quand par hasard il en existe, elle est toujours très-légère et passagère. La vue se perd quelquefois très-promptement, d'autres fois elle se soutient pendant assez longtemps, mais faible et incertaine, et sans permettre aux malades de se livrer à aucun travail assidu ; la moindre application, la moindre lecture les fatigue et amène un sentiment de gêne incommode qui les force à discontinuer ; bientôt enfin la vue se trouble tout à fait et les malades tombent par degré dans une obscurité complète. — Cette affection, dont les symptômes apparents sont si peu sensibles, est malheureusement plus grave que la précédente, et s'il n'y est pas porté remède dès le principe, et d'une manière très-active, si le malade ne consent pas tout d'abord à interrompre toute espèce d'occupation de la vue, on a peu de chances de le guérir. — 3° *Amaurose par altération simultanée du nerf de la cinquième paire et de la rétine.* — Dans ce cas malheureux viennent se joindre et se confondre les symptômes des deux altérations que nous venons d'examiner ; cette affection déplorable est le plus souvent au-dessus des ressources de l'art, et ce n'est que dans le principe, lorsque la maladie n'a pas fait encore de très-grands progrès, lorsque la vue se soutient encore, que l'on peut espérer quelque succès des traitements que nous allons bientôt détailler. — 4° *Amaurose par injection, par compression du cerveau.* — Cette espèce d'amaurose n'a de commun, ainsi que je l'ai déjà indiqué, avec les espèces que nous venons d'examiner, que la cécité qu'elle amène. — Les causes n'en sont pas les mêmes ; elle doit être, à ce que je crois, attribuée à une injection, à une compression du cerveau. Souvent elle vient brusquement à la suite d'une attaque d'apoplexie qui n'a pas été assez forte pour donner la mort, et ne laisse après elle que la cécité amaurotique dont nous nous occupons. D'autres fois la vue s'affaiblit lentement, en même temps que le malade ressent des douleurs de tête ou seulement des lourdeurs avec une habitude de congestion au cerveau, ce qui a souvent lieu chez des personnes pléthoriques. Cet état de pléthore cérébrale peut durer quelquefois des années sans amener ni l'apoplexie ni la cécité, en affaiblissant seulement graduellement la vue ; mais constamment, si l'on n'y porte remède, le malade finit par une attaque d'apoplexie ou par devenir aveugle. — Cet état amaurotique présente deux variétés assez tranchées par leurs symptômes extérieurs. — La première a lieu avec injection de l'œil ; la plupart du temps cette injection a lieu également à l'intérieur et à l'extérieur de l'œil. Les symptômes principaux sont alors des douleurs oculaires assez intenses, une intolérance de lumière le plus souvent très-considérable, la vue continuelle d'éclairs de lumière d'une atmosphère colorée, lors même que le malade est plongé dans l'obscurité. La seconde variété ne présente point d'injection de l'œil ; cet organe paraît comme dans l'état naturel, la pupille se contracte encore comme dans l'état ordinaire, le fond de l'œil ne présente

pas cette teinte verdâtre assez commune dans l'amaurose par altération de la rétine, il n'y a pas ou il y a peu de douleurs, et le malade sent seulement sa vue s'affaiblir graduellement sans hallucination. — *Traitement.* Il est arrivé pour le traitement de l'amaurose ce qui a lieu pour toutes les maladies contre lesquelles l'art est assez souvent impuissant. On a proposé une foule de moyens thérapeutiques, et cela quelquefois même sans s'expliquer trop bien leur action. Les bornes de cet article nous faisant un devoir de ne pas discuter l'opportunité ou l'efficacité d'une foule de moyens que nous croyons inutiles, nous allons indiquer seulement ceux sur lesquels on peut asseoir quelque légitime espérance de succès. — Les saignées générales, du pied, de l'artère temporale, etc., ont été préconisées par beaucoup d'oculistes. Les purgatifs (*V.* ce mot), les drastiques, (*V.* ce mot) ont également obtenu des succès. L'émétique en lavage et répété très-fréquemment a été considéré par plusieurs praticiens comme ne devant pas être négligé. — Les sangsues (*V.* ce mot) appliquées au fondement, aux narines, derrière les oreilles et même sur les paupières, ainsi que le recommandait Wenzell, sont aussi assez généralement employées. — Les vésicatoires, les sétons, les moxas appliqués à la nuque produisent souvent de très-bons effets. — Des collyres (*V.* ce mot) excitants ont aussi été préconisés par beaucoup de praticiens ; mais ces remèdes sont en général d'un effet peu sûr. — On conçoit d'ailleurs que tous ces moyens doivent être modifiés selon les circonstances et la nature des causes que l'on présume avoir causé ou entretenu l'amaurose. — Le traitement qui m'a donné les résultats les plus avantageux, surtout dans l'amaurose par altération spéciale du nerf de la cinquième paire, et en général dans les trois premières espèces d'amaurose, est le suivant ; on commence par apporter le plus grand soin à la santé générale du malade ; on applique ensuite, d'après la méthode de M. le Dr Gondret, une vésication (*V.* ce mot) sincipitale avec la pommade ammoniacale, vésication qu'on entretient pendant un temps plus ou moins long ; on a soin pendant le même temps d'entretenir un état continuel de légère dérivation vers le canal intestinal. Puis des ventouses scarifiées (*V.* ces mots) à la nuque et appliquées de temps en temps, aussitôt que le malade éprouve des douleurs dans la région oculaire ou dans la tête. Et enfin, pour compléter ce traitement, l'application du galvanisme par la cuve modifiée (*V.* GALVANISME) de Woltaston (*V.* ce nom), et les aiguilles à acupuncture (*V.* ACUPUNCTURE) que l'on introduit près des branches frontales, temporales et sous-orbitaires du nerf de la cinquième paire, de manière à établir un courant galvanique continu tous les jours pendant quelques minutes. — Ce traitement continué avec soin et persévérance m'a produit quelquefois de très-heureux résultats. — Lorsque la cécité amaurotique dépend de l'état d'injection, de compression du cerveau, et qu'il existe avec injection de l'œil, le galvanisme ne doit pas être employé ; alors on doit insister principalement sur l'emploi des saignées, sur l'application des sangsues au fondement, des ventouses scarifiées à la nuque, des purgatifs drastiques, même répétés souvent. Il faut d'ailleurs dans ce cas comme dans les autres proportionner les moyens à l'état de la santé générale du malade, et, ici comme partout, suivre les indications données par les circonstances. BESSIÈRES, D. M. P.

— On lit dans un journal de thérapeutique pour 1835, qu'en voyant les heureux résultats obtenus par le docteur Shortt d'Édimbourg dans les paralysies ordinaires, de l'emploi de la strychnine (alcali ou sel végétal, amer et très-vénéneux, découvert dans la noix vomique), M. Miguel a eu l'idée d'employer cette substance pour la guérison de l'amaurose, en l'appliquant le plus près possible du nerf affecté, au moyen d'un vésicatoire placé sur la tempe et entretenu par une pommade composée de cérat de Galien, de pommade au garou et de strychnine dissoute dans l'alcool. Sur sept malades aveugles, déclarés incurables, qu'il a soumis à ce traitement, trois, dit M. Miguel, ont recouvré complètement la vue, deux ont vu assez pour se conduire ; deux seulement n'ont pas éprouvé d'amélioration. Nous pensons qu'on ne saurait donner trop de publicité à ce procédé qui peut avoir les heureux résultats attestés par M. Miguel, et qui, du moins, s'il ne produit pas un bien réel, n'expose tout au plus le malade qu'à éprouver pendant le traitement quelque mouvement convulsif des muscles sur lesquels agit le remède. X. X.

AMAURY Ier, frère et successeur de Baudouin III, roi de Jérusalem, arriva au trône en 1165. Dès les premiers jours de son règne, il eut à résister au khalife d'Égypte dont toutes les forces réunies vinrent le menacer. — Mais ces démonstrations n'eurent pas de suite : Nour-Eddyn, sultan d'Alep, qui s'était avancé sur les terres d'Égypte pour renverser le khalife, mit ce dernier dans la nécessité de rappeler les forces dirigées contre Amaury. Bien plus, le khalife épouvanté implora le secours du roi de Jérusalem ; celui-ci, oubliant dans ces circonstances les hostilités dont il avait été si heureusement délivré, marcha contre Nour-Eddyn, le battit en plusieurs rencontres, et, chargé de butin, rentra dans Jérusalem. Mais peu de temps après, il réunit ses armes à celles de l'empereur de Constantinople et des chevaliers de Saint-Jean, envahit à son tour les États égyptiens, se rendit maître de Belbéis, et alla camper sous les murs du Caire. Surpris dans son repos, le khalife tourna les yeux vers Nour-Eddyn qui avait à venger l'honneur de ses armes ; et il implora son assistance. Celui-ci accourut avec empressement ; bientôt Amaury fut contraint de replier ses tentes et de rentrer sur son territoire. — Plus tard éclatèrent en Palestine les dissensions sanglantes des templiers et des hospitaliers : le royaume de Jérusalem fut déchiré par les factions ; le trône dont Saladin avait déjà sapé les fondements commença à chanceler, et telle était la situation des choses, lorsqu'en 1173 la mort d'Amaury Iᵉʳ appela au pouvoir Baudouin IV.

AMAURY II DE LUSIGNAN, roi de Chypre, successeur de Guy, son frère, fut appelé au trône de Jérusalem, en vertu des titres qu'il tenait de son mariage avec Isabelle, veuve du comte de Champagne. Couronné en 1194 dans la cité de David qui, depuis longtemps déjà, était retombée sous la puissance des Sarrasins, il fut successivement proclamé à Saint-Jean d'Acre (Ptolémaïs), nouvelle résidence des successeurs de Bouillon. A cette époque, la royauté dont venait d'être investi Lusignan n'était plus qu'un vain titre ; mais peu de temps après qu'il en eut revêtu les insignes de cette impuissante dignité, il put croire que cet état de choses allait enfin changer. Des querelles intestines divisaient la famille de Saladin, ce redoutable antagoniste des chrétiens en Orient. Une croisade nouvelle avait été prêchée dans toutes les villes de l'Europe : de nouvelles armées s'avançaient pour reconquérir le tombeau de Notre-Seigneur, et rendre à la chrétienté le berceau du christianisme. Mais on connaît l'histoire de ces temps ; les croisés s'arrêtent tout à coup devant Constantinople qu'ils assiègent, sans songer que leurs frères de Palestine sont prisonniers, que Lusignan appelle de tous ses vœux cette armée si longtemps attendue, que Jérusalem enfin, soumise au joug de l'infidèle, est la proie de l'Asie Mineure ! — Ainsi se changèrent en fumée les plus brillantes espérances. — Amaury de Lusignan mourut en 1205, et laissa le royaume de Chypre à son fils Hugues de Lusignan.   H. CORNILLE.

AMAURY de Chartres, hérétique du XIIIᵉ siècle, fut condamné par Innocent III. Ses disciples soutenaient *qu'il n'y avait point d'autre paradis* que la satisfaction de bien faire ; *d'autre enfer* que l'ignorance et le péché. Ils affirmaient, dans leur étrange aveuglement, que les sacrements de l'Église étaient superflus, et que les actions faites en esprit de charité ne pouvaient être mauvaises : ils comprenaient dans cette règle l'adultère même. — Le concile de Paris, tenu en 1209, condamna ces insensés et en fit brûler le plus grand nombre.
                H. CORNILLE.

AMAUSUM IN BURGUNDIA (AMAUSE EN BOURGOGNE), monastère d'hommes, fondé vers l'an 868, sous l'invocation de saint Vivant. Nous n'avons trouvé ce monastère indiqué que dans le grand recueil des historiens des Gaules et de la France, commencé par D. Bouquet.

AMAZONES (RIVIÈRE DES). L'Amazone est le roi des fleuves ; un cours d'environ onze ou douze cents lieues, trois quarts de lieue de largeur commune sur la moitié au moins de cette longueur, une profondeur moyenne de quarante à cinquante brasses, tels sont les titres de ce géant des eaux. Des plus superbes fleuves de l'Asie, du Sind, de l'Oxus, du Gange, du fleuve Jaune à la rivière des Amazones, il y a aussi loin que du Seine au Gange, que des humbles ruisseaux de l'Ilium et de la Grèce si pompeusement décrits par les poètes à la Seine grossie des tributs de l'hiver. L'embouchure de l'Amazone avait été reconnue en 1500 par François Pizarre, lorsque, émule de Cortès, il cherchait des terres et de l'or à conquérir. En 1539, Orellana suivit une partie de son cours, et ce premier explorateur ayant vu sur ses rives, s'il faut l'en croire, des femmes armées d'arcs et de flèches, lui donna le nom qu'il porte encore, de fleuve des Amazones, *Rio de Amazonas*. Cent ans après, des missionnaires envoyés par le vice-roi du Pérou, et après eux plusieurs voyageurs, dans la première moitié du XVIIIᵉ siècle, se sont abandonnés au courant,

bravant les dangers d'une navigation aventureuse, et les relations de leurs voyages ont répandu en Europe le fruit de leurs travaux et le résultat de leurs découvertes. Nous devons surtout mentionner le savant de la Condamine qui, après avoir mesuré au Pérou ; par ordre du gouvernement français, un degré du méridien, descendit l'Amazone jusqu'à son embouchure (1743 et 1744) : l'Anglais Maw, qui a fait en 1828 le même voyage, a confirmé par son récit les observations de l'astronome français. — Le fleuve est assez souvent désigné par le nom de Maranan, que nous prononçons Maragnon ; c'était celui d'un voyageur qui a usurpé les droits d'Orellana, comme Améric Vespuce usurpa ceux de Colomb. — Au surplus, le fleuve Maragnon ou des Amazones ne porte ce double nom qu'à commencer du point où le Tunguragua et l'Ucayali mêlent et confondent leurs eaux dans le même lit, vers le 4° 35' de lat. S. et le 76° 5' de long. O. de Paris, un peu au-dessus de Saint-Joachim de Omaguas. — L'Ucayali et le Tunguragua sont donc considérés comme les deux sources du Maragnon. Le premier de ces cours d'eau, qui forment eux-mêmes des fleuves considérables, descend des Andes du haut Pérou par les 17° 30 lat. S. et 71° 5' long. O., porte d'abord le nom de Béni ou de Paro jusqu'à sa jonction avec l'Apurimac, et, continuant sa route au nord, rencontre le Tunguragua après un cours d'environ quatre cents lieues. Le Tunguragua naît par les 10° 6' lat. S. et 77° 50' de long. O., ou, pour mieux dire, sort du Lauricocha ou lac Lauri, non loin de la ville de Guanaco, monte directement au nord, et se réunit à l'Ucayali après un cours particulier et presque parallèle de 350 lieues. Les deux courants réunis changent de direction et s'avancent à l'est, tantôt s'éloignant, tantôt se rapprochant de la ligne équinoxiale, sous laquelle ils vont se perdre dans l'Océan. — Le Maragnon reçoit dans son cours plus de deux cents rivières, dont un grand nombre excèdent en largeur et en profondeur les plus grands fleuves de l'Europe, sans parler d'une infinité de rivières d'une moindre importance. Parmi les premiers affluents de la rive droite ou méfidionale on compte, en commençant par l'ouest, le Javary qui forme la limite du Pérou à l'orient et le sépare des vastes déserts du Brésil, le Jurua, le Coary, le Madeira, le Tovayos et le Xinga. Le Madeira, qui vient du fond du Brésil et dont le cours est d'environ 500 lieues, a reçu son nom, qui en portugais signifie bois, de ce que le courant dans ses crues fréquentes déracine et entraîne des arbres énormes. Le Madeira subit plusieurs chutes. On cite la cataracte de San-Antonio, formée par des rochers hauts de vingt-cinq à trente pieds. Avant de se décharger dans le grand fleuve, le Madeira forme, en se divisant en plusieurs branches, un grand nombre d'îles couvertes des plus riches forêts. Le Xinga débouche en face de l'île de Marajo ou Joannès, formée par l'Amazone presque sous l'équateur. — Le grand fleuve ne reçoit pas moins d'affluents par sa rive droite que par sa rive gauche. Le plus considérable est le *Rio-Negro* (rivière noire) qui dégorge ses eaux bourbeuses dans le Maragnon vers le 62° 30' de long. O. Ce fleuve, dont une branche remonte au nord et va rencontrer l'Orénoque, vient des montagnes de *Tunahy*, qui ne sont qu'un appendice des Andes. On ne doute plus aujourd'hui de la communication existante entre l'Orénoque et le Maragnon. Plusieurs voyageurs avaient parlé de cette espèce de canal de jonction creusé des mains de la nature entre les deux grands fleuves de l'Amérique du Sud, lequel porte le nom de *Cassiquiare* ; mais aucun, avant M. de Humboldt, n'a eu la certitude qui naît de l'expérience. Ce dernier s'est embarqué sur l'Orénoque en 1799, et, entrant sans jamais prendre terre dans le Rio-Negro, il est parvenu aux rives du Maragnon. — Le cours de l'Amazone, depuis sa jonction avec le Rio-Negro jusqu'à la mer, est d'environ trois cent vingt lieues ; il est de huit cent cinquante depuis les sources du Béni ou de l'Ucayali jusqu'à l'embouchure du Rio-Negro. Sa largeur et sa profondeur sont proportionnées à cette longueur immense. La largeur varie d'une demi-lieue à une lieue et demie, suivant que les eaux coulent resserrées dans un lit de rochers ou qu'elles peuvent s'étendre plus librement. Quant à la profondeur, elle est en quelques lieux de quatre-vingts ou même de cent brasses, s'il faut en croire Maltebrun ; mais il paraît certain que sur une longueur de cinq ou six cents lieues la sonde donne constamment de trente à quarante brasses d'eau. La navigation n'y est pas toutefois également facile partout. Le fleuve se trouve plus d'une fois obligé de courir dans un lit très-étroit, ce qui fait prendre au courant une force et une vitesse prodigieuses. On donne à ces détroits le nom de pongos. Celui de Mansaniche est le plus remarquable. Le fleuve coule l'espace de trois lieues dans un canal étroit formé par des roches taillées à pic. On assure que la vitesse du courant est telle que les bateaux entraînés par lui franchissent en un quart d'heure ce long intervalle. On sent que les passagers prennent tous la précaution de descendre à terre avant d'arriver au périlleux pongo. A commencer du Xinga, la largeur du fleuve est telle que d'une rive on ne peut apercevoir l'autre. Au-dessous de l'île de Marajo le bras gauche du fleuve se porte un peu vers le nord, et il entre dans l'Océan par un canal large de huit lieues. L'autre branche descend vers le sud, reçoit le Guamaga et le Tocantin, et aboutit à la mer par un second canal dont la largeur n'excède guère six ou sept lieues. — L'effet du flux et du reflux se fait sentir dans le Maragnon à cent cinquante, et même à deux cents lieues et plus au-dessus de son embouchure ; d'un autre côté plusieurs marins prétendent avoir reconnu, à cinquante ou soixante lieues en mer, qu'ils entraient dans les eaux du fleuve ; ils prétendent qu'on se sent repoussé lorsqu'on veut s'avancer vers la côte, et que les eaux de la mer ont d'ailleurs beaucoup moins de salure. Au moment des syzygies et des grandes marées, un phénomène singulier s'opère dans le fleuve. Au lieu d'employer six heures à monter, la marée en quelques minutes acquiert quarante ou quarante-cinq pieds de hauteur. Le flot s'annonce par un bruit effrayant. Au bruit succède une lame d'eau d'environ quinze pieds de hauteur ; cette lame est presque immédiatement suivie d'une seconde et d'une troisième ; quelquefois même une quatrième lame vient après les autres. Ces lames s'avancent dans le lit du fleuve avec une rapidité que l'œil suit à peine. Elles entraînent tout ce qui se trouve sur leur passage. Les navires qui sont en rivière ne peuvent éviter le danger qu'en s'amarrant avec de longs câbles dans des parages où il y a beaucoup de fond. Ce phénomène est désigné dans le pays sous le nom de *pororoca*. — Le Maragnon est peuplé de crocodiles, de tortues et de poissons ; on y trouve aussi des lamentins. D'immenses reptiles rampent sous l'herbe et dans les bois qui couvrent ses rivages. Des jaguars, des lions, des singes de toute sorte habitent aussi parmi les arbres ; des oiseaux au brillant plumage, mais à la voix criarde et désagréable, donnent un air de vie à des lieux où il ne manque que des hommes, et des hommes industrieux, pour les convertir en jardins d'Armide. Mais l'Amazone ne roule ses eaux qu'à travers d'immenses solitudes et de vastes plaines désertes qui s'élèvent très-peu au-dessus des eaux, sont très-souvent inondées ; et comme ces eaux ne peuvent s'écouler, elles se corrompent, et il s'en exhale des émanations dangereuses qui souvent ajoutent des maladies au terrible inconvénient des moustiques qui couvrent par millions tous les bords du fleuve, dès que la saison des pluies a fait place à la saison sèche. (*V.* AMAZONES D'AMÉRIQUE, UCAYALI, MADEIRA, TUNGURAGUA ; etc.) A. D. M.

AMAZONES. C'est ainsi qu'on appelle ces femmes guerrières si célèbres dans l'antiquité et dont le nom vient du grec *α-μαζος*, *sans mamelles*, parce qu'elles étaient dans l'usage de se brûler le sein droit pour devenir plus aptes à tirer de l'arc. L'existence des Amazones est pour ainsi dire restée comme un problème, moitié fabuleux, moitié historique. Certains auteurs l'admettent sans hésitation, d'autres en attribuent l'idée aux fictions de la mythologie ; mais ces derniers ne basent leur opinion que sur des hypothèses et des analogies hasardées. Les premiers, au contraire, ceux qui donnent aux Amazones une place particulière au nombre des nations, invoquent des vestiges et des monuments historiques ; mais, bien que d'accord sur le fait, ils diffèrent dans les détails. Selon les uns, il y aurait eu jadis un pays exclusivement peuplé de femmes, gouverné par des femmes, et dont l'accès était interdit à tout homme. Selon le plus grand nombre, la terre des Amazones comme celle des Sauromates, peuple de la Scythie, aurait été moins hostile à l'homme ; seulement il y aurait subi la toute-puissance de la femme : il n'eût occupé que le second rang, peut-être même le dernier, comme les ilotes de Lacédémone. Cette opinion présente quelque caractère de vérité : elle laisse loin derrière elle cette autre supposition des temps modernes qui fait des Amazones une classe de prêtresses vouées au culte de Diane en Asie. Puisque nous en sommes à enregistrer ces diverses opinions, nous devons ajouter que, d'après quelques monuments antiques où les Amazones sont représentées pêle-mêle avec les dieux hermaphrodites, plusieurs écrivains ont pensé que la Grèce aurait emprunté à l'Inde ces traditions antiques. — Au rapport d'un auteur arabe, *Ben-Lehiaja*, lorsque le roi Pharaon et toute son armée eurent été engloutis dans les flots de la mer Rouge, la reine d'Égypte *Daluka*, fille de Tabud, assembla toutes les veuves que ce désastre avait faites ; et elles étaient nombreuses ; elle leur fit entrevoir la

possibilité d'usurper le pouvoir que les hommes avaient jusqu'alors exercé ; avec leur secours, elle saisit les rênes du gouvernement, organisa des armées de femmes, et réduisit en esclavage la population mâle du reste du royaume. Ce fait, qui n'est point venu à la connaissance des Grecs et des Latins, confirmerait notre opinion relativement à la suprématie temporaire qui aurait pu devenir, en quelques endroits, le partage exclusif des femmes. — Il y eut des Amazones en Afrique ; D. Juan Bermudez prétend en avoir rencontré dans les régions les plus reculées de l'Abyssinie : c'était sans doute un dernier reste de celles dont les aïeules avaient subjugué les Atlantes, les Éthiopiens, les Numides, les Gorgones, et qui avaient été dispersées par Hercule, lorsque, sur l'ordre d'Eurysthée, il entreprit d'enlever à leur reine Hippolyte sa ceinture et ses armes. — Ces amazones africaines avaient fondé plusieurs villes, mais elles sont moins connues que les Amazones de l'Asie. Celles-ci avaient fixé leur séjour sur les rives du Thermodon, dans la Thémisurgine. — *Nonnius*, dans ses *Dionysiaques*, prétend qu'elles pénétrèrent sur les terres de la Grèce vers l'an du monde 2534. Il assure qu'elles combattirent avec avantage contre Bacchus lui-même. Diodore de Sicile signale une seconde invasion des Amazones au temps où vivait Thésée, et fait remonter leur première apparition dans ces contrées à l'année 2284. Nous les voyons enfin, alliées du roi Priam, contre lequel elles avaient d'abord porté les armes, défendre les murs de Troie contre les attaques des Grecs. On trouve dans Homère, au deuxième livre de l'*Illiade*, quelques détails sur le tombeau d'une Amazone enseveli sur la colline de Batrée : cette colline, peu éloignée de Troie, fut souvent arrosée du sang de nations rivales. Ces faits sont bien anciens, et lorsqu'on voit mettre en doute l'existence d'Homère lui-même, lorsqu'on avance hardiment que l'*Illiade* et l'*Odyssée* ne sont pas les œuvres d'un seul homme, mais les œuvres de plusieurs siècles, recueillies et arrangées par les rhapsodes de l'antiquité, il est permis aussi de contester l'existence des Amazones. — Cependant elles ont laissé sur plusieurs points des monuments de leur passage. On a vu longtemps dans l'Attique une haute colonne désignée sous le nom d'Amazontide ; on y a montré longtemps aussi des tombeaux qui renfermaient les cendres des Amazones mortes en combattant ; nous avons un témoin dont le rapport est assez digne de foi, c'est le divin Platon lui-même qui a vu et constaté ces vestiges de l'histoire. Il y avait encore des tombeaux d'Amazones sur le territoire de Mégare, et l'on en croit Pausanias, dont au reste les assertions ne sont pas toujours bien mûries ; il en existait même dans la Thessalie. Ces témoignages ne doivent pas se confondre avec les erreurs des temps héroïques et fabuleux. — Que dirons-nous de cette tradition qui attribuait aux Amazones la fondation d'Éphèse, de Magnésie, de Smyrne, la capitale de l'Ionie ? Chose étrange à coup sûr, mais confirmée toutefois, à certains égards, par les empreintes de quelques médailles, par des bustes, des bas-reliefs et autres monuments où l'on voit des femmes représentées dans tout l'appareil des combats ou dans l'attitude de la guerre. Sans parler de la victoire que Thomyris remporta sur Cyrus, tout le monde connaît cette aventure de la vie d'Alexandre dont Quinte-Curce nous a transmis les détails : tout le monde se rappelle cette reine Thalestris ; cette fière Amazone qui s'en vint d'égale à égal demander au vainqueur de l'Asie un rejeton du sang macédonien. Ce fait, qu'on ne peut révoquer en doute, prouverait non seulement l'existence des Amazones, mais il démontrerait encore que l'homme n'était pas réduit chez elles à l'état odieux d'esclave : Thalestris n'eût jamais désiré avoir un fils d'Alexandre le Grand pour en faire un ilote. — On prétend en général que les Amazones furent entièrement détruites à cette époque : nous les retrouvons pourtant dans les armées d'Oroses et d'Artines, ces alliées de Mithridate, durant la guerre contre Pompée, guerre sanglante et désastreuse où elles prennent une noble part. Il est encore fait mention des Amazones en des temps plus rapprochés : Mercurialis, qui écrivit l'histoire de l'abbé Pemmon, atteste que les Amazones se répandirent en Syrie quelques années après la mort de Notre-Seigneur. au rapport de Vospicius, Aurélien, vainqueur de Zénobie, traîna dans son triomphe six Amazones qui avaient été faites prisonnières les armes à la main. Sans doute on peut objecter ici que, plus d'une fois, les femmes, entraînées par l'élan national et par les dangers du moment, ont combattu à côté de leurs époux, sans être pour cela des Amazones ; Sagonte, Carthage et Numance ont depuis longtemps établi cette vérité solennelle, et les captives d'Aurélien pouvaient n'être, à coup sûr, que de fort simples mères de famille amenées tout à coup par l'essor général, au milieu des scènes de la guerre. Cependant il faut bien donner quelque foi aux historiens, surtout quand les opinions qu'ils produisent se retrouvent encore dans les traditions de nos jours. Interrogez Chardon et Thévenot, ces deux voyageurs qui ont parcouru la Géorgie et la Mingrélie, ils vous diront que les peuples de ces contrées attestent l'existence des Amazones; le premier vous affirmera qu'il a vu un vêtement de laine, dépouille d'une Amazone, au moins d'après le témoignage commun des gens du pays; il vous apprendra encore que les Géorgiens se sont battus souvent contre les Amazones, et que jamais l'étranger n'a pu s'avancer sur leur territoire. Interrogez les écrivains de la Chine, ils attesteront qu'il existe près de la province de Set-Chôuen un pays habité par des Amazones, un pays où elles ont élevé dix-neuf villes, où les femmes gouvernent, où les hommes sont ravalés et soumis aux lois de l'esclavage. Avouons-le cependant, ces rapports ne sont, à tout prendre, que des oui-dire dont l'autorité peut être très-justement déclinée: aucun de ces auteurs n'a vu d'Amazones; mais l'accord singulier de tant d'assertions non concertées prouve du moins tout le crédit que ces opinions ont rencontré dans l'esprit des peuples. — Il y a encore en Asie une tradition qui tendrait à débrouiller ce mystère. On prétend que les Amazones, après avoir fait la guerre aux Scythes, se confondirent avec eux par les liens du mariage; on sait d'ailleurs que les femmes des Scythes suivaient leurs époux à la guerre et prenaient part aux combats; ce lieu ne pourrait-il pas avoir donné naissance à cette croyance des Grecs, qui admettait l'existence d'une région exclusivement gouvernée et défendue par des femmes? Dès lors les invasions des Amazones s'expliqueraient d'elles-mêmes, et Smyrne, Éphèse, Magnésie auraient des fondateurs moins problématiques. — On a dit des Amazones, qu'elles tuaient leurs enfants mâles: Hippocrate déclare qu'elles se borneraient à leur tordre les jambes: s'il en était ainsi, nous demanderons encore quelle était la pensée de Thalestris lorsqu'elle témoigna le désir d'avoir un descendant issu d'Alexandre le Grand. On voit, par les médailles de l'antiquité, que les Amazones s'habillaient quelquefois en hommes, quelquefois en femmes; on les voit même représentées dans un costume où se trouvent confondus les vêtements propres aux deux sexes. Elles avaient pour habitude de combattre à cheval; mais il paraît certain qu'elles savaient aussi lutter à pied. Leurs armes se composaient d'une hache à deux tranchants dite bipennis ou semiis, de l'épée, et d'un bouclier en forme de demi-lune. La flûte, selon les uns, la trompette, selon les autres, leur donnaient le signal des combats. Si l'on en croit Ænéas Silvius et Albert Krantz, auteur des Chroniques du Nord, une nouvelle espèce d'Amazones se serait établie, en des temps peu reculés, même au sein de l'Europe. La Bohême aurait été gouvernée, pendant sept ans, par une jeune femme appelée Valasia, qui, après avoir usurpé le trône, aurait fait arracher l'œil droit à tous les hommes de ce pays, aurait prononcé la déchéance du sexe masculin, constitué un empire de femmes, et maintenu son œuvre jusqu'à ce que la peste fût venue rétablir les choses dans leur état naturel. On assure que l'Amérique a eu aussi ses Amazones (V. l'article suivant). H. CORNILLE.

AMAZONES DU MARAGNON ou RIVIÈRE DES AMAZONES. Y a-t-il eu des Amazones en Amérique, c'est-à-dire des femmes guerrières qui ne souffraient point d'hommes parmi elles, qui maniaient l'arc et les flèches, et soutenaient par les armes leur indépendance et leur liberté? C'est une question difficile à résoudre; car si d'un côté la raison répugne à admettre un fait contraire aux lois générales de la nature, de l'autre il existe un grand nombre d'autorités dont quelques-unes ne sauraient paraître douteuses. Aussi, les uns nient, les autres affirment; et celui qui cherche de bonne foi la vérité entre ces deux opinions diamétralement opposées, craint de se décider, de peur d'adopter celle qu'il devrait proscrire. Pour rendre la solution plus aisée, on pourrait commencer par demander si l'ancien continent a eu des Amazones; car, s'il en a eu, pourquoi le nouveau monde n'en aurait-il pas? Des femmes que le joug fatigue et qui s'en délivrent en le brisant, n'offrent pas un phénomène tellement étrange qu'on ne puisse croire qu'il s'est opéré. Ne lit-on pas dans Pomponius Mela que les femmes de Lemnos égorgèrent leurs maris et leurs frères, et qu'ensuite elles s'arrogèrent le pouvoir souverain? N'apprend-on pas d'Eustathe que les femmes de l'île de Man (entre l'Angleterre et l'Irlande) s'emparèrent du pays, en chassèrent les hommes, établirent une forme de gouvernement exclusif en faveur de leur sexe? Platon, dans son Traité des lois, n'affirme-t-il pas que de son temps, dans les environs

du Pont, on voyait des femmes en grand nombre, qu'on appelait Sauromalides, monter à cheval, faire usage des armes, aller à la guerre et combattre avec autant de courage et de vigueur qu'auraient pu le faire des hommes? Hippocrate, dans son Traité de l'air, ajoute même que ces femmes ne pouvaient se marier que lorsqu'elles avaient tué trois ennemis. Diodore de Sicile parle très-expressément des Amazones d'Afrique; Hérodote, Quinte-Curce, Justin citent des faits de même genre; l'histoire moderne nous offre cent exemples d'un grand courage déployé par les femmes, en Espagne, en Italie, en France, et même dans le Nord et sur les bords de la Baltique où elles étaient connues sous le nom de Skioldmar (filles à bouclier). A moins de rejeter comme autant de fables tout ce que ces écrivains rapportent, on ne saurait douter que l'ancien continent n'ait eu ses Amazones; non, il est vrai, comme leurs historiens les peignent, formant des républiques et des empires, ne vivant soumises qu'à leurs propres lois, tenant dans l'esclavage les hommes qu'elles accueillaient à certaines époques, mais comme partageant avec eux les plus grands dangers ou les travaux les plus rudes, et parfois secouant toute espèce de joug, se retirant loin des hommes au milieu des bois et des rochers, bientôt après ramenées par la nature et le sentiment de leur propre faiblesse. Si maintenant nous voulons recueillir les témoignages qui déposent de l'existence en Amérique de ces femmes guerrières auxquelles on a donné le nom d'Amazones, ils ne nous manqueront pas. On sent que dans une contrée telle que l'Amérique, où se trouvent des plaines, des vallées immenses, de vastes régions sans habitants, il a été facile à des femmes d'abandonner leurs maris et d'aller dans les bois ou dans les déserts chercher l'indépendance. Souvent même ce dessein a dû naître là où les femmes ont toujours été soumises aux charges les plus pénibles, celles qui exigent le plus de force physique, où les hommes s'occupant exclusivement de la pêche et de la chasse, n'ont pas plutôt fait quelques provisions qu'ils s'abandonnent à l'inaction et à la mollesse, tandis que les femmes qui, leurs enfants sur le dos et chargées de tout le mobilier comme des bêtes de somme, les ont suivis dans leurs courses vagabondes, doivent en arrivant s'occuper de tous les soins domestiques, comme si elles ne connaissaient pas la fatigue. Ces malheureuses femmes n'ignoraient pas qu'en devenant épouses elles entraient dans une carrière de privations, de douleurs et de peines; aussi fuyaient-elles le mariage, et la résistance qu'elles opposaient, les larmes qu'elles versaient dans ces occasions n'étaient pas toujours feintes, comme certains voyageurs l'ont cru. — Rapportons maintenant les preuves que les écrivains espagnols nous fournissent de l'existence des Amazones d'Amérique. On trouve dans le journal de l'expédition de Christophe Colomb, tenu par Alphonse Ulloa qui l'avait accompagné, que quelques Espagnols qui avaient mis pied à terre dans l'île de Quado-Zoupa y aperçurent beaucoup de femmes, armées d'arcs et de flèches, rangées sur le rivage comme pour défendre l'entrée de leur pays, et qu'une d'elles, qui semblait être la reine, prise dans une escarmouche, leur fit entendre que l'île n'était habitée que par des femmes. Pierre Martyr qui, peu de temps après, écrivit les mémoires de Colomb, et lui employa neuf années à les rédiger, assure qu'il fut dit à Colomb lui-même que l'île de Matétyna n'était habitée que par des femmes sans hommes, qu'elles avaient des armes et se gouvernaient elles-mêmes. Colomb, ajoute le biographe, leur donna le nom d'Amazones. Améric Vespuce, dans la relation de son premier voyage, parlant des armes des Américains, dit positivement que les femmes se servent aussi de ces armes avec beaucoup d'adresse. Nuñez de Gusman envoya, le 8 juillet 1530, à l'empereur Charles-Quint, une relation détaillée de ses expéditions dans l'Amérique du Sud. Il annonce à ce prince qu'il se propose d'aller d'Omitlan où il se trouve à la province d'Azatlan, et de se rendre ensuite chez les Amazones, qui, lui a-t-on dit, ont leurs établissements à dix journées au delà d'Azatlan, dans une île de la mer suivant les uns, dans un bras de mer ou sur la rivière suivant les autres. « On les regarde, dit Gusman, comme des femmes extraordinaires, plus blanches que les autres Indiennes, toujours armées d'arcs, de flèches et de boucliers. Si elles ont un enfant mâle, elles le tuent; mais elles gardent les filles. Elles possèdent un vaste territoire. » De toutes les relations qui concernent les Amazones, celle qui contient des détails plus précis est celle d'Orellana, qui partit de Quito en 1542 avec Gonzale Pizarre, frère du conquérant, pour découvrir l'arbre à cannelle, et qui se séparant ensuite de Pizarre, s'embarqua sur le Maragnon avec cinquante hommes, suivit le cours du fleuve jusqu'à son embouchure et se rendit par mer à Saint-Domingue, où Gonzalve Oviédo écrivit la relation circonstanciée de cette expédition aventureuse, relation qui fut envoyée au cardinal Bembo le 20 janvier 1543. Orellana affirme « qu'il a été obligé de combattre contre des femmes armées qui obéissent à l'une d'entre elles, et qu'il leur avait donné le nom d'Amazones, comme Colomb l'avait fait pour celles dont on lui avait parlé, quoiqu'elles ne fussent pas mutilées comme celles de l'antiquité. » — Dans les premières années du XVIIIe siècle, D. Diégo Portales et D. Francisco Torralva, gouverneurs, l'un et l'autre de Venezuela et de son canton, firent prendre des informations sur les Amazones du Maragnon, et les rapports qu'on leur envoya confirmèrent ceux d'Orellana. — Les partisans du système opposé à celui-ci qui résulte des preuves que nous indiquons, ne se fondent que sur des considérations morales. « Les femmes, a dit Bailly dans son Atlantide, ne peuvent pas plus vivre seules que les hommes ne peuvent vivre sans elles. Est-il vraisemblable d'ailleurs que des mères tuent leurs enfants mâles? Orellana, qui prétend avoir vu, n'est qu'un imposteur ou un visionnaire. » Ces objections ne sont pas sans réplique. On convient qu'une société de femmes ne pourrait pas subsister *toujours*, puisque les individus ne pourraient s'y reproduire : aussi a-t-on eu soin de dire que ces femmes recevaient chez elles quelques hommes à certaines époques ; on conviendra aussi qu'un tel ordre de choses ne pourrait durer bien longtemps ; mais rien n'empêche qu'en certaines circonstances quelques femmes n'aient cherché à se soustraire à l'autorité de leurs tyrans, et que la séparation n'ait pu se prolonger durant une certaine période de temps. Quant à la seconde objection, on peut y répondre par des exemples analogues. Des peuples de l'antiquité étouffaient les filles à leur naissance, et beaucoup de nations sauvages ou même à demi civilisées tuent sans pitié tous leurs enfants contrefaits, ou tous ceux qu'ils ne pourraient nourrir. — M. de la Condamine, envoyé en Amérique dans le siècle passé par l'Académie des sciences, dans une longue navigation sur le Maragnon, chercha les Amazones, et, s'il ne put en voir, il acquit du moins sur leur compte des renseignements qu'on peut regarder comme certains. Dans le compte qu'il rendit à l'Académie, compte inséré dans les Mémoires de ce corps savant pour 1745, il convient qu'il n'a point vu d'Amazones, mais il affirme que sur toute sa route, de sept à huit cents lieues, les Indiens qu'il a questionnés lui ont dit qu'il existait des femmes guerrières qui vivaient loin du commerce des hommes ; qu'elles habitaient dans l'intérieur du pays, vers les bords du Rio-Negro et d'une autre rivière qui tombe dans le Maragnon, du même côté, c'est-à-dire sur sa rive gauche. « Croira-t-on, dit l'académicien, que des sauvages de contrées très-éloignées se soient accordés à imaginer, sans aucun fondement, le même fait? que cette prétendue fable se soit répandue à plus de cinq cents lieues de distance, et qu'elle ait été si uniformément adoptée à Maynas, au Para, à Cayenne, à Venezuela, parmi tant de nations qui ne s'entendent pas et qui n'ont aucune communication (on peut ajouter, et qui n'ont aucun intérêt à imaginer un fait faux et à l'accréditer par leurs assertions)? Je ne vois pas, ajoute la Condamine, d'impossibilité morale à supposer qu'il puisse y avoir eu *pendant quelque temps* une société de femmes qui vécussent sans avoir un commerce habituel avec des hommes.... La multiplicité des témoignages, non concertés, rend le fait vraisemblable ; mais il y a toute apparence que cette société ne subsiste plus aujourd'hui. — Un Indien de Saint-Joachim d'Omaga avait dit au voyageur français qu'il trouverait à *Couri* un vieillard dont le père avait connu ces femmes. Quand la Condamine arriva à Couri, ce vieillard était mort ; mais son fils, alors chef du village, affirma que son grand-père avait vu plusieurs fois les Amazones à l'embouchure du Couchivara dans le Maragnon ; qu'elles venaient du Cayame, qui se décharge aussi dans le fleuve au-dessus de Couri ; que son grand-père avait parlé à quatre d'entre elles, qui avaient chacune un enfant ; que lorsqu'elles partirent du Couchivara elles traversèrent le Maragnon et se dirigèrent vers le Rio-Negro. — Au delà de Couri, la Condamine reçut des informations du même genre. On lui dit que ces femmes faisaient usage de certaines pierres vertes, et qu'on les appelait *Cougnan tainsa coudma*, femmes sans maris. Un Indien des missions du Para lui offrit de le conduire près du lieu habité par ces femmes, mais il ne voulut pas entreprendre une route pour laquelle il fallait plusieurs jours de marche à travers des bois et des montagnes, et qui l'éloignait tout à fait de son chemin. Un soldat de Cayenne, qui avait fait partie d'une expédition tentée en 1726 pour explorer le pays, dit à la Condamine qu'il avait été jusque chez

les Amanes, aux sources de l'Oyapoc, lesquels ont de longues oreilles ; et qu'ayant vu des pierres vertes aux mains de leurs femmes, celles-ci questionnées par lui répondirent que ces pierres leur venaient des *femmes sans maris*. Les hommes que les Amazones recevaient à certaines époques, dit Acugna, portaient le nom de Guacaris ; et d'Anville fit remarquer à la Condamine, au retour de son voyage, que Strabon appelle *Gargaris* les hommes que les Amazones de l'ancien continent admettaient parmi elles ; et le rapport qui existe entre ces deux noms parut assez extraordinaire à ces deux savants. — Le même Acugna rapporte que lorsque Orellana s'embarqua sur le fleuve, le cacique Agaria l'avait averti de la rencontre qu'il ferait de ces femmes auxquelles il donnait le titre d'excellentes, *cougne pouyara*. — Maintenant regarderons-nous aussi la Condamine comme un imposteur, parce qu'il se montre persuadé de l'existence des Amazones du Maragnon, bien qu'il n'en ait pu voir aucune? ou bien, d'après tous les faits qu'il cite et auxquels, s'il eût voulu nous tromper, il aurait pu, ajouter tout ce que lui aurait suggéré son imagination, devons-nous penser comme lui que cette société a existé, mais qu'elle ne subsiste plus aujourd'hui? C'est le parti qu'il nous semble qu'on doit prendre, surtout en rapprochant de la Condamine, Orellana, Guzman, Ulloa, Pierre Martyr, etc. ; ou bien il faudra renoncer à donner au témoignage des hommes l'effet d'une preuve. Eh! combien de faits dans l'histoire ancienne que nous tenons pour constants et qui sont beaucoup moins bien établis que l'existence des Amazones du fleuve Maragnon! — Quand M. de Humboldt visita les terres équinoxiales à la fin du XVIIIe siècle, il eut avec le P. Gilly une conversation dont il rend compte en ces termes : « En demandant à un Indien *Quacua*, me dit le P. Gilly, quelles sont les nations qui habitent auprès du *Rio-Cachireno* (qui décharge ses eaux dans le Maragnon), il me nomme les *Achigotos*, les *Pagiaros* et les *Aïkeambenanos*. Comme j'entends la langue tamanaca, je compris à l'instant le sens de cette dernière dénomination qui est composée, et qui littéralement signifie *femmes vivant seules*. L'Indien confirma mon interprétation, et me raconta que les Aïkeambenanos étaient une réunion de femmes qui fabriquaient des sarbacanes et d'autres instruments de guerre, et n'admettaient dans leur société que les hommes d'une horde voisine, les Volquéaris, qu'une fois chaque année, et les congédiaient au bout de quelques jours. Tous les enfants mâles qui naissent par suite de ces visites annuelles sont tués en venant au monde. » Cette histoire, dit M. de Humboldt, est tout à fait conforme aux traditions qui se conservent chez les Indiens du Maragnon et parmi les Caraïbes.

N. M. P.

AMAZONES (*archéol. numism.*). On trouve la représentation des Amazones sur une grande quantité de médailles; on les voit à cheval sur celles de la Lydie et de la Phrygie. On les y voit assises, debout, la tête tourelée, portant une lance et un bouclier, quelquefois tenant à la main un petit temple, une victoire, d'autres fois la bipenne, hache à deux tranchants. — On trouve une Amazone associée à quelque divinité, ou donnant la main au génie d'une ville ou à un empereur, pour désigner une alliance ou une concorde. — Les médailles relatives aux Amazones sont réunies dans plusieurs ouvrages, parmi lesquels on pourra consulter particulièrement : *L'Histoire des Amazones anciennes et modernes*, enrichie de médailles, par l'abbé Guyon, Bruxelles, 1741. — Petri. *Petiti de Amazonibus Dissertatio*, etc. Paris, 1685. — Spanheim, *De usu et præst.*, etc. t. I, p. 52. — Les monuments antiques, les statues, les bas-reliefs et les vases nous offrent souvent aussi la représentation des Amazones. — On a souvent répété que les Amazones se brûlaient une mamelle afin de tirer de l'arc avec plus de facilité, et que leur nom venait de cette opération; on a même cité Hippocrate; mais si cette coutume a existé, il ne paraît pas qu'elle ait été générale, car les monuments antiques représentent les Amazones avec deux seins : telles sont les sept statues que l'on voit à Rome. — Sur un vase grec publié par Tishbein (I, 12), on voit Hercule combattant Hippolyte, reine des Amazones. — Sur un autre vase publié par Millin (*Monum. inéd.* I, 351), c'est Thésée qui perce Hippolyte de sa lance. — Plusieurs combats d'Amazones contre les Grecs sont représentés sur des vases peints (Millin, I, 56, 61; II, 19, 25). Le même sujet est sur des bas-reliefs (Mus. Pio-Clément. V, 21). — Sur un bas-relief publié par Winckelman (*Monum. inéd.*, n° 137), on voit les Amazones venant au secours de Priam et se préparant à combattre. — Penthésilée, reine des Amazones, venant auprès de Pâris et d'Hélène, est représentée sur un charmant camée du cabinet.

de France (n° 104, *Hist. du Cab. des Méd.*, p. 114).—Les artistes ont souvent donné aux Amazones l'ancien costume dorique des chasseurs, la tunique retroussée, laissant l'épaule droite à découvert, comme Diane et ses nymphes: Les Amazones sont aussi représentées dans les monuments suivants : l'Amazone du Musée royal, n° 111 (Mus. Pio Clém., II, 38); l'Amazone d'Herculanum (Bronzes, t. II, 247) et les Amazones figurées sur plusieurs médailles frappées dans l'Asie. Cependant Strabon (*Geog. XI*, p. 769, c.) dit expressément qu'elles se faisaient des vêtements de peaux, et on les voit ainsi habillées sur plusieurs monuments. Souvent un casque couvre leur tête; quelquefois c'est une espèce de mitre ressemblant au bonnet phrygien. Leur tunique est serrée au-dessus des reins par une ceinture nommée *zoster*. Elles ont des anaxyrides ou longs pantalons serrés qui dessinent leurs jambes. Sur le vase cité par Millin, ces anaxyrides sont faites de peaux de différentes couleurs, qui forment des espèces de zigzags : c'est le vêtement particulier des barbares, et Ovide le décrit dans ses *Tristes* (III, 10-19). La chaussure est probablement celle que Pollux (*Onomast.*, VII, 88) appelle *chaussure scythique*. Leurs armes sont une bipenne ou hache à deux tranchants, une lance et un bouclier nommé *pelta*, contourné en forme de croissant. Elles se servaient aussi de l'arc et du carquois. — Quoique l'usage soit de représenter les Amazones à cheval, on les voit aussi sur des chars, particulièrement sur le beau vase du cabinet de France, publié par Millin (*Mon. inéd.*, t. II, p. 70). — Parmi les monuments des arts que les anciens avaient consacrés aux Amazones, nous avons conservé le souvenir de quelques-uns qui ont été célèbres. Pausanias (V, 11) rapporte que l'expédition d'Hercule pour enlever la ceinture d'Hippolyte avait été figurée par *Phidias* sur un des côtés du trône de son Jupiter Olympien. Il avait aussi représenté le combat des Grecs et des Amazones sur le bouclier de sa Minerve. Lucien (*Imagines*, 41, t. II, p. 462, édit. Hemsterhuys) parle d'une belle statue représentant une Amazone appuyée sur sa lance, et qui était aussi de Phidias. — Dans le bois sacré d'Olympie, on voyait Hercule combattant une Amazone à cheval; ce groupe était d'un des plus anciens sculpteurs, appelé *Aristoclès.* — *Micon* avait peint la défaite des Amazones dans le Pœcile, à Athènes. Aristophane parle de cette peinture dans sa pièce de *Lysistrata*. Il avait peint le même sujet dans le temple de Thésée. DU MERSAN.

AMAZONE (ornith.): C'est le nom qu'on donne à un perroquet qu'on trouve sur les bords de la rivière des Amazones et dont le plumage est jaune en très grande partie. X. X.

AMAZONIA. Ce fut le surnom que l'empereur Commode fit prendre à Marcia, sa maîtresse, qu'il faisait habiller en Amazone. On appela aussi amazoniens les mois de décembre et de janvier en l'honneur de Marcia Amazonia. — Amazonium, dans l'histoire fabuleuse de la Grèce, est le nom du champ de bataille où Thésée vainquit la reine des Amazones, Antiope. — Les poètes donnent le nom d'*Amazonius* au dieu Apollon, parce qu'il avait mis fin à la guerre des Grecs et des Amazones, de même qu'au Tanaïs, sur les bords duquel habitaient ces femmes guerrières. X. X.

AMBACT (*ambactus*), terme de la basse latinité par lequel on désignait la juridiction d'une ville ou l'étendue d'une juridiction seigneuriale. C'était aussi le territoire dont le possesseur avait la haute et moyenne justice. — On donnait le nom d'ambactes, dans l'ancienne Gaule, à des espèces de licteurs qui marchaient devant les princes gaulois. X. X.

AMBAÏBA, arbre du Brésil, auquel les Portugais ont donné le nom de bois-trompette ou bois à canon. Il donne des fleurs sans corolle. Les Brésiliens se servent du bois de l'ambaïba pour allumer du feu par le frottement. X. X.

AMBALAM, grand arbre des Indes orientales, dont le fruit broyé donne une eau que les Hindous mêlent avec le riz qu'ils convertissent ainsi en gâteau. X. X.

AMBARRES. C'étaient des peuples de la Gaule celtique, alliés des Éduens. Ils habitaient sur la rive gauche de l'Arar (la Saône), du côté du levant. X. X.

AMBARVALES, AMBARVALIES. Les Romains donnèrent le nom d'Ambarvales à une espèce de collège de prêtres, au nombre de douze qui remplissaient les fonctions sacerdotales aux fêtes de Cérès, qu'on célébrait tous les ans aux mois d'avril et de juillet. Ces fêtes consistaient en une procession solennelle qu'avait lieu dans les champs, et dans laquelle on allait à la tête ornée de couronnes de chêne, et chantant des hymnes pour prier la déesse de protéger les récoltes. Elles se terminaient par le sacrifice des *hosties ambarvales*; le *suovetau-*

rilia, mot composé de *sus*, d'*ovis* et de *taurus*, parce qu'on immolait en effet une truie, une brebis et un taureau. N. M. P.

AMBARVATE. C'est un bel arbre qui croît dans l'île de Madagascar. Les naturels se nourrissent de ses graines. Ses feuilles servent assez souvent à loger des chenilles qui fournissent une assez bonne soie. X. X.

AMBASSADEUR. On donne ce titre à quelque grand personnage qu'un souverain ou qu'un État souverain envoie à un autre souverain, tant pour traiter des affaires qui le concernent les deux princes, que pour représenter celui qui l'envoie auprès de celui vers lequel il est envoyé. Wicquefort, dans son traité de *l'Ambassadeur et de ses fonctions*, le définit ainsi : Ministre public envoyé par un souverain à une puissance étrangère pour représenter sa personne en vertu d'un pouvoir, de lettres de créance ou de quelque commission spéciale. » De là vient que les fonctions de l'ambassadeur n'étant pas bornées à traiter des affaires ou des droits de son mandant, et consistant surtout à le représenter dans sa personne, elles sont entourées de considération, d'honneur et de dignité. — Du Cange, dans son Glossaire, rapporte plusieurs opinions sur l'étymologie du mot ambassadeur. Suivant Scaliger, Saumaise et Spielmann, il viendrait du gallo-latin *ambactus*, qui signifiait client ou serviteur. Lindenbrog le fait descendre du teuton *ambachten*, travailler. Albert Acharisi le tire simplement du latin *ambulare*; d'autres encore lui assignent une origine hébraïque. D'après toutes ces étymologies, l'ambassadeur n'aurait été qu'un serviteur ou un messager gagé pour porter quelque message, ce qui, ajoute du Cange, serait peu honorable pour un ambassadeur. Dans le x° siècle, on donnait le nom d'*ambasciator* à ce que les Romains appelaient un patron, un homme puissant qui employait son crédit pour des hommes qui avaient besoin d'être protégés, et qui prenaient le nom de clients. Ce n'a guère été que dans le commencement du xv° siècle qu'on a donné au mot d'*ambaxiata* le sens qu'offre aujourd'hui celui d'ambassade. — Les ambassadeurs, de même que les nonces et légats du pape, sont regardés comme ministres de premier ordre. Les envoyés ordinaires ou extraordinaires, les résidents, les ministres chargés d'affaires, consuls, etc., sont réputés ministres du second; troisième et quatrième ordre. On sait assez que cette différence dans la hiérarchie doit en mettre dans la nature du traitement auquel les ambassadeurs ou envoyés peuvent avoir droit. Nous traiterons au mot *Ministres publics* des caractères de chacun de ces mandataires, des qualités qu'on exige d'eux, des honneurs qui leur sont dus à l'étranger, des immunités dont ils jouissent, eux et leurs hôtels. C'est même à ce mot que nous renverrons pour les mots *Légat, Nonce, Internonce, Résident, Envoyé*, etc. — Les anciens n'eurent pas d'ambassadeurs dans l'acception de ce mot; ils n'avaient que des envoyés ou des hérauts. (*V*. LEGATI FECIALES.) J. L. G.

AMBE. On donnait ce nom à la combinaison de deux numéros qu'on prenait à la loterie, et qui, s'ils venaient à sortir l'un et l'autre, rapportaient au joueur un certain nombre de fois sa mise. On donne encore le nom d'ambe, au jeu du loto, à deux numéros sortis du sac, et qui se trouvent placés sur une même ligne du carton du joueur. X. X.

AMBÉLANIER. Arbre ou plutôt arbuste de la Guyane qui donne un suc laiteux. X. X.

AMBERG, ville d'Allemagne, ancienne capitale du haut Palatinat, assez bien bâtie, et peuplée d'environ 7500 habitants. Elle s'élève sur les bords de la rivière de Vils, dans un canton rempli de forges. Elle a une cour d'appel, une bibliothèque et divers établissements publics, parmi lesquels on distingue une fabrique d'armes qui donne environ douze mille fusils tous les ans. Elle avait autrefois des remparts dont on a fait des promenades publiques. Le général Jourdan y fut battu par l'archiduc Charles, le 24 août 1796. X. X.

AMBERGER (CHRISTOPHE), peintre allemand, disciple de Holbein le jeune, se fit un nom distingué, par la correction de ses dessins et le mérite de la perspective. On voit plusieurs de ses ouvrages dans la galerie de Munich. Charles-Quint le chargea en 1530 de faire son portrait, qui aujourd'hui se trouve au musée de Berlin. Il paraît que son meilleur ouvrage est l'histoire de Joseph, formant une suite de douze tableaux. X. X.

AMBERTA, AMBIERLE, monastère d'hommes, de l'ordre de Saint-Benoît, de la congrégation de Cluny, du diocèse de Lyon, fondé avant 982 (et d'après quelques auteurs en 912), sous l'invocation de saint Martin, par Arthaud I°r, comte de Forest, et par Gérard son fils. — AMBERTUM, *Ambert*, dans la forêt de ce nom, diocèse d'Orléans, était autrefois une maison de religieux célestins. Mais cette communauté n'était point du tout une abbaye, comme le dit M. Rigollot dans sa récente publication sur les *Ouvrages du P. Daire*. Les célestins d'Ambert, comme ceux de Paris et des dix ou douze autres lieux cités par M. Rigollot, étaient des religieux vivant ensemble et sous la conduite de l'un d'eux, portant le titre de prieur et non d'abbé, ce qui n'est pas seulement une différence de nom. — Il existait également dans le Livradois, en Auvergne, à 17 lieues de Lyon, sur la rivière de Dore, une communauté de prêtres, fondée pour les ecclésiastiques qui avaient été baptisés dans la paroisse de la ville d'Ambert, du diocèse de Saint-Flour.

AMBEZAC (*Ambaciacum*, *Ambiacinum*), monastère d'hommes, de l'ordre de Saint-Benoît, du diocèse de Limoges, fondé avant 593. — L. DE MALASTRIE.

AMBI. C'est le nom d'une machine qu'Hippocrate avait inventée pour réduire les luxations de l'humérus. Cet instrument, d'une structure assez compliquée, présentait de graves inconvénients, qui ont fait renoncer à son usage, bien que M. Petit y eût fait des améliorations. J. L. G.

AMBIALET, petit village situé sur des roches schisteuses, et presque entouré par la rivière du Tarn. C'était le chef-lieu de la vicomté d'Alby, lorsque cette dernière ville avait ses comtes particuliers. Avant la révolution, ce village avait conservé le titre de vicomté, et donnait entrée aux petits états du pays d'Albigeois. Le Tarn passe au pied de la montagne sur laquelle est situé Ambialet, y faire un long circuit, puis revient baigner la partie opposée de la même montagne. Les deux lits de cette rivière sont alors si rapprochés, que l'on a pratiqué une ouverture dans la roche qui les sépare, et on y a établi une usine que la chute des eaux fait mouvoir par la seule différence (et elle est considérable) qui existe entre les deux niveaux des deux lits du Tarn. C. L.

AMBIANI, anciens peuples de la Belgique (aujourd'hui les Picards). Ils avaient pour capitale *Samarobriva*, plus tard *Ambianum*. (*V.* AMIENS.). J. L. G.

AMBIANT (*phys.*) signifie : Qui entoure, qui enveloppe, et ne se dit guère que de l'air, et particulièrement de la partie de l'atmosphère qui entoure la terre. J. L. G.

AMBIATINUM, ancien nom du village de *Kœnigstuhl*, situé sur le Rhin, à deux lieues au-dessus de l'ancien *Confluentes*, aujourd'hui Coblentz. Ce fut dans ce village que naquit Caligula. N. M. P.

AMBIBARIENS, anciens peuples de la Gaule dans la troisième Lyonnaise, et faisant partie de la confédération armorique. N. M. P.

AMBIDEXTRE. On désigne par ce nom l'homme qui se sert également et avec la même dextérité de ses deux mains. Il diffère du gaucher en ce que celui-ci se sert de la main gauche au lieu de la main droite, comme le font la plupart des hommes. Quelques médecins ont prétendu que cette dextérité de la main droite était le résultat d'une organisation primitive ou même d'une disposition particulière des viscères; il est plus raisonnable de penser que ce prétendu phénomène n'est que le produit de l'habitude où, depuis sa naissance, l'homme est d'employer la main droite de préférence. On va des enfants se servir très-bien de la main gauche, perdre ensuite l'habitude de l'employer à force d'être réprimandés par leurs parents; et l'on ne peut douter que si, au lieu d'accoutumer les enfants à n'employer que la main droite, on les excitait à se servir également de l'une et de l'autre, le nombre des ambidextres ne fût très-considérable. On prétend que les ambidextres perdent sur la main droite ce qu'ils gagnent sur la main gauche; mais ce fait est loin d'être prouvé. Il est peu de pianistes qui n'aient les deux mains également bonnes; la main gauche ne devient pas moins agile que la main droite; il ne faut que de l'habitude. Il serait absurde, pour ne pas dire impie, de supposer que la Providence, en donnant deux mains à l'homme, deux mains que leur forme paraît destiner au même usage, a voulu qu'une de ces deux mains restât à peu près inutile ou peu capable de répondre à ses besoins. N. M. P.

AMBIGAT, ancien roi des Bituriges (peuples du Berry) dans la Gaule celtique, vivait vers le commencement du VI siècle avant J. C. On dit que, trouvant son pays beaucoup trop peuplé, il envoya ses deux neveux, Sigovèse et Bellovèse, chacun à la tête d'une armée nombreuse, chercher une patrie nouvelle. (*V.* SIGOVÈSE et BELLOVÈSE.) N. M. P.

AMBIGÈNE, adjectif introduit par Newton dans la langue géométrique pour désigner certaines courbes hyperboliques du troisième ordre. On appelle *hyperbole ambigène*, celle qui a ses deux branches, l'une inscrite, l'autre circonscrite à leurs

asymptotes. (*V.* HYPERBOLE, COURBE.) B. DE CUBLIZE.

AMBIGÈNE (*bot.*) se dit du calice d'une fleur dont la partie extérieure est de la nature même du calice, et la partie intérieure de la nature de la corolle. X. X.

AMBIGU, adj., qui peut être pris en deux sens. On dit une réponse ambigue, des paroles ambiguës, parler en termes ambigus. La réponse de l'oracle était presque toujours ambigue, afin que, de quelque manière que tournât l'événement sur lequel on venait le consulter, elle se trouvât vraie dans l'un ou dans l'autre sens. — On a donné le nom d'ambigu à une sorte de repas où tous les services étant confondus, on sert en même temps des viandes, des fruits et des pâtisseries : l'ambigu tient également du souper et de la collation. — Un discours peut être ambigu, lorsque le sens est susceptible de recevoir plusieurs interprétations. On ne saurait trop éviter de tomber ainsi dans l'ambiguïté; et le seul moyen d'éviter cet écueil, est de réfléchir longtemps sur ce qu'on veut exprimer, de se rendre compte de l'idée qu'on a conçue; et lorsqu'on lui a donné une forme, de juger par l'impression qu'on en reçoit, de celle qu'elle produira sur les autres; c'est à peu près le précepte que Boileau a donné dans ces vers :

Il est certains esprits dont les sombres pensées
Sont d'un nuage épais toujours embarrassées :
Le jour de la raison ne saurait le percer.
Avant donc que d'écrire, apprenez à penser.
Selon que notre idée est plus ou moins obscure,
L'expression la suit ou moins nette ou plus pure.

— L'école moderne n'est pas avare d'ambiguïtés, surtout en poésie : certaines pièces d'auteurs en vogue exigent quelquefois deux ou trois lectures, pour que le lecteur s'aperçoive que le sens est double, là où d'abord il ne trouvait aucun sens. — Il ne faut pas confondre l'ambiguïté avec l'équivoque. Équivoque se dit en terme de grammaire, de ce qui présente deux sens à la prononciation, comme dans cette phrase : *Je regarde votre amitié comme le plus grand DES AVANTAGES que vous puissiez me faire.* Il semble qu'on dise *comme le plus grand désavantage.* L'équivoque est dans le mot, l'ambiguïté est dans la pensée en général (*V.* ÉQUIVOQUE.) L'ambiguïté peut devenir une véritable figure de rhétorique, employée avec intention et ironie. ALBERT MAURIN.

AMBIGU-COMIQUE (Théâtre de l'). Ce nom a été donné à un théâtre de Paris, qui depuis son origine jusqu'à nos jours, a essayé de tous les genres, depuis le drame et l'opéra-comique, jusqu'aux parades et aux marionnettes. Nicolas-Ménard Audinot, acteur de l'ancien Opéra-comique, renvoyé par le directeur pour ses prétentions exagérées, et soutenu par le prince de Conti, établit en 1769 à la foire de Saint-Germain un spectacle de marionnettes où sa pantomime intitulée les *Comédiens de bois* fit courir tout Paris. Alarmés du succès d'Audinot, les trois théâtres de Paris se coalisèrent contre lui; l'Opéra lui interdit les chants, les danses et l'orchestre, quelque mince qu'il fût; les Comédiens français ne lui permirent pas de parler; et les Italiens lui défendirent l'ariette et les vaudevilles. Tant de contrariétés ne rebutèrent pas Audinot; et il parvint à créer pour son théâtre une spécialité dont ses rivaux ne pouvaient être blessés. Des marionnettes occupèrent la scène de Saint-Germain; et la foule y courut. Encouragé par l'accueil que le public avait fait à ses marionnettes, il bâtit un nouveau théâtre sur le boulevard du Temple; mais ce ne fut pas sans peine qu'il obtint de remplacer ses acteurs de bois par des acteurs de sept à douze ans. Audinot donna à son théâtre le nom d'Ambigu-Comique, et fit mettre sur le rideau ce mauvais jeu de mot latin : *sicut infantes audi nos*. Les marionnettes parurent pour la dernière fois à l'Ambigu-Comique en 1775, dans le *Testament de Polichinelle*. Toujours persécuté par l'Opéra, l'Ambigu fut obligé, en 1780, à lui payer douze francs par chaque représentation du jour et six francs pour celles de nuit; en 1784, les charges augmentèrent, et l'Opéra exigea le dixième du produit des représentations. Les persécutions ne s'arrêtèrent pas là; Audinot fut dépouillé de son privilège en 1785; mais il y fut réintégré au bout de deux mois. Il fit alors la salle telle qu'elle s'est conservée jusqu'à l'incendie qui la consuma le 14 juin 1827. Audinot mourut le 31 mai 1801, après avoir fait cession de ses droits à Corse, qui fit prospérer l'Ambigu par sa bonne administration et principalement par le choix de ses pièces. Après l'incendie de la salle, la veuve Audinot en a fait construire une nouvelle sur un autre emplacement. Ce théâtre, un des premiers parmi les théâtres secondaires, a porté un coup funeste à la littérature dramatique, en accoutumant le public à ces pièces destituées d'art, qui

23.

n'attendent leurs succès que du machiniste et du décorateur; véritables pantomimes où l'auteur se contente d'indiquer des situations, sans s'occuper des caractères dont il ne fait que des caricatures, et, de la grammaire qu'il semble ignorer. C'est encore l'Ambigu qui a doté la scène française du *genre monstrueux*, décoré du nom de *mélodrame*, où figure le crime sous toutes ses formes. *C'est le Diable*, ou *la Bohémienne*, tel est le titre du premier mélodrame qui a paru sur les boulevards. Les autres petits théâtres suivirent l'exemple de l'Ambigu, et bientôt la scène fut infestée de pièces où l'*invraisemblance* la plus complète semblait le disputer à l'*horrible* le plus hideux, de pièces où l'on chercherait en vain le moindre vestige de ce bon goût, de cette correction, de cette simplicité, qui distinguèrent dans ses beaux jours la littérature française. Le boulevard du Temple, asile du mélodrame, avant que le Théâtre Français l'accueillît, a été plaisamment surnommé le *Boulevard du crime*, et certes, jamais nom ne fut mieux appliqué. Espérons qu'un prompt retour vers les saines idées ramènera l'*Ambigu* et ses confrères des boulevards à un genre où les convenances littéraires et morales seront plus respectées.

A. M.

AMBILIACUM, monastère d'hommes du diocèse de Bourges, fondé avant 631, mentionné dans les *Annales ecclesiastici Francorum* de Lecointe.

AMBIOPIE (*V.* **AMBLYOPIE**).

AMBIORIX, roi des Éburons (Liégeois), se mit à la tête d'une confédération gauloise qui se proposait de chasser les Romains de la Gaule; il eut d'abord quelque succès et battit les lieutenants de César; mais César accourut et défit complétement les Éburons et leurs alliés près de la forêt des Ardennes. On dit que soixante mille hommes restèrent sur la place. Ambiorix n'échappa qu'avec peine au massacre en s'enfonçant dans la forêt; peut-être même fut-il tué, car il ne reparut plus.

N. M. P.

AMBITION. On trouve dans tous les dictionnaires que l'ambition est le désir immodéré d'honneurs, de dignités, de pouvoir, d'élévation, etc.; et il nous semble que cette définition n'est pas suffisamment exacte; car il est une infinité de circonstances dans la vie où un homme désire, très-vivement même, un accroissement d'autorité, de crédit, de fortune, sans qu'on puisse pour cela l'appeler ambitieux. Ainsi, par exemple, un soldat brûle de trouver l'occasion de se signaler, afin d'obtenir un grade, un signe d'honneur. Est-ce qu'il prétend à l'empire? non certes; c'est que son camarade vient de gagner ce signe d'honneur, ce grade qu'il ambitionne. De retour l'un et l'autre dans le village natal, s'il y rentre sans distinctions qui le relèvent, il verra tous les regards se porter sur son heureux compagnon d'armes, et certes il ne sera lui-même qu'un humble objet de comparaison. Il faut donc qu'il périsse ou qu'il obtienne ce que l'autre possède, plus même, si cela se peut. Voilà sans doute un désir bien violent d'honneur et d'élévation; mais ce n'est point là de l'ambition. Ainsi encore un homme maîtrisé par une passion, née malgré lui peut-être, aspire à la main d'une femme que sa position sociale élève au-dessus de lui. Tâchez de monter, lui dit-on, jusqu'à elle et vous l'aurez pour épouse. Dès ce moment cet homme tente tout, brave tout; la fatigue, la peine, les dédains des grands, rien ne l'arrête; car le désir qu'il éprouve est immodéré, ardent, dévorant; cependant il n'est point ambitieux. D'un autre côté, combien d'hommes qui, pleins de ce désir, le plus grand désir de s'élever ou de paraître élevés au-dessus des autres, et que la paresse, la crainte de s'humilier par de pressantes instances ou le défaut absolu de cet esprit d'intrigue qui réussit dans le monde, retiennent malgré eux dans la position où le sort de la naissance les a placés. On voit par ces exemples, dont on pourrait augmenter le nombre, que le désir même immodéré d'honneur ou de pouvoir ne suffit pas toujours pour constituer l'ambition qui, suivant nous, consiste dans la volonté de s'élever non pas seulement au-dessus de son état, mais encore au-dessus de toutes les classes de la société, avec la plus grande autorité possible; volonté soutenue par la disposition à tout oser, à tout entreprendre pour arriver au résultat qu'on veut atteindre; volonté qui ne recule devant aucun obstacle, ni de temps, ni de position, ni de distance; que la pensée du crime, de la honte, de la bassesse, n'arrête pas dans son essor; qui conduit l'homme à la porte des palais, comme dit Claudien, et l'y place à poste fixe pour lui faire obtenir la faveur du prince:

Ambitio quæ vestibulis foribusque potentum
Excubat.

ou, comme dit Sénèque le tragique, qui le pousse à la cour des rois pour tâcher de marcher à côté d'eux, *regi proximus ipsi;* qui, prenant pour ainsi dire l'homme au berceau, dirige tous ses pas vers le but donné avec une persévérance que rien ne lasse. — L'ambition est une passion qui naît dans le cœur de l'homme indépendamment des circonstances où il se trouve; c'est en lui un sentiment qui le domine, qui l'entraîne, quelque langage que d'ailleurs sa raison lui fasse entendre. Dans le premier cas dont nous avons parlé, le sentiment qui précipite le soldat au milieu des plus grands dangers, n'est simplement que de l'émulation dont le principe n'est pas même très-pur; dans le second cas, ces démarches qui ressemblent à celles de l'ambitieux, ne sont qu'un moyen employé pour arriver à la possession d'un bien qui n'est ni le pouvoir, ni l'autorité, ni l'illustration; dans le troisième, si ce n'est le désir naturel à chaque homme d'améliorer sa position, c'est tout simplement de la vanité. — L'ambition proprement dite suppose toujours dans l'homme des vues grandes et élevées, car on ne saurait avoir d'ambition pour des choses vulgaires. Lorsque Alexandre conduisait ses phalanges dans la Perse et qu'il rêvait la conquête de l'univers, il aspirait sans doute au plus noble résultat, surtout s'il est vrai, comme ses œuvres peuvent le faire penser, qu'en fondant partout des villes et des colonies, il voulût établir ces divers peuples une chaîne de communications et de rapports d'où pussent sortir des progrès réels dans la carrière de la civilisation universelle. Lorsque trois siècles plus tard Jules César versait des larmes en pensant qu'à trente ans le héros macédonien avait conquis la terre, tandis que lui-même à cet âge n'avait rien fait encore pour la gloire, il se montrait sans doute rempli d'ambition. Mais qui ne sent que dans cette ambition, toute désordonnée qu'elle pût être, il y avait quelque chose de grand et de majestueux? Malheureusement l'homme, au lieu de maîtriser son penchant, se laisse presque toujours entraîner par lui, ce qui ne peut manquer de le faire tomber dans les excès. On pourrait comparer l'homme dans sa carrière d'ambition au nautonnier qui s'est abandonné au courant d'un grand fleuve; tant que le fleuve n'est pas troublé dans son cours par des accidents étrangers, ses eaux roulent paisiblement; mais au moindre orage il s'enfle, il écume, il déborde; il brise et renverse tout. — Il nous semble encore qu'on doit distinguer dans l'ambition deux natures: l'une, élevée, généreuse, presque magnanime dans le but et dans les moyens; l'autre, sombre, jalouse, inquiète, basse, et très-peu délicate dans le choix des instruments qui la servent. Cette dernière inspire l'ambitieux de Claudien; l'autre a produit, après Alexandre et César, nous dirions franchement Napoléon, si Napoléon n'avait laissé voir dans une occasion malheureuse qu'il pouvait sacrifier l'estime des gens de bien, à ce qu'il regardait comme une nécessité; si dans une autre occasion non moins importante, il n'eût employé comme moyen de succès la perfidie et la mauvaise foi. L'ambition de cette classe élevée n'a point de protecteur, il n'a que des partisans; car c'est de lui qu'on attend protection. Quand Napoléon fut revenu de l'Égypte, tous les partis voulurent se l'attacher; il choisit celui qui, dans ses vues secrètes, pouvait le mieux servir ses desseins. Les chefs de ce parti n'avaient, il est vrai, cherché en lui qu'un instrument docile; mais il sut se mettre à la première place. Il y a loin sans doute de l'ambitieux de ce caractère à l'homme qui entre dans un bureau, a l'air d'y végéter pendant quelque temps, se glisse, s'insinue, monte de poste en poste, ou, pour mieux dire, arrive en rampant, poussant l'un, trompant l'autre, et hissé enfin sur la faveur d'un grand personnage, parvient à un commandement, à une place éminente, à un ministère. Celui-là a tout à fait oublié le précepte que lui donne, depuis deux mille ans, un poëte comique:

Virtute ambire oportet, non fautoribus.
Sat habet fautorum semper, qui recte facit.

PLAUT. in Amph.

La vertu! dit-il; est-ce par la vertu, par le mérite qu'on parvient aujourd'hui? Dans un siècle d'égoïsme où les actions n'ont de mobile que l'intérêt personnel, laissons la vertu et le mérite à ceux qui ne prétendent à rien; pour nous, faisons sentinelle à la porte des grands pour surprendre leur protection: *foribusque potentum excubat.* — Nous devons dire toutefois qu'il peut y avoir des cas où l'ambition naît des circonstances. Souvent l'envie, l'émulation même peuvent produire l'ambition. Le désir de s'élever se trouve si naturellement dans le cœur de l'homme! c'est un foyer permanent de matière combustible; une étincelle peut l'allumer. Souvent aussi des événements fortuits mettent un homme en évidence ou le posent même sur un piédestal élevé, d'où il peut voir de plus près ce qui d'abord était bien au-dessus de lui. Il n'a pour ainsi dire qu'un pas à faire pour arriver, que la main à tendre pour obtenir. Se condamnera-t-il à rester immobile sur son piédestal? Il y aurait quelque gloire à le faire; d'autant plus grande qu'il semblait plus aisé de monter. Mais la gloire stérile est sans prix pour celui dont les lèvres ont déjà effleuré la coupe des honneurs. — De ce que nous venons de dire, il s'ensuit que, toutes les fois que l'ambition ne tend pas vers un but élevé par des moyens généreux, elle se présente sous un aspect défavorable et hideux, comme toutes les passions extrêmes qui, dans leurs écarts, violentes et furieuses, ne craignent pas de tout bouleverser ou de tout détruire. — Quelquefois pourtant le mot d'ambition, dans l'usage ordinaire, se prend en bonne part, comme quand on dit d'un homme qu'il a l'ambition de bien faire. Mais dans ce cas et dans tous les autres cas semblables, ce mot se détourne de sa vraie acception pour se substituer aux mots émulation, désir, etc.; car ambition vient incontestablement du mot *ambire*, qui au figuré signifie briguer avec ardeur, demander avec instance, tâcher d'obtenir à tout prix. (*V.* BRIGUE, CABALE, DÉSIR, ÉMULATION, etc.). —— Dans plusieurs dictionnaires on trouve que les anciens avaient fait de l'ambition une figure allégorique qu'ils représentaient avec les pieds et des ailes au dos; et les uns ont dit que cela signifiait l'étendue des desseins de l'ambitieux et la promptitude avec laquelle il cherchait à exécuter ce qu'il avait conçu; les autres ont prétendu, au contraire, que les auteurs de la figure ont voulu montrer que l'ambitieux se soumettait à toutes sortes d'humiliations pour parvenir à ses fins. Il nous semble que ces explications sont fausses ou incomplètes; car si l'ambition tend à s'élever constamment, ce qui peut être exprimé par les ailes, elle ne s'élève pas toujours très-vite, comme on veut le donner à entendre. Quant aux pieds nus, ils veulent bien dire que l'ambitieux s'expose pour réussir à marcher, s'il le faut, dans la fange; mais cette idée et celle d'aller au but rapidement sont tout à fait opposées et ne peuvent guère se concilier. Que fait l'ambitieux? il regarde toujours au-dessus de lui, le front baissé, mais le regard inquiet et cherchant à monter vers l'objet qu'il convoite, rampant s'il le faut, et marchant sur les ronces malgré ses pieds nus, bravant les dégoûts dont quelquefois on l'abreuve. Il a des ailes pour dire qu'il veut s'élever; la nudité de ses pieds marque son humble allure, allure qu'il garde tant qu'il ne peut se servir de ses ailes. J. DE MARLÈS.

AMBIVARÈTES, anciens peuples de la Gaule qui habitaient sur les bords de la Meuse et faisaient partie de la confédération belge. A.

AMBIVIUS (MARCUS), selon Josèphe (*Antiq.*, l. VIII, c. 3), gouverna la Judée après Copenius; il eut pour successeur Annius Rufus, l'an 13 de J. C. J. G.

AMBLE, allure du cheval entre le pas et le trot dans laquelle l'animal avance simultanément les deux jambes du même côté, et successivement les deux autres aussi à la fois. Il faut pour prendre cette allure le cheval trouve un terrain doux et uni. L'amble est assez commode pour le cavalier, mais il use les forces du cheval. Aux temps de la chevalerie on donnait le nom de *haquenée* à un cheval qui allait l'amble; aussi la haquenée était-elle la monture des dames. Les vieux chevaux prennent assez communément l'amble, mais ils le mêlent au trot et au galop, ce qui forme une allure vicieuse qu'on désigne, en termes de manège, sous le nom d'*entrepas* ou *traquenard* et d'*aubin*. Les ânes et les mulets prennent fréquemment l'amble. A.

AMBLETEUSE, petite ville maritime de France, sur la côte de la Picardie, département du Pas-de-Calais, à trois lieues nord de Boulogne. Il y a un port assez bon. Ce fut dans ce port que le pusillanime Jacques II débarqua, lorsqu'il vint demander un asile à Louis XIV en 1688 contre l'impie usurpateur de sa couronne, Guillaume, prince d'Orange, époux de sa fille Marie. A.

AMBLEUR, *subst. masc.*; c'était autrefois un officier de la petite écurie du roi. — En termes de vénerie, on le dit d'un cerf qui, en marchant, porte son pied de derrière au delà de la trace du pied de devant du même côté. A.

AMBLY (LE MARQUIS D'), lieutenant général des armées et gouverneur de Reims en 1789, fut envoyé aux états généraux comme député de la noblesse. Il s'était opposé avec force à la réunion des ordres, moins par orgueil nobiliaire que parce qu'il prévoyait les inconvénients pour la monarchie de cette réunion qui allait priver le trône de ses défenseurs. L'année suivante,

il combattit vivement Robespierre demandant l'égalité politique, ou en d'autres termes l'abolition de la noblesse. Il est très-probable qu'il n'aurait pu se soustraire aux proscriptions des jacobins s'il n'avait pris le parti d'émigrer. Quoique très-avancé en âge, il fit la campagne de 1792 sous les ordres du prince de Condé. Il mourut peu de temps après en Allemagne. A.

AMBLYOPIE, mot formé du grec ἀμβλὺς, obtus, émoussé, faible, et de ὤψ, œil. C'est une maladie des yeux qui consiste dans un affaiblissement progressif de la vue que les médecins regardent comme le commencement de l'amaurose. Quelquefois cet affaiblissement, causé par des circonstances particulières ou l'âge chez les vieillards, des habitudes vicieuses chez les jeunes gens, n'arrive pas à l'état d'amaurose (*V.* ce mot). On donne aussi ce nom à une autre maladie des yeux dans laquelle on voit les objets doubles ou entourés d'une espèce d'auréole colorée qui ne permet pas de les voir distinctement. Dans ce cas on lui donne le nom d'*amblyopie*. X. X.

AMBOINE (GROUPE D'). L'archipel des Moluques, suivant Adrien Balbi, se divise en trois groupes, celui d'Amboine, celui de Banda et celui des Moluques proprement dites. Le premier, et le seul dont nous ayons à parler ici, est le principal sous le rapport politique et administratif, car il comprend l'île de même nom où réside le gouverneur général, dont relèvent non-seulement toutes les îles de ce groupe soumises aux Hollandais, mais même l'extrémité orientale de la péninsule septentrionale de Célèbes, où se trouvent les établissements de Monado et de Gorontalo. Onze îles forment le groupe d'Amboine. Voici les principales: Amboine (Ambound), île de peu d'étendue, divisée en deux presqu'îles par une baie qui pénètre fort avant dans les terres, et au fond de laquelle est située la ville d'Amboine, résidence du gouverneur général des Moluques. Petite, mais bien bâtie, elle a des rues larges et régulières; la propreté hollandaise s'y fait remarquer. Son commerce consiste surtout en clous de girofle. Ses édifices ou établissements publics qui méritent d'être cités sont les *deux églises chrétiennes*, *son hôtel de ville*; *le campong chinois, les bazars, les marchés et le jardin.* Dans les environs, à *Batou-Gadja,* le gouverneur possède une assez belle maison de campagne. La population s'élève à environ 7,000 habitants. L'île d'Amboine est importante, surtout par la culture du giroflier. Les districts où ce précieux végétal est cultivé sont divisés en cantons, placés sous la surveillance de chefs qui portent le titre de *radjahs* ou *pattis*, mais plus généralement connus sous celui de *orang kaija.* Les chefs subalternes chargés de diriger les plantations, les récoltes des fruits, et de veiller à l'entretien des *tanash dati*, ou pays contenant un certain nombre de girofliers, s'appellent *orang touah* (*anciens*). La récolte commence à se faire vers le milieu du mois d'octobre, et dure près de trois mois. On l'estime, année moyenne, à 250 ou 300,000 livres de clous de girofle pour tous les districts du groupe d'Amboine. — Manipa, Harouko, Saparoua, Nussa-Laut, ne sont que des îlots. Ceram est la plus grande des Moluques après Gilolo; ses ports de Saway et de Warou méritent d'être cités. Bourou, île assez étendue et partagée entre plusieurs chefs à peu près indépendants, a plusieurs ports, dont le principal est Cajeli. Enfin la petite île de Goram est considérée comme le point le plus oriental de la Malaisie où ait avancé l'islamisme. BUCHET DE CUBLIZE.

AMBOISE (VILLE ET CHÂTEAU). Cette ville, située au confluent de la Loire et de la Meuse, autrefois capitale de la Touraine, fait partie aujourd'hui du département de l'Indre-et-Loire, et de l'arrondissement de Tours. Elle fut réunie au domaine en 1276. Ce fut dans cette ville que Louis XI institua en 1469 l'ordre de Saint-Michel. Charles VIII y naquit et y mourut; c'est aussi la patrie du P. Commine, poète latin du XVIIe siècle. Amboise, peuplée de 5,000 âmes, fait le commerce des peaux tannées, des draperies communes, des vins et des eaux-de-vie. On y voit les restes d'un vieux château, qui eut quelque célébrité pendant les troubles de la Ligue. Du haut de ses murs la vue s'étend sur la superbe vallée de la Loire depuis Blois jusqu'à Tours. On peut monter à cheval et même en voiture sur la terrasse en plate-forme du château, par un escalier en spirale sans marches et d'une pente peu rapide, renfermé dans une grosse tour. Ce fut dans le château d'Amboise que le jeune roi François II fut transféré de Blois où il se trouvait, dès qu'on eut connaissance, par les révélations de l'avocat Avenettes, de la conjuration tramée par les calvinistes, et à la tête de laquelle on faisait figurer un Périgourdin nommé Barré de la Renaudie. Il ne s'agissait pas moins que de se saisir de la personne du roi, de saumère et des Guises. Le prince de Condé, Coligni, Dandelot, et plusieurs autres chefs zélés de la réforme, étaient les véritables moteurs de ce complot obscur qui menaçait à la fois l'autel et le trône. La Renaudie fut tué les armes à la main ; ses complices furent presque tous arrêtés, et plusieurs d'entre eux expièrent leur crime par le supplice. Mais, dans cette occasion comme dans beaucoup d'autres, les grands coupables dérobèrent leurs têtes à la vengeance des lois. C'est là ce qu'on appelle la conjuration d'Amboise. **R. T.**

AMBOISE, famille ancienne et illustre, originaire du Berri, qui a fourni des évêques, des cardinaux, des grands officiers de la couronne, et le célèbre ministre de Louis XII, objet de l'article suivant. **C. L.**

AMBOISE (GEORGE D') était fils de Pierre d'Amboise, conseiller de Charles VII et de Louis XI, et d'Anne du Bueil. Il naquit en 1460 au château de Chaumont-sur-Loire, et se destina dès l'âge le plus tendre à l'état ecclésiastique. A 14 ans il fut nommé évêque de Montauban, par un de ces abus qui plus tard enfantèrent la prétendue réforme. Devenu aumônier de Louis XI, il se fit remarquer par son désintéressement et son aversion pour l'intrigue. Après la mort de ce prince, le duc d'Orléans, dont les droits à la régence avaient été méconnus, leva l'étendard de la révolte, et fut vaincu. D'Amboise avait partagé ses projets, il partagea sa disgrâce. Le duc d'Orléans ayant acquis plus tard un grand crédit, l'évêque de Montauban eut sa part de la faveur royale ; il fut nommé archevêque de Narbonne, et peu de temps après, il échangea ce siége pour celui de Rouen. Le duc d'Orléans, alors gouverneur de la Normandie, lui ayant confié le soin de cette province, il la dota d'un parlement sédentaire. C'est de là que date peut-être le ministère du cardinal d'Amboise ; on commença d'apprécier ses vertus, ses talents, et surtout son désintéressement. En 1498, le duc d'Orléans étant monté sur le trône sous le nom de Louis XII, d'Amboise devint son premier ministre, et il conserva jusqu'à sa mort ce titre et l'affection du roi. L'administration du cardinal d'Amboise a été pour quelques-uns un objet d'admiration comme il le fut de la reconnaissance de ses contemporains ; mais elle a été sévèrement blâmée par d'autres. On l'accuse d'avoir contribué par ses conseils et ses efforts à l'invasion et à la conquête de l'Italie, où des victoires brillantes furent suivies de sinistres défaites. Mais, pour bien juger le ministre de Louis XII, il faut se transporter au siècle dans lequel il vivait, se rappeler les droits incontestables du monarque français sur le duché de Milan, et le besoin d'expéditions militaires et lointaines pour occuper une noblesse inquiète et remuante. Malgré cette guerre ruineuse, le cardinal d'Amboise diminua les impôts et les charges publiques, ne cherchant à de concert avec Louis XII, qu'à ménager les revenus publics, à soulager le peuple, et à soutenir l'honneur de la France tant au dehors qu'au dedans. Il mourut à Lyon, le 25 mai 1510. Son corps fut transporté à Rouen et déposé dans le mausolée élevé dans sa métropole. Il fut amèrement pleuré par Louis XII ; la France partagea les regrets du roi. Le plus grand et le plus juste reproche qu'on fait à sa mémoire, c'est la signature du traité de Blois en 1504. S'il croyait, dit-on, que les états du royaume ne le ratifieraient pas. S'il obéit à d'autres considérations, comme on le prétend, ses défenseurs auraient dû les faire connaître pour qu'on pût les apprécier. Au reste, on connaît l'expression de regret qu'il adressait au frère infirmier qui le servait dans sa dernière maladie : « Frère Jean, que n'ai-je été frère Jean ! » Ces mots, s'ils ne sont pas un reproche secret de sa conscience, annoncent du moins la crainte qu'il avait de paraître devant son Dieu, après avoir été revêtu des plus hautes dignités de l'Église et de l'État : quel compte en effet à rendre, même pour les plus justes ! Dans son humilité, il oubliait tout le bien qu'il avait fait à la nation et à l'Église, avec un désintéressement sans exemple. « Aussi, dit Claude de Seissel, archevêque de Turin, ce fut un très-excellent homme pour la conduite des affaires, et accompli de sens, d'expérience, de loyauté et de bonne vie ; jaçoit que, par plusieurs fois, il a été longuement absent de lui (de Louis XII), et si n'a-t-on jamais aperçu que son crédit et autorité fût en rien diminuée, mais toujours augmentée, pas autant qu'il les méritoit, et la prudence croissoit avec le temps, et par la continuation de ses services. » L'historien Mézeray dit : « qu'il étoit un ministre sans avarice ni orgueil, cardinal avec un seul bénéfice, qui n'ayant point eu en vue d'autre richesse que celle du public, s'est amassé un trésor de bénédictions dans toute la postérité, » et il ajoute « que tout le

monde le pleura : ». La postérité a confirmé le jugement des contemporains. **C. L.**

AMBOISE (LOUIS I⁰ᵉʳ D'), cardinal, évêque d'Alby, lieutenant général du Languedoc et Bourgogne, frère aîné du précédent, se distingua par sa piété, sa science, sa douceur et son dévouement à Louis XII. Il fut un des juges qui prononcèrent la dissolution du mariage de ce monarque et de Jeanne de France. Après avoir comblé de bienfaits son église et ses diocésains, il mourut à Lyon, en 1503 ou 1505. Il avait cédé le siége épiscopal d'Alby à son neveu. **C. L.**

AMBOISE (AYMERI D'), frère aîné des deux précédents, entra dans l'ordre de Saint-Jean de Jérusalem, et devint grand prieur de France. En 1503, il fut élu grand maître de son ordre, et remporta, sept ans après, une victoire navale, près de Monténégro, sur le soudan d'Égypte. Il mourut en 1512, avec la réputation d'un prince sage, habile et heureux. **C. L.**

AMBOISE (CHARLES II D'), neveu du précédent, successivement grand maître, maréchal et amiral de France, gouverneur de Paris, de Milan, de Gênes, etc., se distingua dans la guerre de 1509 ; il investit le pape Jules II dans Bologne en 1510, et il l'aurait fait prisonnier, si des négociations n'avaient pas été entamées et agréées. Il mourut un an après, de chagrin d'avoir laissé surprendre la Mirandole. Il avait du courage et ne manquait pas d'expérience, mais il était opiniâtre et jaloux des talents des autres. Il eut, avant de mourir, quelques remords d'avoir fait la guerre au pape, et en demanda l'absolution. **C. L.**

AMBOISE (LOUIS II D'), cardinal, évêque d'Autun, puis d'Alby, sur la résignation de son oncle, était frère de Charles. Il gouverna son diocèse avec beaucoup de sagesse, se montra très-charitable et très-libéral. On lui attribue les peintures de l'église de Sainte-Cécile, qui furent terminées par son successeur. Il mourut en Italie en 1517. **C. L.**

AMBOISE (HUGUES D') était fils de Pierre d'Amboise et frère des deux premiers cardinaux de ce nom ; il commandait cent gentilshommes du roi à la bataille de Fornoue, et fut tué à celle de Marignan en 1515. **C. L.**

AMBOISE (LOUIS D'.) se distingua dans les guerres de religion ; il appartenait au parti de la Ligue. Il mourut en 1614. Il était petit-fils de Hugues.—Son fils, François commanda les légionnaires de Languedoc sous le règne de Henri III et de Henri IV, et fut toujours fidèle à ses maîtres. Il avait épousé Louise de Lévis, dont il eut un fils, qui ne se maria pas, et qui fut le dernier de son nom et de sa maison. **C. L.**

AMBOISE (FRANÇOISE D'), fille du vicomte de Thouars et de Marie de Rieux, naquit en 1427, et fut élevée à la cour du duc de Bretagne ; elle épousa un frère du duc, Pierre, qui succéda lui-même au prince régnant, après la mort de celui-ci sans enfants. Jaloux de la jeune Françoise, Pierre commença par la maltraiter ; mais bientôt après il lui rendit justice, et il la dédommagea par ses égards de ce qu'elle avait eu à souffrir ; il la fit même couronner conjointement avec lui à Rennes, et dès ce moment il en prit assez d'ascendant sur l'esprit de son mari pour l'empêcher plus d'une fois de commettre des injustices. La Bretagne lui dut l'établissement de plusieurs maisons religieuses, notamment celle des Filles de Sainte-Claire. Pierre n'eut pas un long règne ; assailli par un mal violent, il pleura les médecins ne surent consulter la cause, il mourut en 1457. Artur, successeur immédiat de Pierre, voulut dépouiller Françoise de ses biens ; mais Richard, qui succéda peu de temps après à Artur, lui montra beaucoup d'égards et de considération. Comme Françoise n'avait encore que trente ans, lorsqu'elle perdit son mari, son père, M. d'Amboise, voulut la remarier ; le prince de Savoie s'offrait pour elle, Louis XI désirait cette alliance ; il écrivit à la duchesse une lettre très-pressante ; mais elle résista aux instances qui lui furent faites tant par le roi que par sa famille. On prétend même que, du consentement exprès du roi, on avait disposé sur la Loire plusieurs bateaux pour l'enlever et arracher ainsi son consentement. Mais, disent quelques historiens, la rivière se trouva prise par la gelée. Cela n'était pas bien surprenant, car on était à la fin de novembre ; mais ces historiens, un peu trop amis du merveilleux, ont placé l'événement au mois de juillet, ce qui le rend miraculeux, ou du moins lui prête un air de prodige que les écrivains du XVᵉ et du XVIᵉ siècle aimaient assez à donner aux événements qu'ils racontaient, lorsqu'ils voulaient appeler sur ces événements l'attention des lecteurs. Que ce fait, au reste soit du mois de novembre ou de celui de juillet, il n'en est pas moins vrai, que les habitants de Nantes protégèrent leur ancienne souveraine contre toute tentative d'enlèvement. Peu de temps après, Françoise prit l'habit de carmélite dans le monastère des Trois-Maries, près de Vannes; et, devenue supérieure de ce couvent, elle ne cessa d'édifier, par ses discours et par sa conduite, les religieuses dont la direction était confiée à ses soins. Elle mourut dans un âge assez avancé. La *Vie de la bienheureuse Françoise d'Amboise*, etc., par l'abbé Barrin, a été imprimée à Bruxelles, in-12, en 1704.　N. M. P.

AMBOISE (FRANÇOIS D') était fils de Jean, qui avait été chirurgien de François Ier, de son fils et de ses trois petits-fils. Il fut élevé au collège de Navarre et fut successivement maître des requêtes et conseiller d'État. Il suivit en Pologne le duc d'Anjou, lorsque ce prince fut appelé au trône par l'élection des Polonais; mais il revint avec lui en France. Il a laissé plusieurs ouvrages, parmi lesquels on distingue une comédie intitulée les *Napolitaines*. On lui attribue enfin une édition des œuvres d'Abailard, laquelle parut en 1616, in-4°, Paris. Il mourut quatre ou cinq ans après. — François eut deux frères, dont l'un, Jacques, fut docteur en médecine et recteur de l'université de Paris, et mourut de la peste en 1606. On a de lui divers opuscules. L'autre, Adrien, fut curé de Saint-André à Paris, et évêque de Tréguier, où il mourut en 1616. Il a laissé une tragédie d'*Holopherne*, imprimée en 1560, in-8°.　N. M. P.

AMBON, du grec ἄμβων, qui signifie hauteur, colline, éminence. On donnait ce nom à une tribune élevée, placée dans les anciennes églises au-dessus du chœur, devant la nef, ayant un escalier de chaque côté. On y montait par un double escalier, et on s'en servait pour lire l'épître et l'évangile, et quelquefois pour prêcher. Souvent les empereurs montaient à l'ambon lorsqu'on les sacrait, afin de se montrer de là au peuple. A Paris et dans d'autres villes, on donne à l'ambon le nom de jubé. L'église de Saint-Étienne du Mont en renferme un qu'on peut regarder comme un chef-d'œuvre de l'architecture sarrasine, autant pour la hardiesse que pour l'élégance de ses formes. — En terme d'anatomie, on appelle ambon un cartilage qui recouvre la cavité des os. — En terme de marine, c'est un bordage de chêne qu'on applique à la couverture d'un vaisseau entre les fils. — L'ambon est aussi un arbre des Indes.　A.

AMBOUCHOIR ou EMBOUCHOIR, et mieux AMBAUCHOIR, instrument à l'usage des bottiers et des cordonniers, destiné à élargir l'entrée des bottes et des souliers. C'est un cylindre, de bois fendu en deux parties, entre lesquelles on fait entrer avec force un coin de bois.　A.

AMBOUTIR. C'est un terme d'ouvrier en métaux; il signifie: Rendre une pièce de métal convexe d'un côté et concave de l'autre.　A.

AMBRA (FRANÇOIS D'), noble florentin, et consul en 1549, de l'académie de Florence, mourut dans cette ville en 1558. Tout ce qu'on peut dire de lui, c'est qu'il composa plusieurs comédies, et que la première, après avoir été lue aux académiciens de Forence, obtint le plus grand succès; elle est intitulée *Il Furto*. Deux autres pièces, *I Bernardi* et la *Cofannaria* (de cofano, cassette), reçurent le même accueil, et ne plurent pas moins par la manière dont l'intrigue est conduite, que par la pureté, et, si j'ose le dire, le *toscanisme* du style. Ambra les écrivit en vers *sdruccioli* (glissants), vers qui tiraient la déclamation scénique et qui tirent leur nom de leur désinence: l'antépénultième syllabe est chargée de l'accent tonique, et les deux dernières (sur lesquelles la voix *glisse*, sont brèves. — Ces trois pièces eurent plusieurs éditions, mais les meilleures, citées par *la Crusca*, sont: *Il Furto*, Florence, 1564, in-8°; — *I Bernardi*, 1564, in-8°, — *la Cofannaria*, avec des intermèdes en vers de Giambatista Cini, Florence, 1593, in-8°. Le prologue de *Il Furto* n'a été publié qu'à la fin du XVIIIe siècle.
J. L. C. DE BELLEVAL.

AMBRACIE, ancienne ville d'Épire sur le golfe du même nom, bâtie par les Corinthiens près de l'embouchure de l'Achéron. Elle reçut le nom qu'elle porte d'Ambrax, fils de Thesprotus, et elle devint ensuite la résidence de Pyrrhus. Après la bataille d'Actium, Auguste agrandit cette ville, l'enrichit de monuments publics, et lui donna le nom de Nicopolis.　A.

AMBRACIQUE, aujourd'hui golfe d'Arta, se joint à la mer Ionienne par un canal très-étroit, long de 300 stades, et moins large d'un tiers.　A.

AMBRAS ou AMBAS, nom d'un château du Tyrol, bâti au sommet d'un rocher près de l'Inn, dans une position non moins agréable que pittoresque. L'archiduc Ferdinand y avait formé, dans le XVIe siècle, une collection d'objets curieux de toute espèce. Les Français s'en étaient emparés; mais, à la paix de Presbourg, en 1805, ils la rendirent, à l'exception de huit ou neuf armures d'origine française, lesquelles furent déposées au muséum d'artillerie; de ce nombre étaient celles de François Ier, du connétable de Bourbon, du duc de Guise, etc. Tout le reste de la collection fut transporté à Vienne, où on la conserve sous le nom de *Collection ambrasienne*. Elle renferme, outre des armures du XVIe siècle, des portraits, des objets d'antiquité, d'histoire naturelle, d'arts, en mosaïque, en cire, en ivoire, etc.; des instruments de musique, des gravures, etc. Il existe deux descriptions de cette collection, l'une publiée à Insprück en 1601, l'autre à Vienne en 1819.
A. D. M.

AMBRAX. Il y a eu deux princes de ce nom. Le premier, chassé de ses États par Hercule, s'enfuit vers le golfe Ambracique, où il fonda la ville d'Ambracie. L'autre était petit-fils d'Hercule, et il régnait dans l'Ambracie lorsque Énée aborda à Actium.　A.

AMBRE, *ambarum*, tiré de l'arabe *ambar*. On donne ce nom à des substances différentes. C'est improprement qu'on appelle *ambre blanc* le blanc de baleine (V. BALEINE.) — L'*ambre gris* est une substance légère, opaque, grasse, odoriférante, et de couleur cendrée. Il est soluble dans l'alcool, il s'enflamme et brûle lorsqu'on le met en contact avec un corps enflammé, et il se fond et se réduit en résine de couleur jaune, lorsqu'on le fait chauffer suffisamment dans un vaisseau. L'origine de l'ambre gris n'est pas encore parfaitement connue, et les naturalistes ne s'accordent pas entre eux. Les uns prétendent qu'il n'est autre chose que l'*excrément de la baleine*; d'autres, que c'est une fiente d'oiseaux; d'autres, que c'est de la cire et du miel, modifiés et réduits à cet état par l'action combinée des rayons solaires et du sel marin. Il en est encore qui, adoptant une opinion bien différente des précédentes, pensent que l'ambre gris est une sorte de bitume qui coule du sein de la terre dans les eaux de la mer; liquide d'abord, il s'épaissit autour de lui, s'agglutinent des coquilles, des pierres, des os, des becs d'oiseaux, des rayons de cire et de miel, et voilà pourquoi, au milieu des mottes d'ambre gris durcies, on trouve toutes ces espèces de corps étrangers. Enfin certains naturalistes, loin de le regarder comme une substance minérale, l'ont considéré comme des résines végétales, comme le fruit d'un arbre inconnu, des racines duquel il coule dans la mer. Tout récemment, M. Virey a prétendu que l'ambre gris n'est autre chose que le résultat de la décomposition spontanée des poulpes odorants qui vivent dans certaines régions marines. Il en faisait ainsi une espèce de gras de cadavre; mais cette opinion est démentie par la composition de l'ambre gris, qui ne fournit en aucune façon de savon ammoniacal. On obtient en effet par l'analyse, de l'*ambréine*, matière grasse qui fond à 30° cent., et l'*acide ambrique*, qui a la propriété de former des sels avec les bases salifiables. Les autres principes qui entrent dans la constitution de l'ambre gris, comme une substance balsamique de laquelle il tire son odeur, une matière noire indéterminée et quelques sels. — On trouve l'ambre gris sur les bords de la mer en morceaux plus ou moins volumineux. Il s'en est rencontré du poids de cent livres et plus. La Compagnie hollandaise des Indes orientales en acheta un jour du roi de Tidor, pour la somme de 11,000 écus, une masse du poids de 182 livres; et la Compagnie des Indes de France en fit exposer à la vente de l'Orient, en l'année 1775, une autre masse plus grosse encore, et qui pesait deux cent vingt-cinq livres. Les masses d'ambre gris sont ordinairement arrondies; cette forme leur vient probablement de ce qu'elles roulent dans le mer sur leur rivages. Elles se trouvent en grande quantité dans les mers des Indes, près des îles Moluques, des Maldives et de Madagascar; sur les côtes de l'Afrique, vers le cap Blanc, et près des îles qui sont situées depuis la baie de Mozambique jusqu'au golfe Arabique. Dans certaines localités, et entre autres aux îles Sambales, les habitants cherchent l'ambre gris d'une manière assez singulière; ils le reconnaissent à l'odorat, de telle sorte qu'après une tempête, ils ne manquent jamais de courir sur le rivage de la mer, et là, de quêter, comme des chiens sur la piste du gibier, les morceaux d'ambre qui sont restés sur la grève. L'ambre gris était autrefois, d'un emploi fréquent en médecine, on le considérait comme fortifiant et comme aphrodisiaque, et il était administré généralement pour les affections nerveuses. Aujourd'hui ce médicament est tombé en désuétude, et l'ambre gris a passé de la pharmacie dans la boutique du parfumeur.

AMBRE JAUNE, *succin*, *karabé*, substance solide, résineuse, combustible, plus ou moins transparente, de couleur tantôt jaune ou citrine, tantôt blanchâtre, tantôt rousse, et d'un brun rougeâtre tirant sur le noir. — Sa surface est naturellement raboteuse, terne et même gercée en tout sens; mais à l'intérieur, il a l'éclat brillant ou luisant, et la cassure parfaitement conchoïde. Il est facile à casser, et susceptible de prendre un fort beau poli; sa poussière est d'un blanc jaunâtre. — Sa pesanteur est peu considérable; terme moyen, elle est de 1,080 par rapport à celle de l'eau. Mais deux caractères très-importants de l'ambre jaune sont ceux que fournissent sa propriété électrique et la manière dont il se comporte lorsqu'on le brûle. Si on le frotte sur un morceau de drap ou de linge, il s'échauffe, répand une odeur légère connue sous le nom d'odeur d'ambre, et il acquiert, comme les corps résineux, la propriété d'attirer les corps légers, propriété que les physiciens modernes ont désignée par *électricité*, du nom même de cette substance, que les Grecs nommaient ήλεκτρον. Les Latins, conformément à l'opinion de Pline, qui regardait l'ambre jaune comme un suc résineux, le désignèrent sous le nom de *succinum*, d'où est venu le mot *succin*. Exposé à la simple flamme d'une bougie, l'ambre jaune se ramollit, se boursoufle, et finit par s'enflammer. La flamme produite par la combustion est jaune et verdâtre, accompagnée d'une fumée épaisse et d'une odeur très-forte qui tient un peu de celle de la résine. Il laisse un résidu charbonneux : il est composé de carbone, d'hydrogène et d'oxygène. Il donne par la distillation un acide particulier qu'on a nommé *acide succinique*. Ses propriétés chimiques sont analogues à celles des résines, et particulièrement de la résine copale, dont il est très-difficile de le distinguer sans le secours de l'analyse. L'air ne l'altère point à la température ordinaire; l'eau et l'alcool sont presque sans action sur lui. Soumis à l'action du feu, il fond, se décompose, donne de l'acide succinique et tous les produits que donnent les résines en pareille circonstance. Lorsque après l'avoir fondu, on le délaye dans les huiles essentielles, il s'y dissout aisément. — L'ambre jaune ne s'est jamais présenté sous des formes cristallines. On a longtemps considéré comme ambre jaune cristallisé la substance combustible que nous décrirons à l'article *Mellite*, laquelle ne paraît pas être, non plus que l'ambre jaune, un véritable minéral. — L'ambre jaune se rencontre dans les couches de lignite ou de bois bitumineux, et dans cette espèce de lignite friable, que les minéralogistes allemands désignent par *Moorkohle*, dans la houille limoneuse, ainsi que dans la houille schisteuse, dans le schiste argileux, les grès, etc., qui accompagnent ces formations. On le trouve encore dans les terrains d'alluvion, dans des conglomérats récents, dans la pierre calcaire bitumineuse, dans les couches de sable, sur les côtes de la mer où les flots le rejettent. Il ne forme jamais de couches à lui seul, il est épars en morceaux arrondis ou irréguliers. Le volume de ces morceaux est petit, rarement de la grosseur de deux poings, et souvent réduit à celle d'un grain ordinaire. Il n'est pas toujours pur, et contient fréquemment des insectes, des débris de végétaux et de corps étrangers. — L'ambre jaune de Sicile contient diverses espèces de coléoptères qui ne se voient pas dans les ambres jaunes fournis par d'autres localités. Celui de la Baltique est riche en diptères et en névroptères. On a dit aussi que celui de Pologne contient des graines de sapin. — L'ambre jaune est quelquefois bulbeux ou souillé par le sable, par des impuretés, et par une écume brune semblable à celle qui s'élève sur les vermoulures des arbres vivants, qui laissent suinter leur sève. On observe aussi des grains de fer sulfuré et des gouttes d'une eau limpide dans l'intérieur de certains morceaux d'ambre jaune. On le trouve en très-grande abondance sur les côtes de la mer Baltique, principalement celles de la Poméranie suédoise, de la Prusse et de la Russie; dans quelques parages de la Méditerranée, tels que les côtes de la Manche, d'Ancône, celles de Gênes, celles de la Sicile et celles de l'Océan; en France et en Angleterre, particulièrement dans les provinces de Norfolk, Suffolk et Essex. — On le trouve aussi dans le sein des couches de la terre, comme en Lithuanie, en Pologne, où on le rencontre dans des terrains d'alluvion fort éloignés de la mer; en France, où il existe dans les couches de bois bitumineux; en Espagne, dans le calcaire et le lignite; en Angleterre, dans un terrain de cailloux roulés. La Sicile présente aussi de l'ambre jaune dans l'intérieur des terres; il y en a d'une assez belle couleur jaune à l'embouchure de l'ancien Symète (Giaretta), à Radusa et à Girgenti. En Autriche, en Hongrie, dans la Saxe, en Suisse, on le trouve dans le bois bitumineux, et, dans le Holstein, il se fait remarquer par sa situation dans le gypse. Il existe en Sibérie dans le bois fossile bitumineux,

à l'embouchure du Jénisey; au Groenland, il est en petits grains jaune-dorés, disséminés dans un lignite noir friable. L'Amérique septentrionale recèle aussi ce combustible en plusieurs endroits, et notamment dans les Étas-Unis. Dans le New-Jersey, à quatre milles de Trenton, vers la baie de Crosswick, l'ambre jaune se trouve en petits grains ou en petites masses d'un pouce de diamètre au plus dans du lignite ou bois charbonneux fossile. A Woodburg, dans la même province, l'ambre jaune est en grosses pièces, dans un lit de marne, ainsi qu'à Camden, à l'opposé de Philadelphie. — L'ambre jaune, lorsqu'il est pur, est susceptible de prendre un beau poli; sa couleur douce et veloutée, sa légèreté surtout, le rendent très-propre à servir de parure, et cet emploi est fort ancien. Il est question de l'ambre même dans Homère. Il était devenu chez les Romains un objet de luxe très-recherché. On raconte que sous Néron, le surintendant des jeux publics envoya sur les côtes de la Baltique un chevalier qui avait mission d'acheter de l'ambre jaune, et que l'achat qui en fut fait fut si considérable, que toutes les décorations des jeux furent ornées avec cette matière. — C'est encore l'ambre jaune de la Baltique qu'on emploie généralement en Europe. Le gouvernement prussien le fait vendre à l'enchère, et retire chaque année environ 72,000 francs pour son droit régalien. On l'exporte tout manufacturé par toute l'Allemagne et en France. Les Américains et les juifs l'achètent, et le revendent dans le Levant, d'où il se répand dans les diverses contrées de l'Orient. Le débit avantageux de cette substance a porté à y introduire des insectes et même à la contrefaire ou à substituer une résine particulière. On contrefait l'ambre jaune au moyen d'un mélange de partie d'huile empyreumatique obtenue par la distillation de la poix végétale, avec une partie et demie de térébenthine qu'on a fait bouillir ensemble pendant quelque temps. Cette composition ressemble beaucoup à l'ambre jaune, et on la taille fréquemment en colliers et autres objets de parure qu'on vend comme du véritable ambre jaune. — Cette substance a beaucoup perdu de son prix et de sa faveur depuis la découverte des Indes, qui a contribué à faciliter le transport en Europe d'une grande quantité de diamants et de pierres précieuses destinées à remplacer l'ambre jaune dans un grand nombre de cas où il était employé auparavant. On croit que la grande consommation qu'on en fait encore actuellement en Orient est due aux pèlerins qui vont à la Mecque, et dont l'usage est d'en brûler à leur arrivée dans le temple, en l'honneur du prophète. — Pour la partie relative à la matière médicale, *V.* Succin.

AMBRE NOIR n'est qu'une des variétés de l'ambre gris.

AMBRÉADE, ambre jaune factice, dont on se sert pour la traite des nègres.   BUCHET DE CUBLIZE.

AMBRÉE (*moll.*). Geoffroy a donné ce nom à une coquille fragile, et translucide voisine des hélices, qui fait partie du genre ambretté. Cette coquille, nommée par Linné *helix putris*, présente de nombreuses variétés de forme, de grandeur et de couleur; elle vit dans les endroits humides, habite l'ancien et le nouveau continent, et ce qui est fort remarquable, se rencontre dans les deux hémisphères, presque à toutes les latitudes. (*V.* AMBRETTE.)   B.

AMBRÉINE. C'est une substance particulière que Bouillon-Lagrange a regardée comme de l'adipocire, et que d'autres ont placée au nombre des principes immédiats des animaux. Elle est blanche, inodore, insipide, insoluble dans l'eau, mais soluble dans l'éther et dans l'alcool. Traitée par l'acide nitrique, elle donne l'acide ambréique, analogue à l'acide cholesterique.   A.

AMBRÉITÉ. s. f. On donne ce nom à l'électricité, positive selon Franklin, négative suivant les physiciens modernes, qui se développe dans l'ambre par le frottement.   A.

AMBRES. Petit village qui possédait autrefois un magnifique château, bâti par les comtes de Foix et les seigneurs de Voisins, au confluent du Dadou, et dans le département du Tarn. On dit qu'une tribu gauloise, les Ambracii, habitait ce territoire, où se trouve aujourd'hui le village d'Ambres. La terre d'Ambres avait donné son nom à une branche de la maison de Voisins.   C. H.

AMBRETTE SUCCINEA (*moll.*). Genre de mollusques gastéropodes, de l'ordre des pulmonés. Leur coquille est fort mince, translucide, ovale, oblongue; à spire conique, formée par un petit nombre de tours; à ouverture oblique, très-grande, plus haute que large, sans bourrelet, et dont le côté gauche, formé par la columelle, est arqué. — L'animal a les plus grands rapports avec celui des hélices, mais il ne peut être contenu en entier dans sa coquille; ses tentacules sont courts, les supérieurs renflés à leur base, et les inférieurs fort petits et grêles.—Les ambrettes se tiennent constamment sur les bords humides des ruisseaux, où elles vivent sur diverses plantes. On connaît trois espèces vivantes de ce genre: l'ambrette à capuchon, *succinea cucullata* de la Guadeloupe, l'ambrette amphibie, *succinea amphibia*, et l'ambrette oblongue, *succinea oblonga*, qui habitent les deux continents, et qu'on rencontre fréquemment en France.—Ce genre a été créé par Draparnaud; il correspond aux genres amphibulime de Lamarck, lucène d'Ocken, tapade de Studer, et au sous-genre cochlohydre de M. Férussac.   J. B.

AMBRETTE (bot.), *hibiscus abelmosus*, famille des malvacées, originaire de la Martinique. Cette plante, qui a une assez forte odeur d'ambre et de musc, est très-bonne pour parfumer le linge, pourvu toutefois que les graines n'en soient pas moisies, ce dont on s'aperçoit aisément en froissant quelques-unes de ces graines entre les doigts. Il y a de l'ambrette sauvage, qu'on appelle jacée des prés (V. ce mot). On donne encore ce nom à une petite poire, à laquelle on trouve le goût de musc ou d'ambre.   A.

AMBROGI (ANTOINE-MARIE), né à Florence, en juin 1713, entra de bonne heure dans la compagnie de Jésus, où il se distingua par la vivacité de son imagination et son aptitude pour les belles-lettres et la poésie. Aussi obtint-il à Rome une chaire de poésie et d'éloquence, et il l'occupa durant trente années avec beaucoup d'éclat. Il a laissé un assez grand nombre d'ouvrages: la *traduction* de deux poèmes latins du jésuite Noceti *De Iride*, et *De aurorâ boreali*, la *traduction* de quelques tragédies de Voltaire; la *traduction* de l'Histoire du pélagianisme du P. Patouillet; la *traduction* des Lettres choisies de Cicéron; le *Musæum Kircherianum*, 2 vol. in-fol. Rome, 1765; la *traduction* de Virgile, en vers libres, 3 vol. in-fol., Rome 1763, très-belle édition; la traduction avait obtenu un succès immense; on voulut due le luxe d'impression répondît au mérite qu'on supposait dans le livre. L'auteur est mort en 1788. Au fond, il avait plus de brillant que d'érudition et de génie. Tous les discours qu'il prononçait n'étaient guère que des amplifications pompeuses et sonores, mais pauvres d'idées; telles qu'on en général étaient à cette époque les explications des professeurs à leurs élèves.   N. M. P.

AMBROISE (S.) « Rien de plus complet et de plus rempli que la vie des prélats du IVe et du Ve siècle, a dit M. de Chateaubriand avec autant de vérité que d'éloquence. Un évêque baptisait, confessait, prêchait, ordonnait des pénitences privées ou publiques, lançait des anathèmes ou levait des excommunications, visitait les malades, assistait les mourants, enterrait les morts, rachetait les captifs, nourrissait les pauvres, les veuves, les orphelins, fondait des hospices et des maladreries, administrait les biens de son clergé, prononçait comme juge de paix dans des causes particulières, ou arbitrait des différends entre les villes; il publiait en même temps des traités de morale, de discipline et de théologie, écrivait contre les hérésiarques et contre les philosophes, s'occupait de science et d'histoire, dictait des lettres pour les personnes qui le consultaient dans l'une et l'autre religion, correspondait avec les églises et les évêques, les moines et les ermites, siégeait dans les conciles et les synodes, était appelé aux conseils des empereurs, chargé de négociations, envoyé chez les usurpateurs ou à des princes barbares pour les désarmer ou les contenir. » Les différents traits de ce tableau se développent avec éclat dans la vie de saint Ambroise.—Né vers l'an 340 à Trèves, selon l'opinion la plus probable, il annonça dès son enfance ce qu'il serait un jour. Paulin, son biographe et secrétaire, rapporte que dormant un jour exposé à l'air dans son berceau, un essaim d'abeilles était venu voler sur son visage, et que même quelques-unes se glissèrent sans le blesser dans sa bouche entr'ouverte. La nourrice fut effrayée; le père, qui se rappelait que l'antiquité avait rapporté le même prodige de Platon, voulut attendre la fin de ce présage, et quand il vit l'essaim d'abeilles s'envoler au plus haut des airs, il s'écria: « Cet enfant, s'il vit, sera quelque chose de grand. » Ambroise étudia d'abord chez les Gaules, et son père étant venu à mourir, il fut, très-jeune encore, conduit à Rome avec sa mère, sa sœur et un frère qu'il chérissait tendrement, et dont il a célébré la mémoire. Ses études achevées, il s'attacha aux exercices du barreau, et plaida avec distinction. Il fut nommé gouverneur de la Ligurie et de l'Émilie. Le préfet Probus, en lui déléguant cette charge, lui adressa des paroles remarquables: « Allez, et agissez non comme juge, mais comme évêque. » Ambroise, fidèle à ce conseil, qui s'accordait si bien avec son caractère, se fit admirer par sa probité, sa vigilance et sa

douceur.—Auxence, arien furieux qui avait usurpé le siège de Milan, venait de mourir. Lorsqu'il fut question d'élire un nouvel évêque, la ville se divisa en deux partis; les uns demandaient un arien, les autres un catholique. La fermentation des esprits faisait craindre une sédition, lorsque Ambroise parut dans l'église pour apaiser le désordre. Il parlait au peuple avec beaucoup d'éloquence, lorsqu'un enfant s'écria : « Ambroise évêque! » La voix de l'innocence parut être l'oracle du ciel; tous ariens et catholiques, se réunirent, et proclamèrent le gouverneur-évêque de Milan. Ambroise fut le seul à qui cette élection ne plut pas; il eut recours aux moyens les plus extraordinaires pour éloigner le fardeau redoutable qu'on voulait lui imposer. Il fait, contre son usage, mettre des prévenus à la torture, espérant qu'on le taxera de cruauté, et le peuple lui crie: « Nous prenons sur nous ton péché. » Il annonce qu'il veut mener une vie retirée, mais on le réclame à grands cris. Il s'enfuit pendant la nuit, et croit prendre le chemin de Pavie, mais le lendemain il se retrouve aux portes de Milan; il va chercher un asile dans la maison de Léonce, son ami, et Léonce le découvre lui-même. Ambroise, qui n'était encore que catéchumène, comprenant que c'était la volonté de Dieu qu'il fût évêque, demanda à être baptisé par un évêque catholique, et huit jours après, il fut sacré évêque de Milan, le 7 décembre 374.—A peine Ambroise fut-il placé sur la chaire épiscopale, qu'il distribua à l'Église et aux pauvres tout ce qu'il avait d'or et d'argent. Il travailla d'abord à s'instruire à fond de toute la doctrine catholique, étudiant sans relâche les saintes Écritures, lisant les auteurs ecclésiastiques, et particulièrement saint Basile, dont il recherchait la connaissance et l'amitié. Toute la journée, il était accablé de mille soins; il écoutait les personnes qui venaient le consulter; soulageait les pauvres, consolait les affligés, offrait le saint sacrifice de la messe, et prêchait tous les dimanches. Il revenait souvent dans ses discours sur la sainteté et l'excellence de la virginité, et plusieurs personnes accourues de Bologne, de Plaisance, et même de la Mauritanie, pour l'entendre, furent touchées de ses exhortations, et demandèrent à recevoir le voile de ses mains. Ce fut à cette occasion qu'il composa ses trois livres *Des vierges*, son traité *Des veuves*, et celui *De la virginité*.—En 378, les Goths, après avoir défait l'armée de Valens, avaient pillé la Thrace, l'Illyrie, et étendu leurs ravages jusqu'aux Alpes. Ambroise prodigua des secours de toute espèce aux malheureux qui fuyaient devant les barbares, et il vendit jusqu'aux vases sacrés pour racheter des captifs. « Ne vaut-il pas mieux, disait-il, sauver la vie des hommes, que de conserver des vases? Les âmes sont bien plus précieuses que l'or aux yeux de Dieu. Les trésors des temples sont bien employés quand ils contribuent à sauver ceux que Jésus-Christ a rachetés. On ne peut faire un meilleur usage d'un calice, que de le donner pour la rançon d'un captif pour qui Jésus-Christ a donné son sang. » Plusieurs ariens, qui avaient quitté l'Illyrie pour se soustraire à la fureur des barbares, furent convertis à la foi par saint Ambroise. Il tint un concile à Milan, en 381, contre l'hérésie d'Apollinaire. Il assista aussi à un concile d'Aquilée, où Sallade et Secondien, évêques ariens, furent déposés. L'année suivante, il se trouva au concile que le pape Damase avait convoqué à Rome pour remédier aux divisions qui troublaient l'Église d'Orient.—Saint Ambroise eut toujours beaucoup de crédit auprès de l'empereur Gratien, et lui fit porter diverses lois pleines de sagesse. Maxime, qui commandait l'armée d'Angleterre pour ce prince, se révolta bientôt contre lui, et vint l'attaquer dans les Gaules. Gratien, abandonné par ses troupes, fut mis à mort dans sa fuite, et il se plaignit en expirant, de n'avoir point auprès de lui dans ce dernier moment son père Ambroise. L'impératrice Justine, effrayée, n'espère que dans le zèle du saint archevêque; elle lui remet entre les bras l'empereur enfant, et le conjure de le défendre, en éloignant la guerre. Ambroise se rend auprès de Maxime, arrête l'usurpateur dans sa marche, et conclut avec lui un traité plus favorable qu'on n'avait osé l'espérer.—De retour en Italie, Ambroise se vit obligé de prendre la défense de la religion chrétienne contre Symmaque, préfet de Rome, et contre un grand nombre de sénateurs, qui, animés par les offres de Maxime et enhardis par la faiblesse de Valentinien, voulaient rétablir l'autel de la Victoire. Symmaque avait fait parler Rome chargée d'années, redemandant le culte qui avait rangé le monde sous ses lois, les sacrifices qui avaient éloigné Annibal de ses murailles et les Gaulois du Capitole. Saint Ambroise le réfuta victorieusement, et lui opposant une éloquence rivale: « Non, dit-il, ce n'est pas là que Rome vous a chargé de dire, elle parle un autre langage. Pourquoi, dit-elle, n'ensanglantez-vous chaque jour par le stérile sacrifice de tant de troupeaux?» Ce n'est pas dans les fibres palpitantes des victimes, mais dans la valeur des guerriers, que se trouve la victoire. C'est par une autre science que j'ai conquis le monde. Ce fut les armes à la main que Camille, renversant les Gaulois du haut de la roche Tarpéienne, enleva leur étendard déjà flottant sur le Capitole; le courage vainquit ceux que les dieux n'avaient point repoussés. Ce n'est pas au pied des autels du Capitole, mais au milieu des bataillons d'Annibal, que Scipion a rencontré la victoire. Pourquoi m'objectez-vous l'exemple de nos aïeux? Je hais le culte de Néron; j'ai regret de mes erreurs passées; je n'en rougis pas dans ma vieillesse de changer avec le monde entier. » L'orateur du paganisme fut vaincu par l'évêque chrétien. M. de Chateaubriand s'est ressouvenu de ce morceau d'éloquence dans le beau plaidoyer qu'il fait prononcer à Eudoxe, dans les *Martyrs*, devant le sénat de Dioclétien. — A peine Ambroise avait-il eu le temps de goûter la joie sainte de cette victoire que la religion chrétienne venait de remporter sur le paganisme, qu'il eut de nouveaux combats à soutenir contre les ariens. Justine, méconnaissant les services dont elle était redevable à saint Ambroise, lui fit demander la basilique Portienne, hors des murs de Milan; le courageux évêque répondit qu'il ne livrerait jamais le temple de Dieu à ses ennemis. De nouvelles sommations faites au nom de la princesse n'eurent pas plus de succès. On vint de sa part tendre les tapisseries impériales à la basilique Portienne, comme pour en prendre possession. Cette violence excita une émeute, et un prêtre arien allait être impitoyablement massacré par le peuple, lorsque Ambroise, en ce moment devant l'autel, pria Dieu avec larmes de ne pas permettre qu'il y eût du sang répandu. En même temps, il envoya ses prêtres, qui sauvèrent la vie du malheureux arien. Des comtes et des tribuns vinrent sommer Ambroise de céder la basilique, alléguant pour raison qu'elle appartenait à l'empereur. «Si le prince, répondit l'archevêque, me demandait ce qui est à moi, mes terres, mon argent, je ne les refuserais pas; mais il n'a aucun droit sur ce qui appartient à Dieu.» Des soldats furent envoyés pour se saisir de la basilique de Milan, mais à la vue d'Ambroise, ils se réunirent au peuple. — Quelques mois après cependant, l'impératrice essaya d'élever contre Ambroise un docteur arien qui prit le nom d'évêque de Milan. Dalmace, tribun, vint le trouver de la part de l'empereur, pour l'engager à une conférence avec l'évêque arien. Ambroise, avant consulté son clergé, envoya sa réponse à l'empereur : « Si l'on veut une conférence, sur la foi, c'est aux évêques à la tenir; c'est ainsi que les choses se sont passées sous Constantin, qui laissa les évêques juges de la doctrine. » Cette réponse donnée, il se retira dans l'église, où le peuple le garda jour et nuit pendant quelque temps, dans la crainte qu'on ne l'enlevât de force. En effet, cette église fut bientôt environnée de soldats, qui laissaient entrer dans l'église, mais qui ne permettaient à personne d'en sortir. Le saint évêque, enfermé avec son fidèle troupeau, le consolait par le chant des hymnes et des psaumes qui se chantaient, alternativement à deux chœurs, usage qu'adoptèrent depuis toutes les églises d'Occident. Saint Ambroise en même temps relevait le courage de son peuple par des exhortations énergiques, et le peuple transporté jurait de mourir avec son pasteur. — Peu de temps après, Valentinien, informé des projets hardis de Maxime, députa vers lui une seconde fois le saint archevêque, qui ne réussit pas dans son ambassade, mais n'en servit pas moins la cause de l'empereur par d'utiles avis qui ne furent pas écoutés. Maxime passa les Alpes, parvint sans obstacle jusqu'à Rome, et rétablit dans le sénat l'autel de la Victoire; mais l'année suivante, en 388, sa fortune fut renversée par les armées de Théodose. Après cette victoire, l'empereur vint à Milan, où Ambroise lui parla en faveur des vaincus. Ce prince avait d'excellentes qualités, mais il ne savait pas commander à un premier emportement. Irrité contre quelques séditieux qui avaient excité une émeute à Thessalonique, il donna ordre d'exterminer ce peuple, et sept mille habitants périrent dans ce massacre. Une aussi cruelle vengeance pénétra Ambroise de douleur. Dans son premier chagrin, il s'abstint d'écrire à Théodose, qui avait quitté Milan quelques jours avant le massacre. Bientôt il lui écrivit une lettre que nous avons encore, et qui est aussi tendre que pathétique. « Il a été commis dans la ville de Thessalonique, lui dit-il, un attentat sans exemple dans l'histoire. Je n'ai pu le détourner, mais d'avance, j'ai dit combien il était horrible, et toi-même en avais ainsi jugé en faisant de tardifs efforts pour révoquer tes ordres. Au premier moment où il a été connu, un synode d'évêques gaulois était assemblé. Il n'en est aucun qui ait appris de

sang-froid, aucun qui n'en ait gémi. Dans la communion d'Ambroise, ton action n'a trouvé personne pour l'absoudre... Je n'ai contre toi nulle haine, mais tu me fais éprouver une crainte, je n'oserais pas offrir le divin sacrifice, si tu voulais y assister; le sang d'un seul homme injustement versé me le défendrait; le sang de tant de victimes innocentes me le permet-il? Je ne le crois pas; je t'écris de ma main ces paroles que tu liras seul. » — Théodose ne s'en rendit pas moins à l'église; Ambroise alla au-devant de lui dans le vestibule, et lui défendit d'avancer plus loin. Le prince cherchait à s'excuser par l'exemple de David, qui avait péché. « Tu as imité David dans son crime, s'écria le courageux pontife, imite-le dans son repentir. » Théodose se soumet, et accepte la pénitence canonique qui lui est imposée. Il se retire dans son palais, où pendant huit mois il s'occupe uniquement des exercices propres aux pénitents publics. Enfin, touché de son repentir, Ambroise lui accorde l'expiation publique. Prosterné à la porte de l'église, dépouillé des marques du pouvoir suprême, l'empereur s'écriait avec un autre roi pénitent : « Mon âme a été comme attachée à la terre, rendez-moi la vie, Seigneur, selon vos promesses. » Le peuple attendri pleurait et priait avec son prince; mais Ambroise, avant de lui accorder l'absolution, obtint une loi suspensive des exécutions à mort pendant trente jours, puis le prononcé de l'arrêt; précaution admirable pour empêcher à l'avenir les funestes effets de la précipitation ou de la surprise. C'est un de ces faits complets, dit M. de Chateaubriand, rares dans l'histoire, où les trois vérités religieuse, philosophique et politique, ont agi de concert. A quelle immense distance le paganisme est-il laissé! L'action de saint Ambroise est une action féconde qui renferme déjà les actions analogues d'un monde à venir; c'est la révélation d'une puissance engendrée dans la décomposition de toutes les autres. — Bientôt Théodose mourut entre les bras du saint archevêque, qui prononça son oraison funèbre au service qu'on lui fit quarante jours après sa mort. — On était si persuadé de l'intégrité et de la justice d'Ambroise, qu'on le faisait l'arbitre des causes difficiles; sa réputation était grande, et on venait le voir des extrémités de l'empire, des étrangers même accouraient auprès de lui, et s'en retournaient contents d'avoir conversé avec un homme si justement célèbre. — Ambroise tomba malade vers le mois de février de l'an 397. Silicon, premier ministre de l'empereur Honorius, dit à cette occasion, que la mort d'un si grand homme menaçait l'Italie d'une ruine entière. Il envoya au saint ceux qui lui étaient particulièrement attachés, en les chargeant de l'engager à prier. Dieu de lui prolonger la vie. « Je me suis conduit parmi vous, répondit le saint archevêque, de manière que je ne rougirais pas de vivre plus longtemps; mais je ne crains point de mourir, parce que nous avons un bon maître. » Ambroise mourut peu de jours après. Le jour de sa mort, il tint les mains élevées en forme de croix pendant plusieurs heures; il remuait les lèvres sans qu'on pût entendre ce qu'il disait. Il rendit l'esprit la nuit du vendredi au samedi saint, le 4 avril 397, dans la cinquante-septième année de son âge. Il avait été évêque vingt-deux ans et quatre mois. L'antiquité lui a assigné la première place parmi les quatre grands docteurs de l'Église latine. Son corps repose sous un grand autel de la basilique Ambroisienne à Milan. — La meilleure édition des Œuvres de saint Ambroise est celle des bénédictins, Paris, 1686-1689, 2 vol. in-folio. Richard Simon lui a cependant reproché d'avoir laissé dans le texte plusieurs fautes que D. Lemerault, bibliothécaire de Saint-Germain des Prés, avait entrepris de corriger. L'édition des bénédictins a été réimprimée à Venise, en 1752, 4 vol. in-folio. Avant cette édition, on estimait celle qui fut donnée à Rome en 1680-1685, par le cardinal Montalte, depuis pape sous le nom de Sixte V. — On peut distribuer les œuvres du saint docteur en quatre classes principales; les livres sur l'Écriture sainte, les œuvres morales et théologiques, les lettres, les oraisons funèbres. Nous suivons l'édition des bénédictins dans l'énumération que nous allons en donner. — 1° Son *Hexaméron* ou *Traité sur les six jours de la création*, écrit vers l'an 389. Saint Ambroise a suivi en partie saint Basile, qui a écrit sur la même matière; 2° le livre *Du Paradis*; 3° les deux livres *Sur Caïn et Abel*; 4° le livre *Sur Noé et sur l'arche*; 5° les deux livres sur *Abraham*; 6° le livre *Sur Isaac et sur l'âme*, où le saint docteur s'attache principalement au sens mystique; 7° le livre *Du Bien et de la Mort*; 8° le livre *De la Fuite du siècle*; 9° les deux livres *De Jacob et de la vie bienheureuse*, qui sont un recueil d'instructions adressées aux néophytes; 10° le livre *Du patriarche Joseph*; 11° le livre, *Des bénédictions des patriarches*; il y est traité de l'obéissance que les enfants doivent à leurs parents; 12° le livre *D'Élie et du jeûne*; 13° le livre *De Naboth*, écrit contre l'avarice et l'abus des richesses; 14° le livre *De Tobie*; 15° les quatre livres *De l'interpellation*, ou *De la plainte de Jacob et David*; 16° l'*Apologie de David*; 17° les *Commentaires sur les psaumes*, ou douze homélies qu'on croit avoir été recueillies par quelqu'un de ses disciples. Il n'y a qu'un petit nombre de psaumes expliqués; 18° le *Commentaire sur saint Luc*. Le saint docteur en explique d'abord le sens historique, et il en tire des conséquences mystiques et morales, tout en réfutant les hérésies qui régnaient de son temps; 19° le traité *Des offices des ministres*, destiné surtout aux jeunes prêtres; 20° les trois livres *Des vierges* ou *De la virginité à Marcelline*, ouvrage étincelant de pensées délicates, d'expressions brillantes, et très-propre à nous faire connaître la société de cette époque; 21° le livre *Des veuves*; 22° le livre *De la virginité*, écrit vers l'an 378; 23° le livre *De l'institution d'une vierge*; 24° l'*Exhortation à la virginité*. Ce sont des instructions adressées aux filles de Julienne, veuve de Florence; 25° l'*Invective contre une vierge qui s'était laissé corrompre*; le saint l'exhorte à pleurer sa faute, et à l'expier par la pénitence; 26° le livre *Des mystères* ou *Des initiés*. ce livre est un des plus précieux monuments qui nous soient parvenus de l'antiquité; saint Ambroise y explique aux catéchumènes, la nature et les cérémonies des sacrements du baptême, de la confirmation et de l'eucharistie; 27° les livres *Des sacrements* ne sont point de saint Ambroise, quoiqu'ils lui soient attribués. Cet ouvrage est ancien; mais on ignore quel en est l'auteur; 28° les deux livres *De la Pénitence*; 29° les cinq livres *De la foi*, composés à la prière de l'empereur Gratien; 30° les trois livres *Du Saint-Esprit*, suite du précédent; 31° le livre *De l'incarnation* contre les ariens; 32° les *Lettres*, au nombre de quatre-vingt-onze; elles sont précieuses sous le triple rapport de l'histoire, de la morale et de la foi; 33° deux livres *Sur la mort de Satyre*. Dans le premier, c'est l'expression vive de la tendresse qui gémit sur la perte d'un frère, l'autre est une homélie sur la foi de la résurrection, à l'occasion du même événement; 34° les discours *Sur la mort de Valentinien et de Théodose*; 35° plusieurs hymnes que l'on chante encore dans l'église. On a quelquefois attribué à saint Ambroise le cantique *Te Deum laudamus*, qu'il aurait composé conjointement avec saint Augustin, après qu'il lui eut administré le baptême. On dit que dans l'enthousiasme d'une piété tendre et sublime, ces deux docteurs prononcèrent alternativement les versets de ce majestueux cantique. Les savants éditeurs de saint Ambroise et D. Ceillier rejettent ce fait comme apocryphe; saint Augustin, qui cite plusieurs hymnes de saint Ambroise, n'aurait pas manqué de parler de celui-ci, et d'une circonstance aussi importante. — Fénelon, dans ses Dialogues sur l'éloquence, reproche à saint Ambroise de suivre quelquefois le goût de son temps, et de donner à son discours les ornements qu'on estimait alors. Nous avouons qu'il a souvent péché par excès d'abondance, et qu'il y a quelquefois de la recherche dans ses pensées et dans ses paroles; mais il faut se rappeler que saint Ambroise a vécu sur le iv° siècle. Ces défauts n'empêchent pas qu'on ne trouve dans ses ouvrages beaucoup de force, de pathétique et d'onction; son style est poli, ingénieux, élégant, animé. Et après tout, dit Fénelon, ne voyons-nous pas saint Ambroise, nonobstant quelques jeux de mots, écrire à Théodose, avec une force et une persuasion inimitables? Quelle tendresse n'exprime-t-il pas quand il parle de la mort de son frère Satyre! Ces grands hommes, ajoute l'illustre archevêque de Cambrai, avaient peut-être des vues plus hautes que les règles communes de l'éloquence, en se conformant au goût du temps; pour faire écouter avec plaisir la parole de Dieu, et pour insinuer les vérités de la religion. Il faut lire dans la vie du saint docteur, écrite en 1678, par Godefroy Hermant, sur les mémoires laissés par Paulin, son diacre et son secrétaire, tout ce qui concerne ce grand prélat, dont une princesse idolâtre avait dit : « Qu'un homme de ce mérite et de cette réputation, ne pouvait suivre que la véritable religion. »

L'abbé DASSANCE.

AMBROISE DE BOURGES (S.) (*Sanctus Ambrosius*), monastère d'hommes de l'ordre de Saint-Augustin, de la congrégation de France, fut fondé ou plutôt rétabli, en 1012, par Geoffroi, vicomte de Bourges; il était sous l'invocation de saint Ambroise évêque de Cahors. On ignore l'époque de son premier établissement.

AMBROISE AU BOIS (S.). Ordre religieux qui se mit sous la protection de l'évêque de Milan. Le monastère avait pris ce nom parce qu'il était situé hors des murs de cette ville. Une bulle du pape Grégoire XI, de l'an 1375, adressée aux religieux de ce monastère, leur ordonna de suivre la règle de

Saint-Augustin, de garder leur nom d'Ambroise au Bois, de dire l'office suivant le rit ambrosien, et d'élire leur prieur, qui serait confirmé par l'archevêque de Milan. Eugène IV réunit en congrégation (1441) les divers établissements que cet ordre avait formés en Italie; il affranchit les religieux de la juridiction de l'ordinaire, mais il leur laissa le rit ambrosien. En 1589, Sixte V unit cette congrégation à celle de Saint-Barnabé; mais l'une et l'autre furent supprimées en 1650 par le pape Innocent X. — Il y avait aussi dans le voisinage de Milan un couvent de religieuses du même ordre. A.

AMBROISE, archevêque de Moscou. Il était fils d'un Valaque nommé Kamenski, qui remplissait les fonctions d'interprète auprès de l'ataman ou chef des Cosaques de la petite Russie, pour les langues grecque, valaque et turque. Un de ses oncles, moine du couvent des Souterrains à Kief, le fit entrer au séminaire de ce couvent. Le jeune Ambroise, après avoir terminé son cours de théologie et pris le nom de son oncle, se rendit à Saint-Pétersbourg, où bientôt d'élève il devint professeur. En 1739, il reçut l'habit monastique, et, suivant l'usage, il changea son prénom d'André contre celui d'Ambroise. Il remplit ensuite diverses fonctions, et, en 1753, il fut élevé à l'épiscopat. Huit ans plus tard, il fut élu archevêque de Moscou, et il a gouverné cette église jusqu'à sa mort. Il fut égorgé en 1771 par la populace de Moscou. La peste, apportée de Bender par les troupes de Catherine II, fit cette année de terribles ravages dans cette ville. Il existait entre la ville et le Kremlin une chapelle dans laquelle se trouvait une image de la Vierge. Le peuple, attribuait à cette image le don de guérir les épidémies, se pressait dans la chapelle, et autour d'elle, ce qui ne faisait qu'augmenter les progrès du fléau. L'archevêque fit enlever l'image de nuit, et, le peuple, l'accusant aussitôt d'impiété et de sacrilége, se porta en fureur, au monastère de la *Vierge du Don*, où il s'était retiré; ces forcenés l'en arrachèrent pour le massacrer. Ambroise était né à Héjine, dans le gouvernement de Tchernigoff, en 1708. Il avait su trouver, au milieu de ses fonctions difficiles, le temps de cultiver les lettres; il a laissé des traductions, des sermons et une liturgie. J. L. G.

AMBROISE, riche habitant d'Alexandrie, époux de sainte Marcelle, fut converti par Origène à la foi catholique. Il était allé entendre un discours de ce père par simple curiosité, et il fut si touché de ce qu'il entendit qu'il abjura ses erreurs. Comme il ne manquait pas d'esprit, il plut à Origène, qui le distingua parmi ses élèves. A son tour, il devint très-utile à son maître, ou pour mieux dire à l'Église chrétienne, pour laquelle il conserva, en les faisant copier à grands frais, les *Commentaires sur l'Écriture*, qu'Origène écrivait pour lui et lui dédiait. Ambroise devint diacre d'Alexandrie, et il fut persécuté par les ennemis du christianisme. La persécution de Maximin lui fit perdre tous ses biens; Ambroise fut même déporté au fond de la Germanie où l'empereur se trouvait. Il fut assez heureux pour se soustraire aux dangers dont on se plaisait à l'entourer. De retour dans sa patrie, il engagea son ancien maître, à écrire, contre l'épicurien Celse. Il mourut vers le milieu du iii° siècle, dans l'ère chrétienne. Saint Jérôme dit de lui qu'il partageait son temps entre la lecture et la prière. J. L. G.

AMBROISE DE LA PEYRIE, dit DE LOMBEZ, parce qu'il naquit dans cette ville en mars 1708. Il entra dans l'ordre des capucins dès l'âge de seize ans, devint professeur de théologie, gardien, etc., se fit un nom distingué par son érudition, et surtout par le talent qu'il montra pour la conversion des incrédules et des chrétiens relâchés. Il ne déploya pas moins de zèle pour maintenir les hommes religieux dans le chemin de la vertu, et quelquefois lever les vains scrupules de ceux qui par pusillanimité, osaient désespérer de la miséricorde divine. On lui doit un *Traité de la paix intérieure*, in-12, plusieurs fois réimprimé; un *Traité des joies de l'âme*, aussi in-12; des *Lettres* spirituelles sur le même sujet. Le premier de ces ouvrages décèle une grande connaissance du cœur humain; il est plein de maximes de la plus pure morale, et de principes solides exposés dans un style clair, élégant et concis. Le second livre n'eut pas moins de succès que le premier. Ambroise de Lombez est mort septuagénaire, dans le voisinage de Barèges. J. L. G.

AMBROISE LE CAMALDULE, né en 1378, d'une famille illustre de Ravenne dans la Romagne, entra jeune encore dans l'ordre des camaldules, fondé par saint Romuald à Camaldoli, petite ville de la Toscane. En 1431 il était général de son ordre, et il fut envoyé en cette qualité par Eugène IV au concile de Bâle. Il se trouva successivement aux conciles de Ferrare et de Florence, et ce fut lui qui dressa le projet du décret d'union entre l'Église latine et l'Église grecque. Ambroise fut l'ami de tous les savants de son temps ; il méritait l'affection dont il était l'objet par son humeur enjouée, son caractère aimable et son esprit cultivé. Il essaya, mais en vain, de réconcilier le Pogge et Laurent Valla ; n'ayant pu y réussir, il se contenta de dire « qu'on devait peu estimer des savants qui n'avaient ni l'urbanité d'un homme de lettres ni la charité d'un chrétien. » Ambroise a laissé plusieurs *Traductions* des Pères grecs, dont il entendait parfaitement la langue, qu'il parlait même, dit-on, avec autant d'élégance que de facilité ; une *Chronique du Mont-Cassin*, des *Harangues* et des *Lettres*. Ces dernières renferment des renseignements curieux sur l'histoire littéraire de son temps. On a aussi de lui une *Visite des monastères* de son ordre, qu'il a intitulée *Hodæporicon*, imprimée à Florence en 1680, in-4°.   J. L. G.

AMBROISE (René-Louis), né à Laval en 1720. La révolution le trouva prêtre officiant dans la paroisse de la Trinité. En 1793 il fut enfermé dans les prisons de Laval avec treize autres prêtres non moins âgés que lui. L'approche des Prussiens qui menaçaient la ville fit suspendre leur jugement, ou, pour mieux dire, leur supplice. Les Vendéens étant entrés dans Laval, délivrèrent les quatorze prisonniers ; mais, après la défaite de Savenay, ceux-ci se constituèrent d'eux-mêmes prisonniers, et se dévouèrent ainsi à la mort. Le tribunal révolutionnaire saisit sa proie avec une joie féroce ; et « pour *régaler le bourreau* le 21 janvier, et dignement célébrer cet anniversaire, il lui expédia les quatorze *calotins*, » qui furent exécutés.   J. L. G.

AMBROISE (Saint-), petite ville de l'ancien marquisat de Suze, frontière du Piémont, non loin de l'abbaye de Saint-Michel, dont l'église, disent de vieilles traditions locales, avait été bâtie par les anges. Les anciens rois de Lombardie y avaient fait construire une grande muraille pour empêcher les invasions étrangères. Cette abbaye de Saint-Michel était un des quatre-chefs d'ordre de Saint-Benoît.   A.

AMBROISIE. C'était d'ambroisie que se nourrissaient les dieux immortels ; car ces dieux, que les hommes avaient créés dans leur délire avec toutes les passions dont ils étaient eux-mêmes agités, avaient besoin d'aliments pour soutenir leur immortalité. L'ambroisie était réservée exclusivement pour les dieux seuls, car quiconque y aurait goûté devenu immortel. Les anciens, au surplus, n'étaient pas d'accord sur la nature de cet aliment, que les uns regardaient comme solide, et les autres comme liquide. Homère qui, avec Hésiode, fut le vrai créateur de l'olympe grec, est du nombre des premiers. La boisson, c'était le nectar. Au reste, le même poète donne aussi le nom d'ambroisie à une espèce d'huile dont les dieux se servaient pour oindre leur corps. Sapho parle de l'ambroisie comme d'un breuvage, au reste toujours ou aliment, on conçoit qu'il était du goût le plus exquis. — Les botanistes appellent du nom d'ambroisie une plante à pétale aromatique et annuelle ; on l'appelle aussi quelquefois *thé du Mexique*, parce qu'elle est originaire de cette contrée. On cultive dans les jardins une plante aussi annuelle et d'odeur aromatique, à fleurs flosculeuses, dite *ambroisie maritime*. — Les Romains appelaient aussi *ambroisies* des fêtes qu'ils célébraient en l'honneur de Bacchus le 24 novembre (voyez plus bas AMBROSIA.) On les avait célébrées primitivement dans l'Ionie. — Lucien, dans ses dialogues, trouve extraordinaire qu'on vante tant l'ambroisie. Ce mets, dit le caustique et spirituel écrivain, ne doit pas être aussi exquis que les poètes l'assurent ; puisque les dieux le quittent assez volontiers pour venir, de même que les mouches, aspirer les émanations du sang des victimes qu'on immole sur leurs autels.   A. D. M.

AMBROISIEN (*chant*). (V. AMBROSIEN.)
AMBROISIENS. (V. AMBROSIENS.)
AMBROISIACUM (AMBRONAY), monastère d'hommes de l'ordre de Saint-Benoît, congrégation de Saint-Maur, du diocèse de Lyon, situé dans la petite ville de son nom en Bugey, sur la route de Lyon à Genève, à 4 lieues S.-E. de Bourg en Bresse, fondé, à ce que l'on croit, vers l'an 800 par Bernard, avant qu'il fût archevêque de Vienne, au temps de Charlemagne, sous le patronage de la sainte Vierge. Cette abbaye était une de celles qui députaient aux assemblées des états du Bugey. On ne trouve ni titres ni mémoires qui puissent servir à son histoire jusque vers la fin du douzième siècle. Cette abbaye a eu de grands privilèges et on ne doute pas que la ville ou bourg d'Ambronay, dont les abbés ont toujours été seuls, seigneurs, ne doive son origine à ce monastère. L'abbaye était dans un excellent pays ; elle dépendait immédiatement du saint-

siége. La règle de la réforme de Saint-Maur y fut introduite en 1647. Ambronay faisait la quatre-vingt-sixième maison unie à cette congrégation.

AMBRONS (AMBRONES), peuple de la Gaule qui alla s'établir sur les rives du Pô, et qui, d'après les conjectures de quelques savants historiens, doit être regardé comme la souche des Ligures. Leur situation dans la Gaule, avant qu'ils envahissent le nord de l'Italie, n'est pas encore bien sûrement déterminée, quoique depuis Cluvier on s'accorde, généralement à les placer dans l'étendue de pays qui comprend aujourd'hui les cantons de Berne, de Zurich, de Lucerne et de Fribourg. On regarde comme sans fondement l'opinion de Festus, qui, trompé sans doute par la similitude des noms, les fait habiter dans Embrun et sur le territoire circonvoisin. Les Ambrons prirent part à la grande lutte teuto-cimbrique contre la république romaine ; ils ne contribuèrent pas peu à la victoire de leurs alliés sur les généraux Manlius et Cépion ; mais ils subirent aussi la même destinée quand Marius les extermina près d'Aquæ-Sextiæ. — Quelques écrivains ont pensé que la tribu des Ambrons s'était formée des transfuges de plusieurs tribus gauloises, qui se réunissaient pour aller chercher fortune.   BÛCHET DE CUBLIZE.

AMBROSIA (αμβροσια). Les Grecs appelaient ainsi une fête que les anciens romains célébraient en l'honneur de Bacchus, et qui, dans la langue latine, est nommée *brumalia*, de *bruma*, hiver, selon les uns, et de *Brumus* ou *Bromios*, surnom de Bacchus, suivant les autres. Cette fête durait trente jours, du 24 novembre au 25 décembre, et pendant ce temps les familles nobles s'invitaient mutuellement à de grands repas. Romulus, qui avait, dit-on, institué les brumales, avait coutume de donner alors des banquets au sénat.   B. DE CUBLIZE.

AMBROSIEN (*chant et rit*). Ambroise ne combattit pas seulement l'arianisme du haut de la chaire évangélique ; il ne le terrassa pas seulement par ses écrits, mais encore il s'occupa de donner aux cérémonies du culte toute la gravité, toute la pompe dont elles sont susceptibles. De son temps, sans doute, comme aujourd'hui, des esprits détracteurs s'élevaient contre la magnificence déployée dans les temples du Seigneur. Eh ! pour qui gardera-t-on les dons les plus riches de la nature, si ce n'est pour celui qui a tout créé ? On prodigue l'or et les diamants pour orner la demeure d'un roi, d'un roi dont la terre et le temps dévoreront les restes comme ceux de l'humble paria, et l'on osera se plaindre de ce que l'or brille sur les autels du Dieu qui ne périt point ! Au surplus, ce n'est moins à la pompe extérieure qu'à l'esprit même des cérémonies qu'Ambroise apporta tous ses soins. Elles étaient avant lui simples et souvent incertaines : il améliora la liturgie, lui donna des formes plus nobles, plus étendues, et la rendit commune à son diocèse ; il composa aussi des messes, des préfaces, des hymnes et beaucoup de prières, mettant partout cette onction qui gagne les cœurs et qui plus que tout pouvait ranimer ou exciter la piété des fidèles. — Ce n'était pas assez : le saint prélat s'occupa de la psalmodie ; il voulut (386) qu'on chantât les psaumes alternativement à deux chœurs comme cela se pratiquait dans les églises de l'Occident. Il nota lui-même le chant, et l'on prétend que six cents ans plus tard, ce chant ainsi noté se conservait encore dans quelques églises. Ce qui n'est pas douteux, c'est qu'il fut l'auteur d'un système de chant qui reçut son nom. Cela résulte d'un passage des Confessions de saint Augustin, des assertions de son biographe Paulin et d'une lettre d'Ambroise lui-même à sœur Marceline. — Un ancien écrivain, Walafride Strabon, affirme que saint Ambroise est l'auteur de l'office qui, encore aujourd'hui, porte son nom ; mais il prétend qu'avant saint Ambroise l'église de Milan avait un office particulier différent de celui de Rome. Il paraît même évident que l'office ambrosien ne fut qu'une amélioration de cet ancien office, et qu'il n'était pas lui-même conforme à celui de Rome, puisqu'au temps de Charlemagne le pape Adrien ordonna aux églises d'Occident de prendre l'office de Rome, et que l'église de Milan ne se sauva de la proscription prononcée par le pontife qu'en se couvrant du nom vénéré de saint Ambroise. Chaque église, même en Italie, avait un rit particulier ; et le pape, secondé par l'empereur, voulut établir une sage uniformité. Toutefois le rit ambrosien s'est soutenu à Milan avec quelque modification ; il avait emprunté quelque chose du rit grégorien, et l'Église de Rome accueillit de son côté certaines innovations introduites à Milan. — Le pape Nicolas II avait manifesté, dit-on, l'intention d'abolir le rit ambrosien de même que le rit mozarabe, qui tenait en quelque sorte l'Église d'Espagne séparée de l'Église romaine, mais la mort qui le surprit ne lui permit pas d'exécuter son dessein.

Dans le XV° siècle, sous le pontificat d'Eugène IV, des tentatives furent encore dirigées contre le rit ambrosien, mais elles échouèrent contre la résistance du peuple de Milan. A la fin du même siècle (1497), il fut déclaré par une bulle d'Alexandre VI que les Milanais continueraient de se servir de l'office ambrosien, sans rien changer ni aux messes et aux cérémonies, ni au chant, ni aux offices de nuit et de jour. — Une première édition du missel ambrosien s'était faite en 1482 ; la seconde eut lieu en 1499. Saint Charles Borromée en publia deux éditions nouvelles en 1548 et 1560. D'autres éditions ont eu lieu dans les deux siècles suivants. J. D. M.

AMBROSIENNE (BIBLIOTHÈQUE). Cette bibliothèque, l'un des ornements de Milan, fut fondée au commencement du XVII° siècle par le cardinal Frédéric Borromée, qui aimait et protégeait les lettres. Il avait acheté et fait acheter de toutes parts des livres et des manuscrits. Ceux-ci furent d'abord au nombre d'environ quinze mille ; les livres imprimés formaient trente-cinq mille volumes. Postérieurement, le nombre des imprimés s'est élevé au double. Les manuscrits renferment des ouvrages précieux. L'abbé Maïo y a découvert un grand nombre de fragments de poëtes grecs et latins. Le fondateur avait d'abord l'intention d'attacher à sa bibliothèque seize savants qui se seraient exclusivement occupés de travaux littéraires ; mais ce projet n'a pu s'exécuter que en partie. On n'y voit que deux docteurs au lieu de seize ; ils ont le titre de Docteurs de la Bibliothèque Ambrosienne, et ils portent une médaille d'or, sur laquelle on lit Singula singulis, ce qui probablement contient l'avis donné à chacun d'eux de ne s'occuper que d'une seule chose. Auprès de la bibliothèque Ambrosienne, ainsi nommée en l'honneur du saint archevêque de Milan, il existe une galerie d'objets d'arts, tels que peintures, sculptures, plâtres, dessins, etc. A.

AMBROSIENS. On a désigné sous ce nom une secte d'hérétiques du XVI° siècle, qu'on appelait aussi pneumatiques ou pneumatomaques. Ils devaient leurs erreurs à un anabaptiste nommé Ambroise, qui prétendait avoir reçu ses inspirations du Saint-Esprit, et qui n'attachait aucun prix aux livres saints. Les pneumatomaques allaient plus loin : ils niaient que le Saint-Esprit fût Dieu. X. X.

AMBROSINI (BARTHÉLEMI), professeur de médecine à Bologne, où il était ne vers le commencement du XVII° siècle, fut nommé directeur du jardin botanique et du cabinet d'histoire naturelle. On doit à ses veilles : 1° Panacea ex herbis quæ à sanctis denominantur, in-8° ; 2° Historia capsicorum cum iconibus, in-12 ; 3° Theorica medicinæ, in-4°. Tous ces ouvrages, auxquels on peut ajouter son traité des Moyens de guérir la peste, et la publication de trois volumes d'Aldobrandi, ont été imprimés à Bologne de 1630 à 1632. Ambrosini mourut en 1657. — Son frère Hyacinthe, qui lui succéda dans la direction du jardin botanique, a donné au public : 1° Hortus Bononiæ studiorum consitus, in-4°, Bologne, 1654-57 ; 2° Phytologia, hoc est de plantis, in-fol., ibid., 1655-1666. Ce dernier ouvrage, qui consiste dans une nomenclature des noms des plantes découvertes dans le XVII° siècle, avec les synonymes et les étymologies, n'a pas été terminé ; la mort surprit l'auteur au commencement de son travail. Au surplus, on n'a que peu de regrets à former, car la partie qui a été publiée renferme beaucoup d'inexactitudes et d'omissions. J. L. G.

AMBROSINIE, petite plante de la famille des aroïdes, qui croît dans les bois de la Sicile, et principalement aux environs de Palerme. A.

AMBROSTINA, nom italien que les Corses donnent à une espèce de raisin noir qui croît dans leur île. A.

AMBROUN (ois.), synonyme de bruant (V. ce mot.)

AMBRYSSE. Nom d'un héros à qui les Grecs avaient décerné les honneurs de l'apothéose. Pausanias parle d'une ville à laquelle il avait donné son nom, sans indiquer sa situation. A.

AMBUBAJES. On appelait ainsi à Rome des femmes de mauvaise vie qu'on croyait être venues de Syrie vers les derniers temps de la république. Elles assistaient aux fêtes comme musiciennes ou danseuses. On croit que leur nom venait d'un mot syrien qui signifiait flûte, parce qu'elles chantaient en se faisant accompagner par une espèce de flûte en usage dans la Syrie. N. M. P.

AMBULACRES (zool.). On donne ce nom aux rangées régulières de trous du test d'un grand nombre d'échinodermes. Ces trous, disposés par lignes qui partent du centre du test, laissent sortir les innombrables tentacules qui servent à la locomotion de l'animal. (V. ÉCHINODERMES.) J. B.

AMBULANCE (service de santé des armées), de ambulare,

marcher. Cette expression toute moderne sert à désigner le local, le matériel ou le personnel du service spécial destiné à porter des secours aux victimes de la guerre. Dans le principe, et avant que cette institution eût reçu les développements et les perfectionnements auxquels elle est parvenue de nos jours, on disait hôpital ambulant, pour distinguer les hôpitaux qui suivaient les armées de ceux qui étaient à poste fixe, et qu'on nommait hôpitaux sédentaires. C'est sous Louis XIII que l'on trouve les premières traces de cette distinction qui donna lieu plus tard à la création spéciale des ambulances. Le mot n'a été adopté cependant que sous Louis XV. A l'époque des guerres sanglantes que la révolution fit naître, le zèle des chirurgiens ne connut plus de bornes ; et comme ils allaient sur le champ même de bataille pour y porter des secours plus prompts, plus efficaces, et qu'en même temps ils enlevaient les blessés qui gênaient les opérations stratégiques, on inventa les ambulances volantes. On ne saurait aller plus loin en ce genre : « Comment ! pas de chirurgiens ! » disait-il à un soldat polonais un soldat français accoutumé aux soins qu'on prodiguait dans son pays aux défenseurs de la patrie. « Pas de chirurgiens ! et que devenez-vous donc quand vous êtes blessés sur le champ de bataille ? — Nous mourons ! » répondit le Polonais avec fermeté et résignation. — Tel a été réellement le sort du guerrier grièvement blessé dans presque toute l'antiquité, et même à une époque assez rapprochée des temps modernes ; tel il serait encore si les progrès de la civilisation, plus peut-être que l'usage des armes à feu, n'avaient introduit dans les armées, pour porter des secours aux blessés, des moyens prompts, efficaces et proportionnés au nombre des combattants. — Dans les temps les plus reculés, les combattants allaient eux-mêmes après l'action au secours de leurs amis blessés, que la nécessité de faire face à l'ennemi les avait forcés d'abandonner sur le champ de bataille ; d'où ceux qui le pouvaient encore s'efforçaient de s'éloigner, où ceux qui ne le pouvaient plus demeuraient exposés aux vicissitudes du combat, souvent achevés par l'ennemi vainqueur, foulés aux pieds des chevaux de leurs compagnons d'armes, ou écrasés sous les roues de leurs chars. Cependant les guerriers de quelque distinction étaient généralement relevés lorsqu'ils tombaient blessés, et leurs propres soldats les transportaient loin de la mêlée. — Homère dans son Iliade et plusieurs historiens de l'antiquité dans leurs écrits nous apprennent que Chiron, avec Machaon et Podalyre ses fils, s'occupait, après le combat, à secourir les blessés. Achille, à leur école, devint très-habile à extraire les flèches et les javelots, à étancher le sang et à guérir les blessures ; et le vieux Nestor lui-même, dit le poëte, valait à lui seul mille autres guerriers, à cause des secours qu'il donnait aux malheureuses victimes des combats. — Il faut arriver aux derniers temps de la république romaine pour trouver les premières idées de précautions prises en faveur des blessés. Alors, pour la première fois, on nomma un chirurgus vulnerarius, chirurgien des plaies, par légion ; et bientôt les empereurs sentirent tellement les avantages de cette innovation que nous voyons déja Auguste, malgré le préjugé bien connu du peuple romain contre les chirurgiens, leur accorder le droit de cité dans Rome ; plus tard, leurs services furent tellement appréciés, qu'ils furent décorés de l'anneau de chevalier romain, exemptés des taxes de l'État et du logement des hommes de guerre, etc., etc. Si les Romains sentirent la nécessité d'établir un service spécial pour secourir les blessés, ce ne fut qu'à l'époque où l'immensité de leurs possessions leur obligeait d'avoir des armées permanentes. Il en fut de même en Europe, et particulièrement en France, où l'on trouve toujours les premiers essais de toutes les améliorations sociales. Dans tous les temps de barbarie et jusqu'au règne de Louis XIII, dans tout le moyen âge et le siècle de la renaissance, les secours aux blessés furent bien insuffisants, le plus souvent inefficaces, et presque toujours inventés. — Chaque roi, duc, comte ou baron, menait à sa suite et attaché à sa personne son médecin et son maître myre, qui était son chirurgien, et qui, lorsqu'il n'avait pas de secours à porter à son maître, s'empressait par humanité, ou lorsque celui-ci l'y envoyait, d'aller donner ses soins à ceux qui pouvaient en avoir besoin. Au nombre de ces myres se trouvait Jean Pitard, qui devint le conseiller et l'ami de saint Louis ; plus tard, le savant Ambroise Paré, Pigray son élève, et Héry, furent au nombre de ces chirurgiens militaires éphémères. Mais de pareils secours étaient insuffisants, et l'on sent combien de malheureux demeuraient sur le champ de bataille, exposés aux suites de leurs blessures et à la rigueur de la saison, qui, bien soignés et bien pansés auraient échappé à la mort et pu rendre plus tard de nouveaux services à la patrie. Aussi, poussés par la cupidité, une foule de charlatans et de marchands d'orviétan suivaient les armées pour aller vendre sur le champ de bataille leurs onguents aux blessés, qui payaient au poids de l'or un secours dont le moindre inconvénient était presque toujours de ne pouvoir produire aucun bien. — Cependant, la charité chrétienne trouvait moyen d'adoucir les maux de la guerre : les moines, dont la demeure était alors sacrée, s'empressaient d'accueillir et de secourir les blessés ou venaient leur demander asile ; des couvents de femmes même servirent quelquefois de retraite aux victimes de la fureur des partis, et l'on vit se former un grand nombre de villes ; des confréries pieuses, dans le but d'aller porter des secours aux blessés et d'ensevelir les morts ; les femmes ne dédaignaient pas de prendre part à ces associations charitables ; elles allaient panser les plaies sur le lieu du combat, et portaient le dévouement jusqu'à sucer le sang meurtri qui les engorgeait. — Quand la politique de Richelieu eut rendu nécessaires de armées permanentes, on sentit le besoin d'adjoindre à chaque corps d'armée des chirurgiens, afin d'assurer aux soldats et les soins que réclamait leur santé dérangée en garnison, et des secours immédiats sur le champ de bataille. Dans les longues guerres qui agitèrent les règnes de Louis XIV et de Louis XV, ce service prit une nouvelle extension et reçut de grandes améliorations. On attacha des chirurgiens à chaque régiment ; les plus grands chirurgiens ne dédaignèrent pas d'aller exercer leurs talents à l'armée et l'on cite à peine un nom de chirurgien célèbre, dont le souvenir ne rappelle quelqu'une des grandes batailles livrées durant ces règnes si fertiles en événements militaires ; jamais les chirurgiens n'avaient eu tant de facilité pour acquérir et développer en peu de temps beaucoup d'habileté et d'expérience pratique. Les travaux d'Abeille, de Ravaton, de Colombiers, de Monro et de Pringle, se rattachent à cette époque brillante de la chirurgie. Cependant, et malgré les grands talents de ces maîtres de l'art, le service des ambulances était encore dans son enfance et tout à fait insuffisant lorsque les sanglantes guerres de la révolution commencèrent. Les secours qu'on donnait aux blessés sur le lieu du combat, administrés par un trop petit nombre de chirurgiens, et non secondés par un corps régulier chargé d'en prendre soin après le pansement, rendaient le plus souvent illusoires les intentions philanthropiques de ceux qui se trouvaient chargés de cette partie de l'administration. Il fallut tout l'ascendant du mérite réel d'hommes tels que Percy et Larrey, pour créer, organiser et amener au point de perfection où elles sont arrivées depuis, les *ambulances militaires.* — Ce n'est, en effet, que de cette époque, comme nous l'avons dit en commençant, que date l'organisation régulière des institutions qui ont rendu tant et de si éclatants services. — Les ambulances suivent l'armée dans toutes ses opérations, soit en marche, soit aux sièges, soit dans les batailles. Le chef d'état-major général, ou celui qui le remplace dans les différents corps d'armée, d'accord avec les officiers de santé en chef, désigne à l'avance, par un ordre du jour, la place des ambulances durant les différentes opérations de l'armée. Pour les sièges et les combats on choisit d'ordinaire, hors de la portée du feu de l'ennemi, une église, une ferme, une grange pour y établir l'ambulance centrale ; quelquefois, faute d'un local suffisant, on est obligé de se contenter de tentes. De là partent les ambulances volantes, qui, aidées de chirurgiens de régiment, vont relever les blessés, leur portent les premiers secours, et les amènent ensuite à l'ambulance centrale, où l'on fait les opérations nécessaires, et où l'on place les appareils à demeure. — Mais quelles que soient la promptitude des secours et la nature des soins qu'on donne aux blessés, il n'est pas toujours possible de suffire à tout. Le nombre des blessés est quelquefois tel que, bien que le zèle des chirurgiens ne se ralentisse point, ils ne peuvent tous recevoir les secours que leur position réclame. Qu'arrivait-il donc avant l'établissement des ambulances et l'état de perfectionnement auquel elles sont parvenues ? — Quand, à la suite d'une grande bataille, l'ambulance centrale se trouve encombrée ou dépourvue de moyens, on prend des mesures pour faire évacuer un certain nombre de blessés sur les hôpitaux temporaires ou sédentaires les plus voisins. Il n'est pas nécessaire de dire que le choix tombe sur ceux qui peuvent le mieux supporter le voyage, et qu'on emploie les moyens de transport les plus convenables ; que les blessés sont accompagnés d'un nombre suffisant de chirurgiens et d'infirmiers, et qu'on leur donne une escorte pour les protéger pendant la route. (*V.* ARMÉE, SERVICE-DE-SANTÉ.) R. T.

AMBULANT, du latin *ambulare*, marcher, voyager. On le dit en médecine d'un mal qui n'a pas de siège fixe. Ainsi on appelle *dartre, érysipèle ambulant,* un érysipèle qui s'étend de proche en proche et quitte peu à peu la place qu'il occupait pour se manifester à côté, plus haut ou plus bas. On donne le même nom à un vésicatoire, à un cautère dont on change successivement le site en lui faisant parcourir diverses parties du corps. On nomme hôpital ambulant un hôpital qui suit l'armée, et qu'il ne faut pas confondre avec l'ambulance (*V.* ce mot) ; comédiens ambulants, une troupe de comédiens, ordinairement fort mauvais, qui vont de ville en ville ou plutôt de grange en grange pour jouer là comédie. Cervantes, et après lui le Sage, ont peint de traits vifs et plaisants la vie et le talent des comédiens ambulants. A. D. M.

AMBULATOIRE, adjectif qui a le même sens qu'ambulant, mais qui ne s'applique guère qu'à une juridiction qui n'a pas de siège fixe, comme était autrefois celle du grand conseil. On se sert encore de ce mot dans cette phrase proverbiale : « La volonté de l'homme est ambulatoire, » pour dire changeante et variable. A.

AMBULIE (*bot.*). C'est le nom d'une plante du Malabar, de la famille des personnées de Jussieu, d'une assez forte odeur de poivre et d'une saveur aromatique. A.

AMBULIENS. Surnom qu'on donnait à Jupiter, à Minerve et aux Tyndarides, soit parce que les Lacédémoniens allaient se promener sous un portique près duquel ces dieux avaient un temple, soit parce qu'ils avaient la faculté de prolonger la vie de ceux qui s'adressaient à eux. Dans ce cas on fait dériver le mot *ambuli* du grec ἀναβάλλω, qui signifie prolonger. A.

AMBULON, espèce d'arbre qu'on croit être le même que le cirier. (*V.* ce mot). A.

AMBURBALES (*fêtes*). Plusieurs écrivains ont confondu ces fêtes, qui consistaient en processions autour de la ville, avec les *ambarvales* qui étaient aussi des fêtes du même genre en l'honneur de Cérès ; d'autres les distinguent, et si l'on consulte l'étymologie, il est probable que ces derniers sont fondés ; car amburbales vient des mots *ambire* et *urbs*, aller autour de la ville, tandis qu'ambarvales vient du même mot ambire et du mot *arva*, aller autour des champs ; ce qui semble signifier que ces dernières fêtes avaient pour objet d'invoquer la protection de Cérès pour obtenir une moisson abondante, et que les premières tendaient à faire descendre sur la ville même la protection des dieux. N. M. P.

AMBUSTION, mot dérivé du verbe *urere*, brûler, et synonyme d'ustion ou cautérisation. A.

AMBYSE (*mam*). Nieremberg désigne par ce nom une espèce indéterminée du genre phoque. B.

AMCHASPANDS: Les anciens Perses, et encore aujourd'hui les Parsis, reconnaissent en qualité de créateurs du ciel et de la terre et de tous les êtres créés, sept dieux ou sages immortels qu'ils nomment Amchaspands, et à la tête desquels ils placent Ormuzd, dont les Français ont fait Oromaze (*V.* ORMUZD). Ces sages ont un assez grand nombre de ministres qui s'appellent dzeds, et qui sont des génies bienfaisants, mais d'un ordre inférieur. De leur côté, les Dews, ennemis des Amchaspands, s'attachent à vicier ou à détruire le bien que font ces derniers. Ils sont pareillement au nombre de sept, et ils ont pour chef Ahriman (*V.* ce mot). Les Perses avaient une grande vénération pour le nombre sept. N. M. P.

AMÉ (*théologie et philosophie*). C'est une substance incorporelle, douée d'intelligence et de liberté, et unie à un corps organisé pour le vivifier et le régir. C'est pour cela qu'elle sent, qu'elle pense et qu'elle juge. — Image de la Divinité, l'âme de l'homme est en même temps le miroir où l'intelligence divine vient se réfléchir. Placée entre le temps et l'éternité, elle sert de lien pour rattacher le monde matériel à celui des esprits. Par son union intime avec le corps, la nature intelligente entre en communication avec la nature corporelle, mais de manière à lui commander en souveraine et à exercer sur elle une action puissante et continue. Créée pour connaître et pour goûter la vérité, elle éprouve un charme indicible dans la contemplation, et pour montrer que, si elle a besoin des organes afin de communiquer avec la matière, elle peut cependant agir sans leur secours, elle se replie quand elle veut sur elle-même et se rend compte de ses opérations. C'est surtout par cette puissance de réflexion qu'elle sent toute la grandeur de son être, et qu'elle dit avec une noble assurance : Je suis une personne et non une chose, je suis *moi.* Puis, sortant de ce sanctuaire intérieur où elle s'est reconnue elle-même, où elle a constaté son être, elle va par sa pensée hors de ce corps où elle est comme emprisonnée, prendre possession de ce monde extérieur; elle parcourt comme une reine, ce vaste royaume que le Créateur lui a donné, comme pour manifester la suprématie de son intelligence. Voyez aussi avec quelle hardiesse elle mesure l'espace, elle s'élance au delà de toutes les sphères et s'efforce d'embrasser l'infini. Inquiète au milieu de ce monde trop étroit pour ses désirs, elle aspire à la possession d'une félicité sans limites; ce monde inconnu qu'elle appelle avec une ardente impatience fournit un vaste champ à ses espérances sublimes. Il lui tarde de tout voir, de tout connaître, de tout approfondir, de tout pénétrer; elle porte ses investigations sur tout; par sa mémoire, elle se ressouvient des événements passés, et, par sa perspicacité, elle cherche à pénétrer ou à deviner l'avenir; par sa volonté elle commande à la matière et la matière lui obéit. Si dans le peu de temps qu'elle passe dans son exil terrestre elle ne peut réaliser ses pensées et ses désirs immenses, elle sait néanmoins que la vie future lui appartient, que l'infini sera son partage. Ne nous étonnons plus que ce monde la fatigue et qu'elle ne s'y sente pas à l'aise; évidemment ce n'est point là son élément naturel. Mais d'où vient à l'âme humaine une telle audace? qui peut lui inspirer une telle confiance? comment, pèlerine du temps, peut-elle aspirer à l'éternité? comment, emprisonnée dans la matière, peut-elle désirer le monde des esprits? son existence actuelle ne proteste-t-elle pas contre ces prétentions ambitieuses? est-elle bien sûre d'être distinguée de la matière? n'est-elle pas plutôt identique avec elle, puisqu'elle subit toutes ses influences et est assujettie à ses vicissitudes? Non! l'âme n'a rien de commun avec la matière; si elle se sert des organes pour communiquer avec le monde extérieur, elle ne cesse pas pour cela d'avoir la conscience de sa vie propre; de ses opérations spirituelles, de son moi; quand elle a recours à ces grossiers instruments, elle n'accepte pas ce qu'ils lui transmettent sans lui faire subir un changement complet. Elle dépouille tout ce qui lui vient du dehors de son mode d'existence matérielle, et n'en conserve qu'une image réduite à l'état d'esprit par le creuset où elle l'a fait passer auparavant. Je ne connais rien de plus évident au monde que la nature spirituelle de l'âme; aussi, quand l'univers en s'écroulant écraserait son enveloppe matérielle, elle se dégagerait sans peine du milieu de ces ruines pour aller se réunir au monde des esprits. Il nous serait certainement facile de faire un long panégyrique de l'âme humaine, mais ce n'est pas ici le lieu. Nous devons combattre dans cet article ceux qui nient son existence et nous opposent de vains sophismes pour établir que les opérations spirituelles de la pensée, du jugement et du sentiment, appartiennent à la matière. Cette question de l'existence de l'âme est une des plus fondamentales de la religion, c'est sur elle que reposent le christianisme et la dignité humaine. Si l'âme n'existait pas, si elle n'était pas spirituelle, immortelle, libre, les mystères chrétiens ne seraient qu'un mensonge grossier. Toute la vie de Jésus-Christ, ses institutions, ses dogmes, sa morale, l'Église, l'Évangile, la croix, les sacrements, tout ce qui, en un mot, a fait la gloire et le bonheur de l'humanité, ne seraient qu'une déception; les nations, en cherchant la vérité, la lumière et leur salut dans le christianisme, auraient donné dans une erreur déplorable. Tout ce qu'il y a de plus héroïque, de plus sublime, de plus pur dans l'histoire de l'humanité, le martyre, la sainteté, la vertu serait une illusion; la dignité humaine, la personnalité de l'homme n'existeraient pas; l'homme ne serait plus une personne, ce serait une chose, un peu de matière plus subtile si l'on veut que toute autre matière, mais toujours de la matière destinée à se désorganiser un jour et à voir ses débris dispersés sans honneur! De pareilles conséquences sont certainement un préjugé bien fort contre le matérialisme, car l'humanité, loin de croire, s'être trompée, se révolte et s'indigne contre cette abjection systématique et flétrit avec un profond mépris ces théories dégradantes et corruptrices. Cette réprobation est si prononcée, que peu de matérialistes osent exposer crûment leur opinion; ils la déguisent avec un certain soin et la cachent sous une certaine enveloppe ou un jargon scientifique qui la dérobe aux yeux des ignorants et ne la découvre qu'aux adeptes. Toutefois il ne faut pas attribuer cette pudeur au seul respect humain et à la crainte bien légitime de froisser une croyance générale sur laquelle repose le bonheur des hommes; il faut la chercher encore dans la protestation intérieure de leur âme; jamais le matérialiste le plus prononcé n'a pu faire taire la voix de sa conscience; quand, dans le silence de la méditation, il rentre en lui-même, il y trouve son âme qui lui dit avec force: Non, tu n'es pas tout matière! Comment croire en effet que l'homme le plus

intrépide échappe au trouble intérieur que cause la négation criminelle d'une vérité aussi évidente? comment croire qu'il cherche à s'anéantir systématiquement (car c'est s'anéantir en se dégradant que de nier son âme et sa personnalité, sans que le moi indestructible se révolte d'indignation contre cette entreprise? Pour l'honneur de l'humanité, nous ne pouvons pas croire que le matérialiste dans ses plus grands écarts soit parvenu à ce degré d'abjection, que d'être convaincu intimement qu'il n'a pas d'âme et n'est que pure matière. Nous avons à cet égard l'aveu de certains matérialistes; il n'y a d'ailleurs qu'à lire leurs ouvrages pour voir que ce ne sont que des aveugles volontaires, et qu'il n'y a jamais eu chez aucun d'eux de conviction parfaite. Si du moins pour soutenir leur système ils nous présentaient des arguments irrésistibles, des démonstrations claires et évidentes, des preuves sans réplique, des faits incontestables, si quelque lumière jaillissait de leurs preuves, on concevrait leur égarement, on les plaindrait d'avoir donné dans une erreur presque inévitable; mais il n'en est pas ainsi malgré l'appareil scientifique de leurs ouvrages; quels arguments irrésistibles trouve-t-on chez eux? des systèmes physiologiques sans consistance, l'aveu de l'existence d'une cause inconnue dont ils ne veulent pas rechercher la nature, des faits dont ils ignorent le principe producteur, des doutes, l'art de décliner la discussion des faits psychologiques, comme s'ils n'appartenaient pas autant à l'homme que les viscères, les nerfs, le cerveau et la moëlle épinière. Mais si les défenseurs du matérialisme, ou plutôt ceux qui penchent vers ce système abrutissant, sont réduits à l'impuissance de démontrer leur opinion, les défenseurs du spiritualisme ne craignent pas de défendre la vérité; ils abordent leur sujet avec confiance; ils en sondent la profondeur, ils l'éclairent dans ses parties, et font briller la lumière du sein des ténèbres. C'est que l'âme pleine d'intelligence sait se défendre quand on la laisse parler; elle répudie toute identité avec la matière, et dit, avec vérité: Je suis un esprit. Voyons si elle a raison de parler ainsi: la pensée étant simple de sa nature, puisque jamais elle n'a divisé, par exemple, l'affirmation ou la négation, elle ne peut pas être la modification de la matière, quelque subtile ou organisée qu'on la suppose; il y a incompatibilité absolue entre la simplicité, ou l'indivisibilité et l'étendue composée nécessairement de parties unies entre elles, par agrégation, affinité ou autrement; nul ne leur fera jamais franchir l'intervalle qui les sépare, il y a l'infini entre la matière et l'esprit; les qualités connues de la matière et de l'esprit montrent clairement que jamais ces deux substances ne pourront être mêlées et confondues; et que, par conséquent, leurs accidents ne pourront jamais les modifier mutuellement, ou servir de mode à l'une ou à l'autre. La matière est inerte, étendue, divisible, pondérable. L'esprit est actif, simple, indivisible, impondérable. L'esprit abstrait, généralise, s'étend à tout; il a conscience de ses opérations; la pensée, qui est une modification de l'esprit, participe à toutes ces qualités, car il y a une relation intime et nécessaire entre la modification et le sujet modifié; si leurs qualités étaient contraires, ils ne pourraient s'unir ensemble. On conçoit les formes extérieures de la matière; il n'y a aucune opposition entre la substance matérielle et les figures diverses qu'elle peut recevoir. La matière peut être concret, individualisé par ses formes, terminé par une figure. L'étendue lui convient. Il y a compatibilité entre la couleur et la substance qu'elle colore et qu'elle distingue d'une autre. Mais une modification simple comme la pensée, unie à un sujet composé, ce qui est sans parties uni à ce qui a des parties; ce qui est incolore, impondérable; reçu sur une substance colorée et pondérable; sont des rapprochements impossibles, la modification réveille l'idée de la substance qu'elle modifie, parce que les modes ne sont que les manières d'être des substances. La figure étant la terminaison d'une superficie ou d'une étendue, cette terminaison suppose une substance matérielle ou susceptible d'être terminée; donc sans corps on ne concevrait pas de figure. Mais la pensée, comment se termine-t-elle? est-elle ronde ou carrée? répond-t-elle à telle partie d'une superficie ou à telle autre? la pensée n'est pas une, toute spirituelle? Pour qu'elle pût exister dans un sujet composé, il faudrait qu'elle fût multiple, divisible, c'est-à-dire qu'elle fût ce qu'elle n'est pas. La pensée est donc la modification d'une substance spirituelle. Ce qu'il le démontre encore plus, c'est que nous avons des pensées de diverses natures; les unes, réveillent en nous le souvenir des êtres matériels, parce qu'elles ont une relation intime avec ces êtres, telles sont les idées du ciel et de la terre; mais les autres ne réveillent aucun souvenir matériel; qu'y a-t-il de commun entre l'idée de Dieu, l'idée du moi, les idées de justice, d'éternité, et la matière. Si donc il n'y a rien de matériel dans ces idées ; si elles sont étrangères à toute matière, n'en faut-il pas conclure que le principe pensant ou l'âme est immatérielle ? Quant aux pensées qui sont le reflet des corps extérieurs ou l'image du monde matériel, elles sont encore simples ; car un corps ne peut recevoir la forme d'un autre corps, à moins qu'il ne perde la sienne auparavant, par altération ou corruption ; or, l'âme, ou le principe qui pense, loin d'être altérée ou corrompue par la réception des formes ou des images des choses matérielles, y trouve sa perfection, puisque l'entendement, en accroissant ses connaissances, ce qu'il peut faire sans augmenter le nombre de ses idées ou des images des objets extérieurs, devient plus étendu, plus puissant ou plus parfait ; il accroît sa perspicacité ; or, il est impossible que l'âme pût accroître ses facultés pensantes par un tel exercice, si son opération et son mode de recevoir les images extérieures ne différaient pas essentiellement des modifications de la matière. En effet, quand l'âme pense à un objet matériel, elle se sert des organes pour en recevoir l'image ; mais elle ne reçoit ces images qu'abstraites, dépouillées, dénuées de toute quantité, de toute étendue, de toute localité et qualité corporelles ; elle fait spirituellement ce que l'estomac fait matériellement ; quand celui-ci reçoit des aliments, il les dépouille de leur condition primitive, il les transforme, il en extrait ce qui est utile à l'existence du corps et au renouvellement de ses forces ; il sécrète le chyle ; cette action est toute mécanique et opère sur de la matière. — Quand les objets extérieurs entrent dans l'âme, ils reçoivent de l'âme son mode d'existence, son spiritualisme ; ils perdent leur quantité et leur qualité matérielles ; dès qu'ils entrent dans l'âme, ils passent à l'état universel et perdent leur existence individuelle, parce que l'homme, considéré dans son âme, a un mode universel qui convient à tous les hommes, mode qu'il n'a pas si on le considère hors de l'âme ; car, par son corps, l'homme ne convient pas dans ses conditions d'être avec tous les autres hommes ; il y a des variétés infinies de couleurs, de tailles, de formes, et des différences sans nombre ; mais dans son âme et par son âme, il convient également avec tous ; la nature spirituelle des hommes ne diffère pas, c'est pourquoi la collection des hommes peut être désignée par un mot universel, l'humanité ; ce qui n'arriverait pas, s'il n'existait pas dans chaque homme un principe un et universel, un principe simple, sans figure, sans étendue, sans lieu, sans couleur, sans aucune des conditions qui existent dans la matière et qui la particularisent. Prouvons cela par un exemple. Prenons le premier objet venu, tel que la lettre A : quand cette lettre est imprimée sur un papier, elle possède une certaine grandeur, une couleur rouge ou noire, un lieu déterminé, une telle page, une telle partie du papier, en sorte que nul autre A, imprimé dans cette même page, n'est cet A déjà localisé. Tous les autres diffèrent du premier par l'impression, la position, la couleur, et la forme. Mais en est-il ainsi quand cet A est perçu par l'âme : ne subit-il pas alors un autre mode d'existence ? n'est-il pas vrai que cet A reçu dans l'âme par l'organe visuel, cesse d'être matériel ? qu'il cesse alors d'être grand ou petit, d'être localisé, d'être rouge ou noir, d'être imprimé sur du papier ou de l'étoffe ? Cet A, qui est perçu par l'âme, acquiert un mode universel, commun à tous les autres A ; il convient autant par son mode nouveau d'existence à l'un qu'à l'autre. Or, avant la perception de l'âme, il n'était point de sa nature, ou il suit que cet A, de matériel, de localisé, d'individualisé qu'il était auparavant, devient spirituel, universel, dès qu'il est reçu dans l'âme ; donc l'âme, en percevant les images des objets extérieurs, les spiritualise. Donc l'âme de l'homme est un pur esprit, donc toutes les qualités connues des corps, l'étendue, la pesanteur, la couleur, la figure, répugnent à l'âme qui existe sans aucune de ces conditions. D'où il suit que l'âme est invisible parce qu'elle n'a point de couleur ; qu'elle ne peut être ouïe parce qu'elle n'a aucun son ; qu'on ne peut l'odorer parce qu'elle n'a point d'odeur, ni la goûter parce qu'elle n'a point de saveur, ni la toucher parce qu'elle n'a ni quantité ni qualité tangible. L'âme n'est ni chaude, ni froide, ni humide, ni sèche, ni âpre, ni douce, ni longue, ni courte, ni ample, ni étroite, ni large, ni profonde, ni épaisse, ni légère, ni pondérable, parce que toutes ces qualités appartiennent aux corps ; c'est ce qui nous démontre pourquoi les sensations sont spiritualisées, quand par les organes elles sont transmises à l'âme. La simplicité de l'âme ou sa spiritualité paraît encore plus évidemment quand elle prononce un jugement, c'est-à-dire quand elle prononce qu'une idée convient avec une autre idée, ou qu'elle répugne avec elle ; car l'âme ne saurait affirmer ou nier la convenance de deux idées, si elle ne les avait pas en même

temps, et si elle n'avait pas conscience de toutes les deux. Jamais, sans leur présence simultanée, elle ne pourrait les comparer et prononcer sur leur convenance ou leur incompatibilité. Or, si le principe pensant ou l'âme de l'homme était corporel et étendu, il ne pourrait pas avoir conscience de l'une et l'autre idée ; en ce cas une idée affecterait une partie, et l'autre idée affecterait l'autre partie, et aucune des deux parties, à cause de leur distinction mutuelle, ne pourrait avoir conscience des deux idées ; car ces deux parties du principe pensant dans l'homme seraient comme deux âmes distinguées entre elles et affectées ou remplies par une idée différente, et aucune de ces deux âmes n'aurait conscience de ce qui se passerait en même temps dans l'autre ; donc il serait impossible au principe pensant dans l'homme de comparer ces deux idées entre elles, et de juger ou d'affirmer ou de nier leur convenance ou leur incompatibilité : ce que l'expérience universelle contredit. Ceci devient plus évident quand l'homme éprouve diverses sensations, et quand, par exemple, il mange, il écoute un concert et regarde un tableau en même temps ; malgré la complication et la présence simultanée de ces diverses sensations, il juge de ce qui lui cause un plus vif plaisir, et comment pourrait-il donner la préférence ou à l'harmonie des sons, ou à la saveur des aliments, ou à la beauté des couleurs, s'il n'existait pas en lui un principe simple, capable de recevoir ces sensations tout entières et de les recevoir en même temps ? Car enfin l'oreille qui est charmée du son, diffère de l'œil qui voit les couleurs et du palais qui goûte les saveurs. Ces trois organes sont séparés ; il faut donc qu'il y ait un être unique et simple qui, en recevant ces diverses impressions, puisse les juger et se prononcer en faveur de l'une des trois. C'est une démonstration géométrique, au dire de Bayle, et celui qui n'en sent pas l'évidence ne peut pas ou ne veut pas s'élever au delà d'une grossière imagination. — L'action de juger nous conduit naturellement à l'activité de l'âme. L'homme sent qu'il peut vouloir ou ne pas vouloir, agir ou ne pas agir d'après son arbitre ou sa volonté. Or, cette opération, la plus noble des opérations de l'homme, suppose un principe spirituel et dégagé de toute matière. Qui, donc oserait dire qu'un corps même organisé est maître de lui-même et de ses mouvements, qu'il est libre, qu'il consent à se donner le mouvement ou à l'arrêter ? Qui ignore que la matière est inerte de sa nature, que quand un corps est à l'état de repos il y serait éternellement, si une impulsion donnée par une puissance étrangère ne l'en retirait et ne le forçait à se mouvoir ? L'âme, au contraire, a tellement la conscience de son activité propre et inhérente à sa nature d'être, qu'elle agit sur elle-même et hors d'elle-même à son gré. Tantôt par sa pensée, elle parcourt toute la nature, la terre, l'air qui l'environne, les astres qui la dominent ; elle s'élance au delà de toutes les sphères ; non contente de parcourir ce monde livré à ses investigations, à ses conjectures, à ses jugements, elle interroge les siècles passés sur leur existence, leurs lois, leurs monuments, leur histoire ; elle cherche à percer les ténèbres de l'avenir ; elle s'élève aux principes généraux des sciences, et jusqu'aux vérités les plus éloignées des sens. Ce n'est pas tout, elle choisit entre le bien et le mal, le vice et la vertu, la vie et la mort. Or, qui osera dire que ces opérations, purement intellectuelles, conviennent à la matière ? Est-ce que la matière et le mouvement peuvent agir sur des choses passées, absentes et placées hors de leur portée ? Quand un corps se meut, il ne peut que déplacer ou heurter le corps qui est devant lui. Si la résistance est trop forte, il s'arrête ; mais quel est le corps qui arrête la pensée ? d'où vient à l'âme cette puissance merveilleuse de parcourir le monde, de s'élever jusqu'au delà de ses limites, sans obstacle, sans embarras, instantanément. Quoi ! si l'âme est un corps, il n'est ralenti par aucun obstacle, il n'éprouve aucune résistance de cette masse presque infinie qui l'environne, il se fait jour sans rien ressentir ? Avouons-le, c'est que l'âme n'est point corporelle, ni soumise à l'action des corps ; l'âme est distinguée de toute matière ; voilà pourquoi sa pensée parcourt sans obstacle le vaste univers, et s'y promène à l'aise comme dans son domaine. Si le principe pensant dans l'homme était corporel, les pensées, les délibérations, les déterminations ne seraient pas libres, elles ne seraient autre chose que des mouvements mécaniques ou leurs effets nécessaires ; or, cela est absurde, car entre l'effet et la cause, il y a une proportion précise. Mais je le demande, cette proportion existe-t-elle entre l'ébranlement du cerveau, par exemple, et cette rapidité de la pensée ; entre un corps lointain et cette course rapide à travers le monde ? Il n'y a évidemment aucun enchaînement mécanique entre ces deux choses. On ne peut expliquer ce phénomène que par l'immatérialité de l'âme ou sa spiritualité. L'homme a en outre incontestablement une intelligence supérieure à celle des bêtes, son industrie les surpasse de telle sorte, que le comble de la dégradation humaine, c'est d'assimiler l'homme à la bête. Il suffira d'observer que l'homme peut agir de diverses manières, changer à son gré ses moyens d'exécution; varier ses plans, et inventer de nouvelles choses; la bête agit au contraire d'une manière uniforme, toujours avec la même perfection; elle ne varie pas, et n'imite pas les autres espèces. — L'homme jouit de la faculté de dompter, de soumettre et de faire servir à ses usages les animaux même les plus féroces et les plus forts, quoique leur force, comparée à celle du corps humain, soit souvent supérieure. D'où vient une pareille industrie, sinon du principe dominateur de la matière? L'homme a encore la faculté d'employer à son usage ou à ses plaisirs tous les agents matériels qui sont à sa portée, il force la nature, il façonne la matière aveugle, qu'elle fonctionne pour lui et lui obéit avec tant de précision; que quand ses calculs sont exacts; elle ne dévie pas de la route qu'il lui a tracée. Et l'on dira que ces prodiges d'industrie, sont l'effet d'une matière plus subtile, d'une organisation plus déliée? évidemment le matérialisme laisse percer l'absurde de toutes parts. — Mais l'âme ne met pas seulement en œuvre la matière, elle s'exerce aussi sur les objets purement spirituels, tels que Dieu et les purs esprits, elle réfléchit sur elle-même sans avoir besoin du secours des organes corporels. Que dis-je? ces organes sont trop souvent pour elle un obstacle dont elle voudrait être débarrassée, elle se plaint de leur importunité, du dérangement qu'ils causent à ses méditations profondes. Or, si elle était identique avec la matière, éprouverait-elle de tels obstacles? si son être n'était point séparé de la matière, se plaindrait-elle de l'embarras que celle-ci lui cause quand elle veut s'occuper d'objets purement spirituels? non sans doute, nul être ne se plaint des conditions de son existence ou ne se révolte contre sa propre nature; donc si l'âme se plaint du corps, c'est qu'elle est un esprit: s'il n'en était pas ainsi, comment posséderait-elle des idées qui ne lui viennent point par le canal des sens? Est-ce que les idées de sagesse, de justice, de vérité, appartiennent à la matière? Qui a jamais osé dire que la matière connaît le vrai, le juste, le sage? Qui oserait nier cependant que l'homme possède ces idées, qu'elles lui servent de règle de conduite, qu'elles sont la loi régulatrice de ses vertus? Or, comment connaîtrait-il ces idées, s'il n'avait pas une âme raisonnable capable de s'élever jusqu'à la raison éternelle, et prototype de toutes les idées régulatrices des esprits. Sans l'existence de ces idées, et sans leur perception, l'homme ne serait pas capable de science et de vertu. C'est d'après cette connaissance qu'elle établit une différence essentielle entre le vrai et le faux, entre le bien et le mal; qu'elle se dévoue pour l'un, et qu'elle a horreur de l'autre. Combien, pour l'honneur de l'humanité, ne voit-on pas d'hommes mépriser et dédaigner le bien utile ou agréable, pour choisir le bien purement honnête, le préférer même jusqu'à tout sacrifier pour lui; résister aux penchants de la chair; et réprimer l'ardeur des convoitises ardentes, excitées par la présence des objets utiles ou agréables! Mais si l'âme domine les sens, elle n'est donc pas de même nature qu'eux? Qui peut concevoir qu'une matière, subtile tant qu'on voudra, soit capable de réfréner une autre partie de matière? Quand il y a division dans le corps humain, il y a souffrance, maladie, destruction; or ces luttes de l'âme ne désorganisent point le corps, donc il faut les attribuer à l'âme elle-même; elles n'existeraient certainement pas si l'âme, éclairée par la raison pure de l'esprit infini, n'appartenait pas au monde des esprits qui seuls, par leur volonté, ont la puissance d'enchaîner les corps ou de réprimer leurs mouvements désordonnés. Et qu'on ne dise pas que l'homme est incapable de lutter contre ses passions, d'opposer la raison de l'esprit, et la volonté éclairée de son âme à l'emportement des passions brutales! Qu'on ne cherche pas à excuser celui qui se laisse vaincre sans combat, car lui-même ne s'excuse pas. Il a conscience du mal qu'il commet ou du bien qu'il produit. Jamais son âme après avoir commis une action honteuse, n'éprouve la même satisfaction qu'après un acte de vertu, d'humanité, de bienfaisance. Il y a dans l'homme des pensées qui s'excusent ou s'accusent mutuellement : terrible conflit qui cause plus d'un désespoir ! La bête soumise à l'impulsion des sens, assujettie à ses instincts, obéissant à ses appétits naturels, nécessaires, irrésistibles, n'éprouve ni contentement ni remords. D'où vient qu'il n'en est pas ainsi de l'homme? d'où vient que, lorsqu'il veut suivre l'impulsion désordonnée des sens, sa cons-

cience lutte contre cet entraînement, et s'oppose avec force à son action criminelle? Dira-t-on encore que la conscience est un principe matériel? Ainsi, la matière lutterait contre la matière, en faveur d'une loi spirituelle, d'une raison pure, d'une justice immatérielle? Non, cela ne se peut pas. Il y a donc dans l'homme une âme spirituelle, entièrement distincte de la matière; sa présence seule dans l'homme nous explique ces troubles intérieurs ou ces joies de la conscience. Du reste, ce n'est pas seulement contre les passions désordonnées du corps que la conscience murmure; elle s'oppose aux vices purement spirituels, tels que l'ambition : elle est donc spirituelle; car, enfin, toute substance qui se délecte ou qui éprouve de la joie d'une chose purement spirituelle, qui se complaît dans la contemplation de la vérité, de la vertu, qui aime la justice, est une substance spirituelle : or, l'âme de l'homme a de pareils goûts, elle éprouve parfois de ces joies saintes; elle est donc spirituelle et étrangère à la matière.— Humilié de son ignorance, poussé par son inquiète curiosité, l'homme s'efforce de parvenir à la science. Mais est-ce dans la matière ou dans l'esprit que l'homme trouve le fondement de toute connaissance scientifique, de toute démonstration, de toute théorie; mais comment atteindra-t-il ce but sans principes généraux, c'est-à-dire sans principes abstraits, de toute matière et purement intellectuels? Concluons que la substance qui s'occupe de philosophie, de métaphysique, du principe des choses, de leur raison d'être, de l'être en général, de l'être abstrait, qui conserve des idées générales et des axiomes d'où elle tire, par voie de conséquence ou de raisonnement, des démonstrations complètes; est une substance spirituelle. Non, la matière n'abstrait pas, ne généralise pas; limitée dans un lieu, elle remplit la place qu'elle occupe, et ignore ce qui est hors de ses limites. L'esprit seul, comme nous l'avons déjà vu, parcourt l'espace, les temps, les lieux; seul, il abstrait des choses matérielles les images, dont il forme les idées qu'il compare aux principes généraux qu'il connaît, afin, par cette opération, de parvenir à la science. Le matérialiste ne nie point cette opération, mais il ne veut pas en reconnaître le principe. Quoi qu'il en soit, la matière est absolument incapable de produire ces phénomènes intellectuels. Une âme spirituelle seule peut conjecturer des choses futures, d'après les événements passés, et pourvoir à son avenir par la sagesse qu'elle a acquise par les actes précédents : c'est ainsi qu'à l'aide du calcul et de l'analogie, fondée sur l'observation réfléchie, elle prédit avec exactitude les événements naturels, tels que les éclipses de soleil et les révolutions des planètes. Mais, si l'homme était une pure machine organisée, soumise à des fonctions mécaniques et nécessaires, pourrait-il faire de tels calculs ? Qui ne voit que la science des nombres se perdre dans l'infini, et qu'il y a incompatibilité incompatibilité entre la matière incapable de se compter elle-même, et tous ces calculs nécessaires pour prédire la rencontre des astres ? Cette science même ne suffit pas à l'astronome; il faut encore qu'il connaisse la science des lignes, c'est-à-dire qu'il se forme l'idée d'une longueur sans largeur, et l'une et l'autre sans profondeur; abstraction dont la matière concrète est évidemment incapable. Il en est de même dans les arts; l'artiste est guidé par des idées intellectuelles, des principes de beau; de vrai, de sublime; il s'élève au-dessus de la matière pour atteindre, s'il le peut, à l'idéal et au prototype; tout artiste qui ne sent pas en lui le désir de sortir de la matière ne sera jamais qu'un manœuvre. — Terminons cette série de preuves par celle que nous fournit le langage humain. Tout le monde convient que les hommes peuvent joindre certaines pensées à certains sons et à certains signes arbitraires : or le seul mouvement de la matière est incapable de produire un tel effet; car enfin, si un mot quelconque est proféré devant des hommes de diverses nations, l'impression du mot articulé est la même chez tous; mais comme sa signification dépend de la volonté des hommes, il n'y a que ceux qui savent la langue à laquelle ce mot appartient qui en comprennent le sens. Mais d'où vient que le même son frappe toutes les oreilles sans les éclairer toutes sur sa signification? S'il n'existait pas dans l'homme un principe spirituel qui attache arbitrairement à ce son telle pensée, ce seul mouvement de la matière, le son, devrait être compris par tout le monde, puisqu'il cause à tous une égale impression. Donc l'âme humaine se distingue tout à fait de la matière, et n'a aucune des qualités qui appartiennent au corps.—Ce que nous avons dit démontre, aux yeux de toute personne raisonnable, la simplicité de l'âme ou sa spiritualité. Nous pourrions nous dispenser de répondre à certaines objections qu'on nous

II   25 fait ; mais, pour montrer que nous ne déclinons pas le combat, nous choisirons ce qu'on a dit de plus fort contre la vérité que nous venons d'établir. — L'âme, disent les matérialistes, d'après Lucrèce, éprouve toutes les vicissitudes du corps ; elle croît avec lui, elle entre en adolescence, elle vieillit, elle se fortifie où devient infirme avec lui ; c'est de l'état du corps, et surtout du cerveau, que dependent le génie, l'esprit, l'intelligence, la mémoire et l'usage de la raison ; car de pareilles vicissitudes n'arriveraient pas à l'âme, si elle n'était pas identifiée avec le corps. — Loin de tirer de ce fait une pareille conclusion, le spiritualiste en conclut que Dieu a établi une relation ou une union si intime entre l'âme et le corps, qu'ils réagissent l'un sur l'autre, quoique leur substance soit de diverse nature. Par suite de cette liaison mutuelle, il arrive que l'âme ne peut communiquer avec le monde extérieur qu'à l'aide des organes. Or, quelle merveille y a-t-il si, quand les organes sont affaiblis, anéantis, ou dans un état de parfaite conservation, l'âme éprouve plus ou moins de facilité ou de difficulté à exercer quelques-unes de ses facultés ? Ce qui prouve que ces diverses vicissitudes n'affectent pas l'âme, mais seulement le corps, c'est que la vision, par exemple, peut être affaiblie par l'affaiblissement de l'organe visuel et fortifiée par sa guérison. Or, je le demande, cela ne prouve-t-il pas que la faiblesse était dans l'organe et non pas dans l'âme ; que celle-ci n'avait pas plus besoin d'être guérie qu'elle n'avait besoin de l'œil pour exister ; mais seulement pour se mettre en relation avec la lumière matérielle. D'où il suit que le corps seul est soumis à ces vicissitudes de force, de faiblesse. Il faut bien distinguer entre l'existence d'une faculté et son exercice : l'aveugle a la faculté de voir, il n'a pas l'exercice de cette faculté. Il en est de même à l'égard des facultés intellectuelles, la conception, la mémoire, l'imagination, le jugement : par suite de l'union personnelle de l'âme avec le corps, ces facultés croissent, diminuent et s'affaiblissent avec l'âge ; elles varient selon les différentes qualités du cerveau, la subtilité des esprits, la configuration des organes et la disposition où se trouve le corps. De là vient encore que dans la santé ou la maladie les hommes diffèrent autant d'eux-mêmes que s'ils étaient d'autres personnes. C'est le fait de l'état de l'organe et non de l'âme. — On objecte encore que les affections que l'âme éprouve étant corporelles, l'âme est identique avec le corps. L'expérience, disent nos adversaires, prouve que les sensations ne sont produites dans l'âme qu'à l'aide d'une commotion excitée à la superficie du corps, et conduite par le secours des nerfs jusqu'au cerveau. Mais, si les sensations naissent de l'ébranlement des nerfs, si elles cessent quand ils n'existent pas, si elles sont plus ou moins violentes, selon qu'ils sont plus ou moins parfaits, il s'ensuit que la sensation appartient à la matière. Cette objection rentre dans la première. Les sensations ne sont pas dans le corps, qui est incapable de les distinguer ; elles sont dans l'âme, qui seule, par sa spiritualité, a la faculté de les recevoir et de les comparer. Car, comment, par exemple, les nerfs de la main droite, que je tiens près du feu, pourraient-ils avoir conscience de ce qui se passe dans la main gauche que j'appuie sur de la glace ? L'âme seule peut comparer les sensations de chaleur et de froid, et nullement les nerfs, qui ne sont que des conducteurs sans intelligence. Ceci nous dispense d'entrer dans le détail des systèmes des physiologistes sur les fonctions du cerveau et de réfuter tout ce qu'ils ont dit ou écrit sur la glande pinéale, les corps striés, l'hémisphère cérébral, les lobes du cerveau, la moelle épinière ; car tout cela, c'est de la matière, et la matière est incapable de penser. Quand donc Cabanis a dit que le cerveau sécrétait la pensée, comme l'estomac sécrétait le chyle, il a dit une chose absurde, contre laquelle il a dû sentir son âme se révolter intérieurement ; et si, après avoir écrit cette phrase criminelle, un de ses élèves l'avait traité de pure machine, d'homme sans âme et sans esprit, il aurait regardé toutes ces paroles comme une insulte grossière ; et pourtant, d'après son système, il aurait été traité comme il voulait l'être. Plaignons les hommes qui, dans un moment de délire, entassent des sophismes pour semer des doctrines corruptrices. La foule, en passant devant ces tristes renommées, finit par s'en détourner avec horreur. — Enfin on nous dit que l'âme est dans le corps comme dans un lieu, ce qui est contraire à sa simplicité, et que d'ailleurs nous ignorons les qualités intimes de la matière ; d'où il suit que nous ne pouvons pas prononcer avec certitude sur l'incompatibilité de la pensée avec la matière. L'âme n'existe pas dans le corps comme dans un lieu, puisqu'elle est simple et que le corps a des parties. Saint Thomas croit que l'âme est tout entière dans le corps et tout entière

dans chaque partie du corps. Descartes a logé l'âme dans la glande pinéale. Hérophile, avant lui, l'avait mise au centre du cerveau. Hippocrate, dans le ventricule gauche du cœur ; Démocrite et Aristote, dans tout le corps, de même que la bonne santé est répandue dans toute la personne ; Épicure dans l'estomac, parce que la peur et l'effroi tressaillent en cette partie et que la joie nous flatte à l'entour d'elle. Les stoïciens plaçaient la principale résidence de l'âme dans le cœur ; Érasistrate, dans la membrane qui enveloppe le cerveau ; Empédocle, dans le sang. D'après Galien, chaque partie du corps a son âme. Strabon la met entre les deux sourcils. Platon la divise en trois parties : plaçant la raison dans le cerveau, la colère dans la poitrine et les désirs qui tendent à la volupté dans les entrailles. Nous n'embrassons aucun sentiment sur cette question ; nous laissons les philosophes se débattre entre eux à ce sujet ; il nous suffit de savoir que l'âme est dans le corps humain autrement que dans un lieu — Quant aux qualités de la matière que nous ne connaissons pas, elles ne sont pas contraires ou opposées à celles que nous connaissons, puisque des qualités contraires produiraient la destruction d'un être. Or, celles que nous connaissons, telles que l'étendue et la pesanteur, étant incompatibles avec la pensée, nous concluons, ou plutôt nous affirmons que celles que nous ne connaissons pas, étant incontestablement de même nature, sont tellement incompatibles avec la pensée, que Dieu même par un miracle, ne pourrait pas transporter la pensée de l'esprit à la matière. — Ce n'est pas que nous prétendions expliquer le mystère de l'union de l'âme avec le corps, et de l'action réciproque de l'esprit sur la matière. Ce que nous savons, c'est que ces deux substances sont parfaitement distinctes entre elles ; et qu'il n'y a aucun mélange possible entre l'esprit et la matière. L'âme ne communique pas avec le corps par mode de contact proprement dit, car les corps seuls ont un point, une ligne ou une surface, par lesquels ils peuvent se toucher, ce que l'âme ne possède pas. Saint Athanase compare le corps humain à une lyre et l'âme au musicien habile qui touche les cordes de l'instrument et produit par son action un concert harmonieux ; mais cette comparaison ingénieuse n'explique pas non plus le mystère de l'union de deux substances de nature diverse. Quelques philosophes ont inventé différents systèmes pour expliquer cette action réciproque ; mais ils n'ont pas été heureux dans leurs inventions. Leibnitz nous a donné son système d'harmonie préétablie, c'est-à-dire une correspondance précise des divers mouvements du corps avec les diverses pensées de l'âme ; en sorte, d'après lui, que le corps et l'âme agissent de la même manière que se meuvent deux horloges régulières mises en mouvement dans le même temps ; ce système est contraire à l'expérience, par laquelle nous jugeons que certains mouvements du corps dépendent de notre volonté, et certaines affections de l'âme des mouvements du corps. Cudworth a imaginé un médiateur plastique, chargé de mouvoir le corps au moindre signe de l'âme, et d'exciter des sensations dans l'âme à la moindre impression que subit le corps. Mais, loin de détruire la difficulté, il l'augmente ; car, si le médiateur est spirituel, il est inutile à l'âme qui peut fort bien agir par elle-même ; s'il est matériel, il est inutile au corps. — Descartes a inventé les causes occasionnelles ; Malebranche a perfectionné ce système. Ces philosophes ont prétendu que l'âme n'agit pas réellement sur le corps, ni le corps sur l'âme, mais que les pensées de l'âme ne sont que des occasions librement instituées de Dieu et par l'intervention desquelles il excite certains mouvements dans le corps, et réciproquement les mouvements du corps sont de pures occasions, à la suite desquelles Dieu fait naître dans l'âme certaines pensées ou sensations ; ils disent que cela se fait par des lois générales et uniformes, et qu'ainsi Dieu n'est pas le serviteur des hommes comme on le leur avait reproché. C'est recourir à un miracle pour expliquer une chose naturelle ; cette intervention divine a le malheur de faire concourir Dieu au péché, comme cause instrumentale. D'ailleurs, pourquoi augmenter les difficultés ? L'âme agit sur le corps qu'elle habite, comme Dieu, à l'image duquel elle a été créée, agit sur la matière. Dieu, étant esprit, n'a d'action sur la matière que par sa volonté : il a donc donné ce genre de puissance à notre âme, puisqu'il la destinait à vivifier le corps. — L'existence de l'âme, sa simplicité et son union avec le corps étant établies, il nous reste à parler de son origine, des opinions diverses qui ont été émises à son sujet et de sa vie perpétuelle. La question de l'origine de l'âme a été longtemps débattue, sans que les philosophes aient percé les ténèbres qui environnent le berceau de la plus noble des substances; plus d'un grand génie s'est égaré en s'efforçant de déterminer quel était l'état des âmes avant d'habiter les corps. Le plus célèbre de tous les systèmes, avant que le christianisme eût jeté une vive lumière sur cette question, était celui de la préexistence des âmes, imaginé et développé par Platon. Ce philosophe prétendait que les âmes, ayant péché, avaient été condamnées à venir habiter dans des corps sujets à toutes les faiblesses de la nature, afin de mériter, par leurs travaux et leur patience, d'être rétablies dans leur premier état. Ce raisonnement séduisit certains écrivains ecclésiastiques, entre autres Origène, qui prétendit par là expliquer le dogme du péché originel. Les difficultés que fait naître ce mystère donnèrent naissance à plusieurs systèmes, que l'on peut réduire à trois : 1° Celui de la propagation, suivant lequel l'âme viendrait de celle d'Adam par voie de propagation ou de traduction *ex traduce*, à peu près comme une lumière se propage en se communiquant. — 2° Celui de la création journalière des âmes et de leur infusion dans les fœtus au moment de leur création. — 3° Celui de la préexistence ou de leur création simultanée à l'origine des temps, et de leur dépôt en un lieu connu de Dieu seul, d'où il les envoie dans les corps de ceux qui viennent au monde, ou bien dans lesquels les âmes viennent elles-mêmes se placer. — Ces trois systèmes ont eu des partisans dans l'Église. Tertullien, Apollinaire et d'autres occidentaux soutenaient le premier; saint Augustin garda une neutralité parfaite à leur égard, et il avoua en mourant qu'il n'avait jamais su quelle était l'origine de l'âme (*Retract.*, lib. I, c. 1). Plusieurs Pères imitèrent la réserve de saint Augustin, et ne firent pas difficulté de dire que l'origine de l'âme était un mystère connu de Dieu seul. Saint Grégoire le Grand, étant consulté sur ce qu'il fallait croire à cet égard, répondit que les Pères, après de grandes recherches et un sérieux examen, avaient avoué qu'il était impossible de décider si l'âme venait d'Adam comme notre corps, ou si Dieu la créait dans le corps qu'elle animait (*Lib. IX*, epist. 52, *ad Secundinum*). Mais, malgré cette réserve de saint Augustin, le sentiment de la création journalière des âmes, appelé communément le sentiment de saint Jérôme, quoique Lactance l'eût soutenu avant lui, prit tellement le dessus, qu'il n'est plus permis aujourd'hui d'en faire revivre un autre, à moins d'un mépris formel pour les écoles catholiques. Plusieurs théologiens le regardent comme approchant de la foi. De là l'axiome : *Creando infunditur, infundendo creatur.* Bellarmin affirme que quiconque aujourd'hui voudrait s'en tenir au doute de saint Augustin se rendrait suspect. Quoiqu'on ignore l'époque où le sentiment de la création journalière a été adopté généralement dans l'Église, on ne peut douter que le Maître des sentences n'ait beaucoup contribué à rendre les scolastiques unanimes à ce sujet, en soutenant dans son ouvrage, que les âmes ne venaient point par la voie de propagation (*In 11 Dist.*, 19). Le cinquième concile de Latran renouvela la condamnation faite dans le concile général de Vienne contre ceux qui soutenaient qu'il n'y avait qu'une seule et même âme pour tous les hommes, et que cette âme était mortelle (*Labb.*, t. XIV, col. 187). — Parmi les hérétiques, on trouve beaucoup d'erreurs sur l'origine des âmes : Manès, Cerdon, Marcion prétendaient que les âmes étaient une portion de la substance divine. C'était renouveler en partie la doctrine du Portique. Saturnin disait que l'âme était l'ouvrage des anges; ouvrage grossier et imparfait, tombé du ciel en terre, où il palpitait comme un ver qui ne peut se soutenir, que Dieu, à la ressemblance duquel elle a été faite, lui avait communiqué une étincelle de vie, qui lui avait donné les forces d'agir et de marcher, et qui, après la mort, devait la réunir à son principe. Valentin, Carpocrate, Apelles faisaient venir les âmes du ciel, avec cette différence qu'Apelles soutenait que Dieu ne les avait enfermées dans un corps de péché, que parce qu'elles avaient désiré goûter des fruits de la terre. La plupart de ces erreurs avaient leur source dans le Phédon de Platon; on voit par là que les hérétiques, afin d'altérer le dogme chrétien, se sont toujours efforcés d'unir ensemble les opinions des philosophes et les dogmes du christianisme. Cette tentative n'a jamais eu d'heureux résultats. — Origène, marchant un peu sur leurs traces, enseigne dans son *Peri-archon*, ou livre des principes, qu'avant la création du monde, l'âme jouissait de la béatitude dans le ciel, jusqu'à ce qu'ayant péché elle en fût chassée et condamnée à venir faire pénitence sur la terre dans un corps qui lui servirait de prison, avec cette circonstance qu'en descendant elle passerait successivement par tous les globes ou tourbillons qu'elle rencontrerait sur sa route; qu'elle

séjournerait quelque temps dans chacun et y prendrait un corps de la nature de ces globes (Orig., *Peri-archon, lib. I, cap. 7*). — Priscillien était à peu près du même sentiment qu'Origène, avec cette différence néanmoins que, selon lui, les âmes étaient de la nature divine et avaient péché dans le ciel, d'où par suite elles étaient tombées sur la terre entre les mains de diverses puissances de l'air, qui les avaient enfermées dans des corps où leur condition était plus ou moins douce, à proportion des péchés qu'elles avaient commis dans le ciel. Il ajoutait que parfois en descendant en terre elles passaient par sept cieux qu'elles rencontraient l'un après l'autre (Tillem., t. VIII). Parmi les philosophes anciens, les uns assuraient que l'âme était une partie de la Divinité, un écoulement et une portion de l'Être qui gouverne l'univers (V. AME DU MONDE). Ce sentiment paraît avoir été commun chez les premiers philosophes de la Grèce : Pythagore, la secte italique et Platon semblent avoir eu cette idée. — D'autres ont soutenu que l'âme était éternelle et sans principe. Quelques-uns ne la distinguaient pas du corps; ils la faisaient naître et mourir avec lui. — Suivant Anaxagore, Anaximène, Anaximandre et Archélaüs, l'âme est un composé des parties les plus déliées de l'air. — Selon Empédocle, c'est un sang répandu autour du cœur; selon Démocrite, un composé d'atomes légers et ronds; suivant Protagoras d'Abdère, disciple de Démocrite, l'âme n'est autre chose que les cinq sens. Macrobe attribue une autre opinion à Héraclite, il lui fait dire que l'âme est une étincelle de l'essence des étoiles. — Épicharme tirait du soleil la substance des âmes. Zénon et les stoïciens enseignaient que l'âme est un feu. Épicure, dit Plutarque, croit que l'âme est un mélange de quatre choses, de feu, d'air, de vent et d'un quatrième principe qui n'a point de nom et il explique par une force sensitive. Galien prétendait que c'était une complexion. Héraclite de Pont croyait que l'âme était une portion de lumière; Marc-Aurèle, qu'elle était quelque chose de semblable au vent et une exhalaison du sang. Il dit ailleurs que l'âme est une portion de la Divinité qui habite au dedans de nous : ce que Sénèque exprime par ces paroles : « Dieu est près de toi, il est avec toi, il est au dedans de toi-même. » L'âme, selon Hippocrate, est un esprit délié, répandu par tout le corps; selon Critolaüs, c'est une cinquième essence, tirée du plus subtil des quatre éléments. Suivant Pythagore et Philolaüs, c'est une harmonie, une perfection des organes du corps. Dicéarque soutenait qu'il n'y avait point d'âme, que cette faculté d'agir et de sentir était également répandue dans tous les corps vivants, qu'elle en était inséparable, et que ce n'était rien autre chose que le corps lui-même figuré et tempéré de manière qu'il pût agir et avoir du sentiment. — Platon et Macrobe disent que Dieu a composé l'âme de l'univers de l'arrangement et de la vertu des nombres. Ils admettent dans l'homme une âme végétative, sensitive et raisonnable. — Ces philosophes n'étaient pas d'accord sur la nature de l'âme, ils étaient également divisés sur son immortalité. Homère, Phérécyde, Thalès, Pythagore, Anaxagore, Alcméon, Diogène, Isocrate, Épaminondas, soutenaient que l'âme est immortelle. Platon suppose où prouve cette assertion dans presque tous ses ouvrages : « Nous croyons, dit-il dans son Phédon, que l'âme ne peut pas mourir. Ignorez-vous, demande-t-il dans sa République, que l'âme est immortelle et ne finira point? Il faut croire, enseigne-t-il dans ses Lois, que l'âme de chacun de nous est immortelle, et qu'elle rendra compte de toutes ses actions à un Dieu. » Xénocrate, Jamblique, Atticus, Hiéroclès, Maxime de Tyr, Plotin, Porphyre, Proclus, s'accordent avec leur maître. Cicéron était de ce sentiment, ainsi que Caton. On ne sait pas au juste quel a été le sentiment d'Aristote sur ce sujet important. Les uns le regardent comme l'adversaire de ce dogme; les autres prétendent qu'il l'admettait. Cette dernière opinion paraît la plus probable. S'il faut en croire Laërce avec le poëte Chérile, Thalès serait le premier qui aurait écrit sur l'immortalité de l'âme. Cicéron et Hésychius attribuent cette gloire à Phérécyde de Scyros, et Maxime de Tyr à Pythagore. Quel que soit le premier qui ait écrit sur cette vérité, il est certain qu'elle remonte à l'origine du monde. A la honte de l'esprit humain, cette vérité a été attaquée par des adversaires nombreux. Simonide, Hippocrate, Galien, Alexandre d'Aprodisée, Lucrèce, Pline, les deux Sénèque, les épicuriens, les saducéens ont cru l'âme mortelle. Pline appelle le sentiment de l'immortalité de l'âme une illusion d'une nature qui, désire ardemment ne jamais finir. Sénèque dit : « J'aurais voulu me persuader l'immortalité de l'âme; je me rangeais aisément à l'opinion des plus grands hommes, qui donnent plutôt l'espérance que la certitude d'une doctrine si agréable, et je me livrais à leurs sublimes promesses, mais ces idées se sont évanouies comme un beau songe. » (Sénèq., Epist. 102.) Sénèque le tragique, dans sa Troade, acte premier, s'est exprime crûment à cet égard : *Après la mort il n'y a rien, la mort c'est le néant.* — Les stoïciens donnaient à l'âme une durée très-longue mais non éternelle. Cicéron les raille finement de cette opinion, avec laquelle ils traitent les âmes comme des corneilles. (Tuscul. quæst., lib I.) Ils croyaient du reste qu'il n'y avait qu'une seule âme générale pour tous les hommes. — Tatien et les encratites ses disciples ont cru que l'âme mourait et qu'elle devait ressusciter avec le corps. Plus le dogme de l'immortalité de l'homme s'est élevé au-dessus de ces opinions dégradantes, plus quelques esprits orgueilleux ou dépravés ont pris à tâche de l'attaquer. Léon X fut obligé de publier une bulle contre certains matérialistes du xve et du xvie siècles. On range parmi ceux-ci Pomponace, Vanini, Cardan, Jordan Brune. Rien néanmoins n'a égalé la fougue de l'école sensualiste du xviiie siècle, et des matérialistes modernes. Ils ont combattu ce dogme avec une espèce de rage; on ne comprend pas cette haine furieuse contre une vérité qui est hors des atteintes de l'homme. Nous n'avons pas besoin de citer les Diderot, les d'Holbach, les Helvétius, les Lamettrie, etc., les Cabanis et les physiologistes de son école : ils sont trop connus. Quoi qu'en aient dit tous ces matérialistes, il est certain que l'âme est immortelle, et que malgré leurs nombreux sophismes elle vivra toujours. En effet l'âme humaine n'est pas seulement un être simple, distingué du corps, et d'une nature étrangère à ce qui est matériel; c'est un être destiné à vivre, toujours. Sa permanence après la destruction du corps explique seule les nobles facultés dont le Créateur l'a douée. Ce n'est pas à un être d'un jour que Dieu aurait accordé la raison, l'intelligence, le sentiment, l'activité, le libre arbitre. Pourquoi aurait-il appelé du néant ce qui devait y rentrer tout à coup? pourquoi faire éprouver à cet être éphémère des joies intérieures ou des troubles de conscience, s'il n'avait aucun compte à rendre de ses actions? pourquoi lui inspirer des désirs immenses de béatitude, des élans vers l'infini, si l'âme devait être refoulée avec mépris dans le néant? — Sans doute Dieu pourrait anéantir l'âme de l'homme si telle était sa volonté, et rien ne s'opposerait à cette destruction s'il le voulait; mais Dieu ne le veut pas, puisqu'il a créé l'âme indestructible naturellement; il n'y a en elle aucun principe de division ni de corruption; il l'a créée pour la faire vivre toujours, puisque les facultés éminentes qu'elle a reçues subsisteront non-seulement après la séparation du corps, mais trouveront même leur perfection dans cette séparation. En effet, une substance peut périr par voie de dissolution ou par voie d'anéantissement. Le corps humain, dont les parties intégrantes sont réunies par affinité et agrégation, périt par la dissolution, la décomposition ou la séparation des parties, non pas qu'il soit anéanti, mais il cesse de former le même tout. L'âme humaine, au contraire, étant une substance simple, indivisible, spirituelle, n'ayant point de parties distinctes et séparables, ne peut pas périr par voie de dissolution. Toutes les vicissitudes que le corps éprouve n'influent pas sur la nature de l'âme, et n'attaquent point la constitution de son être. Aussi la dissolution du corps n'entraîne pas la destruction de l'âme; au milieu de cette ruine, elle reste ce qu'elle est en elle-même, toujours vivante, toujours active, toujours intelligente. — L'âme humaine ne sera pas non plus anéantie, car, enfin, quelle puissance la ferait rentrer dans le néant? Serait-ce le corps? Mais si le corps, en périssant, ne s'anéantit pas lui-même, comment pourrait-il anéantir ce qui le vivifiait? Ce n'est pas lui qui donnait la vie à l'âme; c'est l'âme qui le faisait vivre par sa présence. Aussi, en se séparant du corps, l'âme emporte la vie avec elle, et laisse la mort dans cette enveloppe matérielle, devenue par son absence une froide dépouille. — Serait-ce elle-même qui s'anéantirait? Mais si elle peut, dans un moment de désespoir ou de folie, se séparer violemment du corps, elle ne pourra jamais, supposé qu'elle ait ce désir criminel, s'anéantir, puisqu'elle ne peut pas diviser, par sa volonté, ce qui est indivisible. Si elle était sortie du néant par sa propre vertu, elle pourrait peut-être y rentrer de nouveau; mais sa vie comme sa mort est sous la dépendance absolue du Créateur. — Serait-ce Dieu qui l'anéantirait? Mais pour quel motif Dieu détruirait-il le plus beau de ses ouvrages? n'a-t-il pas assez de force pour le conserver? n'est-il pas assez stable dans ses desseins pour vouloir éternellement ce qu'il a voulu une fois? Sa volonté n'est-elle pas assez immuable pour qu'on n'ose lui attribuer ce qui aurait seulement l'ombre d'un caprice? N'est-il pas assez sage pour établir une proportion convenable entre sa vaste et

éternelle pensée de la création du monde et l'existence des êtres qui le composent? Or, y aurait-il une telle proportion, si l'âme humaine, la plus noble partie de l'univers, était anéantie, tandis que le corps, son instrument, changerait seulement de forme? Une conception éternelle pour une existence éphémère, s'il en était ainsi, l'Être infini, loin de réaliser sa pensée, l'aurait laissée avorter, ou bien il aurait retiré d'une main avare et capricieuse l'existence accordée dans un mouvement de générosité, dans une immense expansion de son amour sans bornes? La création est digne de Dieu : donc l'âme survivra éternellement à la destruction du corps. — Loin d'ailleurs que Dieu ait un motif de détruire son ouvrage, tout annonce qu'il l'a fait pour le conserver. Qui est-ce en effet qui l'engagerait à cette destruction? Serait-ce la nature de l'âme? Mais nous avons déjà vu que par sa simplicité elle est naturellement indestructible. Serait-ce la fin pour laquelle il l'a créée? Mais cette fin trouve sa perfection dans la séparation du corps. L'âme, il est vrai, est destinée à vivifier le corps, et cette destination finit à la mort; mais ce n'est qu'une destination secondaire, la destination du temps : la destination principale ou éternelle est une conséquence de la nature de son être; c'est donc dans l'âme elle-même qu'il faut la chercher. Or, que trouvons-nous dans l'âme? l'intelligence, le sentiment, la volonté. Mais quelle est la fin de ces facultés? L'intelligence est perfectionnée par la connaissance du vrai; le sentiment, par l'amour volontaire du bien. Voyez, en effet, les plus douces jouissances de l'âme ne naissent pas de cette connaissance et de cet amour. Que recherche l'âme pendant la vie du temps, si ce n'est ce qui l'attriste et la désole, si ce n'est l'erreur? D'où vient que le bien la réjouit et que le mal la désespère, si ce n'est de sa noble et essentielle destination? Or, je le demande, ces deux fins principales de l'âme sont-elles remplies sur la terre? La vie présente ne met-elle pas obstacle à leur accomplissement? Ici-bas l'âme connaît-elle le vrai à découvert, sans voile, sans mélange d'erreur et d'une manière parfaite : qui oserait le dire? Le sentiment est-il bien pur? n'est-il pas arrêté dans son développement par une foule d'objets qui le divisent et l'empêchent de se fondre uniquement dans l'amour du vrai bien? Quand l'âme sera séparée du corps, il n'existera plus pour elle d'intermédiaire entre ce qu'elle désire connaître ou aimer pleinement; rien ne s'interposera entre elle et ces biens infinis; elle ne sera pas gênée dans ses opérations par le mauvais état des organes : elle pourra donc atteindre toutes les fins essentielles de sa création. Donc l'âme ne sera pas anéantie après sa séparation du corps. — Nul ne peut nier que la connaissance du vrai et du bien ne soient la fin de l'âme, puisqu'aux yeux de tous la science et la vertu sont évidemment son plus bel ornement : c'est donc dans ces deux choses qu'elle trouve sa perfection et sa gloire. Mais comment parvient-elle à la science, si ce n'est en pénétrant dans les profondeurs des choses immatérielles, et en s'approchant autant que possible de l'infini par la contemplation des vérités générales et spirituelles? Qui ignore que le corps est un grand obstacle à cette connaissance, par la fatigue qu'il éprouve à la suite d'une tension trop forte des organes ou d'une méditation prolongée? Qui ignore que ce perfide auxiliaire de tout ce qui est matériel force souvent l'esprit le mieux constitué à descendre des hauteurs de ses contemplations, et à s'épuiser au milieu des recherches les plus grossières? Le corps lutte contre l'âme; il reflète en elle l'image de tout ce qui l'environne, et jette ainsi un voile ténébreux entre l'âme et la lumière infinie. Les sens, toujours en action par le spectacle de l'univers, et leurs communications immédiates avec la matière, ne cessent de distraire l'âme en lui rapportant ce qui les affecte, et finissent trop souvent par absorber entièrement son attention. C'est ainsi que la foule s'abrutit. Mais si, malgré ces obstacles, les esprits vigoureux s'élèvent à de hautes contemplations, et parviennent à la science par leurs puissantes méditations, en sorte que leur âme semble quelquefois devenir étrangère à tout ce qui se passe à la portée de leurs sens; que ne connaîtra-t-elle pas? quelle science n'acquerra-t-elle pas, quand elle sera entièrement affranchie des entraves que le corps oppose à l'exercice de ses facultés, quand elle sera débarrassée de ces images de la matière, de ces fantômes corporels, et qu'elle puisera le vrai dans sa source intarissable? — Il en sera de même pour la vertu. Sur la terre les hommes se plaignent des penchants grossiers et ignobles de leurs corps. Obligés de lutter contre les sens, ils se sentent arrêtés dans l'élan de leur âme pour le bien. Il leur tarde d'être délivrés de cette guerre cruelle ; et pourtant ils sentent que sans elle ils seraient vaincus. Mais s'il n'y a de vertu possible ici-bas qu'à la condition de mettre un frein au désordre des sens et d'enchaîner le corps, il s'ensuit évidemment que la séparation du corps, loin de détruire l'âme, la délivrera du plus grand obstacle qu'elle éprouve à s'abandonner à la recherche et à l'amour du bien. Donc la mort du corps, loin d'anéantir l'âme, la perfectionne et la livre tout entière à ses opérations intellectuelles et à la plénitude de sa volonté. Donc l'âme est une substance subsistante par elle-même, dont les opérations lui appartiennent en propre, qui n'a besoin de l'organe que pour agir sur la matière ; et qui, lorsqu'elle sera délivrée du corps, percevra par elle-même d'après le mode des substances entièrement spirituelles, sans secours d'images, de fantômes et de sensations excitées par les sens, c'est-à-dire par une claire vue de la vérité. — Ce qui fortifie cette déduction, c'est que parmi les opérations de l'âme il en est qui durent sans éprouver dans leur exercice d'obstacle de la part du corps, telle est l'opération de la volonté et du désir. Le vouloir et le non-vouloir ne cesse jamais dans l'homme : ni l'infirmité du corps, ni sa débilité, ni sa faiblesse ne l'arrêtent, car l'infirme veut au moins sa guérison : souvent même dans un corps débile on trouve une volonté plus prononcée et des désirs plus ardents ; mais si cette opération ne dépend pas du corps, si elle n'est pas liée à l'organe, il s'ensuit que cette opération est indépendante du corps, et que, quand il meurt, elle subsiste. De plus, il est certain qu'une substance corruptible s'affaiblit avec l'âge ; si donc la raison, quand elle est aidée par des organes à l'état normal, loin de vieillir avec eux, se fortifie, c'est une preuve que l'âme, douée de raison, est subsistante et a une vie propre et indépendante du corps. On ne niera pas sans doute que la raison ne se fortifie par l'étude et l'expérience ; que la sagesse ne soit l'attribut d'une longue vie ; qu'une vertu solide et éprouvée n'appartienne au nombre des années ; que la prudence ne soit la fille de l'expérience et le fruit de la science de la vie. S'il en est ainsi, nous concluons que l'âme est indépendante du corps et ne meurt pas avec lui ; car, si elle était identique, le refroidissement de la chaleur animale tuerait raison, sagesse, prudence et vertu. — Enfin, il est nécessaire qu'il y ait une proportion exacte entre le principe de nos connaissances et les objets connus ; l'un ne doit pas être plus puissant que l'autre ; sans cela la forme l'emporterait sur la substance, l'attribut sur l'être, la qualité sur la nature, ce qui ne peut pas être. Or, nous avons déjà vu que l'âme raisonnable est née pour connaître la vérité et pour aimer le bien. Mais la vérité est incorruptible de sa nature ; elle est telle que sa négation même l'établit ; donc l'âme est incorruptible comme la vérité, objet de ses connaissances, de ses recherches, de sa science. Nous pouvons en dire autant de la justice ou du bien qu'elle doit aimer. Il est dit de la justice qu'elle est perpétuelle, que sa raison son est immortelle : donc l'âme, qui est capable de justice, est immortelle aussi, puisqu'il est impossible que la modification ait une existence plus longue et plus parfaite que la substance qu'elle modifie. — Ceci nous conduit à l'argument que quelques philosophes tirent du désir de l'immortalité, pour prouver que l'âme est immortelle. D'où vient en effet que, le corps étant mortel de sa nature, l'homme néanmoins pense à l'immortalité, et désire souvent la mort par amour de la vertu ? comment se fait-il que, malgré l'existence si courte de son corps, l'homme médite les choses éternelles, méprise les biens présents, et tend par un désir ardent à la possession des biens futurs ? Ce n'est certainement pas le corps qui pense de lui-même à des choses éternelles et placées hors de sa portée ; destiné à vivre quelques jours sur la terre, il y a une trop grande disproportion entre la vie future et sa courte existence pour qu'on ne cherche pas dans un être immortel la source de ses nobles pensées. Elles sont trop contraires à la nature du corps pour que le principe de ces pensées ne diffère pas essentiellement de lui : ce qui achève de le démontrer c'est que, pour atteindre ces biens futurs, l'âme fait la guerre au corps et le sacrifie s'il le faut comme un objet sans valeur. Sans l'âme le corps serait immobile et inerte ; c'est elle qui le met en mouvement, donc il faut que l'âme ait la puissance de se mouvoir elle-même. Mais par cela même qu'elle se meut, elle vivra après la mort du corps, puisque le mouvement de l'âme n'est autre chose que sa vie ; ainsi nous disons d'un corps qu'il est vivant quand il se meut, et qu'il est mort quand il cesse de se mouvoir ; ce qu'on ne saurait jamais dire de l'âme, qui, toujours vivante, toujours active, se meut sans cesse ; quoique renfermée dans le corps et liée à lui, elle n'est point contractée ni circonscrite par la petitesse du corps. Souvent, quand le corps est

gisant à terre ou sur un lit sans mouvement, comme mort, l'âme sort pour ainsi dire de ce corps, et vole avec confiance vers les demeures éternelles ; donc, quand elle aura brisé les liens qui la retiennent dans le corps, elle ira retrouver, sans entraves, ceux dont elle désire avec force de partager la vie sans terme ; donc si, quoique prisonnière dans le corps, elle vit de la vie qui est hors du corps, elle vivra réellement de cette vie quand elle sera séparée de son compagnon d'exil ; donc l'âme est immortelle, et la dissolution du corps, loin de l'anéantir, la rend à sa propre vie. On pourrait tirer un argument de l'immortalité de l'âme de l'horreur naturelle que cause à notre âme la vue d'un corps mort, ou d'un cadavre en putréfaction, horreur qui n'est pas la même quand elle regarde une bête morte ; mais nous préférons tirer une preuve de sa vie sans terme, de sa lutte continuelle contre la mort ; en vain l'ennui, le dégoût, les maladies, la lassitude après le travail et le plaisir, avertissent l'homme de la défaillance de ses forces et de l'action destructive du temps ; il dissimule sa faiblesse, il évite ce qui lui rappelle son dernier instant, il évite la présence de la mort, il la couvre même, quand il peut, d'un simulacre de vie pour l'oublier entièrement ; en vain cette triste image se varie à l'infini et se reflète partout, elle n'a pas assez d'empire pour lui faire rompre les liens terrestres et pour lui persuader qu'un jour il sera anéanti. Dans la maladie il appelle la nature à son secours ; l'art se présente avec tous ses appareils pour repousser la mort : quelle joie quand il a dissipé la douleur et éloigné la crainte du trépas ! et s'il échoue là où elle domine, il est toujours vrai de dire qu'elle ne triomphe qu'en luttant, c'est malgré lui-même que l'homme lui cède la victoire : aussi, quoiqu'elle règne en souveraine sur les débris de nous-mêmes, quoiqu'elle se rie de nos vains efforts à réparer ce qu'elle brise, elle trouve cependant une vive résistance. Or, pourquoi cette résistance opiniâtre, s'il n'y avait pas dans l'homme un principe de vie indestructible, pourquoi cherche-t-il encore à réparer sa défaite en laissant après lui des monuments destinés à rappeler le souvenir de son passage sur la terre ? Je ne mourrai pas tout entier, dit-il, *non omnis moriar.* J'arracherai mes œuvres à l'oubli, j'éterniserai mon nom, il vivra plus que le marbre et l'airain ; ainsi il se crée une vie factice et imaginaire, pour l'opposer à la mort ; et la conquête de cette vie nouvelle le fait tressaillir de joie. Voyez comme il élève des édifices, qu'il appelle indestructibles, pour les opposer à la destruction rapide du temps ; il répare ses ravages, il appelle à son secours la dureté, la solidité et la pesanteur des masses de pierre ; en vain le temps entasse toujours des débris, il dit en voilà pour des siècles ; il relève ce qui s'écroule, il disperse les ruines pour qu'il n'en reste pas de trace ; en un mot il s'efforce de ramener la vie dans l'empire de la mort : sans doute tous ces efforts sont vains, il reste toujours des débris qui attestent son néant ; mais qui pourrait s'empêcher de voir dans cette résistance opiniâtre la force d'une nature immortelle, réfléchissant partout ce qu'elle est, et témoignant, en succombant sous la main puissante qui la dépouille de la vie du temps, qu'elle n'est pas créée pour mourir ! Ah ! si la mort devait anéantir l'âme, l'homme s'éteindrait sans effort, sans plainte, sans regret ; ce serait pour lui comme un doux sommeil. Cette lutte généreuse de la vie contre la mort, de l'être contre la destruction, prouve donc qu'il est dans l'homme un être qui ne meurt pas ; un être qui survit à la perte du corps, dont la nature étrangère à sa prison de boue et à tout ce qui l'entoure, cherche à se dégager des liens grossiers qui l'enchaînent à la terre pour s'envoler dans les cieux : c'est dans cet être, que la mort n'atteint point, que réside le principe actif de la force intérieure qui le pousse à résister à la destruction. D'où lui viendrait donc cela une telle idée ? Ce corps tomberait par faiblesse, et ses parties divisées sans effort seraient rendues à la poussière sans regret ; mais notre âme cherche toujours à vivre, parce qu'elle n'est pas destinée à périr ; liée à ce corps mortel, elle gémit de sa captivité, elle cherche une vie convenable à sa nature, elle s'inquiète et se désole de ces débris épars qui l'entourent ; elle recule devant la destruction, parce qu'elle semble redouter de partager le sort de la poudre qui lui est unie. Ainsi un rayon d'immortalité s'échappe de la mort, et des ruines de l'homme sort la preuve de sa vie. — Nous ne devons pas dissimuler que certains philosophes ont objecté que les opérations de l'âme cessant avec le corps, elle devait périr avec lui, parce qu'il est impossible qu'une substance subsiste quand son opération cesse. Ils se fondent sur ce que plusieurs opérations sont remplies par les organes, telles que l'amour, la joie et autres choses semblables, appelées passions de l'âme : ils ajoutent que si l'âme est la vie du corps, cependant celui-ci ne subsiste que par la nourriture qu'il a la faculté de décomposer pour en extraire tout ce qui est capable de renouveler ses forces. Enfin, ils disent que, quoique les opérations intellectuelles ne soient pas exercées par l'organe, néanmoins les objets mis en œuvre dans cette opération sont des images, espèces de fantômes qui sont relativement à l'entendement comme les couleurs à la vision; c'est-à-dire que comme l'organe visuel ne peut voir sans les couleurs, ainsi l'âme ne peut rien percevoir qu'à l'aide des images ou des fantômes. Or, pour former ces images elle a besoin de la mémoire, qui n'existerait pas sans le cerveau; donc, quand le corps sera détruit, l'organe n'existera pas, l'organe ne formera plus l'image, l'âme ne pourra donc plus percevoir ni former ses idées; d'où il suit qu'elle périra, puisqu'aucune substance ne peut vivre dès que son opération cesse. Cette objection résume, en peu de mots, tout ce que le matérialisme peut opposer à la permanence de l'âme après la séparation du corps. Elle est ancienne, et, à la forme près, c'est tout ce qu'on a jamais dit de plus fort. Nous répondons, avec saint Thomas, qu'il est faux qu'aucune opération ne puisse avoir lieu dans l'âme après sa séparation du corps, comme nous l'avons déjà vu, l'entendement et la volonté peuvent exercer une partie de leurs opérations sans le secours de l'organe. Quant à l'influence de l'âme sur les opérations nutritives du corps ou aux sensations qu'elle éprouve par suite des organes, évidemment elles cesseront à la mort; mais il faut observer que l'âme séparée du corps comprendra ou percevra le vrai d'une autre manière qu'elle était unie au corps, puisque, après la séparation, son mode d'existence est tout différent, et qu'une chose ne peut agir ou exercer ses facultés que selon l'état normal où elle se trouve. Sans doute l'être de l'âme humaine, pendant son union avec le corps, est absolu et indépendant du corps; mais comme celui-ci est une espèce de récipient ou couche de l'âme, il s'ensuit que l'opération propre de l'âme ou la faculté de percevoir, qui est indépendante du corps quoique exercée à l'aide de l'organe, a cependant son objet dans le corps, savoir l'image ou le fantôme, d'où il arrive que tant que l'âme existe dans le corps, elle ne peut se livrer à cette opération sans l'image, ni se ressouvenir que par la mémoire qui prépare ou produit ces images. C'est pourquoi ce mode d'intelligence ou de perception cessera quand le corps sera détruit; mais l'être de l'âme lorsqu'elle sera à lui-même n'aura plus besoin que son opération intellectuelle soit exercée par la relation à certains objets existants dans les organes ou par les fantômes, mais elle aura cette compréhension par elle-même à la manière des purs esprits ou des substances totalement séparées des corps: ce mode nouveau perfectionnera l'entendement. Nous pouvons tirer une induction de ce qui a lieu pendant cette vie. Quand l'âme est distraite par les occupations relatives au corps qu'elle habite, elle devient incapable de comprendre les choses élevées au-dessus du sens. Si on veut lui rendre son aptitude à cet égard, il faut, par la vertu de tempérance, la retirer des délectations corporelles. Ceux qui mettent obstacle à la perturbation des humeurs, qui arrêtent les fumées des passions, acquièrent une grande facilité pour s'élever à ce qui est immatériel; ils sont ravis par la contemplation des vérités infinies, et arrivent, en retirant leur âme des sens corporels, à un état extatique; or, si sur la terre l'expérience nous montre que l'homme peut arriver jusqu'à ne plus sentir le corps tant il est absorbé par la pensée, comment pourrions-nous nier que l'âme, après sa séparation du corps, n'aura pas un mode d'intelligence convenable à son nouvel état? L'état extatique ne peut être nié, il s'explique naturellement par la nature de l'âme. Si elle est située aux confins des corps et des substances incorporelles, si elle existe à l'horizon du temps et de l'éternité, si elle communique aux deux mondes, pourquoi trouverions-nous étrange qu'il fût donné à quelques hommes de s'avancer vers l'infini, de s'approcher du sommet de l'être, quand nous voyons des hommes s'abaisser vers l'autre extrémité ou la pure brutalité? Rien de surprenant donc, lorsque l'âme sera totalement séparée du corps, qu'elle soit parfaitement assimilée aux substances purement spirituelles. Ainsi, quoique notre manière de percevoir dans la vie présente doive cesser lorsque le corps sera détruit, il s'ensuit: non pas que l'âme périra, mais qu'un autre mode de perception plus élevé succédera au mode actuel. La réminiscence ou la mémoire qui est maintenant un acte exercé à l'aide des impressions laissées sur le cerveau ou au moyen de l'organe sera aussi différemment exercée. Après la séparation, l'âme conservera la connaissance des choses qu'elle avait acquises auparavant dans sa vie; car les images intellectuelles sont reçues d'une manière indélébile dans l'entendement. Relativement aux autres opérations de l'âme, telles que l'amour, la joie et autres semblables, nous observerons que parfois on les considère comme des passions de l'âme en ce sens qu'elles sont des actes de nos appétits sensibles produits par l'irritabilité nerveuse ou une certaine agitation corporelle. Il est évident que, sous ce rapport, elles ne peuvent pas demeurer dans l'âme après la mort du corps; mais parfois aussi on les prend pour un acte simple de la volonté qui est sans passion. Or, comme la volonté est une faculté qui n'a pas besoin de l'organe corporel pour être exercée, il s'ensuit que ces affections d'amour, de joie, demeureront dans l'âme séparée en tant qu'elles sont des actes de la volonté; donc loin de conclure de l'objection précédente, que l'âme de l'homme est mortelle, nous concluons, avec plus de raison, qu'elle vivra après sa séparation du corps. — Le désir du bonheur est encore une preuve de l'immortalité de l'âme. L'homme désire être heureux, et tout ici-bas s'oppose à son bonheur, tout l'ennuie, le fatigue, le dégoûte: il a beau varier ses plaisirs, rechercher tout ce qui peut flatter les sens ou charmer l'esprit, rien n'est capable de satisfaire pleinement la vaste étendue de ses désirs; les plaisirs des sens croissent, diminuent et s'éteignent avec le corps sans que l'âme cesse un instant de désirer le bonheur; elle ne le trouve donc pas dans la possession de ces plaisirs. Trompée par une apparence agréable, elle les poursuit avec ardeur, et à peine y a-t-elle goûté qu'elle les trouve indignes d'elle ou fastidieux. Qu'est-ce d'ailleurs qu'un bonheur qui, loin de perfectionner l'être, le dégrade et l'abrutit? Si on peut appeler un bonheur, qu'on nous dise d'où vient que les âmes vertueuses, les hommes d'un esprit élevé regardent ces plaisirs comme infâmes et qu'en réalité ils n'ont d'attraits que pour la partie corrompue de l'humanité. Qu'on nous dise d'où vient que les hommes n'admirent pas cette prétendue félicité et n'osent jamais l'avouer publiquement; tandis qu'ils admirent, au contraire, ceux qui les méprisent et pratiquent la continence, la tempérance, la retenue. Ils honorent ces hommes d'élite comme la gloire de l'humanité; mais si l'âme ne devait pas exister éternellement, ce sentiment universel serait incompréhensible; il faudrait attribuer la sagesse, la prudence, la vertu à l'homme débauché, pervers, et regarder comme un insensé l'homme continent, puisque l'un cherche à remplir les fins de la création, et que l'autre s'y oppose; heureusement il n'en sera jamais ainsi, parce que le sentiment général, prononcé en faveur de la vertu et de la sainteté des mœurs, est fondé sur la vérité ou sur la loi morale, régulatrice des esprits. C'est pourquoi cette réprobation universelle des plaisirs sensuels, malgré l'apologie de certains philosophes, prouve qu'il y a dans l'homme un être vivant dont les joies sont élevées au-dessus des sens. Mais si l'homme ne trouve point son bonheur dans cette source infecte, le trouvera-t-il dans les plaisirs de l'intelligence, ou dans la vertu? Ces plaisirs sont sans contredit plus nobles que ceux du corps; ils sont plus conformes à la nature humaine, et élèvent infiniment au-dessus des hommes sensualistes, ceux qui se livrent à leur recherche; toutefois, ces plaisirs même, tout délicats qu'ils sont, ne constituent pas le bonheur. La science n'est jamais complète ici-bas, l'homme le plus savant se sent resserré dans des limites infranchissables; il voit l'extérieur des objets, la nature intime lui est cachée; il voit des effets, il ignore leur cause; il use de ce monde, et il ne sait ni pourquoi ni comment. Malgré l'activité dévorante de l'esprit, malgré des travaux immenses, l'homme est toujours refoulé vers l'ignorance, tout est mystère pour lui, et pourtant je ne sais quel instinct naturel lui dit qu'un jour il possédera la vraie science. C'est même parce qu'il sent en lui cette espérance, qu'il lutte sans cesse et recommence sans se décourager l'étude de ce monde; mais cette espérance, d'où peut-elle venir, si ce n'est d'une âme immortelle? La vertu ennoblit l'homme, mais elle ne le rend pas heureux tant qu'elle est en exercice; ici-bas, elle combat, elle lutte péniblement, le jour de la victoire et du triomphe est remis à une vie future. Le bonheur ne se trouve donc pas sur la terre, car il doit être général, commun à tous, et non pas exceptionnel; il doit être durable et non pas éphémère; il doit être proportionné aux vastes désirs de l'âme: or, rien de tout cela ne se trouve ici-bas; donc, ou il faut dire que l'homme est le jouet d'une divinité malfaisante, qui le trompe continuellement en lui inspirant des désirs non réalisables, ou bien il faut conclure qu'il existe une vie future, où l'âme épurée goûtera un bonheur sans fin, et conforme à ses désirs infinis. Nous tirons cette dernière conclusion avec d'autant plus de confiance, que Dieu certainement ne fait rien en vain, et qu'il est assez puissant pour conduire à terme les œuvres qu'il a commencées et les pensées même qu'il inspire. Les philosophes païens n'ignoraient pas cette vérité, quand ils se plaignaient que l'âme était ensevelie et suffoquée dans le corps, qu'elle n'y pouvait pas exercer librement ses facultés, et qu'engloutie par les sens, elle était comme ensevelie par les plaisirs corporels. Mystère que saint Paul explique par « la loi des membres, qui combat contre la loi de l'esprit, et qui nous entraîne sous la loi du péché qui est dans nos membres », (Rom. VII, 23), et duquel nous concluons qu'un jour l'âme dégagée de la prison corporelle, répudiant toute participation à la joie délirante des sens, vivra de sa vie propre, et goûtera la vraie béatitude. — La connaissance que nous possédons de la providence et de la justice de Dieu, nous démontre encore l'immortalité de l'âme. Il est certain qu'un modérateur suprême préside à l'ordre moral comme à l'ordre physique de l'univers; législateur des hommes, il leur a donné des préceptes, dont il exige l'observation, et dont un jour il punira la violation; car, s'il n'avait pas mis de sanction aux lois qu'il a données à ces créatures libres, ces lois eussent été vaines; à moins donc qu'il ne renonce à sa suprême puissance sur l'homme, ou à sa sainteté et à sa justice infinies, Dieu vengera l'outrage que l'homme fait à son autorité par la transgression de ses lois; il vengera même les insultes faites à ceux qui, ayant confiance dans ses promesses et ses lois, ont tout sacrifié pour lui plaire, ou pour les observer. Il est donc impossible, d'après la connaissance que nous avons des attributs de Dieu, qu'aucun bien reste sans récompense, et aucun mal sans punition. Or, on ne peut nier que sur la terre le bien reste souvent sans rémunération, et le mal sans punition; il y a donc une vie future où la vertu et le vice, le bien et le mal recevront ce qui leur est dû. Cela serait d'autant plus évident, que la justice infinie de Dieu cesserait d'être justice, si elle permettait qu'une action faite avec vérité et sainteté, qu'une action conforme aux lois morales eût une fin malheureuse, et tournât au détriment de celui qui l'aurait accompli. Or, d'après la loi divine, l'homme doit tout souffrir et la mort même, plutôt que d'abandonner la vérité et la justice; mais si l'âme était anéantie, toute sa sainteté, toute sa vertu, toute sa justice seraient également anéanties, son obéissance n'aurait été qu'une déception. Ce serait en vain qu'elle aurait livré le corps aux tourments! qu'elle se serait exposée à tout souffrir et à tout perdre plutôt que de déplaire à Dieu; sa mort héroïque, pleine de justice et de grandeur, ne serait qu'un acte de démence! la raison qui approuve le martyre et le sentiment qui l'admire, opéreraient dans l'erreur! Mais qui donc pourrait inspirer un pareil dévouement à l'âme humaine, si elle n'était qu'un peu de matière organisée? Qui nous expliquerait ses sacrifices, ses vertus, ses souffrances, si elle ne devait pas vivre éternellement? Cet héroïsme serait incompréhensible, puisqu'il serait entièrement contraire à la nature du corps, en détruisant son bonheur et son être. Chaque être d'ailleurs pense conformément à sa nature, et ne peut pas penser autrement; donc, si l'âme n'était pas immortelle, elle ne penserait qu'à la vie présente, et ne la sacrifierait pas pour des idées qui lui seraient étrangères; mais nous comprenons cet héroïsme par le dogme de la permanence de l'âme après la mort. Avec ce dogme il n'y a plus de contradiction dans l'homme, sa conduite s'explique, et Dieu ne se joue pas de sa créature. — Dira-t-on que le crime a des remords qui le châtient, et la vertu des joies qui la récompensent, et qu'ainsi il n'est point nécessaire, pour justifier la justice et la providence de Dieu, de recourir à une vie future où le crime sera puni, et la vertu récompensée? Oui, le remords existe; mais ne serait-il pas un vain fantôme, une terreur illusoire, s'il n'y avait pas de justice éternelle? que craint l'homme par ce remords, sinon de tomber entre les mains du juge suprême? Le remords n'est donc que l'initiation du coupable à la justice divine, c'est l'appel du juge; c'est la voix qui le prévient du sort qui l'attend; mais il n'est pas la consommation de la justice divine, ni une peine suffisante du crime; quelques vaines terreurs ne lavent pas l'outrage fait à Dieu. Qui ne sait d'ailleurs que les grands criminels se familiarisent tellement avec le crime, qu'ils finissent par endurcir leur âme, et la rendre insensible au cri de la conscience; et quand le crime se lève debout devant eux, ils se jettent dans le bruit et le tumulte des affaires humaines, où ils trouvent une trève aux inquiétudes de la conscience. Les criminels et les pécheurs vivent rarement avec eux-mêmes; ils ne rentrent pas dans le fond de leur cœur; ils s'étourdissent presque toujours. Donc le remords ne sont pas la peine due au crime, mais des prélimi-

naires de cette peine. Quant au plaisir de bien faire, à la paix de l'âme, à la joie de la conscience, récompensent-ils convenablement la vertu? non, ce sont les prémices de la récompense, des arrhes que Dieu donne par avance, mais ce n'est pas la couronne! non ne cesse de souffrir jusqu'au moment de la mort; il faut qu'elle persévère pour être couronnée; la paix intérieure est troublée par des tentations, des épreuves de tout genre, ce n'est donc pas ici qu'elle peut jouir du fruit de ses combats. N'arrive-t-il pas souvent à la vertu d'être méconnue, outragée, honnie sur la terre? quelle récompense! ne voit-on jamais l'homme vertueux calomnié, accablé par la misère et l'infortune, chargé de fers, et terminant sa vie par un supplice ignominieux! je le demande, cet homme est-il récompensé convenablement par le témoignage de sa conscience? ce bonheur lui suffirait-il si tout finissait pour lui à la mort? Croit-on que s'il n'avait en perspective que l'anéantissement, il serait jaloux de se procurer cette félicité? Non sans doute; si l'âme n'était pas immortelle, il serait le plus malheureux des hommes. Cette idée n'a pas échappé à la généralité des hommes qui sont tous d'accord pour admettre l'immortalité de l'âme. Le consentement du genre humain dans cette croyance est même une des preuves les plus fortes de la vérité de ce dogme, si haut pour la nature humaine qu'il l'élève jusqu'à l'infini. Ce dogme est le fondement de toutes les religions du monde : les nations policées comme les nations barbares, les peuples parvenus à une brillante civilisation comme les hordes sauvages, ont admis la permanence des âmes après la mort. Sans doute plusieurs peuples avaient une idée mal conçue de l'âme : à leurs yeux cette âme était aérienne, une ombre du corps, des mânes errants, un souffle léger, un esprit inconnu et peut-être incompréhensible, mais c'était incontestablement une âme subsistante après la mort. Ce consentement vient de la nature et de la tradition. C'est la voix de la nature ou de la vérité qui enseigne à tous les hommes, depuis qu'a commencé le cours des siècles, à étendre leurs craintes et leurs espérances au delà du tombeau, à craindre un Dieu vengeur, à espérer un Dieu rémunérateur après cette vie périssable! Cette croyance n'est pas née d'un complot, ni d'un accord, ni d'une assemblée; elle est née malgré le conflit des caractères, des intérêts, de l'instabilité des idées et des goûts des hommes, malgré le choc de leurs rivalités et de leurs antipathies. Ceux qui se divisent si facilement sur les choses les plus indifférentes n'ont pu se réunir sur cette vérité que par une inspiration irrésistible de la nature. Cette croyance enfin, c'est la voix de la tradition primitive, née dès l'origine du monde, et transmise sans interruption des pères aux enfants; cette tradition constante et immuable repose sur l'unité de la race humaine, sur une origine commune. — Croit-on que ce dogme se serait conservé partout durant tant de siècles et un nombre infini de révolutions qui ont bouleversé le monde, s'il n'avait eu un fondement si profond, un origine aussi antique, s'il n'était pas vrai? — Le monde n'a certainement jamais manqué d'impies qui ont désiré et conjuré la perte de ce dogme. Il y a eu avant Épicure des hommes qui ont attaqué l'immortalité de l'âme avec force, et soutenu que tout périt avec le corps, et pourtant ce dogme a toujours subsisté, et il a jamais rien perdu de sa réalité. Les philosophes matérialistes, malheureux apologistes des crimes et des passions les plus désordonnées, n'ont jamais fait de prosélytes parmi le peuple. La nature, plus éloquente que les sophistes, l'a toujours emporté sur les raisonnements absurdes et les espérances criminelles. Quand les hommes accompagnent au tombeau les restes de leurs semblables, ils ne perdent jamais l'espoir consolant de les revoir un jour. Ils ne scellent pas toute espérance avec la pierre du sépulcre, et ne croient pas que la pioche et la pelle du fossoyeur aient couvert de terre tout ce qui reste de l'homme. Soutenus dans leur espérance par la pensée indestructible de l'immortalité; ils aiment à décorer les tombeaux et à placer sur eux un simulacre de vie : tant l'idée de l'anéantissement répugne à la nature humaine! Les adversaires de l'immortalité de l'âme sont forcés de convenir de cette vérité. — L'immortalité de l'âme étant un dogme admis universellement, voyons en peu de mots quelle a été l'opinion des différentes nations à cet égard. Les Égyptiens, les Grecs et des Romains croyaient généralement que les âmes en sortant du corps essuyaient un jugement solennel, qui les destinait ou aux délices de l'Élysée, ou aux supplices du Tartare, selon qu'elles avaient été vertueuses ou scélérates. Ils croyaient donc à la permanence de l'âme après la mort. Chez les nombreuses nations qui peuplaient l'Inde antique depuis le fond de la Tartarie jusqu'à l'Océan, depuis l'Euphrate ou l'Indus jusqu'aux îles du Japon, la métempsycose (*V.* ce mot) était admise. Ces nations étaient persuadées que les âmes, après la destruction du corps, subsistaient en elles-mêmes, en attendant qu'elles passassent dans de nouveaux corps. Ce dogme existe encore chez les Indiens modernes, sectateurs de Brahma. C'est par suite de cette croyance qu'au Malabar et sur la côte du Coromandel les femmes se brûlent vivantes avec le corps de leurs maris défunts. L'usage barbare d'immoler aux mânes des morts illustres un certain nombre de femmes et d'esclaves existait chez les Mexicains, les Californiens et plusieurs autres nations de l'Amérique au temps où l'on en fit la découverte et la conquête; il existe encore parmi quelques hordes de l'Afrique : ce qui annonce dans ces contrées une conviction, qui est partout la même, sur la permanence de l'âme après la mort. Elle était admise chez les Mèdes, les Assyriens, les Babyloniens. A l'égard des Chaldéens et des Mages, on peut consulter Pausanias; pour les Égyptiens, Hérodote; pour les anciens Sabéens, Abulfarage; pour les Perses, Laërce; et pour les Phéniciens, Suidas. Les livres classiques de la Chine et le culte civil ou religieux que cette nation, stable dans ses coutumes, rend aux âmes de Confucius, de Fohé et de Lao-tsée, et chaque famille aux mânes des ancêtres de qui elle tient l'existence, prouvent que, depuis la fondation de l'empire jusqu'à nos jours, les Chinois n'ont pas ignoré le dogme de l'immortalité de l'âme. Quant aux bonzes, il suffit de consulter à leur égard les nombreux témoignages que nous rendent de leur croyance les jésuites et les autres missionnaires de l'empire du milieu: Eusèbe Renaudot a tiré d'un manuscrit arabe, écrit dans le IXᵉ siècle par deux mahométans très-savants, la preuve que ceux-ci étaient d'accord avec les Indiens sur le sort futur réservé aux âmes après la mort. De Chaumont dit, dans sa Relation, que les Siamois admettaient l'immortalité de l'âme des bons et des méchants. Les cérémonies funèbres des anciens Celtibériens, des anciens Gaulois, des anciens Germains, des Scandinaves et des peuples du Nord, nous font aisément découvrir chez eux la croyance de l'immortalité de l'âme. On peut consulter Ammien Marcellin et Strabon sur les druides des Celtes; Thomas Bartholin prouve que les Islandais, les Danois et les Norwégiens admettaient, dès les temps les plus reculés, la permanence de l'âme et sa transmigration après la mort. C'était une des causes qui leur faisaient mépriser le trépas. Köhlius montre que les Cimbres antiques étaient du même sentiment. Quant aux peuples inconnus à nos ancêtres, tels que les Péruviens, les Indiens, et les autres habitants de l'Amérique et de l'Océanie, on peut consulter les relations des voyageurs qui les premiers ont donné des notions exactes de ces peuples; Laffiteau les a résumées. Paw, auteur peu suspect, observe fort bien, dans ses Recherches philosophiques sur les Américains, qu'il faut que le dogme de la résurrection des corps ait été plus répandu en Europe, en Asie, en Afrique que les historiens ne le soupçonnent, vu qu'on ne connaît guère d'ancienne nation qui n'ait mis dans les tombeaux, à côté des morts, des armes, des ustensiles de ménage, des boissons, des aliments, des lumières, des pièces de monnaie, ce qui prouve incontestablement qu'on y croyait à une vie future. Les cérémonies funèbres peuvent expliquer les différents systèmes sur la nature de l'âme, adoptés dans différents pays. L'existence de ce dogme chez toutes les nations connues, anciennes et modernes, n'est point un fait équivoque et problématique, c'est un fait certain et avoué par les adversaires de l'immortalité de l'âme. On peut lire cet aveu dans Voltaire, dans le Système de la nature, dans Boulanger, etc. — Nous n'aurions pas besoin de faire observer que le dogme de l'immortalité de l'âme est le fondement de la religion chez les mahométans, les juifs, les chrétiens et les sectes sorties de leur sein, si les philosophes incrédules du XVIIIᵉ siècle et leurs sectateurs modernes ne prétendaient que les anciens Hébreux, depuis Abraham jusqu'à la captivité de Babylone, étaient matérialistes; qu'ils ignoraient le dogme de la spiritualité et de l'immortalité de l'âme; qu'ils ne croyaient pas à une vie future, et que le peuple avait emprunté des Chaldéens le dogme de la permanence de l'âme après sa séparation du corps. — Rien n'est moins vraisemblable que le fond de cette objection; comment croire, en effet, que le peuple conservateur du dogme de l'unité de Dieu, dépositaire des promesses divines, a vécu pendant plus de mille ans dans l'ignorance du dogme fondamental de toute religion; qu'Abraham, père de ce peuple, qui était né et avait été élevé dans la Chaldée, où l'immortalité de l'âme était un dogme reçu, ait transmis à sa famille le dogme de l'unité divine, sans lui transmettre celui de l'existence et de

l'immortalité de l'âme? Que Moïse, législateur si sage du peuple hébreu, instruit de toutes les sciences de l'Égypte, ait méconnu un dogme qui faisait la base du gouvernement de la nation égyptienne; que le peuple de Dieu, seul dépositaire de la vraie religion, ait emprunté d'une nation idolâtre ce point fondamental de sa croyance? — Mais il suffit de lire les livres saints écrits avant la captivité de Babylone pour voir clairement que le dogme de la spiritualité et de l'immortalité de l'âme était reçu chez les anciens Hébreux comme chez les Juifs modernes : est-ce que ce fameux passage du 1ᵉʳ chapitre de la Genèse : *Faisons l'homme à notre image et à notre ressemblance*, n'établit pas ce dogme? Moïse n'était point antropomorphite; il ne parlait donc pas en ce lieu d'une image corporelle, mais bien de l'esprit, de l'entendement, de la volonté ou du libre arbitre, qui constituent dans l'homme l'image de Dieu. Quant à la ressemblance, elle a rapport aux dons de la grâce dont avaient établi l'homme dans l'état de justice originelle. L'homme, par son péché, perd la ressemblance avec Dieu; mais il ne perd pas l'image, la nature de l'âme ne changeant jamais. Dans le Vᵉ chapitre de la Genèse, il est dit : « *Qu'Hénoc marcha avec Dieu, et ne parut plus sur la terre, parce que Dieu l'enleva.* » Que signifie, si ce lieu de l'Écriture, cet enlèvement divin d'Hénoc, sinon un miraculeux passage de cette vie à la vie future? Dans le XVIIIᵉ chapitre du Deutéronome, Dieu, par la bouche de Moïse, défendit par une loi expresse, *d'interroger les morts, pour apprendre d'eux les choses cachées*. Donc, au temps de Moïse, les Hébreux croyaient que les âmes existaient après avoir quitté le corps humain, puisqu'il fut nécessaire de faire une loi expresse pour leur défendre de les interroger et de les consulter. Malgré cette défense, Saül fit évoquer par une pythonisse l'ombre ou l'âme de Samuel, qui lui dit : *Demain, vous et vos fils serez avec moi.* Le prophète Balaam s'écrie (Num., chap. XXIII) : *Que mon âme meure de la mort des justes, et que mes derniers moments soient semblables aux leurs.* Quelle différence peut-il y avoir entre la mort des justes et celle des pécheurs, si l'âme ne survit pas au corps? Que signifie aussi l'expression *être réuni à ses pères*, employée plusieurs fois dans les livres de Moïse à l'égard des patriarches et de lui-même? Ce n'est certainement ni la mort ni la sépulture, car elles en sont expressément distinguées dans plusieurs endroits (*Gen.*, XXV, 8; XXXV, 29; 4 *Reg.*, XXII, 20). Ce ne peut donc être qu'une formule de la foi qu'on avait d'être après la mort réuni à ses pères vivants. Et c'est aussi l'explication que Jésus-Christ donne de ces paroles de Dieu : *Je suis le Dieu d'Abraham, d'Isaac, de Jacob.* Dieu n'est pas le Dieu des morts, il est le Dieu des vivants, donc les âmes vivent après leur séparation du corps. — Dans le XVIIᵉ chapitre du IIIᵉ livre des Rois, le prophète Élie demande à Dieu la résurrection du fils de la veuve de Sarepta, en ces termes : « *Seigneur, mon Dieu, faites que l'âme de cet enfant rentre dans son corps; et le Seigneur exauça la voix d'Élie: l'âme de l'enfant rentra dans son corps et il recouvra la vie.* » N'est-ce pas une preuve de la croyance des Juifs à cette époque? Dans les deux derniers versets de l'Ecclésiaste, Salomon dit : « *Craignez Dieu et observez ses commandements; c'est là le tout de l'homme; car Dieu fera rendre compte en son jugement de toutes les œuvres, même secrètes, soit qu'elles soient bonnes, soit qu'elles soient mauvaises.* » Donc les anciens Hébreux croyaient, comme les chrétiens, à un jugement de Dieu après la mort; et par conséquent à une vie future. Dans le XXIᵉ chapitre du IVᵉ livre des Rois, et dans le IIIᵉ du IIᵉ livre des Antiquités juives de Josèphe, on voit l'impie Manassès répandre des ruisseaux de sang innocent, faire mourir ceux de ses sujets qui avaient de la piété, déployer surtout sa rage impie contre les prophètes qui prêchaient et qui soutenaient la religion; or, croirions-nous que ces justes, ces prophètes, ces illustres victimes de la religion auraient sacrifié leur fortune et leur vie pour la soutenir, s'ils n'avaient rien espéré après leur mort, s'ils n'avaient pas cru à la vie future? En général, dans tous les livres sacrés des Hébreux, dans ceux de Moïse, des prophètes, de David, de Salomon, comme dans ceux qui furent écrits après la captivité de Babylone, règne et se fait sentir d'une manière plus ou moins explicite la croyance en une providence qui s'étend au delà du tombeau, la persuasion d'une vie future; vouloir méconnaître cette vérité, c'est s'aveugler volontairement au milieu de la plus grande lumière. La raison principale sur laquelle on se fonde pour prétendre que l'immortalité de l'âme n'était point un dogme des anciens Hébreux, depuis Moïse jusqu'à la captivité de Babylone, c'est que le Pentateuque ne fait pas une mention formelle de cette croyance, et que Moïse ne donne pour sanction à ses lois que des menaces et des promesses temporelles. Quoique la réponse à cette objection appartienne à l'article de la loi mosaïque, où il sera question de la sanction donnée par Moïse à ses lois, nous dirons en peu de mots que la loi de Moïse avait deux parties bien distinctes, la partie religieuse et la partie politique; que, pour la première, Moïse suppose le dogme de l'immortalité de l'âme sans lequel toute religion est impossible; on sent ce dogme à la lecture des livres de l'écrivain sacré; la moindre attention suffit pour découvrir une foule d'expressions, de préceptes, d'actions saintes rapportées dans le Pentateuque qui seraient incompréhensibles sans ce dogme. La vie des patriarches, par exemple, est une vie de foi en la vie future. Ils appellent les années qu'ils passent sur la terre *les jours de leur pèlerinage* (Genès., c. XLVII). Jacob, au moment de mourir, dit à Dieu : *Seigneur, j'attendrai ton sauveur* (Genès., XLIX, 18). Cette espérance n'eût-elle pas été insensée s'il n'avait pas eu foi dans l'immortalité? Est-ce que les défenses portées dans le Lévitique, c. XX, 6, contre les magiciens, les devins, les enchanteurs, ceux qui avaient l'esprit de Python, et tous ceux qui allaient les consulter, ne prouvaient pas une croyance dans les démons, les mânes, et l'existence de l'âme des morts? Est-ce que le précepte d'aimer Dieu de tout son cœur, de toutes ses forces, ne supposait pas une vie future, où cet amour serait récompensé par la possession de Dieu même? Sans cette vie, quelle différence y aurait-il eu entre les Juifs et les idolâtres? ceux-ci ne goûtaient-ils pas sur la terre un bonheur temporel de même que les autres? Si Moïse ne formula pas expressément ce dogme, c'est qu'il était indestructible dans tous les cœurs; il préféra formuler expressément le dogme de l'unité de Dieu, à cause du penchant grossier de sa nation à l'idolâtrie; il songea à sauver ce dogme qui courait un grand péril, tandis que celui de l'immortalité de l'âme étant admis par les nations idolâtres, d'où sortaient les Hébreux et qui les environnaient, il n'avait pas besoin d'être fortifié dans leur cœur. Quant à la partie politique, elle ne pouvait exister sans une sanction pénale, ou des récompenses temporelles.—Moïse était chez les Hébreux comme les législateurs séculiers et ecclésiastiques chez les chrétiens, lesquels dans leurs lois font souvent abstraction des dogmes reçus ou existants. Or, je le demande, n'aurait-on pas mauvaise grâce à prétendre, dans deux ou trois mille ans, que Théodose, Justinien, les rois de la chrétienté, ou les conciles généraux et particuliers ne croyaient pas à la vie future, par la raison que le code de Justinien et de Théodose, que les édits des rois chrétiens, que les statuts et les règlements de la plupart des conciles n'infligent souvent aux infracteurs de leurs lois que des peines temporelles, sans faire une mention expresse des peines réservées à la vie future? A l'époque où Moïse publia sa loi, les Hébreux croyaient à l'immortalité de l'âme; tout ce qu'on oppose à ce fait est vain et frivole. Il suffirait, d'ailleurs, de citer le célèbre passage de Job, livre attribué à Moïse, pour montrer que la croyance de la vie future et de la résurrection des corps était connue de sa nation. « Je crois, dit Job, que mon rédempteur est vivant, et qu'au dernier jour je sortirai plein de vie du sein de la terre. La même peau qui m'enveloppe m'enveloppera de nouveau, et ce sera dans la même chair que je verrai mon Dieu. Oui, je le verrai ce Dieu, je le verrai moi-même, et non aucun changement qui me dénature, je le verrai avec ces mêmes yeux, et non avec d'autres yeux: telle est la douce espérance qui repose inamissiblement dans mon cœur. » (Job. XIX.) Cependant, malgré l'existence incontestable de cette croyance, nous dirons avec saint Paul, que J. C. a mis au grand jour la vie et l'immortalité, en ce sens qu'il a raffermi les preuves déjà existantes, qu'il a démontré aux Saducéens, les épicuriens de la Judée, qu'ils étaient dans l'erreur, ignorant *les Écritures et la vertu de Dieu*, et qu'après nous avoir dit qu'une vie éternelle bienheureuse était réservée aux enfants de Dieu, il nous a dit en quoi cette vie consistait (*V.* PARADIS, VIE ÉTERNELLE). — Si plusieurs Pères de l'Église se sont servis du mot corps en parlant de l'âme, on doit observer avec saint Augustin que par ce terme ils désignaient la substance. Ce serait donc une pure chicane que d'objecter une expression tout au plus impropre; car on sait fort bien qu'ils admettaient tous le dogme de l'immortalité de l'âme, l'un des articles fondamentaux de la foi catholique. Tertullien est celui sur lequel pèse l'accusation la plus grave; mais, malgré ses autres erreurs, on peut très-bien expliquer tout ce qu'il a dit de l'âme. L'immortalité de l'âme est donc un dogme certain, fondé sur sa nature spirituelle, sur ses désirs infinis et ses

élans vers la béatitude, sur la justice et la providence de Dieu, sur la tradition universelle et sur la révélation divine. Ce dogme, objet de terreur pour le crime, est consolant pour la vertu; il jette un grand jour sur les desseins de Dieu à l'égard de l'humanité, il lie le fini à l'infini, le monde présent au futur, et le temps à l'éternité.

L'abbé O. VIDAL.

AME DU MONDE. Un peuple d'athées ne saurait exister sur la terre. A l'aspect des merveilles de la création, l'homme sent Dieu en lui, hors de lui, au-dessus de lui, dominant sur l'univers. Tout lui parle de Dieu, et sa raison se repose sur cette idée, que l'intelligence suprême gouverne les mondes créés par la toute-puissance. Mais que cette orgueilleuse tente de soulever le voile dont la Divinité s'enveloppe, d'expliquer ce qu'elle ne peut concevoir, et soumettre à l'analyse l'essence d'un être dont l'analyse est impossible; que les sciences philosophiques, au lieu de produire la reconnaissance et la soumission, dégénèrent en esprit audacieux de système; que les hommes prétendent faire naître la vérité de vaines hypothèses souvent inexplicables: et soudain les notions primitives s'altèrent ou s'obscurcissent, les illusions arrivent en foule, l'imagination s'élance dans une carrière sans limites, flotte pendant longtemps sur un océan sans rivages, et l'erreur, revêtue de théories brillantes mais diaphanes, se montre toute nue et hideuse sous son enveloppe. Parmi tous les systèmes qu'enfanta la raison humaine, cherchant à parcourir sans guide l'immense carrière qui s'ouvrait devant elle, paraît au premier rang celui des philosophes de l'Inde, qui, recueilli probablement par Pythagore, fut transplanté par lui dans la Grèce, et, diversement modifié, devint le système de ses disciples, celui de Timée de Locrès, celui des stoïciens et même des néoplatoniciens. Témoins des merveilles de la création, du mouvement imprimé à la matière, de l'instinct qui animait les bêtes, et surtout de cette union incompréhensible d'un corps périssable et matériel avec une substance intelligente, qui dirigeait les mouvements de ce corps par la pensée et la volonté, les Indiens, tout en convenant que le corps avait été formé par Dieu, s'accoutumèrent à penser que l'homme était une portion même de Dieu, qu'alors ils regardèrent comme une intelligence répandue dans tout l'univers, et donnant aux corps créés une portion de sa propre substance; l'âme de l'homme n'était donc qu'une partie de la grande âme du monde, de l'âme universelle, et elle devait, après s'être séparée du corps, et au bout d'un temps d'épreuve plus ou moins long destiné à lui faire reprendre sa pureté native, rentrer dans l'âme universelle et se confondre avec elle.— Menou, dans ses Institutes, ouvrage auquel MM. W. Jones et Crawford attribuent douze cents ans au moins d'antiquité avant J. C., dit formellement que Dieu, dans la pensée de qui l'univers existait de toute éternité, résolut de tirer tous les êtres de sa propre substance. Les brahmines de Bénarès ont développé cette idée : « Absorbé, disent-ils, dans la contemplation de son être, Dieu voulut faire participer à sa gloire des créatures susceptibles de sentiment et de félicité. Ces êtres n'existaient pas : il les tira de son essence; mais il leur donna une volonté libre, afin qu'ils fussent capables de perfection et d'imperfection. » Dans un *sastra.* (*V.* ce mot) où la Sagesse humaine *Narud* questionne Brahma, celui-ci lui répond que Dieu, voyant la terre en pleine végétation, envoya l'Intelligence pour donner des formes aux animaux. Les bêtes, dit Brahma, reçurent cinq sens, l'homme eut de plus la réflexion... L'intelligence est une portion de la grande âme de l'univers, distribuée à toutes les créatures. Après la mort de celles-ci, elle retombe dans l'océan immense d'où elle est sortie, ou bien elle va animer d'autres corps. ... Dans ce cas, elle ne retourne à Dieu, pour s'absorber en lui, que lorsqu'elle est revenue à l'état de pureté parfaite. — Quand on objecte aux brahmines que l'âme humaine n'a aucun souvenir d'une existence antérieure, surtout d'une existence qui lui aurait été commune avec Dieu, ils répondent qu'il est très-vrai que l'âme, le jugement et les facultés intellectuelles des êtres qui sentent sont des portions détachées de la grande âme universelle, lesquelles doivent l'aller rejoindre à la fin de la vie; mais cette âme est constamment frappée d'une suite d'illusions qu'elle prend pour des réalités, et ces illusions ne cesseront que lorsqu'elle rentrera dans la grande âme, qui est Dieu. La principale de ces illusions est ce qu'on appelle *individualité*, ce qui signifie que l'âme humaine, une fois détachée de la grande âme, perd la connaissance de sa propre nature, et se considère comme ayant une existence propre. Tout le système de la théologie hindoue, dit là-dessus M. Ward, repose sur cette idée, que

II.

26.

l'esprit divin, âme du monde, s'unit à la matière dans tous les êtres animés ; que l'âme humaine est Dieu même ; que la connaissance de ce dogme conduisait l'homme à se soustraire à l'influence de la matière, lui donne le moyen de se réunir à l'âme divine ; résultat qui s'obtient par la retraite, les austérités et la contemplation..... Mais de cette idée que l'âme de l'homme est Dieu, résultent de fâcheux effets ; car c'est à Dieu que le brahmine attribue ses actions bonnes ou mauvaises. » Cette dernière conséquence n'est pas juste, quoi qu'en ait dit M. Ward ; car les brahmines ne disent point que l'âme humaine est Dieu, mais seulement ils prétendent qu'elle est une partie détachée de l'âme universelle, laquelle, dans l'isolement où la place la matière qu'elle anime, ne garde plus le souvenir de son origine, et croit avoir une existence particulière. Cette conséquence est surtout contredite par la doctrine des sastras sur le libre arbitre. — Nous avons dit que Pythagore avait rapporté en Grèce la doctrine de l'Inde touchant l'âme du monde et ses émanations, ou que du moins cela était probable, car cette doctrine existait depuis longtemps chez les gymnosophistes lorsque le philosophe grec les visita ; et il paraît qu'il l'avait adoptée telle que nous venons de l'exposer, puisque les pythagoriciens distinguaient très-bien l'âme humaine de la grande âme, bien qu'émanée d'elle, tandis que d'autres philosophes confondaient la fraction avec le tout. Les néo-platoniciens, les stoïciens avaient embrassé sur le fond les mêmes idées que Pythagore. On les retrouvait chez une secte de prêtres égyptiens et éthiopiens. Les Romains avaient en général adopté l'opinion des pythagoriciens, et ils étaient si bien persuadés que l'âme humaine, fraction de la Divinité, de l'âme universelle, rentrait, après la mort, dans cette grande âme d'où elle était sortie, que, s'il faut en croire Servius, très-ancien commentateur de Virgile qui, en parlant des funérailles de Polydore, avait dit : *Animam sepulcro condimus*, c'était pour hâter le moment de cette réunion qu'ils détruisaient le corps en les brûlant, afin que l'âme ne fût pas obligée de revenir sur la terre pour l'habiter de nouveau, comme cela faisait partie de la croyance en Égypte : *Egyptii..... condita diutius reservant cadavera, scilicet ut anima multo tempore perduret.... Romani contra faciebant comburentes cadavera, ut statim anima in generalitatem ; id est, in suam naturam rediret.* — Dans les premiers siècles de l'Église, les gnostiques, hérétiques qui prétendaient communiquer avec Dieu et recevoir de lui la connaissance de son être, avaient fait revivre le système de Pythagore. Plus tard, le trop fameux Spinosa a soutenu que Dieu, principe universel de la vie, existant partout et se distribuant lui-même de mille manières à tous les êtres créés, âme universelle du monde, avait donné à chaque homme, une portion de sa substance destinée à retourner à sa source, pour s'y confondre après la mort des individus. (*V.* PANTHÉISME ; SPINOSA.)

J. DE MARLÈS.

AME (MALADIES DE L'). (*V.* ALIÉNATION MENTALE, FOLIE.)

AME (TRANSMIGRATIONS DE L'). (*V.* TRANSMIGRATION.)

AME (*gramm., technol., musiq.*). Le mot âme est devenu d'un très-grand usage dans notre langue. On s'en est servi pour exprimer tout ce qu'on entend, soit dans les lettres, soit dans les arts, soit dans les actes de la vie humaine, par les mots force, vigueur, énergie, mouvement. Ainsi on dit d'un style lâche, diffus, pesant, qu'il n'y a point d'âme ; d'un tableau sans couleur, sans liaison dans ses parties, sans vigueur d'ensemble, que c'est une composition pâle et sans âme ; d'une statue froide et sans expression dans les traits, d'un morceau de musique destitué de ces effets de vigueur qui réveillent l'attention en remuant le cœur, que le sculpteur, le musicien n'ont pas mis d'âme dans leur composition. — S'il s'agit de l'homme, le mot âme signifie quelquefois courage ; mais plus souvent on entend par là le sentiment intime qui nous rend sensibles, compatissants, généreux et surtout très-disposés à repousser de toutes nos forces tout ce qui paraît contraire à l'honneur. On dit également de celui qui assiste d'un œil sec à une scène douloureuse, et principalement de celui qui se montre peu sensible à l'injure, à l'humiliation : Cet homme-là n'a point d'âme. — Dans plusieurs arts mécaniques le mot âme trouve souvent à se placer. Dans un soufflet de forge ou un soufflet ordinaire, l'âme est une espèce de soupape qui se soulève pour que l'air entre, et qui s'abaisse pour l'empêcher de sortir, quand on se sert de l'instrument, afin qu'il se dirige vers la seule issue qu'on lui a ménagée. Les arquebusiers, les fondeurs nomment âme la partie du canon qui renferme la charge, et se trouve beaucoup plus renforcée afin de mieux résister à l'effort de l'explosion. — Les luthiers donnent aussi le nom d'âme à un petit cylin-

dre de bois de sapin, placé debout entre les deux tables du violon, du violoncelle, de l'alto, à peu près sous le chevalet sur lequel passent les cordes. L'âme ne soutient pas seulement la table supérieure contre la pression des cordes et de l'archet, elle sert encore à communiquer immédiatement à la table inférieure la vibration que la supérieure reçoit du son tiré par l'archet. Un violon dont l'âme est tombée a perdu en grande partie sa sonorité, laquelle se rétablit aussitôt que l'âme est redressée.

N. M. P.

AMEDABAD, et mieux AHMEDABAD, ville d'Ahmed. C'est une grande ville de l'Indoustan, jadis capitale du vaste royaume de Guzzerat, qui devint, après la conquête de Baber, une des provinces de l'empire mogol. Sous le grand empereur Akber, sous Aureng-zeb et ses premiers successeurs, Amedabad était riche, florissante et populeuse. A la suite des révolutions nombreuses qui, dans le cours du XVIIIe siècle, ont dévasté l'Indoustan et renversé l'empire d'Akber, le Guzzerat et sa capitale sont tombés aux mains des Mahrattes qui, par leur ardeur de pillage et leurs habitudes, peuvent être regardés comme les Bédouins de l'Inde. Depuis peu d'années, la compagnie anglaise a expulsé les Mahrattes, et quoique la ville n'ait pas repris son ancienne splendeur, elle s'est du moins relevée de ses ruines, et on y compte aujourd'hui près de cent mille habitants. Cette ville possède une des plus belles mosquées de l'Inde ; le tremblement de terre de 1819, qui s'est fait vivement sentir dans Amedabad, a laissé la mosquée debout. Elle est renommée pour la grande quantité qu'elle renferme d'ornements d'ivoire, de nacre de perle et même d'argent. Latitude 23° 5', longitude 70° 22' Est de Paris.

A. D. M.

AME-DAMNÉE (*ois.*). Suivant Olivier, les Européens établis dans le Levant nomment ainsi une petite espèce du genre pétrel, qui vole sans cesse à la surface de la mer.

B.

AMÉDÉE DE SAVOIE. Plusieurs souverains de la Savoie ont porté ce nom, les uns avec le titre de comte, les autres avec celui de duc ; d'autres ont ajouté au nom d'Amédée celui de Victor. Nous parlerons des premiers et des seconds au mot SAVOIE.

X. X.

AMÉDÉE, évêque de Lausanne, naquit dans une petite ville du Dauphiné, d'Amédée, seigneur de Hauterive et beau-frère du dauphin Guigues VII. Le seigneur de Hauterive, témoin des austérités des religieux de l'ordre de Cîteaux, entra dans l'abbaye de Bonnevaux avec seize chevaliers. Le jeune Amédée s'attacha pour lors à la suite de l'empereur Henri V, dont il était parent ; mais après la mort de ce prince, il suivit l'exemple de son père, prit l'habit monastique, devint abbé de Hautecombe, et successivement évêque de Lausanne (1144). Le premier mourut à Bonnevaux en odeur de sainteté ; l'évêque de Lausanne mourut vers l'an 1158, et il fut mis au nombre des saints que l'ordre de Cîteaux a produits. On a de lui huit homélies en l'honneur de la sainte Vierge, publiées en 1613, à Anvers, par le P. Richard Gibbon, jésuite, et réimprimées à Lyon en 1633. Il ne faut pas confondre ces deux Amédée de Hauterive avec le P. Amédée, religieux de l'ordre de Saint-François, fils d'un seigneur portugais nommé Gomez de Sylva. On dit qu'il fut d'abord militaire, ensuite ermite, et enfin frère lai dans un couvent de l'ordre qu'il devait plus tard honorer. Sa conduite exemplaire engagea ses supérieurs à lui conférer les ordres sacrés. Devenu lui-même supérieur d'une maison religieuse, il en fonda plusieurs autres, auxquelles il donna des statuts particuliers, ce qui établit une sorte de congrégation dont les membres prirent le nom d'*amédéistes*. En 1471, le pape Sixte IV l'appela auprès de lui, et le choisit pour confesseur. Au bout de dix ans, Amédée, autorisé à visiter les monastères de sa congrégation, fut surpris à Milan par la maladie ; il y mourut le 10 août 1482. Il a laissé un livre de prétendues prophéties, qu'on croit altérées ou falsifiées. Les amédéistes subsistèrent jusqu'au pontificat de Pie V.

N. M. P.

AMEILHON (HUBERT PASCAL), né à Paris le 5 avril 1730, devint historiographe de la ville de Paris, membre des classes de littérature et d'histoire de l'Institut, administrateur de la bibliothèque de l'Arsenal, et doyen des membres encore existants de l'ancienne académie des inscriptions et belles-lettres ; ce fut un savant laborieux et honnête, qui consacra sa vie entière à d'utiles travaux. Il commença par son *Histoire du commerce et de la navigation des Égyptiens sous les Ptolémées*, et cet ouvrage, couronné par l'Académie, lui valut sa place dans ce corps savant. Après la mort de Lebeau, il continua l'Histoire du Bas-Empire, et bien qu'il soit devenu, pour ainsi dire, de mode de préférer l'ouvrage savant, mais souvent prolixe et surtout antichrétien de Gibbon. (*V.* GIBBON), l'Histoire du Bas-Empire de Lebeau „ continuée par le vertueux Ameilhon, ne mérite pas l'oubli dans lequel on affecte de la laisser. Ameilhon a publié aussi un traité sur la *Métallurgie*, ou l'art d'exploiter les mines chez les anciens; un mémoire sur l'art du foulon, et deux autres mémoires sur *l'art de la teinture chez les anciens*. Tous ces ouvrages, de même que les *Recherches sur l'exercice du nageur*, etc., sont remplis de détails précieux, de faits peu connus, et discutés avec une saine critique. Cet estimable écrivain est mort octogénaire à Paris, en 1811. Tous les mémoires qu'il a écrits sur une infinité de matières ont été imprimés dans le Recueil de l'académie des inscriptions, dans le Recueil de l'Institut, dans le Journal des savants, etc. Mais ils n'ont pas été réimprimés, ce qui peut paraître extraordinaire à une époque où l'on met plus de la publication des livres qu'une spéculation commerciale, et où l'on publie tant de mauvais livres. Ameilhon emporta les regrets de ses amis et ceux des savants, ce qui prouvait à la fois la bonté de son caractère et l'étendue de ses connaissances.

N. M. P.

AMÉIVA (*rept.*). Genre de reptiles sauriens très-voisins des lézards. Baudin en a fait le type de sa première section des lézards, et Cuvier le troisième sous-genre du deuxième groupe des monitors. Les améivas diffèrent des lézards par l'absence d'une plaque osseuse sur l'orbite, et des monitors par leur queue arrondie; les écailles de leur gorge sont petites et ne se dilatent point vers le cou en une espèce de collier, comme cela a lieu chez les lézards; celles du ventre sont carrées et disposées en rangées transversales; leurs dents sont coniques et comprimées, et ils en manquent au palais.—Les espèces de ce genre habitent les contrées chaudes de l'Amérique, où elles vivent à la manière de nos lézards. Les principales sont: l'améiva ordinaire, *tejus ameiva*, Lin., long d'un peu plus d'un pied, vert piqueté de noir en dessus; des taches blanches, arrondies, forment sur son dos des lignes verticales; des taches de même couleur et placées dans le même ordre, mais entourées de noir, ornent ses flancs; le dessus de son corps est jaunâtre.—L'améiva bleu, *tejus cyaneus*, il est de la taille du précédent, d'une couleur bleuâtre, marqué de taches blanches, plus nombreuses sur les flancs, et disposées irrégulièrement.

J. BRUNET.

AMÉLECH (*V.* JOAS).

AMÉLIE (*ins.*). Geoffroy a désigné sous ce nom une espèce de névroptère d'Europe, du genre agrion. (*V.* ce mot.)

AMELINE (CLAUDE), né à Paris en 1635, et mort dans la même ville en 1706, suivit d'abord le barreau, qu'il abandonna pour entrer dans la congrégation de l'Oratoire. Il fut nommé plus tard grand chantre et archidiacre de l'église de Paris. On a de lui un *Traité de la volonté*, Paris, 1684, in-12; et un traité de l'*Amour du souverain bien*, ib., 1699.

AMÉLIUS (GENTILIANUS), né en Italie dans le III° siècle, ami de Porphyre, et contemporain d'Aurélien, étudia la philosophie sous le fameux Plotin, qui appartenait à l'école platonicienne. Il composa plusieurs ouvrages qui se sont perdus et que Longin estimait, malgré la sécheresse diffuse de son style. Après avoir passé auprès de son maître vingt-quatre ou vingt-cinq ans, Amelius se retira dans Apamée, ville de Syrie. — Il y a eu dans le XIV° siècle un religieux de l'ordre de Saint-Augustin, nommé Amelius. Il était né à *Alecta* (Alet), dans le Languedoc. Quelques-uns le font naître dans *Aletium* (Lecce), petite ville du royaume de Naples, ce qui paraît plus vraisemblable, puisqu'il devint évêque de Sinigaglia, dans le duché d'Urbin. Il accompagna le pape Grégoire XI d'Avignon à Rome, et il versifia la relation du voyage; il mourut à Sinigaglia. — Un autre Amelius (George) fut jurisconsulte et professa le droit à Fribourg dans le Brisgaw. Son vrai nom était *Achisnit*. Son fils Martin suivit la même carrière, et pour prix des services qu'il rendit à l'empereur Ferdinand, il en reçut des lettres de noblesse. Devenu chancelier du margrave de Bade, il s'occupa de littérature; il fut zélé partisan de la réforme. Il mourut vers la fin du XVI° siècle.

N. M. P.

AMELOT DE LA HOUSSAYE (ABRAHAM-NICOLAS), naquit à Orléans, dans le mois de février 1634. On possède peu de détails sur la vie de ce savant : on sait toutefois, qu'en 1669, il suivit à Venise, en qualité de secrétaire, l'ambassadeur de France, M. le président Saint-André. On attribue à cette mission le goût qu'Amelot de la Houssaye prit pour la politique. Passionné pour les études sérieuses et les travaux littéraires, il a laissé de nombreux ouvrages, dont les principaux sont:

1° *Histoire du gouvernement de Venise*, traduit de l'italien de Marc Velserus, 3 vol. in-12, Amsterdam, 1705. Cette œuvre, accompagnée de notes politiques, est historiques, contient plusieurs traits satiriques contre la république de Venise : le sénat s'en plaignit à la cour de France, et, l'on prétend qu'en expiation de ces censures, Amelot fut enfermé à la Bastille. — 2° L'*Homme de cour*, traduit de Balthazar Garcian, in-4°, 1684; 3° le *Prince*, de Machiavel, traduit de l'italien, in-12, 1683 - 1686, avec des notes, dans lesquelles Amelot s'efforce de justifier les doctrines de Machiavel; 4° la *Morale de Tacite*, in-12, 1686; 5° *Tacite*, 10 vol. in-12, avec notes historiques et politiques, 1692 - 1735. Sur ces dix volumes, les quatre premiers seulement sont d'Amelot, les autres, qui n'égalent pas le mérite de leurs aînés, sont dus à la plume de François Bruys; 6° *Mémoires historiques, politiques, critiques et littéraires*, 2 vol. in-8°, 1722; 3 vol. in-12, 1737. Ces Mémoires, disposés par ordre alphabétique, sont très-incomplets et remplis d'inexactitudes : si l'on en croit Nicéron, Amelot n'aurait écrit qu'une portion de cet ouvrage; 7° *Histoire de Philippe de Nassau, prince d'Orange, et d'Éléonore-Charlotte de Bourbon*, 2 vol. in-12, 1754, avec notes critiques, littéraires et politiques. — On peut consulter sur les ouvrages d'Amelot de la Houssaye, le 35° volume des *Mémoires de Nicéron*. — Amelot mourut à Paris, dans un état qui approchait de l'indigence, le 8 décembre 1706, et fut enterré à Saint-Gervais.

H. CORNILLE.

AMELOT (SÉBASTIEN-MICHEL), né à Angers d'une famille noble, le 5 septembre 1741, et mort à Paris le 2 avril 1829, fit de bonnes études, et bien que fils d'un colonel il suivit la carrière ecclésiastique. Il assista à l'assemblée du clergé en 1772, fut élevé à l'épiscopat en 1774. En 1787, le roi chargea de la direction du collège de la Marine, créé depuis peu à Vannes, où était le siège de son évêché. Quand la révolution arriva et qu'on exigea le serment des prêtres, il n'y eut que la dixième partie des prêtres de son diocèse qui consentirent à le prêter. Amelot, persécuté comme ennemi du nouvel ordre de choses, se rendit en Suisse, d'où il fut obligé de se réfugier en Angleterre en 1800. Lorsqu'en 1801 on exigea des évêques qui avaient survécu aux orages révolutionnaires qu'ils donnassent leur démission, il la refusa; mais, après la restauration, il répondit à l'appel de Louis XVIII. Il eut le malheur à la fin de ses jours, de devenir aveugle, ce qui l'obligea de vivre dans la retraite, ne s'occupant plus qu'à faire de bonnes œuvres. Il était, à sa mort, le plus ancien évêque de France.

N. M. P.

AMELOTTE (DENIS) naquit à Saintes en 1606, et fut ordonné prêtre en 1632. Il avait eu toute sa vie beaucoup de rapports avec la congrégation de l'Oratoire; toutefois il n'y entra lui-même qu'en 1650. Il mourut à Paris en 1678. On a de lui divers ouvrages où l'on aperçoit aisément qu'il n'approuvait point toutes les doctrines de Port-Royal. Aussi s'attira-t-il une réfutation de Nicole, réfutation à laquelle le P. Amelotte répliqua très-vivement dans sa préface de la Traduction du Nouveau Testament. Ses principaux ouvrages sont : 1° cette traduction, qui fut d'abord imprimée à Paris, 4 vol. in-8°, 1666-1668, et réimprimée depuis en 4° et in-12, contrefaite ou même mutilée par deux écrivains protestants; 2° un *Abrégé de théologie*, in-4°; 3° *Harmonie des quatre évangélistes*, en français et en latin. Quant à sa *Vie du P. de Condren*, supérieur de l'Oratoire, par laquelle il suscita contre lui le Port-Royal, elle est remplie de puérilités et de détails minutieux qui la déparent complètement.

N. M. P.

AMELUNGHI (GIROLAMO), poëte burlesque italien, né à Pise, dans le XVI° siècle, est auteur de plusieurs poëmes. La *Gigantea*, ou la Guerre des géants contre les dieux, poëme publié sous le nom de Forabosco, fut, dit-on, dérobée à Benedetto Arrighi, Florentin, son véritable auteur, par Amelunghi, qui, après l'avoir retouchée et modifiée, la publia en cent vingt-huit octaves. Les bizarreries que renferme cet ouvrage annoncent un cerveau malade; l'exagération du monstrueux y est portée à son dernier terme. — Ce poëme fut suivi d'un second, la *Nanea*, ou la Guerre des nains, qui est attribuée à Amelunghi par quelques biographes, et lui est disputée par d'autres. On n'y trouve, au reste, ni plus d'imagination, ni plus de comique. — Les meilleures éditions sont : la *Gigantea*, Florence, 1547, in-8°, la *Nanea*, Florence, 1566, in-12; et réunies, Florence, 1566, in-4°.

L. C. DE BELLEVAL.

AMEN, mot hébreu dérivé d'un verbe qui signifie *être ferme, solide, bien appuyé*. Les talmudistes remarquent, avec raison, que le mot *amen* est employé par les auteurs de

26.

l'Ancien Testament dans trois sens bien distincts. Quelquefois, selon eux, c'est une affirmation équivalente au serment, quelquefois une simple confirmation de la vérité, quelquefois, enfin, une approbation, un consentement formel donné à ce qui suit. Ils citent, pour la première signification, le livre des Nombres, chap. v, ver. 22; pour la seconde, Jérémie, chap. xxviii, ver. 6, et pour la troisième, le Deutéronome, chap. xxvii, ver. 15. Nous ajouterons que dans le Nouveau Testament on trouve ce mot au commencement de plusieurs phrases; et que, dans ce cas, il doit se rendre par *en vérité, véritablement*, sens qui répond au troisième des talmudistes. Il a été rendu, dans la version grecque de l'Ancien Testament, par γένοιτο, qui est le *fiat* des Latins. Les évangélistes l'ont conservé tel qu'il est en hébreu, excepté saint Luc, qui le traduit quelquefois par ἀληθῶς, *véritablement*, ou ναί, *certainement*. Lorsqu'il est répété deux fois, il a la force d'un superlatif, conformément au génie de la langue hébraïque. C'est par imitation d'un usage consacré chez l'ancien peuple de Dieu, que, dans les Églises grecque et latine, le peuple répond à haute voix, à la fin des prières publiques : *Amen*. Saint Jérôme nous apprend à ce sujet que quand, à Rome, le peuple répondait *Amen*, on croyait entendre le bruit du tonnerre grondant au milieu des nuages : *In similitudinem cœlestis tonitrui amen reboat* (*Præfat. in lib.* ii, *Epist. ad Galat.*).

J. G.

AMÉNAGEMENT. (*écon. forest.*) On entend par le mot *aménagement*, une opération qui consiste à mettre une forêt en coupes réglées, à la diviser en un certain nombre de parties destinées à une exploitation successive, à établir enfin sur ces sortes de propriétés une espèce de rotation qui assure un revenu, le plus souvent périodique. — L'aménagement réunit toutes les conditions, lorsqu'en exploitant le présent, il laisse à l'avenir toutes les réserves possibles; lorsqu'il maintient et conserve, tout en recueillant; lorsqu'il donne à la cognée l'essor auquel elle a droit de prétendre, et l'arrête aussitôt qu'elle essaye de franchir les limites de son domaine. Or, il ne suffit pas de partager une forêt en fractions égales, et assez multipliées pour que les arbres abattus aient le temps de renaître et de croître avant le retour du bûcheron; il faut encore apporter dans ces répartitions une profonde connaissance des terrains et des bois, une grande sagacité, une longue expérience. — Il y a plusieurs sortes d'aménagements : celui qui s'exerce sur les *futaies pleines*; celui qui s'applique aux *futaies par éclaircie* ou *expurgade*; l'aménagement *en bordures* et celui des *taillis*. 1º *Futaies pleines*, c'est-à-dire, bois âgés de plus de soixante ans. Dans les conditions nécessaires, ce qui peut s'apprécier en raison de la nature des essences dominantes et du terrain sur lequel elles doivent achever leur carrière, on choisit le plus souvent les bois âgés de soixante-dix à cent ans; alors, les souches sont encore assez vivaces pour produire de nouveaux troncs, on ne laisse vivre plus longtemps que les arbres destinés aux constructions navales et civiles : ceux-là peuvent rester sur pied jusqu'à l'âge de trois ou quatre cents ans. D'après l'évaluation la plus exacte, on a trouvé qu'un hectare de *futaies pleines* donne, à l'âge de 70 ans, quatre-vingt-cinq cordes de bois et deux mille cinq cents fagots; à 80 ans, cent cinq cordes de bois et trois mille fagots; à 90 ans, cent vingt cordes de bois et deux mille cinq cents fagots; à 100 ans, cent quarante-cinq cordes de bois et deux mille fagots. Au delà de cet âge, les hautes futaies prospèrent encore, et l'on voit même qu'à 140 ans, elles donnent par hectare, deux cent cinq cordes de bois et deux mille fagots; mais le calcul et l'expérience démontrent qu'il est préjudiciable aux intérêts des propriétaires d'attendre à si long terme, même un très-gros produit; il suffit d'ailleurs de songer à l'état des racines dans un âge si avancé. A 300 ans, les futaies pleines donnent cent quatre-vingt dix cordes de bois et mille fagots. Il est inutile d'ajouter que nous parlons ici des essences dures, susceptibles d'un développement égal et régulier. — Depuis 120 ans jusqu'à 300 ans, l'accroissement des produits est à peine sensible; après 200 ans, ils diminuent sensiblement, car toute chose ici-bas, animée ou végétale, a ses développements, son âge de force et de puissance, son ère de dépérissement et sa décrépitude. Pour les arbres, cet âge de décadence se révèle par une sorte de *calvitie*, leur tête se fane et se dépouille comme celle des hommes. — *Futaies par éclaircie* ou *expurgade*. L'aménagement de ce genre livre chaque année à la hache du bûcheron la surabondance des futaies : ce mode, dont Burgsdorf et Hartig, ces maîtres en économie forestière, se sont déclarés partisans, réclame une entente parfaite de tout ce qui concerne les besoins et les habitudes des arbres. Sagement employé, il ouvre à l'air une

circulation facile, et donne aux futaies plus à l'aise les moyens de recevoir tous les développements dont elles sont susceptibles. Dans les bois ainsi exploités, on ne voit guère de ces arbres trapus et rachitiques, dont la croissance a été arrêtée, faute d'air ou d'espace, ou encore par suite de l'épuisement du sol mis à contribution par des fûts trop nombreux. — L'expurgade est une sorte de révision annuelle qui maintient ou retranche dans l'intérêt commun : elle élague de la forêt tous les membres superflus ou inutiles, et c'est là l'origine de ce nom. Or, on comprend combien il est difficile d'accomplir ce ministère, et quelles fâcheuses conséquences peut avoir dans l'avenir l'erreur ou l'inexpérience du bûcheron. Dans cette séparation des bons et des mauvais arbres, on a soin d'abattre les bois blancs dont la fibre molle n'a qu'une très-courte durée, comparée à celle des essences dures, véritables reines des forêts. — On sait que les bois blancs vivent à peine soixante années, et sont souvent morts avant que la futaie naissante ait pris ses premiers degrés. — L'aménagement *par éclaircie* doit avoir été pratiqué d'abord sur les taillis passés depuis à l'état de futaies : on a comparé ces résultats à deux modes d'exploitation : on a trouvé que les futaies éclaircies avaient quelquefois donné, à l'âge de 250 ans, 40,000 francs par hectare, tandis que les futaies abandonnées à elles-mêmes, sur un terrain égal et de semblable nature, avaient produit à peine 8 à 10,000 francs. Ceci n'est pas une raison pour qu'on ne songe à abattre les futaies qu'après un aussi long terme. Il sera toujours plus avantageux d'agir sur des plants de vingt à trente ans : les intérêts seuls de la somme, employés au bout de deux cent cinquante ans, absorberaient vingt fois le produit obtenu. — L'aménagement des futaies en bordures agit sur les bois de réserve. On appelle *bordures* des lisières d'une certaine largeur formées de taillis ou de futaies abattus. Ces bois séjournent longtemps dans cette disposition, et suivant les influences du soleil, de la pluie ou du vent, auxquelles ils sont exposés, ils acquièrent des qualités qui les rendent propres aux constructions de terre ou de mer. — L'aménagement des *taillis* se gouverne selon la qualité du sol, la nature des essences, et l'intérêt des souches qu'on doit toujours laisser en état de reproduire. Les taillis de chêne, de hêtre, de châtaignier, d'érable, de frêne, de charme, de bouleau, peuvent être abattus dans la période de 20 à 30 ans; les taillis de tilleul et d'aulne se coupent de 15 à 25 ans; ceux de saule, de 12 à 22; ceux d'orme, de 20 à 30, ceux de peuplier, de 15 à 25. Ces âges fixés généralement pour la coupe des *taillis* peuvent cependant varier selon les pays et les climats. En toutes ces choses, le point à considérer, c'est le revenu : il s'agit de le rendre aussi complet que possible : or, il arrive qu'en certaines localités, les développements des taillis sont loin d'être réguliers; rapides jusqu'à l'âge de 4 ou 5 ans, ils s'arrêtent quelquefois durant plusieurs années, et reprennent ensuite leurs cours à 8, à 10, à 12 ans, pour s'arrêter de nouveau, et de nouveau croître avec plus de vigueur. Dans ces cas particuliers, chaque propriétaire estimera le produit annuel : il pèsera les morceaux de bois des essences dominantes, estimera, comparera, et il introduira les exceptions qui lui paraîtront à propos dans la règle générale. Cette appréciation sera toujours plus exacte au moyen du pesage que d'après l'observation oculaire. — Aux termes des règlements, on réserve chaque année, dans l'exploitation des taillis, vingt baliveaux par hectare. — Ici, comme dans toute opération de ce genre, on a soin d'établir une sorte de révolution qui laisse aux bois coupés le temps de revenir à leur premier état, sans faire éprouver aucune interruption dans les revenus. — On a remarqué que dans les bonnes terres, l'aménagement de trente ans donne plus d'avantage, toute proportion gardée, que celui de 25 ans, attendu que ce laps de 25 à 30 est ordinairement l'époque où la croissance des taillis se développe avec le plus de force. Voici le calcul établi sur une échelle commune : un taillis de 25 ans donne, terme ordinaire, 30 cordes de bois, 3500 fagots, 150 baliveaux, réservés que les anciennes coupes, selon l'usage et la loi, et produit 1,900 francs; le taillis âgé de 30 ans fournit, toutes circonstances semblables, 50 cordes de bois, 3500 fagots, 270 baliveaux, et rapporte 3,060 francs; c'est-à-dire, un tiers de plus; et cependant, les cinq années ajoutées ne forment que le sixième du temps révolu. A cet âge, on obtient, par conséquent, toujours sur les bonnes terres, les seules d'après lesquelles nous fixons nos calculs, le plus grand revenu et la plus grande masse de matière que puissent donner les taillis. On sait qu'après 30 ans, ils passent à l'état de *gaulis* ou *petites futaies*, ou encore, de *hauts taillis*; mais, malgré ce dernier nom, ils sortent irrévocablement de la catégorie qui nous occupe. Nous ajouterons quelques données sur les accroissements successifs des produits obtenus aux différents âges des taillis aménagés : à 15 ans, un hectare planté de 2000 brins, donne, terme moyen, 12 cordes de bois, 1800 fagots, 96 baliveaux; à 20 ans, 22 cordes, 2000 fagots, 144 baliveaux; à 25 ans, 30 cordes, 2500 fagots, 150 baliveaux; à 70 ans, 50 cordes, 3500 fagots, 270 baliveaux. Si nous estimons ces produits en argent, nous trouverons que la coupe de 15 ans a rendu 850 francs; celle de 20 ans, 1512; celle de 25 ans, 1900; celle de 30 ans, 3060. — Quant aux aménagements au-dessous de 15 ans, ils sont d'un usage si rare, que nous ne croyons pas nécessaire de les étudier; ils nuisent à tous les intérêts : à l'intérêt des souches, à celui des terrains, et, par-dessus tout, à celui du propriétaire. Sur un mauvais sol, le taillis de 10 à 15 ans n'est pas au bout de sa croissance; sur un bon, il commence à prospérer : le châtaignier seul peut faire à la règle une utile exception : on l'aménage quelquefois à dix ans; alors on en emploie les produits à la fabrication des échalas et des cerceaux. (V. pour plus de détails : FUTAIES, TAILLIS, FORÊTS, etc.). H. CORNILLE.

AMENDE (jurisp.) On appelle amende la somme au payement de laquelle un individu a été condamné par le juge, en réparation d'un délit ou d'un fait quelconque qui porte préjudice à un autre. Autrefois l'amende était toujours prononcée à la suite d'une condamnation. On sent que lorsqu'on pouvait se soustraire à la peine même d'un meurtre par une composition pécuniaire, par une somme payée aux parents de la victime, l'amende devait faire une partie essentielle de la peine. On sait d'ailleurs que le produit des amendes fut dans l'origine une des principales branches des revenus de la couronne et de ceux des seigneurs hauts et bas justiciers. Le montant des amendes tombe encore aujourd'hui dans les caisses du fisc; et dans beaucoup de circonstances, l'amende peut être considérée comme l'objet principal de la condamnation. Aussi voit-on bien rarement l'amende prononcée en matière criminelle, tandis qu'elle accompagne presque toujours les condamnations de simple police ou de police correctionnelle. Il eût été à désirer que nos modernes législateurs qui ont tant fait et refait de lois eussent aboli l'amende, peine empruntée à la législation des barbares, peine qui retombe plus sur la famille du coupable que sur le coupable lui-même; car ce n'est guère qu'en épuisant les ressources de la famille, et en la réduisant aux privations, qu'un malheureux, condamné à une forte amende, telles que le sont en général les amendes pour contravention aux lois des douanes, peut satisfaire aux exigences des percepteurs, et acquitter le montant des condamnations. Toutefois le législateur, pour paraître juste, a décidé que les héritiers d'un simple prévenu ou d'un condamné en premier ressort seulement n'étaient point passibles de l'amende; mais il a été jugé que si le jugement de condamnation était définitif, le payement pouvait être demandé aux héritiers, parce que l'amende n'est qu'une peine pécuniaire, et qu'elle doit être assimilée à une dette qui grève les biens; comme si, dans aucun cas, une peine, de quelque nature qu'elle soit, pouvait cesser d'être personnelle. Une autre disposition que réclamait la justice, c'était d'exempter du payement de l'amende celui qui n'est que civilement responsable du fait, comme le père pour son fils, le maître pour ses serviteurs, le mari pour sa femme, le tuteur pour son pupille, etc. Encore a-t-on trouvé plus d'une fois des juges, dévoués aux intérêts du fisc, décider, contre tous les principes d'équité, que l'amende en certains cas n'est pas une peine, et qu'ainsi l'obligation de la payer peut être étendue aux héritiers du condamné. Un arrêt fameux de la cour de cassation, du 6 juin 1811, a jugé que l'amende prononcée en matière de douanes ne constituait pas une peine, et qu'il ne fallait y voir que le préjudice causé à l'État par la fraude. Dérision amère! Comment! on confisque la marchandise introduite en fraude, on confisque les moyens de transport, on emprisonne le conducteur, et la fraude n'est pas encore assez expiée! Et l'amende n'est que la réparation du préjudice causé! Mais quel est ce préjudice? Il ne saurait être que du montant des droits qu'on a voulu frauder. Or, s'il est à présumer que la marchandise ou denrée sujette aux droits est d'une valeur au moins égale au montant des droits, ne doit-il pas suffire de la confiscation? Faut-il même y ajouter la confiscation de la voiture, celle des quatre ou cinq chevaux qui la traînent, celle des autres marchandises qui ne sont pas sujettes aux droits, ou pour lesquelles le droit a été payé! Et l'on ose dire ensuite que l'amende ne peut être considérée que comme l'équivalent du préjudice causé! Pourquoi ne pas avouer franchement que la loi, toute en faveur du fisc, est dure, rigoureuse, inique même, au lieu de chercher à pallier ses dispositions spoliatrices? Pourquoi ne pas convenir du moins, que lorsqu'il s'agit de lois

fiscales, exceptionnelles, le caractère de l'amende est très-difficile à déterminer, et qu'en ce cas, par une interprétation draconienne, le doute doit s'expliquer contre le prévenu? Qu'importe la ruine d'une famille, quand il est question de procurer au fisc un léger avantage? Honneur aux magistrats qui ont quelquefois décidé contre cet arrêt de la cour régulatrice, que l'amende est une aggravation de la peine, une peine réelle qui ne saurait atteindre celui qui n'est que civilement responsable! — Ce qui prouve de plus le véritable caractère de l'amende, c'est qu'elle ne peut être prononcée que sur la réquisition du ministère public, c'est-à-dire, de l'officier que la loi charge de requérir toutes les peines. — Si la condamnation à l'amende a lieu contre plusieurs coaccusés, il n'y a de solidarité contre eux que lorsqu'ils sont tous condamnés pour le même fait; ajoutons et par le même jugement. Au surplus, cette solidarité étant écrite dans la loi, elle a lieu de plein droit, et lors même que le juge aurait omis de la prononcer. Il faut remarquer toutefois que la solidarité ne s'applique point aux faits de simple police, la loi ne disposant que pour les matières criminelles. — Comme le législateur a senti qu'il peut y avoir dans les crimes et les délits des circonstances atténuantes, il a opéré sur l'amende comme sur les autres peines; il a fixé un minimum et un maximum; et même, par une disposition particulière, il a permis au juge de réduire et même de supprimer l'amende. — Les poursuites en recouvrement des amendes se font par le directeur de l'enregistrement et des domaines, au nom du procureur du roi. Si la régie agissait en son propre nom, elle pourrait être déclarée non recevable. Il a été jugé, le 8 juin 1822, que les poursuites dans ce dernier cas n'interrompent pas la prescription. Parmi les moyens que la loi donne pour le recouvrement des amendes, il faut compter la contrainte par corps. Nous avons dit plus haut que les héritiers du condamné par jugement en dernier ressort étaient passibles du payement de l'amende, quoiqu'on puisse dire avec toute justice que les peines sont personnelles; maintenant nous demandons si, en vertu de la loi du 17 avril 1832, qui a introduit ce surcroît de peine contre le condamné, ses héritiers peuvent être poursuivis par corps. Il est possible que le fisc réponde oui; nous semble que la justice crie tout haut non, mille fois non. Mais nous devons confesser qu'en soutenant l'affirmative, le fisc se montrera conséquent. — Quant au délai nécessaire pour l'action en recouvrement soit éteinte par prescription, il est de vingt ans en matière criminelle, de cinq et de deux ans en matière correctionnelle ou de simple police. S'il s'agit de délits non prévus par le Code pénal, et formant la matière d'une législation particulière, comme les délits de la presse, les douanes, les délits forestiers, etc., il faut s'en rapporter aux dispositions spéciales que cette législation surérogatoire renferme (V. PRESSE, DOUANES, CODE FORESTIER, DÉLITS DE CHASSE, etc.). La loi, dans l'intérêt du fisc, ne s'est pas bornée à infliger des amendes en matière de crimes ou délits, elle y a soumis beaucoup de cas en matière civile. Celui qui est cité en conciliation et ne comparaît pas est condamné à l'amende; celui qui appelle d'un jugement qui lui semble injuste, et dont l'appel est rejeté, est condamné à l'amende; celui qui récuse un juge qu'il croit son ennemi, s'il plaît au juge récusé de dire que la récusation n'est pas fondée, est condamné à l'amende; le témoin cité pour une enquête, et qui n'a pu se rendre à l'appel, est condamné à l'amende; celui qui se pourvoit par tierce opposition ou par requête civile, s'il échoue, condamné à l'amende; celui qui, se croyant lésé par un jugement en dernier ressort ou par un arrêt, se pourvoit en cassation, est condamné à l'amende en cas de rejet; et il est à remarquer que le pourvoi est déclaré purement et simplement non recevable, si l'amende n'a été consignée d'avance; ce qui met beaucoup de plaideurs peu fortunés dans l'impossibilité de faire subir à leur cause ce dernier degré de juridiction. — Il y a d'autres cas où l'amende peut être prononcée : en certaines circonstances la loi y assujettit les officiers de l'état civil, les notaires, les greffiers, les avoués, les huissiers, etc.; la mauvaise tenue des registres, l'omission de quelque formalité, peuvent y donner lieu. Un homme est encore passible d'amende, s'il néglige d'enregistrer dans un assez court délai un acte privé, s'il se sert de papier libre au lieu de papier timbré pour écrire une obligation; et ces amendes qui, dit-on, ne sont pas une peine, peuvent être poursuivies contre les héritiers du condamné; et remarquons qu'en matière civile comme en matière criminelle, l'amende doit être requise par le ministère public, qui ne requiert que les peines; d'où l'on peut conclure que le mot amende a un sens élastique et flexible, qu'on étend, qu'on restreint ou qu'on tourne à son gré. Le point essentiel, c'est que le fisc ne soit jamais frustré. Au surplus, en matière d'enregistrement, c'est la régie qui poursuit en son propre nom le recouvrement de l'amende que le ministère public a requise pour elle. — L'action en recouvrement se prescrit par trente ans, sauf quelques cas particuliers.

J. DE MARLÈS.

AMENDE (postes). (V. POSTES).

AMENDE (CHRÉTIEN-CHARLES), ministre protestant à Kaufbeuern en Bavière, né en 1730 à Loesuitz dans la Misnie, mort le 15 novembre 1799, rendit des services signalés à l'instruction publique, quoique quelques savants de sa confession lui reprochent de n'avoir pas assez tenu compte des progrès du siècle, et d'avoir négligé de propager des notions théologiques plus saines et plus épurées. La plume féconde d'Amende cultiva de préférence les antiquités typographiques et la littérature biographique. Ses recherches archéologiques sur la typographie se trouvent en grande partie dans les *Miscellanées* de Strobel. Entre autres monographies on lui doit les *Vies de Matthieu Fréd. Beck*, d'*Ottmar Nachtgall* ou *Luscinius*, de *Georg. Froelich*, de *Sébastien Frank*, de *Jean Olorinus*; Amende fut en outre collaborateur de plusieurs journaux scientifiques qui avaient le plus de vogue de son temps. (V. le *Allg. litt. Anzeiger* (*Indicateur litt. univ.*), 1800, n° 78.

ROESS.

AMENDE HONORABLE. On peut distinguer deux espèces d'amende honorable: l'une est la réparation faite à des particuliers qui ont été offensés; l'autre est une réparation faite au public et publiquement. Cette dernière est sèche, ou *in figuris*. L'amende sèche est celle où le criminel étant tout habillé demande pardon à Dieu, au roi et à la justice. L'amende *in figuris* devait se faire par le coupable en chemise, nu-pieds et nu-tête, la torche au poing et ayant derrière lui le bourreau: en cet état il demandait pardon à Dieu, au roi, à la justice, et même à la personne offensée, s'il y en avait. Cette réparation publique ne s'infligeait ordinairement qu'à des criminels condamnés à mort ou aux galères pour des délits graves. — Il n'est parlé ni dans le droit civil ni dans le droit canonique de l'amende honorable publique; l'usage seul l'avait introduite en France dans les tribunaux ecclésiastiques aussi bien que dans les cours civiles. Aujourd'hui cette peine est absolument supprimée: elle avait même cessé d'être employée longtemps avant la nouvelle jurisprudence. — Nous en traiterons néanmoins ici, parce qu'elle se rattache à plusieurs points importants de la science canonique. — On pourrait d'abord demander si l'amende honorable est une peine infamante. La réponse ne saurait être qu'affirmative. « Quant à moi, dit Loiseau (*des Offices*; liv. 1, chap. 13, n° 59), je suis de l'avis de Coquille (sur le 15° art. de la coutume de Nevers), qui n'estime vraies amendes honorables et infamantes que celles qui se font avec des circonstances ignominieuses: et quant aux autres, ce ne sont, à mon opinion, que déclarations et satisfactions d'honneur ordonnées pour réparer l'honneur du plaintif, mais non pour tollir celui de l'accusé, si ce n'est que la sentence contint le mot d'amende honorable; car je crois que ce terme l'infamie résulte. Bref, à mon avis, la vraie amende honorable est celle qui se fait envers la justice. » — L'auteur des Nouvelles Notes sur Fevret se range à l'opinion de ces deux jurisconsultes. — Que l'amende honorable puisse s'infliger à un laïque par un juge séculier, c'est sur quoi il n'y a jamais eu le moindre doute. Mais le tribunal civil peut-il condamner un clerc à faire amende honorable? Cette question a été résolue négativement par quelques auteurs, parce que, du commencement, les juges séculiers ne connaissant point des crimes des ecclésiastiques, ils ne pouvaient connaître de l'amende honorable qui se poursuivait contre eux. C'est ce qui fait dire à Boerius (en son conseil 4, nombre 40) qu'un offensé par un prêtre ne le peut poursuivre en cour séculière *ad emendam honorabilem*. Mais l'Anglœus (*Otil semestris*, lib. x, cap. 1), traitant la même question, tient pour l'affirmative, et même il le rapporte un arrêt du parlement de Bretagne de l'an 1562, par lequel un prêtre, puis un religieux faussaires, furent condamnés à faire amende honorable, *ad ignominiosam paradigmaticamque traductionem addicti sunt*. Maynard (liv. IX, chap. 48) examine cette question et s'en tient à l'avis de l'Anglœus. — Mais le point qui a été discuté avec le plus de chaleur, c'était de savoir si le juge d'Église pouvait condamner son justiciable à faire cette amende honorable. Nous nous déclarons sans difficulté pour l'affirmative, puisque aucune ordonnance ou arrêt ne lui interdit ce genre de peine. Des autorités respectables confirment notre sentiment. Chopin, Fevret, Castel d'Héricourt pensent tous que l'official peut ordonner l'amende honorable

sur le fondement qu'elle ne prive point des effets civils celui qui l'a faite, et ne rend point irrégulier celui qui y condamne. — Malgré toutes ces autorités, M. Duperrai soutient le contraire, sans prouver toutefois son opinion. Mais l'auteur des Nouvelles Notes sur Fevret supplée à son silence. — « Je pense, dit-il, que l'infamie étant une des plus grièves peines temporelles, il y a abus dans la sentence d'un official qui se sert d'amende honorable, ou qui ordonne que le criminel demandera pardon à la justice. » Cette raison ne nous paraît nullement péremptoire. Le délit commis par le clerc étant de la juridiction ecclésiastique, le juge a le droit de le punir par le genre de peine dont aucune loi ne lui interdit l'usage. Or, nous avons déjà fait observer que l'amende honorable n'était point exceptée du nombre des peines que le juge d'Église pouvait infliger. — Une autre question non moins controversée, c'était de savoir si le pape pouvait remettre à un clerc l'amende à laquelle le juge d'Église l'avait condamné en faveur d'un laïque. Si cette question devait se décider d'après les principes du droit canonique, la solution ne pourrait être qu'en faveur de l'autorité pontificale. Mais les jurisconsultes français, et surtout les plus récents, généralement peu disposés à favoriser les prérogatives du saint-siège, n'ont pas manqué d'opposer ici, comme sur tant d'autres points de la discipline ecclésiastique, les arrêts des parlements aux canons reçus et respectés par tout le monde catholique. « Les arrêts des cours de parlement du royaume, dit Fevret, ont jugé *papam non posse remittere mulctam honorariam; quamvis is cui remittitur esset clericus et subditus ecclesiasticæ jurisdictioni*. » — Nous avons dit en commençant que l'amende honorable était une peine infamante. Castel ajoute que cette peine n'emporte point d'irrégularité, puisqu'il n'y a ni mutilation, ni effusion de sang. De ce que l'amende honorable n'emporte que l'infamie sans irrégularité, il s'ensuit que les bénéfices des clercs qui y étaient condamnés ne vaquaient point de plein droit. On leur enjoignait seulement de s'en démettre dans un certain temps, ou de le résigner en faveur d'une personne capable (Bardel., t. II, liv. II, ch. 2). — M. Ducasse, official lui-même, fait d'abord observer que les auteurs conviennent que cette peine ne doit être ordonnée que rarement par le juge d'Église: il ajoute ensuite qu'il ne doit pas s'en servir, parce qu'elle imprime une tache irréparable à l'honneur d'un clerc qui ne doit avoir rien de plus cher qu'une réputation intègre et irréprochable. Les Mémoires du clergé de France disent positivement que le juge d'Église se commettrait maintenant, s'il ordonnait une amende honorable contre les personnes engagées dans les ordres sacrés. — Ce sentiment du clergé de France a servi de règle aux tribunaux ecclésiastiques, et depuis 1700 nous ne connaissons aucune sentence des officialités qui condamne un clerc à faire amende honorable.

L'abbé G-D.

AMENDEMENT. On donne ce nom à la modification qu'on propose de faire subir à un projet de loi ou à une loi même, soit pour le fond de la disposition, soit pour la forme, soit encore pour étendre le sens de la loi ou pour le restreindre; on nomme sous-amendement la proposition d'amender l'amendement lui-même, en substituant d'autres mots à ceux dont il se compose. Ces deux termes, qui ne sont d'un usage fréquent que dans les gouvernements dits ou prétendus représentatifs, ne devraient pas être entendus dans le sens beaucoup trop large qu'on leur donne; car un amendement perd son caractère dès que, s'éloignant du sens de la disposition primitive qui n'a besoin que d'être modifiée, il tend à l'altérer, à la changer complètement; et c'est là ce qui n'arrive que trop souvent aujourd'hui que, sous prétexte d'amender, on bouleverse, on altère, on détruit les lois soumises à la discussion. Il nous semble que, si la loi présentée est mauvaise, il vaudrait mieux la rejeter que de la tourmenter comme on le fait souvent par des amendements dont la discussion se pousse jusqu'au scandale; qu'en un mot, les amendements ne devraient jamais porter que sur les accessoires, mais non sur le fond de la loi. La charte de 1814, article 46, avait soumis les amendements à l'approbation préalable du roi, s'ils n'avaient été proposés par lui-même, et avant d'être portés devant la chambre, il fallait leur faire subir une discussion préliminaire dans les bureaux. Cette disposition était fort sage; elle ne forçait pas les chambres à l'adoption d'une loi *mauvaise*, car la chambre avaient contre elle la ressource des boules noires; mais elle prévenait des discussions dont l'effet est toujours fâcheux par le retentissement qu'elles produisent au dehors. Les chambres, gardiennes naturelles de la charte, n'avaient tenu aucun compte de l'article 46; elles ont mis une sorte d'affectation à le violer en usant sans réserve de la voie de l'amendement, ou plutôt en s'en emparant presque exclusivement. La charte de 1830 a supprimé une disposition devenue inutile ; elle a fait plus, elle a accordé aux chambres leur part d'initiative pour la proposition des lois.

N. M. P.

AMENDEMENT (*agric.*). Les agriculteurs entendent par ce mot, qu'il ne faut pas confondre avec engrais, tout ce qui tend à l'amélioration du sol, soit qu'il s'agisse de mêler au sol des substances étrangères, soit que le sol soit soumis à des opérations de culture plus soignées ou plus fréquentes. Ainsi on peut amender un sol sablonneux en y mêlant de l'argile, tout comme on amende un terrain trop gras avec du sable ou des marnes concassées. Les limons du Nil ont amendé le terrain, ou, pour mieux dire, les sables qu'il traversait, au point d'en former un sol très-fertile. On amende encore un terrain par des labours fréquents, des arrosements, etc., ou bien encore en stimulant la qualité nutritive du sol par le mélange de sels minéraux, de plâtre, de sel-marin, de cendres, etc. On sent que les terrains sablonneux s'échauffent considérablement et retiennent très-longtemps la chaleur ; qu'ils ne peuvent, au contraire, retenir l'eau, qui est si nécessaire au développement de la végétation ; que l'argile, au contraire, étant très-compacte, s'échauffe difficilement, qu'elle absorbe beaucoup d'eau et la retient fort longtemps : c'est sur ces deux qualités opposées du sable et de l'argile que se fonde tout l'art des amendements, qui consiste à donner au terrain assez de corps pour qu'il puisse recevoir une chaleur modérée, retenir assez d'eau, et laisser au germe des plantes la faculté de se développer.

X. X.

AMENER. C'est un terme de marine qui sert à désigner la manœuvre par laquelle on baisse les voiles d'un navire ; c'est, dans ce sens, l'opposé de hisser. On dit, par extension, amener les mâts, les vergues, etc. Dans un autre sens, ce mot, soit qu'il s'emploie seul, soit qu'on y joigne le terme pavillon, signifie se rendre à l'ennemi. Quand deux vaisseaux se rencontrent et que le combat s'engage, s'ils sont ennemis, le vaincu baisse ou amène son pavillon ; si un navire armé en course rencontre un bâtiment de commerce, et qu'en arborant un pavillon ami il ait pu s'en rapprocher à la portée de son artillerie, il lui crie d'amener, et si le navire marchand n'a pas de moyens de défense, il est contraint d'obéir pour ne pas être coulé à fond ou pris à l'abordage.

X. X.

AMÉNOPHIS, dernier roi de la XVIII° dynastie de Manéthon. Ce prince doit la célébrité qui s'est attachée à son nom, à l'opinion de ceux qui l'ont cru père de Sethos, Séthosis, Ramnesès, Sésothis, etc., noms par lesquels Manéthon, Hérodote, Diodore, Eusèbe désignent le prince que nous appelons Sésostris. Au fond, c'est là un point qu'il est difficile d'éclaircir, lors même qu'on parviendrait à lire les hiéroglyphes sans crainte d'erreur ; car, s'il est probable que le sens de cette écriture mystérieuse resta caché à Hérodote à Diodore, peut-être même à Eusèbe, il est probable que Manéthon, prêtre d'Héliopolis, en avait l'intelligence ; et Manéthon, sur ce point, est loin d'être clair et précis, ni dans Eusèbe, ni dans Jules Africain. Du moins les noms indiqués par Manéthon dans sa XVIII° dynastie n'offrent pas ceux de deux frères, Rhamsès II et Rhamsès III ou Sésostris ; on y trouve seulement, après le pharaon Cherrès, Armécès, Rámnesès et Aménophis, auquel d'autres historiens substituent Armaïs, qu'ils font père de Sethos, de même qu'Aménophis. Ce n'est pas tout ; il y a des écrivains qui prétendent que Sésostris était fils d'Armécès, le même que le Ramnesès de Manéthon, et par conséquent père d'Aménophis, au lieu d'être né de lui. Ce qui augmente la difficulté, c'est l'incertitude qui règne sur l'époque où commence le règne de Sésostris. Quelques-uns lui ont assignée le commencement du xv° siècle avant J.-C., c'est-à-dire l'an 1485 ou 1486. D'autres, ce sont les partisans des dynasties collatérales (comme si le petit pays de l'Égypte, dans un temps où le Delta était encore sous les eaux, avait pu former plusieurs royaumes), font remonter ce règne jusqu'à l'an 1537, tandis que Jules Africain l'avance au contraire de cent trente-deux ans. Le chevalier Marsham et Newton lui-même, en suivant Josèphe, ont confondu Sésostris avec le Sesac de l'Écriture. L'archevêque Usher marque l'an 1491 ; Strabon, Pline, Hérodote, etc., ne donnent point de date, ils se contentent de dire que ce règne est de beaucoup antérieur à la guerre de Troie. Maintenant voici les hiéroglyphes de l'obélisque de Luxor, indiquant pour le règne de Rhamsès II, l'an 1580 avant J.-C., ce qui rapporterait au milieu du xvi° siècle celui de Rhamsès III. Mais dans ce cas où placer Aménophis ? Faut-il en faire le père ou le fils de Sésostris ? Nous avouons franchement que l'opinion qui nous semble préférable est celle

qui fait de Sésostris le Ramnesès de Manéthon de la XVIII° dynastie, fils d'Armécès et père d'Aménophis ; et quant à l'époque de ce règne, nous croyons de même, que celle qu'on peut déterminer avec le plus de confiance, c'est le milieu du xvi° siècle avant l'ère vulgaire. Ainsi ce sera sous le règne d'Aménophis, successeur de Ramnesès-Sésostris, qu'aura eu lieu l'exode ou la sortie des Hébreux de l'Égypte, vers l'an 1495 avant J.-C., temps où Aménophis était sur le trône ; et toutes les traditions anciennes, hormis celle qui a fait de Sésostris le pharaon qui périt dans la mer en poursuivant les Hébreux, peuvent se concilier très-bien avec le texte même de l'Écriture. Voici ce qu'Eusèbe, fait dire à son Manéthon : « Aménophis, père de Ramnesès, désirait voir les dieux ; un prêtre lui dit que pour obtenir cette faveur, il devait d'abord nettoyer le pays des lépreux et des gens immondes. Les lépreux élurent pour chef un prêtre d'Héliopolis, lequel changea son nom d'Osarsifis pour celui de Moïse. Au bout de quelque temps, Moïse fut obligé de se retirer du côté de la Syrie. » L'historien Chœremon, cité par Josèphe, dit que deux cent cinquante mille lépreux furent expulsés sous le règne d'Aménophis. Il ajoute que ces lépreux rencontrèrent vers Peluse près de quatre cent mille hommes qu'Aménophis y avait relégués ; que s'étant réunis à ces exilés, ils marchèrent ensemble contre Aménophis, qu'ils mirent en fuite ; mais ce roi fut vengé par son fils Menessès, qui chassa les lépreux de l'Égypte. Lysimaque, annotateur de Josèphe, rapporte cette expulsion au règne de Bonchoris (qui fut de la XXIV° dynastie seulement) ; et Tacite, qui avait eu connaissance de toutes ces traditions, les a consignées dans ses Annales, en attribuant à Bonchoris ce qu'il fallait dire d'Aménophis. « *Plurimi autores consentiunt, ortâ per Ægyptum tabe quæ corpora fœdaret, regem Bonchorim, adito Hammonis oraculo, remedium petentem, purgare regnum et id genus hominum ut invisum diis, alias in terras avehere jussum. Sic conquisitum collectumque vulgus, postquam vastis locis relictum sit, cæteris per lacrymas torpentibus, Mosen unum exulum monuisse ne quam deorum hominumque opem expectarent, ab utrisque deserti, sed sibimet uti duci cœlesti crederent.... Assensêre atque omnium ignari fortuitum iter incipiunt....* Cherchant ensuite à déterminer l'époque fixe de l'exode, Eusèbe trouve 479 ans entre cet événement et la construction du temple par Salomon. Le texte de l'Écriture est conforme à l'assertion d'Eusèbe. Ce fut dans la quatrième année du règne de ce prince, et 480 après la sortie de l'Égypte, que les constructions du temple commencèrent ; or, les constructions ont eu lieu l'an 1015 ou 1016 avant J.-C. ; l'addition des deux nombres donne 1495 ou 1496 ; d'autres chronologistes sont arrivés au même résultat par d'autres voies. On peut donc regarder comme avéré, que c'est sous le règne d'Aménophis qu'a eu lieu le départ des Israélites sous la conduite de Moïse. Le Manéthon de Jules Africain se tait sur tous ces faits ; il se borne à dire que le dernier prince de cette dynastie, Aménophis, fut probablement le Memnon thébain, dont la statue résonnait si mélodieusement aux premiers rayons de soleil qui la frappaient ; mais cette conjecture est peu vraisemblable, et il est permis de croire qu'elle appartient à Jules Africain lui-même.

J. DE MARLÈS.

AMÉNOPHTIS, pharaon de la XIX° dynastie, successeur de Ramsès ou Raphacès. Ce prince est désigné par Hérodote sous le nom de *Prothée*. Ce fut pendant son règne, dit l'historien grec, que le ravisseur d'Hélène, jeté par la tempête sur les côtes de l'Égypte, se rendit à Memphis pour demander au roi un asile. Le pharaon, indigné de son crime, lui ordonna de sortir sans délai de son royaume, et il retint Hélène pour la rendre à Ménélas, qui en effet la retrouva dans Memphis, après la ruine de Troie. Il y a ici erreur ou anachronisme de la part d'Hérodote. Entre la mort de Raphacès, qui se rapporte au milieu du treizième-siècle avant J.-C., et la prise de Troie, qui est de la fin de ce même siècle, il y a un intervalle de plus de cinquante ans. Ce n'est que sous le règne du second Ramsès d'Hérodote, celui que les Grecs appellent Rhampsinite, et qui monta sur le trône après Aménophtis, qu'a pu avoir lieu l'arrivée de Pâris en Égypte.

J. DE MARLÈS.

AMÉNORRHÉE. C'est la suppression ou l'absence du flux menstruel produite par une affection de l'utérus ou de quelque autre organe, par l'intempérance, des habitudes vicieuses, un refroidissement subit des extrémités, l'irritation d'un organe causée par une émotion violente de chagrin, de douleur, de plaisir, etc. Ces diverses causes agissent, les unes, telles que les irritants, en augmentant l'activité des fonctions de l'utérus ;

les autres, en diminuant cette activité. Dans le premier cas, le sang ne peut affluer vers l'utérus, parce qu'il est retenu par l'inflammation même de l'organe; dans le second cas, la circulation est également troublée, et ce trouble amène la congestion du sang dans quelque point éloigné. Il est aisé de reconnaitre la cause de l'aménorrhée aux symptômes qu'éprouve la malade vers le temps où l'écoulement devait avoir lieu; c'est une forte tension de l'hypogastre, ce sont des tiraillements plus ou moins douloureux dans les régions lombaires. Si l'on ne parvient à rétablir promptement les choses dans leur état normal, il n'est pas rare de voir alors se former une plaie par où le sang s'écoule, ou de le voir jaillir par l'oreille; quelquefois c'est une hémorragie nasale ou une hémoptysie. Lorsque la suppression a eu lieu par l'inflammation de l'utérus, le mal peut dégénérer en squirre, et même en affection cancéreuse. Quand elle a été produite par l'irritation d'un autre organe, c'est cet organe lui-même qui devient le siège de l'inflammation. L'aménorrhée est peu dangereuse quand elle a eu lieu presque subitement; des médicaments actifs rétablissent le cours des menstrues; mais lorsqu'elle est ancienne, ou, pour mieux dire, qu'elle tient à des causes qui datent de loin, elle est très-difficile à guérir, parce qu'elle est presque toujours compliquée avec quelque affection chronique. C'est dans ce cas, l'organe dont l'irritation a causé l'aménorrhée qu'il faut d'abord s'attacher à guérir. (V. MENSTRUES, SUPPRESSION DES RÈGLES, etc.) J. L. G.

AMENTA (NICCOLO); né à Naples en 1659, y étudia le droit, et devint bientôt avocat et orateur distingué. Il s'occupa aussi de littérature. Il écrivit sept comédies en prose; le style en est clair et élégant. Parmi ses autres compositions, on cite: 1° des *Observations* sur l'ouvrage de Daniel Bartoli, intitulé : *Il Torto e il Dritto del non si può*; 2° *Della Lingua nobile d'Italia e del modo di leggiadramente scrivere in essa*; 3° divers opuscules. Amenta mourut à Naples, en 1719. Les meilleures éditions des deux derniers ouvrages sont les suivantes: *Il Torto e il Dritto*, etc.... Naples, 1728, 2 vol. in-8°; — *Della Lingua*, Naples, 1723 et 1724, 2 parties formant 2 vol. in-4°. — Les comédies ont été imprimées séparément à Naples et à Venise, de 1699 à 1717.
L. C. DE BELLEVAL.

AMENTACÉES (bot.), famille naturelle de plantes, suivant le système de M. de Jussieu (*Auliferæ*, Lam. — *Castanearum gen.*, Adans. — *Amentaceæ plerique*, Lin.). — Les amentacées sont des arbres ou arbrisseaux dont les fleurs sont presque toutes disposées en chatons, *amentum*; de là leur nom. Les différentes espèces de bouleau, de saule, de hêtre, d'orme, etc., appartiennent à cette famille. Ces arbres se distinguent particulièrement des conifères en ce que leur suc propre n'est point résineux, et que leurs feuilles tombent tous les hivers, pour reparaître au printemps, mais seulement après que les fleurs (chatons) sont déjà tombées. Les feuilles sont alternes, planes, simples, ordinairement pétiolées, traversées par une nervure longitudinale, et munies à leur naissance de deux stipules axillaires, caduques ou persistantes. Les fleurs sont ordinairement fort petites, d'une apparence, d'une couleur herbacée, et disposées autour d'un axe ou filet particulier, formant une espèce d'épi appelé chaton. Ces fleurs sont monoïques, dioïques et quelquefois hermaphrodites. Le chaton des fleurs mâles est composé, tantôt seulement d'écailles qui portent les étamines, tantôt de périgones monophylles, qui reparent les écailles et les étamines; celles-ci sont en nombre fixe ou variable, presque jamais réunies ensemble, chargées d'anthères à deux loges. Les fleurs femelles sont solitaires ou en chatons, pourvues tantôt d'une simple écaille, tantôt d'un vrai périgone. L'ovaire est libre, presque toujours simple ou multiple, portant ordinairement plusieurs stigmates. A cette fleur succèdent des péricarpes osseux ou membraneux, à une ou plusieurs loges, contenant une ou plusieurs graines. La graine est sans périsperme; l'embryon est droit; sa radicule est presque toujours supérieure. — Quant aux propriétés des amentacées, il faut remarquer que l'écorce de la plupart de ces plantes contient une grande quantité d'acide gallique et de tannin, ce qui rend cette écorce précieuse surtout aux tanneurs et aux fabricants d'encre. On rencontre les arbres de cette famille sous presque toutes les latitudes de l'ancien et du nouveau monde. Dans les pays les plus septentrionaux, où toute végétation paraît s'arrêter, et où les pins même dépérissent, le bouleau et le chêne semblent seuls rester maîtres du sol et braver la rigueur du climat. Selon le récit des voyageurs, le chêne vit encore au delà de Tornéo, capitale de la Laponie, et je l'ai vu moi-même en Grèce, sur les montagnes de l'Arcadie. Quant à l'utilité des plantes de cette famille, qui ne sait que le fruit du châtaignier fournit à la subsistance de plusieurs milliers de familles pauvres dans les pays du midi de l'Europe? Les noisettes et les faînes donnent une huile assez agréable au goût. Une espèce de chêne (*quercus suber*) produit le liège, qui nous est d'un si grand usage dans l'économie industrielle. Les espèces de courriers qu'on trouve en Europe sont encore plus multipliées au Japon; les Japonais en mangent également le fruit. (*V. Blume's Flora of Java.*) — Lindley (*Natural system of Botany*, Londres, 2° édition, 1836) divise la famille des amentacées en trois ordres principaux, à savoir: 1° les CUPULIFÈRES (*cupuliferæ*); comprenant les genres *carpinus, ostrya, corylus, fagus, castanea, quercus, lithocarpus, synædris*; — 2° les BÉTULACÉES, genres : *betula, alnus*; — 3° les SALICACEÆ, genres : *salix, populus*. — La classification de Lamarck est fondée sur la différence des organes sexuels au on remarque dans les divers genres de cette famille : 1° *Fleurs dioïques* (le saule, le peuplier, le myrica); — 2° *Fleurs monoïques* (le bouleau, l'aune, le charme, le hêtre, le châtaignier, le coudrier, le chêne, le platane); 3° *Fleurs hermaphrodites* (le micocoulier, l'orme). F. HOEFER.

AMENTOTES (arm. anc.). C'étaient de longues lances, lourdes et fortes, vers l'extrémité desquelles se trouvait fixée une courroie de cuir nommée *amentum*; le soldat ou lancier passait la main entre cette courroie et la hampe, afin que la lance ne lui échappât point. A. D. M.

AMENTHÈS. C'est le nom par lequel Plutarque a désigné les Champs-Élysées de l'ancienne Égypte. Jablonsky, qui a passé une partie de sa vie très-laborieuse à rechercher les antiquités égyptiennes, et à expliquer par des conjectures plus ou moins plausibles ce qui semblait d'abord inexplicable, a découvert l'origine de ce mot dans un vieux terme copte qui signifie *ténèbres*; il a donc fait d'Amenthès *l'empire des morts*, le *séjour des morts*. Plutarque a placé le Tartare non loin de Memphis, ce qui est conforme aux anciennes traditions égyptiennes, seulement il a eu tort de mettre ce lieu sous la domination d'Isis et de Sérapis; car le dieu Sérapis, d'origine grecque, n'a été importé qu'assez tard en Égypte. Quand les pharaons eurent transporté à Memphis le siège de leur gouvernement, on choisit pour lieu de sépulture la plaine de sable qui s'étendait vers le sud, et les environs d'Abydos, ville jadis fameuse par son temple dont il ne reste pas le moindre vestige. Les Grecs ont donné à cette plaine, qui, de l'avis de tous les voyageurs anciens et modernes, est bien le lieu le plus triste qui soit au monde, le nom de Champs-Élysées, nom auquel nous ne devons attacher la fausse idée d'un lieu de délices. Cette plaine était séparée de la ville par un lac dérivé du Nil; son en lit le fleuve Achéron. Le Cocyte et le Léthé étaient deux canaux qui traversaient la plaine en partie. Lorsque plus tard l'Égypte eut subi le joug des successeurs d'Alexandre, Memphis fut abandonnée pour Alexandrie; les Égyptiens, enchaînés dans leurs habitudes héréditaires, continuèrent de creuser leurs tombeaux dans la roche vive, ainsi que l'avaient fait leurs pères, obéissant peut-être à une règle dont parle Platon, par laquelle il était défendu d'enterrer un homme là où pouvait croître une plante. — On a beaucoup parlé du jugement qu'on faisait subir aux morts avant de leur accorder les honneurs de la sépulture. Voici les détails que donne à ce sujet Diodore de Sicile : « Avant d'ensevelir une momie, les parents du défunt avertissaient les juges par cette formule : N... est près de passer le lac. Les juges au nombre de quarante se réunissaient aussitôt sur la rive méridionale dans un local destiné à cet usage, et le corps était amené devant eux après avoir traversé l'eau dans une petite barque dont le batelier portait le nom de Karoun. Il était permis à tout individu d'accuser le défunt. Si les plaintes étaient fondées, il restait privé de sépulture. S'il n'y avait pas de réclamation, ou que le jugement fût rendu contre les réclamants, on procédait immédiatement à l'inhumation. » C'est là évidemment qu'Orphée a tiré sa fable des Champs-Élysées, de la barque de Caron, du jugement de Minos. — Diodore dit ailleurs : « Il y a auprès de Memphis une campagne délicieuse et un lac dont les bords sont couverts de plantes aromatiques. » Il serait difficile aujourd'hui de déterminer le lieu où se trouvait cette campagne délicieuse, car ce nom n'a pu jamais convenir à la plaine des Momies (V. ce mot.) Quant au lac, c'était celui d'Achéruse; on ne peut douter qu'il ne se trouvât entre Memphis et la plaine des Momies, puisqu'on était obligé de le traverser pour aller aux tombeaux. Ces plantes aromatiques croissant sur ses bords furent nommées par les Grecs αχερωτις; ce qui fit prendre au lac le nom de Αχερουσια λίμνη, lac Achérousia. Pour ce qui est des plantes achéroées, il est à présumer que c'étaient les mêmes plantes que ces roseaux odorants que les Israélites faisaient entrer dans la composition de leurs parfums; il en est parlé dans l'Exode. — Quant à la coutume de soumettre les morts à une enquête, il est bien douteux, si elle a existé, qu'elle se fût maintenue jusqu'au temps d'Orphée, bien qu'on fasse remonter son voyage au XIIIe ou XIVe siècle avant J. C.; ce qui n'est rien moins que prouvé. — Diodore attribue à Ménès l'établissement de cet usage, auquel les rois eux-mêmes ne pouvaient se soustraire; mais comme des lois de ce genre supposent dans la morale publique des progrès qui ne peuvent naître que d'une longue expérience acquise par les hommes en société, il est plus que probable que Ménès, premier roi d'un petit peuple naissant, n'a pas plus fait cette loi qu'il n'a fondé Memphis, comme l'a dit Hérodote. Quoi qu'il en soit, s'il est vrai, ainsi que l'affirme le même historien, que l'athée Chéops ordonna de fermer les temples, et interdit toutes les pratiques ou cérémonies religieuses, on peut dire que la coutume dont il s'agit ici fut anéantie, et qu'après la mort de ce prince, elle ne fut point rétablie. — On peut dire encore que les pharaons ne furent jamais soumis que pour la forme aux résultats de l'enquête. Si la sépulture avait été en effet refusée à un mauvais prince, il est à présumer que les juges auraient été persécutés par son successeur, et sacrifiés à ses ressentiments, autant pour venger la dignité royale que par crainte d'être traité lui-même après sa mort de la même manière. La couronne était héréditaire; il aurait fallu beaucoup de vertu dans un fils pour qu'il n'eût pas cherché, en montant sur le trône, à venger la mémoire de son père sur ceux qui l'auraient vouée à l'infamie. — Nous pensons qu'on doit reléguer parmi les fables ce qu'on raconte du jugement des rois par le peuple; ce qui est certain, c'est qu'après les soixante-dix jours de deuil révolus, on portait au tombeau le corps du souverain décédé, et que le grand-prêtre prononçait l'oraison funèbre, dans laquelle l'éloge était plus ou moins ménagé, et c'était là cela que se réduisaient pour les rois toutes les formalités du jugement. Pour ce qui concernait les particuliers, il est vraisemblable que la loi fut exécutée envers eux pendant quelque temps, parce qu'on pouvait la faire sans danger; mais à la longue, la loi tomba en désuétude; il dut y avoir d'abord des exemptions pour les familles puissantes ou en crédit; il y en eut ensuite pour la richesse; la faveur et l'intrigue à leur tour en obtinrent, et la sépulture ne fut plus refusée qu'aux hommes dont la conduite avait fait naître le scandale, et que l'opinion publique avait frappés de réprobation.   J. DE MARLÈS.

AMER, sultan de Perse. Ce prince était frère de Jacob-ben-Leis (V. ce mot.), qui, sorti des dernières classes du peuple, avait enlevé la Perse aux califes d'Orient, vers le milieu du IXe siècle, et s'en était fait proclamer souverain. Jacob n'ayant pas laissé d'enfants, on lui donna pour successeur son frère Amer, dont le caractère conciliant se prêta aisément à une transaction avec le calife. Celui-ci accorda l'investiture (877, 264 de l'hég.), et Amer reconnut son autorité supérieure. Cette reconnaissance, accompagnée de riches présents, fut favorablement accueillie; mais lorsqu'au bout de cinq ou six ans, les habitants du Khorassan se révoltèrent, le calife, jaloux de la puissance d'Amer, crut avoir trouvé l'occasion favorable pour le réduire, et, non-seulement il le fit anathématiser par ses imans, mais encore il envoya une armée au secours des rebelles. Amer, battu en plusieurs rencontres, se retira dans le Séistan, où il travailla au rétablissement de ses affaires avec une constance que le succès couronna (899, 286 de l'hég.). Ses victoires lui rendirent en apparence la faveur du calife; mais pour se garantir de l'inconstance de ses affections, il se rendit à Bagdad avec deux cents cavaliers, sous prétexte d'honorer le Prince des fidèles, mais avec l'intention de s'emparer de sa personne. Amer avait été trahi par quelqu'un des siens, de sorte que, son projet étant connu d'avance à Bagdad, on lui tendit une embuscade, où la plupart de ses cavaliers périrent, où il courut lui-même les plus grands dangers. Le calife, craignant alors qu'Amer n'agît ouvertement, se sentant trop faible pour résister, appela les Tartares à son secours. Ceux-ci, conduits par un chef habile, Ismaël Samani, s'étaient emparés de la Transoxiane; ils saisirent l'occasion que leur offraient les ressentiments du calife, d'étendre leurs conquêtes sur les deux rives de l'Oxus. Amer envoya contre eux une armée qui fut défaite; il prit alors le commandement des troupes, et, contre l'avis de ses généraux, il traversa le fleuve, afin d'attaquer les Tartares dans leur propre pays. La fortune ne répondit pas à son courage; il fut complètement défait, et son cheval s'étant

malheureusement abattu, il tomba au pouvoir de Samani, qui l'envoya prisonnier au calife. Jeté dans une étroite prison, il y fut mis à mort en exécution de l'ordre que donna le calife qui, atteint d'une grave maladie, touchait lui-même à sa dernière heure. — Amer n'avait pas les talents de son frère, mais il ne manquait ni d'habileté ni de courage. Il avait acheté un grand nombre de jeunes esclaves qu'il faisait élever avec soin, comme le pratiquèrent plus tard les sultans d'Égypte. Ce fut toujours parmi eux qu'il choisit ses principaux officiers, estimant que l'instruction et le mérite donnent le meilleur droit à la possession des emplois. — On raconte de lui plusieurs traits qui prouvent qu'il avait de la gaieté dans le caractère, et même de la philosophie. Passant un jour la revue de ses troupes, il remarqua un cavalier monté sur une haridelle. « Mes soldats, dit-il en riant, ont des chevaux maigres et des femmes pleines d'embonpoint. — Seigneur, répondit le soldat, ma femme est encore plus maigre que mon cheval, et si vous en doutez, je vais aussi la faire passer en revue. » Amer s'amusa de cette réponse, et donnant quelques pièces d'or au cavalier : « Tiens, lui dit-il, engraisse l'un et l'autre. » — Après la désastreuse bataille qui lui coûta le trône et la liberté, tristement assis sur la terre qui le gardaient, il regardait l'esclave qu'on lui avait laissé, apprêtant des aliments grossiers pour assouvir la faim qui le tourmentait. Cet homme s'était servi de la ration des chevaux, et comme il venait de s'éloigner pour aller chercher quelque chose, un gros chien attiré par l'odeur de la viande, passa sa tête dans le pot, dont l'ouverture assez étroite ne lui permit pas ensuite de l'en faire sortir. L'animal, qui avait trouvé sa proie plus chaude qu'il ne s'y attendait, se mit à courir et se démenant pour dégager sa tête captive, et il n'y pouvait réussir. Amer ne put retenir un éclat de rire. Un de ses gardiens, plus étonné que les autres, lui demanda comment il pouvait rire dans la situation fâcheuse où il se trouvait. « Je ris, répondit le monarque, parce que ce matin encore, mon maître d'hôtel se plaignait de n'avoir pas assez de trois cents chameaux pour transporter ses provisions et ses ustensiles; et, maintenant, voilà que ce chien seul emporte à la fois mes ustensiles et mon dîner. »
      J. DE MARLÈS.

AMÉRIC-VESPUCE naquit à Florence le 9 mars 1451, d'une famille honorable, et après avoir suivi avec succès des cours de physique, d'astronomie et de géographie, il se livra tout entier au commerce. Il se trouvait à Séville en Espagne, lorsque Christophe Colomb faisait les préparatifs de son second voyage, et dès ce moment, il sentit en lui le désir d'aller explorer ce monde nouveau. Ce ne fut pourtant qu'après le retour de Colomb de son troisième voyage, en 1498, durant lequel il avait positivement découvert la Terre-Ferme, en remontant l'Orénoque, qu'Améric, plein d'une émulation que son biographe, l'abbé Bandini, appelle une vertu, s'embarqua sous les ordres de l'amiral Alonso de Ojeda, qui partit de Cadix et fit en trente-sept jours la traversée. Améric, s'il faut l'en croire dans sa correspondance, serait revenu au bout d'environ un an, recevoir les félicitations de la cour espagnole, qui se trouvait alors à Séville; mais plusieurs savants espagnols contestent ce premier voyage, dont il n'existe aucune preuve authentique, et ils rangent la relation d'Améric au rang des mensonges officiels, dont tant d'écrivains voyageurs ont fait usage; ils n'admettent pour premier voyage d'Améric que celui qu'Améric désigne comme le second, lequel eut lieu effectivement en mai 1499. Ce voyage fit découvrir quelques îles peu importantes. En 1501, il fit un nouveau voyage pour le compte d'Emmanuel, roi de Portugal. En 1503, il renouvela ses explorations; il prétendait, dit-on, trouver un passage pour se rendre par la route de l'Ouest aux Indes orientales; mais il fut battu par la tempête, et sa tentative n'eut point de succès. En 1506, il rentra au service de l'Espagne : Colomb venait de mourir. Ce fut vers cette époque et pendant les visites qu'il fit de nouveau sur les côtes du continent, qu'on prit l'habitude d'appeler par son nom d'Améric, les terres qu'un autre avait découvertes. Mais qui ne connaît le distique fameux de Virgile et son quadruple Sic vos non vobis? Combien de fois, depuis dix-neuf siècles, n'a-t-on pas vu des hommes recueillir la gloire ou le fruit du travail des autres? Colomb convaincu, lorsqu'il se trouvait dans les eaux de l'Orénoque, que ce fleuve immense ne pouvait pas appartenir à une île, imagina qu'il avait enfin découvert ce vaste continent dont l'existence, bien que non prouvée encore, lui paraissait nécessaire et évidente; mais il crut avoir rencontré l'extrémité orientale de l'Inde, région encore fort peu connue; et il lui semblait que la terre qu'il rencontrait se liait à l'Asie, et dans cette supposition, il appela cette terre Inde occidentale. Ce nom s'est conservé ; mais dans l'usage ordinaire, et surtout depuis qu'il eut été reconnu que le nouveau continent était séparé de l'Asie par de vastes mers, le nom d'Amérique a prévalu. On prétend au surplus qu'Améric ne recherchait pas l'honneur qu'on lui fit ; mais quoi qu'en disent ses panégyristes, il est bien difficile de croire qu'il n'a pas contribué, du moins par son consentement, à l'injustice faite à Colomb ; car, dans aucune de ses expéditions, soit pour le Portugal, soit pour l'Espagne, il n'a eu la première place, il ne fut jamais embarqué que sous le commandement d'un officier de marine avec la simple qualité de pilote ou de géographe. Il nous suffira donc de reconnaître qu'Améric ne fut point dépourvu de connaissances, surtout pour son temps ; mais ce sera toujours au navigateur génois qu'appartiendra la gloire d'avoir donné à la postérité un monde nouveau. Sans Colomb, Améric n'aurait jamais été qu'un obscur marchand de Florence. On a de ce dernier un journal en latin de ses quatre premiers voyages, publié à Paris en 1532, et une collection in-4° de lettres. Il a aussi laissé une carte d'Amérique qui, comme on le pense, n'offre que le tracé imparfait des côtes qu'il a explorées.   J. DE MARLÈS.

AMERICINA (rept.) Suivant le Dictionnaire des sciences naturelles, ce mot est synonyme du *lacerta fasciata* de Linné.

AMÉRIQUE (géogr.). Ce vaste continent, qui se développe sur une longueur de 3,200 lieues environ, du nord au sud, est situé entre le 36° et le 170° degré de longitude occidentale ; entre le 54° degré de latitude sud et le 71° de latitude nord. Il se compose de deux grandes péninsules réunies par l'isthme de Panama, désignées sous le nom d'*Amérique septentrionale* et d'*Amérique méridionale*. De toute part entourée d'eau, il est baigné au nord par l'Océan arctique ; au sud par les mers Antarctiques ; à l'est, par l'Atlantique et par les flots de l'Océan arctique ; à l'ouest, par l'Océan polaire et le grand Océan. — Le point de jonction des deux Amériques se rencontre vers le 9° degré de latitude septentrionale. De là chacune se déploie dans une direction opposée : l'une, celle à qui le nord est échu en partage, va se perdre dans les eaux des régions polaires, l'autre, à qui sont dévolus les parages du sud, va finir au cap Horn, au delà de la Terre de Feu, à cette pointe aiguë qui semble défier les montagnes flottantes de l'Océan glacial. — Les calculs les plus récents donnent à ce continent ; dans sa totalité, une superficie de 11,146,000 lieues carrées : on a compris dans cette évaluation les îles que la géographie rattache à l'Amérique. — Quant aux deux contrées principales, on trouve que l'Amérique septentrionale présente un développement d'environ 1550 lieues de long sur 1350 de large. Cette dernière proportion, prise au cap Charles à celui du Prince de Galles, décroît sensiblement à mesure qu'on avance vers le sud : par le 30° parallèle elle ne donne déjà plus que 750 lieues ; par le 20° elle se réduit à 200 ; par le 10° à 100. Enfin, l'isthme de Panama, dans sa partie la plus resserrée, n'excède pas 13 lieues. — L'Amérique méridionale atteint, à peu de chose près, dans sa longueur, le chiffre de 1,650 lieues ; mais elle n'a que 1,100 lieues dans sa plus grande largeur, du cap Saint-Roch au cap Blanc, sous le 4° parallèle ; cette dimension s'amoindrit également de degré en degré à mesure qu'on se dirige vers la Terre de Feu : réduite sous le 3° parallèle à 375 lieues, elle n'en compte plus que 100 sous le 54°. — L'aspect général du continent américain présente une forme irrégulière, contournée, bizarre, où l'on ne distingue clairement que les deux grandes divisions dont nous avons parlé ; il n'a rien de ces formes compactes qui caractérisent le panorama de l'ancien monde : on ne trouverait entre ces deux hémisphères d'autre trait de ressemblance que la conformation de l'Afrique comparée à celle de l'Amérique méridionale. Toutes deux en effet affectent les formes d'un triangle, toutes deux ont leur base et leur sommet, toutes deux gisent en partie sous des latitudes correspondantes. Quant à l'isthme qui réunit les presqu'îles du nouveau monde, on ne peut le comparer ni à l'isthme de Suez, ni à ces langues de terre qui rattachent l'Europe et à l'Asie ces mamelons avancés ou même des provinces entières. Les mers intérieures de l'Amérique débouchent vers l'Orient, les grands fleuves de ces contrées se perdent presque tous dans les eaux de l'Atlantique. Considérée dans ses rapports avec le globe terrestre, le nouveau monde n'est autre chose que la continuation des plateaux de l'Arabie, de la Perse, de la Mongolie, enchaînées l'une à l'autre comme les vertèbres de l'ancien monde ; le même sol se retrouve en effet avec les mêmes combinaisons dans les monts Colombiens, dans les plateaux du Mexique et

dans les Cordillières. Malgré les différences et les contrastes sans nombre qui distinguent les deux hémisphères, on remarque dans ces montagnes de l'Amérique une pente moins rapide et plus prolongée vers l'Océan atlantique que du côté de l'Occident : cette ressemblance si marquée qui les rapproche incontestablement des monts de l'univers ancien, révèle leur commune origine et leur éternelle connexité. Ces dénominations d'ancien et de nouveau monde sont donc purement humaines : elles ne désignent point l'âge des continents auxquels elles se rapportent, mais bien l'époque historique et récente où s'est révélée à nous l'existence de l'Amérique. — Cette immense contrée forme la masse de terre la plus longue du globe : inégalement découpée, elle présente, dans la presqu'île du nord, une multitude d'échancrures, de baies, de golfes et de saillies, tandis que celle du sud en compte à peine un petit nombre. — Si nous jetons sur ces rivages un rapide coup d'œil, nous signalons d'abord, à l'extrémité nord de l'Océan atlantique, cette large concavité qui, bifurquant dans les terres, forme les baies de Baffin et d'Hudson, sorte de méditerranée d'un vaste développement. — Dans l'état de la science actuelle, ces eaux intérieures séparent du continent les terres polaires et les tristes régions du Groënland. — Descendons vers le sud ; nous entrons dans la baie de Saint-Laurent, là où vient se jeter le fleuve du même nom, fleuve immense, l'un des plus grands de l'Amérique et qui présente une embouchure de cinquante lieues de largeur. C'est par le Saint-Laurent que se dégorgent tous ces lacs innombrables qui donnent à ces régions du nouveau monde un caractère tout particulier. — Entre les eaux de la baie d'Hudson et le cours du Saint-Laurent se déploie la vaste péninsule du Labrador, aussi appelée *Nouvelle-Bretagne*. Bientôt nous arrivons à la baie de Fundy, devant laquelle est située la Nouvelle-Écosse, et à la baie de Chesapeak qui s'étend du sud au nord, l'espace de 180 milles sur 13 milles de largeur moyenne. Dans cette course de haut en bas, nous déclinons sensiblement vers l'ouest ; nous côtoyons les États-Unis et nous entrons dans le golfe du Mexique, dans la Méditerranée colombienne. Creusée au centre du continent américain, cette mer intérieure commence à la pointe de la Floride, longe les États-Unis, les terres du Mexique ou de la nouvelle Espagne, la péninsule du Yucatan, etc. Elle semble avoir été formée pour miner par ses eaux cette langue de terre qui joint les deux Amériques et qui sans doute ne résisterait point sans la base granitique qui la supporte et la maintient. La mer Colombienne que nous explorons en ce moment se divise en plusieurs bassins qui sont autant de mers partielles : la mer des Caraïbes, celle des Antilles et le golfe du Mexique, divisions qui ont elles-mêmes encore leurs subdivisions, telles que la baie de Macaraïbo sur la mer des Caraïbes, la baie de Honduras sur la mer des Antilles, celles de la Vera-Cruz et de la Floride, sur le golfe du Mexique. Cette Méditerranée est protégée par une multitude d'îles qui en forment, pour ainsi dire les sentinelles avancées, et parmi lesquelles nous citerons Cuba, Saint-Domingue, Porto-Rico, la Jamaïque, les îles Lucayes et les petites Antilles (*V.* ces mots). Poursuivons notre course : nous voici arrivés sur ces rivages de l'Amérique méridionale, nous franchissons l'embouchure de l'Orénoque et celle des Amazones : nous dévions vers le cap Saint-Roch qui, dans la comparaison que nous avons établie plus haut entre ce continent et celui de l'Afrique, répondrait au cap Vert que l'une et l'autre se prolongent dans une direction contraire : tous deux en effet marquent le point le plus avancé de cette protubérance commune, de ce renflement qui, de part et d'autre, peut être considéré comme la base du triangle. Le cap *Frio* qui, dans l'Amérique méridionale, marque la limite où finit ce développement accidentel, serait au besoin le pendant du cap des Palmes en Afrique ; ici les deux continents se rétrécissent dans des proportions différentes et s'allongent ensuite, l'un vers le cap Froward, l'autre vers le cap de Bonne-Espérance. Dans l'Amérique méridionale, nous observons, sur cette ligne de déviation, l'estuaire du Rio de la Plata, le golfe de Saint-Antoine, le golfe de Saint-Georges, le détroit de Magellan, la Terre de Feu et celle des États, enfin le cap *Horn* qui, bien que séparé du continent, semble lui appartenir par la loi de première création, et n'en avoir été séparé que par suite des révolutions du globe. — Dès ce moment nous remontons le continent américain que nous avons descendu tout entier ; nous avançons pour ainsi dire en ligne directe et sous ce même méridien depuis le cap Horn jusqu'au Rio Juan-Diaz ; nous trouvons sur notre route le cap *Pilary* et celui des *Victoires*, l'archipel de *Madre de Dios* et celui de *Chiloé*. Plus loin nous déclinons vers la baie de Guayaquil, située par le 9ᵉ degré de latitude, et qui, comme le cap Guardafui, en Afrique, gît au point le plus avancé de cette protubérance dont nous venons de parler. De là nous appuyons sur la droite : nous gagnons le cap Saint-François, et nous naviguons à pleines voiles dans le golfe de Panama. Ici recommence pour nous l'Amérique septentrionale dont nous ne connaissons encore qu'une seule face : si notre regard s'étend sur ce rivage occidental que baigne le grand Océan, il découvre le golfe de Nicoya, celui de Papagaya, ceux de Fonseca, de Tehuantepec; il pénètre dans la mer Vermeille, plus convenablement appelée mer de Cortès; il glisse sur le cap San-Lucar, pointe avancée de la Californie, et, franchissant d'un seul vol un espace considérable où rien n'arrête son essor, il longe le canal de la Reine Charlotte, le cap Douglas, le détroit de Chélékot, la péninsule d'Aläska, sorte de bras de terre qui s'avance dans l'Océan vers les latitudes non fréquentées; il se détourne ensuite vers les golfes de Bristol et de Norton et se perd enfin au delà du détroit de Bering. — Passons maintenant aux îles qui environnent les deux Amériques : lorsque nous aurons porté les yeux sur cette ceinture de satellites jetés par la nature le long de ces rivages, nous y aborderons sans laisser derrière nous rien qui puisse éveiller notre attention ou nos regrets. — Revenus vers les régions du nord, au point d'où nous sommes partis pour examiner les côtes du nouveau monde, l'archipel de Terre-Neuve (V. ce mot) se présente d'abord à nos regards : ensuite viennent les Bermudes (voy.), cet archipel formé de quatre cents îlots; ensuite les Antilles (voy.) auxquelles on a aussi donné le nom d'Archipel Colombien, lequel touche par son extrémité méridionale au cap Paria, et par son extrémité septentrionale aux îles Bahama qui s'avancent aux avenues de la Floride, sorte de chaîne recourbée qui part ainsi de l'Amérique septentrionale, et que la pointe avancée de Cuba rattache pour ainsi dire au continent méridional. Il serait superflu de s'arrêter aux îles Bahama ou Lucayes, aux îles Turques, à celles des Caïques qui sont, à proprement parler, le prolongement des petites Antilles (voy.). Par une raison semblable, nous laisserons aussi de côté l'île Marajo et ces innombrables îlots semés sur les côtes du Brésil et dont la nomenclature rentrera dans le tableau de ces contrées (V. BRÉSIL). Poursuivons : voici les îles Malouines, aussi nommées îles Falkland, l'une des étapes où s'arrêtent les bâtiments envoyés pour la pêche de la baleine et la chasse des phoques : voici le séjour des pingoins, ces êtres bizarres, moitié oiseau moitié poisson (V. MALOUINES). La Terre de Feu (voy.) se montre au sud-ouest de cet archipel, la Terre de Feu, contrée voisine des pôles, à laquelle Magellan avait donné son nom et dont on a ignoré l'étendue, les formes, la nature, jusqu'au moment encore peu éloigné de nous où le capitaine King a exploré ces contrées polaires; il n'y a pas longtemps que, l'Astrolabe, ce vaisseau dont le sort paraît être de porter le pavillon français dans les parages les plus lointains, dans les mers les plus inconnues, naviguait à petites journées dans le détroit de Magellan, puis, engagé dans les glaces du pôle, soutenait contre les Banquises des luttes redoutables dans lesquelles il n'a triomphé que par miracle. Il découvrait enfin, au delà des régions habitées, des terres couvertes de glaces, et il leur donnait les noms de Terres de L. Philippe, Terres de Joinville et de Rosamel. — Remontons vers le nord : voici l'archipel de Magellan et celui des Patagonions; l'île de Roca Partida, celle de Madre de Dios, la presqu'île des Trois-Montagnes, l'archipel de Los Chonos, l'île de Chiloé, l'une des provinces du Chili; voici le groupe des Juan Fernandez, repaire de pirates, lieu de déportation où sont jetés les condamnés de ce dernier pays, et où vécut, durant plusieurs années, ce pauvre matelot Selkirk, dont l'histoire simple et merveilleuse à la fois, publiée sous le titre de Robinson Crusoé, reste gravée dans tous les souvenirs. Laissons derrière nous le petit groupe de Saint-Amboise dont le rocher principal prend la forme d'un vaisseau sous voiles; l'archipel de Galapagos, fertile en tortues estimées, et fécond en volcans, mais encore sans population. Inscrivons ici les noms des petites îles du golfe de Panama et de la côte occidentale de la Californie : Santa-Margarita, Santa-Catalina, Santa-Cruz; rappelons en passant qu'elles doivent leur importance à la pêche des perles. — Entre le détroit de Juan de Fuca et celui de la Croix, le long des côtes nord-ouest du Nouveau-Hanovre et du Nouveau-Cornouailles, s'étendent de nombreux archipels que la Russie et l'Angleterre se sont partagés entre elles, nommés, par M. Brué, îles Quadra et Vancouver, ils sont devenus les principaux marchés de pelleteries qui existent en Amérique. Si l'on franchit les terres Kikhtak et d'Aläska, on rencontre l'archipel des Aléoutes (voy.), et,

dans la mer de Bering, le groupe des Prybilow, puis la grande île Nounivok. Ross, Parry, Richardson, etc., les hardis voyageurs qui nous ont fait connaître l'extrémité de l'Amérique, ont étendu jusque dans les glaces des pôles les conquêtes de l'homme : on leur doit la découverte du Nouveau-Devon, à l'ouest de la mer de Baffin et au nord de la mer d'Hudson, les îles Cornwallis, Bathurst, Melville, toute la Géorgie septentrionale; l'archipel de Baffin-Parry, où se rencontrent les îles Cockburn, Southampton, Mansfield; la Boothia-Félix et le Nouveau-Galloway. Ces régions boréales, sans verdure, sans habitants, sans soleil, se rattachent, pour ainsi dire au Groenland, triste séjour d'un éternel hiver, et, à l'Islande, la terre des merveilles, où le génie de l'homme, aux prises avec une nature inféconde et rebelle, a cependant fini par établir et consolider sa toute-puissance. Nous voici pour la troisième fois revenus à la péninsule du Labrador : nous avons examiné les côtes du continent américain, nous avons signalé les principales îles qui les entourent et qui en dépendent; nous pouvons maintenant pénétrer dans l'intérieur du nouveau monde. — L'un des caractères de ces vastes contrées c'est le développement merveilleux de leurs proportions, la richesse de leur nature, la puissance de leur végétation; c'est enfin l'immense échelle sur laquelle ont été mesurés leurs montagnes, leurs forêts, leurs vallées, leurs lacs et leurs fleuves. A l'aspect de ces dimensions gigantesques, on se demande comment l'homme de ces contrées a pu être formé dans les mêmes conditions de force et de taille que l'homme des autres continents. L'Amérique semble faite pour un peuple de géants : cette apparence générale, jointe aux récits exagérés de quelques voyageurs, a sans doute accrédité l'erreur qui fait des Patagons un peuple de colosses, auprès desquels l'habitant de l'Europe ne serait plus qu'un nain. Cependant rien de cela n'existe (V. PATAGON). Et telle est la nature du génie humain; que cette Amérique si vaste, si profondément sillonnée de fleuves immenses, si profondément creusée de lacs intérieurs, si riche en forêts dont l'étendue tient presque de la fable; cette Amérique, dis-je, ne devient, à tout prendre, qu'un magnifique séjour; si elle ne se rapetisse point à la taille de ses habitants, ceux-ci déjà s'élèvent ou du moins tendent à s'élever à la hauteur de leur pays. — On peut remarquer encore comme un des grands traits caractéristiques du continent américain, cette suite de montagnes démesurées qui s'échelonnent de toutes parts, s'enchaînent et s'étendent, sous des noms différents, depuis l'Océan arctique jusqu'au cap Horn, dans un développement de trois mille lieues. Ces monts peuvent se diviser en huit systèmes, savoir : celui des Andes ou du Pérou, celui de la Parime ou de la Guiane; le système brésilien, celui du Missouri mexicain, et celui des Alléghanys; ces deux derniers se rapportent à l'Amérique du Nord, les trois autres à l'Amérique méridionale. A ces cinq systèmes principaux il faut ajouter ceux des Antilles, des régions arctiques et des régions antarctiques. — La Cordillière des Andes commence au cap Paria et finit au cap Froward, sur le détroit de Magellan. Elle s'étend, presque sans interruption, de l'un à l'autre point, dessinant d'abord une courbe prolongée, qui tout à coup se brise au milieu de sa course et descend presqu'en ligne droite jusqu'aux confins de la Patagonie. M. de Humboldt divise cette chaîne en quatre parties distinctes, savoir : les andes patagoniques, depuis l'extrémité australe du continent jusqu'au 44ᵉ parallèle; du 44ᵉ au 20ᵉ, les andes du Chili et du Potosi; depuis le nœud du Porco jusqu'au N. O. du plateau d'Almaguer, les andes du Pérou; au delà enfin les andes de la Nouvelle-Grenade. Dans leur partie méridionale les andes présentent d'abord une hauteur moyenne de 200 toises au-dessus du niveau de la mer; bientôt, vers le 35ᵉ degré, elles commencent à développer leurs cimes orgueilleuses; dès lors elles s'échelonnent successivement; arrivées entre le 2ᵉ et le 8ᵉ parallèle, elles s'élancent à des élévations prodigieuses et constituent le point culminant des deux Amériques. C'est là que se rencontrent les pics Illimani et Sorota, dont la hauteur, pour le premier, n'est pas moindre de 3,753 toises; pour le second, de 3,948; derniers échelons où s'élève le continent du nouveau monde. Ces proportions gigantesques se continuent jusqu'au 5ᵉ parallèle dans le pays des Amazones. Les andes décroissent ensuite vers le nord vers le 2ᵉ degré; dans les régions de l'équateur, elles ne présentent plus qu'une hauteur de 1,700 à 1,800 toises; mais tout à coup leur crête se redresse et plonge de nouveau dans le ciel : cette sorte de résurrection se manifeste entre l'équateur et le 1ᵉ 45'; alors ces monts atteignent précipitamment 3,000 toises d'élévation; parmi ces pics nouveaux on remarque le Chimborazo qui excède 3,260 toises et dépasse en hauteur les monts superposés du Saint-

27.

Gothard et de Ténériffe. Après le Chimborazo on signale le Cayambo (3,055 toises) et l'Antisana (2,773); le dôme du Chimborazo s'élève au-dessus de ce gigantesque groupe et plane immobile dans les solitudes de l'air. — La partie la moins connue des andes est celle que nous avons désignée sous le nom de Patagonique; elle s'élève si près de l'Océan, que les îles voisines de la côte semblent des fragments détachés de ces montagnes. Entre le 20° et le 8° parallèle, on trouve cette profonde vallée de Titicaca, le Thibet du nouveau monde; c'est là que s'effectue le grand partage des eaux de l'Amérique méridionale. — La chaîne totale des andes embrasse 120 degrés en latitude. Le partage des andes dont la triple ramification est connue sous le nom de Cordillières de la Nouvelle-Grenade, s'effectue aux environs de Popayan, au delà de la ligne équatoriale : la chaîne orientale court vers la Colombie qu'elle traverse du sud-ouest au nord-ouest et va finir au cap Paria, la chaîne du milieu sépare la vallée de la Madalena de celle de la Cauca, séparée elle-même des régions de la côte par la branche occidentale des Cordillières nommée aussi le Choco; et dont l'extrémité nord-ouest s'étale en vaste plaine entre les deux océans dont elle forme en cet endroit la séparation. — Le système de la Parime ou de la Guyane ne présente pas ce caractère d'unité qui distingue la Cordillière des Andes; c'est une suite de groupes irréguliers, séparés par des forêts immenses, par des savanes et des plaines; il n'a pas encore été examiné dans ses détails; il donne naissance à l'Orénoque, ce rival de l'Amazone. Leur point le plus élevé paraît être le pic de Duida qui ne dépasse pas 1,300 toises. Quant au système brésilien dont les appréciations antérieures avaient singulièrement exagéré les proportions, il a été réduit à ses justes mesures par les explorations des derniers temps. On sait aujourd'hui que ces montagnes ne dépendent point des Andes auxquelles la géographie les avait rattachées. Les ramifications dont elles sont composées s'étendent du sud au nord. La chaîne maritime se prolonge parallèlement à la côte; la chaîne centrale, dite Sierra do Espinhaço, traverse la province de Minas-Geraes, féconde en or et en diamants. Enfin la chaîne occidentale, appelée Sierra dos Vertentes, sépare les affluents de l'Amazone, du Tocantin, du Parnahiba, des affluents de San-Francisco, du Paraguay et du Parana. Cette branche du système brésilien change souvent de nom et se termine à l'ouest de Paraguay. Les Andes mexicaines composent des trois branches de la Sierra Madre, subdivision de la Cordillière aux environs des mines de Zimapan. La branche orientale de ces monts se prolonge et se perd dans le nouveau royaume de Léon; la branche occidentale s'étend jusqu'aux rives du Rio-Gila, forme, sous le 30° degré de latitude, les montagnes de la Primeria-Alta; la troisième, celle qui constitue les Andes mexicaines, se développe au milieu des provinces du Zacatecas, s'élance à travers le nouveau Mexique et va se confondre avec les monts de la Grüe, avec ceux de la Sierra Verde pour reparaître ensuite, sous la dénomination de Montagnes Rocheuses, dans les régions du nord. Elle sépare des affluents du Saskatchawan et de la Mackensie, les affluents de l'Oregon. Bornée vers le 55° degré, à la modeste élévation de 400 toises, elle surgit insensiblement jusqu'à la hauteur de 4549 mètres, avec le mont Beau-Temps, et jusqu'à celle de 5113 mètres avec le mont Saint-Élie. Quelques géographes prétendent que la pente orientale du système mexicain se prolonge jusqu'aux rivages de l'Océan arctique. Mackensie et Franklin ont cru la reconnaître sous le 62° degré. — Au delà de l'isthme de Panama, au delà de ce point où nous avons vu s'affaiblir les sommités des Andes méridionales, la Cordillière se relève, s'avance dans les provinces de l'Oaxaca, atteint insensiblement les plus vastes proportions et constitue le plateau d'Anahuac ou Mexicain, auquel se rattache le système de ce nom. Ici: les solutions de continuité se multiplient, les chaînons ne suivent plus l'axe de la Cordillière; c'est un groupe de montagnes qui se coupent à des angles divers et qui ne le cèdent qu'aux plus grandes élévations du continent américain. Pour ne citer que les pics principaux de ces régions, nous inscrirons ici les noms du Popocatepelt (5,400 mètres), de la Femme blanche ou Iztaccihualt (4,786 mètres), le pic d'Orizaba (5,295 mètres), etc. Le plateau du Mexique varie peu dans sa forme et dans ses développements; le sol en est presque toujours élevé de 1,600 à 2,600 mètres au-dessus du niveau de la mer; on peut le comparer, pour la hauteur, au grand Saint-Bernard et au mont Cenis. Quant au système alléghanien, renfermé entre les sources de l'Alabama, du Yazou et l'embouchure du Saint-Laurent, il se compose de ces chaînes atlantiques qui s'étendent sur trois parallèles, du nord-est au sud-ouest. Les montagnes Bleues, celles de Cumberland et les monts Alléghanys en forment les trois chaînes principales. A la première se réunissent les montagnes Blanches, dont le point culminant, le mont Washington, haut de 1,040 toises, est aussi la sommité la plus élevée du système alléghanien. Ces trois chaînes principales séparent les affluents du Saint-Laurent et du Mississipi des affluents de l'Atlantique. Le cœur du système est compris entre le 35° et le 41° degré de latitude nord : on peut y rattacher les montagnes qui se développent à travers le Labrador, le haut et le bas Canada ainsi que les contrées situées à l'est du Mackensie. Il nous reste à parler des trois derniers systèmes : l'Antarctique, l'Arctique et l'Antillien; le premier nous est presque inconnu. Nous trouverions sur ce point des données trop rares et trop incertaines pour nous hasarder à les produire. Le système arctique a pour points culminants les sommités des chaînes de l'Islande et de l'île de Jean-Mayen; dans sa plus haute élévation il atteint le chiffre de 1,070 toises, ce pic appartient à l'île de Jean-Mayen. Le système des Antilles se déploie sur Cuba, sur la Jamaïque, Saint-Domingue, Saint-Eustache, etc., il présente des montagnes de 950 à 1,400 toises de hauteur. L'état de nos connaissances actuelles, fort incomplètes sur les rapports de ces chaînes entre elles ou avec les systèmes du continent, arrête encore ici la plume des géographes. — Une particularité singulière et qui appartient en propre à l'Amérique, c'est l'ensemble de ses plateaux qui, malgré leur élévation, n'en sont pas moins habités, cultivés et féconds : à hauteur égale en Europe, toute végétation disparaît. Le plateau de Santa-Fè, par exemple, dans l'Amérique du Sud, n'a pas moins de 1365 toises; et cependant, leur ville y subsiste, et y recueille de riches moissons; au Pérou, le plateau de Caxamarca excède 1400 toises; les plaines d'Antisana présentent encore le caractère de vie et de fertilité à 2000 toises de hauteur, près du séjour des neiges. Le bas Pérou, le pays de Bolivie, les provinces de la Plata, la province de Matto-Grosso, le Paraguay, et toutes ces contrées élevées de 100 à 1500 toises au-dessus du niveau de la mer, peuvent être aussi considérés comme d'immenses plateaux dans le système général. — On se rappelle le vaste plateau d'Oaxaca que nous avons indiqué dans l'Amérique du Nord; c'est une suite de plaines interminables, séparées par des vallées qui elles-mêmes sont situées à des hauteurs considérables. Celle de Toluca, par exemple, près de Mexico, présente 1340 toises d'élévation; ces immenses bassins ont leurs productions diverses et leurs climats différents (V. Mexique). — L'Amérique méridionale est féconde en volcans : on en compte plus de cinquante en activité entre le mont Élie et le cap Froward. Le nombre total des volcans disséminés sur le continent et dans les îles de l'Amérique s'élève à soixante environ; la Terre de Feu et les andes Patagoniques ont aussi leurs volcans, mais ils sont peu connus. Parmi les autres, on distingue le volcan d'Antoco; ceux de Chilan, de Pétéroa; de Copiapo, de Sehama, de Sotora, d'Antisana, etc. Entre l'équation et l'isthme, on trouve des cratères éteints. Dans l'Amérique centrale, on a compté selon les uns, vingt et un volcans enflammés; selon d'autres, trente-cinq, situés entre le 10° et le 15° degré; le plateau mexicain est traversé de l'est à l'ouest par cinq montagnes volcaniques dont nous avons déjà parlé; le chaînon ignivome se propage ensuite le long de la Cordillière maritime, jusqu'aux extrémités de la presqu'île d'Alaska, et jusque dans le sein des îles Aléoutes. L'Islande a ses volcans connus sous les noms de Krabla, Leirknukr, Hécla, etc. L'île de Jean-Mayen vomit aussi des feux par le cratère de l'Eck. Les Antilles ont entre autres monts volcaniques, le Saint-Vincent, dont les fureurs sont redoutables (V. Volcans). Sous le rapport de la constitution géognostique, on remarque de grandes analogies entre les montagnes de l'Amérique et celles de l'ancien monde. On reconnaît dans les unes comme dans les autres la présence du granit, du grès ferrugineux, de la houille, du sel gemme, du gypse, des roches d'origine ignée, des schistes ardoisiers, des marnes bleues, des masses basaltiques, etc. Les environs du lac Michigan sont surtout féconds en gypses, en calcaires, en grès et en houille. Le bassin du Mississipi, à partir du point où ce fleuve se réunit au Missouri, se compose essentiellement de terrains d'alluvion; le plateau mexicain, de roches trachitiques, basaltiques et porphyritiques. La Cordillière des Andes, qui enveloppe presque tout le continent américain de son immense réseau, repose en général sur une base de granit au-dessus de laquelle se montre fréquemment le gneiss ou granit feuilleté. Quelquefois se présentent aussi des couches accidentelles auxquelles nous ne pouvons nous arrêter ici. Au sommet de la Cordillière, on rencontre partout des masses de basalte, de porphyre et de roches vertes;

or, l'épaisseur colossale de ces roches et de ces porphyres forme la seule différence qui distingue les andes des monts européens. Le quartz pur abonde à l'ouest de Caxamarca ; les grès, aux environs de Cuenca, les porphyres du Chimborazo n'ont pas moins de 1900 toises d'épaisseur, etc. Il se trouve dans ces montagnes peu d'éléments calcaires ; peu de pétrifications. Les ammonites et les bellemnites si fréquents dans nos régions, ne se présentent en nul endroit des andes : à peine signale-t-on quelques coquillages pétrifiés et trouvés à des hauteurs considérables. On a rencontré encore aux environs de Santa-Fé, au sud de Quito, et au Chili, des masses d'ossements fossiles qui ont appartenu à des éléphants et à des mastodontes. — Les passages des andes sont difficiles et périlleux : ceux de Chingago, de Guanacas et de Quindio, sont hérissés d'obstacles et de dangers. L'avalanche y est terrible, surtout aux mois de juin et de juillet, le froid y arrive souvent à un tel degré d'intensité, qu'il suffit pour donner la mort : d'ordinaire, on ne revient de cette aventureuse expédition qu'avec quelque membre gelé. Chose étrange ! au milieu de ces parages glacés et redoutables, on rencontre des débris de palais qui paraissent avoir appartenu à la famille des Incas ; des chaussées dignes de rivaliser avec les chaussées d'Appius et d'Adrien ; des symboles antiques du culte de ce peuple, dont il ne reste plus que de rares vestiges. — Quant aux productions métalliques, les monts du système mexicain paraissent être plus féconds que ceux de la chaîne des andes. Les vallées du Brésil, surchargées de terres d'alluvion, fournissent l'or en quantité : elles sont aussi riches en diamants, en topazes, en améthystes, en pierres précieuses de toute espèce. Les plus merveilleuses mines d'or sont situées au Brésil, au Pérou, et dans la Colombie ; les plus belles mines d'argent, au Potosi et au Mexique. La vallée de Choco, la province de Minas Gèraes, la nouvelle Grenade sont seules, jusqu'ici, en possession de donner du platine. Le plomb, l'étain, le cuivre, gisent en abondance au Brésil, au Chili, au Pérou ; au Mexique, et aux États-Unis ; le mercure, au Pérou et au Mexique ; le fer, presque sur tous les points du continent. Les mines d'or et d'argent des deux Amériques, qui produisaient par an, au commencement de ce siècle, jusqu'à 57,658 marcs d'or, et 3,250,000 marcs d'argent, n'ont donné, de 1824 à 1830, dans un espace de sept années, que 33,870 marcs d'or, et 838,857 marcs d'argent. On attribue cette diminution singulière dans le produit des mines, à la mauvaise exploitation des compagnies anglaises qui en ont repris les travaux depuis le jour où les grandes révolutions des colonies espagnoles se sont enfin apaisées (*V.* MINES.) — Nous avons vu sur quelle immense échelle sont mesurées les montagnes du nouveau monde ; ajoutons que les mêmes proportions s'appliquent aux vallées et aux plaines de ces contrées où la nature déploie, dans les moindres détails, une si imposante majesté. — Les plus vastes plaines du nouveau monde se développent sur les rivages de l'Atlantique, et vont se rattacher bien loin de là, aux premiers échelons des andes ; on les rencontre, en partant de la terre de Feu, dans les parages de la Plata ; puis dans les bassins arrosés par la rivière des Amazones, par l'Orénoque et le Mississipi. Les premières, situées dans la Patagonie, commencent au détroit de Magellan, et finissent aux montagnes du Brésil ; steppes immenses où vivent en liberté de nombreux troupeaux de bœufs et de chevaux ; vastes déserts dont la partie méridionale est couverte de graminées, et qui, vers les sources de l'Uragay, disparaissent sous d'antiques forêts ; vastes déserts où l'on rencontre cependant, de loin en loin, quelque peuplade errante, où l'Indien se mêle aux Ganchos, descendants abâtardis des Espagnols. Ces barbares, tout pleins de cette vigueur qu'ils doivent à leur existence sauvage primitive, où rien n'amollit l'attitude et les fibres du corps (*V.* l'art. suiv.), présentent aux regards un tel aspect de force et de si riches proportions, que les anciens voyageurs en ont fait des géants. Des investigations récentes ont rectifié cette erreur : les Patagons n'ont rien de gigantesque, seulement, on peut dire que les petites tailles sont presque inconnues parmi eux ; presque tous arrivent à cinq pieds et cinq ou six pouces, quelques-uns atteignent même cinq pieds huit pouces ; nul ne dépasse ce dernier terme. Ils sont donc, en général, plus grands que les Européens, mais non pas tellement qu'il faille les considérer comme des colosses. Il paraît assez probable qu'ils ont dû leur réputation aux vêtements de peau dont ils se couvrent, et qui les grandissent singulièrement aux regards. Les Patagons se nourrissent de chair légèrement grillée ; mangent, en guise de pain, des racines d'une sorte de bruyères communes dans les environs du détroit. Ils ne s'arrêtent au même endroit que le temps nécessaire pour en

épuiser les ressources : toute leur richesse consiste en troupeaux, en chiens et en chevaux. Étrangers à toute espèce de construction, même à celle des plus simples cabanes, ils vivent sous leurs tentes ; quelques peaux de bœufs dressées sur des piquets de bois les mettent tour à tour, à l'abri du froid, du chaud, de la pluie et du vent. Ils chassent à cheval, c'est leur plus grand plaisir et leur principal exercice. — Le bassin de l'Amazone, qui occupe une si grande place dans l'Amérique méridionale, voit ses plaines envahir la majeure partie du Brésil, ainsi qu'une portion de la Colombie et du Pérou. Il n'y a rien de comparable à la vigueur des forêts qui déploient sur ce sol leurs futaies séculaires ; à la puissance de végétation qui se révèle dans toutes ces contrées, dont la surface est évaluée à 260,000 lieues carrées. Au delà du Brésil, vers l'extrémité nord du continent méridional, vous verrez s'étendre à des distances infinies, les *llanos*, enchaînement de plaines qui se prolongent jusqu'au pied des andes, de la Sierra de Parime et des montagnes maritimes de Venezuela ; leur superficie totale est de 45,300 lieues carrées. Là se fait ressentir dans toute son intensité dévorante l'influence des feux de l'équateur : à la saison des chaleurs, les *llanos* présentent une analogie singulière avec les déserts brûlants de l'Arabie ; vous marchez sur un sol embrasé ; vous rencontrez partout, de profondes ornières, des crevasses béantes qu'on prendrait pour les bouches altérées de ces plaines sans pluies et sans rosées. Mais quand les feux du ciel commencent à s'amortir ; quand la fraîcheur et les vents humides se répandent sur ces contrées, elles changent aussitôt de face, de couleur, de nature, comme si la baguette d'un enchanteur avait, à l'improviste, transformé ces champs désolés en terres riantes et fertiles. De toute part alors la verdure renaît ; un vaste manteau de gazon, de fleurs, de graminées, s'étend sur ce cadavre, d'où la vie paraissait expulsée à jamais ; la nature retrouve son empire ; mais comme si elle ne pouvait jamais se contenir dans de justes limites, la voilà qui abuse de la fraîcheur et des eaux comme elle abusait naguère des rayons du soleil : les rivières débordent, leurs flots majestueux couvrent la face du pays ; le désert si semblable aux déserts de l'Afrique, les plaines verdoyantes qu'on eût pu comparer aux prairies de la Normandie, les *llanos* enfin, se changent instantanément en un lac immense et profond ; on navigue aujourd'hui où l'on chevauchait hier ; où le voyageur altéré n'aura peut-être pas demain une goutte d'eau pour étancher sa soif. Mais la plus vaste plaine du nouveau monde, la plus vaste du globe entier, c'est incontestablement le bassin du Mississipi. Renfermé entre l'embouchure du Mackensie et le golfe du Mexique, ce bassin présente une immense étendue de savanes, de prairies, de forêts, de terres incultes et de champs défrichés ; spectacle imposant et merveilleux que la plume essayerait vainement de décrire. — Ainsi que les vallées et les plaines, les fleuves de l'Amérique présentent d'immenses proportions : l'Amazone parcourt à elle seule, une étendue de 1035 lieues (de 25 au degré) ; le Missouri joint au Mississipi, qui en est la continuation, traverse une étendue de 1600 lieues ! A ces fleuves, rois des fleuves du monde, il faut ajouter le Parana, dont le cours est de 580 lieues ; l'Orénoque, de 500 ; le Rio del Norte, 500 ; la Plata, 500 ; l'Arkansar, 450 ; l'Ohio, la rivière Rouge, le Pikomayo, 400 ; la Madeira, 650, etc. — Le berceau du Mississipi, d'où s'élance vers le golfe du Mexique, le cours d'eau le plus prolongé, le plus imposant de la terre, est situé vers le 47e degré de latitude ; là se dessinent, paisibles et solitaires, de petits lacs perdus au sein d'un immense plateau ; mais si vous suivez avec soin les contours de ces lacs, vous rencontrez de petits filets d'eau qui vont à quelques pas de là, se réunir en un même ruisseau. Bientôt, le sol s'incline, vous commencez à descendre : avec vous descend le ruisseau qui, recrutant en son chemin, les produits de mille sources, s'enfle et se développe, *crescit eundo* ; c'est l'histoire de la vie humaine. Voilà, tout près de vous, le Mississipi tout enfant, qui court de ça de là, grandit sans qu'on y songe, arrive à l'adolescence à la virilité, prend une forme, un nom, un caractère, une puissance, puis, se va perdre dans ce vaste gouffre de l'Océan, qu'on pourrait comparer au gouffre de l'éternité. Suivons-le pas à pas, ce fleuve que les Indiens nommaient dans leur langue naïve, le Père des eaux, *Mécha-Chebé* ; que les Français avaient un jour appelé fleuve *Saint-Louis* ; et qui a reçu aujourd'hui le nom de Mississipi. Nous voici dans les plaines : nous parcourons avec ses eaux limpides, 280 lieues de pays ; tout à coup, cette limpidité se trouble ; nous suivons une onde bourbeuse, agitée, turbulente ; c'est le fleuve en adolescence ; on l'appelle alors *Missouri* ; mais le voilà qui se déroule, ardent, impétueux ; le voilà qui bientôt répand sur son passage la vie et la fécondité; c'est le Mississipi, dans toute sa puissance, dans sa majesté souveraine. — Les sources de l'Amazone, situées dans les hauteurs des Andes, se divisent d'abord en deux lignes principales, la Tunguragua et l'Ucayale, rivières considérables, dont la réunion constitue le corps du fleuve. Dans l'évaluation que nous avons faite du cours de l'Amazone, nous avons considéré le Tunguragua comme la branche principale. Plus sombre en son cours, plus solitaire et plus grave que le Mississipi, l'Amazone se plaît au milieu des forêts et des solitudes, où jamais peut-être ne s'est imprimé le pas de l'homme; il coule dans quelques endroits, d'une mer intérieure, tant il est difficile parfois, d'en embrasser l'immensité. L'Amazone déborde à des époques fixes; alors, ses eaux limonneuses s'étendent à plus de 50 lieues dans les terres; elles engraissent le sol, mais elles portent dans les forêts une dévastation dont rien ne peut arrêter les désastres. Moins impétueux que le Mississipi, mais non moins abondant, le cours de l'Amazone est cependant rapide, quelquefois même violent; les oscillations de l'Océan se font sentir dans ce fleuve à plus de 150 lieues au-dessus de son embouchure. Que si vous arrivez à l'endroit où cette masse d'eau se jette dans la mer, vous assistez à l'une des scènes les plus animées et les plus imposantes des phénomènes terrestres. Depuis l'origine des temps, l'Océan et le fleuve se disputent le terrain; c'est une lutte à outrance, une guerre de tous les siècles, de tous les jours, de toutes les heures, de tous les instants. Écoutez! Quel épouvantable fracas remplit l'air et l'émeut comme si la tempête se déchaînait dans toutes ses fureurs?... Le fleuve veut passer, il exige sa place dans cet empire où tous les fleuves sont appelés; la mer ferme son sein, refuse le passage : des montagnes liquides se heurtent, se soulèvent, se brisent en éclats; et le monde finira peut-être sans avoir vu le jour de la réconciliation. — Il n'entre pas dans le plan circonscrit de cet article, d'étudier l'hydrographie générale du nouveau monde; il nous suffira sur ce point d'avoir esquissé le tableau des deux plus grands fleuves de ces contrées. — Un mot cependant sur les lacs, sur ces prodigieuses nappes d'eau qui forment en quelques parties de véritables méditerranées avec leurs vagues et leurs tourmentes! En vérité, l'esprit recule étonné, impuissant, sans expression, à la vue de toutes ces grandeurs, de toutes ces magnificences, de toute cette nature gigantesque et colossale. Voici, entre les 42e et 47e degrés de latitude, dans l'Amérique septentrionale, dans les plaines du Canada, des États-Unis, de la Louisiane, du pays des Esquimaux : voici le lac de l'Yclave (100 lieues de longueur); voici le lac Supérieur, réceptacle de 40 rivières (400 ou 500 lieues de circonférence), le lac Huron (86 lieues de longueur sur 50 de largeur), et quelle multitude de lacs! Le lac Michigan, le lac Ontario, les lacs de Zupango, de Texcuco, de Xochimilco, de Chalco, de San-Christoval, dans la vallée de Mexico; le lac de Nicaragua, entouré de volcans; puis, dans l'Amérique méridionale, le lac Titicaca, dans les régions presque aériennes, sur une élévation qui dépasse la hauteur de Ténériffe; le lac Guatavita (à 1400 toises au-dessus du niveau de l'Océan). Dans ce dernier continent, la plupart des lacs se dessèchent à la saison des chaleurs, et se remplissent à la saison des pluies. — Le climat de l'Amérique subit de singulières modifications sous les mêmes latitudes, et durant les mêmes saisons. On comprend que ces plaines immenses et ces montagnes colossales, et ces vallées, et ces plateaux ne sauraient être uniformément soumis aux lois des saisons. Les vallées de Mexico et de Quito gisent sous les tropiques, et cependant, grâce à leur élévation, elle ne connaissent point les feux dévorants qui dessèchent le sol de la Véra-Cruz ou de Guayaquil, bien que ces deux cités soient voisines des Paramos, où séjournent les neiges éternelles. Ainsi, dans un espace de 10 lieues, et dans le même jour, on peut voir en ces contrées, le thermomètre varier plusieurs fois et successivement, de 25 degrés au-dessus de zéro à 10 degrés au-dessous. Pour le voyageur qui parcourt ce étrange pays, on dirait que chaque heure a son climat particulier, ou plutôt qu'il n'y a plus de climat. Ajoutez à cela l'action des vents qui viennent des deux Océans, et qui se font surtout sentir dans les parties du nouveau monde où le sol se rétrécit; ajoutez les émanations des fleuves, le souffle des déserts, des forêts, des marécages, et vous comprendrez sans peine que ces influences diverses produisent tour à tour des résultats différents. Ne pourrait-on pas dire, pour toutes les contrées du monde, que le pays fait le climat, plus encore que les vents et le soleil? — Cette diversité de températures se reproduit dans la végétation; et l'on pourrait ici former un vaste tableau de toutes ces richesses que la nature a prodiguées sur les deux Amériques. On peut consulter sur ce point les travaux de Michaux, de Humboldt, de Bonpland, etc.; ce n'est pas dans le cercle étroit d'un article de géographie, que nous essaierons de développer le spectacle de cette nature luxuriante, où les productions indigènes, déjà si nombreuses et si puissantes, se mêlent aux productions des autres continents. Nous nous bornerons à dire que les deux Amériques présentent dans leur végétation un caractère entièrement distinct. — La physionomie zoologique du nouveau monde n'est ni moins curieuse, ni moins merveilleuse. Il y a cependant cette différence que la plus grande partie des genres dont l'Amérique est couverte lui sont propres et particuliers; à elle seule appartient la grande famille des singes; à elle seule la famille des castors, celle des loutres, etc.; faut-il énumérer les multitudes d'oiseaux aux plumages divers et souvent précieux? Rappellera-t-on la famille des perroquets avec ses innombrables variétés; arazas au cri rauque, arazas aux joues nues, amazones au plumage vert, etc.? Et puis le martin-pêcheur, le jacamar, le manakin rouge, jaune, noir, le colibri, l'oiseau-mouche, pigmée aux couleurs célestes, émeraude volante, insecte ailé, si petit, si joyeux, vivant dans le même air que le condor des Andes, l'épervier, l'aigle aux serres sanglantes! Et sur le bord des fleuves, faut-il énumérer ces hideux caïmans dont l'estomac engloutit d'un seul coup des animaux entiers! Ces serpents de toutes les tailles, de toutes les couleurs, de tous les venins, horreur de la nature et de l'espèce humaine! On n'en finirait point à détailler ce monde d'animaux! Et ces poissons d'eau douce, et ces poissons de mer, ces insectes, ces zoophytes, ces mollusques sans cesse renaissants! Tableaux à mille faces, dont le seul catalogue serait déjà trop long! — D'après les calculs de Balbi, la population des deux Amériques n'excède pas le chiffre de 39 millions d'habitants : faible troupe perdue dans un univers! Savoir : 14,600,000 blancs européens ou descendants d'Européens; 7,400,000 nègres libres ou esclaves; 7,000,000 mulâtres, métis, etc.; 10,000,000, Américains indigènes ou Indiens. L'origine des populations indigènes appartient à l'histoire de l'ancienne Amérique, et n'est pas de notre domaine; il nous suffira donc d'en indiquer les principales familles. — A commencer par l'Amérique du nord, nous apercevons d'abord, vers l'extrémité la plus septentrionale de cette péninsule, la terre des Esquimaux : ces peuplades errantes parcourent les solitudes glacées des régions arctiques, et les rivages inhospitaliers de la mer Polaire. Tribus à demi sauvages, elles luttent sans repos contre les frimats éternels; les Esquimaux, comme les Groënlandais, leurs voisins, vivent de pêche et de chasse. Pour ces peuples relégués sur les derniers confins du monde, la nature n'a qu'un aspect, celui des glaces et des neiges; la verdure et les fleurs leur sont également inconnues. — Si de ces contrées boréales, nous descendons vers la Californie, nous trouvons en chemin la famille Koluche, dont nous signalons les progrès, surtout dans la carrière de l'industrie. L'île de Vancouver et les rivages voisins sont habités par les Ouakachs, ou Noutkas; peuples belliqueux, dont la guerre est le seul métier; les Indiens de la Californie se distinguent par leur intelligence et leur civilisation; l'état social de ce peuple contraste singulièrement avec la barbarie dont il est environné; vers le haut Mississipi, dans les États de l'Ohio et d'Indiana, on rencontre les derniers débris de la famille Mohégane; vers les parages du Missouri, dans les solitudes qui s'étendent à l'ouest des États-Unis et du Canada, se perdent les restes épars de la grande famille huronne ou iroquoise, qui comprenait autrefois un grand nombre de tribus puissantes et belliqueuses; les Chactas ou Chaktahs, habitants des contrées centrales de la Louisiane, commencent à prendre part aux bienfaits de la civilisation européenne; les vallées de la Géorgie et de l'Alabamma sont occupées par les Creeks ou Criks, supérieurs que leur génie souple et industrieux distingue des six nations principales dont se compose la famille floridienne ou Mobile-Natchez. Les Sioux-Osages, cette grande confédération de tribus diverses, indépendantes les unes des autres, couvrent les bords du lac Winnipeg, du haut Mississipi, de la rivière Rouge, etc.; peuples guerriers et sédentaires, ils semblent appelés à former avec les tribus de la Floride et de la Louisiane, la transition sociale qui réunira quelque jour en un seul corps toutes les races de l'Amérique septentrionale. — La famille colombienne se répand à la fois dans le bassin de Missouri et dans celui de la Colombie; nous rencontrons ensuite, vers les parages de la Plata, les Panis-Arrapâhoes, tribu nomade et belliqueuse. Quant aux populations indigènes du Mexique et de l'Amérique centrale, quant aux grandes familles maya-quiché et mexicaine, elles embrassent, dans leur ensemble, les Yucatans ou Mayas, les Quiches du Guatemala, les Chapanèques de Chiapa, les Zapotèques d'Oaxaca, les Totonaques de la Véra-Cruz, les Mécos, les Aztèques, les Othomies, et les Tarasques du Méchoacan. On remarque que ces peuples chrétiens et agricoles vivent et se perpétuent sans mélange, au milieu des populations espagnoles. — La république de Bolivia compte au nombre de ses habitants, les Moxos, que l'on croit appartenir à la famille Cavere-Maypure, établie vers les hautes régions de l'Orénoque, près de la famille Saliva. Entre l'Amazone et l'Orénoque, sur le vaste delta formé par ces deux fleuves, se trouvent les Caraïbes, la plus puissante fraction de la race Caribe-Tamanaque, qui possédait jadis les petites Antilles. Les Guianes, le Brésil et le Paraguay renferment une grande partie de la famille Guarini, dont les branches éparses se retrouvent ça et là sur les rivages de l'Amazone, du Parama, et généralement, dans toutes les contrées de l'Amérique méridionale. Les nouvelles républiques du Pérou et de Bolivia doivent à la race péruvienne ou quichua la majeure portion de leurs habitants. Nous avons parlé plus haut des Patagons; il ne nous reste plus à signaler que les Aucas et les Molouches, ces araucans des Espagnols, peuples dont la poésie épique a célébré la valeur, et dont la confédération puissante a conservé jusqu'à nos jours sa primitive indépendance. Les Molouches et les Aucas habitent encore aujourd'hui, les montagnes du Chili, berceau de leurs aïeux. — Les populations organisées des deux Amériques professent la religion chrétienne : elles composent, à peu de chose près, la totalité de la population générale. Les naturels qui n'ont encore subi aucune loi, vivent dans un état voisin de la barbarie, adonnés, dans leur aveuglement, au culte des fétiches, ou aux pratiques du sabéisme. L'idée d'une puissance souveraine ne leur est pas étrangère; presque tous ils proclament l'existence d'un génie bienfaisant et d'un génie du mal. Quant à l'antique religion des Péruviens, des Maya-Quiches, des Muyscas et des Mexicains, on en retrouve à peine des vestiges. Pour tous les sauvages du nouveau monde, le *grand Esprit* se reproduit de mille manières et sous toutes les apparences : ils le voient dans les arbres, dans les rivières, dans les lacs, dans les déserts, dans le vide. Le grand Esprit les environne dans le souffle du matin, dans les brises du soir; il les menace dans les nuages sombres, dans les orages et les tempêtes; il les flatte dans les rayons du soleil, dans le parfum des fleurs, dans le sourire de leurs enfants; il les punit dans les malheurs de la guerre, et les récompense dans la victoire. Puis, comme les Romains du paganisme, ils ont encore leurs dieux particuliers; leurs dieux lares, leurs pénates : chacun a son *manitou* familier. Pour celui-ci, c'est un arbre; pour celui-là, un bœuf; pour cet autre, une fleur, un oiseau, une flèche. Il y a parmi eux des devins et surtout des devineresses; il est peu de superstitions, dont ils n'aient épuisé les extravagances. — Quant à la constitution des tribus, elles obéissent d'ordinaire aux lois d'un chef suprême; dans quelques-unes, le système électif s'allie à l'oligarchie; la suprématie du chef est tout entière en lui-même; c'est une force matérielle qu'il doit à l'ascendant physique plutôt qu'à l'ascendant moral, et qu'il perdra le jour où il sera forcé de chercher des appuis. — La plupart de ces peuplades regardent en pitié, sur le spectacle de la civilisation qui se reproduit chaque jour, sous leurs yeux, ne voient dans le commerce auquel elles s'adonnent parfois, qu'un moyen de satisfaire leur passion pour les liqueurs fermentées; du reste, chaque année, diminue le nombre de ces barbares dont les populations organisées, envahissent insensiblement les dernières retraites; la guerre, la famine et l'ivrognerie exercent sur ces descendants des vieux Indiens, leur mortelle influence. Au milieu de cette barbarie, les plus grandes misères, les plus rudes travaux, sont le partage de la femme : réduite à la condition des bêtes de somme, elle ne jouit d'aucun droit, d'aucun privilège, d'aucune considération ni d'état ni de famille. Son existence n'est qu'une longue suite de privations, d'injures, de fatigues et de douleurs. Dans leur profond abrutissement, les Indiens ont cependant conservé quelques idées du juste et de l'injuste; ils déploient même quelquefois une sorte de générosité instinctive; mais la première, la seule vertu de l'homme, est, à leurs yeux, l'hospitalité. — Avant de terminer cette esquisse rapide du nouveau monde, un mot encore touchant les États constitués de l'Amérique, qui vont s'agrandissant chaque jour, par les conquêtes successives de l'industrie et de la civilisation. Ne dirait-on pas que l'Europe s'est, pour ainsi dire, transplantée dans ces contrées lointaines? Nos arts, nos lois, nos mœurs, nos races elles-mêmes, tout s'y retrouve, tout s'y déplace, tout s'y multiplie; la sainte religion de Jésus-Christ règne

triomphante et paisible sur la patrie des Incas; elle répand ses divines lumières sur ces immenses contrées qu'enveloppaient naguère encore, les ténèbres de l'idolâtrie! Dieu protège le monde! — (Voyez, pour les détails, les différents états, royaumes, empires, républiques, divisions, etc., dont l'ensemble compose le système politique des deux Amériques, savoir : *Nouvelle-Galles, Nouvelle Bretagne, Labrador, Canada, Terre-Neuve, Nouveau-Brunswick, Nouvelle-Écosse, États-Unis, Florides, Mexique, Guatemala, Antilles, Colombie, Guyané, Pérou, Bolivia, Paraguay, Brésil, Uraguay, République-Argentine, Chili, Araucanie, Patagonie, Terres Magellaniques, Terre de Feu,* etc. — H. CORNILLE.

AMÉRIQUE (*hist.*). Vers la fin du XVᵉ siècle, l'Europe occidentale était arrivée à un assez haut degré de civilisation. A cette époque, les grands empires s'établissent sur des bases solides, des limites se posent plus arrêtées et plus rarement franchies. Les provinces d'une même nation commencent à se former entre elles, à s'incorporer sous un pouvoir unique; les peuples plus imposants se respectent; les langues se fixent; la science longtemps cachée au fond des couvents sort de sa retraite; des écrivains paraissent; des universités sont fondées jusqu'en Écosse; l'imprimerie est découverte; quelque temps encore et les arts vont briller dans tout leur éclat, les arts qui naissent toujours plus tard, vers la saison des beaux jours. — En dépit des guerres qui les ont fatiguées depuis tant de siècles, les populations augmentent dans une proportion rapide. Les arrière-petits-fils des barbares ressentent une fois encore le vague besoin d'aller ailleurs fonder de nouveaux empires. Le goût des voyages et des découvertes accuse cet instinct d'émigrations. Les croisades sont depuis longtemps finies et à jamais. Les peuples s'ennuient de leurs frontières, il faut qu'il les franchissent. Mais où aller? Laquelle de ces nations montrera la route? Ce sera celle que le glaive de l'islamisme, à traversée de part en part, l'Espagne inondée par l'invasion arabe et près de triompher des Maures, après une lutte généreuse de sept siècles; un monde nouveau lui sera donné comme récompense de sa valeur indomptable; et le même bras qui renverse les murs de Grenade et refoule au delà du détroit un million de musulmans, lança à travers un océan inconnu le vaisseau explorateur. La bannière de Castille, qui ne flottait naguère que sur quelques provinces, va se déployer bientôt sur tous les mondes à la fois. — L'époque fixée par la Providence est enfin arrivée : Dieu permet que le voile soit soulevé; il laisse voir un continent immense, dernier trésor que dans sa profonde sagesse il réservait aux nations capables de fonder; car rien n'existe plus dans ce monde nouveau qui ait le caractère de la solidité et de la durée, tant ces empires immenses s'écroulent rapidement devant les armes de l'Europe; on sent qu'ils l'heure de leur destruction est sonnée. Les habitants de ces régions sont comme des gardiens instinctifs plutôt qu'intelligents auxquels a été confié un pays dont ils ignorent les richesses réservées à d'autres. Et cette espèce de terre promise, c'est précisément sous les plus belles latitudes qu'on l'aborde. Elle s'offre aux yeux du navigateur sous son plus séduisant aspect : l'or est là dans les mains du sauvage, abondant et facile, l'or que désormais réclame impérieusement le vieux monde. C'est un autre Éden, mais livre sans restriction à l'homme civilisé qui bientôt fait peser sur ce débile Indien son joug de fer, et semble oublier qu'il doit compte à Dieu de sa puissance. La nation la plus brillante alors, celle qui tenait le rang le plus distingué, le plus éclatant, c'était donc l'Espagne, telle que Ferdinand et Isabelle, la préparaient à Charles-Quint. Le pays le plus studieux, le plus éclairé, c'était l'Italie. Les fruits les plus rapprochés du soleil sont les premiers à mûrir. Du concours de ces deux éléments naquit la grande découverte : l'un donna le pilote, l'autre le navire. — Le Portugal cependant avait fait de grands pas dans la navigation; resserré sur le continent; il devait tourner ses regards vers la mer, mais ses possessions en Afrique, en concentrant ses préoccupations sur cette partie du globe, le détournaient d'explorations plus aventureuses dans l'ouest. On avait donc retrouvé les Canaries alors, doublé le cap Bojador, pénétré dans les régions de la zone torride, exploré la côte depuis le cap Blanc jusqu'au cap Vert : les Açores, isolées dans l'Atlantique, sentinelles avancées vers le continent inconnu, avaient même été découvertes. Henri de Portugal, après plusieurs voyages, fondait à Sagrès, au pays des Algarves, un collège naval destiné à développer et à encourager le goût toujours plus vif de la navigation. Au milieu de ces tâtonnements, de ces essais infructueux pour le complément du globe, un écrit du fameux voyageur Marco Polo vint à la connaissance d'un cosmographe vénitien, nommé

Paulo Toscanelli, lequel le médita attentivement, et communiqua ses observations, à un homme déjà très-expérimenté, avide de découvrir, tourmenté dès son enfance par une vague inquiétude, par le pressentiment de sa haute destinée. — Cet homme, c'était le Génois Christophe Colomb; après de courtes études à l'université de Paris, il avait fait partie de l'expédition de Jean d'Anjou, fils de René, équipait alors à Gênes pour recouvrer son royaume de Naples (1459). Colomb partagea ensuite, avec un de ses parents du même nom, les dangers qu'entraînait avec elle la vie de marin à l'époque où la Méditerranée était couverte de pavillons sans nombre, toujours en guerre, l'un contre l'autre. De corsaire à pirate, la nuance était presque insensible. Il combattit successivement contre les Turcs et les Catalans; il se rendit, quelques années plus tard, à Lisbonne; là Colomb épousa la fille d'un navigateur distingué dont les manuscrits, les cartes, deviennent son héritage. Toujours plus épris de sa noble profession, Colomb entreprend plusieurs voyages aux côtes de la Guinée, et emploie ses courts loisirs à dessiner des cartes pour vivre, travail intelligent qui développe en lui la sagacité dont la Providence l'a doué. Pendant son séjour à la petite île de Porto-Santo près de Madère, Colomb passe de longues veilles avec son beau-frère, aussi marin, gouverneur de l'île. S'entretenant sans cesse de ses idées neuves et hardies, penché sur une mappemonde, ou plutôt sur l'image incomplète du globe dont un des côtés, comme celui de la lune à son croissant, est plongé dans d'épaisses ténèbres, le Génois inquiet cherche à lire dans l'espace vide; il trace déjà sa route pour aller dans l'Inde par l'ouest. — Marco Polo parlait dans ses récits des richesses de l'Asie, des îles voisines du Cathay, des capitales de Quinsay, de Combalù, pays abondants en or; à cette narration était jointe une carte dans laquelle ces pays si vantés se trouvaient projetés parallèlement aux côtes de l'Europe, dans le sens du continent américain, mais à une distance bien plus rapprochée. On ne donnait point alors à la terre la circonférence déterminée depuis; les Orientaux ne lui supposaient guère que 3,000 lieues. Colomb partageait en partie cette erreur, du moins sur la région inconnue, embellie par les prestigieux écrits de Marco Polo; et il se plaisait à la rêver éloignée tout au plus de 3 à 400 lieues, c'est-à-dire à 8 ou 10 jours des côtes d'Espagne. — Le Portugal, nouvelle patrie de Colomb, reçut ses premières offres. De timides conseillers repoussèrent dans leur ignorance un projet qui souriait assez au roi Jean II. Alors Bartholomeo, frère de Colomb, partit pour Londres vers Henri VII : on prétend qu'ayant été pris en chemin par des pirates, il ne put arriver près de ce monarque qu'à l'époque où déjà la reine Isabelle avait pris l'avance. Toujours est-il que Bartholomeo introduisit le premier dans la Grande-Bretagne les cartes marines (1489). — Christophe Colomb, pauvre et sans appui, prend par la main son fils Diégo; l'homme qui doit faire présent d'un monde au prince assez généreux pour lui mettre un navire sous les pieds, cet homme est réduit à demander du pain à la porte d'un couvent. Pendant six mois il attend en vain à Cordova une audience de la cour; enfin son éloquente conviction, l'enthousiasme dont il est rempli font une forte impression sur ses auditeurs. La reine surtout se sent entraînée bien plus encore que Ferdinand, prince calculateur et politique; deux navires sont promis et accordés. Colomb espérait, en abordant par l'ouest au revers de l'Asie, reconquérir le saint sépulcre que tant de sang versé n'a pu rendre aux nations chrétiennes. — Le vendredi 3 août 1492, l'expédition met à la voile et sort de la barre de Saltas. Les Canaries sont dépassées; les vents alisés poussent la flotille vers les régions du tropique, et, après trente-trois jours d'une navigation entravée à chaque pas par l'inquiétude croissante et le désespoir menaçant d'un équipage abattu, puis révolté après avoir vu tant de fois dans un nuage trompeur la réalisation et la ruine de ses grands projets, Colomb découvre une des îles Bahama, appelée par les naturels *Guanahani*, terre de salut qu'il consacre par le nom de *San-Salvador*. Après plusieurs mois de croisière au milieu de cet Archipel dangereux, rempli d'écueils et de courants, Cuba et Hispaniola sont reconnues. A la vue de cette terre dont la découverte l'immortalisait, Colomb, pieux et fervent, tombe à genoux; il oublie son triomphe devant la majesté divine qui

vient pour ainsi dire de se doubler à ses yeux. — On croyait encore que ce pays était l'Asie; de là il fut appelé Inde, et ses habitants reçurent le nom d'Indiens. Ces détails sont minutieux peut-être, mais quand on remonte à la source d'un fleuve, ne faut-il pas le suivre jusqu'à la goutte d'eau qui tombe du flanc du rocher? — Quelques années plus tard, en 1497 (d'autres disent en 1499), le Vénitien Améric Vespuce aborde au continent, et lui laisse son nom; immense honneur, glorieux titre de noblesse enlevé à Colomb, injustice consacrée par les siècles. Chose étrange! ce sont deux navigateurs de la Méditerranée qui, les premiers, montrent la route à travers l'Océan : les peuples du littoral de l'Atlantique regardaient son immensité dans une muette contemplation, son éternel murmure toujours retentissant à leurs oreilles et ses phases inconnues dans leurs causes, les avaient frappés d'une terreur superstitieuse. — Le chemin une fois ouvert, l'Amérique est explorée dans tous ses rivages : l'Europe envoie sonder de toutes parts les profondeurs des déserts et mesurer les proportions du nouveau monde. Le Normand Jean Cabot arrive aux côtes septentrionales et à Terre-Neuve par le détroit de Belle-Ile en 1498. Jacques Cartier, envoyé par François 1er, part sur les traces de Vavazani qui déjà avait arboré la bannière de la France en Canada; il remonte le Saint-Laurent et fonde sur la rive gauche du fleuve, à l'endroit où se referme la vaste rade de Québec, un village qui a conservé son nom. Déjà en 1500, le Portugais Gaspard de Bastreal avait eu connaissance de ces terres; un navigateur de la même nation, Cabral, aborde au Brésil[1], Juan Bermudes découvre les îles Bermudes en 1503; et enfin Magellan, Portugais de naissance, fait voile de Séville sous les auspices de Charles-Quint en 1519, passe le détroit de ce nom, arrive aux mers du sud, meurt assassiné aux îles des Larrons après avoir touché aux Philippines, et son navire, comme un coursier sans frein qui a perdu son maître et suit sa route par instinct, son navire revient en Europe par le cap de Bonne-Espérance, après un voyage de trois ans. — Le problème était résolu; on avait fait le tour du globe, déterminé sa circonférence, trouvé l'autre rive du Cathay, mais à une distance infiniment plus reculée qu'on ne l'avait pressenti. Cependant quand l'homme eut fait le tour de son domaine, quand il en eut touché les limites, ne s'affligea-t-il pas secrètement des bornes dans lesquelles il se voyait circonscrit? — Le pays intermédiaire, rencontré chemin faisant, est bien le monde; il s'étend du pôle arctique jusqu'au 55e degré de latitude sud, embrasse toutes les températures, commence avec l'Asie et l'Europe pour dépasser l'Afrique de près de 500 lieues; la nature s'y développe dans des proportions colossales auxquelles l'homme ne paraît pas répondre. On ne le retrouve pas là tel qu'il s'est fait ailleurs; isolé dans son univers, il semble qu'il ait sommeillé; son ignorance est telle, qu'au premier aspect on le croirait issu d'une autre race. On ne reconnaît en lui la royauté exercée ailleurs sur les animaux et la matière domptée, ni l'intelligence élevée par laquelle l'âme se révèle à elle-même. Des peuples sans nombre s'agitent sur cette terre oubliée; les forêts, les plaines, les plateaux, les montagnes sont habités; l'idolâtrie y a revêtu toutes ses formes, et le vrai Dieu seul n'y a pas un temple. Deux nations, deux grandes puissances dominent chacune un hémisphère : le Mexique au nord, au sud le Pérou. Par delà ces régions éternellement fécondées par un soleil bienfaisant, on ne trouve plus que des peuplades plus ou moins sauvages, des hordes errantes, s'entre-choquant par hasard ou occupées à se déchirer sans cesse; plus rudes et plus grossières à mesure qu'elles s'avancent vers les pôles, comme les flots qui, battus par les tempêtes dans les climats plus âpres, vont se calmant vers les régions de l'équateur. Excepté donc ces deux nations vivant en société bien que d'une manière imparfaite, les peuplades semblent tendre à s'isoler l'une de l'autre : chacune se retranche dans sa sphère étroite; leur langage diffère, ainsi que leurs mœurs et leurs croyances. On ne retrouve chez elles ni l'industrie révélée par la présence des objets, ni celle qui doit naître des premiers besoins. L'Indien ne sait pas creuser la terre pour en retirer les métaux que Dieu y a enfouis; au lieu de fixer sa demeure par la culture du sol, il émigre selon les saisons à la poursuite du gibier; ailleurs la rigueur du climat l'oblige à construire des huttes, mais ses outils grossiers ne lui permettent pas de les façonner commodes et durables. Là où des lacs immenses, des rivières de 1200 lieues de cours facilitent les communications; à peine

---

[1] Nous nous abstenons de mentionner le voyage fait précédemment aux côtes d'Amérique par Juan de Muela, qu'une tempête aurait jeté sur des terres nouvelles, et qui, revenu de relâche à Porto-Santo, y aurait communiqué ses découvertes à Colomb; cette version n'est pas admise; on la trouve dans Garcilasso de la Vega.

[1] Améric Vespuce y avait abordé en 1499, mais il ne reçut des établissements qu'un demi-siècle plus tard.

l'habitant de leurs rives sait-il creuser au feu le tronc des arbres, et façonner une pirogue frêle et vacillante à l'aide de laquelle il peut descendre un courant qu'il ne remontera qu'avec des peines inouïes. Ces tribus ne savent ni d'où elles viennent ni où elles vont; insouciantes d'une vie dont elles ignorent la responsabilité, les générations se succèdent comme les arbres des forêts, sans histoire, sans traditions même, tant les traditions s'altèrent dans le souvenir de l'homme qui n'a pas d'écriture; si un grand événement a traversé les siècles, il arrive inintelligible et muet comme les monuments inexplicables semés çà et là dans les deux mondes. — Ce n'est donc point l'image de peuples à l'état de nature, nouveaux et jeunes, mais de peuples vieillis et déchus. En creusant plus profondément cette terre, à peine foulée par l'Indien, on trouve des traces nombreuses d'un passé plus important. Avant le *sauvage* débile tel qu'il existait à l'époque de sa découverte, vécurent des hommes plus puissants et plus forts, par cela même qu'ils étaient plus rapprochés des temps de la création. L'Amérique a ses ruines de plusieurs époques : les unes comparativement cyclopéennes, les autres moins antiques et moins colossales, mais supérieures encore à ce que les Européens trouvèrent debout. A cette première catégorie appartiennent les monuments observés à Palenque. (*V.* ANTIQUITÉS AMÉRICAINES), et dans diverses localités de Guatimala et du Yucatan. Les proportions en sont gigantesques, et la destination souvent inconnue. Il paraît toutefois que ces ruines se rapprochent, par l'époque qui leur est assignée, des temps les plus brillants de l'Égypte et de l'Inde; et par leur forme générale, autant que par leurs détails, des édifices de ces mêmes contrées. — Ceux de la seconde époque et les monuments plus généralement répandus sur la surface du nouveau continent, bien que moins vastes dans leurs proportions, ne contredisent nullement ceux de l'ère antérieure. Ainsi le haut Canada et les rives des grands lacs présentent de longues lignes de défense assez semblables, dit Humboldt (*Vues des Cordillières*), aux murailles élevées en Asie par les peuples de race mongole. Les tumuli sont fréquents dans les vallées de l'Ohio; sur le Mississipi, dans la Géorgie, le Kentucky, les Florides, régions fertiles où l'on ne voit aucune ruine du genre de celles de Palenque, plusieurs de ces *tumuli* sont couverts de grands arbres, ce qui donne lieu de croire que ces vallées ont pu être peuplées jadis et même cultivées (*V.* l'art. cité, ANTIQUITÉS AMÉRICAINES). Les uns, ronds, d'autres carrés, en lune et en demi-lune; leur élévation est de 30 pieds environ. Nous en avons remarqué un fort beau à l'ouest de la rivière Rouge dans une île du lac appelé *Lac des Natchez*; on en avait retiré des armes en pierre, propres à être adaptées à une lance ou à des flèches. Tout au fond de ces *tumuli* sont des cercueils surmontés d'autres cercueils jusqu'à leur sommet. Cette manière d'enterrer les guerriers a été commune à presque tous les peuples; Homère en fait mention; l'Asie et l'Europe en offrent beaucoup d'exemples. Les missionnaires anciens parlent de restes de fortifications assez importantes trouvées non loin du lac Érié, aux lieux où vivent encore les restes de la tribu des Senecas. On sait ce que fut dans ces mêmes parages que s'établit la grande confédération des cinq nations, dont il reste même de nos jours des débris assez distincts. Vers les régions du sud, au pied des Andes, dans l'endroit où s'élève la ville de Mendoza, on retrouve à quelques pieds sous le sol des ossements en grand nombre, des restes de voies publiques et de travaux de tout genre; et à l'époque des établissements espagnols; ces contrées n'avaient que des Indiens nomades. — Malgré bien des recherches et des travaux, l'histoire de l'Amérique reste couverte d'un voile impénétrable. Qu'est devenu le peuple qui habitait ces ruines majestueuses de Palenque, aujourd'hui le repaire des serpents et des bêtes féroces comme celles de Babylone? quelle malédiction pèse sur ces contrées? Certes les écrivains qui font descendre l'indigène de la race de Caïn ont obéi à une idée qu'inspire la vue de ce continent oublié et déchu; et l'imagination se laisserait prendre à ce rêve s'il ne manquait de toute probabilité. Sans passer en revue les divers systèmes établis à ce sujet, nous citerons ceux qui paraissent les plus plausibles. Et d'abord, ainsi que nous l'avons dit plus haut, les monuments les plus antiques, les restes d'un art plus ou moins savant, présentent une grande analogie avec les antiquités de l'Inde et de l'Égypte. Il n'y a pas jusqu'au profil de certaine divinité mexicaine qui ne rappelle le front fuyant et le nez légèrement aquilin des sculptures des anciens Perses et des Hindous. L'Orient a des pyramides et des temples souterrains, des dessins symboliques autour de l'image de son culte, des statues terminées en gaîne comme

celles du Mexique : il existe un dessin d'une prêtresse des Aztèques, peuple de la seconde époque mexicaine dont les annales remontent vers le XII° siècle seulement, que l'on prendrait presque pour la tête du Sphinx. Le P. Kircher, auteur du savant ouvrage de la Chine illustrée, n'hésite pas à dire que l'Égypte envoya des colonies peupler le Japon et même les Indes occidentales; mais par où et comment cette route fut-elle oubliée? Il paraît à peu près démontré aussi que la Corée, la Chine et la Tartarie ont eu des communications avec l'Amérique. Quelques auteurs, Klaproth, Barton et autres, ont trouvé une grande analogie entre les langues mandchoue, chinoise et indienne, et celles du nouveau continent. Les aspirations à peu près monosyllabiques et fortement accentuées des Indiens de l'Amérique septentrionale font songer en effet au chinois; mais combien les langues n'ont-elles pas dû s'altérer chez des peuples auxquels l'écriture a été complètement inconnue; bien que parties d'un même point, elles ont dû varier de manière à n'être plus reconnaissables. D'autres prétendent que les Phéniciens ont envoyé des navires par toute la terre et colonisé ces contrées; mais la rive orientale par laquelle ils auraient dû aborder n'est point celle qui présente les traces de la plus ancienne civilisation; et l'illustre auteur du *Génie du Christianisme*, dans une lettre insérée en tête de l'ouvrage sur les antiquités mexicaines, fait observer que les monuments de Palenque n'offrent aucun rapport avec ceux des Phéniciens. Par l'analogie des coutumes, on a voulu aussi faire remonter les peuples d'Amérique aux Scandinaves; toutefois le Pérou et le Mexique, divisés en petits États féodaux et adorant presque leur souverain, rappellent bien plus les grands empires d'Orient. — C'est bien de l'Orient qu'est partie toute civilisation, comme en était sortie jadis toute peuplade devenue peuple puissant. Quand cette flamme divine mise primitivement au cœur de l'homme allait s'éteindre, l'Évangile parut, et tout le monde ancien se réveilla successivement; l'Amérique, trop distante, continua de déchoir; elle persista dans cette voie comme pour apprendre au genre humain ce qu'il serait devenu sans les dieux de Rome et d'Athènes, les mystérieux systèmes de l'Égypte ou les merveilleuses aberrations de l'Inde. Parcourons un peu les traditions de l'Amérique et nous y retrouverons çà et là les notions premières du monde. Les Brésiliens conservent une tradition du déluge; la seule famille de Tamandaüare do Taupa, avertie par le grand Être, se sauva sur des palmiers. Les Indiens de la Louisiane, de la Caroline et même du Nord-Ouest, au milieu d'un tissu de bizarres erreurs, ont l'idée de quelque chose du sommeil d'Adam, et parlent aussi de deux frères divisés par la haine. Les Iroquois racontent que d'une femme naquirent deux fils dont l'un tua son frère. Nous nous souvenons d'avoir entendu dire à un vieillard de la tribu des Tuscaroras, l'une des cinq nations, que le monde fut peuplé par trois géants, tradition assez conforme aux trois fils de Noé. Les Mexicains croyaient que le grand Être fit descendre son fils sur la terre pour tuer un horrible serpent. — Quant aux traditions purement historiques, elles varient aussi considérablement; mais tous ces peuples se regardent comme venus d'ailleurs. Les Iroquois jadis très-importants, et qui se servirent d'hiéroglyphes, racontent qu'il exista un peuple d'une grande puissance, venus par mer environ 1108 ans avant Jésus-Christ détruisirent à leur tour les géants, *Torvancas*; environ 800 ans après, eut lieu l'alliance des nations du Nord qui souffrirent beaucoup dans les guerres, et qui finirent par se réfugier aux *monts Oswegos* [1], où demeurent encore quelques Indiens. Les Mexicains se disent descendus d'un pays moins fertile, marchant vers celui qu'ils occupèrent comme vers une terre promise, à la manière des nations émigrantes; les habitants du Yucatan regardent comme leur première patrie le pays du *Conial*, c'est-à-dire régions de l'Est. Les Chipcheways ont franchi un lac étroit, long et glacé, pour fuir un peuple très-méchant. — Il y a encore une foule d'autres histoires plus ou moins absurdes, mais cependant tous ces peuples s'accordent à croire qu'ils sont venus de leur plein gré vers un pays meilleur, sans toutefois mentionner les guerres qu'ils eurent à soutenir contre les premiers habitants. Ces terres étaient-elles déjà désertes? Les Indiens de l'Ohio assurent que les belles vallées de cette rivière étaient à leur arrivée aussi muettes et silencieuses qu'au temps de la découverte. Mais une histoire bien curieuse, non moins poétique que celle d'Orphée civilisant le monde, c'est celle du vieillard

[1] Le pays d'Oswego offre à la vérité des collines, mais aucune montagne; les plus voisines sont celles de l'Horicon et du Champlain vers l'ouest, à une assez grande distance.

Paye Tome ou Thome, que les Brésiliens prétendent être venu de l'Ouest; il avait un bâton à la main et marchait instruisant les peuples, leur enseignant à se vêtir, à cultiver, etc. On a fait de ce Tome saint Thomas. — Toujours est-il que d'autres nations parlent aussi d'hommes supérieurs venus parmi elles à la manière de prophètes. Tout en n'accordant à ces traditions que le peu de confiance qu'elles méritent, on se plaît toutefois à soupçonner que la Providence a pu faire quelque chose pour l'enseignement de ces nations. — Les plus anciennes annales du Mexique, écrites en une sorte d'hiéroglyphes, remontent pour les Toltèques au IXe siècle; celles des Aztèques ne vont pas au-delà du XIIIe. Cette dernière époque est celle qu'on peut assigner aux pyramides et aux fortifications moins importantes, observées par Humboldt dans les Cordillières; elles sont bâties en pierres très-polies et couvertes d'hiéroglyphes. Les rois du Mexique avaient à leur cour un grand nombre de chroniqueurs occupés à peindre, tant bien que mal, les événements de leurs règnes. Chaque roi est représenté par une tête; le successeur placé au bas de la première, ainsi de suite; une génération était limitée à trente ans, comme chez les Chinois. Les Incas, bien qu'ils cachassent leur origine dans les nuages d'une ambitieuse superstition, et se fissent presque adorer comme fils du soleil, datent aussi du XIIIe siècle. Mais leur histoire ne peut rien apprendre des temps antérieurs, et ne jette aucun jour sur les nations voisines. — C'est donc dans les croyances de ces peuples et dans leurs cérémonies religieuses qu'on peut retrouver çà et là quelques traces des traditions primitives. Outre ce que nous avons dit de l'idée des Brésiliens sur le déluge, nous voyons que presque tous les indigènes en ont conservé quelque vague souvenance. Les habitants des terres Magellaniques d'un côté, de l'autre ceux du Canada, séparés entre eux par toute la longueur du continent, parlent d'une inondation qui s'étendit presque sur les plus hautes montagnes. — La croyance à une autre vie n'était point effacée chez les Indiens par l'idolâtrie grossière dans laquelle ils étaient plongés. « Les Mexicains, dit Solis, croyaient à l'immortalité de l'âme, aux récompenses et aux châtiments éternels. » Les peuplades de l'Amérique septentrionale, ainsi que les Péruviens, enterraient leurs morts avec certains vases d'un travail précieux, avec des armes, et souvent même les ustensiles les plus ordinaires de la vie : on semblait les disposer à un long voyage. Les caciques des deux grands empires se faisaient, pour ainsi dire, accompagner par leurs esclaves, car les auteurs du temps rapportent qu'on immolait quelquefois sur la tombe des princes les gens de leur suite. Rien ne cause un déplaisir plus vif aux Indiens, même de nos jours, que de voir l'étranger curieux profaner ces antiques mausolées; quand on leur en demandait la cause, dit un vieil écrivain, ils répondaient : « Au jour où tous se lèveront, ce sera un grand embarras pour retrouver les membres; comment donc feront-ils si on les disperse ainsi sans pitié? » Les Péruviens cependant se formaient une idée plus nette de la Divinité; outre le soleil auquel ils avaient élevé des temples si splendides et dont ils faisaient descendre leurs Incas, ces peuples reconnaissaient un autre dieu, le dieu inconnu et suprême, Pacha-Camac; ce nom n'était jamais prononcé; c'était leur Jehova, au dire de Garcilaso de la Vega, qui écrivait sur les lieux soixante ans après la conquête. Par une allusion profonde à cette idée du Créateur universel qui a tiré le monde de rien (Pacha, monde, Camac, animer), le temple était situé sur le rivage oriental, près de Lima, de telle manière que les premiers rayons du soleil levant vinssent à l'éclairer en face, et en plus dans la vallée de Mansa-Cocha, mère créatrice, sur le bord même de l'Océan auquel on rendait aussi un culte; ainsi, les deux éléments, objets de l'adoration des peuples, semblaient eux-mêmes rendre hommage à Pacha-Camac. L'homme se disait alpa camasca, corps et âme. Dans les sacrifices on immolait un agneau et on arrosait le pain sacré, cancù, avec le sang d'un enfant; faits remarquables qui ne sont pas sans analogie avec d'autres cultes pratiqués dans l'Orient. On a retrouvé dans d'autres contrées des cérémonies qui ne sont pas moins étonnantes. (Voyez l'article suivant pour plus de détails.) — Les hordes plus sauvages disséminées dans les dernières forêts de l'Amérique septentrionale reconnaissent deux principes : l'un qui est bon et n'a pas besoin d'être prié; l'autre mauvais que l'on conjure par des sacrifices. Enfin les peuplades les plus brutes et les plus barbares avaient toutes et ont toutes encore une idée quelconque de Dieu. Le Patagon n'a ni demeure fixe, ni temple, par conséquent; mais il s'incline au lever de la lune. Les tribus voisines, également nomades, ne se mettent point en campagne sans

avoir consulté les astres. — L'idolâtrie a plongé l'homme dans un si profond abrutissement, que la connaissance de la Divinité chez ces peuples, quelque obscurcie qu'elle fût, n'exclut nullement la possibilité de traditions plus nettes et plus pures. Le culte de la peur, car l'idolâtrie n'est pas autre chose, avait conduit les indigènes du nouveau monde, comme les barbares de l'ancien, aux sacrifices humains. Le côté clément et généreux de la Divinité n'étant plus perceptible à l'intelligence aveugle de l'Indien, une éclipse, une trombe, une éruption volcanique, le plongeant dans une grande consternation, et, pour apaiser le dieu farouche et toujours en colère, le sang des victimes humaines coulait sur les autels. Les Antis, peuples du Pérou, mais en dehors de la domination des Incas, immolaient leurs prisonniers; il y avait cependant au fond de cette idée une haute appréciation de la supériorité de l'homme sur le reste de la création; lui seul, victime choisie, pouvait, dans les grandes circonstances, être offert aux dieux. L'homme ne s'est jamais méconnu entièrement; mais quelque haut qu'il se soit placé dans son ignorance ou son orgueil, il n'a jamais pu s'empêcher de craindre. — Quant à l'horrible coutume de manger les prisonniers, c'est l'idiotisme de la cruauté. Les Caraïbes, plusieurs tribus des steppes du Missouri et de l'Ouest ont conservé longtemps cet usage barbare. Les peuples adonnés à cette odieuse manie ont toujours été les plus difficiles à dompter; il y avait en effet chez eux une dépravation épouvantable, un instinct de bête féroce, impénétrable à tout sentiment de civilisation ou de soumission obéissante. — Ainsi quand l'Amérique fut découverte, les extrémités de ce grand corps étaient mourantes, et la vie se réfugiait au cœur, dans les deux grands empires de l'équateur, dernier foyer d'une civilisation qui ne paraissait pas disposée à s'étendre vers les climats plus sévères. Mais par une étrange fatalité, la puissance des Incas et celle de Montezuma entièrement vaincues, leurs peuples disséminés, esclaves, et beaucoup d'entre les tribus sauvages restaient presque intactes; sans doute aussi la nature des lieux, la vue immédiate de trésors certains et amoncelés sous leurs yeux encouragèrent les conquérants à diriger leurs plus grands efforts sur un même point, à détruire en un mot là où il existait quelque chose; tandis que les hordes isolées trouvaient leur défense dans la facilité qu'elles avaient de disparaître; ne rien avoir à défendre est la grande force des nations barbares; l'ennemi n'existait plus quand on voulait combattre, tandis que les innombrables armées du Pérou et du Mexique présentaient aux armes à feu une ample moisson. — Car, quoiqu'on en ait dit, ce furent ces armes terribles qui accomplirent l'œuvre de la conquête, peut-être impossible à une autre époque, malgré l'intrépidité des Espagnols et la faiblesse comparative de leurs adversaires. La terreur imprimée aux Indiens par ces explosions incompréhensibles, plus encore que le carnage dont elles étaient suivies, et la crainte superstitieuse abattirent grandement le courage des indigènes. Eux qui n'ont jamais connu l'art de forger un métal et de dompter les animaux, ils voient leurs flèches s'émousser contre les cuirasses lançant le reflet de la foudre, et leurs bataillons foulés aux pieds par des bêtes écumantes qu'ils croient ne faire qu'un de l'homme dont le bras manie l'éclair à son gré! On ne s'étonne pas qu'ils crussent avoir affaire à des dieux; car ils n'avaient ni la science pour expliquer l'arme, ni une idée assez précise de la Divinité pour se la peindre sous les traits qui lui conviennent. Solis nous apprend avec quelle nouvelle ardeur les Mexicains retournèrent au combat, lorsqu'ils virent tomber un des soldats de Cortès. Ils s'écrièrent : Ceux-là aussi sont des mortels! — Le charme sembla un instant rompu; mais ces mortels avaient encore en main une puissance matériellement irrésistible. Quel est donc ce sentiment indomptable d'ambition qui enivre le guerrier quand il broie sous ses coups des nations entières, inoffensives et paisibles, qui volontiers eussent racheté le repos au prix de cet or si convoité? — Fernand Cortez et Pizarro sont les deux grands noms qui brillent à la tête de ceux des conquérants de l'Amérique. Chacun d'eux accomplit la ruine d'un empire. Véritablement héros, si on s'arrête à leurs exploits, ils furent élevés aux nues par les écrivains de leur époque, éblouis de si gigantesques expéditions; mais la postérité plus impartiale a vu trop souvent en eux des tyrans sanguinaires, avides de richesses, insatiables, sacrifiant tout à leur ambition. Une fois Mexico envahi par les Espagnols et Montezuma prisonnier dans son propre palais, une fois Atalïba étranglé et consumé dans les flammes du bûcher, l'empire du nouveau monde est frappé à mort; il n'existe plus; il a passé aux mains de l'Europe, mais hélas! de l'Europe représentée par des aventuriers qui, fuyant l'œil de leur patrie, n'en font pas moins rejaillir sur elle tout l'odieux des crimes dont ils se souillent. — Tout réussit au delà de l'espérance des conquérants. Le Mexique est soumis que quinze cavaliers et cinquante fantassins; l'armée qui anéantit la puissance des Incas ne compte que cent soixante-dix hommes et soixante chevaux. Quel indomptable courage déploient ces aventuriers audacieux! Pizarro a traversé l'isthme de Panama; là, un autre Océan s'offre à ses regards, il marche, il se hasarde sur une mer dont aucun rivage n'a été exploré. Une terre se présente, comme un géant il s'avance à travers les pygmées qu'il écrase de son souffle. Cortèz avait brûlé ses navires pour forcer ses soldats à vaincre : Nous sommes venus chercher deux choses, dit-il à ses troupes, la gloire et la fortune. Annibal, dans une pareille occurrence, n'avait cherché que la première de ces deux choses, aussi cette gloire resta pure! Tant de victoires miraculeuses, tant de trésors enivrent les généraux devenus rois de pays aussi vastes que l'empire de leurs maîtres. L'inquiétude au milieu de laquelle ils vivent isolés, séparés de leur patrie par l'Océan tout entier, exalte leur courage jusqu'à la férocité : pas de milieu possible; si le lion cesse un instant d'être terrible, on ne le craindra plus, il sera terrassé. On ne doit pas oublier non plus que Pizarro n'était autre chose qu'un berger. Échappé de la cabane de son père, il n'ose y revenir, se fait soldat et court où couraient les aventuriers de son pays, là où il y a de l'or au bout d'une épée. L'histoire rapporte qu'il ne savait pas lire, non plus que son compagnon le métis Almagro, dont les découvertes s'étendirent jusqu'au pays des Araucos ou Araucanos, Indiens belliqueux, même de nos jours, combattus et chantés si poétiquement au XVIᵉ siècle par Juan de Ercilla. — Les détails de ces conquêtes sont souvent hideux; jamais le faible ne fut opprimé d'une façon plus outrageante pour l'humanité. Les temples des Indiens une fois dépouillés, l'or ne se trouve plus à pleines mains; on torture, on brûle les caciques, les empereurs, pour arracher le secret des trésors enfouis. Il faut enfin fouiller les mines, on y entasse par milliers les anciens maîtres du Pérou, et ils meurent dans les entrailles de leurs montagnes comme de vils insectes. Plus de pitié chez les vainqueurs; ils usent à tout propos du glaive exterminateur confié à leurs mains; si un remords peut s'élever encore au fond de leurs âmes dégradées, ils croient tout expier en baptisant; ils croient en sauvant l'âme qu'ils lui ont le droit d'immoler, mêlant ainsi le sacrilège à tant d'horreurs, faisant du même coup le chrétien et le martyr. Sur cet amas de ruines apparaît donc la croix, symbole d'union, de paix, de charité et de liberté! quel spectacle pénible pour celui qui croit! Mais un fléau, bien qu'aveugle et inexorable, n'agit cependant qu'avec la permission de Dieu dont les fins sont inconnues. Qui saura combien de crimes et d'abominations étaient ainsi expiés. La loi restait pure du sang dont se souillaient de faux apôtres. Le dévouement de Las Casas et le zèle évangélique des missionnaires passant leurs jours d'abnégation là où le commerçant lui-même n'ose porter ses pas; ces beaux exemples, avouons-le, sont dus depuis longtemps venger la religion aux yeux de ceux qui osaient l'accuser de barbarie, dont elle ne fut que le prétexte indirect. Quand on veut se couvrir d'un masque, ne le choisit-on pas beau et séduisant? — On évaluait à quarante millions d'habitants la population des deux Amériques au temps de la découverte : cette estimation, nécessairement approximative, peut être regardée comme trop élevée; car on dut se baser sur les pays d'abord explorés, et sans contredit ceux que l'on découvrit plus tard étaient bien moins peuplés. — Dès 1493 une bulle d'Alexandre VI concédait les îles d'Amérique en toute propriété au roi d'Espagne. Les conquérants abusèrent étrangement de cette cession, quand ils vendirent les Indiens en Europe. Une fois esclaves, une fois employés aux mines, le décroissement devint si effrayant parmi les indigènes, que pour obvier au manque total de travailleurs, la cour d'Espagne, dès 1516, permit l'importation des noirs. C'était confirmer la marche suivie, organiser à jamais l'esclavage, revenir aux temps de Rome païenne employant la moitié du genre humain à recueillir, à amonceler des trésors qu'elle seule devait disperser au gré des caprices. — Le décroissement de la population indigène fut d'autant plus rapide, que les peuplades de l'Amérique, habituées sans doute à de grandes fatigues, mais non à un travail continuel, n'étaient point aussi robustes que les nations européennes. Un climat souvent malsain et un genre de vie très-irrégulier contribuaient aussi beaucoup à cet affaiblissement. On voit que dans certaines localités des deux Amériques la température est plus froide de douze degrés au moins que sa parallèle; la chaleur aussi devient

subitement plus forte; ainsi la fièvre jaune a pénétré jusqu'à New-York en 1825; et quelques mois après ces étés suffocants, les glaces entravent la navigation de l'embouchure de l'Hudson; il neige dans la haute Louisiane par la latitude du désert de Sahara. L'Indien presque nu, sans cesse en marche, exposé à ces intempéries, à ces changements subits, devait avoir beaucoup à souffrir. Les plus habiles d'entre les indigènes, ceux qui vivaient en société, connurent l'art de fabriquer des tissus; les autres n'eurent pour se couvrir que des peaux mal cousues, fourrures trop chaudes la veille, vêtements insuffisants le lendemain. Voyez le chasseur des forêts, errant dans les savanes; un ouragan éclate, la pluie tombe à torrents, les ruisseaux débordés forment des lacs, sa hutte est loin; il se cache dans le creux d'un arbre, passe la nuit tout entière accroupi dans la mousse humide, exposé au vent du nord qui ne tarde guère à s'élever; s'il est blessé, malade, comment se procurera-t-il sa nourriture? Et cette nourriture, ici c'est de la viande à peine cuite, là de la chair crue, mangée parfois avec une avidité extrême, après plusieurs jours d'une abstinence forcée; les Esquimaux font pourrir en terre des squales dont ils ont bu l'huile. Les Indiens de la Pampa boivent le sang des chevaux. — Dans plus d'une localité, la nature des eaux dut influer aussi sur le tempérament de l'indigène. Des deux côtés de la Cordillière on trouve des eaux saumâtres, des ruisseaux qui déposent sur leurs rives une épaisse couche de sel nitreux auquel on peut attribuer les goîtres dont sont atteints la plupart des habitants de certaines provinces; les Rocky Mountains donnent aussi naissance à des rivières saumâtres, la rivière Rouge, par exemple. A l'embouchure des grands fleuves, dans les climats les plus chauds, les exhalaisons méphitiques des parties marécageuses occasionnent des fièvres presque continuelles. Il suffirait d'ailleurs de la chaleur étouffante de la Guyane et du golfe du Mexique pour énerver et débiliter les plus robustes constitutions. Les orages se succèdent chaque jour; aucune brise ne rafraîchit une atmosphère de plomb; le soleil paraît à peine qu'il faut le fuir. L'indigène alors cherche l'ombre, vit dans un assoupissement morne et stupide dont il est parfois éveillé par la morsure active des insectes et la faim trop pressante. Ailleurs, vers l'isthme de Panama, les pluies incessantes de certaines saisons forcent l'Indien à vivre, pour ainsi dire, sur les arbres. — Quels que soient leurs divers types, d'autant plus nombreux qu'ils se sont conservés sans mélange, les nations américaines ne nous offrent pas les formes athlétiques de quelques peuples des autres continents. L'Indien surtout est de petite taille, carré, capable de soutenir une longue marche dans les montagnes, résistant à la manière de cheval, mais non avec l'énergie indomptable du cheval. Le Mexicain, également petit, plus svelte peut-être, aurait un courage moins opiniâtre. Les plus belles tribus dont on rencontre encore les débris errant à travers les défrichements de l'Amérique septentrionale, les Chéväkes, les Creeks, les Delawares, les Tuscaroras surtout, se composent d'individus, bien faits il est vrai, finement modelés; mais à ces contours trop délicats il manque la vigueur musculaire. On y trouverait des Apollons peut-être, mais jamais un Hercule. L'Indien court et saute admirablement; son adresse à tirer de l'arc, à jouer *à la raquette*, à dompter un cheval, est vraiment incroyable; mais à la chasse comme au combat, c'est plus souvent la ruse que l'attaque directe. L'habitude a peu près générale de tuer les enfants qui naissent trop faibles ou contrefaits, l'absence de vêtements étroits ou incommodes, produisent cette régularité, cette uniformité de taille dont on est vivement frappé. Chose singulière, les habitants qui ont remplacé les peuplades de l'Ohio sont devenus ou restés les robustes *farmers* du Kentucky et du Ténésse, véritables colosses, aussi étonnants que les Patagons, géants déchus, réduits à peu près à la stature moyenne par les observations plus consciencieuses des voyageurs modernes. — Remarquons en passant que le peuple le plus fort et le plus grand de toute l'Amérique a son pendant sur le continent africain; le Hottentot l'y représente, également robuste et jeté comme lui à l'extrémité d'un monde, tandis que vers l'autre pôle, le Patagon n'aurait, à latitude égale, pour objet de comparaison, que l'Indien, déjà assez petit, du Canada, et un peu plus loin, l'Esquimaux. — La couleur cuivrée des peuples du Labrador, du Canada et de la Nouvelle-Angleterre, se teint, vers le Missouri, d'une nuance noirâtre qui disparaît à peu près dans toute l'étendue de la zone torride, pour se retrouver encore vers les terres Magellaniques. Il existe cependant dans l'intérieur, sur la côte de Terre-Neuve, des tribus redoutées, qui s'approchent quelquefois de l'Océan pour piller les naufrages, et qu'on appelle Indiens Rouges. Peut-être sont-ils arrivés là par émigration, comme les Tuscaroras, qui vinrent de la Floride s'établir, sur les rives du lac Ontario où ils sont restés depuis. — Le défaut de barbe donne encore au visage de l'Indien quelque chose de féminin et de délicat; beaucoup d'entre eux s'épilent; en général, ils ont à peine quelques brins inégaux d'un duvet soyeux qui s'épaissit lentement dans un âge avancé. Un vieux chef cherakee à barbe blanche, longue et flottante, serait peut-être l'unique exception que nous eussions remarquée. Leurs cheveux cependant sont essentiellement longs et fins, soyeux comme ceux des Asiatiques. Dans aucune partie de l'Amérique on ne retrouve la chevelure crépue de l'Africain; et, d'un autre côté, la couleur blanche ou rousse n'apparaît même pas dans les plus froides latitudes. Elle serait donc l'attribut de la peau éminemment blanche de l'Européen, sauf quelques rares exemples dans les autres parties de l'ancien monde. — Rien en effet dans tout son aspect ne lie l'indigène du nouveau monde à l'habitant de l'Afrique, tandis qu'on retrouve en lui plus d'un rapport avec l'Asiatique. L'Indien du Nord a le nez aplati, les pommettes saillantes, l'œil long et peu ouvert, ce serait à peu près le type mongol et chinois; tandis que le nez plus prononcé et légèrement aquilin, la tête plus longue de l'Indien rougeâtre des autres latitudes, rappellerait assez l'habitant des bords du Gange et de toute la presqu'île de l'Inde. L'Américain, de plus, a le pied petit, les membres sont délicats, et si ce n'étaient ses tatouages bizarres, les tatouages dont il se couvre, les dents de crocodile et les ornements divers passés dans l'oreille, suspendus au nez, ornements qui l'enlaidissent à nos yeux, on admirerait sans doute dans ses proportions une certaine grâce jointe à quelque chose d'harmonieux et de délié. — La présence des forêts dont on trouva le nouveau continent presque entièrement couvert, les prairies silencieuses et désertes réparties sur diverses contrées, prouvent assez que l'agriculture proprement dite y était à peu près inconnue; le guerrier, car tout homme porte ce nom, abandonnait aux femmes le soin de semer le maïs, le manioc, le pisang, récoltes qui ne demandent aucune culture intelligente, et encore manquaient-elles à plus d'une peuplade. La chasse dans les forêts et les montagnes, la pêche chez les nations riveraines, formaient la base de toute occupation; mais ces travaux pénibles, souvent périlleux, ne sont pas propres, comme l'agriculture, à développer les forces, à donner au tempérament la vigueur qu'on remarque en Europe chez les Irlandais, les Hollandais, etc. — En général, les notions de l'Indien sur toute espèce d'industrie ont été très-bornées, très-superficielles. Ce qu'il a connu par instinct, c'est l'art de faire le feu par le frottement de deux morceaux de bois, de confectionner des armes meurtrières et certains ornements ingénieux dans lesquels il mettait toute sa joie. Les Espagnols qui les premiers nous ont fait connaître l'Amérique, sont malheureusement si portés à l'exagération qu'il est assez difficile d'apprécier au juste les choses dont ils parlent. Qu'était-ce que ces canaux destinés à porter des pirogues montées par un seul homme? Quelque chose d'analogue à ces acequias, qui répondent l'eau des montagnes à travers les habitations et les villes du Pérou, du Chili et de la vallée des Andes. La description de la ville de Mexico, par Solis, tient vraiment du merveilleux; çà et là l'auteur lui-même intercale des observations qui feraient volontiers douter du reste; il élève à 60,000 familles la population de Jenu-Chtitlan, le nom de Mexico étant réservé à la partie habitée par la famille royale. Des canaux traversaient les rues, et cette autre Venise de trente lieues de circonférence renfermait jusqu'à cinquante villages. Outre les innombrables pirogues à une seule rame, 50,000 embarcations flottaient sur les eaux, habilement réparties. Montezuma, qui le premier avait doté sa riche capitale de ces précieuses fontaines et des canaux qui l'embellissaient, Montezuma avait dans ses palais des ménageries d'animaux de toute espèce, et hors de la ville des maisons de campagne (quintas). Aux foires périodiques se vendaient des tissus précieux, des vases, des armes, dont on possédait aussi de vastes arsenaux. Cependant l'auteur avoue que la plupart des maisons étaient des huttes de terre; ce qui établit pour le reste des choses qu'il décrit des proportions plus croyables. L'or mêlé à tous les ornements, à tous les ustensiles, l'or introduit partout a ébloui le narrateur; mais ce métal précieux chez l'Indien qui le recueillait sans peine ne fait pas présumer les degrés intermédiaires de luxe toujours croissant qu'il représente ailleurs. Si cependant cette ville unique fut aussi merveilleuse que le rapportent Herrera et Solis, c'était donc, pour le Mexique, l'aurore d'une civilisation plus avancée ou peut-être d'une renaissance. Toutefois les

ruines grossières du temple de Pacha-Camac, à six lieues de Lima, donneraient une idée assez exacte de la manière de bâtir usitée chez ces peuples. C'est une enceinte d'environ une demi-lieue, tronquée d'un côté par l'Océan; d'autres enceintes carrées, disposées avec symétrie conduisent à une colline escarpée sur le sommet de laquelle se trouvait le sanctuaire; les parois des murailles sont barbouillées de rouge: on y retrouve les figures bizarres qui décorent ces vases déterrés chaque jour dans les tombeaux voisins. Tous ces murs sont faits avec des briques non cuites. On ne voit dans tout cela aucun sentiment de l'art; et, lorsque du haut de la colline du Calvaire, dominant la grande ville de Lima, la ville des Rois, on abaisse son regard, au nord sur la toute petite église catholique, fondée en 1510 par Pizarro, au sud, sur ces ruines de Pacha-Camac, on se persuade aisément par cet étrange contraste que des pierres amoncelées ne forment pas plus un monument que des milliers d'hommes groupés ensemble ne forment une société. A tous les deux il manque un ciment. Dans ces deux grands empires, ce furent des peuples d'enfants, d'enfants esclaves, ingénieux et adroits; si dans leurs plus étonnants travaux ils s'élèvent au-dessus de l'instinct, du moins n'arrivent-ils pas à toute la hauteur de l'intelligence. — Si en effet il y avait eu dans l'indigène un mouvement de civilisation, on l'aurait vu se développer après la découverte; et la nation vaincue, adoptant peu à peu les mœurs des conquérants, au lieu de disparaître, réellement anéantie et détruite, se serait confondue dans l'organisation nouvelle; et ce qui reste d'Indiens de sang pur serait désormais autre chose que des chasseurs, des porteurs d'eau, des péons. Qu'ont fait les jésuites des tribus des Missions? Ils sont parvenus à leur inculquer les dogmes du catholicisme, à les civiliser en apparence; mais une fois les maîtres absents de l'école, une fois abandonnés à eux-mêmes, ces disciples que sont-ils devenus? ont-ils suivi l'œuvre commencée? Peut-être accusera-t-on les jésuites de les avoir trop dominés, d'avoir agi en civilisateurs intéressés; mais leur conduite a prouvé le contraire, et cette soumission était primitivement dans le caractère des néophytes. Les autres peuplades englobées dans l'intérieur des États-Unis, les Algonquins établis en face de la ville de Montreal au Canada, possèdent des hameaux assez propres; les Oneidas ont même une école; mais combien d'aspérités encore ont survécu à ces trois siècles de contact avec les nations civilisées! Nous ne pouvons plus parler désormais que de ceux qui subsistent encore indomptés ou soumis, débris errants des peuplades dans les sauvages, dans la double acception du mot. Ici ils restent ennemis; là ils demeurent dans un silence obstiné, selon leur force respective, également jaloux d'une puissance envahissante qu'ils ne comprennent pas. Les grands empires anéantis ont laissé pour tout souvenir des individus, des tribus clairsemées, que leur résistance incroyable à toute amélioration a fait regarder comme brutes. Labourez ou retirez-vous, a dit alors le congrès américain, et, partant de ce principe, il a dépossédé, moyennant une somme, contrat souscrit par force, ces êtres étranges, inoffensifs, d'une autre époque, qui ne doivent compte qu'à Dieu du degré d'intelligence dont il les a doués. Ainsi, par un excès contraire, on a refusé presque le nom d'hommes à ces mêmes Indiens dont on avait exagéré les richesses et les travaux. Cessons de les juger de notre point de vue, considérons-le d'une manière plus absolue, et il leur restera encore une part assez large; car l'homme, quel qu'il soit, est fait à l'image de Dieu. Il est vrai que de jeunes enfants élevés dans nos collèges, et suffisamment instruits pour devenir semblables à l'homme blanc, ont pris la fuite vers les bois et la vie sauvage; nous avons vu nous-même des Indiens, parlant purement le français, quitter les habitations pour reprendre l'arc et le carquois: c'est que l'Indien a en lui un fond de tristesse, de mélancolie, alimenté par la vue des forêts qui tombent et de ses peuplades détruites; il a cette tristesse des populations qui s'éteignent, tristesse qui s'empare déjà de nous et nous dévorera de plus en plus à mesure que le sentiment religieux et la haute espérance qu'il renferme nous abandonneront. Mais il n'est pas stupide pour cela. L'habitude d'une existence physique plus large a développé chez lui, de générations en générations, un caractère indépendant difficile à vaincre. A l'âge où se termine l'éducation n'y a-t-il pas dans l'esprit une vague inquiétude, un immense besoin d'action que les nations les plus éclairées ont peine à éteindre. Ce qui attirait si violemment ces enfants vers les forêts, c'était moins l'inaptitude à suivre la vie nouvelle, que le besoin impérieux, l'instinct des habitudes de leurs pères. Certes il s'en faut que l'Indien soit dénué d'imagination, et son esprit moins préoccupé-juge souvent avec une étonnante précision ; n'est-on pas parfois étonné de l'éloquence de leurs chefs, lorsque s'agite dans le conseil, au pied des arbres du council-grave, une question importante pour la tribu. Ces discours, souvent embellis, il est vrai, par les écrivains, sont toujours dans le style figuré et vif des Orientaux. Les idiomes de l'Amérique sont tout pleins d'images : jamais l'Indien n'a su formuler une idée abstraite, il n'en est pas à l'algèbre du langage, mais il saisit avec une grande justesse les rapports des choses dont sa vue est frappée ; les sens mieux exercés président toujours chez lui à la pensée. Ainsi le Péruvien appelle la Cordillière des Andes Bity-Suyès, manteau de neige. La rivière qui coule au nord de Gento, Ancas-Magès, rivière Bleue ; l'habitant de la Louisiane nommait son fleuve majestueux, Mesmacché, père des fleuves ; chaque guerrier recevait aussi un surnom emprunté à celui des animaux dont il rappelait le caractère. Comprenons donc combien la nature, l'enveloppe palpable de ce monde, ce sur quoi nous, plus éclairés, nous nous appuyons pour arriver au delà, doit agir immédiatement et d'une manière exclusive, sur l'homme désormais isolé, incapable de marcher parallèlement avec une société qui a sur lui dix-huit siècles d'avance ; il aime d'amour les bois où rien ne lui est supérieur, où il cache son intelligence toute terrestre et la nudité de son corps. — Les qualités du sauvage sont loin d'être en rapport avec les nôtres, et pour nous elles passent inaperçues ; individuelles bien plus que sociales, elles ne peuvent rien lier, rien unir. La vénération pour les ossements de ses pères dont la présence consacre la propriété ; le respect envers les vieillards, la fidélité à garder une promesse, avant toutefois que l'exemple des conquérants leur eût appris à ne rien avoir de sacré, telles furent les vertus des indigènes ; la patrie était pour eux dans la famille ; s'il peut emporter ces restes sacrés avec lui, le guerrier monte à cheval, la femme, soumise à une obéissance passive, suit à pied, chargée encore du poids des enfants, et la tribu émigre ; chaque famille en outre se suffisant à elle-même, pressée d'ailleurs par le soin de sa propre subsistance, s'enfonce au hasard dans la forêt et chasse à son gré ; et voilà toute une peuplade disséminée, des *wigwams*, des *toldos* épars, excepté dans les rares et solennelles occasions où elle se réunira, afin de se défendre ou d'attaquer ; cela est si vrai que celles qui vivent unies sont le plus souvent les peuplades guerrières et offensives qui ne déposent presque jamais les armes. — Les dangers continuels au milieu desquels vivent ces tribus désunies ont nécessairement développé chez l'Indien la connaissance des choses les plus utiles à sa propre conservation ; des sens toujours éveillés ont acquis sur les nôtres une supériorité étonnante ; ce que la science nous eût appris en pareil cas, l'instinct le lui a révélé. Semblable à l'oiseau de passage, il traversera toute l'épaisseur du continent sans perdre sa route ; son œil toujours en harmonie avec ce qui l'entoure, loin de poursuivre le reflet insensible d'une fantaisie ou d'un souvenir, son œil attentif et exercé tombe toujours juste sur ce qu'il lui importe de voir. Le chasseur est-il en campagne ? pas une feuille ne remue, pas un colibri ne voltige, pas un cri d'oiseau ne retentit, qu'il ne l'entende, le voie, le sente, et n'en comprenne la cause. C'est là sa perfection, et quelque bornée que soit sa sphère, il la remplit si admirablement qu'on serait tenté de croire qu'on ne saurait l'entraîner au delà sans contrarier les desseins de la Providence. La conversation, les épanchements lui sont inconnus. Si une troupe s'avance à travers les halliers, chacun se suivant à la file, *comme grues et oisons*, selon l'expression naïve d'un vieil écrivain, marche à son rang. Le guide de la bande a-t-il un mot à dire, on ne se détourne même pas ; et un monosyllabe tombe de chaque bouche, net et précis, sans commentaires ni confusion, et on se remet en marche. Tout voir et ne rien dire est aussi beau aux yeux de l'Indien que de souffrir sans se plaindre les plus horribles tourments. La parole, pour qui vit dans le silence, conserve une effrayante solennité ; aussi la mémoire de ces peuples est-elle prodigieuse ; on sait qu'à l'aide de nœuds, ils conservaient le souvenir exact d'un discours prononcé, et cela toute leur vie : ces nœuds appendus au foyer de la hutte étaient pour chacun la table sommaire d'un livre non écrit, mais qu'il pouvait néanmoins feuilleter à son gré. — Certes un pareil être n'est pas stupide ; et dans son isolement il sait garder la dignité d'homme que tant de classes et de conditions diverses ont singulièrement altérée dans nos sociétés. Mais ses qualités, il ne sait les adapter à un tout ; chaque individu complet dans ce que la Providence exige de lui, identique à son voisin, n'a pas besoin du secours d'autrui, mais il ne l'aide pas non plus : ce sont autant de cailloux ronds avec lesquels on ne peut édifier. Désormais abattus, démoralisés, incapables de suivre leur manière de vivre dans plus d'une contrée, inhabiles à se soumettre, ils ont été conduits par l'indolence et la haine de tout travail à adopter, de nos usages, les deux choses qui devaient contribuer le plus à hâter leur ruine : les armes à feu qui rendent leurs guerres plus meurtrières, les liqueurs fortes qui, chez les nations phlegmatiques des contrées septentrionales, ont développé au dernier point le vice de l'ivrognerie, énervé et émoussé les exquises qualités instinctives. — Quand on jette les yeux sur une carte de l'Amérique, on est frappé de l'aspect vraiment complet de ce beau pays, ouvrant ses ailes gigantesques vers les deux pôles. Au nord elle va se perdre dans les glaces et se grouper au centre commun ; car malgré les passages cherchés et presque découverts, les glaces éternelles jettent au delà de 80 degrés un pont immense qui joint entre elles les trois plus belles parties du monde. Vers le sud, au contraire, elle est tronquée, là où finit toute terre habitable, et laisse une entrée à la mer Pacifique. Précisément à son milieu elle se creuse et forme le golfe du Mexique avec toutes ses îles d'une végétation si fertile : alors le continent resserré n'a plus qu'une épaisseur de vingt lieues, comme si ces archipels eussent été arrachés de son sein par la violence des tremblements de terre. — Toutes les proportions de l'Amérique sont colossales ; ses fleuves sont les plus grands de la terre ; le Mississipi, l'Amazone, l'Orénoque n'ont point d'égaux ; la Plata, l'Hudson, le Saint-Laurent et tant d'autres rivières du premier ordre l'arrosent en tous sens. Ses lacs sont des mers intérieures : on n'en peut sonder le fond ; ils ont vu des batailles navales, des escadres entières y ont combattu ; les côtes faisant face au vieux monde sont découpées de baies, de rades, d'anses, qui se sont changées en havres et en ports ; et le littoral déjà immense s'est pour ainsi dire doublé par cette conformation particulière. Outre la largeur prodigieuse de leur embouchure, les grands fleuves sont profonds : les frégates peuvent remonter la Plata, par exemple, jusqu'à l'eau douce et potable. — Les poissons fourmillent sur tous les rivages des deux Amériques ; au Groënland, sur le banc du Brésil, autour des terres Magellaniques, dans les mers du Sud, sur la côte du Nord-Ouest, c'est la baleine qui occupe un nombre toujours croissant de navires de grand tonnage. Toute la plage et les havres de Terre-Neuve sont couverts d'établissements et de navires pour la pêche de la morue ; depuis la Plata jusqu'au cap de Horn les loups et les éléphants de mer attirent encore quelques bâtiments d'Europe et du nord de l'Amérique. — Le froid excessif de certaines contrées doit être attribué à cette abondance de lacs et de rivières, jointe à celle des forêts encore existantes ; l'insalubrité du climat dans les latitudes plus chaudes provient des débordements un peu tardifs des fleuves, grossis par les neiges qui ne peuvent fondre sur leurs montagnes que longtemps après l'hiver, et les marais se forment précisément à l'époque des grandes chaleurs. Cependant, par compensation, il se trouve au Pérou, par exemple, au Mexique et au Brésil, des pays voisins de l'équateur, qui, grâce à leur élévation, au voisinage des montagnes, aux brises de mer, sont non-seulement habitables, mais encore d'un séjour délicieux et salubre ; tandis que sous des latitudes égales, l'Afrique et l'Asie offrent des déserts brûlants. Les montagnes du Canada, du Vermont, du New-Hampshire ; plus loin les Katskill, et la grande chaîne des Apalaches, derrière celles-ci les Rocky-Mountains abritent des vallées magnifiquement arrosées ; elles forment toutes ensemble la charpente principale de l'Amérique septentrionale ; et celle du Sud a pour épine dorsale la vaste Cordillière des Andes. Cette chaîne immense, couverte de neiges éternelles, la plus longue du monde, la plus élevée après l'Himalaya, cette chaîne qui occupe plus de 50 degrés de latitude, est la source de toutes les richesses de l'Amérique méridionale, richesses qu'elle fait acheter, il est vrai, par les tremblements de terre presque incessants. En concentrant sur son front les nuages amoncelés dans l'atmosphère, elle épargne aux latitudes élevées les ouragans et les tempêtes : les neiges congelées sur les pics sont les réservoirs d'où les ruisseaux coulent avec mesure et discrétion à travers les vallées, selon l'industrie des habitants ; elle sauve ces pays plus froids de pluies abondantes qui, séjournant dans les plaines, en feraient des terrains marécageux. Enfin elle renferme dans son sein les mines d'or et d'argent exploitées au Pérou, au Chili, en Bolivie, dans les provinces Argentines, les diamants si célèbres du Brésil, et le cuivre toujours abondant, que le Chili retire des mines de Coquimbo. — Si on joint à ces premières productions du sol les perles trouvées dans les lacs du désert de

Chaca et ailleurs, les parcelles d'or recueillies dans les ruisseaux qui tombent dans le Rio-Bermejo, au pays des Abipones, dans les rivières du Chili, le sel terrestre des côtes de Patagonie, le vif-argent du Pérou, le salpêtre de Bolivie, on ne peut refuser à l'Amérique méridionale une incontestable supériorité sur sa rivale; mais l'or et les richesses toutes faites qui ne passent point par un grand nombre de mains avant d'arriver à une valeur monnayée, n'ont jamais été une source de prospérité pour les nations. L'Amérique du Nord, les États-Unis possèdent le plomb et le fer, symbole du travail, de l'agriculture; là où il y a le plus à faire, on a plus fait aussi. Les véritables trésors sont ceux qui se reproduisent chaque saison, qui ne s'épuisent jamais, et veulent, pour être obtenus, une organisation pacifique et civilisatrice. — On compte dans l'Amérique septentrionale plus de soixante-dix espèces d'arbres forestiers, le double au moins de ce que renferme l'Europe. Un grand nombre d'entre eux, tels que le chêne vert, le cèdre, le cèdre blanc de la rivière Niagara, le pin rouge, du lac Ontario, plusieurs variétés d'érables, le magnolin, le tulipier des Florides, les pins du Canada, le cyprès de la Louisiane, etc., se recommandent par leur utilité dans les constructions de tous genres, la majesté de leur port, la richesse de leur feuillage ou l'éclat de leurs fleurs. Le Mexique et les îles de son golfe produisent les bois de teinture dont les plus riches variétés appartiennent au Brésil, pays des forêts merveilleuses où la végétation déploie un luxe inconnu en Europe et rival de l'Asie. Arbres élancés comme des colonnes, feuilles larges et pendantes, fruits énormes et savoureux, lianes sveltes et hardies, unissant entre elles les pyramides de verdure toutes impénétrables à l'ardeur du soleil, retraites silencieuses troublées çà et là par l'aile de l'oiseau, ou le bourdonnement de l'insecte; tout cela réuni n'offre-t-il pas aux yeux de l'homme un abrégé des magnificences de la création? Les plantes utiles, transportées des autres pays ont parfaitement réussi sur le sol des deux Amériques; elle en tire désormais sa richesse principale. Ses productions particulières sont le quina, écorce recueillie par les Indiens dans les montagnes de la Bolivie; le cacao du Pérou, le tabac apporté de Virginie en 1583, et enfin la plante à cochenille originaire du Mexique et assez fréquente dans la province de Cordova (provinces Argentines), où cet insecte porte le nom de grano. Il lui manque cependant le thé, arbrisseau bizarre comme les Chinois, et qui ne se transplante pas plus qu'eux. Quant à la vigne, on sait que plusieurs essais ont été tentés à New-York, sur les bords de l'Ohio et ailleurs, les vallées des Andes produisent aussi du vin qui, mieux soigné, acquerrait une grande qualité. — On peut joindre aux productions du sol celles qui se tirent du règne animal. Le Canada a longtemps approvisionné l'Europe de fourrures, quand il appartenait à la France et que la compagnie du Nord-Ouest envoyait tous les ans une flottille de pirogues vers les lacs d'en haut. Une chasse si profitable a fini par détruire à peu près entièrement la race des castors, à peine en reste-t-il quelques-uns dans les lacs des environs de Québec. La loutre est encore assez abondante dans les deux Amériques. Le chevreuil, l'ours noir, l'original, le caribou, le renard bleu, la martre, le loup des prairies, fournissent encore une moisson utile et abondante au chasseur sauvage ou civilisé, ainsi que le buffle dont les peaux bien préparées sont employées au Texas pour couvertures de lit, et vendues à bas prix par les Indiens; mais serrés de près par les tribus courageuses qui émigrent à leur poursuite, ces animaux jadis si nombreux, diminuent à vue d'œil et deviennent plus sauvages. Le nouveau continent a aussi dès lions sans crinière, des tigres tachetés et des lynx dont les peaux sont assez belles. Le lama, le guanaco et surtout la vigogne, donnent une belle laine dont on fait les ponchos les plus estimés: plusieurs peaux de lièvre de Patagonie cousues ensemble forment d'excellentes couvertures de voyage. Les marais de Tucuman renferment une espèce d'hippopotame de très-petite taille, nommé par les gens du pays danta (tapir americanus); avec le cuir de cet animal, coupé dans son épaisseur et arrondi, on obtient les belles brides de cheval dont les cavaliers de ces provinces sont fiers à juste titre. Le Brésil a des singes de toute espèce. Enfin, outre l'innombrable quantité de tortues de terre et de mer, de lacs et de rivières, on trouve sur la côte de Californie les belles écailles dont se tirent les peignes énormes qu'on portait dans les anciennes colonies espagnoles. — On a remarqué avec raison que les animaux carnassiers sont communément plus petits sur le nouveau continent; ont-ils dégénéré? ce qui expliquerait jusqu'à un certain point l'état physique et moral de l'indigène lors de la découverte; ou plutôt, ont-ils été mis dans une exacte proportion avec les forces de l'homme appelé à les combattre? Il en est de même pour le caïman du Mississipi et de Guayaquil, qui atteint jusqu'à vingt-quatre pieds anglais de longueur, mais n'est point aussi vorace que celui du Nil. Cette observation peut même s'appliquer aux animaux utiles et susceptibles d'être réduits à l'état de domesticité. Le lama et ses variétés, que l'on doit regarder comme une espèce mixte entre le chameau et le chameau, ne porte pas plus de vingt-cinq à trente livres (il est vrai aussi qu'à la différence de ceux-ci, le lama est particulièrement destiné à marcher dans les montagnes presque inaccessibles). L'autruche de la Pampa, non plus, n'est pas comparable à celle d'Afrique; elle n'obtient guère au delà de cinq à six pieds. Nous excepterons cependant l'ours blanc des glaces du Nord et l'ours gris des Rocky-Mountains, que les Indiens disent incomparablement plus fort et plus terrible que l'ours noir. — Parmi les oiseaux de haut vol, aucune partie du monde n'en compte de plus grand que le condor et l'aigle harpaye de la Cordillère. Si on veut considérer le plumage, quoi de plus brillant que le paon originaire de la Nouvelle-Espagne, les perroquets du Brésil, les aras du Paraguay, le faisan, les pics, les toucans de Sainte-Catherine, les innombrables variétés d'oiseaux-mouches et de colibris; surtout les oiseaux au plumage étincelant répandus depuis l'Ohio jusqu'à la Plata. Pour le chant, le moqueur, les papes, le cardinal, les veuves, le rabin, etc., ont un ramage moins brillant peut-être que les merveilleux oiseaux des Mille et une Nuits, mais leurs voix si variées ont un grand charme sous la forêt natale. Chacun de ces volatiles a son rôle dans l'harmonie générale dont retentissent les forêts, harmonie immense qui porte à la rêverie, à la pensée, et que celui qui l'a entendue une fois dans sa vie n'oubliera jamais. — Quant aux reptiles de toutes espèces, les terrains d'alluvion, les bois sombres et humides ne sont que trop propres à les recéler en grand nombre. Ils s'y reproduisent sous des variétés infinies, depuis le monstrueux serpent du Brésil jusqu'à la petite couleuvre azurée qui se glisse dans les fleurs du coton. Le serpent à sonnette est de tous ceux-ci le plus à craindre et le plus remarquable; il abonde dans les prairies et sur les bords de la rivière Rouge. Le Pérou a des serpents assez gros et inoffensifs qui vivent dans la plus intime familiarité avec les habitants de l'intérieur. On trouve au Chili des araignées fort dangereuses, et d'autres d'une dimension effrayante; la Louisiane a des caméléons assez curieux et une espèce de scorpion différente de la nôtre. Les insectes inoffensifs ou nuisibles, étincelants ou hideux, pullulent à leur aise au milieu des forêts et des marécages formés par tant de lacs et de rivières. Les moustiques, les petites mouches noires, les insectes imperceptibles qui se glissent sous l'épiderme, rendent parfois assez insupportable l'indolente existence du colon. Les lépidoptères nombreux, les luciales, les mouches à feu, servent de compensation à ces inconvénients. Cependant il manquait à l'Amérique l'insecte le plus utile, l'abeille. Suivant Cooper, les Indiens reconnaissaient l'approche des défrichements à l'apparition de ces nouveaux hôtes, apportés par les colons. — Si, plus civilisatrice et plus désintéressée, l'Europe avait procédé dans ses découvertes par des voies dignes de sa haute mission, moins de richesses sans doute auraient afflué dans ses ports, moins complète aussi eût été sa domination sur le globe entier; mais elle n'aurait pas à se reprocher la disparition presque totale de la race américaine, et la monstrueuse substitution de ses propres enfants aux peuples indigènes. Quel merveilleux spectacle c'eût été pour la terre de voir le jeune continent adopté comme un orphelin par le vieux monde, instruit et éclairé par lui, grandir, se développer sous ses yeux; frère et non esclave, prendre place parmi les nations. Mais la Providence n'avait pas permis que le passé se continuât ainsi; elle voulait qu'un avenir succédât à ce passé ténébreux. L'Europe ne fut envoyée là que pour balayer une poussière; ce qui la conduisit à la découverte et devint l'instinct égoïste de sa migration, ce fut le besoin d'espace pour les générations futures. Entraînée vers l'Ouest par le mouvement du soleil plongeant chaque soir dans un océan dont les bornes restaient ignorées, elle suivit une fois encore le torrent que les peuples ont descendu sans le remonter jamais. Depuis les premiers siècles, l'Orient était au-dessus de sa tête: l'Occident à ses pieds. L'Occident se précipita donc, se précipita vers des mondes nouveaux, se rencontra avec les peuples arrivés de l'Orient aussi, mais par l'Ouest; et cette fois, à la différence des temps anciens, les nations civilisées triomphèrent des barbares, resserrés, isolés entre leurs océans; ceux-ci ne purent aller au delà et périrent. — En guerre depuis des siècles, l'Espagne ne vit qu'une conquête nouvelle dans une nouvelle terre. Les relations que la timidité dut rendre amicales se continuèrent à peine jusqu'au second voyage de Colomb; cela ne put durer ainsi, et une fois qu'il eut assez d'espace pour y fixer sa tente, l'Européen emprisonna la main nue et débile du sauvage dans son gantelet de fer. De toutes parts alors, quoique par des moyens divers, les nations maritimes complétèrent l'envahissement de l'Amérique; le flot grossit, rapide et irrésistible, les colonies se formèrent, empressées de tailler largement dans le désert, de déterminer par avance des limites où bientôt elles se rencontrèrent; et, toujours jalouses et rivales, elles semblaient se disputer des terres incultes que de s'affermir dans leurs possessions. Mais il y eut plus tard une justice distributive, et chacune a subsisté selon les bases et les conditions de son existence. — À l'Espagne avait donc été dévolue et par elle aussi fut accompli la conquête proprement dite; ce fut elle qui détruisit là où il existait quelque chose. Ailleurs il y eut de grands travaux, des combats sanglants; mais sous l'ombre silencieuse des forêts du Nord, ces faits passèrent inaperçus et oubliés, en comparaison des fabuleux exploits éclairés par le soleil du Mexique et du Pérou. Ainsi l'Espagne resta maîtresse de ces deux grands empires, elle les étendit jusqu'aux Florides orientales d'une part, de l'autre jusqu'au delà de la Plata, jusqu'aux Araucanas, c'est-à-dire soixante-dix degrés environ des latitudes les plus favorisées. Laissant à d'autres les climats plus froids, les terres fertiles sans doute, mais rudes au défrichement, qui offrent à l'émigrant un sol moins disputé, mais encore rebelle, elle voit des mines d'or et d'argent, des cultures que l'on abandonne aux mains de l'esclave, des cieux au moins aussi brillants que ceux de l'Andalousie et des Castilles, des pays, en un mot, où un travail opiniâtre ne viendra pas comprimer le caractère indolent et fier de ses enfants. Magnifique et opulente, elle élève des vice-royautés sur les débris des empires détruits. La nouvelle Mexico sort des ruines de l'ancienne Cusco, remplace le sanctuaire du temple des Incas; Lima est bâti à quelques lieues de celui du dieu inconnu; Quito, à mi-côte des Andes, étale sous les feux de l'équateur son luxe et sa végétation européenne; de toutes parts enfin des villes se forment, villes aux appellations sonores, moitié espagnoles, moitié indiennes, mais toutes riches en monuments, dignes de la puissance des conquérants au temps de la découverte. Ces Espagnes nouvelles eurent comme l'autre des palais, des couvents, des courses de taureaux; mais la fainéantise y développa aussi les germes de misère et de dépérissement à mesure que les trésors prodigués par la nature facile devinrent plus rares à trouver. Insouciant et satisfait, le créole s'admira dans sa vie heureuse et dénuée d'inquiétudes. Sans préoccupation d'avenir, le riche ne ménagea pas ses richesses, le pauvre ne songea guère à demander au sol des ressources plus assurées. L'œuvre commencée n'avança pas dans la même progression; ces magnifiques colonies suivirent l'exemple de leur mère. Arrivées avant les autres nations au faîte de la grandeur, elles s'arrêtèrent les premières et s'endormirent dans le repos du passé. Il y a dans cette quiétude un grand sentiment de sa propre importance, et un sentiment d'orgueil peut-être, mais d'un orgueil noble, supérieur, capable aussi de hautes vertus. Entre l'hidalgo opulent et le berger en haillons, il n'y a guère d'intermédiaires; mais l'un se croit autant que l'autre; et tous deux, selon leurs conditions différentes, conservent la dignité de conquérants. En quoi les descendants des fougueux compagnons de Pizarro, de Cortèz ressembleraient-ils aux graves puritains du Nord, aux camarades de William Penn? — Mais au milieu de ce continent, qui appartient presque en entier à l'Espagne, le Portugal parvient, là comme en Europe, à se glisser, à s'intercaler au milieu des possessions de sa rivale, et à former dans son sein même le magnifique empire du Brésil, empire qui est précisément à l'Amérique méridionale ce que sont les provinces portugaises à la Péninsule. Appuyé d'un côté sur le fleuve des Amazones, de l'autre sur le Rio-Negro (car il échoua dans ses prétentions sur la Plata), ce pays d'une profondeur étonnante développe son littoral en face de l'Afrique, d'où il a tiré de tout temps les esclaves innombrables, condamnés à faire jaillir du sol les richesses inépuisables qu'il renferme. Mais l'accroissement prodigieux du nombre des noirs, le caractère équivoque de la population mixte qui en résulte, ont fini par creuser un volcan souterrain au milieu de cette région merveilleuse, la plus favorisée peut-être qui se rencontre sous le globe; et comme le soleil de l'équateur faisait fermenter plus violemment les têtes africaines, Bahia et Fernambuco sont les plus redoutables foyers de révolte. Le climat qui exalte l'esclave énerve le maître; et, réduit à se con-

centrer dans la puissance de son autorité, le Brésilien aurait-il pu perdre le caractère jaloux et défiant que sa position difficile en Europe donnait au Portugais. Aussi plus inquiet que ses voisins, il couve ses trésors dans le silence de son intérieur. Ses filles sont belles aussi, mais sérieuses et tristes. Il n'a guère d'autres plaisirs que ses fêtes religieuses; et certes nul personne plus que lui ne doit remercier la Providence de la part qui lui a été accordée. Ses possessions, moins vastes que celles de l'Espagne, ont formé aussi un pays plus compacte, plus homogène; partant plus facile à conduire; mais fondé sur des bases si étroites, quel progrès fera le peuple brésilien? ou plutôt où est le peuple là où l'homme blanc ne travaille pas? — Une politique plus calculatrice, plus prévoyante se chargeait de l'occupation de l'Amérique septentrionale. Vers la fin du XVIᵉ siècle la Hollande avait envoyé ses navires à l'entrée de l'Hudson; New-York était fondé et d'autres villes aussi, dont les noms accusent l'origine. Les Suédois colonisaient dans la même direction, et ces pays portaient la dénomination commune de New-Netherlands, Nouveaux-Pays-Bas. Ils s'étendaient de la rivière de Connecticut aux frontières de la Virginie, où, en 1616, l'Angleterre commençait à former des établissements. Une fois représentée sur le sol de l'Amérique, l'Angleterre développa rapidement ses projets ambitieux. Le Maryland reçoit des planteurs en 1635, et fortement assise sur ce point, la Grande-Bretagne s'avance vers le Nord: Les New-Netherlands sont enlevés à leurs possesseurs, les pays qui composent aujourd'hui le New-Jersey, le New-York, la Pensylvanie, deviennent anglais. La paix de Breda, en 1667, confirme l'usurpation de ces provinces, et, trois ans après, William Penn fonde Philadelphie, la ville des Frères. Plus empressée de s'emparer des terres déjà cultivées que de les conquérir elle-même, l'Angleterre marche toujours; là paix d'Utrecht (1713) lui concède Terre-Neuve, la Nouvelle-Écosse et la Nouvelle-Angleterre, asile des puritains depuis 1620. Enfin son empire s'étend jusqu'à la baie d'Hudson vers le nord; au sud la Géorgie commence ses défrichements en 1732. Plus tard le général Wolfe prend Québec, et le traité définitif passé en 1783 entre cette puissance, la France, l'Espagne et le Portugal, confirme aux Anglais tout le Canada, les deux Florides, une partie de la Louisiane, et, parmi les îles du golfe, dont chaque nation se formait un lot à part, Grenade, Saint-Vincent, la Dominique et Tabago. Si on songe que le Sénégal était momentanément en leur pouvoir, que le major Moncade, victorieux dans l'Inde, s'emparait du grand Mogol, on sera forcé d'avouer que le soleil ne se couchait pas plus alors sur les possessions britanniques que du temps de Charles-Quint sur l'empire espagnol. — Cette manière d'agir était éminemment prudente et sûre; là où l'Angleterre portait ses vues il y avait toujours un avantage réel; planteurs et plantations devenaient sa capture; elle trouvait l'Indien déjà soumis ou subjugué, des villes fondées, des colons acclimatés; et certes les Suédois, les Flamands, les Basques et les Normands, établis aux lacs et des grands fleuves, étaient une précieuse avant-garde, et il faut en convenir, de la part de la France au moins, la négligence apportée dans toutes les relations avec les colonies rendait ce changement de domination peu sensible aux émigrants. Que de guerres sanglantes ont fondé l'histoire de cette partie de l'Amérique! que d'intrigues couvées sous les voûtes des forêts! Avec quelle adresse on mêlait l'Indien à ces troubles, dans l'espérance impie de sa perte prochaine; et lui-même, pour sortir d'une neutralité impossible, ne voyait de refuge que dans les camps de l'un de ses deux ennemis. Loin de le civiliser, on songeait plutôt à exploiter son caractère guerrier et entreprenant. — La France cependant n'avait pas été la dernière à prendre place sur le continent nouveau; le Canada, peuplé par les Normands et les Bretons, comptait des villes importantes: Québec, dont la France a fait une citadelle imprenable, Montréal, les trois Rivières et tant de villages qui ont conservé jusqu'à ce jour leurs noms français, leur langage et leurs mœurs; l'Ohio, le Mississipi, le Missouri voyaient çà et là sur leurs rivages des villes naissantes, des forts courageusement défendus, et sur leurs ondes les infatigables rameurs canadiens, race d'acier en fer retrempée par l'âpreté d'un climat rebelle. Enfin en 1633 se colonisait la Louisiane, la plus belle des vingt-six étoiles semées sur le champ d'azur des Républiques Unies. Aux bords du lac Saint-Clair on avait bâti Vétrait, ville ignorée où l'on parle encore la langue de la patrie; et c'était comme le point d'union où venaient aboutir les établissements immenses trop clairsemés sur une étendue déserte et de toutes parts attaquable. Du

Canada jusqu'à la Nouvelle-Orléans, on retrouve les traces de ces *settlements* anciens; et bien avant les bateaux à vapeur, les barques ovales sillonnaient ces fleuves étonnants dont la source se cache avec les derniers Indiens sous les montagnes rocailleuses. — De toutes les nations européennes répandues sur le sol de l'Amérique, aucune n'avait trouvé plus de sympathie que la France dans le caractère naturellement loyal de l'Indien, et aucune non plus n'a rencontré en eux de plus fidèles alliés. C'est sous son ombre aussi que le sauvage a le plus adouci la barbarie de ses mœurs; c'est sous son joug qu'il s'est le plus volontiers plié. Le colon français ne s'importait pas tout entier avec ses exigences européennes; moins réservé, moins défiant que ses voisins, il faisait avec l'homme du désert un échange généreux. L'émigrant initiait l'Indien aux douceurs d'une vie plus calme, l'Indien initiait le laboureur aux mystères des bois. L'un arrivait progressivement à la civilisation, telle qu'il la pouvait comprendre; l'autre rentrait dans la vie de nature autant que l'exigeait sa nouvelle patrie. Croirait-on qu'il existe encore des Indiens inaccessibles aux changements survenus depuis, qui conservent traditionnellement le souvenir de Louis XIV? — Mais plus préoccupée de son rôle en Europe, la France oublieuse ne sut point donner à ses colonies l'aliment nécessaire; ses troupes en étaient réduites à défendre par honneur et presque sans espoir ce que sa rivale attaquait avec la passion de l'intérêt. Toutes ses colonies disparurent successivement absorbées dans la conquête anglaise; il ne lui restait plus, sur le continent que la Louisiane, certes assez importante encore par sa position à l'embouchure du Mississipi; mais Napoléon se souciait peu de sujets éloignés, inutiles à ses armées, sans rôle actif dans ses vastes projets, et il vendit tout, hommes et plantations, à un prix si modique, que les habitants ne laissèrent pas d'en être profondément humiliés. Ceux qui l'achetèrent alors pressentirent-ils que la Nouvelle-Orléans deviendrait le port général des florissantes provinces arrosées par les grands fleuves. — Déjà la France avait perdu, par une épouvantable catastrophe, sa plus belle île, celle qui eût pu l'indemniser de chacune de ses plus riches colonies continentales, surtout depuis qu'une cession de l'Espagne l'en rendait seule maîtresse (1795). Saint-Domingue qui partage avec Cuba la royauté de ces archipels nombreux, placée au centre du golfe, centre lui-même des deux Amériques. Saint-Domingue donna l'exemple d'une liberté terrible qui eût pu ensanglanter le nouveau monde d'un pôle à l'autre; et sur les murs de la Sì, ville fondée en Amérique, flotta le drapeau de la république haïtienne, république noire entée sur les débris de la population blanche qui elle-même déjà avait absorbé la race cuivrée des indigènes. Certes en brisant ses fers, l'Africain ne pouvait songer à une monarchie : il oublia, repoussa même jusqu'à l'idée du travail et se mit à goûter le repos de la victoire. — Qu'est-il donc resté à la France? Rien sur le continent septentrional : quelques rochers et un droit de pêche à Terre-Neuve, trois petites îles, la Guadeloupe et Marie-Galande dans l'Archipel, et sur le continent méridional, la Guiane française, flanquée des deux autres Guianes, hollandaise et anglaise, dans un climat malsain et étouffant, où les nations européennes semblent se pardonner leur voisinage réciproque, et consentir à vivre en paix. — Que si on se demande pourquoi la France n'a jamais su fonder de colonies durables, c'est que sa place est en Europe; réduite à ces limites étroites qu'elle a tant de fois franchies, son influence n'en est pas moins incontestable sur le reste du globe. Elle est le cœur qui bat au milieu de ce grand corps, et chacune de ses pulsations l'agite jusque dans ses extrémités. Certes cet ascendant moral est plus beau qu'une domination immédiate; l'estime est un lien plus fort que la crainte. Le caractère de ses habitants d'ailleurs est moins que jamais porté à l'émigration; la France n'a point une colonie, mourant de faim, froissée dans ses croyances et son orgueil, à déporter au nouveau monde; et les émigrants que le Havre jette par milliers aux rivages américains, ce sont pour la plupart des cultivateurs des provinces rhénanes, et des Suisses, des familles de ce pays dont on vante tant la puissance magnétique sur ses enfants. — Mais un temps était fixé où, lassés d'une tutelle onéreuse et jalouse, les colonies secoueraient le joug. Moins riche, moins abondante en ressources territoriales, et peuplée, non d'aventuriers avides d'or, mais de cultivateurs intelligents et d'ardents religionnaires venus sur une terre nouvelle pour y chercher la liberté, l'Amérique du Nord se sentit la première mûre pour l'indépendance. Ces provinces florissantes, anglaises de nom, n'avaient cependant de commun entre elles que le sentiment de la nouvelle patrie croissant avec les générations. L'Angleterre eut beau

rire de ces robustes *farmers* inhabiles à la stricte discipline militaire, l'impôt sur le thé, à la suite de quelques vexations souvent réitérées, détermina la grande crise. La lutte fut longue et difficile. Des rives du Saint-Laurent aux Florides la population dut se tenir étroitement unie, et sa cause triompha. Les treize provinces unies, noyau de la grande fédération, représentés au congrès de Philadelphie en 1776, signèrent l'indépendance que la Grande-Bretagne humiliée se vit obligée de reconnaître en 1783. Veuve de sa plus chère colonie, cette puissance cédait dans la même année les deux Florides à l'Espagne. Elle ne gardait que le Canada, Terre-Neuve, la Nouvelle-Écosse, les Bermudes et quelques belles îles dans le golfe. En vain plus tard voulut-elle, dans un moment de haine, reprendre ses colonies perdues, ou faire de nouveaux établissements. Repoussés à Baltimore, battus à la Nouvelle-Orléans, chassés de Buénos-Ayres et de Montévideo, les Anglais apprirent que leur époque était passée; et pour se consoler de ces tentatives, toutes inutiles, ils n'ont pas dédaigné d'escamoter, en 1833, aux républiques Argentines les îles Falkland, déjà revendiquées par les Etats-Unis. — Ce fut une aurore brillante que celle des républiques de l'Amérique du Nord. Les noms de Washington, de Franklin et de plusieurs autres retentirent en France et en Europe, comme si toutes les vertus de l'ancien monde s'en étaient exilées pour chercher dans le nouveau une meilleure patrie. Une paix durable permit aux provinces unies de se constituer solidement, de s'agrandir. De toutes parts les industriels, les pauvres, les *malcontents* y trouvèrent un asile, du pain, des terres à cultiver, un pays neuf à exploiter, et une sage conduite de la part des jeunes républiques fit oublier à la longue qu'il y a toujours rébellion dans une scission avec la *mère patrie* : ces deux mots ne forment-ils pas les deux choses les plus sacrées pour l'homme et pour les peuples? — Un pays admirablement favorisé par la nature permettait le développement de toutes les théories; un peuple neuf et sans préjugés, l'application d'un système d'union et de liberté. Là où il n'y avait ni peuple ni aristocratie, la fraternité fut possible. Mais de jour en jour moins épurée, moins choisie et plus turbulente à mesure que la part de chacune devint plus difficile à faire, cette population commença à sentir des germes de division : comme toute eau agitée, elle perdit de sa limpidité et fit jaillir de son lit ces corps plus légers, plus audacieux, qui remontent sans cesse à la surface; dans le pays le plus libre du monde, qui se vante de n'avoir pas de baïonnettes, le peuple qui donnait naissance aux Cincinnatus en est-il donc arrivé à pendre les abolitionnistes? Que veut dire cette convulsion fébrile qui agitait naguère les Etats-Unis, ce désir de scission exprimé vers le Sud, cette rivalité entre les jeunes sœurs? Les fruits trop vite mûrs ne tiennent donc plus à la branche? Malheureusement il existe un point de discorde vraiment incontestable, c'est l'esclavage, ici anéanti, plus loin en pleine vigueur. Qu'elles y prennent garde, si l'union se dissout ou s'échancre, tout est fini : il y a des blocs de marbre précieux dont les fragments n'ont plus de valeur. — L'exemple fut contagieux : les Amériques espagnoles songèrent à leur tour à conquérir l'indépendance; moins de force dans l'attaque et la résistance, les communications plus difficiles de la patrie aux colonies et des colonies entre elles, rendirent la chose moins décisive et plus longtemps douteuse. Après un sommeil de quelques siècles, le réveil subit des pays espagnols fut énergique : une à une, mais sous la même inspiration, les vastes vice-royautés se détachèrent de la couronne d'Espagne; Buénos-Ayres, Montévideo, le Chili, la Bolivie, le Pérou, la Colombie, s'improvisèrent en républiques; et, confiantes dans un élan momentané, dans l'union de tout un peuple contre l'ennemi commun, chacune rêva un avenir plus heureux. Mais les rivalités qui avaient commencé au temps de Colomb devaient-elles s'anéantir à jamais! Une population peu laborieuse et presque oisive consentirait-elle à rentrer le lendemain dans son repos? Quand on eut brisé les chaînes qui tenaient le navire immobile, se trouva-t-il en état de garder la mer? Il y a dans la jeunesse des peuples comme dans celle de l'homme un instant d'enthousiasme où l'indépendance tient lieu de tout. Demandez aux nouvelles républiques du Sud comment elles se trouvent au milieu de ces agitations, de ces troubles incessants; elles vous répondront : Nous n'avons plus d'Espagnols, nous sommes libres! et si cela leur suffit, laissons-les. — Le Mexique fut le dernier à lever la tête; peut-être n'a-t-il rien perdu à ne pas se hâter, et certes le moment fut opportun, si on se rappelle avec quelle mince expédition l'Espagne songea à réduire sa colonie rebelle. Par sa position admirable sur deux mers, sur deux continents, et sa proximité de l'Europe, le Mexique a semblé d'abord appelé à marcher plus rapidement que les autres pays espagnols, parce que, malgré sa jeunesse fougueuse comme celle des autres républiques, il reçoit plus volontiers du vieux continent l'éducation dont il sent le besoin; mais il n'a fait que marcher de révolutions en révolutions; et à leurs anciens préjugés hérités de l'Espagne, tels que la haine de l'étranger et un orgueil traditionnel très-peu motivé, les Mexicains joignent une si grande insouciance qu'ils ne peuvent faire un seul pas dans la voie des lumières et du progrès: ce qui suffisait pour une colonie ne suffit plus pour un pays émancipé. — Dépossédée de son empire démembré dont elle a peine à reconnaître l'indépendance, l'Espagne garde encore sa magnifique île de Cuba. — Quant au Brésil il se détacha sans bruit ni effort du Portugal, par l'émigration de la famille royale en 1807; et comme pour mieux témoigner du lien qui l'unit encore à la vieille Europe dont il n'a point été violemment arraché, cet empire, seul de toute l'Amérique, a conservé la forme monarchique. — La Russie enfin a trouvé aussi sa place sur le continent: l'aigle qui tient sous sa domination le pôle arctique a allongé ses serres sur les trois mondes à la fois; et, quelque peu, importante qu'elle soit, il existe cependant une Amérique russe, perdue dans les déserts du nord-ouest, en face d'une mer encore silencieuse. — Qui oserait prononcer sur l'avenir de tant de nations nouvelles! il en sort est entre leurs mains; plus heureuses que leurs devancières, elles ont l'histoire du monde à étudier, un rôle à choisir! En serait-il des peuples comme des monuments? les ruines des temps anciens offriraient-elles des bases plus solides qu'une terre encore neuve et non essayée? Leur avenir peut être beau et il doit l'être, car il serait honteux de faillir en chemin, de ne pouvoir suivre l'œuvre commencée. Surtout qu'elles s'abstiennent de montrer du mépris pour l'Europe, comme elles ont affecté souvent de le faire. N'est-ce pas la mère qui les a toutes nourries? elles n'ont de passé qu'en elle, et c'est à ses écoles que la jeunesse d'outre-mer vient s'instruire. Les travaux de l'intelligence n'ont point encore acquis en Amérique le même développement que l'industrie; les arts surtout semblent oubliés jusqu'à nouvel ordre. Et c'est par eux cependant qu'un peuple témoigne de ses progrès, s'inscrit au nombre des grandes nations et se survit à lui-même. La poésie aussi vient après; elle sait les grands événements qu'elle est appelée à chanter; on ne doit donc pas s'étonner de ne pas la voir encore constituée chez des nations nouvelles et préoccupées; car elle a perdu le don de prophétie; elle est plutôt l'écho d'une plainte, un adieu triste aux choses passées: et nous en trouvons un exemple même dans les romans de Cooper. Ses plus belles pages sont consacrées aux peintures de la solitude qui s'efface, aux descriptions de la vie sauvage dont sa génération nouvelle ne trouvera plus de traces. — Les deux mondes, qui s'ignoraient il y a quelques siècles, semblent aujourd'hui les deux rives d'un fleuve. D'où sont sortis les innombrables habitants qui peuplent l'Amérique; où sont allés les quarante millions d'indigènes qui la peuplaient autrefois? Cherchez dans les retraites inaccessibles des lacs d'en haut, dans les plaines de la Patagonie, dans les montagnes de la Cordillière, dans les forêts silencieuses du Brésil; là seulement se rencontrent encore quelques tribus hostiles à toute civilisation; ailleurs ce ne sont guère que des familles isolées restées debout comme ces arbres qu'on laisse au milieu des défrichements. Les Indiens s'en vont avec les forêts, la solitude et le gibier; le sol cultivé devient pour eux une terre stérile. — Ainsi va s'accomplissant la parole divine: l'Évangile est annoncé à toute la terre, le nouveau monde est chrétien. La réforme apportée dans le Nord par les puritains est contre-balancée par l'émigration des Irlandais catholiques fervents. Le bas Canada, la Louisiane et les diverses provinces primitivement françaises sont restées fidèles au vrai culte; toute l'Amérique espagnole et portugaise a conservé la foi de ses pères. Il y a lieu d'espérer que l'esclavage, déjà aboli dans plus d'une contrée, finira par disparaître du milieu de ces peuples qui tous se sont constitués au nom de la liberté. Désormais indépendants, il leur reste à mettre en pratique le beau principe de la fraternité évangélique. Il n'y a de vraie civilisation possible que par ces paroles de l'apôtre: « Aimez-vous les uns les autres. »

THÉOD. PAVIE.

AMÉRIQUE (*couleur des indigènes*). Les premiers Européens qui abordèrent sur les côtes de l'Amérique furent étonnés de ne pas y trouver des nègres comme ils en avaient vu en Afrique et dans la mer du Sud sous le même parallèle. Il n'y avait pourtant dans ce fait rien d'extraordinaire. La couleur

noire est produite par l'intensité de la chaleur du soleil qui brûle et noircit le tissu réticulaire placé entre l'épiderme et la peau. Là où la chaleur n'est pas assez forte pour amener ce résultat, le tissu se rembrunit, il devient jaune cuivré, olivâtre, mais la teinte qu'il reçoit ne va pas jusqu'au noir. La portion de l'Amérique située entre les tropiques et même sous l'équateur a une température beaucoup moins élevée que la portion parallèle de l'ancien continent (*V.* TEMPÉRATURE); et bien que la chaleur y soit forte, elle ne l'est pas assez pour faire des nègres. — Le teint des Américains sous les tropiques est le jaune cuivré ou le rouge-brun. Au-delà des tropiques, jusqu'au pays des Esquimaux au nord, jusqu'à la Terre de Feu au midi, la teinte rouge s'éclaircit à mesure qu'on s'avance vers les pôles, mais le fond rouge domine toujours. La chaleur et le froid n'ont aucune influence sur la couleur; c'est l'action directe du soleil sur la peau qui en altère la blancheur primitive. Les enfants américains naissent blancs de même que les enfants nègres. Ceux-ci ont seulement du noir aux ongles; mais les premiers n'ont aucune tache; la blancheur ne commence à se perdre que vers le huitième jour après la naissance. — L'Anglais Raleig prétend avoir vu dans la Guiane des sauvages tout à fait noirs; le biographe de Vasco Nugnez parle d'indigènes noirs, sujets d'un cacique ou prince, que le farouche Espagnol avait fait dévorer par ses chiens (*V.* CHIENS AUXILIAIRES); mais le premier de ces faits est inexact, et le second apocryphe, de l'aveu même des Espagnols instruits, tels qu'Ulloa. Les noirs prétendus de Raleig appartenaient à des tribus indigènes chez lesquelles existait l'usage, qui dure encore, de se noircir la peau en la teignant. M. de la Condamine qui a traversé l'Amérique du Sud sous la ligne, n'a trouvé que le brun-olive tirant sur le roux. Rogers, il est vrai, a vu sur la côte de la Californie une peuplade *noire*; mais cette peuplade se composait de véritables nègres, envoyés du Mexique au cap San-Lucar pour l'exploitation de la pêcherie de perles de la mer Vermeille. — La couleur brun-rouge des Américains ne s'efface par le croisement des races qu'après quatre générations, de même que chez les nègres. Néanmoins dans les contrées éloignées des tropiques la couleur, beaucoup moins foncée, se perd à la seconde ou à la troisième génération. — Les métis, dit Ulloa, sont issus d'Espagnols et d'Indiens; leur couleur est rougeâtre, un peu brune, plus claire pourtant que celle des mulâtres qui sortent de l'union des Espagnols et des négresses. On voit des métis qu'à leur couleur plus foncée on distinguerait difficilement des indigènes s'ils n'avaient un peu de barbe au menton; d'autres au contraire sont presque blancs, et on les prendrait pour des Espagnols s'ils ne conservaient quelques traces de leur origine: des cheveux gros, rudes, droits et noirs; le nez mince, petit, terminé en pointe recourbée vers la lèvre supérieure; le front très-étroit et n'offrant qu'un très-court espace entre les sourcils et la naissance des cheveux. — Les Américains du Nord ont le teint hâlé; ils le rendent plus foncé en se frottant de graisse pétrie avec différentes drogues; mais avant d'employer ce mélange, ils le colorent en rouge; le cinabre de Guancavelica n'a longtemps servi qu'à cet usage. Cette manie des Américains de se peindre en rouge est beaucoup moins étrange qu'on ne serait d'abord tenté de le croire. Le rouge est pour un Caraïbe la plus belle de toutes les couleurs; et de même que chez les peuples les plus policés de l'Europe on s'attache par mille moyens à blanchir la peau, de même chez les Indiens on cherche, par des moyens du même genre, à rendre plus brillante et plus vive cette teinte que la nature y a donnée à l'homme. — L'application de ces couleurs sur le corps, surtout dans l'Amérique septentrionale, est une affaire de très-haute importance. Quelquefois un Indien mêle le rouge par des lignes noires, blanches, bleues ou vertes. Dans le Pérou, la Nouvelle-Espagne les indigènes ont renoncé à l'usage de tracer sur leur figure des dessins bizarres; ils n'en est pas de même au midi et au nord. Souvent même les Indiens ne se contentent pas d'une couleur unie, ou d'un fond barrolé de figures bizarres; ils impriment ces figures sur leur peau d'une manière ineffaçable, soit en employant des sucs caustiques et incisifs, soit en introduisant la couleur par des piqûres et des frictions. Il y en a qui se bornent à tatouer les bras et les jambes; d'autres se tatouent le corps tout entier ou du moins en grande partie. Au surplus ce ne sont guère que les guerriers qui se soumettent à ces pratiques très-douloureuses. Quelques écrivains ont attribué le tatouage à la nécessité. Les Indiens, disent-ils, sont toujours errants dans les plaines et dans les bois, à des distances immenses de leurs établissements; ils se reconnaissent entre eux au tatouage. On se fonde sur ce que les nègres, qui semblent tous frères, tant il y a de similitude dans leurs traits, se font des marques sur le front ou ailleurs, afin d'être reconnus par les hommes de leur tribu ou des tribus amies. Il est possible en effet qu'une raison semblable ait porté les indigènes américains à distinguer d'abord leurs tribus entre elles par des signes qui, plus tard, ont été adoptés comme un ornement ou une parure. — Le tracé des figures et les onctions d'huile et de graisse constituent la partie essentielle de la toilette des indigènes; ils considèrent cette gluante enveloppe comme une sorte d'habillement; car ils éprouvent une sorte de pudeur, une répugnance réelle à se montrer dépourvus de ce singulier ornement. Un voyageur raconte qu'un sauvage répondit du fond de sa case, à d'autres sauvages qui l'appelaient du dehors, qu'il ne pouvait sortir *parce qu'il était nu*. Quand il eut fini de *s'habiller*, c'est-à-dire de se graisser et de se peindre, il sortit de sa case et *il n'était plus nu*, bien qu'il ne portât aucune espèce de vêtement. — L'inconvénient inséparable du séjour de ces matières sur la peau, c'est de répandre en rancissant une odeur fétide, forte, pénétrante, insupportable à des Européens. Il est probable que cette odeur, qui se répand au loin, attire sur les indigènes les bêtes féroces; elles sentent leur proie avant de la voir; et plusieurs voyageurs assurent que les indigènes sont plus exposés que les Européens aux attaques de ces animaux. — D'un autre côté, on prétend que ce n'est nullement par l'effet d'un caprice ou d'un goût dépravé que les Indiens ajoutent l'huile et la graisse à leurs autres ingrédients; on attribue plutôt cet usage à la nécessité qu'ils éprouvent de se défendre contre les innombrables essaims de moustiques et d'insectes de toute sorte, qui les tourmentent cruellement s'ils négligent cette précaution. On sait que les insectes fuient les matières grasses ou huileuses, dont les émanations, pénétrant dans leurs trachées, les étouffent très-promptement. Les sauvages ignorent la cause, mais ils connaissent l'effet. Ceux qui n'ont pas recours aux onctions grasses se tiennent constamment au milieu d'épais tourbillons d'une fumée âcre et puante qui les aveugle : c'est là se sauver d'un mal en s'en donnant un autre.   J. DE MARLÈS.

AMÉRIQUE (*naturel, complexion, mœurs, usages*, etc.). Les indigènes de l'Amérique sont cruels et inhumains, comme le sont la plupart des enfants; ils font le mal parce qu'ils trouvent du plaisir à le faire : dans leurs vengeances on les trouve implacables; la haine, l'animosité, les désirs de nuire vivent en eux autant qu'eux-mêmes. Au premier aspect, ils ont un air de douceur capable de tromper; mais, quand on les examine de près, on trouve en eux quelque chose de sombre et de sauvage qui ne répond que trop à leur caractère faux et perfide. Lorsqu'en temps de guerre un Européen tombe entre leurs mains, ils lui cernent la peau autour du crâne; ils la détachent ensuite en passant les doigts entre elle et le cuir chevelu, et en tirant avec force par les cheveux réunis en faisceau. On a vu quelquefois de malheureux Européens survivre à cette opération cruelle, cruelle surtout pour ceux qui ont peu de cheveux; mais, en général, elle cause la mort. Quant aux Indiens, ils opèrent aux acclamations bruyantes des assistants, et ils montrent pour les souffrances de la victime autant d'indifférence et d'insensibilité que s'ils opéraient sur un cadavre. On voit, au surplus, ce caractère de cruauté froide se développer chez les indigènes jusque dans le traitement qu'ils font subir aux animaux. Leur plus grand plaisir, au Pérou, au Mexique, et dans toutes les contrées qui furent conquises par les Espagnols, c'est de courir sur un taureau quinze ou vingt, armés de longues lances garnies d'un fer pointu et tranchant par le bout. S'ils se rendent maîtres de l'animal, ils lui coupent le mufle, la queue, les morceaux de la cuisse, et ils dévorent cette chair toute crue avant même que l'animal soit mort. S'agit-il d'un acte de cruauté, on les y trouve toujours disposés; ils prennent plaisir à tourmenter les animaux et les hommes, et ils le font aussi froidement, gaiement même, que s'ils n'étaient occupés que d'un jeu. — Au surplus, les Indiens, en général, se montrent peu sensibles à la douleur; ils ont la chair dure et la peau épaisse; il est probable que c'est là ce qui amortit en eux la sensibilité physique. Ce qu'on peut regarder comme certain, c'est qu'elle est beaucoup moindre chez eux que chez les autres hommes. Ulloa affirme que de son temps (vers le milieu du XVIIIe siècle), un Indien subit l'opération du calcul, opération qui, par le peu de dextérité du chirurgien, dura vingt-sept minutes. Durant ce long et douloureux intervalle, il ne poussa pas un cri, ne fit pas un geste qui indiquât qu'il ressentait; seulement, de temps en temps, il se plaignait comme un homme légèrement incommodé qui éprouve quelque malaise : huit jours après

l'opération, il se leva, quoique la plaie ne fût pas encore fermée. Les Indiens guérissent, au reste, fort promptement des blessures, fractures et autres maux de ce genre. Ulloa rapporte qu'on a retiré d'anciens tombeaux des crânes indiens beaucoup plus épais que ceux des autres hommes. Il en est de même de la peau, et il est assez probable que c'est cette texture de la peau qui rend les Indiens peu sensibles aux impressions du froid. Quoique l'habitude contribue à faire supporter les rigueurs du climat, quand ces rigueurs sont excessives il faut plus que de l'habitude; et les Indiens, très-peu vêtus, vivent au milieu des neiges et de la plus froide température sans paraître en ressentir les effets. Les Esquimaux, ainsi que les Patagons, n'ont guère pour se couvrir qu'un lambeau d'étoffe ou une peau d'animal qu'ils jettent sur leurs épaules; et ce qui prouve, du moins chez les Patagons, que ce n'est point pour se garantir du froid qu'ils s'en servent, c'est qu'ils sont vêtus de la même manière durant la saison des chaleurs : ils se débarrassent même de ces peaux ou des étoffes lorsqu'ils vont à la chasse et qu'ils ont à traverser des forêts buissonneuses. Les ronces, disent-ils, s'accrochent à ces vêtements, au lieu qu'elles ne font que glisser sur leur peau. On les voit en tout temps tête nue sans qu'ils en éprouvent aucune incommodité. — On ne peut guère douter que ce défaut de sensibilité des Indiens ne tienne, en grande partie, à leur organisation; car dire avec Robertson que c'est par un sentiment exalté de grandeur d'âme que les Indiens montrent ainsi moins sensibles que les Européens aux variations de l'atmosphère et même à la douleur physique; c'est prêter à ces sauvages un héroïsme qu'ils sont incapables d'apprécier; convenons néanmoins qu'en plus d'une occasion ils ont montré une constance qui ne peut naître que d'une grande exaltation produite par les circonstances, ou de la vaine gloire, de l'orgueil qu'ils attachent à braver leurs ennemis; mais cette exaltation, qui pouvait être confondue dans ses effets avec l'héroïsme, ne se trouve que dans les guerriers qu'une longue habitude a familiarisés avec les dangers; bien convaincus d'ailleurs qu'ils vont périr, tirent de leurs bourreaux toute la vengeance qui leur est permise en les accablant d'injures et en se montrant insensibles au mal qu'ils éprouvent. — Le chef d'une nation du nord tomba dans les mains de ses ennemis. On le conduisit vivant à la bourgade où habitaient les vainqueurs, dans l'intention d'épuiser sur lui tout ce que la vengeance implacable peut conseiller à des barbares. Il y avait dans la bourgade des missionnaires; ceux-ci tentèrent de le disposer à la mort et en même temps au baptême; il se laissa baptiser. Peu de jours après on le conduisit au lieu du supplice avec quelques autres prisonniers de sa nation; ils devaient y être brûlés. On les fit monter sur une espèce d'échafaud, pour que chacun des assistants pût jouir de leur agonie. Un des prisonniers montra d'abord de la faiblesse; les exhortations du chef lui rendirent quelque vigueur. Tous les efforts des bourreaux se tournèrent alors contre celui-ci. Armés de tisons enflammés, ils l'entourent, lui appliquent le feu par tout le corps, et il paraît insensible à ce traitement. La fureur des assassins redouble; ils semblaient chercher sur lui quelque place où le feu produisît la douleur, et il ne se montra pas plus ému. L'un d'eux alors s'avisa de lui cerner la peau du crâne, et de l'arracher ensuite avec violence. Le chef vaincu, malgré lui, par la douleur, tomba sans connaissance, mais sans avoir poussé un cri. On le crut mort et on se retira. Au bout de peu de temps, il reprit ses sens, et, ne voyant personne autour de lui, il saisit un tison à deux mains, alla chercher les sauvages et les défia au combat. Ceux-ci poussèrent d'affreux hurlements, et, brandissant leurs armes, ils fondirent sur lui tous ensemble. Il se retrancha contre l'échafaud, et se montra si terrible que personne n'osait avancer; par malheur pour lui, et en voulant éviter un tison qu'on lui lança, il fit un faux pas qui le fit retomber au pouvoir des sauvages. Après l'avoir tourmenté pendant une heure, ils le jetèrent, à moitié mort, au milieu du bûcher qui brûlait encore; et, pour la seconde fois, ils se retirèrent. Ils ne tardèrent pas à le voir descendre de l'échafaud armé de tisons et courir vers le village comme pour y mettre le feu. Aucun n'eut le courage de lui résister en face; mais on lui jeta par derrière un bâton qui s'embarrassant dans ses jambes le fit tomber. On courut sur lui avant qu'il eût le temps de se relever; on lui coupa les mains et les pieds; puis on le roula sur des charbons embrasés, que son sang, qui coulait abondamment, éteignit en partie. Il eut encore la force de se traîner sur les coudes et les genoux; les missionnaires s'approchèrent alors de lui et ils lui firent de nouvelles exhortations; ils obtinrent des bourreaux qu'ils lui coupassent la tête afin de terminer ses horribles souffrances. — On trouve dans les voyageurs quelques récits de faits à peu près semblables, où l'on voit que l'orgueil, la rage, le désespoir tiennent lieu de force et de courage; mais hors le cas où ces circonstances se réunissent, au moins en partie, on voit les Indiens gémir et se plaindre; on les entend même pousser des cris aigus, et cela doit être, car l'épaisseur et la dureté de leur peau, et les autres causes auxquelles on attribue leur insensibilité, ne peuvent pas rendre cette insensibilité absolue. — On se tromperait bien, au surplus, si l'on croyait tous les Américains susceptibles de cette exaltation qui a fait des héros de quelques-uns d'entre eux; car, en général, bien qu'ils soient très-vindicatifs et très cruels, ils sont lâches et pusillanimes dès qu'on leur résiste. Ils sont vindicatifs; leurs guerres sont toujours des guerres d'extermination; car la vengeance d'un Indien n'est satisfaite que lorsqu'il a dans ses mains la tête de son ennemi, à moins que sa haine ne se soit éteinte dans des flots d'eau-de-vie, qu'il appelle *le lait des amis*. Ils ne regardent, en effet, comme leurs amis que ceux qui leur en donnent. Pour assouvir leur vengeance, ils emploient la ruse et la perfidie. Ce n'est que par surprise qu'ils triomphent de leurs ennemis, et malheur aux vaincus! car le vainqueur va se repaître de leurs souffrances. Ils sont pusillanimes et lâches: les historiens de la conquête, il est vrai, ont parlé de leur bravoure, ce qui ne se concilie guère avec la conquête de deux empires par une poignée d'aventuriers. Mais ou leur caractère a bien changé depuis cette époque, ou on ne les a peints audacieux et vaillants que pour ajouter à la gloire des Espagnols qui les ont subjugués. Qu'on jette les yeux sur les peuplades qui n'ont encore été soumises à aucun pouvoir étranger, au nord, au sud, dans les terres centrales, sans doute elles ont dû conserver leurs mœurs, leurs usages; leur caractère n'a pas trouvé dans le contact plus ou moins fréquent avec les Européens, l'occasion de changer. Eh bien, la perfidie et la lâcheté, jointes à la barbarie, en forment la base; là même où ils vivent sous la domination européenne, ils ont tout gardé, tout retenu de leurs vieilles mœurs; ce n'est qu'avec peine qu'on distingue l'Indien sauvage de l'Indien soumis; seulement ce dernier, subjugué par la crainte, a jeté sur son naturel un vernis de dissimulation. — Il n'y a pas d'exemple qu'un Indien reste face à face devant un autre homme, Européen, métis ou même nègre. Pour que les Indiens attendent de pied ferme, ils doivent être au moins douze ou quinze contre un. Ce défaut de courage les rendrait très-peu dangereux, s'ils ne cherchaient continuellement à surprendre leurs ennemis dans des embuscades d'où, sans être vus, ils puissent lancer sur eux leurs flèches empoisonnées; mais ils fuient aussitôt de peur d'être poursuivis, jusqu'à ce qu'ils aient trouvé d'autres places où, cachés de nouveau, ils renouvellent sans danger leurs attaques. Dans un pays de plaine découverte mille Indiens ne tiendront pas contre cinquante ou soixante Européens. S'il faut en croire l'Espagnol Lorenzana, cité par Robertson, les sauvages Arauques ou même les Chiliens font exception à l'imputation générale de lâcheté; cependant il faudrait se garder de prendre à la lettre les exagérations du chantre de l'Araucana, Alonzo de Hercilla. — Les Natchez de la Louisiane avaient formé le dessein d'égorger tous les colons français, qui, en général, beaucoup trop confiants en ces *hommes de la nature*, prenaient très-peu de précautions contre la perfidie des *bons sauvages*. Ceux-ci avaient appelé à leur secours toutes les peuplades de la lettre, les sauvages d'où, et de deux cents lieues à la ronde; et toutes avaient accepté l'invitation. Le jour de l'exécution avait été fixé d'avance, et afin que chaque peuplade pût y prendre part, les Natchez avaient envoyé de tous côtés des paquets de baguettes dont le nombre était calculé sur celui des journées de marche qu'il y avait entre la peuplade et la colonie. Par cette précaution adroite, toutes les tribus, partant à diverses époques de points divers, devaient se trouver réunies le même jour, au même instant, autour de la colonie française. La conjuration avait été ourdie dans le plus grand secret; si l'exécution manqua en partie ce fut par une circonstance fortuite, indépendante de la volonté des Natchez. La femme qui les avait chargée de garder les baguettes en avait tiré trois ou quatre par caprice ou par mégarde; de sorte que lorsque les Natchez arrivèrent à leur dernière baguette, comptant sur le concours de toutes les tribus convoquées, ils commencèrent par massacrer tous les colons qui se trouvaient parmi eux: un seul Français parvint à se sauver à la faveur des ténèbres, et il courut donner l'éveil dans les autres établissements, qui se mirent aussitôt sur la défensive. — Ce n'est pas la seule colonie qui ait été dévastée par les sauvages, et des faits du même genre se sont

présentés plusieurs fois, toujours prémédités avec le même secret, toujours exécutés avec la même barbarie froide et révoltante. Il semble, dit Ulloa, qu'ils ont tous reçu les leçons du même maître; le secret est pour eux, dans ces circonstances, une chose sacrée; mais ce qui étonne, c'est de voir ces hommes si bornés dans les choses qui demandent de l'intelligence, déployer tant de ruse, de finesse et de réflexion lorsqu'il s'agit de massacres, de pillage et de butin. L'injure reçue par un Indien devient commune à toute la peuplade et aux tribus alliées; et comme la vengeance est le premier besoin des indigènes, ils s'embarrassent fort peu des traités conclus antérieurement avec la nation qui devient leur ennemie. Aussi les Européens ne comptent en aucune manière sur leurs promesses, et ils se tiennent continuellement sur leurs gardes, c'est le seul moyen de se garantir de leur perfidie. On a quelquefois essayé d'incorporer des Indiens dans les troupes réglées; mais pour les y retenir, il faut leur prodiguer l'eau-de-vie, sinon ils prennent la fuite dès qu'on cesse d'avoir l'œil sur eux. Ils n'ont l'apparence du courage que lorsqu'ils sont dans un état complet d'ivresse; mais tout ce courage se réduit à aller lancer quelques pierres contre les croisées d'une maison; à peine voient-ils vingt personnes s'avancer sur eux en bon ordre, qu'ils se dispersent et courent se cacher. Les Français et les Anglais, en leur donnant des armes, les ont rendus plus dangereux, puisque, dès qu'on leur refuse ce qu'ils demandent, ils tournent ces armes contre ceux qui les leur ont données, et ils vont offrir leurs services à ceux qu'ils regardaient d'abord comme ennemis. C'est ce qui est arrivé plusieurs fois dans la guerre des Américains contre la Grande-Bretagne. — Les Indiens, civilisés et soumis ou sauvages, dépendants ou libres, semblent presque toujours se conduire par instinct comme les animaux. Le cercle de leurs idées est si étroit que dès qu'ils ont des provisions pour quatre ou cinq jours ils ne songent plus à rien. Ils passent le jour à courir d'un lieu à l'autre sans dessein et sans but, comme s'ils obéissaient à une impulsion qui leur serait donnée. Quand ils sont fatigués ils se couchent par terre, où ils se trouvent, et ils s'endorment; à leur réveil ils se livrent au jeu ou ils reprennent leur course vagabonde sans s'inquiéter du travail qui les attend. — Ils ne comptent ni par semaines ni par jours; ils ignorent même le nombre de ceux qui forment une lunaison. Le froid, les chaleurs, la neige et la glace, et le temps de la fonte ou du dégel, voilà pour eux une année; mais il ne faut pas leur demander combien de lunaisons entrent dans cette année. Quand ils ont besoin de fixer un certain nombre de jours, ils emploient des faisceaux de baguettes. Il est à peu près impossible à un Indien de dire ou de connaître son âge, autrement que par des présomptions. C'est à ce moyen que les Européens ont recours. On sait que ce n'est guère qu'à soixante ans que les Indiens voient pousser au-dessus de leurs lèvres quelques brins de barbe et leurs cheveux blanchir. C'est sur la présence ou l'absence de ces deux signes qu'on présume leur âge quand on a besoin de le connaître; comme le nombre des Indiens à cheveux blancs est considérable, on croit qu'ils vivent longtemps; mais on croit aussi que cette longévité n'est due qu'à leur genre de vie monotone et à leur indolence, qui les mettent à l'abri des passions qui abrègent la vie. — Les apologistes des Indiens ne pouvant guère nier la stupidité qui paraît être leur partage, rejettent le mal sur les Européens, qui, disent-ils, ont dégradés en leur ôtant la liberté. Cette raison pourrait paraître concluante, si ceux qui vivent encore dans l'indépendance étaient plus avancés que les autres; et d'un autre côté, tous les efforts qu'on a faits pour leur donner de l'instruction, n'avaient toujours été infructueux; si les nègres eux-mêmes n'étaient tellement convaincus de l'inaptitude des Indiens, qu'ils les regardent comme appartenant à une classe bien inférieure. On parle des Péruviens et des Mexicains: si ces deux peuples étaient plus intelligents que les autres, c'était grâce aux institutions qu'ils avaient reçues de leurs princes; peut-être, d'ailleurs, étaient-ils tous sortis de quelque race antique, dont il ne reste plus aujourd'hui un seul individu. — Au reste, pour concilier les rapports contradictoires que les voyageurs ont faits sur les Indiens et leur intelligence, il faut distinguer soigneusement tout ce qui ne tient qu'au mécanisme des mains de ce qui n'a lieu que par le moyen de l'esprit et du jugement, et qui se borne aux opérations des sens de ce qui exige du raisonnement et de la réflexion. Dans le premier cas, ils se montrent plus ou moins d'aptitude suivant leur organisation particulière; dans le second, on ne trouve en eux qu'incapacité absolue et défaut complet de discernement. Quelque chose qu'on puisse leur dire pour leur expliquer un principe, et leur en démontrer les conséquences, ils ne comprennent rien aux discours qu'on leur tient. Aussi agissent-ils toujours sans réflexion et sans autre motif que l'intérêt du moment, comme un animal qui satisfait un besoin. Ils vous écoutent, vous laissent parler, et ils n'en sont ni plus ni moins avancés. On s'est flatté vainement d'en faire des chrétiens; ils vont à l'église, et ne sont pas plus chrétiens que leurs ancêtres. Répondent-ils affirmativement à ce qu'on leur dit, c'est sans aucune conviction; car, une minute après, on peut leur faire répondre tout le contraire. — Ils ne désirent que ce dont ils peuvent se servir le jour même, et tout au plus le lendemain. Leur prévoyance ne va pas plus loin. Pour ce qui est de l'autre vie, ils s'en mettent fort peu en peine; car dans leur opinion tous y ont droit de la même manière; c'est une espèce de seconde naissance qui a lieu à leur insu, comme lorsqu'ils viennent au monde. En un mot, ils ne s'occupent réellement que du présent, et leur plus grand bonheur c'est de se plonger dans l'ivresse, au moyen de l'eau-de-vie, pour laquelle ils éprouvent une passion inextinguible. — Quelques écrivains ont vanté leur industrie; mais l'insecte qui construit sa maison, l'oiseau qui bâtit son nid, la hideuse araignée filant sa toile, le castor, beaucoup d'autres animaux sont plus industrieux que les Indiens. Les ouvrages de ces animaux, de ces insectes, décèlent l'instinct le plus parfait; les ouvrages des Indiens sont mal conçus et grossièrement exécutés. Ceux du Nord, dit Ulloa, tracent sur les peaux qu'ils préparent des figures qu'on trouve assez bien dessinées; mais, ajoute-t-il, ces figures ne représentent que les objets qu'ils ont constamment sous les yeux, et ils y emploient tant de temps, ils y mettent tant de patience, qu'ils finissent par imiter passablement leur modèle. Au fond, ce n'est là qu'un travail mécanique et matériel, qui n'est nullement dirigé par un esprit de combinaison. — Malgré tous leurs défauts qui ne sont point exagérés, malgré leur mesquine intelligence, les Indiens sont remplis de présomption et d'orgueil, au point de se croire supérieurs aux Européens. C'est qu'ils confondent le génie et l'intelligence avec l'astuce et la fourberie. Ce dont ils se vantent ici, c'est de tromper les Européens, sans que ceux-ci s'en doutent; c'est là du moins ce qu'ils croient. C'est pour cela qu'ils s'irritent au plus haut point, si un Européen manque de remplir la promesse qu'il leur a faite; le droit de violer la parole donnée semble être regardé par eux comme un privilége qu'ils ne craignent pas d'exploiter. — Si on les surprend en flagrant délit, ils entassent mensonges sur mensonges pour s'excuser, s'embarrassant peu de choquer la vraisemblance; au reste, ils sont habitués dès l'enfance à mentir, et ils le font avec une effronterie et un toujours croissant. Les Européens tâchent de vivre en paix avec eux pour se garantir de leurs incursions; mais, ce n'est pas assez de les gagner par des présents continuels, il faut encore que les colons vivent constamment sur la défensive. Au fond, il est à présumer que ce qui donne aux Indiens cette grande idée de supériorité qu'ils s'attribuent, c'est l'habitude impolitique d'acheter leur amitié par des présents. Recherchés par les Européens, payés largement par eux sans leur donner jamais rien en échange, ils ont dû finir par se croire fort importants, et surtout très habiles. — Chaque nation ou tribu d'Indiens libres a un ou plusieurs orateurs, dont les fonctions consistent à porter la parole quand il s'agit de conclure un traité de paix ou d'alliance, soit avec les Européens, soit entre peuplades indigènes. C'est principalement en face des Européens que les orateurs donnent un libre cours à ce que certains écrivains, poëtes en prose, plus enthousiastes que réfléchis, ont bien voulu appeler de l'éloquence. Ces beaux discours qui, selon eux, rappellent Homère et Démosthène, examinés de près, n'offrent ni ordre ni méthode, abondent en figures, ressource nécessaire des langues pauvres, et consistent en comparaisons ridicules avec le soleil, le cours des astres, la chaleur, la lumière, etc. Ces raisonnements, presque toujours dépourvus de sens, l'orateur les accompagne de grands gestes, qu'il veut rendre démonstratifs et ne sont guère qu'extravagants. Enfin les orateurs, ou plutôt les discoureurs, sont très diffus, répètent sans cesse la même chose, et ils, le feraient pendant un jour entier, si on avait la patience de les écouter, ou qu'on ne prît pas la précaution de les interrompre en leur offrant de l'eau-de-vie. Et comme à la suite de ces discours ils obtiennent toujours ce qu'ils demandent, ils regardent les concessions qu'on leur fait comme le fruit de leur éloquence. — Beaucoup d'Indiens sont dans l'usage de s'allonger les oreilles en les tirant afin de les avoir plus grandes; d'autres aplatissent la tête des nouveau-nés afin de la leur rendre carrée. Le

plus grand nombre se percent la cloison du nez, les lèvres et le menton pour y passer de petites baguettes d'os ou de bois. La coutume de se procurer cet ornement singulier, coutume aussi existante en Asie et dans la mer du Sud, est très ancienne en Amérique. Elle y a été probablement apportée par ses premiers habitants. — Un autre usage commun aux peuplades du Nord et à celles du Midi, c'est de prendre une seconde et une troisième femme quand la première vieillit. Celle-ci reste alors dans la hutte quand le mari part pour la chasse, où la nouvelle épouse l'accompagne; elle est chargée de tous les soins du ménage. Quant aux enfants ils sont élevés chacun par leur mère. Chez les Indiens soumis à la domination espagnole, cette polygamie a été proscrite; mais les Indiens éludent la prohibition: ils prennent autant de femmes qu'il leur convient, mais ils ne leur donnent pas le nom d'épouse. Au reste les Indiens sont peu attachés à leurs femmes, qu'ils traitent en esclaves. Les femmes ne l'ignorent pas; aussi montrent-elles autant de penchant pour le mariage, qui leur fait perdre la liberté dont elles jouissent dans le célibat. Le tableau que fait Gumilla de l'état des femmes de l'Orénoque, est fait pour attrister et pour révolter en même temps. — La structure des huttes ou cases est fort simple; les Indiens s'y blottissent comme des bêtes fauves, afin de se garantir des rigueurs de la saison; mais leur industrie bornée n'a su joindre nulle part la commodité ou l'agrément à l'utile. Les huttes sont rondes, hautes d'environ cinq pieds, s'élevant en pain de sucre, couvertes de branchages, et de terre et de paille mêlées. Les murs sont aussi de paille pétrie avec de la terre, ou de pierres unies avec cette espèce de ciment. On voit quelques huttes de bois. Elles n'ont d'autre ouverture que la porte; le foyer est au centre. Quelques pièces de bois dans le fond forment une espèce de siège ou de lit, sur lequel ils jettent les peaux des bêtes qu'ils ont tuées; c'est sur ce lit dégoûtant qu'ils couchent pêle-mêle. A un pied et demi du sol on voit quelques niches pratiquées dans l'épaisseur des murs; elles leur servent à serrer leurs provisions. Toutes les huttes ont la même forme, non la même étendue; les unes sont plus grandes que les autres, c'est toute la différence qu'on y remarque. — Toutefois, pour les assemblées publiques où il s'agit de délibérer sur l'intérêt commun, de même que pour les fêtes et réjouissances auxquelles le peuple entier doit prendre part, il existe une hutte de grande dimension dans chaque établissement. Une partie de cette hutte sert de grenier de réserve; on y garde du maïs et d'autres denrées de ce genre. Les Indiens soumis ont aussi leur grande hutte d'assemblée; seulement ils y sont surveillés par un chef qu'ils choisissent eux-mêmes et sur lequel les colons croient pouvoir compter. Si on voulait les empêcher de tenir ces assemblées, ils iraient se réunir furtivement et de nuit dans quelque lieu secret et isolé. — Les Indiens soumis ensemencent leurs terres en commun. Tous ceux de la paroisse, hommes, femmes, enfants, s'assemblent, apportant chacun des provisions et leurs instruments de musique, c'est-à-dire des tambours et des flûtes; l'eau-de-vie n'est pas oubliée. C'est au son des instruments qu'ils mangent, boivent, dansent, travaillent et se reposent alternativement. Ces réunions, composées d'une soixantaine d'individus, portent le nom de chaco; il n'est pas nécessaire de dire que le chaco avance très peu en besogne, et que six journaliers d'Europe en font plus en trois heures que le chaco en un jour; encore, pour les obliger de se livrer à ces travaux nécessaires, faut-il leur permettre la danse, le chant et l'eau-de-vie. Si les Indiens ne ménagent pas cette dangereuse liqueur, ils font en revanche peu de consommation de tabac. Leur pipe ou calumet, avec son tuyau long de trois pieds, orné de plumes, n'est guère qu'un instrument de luxe dont ils se servent pour se donner réciproquement le salut, comme on s'invite en Europe à prendre du thé, du vin, du chocolat. — Une réflexion bien affligeante, c'est que le nombre des Indiens indigènes diminue de plus en plus, tant par les maladies ou la guerre, que par le travail des mines, et surtout par l'abus des liqueurs fortes qu'une politique inhumaine leur a prodiguées. A peine en voit-on quelques-uns dans les Antilles. Saint-Domingue, Cuba, la Jamaïque, où les Espagnols trouvèrent une population si nombreuse, n'ont pu conserver une seule famille de leurs anciens habitants. Dans la Terre-Ferme, au Pérou, au Mexique, dans la Louisiane, dans la Nouvelle-Angleterre, la race indienne a diminué dans une proportion rapide. En beaucoup de lieux se montrent des ruines d'anciennes peuplades, où l'on distingue encore des huttes et les sentiers qui les séparent. La dépopulation dans le nord a été si grande, que beaucoup de nations se sont trouvées réduites à un petit nombre de familles, qui probablement s'éteindront, puisque les causes d'extinction sont toujours subsistantes. D'un autre côté, à mesure que les races indiennes disparaissent, le pays se peuple d'Européens et de nègres, ceux-ci néanmoins dans une proportion bien peu en rapport avec la quantité des importations qu'on en ont été faites, ce qu'on ne peut guère attribuer qu'à l'influence délétère du climat et au désespoir que souvent leur cause la privation de la liberté. — Le mélange continuel du sang européen ou africain avec celui des indigènes tend aussi à composer une population nouvelle, qui tiendra de toutes sans ressembler à aucune. Le nombre des métis est déjà très-considérable; celui des zumbos l'est un peu moins; mais il s'accroîtra, si les nègres sont rendus à la liberté par un affranchissement que l'humanité et la religion réclament, et qu'une politique égoïste repousse. Il faut observer que les métis suivent toujours la condition de leur père, de sorte que les enfants d'un blanc et d'une Indienne sont censés appartenir à la race blanche, ce qui favorise la propagation des races mixtes et diminue d'autant la race indienne pure. — Dans une séance de l'institut des Sourds-Muets à Paris, du 20 juin 1806, il fut question d'une peuplade d'Américains qui ne parlaient pas et qui ne communiquaient entre eux que par signes. Elle avait été découverte au nord de l'Amérique par le capitaine Lewis, dont la relation avait été insérée dans les *Transactions philosophiques*, et qui même avait amené à Philadelphie un de ces hommes extraordinaires. Procès-verbal de l'interrogatoire de cet homme et de ses réponses, ou pour mieux dire de ses signes, fut dressé par le président des États-Unis. On remarqua surtout que les signes dont se servit ce sauvage étaient à peu près les mêmes que ceux des élèves de l'abbé Sicard. Après qu'on se fut épuisé en conjectures sur un phénomène qui paraissait si bien constaté, qu'on se fut demandé si ces hommes manquaient de l'organe de la parole, s'ils avaient usé de leur intelligence pour inventer ce langage mimique, si leurs signes étaient arbitraires ou convenus et communs à toute la peuplade, on prit le parti qu'il aurait fallu prendre le premier jour : on eut recours aux personnes capables de fournir de nouveaux renseignements. On s'adressa donc à M. Warden, secrétaire du ministre plénipotentiaire des États-Unis à Paris; et M. Warden écrivit au sénateur Mitchill à New-York pour lui demander de nouveaux détails, et ce savant répondit immédiatement en ces termes : « Je pense que, dans le compte qu'on vous a rendu sur l'existence d'une peuplade de muets dans l'Amérique du Nord, il s'est glissé des erreurs qui ont pu faire illusion en Europe. La relation du capitaine Lewis au président des États-Unis ne renferme rien de relatif à ce phénomène, et, ni comme membre du congrès auquel elle a été soumise, ni comme collaborateur du premier ouvrage périodique de l'Amérique, je n'ai reçu le moindre renseignement confirmatif. J'ai vu d'ailleurs plusieurs des agents indiens; j'ai visité à Washington les députés des Chérokees, et leur grand guerrier Double-Tête n'a pu rien me dire de positif sur cette peuplade d'hommes qui ne parlent point. — J'ai souvent conversé avec le colonel indigène Hawkin, chef électif de la nation des Criks, sur les moyens de civiliser les sauvages; j'ai eu plusieurs conférences avec les Canadiens Boilvin et Chouteau, qui connaissent parfaitement les Saks, les Renards, les Osages et beaucoup d'autres peuplades rouges de l'Ouest et du Nord-Ouest, et ni les uns ni les autres ne m'ont parlé de ces prétendus muets. Plusieurs voyageurs qui ont remonté le Missouri, et, entre autres, le capitaine Studdard qui, m'écrivant le 2 juin 1806, me parla encore de ces *hommes blancs avec la barbe* *et les cheveux rouges*, gardent tous le silence sur ceux dont il s'agit maintenant. — Voici, je pense, ce qui a donné lieu à l'histoire. On trouve dans les Transactions de la Société philosophique américaine un mémoire fort curieux de M. Dunbar de Natchez, sur les gestes significatifs et intelligibles de certaines peuplades indiennes de la rive occidentale du Mississipi. L'auteur a voulu démontrer que, parmi les nations de l'Occident, il se trouve un petit nombre d'individus, pantomimes parfaits, capables d'exprimer leurs idées par le mouvement des yeux, l'expression de la figure, des signes muets et autres semblables moyens, au point d'être compris par les autres sans le secours de la langue. Ces gestes ou ces signes sont tous formés sur des règles précises, de sorte que ceux qui s'en servent peuvent les appliquer à toute sorte de sujets. — Plusieurs personnes n'ont voulu voir dans le mémoire de M. Dunbar que l'exposition d'un système ingénieux, mais dénué de fondement réel; je crois qu'on l'a jugé sans connaissance de cause. J'ai vu moi-même, l'hiver dernier, un de ces

Indiens qui ne parlent que par gestes. C'était un *Ricar*; on donne ce nom à une des peuplades qui habitent au delà des vastes contrées qu'on trouve au nord du Missouri; il savait neuf ou dix langues indiennes avec leurs dialectes : nous l'appelions, mes amis et moi, le Sauvage savant. Outre cette grande connaissance de mots, il possédait très-bien l'art de s'exprimer par le jeu de la physionomie ou par des signes manuels qu'il employait avec une très-grande facilité, et j'ajouterai avec tant de justesse et d'à-propos, qu'après l'avoir observé quinze ou vingt minutes je compris plusieurs de ses signes. — Lorsque ces hommes voyagent, ils peuvent converser sans le secours du langage que souvent ils ignorent, car vous savez que le nombre des langues et des dialectes est infini chez les sauvages; aussi les sauvages font-ils le plus grand cas de leurs pantomimes, qu'ils regardent comme des interprètes universels. Le silence que gardent ces derniers ne provient donc d'aucun défaut dans l'organe de la voix, mais seulement de l'habitude qu'il ont contractée de ne point le rompre, et de la préférence que quelquefois ils donnent aux signes sur les mots. Ce Ricar est vraiment en ce genre un homme extraordinaire. Tout ce que l'histoire rapporte de Roscius et du Scythe qui pouvait tout exprimer par des gestes, m'a paru démontré par l'habileté d'un sauvage. — Nous arrivons maintenant à un objet essentiel : quelle était, quelle est encore la religion des Indiens, ou plutôt ont-ils une religion? On ne peut nier que parmi les diverses peuplades qui habitaient sur le sol américain du nord au midi, le plus grand nombre n'eussent aucune idée de la Divinité; mais dans les contrées équinoxiales, centre de la civilisation indienne, si l'on peut appeler civilisation l'état dans lequel les conquérants espagnols ont trouvé les Péruviens et les Mexicains, il y avait une religion qui se rapprochait beaucoup du panthéisme, mais n'était pas le polythéisme. Les Péruviens, sujets des Incas adoraient le soleil, auquel ils avaient bâti des temples; on ignore si leurs voisins avaient adopté ce culte; mais on peut les soupçonner d'indifférence religieuse. Des Européens qui ont habité chez eux pour apprendre leur idiome, n'y ont trouvé aucun mot qui pût rendre l'idée de la Divinité. « Quant aux Péruviens civilisés, dit Ulloa, ils adressaient leur culte au soleil; mais ils reconnaissaient une cause première à qui tout était subordonné. Ils tenaient des Incas cette doctrine qui resta inconnue aux autres nations. » Mais si, comme d'autres historiens le prétendent, et qu'Ulloa lui-même en convient, cette cause première était Pachacamac, et si le temple de ce dieu existait avant la conquête des Incas, ce n'était point de ces princes que les Péruviens avaient reçu leurs principes religieux. Mais est-il bien certain, au fond, quoi qu'en disent Garcilasso, d'Acosta et quelques autres, que les Péruviens distinguaient Pachacamac du soleil? N'est-il pas à présumer au contraire qu'ils les confondaient? — Pachacamac, suivant Ulloa, signifie *Dieu suprême, inconnu, créateur*. Garcilasso prétend que le vrai sens du mot est *âme du monde*; et si Garcilasso dit vrai, cette âme du monde qu'est-elle autre chose que le *Mens agitat molem* de Virgile, ou le *Naturæ potentia* de Pline, l'esprit qui anime la matière? Dans ce cas, et en supposant que cette doctrine venait des Incas, il s'ensuivrait que les Incas n'avaient aucune idée précise de la Divinité. D'un autre côté, d'Acosta donne à ce dieu invisible le nom de *Viracocha* (Maître suprême); il ajoute qu'on le désignait aussi par le nom de Pachacamac ou *Pachaca-chachic*, qui signifie Créateur de l'univers; et cependant ce même écrivain prétend qu'aucun mot de leur langue ne répond au Theos des Grecs, ou au Deus des Latins. D'autres écrivains, embarrassés par ces contradictions, tranchent la question en disant que Pachacamac était simplement le nom du soleil; les Indiens, en effet, étaient-ils capables de faire ces distinctions subtiles que les Espagnols leur prêtent? Les Indiens, encore aujourd'hui, n'ont pas l'idée d'un être visible qui soit supérieur au soleil. C'est vers cet astre que se dirigent leurs adorations secrètes; et lorsque, de l'aveu même des curés espagnols et des missionnaires, il est impossible de faire entrer dans leur tête une idée nette de la Divinité, comment supposer qu'autrefois leurs prêtres ont pu leur inculquer des idées abstraites et métaphysiques, qu'eux-mêmes n'auraient pu concevoir? — L'idole qui portait le nom de Pachacamac avait été placée dans le temple de la vallée de Cusco, par Couisman, qui régnait sur le pays avant Mango-Capac. Les Incas bâtirent plus tard d'autres temples en l'honneur du soleil, et ils restaurèrent celui de Couisman; toutes les idoles de ces divers temples portaient le nom de Pachacamac. Garcilasso, né d'un Espagnol et d'une Indienne, d'Acosta et quelques autres connaissaient peu la langue, les mœurs et la religion des vaincus ; mais ils voulurent en faire un peuple de sages, et à quelques faits positifs ils ont ajouté ce qui leur a paru vraisemblable. Ce qui faisait dire à Ulloa : « Je ne sais vraiment à quoi m'en tenir, quand d'un côté je lis ces historiens, et que de l'autre je considère l'état d'abrutissement de tous les Indiens de ces contrées. » — Tous les ans au solstice d'été, les Péruviens célébraient une grande fête qui durait neuf jours. Toute espèce de travail cessait pendant ce temps, dont une partie était consacrée à des pratiques de dévotion, et l'autre à de véritables saturnales que la populace signalait par toute sorte d'excès. Les femmes vouées au culte de Pachacamac pétrissaient une pâte qu'on appelait *cancou*, et qu'on convertissait en petits gâteaux. Ces gâteaux étaient distribués au peuple après avoir été légèrement teints de sang qu'on faisait couler du front ou des narines de jeunes enfants de cinq à dix ans. Tout cela avait lieu en présence de l'idole et de l'Inca. Les Mexicains formaient avec de la farine de maïs une statue colossale, qui était censée représenter leur dieu Vitzilipultzi : on la promenait par la ville, en brûlant devant elle la résine copal, après quoi on découpait cette masse en très-petits morceaux, qu'on distribuait aux assistants. Malheureusement on ne s'arrêtait pas là, et les prêtres de ce dieu de sang sacrifiaient sur son autel un malheureux prisonnier qu'on avait nourri et engraissé pendant un an. Sa chair était pareillement répartie entre les dévots qui la dévoraient crue et palpitante. D'Acosta prétend qu'avant de recevoir le cancou, les Mexicains allaient s'accuser de leurs péchés aux genoux des *Yschusirs* ou prêtres. Herrera, Ens, Linscot, parlent d'une coutume semblable dans le Yucatan; mais tous ces écrivains ont eu le grand défaut de vouloir juger des institutions religieuses ou civiles des Américains, avec les idées qu'ils avaient de celles de leur propre pays. Ce travers n'a-t-il pas conduit quelques-uns d'entre eux à faire la comparaison sacrilège de la cérémonie du cancou avec la communion des chrétiens? Garcilasso s'élève avec non moins de raison que de véhémence contre cet abus criminel, d'assimiler nos saints mystères aux pratiques du paganisme. Au surplus, quand on voit les Indiens modernes montrer pour la confession auriculaire une invincible répugnance, il est permis de soupçonner ici d'Acosta d'exagération. Voici comment Garcilasso explique ce qui a donné lieu à l'assertion de d'Acosta. Les Péruviens regardaient leurs princes comme fils du soleil, et toute désobéissance à leurs ordres était à leurs propres yeux un grand crime, qui leur faisait craindre la vengeance de Dieu. Dès qu'ils s'accusaient intérieurement de quelque infraction aux ordres du souverain, ils se rendaient volontairement devant le juge ou devant le prêtre qu'ils priaient, en avouant leur faute, de les protéger auprès du soleil. — Outre le grand Pachacamac, les Indiens avaient des dieux du second ordre, des génies, des dieux lares, qu'ils appelaient *guacas*. En général, ils déifiaient tout ce qu'ils aimaient ou qu'ils craignaient. Quand on s'éloignait des régions équinoxiales, on ne trouvait plus que de vrais sauvages, dont il serait bien difficile de dire s'ils avaient une religion. Quelques-uns pourtant avaient de grossières idoles, le plus grand nombre n'en avaient pas même l'idée. — Les Brésiliens, dit Laet dans son Histoire des Indes occidentales, redoutaient les esprits et les fantômes. Cela se conçoit de sauvages, qui par ignorance regardent comme des prodiges les phénomènes les plus naturels; mais que penser de Laet, qui se montre lui-même convaincu de la réalité des apparitions, bien que pourtant elles soient rares? *Rarius autem his spiritus inter illos apparent, licèt multi aliter tradiderint.* — Cette opinion de Laet repose sur une erreur d'observation; il s'est trouvé en Amérique beaucoup de peuplades qui, sans avoir aucune notion précise de la Divinité, croyaient à la résurrection des corps; mais pour avoir peur des esprits, il faut croire à la spiritualité et à l'immortalité de l'âme. Or, il est bien avéré que la plupart des indigènes américains, tout à fait étrangers à ces idées métaphysiques, végètent avec leur corps, sans savoir si dans ce corps il y a une âme, et du moins sans distinguer l'âme du corps. Ils jugent d'eux-mêmes comme ils le font des animaux, dans lesquels ils ne séparent pas le corps de l'instinct. Ainsi, ce n'est point des esprits que les Américains ont peur, c'est de leurs corps ressuscités. — Pour apprécier justement cette grossière théogonie des Indiens, il suffit de jeter un coup d'œil sur les croyances de quelques-unes de leurs tribus. Les Moscas adoraient le soleil et la lune; certains panégyristes de la nature sauvage ont ajouté, sans aucune preuve, qu'ils reconnaissaient l'existence d'un Être supérieur; c'est avoir fait beaucoup d'honneur aux Moscas. Les

Maros n'avaient ni temples ni idoles, mais ils adoraient deux grandes masses pyramidales de roche, dont l'une avait trois cents pieds de diamètre; c'était au pied de ces rochers qu'ils sacrifiaient les prisonniers et les étrangers, et qu'après avoir teint du sang des victimes l'immobile base du dieu, ils faisaient de leur chair des festins sacrés. A Bogota on immolait aussi les prisonniers, et c'étaient toujours les plus jeunes; les indigènes avaient pour idole un rocher de forme ronde. D'autres adoraient une statue de bois fort grossièrement faite, couverte de plumes et toute bariolée de couleurs diverses, etc. On ne finirait pas si l'on voulait dire comment chaque peuplade se représentait la Divinité. — Certains voyageurs européens arrivés en Amérique avec leurs idées religieuses, et souvent aussi avec leurs préjugés, n'ont pu concevoir qu'il existât des peuplades ayant aucune connaissance de Dieu; ils ont cherché parmi ces peuples une religion qui ne s'y trouvait point; ils ont interprété arbitrairement des actes qui n'avaient qu'un rapport apparent avec le culte qu'ils supposaient, et dont ils s'obstinaient à retrouver partout les traces. Ils ont prêté aux sauvages des idées abstraites qui ne pouvaient se former dans leurs faibles cerveaux, et là viennent les contradictions qu'on remarque entre plusieurs relations de la même époque, et se rapportant au même pays. — Ainsi, en parlant des peuplades qui végètent sur la côte occidentale de la mer de Baffin, l'un des officiers qui accompagnaient le capitaine Ross, commandant de l'expédition envoyée par l'Angleterre au commencement de 1815, à la recherche du fameux passage du nord-ouest, prétend que ces peuples avaient une idée distincte de l'Être suprême et d'une autre vie, tandis que le capitaine Ross lui-même assure qu'ils n'en avaient pas la moindre notion, et que, lorsque son interprète interrogea sur ce point l'*angecoe*, c'est-à-dire le savant ou le sorcier de la peuplade, celui-ci répondit que tout ce qu'on savait, c'était que les morts allaient dans la lune. Encore eut-il soin d'ajouter qu'il n'y avait que les angecoes qui eussent ces connaissances élevées, tout à fait étrangères aux hommes de la tribu. — La grossièreté de ces mythes se retrouve dans les cérémonies funèbres, qui presque partout avaient pour principe le dogme de la résurrection des corps, entièrement dégagé de toute idée d'immortalité et de spiritualité de l'âme. Dans les contrées septentrionales de l'Amérique, à la mort d'un chef ou d'un parent, on se réunit, on pleure, on gémit, et on boit la chicha, jusqu'à ce que chacun des assistants ait perdu avec la raison, le souvenir du défunt. Quand l'ivresse est dissipée, on place dans le tombeau du défunt ses armes, ses ustensiles et plusieurs plats chargés de mets. Quand il s'agissait de quelque éminent personnage, on assommait autrefois ses femmes et ses domestiques pour les enterrer avec lui. Les efforts des Européens pour détruire cet usage barbare n'ont pas eu beaucoup plus de succès que ceux des Anglais dans l'Inde, pour empêcher les veuves de se brûler avec leurs époux. — Dans quelques tribus, on brûlait les corps; d'autres les desséchaient au feu sans les consumer, et ils obtenaient par ce moyen des espèces de momies qu'ils conservaient avec soin. — Les indigènes de Bogota ouvraient les corps, en enlevaient toutes les parties molles, enveloppaient le reste de bandes d'étoffe, et les inhumaient ainsi emmaillotés. Ceux de Cartame conservaient soigneusement dans leurs cases ces restes précieux; ceux de Santa-Marta renfermaient dans les guacas ou tombes, de l'or, des émeraudes, des ornements d'or ou de cuivre, des pierres précieuses; aussi les conquérants, non moins avides que les Arabes bédouins, chercheurs de momies et de trésors, devinrent-ils violateurs des tombeaux, au grand scandale des naturels. Ces recherches impies produisirent beaucoup d'or. Les corps étaient placés au fond de leurs tombeaux, parés de toutes sortes d'ornements, sous une espèce de voûte formée par de larges dalles de pierre placées horizontalement. Une couche de terre recouvrait les dalles, et on traînait par-dessus des arbres coupés au pied pour les garantir des atteintes des bêtes féroces. Ces précautions ne les sauvèrent pas de la cupidité espagnole. — On ne peut nier que la coutume de brûler les morts n'ait existé en Amérique, mais il paraît qu'on n'y avait recours que dans quelques cas extraordinaires. Ainsi après une grande bataille ou une épidémie, les habitants des rives de l'Orénoque formaient des bûchers immenses, où ils jetaient tous les cadavres. En 1748, dit M. de Humboldt, les Parécas livrèrent aux flammes, non-seulement les corps des Tamanacas, leurs ennemis, restés sur le champ de bataille, mais encore tous ceux de leur propre nation. — Les objets trouvés dans les guacas de l'Amérique centrale annonçaient quelque industrie, et bien qu'en général les Indiens montrent pour les arts très peu d'aptitude; il y avait une exception à faire en faveur des naturels de la Nouvelle-Grenade. Quelques-uns savaient extraire le fer de leurs mines pour en fabriquer des colliers et des bracelets; les Moscas employaient l'or aux mêmes usages. Antoine Julian, historien de Santa-Marta, prétend qu'à l'époque de la conquête, on trouva, dans un petit temple placé au milieu des tombeaux, deux petits animaux de métal et deux colonnes de pierre assez bien travaillés. Les guerriers moscas qui défilèrent devant Gonzale de Quésada portaient tous des anneaux, des bracelets et des colliers d'or; à leur mort tous ces ornements étaient ensevelis avec eux. — Dans les Antilles, au Brésil, dans la Floride, dans la Virginie, chez les Iroquois, etc., on se coupe les cheveux en totalité ou en partie en signe de deuil; les femmes soumises à ce régime ne peuvent plus sortir de leurs cases, parce qu'on regarde comme une infamie dans les femmes, d'avoir les cheveux tondus. — A la mort d'un chef de famille, les Caraïbes détruisaient jusqu'aux fondements la hutte qu'il avait habitée, mais ils en construisaient une autre immédiatement sur la même place, bien différents des naturels de la mer de Baffin, qui évitent très soigneusement de bâtir leurs cabanes sur le lieu où ils ont vu mourir un de leurs proches. Les Péruviens muraient hermétiquement l'appartement dans lequel l'Inca était mort. — Toutes ces coutumes tenaient incontestablement au dogme grossier de la résurrection des corps; il en était de même de l'usage de laisser aux morts tout ce qu'ils avaient possédé pendant leur vie; et ces objets une fois déposés dans la tombe du défunt devenaient sacrés; personne ne voulait s'exposer à voir le mort lui redemander quelque chose; car les Indiens, comme nous l'avons dit, redoutent les apparitions, et la seule pensée qu'un mort peut revenir sur la terre, les fait encore frissonner. Ces bizarres idées en amènent d'autres qui ne le sont pas moins; ils pensent que le défunt conserve toujours un sentiment de prédilection pour la case qu'il a habitée; et c'est pour l'empêcher d'y revenir qu'ils la détruisent de fond en comble. En général, la peur que les Indiens ont des morts est telle, qu'ils craignent même de porter le nom du défunt. — Dans plusieurs contrées de l'Amérique du Sud, il existait un usage que les Européens n'ont pas encore réussi à déraciner. Dès qu'un individu était malade, on le transportait dans les bois, on déposait auprès de lui quelques provisions; après quoi on faisait sur lui les mêmes cérémonies que s'il eût déjà cessé de vivre, ensuite on l'abandonnait. Si par un bonheur extrême, il recouvrait ses forces ou qu'il ne fût pas dévoré par les bêtes féroces, on l'accueillait avec toutes les marques d'une vive allégresse. Si la maladie se prolongeait, on lui fournissait une provision nouvelle de vivres; s'il périssait, on l'enterrait sur le lieu même, et l'on avait grand soin de mettre dans sa tombe beaucoup de provisions, afin que de longtemps il ne fût pas obligé de pourvoir à sa subsistance. Par là on croyait se mettre à l'abri des apparitions. Pourquoi le mort serait-il revenu leur demander quelque chose, puisqu'on l'avait abondamment fourni de tout ce qui lui était nécessaire? Au reste, le malade qu'on allait ainsi exposer sans secours à toutes les horreurs d'une mort lente et hideuse ne faisait entendre aucun murmure: il avait appris dès son enfance à considérer son sort comme devant s'éprouver le sort qui l'attendait dans sa vieillesse. — On a souvent trouvé dans les guacas des vases de terre cuite, assez ressemblants aux vases égyptiens, grecs ou romains, qu'on rencontre fréquemment dans les ruines des édifices élevés jadis par ces peuples. Ils sont hauts, d'environ trois ou quatre pieds, et leur ampleur est proportionnée à cette hauteur; la partie inférieure se termine en pointe; le col long et droit s'évase en entonnoir. Il y a des vases beaucoup plus petits; les uns sont noirs; les autres blancs; les Indiens employaient des terres qui différaient entre elles par la couleur et la qualité; leurs descendants ont adopté des formes plus simples, mais bien plus grossières. On trouve encore dans les tombeaux des balances, composées des moitiés de calebasse, suspendues par des cordons aux extrémités d'un bâton qu'on élève au moyen d'un autre cordon attaché vers le milieu. Ces balances servaient à peser, au moyen de poids de pierre, le coton, la laine et le coca. Les autres denrées s'estiment à l'œil. Les balances des guacas sont quelquefois fort petites, et ont des plateaux d'argent faits en forme de cône renversé; on croit qu'elles étaient destinées à peser l'argent et l'or. Il est possible que les vases de terre cuite offrant par le haut un entonnoir, ne fussent que des mesures pour les grains ou pour les liquides. Quant aux étoffes qui recouvrent les corps, il y en a de blanches, et de rayées de bleu et rouge, deux couleurs que les Indiens tiraient de leurs végétaux. La plante sauvage

qu'ils appellent chaucha et de laquelle on fait usage encore aujourd'hui, donne une belle couleur bleue. Elle croît spontanément sur toutes les terres hautes. — On ne trouve plus maintenant ni or ni argent dans les tombeaux. Les conquérants ont porté en tous lieux des mains avides; partout où l'avarice a soupçonné un peu d'or ou d'argent, elle a fouillé, détruit, bouleversé. Aujourd'hui cette branche d'industrie ne produit plus rien, et les Espagnols du XVIe siècle n'ont rien laissé à leurs descendants. Toutefois on découvre encore de temps en temps dans les guacas des objets curieux, mais peu capables de tenter la cupidité. Ce sont de petits vases à boire de terre noire, grise, brune, rouge ou tirant sur le bleu. On dit que ces vases ressemblent à ceux des anciens Guanches des Canaries, mais qu'ils sont moins fragiles. Des chaînes, des bracelets, des figures d'idoles, quelquefois des émeraudes, se trouvent avec les vases quaqueros ou sépulcraux. — (V. MEXICAINS, PÉRUVIENS, ESQUIMAUX, PATAGONS, etc., GUACAS, ANTIQUITÉS AMÉRICAINES; et pour plus de détails, consultez Ulloa, de Humboldt, Frézier, d'Acosta, Schmider, Robertson, etc., etc.) — Nous avons dit que chez la plupart des peuples qui habitaient les contrées septentrionales de l'Amérique du Sud, à la mort d'un chef ou d'un parent, on se réunissait, on criait, on pleurait, on buvait jusqu'à perdre la raison; qu'ensuite on plaçait dans le tombeau du défunt ses armes, ses ustensiles et plusieurs plats chargés de mets, et qu'on assommait les femmes et les serviteurs du mort pour les enterrer avec lui. Les mêmes coutumes existaient chez les tribus germaines qui les ont répandues par toute l'Europe avec les modifications que la puissance du christianisme a opérées. Encore aujourd'hui dans l'Asie orientale, de l'Espagne et même dans les provinces du midi de la France, la mort d'un ami ou d'un parent est toujours célébrée, en quelque sorte, par un grand festin nocturne, heureusement on n'assomme plus les membres de la famille. — Les Américains du Sud étaient aussi dans l'usage d'enterrer des personnes vivantes avec les morts pour les mieux honorer. L'écrivain Garcilasso, qui était originaire du Pérou, n'a pas osé nier que le décès d'un Inca ne fût un arrêt de mort contre une infinité de personnes; seulement il prétend que les victimes s'immolaient volontairement; mais il a été fortement contredit par Zarata et d'autres écrivains. On sait bien que les Américains en général tenaient tous à la vie qui n'était pour eux qu'une espèce de végétation; toutefois il n'est pas probable qu'ils voulussent la perdre sans aucun fruit. Les Péruviens étaient trop stupides pour pouvoir acquérir cette conviction profonde que les brahmines savaient inspirer à leurs femmes et qui les faisait courir à la mort avec joie, dans l'espérance d'une plus heureuse vie dans le ciel. La coutume d'immoler avec les morts des personnes vivantes existe encore dans beaucoup de contrées de l'Afrique, et surtout chez le royaume de Dahomé et celui des Ashantis. — Les Natchez de la Louisiane avaient la même coutume; moins barbares que beaucoup d'autres indigènes, ils prenaient la précaution d'enivrer les malheureux dévoués à la mort et de les étrangler ensuite avant de les enterrer. — Les habitants de l'isthme de Darien enterraient les enfants avec leurs mères; ils alléguaient pour justifier cet usage que, ne pouvant nourrir des enfants en bas âge quand leur mère mourait, ils les tuaient pour les empêcher de mourir de faim. — Les sauvages du Paraguay, à la mort d'un parent, se coupaient une phalange d'un doigt de la main; c'était là un signe de douleur et de regret. A l'époque où leur pays fut visité pour la première fois par les Européens, on remarqua un grand nombre d'indigènes qui ne conservaient que peu de doigts entiers; ce qui avait fait dire à des voyageurs inattentifs que les sauvages de Paramaribo et des environs n'avaient que trois doigts à chaque main. Les missionnaires ont travaillé de toutes leurs forces à déraciner cet usage, et ils n'y ont réussi qu'imparfaitement. Les Californiens continuent, dit-on, de se mutiler. Les Hottentots et les Cafres se coupaient aussi un article de quelque doigt en signe de deuil. Les Hollandais et après eux les Anglais n'ont rien négligé pour faire cesser ces mutilations. — Il existe un usage beaucoup moins cruel, mais par compensation fort ridicule, commun à presque tous les sauvages de l'Amérique méridionale: chaque fois qu'une femme met au monde un enfant, le mari se couche et contrefait la malade. Ce fait n'est pas du reste particulier à l'Amérique. Marc-Paul a vu la même chose chez les Tartares; Strabon dit expressément que la même coutume régnait en Europe; et ce qui doit paraître un peu singulier, c'est qu'encore au milieu du siècle dernier elle existait chez les Béarnais. Diodore de Sicile a dit la même chose des habitants de l'île de

Corse. — On s'est livré à bien des conjectures, à bien des discussions oiseuses pour indiquer la cause probable de cet usage, et cette cause est encore une énigme. L'auteur de l'*Antiquité dévoilée* prétend que pendant tout le temps que le mari passait dans son lit il se condamnait à un jeûne très-rigoureux; mais des voyageurs modernes prétendent au contraire qu'ils se font servir les meilleurs mets. — On voit sur le sommet de plusieurs montagnes des tas de petits cailloux. D'Acosta appelle *apachites* ces divers sommets qui sont autant de lieux consacrés, car chacun de ces petits cailloux est une offrande à *Pachacamac* qui est le grand dieu des anciens Péruviens; il ne passe pas un seul individu sur ces montagnes qui n'offre au dieu quelque chose; s'il n'a rien dont il puisse disposer, il dépose un caillou; par ce moyen, il obtient un heureux voyage. Les anciens Grecs et plusieurs peuples de l'Orient, Arabes, Hindous, Tartares, etc., déposaient des pierres sur les carrefours ou chemins croisés. Les Grecs faisaient ce don à Mercure, et ils donnaient à ces pierres le nom d'hermachés. Les Égyptiens avaient le même usage : il en est fait mention dans les livres des Hébreux. Mais cet usage d'où pouvait-il venir? Il existe encore chez plusieurs peuplades indépendantes de l'Amérique une coutume analogue. Lorsque les sauvages parcourent un pays qu'ils ne connaissent pas, des forêts, de vastes plaines, ils prennent la précaution de semer de distance en distance des branches d'arbre ou de placer des tas de petits cailloux ou des pierres droites en guise de jalons, afin de retrouver leur chemin au retour. Plus tard la superstition a pu s'emparer de cette coutume, et chaque pierre devenir un dieu indicateur, un bon génie, un dieu terme; on aura fini par les adorer. Quand les Romains furent devenus maîtres de la moitié du monde connu, ils remplacèrent les hermachés par des bornes, et plus tard par des pierres milliaires. — Les Indiens en général enterraient leurs morts sous des monticules factices, qu'ils appelaient *huacas* ou *guàcas*; c'étaient les tumuli des anciens peuples du nord de l'Europe. Mais certaines peuplades voisines du Mississipi avaient une manière bien différente de rendre à leurs morts les derniers devoirs. On fabriquait avec des roseaux une espèce de lit ou d'estrade que supportaient des piliers de pierre hauts de cinq ou six pieds; on plaçait le cadavre sur ce lit funèbre et on l'entourait d'un treillage de roseaux ou de branches. On mettait près du lit du maïs, des gâteaux; on suspendait aux piliers les effets dont le défunt s'était servi; les femmes y attachaient leur chevelure ou seulement une tresse de leurs cheveux. Cela fait, on abandonnait le corps à la corruption. Cette coutume était, à fort peu de chose près, semblable à celle qu'observaient les Parsis ou Guèbres, adorateurs du feu; ils exposaient leurs cadavres au soleil dans un enclos fermé de hautes murailles, et ils les laissaient dans cet état jusqu'à ce qu'ils fussent desséchés par le soleil, consumés par le temps ou dévorés par les oiseaux de proie. Les Caraïbes, les Brésiliens, les indigènes de la Floride et de la Virginie coupaient leurs cheveux en signe de deuil, et ils les déposaient sur la tombe du parent ou de l'ami dont ils voulaient honorer la mémoire. Le deuil et la douleur étaient censés durer jusqu'au moment où les cheveux étaient revenus. Chez les Iroquois le même usage existait; mais, comme ils regardaient comme infâme la personne *du sexe* qui sortait ou se montrait sans cheveux, leurs malheureuses femmes passaient tout le temps du deuil dans la plus austère retraite. Il y avait une exception pour les hommes : les sauvages se sont toujours traités avec plus de douceur qu'ils n'en ont montré pour leurs femmes. Il existe encore chez tous ces peuples des traces de cet usage dont il est fait plusieurs fois mention par Hérodote et par Hésiode, parlant de certains peuples de l'Asie ou des provinces voisines. Encore aujourd'hui les Serviens déposent souvent dans le tombeau des personnes qui leur étaient chères une partie de leur chevelure. — On pourrait citer encore beaucoup de traits de ressemblance entre les coutumes qu'on a remarquées dans les deux mondes : les armes, les ustensiles, l'usage des masques, les vêtements de peaux d'animaux et beaucoup d'autres choses fourniraient des objets de comparaison, et la comparaison prouverait la ressemblance. « Tout cela, dit le savant espagnol Ulloa, nous fait penser que les premiers hommes qui ont passé en Amérique ont dû être en grand nombre; car des usages aussi nombreux et aussi variés ne pouvaient se sauver de l'oubli qu'autant qu'ils seraient connus et pratiqués par tout un peuple. » Cette observation qui est très-juste montre le peu de fondement de l'opinion de ceux qui veulent que l'Amérique ait été peuplée par quelques individus jetés sur les côtes par les vents ou par des naufrages; mais quelques individus n'auraient pu connaître qu'un petit nombre

de procédés ou n'auraient eu que des usages particuliers. Peut-être même, suivant la classe à laquelle ils auraient appartenu, ils n'auraient pu ni pratiquer les choses qu'ils connaissaient ni en enseigner aux autres la pratique. Pour faire de la toile il ne suffit pas de savoir qu'on la fabrique avec du fil de coton ou de lin; il faut se procurer du fil, un métier, etc., et surtout savoir s'en servir. J. DE MARLÈS.

AMERS (*marin.*). Les marins désignent par ce nom certains objets qu'ils ont remarqués sur les côtes, soit qu'ils s'y trouvent naturellement, comme un rocher, un arbre, etc., soit qu'ils y aient été placés à dessein, comme une tour, une colonne, etc. : ce sont des espèces de jalons qui tracent la route que doivent suivre les vaisseaux, tant pour trouver l'entrée d'une passe ou d'un chenal, que pour éviter des écueils et des brisants. A. D. M.

AMERS (*médec.*). On désigne sous ce nom générique tous les médicaments dont la saveur est amère, et qui presque tous appartiennent au règne végétal. Ces amers, où la chimie moderne a trouvé en dernière analyse une substance cristallisable, et qui peut se convertir en sels par l'application des acides, contiennent d'ordinaire quelque principe aromatique, salé ou non, ou bien des huiles volatiles, ou des substances résineuses : ces sortes de médicaments sagement administrés entretiennent ou même augmentent les forces; mais dans beaucoup de cas l'usage en est dangereux, comme, en général, dans les affections scorbutiques. On les emploie avec plus de succès contre les vers des intestins. On s'en sert aussi comme de fébrifuge. — On désigne assez souvent par le nom d'*amer* la vésicule du fiel du bœuf et de plusieurs autres animaux. X. X.

AMÉRUTHE ou **AMÉRYTHE**, bourg de la haute Galilée, que Josèphe fortifia, ainsi que Jamnia et Charabé, lors de la guerre des Juifs contre les Romains, comme il nous l'apprend lui-même dans le livre de sa vie (Josèphe, *de Vitâ suâ*, pag. 1013). Cet historien énumérant ailleurs (*de Bello Jud.*, lib. II, cap. XLVII) les lieux qu'il avait fortifiés, nomme, entre autres, Méro, ce qui a fait dire à Cellarius (*Géogr. antiq.*, liv. III, ch. XIII, p. 487) : « Vox *Mero* consonat aquis *Merom*, quæ Samachanitis lacus sunt, ut conjicere possis, ibidem Farsan sitam fuisse. » D. Calmet dit de son côté : « Il y a assez d'apparence qu'Améruthe est le même que *Méroth*, qui termine la haute Galilée du côté de l'occident (Josèphe, *Ant.*, l. III, c. II). » C'est peut-être le *Mara des Sidoniens*, dont il est parlé dans *Josué*, XIII, 4. J. G.

AMERVAL (ÉLOI DE), né à Béthune vers la fin du XIVe siècle, publia un traité de morale en rimes françaises, sous le titre de *Livre de la diablerie*; Paris, 1508, in-fol. Ce livre, imprimé en caractères gothiques, est devenu très-rare. A. D. M.

AMES (GUILLAUME), né à Norfolk en 1578, calviniste ardent et professeur de théologie à Franeker, écrivit en latin sur le cas de conscience, et principalement contre Bellarmin. Sa controverse a toute l'aigreur de son zèle. Cet ouvrage parut d'abord en Hollande, où il a été réimprimé en 5 vol. in-12, 1658. Il mourut à Rotterdam, à l'âge de cinquante-sept ans. — Un autre Anglais du même nom (JOSEPH), postérieur d'un siècle au précédent, et secrétaire de la Société des Antiquaires de Londres, où il est mort en 1759, avait commencé par vendre des allumettes dans le quartier de Wapping. On ignore quelles circonstances le déterminèrent à s'occuper d'antiquités. Il a laissé un ouvrage intitulé : *Antiquités typographiques d'Angleterre, d'Écosse et d'Irlande*; Londres, 1749, in-4°, fig., réimprimé avec de nombreuses additions de William Herbert, 1790, 3 vol. in-4°; réimprimé encore en 1810, et postérieurement, avec des augmentations nouvelles du fameux Dibdin (*V.* ce mot). Cette troisième édition, imprimée avec beaucoup de soin, se compose de sept volumes. — Les Etats-Unis ont eu aussi un savant du même nom d'Ames. Il naquit vers le milieu du XVIIIe siècle, dans la petite ville de Dedham, dans le Massachussets, et il se fit remarquer de bonne heure par son talent oratoire dans les discussions politiques qui s'engagèrent entre les colons et la métropole, et qui se terminèrent par la séparation définitive. En 1789, il fut nommé représentant de la province, et, durant tout le cours de sa législature, il n'a cessé de prendre la parole dans toutes les occasions importantes. On dit de son genre d'éloquence qu'elle était simple et dénuée de vains ornements, mais qu'elle était forte, vigoureuse, énergique, ce qui lui donnait d'autant plus d'ascendant sur l'assemblée, qu'il semblait moins chercher ce résultat. La puissance de sa parole, ajoute-t-on, était telle sur ses auditeurs, qu'ils étaient souvent entraînés malgré eux. On se souvient encore aux Etats-Unis de la séance du 23 avril 1796, où, appelé à voter après qu'Ames eut cessé de parler, un membre d'une opinion opposée s'écria « Messieurs, je ne saurais donner mon vote dans ce moment : l'assemblée et moi-même nous sommes encore sous l'influence du discours que vous venez d'entendre. » Ames est mort en 1808, après avoir fortement contribué à modifier les traités conclus avec l'Angleterre. A. A.

AMESTRIS. *V.* AMASTRIS.

AMÉTAMORPHOSE (*entomologie*). Quelques naturalistes indiquent par ce mot une particularité que présentent plusieurs ordres d'insectes, celle de ne point subir de métamorphoses, et de naître à peu près tels qu'ils seront toujours : les nigriapodes, les arachnides et autres sont dans ce cas. J. B.

AMÉTHYSTE. L'améthyste, qu'on a longtemps regardée comme une pierre précieuse d'une nature particulière, n'est qu'une espèce de quartz ou de cristal coloré, d'un violet à nuances très-variées, quelquefois très-pâle, et quelquefois tirant sur le rouge : cette couleur est même si peu solide qu'elle se perd à une chaleur peu forte. Quand l'améthyste est d'un beau violet, elle ne manque pas d'éclat et elle acquiert du prix : on s'en sert pour orner l'anneau pastoral des prélats, ce qui lui a fait donner le nom de *pierre d'évêque*. Les joailliers emploient l'améthyste quand elle est d'une belle teinte sur toute la pierre, ce qui est assez rare : le plus souvent cette teinte est plus foncée en certains endroits qu'en d'autres; il y a même des cas où, sur la même pierre, la couleur dégénère jusqu'au blanc. — Cette pierre, commune en Sibérie, en Allemagne, en Espagne, se rencontre près des filons métalliques. Si on la trouve en grandes masses, on en fabrique des vases, des boîtes et des objets de fantaisie. L'améthyste orientale se distingue de celle d'Europe par sa dureté et une couleur plus intense et plus également répartie; c'est un véritable corindon violet. Les anciens employaient l'améthyste aux mêmes usages que les modernes; mais ils y attachaient plus de prix, parce qu'ils supposaient dans cette pierre la merveilleuse propriété d'empêcher l'ivresse, ou, pour mieux dire, de garantir des effets ordinaires de la boisson trop abondante. N. M. P.

AMÉTHYSTE (*ois.*). C'est une des plus jolies espèces du genre oiseau-mouche; la couleur améthyste qui orne sa gorge lui a mérité ce nom. (*V.* OISEAU-MOUCHE.) J. B.

AMEUBLEMENT. On entend par ce mot l'assortiment complet des meubles de tout genre qui garnissent une pièce, un appartement, une maison. L'ameublement est ou peut être riche, élégant, magnifique, humble et mesquin, suivant le goût et la fortune de ceux qui s'en servent. Dans l'Orient, l'ameublement était, en général, d'une grande richesse; l'or et l'argent, l'ivoire et l'azur, brillaient sur les murs et sur le parquet. En Égypte, il se composait de figures hiéroglyphiques à mi-relief, incrustées d'or et de pierres précieuses. Dans la Perse, il consistait principalement en tapis superbes. Les Grecs, les Romains avaient des tableaux et des sculptures. L'ameublement des peuples nomades, arabes, tartares, et celui des sauvages, encore aujourd'hui, se compose de quelques nattes de jonc et de quelques pots de bois ou de terre; tout est relatif. Chez tous l'ameublement se proportionne aux besoins réels ou factices. (*V.* MEUBLES, GLACES, TENTURES, TAPISSERIES, etc.) X. X.

AMEUBLISSEMENT (*jurisp.*). L'ameublissement est une fiction de droit par laquelle on fait passer un immeuble à l'état de meuble. Ainsi on appelle *clause d'ameublissement* la convention par laquelle un des époux s'engage à faire entrer dans la communauté un ou plusieurs de ses immeubles présents ou à venir. Comme cette clause est dérogatoire du droit commun, elle doit être restreinte aux termes du contrat qui la renferme. — Il y a plusieurs espèces d'ameublissements : l'ameublissement est *général* ou *particulier*; *général*, quand il comprend l'universalité des immeubles; *particulier*, quand il ne comprend que certains immeubles spécialement désignés. Il est encore *déterminé* ou *indéterminé*; *déterminé*, quand l'époux déclare ameublir un ou plusieurs immeubles en totalité ou jusqu'à concurrence d'une certaine somme; *indéterminé*, quand l'époux ameublit simplement *ses immeubles* aussi jusqu'à concurrence d'une certaine somme. — L'effet de ces deux clauses est différent : la clause d'ameublissement déterminé a pour effet de rendre la communauté propriétaire de l'immeuble ameubli comme des meubles mêmes; du reste, il faut dire que, si l'immeuble n'était ameubli que jusqu'à concurrence d'une certaine somme, le mari ne pourrait l'aliéner qu'avec le consentement de sa femme, mais qu'il pourrait toutefois l'hy-

pothéquer jusqu'à concurrence de ladite somme : l'ameublissement indéterminé, au contraire, ne rend pas la communauté propriétaire; toutefois le mari ne peut aliéner sans le consentement de sa femme, mais il peut seulement hypothéquer jusqu'à concurrence de la somme promise. — Il n'y aurait pas d'ameublissement dans le cas de promesse d'apport sur le prix de tel immeuble; on ne verrait là qu'une *convention d'apport*. Le conjoint qui a ameubli indéterminément peut déterminer ensuite son ameublissement, ce qui ne change rien au contrat de mariage. Il n'y a là, en effet, qu'un fait tendant à expliquer, et, qui plus est, à exécuter les clauses du contrat de mariage (Toull., t. XIII, n° 337; Bell., t. III, p. 145). A la dissolution de la communauté, l'époux qui a ameubli doit comprendre dans la masse pour la *somme promise* quelques-uns de ses immeubles. Cet époux a du reste le droit de retenir, disons mieux, de reprendre l'héritage ameubli, en le précomptant sur sa part, lors du partage, et ce droit passe à ses héritiers. — Lorsqu'on stipule la clause d'ameublissement pour les immeubles *futurs*, on n'entend parler que de ceux qui ne sont pas conquêts de communauté, mais bien acquis à titre gratuit. (*V.* les art. 1505 à 1509 du Code civil.) A. L.

AMEUBLISSEMENT (*agric.*). On appelle ainsi l'opération par laquelle on augmente ou l'on diminue la compacité du sol par le mélange de matières étrangères, afin de lui donner le degré de porosité nécessaire tant pour la libre circulation des eaux et des sucs terreux, que pour que les racines des végétaux puissent s'étendre facilement en tout sens. (*V.* AMENDEMENT.) A. A.

AMHARA. Il a été un temps, et malheureusement ce temps dure encore pour bien des gens, où l'on croyait se faire un grand nom de penseur et de philosophe, en affectant de mépriser les travaux des anciens voyageurs missionnaires; comme si, parce que ces hommes allaient au péril de leur vie prêcher l'Évangile aux sauvages et aux idolâtres, toutes leurs relations étaient empreintes de mensonge; comme si des hommes assez courageux pour s'exposer à la mort, dans le seul but d'éclairer leurs frères, ne pouvaient être que des fanatiques remplis de préjugés. Qu'un païen, au contraire, ait proclamé quelque maxime philosophique, on ne trouve plus assez de termes louangeurs dans la langue pour vanter dignement l'écrivain, qui *peut-être* n'aurait pas donné un seul cheveu de sa tête s'il s'était agi pour lui-même de mettre son précepte en pratique. Bien différent fut toujours le sort de nos vertueux missionnaires; ils ont été presque honnis par le monde, on a ri de leurs relations, on a fait ostentation d'incrédulité pour tout ce qu'ils nous ont dit; mais enfin, lorsqu'on a vu que les voyageurs modernes, non suspects de vouloir marcher sur les traces de ces pieux personnages, confirmaient pleinement leurs récits; qu'ils ne voyaient ni mieux, ni plus loin; que souvent même ils restaient au-dessous de leurs devanciers, on a commencé de comprendre qu'on pouvait être missionnaire et en même temps historien ou observateur exact et fidèle. En fait, beaucoup de pays nous seraient encore inconnus s'ils n'avaient été visités par les missionnaires. De ce nombre est, sans contredit, l'ancienne Éthiopie, plus connue aujourd'hui sous le nom d'Abyssinie; car les voyages de Bruce et de Pearce sont loin de rien ajouter aux notions que nous tenions des missionnaires Alvarez et Lobo (*V.* ces mots). Il y a même dans l'Abyssinie de vastes contrées où Pearce, l'un des derniers qui ont fait le voyage d'Abyssinie, n'a point pénétré; telle est la province d'Amhara, l'une des plus fertiles de toute cette région. Dans la relation de son voyage d'Arkiko à Tigré, Angot et Amhara, le P. François Alvarez, attaché comme aumônier à l'ambassade portugaise, rend un compte, sinon géométriquement exact, du moins intéressant et curieux de la belle province d'Amhara. Il arriva d'abord à un lac, large d'une lieue sur trois de longueur, au milieu duquel s'élevait, dans un île, un monastère consacré à saint Étienne. Les religieux, dit-il, faisaient une ample récolte de cédrats, de citrons et d'oranges; mais les eaux du lac servaient de retraite à des voisins incommodes, des *gomaras* ou hippopotames. Le pays est traversé par plusieurs chaînes de montagnes, qui sont en général cultivées jusqu'à leur sommet; on y recueille plusieurs sortes de grains, du maïs, du froment, de l'orge. Les plaines, bien arrosées par des canaux artificiels, paraissaient très-fertiles. Alvarez remarqua beaucoup d'églises chrétiennes. L'art des belles routes y était encore inconnu; celles des montagnes ne consistaient guère qu'en défilés très-étroits, où l'on marche entre un précipice ou des rochers perpendiculaires. Ces défilés étaient fermés par des portes qui ne s'ouvraient que moyennant le payement d'un droit. L'entrée de cette province paraît aujourd'hui interdite aux étrangers;

le voyageur Pearce n'a pu y pénétrer. Les récits de Jérôme Lobo diffèrent peu, pour le fond, de ceux d'Alvarez.

AMHARIQUE (*langue*). C'est la langue que parlent les habitants de la province d'Amhara et les Abyssiniens, instruits de tout l'empire. On dit que vers l'an 1300, Jean Amlok, vainqueur de la dynastie Zugéenne, alors régnante, ayant transféré le siége de son gouvernement à Shoa dans l'Amhara, la langue amharique devint la langue de la cour et successivement celle des classes élevées dans toute l'Abyssinie. Au reste cette langue a plusieurs dialectes : Macrysi en compte cinquante. Toutefois l'ancienne langue de l'Éthiopie, le ghize, continue d'être celle des savants et des officiers publics. Il existe même une loi, s'il faut s'en rapporter à Bruce, par laquelle il est défendu, sous peine de mort, de traduire l'Écriture sainte du ghize en amharique. On a dit que cette dernière langue n'était qu'un dialecte corrompu de l'idiome sémitique; il est probable que l'amharique, de même que tous les autres dialectes de l'Éthiopie, dérive de l'ancien arabe de l'Yémen. — Ludolf a publié une grammaire amharique, dans laquelle il a inséré la traduction d'un chapitre de saint Luc; il dit lui-même qu'il avait eu pour maître l'auteur d'un dictionnaire amharique-italien assez incomplet et dont l'original existe à Paris dans la bibliothèque royale. Depuis Ludolf, il a été fait diverses traductions de plusieurs parties de la Bible, ce qui prouve que, si la loi, dont parle Bruce existe ou a existé, elle est tombée en désuétude.

E. L.

AMHERSTIA. C'est une belle fleur de l'Inde orientale, ainsi nommée en l'honneur de la comtesse Amherst et de sa fille, dont le père, William Pitt, comte Amherst, a été chargé en 1816, par la compagnie anglaise, d'une mission dans la Chine. Cette fleur, de la classe du diadelphia dicandria de Linné et de l'ordre des légumineuses, est originaire du pays des Birmans ou Ava; elle est remarquable par sa grandeur, la beauté de ses formes et le brillant de ses couleurs, ce qui lui a fait donner l'épithète de *nobilis*. X. X.

AMIABLE (à l'), AMIABLEMENT, AMIABLE COMPOSITEUR (*droit*). Ces mots, qui ont tous la même signification, s'appliquent au procédé qui consiste à terminer une contestation ou un procès sans plaider, sans employer les voies judiciaires. On dit, dans ce cas, terminer une contestation à l'amiable, transiger amiablement, et les parties peuvent agir par elles-mêmes, rédiger leurs conventions entre elles ou les faire rédiger par un amiable compositeur. On désigne plus particulièrement par ce dernier nom l'individu qui s'est entremis pour rapprocher deux personnes divisées d'intérêts. Son office n'est pas le même que celui de l'*arbitre*; car celui-ci remplit véritablement les fonctions de juge, il est obligé d'adjuger à chacun ce qu'il croit lui appartenir aux termes de la loi; au lieu que l'*amiable compositeur* n'agit que suivant la volonté des parties, tout en engageant les contestants à se relâcher mutuellement de leurs droits. Il ne suffit pas qu'un mandataire ait le pouvoir de transiger pour faire l'office d'*amiable compositeur*, sa procuration doit contenir formellement le pouvoir de composer, d'agir comme amiable compositeur, à défaut de quoi tout ce qu'il aurait fait serait nul (*V.* ARBITRAGE, ARBITRE, COMPOSER).

S-R, père.

AMIANTE, substance minérale, nommée par Haüy asbeste flexible, de couleur verte, grisâtre ou blanche; elle consiste en faisceaux de filets soyeux et longs, plus ou moins déliés; elle est assez commune dans le Piémont et la Savoie, le Tyrol, la Hongrie, la Corse, l'île de Chypre, le Cap, sur les bords de l'Oural, etc. Douce, légère et flexible, bien que formée de matières qui composent les pierres les plus dures, elle est incombustible. Les anciens, qui connurent les propriétés de l'asbeste, s'en servirent pour fabriquer des tissus et des toiles qu'ils employaient pour envelopper les cadavres qu'on brûlait, afin d'en retirer les cendres pures de corps étrangers. Les linceuls de toile d'amiante, trouvés dans des tombeaux, ne permettent guère de révoquer ce fait en doute. On en fabriquait aussi, dit-on, du linge de table qu'on passait par le feu pour le blanchir. Pour parvenir à faire des tissus d'amiante, on le faisait macérer dans l'eau chaude, puis on le battait comme on bat le lin et le chanvre, on le cardait et on le filait. Dans les temps modernes on en a fait des mèches de lampe, de la toile, de la dentelle, du papier, etc. M. Aldini a proposé de faire des casaques d'amiante pour les pompiers; il serait à désirer que cette proposition reçût une exécution que l'humanité réclame en faveur de ces hommes courageux, dont le dévouement ne connaît point de bornes, et qui, plus d'une fois, périssent victimes de leur zèle (*V.* ASBESTE, INCOMBUSTIBLE).

N. M. P.

AMIBE, AMIBA (*zooph. infus.*). Ce genre renferme des infusoires d'une petitesse telle, qu'il faut pour les observer se servir de microscopes d'un pouvoir amplifiant considérable. Les amibes sont dépourvues d'appendices et d'organes de rotation; leur corps contractile, d'une transparence parfaite, semble n'avoir aucune forme propre; il en change à chaque instant à la volonté de l'animal; c'est pour cela que Muller, qui a formé ce genre, lui a donné le nom de protée. Les espèces d'amibes sont assez nombreuses; quelques-unes, en petit nombre, habitent les eaux de la mer, les autres vivent dans les eaux douces, parmi les conferves, les lenticules et autres plantes aquatiques; on les rencontre rarement dans les infusions. Les espèces les plus remarquables sont : l'amibe divergente (amiba divergens), qui, suivant M. Bory de Saint-Vincent, prend la forme des lettres V, X, Y, ou celle du squale marteau, ou encore celle d'une planaire avec des tentacules de limace; l'amibe oie (amiba anser), qui prend souvent une forme qui rappelle assez bien celle d'une oie, ce qui lui a fait donner le nom qu'elle porte. J. B.

AMICI, physicien et professeur de mathématiques à Modène à la fin du XVIIIe siècle. En 1811, il présenta aux membres de l'observatoire de Milan un télescope de dix-sept pieds de foyer, garni intérieurement de miroirs d'un métal très-dur et d'un poli parfait, qu'il avait composé lui-même. On lui doit aussi des microscopes excellents et fort recherchés par les naturalistes et les minéralogistes. X. X.

AMICLÈS, AMICLÉE, etc. (*V.* AMYCLAS, AMYCLÆ, etc.)

AMICO. Plusieurs écrivains italiens ont porté ce nom. Le plus connu est Antonin, chanoine de la cathédrale de Palerme et historiographe de Philippe IV; il mourut en 1746. On a de lui : *Thesaurus antiquitatum Siciliæ*, imprimé à Leyde, in-fol., 1723. — *Bernardin*, religieux franciscain, fut prieur de son ordre, à Jérusalem en 1596 : il a laissé un traité des plans et images des édifices sauvés de la terre sainte, dessinés à Jérusalem; Florence, 1620. Les gravures de cet ouvrage sont de la main du fameux Callot. — *Vito Marie*, moine du mont Cassin, qui vivait dans le XVIIe siècle, est auteur de la *Sicilia sacra dissertationibus et notis illustrata*, imprimée à Catane, en 1693. A. A.

AMICT, *s. m.* C'est l'une des parties du vêtement sacerdotal communes aux évêques et aux simples prêtres. Il consiste en un linge bénit que l'officiant met autour de son cou et sur ses épaules, quand il s'habille pour dire la messe. L'amict se posait anciennement sur la tête, en mémoire, disent les canonistes, soit du voile que, lors de la passion, les soldats jetèrent sur la face de Jésus-Christ, soit de la couronne d'épines dont ils ceignirent son front. Dans la manière plus récente de porter l'amict, quelques commentateurs de la liturgie ont vu le symbole de la pureté et de la prudence qui doivent présider aux discours des prêtres. — L'amict dont on ne peut plus se servir, soit parce qu'il est usé, soit autrement, ne doit être ni vendu ni donné. Il faut alors le brûler et en répandre les cendres dans le sanctuaire. L. M. C.

AMIDA. C'est le grand dieu des Japonais, créateur et conservateur, réunissant en lui seul les attributs du Brahma et du Vishnou de l'Inde; on le représente avec une tête de chien, sur un cheval à sept têtes, tenant à la main un cercle d'or; quelquefois on le voit avec trois têtes, ou même avec sept. Il a passé sept mille ans sur la terre, après s'être incarné comme Vishnou. Les Japonais ont pour Amida la plus grande vénération. A. A.

AMIDA. C'était une ville de la Mésopotamie, située près des sources du Tigre, laquelle fut assiégée, prise et ruinée par Sapor (Shapour), roi de Perse, suivant le récit d'Ammien Marcellin. A. A.

AMIDE (*chim.*), est un corps non isolé, c'est-à-dire qui ne se trouve qu'en combinaison avec d'autres corps. C'est un de ces radicaux qui n'existent, jusqu'à un certain point, qu'hypothétiquement, et qui, par conséquent, sont niés par quelques chimistes et admis par d'autres. Quand on chauffe de l'oxalate d'ammoniaque dans une cornue à une chaleur graduée, il se produit une substance blanche, solide, volatile, qui ne réagit ni comme une base, ni comme un acide, enfin une substance azotée indifférente. C'est cette substance que M. Dumas a appelée *oxamide*. En l'analysant, on trouve qu'elle contient les mêmes éléments que l'oxalate d'ammoniaque, *moins un équivalent d'eau*. ($C^2 O^3 + Az^2 H^6$ oxamide. — $C^2 O^3 Az^2 H^6$ oxalate d'ammoniaque). Ceux qui doublent le poids du carbone représentent le carbone dans l'acide oxalique par $C4O^3$; ce qui est tout à fait indifférent (*V.* CARBONE). En mettant l'oxamide en contact, soit avec l'acide oxalique hydraté, soit avec l'ammoniaque, on fait reparaître l'oxalate d'ammoniaque. Il reprend donc son équivalent d'eau avec une très-grande avidité. Ce corps n'est point d'une très-grande importance sous le rapport matériel proprement dit; mais on lui a fait jouer un assez grand rôle sous le rapport théorique. M. Dumas a émis une théorie fort ingénieuse, en ce qu'il compare par analogie les combinaisons de l'azote avec l'oxygène, aux combinaisons de l'azote avec l'hydrogène. Les premières sont bien connues et exactement définies, mais malheureusement il n'en est pas de même des dernières; car, parmi les combinaisons de l'azote avec l'hydrogène, il n'y a que $Az^2 H^6$, c'est-à-dire l'ammoniaque, correspondant à $Az^2 O^3$ (acide azoteux), dont l'existence ne puisse être révoquée en doute. Voici le tableau comparatif des combinaisons:

$Az^2 O$ (protoxyde d'azote).. $Az^2 H^2$ (corps hypothétique).
$Az^2 O^2$ (deutoxyde d'azote). $Az^2 H^4$ (corps hypothétique).
$Az^2 O^3$ (acide azoteux..... $Az^2 H^6$ (ammoniaque).
$Az^2 O^4$ (acide hypoazotique. $Az^2 H^8$ (ammonium, corps non isolé).
$Az^2 O^5$ (acide azotique. .... $Az^2 H^{10}$ (corps hypothétique).

— L'amide est un de ces corps hypothétiques; il est représenté, dans le tableau précédent, par $Az^2 H^4$, correspondant à $Az^2 O^2$. — L'amide se comporterait, suivant M. Dumas, absolument comme le chlore ou le cyanogène dans leurs combinaisons avec les métaux. Ainsi dans l'oxamide, l'oxyde de carbone ($C^2 O^2$ ou $C^4 O^4$) jouerait le rôle d'un métal, de manière que l'oxamide pourrait être mieux appelé *amidure d'oxyde de carbone*. L'ammoniaque elle-même ne serait, d'après cette théorie, qu'un *amidure d'hydrogène* $= Az^2 H^4 + H^2$. L'ammonium, au lieu de H^2, prendrait H^4, de sorte qu'on pourrait aussi représenter l'ammonium comme un *amidure bihydrogéné* $= Az^2 H^4 + H^4$. Il en serait de même des autres combinaisons d'amide, du benzamide, etc.— Quelque séduisante que soit la théorie de M. Dumas, nous ne pouvons point la partager entièrement, depuis que M. Loevig de Zürich a démontré, d'une manière presque évidente, que les prétendus amidures peuvent être regardés comme de véritables *cyanures*. Si cela est vrai, l'amide, corps imaginaire, doit être rayé de la chimie, en substituant à sa place le cyanogène, corps réellement existant. M. Loevig (Voy. *Annalen v. Poggendorf*, v. XL, 1837) prend pour point de départ de ses recherches l'acide formique et le formiate d'ammoniaque. L'acide formique peut être considéré, suivant ce chimiste, comme une combinaison d'hydrogène et d'acide oxalique; et, en effet, en chauffant l'acide oxalique hydraté, on obtient de l'acide formique. Or, le formiate d'ammoniaque chauffé donne, à la distillation, de l'eau et du cyanogène combiné avec de l'hydrogène, en d'autres termes, de l'acide cyanhydrique, d'après la formule suivante:

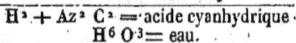

$$H^2 + C^2 O^3 = \text{acide formique}$$
$$Az^2 H^6 = \text{ammoniaque}$$
$$\overline{}$$
$$H^2 + Az^2 C^2 = \text{acide cyanhydrique}$$
$$H^6 O^3 = \text{eau}.$$

De son côté, l'oxalate d'ammoniaque chauffé donne, à la distillation, de l'oxamide, c'est-à-dire un corps qu'on peut représenter par 1 atome de cyanogène et 2 atomes d'eau (*cyanure bihydraté*). Car, en chauffant ce corps avec du potassium, on obtient du cyanure de potassium avec dégagement d'une vive lumière. Or ce dégagement de lumière a lieu seulement avec un peu plus d'intensité, en chauffant directement du cyanogène avec le potassium. On peut donc admettre que le cyanogène existe tout formé dans l'oxamide. On sait, en outre, que l'acide cyanhydrique et l'eau produisent, dans certaines circonstances, du formiate d'ammoniaque, comme l'a très-bien démontré M. Pelouze. Et, dans ces mêmes circonstances, l'oxamide est changé en oxalate d'ammoniaque. Voici cette réaction remarquable:

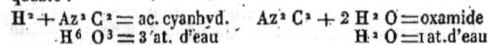

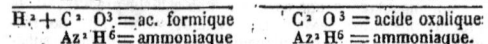

$$H^2 + Az^2 C^2 = \text{ac. cyanhyd.} \quad Az^2 C^2 + 2 H^2 O = \text{oxamide}$$
$$H^6 O^3 = 3 \text{ at. d'eau} \quad\quad H^2 O = \text{1 at. d'eau}$$
$$\overline{}$$
$$H^2 + C^2 O^3 = \text{ac. formique} \quad C^2 O^3 = \text{acide oxalique}$$
$$Az^2 H^6 = \text{ammoniaque} \quad\quad Az^2 H^6 = \text{ammoniaque}.$$

—Ainsi, en résumé, quand on réfléchit que, d'une part, le formiate d'ammoniaque chauffé donne de l'acide cyanhydrique et de l'eau, et que de l'eau, réagissant sur l'acide cyanhydrique, reconstitue le formiate d'ammoniaque; que, d'autre côté, l'oxalate d'ammoniaque chauffé fournit un corps qui, avec le potassium, donne du cyanure de potassium, et que ce même corps (-oxamide), soumis au contact de l'eau, reconstitue l'oxalate d'ammoniaque; quand on réfléchit, dis-je, à toutes

ces réactions, il faudra être bien difficile pour ne pas croire qu'on a réellement affaire à des cyanures.   F. HOEFER.

AMIDON (*arts et métiers*). Quoique les chimistes confondent ensemble, sous le nom générique de *fécule* (*V.* ce mot) l'amidon ou fécule des céréales, avec toutes les matières analogues que peuvent fournir les végétaux, cependant, comme cette matière amylacée particulièrement désignée sous le nom d'amidon, offre dans son extraction une branche d'industrie particulière, nous nous bornerons à la considérer sous le rapport des arts. — La difficulté de séparer l'amidon du gluten que contient toujours la farine résultant de la mouture des céréales est probablement la cause première de l'établissement de ces vastes fabriques où l'on travaille journellement à cette séparation; car la facilité d'extraire les fécules des autres végétaux rend inutiles les grandes usines. — L'on pourrait faire remonter fort loin l'origine des amidonneries, puisque leurs produits, suivant Pline, étaient déjà connus des habitants de l'île de Chio. Quels étaient les procédés que l'on employait alors pour l'extraction de l'amidon? nous l'ignorons; mais celui qu'on emploie parmi nous, et que la police tolère, produit pour les voisins de ces fabriques tous les inconvénients qui présente la putréfaction des matières organiques. — En effet, ce procédé repose sur la décomposition putride du gluten contenu dans les farines, car voici comme on agit : on fait d'abord moudre la farine assez grossièrement, et de manière à ne retirer que 12 kil. de folle farine d'un hectolitre de blé pesant 150 kil.; alors on délaye ce grau en bouillie liquide dans une barrique défoncée par le haut; on se sert d'une eau acidulée, produit d'opérations antérieures; on laisse reposer cette bouillie trois ou quatre semaines. Quand la fermentation putride s'est établie, un chapeau se forme à la surface, des bulles d'odeur infecte se dégagent, et lorsque cette décomposition est terminée l'on trouve dans le tonneau plusieurs couches superposées : ainsi, c'est d'abord une couche supérieure liquide d'eau aigre et opaque que l'on décante au siphon; puis vient un dépôt demi-liquide, assez salé, que l'on enlève avec des cuillers plates sans remuer, autant que possible, le tonneau, et finalement on arrive à une troisième couche, ferme et blanche, composée entièrement d'amidon; mais cet amidon, tel qu'il est au fond du tonneau, est malpropre et demande à être épuré. On le délaye dans de l'eau, et on jette ce liquide amylacé un tamis en crin, afin d'en séparer le son et les autres impuretés. L'amidon ainsi filtré est séparé de l'eau qui le couvre, délayé dans de nouvelle eau et passé à travers un tamis de soie, sur lequel reste un mélange d'amidon et de substances étrangères; mélange auquel on donne le nom de *gros noir*. Ensuite on renouvelle à deux reprises le lavage et le filtrage à travers des tamis dont les mailles augmentent graduellement de finesse. Après ce dernier tamisage on décante une partie de l'eau, on meut la bouillie qui reste et on l'étend sur des toiles au milieu d'une aire en plâtre ou dans des séchoirs bien aérés, puis on l'expose à une chaleur de 45 degrés dans des étuves; ce qui dessèche rapidement l'amidon et le force à se fendiller et à prendre la forme de petits faisceaux de baguettes carrées accolées les unes aux autres. — Ce procédé, qui ne produit habituellement que 45 à 48 pour 100 de bel amidon et 8 pour 100 de gros noir, infecte tous les alentours des amidonneries, puisqu'il se trouve toujours dans ces fabriques des centaines de barriques remplies de matières livrées à la fermentation putride; de plus, il donne lieu à une perte considérable d'amidon; car il n'est pas possible que le gluten et le phosphate de chaux de la farine se dissolvent sans que des acides ne se forment et qu'une partie de l'amidon ne se transforme en matière sucrée par suite de cette même décomposition. — Aussi tous ces inconvénients ont depuis longtemps porté les industriels à chercher un nouveau mode pour extraire l'amidon des céréales sans le secours de la fermentation, et tout porte à croire que l'époque n'est pas éloignée où, dans l'intérêt de la salubrité, l'on pourra prohiber entièrement l'ancienne méthode. — Celui qui a marché le premier avec quelque chance de succès dans la voie des améliorations, c'est M. Guin, qui, en 1819, après avoir ramolli ses grains dans l'eau à une température douce, en les y laissant tremper six jours en hiver et quatre en été, les écrase dans un moulin à meule verticale et conique, dans le genre des moulins à café, et construit de manière à permettre à un filet d'eau d'arriver continuellement dans la coquille supérieure du moulin, de se charger de l'amidon et de l'entraîner avec elle par l'ouverture d'un déversoir qui se trouve près des bords de la coquille, tandis que le son et le gluten tombent au fond du moulin. Par ce moyen on n'avait à craindre aucun des inconvénients de la fermentation.

30.

Plus tard , M. Herpin proposa pour l'extraction de l'amidon le lavage des farines transformées en pâtes sous un filet d'eau. Quelques années après , M. Martin, pharmacien de Verviers, appliqua ce procédé en lui faisant subir quelques modifications; ainsi il a exposé au-dessous d'un tuyau à tête d'arrosoir un tamis ovale de 50 centimètres de longueur et doublé de toile métallique du n° 16 : il a fait laver journellement par deux femmes 700 kilogrammes de pâte, préparée à l'eau froide, contenant environ 500 kil. de farine, en la fractionnant par 5 kil. à la fois, et en ne consommant que deux mille litres d'eau ; puis il a fait séparer les dépôts à la manière habituelle; au moyen de ce procédé, qui, pour cette quantité, n'exige, outre ces deux femmes, que le travail d'un homme pour séparer les dépôts et préparer la pâte de manière qu'elle ne vieillisse jamais plus de six heures, et celui d'un autre homme chargé de la conduite de l'étuve, il a obtenu 275 kil. d'amidon fin , 150 de gluten frais, et des eaux de lavage qui, après avoir été exposées à une fermentation alcoolique, ont donné 45 litres d'alcool à 19 degrés ; en résultat 55 pour 100 de bel amidon et 10 pour 100 de gros noir. MM. Thuez, Dubrunfaut et plusieurs autres, ont également fait pressentir l'intention de monter divers établissements pour extraire l'amidon sans le secours de la fermentation; mais cet amidon, il est bon d'en prévenir les industriels, faute d'être privé de son phosphate de chaux , pourra peut-être présenter de légers inconvénients dans quelques applications ; il est probable aussi qu'un simple lavage préalable de cette matière à l'acide acétique les fera disparaître sans avoir besoin de recourir à une préparation qu'il serait véritablement utile de rayer de la liste des procédés industriels permis par les lois. — L'usage de l'amidon est assez étendu ; et il sert particulièrement, après avoir été converti en une gelée opaque connue sous le nom d'empois, à l'apprêt des étoffes ; cet empois est le résultat de la décomposition de l'amidon par environ 15 fois son poids d'eau exposée à une température de 60 à 70 degrés; l'acide sulfurique et la diastase ou germe provenant de la germination de l'orge transforment, en outre, l'amidon et toutes les fécules en un liquide sucré que l'on applique depuis trois ans fort en grand à la fabrication des sirops communs, et surtout des bières blanches; cette transformation en matière sucrée a également lieu en faisant bouillir l'empois avec le gluten ; mais la décomposition de celui-ci n'étant jamais absolue, il en résulte un très-médiocre produit ; enfin , l'amidon peut produire encore de l'acide oxalique quand on l'expose à froid à une réaction lente et prolongée d'une quantité suffisante d'acide nitrique concentré, comme M. Pelouze l'a constaté à la fin de septembre 1838. Les acides et les alcalis produisent aussi sur l'amidon et les fécules diverses autres réactions, mais sans application dans les arts. Ajoutons que cette matière , si souvent employée dans la falsification du chocolat et d'une multitude d'autres substances, laisse heureusement toujours reconnaître aisément sa présence par le caractère extrêmement important qu'elle possède de se colorer en bleu, en violet ou en noirâtre, lorsqu'on la met en contact avec une teinture d'iode dissous dans l'eau ou de l'alcool, et cela quelque petite que soit la quantité de matière amylacée, et quelle que soit la nature ou l'espèce des végétaux dont on a extrait l'amidon ou la fécule.

J. ODOLANT-DESNOS.

AMIDONNIERS (salubrité publique). Les amidonneries ont été rangées par la loi dans la première classe des établissements insalubres, et ce n'est pas sans raison, car il s'en exhale constamment une odeur fétide et délétère. Aussi un décret impérial du mois d'octobre 1810 a-t-il relégué ces établissements loin des quartiers populeux, et il n'est même permis d'en former qu'avec une autorisation spéciale. Deux édits de 1742 et 1771 contiennent à ce sujet plusieurs règlements de police à l'exécution desquels il serait à désirer qu'on tînt la main : de ce genre est la défense aux boulangers d'employer aucune farine provenant de blés germés, et aux nourrisseurs les résidus ou marc d'amidon. Les procédés employés pour l'extraction de l'amidon exposent les malheureux ouvriers à des affections de poitrine qui commencent par une grande difficulté de respirer et conduisent promptement à la mort. Il est rare de voir des amidonniers atteindre l'âge de quarante ans ; s'ils se sont livrés jeunes à ce dangereux métier; il est peu d'hommes qui puissent le supporter plus de vingt ou vingt-cinq ans. Malheureusement le mal est à peu près sans remède, si le malade ne se hâte, dès les premières atteintes qu'il en ressent, de quitter l'amidonnerie. Tous les moyens qu'on a pris pour neutraliser ou détourner la vapeur acide qui s'exhale continuellement de l'amidon et des eaux sures, ont été jusqu'à présent insuffisants. Si, comme

on l'a dit au mot amidon, on parvient à extraire cette substance par les nouveaux procédés que d'heureux essais peuvent perfectionner encore, les inconvénients disparaîtront, du moins en très-grande partie.

J. L. G.

AMIE, amia (pois.) Genre de la famille des clupes, établi sur une seule espèce. L'amie chauve, amia calva, qui en est le type, a le corps allongé, écailleux, non comprimé comme celui des autres poissons de la même famille; la tête couverte de plaques osseuses; une sorte de bouclier osseux, entre les branches de la mâchoire inférieure; les deux mâchoires armées de dents coniques fortes et pointues, derrière lesquelles on en voit d'autres plus courtes disposées en pavé ; une nageoire dorsale, qui prenant naissance entre les pectorales et les ventrales, s'étend jusque près de la caudale ; les narines prolongées en deux tubes charnus , et , ce qui est très-remarquable, la vessie natatoire celluleuse comme les poumons des reptiles. — L'amie chauve habite les rivières de la Caroline, et se nourrit d'écrevisses. On la mange rarement.

J. B.

AMIENS, ancienne capitale de la Picardie, aujourd'hui chef-lieu du département de la Somme, avec évêché, cour royale, tribunaux de première instance et de commerce, bibliothèque publique, jardin botanique, etc., peuplée, d'après les derniers recensements, d'environ 46,000 habitants, est une ville très-ancienne, qui portait le nom d'Ambianum, lorsque Jules-César entreprit la conquête des Gaules, et qu'on a désigné plus tard sous le nom de Samarobriva, à cause de sa position sur la Somme (Samara). Amiens, assez bien située au milieu d'une vallée fertile, mais dénuée d'arbres, cet ornement de la campagne, renferme plusieurs édifices qui méritent d'être vus; mais parmi ceux se distingue la cathédrale, monument précieux de l'architecture sarrasine, remarquable par l'élégance, la hardiesse, et en même temps la légèreté de ses formes; ce qui n'ôte rien à la solidité des constructions. Ces constructions commencèrent l'an 1220 , et se terminèrent les années suivantes, sur les dessins de Robert de Luzarches. Cette ville possède un grand nombre de manufactures de draps, de casimirs, d'indiennes, de velours, de tapis, etc.; elle fournit aussi au commerce des cuirs et des savons. C'est la patrie du maréchal d'Estrées, sacrifié par Louis XV aux caprices de madame de Pompadour, qui voulut substituer au général d'armée, un favori de la cour. Voiture et Gresset ont aussi reçu le jour dans Amiens. — Ce fut dans Amiens que le fier Édouard III, après avoir échoué dans ses prétentions au trône de France, dont il était le plus proche héritier par les femmes, fut contraint de venir rendre hommage à son compétiteur Philippe de Valois en 1329 , pour toutes les possessions qu'il avait en France; rivalité funeste qui a fait couler des torrents de sang durant plusieurs siècles ; car dans les deux dynasties de France et d'Angleterre, la haine devint héréditaire comme les prétentions. Ce fut aussi dans Amiens qu'en 1802 fut conclu entre la France et la Grande-Bretagne, un traité qui semblait devoir assurer sur de solides bases la paix continentale, et qui ne fut gardé par le ministre Pitt que jusqu'au moment où , pressé par le gouvernement français d'exécuter les clauses du traité par l'évacuation de Malte, il crut pouvoir lui répondre par une déclaration de guerre au nom d'une coalition nouvelle. Les victoires de Hohenlinden, de Zurich et de Marengo avaient réduit l'Autriche à demander la paix ; d'un autre côté, Paul Ier, empereur de Russie, fatigué de voir l'Angleterre dominer jusque sur la Baltique, avait formé contre elle une ligue où la Suède et le Danemark étaient entrés. Le même prince avait conclu en même temps un traité d'alliance avec la France victorieuse, et le roi de Prusse y avait accédé. Le roi d'Espagne de son côté, de même que la république batave, faisaient cause commune avec la république consulaire. Le ministère Pitt venait d'être dissous : M. Addington qui remplaçait Pitt, sentit qu'il ne pouvait lutter seul contre l'Europe entière ; il négocia, des préliminaires furent échangés, et la paix conclue le 27 mars. L'Angleterre s'obligeait à rendre Malte à l'ordre de Saint-Jean de Jérusalem ; la France, de son côté, consentait à évacuer Naples, et la république batave à indemniser le prince d'Orange. Mais bientôt, pour éluder la remise de Malte, on allégua contre la France qu'elle avait des intentions d'agrandissement ; on prétendait la soumettre à des indemnités en faveur du roi de Sardaigne ; on demanda l'évacuation par les troupes françaises de la Batavie et de l'Helvétie. La France résista, et le cabinet de Saint-James, après avoir envoyé le 10 mai 1803, un ultimatum inadmissible, fit suivre huit jours après l'ultimatum d'une déclaration de guerre : la coalition était déjà recomposée.

N. M. P.

AMILCAR. Ce nom a été commun à plusieurs généraux ou

suffètes carthaginois. Le premier dont il soit fait mention fut vaincu en Sicile par Gélon, en 480 avant J.-C. Poursuivi par les vainqueurs jusque sur ses vaisseaux, il tomba sous le fer dès Siciliens, qui mirent le feu à la flotte. Malgré ce mauvais succès, les Carthaginois, au rapport d'Hérodote, le mirent au rang de leurs demi-dieux. — Le second, surnommé Rhodanus, se rendit auprès d'Alexandre, lorsque ce prince envahit l'Égypte; il tâcha de gagner la confiance du prince, afin de connaître les projets de conquête; et il y parvint. Quand il fut assuré qu'Alexandre ne songeait point à Carthage, Amilcar y rentra, et pour prix de sa fidélité, il fut livré au supplice sur l'accusation de trahison. — Un autre Amilcar fut envoyé par les Carthaginois au secours des Syracusains qu'assiégeait le tyran Agathocle. Celui-ci triompha par des monceaux d'or de ce dangereux ennemi, et Syracuse, livrée à ses seules ressources, ne tarda pas à succomber. Le sénat de Carthage condamna son général à la mort; mais Amilcar était alors à Syracuse, où il mourut de maladie, en 311 avant J.-C., avant même d'avoir connaissance de la sentence rendue contre lui. — La même année, le fils de Giscon, aussi appelé Amilcar, fut envoyé en Sicile pour prendre le commandement des troupes carthaginoises. Amilcar conquit assez facilement une partie de la Sicile; mais il échoua devant Syracuse; et tandis qu'Agathocle voguait avec ses vaisseaux vers Carthage pour y attirer Amilcar, ce dernier voulant profiter de l'absence du tyran pour s'emparer de sa capitale, tomba malheureusement au pouvoir des Syracusains qui le mirent à mort, l'an 309 avant J.-C. — Le cinquième Amilcar, surnommé Barcas, est le plus célèbre de tous. Après avoir désolé la Sicile pendant cinq ans, il subit à la fin la fortune des Romains, et le consul Lutatius le vainquit dans un combat naval. Carthage, épuisée d'hommes et d'argent, fut obligée de consentir à une paix onéreuse. Amilcar de retour dans sa patrie, étouffa la révolte des mercenaires que le sénat privait de la solde arriérée, et celle des esclaves qui s'étaient réunis aux premiers. Les rebelles s'étaient déjà rendus maîtres de plusieurs villes, et ils menaçaient Carthage elle-même. L'ingrate patrie, deux fois sauvée par Amilcar, écouta les viles délations de quelques calomniateurs qui l'accusaient d'aspirer au pouvoir souverain. On n'osa pourtant pas sévir contre lui, parce qu'on craignait l'armée qui lui était dévouée. Mais Amilcar s'exila de lui-même; il se rendit en Espagne avec une poignée de soldats, comptant sur la conquête de la Péninsule; si ce projet lui réussissait, il se passerait du secours des Carthaginois, conduirait une armée d'Espagnols dans la Gaule, s'unirait étroitement avec les Gaulois, ennemis naturels des Romains, et marcherait à la conquête de l'Italie. Telles sont du moins les intentions que lui prêtent les anciens historiens; mais au moment où, vainqueur des Espagnols, il se disposait à passer en Italie après neuf ans de combats, il fut tué dans une bataille qu'il livra aux Vettons, l'an 228 avant J. C. Tite-Live, si suspect de partialité, quand il s'agit de Rome, convient que cette mort retarda de plusieurs années les désastres qui l'assaillirent plus tard. On prétend qu'avant de mourir, Amilcar avait fait jurer à son fils, âgé seulement de neuf ans, haine implacable et éternelle au nom romain. Cet enfant de neuf ans prononça le serment avec énergie, et il le tint : c'était Annibal. On attribue à Amilcar la fondation de Barcino (Barcelone.) — On trouve encore deux autres généraux carthaginois du nom d'Amilcar; l'un, commandant de Mélite ou Malte, fut livré avec sa garnison au consul Sempronius, l'an 218 avant J.-C.; l'autre, fils de Bomilcar, fut vaincu, trois ans après, par les Scipions, dans l'Espagne bétique. On n'est pas d'accord sur les circonstances qui accompagnèrent sa mort. Les uns le font périr vers l'an 200 au siége de Crémone; les autres le réservent pour orner le triomphe du consul Cn. Cornélius, qui le vainquit et le fit prisonnier sur les bords du Mincio, l'an 197 avant J. C. On peut consulter pour l'histoire de tous les Amilcars, Hérodote, Justin, Polybe, Cornélius-Nepos, Tite-Live, Pline, etc.

J. DE MARLÈS.

AMILICHUS, de μειλιχος (doux comme le miel) et de l'α privatif. C'est le nom d'une petite rivière de l'Achaïe qui se jetait dans la mer au sud de Patræ (Patras). Sur le bord de l'Amilichus s'élevait un temple consacré à Diane, et dans lequel on immolait tous les ans un jeune garçon et une jeune fille. C'était à cause de cette coutume barbare qu'on avait donné à la rivière le nom d'amère, odieuse, Amilichus. Lorsqu'on eut aboli les sacrifices humains, on supprima du nom de la rivière l'α privatif, et on la désigna par celui de Milichus. N. M. P.

AMIN-BEN-HAROUN. Ce prince monta sur le trône des Califes vers l'an 808 (193 de l'hégire) après la mort du fameux Haroun-al-Raschid, son père. Son frère Mamoun, mécontent de se voir au second rang, tandis qu'il se croyait plus digne qu'Amin d'occuper la première place, chercha de toutes parts des partisans, et il en trouva. L'émir d'Égypte, Hatem, dit Macrisy, s'était déclaré pour lui; il y eut des soulèvements dans plusieurs villes; toutefois, l'émir ayant été battu et destitué, les rebelles se dispersèrent et tout parut rentrer dans l'ordre. Mamoun seul continuait de se plaindre; il paraît qu'Amin s'était engagé à partager avec lui le pouvoir et qu'il usait de tous les moyens pour éluder sa promesse. Les Égyptiens attachés à Mamoun se révoltèrent de nouveau. Le nouvel émir Djaber essaya vainement de les retenir dans la soumission; un des généraux mêmes d'Amin se rendit en Égypte pour faire révolter les troupes qui proclamèrent Mamoun (811). L'émir fut chassé; Amin eut recours à la ruse pour enlever des partisans à son frère. Il écrivit aux habitants du Hâuf (c'est le nom que les Arabes donnent à la partie orientale du Delta, depuis le vieux Caire jusqu'à la mer), qu'il donnait le gouvernement de la contrée à Rabiah-ben-Kaïs, chef des Arabes de Kaïs; tous ces Arabes se déclarèrent aussitôt pour Amin, qui envoya des troupes pour les soutenir; mais Amin étant mort peu de temps après, Mamoun fut reconnu sans opposition, non-seulement en Égypte, mais à Damas et dans tout l'empire abbasside.

N. M. P.

AMIOT (le père), jésuite, né à Toulon en 1718, fit partie de la mission apostolique envoyée en Chine en 1749. Arrivé à Macao l'année suivante, il fut, au bout de quelques mois, mandé par l'empereur qui voulut l'attacher à sa personne. Le père Amiot se conduisit avec tant de prudence et de circonspection, qu'aimé et respecté de tous, sans que la faveur dont il jouissait excitât la jalousie, il continua de vivre à Pékin jusqu'à sa mort arrivée en 1794. Le zèle qu'il ne cessa de montrer durant quarante ans pour les intérêts de la religion et la propagation du christianisme, ne l'empêcha pas de se livrer avec ardeur à l'étude des langues chinoise et tatare-mandcheoue; et par là il ouvrit aux savants de sa patrie une source de connaissances nouvelles. La langue chinoise avant lui était inconnue en Europe, et toute la science des orientalistes les plus exercés se réduisait à la possession de quelque liste de mots ou de signes extrêmement incomplète. C'est au père Amiot que la France et l'Europe sont redevables des travaux immenses qui leur ont dévoilé les mystères de la langue, de la littérature et de l'histoire des Chinois, travaux que quelques-uns de ceux qui en ont profité auraient presque voulu pouvoir répudier, parce que le bienfait leur venait d'un religieux. Parmi les nombreux ouvrages qu'a laissés le laborieux Amiot, on doit placer au premier rang son Dictionnaire chinois ou tatare-mandcheou-français, qu'il envoya manuscrit de la Chine, et qui fut publié par les soins de MM. Langlès et Bertin, 3 vol. in-4°, Paris, 1789, et sa Grammaire abrégée de la langue tatare-mandcheoue, imprimée dans le tome XIII des Mémoires concernant les sciences, les arts et l'histoire des Chinois. Ses autres principaux ouvrages sont : 1° Lettre sur les caractères chinois; 2° Art militaire des Chinois, ou recueil d'anciens traités sur la guerre, composés, avant l'ère chrétienne, par des généraux chinois, in-4°, Paris, 1772; 3° De la musique des Chinois anciens et modernes, ouvrage d'autant plus précieux que l'auteur, très-bon musicien lui-même, était plus que tout autre en état de comparer la musique orientale à celle de l'Europe; 4° Abrégé historique des principaux traits de la vie de Confucius, Paris, 1784, in-4°; 5° Éloge de la ville de Moulkden, poëme chinois de l'empereur Kien-long, Paris, in-8°, 1770. Le père Amiot a composé, en outre, beaucoup de mémoires sur des points intéressants de l'histoire ou de la littérature chinoise, imprimés ou réimprimés, de même que la plupart des ouvrages précédents, dans les Mémoires concernant l'histoire, etc., 16 vol. in-4°, Paris, 1776-1814.

D. E.

AMIRAL. C'est aujourd'hui un grade qui équivaut dans la marine à celui de maréchal de France dans les armées de terre. Avant le ministère de Richelieu, il n'y avait en France qu'un seul amiral, et l'amiralat était une des grandes dignités du royaume; car l'amiral connaissait en dernier ressort de tout ce qui concernait la marine, police des ports, commerce, administration de la justice, navigation, armements, etc. Richelieu craignit, non sans raison, le crédit qu'une telle charge pouvait donner à celui qui la posséderait; la charge d'amiral fut supprimée et il se nomma lui-même surintendant de la navigation. Louis XIV rétablit l'amiralat en 1669; mais il se réserva le droit de nommer tous les officiers de marine, de donner directement ses ordres aux commandants des flottes ou escadres, et d'autoriser lui-même l'amiral à prendre le commandement des armées navales, lorsqu'il le jugerait convenable. Malgré ces restrictions, l'amiral jouissait encore de très-grandes prérogatives, nommait à beaucoup d'emplois, prélevait un dixième sur toutes les prises, avait une portion des amendes prononcées par l'amirauté, etc.; et le produit de tous ces droits, devait être considérable, puisqu'en y renonçant en 1759 le duc de Penthièvre, alors amiral, reçut une indemnité annuelle de cent cinquante mille livres. La dignité d'amiral, supprimée une seconde fois à la révolution, fut de nouveau rétabli par Napoléon, en faveur de son beau-frère Murat, pour qui au surplus l'amiralat ne fut et ne devait être qu'un vain titre. Louis XVIII fit revivre l'ancien amiralat et il en décora le duc d'Angoulême. En 1830, on s'aperçut que si une escadre française agissait concurremment avec une autre escadre, le commandement n'appartiendrait jamais à un officier français, puisque la marine n'avait que des vice-amiraux et des contre-amiraux; le gouvernement, voulant faire cesser un tel état de choses, créa trois amiraux. — L'Angleterre eut autrefois, comme la France, un grand amiral. Après la mort du prince de Danemark, époux de la reine Anne, cette charge fut supprimée, ou du moins il n'y eut plus de nomination pendant un siècle. M. Canning, durant son ministère, avait donné ce titre au duc de Clarence, qui, plus tard, est monté sur le trône, sous le nom de Guillaume IV. Aujourd'hui le grand amiral est remplacé par les lords de l'amirauté : c'est une commission composée de plusieurs membres à la nomination du roi. — Lorsque c'est un amiral qui commande une flotte, son pavillon est en tête du grand mât. Le pavillon du vice-amiral se place au mât de misaine, celui du contre-amiral au mât d'artimont. Il y a dans les ports un vaisseau-amiral sur lequel se tiennent les conseils de guerre. C'est aussi sur ce vaisseau que sont exécutées les sentences de ce conseil.   J. L. G.

AMIRAL (moll.), belle espèce du genre cône, qui présente un grand nombre de variétés, qu'on a désignées sous les noms de grand amiral, vice-amiral, contre-amiral, etc. D'autres espèces du même genre ont encore été nommées ainsi. (V. CÔNE.)   J. B.

AMIRANTE. Titre qui, dans l'ancien royaume de Castille et Léon, répondait à celui de grand amiral en France. L'officier qui en était revêtu jouissait d'un très-grand pouvoir. Pour diminuer ce pouvoir en le divisant, les rois de Castille en créèrent un second, qu'on désigna sous le nom de Séville. Quand l'autorité royale consolidée a permis au prince de ne plus redouter les grands, l'amiralat de Séville a été supprimé. Cette dignité, au surplus, n'était guère accordée dans les derniers temps qu'à un infant d'Espagne, ce qui la réduisait à n'être qu'honorifique sans donner d'influence réelle.   A. A.

AMIRANTES (ILES). C'est un archipel de l'océan Indien, au sud-ouest des Séchelles ou Seychelles. Il se compose de onze îlots fort petits, ouvrage des polypes, presque à fleur d'eau et liés entre eux par un banc de même matière, c'est-à-dire de corail, de sable et de quelques débris végétaux apportés par les vents. Cet archipel, privé d'eau douce, n'est ni habité ni habitable; mais les habitants des Séchelles s'y rendent dans la belle saison pour la pêche du caret et des tortues, qu'on y trouve abondamment.   X. X.

AMIRAUTÉ. On appelait autrefois ainsi en France une juridiction spéciale qui connaissait de toutes les affaires relatives à la navigation et au commerce, aux pêcheries, à la piraterie, aux révoltes d'équipages, etc., etc., et qui rendait la justice au nom de l'amiral. Ce tribunal fut supprimé à la révolution. On lui a substitué, depuis quelques années et sous le règne de Charles X, un conseil d'amirauté, qui n'est que consultatif, mais dont les avis déterminent presque toujours le ministre de la marine, soit en lui conseillant des réformes nécessaires, soit en résistant à des innovations dangereuses. L'amirauté, dont les membres, conseillers d'Etat, ont rang de vice-amiraux, rédigent les projets de lois relatives à la marine. Le ministre, quand il le juge à propos, préside le conseil, qui, d'après son institution, devrait s'occuper de toutes les affaires d'administration coloniale; mais il paraît que le ministère a toujours cherché à restreindre cette partie de ses attributions, ce qui ne peut avoir lieu qu'au détriment des colonies. — Nous avons dit qu'en Angleterre le grand amiralat (V. AMIRAL) avait été remplacé par un conseil d'amirauté, dont les membres portent le titre de lords. Ses attributions sont beaucoup plus étendues que celles du conseil d'amirauté en France; car les lords de l'amirauté n'ont pas seulement voix consultative, ils prennent part directement à la décision de toutes les affaires.   J. L. G.

AMIRAUTÉ (ILES DE L'), archipel d'environ trente îles, en-

tre le 1° 58′ 50″ et le 2° 30′ de latitude méridionale, au N.-O. de la Nouvelle-Guinée; il s'étend sur un espace d'environ 150 lieues carrées. Les habitants sont noirs, comme la plupart des insulaires de la mer du Sud; niais ils se tracent sur la figure des raies blanches. Ils sont grands et forts, mâchent continuellement du bétel et n'ont point de vêtements. Ces îles, dont les principales sont Négros, Saint-Gabriel, Saint-Raphaël et Saint-Michel de Horro, ont été découvertes par les Hollandais en 1616; et visitées successivement par Carteret en 1767, par l'Espagnol Morillo en 1781, et par d'Entrecasteaux en 1793. Elles produisent du bétel et des cocos; on y pêche abondamment du poisson et des tortues. — Il existe sur la côte de la Nouvelle-Zemble une petite île que les Hollandais, qui l'ont découverte, ont nommée île de l'Amirauté.   X. X.

AMIS (ILES DES) ou archipel de Tonga; cet archipel se compose de plusieurs groupes d'îles et d'îlots qui s'étendent dans le grand Océan, entre les 13° et 25° degrés de latitude sud, et les 173° et 178° degrés de longitude ouest. Une large ceinture de récifs entoure cet archipel en grande partie. Ces récifs abondent en coquillages de toute espèce, et la mer qui les baigne est très-poissonneuse. Les îles produisent d'ailleurs des cocos, des ignames, des bananes; on y trouve aussi l'arbre à pain, le mûrier, le bois de sandal, etc. Cette variété de productions est due à la douceur du climat dont ces îles jouissent. Les îles de l'intérieur de l'archipel sont au surplus très-peu connues; tous les îlots sont déserts; parmi les îles habitées on distingue Tungatabou, Toa, Anamoka, Vavao, Toufôa et Hapaé. Les insulaires, dont on peut porter le nombre à deux cent mille environ, sont assez bien faits; leur teint est cuivré; leurs femmes se parent de colliers et de bracelets d'or ou d'écailles; ils s'oignent la peau d'huile de coco, afin de se garantir de la piqûre des moustiques; ils vivent dans des huttes qu'ils recouvrent de nattes. Leurs pirogues ont de trente à cinquante pieds de longueur; leurs armes consistent en lances, massues et javelots. Les voyageurs qui les ont visités les accusent d'être perfides, voleurs et cruels, malgré les éloges que le capitaine Cook leur a donnés. Ils sont idolâtres, ou, pour mieux dire, adorateurs des fétiches, car rien n'est plus incohérent que leurs idées de la Divinité.   X. X.

AMIS (SECTE DES). (V. QUAKERS, PENN.)

AMISE, AMISUS (aujourd'hui Samsoun), ville de l'Asie Mineure, dans l'ancien royaume de Pont, sur le bord occidental d'un golfe du Pont-Euxin, connu sous le nom de golfe Amisine, près de l'embouchure de l'Halys (Kisil-Ermack), du côté de l'est. Cette ville, fondée, dit-on, par les Ioniens, reçut plus tard une colonie athénienne qui lui donna le nom de Pyrée. Les rois de Perse s'en emparèrent ensuite et en restèrent maîtres jusqu'au temps d'Alexandre. Après la mort de ce prince, Amise passa au pouvoir des rois de Pont. Mithridate y ajouta un quartier qu'il appela Eupatoria, et l'embellit de plusieurs édifices. L'an 71 avant J.-C., cette place fut assiégée par Lucullus; Callimaque qui la défendait, ayant épuisé ses ressources, voulut y inettre le feu pour ne livrer à l'ennemi qu'un monceau de ruines et de cendres; mais un orage qui versa des torrents de pluie éteignit le feu ou l'empêcha de prendre; la plus grande partie des édifices furent sauvés; le consul fit reconstruire les autres.   N. M. P.

AMISIA ou AMASIUS (aujourd'hui Ems), rivière qui prend sa source dans la forêt de Teuteberg et va se jeter dans la mer d'Allemagne (V. EMS).   X. X.

AMITERNE, AMITERNUM (aujourd'hui San-Vittorino), ancienne ville d'Italie, au N. E. de Rome, au pied de l'Apennin, dans le pays des Vestins. Les Samnites s'en étaient rendus maîtres; le consul Carvilius s'en empara l'an 460 de Rome. C'est la patrie de l'historien Salluste.   X. X.

AMITIÉ (de âme, aimer, anima) est un sentiment pur par lequel deux âmes se connaissent, s'estiment, s'unissent et se confondent. L'amitié, dépouillée de la pureté qui en fait le charme et lui donne de la durée, deviendrait une association intéressée, inspirée par l'égoïsme. Telle n'est point l'amitié que le christianisme nous a révélée; celle-là, placée bien au-dessus des sens, consiste dans le commerce des âmes, et c'est par là qu'elle diffère essentiellement de l'amour, qui vit de volupté. — L'amitié, fondée sur l'insuffisance de notre être, quand il est isolé, attire instinctivement un homme vers un autre, apprend à le connaître. Tel est le premier degré du sentiment que nous cherchons à définir; et presque tout ce qu'on appelle amitié dans le monde en reste là. Si cette connaissance est suivie de l'estime, c'est le deuxième degré. Il n'y a sur la terre aucun attachement durable qui ne soit fondé sur l'estime, et une amitié qui ne la prend pas pour base est comme l'idole aux pieds d'argile, et tombera bientôt comme elle. On conçoit cependant que la connaissance et l'estime ne suffisent pas pour constituer l'amitié : je puis vous estimer, sans doute, mais vos idées ne sont point en rapport avec mes idées, votre humeur avec mon humeur; je vous servirai volontiers, car je vous connais et vous estime ; je me dirai votre ami, mais le serais-je parfaitement? non. — Il faut donc, pour le troisième degré de l'amitié, qu'il y ait union. L'union est ce rapport secret qui existe entre deux âmes, et par lequel elles se devinent, se comprennent, et trouvent l'une dans l'autre une sorte de fraternité. Il faut remarquer que ce ne sont point les caractères de même trempe entre lesquels cette union, cette fraternité se manifestent le plus souvent. L'expérience prouve que pour qu'une liaison étroite se forme, il faut deux caractères divers ou même tout à fait opposés, avec la même manière de voir, de juger, de sentir. Quand cette union est complète, elle amène entre ces deux âmes fusion, c'est-à-dire communauté entière de sentiments, et alors l'amitié, sentiment humain, devient semblable à la charité, sentiment divin par lequel l'individu disparaît dans son semblable. — Cette union étroite de deux âmes est ce qu'il y a de plus digne d'envie sur la terre, c'est le sentiment qu'éprouvent les bienheureux dans le ciel : aimer sans le secours des sens. — Dieu a donné l'amitié aux hommes pour les aider à supporter les épreuves de la vie; à l'âge des illusions, il faut l'amour; à l'homme qui est sorti de la tourmente des passions, il faut l'amitié. Celui qui a vécu bien des années a connu bien des désenchantements, bien des peines, et il a besoin d'être consolé; alors l'amitié lui vient, consolatrice envoyée par notre père céleste. — L'amitié chez les anciens comme chez les modernes, a eu son âge martial ; elle a eu ensuite son âge philosophique. L'ardeur belliqueuse est toujours la première passion d'un peuple jeune, c'est le premier signe de sa virilité; force de corps, agilité, bravoure, telles sont les qualités de l'homme qui sont le plus tôt appréciées, et qui deviennent le premier mobile de l'enthousiasme... L'amitié n'est donc pour un peuple de cet âge qu'une sorte d'association belliqueuse, que les Grecs et les Romains ont connue, et que leurs législateurs encourageaient. — L'antiquité païenne, qui s'emparait des bonnes comme des mauvaises passions, pour les personnifier, représentait l'amitié sous la figure d'une jeune fille, une main posée sur le cœur, l'autre appuyée sur un ormeau frappé de la foudre. L'arbre noirci des feux de l'orage, c'est l'infortune, et l'amitié n'en a pas peur. Et le poëte, le peintre ou le statuaire, qui le premier a ainsi conçu l'amitié, a eu une bonne inspiration, car jamais elle n'est si belle, si sublime, si céleste, que lorsqu'elle tend la main au malheur, que lorsqu'elle vient s'asseoir auprès de l'adversité. — L'amitié, c'était la charité des anciens. Le cep de vigne que quelques statuaires suspendaient à l'ormeau flétri, signifiait sans doute la douceur et la puissance de l'amitié. — La Grèce a fait des dieux de Castor et de Pollux. Oreste et Pylade, Achille et Patrocle sont divinisés aussi par la consécration des hommes immortels qui les ont chantés. Virgile n'est point resté en arrière de ses devanciers; rien de plus excellent que le tableau qu'il nous a laissé de l'amitié guerrière, telle qu'elle pouvait exister alors. L'un des jeunes héros est plus ardent, plus robuste, plus fait aux armes, c'est Nisus; l'autre, plus jeune, est le plus beau des enfants des Troyens :

> Quo pulchrior alter
> Non fuit Æneadum.

c'est Euryale. Nous ne suivrons pas dans ses développements ce délicieux épisode, cette lutte, cette alternative, cette double mort; nous citerons seulement comme un modèle de sentiment, cette vive apostrophe de Nisus, s'efforçant de détourner de la poitrine de son ami le fer du farouche Volscens :

> Me, me, adsum qui feci : in me convertite ferrum,
> O Rutuli ! mea fraus omnis; nihil iste nec ausus,
> Nec potuit : cœlum hoc et conscia sidera testor;
> Tantum infelicem nimium dilexit amicum.
>   Æneid., lib. IX.

Il y a dans cette esquisse des mœurs romaines une mollesse de sentiment qui ne se trouve pas dans les mœurs du moyen âge. Ainsi, quelque lache qu'eût été un poursuiveur d'armes, un chevalier l'eût plutôt laissé périr sous la lance de l'ennemi, que de le déshonorer par cette excuse efféminée :

> Nihil iste nec ausus;

Nec potuit.

Rome était déjà grandement corrompue au moment où le poëte écrivait ces lignes; la corruption détruit l'énergie; il fallait qu'un dieu vînt restituer à l'homme sa vigueur, sa puissance en le régénérant. — Le christianisme, à sa naissance, donne à l'amitié un nouveau caractère. Lui qui commande l'abnégation de soi-même, sait lui inspirer les plus nobles dévouements et la vertu des sacrifices; sous son souffle divin, l'amitié prend parfois le sublime élan de la charité. La chevalerie, cette religion humaine dont l'honneur était le dieu, eut ses amitiés guerrières. De même que tout homme est égal devant Dieu, de même tout chevalier était égal devant l'honneur, et cette égalité de noblesse, en rapprochant les rangs, donnait souvent au plus humble gentilhomme le plus noble rival ou le plus puissant ami; ainsi au même siècle où Henri II croisait le fer avec Montgommery, Henri IV faisait de Sully son ami le plus intime. — Ces amitiés, dont le berceau se trouvait dans les camps, avaient une franchise, une durée toute particulière; et nous le concevons, c'est dans ces moments d'épreuve et de danger que les hommes apprennent le mieux à se connaître; et nous avons dit que la connaissance était le premier degré de l'amitié. Quand des hommes de cœur s'étaient connus et estimés sur un champ de bataille, et dans les vicissitudes des guerres, ils étaient bien près de s'aimer, et s'aimaient souvent. — L'homme qui s'aviserait de chercher un ami dans le tourbillon des fêtes ou dans les splendeurs des cours, courrait de grandes chances d'être trompé. Les amis qui se présentent là sont comme les fleurs et la faveur qui s'y trouvent, ils passent vite, et quand vous les cherchez, après une journée de malheur, vous ne les trouvez plus. — Les hommes, nous venons de le dire, ne s'aiment guère que lorsqu'ils sont égaux; aussi les rois, en voulant trop hausser leurs trônes, se sont mis, pour ainsi dire, hors des étreintes de l'amitié. — C'est ce qui arrachait à l'élève de Fénelon ces douloureuses paroles à propos du livre de Sacy sur l'amitié : « Je viens de lire un livre qui m'a fait sentir le malheur de notre état; nous ne pouvons espérer d'avoir des amis, il faut renoncer au plus doux sentiment de la vie. » —En cessant d'avoir un caractère guerrier, l'amitié devint philosophique ; c'est ainsi que Cicéron la définit : « Amicitia nihil aliud nisi omnium humanarum divinarumque rerum, cum benevolentia et caritate, summa consensio. » Voilà l'amitié philosophique puisant dans la science, dans la similitude d'opinion, un motif de bienveillance et d'affection; mais l'on sent assez que cette définition toute spéciale ne peut s'appliquer qu'à ce genre d'amitié, et la fraternité d'armes n'était-elle pas aussi l'amitié des temps plus barbares ? — Du reste, rien de plus beau que la manière dont l'orateur philosophe traite son sujet. Son génie, frère de celui de Platon, aime, comme lui, tout ce qu'il y a de plus grand, de plus sublime dans les secrets de la philosophie. Supposant l'immortalité de l'âme, il va jusqu'à la tenir, en parlant de Scipion, ce langage qu'avouera un chrétien : « Cui censemus cursum ad deos faciliorem fuisse quàm Scipioni? Quocircà mœrere hoc ejus eventu, vereor ne invidi magis quàm amici sit. » Quelle différence entre la manière dont ce grand homme concevait l'amitié, et cette théorie philosophique mise en pratique par MM. de l'Encyclopédie universelle ? Nous avons eu la constance de lire jusqu'au bout ce qu'ils disent de l'amitié dans leur immense recueil, et c'est de toute notre cœur que nous les plaignons de l'avoir comprise ainsi. Pour eux, une amitié vraie, constante, complète, est chose hors nature ; à leurs yeux l'amitié n'est fondée que sur l'impuissance de l'homme de se suffire à lui-même, par conséquent sur l'égoïsme. Un ami est un meuble que l'on prend, que l'on laisse, au risque d'être pris et laissé sous le plus léger prétexte. Peu ou point de devoirs : un mot pris de travers vous délivrera d'une amitié qui se fondait peut-être sur la reconnaissance; car, ainsi que chacun sait, la reconnaissance pour une âme égoïste et vaniteuse est chose incommode, inutile bagage qu'on laisse volontiers après soi. Nous n'ignorons pas que le monde que le Fils de l'homme a maudit ne juge pas autrement l'amitié. Dans ce tourbillon d'hommes inoccupés et pleins d'eux-mêmes, les amis de nom fourmillent: amitié de convenance et de position, amitié de plaisir, amitié d'intérêt; parmi tant d'amitiés, pourquoi la véritable amitié est-elle si rare? c'est que l'esprit philosophique a soufflé sur le monde et l'a desséché. Vous vous souvenez de l'immortelle amitié de Voltaire et du grand Frédéric, ces Castor et Pollux de la philosophie; forts et unis pour combattre Dieu, un mot piquant brisa leur alliance; car ils avaient conservé un culte, celui de la vanité. La philosophie rapprochait Cicéron de la religion par la vérité; la philosophie éloignait ces hommes de la religion par le mensonge. La victoire restera sans doute à la vérité. — Nous sommes d'autant plus portés à le croire, que la religion chrétienne, loin d'étouffer un sentiment si pur, prête, au contraire, de nouvelles forces à l'amitié et lui ouvre une plus vaste carrière. Avant le Messie, David et Jonathas, dont « les âmes, dit l'Écriture, se confondaient l'une dans l'autre, et ne semblaient plus en faire qu'une seule, » n'offrent-ils pas un touchant exemple d'amitié ? L'Homme-Dieu lui-même n'imprima-t-il pas à ce sentiment une consécration divine en ressuscitant Lazare, *son ami, sur la mort duquel il avait pleuré* ? L'histoire des saints est pleine de touchants exemples d'amitié. Les noms de saint Basile et de saint Grégoire de Nazianze viennent, à ce mot, sur toutes les bouches. Saint François de Sales et Fénelon ont toujours pour l'amitié de douces paroles. Ce dernier écrivait à M. de Chevreuse : « Vous pouvez faire de moi comme d'un mouchoir qu'on prend, qu'on laisse, qu'on chiffonne ; je ne veux que votre cœur, et je ne veux le trouver qu'en Dieu. » — Il y a cette différence entre l'amitié philosophique et l'amitié religieuse, que dans la première, c'est toujours soi qu'on aime au fond, et que dans la seconde, c'est vraiment son ami, c'est Dieu. En vain Cicéron a dit : « *Amicum qui intuetur, tanquam exemplar aliquod intuetur sui, quocirca et absentes vivunt, et egentes abundant, et imbecilles valent, et quod difficilius dictu est, mortui vivunt.* » C'est le christianisme qui s'est chargé de mettre en pratique cette admirable théorie. Le philosophe peut avoir pour but de se rendre meilleur dans les entretiens de l'amitié, mais c'est son esprit qu'il veut redresser, éclairer, et non son cœur ; qu'un mot blesse l'ami philosophe, et il se révolte ; l'ami chrétien ne s'irrite point contre ce qui le froisse : l'amitié du philosophe est susceptible et orgueilleuse ; l'amitié du chrétien est douce et patiente ; elle est de la famille de la charité. — C'est le christianisme qui, en épurant l'amitié, l'a confondue avec l'amour dans les nœuds du mariage, et nous devons l'en bénir ; car quelle union pourrait demeurer agréable et bonne sans l'amitié ? L'amour s'use avec le corps, l'amitié se fortifie avec l'âme. — Pour une union de toute la vie, il fallait un sentiment qui ne passât pas avec le jeune âge, et le christianisme, qui connaît toutes nos misères parce qu'il est divin, a amené l'amitié sous le toit conjugal : en relevant la dignité de la femme, la religion a fait voir au chrétien une compagne où le païen ne voyait qu'une esclave. —Voici l'amitié telle que Dieu l'a faite !　　　　　WALSH et D'OS......

AMMAN, AMMANITES. *V.* AMMON, AMMONITES. Quoique la capitale des Ammonites soit généralement appelée dans les livres saints *Rabbath-Ammon*, elle est quelquefois désignée sous le nom de *Amman*, de même que le pays de ce peuple sous celui de *Ammanites*.　　　　　J. G.

.AMMAN (JOSSE), peintre suisse, né à Zurich vers le commencement du XVIᵉ siècle, a publié plusieurs collections de figures sur bois ou sur verre, qu'il destinait à orner les histoires de Tite-Live, de Tacite et de Diogène Laërce. On dit qu'il a publié aussi une biographie des rois de France avec leurs portraits. On le dit encore auteur d'une collection de costumes de femmes de tous les pays de l'Europe, à laquelle il a donné le nom de *Gynécée* (*V.* GYNÉCÉE). — AMMAN (Paul), né à Breslaw en 1634, fut professeur de botanique et de physiologie à Leipzig. Il se fit connaître plus encore par des opinions hardies et son esprit caustique, que par des talents réels ; toutefois il a fait faire des progrès à la science par son traité de la classification des plantes d'après leur fructification, *Character naturalis plantarum*, et par un livre de médecine tout dirigé contre les doctrines de Galien, *Paracænesis ad discentes circa institutionum medicarum occupata.* — AMMAN (Jean Conrad), natif de Schaffouze, s'appliqua de bonne heure à la médecine. Après avoir reçu le doctorat à Bâle en 1687, il se rendit à Amsterdam, où il a séjourné très-longtemps. Ce fut dans cette ville qu'il publia en 1692 son traité intitulé *Surdus loquens, sive methodus quâ qui surdus natus est loqui possit*, et successivement (1700) sa *Dissertatio de loquelâ.* Ces deux ouvrages firent une assez vive sensation pour qu'on s'empressât de les traduire en plusieurs langues. Jean Conrad laissa un fils qui mourut prématurément à Saint-Pétersbourg, où il professait la botanique. Il était membre de l'académie des sciences de cette ville et de la société royale de Londres.　　　J. L. G.

AMMAN. Dans les cantons suisses et dans quelques parties de l'Allemagne on donne le nom d'amman à des magistrats qui remplissent, dans une commune, des fonctions semblables à celles que remplissaient autrefois en France les baillis, les maires, les consuls, les échevins, etc. Quand l'autorité de l'amman s'étend sur plusieurs communes, sur un canton, une province, on lui donne le titre de landamman. C'est celui que

l'acte de médiation (*V.* ce mot) a donné au président de la confédération suisse. Le landamman du canton de Berne en particulier est désigné par les Allemands sous le nom de *schultheiss* et par les Français sous celui d'*avoyer.* Les Allemands voisins de la Suisse donnent à leurs ammans, outre le nom de *schultheiss*, celui d' *anttmann* ou de *stadtvogt*.　　X. X.

AMMANATI ou **AMANATI**, né à Florence en 1511, reçut les leçons du sculpteur Sansovino, et devint lui-même sculpteur et architecte célèbre. Ce fut lui qui acheva le palais Pitti, et après avoir donné le dessin de la cour, orna trois de ses côtés d'un triple rang de portiques superposés, qui formaient primitivement des galeries ouvertes. Les colonnes à moitié engagées offrent les trois ordres dorique, ionique et corinthien, les uns et les autres en bossage. On prétend que lorsque Marie de' Médicis fit bâtir le palais du Luxembourg à Paris, elle exigea de l'architecte Desbrosses qu'il imitât cet ordre d'architecture avec ses ornements. Dans le fond de cette cour, Ammanati fit construire une magnifique grotte, décorée de rocailles et de colonnes doriques isolées, de fontaines et de statues placées dans des niches. La voûte offrait de belles peintures. Ammanati reconstruisit le pont de la Trinité, qu'une crue extraordinaire de l'Arno avait renversé. On le regarde comme le plus bel ouvrage en ce genre de l'architecture moderne, autant pour sa hardiesse et sa légèreté, que pour la beauté de l'exécution, et le goût pur qui a présidé à la construction de l'ouvrage. — Il avait donné à Rome les dessins du collège Romain, dont les jésuites avaient la direction ; mais on ne conserva que la façade et la cour. Il n'en fut pas de même du palais Rucellai, qu'il construisit en entier, et dans lequel on admire la belle forme des croisées, le profil de l'entablement, la disposition des pleins et des vides, et l'harmonie de toutes les parties. — Outre ses ouvrages d'architecture et de sculpture, Ammanati avait écrit un livre intitulé *la Citta*, ou la ville ; il contenait le plan de tous les édifices qui doivent embellir une ville ou former des établissements utiles, tels qu'églises, places, fontaines, ponts, musées, etc. Ce livre, après avoir passé par plusieurs mains, était tombé en celles de Ferdinand de Médicis, grand-duc de Toscane ; on ignore où il se trouve aujourd'hui, ou même s'il existe encore. — Ammanati avait épousé Laure Battiferi, dont on vante le talent pour la poésie. Elle a laissé plusieurs pièces estimées qu'on a recueillies, et imprimées à Florence, 1560, sous le titre de *Opere toscane.*　　　　　A. A.

AMMANATI (JACOPO DEGLI), naquit à Lucques en 1432. Il suivit assidûment les cours brillants de Charles et Léonard d'Arezzo, de Guarino de Vérone, et de Gianozzo Manetti de Florence. A dix-huit ans il partit pour Rome, et le cardinal Capranica en fit son secrétaire particulier. Ammanati ne trouva pas chez ce cardinal de bien grands avantages, s'il est vrai que, pendant dix ans qu'il fut à son service, il manqua souvent du nécessaire, ainsi qu'il l'a dit lui-même. Mais ce temps d'épreuve passa ; Capranica le recommanda au pape Calixte III, qui le fit secrétaire apostolique. Pie II, successeur de ce pontife, le protégea spécialement. En 1460, il le nomma évêque de Pavie, malgré la violente opposition du duc de Milan François Sforce, qui, contraint de céder à la volonté du pape, s'en vengea par des tracasseries envers son protégé. Quelques mois après Ammanati obtint le chapeau de cardinal des mains mêmes de Pie, qui, pour lui montrer son affection, lui fit prendre son propre nom de Piccolomini. Sous Paul II, qui occupa ensuite le trône pontifical, Ammanati ne jouit pas de la même faveur ; il se retira dans une maison de plaisance, sur les bords du Tibre ; ce ne fut pas pour longtemps ; Sixte IV, convaincu de ses talents, l'envoya à Pérouse, avec le titre de légat d'Ombrie, pour apaiser les troubles qui agitaient cette province. Deux ans avant sa mort il fut nommé successivement à l'évêché de Lucques et à celui de Tusculum. —En 1479, un médecin, de Pise fit périr Ammanati en lui administrant, sans précaution, une forte dose d'ellébore, pour le guérir d'une fièvre quarte, contractée sur les bords du lac Volsino. Son corps fut rapporté à Rome, et enseveli, mais non aux pieds de Pie II, ainsi qu'il l'avait demandé dans son testament. —Ammanati se distingua par ses vertus, autant que par les qualités de son esprit et son dévouement assidu aux intérêts du saint-siége ; son caractère n'en était pas moins porté à l'indépendance. Il a laissé une assez volumineuse correspondance, composée de 682 lettres qui renferment beaucoup d'éclaircissements sur la littérature italienne de l'époque (1462 à 1479). — Elles furent imprimées à Milan, 1521, et Francfort, 1614, in-fol. — Il rédigea aussi 7 livres de mémoires faisant suite à ceux de Pie II (1464 à 1469). —

C'est une histoire générale de l'Italie pour ces cinq années. Ces mémoires furent publiés à Milan, Minutianus, 1506, in-fol.
L. C. DE BELLEVAL.

AMMANATI (GIULIA) de Pescia, épouse de Vincent Galilée, et mère du célèbre Galilée.

AMMAÜS ou AMMAÜM, où EMMAÜS. Ces noms ont été donnés à plusieurs lieux différents. 1° Il est dit dans l'Écriture, que Judas Machabée mit Nicanor en déroute, près d'Ammaüs; que Bacchide éleva des fortifications dans cette ville, et qu'il y établit une garnison qui incommodait beaucoup les Juifs (1 Mac. IV, 3, IX, 50). Beaucoup d'auteurs croient qu'il s'agit, dans ces passages d'Emmaüs, qui était située à soixante stades ou sept milles de Jérusalem, et dont il est fait mention dans saint Luc (XXIV, 13), et dans la guerre des Juifs de Josèphe (l. VII, c. XXVII); mais Reland, appuyé sur de fortes preuves, montre que l'Ammaüs des Machabées était très-différent du village d'Emmaüs, et bien plus éloigné de Jérusalem; car Ammaüs en était à vingt-deux milles romains, ou cent soixante; seize stades de distance, et le village n'en était qu'à soixante stades. La ville d'ailleurs était située dans la campagne et au pied des montagnes de la Judée. (Hieron. in Abdiæ I, et in Daniel. XII. Josèphe, Antiq. l. XII, c. XI). C'est en effet cet Emmaüs qui fut depuis nommé Nicopolis (Nicephor. X, c. XXXI), sous Alexandre, fils de Mammée, ou sous Marc-Aurèle Antonin, selon saint Jérôme. 2° L'Emmaüs dont il est parlé dans saint Luc, est donc ce village situé à soixante stades, ou un peu plus de deux lieues, de la ville de Jérusalem vers le nord, et où Jésus-Christ, après sa résurrection, se manifesta à deux de ses disciples qui venaient de Jérusalem, où ils avaient célébré la pâque. C'est encore dans ce village que, selon Josèphe, Vespasien laissa huit cents de ses soldats pour leur servir de demeure (de Bello Jud. l. VII, c. XXVI). 3° Un troisième Ammaüs ou Emmaüs était un lieu voisin de Tibériade, sur la mer de Génésareth, appelée aussi lac de Cinéreth ou de Tibériade. Ce lieu et le village dont parle saint Luc étaient renommés pour leurs eaux thermales. Reland a suffisamment prouvé, ce nous semble, que ces deux derniers Ammaüs s'écrivaient dans l'origine bien autrement que le premier, et avaient par conséquent une étymologie et une signification différentes. Ceux-là en effet tiraient l'origine de leur nom du mot hébreu Schémesch, c'est-à-dire soleil, rendu dans le Septante par Σαμαὰς, d'où était venu Ἀμμαὰς; et celui-ci de l'hébreu hammath, qui désigne la chaleur. Voyez au reste la Palæstina illustrata de Reland, à laquelle nous avons emprunté le fond de cet article.
J. G.

AMMÉNÉMÈS. C'est le dernier roi de la onzième dynastie de Manéthon. Cette dynastie, qui était de Thèbes ou Diospolis, paraît s'être composée de seize prêtres du temple de Jupiter, qui gouvernèrent successivement ou alternativement l'Égypte pendant quarante-trois ans. On présume que, de même que les prêtres de Memphis qui forment la septième dynastie, ceux de Thèbes voulaient jouir, chacun à son tour, des douceurs du pouvoir; mais le dernier de ces prêtres-rois, une fois sur le trône, ne voulut plus en descendre; le corps sacerdotal se déclara contre lui. Un ambitieux nommé Amménémès profita de ces discordes qui laissaient le gouvernement sans force; il expulsa les prêtres et saisit le sceptre, qu'il retint pendant seize ans. Il ne laissa point d'enfants, ou, s'il en laissa, il ne leur transmit point son pouvoir usurpé.

AMMÉNÉMÈS, second roi de la douzième dynastie des pharaons, de Manéthon. Tout ce qu'on en sait d'après cet historien, c'est qu'à la fin d'un long règne il fut égorgé par ses esclaves. Ce qui peut attacher au règne de ce prince un intérêt que seul n'offrirait pas, c'est qu'il eut pour successeur, suivant le même Manéthon, un prince qu'il nomme Sésostris; mais il ne faut pas confondre ce Sésostris avec le fameux conquérant de ce nom, postérieur de plusieurs siècles. (V. SÉSOSTRIS.)

AMMÉNÉMÈS. Cinquième pharaon de la dix-neuvième dynastie (an 1213 av. J. C.). Manéthon le nomme après Ramessès ou Rhampsinite. Ce prince paraît être le même personnage que le Nilus de Diodore de Sicile, lequel se rendit célèbre par les canaux dont il sillonna le sol de l'Égypte, et par les digues qu'il construisit sur les bords du fleuve. Ce canal, qui prit le nom de ce prince, était destiné à recevoir les eaux surabondantes du Nil. Amménémès mourut au bout de cinq ans. Il eut pour successeur Thuoris que, suivant la remarque de Manéthon lui-même, Homère appelle Polybe, époux d'Alcandre, sous le règne duquel arriva l'incendie et la ruine de Troie.
J. DE MARLÈS.

AMMI (bot.), genre de plantes de la famille des ombellifères. Ses caractères sont : corolle à cinq pétales, courbés en forme de cœur, plus grands sur les bords de l'ombelle; les ombelles sont munies d'un involucre à folioles pinnatifides. Cinq étamines libres, dont les filets supportent des anthères arrondies; ovaire infère, muni de deux styles ouverts. Le fruit est lisse, composé de deux semences, appliquées l'une contre l'autre. Le genre ammi est très-voisin de celui de daucus (carotte); il ne diffère de celui-ci que parce que dans ce dernier le fruit n'est point lisse, mais qu'il est couvert de poils rudes, ou hérissé d'aspérités. Les principales espèces sont : — 1° ammi à larges feuilles (ammi majus, Linn., spec. 349. Lam. illust., t. 193). — La racine de cette plante est fusiforme, fibreuse; sa tige est haute de cinq décim., cylindrique, glabre et rameuse; ses feuilles inférieures sont ailées, composées de cinq folioles ovales-lancéolées, dentées en scie. Les feuilles supérieures sont moins grandes, plus divisées, et partagées en découpures lancéolées. Les fleurs sont petites, blanches et divisées en ombelles terminales, un peu lâches. On trouve cette espèce sur le bord des champs, en France et dans le midi de l'Europe. Elle est, comme presque toutes les plantes ombellifères, aromatique, âcre et piquante au goût, emménagogue et diurétique. — 2° Ammi visnage (ammi visnaga. Daucus visnaga, Linn., spec. 348). — Sa tige est droite, cylindrique, un peu rameuse. Les feuilles semblent sessiles, et leurs découpures sont presque linéaires. Les fleurs sont blanches, et forment des ombelles composées de rayons nombreux. Les rayons de ces ombelles sont employés en Turquie comme cure-dents; ils communiquent à la bouche un goût agréable et corrigent l'haleine fétide. Elle a les mêmes propriétés médicinales que la précédente espèce. — 3° Ammi à feuilles glauques (Ammi glaucifolium, Linn., spec. 349). — Elle ressemble tout à fait à l'ammi à larges feuilles; elle n'en diffère que par ses feuilles inférieures, dont les folioles sont découpées en lanières linéaires, aussi bien que les feuilles supérieures. Elle est annuelle comme les précédentes. Elle croît dans les champs, les prairies et sur les coteaux secs et pierreux. Elle n'est pas rare aux environs de Paris.
F. H.

AMMIEN MARCELLIN. C'est le dernier écrivain latin à qui l'on puisse donner encore le titre d'historien. Il naquit à Antioche, et vécut sous Julien et ses successeurs, jusqu'à Valentinien II. Pendant presque toute sa vie, il servit dans les armées romaines, et fit la guerre avec elles en Gaule, en Germanie, en Mésopotamie, et en Perse. On ne sait ni quel était son grade, ni quelle charge il remplit après avoir quitté l'armée, car dans ses ouvrages il n'en est fait aucune mention. Il paraît seulement, d'après un rescrit du code Théodosien, qu'il avait été revêtu de la charge de Comes rei privatæ. Ammien Marcellin mourut à Rome, vers l'an 390. Il avait composé une histoire des empereurs romains, qu'il intitula Rerum gestarum libri XXXI, et qui commençait au règne de Nerva en 96, où finit l'histoire de Tacite, pour aller jusqu'à l'année 378. Mais les quinze premiers livres, de l'an 96 à l'an 252, sont perdus. Les dix-huit qui restent, prouvent, par l'enchaînement des faits, et la peinture énergique des caractères et des personnages, qu'Ammien Marcellin aurait pu, s'il eût vécu dans le bel âge de la littérature latine, devenir un historien accompli. En effet, écrivant dans une langue qui n'était point la sienne, il a su se former un style bien supérieur pour la correction et la pureté au style des écrivains de son temps. La première édition d'Ammien Marcellin fut donnée à Rome en 1474 par Sabinus, encore les cinq derniers livres n'y étaient-ils pas compris. Accurse les ajouta dans son édition d'Augsbourg, en 1533. Il y a eu depuis ce temps beaucoup d'autres éditions; la meilleure est celle de Valois, à Paris, en 1681; la dernière qui ait paru est celle de Leipzig, en 1809. Ammien Marcellin fut traduit par l'abbé de Marolles, en 1673, et en 1778 par Moulines de Berlin.
SAVAGNER.

AMMIRATO (SCIPIONE), naquit en 1531 à Lecce, dans le royaume de Naples, d'une famille originaire de Florence, qui avait quitté la Toscane après la défaite des Guelfes à Montaperti. Son père, qui le destinait au barreau, l'envoya de bonne heure à Naples, pour qu'il se livrât à l'étude du droit. Mais Scipion, que ses penchants poussaient vers une autre carrière, se lia étroitement avec deux poètes célèbres de ce temps, Angelo di Costanza et Bernardini Rota. Cette intimité amena des inconvénients; accusé d'être l'auteur d'une satire qui parut à cette époque, il fut obligé de quitter Naples pour Venise et Padoue, et continua quelque temps de se livrer dans ces deux villes à ses occupations favorites. Le besoin le contraignit de revenir à Lecce, où il s'attacha à l'évêque, qui lui donna un canonicat. — Bientôt Ammirato retourna à Venise, se lia avec Ruscelli et l'Arétin, et contribua avec le premier à la publication d'une excellente édition de l'Arioste. L'inimitié de Contarini le fit partir pour Rome, où il ne tarda pas à se mettre au service de Brianna Caraffa, nièce de Paul IV. Ce fut pour peu de temps : une violente querelle survenue entre cette dame et Catherine Caraffa, sœur du pontife, querelle où Ammirato se trouva mêlé, le contraignit encore une fois de se retirer à Lecce, où il fonda l'académie des Trasformati (transformés.) Son esprit inquiet ne lui permit pas le repos ; il ne put se fixer nulle part ; ce ne fut qu'après avoir parcouru en tout sens l'Italie, que sa destinée le conduisit enfin à Florence, qu'il ne devait plus quitter. Cosme de Médicis le chargea en 1570, d'écrire les annales florentines, et le cardinal Ferdinand lui donna un logement dans son palais et dans sa villa Petraja, ainsi qu'une place de chanoine à la cathédrale. Il mourut à Florence, le 30 janvier 1601, dans les sentiments d'une piété vive et éclairée. — Ammirato a écrit de nombreux ouvrages, parmi lesquels on distingue : ses *Istorie Florentine*, en deux parties, qui embrassent les annales de Florence depuis sa fondation jusqu'en 1574. Cette histoire lui valut de la part de l'académie de la *Crusca*, le surnom de moderne Tite-Live : aujourd'hui encore, on le regarde comme un document précieux à consulter. La seconde partie n'en fut publiée qu'en 1641 par Ammirato le jeune, qui fit paraître de nouveau la première partie, augmentée de recherches inédites, et divisée en deux volumes. — Scipion composa aussi la généalogie des familles nobles florentines ; celle des familles napolitaines ; l'histoire des familles *Paladine*, *Antoglietta*, etc. — Quant à ses discours sur Tacite, il ne les composa, dit-il, que pour guérir la société de son temps de ses vices et de ses plaies, en lui montrant à nu la hideuse corruption qui rongeait l'empire romain sous les Césars. Ces discours, qui sont peut-être le meilleur commentaire sur Tacite, sont écrits assez purement ; ils ont eu plusieurs éditions, et ont été traduits en plusieurs langues, sous le titre d'opuscules. — Ammirato a laissé des discours historiques, poétiques et moraux, dans lesquels il défend Rome des vives attaques de Machiavel. On y voit se développer un beau talent d'argumentation et une noble chaleur. — On a d'Ammirato beaucoup d'autres ouvrages, sans compter un grand nombre de manuscrits. — Avant de mourir il avait institué pour son légataire Christophe del Bianco, sous la condition que celui-ci prendrait son nom ; le legs fut accepté et la condition accomplie. Ammirato le jeune, protégé par Laurent de Médicis, est mort à Florence en 1646.

Le C. DE BELLEVAL.

AMMOBATE, *Ammobates* (insectes.) Genre d'hyménoptères de la famille des apiaires, caractérisé ainsi par Latreille : premier article des tarses non dilaté à l'angle extérieur de son extrémité inférieure, milieu de cette extrémité donnant naissance à l'article suivant ; palpes inégaux ; les labiaux sétiformes, les maxillaires de six articles. — On ne connaît encore qu'une espèce de ce genre, l'ammobate à ventre fauve, *ammobates rufiventris* ; elle est noire avec l'abdomen fauve, et se trouve en Portugal. La femelle s'empare par ruse des nids construits par d'autres hyménoptères ; pendant l'absence de ceux-ci, elle dépose un œuf dans chaque nid, et l'insecte qui en naît s'y nourrit de chenilles ou autres insectes déposés pour la larve des fondateurs du nid.

J. B.

AMMOCÈTES, *Ammocœtes* (poissons.) Genre de l'ordre des chondroptérygiens à branchies fixes, et de la famille des cyclostomes. Les ammocètes ont pour caractères : une lèvre charnue demi-circulaire qui ne couvre que la moitié de la bouche, dont l'ouverture est garnie d'une rangée de barbillons branchus ; point de dents ; sept paires de branchies recevant l'eau par l'œsophage, et sept trous pour la sortie de l'eau ; nageoires dorsales unies entre elles et à la caudale ; squelette membraneux et mou. Ces poissons ne peuvent pas se fixer aux autres corps, au moyen de leur bouche, comme le font les lamproies auxquelles ils ressemblent beaucoup : ils se cachent dans le sable ou la vase des ruisseaux et des rivières, et laissent ordinairement apercevoir leur tête. On connaît deux espèces de ce genre ; toutes deux sont communes en Europe : l'une, l'ammocète lamproyon (petromyron branchialis, Lin.), le corps nu et visqueux, de la grosseur d'un fort tuyau de plume, long de sept à huit pouces, d'une couleur verdâtre ; l'autre, l'ammocète rouge (petromyron ruber, Lacep.), ne diffère de la précédente que par sa couleur : elle est d'un rouge plus foncé sur le dos. On mange ces deux espèces dans les pays où elles sont communes, et les pêcheurs les attachent aux hameçons comme appât.

J. BRUNET.

AMMODYTE. C'est un très-petit poisson, appartenant à l'ordre des apodes de Linné, et offrant beaucoup de rapports avec l'anguille ; mais il a sa nageoire anale séparée de la dorsale, sa tête finit en pointe aiguë, et sa mâchoire inférieure est plus longue que l'autre. Ce poisson abonde sur les côtes de France, où les pêcheurs, qui lui donnent le nom d'équille ou lançon, lui font une guerre continuelle pour s'en saisir et amorcer leurs hameçons de leur chair, dont les autres poissons se montrent très-friands. Au reste, il n'est pas aisé de prendre les ammodytes, car non-seulement ils nagent très-vite, mais encore ils se cachent dans le sable ou la vase, à plus d'un pied de profondeur.

X. X.

AMMON, ville. (*V.* No-AMMON.)

AMMON, ou bien, comme porte le texte hébreu, AMÔN (Jér. LXVI, 25), que plusieurs ont pris pour un appellatif, est très-vraisemblablement un nom propre, et désigne une divinité, qu'on croit avec assez de fondement être le *Hammon* des anciens Égyptiens, et le *Jupiter-Ammon* des Grecs.

J. G.

AMMON ou **AMOUN**, **AMOUN-RA**, **JUPITER-AMMON** ; noms divers par lesquels on désigne une divinité d'origine égyptienne, adoptée par les Grecs, et, plus tard, rendue par eux à l'Égypte. Avant Hésiode et Homère, vrais créateurs de leur Olympe, les Grecs n'eurent qu'une mythologie vague et très-incomplète. Accueillis en Égypte par Psammétique, ils ajoutèrent le catalogue de leurs dieux à ceux qu'ils y trouvèrent : ils firent plus, ils changèrent les noms, les attributs, le caractère des dieux indigènes, pour leur donner les formes grecques. Les dieux et les demi-dieux qui composent la dynastie céleste de Manéthon sont presque tous grecs et tout à fait grecs ; parmi les divinités égyptiennes il en est même quelques-unes, telles que Junon et Vesta, dont les Égyptiens, Hérodote en convient formellement, avaient toujours ignoré les noms. Ajoutons que les Égyptiens n'avaient dans leurs temples aucune idole à forme humaine ; on n'y voyait que des représentations d'animaux ou de plantes. Hérodote, Strabon, Cicéron et beaucoup d'autres l'affirment. La coutume d'adorer des figure humaine ne s'introduisit parmi eux que par le canal des Grecs ou des Phéniciens qui s'établirent dans leur pays. Il est donc essentiel de bien distinguer ce qui appartient en propre aux Égyptiens de ce qu'ils ont reçu des Phéniciens et des Grecs ; sans cette précaution il serait impossible de concilier entre eux les anciens historiens. Ce furent ces étrangers qui, ne trouvant en Égypte que des figures d'oiseaux, de poissons ou de quadrupèdes, et ne pouvant, par ménagement pour les indigènes, substituer à ces ignobles figures celles des traits propres divinités, imaginèrent de placer une tête à face humaine sur le tronc d'une bête ou la tête d'un animal sur un corps humain. On sait que les Grecs s'emparaient des traditions de tous les pays où ils pénétraient, et qu'ils les embellissaient ensuite d'accessoires fournis par une imagination vive, brillante et féconde ; et comme dès les premiers âges les Égyptiens étaient renommés pour leurs connaissances, ce qui attira de tout temps chez eux beaucoup d'étrangers, il est permis de penser que les Grecs puisèrent en Égypte leur propre mythologie, et qu'en l'y rapportant plus tard, parée s'il est vrai d'ornements gracieux et de riantes images, ils ne firent que lui rendre ce qu'ils lui avaient emprunté. Ainsi l'on voit quelquefois la plante indigène transportée sur un sol étranger, se développer, s'embellir sous la main qui la cultive, et rendue ensuite au sol qui la vit naître, étaler de plus belles couleurs, exhaler de plus doux parfums. Ce fut donc le mélange des idées grecques avec celles des Égyptiens qui produisit ces dieux à formes extravagantes, tels que des hommes à tête de chien (comme Anubis), des reptiles ou des poissons à face humaine (comme le Dagon phénicien), des monstres bizarres en qui les membres de l'homme et ceux de la bête se trouvaient combinés en mille manières ridicules ou hideuses. Mais il arriva qu'après avoir donné aux dieux de l'Égypte des formes nouvelles, les Grecs adoptèrent ensuite pour eux-mêmes quelques-uns de ces dieux : tel fut le Jupiter-Ammon à tête de bélier ou avec des cornes de bélier sur le front. Les Grecs, qui se moquaient du culte rendu aux bêtes, n'auraient pas donné dans le travers qu'ils reprochaient aux Égyptiens. Cette tête ou ces cornes de bélier de leur Jupiter prouvent donc qu'il était d'origine égyptienne. Il est à présumer que lorsqu'ils voulaient s'approprier une divinité de l'Égypte, ils commençaient par lui donner en partie la forme humaine, et qu'ils marchaient ensuite d'innovation en innovation, jusqu'à ce que les formes de la bête eussent tout à fait disparu ; ou s'ils voulaient faire aux Égyptiens quelque concession sur ce point, ils conservaient de la bête une partie peu importante, comme les cornes d'Ammon. Cependant des altérations de ce genre produisaient des inconvenients : les Égyptiens adoraient la divinité sous la forme d'un animal ou d'une plante, emblème dont le nom et la qualité rappelaient avec précision les attributs ou le nom du dieu : dès que cette forme emblématique cessa de se montrer, le dieu devint plus difficile à reconnaître. Les Grecs ne contribuèrent pas peu à augmenter l'embarras en donnant aux noms une prononciation vicieuse qui achevait d'effacer les rapports qui auparavant existaient entre l'image et l'objet représenté. Les hiéroglyphes qu'on gravait sur les tombeaux ou sur les monuments afin d'indiquer par leur signification naturelle ou de convention les noms, les actes ou les qualités des individus, formèrent à leur tour une source nouvelle de confusion ; car à la longue ces signes furent regardés comme sacrés, et ils devinrent l'objet d'un culte religieux. Quand les hommes s'éloignent de l'adoration d'un seul Dieu, il n'est pas rare de les voir tomber dans une extrémité contraire : ils divinisent tout, et pour remplacer le Dieu tout-puissant qu'ils ne connaissent plus, ils font des dieux sans nombre, pour leurs besoins, pour leurs plaisirs ; pour leurs douleurs et même pour leurs fantaisies. Les Égyptiens (nous parlons du peuple en général, non de la caste sacerdotale) s'étaient plongés, à cet égard, dans le plus déplorable aveuglement.—Nous avons dit qu'Ammon était d'origine égyptienne, et nous n'avons là-dessus aucun doute. Manéthon l'a placé dans sa dynastie de demi-dieux à la suite d'Apollon, qui très-probablement est le même qu'Horus, de même qu'Ammon est le même que le Zeús Jupiter, par lequel Manéthon termine sa liste. Plutarque rapporte, sur l'autorité d'Eudoxe, que le Jupiter égyptien naquit si mal conformé, que ses deux jambes étaient jointes de sorte qu'il ne pouvait marcher, et qu'il fut guéri par Isis. Comme il était fort jeune quand il monta sur le trône, dit Diodore, on lui donna un tuteur qui s'appelait Olympe, d'où lui vint la suite le surnom d'Olympien ; mais il est évident que cet historien confond ici le Jupiter grec avec l'égyptien Ammon. Quel était donc cet Ammon que les Égyptiens adorèrent et que les Grecs firent passer dans leur mythologie ? Parmi les diverses opinions que cette question a fait naître, la plus probable, celle en faveur de laquelle on trouve le plus de présomptions, est, suivant nous, celle qui dans Ammon reconnaît Cham ou Ham fils de Noé. En effet, le mot Ham ou Cham, en hébreu, signifie proprement chaud, de même que le mot Zeus en grec est manifestement dérivé de zeo (ferveo), je suis bouillant. Or lorsque, selon la coutume égyptienne, on voulut désigner Cham, soit en parlant de lui, soit en plaçant quelque figure symbolique qui le fit reconnaître, on dut chercher dans la nature un objet dont l'image pût faire deviner Cham. Comme ce mot dans son sens grammatical était un adjectif qu'on ne pouvait exprimer littéralement, on se contenta de quelque chose d'approximatif. Bérose prétend qu'on appelait Cham, Cham Essenua, c'est-à-dire l'immodeste, l'impudent ; on sait d'ailleurs qu'il avait été remarquable par une grande chaleur de tempérament : on ne pouvait guère mieux faire que de le représenter sous la forme symbolique d'un bouc ou d'un bélier. Bérose observe que la ville de Chémis, dans la haute Égypte, fut construite en l'honneur de Cham, et qu'il y était adoré sous la figure d'un bouc. Diodore, il est vrai, prétend que c'était le dieu Pan qu'on révérait à Chémis. Mais si l'on considère que, selon Hérodote, le dieu Pan (c'est-à-dire la nature personnifiée, Isis sous un autre nom) était le plus ancien des dieux de l'Égypte, et que dans l'idiome égyptien, d'après le même Hérodote, le mot Mendès signifiait à la fois Pan ou tout, et bouc ou chèvre, on sera convaincu que Cham, Ham, Pan, Mendès, ne sont que les noms divers du même individu, et que cet individu est Ammon à tête de bouc. Quand Moïse reproche aux Hébreux leur idolâtrie, il les accuse d'adorer des boucs, seïrim ou chammonim ; le premier de ces termes signifie littéralement boucs, et le second représentations de Cham. Dans le Deutéronome les descendants de Ham ou Cham sont presque toujours appelés Ammonites. Dans la table isiaque, monument très-ancien et qui n'est pas suspect, on voit la figure d'un animal moitié chèvre et moitié mouton, portant à la fois des cornes de bouc et des cornes de mouton, ce qui prouve qu'on se servait indistinctement du bouc ou du bélier pour désigner le même individu. Ajoutons qu'il a dû en être d'Ammon comme du Jupiter Cassius, qui n'était pas autre que Caphtor, petit-fils de Mysor ou Mezraïm, fils de Cham. Le mot Caphtor en hébreu signifie, selon Josèphe, une grenade, et Caphtor avait vécu sur le mont Cassius, entre les Avim de la Genèse et la ville de Peluse, comme cela s'induit de plusieurs textes de l'Écriture ; et Jupiter Cassius eut sur cette montagne un temple où il était représenté avec une grenade à la main. D'autres textes de l'Écriture indiquent que le même Caphtor fut déifié après sa mort, et adoré par les Syriens sous le nom de Rimmon, mot qui signifie également grenade. On voit par cet exemple que les Égyptiens, les peuples voisins, et même les Grecs, étaient dans l'usage de représenter leurs dieux par quelque symbole, par des caractères hiéroglyphiques. Dans l'origine ce n'était point le bouc qu'on adorait, c'était Ammon ou Ham, dont le nom avait le même son que le mot par lequel l'animal était désigné. — Chacune des circonstances que nous venons de relever pourrait paraître peu concluante si elle était isolée, mais il nous semble que de leur union doit naître une telle probabilité qu'on peut la regarder comme une preuve morale complète. Pour ce qui est du mot de Jupiter, il est reconnu qu'il n'est formé que par la contraction des mots zeus pater ; et le rapprochement des deux noms de Jupiter et d'Ammon prouve sans réplique que les Égyptiens et les Grecs les ont toujours considérés comme désignant la même divinité. —Un écrivain moderne se fondant sur quelques passages d'Hérodote, de Jamblique, de Plutarque, de Diodore et même d'Eusèbe, dans sa Préparation évangélique, se montre persuadé que le dieu Ammon était le même que Cneph, Phtha et Anubis. Nous ne partageons point cette opinion. Les anciens écrivains ne sont pas toujours des guides très-sûrs quand il s'agit de l'ancienne religion de l'Égypte, antérieure à l'époque où les Grecs la corrompirent en y ajoutant leurs fables. Car les Grecs, dit Cicéron, de Nat. Deor., ont toujours cherché à confondre des individus très-distincts ; ils ont du moins puissamment contribué à ce résultat, puisqu'ils employaient les noms de leurs dieux pour désigner ceux des autres nations. D'ailleurs Hérodote n'apprit rien que des prêtres, et il est évident que plus d'une fois les prêtres se jouèrent de sa crédulité et de son enthousiasme. Diodore a mis plus d'ordre dans ses récits, mais il ne parle qu'en passant de la doctrine primitive, et il donne un peu trop la couleur des temps et de son pays à la mythologie égyptienne: Platon lui-même, qui a vécu longtemps en Égypte, n'a été que l'historien infidèle des Égyptiens ; il voulait fonder une école, et il n'a pas dit tout ce qu'il devait à ses maîtres. Plutarque, dans son Traité d'Isis et d'Osiris, voulant expliquer ce qui lui semble obscur, se contredit lui-même à chaque pas ; on voit qu'il a puisé à des sources contraires, et qu'il ne s'est pas tenu suffisamment en garde contre la diversité d'opinions qui régnait dans les collèges des prêtres. Quant à Jamblique, on lui reproche de n'avoir connu qu'imparfaitement la vraie doctrine des Égyptiens. Pour ce qui est des modernes, ils n'ont pas été beaucoup plus heureux que les anciens ; car, sans parler de Kircher, qui n'a fait que des énigmes sur les énigmes égyptiennes, Jablonski, à qui l'on doit de savantes recherches sur les anciens Égyptiens, tombe souvent dans des contradictions d'autant plus frappantes que ses connaissances le mettaient plus en état de les éviter ; aussi, tantôt représente-t-il les anciens Égyptiens comme des athées, tantôt comme de purs déistes. Quant à nous, il nous semble prouvé que les Égyptiens, qui n'étaient qu'une colonie descendue de l'Éthiopie, avaient apporté du sol natal la connaissance positive d'un cause suprême, d'un dieu unique et tout-puissant qui avait engendré dans l'éternité un autre dieu chargé de gouverner le monde ; que ce dieu préexistant, qu'ils appelaient tantôt Cneph, tantôt Phtha, bien qu'en général celui-ci passât pour avoir été engendré du premier, était le même qu'Ammon. Pan, la nature personnifiée, la grande Isis, dont le temple a Saïs offrait cette inscription : Je suis tout ce qui est, tout ce qui a été, tout ce qui sera ; le premier Osiris ou le soleil, la lumière incréée ; Mendès, dont la signification rappelle celle de Pan, furent autant de noms par lesquels on désigna la cause première et ses attributs. On en vint même jusqu'à confondre avec Cneph le serpent Cnouphis. Le désordre augmenta surtout lorsque les Grecs commencèrent à mêler aux mythes égyptiens leur propre mythologie : aussi on les vit s'emparer de cette cause première, dont ils firent leur grand Eicton, leur Demiourgos, auquel ils donnèrent pour attributs Nous, entendement, Pneuma, esprit, Logos, raison. Ensuite ils voulurent accommoder les dieux égyptiens à leur propre système ; l'esprit Pneuma devint leur Phtha, d'où sortit ensuite Vulcain ; Cneph devint l'intelligence, la raison, la bonté divine, etc. Nous ne saurions trop répéter que, pour pouvoir apprécier les anciens dogmes égyptiens, il faut distinguer soigneusement ce qui est de création égyptienne, tout ce que les Grecs y ont ajouté (V. au surplus CNEPH, PHTHA, CNOU-

PHIS, PAN, MENDÈS, OSIRIS, ISIS, DEMIOURGOS, etc.).
— Nous croyons inutile de parler de la fable grecque suivant
laquelle Hercule voulant voir son père Jupiter, celui-ci, qui
craignit que l'état de sa divinité n'aveuglât son fils, ne trouva
rien de mieux que d'écorcher un bélier et de se couvrir de sa
peau. En vérité cela est plus que ridicule; c'est misérable.
Nous aimerions mieux l'autre fable qui montre Bacchus mourant de soif dans les sables de la Libye et invoquant son père;
celui-ci apparaissant sous la forme d'un bélier et faisant jaillir
en frappant le sol une source d'eau vive; Bacchus reconnaissant érigeant un temple à Jupiter-bélier. — Le dieu Ammon
avait conquis la Libye; on lui érigea un temple sur le théâtre
de ses exploits. Ce temple fameux de Jupiter-Ammon ou
Jupiter à tête de bélier s'élevait au milieu des sables, dans
une oasis située à trois ou quatre journées de la grande oasis,
au sud de Plinthine, et à une égale distance de Memphis, à
l'occident, vers le lieu où se trouve aujourd'hui située la ville
de Siouâh, au milieu des montagnes dont la chaîne se prolonge entre le désert de Libye et celui de Barcâh. Il ne reste
maintenant de ce temple que de très-faibles vestiges dans quelque débris de mur qu'on croit avoir autrefois appartenu au
temple ou aux édifices qui en dépendaient. On sait qu'une armée envoyée par Cambyse (qui se trouvait dans la haute
Égypte à la poursuite du pharaon Nectanèbe); pour piller et
détruire ce temple, périt dans les environs de la grande oasis
de El-Wah. Les vents du désert élevèrent des flots de sable brûlant qui submergèrent les Perses et protégèrent le dieu contre
l'avarice du conquérant. En remontant la vallée d'Elouah
dans la direction de Fayoum, on aperçoit des ruines qui semblent indiquer que ce lieu eut jadis des habitants : c'était probablement le séjour des personnes attachées au service du
temple, ou même à celui des pèlerins que la dévotion attirait.
Une branche du canal, qui du lac Mœris descendait au lac Maréotis, prenait son cours vers l'oasis que les Arabes désignent
encore sous le nom de Koum-Ammon (montagne d'Ammon);
elle y arrivait après avoir traversé le *Bahr Belama* ou fleuve
sans eau. Ce canal, qu'on entretenait avec soin, facilitait le
transport des denrées, ouvrait de constantes communications
entre le temple et l'Égypte, portait la fraîcheur et la vie au
fond du désert, et fécondait un sol qui semblait condamné par
la nature à demeurer stérile.   J. DE MARLES.

AMMONÉES (*moll.*), famille de coquilles polythalames à
cloisons anguleuses ou ondulées, le plus souvent déchiquetées
sur leurs bords, où elles s'articulent par des sutures dentées;
ces cloisons sont percées ordinairement par un ou plusieurs
siphons. Les variations que présentent ces coquilles dans leurs
enroulements, ainsi que dans le nombre et la disposition de
leurs siphons, ont servi à les diviser en plusieurs genres désignés par les noms suivants : ammonite, scaphite, céralite,
gonialite, ammonocéralite, hamite, boculite et turrelite (*V.* ces
mots). Cette famille est composée entièrement d'espèces qu'on
ne connaît qu'à l'état fossile, et qu'on rencontre quelquefois
en si grande quantité dans les couches des terrains secondaires, que certains groupes de montagnes paraissent en être
entièrement formés.   J. B.

AMMONIAQUE (*alcali volatil*), est un corps naturellement
gazeux, bien caractérisé par son odeur forte, pénétrante, et
par ses propriétés alcalines. Respiré à l'état pur, il irrite vivement la muqueuse des fosses nasales, et la conjonctive, produit le larmoiement et souvent l'éternuement. Il se dégage
quelquefois en grande quantité des fosses d'aisances, surtout
pendant la saison chaude et à l'approche d'un temps pluvieux
et humide. Il se produit encore pendant la putréfaction d'une
grande partie des matières organisées; mais alors il est presque toujours mêlé à d'autres gaz qui se dégagent en même
temps, comme l'hydrogène carboné, l'hydrogène sulfuré,
l'azote, l'acide carbonique, etc. — Ce corps était déjà connu
des Arabes; car ce sont eux qui lui ont donné le nom d'ammoniaque, probablement à cause de son odeur qu'ils trouvaient semblable à celle de la gomme, qui porte le même
nom. D'autres font dériver le nom d'ammoniaque d'une contrée de l'Afrique, appelée *Ammonie*. L'ammoniaque se produit encore dans des circonstances fort remarquables. M. Aus-
tin a annoncé le premier que l'ammoniaque se formait pendant
l'oxydation du fer au contact de l'eau et de l'air atmosphérique. Vauquelin, Dulong et M. Chevalier, ont constaté par
des expériences incontestables, que l'ammoniaque se trouve
dans la rouille de fer. Ce fait était de la plus haute importance pour la médecine légale. Car, dans des cas d'assassinat,
par un instrument de fer, le jury devait souvent déclarer coupable un accusé, lorsque le chimiste expert avait déposé que

la rouille du poignard contenait de l'ammoniaque, et que
l'ammoniaque ne pouvait venir que du sang de la victime.
— L'ammoniaque est un des corps les plus importants de la
chimie, non pas tant peut-être sous le rapport des applications immédiates dont il est susceptible, et dans les arts et
dans la médecine, que sous le rapport théorique. J'ai le pressentiment que la chimie est à la veille de grandes découvertes,
et que c'est là connaissance approfondie des combinaisons
ammoniacales qui en fournira l'occasion. Il n'y a guère
plus de quarante ans qu'on prépare l'ammoniaque en grand.
Longtemps l'Europe a été tributaire de l'Égypte, dont les habitants savent l'extraire, par de simples procédés de grillage,
de la fiente des animaux, et notamment de celle des chameaux.
Aujourd'hui on la fabrique, en Europe, à bon marché.
Comme l'ammoniaque entre le plus souvent dans la composition de l'alun, dont l'usage est si grand en teinture pour
fixer les couleurs, il importe de l'obtenir en grande quantité
et par des procédés peu dispendieux. Le plus ordinairement
on recueille les urines des casernes ou d'autres lieux publics,
et on les soumet, avec de la chaux, à la distillation. L'ammoniaque se compose de deux corps aériformes; de deux gaz,
qui sont l'azote et l'hydrogène : or, l'un existe constamment
dans l'air, c'est l'azote; l'autre fait partie constituante de
l'eau, c'est l'hydrogène; ainsi, l'on supposerait peut-être que
l'ammoniaque peut se former directement en mêlant ensemble
l'azote et l'hydrogène. Mais cela n'est point, et on ne réussit
pas davantage en prenant ces deux gaz dans les proportions
rigoureusement définies pour former le composé d'ammoniaque, c'est-à-dire 2 volumes d'azote pour 6 volumes d'hydrogène,
ou, ce qui revient au même, un équivalent d'azote sur 3 équivalents d'hydrogène. En un mot, si l'on mêle simplement
l'azote avec l'hydrogène, on n'obtient qu'un mélange; jamais
on n'obtiendra la combinaison des deux gaz, et la différence
entre un mélange et une combinaison est immense sous tous
les rapports. Ainsi, dans le cas dont il s'agit, le mélange des deux
gaz est tout à fait sans odeur, sans saveur; il n'a aucune action
sur les acides, etc., tandis que la combinaison de ces mêmes
gaz est fortement caractérisée par son odeur pénétrante, sa
saveur caustique, par sa réaction alcaline, par sa propriété de
neutraliser les acides, de ramener au bleu la teinture rouge du
tournesol, etc. Puisque, d'une part, l'expérience nous montre
que l'ammoniaque ne se forme pas en mêlant directement
l'azote avec l'hydrogène et que, d'autre part, l'analyse nous
prouve que l'ammoniaque est composée d'azote et d'hydrogène
dans les proportions de 1 : 3, l'expérience doit nous apprendre
quelles sont les circonstances qui nécessairement en accompagnent la formation. Elle nous dit, en effet, que la combinaison s'opère au moment où les deux gaz se dégagent par
une cause quelconque (ordinairement l'action du calorique),
des matières qui les renferment. Or, presque toutes les matières animales renferment, entre autres, les deux gaz en
question; l'urine qu'on emploie est une de ces matières, et
en la plaçant dans des circonstances convenables, l'hydrogène
et l'azote se dégagent; à ce moment même, c'est-à-dire, à
l'état de gaz naissant; la formation de l'ammoniaque a lieu.
On se sert de l'urine, parce qu'elle ne coûte que la peine de la
recueillir; autrement, on pourrait se servir de toute autre
substance contenant de l'hydrogène et de l'azote, comme
corne, chair, matières stercorales, etc. Il est donc facile de
concevoir que l'ammoniaque peut souvent se former d'elle-
même dans la nature, toutes les fois qu'une substance azotée
se putréfie, et que le milieu environnant est dans un état
propre à favoriser le dégagement de l'hydrogène et l'azote,
et, par conséquent, la combinaison des deux gaz. — L'ammoniaque, comme toutes les bases, a la propriété de se combiner
avec les acides, pour former des composés appelés sels; elle
peut même, dans certaines circonstances, se combiner avec
quelques métaux, et former des espèces d'alliages. Voilà des
faits que personne ne conteste; mais on n'est pas d'accord
sur la manière dont les produits se forment. C'est ici que se
présentent deux opinions ou plutôt deux théories différentes,
et chacune est défendue par des hommes qui font autorité en
pareille matière. — *Théorie de l'ammoniaque et de l'ammonium.* Voici ce que dit la théorie ancienne de l'ammoniaque :
1° l'ammoniaque est une base puissante comme la potasse et
la soude; elle forme, avec les acides, des sels parfaitement
cristallisables; mais elle présente des exceptions uniques aux
lois les plus générales de la chimie. Et d'abord, c'est une loi
générale que les alcalis (potasse, soude, chaux, etc.), comme
tous les métaux, ne peuvent jouer le rôle d'une base, qu'à la
condition d'être préalablement oxydés. Ainsi, par exemple,

le fer ne peut se combiner avec l'acide sulfurique, pour former du sulfate de fer (couperose verte), à moins que le fer n'ait été auparavant oxydé. Eh bien, l'ammoniaque fait exception à cette loi; car $A^2 H^6$ (ammoniaque) se combine avec l'acide sulfurique du commerce, pour former du sulfate d'ammoniaque, sans que cependant l'ammoniaque soit préalablement oxydée. 2° Tous les sels cristallisables contiennent de l'eau, et même en proportions définies, depuis 1, 2, 3, jusqu'à 24 équivalents; toute cette eau peut être enlevée par l'action du feu, et les sels être ramenés à l'état sec ou anhydre. Voilà un fait sur lequel les chimistes français sont d'accord avec les chimistes étrangers. Mais, ici, l'ammoniaque présente encore, toujours d'après l'ancienne théorie, une singulière exception, c'est que les sels ammoniacaux formés par un oxacide hydraté, ne permettent pas qu'on leur enlève toute leur eau; il leur en faut laisser au moins un équivalent, sous peine de détruire le sel ou d'en changer la nature. Les hydracides jouissent seuls du privilége de se combiner avec l'ammoniaque, et de former des sels que vous pouvez ensuite, si bon vous semble, amener, comme les autres sels, à l'état sec ou anhydre. Mais encore une fois, ce ne sont que les hydracides qui sont dans ce cas; quant aux oxacides, il leur faut toujours laisser un équivalent d'eau. 3° Tous les hydracides se décomposent en se combinant avec les bases; l'hydrogène de l'acide forme de l'eau avec l'oxygène de la base, et le radical de l'acide mis à nu se combine avec la base désoxydée, pour former un sel que le vocabulaire chimique fait terminer en ure, comme chlorure, sulfure, etc. Ainsi, par exemple, l'acide chlorhydrique en se combinant avec l'oxyde de sodium (soude), donne du chlorure de sodium (sel marin). Voilà une loi générale que personne ne conteste. Or, l'ammoniaque est encore ici une pierre d'achoppement; une exception unique; car, toujours suivant la théorie ancienne, les hydracides, comme l'acide chlorhydrique, l'acide sulfhydrique, etc., ne perdant pas leur hydrogène, se combinent directement avec l'ammoniaque pour former, non pas des chlorures, des sulfures, etc., mais des chlorhydrates, des sulfhydrates. Ainsi, il est de toute nécessité de créer un genre de sel tout exprès pour l'ammoniaque, cette base si bizarre qui veut partout des exceptions. 4° Les sels ammoniacaux cristallisent de la même manière que les sels de potasse et de soude. Ainsi, il est impossible de distinguer les cristaux d'alun à base d'ammoniaque, des cristaux d'alun à base de potasse, car ils sont tous octaédriques, et les angles ont exactement le même nombre de degrés. Ce fait, personne ne le nie, et pourtant les partisans de l'ancienne théorie nient qu'il y ait de l'oxygène dans l'ammoniaque combinée avec les oxacides. 5° Sous beaucoup de rapports, l'analogie de l'ammoniaque avec la potasse est évidente, mais ce qui n'est peut-être pas aussi évident, c'est la combinaison de l'ammoniaque avec l'acide sulfurique et le soufre en excès. On sait bien que, dans ce cas, la potasse peut prendre jusqu'à 5 équivalents de soufre pour former ce qu'on appelle un penta ou quintisulfure de potassium (foie de soufre). Or, dans la théorie ancienne, l'analogie nous abandonne ici, et l'ammoniaque forme un *sulfhydrate persulfuré* ou un *quintisulfure hydrogéné* d'ammoniaque. Pour ma part, j'avoue que je ne comprends pas un pareil composé; il y a bien des sulfhydrates de monosulfure; mais qu'on cherche dans la chimie des *sulfhydrates persulfurés* ou des *quintisulfures hydrogénés*, je défie qui que ce soit d'en trouver. 6° En plaçant sur une coupe de sel ammoniac, légèrement humectée, un globule de mercure et en y dirigeant l'étincelle électrique, on voit le mercure augmenter de volume, s'épaissir et prendre un aspect argentin. Ce produit est un véritable amalgame qui, abandonné à lui-même, laisse dégager de l'hydrogène et l'ammoniaque, et le mercure reprend son état liquide ordinaire. Cet amalgame est appelé *hydrure ammoniacal de mercure*. Jusqu'à présent il semblait que les métaux seuls formaient entre eux des alliages; mais ici on nous apprend qu'un corps non métallique, l'hydrogène, peut entrer en alliage avec le mercure et l'ammoniaque. Telle est la théorie ancienne de l'ammoniaque. On voit que l'ammoniaque y est l'objet d'une foule d'exceptions aux lois les plus générales de la science. Voyons maintenant comment ces choses s'expliquent dans la théorie nouvelle de l'*ammonium*, qui est aujourd'hui généralement adoptée en Allemagne et dans tous les pays du Nord. Parmi les savants français, MM. Ampère, Pelouse, Dumas, se sont déclarés partisans de cette théorie, laquelle a pour défenseurs MM. Berzélius, Liebig, Mitscherlich, etc. Voici ce qu'on y établit : 1° L'ammoniaque ($Az^2 H^6$) existe réellement, personne n'en conteste les propriétés physiques; mais ce qu'on lui conteste, ce sont ses propriétés chimiques, et surtout celle de jouer le rôle de base. En effet, dès qu'on met l'ammoniaque en contact, par exemple, avec un oxacide (acide sulfurique, acide azotique, etc.), l'ammoniaque se transforme en un nouveau corps appelé *ammonium*, lequel s'oxyde comme toutes les autres bases, pour se combiner avec l'acide et former un sel. Or, que faut-il à l'ammoniaque pour se constituer *ammonium* ? 2 volumes d'hydrogène ($Az^2 H^8$ ammonium); de même que, pour s'oxyder, il lui faut 1 volume d'oxygène ($Az^2 H^8 O$ = oxyde d'ammonium). Or, 2 hyd. + 1 oxy. combinés ensemble représentent un équivalent d'eau ($H^2 O$). On conçoit donc parfaitement pourquoi l'acide sulfurique privé d'eau, comme tous les oxacides anhydres, ne peut pas donner du sulfate d'ammonium; car l'ammoniaque, où prendrait-elle les 2 d'hydrogène pour se constituer ammonium, puis 1 d'oxygène pour s'oxyder ? Il faut donc que l'acide sulfurique contienne au moins un équivalent d'eau ($SO^3 + H^2 O$) pour former du sulfate d'ammonium, ou plutôt du sulfate d'ammonium. 2° De là, cette théorie explique très-bien pourquoi les sels ammoniacaux, formés par la base et les oxacides, doivent contenir au moins un équivalent d'eau, car, sans cela, l'ammonium et l'oxyde d'ammonium ne se produiraient pas, et l'ammoniaque ne peut pas jouer le rôle d'une base. Il s'ensuit qu'un sel ammoniacal aurait, je suppose, 2 équivalents d'eau d'après la théorie ancienne, n'a réellement qu'un équivalent d'eau d'après la théorie nouvelle, l'autre équivalent ayant été employé pour constituer l'ammoniaque en oxyde d'ammonium, qui seul joue le rôle de base. Ainsi, il ne se passe là rien qui ne soit conforme aux lois de la chimie, et l'ammoniaque n'est plus un corps exceptionnel. 3° Quant à la combinaison des hydracides avec l'ammoniaque, la théorie de l'ammonium présente le grand avantage de faire disparaître de la chimie quelques genres de sels imaginés tout exprès pour l'ammoniaque et de les faire rentrer dans le cadre naturel des autres sels. Il n'est donc pas étonnant que le chlorhydrate et le sulfhydrate d'ammoniaque de la théorie ancienne réagissent absolument comme les chlorures et les sulfures de potassium et de sodium, et que ces sels puissent être parfaitement anhydres : c'est que ce sont réellement des chlorures et des sulfures. Car, en effet, dans la combinaison de l'acide chlorhydrique ($H^2 Chl^2$) avec l'ammoniaque ($Az^2 H^6$), H^2 s'ajoute a $Az^2 H^6$ pour devenir ammonium $Az^2 H^8$, qui est la véritable base; et, comme dans les sels en ure la base n'est pas oxydée comme dans les sels en ate, $Az^2 H^8$ s'ajoute immédiatement à Chl^2, et forme $Az^2 H^8$, Chl^2, c'est-à-dire du chlorure d'ammonium; et non pas du chlorhydrate d'ammoniaque = $Az^2 H^6$ $Chl^2 H^2$; car, encore une fois, $Az^2 H^6$ (ammoniaque) n'est pas une base. Ce que nous disons ici de l'acide chlorhydrique s'applique également aux acides bromhydrique, iodhydrique, sulfhydrique, etc., qui forment, non pas des bromhydrates, iodhydrates, sulfhydrates, etc., mais bien, comme du reste avec toutes les bases, des bromures, des iodures, des sulfures d'ammonium. Là il ne se passe donc encore rien qui ne soit conforme aux lois de la chimie, et l'ammoniaque n'est plus un corps exceptionnel. 4° Quant à l'isomorphisme des sels de potasse et d'ammonium, il n'y a encore rien là qui doive surprendre, car l'ammonium peut s'oxyder, tout comme le potassium s'oxyde pour former de la potasse; seulement l'ammonium est un corps composé, tandis que le potassium est considéré comme un corps simple dans l'état actuel de la science. Mais il n'est pas rare de rencontrer en chimie, et particulièrement dans la chimie organique, des composés binaires, même ternaires et quaternaires, qui fonctionnent absolument comme des corps simples. Ainsi, par exemple, le cyanogène, composé d'azote et de carbone ($Az^2 C^4$), fonctionne absolument comme un corps simple, en formant des cyanures, et presque de la même manière que l'ammonium, quoiqu'il soit, comme ce dernier, composé de deux éléments. 5° L'ammonium, avons-nous dit, présente, sous le rapport chimique, les plus grandes analogies avec le potassium, tandis que, dans la théorie ancienne, l'ammoniaque, tout en offrant beaucoup d'analogies avec le potassium, présente cependant une exception bien singulière. Ainsi, la potasse (KO), mise en contact avec l'acide sulfhydrique ($H^2 S$) et du soufre en excès, donne un quintisulfure de potassium, c'est-à-dire que la potasse prend jusqu'à 5 équivalents de soufre. Or, la même chose arrive lorsque je mets l'acide sulfhydrique et du soufre en excès en contact avec l'ammoniaque; et voici comment : $Az^2 H^6 + H^2 S$ donnent $Az^2 H^8$ (ammonium) + S = *monosulfure d'ammonium*, qui, rencontrant du soufre en excès, en prend, tout comme le monosulfure de potassium, jusqu'à former un véritable *quintisulfure d'ammonium*, produit connu sous le nom de *liqueur fumante de Boyle*. Tout s'explique donc parfaitement de cette manière, tandis que l'on ne comprend pas, dans l'ancienne théorie de l'ammoniaque, ce que signifie le *sulfhydrate sulfuré*, ou bien le *quintisulfure hydrogéné*. Est-ce à dire que le soufre se mêle en proportion indéfinie avec le quintisulfure ? Et puis, comment concevoir la combinaison de 2 d'hydrogène + 1 de soufre (H² S = acide sulfurique) avec du soufre en excès, et tout cela réuni à une base! D'ailleurs, si cette combinaison était à proportion définie, il faudrait donc, pour être exact, l'appeler, non pas sulfhydrate sulfuré, mais *monosulfhydrate de tétrasulfure* ou *tétrasulfure de monosulfhydrate d'ammoniaque*. On chercherait vainement, je le répète, de pareils composés dans la chimie. 6° L'ammoniaque et le mercure, placés dans les circonstances que nous avons signalées, forment un véritable amalgame, c'est-à-dire que, dans Az² H⁶ Hgr.(mercure) + H², H³ se porte sur Az² H⁶ pour former de l'ammonium (Az² H⁸), qui, en se combinant avec le mercure, donne lieu à un amalgame. Je ne vois donc là rien d'anormal; tandis que, dans l'ancienne théorie, qu'on pourrait appeler la théorie des exceptions, je vois l'hydrogène, et pour comble de bizarrerie, l'*hydrogène ammoniacal* produire cet amalgame ! L'hydrure ammoniacal de mercure doit avoir sa place à côté du sulfhydrate sulfuré; l'un est pour le moins tout aussi extra-ordinaire que l'autre, car, vraiment, ils sont uniques dans la chimie. Voilà les points capitaux dans le parallèle des deux théories que je viens d'exposer. Il n'est pas difficile de comprendre de quel côté est l'avantage. La théorie ancienne est réduite à établir partout des exceptions, à faire de l'ammoniaque un corps tout à fait à part, à créer de nouveaux genres de sels tout exprès pour l'ammoniaque. Tout cela est un grand mal : *Entia præter naturam non sunt multiplicanda*, dit un vieux et excellent principe. La théorie de l'ammonium fait disparaître toutes ces exceptions; elle les explique comme des faits qui viennent se ranger naturellement sous les lois établies. Mais s'il en est ainsi, pourquoi, me dira-t-on, ne pas abandonner entièrement l'ancienne théorie de l'ammoniaque ? Comment est-il possible de ne pas se rendre à l'évidence? C'est qu'il s'agit de s'expliquer. L'ammoniaque est un corps que nous pouvons, il est vrai, manipuler isolément, que nous pouvons apprécier et par son odeur et par sa saveur, enfin par toutes ses propriétés physiques. Au contraire, nous ne pouvons pas manier l'ammonium de cette manière; ses propriétés physiques nous sont inconnues, car jusqu'à présent on n'est pas parvenu à l'obtenir isolément. L'ammonium est donc un corps purement idéal, pourrait-on objecter; et cette objection serait accablante, si la science ne présentait pas des analogies incontestables. En effet, il y a bien d'autres corps dont nous ne pouvons nier l'existence, quoique nous ne puissions les isoler. Ainsi, par exemple, le soufre, combiné en diverses proportions avec l'oxygène, peut donner lieu à quatre acides, l'acide sulfurique, l'acide hyposulfurique, l'acide sulfureux, l'acide hyposulfureux : les trois premiers peuvent être étudiés à l'état isolé; mais le dernier (S² O³) n'existe que combiné avec les bases: dès qu'on cherche à l'isoler, il se réduit en soufre qui se dépose, et en acide sulfureux qui se dégage, et l'on n'obtient jamais l'acide hyposulfureux. Ce que nous disons ici de l'acide hyposulfureux est également vrai pour l'acide azoteux (Az² O³). Beaucoup de composés de la chimie organique sont dans le même cas. Ainsi on peut admettre par analogie, surtout si l'on en retire l'avantage de simplifier la science, premièrement, que l'ammonium n'existe qu'en combinaison avec d'autres corps, et en particulier avec les acides, de même que les acides hyposulfureux et hypoazoteux n'existent qu'en combinaison avec des bases; secondement, que l'ammonium se décompose au moment où sa combinaison avec un acide ou un autre corps est détruite, en laissant dégager de l'ammoniaque et de l'hydrogène, si c'est l'ammonium; et de l'ammoniaque, de l'hydrogène et de l'oxygène (eau), si c'est l'oxyde d'ammonium; tout comme l'acide hyposulfureux, séparé de sa base, se résout en soufre et en acide sulfureux. — *Reconnaître l'ammoniaque dans les analyses qui peuvent se présenter.* Si la quantité d'ammoniaque est assez faible pour qu'elle ne soit pas constatée par l'odorat, on la découvre en approchant de la matière à analyser une tige de verre trempée dans de l'acide chlorhydrique concentré; à l'instant il se forme des vapeurs épaisses d'hydrochlorate d'ammoniaque. Plus la quantité d'ammoniaque est considérable, plus ces vapeurs sont épaisses. L'ammoniaque, exposée à l'air, diffère essentiellement des autres alcalis, en ce qu'il n'y a qu'une très-petite quantité

qui se transforme en carbonate. L'ammoniaque liquide précipite, comme la potasse, en jaune orangé, par le chlorure de platine, et donne, avec le sulfate d'alumine, de l'alun : ce dernier précipité ne se forme pas ordinairement tout de suite. L'acide tartrique concentré ne précipite la dissolution d'ammoniaque que lorsque celle-ci est très-concentrée. Quand la dissolution est étendue, il ne se forme pas de précipité. L'acide hydro-fluo-silicique donne avec l'ammoniaque un précipité abondant d'acide silicique; si le précipitant est en excès, il n'y a pas de précipité. Pour constater dans les eaux minérales des quantités d'ammoniaque excessivement faibles, Henry Rose (*Chem. Analysis*, vol. I, Berlin) conseille d'y procéder de la manière suivante : On prend une quantité assez considérable d'eau minérale ; on y verse du carbonate de potasse ou de soude en excès. Dès que l'effervescence produite par le dégagement de l'acide carbonique contenu dans les sels de chaux, de magnésie, de fer, etc., renfermés dans l'eau, a cessé, on introduit le tout dans une cornue, et on la distille dans un récipient contenant un peu d'acide chlorhydrique. Le produit de la distillation est évaporé à siccité, à une douce chaleur. De cette manière on obtient du chlorure d'ammonium, après avoir chassé l'excès d'acide chlorhydrique. Tout consiste donc dans ce procédé, à fixer convenablement la petite quantité d'ammoniaque qui peut se trouver dans l'eau minérale, et à la constater par des moyens ordinaires. Quand ammoniaque se trouve dans un mélange de différents gaz, on peut être sûr qu'aucun d'entre eux n'est acide, ni par conséquent alcalin, puisque l'ammoniaque est le seul gaz alcalin jusqu'ici connu. L'ammoniaque, réagissant sur le biiodure de mercure, donne lieu à des produits encore mal établis. Il se forme, d'un côté, une poudre brune, que M. Böttiger (*Journ. für pract. Chemie*, vol. VIII, 381-383) paraît prendre pour un iodure de mercure particulier; d'un autre côté, il se produit dans le liquide un précipité floconneux d'un blanc de neige, que ce même auteur regarde comme un iodure d'ammonium. — Quand on veut déterminer la quantité d'ammonium dans une combinaison, on décompose celle-ci à chaud par une quantité déterminée d'une base forte, et on évalue la quantité d'eau mise à nu dans cette opération. Après la décomposition, l'augmentation du poids de la base qu'on a ajoutée indique la quantité d'acide qui était combinée avec l'ammoniaque, ce qui fait ensuite connaître celle de l'ammoniaque et de l'eau mises en liberté. Lorsqu'on a déterminé la quantité d'eau dans un sel d'ammoniaque, il est facile de calculer, d'après cela, celle de l'ammoniaque. On peut cependant trouver aussi, d'une manière immédiate, la quantité d'ammoniaque qui se dégage, en faisant passer cet alcali dans de l'acide chlorhydrique, et en déterminant la quantité de chlorure ainsi produite. — Il faut ici signaler un phénomène singulier, qui jusqu'à présent n'a encore reçu aucune explication satisfaisante : En faisant traverser l'ammoniaque par un tube de porcelaine chauffé au rouge, l'ammoniaque ne se décompose pas, si le tube de porcelaine est vernissé et bien poli ; si on place, au contraire, dans ce tube des fragments de n'importe quelle substance, la décomposition est complète, et il se dégage des torrents d'azote et d'hydrogène ; et, quand on vient à examiner les fragments soit de fer ou de cuivre, de platine, etc. ; placés dans le tube, on trouve qu'ils sont entièrement intacts et qu'aucune combinaison n'a eu lieu ; seulement ces métaux paraissent avoir subi une sorte de déplacement de leurs molécules : car le cuivre, par exemple, de malléable qu'il était, est devenu très-cassant, mais, en le frappant avec un marteau, il reprend ses propriétés premières. Le fer cependant paraît prendre un peu d'azote ; mais cette quantité est si minime, que les proportions des éléments de l'ammoniaque ne sont réellement pas changées. A la fin de l'opération, qui est très-rapide, on trouve l'azote et l'hydrogène à l'état de simple mélange. C'est cette action que M. Gay-Lussac appelle *action de présence*, c'est-à-dire une action pendant laquelle la décomposition paraît avoir été produite par la seule présence des fragments de fer, de cuivre, de platine, etc., dans le tube de porcelaine. Mais ne pourrait-on pas admettre que les éléments de l'ammoniaque, l'hydrogène ou l'azote, ayant une certaine affinité soit pour le fer ou le cuivre, etc., s'arrête, pour ainsi dire, dans sa marche, le temps d'un instant; enfin qu'il y a combinaison, sinon fixe, permanente, du moins transitoire, éphémère ? Peut-être cette combinaison est-elle instantanément détruite par le gaz qui arrive sans cesse dans le tube. Puis, après tout, il faut songer qu'entre une combinaison réelle et l'absence d'une combinaison, enfin entre le zéro et le maximum, il doit y avoir une infinité de degrés intermédiaires que nos moyens d'investigations ne permettent pas toujours d'apprécier convenablement. Quoi qu'il en soit, du phénomène que nous venons de citer, qui, du reste n'est pas rare dans la chimie, l'explication que je propose se confirmera peut-être un jour par les découvertes ultérieures de la chimie. L'ammoniaque est également décomposée par l'électricité, mais très-lentement; il faut au moins 24 heures pour décomposer un certain volume de ce gaz qu'on foudroie, pour ainsi dire, par plusieurs milliers d'étincelles. Là où passe l'étincelle il se fait un vide; les parois du tube de verre dans lequel on expérimente sont comprimées, et il y a dégagement de chaleur et de lumière. Après la décomposition, si l'on a, par exemple, opéré sur 100 volumes de gaz ammoniac, le volume a doublé, = 200 vol.; il y avait donc, par la combinaison de l'hydrogène et de l'azote, condensation de la moitié. Or, en faisant l'analyse dans l'eudiomètre, et en ajoutant à ces 200 vol. 100 vol. d'oxygène, on aura :

200 vol. d'un mélange de gaz, obtenus par la décomposition de 100 vol. d'ammoniaque.

100 vol. d'oxygène, ajoutés pour en faire l'analyse dans l'eudiomètre.

Total..... 300 vol., dans lesquels on fait passer l'étincelle électrique.

—Après l'étincelle, on obtient un résidu de 75 vol. Donc, 225 vol. ont été absorbés, c'est-à-dire 225 vol. ont disparu, en se transformant en eau. Or, je sais qu'en combinant, au moyen de l'étincelle électrique, un mélange d'hydrogène et d'oxygène, réparti de telle manière que l'hydrogène y entre pour 2/3, et l'oxygène pour 1/3, il n'y a, après l'étincelle, aucun résidu, et que tout a été employé pour former de l'eau. Je puis donc affirmer que, dans ces 225 vol. absorbés par l'étincelle, l'hydrogène entre pour 150 vol. Mais 150 vol. d'hydrogène représentent les deux tiers de 225 vol., l'autre tiers sera donc représenté par 75 vol. d'oxygène. Maintenant, sachant que j'ai ajouté 100 vol. d'oxygène, et qu'il n'y en a que 75 d'employés, je puis affirmer que, dans le résidu de 75 vol., l'oxygène doit y entrer pour 25 vol.; le gaz qui reste est de l'azote = 50 vol. Donc, il y a dans l'ammoniaque, sur 150 vol. d'hydrogène, 50 d'azote, c'est-à-dire que l'azote est à l'hydrogène comme 1 : 3. La densité de l'ammoniaque obtenue par l'expérience est de 0, 590; elle s'accorde sensiblement avec celle qui s'obtient par le calcul, qui est de 0, 5912. Après l'hydrogène, l'ammoniaque est un des gaz les plus légers. Ce gaz est éminemment soluble dans l'eau, qui en prend au moins jusqu'à 600 fois son volume. L'eau saturée d'ammoniaque doit augmenter de volume : elle devient moins dense et ne pèse plus que 0, 9. En principe, l'eau ne change ni les propriétés ni les réactions des corps qui s'y dissolvent. Chauffée, l'ammoniaque abandonne l'eau; exposée dans le vide, elle s'en va également. Le chlore lui enlève son hydrogène comme à toute autre substance; il se forme du sel ammoniac et de l'azote : c'est le moyen d'obtenir de l'azote très-pur. L'iode la décompose également, en produisant une matière brune particulière (azotide d'iode fulminant). Le charbon végétal absorbe jusqu'à 90 fois son volume de gaz ammoniac (Théodore de Saussure). — Usage de l'ammoniaque. — On emploie l'ammoniaque incorporée dans l'axonge comme caustique, dont on tire quelquefois de bons effets dans des cas d'amaurose (pommade de Gondret). On l'emploie encore avec succès dans des cas de brûlures produites par l'eau bouillante; il suffit de plonger la partie malade dans l'ammoniaque pour empêcher que le phlyctène se forme. On la fait avaler aux bestiaux gonflés après avoir mangé de la luzerne humide en trop grande quantité; le gaz qui distend si énormément les intestins de ces animaux est du gaz acide carbonique qui, en se combinant avec l'ammoniaque, disparaît subitement. — Sels ammoniacaux. — 1° Chlorhydrate (chlorure d'ammonium, sel ammoniac) résulte de la combinaison directe de l'acide avec la base. Mis en contact avec l'acide sulfurique, il dégage de l'acide chlorhydrique. Chauffé avec de l'acide sulfurique et du peroxide de manganèse, il dégage du chlore. Il précipite le nitrate d'argent; le précipité bleuit à la lumière, et ne se dissout que dans l'ammoniaque. Ce sel est employé dans les arts pour l'étamage et la soudure; il se vend dans le commerce sous forme de pain, moulé dans des vases cylindriques. Il cristallise en prismes fibreux; on le casse avec difficulté, car il est un peu flexible. Il cristallise dans l'eau sous forme de feuilles de fougère. Il a, comme tous les sels ammoniacaux, une saveur piquante, et est très-soluble dans l'eau et dans l'alcool.

Il est déliquescent à 96° de l'hygromètre. Ce sel se produit naturellement dans les fissures des houillères en combustion; le Vésuve en projette aussi une certaine quantité sous forme de lave blanche. — 2° L'hydrofluate d'ammoniaque est très-soluble dans l'eau; il attaque fortement le verre, de sorte qu'on ne peut pas le conserver dans des vases de verre. On peut s'en servir pour graver sur verre. — 3° Sulfhydrate d'ammoniaque contient du soufre en dissolution; il est extrêmement fétide. On l'appelait autrefois liqueur de Boyle. Il fume à l'air. — 4° Nitrate d'ammoniaque cristallise en beaux prismes très-allongés, striés dans le sens de la longueur, à six pans terminés par des pyramides à six faces; mais dans l'eau à 13° de température, il produit un abaissement de température qui va jusqu'à 13° - 0. C'est un des sels qui produisent le plus de froid lorsqu'il est mis dans l'eau, dans laquelle il est très-soluble. Chauffé à 200°, il se décompose en eau et en protoxyde. C'est même de cette manière qu'on a préparé ce dernier corps. Projeté dans un creuset rougi, il donne une flamme jaune, appelée par les anciens chimistes nitrum flamans. — 5° Chlorate d'ammoniaque est fulminant, et détone quand on le chauffe. — 6° Sulfate d'ammoniaque, chauffé, entre facilement en fusion; il se dégage de l'eau, de l'azote et du sulfite d'ammoniaque qui se condense dans le tube. On prépare aujourd'hui ce sel en grand avec des matières animales pourries, qu'on chauffe avec de la chaux. Dans cette opération il se dégage beaucoup de carbonate d'ammoniaque qui, en passant à travers des solutions d'acide sulfurique, se transforme en sulfate. — 7° Phosphate d'ammoniaque cristallise très-bien en prismes à base rhomboïdale. Chauffé, l'ammoniaque s'en va, et il reste l'acide phosphorique, qui forme une sorte de verre compacte. De là on a proposé ce sel comme moyen de rendre les tissus incombustibles. — 8° Carbonate d'ammoniaque exhale une odeur forte d'ammoniaque, réagit alcalinement. Il ne peut pas être décomposé par la chaleur, car les deux éléments, l'acide et la base, se volatilisent sans réagir l'un sur l'autre. Ce qu'on appelle ordinairement carbonate, n'est réellement qu'un sous-carbonate; et le bicarbonate est le carbonate neutre, dans lequel la réaction alcaline et l'odeur ammoniacale sont bien moins prononcées. Il existe aussi un sesquicarbonate qui est peu important. — 9° Acétate d'ammoniaque (esprit de Minderer) se produit naturellement dans l'urine pourrie, le bouillon gâté, etc.; exposé à l'air, il se transforme en partie en carbonate d'ammoniaque. Il est employé comme sudorifique et pour faire cesser l'ivresse. — 10° Oxalate d'ammoniaque est un peu moins soluble que les autres sels ammoniacaux; on s'en sert comme réactif pour constater la présence des sels de chaux dans un liquide quelconque. Les sels ammoniacaux sont presque tous complétement volatilisables par la chaleur. Le phosphate et le borate seuls laissent un résidu quand on les fait rougir dans des vaisseaux de verre. Le fluorure d'ammonium se volatilise complétement quand on le chauffe dans un creuset de platine; il se décompose, au contraire, dans des vases de verre, en les corrodant. Triturés avec de la chaux ou avec tout autre alcali, les sels ammoniacaux dégagent l'odeur caractéristique de l'ammoniaque; si la quantité est très-petite, on en constate la présence par une tige de verre trempée dans de l'acide chlorhydrique concentré. Plusieurs sels ammoniacaux, et particulièrement l'acétate, le chlorhydrate et le carbonate, possèdent la propriété remarquable de dissoudre et de faire cristalliser d'autres sels, comme l'a démontré M. Wepfen dans un travail récent, inséré dans les Archiv der Pharm. Band IX; Heft. 3, mai 1837. Pour faire ces expériences, il faut opérer à la température de 40 à 60° R., et faciliter la réaction par l'agitation. C'est ainsi que M. Wepfen est arrivé à dissoudre et à faire cristalliser le carbonate et le sulfate de baryte, le sulfate de plomb, le sulfate de chaux, sels tous plus ou moins insolubles dans l'eau. Ces expériences ont été faites, presque à la même époque, en Angleterre, par H. Bret (Philos. Magazine, 1836). Mais sont-ce bien là de véritables dissolutions, comparables à celles que produit l'eau? Pour mon compte, j'ai de la peine à le croire. Il me paraît en effet plus rationnel de penser que ces prétendues dissolutions sont tout autre chose que de véritables combinaisons, complexes en apparence, mais qui, en définitive, se laisseront réduire, comme tous les sels en général, en deux éléments électro-chimiques fondamentaux, l'élément électro-négatif et l'élément électro-positif. Le chlorhydrate d'ammoniaque se combine avec le cyanure ammoniaco-ferrugineux, pour former un produit cristallisable, bien défini, décrit pour la première fois, dans ces derniers temps, dans les Annalen der Chemie von Poggendorf. On vient de découvrir une combinaison tout à fait semblable pour le bromhydrate d'ammoniaque avec le cyanure ammoniaco-ferrugineux ; en voici la formule :

$$\left.\begin{array}{ll} Az^2\ H^6, & Br^2\ H^2 \\ Az^2\ H^6, & C^4\ H^2 \end{array}\right\} 2\ Fe\ cy.$$

Quelque complexe que paraisse cette formule au prime abord, je suis convaincu qu'armé, d'un côté, d'une expérience rigoureuse, de l'autre, d'un raisonnement sévère, on arrivera un jour à y trouver deux radicaux composés, il est vrai, mais jouant le rôle de corps simple, l'un comme acide, l'autre comme base. Je me propose du reste de revenir, dans un autre endroit, sur ces sortes de composés complexes, qui me paraissent être tout à fait mal compris et mal appréciés dans l'état actuel de la chimie.   F. HOEFER.

AMMONIE, contrée de la Libye, dans laquelle se trouvait situé le temple de Jupiter-Ammon. Quelquefois la Libye entière a été désignée sous ce nom. On donnait celui d'Ammoniens aux peuples qui habitaient cette contrée et qu'il ne faut pas confondre avec les Ammonites. Les Ammoniens descendaient des Éthiopiens ou des Égyptiens ; ils conservaient une tradition très-ancienne relative à la fondation du temple, que les uns attribuaient à Hercule et les autres à Dionysos ou Bacchus. Suivant cette tradition, rapportée par Hérodote, Pausanias, Strabon, etc., deux colombes noires s'envolèrent de Thèbes dans des directions opposées ; l'une alla s'abattre à Dodone, l'autre dans l'Ammonie. Là où ces colombes s'étaient arrêtées, on bâtit deux temples où se rendirent des oracles. On explique cette fable, qu'on fait remonter à dix-huit siècles avant J.-C., en disant que les colombes étaient deux filles de Thèbes appartenant à la classe sacerdotale, lesquelles furent enlevées par des marchands phéniciens, et vendues comme esclaves. On ajoute qu'initiées elles-mêmes, en partie du moins, aux mystères d'Isis et à la doctrine des prêtres, elles transplantèrent la religion de leur pays dans leur nouvelle patrie. L'oracle d'Ammon avait joui d'une grande célébrité dès son origine ; il fut consulté par Hercule, par Persée et beaucoup d'autres grands personnages ; mais la réponse de l'oracle à Alexandre, dictée par la peur de déplaire ou par l'appât des récompenses, ne contribua pas peu à décréditer le dieu et son oracle ; ce qui alla toujours augmentant, car, à ce que dit Plutarque, l'oracle d'Ammon n'avait plus, de son temps, aucune réputation, et personne n'allait le consulter. On assure que le temple était desservi par une centaine de prêtres, les plus âgés d'entre eux avaient seuls le droit de transmettre les réponses d'Ammon. Les voyageurs modernes qui ont visité l'oasis de Siouah, ont retrouvé, à ce qu'ils assurent, les ruines du temple et de son mur d'enceinte, de même que les particularités indiquées par Hérodote, jusqu'à la fontaine intermittente dont les eaux, froides au milieu du jour et au milieu de la nuit, étaient chaudes le matin et le soir. — Il y avait encore un autre peuple qu'on appelait Ammoniens : ils habitaient au S. O. de l'Yémen ; on croit qu'ils faisaient partie des Homérites. Un promontoire de l'ancien golfe Avalite, près du détroit de Bab-el-Mandel, portait le nom d'Ammonios (V. au surplus AMMON). On donnait quelquefois à Junon le surnom d'Ammonie, parce qu'elle était femme de Jupiter-Ammon.   D. L.

AMMONITES (moll.), genre de la famille des ammonées ayant pour caractères : coquille discoïde plus ou moins aplatie ; spire à tours contigus plus ou moins apparents, cloisons sinueuses plus ou moins foliacées ; siphon dorsal. Les coquilles voisines des nautiles ne sont connues qu'à l'état fossile ; on a supposé que leur animal avait quelque ressemblance avec celui des nautiles ; la petitesse de leur dernière loge, qui les rapproche des spirules, a fait penser aussi qu'elles étaient comme les dernières des coquilles intérieures. — Ce genre est composé d'un très-grand nombre d'espèces qu'on rencontre le plus souvent à l'état de moule, ce qui rend leur détermination très-difficile ; elles abondent dans les terrains secondaires et sont connues vulgairement sous le nom de cornes d'Ammon ; leur taille est extrêmement variable ; quelques-unes n'ont guère plus d'une à deux lignes de diamètre, d'autres atteignent jusqu'à cinq et même six pieds.   J. B.

AMMONITES, AMMON, ou mieux selon l'hébreu HAMMÔN, expliqué dans la Genèse même (XIX, 33), par fils de ma famille, c'est-à-dire fils d'un homme de son propre sang, et non point d'un étranger, a eu pour père Lot, et pour mère la plus jeune des filles de ce patriarche. On ne sait aucune particularité de la vie d'Ammon : L'Écriture nous apprend seulement qu'il s'établit à l'orient de la mer Morte et du Jourdain, dans les montagnes de Galaad, et qu'il fut père des Ammonites, peuple célèbre dans l'histoire des anciens Hébreux. —

Quant aux Ammonites, appelés aussi Ammanites, ennemis mortels des Hébreux, ces peuples furent toujours en hostilité avec eux. C'est ainsi que nous les voyons sous Jephté leur déclarer la guerre, sous prétexte que les Israélites détenaient une grande partie du pays qui leur avait appartenu, avant que les Amorrhéens le possédassent ; prétention d'autant moins fondée, que les Amorrhéens en jouissaient depuis longtemps à titre de conquête, quand les Israélites le reprirent sur les Amorrhéens dont ils tenaient tous leurs droits que donne la guerre. Vaincus par Jephté, ils le furent plus tard par Saül, puis par David, Salomon et plusieurs autres rois d'Israël, jusqu'à ce qu'ils fussent menés en captivité par Nabuchodonosor, et enfin, vers le second siècle de l'ère chrétienne, entièrement détruits ou confondus, avec les Arabes (Origen. in Job., l. I) ; ce qui vérifia à la lettre la terrible prophétie d'Ézéchiel, que le nom des fils d'Ammon ne serait plus compté parmi les peuples : Ut non sit ultra memoria filiorum Ammon in gentibus (Ezech. XXV, 10). — Certains critiques, dit Bergier, ont écrit que Moïse avait inventé l'origine odieuse des Ammonites, afin de persuader à son peuple qu'il pouvait, sans scrupule s'emparer de leur pays. Au contraire, Moïse déclare aux Israélites, que Dieu ne leur donnera pas un seul pouce de terrain possédé par les Ammonites, par les Moabites, ni par les descendants d'Ésaü ; il leur défend d'y toucher, parce que c'est Dieu qui a placé ces peuples sur le sol qu'ils occupent, comme il veut établir le sien dans le pays des Chananéens (Deut. II, 5 et suiv.). Trois cents ans après, Jephté, bien instruit des intentions de Moïse, soutient aux Ammonites que les Hébreux ne leur ont pas enlevé un seul coin de terre, non plus qu'aux Moabites (Jud. XI, 15). Lorsque Moïse décide que ces deux peuples n'entreront jamais dans l'Église du Seigneur, il n'allègue point leur origine, mais le refus qu'ils ont fait de laisser passer les Israélites sur leurs frontières en sortant de l'Égypte (Deut. XXIII, 3). Il ne parle de cette origine que pour rendre raison à son peuple de la défense qu'il lui fait de la part de Dieu, il n'avait pas tort de regarder les Ammonites comme des ennemis irréconciliables, ils le furent en effet ; lorsque David les vainquit et les subjugua, ils avaient provoqué la guerre par une insulte faite à ses ambassadeurs (2 Reg. X et suiv.). Et c'est mal à propos que l'on accuse ce roi d'avoir traité ce peuple avec cruauté (Dict. théol., art. AMMON.)   J. G.

AMMONITES. Genre des ammonées fossiles. Ces coquilles qu'on trouve en très-grande quantité sur toute l'écorce du globe, depuis les terrains de transition jusqu'aux terrains secondaires, et principalement dans les couches calcaires, se distinguent par leur forme régulière et leurs enroulements qui souvent les ont fait prendre pour des serpents lovés et pétrifiés. On les appela d'abord cornes d'Ammon, à cause de leur ressemblance avec les cornes de bouc dont le dieu de Thèbes avait la tête ornée. De là est sorti le nom d'ammonite qu'on applique en général à tous les fossiles de ce genre, dont les tours ne sont recouverts qu'en partie. Les Romains les recueillaient avec soin, et s'en servaient comme d'amulettes. Les Hindous encore aujourd'hui n'ont pas moins de vénération pour ces fossiles, que souvent le Gange entraîne dans ses crues, et dépose ensuite sur ses rivages ; ils leur donnent le nom de salagram, et ils croient y voir la représentation de leur dieu Vichnou. Il est bien reconnu aujourd'hui que les ammonites n'ont pas d'analogues vivants sur la terre, et l'on peut croire que les animaux qui habitaient au fond de ces coquillages, ont cessé d'exister à l'époque où le globe s'est enveloppé de ses terrains secondaires et crayeux ; car dans les terrains tertiaires, on n'en trouve pas la moindre trace, quoique les terrains tertiaires, soient très-abondants en fossiles, et surtout en débris maritimes. Quelques naturalistes et en particulier M. de Buch, qui s'est livré depuis peu à des travaux multipliés sur les ammonites, a trouvé en eux des différences essentielles, soit dans la découpure des cloisons intérieures, soit dans la forme même du test, ce qui l'a porté à les diviser en quatorze sections ; mais ces différences nous semblent fondées sur des caractères si difficiles à reconnaître, et si aisés à confondre les uns avec les autres, que nous croyons qu'il suffit de la division générale dont il est fait mention sous le mot générique d'ammonée.
                              X. X.

AMMONIUM (V. AMMONIE et AMMON.)

AMMONIUS était, selon Josèphe, général des troupes d'Alexandre Balès. Ptolémée Philométor, cherchant un prétexte pour détrôner son gendre Alexandre Balès, accusa Ammonius de l'avoir voulu empoisonner, et somma en conséquence Alexandre de lui livrer son général. Ce prince s'y étant refusé,

Il le traita de complice d'Ammonius, et sous le prétexte de se venger d'une si cruelle trahison, il marcha contre Antioche, dont il savait les habitants justement irrités des vexations d'Ammonius. Son expédition répondit à ses vœux. Ammonius essaya de se sauver en prenant des vêtements de femme; mais ce déguisement ne l'ayant pas empêché d'être reconnu, il fut pris et mis à mort vers l'an 145 avant J. C. (*V.* JOSÈPHE, *Antiq.*, *l.* XIII, c. VII).
J. G.

AMMONIUS; nom qu'ont porté plusieurs savants hellénistes ou philosophes d'Alexandrie dans les premiers siècles de l'ère chrétienne. Le premier Ammonius dont il soit fait mention fut maître de Plutarque, et il professait la philosophie et les mathématiques, lorsque Néron visita le temple d'Apollon, d'où il enleva, dit-on, cinq cents statues d'airain qui le décoraient. Plutarque fait souvent mention d'Ammonius dans ses Dialogues, et surtout dans celui qui a pour objet l'inscription qu'on lisait sur le frontispice du temple. — Le second Ammonius, surnommé Saccas, vivait à la fin du IIᵉ et au commencement du IIIᵉ siècle: Il jouit durant sa vie d'une grande célébrité, et son nom, l'un des plus saillants de l'école d'Alexandrie, a survécu à la ruine de cette école et à celle de la ville des Ptolémées. Ammonius était né dans une condition obscure; on prétend même que jusqu'à l'âge de vingt-deux ans, il fit le métier de porteur de blé dans des sacs, ce qui lui fit donner le surnom de *Saccas*. Malgré les travaux pénibles auxquels la nécessité l'avait condamné, il s'occupait de philosophie; il faisait sa lecture ou plutôt son étude constante des œuvres de Platon et d'Aristote; et comme, durant son séjour à Alexandrie, il s'était rendu familières les doctrines des mages, des brahmines, des anciens Égyptiens, et de la secte alors nouvelle des gnostiques, il forma le projet impossible de concilier tous ces systèmes, en imaginant un monde idéal dans lequel il faisait intervenir la Divinité. Aussi presque tous les auteurs l'ont-ils regardé comme le fondateur de l'école néo-platonicienne, qu'il ne faut pas confondre avec l'école éclectique, fondée par Potamon (*V.* ce mot.) Au surplus, Ammonius n'écrivit rien, laissant à ses disciples le soin de recueillir ses doctrines et de les propager; les plus célèbres d'entre eux sont Herennius, Plotin, Origène (on ne croit pas que ce soit l'Origène chrétien), et le rhéteur Longin. Porphyre, disciple de Plotin, prétend qu'Ammonius, qui d'abord avait professé le christianisme, abandonna la vraie religion pour embrasser le paganisme. Eusèbe fait au contraire, mention d'un Ammonius qui, dit-il, conserva jusqu'à son dernier jour les sentiments de la saine philosophie, c'est-à-dire du christianisme. On ne sait s'il s'agit dans le passage d'Eusèbe de l'Ammonius de Plotin. Quelques écrivains ont cru qu'il y avait dans le même temps à Alexandrie deux philosophes de même nom, l'un fondateur de l'école néo-platonicienne, l'autre philosophe chrétien. On pourrait plutôt penser que l'Ammonius d'Eusèbe est le même que celui qui, vers l'an 250, et par conséquent à très-peu de distance d'Ammonius Saccas, publia une *Harmonie évangélique* ou *Concordance de J. C. avec Moïse*, ouvrage que saint Jérôme cite d'une manière très-honorable. Il en existe une traduction latine de Victor de Capoue; mais ce traducteur l'attribue à Titien.' — Il y eut un dernier Ammonius qui enseigna dans Alexandrie la philosophie d'Aristote, vers le commencement du VIᵉ siècle; il était disciple de Proclus et fils du philosophe Hermias. On a de lui un traité de synonymies et des commentaires sur les catégories d'Aristote. Ces ouvrages, qui sont arrivés jusqu'à nous, ont joui d'une réputation méritée. La dernière édition des Synonymies a été donnée en 1822 à Leipzig par M. Schaefer. — C'est encore un Ammonius d'Alexandrie qui a fait le premier l'extraction de la pierre, ce qui le fit surnommer le lithotome, de λίθος, pierre, et τέμνω, couper.
N. M P.

AMMONOCÉRALITE, *Ammonoceralites* (*moll.*) Genre de coquilles cloisonnées, de la famille des ammonées, voisin des ammonites, et dont les caractères sont: coquille conique, arquée, à cloisons sinueuses; siphon marginal ne perçant pas les cloisons. Ce genre ne renferme encore que deux espèces qui ne sont connues qu'à l'état fossile: l'ammonocéralite aplatie et l'ammonocéralite glossoïde.
J. B.

AMMOPHILE, *Ammophila* (*ins.*) Ce genre, de l'ordre des hyménoptères, a été établi par Kirby aux dépens du genre sphex, et présente les caractères suivants: mandibules dentées; mâchoires et languette allongées en forme de trompe et courbées en dessous vers leur milieu; palpes filiformes, presque égaux; deux nervures récurrentes aboutissant à la seconde cellule cubitale. On connaît six espèces dont la plus remarquable est l'ammophile des sables, *sphex sabulosa*, Linn., qui n'est pas rare en France; son abdomen est rétréci à

sa base en un pédicule mince, son corps est noir, et les deuxième et troisième anneaux de l'abdomen sont fauves. — La femelle de cette espèce creuse dans les terrains sablonneux, principalement dans ceux qui sont en pente, un trou de quelques pouces de profondeur, elle y pond un œuf et enferme avec lui une chenille qu'elle est parvenue à force de patience et d'efforts à porter jusque-là; ce pénible travail achevé, elle le recommence jusqu'à ce qu'elle ait pondu tous ses œufs. Plusieurs observateurs assurent qu'elle rouvre souvent chacun de ses trous et qu'elle porte de nouvelles provisions à ses larves, jusqu'à ce que ces dernières aient pris tout leur accroissement. Il est fort curieux de lui voir transporter quelquefois à de grandes distances une chenille souvent plus grosse qu'elle; elle la saisit par la tête, la fixe contre son ventre au moyen de ses pattes, et prend son vol; mais, surchargée de ce poids, elle ne peut se tenir longtemps à la même hauteur, et est souvent obligée de se jeter à terre; si sur sa route elle rencontre un mur, elle s'arrête un instant, pose sa chenille, passe de l'autre côté du mur, comme pour le mesurer du vol, puis reprenant son fardeau, elle s'élance avec force; si elle ne réussit pas du premier coup à le franchir, elle recommence après s'être reposée, et à force de persévérance elle y parvient ordinairement. Les autres espèces de ce genre ont à peu près les mêmes mœurs.
J. BRUNET.

AMMOPHYLE (*entom.*), insecte qui appartient à la famille des *fouisseurs* (*V.* ce mot).

AMMOTHÉE, *ammothea* (*zool.*), genre de la famille des pycnogonides, établi par Leach, pour une espèce voisine des nymphons. On désigne encore ce nom un genre de zoophytes de l'ordre des alcyonés et de la division des polypiers sarcoïdes.
J. B.

AMNÉSIE, perte de la mémoire, occasionnée plus ou moins subitement par une maladie ou un accident, tel qu'une lésion du cerveau causée par épanchement de sang, blessure, inflammation, etc.; car l'affaiblissement progressif de la mémoire dans la vieillesse, où l'absence de cette faculté provenant de quelque vice de conformation, comme dans les idiots, nés tels, ne prend pas le nom d'amnésie. Celle-ci arrive pourtant quelquefois sans aucun désordre apparent dans l'organisation, mais le plus souvent elle vient à la suite d'une maladie, l'accompagne ou même la précède, de sorte que dans ce cas elle ne peut disparaître qu'avec l'affection même qui l'a produite. — La mémoire s'affaiblit dans la vieillesse avec cette circonstance particulière, que les vieillards n'oublient pas des choses qu'ils savent depuis très-longtemps, et qu'ils ne peuvent retenir celles qu'ils entendent, ou qui leur arrivent. Parmi les causes très-variées de l'amnésie, on place au premier rang la folie, soit générale, soit particulière. On sent qu'aucune idée fixe ne peut se graver dans un cerveau désorganisé, où toutes les sensations, toujours passagères, sont le plus souvent opposées. Il est à remarquer, toutefois, que si la folie n'est que partielle, l'amnésie suit en quelque sorte la même condition. L'aliéné perd tout à fait la mémoire pour certains objets, et la conserve pleine et entière pour d'autres qui se rapportent plus particulièrement à l'objet de sa folie: tout le reste, sans intérêt pour lui, passe devant ses yeux comme une ombre, qui après son passage ne laisse aucune trace. — Une commotion violente reçue par le cerveau, effet d'une chute ou d'un contre-coup; des impressions morales très-vives, telles qu'une grande joie inespérée, la peur; le séjour dans des lieux malsains et humides, quelquefois même certaines températures élevées produisent l'amnésie. Le lieutenant général Ulloa, qui dans le XVIIIᵉ siècle a passé une partie de sa vie au Pérou, cite un fait qu'on aurait peine à croire, s'il ne venait d'un écrivain dont la véracité est reconnue. Il assure qu'un détachement de soldats, ayant traversé une partie des Cordillères, fut surpris subitement par un froid si vif, que beaucoup de soldats périrent, et que ceux qui purent continuer leur route perdirent complètement la mémoire. — Dans les maladies cérébrales, l'amnésie précède assez souvent l'explosion du mal, et c'est un pronostic bien fâcheux. L'épilepsie, et, en général, toutes les maladies accompagnées de convulsions, ce qu'on désigne par le nom de vapeurs, l'abus des plaisirs, des habitudes vicieuses, une suppression intempestive des règles, des saignées abondantes, l'usage immodéré des liqueurs fortes, et des substances qui attaquent les nerfs, le café, le thé, l'opium, etc., peuvent également produire l'amnésie. Celle qui vient à la suite d'une maladie est à peu près semblable dans ses effets à l'affaiblissement de la mémoire dans les vieillards, mais en sens contraire. Le malade revenu à la santé recouvre la faculté de recevoir et de conserver des idées nouvelles ; mais toutes les idées préexistantes sont effacées si bien, que l'on est obligé d'apprendre une seconde fois ce qu'on avait su. Lorsque l'amnésie de ce genre frappe un vieillard, on conçoit que la mémoire cesse d'exister pour lui ; car les années lui ont ôté la faculté de percevoir et de retenir des idées nouvelles, et l'amnésie efface les idées anciennes que seules il conservait. — Quant au traitement propre à guérir l'amnésie, nous nous bornerons à dire qu'il doit être surtout en rapport avec la cause qui a produit l'affection ; c'est donc cette cause qu'en général il faut s'attacher à reconnaître et à combattre.

N. M. P.

AMNIOMANTIE, de ἀμνίον, membrane, et de μαντεία, divination. On appelait ainsi l'espèce de divination qui consistait à tirer l'horoscope d'un nouveau-né par l'inspection du sac membraneux qui enveloppait sa tête comme une coiffe. De là est venu le proverbe vulgaire, lorsqu'on parle d'un homme heureux dans ses entreprises, qu'il est né coiffé.

A. A.

AMNIOS (anat.) ; membrane lisse et transparente, propre à la perspiration, laquelle sert de première enveloppe intérieure au fœtus dans le sein de sa mère. Elle est recouverte extérieurement d'une autre membrane qu'on nomme chorion (V. ce mot). L'amnios laisse suinter de sa surface intérieure un fluide blanchâtre et laiteux, d'une odeur fade et d'une saveur légèrement salée. C'est au milieu de ce fluide, que remplit la capacité de l'amnios, que nage et vit le fœtus jusqu'à sa naissance. Ce liquide, qu'on appelle vulgairement les eaux, empêche l'utérus de s'appliquer immédiatement sur le fœtus, et de le comprimer. Ces eaux amortissent les coups que la mère peut recevoir, et, au moment de la délivrance, elles opèrent une dilatation qui rend l'accouchement plus facile et moins douloureux.

A. A.

AMNISTIE (ἀμνηστία), a passé du grec dans notre langue et signifie oubli. Quand Thrasybule eut vaincu les trente tyrans, aboli leur puissance et fait bannir les Dix qui leur avaient succédé, il fit rendre une loi portant que les partis oublieraient leurs griefs respectifs, et que personne ne serait recherché ni puni pour ce qui s'était passé pendant les troubles civils. Ce fut vraisemblablement, dans l'antiquité, la première loi de ce genre. Chez les anciens le pardon et l'oubli des crimes politiques se montrent bien plus rares que chez les nations modernes, soit qu'en effet cela ait tenu à la différence de constitution sociale, soit que les principes d'humanité qui ont prévalu et dominé avec le christianisme, aient modifié fortement la politique en la faisant asseoir sur une base toute contraire à la servitude et au droit du plus fort. — La loi athénienne fut, pour son époque, un grand progrès moral, progrès né du civisme et du sentiment de l'égalité de droits et de devoirs entre tous les citoyens. Le grand principe humanitaire chrétien s'y laisse entrevoir sous une de ses faces ; mais ce n'est encore que sous une perspective très-restreinte, et il y aurait folie à y chercher le moindre rayon de cette lumière céleste née de l'Evangile. — Aujourd'hui, comme autrefois, amnistie veut dire oubli seulement ; les cas d'amnistie s'étant présentés plus nombreux et plus variés, le mot a dû recevoir une plus grande extension. Ordinairement il s'emploie pour dénommer le pardon général qu'un souverain ou qu'un gouvernement accorde à des rebelles, tantôt par un traité, tantôt par une loi ou une ordonnance. Alors on déclare oublier le passé, n'en vouloir faire aucune recherche, et même il peut arriver que l'amnistie suspende ou fasse cesser l'effet des condamnations. La rigueur des lois ne pouvant, sans cruauté s'exercer sur une population entière, fléchit en présence de principes d'un ordre plus élevé ; elle se couvre du voile de l'oubli, soit qu'il découle de la clémence, soit de la nécessité l'impose. Citons quelques exemples : Le fils de l'infortuné Stuart, Charles II, en montant sur le trône d'Angleterre, accorda une amnistie générale et voulut ainsi se réconcilier avec tous ses ennemis. Il mit le plus grand soin à ne mettre aucune différence dans ses rapports avec les catholiques et les presbytériens, les royalistes et les républicains. En France, à la suite des guerres religieuses et des guerres civiles, les édits de pacification ont été fréquents ; nous ne les énumérerons point ici ; Henri IV, entrant dans Paris, fit crier : Pardon général ; et tout le monde le suivit avec enthousiasme à Notre-Dame. Louis XIV amnistia les auteurs des troubles qui agitèrent sa minorité, c'était commencer dignement un grand règne. Louis XVI accorda un pardon général à tous ceux qui avaient fait partie des attroupements qui, sous son règne, désolèrent les environs de Paris et commirent des vols dans cette ville même, ainsi qu'à Versailles. Louis XVIII, à Saint-Ouen, le testament de Louis XVI à la

main, promit que nul ne serait inquiété pour ses opinions ou ses votes. De nos jours, le souverain pontife a accordé une amnistie aux fauteurs des troubles qui éclatèrent, il y a quelques années, dans les États romains. L'amnistie est aussi un pardon accordé à ceux qui ont déserté leur drapeau ; alors elle se réduit quelquefois à une simple diminution de peine. Depuis Louis XIV, il n'est pas de règne qui ne présente plusieurs cas de cette sorte d'amnistie. Outre le cas de désertion, il est plusieurs sortes d'infractions aux lois, ou même de contraventions, qui ont été l'objet d'ordonnances d'amnistie. En 1698, tous les faux sauniers du royaume furent amnistiés ; en 1718, ce furent les forbans d'Amérique, nommés flibustiers. — Par une déclaration du 14 juillet 1699, Louis XIV décharge les notaires et les commis à l'exercice du contrôle des actes de toute contravention à l'édit du mois de mars 1693, interdit toute recherche de droit de contrôle pour des actes antérieurs. — Louis XV accorda différents délais pour faire contrôler les actes de foi et hommage, adjudications de bois et tous actes passés devant les juges, greffiers et autres officiers de justice, etc. Au moyen du contrôle et du payement des droits dans les délais accordés, ces actes purent être validés et les contrevenants relevés des peines et amendes qu'ils avaient encourues. Comme toutes les ordonnances du même genre, celle de Louis XV fut qualifiée d'amnistie ; on comprend cette extension sans peine, puisque, avec le délai accordé, il y a remise de la peine et de l'amende.

BUCHET DE CUBLIZES.

AMNON, fils aîné de David et d'Achinoam, sa seconde femme, ayant conçu un violent amour pour Thamar, sa sœur, tomba dans une sorte de langueur qu'il ne put dissimuler. Un de ses amis, Jonadab, frère de David, lui ayant un jour demandé la cause du dépérissement qu'il remarquait en lui, le prince lui fit l'aveu de sa passion pour Thamar, en lui déclarant l'impossibilité de la satisfaire. Jonadab, que son âge et sa position mettaient à même de donner de sages conseils à son ami, lui indiqua au contraire le moyen de contenter ses désirs criminels. Sur son avis donc, Amnon, feignant une indisposition, pria David, son père, d'envoyer auprès de lui Thamar, pour lui apprêter à manger. Lorsque Amnon se vit seul avec sa sœur, il se mit en devoir d'exécuter son affreux dessein. Sourd aux prières comme aux larmes de Thamar, le prince n'écouta que sa passion. Et tout à coup, passant de l'amour le plus violent à l'aversion la plus cruelle, il ajouta l'outrage à l'inceste, en la faisant chasser par un de ses serviteurs. Fondant en larmes, et déplorant son malheur, Thamar rencontra en ce moment même son frère Absalom, qui s'efforça de la consoler. Indigné d'un pareil affront, fait à leur sœur commune, Absalom jura de le laver dans le sang même de son criminel auteur. La tonte de ses brebis lui en fournit en effet l'occasion deux ans après ; car, l'ayant invité au festin que l'on donnait dans ces circonstances, lorsqu'il le vit un peu échauffé par le vin, il le fit tuer au milieu du repas. Voilà quelle fut la fin d'Amnon ; voilà comment ce prince paya les suites d'une passion qui, après lui avoir longtemps fait souffrir des tourments cruels, ne lui procura qu'un plaisir brutal, et de bien courte durée ; puisque, comme nous venons de le remarquer, à peine avait-il consommé son crime, qu'il n'éprouva plus que du dégoût et de l'aversion pour celle qu'il aimait avec tant de violence quelques instants auparavant. (2, Reg., XIII).

J. G.

AMNON, rabbin de Mayence, fort distingué par son savoir, qui florissait vers le milieu du XIIIᵉ siècle. Bartolocci, fondé en cela sur l'autorité de Ghédalia Elben Jachija, le fait vivre en effet vers l'an 1424. On lui attribue plusieurs prières, que l'on récite dans quelques synagogues à certaines solennités. On peut voir dans Bartolocci et Wolf le titre de ces prières. Les juifs, qui ont voulu lui accorder la palme du martyre, prétendent que l'archevêque de Mayence lui avait fait couper les doigts des pieds et des mains, et que, martyr de la religion de ses pères, Amnon était monté au ciel en présence de la synagogue. Bartolocci s'est donné la peine, dans son Dictionnaire rabbinique, de combattre cette fable, trop ridicule sans doute pour mériter l'honneur d'une réfutation. On conserve encore dans la bibliothèque du Vatican le manuscrit d'une de ces prières, dont les anciens juifs allemands faisaient grand usage.

J. G.

AMOME (amomum) ; genre de plantes de la famille des amomées. Quant aux caractères de l'amome, V. AMOMÉES. Les principales espèces de ce genre sont : 1° Amome des Indes (amomum zingiber ; L., amomum minus). V. Trew, De zingibere, Commerc. litt., Norimberg, 1741, 38° Gesner, Diss. de zingibere, in-4°, Altorf, 1723. — On distingue de cette plante surtout sa racine qui est tubéreuse, de l'épaisseur d'un doigt, blanche au centre, jaunâtre à la circonférence : de la racine naissent des hampes d'à peu près un pied de hauteur; chacune de ces hampes porte à son sommet une sorte d'épi, imbriqué d'écailles verdâtres, marqué au sommet d'une pointe rouge : ces épis s'épanouissent successivement et laissent voir des fleurs jaunâtres dont l'existence est presque éphémère : la corolle est monopétale, divisée en quatre segments, dont l'un, plus grand que les autres, figure une sorte de lèvre : le fruit est une capsule triangulaire, à trois loges, qui renferment plusieurs graines d'une saveur amère, aromatique et d'une odeur agréable. — Cette espèce croît naturellement, suivant le récit de quelques voyageurs, dans les environs de Gingi, d'où lui vient probablement le nom de gingiber ou zingiber. On la rencontre dans les îles de la Sonde (V. Rumphia, Descript. des plantes de l'Inde), à Java, à Ceylan, à Sumatra, sur les côtes de Malabar, en Chine. Suivant Roscoe, Lindley et d'autres, le gingembre (zingiber) forme un genre particulier (A New arrangement of the plants of the monandrian class, usually called scitamineæ. Transact. of the linnean soc. of London, vol. VIII, p. 347); mais comme les caractères sur lesquels on se fonde ne sont pas assez saillants pour établir un genre nouveau, nous l'avons, avec Linné, décrit comme une espèce du genre amomum. La racine de gingembre est très-aromatique, d'une saveur âcre et brûlante; elle donne à la distillation une huile volatile d'une odeur très-forte : on emploie le gingembre, surtout en Angleterre, comme médicament et comme assaisonnement. Les Indiens en font une espèce de conserve agréable au goût, tonique et excitante. Depuis quelques années on a fait venir à Paris une sorte de gingembre dont les Anglais font particulièrement usage, et qu'ils tirent de la Jamaïque. Ce gingembre est plus grêle et plus allongé que celui du commerce; son épiderme est jaunâtre et strié longitudinalement; il est blanc au centre : il a une saveur vraiment caustique et une odeur fort agréable. Sonnerat, Voyage aux Indes, II, 240. — 2° Amome de Madagascar (amomum cardamomum; amomum minus). Spica radicali sessili, obovata, foliis obovato-ellipticis cuspidatis. Willd. Spec., pl. v. Les caractères de la racine, de la tige et de la fleur, sont à peu près les mêmes que ceux de l'espèce précédente. Le fruit est une capsule charnue ayant la forme d'une figue renversée; la capsule est triloculaire, contenant de petites graines ovoïdes, noirâtres et très-aromatiques; elles communiquent à la bouche une odeur agréable. On distingue dans le commerce plusieurs variétés de cardamome, dont les principales sont : le cardamome rond ou en grappe, le petit cardamome, le moyen cardamome et le grand cardamome. Les semences de ces variétés ne diffèrent pas beaucoup entre elles sous le rapport de leurs propriétés. Cette espèce croît sur la côte du Malabar et à Java. Les Indiens se servent de ses graines pour assaisonner leurs aliments, surtout la viande et le poisson. On les employait autrefois dans un grand nombre de préparations pharmaceutiques; elles sont maintenant assez négligées. — 3° Amomum, granum paradisi. (Scapo ramoso laxo, foliis ovatis. Willdenow, Sp. pl. v, 1, 9. Rheede, Hortus Malabar., v. II, tab. 6). Le fruit est une capsule arrondie, triloculaire, chaque loge contenant plusieurs graines anguleuses et noirâtres. Ces capsules sont disposées sur de petites grappes attachées à la hampe. — Cette espèce croît dans les lieux sombres et humides. Les Indiens, qui font de ces graines un commerce considérable, en mêlent avec le bétel qu'ils mâchent, pour communiquer à la bouche un goût agréable et pour faciliter, à ce qu'ils prétendent, la digestion. On trouve ces graines (graines de paradis) dans le commerce, débarrassées de leur coque, qui est rougeâtre et longue de 12 à 15 lignes; elle a la forme d'un petit coco enveloppé de son brou : l'amande en est très-blanche; elle produit sur la langue une sensation de brûlure comme le poivre, ce qui fait qu'on s'en sert pour falsifier le poivre. Cette espèce est indigène de la Guinée et de l'île de Madagascar. — 4° Amomum Zerumbet. (Bracteis ovatis obtusis, laciniis corollæ erectis acutis, nectario bilobato. Smith, Exot. bot., 2, pag. 105-112.) Cette espèce est fort répandue dans les îles de l'Hindostan. Les indigènes l'emploient comme herbe potagère; ils en mangent les jeunes pousses et les feuilles cuites dans l'eau avec du poisson : sa racine est moins aromatique et moins brûlante que celle du gingembre. Les Indiens lui attribuent la vertu d'apaiser les coliques. Botanical Magazine, 45, pag. 2000. — Je ne ferai qu'énumérer les espèces suivantes : 5° A. angustifolium. (Scapo nudo brevissimo, spica capitata, foliis lineari-lanceolatis. Willd., Sp. pl. v, I, 8.) — 6° A. villosum. (Scapo

vaginato brevissimo, spica subrotunda, bracteis lanceolatis flore longioribus. Willd., Sp. pl. v, I, 8.) — 7° A. echinatum. (Spica radicali sessili subglobosa, capsulis sulcatis echinatis globosis. Willd., Sp. pl. v, I, 8. — 8° A. afzelii. (Scapo brevissimo, floribus aggregatis, foliis distantibus ovato-acuminatis integerrimis glabris. Annals of botany, n° 3, tábl. 13.) — 9° A. fuliginosum. (Floribus pedunculatis, caulibus remotis, foliis acutis, capsulis globosis echinatis. Retz. Obs. fasc., 3, 56.) F. HOEFER.

AMOMÉES (bot.) (monandrie monogynie de Lin.), famille naturelle de plantes ainsi nommée par MM. de Jussieu et A. Richard (Jussieu, dans les Élém. de Mirbel, 854, 1815; A. Richard, Nouv. élém., éd. in-4°, 438). Cette famille porte encore d'autres noms; Ventenat l'appelle drymyrhizeæ (Tábl. 1799); Link, alpiniaceæ (Handb., I, p. 228, 1829); R. Brown, scitamineæ (Prodrom., 305, 1810). Dans le système de M. Bartling, la famille des amomées compose les ordres XL et XLI (amomeæ et canaceæ) de la classe XIV (scitamineæ). V. Ordines naturales plantarum, etc., auctore Th. Bartling; Gotting., 1830. Dans le système de M. John Lindley (Natural System of botany; Lond., 1836), cette famille comprend les ordres CCXXXIII et CCXXXIV (zingiberaceæ et marantaceæ), du 1er groupe (épigynées) des monocotylédones ou endogénées. — Toutes les plantes de cette famille sont exotiques. Pour plus d'ordre dans la méthode de classification, nous diviserons, avec MM. Lindley et Bartling, les amomées en deux ordres distincts. 1er ORDRE : zingiberaceæ. Caractères : tige herbacée, simple; racine fibreuse, tubéreuse et rampante; feuilles engaînantes, à limbe plane, entier, portant une nervure médiane; les veinales sont parallèles entre elles et se rendent à la nervure médiane sous un angle aigu : fleurs en épine ou en grappe, hermaphrodites, irrégulières, enveloppées d'une spathice : calice tubuleux, court, trilobé : corolle tubuleuse, irrégulière, composée de deux spires, l'une externe, l'autre interne; chacune de ces spires est découpée en trois segments; la spire externe est persistante, plus courte et tubuliforme; les segments de la spire interne alternent avec l'externe : étamines au nombre de six, dont trois sont seules distinctes; les trois autres, étamines, sont pétaloïdes et adhérentes à la corolle : parmi les étamines distinctes celle du milieu est souvent seule féconde; elle porte une anthère biloculaire, s'ouvrant longitudinalement; les deux autres sont stériles : pollen à globules arrondis; ovaire triloculaire, trophosperme, situé dans l'axe des loges; ovules en nombre indéfini; style filiforme, stigmate creux et dilaté; péricarpe capsulaire, trivalve; graines arrondies ou irrégulièrement anguleuses, munies d'une enveloppe en forme d'arille; albumen farineux; embryon cylindrique, droit. — Le seul genre monocystis à l'ovaire monosperme, uniloculaire. — L'ordre des zingiberaceæ se rapproche beaucoup de l'ordre des musaceæ. En effet, on y voit la même forme de feuille; les étamines et la corolle présentent à peu près la même structure. Après les musacées, l'ordre que nous décrivons ressemble le plus aux iridées, à cause de la disposition de la corolle. On a ensuite comparé les zingibéracées aux orchidées, parce que celles-ci ont également trois étamines dont deux stériles; mais là les étamines adhèrent au style, ce qui les distingue entièrement des premières; entre l'embryon et l'albumen se trouve un corps charnu appliqué sur l'embryon : ce corps a été considéré par Smith comme un cotylédon; par Gaertner, comme un corps analogue au vitellus; Richard le regarde comme une portion centrale indurée de l'albumen. On sait maintenant que ce corps n'est autre chose que le tégument le plus interne de l'ovule, qui reste non absorbé. — Les zingibéracées croissent dans les pays intertropicaux, et particulièrement dans certaines contrées des Indes orientales : on en rencontre quelques genres en Afrique, mais très-peu en Amérique. — Ce sont, en général, des plantes d'une très-grande beauté, ce qui fait qu'on se sert de quelques espèces comme ornement; telles sont le hedychium coronarium et le curcuma roscoana (Wallich plant., As. Rar., vol. I, tab. 9); mais on les estime surtout à cause de leur arome; les racines de gingembre, de galanga, de zédoaire, sont connues de tout le monde.

Genres du 1er ordre :

Zingiber, Gaertn.	Diracodes, Bl.
Curcuma, L.	Hedychium, Kön.
Hitchenia, Wall.	Alpinia, L.
Kaempferia, L.	Gethyra, Salisb.
Ammomum, L.	Zerumbet, Wendl.

Elettaria, Rheede.	Hellenia, W.
Donacodes, Bl.	Gastrochilus, Wall.
Galanga, Roab.	Monolophus, Wall.
Monocystis.	Cassumunar, Colla.
Cenolophon, Bl.	Globba, L.
Phæomeria.	Colebrookia, Donn.
Peperidium.	Leptosolena, Presl.
Costus, L.	Hornstedtia, Retz.
Kolovratia, Presl.	Roscœa.

IIe ORDRE : cannæ. Caractères : tige herbacée, simple ; feuilles simples, entières, engaînantes ; fleurs, organes sexuels et ovaire comme dans l'ordre précédent, dont les cannées ne diffèrent réellement que parce qu'elles ne sont pas aromatiques. Lindley insiste cependant sur une particularité qui distingue surtout les cannées des zingibéracées : dans les cannées l'étamine fertile occupe vis-à-vis la corolle la place qu'occupe dans les zingibéracées une des étamines stériles ; enfin, les dernières présentent un peu plus de régularité dans la disposition de la corolle que les premières. — Les cannées sont originaires de l'Inde ; mais on en trouve aussi beaucoup dans les régions chaudes de l'Amérique. Pendant que le Ier ordre est surtout estimé, principalement à cause de la racine de gingembre qu'il fournit, le IIe ordre ne l'est pas moins à cause de l'arrow-root (maranta), dont la fécule est d'un si grand usage dans la médecine.

Genres du IIe ordre :

Myrosma, L.	Maranta, L.
Phrynium, Willd.	Calathea, Meyer.
Thalia, L.	Canna, L.
Peronia, D C.	

F. HŒFER.

AMOMO, natif, à ce qu'on croit, de Florence, écrivit dans le courant du XVIe siècle des poésies italiennes assez estimées de ses contemporains ; il avait pris le même genre que Sannazar et Alamanni. Ses ouvrages furent imprimés sous ce titre : *Rime toscane d'Amomo*, etc. Venise, Zoppino, 1538, in-8°.
L. C. DE BELLEVAL.

AMON. Parmi les personnages de ce nom dont il est parlé dans les livres saints, nous remarquons : 1° celui qui, étant gouverneur de Samarie, retint, par ordre du roi Achab, le prophète Michée prisonnier (3 Reg. XXII, 26) ; 2° le 14e roi de Juda, fils et successeur de Manassès. Monté sur le trône à 22 ans, c'est-à-dire dans l'âge des passions, Amon ne fut pas moins impie que son père ; comme lui, il adora les idoles ; il eut la lâcheté de renoncer au culte du Dieu de ses ancêtres. Son règne ne fut pas long, car ses officiers eux-mêmes le tuèrent dans son propre palais, deux ans après qu'il eut commencé à gouverner son peuple : s'il imita son père dans ses crimes et ses égarements, il n'eut pas le bonheur de l'imiter dans son retour à Dieu et dans sa pénitence, Amon fut enseveli dans son sépulcre, dans le jardin d'Oza (V. 4 Reg., XXI, 19-21 ; 2 Paral. XXXIII).
J. G.

AMONA, ville dont parle Ézéchiel (XXXIX, 16), et qu'il prédit devoir être le lieu de la sépulture de Gog et de ses troupes. On ne connaît aujourd'hui aucune ville de ce nom dans la Palestine. Amona, ou plutôt Hamóná, comme porte le texte hébreu, signifie *multitude*. Ainsi, quand Ézéchiel a dit dans son langage prophétique que le nom du lieu où devait être ensevelie l'armée de Gog serait *Hamóná*, il a seulement voulu annoncer que le carnage des troupes serait si grand et si horrible, qu'on pourrait appeler à juste titre l'endroit de leur sépulture *multitude*.
J. G.

AMONT ; AVAL. Ce sont des termes de batelier, qui signifient : le premier, remonter vers la source, aller ou voguer contre le courant ; et le second, suivre au contraire le cours de l'eau. On dit encore en amont d'un pont pour exprimer la partie du courant supérieure au pont, et en aval la partie inférieure qui coule vers l'embouchure.
A.

AMONTONS (N...), né à Paris en 1663 et mort dans la même ville en 1705, était très-versé dans les sciences mécaniques. Dans un mémoire qu'il soumit à l'approbation de l'Académie, il proposa d'imprimer à la correspondance une accélération jusqu'alors inconnue. « Il avait inventé, dit Fontenelle, dans le rapport qu'il fut chargé de faire de ce procédé ingénieux, un moyen de faire savoir tout ce qu'on voudrait à une très-grande distance, par exemple, de Paris à Rome, en très-peu de temps, comme trois ou quatre heures, et même sans que la nouvelle fût connue dans tout l'espace qui sépare ces deux villes. » On ne peut guère s'empêcher de reconnaître dans

ce projet la découverte du télégraphe, dont on a profité plus tard. On ne sentait pas alors comme aujourd'hui l'avantage de correspondre par des moyens aussi prompts. D'ailleurs les obstacles que l'auteur d'une invention aussi importante aurait eus à vaincre, se conçoivent facilement, quand on remonte à l'époque où il communiqua son projet au premier corps savant de l'Europe.
CH. B.

AMORCE (*pyrotech.*) On donne ce nom à la poudre qu'on met dans le bassinet des armes à feu, laquelle en s'enflammant communique le feu par un très-petit trou qu'on appelle *lumière* à celle qui compose la charge de l'arme. On donne le même nom à la poudre qui sert à faire partir les pétards, les fusées, les diverses pièces d'artifice ; aux mèches soufrées qui mettent le feu aux mines, aux obus, aux bombes, etc. Il n'est pas nécessaire de dire que la longueur de la mèche dans ces derniers cas est proportionnée au temps nécessaire au mineur pour se mettre en sûreté, et à la bombe pour parcourir le trajet présumé qu'elle doit faire, afin de n'éclater qu'au moment où elle vient de tomber. Depuis qu'on fait usage pour la chasse des fusils à percussion, on emploie pour amorce une petite quantité de poudre fulminante qu'on fixe au fond d'une petite capsule de cuivre très-mince qu'on place sur la *cheminée*, c'est-à-dire sur un cône tronqué qui est percé au fond (V. FUSIL A PERCUSSION, POUDRE FULMINANTE). Les amorces fulminantes présentent quelques avantages qui ont porté les inventeurs à en proposer l'usage pour l'armée ; mais jusqu'ici le comité d'artillerie a cru devoir rejeter toute innovation à ce sujet, tant à cause des inconvénients qui, pour des soldats, la plupart fort maladroits, balancent ou excèdent ces avantages, qu'à cause de la dépense extrême où le changement des armes entraînerait le gouvernement. Cela n'a pas découragé les inventeurs qui ne cessent de chercher quelque procédé par lequel les fusils ordinaires puissent se transformer en fusils à percussion, et qui d'ailleurs fasse disparaître tous les inconvénients.
J. L. G.

AMOR DEI, L'AMOUR-DIEU-LEZ-TROISSY. Monastère de femmes, de l'ordre de Cîteaux, de la filiation de Clairvaux, dans le diocèse de Soissons, situé près de la rive gauche de la Marne, à une lieue O. S. O. de Châtillon, en Champagne, fondé en 1232 par les seigneurs de Châtillon-sur-Marne. La communauté était ordinairement composée de quinze religieuses, qui jouissaient ensemble de six à sept mille livres de rente à la fin du dernier siècle, avant la suppression des monastères.
L. DE M.

AMORETTI (CHARLES), né dans une petite ville de l'État de Gênes en 1741, et mort à Milan en 1816, se rendit célèbre par ses connaissances géographiques, minéralogiques et littéraires. Il avait embrassé d'abord la règle de saint Augustin, et jusqu'en 1772, il fut professeur à Parme de droit canon ; mais à cette époque, ayant obtenu du pape sa sécularisation, il alla s'établir à Milan pour se livrer tout entier à l'étude des langues et à celle des sciences exactes. Il devint successivement membre secrétaire de la société patriotique de Milan, instituée pour favoriser les progrès de l'agriculture, membre de l'institut national d'Italie, de la société italienne, de celle d'encouragement des sciences et des arts, etc. En 1808, il entra dans le conseil des mines, ce qui ne l'empêcha pas de se livrer à de vastes travaux littéraires. Il avait commencé par publier à Milan, de 1775 à 1778, conjointement avec quelques amis ou collaborateurs, 27 volumes in-4°, intitulés : *Nuova scelta d'opuscoli interessanti sulle scienze e sulle arti*. Dans le même temps il publiait à Milan 2 vol. in-4°, 1779, l'*Histoire de l'art chez les anciens*, de Winckelmann, traduite en italien. Il profita aussi de son titre de conservateur de la bibliothèque Ambroisienne, pour publier sur les manuscrits qu'elle renfermait, le *Voyage autour du monde*, de Pigafetta, de 1519 à 1522 ; le *Voyage N. O. par la mer Atlantique et Pacifique*, du capitaine Maldonado. On lui doit encore un *Traité sur la navigation* qui a été traduit plus tard en allemand ; un *Trattato della pittura* avec des gravures du fameux Léonard de Vinci, accompagné d'une biographie de ce grand peintre ; des *Elementi di elettrometria animale*, et successivement un abrégé de ce même ouvrage, etc. Amoretti a laissé encore un grand nombre de mémoires sur différents sujets, lesquels ont été imprimés dans le recueil de l'académie italienne et dans le Magasin encyclopédique. Napoléon l'avait décoré en 1805 de l'ordre de la Couronne de fer.
J. L. G.

AMORGOS. C'est une des îles Cyclades dans la mer Égée. Elle est située à l'est de Délos, entre Naxos et Cos. Ce fut dans cette île que naquit le poëte Simonide.
X. X.

AMORITES ou fils d'Amor (V. AMORRHÉENS).

AMORIUM; ancienne ville de l'Asie Mineure dans la Galatie, qu'on prétend avoir été la patrie d'Ésope le fabuliste. A. A.

AMOROSO, mot italien qu'on trouve quelquefois placé en tête d'un morceau de musique, et qui donne à entendre que le morceau doit être joué ou chanté sur un mouvement lent, doux, expressif. Ce mot, au surplus, est à peu près inutile ; car le vrai musicien n'a pas besoin qu'on lui dise s'il doit mettre du feu, de l'âme, de la douceur ou de l'expression dans son jeu et dans son chant ; et malgré le mot placé comme une enseigne, le mauvais musicien au jeu sec et dur, le mauvais chanteur qui ne tire des sons que de sa tête et rien de son cœur, joueront, chanteront comme ils le font d'ordinaire, c'est-à-dire, sèchement, durement et sans goût. A. A.

AMORPHE. On entend sous cette dénomination les substances qui offrent comme le dernier degré de la cristallisation confuse, dont la forme vague et indéfinissable reste muette quand l'observateur l'interroge ; en un mot, les substances qui sont, ainsi que l'indique leur nom, sans formes.
CH. B.

AMORRHÉENS. C'étaient les descendants d'Amor, quatrième fils de Chanaan. Ce peuple demeurait d'abord dans le voisinage d'Asasonthamar, dans la vallée d'Escol (*Gen.* XIV, 7, 13. *Deut.* XIX, 24), et au milieu des montagnes qui sont au couchant de la mer Morte. De là ils passèrent le Jourdain, firent la conquête du pays des Moabites et des Ammonites, poussèrent leurs excursions jusqu'à Hésébon et Basan, et s'emparèrent de tout le terrain situé entre les torrents d'Arnon et de Jaboc. C'est sous leurs rois, Séhon et Og, que Moïse fit à son tour la conquête de cette contrée (*Num.* XIII, 30 ; XXI, 29. *Jos.* V, 1. *Judic.* XI, 19-21). Amos (II, 9) parle de la taille gigantesque des Amorrhéens et de leur valeur guerrière. Il compare leur haute stature à la hauteur des cèdres et leur force à celle des chênes. Les terres que les Amorrhéens avaient possédées en deçà du Jourdain furent données dans la suite à la tribu de Juda, et celles qu'ils avaient au delà de ce fleuve échurent en partage aux tribus de Ruben et de Gad. Une remarque importante à faire par rapport au nom d'Amorrhéen, c'est que les écrivains sacrés l'étendent souvent à tous les Chananéens en général. J. G.

AMORRHÉUS, l'un des fils de Cham, le même qu'Amor.

AMORT (EUSÈBE), chanoine régulier de l'ordre de Saint-Augustin, naquit dans une petite ville de la Bavière, en 1692. Après avoir professé la théologie, il se livra tout entier à l'étude des sciences physiques, et par sa science autant que par la pureté de ses mœurs, il se fit avantageusement distinguer de tous les hommes éclairés de son siècle. Il a laissé une *Philosophia pollingena*, Augsbourg, in-fol. 1730, comprenant un long traité sur le mouvement de la terre, sous ce titre : *Notitia accurata de systemate ac partibus universi*. L'auteur y a élevé des questions que la science des modernes n'a pas encore éclaircies. Ses autres ouvrages ont rapport à ses premières études ; ce sont 1º un *Traité historico-théologique des indulgences*; 2º un *Supplément au Dictionnaire des cas de conscience* de Pontas; 3º des *Règles tirées de l'Écriture sainte, des conciles et des Pères, touchant les apparitions, révélations*, etc. Tous ces ouvrages sont en latin et forment plusieurs volumes in-4º et in-fol. Son ouvrage le plus connu est sa *Dissertation* sur le véritable auteur de l'excellent livre *De l'Imitation de J.-C.* On sait que la question a été vivement débattue, et qu'après bien des controverses, on avait fini par attribuer ce livre à Gersen (*V.* ce mot). Ici Amort soutient, on peut même dire qu'il démontre, que son auteur est Thomas à Kempis (*V.* ce mot.) Amort est décédé vers la fin de 1775, parvenu à l'âge de 83 ans. X. X.

AMORTISSEMENT (*archit.*) On applique ce mot à tout ouvrage qui couronne un édifice ou un bâtiment, soit qu'il affecte la forme pyramidale, soit qu'il consiste en un simple groupe de figures, de trophées, de vases, etc. Ainsi le fronton sert d'amortissement à la façade d'un édifice, et les groupes placés sur les acrotères sont l'amortissement du fronton. L'amortissement doit toujours être en proportion avec le genre de l'édifice, et concorder avec l'ordonnance générale. X. X.

AMORTISSEMENT (*terme de finance*), action d'amortir une dette. Cette faculté s'exerce de plusieurs manières : appliquée aux dettes publiques, elle agit par voie de rachat ou d'extinction, soit par le moyen d'un fonds spécial dont la quotité se prélève annuellement sur les recettes de l'État, et dont le vote est soumis, chaque année, à la délibération de la législature ; soit à l'aide d'annuités remboursables par le sort à époques déterminées avec ou sans lots et primes, ou bien encore au moyen de la création de rentes viagères qui s'amor-

tissent par la mort du titulaire : ce premier mode à fonds spécial fut créé en Angleterre sous le ministère Pitt, et fut ensuite importé en France. Les autres États de l'Europe suivirent l'exemple fourni par l'Angleterre, qui est devenue ainsi la terre classique du crédit public. Les fonds d'amortissement sont simples ou composés, c'est-à-dire que chez les uns la dotation annuelle ne s'accroît pas de la masse des intérêts composés, tandis que chez les autres les intérêts de la portion de la dette rachetée se capitalisent au profit de l'amortissement. De ces deux manières de procéder il ressort que l'action amortissante est limitée, dans le premier cas, à la simple dotation ; et que, dans le second cas, cette action peut être illimitée. Ces deux systèmes ont leurs avantages et leurs inconvénients : leur application peut varier selon l'état de la dette et du crédit. Afin de donner une plus grande puissance morale à l'amortissement sur les capitaux mobiliers en général et de faciliter le casement de la dette, on a imaginé, dans les gouvernements représentatifs, de former près des caisses d'amortissement des commissions de surveillance, dont les membres sont élus en sessions ordinaires des pouvoirs souverains. Ces commissions font racheter successivement quelques parcelles de l'ensemble de la dette; mais rarement les rentes ainsi *rachetées* sont complétement annulées : la plupart des gouvernements se sont jusqu'ici réservé la faculté de les remettre en circulation, selon les temps et les circonstances ; de telle sorte que l'amortissement sort habituellement des voies de sa fondation, et qu'il n'est plus qu'un mécanisme ingénieux pour arrêter les élans d'une trop forte baisse dans les cours des rentes publiques, ou pour en raviver les prix. — Mû par ces dernières considérations, le gouvernement anglais a aboli, en 1835, tout fonds spécial d'amortissement ; et de nouvelles lois sur la matière ont disposé que ce fonds spécial serait à l'avenir remplacé par les excédants de recette sur les dépenses, et qu'il y aurait, selon que les recettes dépasseraient les dépenses, *extinction* d'une somme équivalente de la dette nationale. — Ces principes d'application moderne constituent tout un système nouveau de crédit et d'économie sociale. Il est fondé en raison, et, à lui seul, il est une révolution financière qui soumettra à ses lois tous les États emprunteurs. Encore une fois, en pareille matière, l'Angleterre aura été le régulateur et le véritable législateur du crédit public. — C'est ainsi qu'en finance commence une ère nouvelle qui doit ramener l'amortissement à sa destination primitive et au sens absolu de ce mot. — L'amortissement étant une vérité, les effets sociaux qui doivent en jaillir sont multiples et variés. En premier lieu, on rachète bien évidemment pour éteindre les rentes émises dans les temps d'emprunts ; ceux-ci, d'abord comprimés, reprennent successivement leur élasticité, les cours s'élèvent, et lorsque les États sont forcés de recourir à de nouveaux emprunts, les capitaux se portent en avant et s'offrent à bon marché : en second lieu, les gouvernements ne thésaurisent plus en énervant l'impôt dans les moments mêmes de crise ou de pénurie ; la circulation générale se maintient pleine, car l'amortissement rend immédiatement alors par les rachats ce que l'impôt venait d'enlever à cette même circulation : en troisième lieu, par l'amortissement le chiffre de la dette publique diminue, la somme des intérêts à payer diminue aussi, et graduellement les charges publiques en sont allégées. — Les effets de l'amortissement, quand celui-ci est sagement combiné, sont immenses, on s'en rend compte par la pensée : toutes choses sont soumises à ses lois, aussi bien l'indépendance et la sécurité du pays que la force de son gouvernement : la production, la consommation, l'industrie et le commerce n'échappent pas davantage à l'influence d'une bonne ou mauvaise direction imprimée à l'amortissement des dettes publiques. Il n'y a pas d'exemple d'un grand État qui ait amorti intégralement ses dettes, si l'on en excepte les États-Unis d'Amérique. — Nous venons d'exposer la théorie générale de l'amortissement, il nous reste à examiner ce qu'il a été en France, les phases diverses qu'il y a subies, et comment on est arrivé au système qui le régit de nos jours. — L'histoire de l'amortissement durant les premiers siècles de la monarchie française est facile à tracer, ou plutôt cette histoire n'existe pas. Cette institution financière est, à toutes les époques, la mesure exacte de l'état du crédit public. Selon que celui-ci n'est soumis à aucune règle fixe et invariable; que l'arbitraire, la folie, le bon plaisir des gouvernants sont les seules lois qui le régissent, l'amortissement suit invariablement toutes les oscillations du crédit public, comme, dans le système planétaire, le satellite tourne autour de sa planète. L'amortissement n'a revêtu chez nous la forme et le fond d'une véritable institution de crédit que depuis 1814 : précédemment à cette époque il n'agissait que par suppression, réductions forcées et confiscations. On n'avait pas songé alors à fonder pour lui une dotation spéciale, à le classer parmi les dépenses publiques. Cette dernière doctrine financière ne prévalut, en effet, qu'en 1814. La science du crédit public, jusque-là ignorée ou mal appliquée, se fit jour tout à coup. Quelques hommes éminents allèrent chercher leurs exemples en Angleterre : en se livrant à l'étude de la constitution politique de ce pays, qu'on venait d'importer en France, nos hommes d'État furent naturellement amenés à connaître le mécanisme financier de l'Angleterre ; c'était un rouage important dans la machine gouvernementale. Les effets et la puissance de l'amortissement, tel qu'il existait alors chez les Anglais, séduisirent par leur prestige beaucoup de personnes ; c'était, en réalité, un immense progrès. Dès ce moment l'amortissement prit en France une attitude sérieuse, et fut élevé à la dignité d'une institution. On le dota largement ; des lois organiques furent promulguées à son occasion : afin d'accroître sa puissance, 40 millions, empruntés à l'impôt, lui furent dévolus annuellement. En même temps des ventes considérables de bois, provenant du domaine public, eurent lieu à son profit. On lui créa une administration particulière en dehors de l'action gouvernementale, on l'enrichit encore des bénéfices de la caisse des dépôts et consignations ; et enfin, pour couronner dignement l'œuvre de cette grande fondation, les législatures, en se succédant, consacrèrent au profit de l'amortissement le principe de l'intérêt composé. — C'est dans cette situation que nous retrouvons l'amortissement en 1830. Toutefois, durant cette période de seize années, on porta çà et là de rudes atteintes à l'esprit de cette institution, tantôt en suspendant l'accumulation des intérêts, tantôt encore en reversant sur un seul fonds de nouvelle création (le 3 %), la totalité de l'amortissement. Empressons-nous cependant d'ajouter que, soit l'action incessante d'un amortissement doué d'une grande énergie, soit l'augmentation des richesses publiques, résultat de la paix et d'une plus grande faculté de reproduction en tout genre, on vit alors le 5 % français dépasser le pair de 100 fr. et s'élever ensuite au cours de 110 fr. Dans cette situation des mercuriales de la bourse, le 3 % n'était plus rachetable, et on profita de cette position pour détourner l'intégrité de l'amortissement sur un fonds unique, ainsi que nous venons de le dire : d'un autre côté, on chercha à altérer cette mesure toute politique par une autre mesure, et l'amortissement fut privé d'une partie de ses intérêts composés. — Ces déviations fondèrent des précédents sur lesquels on s'est appuyé de 1830 à 1838, époque à laquelle nous écrivons, pour altérer de plus en plus le caractère primitif de l'amortissement, tel qu'il avait été conçu et fondé en 1814. On a tourmenté l'institution par une foule de lois prétendues organiques ; c'est ainsi que l'une dispose qu'une répartition plus égale sera faite à l'avenir entre chaque nature de fonds constitutifs de la dette publique en France ; mais il est arrivé que le 5 % s'est maintenu au-dessus du prix légal de rachat, et que l'action amortissante a été réduite à ne s'exercer que sur la plus petite fraction de notre dette. Il en est résulté nécessairement que l'amortissement cessant à peu près de fonctionner, la plus forte part de sa dotation a été grossir les encaissements du trésor. Cette situation anormale a fait songer alors à consolider une partie des rentes possédées par la caisse d'amortissement, tandis que, d'un autre côté, on a affecté aux travaux publics un gros chiffre arraché à cette même caisse. Nous appellerons tout cela de véritables expédients. — Nous venons de voir par quelle succession de faits l'amortissement en France est déjà bien loin de son point de départ : empressons-nous de le déclarer, on a tourné sans cesse dans un cercle vicieux, et notre système d'amortissement pèche par sa base essentielle et fondamentale. Sa constitution actuelle appelle une réforme complète, et non un replâtrage ou un remaniement de quelques-unes de ses parties, moyens dilatoires qui ne remédieraient à rien, enfanteraient de nouveaux obstacles, et compliqueraient chaque jour davantage la situation financière. — Ce qui se passe en Angleterre en ce moment, au sujet de l'amortissement, est plus conforme à la raison que tout ce qui a été pratiqué chez nous jusqu'à ce jour : tôt ou tard, bon gré ou mal gré, nous serons entraînés à imiter nos voisins, et contraints d'adopter le plan de conduite financière que nous avons signalé dans la première partie de cet article.   J. GIMET, aîné.

AMORTISSEMENT. Le crédit public est une création de la société chrétienne. Cependant il n'est arrivé à son développement actuel qu'à l'aide de beaucoup d'essais, et après bien des efforts. Les gouvernements commencèrent par emprunter à des échéances fixes, et pour l'ordinaire peu éloignées, en sorte que la confiance des prêteurs, lors même qu'elle eût été plus grande, ne pouvait qu'ajourner à une époque très-prochaine les embarras du moment. Puis vinrent les rentes viagères ; enfin, le génie de la finance inventa le système moderne des emprunts, système dans lequel les prêteurs reçoivent le titre d'une créance dont l'intérêt seul est exigible. Celui-ci est une rente qui représente un capital réel quant au débiteur, mais fictif à l'égard des créanciers, qui se gardent bien de l'accepter au pair. Car l'usure, qui jadis se manifestait par l'exagération de l'intérêt, se reconnaît aujourd'hui à celle du capital, et cette différence en amène nécessairement une autre dans le mode du remboursement. La perte serait presque toujours énorme pour le gouvernement qui voudrait se libérer, en livrant à ses créanciers l'intégralité de la somme énoncée dans leurs contrats ; car ces contrats, surtout lorsque l'intérêt est peu élevé, peuvent habituellement être obtenus à bien meilleur marché par l'entremise d'un agent de change. Au lieu donc de rembourser comme autrefois, le gouvernement rachète, et c'est la caisse d'amortissement qu'il charge de cette fonction. — Une économie sévère pouvait seule éteindre les emprunts primitifs. Les emprunts modernes sont plus commodes, car ils concilient en quelque sorte la bonne foi avec la prodigalité. En effet, comme le gouvernement débiteur n'est tenu qu'au service des intérêts, et comme il peut faire ce service à l'aide d'un emprunt nouveau, ses dépenses n'ont d'autre limite nécessaire que la confiance des prêteurs. — M. Pitt, qui voulait rendre cette confiance absolue dans sa patrie, accueillit avec un avide empressement les calculs du docteur Price. Faisant une application aussi heureuse que simple de l'intérêt composé à l'extinction de la dette publique, ce savant avait démontré qu'en employant chaque année les intérêts des rentes rachetées par la caisse d'amortissement en achats de nouvelles rentes, et en la dotant d'un revenu annuel et fixe, elle finirait, au bout d'un temps que l'on pouvait déterminer d'avance, par absorber l'intégralité de la dette. A la vérité, dans ce système, le pays devrait renoncer à toute diminution immédiate dans le poids de l'impôt. Mais il aurait aussi la certitude d'une complète libération dans un temps assez rapproché, puisque la caisse agissant d'après ce mode, sur un emprunt à 5 p. %, avec une dotation égale au centième de cet emprunt, le rachèterait nécessairement tout entier en quarante-quatre années. M. Pitt s'empara donc de cette donnée, et la caisse anglaise d'amortissement (sinking fund) reçut en 1786 sa forme actuelle, forme adoptée depuis par tous les peuples qui ont de grandes dettes publiques. — Les calculs du docteur Price sont d'une évidence arithmétique, et l'Angleterre, après qu'elle les eut transformés en loi, s'imagina qu'elle pouvait impunément grever son avenir sans règle ni mesure. Les prêteurs, rassurés par cette merveilleuse découverte contre la crainte de n'être jamais remboursés de leur capital, accoururent en foule, et le trésor public devint inépuisable. Mais, de part et d'autre, on oublia que si l'action de l'intérêt composé est toute-puissante, lorsque la caisse d'amortissement est alimentée par l'excédant du revenu sur la dépense, cette action n'est plus qu'un misérable escamotage, quand elle n'est obtenue qu'à l'aide de nouveaux emprunts, en rachetant une quantité donnée d'effets publics par l'émission d'une autre quantité au moins égale. Or, voilà où en est arrivé en Angleterre depuis 1792 jusqu'en 1820. Ainsi, à ne parler que d'une seule année (1816), tandis que le produit de l'impôt s'élevait seulement à 62 millions st. (1,550,000,000 fr.), la dépense atteignait le chiffre gigantesque de 125 millions st. (3,125,000,000 fr.), et laissait ainsi un déficit de 1,575,000,000 fr. Comme la caisse d'amortissement, y compris ses dotations annuelles, et l'intérêt des créances qu'elle avait rachetées, figurait dans la dépense pour une somme de 350,000,000 ; le déficit n'eût été que de 1,225,000,000 f. si elle n'avait point existé. Elle n'avait donc diminué la dette publique, d'une part, qu'à la condition de l'augmenter de l'autre, et dans une proportion plus grande. — Nous disons dans une proportion plus grande, car les emprunts faits en aliénant des rentes dont le capital n'est point exigible, s'effectuent par la vente en masse, et s'éteignent par le rachat en détail des coupons dont ils se composent. L'intérêt du gouvernement débiteur est donc que le prix en détail dépasse aussi peu que possible le prix en masse, puisqu'il doit supporter en pure perte l'excédant du prix en détail sur celui-ci. Or, la caisse d'amortissement, par la constance de ses achats, tend sans cesse à élever le prix en détail ; car elle n'est point appelée à agir sur la totalité de la dette publique, mais sur la partie de la dette qui est chaque jour vendue à la bourse. Comme cette partie, lorsque la confiance dans le gouvernement n'est point ébranlée, est très-peu considérable, la concurrence établie entre la caisse et les autres acheteurs élève nécessairement les fonds au-dessus de leur valeur naturelle, et occasionne une perte tout à fait gratuite à la nation, qui solde ses rentes amorties avec le produit des rentes qu'elle vient de créer. — Quand un pays est réduit à cette extrémité, sa caisse d'amortissement n'est plus qu'une prime indirecte offerte à la cupidité des soumissionnaires de chaque nouvel emprunt, et sous cette forme elle a une incontestable utilité; mais elle la perd du moment où le pays peut couvrir ses dépenses avec ses recettes. Emprunter alors pour amortir serait une folie évidente, et l'Angleterre l'a si bien compris, que dès 1819 elle a profité de la paix générale pour enlever, au profit des contribuables, 12 millions st. (300,000,000 fr.) à son sinking fund. Depuis, elle est allée plus loin encore, en refusant à la caisse d'amortissement une allocation fixe. Cette caisse ne reçoit plus que le surplus faible et variable de la recette sur la dépense, et le crédit public n'en souffre nullement, parce que, chez nos voisins, il est assez robuste pour pouvoir se passer de toute déception. — Il n'en est point ainsi des gouvernements mal établis, qui ont besoin de tromper le public pour trouver de l'argent. Ceux-là instituent à grand bruit une caisse d'amortissement, et la dotent largement. Cette dotation ne pourra se perpétuer qu'à l'aide d'emprunts successifs, mais qu'importe? Elle n'en demeure pas moins aux yeux du vulgaire la mesure des ressources de l'État débiteur, et quelque riche banquier exploitera, de concert avec ses complices ministériels, la crédulité des petits spéculateurs, trop pauvres pour faire les dupes, mais assez avides pour le devenir. — L'amortissement, lorsqu'il n'est point fictif, a l'immense avantage de classer parmi les dépenses ce qui n'est en soi qu'un remboursement; en sorte que l'économie, dans une mesure déterminée d'avance, devient une nécessité administrative. Sous ce rapport, le système maintenant adopté par l'Angleterre serait vicieux en ce qu'il laisse à la merci des événements la quotité annuelle du sinking fund, si l'énormité même de sa dette n'obligeait le gouvernement à substituer une rigoureuse parcimonie à son ancienne prodigalité. On peut même dire que le pays gagne à ce changement, puisqu'il n'aura plus recours aux ressources de l'emprunt, qu'autant que celles-ci de l'impôt deviendront insuffisantes. Voilà une amélioration que le temps introduira parmi nous. La France comprendra enfin la nécessité d'affecter le revenu de son amortissement à des dépenses plus urgentes dans les années où sans cette précaution elle serait obligée de contracter un emprunt nouveau, et le jour viendra où elle ne s'endettera plus d'un côté, afin de s'acquitter de l'autre. Déjà, en 1831, ce principe a été invoqué, et non sans quelque succès. Alors, notre caisse d'amortissement constituée en 1817, et qui avait déjà racheté pour plus de 41 millions de rente, fut réduite à sa dotation primitive de 40 millions. — En résumé, quelque opinion que l'on ait, soit de l'utilité, soit des dangers de l'amortissement comme moyen de crédit, on ne peut nier qu'il ne soit le complément obligé de notre système d'emprunts, la seule voie par laquelle une nation qui aliène la rente d'un capital non exigible, puisse arriver au remboursement de sa dette sans surcharges nécessaires pour les contribuables. Nous ne parlerons pas des abus possibles dans l'emploi du fonds d'amortissement. La loi déclare non transférables les rentes rachetées; mais l'on conçoit qu'un ministère corrompu ou corrupteur pourrait aisément les rejeter dans la circulation, et alors le pays tomberait dans un abîme creusé à ses dépens. En outre, bien que la caisse doive répartir ses achats annuels d'une manière égale entre tous les jours de bourse, cette clause peut être facilement éludée; que les commissaires de l'amortissement suspendent leurs opérations pendant une seule semaine, et les cours tomberont pour se relever subitement ensuite par l'emploi simultané de tout l'argent qui aura été accumulé, et cela au grand profit des personnes initiées à cette manœuvre. Ce sont là des inconvénients inséparables de toutes les choses humaines. (V. CRÉDIT PUBLIC, DETTE NATIONALE.)

DE COUX.

AMOS, qui est le troisième des douze petits prophètes dans les exemplaires hébreux et de la Vulgate, se trouve le second dans ceux de la version des Septante. Nous apprenons par l'inscription de sa prophétie qu'il n'était qu'un simple berger de profession; et lui-même parlant au prêtre Amasias, qui lui défendait de prophétiser, lui répondit : « Je ne suis ni prophète ni fils de prophète, mais je suis berger, et je pique des syco-

mores » (on piquait le fruit du sycomore pour le faire mûrir); le Seigneur m'a pris, lorsque je menais mon troupeau, et il m'a dit : Va, et prophétise en parlant à Israël, mon peuple (Amos, VII, 14, 15). L'inscription ajoute qu'il comptait parmi les pasteurs de Thécué; ce qui a donné lieu de croire qu'il était natif du bourg de Thécué, situé dans la tribu de Juda, à quatre lieues de Jérusalem vers le midi. Mais Dom Calmet pense avec raison, ce semble, que Thécué fut plutôt le lieu où le prophète se retira lorsqu'on le chassa du royaume d'Israël, parce qu'en effet la suite donne lieu de croire que ce prophète était natif du royaume des dix tribus, et peut-être même de Béthel, où il commença à prophétiser, et d'où il fut banni. Car voici ce qu'il rapporte lui-même : « Amasias, prêtre de Béthel, envoya dire à Jéroboam, roi d'Israël : Amos s'est révolté contre toi au milieu de la maison d'Israël, et le pays ne peut soutenir ses discours.... Amasias dit donc à Amos : Sors d'ici, homme de visions, fuis au pays de Juda, vas-y chercher ton pain, et fais-y tes prophéties; mais qu'il ne t'arrive plus de prophétiser dans Béthel, parce que c'est là le siège de la religion et de l'état du roi (VII, 10, 11, etc). L'inscription nous apprend encore que la prophétie d'Amos regarde le royaume d'Israël. Il parle bien du royaume de Juda et des peuples voisins; mais l'objet principal de ses oracles prophétiques est en effet le royaume d'Israël. Enfin l'inscription marque qu'il prophétisa au temps d'Ozias, roi de Juda, et Jéroboam, fils de Joas, roi d'Israël, deux ans avant le tremblement de terre. Mais Zacharie parle aussi de ce tremblement de terre qui arriva sous le règne d'Ozias (Zach., XIX, 5). L'historien Josèphe, et après lui le plus grand nombre des anciens et des nouveaux interprètes de l'Écriture, rapportent ce tremblement de terre au temps de l'entreprise d'Ozias sur le ministère des prêtres, lorsque ce prince voulut offrir l'encens dans le temple du Seigneur. Or on place ordinairement ce fait vers la vingt-troisième année de ce prince, environ trois avant la mort de Jéroboam II. Dans cette hypothèse, il serait antérieur au prophète Joël; et comme rien n'empêche qu'il ne soit postérieur au prophète Osée, il pourra occuper le second rang que la version des Septante lui donne entre les douze petits prophètes. — On ignore à quelle époque et de quel genre de mort Amos termina sa vie. Suivant quelques traditions, Amasias, irrité des discours du prophète, lui aurait fait briser les dents, ou bien Osée ou Ozias fils d'Amasias l'aurait grièvement blessé d'un coup de pieu déchargé sur sa tête, et le prophète aurait été transporté demi-mort à Thécué, où il aurait rendu le dernier soupir, et aurait été enseveli avec ses pères; mais ces traditions n'ont pas trouvé grâce aux yeux de la critique. — Les prophéties d'Amos sont, comme nous venons de le dire, principalement relatives au royaume d'Israël. Il reproche aux Israélites leurs crimes et leur idolâtrie, et leur annonce leur captivité future à Babylone. Il prédit aussi aux royaumes de Juda et aux rois voisins les malheurs et la ruine dont ils sont menacés; il prophétise ensuite le retour des Israélites après leur captivité, et le rétablissement du royaume de Béthel. Mais une circonstance que nous devons surtout faire ressortir dans le ministère prophétique d'Amos, c'est la grandeur d'âme et le noble courage qu'il montre, quand Amasias vient de la part du roi Jéroboam lui imposer silence. Amos en effet se sentant fort de l'esprit divin qui l'anime, et peu touché de l'exil dont on le menace, élève la voix avec plus de véhémence encore, et annonce à Amasias avec une liberté qui déconcerte, que sa femme se prostituera dans Samarie, et que ses fils et ses filles périront par l'épée. Ce seul trait de la vie d'Amos réfute victorieusement la prétention des rationalistes allemands, qui veulent nous représenter les prophètes hébreux comme des courtisans ou flatteurs toujours disposés à complaire aux princes et aux monarques. — Le style d'Amos n'est nullement bas et rampant, comme l'ont prétendu quelques commentateurs. Les figures et les autres ornements sa diction sont tirés d'objets familiers à un pasteur; mais on voit aux notions géographiques, astronomiques et historiques qui se trouvent dans ses prophéties, que ce pasteur n'était pas sans quelque instruction. — Quant à l'authenticité de la prophétie d'Amos, elle n'a jamais été sérieusement contestée; car Hobbes, en la niant dans son Léviathan, ne donne aucune preuve de son assertion; aussi les rationalistes allemands même les plus hardis, n'ont jamais osé la reproduire.

L'abbé GLAIRE.

AMOS, père du prophète Isaïe, était, à ce que l'on prétend, fils du roi Joas et frère d'Amasias, roi de Juda. On a formé sur ce personnage beaucoup d'autres conjectures, mais il n'en est pas une seule qui paraisse avoir le plus léger fondement; aussi nous croyons pouvoir nous dispenser d'en faire mention. — Il est parlé dans l'Évangile, d'Amos, fils de Nahum et père de Mathatias ; il figure dans la généalogie du Sauveur, rapportée par saint Luc (III, 25).　　　　　　　　　　　　　J. G.

AMOSA est une des villes conquises par les Israélites, et qui, dans le partage qui s'en fit sous Josué, échut à la tribu de Benjamin.　　　　　　　　　　　　　　　　　J. G.

AMOSIS, premier pharaon de la XVIII° dynastie de Manéthon. Ce prince était fils d'Alisphragmouthosis, dernier roi de Thèbes, de la XVII° dynastie, lequel ayant repris plusieurs villes, et notamment celle de Memphis, sur les *rois pasteurs* ou phéniciens, entreprit d'expulser entièrement de l'Égypte ces étrangers. La mort le surprit au milieu de ses triomphes ; mais son fils Thetmosis, Amotis ou Amosis, termina heureusement ce qu'il avait commencé. Les Phéniciens, vaincus et poursuivis sur tous les points, se renfermèrent dans Avaris, que les uns prennent pour Bubaste, les autres pour Péluse. Amosis les réduisit par un long blocus à la nécessité de subir les conditions qu'il voulut leur imposer ; ils se retirèrent vers la Phénicie. On croit que ce fut sous le pharaon Amosis, vers l'an 1660 avant J. C., qu'arriva l'aventure de Joseph. Amosis était maître de Memphis et de Thèbes ; mais, soit pour veiller avec plus de soin sur ses frontières, soit parce qu'il craignait la puissance et les intrigues des prêtres d'Ammon, il établit dans Thèbes un gouverneur ou vice-roi, auquel il donna de grands pouvoirs. Tant qu'Amosis vécut, l'Égypte fut tranquille, parce que le gouverneur de Thèbes fut maintenu dans une étroite dépendance ; mais, dans la suite, les gouverneurs se rendirent assez puissants pour braver les ressentiments des pharaons. Il se forma ainsi une dynastie collatérale de rois de Thèbes, qui conservèrent le sceptre pendant plus de dix siècles, tandis que les successeurs d'Amosis continuèrent de régner dans Memphis. Un savant anglais, George Laughton, fait Amosis antérieur d'un demi-siècle à l'époque que nous avons indiquée ; il lui donne pour ministre le fameux Joseph, et d'après Hérodote, Suidas, Diodore, etc., et la Genèse, il fait un brillant tableau de l'état des sciences, des lettres et des arts à cette époque si reculée. Il y a sans contredit beaucoup d'exagération dans tout ce qu'il dit, mais le fond en est vrai. Depuis longtemps les Égyptiens se distinguaient de leurs voisins par leurs connaissances, et la plupart des monuments dont leur sol était couvert appartenaient incontestablement à cette époque. Quant à l'établissement de Jacob et de sa famille dans la terre de Goshen ou de Ramessès dans la Thébaïde, il est assez probable qu'il a eu lieu pendant le règne d'Amosis, après l'expulsion par le prince des rois pasteurs ou phéniciens, dont l'Écriture ne parle pas. (*V.* JACOB, JOSEPH.)
　　　　　　　　　　　　　　　J. DE MARLÈS.

AMOUD (EL), ou TOUR DES ARABES. C'est un village égyptien-turc, bâti sur l'emplacement de l'ancienne Plinthine, dont les ruines ont été depuis longtemps enterrées sous le sable. Tout ce qui en reste c'est une vieille tour à demi renversée, à laquelle on a donné le nom de Tour des Arabes. C'est une colonne posée sur un socle carré que supporte un piédestal octogone. Comme toute cette plage est très-basse, et par conséquent très-dangereuse pour les navires, on pense que cette colonne servait de phare. On voit encore autour du piédestal les traces d'un escalier extérieur. On sait que les Arabes et les Maures étaient assez dans l'usage de construire des escaliers extérieurs montant en spirale autour des monuments de ce genre. A deux cents toises à peu près de distance, on voit les ruines d'un ancien édifice qu'environnait un mur d'enceinte de huit ou dix toises d'élévation. Quelques parties de ce mur subsistent encore. Des colonnes doriques, qui ornent l'intérieur, semblent annoncer un ouvrage des Lagides. Ces ruines sont peut-être celles de la forteresse dont parle Strabon, bâtie sur l'isthme ou chersonèse d'Alexandrie, c'est-à-dire l'étroite langue de terre qui séparait le lac Maréotis de la mer. Strabon, il est vrai, ne place cette forteresse qu'à 70 stades d'Alexandrie ; mais, d'une part, ce nombre peut avoir été mis par erreur de copiste ; de l'autre, comme les faubourgs d'Alexandrie s'étendaient à l'orient et à l'occident à une grande distance ; que la Nécropolis, ou ville des Morts, se trouvait justement entre la mer et le lac, il est possible qu'entre l'extrémité de la Nécropolis et la forteresse qui défendait l'entrée de l'isthme, il n'y eût, au temps de Strabon, que 70 stades.
　　　　　　　　　　　　　　　J. DE MARLÈS.

AMOUN, AMOUN-RA. (*V.* AMMON.)

AMOUR (archéol. numism.). L'Amour, en grec *Eros*, en latin *Cupido*, est, dans la mythologie, le fils de Vénus, allégorie qui exprime que la beauté fait naître le sentiment. Les amours ou cupidons sont l'emblème des désirs et des passions des hom-

mes ; ils sont représentés sur les monuments des anciens comme des enfants mutins, indisciplinés, portant des ailes, emblème de leur légèreté et de leur inconstance. Mais l'Amour n'est pas toujours enfant, il grandit, c'est un bel adolescent, ses ailes deviennent celles d'un aigle, fortes et puissantes, mais rapides, car il peut fuir aussi vite qu'il est arrivé. Cependant la naissance de l'Amour est un mystère, quoique le culte de cette divinité cosmogonique soit un des plus anciens ; car on croit qu'il fut introduit dans la Thrace par Orphée ou par quelque collège orphique douze ou quinze cents ans avant J. C. Le surnom d'*oogenès* (né d'un œuf) se lit dans le cinquième hymne attribué à Orphée. Aristophane en a fait le sujet d'une plaisanterie (*Aves*, 695). Mais cette idée était admise, puisqu'une pierre gravée, exécutée dans l'ancien style, et portant le nom de *Phrygillas*, représente Éros sortant de l'œuf, etc., la coquille ouverte auprès de lui (Winckeln. Cat. de Storch, p. 137. Tossie, Catal. n° 6601) L'Amour est un enfant, dit Ovide (*de Arte amandi*, l. 1, v. 10.) ; cet âge est faible, il faut le gouverner. Les artistes se sont emparés de l'idée du poète. L'éducation des Amours est le sujet d'une charmante pierre gravée du cabinet de France (*Camées*, n° 49.). Car l'Amour n'est pas fils unique, et Vénus a choisi pour précepteur de ceux qu'elle a fait naître Silène (*V.* ce mot), dont les historiens et les moralistes ont fait un philosophe (Du Mersan, *Silène précepteur des Amours*, p. 9.) Sur un autre camée du même cabinet (n° 48) on voit l'Amour assis sur les genoux de Vénus, et auprès, *Pitho* ou la Persuasion, qui est chargée de l'instruire. — Les pierres gravées qui représentent les jeux et les diverses occupations de l'Amour sont innombrables, ces sujets prêtant également à la grâce de l'exécution et aux plus ingénieuses allégories. Parmi les intailles du cabinet de France, on trouve l'Amour domptant un lion, sujet souvent répété, et gravé entre autres sur un camée par *Protarque*, l'Amour voguant sur une amphore, l'Amour sur un hippocampe, l'Amour vainqueur d'Hercule. Un charmant camée du graveur *Tryphon* représente les noces de l'Amour et de Psyché (Bracer, pl. 114.) La fable de Psyché (*V.* ce mot.) a donné lieu à beaucoup d'allégories des tourments que l'Amour fait souffrir à l'âme, exprimés par les artistes sur des pierres gravées où l'on voit l'Amour enchaînant celle qu'il aime (Pierres d'Orléans, 11, 159), et tourmentant un papillon de diverses manières. Un Amour adolescent qui vient de lancer une de ses flèches, est représenté sur une belle intaille publiée par Millin (Mon. ined. 11, 1). Un sujet moins grave publié par le même (Pierres grav. ined. 62), représente l'Amour malheureux, dans une jolie scène où ce dieu gémit à la porte de sa maîtresse, tandis que l'Amour heureux fait sur lui une libation peu agréable, dans le genre de celle de don Japhet d'Arménie ou de l'Étourdi de Molière. C'est une sorte de parodie qui rappelle peut-être une Atellane. (L'Atellane était un petit drame satirique dont le sujet, d'abord plus décent que celui de la vieille comédie, avait dégénéré jusqu'à la farce.) — Il serait impossible de citer tous les monuments qui représentent l'Amour ; ce dieu étant lié à tant de scènes où il exerce son influence. Mais il est utile de rappeler les monuments célèbres sur lesquels il a des attributs caractéristiques, ou remarquables par leur exécution. — L'Amour est représenté sur les médailles antiques : sur celles d'*Aphrodisia*, d'*Athènes*, de *Parium* et d'autres ; on voit son buste sur les médailles de Démétrius VII, roi de Syrie. Il est dans un char traîné par deux dragons, sur les médailles d'*Anchialus* de Thrace ; monté sur un dauphin, sur celles de *Carteia*, de *Nicomédie*, de *Pstum*, de *Périnthe*, et de *Pyrrhus*, roi d'Épire ; monté sur un lion, sur celles d'Alexandre le Grand, de *Callatia*, de *Philippopolis* ; il est avec Psyché sur celles d'*Ulpia-Serdica* ; sur celles de la même ville, il lutte avec un sphinx, ou élève un trophée. Il tient un papillon sur celles de Pergame ; on le voit sur une proue de vaisseau, sur les médailles de *Barium* ; dans un quadrige sur celles de *Corinthe*, et dans un temple sur celles de *Dium en Macédoine*. Il est près de sa mère, sur un médaillon d'*Éryx* en Sicile. Enfin il joue un rôle dans diverses compositions sur beaucoup d'autres médailles, dont nous parlerons à l'occasion des sujets qu'elles représentent (*V.* les villes que nous venons d'indiquer, dans la *Description des médailles*, par Mionnet.) — Les musées sont remplis de statues qui représentent l'Amour de diverses manières. Il est endormi, il tend son arc, il lance une flèche, il dompte un lion ; vainqueur d'Hercule, il porte sa massue ; d'autres fois il est affligé, il est captif. Il tient dans ses bras Psyché qu'il caresse, il est près des impératrices Orbiana et Soemias, représentées en Vénus. (Mus. pio. clem. 11, 51, 52.) Ces statues des musées de France, de Rome, de Naples, de Florence, de Dresde, sont toutes décrites et gravées dans le bel ouvrage de M. le comte de Clarac, intitulé : *Musée de sculpture antique et moderne.* — De charmantes figurines de bronze représentant des Amours sont exposées dans le cabinet des médailles de la bibliothèque royale, sous les numéros 39, 44. 45, 46, 47, 81, 83, 84, 159, 182 (Hist. du Cab. des Médailles, 1838). — Tout le monde connaît la jolie composition de la marchande d'amours dans les peintures d'Herculanum. — Il ne faut pas confondre avec les Amours tous les enfants ailés que l'on voit sur les monuments antiques. On doit y reconnaître à leurs divers attributs les *Génies* des différents dieux ; car les anciens ont donné à toutes leurs divinités des *Génies* (*V.* ce mot) qui sont leurs suivants, et quelquefois même leurs représentants (Lessing, *Lettres sur quelques sujets d'antiquité*). Les artistes modernes ont également employé ces figures ailées d'adolescents et d'enfants, qui ne sont point des amours. DU MERSAN.

AMOUR (*mythologie*). Ερως, *Amor, Cupido*, généralement regardé comme fils de Mars et de Vénus, n'est plus qu'un dieu subalterne dans la mythologie postérieure à Homère, tandis que les dogmes primordiaux de la Grèce le classaient parmi les quatre grands principes des êtres : le chaos, le Tartare, la terre et l'Amour (Hesiod. Théog.). Dans les écoles théogoniques de la Thrace et de la Samothrace on regardait l'Amour comme un être cosmogonique à forme et à rôle variable, dont la puissance créatrice imprima le premier mouvement au chaos et engendra les ténèbres, d'où sortirent, à leur tour, le jour et l'éther (partie la plus subtile de l'air). Ailleurs on le fait descendre de l'Érèbe et de la Nuit. Suivant le recueil des doctrines libyques du vieil Olen, Éros doit le jour à Jupiter et à Latone Maïa. Plus tard l'opinion n'a pas moins varié ; Sénèque croit l'Amour fils de Vénus et de Vulcain ; Simonide le fait naître de Mars ; Sapho, du ciel même personnifié ; Cicéron semble admettre trois *amours* ; l'un, fils de Mercure et de Diane ; l'autre, de Mercure et de Vénus ; le troisième, de Vénus et de Mars : la dernière de ces opinions a prévalu. — Quelques poètes ont fait naître l'Amour du sein de la mer en même temps que Vénus, et ils le peignent voltigeant aussitôt autour de la mère des Grâces. — Comme on l'a remarqué déjà bien des fois, tout est symbolique dans la peinture qu'on nous fait de l'Amour : il doit le jour à la Beauté et à la Force ; il a les Grâces pour sœurs ; celles-ci sont toujours jeunes, lui est toujours enfant ; il est armé de flèches qui toutes frappent au but, mais qui ne blessent pas également. Les unes, garnies de pointes d'un métal précieux, portent dans le cœur de ceux qu'elles atteignent, la joie et le bonheur ; les autres sont de plomb, et leurs blessures font souffrir des maux longs et cruels à ceux qui les reçoivent. Les petites ailes qui s'agitent sur ses épaules servent à le transporter à travers les plus grandes distances. Quelques poètes ont interprété autrement cet emblème qui, suivant eux, exprime l'inconstance de ce dieu. L'Amour porte souvent encore un bandeau, pour marquer l'aveuglement dont il frappe ceux qu'il a blessés. Il est quelquefois représenté sous la forme d'un beau jeune homme, comme dans la fable de *Psyché* (*V.* ce mot). Les poètes ont groupé autour de l'Amour une foule d'autres amours, divinités subalternes que l'on peut confondre avec les Ris, les Jeux, les Plaisirs et les Attraits, petits dieux allégoriques qu'on nous dépeint aussi sous la forme de jeunes enfants ailés, mais sans flèches ni carquois. — Les Grecs, outre l'Amour, *Éros*, le *Cupido* des Latins, admettaient un second Amour, *Antéros*. Après la naissance d'*Éros*, Vénus s'apercevant qu'au lieu de croître il dépérissait sensiblement, alla consulter Thémis, qui lui répondit que son fils languirait ainsi tant qu'il n'aurait point de compagnon. Ce fut alors que Vénus lui donna *Antéros.* On les représentait comme deux petits enfants ailés qui s'efforçaient, en jouant, de s'arracher une palme. — Amor était le nom secret et sacré de Rome ; de là ce fameux distique qui, lu au rebours, produit les mêmes mots.

Signa ne signa ; temere me tangis et angis,
Roma ; tibi subito ibitibus ibit amor.

La plus célèbre statue de l'Amour était celle de Praxitèle ; il nous reste un buste antique de ce dieu ; c'est l'*Amour grec*, représenté sous les traits d'un jeune homme.

ALBERT MAURIN.

AMOUR (en poésie). La poésie qu'on pourrait définir *la peinture de l'âme*, comme a semblé le dire le législateur du Parnasse latin, *ut pictura poesis*, la vraie poésie a toujours été éminemment religieuse et inspirée. Sans parler de la Bible, ce magnifique poème, trop au-dessus des jugements humains, n'est-ce point par la poésie qu'on a donné une religion à bien

des peuples qui vivaient sans croyances ? culte monstrueux, il est vrai, mais qui servit au moins à tenir les yeux de l'homme élevés vers une nature supérieure à la sienne. Hésiode et Théognide, l'un dans sa Théogonie, l'autre dans ses Sentences, prouvent cette tendance religieuse des poëtes de l'antiquité. Mais lorsque, quittant le ciel pour la terre, la poésie voulut se reposer du spectacle des merveilles de la création, elle trouva un nouvel aliment dans le cœur de l'homme, elle peignit les passions et tous leurs orages. Elle avait été lyrique, elle devint épique, tragique, élégiaque ; et l'amour étant une des passions les plus impétueuses qui agitent l'humanité, il a dû jouer un rôle important dans la poésie. Après l'enthousiasme lyrique, on doit le considérer comme une des grandes sources du génie des poëtes. Un rapide coup d'œil sur les œuvres du vieillard de Samos nous convaincra de la vérité de cette assertion. Quel est le ressort principal qui fait agir les héros d'Homère ? l'amour ; dans Hélène, c'est la foi conjugale violée ; dans Pénélope, c'est la fidélité conjugale soutenant une femme faible, malheureuse, livrée sans défense à l'insolence d'une troupe de princes débauchés. Virgile, le Tasse, Milton, et en général tous les poëtes épiques, offrent des preuves multipliées de l'empire que cette passion a pris dans la poésie. Le Dante lui-même n'a pu échapper, malgré son génie sombre, à la loi commune, et la belle figure de Béatrix, *dont il voulait dire qu'il n'avait été dit d'aucune femme*, adoucit les tableaux de sa divine comédie. — L'amour a aussi la première place dans la tragédie, l'élégie et ce qu'on appelle le genre érotique. Le début de la poésie dramatique ne fut pas aussi pompeux que celui de l'épopée ; cela vint sans doute de ce qu'elle tient par un côté à l'art plastique et à une foule de convenances qui ont dû nécessairement la soumettre à un développement graduel et laborieux. Aussi voyons-nous chez le premier tragique grec une action froide, incohérente et n'offrant rien pour ainsi dire du cœur de l'homme. Le pathétique, presque inconnu à Eschyle, apparaît tout à coup dans Sophocle, palpitant d'émotions vives et profondes. Dans *les Trachiniennes*, on entend Déjanire exprimer, pour la première fois peut-être sur la scène, les plus tendres sentiments de l'amour conjugal et en même temps les plus délicats. Les modernes bien mieux que les anciens ont compris le parti qu'on peut tirer pour le drame des sentiments de l'amour. — Shakspeare, dans sa belle tragédie de *Roméo et Juliette*, nous a montré tout ce que cette passion pouvait produire à la fois de tendresse et d'infortune. Corneille, Racine et Voltaire lui-même ont été souvent sublimes dans la peinture de ce sentiment. C'est à l'amour encore que nous devons le chef-d'œuvre de Goethe ; cet étrange Faust, dont toute la science vient se briser contre l'amour d'une simple et pieuse jeune fille. — Dans l'élégie et la pastorale, l'amour sert aussi d'agent principal. Là point de ces grandes et pathétiques passions qui font le charme de l'épopée ou qui remplissent tour à tour la scène de terreur et de pitié. Un berger avec sa flûte de Pan, un enfant qui veut prendre l'amour dans ses pipeaux, un cyclope adoucissant sa belle voix pour appeler une nymphe timide, un chœur de jeunes gens et de jeunes filles chantant un gracieux épithalame, voilà les seuls acteurs de Théocrite, de Bion, de Moschus, de Catulle, et c'est avec des éléments aussi simples que ces poëtes ont su nous intéresser. Nous ne dirons rien des poésies érotiques modernes, trop licencieuses au XVIIIe siècle, trop métaphysiques et trop rêveuses aujourd'hui ; on dirait que nous n'avons pu saisir les convenances propres à ce genre qui offre tant de beautés chez les anciens. Nous n'avons pu atteindre le but ou nous l'avons dépassé. C'est ici le lieu de remarquer avec M. de Chateaubriand que, dans la peinture des voluptés, la plupart des poëtes antiques ont à la fois une nudité et une chasteté qui étonnent. Rien de plus pudique que leurs pensées, rien de plus libre que leurs expressions : nous, au contraire, nous bouleversons les sens en ménageant les yeux et les oreilles. Ajoutons que, pour bien peindre la nature, il faut être auprès d'elle ; si au milieu d'une société se disant civilisée, les plus nobles sentiments ont tous pris quelque chose de factice et d'étranger, le poëte peut encore, par la force de son génie, rencontrer le secret des passions violentes et dramatiques, il est à craindre qu'il ne trouve plus celui des sentiments purs et calmes qu'inspirent l'innocence des mœurs et les beautés de la nature. Bernardin de Saint-Pierre lui seul est parvenu à faire un tableau achevé dans ce genre ; mais aussi le christianisme lui a-t-il prêté ses plus douces teintes, la foi et la pudeur ; Virginie est plutôt une créature angélique qu'une amante, et la passion de Paul ne se révèle pour ainsi

II.

dire que sur un tombeau. Quant à l'observation de M. de Chateaubriand, elle ne s'applique pas, tant s'en faut, à tous les anciens, et certes ce n'est pas chez Properce qu'on trouvera cette chasteté de pensée qui manque à nos poëtes érotiques; M. de Chateaubriand n'avait en vue, lorsqu'il écrivit ces lignes, que les grandes scènes d'Homère et de Théocrite, et nous devons avouer que rien n'est plus chaste et plus noble que la reconnaissance de Pénélope et d'Ulysse, plus naïf et plus tendre que les plaintes du cyclope Polyphème assis sur un rocher sauvage et contant ses déplaisirs aux rivages de la Sicile. — S'il existait une religion, dit l'auteur du *Génie du Christianisme*, qui s'occupât sans cesse de mettre un frein aux passions de l'homme, cette religion augmenterait nécessairement le jeu des passions dans le drame et dans l'épopée. Elle serait plus favorable à la peinture des sentiments que toute institution religieuse qui, ne connaissant point des délits du cœur, n'agirait sur nous que par des scènes extérieures. Aussi la Thalie moderne est-elle éminemment dramatique toutes les fois qu'elle exprime cette fougueuse passion qui conduisit Didon sur le bûcher funèbre. Notre épopée a un agent qui manquait à l'épopée antique : ces combats intimes, ces orages du cœur, ces remords inconnus au paganisme. A proprement parler, la femme n'avait pas rang dans la société antique; placée comme en dehors de cette société, elle n'y prenait qu'un rôle tout à fait passif, et ses douleurs et ses plaintes passaient rarement l'enceinte du gynécée. Aussi semble-t-il n'y avoir pour elles aucune part des sentiments du cœur, ou du moins le peu de sentiments qu'on leur accorde leur est-il échu comme fortuitement sans qu'elles aient à en rendre compte à qui que ce soit. Le jugement enfin leur est presque refusé. Il est curieux de voir dans *l'Odyssée* cette Hélène dont les charmes ont causé de si grandes calamités, vivant en paix auprès de son époux qui l'a reprise auprès de lui, heureuse et tranquille comme elle l'était avant que Pâris l'eût enlevée. Il serait facile, en transportant sous le ciel chrétien cette situation prise dans les mœurs païennes, de voir de suite quel parti aurait pu tirer le poëte de cette Hélène, portant en elle un foyer de remords, et combattue sans cesse entre la puissance des souvenirs et les justes craintes de sa conscience. Qu'on nous permette de le dire, ce calme, cette chasteté que la passion prend chez Homère et généralement chez tous les poëtes de l'antiquité vient peut-être de cette absence d'orages dans le cœur de la femme, de ce complaisant et naïf abandon; c'est la chasteté de la statue. — Virgile le premier, dans sa *Didon*, nous a donné comme un avant-goût des amours chrétiennes; les combats qui troublent le cœur de la reine de Carthage, cet amour pour Sichée, qui ne s'est pas arrêté au tombeau, cette invocation de la pudeur :
Sed, mihi vel tellus...

Que l'enfer m'engloutisse en ses royaumes sombres,
Ces royaumes affreux, pâle séjour des ombres,
Si jamais, ô pudeur! je viole ta loi;
Celui qui le premier reçut jadis ma foi,
Dans la tombe emporta le seul bien que j'adore;
Dans la tombe avec lui mon cœur habite encore..

Tout cet épisode appartient à un autre ordre de choses que le tableau d'Homère ou que les scènes d'Euripide et de Sophocle. Après Virgile l'influence du christianisme a toujours été se développant; si bien que, lorsque Racine est venu étaler sur la scène française ces terribles catastrophes que les tragiques grecs avaient fait applaudir sur le théâtre d'Athènes, il s'est trouvé que, sous le masque de Phèdre, d'Andromaque, d'Hermione, de Jocaste, se sont cachées des mères, des épouses, des amantes chrétiennes, dont les sentiments et les passions ont profondément remué les fibres de notre âme. Pour ne parler que de la Phèdre, est-elle dans les mœurs païennes cette sombre et magnifique tirade de l'épouse adultère de Thésée, où elle appelle sur sa tête les terribles vengeances des dieux : :

Contrainte d'avouer tant de forfaits divers,
Et des crimes peut-être inconnus aux enfers!"

Hélas! du crime affreux dont là honte me suit,
Jamais mon triste cœur n'a recueilli le fruit.

Cri le plus énergique, dit M. de Chateaubriand, que la passion ait jamais fait entendre. Cette femme, ajoute-t-il, n'est pas dans le *caractère antique*, c'est la chrétienne réprouvée, c'est la pécheresse tombée vivante entre les mains de Dieu; son mot est le mot du damné. — Il y aurait une curieuse étude à faire sur toutes les nuances dont les poëtes se sont servis pour

peindre l'amour dans leurs vers, depuis Homère jusqu'à Chateaubriand; la simplicité de la Grèce, la noblesse des Latins, puis leur lubricité et leur dévergondage aux jours de la décadence; le moyen âge avec ses vertus chevaleresques et ses troubadours; puis cette galanterie apportée par les Maures d'Espagne, qui prolonge son influence jusqu'aux xvi° et xvii° siècles, et, se mêlant aux *phebus* et aux *concetti* italiens, vient jeter ses dernières lueurs dans le *Cid* de Corneille. On verrait ensuite toute la noblesse, toute l'énergie, toute la pathétique, toute la tendresse que Racine a su mettre dans l'expression de l'amour; la froideur de Voltaire; cette puérile tendresse du xviii° siècle pour les vers frivoles; enfin sur le seuil de notre siècle, Chateaubriand dissipant aux rayons de la foi toute la mythologie païenne qui semblait s'être naturalisée dans nos mœurs littéraires, et nous découvrant tout ce que le christianisme ajoute de beautés et de grandeur aux sentiments du cœur; et, tandis que d'une main il nous trace les règles de la nouvelle poétique, nous montrant de l'autre ces deux pèlerins du désert, la vierge et le sauvage, offrant au milieu des solitudes du nouveau monde le tableau des amours chrétiennes. Un pareil travail offrirait l'histoire complète de *l'Amour en poésie*. Nous nous contenterons de l'indiquer.

ALBERT MAURIN.

AMOUR (de, âme, amo.) L'amour physique est un sentiment instinctif et presque toujours passionné par lequel les deux sexes tendent à s'unir pour la reproduction et la conservation de l'espèce. Nous n'admettons pas que l'amour soit de lui-même et tout d'abord une passion, c'est un des sentiments qui a le plus de propension à le devenir, parce qu'il a souvent le plus d'obstacles à vaincre. Il nous semble qu'en général, ce qui forme une passion, c'est la lutte; sans lutte pour atteindre un but proposé, ce que nous appelons *passion* ne serait presque jamais qu'un sentiment. Aussi le sentiment de notre propre mérite ne devient passion qu'à cause des obstacles qu'il lui faut surmonter; alors c'est l'*ambition*. Le sentiment de votre propre mérite ne prend son *orgueil* que par l'opposition que vous trouvez dans les autres à confirmer le superbe jugement que vous prononcez sur vous-même, et ainsi des autres passions. La passion n'est donc, ce nous semble, qu'une certaine période d'un sentiment quelconque poussé à l'extrême par les obstacles qu'il faut surmonter. Ces obstacles sont de nature diverse : les uns sont extérieurs, les autres naissent au fond de notre cœur, de notre conscience. Ainsi un sentiment auquel nous refusons par devoir tout aliment, peut se transformer en passion violente, surtout si dès son début nous ne prenons pas sur elle un ascendant complet. La passion naît dans l'obscurité aussi bien que dans le tourbillon du monde. Pareille à la flamme du volcan, elle peut s'embraser longtemps dans l'ombre, et quelquefois n'éclater jamais. — Les Romains et les Grecs avaient fait un dieu de l'Amour, et comme on l'a fait bien observer, ce dieu même régnait sur tous les autres dieux. L'amour physique était le principe fondamental des religions païennes, comme l'amour moral est le fondement du christianisme. Tous les peuples idolâtres adorèrent la forme humaine, l'investirent de leur amour, et tous les monuments de leur culte portent l'empreinte de la bizarrerie, de la grâce ou de la puissance de leur imagination. Ainsi les Égyptiens et les Indous livrent à nos recherches curieuses leurs dieux roides et grimaçants, leurs colosses ou leurs fétiches. Les Grecs, doués d'un sens exquis, ont choisi pour type de leur culte amoureux la beauté humaine; le ciseau de leurs statuaires lui a créé une sorte d'immortalité, leurs architectes lui ont construit ces palais merveilleux que la stérilité de notre génie moderne a voulu copier pour en faire des temples à Dieu!.... copie froide comme un culte sans foi! — Les poésies des anciens portent l'empreinte de cet amour matériel, qui seul a su les inspirer. Homère, Virgile, Ovide, Properce et Tibulle n'offrent peut-être pas un trait qui ne s'applique aux sens. Les épithètes même toujours oiseuses du bon Homère sont toutes empruntées au sensualisme. C'est que l'amour alors était un enfant dont l'art révélait incessamment la voluptueuse nudité. — Il faut remarquer encore que les païens, s'étant fait un culte d'amour sensuel, s'y plongeaient sans remords jusqu'à satiété. Ils s'en faisaient un mérite réel, et les marbres obscènes dont nous avons recueilli l'héritage ne sont que les conséquences logiques de ce culte erroné. Nous conviendrons cependant que les Grecs, admirablement favorisés par le Créateur sous le double rapport de l'imagination et du sentiment, appliquant à l'ordre matériel des facultés exquises, ont tracé au beau physique une limite qui ne saurait être dépassée. — Au christianisme, comme nous le verrons, il appartiendra de lui donner une vie nouvelle par le beau moral né de l'amour qu'il est venu révéler. Avec le christianisme, il est entré autre chose que les sens dans l'amour. — L'amour est un instinct universel, la nature entière est pleine de ses mystères: rien de plus merveilleux que la reproduction des fleurs; leurs parfums sont les gages de leur fécondité : au printemps, les oiseaux chantent l'hymne de l'amour et de la nature rajeunie; ces musiciens ailés réveillent en nous les plus doux sentiments. Que dirai-je du léger et timide chevreuil, se choisissant une compagne et lui restant fidèle? Du lion, dont les amours sont une guerre, tant ses yeux lancent d'éclairs, tant sa crinière se hérisse, tant le désert retentit de ses rugissements? C'est une grande chose que cet ordre donné par Dieu à chacun des êtres de se reproduire: dociles à cet ordre, je vois les êtres privés de raison l'accomplir sans souillure. Pourquoi faut-il que l'homme créé leur roi ait été le seul à corrompre ses voies? Sans doute ce fut le fruit de son orgueil.... Et qui pourra se faire une juste idée du premier amour, de l'amour d'Adam et d'Ève dans le paradis terrestre, avant leur péché!—Tournons nos regards vers l'homme, ce roi déchu, et suivons dès son plus jeune âge ses premières impressions. Son cœur aimant et pur ne tardera pas à devenir le sanctuaire de l'amour; tout lui sourit, le beau soleil, le vent parfumé qui soulève ses cheveux, sa mère dont il est l'orgueil. Oh! ne détournez pas les enfants de cette douce propension à la confiance, à l'amour! Gardez-vous de jeter dans ces âmes impressionnables ces ridicules terreurs, ces images menteuses qui troublent leurs premiers sourires à la vie. Tout est amour dans l'enfance, sans parler de cet amour intéressé qui attache le nouveau-né au sein de sa mère, qui lui fait, plus tard, trouver du bonheur dans ses yeux, dans son regard, qui l'attache à celle qui le veille, l'instruit et le guide. Il est des enfants bien jeunes encore dans les yeux desquels j'ai cru deviner les indices d'un amour tout différent; je l'ai vu des regards purs, enfantins, se fixer délicieusement sur des yeux qui leur souriaient, les suivre, provoquer de doux regards, et s'enivrer en quelque sorte du charme qu'ils trouvaient à cet innocent commerce. Sagement les mères veilleront à concentrer sur Dieu et sur elles les affections de leurs enfants! Qu'elles conservent comme un trésor leur première fleur d'innocence : pauvres enfants, le vent du monde soufflera sur eux assez tôt! L'ouragan des passions les flétrira peut-être avant l'âge! — C'est quand l'homme a atteint la puberté, qu'il commence à éprouver les premiers symptômes de l'amour. Ce sentiment inconnu qui l'agite est pur encore, mais il n'est pas sans danger; oh! c'est alors qu'il a besoin de secours; et secours il ne saurait le trouver que dans la morale du christianisme. La craintive pudeur défend, il est vrai, les premiers pas de l'homme dans cet apprentissage de la vie; mais que cet appui est fragile contre la passion! La religion seule peut soutenir l'homme dans ces premiers troubles de son cœur. Qu'il sache bien surtout que l'amour n'a qu'un pas à franchir pour devenir coupable, et que l'amour coupable est l'écueil dangereux où toutes les vertus périssent; que l'habitude de cette passion énerve l'homme et le souille: l'amour libertin a matérialisé tout, un règne du siècle dernier en le rendant infâme, et la torche des révolutions ne fut peut-être qu'un feu purificateur. — L'amour, tel qu'il doit être pour répondre aux intentions du Créateur, ne peut attacher l'homme qu'à une seule femme. Nous savons que dans l'ancienne loi, la polygamie était autorisée, mais c'était une sorte de tolérance, et le Christ, en élevant le mariage à la dignité de sacrement, est venu rendre à l'union de l'homme et de la femme toute sa noblesse et toute sa pureté. — Ce nouvel état de choses est, on ne saurait en douter, très-favorable au véritable amour. Comment partager son affection entre tant d'épouses? Pour deux êtres, au contraire, qui se conviennent, qui s'aiment, combien n'est pas la vie l'existence? L'amour, ardent, énergique, dans ses premiers feux, s'apaise et se laisse remplacer par une amitié amoureuse qui fait des chaînes conjugales un lien doux à porter. Cet amour, que n'ont point connu les anciens, n'est autre chose que le commerce des sens sanctifié par le christianisme; c'est cet amour qui a inspiré au jeune poëte Turquety ces beaux vers :

Aimer c'est l'union de deux intimes flammes,
La vie entre deux âmes,
Le ciel entre deux cœurs!
ODES SACRÉES.

AMOUR MORAL. Si, d'après l'esprit de Rousseau, on a donné de l'amour en général cette définition : « C'est un concert de l'âme, de l'esprit, du cœur et des sens, qui exalte jusqu'au délire toutes les facultés humaines, » ne pourrait-on pas l'appliquer à l'amour moral, en la modifiant ainsi : C'est le concert intime des facultés du cœur et de l'esprit, qui, avec ou sans le témoignage des sens, peut exalter notre âme jusqu'à l'ivresse? — Le beau moral philosophique excita l'amour mystérieux de Platon. C'est l'amoureuse contemplation des merveilles de Dieu qui ravit les saints en extase, sorte de défaillance de toutes les facultés de l'âme, qui s'abîment dans un immense amour. C'est l'amour moral mystique et divin qui a fait les martyrs, exalté les vierges, et qui envoie encore aujourd'hui les ouvriers de Dieu semer au delà des mers sa parole féconde. C'est cet amour encore qui peupla les Thébaïdes, et qui, plus tard, vint remplir les cloîtres. — Dans un autre ordre d'idées, l'amour moral n'est-ce pas ce sentiment exalté qui nous fait sentir et produire ce qu'il y a de beau dans les arts? Croyez-vous qu'il n'y ait pas de sublimes contemplations dans les rêves de l'artiste? Croyez-vous qu'il n'y ait pas un amour profond, indicible, dans ces recherches, ces ébauches, ces œuvres de persévérante étude pour lesquelles il semble parfois s'isoler du reste du monde? Est-il un amour moral plus extatique que celui que fait éprouver la musique? Pour le dilettante véritable il y a une puissance d'enivrement, telle que les trépignements, les cris, les applaudissements ne suffisent plus; il faut un triomphe, une sorte d'intronisation. Madame Malibran, à Venise, offrit un illustre exemple de la magique royauté de l'art. Je ne parlerai pas de l'amour de la science, on sait qu'il a eu ses héros comme aussi ses martyrs. — L'amour moral, soit qu'on l'envisage dans ses rapports avec les arts, ou dans ses rapports avec l'homme, se distingue essentiellement de l'amour physique, en ce que là où celui-ci ne cherchait qu'une forme, celui-là cherche aussi une pensée. — Le corps a ses penchants, l'âme a ses devoirs; le corps a ses amours, l'âme a les siens aussi, mais impérissables comme elle. De cette lutte constante, énergique, immuable, sont nées les merveilles de l'art chrétien. La beauté de la forme païenne, l'amour païen à côté de la morale de l'amour chrétien, leurs luttes, leurs contrastes, leur alliance parfois bizarre, souvent sublime, telle est la source incessante où tous les génies modernes ont puisé, depuis le Dante jusqu'à Chateaubriand, depuis Michel-Ange jusqu'à Canova, et sa Madeleine pénitente demeure comme le gage immortel de l'alliance de la pensée chrétienne avec la forme antique. — Dans la littérature, l'amour, tel que le christianisme l'a donné au monde, a été pour nos auteurs une mine inépuisable de beautés inconnues aux anciens. En vain Racine fait revivre la Grèce; dans ses mains elle renaît chrétienne; le costume n'est qu'un masque sous lequel se déguise seul un peuple régénéré. — L'amour, en Allemagne, prend dans la littérature un caractère plus mystique. Sa forme rêveuse et voilée, assez conforme aussi à quelques génies anglais, a fait naître parmi nous le romantisme. L'amour, dans cette nouvelle école, apparaît sous la figure d'une jeune fille chaste, plaintive et langoureuse. Cette école, un peu monotone dans ses poésies élégiaques, a pris pour type dans son théâtre tout ce que l'amour a de plus criminel, tout ce que la passion a de plus effréné; on dirait que, par un problème nouveau à résoudre, elle ait voulu substituer l'amour de l'horrible à l'amour du beau : triste et ridicule prétention! — A côté de cette école naît et grandit ce que nous appellerons l'école catholique. Amoureuse des sérieuses beautés du catholicisme; elle a pour peintres Signol et Decaisne, pour statuaire Etex, pour poëte Turquety, et pour romancier l'auteur du Lis d'Israël et de l'Ame exilée.

AMOUR CONJUGAL. L'amour moral, dans ses rapports avec la vie commune, vient corriger, en s'attachant aux qualités du cœur ou de l'esprit, les brusques inégalités de l'amour physique. C'est lui qui fait trouver du charme, non dans la beauté des yeux et du regard, mais dans la bienveillance qu'ils expriment; non dans une conversation agaçante et enjouée, mais dans le simple entretien d'une femme bien-aimée que le bon sens dirige. L'amour moral repose sur l'estime; c'est le commerce des âmes. L'amour physique, passion violente, est de peu de durée et de grand entretien; l'amour de l'estime grandit et s'accroît comme elle. C'est lui qui fait naître ces attentions, ces égards mutuels qui rendent douce la vie; c'est lui qui fait réellement que deux âmes n'en font qu'une, que deux cœurs n'en font qu'un. Si l'amour de la beauté meurt avec elle, l'amour moral plus pur, y supplée par des qualités plus solides, « trésors que la rouille et les vers ne sauraient atteindre. » —Que dirai-je quand le malheur vient visiter ces hôtes du chaste amour? Oh! c'est alors que l'homme, en gourdi dans sa vie douce et monotone, se redresse de toute sa hauteur; on dirait que, faible et lâche dans la prospérité, il ait gardé pour l'adversité toute sa puissance. Dans son malheur immense aura-t-il du moins un consolateur digne de lui? Oui; car ce consolateur toujours là, toujours souriant, ce sera son épouse chérie. Alors la faiblesse devient force, la crainte se change en courage, la mollesse se fait tout à coup abnégation et magnanimité : admirable métamorphose de l'amour. — Vous qui me lisez, vous n'en voulez des exemples : interrogez vos souvenirs, il en est peu entre vous qui n'en trouvent dans leur propre famille ; et vous pleurerez sur ces souvenirs, car ils sont de ceux qu'on peut à la fois pleurer avec amertume, et rappeler avec orgueil.

AMOUR DE LA FAMILLE. Nous comprenons sous ce titre complexe les divers rapports d'affection qui naissent et s'établissent entre les parents et les enfants, entre les frères et les sœurs; amour paternel, filial et fraternel. Sans nous arrêter longuement à l'analyse de ces divers sentiments, nous allons chercher à les caractériser, et à résumer les devoirs communs qu'ils imposent. — Avant tout examen, nous observerons que bien que cet amour soit en quelque sorte émané de l'amour physique, il rentre néanmoins dans l'amour moral par la nature même des liens qu'il forme et des obligations qui en résultent; toutes ces obligations, tous ces devoirs tiennent à l'ordre moral le plus élevé, et c'est ce dont chacun va se convaincre aisément. — Dans la famille le père est le chef; l'amour filial lui a été donné pour rendre son commandement plus doux, plus efficace. La mère, plus tendre, sert en quelque sorte d'intermédiaire entre le père et ses fils; le père inspire quelquefois de la crainte, la mère ne doit inspirer que l'amour. Mais cet amour si confiant, si dévoué, manquerait lui-même son but s'il ne tendait à seconder, à fortifier les vues utiles, et quelquefois pénibles à la nature, du père sur ses enfants. Toute autorité divisée doit périr. L'autorité du père et l'amour de la mère ne doivent faire qu'un pour les vrais intérêts de leur famille, et ce premier devoir est de la plus haute importance. A la mère appartiennent ces premiers soins de l'enfance, ces premières leçons que sa sollicitude sait si bien approprier à la faiblesse du premier âge. Reposons-nous un instant sur ce gracieux tableau de famille. — Le chef-d'œuvre de Dieu, a dit Chateaubriand, c'est le cœur d'une mère; c'est là que le Créateur s'est plu à déverser ses trésors de tendresse. Il suffit qu'une mère ait enfanté avec douleur et qu'elle ait vu sourire son nouveau-né, pour qu'elle sache déjà mieux aimer que toutes créatures. La bonté, l'amour de la Providence se montre tout entier sur le berceau de l'homme. L'enfant naît, dit l'auteur du Génie du Christianisme, et la mamelle est pleine; la bouche du jeune convive n'est point armée, de peur de blesser la coupe du banquet maternel; il croît, le lait devient plus nourrissant; on le sèvre, la merveilleuse fontaine tarit. Cette femme si faible a tout à coup acquis des forces qui lui font surmonter des fatigues que ne peut supporter l'homme le plus robuste. Qu'est-ce qui la réveille au milieu de la nuit, au moment même où son enfant va lui demander le repas accoutumé? D'où lui vient cette adresse qu'elle n'a jamais eue? Comme elle touche cette tendre fleur sans la briser! Ses soins semblent être le fruit de l'expérience de toute sa vie, et cependant c'est là son premier le! Le moindre bruit épouvantait la vierge : où sont les armées, les foudres, les périls qui feront pâlir la mère? — Jadis il fallait à cette femme une nourriture délicate, une robe fine, une couche molle, le moindre souffle de l'air l'incommodait; à présent un pain grossier, un vêtement de bure, une poignée de paille, la pluie et les vents ne lui importent guère, tandis qu'elle a dans sa mamelle une goutte de lait pour nourrir son fils, et dans ses haillons un coin de manteau pour l'envelopper! — Qu'ajouter après une pareille peinture de l'amour d'une mère? — Dans les mœurs actuelles, l'amour maternel nous semble suivre une bonne direction ; il met les enfants sous l'aile de la religion, et cette garantie vaut mieux pour leur innocence que toute surveillance humaine. Sans doute les mères sont admirables dans leur tendresse; mais la première, la meilleure, la plus éclairée, la plus tendre et la plus sage, c'est la religion. Grâces aux malheurs que le philosophisme a depuis cinquante ans amenés sur le monde, les mères ont voulu que leurs enfants fussent chrétiens. L'éducation est donc redevenue religieuse dans les hautes classes, et cet exemple gagne tous les jours; aujourd'hui les mères surveillent avec assiduité les enseignements donnés à leurs filles, elles assistent à leurs leçons, et ne manquent pas de les conduire à l'église. Pour rendre leur tendresse meil-

leure, pour être aimées davantage, elles ont rappelé sous le toit de famille le Dieu qui a dit :

> Père et mère honoreras,
> Afin de vivre longuement.

Cette égalité entre les parents et les enfants, ce tutoiement, que Jean-Jacques avait mis à la mode, sont aujourd'hui de mauvais ton. La sévérité qui a existé longtemps, et qui à force de respect tarit toute tendresse et empêchait tout épanchement, toute confiance, a aussi disparu de nos mœurs. L'amour maternel est de toutes les choses humaines la plus douce à contempler; Dieu ne l'a pas donné seulement à la femme; il l'a mis dans tout être vivant. La lionne aime ses petits comme la colombe; pour les nourrir, pour les garder et pour les défendre; le Créateur leur a donné de merveilleux instincts. La poule timide (Génie du Christianisme) devient aussi courageuse qu'un aigle quand il faut défendre ses poussins. — Revenons à l'amour du père de famille éclairé par l'expérience. C'est lorsque des idées plus sérieuses commencent à remplacer les premières impressions de l'enfance, que son rôle auprès de son fils prend de l'importance et de la gravité. C'est alors que l'amour paternel, toujours sérieux, même dans ses rapports avec l'enfance, va se grandir et se développer. Le père doit toujours avoir en vue son fils sera homme un jour. Comme son premier instituteur, il doit faire une étude assidue autant qu'approfondie de ses premiers penchants, de ses passions naissantes, les combattre dès leur origine, et s'efforcer surtout de se montrer lui-même exempt des fautes qu'il désapprouve. — Comme compensation des douleurs et récompense de ses premiers soins, à la mère appartiennent les douces caresses. Le père ne doit les accorder que très-modérément et comme récompense : il doit se montrer à son fils comme un guide; mais cette sorte de froideur, née du respect, doit avoir quelque chose de celle de l'aimant qui attire, car la confiance du fils pour son père ne saurait être trop grande. Justice entière et égale entre tous, indulgence pour la sincérité, fermeté sans rudesse; tels doivent être les attributs d'un père; et grands seront son mérite et son bonheur s'il confie au monde un homme de plus, instruit par avance des combats à livrer et tout armé pour vaincre. — Quelquefois l'estime qu'inspire au père la précoce vertu d'un fils fait disparaître par une amitié pleine d'abandon la distance immense que la nature a mise entre eux : oh! une telle amitié entre un père et un fils, c'est là le triomphe et la touchante alliance de l'amour paternel et de l'amour filial! Il ne faut pas croire cependant que cette tendre et complète union naisse de la familiarité; autant la hauteur est repoussante; autant la familiarité des enfants envers leur père détruit en eux cette estime respectueuse et confiante, base invariable de leurs rapports affectueux. Il n'en est pas de même des frères et des sœurs entre eux : leur amour, né plutôt de l'habitude d'être ensemble, de la conformité d'éducation, que des liens du sang, repose sur l'égalité, d'où il résulte que si les pères ont une préférence trop marquée pour l'un d'eux, la jalousie détruit l'affection; et comme entre frères les sentiments sont presque toujours extrêmes, le touchant accord frère est souvent remplacé par l'inimitié et la discorde. — Supposant toujours l'égalité comme principe de l'amour fraternel, nous viendrons à observer que, s'il y a plus rare entre sœurs qu'entre frères, c'est que souvent dans celles-là une susceptibilité plus grande, une plus naturelle disposition à la jalousie, les rend plus minutieusement occupées à établir entre elles une comparaison qui engendre la froideur. — Nous ne prétendons pas cependant établir en principe absolu que l'égalité entre frères et sœurs, soit nécessaire pour le maintien de l'amour fraternel. En nous reportant à une autre époque où tous les avantages de position, de fortune, venaient se réunir sur une seule tête, nous nous garderons d'affirmer que l'amour fraternel fût plus rare et moins senti; il nous est permis de conjecturer seulement que par ses droits même le fils aîné étant comme le protecteur et le soutien du reste de sa famille, les rapports entre eux étaient d'une autre nature sans être pour cela moins bienveillants. Maintenant même encore il arrive souvent qu'une grande différence d'âge donne à un frère, à une sœur un rôle dominant dans une famille; mais comme nous devons supposer que tous y sont intéressés, l'amour fraternel, loin d'être détruit, se fortifie par la reconnaissance.

AMOUR-PROPRE ET AMOUR DE SOI (phil. morale). Je ne connais aucun point dans la philosophie et la morale sur lequel on s'entende moins que sur l'amour-propre : les uns en font presque un vice en le confondant avec la vanité, les autres presque une vertu en le prenant pour mobile unique de toutes les grandes actions des hommes. Rien de plus commun encore que de confondre l'*amour-propre* avec l'*amour de soi*, chose qui est tout à fait différente. Établissons d'abord ce qu'est l'amour de soi, nous essaierons de définir ensuite l'amour-propre. — L'amour de soi est un instinct naturel à tous les êtres organisés qui les porte à veiller à leur conservation et à chercher leur bien-être; il diffère de l'égoïsme, en ce que l'un est instinctif et l'autre est réfléchi; l'égoïste a quelque chose de plus vil, en ce que, comme l'étymologie du mot l'indique, il se prend soi-même et toujours pour centre unique de ses sensations et de ses plaisirs. L'égoïsme est l'étude et la réflexion appliquées à l'amour de soi. Par amour de moi-même, il est vrai, je ne m'exposerai pas à d'inutiles dangers, mais, par égoïsme, je trouverai bon qu'un autre les affronte pour moi, souvent sans me croire obligé de le faire pour les autres. L'égoïsme dessèche le cœur, étouffe tout sentiment de compassion pénible, élève un autel au moi humain, autel coupable où l'on immole souvent bien des victimes. — L'amour de soi n'engendre pas, par lui-même, de mauvaises passions. — Il ne se concentre et n'est impérieux que dans la nécessité. C'est aussi l'amour de soi appliqué à l'âme qui porte l'homme à se renoncer à lui-même dans cette vie, pour jouir des biens promis dans l'autre. On ne peut en effet attribuer ce mépris d'un jour à l'amour-propre; il ne doit y avoir là ni vanité, ni orgueil. On ne peut non plus en faire honneur à l'égoïsme, puisque la première action, c'est cette voie sublime, c'est l'immolation de soi-même. C'est donc à l'amour de soi, dans l'ordre immatériel, qu'appartient l'esprit de sacrifice inspiré par la religion. — Nous pourrions en dire autant de l'amour de la patrie, non précisément dans l'*amour-propre*, mais bien dans l'*amour de soi*. De même que, par amour de soi, toute une famille unie se regarde comme solidaire des fautes ou des belles actions; de même, en étendant l'amour de soi jusqu'à la patrie, être de raison, on se trouve honoré dans sa gloire, humilié dans ses abaissements, riche dans ses prospérités. L'amour de soi n'est pas inquiet, comme l'amour-propre, des jugements du monde; il cherche instinctivement le bien-être, la conservation de tout ce qui s'identifie à lui-même; bien-être et conservation de la famille, de la patrie, gloire et bonheur dans la vie future, gloire et bonheur aussi dans celle-ci, non pas tout pour soi, mais que pour les êtres aimés appelés à en prendre leur part. — L'amour-propre nous semble pouvoir être défini un sentiment personnel à l'homme, qui le porte à faire valoir les qualités qu'il a ou qu'il croit avoir dans la sphère où il gravite. L'amour-propre, né avec l'homme, devient presque toujours la base de ses actions; seul avec lui-même, s'il se félicite de ses succès, s'il en médite d'autres, c'est l'amour-propre qu'il a pris pour conseiller. L'amour-propre est un miroir qui flatte et sur lequel l'homme a toujours les yeux fixés. Quelquefois il dit vrai; c'est qu'alors la raison le modère et sert de médiatrice entre l'homme et leur mobile à la fois utile et dangereux; tour à tour il produit une vertu ou engendre un vice; vertu peu solide, il est vrai, parce qu'elle est purement humaine, vice hideux et terrible s'il vient à se fonder sur l'orgueil : nous tâcherons d'indiquer la marche, les résultats, les petitesses de l'amour-propre. — Ainsi que l'a fort bien dit un philosophe, « la société est le théâtre où l'amour-propre développe toute son énergie, où il déploie ce jeu tantôt puéril, tantôt sublime, qui excite notre mépris ou notre admiration. » Né de nos rapports avec les autres hommes, c'est lui qui, établissant une comparaison continuelle entre eux et nous, excite en notre cœur une rivalité d'esprit, de talent, de qualités, qui nous porte à nous en prévaloir. Ce froissement perpétuel de l'homme avec les autres hommes a commencé dès l'enfance; en grandissant, il change seulement d'objet, lui reste le même. C'est un vêtement qui prend toutes les formes, somptueux ou grossier; le prolétaire se drape dans ses haillons, comme le duc et pair dans son magnifique manteau; il est de tous les pays et de tous les temps : les Athéniens le connaissaient aussi bien que les Français, et sur ce point Alcibiade n'a point été surpassé. — L'amour-propre, chose bonne en elle-même, est le point commun d'où partent l'orgueil et la vanité, l'un pour élever l'homme, l'autre pour le rapetisser. Un écrivain moderne a dit à tort : « L'amour-propre est petit, la vanité est fière, l'orgueil seul est grand. » Rien n'est plus mesquin que la vanité qui se nourrit de riens pompeux. Quand l'amour-propre de l'homme a cessé d'écouter la raison, s'il n'est point fondé sur le sentiment d'un mérite assez élevé pour engendrer l'orgueil, il se fait vanité, vent, fumée, néant. Quand l'orgueil, qu'on pourrait appeler l'égoïsme d'une grande âme,

ne fait point sortir l'amour-propre de ses voies raisonnables, celui-ci peut être le mobile de grandes et belles actions. L'orgueil en peut faire naître aussi, mais comme l'orgueil fait tout pour soi, il a tout l'emportement d'une passion, tandis que l'amour-propre, moins impétueux, est plus durable et sait mieux poursuivre un but utile; il s'isole moins, et, comme l'orgueil, il n'est pas, d'habitude, frappé d'aveuglement. — Dans l'état de société, l'amour-propre, qui n'est pas toujours sans grandeur, prend souvent l'allure de la médiocrité, par la crainte puérile qu'il éprouve des jugements des hommes; l'orgueil les brave, la vanité n'y croit pas, l'amour-propre les écoute et s'en fait parfois tellement l'esclave, que pour les concilier, il s'écarte de sa route, tâtonne, hésite et manque son but. L'amour-propre ressemble alors à ces hommes doctes qui ont quelque chose de puéril, qu'un long labeur n'épouvante pas, qu'une bagatelle effraye. L'amour-propre est le calque de l'homme lui-même, créature déchue portant sur son front quelque chose de sa grandeur première. Combien d'hommes passent leur vie dans une longue enfance ! la vanité les amuse de ses hochets sonores ou leur raconte les historiettes du jour; l'amour-propre leur fait jouer un rôle dans le drame qu'on appelle la vie, rôle applaudi, rôle sifflé, tandis que l'orgueil ne les élève souvent que pour les laisser plus lourdement retomber de ces hauteurs. — Au résumé, l'amour-propre est une qualité dangereuse de l'homme, fondée sur le besoin qu'il a de se connaître, de s'estimer et d'être estimé. Humainement parlant, s'il est la source de grandes choses, il enfante aussi d'irréparables maux. — Sans être parvenu à le détruire, le christianisme lui a opposé une vertu qui lui est propre, l'*humilité*. Cette vertu n'empêche pas les belles actions, ni les œuvres du génie, seulement elle les purifie et les spiritualise, en attribuant à Dieu le mérite qui en revient à l'homme. **WALSH.**

AMOUR DE DIEU (*théol. myst.*). L'amour en général est une inclination de la volonté vers un bien absent ou présent; c'est un poids qui fait pencher notre cœur vers ce qui lui paraît convenable. L'amour de Dieu en particulier est le mouvement du cœur vers l'être infini, bien universel de toutes les créatures. L'amour de Dieu est le principe et la fin de la vie chrétienne. Celui qui n'aime pas, dit saint Jean, demeure dans le sein de la mort : *Qui non diligit manet in morte*. Aussi le christianisme, qui est venu rendre la vie au monde, est évidemment une religion d'amour; tous ses dogmes, tous ses rites, ses sacrements, sa discipline, tendent à faire régner l'amour de Dieu dans les âmes. Les dogmes ont pour but de nous manifester les perfections invisibles de Dieu, et d'exciter notre amour par la connaissance qu'ils nous donnent, de ses perfections infinies; ses lois sont destinées à rendre notre volonté conforme à la volonté divine, et à former par cette conformité le plus solide lien de l'amour; ses sacrements nous régénèrent, nous justifient, et nous sanctifient pour nous rendre dignes de cet amour; et sa discipline nous aide à réprimer tout ce qui voudrait affaiblir en nous cet amour, par la victoire qu'elle nous aide à remporter sur nos sens. — Le premier motif d'aimer Dieu, c'est Dieu lui-même; la bonté divine, considérée en elle-même, est le motif le plus grand, le plus noble et le plus puissant de l'amour divin; la providence naturelle de Dieu envers les hommes, la conservation de notre être, est le second motif. La providence surnaturelle de Dieu envers nous, la rédemption et les grâces qu'il nous donne avec tant de largesse pour travailler à l'œuvre de notre salut, est le troisième motif. — Dieu, indépendamment de ses perfections infinies, mérite d'autant plus d'être aimé, que toutes ses œuvres sont une expansion de son amour infini. Comment aurait-il appelé du néant à la vie des êtres dont il n'a nul besoin pour son bonheur, s'il n'avait pas aimé ces êtres ? Son amour a fécondé le néant; s'il est sorti de lui-même, pour répandre la vie avec une profusion immense, c'est qu'il aime. La rédemption est une expansion plus grande de l'amour divin. On peut dire qu'il a débordé en quelque sorte hors de son infinie grandeur. Dieu a tellement aimé le monde, qu'il a donné son fils unique pour le racheter ou pour le faire sortir de l'empire de la mort. La béatitude que Dieu prépare à ceux qui l'aiment sera le complément de la rédemption. Il laissera tomber devant la créature qui l'aime tous les voiles qui le dérobent à l'être qui ne l'aime pas. Il semble néanmoins, au premier abord, que l'homme soit incapable d'aimer Dieu, puisque l'amour suppose une certaine égalité; ou un rapport de convenance entre les êtres qui s'aiment, et qu'il n'y a point de rapport entre une créature et l'être infini. Mais quand on considère l'amour de plus près, cette difficulté disparaît aisément : car l'être infini ayant aimé l'homme le prémier, surtout depuis qu'il s'est fait petit afin de se proportionner à sa créature, et qu'il s'est anéanti dans l'incarnation et dans l'eucharistie, rien ne doit plus arrêter le chrétien dans l'élan de son amour. Dieu s'est fait homme pour être aimé de l'homme. L'infini s'est réduit aux proportions du fini; aimer Dieu n'est donc pas impossible. L'amour de Dieu commence seulement sur la terre; il sera consommé dans le ciel. L'homme alors, selon saint Jean, sera déifié, il sera semblable à Dieu. Ne nous étonnons plus de toutes les préparations par lesquelles Dieu dispose sur la terre les âmes qui doivent l'aimer éternellement; c'est afin de les purifier qu'il les soumet à de rudes épreuves; il faut qu'elles laissent dans ce creuset toutes les scories terrestres, et passent à travers le feu de la tribulation pour être pures comme un or sept fois éprouvé; ne nous étonnons plus de l'eucharistie ou de l'incorporation avec Jésus-Christ, puisque le chrétien est destiné à ne faire qu'un avec Dieu, *ut sint unum*. Dieu s'épuise, j'ose le dire, tout entier pour se faire aimer de l'homme : et pourtant l'homme refuse d'aimer Dieu ! il vit dans l'oubli de Dieu, dans l'indifférence à son égard. Il regarde Dieu comme une chose vile et sans prix, et le traite comme un néant ! c'est le grand crime de l'homme : peu d'âmes sentent le prix de ce que Dieu fait pour elles ; un plus petit nombre encore s'appliquent à l'amour de Dieu pour Dieu même. — Ce mépris de l'homme criminel pour Dieu est si grand, qu'il a fallu que Dieu fît un commandement formel de l'aimer : comme s'il ne suffisait pas, dit saint Augustin, qu'il nous permît de l'aimer ! L'amour de Dieu est le grand commandement de la loi. Ce précepte, qui date de l'origine du monde, et qui n'aurait pas eu besoin d'être formulé, si l'homme, par la plus noire ingratitude, ne s'était pas retiré de Dieu, se trouve dans Moïse (Deutéronome, vi, 4) : « Vous aimerez le Seigneur votre Dieu de toute votre âme, de toutes vos forces, etc. ; » (Exode, xx, 5) : « Dieu fait miséricorde à ceux qui l'aiment et qui gardent ses lois ; il punit ceux qui le haïssent ou qui violent ses commandements. » Le précepte de l'amour de Dieu n'était pas inconnu du peuple de Dieu ; mais, malgré cette prescription formelle, les Juifs, attachés aux promesses temporelles, ne recherchaient dans l'observation de la loi que la *graisse de la terre* et l'abondance des produits ; néanmoins il y avait parmi les Juifs des âmes d'élite qui, marchant sur les traces des prophètes et des patriarches, servaient Dieu par amour. C'est même, on peut croire, dans ce noble sentiment dont brûlaient quelques âmes, qu'une partie de la nation puisa la résistance qu'elle mit à l'invasion universelle dont les menaçait le saducéisme. — Jésus-Christ est venu rallumer l'amour de Dieu dans les cœurs : « Je suis venu, dit-il, porter le feu sur la terre, et que veux-je, sinon qu'il s'enflamme ? *Ignem veni mittere in terram ; et quid volo nisi ut accendatur.* » L'idolâtrie avait détruit l'amour de Dieu sur la terre. Courbées sous le joug du culte ignominieux, les nations ne connaissaient que la terreur et la crainte ; aussi la crainte ensanglantait les autels, et le sang humain rougissait le parvis des temples antiques ; l'amour seul pouvait guérir ce mal affreux. — Toute la loi chrétienne est fondée sur l'amour. (Math., xxii, 37 ; Marc, i, 12 ; Luc, x.) C'est, dit Jésus-Christ, dans le commandement d'aimer Dieu et le prochain que sont renfermés la loi et les prophètes. — On distingue deux sortes d'amours : l'amour de bienveillance et l'amour de convoitise. Le premier est celui par lequel on aime quelque chose pour son bien ; le second est celui par lequel on aime quelque chose pour le profit qu'on en prétend tirer. L'amour de convoitise, quoiqu'il ne soit pas réprouvé de Dieu, ne suffit pas au chrétien ; il doit aimer Dieu d'un amour de bienveillance. (*V.* CHARITÉ.) — L'amour peut encore être affectif et effectif. Toutes les âmes désirent l'amour affectif à cause de ses consolations ; mais l'amour effectif est préférable à cause des bonnes œuvres qu'il produit. Celui-ci exécute la volonté de Dieu, il embrasse avec courage ce qui vient de son bon plaisir ; il croît parmi les épines et les traverses de la vie. C'est cet amour qui se dévoue et se sacrifie volontiers pour obéir à Dieu ou procurer sa gloire. L'âme qui s'arrêterait à l'amour affectif, à ses douces émotions, sans donner des preuves efficaces de son existence par l'action, finirait par tomber dans l'illusion. « Celui, dit Jésus-Christ, qui retient mes commandements et les observe m'aime véritablement ; celui qui ne m'aime point ne les observe point. » (Jean, xiv, 21, 24.) La fidélité à la loi de Dieu, voilà la pierre de touche de l'amour de Dieu ; c'est une preuve incontestable et qui n'égare jamais personne. (Quant à l'amour pur et désintéressé, voyez QUIÉTISME.) — L'amour de Dieu

n'exclut point les affections naturelles ; il les purifie par sa présence en les subordonnant au grand précepte de la loi. L'homme qui aime Dieu doit être toujours dans la disposition de sacrifier ses affections naturelles quand la volonté de Dieu l'exige (Math., x, 37). ; sans cet esprit de sacrifice, Dieu ne serait pas aimé par-dessus toutes choses. — L'amour de Dieu rend l'obéissance facile, il adoucit l'austérité de la loi, il fait aimer les souffrances, il sanctifie l'homme et l'unit éternellement à Dieu.
L'abbé O. VIDAL.

AMOUR DU PROCHAIN (*V.* PROCHAIN).

AMOUR (géogr.) Les Russes nomment ainsi un grand fleuve d'Asie qui servait autrefois de limite entre leurs possessions et l'empire chinois. Il ne prend au surplus ce nom que vers la frontière de la Sibérie, au point où se confondent les eaux de l'Argoun et de la Chilka. Ces deux rivières réunies sous le nom d'Amour traversent la Tartarie chinoise, et après avoir couru quelque temps du nord au sud-est, changent subitement de direction, et remontant au nord, vont se jeter dans l'Océan, près du pays d'Okhotsk. Durant la guerre de 1683 entre les deux empires, les Russes agrandirent leurs domaines, et les limites furent transplantées au delà du fleuve. Les Chinois appellent l'Amour *Helong-Kiang*; les Mandcheoux *Sakhaline-Oula*; les Tungouses l'appellent simplement *Chilka*; car avant sa jonction avec l'Argoun, la Chilka est déjà une grande rivière.
X. X.

AMOUR (GUILLAUME DE SAINT-), né à Saint-Amour dans la Franche-Comté, dans les premières années du xiiie siècle, devint chanoine de Beauvais et docteur en Sorbonne. L'université de Paris, qui à cette époque formait à Paris une puissance presque indépendante de la royauté, envoya Saint-Amour à Rome pour y plaider devant le souverain pontife la cause universitaire contre les religieux franciscains et dominicains qui voulaient ouvrir des écoles publiques de philosophie et de théologie. Saint-Amour mit à défendre les intérêts qui lui étaient confiés un zèle si amer, qu'il se fit beaucoup d'ennemis ; et que le pape Alexandre IV, qui avait pu apprécier son caractère inquiet, lui défendit expressément d'aller en France, d'enseigner et de prêcher. Ce ne fut qu'après la mort de ce pontife que Saint-Amour put revenir à Paris ; il y mourut en 1272. On a de lui : 1° *De pharisæo et publicano*; 2° *De periculis novissimorum temporum*, virulente diatribe contre les religieux dominicains ; 3° *Collationes scripturæ sacræ*. C'est saint Thomas d'Aquin qui défendit devant le chef de l'Église son ordre injustement attaqué.—Un autre Saint-Amour (Louis-Gorin), qui fut aussi docteur en théologie et même recteur de l'université vers le milieu du xviie siècle, se fit exclure de la Sorbonne pour avoir refusé de souscrire à la condamnation d'Arnaud. Il mourut en 1687 ; il était né à Paris en 1619. Il a publié en 1662, in-folio, un journal de tout ce qui s'était passé à Rome depuis 1646 jusqu'en 1653, relativement aux cinq fameuses propositions de Jansénius. Le conseil d'État, par un arrêt de l'an 1664, rendu sur la plainte de plusieurs prélats, condamna ce livre à être brûlé par la main du bourreau. On peut dire qu'il méritait ce sort, si on est convaincu par la critique judicieuse qu'en a faite le cardinal Bona, que l'auteur y montre non-seulement de la mauvaise foi, mais encore des sentiments très-peu orthodoxes.
N. M. P.

AMOVIBILITÉ et INAMOVIBILITÉ. Ces mots, dans leur acception la plus large, indiquent deux systèmes politiques opposés. Le premier rappelle une organisation républicaine, tandis que l'autre reporte notre pensée vers la monarchie pure. Selon que les vues du législateur se rapprochent de l'un des deux principes exprimés par ces mots, la constitution d'un état démocratique ou monarchique reçoit des modifications plus ou moins essentielles. Ceci est de principe général. Les institutions qui procèdent de ces formes de gouvernement sont donc empreintes, plus ou moins, du caractère de l'amovibilité ou de l'inamovibilité. — Cette théorie est tellement rigoureuse, que si l'on étudie la forme du gouvernement républicain on y reconnaît bientôt comme principe organique l'élection par le peuple depuis le chef de l'État jusqu'aux plus petits fonctionnaires publics. L'élection, il est vrai, des degrés divers ; mais il importe peu que celle du chef de l'État soit faite pour un nombre déterminé d'années, qu'elle place une haute magistrature au viager sur la tête d'un homme ou de plusieurs ; le point à considérer c'est de voir si cette magistrature est amovible. En parcourant les points intermédiaires de l'échelle sociale, on retrouve partout l'amovibilité. C'est qu'il est de l'essence même des républiques et dans leur mission spéciale de refléter les besoins des peuples, de se modifier selon les besoins de chaque moment. Le principe électif. ou d'amovibilité est donc le mécanisme à l'aide duquel ces gouvernements remontent perpétuellement vers leur source pour s'y retremper et y puiser une nouvelle énergie. — De même que toutes les magistratures sont amovibles dans les gouvernements libres (voyez RÉPUBLIQUE), de même aussi les monarchies pures ont pour base et pour point d'appui l'inamovibilité. Le roi est inamovible, l'ordre de succession au trône réglé d'avance, la couronne transmissible aux membres de la famille régnante, la perpétuité est donc chose consacrée dans cette forme de gouvernement. Tout se coordonne dans la même pensée : finances, magistratures, clergé, administration publique un même l'armée. Les associations particulières, telles que les corps d'état, les professions libérales, les banques, etc., se constituent à l'image du gouvernement : elles lui empruntent ses formes, son inamovibilité et la transmission par héritage, non-seulement des charges et de l'industrie de chacun, mais encore des biens privés et du patrimoine des familles par ordre de primogéniture. Toute cette organisation est conforme au principe primordial qui se fonde sur la combinaison des forces réunies. — Apportons maintenant le même esprit d'analyse dans l'examen des gouvernements constitutionnels. Ceux-ci sont de deux sortes : dans l'ordre politique on doit les considérer comme tenant le milieu entre les deux systèmes que nous venons de définir. En effet, ils participent à la fois de la nature de la monarchie, à laquelle ils empruntent la royauté avec toutes ses conditions d'inamovibilité ; et du gouvernement républicain, par l'élection et l'amovibilité d'un grand nombre d'emplois publics. Les gouvernements constitutionnels sont donc soumis à l'action de deux tendances opposées, savoir : l'aristocratie et la démocratie. En Angleterre l'aristocratie prédomine dans la constitution politique ; en France les influences démocratiques l'emportent dans la loi organique, qui a pris le nom de Charte. Aussi chez le peuple anglais l'inamovibilité a marqué de son sceau les institutions les plus vitales, tandis que l'amovibilité s'est emparée chez nous des positions les plus élevées. — En 1814, sous la première restauration, les hommes d'État cherchèrent à donner la prééminence au principe monarchique. Cette pensée dominante surgit à chaque ligne de la constitution qui fut octroyée à la France. Les ministres du roi de 1814 à 1830, fidèles à l'esprit de la constitution, défendirent souvent le principe monarchique contre les envahissements et les luttes de chaque jour que lui livrait la démocratie. En 1830, celle-ci l'emporta. Le nouveau pacte social s'imprégna de l'esprit populaire : on conserva bien le pouvoir royal avec ses prérogatives, mais l'amovibilité fut introduite à peu près partout. La chambre des pairs, qui jusque-là avait été héréditaire, fut dépouillée de ce privilége : les membres furent nommés à vie. Si l'on avait voulu rester fidèle à l'esprit sous l'influence duquel on agissait en ce moment, on aurait dû soumettre la chambre des pairs aux conditions de l'élection : on imagina un terme moyen, on voulut créer une sorte de contre-poids à l'élément démocratique qui se faisait jour de toutes parts, et les membres de la pairie furent soumis à la nomination directe d'un pouvoir parallèle, c'est-à-dire au choix du pouvoir exécutif. — Nous n'avons pas d'opinion à formuler sur cette combinaison. Toutefois disons un mot sur la situation morale, politique et matérielle comparée de ces deux pouvoirs souverains, soit en France, soit en Angleterre. — En France, la chambre des pairs, qui constitue à elle seule toute l'aristocratie politique et qui résume en elle toutes les institutions monarchiques d'autrefois, n'exerce sur notre pays qu'une influence fort secondaire comme corporation. Chacun de ses membres peut bien avoir individuellement une haute importance ; chacun d'eux peut bien être le signe vivant d'une éclatante victoire ou d'une grande illustration ; mais ce ne sont jamais là que des individualités qui, prises collectivement, ne représentent ni la force, ni la puissance, ni la richesse qui procédaient autrefois soit du sol, soit d'un grand déploiement de luxe, soit d'un long patronage. — En Angleterre la pairie est héréditaire : elle a reçu la consécration du temps. Elle possède d'immenses richesses territoriales et mobilières, associée d'un autre côté à toutes les fondations philanthropiques et aux grands travaux d'utilité générale ; elle exerce par ce protectorat une grande puissance sur l'opinion. La pairie anglaise enfin agit de toute la force des souvenirs historiques qui ont conservé une grande autorité dans les mœurs anglaises. — Il existe, on le voit, des différences profondes dans la constitution des deux pairies de France et d'Angleterre. On pourrait dire que la première a pour devise : *amovibilité*, et que l'autre a pris pour légende :

inamovibilité. — Le rouage politique en France peut sembler défectueux en d'autres points. Il n'y a pas harmonie entre toutes ses parties ; de là collision. C'est particulièrement dans les institutions de second ordre que ce désaccord se laisse apercevoir. Ici tout est constitué selon les lois de la république ; là, mais plus encore, selon les principes de l'empire. Ainsi, pour ne citer qu'un exemple, il existe un conseil d'État. Ses attributions consistent dans l'étude et la préparation des lois et ordonnances. Assurément, cette partie de ses attributions est fort constitutionnelle ; et l'on conçoit facilement, qu'à titre de conseillers, ses membres soient amovibles. Mais, d'autre part, comme pouvoir judiciaire pour les affaires contentieuses et administratives, cette institution ne présente pas les garanties suffisantes. Il y a nécessairement ici confusion d'attributions ; ce n'est ni de l'organisation monarchique, ni de l'organisation démocratique, mais de l'arbitraire hérité du gouvernement impérial. — D'après la charte modifiée de 1830, la révocation ou l'amovibilité de certains emplois publics est fondée en droit politique et en raison. Le pouvoir exécutif, étant responsable de ses actes, les fonctionnaires publics qui relèvent directement de lui, qui s'associent à son action, qui engagent sa responsabilité ne sauraient être soustraits à son influence et à sa juridiction. Le pouvoir exécutif est l'une des branches les plus importantes du gouvernement : il importe donc, au plus haut degré, que ce pouvoir puisse se mouvoir en toute liberté dans la sphère des hautes fonctions qui lui sont dévolues par la constitution du pays. — Nous avons à parler enfin de l'inamovibilité du juge. Ce fut à peu près chose consacrée dans tous les temps et sous tous les régimes. Aux temps de notre vieille monarchie, les hommes appelés à rendre la justice étaient pris de haut. Leurs charges étaient héréditaires. Ces imposantes corporations, sous le nom de parlement, étaient associées à l'action gouvernementale. Non-seulement elles distribuaient la justice par tout le royaume, mais encore elles enregistraient les édits de nos rois sur lesquels elles avaient droit de veto suspensif. Sous le point de vue politique, les parlements étaient une barrière aux envahissements du pouvoir royal ; ils représentaient la démocratie et se posaient en conservateurs des traditions gouvernementales et des doctrines judiciaires (voyez PARLEMENTS). — De nos jours cette diversité d'attributions qui étaient conférées aux parlements se partage entre la chambre des députés, les cours royales et la cour de cassation. Les corps judiciaires ont perdu parmi nous l'hérédité ; mais l'inamovibilité leur reste. Si la pompe et l'éclat des richesses ne sont plus dans leur apanage, leur mission s'ennoblit encore de toute la sainteté de leurs attributions et des services qu'ils sont appelés à rendre à la société. J. GIMET aîné.

AMPARLIER, AMPARLERIE, ANPARLIER, EMPARLIER, ou plus brièvement **PARLIER**. Tous ces mots, qui ne sont qu'une abréviation d'avant-parlier, étaient employés fréquemment, dans l'ancien langage du droit, pour désigner l'avocat et ses fonctions, quelquefois aussi le procureur des parties. Bien qu'on se servît quelquefois du mot amparlier pour désigner le *procureur*, il est plus juste de dire qu'il n'était le plus ordinairement applicable qu'à l'avocat. Cette signification que lui attribuaient les anciens auteurs et spécialement les rédacteurs des *Établissements de saint Louis*, chap. XIV, livre II. Les procureurs étaient désignés sous ce nom dans les ordonnances et les lois du pays de Liège. — Ces mots venaient du mot parler ; et *amparlerie* voulait dire plaidoirie ; c'est dans ce sens qu'il est employé dans une charte, insérée au supplément du *Glossaire* de du-Cange. Il y avait aussi d'autres mots pour signifier un avocat : Ragneau se sert de *contour* et *plaidour*. Des lettres de grâce de l'an 1419, sous Charles VI, nous prouvent qu'on appelait aussi *emparleur* le traqueil au moulin.
ACH. L.

AMPÉLITE (minér.) C'est le nom qu'on donnait autrefois à une variété de schiste argileux, renfermant beaucoup de pyrite et d'une couleur noirâtre, produite par la présence de l'anthracite. On ne s'en servait guère que pour amender les terres trop sablonneuses. On attachait d'ailleurs à l'ampélite la propriété de détruire tous les insectes. A. A.

AMPÈRE (ANDRÉ-MARIE), né à Lyon le 20 janvier 1775, et mort à Marseille d'une fièvre cérébrale, le 10 juin 1836. Après avoir terminé ses études, où les sciences exactes eurent la meilleure part, il fut professeur de mathématiques à Lyon, et successivement professeur de physique et de chimie à l'école centrale du département de l'Ain ; plus tard il fut attaché à l'école polytechnique à Paris, comme répétiteur d'analyse. Il fut ensuite nommé secrétaire du bureau consultatif des arts et métiers, professeur d'analyse et de mécanique à l'école polytechnique, membre de l'académie des sciences, inspecteur général des études, membre correspondant de la société royale d'Édinbourg, etc., etc. Ampère commença de se faire connaître comme écrivain par son essai sur la théorie mathématique du jeu, et ses calculs amènent toujours, pour résultat, la ruine totale des joueurs; aussi, dans une séance de l'Institut, il fut dit par le rapporteur que ce livre corrigerait infailliblement les joueurs, s'ils étaient tant soit peu géomètres. Il avait concouru auparavant pour le grand prix de soixante mille francs offert par Napoléon à l'inventeur de tout procédé qui ferait faire un progrès réel au galvanisme et à l'électricité. Le prix fut donné à un autre, mais il n'en est pas moins vrai qu'Ampère a reculé les limites posées avant lui à cette partie de la science, et qu'on lui doit d'importantes découvertes sur l'action permanente que les courants électriques exercent sur l'aiguille aimantée. Ampère a laissé un grand nombre de mémoires imprimés séparément ou dans les recueils de l'Académie : des *Considérations générales sur les intégrales des équations aux différences partielles*; des *Vues sur l'organisation des insectes*; un *Traité sur les propriétés nouvelles des axes de rotation des corps*: sa Théorie des phénomènes électro-dynamiques a été imprimée à Paris, in-8°, 1826; les Considérations sur le jeu le furent à Lyon, in-4°, 1802. En 1836, il publia le premier volume de son *Essai sur la Philosophie des sciences*. Le second devait paraître l'année suivante; mais la mort surprit Ampère à Marseille, comme il commençait sa tournée d'inspecteur des études. C'est dans cet ouvrage plein d'idées, et recommandable par des vues souvent neuves et toujours profondes, qu'il a proposé sa fameuse classification des connaissances humaines. Ampère, religieux par sentiment et par conviction, joignait à de grands talents toutes les vertus d'un chrétien. J. D. M.

AMPHIANACTES. C'était un sobriquet que les Grecs donnèrent à leurs poëtes dithyrambiques, qui, obligés par l'usage d'entrer en matière par une invocation au dieu des vers, commençaient toujours leurs pièces par ces mots : αμφι μοι, αναξ, *in me, princeps*. Ce peuple léger, mais spirituel, se moquait, non sans raison, de toutes ces invocations parasites que les poëtes à des dieux sourds pour eux, vraies superfétations que le goût a proscrites, et que l'habitude souvent plus forte que le goût a fait trop longtemps conserver. N. M. P.

AMPHIARAÜS, fameux devin grec, que les uns ont fait fils d'Apollon et d'Hypermnestre, et les autres, fils de cette dernière et d'Oiclée d'Argos. On dit qu'il fut un des Argonautes. Il avait épousé Ériphyle, sœur d'Adraste, roi d'Argos; et lorsque celui-ci, cédant aux instances de Polynice, eut déclaré la guerre aux Thébains, Amphiaraüs, à qui les dieux avaient fait connaître qu'il périrait dans cette guerre, alla se cacher au fond des bois pour se dispenser d'y prendre part. Mais comme Amphiaraüs était un guerrier valeureux et un capitaine expérimenté, Polynice mit tout en usage pour découvrir sa retraite; il n'y aurait pas réussi, si la perfide Ériphyle ne s'était laissé séduire par le don magnifique d'un collier de diamants. Amphiaraüs, avant de partir, fit jurer à son fils Alcméon qu'il vengerait sa mort par celle d'Ériphyle. Le sort d'Amphiaraüs s'accomplit, et aussitôt qu'Alcméon en eut reçu la nouvelle, fidèle à son horrible serment, il poignarda sa mère. Amphiaraüs, après sa mort, reçut les honneurs divins; on lui érigea dans l'Attique, un superbe temple auprès d'une fontaine qu'on regardait comme sacrée, parce que ses eaux avaient la vertu de guérir un grand nombre de maladies. L'oracle de ce temple devint célèbre. Pour être admis à le consulter, il fallait d'abord se purifier, s'abstenir de nourriture pendant un jour entier, et de vin pendant trois jours. On sacrifiait ensuite un bélier, on se couchait sur la peau fraîche de l'animal, et, au milieu de la nuit, l'oracle faisait entendre ses réponses. Les Oropiens, dans le pays desquels s'élevait le temple, avaient établi des fêtes en l'honneur du dieu; on le désignait par le nom d'Amphiaraées. N. M. P.

AMPHIARAÜS (*archéol.*). Peu de monuments représentent Amphiaraüs. On le voit cependant sur une pierre gravée antique, avec cinq des sept chefs qui s'étaient réunis devant Thèbes. Il eût été difficile de reconnaître ce personnage sur cet ouvrage barbare des premiers temps de l'art étrusque, si l'on n'y lisait, en caractères de cette langue, le nom du prince argien, compagnon d'Adraste. Ce nom est écrit en caractères rétrogrades, que l'on peut figurer ainsi : ΣϙΑΙϞΟΜΑ (*V. LANZI, Saggio di lingua etrusca*, II. VIII, 7. — MILLIN, Galerie mythologique, tome II, page 54; pl. 143). Sur un beau vase peint de la collection Durand, publiée par M. de Witte (n° 367), on voit Amphiaraüs et Adraste combattant l'un contre l'autre et séparés par Ériphyle. Un autre vase de la même collection (n° 368) représente Amphiaraüs décidé par Ériphyle à partir pour la guerre contre les Thébains. Ces vases sont gravés dans l'ouvrage de Tischbein (I. pl. 4 et 21). DU MERSAN.

AMPHIARTHROSE (*anat.*). C'est par ce nom qu'on désigne certaines articulations où, comme dans les vertèbres de la colonne rachidienne, les surfaces correspondantes des deux os qui s'emboîtent, sont unies ensemble par une substance intermédiaire fortement adhérente à chacun des deux os, mais douée pourtant d'élasticité suffisante pour ne pas exclure tout mouvement. Ce mouvement est très-limité; mais lorsqu'il y a une suite d'articulations de ce genre, il se forme de tous les mouvements particuliers un mouvement général assez étendu. C'est ainsi que bien que les mouvements particuliers de chaque articulation de l'épine dorsale ne permissent pas à l'homme de se baisser, de se courber, de se ployer pour ainsi dire en deux, cette faculté résulte, pour lui, de la combinaison de tous ces mouvements. A.-A.

AMPHIBIE (*zool.*). Ce mot, qui signifie double vie, a reçu diverses acceptions : les anciens naturalistes l'appliquaient à un grand nombre d'animaux disparates qui n'avaient de commun que l'habitude de fréquenter les eaux. Parmi les modernes, plusieurs le donnent à ceux qui ne peuvent se passer ni d'air ni d'eau, qu'on rencontre quelquefois à terre, dont les organes de la respiration sont essentiellement aériens et ceux de la locomotion essentiellement disposés pour la natation; tels sont : les phoques, les morses, les ornithorhynques, parmi les mammifères; les plongeons, les manchots, etc., parmi les oiseaux; les tortues marines, les crocodiles, parmi les reptiles; et un très-grand nombre d'animaux articulés. Quelques-uns ne regardent comme amphibies que les animaux qui naissent avec des branchies ou d'autres organes analogues remplacés, à une époque plus ou moins éloignée de leur naissance, par des poumons ou des trachées, et qui passent la première partie de leur vie entièrement dans l'eau, et la seconde, soit dans l'air, soit alternativement dans l'air et dans l'eau; tels sont tous ceux qui subissent leurs métamorphoses dans l'eau, comme les grenouilles, les salamandres et un nombre considérable d'insectes, tels que les dytiques, beaucoup de diptères, etc. Enfin les autres ne donnent ce nom qu'aux animaux qui peuvent vivre alternativement dans l'air et dans l'eau, qui sont pourvus à la fois de poumons ou organes propres à la respiration aérienne, et de branchies ou organes propres à la respiration aquatique : la plupart des larves des batraciens sont dans ce cas, mais pendant une partie de leur vie seulement, puisqu'elles perdent leurs branchies en achevant leur métamorphose. Il est vrai que celles des protées, des sirènes et des axolotls les conservent toujours; mais il n'est point prouvé que ces reptiles puissent vivre alternativement dans l'air et dans l'eau; car, d'après les expériences de M. Rusconi, on est certain déjà que les protées meurent presque aussitôt qu'on les retire de l'eau. — Linné a donné le nom d'Amphibie à une classe entière de vertébrés, celle des reptiles. La respiration de ces animaux qui n'agit que sur une portion du sang veineux, le reste étant renvoyé dans toutes les parties de leur corps sans avoir subi de modification, la lenteur habituelle de leur circulation, l'ampleur de leurs poumons qui semblent destinés à leur servir de réservoirs d'air, et une espèce de respiration cutanée que M. Edwards a reconnue chez quelques-uns; leur donnent la faculté de rester longtemps sous l'eau: aussi trouve-t-on dans cette classe des amphibies de toute sorte. Mais tous les reptiles ne jouissent pas de cette propriété, il en est un grand nombre qui passent toute leur vie à terre. — Cuvier s'est servi aussi du mot amphibie pour désigner une petite tribu de mammifères carnassiers, dans laquelle il place les phoques et les morses; ces animaux, dont les organes de mouvement sont propres à la vie aquatique, passent une grande partie de leur vie dans l'eau et peuvent rester plongés pendant un temps fort long; leur organisation n'est point assez connue pour qu'on puisse expliquer cette propriété; quelques anatomistes l'attribuaient à une disposition particulière de leur cœur, et supposaient que le trou de Botal était resté libre chez eux; mais les observations ultérieures ont prouvé qu'il n'en était pas ainsi. J. BRUNET.

AMPHIBIENS. C'est le nom donné par M. de Blainville aux reptiles sans écailles, qui ont la faculté de vivre dans l'air et dans l'eau. Ce sont les mêmes que Cuvier et Brongniart nomment *batraciens*. Ces deux derniers savants en ont fait le quatrième ordre de la classe des reptiles. Le premier en a fait une classe particulière, se fondant sur ce que ses amphibiens, qu'il nomme aussi *nudipellifères*, ont reçu de la nature des branchies et en même temps des poumons qui leur permettent de respirer dans l'air et dans l'eau. La classe des amphibiens de M. de Blainville se divise en trois ordres : les *batraciens*, les *salamandriens* et les *caruliens* (*V.* ces mots). X. X.

AMPHIBOLE (*minér.*). Haüy a désigné par ce nom une substance terreuse que les anciens minéralogistes comprenaient dans le groupe irrégulier composé de plusieurs substances diverses, sous le nom de schorl. L'amphibole se divise en amphibole proprement dite, en grammatite et actinote : ces trois divisions ont chacune plusieurs variétés. L'amphibole se présente sous la forme de prisme rhomboïdal, dont les pans sont plus ou moins inclinés entre eux. L'amphibole, qui abonde dans les terrains anciens, forme souvent des masses de roche très-considérables ; mais rarement elle est seule ; communément on la trouve unie au basalte. J. L. G.

AMPHIBOLOGIE. Quand une expression offre un double sens, un sens ambigu ou équivoque, on dit qu'il y a amphibologie ; mais l'amphibologie diffère de l'équivoque en ce que celle-ci se trouve dans la pensée ou même dans l'acception des mots, tandis que la première naît de l'arrangement des mots eux-mêmes. Les langues à inversion, telles que le grec et le latin, peuvent fournir de nombreux exemples d'amphibologie. Dans les langues exactes, dont la première qualité consiste dans la clarté, l'amphibologie n'est plus possible. *On dit que vous aimez votre fils :* cela est clair en français, et ne peut pas être interprété de deux manières. Il n'en est pas de même en latin : *Aimt le filium amare,* phrase qui peut se rendre également par *on dit que vous aimez votre fils,* ou *que votre fils vous aime.* Les réponses de l'oracle avaient toujours deux sens, l'un favorable, l'autre contraire, aussi, quel que fût l'événement, l'oracle avait toujours raison. On connaît la fameuse réponse faite à Crésus, qui cherchait à connaître d'avance l'issue de la guerre qu'il allait entreprendre : *Ibis peribis non redibis,* littéralement : Tu iras tu périras non tu reviendras. La question était de savoir auquel des deux derniers verbes s'appliquait la négation ; car on pouvait dire également : Tu ne périras pas, tu reviendras ; ou bien : Tu périras, tu ne reviendras pas. Comme celui qui consultait l'oracle interprétait toujours la réponse en sa faveur, Crésus, en partant, comptait sur la victoire ; il fut vaincu, et il périt. L'oracle fut justifié, parce qu'on s'aperçut alors que l'absence d'une virgule avait causé l'erreur de Crésus, et qu'au lieu de lire : *Peribis non redibis,* il aurait fallu lire : Peribis, *non redibis.* Ces sortes d'équivoques ne peuvent avoir lieu chez nous, et le calembour, que quelques écrivains rangent dans la classe des amphibologies, n'est autre chose qu'une équivoque fondée sur la ressemblance de son d'un ou de plusieurs mots qui sont loin de signifier la chose qu'on veut faire entendre, comme lorsque le fameux marquis de Bièvre disait à l'infortunée Marie-Antoinette, portant des souliers de satin vert tout uni : Madame, l'univers (l'uni-vert) est à vos pieds. Il est pourtant des cas où l'amphibologie existe dans notre langue ; en voici un exemple : J'éprouve à vous voir le plus grand des plaisirs ; on ne sait s'il est réellement question du plus grand des plaisirs, ou d'un grand déplaisir : si une telle construction n'est pas le produit calculé d'une combinaison, on sait qu'il est très-aisé d'éviter l'amphibologie ; un très-léger changement suffit. Aussi ne voit-on jamais les bons écrivains coupables d'amphibologie dans leurs écrits. N. M. P.

AMPHIBRACHE (*versif.*), pied de trois syllabes composé d'une longue entre deux brèves ; en usage chez les Grecs et les Latins. L'amphimacre, au contraire, offre une brève entre deux longues. Ainsi *amandus* est un amphibrache, *aureum* un amphimacre. Le premier pouvait entrer dans les vers hexamètres et pentamètres, parce qu'en se combinant avec d'autres mots il pouvait former des dactyles ; le second ne trouvait place que dans les vers iambiques, asclépiades, alcaïques, etc. N. M. P.

AMPHICOME, AMPHICOMA (*ins.*). Ce genre de coléoptères de la famille des lamellicornes a pour caractères : mandibules arrondies sans denteleure à leur bord interne ; mâchoires terminées par un lobe membraneux allongé et étroit ; palpes maxillaires à peine plus longs que les labiaux ; languette bifide ; massue des antennes globuleuse. Les amphicomes ont, par leur forme et leur manière de vivre, beaucoup de rapports avec les hoplies et certains hannetons ; on les trouve en très-grande quantité sur les fleurs, dans une grande partie de l'Asie et dans les contrées orientales et méridionales de l'Europe. J. B.

AMPHICTYON ou **AMPHICTÈS**, fils de Deucalion et de Pyrrha ; après avoir fait avec son frère Hellen le partage de la

succession paternelle, il établit aux Thermopyles le siége de son gouvernement ; ce fut vers l'an 1500 avant Jésus-Christ. Au bout de quelque temps, profitant de la mort de Cranaüs, roi de l'Attique, il s'empara de son trône qu'il garda dix ans. Justin lui attribue la consécration de la ville à Minerve. On croit aussi que c'est lui qui a institué l'amphictyonie des Thermopyles. On donnait le nom d'amphictyonie à une assemblée d'amphictyons, c'est-à-dire des députés de douze peuples confédérés dans cette partie de la Grèce. Il y a eu plusieurs amphictyonies ; l'une était à Argos, près du temple de Junon ; une autre à Corinthe, près du temple de Neptune ; une troisième dans l'Éolie, dans les dépendances du temple d'Apollon Grynien, au pied du mont Cané. Celle des Thermopyles se réunissait dans le temple de Cérès, qu'Amphictyon avait fait construire. L'amphictyonie de Delphes et celle des Thermopyles étaient de toutes les assemblées les plus renommées et les plus puissantes. On avait choisi l'enceinte ou la proximité des temples les plus fréquentés et le temps de la célébration des fêtes qui attiraient les étrangers, afin de pouvoir surveiller ceux qui se rendaient au temple, et qui, appartenant à des peuplades souvent ennemies, auraient pu se livrer entre eux à des hostilités. — L'amphictyonie des Thermopyles et celle de Delphes, après avoir été assez longtemps séparées, finirent par se réunir ; et elles formèrent alors le conseil des amphictyons, qui se rassemblait deux fois tous les ans, au printemps à Delphes, et en automne près des Thermopyles, au bourg d'Anthèle. Cette association avait un but politique éminemment utile ; c'était d'empêcher ou de prévenir la guerre entre les peuples confédérés, en terminant par un jugement équitable les différends qui auraient pu s'élever entre eux, de juger et de punir les attentats contre le droit des gens, contre la paix publique, contre la religion. — Les marbres d'Arondel font remonter l'origine de cette association jusqu'à l'an 1522 avant Jésus-Christ. Mais si cette date est exacte, ce ne serait plus au roi des Thermopyles qu'il faudrait en faire honneur ; ce serait plutôt au roi d'Argos, Acrisius, ainsi que plusieurs écrivains le prétendent. — Douze peuples formèrent d'abord la confédération : les Thessaliens, les Béotiens, les Perrhèbes, les Magnètes, les Locriens, les OEtéens ou Æniannes, les Doriens, les Ioniens, les Phthiotes, les Maliens, les Phocéens et les Dolopes. Chaque peuple pouvait envoyer autant de députés qu'il le voulait, mais tous les députés d'un peuple n'avaient ensemble que deux voix ; et lorsque dans la suite les Doriens allèrent fonder des colonies dans le Péloponèse, et les Ioniens dans l'Asie Mineure, ceux qui étaient restés en Grèce ne conservaient qu'une voix, et les colons eurent l'autre. La session des amphictyons s'ouvrait toujours par des sacrifices aux dieux ; ensuite commençait la discussion des affaires ; la décision était prise à la pluralité des voix. La condamnation était d'abord d'une amende proportionnée au délit ; dans le cas de non payement intervenait un second jugement qui doublait l'amende : si la nation condamnée ne se soumettait pas, on l'y contraignait par la voie des armes. Les Phocéens ayant pillé le temple de Delphes, les amphictyons leur déclarèrent la guerre. Toute la Grèce y prit part. Les Phocéens et les Lacédémoniens furent rayés de la confédération, et on admit à leur place les Macédoniens, qui avaient rendu beaucoup de services durant cette guerre. Les Phocéens n'obtinrent leur réintégration dans la ligue amphictyonique qu'au bout de soixante ans, comme une récompense du courage qu'ils avaient montré contre une armée gauloise qui avait envahi la Grèce.

J. DE MARLÈS.

AMPHICTYONS (*numism.*). Une médaille d'argent du cabinet de France paraît avoir été frappée pour rappeler la mémoire de ce tribunal célèbre. Elle représente, au droit, la tête de Cérès *amphictyonide,* couronnée d'épis et voilée, et au revers, Apollon vêtu d'une longue robe, couronné de laurier, assis sur l'*omphalos* (siège où il rendait ses oracles, parce qu'on croyait que ce lieu était le centre de la terre) : il appuie son coude droit sur la lyre, et tient de la gauche une longue branche de laurier ; devant lui est le trépied ; on lit dans le champ AMΦIKTIO... Eckhel (D. N. II. p. 195) a pensé que ce n'était peut-être pas Apollon, mais la sibylle Hérophile, qui rendait ses oracles au temple de Delphes. Cette médaille, d'un fort beau travail, contraste singulièrement avec les autres médailles de la Phocide et de la ville de Delphes où elle a dû être frappée ; mais si elle était l'œuvre d'un faussaire, ce serait celui d'un artiste bien habile. M. le chevalier Brondstedt, savant danois, a trouvé plusieurs médailles semblables dans ses voyages en Grèce. Sur ces médailles la légende est complète et on y lit AMΦIKTIONΩN, *monnaie des Amphictyons.* DU MERSAN.

AMPHIDAMAS. Il y a eu plusieurs Grecs de ce nom ; le premier et le dernier sont les plus connus. L'un était fils de Busiris, prétendu roi d'Égypte (*V.* BUSIRIS), et, suivant quelques écrivains, tyran d'Espagne. Hercule immola le jeune Amphidamas sur l'autel même où Busiris sacrifiait à ses dieux tous les étrangers qui tombaient entre ses mains. L'autre amphidamas, général des habitants de Chalcin, dans l'île d'Eubée (Négrepont), mourut en combattant contre les Érétriens, qui habitaient dans la même île la ville d'Érétrie (Palœo-Castro). Le nom de ce guerrier acquit beaucoup de célébrité par les funérailles qu'on lui décerna et les jeux qui les accompagnèrent: ce fut à ces funérailles qu'Hésiode et Homère disputèrent le prix de la poésie. Le premier l'emporta ; c'est Plutarque qui le dit ainsi : Plut., *Bancq.*, c. 11. Il paraît pourtant avéré, c'est du moins l'opinion la plus générale, qu'Hésiode était postérieur à Homère de plus de cent ans. (*V.* HOMÈRE, HÉSIODE.)
N. M. P.

AMPHIDROMIE. Les Athéniens appelaient ainsi une fête qu'ils célébraient dans l'intérieur de leurs maisons, le premier ou le cinquième jour de la naissance d'un enfant. Il s'agissait de promener le nouveau-né autour des dieux Lares et du foyer ; de là venait le nom de la fête, dérivé de ἀμφί, autour, et de δρόμος, course. La fête se terminait par l'offre de présents de la part de tous ceux qui se trouvaient dans la maison : avec ces présents, le nouveau-né recevait un nom. A. A.

AMPHIGÈNE (*min.*), leucite, grenat blanc du Vésuve, substance d'un blanc sale, généralement opaque, cristallisant en dodécaèdres rhomboïdaux ou en trapézoèdres ; rayant difficilement le verre, seule infusible au chalumeau, ayant une cassure raboteuse, quelquefois ondulée, avec un certain luisant : réfraction simple ; d'une pesanteur spécifique de 2, 37 à 2, 48. — L'amphigène renferme, d'après Arfvedson qui en a fait l'analyse sur un échantillon du Vésuve, sur 100 parties, silice 56, 10 ; alumine 23, 10 ; potasse 21, 15 ; oxyde de fer, 0, 15 : la formule est $3\,\overset{..}{A}\,\ddot{Si}^2 + \dot{K}^3\,\ddot{Si}^4$; par conséquent un silicate de potasse et d'alumine. Klaproth, qui en a fait le premier l'analyse, avait trouvé à peu près les mêmes proportions. —Cette substance se rencontre généralement amorphe, ou en globules provenant de cristaux roulés. —Cristallisée en trapézoèdre, elle ressemble à l'analcime trapézoïdale ; mais celle-ci est seule fusible au chalumeau, tandis que l'amphigène ne l'est pas. —L'amphigène se trouve principalement dans les déjections volcaniques, ou dans des roches modifiées par ces agents, dans les laves modernes, au Vésuve ; dans les laves anciennes, Capo di Bove ; dans les tufs, à Albano, Lipari, etc. ; dans les rochers basaltiques, à Oberbegen, etc. Dolomieu cite un échantillon de mine d'or provenant du Mexique, auquel l'amphigène servait de gangue. — On ne trouve pas d'amphigène en France, même dans les volcans éteints ; cependant Lelièvre dit en avoir observé de petits cristaux dans une roche granitique des montagnes de la Providence près Gavarni, dans les Pyrénées. CHARLES BONNET.

AMPHILOQUE (S.), né dans la Cappadoce, vers le commencement du IVᵉ siècle, d'une famille distinguée, évêque d'Icone, dans la Lycaonie, et l'un des membres de l'Église, ami de saint Basile et de saint Grégoire de Nazianze, après avoir fait d'excellentes études, était devenu professeur de rhétorique ; mais il quitta de bonne heure la carrière de l'enseignement pour entrer dans celle du barreau, d'où sa prudence et sa probité le firent monter sur le siège des magistrats chargés de dispenser la justice. Ce fut peut-être en appliquant ces lois imparfaites de l'homme, qu'il ne trouvait pas toujours en harmonie avec les principes d'équité qu'il sentait dans son cœur, que ses méditations se fixèrent sur les attributs de l'Être éternel, source de souveraine justice. Saint Grégoire lui conseilla d'abandonner le monde et de se consacrer entièrement à Dieu. Amphiloque suivit ce conseil, et il alla s'enfermer dans une solitude ; il y demeura jusqu'au moment où le bruit de ses vertus s'étant répandu autour de lui, on alla l'en tirer pour l'élever sur le siège épiscopal d'Icone. Ce fut à regret qu'il quitta sa pieuse retraite ; il fallut que saint Basile lui écrivit pour l'exhorter à supporter son élévation, et à la faire servir à la gloire de l'Église et au bien des fidèles dont le salut lui était confié. Amphiloque remplit honorablement cette double mission, et les ariens trouvèrent en lui un dangereux adversaire, qui non-seulement les attaquait corps à corps, mais qui encore, par ses écrits, savait fortifier dans les chrétiens l'empire des saines doctrines. En 376, il adressa aux évêques d'Asie une lettre synodale, pour les engager à

s'unir étroitement pour maintenir, au péril même de leur vie, le dogme sacré de la Trinité et de la Divinité du Saint-Esprit. Cette lettre très-remarquable, ainsi que divers fragments de ses autres ouvrages, ont été recueillis dans la bibliothèque des Pères, et publiés d'abord par le P. Coutelier, et plus tard, Paris, 1644, in-fol., par le P. Combefis. Amphiloque assista en 381 au premier concile général de Constantinople, réuni par les soins de l'empereur Théodose, qui n'était que trop justement soupçonné de favoriser les ariens. Amphiloque était néanmoins parvenu à lui arracher quelques édits contre les hérétiques, qui ne cessaient de troubler le pays et surtout les consciences. Il avait été défendu aux ariens de tenir leurs conciliabules dans les villes, et, forcés d'obéir, les ariens évitaient les lieux qui portaient le nom de cité ; mais ils s'assemblaient dans les environs, de manière à pouvoir attirer à la fois à leur réunion les habitants des villes et ceux des campagnes. On dit qu'Amphiloque, qui avait usé sans aucun fruit de tous les moyens que lui donnait son crédit auprès de Théodose, pour obtenir l'extension de l'édit rendu contre les ariens, eut recours à un stratagème qui lui réussit. Théodose venait de conférer à son fils Arcade, encore très-jeune, la dignité d'Auguste, dignité qui lui donnait le droit de jouir des honneurs impériaux. Amphiloque entrant dans le palais, adressa quelques mots caressants au jeune Arcade, en présence même de Théodose, mais sans lui rendre aucune espèce d'honneur. Théodose parut irrité. « Eh quoi! seigneur, lui dit Amphiloque, vous vous offensez de ce que votre fils n'a point reçu de moi les honneurs attachés à son titre, et vous souffrez que les hérétiques blasphèment sans cesse contre le fils unique du roi du ciel ! » Ces paroles firent sur Théodose une forte impression ; il défendit aux ariens de s'assembler sous aucun prétexte, soit à la ville, soit à la campagne, sous des peines sévères contre les contrevenants. Peu de temps après (394), Amphiloque présida le concile de Side, ville de la Pamphilie. Les Massaliens ou Euchites y furent condamnés. Comme depuis cette dernière époque l'histoire ne dit plus rien du saint évêque, on présume qu'il mourut vers ce temps dans un âge avancé. Saint Grégoire de Nazianze parle de lui comme d'un « ange de vérité, un pontife irréprochable qui avait obtenu la guérison de plusieurs malades par ses ferventes prières et l'invocation de la sainte Trinité. » L'Église l'a mis au nombre de ses saints. Quant à la collection prétendue de ses œuvres, compilée par le P. Combefis, en grec et en latin, on peut presque affirmer que les sermons qui en font partie, sont d'un écrivain de beaucoup postérieur à saint Amphiloque. Il en est de même de la vie de saint Basile, qu'on lui attribue ; c'est évidemment l'ouvrage d'un Grec moderne. J. DE M.

AMPHILOQUE était frère d'Alcméon et fils d'Amphiaraüs ; après avoir aidé son frère à tuer Ériphyle, il partit pour la guerre de Thèbes. Il s'exila volontairement ensuite de la ville d'Argos sa patrie, et il alla s'établir dans l'Acarnanie, où il bâtit la ville d'Amphilochium sur le bord de la mer, au fond du golfe d'Ambracie (golfe d'Arta). A. A.

AMPHIMACRE. (*V.* AMPHIBRACHE.)

AMPHIMALLE, de ἀμφί et de μαλλός (poil ou laine). On désignait par ce nom une tunique d'hiver, garnie de bonnes fourrures en dedans et en dehors. (*V.* GAUSAPE.) A. A.

AMPHINOME (*ann.*), genre de l'ordre des dorsibranches, auquel Cuvier donne pour caractères : une paire de branchies en forme de houppe de panache sur chaque anneau ; deux paquets de soies et deux cirrhes à chacun de leurs pieds ; trompe dépourvue de mâchoires. Cuvier divise les amphinomes en quatre sous-genres : les chloés, les pléiones, les euphrosiens, les hipponoés. (*V.* ces mots.) J. B.

AMPHINOME (*numism.*). Amphinome et son frère Anapis, habitants de la ville de Catane, sauvèrent leurs parents des flammes de l'Etna, qui embrasaient la ville. Ce sujet est représenté sur une médaille de bronze de la ville de Catane (Mionnet, Descr. des méd., tome 1, p. 228, n° 170). Sur une autre médaille de la même ville, on voit Amphinome seul, sauvant son père (*ibid.* n° 174). Le surnom de *pieux* fut donné à ces frères ; et c'est par allusion à ce surnom que les fils du grand Pompée, qui voulurent venger la mort de leur père, placèrent le même type sur les médailles de leur famille. L'empereur Trajan fit une *restitution* (*V.* ce mot) de cette médaille, où l'on voit, entre les deux frères, Neptune, le pied sur une proue de vaisseau et tenant l'*aplustre*. On lit autour IMP. CAES. TRAIAN. AVG. GER. DAC. P.P. REST. *L'empereur César, Trajan, Auguste, Germanique, Dacique, père de la patrie, a restitué (cette médaille),* et dans le champ : PRAEF. CLAS. ET ORAE MARITIMAE: *Commandant de la flotte et des rivages* *de la mer.* C'était le titre de Pompée, dont on voit la tête au droit de la médaille, entre la préféricule et le lituus.

DU MERSAN.

AMPHINOMIENS (*ann*). Savigny a donné ce nom à une famille de l'ordre des dorsibranches, qui correspond au genre amphinome de Cuvier. (*V.* AMPHINOME.) J. B.

AMPHION (*mythol.*), Ἀμφίων, prince thébain, était fils de Jupiter et d'Antiope, suivant les poëtes. Lycus, mari d'Antiope, ayant appris qu'Épopée, d'autres disent Épaphus, roi de Sycone, l'avait rendue infidèle à ses devoirs d'épouse, la répudia et l'exila de ses États. Dircé, seconde femme de Lycus, craignant que son époux ne conservât des relations avec Antiope, la fit renfermer dans une étroite prison. Jupiter s'empressa de la délivrer, et l'ayant transportée dans un antre du Cythéron, elle y donna le jour à deux jumeaux, Zéthus et Amphion. Quelques auteurs ne font aucune mention de Jupiter, et rapportent seulement que Lycus, irrité des amours adultères de sa femme, marcha contre Épaphus, le tua de sa propre main; après avoir brûlé la ville de Sycone, et ramena Antiope dans son palais. Quant aux deux jumeaux, Lycus les fit exposer dans un désert, où des bergers les recueillirent. Zéthus et Amphion vengèrent dans la suite leur mère Antiope des outrages qu'elle avait reçus. Ils assemblèrent une armée nombreuse, prirent Thèbes d'assaut, mirent à mort Lycus, et attachèrent la jalouse Dircé aux cornes d'un taureau furieux. Zéthus et Amphion rebâtirent ensuite les remparts de Thèbes, et la lyre merveilleuse de ce dernier, don précieux de Mercure, le servit admirablement en cette occasion, car les pierres, sensibles aux doux accords de l'instrument divin, allaient se ranger par assises autour de la ville, comme Boileau l'a exprimé dans ces deux vers si connus :

Aux accords d'Amphion les pierres se mouvaient,
Et sur les murs thébains en ordre s'élevaient.

Les poëtes ont voulu sans doute par cette fable, comme par celle d'Orphée, nous donner une haute idée du pouvoir de la musique sur le cœur de l'homme. Homère a consacré quelques vers à la fondation de Thèbes; mais il ne dit rien de cette lyre d'or qui enfantait par son harmonie de si étonnants prodiges. « L'ombre d'Antiope vint, Antiope dont Asope fut le père, et qui reposa dans les bras de Jupiter. Ses deux fils, Amphion et Zéthus, illustrèrent leur race. Ce sont eux qui jetèrent les fondements de Thèbes aux sept portes. Ils la munirent de tours, ne pouvant, malgré leur force et leur valeur, habiter sans remparts une ville aussi spacieuse (Odyss. XI, vers 262 et suiv.) » — De retour de l'expédition des Argonautes, qu'il avait accompagnés dans la Colchide, Amphion épousa Niobé, dont il eut sept fils et sept filles. Il vit bientôt périr ses quatorze enfants, victimes de l'orgueil de leur mère, qui fut elle-même changée en rocher. (*V.* NIOBÉ.) À l'aspect de tant d'infortunes, ce malheureux prince se perça de son épée. Ovide a peint, dans le vi livre de ses Métamorphoses, le désespoir de Niobé avec des couleurs très-vives. Apollodore fait périr Amphion et Zéthus, avec les enfants de Niobé, de coups partis de la même main. On voyait encore, du temps de Pausanias, la tombe de ces deux jumeaux près de Thèbes. Amphion et Zéthus étaient regardés par les anciens comme les inventeurs de la lyre et de l'harmonie, ou plutôt de l'art d'accompagner la voix par le son des instruments. Voyez l'excellent mémoire de Heyne sur Amphion dans les *Antiquar.* Aufsatze, t. II. Divers auteurs mentionnent encore cinq Amphions. Le premier, fils du précédent, fut épargné par Apollon (Apoll., III, 5-6.) ; le second, fils de Josius et petit-fils de Lycurgue d'Arcadie, régna sur l'Orchomène, et fut père de Chloris (Paus., IX, 36) ; le troisième, fils d'Hypéras, roi d'Arcadie, suivit les Argonautes dans leur expédition; le quatrième fut un des chefs épéens qui partirent pour le siège de Troie, chacun avec dix vaisseaux (Iliad., XIII, vers 692) ; le dernier était, suivant Pausanias, un habile sculpteur, et l'on ne saurait le ranger parmi ses frères homonymes. ALBERT M.

AMPHION (*archéol. numism.*). Un groupe célèbre, composé de plusieurs figures et sculpté dans un seul bloc de marbre, connu sous le nom de *Taureau-Farnèse*, représente Amphion et Zéthus, au moment où ils préparent le supplice de Dircé, leur belle-mère, pour venger leur mère Antiope. Ils attachent Dircé par les cheveux aux cornes d'un taureau indompté, pour la faire déchirer sur les rochers du Cithéron. Winckelmann croit qu'il faut reporter l'exécution de cet énorme et superbe groupe au temps d'Antigone, roi d'Asie, qui régnait 292 ans avant J. C. Pline (liv. 36, c. 4, § 10) dit que cet ouvrage des sculpteurs Apollonius et Tauriscus avait été

transporté de Rhodes à Rome; il était conservé au palais Farnèse, et est maintenant à Naples. Une copie de ce groupe se trouve sur une pâte antique du cabinet du roi de Prusse (Winckelm. Cat. p. 322, n° 54), sur une belle pierre appartenant à lord Besborough (Lippert. III, B. 33). Amphion, jouant de la lyre et bâtissant les murs de Thèbes, n'a point été représenté sur les monuments antiques; mais on le voit sur une pierre gravée par Louis Siriès. — Un bas-relief de la *villa Albani* représente Antiope implorant l'assistance de ses fils en excitant leur vengeance (Winckelm. Hist. de l'art, liv. 5, c. 1). Le célèbre graveur *Pichler* a imité ce sujet sur un beau camée (Rossie, Catal., n° 15136). — La statue d'Amphion fait partie du célèbre groupe de Niobé, qui est au musée de Florence. Le geste et la figure du malheureux père expriment la terreur et le désespoir que lui cause la mort de ses enfants qui périssent sous les traits d'Apollon (Fabroni, statue di Niobe, n° 1. — Millin, Gal. mythol. p. 58-197). Un médaillon frappé à Thyatire de Lydie, sous le règne d'Alexandre Sévère, représente Amphion et Zéthus, dont l'un saisit Dircé par les cheveux, tandis que l'autre retient le taureau furieux auquel il va l'attacher (Eckhel, Cat. Vindob. tom 1, p. 194, n° 4). Sur un vase de la collection Durand (de Witte, Catal., n° 1962) on voit Antiope placée entre ses deux fils Amphion et Zéthus; Amphion s'appuie sur sa lyre posée sur une colonne ionique cannelée : sa chlamyde couvre son bras gauche et laisse son corps entièrement nu ; ses pieds sont chaussés de bottines. Derrière lui est un autel : DU MERSAN.

AMPHION, évêque d'Épiphanie, dans la Cilicie, vécut dans le iv° siècle. Saint Athanase le met au rang des évêques éclairés et pieux de son temps. Il assista aux conciles d'Ancyre et de Néocésarée et de Nicée. Lorsqu'en vertu d'un acte, ce dernier concile Eusèbe eut été expulsé de Nicomédie, Amphion fut chargé de gouverner cette église. Il est fait mention d'Amphion dans le ménologe grec et le martyrologe romain sous la date du 12 juin. N. M. P.

AMPHIPODES, *amphipoda* (zool. crust.), ordre de crustacés dont les caractères sont : yeux sessiles et immobiles; antennes le plus souvent au nombre de quatre; mandibules munies d'un palpe; thorax divisé en sept segments ; à chacun desquels est articulée une paire de membres; branchies vésiculeuses situées à la base des pieds; appendices sous-caudaux ressemblant à de fausses pattes. — Les amphipodes sont en général de petite taille; ils vivent dans les eaux douces et principalement dans la mer, nagent sur le côté avec une grande agilité, et s'accouplent à la manière des insectes. La femelle place ses œufs sous sa poitrine où ils sont couverts par des lames écailleuses. On les a divisés en trois familles: les *crevettines*, les *podocérides* et les *hypérines*. (*V.* ces mots.)

J. B.

AMPHIPOLES. C'étaient des magistrats de Syracuse, assez semblables, sous le rapport des fonctions et de l'autorité, aux archontes d'Athènes. Ils furent institués par Timoléon, l'an 343 avant J. C. Après l'expulsion de Denys le Tyran, et pendant plus de trois siècles, les amphipoles gouvernèrent Syracuse. Leurs fonctions ne cessèrent qu'au moment où les Romains changèrent complétement le mode d'administration de la Sicile. Les amphipoles étaient remplacés tous les ans. A. A.

AMPHIPOLIS, ville qui dépendait de la Macédoine, et qui se trouvait entre ce royaume et la Thrace. L'Écriture nous apprend que c'est par cette ville que saint Paul et Silas passèrent pour se rendre à Thessalonique, lorsqu'ils furent sortis de Philippes, où on les avait jetés en prison après les avoir publiquement battus de verges (Act. XVI, XVII).

Cette ville d'Amphipolis (aujourd'hui *Jamboli*), située sur le Strymon et près de son embouchure, fut ainsi nommée parce que cette rivière, dans son cours sinueux, l'embrasse et la ceint de ses ondes presque tout entière. Elle fut construite par une colonie athénienne qui expulsa les anciens habitants du canton. On lui a aussi donné le nom d'Arée (*Area*), ville d'Arès ou Mars. La possession de cette ville, avantageusement située, fut longtemps un sujet de contestation et de guerre entre Athènes et Lacédémone; elle le devint plus tard entre les Athéniens et Philippe qui, après s'en être rendu maître, l'avait rendue inexpugnable. C'est dans Amphipolis que naquit le fameux Zoïle, critique sévère, mais un non détracteur d'Homère, comme on s'est tant plu à le dire. Cette ville fut aussi la patrie de Pamphyle qui eut Apelles pour élève. N. M. P.

AMPHIPOLIS (*numism.*). Les monnaies de cette ville sont nombreuses et d'un beau travail. Ses médaillons d'argent, de dix lignes de diamètre, représentent d'un côté la tête d'Apollon, de face, couronnée de laurier. Il y a au revers un carré creux, avec un flambeau allumé au milieu, et sur les bords duquel on lit le mot ΑΜΦΙΠΟΛΙΤΩΝ (*des Amphipolitains*). Ces médaillons, dont le cabinet de France possède deux, valent 300 francs. Les médailles de bronze portent au droit la tête de Jupiter, celle de Cérès, de Diane, de Janus, d'Hercule, de Persée, de Méduse. Parmi les revers, on remarque ceux qui représentent Diane assise sur un taureau, deux boucs combattant, deux Centaures. Les médailles de bronze les plus rares de cette ville valent, en petit module, 6 fr., et celles au moyen module 9 fr. Il y a dans le musée du grand-duc, à Florence, une médaille de bronze qui représente d'un côté la tête tourelée de la ville d'Amphipolis, et, au revers, Rome tenant la haste et portant une petite victoire de la main gauche (diam. 10 lignes, prix 9 fr.) On a frappé dans cette ville des médailles impériales avec les têtes d'Auguste, de Livie, de Tibère, de Claude, de Titus et Domitien, de Commode, de Septime Sévère, de Macrin, de Sévère Alexandre, de Valérien et de Gallien; du moins le cabinet de France n'en possède pas des autres règnes. On retrouve sur presque toutes ces médailles le type de Diane *Tauropole* (*V.* ce mot). On doit rendre à la ville d'Amphipolis de Macédoine les médailles qu'on avait plus anciennement attribuées à la ville de ce nom dans la Palmyrène, contrée du Syrie.　　　　　　　　　　　　　Du Mersan.

AMPHIPRION, *amphiprion* (*zool. poiss.*), genre de la famille des scicnoïdes, dont les principaux caractères sont : corps ovale; point de dents au palais; mâchoires garnies d'une seule rangée de dents; pièces operculaires dentelées; une seule nageoire dorsale. — Les amphiprions sont de petits poissons ornés des plus brillantes couleurs; les espèces les plus remarquables sont l'*amphiprion laticlavius* et l'*amphiprion tunicatus*, figurés dans l'histoire naturelle des poissons de Cuvier et Valenciennes, à la planche 132. Elles se trouvent dans la mer des Indes.　　　　　　　　　　　　　J. B.

AMPHIPROSTYLE (*archit.*) Les anciens désignaient ainsi un édifice ou un temple dont la façade était ornée de colonnes, et qui en avait pareillement une ordonnance sur la façade opposée, mais qui n'en avait point sur les faces latérales. Le temple d'Athènes sur l'Ilissus était construit ainsi. L'architecture moderne a quelquefois fait usage de l'amphiprostyle. — Dans les temples amphiprostyles, le péristyle du devant avait le nom particulier de *pronaos*; celui de derrière s'appelait *posticum*. Chaque péristyle ne devait, dans les règles, avoir que quatre colonnes. C'est Vitruve qui le donne à entendre.　　　　　　　　　　　　　A. A.

AMPHIROE, *amphiroa* (*zool. poly.*) Ce genre de l'ordre des corallinées a été établi par Lamouroux; il y place toutes les corallines à rameaux épars, dont les articulations sont séparées les unes des autres par une substance nue et cornée. — On connaît dix-huit espèces de ce genre; la plupart habitent les mers intertropicales. (*V.* CORALLINE.)　　J. B.

AMPHISBÈNE, *amphisbæna* (*zool. rept.*) Les anciens donnaient ce nom à un serpent qu'ils croyaient pourvu d'une tête à chaque extrémité, et dont ils racontaient des choses merveilleuses, comme on peut le voir par ces passages de C. Pline : « *Geminum caput amphisbænæ, hoc est, ad caput et ad caudam, tanquam parum esset uno ore fundi venenum.... — Viperam mulier prægnans si transcenderit, abortum faciet; item amphisbænam, mortuam duntaxat. Nam vivam habentes in pixide, impune transeunt etiam si mortua sit: atque asservata, partus faciles prestat vel morbum. Mirum, si non asservatam transcenderit gravida, innoxiam fieri, si protinus transcendat asservatam.* ». — En outre, ils lui attribuaient la propriété de lancer son venin à une grande distance, de tuer d'un seul regard, de marcher en avant et en arrière, sur le ventre et sur le dos; ils disaient que si on le coupait, ses morceaux se recollaient, que chaque tête dormait à son tour, et que celle qui veillait conduisait l'autre, etc. — Les amphisbènes des modernes forment un genre d'ophidiens de la tribu des *doubles-marcheurs* de Cuvier; ces reptiles, vus d'Amérique, et par conséquent inconnus aux anciens, ont le corps cylindrique, à peu près d'égale grosseur à chaque extrémité, et entouré de nombreux anneaux formés par des écailles quadrangulaires; la tête obtuse, arrondie, couverte d'écailles plus grandes que celles du corps; les yeux à peine visibles; le cadre de l'orbite incomplet en arrière; les mâchoires garnies de dents presque égales et coniques, la supérieure fixée au crâne, les branches de l'inférieure soudées en avant et portées par un os tympanique qui s'articule au crâne; la bouche petite et non dilatable; la langue courte, plate, non extensible, et légèrement échancrée à l'extrémité; le tympan caché sous la peau;

l'anus placé transversalement près de l'extrémité du corps et le plus souvent muni d'une rangée de pores. — Les amphisbènes sont propres aux contrées chaudes de l'Amérique du Sud; elles habitent des trous qu'elles se creusent dans les terrains sablonneux, souvent à côté des fourmilières; elles se nourrissent d'insectes, sont ovipares, et rampent à volonté en avant ou en arrière, sur le ventre ou sur le dos; elles passent au Brésil pour être très-venimeuses, ce qui est faux, et on leur a appliqué, mais à tort, la plupart des contes ridicules des anciens. Les espèces les mieux connues sont : l'amphisbène enfumée, *amphisbæna fuliginosa*. Elle a ordinairement un pied et demi de long; elle est blanche avec des larges bandes transversales d'un brun plus ou moins foncé; elle a de 200 à 228 anneaux sur le corps, et 25 à 30 sur la queue; on la trouve au Brésil et à Cayenne. — L'amphisbène blanche, *amphisbæna alba*, est à peu près de la taille de la précédente et de couleur blanche. Elle a 200 à 234 anneaux sur le corps, et 16 à 18 sur la queue; on la trouve au Brésil.　　　　　　J. Brunet.

AMPHISCIENS. On nomme ainsi les habitants des régions équatoriales, qui voient marcher pour ainsi dire leur ombre autour d'eux. Leur ombre en effet est tournée au nord quand le soleil a passé l'équateur pour entrer dans l'hémisphère austral; elle est tournée en sens contraire quand le soleil passe au nord de la ligne. Mais au moment même où le soleil passe sur l'équateur, c'est-à-dire en mars et en septembre, ces peuples n'ont point d'ombre à midi, ce qui leur a fait donner le nom d'*Asciens*, sans ombre.　　　　　　　　　　N. M. P.

AMPHISTOME, *amphistoma* (*zool. intest.*) Ce genre, de l'ordre des trématodes de Rudolphi, renferme des intestinaux dont le corps mou, légèrement allongé et arrondi, est terminé à chaque extrémité par un pore ou une ventouse, au moyen desquels ils s'attachent aux viscères des animaux dans lesquels ils vivent; on n'a pu découvrir chez eux ni tube digestif ni nerfs; ils ont cependant un ou deux vaisseaux qui partent du pore antérieur et qui se ramifient dans le corps, mais on en ignore l'usage. Les amphistomes passent pour hermaphrodites et sont généralement ovipares; leur taille est petite, et leur couleur blanchâtre, jaunâtre ou rougeâtre. — Rudolphi a divisé ce genre en deux sections; il range dans la première tous les amphistomes dont la tête est séparée du corps par un étranglement, et dans la seconde tous ceux dont la tête se confonde avec le corps. Les espèces de la première division se trouvent principalement dans les oiseaux, et ceux de la seconde dans les mammifères et les reptiles. On connaît une vingtaine d'espèces appartenant à ce genre; nous citerons seulement l'amphistome à grosse tête, *amphistoma macrocephalum*, qui se reconnaît à sa tête plus grosse, mais plus courte que le corps; on. le trouve dans les intestins des oiseaux de proie; et. l'amphistome conique, *amphistoma conicum*, dont le pore postérieur, à bords entiers, est beaucoup plus grand que l'antérieur. Cette espèce a été trouvée dans le bœuf, le mouton et d'autres mammifères.　　J. Brunet.

AMPHITHÉATRE. Deux théâtres réunis, placés en face, et laissant entre eux une place vide, formaient autrefois un amphithéâtre. Ce fut ainsi du moins que l'an 701 de Rome, au rapport de Pline, on vit deux théâtres solidement construits, et tournant sur des pivots de fer, se joindre à volonté pour leurs extrémités et ne constituer qu'une seule enceinte; ou bien, en se séparant, former deux théâtres distincts sur lesquels on jouait à la fois des pièces différentes. On touchait au moment où le peuple romain, passionné pour tous les spectacles, allait criant : *Panem et circenses*, comme le peuple espagnol, encore affligé naguère d'un reste de mœurs africaines, criait dans ses émeutes : *Pan y toros*. Le tribun Scribonianus Curio voulut acheter la popularité en donnant des fêtes; huit ans plus tard Jules-César l'imita, car la fureur du peuple pour les combats de l'arène n'avait fait que s'accroître, depuis qu'il avait appris des Étrusques à sacrifier des hommes vivants aux mânes des guerriers morts en combattant; et elle était alors parvenue au plus haut point. Quoi qu'il en soit, Jules-César (709 de Rome) fit construire un vaste amphithéâtre en bois, où il ne donna pas seulement le spectacle des combats de gladiateurs et de bêtes féroces, mais encore, l'arène ayant été convertie en un lac au moyen des eaux que des canaux souterrains y conduisirent, le peuple romain eut le spectacle d'un combat naval, où les eaux se teignirent du sang des combattants, aux acclamations frénétiques de ce peuple féroce qu'on ne cesse de nous présenter comme un modèle de civilisation et de politique. Dans les premiers temps, on avait fait venir des ouvriers de l'Étrurie pour construire les amphithéâtres, et même des gladiateurs pour y figurer; mais les Romains ne tardèrent pas à surpasser leurs maîtres dans cette voie de dégradation publique, où la magnificence des édifices ne dédommageait pas de l'aspect de l'homme ravalé à l'égal ou même au-dessous de la bête. Sous le règne des empereurs, à dater d'Auguste, l'art parvint à un très-haut degré de perfection. — L'amphithéâtre construit par Statilius Taurus (728 de Rome) avait ses murs en pierre. Un incendie en ayant consumé l'intérieur qui était en bois, Néron le fit rétablir. Depuis cette époque beaucoup d'autres amphithéâtres ont été construits, soit à Rome, soit dans les autres villes de l'Italie et même de l'empire. Mais de tous ces édifices où l'on vit la grande architecture romaine déployer tout son luxe et toute sa majesté, le plus beau comme le plus vaste fut celui que Vespasien éleva près de l'ancien Forum, sur l'emplacement de l'étang de la Maison dorée de Néron, et dont son fils Titus fit l'ouverture solennelle par cent jours de combats et de fêtes de toute espèce. Cet amphithéâtre, à proportions gigantesques, avait 1,612 pieds de circonférence. Vespasien employa aux constructions de ce monument un grand nombre de prisonniers juifs qu'il avait tirés de la Judée pour les punir de s'être révoltés. On n'en voit aujourd'hui que les ruines, mais ces ruines même sont un des plus précieux ornements de la Rome moderne. On leur a donné dans le VIIIᵉ siècle le nom de Colysée, mot qui ne signifiait rien par lui-même, est évidemment corrompu de colosseus, colossal, soit pour exprimer les proportions colossales de l'édifice, soit à cause de la proximité où il se trouvait de la statue colossale de Néron. La moitié de l'enceinte extérieure existe encore, elle a plus de 150 pieds de hauteur; dans son intérieur, il présente quatre étages, dont les trois premiers forment chacun de quatre-vingts arcades. Le troisième offre un attique décoré de pilastres entre lesquels sont des croisées carrées. Le pourtour extérieur avait un double portique au delà duquel régnaient des corridors intérieurs. Les étages supérieurs étaient aussi ornés d'un portique, mais ce portique était simple. Quant au nombre de spectateurs que l'amphithéâtre pouvait renfermer, les anciens ne sont pas trop d'accord; mais on peut dire que quatre-vingt mille spectateurs pouvaient être assis, et que, dans les jours d'affluence, on trouvait encore place pour quatorze ou quinze mille personnes debout. — Faut-il maintenant dire que cet antique monument de la grandeur romaine qui avait triomphé des barbares qui le battirent vainement avec leurs béliers pour s'en rendre maîtres (les habitants s'y étaient souvent réfugiés comme dans une forteresse), qui n'avait livré au Goths que les bandes de cuivre qui en liaient les pierres, qui existait presque en entier au commencement du XVIᵉ siècle, a succombé à la fin sous la main des barbares de Rome moderne, qui ne savaient voir dans cette page imposante de l'histoire de leurs ancêtres qu'une immense carrière de pierres toutes taillées avec lesquelles ils construisaient leurs mesquines habitations; que ce furent surtout les Barberins qui se signalèrent par leur vandalisme; il fallut aussi que le souverain pontife, Benoît XIV, déclarât que l'enceinte du Colysée était sacrée, à cause du grand nombre de fidèles qui, dans les premiers siècles du christianisme, y avaient souffert le martyre; et qu'une croix s'élevât au milieu de l'arène pour protéger ces lieux arrosés autrefois de sang chrétien? (Voyez, pour les amphithéâtres dont il reste des ruines plus ou moins considérables, Vérone, Capoue, Arles, Pola, Pompéi, Lyon, etc., et surtout Nîmes). — L'amphithéâtre se composait de l'arène et du visorium. L'arène était une grande place ronde et plus souvent ovale, entourée de fossés et de murs. On entendait par visorium tous les gradins destinés aux spectateurs qui pouvaient de leur place voir tout ce qui se passait dans l'arène. Celle-ci devait son nom au sable dont le sol était couvert. C'était dans l'arène que se livraient les combats des gladiateurs entre eux ou contre des bêtes féroces. Le mur qui ceignait l'arène avait douze ou quinze pieds d'élévation: sur ce mur il y avait une espèce de galerie qui avançait en saillie sur l'arène. Cette galerie, qui portait le nom de Podium, offrait un rang de sièges d'honneur. Ces sièges étaient exclusivement réservés pour l'empereur, les membres du sénat, la magistrature et les vestales. Ainsi ces chastes prêtresses de Vesta se trouvaient placées de manière à ne rien perdre de ce hideux spectacle, à pouvoir d'un œil curieux parcourir les membres palpitants du vaincu, à voir déchirer un malheureux par un tigre affamé. Oh! il y a loin de la vestale à la vierge chrétienne. Quelle jeune fille, sensible et pudique, voudrait parmi nous jouir de tels plaisirs; et, si nous avions les mœurs sanguinaires du peuple-modèle, voir le gladiateur inondant l'arène de son sang, et luttant contre la mort qui vient le saisir! — Le podium, malgré son élévation au-dessus du sol, et même malgré les pièces de bois, les treillis, les cordages dont on se servait pour le mettre hors d'atteinte de la

part des bêtes, avait été plus d'une fois envahi par un animal qui dans sa fureur rompait ou franchissait les barrières. Ce fut alors qu'on entoura l'arène d'un fossé profond et plein d'eau; on donnait à ce fossé le nom d'Euripe. Sous le podium, autour de l'arène, il y avait des espèces de caveaux voûtés et fermés par de fortes grilles de fer. C'était là qu'on enfermait les gladiateurs et les bêtes qui devaient combattre; on appelait ces caveaux caveœ. Il y avait aussi une porte basse qu'on désignait par le nom de Libitinensis (de Libitina, nom de la déesse qui présidait aux funérailles), porte des morts. C'était par cette porte qu'on emportait les gladiateurs morts ou mourants. — Au delà du podium étaient placés les gradins qui s'élevaient circulairement les uns au-dessus des autres jusqu'au sommet de l'édifice. Les gradins avaient une largeur d'environ dix-huit ou vingt pouces, et il restait encore assez d'espace par derrière pour que ceux qui étaient assis sur les gradins supérieurs pussent poser leurs pieds et circuler librement. Dans l'origine, les chevaliers n'avaient pas de privilége; ils se plaçaient dans les rangs du peuple. Auguste leur réserva les quatorze premiers gradins au-dessus du podium. Les locarii ou designatores faisaient placer les spectateurs aux places qu'ils devaient occuper. Les gradins formaient ordinairement trois étages, et entre ces étages on avait ménagé des allées ou corridors pour faciliter la circulation. Ces allées portaient le nom de prœcinctiones ou baltei, ceinture ou baudrier, parce qu'elles faisaient tout le tour de l'amphithéâtre qu'elles embrassaient comme une ceinture. La distance en distance on pratiquait des escaliers, scalaria, pour monter d'un étage à l'autre, depuis le podium jusqu'au sommet. La portion de gradins et de précinction qui se trouvait entre deux escaliers était désignée par le nom de cuneus, coin, à cause de sa forme triangulaire. Les escaliers aboutissaient à des portes qu'on appelait vomitoria: c'était par ces portes que le public entrait et sortait. Elles donnaient dans une galerie couverte où l'on pouvait se retirer en cas de pluie, car l'amphithéâtre était entièrement découvert. Toutefois quand le temps était mauvais ou la chaleur excessive, on étendait des toiles au-dessus des spectateurs. Ces tentes, qui n'étaient d'abord que de toile commune, finirent par devenir extrêmement riches. Tantôt c'étaient des étoffes de lin peintes de brillantes couleurs, ou même des étoffes de soie ou de pourpre avec des franges d'or. Des canaux remplis d'eaux odoriférantes, pratiqués dans l'intérieur, répandaient de douces émanations parmi les spectateurs. Quelquefois cette eau retombait en pluie très-fine sur l'arène même. Quant aux ornements intérieurs, l'architecture et la sculpture y prodiguaient toutes leurs merveilles; c'étaient des colonnes d'ordre ionique ou corinthien, des marbres du plus beau poli, des bas-reliefs de métal, des statues de métal ou de marbre. Rien en un mot n'était épargné par les empereurs pour plaire aux Romains; car alors le suffrage de Rome entraînait celui de l'armée et de tout l'empire. La place de l'empereur au podium était marquée par une espèce de trône ou de chaire que surmontait un dais richement décoré. La place de celui qui donnait les jeux et celle des vestales étaient aussi recouvertes d'un dais. Dans l'origine, les femmes ne pouvaient assister aux combats de gladiateurs, à moins qu'elles n'y fussent conduites par leurs époux, leurs tuteurs ou leurs pères. Mais par la suite cette prohibition cessa, et les femmes purent se rendre seules à l'amphithéâtre. Ce fut Auguste qui les fit jouir de cette liberté et qui en même temps fit marquer leur place aux rangs de gradins les plus élevés. — Nous avons dit que quelquefois l'arène se remplissait d'eau, quand il s'agissait d'une naumachie (V. ce mot). L'arène était disposée de manière que toutes les caveœ pouvant à la fois vomir des torrents d'eau, elle s'emplissait en quelques instants à la hauteur de plusieurs pieds; elle se vidait avec la même facilité. On y introduisait, outre les barques chargées d'esclaves ou de condamnés qui devaient figurer au combat naval, des phoques, des veaux marins et même des crocodiles. Quelquefois on figurait une chasse; on voyait sortir de terre une grande quantité d'arbres et de bêtes fauves qu'on tuait à coups de flèches ou de lance. — Les premiers empereurs flattèrent par les jeux de ce genre le goût du peuple qu'ils voulaient façonner doucement à la servitude; mais Caligula, Néron, Héliogabale partagèrent eux-mêmes ce goût dépravé, qui ne tarda pas à devenir celui de toutes les classes à Rome et dans tout l'empire; car partout le peuple s'accoutume aisément à la férocité ou à la barbarie. Ce fut pour se prêter à ce penchant affreux du peuple romain pour l'aspect du sang; que Titus inaugura l'amphithéâtre construit par son père, en l'arrosant, dit-on, du sang de cinq mille gladiateurs et d'autant de bêtes féroces. On ajoute, il est vrai, qu'en sortant des jeux cet empereur versa des larmes, larmes expiatoires mais stériles qui prouvaient dans ce prince l'impuissance d'arrêter ce débordement du caractère national vers un état violent d'exaltation sanguinaire, qui rendait impossible tout progrès de la morale et de la raison. J. DE MARLÈS.

AMPHITHÉATRE (*architect.*). Ce mot s'emploie encore dans l'architecture pour désigner certaines constructions auxquelles on donne à peu près la forme des anciens amphithéâtres. Cette forme a été adoptée à Paris pour la reconstruction de la chambre des députés. On a jugé qu'elle était la plus convenable pour les sessions d'une assemblée nombreuse où on se livre à des discussions plus ou moins approfondies, mais dans lesquelles il est nécessaire que chacun puisse entendre et même voir l'orateur. Les salles de spectacle présentent aussi généralement la forme amphithéâtrale. Il y a même des salles où des gradins semi-circulaires placés entre le parterre et les loges affectent plus particulièrement cette forme; aussi désigne-t-on par le mot d'amphithéâtre cette partie de la salle. Mais ce nom semble être aujourd'hui réservé d'une manière spéciale pour les salles d'anatomie où l'on fait des démonstrations publiques de cette science au moyen des cadavres soumis à la dissection. Ce sont presque toujours des salles rondes ou elliptiques, garnies de plusieurs rangées de gradins placés au-dessus les uns des autres. Dans l'espace du milieu est placée la chaire du professeur, ou bien on y voit les appareils nécessaires à la démonstration. Il y a plusieurs amphithéâtres d'anatomie à Paris. Celui qui, par ses proportions, ses ornements extérieurs d'architecture et ses dispositions intérieures, se rapproche le plus de la forme monumentale, c'est celui du jardin des plantes. Malheureusement il règne dans l'enceinte des amphithéâtres des exhalaisons infectes qui, bien que moins dangereuses peut-être qu'on ne le croit, suffisent pourtant pour incommoder les personnes délicates. M. d'Arcet vient d'inventer un mode de ventilation forcée établie par le moyen du feu, mode qui, s'il était appliqué aux amphithéâtres d'anatomie, servirait à l'assainissement immédiat de ces laboratoires, à les purger complètement de miasmes putrides. (*V.* VENTILATION FORCÉE.) J. L. G.

AMPHITOÏTE, *amphitoites* (*zool. polyp.*). Ce genre, placé à la suite des sertularirées, a été découvert par M. Desmarest; il présente pour caractères une tige et des rameaux formés par un grand nombre d'anneaux emboîtés les uns dans les autres; le bord supérieur des anneaux présente une échancrure alternativement opposée, et est entouré de pores de chacun desquels part un cil. — La seule espèce connue de ce genre est fossile, et a été trouvée dans un banc de marne jaunâtre et calcaire; c'est l'*amphitoïtes Desmarestii.* J. B.

AMPHITRITE (*mythol.*), déesse de la mer. Hésiode la fait fille de Nérée ou l'Océan, et de Doris; Apollodore lui donne Téthys pour mère, mais il la fait naître aussi de l'Océan. Elle épousa Neptune; Triton naquit de cet hymen. Amphitrite a souvent porté le nom de *Salaria*, de ἅλς ou ἅλος, mer, et on l'a souvent prise pour la mer même. Elle avait un temple fameux dans Corinthe, et, dans l'île de Ténos, on lui avait érigé une statue haute de neuf coudées. On la représente ordinairement sur un char qui a la forme d'une coquille, et que traînent des dauphins; on lui met dans la main un sceptre d'or comme souveraine de la mer. A. A.

AMPHITRITE, *amphitrite* (*zool. ann.*), genre de l'ordre des tubicoles, auquel Cuvier assigne pour caractères : des pailles de couleur dorée, rangées en peignes ou en couronne sur un ou plusieurs rangs, à la partie antérieure de leur tête, où elles leur servent probablement de défense; ou peut-être de moyen de ramper ou de ramasser les matériaux de leur tuyau. Autour de la bouche, sont de très-nombreux tentacules, et sur le commencement du dos de chaque côté, des branchies en forme de peignes. — Les amphitrites ont ordinairement la peau mince et transparente; leur intestin, ample et plusieurs fois replié sur lui-même, est souvent plein de sable; elles habitent dans des tuyaux qu'elles se construisent. — Cuvier a divisé ce genre en deux sections; il range dans la première toutes les espèces qui se construisent des tuyaux légers qu'elles transportent avec elles, et dans la seconde, toutes celles dont les tuyaux sont adhérents à divers corps. L'amphitrite dorée, *amphitrite auricoma belgica*, qui se trouve dans nos mers, et dont le tuyau est composé de petits grains ronds de diverses couleurs, appartient à la première section, ainsi que l'*amphitrite auricoma capensis*, de la mer des Indes, dont le tuyau semble fibreux. Ces deux espèces font partie des genres *pectinaire* de Lamarck, et *amphictène* de Savigny. Parmi les espèces de la seconde division, tantôt les tubes sont unis les uns aux autres assez régulièrement, et présentent leurs ouvertures disposées en quelque sorte comme les alvéoles des abeilles : telle est l'amphitrite à ruche, *amphitrite alveolata*, qui habite nos mers; tantôt ils sont ou groupés irrégulièrement ou isolés comme ceux de *l'amphitrite ostrearia*, qui les établit sur les coquilles des huîtres. Cette seconde section correspond aux genres *sabellaire* de Lamarck, *hermelle* de Savigny, et *phéruse* de M. de Blainville.
J. BRUNET.

AMPHITRITE (*archéol. numism.*) Cette divinité, qui porte aussi le nom de *Thalassa* ou la Mer, est figurée sur plusieurs monuments avec des pinces d'écrevisse à la tête. On la voit ainsi sur le bas-relief de la chute de Phaëton, de la villa Borghèse, publié par Winckelmann (Mon. ined. 45); sur un autre bas-relief du musée pio-clémentin (IV, 18), où sont réunies plusieurs divinités. Elle se trouve aussi dans le bas-relief de Téthys et Pélée, expliqué par Winckelmann (Mon. ined. n° 110). La représentation de cette divinité est rare sur les médailles; cependant on croit la voir sur celles des Bruttiens, au revers de la tête de Neptune, représentée comme une femme voilée assise sur un hippocampe et accompagnée d'un petit amour. Cette médaille d'or, d'un joli travail, de 6 lignes de diamètre, vaut 120 francs. On pense voir aussi Amphitrite sur une médaille d'or de Tarente, au revers de la tête d'Hercule; elle est représentée sur un bige, tenant de la main gauche un trident. Sur une autre médaille de la même ville, elle est dans un char traîné par deux dauphins. Le cabinet de France ne possède point ces deux médailles qui sont citées par Mionnet (Descr., tom. 1; p. 137). — Sur les divers monuments qui représentent Amphitrite, outre les pinces d'écrevisse ou de crabe, placées dans sa chevelure, elle porte comme attribut, tantôt une rame, tantôt l'aplustre, ou l'acrostole, ornements des vaisseaux. DU MERSAN.

AMPHITRYON (*myth.*), fils d'Alcée, roi de Tirynthe, et mari d'Alcmène, fille d'Électryon, roi de Mycènes, qui avait promis, de son côté, la main de la princesse et la couronne de Mycènes à celui qui le vengerait des Théloboéens, meurtriers de ses fils. Amphitryon offrit son bras et ses guerriers; mais pendant qu'il s'occupait de cette guerre, Jupiter, lui dérobant ses traits et son costume, se présenta sous cette forme à Alcmène, qu'il rendit mère d'Hercule. Amphitryon apprit à son retour que le roi des dieux n'avait pas dédaigné de s'humaniser près d'Alcmène, et l'on ajoute qu'il ne fut pas très-flatté d'un tel honneur. Toutefois, le mal était fait; il prit son parti, et il adopta Hercule. Longtemps après, ayant eu le malheur de tuer par mégarde Électryon, son beau-père, il s'exila de Mycènes, et se rendit à Thèbes auprès de Laïus qui était devenu son oncle par son mariage avec Jocaste. Il périt dans une expédition des Thébains contre les Orchoméniens. Alcmène l'avait suivi à Thèbes; Hercule l'avait accompagné dans toutes ses entreprises. — Personne n'ignore que l'aventure d'Amphitryon a fourni à Plaute, et successivement à Molière le sujet d'une comédie. L'Amphitryon de Plaute, à ce que dit Arnobe, était si estimé des Romains, qu'ils le jouaient dans les temps de calamité publique, afin de désarmer le courroux de Jupiter par la représentation de cette scène un peu libre du drame licencieux de ses amours. A. A.

AMPHITRYON (*archéol.*) Un très-beau bas-relief du musée pio-clémentin (IV, XXXIX, 315) qui représente les travaux d'Hercule, offre dans une des niches dont il est orné, la figure en pied d'Amphitryon. Dans le bas-relief de l'apothéose d'Hercule, qui a passé du musée Farnèse dans le musée Albani (*Zoega Bassirilieri antichi*, LXX), on voit Amphitryon qui présente une coupe pour faire une libation sur l'autel d'Apollon, (Millin, Gal. mythol. pl. CXXIV, n° 464). Parmi les peintures d'Herculanum, il y en a une (I, VII) où l'on voit Hercule enfant qui écrase deux serpents; près de lui est Alcmène qui exprime sa frayeur, et plus loin Amphitryon assis sur un siège élevé, et tirant son épée pour secourir le petit Hercule; dans sa main gauche, il tient un sceptre. Une parodie ou farce scénique des anciens, représentée sur un vase grec (d'Hancarville, IV, 105), nous offre une scène assez curieuse : Jupiter déguisé comme s'il était Amphitryon, et ressemblant à un vieux satyre, tient une échelle pour monter à la fenêtre où l'on voit Alcmène; et Mercure travesti en esclave, comme le Sosie de Plaute, mais reconnaissable à son pétase et à son caducée, ministre complaisant des intrigues de son maître, l'éclaire avec une lampe. Tous deux ont des caleçons comme on en voit à d'anciennes figures de comédiens. DU MERSAN.

AMPHIUME, *amphiuma* (*zool. rept.*), genre de batraciens, voisin des tritons ou salamandres aquatiques. Ces reptiles ont le corps très-allongé et les membres très-courts, leurs dents petites, coniques et serrées: les palatines forment deux rangées longitudinales; leurs yeux sont dépourvus de paupières; on remarque de chaque côté de leur cou une ouverture ovale. — Les amphiumes semblent propres à l'Amérique du Nord; on les trouve dans la vase des étangs. On en connaît deux espèces: l'amphiume à deux doigts, *amphiuma didactylum*, d'un pied et demi de longueur environ, de couleur brune, et qui n'a que deux doigts à chaque pied, et l'amphiume tridactylum, un peu plus grande que la précédente, et qui a trois doigts à chaque pied. J. B.

AMPHORE (archéol.) L'amphore, qu'on appelait aussi *quadrantal*, parce qu'elle avait un pied romain en largeur, en hauteur et en profondeur, était l'unité des mesures de capacité des Romains pour les liquides; on conservait au Capitole un étalon de cette mesure, *amphora capitolina*. Elle contenait 2 urnes 8 conges 48 setiers, et équivalait à 25 litres 89 centilitres de nos mesures modernes. La mesure ou amphore attique était plus forte de moitié que l'amphore romaine; elle avait le nom de *métrète*. Quelquefois on employait le mot amphore dans un sens absolu pour exprimer une grande quantité non déterminée. — On donnait aussi le nom d'amphore à un vase à deux anses, dans lequel on conservait du vin, de l'huile, des olives, des fruits secs, etc. Les fouilles de Pompéi ont fait découvrir les deux espèces d'amphores, sessiles et non sessiles, dont il est question dans les anciens auteurs ou poètes. On appelait sessiles celles qui, terminées par un pied aplati et assez large comme nos vases, pouvaient se soutenir debout sans avoir besoin d'appui. Les autres se terminaient par un cône renversé dont la pointe plus ou moins arrondie ne permettait pas au vase de se maintenir en équilibre. Ces sortes d'amphores se plaçaient au-dessus d'un trou qu'on ménageait sur le sol ou sur une planche percée de grands trous. Les Romains marquaient ordinairement sur les amphores l'âge des vins qu'elles contenaient; elles étaient soigneusement bouchées avec du plâtre comme on peut s'en convaincre par ce passage du sybarite Pétrone: « *Amphoræ vitreæ diligenter gypsatæ allatæ sunt, quarum in cervicibus pittacia erant affixa cum hoc titulo, falernum annorum centum.* » On estimait surtout les amphores où le temps avait presque effacé l'étiquette; on s'attendait alors à d'excellent vin:

Cujus patriam titulumque senectus
Delevit multā veteris fuligine testæ.
Juv., sat. I, 34.

On lit dans Suétone qu'un homme avala, en présence de l'empereur Tibère, une amphore de vin, et qu'il reçut pour prix de cet exploit la charge de questeur. Singulier mérite pour un dépositaire des deniers publics! N. M. P.

AMPHORES (SAINTES). L'amphore, *amphora*, désigne dans la Vulgate un vase, une cruche à mettre de l'eau, comme dans ce passage de saint Luc, XXII, 10 : *Vous rencontrerez un homme qui porte un vase plein d'eau, Amphoram aquæ portans.* » Mais cette expression désigne aussi une certaine mesure de liquide, et traduit les deux mots hébreux *nebel* et *epha*, mesures creuses en usage parmi les Juifs, dont la première contenait environ 87 pintes et la seconde 29. Amphore traduit encore *métrète* dans la partie deutéro-canonique de Daniel, XIV, 2, et dans le troisième livre (apocryphe) d'Esdras. — Le prophète Zacharie, V, 6 et suiv., compare le peuple juif, qui en punition de ses crimes devait être bientôt traîné en captivité, à une amphore, *epha*, que deux femmes (Israël et Juda, d'après saint Jérôme) enlèvent dans les airs, et transportent dans la terre de Sennaar, c'est-à-dire dans l'Assyrie et la Chaldée, pour y être placée sur sa base et y demeurer. L'abbé G. D.

AMPLEXICAULE (bot.), se dit des feuilles qui embrassent à sa base toute la circonférence de la tige des plantes. X. X.

AMPLIATION (terme de chancellerie, et plus particulièrement de chancellerie romaine.) Un bref ou bulle d'ampliation est la même chose qu'un bref ampliatif. — Autrefois, en France, on appelait *lettres d'ampliation*, celles qu'on obtenait en petite chancellerie, à l'effet d'articuler de nouveaux moyens omis dans les lettres de requête civile précédemment impétrées; mais l'usage de ces lettres fut abrogé par l'ordonnance de 1667. — En termes de pratique, on appelle ampliations, une ou plusieurs copies d'un contrat, dont on dépose la grosse chez un notaire, qui la joint à la minute, et sur l'autorisation du président du tribunal civil: obtenue sur pied de requête, délivrer des copies de cette grosse aux parties intéressées ou à des créanciers coliqués utilement dans un ordre, avec déclaration de l'intérêt que chaque cohéritier ou chaque créancier a

sur l'obligation qui forme l'objet du contrat. — En termes d'*administration* et de *finance*, on donne le nom d'ampliation au double certifié d'un acte administratif quelconque, d'un procès-verbal destiné à constater un fait, un droit, ou une formalité accomplie, d'une quittance, d'un bordereau, d'une décharge, d'un compte arrêté. *Ampliation* est synonyme de *duplicata.* (*V.* ce mot.) SAVAGNER père.

AMPLIATION. Dans l'ancienne jurisprudence romaine, l'ampliation équivalait à ce que nous appelons un *plus amplement informé*. Quand une affaire paraissait avoir besoin de preuves nouvelles, d'éclaircissements, d'instruction plus complete, les juges exprimaient leur sentiment au moyen d'une espèce de bulletin sur lequel étaient écrites les deux initiales de *non liquet*, (cela n'est pas clair) L'affaire était alors renvoyée indéfiniment, et ne revenait à l'audience qu'après que le préteur avait fixé jour de nouveau. L'ampliation différait de la *comperendination*, qui équivalait à un renvoi au lendemain. J. L. G.

AMPLIFICATION. On a défini l'amplification de la manière suivante : « Façon de s'exprimer qui agrandit les objets ou *qui les diminue*, forme qu'on donne à son discours, afin de faire paraître les choses plus grandes ou moindres qu'elles ne le sont en effet. » Cette définition du rhéteur Isocrate, Quintilien se l'est appropriée, et il semble que le maître de l'art oratoire ayant prononcé, il n'est plus permis d'avoir une opinion contraire. Toutefois, malgré cette autorité imposante, nous ne saurions accepter une définition tellement vague qu'elle peut embrasser une infinité de choses qui évidemment ne rentrent pas dans l'acception vulgaire du mot amplifier, qui, à la lettre, signifie étendre une chose pour la rendre plus ample. L'amplification d'Isocrate est tout l'art oratoire, car donner une forme à son discours, c'est, en d'autres termes, donner à son discours la disposition la plus convenable pour arriver à un but précis. Ce qui prouve bien l'inexactitude de la définition d'Isocrate, ce sont les explications mêmes dont il se sert, *diminuer*, *atténuer*, faire paraître les objets moindres qu'ils ne le sont réellement. A coup sûr, diminuer ou rapetisser un objet afin qu'il devienne moins sensible, ce n'est pas amplifier, c'est-à-dire agrandir. L'art oratoire, au contraire, a parmi ses fonctions celle d'agrandir ou d'amoindrir suivant les cas et les circonstances de la cause. Ainsi, l'orateur chargé de la défense d'un accusé cherche tout naturellement à faire ressortir les circonstances favorables, à leur donner plus d'importance qu'elles n'en ont, et à glisser sur les circonstances fâcheuses, à les présenter atténuées de manière à produire le moins d'impression possible; mais encore une fois ce n'est pas là de l'amplification, c'est tout l'art de l'orateur. Nous pensons donc que ce mot d'amplification que l'usage, qui en matière de langage est le meilleur juge, prend presque toujours en mauvaise part, doit être restreint à sa signification la plus naturelle; et dans ce cas nous dirons que l'amplification, toujours vicieuse, n'offre qu'un défaut à éviter, non un modèle à suivre. Voltaire, qu'il est permis de citer sur un point de critique purement littéraire, était de ceux qui pensaient, ainsi que nous, « qu'on n'amplifie pas quand on dit tout ce qu'on doit dire, et que si on dit plus qu'il ne faut, c'est-à-dire si on amplifie, c'est toujours mal. » Le législateur du Parnasse avait déjà exprimé la même pensée :

Tout ce qu'on dit de trop est fade et rebutant;
L'esprit rassasié le rejette à l'instant.

Si maintenant nous en venons à la vraie signification du mot amplifier, c'est-à-dire étendre, tirailler en tous sens pour agrandir, nous resterons convaincus qu'il n'y a dans l'amplification qu'une superfétation oiseuse de pensées ou d'expressions, qui, loin d'augmenter l'intérêt, comme on le dit, ne font que produire le dégoût et l'ennui. a

Rien n'est beau que le vrai; le vrai seul est aimable,

dit encore Boileau; or, amplifier n'est-ce pas toujours aller au delà du vrai ? D'où vient donc que le public, qui ne se trompe guère dans ses jugements quand il n'est pas dominé par les passions de parti, s'écrie, en parlant d'un discours où il n'aperçoit que des mots sans idées, c'est une amplification de collège ? c'est-à-dire c'est une pensée principale tournée et retournée de toute façon, battue et rebattue, présentée sous plusieurs faces insignifiantes; enfin c'est un déluge, un fracas de mots qui se heurtent, s'entre-choquent, et ne laissent briller aucune étincelle d'imagination. Ainsi, amplifier c'est s'emparer d'une idée, la suivre dans toutes ses conséquences naturelles ou forcées, ajouter toutes les idées accessoires, qui se présentent sur la route, disserter, divaguer sur chaque mot; produire enfin de rien quelque chose; mais ce produit, en quoi consiste-t-il? en un peu de vent. — Ceci nous conduit à parler de la méthode, assez communément suivie dans les collèges, de donner aux élèves des sujets d'amplification; ce qui peut se traduire par donner des leçons de fatigante prolixité, apprendre aux élèves à être longs et diffus, défaut qui n'est que trop ordinaire au jeune âge, qui ne sait pas encore se borner; et n'est que trop sujet à prendre l'entassement des mots pour une œuvre de génie. Ne vaudrait-il pas mieux mille fois exercer les élèves à resserrer par des analyses, assez étendues pour ne pas tomber dans la sécheresse, des idées délayées par l'amplification ?   J. DE MARLÈS.

AMPLITUDE (*astron.*). On appelle *amplitude d'un astre* l'arc de l'horizon rationnel compris entre le vrai levant ou le vrai couchant et le point où cet astre s'élève ou se couche en effet; en d'autres termes, c'est l'arc de l'horizon rationnel compris entre le point d'est ou le point d'ouest de ce même horizon et le centre de l'astre lorsqu'il se lève ou se couche. Prise au lever de l'astre, l'amplitude se nomme *ortive*; elle est dite *occase* à son coucher. S'il se lève entre l'est et le nord et se couche entre l'ouest et le nord, on dit, dans le premier cas, *amplitude ortive-nord*, dans le second, *amplitude occase-nord*. Quand le lever et le coucher de l'astre ont lieu entre l'est et le sud et entre l'ouest et le sud, l'amplitude est *ortive-sud* et *occase-sud*. On comprend sans peine que l'amplitude ortive est la distance entre le point où l'astre se lève et le point du véritable orient, c'est-à-dire d'un des points d'intersection de l'équateur et de l'horizon; de même l'amplitude occase n'est autre chose que la distance du point où l'astre se couche au point du véritable occident. — Pour calculer l'amplitude d'un astre, il faut connaître la latitude du lieu et la déclinaison de l'astre au moment de son lever, et l'on raisonne ainsi : *Le cosinus de la latitude est au rayon comme le sinus de la déclinaison est au sinus de l'amplitude*; et celle-ci, suivant que la déclinaison est nord ou sud, sera ortive-nord ou occase-nord, ortive-sud ou occase-sud. La déclinaison d'un astre, du soleil, par exemple, changeant d'un jour à l'autre, il est facile de voir que l'amplitude varie aussi, et que de plus elle diffère pour chaque latitude. Ces variations qui ont déterminé les astronomes à dresser des tables des amplitudes diurnes pour des latitudes différentes. Calculée comme ci-dessus, l'amplitude n'est pas du meilleur usage à la mer, et cela tient à ce qu'on ne peut juger assez exactement de l'instant où le centre de l'astre et un point de l'horizon coïncident. On a reconnu qu'il valait beaucoup mieux choisir l'instant où le bord inférieur du soleil paraît posé sur *l'horizon de la mer*, qui n'est autre chose que l'horizon sensible; alors ce bord inférieur se trouve au delà de l'horizon rationnel, par rapport au zénith de l'observateur, d'une quantité angulaire égale à la dépression de l'horizon, selon que l'œil est plus ou moins élevé au-dessus du niveau de la mer, plus la réfraction horizontale, pendant que le centre, qui est sur le même vertical que le bord inférieur, est au delà de l'horizon de la même quantité, moins le demi-diamètre du soleil. (*V.* AZIMUTH.) S'il s'agissait d'une étoile, qui est pour nous sans diamètre, lorsqu'elle paraîtrait toucher l'horizon sensible, son centre serait éloigné du zénith de toute la dépression de l'horizon, plus la réfraction horizontale. (*V.* DÉPRESSION, HORIZON.) L'amplitude dont nous venons de parler se nomme *amplitude astronomique*, *amplitude vraie*, par opposition à une amplitude qui est l'objet de l'article suivant. — *Amplitude magnétique* est un arc de cercle compris entre le point du lever ou du coucher du soleil et le point est ou le point ouest de la rose d'une boussole bien faite, c'est-à-dire l'arc de l'horizon égal à la distance du point du lever ou du coucher du soleil au point est ou au point ouest marqués sur la boussole. Lorsque celle-ci n'a point de déclinaison, lorsqu'elle est directement tournée au pôle, son est et son ouest répondent exactement à ceux du monde, et alors l'amplitude magnétique est la même que l'amplitude astronomique. (*V.* BOUSSOLE, DÉCLINAISON.)   B. DE CUBLIZE.

AMPLITUDE DU JET (*géom.*). C'est la ligne droite horizontale comprise entre les deux extrémités supposées d'un arc ou d'une parabole; en d'autres termes et dans la pratique, c'est la distance d'une bouche à feu à l'endroit où peut aller le projectile lancé, tel qu'un boulet ou une bombe. — Il est démontré en dynamique que le projectile décrit dans son mouvement une parabole dont la direction de la force que lui communique est tangente; que lorsque la direction de cette force fait avec l'horizon un angle de 45 degrés, on a la plus grande amplitude du jet, et que la plus grande amplitude du jet est le double de la hauteur dont un corps pesant devrait tomber pour acquérir la vitesse de projection.   B. DE CUBLIZE.

AMPOULE, vulgairement CLOCHE. C'est une espèce de tumeur de forme arrondie comme un demi-globe, produite par un épanchement ou accumulation de sérosité qui, se plaçant entre le derme et l'épiderme, force le dernier à se soulever. Les ampoules résultent d'une pression violente et subite, ou d'une pression prolongée, de frottements rudes, de chaleur très-forte, du contact de l'eau bouillante, etc. Si la cause de l'ampoule a été prompte, l'ampoule se forme presque au même instant. Dans le cas contraire, avant la formation de l'ampoule, il y a gonflement de la peau, inflammation et douleur. — Les ampoules se guérissent quelquefois d'elles-mêmes et par l'absorption de la sérosité; le plus court parti pour en être bientôt débarrassé, c'est de percer l'épiderme pour que la sérosité s'écoule; on évite même la cuisson qui suit presque toujours l'ouverture, si on la fait au moyen d'une aiguille, assez fine qu'on passe entre le derme et l'épiderme, en commençant de l'introduire à une ou deux lignes de distance du bord de l'ampoule et en la poussant jusqu'à ce qu'elle pénètre dans l'intérieur. L'épiderme, qui a été soulevé par l'ampoule, finit par se détacher et tomber de lui-même; cela arrive quand l'épiderme s'est réparé.   A. A.

AMPOULE (SAINTE). C'est le nom d'une petite bouteille qui contenait de l'huile destinée à sacrer les rois de France. On la gardait anciennement à l'abbaye de Saint-Remi de Reims; mais en 1794, Ruhl, un des membres de la convention nationale, la brisa par un acte d'impiété qu'il ajouta à beaucoup d'autres. Cependant quelques habitants de Reims, qui avaient été témoins de cette scène sacrilège, recueillirent tout ce qu'ils purent des débris de la sainte ampoule et les conservèrent soigneusement jusqu'au moment où il leur a été permis de les restituer à la cathédrale de Reims. Il faut bien remarquer que, depuis longtemps, l'huile de la sainte ampoule, ayant perdu sa fluidité, était réduite à un état de dessiccation ou de congélation solide. Aussi lorsque la cérémonie du sacre avait lieu, le prélat consécrateur plongeait dans l'ampoule une aiguille d'or avec laquelle il retirait une parcelle de ce baume, grosse à peu près comme un grain de millet. On conçoit aisément que il aurait fallu un nombre infini de sacres pour en épuiser tout le contenu. — Hincmar, archevêque de Reims, qui vivait du temps de Charles le Chauve, rapporte dans la vie de saint Remi qu'une colombe blanche apporta dans son bec cette ampoule du ciel, parce que les saintes huiles manquaient au pontife, à cause de la foule qui environnait les fonts baptismaux. Hincmar ajoute que la colombe ayant aussitôt disparu, l'huile céleste répandit dans toute l'église l'odeur d'un parfum exquis, et qu'elle servit au baptême de Clovis. On a opposé à ce récit bien des difficultés, et il faut en convenir, la plupart ne peuvent manquer de trouver grâce aux yeux d'une critique sage et éclairée. D'un autre côté, quelle que soit l'opinion qu'on adopte sur la réalité du miracle rapporté par Hincmar, nous sommes loin de penser que ce prélat, ayant voulu donner plus d'importance à son église, ait imaginé un pareil prodige, et nous ne pouvons que flétrir l'assertion si légère, pour ne rien dire de plus, de quelques auteurs de nos jours, qui ont dit, avec beaucoup de complaisance, que la sainte ampoule brisée en 1794 s'était retrouvée entière en 1825 par un nouveau miracle. Que l'origine de l'ampoule de Reims soit miraculeuse ou non, il n'en est pas moins incontestable que ce qu'elle contient une huile devenue bénite et sainte par la même cérémonie de l'Église qui bénit, consacre et sanctifie l'huile et le chrême qui servent au baptême de l'enfant qui entre dans la vie, aussi bien qu'à l'extrême-onction du vieillard mourant. (*V.* le Traité apologétique de la *sainte Ampoule*, fait par Alexandre le Tenneur contre Jacques Chifflet, Paris, 1652; du Cange, au mot *Ampoule*; Lesueur, *Histoire de l'Empire et de l'Église*, à l'an 496 de J. C.)   J. G.

AMPOULE (ORDRE DE LA SAINTE-). On peut rejeter au rang des fables ce que raconte Favin, probablement d'après Aimoin, dans son Histoire de Navarre, d'un ordre de chevalerie fondé par Clovis sous le titre de Sainte-Ampoule. Il ne s'est pas probablement douté que les ordres de chevalerie n'ont été fondés en Europe qu'après l'invasion de l'Espagne par les Arabes. Au fond, son ordre prétendu ne se composait que de quatre chevaliers chargés, pour toutes fonctions, de tenir le dais sous lequel l'abbé de Saint-Denis portait la sainte ampoule à la cathédrale, le jour du sacre. Il est avéré que Favin a induit en erreur, et que le dais était porté par des religieux de l'abbaye.   J. D. M.

AMPOULÉ (STYLE). Pressez de vos mains un corps solide;

vous ne sauriez en détruire les formes ; pressez une bulle pleine de vent, son volume décroît et ses formes s'anéantissent. Voyez le style de certains écrivains ; que quelques mots pompeux ne vous imposent pas, osez approcher et pressez ce style, c'est-à-dire, analysez-le ; que trouvez-vous ? des mots sonores, retentissants, amenés souvent malgré eux, et sous cette enveloppe boursouflée une idée commune, si ce n'est une idée vague et qu'on ne peut saisir,-comme le vent qui s'échappe de la bulle. Ainsi la boursouflure des mots et des idées produisant à peu près sur le style le même effet que les ampoules sur le corps humain, on est convenu d'appeler ampoulé le style qui, pour vouloir trop monter, tombe dans l'enflure et le pathos.—Bien des gens veulent s'élever dans leurs écrits au-dessus du vulgaire, mettre du sens dans les mots ; ce qu'ils appellent *la portée*, de la grandeur dans l'expression : souvent ils n'y mettent que du bruit, ou bien l'expression est si embarrassée qu'il est difficile, pour ne pas dire impossible, de l'entendre. En faut-il davantage pour détruire tout l'effet d'un discours, d'un écrit prétentieux où l'auditeur, le lecteur ne veulent pas trouver seulement des mots qui résonnent, mais où ils demandent encore des mots qui peignent quelque chose à leur esprit ? — L'enflure qui forme le style ampoulé paraît être un mal périodique. On le voit arriver à toutes les époques de décadence, soit que le génie de l'homme se soit laissé corrompre ou énerver par le mauvais goût, soit qu'à certaines périodes la nature fatiguée de produire paraisse incapable d'arriver au-dessus de la médiocrité, soit qu'un système nouveau, envahissant la scène littéraire sur laquelle brillent les vieux modèles, veuille les renverser de leur piédestal, et usurper leur place pour y pousser la présomption vaniteuse de ses adeptes. — A l'appui de notre opinion nous citerons deux exemples ; nous emprunterons le premier à l'histoire romaine ; nous prendrons le second dans notre propre littérature. — Virgile avait, dit-on, imité Homère ; mais s'il est resté quelquefois au-dessous du modèle sous quelques rapports, il l'a surpassé sous beaucoup d'autres (*V.* ÉPOPÉE, HOMÈRE, VIRGILE). Virgile, à son tour, fut imité ; mais il n'a pas trouvé de rivaux. Silius Italicus, qui vécut sous Néron, composa un poëme sur la seconde guerre punique ; mais qu'il y a loin de Silius à son modèle ! Incapable de donner à ses vers une couleur propre, il les revêt d'une couleur factice ; c'était le premier pas vers la décadence : son premier mérite, c'est d'avoir conservé de la pureté dans son style ; ce mérite commençait à devenir rare. Stace, contemporain de Domitien, ne fait de sa *Thébaïde* qu'une longue déclamation où l'enflure prend la place du naturel. Valérius Flaccus, dans ses *Argonautes*, est moins correct que Silius et aussi obscur que Stace ; la corruption du goût faisait alors des progrès rapides. Claudien, plus déclamateur encore que Stace, plus boursouflé que lui, est dur, incorrect, barbare. L'auteur de la *Pharsale*, Lucain, mort tragiquement à 27 ans, a rempli son poëme de traits énergiques, de pensées grandes et profondes, de beautés du premier ordre ; mais combien il devait lui être difficile de se garantir du défaut qui touche de si près à son genre de son talent ! plus d'une fois il outre les images et l'expression, afin de produire un effet d'effet, mais cette grandeur apparente, péniblement élaborée, n'est que de l'enflure.—A mesure qu'on s'éloigne du siècle d'Auguste, le mal empire, et déjà, dès le temps de Longin, et plus tard, à l'époque de Quintilien, c'était un véritable débordement du mauvais goût contre les saines doctrines que quelques bons esprits cherchaient à sauver de la contagion.—Si maintenant, laissant les Romains et traversant quatorze siècles, nous venons à jeter les yeux autour de nous, que remarquerons-nous qui ne nous semble un signe infaillible de corruption ? Il s'est formé depuis quelques années, au sein de la littérature française, un parti dont les chefs se sont appliqués à répandre sur leurs compositions une teinte vague et ténébreuse qui, empêchant de saisir la forme des pensées, tient constamment le lecteur dans l'embarras de chercher un sens aux mots ; à peindre avec des couleurs idéales ce qui n'est déjà qu'une création vague de leur imagination ; à se servir entre elles des idées disparates, à se servir des mots dans une acception fausse ou bizarre, à défigurer même et enlaidir leur pathos par le mélange *du naturel*, comme ils l'entendent, c'est-à-dire naturel jusqu'au ridicule et à la bassesse. Ce n'est pas que tous ces écrivains manquent de talent ; mais jaloux des grandes gloires littéraires du XVIIe et du XVIIIe siècle, ils ont voulu créer un genre avec lequel, parvenant à corrompre le goût du public, ils se sont flattés d'effacer et d'anéantir ces gloires dont l'éclat les blesse et les fatigue. Ils ont dénaturé, combattu toutes les traditions de la saine littérature, mais ils

ont feint pour les écrivains rocailleux du moyen âge un enthousiasme extraordinaire ; ils se sont efforcés, tout en se vantant de rajeunir le siècle et la France, de les faire rétrograder l'un et l'autre ; aux doctrines consacrées par le temps ils ont essayé de substituer des doctrines très-larges qui n'assujettissent à aucune règle, livrent l'imagination aux plus grands écarts, ôtent à la langue sa clarté et sa pureté, la surchargent d'inversions forcées et de mots retentissants, laissent la poésie sans cadence et sans harmonie, ne s'offensent pas des trivialités et des négligences, aiment l'obscurité, le vague des pensées, dédaignent tout ce que depuis deux mille ans les hommes admiraient. — Au reste, cette période de décadence avait été amenée ou du moins annoncée sur la fin du XVIIIe siècle par la manie déclamatoire de l'école philosophique de ce temps ; combien de pages du fameux abbé Raynal, ou, pour mieux dire, du fougueux Diderot, rappellent ce qu'un jeune poëte satirique qui avait osé s'élever contre cette école, disait d'un académicien alors célèbre : *T...., pour ne rien dire, ouvre une bouche immense.* Il n'est guère possible de caractériser d'une manière plus pittoresque ce style ampoulé que nous regardons comme l'ennemi mortel du bon goût. — On excuse les écrivains qui, sortant d'un siècle de barbarie et se sentant poussés au progrès par leur propre génie, manquant encore de guides sûrs, ou peut-être cédant malgré eux au goût dominant, s'égarent sur les limites qui séparent l'élévation de l'enflure, et tombent dans celle-ci croyant monter avec l'autre. Tels furent nos premiers écrivains du XVIIe siècle. Assurément quand Malherbe a dit d'Ariane abandonnée, qu'elle

> Fait de tous les assauts que la rage peut faire,
> Une fidèle preuve à l'infidèle....

quand Corneille fait tenir à Rodrigue son fameux monologue :

> Percé jusques au fond du cœur
> D'une atteinte imprévue aussi bien que mortelle, etc.,

ils faisaient l'un et l'autre du pathos ; mais ce pathos n'appartenait-il pas plus à l'époque où ils vivaient qu'à leur propre génie ? Il faut d'ailleurs tenir compte ici de l'influence qu'exerçait sur la littérature française naissante la littérature espagnole, qui brillait alors de tout son éclat, mais qui, par la nature même de la langue autant que par les habitudes morales de ceux qui s'en servaient, tendait fort à l'exagération. Les Espagnols du XVIe siècle avaient encore du sang oriental dans les veines, et leur langue sonore et majestueuse se prêtait merveilleusement aux exigences de leur imagination semi-africaine ; et c'était sur cette littérature espagnole que se formait celle qui devait faire un jour la gloire de la France ; elle devait, dans les premiers temps, porter le cachet de son origine. Lope de Vega, à qui les Corneille et Molière lui-même ont fait de nombreux emprunts, dit, sur la mort de Charles-Quint, que ce prince « a pour tombeau le monde, pour chapelle ardente le firmament, pour cierges les étoiles, et pour larmes toutes les mers. » Sur les pas d'un tel maître il était difficile de ne pas arriver quelquefois, comme lui, à prendre le style ampoulé pour le style élevé ou sublime ; cela était difficile pour un homme tel que Corneille, naturellement porté par la nature de son esprit à tout ce qui avait une teinte de grandiose. J. DE MARLÈS.

AMPOULETTE (*marine*). Ce sont deux fioles de verre de forme conique se rencontrant par la pointe, qui est percée d'un petit trou. L'une de ces fioles est remplie d'un sable très-fin, qui tombe de la fiole supérieure dans celle du dessous, en un espace de temps donné : une heure, une demi-heure, un quart d'heure, une minute ; il y a aussi des ampoulettes où le sable a besoin, pour passer, de deux, de trois et même de quatre heures. C'est l'horloge ou la montre des matelots, dont quelques-uns sont toujours chargés de retourner l'ampoulette immédiatement après que le sable a fini de passer. Comme il arrive quelquefois que les matelots pour abréger leur quart retournent l'ampoulette avant que tout le sable ait passé, on a soin de régler chaque matin l'ampoulette au lever du soleil, ou au moyen des montres marines, quand le temps est brumeux. On donne aussi à l'ampoulette le nom de sablier (*V.* ce mot). A. A.

AMPULEX (*zool. ins.*). Ce genre de l'ordre des hyménoptères, de la famille des porte-aiguillons, a été établi par Jurine qui lui assigne les caractères suivants : une cellule radiale, allongée, légèrement appendicée, quatre cellules cubitales ; la première grande, recevant la première nervure récurrente, la seconde petite et carrée, la troisième plus grande, recevant la seconde nervure récurrente, la quatrième atteignant le bout de d'aile; mandibules grandes, allongées, unidentées dans les femelles, bidentées dans les mâles; antennes filiformes, roulées à leur extrémité, composées de douze anneaux dans les femelles et de treize dans les mâles. — Le type de ce genre est le *chlorion compressum* de Latreille, long d'un pouce environ, d'une couleur verte très-brillante, changeant en bleu, avec les quatre cuisses postérieures d'un rouge violet; cette espèce est très-commune à l'île de France. Réaumur, qui la nomme guêpe ichneumon, raconte ainsi, d'après Cossigni, la manière dont elle fait la chasse aux kakerlaques : « Quand la mouche, après avoir rôdé de différents côtés, soit en volant, soit en marchant comme pour découvrir du gibier, aperçoit une kakerlaque, elle s'arrête un instant, pendant lequel les deux insectes semblent se regarder; mais, sans tarder davantage, l'ichneumon s'élance sur l'autre, dont elle saisit le museau ou le bout de la tête avec ses serres ou dents; elle se replie ensuite sous le ventre de la kakerlaque, pour la percer de son aiguillon. Dès qu'elle est sûre de l'avoir fait pénétrer dans le corps de son ennemi, et d'y avoir répandu un poison fatal, elle semble savoir quel doit être l'effet de ce poison, elle abandonne la kakerlaque, elle s'en éloigne, soit en volant, soit en marchant; mais, après avoir fait divers tours, elle revient la chercher, bien certaine de la trouver où elle l'a laissée. La kakerlaque, naturellement peu courageuse, a alors perdu ses forces, elle est hors d'état de résister à la guêpe ichneumon qui la saisit par la tête, et, marchant à reculons, la traîne jusqu'à ce qu'elle l'ait conduite à un trou de mur dans lequel elle se propose de la faire entrer; la route est quelquefois longue, et trop longue pour être faite d'une traite : la guêpe ichneumon, pour prendre haleine, laisse son fardeau et va faire quelques tours, peut-être pour mieux examiner le chemin; après quoi elle revient reprendre sa proie, et ainsi, à différentes reprises, elle la conduit au terme. » — Quelquefois M. Cossigni s'est diverti à dérouter la mouche: pendant qu'elle était absente, il changeait la kakerlaque de place; les mouvements inquiets qu'elle se donnait à son retour prouvaient assez son embarras; ordinairement elle avait peine à retrouver sa proie, et elle la perdait absolument lorsqu'elle avait été transportée un peu loin. Quand la guêpe ichneumon était parvenue à la traîner jusqu'où elle la voulait, le fort du travail restait souvent à faire; l'ouverture du trou était trop petite pour laisser passer librement une grosse kakerlaque; la mouche, entrée à reculons, redoublait quelquefois ses efforts inutilement pour l'y faire entrer; le parti qu'elle prenait alors était de sortir et de couper les fourreaux des ailes de l'insecte mort ou mourant, quelquefois même elle lui arrachait quelque jambe; elle rentrait ensuite dans le trou, toujours à reculons, et par des efforts plus efficaces que les premiers, elle faisait pour ainsi dire passer le corps de la kakerlaque à la filière et la conduisait au fond du trou. Il n'y a pas d'apparence que la guêpe ichneumon prenne tant de peine pour manger dans un trou une kakerlaque, qu'elle mangerait tout aussi bien dehors; il est plus que probable qu'elle est déterminée à soutenir toute cette fatigue par une raison plus intéressante, et que c'est pour donner une bonne provision de nourriture à quelques-uns de ses vers. Si M. Cossigni eût ouvert le trou dans le fond duquel la kakerlaque avait été tirée, il y eût apparemment trouvé un ver.   J. BRUNET.

AMPULLAIRE, (*zool.*), mollusque à coquilles univalves, de la famille des trochoïdes, pourvu d'un opercule corné, ce qui le fait distinguer des nautiles, dont l'opercule est pierreux. Il habite les eaux saumâtres et les rivières de l'Amérique.
                                         X. X.

AMPUTATION. Opération par laquelle on enlève un membre en partie ou en totalité. On donne encore ce nom à l'ablation de certains organes, tels que le sein, la verge, le testicule, ou de tumeurs situées dans diverses régions du corps. Nous ne nous occuperons dans cet article que des amputations des membres; les autres seront décrites avec les maladies qui obligent le chirurgien d'y avoir recours. — Les amputations varient par une multitude de circonstances, comme le lieu où l'on les pratique, le procédé mis en usage, etc. Elles ont toutefois un assez grand nombre de points communs pour qu'on puisse tracer d'une manière générale et successivement les indications des amputations, c'est-à-dire les cas pour lesquels il convient de les pratiquer; les précautions à prendre pour arrêter le sang, soit avant, soit après l'opération; le pansement, les suites de l'opération et les accidents qui peuvent en être la conséquence. Nous terminerons ces généralités par la description des procédés opératoires qui, susceptibles d'être mis en pratique dans plusieurs cas, ont été érigés en méthode. Nous n'aurons plus alors qu'à voir l'application de

ces données sur les divers membres, c'est-à-dire la description des amputations en particulier. — §·1. *Amputation en général.* Avant d'en venir à l'amputation, le chirurgien devra reconnaître que la conservation du membre est impossible, ou qu'au moins elle compromet gravement les jours du malade, soit directement par la nature de l'affection, soit indirectement par des circonstances particulières. Ainsi, quelquefois un membre est cruellement déchiré par les morsures d'un animal enragé. Bien traitée, la plaie pourrait se cicatriser; mais la cautérisation nécessaire pour combattre l'action du virus rabique enlèverait tout espoir, il faut amputer sur-le-champ. Ainsi, telle plaie qui avec du repos, des soins assidus, offrirait de nombreuses chances de guérison, deviendra en temps de guerre un cas d'amputation, parce que les circonstances favorables manquent, et que la plaie qui résulte d'une amputation est, toutes choses égales, moins fâcheuse que la plaie irrégulière produite par le projectile. — C'est aussi dans le but de transformer une plaie irrégulière en plaie régulière, que lorsqu'un boulet a emporté un membre, le chirurgien doit néanmoins scier l'os au-dessus du point où le projectile l'a brisé. Cette conduite a encore pour but de rendre la forme du moignon plus convenable pour les usages qu'il aura à remplir après la guérison. Outre les plaies d'armes à feu dont il vient d'être question, il en est qui, en broyant un membre, en le réduisant en esquilles multiples, nécessitent de suite son ablation. Quelques fractures produites par la chute d'un corps pesant, par le passage d'une roue de voiture, celles surtout qui siègent au voisinage d'une articulation, les plaies de ces articulations par les armes à feu, par l'effet des luxations, réclament fréquemment le même traitement. Disons ici que depuis que nous avons employé l'eau froide en irrigations continues dans ces sortes de plaies, dans celles même qui résultent d'un arrachement, il est beaucoup plus rare d'avoir recours à l'amputation, seule ressource qui restait jadis dans ce cas. On peut voir dans les mémoires que nous avons publiés les heureux résultats de notre méthode. Il est rare aussi aujourd'hui qu'on ait recours à l'amputation dans les plaies d'artères; il faut que les moyens hémostatiques aient échoué. Cependant, dans quelques cas, assez rares, de plaie des gros troncs artériels et veineux d'un membre, il faudra la pratiquer, car la gangrène en serait la suite. — La gangrène est-elle-même un cas d'amputation quand elle survient à la suite d'une lésion extérieure. L'expérience a pour ce cas seulement réfuté l'opinion des anciens. On n'attend plus aujourd'hui que la mortification soit limitée pour opérer. — Si les lésions traumatiques forcent souvent à retrancher un membre, il est peut-être plus fréquent d'y avoir recours pour des maladies chroniques, qui tantôt, comme les affections cancéreuses, comme des ulcères étendus, ont une marche rapidement envahissante, tantôt, par leur persistance, altèrent profondément la constitution, et entraînent le malade au marasme et à la mort; telles sont les suppurations étendues, suites d'un érysipèle phlegmoneux, celles qui sont liées à une carie, à une névrose profonde, un grand nombre de tumeurs blanches. Enfin, ce n'est que dans des circonstances bien rares que les anévrismes deviennent aujourd'hui un cas d'opération. — Quant aux amputations dites de convenance, lesquelles, pour satisfaire aux exigences d'un malade, un chirurgien enlève un membre informe, devenu inutile et quelquefois même incommode, mais dont la conservation n'offre d'ailleurs aucun danger, tous les praticiens s'en abstiennent autant que possible, car presque toujours elles ont des suites fâcheuses. — Dans toutes les affections chroniques, le moment de l'amputation est déterminé par la marche de la maladie; l'insuccès des autres moyens, les accidents auxquels est en proie le patient, sont la boussole du chirurgien. Dans la gangrène sénile, il doit attendre que la nature ait posé les limites du mal. Il n'en est pas de même quand on a affaire à une plaie récente; outre la difficulté de savoir si l'on doit amputer, ou essayer de conserver le membre, il s'en élève une autre tout aussi épineuse, et résolue diversement par les plus grands praticiens. Faut-il opérer immédiatement, faut-il attendre que les accidents primitifs aient disparu? Les guerres sanglantes de la révolution et de l'empire semblent avoir décidé la question en faveur de l'amputation immédiate, qui sauve au malade tous les dangers de la réaction inflammatoire, et comme nous l'avons déjà dit, change une plaie large, déchirée, ou même près de se gangrener, en une plaie étroite et régulière. On peut consulter les travaux que l'ancienne académie de chirurgie a produits sur cette grave question. — Quand on doit pratiquer une amputation pour une affection chronique, on y prépare le malade de la même manière que pour toutes les opérations graves. Nous n'avons donc pas de préceptes particuliers à établir à ce sujet. — *L'appareil instrumental*, dont on se sert pour pratiquer les amputations se compose de couteaux de diverses grandeurs, les uns à tranchant unique, les autres à double tranchant, à lame étroite (couteaux interosseux), de bistouris droits, de pinces à dissection, de tenailles incisives, enfin de scies dites à amputation. — *L'appareil des pansements* doit offrir des fils cirés simples et doubles, dont quelques-uns passés dans des aiguilles courbes, des compresses fendues, destinées à relever les chairs, et connues sous le nom de rétracteurs, des bandelettes de diachylum, du linge fin et enduit de cérat, une petite compresse destinée à envelopper les ligatures, de la charpie, des compresses longues, enfin des bandes. — On dispose ces divers objets sur des plateaux séparés qu'on recouvre de linge. Le chirurgien devra toujours avant d'opérer, s'assurer que rien n'y manque. — Un certain nombre d'aides est toujours nécessaire dans les opérations dont nous traitons en ce moment. Leur position, de même que celle du malade et du chirurgien, varie suivant les cas. On peut dire d'une manière générale, qu'il faut un aide pour maintenir la partie du membre située au-dessus du point où la section doit être faite, un autre pour soutenir la portion du membre à retrancher : d'autres aides devront présenter les instruments à l'opérateur à mesure qu'il en a besoin, un autre faire les ligatures, d'autres maintenir le malade immobile ; enfin, dans beaucoup de cas, un dernier aide sera chargé d'exercer une compression sur l'artère principale du membre, pour y suspendre provisoirement la circulation. Quant au malade, il pourra être assis dans la plupart des opérations qui se pratiqueront sur le membre supérieur. Dans les amputations du membre inférieur, il sera couché sur un lit garni d'alèzes et d'oreillers étroits, élevé de deux pieds et demi à trois pieds. Le siège du malade devra être placé de manière à ce que le membre à retrancher déborde suffisamment. — Le chirurgien se place en dehors pour les amputations de la cuisse et du bras, en dedans pour celles de l'avant-bras et de la jambe ; enfin, pour celles de la main et du pied, à l'extrémité du membre dont il soutient la partie inférieure avec la main gauche. — Dans les amputations où l'on doit ouvrir un tronc artériel volumineux, il est avantageux de pouvoir se rendre maître de l'avance du cours du sang. Parmi les chirurgiens qui les premiers ont pratiqué les ablations d'un membre en totalité, plusieurs ont cru devoir, avant de porter le couteau dans les chairs, mettre à nu l'artère principale et la lier, dans les amputations de la hanche et de l'épaule, par exemple ; mais cette méthode est généralement peu employée. On se contente aujourd'hui de faire saisir l'artère dans la plaie pendant l'opération avant de la diviser, et ce qui est encore plus fréquent, de la faire comprimer au-dessus du lieu de la section. Nous avons déjà dit qu'un aide était spécialement chargé de cette fonction difficile. Dans les cas où l'on ne peut avoir d'aide sur lesquels on puisse compter, on emploie le tourniquet de J. L. Petit, le compresseur de Dupuytren, ou simplement le garrot (*V.* HÉMOSTATIQUES).

BÉRARD, professeur agrégé à la faculté de médecine.

AMRAM, fils de Caath, de la tribu de Lévi, n'est guère connu dans l'Écriture que par ses enfants, Aaron, Marie et Moïse, qu'il eut de Jocabet. Il mourut en Égypte, âgé de cent trente-sept ans (*Exod.* VI, 20). — Un autre Amram est cité dans la Bible parmi les Juifs qui, au retour de Babylone, se séparèrent de leurs femmes qu'ils avaient épousées, pendant la captivité, contre la défense de la loi (1 *Esdr.* X, 34).

J. G.

AMRAPHEL, roi de Sénaar ou de la Babylonie, fut un de ceux qui se liguèrent avec Chadorlahomar, roi des Élamites, et deux autres princes pour faire la guerre aux rois de la Pentapole. Après avoir remporté sur ceux-ci une grande victoire, dans laquelle ils firent prisonnier Lot, neveu d'Abraham, Amraphel et ses alliés furent à leur tour, complètement battus par Abraham, qui reprit Lot et recouvra tout le butin que ses ennemis avaient fait dans leur première expédition. J. G.

AMRI, général des armées d'Ela, roi d'Israël, ayant appris, pendant qu'il assiégeait Gebbéthon, que ce prince avait été assassiné par Zambri qui, après ce meurtre, s'était emparé du royaume, leva sur-le-champ le siège, et, proclamé souverain par ses soldats, il marcha contre Zambri qu'il attaqua dans Thersa. Désespéré de ne pouvoir tenir longtemps contre son ennemi, le lâche meurtrier, après un règne de sept jours, prit le parti de se brûler, avec toute sa famille, dans le palais où il s'était enfermé. A sa mort le peuple d'Israël se divisa en deux

partis, dont l'un reconnut Amri pour roi, et l'autre se déclara pour Thebni, fils de Gineth ; mais ce dernier étant mort au bout de quatre ans, Amri fut reconnu pour chef de tout Israël. Après avoir régné six ans à Thersa, il acheta la montagne de Saméron (vers l'an 924 avant J. C.), où il bâtit une ville nouvelle qu'il appela Samarie (en hébreu *Schomron*), du nom de son premier possesseur, qui s'appelait Samer ; c'est là qu'il fixa le siège de sa monarchie. On dirait qu'Amri avait pris à tâche de surpasser ses prédécesseurs par ses crimes et ses impiétés. Il semble cependant que les malheurs qui avaient fondu sur eux, devaient être pour lui une leçon aussi salutaire que terrible. Quoi qu'il en soit, ce prince mourut à Samarie où il fut enterré vers l'an 918 avant J. C., laissant pour successeur son fils Achab, qui se montra digne de son père. J. G.

AMRI-AL-KAÏS ou AMRULKEIS, un des sept poëtes arabes les plus célèbres qui ont vécu partie avant et partie avec Mahomet. (*Hæc carmina scripta sunt intra quinquaginta annos et nativitate Mohammedis inferiora*, dit Hengstenberg, en parlant de leurs poésies.) Leurs noms sont : *Tarapha, Amru, Hareth, Antara, Zoheir, Amrulkeis* et *Lebid*. Le temps où ils ont fleuri est appelé par les musulmans *al dschiaheliat*, ou temps d'ignorance, par opposition à *al Eslamiat*, ou temps d'Islam. Leurs poésies portent le titre de *Moallacah*, qui veut dire *suspendues*, parce qu'elles furent affichées aux portes de la *Kaabah*, ou temple de la Mecque. On leur donne encore celui de *al Modhahebat*, ou *dorées*, parce qu'elles ont été écrites en lettres d'or sur du papyrus égyptien. *Ahsari al Andalusi* et *Abu Dschiafar al Nasias*, ont donné des scolies aux *Moallacah*, et Zuzeni en a fait un commentaire formel. (Parmi les modernes qui ont écrit sur les *Moallacah*, on distingue Reiske, *Proleg. in Tharaph.*, Silv. de Sacy; *Magas. encyclop.*, t. VI; Jones, *Poés. asiat.*, *comment.*, œuv., t. VI). Chaque partie des Moallacah a été imprimée séparément (voyez les noms des auteurs). — Amrulkeis, dont il est ici question, naquit environ l'an 571 de Hadschr ou Hodschr, ou même Hadschiar, roi des Arabes asadites (*V.* HARETH et HODSCHR). Quelques écrivains le font naître cinquante ans plus tôt, et dans ce cas il n'aurait pas été contemporain d'Héraclius, comme nous le disons d'après Reiske, mais de Justinien Ier et de son successeur Justin. Il était occupé à jouer et à boire, lorsqu'on vint lui annoncer la mort violente de son père. A cette triste nouvelle, son compagnon voulait cesser le jeu; mais il lui commanda de le continuer jusqu'à la fin, et alors seulement il écouta tout le récit. Au même instant il jura qu'il ne toucherait plus ni dès ni coupe avant d'avoir vengé le sang de son père, et tué cent Asadites. Pour atteindre son but, il s'unit aux Bekrites et aux Taglébites; tomba sur les Asadites, en tua et blessa plusieurs et mit les autres en fuite. Le lendemain il se proposait de poursuivre sa victoire; mais ses alliés l'ayant abandonné, il s'enfuit à Jemamah, et fut contraint de changer souvent de séjour pour se dérober aux poursuites de ses ennemis, jusqu'à ce qu'enfin il se rendit à la cour de l'empereur grec Héraclius. Ce prince l'accueillit favorablement, et conçut le dessein de le remettre en possession de ses États. Mais un Asadite, dont le frère avait succombé sous les coups d'Amrulkeis, parvint à le rendre suspect à l'empereur, qui fit mourir son hôte par le moyen d'un habit empoisonné dont il lui fit présent. Ce fait, rapporté par Abul Faradsch dans le *Kitab al aghani*, est admis par Reiske et Silv. de Sacy; mais Abul Feda et d'Herbelot l'ont révoqué en doute. Il paraît qu'Amrulkeis florissait pendant tout le temps que vécut le faux prophète qu'il persécuta par ses satires; il mourut vraisemblablement en 631. Il avait composé sa Moallacah dans sa jeunesse et du vivant de son père, lorsqu'il passait sa vie dans la licence et les plaisirs. Reiske parle ainsi de ses vers : « In universo vetustæ poeseos arabicæ apparatu.... nullum nunc occurrit carmen quod illibato selectæ dictionis cultu.... verborum suavi ac limpido, foutis instar, decursu, affectuum mollitie, comparationum argutiis, venustate et vivo colore, arabikianismum hoc superet. » Prolog. ad Tharaf., pág. XXIV. C'est à tort que quelques écrivains ont comparé les peintures licencieuses du poëte arabe aux chastes épanchements du Cantique des cantiques. Il existe un travail fait avec soin et connaissance de cause, sur la vie d'Amrulkeis: Voyez *Amrulkeisi Moallacah cum scholiis Zuzenii et codd. parisiensibus edidit, latine vertit et illustravit Ern. Guill. Hengstenberg.* Bonnæ; MCCCXXII, 4°. RÆSS.

AMROU-BEN-ALAS, l'un des meilleurs officiers du calife Omar, successeur d'Abou-Bèkre, avait contribué puissamment à la conquête de la Syrie et de la Palestine. Pour prix de

35.

ses services, Omar lui confia le commandement de l'armée qu'il destinait à l'envahissement de l'Égypte. Ce choix excita la jalousie d'Othman, qui avait beaucoup d'ascendant sur l'esprit du calife; celui-ci envoya par un courrier l'ordre au général arabe de retourner sur ses pas, si, à la réception de sa lettre, il n'était pas encore entré en Égypte. Amrou, que ses amis de Médine avaient prévenu, ne voulut recevoir la lettre du calife que lorsqu'il fut arrivé à Rhinocolure, ville égyptienne, donnant pour prétexte qu'il ne devait en prendre connaissance qu'en présence de tous les officiers de l'armée. Ceux-ci, qui ne désiraient pas moins que leur général une expédition dont ils se promettaient profit et gloire, déclarèrent à l'unanimité qu'on avait franchi la frontière d'Égypte. L'armée continua d'avancer; elle ne s'arrêta que devant Pharmâh, qui s'élevait sur les ruines de l'ancienne Peluse. Informé de l'invasion des Arabes, l'empereur fit passer quelques troupes en Égypte; mais les soldats de l'empire n'avaient plus rien de romain que le nom; Pharmâh tomba, et l'armée romaine fut mise en déroute; le vainqueur prit aussitôt la route de Mesrâh, sur la rive orientale du Nil. Il n'avait sous ses ordres que huit mille cavaliers, mais ils étaient tous pleins d'un courage que le fanatisme religieux exaltait, et d'une confiance sans bornes dans les talents de leur chef, ce qui doublait leurs forces. Mesrâh ouvrit ses portes; on accusa le gouverneur Makaukas, Copte de naissance et secret ennemi des Grecs, d'avoir traité frauduleusement avec les Arabes. Toute la population copte se soumit au tribut. Après avoir consolidé par des victoires la domination du calife, Amrou voulut achever de conquérir l'Égypte; mais avant d'aller faire le siège d'Alexandrie, il jeta non loin de Mesrâh et sur le lieu même où ses Arabes avaient campé, les fondements d'une ville nouvelle, qui reçut le nom de Fostat, et fut pendant longtemps la résidence des émirs qui gouvernèrent l'Égypte après lui. Alexandrie résista pendant quatorze mois, et le général arabe courut de grands dangers; on prétend même que, fait prisonnier tandis qu'il repoussait une sortie, il aurait perdu la vie, sans la présence d'esprit de son esclave Verdan qui le fit passer pour fou, et qu'il eut le bonheur d'être renvoyé en vertu d'un échange. Cet accident, irritant l'ardeur des Arabes, ne fit qu'accélérer la chute de cette ville que tant de conquérants avaient livrée au pillage, et que les ordres exprès d'Omar firent respecter. Les Alexandrins, traités avec douceur, s'aperçurent à peine qu'ils avaient changé de maître; il faut dire pourtant qu'ils perdirent leur bibliothèque; que le calife, consulté par Amrou qui voulait l'épargner, répondit que si les livres qui la composaient contenaient les mêmes doctrines que le Koran, ils étaient inutiles, et que s'ils contenaient des doctrines contraires, il fallait les détruire. Au fond, cette bibliothèque est beaucoup moins à regretter qu'on n'a l'air de le croire; car ce n'était ni la bibliothèque du Muséum qui avait péri par le feu au temps de Jules-César, ni celle du Sérapéum qui avait eu le même sort au vᵉ siècle, durant les troubles d'Alexandrie. Celle-ci ne contenait que des livres de théologie et de controverse écrits presque tous par des ariens, des nestoriens ou des jacobites. Encore paraît-il certain qu'Amrou permit au patriarche d'en sauver une partie. La prise d'Alexandrie est de l'an 20 de l'hég (640 de l'ère chrétienne). Dès l'année suivante, s'il faut en croire Macrisy, Omar écrivit à son lieutenant pour lui ordonner de conquérir la Nubie, le pays des Bérébères, et toute la Barbarie jusqu'à Souz-al-Aksâ. La présence d'Amrou était nécessaire en Égypte; il se contenta d'envoyer contre les Nubiens une armée de vingt mille hommes, sous les ordres d'Abdallah-ben-Saïd. Cet officier soumit les Nubiens au tribut et au bakt, qui consistait à livrer tous les ans un certain nombre d'esclaves. Les Nubiens en payant le bakt, envoyèrent quarante esclaves pour l'émir; Amrou refusa ce présent; il fit vendre les esclaves, et convertit le produit de la vente en denrées qu'il fit passer aux Nubiens. — Amrou n'était pas seulement général arabe, il était encore administrateur; il voulut rendre florissante la contrée qu'il avait soumise en lui faisant reprendre l'importance qu'elle tenait autrefois de son commerce maritime. Il eut d'abord la pensée de joindre les deux mers par un canal; mais Omar s'y opposa, de peur d'ouvrir un passage vers l'Arabie aux vaisseaux ennemis. Aussi Amrou se rejeta sur le projet plusieurs fois tenté de faire communiquer le Nil avec le golfe Arabique. Un canal fut creusé de Mesrâh à Belbeys sur l'emplacement de l'ancien canal d'Adrien, mal à propos nommé canal de Trajan; il reçut d'Amrou le nom de *Khalidj-emir-Almoumenîn*: canal du prince des fidèles. A Belbeys commençait le canal de Ptolémée-Philadelphe, qui passait par Arsinoé, non loin de la Suez moderne. — Après avoir réglé l'administration intérieure de l'Égypte, Amrou voulut assurer ses frontières en subjuguant les peuplades voisines, surtout celles de l'occident, plus belliqueuses que les autres. Il envahit la Libye et la Cyrénaïque, se rendit maître de plusieurs villes, et ne rentra dans Alexandrie qu'après avoir planté sur les murs de Tripoli l'étendard du Prophète. A peine de retour, il reçut la nouvelle du meurtre d'Omar et de l'élection d'Othman. Othman était son ennemi; Amrou prévit sa disgrâce, et il s'y prépara. En quittant le gouvernement, il emporta les regrets de ses compagnons d'armes et ceux des Égyptiens eux-mêmes. Il eut pour successeur Abdallah-ben-Saïd. L'administration du nouveau gouverneur causa un mécontentement général; l'empereur Constantin, fils et successeur d'Héraclius, en profita; il envoya une flotte et des troupes sous les murs d'Alexandrie; les Grecs, en grand nombre dans la ville, forcèrent la garde des portes, et en peu d'heures Alexandrie rentra sous la domination impériale. Les Arabes partout repoussés ou vaincus redemandèrent Amrou; les Égyptiens qui haïssaient les Grecs, plus encore que les Arabes, se joignirent à l'armée; la jalouse inimitié du calife dut céder à la nécessité; Amrou reparut en Égypte, avec lui la fortune des musulmans. Alexandrie fut emportée d'assaut; les soldats, irrités par la résistance, avaient juré de passer tous les habitants au fil de l'épée: ce ne fut qu'avec bien de la peine qu'Amrou, se jetant au-devant de leurs coups, parvint à les arrêter. Sur le lieu même où avait cessé le massacre, les musulmans bâtirent une mosquée qu'ils appelèrent *Djiham-Arrahmati*, mosquée de miséricorde. — La faveur d'Amrou ne survécut pas au besoin que le calife avait eu de lui, Abdallah fut remis en possession du gouvernement qu'il n'avait pas su défendre; Amrou se retira sans se plaindre à Médine, où, malgré la haine d'Othman, il jouissait de toute la considération due à son noble caractère. Peu de temps après, le calife, menacé par des scheiks révoltés, osa, dans sa détresse, faire un appel à la loyauté d'Amrou, et le généreux Arabe y répondit: les scheiks posèrent les armes. Un ennemi plus dangereux ne tarda pas à se présenter; c'était Abdallah-ben-Zobéir, neveu d'Abou-Beckre, soutenu par toute l'influence de la fameuse Aischath, fille de ce calife, et vénérée des musulmans, qui l'appelaient la *mère des fidèles*. Deux autres prétendants se mirent sur les rangs, Mohammed, fils d'Abou-Beckre, et Mérouan, secrétaire du calife, qui peu de temps après périt assassiné. A la mort de ce prince, un nouveau concurrent vint disputer son héritage; ce fut Ali, époux de Fatime, fille du Prophète. Ce dernier fut même proclamé successeur d'Othman par un grand nombre de chefs arabes; mais beaucoup d'autres, entraînés par Amrou, offrirent le califat à Moavie, gouverneur de la Syrie. Ali tenta pour lors de soutenir son élection par les armes: la fortune d'Amrou l'emporta; à la tête des Arabes d'Égypte, qui à sa voix accoururent sous sa bannière, et des anciens partisans d'Othman, il battit et dispersa l'armée d'Ali. Mohammed de son côté avait levé des troupes; moins heureux encore qu'Ali, qu'une prompte fuite avait dérobé à la mort, il fut fait prisonnier sur le champ de bataille, et sacrifié aux mânes du calife dont on lui imputait le meurtre. — Ce fut après ces événements que trois musulmans fanatiques, persuadés qu'un triple assassinat rendrait la paix à l'empire, dévouèrent Ali, Moavie et Amrou à la mort, les deux premiers comme coupables de tenir divisés les fidèles, le troisième comme le plus ferme appui de Moavie. Ali seul périt; Moavie, légèrement blessé, reprit au bout de quelques jours le commandement; Amrou ne fut point atteint; un de ses officiers périt pour lui tombé sous le fer de l'assassin. Moavie, resté sans rivaux, fut proclamé successeur du Prophète et prince des fidèles, l'an 40 de l'hégire (660 de J. C.). Amrou mourut trois ans après, comblé d'honneurs, et laissant après lui la réputation du plus adroit politique et du meilleur capitaine de son temps. On raconte de lui le trait suivant: il avait fait répandre le bruit que, fatigués de la guerre, les scheiks arabes allaient se réunir pour chercher les moyens de ramener la paix, et ce bruit s'était si bien accrédité, que les scheiks eux-mêmes attendaient avec impatience qu'on les appelât à l'assemblée annoncée depuis si longtemps; les deux prétendants s'y présentèrent par mandataires; Ali-Moussa l'était d'Ali, Amrou l'était de Moavie. Les partisans secrets d'Amrou firent prévaloir l'avis qu'il était nécessaire de procéder à une élection nouvelle, afin de la rendre valide, et qu'afin d'agir régulièrement, il fallait commencer par déposer à la fois Ali et Moavie. Ali-Moussa donna dans le piège; Amrou, sous prétexte de l'honorer, voulut qu'il prononçât le premier la formule d'abdication d'Ali; tous les scheiks la répétèrent après lui. Quand le tour d'Amrou fut venu, il dit que puisque Ali venait d'être solennellement déposé, Moavie n'avait plus de concurrent; et au lieu de prononcer la formule de déposition, il proclama de nouveau Moavie seul prince des fidèles: tous les scheiks l'imitèrent.   J. DE MARLÈS.

AMRU-BEN-KELTHUM, poëte arabe célèbre, non-seulement par sa Moallacah (*V.* AMRI-AL-KAIS), mais encore par son grand âge qu'il doit avoir poussé jusqu'à 150 ans, à en croire son biographe Abul-Faradsch-Ali-ben-al-Hosein-al-Isfahani, qui écrivit d'après al-Achdsar et al-Kelebi. Comme il vivait encore sous Nooman III, roi de Hirah, qui régna sur la fin du VIᵉ siècle, il faut placer sa naissance au milieu du vᵉ. Il était de la tribu des Taglebites, qui se distinguèrent entre les Arabes septentrionaux par leur courage et leur intrépidité. Il accompagna souvent les bandes qui allaient au pillage chez les peuples voisins; mais cela ne lui fut pas toujours avantageux. Il paraît même avoir pris part à la guerre sanglante que se firent les Taglebites et les Bekrites. Meidani nous apprend que son intrépidité avait passé en proverbe. Amru-ben-Kelthum se tenait à la cour des rois de Hirah, auxquels il consacra sa plume et son épée. Mais ayant porté un défi au roi Amru-ben-Hend, qui régna depuis 563 jusqu'en 579, et l'ayant tué, il partit pour Dschesira, où il paraît avoir terminé sa carrière à la fin du VIᵉ siècle. Il y a apparence qu'il composa sa Moallacah durant la guerre entre les Taglebites et les Bekrites, et qu'il y fit quelques additions après la mort du roi (*V.* l'art. HARETH-BEN-HILLIZA). Elle ne consiste qu'en 104 vers; au commencement le poëte chante l'amour, et le reste est en grande partie l'éloge de sa tribu. Jos. Gottfr. Louis Kosegarten en a donné une édition en 1819, avec une traduction latine, une traduction allemande en vers, et les scolies de Zuzeni. Elle est précédée d'une version latine de la vie du poëte par Abul-Faradsch-al-Isfahani, pages 1-8; les pages 37-41 renferment une seconde biographie d'Amru-ben-Kelthum, que Kosegarten travailla sur des sources orientales; l'ouvrage a pour titre: *Amrui-ben-Kelthûm Taglebitæ Moallacam, Abu-abd-alla-el-Hossein-ben-al-Achmed exsuseni scholiis illustratam, etc.*, e codicibus Paris. Edidit, etc. Jenæ, MDCCCXIX, in-4°. *Reiske, et Jones, the Moallacah; or seven arabian poems, which were suspended in the temple at Mecca.* Lond., 1783, in-4°.   RÆSS.

AMSANCTUS ou **AMSANCTI VALLES.** C'est une ancienne vallée du Samnium ou pays des Samnites, formée par un écartement de l'Apennin, entourée de montagnes abruptes et de précipices au fond desquels coule avec fracas un torrent écumeux. Il y a sur les bords de ce torrent une vaste caverne dont l'entrée presque inaccessible était regardée par les Romains comme un soupirail de l'enfer. Ils avaient élevé dans cette même vallée un temple à Junon Méphitis.   N. M. P.

AMSDORF (NICOLAS), disciple de Luther, égala son maître dans l'animosité et la violence qu'il déploya contre les catholiques et contre le pape. Pour le payer de son zèle, Luther, bien qu'il ne fût lui-même que simple prêtre, le sacra évêque de Naümbourg. Amsdorf soutint que les bonnes œuvres nuisaient au salut lorsqu'on les regardait comme des moyens de parvenir. Cette doctrine trouva des partisans qui, du nom de leur chef, prirent celui d'amsdorfiens. Il est mort suivant les uns en 1541, selon quelques autres beaucoup plus tard et en 1565.   A. A.

AMSDORFIENS. (*V.* AMSDORF.)

AMSTERDAM, aujourd'hui capitale d'un royaume qui, malgré son peu d'étendue territoriale, ne manque pas d'importance, n'a eu que de bien humbles commencements. Quelques pêcheurs, dit-on, auraient construit leurs chaumières, dès le XIᵉ siècle, sur l'emplacement que la ville occupe aujourd'hui. Ils avaient choisi le bord méridional de l'Amstel, afin d'opposer les eaux de cette rivière aux incursions des Frisons, peuples plus qu'à demi sauvages; et comme cette précaution ne fut pas suffisante, ils se donnèrent au comte du pays, et sous la protection de ce seigneur, les cabanes se multiplièrent et formèrent une bourgade qui prit le nom d'Amsteldam (digue sur l'Amstel). Environ cent ans plus tard la bourgade était devenue une petite ville dont les habitants s'occupaient activement de commerce, encouragés par les priviléges qui leur avaient été concédés. Cette prospérité ne dura pas; en 1286 la ville fut prise et saccagée par les peuplades voisines, armées pour venger la mort du comte de Hollande; le seigneur d'Amstel était accusé d'avoir trempé dans le meurtre. Amsteldam ou Amsterdam tomba dans le domaine des comtes de Hollande qui, pour rendre le joug léger aux habitants, confirmèrent les anciens priviléges et en accordèrent même de nouveaux. Cette ville ne tarda pas à réparer ses pertes; le commerce de la Baltique ouvrit pour elle une source abondante de richesse et

de prospérité. Un incendie qui dévora la moitié de ses édifices au milieu du XVᵉ siècle, le pillage et la dévastation qu'elle eut à souffrir de la part des habitants de Gueldre en 1512, la domination des Espagnols durant quelques années, l'introduction de la prétendue réforme à la suite de la révolte qui renversa le pouvoir de l'Espagne, le gouvernement démocratique qui s'établit sur les ruines du pouvoir royal, rien n'arrêta l'élan des habitants vers la large carrière du commerce. Aussi dès la fin du XVIᵉ siècle Amsterdam figurait-elle au premier rang des places commerçantes de l'Europe. Son émancipation politique en fit la capitale des sept Provinces-Unies (*V.* ce mot). La ville s'agrandit en proportion de sa prospérité croissante; en 1622 elle comptait déjà cent mille habitants. Cette augmentation de puissance excita la jalousie des autres villes; le prince d'Orange Guillaume II tenta de s'en rendre maître par un coup de main (1650), et son entreprise échoua. Mais ce que ce prince n'avait pu faire, la guerre avec l'Angleterre manqua de le produire, et trois ans plus tard le commerce d'Amsterdam souffrit tant de pertes et toutes les branches de l'industrie tombèrent dans un tel état de stagnation, que plus de quatre mille maisons restèrent désertes. Toutefois les Hollandais ne tardèrent pas à se relever de cet état d'affaiblissement, et leur capitale fut rendue à son ancienne splendeur. On sait quel rôle jouèrent les bourgeois d'Amsterdam dans la guerre dite de succession; ils vengèrent par leur hauteur, leur morgue et leur insolence sur Louis XIV, vieux et malheureux, l'humiliation qu'ils avaient subie au temps des prospérités du grand roi. En 1793, la France révolutionnaire vengea Louis XIV. La Hollande fut conquise et organisée en république démocratique, ce qui, en lui donnant pour ennemie l'Europe entière, alors déclarée contre la France, conduisit Amsterdam à une prompte décadence. Quand Napoléon devenu empereur ne voulut autour de lui que des rois choisis dans sa propre famille, il transforma la Hollande en royaume, et il plaça sur ce trône nouveau son frère Louis; mais celui-ci n'ayant pas adopté toute la politique égoïste de son aîné, la vengeance impériale vint le frapper, et la Hollande fut incorporée à la France. La chute de Napoléon rendit à la Hollande une partie de son importance; elle devint un royaume qui se composa des Provinces-Unies et des Pays-Bas espagnols. Ceux-ci s'en sont séparés violemment en 1830, et un royaume de Belgique a été formé. Amsterdam n'en conserve pas moins un rang distingué parmi les villes commerçantes de l'Europe. On y compte aujourd'hui deux cent dix mille âmes de population. Le cinquième à peu près se compose de catholiques; le reste, à l'exception d'environ vingt-deux ou vingt-trois mille luthériens et d'autant de juifs, suit la religion réformée. Ce qui doit étonner dans une ville aussi industrieuse, c'est d'y voir près de quarante mille indigents, c'est un sur cinq; à Paris ce n'est guère qu'un sur onze ou douze. — Comme le terrain est très-bas du côté du port, la ville presque entière est bâtie sur pilotis. L'aspect de la ville, pris sur le pont de l'Amstel, n'est pas moins agréable que pittoresque. Amsterdam avait autrefois des murailles flanquées de vingt-six bastions. Ces fortifications, considérées comme incomplètes, ont été abattues et leur emplacement converti en promenades. Sa défense ne consiste aujourd'hui qu'en des écluses au moyen desquelles on peut inonder toute la campagne voisine. On a conservé pourtant du côté de la mer le château ou fort de Naarden. — L'hôtel de ville est un ancien et bel édifice; il fut construit après la paix de Westphalie sur les dessins de van Kampen, mais les travaux ne furent terminés qu'en 1655. Le trésor de la banque est renfermé dans une cave voûtée de ce bâtiment, qui a 282 pieds de long sur 235 de large et 116 de haut. La tour ronde qui le couronne s'élance à plus de 300 pieds d'élévation. Le roi Louis avait établi sa résidence à l'hôtel de ville, ce que les Hollandais supportaient avec peine; ils n'aimaient pas à voir leurs anciennes salles d'assemblées converties en salle aux gardes ou salons de courtisans. Le roi actuel a ménagé cette susceptibilité, il habite le palais de Trippenham; mais le beau musée de tableaux qui décorait l'hôtel de ville a été transporté au palais. — La bourse d'Amsterdam est encore un bel édifice; l'Amstel passe par-dessous, sous une voûte solide qui forme cinq arches. Au surplus on trouve dans Amsterdam tous les établissements communs aux grandes villes: sociétés littéraires, théâtres, athénées, jardin des plantes, écoles publiques, hospices, etc. — Une assez grande tolérance règne dans cette ville; chaque culte a ses églises particulières. La plus belle est l'*Église-Neuve* sur la digue; elle appartient au culte réformé; l'orgue et la chaire sont regardés comme des chefs-d'œuvre de sculpture. On y voit le tombeau du fameux Ruyter. — L'air d'Amsterdam est humide et malsain. L'été surtout, il s'exhale des nombreux canaux qui sillonnent la ville une odeur nauséabonde qui en rend le séjour insupportable. L'eau y manque et les maisons en sont peu commodes; mais les canaux offrent beaucoup d'avantages à la navigation intérieure et au commerce hollandais. Le nouveau canal qui s'étend depuis le port jusqu'à la pointe nord de la Hollande, long de 14 lieues, a 124 pieds au moins de largeur sur une profondeur de 26; ce qui permet aux bâtiments marchands d'arriver jusqu'aux quais d'Amsterdam. Ils sont traînés à la remorque par des bateaux à vapeur. Le trajet n'est guère que de deux jours. — Amsterdam est à 121 lieues N.-N.-O. de Paris, par 52° 22′ 17″ de latitude et 2° 33′ de longitude O. de Paris.

N. M. P.

AMSTERDAM (ÎLE D'). C'est une petite île de l'océan Austral découverte en 1697 par le Hollandais van Vlaming, à 34° 42′ de latitude S. et 75° 28′ de longitude O. de Paris. Sa longueur totale n'est que d'environ deux petites lieues du nord au sud, et sa largeur est de moitié moindre. Elle est de création volcanique, car le grand bassin qui occupe, comme un port, l'intérieur de l'île ne paraît être qu'un ancien cratère par un côté duquel la mer s'est frayé un passage. Ce passage excepté, toute la côte n'offre que des couches de laves superposées à de grandes hauteurs, ce qui rend l'île inaccessible par ses rivages qui s'élèvent à une hauteur d'environ 700 pieds; mais du milieu de ces laves jaillissent des sources d'eaux brûlantes. Dans l'intérieur de l'île on voit de petits étangs d'eaux pareillement chaudes. Le sol, tout à fait infertile, se couvre à peine en quelques lieux de mousses et de rares graminées. Aucun être vivant n'anime la triste solitude de l'île d'Amsterdam, à l'exception des mouches, qui sont d'autant plus incommodes qu'elles se jettent avec une sorte de fureur sur ceux qui abordent dans l'île pour s'y livrer à la pêche du poisson qu'on y trouve en très-grande quantité. Les Américains s'y rendent pour y prendre les veaux marins qu'ils apportent en Chine.

N. M. P.

AMULETTE (amuletum.) Ce mot s'est formé de amoliri, garantir, éloigner, parce que la superstition attache aux objets qu'il désigne une vertu préservative de certaines maladies, et de toute sorte de maléfices. Les amulettes consistent ordinairement en une image, une inscription, une figure, mais ils n'agissent avec efficacité que lorsqu'on les porte immédiatement sur la peau, soit au cou, soit aux bras ou sur toute autre partie du corps; toujours composés de matières inertes, afin qu'ils puissent servir indistinctement en toute circonstance, les amulettes semblent n'avoir de propriétés réelles que celles que leur donnent les pratiques qu'on y a jointes, et surtout la spécialité qu'ils ont primitivement reçue de leurs auteurs. — Les Grecs et les Romains les désignaient aussi sous le nom de phylacteria, phylactères, et reconnaissaient en eux une puissance de premier ordre à leurs yeux, celle de donner la victoire à l'athlète qui en portait, ou du moins de lui faire surmonter avec succès le pouvoir des charmes dont pouvait être muni son adversaire. Sylla, au rapport de Plutarque, avait continuellement sur l'estomac une petite image d'or d'Apollon Pythien, et il la baisait souvent pendant ses expéditions; Périclès ne se sauva d'une grande maladie que par les amulettes qu'il portait suspendus au cou, et, malgré sa haute sagacité, il se montra convaincu qu'on pouvait employer ce moyen comme une consolation et un refuge pour l'esprit affaibli du malade. — Les juifs portent encore des phylactères ou bandes de parchemin sur lesquelles sont transcrits des versets de la Bible, et cela par une fausse interprétation de la loi, qui leur ordonna d'avoir toujours la sainte Parole devant les yeux. On sait qu'ils emportent dans la tombe tous les objets qu'ils regardent comme nécessaires pour arriver jusqu'au grand législateur, Moïse. — Les peuples de l'Orient ont beaucoup de foi dans les amulettes ainsi que les Maures, les Arabes et les Africains; les Nègres les appellent gris-gris. Ce sont simplement de petits morceaux de papier ou de parchemin avec des passages du Coran écrits en petits caractères; quelquefois ces papiers sont remplacés chez les mahométans par de petites pierres auxquelles ils attribuent de grandes vertus. Les dervis ont le monopole de ces amulettes, qu'ils vendent fort cher, et dont ils garantissent l'infaillibilité. Comme on le pense bien, les acquéreurs éprouvent bien souvent un désappointement complet; mais ils sont tellement persuadés de la puissance des émanations du ciel, qu'ils rejettent toujours le défaut de réussite sur l'omission de quelque pratique ou circonstance essentielle. Souvent même pour que l'action soit plus sûre et plus forte, ils ne se contentent pas d'en porter sur eux, ils en attachent au cou de leurs chevaux dans de petits sacs de cuir, et lorsqu'ils les vendent ou qu'ils les donnent, ils recommandent de ne pas les priver de ces talismans, sous peine de les voir périr, ou tout au moins tomber au pouvoir des esprits malins: Dans le midi de la France, les paysans en font encore une aussi grande consommation que les Espagnols, de qui ils les tiennent. — Les chrétiens n'ont pas été exempts de ce travers d'esprit. Saint Jean Chrysostôme et saint Jérôme se sont élevés avec force contre ceux qui portaient des pièces d'or à l'effigie d'Alexandre le Grand, comme devant leur donner du courage et de la bravoure (Homil. 25, ad pop. Antioch). L'empereur Constantin avait condamné cette pratique, ainsi que le concile de Tours, tenu sous Charlemagne. Ce dernier fit également sur ce point des capitulaires qui restèrent aussi impuissants que toutes les fulminations des Pères de l'Église. Le concile de Laodicée défendit aux ecclésiastiques de porter des amulettes ou phylactères, sous peine de dégradation. — Malgré les fréquentes leçons que l'événement avait données aux porteurs d'amulettes, les hommes n'ont pas été plus sages. On se souvient encore de cette armée de reîtres qui fut battue sous le règne de Henri III, par le duc de Guise, à Vimori et à Auneau, et qui, pour s'assurer la victoire, s'était munie d'amulettes sans nombre, comme on s'en aperçut en dépouillant les morts restés sur le champ de bataille. — Les armées alliées qui, en 1814 et 1815, ramenèrent sur le trône de France la famille des Bourbons, eurent aussi besoin de cette certitude de succès. L'empereur Alexandre distribua, dit-on, des amulettes à tous ses soldats avant de les faire entrer en campagne. Ces amulettes qui les conduisaient nécessairement à la victoire, avaient aussi la vertu de leur ouvrir les portes du ciel, s'ils venaient à succomber. — En médecine, Galien bannit l'usage des amulettes, parce que, disait-il, non-seulement ils sont inutiles, mais encore ils sont nuisibles. En effet, les malades, pénétrés d'une confiance aveugle pour leur amulette, négligent un traitement méthodique, et s'endorment dans une sécurité trompeuse; la maladie s'aggrave, et souvent, quand l'erreur se montre, il est trop tard. — Ce fut Serennus Sammonicus qui, depuis Galien, contribua le plus à remettre en honneur les amulettes; il préconisa surtout le mot abracadabra, qui, écrit d'une certaine manière, et suspendu au cou avec un fil de lin, était souverain contre la fièvre. D'autres préférèrent les mots abraxas ou abrasax. Boyle écrivit de longues dissertations pour expliquer comment agissaient les amulettes placés sur la peau; il prétendit que c'était par émanation; il affirma aussi qu'il avait été guéri d'un saignement de nez qui avait résisté à tous les remèdes connus, par un fragment de crâne humain, pulvérisé et appliqué sur la peau; il lui suffit de garder cette poudre sur la peau le temps nécessaire pour qu'elle s'y échauffât. Van Helmont, homme dont les lumières étaient bien au-dessus de son siècle, avait beaucoup de confiance dans l'application sur la peau de trochisques de crapauds; il soutint, ainsi que Zweller, qu'avec ce simple remède on pouvait se préserver de la peste, et même la guérir. — Notre siècle, malgré ses progrès, attache encore de grandes vertus à diverses recettes indiquées pour la guérison de certaines affections. Combien d'hommes sans instruction croient aux sachets contre la fièvre, aux bagues de fer contre la migraine, aux colliers de corail pour la pousse des dents; bien des gens ne seraient point tranquilles si leurs enfants ne portaient au cou quelques grains contre les convulsions. Il est même des hommes instruits qui partagent à cet égard les préjugés du vulgaire. On a vu plus d'une fois des docteurs distingués affirmer qu'un sachet de cire à cacheter préserve de la dyssenterie; qu'une tranche de racine d'angélique ou de colchique mise sur la poitrine, garantit des maladies contagieuses; que des personnes qui portent suspendus à l'épigastre des racines de verveine sont à l'abri des scrofules; qu'avec des marrons dans sa poche, on guérit des hémorroïdes, etc. Le célèbre Hallé, ne sachant un jour quel moyen employer pour arrêter une hémorragie qui durait depuis plusieurs heures, mit une boulette de pain dans la main du malade, en lui disant que c'était là un secret qu'il tenait d'un grand personnage; l'hémorragie cessa sur-le-champ et ne se renouvela pas. Une autre fois, une femme, sujette à des maux de dents périodiques, fut radicalement guérie par l'application sur la dent d'un morceau de coton imbibé d'huile de papier. Montaigne dit: « Il est vraisemblable que le principal crédit des visions, des enchantements, et de tels effets extraordinaires, vient de la puissance de l'imagination, agissant principalement contre les âmes du vulgaire plus molles: on, leur a si fort saisi la créance, qu'ils pensent voir ce qu'ils ne voient pas. » Toute l'action des amulettes réside en effet dans l'influence que peut exercer l'imagination fortement ébranlée.

(*V.* ANTIPATHIE, SCARABÉE, TOULASI, LOTOS, SCHAL-
GRAMA, OPAS.)   R. T.

AMULIUS. Il était fils puîné de Procus, roi d'Albe. La couronne appartenait de droit à Numitor, son frère; Amulius s'en
empara, fit périr son neveu Lausus, et força Rhéa Sylvia,
sœur de Lausus, à se consacrer à Vesta, afin de consolider
son usurpation. Rhéa Sylvia, qui probablement avait disposé
de ses affections en faveur d'un jeune guerrier, dont les mythologues ont fait le dieu Mars, mit deux enfants au monde,
Rémus et Romulus. Amulius condamna sa nièce au supplice
des vestales infidèles, et la malheureuse Rhéa fut enterrée
vivante. Les deux enfants devaient être noyés dans le Tibre,
suivant les ordres d'Amulius; mais ils furent sauvés par des
bergers; les mythologues ont préféré aux bergers une louve
qui, non-seulement empêcha le crime de se consommer, mais
qui encore devint la nourrice des deux jumeaux. Ceux-ci devenus grands tuèrent Amulius et replacèrent sur le trône leur
aïeul Numitor qui vivait encore.   J. L. G.

AMUR, fleuve d'Asie (*V.* AMOUR).

AMURATH ou **MURAD, I**er**,** fils d'Orchan et peut-être de
Théodora Cantacuzène, naquit l'an 1319 (720 de l'hégire). Son
frère aîné Soliman, franchissant les limites de l'Asie, avait planté
l'étendard de Mahomet sur le continent européen. Amurath fut
envoyé avec une armée pour le soutenir, et, favorisé par la
fortune, il s'empara du fort Épibatos, situé à huit lieues de
Constantinople. Peu de temps après, Soliman fut tué par un
cheval fougueux, et Orchan ne put lui survivre plus de deux
années. Amurath hérita ainsi du trône de son père et du désir
de s'agrandir par là conquête. Toutes ses pensées se tournèrent vers l'Europe. Son règne commença par une campagne
dans laquelle il donna des preuves d'un courage et d'une habileté dignes des plus grands capitaines. Ancyre, son territoire
et les châteaux qui les défendaient tombèrent en son pouvoir.
Il envoya ensuite son vizir Étabéki-Schahyn-Lola assiéger Andrinople, qui ne put résister à un premier assaut; et, comme
il était en marche avec une armée pour se rendre en Europe,
il s'arrêta tout à coup sans qu'on sache pourquoi, et se re-
plia sur Pruse, après avoir envoyé à Schahyn-Lola l'ordre de
s'avancer dans la Thessalie. Cette province fut conquise et
reçut un gouverneur. Ce fut vers cette époque qu'Amurath
forma, de l'élite des prisonniers faits dans des expéditions
précédentes, la milice fameuse des janissaires (*V.* ce mot).
L'empereur Andronic effrayé demanda et obtint la paix à des
conditions onéreuses; Amurath, après ce traité, envoya ses
janissaires à son secours contre les Bulgares, qui furent
battus à Zermen. Pendant que son vizir remportait des
victoires, le sultan ne restait point oisif. Administrer sagement son empire, étudier sans cesse le caractère de ses peuples, se rendre compte des nécessités du temps, peser des
ressources ou chercher les moyens de les multiplier, telles
furent ses occupations : on regrette qu'il se soit souillé de
plusieurs actes d'une cruauté inouïe. Sa position sur l'Asie
et l'Europe lui commandait une sage réserve; des ennemis
secrets sur les deux continents le menaçaient à la première
faute; il les divisa pour les mieux affaiblir. Vers l'an de l'hégire 786, il fit la conquête de la Macédoine et de l'Albanie, et
fixa sur lui des yeux du monde entier. Les princes qui le redoutaient se liguèrent contre lui; mais leur armée, composée
de Valaques, de Hongrois, de Dalmates, de Serviens et d'Albanais, fut complètement défaite dans les plaines de Cassovie.
Comme il parcourait le champ de bataille, un soldat mortellement blessé le tua d'un coup de poignard. Son fils Ildéric
Bajazet vengea sa mort sur le prince de Servie, Lazare, qui
avait été fait prisonnier. Amurath Ier avait vécu soixante et
onze ans et en avait régné trente.   B. DE CUBLIZE.

AMURATH II, fils de Mahomet Ier, naquit l'an 1404 (806 de
l'hégire). Il monta sur le trône à l'âge de dix-huit ans. Les
commencements de son règne furent moins heureux que n'a-
vaient dû le faire présager les derniers succès de son père.
Placé entre l'empereur grec qui ne voyait qu'avec un secret
sentiment de jalousie et de crainte l'accroissement de sa puissance, et d'autres ennemis plus dangereux peut-être, parce
qu'ils étaient au cœur même de ses États d'Europe et d'Asie,
tous disposés à profiter des fautes ou de ses revers, il jeta
un coup d'œil calme sur sa position, et voyant d'un côté le
trône des sultans menacé, de l'autre l'islamisme lui-même en
danger, il consolida l'un par sa prudence et affermit l'autre
par des victoires. Le règne précédent avait été troublé par un
faux Mustapha; à peine Amurath fut-il en possession de l'empire qu'un nouvel imposteur, se disant fils de Bajazet, se présenta pour le lui disputer. Soutenu par les Grecs et par une

armée d'aventuriers et de révoltés, il remporta d'abord une
victoire sur des troupes commandées par un vizir; mais, abandonné par les siennes en Asie, il fut pris et décapité. Le sultan,
retiré depuis ce moment dans Andrinople, s'occupait de faire
fleurir l'industrie dans son empire, quand il fut appelé en
Asie par la révolte de son jeune frère Mustapha, qui fut assiégé, fait prisonnier dans Nicée et étranglé en sa présence.
Après cette sanglante exécution, Amurath comptait sur un
avenir sans nuage; mais lorsqu'il s'y attendait le moins, son
allié Isfindarbeg se jeta sur ses provinces d'Asie. Amurath
courut les défendre; mais, arrivé à Bolova, il trouva au lieu
d'Isfindarbeg, les sujets de ce prince, qui se plaignirent de sa
hauteur et de sa dureté, et supplièrent le sultan de le déposer
et de mettre à la place du père le fils qu'il tenait en otage.
Isfindarbeg avait une fille d'une beauté rare; il vint avec elle
se jeter aux pieds d'Amurath qui lui pardonna; il devint même
l'époux de cette princesse qui plus tard lui donna Mahomet II,
le fléau des chrétiens. Vers l'an 830 de l'hégire, les armes
turques se tournèrent contre l'Europe. Les Vénitiens furent
attaqués, l'île de Zante ravagée, le continent voisin pillé et
désolé. La puissance d'Amurath parut alors à son apogée.
Il y eut des souverains qui lui firent volontairement hommage
de leurs États. Un petit prince d'Asie, craignant l'humiliation, tenta de résister, mais il ne put éviter sa ruine qu'en employant
auprès d'Amurath un dervis éloquent et adroit. — L'an 837,
les Turcs prirent Thessalonique et Athènes; huit ans plus tard,
le général grec Morakraly, frère de l'empereur, fut complètement défait sous les murs du château de Giogerjink. Mais les
Turcs avaient aussi les Hongrois en tête. C'était le temps de
Jean Huniades et de ses exploits. Beaucoup de combats sanglants furent livrés, et presque partout les chrétiens eurent
l'avantage. — Cependant l'aga Michal-Ogli-Ali-Beg pénétra en
Hongrie et y fit un grand nombre de prisonniers. Les Hongrois
le harcelèrent dans sa retraite et exercèrent de terribles représailles sur le territoire des Turcs. Amurath passa le Danube,
et alla mettre le siège devant Belgrade. La vigoureuse résistance des assiégés, la trahison d'un de ses confidents, l'hiver
qui survint, le firent échouer devant ce boulevard de la Hongrie, et il s'en retourna à Andrinople où il établit des écoles
publiques et fit construire l'Eski Jausi. — L'empire était en
paix; les Turcs et les Hongrois avaient fait un traité qui assurait le repos des peuples. Amurath, dégoûté des grandeurs,
résigna sa couronne et descendit dans la vie privée. Mais pendant qu'il vivait à Magnésie au milieu des dervis, les Hongrois
se préparaient de nouveau à la guerre. La Pologne, l'Italie et
la Bulgarie leur fournirent des auxiliaires. Le sultan sortit de
sa retraite et reprit le timon des affaires. Il marcha sans délai
contre le roi de Hongrie qu'il rencontra et défit à Varna. Il
était retourné à Magnésie laissant une seconde fois le trône à
son fils. Mais la révolte des janissaires, causée, dit-on, par la
jeunesse et l'inexpérience de ce dernier (850 de l'hégire), ramena une seconde fois Amurath à Andrinople, et les désordres
cessèrent. Il se mit presque aussitôt après en campagne pour
aller soumettre le rebelle Iscanderbeg, prince d'Épire, qui fut
contraint de se retirer dans l'Albanie. Les Épirotes furent alors
condamnés à périr ou à devenir musulmans. La Grèce et la
Morée furent ensuite ravagées et couvertes de ruines. Cependant Huniades n'était pas mort, il releva le courage de ses
compatriotes qui repassèrent le Danube et rencontrèrent Amurath dans les plaines de Cassovie, mais ils ne furent pas plus
heureux que la première fois. Leur roi tomba percé de coups
sur le champ de bataille, et Huniades en se retirant tomba
dans les mains du despote de Servie. Ce fut la dernière victoire
d'Amurath. Sa mort survint peu de temps après. Il avait vécu
environ cinquante ans et en avait régné trente. Les Turcs le
regardent comme l'un de leurs plus grands princes.
                                        BUCHET DE CUBLIZE.

AMURATH III, fils de Sélim II, monta sur le trône en 1575
(982 de l'hégire). Les trois premières années de son règne
furent consacrées aux préparatifs d'une expédition contre la
Perse, expédition qui devint également funeste aux deux puissances. La paix fut conclue après douze ans d'hostilités, et elle
mit Amurath en possession de Tauris et de trois provinces
persanes. En Europe, il soutint son vassal Étienne Battoris,
vaivode de Transylvanie, et lui fit obtenir le trône de Pologne
au préjudice de l'empereur Maximilien. La Crimée se souleva
et fut presque aussitôt ramenée à l'obéissance. Mais une révolte bien plus dangereuse éclata tout à coup au sein même
de la capitale de l'empire. Les janissaires demandant la tête
du defterdar; Amurath selon les uns, résista, selon d'autres
montra une fatale hésitation. Quoi qu'il en soit, quinze mille

maisons devinrent la proie des flammes par suite de ces troubles. Amurath, douzième sultan des Turcs, mourut en 1594 (1002 de l'hégire), à l'âge de cinquante ans, après un règne de vingt. Il eut autant de fils que d'années de règne, et celui qui lui succéda fit étrangler tous ses frères, imitant son père qui, à son avénement, s'était ainsi défait de cinq fils de Sélim, dont le plus âgé n'avait pas plus de huit ans. B. DE CUBLIZE.

AMURATH IV, neveu et successeur de Mustapha, déposé en 1622, n'avait que treize ans lorsqu'il fut appelé au trône. Guidé par sa mère la sultane Kirsem, qui joignait une grande prudence à une grande fermeté, il se fit craindre de ses sujets et de ses ennemis. Après cinq règnes faibles parut le prince le plus absolu qui eût encore gouverné les Turcs. Doué de qualités brillantes, il exerçait une sorte d'empire sur tout ce qui l'entourait ; mais bientôt, abusant de ses avantages, il se mit au-dessus des lois et des préjugés de sa nation, et non-seulement il permit l'usage du vin, mais encore il en buvait lui-même avec excès, et souvent ses favoris durent leur élévation à leur goût prononcé pour la liqueur proscrite par le Prophète. Mais Amurath savait dans certaines circonstances maîtriser ses passions, et il était sobre à la tête de ses troupes. Il fit la guerre aux Polonais et aux Persans, et la prise de Bagdad, où il n'entra que sur les cadavres de trente mille vaincus, lui valut le titre de Victorieux (1638). L'empire fut toujours florissant sous son règne, les pachas tremblaient d'exciter le soupçon, les magistrats n'osaient point prévariquer, tout le monde craignait la sévérité et la prompte justice de celui qui veillait à tout et semblait être toujours partout. Toutefois ses excès et la débauche le conduisirent à une mort prématurée, car il ne vécut que trente et un ans (1640 ; 1050 de l'hégire).
BUCHET DE CUBLIZE.

AMURE (mar.). C'est le nom d'un cordage attaché à l'angle d'une basse voile, et destiné à porter cette voile dans le lit du vent autant que cela est possible. Ce cordage est passé dans un trou pratiqué au bordage ou mur du navire, et c'est de-là, dit-on, qu'est sorti le nom qu'on lui a donné. L'amure prend au surplus le nom de la voile à laquelle elle est attachée ; amure de misaine, d'artimon, de grande voile ; et, de plus, le nom de bâbord ou de tribord, suivant qu'elle est fixée au coin gauche, ou au coin droit de la voile. On se sert assez souvent du mot amure pour exprimer de quel côté vient le vent, de sorte que changer d'amures, c'est virer de bord. A. M.

AMUSEMENTS DE L'ESPRIT. (V. ESPRIT jeux d') ; ANAGRAMMES ; ANACYCLIQUES (vers) ; BURLESQUE, MACARONIQUE (genre) ; VERS, etc.)

AMUSEMENTS DES SCIENCES. (V. RÉCRÉATIONS MATHÉMATIQUES, PHYSIQUES, CHIMIQUES, etc.)

AMUSETTE. On appelait ainsi dans les XVIIe et XVIIIe siècles, un très-petit canon de fer, long d'environ quatre à cinq pieds, et d'un pouce et demi de diamètre. On s'en servait dans les guerres de montagnes, à cause de la facilité qu'on avait de le conduire. L'amusette se chargeait de balles du poids de huit onces à une livre, ou de mitraille ; elle était montée sur un affût de bois porté sur deux roues de vingt pouces de rayon. Le maréchal de Saxe avait tenté d'introduire cette arme parmi les troupes françaises ; mais ses essais ne furent pas heureux : l'amusette employait beaucoup de monde, et ne produisait qu'un médiocre effet, aussi fut-elle promptement abandonnée. Depuis la mort du maréchal, un officier au service du Portugal l'introduisit, après l'avoir améliorée, dans l'infanterie portugaise, qui ne tarda pas non plus à l'abandonner.—Les contrebandiers espagnols ont une espèce d'amusette qu'ils appellent trabuco, et qui est fort dangereuse. C'est un canon de fer monté sur bois comme celui d'un fusil, long d'environ trois pieds, plus étroit vers la culasse qu'à l'orifice, qui se termine par un évasement, lequel permet à la charge de l'arme de s'éparpiller et de décrire un grand cercle presqu'à bout portant (V. TRABUCO).—Amusette se dit encore de l'amorce, qui dans certains cas et dans un temps donné doit communiquer le feu à une pièce chargée. C'est d'ordinaire une mèche soufrée qui ne brûle que lentement, de sorte qu'on peut calculer, à peu de chose près, le temps où l'explosion de la pièce aura lieu. C'est par des amusettes qu'on met le feu aux mines, aux pièces d'artifice ; c'est une amusette qui enflamme les bombes, les obus, les grenades, après le départ de ces projectiles. X. X.

AMYCLA (myth.), une des cinquante filles de Niobé. On sait que cette dernière ayant eu le malheur de se croire ou de se dire aussi belle que Diane, la vindicative déesse perça de ses flèches les cinquante filles de Niobé ; c'est ce qui résulte des récits d'Homère, Iliad:, XXIV ; mais Pausanias raconte que, vaincue par les prières de sa mère Latone, Diane épargna la jeune Amycla et sa sœur Mélibée. — AMYCLÆUS fut un des surnoms d'Apollon, parce qu'il avait un temple dans la ville d'Amyclés. On désignait par le même nom la montagne voisine de la même ville, et connue plus tard sous le nom de mont Taygète. — AMYCLAS, fils de Lacédémon et de Sparta, bâtit la ville d'Amyclée, en l'honneur de son fils Hyacinthe. — Le capitaine du vaisseau sur lequel Jules César s'était embarqué sous un déguisement, s'appelait aussi Amyclas. Comme ce capitaine voulait rentrer dans le port pour éviter la tempête, César, trahissant son incognito, s'écria : Avance et ne crains rien, tu portes César et sa fortune : Cæsarem vehis Cæsarisque fortunam.

AMYCLÉE ou AMYCLÉES, sur la rive droite de l'Eurotas, à deux ou trois lieues de Sparte (aujourd'hui Sclavo Chori); indépendante après sa fondation par Amyclas, elle fut soumise par les Lacédémoniens. Les habitants s'étant révoltés contre leurs oppresseurs, parvinrent d'abord à les chasser de leur ville ; les Spartiates réunirent alors toutes leurs forces, dit Pausanias, et après un long siège ils se rendirent maîtres de la ville ; mais beaucoup d'habitants, préférant l'exil à la perte de l'indépendance, s'exilèrent d'eux-mêmes du sol natal, et passèrent en Italie, où ils fondèrent sur la côte du Latium, une ville nouvelle qui prit aussi le nom d'Amyclée. Virgile appelle silencieux, taciti, les habitants d'Amyclée (aujourd'hui Sperlonga), parce que, attachés à toutes les doctrines de Pythagore, ils se faisaient une loi de ne prendre jamais la parole sans nécessité. A. M.

AMYGDALES (méd.). On appelle de ce nom ou de celui de tonsilles, deux glandes muqueuses ovoïdes, longues de sept à huit lignes, semblables par leur forme à deux amandes enveloppées de leur coque ligneuse, et suspendues au fond de la bouche, une de chaque côté, entre les piliers du voile du palais. Leur face interne, celle qui fait saillie dans l'isthme du gosier, est recouverte par la membrane muqueuse, et elle présente dix ou douze cellules d'où sort, par l'effet de la moindre pression, un mucus visqueux qui paraît destiné à faciliter la déglutition des aliments en humectant et lubréfiant l'isthme du gosier. Les nerfs et les vaisseaux sanguins des amygdales proviennent de ceux du palais, de la langue ou de la mâchoire, et ne consistent qu'en petits rameaux. Cet organe, qui paraît au fond assez peu nécessaire, puisque l'ablation qu'il est quelquefois indispensable d'en faire ne produit aucun résultat fâcheux ni même sensible pour l'individu, est sujet à un assez grand nombre de maladies, dont la plus ordinaire est l'amygdalite, inflammation désignée sous le nom vulgaire d'esquinancie, et par la médecine moderne sous celui d'angine tonsillaire (V. ce mot). X. X.

AMYGDALITE (V. ANGINE).

AMYGDALOÏDES (géol.); portion de substances minérales dont l'intérieur renferme des espèces de noyaux de forme sphéroïdale ou ovoïde, d'une nature toute différente de celle de la substance terreuse ou rocheuse qui les renferme. Suivant M. Brongniart, il y en a deux espèces principales auxquelles se rattachent toutes les autres : la variolite, qui se compose de pétrosilex de plusieurs couleurs, et la spilite, qui n'est qu'une masse d'aphanite, l'une et l'autre renfermant des noyaux sphéroïdes. Les géologues en général ne distinguent aussi que deux espèces d'amygdaloïdes, celles dont la formation est aussi ancienne que la roche même où ils s'aperçoivent, et celles dont la formation est postérieure à la formation des matières qui leur servent d'enveloppe. La première espèce se rencontre dans les roches schisteuses qui offrent assez fréquemment des noyaux de quartz, de feldspath, etc., autour desquels se voient rangées par assises ou couches très-minces les feuilles de schiste. La seconde espèce se présente dans toutes les roches d'origine volcanique, tels que porphyres, trapps, basaltes, laves, etc. Les cavités des amygdaloïdes sont ordinairement remplies de feldspath, de quartz et de calcaire ; quelques autres substances s'y rencontrent aussi. Le feldspath ne se trouve jamais dans les basaltes ni dans les laves des volcans modernes. On explique diversement la formation des amygdaloïdes. L'opinion la plus commune, c'est que les scories des roches autrefois en fusion ont formé, en se refroidissant, des cavités qui, à des époques, plus ou moins éloignées, se sont remplies de minéraux infiltrés et ténus en fusion ou en dissolution par diverses causes. Quoi qu'il en soit, ce sont les amygdaloïdes qui fournissent aux lapidaires une grande quantité de matières précieuses, et principalement des agathes de plusieurs sortes. A. M.

AMYNTAS, nom qui fut commun à plusieurs rois de Macédoine, et c'est là tout ce qu'on en peut dire avec quelque certitude, car rien n'est plus obscur que leur histoire. Suivant les uns, le premier Amyntas, fils d'Alcétas, serait monté sur le trône l'an 507 avant J. C., et devenu tributaire des Perses, il aurait péri les servant à la fameuse bataille de Salamine l'an 480, c'est-à-dire vingt-sept ans de règne. Le second, fils de Philippe, se mit en possession du trône l'an 428 avant J. C., par le secours du roi des Thraces ; mais peu de temps après il fut obligé de s'enfuir. Enfin le troisième, petit-fils du précédent, devint roi l'an 392, après avoir éprouvé bien des traverses, et s'être vu obligé de disputer sa couronne à divers usurpateurs ; il mourut en 368, après un règne de vingt-six ans, durant lequel il se fit distinguer par la sagesse de son administration. — Suivant d'autres historiens, qui donnent une longue liste de tous les rois de Macédoine depuis le commencement du VIIIe siècle avant J. C., il n'y a eu que deux Amyntas : le premier qui mourut après un règne de cinquante ans, l'an 484 avant J. C. ; le second, arrière-petit-fils du précédent, qui ne prit le sceptre que vers l'an 387, et qui mourut en 366. Il paraît, par le rapprochement des dates, que ces deux derniers princes sont les mêmes que le premier et le troisième dont nous avons fait mention auparavant. — Enfin, d'autres historiens, en se fondant sur quelques passages d'Hérodote, de Justin et de Diodore, comptent quatre Amyntas, au lieu de deux ou de trois : le premier régna cinquante ans, et mourut l'an 497 avant J. C. : c'est évidemment encore le fils d'Alcétas. Le second ne fit que paraître sur le trône, qu'il ne remplit que quelques mois. L'an 397 avant J. C., c'est-à-dire deux ans après la mort ou l'expulsion de ce prince, parut Amyntas III, qui, après avoir été chassé par les Illyriens, fut rétabli par les Spartiates. C'est bien certainement encore le troisième Amyntas de la première opinion et le deuxième de la seconde. Justin et Diodore le font mourir après un règne de vingt-quatre ans, dans lesquels ils ne comptent pas sans doute le temps qu'il passa dans l'exil. Le quatrième Amyntas, petit-fils du précédent, était encore en bas âge lorsque sa grand'mère Euridice fit assassiner ses deux fils aînés, Alexandre et Perdiccas ; Amyntas était fils de ce dernier. Philippe, troisième fils d'Euridice et père d'Alexandre le Grand, se saisit alors du royaume qu'il n'administrait d'abord qu'en qualité de tuteur. Amyntas, craignant le sort de son père, renonça volontairement à ses droits ; mais plus tard il conspira, dit Quinte-Curce, contre son cousin Alexandre qui lui pardonna généreusement ; mais Justin assure qu'Alexandre le fit mourir, ce qui est plus vraisemblable.

N. M. P.

AMYNTAS II (*numism.*). Les médailles de ce roi de Macédoine ne représentent point son portrait, puisque ce ne fut qu'après la mort d'Alexandre le Grand que la monnaie, jusqu'alors sacrée, reçut, au lieu des têtes des divinités, celles des princes. La tête que portent ces pièces est celle d'Hercule, et on voit au revers de celles d'argent un cheval et un aigle ; sur celles de bronze, un aigle déchirant un serpent, un casque. Les médailles du module ordinaire, de 9 lignes de diamètre, valent 50 francs ; celles de 11 lignes, 200 francs ; celles de bronze, avec une tête imberbe diadémée, et le casque au revers, valent 9 francs. Un très-beau médaillon du cabinet de France représente au droit un cavalier allant au galop, la tête couverte du chapeau macédonien, vêtu d'une cuirasse et d'un manteau flottant, brandissant sa lance de la main droite, et tenant de la gauche la bride du cheval, le pied chaussé d'une bottine. Au revers, on lit les initiales du nom d'Amyntas, AMYNT., et on voit un lion tenant dans sa gueule la moitié d'une lance brisée, et l'autre moitié dans sa patte droite.

DU MERSAN.

AMYOT (JACQUES), né à Melun, le 30 octobre 1513, de parents pauvres, commença ses études dans sa ville natale, vint les continuer à Paris, où il n'avait, dit-on, pour subsister, qu'un pain que lui envoyait sa mère chaque semaine. Après avoir reçu le grade de maître ès arts, il se rendit à Bourges pour y étudier le droit civil. Il y devint précepteur des neveux de Jacques Collin, lecteur du roi et abbé de Saint-Ambroise, lequel lui fit obtenir une chaire de grec et de latin dans l'université. Pendant le temps du professorat, il traduisit d'abord le roman grec de Théagène et Chariclée, puis quelques-unes des vies des hommes illustres de Plutarque. La dédicace de son livre à François Ier lui valut l'abbaye de Bellozane. Pendant un voyage qu'il fit en Italie, à la suite de l'ambassadeur de France à Venise, il fut chargé de porter au concile de Trente une lettre de Henri II, contenant quelques protesta-

tions contre certaines décisions du concile. Il se montra dans cette circonstance extrêmement habile, et la manière dont il remplit sa mission ne contribua pas peu à le faire choisir pour précepteur des enfants de France. Le lendemain de son avénement, Charles IX, son élève, le nomma son grand aumônier, et le maintint dans cette place, malgré la vive opposition de Catherine de Médicis. Il le nomma ensuite évêque d'Auxerre. Henri III lui conserva la grande aumônerie, et y joignit le titre de commandeur de l'ordre du Saint-Esprit. Amyot se trouvait à Blois quand le duc de Guise y fut assassiné. On l'accusa d'avoir conseillé ce meurtre, et lorsqu'il revint à Auxerre, la population irritée tira sur lui plusieurs coups d'arquebuse. Ses dernières années furent calmes et entièrement consacrées à l'étude et aux devoirs de l'épiscopat. Il mourut à Auxerre, le 6 février 1593, à l'âge de 80 ans. Quoiqu'il se plaignît pendant sa vie d'avoir été ruiné par les troubles civils, il ne laissa pas moins de 200,000 écus. Il avait professé douze ans avant d'être grand aumônier et évêque ; il ne cessa jamais d'étudier, et c'est l'un des hommes qui ont fait faire les plus grands progrès à la langue française. On a prétendu qu'il ne connaissait point le grec, et que ses traductions avaient été faites sur une traduction italienne. Cependant les exemplaires de Plutarque qui lui ont appartenu sont chargés de notes et de variantes qui attestent une profonde connaissance de la langue grecque. A la vérité on ne peut nier qu'il n'ait fait un grand nombre de contre-sens. Mais à côté de ces fautes, quel style admirable, quel bonheur d'expression, quel charme à lire encore un vieux français ! Les ouvrages d'Amyot sont : 1° *Histoire æthiopique d'Héliodorus, contenant dix livres traitant des loyales et pudiques amours de Théagène, Thessalien, et Chariclée, Ethiopienne, nouvellement traduit du grec en français*, 1547, in-fol. et 1549, in-8°. Des réimpressions ont été faites à Lyon, à Paris et à Rouen. 2° *Sept livres des Histoires de Diodore de Sicile, traduits du grec*, Paris, Vascosan, 1554, in-fol. 3° *Amours pastorales de Daphnis et Chloé, traduites du grec*, de Longus, in-8°, 1559. Cet ouvrage a eu de nombreuses éditions ; parmi lesquelles nous citerons celle *du Régent*, 1718, petit in-8° ; celle de Didot, an 7 (1798), et celle que Paul-Louis Courier donna à Florence, 1810, sous ce titre : *Daphnis et Chloé, traduction complète d'après le manuscrit de l'abbaye de Florence.* La lacune qui existe dans les manuscrits connus jusqu'alors s'y trouve comblée et beaucoup de contre-sens y sont corrigés. 4° *Les Vies des hommes illustres grecs et romains, comparées l'une avec l'autre, translatées du grec en français*, 1559, 2 vol. in-fol. 5° *OEuvres morales de Plutarque*, 1574, 6 vol. in-8°. Il y a eu plusieurs éditions des OEuvres complètes de Plutarque traduites par Amyot : la plus estimée est celle de 1583-87, avec des notes et observations de Brottier et Vauvilliers, 22 volumes in-8° ; elle a été réimprimée en 1826, avec des additions par Clavier, 25 volumes. 6° *Lettre à M. de Morrilliers, maître des requêtes*, du 8 septembre 1551. 7° *OEuvres mêlées*, 1611. On doute de l'existence de cet ouvrage dont parle le P. Niceron. 8° *Projet de l'éloquence royale, composé pour Henri III, roi de France*, 1805, in-8° et in-4°.

BUCHET DE CUBLIZE.

AMYRAUT (MOÏSE) naquit dans une petite ville de la Touraine en 1596. Entraîné par son goût pour les sciences théologiques, il abandonna la jurisprudence pour aller étudier à Saumur où le parti protestant, auquel appartenait Amyraut, avait une académie florissante. D'élève devenu professeur, il se distingua par un esprit très-marqué de modération, chose rare à trouver chez ses coreligionnaires. En 1631 il fut député vers le roi par le synode de Charenton, et le roi le reçut avec distinction. Il mourut âgé de 68 ans, laissant aux protestants de vifs regrets, et emportant l'estime de bien des catholiques. Il a publié une paraphrase sur le Nouveau Testament, une autre sur les psaumes, une morale chrétienne, une apologie de la religion protestante, et un traité de la *Prédestination* dans lequel l'auteur s'éloigne assez peu des doctrines catholiques. Mazarin, qui n'ignorait pas de quelle influence il jouissait sur l'esprit des protestants, se servit de lui avec succès pour les contenir pendant les troubles de la Fronde.

A. M.

AMYRIS, c'était le nom d'un habitant de Sybaris qui, informé par l'oracle qu'un grand malheur menaçait sa ville natale, ne voulut pas y attendre l'événement et partit avec sa famille pour d'autres climats. Ses compatriotes tournèrent ses craintes en ridicule ; mais leurs railleries ne l'arrêtèrent pas, et l'événement ne justifia que trop ses précautions. (*V. Sybaris.*) Quelques écrivains ont cru voir dans ce fait une imitation, bien qu'imparfaite, de l'histoire de Loth, ce qui au fond n'est pas impossible. Les Grecs ont connu, bien certainement les Hébreux et leurs livres; et comme ces peuples étaient très-enclins à s'approprier en tout ou en partie le culte ou les dieux des étrangers, il est assez probable qu'ayant eu connaissance de la fuite de Loth et de sa famille, ils ont transporté cet événement dans leur propre histoire.   N. M. P.

AMYRTHÉE; unique Pharaon de la xxviiie dynastie de Manéthon. Quand les Égyptiens révoltés contre les Perses, durant le règne d'Ardeschir Bahman, l'Artaxerxès Longuemain des Grecs, furent forcés de rentrer sous le joug, quelques-uns des plus braves, sous la conduite d'un de leurs chefs, nommé Amyrthée, refusèrent de se soumettre, et s'étant ouvert un passage à travers l'armée ennemie, ils se retirèrent vers le nord et allèrent chercher un asile dans les marais du Delta, d'où Anysis et plus tard Psammétique avaient bravé les poursuites des leurs ennemis (*V.* ces mots). La révolte de Cyrus le jeune contre le second Artaxerxès ayant rempli la Perse de troubles, Amyrthée, qui avait passé quarante ans dans sa retraite, crut le moment venu de délivrer sa patrie. Il sortit des marais (404 avant J. C.), suivi d'une troupe peu nombreuse, mais pleine de courage et d'audace; il attaqua les Perses à l'improviste, les battit dans toutes les rencontres, prit sur eux toutes les villes de la basse Égypte, et releva dans Saïs le trône des Pharaons. Les Athéniens, alliés d'Amyrthée, opérèrent une diversion puissante sur les côtes de la Syrie. Ils firent aussi passer quelques troupes au nouveau souverain, qui affermit sa puissance par des victoires. La haute Égypte suivit l'exemple du Delta; elle se souleva tout entière, et les tribus voisines de l'Arabie vinrent aussi se ranger sous les drapeaux d'Amyrthée : les Perses évacuèrent successivement toutes les places qui leur restaient encore, et bientôt après ils abandonnèrent le sol égyptien. Amyrthée porta ensuite la guerre dans la Phénicie. Il périt dans une bataille après un règne brillant de six ans. Il ne laissa point de successeur, de sorte que la dynastie qu'il avait fondée finit avec lui.   J. DE MARLÈS.

AMYTIS. On lit dans Ctésias, historien qu'on s'accorde généralement à regarder comme très-suspect, qu'Amytis était fille d'Astyage, dernier roi des Mèdes, qu'elle avait épousé Spitamès, et qu'après que Cyrus se fut emparé d'Ecbatane, capitale de la Médie, il fit périr Spitamès qui avait refusé d'indiquer en quel lieu Astyage s'était caché, et qu'il épousa sa veuve Amytis que la nature avait douée d'une grande beauté. De cette union, ajoute l'historien, naquit Cambyse vers l'an 550 avant J. C. Longtemps après, Amytis mourut du poison qu'elle prit elle-même pour ne pas survivre à la douleur d'avoir perdu un second fils que le cruel Cambyse avait fait assassiner. Tout ce récit mérite peu de confiance, et, s'il faut en croire d'autres historiens, Cambyse aurait eu pour mère une fille du Pharaon Apriès. (*V.* AMASIS.)   J. DE MARLÈS.

AN NEUF (AU GUI L'), cri d'allégresse et de fête par lequel nos pères célébraient le commencement de l'année. (*V.* GUI.)   A. A.

AN (*V.* ANNÉE.)

ANA. C'est moins un mot que la terminaison qu'on donne à un nom, tel que celui d'un auteur ou d'un ouvrage connu; et dans ce cas il signifie recueil ou collection des paroles, des sentences, des traits remarquables qui se trouvent dans les écrits de l'auteur ou dans le livre dont il s'agit. Ainsi le mot *Raciniana* signifierait recueil des bons mots ou des plus beaux vers de Racine. Il n'est pas nécessaire de dire que la facilité qu'on a trouvée à faire des livres avec l'esprit des autres, a dû multiplier considérablement le nombre des ana, surtout aux époques où la littérature, menacée de décadence, n'a plus ni verve, ni originalité, ni invention. Il est juste pourtant de dire que le premier auteur d'un ana a eu moins en vue de faire un livre sans beaucoup de peine que de conserver pour la postérité des choses qu'il jugeait dignes de lui être transmises. On dit que deux jeunes gens, nommés de Vassan, étant allés étudier à Leyde, eurent occasion d'y voir fréquemment le fameux Scaliger, et de se lier assez étroitement avec lui; et comme dans sa conversation, Scaliger laissait échapper beaucoup de saillies, tantôt satiriques, tantôt profondes, quelquefois raisonnables, souvent dictées par la passion contre ses nombreux ennemis, les deux frères Vassan, qui lui rendaient une espèce de culte, recueillirent soigneusement tout ce qui sortait de sa bouche, et ils en firent un manuscrit volumineux, qui, on ne sait comment, tomba au pouvoir d'un ministre protestant nommé Daillé. Vossius en obtint une copie, et il le publia sous le titre de *Scaligerana sive Excerpta ex ore Scaligeri*, 1666. Daillé de

son côté, désavouant cette édition furtive, en publia une seconde *ad verum exemplar restituta*. Une troisième édition eut lieu trois ans après par les soins de Tanneguy Lefebvre, qui prétendit avoir recueilli de nouveaux matériaux; le succès éphémère de cet ouvrage ne répondit pas à l'attente de son auteur, et la critique y trouva beaucoup d'erreurs à relever, ou de jugements hasardés à réformer. — Le *Scaligerana* fut suivi du *Perroniana* et du *Thouana*, extraits du cardinal du Perron et de l'historien de Thou. Vint ensuite le *Menagiana* (1715), qui eut plusieurs éditions, grâce à la réputation d'esprit, d'érudition et de causticité de Ménage. Successivement le *Huetiana* (1723) vint augmenter le nombre des ana, et il fut suivi d'une infinité d'autres, *Bolæana*, *Pironiana*, *Arnoldiana*, *Voltairiana*, etc., etc. Les ana devinrent une spéculation de librairie; on vit pulluler de tous côtés des recueils faits sans choix, sans goût, sans critique, et le plus souvent avec un entier oubli de la décence et des plus simples convenances. A peine un écrivain venait-il de payer le tribut à la nature, que les faiseurs d'ana s'emparaient de ses ouvrages; les coupaient, les mutilaient, les aiguisaient en mauvaises pointes, et donnaient impudemment au public des collections indigestes où il entrait de tout, excepté de l'esprit. Enfin on poussa l'audace jusqu'à imprimer des ana du vivant même de l'auteur; celui-ci désavouait, il est vrai, ces avortons littéraires, mais on imprimait sous la rubrique d'Amsterdam, de la Haye, etc.; et l'ouvrage circulait. Vers le milieu du xviiie siècle, les ana eurent tant de vogue, que les éditeurs de l'Encyclopédie méthodique ne dédaignèrent pas de faire un volume sous le titre d'*Encyclopediana*. La révolution, si féconde en événements de tout genre, ne pouvait manquer d'avoir des compilateurs d'ana. Nous nous souvenons d'avoir vu un grand nombre de ces recueils sous divers noms; il y en avait un surtout qui s'intitulait : *Aneries révolutionnaires*, et ce n'était pas le moins volumineux de la collection. — La mode des ana a fait aujourd'hui place à la spéculation des *Mémoires*; il n'est personne, depuis le plus petit bourgeois jusqu'au plus haut fonctionnaire, qui n'ait eu, sous ce titre, quelque confidence à faire au public. Heureusement on commence à s'apercevoir que si des mémoires bien authentiques d'illustres personnages peuvent fournir à l'histoire d'utiles renseignements, ce n'est pas dans les mémoires plus ou apocryphes dont on nous a inondés que l'historien doit aller chercher ses matériaux; et depuis quelque temps, les mémoires secrets de tel ou tel individu, malgré le luxe typographique qui s'y déploie, rappellent le sort de certaines lettres secrètes du xviiie siècle, dont on disait :

> Voilà donc ces lettres secrètes,
> Si secrètes que pour lecteur.
> Elles n'ont eu que l'imprimeur,
> Et les messieurs qui les ont faites.
>
>   J. D. M.

ANABAPTISTES, secte d'hérétiques non moins fameux par les excès de tout genre auxquels ils se livrèrent dans le xvie siècle, époque de leur apparition, que par l'incohérence, le désordre et l'absurdité de leurs doctrines. Vers l'an 1520, un disciple de Luther, nommé Nicolas Storch, usant largement de l'*indépendance* et de la *liberté chrétienne* que le prétendu réformateur avait tant préconisées, se mit à prêcher de son côté dans le Wurtemberg, et comme ses discours flattaient les passions de la populace, il ne manqua pas de disciples et d'ardents prosélytes. Il prétendait que le baptême des enfants était une invention du diable; que ce baptême, nul et sans effet, devait être renouvelé; que tout chrétien ayant le droit de prêcher l'Évangile et la parole de Dieu, on n'avait besoin ni d'églises ni de ministres du culte; que toutes les sciences, inspirées par le démon, devaient être proscrites, attendu que Dieu continuait à révéler sa doctrine aux fidèles par des inspirations intimes; que la seule science nécessaire était celle de la Bible, et que par le secours des inspirations divines chacun était en état d'interpréter sûrement les saintes Écritures. — Ces doctrines, parmi lesquelles figurait au premier rang la nécessité de renouveler le baptême quand les enfants devenaient adultes, valut à Storch et à ses sectaires le nom d'anabaptistes, formé de deux mots grecs qui signifient *nouveau baptême*. Mais jusque-là ces doctrines n'étaient que monstrueuses par l'esprit de démence qui les caractérisait : elles ne tardèrent pas à devenir subversives de tout principe de justice, de morale et de gouvernement. Storch prétendit que tout devait être commun entre chrétiens, et que cette communauté absolue de biens rendait inutiles toutes les lois, tous les juges, tous les tribunaux; il ajoutait qu'on ne devait payer aucune espèce d'impôt, le prince n'ayant pas plus de droit que le dernier de ceux qu'il appelait ses sujets. Cependant Luther se voyant ainsi débordé dans ses opinions, et craignant qu'on ne le rendît responsable des excès qu'il prévoyait, ou peut-être irrité de voir sa doctrine méconnue et combattue avec force par son ancien disciple, voulut faire intervenir dans sa querelle les princes allemands qui le protégeaient. Il avait écrit et prêché sans succès contre Storch et ses sectaires : il provoqua des mesures de rigueur. Il était temps. Thomas Muncer s'était réuni à Storch, Muncer, autrefois prêtre catholique, maintenant apostat effronté, cachant sous un air grave et austère un fonds inépuisable d'audace, d'ambition et d'improbité. Storch s'était contenté de faire brûler les livres, Muncer conduisit la populace aux églises, qui furent pillées et dévastées. Luther n'avait pas osé le dépouiller des images, derniers symboles du culte catholique; Muncer les abattit de ses mains sacriléges. Les anabaptistes furent proscrits et leurs chefs condamnés au bannissement. Storch et Muncer, unissant leurs ressentiments, parcoururent ensemble la Souabe, la Franconie et la Thuringe; et dans leurs prédications furibondes. Luther ne fut pas plus épargné que le pape. — Muncer ne tarda bientôt plus assez d'énergie dans Storch; il s'adjoignit un forcené, nommé Pfiffer, qui s'annonçait comme inspiré de Dieu pour exterminer la noblesse. Les paysans, et pour mieux dire tous les malfaiteurs de l'Allemagne, accoururent en armes à la voix du nouveau Gédéon (c'était le nom que Muncer se donnait). Partout où ces furieux dirigeaient leurs pas, ils déposaient les magistrats, s'emparaient des châteaux, pillaient les habitations, incendiaient les édifices, égorgeaient ceux qui refusaient d'embrasser leurs doctrines. Luther de son côté ne demeura pas inactif; il sollicita les princes allemands de s'armer pour exterminer les rebelles. Le landgrave de Hesse et plusieurs seigneurs réunirent des troupes et marchèrent ensemble vers Mulhausen dont Muncer s'était rendu maître. Celui-ci eut la témérité d'aller à la rencontre de ces ennemis; il fut battu complètement et il tomba au pouvoir des vainqueurs qui le livrèrent aux bourreaux (1525). Un grand nombre de ses partisans restèrent sur le champ de bataille, les autres se dispersèrent. — Storch et Carlostad, anciens compagnons de Muncer, furent assez heureux pour gagner la Suisse, et aussitôt ils y répandirent le venin délétère de leurs doctrines. — Calvin, qui semait alors les siennes dans cette contrée, crut y trouver dans ces nouveaux sectaires des hommes dont les principes s'accommodaient mieux que ses abstractions aux mœurs de la populace, sentit la nécessité de les combattre par tous les moyens. Des conférences s'ouvrirent dans plusieurs villes de la Suisse; et, chose extraordinaire, Calvin qui, en rejetant la tradition, n'accordait aux sacrements que la simple vertu d'exciter la foi, Calvin, pour discuter avec des hommes qui se fondaient comme lui sur des passages faussés de l'Écriture, fut obligé de recourir à l'autorité des Pères de l'Église et aux décisions des conciles, invoquant ainsi cette même tradition qu'il avait méconnue; hommage involontaire, mais significatif, rendu par cet hérésiarque aux vérités que l'Église a reçues de la bouche des Pères! — Cependant les magistrats de Zurich et successivement ceux de Bâle et de Berne, épouvantés par le récit des excès des anabaptistes en Allemagne, prononcèrent contre eux des bans de proscription. Chassés de la Suisse (1526-27), de l'Alsace, de l'Allemagne, les anabaptistes se réfugièrent en Hollande, où les luthériens se trouvaient en grand nombre. Les luthériens avaient rempli l'Europe de leurs plaintes contre les catholiques *qui les persécutaient*, et ils devinrent ardents persécuteurs des anabaptistes, qu'ils appelaient voleurs et assassins. Dirigés par un boulanger de Harlem, nommé Mathison, les anabaptistes se replièrent sur la Frise où ils trouvèrent des prosélytes. Poursuivis par les magistrats, mais soutenus par le peuple, ils prirent les armes, et les magistrats cédèrent. Sur ces entrefaites, Mathison se rendit à Munster, jouant le rôle de prophète et poussant le délire jusqu'à prendre le nom d'Énoch. La ville de Munster eut le sort de Mulhausen. Beaucoup d'habitants furent massacrés, quelques autres, subjugués par la peur, embrassèrent les doctrines nouvelles, tous furent dépouillés de leurs biens que Mathison déclara aussitôt acquis à la *communauté*. Cependant l'évêque de Munster, ayant réuni quelques troupes, commença le siège de la ville, et le fanatique Mathison, se prétendant inspiré et promettant la victoire au nom du Saint-Esprit, exécuta, avec trente hommes seulement, une sortie désespérée que, on le pense bien, coûta la vie à ces insensés. La mort de Mathison ne découragea point les anabaptistes. Un nouveau prophète lui succéda: ce fut Jean de Leyde qui, de tailleur devenu matelot et cabaretier, finit par

s'attribuer une mission divine. Pour annoncer au peuple de Munster cette singulière mission, il parcourut tout nu les rues de la ville en criant: *Voici le roi de Sion* (Mathison avait donné à Munster le nom de montagne de Sion), et le peuple de reconnaître aussitôt pour roi Jean de Leyde. On vit ce misérable vêtu magnifiquement et la couronne d'or sur le front, entouré de gardes, frappant monnaie et se livrant, avec quatorze femmes qu'il avait épousées (1534), aux plus honteux excès, exercer sur les habitants le pouvoir le plus tyrannique; la moindre résistance à ses volontés était punie par le dernier supplice. Après un règne de deux ans, marqué chaque jour par des actes de débauche ou de cruauté, Jean de Leyde tomba de son trône sur l'échafaud; un habitant de Munster ayant fait passer un avis secret au prince-évêque (1536), et lui ayant découvert un côté faible de la place, les assiégeants, qui y pénétrèrent sans trouver de résistance s'emparèrent du roi, qu'ils firent conduire incontinent au supplice avec un grand nombre de ses partisans. D'autres périrent en Hollande où ils s'étaient réfugiés dans l'espérance d'y trouver un asile. — En horreur aux catholiques, persécutés par les réformés, luthériens ou calvinistes, chassés de tous leurs établissements, frappés dans leurs chefs, décimés eux-mêmes par le fer des soldats ou la hache du bourreau, les anabaptistes comprirent qu'ils devaient modifier leurs doctrines. Un ancien prêtre catholique, d'opinions flottantes et d'un caractère faible et docile à toutes les impressions, Simon Menno, après avoir donné le scandale d'une première apostasie en embrassant les erreurs de Luther, adopta les principes de Muncer et de Mathison ou plutôt ceux de Storch, et il devint chef de la secte, qui ne tarda pas à se montrer plus nombreuse qu'auparavant. Il est vrai que Menno, tout en maintenant le baptême des adultes, s'élevait contre la polygamie et recommandait la soumission aux lois et aux magistrats, ce qui suffisait pour qu'il fût toléré chez les protestants. Malgré sa modération apparente, Menno toutefois se vit persécuté par les ministres de la réforme qui le traitaient d'hérétique; car, par un singulier abus de mots, ceux qui, en se séparant de l'Église primitive, tombent dans l'hérésie, ne manquent jamais d'appeler hérétiques ceux qui ont refusé de les suivre dans leur désertion. — Ce fut vers cette époque que les anabaptistes, divisés entre eux d'opinions, formèrent des sectes diverses, opposées les unes aux autres, s'anathématisant et s'excommuniant réciproquement. La mort de Menno, arrivée en 1561, n'éteignit pas les discordes existantes; cet événement ne fit même que les envenimer, parce qu'aucun des chefs de secte ne voulut céder à l'autorité d'un autre chef. Les anabaptistes ne conservaient guère de Menno que le nom de mennonites qu'ils s'étaient donné à la place de celui d'anabaptistes qui leur déplaisait; mais ils formaient deux grandes divisions, sous-divisées elles-mêmes à l'infini, sous le nom de *rigides* ou *fins* et de *modérés* ou *grossiers*. Les premiers sont les puritains de la secte; ils cherchent à se distinguer des autres par un extérieur grave et austère; ils passent aussi pour plus laborieux et plus charitables. On trouve encore quelques congrégations de fins dans la Frise, à Dantzig, à Groningue en Suisse, etc. Ils ne peuvent se marier hors de leur secte, et ils tiennent des assemblées particulières. Les grossiers, qu'on appelle aussi *waterlanders*, parce que c'est dans le canton de Waterland qu'ils se trouvent en plus grand nombre, ne sont pas soumis aux règlements assez étroits que les premiers s'imposent. — En 1664 un anabaptiste, nommé Galen, fonda une secte nouvelle qui prit son nom, et qui, par ses doctrines, se rapprocha beaucoup de celle des sociniens. Bientôt après un autre individu nommé Apostool déclama contre les galénites et fonda les apostoliens, qui suivent de plus près les doctrines de Menno, bien qu'ils en diffèrent sur plusieurs points. — Les anabaptistes modernes ont adopté comme principe de s'abstenir de tout port d'armes et surtout d'en faire usage; aussi se sont-ils fait expulser de plusieurs contrées où ils étaient tolérés. Lorsque Napoléon eut soumis la Hollande, où ils formaient encore une partie considérable de la population, il les exempta de tout service militaire. Les gouvernements actuels ont maintenu en leur faveur cette exemption; à cela près, les anabaptistes sont soumis aux lois, et ils payent l'impôt sans murmure. — L'Angleterre a eu aussi ses anabaptistes; ils y avaient pénétré dès l'an 1534; mais, rangés dans la classe des non-conformistes, ils furent vivement persécutés par les anglicans. Le bill de tolérance en faveur des dissidents laissa respirer les anabaptistes, qui profitèrent de ce temps de repos pour s'étendre jusqu'en Écosse, où ils n'ont pas fait toutefois de grands progrès. Au reste, en Angleterre comme en Allemagne, ils se sont divisés en une infinité de sectes qui forment deux classes générales, celle des *général-baptisters*, c'est-à-dire baptistes ou baptiseurs universels, et indépendants de l'arminiens, et celle des *particular-baptisters*, c'est-à-dire baptistes particuliers ou calvinistes. Les premiers, attachés aux doctrines d'Arminius, pratiquent le baptême par immersion; mais quelques-uns ne le reçoivent que par aspersion. Les seconds ont aussi adopté la méthode de l'immersion. — De la Grande-Bretagne les anabaptistes ont passé en Amérique, et dans les États-Unis ils ont trouvé un esprit de tolérance, ou, pour mieux dire, d'indifférence religieuse qui leur a permis de s'y multiplier, les particular-baptists surtout; car on dit qu'ils y ont établi douze cents églises, tandis que dans la Grande-Bretagne ils n'en comptent pas plus de cinq cents. On peut croire que les baptistes américains ne professent pas tous les mêmes doctrines: on y trouve les traces de toutes les sectes qui ont divisé jadis l'Allemagne, au nombre de quarante-quatre, auxquelles il faut ajouter toutes celles qui sont nées dans les temps plus modernes. Les Hollandais baptistes s'y distinguent par la longue barbe et l'absence de poches à leurs habits; ils se font appeler plus particulièrement mennonites. — Sur le continent européen, la Prusse et l'Alsace avaient encore beaucoup de ces sectaires; mais pendant les guerres de la révolution les anabaptistes de Prusse, ayant refusé de prendre les armes, furent expulsés du sol natal; ils allèrent chercher une retraite en Russie. Ceux de l'Alsace, chassés de Strasbourg et des autres villes, se sont concentrés dans le petit pays de Salm, dont se formait l'ancienne principauté de ce nom; leur nombre est d'environ trois mille. Ils donnent le baptême aux adultes par aspersion, et portent tous la barbe comme les mennonites. Au fond, leurs croyances se rapprochent de celles des calvinistes, mais ils n'ont point de temples et leurs cérémonies religieuses sont presque nulles. — Il serait trop long et surtout fastidieux d'énumérer toutes les sectes existantes d'anabaptistes, sabbataires, adamites, apostoliques, parfaits, impeccables, indifférents, antimaires, enthousiastes, prédicateurs, polygamites, etc., etc.; contentons-nous de dire que de toutes ces sectes une seule mérite quelque attention, c'est celle qui fut fondée par Hutter et Gabriel, qu'on désigne par le nom de *frères moraves*, nom devenu commun à tous leurs disciples (*V.* FRÈRES MORAVES). J. DE MARLÈS.

ANABAS, poisson de la mer des Indes, dont le nom, dérivé du grec, signifie *qui grimpe*, et, en langue tamoule ou de la côte de Malabar, *pané éré*, signifie de même *grimpeur aux arbres*; c'est qu'en effet l'anabas a la faculté de sortir de l'eau, de se traîner sur la terre et de monter sur les arbres voisins du rivage. D'après M. G. Cuvier, l'anabas forme un genre qui n'a qu'une seule espèce, quoique la faculté de sortir de l'eau et de ramper sur la terre soit commune à toute la famille de poissons qu'il a lui-même désignée par le nom d'*acanthoptérygiens, à os labyrinthiformes*. Les principaux caractères de l'anabas sont: le corps rond, couvert de fortes écailles; la tête large; la nageoire dorsale et la nageoire anale armées de rayons épineux; couleur sur le corps vert très-foncé, les nageoires verticales tirant sur le violet; le museau et le ventre gris sale; l'œil bordé d'un très-beau rouge. Ce poisson, dit M. Daldorf (*Mémoires de la société linnéenne de Londres*), grimpe sur les arbres en s'accrochant à l'écorce par les épines de ses opercules et par celles de sa nageoire anale alternativement. Il s'aide dans le mouvement d'ascension par les inflexions de sa queue, qu'il baisse et redresse tour à tour. Les jongleurs de l'Inde sont ordinairement pourvus d'anabas, afin d'amuser la populace pendant qu'ils préparent leurs repas. La chair de l'anabas est de mauvais goût et pleine d'arêtes. X. X.

ANABATES; c'était par ce nom qu'on désignait aux jeux Olympiques les athlètes qui disputaient le prix de la course à cheval; mais il est à remarquer qu'avant d'arriver au terme de leur carrière ils devaient sauter à terre et continuer de courir à pied. Ainsi le dit Pausanias. X. X.

ANABLEPS. C'est un poisson qu'on trouve dans les rivières de la Guyane, et dont la chair est très-estimée à Cayenne, où on lui donne le nom vulgaire de gros-œil, parce qu'en effet ce poisson a l'œil très-saillant, placé sur la partie supérieure de la tête, sous une espèce de voûte que forme le frontal; mais ce qui distingue particulièrement l'anableps de tous les animaux vertébrés, c'est que chacun de ses yeux a deux pupilles, quoiqu'il n'y ait qu'un seul cristallin, une seule humeur vitrée, une seule rétine. Cette double prunelle donne à ce poisson la faculté de voir distinctement à la fois les objets latéraux et les objets supérieurs. C'est cette faculté qu'a voulu exprimer sans doute Artédi, lorsqu'en parlant de ce poisson il lui donne le

nom d'anableps, tiré d'un mot grec qui signifie *regarder en haut*. — Famille des cyprinoïdes, ordre des malacoptérygiens abdominaux. — Corps long de sept ou huit pouces, déprimé dans sa partie antérieure; couleur vert olive sur le dos, blanc d'argent sous le ventre, raies brunes sur les flancs. — On prétend que les petits de l'anableps sortent vivants d'œufs qui s'incubent dans le ventre même de la femelle. X. X.

ANACARDIER, *anacardium*, plante de la famille des térébinthacées, que l'on confond souvent avec l'anacardium occidental ou acajou, quoique Linné fils l'en ait soigneusement distingué par le nom d'*anacardium orientale, longifolium*, etc. C'est le fruit de cet anacardier que, dans le commerce, on désigne sous le nom d'anacarde oriental, et que souvent encore on confond avec la noix d'acajou, dont il a au surplus les propriétés (*V.* ACAJOU). L'anacarde a la forme d'un cœur, et il est d'un beau noir. J. L. G.

ANACÉES. Fêtes que l'ancienne Grèce célébrait en l'honneur de Castor et Pollux, que l'on désignait souvent par le nom d'*Anactes* (rois ou princes). Ces divinités avaient dans Athènes un temple qu'on appelait *Anaceïon*. Au surplus, le nom d'Anactes n'était pas exclusivement donné à Castor et Pollux, car Cicéron, dans son Traité de la nature des dieux, compte encore deux familles d'Anactes. J. L. G.

ANACHARSIS était fils d'un roi de Scythie et d'une esclave grecque. Il est à présumer qu'il reçut de sa mère le goût de la langue d'Homère et le désir de voir les merveilles de la Grèce. Il partit pour Athènes dans la première année de la quarante-septième olympiade (589 ans avant J. C.), sous l'archontat d'Eucrate, et il fut présenté à Solon, qui ne tarda pas à distinguer en lui des qualités précieuses, et lui accorda son amitié. Ce fut alors qu'Anacharsis put apprécier la distance qui séparait les habitants modernes des bords du Pont-Euxin, des élégants et spirituels habitants de l'Attique. Après avoir étudié dans Athènes, Anacharsis visita les autres parties de la Grèce. Se trouvant à Cyzique, où il vit célébrer les fêtes de Cybèle, il fit vœu de sacrifier dans les mêmes rites, s'il retournait sain et sauf dans sa patrie. Bien que Scythe de naissance, Anacharsis fut compté au nombre des sept sages de la Grèce; il montra par toute sa vie qu'il méritait cette distinction. On a conservé de lui des reparties qui prouvent la vivacité de son esprit, sa philosophie pratique et le fruit qu'il avait retiré de ses études. De retour dans sa patrie, il voulut satisfaire au vœu qu'il avait formé à Cyzique; mais son frère Saulius le tua d'un coup de flèche pour le punir de préférer les dieux étrangers à ceux de son pays. Anacharsis écrivit en vers héroïques sur les lois de son pays, sur la guerre et la sobriété, mais tous ses ouvrages ont péri. (*V.* l'abbé BARTHÉLEMI). ACH. LOISEL.

ANACHORÈTE, mot formé du grec ἀναχωρέω, qui signifie se mettre à l'écart, s'isoler. Ce genre de vie a toujours été connu dans l'Orient. L'apôtre saint Paul, comme le remarque Bergier, a dit en effet (*Hebr.*, XI, 38) que les prophètes ont erré dans le désert et sur les montagnes, qu'ils ont demeuré dans les antres et les cavernes de la terre. Saint Jean-Baptiste se retira dans le désert dès son enfance, et il y vécut jusqu'à l'âge de trente ans; et cette vie solitaire n'a non-seulement mérité les éloges de Jésus-Christ lui-même (*Matth.*, XI, 7), mais elle a été sanctionnée par son propre exemple, puisque ce divin Sauveur s'est préparé à son apostolat par une retraite de quarante jours consécutifs dans le désert. Quant au nom d'anachorète, il fut donné, dans les premiers siècles de l'Église, à des hommes qui, fuyant le monde ou des distractions nombreuses les empêchaient de se livrer à la vie contemplative et au désir qu'ils éprouvaient de ne s'occuper que de Dieu et de leur salut, allaient s'enfermer dans une solitude où ils se trouvaient moins accessibles aux séductions du siècle. Ainsi le goût de la vie contemplative né dans l'Orient prit un grand développement à la naissance du christianisme; ainsi ce furent principalement les persécutions de Dèce, de Dioclétien et des autres empereurs, qui peuplèrent les déserts d'anachorètes (*V.* THÉBAÏDE, DÉSERT DE NITRIE, etc.). Le premier anachorète connu est saint Paul dit l'Ermite ou le Thébain, qui, vers le milieu du IIIe siècle, se retira dans les solitudes de la haute Égypte. Environ cinquante ans plus tard, Antoine, Pacôme et quelques autres déterminèrent, par leur exemple ou leurs exhortations, beaucoup de chrétiens à les imiter; et ce fut alors que se formèrent ces monastères célèbres de la Thébaïde, dont quelques-uns, traversant les siècles et triomphant des révolutions, sont encore debout, comme pour attester tout ce que peut la foi chrétienne. Nous ne nous arrêterons ni aux sarcasmes des incrédules, ni aux injures que beaucoup d'écrivains protestants n'ont pas épargnées à ce genre de vie; l'exemple seul du grand nombre de saints personnages qui s'y sont livrés suffit pour répondre dignement à leurs attaques et à leurs invectives. (*V.* Cénobites, Ermites, Monastères.)

J. G.

ANACHRONISME, mot grec francisé, par lequel on entend l'erreur qui consiste à placer un événement avant ou après l'époque vraie où il a eu lieu, soit qu'elle provienne d'une supputation défectueuse du temps, soit qu'il faille l'attribuer à toute autre cause, ignorance ou présomption, défaut de réflexion ou esprit de système. Qu'un homme, se perdant dans des calculs hypothétiques, veuille faire la chronologie des temps anciens qui n'ont point de chronologie, il s'expose à de nombreux anachronismes. Les uns tiendront à de faux calculs, les autres à la nécessité de faire entrer les événements dans un cadre tracé d'avance. Les anachronismes par ignorance sont très-nombreux, surtout dans un siècle où l'on croit devenir savant sans étude, où l'on est écrivain en dépit de la grammaire, où l'on traite l'érudition de pédanterie, où par conséquent les *demi-savants* abondent. C'est un de ces demi-savants qu'a voulu peindre sans doute l'auteur d'un opéra-comique qui a eu dans le temps quelque vogue, *Monsieur Deschalumeaux,* — « Oh! monsieur, vous vous rencontrez là (dans ce que vous dites) avec Alexandre le Grand. — Reste à savoir, répond M. Deschalumeaux en se pavanant, reste à savoir qui l'a dit le premier. » — Il y a des anachronismes qui ont été en quelque sorte consacrés par l'usage; tel est celui qui place la naissance de J. C. à l'an du monde 4004, ou 753 de la fondation de Rome, quoiqu'il soit à peu près reconnu par les plus savants chronologistes, qu'elle remonte à l'an 749 de Rome, c'est-à-dire à une époque antérieure d'environ cinq ans à l'an 4004. — L'espèce d'anachronisme qui, au lieu d'avancer les événements, en rapproche la date de l'époque actuelle, s'appelle plus particulièrement *parachronisme.* — Le mot d'anachronisme s'emploie très-souvent au figuré pour exprimer le défaut dans lequel tombent certains écrivains, soit en prêtant à une époque les mœurs d'une autre époque, soit en faisant tenir à leurs personnages un langage contraire à celui qu'ils ont dû tenir, soit en donnant au XVIII et XIXᵉ siècle les costumes de la Grèce, de l'ancienne Rome ou du moyen âge. On a reproché à Racine un anachronisme de ce genre; tous ses héros, grecs ou romains, dit-on, sont des chevaliers français; mais cet anachronisme, Racine a voulu le faire, et nous ne devons pas nous en plaindre, car il a produit sous sa plume magique d'innombrables beautés. Devait-il donc, pour plaire à des spectateurs français, donner à ses personnages la physionomie sauvage des héros d'Homère? Si Racine leur avait ôté quelque chose de leur grandeur, il faudrait le blâmer; mais en leur conservant toute leur noblesse, tout ce grandiose de sentiments que l'antiquité leur accorde, il a perfectionné, adouci leurs traits et leurs formes: heureuse innovation dont on ne saurait trop le louer. Ce qui est un anachronisme choquant et sans excuse, ce sont ces costumes du moyen âge qu'on voudrait imposer aux générations du XIXᵉ siècle, c'est cette manie heureusement impuissante de substituer à la langue que le XVIIᵉ et le XVIIIᵉ siècles nous ont léguée, la langue dure, incorrecte, barbare de Ronsard et de ses contemporains. Arrêtons-nous ici; car si nous voulions faire la liste des anachronismes de ce genre, nous serions entraînés beaucoup trop loin.

J. D. M.

ANACLET (S.), natif d'Athènes, converti par saint Pierre à la foi chrétienne, ordonné diacre et prêtre par cet apôtre, monta sur le siége épiscopal vers l'an 78 ou 79, après saint Lin suivant les uns, après saint Clément suivant les autres. Dans le premier cas, sa mission aurait duré près de trente ans, puisqu'on le fait mourir vers l'an 109. Dans le second, et cela paraît d'abord plus plausible, elle n'aurait été que de neuf ans, suivant le pontifical de Libère, et un manuscrit très-ancien conservé au Vatican, et de douze ans suivant d'autres pontificaux d'accord avec le témoignage d'Eusèbe. Il y a plus. Comme l'histoire des papes jusqu'à la fin du IIᵉ siècle est très-obscure, quelques écrivains confondent Anaclet avec Clet, tandis que d'autres en font deux personnages distincts; et les deux sentiments ne manquent pas d'autorités. Les auteurs de l'*Art de vérifier les dates,* et d'autres écrivains modernes, d'après Eusèbe, ont embrassé la première opinion. Le cardinal Ossi, se fondant sur le pontifical de Libère, un martyrologe attribué à saint Jérôme et d'anciens antiphonaires de l'église du Vatican, soutient fortement l'opinion contraire. Ce qui augmente la difficulté, c'est qu'Irénée parmi les Grecs, et saint Jérôme parmi les Latins, placent Anaclet avant saint Clément, tandis que saint Augustin et Optat de Milève ne le nomment

que postérieurement. Il paraît toutefois qu'après bien des discussions la plupart des savants s'accordent à le placer entre saint Lin et saint Clément, et que le sentiment d'Eusèbe et de saint Jérôme a prévalu, ce qui d'ailleurs est conforme au canon de la messe. On convient généralement de même que le nom de Clet n'est qu'une abréviation de celui d'Anaclet. Des martyrologes très-anciens donnent à saint Anaclet le titre de martyr, et l'Église célèbre sa fête le 13 juillet.

N. M. P.

ANACLET (Pierre de Léon), antipape, issu d'une famille riche et puissante, d'origine juive; c'était le pape Léon IX qui avait converti et baptisé son aïeul et son père: les nouveaux chrétiens prirent le nom du pontife. Cependant Pierre de Léon était loin de répondre aux espérances qu'il avait données et que son père lui-même avait conçues. Celui-ci, qui le destinait aux lettres, l'avait envoyé à Paris faire ses études, et Pierre y mena une vie très-peu exemplaire. Toutefois, lorsqu'il retournait à Rome, il passa par Cluni, et comme sa tête s'exaltait facilement, se trompant sur sa vocation, il prit l'habit monastique. Le pape Pascal II, cédant aux instances de la famille de Pierre, l'appela auprès de lui, et Calixte II l'honora de la pourpre romaine sous le titre de Sainte-Marie de Trastevère. Ce pontife l'envoya peu de temps après en France, avec le titre de légat, conjointement avec le cardinal Grégoire, qui monta plus tard sur le siége apostolique sous le nom d'Innocent II. Pierre de Léon présida les conciles de Chartres et de Beauvais, et par des exactions nombreuses, dit Fleury, il amassa des richesses considérables. Ce qu'il y eut de plus déplorable encore, ce fut l'exemple scandaleux qu'il donna, durant le cours de sa légation, de mœurs audacieusement corrompues. Après la mort d'Honorius II, la majorité des cardinaux lui donna pour successeur le cardinal Grégoire, dont la conduite irréprochable était la plus terrible censure du relâchement de Pierre; mais ce dernier, dévoré d'ambition, employa le crédit de ses parents et de ses amis et répandit l'or à pleines mains. Quelques cardinaux séduits, ou mécontents de la nomination de Grégoire, élurent de leur côté le cardinal Pierre, qui prit le nom d'Anaclet II (1130). L'antipape suivi de ses partisans, parmi lesquels on comptait beaucoup de seigneurs, se rendit immédiatement à Saint-Pierre et aux autres églises qu'il dépouilla, de ses mains sacriléges, de tous les objets d'or et d'argent consacrés au culte ou à l'ornement. On prétend même qu'il poussa la profanation à un tel excès, qu'à défaut de chrétiens qui voulussent lui prêter leur ministère, il fit briser par des juifs les vases sacrés. Cet impie brigandage lui procura de nouvelles ressources; il s'en servit pour stipendier la populace et acheter la conscience des grands. Innocent II fut obligé de fuir de Rome et de se réfugier en France. Condamné et excommunié par divers conciles tenus en France, et enfin par le concile de Pise en 1134, il fut méconnu et repoussé par tous les souverains de l'Europe, à l'exception du duc de Sicile, Roger, auquel il avait donné sa sœur pour épouse, et accordé le titre de roi de Naples et de Sicile. Anaclet mourut à Rome le 7 janvier 1138, et sa mort fut digne de sa vie. Sur la fin de ses jours, il eut la douleur de se voir abandonné par le grand nombre de ses partisans dont il ne pouvait plus satisfaire la cupidité: heureux du moins si, dans la tristesse de cet abandon précurseur de la justice divine, il avait su puiser un repentir sincère, et qu'il se fût écrié du fond du cœur, comme le roi prophète: Seigneur, *j'ai péché!*

N. M. P.

ANACLÉTÉRIES. On appelait ainsi, dans l'ancienne Grèce, des fêtes solennelles qui avaient lieu à l'époque où le nouveau souverain prenait en main la direction des affaires: une proclamation annonçait au peuple ce grand événement, et pendant toute la durée de la fête les citoyens avaient un libre accès auprès du trône; ils allaient féliciter le prince de son avènement.

X. X.

ANACLINOPALE. C'était le nom d'une sorte de lutte entre deux athlètes couchés sur le sable. Ce mot venait de deux mots grecs qui signifient se coucher et lutte. Les Latins l'avaient traduit par *volutationes* ou *volutaria lucta,* parce que les combattants se roulaient, se vautraient l'un sur l'autre.

X. X.

ANACOLUTHE (*anacoluthum*), mot dérivé du grec et employé par quelques grammairiens pour exprimer que la conclusion qu'on tire de certains antécédents n'est pas exacte; que l'ordre n'a pas été observé dans la manière d'exprimer ses idées; que ce qu'on dit ne s'accorde pas avec ce qui précède. Quelquefois on donne à l'anacoluthe un sens plus restreint; dans ce cas on veut faire entendre qu'une particule employée dans la construction d'une phrase demande une autre particule qui a été omise, comme si l'on se servait de *quam*, de *quot*, sans le faire accompagner de *tam*, de *tot*. L'anacoluthe pris dans ce sens ne peut avoir lieu dans notre langue, où un retranchement de ce genre ne peut avoir lieu ; car on ne saurait dire : *Je suis riche que vous*, pour *Je suis aussi riche que vous*. Dans la première acception l'anacoluthe appartient à toutes les langues, et l'on n'en pourrait par malheur trouver que trop d'exemples dans beaucoup d'ouvrages modernes. X. X.

ANACRÉON, né à Téos, vivait vers l'an 530 avant Jésus-Christ (72e olympiade). D'après des conjectures probables, il fut longtemps à la cour de Polycrate, tyran de Samos, après la mort duquel il se rendit à Athènes, où Hipparque, qui gouvernait alors, le reçut avec distinction, et le traita de même tout le temps qu'il fut auprès de lui. La révolution qui fit tomber ce dernier prince obligea le poète à s'éloigner de l'Attique ; il revint à Téos, qu'il ne quitta que lorsque Eristrée eut fait soulever l'Ionie contre Darius. Alors, soit qu'il ne pût vivre au milieu des troubles politiques, soit qu'il redoutât la colère et les armes du grand roi, il se retira dans la ville d'Abdère, où il vécut, comme il l'avait toujours fait jusque-là, s'occupant de plaisir, de vers et de chansons qui l'ont immortalisé. Il était plus qu'octogénaire lorsqu'un pépin de raisin, s'arrêtant dans sa gorge, le suffoqua. Après sa mort, Téos et d'autres villes honorèrent sa mémoire ; sa statue fut érigée à côté de celle de Périclès. Il ne nous reste de ce poète que des odes (ὠδαί, chansons) ; mais ce ne furent pas là ses seules productions. Suidas et Athénée en citent d'autres, et les fragments qui nous ont été conservés par ce dernier nous font vivement regretter les richesses que nous avons perdues. Pendant longtemps on ne connut des écrits d'Anacréon que ce qui se trouve dans Aulu-Gelle et dans l'Anthologie. Ce fut Henri Étienne qui le premier donna, en 1554, une édition des odes d'après d'anciens manuscrits. En 1639, le Bouthilier de Rancé, qui n'avait alors que 13 ans, publia une édition d'Anacréon, avec les *Scolies grecques*, réimprimée, Paris, 1647. Parurent successivement celles de Banier, Londres, 1695 et 1710 ; de Barnès, Cambridge, 1705 ; de Maittaire, Londres, 1725 ; et de Corn. de Paw, Utrecht, 1732. Mais les éditions de Fischer, Leipzig, 1776 et 1793, et de Brunck, Strasbourg, 1778, surpassèrent de beaucoup les précédentes. Spaletti, Rome, 1781, Bodoni, Parme, 1785, en publiant les Œuvres d'Anacréon, ont élevé de beaux monuments typographiques. Enfin, Brunck donna sa seconde édition d'après le manuscrit du Vatican, Strasbourg, 1786, et c'est celle qui est généralement la plus estimée. Anacréon a été traduit en vers par Remi Belleau, Paris, 1556 ; par *le poète sans fard* (Gâcon), 1712 ; par Longepierre, 1716 ; par de Seillans, 1754 ; par Poinsinet de Sivry, 1758 ; par Anson, 1795 ; par Mérard de Saint-Just, 1798 ; par Chaulieu ; par Chaulieu ; par Chaulieu ; par Chaulieu ; par Chaulieu ; par Chaulieu ; par Chaulieu ; par Chaulieu ; par Chaulieu ; par Chaulieu ; par Chaulieu ; par Chaulieu ; et par J.-B. de Saint-Victor, 1810. Le travail de ce dernier est incomparablement supérieur à toutes les versions ou imitations antérieures. Les traducteurs en prose sont mademoiselle Lefebvre (plus tard madame Dacier), 1682 ; Moutonnet de Clairfons, 1773, in-4° et in-8° ; 1780, 2 vol. in-12 ; et Gail, 1794, in-8° ; 1799, in-4°. Cette dernière édition contient la musique de plusieurs odes, composée par Méhul, Gossec, Lesueur et Chérubini. (*V.* ANACRÉONTIQUE.)
BUCHET DE CUBLIZE.

ANACRÉONTIQUE (genre). Les odes d'Anacréon sont pour la plupart en vers de sept syllabes ou de trois pieds et demi, spondées ou iambes, et quelquefois anapestes. Sous le rapport de la mesure du vers, le poète de Téos a trouvé des imitateurs, non-seulement chez les Grecs et chez les Latins, mais encore généralement chez tous les peuples de l'Europe moderne. L'imitation dans les diverses langues a été plus exacte, suivant que la prosodie de chaque idiome l'a permis. Les petits vers français de sept ou de huit syllabes doivent être rapportés au mètre anacréontique. Mais, si on considère le caractère des poésies d'Anacréon, on y trouve verve facile, joyeuse et délicate ; simplicité, grâce naïve, douceur, franchise, esprit suave, abandon qui attire et fait presque croire à celui qui le lit qu'il assiste à une charmante conversation en vers. Ce n'est guère par une traduction qu'on peut juger de la beauté de ces poésies ; elles perdent leur parfum dans le transport, et ne conservent que fort peu de chose de leurs qualités natives. Elles ne sont guère appréciables que pour ceux qui sont en état de lire le texte, et qui de plus sont doués d'une grande faculté de sentir. — Les rhéteurs ont donné le nom d'*anacréontique* au genre qui comprend toutes les compositions poétiques analogues ; mais celui qui créa le genre fut un de ces génies rares qui produisent des choses inimita-

bles, et qui ne sont jamais égalés que par ceux qui ne pensent point à suivre leurs traces. Cependant Horace a fait de belles odes à l'imitation d'Anacréon : *O matre pulchrâ filia pulchrior*, etc. ; *Lydia, dic per omnes*, etc., etc. Plusieurs poètes français, parmi lesquels je citerai Régnier-Desmarais, la Fontaine, la Mothe-Piquet, Millevoie, ont écrit dans le même genre. Quelques-uns d'entre eux se sont exercés à la manière du poète grec, et l'on sait que la Fontaine, autre génie, qui ne manque pas de ressemblance avec Anacréon, n'y a pas mal réussi. Les Hellènes modernes ont eu leur Anacréon dans Christopoulos. BUCHET DE CUBLIZE.

ANADYOMÈNE, surnom donné par les poètes à la Vénus marine, sortie du sein des eaux. Elle était particulièrement honorée par les marins, que la tempête avait épargnés. Arrivés à terre, ils lui offraient des sacrifices. — On désignait aussi par le nom d'Anadyomène un tableau célèbre d'Apelles, représentant cette déesse au moment où elle s'élève au-dessus des eaux. Pline rapporte qu'Auguste avait acheté ce tableau pour le placer dans le temple de J. César. X. X.

ANAGLYPHE (*sculpt.*), mot tiré du grec, se dit de tout ouvrage ciselé ou sculpté en relief. — Ce terme s'emploie aussi en anatomie pour désigner la portion du quatrième ventricule du cerveau que l'on appelle *calamus scriptorius*. A. A.

ANAGNI, ville d'Italie extrêmement ancienne, à quelques lieues S. O. de Rome, où quelques papes ont temporairement résidé. Elle fut autrefois la capitale des Herniques, peuple du Latium. Virgile l'appelle *Dives Anagnia*.

ANAGNOSTES. On désignait autrefois par ce nom des esclaves qui remplissaient l'office de lecteurs pendant que leurs maîtres prenaient leurs repas. C'étaient des fragments choisis des meilleurs auteurs qui formaient le sujet de ces lectures. Les empereurs, et principalement l'empereur Claude, avaient des anagnostes ; et, comme cela se voit presque toujours, l'exemple du maître produisit beaucoup d'imitateurs. Les patriciens, les hommes haut placés, les riches eurent tous des lecteurs. Cet usage ne s'est pas entièrement perdu. Beaucoup de souverains des temps modernes ont eu des lecteurs en titre d'office ; beaucoup de particuliers ont fait comme eux. Avant la révolution, on avait des lecteurs dans un grand nombre de couvents et de communautés. A. A.

ANAGOGIE (ἀναγωγή), départ. C'étaient des fêtes fameuses autrefois en Sicile, par lesquelles les habitants d'Érix (*V.* ce mot) célébraient le départ, pour la Libye, de leur Vénus Érycine. Ils célébraient de même son retour par d'autres fêtes qu'on appelait *catagogies*. Au reste ce départ et ce retour de la déesse n'étaient qu'une fiction ; on supposait que la déesse était partie et qu'ensuite elle revenait. Il n'en était pas de même à la Thèbes d'Égypte où les Éthiopiens venaient tous les ans chercher processionnellement la statue d'Ammon. A. A.

ANAGOGIE, **ANAGOGIQUE** (*V.* SENS DE L'ÉCRITURE).

ANAGRAMME. Parmi les travaux puérils auxquels se sont livrés les esprits oisifs, un des plus curieux est l'anagramme qui, ainsi que l'indique le mot lui-même (ἀνὰ γράμμα), consiste à renverser les lettres d'un mot ou d'une phrase, à en changer l'ordre, de manière à former un autre mot ou une autre phrase, dont le sens diffère de celui que les mots présentent avant l'opération. Tout ce qu'il y a de piquant dans ce jeu, c'est de trouver, avec les lettres d'un nom, une phrase ou un mot applicable au personnage. De Voltaire, on a fait *O alte vir* ; de frère Jacques Clément : *C'est l'enfer qui m'a créé*. On a trouvé dans révolution française, *Veto. Un Corse la finira*. Dans ces trois exemples, toutes les lettres sont employées, et elles seules le sont. Dès que la phrase se compose de quelques mots ou même d'un mot long, si l'on n'est pas doué d'une patience à toute épreuve, on doit se borner au tâtonnement, et abandonner la tâche au bout de *quelques heures*. En effet, pour réussir, il faudrait pouvoir trouver toutes les combinaisons des lettres qui entrent dans la composition du mot. Or, pour 6 lettres seulement, on a 720 combinaisons. Pour 7, on en trouve sept fois 720 ou 5040, et ainsi de suite. Pour ôter l'envie aux anagrammatistes d'employer cette méthode, qui pourtant serait la seule infaillible, nous leur dirons, que pour trouver dans frère Jacques Clément : *C'est l'enfer qui m'a créé*, on aurait pu faire 125,133, 261,008,832,000 de combinaisons, c'est-à-dire arranger les dix-neuf lettres d'autant de manières différentes, et n'atteindre son but qu'à la dernière. On cite un religieux carme, le P. Saint-Louis, qui a passé sa vie à combiner des anagrammes ; dire quelle fut sa méthode, c'est chose difficile ; seulement on peut croire qu'il perdit bien du temps à ces innombrables et inutiles recherches, qui n'ont pas enrichi la littérature. L'ana-gramme, comme tous les amusements de ce genre, peut avoir de l'à-propos ; il peut trouver son mérite dans la promptitude de son élaboration. Pour ce qui est de son antiquité, l'anagramme a de hauts titres à notre vénération ; car on le voit, trois cents ans avant J. C., arrangeant les lettres de Ptolémée et d'Arsinoé. Son avenir littéraire est bien pauvre, bien désespéré ; on fait encore des charades pour les journaux, des énigmes et même des acrostiches ; mais on ne fait plus d'anagrammes.   H. CORNILLE.

ANAGRATES, AINEGRAY, monastère d'hommes, du diocèse de Besançon, fondé dans le VIe siècle.   L. D. M.

ANAÏTIS ou ANITIS. C'était la Vénus des Arméniens, des Lydiens et des Perses. Les Arméniens surtout avaient la plus grande vénération pour cette déesse à laquelle ils rendaient un culte infâme. Ses temples s'élevaient principalement dans une petite contrée de l'Arménie, située sur le bord de l'Euphrate et connue sous le nom d'Anaïtica.   X. X.

ANALCIME (minér.), aussi appelée zéolithe dure, cubicite. Substance habituellement blanche, quelquefois rougeâtre, cristallisant en cubes tantôt simples ou modifiés, d'une cassure un peu ondulée, compacte, à grains fins ; d'une pesanteur spécifique de 2,35 ; ne rayant pas le verre ou le rayant très-difficilement ; fusible au chalumeau sans boursouflement en un verre blanc, également soluble dans les acides, et donnant de la silice. — Cette substance se trouve aussi à l'état lamellaire, mamelonné, fibreux et capillaire.—Elle renferme, d'après Rose, pour un échantillon de Fassa, sur 100 parties, silice 55,12, alumine 22,99, soude 13,53, eau 8,26 ; et par conséquent sa formule est $3A Si^2 + Na^3 Si^4 + 6aq$. Les premières connaissances sur ce corps sont dues à Dolomieu, qui l'avait découvert dans les îles Cyclopes, près de Catane, et lui avait donné, à cause de sa ressemblance avec la zéolithe, le nom de zéolithe dure. — L'analcime appartient aux roches basaltiques ou amygdaloïdes ; elle se trouve dans un grand nombre de localités, dans celle que je viens de citer, à Fassa, en Tyrol, etc. Une variété d'un blanc mat qu'on prendrait pour de l'amphigène, une autre d'un rouge chair, ont été trouvées à Dumbarton, en Écosse, etc. On dit avoir rencontré l'analcime dans certains gîtes métallifères à Arendal, en Norwége, etc.
                                      G. BONNET.

ANALDIE (t. de médec.), vient d'un mot grec qui signifie croître, et de l'a privatif, ce qui équivaut à défaut de croissance ou défaut de nutrition qui s'oppose à l'accomplissement des fonctions confiées aux organes. Quelquefois on a confondu l'analdie avec le marasme, et on a cru que ce nom était dû à un empirique nommé Arnaldus ; et comme la chute des cheveux est un des symptômes du marasme, on a confondu encore l'analdie avec l'alopécie (mais V. ALOPÉCIE et MARASME).
                                      X. X.

ANALECTES, mot purement grec, par lequel on distinguait les restes d'un repas, et plus particulièrement ce qui tombait de la table, les miettes. On donnait le même nom d'analectes aux esclaves chargés d'enlever ces restes. Plus tard l'acception de ce mot a été étendue aux recueils de petites pièces en vers ou en prose qui, ne faisant point corps avec un ouvrage, couraient risque de se perdre, ce que nous appelons des pièces fugitives. Brunck a publié, à Strasbourg, en 1785 (3 vol. in-8°, 2e éd.), un recueil de fragments des anciens poètes grecs, sous le titre d'Analecta veterum poëtarum græcorum. Comme, en général, ces pièces fugitives ont très-peu de mérite, et qu'on ne s'avise guère de lire des analectes, elles ne peuvent guère éviter leur destinée.   N. M. P.

ANALEMME (astron.). On entend par ce mot la projection des perpendiculaires à un plan de la sphère. Les anciens astronomes, Ptolémée le premier, s'en servaient pour trouver la hauteur d'un astre aux diverses heures du jour et son passage sur le méridien. Mais comme ce procédé manque de précision, on emploie de préférence les calculs de l'azimut (V. ce mot), toutes les fois qu'on veut obtenir un résultat exact.
                                      J. L. G.

ANALEPTIQUES, nom générique des médicaments ou des substances qui paraissent propres à restaurer les forces des convalescents ou des personnes faibles. Ainsi les fécules, les gelées animales, les bouillons sont des aliments analeptiques ; les médicaments analeptiques se tirent des toniques de toute nature. Ce sont en général des amers, des aromatiques ou des spiritueux. Mais comme on s'est aperçu que ces analeptiques ne faisaient qu'activer les forces digestives, effet souvent contraire à la disposition de l'estomac ou des intestins du malade,

on a reconnu que dans beaucoup de cas l'emploi de ces stimulants produisait un effet dangereux ou funeste. De là on a conclu que les véritables analeptiques consistent en une nourriture saine, substantielle et peu volumineuse, un air pur, un exercice modéré, et la tranquillité d'esprit. A cela il faut joindre le soin d'éviter tout ce qui peut surexciter les organes ; car la surexcitation causée par l'emploi mal ordonné des toniques produit toujours l'effet contraire à celui qu'on désire : débilitation progressive, faiblesse croissante, et tous les désordres qui sont la suite ou l'effet de cet état.   J. L. G.

ANALESBERGUM, Analesberg. Monastère d'hommes, de l'ordre de Saint-Benoît, du diocèse de Strasbourg, fondé vers l'an 950.   L. D. M.

ANALOGIE, ἀναλογία (de ἀνά, entre, et λόγος, raison), mot entièrement grec, qui du latin a passé dans la langue française, pour exprimer un rapport de ressemblance, un point commun souvent inaperçu, entre des choses qui ne sont pas tout à fait identiques. L'univers, considéré comme ensemble, nous offre le rapport analogique le plus général, exprimé par le mot création. En examinant cette gigantesque unité composée qu'on appelle nature, les savants y ont distingué des analogies plus ou moins frappantes, qui ont porté à classer les êtres organisés en familles, espèces, genres. Du besoin de distinguer les individus, sans perdre de vue ce qu'ils ont de commun, est née cette image poétique qui représente tout ce qui est connu, comme une longue chaîne dont les anneaux ont un point de contact de l'un à l'autre, quoiqu'il puisse y avoir l'immensité entre le premier et le dernier. L'analogie bien saisie est un guide assez sûr pour l'esprit humain ; elle le conduit dans les profondeurs de la science, comme le fil d'Ariane, et le fait arriver de proche en proche, du connu à l'inconnu, aidée de la logique, son alliée, avec laquelle elle aime à marcher. — Il y a plusieurs sortes d'analogies : analogie de forme, de couleur, de son, de densité, et généralement de tout ce qui tombe sous les sens. Les analogies de forme se reconnaissent au moyen du tact qui rectifie l'organe de la vue ; celles-là doivent être accueillies avec méfiance, et il ne faut pas se hâter d'en tirer des conclusions de similitude, si l'on veut éviter de tomber dans de graves erreurs ; les analogies de couleur sont indiquées par la dégradation des teintes que l'œil aperçoit dans le prisme ; les analogies de son se jugent par le secours de l'oreille, celles de densité par la comparaison du poids de divers objets. — Toutes les facultés de l'intelligence humaine sont analogues en ce sens qu'elles concourent à la formation de la pensée. En métaphysique, la connaissance des analogues ou de la filiation des idées produit la puissance de déduction, le raisonnement ; en mathématiques, elle est indiquée par la raison commune ou la proportion qui existe entre une suite de nombres ; en chimie, elle constitue les agrégations des molécules qui ont de l'affinité entre elles ; en musique, elle explique les rapports des sons qui forment un accord ; nous, ne connaissons qu'une seule chose qui ne reconnaisse pas les lois de l'analogie, c'est la foi en matière de religion ; la véritable loi, qui sait qu'elle ne peut comprendre, elle s'humilie. — Selon Dumarsais, les raisonnements analogiques servent à jeter du jour sur certaines questions, beaucoup plus qu'à les démontrer. L'analogie peut être considérée comme le témoignage d'autrui appliqué à des choses que nous n'avons pas vues : elle produit de mauvais raisonnements quand elle dérive de faits incertains, non prouvés, ou de croyances mal fondées. Le grammairien Bauzée, dans son excellent article sur les analogies grammaticales, inséré dans l'Encyclopédie méthodique, en constate la présence parmi tout ce que l'on appelle dérivés ; il pense qu'elle doit être consultée pour les difficultés de l'orthographe, et qu'après avoir éclairé la marche d'une langue qui se forme, elle tend à lui donner un caractère de fixité. Elle contribue encore, sans qu'on s'en doute, à conserver l'unité de ton dans les écrits qui émanent d'un esprit logique ; et sous ce rapport, elle aide à former le véritable écrivain.
                                      J. D. GIMET.

ANALYSE, de ἀνά, rursum, et en composition re, et λύω, solvo, c'est-à-dire résolution ou décomposition. Prise dans son acception la plus générale, l'analyse désigne l'opération de l'esprit par laquelle nous appliquons notre attention successivement aux différentes parties d'un tout, et selon un ordre méthodique indiqué par la nature même de l'objet que nous examinons, afin de connaître l'enchaînement des parties de ce tout, l'harmonie de leur ensemble, les propriétés qu'elles acquièrent par leur union et qu'elles n'auraient point séparées, enfin la loi par laquelle elles s'unissent et composent un tout homogène. Voilà pourquoi les écoles ont appelé l'analyse

Méthode pour arriver à la connaissance de la vérité, ou *Méthode de résolution*. — Dans toutes les sciences, soit que nous nous instruisions nous-mêmes, soit que nous instruisions les autres, soit que nous exposions un système ou que nous développons une théorie, nous procédons presque toujours par analyse, en sorte qu'on peut dire que l'analyse est la marche naturelle, l'appui nécessaire, la condition de progrès *sine quâ non* de notre intelligence. C'est une vérité qui résulte avec la dernière évidence de l'examen attentif du plus ancien et du plus sublime de tous les arts, du langage, qui est proprement une analyse de la pensée par la parole. Une langue est *un système de signes phoniques* qui, à l'aide de diverses combinaisons, offrent les moyens d'exprimer successivement, d'analyser toutes les affections de l'âme, toutes les perceptions de l'entendement, toutes les opérations de l'esprit : c'est donc une étude aussi curieuse qu'intéressante que celle de cette grande machine analytique, à laquelle depuis tant de siècles toutes les générations n'ont cessé de travailler. Exposer le système du langage sous ce point de vue, c'est dévoiler tous les secrets et toutes les ressources de l'analyse, c'est en faire l'histoire dans sa plus magnifique application. Nous allons l'essayer en peu de mots. — De quoi se compose le langage, considéré soit dans sa simplicité rudimentaire, soit dans son plus grand développement ? De signes de *substances* et de signes d'*attributs*, plus, mais comme résultat de l'emploi de ces mêmes signes, de quelques accidents de position. C'est ainsi qu'à commencé le langage humain ; réduit d'abord à un certain nombre de signes, tous équivalents par leur forme et leur invariabilité, il a reçu de l'industrie humaine ce qu'il était seulement réservé à celle-ci de produire, savoir, les distinctions grammaticales et les catégories : Qu'une série primordiale de signes phoniques ait été communiquée à la première famille humaine par une transmission surnaturelle, c'est ce qu'il est difficile de ne point admettre lorsqu'on songe aux insurmontables difficultés qui s'opposent à toute idée d'invention ; mais ce qui nous semble mis hors de doute, ce que les travaux les plus récents de la linguistique ont démontré, c'est qu'il fut un état du langage où le vocabulaire ne se composait que de noms de choses et de noms d'attributs, et où rien de ce qui constitue l'art grammatical n'existait encore. Là commence pour nous le travail de l'homme ; là finit l'authenticité de ses droits. — Ainsi arrêté sur son double élément, le *substantif* et l'*attributif*, le langage, avec ce matériel si simple, était déjà une méthode analytique puissante avec laquelle l'homme pouvait tout peindre, tout dire. La pensée avait reçu sa première impulsion ; c'était à elle à s'élever ensuite de ses propres ailes, à perfectionner ce qu'elle avait reçu, à poursuivre la division et l'analyse commencées. — En effet, la parole ne nous a point été donnée seulement comme moyen de communication ; son rôle le plus beau, sa destination la plus noble, c'est d'être pour notre esprit l'instrument le plus puissant de culture intérieure et de manifestation au dehors. Soit que le génie de l'homme observe et étudie la nature, qu'il cherche dans les arts à l'imiter et à la reproduire, qu'il compare et mesure les proportions de la matière, détermine les lois du mouvement et calcule jusqu'aux éventualités de l'avenir ; soit que, se repliant sur lui-même, il analyse ses propres facultés, sonde les profondeurs de sa conscience, expose et développe les lois morales auxquelles le Créateur l'a soumis ; soit enfin qu'il suive dans le stade infini des applications sociales les principes du beau, du juste, du saint et du vrai, partout et toujours il a besoin d'une méthode qui débrouille et classe ses idées, qui abrège pour lui le travail de la méditation et rende sa marche plus assurée. Il faut à notre raison une mécanique, si j'ose ainsi dire, qui l'aide à comparer, formuler, déduire et conclure ; qui de plus soit toujours en harmonie avec le progrès de ses opérations ; qui puisse varier au gré de ses besoins ; qui soit par conséquent susceptible d'amélioration, de perfectionnement, ou du moins de modification dans ses pièces intégrantes et dans le système de leur assemblage. Or cet instrument admirable, cette méthode, cette mécanique merveilleuse, c'est la parole, travaillée, développée, changée par les lois de l'euphonie, de la syntaxe et de la grammaire. Telle est la raison de la mobilité continuelle des langues, mobilité que de faux philosophes ont voulu donner comme une preuve de leur imperfection et un argument de leur création tout humaine : le langage, comme l'esprit, comme l'humanité, ne pouvait et ne devait point rester immuable et stationnaire ; et si ce qu'a dit un poëte est vrai, *le génie est un feu qu'il faut nourrir et qui s'éteint s'il ne s'augmente*, il ne l'est pas moins que l'une langue arrêtée dans son mouvement et laissée sans culture, est le symptôme le

plus infaillible d'une civilisation sans progrès et d'une société en décadence. — C'était donc un décret providentiel que l'homme développât et modifiât sans cesse le précieux moyen de connaître dont il avait été doté. Aristote disait que pour vivre seul il faut être un dieu ou une bête féroce : on pourrait affirmer aussi que le langage, ramené à sa condition primitive, serait le propre d'une intelligence infinie ou d'une brute. Car, de même qu'il n'est point pour la Divinité de démonstration ni de calcul, parce qu'elle voit tout avec une évidence égale et que rien à ses yeux n'est problématique, tandis que notre intelligence bornée ne marche qu'à l'aide des méthodes, des classifications et des théories qu'elle s'est faites, en sorte que le degré de perfection de nos instruments donne le degré d'étendue et de force de notre esprit ; de même aussi la langue de Dieu, simple, simultanée et toute représentative, n'a rien de successif, de périodique, d'analytique ; elle n'a point de syntaxe, de phraséurgie, d'exposants grammaticaux de vingt espèces, de formules inductives et déductives, ressources ordinaires de notre faiblesse, leviers indispensables de notre raison. Après avoir créé l'homme Dieu le plaça dans un jardin délicieux, abondant en végétaux et en fruits de toutes sortes ; ensuite il lui dit : *Tu travailleras*. Puis il éclaira son âme, et tirant sa pensée du sommeil où sans cette communication toute-puissante elle eût dormi éternellement, il lui dit encore : *Tu analyseras*. Cette loi inflexible, l'homme l'accomplit d'abord sur les signes qui lui avaient été donnés pour penser ; mais par malheur il ne nous a pas conservé de monument de sa langue primitive. — Les signes ou vocables de cette langue, formés sur le modèle d'objets sensibles et individuels, exprimaient les idées les plus générales, les plus compréhensives, les plus vagues ; tels qu'ils étaient, ils pouvaient, comme j'ai dit, suffire à un dieu ou à un esprit céleste ; mais avec eux seuls l'homme fût bientôt redevenu simple bipède. Les mots primitifs, qui sont ce que les philologues désignent sous le nom de *radicaux* ou de *thèmes*, également propres à servir de substantifs, d'adjectifs, de verbes, d'adverbes, de prépositions, de conjonctions, etc., avaient besoin d'être déterminés selon l'idée qu'ils devaient représenter dans le discours, et selon le rapport qu'ils devaient établir entre deux idées ou deux jugements. Par exemple, *al*, thème ou radical commun aux langues celtique et hébraïque, et probablement aussi nom de la langue primitive, désigne toute idée d'élévation, de supériorité, etc. Comment reconnaître si ce mot est adjectif, nom, verbe ou préposition ? car, sans cette détermination, le discours reste dans le vague, le langage est pénible, équivoque, inintelligible. C'est là le problème que dès sa création l'humanité eut à résoudre ; et, s'il est vrai de dire que toujours résolue, l'énigme renaît et se présente sans cesse, il est vrai aussi que le génie de l'homme s'acquitte de sa tâche avec une sagacité merveilleuse. Ce n'est point ici le lieu d'entrer dans le détail des travaux et des découvertes de l'esprit humain en ce qui concerne l'analyse de la pensée par la détermination des différentes catégories grammaticales, autrement dites *parties d'oraison*, et par l'artifice, souvent très-compliqué, des exposants grammaticaux. Nous renvoyons le lecteur aux articles qui y sont spécialement consacrés. (*V.* ARTICLE, PRONOM, VERBE, PARTICIPE, AUXILIAIRE, CAS, DÉCLINAISON, CONJUGAISON, PARTIES D'ORAISON, etc.) — Après le développement et le perfectionnement indéfini de son langage, l'application la plus importante que l'homme fit de sa faculté analytique, ce fut dans l'invention de l'écriture. — L'écriture a subi en tout absolument les mêmes révolutions que les langues. Composée d'abord de quelques images figuratives, puis symboliques, puis analogiques, elle s'accrut bientôt, par la décomposition de ces premières peintures, de signes idéophonétiques, ensuite syllabiques, et enfin littéraux. Réduite à ces derniers seulement, elle se nomme alphabétique. Et comme nos langues les plus modernes n'offrent plus guère, dans le recueil de leurs vocables, que des groupes littéraux sans rapport apparent avec leur signification, de même aussi l'écriture alphabétique n'a plus aucune relation de signes que elle représente. L'écriture alphabétique, que l'on croyait au siècle dernier, née, comme la lumière, instantanément et d'un éclair de génie, l'écriture, dis-je, est le sublimatum d'une suite de décompositions, le résultat presque vaporeux et fantastique de plusieurs transformations d'abstractions. (*V.* ÉCRITURE.) — Mais c'est surtout dans le domaine des sciences exactes que l'analyse montre toute sa puissance ; c'est là qu'elle semble prendre un corps, une figure ; c'est là qu'elle s'est créé une langue à elle, et qu'elle règne sans partage. Arithmétique, algèbre, géométrie, mécanique, etc., sont autant de méthodes analytiques; ce sont moins des sciences différentes que des applications diverses du même procédé. Dans chacune de ces branches de nos connaissances, la marche est toujours la même et toujours invariable : partant de quelques principes simples, évidents par eux-mêmes ou admis comme tels, on procède graduellement à la solution des problèmes les plus difficiles et les plus compliqués. C'est alors que le comble de l'art et le triomphe de l'analyse est de faire suivre de si près les vérités, les unes des autres, d'établir entre elles une subordination si intime, un lien si serré, qu'il suffise, pour ainsi dire, de les énoncer l'une après l'autre pour qu'elles apparaissent dans toute leur évidence, sans avoir besoin de recourir à la démonstration. — *Analyse grammaticale.* Elle consiste à désigner à quelle catégorie ou partie d'oraison appartient chacun des mots de l'ouvrage qu'on analyse et le rôle qu'il joue dans le texte. Cette analyse est surtout utile dans l'étude des langues. — L'*analyse logique* rend raison des différentes propositions, phrases ou périodes dont l'ensemble et le tissu forment le discours. — On appelle encore analyse le résumé fidèle, précis, saillant d'un ouvrage : c'est une espèce de compte rendu dans lequel on s'efforce de ne rien omettre et en même temps d'être lumineux et court. On voit qu'une semblable analyse est purement didactique ; les articles du *Journal des savants*, un des recueils littéraires ou scientifiques qui s'en approchent le plus, en offrent en général des modèles achevés ; mais elle exige, pour être bien traitée, plus de capacité et de savoir qu'on ne le supposerait d'abord ; et il y a tel savant professeur dont la célébrité est due beaucoup moins à ses propres ouvrages qu'à un rare talent d'analyse. — Lorsqu'à cette analyse se joint un jugement quelconque sur les pensées, l'objet et le style d'un auteur ; lorsqu'on se livre à quelques développements pour approuver ou blâmer, confirmer ou combattre une doctrine, on la nomme alors analyse critique. Mais autant la première, même sous une plume ennemie, peut offrir d'impartialité et même d'intérêt, autant la seconde se déshonore trop souvent par la mauvaise foi des critiques ou l'exagération des éloges. C'est cette espèce d'analyse que les excès de la presse périodique ont si fort décriée depuis vingt-cinq ans que l'on n'ose plus se fier à aucun organe de publicité ; et que, par une réaction déplorable, auteurs et lecteurs en sont venus à mépriser également tout jugement littéraire, et à ne reconnaître d'autre règle de la raison et du goût que leurs passions et leurs préjugés. L'anarchie est aujourd'hui dans la république des lettres, le sens privé a pris la place des aristarques de l'opinion ; et dans cet effroyable déchaînement de sentences qui s'attaquent et s'anathématisent, ce que l'on remarque surtout, c'est l'ignorance de l'art d'écouter avant de répondre, de saisir une objection avec justesse et de la réfuter avec la même proportion ; c'est, en un mot, la rareté du talent analytique. — L'opération de l'esprit opposée à l'analyse se nomme synthèse ; elle consiste dans la vue d'ensemble de tous les objets que l'on a parcourus par l'analyse. (*V.* SYNTHÈSE.) P. J. PROUDHON.

ANALYSE (*philos.*) On peut en général définir la méthode philosophique : *la manière de conduire son esprit dans la recherche de la vérité.* Ainsi la meilleure méthode sera la plus analogue à la nature de l'entendement humain. Deux opinions partagent à cet égard les philosophes : les uns sont partisans de la méthode appelée *synthèse*, laquelle consiste à partir des principes les plus généraux pour arriver à des notions particulières. Selon ces philosophes, tous partisans des idées innées, il faut admettre les principes généraux et abstraits innés dans notre âme, parce que, disent-ils, nous n'aurions pu les acquérir avec le secours des sensations et de la réflexion. D'autres prétendent que l'homme, en venant dans ce monde, n'a aucune espèce d'idée, mais qu'il naît avec des facultés intellectuelles et morales, c'est-à-dire, avec une grande aptitude pour acquérir des idées de toute espèce. D'après les partisans de ce système, l'homme commence par éprouver des sensations, il les démêle, les distingue, les convertit en autant d'idées. C'est ainsi qu'il se fait des idées des objets sensibles ; en comparant ces premières idées, il découvre les rapports qui sont entre elles ; il ne tarde pas à éprouver des sentiments différents des sensations : le sentiment-rapport, le sentiment moral, le sentiment de l'action des facultés de l'âme. Ces sentiments nouveaux, il les convertit, par de nouveaux actes de son entendement, en autant d'idées d'un ordre plus élevé que les idées des objets sensibles : de là les idées intellectuelles et morales ; il n'en est aucune qu'il ne puisse acquérir par de semblables procédés. Il n'est donc pas besoin de recourir au système des idées innées, pour expliquer les notions abstraites et générales auxquelles on a cru que l'homme ne pouvait s'élever avec le se-

cours des sens et de la réflexion. — L'analyse opère de la manière inverse de celle de la synthèse. Nous avons dit que dans celle-ci, on va du général au particulier ; dans l'analyse, au contraire, on commence par ce qu'il y a de plus particulier, et l'on s'élève par degrés à des notions générales. Un enfant ne manifeste aucun de ces principes généraux que certains philosophes prétendent être innés dans notre âme, mais il ne tarde pas à observer ; par exemple, que son doigt est plus petit que sa main, sa main plus petite que son bras, son bras plus petit que son corps ; bientôt il généralise ces observations en disant : *le tout est plus grand que la partie.* On voit que cette notion générale n'est que le résumé de ce que les observations précédentes de l'enfant ont de commun entre elles. A proprement parler, il ne fait que les répéter d'une manière abrégée et générale, c'est-à-dire en substituant des expressions générales aux expressions particulières dont il s'était d'abord servi. — Un moyen de découvrir la bonne méthode, dit M. Laromiguière, c'est de savoir pourquoi nous avons besoin de méthode. Or une méthode nous est nécessaire pour suppléer à la faiblesse de notre esprit, de même que dans les arts mécaniques, un levier est nécessaire à l'homme pour suppléer à la force de ses bras. Un seul objet semble absorber toute notre pensée ; que l'on essaye d'en considérer deux à la fois, quelque effort que nous fassions, il nous sera impossible de donner notre attention à deux objets à la fois avec la même intensité. Notre mémoire est souvent ingrate ou infidèle ; cependant nous éprouvons le besoin de retrouver un grand nombre d'idées et de les avoir toutes présentes à l'esprit. Quelques exemples cités par M. Laromiguière rendront la chose sensible. Les corps dont l'assemblage compose l'univers offrent une infinité de dessins et de figures différentes ; les étudier, les connaître toutes, serait une tâche au-dessus de nos forces ; mais on s'en fera une idée plus distincte si on les ramène à un principe unique, ou du moins à un petit nombre d'éléments, à la ligne droite et à la ligne courbe. Et si les courbes elles-mêmes se composent d'une infinité de petites droites inclinées les unes sur les autres, comme le suppose quelquefois la géométrie, alors les deux principes se réduiront à un seul, la ligne droite sera le principe unique de toutes les figures. — M. Laromiguière donne un autre exemple qui, bien que tiré d'un objet familier à tout le monde, n'en est que plus frappant par sa simplicité et par la lumière qu'il donne. « Personne, dit-il, n'ignore la manière dont se fait le pain : on a du grain qu'on broie sous la meule ; le grain ainsi broyé est imbibé d'eau ; il prend ensuite de la consistance sous la main qui le pétrit ; et, bientôt l'action du feu le convertit en pain. Voilà quatre faits qui se tiennent, mais de telle sorte que le quatrième est une modification du troisième, comme le troisième est une modification du second, et comme le second est une modification du premier. Or, toutes les fois qu'une même chose prend ainsi l'une après l'autre plusieurs formes dérivant l'une de l'autre, on donne à la première le nom de *principe.* » — En arithmétique, l'addition prend successivement les formes de multiplication, d'élévation aux puissances, de théorie des exposants ; enfin toutes les méthodes qui servent à composer les nombres ont leurs principes dans l'addition, comme toutes celles qui les décomposent ont leurs dans la soustraction. Pour acquérir de vraies connaissances, il est nécessaire de diviser les objets, d'en observer successivement les différentes parties, les différentes propriétés, les différents points de vue, de se faire une idée exacte et précise de chacune de ces parties et de ces propriétés ; d'en saisir les différents rapports et surtout ceux qui les font dériver les uns des autres, de remonter par ce moyen à une idée fondamentale d'où dérivent toutes les autres. Alors on a un système, nous voulons dire un art ou une science dont les différentes parties se soutiennent, et dont les dernières s'expliquent par les premières. Les parties qui rendent raison des autres s'appellent *principes*, et le système est d'autant plus parfait que les principes sont en petit nombre ; il serait même à désirer qu'on les réduisît à un seul. — Qu'est-ce donc que l'analyse ? C'est, dit M. Laromiguière, l'opération de l'esprit qui décompose les objets pour se faire de toutes leurs qualités autant d'idées distinctes qu'il compare, pour découvrir leurs rapports de génération et pour remonter ainsi jusqu'à leur origine. — Les idées que l'analyse nous fait connaître prennent dans notre esprit un arrangement qui répond parfaitement à l'ordre qui existe dans les objets qu'elles représentent, et sous ce point de vue, on peut dire que l'analyse recompose l'objet qu'elle avait d'abord décomposé. — L'analyse, dit Condillac, est non-seulement une bonne méthode, mais la seule qui soit bonne, la seule qui puisse nous mener à la découvertes. Selon le même philosophe, l'analyse fait les esprits justes, les grands poètes, les grands orateurs, les hommes éminents dans tous les genres: C'était aussi le sentiment de Locke, qui avait reconnu tout le mérite de cette méthode, considérée comme moyen de découverte. Mais il juge que pour exposer les vérités connues et les communiquer aux autres, la synthèse doit lui être préférée. Ce qui le trompe, c'est la manière dont les géomètres procèdent; Condillac n'a pas le même scrupule; Locke ne paraît pas avoir parfaitement connu cette analyse rigoureuse, dont Condillac et M. Laromiguière ont donné plus tard la théorie et l'exemple. — En nous étendant sur le mérite de la méthode appelée *analyse*, nous n'avons eu nullement le dessein de blâmer l'usage des principes généraux et abstraits. Ils sont absolument nécessaires; sans eux, nous ne pourrions classer les idées, ni mettre aucun ordre dans nos connaissances. On ne doit les considérer que comme autant de résumés des notions particulières que nous devons à l'analyse des formules abrégées et commodes, propres à faciliter singulièrement l'exercice de la pensée.

L'abbé DASSANCE.

ANALYSE (*chimie*), venant du grec άναλυώ, est un mode d'opération qui consiste à décomposer en ses éléments un corps ou un assemblage de corps quelconque. L'objet de l'analyse peut appartenir soit au règne animal, soit au règne végétal ou au règne minéral; la matière sur laquelle porte l'analyse peut être organique ou inorganique. L'opération analytique n'est point également facile dans l'un ou dans l'autre cas. En effet, la matière à analyser appartient-elle au règne minéral, en un mot, est-elle inorganique? l'analyse est, en général, facile pour celui qui a l'habitude des travaux de ce genre, et les résultats obtenus sont presque toujours sensiblement les mêmes. La matière à analyser appartient-elle, au contraire, au règne végétal ou au règne animal? l'analyse devient souvent extraordinairement difficile; elle présente quelquefois des obstacles insurmontables à celui-là même qui a la plus grande habitude des travaux de ce genre, et les résultats obtenus sont loin d'être constamment les mêmes. A quoi tiennent ces difficultés? Principalement à l'instabilité ou à l'extrême mobilité des éléments qui composent un corps organisé. Et c'est ici le lieu de définir exactement ce que c'est qu'un corps organisé et un corps organique, qu'on a souvent confondus et qu'on confond encore l'un avec l'autre. Un corps organisé est celui dans lequel les différents organes destinés à l'entretien de la vie fonctionnent dans toute leur intégrité, en un mot, c'est un corps vivant. Et tout corps organisé, dès que l'analyse cherche à l'attaquer ou à l'isoler, se détruit irrévocablement : ainsi le sang est un corps organisé tant qu'il coule dans les veines et les artères, mais retiré de ces vaisseaux, il cesse instantanément d'être ce qu'il était, ses molécules prennent un autre arrangement, et semblent obéir à une force autre que celle de la vie. Cette tendance à la transformation ne s'arrête point; elle amène sans cesse d'autres phénomènes; elle va à l'infini; et ce corps auparavant organisé, et dans lequel la vie est maintenant éteinte, c'est ce qu'on appelle corps organique. En résumé, les corps organisés sont en quelque sorte en dehors du domaine de l'analyse, ils appartiennent à une sphère où il ne nous est pas permis d'opérer avec nos réactifs et agents ordinaires. Quant aux corps organiques, ils sont, il est vrai, accessibles à nos moyens d'analyse, mais les résultats qu'on obtient sont le plus souvent défectueux, ce qui tient précisément à la grande mobilité de la matière organique. — On a distingué l'analyse en *qualitative* et en *quantitative*. L'analyse qualitative s'occupe de constater purement et simplement les différentes espèces de substances existant dans un composé donné. L'analyse quantitative a pour objet, comme son nom l'indique, de constater la quantité ou le poids de chacune des substances indiquées par l'analyse qualitative; la première exige des connaissances de chimie ordinaire, l'action des différents réactifs, etc. La dernière suppose, non-seulement une grande habitude des manipulations chimiques, mais surtout beaucoup de sagacité et une exactitude consciencieuse. Ainsi, par exemple, il est assez facile de constater que telles ou telles eaux minérales contiennent des sels de magnésie, des sels de chaux, des sels de fers; mais il n'est pas aussi facile de déterminer la quantité en poids de chacun de ces sels. Je dois ici faire en passant, une remarque importante: quand on a affaire, dans une analyse, à un mélange de corps différents, il est difficile de dire à quel état de combinaison ces corps se trouvent dans le mélange, et on peut poser en principe, que toute substance susceptible de se combiner avec une autre substance, se combinera avec elle. Supposé, par exemple, un mélange d'acide sulfurique, d'acide

nitrique, d'acide chlorhydrique, de fer, de soude, de magnésie, le tout tenu en dissolution dans l'eau; dirais-je qu'il y a tant de sulfate de fer, tant de chlorure de sodium, et tant de nitrate de magnésie en dissolution? Assurément non, car chacune de ces bases est susceptible de se combiner avec chacun de ces acides, je suis donc ici fortement embarrassé pour savoir la quantité réelle de chacun de ces sels. — Les principaux agents de l'analyse sont le calorique, l'électricité et différents réactifs pouvant donner lieu à des précipités insolubles ou du moins très-peu solubles, exactement connus et déterminés. Ainsi, par exemple, quand on doit doser l'acide sulfurique, on se sert d'une dissolution de baryte; le précipité qu'on obtient est du sulfate de baryte insoluble, qu'on ramasse sur le filtre; après l'avoir lavé et séché, on le pèse. Or, sachant que dans telle quantité de sulfate neutre de baryte, il y a tant de baryte et tant d'acide sulfurique, j'ai nécessairement la quantité de l'acide sulfurique. Pour doser les chlorures solubles, on se sert du nitrate d'argent; pour les sels de chaux, l'oxalate d'ammoniaque; pour les sels d'alumine, du sulfate de potasse ou d'ammonique, etc. — Le calorique est un agent de décomposition extrêmement puissant; les corps inorganiques, à moins d'être fixes, sont fusibles ou volatils, à des degrés de température différents, ce qui fournit à l'analyse un excellent moyen de séparation. Les substances organiques, soumises à l'action du calorique, donnent lieu à des produits très-stables qui, à leur tour, ne peuvent être décomposés que par une température élevée. Tels sont l'acide oxalique, l'acide acétique, l'acide formique, l'acide carbonique, l'ammonique et un grand nombre de carbures d'hydrogène. L'analyse qui procède par le moyen du calorique, s'appelle analyse *par voie sèche*; celle qui procède par le moyen des réactifs sur les substances en dissolution, s'appelle analyse *par voie humide*. La dernière donne, en général, des résultats plus nets et plus exacts que la première, où il y a beaucoup plus de chances de perte, surtout lorsque la substance est un peu volatile. L'électricité est l'agent de décomposition le plus puissant; c'est au moyen de l'électricité qu'on est arrivé à décomposer les bases alcalines et terreuses réputées simples pendant fort longtemps. Néanmoins, on ne se sert guère de l'électricité dans les analyses ordinaires. — *Analyse des substances inorganiques*. Cette analyse porte spécialement sur les minerais et les alliages; les agents avec lesquels on les attaque le plus ordinairement sont l'eau régale, l'acide nitrique et l'acide chlorhydrique : l'acide sulfurique est moins souvent employé. Après avoir ainsi dissous la matière à analyser, il s'agit de constater la présence de telle ou telle substance par les réactifs connus. Quelquefois on incorpore à une température élevée, dans la matière à analyser, une base, telle que la potasse, la soude ou plutôt le carbonate de baryte, surtout lorsque le minerai contient beaucoup de silice. Dans l'analyse des monnaies d'argent par la voie de la coupellation, on ajoute du plomb qui jouit de la singulière propriété d'entraîner l'oxyde de cuivre dans la substance de la coupelle, et de laisser intact l'argent pur qui se rassemble en un petit culot, appelé *bouton de retour*. Ces coupelles sont faites avec des os calcinés. — *Analyse des substances organiques*. Nous avons déjà parlé des difficultés que présente cette analyse; nous allons rappeler ici que cette analyse est de deux sortes : elle peut porter sur ce qu'on appelle les principes immédiats qui, quoique composés, fonctionnent dans certaines circonstances comme des corps simples; ou bien elle peut porter sur les éléments constitutifs qui sont : l'oxygène, l'hydrogène, l'azote, le carbone, quelquefois le soufre et le phosphore. Les principes immédiats peuvent agir comme des bases, comme des acides ou comme des corps neutres. C'est sur leur propriété d'agir vis-à-vis des réactifs, et sur leur degré de solubilité ou d'insolubilité dans les divers menstrues employés, qu'est basé leur mode d'extraction. Nous renvoyons pour ces différents détails analytiques, à chacun des corps respectifs. (*V.* CARACTÈRES CHIMIQUES, RÉACTIFS, COUPELLATION, CHIMIE, CHALUMEAU.)

F. HOEFER.

ANALYSE (*mathém.*) Les mathématiciens donnent le nom d'analyse à l'opération par laquelle ils arrivent à la solution des problèmes en les réduisant à des équations. Si l'analyse a pour objet les quantités finies, elle se confond communément avec l'algèbre, car c'est par le secours de l'algèbre que l'analyse résout les problèmes. Quand elle opère, au contraire sur des quantités infinies ou infiniment petites, elle cherche à calculer les rapports des quantités qu'on regarde comme ayant ces caractères. Quant au but que l'analyse se propose, c'est de découvrir une vérité ou d'établir une proposition donnée; pour atteindre ce but, elle suppose certaine une proposition douteuse, elle suppose fait ce qui est encore à faire; et de cette proposition douteuse ou de ce fait hypothétique, elle marche de conséquence en conséquence, jusqu'à ce qu'elle arrive à une conclusion vraie ou fausse, exécutable ou impossible. La principale méthode qu'emploie l'analyse est le calcul différentiel. Comme on part d'un principe connu ou d'une vérité déjà reconnue, qu'en un mot, on procède de l'inconnu au connu, on dit en ce sens que l'analyse est l'opposé de la synthèse, qui part de ce qu'on connaît pour arriver à ce qu'on ne connaît pas (V. AL-GÈBRE, CALCUL DIFFÉRENTIEL, INFINIS, INFINIMENT PETITS, MÉTHODE ANALYTIQUE, SYNTHÈSE, etc.) J. DE M.

ANALYSE DE LA FOI. (V. FOI.)

ANALYTIQUE (V. MÉTHODE ANALYTIQUE).

ANAMELECH, nom d'une divinité assyrienne (V. SAMARITAINS.)

ANAMIM, en hébreu *hanamim*, est le second fils de Mesraïm (*Gen.* X, 13). Cet Anamim a donné son nom à un peuple sur lequel on a formé beaucoup de conjectures. Ainsi le paraphraste Jonathan entend par *Anamim* les habitants de la Maréote, le targum de Jérusalem ceux de la Pentapole, et le traducteur arabe ceux du pays où fut bâtie depuis, la ville d'Alexandrie. Bochart croit que les Anamim ne sont autres que les peuples qui habitent aux environs du temple de Jupiter Ammon, et dans la Nasamonite. J. G.

ANAMOE (*ois.*) Hedman a donné ce nom à une perdrix de Surinam, dont le plumage est agréablement varié de blanc, de noir et d'orangé, et dont la chair est d'une grande délicatesse. J. B.

ANAMORPHOSE, mot formé du grec μορφή, qui signifie forme, s'emploie pour désigner un tableau ou un dessin qui, vu d'un lieu, ne représente qu'une image difforme et disproportionnée, mais qui examiné d'un autre point de vue, montre l'image régulière d'un objet déterminé. L'anamorphose doit être tracée sur une surface plane ou courbe, d'après des proportions données. Il y a un tel effet se développe d'une manière directe; d'autres, au contraire, ne produisent l'image régulière que par réflexion sur un miroir. D'autres anamorphoses sont tellement disposées, qu'elles représentent non une image difforme, mais une image précise comme celle d'un arbre, d'un paysage, et que cet arbre, ce paysage retourné sens dessus dessous se change en d'autres figures bien distinctes. Il n'est pas rare de voir à Paris chez les marchands d'estampes des boulevards des dessins représentant un paysage, lesquels, retournés, offrent une figure d'homme et une figure de femme, très-bien formées. On fabrique aussi depuis quelque temps à Paris des estampes dont la surface offre des plis relevés d'environ cinq ou six lignes de profondeur, et formant chacun un angle proéminent d'environ 45 degrés; sur un des côtés de ces plis sont peintes des figures qui, vues obliquement ou de côté, présentent des images très-régulières. Le côté opposé des plis offre une autre figure; le tableau vu de face ne présente que les sommités des plis et des masses informes de couleur; mais pour peu qu'on se porte à droite ou à gauche, on voit les images se développer et sortir pour ainsi dire du chaos, jusqu'à ce qu'elles aient acquis la plus grande régularité. — On peut ranger aussi dans la classe des anamorphoses des figures de carton ou de papier consistant en découpures qui n'offrent en apparence aucun dessin, et qui, présentées la nuit à la lumière d'une bougie, présentent sur le mur qui reçoit l'ombre une figure assez reconnaissable. Ceci nous rappelle qu'outre les procédés scientifiques des mathématiciens pour produire des anamorphoses, procédés qu'on trouvera sous le mot Récréations mathématiques, il est une manière fort simple de faire des anamorphoses : il ne s'agit que de suivre, en le piquant avec une épingle, le contour d'une figure ou d'un dessin, et de présenter ce dessin ainsi préparé à la lueur d'une bougie; les rayons, en passant par les trous, vont se placer sur la muraille devant laquelle on expose le dessin, et l'on peut avec un crayon suivre les linéaments décrits par ces rayons. Il me résulte de là qu'une image qui, vue de tout autre point que celui où se trouvait la flamme de la bougie, paraît plus ou moins irrégulière, mais qui se dessine très-bien, quand on la regarde de ce point unique. J. DE M.

ANAMPSÈS (*poiss.*), petit genre de poissons, de la famille des labroïdes, qui diffère peu de celui des girelles, et dont le caractère principal est de d'avoir à chaque mâchoire que deux dents aplaties, recourbées en dehors. L'espèce type est le *labrus tetrodon* de Bloch. J. B.

ANANAS, plante herbacée et vivace, type de la famille des broméliacées, et appartenant à l'hexandrie monogynie de Linné, qui lui avait donné le nom de *bromelia ananas*; mais que les botanistes modernes nomment *ananassa sativa*, parce qu'ils la distinguent des vrais bromelias. L'ananas croît dans les contrées intertropicales de l'Asie et de l'Amérique, sans qu'on puisse dire s'il est indigène dans les deux mondes, ou s'il a été transplanté de l'un dans l'autre : Tout ce qu'on peut dire, c'est qu'il a besoin d'une température très-élevée, ce qui n'a pas empêché que transporté en Europe par le Hollandais Lecour, vers le milieu du XVIIe siècle, il n'ait assez bien répondu à ceux qui ont pris la peine de le cultiver dans les serres chaudes. Les principaux caractères de ce végétal sont les suivants : calice double de trois folioles courtes avec un tube pétaloïde qui forme trois divisions pourvues d'écailles dans la partie inférieure; étamines au nombre de six, à la partie supérieure du calice ou sur une glande calicinale; baie ombiliquée à trois loges polyspermes. Les feuilles naissent de la racine et forment une touffe épaisse; elles sont roides, pointues, creusées en canal et armées sur les bords de crochets ou dentelures. Du milieu de cette touffe sort une tige haute de six ou sept pouces, garnie par le bas de feuilles alternes, terminée par un épi de fleurs violacées que surmonte une espèce de couronne de feuilles. Les fleurs sont remplacées par des baies charnues qui s'attachent l'une à l'autre pour ne former qu'un seul fruit ressemblant à une pomme de pin, dont il excède un peu la grosseur. La couleur de ce fruit est d'un beau jaune doré. — On cultive avec succès l'ananas en France, en Hollande, et même en Angleterre; il existe autour de Paris, et notamment à Charonne, des serres chaudes uniquement disposées pour la culture de ce végétal. On en connaît plusieurs variétés; l'ananas à fruit blanc, jaune, rouge, noir, ananas sans épines, ananas à feuilles panachées, à gros fruit violet, etc. L'ananas se propage soit par les œilletons qui naissent spontanément près des pieds qui ont fleuri, soit au moyen des couronnes qu'on sépare du fruit quand il est parvenu à sa maturité, et qu'on ne met en pot que lorsque la plaie produite par la séparation est bien cicatrisée. Les pots doivent être garnis moitié de terre franche et l'autre moitié de terre de bruyère et de terreau gras mêlés ensemble : cela ne suffit pas, il faut encore pratiquer au milieu du pot un trou qu'on remplit d'un sable fin très-sec, et c'est dans ce sable qu'on enfonce les couronnes jusqu'à la naissance des premières feuilles, ou qu'on enterre les œilletons. La température des serres doit varier de 20 ou 24 degrés à 32 ou 33. Sans cette grande chaleur, le fruit ne mûrirait pas. Tous ceux qui ont vu des ananas sous l'équateur et qui en ont mangé prétendent que c'est le plus exquis de tous les fruits, bien supérieur à tous ceux que produit notre Europe. Nous ne dirons pas que la chose est vraie ou qu'elle est exagérée; ce qui nous semble certain, c'est que chacun peut s'en convaincre, c'est que l'ananas cultivé à Paris est loin d'avoir cette saveur délicieuse qu'on vante, et que beaucoup de nos fruits du midi sont d'un goût et d'un parfum que les ananas sont loin d'égaler. Ce qui fait en Europe le plus grand mérite de l'ananas, c'est la rareté et le très-haut prix auquel on le vend. D. A.

ANANAS DE MER (*zooph.*), nom vulgaire de l'astre ananas. (V. ASTRÉE.)

ANANCHYTE (*minér. zool.*) C'était chez les anciens le nom d'une pierre précieuse qu'on employait pour la divination; quelquefois même on appelait ainsi le diamant auquel on attribuait des qualités médicinales. En zoologie, c'est le nom d'un genre de fossiles établi par Lamarck, ou seulement d'un sous-genre d'après G. Cuvier. M. de Blainville les a classés parmi les zoophytes dans l'ordre des échinides (oursins) de Cuvier. Ce genre ou sous-genre renferme plusieurs espèces toutes fossiles. Corps ovale d'avant en arrière, arrondi, conique par-dessus, et couvert de petits tubercules épars, entièrement aplati par-dessous. C'est dans cette partie inférieure que se trouvent la bouche et l'anus, la bouche plus près du centre que de l'extrémité antérieure, l'anus plus près de l'extrémité postérieure. M. de Blainville établit dans ce genre deux sections, selon que les ambulacres, au nombre de cinq, se prolongent jusqu'aux bords ou jusqu'à la bouche. — En France, on trouve l'ananchyte ovale dans la craie. Il est très-commun dans les carrières de Meudon. L. M.

ANANÉEL ou HANANÉEL était le nom d'une des tours de Jérusalem. Les prophètes Jérémie et Zacharie avaient prédit que Jérusalem serait reconstruite depuis la tour d'Ananéel jusqu'à la porte de l'angle et aux pressoirs du roi, et l'histoire nous apprend qu'en effet, le grand pontife Eliasibet les autres prêtres bâtirent la porte dite du Troupeau et toute le mur jusqu'à la tour d'Hananéel (*Jer.* XXXI, 38. *Zach.* XIV, 10. 2 *Esdr.* III, 1). J. G.

ANANEL ou HANANEL, fut investi de la souveraine sacrifi-

éature par Hérode le Grand, qui le fit venir pour cela de Babylone. L'historien Josèphe fait remarquer qu'Ananel était de la
race sacerdotale, mais il ajoute qu'il n'appartenait à aucune
des familles qui avaient coutume d'exercer le souverain pontificat (*Josèphe, Antiq.* l. XV, c. 2). Ainsi ce ne fut qu'en vertu
d'une usurpation sacrilége qu'Hérode le revêtit de cette dignité
et que lui-même, en remplit les fonctions. J. G.

ANANIAS. Parmi tous les personnages de ce nom dont il est
question dans la Bible ou dans Josèphe, nous nous bornerons
à citer les suivants : 1° Ananias fut un des trois jeunes Hébreux
de la race royale qui, menés captifs à Babylone, furent
choisis préférablement à tous les autres, pour servir dans le
palais de Nabuchodonosor. Son nom fut changé en celui de
Sidrach. Comme il refusa courageusement de rendre les honneurs divins à la statue que Nabuchodonosor avait érigée dans
la campagne du Dura, il fut jeté vivant dans une fournaise ardente avec ses deux compagnons Misach et Abdinago ; mais le
Dieu tout-puissant, auquel le jeune Hébreu se montrait si
fidèle, sut, en arrêtant les flammes, le conserver sain et sauf
au milieu du feu. La mémoire d'Ananias s'est perpétuée dans
l'Église grecque, qui célèbre sa fête le 17 décembre, aussi bien
que chez les Latins, qui l'honorent le 16 du même mois. —
2° Ananias, de la tribu de Benjamin, fit bâtir une partie des
murs de Jérusalem, à son retour de la captivité de Babylone
(2 *Esdr.* XI, 33). — 3° Un troisième Ananias est celui qui
succéda, dans la souveraine sacrificature, à Joseph, fils de Ca-
mith (*Joseph., Antiq.* l. XX, c. 3). C'est ce même Ananias
qui fit comparaître devant lui l'apôtre saint Paul. Succombant
à une faction dont Éléazar, son propre fils, était chef, après
la révolte des Juifs contre les Romains, il périt un des premiers (*Jos. De bello,* l. II, c. 32). — 4° Un autre Ananias,
qui fut converti à Jérusalem par la prédication des apôtres,
ayant vendu son héritage au temps où les chrétiens mettaient
tout leur bien en commun, cacha une partie du prix qu'il en
avait retiré, et vint ensuite apporter le reste à saint Pierre,
en disant que c'était là tout le produit de la vente. Ce mensonge,
qui fut confirmé par Saphire, sa femme, ne resta pas longtemps impuni ; ils tombèrent morts l'un et l'autre aux pieds de
saint Pierre (*Act.* V, 1 et suiv.). — 5° Ananias est encore le
nom d'un disciple de Jésus-Christ, lequel demeurait à Damas, et
à qui le Seigneur se fit entendre pour lui ordonner d'aller à la
rencontre de Paul, nouvellement converti, et de lui imposer
les mains. On ne connaît de la vie d'Ananias que la seule circonstance dans laquelle il rendit la vue à Paul, qui l'avait
perdue en allant à Damas, et donna le Saint-Esprit à ce
nouvel apôtre (*Act.* IX, 10). Les nouveaux Grecs prétendent
qu'Ananias fut un des soixante-dix disciples du Sauveur, puis
évêque et martyr. Sa fête se célèbre dans l'Église grecque le
1er octobre, et le 25 janvier dans l'Église latine. Ananias a été
enterré à Damas, dans une belle église, que les Turcs ont convertie en mosquée, mais où le tombeau du saint reçoit des marques de respect et de vénération même de la part de ces infidèles. (V. *Constit. apost.* l. VIII. OEcumen., *in Act.* IX.
August., *Quæst.* l. II, c. 40.) J. G.

ANANUS ou ANNE, comme il est nommé dans l'Evangile,
était beau-père de Caïphe. Il exerça chez les Juifs la souveraine sacrificature pendant onze ans, après lesquels cependant
il conserva le titre de grand pontife, et continua toujours à
avoir une grande part aux affaires. C'est ainsi qu'on le nomme
grand prêtre avec Caïphe (*Luc,* III, 2), lors même qu'il n'en
exerce plus les fonctions ; et c'est vraisemblablement parce qu'il jouit
encore de ce titre, que les Juifs font comparaître devant lui
Jésus-Christ, qu'ils viennent de prendre au jardin des Oliviers
(*Joan.* XVIII, 13). L'historien Josèphe fait cette réflexion,
qu'Ananus fut considéré comme un des hommes les plus heureux de sa nation, puisque après avoir été lui-même si longtemps grand prêtre du Seigneur, il avait eu cinq fils revêtus
de cette auguste dignité, bonheur dont personne avant lui
n'avait été favorisé (*Antiq.* l. XX, c. 8). J. G.

ANANUS, fils du précédent, exerça la souveraine sacrificature pendant trois mois seulement. Voici à quelle occasion il
en fut dépouillé. Festus, gouverneur de la Judée, étant mort,
Ananus, que Josèphe nous dépeint comme doué d'un esprit
audacieux et entreprenant (*Antiq.* l. XX, c. 8), sans attendre l'arrivée d'Albin, successeur de Festus, assembla, de son
autorité privée, le sanhédrin, par lequel il fit condamner
l'apôtre saint Jacques, évêque, et quelques autres disciples
de Jésus-Christ, comme coupables d'impiétés envers la loi
des Juifs, et par suite de cette condamnation il les livra pour
être lapidés. Cette conduite irrita les esprits à Jérusalem : on
envoya secrètement vers Agrippa, comme pour lui représenter

qu'Ananus avait usurpé un pouvoir qui ne lui appartenait pas.
Presque en même temps le nouveau gouverneur Albinus, qui
revenait d'Alexandrie à Jérusalem, ayant reçu les mêmes
plaintes, écrivit à Ananus des lettres menaçantes, dans lesquelles il lui disait qu'il lui ferait payer bien cher son audace
dès son arrivée dans la ville. Le roi Agrippa ôta donc à Ananus le pontificat qu'il exerçait depuis trois mois, et le fit passer sur la tête de Jésus, fils de Damnaüs. On a conjecturé que
c'est ce même Ananus que le grand conseil des Juifs nomma,
l'an 66 de Jésus-Christ, gouverneur de Jérusalem. Il est vrai
que Josèphe parle de ce dernier comme d'un homme sage,
prudent, juste, grand ami de la paix, zélé pour le bien public,
vigilant et attentif aux intérêts du peuple (*De bello,* l. II,
c. 42); qualités que certes il est bien éloigné de reconnaître dans
l'Ananus qui fit mourir saint Jacques (*De bello,* l. IV, c. 11,
17, 18). Mais le temps, comme le font remarquer les critiques
qui n'admettent qu'un seul et même personnage, le temps a pu
calmer ce feu et cette hardiesse excessive de sa jeunesse, qui
a mérité le juste blâme de l'historien juif. Ce serait donc ce
même Ananus qui fut massacré à Jérusalem par les Iduméens
(l'an 67 de Jésus-Christ), dont le corps, exposé aux bêtes,
fut privé des honneurs de la sépulture, et dont la mort fut,
suivant Josèphe, le commencement de la ruine de Jérusalem,
vu que les murailles et les plus forts remparts de cette ville se
trouvèrent, en quelque sorte, renversés et détruits du moment où cet homme, dont la sage conduite était la seule espérance de salut, fut si indignement sacrifié (*De bello,* l. IV,
c. 18).—Josèphe parle encore de plusieurs autres personnages du nom d'Ananus ; mais le rôle qu'ils ont joué dans
l'histoire des Juifs ne nous paraît pas assez important pour
que nous leur consacrions un article. J. G.

ANAPÈRE, *anapera* (*zool., ins.*), genre de l'ordre des diptères, de la famille des pupipares. Les anapères ont les ailes
étroites et pointues, les cuisses antérieures et intermédiaires
épaisses, et les tarses terminés par des ongles tridentés. Ils
vivent en parasites sur les hirondelles, auxquelles ils se cram-
ponnent à l'aide de leurs ongles. On n'en connaît que deux espèces, l'*anapera pallida*, longue de deux lignes et demie, de
couleur ferrugineuse avec l'abdomen brun ; et l'*anapera kir-
byana*, un peu plus petite que la précédente, dont elle diffère
par sa couleur uniforme et plus obscure. J. B.

ANAPESTE, pied de la poésie grecque ou latine, composé
de deux brèves et d'une longue, comme *timeo, Danaos* ;
comme la cadence de ce pied est diamétralement opposée à
celle du dactyle, qui se compose, au contraire, d'une longue et
de deux brèves, les Grecs lui avaient donné le nom d'antidac-
tyle.

ANAPHORE, mot dérivé du grec ἀνά, *de nouveau,* et φίρω,
je porte ; c'est le nom d'une figure de rhétorique qui consiste
dans la répétition des mêmes mots au commencement de plusieurs périodes qui se suivent sans interruption. Les orateurs
emploient cette figure lorsqu'ils veulent faire impression sur
leurs auditeurs ou réveiller leur attention. Ces mêmes expressions, revenant sans cesse, produisent sur l'esprit, par cette
espèce de martellement, le même effet que le marteau sur le
clou qu'il enfonce. Mais il est bon d'ajouter que, pour que
l'anaphore réussisse, l'orateur doit être lui-même vif, serré,
fort de raison. Il faut, pour ainsi dire, que les périodes se
pressent sur ses lèvres. (*V.* RÉPÉTITION.) J. DE M.

ANAPHRODISIE, dérivé de α privatif et de Αφροδίτη, Vénus,
signifie l'imperfection ou l'abolition du pouvoir générateur. —
Cette impuissance chez l'homme peut résulter de deux causes
essentiellement différentes : une faiblesse, une conformation
vicieuse des parties. — Le premier de ces états est souvent déterminé par l'exercice prématuré des organes génitaux, et surtout par l'excès de la masturbation. La continence à quelquefois
conduit aux mêmes résultats. Cette atonie des facultés viriles
peut encore tenir à une impression morale, telle que la peur, le
dégoût, etc. Les tempéraments lymphatiques s'accompagnent
d'un état de froideur qui peut aller jusqu'à l'impuissance ;
c'est ce qu'on remarque principalement chez les individus qui
sont doués d'un embonpoint excessif. — L'impuissance par
atonie guérit quelquefois par le simple repos. Lorsque l'époque de l'accident est déjà éloignée, on a recours aux toniques et
aux stimulants locaux; les bains froids réussissent alors parfaitement.—Au reste, l'emploi des remèdes exige ici une main
expérimentée, parce qu'ils peuvent avoir des suites fort
graves. Le vin, qu'on a rangé parmi les aphrodisiaques, n'agit
que momentanément; quant aux cantharides, leur action se
porte plutôt sur la vessie et les prostates que sur les glandes
séminales.—Plus d'une fois d'ailleurs elles ont occasionné des

inflammations mortelles. — Cette substance entre comme partie essentielle dans la plupart des compositions aphrodisiaques, dans les diablotins d'Italie, dans les pastilles de Venise. Le phosphore, médicament encore plus dangereux que le précédent, possède également la propriété d'exciter aux plaisirs vénériens. — Les préparations de fer nous paraissent un des meilleurs médicaments qu'on puisse administrer dans l'anaphrodisie par faiblesse. En Chine, on a la plus grande confiance dans le ginseng. — Les excitants locaux, comme les vésicatoires, l'électricité, l'urtication, les flagellations ont souvent été employés avec succès. — L'impuissance par cause organique est rarement susceptible de guérison. Cette seconde variété résulte ordinairement d'une conformation vicieuse, soit congénitale, soit acquise, qui consiste dans l'absence du membre viril, dans son développement trop considérable ou trop petit, dans sa configuration anormale; dans l'absence des testicules. — Elle peut tenir à une émission défectueuse de la liqueur séminale, comme lorsque l'érection est trop violente et qu'il existe un véritable priapisme. Elle peut dépendre d'un spasme épileptique; c'est peut-être par cette cause que la mort est survenue comme conséquence de l'orgasme vénérien. L'un des exemples les plus fameux que l'on puisse citer est celui du célèbre chef des Huns, Attila. D'autres fois l'émission de la semence se fait prématurément, c'est ce qui arrive chez les sujets nerveux, d'une constitution délicate, affaiblie; ou bien, elle a lieu avec lenteur, ce qui dépend d'une constitution apathique ou de l'atonie des organes génitaux. L'impuissance organique peut aussi être occasionnée par le reflux de la liqueur vers les vésicules spermatiques et la pénétration de ce fluide dans la vessie, sans qu'il ait atteint l'extrémité du pénis. Ce cas est assez commun chez les personnes qui ont contracté de fréquentes blennorrhagies. — L'impuissance est encore quelquefois liée à un vice dans les principes constituants de la liqueur séminale, soit que celle-ci soit trop fluide, soit qu'elle soit douée d'une âcreté particulière. — Les remèdes doivent varier suivant ces différentes espèces. — Dans les vices de conformation, la guérison offre peu de chances de succès. Lorsque l'impuissance est produite par un excès d'énergie, les bains, les purgatifs, les adoucissants enlèvent cette vitalité trop grande. — Dans les spasmes épileptiques, les sujets doivent renoncer au mariage, ou du moins s'abstenir de tout rapprochement aux époques des convulsions. — Lorsque l'émission se fait trop promptement par suite de faiblesse, les préparations toniques, une alimentation succulente, des lotions avec l'eau froide sur les organes de la génération, au sortir du lit, sont d'excellents médicaments. Les toniques généraux et les excitants locaux conviennent encore, quand l'émission se fait avec lenteur, ou que la liqueur séminale est trop fluide. — L'anaphrodisie existe également chez la femme. Elle est tantôt due à un manque de ton dans les organes sexuels, tantôt à un défaut de conformation des parties; ainsi il arrive quelquefois que le vagin n'est point perforé, ou que les ovaires sont malades. Suivant quelques auteurs, l'aversion pour l'acte vénérien peut entraîner la stérilité; il ne faut pas cependant perdre de vue dans ce cas que des femmes qui avaient été violées sont devenues enceintes. L'absence des règles ou leur défaut de régularité sont aussi des causes d'impuissance. — L'anaphrodisie a encore été attribuée à la combinaison impossible de la semence de la femelle avec celle du mâle. Le traitement que réclament ces diverses variétés est trop exclusivement médical ou chirurgical pour que nous le fassions connaître. On voit seulement, par l'énumération des nombreuses causes que nous venons d'indiquer, combien est singulière, pour ne pas dire plus, la prétention des personnes qui veulent toujours avoir un remède pour chaque maladie. Cette énumération montre aussi l'absurdité de la révoltante pratique désignée autrefois sous le nom de congrès.

A. B. DE B.

ANARCHIE. Aristote est le premier qui ait parlé en termes énergiques de cette crise politique que nous appelons anarchie (sans gouvernement), de cette absence de tout pouvoir légitime en face de la révolte, de ce déchaînement de toutes les mauvaises passions contre les lois protectrices de la société, de cette licence effrénée qui, sûre de l'impunité, se livre aux excès les plus déplorables que les vains prétextes que les agitateurs lui suggèrent. Quand les passions fermentent chez une nation; soit parce que son gouvernement a commis des fautes, soit parce qu'elle éprouve un malaise réel, né des circonstances ou produit par l'émission publique ou clandestine de doctrines subversives, il se trouve presque toujours des ambitieux qui fomentent adroitement ces passions de la multitude pour les

rendre extrêmes, et les forcer ainsi à une explosion capable de renverser les institutions existantes. Ce n'est pas que les directeurs de l'émeute veuillent de l'anarchie pour la faire subsister indéfiniment, car ils savent bien qu'un état aussi violent ne peut être durable; mais l'anarchie était nécessaire pour détruire; ils la considèrent comme transition entre ce qui existait et ce qu'ils veulent mettre à la place; — Il est évident que l'anarchie ne peut durer : si, dans le premier moment de stupeur, les hommes intéressés au maintien d'un ordre quelconque, et ce sont tous ceux qui ont à perdre, ont laissé l'émeute grandir et suivre son cours, incertains qu'ils étaient des événements, l'intérêt commun ne tarde pas à les réunir pour opposer une digue au torrent qui menace de tout renverser. Et si, dans ces circonstances, il se présente un homme qui semble capable de dominer ou de tenir la populace en lui rendant le frein que lui-même peut-être lui avait ôté, c'est autour de cet homme que tous se rallient; la nécessité leur tient lieu de penchant. Mais, de quelque part que ce renfort lui vienne, l'ambitieux en profite; il s'en sert pour fonder son propre pouvoir, et il le fait sur une base d'autant plus solide que l'anarchie a été plus furieuse dans ses débordements. Tous ceux qui se souviennent avec un sentiment de terreur des dangers qu'ils ont courus dans leurs propriétés, dans leur propre vie, se sentent disposés à bénir le pouvoir qui, muselant le tigre déchaîné, les met à l'abri de ses atteintes; et plus ce pouvoir est fort, plus ils en sont satisfaits. C'est ainsi qu'on a vu plus d'une fois le despotisme sortir de l'anarchie sans qu'on entendît personne s'en plaindre. Il est vrai que souvent ce résultat se fait attendre : car de l'anarchie naissent ou peuvent naître plusieurs ambitions rivales, qui se combattent et se déchirent pour s'arracher le pouvoir. Dans ce cas, il faut subir tous ces despotismes avant d'arriver à celui qui les absorbe tous pour se montrer seul. Il fallut en France traverser la convention, la montagne, le 9 thermidor et le directoire, avant d'avoir l'empire, qu'on accueillit comme une planche de salut. (V. GOUVERNEMENT, MONARCHIE, RÉPUBLIQUE, DESPOTISME.) J. DE MARLÈS.

ANARNAK, anarnacus (mamm.). Ce genre de cétacés a été établi sur une espèce connue seulement par la description qu'en a donnée Othon Fabricius (Fauna groenlandica, p. 31), qui le rapproche des narwals. Cuvier l'indique comme très-voisin des hypérodons. Ce cétacé de petite taille a le corps allongé et arrondi; deux petites dents coniques et crochues au bout de la mâchoire supérieure; deux nageoires pectorales et une dorsale. Il est entièrement noir. Le nom d'anarnak que lui ont imposé les Groënlandais indique que sa chair est un violent purgatif. L'espèce unique est le monodon spurius de Fabricius, et l'anarnacus groenlandicus de Lacépède.
J. B.

ANARRHIQUE, anarrhicas (poiss.). Ce nom, qui signifie grimpeur, a été donné par Gesner à un genre de poissons de l'ordre des acanthoptérygiens, de la famille des gobioïdes et très-voisin des blennies, dont il ne diffère essentiellement que par l'absence des nageoires ventrales. Les anarrhiques ont le museau arrondi, le corps allongé, comprimé et couvert d'une peau épaisse, lisse et muqueuse. Leurs mâchoires, armées sur le devant de dents fortes, longues et coniques, portent, ainsi que le vomer et les palatins, de gros tubercules osseux, garnis de petites dents émaillées. Leur nageoire dorsale, soutenue par des rayons simples et flexibles, règne depuis l'occiput jusqu'à la caudale; leurs pectorales sont grandes et arrondies. Leur estomac est charnu; leur intestin est court et privé de cœcum. Ils n'ont point de vessie aérienne. — Des deux ou trois espèces qui appartiennent à ce genre la plus remarquable est l'anarrhique-loup, anarrhicas lupus, Linn. Ce poisson est connu vulgairement sous le nom de loup marin ou de chat marin. Quoiqu'il habite de préférence les mers du Nord, on le prend quelquefois sur nos côtes vers le printemps, époque à laquelle il quitte les profondeurs de la mer pour venir déposer ses œufs sur les plantes marines qui croissent autour des rochers. Il atteint jusqu'à 8 pieds de longueur suivant les uns, et jusqu'à 12 ou 15 suivant d'autres. Ses dimensions jointes à sa férocité en font un animal aussi dangereux que le requin. On prétend qu'il grimpe sur les barques au moyen de ses nageoires pectorales et de sa queue, et qu'il se jette sur les matelots. Ses morsures sont si fortes, dit-on, qu'il laisse l'empreinte de ses dents sur le fer. On compare sa chair à celle de l'anguille; les Islandais la conservent sèche et salée; ils emploient sa peau comme chagrin, et son fiel leur sert de savon. Les Groënlandais préparent avec sa peau des sacs qui leur servent à conserver leurs provisions. J. BRUNET.

ANASARQUE, dérivé de ἀνά, entre, et de σαρξ, chair, sous-entendu ὕδωρ, eau; eau entre les chairs. (V. HYDROPISIE.)

ANASPE, anaspis (ins.). Ce genre de coléoptères de la section des hétéromères, famille des trachélides, a été établi par Geoffroy. Les anaspes diffèrent des mordelles, auxquelles Fabricius et Olivier les ont réunies, par leurs antennes simples, un peu plus grosses vers le bout; par leurs palpes maxillaires, terminés par un article plus grand que les précédents, et par le pénultième article de leurs quatre tarses antérieurs, qui est bilobé. Leur écusson est nul ou peu distinct. Ces insectes de petite taille, dont quelques espèces sont assez communes en France, vivent sur les fleurs.   J. B.

ANASTASE Iᵉʳ (S.), Romain de naissance, élu pape le 9 octobre 398, après la mort de saint Sirice, auquel il succéda, réconcilia, pendant son pontificat de quatre ans, les Églises d'Orient et d'Occident, opposa aux efforts des origénistes un zèle que rien ne put ébranler, condamna la traduction du Périarchon publiée par Rufin et déjà blâmée par saint Jérôme, et mérita d'être cité par ce grand docteur, comme « un homme de vie sainte, d'une riche pauvreté et d'une sollicitude apostolique. » — Il mourut le 14 décembre 402. — Plusieurs translations de ses restes ont eu lieu à diverses époques; la plus grande partie repose maintenant dans l'église Saint-Praxède à Rome. Le martyrologe romain indique sa fête au 27 avril, anniversaire probable d'une des translations de ses reliques. — Il eut pour successeur saint Innocent Iᵉʳ. — D. Coûtant a inséré, dans son recueil intitulé : Epistolæ roman. pont. (in-fol.), deux lettres de ce pape : c'est tout ce qui nous reste de lui; les deux décrétales que lui attribue Mercator dans son recueil ne peuvent évidemment être son ouvrage.

ANASTASE II, Romain de naissance, successeur de saint Gélase, monta sur le trône pontifical le 28 novembre 496, et ne gouverna l'Église que deux ans. Il écrivit à l'empereur grec Anastase Iᵉʳ, qui protégeait l'arianisme en Orient, pour le ramener à la vérité et lui demander que le nom d'Acace, mort en 488, sous le pontificat de Félix, fût effacé des dyptiques. Ses ambassadeurs ne revinrent à Rome qu'après sa mort. Il écrivit aussi une lettre dogmatique à Ursicin sur l'incarnation de Jésus-Christ, puis une autre au sujet de quelques différends survenus entre les Églises d'Arles et de Vienne, et enfin une troisième à Clovis Iᵉʳ, pour le féliciter de sa conversion au christianisme au moment où l'arianisme faisait des progrès si effrayants que ce monarque était le seul prince catholique (V. CLOVIS Iᵉʳ). — Le Recueil des Conciles, de Labbe et Baluze, nous a transmis les diverses lettres de ce pape, qui mourut le 17 novembre 498 et eut Symmaque pour successeur.

ANASTASE III, élu pape en 911, après Sergius III, gouverna l'Église avec une grande sagesse et une haute prudence pendant deux ans et demi, et fut remplacé par Landon.

ANASTASE IV (CONRAD), Romain de naissance, évêque de Sabine, cardinal, vieillard d'austère vertu, dit Fleury, et de grande expérience dans les affaires de la cour de Rome, fut élu pape le 9 juillet 1153, après Eugène III, montra la charité la plus ingénieuse et la plus vive pendant une grande famine qui désola l'empire romain, et accrut les privilèges de l'ordre naissant de Saint-Jean de Jérusalem. Sous son pontificat, qui ne dura qu'un an et demi, les Romains se rendirent maîtres d'Ascalon. — Il mourut le 2 décembre 1154. Le Recueil de Labbe contient neuf lettres de ce pape, à qui succéda Adrien IV.

ANASTASE, anti-pape, qu'on croit avoir été bibliothécaire de Grégoire IV, et que, sans doute par ce motif, quelques biographes ont confondu avec Anastase le Bibliothécaire (V. plus bas), fut opposé à Benoît III, élu en 855, et chassé par ses partisans. (V. BENOÎT III.)

ANASTASE (S.), Persan d'origine, fils d'un mage, entraîné à examiner le christianisme par la gravité même des excès de Chosroès contre ceux qui le professaient, porté, surtout au moment où Chosroès fit enlever la vraie croix, à rechercher ce qui faisait vénérer l'instrument d'un supplice jusqu'alors infâme, étudia la religion, fut bientôt convaincu de sa vérité, l'embrassa, la confessa, et versa son sang pour elle le 22 janvier 628. Il avait prédit la chute prochaine de Chosroès, prédiction qui se vérifia dix jours après par l'entrée d'Héraclius en Perse. Les actes de ce saint sont authentiques; ont été loués par le VIIᵉ concile général : environ cent soixante ans après sa mort. Le même concile approuva l'usage de peindre la tête de ce saint en image, chargée par plusieurs miracles; est encore aujourd'hui dans l'église du monastère de Notre-Dame ad Aquas Salvias, laquelle porte les noms de Saint-Vincent et de Saint-Anastase.

ANASTASE (S.), Vénitien, né au commencement du XIᵉ siècle, vint en France, prit l'habit religieux au monastère du mont Saint-Michel, acquit bientôt une grande réputation de vertu, se rendit au monastère de Cluny, puis, pour obéir aux ordres de Grégoire VII, en Espagne où il prêcha la foi. Il revint ensuite à Cluny, visita avec Hugues quelques maisons de l'ordre, et ayant obtenu la permission de se retirer dans le désert, alla vivre dans les Pyrénées. Rappelé à Cluny trois ans après, il quitta sa solitude, et mourut avant d'y arriver, vers 1085. — Dans une lettre sur l'Eucharistie, publiée par Lanfranc, il réfute l'hérésie de ceux qui prétendaient que Jésus-Christ n'est qu'en figure dans le sacrement, et il y soutient le dogme de la présence réelle.   A. D.

ANASTASE, empereur de Constantinople. Il était né en 430, à Dyrracchium, ville de l'Illyrie, de parents obscurs; à l'époque de la mort de Zénon (491), il faisait partie du corps des silentiaires, officiers chargés de faire observer le silence dans le palais impérial. La veuve de Zénon qui, dit-on, nourrissait dans son cœur de tendres sentiments pour Anastase, bien qu'il fût sexagénaire, n'hésita pas à l'épouser, et par cet hymen, le fit asseoir sur le trône auprès d'elle. Le peuple se félicita d'abord de cet événement, car Anastase jouissait d'une grande réputation de justice et de bienveillance; mais à peine saisit-il du pouvoir, il persécuta les catholiques, exila le patriarche Euphémius, combla d'outrages les envoyés du pape Symmaque, et se montra si indifférent pour lui-même en matière de religion, que bien qu'on le soupçonnât enclin à partager les erreurs d'Eutychès, on ignora réellement toujours s'il avait une croyance. Son règne fut souvent troublé, par les ennemis du dehors et ceux du dedans; il acheta la retraite des Bulgares et des Perses à prix d'argent, et il trompa les mécontents par d'hypocrites promesses. Il mourut subitement en 1518, âgé de 88 ans; ce qui a fait dire à quelques écrivains qu'il avait été frappé de la foudre. Anastase publia plusieurs règlements plus sages qu'on ne devait les attendre de lui; il ordonna que les charges fussent données aux plus dignes; il abolit la barbare coutume d'exposer les condamnés aux bêtes féroces, et de faire un spectacle public des terribles angoisses du malheureux qui se voyait dévorer tout vivant. Il abolit aussi un odieux impôt qui, sous le nom de chrysargire, se levait tous les cinq ans sur la misère et la prostitution. Mais, si Anastase empêcha le sang des condamnés de couler sur l'arène, il permit que celui des catholiques se répandît dans les combats : les catholiques, injustement persécutés par les ariens, furent obligés de recourir aux armes sous la conduite de Vitalien. Anastase mourut avec la réputation d'un prince faible et d'un caractère si versatile, qu'on ne pouvait guère ni l'accuser de ses défauts, ni le louer de ses actes de bienfaisance. On le vit vendre en secret les charges dont il avait proscrit la vénalité par un édit.

ANASTASE II, dont le nom de famille était Arthémius, était secrétaire ou ministre de l'empereur Philippe Bardane, à l'époque où celui-ci, fatiguant la nation par le spectacle de ses débauches, fut déposé, mutilé ou même assassiné par les grands conjurés contre lui (713). Arthémius avait fait preuve de talent, il avait de la probité, et il était sincèrement attaché à la foi catholique. Les conjurés jetèrent les yeux sur lui pour l'élever à l'empire. Mais à peine deux ans s'étaient-ils écoulés depuis son avénement que le peuple mutiné se donna un autre empereur dans la personne d'un receveur de deniers nommé Théodose. Anastase déposant aussitôt la pourpre (716), se retira dans un monastère où il prit l'habit religieux. Au bout de trois ans, il aspira pour son malheur à remonter sur le trône. Dans l'intervalle, Léon l'Isaurien s'en était emparé. Anastase obtint des Bulgares une armée qu'il conduisit vers Constantinople; mais les chefs de cette armée, gagnés par l'or de Léon, livrèrent celui qu'ils devaient défendre. Anastase périt sur l'échafaud l'an 719.   J. DE M.

ANASTASE (numism.). Les monnaies de ce prince, mort en 518 de notre ère, se ressentent de la décadence de l'art, de même que leur poids diffère beaucoup de celui des pièces du Haut-Empire. L'aureus solidus, ou sou d'or d'Anastase, ne pèse que 1 gros 12 grains, à peu près 14 francs de notre monnaie. On y voit, au droit, le buste de l'empereur, de face, avec casque et cuirasse, portant une lance ou un javelot sur son épaule. On ne peut guère y reconnaître un portrait; la physionomie est plus distincte sur les pièces où on le voit de profil, avec le diadème. Au revers, la Victoire portant une croix, avec la légende VICTORIA AVGG. (Victoire des Augustes), et à l'exergue, CONOB. On l'a interprété de la manière Constantinopoli obsignatum; frappé à Constantinople. Sur le quinaire d'argent, le revers ne porte quelquefois que le monogramme du Christ. Ces pièces sont estimées, par les amateurs de médailles, celles d'or de 18 à 20 francs, le quinaire 6 francs : il y en a un rare, où l'on voit la Victoire assise sur une cuirasse, tenant, avec un génie ailé, un bouclier sur lequel on lit : VOT. P. C. : *Vota populi Constantinopolitani*, vœu du peuple de Constantinople; il vaut 30 francs. Les monnaies d'Anastase en bronze sont communes.—On a reproché à ce prince d'avoir acheté la paix des nations barbares, et de n'avoir évité la guerre que par la lâcheté. Il est certain, d'après le témoignage de ses monnaies, qu'il a fait alliance avec des princes dont les noms sont goths ou vandales, puisque son propre nom se trouve associé à ceux de *Baduela* et de *Thela*. Le seul Baduela que mentionne l'histoire est un roi des Goths qui était mort 23 ans avant l'élection d'Anastase; il est probable qu'il y en a un autre qui a vécu sous son règne. Pellerin, dans le catalogue des médailles qui termine le volume de rois de son recueil, distingue en effet deux Baduela. On trouve aussi le nom d'Anastase associé à celui de Théodoric, roi des Ostrogoths. Toutes ces pièces sont d'argent, et valent de 3 à 12 francs. — Les monnaies du second Anastase sont beaucoup plus grossières que celles du premier; deux siècles ont abâtardi les arts; et en particulier l'art monétaire, qui, peu de temps après, tomba dans la plus affreuse barbarie. Le prince est représenté de face, avec des cheveux flottants, à trois rangs de boucles; une barbe bouclée entoure son visage; il porte un diadème de perles surmonté d'une croix; il tient d'une main le globe du monde, également surmonté de la croix, et de l'autre un *volumen* ou rouleau. Le revers n'offre qu'une croix élevée sur des degrés, avec la légende VICTORIA AVGVS, et l'exergue CONOB. On remarque dans les légendes, comme dans celles des empereurs qui ont succédé à Justinien, le mélange des lettres grecques et latines. Dans celles-ci le R des Latins est remplacée par le P des Grecs, comme sur quelques pièces d'Héraclius, le Λ grec remplace le L latin; On y voit aussi l'E lunaire. Ce mélange devient encore plus fréquent sous les règnes suivants. Le nom d'Anastase est écrit aussi, tantôt ANASTASIVS, tantôt ANASTASIS. L'*aureus* pèse 1 gros 12 grains, on l'estime de 30 à 36 francs; le quinaire 20 francs; ces médailles sont plus rares que celles d'Anastase Iᵉʳ : on n'en connaît point en argent ni en bronze. Les signes du christianisme, multipliés sur ses monnaies et sur ses ornements impériaux, attestent encore son dévouement à la religion, qu'il protégea en rétablissant la paix de l'Église, et en rétablissant dans les temples des saints que ses prédécesseurs en avaient fait ôter. DU MERSAN.

ANASTASE (S.), moine de la Palestine, élu patriarche d'Antioche en 551, et qu'on a quelquefois confondu, après Nicéphore, avec *Anastase le Sinaïte* (*V.* plus bas), se signala sur le trône pontifical par son zèle contre les hérétiques, autant qu'il s'était fait remarquer dans le cloître par son obéissance et son humilité. Le grand objet de controverse était alors la question de savoir si, avant la résurrection, le corps de J. C. était incorruptible : l'empereur Justinien voulant ériger cette opinion des aphtartodocètes en dogme, Anastase résista avec courage et fermeté aux exigences du prince qui, vivement blessé de cette pieuse obstination, fit au charitable pontife un crime d'avoir épuisé le trésor de son Église pour soulager les pauvres, et allait peut-être prononcer contre lui une sentence de bannissement, quand il fut surpris par la mort. Son successeur, Justin le Jeune, non moins irrité contre Anastase, le chassa de son siège, et l'exila en 569. Il ne fut rappelé que 23 ans après, par Maurice, à la sollicitation duquel il traduisit en grec, pour les églises d'Orient, le *Pastoral* de saint Grégoire; il composa en outre contre les *Incorruptibles*, un traité plein d'élégance et de solidité. L'*Auctuarium*, de Combefis, contient trois discours de lui, et les *Lectiones antiquæ*, de Canisius, en contiennent cinq.—Ce zélé pontife mourut à Antioche en 598. Dans le second concile de Nicée, en 787, on lut un passage d'une de ses lettres, où il distingue l'adoration que nous rendons à Dieu du culte que nous devons aux anges et aux saints.

ANASTASE (S.), martyr, autre patriarche d'Antioche, successeur du précédent, fut attaqué par les Juifs, à la conversion desquels il travaillait sans cesse, traîné par les pieds dans les rues, honteusement mutilé, puis jeté dans les flammes, au milieu desquelles il périt. Le martyrologe romain le nomme le 21 décembre.

ANASTASE, patriarche de Constantinople, grâce à la bienveillance de l'empereur Léon l'Isaurien, dont il avait capté la bienveillance, après avoir fait dépouiller de cette dignité, le 7 janvier 730, le vénérable Germain, dont il avait été longtemps premier clerc, s'abandonna sans retenue à tous les excès des iconoclastes; livra tous les trésors de l'Église à l'avarice de l'empereur, seconda les vues tyranniques et oppressives de ce prince, puis, après sa mort, en 741, flatta tous les caprices du cruel Constantin Copronyme. Cependant ce prince, dont il avait été le plus vil adulateur, mais qu'il avait trahi quand Arabase s'était, pour un moment, rendu maître de la capitale, ordonna qu'on lui crevât les yeux, et le fit promener ignominieusement dans l'hippodrome pendant un jour entier. Anastase était perdu, si Constantin avait pu trouver dans le clergé un prêtre qui voulût seconder ses fureurs; mais n'espérant pas y parvenir, il laissa sur le siège patriarcal le malheureux prélat, qui continua de profaner jusqu'au moment où la mort délivra l'Église de ce fléau, en 753.

ANASTASE LE BIBLIOTHÉCAIRE, le plus célèbre et le plus savant écrivain religieux du IXᵉ siècle, était bibliothécaire du Vatican. Il assista au huitième concile général de Constantinople, où il aida beaucoup les légats du pape, et dont il traduisit les actes en latin. A la tête de sa version, on trouve *Historia ecclesiastica, sive Chronographia tripartita, cum notis Fabroti*, Parisiis, 1649, in-fol, qui est aussi dans l'*Histoire byzantine*. Il a traduit également du grec en latin les actes du septième concile; il est encore auteur d'un recueil de différents documents relatifs à l'histoire des monothélites; d'une vie des pontifes romains, depuis saint Pierre jusqu'à Nicolas Iᵉʳ, avec des notes de F. Bianchini, Rome, 1718, 4 vol. in-fol.; d'une collection de divers monuments relatifs à l'histoire de l'Église d'Orient, et d'une traduction de la vie de saint Denis l'Aréopagiste, qu'il envoya à Charles le Chauve. Son ouvrage le plus remarquable, la *Vie des pontifes romains*, a été inséré par Muratori dans le tome III de son grand recueil; *Script. rer. ital.* — On ne connaît pas l'époque précise de la mort de cet auteur; on sait seulement qu'il vivait encore sous Jean VIII, élu en 872 et mort en 882.

ANASTASE (OLIVIER DE SAINT-), religieux carme, dont le nom était de-Crock, vivait au XVIIᵉ siècle, se livra à la prédication, obtint une assez grande célébrité, et mourut à Bruxelles en 1674. Les titres de ses ouvrages publiés à Anvers en 1659, 1661, et 1669, suffisent pour donner une idée du genre qu'il avait adopté, et qui devait être d'une piété mystique assez burlesque; nous n'en citerons qu'un seul, qui est intitulé : le *Jardin spirituel des carmes, émaillé des vertus des saints les plus célèbres de ce saint ordre, comme d'autant de belles fleurs, et arrosé d'instructions spirituelles, comme d'une agréable rosée*; Anvers, 1659, 1661, 2 vol. in-12.

ANASTASE (LE PÈRE) (*V.* GUICHARD).

ANASTASE, abbé du monastère de Saint-Euthime en Palestine, vers 740, est regardé comme auteur d'un traité contre les Juifs, publié en latin par Canisius dans le tome III de ses *Antiquités* et dans le tome XIII de la *Bibliothèque des Pères*. Cependant cet ouvrage paraît être moins ancien, car il y est dit que depuis huit cents ans les oracles de Jésus-Christ s'accomplissent par la dispersion des Juifs et la ruine de Jérusalem par Vespasien; aussi D. Cellier, pour l'attribuer à Anastase, le fait-il vivre au IXᵉ siècle. — En 759, saint Jean Damascène écrivit contre lui, au sujet d'une fausse application qu'il faisait du trisagion.

ANASTASE (S.), martyr espagnol, prêtre et religieux, fut mis à mort à Cordoue par les Sarrasins en 853, pour avoir réfuté publiquement les erreurs de l'Alcoran. A. D.

ANASTASE, surnommé *Sinaïte*, parce qu'il avait été moine du mont Sinaï, fut élu patriarche d'Antioche, vers la fin du VIᵉ siècle. Le courage inébranlable qu'il déploya dans la défense de la foi catholique lui attira de nombreuses persécutions sous le règne de Justinien, et des persécutions encore plus grandes sous le règne de son successeur Justin. La secte des sévériens agitait alors l'église d'Alexandrie; cette secte, dont la doctrine se rapprochait de celle de Manès, admettait comme lui l'existence de deux principes entièrement distincts, l'un bon, l'autre mauvais, mais cependant soumis tous deux à un être suprême. Ils avançaient que l'homme depuis la tête jusqu'à la ceinture avait été créé par le bon principe, et depuis la ceinture jusqu'aux pieds par le mauvais. Anastase attaqua cette opinion absurde, et disputa vivement contre ceux qui la soutenaient; il combattit avec non moins de vigueur les principes d'Eutychès, qui n'admettait en Jésus-Christ qu'une seule nature, et il composa à ce sujet un livre célèbre intitulé : *Odegos* ou *Guide des controverses*. Après la mort de Grégoire, qui avait usurpé le siège d'Antioche, Anastase fut chargé dans cette ville des fonctions de l'épiscopat, et il en remplit dignement les devoirs jusqu'en l'année 619, époque de sa mort. L'*Odegos* a été publié en grec et en latin, Ingols-

tadt, 1606. Nous avons encore d'Anastase quelques sermons, et douze livres de Considérations anagogiques sur la création. Les onze premiers livres de cet ouvrage sont insérés en latin dans la Bibliothèque des Pères, tom. 1, p. 147, le douzième a paru séparément à Londres en 1682. Combefis a publié dans le *Novum Auctuarium*, tom. 1, p. 882, cinq livres dogmatiques de théologie, attribués à Anastase, et Cave, dans son Histoire littéraire, p. 346, a donné les titres de quelques homélies et opuscules divers du même auteur, qui de son temps existaient inédits dans les bibliothèques de plusieurs couvents. Quant au livre des Questions et des Réponses, il n'est nullement prouvé qu'il soit réellement d'Anastase.

CH. LABITTE et CH. LOUANDRE.

ANASTASIA (S.), Sainte-Anastasie monastère d'hommes, le même que Saint-Gervasius, du diocèse de Paris. L. D. M.

ANASTASIE ou ANASTASE (SAINTE), fille de Prétextat, citoyen romain, et de Fausta (ou de Flavie), fut élevée par sa mère dans la foi catholique; au commencement du IVe siècle, eut saint Chrysogone pour précepteur et pour tuteur, et épousa, fort jeune encore, Patricius (ou Publius), chevalier romain, qui dissipa promptement la dot qu'elle avait reçue de ses parents, puis, ayant découvert qu'elle suivait les pratiques du christianisme, la tint longtemps enfermée dans une étroite prison où personne ne pouvait la voir. Devenue veuve enfin et rendue à la liberté, elle se rendit à Aquilée auprès de saint Chrysogone qu'on avait arrêté, l'assista, le consola, le fortifia, et fut enfin trahie par le cortège empressé des pauvres nombreux qu'elle nourrissait. Arrêtée à son tour, elle fut d'abord exilée dans l'île de Palmaria, puis ramenée à Rome, brûlée vive et inhumée au lieu où l'on éleva depuis l'église qui porte son nom, et dans laquelle les papes célébrèrent pendant longtemps la seconde messe de la nuit de Noël. — Parmi les sermons de saint Léon, il en est un qu'il prêcha dans cette basilique; c'est celui qui réfute l'hérésie d'Eutychès. — Dans le rit romain, cette sainte est honorée le 25 décembre. — Une autre, sainte ANASTASIE, surnommée l'ancienne, fut martyrisée à Sirmich, sous Néron ou sous Valérien. Ses reliques, transportées à Constantinople sous l'empereur Léon et le patriarche Gennade, furent placées dans l'église dite *Anastasis* ou de la Résurrection, puis transférées dans celle de Sainte-Sophie, d'où on les enleva quand la ville fut prise par les Turcs en 1453. — Enfin une troisième sainte ANASTASIE, Romaine, dont saint Pierre et saint Paul instruisirent, ainsi que sainte Basilisse son amie, souffrit le martyre avec elle sous Néron; elles sont honorées ensemble le 15 avril. A. D.

ANASTOMOSE, communication entre deux vaisseaux qui ne proviennent pas du même tronc ou au moins d'une même branche principale, et dont le but est de favoriser le passage des fluides de l'un dans l'autre. La connaissance des anastomoses a rendu les plus grands services; c'est elle qui a donné l'idée de placer des ligatures sur les troncs artériels, loin des tumeurs anévrismales. — Cette opération, l'une des plus brillantes de la chirurgie, a permis d'obtenir la guérison de maladies extrêmement graves. En voyant intercepter brusquement le cours du sang dans une partie aussi importante que le bras ou la jambe, il était difficile de concevoir comment la vie pourrait s'y entretenir; l'existence des anastomoses a résolu ce problème difficile. — Ce sont les artères qui offrent le moins de ces communications. Les veines en présentent d'assez fréquentes; mais ce sont les lymphatiques qui en ont le plus. — Les anastomoses ont pour but de favoriser la circulation des humeurs; aussi sont-elles surtout multipliées dans les lieux où le cours de ces dernières est sujet à s'interrompre par l'effet de quelque obstacle. — Les nerfs sont aussi, entre eux de nombreuses communications auxquelles on a donné pareillement le nom d'anastomoses. A. B. DE B.

ANATHÈME vient du grec ἀνάθεμα ou ἀνάθημα, qui ont la même origine, mais qui, dans la suite des temps, ont été pris dans un sens différent. C'est ainsi qu'on a écrit ἀνάθημα toutes les fois qu'on a voulu exprimer un don, une offrande faite à la Divinité, et ἀνάθεμα, lorsqu'on a eu à désigner une chose exécrée ou exécrable, c'est-à-dire une haine publique ou à la destruction. De là, dans l'Ancien comme dans le Nouveau Testament, le mot anathème exprime tantôt une chose consacrée, vouée et offerte à Dieu, de manière qu'on ne puisse plus l'employer aux usages communs et profanes; tantôt l'état d'un homme qu'on retranchait du nombre des vivants ou simplement de la société des fidèles, en le privant de tous les privilèges attachés à cette société; tantôt enfin l'acte même par lequel on vouait une personne, une ville, un animal, ou tout autre objet à la haine publique, à l'extermination, aux

flammes, etc. Quelques exemples jetteront du jour sur ces définitions. Quand nous lisons au Lévitique (XXVI, 28, 29) que tout anathème (en hébreu, *chérem*) voué par un homme à l'Éternel, soit un homme, soit une bête, ou un champ, ne pourra ni être vendu, ni être racheté, parce qu'il est devenu, par cette offrande même, la propriété exclusive de l'Éternel, la plus sacrée et la plus inviolable, nous devons entendre, par le mot *anathème*, l'objet même qui a été voué et consacré au Seigneur. De même, lorsque Moïse ordonne que tout Israélite qui offrira des sacrifices aux faux dieux soit anathématisé (*Exod.* XXII, 20), il veut dire que quiconque parmi son peuple se sera rendu coupable de ce crime, perdra par cela même tous les droits et tous les privilèges attachés à la nation israélite, qu'il ne fera plus partie du peuple de Dieu, et qu'il sera mis à mort. Enfin, quand saint Paul parle d'anathème dans ses Épîtres, on doit l'entendre ordinairement de la privation des grâces et des faveurs que donne la foi chrétienne, aussi bien que de l'exclusion de la communion des fidèles. On voit par là que l'anathème n'emportait pas toujours la peine capitale, cependant elle en était le plus ordinairement inséparable. Ainsi nous ne saurions douter qu'il ne s'agit réellement d'une extermination complète, soit dans l'anathème que Dieu porta contre les villes des Chananéens qui refuseraient de se rendre aux Israélites (*Deut.* VII, 2, 26; XX, 17); soit lorsque les Israélites y vouèrent le pays du roi d'Arad (*Num.* XXI, 2, 3), et Saül, quiconque prendrait quelque nourriture avant le coucher du soleil dans la poursuite des Philistins (1. *Reg.* XIV, 24). Quant à l'anathème auquel on se vouait soi-même en certains cas, il n'avait pas toujours le même sens ni la même portée. Ainsi, lorsque plus de quarante Juifs se vouent à l'anathème s'ils mangent ou boivent quoi que ce soit avant d'avoir fait mourir l'apôtre saint Paul (*Act.* XXIII, 12, 13, 14), ils ne font autre chose que prononcer un vœu accompagné d'horribles imprécations contre eux-mêmes. Quand au contraire saint Paul dit qu'il aurait désiré être lui-même anathème pour les Israélites plutôt que de les voir exclus de l'alliance de Jésus-Christ par leur endurcissement et leur malice (*Rom.* IX, 3), le grand apôtre exprime uniquement le vœu de faire au Sauveur le sacrifice de sa vie pour le salut de ses frères. C'est le même sens que nous attachons à la prière de Moïse, lorsque ce saint homme, embrasé d'une charité sans bornes, prie le Seigneur de l'effacer de son livre plutôt que de livrer son peuple prévaricateur aux châtiments terribles qu'il avait mérités en sacrifiant au veau d'or (*Exod.* XXXII, 32). Quant à la loi de l'anathème ou *chérem*, quoiqu'il s'étendît, chez les Hébreux, aux personnes aussi bien qu'aux animaux et aux êtres inanimés, elle n'ordonnait pas pour cela des sacrifices humains (*V.* ce mot). — L'Église se sert du mot *anathème* contre les hérétiques qui corrompent la pureté de la foi. Ainsi, dans son langage, *être anathème*, c'est être retranché de la communion des fidèles, c'est être regardé comme hors de la voie du salut et en état de damnation. Cet anathème, qu'on nomme *judiciaire*, ne peut être prononcé que par un supérieur qui ait autorité et juridiction, tel qu'un concile, le pape, un évêque. (*V.* EXCOMMUNICATION.) J. G.

ANATHOTH ou HANATHOTH, ville de la tribu de Benjamin, était située à trois milles de Jérusalem selon Eusèbe et saint Jérôme, à vingt stades d'après le témoignage de Josèphe. Quand bien même Anathoth n'aurait eu d'autre mérite que d'avoir donné naissance au prophète Jérémie, ce serait un titre suffisant pour ne pas le passer sous silence; mais cette ville est au nombre de celles qui furent attribuées aux lévites de la famille de Caath pour demeure, et pour être de plus une ville de refuge. (Voy. *Josue*, XXI, 18; *Euseb.* in *Anathoth.*; *Hieronym.* in *Jerem.* I, et in *Jerem.* XXXI; *Joseph. Antiq.*, lib. X, c. 10; *Reland. Palæst. illustr.*, pag. 561 et seqq.) J. G.

ANATIFE, anatifa (moll.), genre de coquille multivalve de la famille des cirrhopodes, créé par Bruguière. La coquille des anatifes est composée ordinairement de cinq valves principales, dont deux de chaque côté et une sur le dos; ces valves sont mobiles et maintenues par une membrane qui borde leur circonférence. Leur ensemble présente la forme d'un cône aplati, porté par un tube charnu flexible, contractile, susceptible de s'allonger et fixé par sa base. L'animal est muni d'un grand nombre de pieds articulés et ciliés. Son organisation le rapproche des crustacés; aussi peut-on considérer les anatifes comme unissant les mollusques aux articulés. (*V.* CIRRHOPODES.) — Les diverses espèces de ce genre s'attachent aux rochers, à la cale des navires et généralement à tous les corps solides qui se trouvent dans la mer; elles se nourrissent des petits animaux marins qu'elles enveloppent dans le tourbillon excité par les mouvements rapides de leurs tentacules. On les mange dans quelques pays et on leur attribue de grandes vertus aphrodisiaques. — Les anatifes sont connues vulgairement sur nos côtes sous le nom de pouce-pieds. Leur nom d'anatife, ou d'anatifère, vient de la fable qui en faisait naître certains canards, tels que les bernacles et les macreuses. J. B.

ANATINE, *anatina* (*moll.*), genre de coquille bivalve, établi par Lamarck dans la famille des lamellibranches. Ces coquilles sont transverses et brillantes; elles ont à chaque valve une dent cardinale élargie en une petite lame saillante en dedans, sur laquelle s'attache le ligament. On en connaît une douzaine d'espèces, dont la plupart habitent les mers australes. Les plus remarquables sont l'anatine lanterne, *anatina lanterna*, qui est mince, fragile et translucide, et l'*anatina hispidula*, qui est couverte de petites épines. J. B.

ANATOCISME. On désigne par ce nom la convention par laquelle le prêteur stipule de l'emprunteur le payement de l'intérêt de l'intérêt, soit que cette convention soit constatée par écrit, soit que le prêteur ait eu soin de la déguiser. Autrefois on regardait l'anatocisme comme une véritable usure, et la loi, pour la rédaction de laquelle son auteur avait probablement consulté la morale publique, venait au secours de l'opinion, flétrissait ce contrat usuraire et punissait par des restitutions et des amendes ceux qui, profitant de la position fâcheuse de l'emprunteur, l'obligeaient à souscrire des actes qui ne pouvaient manquer en peu de temps de consommer sa ruine. Car si l'intérêt de dix pour cent qu'on exige aujourd'hui dans le commerce sans trop de scrupule double le capital en dix ans, ce capital se double beaucoup plus tôt à la faveur de l'anatocisme; car, dans le premier cas, l'intérêt de cent francs dans chacune des dix années n'est jamais que de dix francs, parce que le capital ne s'accroît point, tandis que dans le second cas cet intérêt devient proportionnellement plus fort chaque année, et il ne faut qu'environ cinq ans pour que le capital soit doublé, parce que le capital primitif s'accroît tous les ans des intérêts échus. — L'ordonnance de 1679 faisait défense expresse à tous négociants et autres de prendre l'intérêt de l'intérêt, sous quelque prétexte que ce fût; elle défendait également de comprendre les intérêts avec le capital dans les billets, obligations ou lettres de change; mais cette disposition était facilement éludée; le prêteur avait soin, et cela se fait surtout aujourd'hui, de retirer les intérêts d'avance, de sorte que, sur un billet de cent francs, l'emprunteur ne recevait, en supposant l'intérêt convenu à dix, que quatre-vingt-dix francs, et qu'à l'échéance il était tenu de rembourser la somme entière, quoiqu'il n'eût pas joui de la totalité. Le Code civil, tant et si souvent célébré, comme le chef d'œuvre de la raison humaine, bien qu'il ne contienne aucun principe qui ne se trouve dans le droit ancien, écrit ou coutumier (*V.* CODE CIVIL), a fixé un taux légal, de cinq et de six pour cent; ce qui assurément serait d'un très-grand avantage, s'il donnait aussi les moyens d'empêcher que ses injonctions ne fussent pas impunément violées; mais ce même Code, qui n'est pas toujours réglé sur la plus saine morale, consacre lui-même l'anatocisme par son article 1164, en capitalisant les intérêts échus et en les rendant productifs de nouveaux intérêts par le seul effet d'une demande judiciaire, ou en vertu d'une convention spéciale. (*V.* au surplus les articles INTÉRÊT et USURE.) J. DE MARLÈS.

ANATOLE, patriarche de Constantinople et successeur de Flavien vers le milieu du ve siècle, assista au concile de Chalcédoine, où il voulut faire reconnaître la suprématie de son siège. Les légats du pape saint Léon repoussèrent victorieusement cette prétention. Anatole avait été ordonné par l'hérésiarque Dioscore à la place de Flavien, et il avait lui-même ordonné un évêque d'Antioche au préjudice de l'évêque existant. Saint Léon aurait dû le déposer; mais il usa d'indulgence en considération de ce qu'il avait abjuré les erreurs de Dioscore. Toutefois Anatole s'attira une seconde fois les reproches de saint Léon, en déposant sans raison l'archidiacre Aétius pour lui substituer un partisan d'Eutychès; mais, sur les remontrances du pape, Anatole rétablit l'archidiacre, ce qui, de la part d'un homme qui avait prétendu pour son siége à la supériorité, prouve bien qu'il reconnaissait lui-même celle du siége de Rome. Il mourut en 458.

ANATOLE d'Alexandrie, évêque de Laodicée, naquit dans la ville des Ptolémées l'an 230 de l'ère vulgaire; il s'était destiné de bonneheure au sacerdoce, mais il avait consacré plusieurs années de sa jeunesse à l'étude de la philosophie, des mathématiques,

de la physique, de l'astronomie, de la rhétorique et de la grammaire. Ce fut à cause de ces connaissances variées, qu'il eut occasion de montrer au synode d'Antioche en 270; qu'il fut élevé à l'épiscopat. Il avait composé plusieurs ouvrages dont on ne conserve que des fragments recueillis par Fabricius dans sa *Bibliotheca græca*, et par Buchérius dans son traité intitulé: *Doctrina temporum*, imprimé à Anvers, in-fol., 1634. Dans le recueil de Buchérius se trouve le Traité d'Anatole sur l'époque pascale, question qui divisait alors l'Église grecque et l'Église latine. On voit qu'il avait adopté l'opinion de cette dernière qui fixe la fête au dimanche.

ANATOLIE. L'Anatolie est une des divisions de la Turquie d'Asie, la plus occidentale et par conséquent la plus voisine de l'Europe. L'Anatolie, dont le nom grec, Ανατολη, signifie lever du soleil, s'étend entre les 36e et 42e parallèles latitude nord, et entre les 28e et 38e méridiens de longitude est. Elle occupe une grande partie de l'Asie Mineure. Avant d'entrer dans les détails géographiques, nous rappellerons que cette contrée, toute voisine de la Grèce, est, comme elle, pleine de souvenirs. Beaucoup de villes, maintenant détruites ou appauvries, ont joui d'un grand renom, soit par les événements dont elles ont été le théâtre, soit par les grands hommes qu'elles ont vus naître. Les villes grecques de l'Asie Mineure, berceau de la philosophie, furent comme un entrepôt de civilisation. La mythologie et le polythéisme se partagèrent cette contrée: il y avait là communication entre la Grèce et l'Asie; et il en naquit un mélange intime de mœurs, de traditions et d'histoire; on ne peut savoir l'histoire de la Grèce sans pénétrer dans celle de l'Asie Mineure. Depuis les premières émigrations ioniennes jusqu'aux guerres modernes entre la Russie et la Porte, nous voyons l'Europe et l'Asie choisir l'Asie Mineure pour théâtre de leurs combats; sa position géographique l'y a toujours exposée. Nous ne devons ici que passer légèrement sur des faits dont la narration demanderait des volumes, et nous regrettons de ne pouvoir animer le tableau géographique par le coloris de l'histoire. — L'Anatolie, dont le sol, élevé vers le centre, s'incline jusqu'à la mer et présente des côtes très-basses, est soutenue, comme le sont généralement les presqu'îles, par un nombre considérable de chaînes de montagnes; elles dérivent du grand plateau de l'Arménie: ce sont le mont Taurus et le Paryadres, qui offrent des mines nombreuses, dont les plus célèbres sont celles de Tocat; le cuivre et le plomb s'y trouvent en grande abondance. Les montagnes calcaires sont bien boisées; les sources minérales, si nombreuses dans la Caramanie, sont plus rares dans l'Anatolie, où l'on voit pourtant des sources de naphte. Les grandes chaleurs de juin, juillet et août, et les volcans pourraient rendre dangereux le séjour de l'Anatolie. Des maladies épidémiques s'y sont souvent déclarées; le tremblement de terre qui abîma, sous Tibère, douze villes en une heure, et celui qui effraya l'Orient jusqu'au fond de l'Égypte, en 740, sous le règne de Léon l'Isaurien, ne sont heureusement que de rares catastrophes qui ne peuvent arrêter le voyageur. D'un autre côté, le pays est rafraîchi par un grand nombre de fleuves qui descendent des montagnes, et se jettent, au nord dans la mer Noire, à l'ouest dans la mer de l'Archipel, et au sud dans la Méditerranée. Les principaux sont le Kizil-Ermak, ou fleuve Rouge; l'ancien Iris, appelé aujourd'hui Yeshil-Ermak, et le Sakaria (Sangarius), qui tombent dans la mer Noire. L'Archipel reçoit le Meinder (Méandre), le Caïcus, l'Hermus et le Caystrus. Enfin, l'Eurymédon; le Ghiouk-Souyou (Calycadnus); le Sihoun (Sarus), le Cydnus, l'Ousvala (Granicus) et le Pyrame, se dégorgent dans la Méditerranée. — Les belles plaines arrosées par ces fleuves sont couvertes de lacs salés. La variété de la température permet aux différents produits de la végétation d'y prendre une puissance dont les habitants du pays ne savent malheureusement pas profiter. Il s'est pourtant élevé quelques manufactures où l'on travaille le coton herbacé, le chanvre et le tabac. Le pavot croît en abondance; nous ne devons pas oublier, parmi les productions de ce sol fertile, la vigne qui, bien que presque inculte, produit des grappes d'une grosseur merveilleuse, ni le cerisier de Kérésoun (*Cerasus*). Les lièvres, les cerfs, les chèvres, les gazelles, les daims, et les buffles que l'on emploie au labourage, les poissons dont la pêche est commune dans presque toutes les rivières, et enfin la race des angoras, animent les plaines fécondes du centre et les hautes forêts des côtes septentrionales. Le commerce d'Amasieh, patrie de Strabon (25,000 âmes), de Scutari, cimetière de Constantinople, de Tocat, ville peuplée de 70,000 âmes, d'Isnied, patrie d'Arrien, d'Antatia (20,000 âmes), de

Bursa (60,000 âmes), de Koutahieh (60,000 âmes), et d'autres villes moins importantes, est favorisé par les nombreuses caravanes qui chaque année traversent l'Asie Mineure. Outre les mines de cuivre et de plomb, on peut en exploiter d'argent et d'alun. L'Asie Mineure est peuplée de Turcs, de Grecs et d'Arméniens; les premiers sont environ quatre fois plus nombreux que les seconds. Les hommes sont bien faits, et les femmes, recherchées dans les harems, présentent le plus beau type connu. C'est un spectacle bien singulier et qui fait naître de tristes réflexions, que de voir une population moderne, toute composée de races ennemies, circuler sur des routes romaines, et traverser sur ces fleuves, illustrés par des héros et des dieux, des ponts dont on ne sait pas l'âge.

ANATOME (moll.), genre de coquille voisin des planorbes, établi par Denys de Montfort, pour une très-petite espèce qui vit sur les varus flottants.

J. B.

ANATOMIE (considérations générales). L'homme, considéré individuellement, peut être envisagé sous trois points de vue bien distincts : sous le rapport de l'organisation, sous le rapport des fonctions ou de la vie, sous le rapport moral et intellectuel. — 1° Sous le rapport de l'organisation, l'homme est du ressort de l'anatomie, qui s'occupe de toutes les conditions matérielles appréciables des différentes parties qui entrent dans sa composition. — 2° Sous le rapport des fonctions, l'homme est l'objet de la physiologie et de la pathologie, sciences naturelles qui nous montrent agissants les organes dont l'anatomie nous a révélé la structure, et s'occupent de tous les phénomènes qui constituent la vie, la première dans l'état de santé, la seconde dans l'état de maladie. L'une et l'autre ne se contentent pas de l'observation pure et simple des phénomènes; elles cherchent à remonter des phénomènes aux causes et à saisir le lien qui les unit : la physiologie s'occupe des mouvements qui se passent dans le corps de l'homme, de même que l'anatomie s'occupe des formes : formes et mouvements, voilà à quoi se réduit tout ce que nous connaissons dans les corps. — 3° Comme être moral et intellectuel, l'homme est l'objet de la psychologie, qui observe l'homme pensant et voulant, analyse les opérations de son intelligence et les classe dans l'ordre de leur hiérarchie. — La connaissance de l'homme tout entier suppose nécessairement la réunion de ces trois ordres de notions : et c'est parce que l'homme anatomique, l'homme physiologique et l'homme moral et intellectuel n'ont pas été étudiés par la même classe de savants, que la science de l'homme laisse encore tant à désirer; il est résulté de cet isolement funeste que l'anatomiste, plaçant toute la science de la vie au bout de son scalpel, a souvent substitué un mécanisme anatomique ou organique au mécanisme mathématique de Boerhaave, et méprisé comme des divagations les recherches des physiologistes sur les forces vitales. D'un autre côté, le physiologiste pur, si je peux m'exprimer ainsi, a reproché à l'anatomiste de faire de la science du cadavre la science de la vie, et par un autre excès, posant en principe qu'on devait étudier la vie indépendamment de l'organisation, il a créé des forces vitales, et réalisé, sans s'en douter, les abstractions plus ou moins ingénieuses qu'il avait imaginées. Bien plus, le physiologiste, empiétant sur le domaine de la métaphysique, a attribué à l'organisme seul des phénomènes d'un ordre plus relevé, et a considéré les phénomènes moraux ou intellectuels comme fonctions qu'il a bien voulu mettre sur la même ligne que les fonctions les plus matérielles; enfin, le métaphysicien, appuyé sur l'évidence, sur le sens intime ou la conscience, mais incapable d'apprécier l'influence de l'organisation sur le développement et l'exercice des facultés intellectuelles, a trop souvent accusé l'anatomiste et le physiologiste de méconnaître l'empire du principe intelligent et moral qui nous anime; trop souvent encore il a étendu l'influence de ce principe sur des phénomènes purement vitaux et organiques, et a été conduit avec Sthal à cette conséquence bizarre, que les abstractions morbides eux-mêmes sont le résultat d'un effort conservateur de l'âme rationnelle : singulier effort conservateur que celui qui désorganise et qui tue! Toutes ces divergences d'opinions, toutes ces inculpations réciproques et d'autres plus graves encore qui ne sont pas de mon objet, viennent le plus souvent de ce que les uns et les autres ne se sont pas entendus. — Toutefois, à l'occasion d'une science consacrée à l'étude de l'organisation, je dois dire que le moment est venu où, plus que jamais, la philosophie doit être tributaire de l'anatomie, où la science de l'organisation bien interprétée, l'étude des conditions matérielles de l'intelligence doivent servir de base immuable à la psychologie. La philosophie a flotté de tous temps entre l'organisme ou le sensualisme, pour une servir

d'une expression rajeunie, et le spiritualisme. Étrangers pour la plupart à l'organisation, les métaphysiciens exagèrent le spiritualisme comme les physiologistes exagèrent l'action des organes. Aujourd'hui le champ est ouvert; les deux doctrines sont en présence; des athlètes également distingués descendent des deux côtés dans l'arène. Témoin de la lutte, nous dirons qu'aucune vérité n'est nuisible à l'homme; que les vérités physiques ne sauraient être en opposition avec les vérités métaphysiques et morales; que, dans l'ordre logique des idées, il faut commencer par l'étude des organes, et leur accorder tout le degré d'influence qui leur est dû; que le règne animal tout entier, que les lésions physiques et organiques du cerveau sont là pour déposer en faveur de cette influence; que, suivant que les organes présenteront telle ou telle conformation, les impressions seront et plus vives, et plus nettes, et plus profondes, et plus multipliées; qu'on ne naît pas plus poète, orateur, qu'on ne naît mathématicien, naturaliste, savant; mais qu'on naît avec des sens plus ou moins aptes à recevoir les impressions, avec des nerfs plus ou moins aptes à conduire ces impressions, avec un cerveau plus ou moins apte à les conserver, à les reproduire dans leur ordre, leur pureté, leur vivacité; et du sein de cette organisation mieux interprétée jaillira plus brillante et plus belle la pensée immatérielle avec son caractère d'immortalité. — Nous aurons beau faire pour expliquer la vie, les organes ne seront jamais que des organes, des instruments, c'est-à-dire des mobiles. Il faudra toujours pour expliquer les phénomènes psychologiques, 1° un moteur physiologique, φύσις, ἐνόρμον, forces vitales, principe vital, propriétés vitales; 2° un moteur psychologique, ψυχή, mens, âme : d'où la belle définition de Platon, dont la doctrine sublime est reproduite de nos jours avec tant d'éloquence, « l'homme est une âme qui se sert d'un corps; » et celle de M. de Bonald, « l'homme est une intelligence servie par des organes; » et qu'on pourrait modifier ainsi : « L'homme est une âme unie à un corps destiné à la servir. » — Dans son acception la plus étendue, l'anatomie a pour objet l'organisation de tous les êtres vivants. De là sa division en anatomie végétale et en anatomie animale. Celle-ci se subdivise en anatomie générale ou zoologique, qui étudie comparativement les mêmes organes dans les diverses espèces d'animaux, d'où lui vient le nom d'anatomie comparée, comparative, et en anatomie spéciale, qui s'applique à une seule espèce, à l'homme, anatomie humaine, ou aux animaux domestiques, anatomie vétérinaire. — La science anatomique, prise dans toute sa généralité, se place dans l'on envisage dans ces derniers temps, embrasse la série des êtres. Pour bien connaître un organe, il faut le suivre dans toute l'échelle animale, depuis l'espèce qui le possède à son maximum jusqu'à celle qui le présente à son minimum de développement, et le reconnaître à travers toutes ses transformations, ses dégradations successives. Cette étude constitue l'anatomie générale proprement dite, l'anatomie philosophique ou transcendante, étude immense, étude du premier ordre, qui ne s'arrête pas à la contemplation stérile des organes, mais qui généralise les résultats de l'observation et en déduit les lois qui régissent l'organisation, qui nous montre une admirable uniformité au milieu de cette diversité apparente des êtres, qui justifie les anomalies en les rattachant à la forme normale, et qui, bien loin de les classer parmi les cas exceptionnels, les fait servir de preuve irrécusable aux lois qu'elle a découvertes. — Cette science ne se contente plus de la méthode analytique et de l'observation pure et simple des faits. Ce n'est plus l'anatomie comparée telle que l'enseignaient Vicq d'Azir et M. Cuvier. Impatiente de résultats, elle devance les faits, et trop souvent elle a créé des lois auxquelles elle soumet la nature organisée. — Les destinées de l'anatomie philosophique seront désormais fixées par la direction que vont suivre et les limites que sauront s'imposer les hommes distingués qui la cultivent aujourd'hui avec tant de succès. S'ils marchent constamment avec les faits, s'ils s'arrêtent avec eux, s'ils repoussent impitoyablement toute idée préconçue, quelque brillante, quelque ingénieuse qu'elle soit, si elle est elle-même repoussée par les faits, notre époque sera une époque mémorable dans les annales de la science et même des conquêtes de l'esprit humain; mais si le raisonnement et l'imagination viennent s'emparer de la science, lorsqu'ils doivent qu'obéir aux faits; si l'arme puissante mais dangereuse de l'analogie, au lieu de jouer servir de moyen auxiliaire, devient moyen principal; si on perd à trouver des rapports éloignés, bizarres, presque toujours inutiles, un temps qu'on devrait employer à l'observation; si on attache un plus grand mérite aux idées à priori qu'aux recherches faites sur la nature, alors on réalisera cette monstrueuse fiction d'un auteur célèbre qui, pour peindre le *nec plus ultrà* du ridicule, parlait de l'importation de la métaphysique dans une science d'intuition pure et simple, dans l'anatomie. En un mot (et ce mot seul suffira auprès des bons esprits pour la frapper de réprobation), on fera de l'*anatomie spéculative* une *anatomie métaphysique*, une espèce d'anatomie qui sera pour les sciences médicales ce qu'est le romantisme en littérature. N'oublions jamais que les inductions qu'on tire des faits demandant une grande réserve, rien n'est plus suspect qu'un long enchaînement de conséquences : les chaînes se brisent toujours lorsqu'elles sont trop longues. — L'anatomie philosophique, qui plaît tant à l'esprit parce qu'elle marche d'idées générales en idées générales, et domine tous les détails dont elle dispense, n'est pas l'anatomie du médecin, qui exige l'homme tout entier : nous ne la rejetons pas complètement, mais nous n'en admettons que la partie positive, la partie véritablement utile et applicable à l'espèce humaine. Pour nous, l'homme ne doit pas être une espèce détachée de la série des êtres ; l'homme seul, soit dans l'état sain, soit dans l'état morbide, doit être l'objet de nos méditations, et l'étude des animaux ne devra nous occuper que transitoirement, et là seulement où elle peut éclairer l'anatomie humaine. — Or, l'anatomie humaine présente deux grandes divisions : tantôt elle étudie les organes sains, c'est l'*anatomie physiologique* ; tantôt elle étudie les organes malades, c'est l'*anatomie pathologique*. La première présente deux grands embranchements : tantôt elle s'occupe de toutes les qualités des organes qu'on peut observer sans les diviser, de l'ensemble des qualités connues sous le nom de conformation extérieure, c'est l'*anatomie des formes et des connexions*, généralement appelée *anatomie descriptive* ; tantôt elle s'occupe de la texture proprement dite ou des éléments organiques, c'est l'*anatomie de texture* ; d'autres fois enfin elle s'occupe du développement des organes, c'est l'*anatomie d'évolution*. — Un mot sur chacune de ces manières d'envisager l'anatomie, et d'abord sur l'anatomie physiologique. L'*anatomie des formes et des connexions* (anatomie descriptive) nous apprend le nom des organes ou la nomenclature anatomique, leur nombre, leur classification, leur situation absolue ou relative, leur direction, leur volume, leur couleur, leur consistance, leur pesanteur absolue ou spécifique, leur figure, leurs régions et leurs rapports ; en un mot elle trace la topographie du corps humain, elle est à la médecine ce que la géographie est à l'histoire. Ce n'est qu'après avoir étudié successivement avec le plus grand soin, soit dans l'ordre physiologique, soit dans l'ordre de superposition, les os, les ligaments, les muscles, les vaisseaux, les nerfs et les viscères, qu'elle étudie le corps en masse ; le divise en régions, décompose chaque région en couches successives, établit quels sont les rapports de ces différentes couches entre elles, les rapports des parties constituantes de chacune de ces couches, et prend alors le nom d'*anatomie chirurgicale*, d'*anatomie topographique*, d'*anatomie des régions*, espèce d'anatomie qui se compose non-seulement de la connaissance des rapports naturels des parties, mais de celle des changements de rapports et des conséquences pratiques qui en découlent sous le point de vue chirurgical. A l'anatomie des formes et des connexions se rapporte encore l'anatomie des peintres et des sculpteurs, assez singulièrement nommée *anatomie pittoresque*, qu'on peut définir : la science de la surface extérieure du corps, de ses formes et de ses proportions, des couches superficielles qui se dessinent à travers les téguments. Cette étude de la surface du corps, soit dans l'état de repos, soit dans les différents mouvements et ses diverses attitudes, est peut-être trop négligée par les médecins. La connaissance approfondie des saillies et des creux extérieurs pourrait rendre de très-grands services en permettant d'y rattacher les connexions les plus importantes des parties profondément situées. — L'anatomie descriptive, telle que nous venons de l'envisager, est parvenue en ce moment à un haut degré de perfection, et c'est à elle que font allusion ceux qui disent qu'il n'y a plus rien à faire en anatomie. Suffisante au chirurgien pour l'explication des lésions physiques et pour la pratique des opérations, elle ne saurait l'être au médecin et au physiologiste. D'où la nécessité de l'*anatomie de texture* qui nous présente toujours ce double problème à résoudre : *Quels sont les éléments organiques qui entrent dans la composition d'un organe ? Quelles sont les proportions et quel est le mode de combinaison de ces éléments ?* Cette espèce d'anatomie ne s'arrête plus aux qualités extérieures, aux surfaces, mais, par une savante analyse, elle pénètre dans les profondeurs de l'organisation ; elle s'attache pour ainsi dire à la substance ;

au *substratum* des organes, à leur cohésion ; elle découvre que nos divers organes ne sont pas composés d'une manière particulière, mais qu'ils peuvent se réduire à un certain nombre de parties que les anciens appelaient *similaires*, parce qu'elles se ressemblent partout ; elle décompose ces organes en tissus composés, ces tissus composés en tissus simples ou générateurs, en éléments anatomiques, qu'elle étudie sous le triple rapport de leurs propriétés anatomiques, physiologiques et pathologiques, et qu'elle rapproche, indépendamment des organes qu'ils constituent par, leur réunion : recomposant ensuite l'économie de toutes pièces, elle montre dans la combinaison des tissus ou éléments organiques deux à deux, trois à trois, et avec des proportions différentes, le secret de l'organisation des parties les plus complexes et les plus différentes au premier abord. — A l'anatomie de texture se rapporte donc l'*anatomie générale* telle que l'avait conçue Bichat, fécondant en cela une grande idée de notre Pinel. Mais Bichat, en donnant ses vingt et un tissus généraux comme des éléments, arrêtait pour ainsi dire d'une main l'impulsion qu'il communiquait de l'autre. Aussi bien, son immortel ouvrage, si riche en applications physiologiques et pathologiques, laisse-t-il beaucoup à désirer sous le rapport de l'anatomie de texture, qu'il regarde comme au-dessus de la portée de nos sens, et sur laquelle il ne nous donne guère que les résultats fournis par l'anatomie de conformation. C'est pour remplir autant qu'il est en moi cette lacune que je m'attacherai plus qu'on ne l'a fait jusqu'à ce jour à l'anatomie de texture ; mais bien des choses encore resteront à dire sur cette espèce d'anatomie dont il n'existe que des matériaux épars : mon dessein est de les rapprocher et d'y ajouter le fruit de mes recherches particulières. — Mais pour parvenir à la détermination de cette texture, il ne suffit pas d'observer les organes développés à leur apogée, il faut les suivre à travers leurs diverses phases ou périodes depuis l'état embryonnaire jusqu'à leur apogée. De cette manière, à l'analyse par le scalpel on substitue, si l'on peut ainsi parler, une analyse sortie des mains mêmes de la nature, et cette méthode d'investigation est devenue, dans celles des anatomistes modernes, une mine féconde en découvertes. Aristote avait déjà envisagé l'anatomie de ce point de vue élevé, et proclamé que les animaux se ressemblent d'autant plus qu'on les observe à une époque plus rapprochée de leur formation. Cette idée oubliée a été reproduite par Camper, qui avança que le fœtus humain passait successivement par les états de poisson, de reptile, de mammifère, idée qui fut accueillie comme un paradoxe par la plus grand nombre des auteurs. Aujourd'hui ce n'est plus seulement dans les animaux vertébrés qu'on cherche des analogies, le règne animal tout entier est mis à contribution, depuis le globule organique, les animaux infusoires, jusqu'à l'homme, et c'est une des plus belles conceptions de l'esprit humain, que l'idée de rattacher l'homme à tous les êtres vivants, de le représenter parcourant toute l'échelle de l'organisation, revêtant temporairement les formes permanentes de chaque classe, et subissant ainsi une série de métamorphoses non moins admirables, non moins complètes que les métamorphoses si connues des insectes ; idée sublime qui est devenue la source de beaucoup de découvertes par la recherches dont elle a été l'occasion. Déjà le système osseux et le système nerveux étudiés dans cet esprit avaient pleinement confirmé cette loi générale ; et voilà que MM. Rathke et Baer (des Branchies et des Vaisseaux branchiaux dans les embryons des animaux vertébrés) viennent d'annoncer que le fœtus humain est à une certaine époque de sa vie, à cinq semaines, un animal à branchies ; découverte qui se combine admirablement avec celle d'un gaz respirable découvert dans les eaux de l'amnios : en sorte que, sous le rapport de la respiration comme sous tous les autres rapports, l'homme passerait encore par tous les degrés : d'abord animal à trachées, puis animal à branchies, et enfin animal à poumons. On se demande à quoi bon des branchies ? Où est le besoin de la respiration chez le fœtus ?

[1] Sans doute, à la rigueur, l'anatomie générale est aussi ancienne que la science, car il n'est pas d'auteur d'anatomie qui n'ait donné des généralités plus ou moins étendues sur les os, avant de traiter de l'ostéologie ; sur les muscles, avant de parler de la myologie ; sur les nerfs, avant de parler de la névrologie. Mais Bichat, le premier, a traité abstractivement de tous les tissus ; il a fait pour tous ce que Bordeu avait fait pour la tissu cellulaire ; il a établi des espèces nouvelles, rapproché des parties qui avaient été étudiées séparément jusqu'à lui, élevé à la science un monument qui porte l'empreinte du génie.

Attendons, avant de conjecturer, que de nouvelles observations aient été faites à cet égard. Toujours est-il que l'étude de l'anatomie d'évolution doit suivre et non précéder celle de l'animal développé; et la méthode inverse, qui paraît au premier abord plus facile, plus naturelle, peut séduire un instant les esprits élevés, parce qu'elle semble marcher du simple au composé, du connu à l'inconnu; mais il s'en faut bien qu'il en soit ainsi. Plus l'organisation se simplifie, plus elle devient difficile à saisir, et s'il est si difficile d'étudier les organisations plus développées, combien ne l'est-il pas davantage d'en étudier à l'état amorphe, à l'état microscopique, où on ne peut les apercevoir qu'à travers les verres grossissants, où on ne peut les soumettre au moindre contact sans les détruire; car c'est dans les cinq à six premières semaines qu'on lieu toutes ces transformations si vantées. — Voilà pour l'anatomie des organes sains; mais ces organes sont sujets à une foule d'altérations, et l'étude de ces altérations est l'objet de cette grande division de l'anatomie, qu'on appelle *anatomie morbide*, *anatomie médicale*, *anatomie pathologique*. Or ces altérations, tantôt intéressent les parties sous le point de vue de leur conformation extérieure, de la contiguïté, de la continuité, c'est l'*anatomie pathologique des formes et des connexions*, branche importante de l'anatomie chirurgicale; tantôt elles intéressent sous le point de vue de la texture, c'est l'*anatomie pathologique de texture*, base de l'anatomie médicale proprement dite; or, de même qu'en anatomie physiologique, tandis que la première est très-avancée, la seconde existe à peine. Connaissons-nous en effet autre chose que les caractères extérieurs de l'inflammation, des tubercules, du cancer, etc.? A-t-on suffisamment étudié quel est l'élément organique ou quels sont les éléments organiques qui sont primitivement et spécialement affectés dans les maladies? Et si cette route nouvelle n'était pas suivie, on aurait beau ouvrir tous les cadavres des hôpitaux, on n'en saurait pas davantage; on établirait peut-être, je le veux, quelque variété, quelque espèce nouvelle, fondée sur les formes les plus générales; mais ce sera toujours de l'inflammation rouge, du pointillé rouge ou noir, du pus infiltré, combiné ou ramassé en foyer, des tubercules, du squirre, mots vagues, insignifiants, appliqués à des altérations inconnues dans leur véritable caractère. — Mais il ne s'agit pas ici de l'anatomie pathologique: je ne dois parler que des applications à l'anatomie physiologique. Ces applications seront immenses, continuelles. La première a pour sujet les organes malades, comme la seconde a pour sujet les organes sains; et s'il est impossible de connaître l'état morbide sans connaître l'état sain, il est également impossible de posséder parfaitement l'état sain si l'on ignore l'état morbide. Toutes les discussions qui se sont élevées et qui s'élèvent encore tous les jours sur l'état normal ou morbide de tel ou tel tissu, viennent de ce qu'on ne sait pas interpréter les altérations des organes, et de ce qu'on ignore les limites qui séparent l'état sain de l'état morbide. Deux tissus sujets aux mêmes altérations organiques sont nécessairement de même nature; pour en donner un exemple, j'ajouterai que des auteurs également distingués ont, les uns rejeté, les autres admis l'existence de la muqueuse utérine. Dans l'état sain il est difficile de décider la question; il en est autrement dans l'état pathologique. Voyez la face interne de l'utérus extrêmement sujette aux hémorragies par cause vitale; voyez-la, comme les muqueuses, donner un mucus puriforme quand elle est enflammée; comme les muqueuses encore voyez-la donner naissance à des polypes; et de ce principe, que deux tissus sujets aux mêmes altérations sont nécessairement de même nature, vous devez conclure qu'il existe une membrane muqueuse utérine. — L'anatomie de conformation et de texture, soit physiologique, soit pathologique, peut être étudiée isolément, abstractivement de l'action des organes, ou bien dans le but d'en faire des applications, soit à la physiologie, soit à la médecine. A la vérité cette anatomie, présentée d'une manière abstraite, est pleine de sécheresse et de dégoût. Mais qu'à cet aride tableau, qu'à cette monotone énumération de faces, d'angles et de bords, qui ne s'adressent qu'à la mémoire, on joigne l'indication de l'usage immédiat, la nécessité de telle ou telle circonstance d'organisation, de l'application de ces circonstances à la chirurgie et à la médecine, soit comme cause de maladie, soit comme moyen de diagnostic ou de traitement, qu'on fasse, en un mot, de l'*anatomie appliquée*, alors à des peintures décolorées succédera un tableau plein de feu et d'intérêt. Ces nerfs, ces muscles, ces os eux-mêmes, s'animent en quelque sorte sous le scalpel; la curiosité, sans cesse en éveil, fera surmonter les difficultés et les dégoûts, et la mémoire

conservera fidèlement des notions acquises avec un zèle proportionné à leur importance. On peut comparer l'anatomiste qui expose sèchement les choses qu'il aperçoit, à un homme qui s'imaginerait faire connaître un tableau lorsqu'il a rendu un compte exact de la position des personnages, des couleurs, des ombres, du clair-obscur, des dimensions exactes, etc., mais qui ne chercherait pas à pénétrer l'action, le motif du tableau, l'intention du peintre. — Telles sont les différentes manières d'envisager l'anatomie humaine; mais l'anatomie étant, pour ainsi dire, le vestibule de l'édifice médical, il importe de faire connaître le rang que la médecine et l'anatomie tiennent parmi les sciences naturelles. Par là il sera possible d'apprécier la route que nous allons parcourir, ses connexions avec les routes collatérales, les secours qu'elle a droit d'en attendre et ceux qu'elle peut leur fournir. — On appelle *science*, d'après la belle définition de l'orateur romain, une connaissance certaine déduite de principes certains, *cognitio certa ex principiis certis exorta*. Les sciences sont métaphysiques, mathématiques et naturelles. Les deux premières étant étrangères à notre objet, je me contenterai de parler des sciences naturelles. — Les *sciences naturelles*, ou *la physique* prise dans son acception la plus générale, ont pour but la connaissance des êtres matériels qui composent l'univers et des lois qui les régissent. Elles se divisent en sciences *physiques* et en sciences *physiologiques* ou *zoologiques*. Les phénomènes que présente le règne inorganique sont du ressort des sciences physiques; ce sont : 1° l'*astronomie*, qui étudie les corps qui roulent dans l'espace, et apprécie à l'aide du calcul les lois qui président à leurs mouvements; 2° la *physique* proprement dite, qui étudie les propriétés des corps en masse, et appelle à son secours l'expérience pour mettre les phénomènes dans tout leur jour, et le calcul pour féconder les résultats de l'expérience; 3° la *géologie*, qui étudie la surface du globe et des couches successives qui se rencontrent dans sa profondeur, remonte au delà de toutes les traditions historiques, fait sortir, pour ainsi dire, des entrailles de la terre et trace d'une main sûre l'histoire du globe et des diverses révolutions qu'il a subies; depuis les beaux travaux de Cuvier, la géologie est devenue tributaire de l'anatomie; 4° la *chimie*, qui étudie l'action réciproque des corps réduits à l'état moléculaire. — Les *sciences zoologiques* ou *physiologiques* s'occupent de tous les phénomènes que présentent les corps vivants. La *botanique* traite de l'organisation et de la vie des végétaux; la *zoologie* proprement dite fait connaître l'organisation et la vie des animaux. L'étude de l'organisation constitue l'*anatomie*; l'étude de la vie constitue la *physiologie*. Les sciences zoologiques présentent en outre un ordre de connaissances tout à fait étrangères aux sciences physiques. Les corps inorganiques obéissent en effet à des lois constantes, immuables, dont aucune n'est en opposition avec l'autre; mais les corps vivants sont à la fois soumis aux lois physiques qui régissent la matière et aux lois vitales qui luttent incessamment contre leur empire. Cette lutte, c'est la vie : la mort, c'est le triomphe des lois physiques sur les lois vitales. Mais de cette lutte résultent souvent des dérangements soit dans l'organisation, soit dans les fonctions, et ces dérangements sont d'autant plus fréquents, d'autant plus compliqués, que l'organisation est plus développée et que l'animal est plus élevé dans l'échelle. La connaissance de ces dérangements et des moyens propres à rétablir l'organisation et la vie dans leur état d'intégrité, constitue la médecine; et le rang que j'assigne à cette branche importante des sciences zoologiques, prouve mieux que tous les raisonnements que l'étude de l'organisation et de la vie dans l'état physiologique doit précéder celle de l'organisation et de la vie dans l'état pathologique, et que les sciences médicales forment une chaîne dont l'anatomie constitue le premier anneau. — Maintenant que les connexions des sciences médicales avec les autres sciences se trouvent établies, il est aisé de comprendre que la médecine a dû empiéter plus ou moins sur elles ou être envahie par elles; et que suivant que telle ou telle branche des connaissances humaines a été plus ou moins cultivée, elle a dû se refléter d'une manière plus ou moins puissante sur la médecine. On conçoit que les sciences physiques et chimiques ont dû exercer sur elles-mêmes une influence plus particulière, à raison des rapports plus intimes qui unissent ces deux sciences à la science des corps vivants; que la science chimique et la science physique elles-mêmes, suivant qu'elles ont été l'objet d'études plus ou moins approfondies, ont dû se refléter en quelque sorte sur la médecine. On voit de suite que l'homme étant à la fois sous l'empire des lois physiques et sous celui de lois particulières qu'on appelle propriétés vitales, il importe de connaître les unes et les autres, et d'éta-

blir les limites qui les séparent. Eh bien! un des points fondamentaux de la physiologie et de la pathologie, c'est de fixer
une ligne exacte de démarcation entre ce qui, dans l'économie,
tient aux lois physiques et ce qui tient aux forces vitales. De
tout temps la médecine a été divisée entre ceux qui accordaient
trop aux premières et ceux qui accordaient trop aux secondes.
C'est là le nœud de la difficulté. La médecine a été ou trop
vitale ou trop matérielle, ou hyperorganique, métaphysique,
ou bien mécanique, chimique. C'est qu'on a oublié que les
sciences physiques ne sont qu'accessoires, et que toutes les
recherches doivent se concentrer sur les sciences physiologiques et pathologiques, dont l'anatomie est la clef, le fondement, le flambeau. — Chaque science a sa méthode et ses motifs de certitude. Les sciences métaphysiques ont la certitude
métaphysique et morale. Elles se fondent sur l'évidence, le
sens intime, le témoignage. Les sciences mathématiques partent d'un petit nombre de principes puisés dans la nature des
choses, marchent graduellement du simple au composé, du
connu à l'inconnu, et s'appuient sur des propositions démontrées comme sur autant de principes à l'aide desquels elles
s'élèvent, comme par échelons, à des vérités nouvelles. Les
sciences naturelles sont fondées sur l'observation, et l'observation n'est que le témoignage de nos sens : d'où la nécessité
de les exercer pour augmenter leur finesse, leur activité. Les
faits, voilà leurs principes ; le raisonnement vient ensuite. Il
serait absurde d'étudier les sciences naturelles à la manière des
sciences métaphysiques. Parmi les sciences naturelles, les
sciences physiques se composent de phénomènes constants
auxquels le calcul peut être appliqué avec avantage (d'où les
sciences physico-mathématiques) ; mais dans les sciences zoologiques les produits varient sans cesse, comme les facteurs.
Et celui qui voudrait importer le calcul dans la médecine,
ressemblerait à ce savant (Condorcet), qui conçut le projet
bizarre d'appliquer la rigueur mathématique aux vraisem-
blances morales, qui voulait substituer des $a + b$ des preuves
juridiques écrites ou testimoniales, qui admettait des unités
de preuve, des fractions de preuve, et les réduisait en équations à l'aide desquelles il prétendait décider arithmétiquement
de la vie, de la fortune et de l'honneur des citoyens. Mais les
préceptes et les faits de l'art ne peuvent pas être renfermés
dans l'inflexibilité des nombres. Toutefois, bien qu'il soit impossible d'importer dans la médecine la rigueur mathématique,
on peut imiter les procédés des sciences mathématiques et réduire les phénomènes des corps vivants à un petit nombre de
théorèmes qu'on pourra classer dans l'ordre de leur difficulté
et de leurs rapports. Qu'il serait important de ramener la
science à une série de propositions, et de réaliser ainsi le vœu
de Baglivi, qui regardait l'oubli de la méthode aphoristique
comme une des principales causes du défaut de progrès de la
médecine! L'erreur ne saurait trouver place dans des propositions dont les termes sont clairs, précis, dégagés de tout ornement étranger et de ce style métaphorique qui est le plus
funeste ennemi des sciences. — Il est pénible de l'avouer, mais
nous ne pouvons connaître dans les objets que des surfaces ;
et lorsque nous disons que nous connaissons la texture d'un
corps, nous ne disons rien autre chose, sinon que nous connaissons des surfaces plus petites comprises dans la surface
générale. La vue et le toucher, seuls moyens d'investigation
pour les qualités des corps en masse, ne peuvent apprendre à
connaître rien autre chose que des surfaces, des apparences et
des propriétés relatives, mais non point des propriétés absolues. Avec notre organisation nous ne pourrons jamais savoir
ce que les corps sont en eux-mêmes, mais seulement ce qu'ils
sont relativement à nous. — La médecine a l'inconvénient
d'avoir des connexions étroites avec beaucoup d'autres sciences,
et c'est là sans doute ce qui arrête ses progrès. Il faudrait
un homme qui possédât l'ensemble des sciences physiques
aussi bien que l'ensemble des sciences physiologiques, et qui
sût restreindre l'usage des premières. — D'après ce que je
viens de dire, il est évident que l'anatomie ne peut pas se contenter du titre de la *première des sciences accessoires* de la
médecine ; je dis qu'elle est essentielle, qu'elle est la pierre
fondamentale de l'édifice médical, que sans elle le physiologiste
bâtit sur le sable, sans elle point de chirurgie, sans elle point
de médecine, à moins qu'on ne décore de ce nom le plus aveugle empirisme. — Et d'abord la physiologie repose tout entière
sur l'anatomie. Mais quelle espèce de physiologie ? Est-ce cette
physiologie transcendante qui, dédaignant les faits particuliers,
crée *à priori* des lois auxquelles elle soumet toute l'économie,
et fait de la vie une espèce d'enchantement ? qui considère les
organes comme un substratum presque indifférent, le *caput

mortuum de l'économie ? qui ne considère en quelque sorte
les organes les plus spéciaux des insectes que comme des
superfluités ? Non ; l'anatomie repousse cette physiologie,
et à leur tour les physiologistes qui se livrent à ce genre
de spéculations repoussent l'anatomie. — La physiologie qui
appelle le secours de l'anatomie est cette physiologie positive d'observation et d'expérience qui ne vit que de faits, et
qui n'aspire qu'au rôle d'être leur interprète fidèle. Fernel
et Gaspard Hoffmann étaient certes des hommes riches de leur
propre fonds ; mais ils ne connaissaient d'autre anatomie que
celle de Galien, ils avaient peu disséqué par eux-mêmes : aussi
quelle physiologie nous ont-ils données, si toutefois on peut appeler du nom de physiologie un amas d'hypothèses et d'erreurs! Citons encore Boerhaave, cet homme à qui l'on écrivait : A BOERHAAVE, EN EUROPE. Il possédait toutes les sciences
humaines, les sciences métaphysiques, mathématiques, la
botanique, la chimie ; mais il eut le malheur de négliger
l'anatomie ; persuadé avec beaucoup d'autres que l'anatomie
était parvenue à son plus haut degré de perfection, il s'en tint
aux découvertes anatomiques de ses contemporains, et il
adopta toutes leurs erreurs : aussi sa physiologie toute mécanique a-t-elle été peut-être funeste à la science. Et si Haller,
son disciple, est venu arracher la physiologie à l'empire du
mécanisme d'une part, du vitalisme exclusif d'une autre part,
c'est qu'il a incorporé en quelque sorte l'anatomie dans la physiologie ; ôtez des livres physiologiques les détails anatomiques, les conséquences immédiates qui en découlent, que
vous restera-t-il ? Barthez, qui n'eut pas moins de génie que
Boerhaave, a professé l'opinion que la physiologie doit être
étudiée indépendamment de l'anatomie ; il a étudié abstraite-
ment les fonctions ; aussi ce prévoyant génie gravitant pour ainsi
dire autour de lui-même sans point d'appui anatomique, ses
ouvrages, tout remarquables qu'ils sont, n'ont pas fait avancer
la physiologie positive[1]. La physiologie n'est au fond que
l'anatomie interprétée. — Les fonctions d'un organe découlent
presque nécessairement de la connaissance de sa structure, et
si c'était ici le lieu, il me serait facile de prouver que l'histoire
des fonctions a toujours suivi pas à pas le progrès de l'anatomie. Pourquoi ignorons-nous complètement les usages du
thymus, du corps thyroïde, des capsules surrénales ? n'est-ce
point parce que leur structure est complètement inconnue ? La
découverte du canal excréteur du pancréas par Wirsung n'a-
t-elle pas fait cesser l'incertitude qui régnait sur les usages de
cet organe glanduleux ? Il y a plus : toutes les fois qu'une découverte physiologique n'a pas été confirmée par des données
anatomiques correspondantes, cette découverte a souvent été
comme non avenue. Témoin Césalpin qui découvrit la grande
circulation par la seule force de son génie ; mais comme cette
assertion n'avait pas de fondement anatomique, elle ne germa
nulle part. Harvey vient, qui prouve par l'anatomie et principalement par la direction des valvules, que les veines ramènent
le sang des extrémités au cœur, et le monde médical accueille ses idées avec enthousiasme. La grande question de la
division des nerfs en ceux du sentiment et en ceux du mouvement est-elle résolue ? Il le semble au premier abord ; des expériences ingénieuses et quelques observations pathologiques
semblent l'établir sur des fondements inébranlables ; des physiologistes célèbres se disputent la priorité à cet égard. Eh
bien ! la question ne sera décidée d'une manière positive, et
cette doctrine ne devra prendre droit de cité dans la science,
que lorsque l'anatomie aura prononcé. Tant que, le scalpel à
la main, on n'aura point établi que les filets des racines postérieures ou ganglionnaires de la moelle se rendent exclusivement aux organes du sentiment, ceux des racines antérieures
exclusivement aux organes du mouvement, nous resterons
dans le doute à cet égard, et nous croirons toujours à cette
homogénéité de l'action nerveuse qui nous semble prouvée par
l'homogénéité de structure, et sans laquelle une foule de phé-

---

[1] La *Grande Physiologie* de Haller est une preuve irréfragable de
cette proposition. Dans cet important ouvrage, la description anatomique de l'organe précède toujours l'histoire de l'action de cet organe.
Qui physiologiam ab anatomia avellere studuerunt (dit-il, pag. 11,
præfat.), *ii certè mihi videntur cum mathematicis posse comparari qui
machinæ alicujus vires et functiones calculo exprimere suscipiunt, cujus
neque rotas cognitas habent, neque tympana, neque mensuras, neque
materiem*, etc. Ceux qui veulent étudier la physiologie abstractivement,
indépendamment de l'organisation, ressemblent à ce mathématicien,
qui veut connaître et exprimer par le calcul, la force et le jeu d'une
machine très-compliquée ; sans connaître ses roues dentées, ses dimensions, l'agencement réciproque de toutes les parties qui la constituent.

nomènes physiologiques et pathologiques resteraient inexplicables. — L'anatomie est le flambeau du chirurgien. De quoi s'occupe la chirurgie? Des lésions dans la continuité, dans la contiguïté, la forme, les rapports, et souvent dans la structure des organes; en un mot, des lésions dans les qualités physiques des organes qui exigent, soit primitivement, soit consecutivement, l'application de la main. Or, l'anatomie physiologique s'occupe de toutes ces qualités dans l'état sain, et l'anatomie pathologique de toutes ces qualités dans l'état morbide. Qui osera pratiquer la moindre opération chirurgicale, s'il ne connaît mathématiquement, pour ainsi dire, les parties sur lesquelles il doit opérer, les changements de forme, de rapports et de texture qu'ont subis ces parties, la connexion de ces changements avec d'autres altérations analogues ou différentes qui existent dans l'économie? C'est l'anatomie qui lui apprend à connaître les couches de parties qui se trouvent dans chaque région, les rapports de ces couches entre elles et des différents éléments qui constituent chaque couche; c'est elle qui conduit l'œil et la main du chirurgien et lui inspire cette heureuse audace qui va chercher à travers des parties dont la lésion serait dangereuse ou mortelle, ce vaisseau qu'il faut lier, cette tumeur qu'il faut extirper; c'est elle qui interprète les maladies, et donne, soit des causes, soit des symptômes, soit des effets thérapeutiques, ces raisons anatomiques qui doivent être recherchées avec une sorte d'avidité. C'est l'anatomie qui juge en dernier ressort les méthodes et les procédés opératoires; elle va au-devant de l'expérience, et indique de la manière la plus positive par quelles voies un organe est attaquable. Par elle le corps devient transparent comme le cristal; c'est encore l'anatomie qui dans les revers lui découvre les causes de ces revers, les modifications à apporter au procédé opératoire s'ils ont tenu au procédé opératoire, et la médication à opposer à l'affection locale ou éloignée qui a emporté le malade. — Il est évident d'ailleurs que l'anatomie du chirurgien est non l'anatomie de texture, mais bien l'anatomie des rapports, l'anatomie des faces, des angles et des bords, telle que l'ont enseignée Desault et M. Boyer, et dont l'anatomie des régions, si bien nommée anatomie chirurgicale, n'est que le complément. — L'anatomie n'est pas moins indispensable au médecin. Sans doute, on peut être bon anatomiste sans être médecin; mais je soutiens qu'on ne saurait être bon médecin, et surtout aspirer à faire avancer la science, sans être profondément versé dans l'anatomie. Je sais bien qu'on rencontre tous les jours des médecins qui soutiennent qu'on en sait toujours assez pour la pratique quand on connaît la situation et la conformation générale des organes; que la vie ne se mesure ni par le volume, ni par la densité, ni par les propriétés physiques des organes. Mais où siègent les maladies? N'est-ce pas dans les organes? et si l'on ne connaît pas les organes sains, comment connaîtra-t-on les organes malades et la maladie elle-même? Que dirait-on d'un ouvrier stupide qui s'aviserait de vouloir rétablir une horloge dérangée sans connaître autre chose que le mouvement des aiguilles? Sans anatomie, et surtout sans anatomie de texture, la médecine roulera sans cesse dans un même cercle d'erreurs, de solidisme, de mécanisme, de chimisme, de vitalisme; elle sera la proie du premier novateur homme d'esprit qui voudra bien s'en emparer, alternativement échauffante, rafraîchissante, évacuante; antiphlogistique, contro-stimulante, et assujettie à tous les caprices de la mode. On ne saurait trop le répéter: la connaissance approfondie des symptômes, des causes, de la marche des maladies et des effets du traitement, l'observation clinique, en un mot, toute seule ne suffit pas pour arriver au diagnostic des maladies. L'étude des lésions que les maladies laissent après la mort doit lui être associée, lui être subordonnée, si l'on veut, mais toujours marcher avec elle, à moins qu'on ne se retranche dans une aveugle routine. Or l'étude des lésions organiques est essentiellement fondée sur la connaissance de l'organisation dans l'état sain : si tant d'ouvertures cadavériques faites de toutes parts n'impriment pas à la science une marche plus rapide, cela tient à ce qu'un grand nombre de ceux qui se livrent à ce genre de recherches n'ont pas acquis préalablement une connaissance assez approfondie de l'anatomie! Le diagnostic des maladies, la thérapeutique des maladies, voilà les deux pivots sur lesquels roule l'art de guérir. Or le diagnostic des maladies est-il autre chose qu'une question de siège des maladies, qu'une question de lésion d'organes? Et la thérapeutique n'est-elle pas en grande partie fondée sur la connaissance de ce siége et de la médecine de lésion? Si je voulais constater les immenses services que l'anatomie pathologique a rendus à la médecine, je parlerais de cette immense

classe des phlegmasies sans douleur confondues jusqu'à ce jour avec les fièvres primitives ; de ces phlegmasies chroniques , de ces dégénérations organiques méconnues sous le nom vague d'engorgements , d'obstructions , de squirres qui viennent d'être classées et distribuées dans l'ordre le plus lumineux ; des causes humorales et métaphysiques remplacées par des causes matérielles , organiques , appréciables ; de la classe informe et si étendue des cachexies chassée de nos cadres nosologiques ; des classes des fièvres et des névroses, qui semblaient hors du domaine de l'anatomie pathologique, ébranlées dans leurs fondements, et attendant, si je puis m'exprimer ainsi, de l'anatomie pathologique toute seule, sagement interprétée, les lois qui doivent les régir. Je ne crains donc pas de le dire, c'est dans l'anatomie et surtout dans l'anatomie de texture, soit dans l'état sain, soit dans l'état pathologique, que reposent les destinées de la médecine ; c'est elle qui, en nous révélant les conditions de structure des parties dans lesquelles se passent les grands phénomènes de l'économie, nous dévoilera le véritable mécanisme des fonctions physiologiques et pathologiques dont nous ne connaissons que les résultats les plus généraux, parce que nous ne connaissons que les résultats les plus généraux de l'organisation. — L'anatomie de texture est le flambeau du médecin comme l'anatomie des formes et des connexions est le flambeau du chirurgien ; l'anatomie est donc le fondement de l'édifice médical. Elle est aussi, de toutes les sciences, celle qui excite le plus vivement notre curiosité. Si le minéralogiste et le botaniste se passionnent, l'un pour la détermination d'une pierre, l'autre pour celle d'une feuille ou d'une fleur, si l'enthousiasme de la science les porte à entreprendre les voyages les plus périlleux pour l'enrichir d'une nouvelle espèce, quelle ne doit pas être notre ardeur pour l'étude de l'homme, ce chef-d'œuvre de la création! et quel motif plus puissant pour les cœurs généreux, que le noble but de la conservation de ses semblables! — La forme extérieure du corps de l'homme, si délicate si nous la comparons à celle des autres espèces animales ; sa direction bipède, sa couleur blanche, noire ou rouge; son volume, son poids; les variétés de l'espèce humaine; les différences relatives à l'âge, au sexe et aux races, sont des choses connues, d'une manière au moins générale. Pour nous, armés du scalpel, pénétrons dans la profondeur de l'organisation. Je vois d'abord un tégument commun, qui, comme un vêtement, enveloppe la totalité de la surface du corps, et se moule, pour ainsi dire, sur toutes ses parties. Ce tégument, c'est la peau; les cheveux, les poils et les ongles en sont une dépendance. Elle semble perforée d'un certain nombre d'ouvertures pour établir communication entre le dedans et le dehors; mais ce ne sont pas des ouvertures à proprement parler, la peau s'enfonce, modifiée, en se repliant sur elle-même, et va tapisser tous les conduits, toutes les cavités intérieures qui communiquent au dehors, pour former un tégument interne non moins important que le tégument externe. On peut donc supposer par la pensée le corps de l'homme comme essentiellement formé par une peau repliée sur elle-même ; et cette conception de l'esprit se trouve réalisée dans les espèces inférieures, où l'animal est réduit à un tube ou canal, dans l'épaisseur duquel se trouvent quelques fibres musculaires : mais à mesure qu'on s'élève dans l'échelle animale, les couches de parties qui séparent le tégument externe du tégument interne, deviennent de plus en plus épaisses, des cavités viennent s'interposer entre eux, tellement qu'ils ne présentent plus aucun rapport de continuité ; mais les rapports sympathiques subsistent encore tout aussi intimes que s'il y avait continuité, et attestent la communauté d'origine et de fonctions. — Sous la peau se voit une couche plus ou moins épaisse de tissu cellulaire adipeux, qui la soulève mollement, remplit les vides et complète les formes arrondies qui sont le propre des animaux, et de l'espèce humaine en particulier. Dans quelques régions on trouve des muscles qui s'insèrent directement à la peau qu'ils meuvent ; ce sont les muscles peaussiers, qui n'existent chez l'homme qu'à l'état de vestige, ou plutôt qui sont tous concentrés à la face, où ils sont chargés d'une grande partie du langage d'action ; tandis que chez les animaux ces muscles doublent partout la peau, et même constituent dans les espèces inférieures la totalité de l'appareil musculaire. — Dans le tissu cellulaire adipeux sous-cutané rampent les veines superficielles, qui forment un réseau si remarquable, les vaisseaux lymphatiques superficiels, les ganglions lymphatiques superficiels qui sont ramassés dans certaines régions. — Sous la peau sont des parties fasciculées, rouges, formant des couches plus ou moins nombreuses, mais unies entre elles au moyen du tissu cellulaire ; c'est ce qu'on appelle généralement la chair, la chair musculaire : ce sont les muscles ; de leurs extrémités naissent des cordons d'un blanc nacré qui vont s'attacher aux os ; ce sont les tendons. Au centre de toutes ces parties sont les os : colonnes inflexibles qui servent de soutien à tout l'édifice, en déterminent la forme et l'attitude. Ces os sont unis les uns aux autres au moyen de bandelettes extrêmement résistantes qu'on appelle ligaments. Au centre de chaque membre, le plus profondément possible, au voisinage des os, à l'abri des corps extérieurs, sont les vaisseaux et les nerfs qu'entoure un tissu cellulaire extrêmement lâche. Enfin une toile résistante entoure toutes ces parties, les bride, augmente leur force à la manière des ceintures des coureurs ; et cette toile, par des prolongements détachés de sa face interne, isole et bride les couches musculaires, et souvent chaque muscle en particulier. — Voilà pour la structure générale des extrémités. — Si nous portons le scalpel sur le tronc, nous trouvons la même disposition pour les parois, jusques et y compris les os ; mais au-dessous des os sont des cavités que tapisse une membrane mince, lisse, sans cesse lubrifiée par une sérosité limpide : d'où le nom de membrane séreuse. Dans ces cavités sont logés des viscères, organes essentiels à la vie, et dont je vais faire l'énumération rapide en suivant l'ordre des fonctions. — Toutes les parties, tous les organes qui entrent dans la composition du corps de l'homme, comme d'ailleurs dans celle de tous les êtres organisés végétaux et animaux, ont pour but la conservation de l'individu et de l'espèce. Mais pour arriver à ce résultat général, ces parties sont distribuées en un certain nombre de séries coordonnées qui concourent toutes à une fin déterminée : cette fin s'appelle fonction, chacune des séries s'appelle appareil. — L'appareil de reproduction a cela de particulier, qu'il est réparti entre deux individus de la même espèce qui se ressemblent d'ailleurs sous tous les autres rapports, avec quelques modifications que nous aurons soin d'indiquer. Ces organes, dont les naturalistes philosophes s'efforcent de montrer l'analogie dans les deux sexes, sont chez l'homme le testicule, qui a pour analogie l'ovaire chez la femme (c'est l'organe producteur du germe) ; le canal déférent ou canal excréteur du testicule, qui a pour analogue la trompe utérine, les vésicules séminales, que l'on compare à l'utérus, parce que l'un et l'autre font l'office de réservoirs ; les canaux éjaculateurs, qu'on a comparés au vagin ; la verge au clitoris. Il n'est pas jusqu'aux glandes de Cowper dont on n'ait trouvé les analogues dans de petites cryptes observées dans l'épaisseur du vagin de quelques animaux. Ces organes n'occupent pour ainsi dire qu'un point de l'économie ; ils ne se développent et n'entrent en action que lorsque la vie individuelle est parvenue à son apogée, et même dans certains animaux inférieurs (les insectes hexapodes), l'individu paraît sacrifié à l'espèce ; la durée de la vie n'est marquée que par le développement nécessaire à la reproduction : le mâle meurt immédiatement après la copulation, la femelle meurt immédiatement après la ponte des œufs ; la vie de relation et la vie de nutrition sont subordonnées à la vie de l'espèce. Dans l'homme comme dans les espèces supérieures, les fonctions génératrices sont bien des fonctions de décomposition, l'individu est bien jusqu'à un certain point sacrifié à l'espèce, mais sa vie individuelle survit longtemps à la vie de l'espèce, qui n'occupe qu'une période de la durée de l'existence. — Les organes destinés à établir nos relations avec le monde extérieur se composent : 1° de l'appareil de sensation ; 2° de l'appareil de locomotion. — L'appareil de sensation nous présente à considérer en premier lieu les organes des sens ; il fallait que la surface de notre corps tout entière fût apte à ressentir l'impression des corps extérieurs : d'où la nécessité d'un tégument commun qui fût sensible dans toute son étendue aux qualités générales du corps, et en même temps assez résistant pour protéger. C'est la peau, organe du tact, que nul corps ne peut toucher sans que nous n'en ayons à l'instant connaissance. Cette peau mobile devient organe du toucher ; cette peau modifiée, animée par des nerfs spéciaux, devient organe du goût. Mais ces sens ne nous font connaître que les corps qui sont au contact, et il importait que nous fussions avertis de la présence des corps placés à distance pour nous en garantir ou pour les rechercher : d'où la nécessité de sens spéciaux dans lesquels on peut, à la rigueur, reconnaître les éléments ou les parties constituantes de la peau, parce qu'il y a partout nerfs, vaisseaux, cellulosité, qu'on peut regarder qu'on le voudra comme des appendices de la peau, pourvu qu'on n'attache pas à cette vue de l'esprit une trop grande importance ; car un sens spécial doit avoir un organe spécial. Ces sens sont l'organe de l'olfaction qui est en rapport avec les émanations odorantes des

corps, l'agent de l'ouïe, instrument d'acoustique, et l'organe de la vue, instrument de dioptrique : les deux derniers paraissent être impressionnés par des vibrations, l'organe de l'ouïe par les vibrations de l'air, l'organe de la vue par les vibrations d'un fluide plus subtil, l'éther : tous deux remplissent chez l'homme des usages bien plus relevés que chez les animaux, puisqu'ils servent, l'un à la lecture, l'autre à l'audition du discours ; d'ailleurs tous ces sens occupent la face, c'est-à-dire le voisinage du cerveau auquel ils transmettent des impressions rapides et précises et qui semble, pour ainsi dire, plonger dans leur épaisseur par des cordons nerveux très-considérables. — Au moyen des sens, l'homme a des rapports avec ce grand tout qui constitue l'univers, et dont il n'est une si petite partie : il voit, pour me servir d'une image aussi forte que vraie, tout l'univers se venir marquer sur son petit corps, comme le cours du soleil se marque sur un cadran. — Mais ces impressions mourraient, pour ainsi dire, dans l'organe, s'il n'existait des conducteurs de ces impressions. Ce sont les nerfs qui les transmettent au cerveau, soit directement, soit par l'entremise de la moelle. Nous suivons ces impressions depuis les organes des sens jusqu'au cerveau, mais, du cerveau à l'âme qui les reçoit et les transforme en sensations, l'intervalle est incommensurable, et les idées moyennes nous manquent pour le combler. Voilà l'homme sentant. Mais s'il n'avait pas de force de réaction, il serait bientôt détruit par l'action des corps extérieurs, il réaliserait la fiction du Tasse qui nous représente les arbres de sa forêt enchantée, poussant des cris douloureux sans pouvoir se soustraire aux coups qui leur sont portés, ou, pour parler sans figure, il ressemblerait à un paralytique dont le membre brûle sans qu'il ait le pouvoir de se dérober à l'action destructive du feu. — Le système de la locomotion est destiné à nous faire aller au-devant des corps qui nous sont utiles, et fuir ou repousser ceux qui nous sont nuisibles ; c'est une chose vraiment merveilleuse que de voir un simple acte de notre volonté déterminer, aussi rapide que l'étincelle qui jaillit du choc de la pierre et du fer, tel ou tel mouvement, sans que nous sachions le moins du monde quelles sont les parties qui doivent être mises en jeu. Cette action se compose de l'action des sens sur le cerveau, de la moelle et des nerfs, que nous avons déjà vus servir de conducteurs aux impressions venues du dehors et qui deviennent conducteurs des ordres de la volonté. Ainsi du même point où aboutit l'impression de l'objet part l'impulsion locomotrice. Nous devrons discuter la question de savoir s'il y a des nerfs exclusivement destinés au sentiment, et d'autres nerfs destinés au mouvement. Cet appareil se compose de parties contractiles qu'on appelle muscles, de tendons semblables à des cordes qui servent à rassembler en un seul point l'action de milliers de puissances, convergentes dans une partie de leur action, opposées dans une autre partie, d'où résultent des mouvements plus précis. Il se compose des os, véritables leviers qui forment la charpente du corps et qui, se touchant par leurs extrémités, constituent les articulations, dans lesquelles nous verrons des cartilages, des ligaments, des membranes de glissement, des cartilages compressibles et élastiques qui amortissent les chocs, des liquides onctueux semblables aux corps gras dont on enduit les rouages qui frottent, enfin des liens qui unissent les os. Dans ce grand département de l'économie, on peut voir l'application la plus exacte des lois de la mécanique, en sorte que l'étude approfondie de la machine animale dans ce qu'elle a de mécanique, pourrait conduire dans les arts aux applications les plus importantes ; aussi Euler a-t-il puisé dans le globe de l'œil, dans la différence de réfringence des milieux de cet organe, l'idée des lunettes achromatiques. — Voilà l'animal : il communique avec le monde extérieur, il réagit sur les objets, il se reproduit ; mais les organes qui constituent ces appareils sont éminemment délicats, et cette délicatesse était nécessaire pour l'exercice de la sensibilité. Ils sont éminemment altérables, putrescibles, parce que leurs fonctions ne dépendent pas de l'impulsion, mais bien de combinaisons moléculaires : ils se dégradent par l'exercice de ces fonctions, par les pertes qu'ils font continuellement ; la puissance vitale qui les anime peut bien maintenir pendant quelque temps les éléments qui les constituent dans des combinaisons autres que celles qu'exigent les lois physiques et chimiques ; mais cet état forcé ne peut être que transitoire, et ce n'est que par un renouvellement continuel de molécules que peut se maintenir pendant soixante, quatre-vingts, cent ans, cet édifice ruineux que vingt-quatre heures suffisent pour décomposer, lorsque la vie vient à l'abandonner : d'où la nécessité des fonctions nutritives. — Ce n'est que du dehors que peuvent venir les substances restauratrices ;

mais parmi les substances qui nous environnent, il en est d'utiles, il en est d'indifférentes, il en est de nuisibles : d'où la nécessité d'organes des sens qui président aux fonctions de nutrition, comme nous en avons trouvé à la tête des fonctions de relation. L'odorat et le goût sont ces sens explorateurs. Les substances nutritives sont très-variées, et cependant une substance unique, le chyle, doit en être extrait. D'où la nécessité d'un appareil destiné à opérer cette transformation : c'est l'appareil digestif, qui nous présentera des organes de trituration, de dissolution, de transport ; et la chimie, en nous montrant avec quelle facilité les éléments des substances nutritives, qui sont toutes végétales et animales, se dissocient pour entrer dans de nouvelles combinaisons, nous donne une idée de la manière dont tant de substances hétérogènes se convertissent, en un suc nutritif toujours identique, au moins quant à ses qualités essentielles, destiné lui-même à réparer des organes si différents. — C'est dans la cavité abdominale qu'est contenue la presque totalité de ce long canal flexueux, contourné sur lui-même un si grand nombre de fois, qu'on appelle canal alimentaire. Rien n'égale l'art avec lequel cet énorme tube, qui a sept à huit fois la longueur du corps, a été arrangé pour occuper un aussi petit espace sans jamais s'entrelacer, se nouer, s'embarrasser. On trouve à l'épigastre un sac, c'est la partie la plus volumineuse du canal alimentaire ; on l'appelle estomac : il se rétrécit insensiblement, et se continue avec le duodénum, partie ainsi nommée parce qu'on a estimé sa longueur à douze travers de doigt. On a supposé que l'ouverture qui établit une communication entre l'estomac et le duodénum était douée d'une sensibilité particulière, et remplissait les fonctions d'une espèce de portier qui ne laisserait passer les aliments que lorsqu'ils auraient subi une élaboration convenable : d'où le nom de pylore. Au duodénum succède l'intestin grêle qui remplit une bonne partie de l'abdomen et qui occupe surtout la région ombilicale. La distinction du jejunum et de l'iléum repose sur un fondement futile. Ensuite vient le gros intestin qui entoure l'intestin grêle comme dans un cercle, et prend successivement les noms de cœcum, colon, rectum, pour venir s'ouvrir à la région anale. D'une autre part, ce canal alimentaire vient s'ouvrir dans la cavité buccale par un conduit rectiligne appelé œsophage, qui traverse le thorax et le cou, et qui est surmonté par une partie plus évasée appelée pharynx. — On trouve encore dans l'abdomen, le foie qui remplit l'hypocondre droit, et qui verse la bile qu'il sécrète dans le duodénum au moyen du canal cholédoque, la rate qui fait, pour ainsi dire, le pendant du foie dans l'hypocondre gauche et dont les usages sont peu connus. On voit encore le pancréas, ou glande salivaire abdominale, qui s'ouvre dans le duodénum par un orifice commun avec le canal cholédoque. — A la suite de cet appareil se voient les organes de l'absorption qui, par des milliers de bouches absorbantes, semblables à autant de racines, puisent dans les cavités digestives des matériaux réparateurs. Les vaisseaux absorbants petits, mais innombrables, entrecoupés de valvules qui soutiennent la colonne du liquide, traversent de petits corps plexiformes qu'on appelle glandes ou ganglions lymphatiques, et se jettent dans le système veineux. — Le système veineux recueille non-seulement tout ce qui entre dans le corps de l'homme, mais encore tout ce qui doit en sortir. Semblable à ces fleuves qui ont pour tributaires des rivières, celles-ci des torrents, des ruisseaux de plus en plus petits, le système veineux prend sa source dans tous les points de l'économie ; il est en rapport avec tous, il reçoit tous les matériaux qui ont assez longtemps fait partie de nous-mêmes : il est le siége de l'absorption interstitielle. Des valvules coupent de distance en distance les colonnes du sang veineux pour en faciliter la circulation ; le cœur, muscle creux, reçoit tout ce sang par deux colonnes, l'une qui revient de la moitié supérieure, l'autre qui revient de la moitié inférieure du corps : mais ce sang chargé de tant de matériaux hétérogènes, qui a d'ailleurs traversé une fois tous les organes, dépouillé de tous ses principes nutritifs, son a besoin d'être revivifié : d'où la nécessité de l'appareil de la respiration, qui se compose de deux sacs spongieux placés à côté du cœur, remplissant la presque totalité de la poitrine, qui reçoivent l'air par un canal commun, la trachée-artère, que surmonte un organe vibratile, l'organe vocal, le larynx, et qui vient s'ouvrir à l'extérieur par la cavité buccale et par les fosses nasales. Le sang et l'air arrivant à la fois dans les poumons, l'un par la trachée-artère, l'autre par l'artère pulmonaire, le sang est revivifié, reporté au cœur, mais dans des cavités distinctes de celles qui ont reçu le sang veineux, c'est-à-dire dans les cavités gauches qui le chassent au moyen des artères

dans toutes les parties du corps, pour qu'il y porte l'excitation, le mouvement et la vie. Enfin viennent les organes de sécrétion et de dépuration, dont les uns sont chargés de séparer du sang des produits destinés à d'autres fonctions, et dont les autres, à la tête desquels se trouve l'appareil urinaire, appareil de décomposition par excellence, sont uniquement destinés à débarrasser l'économie des matériaux qui ont assez longtemps fait partie de nous-mêmes. Cet appareil, situé dans l'abdomen à côté du canal digestif dont il peut être considéré comme une annexe, a des rapports immédiats avec les organes génitaux, et se compose des reins, organes sécréteurs, qui occupent la région lombaire, des uretères qui charrient les urines, d'un grand réservoir qui prévient l'incommodité de les rendre à chaque instant, c'est la vessie située dans l'excavation du bassin, enfin du canal de l'urètre par lequel l'urine est chassée au dehors : et, ce qu'il y a de remarquable, c'est que les organes destinés à la réparation de nos pertes sont tellement coordonnés, que leurs fonctions s'exercent successivement, nécessairement, et à notre insu, une fois que les premiers actes nécessaires pour l'introduction des substances alimentaires ont eu lieu. — Mais les appareils généraux que je viens d'examiner ne sont pas tous composés d'une manière particulière. Si nous les étudions avec le secours de l'analyse, nous verrons que chacun de ces appareils généraux, destiné à exercer une fonction, se divise en appareils secondaires, ces appareils secondaires en organes ; ces organes eux-mêmes, quoique chargés chacun en particulier d'une action spéciale, n'ont pas une structure spéciale. Toujours féconde en résultats et avare de causes, la nature a départi toutes les fonctions si variées qui s'opèrent dans les corps vivants à un petit nombre d'éléments organiques, lesquels, combinés deux à deux, trois à trois, dans des proportions différentes et avec des modifications diverses, constituent tous nos organes. Ces éléments organiques on les appelle tissus simples, générateurs, généraux ou élémentaires, par opposition aux tissus composés que constitue la combinaison de ces tissus élémentaires eux-mêmes. On les appelle encore systèmes, parce que plusieurs forment un tout continu, et que tous constituent un ensemble, un enchaînement dont les différentes parties s'éclairent les unes par les autres. — Mais ces tissus, tels qu'ils nous ont été donnés par Bichat, sont-ils les véritables éléments de l'organisation ? devons-nous nous arrêter à ces tissus sous peine de nous perdre dans les fibres élémentaires, les lames et lamelles, et autres subtilités de l'ancienne école, et dirons-nous à ceux qui nous suivront, comme on nous l'a dit à nous-mêmes : « Vous n'irez pas au delà ? » Non certes ; les tissus sont de grands agrégats organiques qui ont eux-mêmes besoin d'analyse comme les appareils et les organes. Quels éléments en effet qu'un tissu ou système vasculaire à sang noir, composé des veines, du cœur droit et de l'artère pulmonaire ? Qu'est-ce qu'un tissu ou système vasculaire à sang rouge, composé des quatre veines pulmonaires, du cœur gauche, de l'aorte et de ses divisions ? Qu'est-ce qu'un système pileux, épidermique, qui embrasse uniquement des produits de sécrétion ? un système exhalant que personne n'a jamais vu et qui n'est autre chose qu'une modification hallérienne des vaisseaux décroissants de Boerhaave ? Qu'est-ce enfin qu'un système capillaire qui est pour l'anatomiste ce que l'infini est pour le géomètre, et auquel on fait pourtant jouer un rôle si important ? — Ces tissus doivent donc être soumis à une critique rigoureuse ; et les espèces anatomiques doivent être précisées avec autant de sévérité que les espèces zoologiques et les espèces chimiques. Il importe plus que jamais de donner aux idées médicales, et conséquemment au langage médical, plus de précision, et où sera la précision si elle n'est pas en anatomie ? Oublions donc pour un instant toutes les classifications reçues, et analysons par nous-mêmes le corps de l'homme : que nous présente-t-il ? des liquides et des solides. L'anatomie ne doit pas s'occuper des liquides, parce que la mort les altère au point de les priver de leurs principaux attributs : ils sont du ressort de la physiologie ; elle doit seulement s'occuper des solides. Le premier tissu qui se présente, tissu indécomposable par la dissection, sert de moule, de trame organique, de lien à tous les tissus, de soutien à toutes les parties ; il les pénètre et les unit entre elles en même temps qu'il les sépare : ici sécrétant de la sérosité qui lubrifie, humecte jusqu'aux dernières fibres et facilite leur action ; là fournissant une huile animale, véritable réservoir de nutrition ; ce tissu, c'est le tissu cellulaire ; ici lâche, là serré, présentant, suivant les besoins de l'économie, la forme filamenteuse ou membraneuse ; s'épanouissant et constituant les membranes séreuses et synoviales, élément de restauration, élément de désordre, siége de toutes les lésions organiques. — Ce tissu, en se condensant, devient *tissu fibreux ou tendineux*, dont les deux principales propriétés sont la résistance et la flexibilité ou la mollesse, et que nous verrons former tantôt des cordes qui s'attachent aux os, tantôt des liens qui unissent solidement des parties contiguës, tantôt des membranes qui contiennent des gaînes qui conduisent, des sacs qui soutiennent et qui protégent; tissu fibreux que l'on rencontre en un mot partout où il fallait de la résistance et de la mollesse, et sous ces deux rapports servant de charpente à tous les organes mous. — Mais le tissu fibreux ne peut servir de charpente qu'à des organes mous; seul il a pu constituer la charpente de certains animaux destinés à vivre dans l'eau, tels que les mollusques; mais pour les animaux destinés à vivre dans un milieu moins dense, destinés à exécuter des mouvements étendus, à se transporter à de grandes distances, à résister incessamment au choc des corps extérieurs, il leur fallait des organes solides, pour servir de soutien à toutes les parties, des leviers qui transportassent le corps d'un lieu dans un autre, et des boîtes pour protéger les organes les plus importants. C'est le *tissu osseux*, que nous pouvons considérer comme un tissu celluleux pénétré de phosphate calcaire, intermédiaire entre les corps organisés et les corps inorganiques, ne remplissant de fonctions dans l'économie qu'en raison de sa dureté et de son inflexibilité; et de même qu'il existe une modification élastique du tissu fibreux dans les ligaments jaunes et la tunique moyenne des artères, on trouve dans le *tissu cartilagineux* une modification élastique du tissu osseux, que nous rencontrons par conséquent dans toutes les parties où il fallait de l'élasticité et de la solidité, qui suffit seul pour la charpente des poissons cartilagineux, qui en sert transitoirement chez le fœtus entouré des eaux de l'amnios. — Le tissu celluleux et ses dérivés que je viens d'examiner, qu'ils se présentent sous la forme celluleuse ou fibreuse, cartilagineuse ou osseuse, ne peuvent servir que de charpente, de moyen de protection et de liens. Il fallait une force pour mouvoir cet appareil résistant, et cette force a été départie à la *fibre musculaire*, c'est-à-dire à une fibre qui a la propriété de se raccourcir, et c'est à l'aide de cette propriété que tous les mouvements sont opérés. — Ce n'était pas tout que d'avoir donné la puissance, il fallait en régler l'exercice, il fallait qu'un aussi grand nombre d'organes, si différents par leur situation et par leurs usages, ne fissent qu'un tout harmonique, dont toutes les parties fussent solidaires; il fallait encore que ces organes, destinés à vivre, c'est-à-dire à être en rapport avec les objets extérieurs, à réagir sur eux, à repousser les uns, à attirer les autres, pussent reconnaître leur présence et en apprécier les différentes qualités : d'où là nécessité de la fibre *sentante*, fibre mouvante, fibre conductrice, excitatrice, la plus délicate de toutes les fibres, la plus importante de toutes, et sans laquelle on ne saurait concevoir la vie; c'est *la fibre nerveuse*. — Avec ces trois grands tissus généraux, le tissu cellulaire ou résistant, le tissu musculaire ou contractile, le tissu sensible ou irritable, nous pouvons constituer tous les autres tissus; tous les organes; ces tissus peuvent se réduire à trois formes, la fibre, la lamelle et la granulation ou vésicule; en arrondissant en cylindre du tissu cellulaire, du tissu fibreux, nous avons des vaisseaux; en l'alliant un substratum fibreux, des veines, des nerfs, nous avons des membranes tégumentaires. Il est probable même que le tissu glanduleux, qui, au premier abord, paraît un tissu spécial, un filtre particulier, résulte de la combinaison de tous ces éléments. — L'analyse anatomique n'a pas pour objet la solution de ce problème : Quelle est la nature du tissu résistant, du tissu moteur, du tissu sensible et de la granulation? mais bien la solution de celui-ci : Quelles sont les propriétés de ces tissus, quelles sont leurs proportions, leurs modifications? Les procédés qu'on emploie pour arriver à ce but, sont la dissection, les injections, la macération, la décoction, la putréfaction, l'action des acides et des alcalis, l'insufflation, la conservation; soit dans l'alcool; soit dans les solutions salines de diverses espèces, soit par la dessication; nous reviendrons plus tard sur chacun de ces points. — L'analyse chimique vient au secours de l'analyse anatomique pour confirmer la légitimité de la distinction que nous venons d'établir. Ainsi la chimie nous démontre que tous les tissus celluleux ou résistants ont la gélatine pour base, en sorte que sous le point de vue chimique, nous pouvons les appeler *gélatineux*, ou mieux *gélatinifiables*; car il n'est nullement démontré que la gélatine existe dans nos tissus; elle est probablement le produit des procédés que nous employons pour l'extraire; il serait très-possible qu'elle n'en fût autre chose que de l'albumine modifiée. — Le tissu musculaire

a pour base la fibrine; les autres principes qu'on en retire ne lui sont que surajoutés. Chimiquement parlant, le tissu musculaire doit être appelé *tissu fibrineux*. — Le tissu nerveux a pour base une matière grasse particulière qu'on appelle *cérébrine*, qui est dans l'état de combinaison où se trouvent les huiles dans les émulsions, et l'*albumine*; on y trouve aussi plus d'*osmazone* que dans les autres tissus. Nous l'appellerons donc chimiquement *tissu gras et albumineux*, et la chimie [1], en nous découvrant dans le sang les mêmes matériaux dans l'économie et dans des proportions qui semblent mesurées sur celles de ces matériaux, en nous y démontrant la fibrine pour les muscles, l'albumine pour le tissu nerveux et pour le tissu celluleux, la matière grasse pour le tissu nerveux et les sels qui existent dans tous les tissus, la chimie, dis-je, soulève en partie le voile dont la nature se couvre dans le développement de ses phénomènes; et nous représente nos organes comme des espèces de filtres vivants, qui savent s'approprier les éléments qu'ils trouvent tout formés dans le sang; tandis que lorsqu'il a fallu former de nouveaux matériaux, il existe des filtres plus composés qui sont les organes glanduleux. Disons cependant que ces différents matériaux pourraient bien n'être dans le sang que parce qu'ils ont été préalablement dans les organes au milieu desquels ils auraient été absorbés. — Toutefois, pour que la chimie animale rende de véritables services à la science, il faut qu'elle porte dans l'étude des principes immédiats des animaux la même précision, le même esprit philosophique qui ont présidé à la chimie minérale. Un chimiste croirait-il avoir fait l'analyse d'un alliage très-compliqué en nous disant que cet alliage se comporte de telle ou de telle manière, avec tels ou tels réactifs? non sans doute; mais il chercherait à en séparer les divers éléments et étudierait séparément les propriétés de chacun d'eux. Eh bien, la chimie animale s'est réduite jusqu'à présent à soumettre des alliages très-composés à un nombre plus ou moins considérable de réactifs, à noter des résultats et des résultats de couleur, sans se donner la peine de recueillir séparément les éléments organiques, de les reconnaître à l'aide de caractères bien positifs avant de procéder à l'analyse des liquides ou des tissus les plus composés : aussi je ne connais rien de plus vague, de moins satisfaisant que la chimie animale telle qu'on l'a étudiée jusqu'à ce jour. Ce qu'on donne pour l'analyse d'un muscle est l'analyse de la fibrine proprement dite, du tissu cellulaire séreux, de la graisse, des vaisseaux, des nerfs, des tendons. Qu'on invite un chimiste à faire l'analyse d'une tumeur cancéreuse : il analysera non pas le suc cancéreux, mais le parenchyme, mais tous les tissus sains ou malades qui se trouvent dans cette tumeur; qu'on lui demande si telle substance est de l'albumine, de la fibrine, il sera peut-être bien embarrassé. Établissons d'abord les caractères chimiques des éléments organiques, et ce n'est qu'après ce préliminaire nécessaire que nous pourrons étudier les liquides et les tissus tels qu'ils se présentent à nous, c'est-à-dire dans leur grand état de composition. En un mot, il faut qu'on fasse pour toutes les substances ce que M. Chevreul a fait pour les matières grasses. — Enfin, l'analyse anatomique appelle à son secours l'analyse microscopique. Le microscope, en nous découvrant des détails qui échappent à la faiblesse de nos sens, semblait devoir nous ouvrir un monde nouveau. Mais bientôt on ne s'en est plus tenu à la simple observation; on a voulu pénétrer l'essence des choses; on a cru voir dans la matière subtile de l'aimant, les tourbillons de Descartes. Tous les tissus, tous les organes ont été regardés comme composés de globules organiques qui se séparent dans la putréfaction, qui sont réunis par la vie, et qu'on a même cherché à mesurer dans ces derniers temps. Mais il est évident qu'un moyen d'investigation qui nous conduit à ce résultat, savoir, que les tissus animaux, quelque hétérogènes qu'ils soient, sont composés de globules organiques sphéroïdes, suivant les uns, lenticulaires, suivant les autres, de même diamètre, ou de diamètre différent, régulièrement ou irrégulièrement disposés, comme les tissus végétaux, doit être repoussé. Je pense donc que pour que le microscope soit vraiment utile à la science, il doit être appliqué avec mesure,

[1] Un fait bien important et dont il est difficile de calculer d'avance toute la portée, c'est le suivant dont m'a rendu témoin M. Barruel, chef des travaux chimiques de la faculté : Un peu d'acide sulfurique versé sur du sang développe à l'instant l'odeur spécifique de l'animal : sur du sang de bœuf, c'est l'odeur d'une étable à bœufs; sur du sang de cheval, l'odeur du crottin de cheval; sur le sang du mouton, l'odeur du suint; sur le sang de l'homme ou de la femme, l'odeur respective de la transpiration ou de l'atmosphère des deux sexes.

de manière à présenter les objets grossis, mais non dénaturés.
— De tout ce qui vient d'être dit, on peut conclure que, pour parcourir avec succès la carrière immense qu'offrent les sciences anatomiques, on doit commencer par étudier l'anatomie des formes et des connexions, dont l'anatomie chirurgicale ou topographique est le complément, le résumé, passer ensuite à l'anatomie de texture, qui a pour annexe l'anatomie d'évolution ou du fœtus, et finir par l'anatomie pathologique. En étudiant ainsi indépendamment les uns des autres et successivement, suivant l'ordre de leurs difficultés, ces différentes branches bien distinctes dans leur but, mais essentiellement connexes, on pourra les approfondir davantage, les éclairer les unes par les autres, et travailler plus efficacement au perfectionnement de chacune d'elles. Ainsi l'anatomie des formes et des connexions est la science des surfaces, l'anatomie de texture s'occupe de la composition intime des organes. Avec une adresse médiocre, une intelligence et une attention ordinaires, tout le monde peut apprendre la première. Un scalpel, des injections grossières, voilà les seuls moyens d'investigation nécessaires. Pour l'anatomie de texture, il faut des dissections minutieuses, et qu'on les injections très-déliées, le secours de la macération, de la conservation dans les liquides ou par la dessication, des instruments d'optique, le rapprochement de l'état sain et de l'état morbide; il faut, en un mot, déployer toutes les ressources de l'administration anatomique. Enfin l'anatomie pathologique s'occupant des lésions dans les formes, les connexions et la texture, présuppose la connaissance de ces formes, de ces connexions et de cette texture dans l'état sain. — Mais dans quel ordre exposer les immenses matériaux dont se compose l'anatomie? faudra-t-il étudier les organes dans l'ordre de superposition ou dans l'ordre topographique, *à capite ad calcem?* Il est évident que de cette manière on rapproche les objets les plus disparates et qu'on éloigne les objets les plus analogues. Cet ordre ne peut être utile que dans un résumé pour servir de guide à l'instrument de l'opérateur dans la pratique des opérations, ou de boussole dans la détermination précise du siège des lésions. L'ordre de putréfaction, adopté dans un temps où l'on n'avait que deux ou trois sujets pour démontrer toute l'anatomie dans le cours d'un hiver, n'est pas un ordre à proprement parler. L'ordre physiologique a l'avantage incontestable de présenter les organes dans l'ordre de leurs corrélations naturelles et de faire marcher de front les organes et leurs fonctions : et pour peu qu'on ait réfléchi sur le mécanisme de l'association des idées, on concevra de suite combien il importe en médecine comme en tout de classer les objets d'après l'ordre de leurs plus grandes affinités, parce qu'alors les moindres notions anatomiques se présentent à l'esprit entourées de toutes les conséquences physiologiques et pathologiques qui en découlent naturellement; et réciproquement les faits physiologiques et pathologiques rappellent les notions anatomiques correspondantes. Il est d'ailleurs à peu près indifférent de commencer par tel ou tel appareil; les fonctions constituent une espèce de cercle qui n'a ni commencement ni fin; concilier l'ordre physiologique avec l'ordre de superposition, avec l'ordre de la difficulté dans la dissection, voilà le but qu'on doit se proposer; l'ordre généralement adopté, légèrement modifié, me paraît propre à produire ce résultat. Ainsi, on commencera l'étude de l'anatomie des formes et des connexions par celle de l'appareil locomoteur, à la suite duquel se placera chirurgicalement l'appareil de la digestion; en troisième lieu viendra l'appareil de la respiration; en quatrième lieu l'appareil de la circulation dans l'ordre suivant : artères, veines, vaisseaux et ganglions lymphatiques; en cinquième lieu l'appareil de dépuration, les voies urinaires, duquel on doit rapprocher l'appareil de la génération, qui a avec les voies urinaires des relations si intimes. Enfin on s'occupera de l'appareil des sensations dans l'ordre suivant : organes des sens, moelle, cerveau, nerfs. — L'anatomie topographique ou chirurgicale doit en quelque sorte être le *compendium* des notions acquises sur les formes et les connexions des organes. — Après avoir épuisé cette première partie de l'anatomie, on étudiera avec plus de fruit l'anatomie de texture : 1° du tissu cellulaire et de ses dérivés, tissus fibreux, cartilagineux, osseux; 2° du tissu musculaire; 3° du tissu nerveux; et successivement, la texture des systèmes composés, systèmes digestif, respiratoire, vasculaire artériel, veineux, lymphatique, anatomie du fœtus. L'anatomie pathologique se trouvera au bout de la carrière. — Ce n'est que par une suite régulière d'études, telles que nous les proposons, qu'on peut acquérir la véritable science anatomique; et il faut être d'avance bien convaincu que les vérités anatomiques sont comme les racines de l'arbre de la médecine;

plus ces racines sont profondes, plus elles sont cultivées, plus les branches sont vigoureuses et se chargent de fleurs et de fruits.   CRUVEILHIER.

ANATOMIE (*histoire*). L'histoire d'une science, qui n'est pas autre chose que l'histoire de l'esprit humain appliqué à telle ou telle branche des connaissances humaines, est infiniment propre à enflammer le zèle de ceux qui la cultivent. En montrant le génie ou l'amour de la science luttant contre les entraves qu'on oppose à sa marche, et finissant enfin par triompher de tous les obstacles, en nous faisant, pour ainsi dire, assister aux découvertes des hommes qui se sont le plus illustrés dans la carrière, elle nous porte à les imiter, elle nous familiarise avec des noms qui se présenteront sans cesse dans le cours de nos études, et les classe dans l'ordre de leur mérite, de leur autorité; elle nous donne le goût de la saine érudition, bien plus, elle nous dévoile les différentes routes qui ont été suivies pour arriver au même but, et les différents points de vue sous lesquels la science a été envisagée à ses diverses époques; elle nous montre le plus souvent l'esprit humain roulant sans cesse dans le même cercle de vérités et d'erreurs; elle peut nous ramener dans une direction oubliée, mais féconde; plus d'une fois elle a suffi pour donner l'éveil au génie. Mais pour que cette histoire ait tout le degré d'utilité dont elle est susceptible, il ne faut pas qu'elle consiste dans une énumération stérile de noms, de dates et d'époques; elle doit présenter des groupes, soit autour de certains hommes supérieurs qui ont dominé la science, soit autour de certains faits fondamentaux qui font époque et qui en ont changé la face : c'est dans cet esprit que je vais essayer de tracer à grands traits l'histoire de l'anatomie. — Les premiers hommes qui se consacrèrent au traitement des maladies de leurs semblables durent se faire cette double question : Où est le mal? où est le remède? Il semble donc que les premiers médecins aient dû être les premiers anatomistes, et que l'origine de l'anatomie, comme celle de la médecine, doive se perdre dans la nuit des temps; il n'en est pas ainsi : l'horreur naturelle qu'inspire à l'homme l'aspect et même l'idée d'un cadavre, la coutume d'inhumer les corps immédiatement après la mort, celle de les brûler, les préjugés religieux qui attachaient une espèce de profanation à l'attouchement des cadavres humains, et un grand mérite aux honneurs rendus aux morts, voilà les principales causes qui s'opposèrent à ce que l'anatomie humaine fût cultivée par les anciens. Les animaux immolés pour les besoins de nos tables, la dissection grossière de quelques animaux, les entrailles des victimes consultées dans les sacrifices, la vue des morts sur le champ de bataille, telle fut l'origine des premières notions anatomiques, toutes concentrées parmi les prêtres, qui furent aussi les premiers médecins. — C'est dans Hippocrate, ou plutôt dans les ouvrages attribués à Hippocrate, qu'on trouve en quelque sorte les premiers linéaments de la science. Mais cet étonnant génie, si remarquable par l'exactitude de la description des symptômes des maladies, donne dans les plus graves erreurs lorsqu'il s'agit de détails anatomiques, qui pourtant n'exigent que la plus rapide inspection. D'abord, il est certain, malgré l'assertion contraire de Haller, qu'Hippocrate et les Asclépiades, dont il descendait, n'ont jamais disséqué de cadavres humains, et quoi qu'en dise Galien, admirateur enthousiaste de ce grand homme, l'anatomie d'Hippocrate ne présente que des rudiments informes qui ne méritent pas le nom de science. L'ostéologie est la seule partie qu'il connût un peu exactement. Il parle d'une manière assez satisfaisante des os de la tête, de la situation et de la direction des sutures du crâne, qu'il recommande bien de ne pas confondre avec les fêlures, erreur qu'il avoue ingénument avoir commise; les muscles sont décrits sous le nom commun de chairs. Les mouvements lui paraissent produits par les nerfs et les tendons, qu'il confond avec les ligaments sous le nom de τόνος ou νεῦρον, opinion qui règne encore parmi les gens du monde. Il ignorait plus ou moins complètement les viscères; le cœur est peut-être l'organe qu'il a le mieux décrit. Les artères et les veines sont confondues sous le nom de φλέψ. Le mot ἀρτηρία usité dans ses écrits signifie, trachée-artère. Il admettait quatre vaisseaux qui s'entre-croisaient, et leur description, donnée par Polybe, son gendre, prouve le défaut de notions précises sur l'angéiologie. — Aristote, le génie le plus étonnant peut-être qui ait jamais existé, florissait peu de temps après Hippocrate. Il doit être considéré comme le père de la zoologie, et même de l'anatomie. Il paraît douteux qu'il ait eu à sa disposition des cadavres humains; cependant il est bien difficile d'admettre qu'un auteur aussi digne de foi qu'Aristote ait donné des détails circonstanciés sur l'anatomie humaine en parallèle avec l'anatomie des animaux, sans avoir observé sur l'homme lui-même les particularités dont il fait mention. Qu'on considère d'ailleurs l'époque à laquelle il écrivait : c'était une époque de guerres et de conquêtes, où tout, l'Orient venait d'être ouvert à la Grèce ; et où les préjugés de toute espèce devaient s'évanouir devant les grands intérêts sociaux et les grandes catastrophes qui absorbaient tous les esprits. Comment d'ailleurs supposer qu'Aristote ait étudié avec tant de zèle un si grand nombre d'animaux venus à grands frais des contrées les plus lointaines, sans avoir le vif désir d'étudier l'organisation de l'homme ? Le maître d'Alexandre pouvait-il rencontrer quelque obstacle ? Il est donc probable que, par respect pour les préjugés de son temps, Aristote n'a pas cru devoir mentionner explicitement qu'il avait disséqué des cadavres humains. Il donna le nom d'aorte, ἀορτή, à la plus volumineuse artère du corps humain. Il regarde le cœur comme l'origine de tous les vaisseaux ; il appelle les nerfs les conduits du cerveau, πόροι, et paraît par conséquent les avoir distingué des tendons et des ligaments, qu'il appelle νεῦρα. Mais, il faut l'avouer, l'anatomie humaine lui est bien moins redevable que la zoologie. Cet étonnant génie avait même deviné qu'on peut ramener les formes les plus disparates à certains types ou moules, et même à l'unité d'organisation, idée qui domine maintenant toute la zoologie. Mais, au défaut de connaissances anatomiques suffisantes, il prit la physiologie pour base de ses rapprochements, et l'unité de fonctions prit la place de l'unité d'organisation ; si l'on considère la quantité innombrable de faits qu'il a rassemblés sur toutes les branches de l'histoire naturelle, si l'on se rappelle que son traité des plantes n'est pas parvenu jusqu'à nous, qu'il fut en même temps un grand philosophe et un grand rhéteur, on comprendra à peine que l'intelligence d'un seul homme ait pu embrasser tant de connaissances à la fois. Gardons-nous cependant d'imiter ses détracteurs, qui concluent de cette prodigieuse capacité même qu'Aristote n'a d'autre mérite que celui d'avoir réuni en un seul corps de doctrine les ouvrages de ses prédécesseurs. — Praxagoras est celui des philosophes grecs qui contribua le plus aux progrès de l'anatomie. Le premier (et cette découverte est fondamentale) il distingua les veines des artères ; le premier il appliqua le mot d'*artères* aux vaisseaux qui battent ; et cette dénomination, déjà employée par Hippocrate et Aristote pour le conduit aérien, lui parut sans doute convenable, parce qu'on trouve ces vaisseaux constamment vides après la mort, et lorsqu'on lui objectait que les artères fournissent du sang lorsqu'elles sont blessées, il répondait, comme on répond si souvent en physiologie, que par l'effet de leur division le sang est attiré dans l'intérieur de ces vaisseaux. La pulsation s'explique par le pneuma qui s'introduisait du poumon dans le cœur par les veines pulmonaires. Le cerveau était, suivant lui, un simple renflement de la moelle, opinion qui a été reproduite et si bien développée dans ces derniers temps. — S'il est douteux que l'anatomie humaine ait été cultivée par Aristote et Praxagoras, il est incontestable qu'Hérophyle et Érasistrate ont disséqué des cadavres humains. Après la mort d'Alexandre, le vaste empire de Macédoine fut divisé en plusieurs royaumes, et ses successeurs, renonçant à la gloire toujours funeste des conquêtes, substituèrent à l'impulsion terrible vers les armes une impulsion généreuse vers les sciences, les lettres et les arts. De toutes parts on vit s'élever des bibliothèques fondées à grands frais. Parmi les souverains, les Ptolémées se sont acquis une gloire immortelle. Les premiers, ils permirent l'ouverture des cadavres humains ; on assure même qu'ils ne dédaignèrent pas de se livrer eux-mêmes à l'étude de l'anatomie. Sous leur règne l'école d'Alexandrie fut instituée. — Hérophyle et Érasistrate, que nous ne connaissons que par les écrits de Galien, firent faire des progrès immenses à l'anatomie. Hérophyle est le plus célèbre : disciple de Praxagoras, il est probablement antérieur à Érasistrate. On dit qu'il disséqua six cents cadavres humains ; Celse assure même qu'on lui livrait des criminels qu'il disséquait tout vivants. Je ne puis croire que l'amour de la science puisse étouffer à ce point l'amour de l'humanité ; je ne puis même penser, avec Sprengel, qu'Hérophyle commençait par donner la mort aux malfaiteurs avant de les disséquer. Le plus vil criminel est toujours un homme aux yeux du médecin, qui lui doit les secours de son art et n'est jamais un bourreau. Il me paraît beaucoup plus probable d'admettre que l'horreur qu'inspirait à cette époque la dissection des cadavres humains, qui a pu accréditer cette fable. Une réflexion très judicieuse, faite par quelques critiques, vient à l'appui de cette avance : c'est qu'Hérophyle et Érasistrate étaient persuadés que les

artères sont vides de sang ; donc ils n'avaient pas ouvert d'hommes vivants. — Aucun anatomiste n'a fait autant de découvertes importantes qu'Hérophyle, et à cette occasion je dois faire observer que les premiers pas que l'on fait dans une carrière non encore défrichée sont des pas de géant. Les fruits de l'observation la plus simple sont autant de découvertes ; mais une fois que le champ a été plusieurs fois parcouru, les découvertes deviennent bien plus difficiles. Il est vrai que le premier qui s'avance sans autant de guide dans une route non frayée, s'il parvient à s'avancer bien avant dans cette route, à coordonner les faits observés de manière à en faire un système bien lié, a un mérite d'autant plus grand qu'il n'a été soutenu que par la seule force de son génie : tel nous avons vu Aristote, tel est encore Hérophyle. — Hérophyle s'attacha particulièrement à l'étude du système nerveux. Il découvrit que les nerfs sont les organes des sensations ; il les confondit encore avec les ligaments et les tendons sous le nom de πόροι ; mais il établit entre eux une distinction lumineuse. Les uns partent du cerveau et de la moelle, ils sont soumis à la volonté ; les autres unissent les os les uns aux autres et les muscles aux os. Il est évident que la découverte était faite ; il ne s'agissait plus que d'imposer des noms différents à des parties aussi hétérogènes. Il importe bien d'être pénétré de cette vérité, qu'autant la tendance au néologisme est nuisible dans les sciences, autant il est utile de donner des dénominations différentes à des objets bien distincts. Toute idée nouvelle doit être représentée et bien circonscrite par un signe nouveau. Que de découvertes n'appartiennent pas à leurs véritables auteurs, parce qu'ils n'ont pas su les caractériser par un nom convenable ! Combien de petites choses ne doivent leur importance qu'à un mot heureux imaginé pour les représenter ! Du reste, la science conserve encore plusieurs dénominations qui prennent leur source dans cette confusion des nerfs avec les tendons et les ligaments ; les mots *aponévrose*, *synévrose*, par exemple. — Une autre distinction non moins importante, c'est celle qu'il établit entre les vaisseaux mésentériques qui se rendent au foie et ceux qui se rendent aux ganglions mésentériques ; aussi regarde-t-on assez généralement Hérophyle comme l'inventeur des vaisseaux lactés. Ici encore un nom nouveau lui eût acquis la priorité, et peut-être aurait-il fixé davantage l'attention de ses successeurs. Il appela *choroïde*, à cause de sa ressemblance avec le chorion du fœtus, la membrane contenue dans les ventricules du cerveau, laquelle se replie sur elle-même pour former les plexus du même nom. Le confluent des sinus conserve encore le nom de *pressoir d'Hérophyle*, et la rainure longitudinale du quatrième ventricule celui de *calamus scriptorius*, qu'il lui avait imposé. Il appela *veines artérieuses* les veines pulmonaires, ce qui suppose qu'il savait qu'elles charrient du sang de même qualité que celui qui se rencontre dans les artères des autres parties du corps ; il décrivit l'*épididyme*, les *trompes utérines* appelées depuis trompes de Fallope, nomma le *duodénum*, décrivit l'orifice de l'utérus, le foie, l'os hyoïde, étudia parfaitement les pulsations des artères, apprécia la vitesse, la force et le rhythme du pouls, reconnut que c'était dans le cœur, que résidait la force des pulsations, et rendit tant de services à la science, que Fallope, l'un des plus grands anatomistes du XVIIe siècle, n'hésite pas à le regarder comme infaillible. — Érasistrate, devenu si célèbre par la guérison d'Antiochus, dont il devina la passion pour sa belle-mère Stratonice, vivait probablement dans le même temps. Comme Hérophyle, il étudia spécialement le cerveau et le système nerveux, décrivit le cerveau de l'homme et celui de différentes espèces d'animaux, parla avec beaucoup d'exactitude des circonvolutions et des anfractuosités, distingua les nerfs du mouvement, qui viennent de la dure-mère, et ceux du sentiment, qui viennent du cerveau. C'est lui qui a donné aux valvules de l'orifice auriculo-ventriculaire droit le nom de *triglochines* ou *tricuspides*, et à celles des orifices artériels le nom de *sygmoïdes* ; c'est encore lui qui prouva que les liquides ne pénètrent pas dans la trachée, et qui distingua les artères proprement dites du conduit aérien, auquel il donna le nom de τραχεῖα, qui veut dire âpre au toucher. Mais sa principale découverte est celle des vaisseaux lactés, qu'il paraît n'avoir pas vus chez l'homme, mais bien sur des boucs ou des chevreaux. Cette découverte qu'Hérophyle avait également faite, fut méconnue, jusqu'à Aselli qui la fit de nouveau. Combien de découvertes ont été répétées plusieurs fois par défaut d'érudition, ou parce que les premiers inventeurs n'ont pas insisté sur ce point d'une manière convenable ! C'est à Érasistrate que l'on doit le mot de *parenchyme*, dont il se servait pour désigner la substance du foie, mot vague dont on a ensuite tant abusé. — Hérophyle et Erasistrate furent les fondateurs de l'école d'Alexandrie et de la science anatomique. Si l'impulsion qu'ils avaient imprimée à la science avait été suivie, il y a longtemps que l'anatomie serait élevée au degré de perfection où nous la voyons aujourd'hui. — L'école des empiriques et celle des méthodistes, qui succédèrent à l'école d'Alexandrie, se jetèrent dans le vague des théories médicales, les empiriques méprisant l'anatomie comme une science inutile au lit du malade, les méthodistes ou dogmatiques se contentant des découvertes de leurs prédécesseurs, bien qu'ils protestassent que l'étude de la structure et des fonctions de l'homme sain devait précéder et éclairer celle de l'homme malade; aussi l'anatomie resta stationnaire; on ne disséqua plus de cadavres humains. Les conquêtes des Romains importèrent en Grèce leurs préjugés et leurs lois relativement aux morts. Soranus, Rufus d'Éphèse et Marinus furent les seuls qui cultivèrent l'anatomie avec succès. Soranus s'est surtout occupé des organes génitaux de la femme; il décrivit l'hymen, le clitoris, les mamelles, l'utérus, avec beaucoup d'exactitude, ce qui suppose la dissection de cadavres humains. Rufus distingua les nerfs en ceux du sentiment et ceux du mouvement, et établit leur origine commune dans le cerveau. L'adossement des nerfs optiques au niveau de l'infundibulum, qu'il dit avec raison lui envoyer des fibres, la capsule du cristallin, la distinction du pancréas d'avec les ganglions mésentériques, le thymus, qu'il a reconnu ne pas exister à tous les âges, la différence d'épaisseur et de capacité entre le ventricule droit et le ventricule gauche du cœur, ne paraissent pas lui avoir échappé. Il fit de grands efforts pour soumettre l'anatomie à une nomenclature plus sévère; mais son principal mérite est d'avoir été le maître de Galien. — Marinus paraît avoir été un des anatomistes les plus célèbres de l'antiquité; aussi Galien, qui lui donne le titre de restaurateur de l'anatomie, a-t-il beaucoup puisé dans ses écrits, que le temps a dévorés. Il paraît qu'il s'était attaché à décrire les glandes, et nommément les ganglions mésentériques, que sa description des muscles était excellente, qu'il distingua sept paires de nerfs, qu'il décrivit parfaitement les nerfs palatins, qui avant lui étaient connus sous le nom de quatrième paire. Il réunit les nerfs auditif et facial sous celui de nerfs de la cinquième paire, et fit du grand hypoglosse sa sixième paire. Enfin, pour terminer l'histoire de l'anatomie chez les Grecs, nous ne devons pas passer sous silence Arétée de Cappadoce, qui rattache toujours à ses inimitables descriptions des maladies quelques considérations anatomiques sur les organes malades. Je reviendrai sur cet auteur à l'occasion de l'anatomie de texture; je me hâte d'arriver au plus grand médecin de l'antiquité après Hippocrate, à Galien. — Galien de Pergame naquit l'an 131 de l'ère chrétienne. Doué d'un génie créateur, d'une éloquence peu commune, d'une ardeur infatigable pour le travail, il était destiné à faire dans la médecine, déchirée par une foule de systèmes, une grande révolution. Ses ouvrages, qui ont survécu à la décadence des sciences et aux siècles de barbarie, servirent jusque dans le XVIᵉ siècle de code de lois, et furent même l'objet d'un culte superstitieux. — Élève de l'école d'Alexandrie, si renommée pour la culture de l'anatomie, de telle sorte que le titre de médecin de cette école était un titre infaillible à la considération publique, Galien se livra toute sa vie avec ardeur à l'étude de l'anatomie, qu'il regarde comme le fondement de la médecine. Cependant il paraît, malgré l'assertion de Riolan, son fanatique admirateur, qu'à Pergame et à Rome, où il exerça successivement la médecine, il n'eut pas à sa disposition de cadavres humains, car il se félicite d'avoir vu à Alexandrie deux squelettes d'hommes. Il engage à étudier l'anatomie sur les animaux les plus voisins de l'homme, sur le singe d'abord, puis sur les mammifères les plus élevés dans l'échelle. Il paraît, du reste, n'avoir fait par lui-même que des découvertes de détail en anatomie, ou plutôt il est difficile de distinguer ses découvertes de celles de ses prédécesseurs; et sous ce rapport il est à une grande distance d'Hérophyle et d'Érasistrate; mais ses ouvrages, où il a recueilli avec soin les découvertes déjà faites, sont pleins de vues ingénieuses, et méritent d'être encore consultés aujourd'hui. — Relativement au système nerveux, Galien distinguait les nerfs en ceux du sentiment qui venaient du cerveau, et en ceux du mouvement qui venaient de la moelle épinière, et qui étaient beaucoup moins mollement organisés que les premiers. Il croyait cependant que plusieurs nerfs servaient en même temps au sentiment et au mouvement. Les ventricules du cerveau, qui sont au nombre de quatre, et qui communiquent entre eux, lui paraissent destinés à sécréter

une humeur pituiteuse qui descend dans les fosses nasales et l'arrière-bouche à travers les trous de la lame criblée. Il décrit les tubercules quadrijumeaux, le corps calleux, la voûte à trois piliers, le septum lucidum. Il indique très-bien la disposition des nerfs olfactifs, telle qu'on l'observe chez les animaux; il prétend que les nerfs optiques ne s'entre-croisent pas et ne font que s'adosser; il a très-exactement vu que les nerfs de la troisième paire servent aux mouvements de l'œil. Les branches maxillaires supérieure et inférieure de la cinquième paire sont bien décrites. Il ne connaissait pas la branche ophthalmique. Il distingue les nerfs facial et auditif dans leur origine; mais il les confond ensuite, bien qu'il connaisse parfaitement les ouvertures dont est criblée la lame située au fond du conduit auditif interne. Il a parlé de l'anastomose du nerf facial avec la cinquième paire, anastomose énorme chez les animaux, et qui sape dans leurs fondements les résultats si curieux obtenus par Charles Bell. Le nerf vague est très-bien décrit, ainsi que le rameau laryngé supérieur et le nerf récurrent. Il pensait que le grand sympathique provient presque entièrement du nerf vague. — Il tenta le premier quelques expériences sur les animaux vivants, et il peut être regardé comme le père de la physiologie expérimentale. Par elles il prouva que le mouvement musculaire est sous l'empire des nerfs; il coupa la moelle épinière, le nerf récurrent, la cinquième paire. Il chercha à démontrer qu'il existe de l'air entre la plèvre et les poumons, et fit des expériences qui ont été répétées depuis avec des résultats différents. — La myologie lui est redevable de la découverte et de la description de plusieurs muscles. C'est lui qui a établi une différence d'action entre les muscles intercostaux internes et externes. Il désignait les muscles par les noms numériques de premier, second, troisième, dans l'ordre de leur superposition et de leur action. — Plus tard Sylvius le premier leur imposa des noms particuliers. Il décrit parfaitement le tendon d'Achille, qu'il prétend avoir découvert. Il décrit aussi très-bien le cœur, la direction de ses fibres, mais lui refuse la texture musculeuse, qui ne lui paraît pas rendre compte de ses fonctions; les artères viennent du cœur; les veines viennent du foie. L'orifice de communication des oreillettes dans le fœtus, connu depuis sous le nom de trou de Botal, et les changements qu'il subit à la naissance, lui étaient parfaitement connus. Il admet l'anastomose des artères et des veines; mais il ne connaissait pas la circulation du sang, quoi qu'en aient dit les détracteurs d'Harvey. L'anastomose des vaisseaux épigastriques et mammaires lui sert à expliquer la sympathie des mamelles avec l'utérus. L'artère spermatique gauche naît de la rénale, et non point la spermatique droite. Je ne contente de ces citations pour prouver combien l'étude de l'anatomie était déjà avancée à cette époque. — La médecine, qui florissait dans le second siècle avec Galien, suivit le sort des sciences, des lettres et des arts. L'empire romain, qui avait résisté à tout l'univers, succomba sous le poids de la prospérité, et devint la proie des barbares. Les médecins arabes jetèrent encore quelque éclat; mais l'anatomie fut complètement abandonnée et resta au point où l'avait laissée Galien. Le respect servile des Arabes pour les opinions des anciens, les formes scolastiques ridiculement importées dans les sciences d'observation et d'expérience, les dogmes de l'islamisme, qui regardait l'attouchement des morts comme une profanation, la croyance que l'âme passait successivement d'une cavité dans une autre et ne se séparait du corps qu'au bout d'un certain temps, une foule de préjugés religieux et politiques de toute espèce s'opposèrent aux progrès de la médecine et à la culture d'anatomie, qui fut traitée de barbare et d'infâme. Depuis Galien jusqu'au commencement du XIVᵉ siècle, les ouvrages et les cours d'anatomie consistaient dans une simple nomenclature des diverses parties du corps; on y joignait une description rapide prise dans Galien, souvent la dissection de quelques animaux, communément des chiens et des cochons. Rhazès et Avicenne, les plus célèbres parmi les Arabes, ont cependant laissé quelques traces de leurs travaux anatomiques. Suivant Rhazès, l'embryon humain est pourvu d'un véritable ouraque. Il recommande de ne pas blesser, dans l'opération de la fistule lacrymale, le rameau externe de la branche nasale du nerf ophthalmique, appelé depuis ophthalmique de Willis. Il distingua le nerf récurrent, qu'il dit être quelquefois double à droite du nerf laryngé supérieur. Avicenne dépouilla le cristallin de l'usage qu'on lui attribuait d'être le siége de la vision, pour placer ce siége dans le nerf optique. — Mais le moment était venu où les préjugés de toute espèce devaient s'évanouir devant les progrès de la raison et une interprétation plus saine des dogmes religieux. Ce fut en

1315 que Mondini de Luzzi disséqua publiquement à Bologne deux cadavres de femmes. Il publia bientôt après un traité d'anatomie humaine faite sur nature, auquel il joignit des planches anatomiques gravées sur bois, et fut le véritable restaurateur de l'anatomie. Il suivit l'usage généralement adopté jusqu'à lui de faire suivre la description des organes de leurs usages, des maladies auxquelles ils sont exposés et des moyens thérapeutiques dirigés contre elles. Guy de Chauliac, qui appelle Mondini son maître, bien qu'il n'ait pas écrit *ex professo* sur l'anatomie, fait preuve de grandes connaissances anatomiques, et c'est sans doute à ces connaissances qu'il doit d'avoir mérité le titre de restaurateur de la chirurgie. Depuis cette époque, toutes les universités adoptent l'usage d'ouvrir chaque année un ou deux cadavres humains, et de les démontrer publiquement. Du reste, Mondini n'a fait que confirmer les découvertes de Galien, et si l'on en excepte l'explication des sympathies par les communications vasculaires, son ouvrage ne contient rien d'original. Cependant Mondini exerça une influence immense sur les progrès de la médecine en remettant en vigueur une science négligée jusqu'à lui, et en surmontant les préjugés de son temps. Aussi son ouvrage a-t-il joui de la plus haute réputation jusque vers le milieu du XVIᵉ siècle, et a-t-il eu les honneurs d'une foule d'éditions, dont la dernière est de 1541. — Dans le XVᵉ siècle, l'importation des arts de la Grèce par les Hellènes chassés de l'Orient, et l'invention de l'imprimerie changèrent la face des sciences ; la médecine, qui les avait suivies dans leur décadence, se releva avec elles. Cependant l'anatomie ne fit pas de grands progrès, et les traités qui parurent à cette époque, parmi lesquels se distingue celui de Beneditti ou Benedictini, dont le grand ouvrage est plein d'observations remarquables, surtout relativement à l'anatomie pathologique, ne firent que confirmer les découvertes de leurs prédécesseurs. Je dois également mentionner l'ouvrage de Matthieu de Gradibus, remarquable par la description des ovaires, qu'il regarde comme analogues à ceux des oiseaux, et formés de vésicules ou œufs contenus dans un tissu particulier ; opinion qui a été depuis attribuée successivement à Sténon, à Graaf, Verreyen et autres. — Le XVIᵉ siècle est le siècle de l'anatomie. Une foule d'habiles et ardents investigateurs se précipitent à l'envi dans cette route si négligée depuis Galien, et la parcourent avec tant de succès qu'ils semblent ne laisser aucune découverte à faire à leurs successeurs. Des chaires d'anatomie s'élèvent en Italie de toutes parts. Une heureuse émulation, poussée quelquefois jusqu'à la jalousie, s'empare de tous les esprits et enfante des prodiges. Les découvertes se pressent avec tant de rapidité que les questions de priorité sont incessamment reproduites : Bérenger de Carpi, Jacques Duboys ou Sylvius, Gonthier d'Andernach, Vésale, Eustachi, Ingrassias, Fallopio, Colombo, Aranzi, etc., appartiennent à cette époque brillante, à laquelle je rapporte l'origine de l'anatomie pathologique ; mais aucun ne s'éleva aussi haut que Vésale, ce prince des anatomistes. Élève de Sylvius, il ne tarda pas à surpasser son maître, et produisit dans la science anatomique la plus étonnante et la plus rapide révolution. Jusqu'à Vésale, Galien avait été l'objet d'une espèce de culte superstitieux ; son autorité était tellement imposante, que lorsque quelque anatomiste parvenait à des résultats autres que ceux du médecin de Pergame, on les regardait comme une anomalie ou une erreur, et lorsque cette prétendue anomalie était constante, on l'attribuait à une espèce de dégénérescence de l'espèce humaine depuis Galien. Vésale secoua le premier le joug de l'autorité galénique, soutint, non sans s'exposer à de violentes diatribes, une foule d'opinions qui étaient en opposition formelle avec celles de Galien. Il est beau de voir le signal de l'indépendance de la pensée partir d'une chaire d'anatomie pour retentir de là dans les chaires de philosophie, le doute philosophique mis en pratique avant d'être converti en système, et cette sentence célèbre de l'école, « Le maître l'a dit », repoussée de la science physique la plus utile à l'homme avant que Descartes et Bacon l'eussent repoussée de toutes les sciences ; et si l'on considère que Vésale eût à lutter contre les préjugés de ses contemporains, qui regardaient la culture de l'anatomie humaine comme une sorte de sacrilège, qu'il était obligé d'aller enlever les cadavres au cimetière des Innocents ou aux fourches patibulaires, quand on songe que c'est à vingt-cinq ans qu'il publia son immortel ouvrage *De humani corporis fabrica*, on demeure frappé d'étonnement. Il n'en est pas, en effet, des sciences de faits comme des produits de l'imagination : dans ceux-ci le génie est tout, et l'art ne peut plus que perfectionner. Homère sera toujours le prince des poètes : à moins que la nature ne crée un génie

plus poétique. Les sciences de faits sont au contraire le fruit du temps non moins que du génie. On a beau avoir du génie, il faut que la mémoire retienne les faits recueillis avant nous, que l'observation persévérante en accumule de nouveaux, et recule ainsi les limites de la science. L'ouvrage de Vésale fit une véritable révolution ; les anatomistes se partagèrent en deux classes : les uns suivirent l'impulsion nouvelle communiquée par Vésale ; les autres restèrent asservis au joug de Galien, et mirent à le défendre une opiniâtreté à la fois ridicule et injuste. Parmi les derniers, il nous est pénible de compter Eustachi, et surtout Jacques Duboys ou Sylvius. Maître de Vésale, au lieu de s'enorgueillir d'un tel disciple, Sylvius conçut contre lui la plus basse jalousie. Il fit tous ses efforts pour le perdre, et au défaut de bonnes raisons, il avait recours à l'arme du ridicule, et par un misérable jeu de mots, l'appelait *Vesanus* au lieu de *Vesalius*. Il osa même pénétrer dans le sanctuaire le plus inviolable de l'homme, celui de la conscience, attaquer ses principes religieux, l'accuser d'impiété dans un temps où l'impiété était regardée comme un crime, et préparer cette persécution, dont Vésale finit par être la victime. Tel ne fut pas Fallope. Élève de Vésale, il conserva toujours pour ce grand homme la plus profonde vénération et la plus vive reconnaissance, et les critiques qu'il fit de ses ouvrages et de ses opinions respirent le ton de décence, de modération et d'urbanité qui ne devrait jamais abandonner le vrai mérite. Enfin, après une vie pleine de gloire et de persécutions, Vésale, qui souvent s'était trouvé tellement malheureux qu'il désirait le sort des individus dont il disséquait les cadavres, finit de la manière la plus déplorable. On dit qu'un homme de condition étant mort, Vésale obtint des parents la permission d'ouvrir le cadavre ; mais qu'ayant fait cette ouverture immédiatement après la mort présumée, à peine eut-il ouvert le thorax, qu'on vit le cœur palpitant. Vésale, poursuivi par les parents comme un meurtrier et comme un impie, traduit devant le tribunal redoutable de l'inquisition, allait subir la peine la plus sévère, lorsque Philippe II, roi d'Espagne, dont il était le médecin, parvint à le soustraire à la fureur fanatique de ses juges en lui faisant faire un pèlerinage dans la Palestine. Au moment où il revenait de son exil, il fit naufrage et fut jeté dans une île déserte, où il mourut de faim à l'âge de cinquante ans. D'autres disent que ce voyage dans la terre sainte avait pour but d'accomplir un vœu. — Après Vésale, les anatomistes qui se sont le plus distingués dans ce siècle sont Fallope et Eustachi. Le premier, trop tôt enlevé à la science (il mourut à trente-neuf ans), et que quelques critiques mettent au même rang que Vésale, a attaché son nom, bien plus solidement que sur le marbre et le bronze, à une foule de découvertes, telles que les trompes utérines, l'aqueduc du rocher, qui transmet au dehors le nerf facial. Il était en même temps un très-grand chirurgien ; il fit souvent usage de l'anatomie comparée, mais beaucoup moins qu'Eustachi. Il raconte que lorsque les anatomistes manquaient de cadavres, on leur accordait les criminels qu'ils faisaient périr ensuite pour l'opium pour les disséquer ensuite. Mais bien qu'une mort aussi douce substituée à une mort ignominieuse et violente puisse paraître un trait d'humanité, je le répète, il n'est pas croyable que l'amour de la science puisse faire oublier au médecin, avec la dignité de sa profession, que sa mission est de conserver et jamais de détruire. — Eustachi doit être compté parmi les anatomistes qu'aveuglèrent leur attachement aux opinions de Galien ; il étudia comparativement l'anatomie de l'homme et celle des animaux, et fit de grands efforts pour pénétrer la structure intime des parties, en s'aidant de l'anatomie des âges, des altérations organiques, des injections, inacérations, des instruments d'optique, et c'est à lui qu'il faut rapporter les premiers essais bien entendus sur l'anatomie de texture. Quelques auteurs le regardent encore comme le fondateur de l'anatomie comparée, que Fallope avait aussi étudiée avec succès. Il regretta amèrement sur la fin de sa vie de n'avoir pas consacré à l'étude des organes malades un temps qu'il avait exclusivement employé à l'étude des organes sains. Ses belles planches anatomiques, terminées en 1552, ne furent publiées que longtemps après, en 1712. Albinus en a donné une très-belle édition en 1744, et ces planches sont, avec ses opuscules anatomiques, les seuls ouvrages qu'ait laissés Eustachi. — Pour se faire une juste idée des découvertes des grands hommes dont je viens de parler, il faudrait parcourir toutes les parties de la science ; par eux le champ de l'anatomie fut entièrement défriché, et ils semblèrent ne laisser à leurs successeurs que des découvertes de détail. Ce siècle est encore remarquable parce qu'il nous présente les rudiments de l'anatomie de texture, de l'anatomie pathologique et de l'anatomie comparée. Il était bien difficile en effet qu'on s'occupât de la description d'une partie sans chercher à en approfondir l'organisation intime; qu'on ouvrît beaucoup de cadavres sans noter les lésions d'organes qu'on rencontrait chemin faisant; qu'on étudiât les mêmes organes dans plusieurs espèces d'animaux sans faire des rapprochements fondés sur leurs analogies et leurs différences. Remarquons d'ailleurs que ces grands anatomistes étaient en même temps les médecins et les chirurgiens les plus distingués de leur époque; que les plus grands monarques se faisaient une gloire d'attirer dans leurs royaumes, et d'attacher à leur personne, en qualité de médecins ou de chirurgiens, les anatomistes renommés des autres pays, réponse puissante à ceux qui, calomniant l'anatomie et affectant de la regarder comme étrangère aux progrès de la médecine, ne veulent pas convenir que si l'on peut être grand anatomiste sans être médecin ou chirurgien; on ne peut être médecin ou chirurgien sans être anatomiste. — Les anatomistes du xviᵉ siècle semblaient avoir épuisé la matière; le xviiᵉ siècle nous présentera des découvertes moins multipliées, mais non moins importantes. Déjà les savants de tous les pays communiquent entre eux, et des académies s'élèvent de toutes parts; les journaux scientifiques établissent des rapports multipliés et reçoivent le dépôt journalier des travaux contemporains. La découverte de la circulation du sang, celle des vaisseaux lactés et lymphatiques, l'anatomie du cerveau portée à un haut degré de perfection, l'étude des glandes, et surtout des recherches multipliées et approfondies sur l'anatomie de texture, voilà les titres avec lesquels se présentent les anatomistes de ce siècle. C'est de cette époque que les anatomistes se partagèrent en deux classes, les uns qui cultivaient, à l'exemple de Vésale, l'anatomie descriptive ou l'anatomie de conformation, et les autres qui s'occupaient de l'anatomie de texture. Beaucoup d'entre eux, il est vrai, étudiaient en même temps l'une et l'autre espèce d'anatomie, mais cette double direction fut on ne peut mieux tranchée. — Riolan, Gaspar et Thomas Bartholin, Harvey, Aselli, Pecquet, Willis, Vieussens, Duverney, voilà les anatomistes autour desquels se rallient les principales découvertes sur l'anatomie des formes et des connexions, tandis que Malpighi et Ruysch remplissent pour ainsi dire tout l'intervalle qui sépare le xviiᵉ siècle du nôtre; sous le rapport de l'anatomie de texture. — Riolan, que Thomas Bartholin appelle emphatiquement, en lui dédiant un de ses ouvrages, le plus grand anatomiste de Paris et de l'univers; est un des anatomistes les plus féconds qu'ait produits le commencement du xviiᵉ siècle; son immense érudition et ses connaissances littéraires lui donnèrent un grand ascendant sur les anatomistes de son époque. Il se livra sans frein aux inspirations de son humeur jalouse, et aucun des anatomistes célèbres de son temps n'échappa à sa verve satirique. Harvey, Pecquet, furent surtout l'objet de ses attaques. C'est à Riolan qu'on doit la meilleure histoire de l'anatomie qui ait paru jusqu'à lui, celle qui a servi de base et de modèle à toutes les histoires d'anatomie qui ont été publiées depuis. Cette histoire est la première partie de son grand ouvrage (*Anthropographia*). — Riolan donne aussi dans son *Enchyridion anatomicum* (car il y avait alors des manuels à cette époque) des préceptes judicieux sur les préparations anatomiques; il conseille de faire l'anatomie sur un animal vivant, et rapporte plusieurs expériences qu'il a instituées à ce sujet. — Personne n'a fait plus de recherches que lui sur l'injection de l'air dans les vaisseaux, qu'il appelle fastueusement *anatomie pneumatique*. Pour obtenir des résultats satisfaisants, Riolan conseille de choisir un animal qui vient de mourir; il se servait encore dans ce but des cadavres des suppliciés. Voulait-il s'assurer des communications des conduits excréteurs ou des vaisseaux avec telle ou telle partie, il avait recours à l'insufflation. Il s'est assuré qu'en insufflant les veines ombilicales, on remplissait les vaisseaux de toutes les parties du corps. Mais je cherche en vain des découvertes dans l'ouvrage de Riolan, je n'y vois qu'une exposition mieux faite des découvertes de ses prédécesseurs, un enthousiasme superstitieux pour les anciens, surtout pour Hippocrate et Galien, et un mépris ridicule tant pour ses contemporains que pour les hommes célèbres qui les avaient immédiatement précédé. — Spigel et Gaspar Bartholin sont des auteurs secondaires. Gaspar a le premier donné aux corps surrénaux le nom de capsules atrabilaires; il a également rangé parmi les nerfs de la tête les prolongements olfactifs que les anciens connaissaient sous le nom de *processus mamillares*. Spigel le premier divisa le corps de l'homme en régions, qu'il exposait avant d'entrer dans la description des organes. — La découverte de la circulation du sang fait époque dans l'histoire des conquêtes de l'esprit humain. Servet avait déjà décrit la petite circulation ou circulation pulmonaire, qui découlait nécessairement de la connaissance des valvules du cœur parfaitement étudiées par les anatomistes du xviᵉ siècle. Césalpin, par la seule force de son génie, avait deviné la grande circulation; mais peut-il disputer à Harvey la gloire de sa découverte? Je ne le pense pas; il ne suffit pas en effet, pour faire une découverte, de l'indiquer d'une manière vague, implicite; car en ce sens toutes les découvertes ont été faites: mais si la proposition qui fait l'objet des prétentions à la découverte est perdue au milieu d'une foule d'autres, si l'on paraît avoir oublié soi-même ce qu'on a avancé un instant auparavant, de telle sorte que personne n'ait pu nous attribuer cette découverte avant qu'elle ait été proclamée par un autre, sommes-nous réellement inventeurs? Le véritable inventeur est celui qui établit positivement tel ou tel fait, tel ou tel principe, et qui les prouve par un enchaînement de démonstrations plus ou moins rigoureuses, qui les suit dans leurs conséquences, et rallie autour d'eux la série des faits qui y sont relatifs. Tel est Harvey par rapport à la circulation; ce fut en cherchant l'usage des valvules des veines, que lui avaient fait connaître les travaux de ses prédécesseurs, et en particulier ceux de Fabrice d'Aquapendente, son maître, qu'il fut conduit à cette découverte capitale. D'une part la ligature des veines, la disposition des valvules, qui permettent seulement le cours du sang des extrémités vers le cœur; d'une autre part la ligature des artères, établissaient incontestablement que le sang est poussé du cœur dans les artères, et ramené au cœur par les veines: il prouva que le cœur est le mobile de la circulation artérielle, et il pensait que la circulation veineuse était également sous l'empire du ventricule gauche, dont la contraction suffisait au retour du sang veineux, opinion à laquelle on revient de nos jours. — Cette doctrine trouva beaucoup d'opposition: suivant l'usage, d'abord on la réfuta, et ensuite, lorsqu'elle eut été suffisamment confirmée, on n'eut pas de peine à la découvrir dans Galien et plusieurs autres chez qui personne ne l'avait vue durant tant de siècles. L'amour-propre des contemporains, un respect servile pour Galien et Avicenne suscitèrent une foule de réfutations et de libelles qu'Harvey eut le bon esprit de mépriser. Il ne prit la plume que pour répondre à Riolan, dont j'ai signalé l'humeur jalouse et caustique. Enfin la vérité triompha, et Harvey jouit de la récompense la plus douce pour un auteur, celle de voir sa doctrine généralement adoptée, et son nom proclamé par toutes les voix de la renommée. — Il manquait à la démonstration rigoureuse de la circulation harveyenne la preuve du passage du sang des artères dans les veines. Charleton avait dit que le sang s'épanchait dans un parenchyme intermédiaire aux veines et aux artères. Il avait très-bien remarqué que la contraction du cœur se compose non-seulement de systole et de diastole, mais encore d'un temps de repos ou la fibre péristole. Il était réservé à Leuwenhoek de donner le complément des preuves de la circulation harveyenne, en démontrant matériellement le passage du sang des artères dans les veines, et son opinion a d'autant plus de poids qu'il en avait soutenu une tout opposée. Il observa d'abord ce passage dans la queue des têtards des grenouilles, puis dans les pattes de ces reptiles, et dans plusieurs poissons; il a fait représenter la manière dont se fait cette communication dans des dessins fort exacts. Leuwenhoek vit de plus que dans les veines les plus déliées, la circulation est indépendante du cœur; il observa même des mouvements rétrogrades, incertains dans un grand nombre de vaisseaux; il décrivit encore la forme des globules déjà notés par Malpighi, toutes observations qui sont données de nos jours comme des choses nouvelles. C'est dans ce siècle qu'on s'occupa beaucoup de l'art des injections dont Sylvius paraît avoir eu la première idée, qu'Eustachi mit en usage, et que Ruysch porta à un degré de perfection qu'on n'a pu atteindre depuis. — A côté de la circulation se place une découverte qui n'a pas fait autant de bruit, mais qui n'en est pas moins importante. — Je veux parler de celle des vaisseaux lymphatiques. — Je laisse aux amateurs enthousiastes de l'antiquité à trouver dans le traité des glandes attribué à Hippocrate, et dans les œuvres d'Aristote, des passages qu'ils rapportent aux veines lymphatiques. Ces deux grands génies connaissaient les phénomènes de l'absorption, mais ils en ignoraient complétement les agents. — Érasistrate, au rapport de Galien, a vu sur des chevreaux des vaisseaux pleins de lait qu'il regarde comme des veines particulières. Hérophyle, au rapport du même Galien, parle de veines destinées à nourrir les intestins, et se terminant dans des corps glanduleux, tandis que toutes les autres se dirigent vers la veine porte. — Eustachi décrivit parfaitement le canal thoracique du cheval; il le conduisit jusqu'à la région lombaire où il présente une dilatation très-marquée; mais il ne put découvrir sa terminaison. Fallope parle de vaisseaux qui, du foie, se rendent au pancréas et aux glandes voisines, et sont pleins d'un suc oléagineux jaune et âcre. Beaucoup d'anatomistes du XVI⁰ siècle avaient fait mention de quelques-uns de ces vaisseaux sans les connaître. — Ce fut au commencement du XVII⁰ siècle, en 1622, que Gaspar Asellius ou Aselli fit la découverte des vaisseaux lactés. Il raconte ingénument comment il y fut conduit : il ouvrait un chien gras qui avait mangé quelques instants auparavant, il venait de faire quelques expériences sur le nerf récurrent, et était curieux de voir les mouvements du diaphragme. Au moment où il portait l'estomac et les intestins du côté du bassin, il aperçut de petits filaments blancs, le long du mésentère et sur les intestins; il crut d'abord que c'étaient des nerfs, et il n'y donna pas grande attention; mais ayant vu l'aspect différent des nerfs, il revint à ces filaments blancs, et ouvrit les plus gros; aussitôt s'échappa une liqueur blanche comme du lait ou de la crème : Aselli fut transporté de joie. Au moment où il jouissait de ce spectacle avec deux de ses amis qu'il avait voulu en rendre les témoins, l'animal mourut, et les vaisseaux disparurent. Je ne dois pas laisser échapper l'occasion de faire remarquer combien, dans les sciences de faits, il faut chercher à approfondir tout ce qui se présente à l'observation. Que de découvertes ont été entrevues avant d'être mises au jour dans tout leur éclat! Si Aselli n'eût pas donné de suite à son observation, il n'aurait pas la gloire d'avoir découvert les veines lactées; et l'esprit d'investigation, de persévérance, de réflexion, est le génie dans les sciences. Revenons à Aselli. Ayant ouvert un second chien, il n'aperçut aucune trace de vaisseaux; mais ayant donné à manger à un troisième, il eut le bonheur de les retrouver, et constata leur existence sur des animaux autres que les chiens. Un cheval fut sacrifié pendant la digestion; mêmes phénomènes. Mais, pouvait-on lui objecter, ces vaisseaux existent-ils chez l'homme? L'occasion de vérifier sa découverte sur le corps des suppliciés, ou sur des individus morts accidentellement, ne tarda pas à se présenter. — Aselli n'a découvert qu'un fait, et sous ce rapport il est à une distance infinie d'Harvey, qui n'établit pas seulement un fait, mais bien un corps de doctrine, une théorie tout entière. Aselli connut encore la structure des vaisseaux lactés, qu'il dit avoir la même disposition que les veines; il nota, les valvules dont ils sont pourvus; mais il était réservé à Ruysch de donner de ces valvules une bonne description et une bonne figure. La découverte d'Aselli fut accueillie avec enthousiasme par les uns, repoussée avec dédain par les autres; et parmi ces derniers, qui pourrait le croire? on compte surtout Harvey, qui, oubliant les persécutions dont il avait été lui-même l'objet, se montra aussi injuste envers Aselli qu'on l'avait été envers lui-même. Mais on ignorait encore les rapports du canal thoracique avec les vaisseaux lactés; Pecquet découvrit en 1649 le confluent des vaisseaux lactés dans un renflement du canal thoracique connu depuis sous le nom de réservoir du chyle ou de Pecquet, et donna une figure du canal thoracique, qu'il fait bifurquer supérieurement et terminer dans les deux veines jugulaires, comme cela se voit quelquefois. — Rudbeck, Thomas Bartholin et Jolyff se disputent la gloire de la découverte des vaisseaux lymphatiques, autres que les vaisseaux chylifères, vaisseaux qu'ils appellent aqueux, séreux. Bartholin, connu de tout le monde savant, et auteur de nombreux ouvrages, l'emporta aisément sur Rudbeck, jeune encore et sans amis. Mais l'équitable avenir est revenu sur cette décision des contemporains. Cependant Th. Bartholin jouit d'un rang honorable parmi les anatomistes, il donna plusieurs éditions du traité d'anatomie de Gaspar Bartholin, son père. Il dépouilla le foie de l'usage qu'on lui attribuait de recevoir le chyle et d'être le principal organe de la nutrition, et prouva que le canal thoracique se termine dans la veine sous-clavière gauche. Nous retrouverons à l'article de l'anatomie pathologique cet homme laborieux, qui parcourut en si peu de temps une carrière si glorieuse, et qui a laissé de si nombreux ouvrages : Bartholin mourut à quarante-quatre ans; encore consacra-t-il les onze dernières années de sa vie à des études étrangères à la médecine. — Nuck, Mouro, Meckel, Hewson et une foule d'anatomistes se sont fait connaître à divers intervalles, par des découvertes précieuses sur ce genre de vaisseaux. Cruikshank publia sur le système absorbant un travail qui ne le cède qu'à celui de Mascagni, lequel, avec une patience

au-dessus de tout éloge, étudia pendant plusieurs années ces vaisseaux dans toutes les parties du corps, confirma les découvertes de ses prédécesseurs, en ajouta de nouvelles, découvrit partout les lymphatiques, le cerveau, la moelle, le placenta, le globe de l'œil exceptés. Il fit graver, modeler en cire tous ses travaux, et a laissé sur le système lymphatique un monument impérissable qui doit servir de modèle à tous ceux qui s'occupent de travaux spéciaux. — Il serait bien à désirer qu'à l'exemple de Mascagni les savants, au lieu d'embrasser à la fois tous les points de la science qu'ils ne peuvent qu'effleurer, se distribuassent les sujets de manière à ce que chacun pût en approfondir un certain nombre; tout en servant la science d'une manière bien plus fructueuse, ils serviraient aussi leur gloire. — Depuis Mascagni, la partie anatomique du système lymphatique était restée stationnaire; mais les vaisseaux lymphatiques, attaqués dans leurs fonctions absorbantes par des expériences ingénieuses, ont trouvé dans quelques anatomistes modernes d'ardents défenseurs qui ont revendiqué en leur faveur la fonction exclusive de l'absorption. — M. Föhmann a donné l'éveil à ce sujet, et a indiqué, mais ne me paraît pas avoir prouvé une triple communication entre le système lymphatique et le système veineux, savoir : 1° celle qui est généralement connue, 2° une communication des radicules lymphatiques avec les veines voisines, 3° une communication des radicules lymphatiques avec les veines, dans l'épaisseur des ganglions lymphatiques. M. Lippi a publié un mémoire et des planches d'après lesquelles il semblerait qu'il existe un très-grand nombre de communications entre les veines et le système lymphatiques. Mais, je l'avouerai, ce travail ne m'a pas convaincu, et des recherches multipliées que j'ai faites à ce sujet ne m'ont pas permis de reconnaître ces communications si multipliées, communications admises peut-être trop légèrement par M. Lippi; et je ne sache pas que d'autres aient été plus heureux. Au reste, l'analogie ne répugne nullement à ces communications. Pourrions-nous être surpris en effet des fréquentes communications entre le système lymphatique et le système veineux, lorsque nous voyons le canal thoracique lui-même et la grande veine lymphatique droite se rendre directement dans une veine, et souvent par plusieurs orifices à la fois? Quelquefois de petites veines lymphatiques s'ouvrent isolément, soit dans la veine jugulaire, soit dans la veine sous-clavière; j'ai rencontré une grosse veine lymphatique qui s'ouvrait directement dans la veine iliaque externe. — Pendant que le système absorbant était l'objet des recherches d'un grand nombre d'investigateurs, d'autres anatomistes de la même époque fixaient toute leur attention sur le cerveau, que Varoli avait étudié avec beaucoup de succès dans le siècle précédent. Varoli, que l'Italie compte parmi les plus grands anatomistes qu'elle ait vus naître, s'attache à l'étude de ce viscère négligé par ses prédécesseurs; il décrit sa conformation extérieure, parle d'une manière toute spéciale de sa base et de ses prolongements médullaires, compare le passage de la moelle épinière sous la protubérance à un canal qui passe sous un pont, d'où le nom de pont qu'il a donné à cette protubérance. C'est de cette éminence, et non point de la moelle épinière, qu'il fait sortir la plupart des nerfs; et en cela il se rapproche de Galien, qui rapporte l'origine de tous les nerfs à la base du cerveau. Varoli fait naître la moelle épinière, non du trou occipital, mais de la partie inférieure des ventricules du cerveau, d'une part, et, d'une autre part, de la partie inférieure et moyenne de la base du même organe. Varoli paraît avoir senti que le point fondamental dans l'étude du cerveau était dans celle de ses connexions avec la moelle épinière, et c'est à ces connexions qu'il a attaché son nom. Varoli est le premier qui ait disséqué le cerveau de bas en haut; le premier il a donné une bonne idée de cet important viscère qu'il regarde comme une écorce qui enveloppe les ventricules cérébraux, et du corps calleux, en particulier, qui, comme il le dit, est appelé calleux, bien qu'il ne soit pas plus cohérent que le reste du cerveau. Varoli nie qu'il y ait une cavité dans la moelle. — Les granulations que présentent les plexus choroïdes avaient frappé Varoli, qui voulait qu'on les appelât plexus glanduleux, plutôt que plexus rétiformes, et si à côté d'idées si lumineuses l'on se rappelle que Varoli est mort comme notre Bichat à trente-deux ans, on sera pénétré d'admiration et de regrets. Son ouvrage, quoique inférieur à beaucoup d'égards aux travaux des anatomistes qui l'ont suivi, mérite d'être consulté : je ne saurais trop répéter, à cette occasion, combien il importe de remonter aux sources, de lire les auteurs originaux. Il n'est pas de meilleur moyen d'enflammer le zèle, que d'étudier la marche du génie dans la recherche de la vérité; il semble, en lisant l'exposition de la doctrine d'un auteur faite par lui-même, qu'on assiste à sa découverte; il y a dans la manière des inventeurs quelque chose d'inexplicable qui grave les objets dans la mémoire en même temps que nous nous sentons disposés à les imiter. D'ailleurs les compilateurs ne peuvent saisir l'esprit de l'inventeur; ils omettent presque toujours des points fort importants: en un mot, la vérité semble plus pure lorsqu'elle nous arrive sans intermédiaire de la bouche des auteurs originaux. — Varoli a la gloire d'avoir ouvert la voie dans laquelle se sont précipités depuis tant d'habiles investigateurs, et de l'avoir parcourue avec un grand succès. — Il paraît que les principales découvertes anatomiques de Willis sont dues à Lower, son prosecteur, qui attacha son sort à celui de Willis, et le défendit souvent contre les critiques dont il fut l'objet. — Willis s'étend longuement sur la manière de disséquer le cerveau; il imagina une coupe qui a été reproduite dans ces derniers temps, et qui met parfaitement en évidence toute la surface intérieure des ventricules. Il combina la méthode d'Arantius et de tous les anciens qui disséquaient le cerveau de haut en bas, avec celle de Varoli qui le disséquait de bas en haut. Il décrit les deux substances, la cendrée toute vasculaire; la médullaire, composée de filets blancs adossés et constituant des cordons blanchâtres ou nerfs; les nerfs olfactifs qui viennent des corps striés. Il décrit encore très-exactement la pie-mère, qu'il conseille de séparer de l'arachnoïde au moyen du souffle dirigé à l'aide d'un chalumeau; il a vu également ces deux membranes isolées dans l'hydrocéphale externe. Il ne laisse rien à désirer relativement à la communication des artères cérébrales entre elles. Mais c'est surtout dans la description des nerfs qu'il excelle. Le premier il a admis dix paires de nerfs cérébraux, et sa division règne encore aujourd'hui. Willis a parfaitement décrit le nerf vague, dont il suit les divisions pulmonaires, le nerf intercostal, qu'il fait naître de la cinquième et de la sixième paire cérébrale, et dont il expose très-bien les ganglions cervicaux et semi-lunaires. Il est malheureux que l'esprit de système se soit glissé parmi ses découvertes; ainsi, comme il existe des mouvements volontaires et des mouvements involontaires, Willis voulut appliquer à cette distinction ses connaissances anatomiques: le cerveau lui parut le principe des actions volontaires, parce que les mouvements volontaires sont les plus nombreux; le cervelet, le point de départ des mouvements involontaires. Mais Willis ne fit pas la remarque que le cerveau obéit souvent à toute autre cause que la volonté, que les mouvements convulsifs généraux ont leur point de départ dans le cerveau. Sa théorie du sommeil n'est pas moins ingénieuse, et si je la rapporte ici, c'est pour montrer l'abus qu'on peut faire des notions anatomiques dans leurs applications à la physiologie: le cervelet est plus compacte que le cerveau; les nerfs cérébraux sont comme enlacés au milieu des vaisseaux sanguins; le sang, s'accumulant dans le cerveau, comprime ce viscère en même temps que l'origine des nerfs, d'où la suspension des actions volontaires; mais le cervelet étant plus dense, et n'étant pas pourvu d'une aussi grande quantité de vaisseaux sanguins, cet organe résiste à la compression, et les actions involontaires persistent pendant le sommeil. Il est certain que le cervelet est plus compacte que le cerveau, que les vaisseaux artériels sont beaucoup plus nombreux à la base du cerveau qu'à la base du cervelet. Ainsi de fausses conséquences peuvent être déduites de principes vrais; mais, je le demande, quel rapport y a-t-il entre ces détails anatomiques et le sommeil ou la veille, les mouvements volontaires et involontaires? — Quoique Sténon soit plus connu par son traité des glandes que par son travail sur le cerveau, je ne puis m'empêcher de mentionner ici son discours sur l'anatomie du cerveau, lequel est fort remarquable. L'esprit humain, dit-il, qui a pénétré toute la nature, n'a pas pu encore pénétrer l'instrument par lequel il agit, et quand il est rentré dans sa propre maison, il ne saurait la décrire ni s'y reconnaît plus lui-même. Sténon s'élève contre la dénomination de substance grise et de substance blanche, contre la manière générale de considérer le cerveau comme un corps uniforme, une boule de cire, où il n'y a aucun artifice caché, ce qui donne une bien pitoyable idée du chef-d'œuvre de la nature. Mais il me paraît surtout avoir bien mérité de la science, en indiquant la véritable manière de disséquer le cerveau, c'est-à-dire en suivant les nerfs à travers la substance de cet organe pour voir par où ils passent et où ils aboutissent. Il blâme aussi la méthode d'étudier le cerveau sans le placer dans sa véritable situation. — Ce que Willis avait fait pour le cerveau et les nerfs cérébraux, Vieussens le fit pour la moelle et les nerfs spinaux dans son grand ouvrage, *Neurologia universalis*, qu'il publia sur la fin de ce siècle. Son anatomie du cerveau mérite aussi les plus grands éloges; le centre ovale, la valvule de l'aqueduc de Sylvius, ainsi nommée parce qu'il pensait que cette lamelle s'oppose à l'issue du liquide ventriculaire, centre ovale et valvule qui portent son nom, attestent les progrès qu'il fit faire à cette partie de l'anatomie. Sa description de la moelle allongée est aussi digne d'éloges. Il voulait, comme Sténon, qu'on disséquât le cerveau, non point avec le scalpel, mais en suivant les fibres à travers la substance cérébrale déchirée. — Les travaux de Willis et de Vieussens parurent avoir tellement éclairé l'histoire du système nerveux, que les anatomistes qui vinrent après eux s'en tinrent à leurs recherches, et qu'il fallut arriver à Vicq d'Azir pour trouver des recherches nouvelles sur le cerveau. Peut-être cependant Vicq d'Azir a-t-il fait rétrograder la science en substituant à la méthode de Sténon et de Vieussens des coupes avec le scalpel qui n'apprennent rien sur la contexture de ses différentes parties; et si, malgré les *à priori* qui dominent leurs travaux sur le cerveau, vu que Gall lui-même attachait aussi peu d'importance à la partie anatomique de ses travaux qu'il attachait d'importance à la partie physiologique, Gall et Spurzheim n'ont pas eu les premiers l'idée de disséquer le cerveau en écartant et déchirant ses fibres, au moins ont-ils le mérite d'avoir reconnu l'importance de cette méthode, d'avoir fait un ouvrage original à beaucoup d'égards, et tracé la route dans laquelle se précipitent à l'envi les anatomistes modernes. — J'ai indiqué l'étude approfondie des glandes comme une des découvertes de ce siècle: il me suffira en effet de citer les travaux de Sténon, de Warthon; pour les glandes salivaires, de Nuck, pour les glandes en général, de Bellini, pour les reins, de Graaf, pour les testicules et les ovaires, de Brunner et de Peyer, pour les follicules intestinaux. L'attention était tellement fixée sur les glandes salivaires, que les anatomistes de cette époque n'ont laissé rien à désirer sous ce rapport: chacun d'eux cherchait à attacher son nom à la plus petite granulation. C'est de cette époque que datent tous ces prétendus canaux excréteurs salivaires, lesquels n'étaient presque toujours que des vaisseaux artériels ou veineux. — Aucun anatomiste du XVIIIe siècle n'a joui d'une plus brillante réputation que Duverney. Depuis Riolan, la France n'avait à opposer aucun anatomiste aux Malpighi, aux Ruysch, aux Willis, aux Sténon, etc. Duverney sembla ramener les beaux jours de l'anatomie française: le succès de son enseignement fut prodigieux. On dit qu'il professait avec une grâce et une éloquence telles que les plus célèbres acteurs venaient l'entendre pour se former au débit oratoire; mais cette opinion qui s'est accréditée ne doit être regardée que comme une manière de parler, car dans un cours d'anatomie il faut que le débit soit aussi simple que possible; il s'agit d'intéresser l'esprit par les choses, par la clarté de l'exposition, et nullement d'émouvoir le cœur comme au théâtre. Ses leçons étaient suivies par les gens du monde; et il mit l'anatomie tellement à la mode, qu'on vit les hommes de la haute société se faire un mérite d'avoir des pièces d'anatomie préparées de la main de Duverney. Le grand Bossuet, qui pensait, avec tant de raison, que l'étude de l'homme physique doit entrer dans une éducation complète, voulut que son royal élève acquît des notions positives sur l'anatomie. Duverney eut tant de succès dans cet enseignement, que le dauphin préférait ses leçons à des parties de plaisir. Cette leçon d'anatomie du dauphin lui conserva, mais comme titre honorifique seulement; et M. Portal l'occupait encore avant la révolution. Toutefois, Duverney a plus influé sur le sort de l'anatomie en France par ses leçons que par ses écrits. Si nous en exceptons un excellent traité sur l'oreille, seul ouvrage qu'il ait jugé digne de voir le jour, ses œuvres anatomiques, publiées après sa mort par M. de Sénac, n'offrent pas de découvertes remarquables; son excessive modestie l'avait constamment détourné de cette publication. Il s'occupa de travaux anatomiques jusqu'à l'âge le plus avancé. On dit que, s'étant chargé d'un travail sur les colimaçons, il voulut étudier à fond ces mollusques, et que, s'étant couché par terre pour mieux les observer, il fut pris d'une maladie dont il mourut. Un de ses plus beaux titres de gloire est d'avoir eu pour disciples Dionis et Winslow. — Parmi les anatomistes du XVIIIe siècle, nous ne devons pas omettre Morgagni. Élève de Malpighi et de Valsalva, il fut regardé comme le premier anatomiste de son temps. Ses *Adversaria anatomica* et ses *Epistolæ anatomicæ*, sont pleins de découvertes, de détails, et font preuve de la plus vaste érudition; il s'attacha à relever les erreurs dont fourmille la Bibliothèque anatomique de Manget, et il le fit presque toujours avec succès. Ses ouvrages sur l'homme sain suffiraient pour lui assigner le rang le plus distingué parmi les anatomistes : que sera-ce s'il on tient compte de son grand ouvrage sur l'anatomie des organes malades, ouvrage qui servira toujours de fondement à l'anatomie pathologique et dans lequel il fait constamment preuve des connaissances anatomiques les plus profondes, tant dans l'état sain que dans l'état morbide ! — Je ne ferai que mentionner le *Compendium anatomicum* de Heister qui a joui d'une réputation méritée. Cet ouvrage parut en 1717, et, comme modèle de précision, il peut encore être consulté ; il remplaça l'anatomie de Verheyen qui était généralement adoptée, mais qui était remplie d'erreurs, signalées en grand nombre par Morgagni. — L'anatomie était parvenue à ce point où les sciences de faits ne peuvent plus s'enrichir que de découvertes de détails, et où l'exposition des faits, la méthode, sont les seuls titres de gloire qu'un auteur puisse ambitionner, à moins de se frayer une nouvelle route ; c'est à ce titre que l'ouvrage de Winslow, qu'il intitula modestement *Exposition anatomique*, se recommande à notre reconnaissance ! — Les anatomistes anciens n'avaient point assujetti l'ensemble et les détails de l'anatomie à un ordre rigoureux. Longtemps ils ne suivirent d'autre ordre que celui de la disposition à la putréfaction ; c'était donc par les viscères abdominaux qu'ils commençaient la description des organes, puis ils passaient aux viscères thoraciques, ensuite à ceux de la tête, et finissaient par les membres ; d'autres commençaient par le cœur. — Vésale le premier commença l'ostéologie ; les os sont la charpente de l'édifice ; ils soutiennent tous les autres organes, et sans cette connaissance préliminaire, il est impossible de posséder d'une manière exacte les rapports des muscles et des vaisseaux. Il passe ensuite à l'étude des cartilages articulaires et des ligaments, puis à celle des muscles, des vaisseaux, des nerfs, et finit par les viscères. — L'ouvrage de Winslow est calqué sur celui de Vésale, pour lequel il professait la plus grande admiration ; aussi parait-il avoir eu d'abord le dessein de donner à son livre le titre de *Vesalius reformatus*. — L'ouvrage de Winslow est le premier traité complet d'anatomie qui ait paru : il est remarquable par la perfection des détails, l'ordre rigoureux qui est suivi dans les descriptions, et il a mérité de servir de modèle à tous ceux qui ont paru depuis. — L'ostéologie et surtout la myologie sont de main de maître. Le premier il a débrouillé l'intrication des muscles spinaux. Sa division des articulations est encore suivie aujourd'hui ; il a débarrassé cette division de la schindilèse et de quelques autres espèces qu'on a inutilement exhumées depuis quelques années. Sa description des vaisseaux ne l'a cédé qu'à celle de Haller. Celle des nerfs est de peu de chose près celle de Vieussens et de Duverney. La splanchnologie est la partie la plus faible, et le vide qu'il avait laissé à cet égard a été rempli par Sabatier. C'est Winslow le premier a démontré que le péritoine n'est pas percé d'ouvertures comme on le disait jusqu'à lui ; qu'il n'est composé que d'une seule lame, et non point de deux ; et en décrivant avec la plus grande exactitude l'épiploon gastro-hépatique et l'ouverture ou hiatus situé derrière les vaisseaux hépatiques, il a préparé la voie à la découverte de la distribution si compliquée de cette membrane, faite par Bichat ; si l'ouvrage de Winslow ne présente pas de découvertes fondamentales, il est plein de découvertes de détail. Si ce génie n'est point un génie du premier ordre qui crée, c'est un savant laborieux qui perfectionne, qui classe, qui coordonne et qui répand sur tout ce qu'il touche une admirable lucidité ; aussi ses ouvrages ont-ils été classiques jusqu'à la fin du XVIIIe siècle, et leur auteur avait-il mérité de Morgagni, son contemporain, ce bel éloge qui est en rapport avec le jugement que je viens de porter : *In re anatomica consummatissimus*. — Albinus (Bernard Sigefroi), qui florissait à Leyde pendant que Winslow vivait à Paris, est l'un des anatomistes les plus célèbres qui aient existé. — Albinus s'était livré à l'anatomie comparée ; aussi en fait-il de fréquentes applications à l'anatomie humaine. Son livre (*De ossibus corporis humani*, Leidæ, 1726 ; Vindobonæ, 1746) est bien supérieur à tout ce qui avait été écrit jusqu'alors, même au traité de Winslow. Jusqu'à lui les descriptions des os se bornaient à une simple énumération de parties ; Albinus a insisté sur la position, la figure, a classé tous les détails anatomiques dans un ordre lumineux, et a rempli les nombreuses lacunes qui existaient sous ce rapport dans les ouvrages qui l'avaient précédé. Si son traité d'ostéologie a été surpassé par celui de Bertin, il n'en est pas de même de son ouvrage de myologie (*Historia musculorum hominis*, Leidæ, 1754, in-4°), encore le plus parfait qui existe en ce genre. Avant Albinus, on décrivait les muscles dans l'ordre de leurs usages : le premier il les a décrits dans l'ordre de leur superposition ; et si ce

ordre entrave jusqu'à un certain point l'étude des mouvements, il est d'une grande utilité sous le point de vue chirurgical. Ses tables des muscles, des os, de l'utérus chargé du produit de la conception, mériteront toujours d'être consultées. — Créateur de l'anatomie physiologique, prince des physiologistes, Haller vint dans les circonstances les plus favorables aux progrès de l'anatomie. L'impulsion communiquée par Malpighi subsistait encore : Ruysch florissait à Leyde et occupait avec zèle sa chaire d'anatomie, malgré son âge avancé. Boerhaave remplissait l'univers du bruit de sa science et de son éloquence. Le jeune Albinus promettait d'être un des anatomistes les plus distingués de son siècle. Winslow faisait à Paris des leçons dont le jeune Haller profita avec d'autant plus de fruit que le genre d'esprit du professeur se rapprochait davantage de celui de l'élève, et que tous deux étaient essentiellement ennemis des hypothèses. — Haller est le modèle que nous devons suivre. Le médecin, dit Haller, sera anatomiste pour connaître la machine qu'il doit réparer. Il étudiera l'anatomie pour l'application à la connaissance et à la guérison des maladies : bien persuadé que la vie d'un homme, quelque laborieux qu'il fût, ne saurait embrasser toutes les parties de l'anatomie, il voulut faire pour les artères ce que Winslow avait fait pour les os, Albinus pour les muscles, Willis pour les nerfs, et les résultats de ses travaux furent consignés dans des planches remarquables par leur exactitude. — L'époque de Haller est surtout importante par l'union intime de l'anatomie et de la physiologie. Mais le caractère propre de Haller, c'est d'avoir importé l'anatomie dans la physiologie, d'avoir créé l'anatomie physiologique, d'avoir prouvé que la physiologie n'est autre chose que l'anatomie interprétée, développée. Son ouvrage intitulé *Elementa physiologiæ* est à la fois un traité d'anatomie et de physiologie : au sujet de chaque organe, non-seulement il décrit la conformation de cet organe, mais il le suit dans la série des êtres, il le suit encore dans ses diverses maladies, il insiste longuement sur sa texture, et déduit de tout cela des conséquences physiologiques et même pathologiques. Avant lui, la physiologie n'était qu'un chaos d'hypothèses, et l'anatomie n'était pas en général cultivée par les hommes qui possédassent l'ensemble des connaissances médicales : Son livre sera un monument éternel de science profonde, d'érudition et de critique. — Haller fixe une époque dans les annales de l'art, et nous présente réunies toutes les découvertes de ses prédécesseurs et ses propres découvertes. Combien de découvertes modernes contenues dans ce bel ouvrage ! — Depuis Haller, il a paru un grand nombre d'ouvrages d'anatomie plus ou moins remarquables. Au premier rang nous citerons le traité d'anatomie de Sabatier et celui de Sœmmering, qui est entre les mains de tout le monde, et qui a peut-être encore moins servi à la réputation de ce grand anatomiste octogénaire que ses planches admirables sur les organes des sens. — Bien que Desault n'ait pas écrit *ex professo* sur l'anatomie, ses cours, que fréquentait la foule des élèves auxquels il savait inspirer l'enthousiasme de la science, ont eu une grande influence sur l'anatomie. Desault n'a fait aucune découverte en anatomie, mais le premier peut-être il a étudié l'anatomie topographique avec toute la précision, toute la méthode dont elle est susceptible. Aucun rapport, quelque léger qu'il fût, n'est échappé à son investigation, et c'est à son école que se sont formés les chirurgiens anatomistes qui ont porté les méthodes et les procédés opératoires à un si haut degré de perfection. C'est de son école que sont sorties les anatomies de Boyer et de Garad, anatomies remarquables par l'exactitude et la sévérité de la méthode, surtout celle de M. Boyer, qui a fait suivre la description des organes d'un court résumé où sont exposées les couches des différentes régions dans l'ordre de leur superposition. Je dirai encore que de son école est sorti Bichat, si les hommes de génie appartenaient à une école. Au reste, c'est à Desault qu'il faut rapporter la direction générale des esprits vers l'anatomie chirurgicale. — Ne croyons pas cependant que l'idée d'appliquer les connaissances anatomiques d'une manière toute particulière à la chirurgie soit due à notre siècle ; car il est impossible de pratiquer une opération sans connaître d'une manière positive, et les rapports naturels des couches des différentes parties, et les changements de rapports que les maladies introduisent dans ces parties. Déjà Columbus, Ingrassias, Severin et surtout Riolan, avaient fait cette application dans leurs écrits, et l'ouvrage de Palfin, intitulé *Anatomie du corps humain, avec des remarques utiles aux chirurgiens*, ou *Anatomie chirurgicale*, ouvrage exhumé dans ces derniers temps, bien qu'il ne contienne rien d'original, malgré les additions d'Antoine Petit, son éditeur, prouve qu'on n'avait cessé de faire, dans tous les temps, des applications anatomiques à la chirurgie. Il en est de même de l'ouvrage de J. Bell sur les os, les ligaments et les muscles, ouvrage dont le but spécial est cette application. Déjà les régions importantes en chirurgie avaient été l'objet d'une description particulière dirigée vers un but chirurgical. Il suffit de lire l'anatomie du périné, tracée par Deschamps à la tête de son ouvrage sur la lithotomie, celle de M. Dupuytren dans sa thèse sur le même sujet, les travaux d'Hesselbach et de Scarpa sur les régions inguinales, à l'occasion des hernies, les diverses méthodes sur l'amputation des membres, discutées dans les Mémoires de l'académie de chirurgie, pour être convaincu de cette vérité, que l'anatomie chirurgicale a dû exister en même temps que la chirurgie, et que de tout temps l'opérateur a dû connaître les parties qu'il faut traverser et celles qu'il doit éviter. Aussi plusieurs praticiens avaient-ils adopté l'usage de faire précéder la description des procédés opératoires d'un résumé rapide de l'anatomie de la région. Mais auparavant à toutes les régions, ce qu'on n'avait fait que pour certaines régions, étudier ces régions couche par couche, de la circonférence vers le centre; étudier les rapports de ces couches entre elles, les rapports des parties constituantes de chaque couche; déduire de ces rapports des conséquences relatives aux causes, au diagnostic et à la thérapeutique des maladies chirurgicales; discuter à fond les questions anatomiques relatives aux méthodes et aux procédés opératoires; en un mot, détacher de l'anatomie toutes les notions applicables à la chirurgie, indépendamment de toute application à la physiologie et à la médecine, voilà ce qui constitue l'anatomie chirurgicale, telle qu'on l'entend aujourd'hui en France; et s'il peut être mis en question si cette description purement topographique des régions sur lesquelles on pratique des opérations ne serait pas plus convenablement placée à la tête de la description de chaque procédé opératoire, ou si elle ne devrait pas se borner aux régions sur lesquelles se pratiquent des opérations réglées, et qui sont le siège de maladies déterminées, il est incontestable que cette anatomie chirurgicale, introduit dans la chirurgie une précision inconnue jusqu'à ce jour; qu'elle ne rendra pas le chirurgien plus hardi, car on a tout osé, même la ligature de l'aorte; mais qu'elle le préservera à la fois de l'audace fille de l'ignorance, et de la timidité fille de la faiblesse. S'il est difficile d'attribuer cette idée, qui depuis longtemps était du domaine public, à quelqu'un en particulier, il est incontestable que l'impulsion vers cette espèce d'anatomie est due tout entière à celui dont le nom doit être attaché à l'anatomie chirurgicale comme celui de Bichat est attaché à l'anatomie générale, au savant et illustre Béclard. —Voilà l'histoire abrégée de l'anatomie de conformation. Je passe maintenant à celle de l'anatomie de texture. — Les premiers médecins qui s'occupèrent de l'organisation dans le but de la faire servir à éclairer les maladies durent comprendre qu'il ne suffisait pas d'étudier la situation, la direction, le volume, la couleur, la forme et les rapports des organes; ils ne tardèrent pas, à s'apercevoir que le siège des maladies étant dans l'épaisseur de ces mêmes organes, dans leurs éléments organiques, c'était dans ces éléments, dans la texture, en un mot, de ces mêmes organes, qu'ils devaient chercher l'interprétation des lésions morbides. Cette grande vérité n'avait pas échappé à Arétée de Cappadoce : décrit-il la fluxion de poitrine, il voit que dans l'une de ses formes, elle affecte la membrane d'enveloppe du poumon, la plèvre : c'est la pleurésie; que dans l'autre forme, elle affecte le tissu propre du poumon : c'est la pneumonie. Il rend compte de tous les changements qui, dans l'un et dans l'autre cas, peuvent s'opérer dans le tissu du poumon, qu'il compare ingénieusement, et avec beaucoup de vérité, à un amas de laine; il lui refuse la structure musculaire, et pousse l'analyse anatomique jusqu'à expliquer le défaut de douleur dans la pneumonie par le petit nombre de nerfs qu'il reçoit. La grande vascularité du foie, la fréquence et l'importance de ses lésions, lui firent penser que cet organe imprimait au sang des modifications importantes. Les pseudo-membranes que rendent les dyssentériques, et qu'on prenait pour l'intestin lui-même, le portèrent à analyser la texture des intestins, qu'il décrit comme composés de deux membranes, dont l'interne peut se détacher sans graves inconvénients; il reconnut également deux membranes dans les enveloppes de l'œuf. Il décrivit d'une manière assez exacte les deux substances des reins, et paraît avoir eu une idée confuse des canaux de Bellini. — Mais l'exemple d'Arétée ne trouva pas d'imitateurs. Les médecins abandonnèrent l'anatomie aux anatomistes, et se contentèrent de notions vagues, superficielles, qui ne leur permettaient pas de comprendre les

secours immenses qu'elle avait droit d'en attendre. L'anatomie de texture, entrevue par Arétée, dut donc son origine à l'infatigable investigation des anatomistes. —Les anatomistes ne tardèrent pas, en effet, à s'apercevoir que les organes qui constituent le corps des animaux, quoique différents par leur action, ne sont pas tous composés d'une manière particulière; ils virent que la nature, aussi simple dans ses lois que féconde dans ses résultats, avait, à l'aide d'un petit nombre d'éléments, constitué toutes nos parties : ils appelèrent ces éléments parties similaires, parce qu'elles se ressemblent partout où on les rencontre. Mais, à défaut de notions anatomiques suffisantes, l'imagination présida à la détermination de ces éléments, et bientôt la fibre élémentaire, avec tous ses attributs métaphysiques, vint jouer un rôle arbitraire dans l'économie! Tout le temps que l'ensemble de l'organisation ne fut pas bien connu; on dut se contenter des caractères les plus grossiers des organes, de leur volume, de leur forme, de leurs rapports; mais une fois que tous les organes eurent été dénommés, classés, décrits dans leurs qualités extérieures, on s'occupa de la texture. Ce ne dut être d'abord qu'incidemment qu'on parla de cette texture. Ce n'est qu'au XVIe siècle, que j'ai appelé le siècle de l'anatomie, présente les premiers rudiments de cette nouvelle direction. — C'est ainsi que Vésale distingua la fibre musculaire de la fibre tendineuse, et celle-ci de la fibre nerveuse; qu'après avoir montré que l'os du cœur des anciens n'existe pas, il parle d'un anneau cartilagineux qu'on rencontre à la jonction des vaisseaux avec le cœur; qu'il a cherché à démêler l'intrication des fibres musculaires du cœur, qu'il en indique de droites, d'obliques, de transverses : suivant Vésale, les couches internes marchent en sens contraire des fibres externes; il compare le cœur à un tissu de jonc qu'on roulerait diversement et dont on formerait une pyramide, laquelle serait recouverte d'une membrane comme tous les autres muscles. Vésale vit encore que le volume d'un muscle n'est jamais en raison du nombre de filets nerveux qu'il reçoit; que le cœur en particulier en reçoit très-peu, et il en conclut, contre l'assertion de quelques anatomistes, que la fibre musculaire n'est pas nerveuse, et que seule elle est douée de la faculté de se mouvoir. Fallope ajouta encore à ces idées, et Columbus suivit les filets nerveux jusque dans la fibre musculaire elle-même; aussi prétendit-il que cette fibre n'est que la continuation de la fibre nerveuse. Eustache développa avec beaucoup de détail la structure des reins, et c'est peut-être le travail le plus remarquable de cette époque sur l'anatomie de texture. Fabrice d'Aquapendente, Bauhin, Riolan, Warthon nous présentent encore dans leurs ouvrages des détails curieux sur la texture des différents organes. — Mais ces idées sur l'anatomie de texture étaient éparses, et comme incidemment indiquées. Malpighi parut, dans les circonstances les plus propres à développer l'esprit investigateur qu'il possédait à un si haut degré. L'anatomie descriptive venait d'être portée, par les anatomistes du XVIe siècle et par ceux du commencement du XVIIe, à un haut degré de perfection. Malpighi comprit que désormais l'anatomie de conformation ne présentait plus à faire que quelques découvertes de détail, que la science de l'organisation proprement dite n'était pas la science des surfaces, et que des fonctions, soit dans l'état sain, soit dans l'état morbide, se passant dans l'intimité des organes, c'était à la détermination des éléments organiques qu'il fallait principalement s'attacher. L'invention du microscope semblait d'ailleurs promettre des destinées toutes nouvelles à la science. Ce fut en 1661 que Malpighi publia ses premières recherches. Il raconte qu'il conçut d'abord le projet de rassembler toutes les notions que l'on possédait sur chaque point d'anatomie; mais qu'ayant mis la main à l'œuvre, il ne tarda pas à sentir le vide de ce travail, et qu'alors seulement il songea à étudier l'anatomie de texture. Ce fut par les poumons qu'il commença la série de ses immenses travaux. Jusqu'à lui ces organes étaient connus sous le nom vague de parenchyme. Il démontra qu'ils étaient composés de loges semblables aux cellules d'une ruche à miel, et communiquant toutes les unes avec les autres. Il démontra que les bronches s'ouvrent dans ces cellules, que les vaisseaux artériels et veineux se répandent sur leurs parois, qu'il soupçonna de nature tendineuse; que les artères communiquent avec les veines; qu'à l'aide de la compression, on fait refluer le mercure de l'artère pulmonaire dans la trachée; mais il pensa que c'est toujours par une fausse route. Il trouva une grande ressemblance de texture entre le poumon et le placenta, et assigna à ce dernier les mêmes usages qu'au poumon. — A la suite de ce travail, qui fut accueilli avec assez de froideur, même par Borelli, son ami, à qui il l'avait adressé, Malpighi poursuivit le cours de ses travaux. Chaque année vit éclore de nouvelles découvertes, et ses recherches sur la langue, sur la peau, sur la rate, sur les reins, sont encore tout ce que je connais de mieux sur la matière. Ses travaux sur le foie, les glandes conglobées et conglomérées, sur la substance du cerveau, sur la moelle des os, la graisse, sur la texture des os, méritent de nous servir de modèle, bien qu'ils ne soient pas, à beaucoup près, aussi importants que les précédents. Je ne parle pas de ses recherches sur les vers à soie et sur l'anatomie des plantes, qui sont un chef-d'œuvre de patience et de génie. Mais quand on considère ses vastes travaux, doit-on s'étonner que les hommes les plus éclairés aient regardé Malpighi comme le plus grand, le phénix de l'Italie (*ocellus Italiæ*), Malpighi aux yeux de lynx (*lynceus Malpighius*)? Il ne faut pas croire pourtant que sa gloire ait été sans nuages, le sort des hommes de génie est d'être persécutés par l'envie de leurs contemporains, et de n'être jugés qu'après leur mort. De toutes parts s'élevèrent des critiques dont les uns cherchèrent à déprécier ce genre de travaux, et dont les autres revendiquèrent ses découvertes en faveur des anciens : c'est là la marche des choses. On lui disait (et cette distinction se trouve dans Galien) : Il existe une anatomie pratique et une anatomie scientifique, surabondante, superflue. Tout ce qu'on apprend au delà de la première est complètement inutile à la pratique, bien plus, l'étude de la structure des parties ne sert qu'à embrouiller la science; témoin, ajoutait-on, les travaux récents sur le cerveau, qui ont doublé l'obscurité qui existait déjà sur cet important viscère. Que le foie ou les reins soient composés de telle ou telle manière, en seront-ils moins les organes sécréteurs, les premiers de la bile, les seconds de l'urine? la thérapeutique des maladies de ces organes en est-elle plus avancée? Voilà les objections qu'on faisait à Malpighi, et qu'on fait encore tous les jours à l'anatomie de texture; peu s'en faut que ces implacables adversaires de l'anatomie n'appellent, avec Paracelse, l'anatomie une science morte, qu'ils ne s'étonnent de l'admiration stupide, selon eux, de certains anatomistes qui consument leur temps à la recherche d'un nerf, à la distribution d'un rameau vasculaire ou toute autre recherche anatomique, qu'ils croient avoir vouée à la réprobation lorsqu'ils l'ont qualifiée de minutieuse, moléculaire, microscopique. Mais où se passent les fonctions? n'est-ce pas dans l'intimité des organes? où se passent les maladies? n'est-ce pas encore dans l'intimité de ces mêmes organes. Or, la physiologie consiste-t-elle donc à dire : Les mamelles sécrètent le lait, le foie sécrète la bile, le rein sécrète l'urine? La médecine consiste-t-elle donc à savoir que si le malade souffre dans telle région, c'est le foie, c'est le rein, c'est l'estomac qui peuvent être affectés, et à appliquer empiriquement alors tel ou tel remède? Or voilà la physiologie et la médecine suivant les détracteurs anciens et nouveaux de l'anatomie de texture. Qu'est-il besoin de dire que la physiologie consiste dans l'étude approfondie de toutes les conditions organiques et vitales des organes; que ces conditions organiques ne sont ni dans la forme, ni dans la couleur, ni dans les rapports, mais dans la disposition respective des éléments organiques? que la médecine consiste non pas à déterminer vaguement l'organe affecté, mais le genre d'altération de l'organe, mais l'élément organique spécialement affecté, mais les rapports organiques et vitaux qui existent entre l'élément organique affecté et tous les organes? que la thérapeutique consiste non dans des formules, non dans des recettes, mais dans l'application raisonnée de telle méthode de traitement à tel genre de lésion organique ou vitale; et que si l'anatomie de texture n'éclaire pas autant qu'on le désirerait toutes ces choses, c'est parce qu'elle est encore à faire, au moins en grande partie? — Nous devons regarder les travaux de Malpighi comme ayant amené ceux de Ruysch qui, au commencement du XVIIIe siècle, s'élança dans une carrière inconnue et la parcourut avec une supériorité qui peut-être n'a jamais été égalée. L'insufflation, la conservation des pièces anatomiques, les injections, voilà les trois grands moyens à l'aide desquels il fit tant de prodiges. Il importe de fixer le point où se trouvaient les injections à l'époque où parut Ruysch. Quelques érudits attribuent l'idée des injections à Sylvius ou Jacques Dubois; Eustache paraît être le premier qui a tenté ce moyen; il fit plusieurs injections longtemps dans les reins; Riolan imagina ce qu'il appelait l'anatomie pneumatique, il injectait de l'air dans les vaisseaux pour les rendre plus apparents; Glisson poussa de l'encre dans les différents vaisseaux du foie, et a fait graver la seringue qui était destinée à injecter; Bellini le premier se servit d'une matière fusible par la chaleur, concrescible par le refroidissement.

Mais personne n'a plus mérité de la science sous le rapport des injections que Graaf et Willis : Graaf se servait d'un tube recourbé ou siphon par lequel il faisait pénétrer du mercure dans les vaisseaux spermatiques et des liquides diversement colorés dans d'autres vaisseaux. Swammerdam le premier employa la cire diversement colorée et ouvrit la voie à Ruysch, qui usa sans doute du même moyen. — A l'aide de procédés de conservation et d'injection qu'il a emportés dans la tombe, Ruysch étonna le monde savant. On dit en effet qu'il conservait aux chairs la couleur de la vie, la souplesse naturelle; qu'elles s'embellissaient même avec le temps, qu'elles étaient inaltérables; aussi le spirituel Fontenelle, qui a eu le bonheur de faire l'éloge de tous les grands anatomistes de ce siècle, disait-il que les momies de Ruysch prolongeaient en quelque sorte la vie, tandis que celles de l'ancienne Égypte ne prolongeaient que la mort. On dit même que le czar Pierre Ier, visitant le cabinet de Ruysch, ne put s'empêcher de donner un baiser au corps d'un petit enfant qui semblait lui sourire. Mais la conservation des pièces constitue l'art de l'embaumement, et Ruysch devait appliquer son beau talent à la détermination des points les plus obscurs de l'anatomie. Le premier il indiqua d'une manière exacte la disposition des valvules dans les vaisseaux lymphatiques; il démontra des vaisseaux dans les parties où les anatomistes n'en soupçonnaient aucun; il découvrit ceux de l'iris, de la choroïde; il décrivit les vaisseaux des poumons, les artères bronchiques, les vaisseaux du périoste, même de celui qui recouvre les osselets de l'ouïe, les vaisseaux des nerfs, repoussa la structure glandulaire des reins qu'il avait admise d'abord, et la rejeta pour tous les organes glanduleux, qu'il démontra être composés de vaisseaux. Sa lettre en réponse à Boerhaave est pleine de force et de vérité. Ruysch, comme tous les hommes, était porté à attacher une importance exagérée à l'objet habituel de ses travaux; et de même que Malpighi, occupé de la granulation ou globule, avait trouvé partout des granulations, Ruysch, occupé d'injections, rencontra partout des vaisseaux. Mais enfin les vaisseaux ont eux-mêmes des parois, et il faut croire à une substance non injectable. Ce qui a pu induire Ruysch en erreur, c'est qu'il faisait l'anatomie sur des pièces desséchées. — Je ne dois pas parler ici de toutes les découvertes de détail dont il a enrichi la science, non plus que de ses observations d'anatomie pathologique, qui mériteront toujours d'être consultées. Aucun anatomiste n'a joui d'une plus grande gloire, plus heureux que Malpighi, il triompha de toutes les critiques dirigées contre lui. «Venez et voyez,» disait-il; et quand on avait vu, un sentiment d'enthousiasme remplaçait bientôt celui de la critique. Arrêtons-nous un instant à cette époque brillante de l'anatomie où tant d'hommes de mérite consumaient toute leur vie, et souvent toute leur fortune, à la conquête de quelque découverte anatomique, où Ruysch, âgé de quatre-vingt-douze ans, s'occupait encore d'anatomie, où le cabinet et les leçons de Ruysch attiraient tous les savants de l'Europe, où Pierre le Grand assistait assidûment à ses démonstrations et acquérait sur l'anatomie les notions les plus positives. Ses leçons devenaient le texte de réflexions critiques qui lui étaient adressées par ses auditeurs, et auxquelles il répondait dans autant de lettres, consignées à la fin de ses œuvres. Honneur soit rendu à cet infatigable investigateur de la nature! Nous devons dire toutefois que sa gloire a été souillée par le mystère impénétrable dans lequel il a enseveli ses procédés. L'ignorance et la cupidité peuvent bien s'envelopper des voiles du mystère, qui font souvent tout le mérite de leurs prétendues découvertes, mais le savant ne doit mettre à publier ses découvertes ou les fractions de vérité qu'il lui a été donné de saisir que le retard nécessaire pour en constater la réalité. S'il fallait établir un parallèle entre Malpighi et Ruysch, nous dirions qu'il fallait plus de génie à Malpighi pour faire ce qu'il a fait avec le secours de son scalpel, et plus d'art à Ruysch pour faire ce qu'il a fait avec le secours de ses injections. Les injections sont peut-être la voie qui doit nous conduire aux plus grandes découvertes. Vainement cherchera-t-on à retrouver les injections de Ruysch, en imaginant des liquides extrêmement pénétrants. Ce ne sont pas des liquides plus pénétrants qu'il faut chercher, mais bien des liquides plus conservateurs. Quels liquides plus pénétrants que ceux qui passent avec la plus grande facilité des artères dans les veines, qui pleuvent à la surface des membranes muqueuses? Je crois que le point essentiel est d'injecter les vaisseaux capillaires d'abord, puis les gros vaisseaux. — Si l'impulsion communiquée par ces deux hommes célèbres avait été suivie, nous n'aurions pas eu à déplorer le vide de l'anatomie de texture. Mais leurs travaux découragèrent les anatomistes qui leur succédèrent et qui se partagèrent presque indifféremment entre eux. Hermann Boerhaave, qui vint après Ruysch, dont il était l'élève et l'ami, et qui tint pendant longtemps le sceptre de l'art, donna aux esprits une autre direction; l'anatomie parut arrivée à son plus haut degré de perfection. Le règne de la physiologie lui succéda : Haller, élève de Boerhaave, maintint l'impulsion physiologique; il est vrai qu'il lui associa l'anatomie, mais l'anatomie topographique, bien plus que l'anatomie de texture. Ce n'est pas que de loin à loin des efforts plus ou moins heureux n'aient été faits pour découvrir la texture des organes : ainsi Lower pour la structure du cœur; Peyer, Brunner pour les glandes intestinales; Sténon pour les glandes salivaires; Nuck pour la structure des glandes; Morgagni dans ses *Adversaria anatomica* sur différents points; Lieberkuhn pour les villosités intestinales; Prochaska et Reil pour la structure des nerfs, méritent des éloges; mais je dois mentionner ici d'une manière toute particulière Albinus, dont les *Annotationes anatomicæ* sont un modèle d'exactitude. La peau, la langue, le développement des dents, la structure des artères, et une foule de points peu connus d'anatomie l'ont successivement occupé; tous ces travaux prouvent combien ce grand anatomiste, qui avait déjà tant fait pour l'anatomie de conformation, était pénétré des besoins de la science. Les *Prodromes* de Mascagni sont également un chef-d'œuvre d'anatomie de texture que l'on ne saurait trop méditer. — Les recherches si profondes de Malpighi et de Ruysch découragèrent en quelque sorte leurs successeurs, qui se jetèrent du côté de l'inspection microscopique. Le microscope en effet, en multipliant la portée du sens de la vue, semblait ouvrir une route toute nouvelle; au moment de sa découverte, on crut avoir trouvé le moyen d'arracher à la nature tous ses secrets; on appliqua le microscope à l'étude des êtres organisés, comme à celle des êtres inorganiques. Leuwenhoeck découvrit un monde nouveau, qu'agrandirent singulièrement les travaux de Harvey, Redi, Malpighi, Leister, Backer, Spallanzani, Buffon, Needham, et qu'ont ramené sur la scène médicale dans ces derniers temps ceux de MM. Fray, Prévost et Dumas. Mais bientôt on ne se contenta plus du modeste rôle d'observateur : on voulut pénétrer l'essence des phénomènes; on crut assister à la formation des êtres; on crut voir la matière subtile de Descartes et les émanations de l'aimant; on ne se borna plus à observer les animalcules infusoires; on crut trouver dans ces animalcules des animaux parfaits; on alla même jusqu'à reconnaître dans ces animalcules les penchants et l'instinct de l'animal dont ils avaient été retirés. Needham et M. Fray sont allés plus loin encore : les globules organiques qu'on observe dans les substances végétales et animales en macération leur ont paru le principe de toute vitalité, et le premier de ces auteurs divise les êtres vivants en ceux qui sont pourvus de la vitalité pure et simple, ce sont les êtres microscopiques qui se multiplient par division; en êtres sensibles qui ne se divisent pas, mais qui meurent lorsque l'organisation est altérée, et en êtres intelligents. Cette théorie, qui a fait beaucoup de bruit dans le temps, se rapproche beaucoup des nomades de Leibnitz et a été abandonnée. Les excès auxquels se livrèrent les observateurs microscopiques décréditèrent ce genre de recherches; de nos jours les observations microscopiques ont d'être reprises avec une nouvelle ardeur, mais avec tout aussi peu de succès. Que nous a-t-on appris, en effet, quand on nous a dit que tous nos liquides et tous nos solides sont composés de globules et d'une substance coagulée ou coagulable? Que nous importe que ces globules soient pleins ou creux, sphériques ou lenticulaires, qu'ils agissent les uns sur les autres, s'attirent, se repoussent, se divisent? Dès le moment que l'inspection microscopique ne nous démontre aucune différence entre des parties aussi essentiellement distinctes que le tissu cellulaire, les muscles et les nerfs, nous repousserons ce genre d'observation, et nous dirons que le microscope, pour être utile à la science, doit nous représenter les parties grossies; mais non dénaturées. Les globules des observateurs microscopiques doivent être placées à côté de la fibre élémentaire des anciens. Toujours est-il que ces recherches, en nous montrant des globules dans tous nos tissus et dans tous nos liquides, nous donnent une idée de la nutrition, qui consisterait dans le simple dépôt et l'absorption de globules, de molécules ou d'atômes organiques. Les maladies ou altérations morbides nous montrent des globules ou atomes organiques déposés hors des voies de la circulation dans un ordre autre que celui qui préside aux lois de la nutrition normale. — J'ai dit plus haut qu'Arétée avait pressenti tout le parti qu'on pouvait tirer de l'application de l'anatomie des tissus à la médecine; que même

il avait établi positivement la distinction de la pleurésie et de la pneumonie, qu'il avait dit d'une manière formelle que dans l'entérite la membrane interne seule était affectée. Il n'est pas douteux que cette direction, féconde et naturelle à la fois, n'eût été suivie, si l'anatomie n'était pas restée stationnaire pendant un grand nombre de siècles, et si des préjugés funestes n'avaient pas réservé l'étude de l'anatomie pour le chirurgien. — Pinel qui, reprenant les idées d'Arétée, s'était d'abord livré aux sciences naturelles et à l'anatomie avant d'étudier la médecine proprement dite, Pinel comprit que la détermination du siége précis des maladies, jusqu'alors négligée en nosologie, devait servir de base fondamentale à la détermination des classes, des genres et des espèces, et la classe des phlegmasies, véritable chef-d'œuvre, sortit de cette grande et belle idée. Les névroses, les fièvres elles-mêmes, qui semblaient se refuser le plus à cette classification, y furent soumises. Il est vrai que pour les fièvres les idées de Pinel ne paraissent pas bien arrêtées, que des vues plus ou moins systématiques ont présidé à leur classification; mais c'était un pas immense fait vers la médecine positive. Élève de Pinel, Bichat s'empare en maître de cette idée, il la féconde, il l'étend, et bientôt l'économie est décomposée, non plus en organes, mais en tissus qu'il étudie, abstraction faite de leur siége, sous le triple point de vue anatomique, physiologique et pathologique. Sans doute il existait avant Bichat une anatomie de la plupart des tissus; tous les auteurs depuis Vésale faisaient précéder la description des os et des muscles de considérations générales sur ces organes. On trouve le tissu cellulaire bien décrit dans Haller; mais Bichat a le mérite d'avoir fait pour tous les tissus ce que Bordeu venait de faire pour le tissu cellulaire, et son *Anatomie générale* dans laquelle il a consigné ses travaux est un monument impérissable de son génie, et son plus beau titre de gloire. — Quiconque aspire à remplir ce vide de la science, doit donc s'occuper, plus qu'on ne l'a fait jusqu'ici, de l'anatomie de texture; étudier chaque organe, comme on étudie le corps en masse, ses qualités extérieures d'abord, puis ses éléments organiques immédiats, à la manière des chimistes qui étudient les principes immédiats des substances végétales et animales avant d'arriver à leurs éléments définitifs; étudier l'appareil vasculaire de l'organe, non point en l'abandonnant à son entrée dans cet organe, mais en le suivant dans ses divisions et subdivisions, absolument comme on suit les ramifications des artères de tout le corps. L'anatomie de texture doit être refaite : pour cela il faut insister principalement sur le système veineux et les radicules veineuses, que des observations et des expériences multipliées nous ont appris avoir beaucoup plus d'influence sur la nutrition, la sécrétion et le grand phénomène de l'inflammation qu'on ne le croit communément; étudier ensuite, avec plus de soin qu'on ne l'a fait encore, le système nerveux intra-organique ou propre à chaque organe; arriver enfin à l'anatomie de texture par la contemplation, soit à l'œil nu, soit à l'œil armé d'instruments d'optique, des organes considérés dans leur état naturel ou soumis à des préparations anatomiques; par l'étude de l'évolution des organes dans les divers âges et surtout pendant la vie intra-utérine, celle des dégradations successives que subissent ces organes dans les différentes espèces d'animaux ou de leurs altérations organiques. — Les deux systèmes qu'il importe le plus d'étudier sont les systèmes vasculaire et nerveux, ces systèmes par excellence, que nous appelait Ruysch : *duo excellentissima systemata, nervosum nempe et arteriosum*, car le sang et le fluide nerveux, voilà la vie. Il avait parfaitement reconnu que les artères comme les nerfs se comportent différemment à leurs extrémités suivant les tissus. Avant lui on disait que les artères se terminaient en formant des réseaux inextricables, mot qui *système capillaire* a remplacé cette expression de *réseau inextricable*, sans être plus exact. Il émettait le vœu de pouvoir injecter les nerfs, comme il avait injecté les artères; ce vœu vient d'être accompli en partie. — Les nerfs peuvent en effet être injectés, non point la substance nerveuse proprement dite, non point la membrane névrilématique, mais une membrane propre, excessivement mince, transparente, dont la face interne paraît constamment lubrifiée par de la sérosité, membrane qui soutient la pulpe nerveuse sans y adhérer, et qui reçoit facilement l'injection, laquelle ya se divisant comme les canaux de cette membrane. Ce n'est donc ni la substance nerveuse propre qu'on injecte, comme le pensait Bogros, ni quelque artère, quelque veine, quelque vaisseau lymphatique, comme le pensent les auteurs de mémoires publiés sur ce sujet; c'est une gaîne propre; mais comme cette gaîne se continue jusqu'à la plus petite fibrille nerveuse, comme elle est injectable jusqu'à sa dernière extrémité, nous avons là un moyen précieux pour étudier la disposition du système nerveux. — L'*anatomie du fœtus*, l'*anatomie des âges*, qu'on peut appeler *anatomie d'évolution ou de formation organique*, est un des grands moyens d'arriver à la connaissance de l'anatomie de texture. — Cette étude du développement des organes aux diverses époques de la vie intra-utérine et extra-utérine, ou l'organogénésie, dans laquelle les Allemands nous ont devancés, est le spectacle, si je puis m'exprimer ainsi, de leur état rudimentaire, de leur développement, débrouille bien plus sûrement l'intrication des organes compliqués que la dissection, qui ne sépare les organes qu'en les mutilant. — Reil, Gall et Spurzheim sont parvenus certes par leurs travaux à des résultats très-intéressants; mais si on compare ces résultats à ceux auxquels Tiedemann a été conduit en étudiant le cerveau endurci par l'alcool, il deviendra aisé de comprendre de quelle importance peut être l'anatomie du fœtus. Il n'est sans contredit aucune question qui intéresse le cerveau, soit dans la continuité, soit dans la dépendance réciproque de ses différentes parties, qui ne puisse être éclairée par l'anatomie du fœtus. — Il est vrai qu'en pareille matière, les illusions sont faciles comme tout ce qui se passe dans les infiniment petits; par exemple, les anatomistes pensent que la substance grise est comme la matrice de la substance blanche; Tiedemann les réfute par l'anatomie du fœtus, chez lequel, dit-il, préexiste la substance blanche; mais dans le fœtus il n'y a ni substance grise, ni substance blanche proprement dites. — C'est en faisant concourir l'anatomie de texture des organes développés, et l'anatomie des organes se développant, que nous pourrons importer dans l'anatomie de l'homme, ces vues élevées qui dirigent en ce moment les naturalistes dans leurs recherches sur l'organisme en général. Le fœtus naît monstrueux ou malade, tantôt parce qu'il a été arrêté dans son développement, tantôt parce que des causes physiques ou mécaniques ayant empêché la formation d'un organe, pour y suppléer, la nature a rétrogradé, pour ainsi dire, vers une classe plus ou moins inférieure et imité la disposition normale d'un autre animal. Les lésions d'organes sont d'abord des troubles dans la circulation capillaire et par la suite dans l'acte nutritif. Il faut se hâter d'enlever complètement toute cause de trouble, de stagnation du sang et de ses produits; car s'ils y séjournent, ces produits s'altèrent; en s'altérant ils entraînent un désordre organique, la formation de produits anormaux : or ces produits se divisent en deux grandes classes; ou bien ils sont essentiellement capables d'organisation et de vie, ou bien ils en sont incapables; dans le premier cas ils doivent être expulsés. Tantôt ils sont expulsés en masse, abcès; tantôt ils sont expulsés molécule par molécule, parce qu'ils sont interposés aux tissus vivants, ulcérations; les produits capables d'organisation et de vie sont les fausses membranes, les sucs camireux, les kystes, les polypes, etc.; et alors des vaisseaux s'organisent de toutes parts, ici lentement, paisiblement, sans trouble appréciable dans l'organisme, là brusquement, rapidement, et alors l'économie est profondément affectée. Alors existent en quelque sorte, dans l'économie, des animaux inférieurs, véritables parasites qui reçoivent leur nourriture de l'animal porteur, mais qui se l'approprient à leur manière, et engendrent des produits dont il n'existe pas d'analogues dans l'économie; alors ces tissus nouveaux dépendent de l'animal tout entier, au même titre que le fœtus dépend de la mère; et de même qu'en agissant sur la mère on agit en même temps sur le fœtus, mais seulement sur sa nutrition générale, sans pouvoir empêcher les diverses parties d'être ce qu'elles sont, de se développer sous la forme de cœur, de cerveau, de muscle ou d'os, sans pouvoir les détruire jamais, de même l'art ne peut qu'influer sur la nutrition générale, sur le développement des organes malades, mais il ne peut pas les atteindre dans leur vitalité; la mère n'est débarrassée du fœtus que par sa sortie, ainsi l'homme n'est débarrassé d'une maladie de ce genre que par son extirpation lorsqu'elle est possible, ou par sa chute spontanée, ce qui est fort rare. Il faudrait un spécifique qui allât frapper de mort la partie affectée, et qui l'éliminât sans danger pour l'économie. — C'est en faisant concourir l'anatomie topographique et l'anatomie de texture qu'on pourra jeter les fondements d'une *anatomie médicale*, qui consistera dans l'application de toutes les notions anatomiques à la détermination des causes, des symptômes et de la thérapeutique des maladies qui sont du ressort de la médecine proprement dite. Ainsi le médecin, comme le chirurgien, tracera sur la surface du corps sa topographie, non plus pour un but chirurgical, mais pour apprécier l'état

des organes profondément situés. Il existera pour le médecin, aussi bien que pour le chirurgien, une région claviculaire, une région axillaire, une région sternale, etc. Ainsi le médecin, en analysant la texture de l'estomac, en étudiant ses membranes, sa charpente fibreuse, son tégument interne muqueux, son tégument externe séreux, ses muscles, ses nerfs, ses vaisseaux, son tissu cellulaire, tracera d'une main sûre l'histoire pathologique de cet organe; car l'anatomie de texture est pour le médecin ce qu'est l'anatomie des formes et des connexions pour le chirurgien. (*V.* CLASTIQUE, COMPARÉE, PATHOLOGIQUE [Anatomie].)
CRUVEILHER.

ANATOTH (*V.* ANATHOTH):

ANAXAGORE. Plusieurs personnages de l'antiquité ont porté le nom d'Anaxagore ou Anaxagoras. On trouve d'abord en tête de la liste un des premiers rois d'Argos, fils d'Argus et petits-fils de Mégaponthe. Ce fut sous son règne que le culte de Bacchus, avec tous les désordres qu'il faisait naître, s'introduisit dans l'Argolide. Un autre Anaxagore délivra Éphèse, sa patrie, de la tyrannie d'Hégésias. Un statuaire d'Égine, un disciple de Socrate, un grammairien du IIIe siècle de l'ère chrétienne, ont aussi transmis ce nom d'Anaxagore à la postérité, sans qu'au surplus rien de particulier les recommande à l'attention publique. Il n'en est pas ainsi du philosophe fameux de l'école ionienne, Anaxagore de Clazomène, disciple d'Anaximène, renonçant à l'opulence, au sein de laquelle il était né, pour pouvoir se livrer sans contrainte à l'étude. Il se rendit, jeune encore, en Égypte afin d'y puiser l'instruction, suivant l'usage constant des Grecs depuis Pythagore. L'an 475 avant Jésus-Christ il rentra dans Athènes, où il ouvrit la première école de philosophie. Il eut pour disciples Périclès, Euripide, Archélaüs, et même, dit-on, Socrate. Il s'était principalement adonné à la cosmologie et à l'astronomie; mais, comme on peut le croire, son système du monde, quelque imagination qu'il y prouve dans son auteur, ne pouvait guère avoir d'autre mérite que celui d'ouvrir une carrière jusque-là inconnue. Après la création, dit-il, la matière fut agitée par l'esprit, et forcée de tourner sur elle-même. Par l'effet de ce mouvement de rotation, toutes les matières les plus pesantes se réunirent au centre, et les matières plus légères furent rejetées vers divers points de la circonférence. Entre ces matières légères, telles que le feu et l'éther, et les matières pesantes qui ont formé la terre, se trouvent celles dont la gravité, moindre que celle de la terre, excède celle du feu; ce sont l'eau et l'air. Quelques parties détachées de la terre par la continuité de ce mouvement, lancées dans la vague et embrasées, en passant, par le feu, formèrent le soleil et les étoiles qui, soumis encore au mouvement qui les emporta, tournent toujours autour de la terre. Le soleil n'est qu'un corps incandescent aussi grand que le Péloponèse, repoussé constamment du nord au midi et du midi au nord par les masses d'air accumulées aux pôles, et qu'il comprime en s'approchant jusqu'à ce que l'excès de compression leur rend l'élasticité naturelle. La lune est un corps opaque, éclairé par le soleil et habité. Quant à ses idées sur la formation de la pluie, du vent, du son, etc., de même que sur la cause des éclipses, elles s'éloignent peu de celles des physiciens modernes; mais lorsqu'il entreprend d'expliquer l'infinie variété des corps existants, il se perd dans les hypothèses les plus singulières. Il suppose un nombre infini d'amas ou de groupes de parties élémentaires, qui chacun ne contiennent que des atomes de même nature. C'est ce qu'il appelle homœoméries (de ὁμοῖος, pareil, et μέρος, partie). Chaque corps était formé par le mélange des homœoméries distribuées dans une proportion donnée. — Mais ce qui doit faire la gloire d'Anaxagore, ce qui le met au-dessus de tous les philosophes antérieurs à Platon, c'est d'avoir tiré de la contemplation de l'univers et de ses merveilles l'idée dominante d'un architecte unique, tout-puissant, d'une intelligence suprême bien distincte de la matière, et agissant sur elle par le seul fait de sa volonté. Cette doctrine, de même que ses explications physiques sur le soleil et la lune, explications qui faisaient tomber de l'Olympe Apollon et Diane, lui firent de nombreux ennemis. Ils l'accusèrent d'impiété envers les dieux, et le peuple d'Athènes le condamna à périr. Quand on lui annonça cette sentence inique, il répondit, sans paraître ému, que le grand Être qu'il honorait avait déjà prononcé depuis longtemps un arrêt semblable. Périclès ne parvint pas sans peine à l'arracher à la mort. Il se retira à Lampsaque, où il mourut septuagénaire l'an 428 avant Jésus-Christ. Le peuple de Lampsaque, plein de vénération pour sa mémoire, institua des fêtes ou jeux qu'on appela, de son nom, *anaxagories*. — Les écrits d'Anaxagore ne se sont point conservés. On prétend que Socrate les dédaignait; toutefois, si les fragments que Simplicius en a conservés sont authentiques, ils peuvent paraître assez précieux pour que leur perte soit pour nous un objet de regret. Mais Simplicius fait dire par Anaxagore que l'esprit immatériel et agent suprême a dû de toute éternité commencer son œuvre, parce qu'il est essentiellement actif, tandis qu'Aristote, qui avait hérité des doctrines de Platon et de Socrate, l'accuse d'avoir enseigné que le grand esprit n'avait commencé d'agir qu'à un certain temps, et que le mouvement avait succédé à un repos qui durait de toute éternité. Cette doctrine pourrait avoir inspiré peu d'estime à Socrate, dont les idées sur la Divinité sont beaucoup plus exactes. Quant à la formation de l'homme, il le faisait naître, dit-on, de la terre humide fécondée par le soleil. Cette opinion, si elle fut la sienne, il l'avait probablement tirée de la mythologie égyptienne. (*V.* ÉGYPTE, *religion.*) On prétend encore qu'il donnait à l'homme deux âmes, l'une émanant de l'Être infini, et par conséquent immortelle, l'autre animale et périssable; mais cela est plus que douteux, et ce qui peut avoir donné lieu à cette assertion, c'est qu'Anaxagore mettait une distinction bien marquée entre les conceptions de l'intelligence humaine, de l'âme, et les perceptions des sens.   J. DE M.

ANAXAGORE (*numism.*). Une médaille de la ville de Clazomène, en Ionie, patrie d'Anaxagore, représente, au droit, la tête tourelée de la ville personnifiée, avec la légende KΛAZOMENIΩN. On voit, au revers, le philosophe, à demi nu, debout, portant sur la main gauche un globe, et tenant de la droite le *radius* ou baguette dont se servent les géomètres. Cette pièce, en bronze, de 8 lignes de diamètre, vaut 12 francs. — Une autre médaille de la même ville représente Anaxagore appuyé de la main gauche sur une espèce de haste, et de la droite mesurant, avec un compas, un globe posé sur une base (Sestini, *Lett. num., continuaz.*, t. VIII, p. 54, n° 2). Visconti (*Icon. gr.*, 2e. suppl., p. 6) a cru reconnaître dans ces médailles la figure du philosophe de Clazomène, ainsi que sur une médaille du Musée britannique (*Descr.* de ce Musée, par Taylor-Combe, 1814, pl. IX, n° 22), où le personnage est assis sur un globe, ce qu'il regarde comme le symbole de son apothéose; en effet, après la mort d'Anaxagore, le respect pour sa mémoire n'eut point de bornes; on le mit au rang des dieux, et on lui éleva des autels (Ælien, *Var. histor.*, l. VIII, c. 19). — Le nom d'Anaxagore, comme magistrat monétaire se trouve sur les médailles de Magnésie d'Ionie, et d'Abydos dans la Troade.   DU MERSAN.

ANAXANDRIDE, roi de Sparte, était monté sur le trône vers l'an 563 avant J. C. Sa femme, qu'il aimait beaucoup, ne lui donnant pas d'héritier, les éphores le contraignirent à répudier pour prendre une seconde épouse. Anaxandride céda malgré sa répugnance, et il devint père de Cléomènes, qui régna après lui, mais qui devint insensé et, dans un accès de fureur, s'arracha lui-même la vie. Cependant la première épouse était devenue mère très-peu de temps après son divorce. Anaxandride la reprit alors auprès de lui, sans répudier la seconde, et il fut ainsi le premier Spartiate qu'on vit avec deux femmes vivantes. Léonidas et Cléombrote naquirent de la première épouse. — Un poëte comique de Rhodes, contemporain d'Alexandre, a porté aussi le nom d'Anaxandride. Il a composé, dit Aristote dans sa Rhétorique, plus de cent comédies, dont dix seulement avaient été couronnées. Il se vengeait sur ses pièces même du jugement sévère du public. Quand le succès ne répondait pas à son attente, il mettait son ouvrage en lambeaux qu'il jetait au feu.

ANAXANDRIDE, poëte rhodien, contemporain de Philippe de Macédoine. Il fut le premier, dit Suidas, qui introduisit sur la scène des amours malheureux, féconds en terribles catastrophes. Il fit plus, il osa diriger des traits satiriques contre le gouvernement d'Athènes, qui le condamna, dit-on, à mourir de faim. Athénée a conservé de lui quelques fragments.

ANAXARÈTE (*mythol.*), jeune fille de Salamine, changée en pierre par Vénus. Elle avait repoussé l'amour d'Iphis, qui s'étant pendu de désespoir, et elle alla voir par curiosité sa pompe funèbre; cruauté froide qui excita le courroux de la déesse.

ANAXARQUE, philosophe d'Abdère, disciple de Métrodore et de l'école de Démocrite. On l'accuse d'avoir le premier énoncé les doctrines du scepticisme, et le fameux Pyrrhon les reçut de lui. Alexandre traîna à sa suite dans son expédition de Perse. On sait que ce conquérant voulait qu'on le crût fils de Jupiter Ammon; il fut atteint un jour d'une blessure légère. *Voilà*, lui dit Anaxarque en montrant la blessure, *voilà du sang humain; ce n'est pas là le sang des dieux.* Alexandre ne se fâcha point de cette remarque hardie. Il est

vrai que, d'un autre côté, le philosophe, avide d'honneurs et de richesses, flattait sans ménagement les vices et les goûts du souverain; on lui reproche surtout d'avoir causé, par des calomnies, la mort de Callisthène, neveu et disciple d'Aristote, afin de ne point partager avec lui la faveur d'Alexandre. La fin d'Anaxarque fut horrible. Il dînait un jour avec Alexandre, qui avait invité à sa table Nicocréon, tyran de Samos; et comme Alexandre lui demanda si le festin lui plaisait, il répondit que une seule chose y manquait, la tête d'un tyran. Nicocréon se souvint de ces mots imprudents, et, après la mort d'Alexandre, il le fit broyer vif dans un mortier. Au milieu de cet affreux supplice, Anaxarque lui dit : « Tu peux écraser le corps d'Anaxarque, mais son âme brave ta puissance. » Nicocréon le menaça de lui faire couper la langue : « Tu ne le feras pas, » reprit Anaxarque, et au même instant, la coupant lui-même avec ses dents, il la lui jeta au visage.

ANAXIMANDRE, né à Milet vers la fin du VIIe siècle avant J. C., et philosophe célèbre de la Grèce. Les uns lui donnent Thalès pour maître, et le font, après lui, chef de l'école ionienne; d'autres prétendent qu'il ne dut ses doctrines qu'à lui-même et à ses propres méditations. On ne sait rien ou presque rien de sa vie, mais on connaît le temps de sa mort, qui eut lieu l'an 546 avant Jésus-Christ. Les anciens lui ont attribué un grand nombre de découvertes, notamment celle de la sphère et du gnomon; on le glorifie même d'avoir, sinon découvert, du moins soupçonné l'obliquité de l'écliptique. Ses opinions sur la formation de l'homme et des animaux sont, à très-peu de chose près, les mêmes que celles d'Anaxagore qui avait hérité de sa doctrine par l'intermédiaire de son disciple Anaximène (*V.* ces deux noms). Quant à son système cosmogonique, il est plus raisonnable que celui de Thalès. Il partait de ce principe, que rien ne vient de rien, et de conséquence en conséquence il arrivait à cette conclusion, que l'infini était le principe universel de l'univers. Il fut le premier qui ouvrit une école publique. Il avait écrit un volume qui renfermait ses doctrines et ses découvertes. Cicéron en parle dans ses *Questions académiques.*

ANAXIMÈNE fut disciple et successeur d'Anaximandre, mais il n'avait pas adopté toutes ses idées, car il admettait l'air comme principe de toutes les choses. On croit qu'il eut Anaxagore au nombre de ses élèves. Il mourut l'an 504 avant J. C. (*V.* au surplus ÉCOLE IONIENNE). — Un autre Anaximène de Lampsaque, fils d'Aristoclès et disciple de Diogène, fut précepteur d'Alexandre. On dit de lui qu'il sauva ses compatriotes du courroux de ce prince, qui, pour le punir de lui avoir résisté, les voulait faire périr. Dès qu'Anaximène se présenta devant lui pour obtenir grâce, il jura de faire le contraire de ce qu'on venait lui demander. Alors Anaximène se jeta à ses pieds, et le conjura de détruire Lampsaque et de massacrer tous ses habitants. Alexandre, lié par son serment, accorda le pardon. Anaximène, à ce que dit Pausanias, avait écrit la vie de Philippe et de son fils, ainsi qu'une histoire de la Grèce; mais tous ses ouvrages sont perdus.   J. DE M.

ANAXYRIS ou ANAXYRIDES (*archéologie*). Le nom de ce vêtement vient probablement de *ana* et *suréin*, tirer en haut, parce qu'il fallait les tirer de bas en haut pour les mettre. C'est une espèce de pantalon à pieds, dont l'usage était commun aux Perses, aux Arméniens et aux Parthes. On le voit aux figures d'Atys, du pédagogue des enfants de Niobé, dans la galerie de Florence, représenté dans les *Monumenti inediti* de Winckelmann, n° 89, et dans le Musée Pio-Clementin (IV, 27), ainsi qu'aux rois captifs de la villa Pinciana (Stanza, I, n° 3). Les Parthes qui sont représentés sur les médailles d'Auguste et de Trajan et sur la colonne Trajane, portent aussi les anaxyrides. Ce vêtement est porté par Cillas, dans le beau camée des chevaux de Pélops, du cabinet de France (*Hist. du cab. des médailles*, n° 101). Les amazones portent aussi des anaxyrides; on les voit ainsi sur plusieurs vases, entre autres sur celui du cabinet de France, publié par Millin (*Monum. ined.*, t. I, p. 259), où elles ont des anaxyrides qui paraissent faites de peaux d'animaux cousues ensemble. Ovide décrit dans ses *Tristes* (III, x, 19) ce vêtement des habitants du Pont :

> Pellibus, et sutis, arcent malè frigora braccis.

Ils se préservent du froid par des peaux cousues et des *braies.*

Ces anaxyrides sont ce que les Gaulois nommaient *braccæ*, d'où l'on a fait en français *braies*; de là venait le nom de *Gallia braccata*, donné à la Gaule Narbonnaise (*Jul. Cæsar, Comm. de bello gallic.*).   DU MERSAN.

ANAZARBE. Il se tint à Anazarbe, en 435, un concile

sous la présidence de Maximin, métropolitain de la seconde Cilicie. Les évêques de cette province, excepté Mélèce de Mopsueste, rentrèrent, à l'exemple de Théodoret, sous l'obéissance de Jean d'Antioche, et embrassèrent la paix qu'il avait faite avec saint Cyrille, sans néanmoins approuver les anathématismes de ce dernier. Baluze met ce concile en 433; mais Pagi montre qu'il est de 435. La ville d'Anazarbe, sur le Pyrame, dans la Cilicie, à peu de distance de la mer, est plus connue sous le nom de Césarée. LOUIS DE MASLATRIE.

ANCÉE (*mythi. hist.*), fils de Neptune et roi de l'île de Samos, fit partie de l'expédition des Argonautes. On lui attribue la culture de la vigne. Un jour qu'il maltraitait ses ouvriers vignerons, un d'eux lui dit qu'il ne boirait plus du vin de sa vigne. Ancée se fit apporter sur-le-champ une coupe pleine de vin, et comme il se disposait à la porter à sa bouche, et à donner ainsi un démenti à la prédiction de l'ouvrier qui répétait qu'il y avait encore loin de la coupe à ses lèvres, on vint lui annoncer qu'un énorme sanglier venait d'entrer dans ses vignes où il faisait beaucoup de dégât. Aussitôt, déposant la coupe avant d'avoir bu, il courut vers le monstre qui, esquivant le trait qu'il lui lança, se jeta sur lui et le tua. Cet événement avait donné lieu à un proverbe grec, auquel Horace a fait sans doute allusion quand il a dit :

Multa cadunt inter calicem supremaque labra.

— Un autre Ancée, fils de Lycurgue et d'Antinoé, fut aussi de l'expédition des Argonautes; il périt à la chasse du sanglier de Calydon. J. DE M.

ANCÉE, *anceus* (*crust.*), genre de l'ordre des amphypodes établi par Risso, et dont les caractères sont : corselet carré, mandibules longues, falciformes, dentelées; queue munie de trois lames natatoires. L'espèce type est l'*anceus forficarius* qui vit parmi les coraux. J. B.

ANCENYS. Chef-lieu d'arrondissement et de canton, à sept lieues environ de Nantes. Cette ville, peuplée de 4500 habitants, possède un tribunal de première instance; un collège et un hôpital. Le sol qui l'entoure est fertile, et son port assez fréquenté entretient son commerce, qu'alimentent des mines de houille. Elle a un grand nombre de forges. Les vins et le vinaigre entrent aussi dans le commerce d'Ancenys. Cette ville fut jadis la capitale des Amnites. H. C.

ANCÊTRES ou AIEUX, série d'ascendants; tant dans la ligne paternelle que dans la ligne maternelle, autrefois importante à constater, surtout en Allemagne, où l'on fait encore aujourd'hui un point très-essentiel des généalogies. Les ancêtres se comptent par deux, quatre, huit, seize, trente-deux, et ainsi de suite, de sorte que les père et mère forment le premier terme de cette progression; les aïeux le second, les bisaïeux le troisième, les trisaïeux le quatrième, etc. Ces divers degrés qu'on appelle aussi quartiers ne doivent pas être confondus avec ce qu'on entend par générations; car l'aïeul ne se trouve qu'à la seconde génération, le bisaïeul à la troisième, etc. Ainsi, pour être réputé gentilhomme autrefois en France, il suffisait d'avoir quatre générations de noblesse, c'est-à-dire que le père, l'aïeul, le bisaïeul et le trisaïeul fussent nobles. L'alliance plébéienne de quelqu'un de ces quatre personnages n'était pas un obstacle à la qualité de gentilhomme de l'arrière-petit-fils, mais il n'en était pas ainsi quand il s'agissait d'entrer dans certains ordres militaires, dans certains chapitres de chanoines ou chanoinesses. Pour devenir chevalier de Malte ou de Saint-Jean de Jérusalem, il ne suffisait pas de quatre générations de noblesse; il fallait encore pouvoir compter seize quartiers sans mélange de roture (*V.* QUARTIERS); mais comme cette preuve était souvent impossible à fournir, on obtenait facilement des dispenses. A Strasbourg, où les mœurs de l'Allemagne s'étaient conservées, on était si rigoureux pour l'admission au chapitre de la cathédrale, qu'on disait que Louis XVI avait voulu être chanoine de Strasbourg, il n'aurait pu se faire recevoir, parce qu'il n'aurait pu prouver les quartiers sans tache du côté de sa mère, Marie Leczinska (*V.* aussi ASCENDANTS).

ANCHARIE; nom sous lequel divers peuples de l'Italie, tels que les Ascalons (habitants d'Ascoli), et en général tous ceux qui vivaient dans le voisinage de l'Étrurie, adoraient la terrible Némésis. Ceux qui se croyaient poussés à la fureur et au désespoir étaient appelés *ancharii*, possédés par Ancharie (*V.* ANCHIALE).

ANCHE ou ANCHES. Languettes minces et plates de roseau, de bois ou de métal, tantôt accouplées horizontalement et assujetties sur un bec de métal, tantôt isolées, et servant d'embouchure à la plupart des instruments à vent. L'extré-

mité de l'anche se place dans la bouche du musicien, et c'est par la vibration qu'il lui fait éprouver, en expirant plus ou moins fortement, que le son est produit. — L'anche des tuyaux d'orgue se compose de plusieurs pièces; elle a été perfectionnée au commencement de la révolution par Sébastien Érard, qui a obtenu des sons plus éclatants et plus purs. Postérieurement, l'anche des jeux d'orgue a reçu de nouvelles améliorations. Celle des clarinettes ne se compose que d'une seule lamelle de roseau, fixée avec une ficelle contre le bec de l'instrument, et mieux avec un anneau à vis de pression. Si l'anche est trop mince, le son devient nasillard. Dans le hautbois, le basson et le cor anglais, l'anche est composée de deux lames attachées sur les deux côtés d'un tube de cuivre jusqu'à la moitié de leur longueur. A partir de ce point, les deux lames s'appliquent l'une contre l'autre. — Il résulte de toutes les expériences faites sur l'anche pour en varier la forme, qu'elle a un son qui lui est propre, et qui reçoit plus ou moins de timbre, d'éclat, et d'intensité de la mesure de ses proportions, et du degré de flexibilité et d'élasticité qu'on lui donne. Le tuyau de l'orgue, du basson, de la clarinette, etc., ne sert qu'à modifier le son; car il est évident que l'anche, le tuyau et l'air qu'il contient ne forment qu'une seule masse vibrante, et que, pour que le son soit tel qu'on veut le produire, il suffit que l'anche ou languette puisse facilement se mettre à l'unisson de la masse vibrante; résultat qu'on obtient en augmentant ou en diminuant la longueur, la largeur et l'épaisseur de l'anche, jusqu'à ce que l'unisson s'établisse. J. DE M.

ANCHIALE, *Anchialum*. Ce terme, comme l'a justement remarqué D. Calmet, a beaucoup exercé tous les critiques qui se sont occupés de ce qui concerne les Juifs. C'est Martial qui en l'employant l'a rendu célèbre. Après avoir dit : *Ecce negas jurasque mihi per templa Tonantis*, ce poète ajoute : *Non credo; jura, Verpe, per* ANCHIALUM. Jure, circoncis, jure par ANCHIALE (*Epig.*, l. XI, c. 95). On s'est donc demandé fort naturellement : Que signifie ce mot *Anchiale*? Est-ce le nom du vrai Dieu, ou désigne-t-il une idole? A cette question on en a ajouté une seconde, qui paraît aussi naturelle que la première : Pourquoi exiger des Juifs qu'ils jurent par Anchiale? Malgré tous les efforts qu'on a pu faire pour expliquer ce mot, il est toujours resté enveloppé de ténèbres; car, quoi qu'en disent quelques auteurs, il ne se trouve, dans la langue primitive de la Bible, ni expression ni formule qui approche de ce terme. Quant à l'opinion de ceux qui prétendent que l'on faisait jurer les Juifs par une statue de Sardanapale érigée à Anchiale, ville de Cilicie, elle n'est pas mieux fondée que celle qui, dérivant *anchialum* du grec *Anchialas*, c'est-à-dire, celui qui est près du rivage, traduit ainsi : Jure par le dieu que tu adores sur le rivage, parce qu'en effet les Juifs, lorsqu'ils étaient hors de Jérusalem et de leur pays, allaient ordinairement faire leur prière sur le bord des eaux. Un ancien manuscrit de Martial, c'est encore la remarque de D. Calmet, porte *ancharium*, qui, suivant lui, signifie âne (mais voyez ANCHARIE). Cette leçon rend l'explication d'autant plus facile que les Juifs disaient que les Juifs adoraient cet animal (*Voy.* Apion, *apud Joseph.*, l. II; *contr.* Apion., Suidas *in Damocrito*; Plutarch. *in Symposiac.*, l. IV, c. 5; Tacit., *Hist.*, l. V; Tertull., *Apol.*, c. 16). Quant à la seconde question, il était tout naturel que les païens, qui savaient parfaitement que les Juifs différaient d'eux par les croyances religieuses, ne se contentassent point, quand ils les traitaient avec eux, qu'ils fissent les serments ordinaires, mais qu'ils les obligeassent à jurer par leur propre divinité. C'est ainsi qu'aujourd'hui même, quand on veut s'assurer de leur parole, on les fait jurer sur leurs livres sacrés. J. G.

ANCHIETA (JOSEPH), missionnaire portugais du XVIe siècle, qui consacra une grande partie de sa vie à la conversion des sauvages du Brésil. Né aux îles Canaries, il entra fort jeune encore chez les jésuites de Coïmbre. Il n'en sortit que pour aller prêcher la foi évangélique aux habitants du nouveau monde, et il mourut au Brésil en 1597, âgé de 64 ans, dans l'exercice de ses pénibles et périlleuses fonctions. Le P. Rotérigius et le P. Bérétárius ont écrit sa vie, et le représentent comme un modèle accompli de douceur, de patience et de charité. Anchieta fonda le premier collège du Brésil, sous l'invocation de saint Paul; et la ville de Piratininga, où ce collège se trouvait situé, en a pris le nom qu'il conserve encore.

ANCHISE (*mythol.*), prince troyen, fils de Capys et de Thémis. Il était si beau, que Vénus, l'ayant aperçu au pied du mont Ida, gardant son troupeau, conçut pour lui une passion violente qu'elle satisfit en prenant la forme d'une bergère. Mais il paraît que la bergère fut indiscrète, et que sous sa grossière enveloppe, elle laissa voir la déesse; Anchise se vanta de son bonheur, et Jupiter irrité lança contre lui sa foudre; mais Vénus, déjà mère d'Énée, détourna le coup, qui ne fit qu'effleurer le jeune Troyen. A la prise de Troie, Énée obtint des Grecs la permission de sortir de la ville et d'emporter ce qu'il avait de plus précieux. Il chargea son vieux père sur ses épaules, et emmena par la main son fils Ascagne ou Jule (*V.* ce mot). Anchise accompagna son fils dans ses courses, et mourut octogénaire à Drépène, ville de la Sicile (*Trapani*). J. DE M.

ANCHISE (*archéol. numism.*) Plusieurs monuments antiques représentent Anchise. Les médailles d'*Ilium* ou *Ilion*, bâtie par les Grecs après la destruction de l'ancienne Troie, consacrent les souvenirs de cette ville, par la représentation des dieux et des héros qui l'ont illustrée. L'une de ces médailles, frappée à l'effigie de Julia Domna, représente Anchise donnant la main à Vénus; on ne reconnaîtrait guère ce sujet, si la légende ne l'indiquait par ces mots: ANXEICEC. AΦPO-ΔITH. IAIEΩN, *Anchise, Vénus* (monnaie des habitants), d'*Ilion* (Pellerin, rec. III, 134, 7; Millin, *Galer. mythol.* tom. II, p. 113). Un miroir étrusque en bronze, de la collection Durand, expliqué par M. Lh. Lenormant, représente aussi Anchise et Vénus. Anchise est vêtu d'une tunique courte, coiffé du bonnet phrygien et chaussé de bottines. La déesse est nue, parée d'une *stéphané* (couronne) radiée et d'un collier: une draperie enveloppe sa jambe droite. Près de ce groupe est celui de Pâris et Hélène. Une bordure de myrte encadre cette composition. (*Descript. du cab. Durand*, par de Witte, n° 1967.) — Sur les médailles autonomes en bronze de la ville d'Ilium, on voit Anchise porté sur les épaules d'Énée, qui tient par la main son fils Ascagne ou Jule. Le même sujet est représenté sur les monnaies d'Ilion, frappées sous Hadrien. Jules César qui, comme on sait, reportait à Iule, fils d'Énée, l'origine de sa famille (*Julia*), a fait placer le même groupe sur ses deniers d'argent; et on le voit encore sur un médaillon de bronze d'Antonin (Mionnet, *Méd. rom.*, pag. 217). Une pâte antique du cabinet des médailles de France (n° 403) représente le même sujet, qui se trouve aussi dans la *table iliaque*, où le groupe est plus complet; car Énée qui porte son père et tient son fils par la main, et qui sort des portes de Troie, est suivi de son épouse Créuse, que l'on ne voit pas dans les autres groupes; il est conduit par Mercure. Anchise tient une petite chapelle portative, qui renferme ses dieux pénates, et que dans un groupe précédent Énée vient de lui remettre. Plus loin on voit le vieillard qui s'embarque avec son fils et son petit-fils. Anchise emporté par Énée se trouve encore sur les médailles de Géta, de la ville de Dardanus, et sur celles de Segeste en Sicile (Mionnet, *Méd. gr.*, tom. I, p. 283). — Les peintures de vases soit grecs, soit étrusques, qui sont beaucoup plus anciennes que les médailles dont nous venons de parler, prouvent que ce sujet a été traité de la plus haute antiquité, ou du moins dès les premières époques de l'art. Dans la belle collection de feu M. Durand, trois vases trouvés à Vulci représentent Anchise sauvé du sac de Troie par Énée; sur l'un, ce vieillard est figuré avec des cheveux blancs; il est couvert d'un manteau, et tient un long sceptre de la main gauche. Sur le second, il est chauve et couvert d'un manteau. Sur le troisième, il a des cheveux blancs, est couvert d'un manteau d'étoiles, et tient un long sceptre. (*Descr. du cab. Durand*, par M. de Witte, 1836, numéros 412, 413, 414.) — Une espèce de caricature ou de parodie grotesque, qu'il n'est pas inutile de citer, parce qu'elle donne une idée du goût des anciens pour ce genre, renouvelée par quelques artistes modernes, représente le groupe d'Anchise emporté par Énée; les personnages ont des têtes de chien. Le petit Ascagne en a aussi la queue et les pattes; il porte le *pedum* et le bonnet phrygien. Le vieil Anchise, assis sur l'épaule d'Énée, tient la cassette qui renferme ses pénates. Cette peinture fait partie de celles qu'on a découvertes à Herculanum; elle est représentée dans le premier volume des *Pitture d'Ercolano* (pag. 367; pl. XXXIII et XXXV). — Le groupe d'Énée emportant son père Anchise a été exécuté en marbre par le Pautre, vers 1700, et on le voit dans le jardin des Tuileries: il est justement estimé pour son bel ensemble; cependant la figure d'Énée manque de noblesse et d'idéal, son costume est plutôt celui d'un soldat romain que celui d'un héros. L'artiste s'est éloigné de la description de Virgile et des monuments antiques, en plaçant Anchise, non sur les épaules, mais entre les bras d'Énée; cette position l'a obligé à s'écarter encore de l'Énéide, en faisant tenir le petit Jule par Anchise et non par Énée, ce qui est moins naturel, et donne à cette figure

du groupe quelque chose de forcé. La figure qu'Anchise tient dans ses mains devrait être en gaîne, puisque c'est le fameux *palladium* que les Grecs disaient avoir été enlevé par la ruse d'Ulysse et la vaillance de Diomède; mais que les Romains prétendaient avoir été apporté par Énée dans le Latium, et qu'ils conservaient dans le temple de Vesta. Au reste, ce groupe, le meilleur ouvrage de le Pautre, a été exécuté par lui d'après un modèle en cire de le Brun. — Il y avait, selon Étienne de Byzance, une ville d'Italie qui portait le nom d'Anchise. Denys d'Halicarnasse (lib. I, pag. 41) cite un port de ce nom dans l'Épire, près de la ville de *Buthrotum*. Pausanias parle aussi d'une montagne d'Arcadie qui portait le même nom, et au pied de laquelle on prétendait qu'Anchise avait sa sépulture. DU MERSAN.

ANCHOIS, *engraulis* (*poiss.*), genre de la famille des clupes, très-voisin des harengs, dont il diffère par la tête prolongée en un petit museau conique, pointu et saillant, la bouche plus fendue, et les ouvertures branchiales plus grandes. — Les anchois sont ordinairement de petite taille; leur corps est allongé et couvert d'écailles transparentes, qui se détachent très-facilement; leurs mâchoires sont garnies de petites dents très-fines, excepté chez une espèce d'Amérique. Ce genre est composé de plusieurs espèces, dont la plus intéressante est l'anchois vulgaire, *clupea enchrasicolus*, Lin. Il a 3 à 5 pouces au plus de longueur; son corps est brun, nuancé de vert foncé en dessus, blanc argenté en dessous sur vers les flancs. Il vit par grandes bandes qui quittent la haute mer vers la fin de l'hiver, pour venir déposer leurs œufs sur les côtes. C'est à cette époque qu'on en prend une grande quantité sur les côtes de la Zélande, de l'Angleterre, de la Bretagne et sur tout le littoral de la Méditerranée. On les pêche ordinairement pendant les nuits obscures; pour cela un nombre infini de petites barques s'éloignent du rivage de deux lieues environ; elles se séparent trois par trois; l'une d'elles porte un réchaud, sur lequel on fait un feu brillant avec de petites branches de bois résineux; les deux autres, placées à quelque distance, attendent le signal convenu pour mettre à la mer un filet de quarante à cinquante brasses de longueur, et de trente pieds environ de hauteur, avec lequel elles entourent, sans faire de bruit, la première barque; alors on éteint le feu, et on agite l'eau à coups de rames; les anchois, que la clarté du réchaud avait attirés, s'embarrassent en fuyant dans les mailles du filet. Sur les côtes de Zélande on les prend aussi avec des nasses qu'on attache à des pieux à mer basse, et qu'on visite chaque fois que la mer se retire. — On n'estime les anchois que lorsqu'ils sont salés; les meilleurs nous viennent de Fréjus et de Nice. Avant de les saler, on leur enlève la tête et les viscères, qui leur donneraient de l'amertume; on les lave ensuite dans plusieurs eaux, et on les dispose dans des barils de manière à ce qu'il y ait alternativement une couche d'anchois et une couche de sel. Au bout de quelque temps ils se trouvent confits dans la saumure et dans l'huile qu'ils ont rendue. Les pêcheurs de la Provence croient que, pour les bien conserver, ils doivent mêler au sel qu'ils emploient certaines terres ocreuses; c'est ce qui donne aux anchois cette couleur rougeâtre qu'ils n'auraient point sans cela. Les pêcheurs du Nord renouvellent jusqu'à trois fois la saumure; ce que ne font point ceux de la Provence, qui se contentent de remplacer celle qui se perd; aussi les anchois du Midi se conservent-ils moins longtemps, mais ils acquièrent une âcreté que n'ont point ceux du Nord, ce qui les fait préférer généralement. — La chair des anchois passe pour exciter l'appétit et faciliter la digestion. On sait de quelle manière on les emploie. Les Romains préparaient avec ce poisson, écrasé et cuit dans sa saumure, une sauce très-estimée chez eux, à laquelle on ajoutait du vinaigre et du persil haché. Ils la nommaient *garum*. J. BRUNET.

ANCHOMÈNE, *anchomenus* (*ins.*), genre de coléoptères de la famille des carabiques, tribu des féroniens, fondé par Bonelli, et présentant pour caractères: prothorax en cœur tronqué, à angles postérieurs bien marqués; corps aplati en ovale plus ou moins allongé; labre transversal et entier; une dent dans l'échancrure du menton; antennes filiformes; palpes extérieurs filiformes, terminés par un article allongé subcylindrique; les trois premiers articles des tarses antérieurs dilatés dans les mâles. Ces insectes, de petite taille, sont vifs et agiles; la plupart sont ornés de couleurs métalliques; ils vivent aux bords des ruisseaux et dans tous les endroits humides, où on les trouve sous les pierres, sous la mousse et sous les écorces. Plusieurs espèces se rencontrent aux environs de Paris, où la plus commune est l'*anchomenus prasinus*, Lin.; long de trois à quatre lignes avec la tête et le prothorax d'un vert bronze; les élytres fauves, occupées vers leur moitié inférieure par une grande tache verte. J. B.

ANCHORELLE, *anchorella* (*zooph. int.*), genre de l'ordre des cavitaires, fondé par Cuvier aux dépens du genre lernée (*V.* ce mot).

ANCHYLOBLÉPHARON. On a donné ce nom en ophthalmologie à la maladie qui consiste dans la réunion, dans l'adhérence de la face interne de la paupière au globe de l'œil. — Cette affection est quelquefois la suite de brûlures qui, ayant intéressé les conjonctions oculaires et palpébrales (*V.* ce mot), en même temps ont déterminé l'adhérence de ces deux membranes. — D'autres fois on l'a observée comme la suite de certaines ophthalmies avec ulcération de la conjonctive (*V.* ce mot), surtout lorsqu'on avait maintenu les paupières constamment appliquées sur le globe de l'œil par des bandages. — On observe plus souvent cette dégénération à la paupière supérieure qu'à l'inférieure. — Lorsque la paupière est adhérente à toute la surface du globe de l'œil, même à la cornée transparente (*V.* CORNÉE), il n'y a point d'opération à faire pour rendre la vue au malade. — Mais le cas le plus ordinaire est celui dans lequel la conjonctive palpébrale est simplement unie à la conjonctive oculaire par des brides ou de fausses membranes. Il faut alors pratiquer une petite opération qui est assez ordinairement couronnée de succès, et qui consiste à diviser d'abord les fausses membranes, à les enlever avec des ciseaux, et puis à cautériser les points saillants de la conjonctive avec du nitrate d'argent. On passe ensuite fréquemment un pinceau, enduit d'huile d'amande douce, entre les deux paupières, et l'on a soin de recommander au malade de ne pas laisser ses paupières trop longtemps immobiles; car, sans ces précautions, l'adhérence se reformerait. — M. Boyer a vu une adhérence se reproduire trois fois de suite, ce qui prouve qu'on ne saurait apporter trop de soins à cicatriser les plaies produites par l'opération. BESSIÈRES, D. M. P.

ANCIENS ET MODERNES (*V.* MODERNES).

ANCIENS, nom par lequel on a désigné chez divers peuples les chefs d'une association, d'une corporation, d'une communauté. Il indique assez que ces chefs étaient communément ceux à qui un âge avancé et une longue expérience assuraient l'estime et le respect des autres membres. On voit par divers passages de l'Écriture, qu'on appelait *anciens d'Israël*, les chefs de tribus ou de grandes familles (*V.* l'article suivant). Le sénat romain ne prit le nom qu'il portait que parce qu'il se composa des anciens du peuple, *Seniores*; le mot anglo-saxon, *alderman*, ne signifie pas autre chose que homme âgé. Les protestants appellent *anciens* les membres du consistoire qui assistent le pasteur dans ses fonctions. Il n'y a presque pas d'église de cette secte en Allemagne, en Danemark, en Écosse, etc., qui n'ait ses anciens. — Les révolutionnaires de France, qui voulaient singer les républiques de la Grèce et de Rome qu'ils ne connaissaient que mal, se donnèrent un *conseil des anciens*. Ce conseil formait une des sections du corps législatif; il se composait de deux cent cinquante membres qui devaient être mariés ou veufs, et avoir au moins quarante ans. C'était là une création de la constitution éphémère dite de l'an III. Ce fut le 6 brumaire an IV que ce conseil se réunit pour la première fois; et la fameuse journée du 18 brumaire, qui renversa le directoire pour fonder le consulat, termina son existence politique. Le premier consul, qui n'aimait pas trop les républiques, obligé pourtant de ménager l'opinion, substitua un sénat au conseil des anciens; il y fit entrer tous les anciens qui avaient embrassé son parti, ou l'avaient secondé dans son usurpation. J. DE M.

ANCIENS D'ISRAEL. Le nom d'*ancien* était chez les Hébreux comme chez les Égyptiens, un titre de dignité ou de distinction. Dans l'origine, il désignait les chefs des tribus ou des grandes familles d'Israël, qui dans les premiers temps et avant que la république des Hébreux fût constituée, avaient une certaine autorité sur leur famille et même sur tout le peuple. Ainsi lorsque Dieu, envoyant Moïse en Égypte pour délivrer Israël de la servitude, lui ordonna d'assembler les anciens d'Israël, il faut l'entendre des chefs des tribus (*Exod.*, III, 16). Ces anciens étaient sans doute fort considérés dans la nation, puisque nous voyons Moïse et Aaron traiter avec eux toutes les fois qu'il s'agissait des intérêts du peuple. Plusieurs passages de l'Exode nous représentent les anciens d'Israël comme étant au nombre de soixante-dix; mais il y a tout lieu de croire qu'ils étaient soixante-douze en tout, six par tribu, et que l'écrivain sacré a mis le nombre rond de soixante-dix; à moins qu'on ne suppose, ce qui est plus vraisemblable, que Moïse et Aaron, qui faisaient certainement partie de ces anciens, ne sont pas compris

dans ce nombre de soixante-dix. Quelques critiques, parmi lesquels se trouve Bertram (*De Republ. jud.*, c. V), ont prétendu qu'en Égypte même, les soixante-dix anciens formaient un sénat qui gouvernait et jugeait le peuple sous l'autorité des pharaons, et que c'est de là qu'est venu le Sanhédrin (*V.* ce mot), si fameux dans les écrits des Juifs. Mais l'existence de ce prétendu sénat paraît d'autant moins fondée, que l'on voit évidemment dans le livre de l'Exode (XVIII), que même après leur sortie de l'Égypte, les Israélites n'avaient d'autre juge que Moïse. D'où il résulte que ces anciens n'exerçaient chacun sur sa tribu ou sa famille, et tous ensemble sur tout le peuple, qu'une juridiction telle que l'exerce un père sur ses enfants. Ainsi leur autorité, qui se bornait aux conseils et à la persuasion, était uniquement fondée sur les égards et sur l'obéissance respectueuse qui est naturellement due aux parents. Ce ne fut que plus tard, à l'arrivée de Jethro dans le camp d'Israël, que Moïse établit et constitua de véritables juges du peuple (*Exod.*, XVIII, 25, etc.) qui devaient avoir la conduite les uns de mille, les autres de cent, d'autres de cinquante, d'autres enfin de dix personnes. Encore le gouvernement de ces nouveaux chefs du peuple ne dura-t-il pas longtemps sans changement; car à l'occasion du murmure des Israélites, qui eut lieu au campement surnommé les *sépulcres de concupiscence* (*Num.*, XI, 21, 34), Moïse établit par l'ordre de Dieu soixante-dix anciens d'Israël, auxquels Dieu communiqua une partie de l'esprit de son fidèle serviteur, et qui commencèrent à prophétiser. Et c'est là, selon la plupart des interprètes, comme le remarque D. Calmet, le commencement du fameux Sanhédrin; mais pour soutenir ce sentiment, il faut faire bien des suppositions, afin de trouver dans Israël ce tribunal toujours subsistant (*Dict. de la Bible*, art. Anciens d'Israël). Quoi qu'il en soit, le gouvernement de ces anciens, constitué par Moïse, paraît s'être perpétué jusqu'au temps de Josué, et même jusqu'à celui des juges; car nous voyons dans l'alliance faite avec les Gabaonites, les anciens du peuple faire le serment, aussi bien que Josué, et accompagner ce grand capitaine, lorsque peu de temps avant de mourir il renouvela son alliance avec le Seigneur. Si l'on considère même ce que dit l'Écriture, qu'*Israël servit fidèlement le Seigneur pendant la vie de Josué et celle des anciens qui lui survécurent*, on peut croire avec quelque fondement que Josué ne nomma personne pour lui succéder, mais qu'il laissa le gouvernement de la république des Hébreux entre les mains des anciens (*Jos.* XXIII, 2; XXIV, 1, 31. Voyez aussi Bertram, *De Republ. jud.*, c. IX). J. G.

ANCIENS (*droit canonique*). C'est le mot qui désigne dans le Nouveau Testament les prêtres et les évêques, *presbyteri*. Les anciens présidaient les premières assemblées des fidèles, et formaient un conseil nommé presbytère, *presbyterium*. L'évêque était à la tête de ce conseil, et prenait les avis des simples prêtres qui siégeaient à ses côtés, et qui, pour cette raison, étaient appelés *assesseurs des évêques*, par les Pères de l'Église. C'est donc à tort que quelques historiens hétérodoxes ont prétendu que, dans les premiers temps du christianisme, il n'y avait aucune différence entre les évêques et les prêtres, parce qu'ils se trouvent souvent désignés par la dénomination commune d'anciens.

ANCIENS. Les calvinistes donnent ce nom à un certain nombre de personnes qu'ils choisissent d'entre le peuple, lesquelles, conjointement avec les pasteurs, composent le consistoire pour veiller aux intérêts de la religion et au maintien de la discipline. Les fonctions de ces anciens sont à peu près les mêmes que celles des marguilliers des églises catholiques. G-D.

ANCILE. On donna ce nom à un bouclier merveilleux qui était tombé du ciel sous le règne de Romulus. Les destinées de Rome y étaient attachées; c'était un autre *palladium*. Pour empêcher qu'il ne fût volé, Numa en fit fabriquer onze parfaitement semblables, de sorte qu'il n'était pas possible de les distinguer. Ces boucliers furent placés dans le temple de Vesta, et confiés à la garde de douze prêtres, qu'on nomma saliens. Ces prêtres étaient tenus, une fois tous les ans, de porter processionnellement ces boucliers autour de Rome; ce qu'ils faisaient en chantant des hymnes en l'honneur du dieu Mars. La fête durait trois jours, et, ce qu'il y avait d'étrange, c'est que ces trois jours étaient réputés malheureux, et l'on commençait le mois de mars (*V.* SALIENS). J. DE M.

ANCILES (*archéol. numism.*). Les boucliers anciles sont figurés sur un denier d'argent d'Auguste, avec le nom de *P. Stolo triumvir*. Entre ces deux boucliers on voit l'*apex* ou bonnet du flamine. Au revers est la statue équestre d'Auguste, qui avait été élevée au mois de mars, pendant que les prêtres saliens (*V.* ce mot) célébraient leurs cérémonies. On voit encore les boucliers anciles sur les médailles de moyen bronze d'Antonin le Pieux, et on lit au-dessous le mot ANCILIA.—Sur une petite pierre gravée, rapportée par Lanzi (*Saggio di ling. Etrusc.*, II, IV, 1), on voit deux saliens, la tête voilée, vêtus de la *trabea*, portant sur un bâton posé sur leurs épaules trois boucliers anciles (Millin., *Gal. mythol.*, I, 35).

DU MERSAN.

ANCILLAIRE, *ancillaria* (moll.), genre de coquilles trachélipodes établi par Lamarck. Ces coquilles, très-voisines des olives, avec lesquelles plusieurs auteurs les ont confondues, s'en distinguent aisément par leur spire courte non canaliculée, ce qui rend leur surface parfaitement lisse, et surtout par leur animal, qui est dépourvu de manteau et de l'organe qui, chez les olives, est destiné à former la suture qui sépare les tours de spire. On connaît une quarantaine d'espèces de ce genre, dont près de la moitié sont fossiles.

J. B.

ANCILLON (DAVID), né à Metz en 1617, théologien protestant, ministre de l'église de Charenton et successivement de celle de Meaux, quitta la France après la révocation de l'édit de Nantes, et alla s'établir à Berlin, où il mourut en 1692. Il publia une assez plate apologie de Luther, de Calvin, de Zwingle et de Bèze; Hanau, 1666. — Charles ANCILLON, fils du précédent, aussi né à Metz en 1659, et mort à Berlin en 1715. Il s'était adonné à la littérature et à la jurisprudence, et il fut reçu avocat à Paris. Ses coreligionnaires de Metz le chargèrent de réclamer pour eux la faveur de n'être pas compris dans les dispositions de l'édit de révocation, mais il n'obtint que des promesses, et il fut obligé de suivre son père à Berlin. Le gouvernement prussien le dédommagea de ce qu'il avait perdu en France, et il obtint plusieurs emplois honorifiques et lucratifs. Écrivain médiocre, comme son père, il a composé une *Histoire de l'établissement des réfugiés français dans le Brandebourg*, 1690, in-8°; des *Mélanges critiques de littérature*, 1698, 3 vol. in-8°; une *Vie de Soliman II*, 1706, in-4°; un *Traité des eunuques*, 1707, in-12. Ce dernier ouvrage, rempli de faits inexacts et d'idées incohérentes, fait peu d'honneur à son auteur. — Un fils de Charles, Louis-Frédéric ANCILLON, pasteur de l'église française de Berlin, mort vers la fin du XVIII° siècle, a publié un traité estimé sur cette question: *Quels sont, outre l'inspiration, les caractères qui assurent aux livres saints la supériorité sur les livres profanes ?* — Jean-Pierre-Frédéric ANCILLON, fils de Louis-Frédéric, né à Berlin en 1766, reçut de son père une éducation brillante et solide. Destiné à l'état ecclésiastique, il suivit avec succès son cours de théologie et d'éloquence religieuse, et à ces études il mêla celle de l'histoire. Il commença sa carrière comme ministre d'une communauté française et professeur à l'académie militaire de Berlin. Un sermon qu'il prononça dans cette communauté, en 1791, et qui fut entendu par hasard par le prince Henri de Russie, lui mérita la protection et les faveurs de la cour. Plus tard il fit un voyage en Suisse et en France, parcourut ces pays en observateur, publia des fragments de ses voyages, et ne resta pas étranger aux débats politico-littéraires de cette époque; il écrivit dans les journaux, et ce fut avec passion. Il s'était déjà fait connaître par des essais historiques sur la révolution belge sous Joseph II, lorsqu'il publia successivement ses *Mélanges de littérature et de philosophie*, 1801, in-8°; un *Tableau des révolutions dans les systèmes politiques de l'Europe depuis le XV° siècle*, 1803; un *Traité sur la souveraineté et la constitution de l'État*, 1816; la *Science d'État*, 1824; des *Essais de politique*, id.; un *Traité de la foi et de la science dans la philosophie; de l'Esprit des constitutions et de leur influence sur la législation*, 1825 : son dernier ouvrage, 1828, est intitulé *Méditation des opinions*. Son Tableau des révolutions dans les systèmes politiques lui valut un assez pompeux éloge de la part de la commission de l'Institut de France, lequel, dans son rapport sur les progrès de l'historiographie, ne craint pas de nommer M. Ancillon, le digne successeur du grand Leibnitz. Ce même ouvrage lui ouvrit les portes de l'Académie de Berlin, et, peu de temps après, Frédéric-Guillaume III lui confia (1806) l'éducation du prince royal. Le zèle et le talent qu'il déploya reçurent une digne récompense; Ancillon fut nommé conseiller d'État et chevalier de l'Aigle rouge. Quand l'éducation du prince fut terminée, le roi l'attacha au ministère des affaires étrangères en qualité de conseiller de légation. Ancillon, qui avait renoncé depuis longtemps à ses fonctions de pasteur, prit une part très-active aux travaux diplomatiques de cette époque (1814). Dix ans plus tard, il fut nommé directeur de la section politique du même ministère; et, en 1831, il devint secrétaire

d'État au même département. On s'accorde assez généralement à reconnaître l'esprit de modération et de sagesse qui l'a dirigé dans l'exercice de ces hautes fonctions jusqu'à sa mort, arrivée le 15 avril 1837. —On a beaucoup trop vanté, au surplus, les talents diplomatiques d'Ancillon. Il est possible qu'il en eût déployé de remarquables, s'il eût été à la tête du ministère en des temps difficiles; mais les circonstances ne lui ont pas donné occasion de se montrer au premier rang des diplomates. Quant à ses écrits, français ou allemands, car il possédait également les deux langues, on y remarque assez d'élégance et de clarté dans le style, mais il ne faut point prendre à la lettre les paroles de la commission de l'Institut.

ANCKARSTROEM (JEAN-JACQUES), officier suédois, né en 1759, mort sur l'échafaud en 1792, à l'âge de trente-trois ans. Il avait été admis très-jeune encore dans la garde royale, où il avait le grade d'enseigne. Mécontent, suivant les uns, de ne pas obtenir un avancement rapide; poussé, suivant les autres, par des motifs politiques, il quitta le service à vingt-quatre ans, avec le grade de capitaine. Gustave III, qui songeait depuis longtemps à détruire le pouvoir du sénat et celui de la noblesse, fit arrêter Anckarstroem, qui, retiré dans ses terres, excitait les paysans à l'insurrection; on l'en accusait du moins, mais le fait ne put être prouvé, et, après plusieurs années de captivité, Anckarstroem fut rendu à la liberté, sans aucun dédommagement capable de neutraliser la haine profonde que dans sa prison il avait conçue contre le roi. En 1789, il parut à la diète de Stockholm, et il s'éleva avec la plus grande véhémence contre le souverain, contre ses mesures politiques, et contre la proscription qui venait d'atteindre un grand nombre de nobles. A ses ressentiments personnels, Anckarstroem joignait un motif particulier de vengeance. Le roi avait fait trancher la tête au colonel Hoetsko, qu'il accusait de trahison, parce que cet officier avait empêché l'armée de Finlande d'assaillir les Russes, sur le motif que l'agression n'avait pas été autorisée par les états. C'était là toute la question entre le roi et les nobles. Le premier voulait se mettre au-dessus des états, et les seconds voulaient tenir le souverain en tutelle, en subordonnant sa volonté à celle des états où ils exerçaient le plus grande influence. Anckarstroem avait accompagné le colonel au supplice, et il lui avait promis, dit-on, de venger sa mort par celle du roi, ce qui n'est plus de la politique, mais rentre dans les habitudes d'un assassin. Ce qui est certain, c'est que depuis ce moment Anckarstroem ne cessa de conspirer contre les jours de Gustave, et que sa haine était si violente, qu'on le plaçait naturellement à la tête de tous les complots. Ce qui est certain encore, c'est que deux ans se passèrent avant que l'occasion que cherchait le meurtrier se présentât. Ce fut dans la nuit du 16 mars 1792 qu'elle s'offrit. Dans un bal masqué, donné par le roi, le comte de Horn, qui le reconnaissait très-bien sous son déguisement, s'étant approché de lui en lui disant : Je te salue, beau masque (c'était le signal convenu), Anckarstroem tira sur Gustave un coup de pistolet, à bout portant. L'assassin se sauva au milieu du désordre causé par cet événement, et il n'aurait peut-être pas été reconnu s'il n'avait jeté dans la salle le pistolet, qu'un armurier reconnut, pour l'avoir vendu à Anckarstroem. Arrêté le surlendemain dans son domicile, il fit l'aveu de son crime, entendit son arrêt de mort sans faiblesse, et monta d'un pas ferme à l'échafaud. Plus de deux cents personnes furent impliquées dans l'affaire, quoiqu'il eût déclaré qu'il n'avait point de complices. Il y eut même, dit-on, deux personnes si gravement compromises, que pour éviter le supplice, elles se donnèrent la mort : l'un n'était qu'un simple bourgeois ; l'autre, le comte de Bietke, était allié à la famille royale, et c'est là peut-être ce qui a donné lieu de dire que des conjurés avaient disputé à l'assassin l'honneur de se déshonorer par un crime aussi lâche qu'odieux, et qu'il dut y avoir un tirage au sort. Les actes du procès ne disent rien de cette circonstance. L'arrêt de condamnation est du 29 avril 1792.

ANCOLIE, *aquilegia*, genre de plantes dont la fleur se compose de feuilles inégales, dont quelques-unes sont plates, et les autres en forme de tuile ou capuchon, et d'un pistil entouré d'étamines d'où sort un fruit qui contient des graines ovales et aplaties. L'ancolie est cultivée dans les parterres pour la beauté de ses fleurs ; le fruit s'employait autrefois dans les pharmacies comme antiscorbutique, apéritif et diurétique.

J. DE M.

ANCÔNE (numism.) Plusieurs monnaies des anciens offrent des types parlants, qui, par le sujet qu'ils représentent, font allusion au nom de la ville : c'est ainsi que celles d'Ancône représentent un bras plié, dont la main tient une palme et porte la légende ΑΓΚΩΝ (Ancôn), coude. Auprès sont deux étoiles. Le droit de cette médaille porte une tête laurée de femme. Cette médaille, de bronze, d'une fabrique ordinaire et de 9 lignes de diamètre, est estimée 20 francs (Mionnet, *Descr.*, t. I, p. 105). — Trajan fit construire à Ancône un port et un arc de triomphe; c'est à cette époque qu'on rapporte une médaille de cet empereur, au revers de laquelle paraît un pont, avec la légende POR. AVG., *portus Augustus.* DU MERSAN.

ANCÔNE (*géogr.*). Vers l'an 408 avant l'ère chrétienne, une troupe de fugitifs échappés des rivages de la Sicile, alors accablée sous le joug de Denis le tyran, aborda sur cette partie des rivages de l'Italie que baignent les flots de l'Adriatique, et y jeta les fondements d'Ancône. — L'emplacement choisi par les exilés syracusains est situé sous le 43ᵉ degré de latitude nord, et sous le 11ᵉ degré de longitude est. — Ancône fut longtemps une pauvre bourgade ignorée; elle se développa lentement dans ces régions alors non fréquentées, et qui, même aujourd'hui, ne voient d'autres voyageurs que des commerçants et des soldats. C'est qu'il y a, en effet, entre cette ville et la véritable Italie, toute une chaîne de montagnes, cette chaîne des Apennins dont la crête semble diviser la Péninsule en deux contrées différentes, autant par la nature du sol que par le caractère, les allures et les mœurs des habitants qu'elles nourrissent. Il y avait plus de cent cinquante ans que la ville d'Ancône traînait, presque inconnue, sa chétive existence, lorsqu'elle devint colonie romaine; vers la fin du premier siècle de notre ère, elle tomba au pouvoir des Sarrasins qui la ravagèrent, et rentra dans sa première obscurité, où elle demeura plongée pendant toute la durée des guerres civiles en Italie : Venise alors brillait de cet immense éclat qui répandit sa gloire jusqu'aux extrémités du monde : comment la petite cité d'Ancône n'eût-elle pas été complètement éclipsée par cette reine de l'Adriatique, aux pieds de laquelle s'agenouillaient alors presque toutes les puissances de la terre? Ancône se releva au XVIᵉ siècle; déjà fermentait dans son sein cet esprit d'indépendance qui caractérise encore les populations de l'ancien Picenum, désigné aujourd'hui sous le nom de *Marche d'Ancône*, et dont elle fait partie : en 1522, elle s'érigea en république, sous la protection du saint-siège. Clément XII et Benoît XIV accordèrent à cette ville des avantages spéciaux, des privilèges importants, et lui firent, dans le monde commerçant, une situation honorable dont elle n'a cessé de jouir. Après Venise et Trieste, ces entrepôts de l'Adriatique, Ancône tient sa place, grâces aux bienfaits des papes; mais par une singularité remarquable, toutes les richesses de cette ville sont entre les mains des juifs. Et ceci n'est pas un des moindres témoignages de la tolérance de ces mêmes papes, dont on a si souvent incriminé le système gouvernemental. — Aujourd'hui, le voyageur qui se dirige vers cette ville rencontre d'abord, sur le rivage de la mer, un arc de triomphe d'une architecture élégante : c'est la porte avancée d'Ancône; alors se déroulent devant ses yeux les murailles crénelées de la place bâtie en amphithéâtre, entre deux collines, dont l'une s'avance dans la mer et constitue le port, tandis que l'autre soutient dans les airs une citadelle imposante : ce fut dans cette place que le général Monier soutint un siége remarquable avec une faible troupe de deux mille hommes. Le jour où il se retira de la citadelle, après sa courageuse résistance, il ne comptait plus que deux cents hommes en état de porter les armes; et cependant il continuait à se défendre contre les forces réunies des Prussiens, des Turcs, des Italiens et des Autrichiens. Placé sur la hauteur du *Monte-Gardeto*, qui n'était pas alors fortifiée comme aujourd'hui, il lutta pendant quinze jours contre quarante-deux mille hommes, livrant chaque jour trois combats. — Il y a dans ce fait quelque chose de si incroyable, qu'on hésiterait à le rapporter s'il n'était suffisamment constaté. Plus tard le général Bonaparte fit construire sur ce point de vastes fortifications, qui élevèrent Ancône au rang des places les plus importantes de l'Italie. — Lorsqu'en 1831, les troubles survenus dans *les Marches* appelèrent au secours du gouvernement les forces de l'Autriche, la France crut qu'il convenait aux intérêts de sa politique de surveiller la conduite de ces protecteurs armés; elle crut qu'il lui importait de prendre part à cette œuvre pour laquelle on n'avait appelé que les régiments autrichiens; la diplomatie combattit ce projet; mais, en dépit des efforts qu'elle fit, une expédition française s'empara d'Ancône; cette ville devint pour nous un point d'observation, et pour le nord de l'Italie une sauvegarde contre les envahissements d'une puissance rivale. — Cette occupation s'est prolongée jusqu'à la fin de 1838, époque

où la retraite des Autrichiens a dû amener celle des Français. — Ancône n'a point cessé d'appartenir au saint-siège; elle est située à 300 kilomètres N. N. O. de Rome, et compte 20,000 habitants. — Le port de cette ville est profond. Il peut recevoir les plus gros navires de guerre; il est protégé par un môle qui n'a pas moins de 2,000 pieds de long, et dont on attribue la construction à l'empereur Trajan.

H. CORNILLE.

ANCRAGE, et plus communément MOUILLAGE; c'est un mot par lequel on désigne le lieu dans lequel un navire peut jeter l'ancre pour séjourner, tel qu'une rade, une baie, une côte abritée des vents du large. Pour que l'ancrage soit bon, il faut que le fond soit tel que les becs de l'ancre puissent mordre facilement et solidement. — On donne aussi le nom d'ancrage à un droit auquel sont soumis les vaisseaux qui vont mouiller dans certains ports et certaines rades; car ce droit ne se prélève pas partout.

ANCRE, nom d'une machine ou instrument de fer qui, s'accrochant par ses becs ou ses pointes au fond de la mer, sert à retenir le vaisseau auquel elle est amarrée au moyen d'un câble, et l'empêche d'être entraîné par les vents ou par les courants. Cet instrument, indispensable aux navigateurs, se compose d'une énorme tige de fer, qu'on appelle *verge*, et dont la longueur est déterminée proportionnellement à la force que doit avoir l'ancre. A l'extrémité supérieure est un gros anneau de même métal, dans lequel est passé le bout du câble amarré au vaisseau par l'autre bout; on l'appelle *organeau*. De l'extrémité inférieure de la verge partent, en sens opposés, deux grands bras, qui se terminent par une espèce de patte d'oie dont la pointe porte le nom de *bec*; on appelle *croisée* l'endroit où les deux bras se joignent à l'extrémité de la verge. Au-dessous de l'organeau est une pièce de bois nommée *jas*, placée perpendiculairement au plan des bras. Cette pièce est très-essentielle; car, lorsque l'ancre descend au fond de la mer et qu'elle touche d'abord par sa croisée, ne pouvant rester dans une position verticale, elle tend à s'abattre d'un ou d'autre côté. Dans ce mouvement, l'un des bouts du jas rencontre le sol, ce qui, tenant la verge dans une position oblique, force le bec à s'enfoncer dans le sol par le moyen de la traction opérée par le câble sur l'organeau. — Il y a des ancres de tout calibre, et chaque vaisseau doit en avoir plusieurs, soit parce qu'il arrive souvent qu'on est obligé de jeter plusieurs ancres pour retenir le vaisseau, soit parce que le câble peut venir à se rompre, et qu'en ce cas l'ancre est perdue. La plus grosse ancre est ordinairement du poids de quatre mille kilogrammes. — Une ancre est difficile à faire quand on veut lui donner de la solidité et empêcher que ses bras ne se détachent de la verge. Avant de s'en servir, on les soumet à l'épreuve; cette épreuve se fait de plusieurs manières; en général, il faut que l'ancre résiste à la traction jusqu'à ce que le câble casse. — L'usage de l'ancre est très-ancien, même pour les ancres à jas, que quelques-uns ont dit être une invention moderne. Autrefois on se servait de grosses pierres en guise d'ancre; les sauvages s'en servent aussi pour arrêter leurs pirogues. — On appelle *ancre de miséricorde*, la grande ancre, parce qu'ordinairement on ne la jette qu'à la dernière extrémité. — On dit d'un vaisseau qu'il *jette* l'ancre, pour exprimer qu'il s'arrête dans un mouillage. On dit qu'il *lève* l'ancre, pour exprimer qu'il va remettre à la voile.

ANCRE (*term. de serrur.*) (*V.* ANCRURE.)

ANCRE (MARÉCHAL D') (*V.* CONCINO CONCINI.)

ANCRE (MARÉCHALE D') (*V.* GALIGAÏ.)

ANCRURE (*technol.*). On donne ordinairement ce nom à une grosse barre de fer dont les extrémités sont recourbées en forme de S, et qu'on applique contre les murailles qui menacent de faire quelque écartement. Ces ancrures sont fortement retenues par le milieu de leur longueur à une chaîne ou barre de fer qui entre dans les constructions. On se sert encore d'ancrures pour résister à la poussée des voûtes, pour soutenir des tuyaux de cheminée, pour unir ensemble des pierres entre elles et les empêcher de perdre l'à-plomb. (*V.* TIRANT.) J. DE M.

ANCUS MARTIUS, petit-fils de Numa Pompilius, fut élu roi de Rome l'an 641 avant J. C., après le court interrègne qui suivit la mort de Tullus Hostilius. Son amour pour la paix et son zèle pour la religion ne l'empêchèrent pas de faire la guerre avec succès. Attaqué par les Latins, il prit et détruisit Politorium, Tellène et Ficène, dont il transporta les habitants à Rome en leur accordant le droit de cité. Ivres de vengeance, les Latins voulurent en venir à une bataille rangée; ils furent vaincus. Les Fidénates, les Véiens, les Sabins et les Volsques eurent le même sort. C'est au siége de Fidènes par Ancus Martius que se rapporte le premier essai fait par les Romains de l'attaque d'une place au moyen de la mine (*V.* MINES DES ANCIENS). Ancus battit deux fois encore les Véiens, ce qui lui fit décerner par le sénat les honneurs du triomphe. Après avoir conquis de nouveau la paix par ses victoires, Ancus enferma dans l'enceinte de Rome le mont Aventin et le mont Janicule, qui, joint à la ville par le. pont Sublicius, en devint la citadelle. Il fit aussi construire une prison sur la place publique, fonda le port et la ville d'Ostie, et fit distribuer au peuple le produit des salines creusées par son ordre. Rome lui dut plusieurs monuments, entre autres le temple de Jupiter Férétrien et le bel aqueduc d'*Aqua Martia*. Ancus Martius mourut après un règne de vingt-quatre ans. Son histoire, comme celle des autres rois de Rome, ne porte sur aucun fondement bien authentique; elle présente d'ailleurs d grandes contradictions, que nous indiquerons sommairement à l'article ROME. A. S—B.

ANCYLE, *ancylus* (moll.). Ce genre, créé par Geoffroy aux dépens des patelles, renferme de très-petites espèces de mollusques d'eau douce qui, si on ne considérait que la coquille, ne pourraient point être séparées des patelles, mais qui s'en éloignent par l'organisation de leur animal pour se rapprocher des lymnées et des planorbes. M. de Férussac leur assigne pour caractères : animal tout couvert en dessus; pied ovale, moins large que le corps; deux tentacules latéraux, contractiles et variables, coniques ou triangulaires, plus ou moins tronqués; les yeux à la base de derrière, mais paraissant en dessus comme en dessous; orifice respiratoire en siphon cylindrique, court, contractile, situé vers l'extrémité postérieure du corps et du côté extérieur; test conique semblable à celui des patelles. On connaît une douzaine d'espèces de ce genre, dont trois fossiles. J. B.

ANCYLODON, *ancylodon* (poiss.). Ce genre, établi par Cuvier, appartient à la famille des scienoïdes; il est très-voisin des otolithes, dont il diffère par le museau, qui est plus court, et par les dents, qui sont, surtout celles d'en bas, très-longues et en crochets saillants. Ce genre, dont on ne connaît que deux espèces, a pour type le *lonchurus ancylodon* de Bloch. J. B.

ANCYRE (*numism.*). Plusieurs villes anciennes ont porté ce nom : la numismatique ne nous a laissé de monuments que de deux, qui sont situées, l'une dans la Phrygie, l'autre dans la Galatie. — La ville d'Ancyre de Phrygie laisse voir sur ses monnaies les traces de la domination romaine, puisque les plus anciennes que l'on connaisse portent la tête de la *déesse Rome*, ou celle du *sénat sacré*, ou du *dieu sénat*, avec les légendes qui consacrent cette servilité. Les revers offrent Jupiter, Diane ou Bacchus, avec la légende ΑΝΚΥΡΑΝΩΝ (*des habitants d'Ancyre*). Après cette époque viennent les empereurs romains; ceux dont on trouve les effigies sur les médailles d'Ancyre sont : Néron, Domitien, Nerva, Trajan, Hadrien, Antonin, Marc-Aurèle, L. Verus, Septime Severe, Caracalla, Maxime, les deux Philippe, et enfin Gallien. Les têtes d'impératrices sont celles de Poppée, Domitia, Sabine, Faustine la jeune, Socinias et Otacilia. La flatterie des habitants d'Ancyre divinisa sur la monnaie de cette ville Antinoüs, le favori d'Hadrien, auquel ils donnèrent dans leur légende le titre de héros : ANTINOOC HPOC. Le revers de ce médaillon de bronze représente le dieu *Lunus*, tenant sa haste, une ancre. Le nom du magistrat qui l'a fait frapper est *Jules Saturnin*. Cette pièce vaut 60 francs. L'ancre que porte le dieu Lunus, et qui se retrouve sur d'autres médailles dans la main de Neptune, fait allusion au nom de la ville; le mot grec ΑΓΚΥΡΑ (Ancyra) signifie ancre. Les types les plus fréquents sont Cybèle, la Diane d'Éphèse, mais surtout Neptune. Les médailles de cette ville ne se trouvent qu'en bronze; les autonomes valent de 8 à 24 francs; les impériales varient de 4 à 48, selon la rareté; le grand module, de 24 à 60 fr. — Ancyre de Galatie ne nous fournit que des médailles en bronze, frappées également sous les empereurs romains, depuis Néron jusqu'à Gallien. Auguste embellit beaucoup cette ville; il est singulier qu'on n'ait pas trouvé de ses monnaies frappées sous ce prince. Ancyre était la province des Tectosages, et la métropole de toute la Galatie; elle porte sur ses monnaies ce titre, dont elle devait s'enorgueillir. Les types sont très-variés, on y trouve presque toutes les divinités : on y remarquera aussi l'ancre, dont le nom fait allusion au nom de la ville; elle se trouve particulièrement dans la main d'une femme tourelée, portant un habit court, et tenant aussi la *pelta* (bouclier) et la *bipenne*, hache à deux tranchants qui distingue les ama-

zones. Cette femme est sans doute la ville personnifiée. Les temples qui ornaient cette ville sont représentés sur ses médailles, ainsi que les urnes et les palmes des jeux de toute espèce qui y étaient célébrés; c'est surtout sous le règne de Caracalla qu'on trouve ces types avec les noms des jeux actiaques, pythiaques, isthmiques : sur l'une de ces médailles on lit : IEPOC. ΑΓΩΝ., combat sacré; sur une autre on voit des lutteurs. Les médailles d'Ancyre de Galatie sont plus nombreuses que celles d'Ancyre de Phrygie. Il y en a de communes depuis 1 franc jusqu'à 4; de plus rares, depuis 15 jusqu'à 30 francs. DU MERSAN.

ANCYRE (aujourd'hui *Angoury* ou *Angorah*), dans l'Asie Mineure, fut une des principales villes de la Galatie et capitale des Tectosages, près d'un petit lac nommé *Cenascis*. Auguste agrandit considérablement cette ville, qu'il dota de plusieurs beaux édifices. Lorsqu'au IVe siècle l'empire fut divisé en diocèses, Ancyre devint la capitale de la *Galatia Salutaris*. Caracalla avait voulu changer son nom en celui d'Antonine. On y trouve encore beaucoup de ruines et de fragments d'antiquités, surtout du côté de la porte dite de Smyrne. On y voit aussi beaucoup d'inscriptions. Ce fut dans les plaines d'Ancyre que se livra, le 16 juin 1402, la bataille où périt la fortune de Bajazet Ier. Forcé de prendre la fuite, il tomba au pouvoir des Tatares vainqueurs, qui l'amenèrent chargé de fers devant leur chef, le fameux Timur-leng (Tamerlan) qui, justement irrité par l'orgueil insolent de son prisonnier, le fit enfermer dans une cage de fer. — Il y avait une autre ville d'Ancyre dans la Phrygie, sur le Tymbri : mais il ne faut confondre ni la ville phrygienne ni celle de la Galatie avec *Ancyrum* ou *Ancyrium*, lieu voisin de Nicomédie, dans lequel on croit qu'est mort Constantin. — La ville moderne d'Angorah renferme aujourd'hui vingt-cinq mille habitants turcs ou arméniens; ces derniers y ont un archevêque, les autres un pacha. On y fabrique de très-beaux tissus de poil de chèvre et des draps de poil de lapin; ces derniers ont de l'éclat et sont très-fins, mais ils manquent de solidité. C'est de l'antique Ancyre que nous viennent les chiens et les chats angorahs. J. DE M.

ANCYRE. Vital d'Antioche assembla un concile en 314 ou environ à Ancyre, alors métropole de la Galatie. Il se tint entre Pâques et la Pentecôte; on y décréta vingt-cinq canons, dont la plupart regardent ceux qui avaient faibli au temps de la persécution. On leur imposa diverses pénitences, selon le degré et les circonstances de leur faute. Le neuvième canon de ce concile est remarquable, en ce qu'il porte que, si un diacre, au moment de son ordination, a déclaré qu'il ne peut passer sa vie dans le célibat, il peut se marier ensuite, sans pour cela être interdit de ses fonctions; mais s'il s'est abstenu de faire cette déclaration, il ne peut plus songer au mariage, ou, s'il prend une femme, il faut qu'il abdique le diaconat. Dans le douzième il est défendu aux chorévêques d'ordonner des prêtres ou des diacres. Ce canon est le premier texte historique, d'après D. Cellier, où il soit parlé des chorévêques. — Il y eut un second concile à Ancyre en 358 : il fut tenu par les semi-ariens, qui y condamnèrent la seconde formule de Sirmich de l'an 357, et y professèrent la doctrine du *semblable en substance*. — Mansi rapporte ce concile à l'an 359.

ANDAGINUM, Saint-Hubert en Ardennes, monastère d'hommes de l'ordre de Saint-Benoît, diocèse de Liége, fondé en 687. L. DE MASLATRIE.

ANDALOUSIE (L'), la plus grande province de l'Espagne, est bornée au nord par l'Estramadure et la Nouvelle-Castille; à l'est, par le royaume de Murcie; au sud, par la Méditerranée; à l'ouest, par l'Océan, les Algarves et la province portugaise Entre-Tage-et-Guadiana. Située dans la partie méridionale de la Péninsule, l'Andalousie est séparée des provinces qui l'entourent par des montagnes élevées et connues sous le nom de *Sierras* (sierra, chaîne de montagnes). Au nombre des plus remarquables, nous citerons la sierra Bermeja, les sierras de Filabre, de Bujo, de Leyta, de Quesada, de Torrès, de Ségura, des Alpujarras, de Constantine, de Cazorla, de Suzana, de Procida, et enfin la sierra Morena. — Cette contrée est arrosée par le Guadalquivir, le Xénil, l'Odiel, nommé jadis Luxia, qui coule au nord de la province et se perd dans l'Océan; par l'Azeche ou le Rio-Tinto, autrefois appelé Urius, dont le cours est parallèle à celui de l'Odiel. — La conformation de cette province présente une losange irrégulière, dont les proportions atteignent, de l'est à l'ouest, quatre-vingt-sept lieues, et quarante du nord au sud. — Quant à l'étymologie du nom d'Andalousie, on s'accorde généralement à la trouver dans le nom des Vandales. Au temps où ce peuple étranger régnait sur la péninsule ibérique, la partie méridionale de ce pays paraît avoir reçu la dénomination de *Vandalousie*, et plus tard, par corruption, celle d'*Andalousie*. — Cependant, une opinion nouvelle attribuerait aux Arabes l'honneur de l'avoir nommé. Dans la langue de l'Arabie, le mot *andalos* signifie *occidental*; et les Arabes auraient, dit-on, appelé *Andalosia* cette partie de l'Espagne, comme autrefois l'Espagne tout entière fut nommée *Hespérie* par les Grecs. — Quoi qu'il en soit, nous adopterions plus volontiers la première opinion. — Cette province, primitivement occupée par les Phéniciens, passa ensuite sous la puissance des Carthaginois, et plus tard sous l'empire de Rome. Les Alains, les Suèves, les Vandales, tous ces peuples connus sous le nom générique de *Goths*, s'emparèrent à leur tour de cette terre privilégiée. A ces derniers succédèrent les Maures d'Afrique.—« Les historiens, dit Alph. Rabbe dans son *Résumé*, ne sont pas entièrement d'accord sur les causes de l'invasion des Maures. La critique sévère des modernes a rejeté l'histoire de la fille du comte Julien et de Rodrigue, dernier roi des Goths. Elle a cru trouver dans l'ambition de ce sujet, trop puissant pour un si faible maître, des motifs suffisants de sa trahison. D'autres expliquent cet événement par les prétentions et le ressentiment des enfants de Vitiza, et par l'influence de l'archevêque Oppas, leur oncle. » Il est difficile de se décider entre toutes ces traditions; mais *Voy.* JULIEN, RODRIGUE, etc. — Ce qu'il y a de certain, c'est que Tarik, l'un des plus vaillants capitaines de ce temps, envoyé par Muza, vint débarquer sur les côtes d'Espagne, au pied du mont *Calpé*, aujourd'hui Gibraltar; qu'il déploya toutes ses forces à travers les plaines de l'Andalousie, et présenta la bataille au roi des Goths, Rodrigue, qui perdit à la fois dans ce combat la vie et le trône. Cette bataille, qui changea les destinées de l'Andalousie, eut lieu en l'année 711.— Le règne des Goths fut longtemps heureux : l'Andalousie était arrivée, sous leur domination, à la plus grande prospérité; mais, sous les Arabes et les Maures, les guerres civiles troublèrent constamment le pays, et, pendant le cours de plusieurs siècles, le désordre produit par ces dissensions s'accrut progressivement jusqu'au jour où le roi Ferdinand, dit le Catholique, soumettant par la force des armes la ville de Grenade, dernier boulevard des Maures, renversa et anéantit leur puissance en 1492. — L'émigration des Maures, qui emportèrent avec eux en Afrique les débris de leurs richesses et les secrets de leur industrie, laissa l'Andalousie vide et inanimée; et la conquête, glorieuse pour Ferdinand, fut pour le pays une calamité réelle. Sa nature est toujours la même : ses orangers, ses grenadiers, ses plantes des tropiques fleurissent toujours en pleine (terre; mais ses habitants peu nombreux sont plongés dans une apathie, une insouciance, une léthargie morale telles qu'ils semblent se rattacher aux peuples civilisés de l'Europe que par le territoire.—L'Andalousie est divisée en deux parties. La première a pour capitale Grenade : cette ville et le territoire qu'elle régit prennent le nom de royaume de Grenade. Ce royaume, qui embrasse une portion de la partie orientale et toute la partie méridionale de la province jusqu'au détroit de Gibraltar, forme une sorte de triangle, dont la base est appuyée, à l'E., au royaume de Murcie, et dont la pointe se baigne, au S. O., dans les eaux de Gibraltar. Ce triangle s'étend sur une longueur de 54 lieues, sur une largeur de 7 lieues à la pointe et 28 à la base. Il confine, à l'E. et au N. E., avec le royaume de Murcie; au S. et au S. O., avec la Méditerranée; à l'O., avec le royaume de Séville, à l'O. et au N., avec le royaume de Cordoue; et enfin, au N. O. N., avec le royaume de Jaen. Le royaume de Grenade possède trois ports ouverts sur la Méditerranée : le port d'Almugnecar, défendu par trois forteresses; à l'E., le port d'Alméria, célèbre au temps des Arabes, et celui de Malaga, aujourd'hui le plus fréquenté de ces parages. — Les principales villes de ce royaume sont Grenade, capitale, archevêché; Malaga, Alméria, Cadix, évêché; Motril, Marbella, Velez-Malaga, Baza, Vera, Ronda, Loja, Santa-Fé, Huesca, Antéquéra et Alhama. Il est arrosé par le *Verdé*, le Xenil, le Tehuas, le Guadalmeja, le Darro, le Guadalete, etc. — Le royaume de Séville, qui complète la province d'Andalousie, occupe la partie occidentale de l'ancienne Bétique. Il se développe sur une longueur de 54 lieues; il se termine en pointe, se prolonge jusqu'au détroit de Gibraltar, confine, à l'E., avec le royaume de Cordoue et de Séville. S. E., avec le royaume de Grenade; au S., avec l'Océan et le détroit de Gibraltar; à l'O., avec le royaume des Algarves, et au N., avec l'Estramadure. Le royaume de Séville a deux ports principaux : le port d'Algéciras sur la Méditerranée, et celui de Cadix sur l'Océan. Ce dernier présente un développement considérable; il débouche sur une baie dont la circon-

férence n'a pas moins de huit lieues : c'est le port le plus fréquenté de l'Espagne. — Les villes principales de cette province sont : Séville, capitale, archevêché; Cadix, place forte, évêché; Santa-Maria, port de mer; Xérès, célèbre par ses bons vins, Andujar, Ronda, Ecija et plusieurs autres. Le territoire de Séville est arrosé par la Guadiana, le Saltès, le Tinto, l'Odiel, le *Verdé*, le Xenil, le Guadalete, le Guadalquivir, le San-Pédro, etc. — Cette province de l'Andalousie, que les Romains comprenaient sous la dénomination de Bétique, du nom du fleuve Bétis, aujourd'hui Guadalquivir, actuellement divisée en haute et basse Andalousie, formait cependant sous les Goths quatre royaumes distincts; c'étaient les royaumes de Séville, de Grenade, dont nous venons de parler, et ceux de Jaen et de Cordoue, désormais incorporés l'un et l'autre au royaume de Séville. — L'Andalousie renferme 2 archevêchés, 6 évêchés, 8 chapitres métropolitains, 980 paroisses, 760 couvents, 2 gouvernements désignés sous le nom de capitaineries générales, 41 villes, 458 bourgades, 198 villages et 5 ports de mer. L'Andalousie est la plus grande et la plus fertile province de l'Espagne : elle nourrit de nombreux troupeaux, et produit des chevaux dont la race est renommée. Séville, Cordoue, Jaen, Ecija, Grenade, sont des villes fameuses par leurs souvenirs et par les monuments de leur antiquité. Les Romains, les Goths, les Maures, tous les peuples qui ont passé sur cette terre, y ont laissé de précieux vestiges. Malheureusement, nous l'avons dit, la population, appauvrie par les émigrations du XVe et du XVIe siècle, n'a pas réparé ses pertes. La plus grande partie des terres est inculte, abandonnée, sauvage. Il y a encore une raison toute locale, qui s'oppose à la prospérité agricole de ce royaume. Les ports dont il est entouré appellent sur ses rivages tout le commerce et tous les bras du pays; les émigrations continuent, et la population va demander aux Indes et à l'Amérique des richesses qu'elle pourrait aisément faire jaillir du sol qu'elle abandonne.   H. CORNILLE.

ANDAMAN (ILES D'); c'est le nom qu'on a donné à un archipel du golfe de Bengale, situé entre les 10e et 13e degrés de latitude, sous un climat très-doux, mais où la saison des pluies dure sept ou huit mois de l'année. La plus considérable de ces îles est la grande Andaman, qui a 45 lieues de long sur 6 de large; elle est séparée par un détroit de la petite Andaman, qui n'a guère que 8 ou 9 lieues de longueur. L'intérieur de ces îles est montagneux et couvert de forêts. On en tire des bois très-rares; les arbres à fruit des tropiques y abondent. Sur les côtes on recueille beaucoup de coquillages; ces coquillages sont avec le poisson la principale nourriture des habitants, qu'on représente comme des sauvages féroces et qu'on accuse même d'anthropophagie. Ils sont noirs, ont les cheveux crépus et laineux, le nez aplati, la taille menue et grêle. Le pays produit beaucoup de perroquets et de singes. La route d'Andaman est très-peu fréquentée par les navigateurs.   J. DE M.

ANDANA, *Andenne*, monastère d'hommes, de l'ordre de Saint-Benoît, du diocèse de Namur, fondé en 694.   L. DE M.

ANDANTE, ANDANTINO (*t. de musique*.) Ces deux mots, dont le second n'est que le diminutif du premier, se placent en tête de certains morceaux de musique, afin de marquer le mouvement que l'exécutant doit prendre. Le mot d'*andante* se prend aujourd'hui pour signe d'un mouvement grave et mesuré, plus voisin du lent que du vif et du précipité, qu'on désigne par le mot *allegro*; l'andantino, au contraire, se rapproche davantage de ce dernier; il tient le milieu entre l'allegro et l'andante. Du reste, toutes ces précautions sont assez superflues, car un bon musicien n'a pas besoin qu'on lui dise le mouvement qu'il doit prendre; la nature même du morceau qu'il exécute lui sert de règle; la meilleure règle, au surplus, c'est le goût. Nous avons souvent entendu jouer ou chanter des morceaux sur un mouvement assez vif, malgré le mot sacramentel d'andante, et certes le morceau n'y perdait pas. (*V.* au surplus MOUVEMENT [*musiq.*].)

ANDECAVI, anciens peuples de la Gaule dans la troisième Lyonnaise, sur la rive droite du Liger (la Loire). Le pays qu'ils occupaient répond à l'ancienne province d'Anjou. La ville actuelle d'Angers s'élève sur l'emplacement de leur ancienne capitale. (*V.* ANGERS.)   J. DE M.

ANDECIÆ ou ANDECEIUM, ANDECIES, monastère de femmes, de l'ordre de Saint-Benoît, du diocèse de Châlons-sur-Marne, situé à une demi-lieue de Baye en Champagne, fondé en 1131 par Simon de Broye, seigneur de Bais, sous le patronage de la sainte Vierge. Son revenu était de 8 à 9,000 livres en 1789. Avant 1131, Andecies n'était qu'un prieuré dépendant de Molesme. L'abbesse et les religieuses prétendaient que cette abbaye était de fondation royale ; mais, par arrêt contradictoire du parlement de Paris, du mois de juin de l'an 1687, les seigneurs de Bais en furent déclarés les fondateurs.— *Andelacum*, monastère d'hommes au diocèse de Strasbourg, le même qu'*Andlavia*. — *Andeleius*, *Andelagum* ; Notre-Dame d'Andely, monastère de femmes, du diocèse de Rouen, situé dans la ville du grand Andély, dans le Vexin-Normand, à trois lieues N. O. de Vernon, sur le ruisseau de Gambon, fondé, vers l'an 526, par la reine sainte Clotilde, sous l'invocation de la sainte Vierge. **L. DE M.**

ANDÉLYS (LES). Ce sont deux villes de France, départ. de l'Eure, dont l'une, le grand Andély, chef-lieu d'arrondissement, à une journée d'Évreux, s'élève dans une vallée que le ruisseau de Gambon traverse ; l'autre, le petit Andély, à une demi-lieue environ du premier, est situé sur le bord septentrional de la Seine. On y voit une ancienne forteresse nommée Château-Gaillard, taillée dans le roc. Ce fut dans ce château que furent enfermées les trois belles-filles de Philippe le Bel. Ce château, pris par les Anglais en 1419, fut repris par les Français au bout de dix ans. — Les Andélys sont fort anciens ; on prétend que Clotilde, l'épouse de Clovis, avait fondé en ce lieu une abbaye de filles, et que la ville s'éleva peu à peu autour du monastère, comme cela arrivait presque toujours à cette époque reculée. **J. DE M.**

ANDÉOL (S.), que l'on croit avoir été disciple de saint Polycarpe, fut envoyé dans les Gaules, prêcha l'Évangile à Carpentras, eut la tête fendue avec une épée de bois, en 208, par ordre de l'empereur Sévère, au moment où il se préparait à porter en Angleterre les lumières de la foi. La ville qui porte son nom dans le diocèse de Viviers possède ses reliques. — L'ancienne église de Saint-André des Arcs, à Paris, reconnaissait saint Andéol pour son premier patron. **A. D.**

ANDERNACUM, *Andernac*, monastère d'hommes, de l'ordre de Saint-Augustin, du diocèse de Trèves, fondé avant le xᵉ siècle, sous l'invocation de saint Thomas et de la sainte Vierge.

ANDERSON (JACQUES), célèbre agronome écossais, né en 1739, non loin d'Édimbourg. Dès sa plus tendre jeunesse, et sans négliger l'étude des sciences, il s'occupa de l'exploitation des terres, dans laquelle il obtint de grands succès. La société royale de Londres l'admit au nombre de ses membres. On a de lui un *Essai sur les plantations*, 1777, in-8° ; des *Essais sur l'agriculture*, 3 vol. in-8° ; des *Observations sur les moyens d'exercer l'industrie nationale*, in-4° ; l'*Abeille*, journal hebdomadaire, dont il fut le principal rédacteur ; des *Récréations*, ou procédés d'agriculture et d'histoire naturelle ; une *Correspondance avec le général Washington*, et des *Recherches sur la rareté des grains* ; enfin, une Encyclopédie britannique. Anderson mourut dans la retraite en 1808 ; il s'était éloigné du monde, afin de pouvoir se livrer sans contrainte à ses goûts champêtres. L'Écosse lui doit l'amélioration de ses pêcheries sur les côtes du Nord.

ANDERSON (EDMOND), né vers l'an 1540, dans le comté de Lincoln, s'adonna de bonne heure à l'étude des lois. La reine Élisabeth l'éleva au poste de chef-justice des *common pleas*. Jacques Iᵉʳ, successeur d'Élisabeth, le confirma dans l'exercice de ces fonctions, bien qu'il eût siégé parmi les juges iniques de la malheureuse Marie Stuart. — Adam Anderson, qui a vécu dans le XVIIIᵉ siècle, a publié une Histoire assez estimée du commerce de l'Angleterre. Il en a été fait une seconde édition en 4 vol. en 1801. — George Anderson, né en Allemagne, dans les premières années du XVIIᵉ siècle, entra au service du duc de Holstein, et fit pour le compte de ce prince plusieurs voyages dans l'Orient ; mais à son retour, soit qu'il dominé par la paresse, soit qu'il ne trouvât pas en lui les talents d'un écrivain, il ne put ou ne voulut point rédiger la relation de ses découvertes. Le duc de Holstein la fit faire alors par Olivarius, qui écrivait sous la dictée d'Anderson. Elle fut publiée à Sleswig, en 1669.

ANDERSON (LAURENT), le plus malheureusement célèbre de tous ceux qui ont porté le même nom, naquit en 1480, dans une ville de Suède, de parents pauvres et obscurs ; ses talents et son ambition profonde qui en dirigea constamment l'exercice le poussèrent aux honneurs et lui firent obtenir enfin la faveur de Gustave Wasa, qui, sans aucun droit à la couronne, était parvenu à s'en saisir. Anderson devint le confident et l'ami de son maître ; ils étaient faits l'un pour l'autre. Anderson avait embrassé, probablement sans conviction l'état ecclésiastique, et de simple prêtre de Strègnes, il fut promu à l'archidiaconat d'Upsal. Cette dignité ne le satisfit point ; il voulait un évêché ; ne pouvant l'obtenir, il s'attacha au parti de la cour, et peu de temps après Gustave le fit

son chancelier. Anderson avait séjourné quelque temps à Wittemberg, et il y avait connu Luther, dont les doctrines lui avaient plu, parce qu'elles flattaient ses ressentiments contre le haut clergé qui ne l'avait pas admis dans son sein. Dès qu'il se fut assuré de la confiance du prince, confiance qu'il avait obtenue flattant tous ses goûts, il lui donna le conseil, avidement suivi, d'introduire la réforme en Suède, de se constituer chef de la religion, et, digne émule de Henri VIII d'Angleterre, de s'emparer, au moins en grande partie, des biens de l'Église. Gustave, que les Suédois regardent comme un grand prince, parce qu'il les a délivrés du joug salutaire de la religion de leurs aïeux, fut dominé toute sa vie par une avarice sordide ; le conseil d'Anderson, c'était pour lui le Pactole roulant des flots d'or. La diète de Westeras, convoquée en 1527, subordonna aux volontés du roi toutes les questions qui se rapportaient à l'Église. Cette décision impie fut prise, malgré la vive opposition des évêques et de quelques nobles qui se joignirent à eux. L'éloquence et les efforts d'Anderson triomphèrent de toutes les résistances, et la Suède devint luthérienne. — Anderson ne jouit pas toujours de la faveur royale. Gustave était homme à profiter de ce qu'on faisait pour lui, mais non à tenir beaucoup de compte à ses amis de leurs services. Il est probable que le chancelier n'obtint pas toutes les récompenses auxquelles il s'attendait : il se jeta dans le parti des mécontents ; on prétend même qu'il eut connaissance d'une conspiration qu'il ne révéla point. Gustave le fit traduire devant la diète, qui le déclara coupable et le condamna au supplice ; une somme d'argent offerte à propos à l'avarice du souverain lui fit obtenir la permission de vivre dans la retraite. Il alla s'enfermer dans Strègnes, où il avait commencé sa carrière, et il y mourut en 1552. Il s'occupa dans les derniers temps d'une traduction en suédois du *Nouveau Testament*.

ANDERTON (JACQUES), né dans une petite ville du Lancashire, vers le milieu du XVIᵉ siècle. Si Laurent Anderson acquit une triste célébrité en faisant adopter par ses compatriotes les erreurs de Luther, Jacques Anderton se fit distinguer dans une carrière opposée par son attachement sincère au catholicisme, et le zèle ardent avec lequel il le défendit contre l'hérésie naissante qui fit en Angleterre de si funestes progrès, fondée sur la spoliation des biens de l'Église. Son *Apologie de la religion romaine*, publiée en 1604, in-4°, sous le nom de Jean Brereley, est un chef-d'œuvre de raison et d'érudition. Le docteur Morthon, chapelain du roi, et successivement évêque de Chester et de Durham, tenta de lui répondre par son *Appel aux catholiques pour les protestants* ; Anderton, en publiant une seconde édition (1608) de l'Apologie, qu'il enrichit de notes, foudroya les sophismes de son adversaire. Cet ouvrage a été imprimé à Paris en 1615, traduit en latin par Guillaume Reyner. On a encore d'Anderton une *Explication de la liturgie de la messe sur le sacrifice et la présence réelle*, en latin, 1620, in-4°, Cologne ; et un ouvrage curieux, intitulé *Religion de saint Augustin*, 1620, in-8°, dans lequel il indique la méthode employée par le saint docteur dans les controverses, et l'applique avec succès à tous les points qui divisent les catholiques et leurs adversaires.

ANDES ou **CORDILLIÈRE DES ANDES** ; grande chaîne de montagnes qui traverse les deux Amériques dans toute leur longueur. Il a été parlé de ses divisions, de ses plateaux, de ses principaux pics, de ses volcans, de ses minéraux, dans l'article *Amérique* (géog.). Nous y renvoyons le lecteur, ainsi qu'aux mots VOLCANS, MINES, etc. Nous dirons seulement ici que les Andes forment moins une seule chaîne, qu'une série de chaînes plus ou moins parallèles, renfermant de profondes vallées, où la végétation la plus active déploie le plus grand luxe, des plateaux élevés qui, sous les tropiques, offrent le phénomène d'une température plutôt froide que chaude, ou des précipices que l'œil ose à peine sonder, des roches abruptes, des lieux inaccessibles. Ajoutons que la grande chaîne est en général d'une largeur peu proportionnée à sa longueur immense ; car excepté dans les groupes du Pérou, où cette largeur est d'environ 150 lieues, partout ailleurs elle n'est guère que de 25 ou 26 lieues au plus. **J. DE M.**

ANDILEGIUM, monastère d'hommes, du diocèse de Rouen, fondé avant 548, sous l'invocation de la sainte Vierge. **L. DE M.**

ANDLAU (CHATEAU D'). Ce château, bâti par la famille d'Andlau, est situé sur un rocher de granit, et domine les deux vallées de Barr et d'Andlau. Entretenu en bon état par les soins des seigneurs, il était très-bien conservé, lorsque survint la révolution, dont le vandalisme n'épargna aucun des monuments de la France. La toiture et la charpente en furent enlevées ; dès lors, le château commença à tomber en ruine.

ANDLAU (FAMILLE NOBLE D'), Andlow, Andlo, Anvelo. Cette famille, originaire de Rome, quitta l'Italie par suite des guerres civiles, et s'établit en Alsace. Après l'extinction de la famille des sieurs de Dicka (1385), elle devint propriétaire du château de Spesbourg, près duquel elle fit bâtir le château qui porte son nom. Un grand nombre de membres distingués ont illustré la famille d'Andlau dans toutes les carrières (Voyez Schœpflin, *Alsatia illustrata*, tom. II, p. 698 [Nimis longum esset recensere viros quos magno numero domus hæc protulit togâ et sago illustres, Ecclesiæ principes, Abbates, Abbatissas, Præpositos Teutonici et sancti Johannis Equites; litterarum patronos atque fautores insignes].)

ANDLAU (GEORGE D'), docteur en droit canonique ; prévôt des églises de Lautenbach et de Bâle, jouissait d'une haute considération parmi ses contemporains. Il eut une grande influence aux conciles de Constance et de Bâle. Lorsque le pape Pie II (Æneas Sylvius) fonda l'université de Bâle, en 1459, il en nomma recteur George d'Andlau, et lui confia la rédaction des statuts, ainsi que le choix des professeurs. George d'Andlau mourut le 7 mars 1466.

ANDLAU (PIERRE D') fit ses études à Pavie. Après avoir reçu le doctorat, il obtint la chaire de droit canonique à l'université de Bâle, et en devint vice-chancelier. Puis il fut nommé prévôt de l'église de Saint-Michel à Lautenbach, et chanoine de Colmar ; trois fois élu doyen de la faculté de droit, il devint aussi recteur de l'université en 1471. Plein de talent et d'érudition, il composa le premier ouvrage de droit public allemand, intitulé : *De imperio romano, regis et augusti creatione, inauguratione, administratione et officio, juribus, ritibus et cerimoniis electorum aliisque imperii partibus*. Cet ouvrage fut publié à Strasbourg en 1603 et en 1612 ; il reparut à Nuremberg en 1657, sous ce titre : *Repræsentatio reipublicæ Germanicæ*. La bibliothèque de Bâle possède encore de ce jurisconsulte les manuscrits suivants : *Collectanea conclusionum super regulis juris*, l. 6, in-4° ; *Conclusiones in clementinas et VI decretalium recitatæ in ordinariis lectionibus et scriptæ manu Jacobi Louber*, anno 1491, in-fol. *Recollecta ex lectura tertia vice instituta D. Dominici de S. Germaniano super VI libro decretalium*, anno 1499, in-4°. Enfin on a découvert une chronique du même auteur qui embrasse tous les temps compris entre la création du monde et le XVe siècle, quoiqu'elle traite surtout l'histoire des villes de Bâle et de Colmar. Oberlin et Saint-Léger ont donné des réflexions sur cette chronique dans le Magasin encyclopédique de Millin, tom. I et II.

ANDLAU (RIVIÈRE D'). Elle descend du champ du Feu, baigne la ville d'Andlau et le village de Zelviller ; puis elle reçoit le Kirneek, qui sort de la ville de Barr, et, après un cours de quelques lieues, elle se joint à l'Ill.

ANDLAU, petite ville, canton de Barr, arrondissement de Schlesstadt, département du (O.) Bas-Rhin. Il y avait autrefois dans cette ville une commanderie de l'ordre Teutonique et une abbaye princière de dames nobles, fondée par sainte Richarde, femme de Charles le Gros (*V.* SAINTE RICHARDE). On y compte deux mille habitants.   **L. DE HUMBOURG.**

ANDLAVIA, ANDLAW. Monastère de femmes, de l'ordre de Saint-Benoît, du diocèse de Strasbourg, situé dans la basse Alsace, près de Barr, sur la rivière de même nom, fut fondé en 880 par sainte Richarde, fille d'un roi d'Écosse, et femme de l'empereur Charles le Gros, sous l'invocation de saint Fabien et de sainte Félicité. Sainte Richarde ayant été injustement soupçonnée d'infidélité par son mari, se sépara d'avec lui, reprit sa dot, et fixa à 5 lieues S. O. de Strasbourg le monastère d'Andlaw où elle passa le reste de sa vie. Après sa mort, on lui éleva un tombeau assez remarquable. La communauté de cette abbaye était composée de l'abbesse et de douze chanoinesses séculières, qui devaient fournir pour être admises les mêmes preuves de noblesse que dans les collèges d'Allemagne. L'abbesse était princesse de l'Empire, et quoiqu'elle eût voix dans les diètes, elle ne supportait aucune partie des impositions qui y étaient réglées. L'abbaye d'Andlaw portait le titre d'abbaye impériale ; elle était avec son territoire un des États immédiats d'Alsace réservés au traité de Westphalie par l'article *teneatur*. La seigneurie de la ville d'Andlaw n'appartenait pas à l'abbesse, mais à un seigneur séculier (*V.* les articles précédents). Les chanoinesses vivaient en commun ; on ne leur donnait à chacune que vingt écus ou environ pour leur entretien ; les revenus de l'abbaye étaient de 16,000 ou 18,000 livres, tant pour la *mense* abbatiale que pour la communauté.   **L. DE MASLATRIE.**

ANDOCHIUS (SANCTUS), Saint-Andoche d'Autun, situé dans la ville d'Autun, était dans son origine un monastère d'hommes de l'ordre de Saint-Benoît, et un hôpital fondé par la reine Brunehaut et par saint Syagrius, à l'endroit où était le temple de Minerve. L'évêque Jonas en fut le principal bienfaiteur. Dans la suite, des religieuses remplacèrent les hommes à Saint-Andoche ; mais le relâchement qui s'y introduisit bientôt y fit de tels progrès, que les religieuses ne conservèrent plus aucune marque de l'état monastique, et que la congrégation devint de fait séculière. — Il y avait dans le diocèse d'Autun un monastère d'hommes sous le nom de Saint-Andoche de Saulieu ; il avait été fondé avant 722.   **L. DE M.**

ANDOCHE (S.), disciple de saint Polycarpe, suivant Bède, Adon et Usuard, fut envoyé dans les Gaules, avec Thyrse et Andéol, pour y faire connaître la religion de Jésus-Christ, en parcourut diverses provinces avec le premier, tandis que le second versait son sang pour la foi dans le Vivarais, et fut martyrisé à Saulieu, à la fin du IIe siècle, avec Thyrse et un chrétien nommé Félix, qui leur avait offert un asile.—L'Église honore, le 24 septembre, la mémoire de ces trois martyrs, Andoche, Thyrse et Félix.   **A. D.**

ANDOCIDE, orateur grec, contemporain et ami d'Alcibiade, fut accusé, conjointement avec ce dernier, d'avoir profané ou divulgué les mystères d'Éleusis. Pour se soustraire lui-même au danger, il consentit à se rendre dénonciateur, et parmi ceux qu'il compromit par ses révélations se trouvait, dit-on, son propre père. A la vérité, il le défendit devant les juges, et il le fit avec tant d'éloquence et de bonheur, qu'il obtint un succès complet ; mais, s'il gagna ainsi une réputation de talent, il ne s'acquit pas de délicatesse et de probité. Son caractère inquiet et remuant le fit bannir plusieurs fois d'Athènes ; mais il eut toujours l'art de se faire rappeler. Toutefois Plutarque, qui a écrit sa vie, le fait mourir dans l'exil. Le même écrivain lui attribue quatre discours, qui ont été depuis insérés dans le *Recueil des Orateurs grecs* de Henri Étienne et de Reiske (*Leccion. Andoc.* de Sluiter, *Leyde*, 1804) ; mais l'auteur de son article dans la Biographie universelle ne lui donne que les deux premiers. Louis Courrier, dans son édition de Plutarque, embrasse le même sentiment.

ANDORRE (VALLÉE ou VAL D'). C'est le nom d'une vallée des Pyrénées, enclavée entre le département de l'Ariége, au nord et à l'ouest, la vallée de Carol, qui dépend des Pyrénées-Orientales, à l'est, et la grande chaîne des Pyrénées, qui sépare la France de l'Espagne, au midi. Cette vallée, dont le sol est montagneux et peu fertile, ayant environ trois ou quatre lieues de longueur du sud au nord, et deux ou trois lieues de largeur de l'orient à l'occident. Elle est coupée par un grand nombre de torrents qui de tous côtés descendent des montagnes ; le principal de ces cours d'eau est l'Embalira. Le val d'Andorre compte à peu près douze à treize mille habitants, répartis en six principales bourgades, Andorre, Camill, Encamp, la Massana, Ordigno et San-Julia, et en plusieurs hameaux qui en dépendent. Le pays est pauvre ; quelques pâturages composent toute la fortune des habitants ; mais ces habitants, malgré les privations qui les entourent, la rudesse de leur climat et le défaut presque absolu chez eux d'industrie, s'estiment heureux : c'est qu'ils jouissent d'une constitution particulière à laquelle ils se croient libres. Leurs six bourgades forment une espèce de république fédérative, que gouverne un conseil de vingt-quatre membres, lequel siège à Andorre ; ce sont les anciens et les notables du pays. Deux syndics nommés par le conseil exercent le pouvoir exécutif. Ils vivent sous la protection de la France, et, quant à la juridiction spirituelle, sous le patronage de l'évêque d'Urgel en Espagne, auquel ils payent une légère redevance. — L'histoire ou plutôt les traditions des habitants d'Andorre sont assez singulières. Ils prétendent que ce fut Charlemagne qui les rendit indépendants, pour les récompenser des services qu'ils avaient rendus à son armée quand il se rendit en Espagne sur l'invitation du wali de Saragosse ; toutefois Charlemagne s'était réservé quelques droits, que Louis le Débonnaire céda en partie à l'évêque d'Urgel. Au XIIIe siècle, le comte de Foix contesta la propriété du val d'Andorre à l'évêque, sur quoi il intervint une sentence de Pierre d'Aragon (1278), d'après laquelle l'évêque et le comte possédèrent par indivis. Les droits du comte de Foix retournèrent à la couronne de France par l'avénement de Henri IV. Les habitants du val payèrent alors une contribution, qui, considérée en 1790 comme redevance seigneuriale ou féodale, fut supprimée, de sorte que le val se trouva libéré envers la France, qui, de son côté, lui retira sa protection. Pendant la guerre de la révolution, les Andorrans surent conserver une parfaite neutralité, ce qui valut à leur pays une paix profonde quand tout s'embrasait autour d'eux; cependant, séduits par l'éclat des victoires de Napoléon, ils demandèrent à faire partie du grand empire, ce que Napoléon leur accorda *généreusement*. Depuis cette époque, le val d'Andorre est censé faire partie de la France; il en reçoit un juge, qui doit être pris dans le département de l'Ariége, et porte le nom de viguier, comme autrefois dans la Cerdagne et le Vallespir (Pyrénées-Orientales); Andorre, en retour, paye une contribution qui ne s'élève pas à mille francs. J. DE MARLÈS.

ANDOUILLE, charcuterie grossière, qui se compose d'intestins hachés et assaisonnés de graisse et d'épices. Quelques personnes se montrent friandes de l'andouille; c'est le cas de dire qu'il ne faut point disputer des goûts. Ce qui est certain, c'est que presque toujours l'andouille, soit que les intestins qu'on emploie n'aient pas été lavés avec assez de soin, soit qu'ils soient naturellement imprégnés d'une odeur nauséabonde qu'il n'est pas possible de faire entièrement disparaître, a un fumet, un arrière-goût qui n'est guère fait pour tenter des hommes tant soit peu délicats. Les *andouillettes de Troyes* sont assez estimées des amateurs de ce mets. A. A.

ANDRA, ANDRES ou ANDERNES, monastère d'hommes, de l'ordre de Saint-Benoît, du diocèse de Boulogne (Pas-de-Calais), fondé par Baudouin, comte de Boulogne et de Guines, en 1084, sous l'invocation du saint Sauveur et de sainte Rotrude. Cette abbaye était néanmoins appelée communément abbaye de Saint-Médard d'Andres; ses religieux avaient été tirés de l'abbaye de Charoux en Poitou. Le fondateur y déposa le corps de sainte Rotrude vierge, petite-fille de l'empereur Charlemagne. Le même monastère servit dans la suite de sépulture aux comtes de Guines. L'abbaye d'Andres ayant été ruinée par les guerres, le corps de sainte Rotrude fut transporté à l'abbaye de Saint-Bertin de Saint-Omer; cependant le titre abbatial de Saint-Médard d'Andres a continué de subsister : le revenu de l'abbé était de trois mille livres environ. Les monuments du monastère sont depuis longtemps entièrement ruinés. L. DE M.

ANDRADA (DIEGO DE PAYVA D'), théologien portugais, né à Coïmbre en 1528, était fils du grand trésorier du roi Jean. Il avait déjà déployé un grand zèle dans les missions, quand ce prince l'envoya au concile de Trente, où il se fit remarquer par sa sagesse et ses connaissances théologiques. Il mourut en Portugal en 1575, et laissa : 1° *De concilii auctoritate*; il y a accordé la plus grande extension à la prérogative de l'autorité pontificale. 2° *Defensio tridentinæ fidei libri* VI *adversus hæreticorum detestabiles calumnias*; Lisbonne, 1578, in-4°, édition très-rare; Ingolstadt, 1580, in-8°, moins rare. Le sixième livre, qui traite de la concupiscence et de l'immaculée conception de la sainte Vierge, est fort curieux et très-intéressant; les systèmes, les opinions, les explications d'une multitude de savants y sont rapprochées avec beaucoup d'art. 3° *Orthodoxarum questionum libri* X, etc., *adversus Kemnitii petulantem audaciam*; Venise, 1564, in-4°, édition très-rare, et plus correcte que celle de Cologne, publiée la même année. 4° 7 volumes de sermons en portugais. 5° Une harangue latine qu'il prononça au concile de Trente le deuxième dimanche après Pâques, en 1562. Nous devons remarquer que dans sa *Défense du concile de Trente*, il attribue aux sages du paganisme une connaissance vague du Rédempteur et la foi qui justifie, opinion dont s'est prévalu Leibnitz pour soutenir l'identité absolue des communions chrétiennes. Sans entrer ici dans une discussion qui montrerait aisément combien cette conséquence est forcée, nous dirons seulement que tout ce que nous savons des philosophes anciens, des païens les plus sages, de leur conduite, de leurs fastueuses et impuissantes maximes, est peu propre à nous faire augurer favorablement de leur salut.

ANDRADA (THOMAS D'), plus connu sous le nom de *Thomas de Jésus*, et frère du précédent, commença en 1578 la réforme des augustins déchaussés, suivit le roi Sébastien dans sa malheureuse expédition d'Afrique, et fut fait prisonnier à la bataille d'Alcaçar, le 4 août de la même année. Jeté par les infidèles dans une basse-fosse où il ne recevait de jour que par les fentes d'une mauvaise porte, il refusa cependant l'argent que la comtesse Yolande de Lignarez, sa sœur, lui avait envoyé pour sa rançon, préférant rester dans les fers pour soulager ses compagnons d'infortune. Il mourut dans sa prison le 17 avril 1582, et fut aussitôt invoqué comme bienheureux par les fidèles témoins de ses vertus. Pendant sa captivité, et à la faveur de la faible clarté qui arrivait jusqu'à lui, il composa un ouvrage ascétique, plein d'onction et de piété, intitulé : *Trabalhos de*

Jésus (Travaux de Jésus), Lisbonne, 1602 et 1607, 2 vol. Il avait divisé cet ouvrage en quatre parties; les trois premières seulement sont de lui ; le P. Jérôme Romain composa plus tard la quatrième, et Christophe Ferreira la traduisit en espagnol, 1624 et 1631; c'est de l'espagnol qu'il a été depuis lors traduit en français et en italien. La traduction française est due au P. Alleaume, elle a pour titre : *Les souffrances de Jésus-Christ*, et a été successivement publiée en 2, 3 et 4 volumes. On a encore du P. Thomas de Jésus une *Instruction aux confesseurs*.

ANDRADA (FRANÇOIS D'), frère des deux précédents, historien et conseiller de Philippe III, est auteur : 1° d'une *Histoire de Jean III, roi de Portugal*, Lisbonne, 1613, in-4°, et 1613, in-fol.; 2° d'une relation intitulée : *Expédition des Portugais contre les Turcs*, Coïmbre, 1556, in-4°. Ces deux ouvrages sont écrits en portugais.

ANDRADA (DIEGO D'), fils du précédent, mort en 1660, à l'âge de quatre-vingt-quatre ans, a laissé un poëme en douze chants sur le siége de Chaoul, et quelques ouvrages de critique et de morale.

ANDRADA (ANTOINE D'), né vers 1580, entra fort jeune dans la compagnie de Jésus, et se consacra aux missions étrangères dans les Indes et dans la Tartarie. Il pénétra en 1624 dans le Thibet, fut, à son retour à Goa, employé par ses supérieurs dans plusieurs missions importantes, et mourut empoisonné le 16 mars 1634. Une relation de son voyage et de la découverte du Thibet parut à Lisbonne en 1626, et fut traduite en français deux ans après, in-8°, sous ce titre : *Relation de la découverte du grand Cathay, ou royaume du Thibet*; une nouvelle traduction en a été donnée par MM. Péron et Billecocq, dans un *Recueil de voyages au Thibet*, Paris, 1796, in-18. — On ne peut se dissimuler qu'au milieu de toutes les fables dont est chargé le récit d'Andrada, il est très-difficile de démêler la vérité, et que les relations des voyageurs modernes ont singulièrement modifié l'idée qu'il avait conçue et qu'il nous a donnée des peuples et des pays qu'il avait sinon découverts le premier, au moins retrouvés après l'oubli dans lequel les avaient laissés les Européens.

ANDRADA (HYACINTHE D'), né à Béja vers 1597, fut honoré par le duc d'Olivarès de la plus intime confiance, appelé à lui donner son avis dans les affaires les plus importantes, et doté, sur sa demande, de la riche abbaye de Sainte-Marie des Champs. Malgré ces bienfaits, dont il ne se dissimulait pas l'étendue et dont il était loin de se montrer ingrat, il soutint contre le ministre favori que le roi d'Espagne n'avait sur le Portugal que le droit de la force. Après être remonté sur le trône de ses ancêtres, le duc de Bragance lui offrit l'emploi de précepteur du prince de Brésil et l'évêché de Viseu; mais Andrada refusa ces honneurs, se retira dans son abbaye, y fit un assez long séjour, et vint enfin se fixer à Lisbonne, où il mourut en 1657. Il avait composé une histoire de Don Juan de Castro, vice-roi des Indes; mais elle périt dans l'incendie de sa maison. Il fit alors une *Vie* du même, qui n'est qu'un abrégé de son *Histoire*, et qu'on regarde comme un des ouvrages les mieux écrits en portugais, Lisbonne, 1651, in-folio.

ANDRÉ (S.), apôtre, né à Bethsaïde, sur les bords du lac de Génézareth, s'attacha d'abord à saint Jean, dont il fut le premier disciple, sans abandonner sa profession de pêcheur; puis à Jésus-Christ, auquel il amena son frère Simon, surnommé Pierre. Nous voyons dans l'Évangile saint André être témoin, aux noces de Cana, du premier miracle du Sauveur; baptiser, par son autorité et en son nom, sur les bords du Jourdain; être appelé avec saint Pierre pour devenir *pêcheur d'hommes*; ne plus se séparer dès lors de Jésus-Christ, qui les mit l'un et l'autre à la tête de ses apôtres, logea dans leur maison à Capharnaüm, guérit à leur prière la belle-mère de Pierre en la prenant par la main et en ordonnant à la fièvre de la quitter, et nourrit dans le désert cinq mille hommes avec cinq pains et deux petits poissons qu'André lui fit présenter. Ces faits, et la question qu'il adressa au Sauveur sur l'époque de la ruine du temple, sont tout ce que les évangélistes nous ont transmis. Après la mort de leur divin maître, son ascension et la descente du Saint-Esprit, les apôtres se dispersèrent pour prêcher l'Évangile dans le monde entier, et ici commence, relativement à saint André, une divergence d'opinions que jamais probablement on ne pourra éclaircir. Origène, Sophrone, Théodoret, saint Grégoire de Nazianze, saint Jérôme, saint Paulin, saint Philastre, le font aller les uns en Scythie, dans la Sogdiane et la Colchide; les autres dans la Grèce, en Épire, à Argos, à Synope qui se glorifiait de posséder son portrait et la chaire dans laquelle il avait prêché, enfin en Achaïe. Cette dernière opinion, qui est celle de saint Jérôme, nous paraît la plus probable, quoique nous regardions comme apocryphes les actes publiés sous le nom des prêtres et des diacres d'Achaïe. — Les Moscovites sont persuadés que ce saint apôtre a porté la lumière de l'Évangile dans leur pays. Cette incertitude sur les lieux évangélisés par les disciples du Sauveur, n'est-elle pas une nouvelle preuve de la divinité de leur mission et de la pureté de leurs vues? Si l'intérêt, si l'amour de la gloire les avaient conduits, n'auraient-ils pas pris autant de soin de perpétuer par des monuments durables le souvenir de leur apostolat, qu'ils semblent en avoir mis à faire oublier leurs personnes? Ce qui paraît certain, c'est que saint André fut crucifié à Patras, sans qu'on puisse affirmer que sa croix eût véritablement la forme d'un X, ainsi que le prétend une opinion populaire; on peut même s'appuyer, pour soutenir le contraire, de la forme de la croix, conservée longtemps dans l'église de Saint-Victor, à Marseille, qu'on assurait être celle à laquelle avait été attaché cet apôtre et qui ne différait en rien de celle du Sauveur. — En 357, on transféra de Patras à Constantinople le corps de saint André avec ceux de saint Luc et de saint Timothée, et on distribua quelques portions de ses reliques aux églises de Milan, de Nôle, de Brescia, etc. Après la prise de Constantinople, le cardinal de Capoue porta ce précieux dépôt en Italie et le remit à l'église d'Amalfi, qui l'a toujours conservé depuis. Quand il fonda l'ordre de la Toison d'or, Philippe le Bon, duc de Bourgogne, lui donna pour insigne une croix dite de Saint-André, en forme d'X. — Saint André n'a laissé aucun écrit; l'Évangile que, dans les premiers temps de l'Église, on a répandu sous son nom, est évidemment apocryphe. Les Écossais honorent ce saint apôtre comme le principal patron de leur pays.

ANDRÉ (S.), tribun, fut martyrisé avec un grand nombre de soldats qu'il avait convertis au christianisme, vers 297 ou 298, sous Valère Maxime, en Cilicie ou en Arménie. — Les Grecs et les Latins l'honorent le 19 août. Métaphraste a traduit les actes de ces martyrs qui nous ont été transmis par Surius; mais on ne peut douter qu'ils ne soient faux, ou que du moins ils n'aient été gravement altérés.

ANDRÉ (S.), fut martyrisé à Lampsaque, ville célèbre de l'Hellespont, avec saint Pierre, saint Paul et sainte Denyse, sous l'empire de Dèce et le proconsulat d'Optime. — Les martyrologes grecs et latins font mémoire de ces saints le 15 mai, et les actes de leurs martyrs ne paraissent ni apocryphes ni falsifiés.

ANDRÉ D'AVELIN (S.), né à Castro-Nuovo, petite ville du royaume de Naples, en 1521, reçut le grade de docteur en droit civil et canonique, fut élevé au sacerdoce, plaida plusieurs causes devant la cour ecclésiastique, entra dans l'ordre des théatins en 1556, et quitta alors le nom de sa famille (Lancelot) pour adopter celui sous lequel il est connu. Il introduisit d'assez importantes réformes dans les maisons de son ordre, et mourut au pied de l'autel où il allait célébrer la messe, le 10 novembre 1608, dans sa 88ᵉ année. L'église des théatins de Saint-Paul, à Naples, possède son corps. — Ce saint religieux fut béatifié seize ans après sa mort, et canonisé par Clément XI, en 1712. La Sicile et la ville de Naples l'ont choisi pour leur patron. — Il a composé plusieurs ouvrages de piété qu'on a réunis et publiés en 5 vol. in-4º, Naples, 1733 et 1734; ce sont : un Traité de la prière; une Exposition de l'Oraison dominicale; des Réflexions sur les prières les plus usitées dans l'Église en l'honneur de la sainte Vierge; un Commentaire sur l'Épître de saint Jacques; un Traité du renoncement au monde; des Commentaires sur les Psaumes CXVIII et XLV; un Traité sur les huit béatitudes; des Homélies sur les Évangiles de tous les dimanches de l'année et de tous les jours de carême; un traité intitulé : Les Exercices de l'esprit; des Méditations; des Avis à une religieuse; une Explication des dons du Saint-Esprit; une Dissertation sur le péché originel; divers Traités qui ont pour objet l'humilité, l'amour de Dieu et du prochain, la miséricorde de Dieu et plusieurs vertus chrétiennes; enfin des Lettres très-intéressantes, qui ont été imprimées à Naples en 1732, 2 vol. in-4º.

ANDRÉ CORSINI (S.), d'une des plus illustres familles de Florence, né le 30 novembre 1302, après avoir passé dans le libertinage les premières années de sa jeunesse, fut converti par les prières et par les tendres avis de sa mère, prit l'habit des carmes en 1318, fit profession un peu plus d'un an après, fut ordonné prêtre en 1328, prêcha quelque temps à Florence, puis vint à Paris, y étudia pendant trois ans entiers, prit quelques degrés et alla ensuite continuer ses études à Avignon, auprès du cardinal Corsini, son oncle. A son retour dans sa

patrie, il fut élu prieur du couvent de Florence par un chapitre provincial, et, quelques années après, appelé par le chapitre de Fiésoli sur le siège épiscopal de cette ville. En vain se réfugia-t-il dans une retraite ignorée pour se soustraire à cet honneur; Dieu permit qu'un enfant le fît connaître; et, en 1360, il reçut la consécration épiscopale. Après avoir, en qualité de légat, rétabli la paix à Bologne, il mourut dans sa ville épiscopale le 6 janvier 1373, dans la 72ᵉ année de son âge et la 13ᵉ de son épiscopat; il fut canonisé par Urbain VIII. — De nombreux miracles, faits par lui pendant sa vie et obtenus auprès de son tombeau après sa mort, ne laissèrent jamais aucun doute sur sa sainteté. Aussi le pape Eugène IV, par une faveur signalée, avait-il permis d'exposer ses restes à la vénération des fidèles même avant le décret de canonisation. Sa fête a été transférée au 4 février. L'église des carmes de Florence possède son corps, qui est déposé dans une chapelle magnifiquement ornée par Clément XII, qui était de la même famille, et par le marquis de Corsini, son neveu. Ce pape a été enterré dans une chapelle de l'église de Saint-Jean de Latran, qu'il avait dédiée sous l'invocation de ce saint.

ANDRÉ, Grec d'origine, né de parents schismatiques, fut converti à la foi catholique par la lecture des œuvres des Pères de l'Église, et devint archevêque de Rhodes vers 1415. Il assista à la 20ᵉ session du concile de Constance, et, en 1417, au couronnement du pape Martin V, qui eut pour lui une grande affection, l'attacha à sa personne, et l'envoya à Constantinople pour presser l'union des deux Églises, suivant le vœu de Manuel et de son fils. Il se rendit aussi en qualité de nonce au concile de Bâle par les ordres d'Eugène IV, convoqua de concert avec plusieurs évêques un autre concile à Florence, en fut l'âme, se rendit dans l'île de Chypre, parvint à ramener à l'unité ceux qui restaient encore attachés au schisme, et mourut probablement au milieu de ses grands travaux pour la paix de l'Église. — Comme Rhodes a été aussi connue sous le nom de Colosse, on donne quelquefois à André le titre d'archevêque de Colosse, ce qui a porté quelques biographes à en faire deux personnages différents. — On attribue à ce pieux et zélé prélat quelques ouvrages qui sont restés manuscrits, entre autres, un Traité de l'essence et de l'opération de Dieu, et un Dialogue en réponse à une Lettre de Marc d'Éphèse contre les rits et le sacrifice de l'Église romaine; on conserve ces deux ouvrages à Rome, parmi les manuscrits du Vatican.   A. D.

ANDRÉ (ORDRE DE SAINT-). C'est un ordre militaire fondé en 1693 par le czar Pierre, après son retour de ses voyages. Cet ordre, très-estimé de tout temps en Russie, n'est accordé qu'aux personnes qui se sont illustrées par de grandes actions ou de grands talents. Les princes de la famille impériale en sont décorés après leur baptême, et l'impératrice en reçoit le collier aussitôt qu'elle a été couronnée. Les chevaliers de cet ordre portent une croix émaillée en bleu; elle offre l'image du martyre de saint André, patron de la Russie, surmontée de la couronne impériale; sur le revers est une aigle éployée, au-dessus de laquelle on lit en russe : Pour la foi et la fidélité. Le collier se compose de croix de Saint-André et de couronnes impériales, placées alternativement; mais ce collier n'est que pour les jours d'apparat; les autres jours, on y substitue un cordon bleu. On sait qu'on a donné de tout temps à la croix de Saint-André la forme d'un X, bien qu'il n'y ait sur ce point aucune tradition authentique. — Il y a eu en Écosse un ordre de Saint-André qu'on avait d'abord nommé Ordre du Chardon. On en attribuait la fondation à Jacques IV; quelques écrivains prétendaient en reculer l'origine jusqu'à la fin du VIIIᵉ siècle. Les chevaliers de l'ordre portaient un collier sur lequel on avait buriné des fleurs de chardon et des feuilles de rue, avec cette devise : Nemo me impune lacessit.   J. DE M.

ANDRÉ Iᵉʳ, prince du sang royal de Hongrie, et compétiteur de Pierre Iᵉʳ, dit l'Allemand, fut contraint, à l'avénement de celui-ci, en 1044, de s'enfuir, avec ses frères Béla et Léventha, en Russie, d'où il fut rappelé en 1047, lors de l'expulsion de Pierre. Les Hongrois le reconnurent pour roi; il leur avait promis de leur laisser l'ancien culte païen, mais dès qu'il eut le pouvoir en main, il voulut les forcer à embrasser le christianisme. Comme il avait pris d'autres engagements envers la nation hongroise, sans en tenir aucun, le mécontentement général lui fit sentir la nécessité d'assurer le trône dans sa postérité. C'est pourquoi il fit couronner son fils Salomon, à peine âgé de cinq ans, malgré les droits de Béla, son frère, qui, d'après une convention formelle, devait être son successeur immédiat. Cette injuste préférence fit éclater une guerre civile, dans laquelle Béla fut soutenu par la Pologne, tandis qu'André eût pour auxiliaires l'empereur d'Allemagne et le duc de Bohême. Les deux frères se livrèrent bataille sur les bords de la Theiss, l'an 1061. André, abandonné par les siens, fut fait prisonnier; il parvint à s'évader, et mourut bientôt après de chagrin et de misère, laissant le trône à son frère Béla. A. S–R.

ANDRÉ II, fils de Béla III, roi de Hongrie, se révolta contre le roi Émeric, son frère aîné. Celui-ci lui pardonna, et dès lors, André devint l'un des plus fermes appuis d'Émeric. Il resta fidèle au jeune roi Ladislas, son neveu. Après la mort de celui-ci, en 1204, il fut placé sur le trône par les états du royaume. La Hongrie jouit d'une paix profonde pendant les douze premières années de son règne. En 1217, André partit pour la terre sainte sur des vaisseaux de Venise; en échange il céda aux Vénitiens tous ses droits sur la Dalmatie. — On ne connaît pas les motifs qui le déterminèrent à prendre part à la croisade; on n'est pas plus d'accord sur le temps qu'il passa en Orient; il paraît pourtant qu'il revint dès l'an 1218. Ce fut sans doute pendant son absence que Gertrude, sa femme, fille du duc de Moravie, fut assassinée par le régent Banébanus (V. ce mot). Ramené sur la flotte vénitienne, André fut reçu avec honneur par Azon, marquis d'Este, dont il épousa la fille, nommée Béatrix. Pendant son voyage à la terre sainte, il avait marié son fils aîné, Béla, avec la fille de Théodore Lascaris, empereur de Constantinople. A son retour, il trouva son royaume dans le plus grand désordre; outre que les grands avaient étendu leur pouvoir et usurpé les domaines et les revenus de la couronne, les finances étaient épuisées. Pour mettre un terme aux maux du pays, André publia en 1222 sa fameuse Bulle d'or, étendit par cet acte les privilèges de la noblesse et du clergé, et les sanctionna par un serment solennel. Une copie en fut envoyée au pape, et une autre mise en dépôt entre les mains du palatin chargé de veiller sur les intérêts de la nation (V. BULLE D'OR). Les derniers temps du règne d'André furent troublés par quelques incursions de Tartares. Ce prince, mort en 1235, fut surnommé le Hierosolymitain, à cause de son expédition à la terre sainte. (V. CROISADES et HONGRIE). A. S–R.

ANDRÉ III, fils d'Étienne de Hongrie et de la Vénitienne Morosini, fut surnommé le Vénitien, parce qu'il naquit à Venise. Comme très-jeune encore il traversait les États d'Albert, duc d'Autriche et fils de l'empereur Rodolphe, pour aller prendre possession du royaume de Hongrie que lui avait légué le roi Ladislas, il fut arrêté par ce prince, qui ne lui rendit la liberté qu'après en avoir obtenu la promesse qu'il épouserait sa fille Agnès. Mais couronné à Bude en 1290, André ne se borna pas à refuser cette alliance, il jura même qu'il vengerait l'affront que lui avait fait Albert. Il déclara en effet la guerre à l'Autriche. Pour lui susciter des entraves, Rodolphe fomenta en Hongrie une faction qui proclama roi Albert d'Autriche. André avait déjà pour rival Charles Martel, fils de Charles II, roi de Naples. Il fit pourtant cinq campagnes consécutives en Hongrie; mais les troubles qui agitaient continuellement son royaume, le forcèrent à conclure avec l'Autriche une paix qu'il cimenta en épousant Agnès. Cependant il ne régna pas sur la Hongrie tout entière, car il fut obligé de la partager avec Charles, fils du roi de Naples; et ce partage de la Hongrie subsista jusqu'à la mort de ces deux rivaux, c'est-à-dire jusqu'en 1301. André III fut le dernier roi de la maison de Saint-Étienne. A. S–R.

ANDRÉ DE HONGRIE (appelé Andreasso par les Napolitains) était second fils du roi de Hongrie Caribert, sur qui Robert avait usurpé la couronne des Deux-Siciles. En 1333, Robert fit épouser à son petit-neveu André, Jeanne, sa petite-fille, et appela à la succession du royaume de Naples cet enfant de sept ans, qui annonçait déjà un caractère fier, impétueux et presque féroce. André conçut de bonne heure un profond mépris pour la cour de Naples, pour sa femme et pour les princes du sang. Ces dispositions ayant effrayé Robert, ce prince s'efforça d'assurer la souveraineté réelle à Jeanne, en lui faisant prêter serment de fidélité par les barons du royaume. Lorsqu'il mourut (en 1343), Jeanne fut seule couronnée, et André continua d'être désigné par le titre de comte de Calabre. André pria le pape de le faire couronner; et, afin d'intimider les courtisans, ses ennemis déclarés, il fit faire pour cette cérémonie un étendard sur lequel on peignit un billot, une hache et d'autres instruments de supplice. Jeanne, de son côté, rendait à son époux tout le mépris et toute la haine qu'il lui témoignait; elle en vint même, s'il faut en croire quelques auteurs, jusqu'à s'associer aux meurtriers. Quoi qu'il en soit de cette accusation, que toute la conduite de cette princesse rend assez vraisemblable, un jour que la cour se trouvait réunie

dans un couvent près d'Averse, plusieurs conjurés, profitant d'un moment où André se trouvait seul, lui jetèrent un lacet au cou, et le pendirent à un balcon donnant sur un jardin où l'on trouva son cadavre horriblement mutilé. Telle fut la fin de ce malheureux prince, qui n'avait encore que dix-neuf ans lorsqu'il mourut en 1345. (V. JEANNE Ire). A. S–R.

ANDRÉ (S.), né à Damas, évêque d'Aléria en Crète, au commencement du VIIIe siècle, est appelé quelquefois André de Crète, quelquefois aussi André le Jérosolymitain, parce qu'il avait fait un assez long séjour à Jérusalem, où il mourut dans un monastère vers 720. Après avoir partagé les erreurs des monothélites, il se soumit pleinement à la foi catholique touchant les deux natures en Jésus-Christ, et mérita par ses vertus et son zèle pour la propagation de l'Évangile d'être honoré comme saint par les Grecs, qui en font mémoire le 4 juillet. Il est auteur de quelques ouvrages que le P. Combefis a publiés avec ceux de saint Amphiloque et de Méthodius; accompagnés de notes et traduits en latin; on remarque entre autres un Commentaire sur l'Apocalypse, Ingolstadt, 1574, que d'habiles critiques attribuent cependant à André de Césarée.

ANDRÉ DE CRÈTE (qu'il ne faut pas confondre avec André, évêque d'Aléria) se distingua par son zèle pour la défense des saintes images. Ayant appris dans le monastère où il s'était retiré l'attachement de l'empereur Constantin Copronyme pour la secte des iconoclastes, et les persécutions exercées contre les catholiques, il n'hésita pas à se rendre à Constantinople et à reprocher avec force au tyran le cruel abus qu'il faisait de sa puissance. Ce prince, quoique vivement irrité, affecta d'abord de la considération pour André, et chercha à vaincre sa constance par les promesses les plus magnifiques, les raisonnements les plus captieux, les offres les plus séduisantes; voyant enfin l'inutilité de ses efforts, il le fit battre de verges, et, après l'avoir soumis à diverses tortures, il l'envoya au supplice. Le 17 octobre 761. — Il est nommé ce jour-là dans le martyrologe romain. — Son corps fut inhumé dans un lieu appelé Chryse, et depuis ce jour ce lieu a conservé le nom de Saint-André de Chryse.

ANDRÉ (JEAN), né à Bologne, canoniste le plus célèbre du XIVe siècle, professa le droit canon pendant quarante-cinq ans à Pise, à Padoue et surtout à Bologne, où il mourut de la peste le 7 juillet 1348; il fut inhumé dans l'église de Saint-Dominique. Ses principaux ouvrages sont: 1° des Commentaires sur les décrétales et le texte, qu'il intitula Novellæ, du nom de sa fille aînée Novella, qui épousa Jean Caldorino, et qui était assez instruite dans le droit canon pour donner ses leçons publiques quand son père en était empêché, Rome, 1476; Pavie, 1484; Bâle, 1486; Venise, 1489, 1490 et 1581; 2° des Commentaires sur les Clémentines; ou sur les Novelles de Clément V; Strasbourg, 1471; Mayence, Rome et Bâle, 1476; Lyon, 1552, in-fol., et plusieurs autres traités dans lesquels il a quelquefois emprunté, sans beaucoup de scrupule, les travaux de ses prédécesseurs.

ANDRÉ (major JOHN); c'était un jeune officier de la plus belle espérance, qui servait dans l'armée anglaise d'Amérique, sous les ordres du général Clinton. Un général américain, nommé Arnold, se prétendant mal récompensé des services qu'il avait rendus à la cause de l'indépendance, forma le dessein de livrer aux Anglais le poste qu'il commandait à West-Point, poste d'autant plus important qu'il défendait le seul passage qu'il y eût pour pénétrer du nord dans les provinces centrales. Arnold écrivit donc à Clinton pour lui faire part de ses intentions, et Clinton, qui connaissait très-bien la valeur de ce qu'on lui offrait, envoya le major André vers Arnold, tant pour traiter avec lui que pour examiner les lieux. André, brave, intelligent et actif, accepta la mission peu délicate, il faut en convenir, d'aller traiter avec un traître, et de faire lui-même le métier d'espion. André arriva heureusement à West-Point; mais lorsqu'il en partit, il fut arrêté par trois soldats américains, et conduit au quartier général de Washington. On trouva sur lui des notes d'Arnold et des plans du fort de West-Point; il n'en fallait pas tant pour le faire condamner. Bien des gens intercédèrent pour lui, mais Washington fut inflexible; tout ce qu'on put obtenir en faveur d'André, ce fut qu'il serait fusillé au lieu d'être pendu. Arnold, instruit à temps de l'arrestation d'André, s'était soustrait par la fuite au supplice des traîtres.

ANDRÉ ou ANDRÆA (JACQUES), né en 1528 dans le duché de Wittemberg, avait embrassé la profession de charpentier, qu'il abandonna pour apprendre la philosophie, la théologie et les langues. Il adopta les opinions de Luther, et il servit avec zèle la cause de cet hérésiarque. Il fut l'un des auteurs de la formule dite *de la concorde*, en 1576. Il mourut en 1590, et l'on prétend qu'avant de mourir, il fut assez heureux pour reconnaître ses coupables erreurs, et pour rentrer dans le giron de l'Église.

ANDRÉ ou ANDREÆ (Jean-Valentin), fils du précédent, et comme lui ministre luthérien, né en 1586 et mort en 1654. Soit à cause de ses connaissances, soit par l'effet de ses intrigues, qui mêlèrent toujours son nom aux affaires religieuses de cette époque, il obtint un grand nombre de dignités ecclésiastiques. Toutefois il ne serait guère connu, si on ne le regardait comme fondateur de l'ordre des Rose-Croix (*V.* ce mot). Le fait n'est pas toutefois bien avéré, mais on assure que vers la fin de ses jours, il renonça tout à fait à une association qui ne lui sembla point capable d'opérer, comme il le prétendait dans ses utopies, la régénération des sciences et de la morale. On a publié à Tubingen, 1793, in-8°, le catalogue complet des ouvrages d'André; on en compte cent; mais dans ce nombre immense, on ne voit rien de saillant, rien qui mérite d'être remarqué.

ANDRÉ (Chrétien-Charles), né en 1763, à Hildburghausen, s'est fait un nom en Allemagne par sa rédaction de journaux et par ses publications de traités relatifs à l'économie domestique et à l'éducation des enfants. En 1809, il commença dans Stuttgart à faire paraître un journal encyclopédique d'une haute importance, sous le titre d'*Hespérus*. Le roi de Wurtemberg, en 1821, l'appela dans son conseil; il mourut dix ans après.

ANDRÉ (Yves-Marie) naquit dans un village de la basse Bretagne en 1675, entra de bonne heure dans l'ordre des jésuites, et mourut presque nonagénaire à Caen, où pendant trente-neuf ans il avait professé les mathématiques (1764). Aucun genre de littérature ne lui était resté étranger, mais son principal ouvrage est l'*Essai sur le beau*, dont il a fait plusieurs éditions. Le P. André a traité son sujet d'une manière large et en même temps convenable, et son style est constamment en harmonie avec le titre. Il a publié aussi un Traité sur l'homme, où il discute avec beaucoup de méthode et de clarté les questions psychologiques auxquelles le sujet donne lieu. Ses ouvrages forment 4 vol. in-12; Paris, 1766.

ANDRÉ DEL SARTE (*V.* Sarte).

ANDRÉ DE LANGRES (Charles), né en 1722, et perruquier à Paris, n'est connu que parce qu'on fit paraître sous son nom en 1757, une tragédie bouffonne, intitulée le *Tremblement de terre de Lisbonne*. Cette pièce en cinq actes et en vers, attribuée par les uns à Dampierre, régisseur de l'impôt sur les cartes, et par d'autres à Paris de Maizieux, fut imprimée et *dédiée à Voltaire*, mais non représentée. On pense bien que la dédicace n'était elle-même qu'une parodie. Quoi qu'il en soit, cette plate rapsodie avait été ensevelie dans un oubli profond, en 1805, c'est-à-dire au commencement du siècle de progrès devant lequel pâlissent tous les siècles précédents, à l'exception de celui de Ronsard et de Jodelle, le *Tremblement de terre de Lisbonne* fut tiré de la poussière, on ne sait par qui, et porté à un théâtre des boulevards où il eut *quatre-vingts* représentations! Nous ne citons ce fait que parce qu'il prouve combien l'art dramatique et surtout le goût du public s'étaient améliorés, durant le demi-siècle qui s'était écoulé depuis que la pièce existait. A l'époque où elle parut, aucun directeur de théâtre ne voulut s'en charger, parce que sans doute il craignit de convertir la salle en désert. En 1805, un directeur s'en saisit parce qu'il compta sur des recettes, et son espérance ne fut pas trompée; tant l'art d'un directeur consiste à bien connaître ce que son public aime.   J. DE M.

ANDRÉ DE SAINT-NICOLAS, religieux carme, né à Remiremont vers 1650, et mort à Besançon en 1713, a laissé: 1° *Lettre en forme de Dissertation sur la prétendue découverte de la ville d'Antre*, en Franche-Comté, Dijon, 1678, in-12. 2° *De lapide sepulchrali antiqui Burgundo sequanorum comitibus Vesuntione, in sancti Johannis Basilicâ, recens positâ*, Vesuntio, 1693, in-8°. C'est la critique d'une inscription placée récemment sur le tombeau des anciens comtes de Bourgogne, dans la cathédrale de Besançon; la *lettre* est dirigée contre la prétendue découverte de la véritable position de la ville d'Avenches (*Aventicum*), près du lac d'Antre, aux environs de Moirans. 3° Plusieurs ouvrages manuscrits, concernant l'histoire ecclésiastique de Besançon, on les conserve dans la bibliothèque publique de cette ville. Il travailla aussi à l'histoire de Cluny, mais la mort le surprit avant qu'il eût achevé la partie dont il s'était chargé; et il coopéra à l'*Histoire de l'église Saint-Étienne de Dijon*, par l'abbé Fyot, Dijon, 1698, in-folio.   A. D.

ANDRÉ (Valère), surnommé *Desseleins*, parce qu'il était né dans un bourg du Brabant nommé Deschel, fut professeur de droit à Louvain, et bibliothécaire directeur de la bibliothèque de l'université. En 1643, il publia sa Bibliothèque belge sous le titre de *Bibliotheca belgica, de Belgis vitâ scriptisque claris*. C'est un des meilleurs ouvrages qui existent en ce genre; il fut réimprimé en 1739, 2 vol. in-4°. André a laissé aussi un traité sous le nom de *Synopsis juris canonici*; un autre traité *de Togâ et sago*, et enfin les fastes de l'université de Louvain. Il mourut à la fin de mars 1655. Il était né en 1588.

ANDRÉ (le Petit-Père) (*V.* Boulanger).

ANDRÉ (Noel), plus connu sous le nom de père *Chrysologue*, naquit dans un village de la Franche-Comté en 1728, et mourut octogénaire en 1808. Toutes ses études s'étaient principalement dirigées vers l'astronomie, et il a publié plusieurs ouvrages qui ne manquent pas d'importance. On lui doit: 1° un *Hémisphère de la Mappemonde*, projetée sur l'horizon de Paris, 1774, 2 feuilles grand-aigle, Paris; 2° des *Planisphères célestes projetés sur le plan de l'équateur*, avec un *Abrégé de l'Astronomie pour leur usage*, 1778, in-8°; 3° une *Théorie de la surface actuelle de la terre*, précédée d'une *Vie de l'auteur*; Paris, 1813, in-8°. L'Académie des Sciences a rendu de cet ouvrage un compte qui honore la mémoire du père Chrysologue.   J. DE M.

ANDREA (da Bergamo); pseudonyme sous lequel s'est caché l'un des plus mordants et des plus ingénieux écrivains satiriques de l'Italie, Pietro Nelli. Ce poëte, né à Sienne, au commencement du XVIe siècle, s'occupa de poésie, et débuta par un recueil de satires qu'il publia sous le nom d'Andrea. L'esprit de scepticisme et d'opposition qui régnait à cette époque, autant peut-être que le mérite littéraire de l'ouvrage, contribua à lui assurer un brillant succès. Il leur avait donné le nom de *Satire alla carlona*, satires négligées, nom qui leur convient très-bien, car elles sont écrites d'un style familier et sans prétention, quoique pétillant d'esprit et de verve. Parmi les quarante-deux pièces qui composent ce recueil, on distingue celle qui s'intitule: *Risa della morte*, moquerie de la mort. C'est une de ces compositions lugubres et amèrement ironiques de l'âge qui produisit les *Danses macabres*; on y voit la mort se réjouir des folies auxquelles se livrent les familles, après qu'elle en a frappé les chefs. Sous le vernis emprunté de gaieté de cette satire, perce un fond mélancolique, et l'on sent qu'une pensée profondément philosophique s'est mêlée à l'inspiration ordinairement joyeuse de l'auteur; là, plus qu'ailleurs il a véritablement été poëte; des traits inconvenants, de virulentes sorties contre le clergé déparent cependant ce morceau, et donnent une ressemblance de plus avec les compositions des trouvères. — Les œuvres de Pietro Nelli eurent deux éditions, 1° *Satire alla Carlona di M. Andrea da Bergamo*, tom. 1, Venise, Gherardo, 1546, in-8°; tom. 2, Venise, Comin da Trino, 1547, in-8°, et 2° *Les mêmes*, Venise, Alexandre de Viano, 1566, in-8° (édit. incorrecte). Les deux éditions sont fort rares et recherchées, surtout la première.   Le c. DE BELLEVAL.

ANDREAS AGATHENSIS (S.), Saint-André d'Agde; monastère d'hommes, fondé vers l'an 499 (Hérault). — *Andreas* (Sanctus), Saint-André; abbaye d'hommes, de l'ordre des Prémontrés, située dans le faubourg de Chamalières, fondée au mois de juillet 1149, par Guillaume V, surnommé le Grand, comte de Clermont et dauphin d'Auvergne, qui y fut inhumé avec Jeanne de Calabre, son épouse. Le cœur et les entrailles du roi Louis VIII furent déposés dans cette abbaye. — *Andreas* (Sanctus), Saint-André de Villeneuve-lez-Avignon; monastère d'hommes, de l'ordre de Saint-Benoît, congrégation de Saint-Maur. Il fut fondé dans le lieu consacré par la retraite de sainte Césarie. Vernair ou Garnier, évêque d'Avignon, le rebâtit en 980. On trouve dans le 7e tome du *Spicilegium*, de dom d'Achéry (page 200), le testament d'un certain Gervin et de Constance, sa femme, en faveur de ce monastère. C'est à cause que certains auteurs regardent les comtes de Toulouse comme fondateurs de cette abbaye, ils n'en sont que les bienfaiteurs. — *Andreas Carnotensis* (S.), Saint-André de Chartres; monastère d'hommes, fondé avant 1092. — *Andreas de Camaricis* (S.), Saint-André de la Camargue; monastère d'hommes, du diocèse d'Arles, dont l'origine n'est point connue. — *Andreas* (S.), Saint-André-lez-Bruges; monastère d'hommes, de l'ordre de Saint-Benoît, fondé en 1098. — *Andreas Cameracensis* (Sanctus), Saint-André du Cambrésis; monastère d'hommes, diocèse de Cambrai, de l'ordre de Saint-Benoît, fondé vers l'an 1021, par Gérard Ier, évêque de Cambrai, qui l'enrichit des reliques de saint Sare et de sainte Maxellende, vierge et martyre. Lietbert, successeur de Gérard, acheva de bâtir le

monastère en 1052. Le Cateau-Cambrésis, nommé primitivement Péronne-Vendelgis, et château de Sainte-Marie, est une petite ville située à 5 lieues de Cambrai; elle appartenait, ainsi que sa châtellenie, au prélat métropolitain qui nomme le châtelain. Il s'y fit un traité de paix en 1559, entre Henri II, roi de France, et Philippe II, roi d'Espagne. —*Andreas* (S.) *Claromontanus*. Saint-André de Clermont était autrefois un monastère d'hommes, situé à l'extrémité de l'un des faubourgs de Clermont; il fut fondé en 1149, par Guillaume le Grand, comte de Clermont et dauphin d'Auvergne. C'était dans l'église de cette abbaye qu'étaient les tombeaux des anciens comtes de Clermont et des dauphins d'Auvergne. — *Andreas de Cumis* (S.), Saint-André de Comps; monastère d'hommes, du diocèse de Saint-Flour, le même que *Vallis Dei*. — *Andreas Inferior* (S.), Saint-André le Bas; monastère d'hommes, de l'ordre de Saint-Benoît, situé au bas de la ville de Vienne, fondé en 1164 par Ancémond, duc de Bourgogne, et restauré par Conrad, roi de Bourgogne; ces deux seigneurs y furent enterrés. L'église de l'abbaye était d'une très-belle architecture; la voûte du chœur était soutenue par deux colonnes de marbre d'une hauteur et d'une beauté remarquable; celle de la nef était soutenue par des colonnes d'ordre dorique. Quelques-uns croient que l'office du saint-sacrement a commencé d'être célébré dans cette église, et que c'était pour cette raison qu'on y prêchait autrefois l'octave de la fête du saint-sacrement; mais on ne voit pas trop sur quelles preuves cette opinion pouvait être appuyée, à moins qu'elle ne s'entende de la réception de l'office du saint-sacrement dans la ville de Vienne seulement. L'abbé commendataire du monastère de Saint-André le Bas conférait tous les offices claustraux et les places monacales. — *Andreas in Goferno* (S.), Saint-André en Gouffern; monastère d'hommes, de l'ordre de Cîteaux, de la filiation de l'abbaye de Savigny, situé dans la basse Normandie, à une lieue et demie de la ville de Falaise, au diocèse de Seez (Orne), fondé en 1130 par Guillaume Talvas, comte de Seez et de Ponthieu. Tous les bâtiments de ce monastère étaient fort beaux et fort renommés; l'église, la sacristie, le cloître et le dortoir, et les jardins étaient surtout remarquables. A la tour qui était sur le milieu de la croisée de l'église, se trouvait un ouvrage extrêmement estimé. — *Andreas Monialium* (S.), Saint-André le Haut; monastère de religieuses, de l'ordre de Saint-Benoît, situé à Vienne, fondé en 992. — *Andreas in Nemore* ou *de Alneto* (S.), Saint-André au Bois; monastère d'hommes, de l'ordre des Prémontrés, du diocèse d'Amiens, situé près de Gesdin et de Montreuil en Picardie, fut érigé en abbaye en 1163, par Thierry, évêque d'Amiens. Ce n'était dans l'origine qu'une dépendance de l'abbaye de Domp-Martin ou Dammartin. Il paraît par quelques titres que la prévôté de Magdebourg lui était autrefois unie. Ce monastère n'avait aucune cure, ce qui est presque sans autre exemple dans l'ordre des Prémontrés. Lors de la vacance, les religieux présentaient trois sujets au roi, qui en nommait un à son choix. Plusieurs auteurs disent que cette abbaye fut fondée en 1156 par Guillaume de Saint-Omer. — *Andreas de Novo Castello* (S.), monastère d'hommes, le même que Saint-Andreas Cameracensis. — *Andreas in Ratiasto* (S.), Saint-André en Ratiasto; monastère d'hommes, du diocèse de Limoges, fondé vers 250. — *Andreas Wormaticensis* (S.), Saint-André de Worms; monastère d'hommes, de l'ordre de Saint-Benoît. On ignore l'époque de sa fondation, mais on apprend par l'histoire qu'il fut reconstruit vers l'an 1000; ce dut être probablement quelques années après cette époque, car dans celles qui la précédèrent immédiatement, la crainte de la fin du monde, croyance si générale au moyen âge, empêcha sûrement toute construction.
L. DE MASLATRIE.

ANDRÉINI (ISABELLA), née à Padoue en 1562, se livra dès sa plus tendre enfance à la poésie; plus tard elle s'adonna au théâtre, où sa beauté, non moins que son talent, lui valut de grands succès. Au milieu des séductions de tout genre qui l'entouraient, Isabelle sut conserver une vertu sans tache. Elle épousa François Andréini, chef de la troupe nommée I Gelosi (les jaloux), et parcourut avec lui l'Italie et la France, partout applaudie, mais surtout dans ce dernier pays. Elle mourut à Lyon en 1604, des suites d'une fausse couche. Le corps municipal de cette ville rendit à sa cendre de grands honneurs. — Isabelle a écrit plusieurs ouvrages : le principal est la pastorale de *Myrtilla*, imitation imparfaite de l'*Aminta* du Tasse, et surtout du *Pastor fido* de Guarini. Destinée à la représentation, mais trop froide pour la scène, elle offre souvent des longueurs fatigantes et trop de négligence dans le style. Isabelle est dans ses poésies légères plus de soin, et plusieurs d'entre elles sont de petits chefs-d'œuvre. Ses frag-

ments et les lettres publiées après sa mort sont d'un moindre intérêt : ces dernières, par un singulier contraste avec le caractère et les mœurs sévères d'Isabelle, roulent presque toutes sur des sujets érotiques. Les meilleures éditions de ses ouvrages sont : 1° *La Myrtilla*, Vérone, Sebastiano delle Donne, 1588, in-8°; et Bergame, Ventura, 1594, in-8°. — 2° *Rime*, Milan, 1601, in-4°. — 3° *Lettere*, Venise, 1607, in-4°. — 4° *Frammenti d'alcune scritture*, Venise, 1616 et 1625, in-8°. — L'édition de 1625 est la même que celle de 1616, le frontispice seul est changé.

ANDRÉINI (GIAMBATTISTA), fils de la précédente, né à Venise en 1578, fut, comme sa mère, acteur et auteur. Ses ouvrages dramatiques et poétiques sont pleins d'originalité et pèchent souvent par trop de verve. De tous ses écrits le plus connu est la tragédie sacrée d'*Adamo*, devenue pour les critiques le sujet de mille controverses. Les uns ont prétendu que ce fut dans cette pièce que Milton puisa la magnifique idée du *Paradis perdu*; d'autres ont combattu cette opinion. Ce qu'on peut dire, c'est que l'*Adamo* renferme de beaux passages, et que certaines pages du *Paradis perdu* y sont esquissées. Andréini introduit Satan dans le paradis terrestre, et le rend témoin envieux du bonheur d'Adam et d'Ève; il décrit la fameuse assemblée des démons, le combat des anges fidèles contre Lucifer et les anges déchus, et plusieurs autres scènes encore qui forment les principaux épisodes du poème anglais. — Il n'est pas hors de vraisemblance que Milton ait trouvé le livre d'Andréini dans les riches bibliothèques qu'il visita, à Rome, à Naples ou même à Paris, où existaient nécessairement divers exemplaires de l'*Adamo*, que son auteur avait dédié à la reine de France. Ce qui fortifie cette conjecture, c'est l'existence du plan d'une tragédie intitulée *Paradis perdu* écrit de la main même de Milton, parmi les mss. du collége de la Trinité. (Chateaubriand, *Essai sur la littérature anglaise*, II, 96.) Ce plan rappelle beaucoup plus évidemment encore l'*Adamo* que le poème. — Au reste, la chute de nos premiers pères a servi de thème à plusieurs poètes. Dans la patrie même de Milton, au XIIIe siècle, l'évêque de Lincoln, Robert Grosse-Tête, écrivit un poème estimé sur le péché originel et la rédemption, qui porte le titre de *Roman des romans*. — La *Maddalena* et la *Centaura* sont deux autres compositions dramatiques où se retrouvent tous les défauts de l'auteur sans aucune de ses qualités. — Andréini a laissé un grand nombre d'ouvrages dramatiques ou poétiques; nous ne citerons que les trois derniers, parce qu'ils sont devenus extrêmement rares : 1° *Lo Specchio*; composizione di Giamb. Andréini, nella quale si rappresenta l'imagine della commedia secondo che dai comici virtuosi o viziozi rappresentata viene; Paris, Callemour, 1625, in-8°. — 2° *La Sferza*, ragionamento secondo contro l'accuse datte alla comedia; Paris, 1625, in-8°. — 3° *Teatro celeste nel quale si rappresenta come alcuni comici penitenti siano al numero de santi*; Paris, 1625, in-8°. — On ignore l'époque de la mort d'Andréini.
Le c. DE BELLEVAL.

ANDRÉLINI ou **ANDRÆLINUS**, poète latin du XVe siècle, né à Forli dans la Romagne. A vingt-deux ans il fut couronné lauréat par l'académie de Rome (*V.* POETE LAURÉAT), pour un poème en 4 livres, intitulé *les Amours*. Il se rendit à Paris sous le règne de Charles VIII, et il y professa les belles-lettres et les mathématiques pendant trente ans. Il prenait, probablement du consentement de Louis XII, le titre de *poëte du roi et de la reine*. Ses poésies, imprimées in-4° et in-8°, en 1490 et en 1519, et recueillies dans les *Deliciæ poetarum italorum*, sont loin de répondre à l'idée qu'on pourrait en prendre quand on sait que Charles VIII l'accablait de présents, sans compter les diverses pensions qu'il lui faisait. On raconte qu'Andrélini lui ayant lu des fragments d'un poème sur la *Conquête de Naples*, Charles, le héros du poème, donna au poëte un sac rempli d'or. Andrélini mourut en 1518, ne laissant pas après lui, dit Érasme, une réputation trop pure sous le rapport des mœurs, ni même de ses croyances religieuses; car dans ses opuscules en prose, il n'a cessé de déclamer contre les théologiens catholiques, ce qui ne devait pas être d'un très-bon exemple à la cour de la reine Anne de Bretagne, princesse plus bretonne que française, mais d'une piété qu'elle poussait jusqu'au rigorisme.
J. DE M.

ANDRÈNE, *andrena* (ins.), genre d'insectes hyménoptères de la section des porte-aiguillons, que Latreille a placé dans sa première coupe de la famille des mellifères, celle des andrénètes. Ces insectes présentent pour caractères principaux : languette en fer de lance, repliée en dessus dans le repos; mâchoires simplement fléchies vers l'extrémité; mandibules terminées par deux dents. Les andrènes vont sur les fleurs récolter, au moyen des poils qui garnissent leur abdomen et leurs pattes postérieures, la poussière des étamines dont elles se servent pour nourrir leurs larves après l'avoir mêlée avec du miel. Les espèces de ce genre sont pour la plupart propres à l'Europe ; on en trouve trois ou quatre aux environs de Paris, dont la plus commune est l'andrène des murs, *andrena muraria*, longue de 6 lig. environ ; son corps est d'un noir bleuâtre, avec des houppes de poils blancs sur la tête, le thorax et les côtes de l'abdomen ; ses ailes sont d'un violet foncé. La femelle de cette espèce, suivant Réaumur, creuse dans les enduits de sable gras des trous qu'elle ferme après y avoir déposé un œuf et une sorte de màle de la couleur et de la consistance du cambouis, d'un goût légèrement sucré et d'une odeur un peu narcotique. **J. B.**

ADRÉNÈTES (*ins.*). Ces hyménoptères forment la première coupe de la famille des mellifères. Leurs caractères, suivant Latreille, sont : division intermédiaire de la languette en forme de cœur ou de fer de lance, plus courte que la gaîne et pliée en dessus dans les unes, presque droite dans les autres ; des màles et des femelles seulement, point de neutres ; mandibules simples ou terminées au plus par deux dentelures ; palpes labiaux ressemblant aux maxillaires, ceux-ci ayant toujours six articles ; languette divisée en trois pièces, les deux latérales très-courtes, en forme d'oreillettes. — Cette division comprend les genres : *hyleus*, *colletes*, *andrena*, *dasypoda*, *sphecodes*, *halictus*, *nomia*. — Les andrénètes vivent sur les fleurs. Les femelles de la plupart des espèces creusent dans la terre battue des chemins, ou sur les bords des fossés exposés au soleil, des trous d'un diamètre à peine plus grand que celui de leur corps, qui ont depuis 3 jusqu'à 8 pouces de profondeur ; les unes, sans autres préparations, y déposent leurs œufs et la pâtée composée de poussière d'étamines et d'un peu de miel qui doit servir de nourriture à leurs larves, après quoi elles en ferment l'ouverture ; d'autres, plus industrieuses, en tapissent les parois en étalant, au moyen de leur languette, une liqueur visqueuse qui durcit promptement, et y construisent, avec la même matière, des cellules en forme de dés à coudre, dont chacune contient un œuf et une provision de pâtée ; enfin quelques autres, dépourvues de l'industrie nécessaire pour préparer un asile à leurs petits, s'introduisent par ruse dans les nids que construisent plusieurs espèces d'hyménoptères, et y déposent leurs œufs au milieu des provisions qu'ils contiennent.

J. BRUNET.

ANDRÉOSSY (FRANÇOIS), mathématicien et ingénieur, originaire de Lucques, mais né à Paris en 1633, et mort à Castelnaudary en 1688. Le nom de cet habile ingénieur était depuis longtemps oublié en France, lorsque Piganiol de la Force, dans sa *Description de la France*, publiée en 1718, avança que le plan du canal de Languedoc, attribué jusque-là sans réclamation au fameux Riquet, était l'ouvrage d'Andréossy, et que Riquet n'avait droit qu'au mérite de l'exécution. Une inscription gravée sur l'écluse de Toulouse : « *Instante viro clarissimo, Riquet, tanti operis inventore, anno 1667*, » avait pu faire naître l'habitude d'attribuer l'invention et l'exécution à Riquet, habitude justifiée d'ailleurs par le compte que rendit au roi le maréchal de Vauban. Au commencement de ce siècle un arrière-petit-fils de François Andréossy a publié une *Histoire du canal du Midi*, et il y revendique l'honneur de l'invention pour son bisaïeul. La famille de Caraman-Riquet, de son côté, a tenté de réfuter les prétentions du général Andréossy, dans une *Histoire du canal de Languedoc*. Est venu ensuite M. Allent, qui a examiné et discuté la question dans son *Histoire du corps impérial du génie*, et il résulte de ses raisonnements et des preuves que la gloire de l'invention doit se partager entre Andréossy et Riquet, quoique ce dernier ait eu seul toute la renommée. Andréossy fut nommé directeur particulier du canal après la mort de Riquet, et il publia une carte de ce canal en trois feuilles in-fol. que les curieux recherchent.

ANDRÉOSSY (ANTOINE-FRANÇOIS, comte), arrière-petit-fils du précédent, naquit à Castelnaudary, en 1761, et il est mort à Montauban, en 1828. Il entra au service en 1781 en qualité de lieutenant d'artillerie, fit la guerre de Hollande, fut fait prisonnier par les Prussiens, revint en France en vertu d'un échange, prit part à toutes les guerres de la révolution, et parvint de grade en grade à celui d'inspecteur général de l'artillerie, que lui avait conféré le premier consul qu'il avait accompagné en Égypte. Le général Andréossy a honoré la carrière qu'il a parcourue par des talents incontestables, une bravoure à l'épreuve et un génie fécond en ressources. Ses connaissances étaient même si variées qu'il fut nommé membre de l'Institut d'Égypte, et qu'il fit en cette qualité plusieurs recherches savantes ; il en publia le résultat dans le grand ouvrage sur l'Égypte, imprimé par ordre de Napoléon. Andréossy fut un de ceux qui revinrent de l'Égypte avec Bonaparte (1799) ; celui-ci le nomma son chef d'état-major, et l'assistance d'Andréossy ne lui fut pas inutile au 18 brumaire ; il devint ensuite successivement chef de la 4e division du ministère de la guerre, commandant de l'artillerie à Strasbourg, général de division et commandant de Mayence, chef d'état-major de l'armée gallo-batave sous les ordres d'Augereau, directeur général du département de la guerre, ambassadeur de France en Angleterre après la paix d'Amiens, grand-aigle de la Légion d'honneur, commandant de la Couronne de fer, grand chancelier des trois Toisons d'or, ambassadeur à Vienne après la paix de Presbourg, gouverneur de cette capitale de l'Autriche après la journée de Wagram, enfin ambassadeur à Constantinople, où il resta de 1812 à 1814. Il fut rappelé par Louis XVIII, qui lui donna la croix de Saint-Louis. C'était un faible dédommagement pour ce qu'il perdait. Aussi, au retour de Napoléon de l'île d'Elbe, Andréossy, mécontent, prit part à la fameuse délibération du conseil d'État dont il était membre (25 mars 1815), et accepta la pairie avec la présidence de la section de la guerre. Après le désastre de Waterloo, il fut un des commissaires envoyés vers les armées alliées. Ces commissaires ne purent parvenir jusqu'à Blücher, mais ils furent reçus par Wellington. On assure que, dès la première entrevue, il parla du rappel immédiat de Louis XVIII ; mais qu'ayant été vivement contredit par M. Flaugergues, son collègue, sa proposition n'eut pas de suite, ce qui fit dire à Wellington que *la force en déciderait*. Un an avant sa mort, Andréossy fut nommé député par le département de l'Aude. Après la session de 1827, ses mandants lui avaient préparé une fête, mais la mort qui le saisit à un âge encore peu avancé l'empêcha d'en jouir. On a de lui, 1° divers traités imprimés dans les Mémoires sur l'Égypte : sur *le lac Menzaleh*, sur *la vallée du lac Nathron*, sur *le Fleuve sans eau* ; 2° une relation de la campagne sur le Mein et la retraite de l'armée gallo-batave, 1802, in-8° ; 3° une *Histoire du canal du Midi, avant canal de Languedoc*, Paris, 1800, in-8° ; 4° des mémoires envoyés de Constantinople à l'Académie des sciences dont il faisait partie, sur l'irruption du Pont-Euxin dans la Méditerranée, sur le système des eaux qui abreuvent Constantinople, sur l'ensemble des conduits employés en Turquie pour la distribution de l'eau. On a dit, en parlant de cet ouvrage, qu'on pouvait le considérer comme un de ceux qui peuvent le mieux servir l'hydrostatique et hâter les progrès de cette science.

J. DE M.

ANDRÈS (ANTONIO), né à Valence (Espagne), dans les premières années du dernier siècle, entra en 1736 dans l'ordre des franciscains, et s'y distingua par son aptitude aux sciences et son talent d'orateur. Il parcourut une partie de l'Espagne, et par ses prédications produisit un grand effet sur les populations qui accouraient pour l'entendre. Andrès mourut en 1774. Les seuls ouvrages qu'il ait laissés sont des sermons, des panégyriques et des oraisons funèbres. Parmi les premiers, on distingue son *Carême, Sermones de Cuaresma*, Valence, Montfort, 1768 et 1785, 3 vol. in-4°. **Le c. DE BELLEVAL.**

ANDRÈS (JEAN), né en 1740 à Planes (Espagne), d'une famille distinguée, y fit ses études chez les jésuites, et dès sa plus tendre jeunesse, montra pour l'étude une ardeur soutenue, préludant ainsi à la vaste érudition qui devait le rendre célèbre. Engagé en 1767 dans l'ordre des jésuites, il partit avec eux lorsqu'ils furent bannis d'Espagne, et se rendit en Italie. Son goût pour les sciences trouva dans ce pays de nombreux aliments ; l'académie de Mantoue avait mis au concours une question d'hydraulique hérissée de difficultés ; Andrès n'hésita pas à tenter de la résoudre, et s'il n'eut pas l'honneur du prix, remporté par l'illustre Fontana, au moins obtint-il l'accessit (1774). Deux ans après, il publiait une docte et ingénieuse réfutation des opinions de Tiraboschi et de Bettinelli, relativement à la corruption du goût italien au XVIIe siècle, corruption que ces critiques attribuaient à l'influence espagnole. Vers la même époque, Andrès s'occupait du plan de son grand ouvrage encyclopédique, *Dell' origine, dei progressi, e dello stato attuale d'ogni letteratura*. Le premier volume fut donné en 1782, et les autres le suivirent à d'assez courts intervalles. Cet ouvrage produisit une profonde sensation, et mit son auteur en relation avec les plus grands noms littéraires de l'Europe. Le roi d'Espagne, Charles III, ordonna que les études littéraires se fissent aux universités avec le livre d'Andrès, et, afin que rien ne manquât à la réputation de l'écrivain, l'empereur Joseph II , à son passage à Mantoue, alla le visiter en simple particulier. Quand les Français envahirent l'Italie et firent le siége de Mantoue en 1796, Andrès se retira à Venise ; rentré à Pavie avec les Impériaux en 1799, il dut quitter cette ville quand l'année suivante eut ramené les Français. Il se réfugia à Parme, et de là à Rome, où il fut accueilli avec la plus haute distinction par Pie VII. Le 30 juin 1804, le pape ayant autorisé le rétablissement des jésuites à Naples, Andrès se hâta de reprendre son rang dans une congrégation qu'il avait toujours regrettée. Nommé plus tard directeur de la bibliothèque royale napolitaine, par Joseph Bonaparte, il fut seul excepté du bannissement que ce prince prononça contre les jésuites étrangers, et il resta à Naples du consentement exprès de ses chefs. — Quand Murat succéda à Joseph, Andrès continua de jouir de la même faveur, qui ne se démentit pas davantage à la restauration du roi Ferdinand en 1814. Un vif chagrin l'attendait à la fin de sa carrière; il perdit totalement la vue, sa santé se détruisit aussi promptement, et il mourut à Naples, le 12 janvier 1817. — L'histoire *Dell' origine*, *dei progressi*, *e dello stato attuale d'ogni letteratura*, quoique embrassant un cercle immense d'explorations, a été traitée d'une manière remarquable, sauf la partie des langues, des littératures et des sciences orientales, qui n'y sont représentées que par les Arabes, à l'étude desquels Andrès s'était attaché. — Un vaste parallélisme de toutes les littératures, siècle par siècle, depuis les temps historiques jusqu'en 1780 environ, constitue la première partie de l'ouvrage; l'auteur y montre beaucoup de sollicitude pour le progrès ultérieur des sciences. Dans la seconde partie, Andrès traite en particulier des auteurs et de leurs ouvrages. Le seul reproche qu'on pourrait lui adresser, c'est de s'occuper trop exclusivement des hommes placés en première ligne; et d'avoir dédaigné les auteurs moins connus. Mais on doit rendre justice à l'ordre parfait, à l'intelligente et lucide disposition de son œuvre, et surtout à l'érudition extraordinaire qu'il déploie en traçant l'histoire particulière de chaque rameau de cet arbre gigantesque. Quoique Espagnol, Andrès manie la langue italienne avec une rare aisance, et tout autre mérite à part, la pureté de son style suffirait seule pour le faire ranger parmi les meilleurs écrivains du siècle dernier. — Ses autres ouvrages roulent sur une infinité de sujets; parmi eux on remarque : 1° *Le Saggio della Filosofia del Galileo*, Mantoue, 1776, in-4°. 2° *Dissertazione sopra la Scarsezza dei progressi delle scienze in questo tempo*, Ferrare, 1779. 3° *Dell' origine*, *dei progressi*, etc.., Parme, Bodoni, 1781 et suiv., 7 vol. gr. in-4°; en espagnol, Madrid, 1784 et suivantes, 10 vol. in-4°; en allemand, 1796; en français, le 1er vol. seulement, traduit par Ortolani, Paris, 1805, in-4°. — A ces divers ouvrages, il faut en ajouter quatorze ou quinze autres, plus ou moins importants, sans parler d'une vingtaine de mémoires sur l'archéologie. — Charles Andrès, frère cadet de l'écrivain, a cultivé avec quelque succès la littérature, mais il n'a guère fait que traduire les ouvrages de son aîné. Il avait été nommé député aux cortès en 1811; il est mort en 1820.

Le c. DE BELLEVAL.

ANDREZEL (BARTHÉLEMY PICON D') naquit à Salins en 1757, et entra de bonne heure dans la carrière ecclésiastique. En 1785 et 1786, il fut député à l'assemblée générale du clergé, d'où il se rendit aux états de Bretagne. Il avait été pourvu du titre de vicaire général de Bordeaux et de l'abbaye de Saint-Jamet. En 1792, il refusa le serment et fut obligé de s'expatrier ; il se retira à Londres. De retour en France, il n'exerça point les fonctions du sacerdoce ; mais dès 1809 et successivement, il fut inspecteur général de l'université, inspecteur général des études et membre de la commission de censure. En 1824, M. de Frayssinous, alors ministre de l'instruction publique, le destitua de ses fonctions d'inspecteur, ce qui lui faisait dire, avec plus de méchanceté que de raison, qu'il était tombé sous le couteau sacré. Il mourut âgé de soixante-huit ans, en janvier 1826. Dans ses dernières années il avait repris son ancien état. On a de lui : 1° une traduction de l'*Histoire des derniers rois de la maison de Stuart*, de Fox, 2 vol. in-8°, *Paris*, 1809 ; 2° des extraits des auteurs grecs à l'usage de la jeunesse : *Excerpta è scriptoribus græcis*, etc., *Paris*, 1825, in-12. On attribue aussi à d'Andrezel une partie des notes du poëme de l'*Imagination* de Delille.

ANDRIEU (BERTRAND), graveur en médailles, membre de l'académie des beaux-arts à Vienne, graveur du cabinet du roi pendant la restauration et chevalier de l'ordre de Saint-Michel, né à Bordeaux, et mort à Paris en 1822, à l'âge de soixante-un ans. On le regarde avec raison comme le restaurateur d'un art qui, depuis le XVIIe siècle, était tout à fait négligé. On lui doit une infinité de médailles qui ont contribué à enrichir le cabinet de médailles du roi. Ses productions sont généralement regardées comme des chefs-d'œuvre de numismatique.

ANDRIEUX (FRANÇOIS-GUILLAUME-JEAN-STANISLAS), poëte dramatique et membre de l'Institut, né à Strasbourg en 1759, et mort à Paris dans le mois de mai 1833. Sa famille, qui le destinait au barreau, l'envoya faire ses études dans le collège du cardinal Lemoine, et il fut reçu avocat en 1781. Quand la révolution survint, il en embrassa les principes avec chaleur, et après avoir exercé diverses fonctions dans des emplois subalternes, il devint membre du tribunal de cassation. En 1798 il fit partie du conseil des cinq cents, et après le 18 brumaire il passa au tribunal, dont il fut secrétaire et successivement président : il avait ce dernier titre le 1er vendémiaire an IX, et ce fut comme président qu'il prononça, pour cet anniversaire de la fondation de la république, un discours pleine de verve et d'exaltation, discours qui déplut au premier consul. On dit que, éprouvant le ressentiment de ce dernier, il ne put s'empêcher de lui dire : *Citoyen consul*, *on ne s'appuie que sur ce qui résiste* ; le citoyen consul s'était plaint de la résistance qu'il avait trouvée dans le tribunal. On a dit d'Andrieux, dans un de ces discours que, depuis qu'on ne prie plus sur la tombe des morts, on est dans l'usage de prononcer avec beaucoup d'appareil au moment où le corps est confié à la terre, qu'il était le disciple de Voltaire et l'héritier de ses doctrines. Il est fâcheux que dans cet héritage, aux bons principes littéraires se soient trouvés mêlés ces germes féconds de philosophisme qui, en se développant, nous ont appris *que le fanatisme et la tyrannie* (c'est-à-dire la religion et la royauté), *ligués ensemble pour opprimer les nations*, avaient causé tous les maux qui affligent les hommes. De telles idées doivent séduire de jeunes esprits ; elles avaient produit leur effet sur la tête d'Andrieux, qui s'était fortement exalté et n'avait par craint de coopérer à la *Décade philosophique*, ou plutôt antiphilosophique, et de lancer sur le public un grand nombre de pamphlets irréligieux, bien dignes de son chef d'école, Voltaire, tels que l'*Épître au pape*, en 1790 ; la *Bulle d'Alexandre VI* ; *Saint Roch et saint Thomas*, au sujet de l'enterrement de l'actrice Chameroy, 1803, etc., etc. Malheureusement, lorsqu'Andrieu professa la littérature française à l'école polytechnique depuis 1804 jusqu'en 1814, et depuis cette époque jusqu'à sa mort au collège de France, il ne démentit pas la réputation d'incrédule, et même de quelque chose de plus, qu'il s'était faite par ses écrits. Ses cours étaient suivis par un grand nombre d'auditeurs qu'attiraient les traits acérés contre le culte et ses ministres dont il assaisonnait ses leçons, les épigrammes philosophiques qu'il ne perdait jamais l'occasion de lancer contre toutes les institutions que les hommes étaient dans l'habitude de vénérer ; épigrammes dont l'effet était d'autant plus dangereux qu'il employait tout son esprit, et il en avait beaucoup, à les déguiser sous un vernis de naturel et pour ainsi dire de bonhomie qui trompait ses auditeurs. Aussi l'*Ami de la religion* du 23 mai 1833 disait avec raison « qu'Andrieux fut un apôtre très-ardent de l'impiété, et que jusqu'à ses derniers moments il tourna en ridicule la religion et ses prêtres avec un zèle qui allait jusqu'au fanatisme. » Andrieux était membre de l'Institut depuis sa création ; en 1829, après la mort d'Auger, il en fut nommé secrétaire perpétuel. Il avait fait un *Cours de grammaire à l'usage de l'école polytechnique* ; ce cours fut imprimé à Paris, en 1807 et années suivantes, en deux parties in-4°. Il avait aussi travaillé à la *Revue encyclopédique* depuis 1819, et à la *Traduction des théâtres étrangers*. Il a laissé à ses héritiers un manuscrit intitulé : *Cours de littérature* ; il est probable que cet ouvrage ne consiste que dans les leçons qu'il expliquait à ses élèves ou qu'il préparait pour eux. — Il ne nous reste maintenant qu'à parler des compositions dramatiques d'Andrieux, compositions qui sont loin de l'élever, nous ne voulons pas dire au rang de Molière, mais à celui de Regnard, de Dancourt, et même de Destouches dans ses bonnes pièces. Hâtons-nous de reconnaître en lui des qualités de style d'autant plus précieuses qu'elles semblent devenir plus rares, une pureté d'expression qui ne se dément pas, de la grâce, du naturel, souvent de l'élégance, toujours de l'esprit; mais tout cela ne suffit point pour faire une comédie, que Voltaire son maître appelait une *œuvre du démon*. Il débuta dans la carrière dramatique par *Anaximandre*, en un acte et en vers ; cette pièce, représentée en 1782, est le produit de sa jeunesse ; elle s'en ressent. Cinq ans après, il donna *les Étourdis*, et dans cette pièce, qui abonde en situations comiques, dont le dialogue étincelle de saillies piquantes et spirituelles, dont le style est d'une élégance soutenue, il semblerait qu'il voulut poser lui-même les limites de son talent, comme s'il s'était dit : Je n'irai point au delà. En effet, dans toutes ses autres pièces, Andrieux est resté bien au-dessous de lui-même, et quoiqu'on y trouve parfois quelque trait heureux, on n'y remarque ni chaleur, ni intérêt, ni force comique. On croit que ses liaisons avec Collin d'Harleville, liaisons qui devinrent une amitié non moins vive qu'elle s'est montrée constante, influèrent sur son talent en lui faisant adopter un genre pour lequel la nature ne l'avait point formé, c'est-à-dire le genre doucereux, fade, sentimental et froid de la plupart des pièces de Collin. Andrieux, dans ses *Étourdis*, s'était rapproché de Regnard. Il avait retrouvé en quelque sorte la verve du *Joueur* et du *Légataire universel*. La tournure épigrammatique de son esprit et la gaieté de son dialogue l'appelaient évidemment à suivre le genre qu'il avait d'abord adopté; avec Collin, il devint doucereux, sentencieux, guindé sur des mœurs qui n'étaient nullement de son époque; aussi tous ses ouvrages, assez froidement reçus du public, sont oubliés aujourd'hui, et il n'est pas à croire que jamais personne s'avise d'aller exhumer le *Vieux Fat*, le *Rêve du mari* ou le *Manteau*, le *Trésor*, la *Suite du Manteau*. Nous ne voulons pas dire que ces pièces soient tout à fait dénuées de mérite; on remarque dans toutes le talent facile de l'auteur; mais, malgré quelques traits comiques semés de loin en loin, ce sont plutôt des romans dialogués que des comédies. Il est juste de faire une exception en faveur du *Souper d'Auteuil* ou *Molière avec ses amis*; c'est un tableau gai, piquant, original : on dirait que l'auteur s'est inspiré par moments du génie de notre grand comique. — Il est encore une comédie sortie de la plume d'Andrieux: la *Comédienne*, en trois actes et en vers; cette pièce forme le pendant de *Saint Roch et saint Thomas* que nous avons cité plus haut. Ce n'est qu'une attaque directe contre les principes de pudeur publique qui servent de sauvegarde à nos institutions sociales; Il n'est pas nécessaire de dire que la comédienne d'Andrieux est une héroïne de vertu et de sagesse à qui la société doit, suivant lui, un rang honorable. — Les œuvres complètes d'Andrieux ont été publiées en 4 vol. in-8°, avec figures, 1817-23, et réimprimées en 1823, en 6 vol. in-18. Elles renferment, outre ses comédies, une tragédie représentée sans succès en 1833, après la révolution de juillet, sous le titre de *Lucius Junius Brutus*, des contes, des fables, des pièces fugitives, des anecdotes, des mélanges en prose, des dissertations. Il a aussi traduit de l'anglais le *Jeune créole*, pièce bizarre, qui n'aurait pu être décemment représentée en France, et la fameuse et monstrueuse tragédie de Rowe, *Jane Shore*, qui oblige le spectateur à subir quatre actes sans couleur et sans intérêt pour arriver à une épouvantable catastrophe. J. DE MARLÈS.

ANDRINOPLE (*géogr.*) (l'ancienne Adrianopolis, avant Orestia, embellie par Adrien). C'est l'une des villes les plus importantes de la Turquie; elle s'élève sur les rives de la Tundja, non loin des lieux où cette rivière mêle ses eaux à celles de la Maritza; située à 45 lieues ouest de Constantinople, et à 130 lieues sud-est de Belgrade; ville commerçante et industrielle, elle compte environ 95,000 âmes. Elle possède un archevêché, et l'autorité souveraine est représentée par un grand mollah. — Parmi les cités musulmanes, Andrinople a longtemps mérité le nom de seconde capitale, elle le conserve même de nos jours; mais ce n'est plus, à proprement parler, qu'une distinction traditionnelle, bien qu'elle n'ait pas cessé d'être une ville considérable : le chiffre de sa population, l'étendue de ses développements, l'importance de son commerce, la rendent toujours digne du nom de métropole; mais la cité du Sipylus, Smyrne, la perle de l'Asie Mineure, disputerait avec avantage la suprématie du rang à la vieille cité de la Tundja, à l'antique séjour des sultans; car les sultans jadis, avant que Mahomet II fût entré à cheval dans la basilique de Sainte-Sophie, résidaient dans les murs d'Andrinople. De cette activité que donnent la présence des souverains et l'affluence des grands dignitaires d'un empire; elle n'a conservé que son mouvement industriel, singulièrement ralenti; de son éclat primitif, elle ne garde que ses monuments; la mosquée de Sélim, le plus remarquable de tous, vaste et splendide vaisseau dont la coupole s'appuie sur des colonnes de porphyre, l'emporte en élévation sur le dôme de Sainte-Sophie; le bazar d'Ali-Pacha possède une galerie supérieure qui se développe sur une étendue de près de deux milles anglais; le sérail, somptueuse demeure des sultans d'autrefois, situé hors de la ville

et baigné par les eaux de la Tundja, se fait toujours remarquer malgré sa vétusté, son abandon, son délabrement, par une tour élevée, garnie à l'extérieur de magnifiques kiosques, et par une entrée vraiment digne des premiers successeurs des califes. Les murailles d'Andrinople sont de construction romaine, et la ville est abreuvée des eaux qu'y verse la Tundja par le canal d'un aqueduc dont la structure imposante rappelle les travaux du peuple roi. H. CORNILLE.

Cette ville a acquis de nos jours une nouvelle célébrité par le traité de paix du 14 septembre 1829, conclu entre la Russie victorieuse et la Turquie abattue. Ce traité, qui ajouta nécessairement à l'influence que l'autocrate exerçait sur le divan, et qu'il voulait étendre sur l'Asie caucasienne, a signalé aux Russes la faiblesse croissante de l'empire ottoman, tout en leur montrant Constantinople en perspective. Les conventions antérieures d'Akjerman avaient été constamment éludées par les Turcs qui s'étaient engagés au payement de certaines indemnités aux marchands russes et à des cessions de territoire en faveur des Serviens; et comme le sultan, pressé de remplir ces conditions, donnait clairement à entendre qu'il regardait le traité d'Akjerman comme non avenu, l'empereur Nicolas lui déclara la guerre en avril 1828. Une armée russe toute prête n'attendait que l'ordre du départ, elle passa le Prouth dès les premiers jours du mois de mai; toutefois la première campagne, dirigée par des généraux qui manquaient d'expérience ou de talents, n'offrit aucun résultat décisif, mais à peine Diebitsh eut-il pris le commandement de l'armée (1829), que les affaires changèrent de face; une série de succès et de victoires conduisirent les Russes sous les murs d'Andrinople qui ouvrit ses portes. La consternation régna dans la capitale à la nouvelle de l'occupation d'Andrinople, et ce qui augmenta la terreur du sultan, ce furent les symptômes de révolte qui se manifestèrent autour de lui. Les ambassadeurs des puissances étrangères intervinrent, et principalement l'envoyé de Prusse; quoiqu'ils ne prissent point officiellement le titre de *médiateurs*, leur médiation de fait amena des négociations qui, après bien des difficultés de la part des Russes devenus aussi exigeants que des vainqueurs pouvaient l'être, se terminèrent par un traité dans lequel les Russes eurent soin de stipuler que tous les sujets russes jouiraient dans toute l'étendue de l'empire ottoman, d'une pleine et entière liberté de commerce; le sort de la Moldavie, de la Valachie et de la Servie, fut réglé sur des bases très-larges; les deux premières provinces restaient placées de fait sous la dépendance de la Russie, et les Serviens grecs acquéraient une position indépendante. La liberté de la Grèce fut reconnue par la Porte, et le sultan s'obligea de payer à la Russie une indemnité de quinze cent mille ducats de Hollande, sans préjudice des frais de la guerre, évalués à quinze millions pour le payement desquels de longs termes furent stipulés. La Russie doit rester en possession des principautés jusqu'à ce que tous les payements soient effectués. En France et en Angleterre, la presse accusa les deux gouvernements de n'avoir point pris une part assez directe à un événement dont les résultats menaçaient une seconde fois l'occident de l'Europe d'une invasion des peuples du Nord. J. DE M.

ANDRISCUS, que les Romains appellent PSEUDO-PHILIPPUS, naquit, suivant les historiens latins, dans une condition obscure; sa famille habitait Adramyttium, dans la Troade. Quinze ans après la mort de Persée, prisonnier à Albe, Andriscus se dit fils naturel de ce prince; il montrait un écrit autographe où Persée déclarait formellement sa parenté. D'ailleurs, sa ressemblance singulière avec Persée venait à l'appui de ses prétentions. Mais il n'avait ni argent, ni partisans, et Démétrius-Soter, beau-frère de Persée, chez lequel il s'était retiré pour éviter la haine d'Eumène contre la famille du roi de Macédoine, le livra traîtreusement aux Romains. Gardé avec négligence, Andriscus s'échappa de Rome, et il trouva dans la Thrace un asile et des soldats. Il parut bientôt après en Macédoine, où il s'annonça comme héritier du trône de Persée. Les Macédoniens, fatigués du joug de Rome, reconnurent avec joie ce nouveau souverain; aussi la Macédoine fut-elle rapidement conquise. Andriscus ne s'en tint pas là, et tenta de s'emparer de la Thessalie; mais Scipion Nasica le refoula en Macédoine. Cependant le préteur Juventius Thalna, battu par Andriscus, périt avec une légion (148 ans avant J. C.), et cette victoire parut affermir à jamais le pouvoir du nouveau souverain. Carthage même lui envoya des ambassadeurs pour lui proposer un traité d'alliance. Mais aveuglé par la prospérité, il perdit toute modération. Sa tyrannie et ses vices aliénèrent de lui les cœurs macédoniens, ce qui devint la principale cause de sa ruine. Le consul Cécilius Métellus parut avec une nombreuse armée. Andriscus complètement défait se sauva vers la Thrace. Il en revint avec des soldats ; mais, défait une seconde fois à Pydna, il ne put relever ses affaires (147 avant J. C.). Un prince thrace le livra au consul, qui l'envoya chargé de fers à Rome ; Andriscus y fut mis à mort par ordre du sénat. La Macédoine fut réduite en province romaine, et Cécilius Métellus reçut le nom de Macédonique. A. S—R.

ANDRO ou **ANDROS**, île assez considérable de la mer Égée (maintenant Archipel), au S. E. de l'Eubée (Négrepont), et l'une des Cyclades. Elle a huit lieues environ de long sur deux de large. Le sol en est très-fertile, surtout en fruits délicieux. Les campagnes sont partout couvertes d'orangers, de citronniers, de mûriers, de grenadiers, de jujubiers, de figuiers. Ses sources d'eau limpide et fraîche étaient célèbres dans l'antiquité, principalement celle qui, suivant la Fable, répandait tous les ans des flots de vin à la fête de Bacchus. Andros fut l'une des premières îles de la mer Égée qui se rendirent aux Perses, à l'époque de leur invasion en Grèce. Pour punir la défection de ses habitants, les Athéniens s'en rendirent maîtres sous la conduite de Thémistocle. Cependant elle retomba bientôt au pouvoir des Perses. Par la suite elle appartint à Alexandre le Grand, puis à Antigone, à Ptolémée, à Attale, roi de Pergame, et enfin aux Romains, qui la reçurent en héritage de ce dernier prince. Maintenant elle fait partie du royaume de Grèce, et contient une cinquantaine de villages, dont deux, plus considérables que les autres, portent le nom d'Andros ; toutefois, la population totale n'excède pas 12,000 âmes. Il s'y fait un commerce assez actif de soies pour la tapisserie. A. S—R.

ANDRODÉE, fille d'Antipoénus de Thèbes. Pendant la guerre des Thébains contre les habitants d'Orchomène, l'oracle consulté déclara que les Thébains obtiendraient la victoire si un personnage d'un rang illustre se dévouait pour la patrie. Antipoénus semblait désigné pour s'immoler au salut de la patrie, personne dans Thèbes ne jouissait d'autant de considération et de crédit ; mais il refusa l'honneur de mourir pour ses concitoyens. Sa fille alors se dévoua, et sa sœur Alcide voulut partager sa destinée. Après leur mort, les Thébains leur rendirent de grands honneurs.

ANDROGÉE (*myth.*), fils de Minos et de Pasiphaé. Ce prince se distingua si fort par son adresse aux Panathénées d'Athènes, qu'Égée, roi de l'Attique, le fit assassiner par jalousie. Minos déclara la guerre aux Athéniens pour venger la mort de son fils, et après les avoir réduits aux plus cruelles extrémités, il ne leur accorda la paix qu'à condition qu'Égée enverrait tous les ans en Crète sept garçons et sept filles pour servir de proie au minotaure (*V.* ce mot); par une autre clause, les Athéniens s'obligèrent à instituer des fêtes en l'honneur d'Androgée, sous le nom d'*Androgéonies*. Quelques auteurs ont prétendu qu'Androgée avait été tué par le taureau de Marathon, monstre envoyé par Neptune (*V.* MARATHON).

ANDROGYNES (*myth.*), de ἀνήρ, homme, et de γυνή, femme. Les androgynes formèrent la race des premiers hommes ; ils possédaient les deux sexes ; ils étaient doués d'une force si extraordinaire, que dans leur orgueil ils firent la guerre aux dieux. Jupiter voulut d'abord les exterminer ; mais son courroux s'étant un peu apaisé, il se contenta de séparer en deux chaque androgyne, et d'en faire ainsi des hommes et des femmes, ce qui les affaiblit à un tel point, qu'ils furent contraints de se soumettre et d'implorer la clémence du vainqueur. — Les anciens prétendaient qu'il existait dans l'Afrique, au delà des Nazamons, un peuple d'androgynes. Pline a répété sérieusement cette fable. J. DE M.

ANDROGYNE (*zool.* et *bot.*). La plupart des zoologistes nomment androgynes les animaux pourvus à la fois des deux sexes, et qui ne peuvent se reproduire qu'en s'accouplant par deux ; tels sont les limaces et beaucoup d'autres mollusques. — Les botanistes réservent ce nom aux plantes dont les deux sexes sont réunis sur le même individu, mais sur des fleurs séparées. J. B.

ANDROGYNE (*méd.*). Ce qu'on entend généralement par androgyne n'est pas d'accord avec l'étymologie. En effet, on entend par ce mot un individu qui porte avec lui les organes des deux sexes, mais sans pouvoir se féconder par lui-même ; l'hermaphrodite, au contraire, peut produire et produit. L'androgynisme se trouve-t-il souvent dans la nature vivante? En commençant par les plantes, on appelle de nom d'androgynes celles qui portent sur la même tige des fleurs mâles et des fleurs femelles. Mais comme ces plantes ainsi organisées produisent des fruits, pour faire une différence entre elles et les hermaphrodites, on

a appelé de ce dernier nom les plantes dont les organes des deux sexes sont contenus dans la même fleur. En montant les degrés de l'échelle, nous trouverons des androgynes surtout dans les animaux inférieurs où l'hermaphroditisme est une condition plus ou moins essentielle du mode spécial d'organisation de ces êtres, et ces androgynes, suivant notre distinction, n'auront pas la faculté de se féconder eux-mêmes. Dans la famille humaine, nous rencontrerons aussi l'androgynisme ; mais ce ne sera pas chez elle un hermaphroditisme avorté ou imparfait, comme dans les animaux inférieurs ; ce sera une monstruosité. Ainsi chez la femme, il pourra exister un développement plus ou moins considérable du clitoris qui offrira quelque analogie avec l'organe mâle ; chez l'homme, un défaut de soudure dans le raphé mitoyen de l'enveloppe testiculaire, dont la forme se rapprochera de l'organe femelle ; toutefois, il n'y aura rien là que d'apparent, une modification qui ne sera que superficielle, et rien de plus. Pourtant quelques hommes ont voulu donner, à l'aide de leur imagination, un caractère de réalité, d'authenticité, à l'androgyne humain, sous le point de vue de sa valeur organique, pour arriver sans doute aux fables absurdes qu'on débite sur le compte des prétendus hermaphrodites ; mais tout cela est du roman, et la crédulité la plus complaisante n'y ajoute plus aucune foi. Dʳ Ed. C.

ANDROÏDE. Ce mot, formé du grec, signifie figure à forme humaine, qui, par le moyen de ressorts cachés dans son corps, imite, avec plus ou moins de perfection, certains mouvements de l'homme. On se sert plus communément du mot *Automate* (*V.* ce mot).

ANDROMACHUS. Plusieurs personnages de l'antiquité ont porté ce nom. Le premier dont l'histoire fasse mention fut père de Timée l'historien ; il habitait la Sicile. Quand Denys l'Ancien chassa de leur patrie les habitants de Naxos, Andromachus leur offrit un asile, et il s'établit avec eux sur les hauteurs voisines de Syracuse. Il aida les Syracusains à recouvrer leur liberté. — Un autre Andromachus fut lieutenant d'Alexandre le Grand ; nommé au gouvernement de la Judée et de la Syrie, il tomba aux mains des Samaritains, qui le brûlèrent vivant. Alexandre vengea sa mort. — Andromachus de Crète, médecin de Néron, se fit connaître par la découverte de la *thériaque*, médicament antivénéneux, dans la composition duquel entrent, dit-on, soixante substances. Il célébra lui-même les vertus de la thériaque dans un poëme dont Moïse Charas a publié une traduction, 1668, in-12. Galien l'avait conservé en l'insérant dans son Traité de la Thériaque.

ANDROMAQUE, fille d'Éétion, roi de la Thèbes de Cilicie, et femme du fameux Hector, fils de Priam. Après la chute de Troie, elle tomba au pouvoir du farouche Pyrrhus, fils d'Achille, lequel fit périr le jeune Astyanax sous les yeux de sa malheureuse mère, qu'il contraignit ensuite de l'épouser. Andromaque lui donna trois fils, ce qui n'empêcha pas ce prince inconstant de la répudier et de la donner pour femme à son esclave Hélénus, frère d'Hector. Pyrrhus ayant été tué à Delphes, Hélénus s'empara de l'Épire ; mais, après la mort d'Hélénus, Andromaque se rendit dans l'Asie Mineure avec Pergame, le plus jeune des fils qu'elle avait eus de Pyrrhus, et avec Cestrinus, fils d'Hélénus (*V.* PERGAME, CESTRINUS). — Il n'est aucun ami de la bonne littérature qui ne connaisse les adieux d'Andromaque à Hector dans Homère, la touchante tragédie d'Euripide, et la magnifique composition de Racine, que de modernes détracteurs accusent d'avoir fait une Andromaque française, mais qui, à coup sûr, a peint le plus beau caractère qu'il fût possible de mettre sur la scène. J. DE M.

ANDROMÈDE (*mythol.*), fille de Céphée, roi d'Éthiopie, et de Cassiope. Cette dernière s'était vantée de surpasser en beauté Junon et les Néréides ; Junon irritée pria Neptune de la venger, et le dieu complaisant de la mer, en retirant ses eaux, inonda l'Éthiopie, et y laissa un monstre marin qui commit les plus grands ravages. L'oracle de Jupiter-Ammon consulté déclara que pour apaiser Neptune, il fallait exposer Andromède à la voracité du monstre, et l'infortunée princesse fut attachée nue à un rocher. Déjà le monstre s'avançait pour saisir sa proie ; heureusement Persée, qui revenait monté sur Pégase du pays des Gorgones, vit Andromède et le monstre ; aussitôt il dirigea vers le rocher le cheval ailé, et il changea le monstre en pierre, en lui présentant la tête de Méduse qu'il portait sur son bouclier, après quoi il délia la princesse que Céphée lui donna pour épouse. Mais Andromède avait été promise à Phinée, et Phinée, qui n'avait pas eu le courage de la défendre contre le monstre, pénétra dans la salle où les noces de Persée allaient se célébrer, suivi d'une troupe nombreuse d'assassins. Persée se défendît d'abord avec son épée, mais au bout de quelque temps, craignant d'être accablé par le nombre, il découvrit la tête de Méduse qui produisit son effet ordinaire: Phinée et tous les siens furent changés en pierre. — Andromède après sa mort fut métamorphosée en astre. — S'il faut en croire Josèphe, Pomponius Méla et plusieurs autres écrivains, c'est sur la côte de la Phénicie et non en Éthiopie qu'il faut placer l'aventure d'Andromède. Josèphe *affirme*, et combien de faits apocryphes cet historien n'a-t-il pas affirmés, qu'on voyait encore de son temps sur une roche voisine de Joppé, la trace des chaînes qui avaient servi à attacher Andromède, comme si pour retenir une faible jeune fille, il était nécessaire d'employer de lourdes chaînes de fer. Suivant Pomponius Méla, on avait élevé sur cette roche même un autel aux deux époux; et pendant les fêtes instituées en leur honneur, on montrait au peuple des ossements d'une dimension extraordinaire. Pline rapporte que ces ossements, qu'on regardait comme ceux du monstre pétrifié par Persée, furent transportés de Joppé à Rome. — On a cru expliquer la fable d'Andromède en disant qu'elle avait été enlevée par des pirates et délivrée par son amant avec son époux. Cette explication nous semble trop vague et trop incomplète pour qu'on doive s'y arrêter.   J. DE M.

ANDROMÈDE (Ἀνδρομίδα; *al Marat al Mos al Selat*), l'une des constellations boréales des anciens, située au nord du Bélier et des Poissons; elle comprend soixante-onze étoiles: les plus remarquables sont α, l'une des quatre du carré *sirrah*, β à la ceinture *mirach*, et la troisième γ, au pied austral *alamak*. Ces trois étoiles secondaires d'Andromède sont équidistantes et forment une ligne presque droite avec la diagonale αα de Pégase, prolongée au-dessous de Cassiopée jusqu'à Persée. Selon la mythologie, cette constellation doit son nom à la fille de Céphée, roi d'Éthiopie (voyez l'article précédent). C'est au moment où Andromède se couche, ainsi que le Bélier, Cassiopée, les Pléiades et Pégase, et lorsque le Vaisseau et le Serpentaire achèvent de se lever le soir, qu'Hercule accomplit le neuvième de ses douze travaux. De là la victoire d'Hercule sur Hippolyte, reine des Amazones, dont la ceinture (*mirach*) brillait d'un vif éclat. Les Pléiades portaient les noms de plusieurs de ces guerrières. Les Arabes dessinent à la place d'Andromède un phoque ou veau marin, enchaîné avec l'un des poissons. Du reste, les astronomes sont assez peu d'accord entre eux tant sur le nom de cette constellation que sur le nombre des étoiles dont elle se compose. Les Latins l'appelaient *Persea*, *Virgo devota*, etc.; Schiller la nomme *Saint-Sépulcre*; d'autres, *Abigaïl*. Ptolémée ne lui donnait que vingt-trois étoiles, et ce nombre a été adopté par Tycho-Brahé; Flamstad en a compté soixante-six. Comme il n'y en a guère que vingt-cinq qui soient visibles à l'œil nu, il est probable que de là vient l'erreur de Ptolémée.   VAN-TENAC.

ANDROMÈDE (bot.), *andromeda*, genre de plantes de la famille naturelle des *vacciniées* (Juss.), *décandrie monogynie* de Linné. *Caractères*: tige ligneuse (sous-arbrisseau), feuilles petites, éparses, opposées ou alternes; calice à cinq divisions, corolle monopétale à cinq petits lobes, dix étamines courtes, anthères inclinées, ovaire supère, surmonté d'un style plus long que les étamines, stigmate obtus; le fruit est une capsule à cinq loges polyspermes; semences arrondies et petites. — Cette plante, qui n'est guère employée que comme ornement, a beaucoup de ressemblance avec les bruyères et les arbousiers. Elle croît dans les pays septentrionaux de l'ancien et du nouveau continent. On la trouve en Laponie, en Sibérie, au Kamtchatka, dans la Virginie et la Caroline, enfin jusque dans la Nouvelle-Zélande. Tournefort a réuni l'*andromeda* au genre *erica* (bruyère). Le même genre *andromeda* a été désigné, par certains auteurs, sous des noms différents; ainsi, Rajus l'appelle *ledi*, Heister *ericoïdis*, Dillenius *ericonia*; enfin chaque auteur a voulu lui imposer un nouveau nom. De là une grande confusion qui règne malheureusement trop souvent dans la nomenclature de la botanique. C'est Linné qui a donné au genre dont nous venons de signaler les caractères le nom d'*andromeda*. Et voici comment le roi des botanistes s'exprime à cette occasion, avec cette élégance poétique et cette concision de style qui le caractérisent: « *Andromeda*, *virgo hæc lectissima pulcherrimaque collo superbit alto et vividissimo* (*pedunculus*), *cujus facies roseis suis labellis* (*corolla*) *vel optimum veneris fucum longè superat; juncea hæc in genua projecta pedibus alligata* (*caulis inferior incumbens*), *aquâ* (*vernali*) *cincta, rupi* (*monticulo*) *adfixa, horridis draconibus* (*amphibiis*), *terram versus inclinat mœstam faciem* (*florem*), *innocentissima brachia* (*ramos*) *cœlum versus erigit, meliori sede fatoque dignissima, donec gratissimo*

II

Perseus (*æstas*) *monstris devictis, eam ex aquâ eduxit, e vir-gine factam fecundam matrem, quæ tum faciem* (*fructum*) *erectam extollit. Si Ovidio fabulam de Andromedâ conscribenti hæc ante oculos posita fuisset planta, vix melius quadrarent attributa, qui more poetico ex humili tumulo produxisset Olympium.* » (*Linnæi Flora Lappon.*, Lond., 1792, p. 133.) — Les principales espèces sont: *A. cærulea*, Lin.; *A. tetragona*, Lin.; *A. hynoïdes*, *A. bryantha*, Lin.; *A. polyfolia*, Lin.; *A. paniculata*.   F. HOEFER.

ANDRONIC, parent de saint Paul, était très-considéré par les apôtres. Il avait embrassé le christianisme, même avant son parent, et on assure qu'il souffrit le martyre en confessant courageusement la foi de Jésus-Christ. — Il existe un autre martyr du nom d'Andronic; il subit la mort avec saint Probe et saint Taraque durant la persécution de Dioclétien, en 304. Leurs actes, rapportés par D. Ruinart et par Tillemont, sont regardés comme un des plus précieux monuments de ces temps reculés. L'Église honore ces trois saints martyrs le 11 octobre.

ANDRONIC ou ANDRONIQUE, l'un des officiers de la cour d'Antiochus Épiphanes, fut chargé de gouverner Antioche pendant que ce prince s'occuperait à réduire plusieurs villes révoltées de la Cilicie. Andronic souilla son gouvernement par un crime dont il ne tarda pas à subir le juste châtiment. Ménélaüs, faux pontife des Juifs, voulant se défaire du grand prêtre Onias, profita de l'absence du roi pour engager Andronic à le faire mourir. Séduit par les riches présents dont Ménélaüs avait eu soin de se faire accompagner, Andronic se rendit à Daphné, où Onias se tenait dans l'*asile*. Là il promit au grand prêtre qu'il ne lui ferait aucun mal, et il parvint à force de serments à lui persuader de quitter ce lieu de sûreté. Mais à peine Onias en était-il sorti, que, violant la foi et foulant aux pieds toutes les lois de la justice, le sacrilége Andronic le tua de ses propres mains. Ce crime horrible excita une vive indignation, non-seulement parmi les Juifs, mais encore parmi les autres nations. Antiochus lui-même n'ayant pu contenir ses larmes au récit de ce meurtre, ordonna, dès son arrivée à Antioche, qu'Andronic fût dépouillé de la pourpre, conduit honteusement par toute la ville, et mis à mort dans le lieu même où il avait commis son crime. La sentence fut exécutée (an 166 avant Jésus-Christ); *le Seigneur*, dit l'Écriture, *rendant ainsi à ce sacrilége la punition qu'il avait si justement méritée*. (2 MACH. IV, 24-38.)   J. G.

Cet Andronic ne doit pas être confondu avec un général d'Alexandre de même nom, lequel passa plus tard au service d'Antigone. Il avait pris la ville de Tyr sur Ptolémée Lagus qui tâcha, par toute sorte d'offres, de l'attirer auprès de lui sans pouvoir y réussir. Quelque temps après, le sort des armes fit tomber Andronic au pouvoir de Ptolémée qui le combla de biens et d'honneurs, témoignant ainsi de l'estime que lui avait inspirée son inébranlable fidélité à la cause d'Antigone.

ANDRONIC Ier, COMMÈNE, petit-fils de l'empereur Alexis Commène, fils d'Isaac Commène et cousin de l'empereur Manuel Commène; il était né en 1110. La nature lui avait donné le dangereux génie de l'intrigue soutenu des qualités de l'esprit, mais elle lui avait refusé les qualités du cœur. Sa figure était hideuse autant que son âme perverse; mais il s'exprimait avec beaucoup de grâce, et la courage à toute épreuve, il joignait une force extraordinaire et l'art de faire valoir tous ses avantages. L'empereur l'avait chargé du commandement d'une armée dans la Cilicie; mais tandis qu'il ne paraissait occupé que des soins de la guerre, il entretenait de coupables intelligences avec les Turcs et les Hongrois, ne méditant pas moins que de renverser Manuel pour se mettre à sa place. Ses manœuvres transpirèrent, et comme l'empereur était déjà irrité contre lui parce qu'il avait séduit la princesse Eudoxie sa nièce, il le fit arrêter et enfermer dans une des tours de Constantinople. Au bout de quatre ans le bruit de son évasion se répandit; il était parvenu en effet à sortir de son cachot, mais l'ouverture secrète qu'il y avait pratiquée l'avait conduit dans un cachot voisin. On soupçonna la femme d'Andronic d'avoir fourni à son mari les moyens de se sauver; l'empereur la fit enfermer dans le même cachot qu'Andronic avait habité. Celui-ci ne tarda pas à la reconnaître à ses cris douloureux; il se montra, calma ses terreurs et vécut pendant longtemps avec elle des aliments qu'on lui apportait. Cette liaison mystérieuse aquit même un fils qui hérita, plus tard, de l'ambition de son père et ne fut pas plus fortuné. Les personnes chargées de garder la prisonnière s'étant peu à peu relâchées dans leur surveillance, Andronic parvint à s'échapper de sa prison, mais il fut reconnu non loin de Constantinople, arrêté de nouveau et ramené en

43

prison où,. plus étroitement resserré, il passa dix ans encore. Au bout de ce temps, il renouvela ses tentatives d'évasion qui cette fois réussirent, mais il n'en fut guère plus heureux, car il mena pendant longtemps une vie errante et vagabonde. Il se trouvait en Russie lorsque l'empereur déclara la guerre aux Hongrois. Il eut le mérite d'engager les Russes dans la querelle en faveur de ses compatriotes, et les services qu'il trouva l'occasion de rendre à Manuel lui valurent son rappel à Constantinople; mais de nouvelles intrigues le firent de nouveau exiler de la cour, ou même rouvrirent les portes de sa prison. Une révolution inattendue le ramena de l'exil. Manuel mourut ne laissant, pour lui succéder, qu'un enfant de onze ans, Alexis II, sous la tutelle de Marie sa mère qui, par le scandale de sa conduite, avait soulevé contre elle l'opinion publique. Les partisans d'Andronic firent valoir à propos les avantages qu'on pouvait se promettre de ses talents éprouvés, et les grands et le peuple se rendirent auprès de lui pour lui offrir cette couronne à laquelle il prétendait en secret depuis tant d'années et qu'il voulut avoir l'air de refuser pour se donner l'apparence de la grandeur d'âme. Il commença par conduire Alexis à l'église (on dit même qu'il l'y porta sur ses épaules) pour le faire couronner empereur; mais après cette cérémonie, il força le malheureux enfant à signer l'arrêt de mort de sa mère. Quelques jours après, il se fit proclamer lui-même collègue d'Alexis qu'il fit assassiner le lendemain ou le surlendemain (1184). Quand on apporta devant lui le cadavre d'Alexis, il le poussa du pied en disant : *Ton père fut un perfide, ta mère une infâme prostituée, et toi un sot*. Andronic annonçait, par cette froide barbarie, au peuple qui l'avait élu ce qu'il devait en attendre. Une fille de Louis VII, Agnès de France, avait été fiancée au jeune empereur; Andronic la contraignit de l'épouser lui-même quoiqu'elle n'eût encore que onze ans. — Malgré les crimes nombreux qui avaient en quelque sorte poussé Andronic sur le trône impérial, la paix publique ne fut troublée que par le refus que firent trois ou quatre villes de reconnaître le nouvel empereur. Elles en furent cruellement punies, et le barbare Andronic épuisa sur les habitants de Pruse et de Nicée tout ce qu'il y avait d'atroce cruauté dans son caractère. Les Grecs, poussés à bout, se révoltèrent de toutes parts; Isaac l'Ange, qui avait vu périr sa famille entière, fut accusé auprès d'Andronic d'avoir excité ce soulèvement; l'empereur lui envoya des bourreaux; Isaac tua le premier qui tenta d'exécuter l'ordre du tyran, échappa heureusement aux autres et s'alla réfugier à Sainte-Sophie. On crut d'abord qu'il avait tué l'empereur, et les habitants, transportés de joie, le proclamèrent leur libérateur et immédiatement après l'élevèrent à la dignité impériale. La populace se porta aussitôt en foule vers le palais. Andronic, averti à temps, tenta de se sauver; il se jeta dans une barque avec sa femme et une comédienne dont il était follement épris. Il fut poursuivi, atteint, ramené à Constantinople, abreuvé d'outrages, excédé de coups, mutilé, pendu par les pieds; il ne perdit la vie qu'après de longs et d'affreux tourments. Ce fut un soldat qui abrégea ses souffrances en lui plongeant son épée dans le corps. Ainsi termina sa carrière, à l'âge de soixante-quinze ans, le prince ambitieux qui s'était assis un moment sur le trône que pour le souiller de toute sorte de crimes (1185). Des écrivains complaisants ont cherché à diminuer l'horreur qui s'attache au nom d'Andronic en rapportant ce qu'il a fait de bien; ils ont vanté sa sobriété, sa compassion pour les indigents, sa prédilection pour les savants et les hommes de lettres qu'il comblait de faveurs : il n'en est pas moins l'un des plus exécrables princes dont la mémoire nous ait été transmise. La seule chose qui pourrait, sinon réconcilier avec sa mémoire, du moins atténuer le sentiment d'horreur qu'on éprouve en songeant au meurtrier d'Alexis, c'est de savoir qu'il souffrit avec une constance qui aurait dignement couronné une meilleure vie, tous les tourments que la populace inventa pour le torturer. Les seuls mots qu'on l'entendit prononcer furent ceux-ci : *Seigneur, ayez pitié de moi*. Il n'est pas à présumer qu'au milieu des plus affreux supplices il cherchât à feindre une religion qu'il n'avait jamais observée. Croyons plutôt que la miséricorde céleste, dans ces derniers moments, avait touché son âme; et ce n'est point là son seul miracle.

N. M. P.

ANDRONIC II (PALÉOLOGUE), dit *le vieux*; naquit en 1258; Michel VIII Paléologue, son père, l'associa à l'empire en 1273, et le laissa seul possesseur du trône par sa mort arrivée en 1282; mais autant Michel avait d'élévation dans les vues, l'esprit réfléchi, un véritable zèle pour la religion, autant Andronic se montra d'un esprit vulgaire, d'une faiblesse de caractère indigne de la majesté royale, de disposition à favoriser le schisme que son père avait voulu anéantir. A ces défauts il joignait un cœur froid jusqu'à l'insensibilité, dur jusqu'à la barbarie. Persécuteur de son propre frère, Constantin Porphyrogénète, il le fit enfermer dans une cage de fer et l'y laissa mourir. A peine eut-il placé sur son front la couronne qu'il était si peu fait pour porter, qu'il s'abandonna tout entier aux conseils et à l'influence de sa tante Eulogie, fausse dévote et protectrice du schisme, ne se montrant jamais devant son imbécile neveu sans répandre quelques pleurs de commande en pensant à *son pauvre frère Michel qui avait encouru la damnation éternelle en embrassant l'hérésie des Latins*. Pendant que, poussé par Eulogie, Andronic s'occupait de controverse, ses généraux se révoltaient, les pirates dévastaient les côtes de la mer Noire, et les Turcs envahissaient ses provinces. Un aventurier catalan, nommé Roger Flor, lui amena une armée de huit ou dix mille hommes; les Turcs furent battus et repoussés. Flor obtint, pour prix de ses services, la main d'une nièce d'Andronic et le titre de césar; mais peu de temps après, l'empereur se livra tout entier aux préventions qu'on lui inspira contre les Catalans, et Flor fut traîtreusement assassiné. Les Catalans vengèrent, par une victoire signalée, la mort de leur chef, et ils s'emparèrent de l'Achaïe et de l'Attique où ils formèrent un établissement dans lequel ils se fixèrent. Andronic avait associé à l'empire (1294) son fils aîné, Michel IX, prince faible et sans vigueur, qui eut toujours la fortune contraire. Michel étant mort en 1320, son fils Andronic, dit *le jeune*, le remplaça sur le trône. Son aïeul qui, dit-on, le haïssait, avait cherché à l'exclure de la succession; mais il fut contraint, par le vœu public, de partager avec lui l'autorité; toutefois il lui fit éprouver tant de désagréments, qu'Andronic le jeune prit les armes contre son grand-père et se rendit maître de Constantinople. Andronic le vieux, obligé de descendre du trône, voulut s'enfermer dans un monastère plutôt que d'avoir son palais pour prison. Il mourut deux ans après, en 1332, dans un état voisin de l'indigence. Il était âgé de soixante-quatorze ans et avait régné un demi-siècle. Ce prince ne fut pas regretté, car il avait surchargé le peuple d'impôts et l'avait livré sans défense aux ravages de la guerre. Il avait aussi altéré la monnaie au point que les étrangers ne voulaient la recevoir à aucun prix; ce qui avait anéanti le commerce et éteint l'industrie.

ANDRONIC III (PALÉOLOGUE), dit *le jeune*; il naquit en 1295, ne reçut aucune éducation très-négligée qui lui permit de s'abandonner à tout son penchant pour les plaisirs. Il débuta dans la carrière par un assassinat. Il entretenait une intrigue criminelle avec une femme qui ménageait peu son humeur jalouse. Pour se débarrasser d'un rival, il arma contre lui des assassins; mais, par une fatale méprise, ce fut son frère Manuel Despote, son compagnon de débauche, qui succomba sous leurs coups; ce premier crime en entraîna d'autres qu'il tâcha de faire oublier, dès qu'il fut sur le trône, par une conduite noble et généreuse. Guerrier courageux et habile, il se montra toujours à la tête de ses armées sur terre et sur mer; il ne fut pas toujours heureux, il est vrai, mais il remporta plusieurs victoires sur les Turcs, les Bulgares et les Serviens. Administrateur vigilant, il protégea le peuple, diminua les impôts, fit droit à toutes les plaintes, corrigea beaucoup d'abus. Il mourut prématurément, en 1341, des suites d'une blessure qu'il avait reçue, et, suivant quelques écrivains, du chagrin qu'il ressentait de n'avoir pu réussir à faire cesser le schisme qui divisait les Églises grecque et latine. Sa mort excita des regrets universels. Son règne avait duré seize ans en y comprenant les trois premiers durant lesquels il partagea l'autorité avec son aïeul. Malgré sa bravoure personnelle, ses talents militaires et les succès qu'obtinrent ses armes en plusieurs occasions, il ne put empêcher les Turcs de se rapprocher de Constantinople et de transférer le siège de leur empire naissant de Pruse à Nicée.

ANDRONIC PALÉOLOGUE, fils aîné de l'empereur Jean V. Son père l'avait associé à l'empire en 1355; mais ce prince ingrat et perfide, peu satisfait d'une autorité partagée, voulut précipiter du trône son bienfaiteur, afin de régner seul. La fortune, d'accord cette fois avec la justice, se déclara contre lui; il fut vaincu, condamné à perdre un œil, contraint de renoncer à ses droits en faveur de son frère Manuel et relégué dans un lieu éloigné où il mourut dans l'obscurité, on ne sait en quel temps.

N. M. P.

ANDRONIC de Céreste, architecte et astronome. Il construisit dans Athènes une tour octogone de marbre, qu'on appela la *tour des Vents*, parce que sur chaque face était sculptée la figure de l'un des huit vents principaux. Au sommet de la tour était un triton d'airain, tournant sur un pivot et tenant à la main une baguette qu'il laissait tomber sur le vent qui l'avait mis lui-même en mouvement. Les vents désignés par Andronic portaient, d'après Vitruve, les noms suivants : *Solanus*, *Eurus*, *Auster*, *Africus*, *Favonius*, *Corus*, *Septentrio* et *Aquilo*. Cette tour, qui subsiste encore, a servi longtemps de minaret à une mosquée de derviches. Au-dessous de chaque vent l'architecte avait tracé un cadran solaire. Spon et d'autres voyageurs qui parlent de ce monument disent qu'il renfermait une clepsydre ou horloge d'eau. L'édifice s'est enfoncé dans la terre d'environ douze pieds, ou bien le sol environnant s'est exhaussé de cette hauteur.

ANDRONIC de Rhodes, philosophe péripatéticien. Il était contemporain de Sylla et vivait à Rome vers le milieu du 1er siècle avant l'ère vulgaire. Ce fut lui qui le premier fit connaître aux Romains les ouvrages d'Aristote et de Théophraste, après les avoir mis en ordre sur l'invitation de Sylla qui les avait apportés de la Grèce. On lui attribue une paraphrase, publiée en grec et en latin à Cambridge, 1679, in-8°, et antérieurement par Dan. Heinsius à Lyon, 1617 ; mais il existe, dit Sainte-Croix, à la bibliothèque royale un manuscrit qui indique Héliodore de Pruse comme auteur de cet écrit.

ANDRONIC. (*V.* ANDRONICIENS.)

ANDRONIC (LIVIUS ANDRONICUS), poëte comique latin qui florissait sous le consulat de Claudius Centho, vers l'an 240 avant J. C. Il jouait lui-même dans ses pièces et avait pour théâtre des tréteaux. On prétend que, souffrant un jour d'une extinction de voix, il fit réciter ses vers par un esclave tandis qu'il faisait les gestes nécessaires, ce qui fit concevoir l'idée de la pantomime, idée qui ne tarda pas à être mise en œuvre. Quelques fragments d'Andronic, recueillis dans les *Comici latini*, Lyon, 1603, ou Leyde, 1520, et dans le *Corpus veterum poetarum*, sont tout ce qui reste de ses pièces, et ils ne font pas regretter ce qui s'est perdu.

ANDRONIC de Syrie, grammairien ; il ouvrit une école à Rome vers l'an 92 avant J. C. Suétone, dans sa Biographie des grammairiens, lui attribue une histoire de son pays, laquelle s'est perdue.

ANDRONIC de Thessalonique, fut un des savants grecs qui allèrent chercher un asile en Italie après la prise de Constantinople par Mahomet II. Il enseigna la langue grecque à Rome et successivement à Florence et à Paris, où il fut attiré par Louis XI. Il a eu pour disciples Politien, Pannonius et Valla. Il mourut en 1478. On a de lui un *Traité des passions* en grec, Paris, 1593, in-8°, et des *Morales à Nicée*, 1617-73. J. DE M.

ANDRONICIENS. C'est le nom qu'on a donné aux disciples d'un certain Andronic, qui s'était attaché à la secte des sévériens (*V.* ce mot). Parmi les erreurs grossières que professaient les androniciens, il en est une qui a fixé l'attention d'une manière plus particulière, c'est celle par laquelle ils prétendaient que la partie supérieure des femmes était l'œuvre de Dieu, et la partie inférieure l'ouvrage du démon. (*V.* Épiph., *Hæres.* XLV.) J. G.

ANDROS. (*V.* ANDRO.)

ANDROUET DU CERCEAU, architecte célèbre du XVIe siècle, né, suivant les uns, à Paris, suivant les autres, à Orléans. Ce fut lui qui, par ordre de Henri IV, continua la grande galerie du Louvre (1596) commencée sous Charles IX. C'est encore à lui que Paris doit le Pont-Neuf dont les travaux, entrepris en 1578, ne se terminèrent qu'en 1604. Les hôtels de Sully, de Mayenne, des Fermes, sont aussi de lui, de même que l'hôtel de Carnavalet que décorent de belles et gracieuses sculptures de Jean Goujon. Il avait eu le malheur d'embrasser le calvinisme, ce qui l'obligea de se retirer en pays étranger. Il mourut loin de sa patrie ; on ignore en quelle année. Il a écrit un *Traité de l'Architecture*, imprimé en 1559, in-fol. et réimprimé en 1611 ; 2° des *Leçons de perspective*, 1576, in-fol. ; 3° *les plus excellents Bâtiments de France*, même année, Paris.

ANDROUSSOF ; c'est une petite ville située entre Smolensk et Mscislaw, dépendante du gouvernement actuel de Mohilew ; mais s'il faut en croire Muller, dans sa *Collection de pièces pour l'histoire de Russie*, Androussof, située non loin de Moscou, n'existe plus aujourd'hui. Au fond, cette ville serait tout à fait inconnue sans le traité de paix ou plutôt l'armistice de quinze ans, du 30 janvier 1667, entre la Russie et la Pologne. Le roi de Pologne cédait au czar Smolensk, le duché de Sévérie, Tchernigof et l'Ukraine jusqu'au Dniéper ; mais la ville de Kiew n'était cédée que pour deux ans. Le czar de son côté abandonnait ses droits ou ses prétentions sur les palatinats de Polotsk, de Vitebsk et la Livonie. Ce traité renfermait encore d'autres conditions relatives à une alliance

offensive et défensive contre les Turcs et les Tartares ; mais, de même que tous ceux qui ont été faits dans la suite entre ces deux pays, il fut mal exécuté en attendant que l'occasion s'offrît de le violer impunément.

ANDRY (NICOLAS), surnommé Boisregard, natif de Lyon, professeur de philosophie à Paris au collège des Grassins et successivement au Collège royal, doyen de la faculté de médecine ; auteur de plusieurs ouvrages de littérature, aujourd'hui oubliés, mort à 84 ans en 1742. Il était d'un caractère acariâtre et d'une humeur caustique dont ses écrits portent le caractère. Défenseur exalté de la prééminence de la médecine sur la chirurgie, il se fit des ennemis de tous les chirurgiens de son temps, qu'il travailla toujours à molester et à humilier. Il coopéra pendant quelque temps au *Journal des Savants* qu'il convertit en un journal de médecine, conjointement avec deux autres médecins qu'il s'adjoignit comme collaborateurs. Heureusement pour ce journal, la direction en fut confiée en 1724 à l'abbé Desfontaines qui lui rendit sa première forme. Outre ses ouvrages littéraires, dont personne aujourd'hui ne parle, on a de lui, 1° un bon *Traité de la génération des vers dans le corps humain*, in-12 ; 2° un *Traité d'orthopédie* ; 3° un *Traité des aliments du carême*, 1713, 2 vol. in-12 ; 4° des *Remarques sur la saignée, la purgation et la boisson* ; 1710, in-12, etc. J. D. M.

ANDUJAR (*géogr.*), ville d'Espagne, située à l'entrée de l'Andalousie (*V.* ce mot) au pied de la Sierra-Morena, appartient à la province désignée sous le nom de royaume de Jaen. Placée sur la route royale qui conduit de Madrid à Cadix, cette ville est la première qui se présente au sortir de cette sierra jadis inhabitée, et que peupla naguère le génie d'Olavide (*V.* ce mot). Andujar est assis au milieu d'une plaine, sur le bord du Guadalquivir, qu'on traverse sur un pont de dix-sept arches ; il renferme une population de 14,000 âmes ; c'est une cité d'assez belle apparence ; rues larges, maisons élégantes et spacieuses ; on y sent déjà le souffle de Cordoue, de Séville, de Grenade ; on y reconnaît le ciel et les émanations de cette terre privilégiée qui est restée dans les souvenirs des Maures, comme un Eldorado, et qui, pour les nations européennes, est à coup sûr, la patrie des beaux jours, des fêtes joyeuses et des plus suaves merveilles que puisse enfanter la nature dans les régions méridionales. — Le commerce d'Andujar consiste en soies de toute espèce ; on recueille sur son territoire le blé, l'huile, le vin, le miel, les fruits de toute nature : l'orange et la grenade y viennent en pleine terre ; les productions de l'Orient y retrouvent leur sol natal : l'aloès y fleurit et l'on a lieu de croire que toutes les plantes de l'Asie s'y développeraient à merveille. On trouve dans les environs d'Andujar une sorte d'argile qui sert à fabriquer de ces vases délicats, légers et poreux où l'eau se rafraîchit au contact de l'atmosphère même la plus ardente et la plus embrasée. — A trois milles de distance, on rencontre les ruines d'Iliturgis, qui prit le nom de Forum Julium, et que les habitants appellent aujourd'hui *Andujar el Viejo* (l'ancien Andujar). H. C.

Cette ville a dû quelque célébrité à la fameuse ordonnance que le duc d'Angoulême y rendit le 8 août 1823, en qualité de commandant en chef de l'armée française envoyée en Espagne pour soustraire Ferdinand VII à l'action révolutionnaire des cortès, et le rétablir sur le trône avec tous les droits que lui assuraient les lois fondamentales de l'État. Le duc d'Angoulême avait l'intention évidente de rapprocher les constitutionnels des royalistes. La Bisbal, Morillo, Ballesteros, tous généraux du parti libéral, avaient fait leur soumission ou offert de capituler. Madrid était au pouvoir des Français ; le duc se portait sur Séville, poursuivant toujours les cortès qui fuyaient devant lui pour ne s'arrêter qu'à Cadix :

> Sistimus hic tandem nobis ubi defuit orbis.

Il se trouvait dans Andujar lorsqu'il reçut la nouvelle de la capitulation de Ballesteros ; il eut l'idée de publier un acte qui pût engager les chefs constitutionnels à rentrer dans le devoir et rassurer sur leur avenir les troupes qui se trouveraient dans le cas de capituler ou qui montreraient l'intention de se rallier au roi. Mais l'ordonnance d'Andujar fut mal reçue par le corps diplomatique et principalement par la régence de Madrid, qui protesta hautement et même avec peu de mesure contre ses dispositions. Ferdinand, dès qu'il eut été rendu à la liberté par l'armée française, ne garda pas plus de ménagements pour la régence, et il parut s'appliquer à détruire toutes les garanties que, dans l'intérêt même du trône, le duc d'Angoulême avait jugé nécessaire de donner aux constitutionnels. La ré-

43.

gence n'avait pu tolérer que par cette ordonnance le droit d'arrêter un individu pour opinions ou faits politiques ne pût être exercé par les autorités espagnoles sans l'intervention et le consentement du commandant français dans chaque province. On doit toutefois comprendre aisément toute la sagesse d'une telle mesure, quand on songe aux excès monstrueux auxquels l'esprit de parti peut se porter, après une victoire obtenue dans la guerre civile. **J. DE M.**

ÂNE (*zool. mamm.*). L'âne appartient au genre *equus* (*V.* CHEVAL), qui compose à lui seul la famille des solipèdes. Cet animal, quoique extrêmement voisin du cheval, s'en distingue aisément par sa tête, proportionnellement plus grosse, ses oreilles plus saillants, ses yeux moins saillants, son poitrail moins large, son garrot moins élevé, et sa queue dégarnie de crins, excepté à l'extrémité; ses parties internes, son squelette surtout, ne présentent aucune différence essentielle avec les parties correspondantes du cheval. Il atteint ordinairement dans nos pays six pieds à six pieds et demi de longueur; sur trois pieds quatre à huit pouces de hauteur; il est le plus souvent d'un gris plus ou moins obscur en dessus, et d'un blanc sale sous le ventre et vers les flancs; quelquefois cependant il est roux ou fauve, ou même entièrement blanc. Il a sur le dos une croix noire assez apparente, derniers vestiges d'un ornement qui appartient à deux espèces voisines, le couagga et le zèbre; cette croix est formée de deux bandes dont l'une suit la colonne vertébrale, et l'autre, coupant la première à angles droits au garrot, s'arrête de chaque côté vers le milieu de l'épaule. — Quoique bien inférieur au cheval sous le rapport de la beauté des formes, l'âne ne manquerait pas d'une certaine élégance si on améliorait son espèce en ne choisissant pour la propager que les individus les mieux conformés, comme on le fait pour les chevaux; mais malheureusement il n'en est pas ainsi, et l'éducation de cette espèce n'est nulle part plus négligée qu'en France. — On emploie l'âne à la charrue et à la voiture; il porte des fardeaux et sert de monture; sa sobriété jointe à sa force, proportionnellement plus grande que celle du cheval, le rendent précieux aux classes peu aisées de la société, et il le serait encore bien davantage, si les mauvais traitements dont on ne l'accable que trop souvent ne lui ôtaient une partie de son énergie et de sa docilité. Naturellement vif, laborieux et docile, il devient indolent, paresseux et têtu par la crainte et l'habitude des châtiments; il semble deviner qu'en portant patiemment sa charge, il ne recevra en échange de ses services que des coups de bâton; aussi refuse-t-il souvent de marcher lorsqu'il est chargé, et plus il l'est, plus il craint les mauvais traitements qu'il aura à subir pendant la route, plus il s'opiniâtre à ne pas avancer. Si la nature lui a accordé quelque fierté, le peu de soin qu'on prend de lui, et l'espèce d'avilissement auquel nous l'avons condamné ont dû la lui faire perdre. Pour se convaincre de ceci, il n'y a qu'à faire attention à l'influence qu'exerce l'éducation sur le caractère des individus d'une même espèce; qu'on compare par exemple les chevaux de nos dandys à ceux que nous voyons d'habitude sur les routes, traînant avec effort de lourdes charrettes; les premiers, fiers, ardents, la tête haute, l'œil plein de feu, n'attendent pour s'élancer que la voix de leur maître; les seconds humbles, indolents, la tête inclinée vers la terre, l'œil morne, n'obéissent souvent qu'à force de coups de fouet. — L'âne mange peu et s'accommode de toute nourriture, mais il est difficile pour l'eau, il la lui faut claire et sans mauvais goût; il aime à se rouler sur l'herbe, il le fait même quelquefois lorsqu'il est chargé; il craint de se mouiller les pieds, et il se détourne pour éviter la boue; il est peu sujet aux maladies et à la vermine; il a la peau dure et sèche, ce qui le rend moins sensible au fouet que le cheval; quand il est mené trop durement, il grimace en montrant les dents; son ouïe est délicate, et son odorat assez développé; sa voix, que l'on nomme *braiement*, est plus aiguë chez la femelle que chez le mâle; il montre de l'attachement à son maître, surtout quand il en est bien traité, et il le reconnaît de fort loin; on peut l'instruire assez facilement; on le dresse quelquefois à se défendre contre les animaux carnassiers, et il s'en acquitte merveilleusement en présentant toujours à son adversaire les pieds de derrière, avec lesquels il met souvent celui-ci hors de combat. — L'âne met trois ou quatre ans à prendre toute sa croissance, et vit de vingt-cinq à trente; le mâle est en état d'engendrer dès deux ans, et montre beaucoup d'ardeur pour la femelle; le temps le plus propice pour l'accouplement est le mois de mai ou le mois de juin; la femelle porte un peu plus de onze mois, et ne fait ordinairement qu'un seul petit, auquel elle montre un attachement très-grand. L'âne produit avec le cheval, et nous donne les

métis précieux connus sous le nom de *bardeaux* et de mulets. (*V.* MULET.) Les premiers viennent de l'accouplement d'une ânesse et d'un cheval, les seconds, plus grands et plus forts, naissent d'un âne et d'une jument. On est parvenu aussi à accoupler l'âne mâle avec le zèbre en le faisant peindre de la couleur de ce dernier; il en est résulté dans une première expérience un métis qu'on dit avoir ressemblé en tout à sa mère; dans une seconde, le métis paraissait avoir beaucoup plus de rapports avec l'âne qu'avec le zèbre, mais il n'a pas vécu assez longtemps pour qu'on pût s'en assurer. On a encore réussi à faire couvrir un couagga femelle par un âne, mais on n'a obtenu aucun résultat. Ces expériences méritent d'autant plus d'être répétées, qu'il serait peut-être possible d'obtenir des métis féconds, et d'améliorer par là une espèce si utile au pauvre. — L'âne est originaire de l'Asie où on en trouve de sauvages qui vivent en troupes nombreuses dans la Tartarie. Il ne faut point les confondre avec les couaggas auxquels on a donné aussi le nom d'ânes sauvages; ces derniers habitent l'Afrique, et diffèrent beaucoup de l'espèce dont nous parlons (*V.* COUAGGA). L'âne vit à l'état domestique depuis l'équateur jusqu'au soixantième parallèle et même au delà, mais il y devient chétif et s'y propage difficilement. Les plus beaux ânes appartiennent aux pays chauds; aussi ceux d'Espagne et ceux d'Italie sont-ils bien supérieurs aux nôtres, tant par la taille que par la force; ceux de l'Arabie sont plus agiles et mieux conformés que ceux de l'Europe. — La chair de l'âne passe généralement pour être coriace et de mauvais goût; cependant Pline nous dit que Mécène régalait ses convives avec de l'ânon mariné; Oléarius rapporte que les Perses estiment tellement la chair des ânes sauvages, que sa délicatesse est passée chez eux en proverbe; en France, au XVIe siècle, le chancelier Duprat faisait engraisser des ânons pour le service de sa table. On sait que le lait d'ânesse est un remède souverain pour certaines maladies, mais il faut, pour qu'il amène le malade à un résultat satisfaisant, que l'animal qui le fournit soit jeune, bien nourri et surtout qu'il n'allaite pas. La peau de l'âne est solide et élastique, on en fait d'excellents souliers, des tambours, des cribles, etc.; ses os sont très-durs et peuvent recevoir un beau poli; les anciens en faisaient des flûtes qu'ils trouvaient plus sonores que celles qu'ils fabriquaient avec les os de tout autre animal. **J. BRUNET.**

Il est si vrai que l'éducation améliore d'une manière sensible l'utile espèce de l'âne, que dans l'Orient, et spécialement en Égypte où l'on en prend le plus grand soin, les ânes sont presque aussi estimés que les chevaux et rendent les plus grands services. L'âne d'Égypte est très-vif et très-agile; son allure ordinaire (c'est une espèce d'amble) est si rapide, qu'un cheval ne peut le suivre qu'au trot, et quand l'âne prend le galop, le cheval le devance à peine; il est vrai que l'âne d'Égypte joint à sa vivacité l'avantage de la taille; il est presque de celle des mulets. On le monte avec des selles, et son pas est si doux, qu'il fait de très-longues journées sans fatiguer le moins du monde son cavalier. Les selles des femmes sont surchargées de tapis et de coussins qui les exhaussent considérablement; les femmes ne voyagent elles-mêmes que couvertes d'un grand voile. Les ânes sont la monture ordinaire des coptes, des chrétiens et des juifs; les notables du pays se servent de mulets. Pockoke assure que de son temps, il y avait au Caire quarante mille ânes pour le service de la ville. Ce nombre est diminué aujourd'hui, mais l'usage de louer des ânes dure encore; aussi M. Denon appelait-il les ânes du Caire des *cabriolets de place*; il aurait dû ajouter peut-être: sauf la différence qu'on est plus incommodé dans un cabriolet de place que sur un âne du Caire. — Comme les ânes résistent beaucoup mieux que les chevaux à la fatigue, ce sont des ânes qu'on emploie communément pour le pèlerinage de la Mecque. — Nous avons dit que si l'âne n'offrait chez nous qu'une race abâtardie et dégénérée, cela provenait de l'éducation donnée à cet utile animal, que non-seulement on l'emploie aux travaux les plus durs, mais qu'on accable encore de mauvais traitements. Sans avoir besoin de citer encore les ânes d'Égypte ni ceux de Malte, de Cagliari, de Maduré et de beaucoup d'autres lieux, nous nous contenterons de nommer pour preuve de cette vérité, les ânes si connus à Toulouse et dans tout le midi de la France sous le nom d'*ânes du basacle*. Le basacle était un vaste moulin à farine, construit en charpente sur la Garonne. Comme on avait beaucoup de difficulté à y conduire les chevaux, plus facilement ombrageux que les ânes, on avait fini par remplacer les premiers par les seconds; mais ces ânes du basacle ne sont point des animaux chétifs comme ceux que nous voyons à Paris humblement attelés aux voitures des jardiniers de la campagne ou à celles des boueurs: ils sont grands, forts, robustes; portent, sans paraître les sentir, deux gros sacs de blé ou de farine, charge ordinaire d'un cheval, marchent la tête haute et fière, d'un pas solide et sûr, ne le cèdent guère au cheval pour la vitesse, et l'emportent de beaucoup sur lui pour la faculté précieuse de résister à la fatigue. — Si, dans l'idée que nous nous formons de l'âne, nous consultons à fond nos sentiments pour en démêler la nature, nous demeurerions convaincus que les préjugés que son nom et son aspect produisent en nous, tirent leur origine de notre fausse manière de le considérer. Nous le comparons intérieurement au cheval; de là cette pensée que c'est un animal dégénéré, dégradé; nous ne savons pas nous accoutumer à ne voir en lui qu'un âne, et à le considérer comme formant une espèce particulière.

ANE D'OR D'APULÉE (*V.* APULÉE).

ANE DE BALAAM (*V.* BALAAM).

ANE (poste). L'empereur Justinien, qui avait supprimé plusieurs lignes de poste établies par Auguste (regardé comme le fondateur des postes romaines), créa en revanche la poste aux ânes dans plusieurs parties du Levant. On remarquait entre autres celle qui conduisait de Calcédoine à Diacibiza, fameuse par le tombeau d'Annibal, et située dans le golfe de Nicomédie. Cet animal est encore employé à cet usage dans ces contrées ainsi que dans plusieurs lieux de l'Italie. Plusieurs voyageurs prétendent qu'il y a des ânes qui vont de la Mecque à Djedda en douze heures. CH. B.

ÂNES OU DE L'ÂNE (FÊTE DES). C'était une cérémonie qui se pratiquait anciennement à la cathédrale de Rouen le jour de Noël. Des ecclésiastiques, désignés par l'évêque, représentaient dans une procession les prophètes qui avaient prédit la naissance du Messie. Balaam y paraissait monté sur une ânesse; et c'est ce qui avait donné le nom à cette fête. Outre ces prophètes, on y voyait encore Zacharie, sainte Élisabeth, saint Jean-Baptiste, le vieillard Siméon, puis la sibylle Érithrée et le poëte Virgile, à cause du passage de la IV° églogue dont on faisait l'application à la sainte Vierge. La cérémonie commençait par une antienne chantée à la porte de l'église, laquelle se terminait par ces deux vers :

> Sint hodiè procul invidiæ, procu' omn'a mœsta !
> Læta volunt quicumque colunt asinaria festa.

La fête de l'Ane n'est pas plus ancienne que celle des Fous, et sans doute elle se confondit plus tard avec cette dernière, puisque dans l'office qui avait lieu dans l'église de Sens le jour de la Circoncision, on trouve une prose de l'Ane, qui se chantait avant le *Deus in adjutorium*; nous crovons devoir la rapporter ici :

> Orientis partibus
> Adventavit asinus
> Pulcher et fortissimus
> Sarcinis aptissimus.
> Hez, sir asne, hez!
>
> Hic in collibus Sichen
> Enutritus sub Ruben,
> Transiit in Jordanem,
> Saliit in Bethleem.
> Hez, sir, etc., etc.
>
> Saltu vincit hinnulos,
> Damas et capreolos,
> Super dromedarios
> Velox madianeos.
> Hez, sir, etc., etc.
>
> Aurum de Arabiá
> Thus et myrrham de Saba
> Tulit in Ecclesiá
> Virtus asinaria.
> Hez, sir, etc., etc.
>
> Dum trahit vehicula
> Multà cum sarniculá,
> Illius mandibula
> Dura terit pabula.
> Hez, sir, etc., etc.
>
> Cum aristis ordeum
> Comedit et carduum ;
> Triticum à paleá
> Segregat in areá.
> Hez, sir, etc., etc.
>
> Amen dicas, asine.
> Jam satur ex gramine.

> Amen, amen itera.
> Aspernari vetera.
> Hez, sir, etc., etc.

Voici l'air de cette prose.

(Voir *Officium Stultorum, ad usum metropoleos ac primatialis ecclesiæ Senonensis*; manuscrit in - 12, 1351, de la bibliothèque royale.) — La fête des Fous, qu'on célébra plus tard, n'était qu'un appendice de celle de l'Ane, ou plutôt cette scandaleuse orgie du moyen âge n'était qu'une tradition des Saturnales. Les clercs et les prêtres du bas chœur, après avoir élu parmi eux un évêque ou pape des Fous, entraient dans l'église, les uns habillés en femmes, les autres en bouffons, dansaient dans la nef et même dans le chœur, en hurlant des couplets licencieux et prenant mille postures lubriques, même à côté de l'autel, pendant que leur pape célébrait la grand'messe. A cette messe se chantait ce genre d'épîtres dites *farcies*, dont le texte n'est pas venu jusqu'à nous. — La fête des Fous qui, selon les localités, se faisait à la Circoncision, le jour de Saint-Étienne, le jour de Noël, le jour des Rois, le jour de Pâques même, dans les cathédrales et les collégiales, s'était également introduite jusque dans les monastères de l'un et de l'autre sexe. Voici quelques détails sur celle de Paris : — Les écoliers de l'université, réunis aux clercs, choisissaient un d'entre eux qu'ils nommaient le *seigneur de la Fête*, et quelquefois le *roi*, l'*évêque*, l'*archevêque* ou le *pape des fous*. Ils le revêtaient d'habits pontificaux et le sacraient avec les cérémonies d'usage : ils le conduisaient de suite en procession à la basilique de Notre-Dame. Là ce pape des fous célébrait l'office divin et donnait la bénédiction. A l'issue de la messe, on lui servait, dans l'église même, un grand dîner, pendant lequel on chantait, on dansait, on s'enivrait, on se battait, et presque toujours jusqu'à effusion de sang. Pendant l'office, les clercs étaient assis dans les hautes stalles des chanoines, et à ce verset du Magnificat : *Deposuit potentes de sede et exaltavit humiles*, que l'on répétait pendant un quart d'heure, on applaudissait avec un bruit effroyable. Après l'office, on promenait en triomphe dans une charrette le pape des fous par toute la ville. Le cortège, dans des costumes grotesques, chantait des chansons licencieuses et se livrait à d'indécentes extravagances qui amusaient fort le peuple. — En 1198, Odon de Sully, évêque de Paris, ordonna la suppression de la fête des Fous. L. M. COTTARD.

ANÉANTISSEMENT, c'est l'action de réduire une chose au néant (*V.* ce mot). Dans une acception figurée, ce mot équivaut quelquefois à destruction totale; en d'autres occasions il se prend pour *grand abattement, prostration de forces*. Dans un sens encore plus éloigné du sens primitif, il sert seulement à exprimer : *étonnement extrême, confusion, trouble*, etc. — En termes de spiritualité, anéantissement signifie une mort mystique et morale. Ainsi l'âme est anéantie lorsque sa mémoire est vide des choses de la terre et des images sensibles; que son entendement est privé de la manière ordinaire d'opérer, et que sa volonté n'a point d'autre inclination que le bon plaisir de Dieu.

ANEAU (BARTHÉLEMI). Il était principal du collège de la Trinité à Lyon en 1565, lorsqu'au passage d'une procession, le jour de la Fête-Dieu, une pierre partie d'une des croisées de ce collège atteignit le prêtre qui portait le saint sacrement. Les catholiques, irrités jusqu'à la fureur, entrèrent dans le collège, y trouvèrent Aneau, et comme il passait pour un zélé calviniste, ils le massacrèrent, vengeant ainsi le sacrilège par un crime. On a de lui un *Mystère de la Nativité* et des *Chants royaux*, 1559, in-8°; *Lyon marchand*, satire, 1542, in-16; *Alector* ou le *Coq*, histoire fabuleuse, 1560, in-8°, etc. Tous ces ouvrages furent imprimés à Lyon. Aneau s'était d'abord fait connaître par des poésies qui sont loin d'avoir le mérite des vers de Marot dont il fut l'ami.

ANECDOTE. D'après son étymologie, ce mot, ainsi que l'a défini l'Académie française, doit signifier : *particularité secrète d'histoire que les historiens précédents avaient omise ou supprimée.* Il dérive en effet du grec ἰκδὀτος, qui signifie connu, publié, etc., et de l'ά privatif suivi d'un ν afin d'éviter le concours de deux voyelles : ἀνίκδὀτος, non-connu, non publié. C'est dans ce sens que l'a entendu le P. Martenne quand il a donné à son immense recueil d'ouvrages inédits, 5 vol. in-fol., le titre de *Thesaurus anecdotorum novus,* imitant en cela Muratori qui a publié, sous le titre d'*Anecdotes grecques,* divers écrits des Pères de l'Église grecs, lesquels n'avaient pas encore été publiés. Toutefois, il faut bien dire qu'aujourd'hui, par ces deux titres, des lecteurs peu attentifs pourraient s'imaginer qu'il existe en grec et en latin de vastes répertoires d'historiettes amusantes, ce que nous entendons vulgairement par le mot anecdote. L'usage est un tyran dont l'empire se fonde souvent sur le caprice, mais auquel nous sommes presque toujours tenus de nous soumettre. Il porte arbitrairement un mot au delà de son acception primitive, soit en exagérant cette acception, soit en s'en éloignant, comme dans le cas actuel; car, dans le mot anecdote, ce ne sont plus des particularités secrètes d'histoire jusque-là omises ou supprimées que nous cherchons en prenant un livre, ce sont de petits récits connus ou non connus, déjà publiés ou encore inédits, gais, piquants, à tournure spirituelle et le plus souvent épigrammatique, des remarquables, des reparties vives, des faits extraordinaires à dénoûment imprévu, des traits de caractère dans l'échelle infinie qui sépare l'héroïque et le grand du ridicule; car jusqu'à une bouffonnerie, pourvu qu'elle soit bien racontée, tout est du domaine de l'anecdote. Il n'est pas même superflu d'ajouter que, tels sont les progrès de l'esprit humain dans la morale depuis que la philosophie du siècle a voulu nous débarrasser de nos préjugés, que, pour que les anecdotes nous plaisent, il faut qu'elles soient malignes, méchantes, scandaleuses. — L'anecdote, telle qu'en général on l'entend, est regardée comme au-dessous de la dignité de l'histoire ; elle est reléguée dans quelques livres peu lus, mais qui de temps en temps servent à procurer des distractions aux oisifs, ou abandonnés à certains individus qui font profession de colporter des anecdotes de cercle en cercle, de maison en maison, vraies ou fausses, neuves ou usées, et qui par malheur apprennent par expérience que les anecdotes ne réussissent qu'en proportion de leur causticité. Ces colporteurs d'esprit tout fait savent fort bien que plus le trait sera mordant, plus il trouvera d'auditeurs bénévoles disposés à tout adopter, à tout croire sans examen. On serait trop fâché de publier une anecdote qui dénigre, qui flétrit, ne fût point vraie ! on se garde donc bien de douter le moins du monde de ce qu'on entend. Cela surtout a lieu quand l'anecdote s'applique à quelque personnage jouissant de crédit, de fortune, de réputation, d'une supériorité de rang, de talent, de position. C'est un dédommagement qu'on se procure en adoptant l'anecdote; on aime à voir dans ceux qui sont élevés des faiblesses qui les remettent au niveau vulgaire. — Les livres d'anecdotes ne datent pas seulement des temps modernes; Procope, qui avait écrit une histoire de l'empereur Justinien et de ses guerres contre les Perses, les Vandales et les Goths, écrivit ensuite une histoire anecdote de ce même prince et de sa femme Théodora (remarquons en passant que le mot anecdote est adjectif des deux genres; que lorsqu'on dit des *anecdotes,* on sous-entend *histoires, faits,* etc.; que le mot anecdotique est par conséquent un barbarisme). La Harpe a traité d'*anecdotier* Suétone dans son histoire des douze Césars, parce que cette histoire ne se rapporte guère qu'à leur vie privée. Cicéron nous apprend dans une lettre à Atticus qu'il avait composé un livre d'anecdotes, auquel il attachait un grand prix. Les raisons qui l'empêchèrent de le publier ont probablement contribué à la perte que nous en avons faite ; Cicéron y parlait de quelques hommes puissants de son époque en termes peu honorables; c'était là un motif suffisant d'en retarder la publication ; et comme il fut assassiné avant d'avoir mis ordre à ses affaires, son manuscrit resta ignoré. — Les premiers recueils d'anecdotes imprimés en France furent les *Anecdotes de la cour de Florence* par Varillas, et les *Anecdotes de la cour de Philippe-Auguste* par mademoiselle de Lussan, deux espèces de romans insipides qu'on ne saurait lire d'une haleine. Sont ensuite venus les recueils, les dictionnaires d'anecdotes, ouvrages qu'on ne doit ouvrir qu'en se méfiant de la valeur et surtout de la vérité de ce qu'ils renferment. Rien n'est plus commun que de voir les mêmes anecdotes se traîner d'un de ces livres à l'autre, avec quelque différence seulement dans les noms ou dans les accessoires. Il n'est personne qui n'ait vingt fois entendu raconter d'un individu ce qu'il savait d'un autre, c'est-à-dire attribuer le même fait à plusieurs individus. Voltaire, dans un fort long article de son *Dictionnaire* dit philosophique, déclame contre les recueils d'anecdotes et surtout contre les anecdotes apocryphes, et il a raison de le faire; mais il a tort de tomber lui-même dans le vice qu'il reproche aux autres, et de *faire* des anecdotes tout en montrant qu'il faut s'abstenir d'en raconter. On peut dire la même chose de Bayle qui se moque des *chercheurs d'anecdotes* et qui en a rempli son volumineux dictionnaire. — Il ne serait pas juste toutefois de déprimer le genre anecdote jusqu'à le proscrire entièrement de toute sorte d'ouvrages ; car des anecdotes peuvent, bien choisies, orner un livre sérieux et procurer même au lecteur d'agréables distractions. Mais il ne faut pas, comme certains individus tels que les *colporteurs* d'anecdotes que nous avons déjà signalés, faire des recueils qui les contiennent notre unique étude, en remplir notre mémoire, et composer, pour briller dans un cercle, une sorte de libretto dont on remplit les scènes, à l'amenant par quelque moyen détourné les anecdotes, reparties, bons mots dont on a fait provision d'avance. Rien n'est plus insipide que ces anecdotiers de profession ; mais une anecdote plaisante ou spirituelle, racontée avec grâce où avec finesse, peut faire sourire un instant l'homme le plus grave et le moins amateur de ce genre; et l'on n'a que des éloges à donner au conteur, si malgré le penchant qu'on montre en général dans le monde pour les traits satiriques, il sait s'abstenir de tout ce qui pourrait blesser, dans son honneur, dans ses affections ou de toute autre manière, le personnage dont il entretient ses auditeurs.   J. DE MARLÈS.

ANÉLECTRIQUE. On désignait autrefois par ce nom les corps qui ne s'électrisaient point par le frottement, tels que les métaux en général et surtout l'eau. Toutefois on a reconnu aujourd'hui que tous les corps sont électriques par le frottement, mais on a appris en même temps que les corps anélectriques, très-bons conducteurs, doivent être isolés pour conserver l'électricité que le frottement y a développée.
J. DE M.

ANÉMIE (de α privatif et de αἶμα, sang; privation de sang). Nous ferons d'abord remarquer que cette étymologie est bien loin d'être juste, ce qui est du reste le défaut de beaucoup d'étymologies, puisque l'*anémie,* dans le sens exclusif de sa vraie signification, au lieu d'impliquer une maladie, impliquerait la mort. Ainsi l'affection qui est connue sous cette dénomination se rapporte à une diminution notable dans la quantité relative du sang, ou à une altération dans la nature ou les proportions de ses parties constitutives. Pour mettre le nom de la maladie en harmonie avec sa définition, on a voulu tour à tour remplacer le mot qui nous sert de titre par ceux d'*oligaimie* et d'*hypémie,* mais la science n'a pas voulu les adopter; les choses utiles trouvent souvent de grands obstacles dans l'habitude. — Les causes de l'anémie sont nombreuses et variées. Ainsi la privation d'aliments suffisamment nutritifs, les hémorrhagies abondantes et répétées, les maladies chroniques, les fatigues, l'excès contraire, c'est-à-dire le défaut d'exercice, et surtout l'habitation d'un lieu où l'air ne se renouvelle pas et que le soleil n'éclaire pas, peuvent déterminer dans un temps plus ou moins long, l'invasion et le développement de l'anémie. Quand des affections tristes se mêlent à toutes ces causes de débilitation, la maladie marche avec plus d'intensité. Les prisonniers condamnés à la solitude cellulaire, d'après le système pénitentiaire de Philadelphie, et dont le séjour étroit et malsain est à peine éclairé, ne tardent pas à révéler les symptômes de cette affection. A l'air libre et avec toutes les conditions de mouvement, d'exercice, les symptômes peuvent aussi se déclarer; c'est ce qu'on peut voir au sein des populations qui habitent les vallées basses, humides, et où les eaux stagnantes laissent émaner des principes de maladie. L'anémie devient même dans quelques-unes de ces localités un mal endémique; mais au sein des mines où le vice de composition de l'air atmosphérique se combine avec son déplacement difficile et l'absence de la lumière, elle atteint dans certaines circonstances son plus haut degré d'intensité. Elle débuta dans les mines d'Anzain pendant le cours de l'été de l'an XI, par des coliques, des déjections, des spasmes; et quand ces prodromes du mal eurent cessé d'agiter les malades, ceux-ci présentèrent le caractère de l'anémie la plus prononcée. Quelle est la vraie cause du développement de l'anémie dans cette circonstance ? Le sang est-il vicié dans sa quantité ou dans sa composition ? Il paraît qu'ici le vice de composition joue le principal rôle, car l'air des mines étant formé d'une grande quantité de gaz hétérogènes, dont l'analyse chimique peut jusqu'à un certain point rendre compte, l'oxygène respirable qu'il contient dans une proportion donnée est diminué d'autant. Or, si c'est à l'influence de l'oxygène que le sang doit son activité et probablement aussi sa coloration, la viciation de ce fluide si essentiel à l'existence dépendra directement d'un vice de composition par absence d'un de ses matériaux les plus importants. Pour donner plus de force à cette opinion, il n'y a qu'à étudier le caractère physique des habitants des lieux élevés, des montagnes, dont la respiration est si active, la circulation si rapide, et le teint si frais, si coloré, phénomènes qui sont la conséquence immédiate de la pureté de l'air, de son mouvement incessant et de son summum d'oxygénation. — Parmi les causes particulières qui peuvent, comme les causes générales, produire l'anémie, il y en a une qui est très-obscure encore, et dont l'influence se lie à l'âge où la jeune fille passe de l'enfance à la nubilité; la maladie que cet état occasione est connue sous le nom de *chlorose*, et constitue pour ainsi dire une affection indépendante de l'anémie; toutefois aucune différence n'existe dans les symptômes, et la médecine emploie la même thérapeutique pour les guérir. Nous pourrions hasarder ici une opinion sur les modifications du sang, sur leur dépendance comme conséquence de l'âge de la malade et de la révolution organique qu'elle subit; mais nous anticiperions, car tous ces détails doivent trouver leur place au mot *chlorose*. — Les symptômes de l'anémie consistent dans les phénomènes morbides suivants : la peau devient pâle, les formes s'arrondissent par l'infiltration séreuse du tissu cellulaire sous-jacent, les lèvres prennent aussi la couleur de la peau; quand la maladie est très-marquée, l'infusion sanguine du réseau vasculaire qui tapisse le globe de l'œil, se réduit et même s'efface entièrement; le pouls est ordinairement très-petit, quoique ses pulsations soient assez rapprochées; des phénomènes nerveux accompagnent toujours cet état, il y a mobilité dans le travail ou la préoccupation de l'esprit; tout fatigue, tout émeut; les syncopes, les palpitations se multiplient, et les oreilles bourdonnent comme au moment qui précède immédiatement les évanouissements. Si on saigne une veine, bien que le pouls soit perceptible, le sang coule difficilement, et présente de graves altérations; ainsi, il n'a aucune homogénéité dans sa composition; on dirait que la partie séreuse s'est séparée des caillots, et que la fibrine a été presque entièrement absorbée, ou n'est jamais entrée qu'en petite partie dans la composition de ce sang. A ces symptômes déjà si graves par eux-mêmes, s'en joignent d'autres que le médecin doit s'empresser de faire disparaître, s'il veut avoir le temps de sauver le malade; ils consistent dans des diarrhées abondantes, comme le dévoiement précurseur de l'anémie des ouvriers des mines d'Anzain, dans des sueurs colliquatives, semblables à celles qui font partie du cortège symptomatique de la dernière période de la phthisie. Alors l'affaiblissement, ou plutôt l'anéantissement des forces, est poussé si loin, que l'organisme devient impuissant à réagir contre une syncope, et que la mort arrive dans un de ces moments. — A l'ouverture des cadavres, on trouve le tissu cellulaire dur, résistant au scalpel, et laissant à l'incision l'aspect particulier de la cire, comme l'a fort bien observé Lieutaud, et les artères et les veines vides ou presque vides du fluide que ces vaisseaux sont destinés à contenir; enfin les muscles et les parenchymes sont pâles comme si par un lavage ou par des procédés chimiques, on leur avait enlevé toute la partie colorante du sang. Lorsque l'anémie est la suite d'une fatigue considérable, d'un épuisement chronique qui a suspendu ou paralysé la sanguification, les organes manquent en général de consistance, on dirait presque qu'ils ont macéré longtemps dans un liquide épanché, et qu'ils ont perdu dans ce milieu toute leur force de cohésion. Dans d'autres circonstances, l'autopsie a mis en évidence des altérations morbides qui pourraient jusqu'à un certain point mettre sur la trace du rôle que certains organes jouent dans la production de l'anémie. Ainsi M. Guersent a reconnu, en ouvrant le cadavre d'un enfant de quatorze ans, mort à l'hospice des enfants malades des suites d'une anémie qu'il avait contractée dans une mine de charbon de terre à Valenciennes, ce médecin a reconnu, disons-nous, que le foie était profondément altéré dans sa texture et dans sa couleur; sa texture, en effet, accusait une densité bien plus considérable que dans l'état naturel, et au lieu d'être légèrement rugueuse au toucher, elle donnait au contraire la sensation d'un corps gras : sa couleur présentait la plus grande analogie avec la cire. Sans chercher ici à donner ici des explications plus ou moins hypothétiques touchant l'influence de l'air des mines, de l'air chargé d'acide carbonique sur les

fonctions du foie, nous devons faire remarquer que les anciens le considéraient comme l'organe sanguificateur par excellence, et que même, après la découverte de la circulation, certains médecins croyaient et professaient que le foie était l'organe épurateur du sang, le parenchyme à travers lequel se filtrait ce fluide. Mais que ces points de concordance soient utiles ou non à étudier (nous sommes, nous, pour l'utilité d'une telle investigation), toujours est-il que le médecin appelé pour donner des soins à un anémique doit songer à la circonstance de cette autopsie, pour ne rien oublier dans son traitement. — La remarque que nous venons de faire est d'autant plus importante, que rien n'est moins varié que le traitement de l'anémie. On ne fait attention à aucune des lésions particulières qui ont provoqué, au milieu de circonstances prédisposantes, l'apparition du mal. Mais d'où cela vient-il? De l'efficacité des préparations ferrugineuses contre la faiblesse, la pâleur, en un mot contre les symptômes ordinaires de l'anémie; mais cette efficacité n'est pas constante; et on devrait ne pas l'oublier. Ainsi, d'après ce que nous venons de dire, le fer est la base du traitement; les infusions antiscorbutiques, les boissons amères, les viandes animalisées, le changement d'air, le mouvement, lorsque les forces le permettent, agissent de concert avec lui. Les malades des mines d'Anzain, dont quelques-uns furent envoyés à Paris, furent traités de cette manière, et au bout de huit à dix jours, la pâleur mate et jaunâtre de la peau commença à disparaître, les conjonctives se dessinèrent, les veines se montrèrent sous la peau. Mais, comme il est impossible de nier que le sang ne soit pas vicié dans sa composition, et que la rareté de l'oxygène respirable ne joue un grand rôle dans ces désordres, pourquoi le fer a-t-il la propriété de recomposer, et si l'on peut ainsi dire, de *normaliser* le sang? Quelle analogie y a-t-il entre ce métal et l'oxygène? Ce métal, il est vrai, fait partie du fluide circulatoire; mais comment remplace-t-il l'oxygène dans son influence, lorsque ce gaz ne remplit qu'imparfaitement sa fonction? Il n'y a pas jusqu'ici de réponse possible à tout cela, comme il n'y a pas de solution pour tous les problèmes. La science ne détruira jamais la vérité profonde de ce *quid divinum* que les anciens ont trouvé pour rattacher à Dieu ce que l'homme ne peut connaître.   Dr ED. CARRIÈRE.

ANÉMOCORDE. (*V.* HARPE ÉOLIENNE.)

ANÉMOMÈTRE, ANÉMOSCOPE. Ce sont deux mots grecs qui ont pour racine le mot ἄνεμος, vent, et qui servent à désigner des instruments propres à mesurer la force, la vitesse et la direction du vent. Le premier, l'anémomètre, indique la force et la vitesse, le second la direction. L'anémomètre de Breguin consiste en une espèce de moulin à vent à six ailes renfermées dans une cage qui a douze volets immobiles, inclinés à 30°. L'axe qui porte les ailes tourne verticalement au milieu des volets et soutient lui-même une roue horizontale qui s'engrène dans une roue perpendiculaire dont l'axe est horizontal. Ce dernier axe est garni d'un ressort très-élastique dont un bout est fixé à l'axe même et l'autre bout à une partie de la charpente, de telle manière que les deux axes, qui sont mis en mouvement l'un par l'autre, ne puissent faire qu'une seule révolution. On donne même assez de force au ressort pour que le vent, quelque violent qu'il soit, ne puisse pas faire faire la révolution entière; à l'extrémité de l'axe horizontal est attachée une aiguille qui tourne sur un cadran où sont marqués les divers degrés de force et de vitesse. Ces degrés ont été calculés d'avance au moyen de poids. — Wolf a construit une autre sorte de moulin à vent qui s'oriente de lui-même en tournant sur un pivot comme une girouette. Ce moulin fait mouvoir un pendule dont les balancements devenant de plus en plus considérables en raison de la vitesse de rotation servent à mesurer celle du vent. Les distances que parcourent les boules du pendule ont dû, par des procédés particuliers, être mesurées proportionnellement aux différentes vitesses. — Bouguer s'est servi d'une plaque de tôle perpendiculaire à la direction du vent et retenue par un ressort horizontal en spirale qui, par le degré plus ou moins fort de tension qu'il éprouvait, donnait la mesure de la pression exercée par le vent sur la plaque et par conséquent de sa force. On sait au surplus que la force et la vitesse du vent peuvent se mesurer l'une par l'autre. On a imaginé encore d'autres appareils plus ou moins ingénieux pour parvenir au même résultat. — Quant à l'anémoscope, c'est simplement une girouette. Quelquefois la girouette tourne à l'extrémité d'une longue tige mobile qui traverse le toit et les planchers supérieurs, et dont l'extrémité inférieure porte une aiguille qui, par ses évolutions sur un cadran attaché au plafond de la chambre où se tient l'observateur, lui indique la direction du vent et ses variations. On a même construit des anémoscopes dont l'aiguille trace d'elle-même, sur un papier préparé, les divers changements de vent qui ont eu lieu en l'absence de l'observateur. — On donne le nom d'ANÉMOGRAPHIE à la connaissance des vents ou à leur description. Les instruments dont nous venons de parler ou d'autres semblables n'étaient pas inconnus aux anciens, car Vitruve parle de machines qui servaient à marquer ou à prédire les changements du vent et sa direction. J. DE M.

ANÉMONE (botan.), genre de plantes de la famille naturelle des renonculacées (Jussieu), de la polyandrie polygynie de Linné. Caractères : feuilles radicales, bipennées ou digitées; une hampe portant à son sommet une fleur solitaire ; en place du calice un involucre à trois folioles simples à quelque distance du périgone, corolle composée de cinq à six pétales disposées sur deux ou trois rangées, étamines nombreuses portées sur des filets plus courts de moitié que la corolle; pistils et ovaires en grand nombre; fruit polysperme ramassé en capitule et porté sur un réceptacle commun; semences indéhiscentes, couronnées d'aigrettes ou recouvertes d'un duvet lanugineux. Ces caractères présentent de légères différences dans quelques espèces de ce genre.—Cette plante se rencontre dans toute la zone tempérée; elle aime les régions élevées, exposées au vent et aux orages; elle croît particulièrement sur les Alpes, à côté du rhododendron et de la gentiane à couronne d'or. Son nom dérive du grec ανεμος (vent). L'anémone pulsatille croît aux bords des bois et des prairies sèches et élevées. Sa fleur est violette et velue en dehors ; les semences sont hérissées d'aigrettes velues : ses feuilles sont très-âcres; appliquées sur la peau, elles soulèvent l'épiderme et produisent l'effet d'un léger vésicatoire. Du reste, presque toutes les plantes de la famille des renonculacées jouissent de propriétés semblables à un degré plus ou moins prononcé. — L'anémone des Alpes (A. sylvestris) est une très-belle plante, ornée d'une fleur blanche légèrement nuancée d'un rose tendre. On la trouve en France dans le Dauphiné et dans l'Auvergne. Je l'ai vue moi-même en Allemagne sur les montagnes de la Thuringe et du Harz. F. HOEFER.

ANÉMONE DE MER (zooph.), nom vulgaire sur les côtes de l'Océan de plusieurs espèces d'actinies (V. ce mot). J. B.

ANÉMOSCOPE (V. ANÉMOMÈTRE).

ANENCÉPHALIENS (térat.), monstres qui meurent presque en naissant, et qui manquent de cerveau et de moelle épinière. Cette monstruosité a été observée principalement chez l'homme. (V. MONSTRES; V. aussi DÉRENCÉPHALIENS, EXENCÉPHALIENS, PSEUDENCÉPHALIENS.) J. B.

ANET. Ce château, bâti par Henry II pour Diane de Poitiers, duchesse de Valentinois, s'élevait sur les bords de l'Eure, dans le pays de Chartres, à 16 lieues de Paris. Il fut construit sur les plans du premier architecte de cette époque, Philibert Delorme, qui en fit une magnifique résidence, chantée par nos poëtes :

L'amour en ordonna la superbe sculpture;
Par ses adroites mains, avec art enlacés,
Les chiffres de Diane y sont encor tracés.

Il paraît qu'en effet le médaillon de cette favorite se représentait partout, sur les plafonds, sur les fenêtres, sur les panneaux et sur les tentures. On voyait, au-dessus du portique d'Anet, une horloge fameuse, gardée par des chiens de bronze; à chaque heure du jour et de la nuit, ces chiens s'élançaient à la poursuite d'un cerf également de bronze; ce cerf en passant frappait de son pied droit l'heure marquée sur le cadran. On descendait du château sur une terrasse bordée de marronniers, et deux vastes canaux bordaient les jardins que traversait la rivière d'Eure. Cette rivière, un moment retenue dans son cours, formait, au milieu d'une prairie, une chute d'eau de 20 toises de long sur 3 pieds de hauteur. — Dans une chapelle succursale qu'on découvrait sur la gauche en arrivant au château, reposaient, au milieu du chœur, les restes de Diane de Poitiers, morte le 22 avril 1566, à l'âge de 66 ans (V. DIANE DE POITIERS). Sur ce tombeau, deux inscriptions, l'une en prose, l'autre en vers, rappelaient la mémoire de celle qui avait osé lutter contre une reine, contre Catherine de Médicis; voici l'inscription en vers :

Hic tecum meditans, pauliisper siste, viator:
Prole, opibusque potens gelido tamen ecce Diana,
Marmore proteritur, vermibus esca jacens.
Terra cadaver habet, sed mens tellure relictâ
Morte novans vitam, regna beata petit.

L'auteur de l'inscription n'a prétendu probablement par ce

dernier vers qu'émettre un simple vœu; car malheureusement Diane ne s'occupa que fort peu de l'autre vie et du regnum beatum, tant qu'elle fut dans ce bas-monde, maîtresse du père et puis du fils. La qualité de roi qu'avaient ses deux amants en titre ne justifie pas l'inconduite en présence du juge suprême devant qui les plus grands rois de l'univers ne sont qu'un atome de poussière.

Le château d'Anet a cessé d'exister comme celle pour laquelle il avait été bâti, décoré, enrichi de toutes les pompes des temps éloignés; mais on a sauvé des ruines l'admirable portique que le temps et les révolutions avaient jusqu'ici respecté. Des mains habiles et patientes ont transporté pièce à pièce à Paris ce fragment précieux où brille, dans tout son éclat, le génie de l'époque dont il porte la date; le portique d'Anet, relevé, restauré, rajeuni, s'élève aujourd'hui dans nos murs; l'académie des beaux-arts lui a donné asile, et c'est là qu'il faut aller admirer l'œuvre de Philibert Delorme. — Le château d'Anet a appartenu à Louis-Joseph, duc de Vendôme, arrière-petit-fils d'Henri IV. Ce fut non loin d'Anet que se livra la bataille d'Ivry, le 14 mars 1590. H. CORNILLE.

ANETH, anethum (bot.), genre de plantes de la famille naturelle des ombellifères (Juss.). Ces plantes sont d'origine exotique, mais elles se sont très-bien acclimatées dans nos contrées. Caractères : feuilles finement découpées, calice entier, pétales entiers, courbés en demi-cercle, fleurs jaunes; les collerettes manquent. Le fruit est lenticulaire, comprimé; les graines sont planes d'un côté, convexes de l'autre, marquées de cinq côtes (V. OMBELLIFÈRES). La principale espèce est l'anethum fœniculum (Lin., pag. 377) : ses feuilles sont deux ou trois fois ailées; les découpures sont extrêmement minces. La tige est cylindrique, lisse, de un à deux mètres de hauteur; elle croît dans les lieux secs et pierreux. Son odeur est agréable et caractéristique, sa saveur est douceâtre et aromatique. Tout le monde connaît l'odeur et la saveur du fenouil. On extrait de ses graines une huile essentielle jaune, qui se fige facilement au froid. Dans quelques pays de l'Allemagne on se sert du fenouil comme d'un assaisonnement qui rend plus savoureux les légumes et surtout le poisson. Les anciens médecins vantaient les propriétés de l'aneth contre les douleurs sciatiques et rhumatismales. Aujourd'hui cette plante est généralement abandonnée dans la pratique de la médecine.
F. HOEFER.

ANETUM, monastère d'hommes du diocèse d'Arras, le même que Braella. L. DE M.

ANÉVRISME (ανευρυσμα, de α privatif et de νευρον, nerf, ce qui veut dire, privé de force, énervation). Cette définition prouve assez que toutes les étymologies ne sont pas très-exactes; car le mot énervation ne peut nullement donner une idée, même imparfaite, de ce que la science comprend sous le nom d'anévrisme.—L'anévrisme est une maladie du cœur ou des vaisseaux artériels qui consiste dans une dilatation des parois de ces organes; c'est du moins le signe le plus évident de l'anévrisme. Mais en étudiant cette tumeur anormale avec plus de soin, et surtout en pénétrant dans les tissus qui environnent ou constituent le mal lui-même, on reconnaît bientôt qu'elle n'est pas seulement produite par une extension pure et simple des vaisseaux, résultant de la faiblesse de leurs parois, mais qu'elle dépend directement de causes plus dangereuses. Ainsi l'anévrisme peut résulter d'une ulcération qui, après avoir perforé la tunique interne d'une artère et sa tunique moyenne, s'arrête à la tunique extérieure, dont le tissu s'étend et forme une poche sous l'influence d'action du sang; il peut résulter encore d'une ulcération qui, ayant agi en sens inverse, c'est-à-dire perforé la tunique externe et la tunique moyenne, permet à la tunique interne de faire saillie elle-même et de s'arrondir en poche plus ou moins irrégulière à l'extérieur du vaisseau. Ces deux modes de formation de l'anévrisme s'appellent, le dernier anévrisme spontané mixte interne, et le premier anévrisme spontané mixte externe. L'épithète de spontané consacrée par la science sert à indiquer vaguement la cause générale du mal, cette cause qui ne tient à aucune action directe et visible, mais à une influence tout intérieure, et que l'anatomie du vaisseau lui-même fait seule, dans la plupart des cas, découvrir et apprécier. Les noms de mixte externe et de mixte interne constituant les divisions dans la classe des anévrismes spontanés, l'anévrisme spontané, pur de toute complication, devrait se présenter souvent chez l'homme; car les exceptions rares sont ordinairement renfermées dans le cadre étroit des subdivisions. Dans cette circonstance, il n'en est pas ainsi : l'anévrisme spontané, par la dilatation des trois tuniques qui constituent le vaisseau, l'anévrisme *vrai*, dans toute l'acception de l'épithète, né se rencontre que bien rarement dans la pratique : il y a même des auteurs qui ne croient pas à son existence. Le *mixte interne* n'a encore que très-peu de faits pour lui. Dans cette statistique, le *mixte externe* a seul les honneurs du chiffre. — Mais une cause tout intérieure, une action morbide qui parcourt ses périodes de développement n'est pas la seule cause productrice des anévrismes. Une blessure par un instrument piquant, une saignée mal faite qui offense une artère, peuvent en déterminer la formation. Ainsi donc voilà une catégorie de plus à admettre parmi les nombreuses divisions qu'on a faites de la maladie qui nous occupe, et cette catégorie nouvelle, connue sous le nom d'*anévrisme faux*, et qui comprend tous les anévrismes résultant d'une blessure faite à un vaisseau par un corps vulnérant renferme, elle-même trois subdivisions : les anévrismes qui, après avoir été déterminés par une blessure, se développent instantanément ; ceux qui mettent un temps plus ou moins long à se circonscrire une poche ; ceux enfin dont la poche est constituée par les parois d'une veine, et où s'établit par conséquent une circulation mélangée de sang veineux et de sang artériel. Voici, du reste, comment se forment les anévrismes de cette dernière subdivision. Pour que ce phénomène se produise il faut que l'artère soit accolée à la veine ou que celle-ci soit superposée à celle-là. Or, si en ouvrant la veine pour une saignée, on la traverse de part en part et, si on va offenser l'artère sous-jacente, le sang artériel s'échappera par l'ouverture, s'étendra entre les deux vaisseaux, et dans l'hypothèse que les rapports de la veine et de l'artère ne soient pas changés par les mouvements imprimés à la partie lésée, le sang artériel ne tardera pas, par sa circulation dans la veine, à former dans ce canal insolite une dilatation pulsatile, qu'Hunter a désignée par le nom d'*anévrisme par anastomose*. Ce genre d'anévrisme est celui que craignent justement les malades qui se font saigner du bras. — Ainsi, pour nous résumer, les nombreuses catégories qui classent avec plus de prolixité que de méthode les diverses sortes d'anévrismes peuvent être rapportées à deux grandes divisions : l'*anévrisme spontané*, vrai ou mixte, et l'*anévrisme faux*. Le premier comprend tous ceux dont la cause est interne et morbide ; le second, les anévrismes dont la cause ressort d'une violence extérieure directe, et, dans la plupart des cas, immédiate ; tout ce qui établit d'autres différences dans le caractère de cette grave lésion est du ressort des symptômes. La pratique, en effet, a souvent besoin de multiplier autant que possible les types des maladies, et par conséquent d'enter subdivision sur subdivision ; mais la philosophie doit y mettre plus de réserve. — Occupons-nous maintenant des *causes*. Les causes directes immédiates sont d'une investigation très-facile, car on les voit agir ; mais il n'en est pas de même des causes morbides qui agissent sourdement dans la trame des tissus et auxquelles se rattache la formation des anévrismes spontanés. Pourtant la science a jeté quelque lumière sur leur nature et leur mode d'action. Ainsi, le cœur peut être doué d'une grande force d'impulsion, par l'épaisseur de ses parois, par l'énergie de ses mouvements, et le sang posséder une force de projection considérable. Or, pour peu que les vaisseaux ne soient pas en rapport d'énergie avec le cœur, et que le sujet soit porté à la colère, qu'il use de boissons alcooliques ou qu'il fasse un métier pénible, il est très-probable qu'un anévrisme se développera tôt ou tard sur un point de l'arbre artériel, plus ou moins rapproché du centre d'impulsion. Il peut arriver aussi que les artères voisines du cœur soient courbées à angle droit, et que l'effort du sang contre cet obstacle organique à une facile circulation détermine à la longue un anévrisme. Des dégénérations peuvent se développer encore dans les tissus des vaisseaux artériels. En effet, leur membrane interne présente quelquefois des ulcérations dans ses divers périodes, des tongorites, des stéatomes, qui sont des engorgements formés par une substance assez semblable, au suif, des indurations qui, chez les vieillards, deviennent complétement osseuses, et qu'on peut remarquer aussi avec tous ces caractères sur des sujets d'un âge moins avancé. De telles lésions qui les unes ont leur siége sur la membrane interne, les autres sur la moyenne, comme les indurations osseuses, d'après l'opinion de Delpech, finissent bientôt par rendre ces membranes incapables de supporter l'effort du sang ; les points qui commencent à s'ulcérer se déchirent ; et les points indurés ou ossifiés se séparent par petites parties ou se brisent en quelques fragments. Dans cet état de choses, le sang s'est fait bientôt jour à travers la déchirure plus ou moins irrégulière, qui vient de s'ouvrir ; et la tunique la plus extérieure est désormais le seul obstacle à la

diffusion du sang, c'est la poche de l'anévrisme. A quelles causes peut-on rattacher ces dégénérations qui deviennent elles-mêmes la cause déterminante de la lésion qui nous occupe ? Les causes premières sont certainement ce qu'il y a de moins connu ; cependant quelques médecins, persuadés qu'il y avait des individus frappés de prédisposition à l'anévrisme, comme il y en a qui sont prédisposés au cancer, ont rattaché cette manière d'être à l'influence de certaines affections puissantes et spéciales, c'est-à-dire des affections herpétiques, scrofuleuses, scorbutiques, rhumatismales et goutteuses : ces médecins peuvent avoir raison ; mais, tout en expliquant la cause de quelques anévrismes spontanés, cette explication fût-elle complétement vraie, il ne leur serait guère facile d'arrêter la dégénération artérielle, même dans ses premiers périodes ; car elle n'a pas de symptômes, ou les symptômes sont si rares, si coupés d'intervalles, que le malade et le médecin les prennent le plus souvent pour des palpitations nerveuses sans aucune complication dangereuse. — Quels sont donc *les symptômes* qui mettent sur la trace de l'anévrisme ? Le stéthoscope, instrument auquel on a voulu donner un rôle beaucoup trop important dans le diagnostic des maladies, le stéthoscope et l'oreille à son défaut peuvent découvrir une dilatation anormale des ventricules ou des oreillettes du cœur, par la perception du bruit que fait le sang en entrant et en sortant des cavités de cet organe ; ils peuvent découvrir aussi les lésions de même nature des grands vaisseaux. Mais, nous le répétons, il faut que le mal soit avancé ; sans cela l'anévrisme en travail est confondu dans les névroses de la circulation. L'anévrisme est facilement reconnaissable, lorsqu'il réunit ces deux conditions : qu'il est de formation nouvelle, et qu'il saillit sur un point de la surface du corps. En effet, s'il est de formation nouvelle, le fond de la poche ne se sera pas encore tapissé de la fibrine du sang que ce fluide vital y aurait accumulée dans un temps plus ou moins long, les indurations cellulaires ne seront pas produites dans le tissu sous-jacent à la peau, et par conséquent n'auront pas épaissi l'enveloppe à travers laquelle le médecin doit deviner l'anévrisme. Aussi dans ce cas, et toujours dans l'hypothèse que la poche anévrismale saillit à l'extérieur, il suffira, afin de s'assurer de la réalité de la lésion, de poser la main sur la tumeur pour constater nettement l'existence de battements isochrones à ceux du pouls ; si l'expérimentateur avait encore quelque incertitude à cause de la faiblesse et de l'obscurité de ce signe, le plus important de tous, il saurait bientôt à quoi s'en tenir en comprimant le vaisseau deux ou trois pouces au-dessous de la tumeur, car le sang en refluant et en s'accumulant dans la poche anévrismale donnerait aux battements plus de force et plus de netteté. Il est facile aussi de vérifier par une contre-épreuve l'existence du sang artériel dans l'enveloppe anormale dont son action fait saillir à la surface du corps ; ce procédé consiste à établir une compression au-dessus de la tumeur, c'est-à-dire entre le cœur et l'anévrisme. Cela fait, si la poche ne transmet plus de battements ou seulement des battements à peine perceptibles à la main de l'expérimentateur, la conclusion à tirer sera que le vaisseau comprimé aboutit à une dilatation par rupture ou par extension des membranes, que cette dilatation s'emplit de sang puisqu'elle communique directement avec le vaisseau que parcourt ce fluide, et que la communication du fluide circulatoire avec la poche donne pour conséquence finale l'existence certaine de la lésion organique dont nous nous occupons en ce moment. Toutefois, malgré ces moyens d'investigation, il n'est pas rare, même dans des circonstances peu difficiles, de se tromper et de faire suivre cette erreur d'esprit d'une erreur de conduite bien autrement terrible pour le malheureux qui doit en subir les effets. Ainsi, il peut arriver qu'un abcès soit soulevé par les pulsations d'un vaisseau artériel, et qu'on prenne la collection purulente pour une poche anévrismale ; dans ce cas le chirurgien peut se décider à tenter une opération dont nous parlerons plus bas, la ligature du vaisseau, ce qui peut aller jusqu'à conduire à la perte d'un membre ou à celle du malade lui-même. Il peut arriver qu'un abcès se soit formé entre la peau et un anévrisme, et que l'anévrisme, par son irrégularité et son ancienneté, ne présente aucun signe qui établisse avec certitude son existence ; sûr de celle d'une collection purulente, oubliant ou ignorant les lumières que le malade, si ce n'était l'inspection du foyer durmal, pourrait lui fournir, le chirurgien se décide ; il plonge un bistouri dans la tumeur, quelques gouttes de pus sortent par la plaie, mais bientôt le sang rompt le faible obstacle que l'opérateur n'a peut-être qu'effleuré, et l'opéré meurt dans quelques minutes des suites d'une abondante hémorragie. Il y a encore d'autres cas, qui conduisent aux mêmes conséquences. Ainsi, une tumeur anévrismale qui aura à son pourtour la forme régulière et la consistance presque osseuse d'un kyste, pourra être prise pour ce mode de dégénérescence, et être traitée comme ordinairement on traite les kystes, c'est-à-dire, en les vidant. La première manœuvre opératoire fait aussitôt reconnaître l'erreur; mais il n'est plus temps; l'hémorragie a lieu avec ses funestes résultats. C'est sans doute une tumeur de cette nature qu'un kyste qu'ouvrit ce charlatan cité par Lancidi: *Ventum ut ad facinus*, dit cet auteur, *sed, proh dolor! flumen sanguinis, statim extra, alveum tantâ erupit celeritate, ut animam secum rapuerit à corpore.* — Les difficultés qui peuvent obscurcir le diagnostic des anévrismes même superficiels, sont bien plus considérables encore lorsque ces anévrismes se développent dans des vaisseaux d'un calibre inférieur à ceux qui s'irradient dans la région du cœur, et situés dans les profondeurs de la trame organique. Alors l'homme de l'art peut faire des conjectures, approcher peut-être de la vérité; mais arriver à un diagnostic sûr, qui ne laisse dans son esprit rien de vague sur le caractère réel du mal, c'est rare, c'est presque impossible. Aussi est-ce souvent cette circonstance que le chirurgien ou le malade prennent des palpitations réelles pour un anévrisme, ou un anévrisme établi pour des palpitations passagères. Il y a pourtant une circonstance particulière qui, si elle existe, peut, dans ce cas, fournir moins une probabilité qu'une certitude. Si l'individu qui se plaint de troubles dans la circulation dit avoir senti, pendant une émotion violente, un exercice agité ou en faisant un mouvement brusque, un sentiment de déchirement avec douleur, dans l'épaisseur d'une des régions du corps, et si le lieu, désigné se rapporte au point où le trouble, et l'embarras circulatoire semblent prendre leur origine, on pourra tirer de ce fait la conséquence qu'un vaisseau s'est déchiré partiellement et qu'il s'est développé là un anévrisme. D'autres symptômes pourraient, à la longue, se joindre à celui-là, et lui servir par conséquent de confirmation; comme, par exemple, les déplacements de viscères par le développement progressif du sac, et la saillie plus ou moins nette de cette tumeur en un point quelconque de la périphérie du corps; mais, ou l'artère ne serait pas profondément située, et alors le chirurgien aurait obtenu déjà une certitude; ou, dans le cas contraire, le développement considérable du sac fût probablement arrêté par une rupture de son enveloppe, et conséquemment par l'épanchement du sang et les symptômes funestes qui en sont la suite. — Or, il ressort assez de tout ce qui précède que l'anévrisme est une maladie redoutable, qu'il peut se terminer par une mort foudroyante, lorsqu'il est interne, et qu'une pareille terminaison peut également avoir lieu quand il est placé à l'extérieur. Dans le progrès de son développement, en effet, il agit par distension; et lorsque la membrane, ou l'enveloppe complexe qui forment le sac ont perdu toute leur élasticité, ou que même une inflammation chronique ou toute autre en a désorganisé le tissu, il faut nécessairement que la rupture ait lieu. Si l'anévrisme est placé à l'intérieur, il suffira d'une émotion pour le rompre; s'il est placé à l'extérieur, il suffira d'un froissement, d'un mouvement qui lui sera imprimé, pour entraîner le même résultat. Il est vrai que l'enveloppe anévrismale est assez forte par elle-même, ou par la fibrine accumulée qui la double, ou par le feutrement du tissu cellulaire placé entre la peau et la périphérie immédiate de la collection sanguine, puisque, par son progrès, elle s'ouvre une route à travers les intervalles musculeux, et que ses pulsations continues, usent, amincissent les surfaces osseuses. Mais, comme nous le disions tout à l'heure, si cette action conservatrice, qui fait que le corps vient au secours de lui-même, et en accumulant caillot sur caillot dans la poche anévrismale, ou en changeant le canal artériel déformé en un canal résistant dont les parois sont constituées par les caillots durcis eux-mêmes (Astley Cooper); ou en changeant le cours du sang, après avoir obturé entièrement la portion du vaisseau frappée de maladie; ou bien encore en produisant une adhésion de l'artère dans sa cavité, par une inflammation qui, il faut le dire, a bien aussi parfois son mauvais côté (Marjolin et Bérard); si, par cette action conservatrice et providentielle, disons-nous, la gangrène du malade et les symptômes de la maladie, ne sont pas suspendus, il faut s'occuper activement du traitement pour faire cesser les angoisses de celui qui, lorsqu'il connaît bien son mal, croit succomber à la moindre pulsation irrégulière, à la plus faible émotion, au plus timide mouvement. — Ainsi donc, quels sont les moyens de *traitement* à employer, pour arriver à la guérison des anévrismes? La première voie à suivre est celle qui consiste à tenter la guérison

sans l'intermédiaire d'une opération sanglante. Or, nous venons de voir que l'anévrisme s'était parfois guéri de lui-même par la formation d'une couche d'au moins épaisse de caillots au fond du sac. Eh bien, le médecin peut arriver, par ce traitement, aux mêmes résultats. Ce traitement consiste: à amoindrir la masse du sang par les saignées et la privation des aliments solides; à diminuer son activité en émoussant la sensibilité nerveuse; à paralyser son mouvement en administrant des médicaments d'une influence d'action analogue à la digitale, et surtout en faisant usage de la digitale elle-même; à agir directement sur l'anévrisme quand il est externe, en le couvrant de compresses imbibées d'une végéto-minérale (vinaigrée) de décoctions de plantes astringentes) et en faisant sur lui des applications de neige et de glace pilée. Mais la méthode énervante, qui a pris le nom de méthode de Valsalva, ne doit être rigoureusement et absolument employée, en en exceptant toutefois le dernier moyen, que pour tenter la guérison des anévrismes internes. Après avoir insisté quelque temps sur ce qu'elle prescrit, ce qu'il y a de mieux à faire, quand l'amélioration n'est pas sensible et quand l'anévrisme est externe ou dans le rayon de puissance ou d'audace du chirurgien, c'est de pratiquer l'opération. L'opération consiste à placer une ligature de fil ciré un peu au-dessus de la tumeur, entre le cœur et la partie malade; cette ligature sert de barrage au cours du sang qui refluant sur lui-même, se fraye un chemin par des vaisseaux collatéraux; et l'absence de mouvement dans la partie malade finit bientôt par la laisser s'obturer, et par conséquent par permettre et même produire la guérison. Mais la science n'est pas arrivée spontanément à la connaissance et à la pratique de ce moyen curateur; le progrès a quelquefois, en raison inverse de la logique; au lieu d'aller du simple au composé, il procède du composé au simple. Ainsi, sans parler de la compression médiate qui consiste à placer une pelote au-dessus, au-dessous de la tumeur et sur la tumeur elle-même, de la compression immédiate qui consiste à arrêter le cours du fluide circulatoire au-dessus du sac et à le vider des caillots ou du sang qu'il contient, pour le bourrer de carton mâché, d'agaric et de bourdonnets de charpie; sans parler, disonsnous, de tous ces moyens dont Gualtani et Dupuytren se sont servis, il est vrai, mais dont les chirurgiens ne se servent que subsidiairement ou ne se servent plus du tout; voici les diverses méthodes de ligature qui ont succédé les unes aux autres. Et d'abord on plaçait au-dessus de la tumeur une ligature qu'on faisait suivre d'une ligature de secours ou d'attente et puis on vidait entièrement le sac. La suppuration détergeait la plaie en affaiblissant le malade par l'abondance de la suppuration et parfois en occasionnant la mort par des hémorragies consécutives; donc, même en mettant de côté les douleurs inséparables d'une telle opération, ce procédé était vicieux et devait être abandonné des hommes de l'art. Telle est la méthode la plus ancienne; en voici une qui a le défaut d'être tout aussi vicieuse, quoique inventée à une époque où plus de lumières éclairaient le domaine de la chirurgie. Il s'agit de barrer le cours du sang, c'est-à-dire de placer une ligature au-dessous de la tumeur; qu'arrive-t-il? que le sang reflue dans le sac anévrismal et par une réaction qui peut ne pas être en rapport avec la force des parois de l'obstacle, la tumeur doit se rompre et une violente hémorragie se produire. Brasdor, qui est l'inventeur de cette méthode, la justifie par quelques succès d'abord; et puis en disant que le sang arrêté dans sa marche au-dessous de la tumeur son immobilité, dans un canal d'une dilatation considérable, en produit bientôt la coagulation. Brasdor a raison théoriquement d'une manière à peu près absolue et pratiquement dans un très-petit nombre de cas, aussi la méthode qui donne si peu de garanties au malade et tant d'incertitude au chirurgien, ne joue aucun rôle dans la pratique actuelle. La méthode introduite par Anel et modifiée par Hunter, voilà la seule qui soit maintenant en usage; c'est la plus logique. Elle consiste, comme nous l'avons déjà dit, sans toutefois en nommer l'auteur, à placer une ligature au-dessus de la tumeur; mais Anel n'avait pas donné d'indication pour l'élection du lieu où l'anse de fil devait être placée: Hunter a réparé cette omission. En effet, et nos lecteurs le savent déjà, l'artère peut être frappée dans sa longueur d'inflammation chronique, d'ulcération, d'ossification partielle; or, en supposant que la ligature fût placée sur un des points de l'artère malade, le fil couperait les tuniques dans toute leur épaisseur; la section produite, une funeste hémorragie viendrait témoigner contre l'insuffisance du procédé de l'opérateur. Il n'y a donc maintenant qu'à placer la ligature trois pouces à peu près au-dessus du sac anévrismal pour que à l'abri de l'inconvénient majeur auquel Anel n'avait su se soustraire, et d'où avait résulté sans doute le peu de sympathie qui accueillit tout d'abord son innovation.— Le même procédé opératoire est employé pour les anévrismes résultant d'une blessure, et compliqués de diffusion de sang dans les tissus voisins de l'artère, comme pour les anévrismes spontanés. Seulement quelques modifications sont introduites pour ceux-là dans l'ensemble du traitement; mais comme la conduite du chirurgien est liée étroitement dans ces circonstances, à une foule de cas spéciaux dont l'expérience seule peut à peine se formuler un ensemble, nous n'entrerons pas dans ces détails.— Pour achever ce qui nous reste à dire sur la ligature, nous devons parler de l'état du malade après l'opération. Et d'abord l'opération par elle-même n'est ni longue ni douloureuse; le sang ne coule jamais en abondance; une seule incision dont la profondeur et l'étendue dépendent de la situation relative du vaisseau, à peine suffisante pour le saisir et l'isoler de tout filet nerveux, de toute veine, permet à l'opérateur de placer et de serrer sa ligature au lieu d'élection. Aussi la réaction fébrile ne serait pas considérable si elle dépendait absolument de la durée ou de l'importance des manœuvres opératoires; elle le devient, parce que cette opération a, pour conséquence, de changer brusquement le cours du sang, puisqu'il s'agit de barrer un vaisseau et de forcer le liquide qui le parcourait à se frayer une route différente. Mais si les artères collatérales ont un calibre assez volumineux, si elles sont nombreuses au-dessus de la ligature, ou si elles ont assez d'élasticité pour recevoir le sang qui ne peut plus passer par le bras artériel oblitéré, la réaction fébrile se calme après une saignée; ou même plus d'une, dans l'hypothèse que des congestions se soient établies ou aient paru vouloir s'établir sur des organes importants. Une complication plus sérieuse, contre laquelle il faut agir avec promptitude, c'est le spasme, des accidents nerveux. Lorsque la circulation se fait bien dans le membre opéré, le spasme peut céder aux médicaments qui ont la propriété de calmer ces sortes d'accidents. Mais, dans le cas contraire, c'est-à-dire lorsque la chaleur naturelle ne reparaît pas au-dessous de l'anévrisme, et que le sang ne s'est pas fait un chemin à travers les vaisseaux collatéraux dans les phénomènes morbides, dus au spasme, ne peuvent être arrêtés ni même modifiés dans leur progrès; ils ne cessent entièrement ou ne diminuent en intensité que lorsque cette absence de circulation ou cette circulation difficile produiront la gangrène et bientôt après la mort. Pour obvier à l'invasion ou au développement de tous ces phénomènes ou nerveux ou inflammatoires, on entoure le membre opéré, l'opération a eu lieu sur un membre, ce qui arrive dans la plupart des cas, de sachets de sable chaud, et on les remplit de fomentations aromatiques; quand la fièvre existe, on saigne, on met à la diète; on ne donne que des tisanes délayantes ou acidulées pour toute boisson; si le spasme survient, on sent des embrocations huileuses aromatiques, opiacées; des liniments où le castoreum doit entrer pour beaucoup. Si le malade est faible, lymphatique, ou s'il a été affaibli par des hémorragies; ou s'il a la gangrène s'en est emparé, il faut user exclusivement de la médication tonique; c'est là qu'est le salut. — Mais si la ligature est le seul procédé qu'on emploie pour la curation des anévrismes, son usage généralement répandu ne doit pas condamner à l'obscurité les essais qu'a faits la science contemporaine pour imprimer de nouveaux progrès à cette partie importante de la chirurgie. Nous parlerons d'abord du procédé proposé par MM. Thierry et Liéber et qui consiste à planter une aiguille dans l'artère anévrismale à la place où on faisait la ligature, et à imprimer au vaisseau, par le moyen de ce levier, une torsion dont le résultat serait de rapprocher et de confondre les parois du canal artériel, et par conséquent d'arrêter le cours du sang; mais l'artère se casserait bien plus vite et plus facilement que par la ligature; mais il faudrait, pour manœuvrer ainsi, faire une plaie profonde et d'une grande largeur. Le procédé de MM. Thierry et Liéber est donc impraticable. MM. Caron du Villards et Amussat ont proposé de comprimer l'artère avec une pince; car les tuniques intérieures se brisant par la compression, le canal artériel se tamponerait de lui-même; mais système encore impraticable, puisque le vaisseau, dans toute son épaisseur, pourrait s'enflammer, se gonfler et se détruire par l'application de ce compresseur. M. Velpeau ayant planté une aiguille dans l'artère d'un chien et reconnu au bout de cinq jours que l'artère s'était oblitérée, proposa de remplacer la ligature par l'introduction des aiguilles; mais on lui opposa avec raison la crainte des hémorragies. Nous ne parlerons pas de l'électricité pour produire la coagulation du

sang au sein de la tumeur anévrismale; la théorie s'en est mêlée jusqu'ici beaucoup plus que la pratique; mais nous ne terminerons pas sans mentionner un heureux essai que nous avons vu faire à Delpech, en 1829 ou 30, à l'hospice d'Éloy de Montpellier. Un officier portait une varice considérable qui le faisait beaucoup souffrir; Delpech introduisit sous le vaisseau une lanière de peau de daim dont la présence comme corps étranger ne tarda pas à déterminer une inflammation adhésive de la veine et à produire son oblitération. On a fait de semblables essais sur les artères dans le cas d'anévrismes, sans être arrivé jusqu'ici à des résultats concluants. Cependant nous avons une grande confiance dans ce procédé, et nous pensons qu'il pourra peut-être un jour remplacer avec succès la ligature, parce que par lui la circulation ne se modifie pas brusquement, spontanément, mais par degrés presque insensibles.

D. ÉD. CARRIÈRE.

ANFOSSI (PASCAL), célèbre compositeur italien né à Naples en 1729, mort à Rome en 1795. Élève de Sacchini et de Piccini, il donna plusieurs opéras que le public accueillit avec faveur. Le succès de son *Inconnue persécutée* lui donna l'idée de se rendre en France; mais il y arriva dans un moment peu favorable; les esprits se trouvaient partagés alors entre Gluck et Piccini, et la musique d'Anfossi ne parut ni assez vigoureuse ni assez savante; pour que l'opinion prît une direction nouvelle. Anfossi, mécontent des Parisiens, les quitta pour passer en Angleterre, où il fut nommé directeur du théâtre italien de Londres. De retour à Rome en 1787, il y fit représenter plusieurs compositions qui réussirent et le dédommagèrent du peu de succès qu'il avait obtenu en France. Les connaisseurs trouvent dans les opéras d'Anfossi beaucoup de réminiscences; il paraît qu'il a fait de nombreux emprunts à ses anciens maîtres; mais on trouve en lui du goût, l'art de développer ses idées, et le véritable instinct de la musique; il travaillait avec facilité. *L'Avare*, le *Curieux impertinent*, les *Heureux voyageurs*, et surtout sa *Betulia liberata*, passent pour ses meilleures compositions. On doit encore à Pascal Anfossi des oratorios et des psaumes.

J. DE M.

ANGE ou **ANGELOT** (zool.) (*V.* SQUALINE.)

ANGE. Parmi les êtres qui sont doués d'intelligence ou de raison et de volonté, Dieu tient la première place, l'homme la dernière; les purs esprits servent d'intermédiaire entre l'homme et Dieu. Les philosophes païens désignent ces esprits sous le nom de *démons* ou *génies*; Hésiode en parle dans ses vers, Platon fait mention en plusieurs lieux de ces démons, surtout dans le *Timée*; il prétend qu'ils président aux corps célestes et aux astres; il leur attribue la création du corps des animaux; Tertullien soutient, dans son *Apologétique*, c. 22, que Platon avait admis l'existence des anges; saint Cyprien et Minutius Félix affirment la même chose (*De idol. vanit.*); Athénagore, dans son discours pour les chrétiens, dit que Thalès avait divisé les substances supérieures en trois genres; Dieu, les démons et les héros; il pense que Dieu est l'âme du monde; par les démons, il entend les substances animales; enfin, par les héros, les âmes séparées. Saint Clément d'Alexandrie cite des vers d'Orphée dans lesquels les anges sont nommés. C'est donc avec raison que Psellus, dans ses Questions à Michel Ducas, affirme que les plus sages des Grecs ont dit que les anges étaient placés dans le vestibule de la Divinité; et qu'ils n'y éprouvaient aucun mal.» Hiéroclès dans son Commentaire sur les vers dorés de Pythagore, est du même sentiment. Philon, juif, a emprunté son opinion sur les anges à la doctrine des théologiens du paganisme, et principalement aux platoniciens. Plusieurs hérétiques des premiers siècles de l'Église prétendaient que les anges étaient les créateurs de ce monde et de toutes les choses qui tombent sous les sens, entre autres Simon, Ménandre, Saturnin, Cérinthe, Carpocrate et leurs sectateurs; on leur doit la fable inextricable des écrits que saint Irénée, Tertullien, saint Épiphane et Théodoret nous ont fait connaître. De toutes ces opinions d'ou moins erronées, nous pouvons néanmoins conclure que l'existence des anges était connue même dans le sein du paganisme. Est-ce par suite de la révélation primitive, ou par un instinct naturel que les païens avaient admis l'existence de ces êtres intermédiaires entre le Très-Haut et l'homme? c'est ce que nous n'examinerons pas. Chez les Juifs, l'existence des anges était admise; les sadducéens seuls niaient la résurrection, les anges et les esprits; ils soutenaient même que Dieu avait un corps, ils partageaient cette erreur avec les Samaritains, qui doit être d'autant plus surprendre qu'ils admettaient le Pentateuque, livre dans lequel il est fait mention des anges (*Genès.*, XIX et XXXIV). — Dans le christianisme, nous entendons par le mot ange une substance purement spirituelle, douée d'intelligence et de volonté. Le mot ange vient du grec ἄγγελος, messager; ce nom est tiré du ministère des anges et non de leur nature. Nous connaissons par la foi, dit saint Augustin, qu'il existe des anges, il ne nous est pas permis de douter qu'ils ne soient des esprits; toutefois, quand ils sont seulement esprits, ils ne sont pas anges, ils deviennent anges quand ils sont envoyés. Ange est un nom d'office et non de nature; vous demandez le nom de cette nature, c'est esprit, vous demandez le nom de l'office ou du ministère, c'est ange.(Ps., 103). Saint Paul avait dit avant saint Augustin, dans son épître aux Hébreux (c. 1, v. 14): « Tous les anges ne sont-ils pas des esprits chargés d'une administration et envoyés pour l'utilité de ceux qui ont part à l'héritage du salut? » Les anges sont donc une partie des causes secondes dont la Providence divine se sert pour la conservation et le maintien de l'ordre du monde (Éphes. IV, 6). Le nom d'ange a été donné dans ce sens aux prêtres (Malach., II), à saint Jean-Baptiste par Jésus-Christ (Matth., XI, 10), aux évêques de plusieurs églises par saint Jean dans l'Apocalypse, aux vents et aux feux par saint Paul : Dieu fait des vents ses anges et des flammes de feu ses ministres (Hébr., I, 7); sous le rapport ministériel et non pas de nature, ange a été donné au Messie. Isaïe (XI, 6, de la trad. des Sept.) l'appelle l'ange du grand conseil; il est encore appelé l'ange de l'alliance, l'ange de la face. — Toutefois, dans le langage ordinaire, le nom d'ange appartient proprement aux purs esprits; l'Écriture leur donne divers noms; elle les appelle 1° anges du ciel (Matth., XXIV, 36); 2° saints anges (Matth., XXV, 31); 3° anges de lumière (II, Corinth., XI, 14); 4° enfants de Dieu, et étoiles du matin (Job., I, 6, XXXVIII, 7); 5° anges et élus (I, Timot. V, 21); 6° trônes, dominations, principautés, puissances, anges puissants en force (Colos., I, 16, Ps., c. III, 20); 7° veillants et saints (Dan., IV, 13); 8° anges de Dieu, de l'Éternel, du Seigneur (Genes., XXXII, 11; XVI, 7; Matth., I, 20); 9° l'armée des cieux (Rois, XXII, 11; Esd., IX, 6); 10° anges du Fils de l'homme; anges.de la puissance de Jésus (Matth., XIII, 41, II, Thess., 17); 11° esprits administrateurs (Hébr., I, 14); 12° plus communément ils sont appelés anges (Genes., XLVIII, 16). — Il est certain que les anges sont des créatures; mais les théologiens sont partagés sur le temps et la manière de leur création. Le silence de Moïse sur ce sujet est cause de cette diversité d'opinions. Origène et Bède pensent que Moïse, en parlant de la création du ciel, a compris sous ce nom les anges destinés à l'habiter; saint Augustin, Pierre Lombard et Rupert ont conjecturé que Moïse avait pu les comprendre sous le nom de lumière; saint Basile, saint Grégoire de Nazianze ont cru qu'ils avaient été créés avant la matière; ils se fondent sur ce passage de Job (XXXVIII, 7): « Où étais-tu, quand je posais les fondements de la terre et que les astres du matin me comblaient de louanges, et que tous les enfants de Dieu étaient dans les transports de joie? » Quelques Pères grecs et latins soutiennent cependant que les anges n'ont pas été créés avant la matière. — Les anges n'ont point de corps; tel est le sentiment universel des théologiens. Toutefois les anciens ont été partagés à cet égard. Comme l'Écriture représente les anges sous la forme de lumière, de feu, de vent, d'air; comme dans leurs apparitions diverses, ils se sont montrés tantôt sous une forme céleste, éthérée, glorieuse, tantôt sous une forme humaine (Genes., XVIII, 1, 3, Exod., III, 2, Matth., XXXIII, 3, Hébr., XIII, 3), comme les prophètes les représentent sous des figures d'animaux (Ezech., I, 5, Isaïe, VI, 1, 2, Dan., X, 6), plusieurs Pères des premiers siècles de l'Église ont cru que les anges avaient des corps plus subtils, plus pénétrants et plus agiles que l'air et le vent; ils les appellent néanmoins esprits, de même qu'on donne le nom d'esprits animaux aux parties imperceptibles du sang qui produisent le mouvement des nerfs et des muscles (Vide Petav. dogm. théolog., t. 3, c. 2, tract. de angelis). Saint Justin, martyr, dans son dialogue avec Tryphon, croit tellement que les anges sont doués d'un corps, qu'il va jusqu'à dire qu'ils se nourrissent d'un aliment céleste, comme la manne, qui est appelée dans l'Écriture le pain des anges. Il prétend, dans sa première Apologie, que les anges préposés à ce monde inférieur concurrent les filles des hommes et engendrèrent cette race de géants célèbres par leurs crimes. Athénagore, saint Clément d'Alexandrie, Méthodius, Tertullien, Lactance, saint Ambroise, partagent ce sentiment. Origène (I, De princip., VI) pense que Dieu seul est une substance immatérielle; saint Cyrille d'Alexandrie dit aussi que Dieu seul est sans corps; saint Basile paraît avoir soutenu les deux opinions; saint Augustin donne aux anges des corps d'une nature plus subtile que celle qu'il attribue aux démons; Claudien Mamert, saint Jean Chry-

sologue, Cassien, saint Fulgence, Gennade, Rupert prétendent aussi que Dieu seul est purement spirituel, et que les autres êtres intelligents sont composés de corps et d'âme; Grotius penche vers ce système. — Les anges sont incorruptibles et immortels, puisque ce sont de purs esprits. Jésus-Christ, parlant des bienheureux, dit qu'ils ne pourront plus mourir, parce qu'ils sont semblables aux anges (Luc, XX, 35, 36). Le nombre des anges est innombrable : « Peut-on, dit Job (XXV, 3), compter le nombre de ses troupes? » « Je m'approchai, dit Daniel (VII, 10); du trône où était assis l'ancien des jours, et j'en vis sortir une flamme de feu; un million d'anges le servaient, et cent millions assistaient en sa présence. » Dieu seul connaît la multitude de l'armée des cieux, elle se compte par milliers redoublés (Ps., LXVIII, 18). Saint Jean dans l'Apocalypse (V, II) dit qu'il vit autour du trône de l'agneau une multitude d'anges, et qu'il y en avait des milliers de milliers, et des myriades de myriades; Jésus-Christ, dans l'Évangile, dit que son père pourrait lui donner plus de douze légions d'anges. Pour donner une idée de la multitude des anges comparée à celle des hommes, plusieurs Pères de l'Église, entre autres, saint Hilaire, saint Ambroise, saint Grégoire de Nysse, saint Cyrille de Jérusalem se sont servis de la parabole des quatre-vingt-dix-neuf brebis, que le père de famille laisse dans les montagnes, pour aller chercher la centième qui s'était égarée : cette centième brebis marque les hommes, les quatre-vingt dix-neuf marquent les anges fidèles qui sont demeurés dans le ciel. Nous n'insisterons pas davantage sur ce point, qui nous est tout à fait inconnu. — Connaissance des anges. Les anges jouissant de la vision de Dieu, ont plus que nous une connaissance profonde des mystères divins, des desseins de Dieu sur le monde et sur l'Église. Ils voient toutes choses en elles-mêmes, nous ne voyons que l'extérieur; toutes les causes nous sont cachées, les anges les aperçoivent. Toutefois la science des anges a des bornes, et l'Église même militante leur découvre des mystères qu'ils ne connaissent point. « La sagesse de Dieu qui est d'une infinité de manières différentes, c'est l'Église qui maintenant la donne à connaître aux principautés et aux puissances dans les lieux célestes (Eph., III, 20). » Les anges voient donc ce qui se passe dans l'Église, et par son moyen, ils en glorifient Dieu. — La sagesse des anges fut manifestée en même temps que leur existence. — Une femme de Thecua dit à David : « Mon seigneur est sage comme un ange de Dieu, pour peser le bien et le mal, et pour savoir tout ce qui se passe dans le pays (II, Jud., XIV, 17, 20). » Les anges connaissent l'avenir et les choses cachées, car ils ont révélé aux prophètes l'avenir, et leur ont expliqué les visions (Dan., VIII, 15, Zach., I, 9); ils connaissent ce qui se passe parmi les hommes. L'ange qui après la résurrection de Jésus-Christ, apparaît aux femmes empressées d'aller voir le sépulcre, leur dit : « Je sais que vous cherchez Jésus (Matth., XXVIII, 5). » Les apôtres disent qu'ils le servent de spectacle aux anges et aux hommes; saint Paul conjure Timothée devant Dieu, devant le Seigneur Jésus-Christ et devant les anges élus, de remplir ses devoirs (I, Cor., IV, 9, I, Tim., V, 21). Cependant ils ne savent pas l'heure du jugement. Saint Pierre dit qu'ils désirent voir jusqu'au fond dans le mystère de notre salut (Marc, XIII, 32, s. Pierre, 1, 12). Dieu est représenté par David comme s'enveloppant de ténèbres devant les chérubins (Ps., XVIII, 10-12). — La connaissance des anges est sans mélange d'erreur. — Les anges ont une grande influence morale et physique, comme on peut le voir (Gen., XIX, 13, Nomb., XXII, 21, 33, Dan., VI, 22, III, 24, 28, comparé avec le cantique des enfants dans la fournaise, Vers, 7, Matth., XXVIII, 2, Jean, V, 4, Act., V, 19, XII, 7, Apoc., I, 3, XVI, 3, 17, XVIII, 1, XIX, 17). — Fonctions des anges. 1° Relativement à Dieu, les anges lui obéissent avec fidélité, et font sa volonté dans le ciel : de là ces brillantes expressions des prophètes: l'Éternel est assis entre les chérubins. Dieu inclina les cieux, et descendit ayant l'obscurité sous ses pieds, il était monté sur un chérubin. L'Éternel était assis sur un trône élevé, les séraphins l'entourant se couvraient de leurs ailes, la face et les pieds, et se disaient l'un à l'autre : « Saint, saint, saint est le Dieu éternel des armées; tout ce qui est sur la terre est sa gloire; bénissez l'Éternel, vous, ses anges puissants en vertu, qui faites son commandement en obéissant à la voix de sa parole (II, Rois, XIX, 15, Esd., VI, 1, 3, Psa., XVIII, 10, 11, CIII, 20, 21). — Les anges louent Dieu, ils lui rendent la louange la plus parfaite, et l'adoration la plus profonde; l'armée des cieux se prosterne devant lui (Néhémie, IX, 6), prosternés sur le visage devant le trône de Dieu, ils l'adorent en disant : « Amen, louange, gloire, sagesse, actions de

grâces, honneur, puissance et force à notre Dieu , aux siè-
cles des siècles , amen. Ils jettent leurs couronnes devant lui
et célèbrent sa volonté par laquelle toutes choses subsistent
(*Apoc.*, VII, 10, 12 ; IV, 10, 11 , XI, 16, 17, XV, 3, 4). — Se
couvrir de leurs ailes comme d'un voile, jeter leurs couronnes
aux pieds de Dieu , n'est-ce pas là une vive image de leur profonde humilité? N'est-ce pas faire à Dieu l'hommage de ce
qu'ils possèdent? Ils se couvrent pour montrer que nulle créature ne peut supporter l'éclat de la beauté divine. Leur louange
est vive, ardente, progressive, pleine d'amour. Oh! que nous
sommes froids en comparaison des anges. — 2º Les anges créés
par Jésus-Christ et pour Jésus-Christ lui sont subordonnés et
l'adorent par l'ordre exprès du père (*Colos.*, I, 16, *Hebr.*, I, 6).
— Ils l'adorent dans sa gloire, le disent ensemble *à celui qui*
est assis sur le trône et à l'agneau, louange, honneur, gloire
et force, aux siècles des siècles (*Apo.*, V, 13). Ils annoncent la
naissance au père de son précurseur, à Marie, sa mère, aux
bergers de Bethléem, ils les invitent à partager leur joie (*Luc*,
1 et 2). — Après sa naissance, ils *montent et descendent sur*
lui, le gardent dans son enfance, le servent dans un désert, le
soutiennent dans son agonie (*Matth.*; II, 13, 22, IV, 11, XXXVI,
53 ; *Luc*, XXII, 43; *Jean*, I, 52). — Ils assistent à sa résurrection et à son ascension , et annoncent aux apôtres le triomphe de leur maître commun (*Matth.*, XXVIII, 2 , 7; *Jean*,
XX, 12; *Act.*, 1 , 10 , 11). Au dernier jour, ils seront les ministres du jugement ; un jour ils purifieront son royaume des
scandales, et livreront les méchants aux supplices; ils l'accom-
pagneront quand il viendra dans la gloire de son père pour
rendre à chacun selon ses œuvres. Ils rassembleront ses élus
d'un bout du monde à l'autre : c'est ainsi que les anges, les
principautés, les puissances lui sont assujettis (*Matth.*; XIII,
39 , 49 , XVI, 27, XXIV, 31, XXV , 31 , II , *Thim.*, 1 , 7 , 1 et
Thim., III, 13, 1 ; *Pierre*, III ; 22). — 3º Les anges , comme
membres d'un même corps, se prêtent mutuellement leurs
forces pour accomplir leurs ministères. Zacharie voit un ange
qui est envoyé par un autre (*Zach.*, II, 3, 4); l'ange qui apparaît à Daniel lui dit que *Michel, l'un des principaux chefs,*
est venu l'aider (*Dan.*, X, 13). Saint Jean les représente comme
les gardiens de l'Église céleste, pour préserver de tout mal les
saints qui sont passés de ce monde dans celui de la béatitude
(*Apoc.*, XXI, 12). — 4º Relativement à Satan et aux démons,
ils les combattent. Saint Michel combattit contre Satan au sujet
du corps de Moïse, afin d'empêcher sans doute que Satan n'en fît
un objet d'idolâtrie pour les Israélites (*Ep. des Jud.*, IX). Le
même Michel combat avec les anges contre le diable et ses
anges, tellement que le place de ceux-ci ne peut plus se trouver
dans le ciel (*Apoc.*, XII, 7, 9). — 5º Relativement aux
hommes : 1º ils refusent leurs adorations : tel fut celui qui
refusa l'hommage de saint Jean (*Apoc.*, XIX, 10, XXII, 9). —
Ils nous communiquent les ordres de Dieu : un ange ordonne
à Agar de retourner auprès de sa maîtresse; un autre donne
charge à Élie de défendre aux Israélites le culte de Belzébuth
(*Gen.*, XVI, 7, 15 , II, *Rois*, 1, 3). — Ils annoncent l'avenir,
ce fut un ange qui apparut à Zacharie et à la très-sainte Vierge
(*Luc.*, I, 11); ce fut un ange qui fit à Daniel diverses prédictions
(*Dan.*, VIII, etc.).—Ils sont chargés d'instruire ; ils avertissent
Lot de fuir de Sodome; l'un d'eux avertit Mansah de ce que
sa femme devra faire pendant qu'elle portera dans son sein
Samson son fils ; un autre avertit saint Pierre de se préparer à
sortir de prison; un autre annonce à Corneille qu'il a trouvé
grâce devant Dieu, et l'informe de ce qu'il a à faire pour reconnaître Jésus-Christ (*Gen.*, XIX, 1, 17; *Jug.*, XIII, 5, 14;
Act., XII , 8, X , 3, 6). — Ils dirigent l'action physique ; un
ange détourne le bras d'Abraham, prêt à immoler son fils; un
autre arrête Balaam à son passage; un autre donne à Gédéon
pour signe de la vérité de ce qu'il lui dit, l'embrasement d'une
offrande en la touchant; un autre conduit l'apôtre Philippe sur
le chemin où il doit rencontrer l'officier de la reine de Candace
(*Gen.*, XXII, 11, 18; *Nom.*, XXII, 22; *Jug.*, VI, 19, 21; *Act.*,
VIII, 26). — 6º Agents d'épreuves : les anges servent pour la purification de l'homme; ainsi Jacob eut à lutter avec un ange,
et il fut le plus fort; il pleura, et lui demanda grâce. L'un des
anges qu'Ésaïe voit assister devant le trône de l'Éternel, prend
un charbon sur l'autel, et en touche la bouche du prophète, en
lui disant : « Voici, ceci a touché tes lèvres; c'est pourquoi ton
iniquité sera ôtée, et ta propitiation sera faite pour ton péché
(*Osée*, XII, 5, *Es.*, VI, 6, 7). » — 7º Agents de consolation :
celui qui apparaît à Agar la console; celui qui se montre à
saint Paul pendant une tempête soutient son courage par les
promesses qu'il lui fait (*Act.*, XXVII, 23 , 24). — 8º Agents de
censure: l'ange de l'Éternel reproche aux Israélites leur rébel-

lion après la mort de Josué (*Jug.*, II , 1-4). — 9º Agents de
protection : tantôt ils préservent, et tantôt ils délivrent; deux
anges préservent Lot et sa famille de périr à Sodome; d'autres
rendent leur protection visible à Jacob, revenant de Mésopotamie, et craignant la rencontre d'Ésaü. Jacob bénit Dieu de
ce qu'un ange l'a garanti de tout mal. Élie est soutenu par la
nourriture que lui apporte un ange pour l'aider dans un long
voyage. Élisée montre à son serviteur les anges qui gardent
Samarie contre les Syriens; les trois enfants jetés dans une fournaise sont défendus par un ange contre l'atteinte des flammes;
Daniel est conservé sain et sauf par un autre dans la fosse
aux lions, et soutenu par l'attouchement de cet ange, dans un
moment où la frayeur avait abattu ses forces. Les apôtres sont
plus d'une fois délivrés de prison par des anges. Et ceux qui
sont chargés d'affliger la terre, reçoivent l'ordre de ne le faire
qu'après qu'ils auront marqué au front les serviteurs de
Dieu (*Gen.*, XIX, 12, 23 ; XXXII, 1, 2, XLVIII, 16, I. *Rois*,
XIX, 6-8, 2, *Rois*, VI, 16, 17; *Dan.*, III, 23, 28 , VI, 22, 8-11;
Act., V, 19, 20, XII, 7; 10; *Ap.*, VII, 2,.3). — 10º Agents de
guérison: ainsi un ange , en troublant l'eau du réservoir de
Béthesda, lui communiquait la propriété de guérir le premier
malade où y descendait, quelle que fût sa maladie (*Jean*, V, 4). —
11º Agents de bénédiction ; un ange bénit le voyage du serviteur
d'Abraham qui va chercher une femme à Isaac. Jacob souhaite
à Joseph la bénédiction de l'ange qui l'avait gardé lui-même de
tout mal; et saint Jean souhaite aux Églises la grâce et la paix
par celui qui est, qui était et qui sera, et par les sept esprits qui
sont devant son trône (*Gen.*, XXIV, 7, 40, XLVIII, 15, 16;
Ap., 1, 4). — 12º Agents de communication entre le ciel et la
terre; Jacob voit sur l'échelle mystérieuse les anges monter et
descendre; et cette communication est telle, qu'on les voit
exaucer immédiatement la prière de Lot, qui, tiré de Sodome
par deux d'entre eux, leur demande d'épargner la ville de
Tsohar afin qu'il puisse s'y réfugier, ce qu'ils lui accordent
(*Gen.*, XXVIII, 12 , XIX, 20 , 22). Un ange demande à Dieu
d'avoir compassion de Jérusalem et des villes de Juda, et
l'Éternel lui répond par des paroles de consolation. Saint Jean
a vu les quatre animaux et les vingt-quatre vieillards se pros-
terner devant l'Agneau, ayant chacun des harpes et des coupes
d'or pleines de parfum, qui sont les prières des saints. Dans
une autre vision, il a vu un ange se tenir devant l'autel avec un
encensoir d'or, et on lui donna beaucoup de parfums pour les
offrir avec les prières de tous les saints, sur l'autel d'or qui est
devant le trône; et la fumée des parfums avec les prières des
saints monta de la main de l'ange jusque devant Dieu (*Zach.*,
I, 12 , 13; *Ap.*, V, 8. VIII, 3, 4). Quand Jésus-Christ a dit:
« Prenez garde de ne mépriser aucun de ces petits, car je vous
dis que leurs anges voient sans cesse dans les cieux la face de
mon Père qui est aux cieux, » il déclare positivement que les
petits ont leurs anges qui s'intéressent particulièrement à eux
(*Matth.*, XVIII, 10.) — 13º Agents d'administration politique;
Daniel entend un ange qui lui dit que Michel, un des principaux
chefs, est venu pour l'aider à triompher de la résistance des
rois de Perse, que ce Michel est le chef des Juifs et tient
ferme pour eux, que l'ange qui parle a assisté Darius de Mède
pour l'aider et le fortifier (*Dan.*, X, 13, 20, 21, XI, I, XII, I).
Saint Paul dit que la loi qui était tout à la fois temporelle et
spirituelle avait été donnée par les anges (*Gal.*, III, 19). C'est
ce que dit aussi saint Étienne dans son discours aux Juifs (*Act.*,
VII, 53).— 14º Agents de châtiment; ce sont des anges qui
font tomber le feu du ciel sur Sodome et Gomorrhe; c'est un
chérubin qui écarte Adam et Ève de l'arbre de vie, c'est un ange
qui frappe Jérusalem de mortalité. Un autre fait périr dans une
nuit une grande partie de l'armée de Sennachérib, un autre frappe
Hérode qui n'avait pas donné gloire à Dieu; un autre rend Zacharie muet pour avoir douté des promesses du Seigneur; et l'on
voit dans plusieurs endroits de l'Apocalypse, des anges chargés
de verser sur la terre la coupe des châtiments de Dieu. A cela se
rapporte ce que disait David : « Que l'ange de l'Éternel chasse
ceux qui poursuivent son âme; que leur chemin soit ténébreux et très-glissant; que l'ange de l'Éternel les poursuive (*Gen.*,
XIX, 111, 24 2, *Sam.*, XXIV, 15, 16 et 17, 2, *Rois*, XIX, 35; *Act.*,
XII, 23; *Luc*, I, 19; *Ap.*, IX, 15, XIV, 1, 2, *Ps.*, XXXV, 5, 6).—
15º Agents de jugement universel : Notre-Seigneur, expliquant la
parabole du semeur et du bon grain, dit que les moissonneurs
sont les anges, qu'il les enverra pour ôter de son royaume tous
les scandales et tous ceux qui font l'iniquité, et pour les jeter
dans la fournaise ardente; que les anges viendront à la fin du
monde, qu'ils sépareront les méchants du milieu des justes et
les jetteront dans la fournaise ardente où il y aura des pleurs
et des grincements de dents. Le signe du Fils de l'homme pa-

raîtra dans le ciel ; il enverra ses anges avec un grand son de trompettes, et ils rassembleront ses élus des quatre vents, depuis un bout des cieux jusqu'à l'autre. C'est sans doute en vertu de cette mission de jugement que des anges portèrent Lazare dans le sein d'Abraham (*Matt.*, XIII, 39-42, 49, 50, XXIV, 30-31 ; *Luc*, XVI, 22). — Tous les anciens ont reconnu que les anges étaient distribués en certains ordres, que les uns étaient plus élevés que les autres, car l'Écriture en plusieurs lieux parle des chérubins et des séraphins ; l'apôtre en a nommé plusieurs autres, c'est pour cette raison que saint Grégoire, après saint Denis, dit qu'il y a neuf ordres d'anges et autant de noms pour les désigner : « Nous disons, dit ce pape, qu'il y a neuf ordres d'anges, parce que, d'après le témoignage de l'Écriture, nous connaissons des anges, des archanges, des vertus, des puissances, des principautés, des dominations, des trônes, des chérubins et des séraphins. — Presque toutes les pages de l'Écriture témoignent qu'il y a des anges et des archanges ; les livres des prophètes parlent souvent des chérubins et des séraphins. Saint Paul, dans son épître aux Éphésiens, énumère les noms de quatre ordres : ce sont les principautés, les puissances, les vertus et les dominations. Dans son épître aux Colosses il parle de trônes, de dominations, de principautés et de puissances. — Si donc aux quatre qu'il a énumérés dans l'épître aux Éphésiens, savoir : les principautés, les puissances, les vertus, les dominations, on ajoute les trônes, ce sont cinq ordres exprimés spécialement ; et si on y réunit les anges, les archanges, les chérubins et les séraphins, il est évident que nous trouvons dans l'Écriture neuf ordres. » — L'auteur de la hiérarchie céleste, connu sous le nom de saint Denis l'aréopagite, a décrit le premier l'ordre et la subordination des anges entre eux. Il attribue à chaque ordre ses degrés, ses fonctions, ses appellations. Saint Grégoire le Grand est d'accord avec lui sur le nombre des ordres ; il diffère seulement sur l'arrangement de quelques-uns d'entre eux. Les écoles de théologie ont adopté leur système, fondé en partie sur le témoignage de l'Écriture, sur des raisons théologiques, sur une tradition antique et en partie sur des conjectures. Néanmoins, dans des choses aussi abstruses et aussi éloignées de l'usage ordinaire, l'homme prudent doit s'abstenir de se prononcer trop affirmativement. La hiérarchie, d'après saint Denis, est un ordre sacré, une science et une action, qui s'approche de la ressemblance divine autant que cela est possible, et qui se porte à l'imitation de Dieu en raison des illuminations qui lui ont été faites divinement. La fin de la hiérarchie, c'est donc la ressemblance et l'union avec Dieu. Trois choses composent une parfaite hiérarchie, la puissance, la science, l'action. — Saint Denis compte trois hiérarchies, et autant d'ordres dans chaque hiérarchie. Dans la première il place les séraphins, les chérubins et les trônes ; dans la seconde les dominations, les vertus, les puissances ; dans la troisième la dernière, les principautés, les archanges et les anges. D'autres théologiens ont fait quelques changements à cette distribution dionysienne. Ils mettent dans la seconde hiérarchie les dominations, les principautés et les puissances, et mettent les vertus dans le premier ordre de la troisième hiérarchie : tels sont saint Grégoire, Isidore, saint Bernard, Hugues de Saint-Victor et Pierre Lombard. — L'une et l'autre opinion est citée par Guillaume de Paris, saint Thomas, Jean Gerson et saint Laurent Justinien. Quant à l'interprétation de ces noms, les *séraphins* ou *ardents* sont appelés ainsi à cause de l'amour dont ils brûlent pour Dieu, ou bien, parce qu'ils l'inspirent aux autres. Les *chérubins* ou savants possèdent une *profusion de sagesse et de science*, ou *plénitude de science*, d'après saint Augustin, ou *multitude de science*, d'après Origène et saint Jérôme. Les *trônes* sont appelés ainsi à cause de la hauteur et de la sublimité de leur état, qui s'élève au-dessus des choses infimes. Ils sont appelés *théophores*. — Les *dominations* jouissent d'une condition libre ou affranchie de toute affection servile et assujettissement infime. — Les *vertus* possèdent une force virile, mâle, inébranlable, qu'elles exercent dans toutes leurs actions divines. Saint Grégoire, Isidore, Hugues, saint Bernard pensent que c'est par les vertus que Dieu opère le plus fréquemment les miracles. — Les *puissances*, ce sont des esprits ordonnés avec une parfaite hiérarchie. — Les *principautés*, ce sont les esprits, dit saint Bernard, par qui toute principauté est constituée, régie, limitée, transférée, changée et mutilée sur la terre, avec une grande sagesse et modération. — Les *archanges* sont envoyés pour annoncer les grands événements ; ils président ceux qui sont d'un ordre inférieur. Les *anges* sont ceux qui annoncent les choses de moindre importance. — Nous ne nous étendrons pas davantage sur un sujet que l'on ne peut aborder sans se livrer à des conjectures plus ou moins fondées. — Les Hébreux avaient leur hiérarchie angélique, reconnaissaient dix rangs ou dix chœurs d'anges, qu'ils exprimaient sous les noms : 1° d'*animaux saints*, comme ceux qui apparurent à Ézéchiel ; 2° de *roues* qui portaient le chariot du Seigneur ; 3° de *lions de Dieu*, ou de force surnaturelle ; 4° d'*electrum*, c'est le nom d'un métal précieux qui était de l'or mêlé avec une cinquième partie d'argent ; 5° de *séraphins*, ou brûlants ; 6° d'*anges*, envoyés ou ambassadeurs ; 7° d'*élohim*, dieux, princes ; 8° de *Fils des dieux* ; 9° de *chérubins*, où figures composées ; 10° d'*hommes*. Ces divers noms sont tirés de l'Écriture, principalement des prophètes Ézéchiel et Isaïe (*Petav. théolog. dog.*, t. III, l. 2, c. 1). — Les théologiens traitent encore la question du langage des anges ; nous ne l'aborderons pas, soit parce qu'elle nous paraît trop conjecturale et trop difficile à traiter, soit parce qu'elle est inutile. L'Église rend aux anges un culte de dulie, c'est-à-dire inférieur à celui qu'elle rend à Dieu. Ce culte est fondé sur l'excellence de ces natures spirituelles, et sur les bienfaits dont nous leur sommes redevables. Nous ne pouvons pas douter que les anges ne nous aiment, ne veillent sur nous avec soin, ne nous préservent de toutes sortes de maux, ne nous inspirent de bonnes pensées, ne luttent contre les esprits infernaux et les puissances de l'air ; qu'enfin ils n'ouvrent avec une joie indicible, les rangs de leurs hiérarchies pour y introduire les élus, et qu'ils ne les voient sans jalousie s'asseoir à leur droite. Les protestants ont attaqué le culte des anges et l'ont traité de superstitieux, quoiqu'il date des premiers temps du christianisme, car ils avouent qu'au IVᵉ siècle il était répandu généralement dans l'Église. Comme leurs objections à cet égard rentrent dans celles qui concernent le culte des saints, nous renvoyons au mot CULTE où cette question sera entièrement traitée.

ANGES (MAUVAIS). (*V.* DÉMONS.) L'abbé O. VIDAL.

ANGE (L'), c'est le nom d'une famille de Byzance, de laquelle deux ou trois membres montèrent sur le trône impérial. Le premier fut Isaac l'Ange, qui en fit tomber Andronic Commène en 1185 (*V.* ANDRONIC Iᵉʳ), et fut renversé lui-même au bout de dix ans par son frère Alexis, qui lui fit crever les yeux. Le fils d'Isaac, aussi nommé Alexis, appela les croisés à son secours, et Isaac fut de nouveau revêtu de la pourpre. Mais une seconde révolution lui coûta la liberté ; il mourut en prison en 1204, et son fils Alexis fut assassiné. — Le nom d'Ange devint dans la suite une espèce de titre qu'un grand nombre de prélats ont porté.

ANGE BUONAROTI (*V.* MICHEL-ANGE.)

ANGE D'OR, monnaie. (*V.* ANGELOT.)

ANGE (CHATEAU SAINT-). Ce monument, nommé jadis *Mausolée d'Adrien*, fut élevé par ce prince, et lui servit de tombeau. Jaloux du magnifique mausolée qu'Auguste s'était fait construire sur la rive gauche du Tibre, Adrien voulut aussi se donner un sépulcre qui perpétuât sa mémoire en frappant chaque jour les regards des Romains. Cet empereur se défiait de l'ingratitude des peuples ; il jeta donc les fondements de son mausolée sur la rive droite du fleuve, dans les jardins de Domitia, et sans doute il en ordonna l'architecture sur les desseins de quelque édifice semblable qu'il avait vu dans le cours de ses voyages. Sur une base carrée, dont chaque face présente un développement de 253 pieds, s'élève une rotonde dont le diamètre est de 188 pieds. Au rapport de Procope, cette rotonde était jadis recouverte de marbre, des ornements d'airain en décoraient la base, et l'on y lisait les noms des empereurs dont les cendres reposaient dans l'intérieur. La corniche de cet édifice était aussi couverte de statues ; mais ces œuvres d'un grand siècle périrent pendant la guerre des Goths ; les Romains, assiégés par les barbares, se firent de ces statues des armes contre l'ennemi. — Au Xᵉ siècle, Crescentius, chevalier romain, transforma ce sépulcre en forteresse, et lui donna son nom (*Crescentii Castrum*). Dans la suite, les papes Boniface IX, Nicolas V, Alexandre VI et Urbain VIII l'entourèrent d'ouvrages extérieurs. — L'empereur Adrien prit le nom de *château Saint-Ange*, d'une statue de l'archange Michel placée sur la corniche de la rotonde. C'était d'abord une statue de marbre due au ciseau de Raphaël de Monte-Lupo, on y substitua plus tard une statue de bronze que le temps a respectée ; c'est un ouvrage de Vanchesfeld ; elle a été inaugurée sous Benoît XIV. C'est, au sommet de cette rotonde qu'on tire, chaque année, le feu d'artifice connu de toute l'Italie sous le nom de *Girandola* ; cette solennité a lieu les 28 et 29 juin, jours des saints apôtres Pierre et Paul. — Le château Saint-Ange communique avec le palais du Vatican par une longue galerie couverte, qui fut construite sous le pontificat d'Alexandre VI. H. Cornille.

ANGÉIOLOGIE, de ἀγγεῖον, vase, vaisseau, et de λόγος, discours. Ainsi l'angéiologie est la partie de l'anatomie qui traite des vaisseaux du corps humain. Ces vaisseaux ont des caractères différents et des fonctions spéciales; les uns portent le sang du cœur aux extrémités : ce sont les artères; d'autres le portent, par un mouvement contraire, de la périphérie du corps aux poumons qui régénèrent ce fluide, et au cœur qui le renvoie dans les vaisseaux artériels : ce sont les veines; un troisième ordre de vaisseaux, qui vient s'épanouir et serpenter au-dessous de l'épiderme, sert d'intermédiaire aux veines et aux artères et a pour fonction de *détailler* le sang à tous les points de l'économie : ce sont les capillaires, appelés ainsi à cause du diamètre infiniment petit (*capillus*, cheveux) des tubes qui les constituent; enfin les absorbants, dont la fonction est d'absorber les produits invisibles qui nagent dans le milieu où nous vivons, les matériaux qui forment la trame organique des tissus où s'y trouvent renfermés accidentellement, et les produits de l'alimentation et la digestion. — Les artères dont la composition, le mode de formation, et les maladies auxquelles elles sont sujettes feront l'objet d'un article spécial, se divisent et se subdivisent en troncs principaux dont les diamètres diminuent et les ramifications augmentent depuis le cœur jusqu'aux extrémités. Les angles formés par ces embranchements sont plus ou moins aigus, et l'économie de cette distribution sert à couper le cours du sang et à imprimer au mouvement circulatoire tout entier une régularité d'où dépend en partie l'ordre harmonieux des fonctions du corps. Les anatomistes ont aussi remarqué, en étudiant l'*arbre artériel*, comme on appelle depuis assez longtemps ce système de vaisseaux, que la somme des diamètres des petites artères l'emporte de beaucoup sur celle des diamètres des grandes. Cela dépend-il de l'expansion des molécules du sang qui, à mesure qu'elles s'éloignent du centre d'impulsion, ont besoin d'avoir plus de liberté pour que les effets du frottement soient moins considérables? C'est presque certain, et dans cette hypothèse l'augmentation de diamètre des vaisseaux d'un ordre inférieur et la forme des angles formés par les embranchements se présentent au même but, tendent à produire le même résultat, c'est-à-dire l'uniformité normale de la circulation sanguine dans tous les points de l'économie. Mais ces vaisseaux, et c'est l'objet principal de l'angéiologie, doivent surtout être étudiés dans leurs rapports avec les tissus de toute espèce qu'ils traversent depuis leur origine jusqu'à leur terminaison. Ainsi les muscles, les nerfs, les os, les organes doivent être étudiés dans la forme qu'ils affectent, et la place qu'ils tiennent relativement au vaisseau qui s'ouvre un passage au milieu d'eux; c'est une condition essentielle pour que la main du chirurgien ne s'égare pas. — Ce qui s'applique aux artères comme étude de leurs rapports, s'applique aussi aux veines, puisque l'opérateur est appelé souvent à agir sur ces vaisseaux, depuis la saignée, qui est la plus commune des opérations, jusqu'à l'opération la plus compliquée. Mais les veines sont autrement organisées que les artères, parce qu'elles ont un autre but à remplir. A l'article *Veine* nous entrerons dans tous les détails que comporte cette intéressante question. — Les capillaires, qui montrent leurs belles arborisations à la surface de tous les tissus, appartiennent également au système artériel et au système veineux. Le premier s'y subdivise dans les dernières radicules; le second y prend, en quelque sorte, son origine pour se manifester bientôt en vaisseaux d'un calibre plus grand. Les artères confient le sang aux capillaires pour que, par leur intervention, la nutrition se fasse et s'accomplisse; et les veines reçoivent des capillaires veineux le résidu de cette digestion sanguine pour le soumettre à une régénération. Ainsi est formé le cercle circulatoire dont les veines, le cœur, les artères et les vaisseaux capillaires constituent l'intégralité. Ici une question se présente, c'est celle de l'utilité du diamètre infiniment petit des capillaires pour la normalité de la fonction qu'ils sont appelés à remplir; mais celle-là est facile à résoudre. Le sang finissant par devenir immobile dans ces vaisseaux, à cause de la ténuité de leur canal, il se fige pour ainsi dire, il devient plus facilement absorbable, et la chair est faite en quelque sorte sans qu'il y ait besoin pour cela d'aucun travail ultérieur. Toutefois la capillarité des vaisseaux ne peut pas expliquer le grand phénomène de cette transsubstantiation du sang; il existe là, comme au sein des organes, une action que les physiologistes ont formulée sous le nom plus allégorique que vrai de *chimie vivante*, et d'où dépend le phénomène dont nous parlons. S'il nous est permis de localiser le foyer de cette opération que

l'œil humain ne peut ni suivre ni découvrir, il existe sans doute dans ce terrain neutre où se perdent d'une part les radicules des capillaires artériels, et où commencent à poindre les premiers linéaments des capillaires veineux. Mais ce terrain neutre se confond avec celui qu'occupent les capillaires des deux ordres; car il est impossible, comme nous le disions tout à l'heure, de tracer matériellement entre eux une ligne quelconque de démarcation. — On a soutenu avec raison que les veines absorbaient par leurs capillaires; car si des expériences assez directes ne l'ont pas prouvé, il existe un fait d'organisation qui pourrait presque en donner la démonstration. En effet, les vaisseaux auxquels on a donné le nom d'*absorbants* pour désigner la spécialité de leurs fonctions, après avoir rampé dans le voisinage des ramifications des systèmes artériel et veineux, après s'être groupés en réservoirs partiels dans le pli des articulations, et enfin après avoir donné naissance à des canaux d'un assez fort diamètre, vont s'ouvrir dans les vaisseaux sous-claviers gauche et droite pour confondre le liquide qu'ils contiennent avec le sang veineux. Il est vrai que de l'existence de ce mélange on ne peut logiquement tirer la conséquence d'une certaine identité dans les fonctions du système veineux et du système absorbant; mais comme les radicules veineuses ne paraissent pas autrement organisées que les radicules des canaux spéciaux de l'absorption, et qu'elles aspirent les unes et les autres dans la trame des tissus ou à la surface des organes des matériaux divers qui, après leur passage dans le poumon, doivent constituer le sang artériel, rien ne peut détruire cette assertion qui conserve toujours beaucoup de crédit dans la science, savoir : que les veines peuvent absorber et s'absorbent les mêmes produits que les vaisseaux organisés spécialement pour cette fonction. Il y a cependant une importante exception à cette règle, qu'il faut se garder de prendre pour un axiome incontestable. Les absorbants qui aboutissent par le mésentère (*V.* ce mot) aux intestins, s'emparent des produits de la nutrition alimentaire, possèdent, à l'exclusion des radicules veineuses, cette propriété toute spéciale. Si on ouvre un animal deux heures après l'avoir fait manger, on peut soi-même assister au travail et suivre la continuité des capillaires absorbants jusqu'au vaisseau où ils aboutissent. Le phénomène se présente sous la forme d'une arborisation laiteuse dont les nervures grossissent en raison de l'éloignement du point où se fait l'absorption. — Puisque c'est à l'état de plénitude que les absorbants, comme tous les vaisseaux en général, peuvent être suivis dans leurs divisions et subdivisions, les anatomistes se sont servis de l'injection pour les étudier sur le cadavre. Ainsi, pour préparer une angéiologie, c'est-à-dire un sujet sur lequel on se propose d'étudier les rapports et la direction des vaisseaux, les anatomistes poussent par ceux qui présentent le plus gros calibre un liquide dont la principale base est la cire colorée d'une nuance quelconque. On se sert aussi de mercure pour les injections fines ou en d'autres termes, pour celles qu'on veut faire réussir dans les vaisseaux les plus petits. Nous avons vu nous-même de ces injections d'une perfection rare. Rien de plus beau du reste que ces arborisations métalliques qui, s'étendant en réseaux capricieux et brillants sur une membrane ou dans un tissu quelconque, lui ôtent ce que l'état de mort offre de repoussant. Lorsque les grandes injections et les injections fines ont réussi sur un cadavre, parfois on le dépouille de la partie charnue, ou on réduit cette partie à l'état de dessication, pour donner une idée nette et précise des nombreux canaux qui forment le système circulatoire pendant la vie. Il n'y a pas de cabinet anatomique qui ne possède un de ces monuments, plus ou moins complet, de l'art de la dissection ou plutôt de l'injection, dont le Hollandais Ruysch a tiré un si grand parti. On a suppléé toutefois à la difficulté des préparations, en les confectionnant en cire avec cette précision qui se fait admirer surtout sur les pièces anatomiques du conservatoire de l'école de Montpellier, et les admirables chefs-d'œuvre d'anatomie humaine conservés dans les galeries du palais ducal de Florence et dus au célèbre Fontana. A l'article *Injection* nous entrerons dans des détails plus spéciaux, car l'histoire de l'injection est très-curieuse. Dr Ed. Carrière.

ANGELI (Philippe), peintre, né à Rome, fut le premier qui introduisit les règles de la perspective dans la composition des paysages. Il mourut en 1645 à Florence, où le grand-duc Côme II l'avait attiré. Ses tableaux, devenus très-rares, sont recherchés par les amateurs et se vendent fort cher.

ANGELI (Bonaventure), écrivain natif de Ferrare, mourut à Parme en 1576. Il a laissé une *Description de l'État de Parme et de ses rivières*; un traité en latin intitulé *De non sepelien-*

dis mortuis ; *Gli Elogi*, ou panégyriques des princes de la maison d'Este; un *Discours sur l'origine des cardinaux*. Mais au-dessus de tous ces ouvrages, on a placé son *Histoire de la ville de Parme*, ouvrage recherché des curieux, si les exemplaires n'ont pas été altérés ou modifiés par des cartons dans certains passages qui concernent Pierre-Louis Farnèse.

ANGELI (PIERRE DEGLI), ou Angélico, littérateur et poëte latin du XVIᵉ siècle. Il naquit en 1517 à Barga, petite ville de la Toscane; ce qui lui a fait donner le surnom de *Bargeo*. Son penchant pour la satire lui attira souvent de grands désagréments. Des vers mordants contre un des principaux habitants de Bologne l'obligèrent de s'évader furtivement de cette ville, où il suivait un cours de jurisprudence. L'ambassadeur de France à Venise lui offrit un asile vers l'an 1540. Plus tard, un autre ambassadeur français qui partait pour Constantinople l'emmena à sa suite et lui fit voir la Grèce et l'Asie Mineure; trois ans après, dans une querelle qui amena un duel, il eut le déplorable avantage de tuer son adversaire. Obligé de prendre la fuite, il se rendit à Gênes où il fut protégé par le marquis del Vasto, général de Charles-Quint. Après la mort de ce seigneur, il fut professeur de grec à Reggio et successivement à Pise, où, après avoir enseigné la même langue pendant plusieurs années, il obtint une chaire de philosophie morale. Lorsqu'en 1554 Pierre Strozzi menaça Pise avec son armée, Angeli, non moins courageux que savant, se mit à la tête des élèves de l'université, et par d'habiles manœuvres qu'on aurait pu attendre à peine d'un militaire consommé, il contint si bien l'ennemi qu'il donna le temps au duc de Florence de secourir la ville. Sur la fin de ses jours, Angeli, que le grand-duc avait attiré auprès de lui, se retira de nouveau à Pise, où il mourut octogénaire en 1596, comblé de biens et d'honneurs. Parmi les ouvrages d'Angeli, on distingue son *Cynégéticon*, ou poëme sur la chasse, en six livres, publié en 1568, in-8°. On dit qu'il en avait conçu l'idée dans une partie de chasse où il avait accompagné Henri II pendant son séjour à Paris; on ajoute qu'il passa vingt ans à le retoucher et à le polir. On a de lui encore un autre poëme intitulé *Syrius*, ou l'expédition de Godefroi de Bouillon dans la Terre Sainte, en douze livres, *Florence*, 1591, in-4°. En comparant le style de ces deux poëmes, on s'aperçoit aisément que le premier est le produit d'un talent dans toute sa vigueur, et que l'autre, faible et sans couleur, appartient à la vieillesse de son auteur. Angeli a composé aussi des poésies italiennes qui ne manquent pas de grâce, malgré la prévention qu'il avait conçue contre sa langue natale. J. DE M.

ANGELICA-PORTA, *Angel-Port*. Monastère d'hommes, de l'ordre des Prémontrés, du diocèse de Trèves, reconstruit en 1262. L. DE M.

ANGELICO (JEAN), religieux dominicain, né à Fiézole sur la fin du XIVᵉ siècle, se fit un nom par son talent pour la peinture. Le pape Nicolas V l'employa à peindre sa chapelle, et il s'en montra si satisfait qu'il lui offrit pour récompense l'archevêché de Florence; le modeste Angelico refusa des fonctions qui ne devaient être que le prix des vertus et de la science, et il mourut dans son humble retraite en 1455, à l'âge de 68 ans. On prétend qu'il laissait à dessein dans chacune de ses compositions des fautes grossières, afin que les éloges qu'on pouvait lui donner fussent toujours tempérés par la critique. J. DE M.

ANGÉLIQUE, *angelica* (*bot.*), genre de plantes de la famille naturelle des *ombellifères* (Juss.). Ce nom lui vient des propriétés médicinales que lui attribuaient les anciens. Caractères: racine grosse, fusiforme, blanche à l'intérieur, brune au dehors; tige épaisse, fistuleuse, cylindrique, rougeâtre; feuilles très-grandes, alternes, deux fois ailées, composées de folioles ovales, dentées sur les bords, pétioles engaînants; fleurs en ombelles doubles au sommet de la tige, de couleur verdâtre; corolle régulière, à cinq pétales entiers lancéolés; cinq étamines libres, plus longues que les pétales; ovaire infère, surmonté de deux styles ouverts; fruit oblong, composé de deux graines nues, appliquées l'une contre l'autre, aplaties d'un côté et convexes de l'autre. — On cultive l'angélique dans les lieux humides de nos jardins, sur les bords des fossés et des étangs. Elle prospère particulièrement en Norwége, en Laponie, en Islande, et généralement dans les pays du Nord, où les habitants la mettent dans leurs aliments, et la font entrer beaucoup de remèdes de leur médecine domestique. Nos confiseurs composent avec les tiges tendres de l'angélique des sucreries qui flattent le goût et l'odorat. Elle entre dans un grand nombre de compositions pharmaceutiques, telles que l'eau de mélisse des carmes, l'esprit carminatif de Sylvius, la théria

que céleste, etc.—Les principales espèces de ce genre sont: 1° *A. archangelica*, l'ombelle est fort grande et très-garnie; elle croît en Provence, en Alsace et en Allemagne. 2° *A. Rasouli*; les feuilles et les rayons de l'ombelle sont légèrement pubescents; elle a été trouvée dans les Pyrénées par M. Rasouls; elle y croît sur les rochers escarpés et souvent au milieu des neiges. 3° *A. aquilegifolia*; l'ombelle est lâche mais fort ample, on la trouve dans les pâturages des montagnes en Provence. 4° *A. levisticum*; feuilles trois fois ailées, composées de folioles lisses, luisantes et cunéiformes; elle croît naturellement aux environs de Montpellier, entre Gênes et Savone. On la nomme vulgairement *ache de montagne*. F. HOEFER.

ANGÉLIQUE (*habit*); on désignait par ce nom l'habit de moine dont les laïques ordonnaient qu'on les revêtît dans leurs derniers moments, afin de profiter de la vertu qu'on croyait attachée à l'habit religieux. C'est ainsi que beaucoup de souverains et de grands seigneurs sont morts sous l'habit angélique, croyant peut-être qu'il suffisait de quelques pratiques extérieures pour expier une vie passée dans le désordre et l'oubli des plus saints devoirs. Heureux ceux qui, pleins d'un repentir salutaire, se soumettaient à cet ancien usage par un véritable esprit d'humilité chrétienne!

ANGELIS (JÉRÔME), né vers l'an 1567 dans une petite ville de la Sicile, entra de très-bonne heure dans la compagnie de Jésus et partit en 1595 pour les missions de l'Inde et du Japon; mais il ne put arriver de longtemps au terme de son voyage. Jeté par la tempête sur les côtes du Brésil, il fut conduit en Angleterre et mis en prison. Ce ne fut qu'après cinq ou six ans de captivité que, de retour à Lisbonne, il s'embarqua sur un navire qui faisait voile pour le Japon (1602). Il y arriva heureusement et s'appliqua sans retard à connaître la langue du pays, afin de pouvoir se livrer avec plus de succès aux travaux dont il s'était chargé en s'éloignant de l'Europe. Il parcourut plusieurs fois les diverses provinces où les missionnaires avaient pénétré; les persécutions y avaient diminué le nombre des chrétiens. Les prédications d'Angélis eurent tant de succès, que le nombre se décupla dans peu d'années. La persécution se renouvela en 1614, et ce ne fut pas sans avoir couru les plus grands dangers qu'Angélis traversa une période orageuse d'environ dix années; mais en 1623 la persécution ayant redoublé et le Japonais qui lui avait donné chez lui un asile ayant été arrêté, il n'hésita point à se présenter, revêtu de l'habit de son ordre, devant le gouverneur de Jédo qui le fit brûler vif, le 24 septembre, avec deux autres jésuites et une cinquantaine de Japonais qui aimèrent mieux souffrir la mort que de renoncer à la religion qu'ils avaient embrassée. Angélis avait écrit une courte relation du royaume de Iesso et de la ville de Matsumbé; elle se trouve en tête d'un livre traduit de l'italien par le P. Pierre Morin, in-4°, sous le titre d'*Histoire de ce qui s'est passé aux royaumes de la Chine et du Japon de 1619 à 1621*.

ANGÉLIS (ALEXANDRE), né à Spolette, entra chez les jésuites en 1581 et mourut à Florence en 1620, après avoir professé la philosophie et la théologie. Il a laissé un ouvrage contre les astrologues, imprimé d'abord à Florence et réimprimé à Rome, in-4°, 1615. Il avait commencé des Commentaires sur la philosophie et la théologie universelles. La mort qui le surprit dans sa cinquante-huitième année ne lui permit pas de terminer cet ouvrage. — Vers le même temps un autre jésuite du nom d'Angélis (François-Antoine), originaire de Sarrente, était allé prêcher l'Évangile dans l'Inde et dans l'Éthiopie; il mourut en 1623. Il a laissé les Commentaires de Maldonado sur les Évangiles de saint Matthieu et de saint Luc, traduits en éthiopien. — On trouve encore un Angélis (Dominique), né à Lecce en 1675, qui de Naples, où il avait complété ses études, se rendit en Espagne en qualité d'aumônier d'un régiment français. En 1710 on lui donna un canonicat à Lecce, sa patrie, où il mourut huit ans après à l'âge de quarante-trois ans. On a de lui : 1° un Traité *Della patria d'Ennio*, Rome, 1701; Naples, 1712, in-8°; 2° *Discorso istorico, in cui si tratta dell'origine e della fondazione delle città di Lecce*, 1705, in-4°; 3° le *Vite de'letterati salentini*, Naples, sous le faux titre de Florence, 1710, in-4°.

ANGÉLONI (FRANÇOIS), né à Terni vers la fin du XVIᵉ siècle et mort à Rome en 1652, se fit une grande réputation comme antiquaire. On lui doit une *Histoire auguste par les médailles, depuis Jules-César jusqu'à Constantin*, Rome, 1685, in-fol., et une *Histoire de Terni*, sa patrie, 1646, in-4°. Angéloni a laissé aussi des comédies et des épîtres. Ces dernières, écrites au nom du cardinal Aldobrandini dont il était secrétaire, sont adressées à divers princes d'Italie aux principales fêtes de l'année. On assure que celles qui n'ont pas été publiées pour-raient composer vingt volumes.

ANGELOT ou **ANGE D'OR**. C'était une monnaie d'or en usage autrefois en France et en Angleterre, portant d'un côté la figure d'un ange. Les plus anciens angelots ne remontent pas au delà du règne de Philippe-Auguste. Ils pesaient 5 deniers 16 grains; dans la suite leur poids a diminué jusqu'à 4 deniers 13 grains. L'ange debout sous un dais porte sur la tête une couronne; de la main droite il soutient une croix dont l'extrémité inférieure pose sur la tête d'un dragon, et de la main gauche un écusson des armes de France, composées de trois fleurs de lis. Au-dessus sont les mots : *Philippus. D. gra. Franc. rex.* Sur le revers on lit : *XPC. vincit. XPC. regnat. XPC. imperat.* Cette inscription était attribuée exclusivement aux monnaies d'or. — Pendant que les Anglais occupaient Paris sous le règne du malheureux Charles VI, on fabriqua de nouveaux angelots du poids d'environ 44 grains et de valeur de 15 sous. L'inscription du droit avait pour légende : HENRICUS. FRANCORV. ET. ANGLIE. REX. L'ange portait deux écus, dont l'un était des armes de France et l'autre des armes d'Angleterre écartelées de celles de France. — Dans le XVIe siècle les Anglais fabriquèrent des angelots du poids de 4 deniers, dont la valeur s'éleva de 6 schellings 8 deniers à 10 schellings; et quoique cette monnaie n'ait plus cours depuis le règne d'Élisabeth, elle a encore dans le commerce une valeur nominale de 10 sh. On voit d'un côté sur ces monnaies l'archange Michel terrassant un dragon, avec ces mots : HENRIC. DEI. GRA. REX. AGLZ. FRA., et de l'autre un vaisseau surmonté d'une croix, avec les armes d'Angleterre et de France, avec cette légende : PER. CRUCEM. TUAM. SALVE. NOS. XPC. (*Christe*). Au temps de Charles VI on avait aussi en France des angelots d'argent fin, dans lesquels il entrait, sur 23 parties, 1/4 d'argent, 3/4 d'aloi.

ANGELUCCI (THÉODORE), né à Belforte dans la Marche d'Ancône vers le milieu du XVIe siècle, se distingua par ses connaissances en médecine. Après avoir mené pendant longtemps une vie errante, il parut se fixer à Venise où il publia un grand nombre d'ouvrages de médecine et de philosophie; il mourut l'an 1610 à Montagnana. On a de lui : 1° *Ars medica*, Venise, 1593, in-4°; 2° *de Naturâ et curatione malignæ febris*, id., in-4°; 3° l'Énéide de Virgile, traduite en vers libres (*Sciolti*). Cette traduction parut très-remarquable pour sa fidélité, et l'édition qui en fut faite à Naples, 1649, in-12, fut épuisée en peu de temps. Quelques écrivains ont attribué cet ouvrage à Ignace Angelucci de la compagnie de Jésus, parent de Théodore; mais le fait paraît fort douteux. J. DE M.

ANGELUS (*prière*). L'Angelus ou la Salutation angélique, prière quotidienne dont l'Église, par le son de la cloche, donne le signal le matin, à midi et le soir. Elle a retenu le nom d'Angelus, parce qu'elle commence par ces mots : *Angelus Domini*. Quelques auteurs en attribuent l'institution à saint Bonaventure; mais on la rapporte généralement au pape Jean XII, qui, en 1316, prescrivit formellement de réciter trois *Ave Maria* à l'heure du couvre-feu. L'obligation de cette pratique religieuse fut confirmée en 1347 par le concile de Sens : *Præcipimus quod observetur inviolabiliter ordinatio facta per S. M. Joannem, de dicendo ter AVE MARIA, tempore seu horâ ignitegii. PP. XXII* (cap. 13). L. M. C.

On lit dans les *Conciles de Labbe* qu'avant le concile de Cologne tenu en 1423 on sonnait l'angelus au coucher du soleil, et que le dixième canon de ce concile ordonna de sonner aussi au soleil levant. Cette coutume de sonner les cloches pour cette prière s'introduisit peu de temps après en France; car Villon, poëte du milieu du XVe siècle, écrivait :

> Je ouyz la cloche de Sorbonne
> Qui toujours à neuf heures sonne
> Le salut que l'ange prédit.

M. Vidaillon, dans son *Histoire politique de l'Église*, tome II, fixe l'époque indiquée par Villon à l'an 1456. Toutefois l'usage de sonner l'angelus ne devint général en France que sous le règne de Louis XI, qui voulut que cette prière fût annoncée au son des cloches trois fois chaque jour.

ANGELY (L'), fou en titre de Louis XIII (*V.* FOU DU ROI), né d'une famille noble, mais pauvre, commença sa carrière par être valet d'écurie du prince de Condé. Ses saillies, souvent spirituelles et toujours piquantes, lui valurent la faveur de son maître qui le présenta au roi; celui-ci le retint à la cour où il sut faire une fortune considérable; ce qui faisait dire à Marigny, gentilhomme du prince de Condé, que « de tous les fous qui avaient suivi M. le prince l'Angely seul s'était

enrichi. » Sa famille l'avait méconnu tant qu'il fut pauvre; quand elle sut qu'il était riche, elle revint à lui.

ANGENNES (CHARLES), nommé à l'évêché du Mans par Charles IX, fut décoré de la pourpre par Pie IV, et il prit le titre de cardinal de Rambouillet. Sixte V lui donna le gouvernement de Corneto; Angennes y mourut en 1587; il avait paru avec beaucoup d'éclat au concile de Trente. — Claude, frère du précédent, fut d'abord conseiller d'État et successivement évêque de Noyon et du Mans, après la mort de Charles. Il publia quelques écrits entièrement oubliés aujourd'hui. J. DE M.

ANGERIACUM ou **ANGELIACUM**, *Saint-Jean d'Angely*, monastère d'hommes, de l'ordre de Saint-Benoît, diocèse de Saintes, fondé dans la ville d'Angeli, à trois lieues de Saintes, sur la Boutonne, vers 768, par Pepin, roi d'Aquitaine, par ordre de l'empereur son père (Louis le Débonnaire), sous l'invocation de saint Jean-Baptiste; reconstruit l'an 942 par les comtes Rotker et Ebbon, la sixième année du règne de Louis d'Outremer, comme on en voit la preuve par les lettres patentes de ce roi. L'an 1025, la tête d'un saint ayant été trouvée dans ce monastère par l'abbé Galduin, celui-ci crut et persuada à Guillaume le Grand, duc d'Aquitaine, que c'était celle du précurseur de Jésus-Christ. Aimar, dans sa Chronique d'Angoulême, ajoute que le duc, étant convaincu de l'authenticité de cette relique, réunit à Saint-Jean d'Angely, Robert, roi de France, et la reine Constance, sa femme, le comte de Navarre, le comte de Champagne, et plusieurs autres princes et hauts seigneurs qui honorèrent tous la tête du précurseur, et firent à l'abbaye des présents magnifiques. Depuis ce temps on a toujours révéré à Saint-Jean d'Angely la tête de saint Jean-Baptiste. Nous ne devons pas négliger de dire pourtant que l'église d'Amiens et celles de quelques autres lieux prétendoient aussi avoir la tête du même saint. Celle de l'abbaye de Saint-Jean échappa aux ravages des huguenots, qui sont restés longtemps maîtres de la ville et du monastère de Saint-Jean, et qui brûlèrent ailleurs tant de reliques, et fondirent tant de reliquaires et de châsses. Plusieurs savants, et entre autres Baillet, disent que la relique d'Angely n'est pas la tête de saint Jean-Baptiste, mais que ce pourrait être celle de saint Jean, martyr d'Alexandrie, compagnon de saint Cyr. D'autres, croyant à l'authenticité des reliques d'Angely, disent que Pepin, ayant dans cet endroit un palais nommé Angery, fonda cette abbaye pour y mettre la tête de saint Jean, qu'il avait eue de quelques religieux qui revenaient de la terre sainte, et que c'est à cette relique qu'il attribua la victoire remportée par son armée sur Gaifer, duc des Aquitains. — Le peuple, attiré par la sainteté de la vie que menaient les religieux de ce monastère, fit bâtir aux environs plusieurs maisons pour y habiter, et le nombre s'en étant accru insensiblement, il s'y forma une ville, que l'on a appelée Saint-Jean d'Angely, des noms de saint Jean et d'Angery, par la permutation des liquides *l* et *r*. L'abbaye fut occupée par les bénédictins de la congrégation de Saint-Maur, en 1623 : c'était la douzième maison qui était unie à cet ordre. La *mense* des religieux valait environ 20,000 livres de revenu, et celle de l'abbé 8,000, charges payées. L'abbé avait la collation de plusieurs prieurés simples et la nomination de plusieurs cures : il était seigneur de la ville de Saint-Jean d'Angely. L. DE M.

ANGERONIA ou **ANGERONE**, déesse du silence et du bon conseil, figurait d'ordinaire dans le temple de la Volupté (*Volupia*), où elle avait sa statue, on ne saurait guère dire pourquoi; car, la première idée qui se présente, c'est que l'amour des voluptés se concilie difficilement avec le désir ou la volonté de recevoir un bon conseil.

ANGERS, autrefois *Andecavi*, capitale des Andes ou Andécaves, peuples de la Gaule qui habitaient sur la rive droite du Liger (la Loire), située au confluent de la *Maduana* et du *Lœdus* (la Mayenne et la Sarthe), reçut des Romains le nom de *Juliomagus*. D'Anville dérive son nom moderne d'Angers d'*Andecavi* ou *Andegavi*; d'autres le font venir d'un mot celte qui signifie *noir*, parce que, disent-ils, toutes ses maisons sont couvertes d'ardoise, que quelques-unes en sont même construites en entier, ce qui donne à la ville un aspect sombre et triste, surtout quand on vient du côté de la Loire. Cette ville avait passé, dans le XIe siècle, au pouvoir de Robert le Fort, duc de France; sous les premiers rois de la troisième race, elle devint la capitale de l'Anjou, et, dès ce moment, l'histoire de la ville se trouve liée à celle de la province (*V.* ANJOU). — Angers, que la Mayenne traverse après avoir reçu la Sarthe, s'est prodigieusement embelli depuis un quart de siècle. On y remarque de beaux édifices. La cathédrale, dédiée à saint Maurice, est digne de fixer l'attention. L'église de Saint-Nicolas est ornée d'une très-belle façade ; les étrangers vont visiter le vieux château des ducs d'Anjou. Angers, chef-lieu du département de Maine-et-Loire, est le siège d'un évêché et d'une cour royale ; elle a une académie universitaire, une école de médecine, une école d'arts et métiers, un séminaire, une société d'agriculture, des sciences et des arts, un musée de peinture, un cabinet d'histoire naturelle, une bibliothèque de vingt-cinq mille volumes et une population d'environ trente mille habitants. On y file du coton et de la laine et on y fabrique beaucoup de toile à voiles. On en tire aussi une quantité considérable d'ardoise ; c'est une des principales branches du commerce (*V.* MAINE-ET-LOIRE). J. DE M.

ANGERS. Cette ville a vu plusieurs conciles remarquables se réunir dans ses murs. Voici les principaux. Le premier est celui qui fut tenu en 453 par saint Perpétue, à l'occasion du sacre de Talasius, évêque d'Angers. Les évêques assemblés ordonnèrent que les clercs s'adresseraient aux juges ecclésiastiques pour les différends qui naîtraient entre eux, et que pour ceux qu'ils auraient avec les laïques, ils demanderaient à être jugés par leur évêque, qui leur permettrait d'aller devant le juge laïque si leur adversaire ne voulait point en reconnaître d'autre ; ils lancèrent un bref d'excommunication contre celui qui renoncerait à la cléricature pour la milice séculière, et contre les moines qui voyageraient sans *lettres de congé* (c'est-à-dire sans lettres de permission de leur abbé) ; ils enjoignirent aux clercs qui feraient vœu de continence, d'éviter la familiarité des femmes ; ils excommunièrent tous ceux qui épouseraient des femmes dont les maris seraient encore vivants ; ils condamnèrent les violences et les mutilations de membres. —Un concile que *l'Art de vérifier les dates* place dans l'année 1062, fut tenu par Hugues, archevêque de Besançon, accompagné des évêques Eusèbe d'Angers, Wlgrin du Mans, et Quiriace de Nantes, dans la chapelle de Saint-Sauveur d'Angers ; il avait été indiqué par le comte de Foulques de Rechin. On y anathématisa l'hérésie de Bérenger. — En 1279, Jean, archevêque de Tours, ses suffragants, tinrent à Angers un concile, dans lequel on condamna les usurpations et les invasions des biens ecclésiastiques, les violences commises contre les clercs, et le mépris des excommunications ; on défendit de citer les clercs devant les juges séculiers, d'inhumer les corps de ceux qui mourraient frappés d'une censure ecclésiastique quelconque ; on interdit aux clercs excommuniés de passer l'année sans se faire relever de l'excommunication, sous peine de perdre leurs bénéfices ; on interdit enfin aux secrétaires des évêques de rien prendre pour l'apposition des sceaux. — Un autre concile convoqué en 1566, par Simon, archevêque de Tours, fit trente-quatre articles de règlements, dont les premiers regardent les procédures, l'abus qu'on faisait des privilèges et des rescrits de Rome, les citations en jugement, les impétrations des bénéfices, etc. ; le 14e et le 15e sont des règlements pour la récitation des offices des morts et de celui de la sainte Vierge ; on y voit que les curés sont tenus de réciter le premier tous les jours de férie. Il fut ordonné aux chapitres, tant séculiers que réguliers, de chanter l'office de la Vierge tous les jours, à quelques exceptions près. Le 16e défendit aux clercs, et même aux évêques, de se faire servir à table plus de deux plats. Les 17e et 18e recommandent la résidence aux curés, sous peine de perdre leurs revenus, s'ils s'absentent pendant un mois, et leurs bénéfices, si leur absence dure six mois. Le 22e condamne l'usage du beurre et du lait en carême, et en fait même un cas réservé à l'évêque. — Le concile qui fut tenu en 1448, par l'évêque de Tours et ses suffragants, et qui forma des règlements disciplinaires pour réformer divers abus, tels que les jeux défendus, le cens, les adultères, les sentences d'excommunication, les mariages clandestins, les *charivaris*, les immunités des églises, les reliques, les indulgences. — Enfin, en 1582, un concile commencé à Tours fut transféré à Angers. Il s'occupa de la foi, de la simonie, des sacrements en général et en particulier de chacun d'eux, des reliques, des images, de la réformation du clergé et des peuples, des chanoines, des chapitres, de la juridiction ecclésiastique, de l'aliénation des biens des églises, etc. Le concile demanda au pape Grégoire VIII la confirmation de ses décrets, ce que le pape accorda, après les avoir soumis à la révision de la congrégation des cardinaux. LOUIS DE MASLATRIE.

ANGILBERT OU ENGILBERT, fils d'un seigneur de la cour de Pepin, fut élevé sous les yeux de Charlemagne, qui conçut pour lui tant d'amitié qu'il lui donna sa fille Berthe pour épouse et le gouvernement d'une partie de la France. Il devint ensuite premier ministre de Pepin son beau-frère, roi d'Italie.

Plusieurs écrivains ont avancé que Berthe n'eut avec Angilbert que des relations clandestines ; ils se fondent sur un passage d'Éginhart, qui affirme que Charlemagne ne voulut jamais consentir au mariage d'aucune de ses filles. Faut-il donc croire que Charlemagne consentit à ce que ses filles vécussent en concubinage avec leurs amants, avec Éginhart lui-même ? Quelque grossières que fussent les mœurs de ce temps, on ne saurait guère supposer qu'un grand souverain ait livré ses filles à une sorte de prostitution. Quoi qu'il en soit, Angilbert quitta la cour et la princesse Berthe pour s'enfermer dans le monastère de Saint-Riquier dont il devint abbé ; mais il ne jouit pas dans cette retraite du repos qu'il cherchait. L'empereur l'en tira plusieurs fois pour l'envoyer ou l'emmener à Rome ; il assista, l'an 800, à la cérémonie du couronnement de son maître en qualité d'empereur d'Occident, et il mourut la même année que lui, en 814. On n'a conservé d'Angilbert que quelques poésies insérées dans le Recueil des historiens de France ou dans Alcuin, et une histoire du monastère de Saint-Riquier. On lui a faussement attribué une prétendue *Histoire des premières expéditions de Charlemagne* ; cette histoire n'est qu'un tissu de faussetés et d'erreurs, composée dans le XVIIe siècle par Dufresne de Francheville. J. DE M.

ANGINE, de αρχω, j'étrangle. L'angine est une affection inflammatoire plus ou moins étendue des membranes muqueuses qui tapissent la partie comprise entre l'arrière-bouche et les bronches. Autrefois ce n'était pas ainsi qu'on définissait cette maladie ; l'angine était seulement un mal qui prenait à la gorge et donnait la sensation de l'étranglement. Grâce au progrès de la science, on n'a pas seulement donné une bonne définition de l'angine, mais encore on a étudié, avec plus ou moins de fruit il est vrai, les divers caractères qu'elle peut prendre et les degrés divers de malignité qu'elle peut revêtir. Sous ce point de vue, on peut diviser les angines en deux catégories, qui se distinguent l'une de l'autre par des symptômes tellement spéciaux que ces symptômes constituent des maladies à part sous le rapport de leur marche, de leur terminaison, de leur traitement. Ce sont l'*angine simple* et l'*angine pseudo-membraneuse.* L'*angine de poitrine,* seule, ne paraît pas avoir le même point de départ que celles qui précèdent, et par conséquent elle forme une exception tout en dehors de la définition générale de l'angine. Nous y reviendrons après avoir donné quelques généralités sur les angines simples et pseudo-membraneuses. — L'*angine simple* attaque les amygdales, l'isthme du gosier, le voile du palais, et s'appelle alors angine *gutturale* ; elle a aussi son siège au bout supérieur du tube par lequel les aliments descendent dans l'estomac, et dans ce cas on la nomme angine *pharyngienne.* L'angine simple agit localement sous ces deux formes ; mais elle peut s'étendre sur toutes les muqueuses depuis l'arrière-bouche jusqu'à une portion assez profonde du pharynx. Comment se développe cette maladie ? Il y a à la fois, comme au fond de toutes les questions sur les causes, du positif et de l'inconnu sur le mode d'action des agents dont l'influence directe ou indirecte donne naissance à l'angine. Ainsi on comprend que des boissons froides prises dans un état de transpiration, qu'un air froid respiré avec les mêmes conditions produisent l'inflammation de la muqueuse des premières voies ; on conçoit qu'un corps quelconque porté directement sur cette partie y détermine un foyer d'inflammation, ou que cette inflammation se développe par la respiration d'un air chargé d'émanations ou de molécules irritantes. Mais comment l'angine se complique-t-elle avec la fièvre bilieuse ? etc. ; comment se développe-t-elle souvent sous la forme épidémique sans que les conditions de l'atmosphère et du lieu portent avec elles la moindre explication ? voilà ce qui est du domaine de l'inconnu ; et on est obligé de constater les symptômes du mal, tout en ayant la conviction qu'il est presque impossible de discerner les causes spéciales. Heureusement, une telle connaissance n'est pas absolument nécessaire pour guérir. Mais arrivons aux symptômes. Les symptômes de l'angine gutturale consistent dans une certaine gêne pendant la déglutition et même la respiration, dans le nasonnement et le reflux des boissons par le nez ; à l'intérieur de la bouche ou plutôt au siège du mal, ils consistent dans une sécheresse, une rougeur, une augmentation de volume des amygdales et des parties voisines, dans l'engorgement de la luette qui, se prolongeant jusqu'à la langue, provoque la toux par des titillations répétées, et dans des abcès dont l'épaisseur du voile du palais et les amygdales sont le siège. — Lorsque l'angine est pharyngienne, le symptôme principal c'est une extrême difficulté d'avaler ; on dirait d'un obstacle placé sur le passage des aliments, obstacle qu'ils ne peuvent franchir qu'avec peine. Mais l'empêchement disparaît bientôt en faisant usage des moyens appropriés, car l'angine pharyngienne a rarement une terminaison funeste; il en est de même de l'angine gutturale, qui disparaît ordinairement au bout de quelques jours, si elle ne se complique pas avec une maladie plus dangereuse qu'elle-même, comme la fièvre bilieuse ou la scarlatine. Mais lorsque l'angine s'étend depuis l'arrière-bouche jusqu'au pharynx et l'entrée du tube respiratoire, les symptômes sont très-intenses et l'affection doit être considérée comme très-grave. En effet, l'inflammation produit une sorte d'œdématie des parties sous-jacentes à la membrane malade; il y a rétrécissement dans les diamètres de l'arrière-bouche, du pharynx, du commencement de la trachée; immédiatement les vaisseaux comprimés s'engorgent, et le sang veineux ne peut circuler, non plus que le sang artériel; dans cet état la malade respire très-difficilement, ne peut faire de mouvement sans craindre d'être frappé d'une asphyxie subite, et, malgré la soif qui le dévore, il n'ose boire à cause de la douleur que la déglutition lui fait éprouver. Agir localement par des cataplasmes émollients, des vessies remplies de lait, par l'aspiration de vapeurs émollientes, est un excellent système, mais qui, dans la circonstance, ne peut produire aucun bien s'il n'est précédé et accompagné de saignées générales, locales, de bains de pieds fortement sinapisés, de purgations énergiques, et même de l'application de vésicatoires. Toutefois en employant tous ces moyens, quelque énergiques qu'ils soient, on ne parvient que difficilement à détruire la maladie; dans la plupart des cas le malade succombe. Mais en compensation, dans l'angine gutturale et l'angine pharyngienne, bien plus communes que l'angine générale dont nous venons de parler, la médecine n'a besoin que de quelques sangsues et de quelques topiques émollients pour en venir à bout. Il y a certes des modifications à employer dans le choix du point où doivent être appliquées les sangsues relativement au siège précis de l'affection, comme des modifications à introduire dans les topiques, les gargarismes ou les vapeurs à respirer, relativement aux périodes que parcourt cette même affection avant d'avoir atteint sa résolution entière et complète; mais ceci est la médecine spéciale et nous ne devons pas entrer dans d'autres détails. —La seconde espèce d'angine, l'angine pseudo-membraneuse, est d'un très-grand intérêt sous le point de vue de sa gravité comme de son étude. Dans cette sorte de maladie, en effet, le mal ne consiste pas en une inflammation qui ne diffère des autres affections groupées sous le nom générique d'angines que par le degré de son intensité; mais c'est une inflammation d'une nature particulière et qui revêt des caractères entièrement spéciaux. Or, le caractère spécial de l'angine pseudo-membraneuse est la formation et le développement à la surface des muqueuses qui tapissent l'arrière-bouche, le pharynx et la trachée-artère, de membranes blanches et quelquefois d'un blanc grisâtre, plus ou moins épaisses, d'une certaine résistance, qui se détachent et sont rejetées, dans la période qui précède la guérison, par plaques d'une grandeur quelquefois considérable. Cette excrétion morbide est précédée d'une douleur à la gorge dont l'intensité ne présente souvent aucun caractère grave; la douleur est accompagnée parfois de l'engorgement des glandes sous-maxillaires et se complique souvent avec la scarlatine; et, lorsque les membranes sont détachées, on n'aperçoit en inspectant l'arrière-bouche qu'une rétraction des muqueuses ou des tissus sous-jacents, si même ce phénomène existe. Lorsque le malade meurt des effets de cette affection, la membrane qui sert de point d'attache à l'excrétion particulière qui la revêt, présente ou des ecchymoses, ou des empreintes livides, ou des plaques rouges; mais parmi ces marques n'y en a-t-il pas qui puissent dépendre directement des modifications que l'état de mort imprime aux tissus? Du reste, le peu de douleur qui signale l'invasion du mal, comme les lésions cadavériques, tout cela n'est en seconde ligne lorsqu'il s'agit du caractère principal de l'angine dont il est question, des fausses membranes; car ces fausses membranes, si elles se développent, s'étendent de manière à doubler pour ainsi dire des portions du pharynx de l'arrière-bouche et des voies aériennes, se compliquent de symptômes d'une nature effrayante. En effet, la voix est rauque, la figure vultueuse, le regard fixe, la respiration d'une extrême difficulté, la suffocation imminente : le danger presse et il faut agir. Sous le point de vue du nombre et de l'efficacité des moyens curateurs employés contre cette affection, il faut nommer ceux que M. Bretonneau de Tours a introduits dans la science. Ils se résument dans des agents presque entièrement spéciaux qu'il a découverts et éprouvés lui-même, dans le pays où il exerce, la Touraine, dont les conditions atmosphériques favorisent singuliè-

rement le développement de ce mal. L'angine pseudo-membraneuse est très-commune dans les pays humides et malsains. Les moyens curatifs que cet habile médecin emploie le plus souvent sont la cautérisation, au moyen de l'acide hydrochlorique, des parties recouvertes par les fausses membranes, et par l'emploi à doses réfractées du calomel et du polygala. Il paraît, et M. Bretonneau n'est pas le seul homme de l'art qui l'ait expérimenté, que le polygala agit en augmentant l'excrétion des muqueuses des voies aériennes et surtout en la rendant très-liquide et très-peu adhésive; il paraît que le calomel agit en diminuant ou plutôt en absorbant la plasticité du sang, et par conséquent en privant ce fluide des conditions qui se lient directement à la formation des plaques membraneuses de l'angine. Or, avec des moyens curatifs si logiquement appropriés au mal, la guérison peut couronner et couronne dans beaucoup de cas les efforts du médecin. Quant à nous, il y a trois ans à peu près que nous avons été à même de mettre en pratique la méthode de M. Bretonneau; la maladie était d'une gravité qui donnait peu d'espoir; et pourtant en faisant alterner de trois en trois heures des petites doses de calomel et de polygala, il a suffi de peu de jours pour réaliser entièrement la guérison. L'angine gangréneuse et quelques-unes de nature analogue rentrent dans cette dernière catégorie. L'intensité du mal constitue seule la différence. Passons maintenant à l'angine de poitrine. — Cette sorte d'angine est complètement séparée de celles qui précèdent par le point de départ du mal. Ici l'inflammation ne joue aucun rôle; ou du moins les altérations cadavériques n'en présentent aucune trace. Les causes qui la déterminent sont complétement au-dessus de l'appréciation directe; l'induction même n'y conduit pas. Tout ce qu'on peut constater, ce sont des altérations très-diverses du cœur et de ses annexes, sans pouvoir en tirer la conclusion que c'est à ces altérations que l'angine doit réellement son existence. Malgré ce vague, cette indécision dans le caractère de l'angine de poitrine, il ressort de l'étude des symptômes qu'elle est bien différente de l'asthme, dont le symptôme principal se rapporte ordinairement à un anévrisme du cœur ou des gros vaisseaux. En effet, l'affection qui nous occupe apparaît au milieu de la santé la plus brillante, par un accès de quelques instants, et qui consiste dans une douleur vive dans la région du cœur, ou dans un tout autre point de la poitrine, ou même au bas-ventre et dans la vessie; dans l'asthme au contraire la douleur n'existe pas, ou, si elle existe, cette douleur consiste entièrement dans la difficulté de respirer. Pendant les accès de l'angine de poitrine, le malade s'arrête, comme s'il n'osait continuer de se mouvoir ou de parler, parce qu'il éprouve un sentiment indicible de défaillance; ce symptôme, toujours constant dans cette espèce d'angine, n'est jamais observé chez les asthmatiques. Ceux-ci gardent toujours, pendant les intermittences de calme, un reste de leur difficulté de respirer, ils sont sous l'influence du groupe de symptômes qui constitue le caractère général de leur maladie; tandis que les individus frappés d'angine perdent dans l'intervalle des accès les sensations de douleur aiguë et de syncope imminente dont nous parlions il n'y a qu'un instant. Enfin dans l'angine, la mort est toujours subite, elle arrive au milieu d'un violent accès; mais dans l'asthme la mort est toujours prévue; on peut en quelque sorte, et dans un certain nombre de cas, prédire sans trop d'erreur le jour de la catastrophe. Si l'intermittence des symptômes est le symptôme ordinaire des affections nerveuses, ce qui est admis, il est tout simple qu'un grand nombre de médecins, parmi lesquels nous pouvons citer Macbride, Baumes, Butler, Darwin, Scheffer, Jurine, Desportes, Bell et Laënnec, aient considéré l'angine de poitrine comme appartenant à cette catégorie de maladies. Mais d'un autre côté, la constance de lésions diverses du cœur, et, parmi ces lésions, la constance de l'ossification des artères coronaires de cet organe chez les sujets morts des suites de l'angine de poitrine, ces raisons, disons-nous, ont donné beaucoup d'adversaires aux partisans de l'influence nerveuse. Quant à nous, il nous serait difficile de dire de quel côté se trouve la vérité, car les faits manquent à la science pour jeter une lumière assez vive sur cette question difficile. Nous nous permettrons seulement de faire observer qu'une affection nerveuse peut tellement introduire du trouble dans un système d'organes, que ces organes peuvent contracter secondairement des lésions qui dans cette circonstance ne sont pas une cause, mais un effet. D'après cela, les opinions diverses qu'on professe sur la cause de l'angine de poitrine pourraient jusqu'à un certain point se concilier. Il resterait toutefois à expliquer pourquoi la présence et le développement de la lésion du cœur ne font pas disparaître l'intermittence, ou du moins ne séparent pas les accès, par un état morbide plus ou moins appréciable. Mais on pourrait supposer que la lésion ne fait des progrès que pendant l'exacerbation nerveuse, pendant la durée de l'accès, et que hors de là aucun changement ne s'opère; en un mot, qu'il y a calme et repos. Du reste, ceci ne doit avoir que la valeur d'une hypothèse; c'est une opinion isolée, et il reste à savoir si l'expérience découvrira un jour que cette opinion se réalise dans les faits. Maintenant, si nous voulons nous occuper du traitement, nous trouverons qu'il répond aux opinions diverses qu'on a adoptées sur les causes du mal. Ainsi on a tour à tour conseillé toutes les substances qui agissent sur le système nerveux; on a conseillé aussi l'acide phosphorique, à cause de ses propriétés particulières contre le développement des indurations, des ossifications. Mais il faut le dire, le succès n'est pas grand, soit qu'on dirige le traitement contre les lésions qui se développent au cœur, soit contre cette action particulière et morbide qu'on suppose agiter le système nerveux. Les accès peut-être se calment-ils au moment, ou parce qu'ils doivent cesser, ou parce que réellement les remèdes agissent; mais après une intermittence plus ou moins longue ils reviennent avec une nouvelle intensité. Le calme de l'esprit, le repos du corps, la privation de tout plaisir auquel on prendrait trop de part, enfin le balancement harmonieux de ce qui constitue les forces morales et physiques, voilà les conditions qui peuvent faire éviter ou supporter longtemps l'angine de poitrine, maladie du reste dont la jeunesse est rarement atteinte, car elle ne se développe guère qu'après la quarantième année.   Dʳ Éᴅ. Cᴀʀʀɪᴇ̀ʀᴇ.

ANGIOLOGIE. (V. Angéiologie.)

ANGLA ou De Angelis, Angles, ou Notre-Dame des Anges, abbaye d'hommes de l'ordre de Saint-Augustin, près des sables d'Olonne et de la mer, diocèse de Luçon, fut fondée vers l'an 1210. Ce monastère était entièrement abandonné vers la fin du xvııᵉ siècle; on ne sait rien sur son origine, on ignore même le nom des abbés qui l'ont gouverné.

ANGLA, Sainte-Croix d'Angle, monastère d'hommes de l'ordre de Saint-Augustin, diocèse de Poitiers, fut fondé par Ysembert II, évêque de Poitiers, de la maison de Châtel-Aillon, par Téburge sa mère, et par Sénébaud et Manassé, ses frères. Il était situé sur la rivière d'Anglin. Guillaume Tempier, évêque de Poitiers, en dédia l'église en 1192.   L. ᴅᴇ M.

ANGLAIS (Droit). (V. Angleterre (constitution).

ANGLES, ANGLOMÉTRIE (géom.). — 1. De l'angle rectiligne. La théorie des angles est une des parties les plus étendues de la géométrie, et de l'usage le plus fréquent dans les arts et la vie commune. Il est fâcheux que, dans presque tous les traités élémentaires, on parte, pour l'établir, d'une définition fausse qu'on est obligé de contrarier à chaque instant pour parvenir à s'entendre. Parlons d'abord de l'angle simple, formé par deux lignes droites ou rectilignes. Les autres angles, mixtilignes ou curvilignes, formés par un mélange de lignes droites et de lignes courbes, ou seulement de lignes courbes, ne sont presque d'aucun usage, et d'ailleurs on les rapporte à celui-là. L'angle, dit-on, est l'espace compris entre deux droites qui se rencontrent : il y a là autant d'erreurs que de mots. L'angle est si peu une portion de l'espace, que l'espace qu'il comprend n'entre pour rien dans son évaluation; on est obligé d'avertir à chaque instant que sa grandeur ne dépend point de la longueur de ses côtés, et que cet espace, en un mot, n'est pas plus l'angle lui-même que le cercle n'est la circonférence par laquelle il est limité. En second lieu, pour que l'angle ait lieu il n'est pas nécessaire que deux droites se rencontrent, puisque plus tard on détermine l'angle de deux droites, situées d'une manière quelconque dans l'espace. Pour avoir une idée de l'angle, supposons deux droites d'abord dans un même plan et parallèles; imaginons que l'une d'elles tourne, par rapport à l'autre qui reste immobile, et en passant toujours par le même point, soit dans le premier plan, soit dans un plan quelconque qui en soit tout à fait différent, la quantité de mouvement dont cette ligne aura tourné, et qui peut la ramener plusieurs fois dans la position qu'elle a d'abord prise, se nomme angle, et s'apprécie par une courbe ou portion de courbe que décrit chacun de ses points, ou même par cette courbe plusieurs fois répétée, en totalité ou en partie. Cette courbe est la circonférence que l'on divise, comme l'on sait, en 360 parties appelées degrés, ou en 400 appelées grades. De là les angles qui ont pour mesure des arcs plus grands qu'une ou plusieurs circonférences. La droite, qui dans ce mouvement reste immobile, se nomme directrice [1]; le point,

centre de la circonférence, point d'appui ou sommet, et là droite qui se meut, génératrice. Si les deux droites restent constamment dans le même plan, l'angle est plane. Dans le cas opposé, c'est un angle gauche. Si la génératrice parcourt le quart de la circonférence, l'angle s'appelle droit, et elle ne penche d'aucun côté de la directrice à laquelle elle est dite perpendiculaire. Si elle en parcourt moins, l'angle est aigu; il est obtus, si elle en parcourt davantage. L'angle gauche se ramène facilement à l'angle plan. Faisons passer par ces deux droites deux plans parallèles. Cherchons la plus courte distance en la plaçant de manière à rencontrer les deux droites à la fois (V. Distance [géom.]); par l'un des deux points de rencontre menez une droite dans l'un des plans, parallèle à celle qui est dans l'autre plan : l'angle ainsi formé sera égal à celui de l'espace. On peut se contenter, par un point quelconque pris dans l'étendue, de mener deux droites respectivement parallèles aux droites de l'espace; mais l'état de la question peut nécessiter l'autre construction. La similitude dans les deux angles entraîne leur égalité. Deux angles qui, pris ensemble, valent deux angles droits, se nomment supplémentaires, ou suppléments l'un de l'autre. S'ils n'en valent qu'un seul, ils sont compléments l'un de l'autre, ou complémentaires. On dit qu'ils sont de suite quand, ayant un côté commun, ils ont leur ouverture dirigée dans un même sens et un sommet commun; adjacents, quand ils ont leurs sommets sur un côté commun; opposés au sommet, si une droite partant du sommet commun partage chacun d'eux en deux parties égales. (V. Bissectrices et Bissection [géom.].) — Deux droites se se rencontrant sans se prolonger au delà du sommet, forment toujours deux angles, l'un à droite appelé angle intérieur, l'autre à gauche extérieur, et dont on ne tient presque jamais compte, la plupart des traités spéciaux oubliant d'en avertir. Ces angles, considérés dans leur génération, sont intimement liés aux arcs qu'ils décrivent et dont leurs sommets en sont les centres; ils croissent ou décroissent avec eux et dans le même rapport; aussi ces angles et leurs arcs se servent-ils réciproquement de mesures, ce dont on peut s'assurer, en supposant qu'un certain angle pris pour unité soit contenu un nombre de fois m dans le premier, et n fois exactement dans le second. Ces angles partiels dans lesquels les angles donnés se trouvent divisés comme angles égaux, dont le sommet est au centre, diviseront à leur tour les arcs interceptés par ces angles et décrits du même rayon, l'un en m, l'autre en n parties égales; donc les angles sont entre eux comme les arcs, et par conséquent sont mesurés par eux. Si les angles proposés n'ont point de commune mesure, le cas peut encore être rapporté au précédent. On portera le plus petit sur le plus grand autant de fois qu'il y peut être contenu, et le reste sur le plus petit de la même manière, ce qui produit un nouveau reste qui sert de diviseur au premier; et on continuera cette opération jusqu'à ce qu'en reportant toujours le dernier reste sur le reste précédent on soit parvenu à un reste qui donne un quotient exact à une quantité près si petite qu'on puisse la négliger sans erreur sensible. Ce diviseur pourra être pris pour la commune mesure cherchée, et nous rentrerons dans le cas précédent. On voit que par ce moyen les angles et leurs arcs peuvent être représentés par des nombres, et par conséquent être soumis au calcul. Deux angles égaux dirigés en sens contraires, de manière à ce que leurs côtés en se rencontrant forment un parallélogramme, se nomment symétriques. Si deux droites parallèles sont coupées par une troisième, elles forment en se rencontrant huit angles qui, pris deux à deux, prennent différents noms. On appelle extérieurs ou externes du même côté ceux qui sont en dehors de la sécante et du même côté. Ceux qui, en remplissant cette condition, sont entre les parallèles, se nomment internes du même côté ou intérieurs. Ils sont comme les précédents suppléments l'un de l'autre. Les alternes-internes, situés en dedans et de divers côtés de la sécante ayant un sommet différent, sont égaux, ainsi que les angles alternes-externes qui remplissent ces conditions, mais en dehors des parallèles. Les angles placés symétriquement sont dits de différente espèce, et de même espèce quand ils ont leur ouverture dirigée dans le même sens. Les angles de même espèce qui ont leurs côtés parallèles, ou perpendiculaires chacun à chacun, en faisant des angles égaux par leur rencontre, sont égaux. Dans le second cas ils sont supplémentaires [1]. — L'angle formé par deux cordes d'une même circonférence

[1] Nous entendons ce mot dans sa plus large acception. C'est une ligne qui ne change point de place, et par rapport à laquelle une autre se meut d'après des conditions données.

[1] La ligne droite peut être considérée comme un angle obtus égal

se nomme *inscrit*, et a pour mesure la moitié de l'arc compris entre ces mêmes côtés. Il est *circonscrit* quand il est formé par deux *tangentes;* et dans ce cas, comme dans celui où il est formé par deux sécantes, sa mesure se prend en retranchant la moitié de l'arc convexe de la moitié de l'arc concave. — Nous renvoyons aux traités de géométrie ordinaires les démonstrations de ces propositions, ainsi que de toutes celles qui regardent l'*angle plan*. Il nous suffit de rappeler les principaux théorèmes au lecteur. Quant aux angles formés par des arcs de courbe qui se rencontrent sur le même plan qui les contient, il suffit pour les apprécier de les rapporter à l'angle formé par les tangentes menées respectivement à chacun de ces arcs par ce point commun : cet angle des tangentes est le seul qui puisse remplir ce but. Du reste, aucune recherche n'a été faite encore sur cette matière, qu'il ne serait peut-être pas inutile d'examiner et d'approfondir jusqu'à un certain point. — II. *De l'angle dièdre.* On nomme ainsi l'angle formé par deux plans qui, n'étant point parallèles, se rencontrent toujours suivant une droite qu'on peut regarder comme *sommet* de l'angle qu'on appelle quelquefois *arête* et le plus souvent *trace,* mais à laquelle nous proposons de donner le nom de *droite-sommet* toutes les fois qu'il s'agira de la mesure ou des propriétés de cet angle, ces noms d'*arête* et de *trace* s'employant souvent dans une acception différente ou plus étendue. On rapporte sa mesure à celle de l'angle plan en élevant d'un même point de la *droite-sommet* une perpendiculaire à cette droite dans chacun des plans. L'angle de ces deux perpendiculaires est le même que celui des plans entre eux; et si on coupe l'angle dièdre obliquement, il est facile de démontrer que l'angle formé par les deux intersections est plus petit que l'angle dièdre. Un livre ouvert donne une idée de ce dernier angle. On peut le concevoir décrit par un plan qui, couché d'abord sur un autre plan, s'est relevé en se mouvant toujours le long d'une droite située dans le plan immobile et *directeur*. Toute droite située dans le plan *générateur*, et qui sera parallèle à la *droite-sommet*, décrira, en tout ou en partie, une *surface cylindrique* dont cette droite-sommet sera l'arc. L'espace compris entre les deux plans et la portion de *surface cylindrique* ainsi *décrite* se nomme *coin*. Les angles dièdres assujettis à la même génération que les angles rectilignes reproduisent les mêmes caractères et reçoivent dans les circonstances les mêmes dénominations. Ils sont *aigus, obtus, droits,* ou, considérés entre eux, ils se nomment *symétriques, parallèles, adjacents, supplémentaires,* etc.; ils donnent aussi naissance aux mêmes théorèmes. Ainsi, par exemple, si d'une droite parallèle à la *droite-sommet* d'un angle dièdre on abaisse sur chacun de ces côtés un plan perpendiculaire sur chacun de ses côtés, on formera un nouvel angle dièdre qui, selon qu'il sera de même espèce ou d'espèce différente que le premier, lui sera égal ou lui servira de supplément. — III. *Des angles solides.* Lorsque trois angles plans ont un sommet commun et se rencontrent deux à deux, il en résulte un angle d'une nouvelle espèce qu'on ne peut plus engendrer de la même manière que les précédents, assemblage de trois angles rectilignes formant une pyramide triangulaire non fermée et qu'on appelle *abusivement* angle *trièdre*. C'est le premier et le plus simple de tous les angles *solides*, c'est-à-dire de tous ces systèmes de surfaces planes angulaires ayant un sommet commun et comprenant un espace. Ce qui prouve qu'en effet les géomètres n'ont jamais regardé ces prétendus *angles solides* comme des *angles,* c'est qu'ils n'ont jamais pu dans tous les cas déterminer une mesure pour ceux de la même espèce, c'est-à-dire du même nombre de côtés. On dit bien qu'un angle dièdre est de 150°, 15°, etc., mais pourrait-on assigner la mesure de l'angle trièdre, par exemple, et l'appliquer en le modifiant à d'autres angles trièdres? mesurerait-on l'espace compris en l'écartement des côtés? Il est évident que cette dénomination vicieuse a été introduite d'après ce système de considérer les angles d'après des notions d'espace et d'étendue, et non d'après leur génération et ces notions de mouvement dont les mathématiques, même élémentaires, ne peuvent pas plus se passer que des considérations tirées de l'infini. Vouloir, sous prétexte de simplicité, éviter en parlant des choses de faire usage de ce qui les constitue, c'est s'exposer à tomber dans des cercles vicieux ou des pétitions de principes. Définir est ce qu'il y a de plus important dans les sciences; et si quelque chose doit rester de la philosophie de Condillac, c'est surtout cette vérité qu'*une science doit se réduire à une langue bien faite.* Pour notre part nous appelons vivement une réforme complète sur cette partie même de nos traités élémentaires les mieux faits, la définition. Comment veut-on avancer dans l'étude avec des idées fausses, ou tellement restreintes que, données pour générales, elles ne peuvent s'appliquer que dans un cercle borné? Comment marcher en géométrie descriptive, par exemple, quand on y arrive avec la nécessité d'appliquer aux surfaces cylindriques, coniques, etc., les définitions du cône et du cylindre qu'on trouve dans la géométrie élémentaire? Nous proposons donc de nommer les angles solides *angloïdes,* dénomination qui nous paraît concilier à la fois ce qu'ils ont de commun avec les angles et avec l'espace qui ici paraît surtout nécessaire pour les mesurer[1]. Nous rappelons quelques principes: 1° dans l'*angloïde trièdre* chaque plan est plus petit que la somme de tous les autres; 2° chacun d'eux peut être droit; 3° un des angles dièdres est toujours plus petit que la somme de tous les autres; 4° un seul angle dièdre peut être droit, et alors l'angloïde trièdre se nommera *rectangle;* 5° dans tout angloïde polièdre la somme de tous les angles plans est plus petite que quatre angles droits. — Dans l'angloïde pentaèdre, par exemple, on voit, avec un peu d'attention, qu'il y a cinq arêtes (on nomme ainsi les droites-sommets de chaque angle dièdre), cinq angles dièdres, cinq angles plans et un angle pentaèdre au sommet, et qu'il faudra $3+2=5$ données parmi ces quantités pour déterminer l'angloïde, et en général ni l'un ni l'autre; supposons ces angles plans il sera déterminé par $3+2(n-3)=2n-3$ données. Or, la somme des angles dièdres d'un angloïde polyèdre convexe est toujours plus grande que deux angles droits et plus petite que six. Lorsque deux angloïdes d'un même nombre de côtés, ou angles plans, sont tels que les deux angles plans de cet angloïde soient suppléments des angles dièdres correspondants de l'autre angloïde, les deux angloïdes sont dits *suppléments* l'un de l'autre, de sorte que si d'un point pris dans l'intérieur d'un angloïde on mène une perpendiculaire sur chacun de ses plans, on aurait un second angloïde supplémentaire du premier; on pourrait même prendre ce point quelconque dans l'espace. Pour démontrer le premier théorème, formons l'angle solide supplémentaire ayant pour sommet un point quelconque de l'espace, et représentons par a', b', c', d' les angles plans de cet angloïde, qui par exemple tétraèdre, on aura $a'+b'+c'+d' < 4$ angles droits $< 360° < 2, 180°,$ ou bien par la nature des suppléments A, B, C, D, étant les angles dièdres correspondants de l'angloïde proposé, on aura $a' = 180° - A, b' = 180° - 14,$ etc., ou aura pour substitution $(180°-A) + (180°-B) + (180°-C) + (180°-D) < 2. 180°,$ ou $4. 180° < (A+B+C+D) < 2. 180°,$ ou, retranchant de part et d'autre, $2. 180°,$ et passant $2. 180° < A+B+C+D,$ ou en généralisant et appelant n le nombre des angles plans de l'angloïde $(n-2) 180° < A+B+C+D+\ldots$ Donc la somme des angles dièdres d'un angloïde convexe est toujours plus grande que deux angles droits et plus petite que deux angles droits, répétés autant de fois qu'il y a de côtés, moins deux.

ANGLES (*trigonom.*). Pour mesurer les angles, ou s'en servir pour apprécier les surfaces et les solides dans leurs divers rapports, au lieu de se servir de leurs arcs et de les traduire en nombres par la recherche de leur commune mesure, cette mesure, arbitraire en changeant d'angles, ne peut plus être une unité à laquelle tous les calculs étant rapportés offrent des résultats comparables entre eux. On a donc eu recours à la circonférence en prenant son rayon comme unité constante, et en remplaçant les arcs, mesure des angles, par des lignes droites évaluées en parties du rayon, et ayant des rapports communs avec ces arcs, tels que les tangentes menées à l'une de leurs extrémités, et appelées *tangentes trigonométriques,* leurs *sinus, cosinus, sécantes,* etc. (*V.* ces divers mots, et surtout l'art. LIGNES TRIGONOMÉTRIQUES; *V.* aussi pour la trigonométrie. — RECTILIGNE; — SPHÉRIQUE, pour la mesure des angles plans et solides.)

ANGLES SPHÉRIQUES (*trigonom. sphér.*). L'angle sphérique est formé par deux arcs de grand cercle, décrits sur la même sphère; leur point de rencontre est le *sommet*. On rapporte cet angle à l'angle plan rectiligne, formé par deux tangentes à chacun de ces arcs menés par le sommet. De ce

---

à deux angles droits ou à 200°, observation qu'il est très-utile et très-légitime d'établir.

[1] L'angloïde ou angle solide est une pyramide dont la base est à une distance infinie du sommet. Les géomètres sont accoutumés à considérer ces sortes de solides qui s'étendent indéfiniment dans un ou plusieurs sens, par exemple l'*hyperboloïde* de révolution.

sommet, comme centre, et avec une ouverture de compas quelconque, si l'on décrit un arc de cercle entre les deux arcs, côtés de l'angle sphérique, cet arc lui servira de mesure : ces angles sphériques peuvent être, comme les angles rectilignes, *droits, aigus, obtus, parallèles, symétriques*, etc. Pour les mesurer, on se sert aussi des lignes trigonométriques, *cosinus, sinus, sécantes*, etc. Les angles sphériques, et les polygones qu'ils forment en se rencontrant, servent à mesurer les angloïdes, ou à apprécier leurs rapports. Pour cela on suppose que le centre de la sphère est le sommet de l'angloïde. L'intersection de ces côtés avec la surface de la sphère produira un polygone sphérique, et l'angloïde prendra le nom de *pyramide sphérique, triangulaire, pentagonale, hexagonale*, etc., selon le nombre des côtés du polygone qui lui servira de base. Ce polygone servira à calculer les angles dièdres et les angles plans de l'angloïde. Prenons, par exemple, l'angloïde trièdre ; appelons a, b, c ses trois angles plans, et A, B, C ses angles dièdres, et formons l'angloïde trièdre supplémentaire, dont les angles plans homogènes seront a', b', c', et les angles dièdres homogènes A', B', C'. On peut par les constructions planes, connaissant trois de ces six choses dans chaque angloïde, déterminer les trois autres (*V.* GÉOMÉTRIE DESCRIPTIVE, PYRAMIDE TRIANGULAIRE [*géom. descript.*]; *Géométrie* de Legendre, Monge, Hachette et Vallée dans leurs traités de Géométrie descriptive). Par exemple, étant donnés les trois angles plans, trouver leurs inclinaisons deux à deux, c'est-à-dire les angles dièdres ; nous aurons par le calcul, en nous rappelant les formules trigonométriques sphériques (1) $\cos b = \cos a \cos c + \sin a \sin b \cos B$, (2) $\cos a = \cos b \cos c + \sin b \sin c \cos A$, (3) $\cos c = \cos a \cos b + \sin a \sin b \cos C$. Dans l'angloïde supplémentaire : $b' = 180° - B$, $c' = 180° - C$, $a' = 180° - A$; donc, $\cos b' = \sin B$, $\sin b' = \sin B$, et ainsi des autres angles. Substituant ces valeurs dans les formules ci-dessus appliquées à l'angloïde supplémentaire, on aura ....

$$\cos B = \sin A \sin B \cos b - \cos A \cos C,$$
$$\cos C = \sin B \sin A \cos c - \sin A \sin B,$$
$$\cos A = \sin B \sin c \cos a - \sin B \sin C ;$$

or de la formule (1) nous tirons $\cos B = \dfrac{\cos b \cos a \cos c}{\sin a \sin c}$, d'où $1 - \cos B$

$$= 2 \sin \tfrac{1}{2} B = \frac{\sin A \sin c + \cos a \cos c - \cos b}{\sin a \sin c} = \frac{\cos(a-c) - \cos b}{\sin a \sin c}$$

$$= \frac{2 \sin \tfrac{1}{2}(a - c + b) \sin \tfrac{1}{2}(b + c - a)}{\sin a \sin c}; \text{ ou divisant par 2,}$$

$$\sin \tfrac{1}{2} B = \frac{\sin \tfrac{1}{2}(a + b - c) \sin \tfrac{1}{2}(b + c - a)}{\sin a \sin C}, \text{ Faisant } a + b + b = 25,$$

il vient $\sin \tfrac{1}{2} B = \sqrt{\dfrac{\sin(5-a)\sin(C 5 - b)}{\sin a \sin c}}$... On a

$\cos \tfrac{1}{2} B = \sqrt{\dfrac{\sin 5 \sin(C - b)}{\sin a \sin c}}$. Multipliant ces deux équa-

tions membre à membre, il viendra $\sin \tfrac{1}{2} B \cos \tfrac{1}{2} B = \dfrac{\sin B}{2} =$

$\sqrt{\dfrac{\sin 5 \sin(5-a)\sin(5-b)\sin(5-b)}{\sin a \sin c}}$. Nous devons du reste renvoyer aux traités spéciaux, cet exemple suffisant pour faire connaître l'esprit des méthodes de la trigonométrie sphérique. Nous recommandons particulièrement les excellents Traités de trigonométrie analytique de MM. Raynaud, Lefébure de Fourcy, de Legendre, etc., et le petit Manuel de géométrie de M. Terquem.

ANGLE (*persp.*). L'*angle visuel* est l'angle formé par deux rayons extrêmes du faisceau de rayons lumineux qui partent de l'objet que l'on considère, et qu'on peut regarder, quant à sa forme extérieure, comme la base de cette pyramide de lumière dont le sommet est dans l'œil de l'observateur. Il faut de plus que ces rayons extrêmes soient dans le même plan que l'axe du faisceau conique dont nous venons de parler. La dénomination d'*angle optique* lui est aussi appliquée (*V.* PERSPECTIVE). Comme chaque individu, selon la conformation particulière de son œil, peut voir le même objet sous un an-

[1] Si l'on coupe une surface de révolution, par exemple un paraboloïde, un ellipsoïde, un hyperboloïde, etc., par deux plans passant par l'axe de révolution, il en résultera des angles *paraboloïdique, ellipsoïdique, hyperboloïdique*, etc., dont on a fait quelque usage dans les constructions *stéréotomiques*. Ces angles sont évidemment formés par des arcs d'ellipse, de parabole, etc.

gle optique plus ou moins grand ; que certains objets peuvent même, comme plus éclairés, d'une figure plus régulière et plus rapprochée des figures géométriques, s'embrasser sous un angle plus facile à déterminer, il serait impossible de fixer d'une manière invariable la grandeur de l'angle optique sous lequel le peintre devra considérer les objets qu'il entreprend de retracer, ainsi que sa position réelle ou sa distance des objets aperçus. L'expérience et le goût peuvent seuls le guider là-dessus. Généralement il doit être au centre du tableau qu'il veut représenter, regarder les objets de face et les voir sous le plus grand angle possible. Peint-il sur une surface qui doit rester plane, cette surface s'appelle *plan perspectif*, et il verra chaque objet toujours sous le même angle jusqu'à ce qu'il ait placé et dessiné sur le plan perspectif. S'il veut peindre sur une surface ronde ou elliptique et dans sa concavité, prenant le centre de cette surface cylindrique, ce point seul restera invariable ; il verra successivement tous les objets qu'il veut peindre. L'ensemble de ces détails ainsi retracés composera ce qu'on appelle un *panorama*, si son tableau occupe la surface cylindrique, circulaire ou elliptique tout entière, ou, s'il n'en occupe que la moitié, ce sera un *diorama* (*V.* ces mots). Il faut aussi adopter comme règle positive que l'*angle optique le plus ouvert possible* est rarement plus grand que la moitié d'un angle droit, et ne doit jamais en excéder les deux tiers. Ces principes doivent être connus du peintre, du dessinateur, du géographe, et appartiennent au géomètre. — L'angle *perspectif* est l'angle optique tracé sur la toile ou sur le papier. (*V.* LIGNES FUYANTES; PERSPECTIVE [*géom.*])

ANGLE HORAIRE (*gnomonique*). On appelle *angle horaire* l'angle que font les différentes lignes horaires du cadran horizontal avec la méridienne (*V.* CADRAN, TABLE, GNOMONIQUE), ou avec la ligne de six heures. C. D. L.

ANGLE FACIAL (*zool.*). On nomme ainsi l'angle formé par deux lignes qui passent, l'une par le point le plus saillant du front, l'autre par le centre du trou auriculaire, et qui se rencontrent au bord des dents incisives de la mâchoire supérieure. Cet angle, imaginé par Camper, donne la proportion relative du crâne et de la face, et, suivant lui, indique d'une manière très-approximative le degré de développement de l'intelligence chez l'homme et chez les animaux vertébrés [1] ; partant de ce prétendu principe, Camper a trouvé que l'angle facial de l'Européen adulte est en général de 80 degrés, celui du Mongol de 75°, celui du nègre de 70° (*V.* HOMME), celui de l'orang-outang de 58° ; qu'il devient extrêmement aigu chez les dernières classes des vertébrés, et qu'il décroît en proportion de l'intelligence. Les sculpteurs grecs semblent avoir fait cette observation, car ils ont donné à leurs demi-dieux un angle facial plus ouvert qu'il ne l'est dans la nature, comme on peut le voir dans l'Apollon du Belvéder. — Quoique ce moyen de mesurer la capacité du crâne soit généralement exact, il n'est pas toujours facile d'en faire l'application, et il peut quelquefois induire en erreur, soit, comme le fait remarquer Cuvier, à cause du développement souvent considérable des sinus frontaux, qui augmentent le volume de la boîte osseuse, sans cependant augmenter la masse cérébrale, ainsi que cela se voit chez l'éléphant, les chiens dogues, etc. ; soit, comme le fait observer M. J. Cloquet, à cause du développement en largeur de la mâchoire supérieure ou de la saillie qu'elle peut faire au delà de l'épine nasale, ce qui rend l'angle facial plus aigu. Il faut encore tenir compte de l'âge, car les enfants et les jeunes animaux ont l'angle facial toujours plus ouvert que l'adulte. C'est probablement pour cela, dit-on, qu'ils montrent une intelligence qui souvent nous étonne ; de là viennent encore les changements quelquefois peu favorables qui

[1] Cela signifie en bonne logique que l'homme et la bête ne forment que des variétés de la même espèce, et que toute la différence qu'on met entre *ces deux animaux* le degré d'intelligence que la nature leur a départi dépend du plus ou moins d'évasement de l'angle facial. Certes c'est beaucoup d'honneur que Camper fait à l'espèce humaine. Un crâne plus ample, voilà donc tout ce que la Providence a donné à l'homme pour le distinguer de la bête ! En vérité on va loin avec certains systèmes modernes, et nous devons beaucoup de reconnaissance à ceux qui ont bien voulu nous apprendre que tous les êtres se tiennent entre eux comme les chaînons d'une même chaîne, depuis l'homme jusqu'au plus vil animal, de celui-ci jusqu'à la plante, et de la plante enfin jusqu'à la pierre brute. D'après le système de Camper, l'orang-outang ne diffère de l'homme que dans la proportion de 53 à 80, nombre des degrés d'ouverture de leurs angles faciaux respectifs ; de sorte que l'orang-outang a tout juste les trois quarts de l'intelligence humaine.

s'opèrent dans leur physionomie, lorsque leurs mâchoires s'allongent en arrivant à leur dernier degré d'accroissement[1].

J. BRUNET.

ANGLES (minér.) (V. GONIOMÈTRE).

ANGLE, ANGULAIRE (anatom.). Ce sont deux termes dont on se sert en anatomie pour désigner certaines parties du corps humain, qui présentent dans leur configuration des angles plus ou moins réguliers. Ainsi on appelle *angle des lèvres* la commissure que forme, de chaque côté de la bouche, le point de jonction des deux lèvres ; *angles de l'œil* ou *canthus*, interne et externe, ceux qui sont formés par la réunion des paupières. L'angle interne porte plus particulièrement le nom de *grand angle*. L'*angle de la mâchoire* n'est que l'extrémité de l'os maxillaire inférieur ; l'*angle de l'omoplate* désigne la pointe supérieure interne que forme cet os triangulaire. L'angle formé par la jonction des deux os pubis, à sa partie supérieure, porte le nom d'*angle du pubis* ; les deux angles latéraux supérieurs de l'utérus, à l'extérieur, s'appellent *angles tubaires de l'utérus*. —Le mot angulaire n'est pas moins usité ; il s'applique en partie aux dents, aux muscles, aux artères, aux veines, etc. Ainsi les dents qui répondent aux angles des lèvres se nomment *dents angulaires* ou *canines* ; les *artères et veines angulaires* sont, 1° celles qui passent près du grand angle de l'œil et terminent l'artère et la veine faciales ; 2° l'artère et la veine maxillaires inférieures, lesquelles passent sous l'angle de la mâchoire. Le *muscle angulaire* de l'omoplate s'étend de l'angle de l'omoplate aux apophyses transverses des premières vertèbres cervicales ; les *apophyses angulaires* du coronal répondent aux angles des yeux ; le *nerf angulaire* sort du maxillaire inférieur et passe près du grand angle de l'œil.

ANGLES. (V. ANGLO-SAXONS.)

ANGLÈS (LE COMTE), né à Grenoble en 1780, mort le 1er janvier 1828 dans sa terre de Cornillon. Après avoir consacré ses jeunes années à l'étude de la jurisprudence, il fit partie, en qualité d'auditeur au conseil d'État, de l'administration des pays conquis. Nommé plus tard maître des requêtes, il entra au ministère de la police où il fut chargé de la correspondance avec les départements transalpins. En avril 1814 le gouvernement provisoire le nomma ministre de la police avec le titre de conseiller d'État. En mars 1815 il suivit le roi à Gand. Élu membre de la chambre des députés par les électeurs des Hautes-Alpes, il remplaça M. Decazes au ministère de la police ; il conserva cette place jusqu'en 1821. Napoléon l'avait créé comte, et Louis XVIII, en lui accordant des lettres de noblesse, lui confirma ce titre.

ANGLESEY (ÎLE D'). Cette île, séparée du pays de Galles par le détroit de Menai, portait autrefois le nom de Mona. Elle devint la dernière retraite des druides lorsque la Grande-Bretagne fut conquise par les Romains. Elle a quatre lieues environ de large sur six de longueur. Le détroit se traverse aujourd'hui sur un pont suspendu, long de cinq cents pieds. L'île contient une population de quarante-cinq mille individus, qui cultivent de l'orge et de l'avoine et élèvent beaucoup de bestiaux. Il y a des mines de cuivre autrefois très-riches, mais leur rapport est bien diminué aujourd'hui. La communication entre Anglesey et Dublin se fait par des bateaux à vapeur partant tous les jours. Dans quelques cantons les habitants s'adonnent à la pêche. L'île entière est presque partout entourée d'une large ceinture de récifs.

J. DE M.

ANGLETERRE (géogr.). Située au sud de l'Écosse, entre le 50e et le 56e degré de latitude nord, l'Angleterre est bornée au midi par les eaux de la Manche ; à l'ouest, par le canal Saint-George et la mer d'Irlande ; à l'est, par les terres du Nord et le Pas de Calais ; au nord, par les comtés de Dumfries et de Rosbourg. Elle constitue avec l'Écosse, l'île de la Grande-Bretagne, qu'on peut regarder comme la base et le véritable continent du royaume auquel elle a donné son nom. Ce pays, dont les contours bizarres ne présentent aux yeux qu'une capricieuse irrégularité, s'élargit vers le sud et va s'amoindrissant par degrés à mesure qu'on approche de son extrémité septentrionale. Si nous en parcourons les côtes, en commençant par le golfe de Solway qui sépare l'Angleterre du comté de Kirkcudbright, nous rencontrons d'abord, parmi leurs principales sinuosités, la baie de Marecombe, sur cette mer d'Irlande

où viennent se jeter le Ribble, le Mersey, le Dee et plusieurs autres fleuves dont les embouchures forment autant de ports et de mouillages. Nous arrivons ensuite à la baie de Cardignan qui occupe presque toute l'étendue comprise entre le 52e et le 53e parallèles ; puis vient la baie de Saint-Brides ; puis le canal de Bristol qui, pénétrant dans l'intérieur des terres, reçoit à son extrémité, vers 5° 2' de longitude nord, les eaux de la Saverne grossie des tributs du Welland. Laissons derrière nous la baie de Mounts, les ports de Plymouth et de Portsmouth entre lesquels se dessine la rade de Spithead et cette autre baie d'Exeter ; signalons en passant cette fameuse rade des Dunes où vient se perdre la Tamise que remontent les plus gros navires ; franchissons l'embouchure du Blackwater ; prolongeons nos regards sur le Wash, sur les eaux de l'Humber qui séparent, au nord, le comté de Lincoln du comté d'York, et arrêtons-les enfin sur l'embouchure de la Tees. Nous ne trouvons plus, au delà, qu'une ligne de côtes assez directe, à peine interrompue par la Tweed qui vient se jeter dans la mer, sur les confins de l'Écosse et de l'Angleterre. — Si l'on en excepte les régions du nord et du sud-ouest, l'Angleterre peut être regardée comme un pays de plaines ; féconde en pâturages, elle nourrit des troupeaux nombreux ; le blé, comme les autres graminées, y vient en abondance ; mais la vigne y mûrit difficilement, et le vin n'est pas au nombre des productions de ces contrées. En revanche, le houblon y prospère, et l'on sait que la bière anglaise occupe le premier rang parmi les produits de ce genre. Le pays en consomme une immense quantité. Quant à la richesse minérale, elle consiste surtout en étain de Cornouailles et en charbon de terre. — Nous avons eu déjà l'occasion de citer les grands cours d'eau d'Angleterre ; ajoutons peu de mots sur les principaux fleuves. La Tweed traverse une partie du Northumberland ; l'Humber traverse le Yorkshire dans toute son étendue ; la Tamise arrose, dans son cours, le comté d'Oxford dont elle dessine les contours à l'ouest et au sud ; elle baigne les terres du comté de Surrey, passe à Londres, et s'élançant entre le pays d'Essex et celui de Kent, elle va se perdre dans les eaux de la mer ; la Saverne part des terres de Montgomery, sillonne le Storpshire, parcourt les comtés de Wocester, de Gloucester, et disparaît dans les flots du canal de Bristol. — Ce pays se divise en deux provinces principales : l'Angleterre proprement dite et la principauté de Galles ; ces provinces se subdivisent à leur tour en 52 comtés, désignés par le mot *shire*, et dont 40 appartiennent à l'Angleterre, 12 à la principauté. — Indiquons rapidement ces dernières subdivisions : comtés du nord (6) : Northumberland, Cumberland, Westmorland, Durham, York, Lancastre. Comtés du centre (18) : Chester, Darby, Nottingham, Lincoln, Strafford, Leycester, Rutland, Shorp, Worcester, Warwick, Northampton, Huntington, Hereford, Monmouth, Glocester, Oxford, Bedford, Buckingham. Comtés de l'est (6) : Norfolk, Cambridge, Suffolk, Hartford, Essex, Midlesex. Comtés du sud (10) : Sommerset, Wilt, Borck, Surrey, Kent, Cornouaille, Devon, Dorcet, Haut ou Southampton, Sussex. Comtés de l'ouest (12) : Anglesey, Caernarvan, Danbigh, Flint, Merioneth, Montgomery, Cardignan, Radnor, Pembrok, Caermarthen, Brecknock, Clamorgan. — L'Angleterre a pour villes principales, Londres, capitale de l'empire britannique, située sur la Tamise, entre le 51e et le 52e parallèle ; York, la cité la plus considérable des régions septentrionales ; Liverpool, l'un des ports les plus commerçants du monde, sur la côte nord-ouest ; Manchester, dans le comté de Lancaster, Birmingham dans celui de Warwick, cités remarquables l'une et l'autre par l'importance de leurs manufactures ; Bristol, au sud-ouest, port de mer du comté de Sommerset, sur le canal où vient confluer la Saverne ; Falmouth, Exeter, Plymouth et Portsmouth, sur la côte méridionale ; Cambridge et Oxford, dans les comtés qui portent leurs noms, villes célèbres par leurs universités ; enfin, Douvres, port de mer du comté de Kent, situé en face de Calais, sur la partie du rivage la plus voisine des côtes de France. — La population de l'Angleterre excède le chiffre de 13 millions d'habitants ; la ville de Londres en contient à elle seule plus d'un million, ce qui, sous ce rapport, la classe au second rang des cités de ce monde, en admettant toutefois que la capitale de la Chine renferme les myriades de familles que lui attribuent les rares voyageurs devant qui s'est ouverte la grande muraille de l'Asie. — La religion dominante est la religion anglicane ; ce culte se distingue des autres communions protestantes, en ce qu'il a conservé la hiérarchie des évêques. — Le système du gouvernement présente une sorte de fusion de la monarchie, de l'aristocratie et de la démocratie. (V. HIST. D'ANGLE-

[1] Il faut donc poser en principe que l'homme a plus d'intelligence étant enfant que lorsqu'il devient adulte et qu'il entre dans l'âge viril. Il est fâcheux que les faits démentent cette théorie, et qu'en général l'intelligence de l'homme croisse à mesure que son angle facial se rétrécit. Oh ! que la raison humaine est folle lorsqu'elle prétend expliquer par de vains calculs le mystère qui couvre l'œuvre de la création.

TERRE.) — Le caractère des habitants est fortement tranché; l'Anglais se distingue surtout par l'audace de ses entreprises, par une persévérance qui tient de l'opiniâtreté, mais aussi par un égoïsme absolu tel qu'il fléchit à peine devant les intérêts généraux du pays, à moins que ces intérêts ne se rattachent aux calculs mercantiles de la population; sa présomption est sans bornes, son orgueil sans limite; sa morgue est passée en proverbe: on dit la morgue britannique, comme on dit le sel attique; son intolérance est au-dessus de toute expression. Voués de corps et d'âme aux intérêts matériels, les Anglais ont toujours un calcul et un chiffre derrière une inspiration, si noble, si grande qu'elle soit en apparence; pour eux, le monde entier n'est qu'une vaste proie qu'il s'agit d'exploiter, c'est un vaste bazar dont ils sont les marchands. *Auri sacra fames*, telle est la devise que ce peuple devrait inscrire aux portes de ses villes et sur le seuil de ses habitations. Les gens des classes inférieures se distinguent en Angleterre par un abrutissement dont on n'a point d'idée: livrés dès leur enfance à tous les excès de l'ivrognerie, ils portent dans toute leur conduite un esprit de rudesse, de brusquerie et de querelle, qui renouvelle trop souvent ces luttes au pugilat dont on connaît l'histoire. Presque tous ont acquis dans ce sanglant exercice une adresse fatale; rarement une fête se passe sans quelque événement funeste. Les grands seigneurs eux-mêmes, car l'Angleterre, dans son respect pour le veau d'or, a conservé ses grands seigneurs, source de toutes les richesses, et jusqu'aux lords du parlement prennent quelquefois part à ces combats des rues; à ces querelles de crocheteurs. Car telle est l'Angleterre: on peut dire que dans ce pays toutes les extrémités se touchent, et que pourtant elles restent distinctes, sorte de marqueterie grossière qui, de loin, présente un ensemble assez harmonieux, mais où l'on découvre de près mille compartiments heurtés et divergents que le moindre choc ferait voler en éclats. — Il y a en Angleterre deux universités fameuses: celle d'Oxford, qui possède dix-huit collèges, une bibliothèque riche de manuscrits précieux, et celle de Cambridge. On prétend que la première forme les amis du pouvoir et de l'aristocratie; la seconde, des amis de la liberté. — Ce pays compte deux archevêchés, l'un dans la ville d'York, l'autre à Canterbury; il possède vingt-cinq évêchés. Parmi ses monuments, il faut citer la basilique de Saint-Paul, bâtie à l'imitation de Saint-Pierre de Rome, dont pourtant elle n'atteint pas les proportions colossales; et l'abbaye de Westminster dont l'église gothique est un des plus beaux restes des anciens temps; l'historien de cette abbaye, Guillaume Cambden, prétend que la fondation en remonte à l'an 170 de l'ère chrétienne. — Le climat de l'Angleterre est fécond en brouillards; des vents humides y rendent l'hiver excessivement rigoureux; le soleil y paraît rarement dans sa splendeur naturelle; et au sujet de ce climat on peut citer le mot d'un ambassadeur de Naples qui, interrogé sur ce point, répondait à George III: « La lune du roi mon maître vaut mieux que le soleil de Votre Majesté. » Ce même ambassadeur disait qu'en Angleterre il n'y a de fruits mûrs que les pommes cuites. H. CORNILLE.

ANGLETERRE (*produits agricoles*). Le sol de l'Angleterre est généralement fertile. Dans ces derniers temps l'agriculture y a subi d'innombrables améliorations; depuis le commencement du XVIIIe siècle plus de 7,000,000 d'acres ont été défrichés sur une superficie de 31,000,000 d'hectares; le royaume-uni en cultive 24,000,000, dont 7,750,000 de terres labourables. La culture des céréales y est surtout en honneur. Les comtés qui en produisent le plus sont Kent, Essex, Suffolk, Rutland. L'avoine, l'orge, le houblon-froment, dans toute l'étendue du royaume-uni, sont aujourd'hui l'objet d'une exploitation immense. La pomme de terre, qui nourrit une grande partie des populations d'Irlande, se trouve partout. La carotte, depuis que ce végétal a été reconnu bon pour la nourriture des chevaux, a pris de grands développements. Enfin l'économie agricole n'est nulle part mieux entendue qu'en Angleterre. Cependant le pays ne produit pas toute la quantité de blé nécessaire à l'entretien de ses habitants. Dans quelques contrées on a recours au seigle et à l'orge qu'on mêle au froment. Une source de richesses pour le royaume-uni c'est l'éducation des animaux nourriciers: 10,956,000 hectares sont consacrés aux prairies et aux pâturages; tandis que la France, dont l'étendue territoriale surpasse de beaucoup celle du royaume-uni, ne présente que 5,000,000 d'hectares destinés au même usage. Aussi compte-t-on, au delà de la Manche, une bête à cornes pour deux hommes, et deux moutons par individu. Les Anglais du reste attachent moins de prix au nombre qu'au poids; il n'est pas rare de réaliser, terme moyen, dans un bœuf un poids de 370 à 800 liv.,

dans un veau de 50 à 140 liv. Les chevaux y sont aussi un principal objet de commerce. — *Produits minéraux et industrie.* On trouve en Angleterre d'abondantes mines d'étain, de plomb, de cuivre, de fer, de houille. On peut dire, avec raison, que le fer et la houille sont les deux bases fondamentales de l'industrie britannique. Le fer a fourni l'instrument, la machine, etc.; la houille, le moteur ou la vapeur. Avec ces deux grands secours le génie mécanique des Anglais a effectué une somme de force incroyable. Elle représente 2,321,500 chevaux: encore faut-il établir cette différence entre la force mécanique et la force animale, que les machines fonctionnent nuit et jour, tandis qu'un cheval peut à peine donner huit heures de travail sur vingt-quatre. Armée de cette force, l'industrie a manié, plié, pétri les métaux, leur a fait prendre toutes les formes avec une rapidité merveilleuse. Les machines se sont emparées des matières premières, lin, chanvre, coton, laine, et les ont rendues à l'homme en tissus variés. La vélocité, l'économie ont réduit extrêmement le prix des objets (auparavant manufacturés par des procédés imparfaits), de telle sorte qu'une plus grande masse d'individus a pu jouir des commodités de la vie. Tous les actes de l'homme sont le temps; les besoins ne sont que la répétition d'un acte déjà consommé plusieurs fois; le temps qui s'écoule ramène à tout moment un certain nombre d'individus à des mêmes circonstances impérieuses de besoins. Il s'agit donc de rivaliser avec le temps qui use. Et comment? par la vélocité, par la concentration des forces motrices sur un même point, par les machines, par la vapeur. L'Angleterre a rendu d'immenses services aux nations, dans le temps que leur industrie était naissante ou paresseuse, en leur fournissant les objets de consommation les plus indispensables. — Les manufactures de coton les plus actives sont Manchester et ses environs, Blackbrun, Preston, Rochdale, etc., en Angleterre; Glasgow et autres villes méridionales de l'Écosse. — Manufactures de laine, Leeds, Halifax, Bradford, Huddersfield, Kendal, Salisbury, Glocester, etc., etc., en Angleterre; Glascow et Perth en Écosse. — Manufactures de lin, Warrington, Leeds, Barnsley, Exeter, etc., etc., en Angleterre; Lisburne, Newry, Drogheda, Monaghan, Dublin, etc., en Irlande; Glascow, Dundee, Montrose en Écosse. — Fabriques de soie, Coventry, Macclesfield... — Fabriques d'objets en fer, acier et quincaillerie, Sheffield, Birmingham, Londres, Barnsley, Walverhampton, etc., en Angleterre; Mirthyr, Tydwil... dans la principauté de Galles; Carron, Works... en Écosse. — Bijouterie, Sheffield, Birmingham et Londres... — Autres objets d'industrie: porcelaine, faïence, tanneries, préparation de peaux, gants, verrerie, papier. — *Marine et commerce.* La plupart des produits que l'industrie anglaise met en œuvre lui viennent des contrées étrangères. Sa marine, dont tout le monde connaît l'importance, va les recueillir sur tous les points du globe. Ses relations sont immenses. Elle fréquente tous les ports. Selon les documents officiels relatifs aux années 1825, 1826, 1827, 1828, les principaux articles d'importation, rangés d'après le chiffre de leur quantité et de leur valeur, sont le sucre brut, le coton en laine, café, thé, soie brute et filée, blé, lin, vins, laines et étoffes des Indes, chanvres, peaux brutes et tannées, tabac à fumer, fourrures, etc. L'excédent des articles susceptibles d'être manufacturés est distribué aux différentes nations. Les articles les plus importants de l'exportation britannique sont les tissus de coton, tissus de laine, tissus de soie, sucre raffiné, fer forgé et acier, quincaillerie, coutellerie, sel, étain, houille, papeterie, cuir préparé, etc., etc. — En 1824 la valeur officielle de l'exportation s'éleva, pour les tissus de coton, à 27,170,107 liv. sterl. (pour le coton filé à 2,984,329; pour les tissus de laine à 6,136,109. — Voici un tableau de l'exportation de quelques articles en France; il donnera une idée de nos rapports commerciaux avec nos voisins, et en même temps de nos progrès industriels:

EXPORTATION.

	1821	1825	1830	1836	
Coton....	2,808,972	1,397,331	21,038	793	kilog.
Fer en barre.	10,958 447	330,808	377,861	85,903	kilog.
Machines...	578,964	914,330	1,127,383	2,109,322	francs.
Houille....	»	39,732,747	54,479,839	182,205,200	kilog.

On voit par là que successivement de 1821 à 1836 la

France a pu se procurer le coton et le fer sans le secours immédiat de l'Angleterre, et que, le chiffre des machines et de la houille s'étant élevé, nous sommes momentanément tributaires de nos voisins à cet égard; mais cette augmentation même prouve combien notre industrie manufacturière s'est développée. — Pour connaître l'importance des villes maritimes du royaume-uni, nous renvoyons aux dictionnaires géographiques; surtout à l'Abrégé de géographie de M. Ad. Balbi. Nous dirons seulement que presque tous les ports ont de grands bassins ou *docks* pour recevoir les vaisseaux. Londres en compte sept; le *London-dock* offre un asile sûr à 500 bâtiments; il est environné de magasins magnifiques destinés au dépôt des marchandises. Le nombre des navires appartenant au port de Londres est de 3,000, jaugeant 600,000 tonneaux; leurs équipages sont composés de 45,000 marins. Des documents soumis à la chambre des communes attestent que, pendant l'année 1830, les ports des trois royaumes ont reçu de l'étranger et des colonies :

13,548 navires anglais, jaugeant	2,180,042	tonneaux
5,359 — étrang. —	758,288	

Il est sorti des mêmes ports :

12,747 navires anglais, jaugeant	2,102,147	
5,158 — étrang. —	758,365	

En 1838 les ports des trois royaumes ont reçu :

5,155 navires anglais, jaugeant	2,617,166	tonneaux
7,343 — étrang. —	1,005,940	

Il est sorti des mêmes ports :

14,567 navires anglais, jaugeant	2,547,227	
7,461 — étrang. —	1,036,738	

En 1838 il a été construit dans les possessions des deux hémisphères 1,393 bâtiments, jaugeant 194,747 tonneaux. — Outre son commerce extérieur, l'Angleterre se livre au commerce intérieur le plus entretenu. Les moyens de communication entre les divers foyers d'industrie sont ménagés, sur son territoire, avec la plus grande intelligence. C'est une chose admirable que la distribution, la construction, le nombre des canaux pratiqués dans la Grande-Bretagne. Leur exécution, jusqu'en 1824, n'a pas moins absorbé de 700,000,000 de francs; elle a nécessité la percée de quarante-huit galeries souterraines dont la longueur équivaut à 70 kilom. ou 36,610 toises. Ces canaux qui viennent aboutir aux principales villes relient, dans une étendue immense, les quatre grands ports de Londres, Hull, Liverpool et Bristol. A ces moyens multipliés de transport joignez les chemins de fer et la vapeur, et vous aurez le secret de l'industrie, la reine de l'industrie, *là vélocité*. — La ligne de fer de Londres à Birmingham, la plus considérable de ce genre, a été ouverte aux voyageurs le 17 septembre 1838. En 1825 il se forma vingt-deux compagnies pour la construction des chemins de fer. On connaît les avantages immédiats que procure la vitesse dans les transports : en déplaçant si rapidement les produits elle réduit les frais de 8/9; elle satisfait les besoins des consommateurs aussitôt qu'ils se font sentir : elle rend inutiles les dépôts de marchandises : avec cette ressource le commerçant n'a pas besoin de capitaux élevés : à peine fait-il sa commande que la marchandise est sur la place. — Tels sont les divers éléments qui ont formé la puissance britannique. — La position insulaire de l'Angleterre a marqué sa destinée. Ouverte de tous côtés aux flots de la mer, elle voit devant elle tous les chemins tracés. Un certain temps la marine n'a guère fait qu'un service de transport. Mais bientôt l'esprit industriel des Anglais s'est réveillé; bientôt ils se sont trouvés en possession de rendre les nations doublement tributaires, en mettant en œuvre des produits qu'ils leur livraient d'abord bruts et en nature. L'Angleterre a confié cette mise en œuvre aux deux puissants agents que son sol recélait. Les découvertes de ses génies portent leur fruit; la science mécanique se développe. Les mines de fer sont activement exploitées; la houille fournit une force de feu physique extraordinaire : les forges battent le fer; la vapeur se découvre, et les résultats du concours de ces ressources jettent l'admiration parmi les peuples, en même temps qu'ils acheminent les capitaux vers l'Angleterre. Cependant tout en appréciant ces ressources on voit qu'elles ne sont que secondaires et subordonnées aux opérations de la marine. En effet, parmi les nombreux produits manufacturés par le royaume-uni, la majeure partie proviennent du sol exotique. Sa marine, à qui les manufactures doivent leur aliment, est donc la cause première de sa prospérité. Tous les hommes politiques que l'Angleterre a possédés étaient pénétrés de cette vérité fondamentale, et

pliaient suivant ses exigences leurs plans et leurs systèmes. La politique du cabinet de Saint-James a toujours l'œil sur la mappemonde : il n'y a peut-être jamais eu d'intérêts plus difficiles à surveiller que ceux de l'Angleterre; son cabinet a dû être constamment en expectative; il a dû mettre à profit toutes les fautes et l'imprévoyance des autres. Comme l'Angleterre s'est immiscée partout où il y avait à partager ! Quant à la libre circulation de ses navires sur les mers, elle s'est assuré des passages par la force ou par les traités. Avec quelle constance opiniâtre elle a voulu Gibraltar ! Comme elle s'est fortifiée à Malte ! Néanmoins toutes ses prévisions ne la sauveront pas d'un déclin. Il s'est opéré chez tous les peuples un mouvement qui agit en sens contraire des intérêts britanniques. La reine de l'industrie a donné des leçons profitables. Nous n'avons pas besoin d'énumérer les progrès industriels du continent, ni de peindre le perfectionnement général de la marine, ce sont des choses notoires. Par ce fait seul l'Angleterre verra de jour en jour diminuer ses exportations. Entre les nations, la France excite sa jalousie; ses rivages regardent l'Amérique, l'Afrique où elle s'établit, et l'Orient tout à la fois. Ses frontières sont en contact avec les populations actives de l'Allemagne; son sol offre, par sa nature, sa position, sa latitude, des éléments de richesses inépuisables. Enfin l'Angleterre commence à concevoir des doutes sur son avenir. Ses regards se portent avec inquiétude vers la partie orientale de la Méditerranée. Quel spectacle effrayant pour elle ! d'un côté le colosse russe descend peu à peu vers Constantinople comme par une force attractive; de l'autre l'Égypte sans vigueur est menacée d'une dissolution prochaine; et pour comble de malheur, les Français y possèdent une influence très-prononcée. Enfin l'Angleterre reconnaît la possibilité de l'interdiction de la Méditerranée à ses navires, par la prépondérance des deux nations qui paraissent devoir la partager l'empire; elle sent qu'une révolution suffit pour détruire ou abaisser une puissance maritime; elle se souvient que la découverte du cap de Bonne-Espérance renversa Venise.   J. BAISSAS.

ANGLETERRE (*hist. d'*). La grande île qui renferme l'Angleterre et l'Écosse paraît avoir été peuplée dès la plus haute antiquité par les Gaëls, race parfaitement identique avec celle qui couvrit la première notre France. Mais la mer ne put mettre ces premiers occupants du sol britannique à l'abri des invasions étrangères. A une époque qu'il nous est impossible de préciser, arrivèrent de l'île des Kymris qui, après avoir débarqué sur la côte orientale, s'emparèrent des plaines et refoulèrent les Gaëls vers les montagnes de l'Écosse, d'où beaucoup d'entre eux passèrent ensuite en Irlande. — La Gaule subissait une révolution analogue et devint un foyer d'où sortirent de nouvelles colonies kymriques. Les émigrants furent accueillis par leurs frères de Bretagne et se fixèrent à l'ouest et au nord de leurs possessions dans l'île, sous les noms de Zloegrys et de Brythons. Le nom de ces derniers servit, dans les langues étrangères, à désigner les habitants de l'île entière. — Il était, au reste, dans la destinée de la Grande-Bretagne de subir les mêmes transformations que cette Gaule, dont les antipathies si profondes devaient ensuite séparer d'elle. — Ainsi, il ne suffit pas que les deux pays fussent occupés par les Kymris et dominés par le druidisme, il fallut encore que Jules-César vînt planter l'enseigne romaine dans cette fertile contrée qu'Agricola devait civiliser. — Les éléments eux-mêmes étaient incapables d'arrêter Rome dans son essor. Les Romains cependant parurent satisfaits de posséder la portion méridionale de la Grande-Bretagne. Les expéditions qu'ils tentèrent vers le nord n'eurent pour but que de réprimer les courses dévastatrices des Gaëls montagnards. La politique de Rome à l'égard de ces ancêtres des modernes Écossais fut exclusivement défensive; elle se voit encore dans la construction des trois murailles d'Adrien, d'Antonin et de Septime-Sévère. — Il paraît, au reste, que la conquête romaine jeta en Bretagne des racines moins profondes que dans la Gaule et dans les autres contrées subjuguées. Les généalogies antiques avaient été soigneusement conservées par les poètes, et lorsque l'arrivée des Goths en Italie força les Romains de rappeler les troupes qui gardaient l'île, il fut aisé de retrouver ceux qui, dans chaque tribu, pouvaient prétendre au commandement. — L'occupation romaine avait eu pourtant ce résultat important de faire sentir l'avantage d'une centralisation. Les différents chefs de tribus voulurent se donner un chef commun; mais ce roi du pays fut électif : chaque nouveau choix donna lieu à des dissensions dont l'effet immédiat fut d'affaiblir son autorité. Les Gaëls du nord en profitèrent pour se jeter sur les plaines riches et fertiles qu'ils avaient autrefois possédées. D'abord on eut recours aux Romains qui envoyèrent une légion et rétablirent le mur de Sévère, et puis, quand l'empire aux abois refusa d'écouter ses anciens sujets, Vortigern, chef supérieur des Bretons, prit à sa solde des aventuriers jutes, angles et saxons, qui bientôt se tournèrent contre lui et fondèrent en l'espace de cent quarante ans sept petits royaumes (Heptarchie). — Les Bretons prouvèrent plusieurs fois qu'ils étaient dignes de leurs aïeux; ils eurent leur Arthur à opposer aux héros venus de la Germanie. Mais leurs divisions les avaient perdus. Ceux qui ne voulurent pas courber la tête sous le joug saxon cherchèrent un asile dans le pays de Galles et dans la presqu'île de Cornouailles, où ils attendirent en vain qu'Arthur reparût au milieu d'eux. — Quant aux royaumes saxons, ce serait se tromper que de les considérer comme égaux entre eux. A toutes les époques de l'existence de l'heptarchie, il y eut des princes qui, sous le nom de Bretwalda, exercèrent une haute influence sur les autres. Bède, qui les appelle souverains de l'île entière, ne nous fait pas connaître à quelle cause ils devaient cette prééminence; mais il paraît que c'était principalement à la supériorité de leurs forces. Enfin, en 828 Egbert fixa toutes les incertitudes et assura à ses descendants un empire non contesté sur la totalité du peuple anglo-saxon. Avant d'être roi d'Angleterre, il avait régné dans le Wessex. — Ce n'est que dans les articles spéciaux que le lecteur doit chercher les exploits des Alfred et des Athelstan, les vertus d'Édouard le Confesseur, et les malheurs d'Ethelred II : nous devons nous borner à indiquer ici l'ensemble des faits. Au commencement du IXe siècle, la Scandinavie, surchargée d'habitants, lançait sur l'Océan l'excédent de sa population. La piraterie devenait une carrière pour ceux qu'un sol ingrat ne pouvait nourrir, et qui trouvaient une compensation à l'exil dans une vie dont les accidents avaient quelque charme. Placée en face de la Norwége et du Danemark, l'Angleterre eut bientôt à souffrir les invasions des rois de la mer, et les Saxons payèrent avec usure les maux qu'ils avaient faits aux Bretons; repoussés par Alfred et par Athelstan, les Danois revinrent plus forts et plus résolus sous le règne du faible Ethelred II, et donnèrent quatre rois de leur race à cette Angleterre qui ne devait retrouver des jours prospères sous Édouard et sous Harold II que pour tomber définitivement, en 1066, sous la domination des Normands déjà établis en France. — Les institutions anglo-saxonnes présentent des rapports infinis avec celles des autres peuples sortis de la Germanie. — En Angleterre comme partout il faut remonter à l'ouvrage admirable de Tacite pour trouver les origines d'un ordre de choses qui aurait abouti à la féodalité, quand même les Normands n'auraient pas apporté ce système tout fait en arrivant de France. — Ainsi, aux assemblées générales, aux champs de mai, correspondent les wittenagemots; à la division des peuples en classes nobles et en classes non nobles répondent les qualifications de thanes et de céorls. Les lois présentent les mêmes analogies; le droit criminel y domine; le droit civil et le droit politique n'y sont que des accidents; enfin on y retrouve jusqu'au principe qui permet de racheter toute faute par un weregeld déterminé. La division du royaume en comtés et celle des comtés en hundreds et en décanies facilitaient l'administration de la justice, bien qu'il soit impossible de prouver que ces divisions fussent dans un rapport constant sous le point de vue de l'étendue et de l'importance. — Le comté de Sussex comprenait 65 hundreds, celui de Dorset 43, l'Yorkshire 26, le Lancashire 6. Les membres de chaque décanie étaient solidairement responsables de leurs actes. Cette institution est une de celles qui ont le plus de droits à l'attention des savants. — Il était tout naturel que le christianisme exerçât sur les Anglo-Saxons une heureuse influence. Dès les premiers siècles de l'Église, l'Évangile avait pénétré en Bretagne; mais la conquête de cette île par les Saxons avait été accompagnée de fureurs telles que toute communication entre les deux races avait été impossible; le vaincu ne pouvait pas plus être un apôtre que le vainqueur un prosélyte. La foi dut venir aux Saxons du centre même de la catholicité. Saint Augustin, moine, en apporta la précieuse semence en 595, et devint le premier archevêque de Canterbury. La fondation du siége métropolitain d'Yorck suivit de près celle du siége primatial, et l'Angleterre se couvrit d'églises et d'asiles pieux. La vie monastique parut surtout revêtir aux yeux des Anglais un caractère entraînant et vénérable. Les couvents se multiplièrent, et, par une de ces révolutions si fréquentes au moyen âge, on vit des rois quitter le monde pour se faire moines, et des moines sortir de l'enceinte du cloître pour diriger la société civile et l'arracher à des excès que la grossièreté des mœurs rendait inattaquables, pour tout pouvoir qui ne tirait pas

du ciel même son origine. Nous ne sommes plus au temps où l'on croyait avoir tout fait en accusant Dunstan de hauteur et d'ambition. — Telle avait été l'Angleterre jusqu'au moment où Harold II, fils de Godwin, avait reçu des grands et du clergé une couronne que l'héritier légitime, Edgar Atheling, négligeait de revendiquer, et qu'un étranger lui enleva par le gain d'une seule bataille. — Guillaume le Bâtard ou le Conquérant était allié à la famille des anciens rois saxons; il appuyait ses prétentions sur une promesse d'Édouard le Confesseur, de le reconnaître pour héritier, et sur un serment extorqué à Harold lui-même pendant le séjour forcé que celui-ci avait fait en Normandie; mais tous ces titres ne sont qu'apparents. La force fut le seul droit du conquérant, et son avénement au trône fut accompagné de ces faits qui se présentent bien rarement à l'examen de l'historien, la substitution d'un peuple à un autre; dans la partie la plus considérable de la propriété territoriale. Effectivement Guillaume commença par distribuer à ses Normands les biens des Anglais qui avaient combattu à Hastings; et puis, abandonnant les autres à une administration inique et violente, il les poussa à la révolte pour avoir occasion de les dépouiller aussi. L'Angleterre fut alors comme une table rase sur laquelle il put, sans le moindre effort, établir une féodalité simple et vigoureuse: à toute la confusion qui régnait dans les états féodaux du continent, il put opposer une régularité dont on n'avait aucune idée au XIe siècle. Dépositaire d'une autorité supérieure à celle des autres princes, pourvu d'un domaine considérable, il voyait se presser autour de lui huit cents grands barons, sous lesquels se rangeaient soixante mille chevaliers; les devoirs de chacun étaient fixés, les propriétés, les revenus de tous étaient évalués dans le Domesday book (espèce de cadastre où toutes les terres étaient désignées). En Angleterre, là royauté après la conquête ne put jamais descendre si bas qu'en France, mais aussi elle ne put jamais monter aussi haut qu'elle le fit plus tard dans cette dernière contrée. Effectivement les deux pouvoirs, la royauté et la noblesse normande, se trouvaient en présence d'un peuple hostile; il n'y avait de salut pour eux que dans une étroite union. Ils devaient partager le gouvernement sans qu'il fût permis pendant longtemps à l'un d'eux de s'élever au-dessus de l'autre. De cet équilibre prolongé devait naître le système représentatif, si vieux en Angleterre, si jeune encore dans notre France. Cependant cet équilibre fut loin d'être toujours parfait; il y eut des circonstances où l'un des deux pouvoirs que nous venons d'indiquer menaçait l'autre d'un anéantissement subit. Remarquons que l'Angleterre ne connut jamais le principe désigné chez nous sous le nom de loi salique. Les femmes y ont, de tout temps, succédé au trône, et si Mathilde, fille de Henri Beauclerc, se vit disputer la couronne par son cousin Étienne, elle n'en transmit pas moins ses droits à son fils, Henri II, qui se vit sur le point de renverser tous les obstacles opposés à l'autorité royale (1154). — Ainsi Plantagenet tenait de sa mère l'Angleterre et la Normandie, de son père, le Maine, l'Anjou, la Touraine; par son mariage avec Éléonore de Guyenne il acquit de plus d'immenses possessions au midi de la Loire; puis il fit d'un de ses fils un duc de Bretagne; tout semblait devoir plier sous la volonté de fer d'un tel prince. L'Église seule osa résister, et le martyre de Thomas Becket fit tomber cet édifice dont les fils mêmes de Henri complétèrent la ruine. La moralité manquait à tous ces Plantagenet. Ils ne pouvaient rien fonder de durable. Richard Cœur de Lion, sans être meilleur que les autres, était pourtant doué de cet enthousiasme chevaleresque qui seul pouvait rendre populaire au moyen âge. Ce fut un héros de croisade, mais aussi un homme vicieux. L'abus qu'il fit de son pouvoir, les crimes de son frère Jean, et la tache dont ce dernier prince souilla la gloire de l'Angleterre en se laissant dépouiller de la plus grande partie de ses possessions continentales, déterminèrent une réaction de la noblesse et du haut clergé contre la royauté. Jean fut obligé de signer la grande charte. Jean voulut revenir sur les engagements qu'il avait pris; mais alors éclata un orage terrible. La noblesse déçue renonça à toute obéissance à l'égard de son roi, et appela à elle le fils de Philippe-Auguste. Les antipathies nationales étaient déjà nées. A la mort de Jean, Louis de France fut repoussé. Cependant le caractère faible de Henri III permit aux barons de diminuer outre mesure l'influence laissée à la couronne par la grande charte. Ils sentaient qu'ils outre-passaient les limites légales; aussi tentèrent-ils de se faire pardonner leurs envahissements, en y faisant participer quelque peu les chevaliers des comtés. Ce furent les députés de ces derniers qui formèrent la première chambre basse dans le parlement anglais. La représentation nationale tendait à se compléter. Le règne de Henri III, quelle que soit la nullité personnelle de ce prince, forme donc une époque importante dans l'histoire de la Grande-Bretagne; car ce fut sous ce règne que la prérogative royale fut subordonnée à la charte et que le droit d'établir l'impôt fut dévolu au parlement. Il est essentiel, au surplus, d'observer que tous les efforts qui tendaient à établir un ordre de choses régulier, étaient sans cesse contrariés par les instincts féodaux, aussi difficiles à détruire en Angleterre que sur le continent. — Édouard Iᵉʳ succéda à Henri III son père; il conquit le pays de Galles et menaça le premier l'indépendance de l'Écosse; des démêlés assez graves appelèrent son attention vers la politique continentale. Mais tous les soins qu'il se donnait pour agrandir son royaume nécessitaient de fortes levées d'impôts, et par là devait s'augmenter l'influence du parlement. Les mêmes remarques sont applicables au règne d'Édouard III son petit-fils, dont les exploits devront faire le sujet d'un article spécial. — Édouard III avait eu cinq fils; l'aîné, l'un des héros dont s'enorgueillit l'Angleterre, mourut avant lui et laissa ses droits à un enfant. Richard II ne sortit d'une orageuse minorité que pour se déconsidérer par une incapacité trop souvent accompagnée de tendance à l'arbitraire. Il fut renversé par Henri IV, chef de la branche des Plantagenet, connue sous le nom de *Rose rouge*. Henri V, son fils, conquit la plus grande partie de la France; mais son petit-fils, Henri VI, perdit tout. Sous lui commença une affreuse guerre civile. La branche d'Yorck (*Rose blanche*) profita de la déconsidération jetée sur les Lancastriens par la perte de la France, pour réclamer des droits qui lui appartenaient réellement. — Douze batailles rangées furent livrées en moins de trente ans; quatre-vingts princes du sang et un million d'Anglais y périrent. Tel fut l'effroyable piédestal sur lequel s'éleva la maison de Tudor. — Henri VII, chef de la nouvelle dynastie (1485), était Lancastrien par sa mère; il épousa Élisabeth, héritière des droits de la maison d'Yorck. Par ce mariage les deux roses se trouvaient réunies; toute guerre civile cessait. — Au moment où le Tudor parvenaient au trône, de nouvelles limites avaient été imposées à l'autorité royale: 1° aucun Anglais ne pouvait être arrêté sans un mandat qui spécifiât la nature du délit qu'on lui imputait; il devait être jugé dans un délai déterminé et mis en liberté en cas de non-lieu; 2° les gens de justice, choisis par le souverain, devaient se conformer quant au point de fait à la décision du jury; 3° les officiers du prince étaient justiciables des tribunaux ordinaires. Comme on le voit, les droits de la nation au xvᵉ siècle étaient assez étendus. On pouvait dire que les Anglais étaient égaux devant la loi; car soixante pairs seulement avaient conservé leurs priviléges aristocratiques. Le servage était devenu très-rare; cependant les malheurs qu'avait entraînés la guerre des deux roses avaient jeté au fond de tous les esprits une impression de profonde terreur. — Les hommes sensés étaient déterminés à tout faire pour éviter le retour de débats dont le souvenir seul épouvantait. On avait soif de conciliation, et cette circonstance permit aux deux premiers Tudor de porter la royauté à l'apogée de sa puissance. Ils n'éprouvèrent de sérieuses contradictions que dans les questions pécuniaires. L'avarice sordide de Henri VII, le goût de Henri VIII pour la magnificence et les dépenses auxquelles l'entraîna sa politique extérieure, les rendirent également insatiables d'argent; et lorsque le parlement refusa de les satisfaire, ils eurent recours à la ruse pour éluder la gêne que leur imposait la loi. Parmi les moyens illicites dont ils firent usage pour se procurer de l'argent, il faut surtout remarquer les *bénévolences* ou dons prétendus gratuits, mais réellement extorqués aux riches particuliers. A tous les autres égards Henri VII et Henri VIII furent des maîtres absolus; ils purent à leur gré disposer de la vie des citoyens et compromettre leur liberté. Le dernier put même détruire la religion de ses sujets et changer trois fois l'ordre de la succession à la couronne sans que le parlement fît parler les lois. Cette assemblée allait même jusqu'à condamner, sans les entendre, les victimes que désignait à sa servile obéissance le despotisme ombrageux d'un tyran. Innocents et coupables étaient confondus dans ces arrêts iniques, dont souffrirent également le jeune Warwick, le comte de Suffolk, le duc de Buckingham, l'évêque Fisher, le chancelier More, Anne Boleyn, la comtesse de Salisbury, le vicaire Cromwell et mille autres dont l'histoire conserve les noms. — La mort de Henri VIII ne pouvait faire sortir tout d'un coup la nation de l'engourdissement où il l'avait plongée, et malgré les traits d'une feinte modération qui signalèrent l'avénement au pouvoir des exécuteurs testamentaires de ce roi, les crimes juridiques se multiplièrent. La

mort de Seymour et celle de Sommerset sont des monstruosités en ce genre. Le règne de Marie fut signalé par des violences qu'on regrette de voir peser sur la mémoire d'une princesse qui voulut restaurer le catholicisme en Angleterre. Sous elle, les crimes d'État commencèrent à être jugés par des tribunaux secrets, et la torture rendit inutile tout code d'instruction criminelle. Le parlement ne conserva, en réalité, que le droit de voter l'impôt et celui de donner à la loi le caractère qui la rend forte. Ces résultats sont d'autant plus importants à constater, que le gouvernement commença déjà à intervenir dans les élections pour les rendre favorables à ses vues. Marie accorda le droit d'élection à vingt-deux bourgs sans importance. On peut se demander, après le récit de tant d'actes monstrueux, comment la maison de Tudor put se maintenir. Ce ne fut pas sans doute à l'aide de la force militaire: Henri VII et Henri VIII n'avaient de troupes soldées qu'une garde de cinquante hommes. Non, cette maison ne put trouver son salut que dans la lassitude qu'éprouvait la nation et dans la terreur qu'inspirait la chambre étoilée. — Dès le commencement du xivᵉ siècle un esprit menaçant d'examen et de scission s'était manifesté en Europe; l'Angleterre avait vu Wikleff soutenir, sous le règne d'Édouard III, les principes les plus hardis, et les lollards, ses sectateurs, avaient pu se perpétuer en se tenant dans l'ombre; les princes même avaient été saisis de cet esprit de vertige qui, sous prétexte de réformer les abus, s'attaque bientôt au fond des croyances. Henri VI et Henri VII avaient fait des efforts sérieux pour soumettre les clercs aux tribunaux ordinaires. Tel était l'état des choses lorsque Luther parut en Allemagne. Ses idées déplurent d'abord à Henri VIII qui le combattit en théologien; et qui, offensé de l'âpre liberté que respirait la réponse du novateur, étouffa énergiquement les sympathies que pouvaient trouver ses doctrines en Angleterre. Henri avait d'ailleurs pour ministre le chef du clergé anglais, et pour qu'il en vînt à un acte violent, il fallait qu'une résistance vînt du dehors lutter contre son caprice ou contre sa volonté. On sait le motif misérable qui amena une rupture entre lui et la cour de Rome. Nous ne le suivrons pas dans toutes les tergiversations de la foi dont il se faisait l'apôtre. Les subtilités de sa théologie ne sont pas de notre ressort; mais nous ne pouvons que nous étonner de l'abjection d'un peuple qui contredisait chaque jour ce qu'il avait soutenu la veille, et qui, dans son inconséquence, suivait aveuglément son orgueilleux pilote sur la mer orageuse où il s'était lancé après lui. Henri VIII ne fut pas seulement un ridicule pédagogue d'école, ce fut encore un ennemi sanguinaire de tous ceux qui ne partageaient pas ses doctrines du moment; les bûchers et les échafauds parurent sous lui des asiles communs de la vérité et de l'erreur. Ce qu'il appelait *son orthodoxie* était une hache à deux tranchants également dirigée contre le catholicisme et contre le protestantisme. L'aberration de l'esprit humain n'a jamais été plus loin. Et puis à tout ce que ce premier caractère de la réformation anglaise a de révoltant pour nous, ajoutons l'ignominie qui rejaillit sur elle d'une sordide spoliation des biens des abbayes. Et encore ici le vice est-il plus dégoûtant; il marche le front levé dans tout le cynisme de sa nudité. Ce n'est pas à la vie claustrale que Henri VIII en veut; il dit lui-même à son parlement qu'il aspire à réunir à son domaine les biens des abbayes, et nous n'en allèguerons qu'une preuve. Pour obtenir du parlement le consentement dont il a besoin, il le flatte de l'abolition des impôts; les biens sont saisis, puis ils sont dissipés, et les impôts subsistent; seulement les pauvres nourris par les couvents se trouvent sans pain. Sagesse de l'homme, où es-tu? — La réformation prit un caractère tout à fait calviniste sous le règne d'Édouard VI, fils de Henri VIII; mais ce prince vécut peu, et après le règne éphémère de l'intéressante Jeanne Gray, le trône passa à la princesse Marie, fille de Catherine d'Aragon. Cette nouvelle souveraine de l'Angleterre était sincèrement attachée au catholicisme, et bien que la réforme eût pris racine sur le sol anglais, bien qu'elle eût rallié à son mensonger drapeau beaucoup d'intérêts et de passions, le despotisme était si fort que Marie put obtenir un nouveau changement de croyance, changement, hélas! trop peu durable. Il faut convenir, du reste, que Marie parut prendre à tâche de s'aliéner le cœur de ses sujets. Dépourvue de toute douceur de caractère, de toute affabilité de manières, elle souleva la nation par le supplice de Jeanne Gray, autant qu'elle la blessa par une alliance avec l'Espagne, dont l'unique résultat fut la perte de Calais. — Lorsque Élisabeth parut, elle n'eut qu'à faire un signe pour que l'Angleterre redevînt protestante. Son penchant pour la réforme s'était manifesté dès les premiers jours de son règne, et en la voyant appeler à son conseil Cécil et Bacon, il avait été facile de pénétrer ses vues. Un peu de roideur dans la conduite de Paul IV à son égard lui permit de colorer sa démarche aux yeux d'une nation qui n'hésita pas à la suivre dans sa nouvelle voie. Les communes prêtèrent le serment de suprématie, et les catholiques attachés à leur croyance furent réduits à s'expatrier ou à se cacher. Un protestant, M. Hallam, avoue que la situation des catholiques était affreuse, mais il ajoute que la *foi romaine* se maintenait dans le pays, grâce au zèle de prêtres qui, élevés en France, employaient mille stratagèmes, bravaient mille tortures pour réchauffer l'ardeur des fidèles; la pensée d'un meilleur avenir les soutenait, et leur confiance dans cet avenir reposait sur les droits de Marie Stuart au trône d'Angleterre. De là les craintes qu'inspirait cette princesse aux protestants zélés et à la reine, qui finit par ordonner son supplice. La conspiration de Babington servit de prétexte à cet acte violent de la jalousie d'une femme. Les peuples apprendront qu'on peut mettre la main sur une majesté; l'échafaud de Charles est bien près de celui de son aïeule! — Au reste, la supériorité d'esprit d'Élisabeth, la dignité qu'elle savait mettre dans tous ses actes et la haute capacité de ses ministres attiraient le respect sur son administration. Son nom est un des plus populaires en Angleterre. Tout ceci ne fait pas qu'elle ne soit servie souvent de la chambre étoilée, qu'elle n'ait fait retenir en prison des citoyens acquittés par le jury, et que dans plusieurs de ses ordonnances elle n'ait usurpé le pouvoir législatif. Il était difficile au surplus qu'il en fût autrement; lorsqu'il n'existe aucune loi qui fixe l'époque des assemblées parlementaires, un pouvoir discrétionnaire fort étendu doit être donné à la couronne. Une simple ordonnance établit la censure la plus minutieuse en matière de presse; une autre soumet à la loi martiale tout homme convaincu d'avoir apporté dans le royaume une bulle du pape. — Nous pouvons donc dire que les libertés anglaises s'étaient réduites au vote de l'impôt, et que la sage économie d'Élisabeth lui permit de conserver toute sa popularité. Elle eut rarement recours aux bénévolences; et dans le cas où elle employait ce moyen irrégulier, elle s'appliquait à restituer intégralement les sommes qu'on lui avait prêtées. Cette princesse plaça l'Angleterre à un très-haut degré d'élévation en Europe. Ses flottes commencèrent à parcourir les mers, son commerce devint florissant; l'Espagne abaissée pencha vers sa ruine. — En Élisabeth finit la maison de Tudor. Les Stuarts devaient succéder à cette maison, réunir l'Écosse à l'Angleterre, et laver dans un baptême de sang les écarts monstrueux dont nous venons de tracer rapidement le tableau. Quatorze prétendants avaient semblé prêts à se disputer la succession d'Élisabeth, et cependant la mort de cette princesse eût laissé un champ libre à leur ambition, on se vit disparaître de la scène politique, et ce fut avec une joie unanime que la nation courut au-devant de Jacques, roi d'Écosse, fils de l'infortunée Marie Stuart. Mais ce prince parut chercher à perdre la faveur dont l'entouraient les Anglais; un des sujets de plainte soulevés par le gouvernement d'Élisabeth était la rigueur avec laquelle on exécutait les lois portées contre les non-conformistes. Les puritains espéraient quelques adoucissements et présentèrent au nouveau roi la fameuse pétition millénaire qui ne contenait réellement rien d'exorbitant; mais Jacques, aigri par la contrainte où l'avaient tenu les presbytériens d'Écosse, avait juré de ne céder sur aucun point; la conférence d'Hampton Court fut tout à l'avantage des épiscopaux qui promettaient entière soumission. — Ce n'était pas assez; Jacques laissa aux esprits tout le temps de s'aigrir avant de convoquer un parlement, et lorsqu'au bout d'un an il se décida à cette importante mesure, sa circulaire d'élection remit en question tous les droits acquis depuis le roi Jean. Cette roideur était d'autant plus maladroite, que Jacques était dépourvu de tout moyen de résistance, et que la mauvaise grâce avec laquelle il céda, prouva une seule chose, savoir, qu'il était possible de restreindre l'autorité royale en dépit d'elle-même. C'était une découverte qui devait avoir des suites terribles. Jacques ne vit pas éclater la révolution; mais il pouvait la prévoir. Ses sujets étaient de jour en jour plus exigeants, plus hardis et moins généreux, quand il s'agissait d'accorder des subsides; ils répondaient aux expressions non équivoques de son mécontentement par des apologies de sa conduite. La conjuration des poudres ne put même rendre au roi une popularité qu'il avait perdue sans retour, et cependant, il faut le dire, tout fut mis en usage pour exploiter, au profit de la couronne, la haine qu'inspirait le seul nom de papisme. Le roi semblait tourner dans un cercle vicieux; il poussait les catholiques au désespoir, il s'obstinait à contrarier le vœu

national en poursuivant la réunion législative de l'Écosse et de l'Angleterre, et en négociant avec l'Espagne une alliance contre laquelle tous les préjugés étaient soulevés. Alors les communes refusaient les subsides, et Jacques vendait aux protestants hollandais les places qu'ils avaient remises à Élisabeth comme garantie des secours qu'elle leur avait fournis. Sur ces entrefaites moururent le prince Henri et le comte de Salisbury; le premier avait une supériorité d'esprit et des idées populaires qui rendirent sa perte un malheur réel pour la famille de Stuart, le second était le dernier des conseillers de la couronne formés à l'école d'Élisabeth. Jacques se plongea sans retenue dans les écarts qui naissent du favoritisme, et les historiens qui voudraient le justifier n'ont pas même la ressource de se rejeter sur son *bon naturel;* l'indigne traitement fait à Arabella Stuart, dont la naissance était le seul crime, le supplice de Raleigh dont les ouvrages honorent l'Angleterre, parleraient bien haut et réduiraient les apologistes au silence. — Charles Ier était une victime dévouée d'avance; il devait être abreuvé de tout le fiel que cent vingt ans d'un gouvernement monstrueux avaient déposé dans l'âme d'une nation avide de liberté. Vainement il voulut lutter; ni sa volonté, ni le dévouement de Strafford et de Laud ne purent triompher d'une opposition systématique. C'est du reste un spectacle curieux que celui d'une révolution qui, pendant neuf ans, partage le pays en deux portions à peu près égales. D'un côté, les *cavaliers* sont fiers d'un loyalisme sans réserve envers la couronne; ils ont pour eux les principes monarchiques. De l'autre côté, les *têtes rondes*, les parlementaires se font les soutiens, les appuis des droits de la nation. Le pouvoir exécutif et le pouvoir législatif sont aux prises; et, si le roi a souvent pour lui la supériorité des armes, le parlement a, aux yeux de la multitude, un caractère de légalité qui lui donne une force invincible. Et puis ses ressources pécuniaires sont plus régulières que celles du roi; ses armées sont donc mieux organisées, elles sont mieux commandées; l'ensemble qui règne dans les opérations militaires, le farouche enthousiasme des sectaires, font prévoir de bonne heure l'issue d'une lutte dont le début avait été la mort de Strafford et dont le dénoûment fut celle du roi lui-même. — Mais une assemblée ne peut régner. Le long parlement avait jugé un roi et l'avait fait exécuter. Il fut chassé honteusement par un homme sorti des derniers rangs du peuple et qui s'était élevé en faisant le docteur et le prophète; aussi bien qu'en conduisant les parlementaires à la victoire. Cromwell est un de ces hommes destinés à prouver que les peuples sont esclaves des mots. « Quand une fois, dit Bossuet, on a trouvé le moyen de prendre la multitude par l'appât de la liberté, elle suit en aveugle, pourvu qu'elle en entende seulement le nom. » — Olivier Cromwell fut protecteur; il refusa le titre de roi après l'avoir fait offrir. Puis l'Angleterre subit tour à tour la domination de Richard Cromwell, de Lambert, du long parlement, sorti pour quelques instants de son anéantissement; Monk vint enfin et la nation épuisée salua une restauration. — Les hommes sont naturellement excessifs. Après s'être saturés de liberté, les Anglais se montrèrent d'abord disposés à accepter les idées absolues du troisième Stuart. Mais des motifs de religion vinrent ranimer les vieilles haines. Charles II laissa opprimer les catholiques qu'il aimait, sans se concilier l'estime des protestants. Sa politique extérieure fut sans dignité; la conversion de son frère à la foi romaine acheva l'œuvre. Jacques II se vit chasser par sa fille et par son gendre; le secours qu'il reçut de Louis XIV, l'héroïsme de son petit-fils, furent sans résultats, et la révolution de 1688 fut le complément de celle de 1649. — Guillaume III avait eu la singulière destinée d'un homme regardé comme un habile général, quoique toujours battu; il passe pour un grand politique, et cependant l'autorité royale s'est à peu près brisée entre ses mains; mais aussi il eut le mérite de lutter contre Louis XIV, et de se maintenir, lui, prince étranger, sur le trône le plus glissant de l'Europe. — L'opposition à la France devenait un des besoins de l'Angleterre. Anne la sentit, et son règne fut marqué par cette guerre de la succession d'Espagne, qui détruisit en quelques années la puissance gigantesque de Louis XIV. A cette princesse, placée dans une position telle qu'elle dut mettre à prix la tête de son frère, succéda la maison de Hanovre appelée au trône par une décision des chambres. Les deux premiers princes de cette dynastie eurent à s'occuper exclusivement du soin de leur propre existence; sous le troisième le nouvel ordre de choses était consolidé. Que l'Angleterre ait perdu alors les riches colonies qui se sont détachées d'elle pour former la république des États-Unis, le règne de George III est pour elle une époque de splendeur : des conquêtes immenses dans les deux

Indes, une extension énorme donnée au commerce et à la marine, une politique habile lui ont assuré une supériorité incontestable sur les États européens pris à part. Mais elle est travaillée d'un mal intérieur qui détruira tôt ou tard cette puissance démesurée. Les passions politiques fermentent, le paupérisme devient un fardeau insupportable, la dette s'accroît de jour en jour, les croyances s'affaiblissent, tout se matérialise; ce sont là des signes d'un danger imminent. L'Angleterre a encore une aristocratie riche et puissante, et il faut de la foi dans les masses pour qu'elles consentent à reconnaître l'empire que donne la naissance. La réformation religieuse a lié l'Église à l'État. Ce sera une nouvelle cause de trouble dans un pays où les sectes se multiplient tous les jours et où l'Église épiscopale conserve néanmoins tous les avantages dont elle jouissait au XVI⁰ siècle.   HENRI PRAT.

ANGLETERRE (*constitution, lois*, etc.). L'invasion des Saxons dans la Grande-Bretagne eut le même caractère que celle des Francs dans la Gaule. Les Bretons, race celtique ainsi que les Gaulois, furent réduits comme eux en esclavage. Ils portaient l'eau et fendaient le bois, disent les historiens; ils étaient attachés au sol et vendus avec lui comme des bêtes de somme; ils étaient en dehors des lois qui protégeaient leurs maîtres et complétement étrangers à leur liberté. Leur résistance, aussi longue qu'opiniâtre, et les irruptions successives de nouvelles hordes conquérantes, rendirent leur situation plus grave encore que celle de nos ancêtres, parce qu'obligés de rester unis leurs vainqueurs se fortifièrent. Quand leur soumission ou leur destruction fut à peu près complète, le pays conquis sur eux fut divisé en sept royaumes; mais cette séparation ne dura pas longtemps. Les Saxons, harcelés par les Bretons du pays de Galles et de Cornouailles, et par les habitants de l'Écosse qu'ils ne soumirent jamais, inquiétés par l'arrivée des Angles et des Danois avec lesquels ils se mêlèrent, ne purent songer comme les Francs à se créer de petits États indépendants les uns des autres. La nation saxonne et les nouveaux venus qui s'y étaient incorporés formèrent un tout compacte jusqu'à la conquête des Normands. — Les Francs et les Saxons étaient également d'origine germaine; ils avaient la même constitution politique. Ces peuples guerriers avant tout, jaloux à l'excès de leur liberté, étaient conduits par des chefs électifs, qu'un ancien usage faisait presque toujours choisir dans la même famille, mais qui n'avaient qu'une autorité précaire, soumise aux règlements que la nation s'imposait elle-même dans ses assemblées générales, appelées *Wittenagemot* (assemblée des sages). Quand ils furent soumis au christianisme, les évêques et les abbés devinrent membres de ces assemblées; mais dans la Grande-Bretagne comme dans les Gaules les peuples vaincus n'y entrèrent jamais. — Les Saxons se divisaient en *thanes* ou seigneurs, et *ceorls* ou hommes libres; les anciens Bretons, les prisonniers de guerre, et ceux des Saxons que la misère avait soumis aux riches, formèrent la classe nombreuse des esclaves. Alfred, un de leurs chefs, avait divisé l'Angleterre en comtés (*shires*); chaque *shire* en *hundreds* ou centaine de maisons; chaque *hundred* en *tythings* ou dizaines de maisons. Les membres du comté se réunissaient deux fois par an, sous la présidence de l'évêque ou de l'*alderman*, chargé à la fois de l'administration civile et militaire. On adjoignit à ce dernier un *sheriff* qui partageait ses fonctions. L'autorité judiciaire n'appartenait pas exclusivement à ces deux magistrats. Dans des cas qui ne paraissent pas bien déterminés, la justice était rendue par douze francs-tenanciers (*freeholders*). Les lois se ressentaient de la barbarie du temps, car les institutions romaines, jusqu'à un certain point conservées dans quelques parties de la Gaule, avaient été complétement détruites dans la Grande-Bretagne. La plupart des crimes se rachetaient par des amendes pécuniaires, allouées d'abord aux plaignants, mais dont le prince et les juges s'attribuèrent bientôt la meilleure part. Quelque imparfaite que fût cette organisation, qui sans doute eût fini par aboutir, comme en France, au système féodal, quelque violation qu'elle dût subir à une époque où la force faisait souvent le droit, elle existait néanmoins, elle était reconnue, invoquée par ceux qu'elle protégeait; elle le fut plus tard par ceux qui la violaient; elle les protégea à leur tour contre les Normands, et ce fut à elle en partie qu'ils durent de n'être pas traités par ces nouveaux spoliateurs comme les Bretons l'avaient été jadis par eux-mêmes. L'envahissement de l'Angleterre par Guillaume le Conquérant ne fut nullement comparable à l'irruption des Francs dans la Gaule ni à celle des Saxons dans la Grande-Bretagne. Ce n'était plus un peuple entier, changeant de domicile, traînant après lui ses vieillards, ses femmes et ses enfants; suivant

des chefs revêtus par lui d'une autorité précaire et momentanée, c'était un souverain absolu, héréditaire, jetant où bon lui semblait une armée de vassaux et de serfs, d'aventuriers et de mercenaires, et demandant à son épée un trône qu'on refusait à ses absurdes prétentions. C'était une ambition hors de ligne, faisant servir à ses projets des milliers d'ambitions d'un ordre inférieur. Les Saxons eux-mêmes ne virent peut-être dans Guillaume qu'un usurpateur qui en chassait un autre; car Harold II avait bien moins de droits qu'Edgar Etheling à recueillir l'héritage d'Édouard. La question n'était point de nation à nation; elle fut tranchée dans une bataille. Le joug normand fut d'abord léger, les priviléges des villes furent confirmés, les principaux Saxons respectés; seulement les charges, et par conséquent les terres qui en représentaient les appointements, furent données aux soldats du conquérant; mais plus d'une fois les vexations des Normands poussèrent les Saxons à la révolte. Guillaume, qui n'attendait probablement qu'un prétexte, et qui d'ailleurs se trouvait placé entre deux nations désormais ennemies implacables, sentit la nécessité d'opposer une digue puissante, non-seulement aux tentatives que les Anglo-Saxons pouvaient faire pour reconquérir[1] leur indépendance, mais encore aux dangers que l'ambition de ses propres sujets pouvait accumuler autour de lui. Il dépouilla les uns sans confiscation les réduire à l'état de servage, et partagea, en faveur des autres, le pays conquis en 60,215 fiefs, *tous relevant immédiatement de la couronne*. Ses lois, promulguées sous la puissante influence du glaive, abolirent toutes les lois anciennes. Il ne fut permis à personne d'avoir de la lumière chez soi après l'heure du *couvre-feu*. La chasse fut interdite, même aux barons, sous les peines les plus graves. Guillaume se réserva exclusivement le droit de régler les impôts; il se fit le juge suprême du royaume par la création du tribunal appelé *aula regis* (cour du roi), tribunal uniquement composé de grands officiers de la couronne, révocables à volonté, auquel on pouvait appeler de toutes les cours de barons, et qui rendait le souverain seul arbitre des biens, de l'honneur et de la vie de ses sujets nobles ou vilains, Anglo-Saxons ou Normands. En un mot, le système féodal, transporté tout d'un coup sur la terre conquise, fut jeté comme un immense réseau de fer sur les vainqueurs et sur les vaincus. — Diverses circonstances s'opposèrent à ce qu'il produisît le même résultat qu'en France. Chez eux, les vassaux immédiats de la couronne étaient peu nombreux, et c'était d'eux, et non du roi, que tous les autres nobles tenaient leurs fiefs; de sorte que lorsqu'un grand vassal se soulevait contre l'autorité royale, les nobles, qui tenaient les terres de lui, étaient obligés de prendre les armes en sa faveur, sous peine de forfaiture (déchéance de leurs fiefs); tandis qu'en refusant leurs services au roi ils n'avaient rien à redouter de semblable. C'était précisément l'inverse en Angleterre, où les fiefs relevant tous directement de la couronne, la noblesse du second ordre aurait encouru la forfaiture, non pas en soutenant le roi contre la haute noblesse, mais au contraire en soutenant la haute noblesse contre le roi. L'ancienne organisation des Anglo-Saxons était maintenue; la division en shires, hundreds et tythings existait toujours, et les lois étaient uniformes dans tout le royaume, de sorte que la nation vaincue formait encore une masse compacte, capable d'imposer aux vainqueurs. De ces deux circonstances, la première mettait l'autorité royale à l'abri des tentatives des grands seigneurs, la seconde forçait les rois et les nobles à ménager les Saxons, ou du moins laissait à ceux-ci les moyens de secouer le joug s'il devenait trop pesant. — Tant que Guillaume vécut, il réprima par la force les séditions et les révoltes que son despotisme excitait; mais ce fut l'excès même de sa tyrannie qui, après sa mort, fit renaître la liberté; l'arbre avait été coupé, mais les racines étaient restées sous le sol. D'un côté, le partage des États de Guillaume entre Guillaume le Roux et Robert ajouta au mécontentement des nobles normands. Sujets du premier pour leurs possessions en Angleterre, et du second pour leurs terres de Normandie, ils sentaient la difficulté d'obéir à deux maîtres, dont la bonne intelligence était au moins suspecte. D'un autre côté, de hardis chasseurs saxons, mis hors la loi (*outlaws*) pour avoir contrevenu aux lois forestières, se réfugiaient dans les bois pour se soustraire au supplice; leurs bandes nombreuses, composées d'hommes poussés à bout, n'ayant rien à espérer ni à perdre, formaient un noyau toujours prêt d'insurrection. — Elle était sur le point d'éclater, lorsque Henri I⁰ᵉʳ, quarante ans après la conquête, rompit le premier anneau de la chaîne imposée à l'Angleterre. Usurpateur d'un trône qui appartenait à son frère (Robert de Normandie), il sentit que, pour se maintenir dans son usurpation, il devait se concilier l'affection de ses sujets. Il se relâcha de la rigueur des lois féodales en faveur des lords, à condition qu'ils accorderaient à leurs vassaux le même degré de liberté qu'ils venaient d'obtenir. Il abolit les lois qui pesaient le plus sur le peuple, notamment celle du couvre-feu, et promit d'exécuter les statuts d'Édouard III, chers aux Saxons, et sans doute mieux connus alors qu'aujourd'hui. Enfin la ville de Londres obtint une charte particulière qu'on regarde comme l'origine des privilèges. Ce fut alors que le vol commença à être puni de mort. — Étienne, usurpateur à son tour (1135), accorda aussi une charte et la viola aussitôt. Les barons fortifièrent leurs châteaux, s'emparèrent du droit de rendre la justice, de battre monnaie, etc. — Henri II réprima les entreprises des nobles et les empiétements du clergé. Par les statuts de Clarendon (1164), il fut décidé que les clercs, coupables de crime, seraient jugés par les tribunaux civils, et ne pourraient en appeler au pape; qu'il en serait de même à l'égard des biens ecclésiastiques; que les vassaux du roi ne pourraient être excommuniés sans son consentement, etc., etc. Le peuple, qui avait profité de l'humiliation des seigneurs et obtenu le rétablissement de l'ancienne institution du jury, avait stipulé que les biens du vassal ne seraient plus saisis pour les dettes de son seigneur, que les rentes dues par le vassal à son seigneur seraient payées aux créanciers de celui-ci; le peuple profita de l'humiliation du roi excommunié par le pape à cause des statuts de Clarendon et du meurtre de Thomas Becket. Henri II, au lieu du service militaire qui lui était dû par les vassaux de la couronne, demanda de l'argent dont il se servait pour soudoyer des troupes. Cette innovation tourna contre l'autorité de ses successeurs. Ce fut encore lui qui établit les *circuits*, dans lesquels des juges, nommés par lui, protégeaient le peuple contre les seigneurs, ou du moins limitaient la puissance de ces derniers. — Richard Cœur de Lion courut à la croisade, fut prisonnier en Allemagne, fit la guerre et écrasa ses sujets d'impôts. — Jean sans Terre, meurtrier de son neveu Arthur, continua le despotisme de son frère, et poussa ses sujets à la révolte. Alors l'Angleterre se trouva heureuse de n'être pas morcelée, comme la France, en petits États, différents les uns des autres, par les lois, les mœurs, les privilèges, les formes et le degré de la tyrannie, et n'ayant de commun que la dépendance mutuelle et toujours contestée de leurs chefs. Jean, abandonné, isolé, ne trouvant dans le pays aucun point d'appui, aucune province qu'il pût engager par des concessions et des privilèges à le soutenir contre les autres, fut contraint de céder, d'adoucir les lois forestières, de signer la grande charte (1215), et de faire lui-même reconnaître l'autorité des vingt-cinq lords choisis pour en surveiller l'exécution. L'hérédité des fiefs fut consacrée; le droit de gardenoble, inutilement aboli par Henri II, restreint; les élections du clergé déclarées libres, etc. Mais ce qui était d'une bien autre importance, le *scutage*, et peut-être d'autres contributions imposées aux nobles, ne pouvaient être levées sans le consentement du parlement (assemblée du clergé et de la noblesse : il n'y en avait point d'autre alors). Nous verrons plus tard la nation faire un usage fréquent de ce droit de refuser l'impôt. Ce qui n'est pas moins digne d'attention, c'est que le peuple, qui avait prêté son appui à ses maîtres, fit aussi ses conditions l'épée à la main. L'uniformité des poids et mesures, prescrite sous le règne précédent, est stipulée de nouveau; les marchands sont mis à l'abri de toute taxe arbitraire; ils pourront entrer dans le royaume et en sortir à leur gré; le paysan ne pourra être dépouillé de ses instruments de culture. Nul homme libre ne pourra être exilé ni molesté dans ses biens ou dans sa personne qu'en vertu d'un *jugement rendu par ses pairs* (jury), et d'après les lois du royaume. Les jugements seront rendus, non sur des rumeurs et des soupçons, mais sur des dépositions légales; les amendes seront proportionnées aux délits et n'iront pas jusqu'à l'entière spoliation du coupable. Tout homme libre disposera de ses biens à son gré, et s'il meurt sans tester, ses héritiers naturels lui succéderont. Les officiers du roi ne pourront prendre ni chevaux, ni voitures, ni bois, etc., sans le consentement du propriétaire. Au moyen de ces stipulations et d'autres semblables, le peuple anglais n'est plus protégé uniquement par ces maximes vagues de justice et d'humanité que les puissants doivent toujours; tandis que tous les autres peuples de l'Europe sont courbés sous l'empire de la force, lui possède un droit public écrit, formulé en termes précis, et dont il peut réclamer l'observation. Mais combien de fois encore ce droit sera-t-il enfreint! Déjà Jean lui-même fait annuler la grande charte par le pape, qui excommunie ceux qui invoqueront ce pacte solennel. On brave

l'excommunication; l'on parle même de déposer le roi parjure; et si Louis de France, appelé par les Anglais, avait su ménager l'orgueil national, la mort inopinée de Jean lui eût assuré la couronne. Il n'en fût pas ainsi. Henri III succéda à son père. En confirmant la grande charte, il annula le libre vote de l'impôt et du scutage, la liberté de sortir du royaume, etc.; mais il adoucit les lois concernant la chasse et les forêts, supprima la peine de mort pour les contraventions à ces lois, et rendit aux propriétaires des bois le droit d'en user comme ils l'entendraient. Mais l'extension donnée à la liberté civile ne ferma point les yeux des Anglais sur les atteintes portées à la liberté politique. On se révolta pour reprendre ce qu'il ôtait, sans toutefois se dessaisir de ce qu'il avait accordé. On lui refusa l'impôt régulier; il fit des emprunts forcés appelés *bénévolences*. Enfin Leicester se mit à la tête des mécontents, assembla dans la ville d'Oxford un parlement où furent appelés, outre le clergé et les barons, quatre chevaliers (knights) de chaque comté, dont l'influence toutefois se borna pour le moment à approuver les résolutions prises par l'assemblée; plus tard, on adjoignit même à ces knights des députés des villes et des bourgs : telle fut l'origine de la chambre des communes. Au milieu des troubles qui suivirent la révolte de Leicester, le peuple saxon se convainquit de plus en plus de son importance; tour à tour recherché par le roi et par la noblesse, il n'accorda son appui qu'à des conditions plus ou moins avantageuses, malheureusement aussitôt violées que convenues. A mesure que les arts et le commerce avaient pris du développement, il s'était formé dans les villes des corporations d'artisans et de marchands qui nourrissaient un esprit de liberté et d'indépendance, et saisissaient toutes les occasions d'obtenir de nouveaux privilèges ou de confirmer les anciens. — Les rois s'efforçaient continuellement d'affaiblir le pouvoir des barons, et le peuple y gagnait. D'un autre côté, ils ne pouvaient sans courir des risques se rendre trop absolus : car les révoltes étaient faciles, fréquentes et dangereuses, et les révoltés étaient sûrs de trouver des auxiliaires, soit en Écosse, soit dans le pays de Galles où les restes des anciens Bretons s'étaient réfugiés. Ces braves montagnards, tout en défendant leur indépendance, servaient la cause des Anglo-Saxons, leurs anciens oppresseurs, opprimés à leur tour par les Normands. Ils succombèrent sous le règne d'Édouard Ier, qui massacra leurs bardes, fit pendre comme rebelle leur prince, dont le crime était d'avoir défendu sa patrie et sa liberté, et réunit pour jamais la principauté de Galles à l'Angleterre (1283). S'il eût pu réussir à faire subir le même sort à l'Écosse, la liberté anglaise eût été compromise; mais malgré les intrigues d'Édouard et la faiblesse de Jean Baliol, qui se reconnut son vassal, l'Écosse conserva son indépendance pour quelques siècles encore. La guerre de Guyenne, la révolte des Gallois, l'alliance de la France avec l'Écosse, et les alliances qu'Édouard contracta lui-même avec différents princes du continent, lui imposèrent des dépenses auxquelles il ne put suffire. Pour obtenir de l'argent, il convoqua les nobles, les députés des comtés et des bourgs, et même le bas clergé, ce qui jusqu'alors était sans exemple. On lui accorda des subsides à diverses reprises; mais chaque fois on exigeait la confirmation de la grande charte, et l'on obtint une loi portant « que nul impôt ne serait levé sans le consentement et la volonté des archevêques, évêques, comtés, barons, soldats, bourgeois et autres hommes libres du royaume. » Ce fut vers cette époque que les députés des *comtés* et des *bourgs* formèrent une assemblée distincte de celle des barons et des évêques. — Sous Édouard II, les députés des bourgs ou communes, qui n'avaient encore été admis qu'à voter des subsides, commencèrent à annexer des pétitions aux *bills* par lesquels ils accordaient les impôts. Le parlement alla même jusqu'à déposer le roi, qui fut ensuite assassiné par deux scélérats. — Sous Édouard III, les membres du parlement déclarèrent qu'à chaque session ils feraient rendre compte aux ministres de leur conduite; qu'ils ne reconnaîtraient à l'avenir aucune loi qu'ils n'eussent librement consentie; qu'un pair ne pourrait être puni que par le jugement de ses pairs; enfin que les grandes charges ne seraient données qu'avec le consentement des barons. Édouard confirma cette décision; et, dès qu'il eut perçu le subside que cette confirmation lui avait valu, il se hâta de la révoquer. Toutefois, sur la fin de son règne, les remontrances parlementaires le contraignirent à laisser mettre ses ministres en jugement. » — Richard II, par une taxe arbitraire imposée sur tout individu âgé de plus de quinze ans, excita parmi le peuple une insurrection terrible et menaçante; et, comme il arrive toujours, cette insurrection nuisit, par les excès qui en furent la suite, à la cause même de la liberté. Cependant, quelques années après (1386), la chambre des communes, à l'instigation du duc de Glocester, mit en accusation le comte de Suffolk, chancelier du royaume, et le condamna. Le roi voulut résister; il fut dépouillé lui-même de son autorité, qu'il fut obligé de remettre entre les mains de douze commissaires nommés pour un an. Les ministres, ses conseillers, furent jugés et exécutés. L'orage passé, Richard, abusant du pouvoir qui lui avait été rendu, dépouilla Henri, duc de Lancastre et descendant de Henri III, de l'héritage de son père. Cet acte de rigueur excita des murmures; Lancastre leva une armée. Richard abandonné par la sienne, fait prisonnier, jugé, déposé par les barons et les députés des communes. Assassiné peu de temps après, il laissa Henri sur un trône usurpé, mais entouré de périls. — La chambre des communes avait acquis assez d'importance pour que les rois cherchassent à influencer les élections. Henri IV fut moins qu'un autre à l'abri de ce reproche. Une nouvelle révolte des Gallois, la guerre civile excitée par les partisans du comte de la Marche, le mirent dans la nécessité de recourir à la seconde chambre, et il lui importait d'y avoir des amis. Les communes profitèrent du besoin qu'on avait d'elles. Elles nommèrent des trésoriers pour veiller à l'emploi des subsides et leur en rendre compte; refusèrent d'accorder l'impôt avant qu'on eût fait droit à leurs pétitions; et, cédant aux opinions nouvelles des wicléfistes, qui préludaient à la réforme, elles demandèrent, mais en vain, que les revenus de l'Église fussent consacrés aux besoins de l'État. Elles allèrent plus loin encore sous Henri V, et proposèrent qu'aucune loi ne fût obligatoire, si le *bill* ou projet de loi n'avait été rédigé dans leur sein, soumis ensuite à la chambre des lords, et enfin approuvé du roi. — Le nombre des électeurs (pour les députés des bourgs et comtés) était déjà devenu assez considérable pour que Henri VI restreignît le droit électoral aux individus possédant en terres libres (freeholders) 40 schellings (environ 50 francs) de revenu annuel; cette somme est censée équivalente à 20 livres sterling d'aujourd'hui (500 francs). Le servage avait presque entièrement disparu, la liberté civile avait grandi avec la liberté politique; mais tandis que l'une faisait de nouveaux progrès, l'autre suivait une marche rétrograde. — Henri VII soumit de nouveau le clergé à la juridiction ordinaire, interdit aux nobles la faculté de se faire une clientèle, et leur permit de vendre leurs terres. Le peuple y gagna un moyen de plus de s'enrichir; mais des lois absurdes enchaînaient son industrie. Les prix de certains objets, les gages des laboureurs étaient fixés arbitrairement; il était défendu d'enclore les champs, de mettre ses enfants en apprentissage, à moins de posséder un revenu annuel de 20 schellings, etc. — Henri VIII rétablit les emprunts forcés ou *bénévolences*, abolies par Richard VII, tortura les consciences par ses lois religieuses, fit soutenir ses opinions théologiques par le bourreau, arracha au parlement un acte qui donnait à ses édits la force de lois, et un autre qui l'exemptait de payer ses dettes; un troisième qui le rendait maître du revenu des universités, des chapelles et des hôpitaux; en un mot, jamais roi ne fut plus absolu ni entouré de plus vils esclaves. Heureusement, la plupart de ses lois tyranniques furent rapportées sous le règne d'Édouard VI. — Marie imita son père en tout; persécutrice comme lui, comme lui elle soumit le parlement par la crainte, et plus elle le corrompit avec l'argent de l'empereur. Toutefois comme il ne se montra pas assez docile, il fut dissous. — Non moins absolue que son père et que sa sœur, Élisabeth créa une espèce d'inquisition contre laquelle les communes n'élevèrent que de timides et infructueuses remontrances; elle établit la chambre étoilée (*star-chamber*), tribunal semblable à celui qu'avait institué Guillaume le Conquérant, et la loi martiale en vertu de laquelle tout individu pouvait être saisi, jugé sans appel et exécuté sur-le-champ, en présence même du juge. L'on souffrait en silence, et l'Angleterre n'avait jamais été aussi florissante, sous le rapport de ce que nos hommes d'État appellent *les intérêts matériels*. Enfin, les Stuarts montèrent sur le trône. La nation se plaignait de perdre en masse les libertés conquises au prix de tant de troubles et de sang. Deux partis la divisèrent: l'un des torys, qui regardaient les franchises du peuple comme des concessions du souverain; l'autre, des whigs qui plaçaient les lois au-dessus du roi; tous deux aussi peu tolérants l'un que l'autre en matière religieuse. Le chancelier Bacon fut accusé de concussion devant la chambre des communes et condamné à une amende de 40,000 liv. sterling (environ un million de francs). En vain Jacques Ier cassa le parlement, fit emprisonner quelques membres des communes, et défendit aux citoyens de s'entretenir des affaires du gouver-

nement. Ces actes d'autorité excitèrent de nouveaux murmures. Le parlement nomma des commissaires, non comme sous Henri IV, pour surveiller l'emploi des subsides, mais pour les employer eux-mêmes; il consacra le principe que «tout ce qui n'est pas défendu par la loi est permis;» abolit les monopoles, et alla jusqu'à s'immiscer dans les affaires personnelles du roi. — Charles Ier, en commettant les mêmes fautes que son père, amena les mêmes résultats. La prérogative royale avait franchi toutes les bornes, la fameuse *pétition des droits* la resserra dans les limites les plus étroites. Les emprunts forcés (*bénévolences*) furent déclarés illégaux; les emprisonnements arbitraires et l'exercice de la loi martiale furent défendus; on supprima la cour de haute commission et la cour étoilée, dont la jurisprudence était établie, non sur le droit commun ou les lois du royaume, mais sur les proclamations du roi et de son conseil. Le droit de *tonnage* et de *pondage* avait été pareillement supprimé, mais Charles continua de l'exiger, ainsi que les *bénévolences* et les sommes que payaient les catholiques pour être affranchis des lois religieuses. Il y ajouta une taxe pour l'entretien de la marine (*shipmoney*); Hampden refusa de la payer, son procès intéressa toute la nation, sa condamnation fut regardée comme une violation manifeste de la *pétition des droits*. Charles aurait pu s'appuyer sur l'Écosse en la flattant; il la poussa à la révolte par une tentative insensée pour y établir la liturgie anglicane. — Le fanatisme religieux et le fanatisme politique s'enflamment et se portent réciproquement aux derniers excès. Les ministres du roi sont accusés de haute trahison; l'un d'eux, Strafford, est décapité; l'archevêque Laud enfermé à la Tour, où plus tard on l'assassine. Le parlement n'accorde le droit de *tonnage* et de *pondage* que pour deux mois; il établit que les chambres seront convoquées au moins tous les trois ans; il exige l'abolition de la chambre étoilée et celle des commissions chargées de l'application de la loi martiale, du *shipmoney* et autres taxes arbitraires. Enfin la guerre civile s'allume. L'Écosse est récompensée par l'Angleterre d'avoir la première levé l'étendard; l'Irlande vient compliquer la question par d'affreux massacres; la constitution tant de fois dépassée par les rois l'est maintenant par le peuple, dont les représentants à la chambre des communes se déclarent souverains, et s'arrogent le droit de faire des lois sans le concours du roi et des pairs: l'anarchie est au comble; le roi lui-même est accusé de haute trahison et périt sur un échafaud. — Les malheurs de la révolution et le protectorat brillant mais tyrannique de Cromwell corrigèrent le peuple au moins pour un instant; mais ses exigences ne tardèrent pas à se montrer avec plus d'énergie. — Danby, ministre de Charles II, accusé d'avoir fait avec la France une négociation honteuse, est condamné par la chambre des communes et conduit à la Tour, malgré l'assurance donnée par le roi que Danby n'a fait qu'obéir, même avec répugnance, à ses ordres formels. L'acte du *test* oblige tous les fonctionnaires à prêter le serment d'*allégeance* et de *suprématie*, à communier devant témoins dans une église paroissiale, à signer une renonciation formelle à la doctrine de la *transsubstantiation*. Par cet acte le duc d'Yorck, frère du roi et zélé catholique, est dépouillé du commandement de la flotte; plus tard il est exclu de la succession au trône. Tous les individus occupant des emplois salariés sont déclarés incapables de siéger dans la seconde chambre; l'illégalité des armées permanentes est de nouveau consacrée, et l'on étend la proscription à la garde même du roi; enfin le fameux bill d'*Habeas-corpus* couronne l'édifice de la liberté civile et politique. — Jacques II succéda à son frère, malgré l'exclusion prononcée contre lui. Mais le fardeau du pouvoir absolu l'écrasa. Il ne fut point chassé du trône; il en tomba, pour ainsi dire, sans que personne y fît attention; et sa garde fut relevée sans opposition par celle du prince d'Orange. — Mais le peuple anglais fit ses conditions: il exigea du nouveau roi un serment plus formel et plus précis que celui de ses prédécesseurs; Guillaume consacra la liberté de la presse et le droit de pétition, reconnut l'illégalité des armées permanentes et des tribunaux d'exception, proclama l'indépendance du jury, la liberté des discussions parlementaires et celle des élections; assura à la chambre des communes le vote de l'impôt et l'initiative dans la proposition des lois; ôta à la couronne le droit de suspendre les lois ou leur exécution, de lever des impôts non votés par la chambre et de percevoir ceux qu'elle aurait votés d'après un autre mode, ou pendant un temps plus long que ceux qu'elle a prescrits. Plus tard il fut établi par le bill triennal, que le parlement serait renouvelé tous les trois ans et convoqué au moins une fois pendant ce temps.

Enfin par un autre bill, relatif aux cas de haute trahison, il fut décidé que les accusés recevraient, cinq jours avant l'ouverture des débats, une copie de l'accusation, et, deux jours avant la même époque, une liste des témoins à charge; qu'ils auraient un conseil; que nul ne pourrait être accusé que sur la déclaration de deux témoins entendus dans les trois ans du crime; que les pairs du royaume seraient jugés par la chambre des pairs. — Toutes ces libertés, conquises une à une avec beaucoup de peine et de lenteur, n'ont pas été toujours respectées par le gouvernement. On n'osa plus, il est vrai, les attaquer à force ouverte et le front levé comme sous les Tudor; on ne les ébranla plus en opposant un parti à l'autre, mais on acheta avec des honneurs et des places les hommes chargés de veiller à leur maintien; ceux-ci à leur tour achetèrent les votes de leurs commettants avec de l'argent et des bassesses. La corruption, timide et réservée d'abord, jeta bientôt le masque et parvint rapidement à un degré incroyable d'audace et de scandale; la corruption devint un des ressorts de l'administration. — L'Angleterre eut sa chambre septennale, ses intrigues électorales, ses grands propriétaires faisant des lois à leur usage, repoussant à grands cris tout projet de réforme parlementaire, d'augmentation ou de meilleure répartition du nombre des électeurs, et armant sans cesse la royauté de lois exceptionnelles. Souvent aussi les préjugés du peuple s'opposèrent aux améliorations projetées; de là vinrent les principaux obstacles qui retardèrent l'adoucissement des lois portées contre les catholiques et contre les *dissidents*, et firent ajourner la réunion de l'Écosse et de l'Irlande à l'Angleterre, et leur participation, encore incomplète, aux libertés anglaises; de là enfin la vive opposition à la naturalisation des juifs et même à celle des protestants étrangers. — L'exposé historique qu'on vient de lire a dû donner déjà une idée générale des bases sur lesquelles est assise la constitution anglaise, et des vicissitudes auxquelles elle a été soumise. Il nous reste à tracer maintenant une esquisse de l'ensemble qu'elle présente à l'époque actuelle. — *Territoire et population.* Le territoire anglais, en Europe, présente une superficie de 28,783,810 hectares pour l'Angleterre, l'Écosse et l'Irlande seulement, habitée par une population de 21 à 22 millions d'individus. En comptant les colonies et principalement l'Inde, il faudrait ajouter, pour la surface du territoire, plusieurs centaines de milliers de lieues carrées, et pour le nombre des habitants, 115 millions. Mais dans ce dernier nombre, la population véritablement anglaise forme une minorité presque imperceptible, et une grande partie des pays que l'Angleterre regarde comme lui appartenant ne lui a pas encore été abandonnée par les naturels. — *Division territoriale.* Les possessions européennes de la Grande-Bretagne se composent de trois royaumes unis d'Angleterre, d'Écosse et d'Irlande, des îles du nord et de l'ouest de l'Écosse (Orcades, Shetland), de celles de Jersey et de Guernesey, dans le voisinage des côtes de France, du rocher de Gibraltar en Espagne et de quelques îles dans la Méditerranée, dont l'adjonction à l'empire britannique n'est pas à l'abri de tout reproche. Les Orcades et les îles Shetland sont soumises au régime de l'Écosse, qui n'est pas précisément le même que celui de l'Angleterre proprement dite, et régies de même que les autres colonies par la loi générale. — L'Écosse et l'Irlande ont été réunies à l'Angleterre, la première en 1707, la seconde en 1800. Bien que les trois royaumes soient actuellement confondus en un seul, néanmoins le droit politique n'est pas rigoureusement le même chez tous; la loi civile et le régime ecclésiastique offrent des différences bien plus tranchées encore, surtout entre l'Angleterre et l'Écosse. Les trois royaumes sont divisés en comtés (*counties* ou *shires*), dont l'étendue et la population sont fort inégales. Car, tandis que le comté de Rutland, en 1821, n'avait que 18,000 habitants, celui de Middlesex à la même époque en comptait 1,144,000. Les *shires* ou *counties* sont divisés en *hundreds* (centuries), qui correspondent en quelque sorte à nos arrondissements, mais dont le nombre et l'étendue varient d'un comté à l'autre. Les *hundreds* se subdivisent en *parishes* (paroisses et seigneuries). Le *parishe* ne correspond point exactement à notre *commune*; il peut se composer d'un ou de plusieurs villages ou bourgs, dont le principal magistrat est tantôt le seigneur du lieu (*lord of the soil*), tantôt le recteur ou ministre du culte (*curate*), tantôt un des principaux propriétaires décoré par le roi du titre de juge de paix (*justice of peace*). La division en *parishes* est plutôt ecclésiastique que civile. L'Écosse, sous ce rapport, diffère beaucoup de l'Angleterre. — *Classes de citoyens.* Sous le rapport législatif, il n'y a

en Angleterre que deux classes de citoyens, les *lords* (seigneurs, nobles titrés) et les *commoners* (hommes du commun, de la *commonalty*). Mais dans le fait, les anciennes classifications féodales ne sont pas aussi complètement effacées qu'on pourrait le croire. Au premier rang se trouvent les nobles titrés (*nobility*): ce sont les ducs, marquis, comtes, vicomtes et barons (lords temporels), les archevêques et les évêques (lords spirituels). Vient ensuite la noblesse du second ordre (*gentry*), qui se compose: 1° des *knights* (chevaliers), parmi lesquels plusieurs ont le titre héréditaire de *baronnet*, créé et vendu par Jacques Ier, et donné depuis, comme chez nous actuellement celui de baron, aux hommes qui ont rendu d'éminents services; 2° des *esquires* (écuyers), parmi lesquels se rangent de droit les fils puînés des *lords* et les fils aînés des *knights*, qui transmettent ce titre à leurs enfants. La noblesse s'acquiert par *création* ou par *succession*. Le roi peut faire entrer qui bon lui semble dans les rangs de la *nobility* ou de la *gentry*; certaines places confèrent le titre de *knight*. Il en est peu qui ne donnent pas droit à celui d'*esquire*. On est même dans l'usage d'appeler *gentleman* tout individu qui exerce une profession libérale, ou même qui ne vit pas d'un travail manuel. Les titres héréditaires ne passent qu'à l'aîné des fils; si l'aîné meurt sans enfants, le plus âgé de ses frères lui succède. Les nobles ne dérogent point en épousant les filles de simples bourgeois; assez généralement même les riches héritières de la *commonalty* achètent de leur personne et de leur fortune le titre de pairesse. De cette manière la richesse tend à se concentrer dans la classe privilégiée, qui d'ailleurs assez souvent se recrute parmi les simples *gentlemen* qui ont amassé de grandes fortunes. — La *commonalty* proprement dite, ou la bourgeoisie, comprend, 1° tous les propriétaires dont les biens rapportent un revenu annuel de 40 shellings au moins, et qui sont qualifiés *yeomen*; 2° les marchands, artisans, journaliers (*tradesmen, artificers and labourers*). — Les terres sont occupées à titre de *fiefs, de freehold, de copyhold*. Les fiefs sont les terres seigneuriales; mais depuis longtemps les seigneurs ont secoué le joug de la féodalité, leurs biens passent directement à leurs enfants ou à ceux en faveur de qui il leur plaît de tester. Néanmoins plusieurs terres auxquelles sont attachés des titres nobiliaires sont encore soumises à diverses redevances ou à des services personnels, considérés, il est vrai, comme des privilèges. A mesure que les nobles se sont affranchis de la dépendance où ils étaient de l'autorité royale, ils ont eux-mêmes perdu celle qu'ils avaient sur le peuple. Tous les droits seigneuriaux, toutes les prestations en nature ont été supprimés (à l'exception des droits de l'Église et de ceux de la couronne), ou transformés en simples redevances en argent. — Les *freeholders* ou francs-tenanciers sont ceux qui possèdent des terres au même titre que nous les possédons aujourd'hui en France; mais il faut dire que, dans les temps reculés, les propriétaires de *freeholds* ou francs alleux les avaient inféodés aux seigneurs pour s'assurer une protection. C'est là ce qui a fait dire que les *freeholds* étaient possédés en vertu du droit féodal. Par une fiction légale le roi est censé propriétaire de toutes les terres du royaume : en ce sens, le *freeholder* relève directement du roi; il est *freeman*, homme libre. — Les *copyholds* étaient dans l'origine des propriétés cédées par le *seigneur* à des conditions plus ou moins onéreuses. Quelques-unes de ces conditions ont graduellement été anéanties. Mais le *copyholder* ne peut transmettre sa propriété à titre de vente, de legs ou autrement, que l'acquéreur ou l'héritier ne paye au seigneur (*lord of manour*) une redevance qui peut s'élever à une année de revenu; il est également tenu de payer tant pour abattre sur sa terre un arbre de charpente, tant pour tel autre objet qui varie d'un village à l'autre. Enfin, suivant Chamberlayn, le *freeholder* a un droit direct, héréditaire et perpétuel, le *copyholder* n'a qu'un droit d'usufruit. Il existe une autre espèce de *copyholders* ou *baseholders*, ce sont des fermiers qui ont des baux de cinquante et même de quatre-vingt-dix-neuf ans. Les *copyholders* étaient des arrière-vassaux qui ne jouissaient pas comme les *freemen* du droit électoral. Toutes ces distinctions existent encore; car l'Angleterre, dans ses révolutions, n'a pas fait *table rase* comme nous dans la révolution de 1789 : elle n'a pas comme nous abrogé ses anciennes lois pour leur substituer un code entier, dont toutes les parties sont coordonnées régulièrement. En droit politique comme en droit civil, elle a fait pièce à pièce des dispositions qu'on regarde comme purement additionnelles, et qui n'empêchent pas d'avoir au besoin recours à des dispositions plus anciennes et même tout à fait contradictoires. — EXERCICE DE LA SOUVERAINETÉ. — *Pouvoir législatif.* Le pouvoir de faire les lois appartient collectivement au *roi* et au *parlement*, qui se compose de la *chambre des lords* (pairs) et de celle des *communes* (députés). Examinons successivement : 1° comment ce pouvoir s'obtient ; 2° comment il s'exerce. — 1° La royauté est héréditaire, elle passe directement au fils aîné du roi défunt ; à défaut de mâles, les filles succèdent ; elles transmettent leurs droits à leurs enfants, mais non à leurs époux. Les parlements se sont attribué, dans quelques circonstances, le droit d'intervertir l'ordre de succession. Le roi ne peut professer la religion catholique. — La pairie est également héréditaire de mâle en mâle, et par ordre de primogéniture ; mais le roi peut créer des pairs à volonté. Georges III en a créé cent quatre-vingt-quatre depuis 1780 jusqu'à 1820. Tout noble titré (lord) est pair de droit. Il faut excepter quelques barons dont le droit, inhérent aux fonctions qu'ils remplissent, n'est pas transmissible à leurs descendants. Les archevêques et évêques sont pairs, mais ils ne transmettent point ce titre à leurs enfants. Tous les pairs d'Angleterre ont droit de siéger dans la chambre des lords ; et ils ne peuvent en être exclus sous aucun prétexte. Les pairs d'Écosse et ceux d'Irlande ne sont pas aussi favorisés (et c'est la première différence que nous ferons observer sur le droit politique des trois royaumes) ; ils sont représentés à la chambre des lords par un certain nombre d'entre eux qu'ils choisissent eux-mêmes, et qui s'élève à seize pour l'Écosse et à vingt-huit pour l'Irlande. Le nombre des pairs siégeant au parlement est illimité. Il était en 1828 de trois cent soixante-treize membres ; il a été porté à quatre cents en 1829 par l'admission des pairs catholiques qui avaient été exclus jusque-là. — La composition de la chambre des communes et les droits électoraux en vertu desquels le peuple nomme les membres qui doivent y venir siéger ont été modifiés en 1832. Nous parlons ici de l'ancien état de choses : nous indiquerons ensuite les points sur lesquels a porté la réforme. — Les députés des communes sont au nombre de six cent cinquante-huit ; cinq cent treize pour l'Angleterre et le pays de Galles, cent pour l'Irlande et quarante-cinq pour l'Écosse. Cette répartition est vicieuse. L'Écosse, dont la population est le sixième environ de celle de l'Angleterre, devrait avoir, en suivant la même proportion, quatre-vingt-six députés ; l'Irlande, d'après la même base, devrait en avoir près de deux cent cinquante. La répartition des députés entre les *shires* ou comtés est plus singulière encore. Tous les *shires* indistinctement nomment deux députés : or le comté de Rutland comptait en 1821 18,000 habitants ; celui d'York en avait 1,173,000, c'est-à-dire soixante-cinq fois autant. Ce n'est pas tout ; sous Henri III, le comte de Leicester avait introduit dans le parlement deux *knights* (chevaliers) par comté, pour représenter la noblesse du second ordre ; et peu de temps après, plusieurs villes, notamment celles qui étaient chefs-lieux de comtés ou sièges d'évêchés, avaient obtenu le même privilège. Plus tard, ces deux classes de représentants formèrent une assemblée distincte de celle des lords, sous le nom de chambre des communes ; et, dès ce moment, les intérêts de la *gentry* et de la *commonalty* furent confondus. Néanmoins on a continué ce double système d'élection, et il est encore en vigueur aujourd'hui. Le nombre des représentants des comtés est resté stationnaire, tandis que celui des villes et des bourgs (*boroughs*) s'est accru d'une manière fort inégale. D'un côté, des villes qui, dans l'origine, ne jouissaient pas du droit d'être représentées au parlement, ont obtenu ce droit par la suite ; quelques-unes ont même été assez heureuses pour l'étendre, et Londres a maintenant huit députés. Le roi accordait la jouissance ou l'extension du droit d'élection suivant son bon plaisir. Sous Charles II le roi interdit au roi cette faculté sous la réserver pour lui-même. D'un autre côté, plusieurs *boroughs*, à l'époque où les députés n'entraient dans le parlement que pour approuver les décisions des lords, abandonnèrent volontairement un privilège plus onéreux qu'utile. Des villes qui, depuis Charles II, se sont élevées par leur commerce et leur population au plus haut degré d'importance, n'ont pu acquérir le droit d'envoyer des députés au parlement ; tandis que des villes anciennes, réduites par diverses circonstances à la condition de simples villages ou même de misérables hameaux, nomment encore deux membres de la chambre des communes. C'est à ces villes déchues, où le droit électoral se trouvait concentré dans les mains d'un petit nombre de propriétaires, et quelquefois même d'un seul, qu'on a donné le nom de *bourgs pourris* (*rotten boroughs*). Ainsi la représentation nationale était jusqu'à un certain point illusoire, et les conséquences de ce défaut d'uniformité étaient encore aggravées par les bizarreries des élections. L'aristocratie profitait de ces abus ; aussi

n'a-t-elle rien omis pour empêcher l'adoption *du bill de réforme* et pour en atténuer les effets. Malgré ses efforts les *bourgs pourris* ont été supprimés ; certaines villes peu importantes qui nommaient deux députés n'ont été réduites à un seul, ou même ont été réunies à d'autres localités pour former un seul arrondissement électoral. Les comtés et les villes à qui leur population et leur richesse donnaient un haut degré d'importance ont été subdivisés en plusieurs arrondissements électoraux. Ainsi chacun des trois *ridings* (subdivisions) du comté d'Yorck élit maintenant deux députés ; d'autres comtés plus petits n'ont plus qu'un seul représentant, etc. Bien que cette réforme n'ait pas été aussi complète qu'on pouvait le désirer, et qu'il reste encore une grande inégalité dans la répartition de la représentation nationale, on ne peut disconvenir qu'une grande amélioration n'ait eu lieu. Seulement il est fâcheux que l'Écosse et l'Irlande n'en aient pas profité autant que l'Angleterre, et que le régime exceptionnel auquel elles sont soumises sous ce rapport n'ait pas entièrement disparu. — Les conditions à remplir pour être éligible aux fonctions de membre de la chambre des communes sont : 1° d'être né ou naturalisé Anglais ; 2° d'être âgé de 21 ans au moins ; 3° de jouir d'un revenu annuel en biens-fonds de 600 livres sterling pour être député du bourg. Les biens-fonds doivent être situés dans le comté où se fait l'élection. Ne peuvent être élus membres de la chambre des communes les ministres du culte, les fonctionnaires salariés, et surtout ceux qui perçoivent les deniers publics ou qui sont chargés, à quelque titre que ce soit, de la gestion d'une partie des revenus de l'État. Les députés qui acceptent des fonctions salariées sont réputés démissionnaires, mais ils peuvent être réélus. — Telle est l'origine de la puissance législative : voici comment-elle s'exerce. Le parlement ne peut rester assemblé plus de sept ans ; il faut qu'il soit convoqué au moins une fois durant cet espace de temps, après lequel la chambre des communes doit être dissoute. Le roi convoque, proroge et dissout le parlement ; mais comme l'impôt et le contingent ne sont votés que pour un an, il est obligé de convoquer tous les ans les deux chambres. La convocation se fait par *lettres royales* adressées à chacun des pairs du royaume individuellement, et par des ordres donnés aux shérifs des comtés, de procéder aux élections dans les comtés et dans les bourgs. Les élections ne peuvent se faire que dix jours au moins et soixante jours au plus après la publication du *writ* (ordonnance de convocation). La veille des élections les troupes doivent s'éloigner de deux milles au moins (deux tiers de lieue) de la ville où s'assemblent les électeurs ; toute espèce de séduction, d'intrigues, de cabale, pour s'emparer des votes, est menacée d'amendes énormes, de la perte du droit d'éligibilité, etc. ; mais il n'existe pas dans l'univers de loi plus impunément foulée aux pieds. Celui qui serait convaincu de l'avoir violée peut éviter le châtiment en dénonçant un autre coupable. Cette loi est aussi immorale que l'action qu'elle défend ; aussi a-t-elle eu pour résultat de rendre la corruption plus effrontée. Le *writ* de convocation doit être publié quarante jours au moins avant la date fixée pour l'ouverture des chambres. En 1797, cet intervalle a été réduit à quatorze jours. Les ministres n'ont pas trop abusé de cette absurdité légale qui leur donnait la facilité de s'entourer uniquement de leurs amis, au moins pendant les premières séances du parlement. L'époque de l'ouverture arrivée, le roi se rend à la chambre des pairs, à laquelle s'adjoint, pour cette fois seulement, celle des communes ; il prononce le discours d'ouverture comme en France, et les chambres y répondent par une *adresse* délibérée et votée à la majorité des voix. Leurs membres prêtent serment de fidélité au roi. La chambre des pairs est présidée par le *lord chancelier*, celle des communes choisit elle-même son *orateur* ou président (*speaker*) parmi ses membres. Puis elle forme cinq comités de cinq membres chacun : 1° pour veiller sur les privilèges de la chambre ; 2° pour recevoir les doléances du peuple ; 3° pour vérifier les élections contestées ; 4° pour soutenir les intérêts du commerce ; 5° enfin pour s'occuper des affaires ecclésiastiques. Chaque membre des deux chambres (*houses*) a le droit de faire une *motion*, c'est-à-dire de présenter un projet de loi. Si la *motion* est appuyée par quelques autres membres, on la discute ; si elle est adoptée à la majorité des suffrages, le *bill* (proposition) est adressé à l'autre chambre qui la discute à son tour, l'amende (modifie), l'adopte ou le rejette ; puis la proposition est adressée au roi *sous forme de supplique*. Le roi l'adopte ou la rejette ; mais il ne peut y faire aucun changement. Toute loi d'impôt doit être discutée d'abord à la chambre des communes et votée par elle ; le roi et la chambre haute peuvent l'adopter ou la rejeter, mais sans y introduire aucune modification. Toute loi doit être votée librement par les deux chambres et sanctionnée par le roi. La formule de sanction varie. Pour les lois d'un intérêt général, c'est celle-ci : *Le roi le veut.* S'il s'agit d'un *bill* privé, la formule adoptée est : *Soit fait, comme il est désiré*; enfin elle est ainsi conçue pour les lois d'impôt : *Le roi remercie ses loyaux sujets, accepte leur bénévolence et aussi le veut.* La sanction est rejetée par la formule : *Le roi s'avisera.* Tout *bill* rejeté par l'un des trois pouvoirs ne peut plus être présenté dans la même session. Toute discussion est libre dans les deux chambres, et nul ne peut être poursuivi pour les opinions qu'il y a émises; mais le président peut rappeler à l'ordre ceux qui s'en écartent. Un pair a même le droit de demander au roi une audience, particulière et de lui soumettre les observations qu'il juge convenables. Les pairs seuls ont le droit, quand ils s'absentent de la chambre, de fonder de pouvoir un de leurs collègues pour voter à leur place, soit en lui prescrivant le sens dans lequel il doit voter, soit en le laissant entièrement libre. — *Pouvoir exécutif.* — Nous avons indiqué les attributions *législatives* du roi; ses attributions *exécutives* sont les suivantes : 1° le roi est le premier magistrat du royaume, la source de tout pouvoir judiciaire, le chef de tous les tribunaux; les autres juges ne sont que ses substituts. La justice se rend en son nom; les arrêts sont scellés de son sceau et exécutés par ses officiers. Par une fiction de la loi (ou, plutôt par une réminiscence de la féodalité), il est réputé propriétaire du royaume; tout crime ou délit est une offense envers sa personne, et est poursuivi en son nom devant les tribunaux. Il a le droit de faire grâce, seulement dans les cas où la poursuite est censée dirigée par lui, mais il ne peut intervenir dans les jugements, ni dispenser le coupable de la satisfaction due à la partie plaignante. 2° Il est la source des honneurs, il confère les titres et les dignités, crée les pairs et les nobles d'un rang inférieur; enfin, il dispose de tous les emplois, soit dans les tribunaux, soit ailleurs, mais il ne peut en changer, en étendre, en restreindre les attributions. 3° Il est le surintendant du commerce; il a seul le droit de fixer les poids et mesures, de battre monnaie, de donner cours aux monnaies étrangères, mais il ne peut en altérer le titre. 4° Il est le chef suprême de l'Église. Comme tel il nomme les archevêques et les évêques (sous forme de recommandation aux chapitres). Il possède seul le droit de convoquer l'assemblée du clergé et de la dissoudre; son assentiment est nécessaire pour valider les actes ou *canons* délibérés dans cette assemblée; mais il ne peut toucher aux articles de la religion ni aux priviléges du clergé; il doit professer la religion de l'État. 5° Il est le généralissime des forces de terre et de mer; il a seul le droit de lever des troupes, d'équiper des flottes, de construire des forteresses, de distribuer les grades et emplois dans l'armée et dans la marine; mais l'armée est licenciée de droit à la fin de l'année, si l'une des deux chambres refuse d'en voter le contingent ou d'accorder l'impôt. 6° Dans les rapports avec les nations étrangères, le roi est le dépositaire et le représentant de la majesté collective de la nation : il envoie des ambassadeurs et en reçoit, signe des traités, contracte des alliances, déclare la guerre et fait la paix aux conditions qu'il juge convenables. Mais il ne s'expose guère à mécontenter les chambres, car on le laisserait sans troupes et sans argent. 7° Enfin son inviolabilité et son irresponsabilité sont consacrées par l'axiome : LE ROI NE PEUT MAL FAIRE, *The king can do not wrong*, mais ses ministres sont responsables, la chambre des communes peut se porter accusatrice contre eux devant la chambre des lords, provoquer leur arrestation et leur mise en jugement. — Les fonctionnaires à qui le roi délègue les diverses attributions du pouvoir exécutif sont extrêmement nombreux; leurs noms seuls feraient un volume : nous indiquerons les principaux. — *Grands officiers de la couronne.* Ces officiers sont : 1° le lord *high steward*, grand maître. Cette charge, dont le titulaire était investi d'un pouvoir exorbitant, était héréditaire; elle se réduit maintenant au privilége d'assister au couronnement du roi et de recevoir les réclamations des nobles qui ont droit d'y remplir tel ou tel office en vertu de leurs priviléges féodaux. 2° Le lord grand chancelier (*high chancellor*) qui est en même temps garde du grand sceau (*keeper of the great seal*). Il est chargé de fonctions judiciaires; il confère les bénéfices ecclésiastiques dont la nomination appartient au roi; le roi le nomme et le destitue à volonté. 3° Le lord grand trésorier (*high treasurer*); il est ministre des finances, président de la chambre de la trésorerie, composée, depuis Georges III, de cinq lords; il nomme les officiers des douanes, de l'*excise* (droits réunis) et tous les préposés au recouvrement de l'impôt. 4° Le président du conseil privé (*lord*

president of the privy council). 5° Le garde du sceau privé (*lord privy seal*); il appose le petit sceau sur les priviléges, concessions, lettres de grâce, etc.; il est par sa place membre du conseil privé. 6° Le lord chambellan (*lord chamberlain*); il a l'intendance de la garde-robe du roi, de la chambre des pairs, dont les huissiers, etc., sont sous ses ordres; il est héréditaire. 7° Le grand maréchal (*lord earl marschall*); cet officier avait autrefois autorité sur plusieurs *cours du royaume*; il exerce une haute juridiction dans les matières de généalogie. Cet emploi appartient par hérédité aux ducs de Norfolk : mais comme ils sont catholiques, ils sont remplacés par un lieutenant. 8° Le lord grand amiral (*lord high admiral*); il est président de la commission des lords de l'amirauté; il est chargé de l'administration de la marine royale, il en nomme les officiers; il choisit les *coroners* pour l'inspection des corps morts trouvés à la mer ou jetés à la côte, etc. — *Conseil privé.* Le conseil privé, présidé par le roi, discute les mesures propres à assurer l'honneur, la défense, le bien-être du pays. Il était chargé autrefois du gouvernement de l'Irlande, et l'est encore de celui des colonies, des îles de Man, Jersey, etc. C'est dans son sein que sont délibérées les ordonnances relatives à l'exécution des lois, etc. Les membres sont nommés par le roi, leur nombre est illimité. — *Secrétaires d'État.* Ils forment, avec le lord grand chancelier, le ministère proprement dit. Ils sont au nombre de trois : 1° celui de l'intérieur qui est le véritable ministre de la police et de la justice; 2° celui des affaires étrangères; 3° celui de la guerre et des colonies. On considère encore comme faisant partie du ministère le grand chambellan, le procureur général de la couronne, le directeur général des postes, etc. — *Administration des comtés.* Ces divers fonctionnaires composent la haute administration, l'administration générale du royaume. Chaque comté ou *shire* a aussi son administration particulière qui varie dans les trois royaumes et qui n'est pas même uniforme en Angleterre. En général chaque *shire* a son chef militaire; le lord lieutenant, nommé par le roi, qui commande la force armée du comté, et qui exerce une haute influence sur les magistrats civils; mais dans les quatre comtés palatins, Lancaster, Chester, Cornwall et Durham, l'organisation est différente. Le lord lieutenant est remplacé dans les trois premiers par un chancelier; dans le comté de Cornwall, ce chancelier est nommé par l'héritier du trône, à qui le comté appartient comme apanage. Celui de Durham est tout à fait sous la domination de l'évêque. Le comté d'Yorck est subdivisé en trois *ridings-sheriffs*. — Le premier magistrat civil de chaque shire est appelé *sheriff*. Le sheriff était dans l'origine un adjoint que le peuple donnait au comte; mais depuis que le titre de comte ne confère plus aucune autorité, le sheriff est à la nomination du roi, qui le choisit parmi six candidats présentés par les juges ambulants (voy. ci-après le paragraphe : *Pouvoir judiciaire*), et réduits à trois par le lord chancelier, le grand trésorier, le conseil privé et douze juges. Il est ordinairement nommé pour un an. Il a sous ses ordres un sous-sheriff, des baillis, des secrétaires (*clerks*), des constables, des sergents, etc. Ses attributions sont nombreuses. Il est chargé d'exécuter les ordres du roi, de veiller à la sûreté des juges, des cours d'assises; de choisir les jurés, de solliciter l'examen des affaires civiles et criminelles, de surveiller l'exécution des jugements, de protéger les condamnés, de faire recouvrer les deniers publics (excepté pour les impôts votés par le parlement), de convoquer les assemblées électorales, de maintenir la tranquillité publique dans les comtés. Les comtés, avons-nous dit, sont divisés en *hundreds*. Autrefois chaque hundred avait son bailli (*bailiff*). Il existe encore dans quelques lieux des magistrats sous ce titre, mais ils n'ont aucune autorité. — *Juges de paix* (*justice of peace*). Les juges de paix sont choisis par le roi dans la noblesse, le clergé, les *gentlemen*, les hommes de loi et toutes les personnes qui jouissent de quelque considération; leur nombre est illimité : il y a telle année où le lord chancelier expédie cinq ou six cents nominations de juges de paix. Ce grand nombre de fonctionnaires ne fait peut-être pas que les fonctions soient mieux remplies; mais ce qu'on peut dire, c'est que, plus il y a de gens intéressés à l'ordre de choses établi, plus cet ordre a de chances de stabilité. Le roi est le premier juge de paix du royaume; tous les grands seigneurs sont juges de paix; il n'y a pas de petit noble, de propriétaire, de ministre de paroisse (*curate*) qui ne soit juge de paix. La seule condition à remplir est d'avoir 100 livres sterling de revenu (2.500 francs). Leurs fonctions administratives sont de maintenir *la paix des sujets du roi*, de citer, de faire arrêter, d'interroger et d'emprisonner les meurtriers, les voleurs, les conspirateurs, les vagabonds; de venir au secours des pauvres, de prendre soin des enfants abandonnés, d'accorder et retirer les permissions pour l'établissement des nouvelles hôtelleries, des auberges, des tavernes ou cabarets : ils autorisent et surveillent les associations de plus de dix personnes, etc. Ils ne sont pas tenus d'exercer, mais ceux qui veulent remplir leurs fonctions demandent une autorisation spéciale et prêtent serment. Leurs appointements sont peu considérables, et généralement ils les abandonnent à leurs greffiers ou secrétaires. — *Officiers inférieurs*. Ce sont le grand constable (*high constable*), chef des officiers de police; les deux *coroners*, chargés des enquêtes à faire sur les cas de mort violente; le commissaire du marché (*clerk of the market*) qui a la surveillance des poids et mesures; les *constables*, officiers de la police subalterne. Les deux *coroners* sont les seuls magistrats élus par le peuple. — *Quarter sessions*. Tous les trois mois il se forme ordinairement dans le chef-lieu, et autres villes principales du comté, une assemblée composée du shériff, des coroners, du grand constable, des administrateurs des paroisses, des inspecteurs des pauvres et des juges de paix, qui ne s'y rendent guère au nombre de plus de trente à quarante. Cette assemblée s'occupe des dépenses générales du comté pour l'entretien des routes, des ponts, des prisons, des tribunaux; elle fixe et répartit entre les paroisses les salaires des gens de justice, etc., nomme les administrateurs des pauvres et autres employés. Elle remplit, ainsi que les principaux magistrats qui la composent, des fonctions judiciaires. Les actes sont enregistrés par l'un des juges de paix nommé garde des actes (*custos rotulorum*) et qui est en même temps chargé d'indiquer à l'avance le lieu où se tiendra la session. — *Administration des villes, bourgs et villages*. *Villes* (*cities*). Chaque cité d'Angleterre, en vertu de sa charte et de ses privilèges, accordés par différents rois, forme une *corporation* ou communauté qui se gouverne par elle-même et choisit ses magistrats. Ces magistrats sont ordinairement douze *aldermen*, parmi lesquels on choisit un maire (*mayor*). C'est là, comme on voit, un véritable conseil municipal. Les citoyens ne sont pas taxés arbitrairement, parce que chaque corporation marchande est représentée par un de ses membres dans le conseil des *aldermen*. Toute ville a, par sa charte, sa *haute, moyenne et basse justice*. Quelques-unes ont des magistrats appelés shériffs, dont les attributions n'ont rien d'uniforme. A Oxford, à Cambridge, certains collèges de l'université ont succédé à l'autorité presque arbitraire des anciens maires. — *Bourgs* (*towns*). Les bourgs érigés en *corporations*, car ils ne le sont pas tous, sont administrés les uns par un *maire*, les autres par deux *baillis*; ici par des *aldermen*, là par des *port-greve*, etc. Tous ces magistrats sont juges de paix dans toute l'étendue de la juridiction du bourg. Le nom de *borough* se donne particulièrement aux bourgs *incorporés* ou non qui envoient des députés au parlement. — *Villages*. Pour administrer les villages, le seigneur du lieu (*lord of the soil*) avait autrefois le pouvoir de convoquer un conseil appelé cour du baron (*baron's court*), et qui s'assemblait toutes les trois semaines. Maintenant ce conseil ne juge plus que les questions relatives à des redevances; au reste, le seigneur et le ministre du culte sont presque toujours juges de paix. « Enfin chaque village, dit Chamberlayn, offre un épitome (abrégé) du gouvernement monarchique, de l'administration civile et ecclésiastique qui doit nous rendre le peuple le plus heureux de la terre. » — *Pouvoir judiciaire*. Sous le régime féodal, chaque baron avait sa *justice*, chaque ville avait également la sienne. Toutes ces *justices* étaient indépendantes les unes des autres et suivaient une jurisprudence différente. Cela devait arriver surtout en Angleterre où les jurés, appelés à juger dans une foule de causes, basaient leurs décisions non sur des lois qu'ils connaissaient imparfaitement, et qui, à chaque règne, se multipliaient sans se détruire, mais sur leur manière de voir personnelle, et sur les jugements prononcés antérieurement dans les causes du même genre. Les rois cherchaient, par tous les moyens possibles, à s'emparer du pouvoir judiciaire, et chaque débris enlevé à la juridiction des seigneurs formait les attributions d'une nouvelle cour composée d'officiers royaux. L'Église, de son côté, appelait devant elle plusieurs délits de diverse nature, et quelquefois même se déclarait indépendante des tribunaux séculiers. Enfin, le peuple lui-même cherchait à se créer des juges indépendants du roi, des nobles et du clergé. Au milieu de ce dédale obscur de lois, d'ordonnances, d'arrêts ayant force de loi, de questions de ressort et de compétence, des avocats devinrent indispensables. Alors tout s'embrouilla de plus en plus; et sur cette terre de liberté et d'égalité, dans ce pays modèle (comme on l'appelle partout sur la foi de ses habitants), il n'y

a pas une loi barbare du temps des croisades ou des guerres civiles qu'on ne puisse exhumer pour ou contre vous; il n'y a pas un tribunal dont vous ne puissiez éluder la compétence au moyen de quelque *fiction légale*, mensonge grossier dont personne n'est dupe; il n'y a pas un homme de loi qui osât vous garantir la tranquille possession de la propriété que vous venez d'acheter ou de payer; il n'y a pas de jour où vous ne puissiez être condamné à mort pour avoir coupé un arbre ou vous être promené masqué sur une grande route. Cependant, il faut le dire et le dire hautement, malgré les préjugés populaires, malgré les efforts de ceux à qui les abus profitaient, des hommes qu'on ne saurait assez louer, Peel, Romilly, Brougham et beaucoup d'autres ont fait pénétrer la réforme dans cette législation monstrueuse. La peine capitale, bien que prodiguée encore, est déjà beaucoup moins commune qu'avant 1828; les places de judicature *ne se vendent plus*; il est défendu aux juges de recevoir des présents (épices). Mais la tâche n'est pas finie, il reste encore à ramener aux mêmes principes le droit civil, si différent dans les trois royaumes, et à réunir en un seul code cette multitude d'actes du parlement, de lois, de statuts, de règlements locaux (*by law*), d'arrêts des diverses cours. Il reste à accorder entre elles ces dispositions incohérentes ou contradictoires de la loi civile (*civil law*), de la loi ecclésiastique (*canon law*), de la loi commune (*common law*), de la loi statuaire (*statute law*), de la loi forestière (*forest law*), etc., etc., dispositions entassées pêle-mêle dans plusieurs centaines de volumes. Nous ne nous jetterons pas dans ce labyrinthe, et nous nous bornerons à indiquer les principales cours d'Angleterre : 1° *chambre des pairs* : elle juge ses membres en matière criminelle, connaît des crimes de haute trahison et des affaires qui sont d'un intérêt général pour le royaume, etc. 2° *Cour du banc du roi* (*king's bench*) : elle juge les procès de la couronne, les crimes de meurtre et d'homicide, elle réforme tous les jugements des cours inférieures. 3° *Cour de la chancellerie* (*high court of chancery*) : elle adoucit les jugements des autres cours, elle est la gardienne et la conservatrice des lois, etc. 4° *Cour des plaids communs* (*court of common pleas*) : on y porte toutes les affaires civiles entre particuliers; elles y sont plaidées par des avocats assermentés; cette cour juge d'après le texte précis de la loi. 5° *Cour de l'échiquier* (*court of the Exchequer*) : elle prononce sur les droits et redevances qui appartiennent au roi. Ces quatre cours se composent en tout de douze juges; le président de chacune d'elles porte le titre de grand juge (*chief justice*) et de haut baron (*chief baron*). Il est facile, au moyen de *fictions légales*, de faire passer une affaire quelconque de l'une de ces cours à l'autre, tant leur compétence est devenue arbitraire. 6° *Justices ambulantes* : les douze juges parcourent deux fois par an les comtés de l'Angleterre et y exercent les attributions de juges de paix, de juges criminels (*oyer and terminer*); ils font évacuer les prisons en jugeant les affaires pendantes (*goal delivery*); ils connaissent des contestations en matière d'impôts, et enfin des affaires civiles qui ne sont pas encore présentées aux trois cours supérieures. 7° *Cours d'assises* : elles sont présidées par les juges en *circuit*, et composées, comme en France, de jurés choisis parmi les citoyens. Chaque affaire est soumise à un jury spécial (*special jury*). 8° *Quarter sessions* (*sessions trimestrielles*) : outre leurs fonctions administratives, elles font des enquêtes sur les meurtres, les vols, les crimes d'hérésie, de trahison, de faux monnayage; elles interrogent les prévenus, et s'ils sont jugés coupables les mettent en prison jusqu'à un prochain *circuit* pour les traduire devant les cours d'assises. Sous ce rapport les *quarter sessions* sont de véritables jurys d'instruction (*great jury*). 9° *Cour de comté* (*county court*) : elle juge entre particuliers les contestations dont l'objet ne s'élève pas au delà de la valeur de 40 shellings. Elle est présidée par le shériff. Ce magistrat est chargé de porter devant les juges en *circuit* toutes les affaires civiles ou criminelles. 10° *Juges de paix* (*justice of peace*) : ils appliquent les lois en ce qui concerne les pauvres, les vagabonds, etc., etc. — Voilà certes un grand nombre de tribunaux, mais il en existe encore une foule d'autres : la cour du duché de Lancastre, la cour de l'amirauté, la cour des mines, etc. Chaque grande ville a les siens, qui varient suivant sa *charte* et ses *privilèges*. Ce n'est pas encore assez; il y a des cours ecclésiastiques qui connaissent de l'adultère, de l'hérésie, etc., qui réprimandent publiquement, punissent, excommunient (Écosse). La cour des prérogatives (*prérogative court*) juge des prises (en mer), des successions non recueillies, etc. Nous citerons un trait remarquable de la jurisprudence anglaise et qui intéresse les étrangers. En Angleterre, un étranger peut acheter des propriétés; mais, à moins d'être naturalisé Anglais, il ne peut ni les vendre ni les léguer à ses héritiers; à sa mort elles tombent dans le domaine de la couronne. — *Droits du souverain*. Pour abréger, nous dirons que ces droits sont à peu près les mêmes qu'en France, sauf les privilèges féodaux du roi et des pairs, lesquels, dit-on, tendent de jour en jour à se réduire à de pures distinctions honorifiques. Outre la liste civile, le roi et le prince de Galles jouissent de quelques redevances féodales et autres. L'héritier du trône est duc de Cornouailles, et, à ce titre, il jouit de diverses prérogatives et d'un revenu sur les mines. — *Droits des citoyens.* — *Égalité.* Les Anglais sont égaux devant les tribunaux, et peut-être aussi devant les collecteurs des taxes (*tax gatherer*); mais la haute noblesse et le clergé jouissent encore de quelques privilèges, ou du moins de droits qui chez nous passeraient pour des privilèges. Beaucoup d'emplois civils sont exclusivement le partage des nobles; les grades militaires jusqu'à celui de colonel n'appartiennent guère qu'à ceux qui les achètent, et au-dessus de ce grade il faut être noble pour les obtenir. — *Liberté civile.* Suivant les jurisconsultes anglais, la liberté civile (*private liberty*) comprend le droit de propriété, le droit de sécurité personnelle et celui de locomotion (changement de lieu). Quant au premier de ces droits, il est garanti par les lois comme chez nous; chaque citoyen peut même déshériter ses enfants s'il le juge à propos. A défaut de testament, l'hérédité varie: ici c'est le fils aîné, ailleurs c'est le plus jeune qui succède. Mais la multitude des lois, la longueur des procès, l'énormité des frais, rendent la propriété plus incertaine que partout ailleurs, quand il y a contestation. La liberté individuelle est garantie par l'institution du jury, par le droit accordé au coupable de récuser un grand nombre de jurés, les uns par divers motifs, les autres sans alléguer de motifs; elle l'est encore par la loi d'*habeas-corpus* dont la nôtre est la copie perfectionnée, elle l'est enfin par le droit de résistance. Blackstone s'exprime ainsi à ce sujet : « Pour soutenir leurs droits quand ils sont violés et attaqués, les sujets d'Angleterre sont autorisés à réclamer l'administration régulière et le libre cours de la justice dans les tribunaux, à adresser au roi et aux chambres des pétitions pour le redressement de leurs griefs, enfin à posséder des armes et à s'en servir pour leur conservation et leur défense. » Ce droit a été consacré par le *bill des droits* (*bill of rights*) et par plusieurs décisions des tribunaux. Mais d'un autre côté, outre les inconvénients qui dans tous les pays sont malheureusement inséparables de l'institution du jury, si précieuse sous le rapport de rapports, en Angleterre l'accusé qui ne peut *payer un avocat* et faire venir *à ses frais* des témoins éloignés, court les plus grands risques de succomber. De plus le gouvernement peut suspendre l'*habeas-corpus*, sauf toutefois à en rendre compte aux chambres. Pour ce qui est du droit de locomotion, les Anglais en jouissent incontestablement.—*Liberté religieuse.* Il n'y a pas encore six ans que les citoyens qui ne professaient pas *la religion de l'État* n'avaient droit à des fonctions quelconques que moyennant deux serments (*test and supremacy*) qu'évidemment leur conscience ne leur permettait pas de faire, ce qui équivalait à une exclusion absolue. — *Liberté de la presse.* Elle est reconnue par la loi, et l'autorité la respecte. — *Droit d'association.* Pour former une association, quelque nombreuse qu'elle soit, il suffit d'en prévenir un juge de paix.—*Droits électoraux.* Le droit électoral, pour la nomination des députés, était presque illusoire avant la réforme de 1832 : on n'admettait pour *électeurs de comté* que les *freeholders* ayant 40 shellings de revenu annuel; des *copyholders* qui avaient 1,000 livres sterling de rente (25,000 francs) n'étaient pas électeurs. L'inégalité des comtés avait d'autres inconvénients : dans celui d'Yorck il y avait seize mille électeurs pour deux députés (sur une population de 1,173,000 âmes); dans d'autres la propriété foncière, concentrée entre les mains de cinq ou six grands seigneurs, leur conférait le droit d'élire également deux députés. C'était bien pis encore pour *les électeurs des bourgs.* Les conditions électorales variaient d'une ville à l'autre : ici, il suffisait d'être domicilié; là, il fallait être maître dans une corporation; ailleurs, il fallait être possesseur de certains domaines, ce qui produisait de choquantes inégalités; Portsmouth, par exemple, avec quarante-cinq mille habitants, avait autant d'électeurs que Bristol peuplé de cent six mille âmes, etc. Enfin le propriétaire des ruines d'un *bourg pourri* nommait à lui seul deux députés. Par le nouveau mode adopté depuis 1832, il y a neuf cent cinquante mille électeurs sur vingt et un à vingt-deux millions, ou plutôt sur cinq millions trois cent cinquante mille hommes, en supposant une moitié du sexe féminin et un quart au-dessous de vingt et un ans; ainsi il y aurait un élec-

teur sur cinq individus mâles et adultes; chez nous la proportion est d'un sur quarante-quatre. — Les conditions à remplir pour être *électeur de comté* sont d'être né ou naturalisé Anglais, d'être âgé de 21 ans accomplis, et de posséder en biens-fonds 10 livres sterling de revenu au lieu de 40 shellings (250 fr. au lieu de 48). Les *copyholders* ne sont plus exclus. Dans les bourgs il faut, pour être électeur, être propriétaire ou locataire (unique) d'une maison de 10 livres sterling de revenu. Ces conditions sont un peu modifiées pour l'Irlande et pour l'Écosse. Les listes électorales sont dressées par les administrateurs (*overseers*) des paroisses. Les réclamations sont adressées à des *barristers* (membres du barreau) nommés à cet effet par le lord grand juge (*chief justice*) et le lord chancelier. Les *barristers* sont défrayés de leurs dépenses et reçoivent en outre 10 guinées (120 francs) par jour. Rien n'a été changé au droit d'élection pour les magistrats des bourgs et des villes, il est aussi variable que par le passé. — *Devoirs des citoyens.* — *Jury.* En Angleterre, la taxe *directe* la plus modique donne droit à remplir les fonctions de juré. — *Service militaire.* L'armée anglaise se recrute, comme la nôtre avant la révolution, par les engagements volontaires. Les *racoleurs* enivrent des jeunes gens oisifs ou mécontents de leur sort, leur font prendre avec adresse une modique somme d'argent; dès qu'ils l'ont acceptée ils sont irrévocablement soldats. Les grades militaires s'achètent, comme nous l'avons dit (excepté en temps de guerre et dans l'artillerie et le génie), jusqu'au grade de colonel. Il existe des régiments entiers (*condemned regiments*) formés de malfaiteurs dont on a commué la peine en service militaire. La marine se recrute par la presse en temps de guerre. Dans un port de mer tout homme qui a la tournure d'un marin est sûr d'être enlevé de force, conduit à bord d'un bâtiment et d'y rester plusieurs années sans mettre pied à terre. Cependant si le matelot *pressé* prouve qu'il est au service de quelqu'un, il est renvoyé sur-le-champ. La *liberté anglaise* ne permet pas de priver un citoyen de son domestique, mais elle permet d'arracher ce domestique à sa famille et de l'emprisonner sur un navire jusqu'à ce qu'il se fasse fusiller pour tentative de désertion. — La milice à cheval (*yeomanry*) et la milice à pied (*milice*) sont une espèce de garde nationale active, recrutée par le tirage au sort, payée et nourrie quand elle fait un service régulier, et qu'on ne peut faire sortir du royaume que d'après son consentement. Il existe en outre des régiments de volontaires (*volunteers*) dont l'organisation ressemble beaucoup à celle de notre garde nationale sédentaire.—*Impôts, taxes générales.* En Angleterre, le revenu public est énorme à cause des charges que la guerre contre la France a imposées au pays, et de la dette effrayante (20 milliards) qui en est résultée. En 1815 les recettes du trésor (*exchequer*) s'élevèrent (taxes, emprunts, amendes, etc.) à 131,799,000 liv. sterl., 3,294,975,000 francs. En 1825 elles ont été de 67,187,000 liv. sterl., 1,679,675,000 francs. Les taxes générales de l'Angleterre se rapportent à quatre divisions principales : 1° *l'impôt foncier* sur les terres (*land tax*), sur les maisons et fenêtres (*houses and windows tax*). 2° Les droits réunis (*excise*) qui portent sur les briques et tuiles, la chandelle, le cacao et le café, les esprits, les vins, cidre et poiré, le verre (vitres et glaces), les cuirs et peaux tannées, les licences; les épices, le papier, le savon, le thé, le tabac, le vinaigre, les papiers et calicots peints. La taxe sur le sel a été abolie en 1829. 3° Le timbre (*stamp*), auquel sont soumis divers actes relatifs aux successions, les lettres de change et promesses, les journaux, avis, assurances contre l'incendie, voitures publiques, chevaux de poste et de luxe, vaisselle d'or et d'argent, almanachs, pamphlets ou brochures, cartes et dés à jouer, billets de loterie, etc. 4° Les douanes (*customs*), auxquelles sont assujettis les sucres, les produits des pêcheries, les vins, les fers, les étoffes, soies, cotons, chanvres et laines, les livres et plus de cent autres articles. — Il existe en outre diverses taxes sur les domestiques, les voitures de maître à deux ou à quatre chevaux, les carrossiers, les selliers, les chevaux de race, d'agrément, de louage et de travail; sur les chiens (excepté ceux de berger); sur les meutes (soixante-douze meutes sont taxées ensemble 2,592 liv. sterl., 900 fr. chacune); sur les cartes ornées, les armoiries, etc. Les taxes somptuaires, celles qui ne frappent que le luxe, et par conséquent les riches, sont en général progressives, c'est-à-dire, par exemple, qu'on paye plus pour le second domestique que pour le premier, pour le troisième que pour le second, etc.; elles s'élèvent, dit-on, suivant certains calculs, à près de 100,000,000 de francs. Comme l'impôt foncier est le moins productif de tous, il n'est pas réparti de la même manière qu'en France; les collecteurs (*tax gatherers*) s'en rapportent au serment du propriétaire sur le revenu annuel de sa propriété ; en cas de doute, ils font une enquête. Les contestations sont portées devant les *quarter sessions*. Ce mode est sujet à bien des abus, et il en résulte une grande disproportion entre les charges imposées aux citoyens. Les taxes une fois recueillies constituent ce qu'on appelle le *fonds consolidé* (*consolidated fund*), auquel les ministres ne peuvent toucher que lorsque les chambres ont voté le budget de chaque service. S'il y a un excédant, on diminue l'année suivante la taxe la plus onéreuse, etc., etc. — *Taxes locales*. Nous ne parlerons que de la taxe des pauvres et de la dîme. La taxe des pauvres, pour l'Angleterre seulement, non compris l'Écosse et l'Irlande, s'élevait en 1824 à 5,734,216 liv. sterl. (143,354,400 fr.), dont 176,000 absorbés pour les frais de justice. « Si, en regard de l'accroissement annuel de cette somme énorme, dit l'auteur à qui nous empruntons ces détails, on place la diminution progressive de la quotité de secours accordée à chaque indigent, on se fera l'idée d'une dégradation qui n'a pas d'exemple dans l'histoire. » — Nous pourrions accumuler ici des détails effrayants mais positifs, puisés dans des documents authentiques, présentés au parlement et publiés en 1825. Nous nous bornons à dire qu'il résulte en définitive de ces documents que, terme moyen, quarante-cinq personnes sur cent reçoivent des aumônes sur la taxe des pauvres. La proportion est plus forte dans certains comtés que dans d'autres ; dans celui de Berks elle est de quatre-vingt-trois sur cent. — La dîme se paye, non plus en denrées, mais en argent, à quelques collèges de l'université, héritiers des anciens moines, et surtout aux ministres du culte anglican, lors même que leur paroisse étant toute composée de catholiques, comme en Irlande, ils n'exercent aucune fonction. Le cumul des bénéfices et la non-résidence des ecclésiastiques sont aujourd'hui l'objet d'un examen sérieux dans le parlement ; le scandale a été porté loin qu'il ne l'avait jamais été. Les autres taxes locales sont peu considérables ; les grandes routes sont faites et entretenues par des compagnies qui y établissent des barrières avec un droit de péage pour les voitures. Les chemins vicinaux sont à la charge des propriétaires riverains ; les autres dépenses sont rarement supportées par les paroisses, et en général elles sont réparties sur tout le comté par les *quarter sessions*. Il n'y a point d'octroi.

A. S-R.

ANGLETERRE (*religion*). La révolution qui a détruit en Angleterre l'unité catholique et ouvert la voie aux tristes divisions qui depuis trois siècles ont agité la population des trois royaumes, présente un caractère qui lui est propre et qui la distingue essentiellement de toutes celles que le XVIᵉ siècle vit éclater dans les autres contrées de l'Europe. Les égarements du zèle religieux, la turbulence de l'esprit de libre examen, les aberrations d'un scepticisme raisonneur, cette espèce de fureur, d'impatience et de révolte qui soulevaient ailleurs les peuples à la voix de Luther et de Calvin, n'ont eu qu'une part secondaire à la production du schisme de Henri VIII et à l'établissement du culte qui a reçu le nom de *religion anglicane*. Les passions brutales d'un prince ardent et impérieux, l'esprit envahisseur du pouvoir parlementaire qui devait fonder sa grandeur sur les ruines du clergé catholique, dans une aristocratie ecclésiastique fortement constituée, un appui contre l'esprit indépendant du peuple anglais, telles sont les causes premières et déterminantes d'une révolution qui, dans l'histoire des variations religieuses, devait occuper tant de place. — Abaissée au point de n'être plus qu'une affaire de politique et de discipline administrative, la réforme anglaise a donc rien de cet éclat et de cette espèce de grandeur qui donnent un intérêt si vif et si dramatique à l'histoire des révolutions religieuses qui dans le même temps détachaient tant de rameaux de l'arbre antique et révéré du catholicisme ; mais son histoire n'en est pas moins digne d'être étudiée avec attention, et le tableau des phases diverses par lesquelles la réformation a passé, depuis l'instant où Henri VIII portait d'une main timide encore ses premières atteintes à l'autorité du saint-siége jusqu'à nos jours, nous semble tout à fait propre à montrer combien il est difficile de s'arrêter dans la voie périlleuse des révolutions, lorsqu'elles ont surtout pour principe cet indomptable orgueil de l'esprit humain qui, dans les vaines tentatives qu'il a fait depuis trois siècles pour échapper au christianisme, n'a pu jusqu'ici démontrer que sa propre impuissance[1]. —

Le mariage de Henri VIII avec Catherine d'Aragon, tante de l'empereur Charles-Quint, et déjà veuve du prince Arthur, frère du monarque anglais, avait été reconnu comme valide par le pape Jules II, et rien ne prouve que, pendant une union de dix-huit années (1509-1527), aucun scrupule religieux eût agité l'âme de ce prince. Mais la passion que lui inspira la trop célèbre Anne de Boleyn, ayant changé en aversion les sentiments d'amour qu'il avait jusqu'alors conservés pour sa vertueuse épouse, vint donner l'essor à la violence de son caractère longtemps comprimée. Il se souvint tout à coup qu'en épousant sa belle-sœur il avait violé les règles prescrites par la discipline de l'Église ; et bien que le saint-siége n'eût approuvé cette union qu'après qu'il lui avait été démontré que le premier mariage de Catherine avec Arthur, mort avant sa quinzième année, n'avait pu être consommé, des conseillers, habiles à flatter ses penchants, lui persuadèrent qu'une déclaration surprise à la bonne foi de Jules II pouvait, sans aucune difficulté, être annulée par un bref de son successeur, Clément VII. Alors il fut décidé que les plus vives instances seraient faites auprès du souverain pontife pour obtenir de lui que celui qui, en cassant le mariage de Catherine, autoriserait le divorce prémédité, et donnerait son approbation à l'union nouvelle que l'inconstance impatiente du prince brûlait de contracter. — Les écrivains anglais qui se sont efforcés de rendre l'autorité pontificale responsable du schisme déplorable que la prudence de Clément VII essaya, pendant si longtemps et avec une si louable persévérance, de prévenir, n'ont pas manqué de raisons à alléguer pour justifier d'une part les scrupules tardifs du roi d'Angleterre, et démontrer de l'autre que le souverain pontife aurait pu donner une réponse favorable, sans compromettre en rien l'infaillibilité des arrêts de la cour de Rome. La question n'était pas là. Il s'agissait de savoir, non si l'on pouvait sans difficulté rapporter une décision prise antérieurement, mais bien si l'on céderait à la capricieuse inconstance d'un prince qui couvrait la passion irrésistible qui l'entraînait du voile hypocrite d'un scrupule religieux. Clément VII n'hésita point. Les intrigues, les sourdes menées, la soumission feinte du monarque anglais et de ses conseillers, déjà secrètement voués à la réforme luthérienne, furent inutiles, et le bref qui maintenait la validité du mariage de Henri VIII avec Catherine, et prohibait expressément le divorce demandé, fut enfin promulgué (1530). — Les obstacles qu'avait rencontrés Henri VIII n'avaient fait qu'irriter sa passion. L'ambition de deux hommes, qui exercèrent alors sur les destinées de l'Angleterre une désastreuse influence, Cromwell et Cranmer, et les complaisances de plus en plus serviles d'un parlement empressé de faire sa cour au prince en favorisant ses projets, aplanirent bientôt toutes les difficultés. Déjà le clergé de Canterbury, qu'avait imité celui d'Yorck, en le proclamant chef suprême de l'Église et du clergé d'Angleterre (1531), avait fait naître dans le cœur d'un prince qui s'était déjà mis au-dessus des lois humaines, le désir de se mettre pareillement au-dessus des lois divines. Cranmer, qu'une bulle de Clément VII venait d'élever au siége primatial d'Angleterre, tourne aussitôt contre le saint-siége l'autorité qu'il lui doit, et, donnant enfin un libre cours à son zèle pour la réforme, dont il avait depuis longtemps embrassé les principes, il casse hardiment le mariage de Henri VIII et de Catherine, réduite, par suite de cette inique procédure, à la simple condition de princesse de Galles. Déjà Henri VIII, surprenant par un honteux mensonge la bonne foi d'un prêtre catholique, avait fait consacrer son mariage avec sa maîtresse, enceinte depuis plusieurs mois (1533). Désormais la voie du catholicisme se fermait devant ce prince aveuglé par un amour auquel il avait tout sacrifié ; et le zèle habile de Cromwell et de Cranmer s'empressait de faire tourner au profit de la réforme son impérieuse ardeur. L'orgueil du roi ne résiste plus à la tentation de réunir dans ses mains la puissance temporelle et l'autorité spirituelle ; le parlement, brisant les derniers liens qui rattachent encore l'Angleterre à l'autorité du saint-siége, déclare solennellement le roi chef suprême de la religion ; à lui le droit de réviser et de modifier les statuts ecclésiastiques et d'en formuler à son gré de nouveaux ; à lui l'institution des évêques ; à lui en un mot la plénitude de cette puissance spirituelle devenue d'autant plus tyrannique entre ses mains et celles de ses successeurs, qu'elle ne pouvait avoir pour contre-poids ni l'autorité des traditions, ni la sanction de l'Église, ni la confiance des peu-

---

[1] Dans cette esquisse rapide de l'histoire de l'anglicanisme, nous omettons à dessein un grand nombre de détails que nos lecteurs trou-

veront dans les divers articles biographiques consacrés, dans cet ouvrage, aux personnages qui y ont joué le rôle le plus important.

ples. Stipulant ensuite pour lui-même, le parlement s'attribue des droits nouveaux, et n'oublie pas d'accroître ses prérogatives, au moment où il accorde tout au monarque dont il flatte bassement les passions. — Voilà donc la séparation consommée; voilà l'unité brisée, et la porte ouverte au torrent des innovations religieuses ! Mais si Henri VIII s'était laissé entraîner jusqu'à l'idée d'une rupture avec la cour de Rome, dont la puissance avait opposé à ses désirs un obstacle qu'il avait brisé dans un premier emportement, la pensée de réformer le dogme et de favoriser les entreprises des novateurs n'était jamais entrée dans son esprit. Le clergé presque tout entier et la plus grande partie de ses sujets étaient encore alors aussi opposés que lui-même à l'invasion du protestantisme. Henri qui, dans un écrit célèbre contre Luther, avait manifesté pour le protestantisme une répugnance toujours, qui lui avait valu le titre de *défenseur de la foi*, se trouva dès lors placé entre deux partis opposés qui s'agitèrent autour de son trône, et sur lesquels il fit peser également cette suprématie religieuse en vertu de laquelle il pouvait à son gré persécuter et les catholiques qui résistaient au schisme, et les protestants dont les aventureuses hardiesses inquiétaient son despotisme. — Cette position étrange se dessina d'une manière de plus en plus nette, à mesure qu'il s'agit de formuler les doctrines qui devaient, après sa rupture avec le saint-siége, servir de base à la foi de ses peuples. D'abord il n'y eut rien de changé dans les livres de la liturgie que le nom du nouveau *pape*, que les décrets du parlement venaient de substituer au successeur des apôtres en l'investissant du droit de prononcer sur les hérésies et de régler toutes les parties du culte. Les dix articles de foi formulés en 1537 sous l'influence de Gardiner, évêque de Vinchester, dont l'habileté contrebalançait puissamment les tentatives réformatrices de Cranmer, avaient conservé tous les dogmes admis par le Symbole des apôtres, le concile de Nicée, et les quatre premiers conciles généraux, sur les sacrements de baptême, de pénitence et d'eucharistie, sur la vénération des images et le culte des saints. Et plus tard (en 1540) le terrible théologien qui venait de transformer la couronne des Tudor en tiare pontificale, imposait, *sous peine de mort*, les doctrines admises par l'Église relativement à la présence réelle, à la transsubstantiation, à la communion sous une seule espèce, au célibat ecclésiastique, aux messes privées, à la confession auriculaire. Ce n'était pas ainsi que Cranmer et ses amis avaient compris la révolution religieuse à laquelle ils l'avaient si puissamment coopéré. Mais Henri VIII avait pris au sérieux son omnipotence spirituelle : il voulait que ses sujets n'eussent d'autre foi que la sienne ; et alors il devait être dans sa destinée de se montrer le persécuteur et le tyran de ceux qui avaient essayé de pousser plus loin que lui les tentatives de réforme auxquelles il ouvrait la voie, aussi bien que de ceux qui, fidèles à leurs croyances catholiques, refusaient de se soumettre entièrement à sa suprématie religieuse. Mais ce furent ces derniers surtout qui ressentirent les effets de ce despotisme cruel et sanguinaire qui signala la fin de sa carrière. Parmi les victimes immolées à sa tyrannie, les historiens comptent deux cardinaux, trois archevêques, treize abbés, cinq cents prieurs, moines ou prêtres, soixante chanoines, plus de cinquante docteurs en théologie, douze ducs, marquis ou comtes, vingt-neuf barons ou chevaliers, cent dix femmes de qualité, sans compter les autres (Thomassin, *Traité des édits pour l'unité catholique*). D'autres calculs, exagérés sans doute, mais qui, réduits à leur juste valeur, seraient encore effrayants, portent à plus de 70,000 le nombre de ceux qu'immola le zèle farouche du monarque schismatique qui, au milieu des variations dont sa vie fut agitée, soumis aux influences successives qu'exercèrent sur ses croyances les divers mariages dont la tragique histoire lui a donné une si odieuse célébrité, sembla n'avoir attaqué l'infaillibilité de l'Église que pour lui opposer sa propre infaillibilité. Une fois cependant la réforme crut avoir atteint le moment où elle recevrait du monarque une satisfaction plus entière. Ce fut lorsqu'à l'instigation de Cranmer, qui, après avoir cassé le mariage de Catherine d'Aragon, avait ensuite cassé de même celui d'Anne de Boleyn et celui de Jeanne Seymour tour à tour grâce à la cruelle inconstance du voluptueux monarque, les réformés firent monter sur le trône une princesse luthérienne (1540); mais l'invincible dégoût qu'éprouva Henri VIII pour Anne de Clèves retarda encore la réalisation des espérances qu'ils avaient conçues. La préférence qu'on l'accusait de conserver encore pour le catholicisme fut de nouveau fortifiée par son mariage avec Catherine Howard, dont le parti réformé se délivra bientôt (1542), et ne pût être in-

fluencée par le zèle luthérien de sa dernière épouse, Catherine Parr, qui eut bien de la peine à se faire pardonner par le monarque, aussi jaloux comme théologien que comme époux, la hardiesse qu'elle avait eue de combattre les doctrines professées par son royal maître. — Henri VIII voulait bien en effet brûler les catholiques rebelles à sa suprématie ; mais il ne permettait pas que hors de là personne s'avisât de formuler les croyances religieuses autrement qu'il ne l'aurait décidé. Mais c'était en vain qu'il s'efforçait d'arrêter d'une main les empiétements qu'il favorisait de l'autre ; la réforme gagnait du terrain malgré lui : elle poursuivait chaque jour sa marche envahissante ; et lorsque par sa mort, arrivée en 1548, il laissa le trône à son jeune fils Édouard, tout était mûr pour la révolution religieuse qui devait être l'inévitable conséquence de sa rupture avec le saint-siége. — L'avénement au trône du jeune Édouard soumit l'Angleterre à l'influence du duc de Sommerset, son oncle, qui, en sa qualité de chef du conseil de régence, s'attribuant tous les droits dont les parlements avaient investi l'autorité royale, travailla avec ardeur à l'établissement de la religion anglicane, dont il doit, avec l'évêque Cranmer, être regardé comme le principal organisateur. Le *statut royal* auquel Henri VIII avait paralysé, dès le principe, le zèle des novateurs qu'intimida cet édit sanguinaire, ne tarda pas à disparaître ; et une liturgie nouvelle, composée en langue vulgaire, fut publiée pour servir de code religieux à la nation. La réforme marcha à grands pas : les quarante-deux articles de foi, rédigés et publiés par Cranmer, présentèrent, à peu d'exceptions près, une confession toute calviniste, qui, rejetant l'infaillibilité des conciles généraux, tous les sacrements, excepté le baptême et la cène, la présence réelle, l'invocation des saints, la prière pour les morts, la nécessité des bonnes œuvres, le purgatoire, le célibat des prêtres, formulait d'une manière assez complète la foi nouvelle que les parlements et les évêques imposaient à la croyance des peuples sous le nom de *religion nationale*. Dès lors, rien ne pouvait plus arrêter l'essor donné à l'indépendance religieuse. Toutes les sectes dissidentes vinrent planter leurs drapeaux et s'entre-choquer sur le sol de l'Angleterre ; les sociniens, les ariens, les anabaptistes, les unitaires, accoururent pour disputer aux calvinistes et aux luthériens, qui se vantaient d'être seuls orthodoxes, le droit de commander comme eux aux consciences. La doctrine du libre examen et de l'indépendance de l'Église fut prise partout au sérieux, et il fut facile de voir que bientôt il deviendrait impossible d'opposer une digue au torrent. Alors les chefs de la réforme, effrayés eux-mêmes de la confusion où allait être la suite inévitable de la révolution commencée, firent en vain des statuts destinés à prévenir et à punir ce qu'ils appelèrent l'*hérésie*. L'Église nationale n'était pas encore assez forte pour comprimer les efforts qui déjà la débordaient de toutes parts. L'hérésie avait appelé l'hérésie, et en attendant que le symbole anglican pût recevoir une formule plus précise, et essayer de rallier à son unité arbitraire toutes les volontés dissidentes, l'Angleterre devait être soumise à plus d'une épreuve, et subir plus d'une révolution. La première, celle à laquelle on devait le moins s'attendre, était de nature à détruire d'un seul coup tout l'échafaudage que venait de s'élever à la voix de Sommerset et de Cranmer. Marie, fille de Henri VIII et de Catherine d'Aragon, monta sur le trône à la mort d'Édouard (1553) ; et dès qu'elle s'y vit affermie, elle s'empressa de mettre à exécution le projet qu'elle avait depuis longtemps médité, de ressusciter le culte catholique, auquel elle avait conservé avec une inébranlable fermeté toute sa foi religieuse. Les édits rigoureux de la nouvelle reine, le zèle ardent et implacable avec lequel elle poursuivit l'œuvre à laquelle elle avait voué sa vie entière, auraient peut-être mis un terme au schisme et à l'hérésie, si l'un et l'autre avaient été le produit des convictions religieuses. Mais, ainsi qu'on a pu le voir, l'anglicanisme, que des considérations purement humaines avaient fait naître, favorisait trop bien certaines tendances ambitieuses, toutes-puissantes sur les membres du parlement et du clergé nouveau, pour que les tentatives faites dans le but de le faire disparaître ne demeurassent pas sans effet. Seulement les édits de Marie mirent à l'ordre du jour la dissimulation et l'hypocrisie, et des yeux peu clairvoyants purent croire que l'ancienne foi avait repris son empire. Le parlement, le clergé, les grands, se plièrent aux exigences catholiques de Marie ; tout fut rétabli en apparence comme avant le règne de Henri VIII. Les corps de l'État, rivalisant de bassesse et de servilité, implorèrent le pardon de Rome, se firent persécuteurs pour donner une preuve de leur repentir et de leur soumission à l'autorité de la reine, et Marie crut avoir éteint dans le sang des martyrs de la foi nouvelle jusqu'aux derniers vestiges de la révolution commencée par son père. — Il n'en était rien cependant; l'œuvre de cette reine, dont la louable entreprise ne peut justifier, à nos yeux, les rigueurs cruelles qu'on employa pour la faire réussir, ne pouvait produire aucun autre résultat que celui de comprimer, pendant quelque temps par la terreur les âmes livrées aux sollicitations du doute et aux convoitises de l'ambition. Les *statuts de sang*, renouvelés de Henri VIII, avaient même créé contre la foi catholique elle-même, rendue solidaire des cruautés de Marie, des haines puissantes, et élevé d'insurmontables barrières; et lorsqu'à la fille de Catherine d'Aragon, succéda sa sœur, la célèbre Élisabeth (1558), toutes les voix réduites pendant quelque temps au silence, s'élevèrent pour saluer l'avénement d'une princesse dont l'esprit, imbu de toutes les erreurs du protestantisme, devait être pour la réforme un puissant motif d'espérance. Avec le même empressement qu'il avait apporté à se plier aux exigences de Marie, le parlement se hâta de démolir pièce à pièce l'édifice qu'il venait d'élever : le schisme et l'hérésie se réveillèrent à la fois plus forts, plus déterminés que jamais, et l'Angleterre offrit au monde le triste et scandaleux spectacle d'une reine, d'une femme, revêtue de la plus auguste autorité qui puisse être exercée sur cette terre, imposant à ses sujets, selon ses propres caprices ou les convenances de sa politique, les dogmes religieux auxquels ils devaient être tenus de s'astreindre. Dès lors, la religion, devenue une affaire de forme et d'organisation administrative, devait perdre sur les âmes son légitime empire, puisqu'elle n'était plus qu'un culte officiel, imposé par le gouvernement, changeant et périssable comme lui, et destiné à en subir toutes les vicissitudes. — Élisabeth trouva le clergé anglais, le parlement et le peuple, disposés à recevoir de sa main un symbole religieux sous le nom de *grande commission*; elle établit une cour chargée de compléter, sous son inspiration, l'œuvre ébauchée par Henri VIII, et déjà assez complètement élaborée par les ministres d'Édouard VI. Mais l'habile et ambitieuse reine avait trop bien hérité des instincts despotiques de son père pour ne pas faire tourner exclusivement au profit de la puissance de son gouvernement, l'organisation de la nouvelle Église. Or, la hiérarchie épiscopale, quoique réduite à peu de valeur par les protestants qui avaient gouverné l'Angleterre pendant le règne du jeune Édouard, était l'objet des attaques des plus zélés religionnaires dont le radicalisme ardent préludait déjà à ces entreprises démocratiques, qui, aux yeux des futurs puritains, devaient être la conséquence légitime de la réforme religieuse. Ce n'était pas là le compte du pouvoir royal, et la fille de Henri VIII, en constituant fortement l'Église anglicane, dont elle paya le dévouement à la royauté par les richesses et les privilèges qu'elle lui donna, établit un contre-poids immense à l'envahissement des réformateurs pour lesquels la révolution religieuse n'était, comme la suite le fit voir, qu'un acheminement à une révolution politique et sociale. Par les soins d'Élisabeth, le clergé anglican, devenu l'un des plus fermes soutiens de l'aristocratie anglaise, grandit en puissance et en prérogatives, et renforça le parti de ceux qui, plus tard, sous le nom de *torys*, devaient opposer une redoutable barrière aux tentatives réformatrices de leurs adversaires les *whigs*; ce fut ainsi que le gouvernement royal et l'*Église établie* se confondirent dans une communauté et une solidarité complètes. La conséquence de l'union intime qu'Élisabeth venait d'établir entre le pouvoir royal et l'Église anglicane, entre l'organisation politique et la constitution religieuse, devait amener, comme résultat inévitable, l'intolérance et la persécution. Du moment où la royauté s'arrogeait le droit de diriger les consciences et de dicter à la foi ses symboles; du moment où elle se faisait à la fois *pape* et *empereur*, toute liberté de conscience devait disparaître : et quand on réfléchit que c'était au nom même d'une révolution opérée en haine de l'autorité et en faveur du libre examen que se formulait une religion fondée sur l'autorité et la proscription la plus expresse du libre examen, on ne peut s'empêcher de toucher au doigt la cause de toutes les secousses et de toutes les perturbations qui devaient agiter un pays où les principes et les conséquences se trouvaient posés d'une manière si peu logique et si discordante. Entre les hommes qui réclamaient la liberté de penser comme un droit, et ceux qui défendaient l'infaillibilité de l'Église établie comme un fait, il ne pouvait plus y avoir d'accord possible, et la guerre devait être éternelle. — Élisabeth avait pour elle la force et l'appui de sa puissante et égoïste aristocratie; elle put donc, pendant un règne long, glorieux et fortuné, défendre et maintenir contre toutes les attaques, l'édifice qu'elle avait construit. Les bûchers dressés par Henri VIII pour

punir les catholiques rebelles à sa suprématie religieuse, s'allumèrent de nouveau contre les fidèles qui niaient l'infaillibilité de la nouvelle Église; le parlement seconda les vengeances protestantes de la reine Élisabeth, avec la docilité qu'il avait mise à faire exécuter les arrêts de mort portés contre les protestants par la reine Marie; les trente-neuf articles dans lesquels la grande assemblée du clergé, réunie à Londres en 1562, renferma tout ce qui devait constituer la religion de l'État, furent rendus obligatoires sous peine de mort. — Il faut reconnaître avant tout l'adresse et l'habileté qui brillent dans cet acte fameux, qui, depuis, n'a jamais cessé d'être la base fondamentale et le symbole le plus pur de la foi anglicane. Une indécision calculée, une merveilleuse élasticité, s'y font remarquer dans les expressions par lesquelles est formulé tout ce qui a rapport aux doctrines qui ont fait naître le plus grand nombre de dissidences. C'est qu'Élisabeth, dont les convictions religieuses étaient singulièrement atténuées par une tiédeur et une indifférence que ses panégyristes appellent *philosophique*, avait donné ses instructions aux théologiens appelés par elle à composer la charte religieuse qu'elle octroyait à ses sujets; c'est qu'avec sa finesse de femme et son habileté de reine absolue, elle avait voulu satisfaire à la fois toutes les sectes dissidentes, et n'en blesser aucune dans l'objet fondamental de sa foi. Elle fut plus explicite pour tout ce qui concernait l'organisation du culte, le cérémonial et la liturgie; et bravant les scrupules puritains des calvinistes, elle introduisit dans l'Église la pompe et la représentation, au moyen desquelles elle espérait agir sur l'imagination des peuples, et les attacher à la religion nationale. —Ainsi définitivement constituée, l'Église anglicane eut à lutter d'une part contre les catholiques qu'elle exaspérait par ses édits sanguinaires et par la plus tyrannique persécution, de l'autre contre toutes les sectes protestantes, qui, fidèles au principe de libre examen, devaient naturellement refuser de s'immobiliser dans le symbole officiel qui leur était imposé. Mais ce fut surtout contre le catholicisme qu'elle déploya toutes ses rigueurs. Les amendes, la confiscation, la prison, la mort punirent tous ceux qui refusèrent le serment de suprématie. — Plus tard, la rage des persécuteurs grandissant avec l'héroïque constance des victimes, les plus cruels supplices furent mis à l'ordre du jour contre les nouveaux martyrs de la foi, proscrits au nom d'une reine que plusieurs historiens ont honorée du nom de *Grande*, comme si l'étendue et la finesse de l'esprit ou la fermeté de caractère étaient les seuls titres à l'admiration des hommes, comme si la prospérité et la gloire de son long règne pouvaient jeter assez d'éclat pour faire oublier quels torrents de sang ont été versés par sa tyrannique intolérance ! — Le successeur d'Élisabeth (1603), ce fils de Marie Stuart que les vicissitudes du sort faisaient monter sur le trône de sa mère, Jacques Ier, unit sous son sceptre les deux royaumes, et vint accroître ainsi les embarras de la royauté; en augmentant la force du parti protestant, qui, comprimé en Angleterre par la fermeté d'Élisabeth, s'était développé plus librement en Écosse, à la faveur des troubles d'une minorité orageuse. Ce parti rallia contre l'Église établie, contre les *épiscopaux*, tous ceux qui sous le nom de *non-conformistes*, de *puritains*, de *presbytériens*, etc., prenant au mot la rébellion de Henri VIII contre le saint-siège, ne pouvaient regarder que comme une monstrueuse inconséquence, l'établissement de la religion anglicane, et surtout le maintien de tout ce qui pouvait avoir quelque rapport avec ce qu'ils appelaient le *papisme*. Défenseurs nés de la religion de l'État, les rois furent donc placés dans la nécessité de résister à la fois aux catholiques qui ne pouvaient apostasier et abjurer leur foi pour se soumettre à une religion de commande, et puisaient dans leurs convictions assez de force pour résister à la persécution et au martyre, et aux protestants qui, conséquents avec le principe même de la réforme à laquelle l'anglicanisme devait sa naissance, ne pouvaient laisser prescrire leur droit d'examen et la liberté de conscience. La religion anglicane soutenue par l'aristocratie, le catholicisme ayant pour lui la force des traditions et des souvenirs, le protestantisme indépendant appuyé sur les masses populaires dont il flattait les instincts de progrès et d'émancipation : telles étaient les trois puissances entre lesquelles Jacques et ses successeurs étaient appelés à maintenir l'équilibre, tâche difficile et délicate contre laquelle devait se briser et s'anéantir la royale maison des Stuarts. — Jacques, doué d'un esprit doux et conciliant, crut d'abord pouvoir, en employant les moyens de persuasion, maintenir les trois partis ennemis, dont chacun demandait à exercer sur les deux autres une domination absolue. Il les mécontenta tous, papiste aux yeux des radicaux écossais, indifférent aux yeux des orthodoxes, et trop faible aux yeux des partisans de l'Église dominante. La *conspiration des poudres*, horrible conception de quelques catholiques exaltés, et attribuée au catholicisme lui-même, par les deux partis qui le combattaient, réveilla une persécution que toute la modération du roi ne réussit qu'à rendre moins sanglante, et qui, sans satisfaire entièrement la haine des anglicans, augmenta encore contre la royauté les ressentiments du catholicisme. Le parlement, qui n'avait été entre les mains d'Élisabeth et de Henri VIII qu'un instrument docile, enhardi par la faiblesse du roi, commençait à lever la tête; les puritains y comptaient de nombreux partisans, et tournaient déjà contre la royauté l'indépendance de l'esprit de corps et la turbulence de l'esprit de secte. Le parti des épiscopaux cessait aussi de soutenir avec le même zèle l'autorité royale qui ne se présentait plus à lui avec le prestige et la force dont s'était revêtu le despotisme brillant d'Élisabeth et de Henri VIII; en sorte que, lorsqu'à la mort de son père, Charles Iᵉʳ monta sur le trône d'Angleterre, on pouvait prévoir les inextricables difficultés qui devaient assaillir son règne. — Charles Iᵉʳ trouvait dans les traditions de sa famille et dans ses propres convictions de puissants motifs de préférence pour l'Église établie, et la lutte s'engagea bientôt entre le pouvoir dont il était le représentant, et le reste de la nation, qui, déjà acquise au parti de la réforme, préludait par une agitation toujours croissante, à tous les orages, à la faveur desquels la puissance populaire devait s'élever sur les ruines de la royauté. Les fautes et les prodigalités du roi accrurent le désordre des finances, et fournirent aux communes des armes contre lui. En vain opposa-t-il aux envahissements de la démocratie, tantôt une fermeté et un courage fécond en ressources, tantôt une condescendance poussée jusqu'à la faiblesse; il était dans sa destinée de voir tourner contre lui et ses qualités et ses défauts. Il s'aliéna sans retour les Écossais par les mesures qu'il prit pour les soumettre à la liturgie et à la foi anglicanes. L'insurrection des presbytériens des deux nations, et la révolte de toutes les sectes dissidentes, se soulevant contre l'épiscopat, furent les conséquences de ses tentatives. L'épiscopat et l'autorité royale furent le point de mire contre lequel se dirigèrent les attaques combinées de l'ambition parlementaire, du fanatisme religieux et de la rage démocratique : et le malheureux prince, après mille agitations et mille traverses, n'arriva à la fin de la lutte qu'il eut à soutenir contre tant d'ennemis, que pour se trouver en face de Cromwell et de l'échafaud. Le triomphe absolu du puritanisme et de la démocratie, qui avaient trouvé en Cromwell un représentant et un chef plein d'audace et de génie, ne put survivre au protecteur; l'anarchie qui suivit la mort de cet homme, aussi célèbre par ses talents que par ses crimes, rendit facile la restauration à laquelle est attachée la gloire immortelle de Monck. Charles II, en remontant sur le trône de son père, y apportait cet esprit léger et oublieux du passé, qui devait être le caractère de tous les princes de sa race, si peu habile à profiter des leçons de l'expérience, malgré les promesses solennelles qui avaient été la condition de son rétablissement sur le trône. Il travailla avec un zèle plus ardent qu'habile à la restauration de l'anglicanisme et à l'abaissement du parti nombreux des non-conformistes. Il fut obligé d'acheter l'appui que lui donnèrent les partisans de l'épiscopat et de la liturgie officielle, par les persécutions dont il poursuivit, malgré ses inclinations personnelles, les prêtres et les missionnaires catholiques; les communes exigèrent de lui, comme garantie, le fameux acte du *test*, qui obligeait tous les fonctionnaires civils et militaires à prêter le serment contre la transsubstantiation et de communier à la paroisse anglicane. La rigueur avec laquelle s'exécutèrent ces tyranniques mesures contre la liberté de conscience, fut tellement odieuse, qu'elle souleva l'opinion publique contre le parlement qui les avait provoquées. Charles, excité par les imprudents conseils de son frère, le duc d'Yorck, qui fut depuis Jacques II, voulut profiter de cette disposition des esprits pour suivre une politique opposée, et se jetant dans un autre extrême, il s'attira l'animadversion du protestantisme qui se crut sacrifié par les préférences suspectes du pouvoir. Jacques II, qui succéda peu de temps après à son frère (1685), poursuivit avec une aveugle précipitation l'œuvre commencée par Charles II. Ne dissimulant plus son dévouement à l'orthodoxie, il voulut faire abolir en faveur des catholiques la loi du test, proclamer la liberté de conscience, et combattre cette puissance aristocratique qui avait alors pour elle toutes les sympathies de la nation, dont l'orgueil était blessé de l'influence que la France cherchait à exercer dans les conseils des Stuarts. L'adroite politique de Guillaume, prince d'Orange, gendre du roi d'Angleterre, sut tirer parti des dis-

positions du peuple anglais, dont il réussit à flatter tous les sentiments, et bientôt fut consommée cette célèbre révolution de 1688, qui en amenant sur le trône une dynastie nouvelle, assura la prépondérance de l'anglicanisme. — Il importe que l'on se fasse une idée exacte de l'état dans lequel se trouva ce prince en présence de la royauté nouvelle. Le parti qui avait contribué à l'expulsion de Jacques II n'avait accepté Guillaume III qu'après avoir fait ses conditions. Les deux chambres se composaient de membres appartenant presque entièrement, soit aux grandes familles aristocratiques, soit aux évêques et autres dignitaires ecclésiastiques, entre les mains desquels était concentrée, avec la puissance parlementaire, l'influence que donne la possession des grandes propriétés territoriales et des riches bénéfices. L'acte fameux par lequel était intronisée la dynastie nouvelle, et qui depuis a toujours servi de base à la constitution politique de l'Angleterre, avait pour clause expresse, l'obligation de professer et de protéger exclusivement la religion anglicane. Ainsi le cercle dans lequel s'agitait le royaume depuis la rupture de Henri VIII avec le pontificat romain restait toujours le même : seulement le roi se trouvait forcé, par la constitution même, de faire ce que ses prédécesseurs avaient fait en vertu de leur suprématie religieuse, c'est-à-dire, de travailler à maintenir immobile et stationnaire le culte dont désormais ne pouvait être attaqué sans que la constitution du royaume se trouvât ébranlée. Religion de l'exclusion et du privilége, l'anglicanisme devait avoir pour soutiens tous ceux qui, ayant tout à perdre à un changement, quel qu'il fût, devaient par conséquent continuer à faire peser leur tyrannie sur les catholiques et les non-conformistes, ces éternelles victimes de la religion officielle et de l'aristocratie privilégiée. Rien ne fut donc changé que la forme, si ce n'est que l'identification plus complète qui confondit les intérêts du pouvoir politique et ceux de la puissance ecclésiastique rendit plus difficile que jamais l'extension des libertés publiques et l'émancipation de la pensée religieuse, sans cesse réclamée et par les catholiques de la Grande-Bretagne et par ceux de l'Irlande, noble et infortunée victime de l'iniquité anglaise. Il nous reste à examiner ce qu'est devenue avec le temps cette singulière organisation. — Les règnes glorieux de Guillaume III et d'Anne élevèrent bien haut la puissance de l'Angleterre, qui, à dater de ce moment, prit un rang distingué parmi les États prépondérants de l'Europe. A l'intérieur, les efforts de la famille des Stuarts pour renverser le gouvernement établi, malgré les vives sympathies qu'elle excitait, non-seulement parmi les catholiques, mais encore parmi les plus puissants partisans de l'épiscopat, furent aisément comprimés. L'anglicanisme affermi eut à déployer ses rigueurs accoutumées contre les cultes dissidents, et surtout contre le catholicisme irlandais, coupable d'avoir défendu au nom de la religion la légitimité et le malheur. Mais peu à peu il trouva moins de résistance; ses efforts avaient été couronnés de succès : à force de vexations et de persécutions atroces, il avait obtenu ce triomphe qui consiste à détruire l'ennemi que l'on ne peut convaincre; et d'ailleurs le développement de la prospérité publique ayant éveillé le patriotisme, qui confondit toutes les volontés, tous les cultes dans le sentiment d'une forte et puissante nationalité, les progrès de l'opinion publique alarmèrent moins le pouvoir, dont l'existence ne pouvait désormais être sérieusement inquiétée. La lassitude avait amené le repos; le repos avait produit la tolérance; et la tolérance devint la cause du développement de l'esprit philosophique, cet actif dissolvant dont l'action, peu sensible d'abord, produisit plus tard de remarquables effets. — La maison de Brunswick vit se dessiner d'une manière plus nette et plus précise, les deux partis qui devaient, depuis son avénement (1780) jusqu'à nos jours, diviser l'Angleterre et rendre si populaires les noms des *whigs* et des *torys*, dont nous allons essayer de faire connaître la position respective en présence de l'anglicanisme. — Agitée pendant trois siècles par des querelles religieuses, d'autant plus vives que toujours elles furent intimement liées aux intérêts et aux passions de la politique, l'Angleterre devait, plus que tout autre pays, ressentir les effets de cet esprit philosophique qui vint, au commencement du XVIIᵉ siècle, réagir contre tout ce qui avait fait la force et la vie du moyen âge. De Bacon à Hobbes, de Hobbes à Locke, de Locke à Mandeville et à Collins, la philosophie expérimentale avait en peu de temps franchi tous les degrés qui conduisent le sensualisme à ces funestes résultats : le matérialisme, l'athéisme et le scepticisme. Les esprits forts, les libres penseurs comptèrent dans toutes les classes de la société de zélés partisans, et l'anglicanisme, culte des intérêts plutôt que des convictions religieuses, en fournit un assez grand nombre. Peu à peu cette indifférence universelle, qui s'appela la philosophie, devint la religion de tous les *hommes éclairés*. — Mais la liberté de penser, après avoir agité les questions les plus élevées de la philosophie et de la religion, pouvait d'autant moins se dispenser d'aborder celles qui avaient rapport à l'organisation politique, que c'était là une conséquence forcée, ou, pour mieux dire, l'essence même du gouvernement représentatif. Or, la constitution imposée au prince d'Orange par les parlements et les évêques reposait, comme on l'a vu, sur une répartition monstrueuse de la richesse territoriale et de l'influence parlementaire, devenues le privilége d'un petit nombre, tandis que le reste de la nation, malgré le vaste développement de l'industrie et du commerce, était condamné à s'agiter sans fin dans une subordination et une misère toujours croissantes, dont ne pourrait le dédommager la jouissance de certains droits politiques qui n'ajoutaient rien à son bien-être réel. Dès lors toutes les dissidences d'opinions politiques ou religieuses, tous les intérêts matériels vinrent se grouper sous deux catégories différentes, dont l'une, sous le nom de parti whig ou *libéral*, demanda pour le reste de la nation l'extension des libertés et du bien-être, et dont l'autre, sous le nom de parti tory ou *conservateur*, devait n'avoir d'autre but que de maintenir dans l'immobilité et d'écraser sous l'empire des précédents tout développement et toute réforme qui tendraient à restreindre ses priviléges. — L'histoire des progrès qu'a faits le libéralisme en Angleterre, pendant le siècle qui vient de s'écouler, n'est pas de notre sujet : nous ne constaterons que celui qui a amené enfin dans ce pays, en face de la religion officielle et dominante, le libre exercice de tous les cultes dissidents, conquête bien tardive et bien longtemps disputée, puisque ce n'est qu'en 1828, comme on le sait, que l'abolition de la loi du *test* a consommé l'émancipation religieuse et a amené l'admission dans le parlement des catholiques et des non-conformistes. — Voici donc quel est l'état actuel de l'anglicanisme dans les îles Britanniques : d'un côté, une puissante aristocratie ecclésiastique offrant au monde le scandaleux spectacle d'une fastueuse et égoïste opulence, défendant pied à pied ses priviléges et ses richesses, s'attachant, comme à une ancre de salut, à la constitution politique qui légalise et consacre sa position; et de l'autre, la masse toujours croissante des hommes blessés dans leurs intérêts et leurs droits, qui composent le parti libéral dans ses mille nuances diverses. Mais ce qui, dans la lutte engagée entre les deux partis, entre les défenseurs du *statu quo* et les champions du libre mouvement, nous présente le caractère le plus remarquable et le plus digne de tout notre intérêt, c'est le rôle que depuis quelque temps y joue le catholicisme. — Depuis que les énergiques et éloquentes réclamations du célèbre O'Connell en faveur des catholiques d'Irlande ont amené entre les hommes qui demandaient la liberté de conscience, et ceux qui travaillaient aux progrès des institutions démocratiques, cette alliance qui épouvanta à tant de titres les soutiens de l'aristocratie anglicane, une réaction qui, selon nous, doit exercer sur les destinées futures de l'Angleterre une heureuse influence, a commencé à s'opérer. Peut-être, c'est du moins notre espérance, ce pays qu'a désolé, depuis le moment où s'est brisée l'unité catholique, cette lutte éternelle dont nous venons d'indiquer les nombreuses phases, toujours les mêmes quoique toujours diverses, est-il appelé à comprendre et à faire comprendre au monde que le catholicisme seul peut satisfaire, en les rattachant au passé, les légitimes tendances de notre époque. Peut-être, après avoir bien reconnu par une longue expérience, d'une part, l'impossibilité de trouver une base religieuse suffisante dans un culte officiel et reposant sur le caprice des hommes, et de l'autre, l'impuissance du libéralisme moderne, fondé sur l'indifférence religieuse, à rien produire qui puisse améliorer le sort des classes les plus nombreuses et les plus pauvres qu'il agite sans les rendre plus heureuses, l'Angleterre désabusée retournera-t-elle à l'unité catholique, qui seule pourra lui donner ce repos et ce calme dont elle est depuis si longtemps privée, et lui conserver cette prospérité inouïe dont elle est si fière, et qui chaque jour cependant semble être sur le point de lui échapper. C. HIPPEAU.

ANGLETERRE (*conciles*). Il s'est tenu en Angleterre un grand nombre de conciles importants tant pour l'histoire ecclésiastique que pour l'histoire civile; nous renvoyons les détails que nécessite chacun d'eux aux mots *Bacanceld*, *Bergamsted*, *Cantorbéry* ou *Canterbury*, *Celchyt*, *Cloveshou*, *Clarendon*, *Lambeth*, *Landaff*, *Londres*, *Northampton*,

Oxford, *Vinchester*, *Vorchester*, *Westminster*, *Windsor*, et *Yorck*. Nous allons donner ici un résumé très-succinct de ceux des trois royaumes unis qui sont d'un moindre intérêt. En 519, dans un lieu inconnu du pays de Galles, se tint un concile où saint David, après avoir combattu victorieusement dans un discours très-pathétique et qui eut les plus heureuses conséquences, les derniers essais du pélagianisme, fut élu archevêque du pays (Voir Wilkins, tom. 1, p. 8, et la collection de Mansi, t. 1, p. 403). — Vers l'an 604, d'après *l'Art de vérifier les dates*, saint Augustin de Canterbury assembla un concile composé d'évêques bretons avec leurs docteurs et leurs savants, qu'il exhorta à célébrer la fête de Pâques le dimanche après le 14e de la lune, à conférer le baptême suivant l'usage de l'Église romaine, et à prêcher de concert l'Évangile aux Anglais. Ces évêques et docteurs schismatiques ayant refusé de se rendre aux exhortations d'Augustin, ce saint leur prédit les malheurs qui leur arrivèrent en effet quelque temps après (Béda, *Hist. angl.*, l. 2, c. 2). Dom Cellier place ce concile à Worcester. — En 630, on tint, au sujet de la Pâque, à Lénia, en Irlande, un concile que l'Église a rejeté. On y décida que l'on continuerait à célébrer la fête de ce grand jour, comme par le passé, c'est-à-dire le 14e de la lune, quand il tomberait un dimanche. C'est le seul point où les Hiberniens s'accordaient avec les Juifs pour la célébration de la Pâque, quoique d'anciens auteurs les appellent Quartodécimans (*Édit. Venet.* t. VI). — En 664, fut agitée dans un concile d'Angleterre, la célèbre question de la Pâque entre les Anglais qui suivaient l'usage de Rome, et les Écossais qui en suivaient un autre. On y traita aussi quelques autres questions de discipline. Les Écossais perdirent leur cause (Pagi). — Le concile d'Herford, du 24 septembre 673, ne fut composé que de six évêques. Saint Théodore de Canterbury y proposa dix articles extraits des canons anciens, que tous les évêques promirent d'observer. Le premier regarde la Pâque, qu'il faut célébrer le premier dimanche après le 14e de la lune (Wilkins, Mansi.). — En 680, selon Pagi, Théodore, archevêque de Canterbury, tint un concile dans la campagne de Hapsfield, contre l'erreur des monothélites. — En 692, d'après Bède le vénérable, le roi Ina assembla un concile composé des évêques de presque toute l'Angleterre; on y parvint à accorder les Bretons avec les Saxons : les premiers, quoique chrétiens, différaient encore en plusieurs usages, et particulièrement sur la Pâque, etc. (Voir Pagi.) — Le concile de l'an 703, qui fut tenu à Nestrefield, condamna saint Wilfrid d'Yorck, qui en appela à Rome, où déjà il avait été justifié et rétabli d'une condamnation précédente. — C'est près de la rivière de Nid, en 705, que les évêques anglais réunis se réconcilièrent avec saint Wilfrid, qui fut enfin rétabli dans son église. Il mourut le 24 avril, l'an 709. — Un concile de 756, tenu on ne sait en quelle ville, par Cuthbert, archevêque de Canterbury, ordonna que la fête de saint Boniface, archevêque de Mayence, se célébrât dans toute l'Angleterre le 5 juin (*Édit. Venet.*, t. VIII). — En 793, le concile de Verulam fut réuni à l'occasion de la fondation de l'abbaye de Saint-Albans. — L'année 799 vit le roi Cénulf assister à un concile où il fut défendu aux laïques d'usurper les biens des églises; dix-sept évêques souscrivirent ce décret avec quelques abbés (Wilkins). — Au concile de 799, tenu à Finklei, sous la présidence d'Échembal d'Yorck, fut ordonné le rétablissement de l'ancienne discipline, principalement sur l'observation de la Pâque. — Cénulf, roi des Merciens, se rendit à un autre concile convoqué pour le 27 juillet de l'an 816. On y dressa onze canons, dont l'un desquels on enjoignit à tous les évêques de dater leurs actes de l'année de l'Incarnation. Il s'y trouva douze évêques, plusieurs abbés, des prêtres et des diacres; Wulfred de Canterbury était leur tête. — A Béningdon, en présence de Bertulf, roi des Merciens, l'archevêque de Canterbury, Céolnoth, présida le concile de l'année 851, où, après avoir traité des affaires du royaume, le prince Bertulf accorda un ample et magnifique privilége au monastère de Croyland. — Dans un concile tenu en 943, on ordonna la restitution à l'évêque Patre de tout ce qui avait été enlevé à son église de Landâff, et le prince lui accorda une de ses terres (Pagi). — L'an 978, on proposa à Calne dans un concile de chasser les moines des églises qu'ils possédaient, pour y substituer des clercs séculiers. Saint Dunstan se déclara en faveur des moines, et la majorité des prélats se rangea à son avis (*Édit. Venet.*, 8, XI). — Le concile de 1072, qui se réunit dans un lieu inconnu de l'Angleterre, commença à Pâques et finit à la Pentecôte, en présence du roi. La primatie y fut confirmée à Lanfranc de Canterbury, contre Thomas d'Yorck qui la lui disputait. — Le même Lanfranc, archevêque de Canterbury, présida, en 1075 ou environ, un concile qui s'occupa particulièrement des femmes et des vierges qui s'étaient réfugiées dans les monastères, et y avaient pris le voile pour se mettre à couvert des insultes des Northmans. On y décida que vu le malheur et la violence des circonstances qui les avaient forcées à entrer dans une voie où peut-être leur goût ne les portait pas, elles pouvaient quitter le voile et rentrer dans le siècle (Voir Wilkins). — Au château de Rokhingam, les 11 et 12 mars 1094, on décida dans un concile, contre l'avis de saint Anselme, archevêque de Canterbury, que ce prélat ne pouvait, sans le consentement du roi, promettre obéissance, ni demander le pallium au pape Urbain II, attendu que le prince ne l'avait pas encore reconnu. (Édit. Venet.) — Un autre concile tenu l'année suivante, rejeté par l'Eglise, fit un crime à saint Anselme d'avoir reconnu le pape Urbain II, sans le consentement du roi. On passa trois jours en contestations : saint Anselme, ferme dans sa résolution, demanda un sauf-conduit pour sortir du royaume ; les barons lui obtinrent un sursis jusqu'à la Pentecôte. — Il nous reste du concile d'Irlande, assemblé en 1097, une lettre écrite à saint Anselme, au nom du roi, de la noblesse, du clergé et du peuple de cette île, pour l'engager à ériger l'église de Waterford en évêché. — Un concile de Windsor, réuni en 1114, élut pour archevêque de Canterbury, après cinq ans de vacance, Raoul, évêque de Rochester. — Le cardinal Paperon, légat du saint-siège, présida le concile de 1152, qui se tint au monastère de Mellifont ; de l'ordre de Cîteaux, en Irlande. On y établit quatre archevêchés, à Armach, à Dublin, à Cashel et à Thouary ; de plus, on leur assigna leurs suffragants. — Armach et Cashel, villes d'Irlande, eurent chacune un concile en 1171. Dans le premier, l'on mit en liberté tous les Anglais qui se trouvaient réduits en esclavage dans cette île ; on décréta dans le second sept canons pour remédier aux maux qui désolaient le pays (Wilkins). — Jean, archevêque de Dublin, et ses suffragants, formèrent en Irlande un concile de l'année 1186 ; il y fut question de la réformation du clergé, et surtout on s'y déchaîna contre les clercs concubinaires (Wilkins, Mansi, Suppl. Conc., t. II). — Le légat Jean, cardinal de Saint-Etienne, assembla à Perth en Écosse, l'an 1201, un concile pour la réformation des mœurs. Les actes de ce concile, qui dura quatre jours, sont perdus. Nous savons seulement qu'on y ordonna que le samedi, les œuvres serviles cesseraient depuis midi (Wilkins). — Il fut convoqué un concile à Worchester l'an 1240, par l'évêque Gautier de Chanteloup. Il y publia grand nombre de constitutions, dont voici deux dispositions : il est ordonné de baptiser sous condition, en cas de doute, mais toujours avec les trois immersions, et de confirmer dans l'année de la naissance. — C'est Patrice Oscarlan, archevêque d'Armach, qui provoqua la convocation du concile irlandais de 1262. On fit sur la discipline plusieurs statuts, qui ne sont pas venus jusqu'à nous. — Le concile de Reding, composé de l'archevêque de Canterbury et de ses suffragants, fut tenu en 1279. — On y renouvela les constitutions du concile de Latran de 1215, et de celui de Londres de 1268, contre la pluralité des bénéfices à charge d'âmes. On y fit encore quelques autres règlements. — Pierre Quivil, évêque d'Exceter, donna, dans le concile de cette ville, en 1287, des constitutions en cinquante-cinq articles, sur tous les sacrements et sur différentes matières. — On publia sept statuts au concile de Chichester, l'an 1292 ; le premier défend de faire paître des bestiaux dans les cimetières, et le sixième d'ériger des troncs dans les églises sans la permission de l'évêque. — En 1453, le 6 août, on tint un concile à Cashel en Irlande ; on y fit cent vingt-un règlements. Le vingtième défend aux clercs de porter des moustaches ; le vingt-cinquième déclare que, de tous les legs testamentaires, il revient de droit une portion à l'église paroissiale (Wilkins). LOUIS DE MASLATRIE.

ANGLETERRE (langue et philologie). Les Anglais sont fiers aujourd'hui de leur langue, et ils ont raison, car, à la place de cette rudesse presque sauvage mais originale des écrivains du XVIe siècle, elle a gagné de la clarté sans beaucoup perdre de son énergie ; mais cette clarté qui la rend propre à exprimer et à peindre le sentiment dans toutes ses nuances, ou à décrire fidèlement les procédés des arts et les découvertes de la science, cette clarté, il faut en convenir, n'est due qu'à l'action exercée sur elle par la langue française qui, pour quelques mots qu'elle lui a pris, lui en a fourni par centaines. Voltaire comparait sa langue maternelle à une gueuse fière qui ne veut pas qu'on lui fasse l'aumône. Ce mot, dont nous ne dirons pas qu'il a beaucoup de justesse, aurait bien mieux convenu à la langue de nos voisins, car elle est toute composée d'emprunts dont elle a bien de la peine à convenir, et qu'elle croit pouvoir pallier en défigurant les mots empruntés par la prononciation

la plus irrégulière, la plus capricieuse et la plus bizarre qu'il fût possible d'imaginer. Au fond, la langue anglaise se compose de breton ou de celte, de latin, d'anglo-saxon, d'ancien teuton, de danois, de normand et de français. On y trouve même des mots italiens, des mots grecs et des mots pris à d'autres langues. — Il paraît évident que l'ancienne langue bretonne, importée du continent par les tribus celtes que refoulèrent vers l'Occident les tribus nouvelles qui arrivaient de la Germanie, poussées elles-mêmes par d'autres peuplades encore plus orientales, commença de s'altérer ou plutôt de sortir de l'état de dénûment commun à toutes les langues primitives, lorsque les Romains subjuguèrent la Bretagne dans le cours des dix premiers siècles de l'ère vulgaire. Des mots latins s'introduisirent dans l'idiome des vaincus toutes les fois qu'il fut question d'exprimer des choses jusque-là nouvelles pour eux, ou les divers rapports qui s'établissaient avec les vainqueurs. Vers le milieu du Ve siècle, les Angles et les Saxons, pénétrant dans la Grande-Bretagne sous le titre d'auxiliaires, et bientôt devenus possesseurs du pays qui les avait accueillis comme alliés, imposèrent aux Bretons leur idiome, et la langue des Kymris se réfugia dans le pays de Galles, comme l'irruption des Romains dans la Gaule l'avait refoulée dans l'Armorique. Lorsque Augustin passa de Rome chez les Bretons cent trente ans plus tard, il leur apporta l'alphabet romain qu'il se hâtèrent d'adopter. La traduction de l'Histoire latine de l'Église de Beda, sortie de la plume d'Alfred le Grand dans le VIIIe siècle, renferme une pièce de vers qui, d'après Warter (Histoire de la poésie anglaise), offre le seul monument existant de cette langue anglo-saxonne ; mais la traduction même faite par Alfred et deux traductions littérales des Évangiles ne doivent-elles pas être comptées au nombre de ces monuments ? — Quand les Danois envahirent la Bretagne en 786, ils ne changèrent rien au langage ni aux mœurs des Anglo-Saxons, car tous étaient frères. Mais il n'en fut pas de même après la conquête par les Normands en 1066. La langue des Normands n'était qu'un jargon rude et grossier, composé de saxon et de danois. Depuis leur établissement en France, ils l'avaient adouci par le mélange d'un grand nombre de mots français. Le saxon ne manquait pas de régularité, ni le danois de force et d'énergie ; mais à ces qualités assez rares le normand ajoutait la clarté. Cependant les Saxons, vaincus par les armes, ne purent l'être dans leurs habitudes ; ils furent contraints de recevoir le vocabulaire nouveau, mais ils en prononcèrent les mots à leur manière ; de sorte que si le fond de la langue ne s'altéra guère, puisque le français des Normands se formait en grande partie d'allemand et de latin, la prononciation saxonne en fit une langue toute particulière qui, polie et limée par le temps, a produit l'anglais moderne, dans lequel on lit une multitude prodigieuse de mots français, que nul Français n'est capable de comprendre en les entendant prononcer. Toutefois il est probable que la prononciation française aurait fini par l'emporter sur la prononciation saxonne, et que le français même serait devenu l'idiome exclusif, si les longues guerres qui, durant tant de siècles, ont divisé la France et l'Angleterre n'avaient établi entre les deux peuples une ligne de démarcation qui a toujours cherché à se manifester même dans les choses qui avaient une origine commune. Au XIIIe siècle les poëtes commencèrent à bannir de leurs compositions toutes les expressions françaises ; bientôt même ils ne firent usage que de l'anglo-saxon, sauf pourtant les termes étrangers qui s'étaient pour ainsi dire acclimatés dans la Grande-Bretagne. Au XIVe, sous le règne d'Édouard III, la langue anglaise fut déclarée langue légale, et la langue franco-normande fut exclue des actes publics et des tribunaux par un bill du parlement. Toutefois les écrivains anglais ne répudièrent pas les nombreux emprunts que leurs prédécesseurs avaient faits à la langue française ; on en découvre un grand nombre dans les poésies de Chaucer, contemporain d'Édouard ; mais, comme nous l'avons dit plus haut, ils s'attachèrent à déguiser ces espèces de plagiats par la prononciation. — Les guerres civiles qui désolèrent l'Angleterre dans le XVe siècle arrêtèrent les progrès de la langue anglaise : ils reprirent leur cours sous le réformateur Henri VIII, et ce qui restait encore du franco-normand, soit dans la prononciation, soit dans la quantité des syllabes, disparut assez rapidement pour faire place à l'accentuation saxonne. L'étude des classiques grecs et latins, à laquelle on se livra dans le XVIe siècle, motiva cette innovation. Les poëtes prétendirent même transporter dans leur langue la prosodie grecque, et faire des dactyles et des spondées ; mais cette tentative ne réussit pas mieux que celle qu'on a faite en France, où des gens à système s'imaginèrent qu'ils pourraient faire des hexamètres et des penta-

mètres. Les poëtes anglais rencontrèrent un obstacle insurmontable dans le nombre infini de monosyllabes qui entrent
dans leur langue. Le règne d'Élisabeth fut pour la langue un
temps bien prospère; cette reine eut pour contemporains
Spenser et Shakspeare. Un peu plus tard Milton introduisit le
goût des inversions en prouvant par de beaux exemples que la
langue anglaise pouvait très-bien supporter l'inversion sans
rien perdre de sa clarté. Dryden, après Milton, s'occupa de
polir la langue et de la rendre capable d'élégance; mais ce ne
fut que sous le règne d'Anne que l'œuvre de Dryden reçut un
complément nécessaire; Addison, Swift, Steele et surtout Pope
rendirent la langue docile à toutes les inspirations du génie, en
même temps qu'en France Racine, Boileau, Massillon faisaient
monter le français au plus haut point de perfection. Depuis ce
moment, l'anglais, clair comme le latin et jouissant comme le
grec de la faculté d'avoir des mots composés, moins universel
pourtant que l'allemand, moins exact que le français, n'a cessé
de s'enrichir de locutions neuves, prises dans les débats parlementaires et surtout dans les relations multipliées de l'Angleterre avec tous les peuples commerçants des deux mondes. Il
n'est peut-être pas de langue en Asie, en Afrique, en Europe
qui n'eût quelques mots à revendiquer; mais la langue anglaise,
toujours constante dans ses habitudes, s'approprie tout ce
qu'elle trouve à sa convenance, et se l'incorpore en lui faisant
subir sa propre construction et en dénaturant le son propre
des mots qu'elle emprunte. Au reste, les écrivains de l'école
moderne, et principalement Byron et Walter Scott, ont affecté
de faire dominer dans leurs ouvrages la partie saxonne de la
langue sur la partie empruntée; mais les écrivains qui se
piquent d'élégance et qui veulent plaire aux gens du monde
font précisément le contraire, et leur style abonde en galli-
cismes. Quant à la prononciation, les Anglais persistent à se
tenir séparés par elle de tous ceux à qui leur langue doit davantage, mais en Amérique elle s'est améliorée en se rapprochant
du son commun des voyelles. Au fond ce n'est point sans raison que nous insistons sur ce point. Les Anglais de bonne foi
conviennent eux-mêmes que leurs continuels sifflements et
leurs articulations confuses, presque inappréciables pour des
oreilles, même exercées, sont loin de former un langage harmonieux et sonore. Byron, dans un mouvement d'humeur
provoqué par la comparaison qu'il fait de sa langue à la mélo-
dieuse langue de l'Arioste, l'appelle un grognement rude,
grossier, guttural, qui vient du Nord et qu'on est obligé de
siffler, de cracher et de bredouiller. — La langue anglaise, malgré ses défauts, est riche, forte, expressive, flexible, car elle
s'applique à toute sorte de sujets; elle est très-propre aux discours de tribune et même au genre descriptif. — Les meilleures
grammaires anglaises sont celles de Harris, de Walker, de
Beattie, de Lindley Murray, de Vallès, etc. Parmi les dictionnaires, il faut assigner la première place à celui de Johnson avec
les additions de Todd. Pour ce qui est des deux sortes d'ouvrages, destinés aux Français, on peut citer la Grammaire de Siret,
in-8°, et le Dictionnaire de Boyer; le Pronouncing dictionary
de Walker est aussi un ouvrage très-utile pour les étrangers.
— La langue écossaise n'a pu être d'abord considérée que comme
un dialecte teutonique auquel s'étaient mêlés des mots galli-
ques ou bretons; ses formes grammaticales le rapprochaient
du danois. Plus tard des communications fréquentes entre
l'Écosse méridionale et l'Angleterre firent connaître l'anglo-
normand aux descendants des Pictes, et cette dernière langue
devint celle de la cour, des grands, des nobles et de tous ceux
qui prétendaient paraître au-dessus du vulgaire; peu à peu elle
pénétra jusqu'aux dernières classes. Ainsi la langue gallique,
refoulée vers le nord, devint celle des montagnards, et sur la
lisière qui sépare la région des montagnes et le pays des plaines
il se forma un dialecte mixte où les deux langues se confondirent d'une manière plus ou moins complète; mais les montagnards ont longtemps refusé l'entrée de leur pays à la langue
anglaise. Ce ne fut qu'après l'avénement des Stuarts au trône
d'Angleterre que celle-ci a pris partout la place du gallique
qui, altéré, corrompu par le défaut de culture, a fini par
n'être qu'un jargon populaire. Au reste, les Écossais diffèrent
beaucoup par la prononciation des Anglais eux-mêmes, non-
seulement pour ce qui concerne la prosodie, mais encore pour
le son donné aux voyelles. — Les Irlandais, subjugués depuis
huit siècles sous Henri II, descendant de Guillaume, n'ont pas
conservé, comme les Écossais, leur idiome primitif, le gallique

y disparut presque entièrement et la langue des vainqueurs en
prit la place. Depuis cette époque les savants, les écrivains
les nobles, les commerçants irlandais n'ont cessé de cultiver la
langue anglaise; de telle sorte qu'aujourd'hui encore il existe
entre les habitants de Londres et ceux de Dublin une question
de supériorité, relative au plus ou moins de pureté de la langue,
et principalement de prononciation, à peu près comme celle
qui existait entre Rome et Florence, entre Paris et Tours ou
Blois. Beaucoup de gens penchent pour les Irlandais; mais les
étrangers trouvent que les uns et les autres se rapprochent
moins que les Écossais de la prononciation qui répondrait le
mieux à la prononciation indiquée par l'écriture. Toutefois,
malgré l'abandon où on a laissé le vieil idiome irlandais, Valla-
mey a publié ses recherches sur l'ancien dialecte, et O'Reilly
a dirigé les siennes sur le dialecte moderne. — Les Anglais ne
se sont pas seulement occupés de leur langue; ils ont étudié
les langues anciennes et les langues étrangères avec des succès
soutenus. A la fin du xvᵉ siècle, quelques savants firent connaître aux Anglais les écrivains grecs, et dans les premières
années du xvıᵉ, Érasme professa la langue grecque à Oxford;
mais il éprouva tant de contrariétés de la part des hommes qui
auraient dû protéger ses efforts et trouva si peu de bonne volonté
dans ses élèves, qu'il prit le parti de quitter l'Angleterre. Deux
personnages marquants de cette époque, William Montjoy et
Thomas Gray, parvinrent à l'y ramener; Érasme ne trouva
plus d'opposition dans le clergé, mais il ne pouvait tout faire;
il fut mal secondé, et après lui l'étude du grec languit et devint presque nulle. Ce ne fut qu'entre le xvııᵉ et xvıııᵉ siècle que Dryden, Pope et d'autres poëtes, en traduisant les
classiques grecs et latins, répandirent le goût de l'ancienne
littérature et firent naître le désir d'en posséder tous les trésors. Ce fut à cette époque (1676 et suiv.) que Robertson Hill
publia son Dictionnaire de la langue grecque, que Frédéric
Goüdmann composa son Dictionnaire latin qui parut sous le
titre de Dictionnaire de Cambridge. Vers le même temps encore naquit tout à coup l'étude des langues orientales anciennes
et modernes; il serait trop long de nommer tous ceux qui se
distinguèrent dans ce genre de travaux. Contentons-nous de
citer la Grammaire syriaque de William Beveridge, les Grammaire et Dictionnaire persans de Greaves et de Castle-Hyde
qui ouvrirent une vaste carrière qu'ont parcourue ensuite une
foule de savants. Une chose singulière, c'est que dans les
universités d'Oxford et de Cambridge on donna une préférence
presque exclusive à l'étude du grec sur celle du latin, tandis
qu'au contraire en Écosse les latinistes abondent et que les
hellénistes sont rares. Cependant l'Écosse a vu Grégory, très-
bon latiniste, montrer beaucoup de goût pour la langue d'Homère, et Andrew Dalzet se livrer avec succès dans Édimbourg
à l'enseignement du grec. La langue hébraïque n'a pas été
cultivée avec moins d'ardeur que la langue grecque; il en est
de même de l'arabe. Des investigations et des recherches laborieuses ont eu lieu sur les autres langues de l'Orient. Swinton
s'est fait une grande réputation par ses travaux sur l'ancienne
langue phénicienne; Wilkins s'est occupé du copte, William
Jones, Wilford et beaucoup d'autres du sanscrit et de l'indous-
tani, Malcolm du persan, Whiston de l'arménien, etc. La
Grammaire sanscrite de Wilkins, 1808, Londres, se distingue
par l'ordre, l'exactitude et la clarté; le même éloge s'adresse
à la Grammaire et au Dictionnaire de la langue malaise par
Masden (1815, in-4°, Sérampour); Carey a travaillé principalement sur le bengali. Les Asiatic researches, recueil précieux
commencé à Calcutta en 1799, et réimprimé en Angleterre,
sont une mine féconde de documents rares, curieux et savants
sur les antiquités philologiques et littéraires de l'Inde. — Il
n'était pas à présumer que l'anglo-saxon fût oublié dans ce
mouvement général des esprits vers l'étude des langues; il devint l'objet des recherches assidues d'un grand nombre de
savants, non-seulement en Angleterre, mais encore en Allemagne et en Danemark; les grammaires et les dictionnaires
ont été publiés depuis le milieu du xvııᵉ siècle jusqu'à l'époque
actuelle. Il résulte de ces travaux que l'anglo-saxon a été parlé
plus purement dans les contrées occupées en entier par les
Saxons que dans celles où les Saxons n'avaient que de simples
établissements; mais dans ces dernières même il s'était formé
des dialectes auxquels l'anglo-saxon avait fourni une bonne
partie de matière. Il en résulte encore que l'anglo-saxon a été
divisé en trois dialectes, l'anglo-saxon propre, le danois-saxon
et le normand-saxon. On peut consulter sur ce point l'Histoire
des Anglo-Saxons par Turner, Londres, in-4°, et l'Histoire
du droit anglo-saxon par Philipp, Gœttingue, 1825.

J. DE MARLÈS.

¹ J. Jamieson a publié en 1808, in-4°, à Édimbourg, un Dictionnaire étymologique du dialecte de la basse Écosse. Richard a publié
une Grammaire et un Dictionnaire de la langue galloise.

ANGLETERRE (*littér*.). Buffon a dit : le style c'est l'homme ; M. de Bonald a ajouté : la littérature est l'expression de la société. Tels sont les deux axiomes sur lesquels repose le plan d'un article où nous devons esquisser l'histoire de la littérature en Angleterre. En effet, ce plan consiste uniquement à faire coïncider les révolutions littéraires avec les révolutions politiques. — C'était une race forte et poétique que celle qui couvrait le sol breton au moment où César vint y planter une enseigne romaine. En Bretagne il était trois choses dont un homme libre ne pouvait être dépouillé pour dettes : son cheval, son épée, sa harpe. La poésie était du reste une sorte de sacerdoce. Le barde appartenait à la caste druidique. Nous avons donc tout lieu de croire que la Bretagne était riche en monuments poétiques ; cette richesse dut s'accroître sous la domination même de Rome, puisqu'il paraît certain que le latin, cette langue universelle dans quatre premiers siècles de notre ère, ne put jamais s'y populariser ; les prêtres chrétiens et les magistrats impériaux l'employèrent seuls ; le peuple garda son vieil idiome ; les bardes restèrent investis du droit de donner l'immortalité, mais ils écrivaient peu. Chez eux la poésie était traditionnelle, comme la science l'était chez les druides, et de tous leurs chants de victoire il ne nous reste que quelques ballades et les poésies d'Ossian, dont l'authenticité même est contestable. — La retraite des Romains fut suivie, comme nous l'avons dit ailleurs, de la conquête saxonne ; les Saxons comme les Bretons étaient dans un état social qu'on pourrait appeler homérique ; aux bardes des vaincus ils purent opposer leurs scaldes. Des rois mêmes cultivaient la poésie, et il nous reste de vers attribués au roi Alfred. Ce prince fit pour l'Angleterre ce que le moine Ottfried fit pour l'Allemagne ; il soumit l'idiome germain à l'écriture ; mais il trouva peu d'imitateurs, si nous pouvons en juger par le petit nombre d'ouvrages saxons parvenus jusqu'à nous. En effet, à côté des vers d'Alfred nous n'avons à placer que deux traductions des évangiles. — Mais parallèlement à cette littérature se développait une autre littérature dont Rédbred Geldas devaient être les fondateurs, et qui, toute consacrée à l'histoire et à la théologie, n'employa que le latin. Ce fut une littérature de couvents qui se perpétua même au delà de la conquête normande. — Grâce aux victoires de Charlemagne, les Normands n'avaient conservé que la voie de la mer pour pénétrer en France. De là résultait l'impossibilité de transporter de grandes masses et par conséquent celle d'agir fortement sur l'esprit public dans les provinces où ils finirent par se fixer. Effectivement, loin de modifier les idées des Neustriens, les Normands se pénétrèrent eux-mêmes de toutes celles qui avaient cours parmi eux. Ils oublièrent jusqu'à leur langue scandinave, et quand Guillaume le Bâtard eut gagné la bataille d'Hastings, les Anglais crurent avoir été subjugués par les Français. La langue d'oïl fut seule parlée par les vainqueurs, c'est-à-dire par la noblesse de la conquête ; l'anglais continua d'être la langue du peuple vaincu, et cette circonstance ne contribua pas peu sans doute à perpétuer des dissentiments auxquels chaque jour semblait donner une force nouvelle. — Les deux races ennemies se reconnaissaient au langage. — C'est un spectacle unique dans l'histoire que celui qu'offre l'Angleterre au XIe et au XIIe siècle, sous le rapport littéraire ; on y écrit en latin, en gallique, en anglo-saxon, en français ; la pensée y prend toutes les formes : lois, ballades, fabliaux, sirventes, romans d'amour et de chevalerie, concourent à former le plus bizarre amalgame que se puisse imaginer. Robert Courte Botte, enfermé vingt-huit ans à Cardiff, apprenait la langue des Galls et se plaignait poétiquement de ne pouvoir mourir. Richard Cœur de Lion était couronné comme troubadour ; il composait dans la langue romane du midi de la France un sirvente sur sa captivité en Allemagne. En même temps Robert Wace traduisait le roman du Rou, et un trouvère anglo-saxon, continuateur du Brut, s'exprimait « avec la verve de la haine » (Chateaubriand) sur Guillaume le Conquérant et son odieuse postérité. Geoffroi de Saint-Alban faisait jouer dans une église son *Mystère de sainte Catherine* (1101). — Cette confusion, qui faisait de l'Angleterre une sorte de Babel littéraire, dura jusqu'au règne d'Édouard III ; et pour le prouver, il suffirait de citer l'édit d'Édouard Ier qui condamnait à mort les bardes du pays de Galles convaincus d'entretenir chez les vieux Bretons des sentiments d'une hostile indépendance ; il suffirait enfin d'examiner les ouvrages de toute espèce écrits pendant deux siècles. L'Angleterre continuait d'être le rendez-vous des nations ; les étrangers y étaient si bien accueillis par les rois de la conquête, qu'ils y abondaient. Le pays en était surchargé sous Henri III ; il s'entourait volontiers de troubadours provençaux. De temps

en temps, il est vrai, la noblesse s'insurgeait et chassait les intrus ; mais ils revenaient aussitôt que l'orage était passé. — Remarquons cependant, au milieu de cette confusion, une tendance visible vers l'unité. Les langues devaient se fondre par le rapprochement ; les différents genres de poésie devaient finir par s'harmoniser, puisqu'ils étaient tous employés aux mêmes sujets. La féodalité avec tout le morcellement territorial qui la constitue présentait une unité morale qui réagissait nécessairement sur la littérature. Elle offrait à toutes les imaginations ses croisades, sa chevalerie, et quelque diverses que fussent les sources de l'inspiration, les poëtes devaient finir par se rencontrer sur ce terrain qu'ils exploitaient en commun. Enfin la grande lutte de l'Angleterre contre la France éclata ; Édouard, n'ayant pu se faire roi en France, voulut devenir Anglais ; il comprit l'avantage qu'il pouvait trouver à faire de sa cause une cause nationale ; et, pour attirer à lui les petites gens, il toléra l'anglais dans les plaidoiries civiles. Dès lors l'usage du français déclina sensiblement, bien que certains actes des rois Henri IV, Henri V, Henri VI et même Édouard IV soient encore écrits dans cette langue ; le parlement de 1483 rédigea pour la première fois ses bills en anglais. Froissard se servit encore de la langue de la cour, Bower mêla les deux idiomes ; mais Chaucer employa uniquement le langage du peuple et le réhabilita. Il avait connu Pétrarque et avait pris en Italie quelque chose de l'esprit de Bocace ; les contes de Canterbury reproduisent la forme du Décaméron. En même temps Wikleff faisait sur la Vulgate une traduction anglaise de la Bible. Il est curieux de voir le premier réformateur anglais se rencontrer avec Luther dans la première de ses innovations. Les écrits du comte de Rivers, les premiers que l'imprimerie ait reproduits en Angleterre, consistent uniquement en traditions d'ouvrages français. La littérature anglaise d'un ordre élevé manque donc d'originalité au XIVe et au XVe siècle. Quant à la poésie populaire à la même époque, elle manque de naïveté. *Les Enfants dans le bois* et la *Romance du saule* (reproduits par Shakspeare) sont simples sans être naïfs. M. de Chateaubriand assure que la naïveté est un fruit de la Gaule et qu'elle vient de l'esprit comme la simplicité vient du cœur. La ballade de Childe Waters sort peut-être un peu plus de la vulgarité. — De même que les institutions féodales et les habitudes poétiques du moyen âge avaient agi sur la littérature de l'Angleterre à l'époque où la langue était dans une sorte de chaos, de même aussi la réformation religieuse qui s'opéra sous les Tudor devait agir sur cette littérature au moment où la langue avait pris une marche décidée. C'est une vérité que nous sommes obligés de poser comme axiome, n'ayant ni le temps ni l'espace nécessaires pour nous livrer à des considérations, intéressantes du reste, sur les différences qui distinguent une littérature protestante d'une littérature catholique. Ce qu'il est facile de remarquer dans les premiers ouvrages anglais nés de la réforme, c'est la roideur, la sécheresse. Tel est au moins le caractère des écrits de Knox et de Buchanan ; Henri VIII protestant présente une analogie singulière avec ces deux Écossais, et cette analogie étonne celui qui a lu ses œuvres catholiques. Pour se distraire de cette fatigante sécheresse, il faut lire les ouvrages latins de l'infortuné Thomas Moore ou suivre le comte de Surrey dans ses courses à travers le genre italien. Dans ses sonnets à Géraldine il imite Pétrarque, et donne à la poésie anglaise une forme qu'elle a conservée. Cependant c'est à Spencer, contemporain d'Élisabeth, que l'on fait remonter le type de la poésie anglaise moderne. La *Fairie queen* est calquée sur les poëmes de l'Arioste et du Tasse ; l'allégorie y domine. C'est un résultat tout naturel de l'éducation classique des universités. —Enfin parut Shakspeare ! Presque éclipsé par Spencer, il devait s'élever comme un géant au-dessus des pygmées qui l'avaient précédé ou qui le suivirent. Ignoré de son vivant, il était destiné à devenir la gloire de l'Angleterre ; nouvel Homère il devait être comme la divinité qu'on ne connaît que par ses œuvres ; Shakspeare était un reflet jeté par le moyen âge sur les temps modernes ; il joint à l'originalité, à la bizarrerie dans la forme, l'observation philosophique dans le fond. Chez lui le grotesque et le sérieux se donnent souvent la main ; mais les caractères sont toujours ornés, malgré leur diversité, ils sont toujours profondément sentis. Eh bien ! le croirait-on ? ce Shakspeare si populaire de nom trouve à peine un théâtre anglais où on le joue ! *Macbeth, Hamlet, Richard III*, soigneusement placés dans les bibliothèques, sont bannis de la scène. La France au moins sait entretenir un temple à ses divinités poétiques : Racine, Corneille et Molière. trouvent les interprètes. C'est au reste à Shakspeare que se rattache notre école romantique ; puisse-

t-elle saisir les grandes qualités qui lui appartiennent en .pro-
pre et se garantir des défauts qui tenaient à son siècle. Ce
qui étonne dans Shakspeare, ce sont les obstacles qu'il eut à
vaincre; il avait à se servir d'une langue pleine d'affèterie,
parce qu'elle n'était pas encore formée; mais il sut en triompher par le caractère éminemment vrai de son esprit; il se
servait d'un instrument comparable à celui qu'employaient
Ronsard et la reine de Navarre, et pourtant, quelle différence!
Une remarque que nos contemporains devraient surtout faire
chez lui, c'est le soin qu'il met à ne jamais étouffer la vérité
de ses caractères par le costume, par ce que nous appelons la
couleur locale. Shakspeare était peu instruit; des chants populaires, des extraits d'histoire d'Angleterre, des nouvelles
françaises, formaient tout son bagage d'érudition; mais le
cœur humain est toujours à peu près le même; il l'avait étudié
et il savait le faire battre sous une armure de fer du XIᵉ siècle
comme sous un pourpoint de soie du XVIᵉ. — A côté du dra-
maturge plaçons le philosophe Bacon, homme inépuisable,
grand écrivain, trop loué par Voltaire, placé trop bas peut-être
par M. le comte de Maistre. Spencer, Shakspeare, Bacon, tels
sont les représentants de la littérature anglaise sous les Tudor. — Vienne maintenant la tragique histoire des Stuarts.
Sous le rapport littéraire, cette époque s'annonce par le *Basi-
licon Doron* de Jacques Iᵉʳ, et puis arrivent l'*Histoire universelle* de Walter Raleigh et les poésies du royaliste Cowley. Au
nom du protecteur Olivier Cromwell s'attache celui de son
secrétaire Milton. C'est, au reste, un phénomène extraordinaire
qu'un poète tel que Milton ait au milieu d'une de ces époques où
la politique semble devoir tout envahir. Mais n'oublions pas
que l'auteur du *Paradis perdu* fut surtout un républicain
zélé, qu'il écrivit sur la liberté de la presse, sur l'état des rois
et des magistrats, qu'il réfuta l'*Eikon Basiliki* dans son *Ico-
noclaste*, qu'il fut aveugle secrétaire du protecteur dont il
annonça la mort à Mazarin; n'oublions pas enfin qu'il fut
banni par la restauration. Eh bien, les préoccupations politiques n'étaient pas le seul obstacle à la poésie de Milton, il fut
en butte à l'humeur acariâtre des membres de sa famille et
aux atteintes d'une poignante misère. Avec tout cela, il fit un
poème épique, et ce poème est un chef-d'œuvre. — Lorsque le sujet
du *Paradis perdu* était venu à Milton, il avait eu l'idée d'en faire
une tragédie; le collège de la Trinité possède un plan en cinq
actes, écrit en entier de la main du poète (*V.* ANDRÉINI). Ce ne
fut qu'à l'âge de cinquante-neuf ans qu'il songea à publier son
poème; mais que d'obstacles à vaincre ! Il n'avait pas eu assez
d'argent pour payer un copiste, et quelques amis avaient dû
venir écrire sous la dictée. On était en pleine restauration, le
censeur refusait l'*imprimatur* sous prétexte que le délit de
haute trahison ressortait de certains vers; le libraire Symons
ne se chargea qu'en tremblant de la publication d'un manuscrit
qu'il paya 10 livres sterling. Pendant tout le reste de la vie de
Milton son ouvrage resta enseveli au fond de la boutique de
l'aventureux M. Symons; la multiplicité des sectes avait fait
naître l'incrédulité, et même après la mort de l'auteur, le sujet
de son livre fut un obstacle à son succès. Ce ne fut qu'en 1688
qu'il commença à faire du bruit; puis vint Addison qui lui
consacra plusieurs articles de son *Spectateur*, et alors tout le
monde voulut le lire et l'admirer (*V.* MILTON). — En dehors
de Milton l'époque de tourmente à laquelle il appartient n'offre
rien qui se détache de la politique; des mémoires que les soins
de M. Guizot ont rendus accessibles à ceux mêmes de nos
compatriotes qui ne connaissent pas la langue anglaise, méritent seuls une mention. Mais tout passe, les révolutions même ont des temps d'arrêt, et les premières années de la restauration eurent leur poète royaliste à opposer au républicain
Milton. Soit dit sans comparaison, le loyal Lovelace mérite
que son nom revienne quelquefois à la mémoire. Il avait chanté
les louanges d'une royauté qui le mettait sous les verrous et
qui le laissa mourir dans la misère. — Charles II avait si longtemps parcouru le monde, qu'il rapportait en Angleterre des
goûts étrangers. La cour de Louis XIV l'avait frappé, ceux
qui voulaient lui être agréables mettaient leurs soins à lui en
retracer l'image. La littérature même ressentit quelque chose
de l'influence française; on en peut trouver des traces surtout
dans les ouvrages des prosateurs du règne de Charles II. Til-
lotson, le chevalier Temple, Locke, Clarendon, pourraient
être comparés avec fruit à des écrivains français leurs contemporains. L'invasion du goût français dans la poésie eut des
résultats moins heureux que dans la prose; la poésie a surtout
besoin d'originalité, l'imitation la tue. Cependant nous devons
citer comme faisant honneur à l'Angleterre Dryden qui travailla trente ans pour le théâtre sans en obtenir de bien grands

résultats, mais qui, par ses Dialogues sur l'art dramatique, a
mérité le surnom de fondateur de la critique anglaise. Nous
devons aussi rappeler le nom de Butler, l'auteur d'*Hudibras*,
espèce de Don Quichotte politique qu'on a comparé à notre
satire Ménippée, bien qu'il soit plus difficile de faire rire de la
révolution de 1649 que de la Ligue. Butler eut cela de commun avec Lovelace et beaucoup d'autres poètes, qu'il mourut
presque de faim. — Cependant les Stuarts tombèrent pour la
seconde fois, la maison de Hanovre occupa leur place, et à la
faveur d'une tranquillité de cent cinquante ans, la langue
anglaise put acquérir son dernier degré de perfection sous les
plumes savantes des Pope, des Addison, des Swift, des Gray,
des Fielding, des Walter Scott et des Byron; et puis est venu
l'abus de la critique qui, à Londres plus qu'à Paris (et ce n'est
pas peu dire), jette partout le désordre et la confusion; la
liste seule des ouvrages périodiques qui vivent de cet aliment
effraye l'imagination. La pensée de la majorité des écrivains
s'use à chercher les défauts d'autrui et devient incapable de
rien produire qui naisse de l'inspiration. — Swift, né en Irlande (1667), a été fort mal à propos nommé le Rabelais, le
Voltaire anglais; le *Tonneau* et *Gulliver* sont de pâles copies
du *Gargantua*; son *John Bull* est resté populaire, qu'il venge
satire sur la paix d'Utrecht. — Cependant l'influence du XVIIIᵉ
siècle devait se faire sentir en Angleterre comme en France;
la poésie devait y devenir descriptive et philosophique comme
dans notre pays. Pour prouver cette assertion, nous n'avons
qu'à nommer Young, Gray, Glover, Thompson. — Le roman
se dégage en même temps de l'exagération chevaleresque qui
le caractérisait au moyen âge. A cette nature de convention
dont il s'était plu à charmer les loisirs des châteaux, il substitue les tableaux de la vie réelle. Richardson, Fielding s'attachent à faire de leurs livres des miroirs de la société au
milieu de laquelle ils vivent. — L'histoire a aussi ses interprètes; Hume est, dans son genre, un chef d'école. Robertson
et surtout Gibbon écrivent non-seulement pour leur pays,
mais pour le monde savant entier; le malheur de Gibbon
est de n'avoir pas créé. — Et puis vient le cortège immense des
philosophes, des savants et des économistes; l'éloquence parlementaire prend place dans la littérature. Fox, Burke, Pitt,
fait en Angleterre une révolution dans l'art oratoire, qui
jamais n'avait été porté plus haut. — Enfin le XIXᵉ siècle parut, et il est marqué dans l'histoire littéraire de l'Angleterre
par deux noms qui ne peuvent périr, Walter Scott et Byron;
le premier, homme d'intelligence et d'observation, peint toutes
les époques avec vérité; sans multiplier les incidents, il sait
attacher fortement le lecteur par la variété de ses caractères et
par le talent avec lequel il les soutient. Rebecca, Jeanie Deans,
Amy Robsart, sont les femmes aussi différentes qu'Ivanhoé,
Reuben Butler et le comte de Leicester, et pourtant elles sont
vraies. Byron, au contraire, homme de passion, est toujours
uniforme; Childe-Harold, le Corsaire, Lara, c'est toujours
Byron; nature excessive qu'une triste déception pousse à douter
de tout, même de Dieu, et qui n'embrasse pour tout avenir que
le désespoir et le néant.

HENRI PRAT.

ANGLETERRE (*beaux-arts*). L'Angleterre n'est sortie de son
indifférence pour les beaux-arts que lorsqu'elle les a vu cultiver en Italie, en France et chez tous les peuples européens;
mais alors ses progrès ont été rapides, et aujourd'hui elle
s'honore de beaucoup d'artistes que ni la France ni l'Italie ne
désavoueraient. Ce fut vers le milieu du XVIIIᵉ siècle qu'un
fabricant de faïence, le célèbre Wedgwood, colportant jusque
dans les chaumières les compositions dont Flaxmann et d'autres peintres enrichissaient ses produits, propagea le goût de
la peinture non-seulement parmi les gens du monde, mais encore dans toutes les classes de la société. — Hâtons-nous
cependant de le constater; cet entraînement fut loin d'être
irréprochable. La France, les Pays-Bas, l'Allemagne, n'avaient
plus leurs Poussin, leurs Van Dyck, leurs Albert Durer; l'affectation régnait dans notre école; les Boucher, les Vanloo avaient
fait de la peinture ce qu'on fait de la mode; à force de chercher à la rendre polie, ils la rendirent ridicule, et malgré le
coloris chaud et transparent de Watteau, ou le style plus vrai,
plus sévère de Vien le réformateur, l'Angleterre se trouvait,
pour ainsi dire, sans maîtres capables de diriger ses artistes.
— Ses peintres en conclurent qu'il valait mieux courir les
chances de s'égarer loin des mauvais modèles que de se perdre
infailliblement avec eux. Barry se rendit à Rome; il étudia
profondément l'art de l'antiquité et les grandes écoles italiennes
offraient de précieux enseignements. Fusely, par une autre
route, se voua à la représentation des sujets passionnés, dramatiques, que le théâtre anglais avait illustrés. Les épisodes

sanglants du moyen âge, les scènes de donjons, de souterrains, les apparitions fantastiques signalèrent ses œuvres, et, disons-le avec regret, furent accueillies avec un engouement qu'elles ne méritaient pas. L'art, chez le premier, devint froid, compassé, systématique comme dans les bas-reliefs de l'antiquité; chez le second, au contraire, il se montra tourmenté, plein d'enflure, et surtout théâtral. Des deux côtés l'art vrai fut méconnu. — Cependant la fortune traitait favorablement les artistes anglais. Leurs couleurs semblaient broyées avec de l'or. Les succès que certains talents avaient déjà obtenus devaient en faire éclore beaucoup d'autres. La gloire de Reynolds, ce peintre si nerveux, si animé, fit surgir Thomas Lawrence, et celle de Flaxmann fut bientôt égalée ou même surpassée par un sculpteur habile, M. Chantrey, qui vit peut-être encore, mais dont le ciseau n'a plus le même bonheur et la même activité. Le premier, visant d'abord aux avantages que donnent les richesses pour arriver à la célébrité, embrassa un genre fort productif en Angleterre, celui des portraits; le second en fit aussi dans sa spécialité statuaire. Deux figures de jeunes filles qu'il exécuta un jour pour orner un tombeau révélèrent en lui tant d'âme et de délicatesse, qu'il s'éleva aussitôt aux premiers rangs des sculpteurs. — Quant à Lawrence, on ne saurait s'imaginer jusqu'où s'étendit sa renommée. On se disputa l'honneur d'occuper ses pinceaux; des souverains, de grands hommes d'État formèrent sa superbe clientèle, et dans la visite que nous fîmes, il y a quelques années, à son atelier, nous le trouvâmes entouré de personnages illustres. — Lawrence est donc un peintre élégant et noble, qui pose ses figures avec un goût exquis et donne la vie à leurs traits. Peut-être sa couleur, si brillante du reste, manque-t-elle de franchise; on lui voudrait plus de solidité, moins de vague et d'apprêt; mais, malgré ces défauts, l'auteur des portraits du pape Pie VII, du duc de Richelieu, de l'empereur Alexandre, n'en est pas moins un artiste consommé. — Auprès de lui, et dans un ordre de style plus élevé, Martin se signale à l'attention publique. C'est un peintre d'histoire, non comme on l'entend ordinairement en France, où l'on accorde ce titre à l'auteur de quelques académies posées au premier plan et chargées de représenter quelquefois toute une bataille: c'est un peintre d'histoire tel qu'il doit être; en lui la richesse ordinaire serait presque de l'indigence. Son horizon, c'est l'infini, les convulsions de la nature, les destructions des peuples, le bouleversement des corps suspendus dans l'espace sont les aliments de son génie biblique. Il n'est pas d'effet qu'il ne puisse rendre, pas de cause dont il ne puisse produire l'effet, tant sa palette est féconde et variée, son imagination infatigable. On pourrait trouver un dessinateur plus correct, un coloriste plus sincère, un physionomiste plus naïvement expressif, mais sous le rapport de la sève nous ne croyons pas qu'un artiste en ait pu laisser couler davantage. Martin a travaillé dans les cadres trop étroits pour ses compositions, cela est vrai; mais qu'on réfléchisse aux dimensions exiguës des habitations anglaises; qu'on se pénètre avant tout de ce principe, que l'art, en Angleterre, doit être surtout une marchandise, une denrée à la portée du plus grand nombre, et l'on s'expliquera fort bien alors comment cet artiste, pour placer ses tableaux, a dû les proportionner aux lieux qui pouvaient leur donner asile. — Quoi qu'il en soit, si dans la peinture d'une haute portée l'école britannique n'a produit que peu d'artistes recommandables, elle est beaucoup plus riche en talents d'un ordre inférieur. Les peintres de genre, de paysage, sont très-nombreux, et leur quantité n'exclut pas le mérite. Tout en leur reprochant avec raison un coloris maniéré et prétentieux, on avouera qu'ils possèdent beaucoup de talents d'observation et une originalité remarquable. Wilkie, l'ingénieux auteur du *Jour de loyer*, de la *Saisie mobilière* et de tant d'autres peintures de mœurs, est, dans un rang beaucoup plus délicat, un digne rival d'Hogarth. Autour de lui viennent se grouper Newton, Leske, Frazer, good, Morbland, le Teniers anglais, et surtout Henri Liverseege, auteur de *Falstaff* et de *Don Quichotte*. Quant à Bonnington, chacun se souvient des œuvres délicieuses exposées au salon de Paris. Il était Français, il est vrai, par l'éducation, car il s'était formé parmi nous; mais son talent n'a réellement pris son essor qu'à la suite de ce voyage d'Italie dont il nous a laissé de si intéressants souvenirs. — Parmi les genres spécialement favorisés en Angleterre, le paysage est au premier rang. Le goût des habitants de ce pays pour une nature richement accidentée, l'ingénieuse distribution de leurs parcs, et peut-être aussi leur caractère sérieux qui les porte à la contemplation des scènes de la nature, ont dû grossir le nombre des peintres paysagistes. Parmi eux, Turner, Calcott, Wilson,

Grainsborough, Constable, Collins, Hoffland, Roberts et Linton, ont fixé l'attention publique; mais si la plupart d'entre eux possèdent une imagination exaltée, comme Turner par exemple, presque tous aussi, en voulant donner à l'art une plus grande portée, le font tomber dans des écarts déplorables. Ni la ligne, ni la couleur des sites ne sont respectées par eux; à force de vouloir les idéaliser, ils les travestissent et n'en font plus que des scènes fantastiques propres seulement à séduire quelques imaginations déréglées. Turner est plus affecté encore que les autres; il est fâcheux que son génie n'ait pas été appliqué à la décoration théâtrale; il eût trouvé là un champ beaucoup plus favorable à la nature de son talent. — Les aquarellistes en Angleterre ne sont pas exempts de ce travers; en général l'artifice de l'exécution domine un peu trop dans leurs produits; malgré cela, Lewis, leur délicieux Lewis, fait dans ce genre des merveilles. C'est un homme d'un goût, d'un feu et d'une intelligence admirables. Aussi ses tableaux se couvrent-ils de guinées, et tel est l'engouement actuel des gens riches pour ce genre facile, que presque tous ses adeptes font, en peu de temps, une fortune considérable. — Reste maintenant à parler de Lindseer, peintre de genre d'une curieuse fécondité. Son crédit est fort grand en Angleterre, et nous conviendrons que, sous le rapport de la finesse et de l'originalité, il l'a mérité. — Nous avons déjà fait mention de Chantrey comme du plus habile sculpteur de ces derniers temps. Il ne peut être assurément comparé à Flaxmann pour la force de la pensée et de l'exécution, mais il est plein d'une élégante simplicité mêlée à une mélancolie touchante. Son concurrent le plus redoutable aujourd'hui est Wyat, dont le séjour à Rome a élevé et purifié le style. Il est sans doute environné d'un certain nombre d'émules. Toutefois, si l'on excepte les trois noms que nous venons de citer, on ne croit pas que l'Angleterre puisse jamais prétendre, dans l'art de la sculpture, à rivaliser avec les Canova, les Thorwaldsen, ni même avec les artistes français. — Mais ce qu'on ne contestera pas aux Anglais, c'est leur supériorité, acquise depuis bien des années, dans une des branches de la gravure; nous voulons parler du procédé sur bois. Il est impossible de pousser plus loin la finesse, le nerf et l'harmonie que ne l'ont fait Bewick et ses successeurs. La gravure à l'aqua tinta est aussi d'une excellence positive, et dans le genre des vignettes et des culs-de-lampe, la librairie française est encore tributaire des artistes anglais. — Quant à l'architecture, son appréciation fondamentale nous entraînerait beaucoup trop loin. Contentons-nous de dire qu'elle se compose de trois genres bien tranchés: religieux, public et privé: dans le premier, les églises du moyen âge sont dignes de la puissance des sentiments religieux des Anglais de cette époque; dans le second, les formes robustes sont souvent entachées de bizarrerie et de mauvais goût; dans le troisième, les habitations particulières, à la ville ou à la campagne, sont d'un aspect convenable et presque toujours renferment des dispositions intérieures les plus ingénieuses. Leurs *cottages* surtout sont des modèles de riante gracieuseté. Ils ne peuvent rivaliser sans doute avec les manoirs orgueilleux de l'aristocratie anglaise, mais leurs formes naïves, leur fraîcheur de ton en font des séjours délicieux. — Pour ce qui est de la musique, nous n'en parlons ici que pour mémoire. On ne chante pas en Angleterre, on croasse. Le seul musicien célèbre dont les Anglais sont fiers est Haëndel, et son extrait de naissance est en allemand. Malgré cette infirmité musicale, les lords et les ladys sont des amateurs presque forcenés. Ils font une consommation effrayante de pianos et de chanteurs.

P. TRESVAUX.

ANGLICANISME. (*V.* ANGLETERRE [*religion*].)

ANGLOMANIE. Admiration immodérée, exclusive pour les Anglais, leurs usages, leurs mœurs et leurs modes, soit que cette admiration vienne d'un sentiment réel, soit qu'il ne faille l'attribuer qu'au caprice, au désir de se singulariser, à une fantaisie déraisonnable. Cette admiration vraie ou feinte devient quelquefois si excessive, qu'elle porte à tout déprimer sans exception, même les choses nationales qui font l'honneur du pays auquel on appartient par la naissance, mais qu'on désavoue par les penchants qu'on montre. Assurément il est des hommes qui, par une tournure d'esprit particulière, un génie fécond et riche, se sont placés au premier rang, et conservent ce rang à tous les yeux, parce que nul, dans aucun pays, ne peut le leur contester: tel est Molière, le prince de tous les poètes comiques anciens et modernes. Mais il peut arriver que l'orgueil national aveugle tellement les hommes, qu'ils ne veuillent pas convenir que leurs prétentions sur quelque point doivent céder à celles d'un autre peuple; cela se conçoit. Ainsi un Anglais peut attribuer par exemple ce premier rang d'auteur dramatique à Addison ou à Sheridan, au lieu de reconnaître la suprématie de notre Molière, ou qu'un Français place Racine au-dessous de Shakspeare parce que le second est Anglais et le premier Français, c'est une chose que nous ne concevons pas, car il y a là plus que de l'engouement : c'est un parti pris de trouver tout bon ou tout mauvais sur la seule étiquette. — L'anglomanie arriva parmi nous avec cette légion de gentilshommes français qui, sous les drapeaux du marquis de la Fayette, allèrent en Amérique contribuer à fonder une république ennemie des trônes. A leur retour, ils nous apportèrent l'amour des modes anglaises, et la mise en pratique des principes dont le philosophisme avait depuis longtemps jeté le germe au milieu de nous. Les guerres acharnées de la révolution avaient refoulé l'anglomanie au delà du détroit, mais l'introduction en France du système représentatif n'a pas peu contribué à nous la ramener avec tous ses travers. Ainsi nous avons adopté une infinité de noms que les Anglais attribuaient aux institutions que nous leur avons empruntées ; les modifications que nous leur avons fait subir, il est vrai, leur ôtent en partie leur caractère, et ne nous laissent que des espèces bâtardes qui ne sont ni le nom ni la chose ; mais nous croyons avoir tout dit, tout fait, lorsque pour motiver ce que nous faisons en France, nous pouvons citer ce qu'on fait, ce qu'on dit en Angleterre. On ne veut pas reconnaître qu'il existe entre les deux peuples des différences sensibles de mœurs, de sentiments et de préjugés, qui ne permettent pas que ce qui convient à l'un convienne très-exactement à l'autre. — L'anglomanie n'exerce pas seulement son empire sur les choses sérieuses, elle s'étend à tout, elle saisit nos goûts jusque dans leurs objets les plus futiles. Il est des personnes qui se flattent qu'à mesure que nos mœurs constitutionnelles et parlementaires se formeront et se consolideront, l'anglomanie deviendra moins sensible ; mais nous ne voyons pas trop comment ces deux propositions peuvent naître l'une de l'autre. Il en est au contraire qui disent que plus nous marcherons dans la carrière du représentatif, plus nous serons convaincus que ce régime est peu fait pour la France. *Non nostrum.... tantas componere lites.* Nous nous bornons à exprimer le vœu que tous les Français veuillent bien se persuader que les mœurs et les usages de leur patrie valent pour eux au moins les mœurs et les usages de l'Angleterre.

J. DE M.

ANGLO-SAXONS. C'est par ce nom commun qu'on a désigné les peuples germaniques qui, vers le milieu du Vᵉ siècle, allèrent s'établir dans la Grande-Bretagne. Ces peuples composaient trois grandes tribus : les Juttes ou habitants du Jutland, les Angles et les Saxons. Les Angles vivaient au midi des Juttes et avaient les Saxons pour voisins. Les Angles, moins nombreux que ces derniers, prirent le Northumberland, la Mercie et l'Anglie au-dessus de la Tamise. L'Essex, le Sussex et le Wessex devinrent de leur partage les Saxons. Quant aux Juttes, ils prirent le pays de Kent, l'île de Wight et une partie de la côte voisine ; mais bientôt leur nom se perdit, et les Angles eurent le privilège de donner leur nom à tout le pays qui venait d'être conquis. Quant aux Saxons, ils restèrent unis aux Angles, afin de pouvoir dominer sur les Bretons, quoiqu'ils fussent entre eux divisés d'intérêts. On prétend que dans le voisinage de Sleswig, qu'on regarde généralement comme l'ancienne capitale des Angles, il existe encore entre cette ville et Flensbourg une peuplade toute composée d'Angles, qui conservent leur ancien idiome auquel ils joignent des coutumes spéciales. Les Anglo-Saxons soutinrent de longues guerres contre les Bretons avant de les subjuguer, et plus tard contre les Danois, qui venaient partager les dépouilles des vaincus. Les Anglo-Saxons ont donné plusieurs rois à l'Angleterre ; parmi eux on distingue le grand Alfred ; ils furent soumis, de même que les Bretons indigènes, par les armes de Guillaume le Conquérant.

ANGO (JEAN), armateur de Dieppe qui faisait le commerce des Indes orientales au commencement du XVIᵉ siècle, c'est-à-dire peu de temps après que les Portugais se furent établis sur la côte de Malabar. Les Portugais, à cette époque courte mais glorieuse de leur puissance maritime, prétendaient au commerce exclusif des deux Indes, de sorte qu'ayant rencontré en 1530 les bâtiments de Jean Ango, ils s'en rendirent maîtres et pillèrent la cargaison. Ango, informé de ce désastre, ne songea qu'à la vengeance. Il arma trois ou quatre de ses bâtiments en guerre, y mit huit cents hommes à sa solde et bien déterminés, fit voile vers l'embouchure du Tage, exécuta plusieurs descentes sur les bords du fleuve et répandit la terreur jusque dans Lisbonne. Le roi de Portugal s'étant adressé

inutilement à François Iᵉʳ, fut obligé de négocier avec l'armateur dieppois qui ne consentit à se retirer qu'après avoir été pleinement indemnisé de toutes ses pertes et des frais de la guerre.

ANGOISSE (*méd.*). On exprime par ce mot un sentiment d'oppression ou de resserrement de la région épigastrique, accompagné de difficulté de respirer et de grande tristesse. L'angoisse est le dernier degré de l'anxiété qui consiste en une sensation de gêne dans la région précordiale. L'anxiété précède l'angoisse ; l'inquiétude précède l'anxiété. L'angoisse peut résulter de l'aspect d'un grand mal qui nous menace, d'un revers inattendu qui nous frappe, de l'approche d'un danger inévitable joint au sentiment de notre faiblesse. La peur poussée à l'excès, la terreur produisent l'angoisse. Quand cet état se prolonge, la circulation devient lente, embarrassée, elle peut même cesser, les muscles se roidissent, les pieds restent attachés à la terre ; mais, par un effet tout opposé, les organes contractiles, la vessie et le rectum, se relâchent au point de ne pouvoir retenir les matières qu'ils renferment. Si les angoisses se font sentir trop fréquemment, elles peuvent produire des maladies de cœur et des gros vaisseaux sanguins ; quelquefois elles ne sont point l'effet d'une maladie, mais elles en sont le précurseur, le symptôme, comme dans les fièvres graves, la folie, la rage, etc.

ANGOLA, qu'il ne faut pas confondre avec Angorah, contrée de la Guinée sur la côte occidentale de l'Afrique, près du royaume de Benguela. L'intérieur du pays est, dit-on, très-fertile en riz, en millet, en miel et en cire. Le climat en est très-chaud ; il n'y a guère que deux saisons, celle des pluies, qui règne pendant l'hiver, et la saison sèche. Les Portugais possèdent ce pays où ils ont pour chef-lieu Saint-Paul de Loanda ; mais il faut convenir qu'ils se sont peu occupés d'introduire quelque civilisation chez les naturels. Au reste les Portugais ne nous ont donné sur la population du pays, sur les produits, sur les mœurs et les usages des habitants, que des renseignements vagues et très-incomplets. Ils craignent sans doute que des récits pompeux n'excitent des étrangers à visiter ce pays ou même à tenter de s'en emparer. L'Angola est situé entre les 8ᵉ et 10ᵉ degrés de latitude méridionale et les 10ᵉ et 15ᵉ parallèles Est de Paris.

ANGON. C'était une espèce de javelot, dont le fer avait quelque ressemblance avec les fleurs de lis des armes de France. Il se composait de trois lames : l'une au milieu, droite et pointue, tranchante des deux côtés ; les deux autres, recourbées en forme de crochet. On se servait de ces javelots soit en les lançant à l'ennemi, soit en les employant en guise de piques. L'angon était l'arme des Francs sous les rois de la première race. Quelques écrivains donnent à l'angon une plus brillante destination ; placé, dit-on, aux mains du souverain en présence des guerriers, il devenait l'attribut de la royauté ; c'était une reconnaissance explicite des droits de celui qui le recevait, une inauguration solennelle qui se complétait en élevant le prince sur le pavois. On ajoute que l'angon fut par la suite converti en sceptre, que de son image on figura un ornement pour la couronne ; qu'enfin ce furent des angons qui devinrent armes de France sous le nom de fleurs de lis ; et véritablement cette origine assignée aux fleurs de lis de France, qui ne ressemblent pas moins du monde aux fleurs d'un lis, nous paraît plus rationnelle que celle qui en fait des abeilles, qui leur ressemblent encore moins. (*V.* ABEILLE [*blas.*].)

ANGONE (*méd.*). constriction du larynx qui produit un effet tel, qu'on se croit au moment d'être suffoqué. C'est le symptôme ordinaire de plusieurs affections nerveuses.

ANGORAHS (*lapin, chèvre, chat*, etc.). (*V.* ces mots.)

ANGOULÊME, ancienne ville de France, autrefois capitale de l'Angoumois, aujourd'hui chef-lieu du département de la Charente. La rivière de ce nom baigne le pied de l'éminence sur laquelle la ville est située. Angoulême possède un tribunal de première instance, un tribunal de commerce, une préfecture ; elle est aussi le siége d'un évêché. On y jouit d'un air pur et d'une assez douce température ; sa population, d'environ quinze mille âmes, compte peu de commerçants et de fabricants. On vante pourtant le papier d'Angoulême. — Latitude 45° 38', longitude O. de Paris 2° 10'. (*V.* ANGOUMOIS.)

ANGOULÊME (COMTES ET DUCS D'). Ce fut en 866 que Charles le Chauve donna la ville et le territoire d'Angoulême, sous le titre de comté, à un de ses parents nommé Walgrin. Les successeurs de ce premier comte possédèrent Angoulême jusqu'en 1201, époque de la mort d'Adémar ou Aymar qui mourut sans postérité masculine. Isabelle, fille unique de ce dernier, transmit l'héritage de son père à son époux le comte de la Marche, dont l'arrière-petite-fille céda ses droits à Philippe le Bel. Plus tard ce comté devint l'apanage de plusieurs princes issus de la branche d'Orléans-Valois, par Louis d'Orléans, et il fut érigé en duché par François Ier pour Louise d'Angoulême sa mère. La propriété en fut ensuite transmise à divers princes de la famille royale, et définitivement réunie à la couronne en 1696. — Charles de Valois, duc d'Angoulême, était fils naturel de Charles IX et frère utérin de la fameuse Henriette d'Entragues, maîtresse de Henri IV et créée par lui marquise de Verneuil. Charles, né en 1573, avait été pourvu de la croix de l'ordre de Malte, ce qui le vouait au célibat; mais il ne tarda pas à renoncer à la vie religieuse pour épouser, à la faveur d'une dispense, la fille de Henri de Montmorency. Catherine de Médicis lui avait donné le comté d'Auvergne, mais cette donation fut cassée sur la demande de Marguerite de Valois; il conserva pourtant le titre de comte d'Auvergne jusqu'en 1619; à cette époque il reçut le duché d'Angoulême de la régente Marie de Médicis. Ce prince s'était d'abord attaché à la fortune de Henri IV, et il se distingua sous ses yeux à la bataille d'Arques, à Ivri, à Fontaine-Française; mais sa fidélité ne se soutint pas : en 1602 il conspira avec Biron et fut enfermé à la Bastille; plus tard ce fut avec sa sœur de Verneuil et il fut condamné à mort. Henri IV commua la peine en celle de la prison perpétuelle. Après la fin tragique de ce roi, Charles recouvra la liberté et en 1616 il fut nommé colonel général de la cavalerie légère, chevalier des ordres du roi et ambassadeur de France en Allemagne. En 1628 Richelieu l'envoya commencer le siége de la Rochelle et lui donna le commandement de divers corps de troupes en Allemagne, en Flandre, en Languedoc; il mourut comblé de biens et d'honneurs en 1650. Il a laissé des *Mémoires pour servir à l'histoire des règnes de Henri III et de Henri IV*, et des *harangues* qu'il avait prononcées en présence des princes protestants de l'Allemagne. Il eut lui-même Henri de Béthune, comte de Blois, pour historien de son ambassade. — Louis-Emmanuel, son fils, d'abord comte d'Alais et successivement duc d'Angoulême, né en 1596, fut nommé à l'évêché d'Agde à l'âge de dix-huit ans; mais son frère aîné étant devenu fou, Louis quitta l'état ecclésiastique et entra dans la carrière militaire qu'il ne parcourut pas sans honneur. Louis XIII ou plutôt Richelieu lui donna le gouvernement de la Provence. Il mourut à Paris en 1653, trois ans après son père, ne laissant après lui qu'une fille qui mourut elle-même sans postérité.

ANGOUMOIS, ancienne province de France dont s'est formé le département de la Charente, située entre le Poitou au nord, le Périgord à l'est, la Saintonge au sud et à l'ouest. Outre la Charente qui traverse la province et passe au pied d'Angoulême, on y voit la Touvre, la Tardoire, la Sonne et la Baudine, arrosant deux cents lieues carrées de pays. Les habitants de l'Angoumois, au temps de la conquête, étaient les *Agésinates* ou *Cambolectri* qui faisaient partie des *Pictones* et s'étendaient jusqu'aux *Santones*. Sous l'empire, l'Angoumois était compris dans l'Aquitaine; il fut ensuite conquis par les Visigoths sur les Romains, et par les Francs sur les Visigoths après la bataille de Vouillé où périt Alaric. Ausone, qui était de Bordeaux et qui vivait à la fin du IVe siècle, est le premier qui parle d'Angoulême qu'il appelle Inculisme. Louis le Débonnaire avait d'abord investi un seigneur nommé Turpio du gouvernement de l'Angoumois à titre de bénéfice; mais après la mort de Turpio et de son frère, Charles le Chauve donna la même province à Walgrin à titre héréditaire. Le petit-fils de Walgrin, doué d'une force extraordinaire, tua d'un seul coup d'épée un chef normand nommé Storis, malgré son armure de fer, et il le fendit de haut en bas (*dit-on*) jusqu'à la ceinture. Ce coup si prodigieux valut à Guillaume le surnom de Taillefer que tous ses successeurs ont porté, et mérité, s'il faut en croire la chronique. La race des comtes d'Angoulême s'éteignit avec Adémar (voy. l'art. précédent). Le mariage de sa fille Isabelle avec Hugues de Lusignan fit passer le comté d'Angoulême aux mains des comtes de la Marche. Philippe le Bel le réunit à sa couronne par suite de la confiscation sur Gui de Lusignan, qui avait livré traîtreusement aux Anglais deux places dont la défense lui était confiée. — Le comté d'Angoulême fut ensuite donné à Louis d'Orléans qui le transmit à son fils Jean, aïeul de François Ier. Le comté d'Angoulême, érigé en duché pour Louise de Savoie, mère de ce monarque, sortit de nouveau du domaine de la couronne par la cession qui en fut faite au comte d'Auvergne (voy. l'art. précédent), et il y rentra par la mort sans enfants de Marie-Françoise, sa petite-fille. L'Angoumois, de même que les autres provinces de l'ouest, a été plus d'une fois possédé par les Anglais; il leur avait été même cédé

par le traité de Brétigny en 1360; mais vingt ans après Charles V en chassa les Anglais. (*V.* CHARENTE [département de la].)

ANGOXA, groupe de petites îles sur la côte orientale de l'Afrique, dans le canal de Mozambique. Les Mores et les nègres Macouas, habitants du pays, vendent aux Portugais de l'or, de l'ivoire, des esclaves, des moutons, etc. On en tire aussi des perles et de l'ambre gris. Le groupe est situé par le 16° de latitude méridionale et le 37° de longitude E. de Paris.

ANGRAN D'ALLERAY (DENIS-FRANÇOIS), né à Paris en 1715, fut successivement conseiller au parlement de Paris en 1735, procureur général au grand conseil en 1740 et lieutenant civil au Châtelet en 1774. Dans l'exercice de ces diverses fonctions, il acquit la réputation bien méritée de juge humain et bienfaisant. Peu de temps avant la révolution il avait été nommé conseiller d'État; il devint membre de l'assemblée des notables et président d'une section de la noblesse aux états généraux. Sa nomination ayant été contestée, il se retira, se démit de sa charge de lieutenant civil et ne garda que celle de conseiller d'État. La révolution étant survenue avec ses fureurs et ses antipathies, Angran d'Alleray, qui s'était retiré au milieu de sa famille, fut arrêté comme suspect et conduit devant Fouquier-Tainville qui, dit-on, eut l'intention de le sauver, et lui conseilla de nier l'envoi d'une somme d'argent à ses enfants émigrés (c'était le crime dont on l'accusait). D'Alleray refusa de sauver sa vie par un mensonge, c'est-à-dire qu'il se piqua de délicatesse, d'honneur et de probité envers des hommes tout à fait étrangers à ces sentiments. Presque octogénaire, il monta sur l'échafaud le 18 avril 1794. Il ne laissa que trois filles, toutes trois mariées. — N. M. P.

ANGRIE, ville fameuse et florissante au moyen âge. C'était la résidence ordinaire des ducs des Saxons. Son nom dans la langue du pays était *Engern*. Ce n'est plus qu'un village. On y remarque le tombeau de Witikind. L'empereur Charles IV, passant à Angrie en 1377, visita ce tombeau et, le trouvant endommagé par le temps, le fit réparer. — D. L. M.

ANGUIER (MICHEL), sculpteur célèbre du XVIIe siècle, fils d'un menuisier de la ville d'Eu, né en 1612, se fit remarquer de bonne heure par son talent pour la sculpture. Supérieur à son frère aîné François, sculpteur comme lui, il avait consacré dix années de séjour à Rome à l'étude de l'antique. A son retour en France il fut chargé par Anne d'Autriche de la décoration des appartements du Louvre et des sculptures du Val-de-Grâce. En 1668 il fut reçu à l'Académie royale de peinture, de laquelle il devint recteur deux ans après. Ce fut lui qui termina sur les dessins de Lebrun les bas-reliefs de la porte Saint-Denis, commencés par Gérardon son élève. Il travailla aussi pour un grand nombre d'églises de Paris. Un groupe de la Nativité composé pour le Val-de-Grâce passe pour son chef-d'œuvre. Il mourut en 1686 âgé de soixante-quatorze ans, longtemps après son frère qui mourut à soixante-cinq ans. L'autel du Val-de-Grâce (son frère n'avait fait que les sculptures du portail), le mausolée du duc Henri de Montmorency et celui de Henri, duc de Rohan-Chabot, sont l'ouvrage de François Anguier. L'un et l'autre ont laissé un nom illustre dans l'histoire de l'art au XVIIe siècle; inférieurs en grâce et en délicatesse à Jean Goujon, mais aussi corrects que lui et d'un goût non moins épuré. — N. M. P.

ANGUIFORMES (*zool. rept.*). Latreille a donné ce nom à une section de reptiles sauriens qu'il divise en trois familles : la première, celle des tétrapodes, renferme les genres *seps*, *scinque* et *chalcide* (*V.* ces mots); la seconde, celle des dipodes, est formée par les genres *bipède* et *bimane* (*V.* ces mots); enfin la troisième, celle des apodes, correspond au genre *anguis* de Cuvier et comprend les genres *orvel*, *ophisaure*, *acontias* (*V.* ces mots). — J. B.

ANGUILLARA (ANDRÉ-JEAN), poëte italien du XVIe siècle, né à Sutri, ville de la Toscane en 1517, et mort à Rome après l'an 1566 des suites de son inconduite, aggravées par la misère, mena une vie agitée autant que licencieuse et fut souvent obligé, pour subsister, de vendre ses compositions à vil prix. Avec plus de sagesse il aurait pu, grâce à son talent, vivre dans l'aisance et le repos. Il se fit d'abord connaître par une traduction des Métamorphoses d'Ovide, remarquable par les grâces du style mais fort peu fidèle; aussi les nommait-on les *Métamorphoses d'Anguillara* plutôt que Métamorphoses d'Ovide. Il fit ensuite représenter une tragédie d'*OEdipe*, paraphrase assez malheureuse de la tragédie de Sophocle. Il entreprit aussi de traduire l'*Énéide*, mais il ne poussa pas son travail au delà du premier livre. On a encore de lui des odes et des satires. La meilleure édition de son *OEdipe* est celle de Venise par Farri,

1565, in-8°; du premier livre de l'*Énéide*, celle de Venise, même année; des *Métamorphoses d'Ovide*, celle de la même ville par Giunti, 1584, in-4°, avec gravures, et surtout celle de 1592, chez le même, mais augmentée et annotée.

N. M. P.

ANGUILLE. (*V.* MURÈNE.). — ANGUILLE ÉLECTRIQUE. (*V.* GYMNOTE ÉLECTRIQUE.).—ANGUILLE INDIENNE. (*V.* TRICHIURE ÉLECTRIQUE.)—ANGUILLE DES TUILES et ANGUILLES DU VINAIGRE, espèces du genre vibrion. (*V.* VIBRION.)— ANGUILLARD; on a donné ce nom à un *protée*, à une *silure* et à une *gobie* (*V.* ces mots).

J. B.

ANGUILLE. On emploie ce mot dans les manufactures pour indiquer les faux plis que prend parfois le drap, tandis qu'on le foule. — C'est aussi un terme de marine, d'artillerie et de physique expérimentale. Dans le premier cas, on entend par anguilles les pièces de bois qui soutiennent un navire qu'on se prépare à lancer à l'eau; dans le second, des pièces de chêne qui servent de coulisse au coursier, espèce de canon dont la bouche sort par la proue (*V.* COURSIER). Dans le troisième, c'est une figurine de feuille d'or, qui tour à tour attirée et repoussée par les courants électriques, acquiert un mouvement uniforme et régulier. — Qui ne connaît au surplus les dictons populaires d'*anguille sous roche*, d'*anguilles de Melun*, d'*anguilles qu'on écorche par la queue?* La première de ces expressions, qui toutes appartiennent au style familier, signifie qu'il y a dans la marche d'une affaire quelque cause secrète d'impulsion qui la dirige dans un sens oblique ou seulement apparent, quelque motif caché qui ne permet pas d'agir franchement, et qui craindrait pourtant de se montrer. On dit alors: *Il y a là* ou *là-dessous, anguille sous roche.* Le second de ces dictons s'applique aux personnes qui se plaignent d'un mal avant que le mal existe. Ainsi on dira dans ce cas d'un homme qu'*il fait comme les anguilles de Melun : il crie avant qu'on l'écorche.* Nous avons lu dans un vieux livre du XVIIe siècle, intitulé : *Origine des proverbes*, qu'un écolier, nommé Languille, était chargé dans un mystère du rôle de saint Barthélemi, et que lorsqu'il vit s'approcher celui qui devait l'écorcher, l'œil enflammé, le bras nu, un large couteau à la main, il se mit à pousser des cris épouvantables, ce qui amusa beaucoup les spectateurs. *Écorcher l'anguille par la queue*, c'est commencer une chose par où elle doit régulièrement finir. — On appelle anguillère le lieu où l'on nourrit des anguilles.

ANGUILLE (ÎLE DE L'), une des Antilles, située par les 18° 20' de latitude septentrionale et les 68° 42' de longitude ouest. Elle est longue, étroite et de forme tortueuse, ce qui lui a fait donner le nom qu'elle porte. On en tire du maïs, du sucre et de très-bon tabac. Elle renferme sur un espace d'environ vingt lieues carrées cinq mille âmes de population. — Il y a au Canada une baie, et dans l'île de Terre-Neuve un cap qui portent aussi le nom d'Anguille. — On trouve encore dans le groupe de Bahama une autre île de l'Anguille, qui, de même que la première, appartient aux Anglais; elle n'a que six ou sept cents habitants et donne les mêmes produits que l'autre.

N. M. P.

ANGUILLIFORMES (*zool. poiss.*). Cette famille qui compose l'ordre des *malacoptérygiens* apodes renferme des poissons qui tous manquent de nageoires ventrales et de cœcum. Leur corps est plus ou moins allongé et couvert d'une peau épaisse et gluante. Les genres *murène, sarcopharynx, gymnote, aptéronote, gymnarchus, leptocéphale, Donzelle* et *équille* (*V.* ces mots) appartiennent à cette famille et vivent, sauf quelques exceptions, dans les eaux de la mer.

ANGUIS (*zool. rept.*). Cuvier a réuni sous ce nom des reptiles qu'il a placés dans l'ordre des ophidiens et dont il a formé les sous-genres *orvet, ophisaure, acontias, pseudope* (*V.* ces mots).

J. B.

ANGULI, monastère d'hommes de l'ordre de Cîteaux, du diocèse de Constance, fondé en 1256 sous l'invocation de saint Jean-Baptiste.

L. DE M.

ANGUSTICLAVE; de *angustus*, étroit, et de *clavus*, clou: espèce de tunique qui était garnie par-devant d'une bande de pourpre étroite et semée de boutons d'or ou de pourpre qui ressemblaient à des têtes de clou. — L'angusticlave était le vêtement des chevaliers romains, des fils de sénateurs et des magistrats plébéiens. (*V.* LATICLAVE et CLAVE).

ANGUSTURE (*pharm.*). On donne ce nom à deux écorces qu'on trouve dans le commerce et que fournit l'Amérique septentrionale; mais on ne saurait trop se tenir en garde dans le choix qu'on fait de ces écorces, car si l'une, l'angusture vraie, passe pour fébrifuge et pouvant remplacer le quinquina, l'autre, la fausse angusture, est un véritable poison. La première

paraît originaire de l'Amérique septentrionale, puisqu'elle sort de la Floride, de la Virginie et de la Caroline, bien que M. de Humboldt ne l'ait vue pour la première fois qu'aux environs de la ville d'Angusture dans l'Amérique australe. On l'exporte en morceaux plats de huit à dix pouces de long sur deux lignes d'épaisseur, et roulés en gouttière comme l'écorce du cannelier. Elle a un épiderme mince et lisse, quelquefois pourtant un peu raboteux, couleur gris-blanc ou jaunâtre, recouvrant l'écorce proprement dite, laquelle est intérieurement d'un jaune fauve ou rosé; elle offre une cassure nette et résineuse, et empreint la langue d'une saveur amère et aromatique, mais un peu âcre. On l'administre en poudre, en infusion ou en décoction. La fausse angusture se reconnaît à l'écorce beaucoup plus épaisse, plus pesante et plus racornie, à la couleur grise de sa substance intérieure, à son épiderme couleur de rouille, à sa saveur très-amère sans mélange d'âcreté. L'analyse chimique y a découvert un alcali végétal, auquel on a donné d'abord le nom de *brucine*, parce qu'on croyait qu'elle provenait du *brucea antidysenterica*.

ANHALT (DUCHÉ ET MAISON D'). Le duché d'Anhalt est un petit État de l'Allemagne, composé de divers territoires, tous enclavés dans la province prussienne de Saxe, offrant ensemble une surface d'environ quarante-cinq milles d'Allemagne carrés, et une population de cent trente-cinq mille âmes qui s'occupe d'agriculture et de l'éducation des troupeaux. Dans quelques localités on exploite des mines. Le pays se divise aujourd'hui entre les trois branches de l'ancienne famille, celles de Dessau, de Bernebourg et de Kœthen. Le pays d'Anhalt fait partie de la diète germanique où il a la quinzième voix conjointement avec Schwartzbourg et Oldenbourg. La religion réformée est celle de la majorité des habitants, parmi lesquels néanmoins on trouve assez de luthériens et quelques juifs. — Les ducs d'Anhalt, dont l'origine remonte suivant eux au VIe siècle, paraissent avoir eu leur berceau dans le château de même nom, dont on voit encore les ruines près de Hartzgeröde; ils portèrent d'abord le titre de seigneurs et ensuite de comtes de Ballenstædt. Ce n'est guère que dans le XIIe siècle qu'ils ont commencé à prendre part aux affaires générales de l'Allemagne. Dans le XIIIe, l'un d'eux réunit sous sa main de grands domaines dont la mort de sa mère le fit hériter, et, secouant le joug de la Saxe, il devint *prince immédiat de l'Empire.* Depuis cette époque les seigneurs de Ballenstædt ont pris le titre de princes et quelquefois celui de ducs. Albert Ernest qui, vers la fin du XVIe siècle, possédait seul tous les pays dont se composent les trois duchés actuels, laissa plusieurs enfants entre lesquels les États se partagèrent; les partages successifs ont amené la division définitive entre les trois branches de Dessau, Bernebourg et Kœthen (*V.* ces mots). Ce n'est que sous le règne de Napoléon que les princes d'Anhalt furent admis avec le titre de ducs dans la grande confédération germanique.

N. M. P.

ANHINGA, *plotus*, Linn. (*zool. ois.*). Ce genre de l'ordre des palmipèdes présente pour caractères principaux : bec droit, long, grêle, fusiforme et très-aigu à la pointe; mandibules finement dentelées; narines linéaires et cachées dans une rainure peu profonde; pieds gros et courts, à tarse beaucoup plus court que le doigt intermédiaire. — Les anhingas ont de deux pieds et demi à trois de longueur totale; leur tête est petite et effilée; leur cou, revêtu de petites plumes serrées et soyeuses, est très-grêle : les mouvements que l'animal lui imprime font fait comparer à un serpent enté sur un corps de canard, et sa longueur démesurée, jointe à sa minceur, donne à ces oiseaux une figure étrange qui les fait distinguer, au premier coup d'œil, de tous les autres palmipèdes. Leurs pieds vigoureux, dont tous les doigts sont engagés dans une large membrane, en font d'excellents nageurs, et leurs ailes très-longues, ainsi que la queue, les rendent très-propres à un vol rapide et soutenu. Plongeurs habiles, ils poursuivent entre deux eaux et avec une rapidité étonnante les poissons, dont ils font leur principale nourriture. Peu propres à la marche par l'organisation de leurs pieds, ils se tiennent rarement à terre. Aussi sauvages que prudents, ils se laissent difficilement approcher, et ne se perchent que sur les arbres isolés, d'où ils peuvent voir de fort loin et fuir à la moindre apparence de danger. Ils placent ordinairement leurs nids au sommet des arbres les plus élevés qu'ils rencontrent dans le voisinage des lacs et des fleuves. — On trouve des anhingas au Sénégal, dans les îles de la Sonde, dans la Guyane, au Brésil, etc. Les espèces les plus connues sont le *plotus rufus*, dont le plumage est d'un brun foncé varié de roux, avec le haut du cou d'un fauve doré, et le *plotus melanogaster* qui est presque entièrement noir et taché de blanc.   J. BRUNET.

ANHYDRE. Ce mot, formé du grec υδωρ, eau, et de α privatif, sert à désigner les substances qui, exposées au contact de l'air extérieur, se sont desséchées et ont perdu l'eau qu'elles renfermaient.   X. X.

ANI, crotophaga, Linn. (zoolog. ois.); genre de l'ordre des zygodactyles ou grimpeurs, qui présentent pour caractères : bec court, très-comprimé, à mandibule supérieure élevée en une sorte de crête tranchante et arquée; narines latérales, ovales, placées à la base du bec; pieds longs et robustes, à tarses un peu plus longs que le doigt externe; ailes courtes et obtuses; queue longue. — Les anis vivent en société, par petites troupes composées de vingt à trente individus; ils se plaisent dans les parties des bois des contrées les plus chaudes de l'Amérique. Leur vol est lourd et peu soutenu, et ils résistent difficilement aux ouragans, qui en font périr un grand nombre; ils se posent sur les buissons ou sur les arbres peu élevés, et se pressent les uns contre les autres en poussant une sorte de sifflement ou plutôt de frémissement aigu et désagréable. Ils se nourrissent de graines, d'insectes, de petits reptiles, et s'abattent quelquefois sur le dos des animaux qu'ils débarrassent de leur vermine. Les femelles construisent en commun un seul grand nid, dans lequel elles pondent des œufs sphériques d'un vert bleuâtre. Quand les œufs sont en assez petit nombre pour pouvoir être couvés par une seule femelle, celle-ci les entoure de feuilles et d'herbes sèches, et les rassemble autour d'elle; si au contraire ils sont trop nombreux, plusieurs femelles couvent ensemble; les petits une fois éclos sont adoptés par la troupe tout entière, qui prodigue à tous sans distinction les soins qui leur sont nécessaires. Ces oiseaux, peu sauvages, se laissent facilement approcher et ils s'apprivoisent aisément. Leur odeur est désagréable, leur plumage sombre, et leur chair passe pour être détestable; malgré cela on les élève assez fréquemment en Amérique, parce qu'ils sont doux et qu'ils apprennent à parler presque aussi bien que les perroquets. — Les trois espèces connues qui composent ce genre sont : l'ani des palétuviers, qui est presque de la grandeur d'une pie, et dont le plumage est d'un noir verdâtre, avec une bordure d'un vert changeant en violet obscur à chaque plume; — l'ani des savanes, qui est plus petit que le précédent, auquel il ressemble beaucoup par les couleurs qui sont seulement un peu plus obscures; — et l'ani de Lascases, qui est d'un noir bleu avec une plaque rouge sur la joue.   J. BRUNET.

ANIANA, Saint-Sauveur d'Aniane, célèbre monastère d'hommes, de l'ordre de Saint-Benoît, du diocèse de Maguelone, en Languedoc, dans la petite ville du même nom, fondé en 782 par saint Benoît, fils du comte de Maguelone, sous l'invocation du Saint-Sauveur. — Saint Benoît, ayant quitté le monastère de Saint-Seine en Bourgogne, pour revenir dans son pays, vers l'an 780, bâtit un petit ermitage près d'une chapelle dédiée à saint Saturnin, sur un ruisseau nommé Anian, peu éloigné de l'Hérault. N'ayant pu se défendre d'y recevoir des disciples, il fut bientôt obligé d'y bâtir un monastère. Mais la vallée se trouvant bientôt après trop étroite pour contenir ses religieux dont le nombre multipliait chaque jour, et s'élevait déjà à trois cents, il transporta sa communauté dans un lieu voisin, où il bâtit le grand monastère d'Aniane dans son propre fonds. Saint Benoît mourut en 821.—Charlemagne avait pris son abbaye sous sa protection et sous sa dépendance, selon l'usage de cette époque, afin que les parents de l'abbé saint Benoît n'élevassent après sa mort aucune prétention sur les biens du monastère. L'abbé était seigneur de la ville d'Aniane. Ses religieux réformèrent toutes les maisons religieuses de France, et même toutes celles de l'ordre de Saint-Benoît répandues en Europe. — Les calvinistes commirent tant de désordres dans l'abbaye d'Aniane, que cette communauté fut presque anéantie. La réforme de la congrégation de Saint-Maur lui rendit son premier lustre en y rétablissant l'église et tous les lieux réguliers. — Cette abbaye était en commende et valait 12,000 livres de rente à celui qui en était pourvu. — Le saint fondateur du monastère fut créé par Louis le Débonnaire chef et général de tous les monastères de France; c'est en cette qualité qu'il assista au concile d'Aix-la-Chapelle en 817. On a de lui le Code des règles. Sa vie, écrite par Ardon Smaragdus, a été imprimée en 1648, avec les savantes notes du P. Mainard. Il existe à la bibliothèque royale un manuscrit provenant de la bibliothèque de Baluze, lequel renferme des documents précieux pour les premiers temps de l'histoire d'Aniane; il est intitulé : Annales monasterii Anianensis. — Baillet a inséré la vie de saint

Benoît d'Aniane dans sa Vie des saints au 12 février. — Les bénédictins, auteurs de l'Histoire littéraire de la France, s'occupent aussi du même saint au t. IV, et au t. V se trouve une notice littéraire sur Smaragde, moine d'Aniane, mort en 843. — Raymond Thomassy, ancien élève de l'école des Mines, à qui l'histoire littéraire et monumentale du midi de la France doit déjà de beaux travaux, a obtenu, en 1836, la première mention honorable de l'Académie des inscriptions et belles-lettres pour sa belle description de l'abbaye d'Aniane et de Saint-Guillem du Désert. M. Thomassy a inséré aussi au t. II du Bulletin de la Société de l'Histoire de France une curieuse notice sur les restes des anciennes archives de ce célèbre monastère.

ANIANUS (S.), Saint-Anien, monastère d'hommes, existant autrefois à Nevers; on sait seulement qu'il fut reconstruit en 843. — Anianus (S.), Saint-Aignan d'Orléans, monastère d'hommes, de l'ordre de Saint-Benoît, fondé avant 453, devint abbaye après l'an 498. — Anianus in Septimania (S.), Saint-Agnan dit Chinan en Septimanie, monastère d'hommes, de l'ordre de Saint-Benoît, du diocèse de Saint-Pons de Thomières (Hérault), situé entre Saint-Pons et Béziers, dans un vallon assez agréable, sur le bord d'un ruisseau, fondé de 814 à 840, sous le patronage de Saint-Agnan, évêque d'Orléans. Cette abbaye s'appelait Saint-Chignan par corruption, et ordinairement Saint-Chignan de la Corne, à cause des cornes de bœufs que les tanneurs, de tout temps fort nombreux dans la ville, attachaient au-devant de leurs maisons avec les cuirs qu'ils exposaient en vente. L'abbaye forma la petite ville de son nom, et devint bientôt très-peuplée et fort riche par les manufactures qu'on y établit. L'évêque de Saint-Pons faisait ordinairement sa résidence à Saint-Chignan, où il trouvait une demeure beaucoup plus agréable que dans sa ville épiscopale.   LOUIS DE M.

ANICET, anicetus. Ainsi s'appelait l'affranchi qui, après avoir été l'instituteur de Néron, devint l'instrument de ses crimes. On lui attribue l'invention d'une gondole qui devait, au moyen d'un mécanisme secret, s'enfoncer d'elle-même au milieu de la mer, et noyer Agrippine. Ce fut probablement de l'affranchi Anicet que le proconsul Carrier emprunta l'idée des bateaux à soupape qui l'immortalisèrent. Anicet ne doit pas être confondu avec le vil Anicius Cerealis, qui osa proposer en plein sénat l'apothéose de Néron vivant, et l'érection d'un temple en l'honneur de cet étrange dieu.

ANICET (S.), successeur de saint Pie sur le siége apostolique, a été qualifié de martyr, quoiqu'il n'ait pas réellement souffert le martyre, parce que durant son pontificat, qui commença l'an 157 de J. C. et finit à sa mort arrivée onze ans après, il courut beaucoup de dangers, et qu'il fut constamment exposé à tout l'effet des persécutions autorisées par le divin Marc-Aurèle. Anicet conserva sans altération le précieux dépôt de la foi chrétienne; ce qui n'était pas un petit mérite dans un siècle infecté de tous les poisons de l'erreur et de l'hérésie, en présence surtout d'une religion jalouse, qui se voyait menacée de ruine totale. Saint Polycarpe de Smyrne l'étant allé voir à Rome, pour conférer avec lui de plusieurs questions de discipline et de doctrine, la discussion roula longtemps sur la coutume de l'Orient de célébrer la Pâque, comme les Juifs, le quatorzième jour de la lune qui suit l'équinoxe du printemps. Les deux saints personnages ne furent point d'accord, et chacun s'en tint à ce qui se pratiquait auparavant dans son église; mais la paix ne fut point troublée.   N. M. P.

ANICH (PIERRE), naquit le 22 février 1723, à Ober-Perfuss, près d'Inspruck, dans le Tyrol, d'une famille de simples paysans. Jusqu'à 28 ans, il ne s'occupa que de l'agriculture; mais alors, ne pouvant résister à son goût qui l'entraînait vers l'étude des sciences, il quitta le champ de son père, et se rendit à Inspruck; il apprit chez les jésuites les mathématiques et l'astronomie, et, sans autre secours que leurs leçons, il fabriqua une sphère, un globe terrestre, et plusieurs instruments de mathématiques; ensuite, d'après les conseils du jésuite son maître, il dressa une carte du midi du Tyrol. L'impératrice Marie-Thérèse admirant cet ouvrage, encouragea son auteur, et lui ordonna de dresser aussi la carte de la partie septentrionale. Anich y parvint après avoir rencontré bien des difficultés; cependant l'impératrice, trouvant le travail trop étendu, et craignant de ne faire pour tout le Tyrol qu'une seule carte qui ne dépassât pas neuf feuilles, et en même temps elle lui accorda une pension de 200 florins. Anich se remit à l'œuvre avec une nouvelle ardeur, mais cette ardeur même fut cause de sa mort, qui arriva le 1er septembre 1766; il n'était âgé que de 33 ans. On imprima à Vienne, en 1774, les cartes qu'il avait laissées, avec ce titre : *Tyrolis geographice delineata à Petro Anich et Blasio Hueler, curante Ign. Wanhast.*

A. S—R.

ANIELLO (*V.* MAZANIELLO).

ANIEN, légiste wisigoth, contemporain d'Alaric II, composa d'ordre de ce prince, en 506, un abrégé des seize premiers livres du code théodosien; il publia aussi les cinq livres du *Receptarum sententiarum* du fameux jurisconsulte Paul (*Julius Paulus*), qui s'était fait un si grand nom par ses connaissances profondes autant que variées. Un abrégé du code grégorien suivit de près ces publications, après lesquelles Anien fut chargé par Alaric de la rédaction du code que ce prince voulait donner à ses peuples. Pour composer cet ouvrage, son plus beau titre de gloire, Anien se servit des Institutes de Caïus (*V.* CAÏUS), qui ont été également employés par l'empereur Justinien. On dit qu'Anien, qui avait suivi Alaric à la guerre, fut tué dans la même bataille où ce dernier périt. N. M. P.

ANIENUS (*V.* ANIO).

ANIL (*V.* INDIGO).

ANILÉE, juif de la province de Babylone et de Néerda, sur l'Euphrate, était tisserand. Après s'être révolté avec son frère Asinée contre son maître qui avait voulu abuser de son autorité, et avoir rassemblé autour de lui une troupe nombreuse de gens bien déterminés à le seconder, il parvint à former avec ses compagnons une colonie dans les marais de l'Euphrate, et il put assez bien s'y fortifier pour résister à une armée que le gouverneur de Babylone avait amenée contre lui. Artabane, roi des Parthes, frappé d'admiration pour la conduite courageuse des deux frères, les laissa jouir du canton dont ils s'étaient emparés. Ils y demeurèrent tranquilles pendant quinze années, au bout desquelles Anilée, vivement épris de la femme d'un seigneur parthe, gouverneur de la province, déclara la guerre à ce seigneur, le défit et le tua. Rien ne pouvant l'empêcher de satisfaire sa passion, il épousa la veuve de sa victime. Cette femme, idolâtre, apporta ses idoles au milieu des juifs, et continua de les adorer au grand scandale de toute la colonie. Asinée, après avoir longtemps dissimulé la faute de son frère, finit par le presser de répudier sa femme; mais la passion fut plus forte sur l'esprit d'Anilée, que toutes les remontrances de son frère; sa femme de son côté, craignant les suites de l'indignation générale des juifs qu'elle avait soulevés contre elle, empoisonna Asinée, son beau-frère. Anilée qui était la cause première de cet horrible meurtre, finit lui-même bientôt après d'une manière fort tragique. Défait dans une bataille contre Mithridate, gendre du roi Artabane, il fut obligé de se retirer dans ses marais, où les Babyloniens, tout en lui envoyant des députés pour traiter avec lui, le surprirent pendant la nuit, et le massacrèrent (vers l'an 40 de J. C.).

J. G.

ANILLE, s. f. C'est un terme de botanique dont on se sert pour désigner les petits filets de la vigne et des plantes sarmenteuses, qui ceignent de plusieurs tours les branches destinées à les supporter. — En terme de blason, ce sont deux crochets adossés l'un contre l'autre et liés ensemble. — Anillé, adj., se dit des sarments qui ont des anilles. Dans le blason, ce mot s'applique aux croix percées, au milieu, d'un grand trou carré.

ANIMADVERSION, mot qui ne s'emploie guère qu'au palais depuis qu'il a été détourné par l'usage, capricieux tyran, du sens qu'il a dû avoir primitivement, si l'on en juge par son étymologie qui vient évidemment comme le mot latin *animadversio*, de *vertere animum ad*, diriger son attention, son esprit vers.... Ainsi on a d'abord entendu par animadversion, attention soutenue donnée à quelque chose. Ensuite on a fait de ce mot l'équivalent de remarques, d'observations; bientôt après, on ne s'en est servi que pour exprimer des remarques *critiques*, et d'innovation en innovation, on en est venu au point d'abandonner entièrement l'acception primitive, pour s'en tenir à l'acception empruntée; de sorte que le mot d'animadversion aujourd'hui signifie réprimande, correction, remontrance sévère; ou plutôt il exprime le sentiment de mécontentement qu'on éprouve à l'aspect d'un acte répréhensible. On dit d'un homme dont la conduite n'est pas régulière, qu'il mérite l'animadversion des gens de bien, et s'il a été soumis à l'action des tribunaux, qu'il a mérité l'animadversion de la justice. Au reste, ce n'est pas chez nous seulement que ce mot a reçu une double signification; car si autrefois Cicéron disait : *Animadversio artem peperit*, l'observation est la créatrice de l'art, il disait aussi : *Animadversio contumeliâ vacare debet*, la réprimande ne doit pas être injurieuse. N. M. P.

ANIMAL (zool.). Le règne organique a été partagé par les naturalistes en deux sous-règnes; l'un renferme les végétaux, l'autre les animaux qu'ils caractérisent ainsi : êtres munis de *nerfs*, de *muscles* et d'une *cavité digestive*, ou en d'autres termes, êtres *sensibles, motiles* et *digérants*. Mais si on parcourt la série animale, en prenant pour point de départ les animaux les plus complètement organisés, on voit la sensibilité et la motilité s'affaiblir graduellement et devenir, sinon nulles, du moins tellement équivoques qu'il devient impossible de fixer le point où l'animal finit, où le végétal commence; en sorte que ces deux sous-règnes bien distincts, si on ne considère que les êtres les plus parfaits de chacun d'eux, finissent par s'unir si intimement vers leurs extrémités, qu'on serait presque tenté de les prendre pour des êtres du même ordre. Mais si la sensibilité et la motilité ne forment pas entre les deux règnes un caractère distinctif bien prononcé, ce caractère peut se trouver dans la manière dont s'exerce la nutrition. Les végétaux fixés invariablement au sol devaient trouver abondamment autour d'eux les éléments propres à leur développement; ils absorbent par toute leur surface, et principalement par leurs racines et leurs feuilles, les sucs de la terre et les fluides de l'atmosphère; l'absorption de ces substances n'exigeait ni une grande complication ni une grande variété dans les organes de la nutrition. Chez les animaux, au contraire, qui peuvent pour la plupart changer de lieu à leur gré et aller au-devant de leurs aliments, la nutrition s'opère à l'intérieur dans une cavité dont les parois sont tapissées de pores absorbants. Il leur fallait des organes pour introduire dans cette cavité les substances infiniment variées dont ils se nourrissent, des liqueurs pour les dissoudre, et, dans bien des cas, des instruments pour les diviser et les préparer; de là une grande complication et une très-grande variété dans les organes destinés à cette fonction. La structure présente encore des différences plus caractéristiques, bien que certains naturalistes les regardent comme équivoques dans un petit nombre de cas. Quant à la composition chimique, elle est à peu près la même dans les deux règnes, seulement c'est le carbone qui domine dans les végétaux et l'azote dans les animaux; cela tient à ce que les rapports de ces êtres avec l'atmosphère sont inverses : les premiers absorbent du carbone par la respiration, les seconds en dégagent. — Les animaux présentent dans leurs formes beaucoup plus de variété que les végétaux; ceux-ci, les cryptogames exceptés, semblent tous formés sur le même plan. — Si nous les comparons sous le rapport des dimensions, nous verrons que les grands cétacés, tels que les baleines, égalent par leur masse les plus grands végétaux; mais au point où s'arrêtent les plus petites plantes commence un nombre infini d'animaux (*V.* INFUSOIRES) dont plusieurs milliers réunis n'égaleraient pas la moisissure la plus ténue. — Le nombre des espèces d'animaux est beaucoup plus grand que celui des plantes; quant au nombre des individus, il paraîtra inférieur au premier abord : il est évident que les grandes espèces sont bien moins répandues que les arbres; mais si on considère des bandes immenses de harengs qui peuplent les mers, ces myriades d'insectes qui s'agitent dans l'air, ces innombrables infusoires qu'on trouve partout, les animaux sont bien plus nombreux. — La fécondité des végétaux l'emporte en général sur celle des animaux; cependant parmi ces derniers il en est où elle se montre vraiment surprenante, comme dans certains insectes et surtout dans beaucoup de poissons qui pondent chaque année plusieurs milliers d'œufs et même davantage; ainsi on en a compté 27,850 dans un saumon pesant 20 livres, 148,000 dans un brochet moyen, 297,200 dans une tanche de 4 livres, 621,600 dans une carpe de 9 livres; enfin 9,344,000 dans une morue. — Sous le rapport de l'habitation, nous trouverons encore plus de variété parmi les animaux; la mer en contient un nombre immense, tandis qu'elle ne renferme que peu de végétaux. La terre, l'air en sont peuplés; il en est qui vivent sur d'autres (les parasites), dans leur intérieur (les intestinaux), dans les plantes (beaucoup d'insectes), et même jusque dans les pierres (les pholades). — Les merveilles que nous présente l'organisation des animaux n'ont pas moins contribué peut-être que leur utilité pour l'homme à attirer sur eux l'attention des philosophes de tous les siècles. Quelle admirable machine en effet que le corps d'un animal! que de correspondance, que d'harmonie entre toutes les pièces qui le composent! Nulle ne peut être déplacée ou modifiée que toutes ne le soient également; et les rapports qui les unissent sont si intimes, que par la forme de l'une on peut deviner celle des autres. Mais pour bien comprendre la dépendance mutuelle de toutes leurs parties et de là parvenir à en saisir l'ensemble, il est nécessaire de les étudier d'abord séparément et de déterminer les fonctions de

49.

chacune d'elles ; c'est ce que nous allons faire aussi brièvement que possible, en renvoyant toutefois aux articles spéciaux pour de plus amples détails. — Les éléments chimiques les plus généraux qui entrent dans la composition du corps d'un animal sont l'oxygène, l'hydrogène, le carbone et l'azote ; si on y joint du phosphore, un peu de soufre et de fer, quelques terres et quelques sels, on aura les principes qui, combinés d'une infinité de manières, donnent naissance à tous les liquides et à tous les solides dont il est formé. Dans les animaux la vitalité est d'autant plus grande qu'ils présentent plus de parties solides ; ces parties font environ le dixième du poids des animaux supérieurs adultes ; leur quantité proportionnelle diminue graduellement à mesure qu'on descend vers les groupes inférieurs, et elle est réduite à un cinq centième chez beaucoup de zoophytes. Elles sont formées par plusieurs tissus qu'on rapporte à trois principaux : le cellulaire ou générateur, le musculaire ou sarceux, le nerveux ou incitateur ; on peut même considérer ces deux derniers comme des modifications très-profondes du premier. Le tissu cellulaire consiste en lames anastomosées et en filaments disposés de manière à former entre eux des vides ou des cellules nombreuses et irrégulières. Ce tissu éminemment élastique produit dans ses modifications peu profondes les membranes qui enveloppent les organes, les vaisseaux dans lesquels circulent les humeurs, les os qui servent de point d'appui aux muscles, les cartilages, les ligaments, les tendons, etc. (V. TISSU CELLULAIRE). Les divers tissus secondaires dus à ces modifications sont parfaitement distincts dans la plupart des vertébrés ; ils le sont moins chez les mollusques, où tous n'existent même pas, moins encore chez les articulés, et ils finissent par se confondre dans beaucoup de zoophytes.. — Le tissu musculaire est formé de filaments dont le principe chimique est la fibrine (V. ce mot). Ces filaments ont dans l'état de vie la propriété de se contracter en se plissant en zigzag au moyen de l'agent nerveux, soit sous l'influence d'un irritant externe, soit sous celle de la volonté. Ils sont unis par une cellulosité très-fine et disposés en faisceaux qui constituent les muscles ou organes actifs de la locomotion. La cellulosité qui unit les filaments des muscles des vertébrés devient rare dans ceux des mollusques, nulle dans ceux de beaucoup d'articulés ; et on ne peut distinguer ni filaments charnus ni muscles dans un grand nombre de zoophytes. — Le tissu nerveux est tantôt sous forme pulpeuse, tantôt sous forme de filaments entrelacés sur leur longueur. Il constitue les ganglions ou masses médullaires où arrivent et d'où partent certaines irritations, et les nerfs qui transmettent ces irritations, soit aux masses médullaires, soit de celles-ci aux diverses parties du corps. Ce tissu est l'organe immédiat de la sensibilité, il est confondu avec les autres dans presque tous les zoophytes. — Tous les organes qui composent les appareils destinés aux fonctions sont le résultat de la combinaison de ces tissus. On donne le nom de fonctions organiques à celles qui sont communes à tous les corps organisés : ce sont la nutrition, la génération et leurs dépendances ; et on désigne sous celui de fonctions animales ou fonctions de relation, celles qui paraissent s'exercer seulement chez les animaux d'une façon plus ou moins apparente : la locomotion et la sensibilité. — La nutrition des animaux s'opère dans une cavité intérieure, quelquefois à un seul orifice, le plus souvent à deux et d'autres fois à un plus grand nombre. Ce canal ou tube intestinal est formé de tuniques analogues à celles de la peau et semble être une continuation de celle-ci rentrée à l'intérieur. Il est plus ou moins long, plus ou moins contourné, mais toujours approprié à la nourriture de l'animal ; il présente ordinairement plusieurs dilatations ou renflements, et agit sur les aliments par ses contractions indépendantes de la volonté de l'animal et par les liqueurs que lui fournissent ses parois et des glandes voisines. — Chez les animaux supérieurs les aliments, avant d'y être introduits, sont broyés par les dents, humectés par la salive et portés par les mouvements de la langue et du gosier dans l'œsophage, qui par ses contractions les pousse dans la première poche du tube intestinal, l'estomac. (V. MASTICATION, INSALIVATION, DÉGLUTITION). Dans cet organe ils sont pénétrés par des sucs dissolvants (V. SUCS GASTRIQUES) qui suintent de ses parois, et réduits en une sorte de bouillie homogène ; de là ils passent dans une autre partie, le duodenum, où ils se mêlent à la bile et aux sucs pancréatiques. — C'est ici que commence la séparation et l'absorption du chyle, lesquelles se font dans tous les intestins proprement dits, et s'opèrent surtout dans l'intestin grêle placé à la suite du duodenum. Leurs parois sont couvertes d'un grand nombre de vaisseaux absorbants extrêmement déliés (vaisseaux chylifères), et ils sont doués d'un mouvement

lent semblable à celui d'un ver, qui force les aliments à parcourir toute leur longueur et facilite l'absorption du chyle ; après quoi le résidu est rejeté à l'extérieur. — Le tube digestif subit un grand nombre de modifications dans les divers animaux. Il est proportionnellement plus long dans les mammifères que dans les autres vertébrés, et diminue graduellement jusqu'aux zoophytes où il finit par être réduit à une simple cavité qui manque même dans les éponges ; ses replis et ses dilatations deviennent de moins en moins nombreux. Nous avons dit qu'il était toujours approprié au genre de vie de l'animal ; les animaux qui vivent de chair l'ont beaucoup plus court que ceux qui se nourrissent de fruits ou de graines, et il présente toujours une grande longueur et un plus grand nombre de renflements dans ceux qui ne vivent que de végétaux, à quelques classes qu'ils appartiennent. Les mammifères paraissent être les seuls vertébrés dont les dents soient destinées à broyer leurs aliments, et elles sont toujours évidemment en rapport avec la nature des substances infiniment variées dont ils se nourrissent. Les dents des reptiles et celles des poissons servent à retenir leur proie ; les oiseaux et les tortues en sont dépourvus. Les mâchoires des vertébrés sont toujours verticales ; on en trouve encore de telles chez un petit nombre de mollusques ; mais dans les articulés, elles sont placées sur les côtés de la bouche et se meuvent transversalement ; ou, quand elles manquent, elles sont remplacées par une trompe plus ou moins compliquée. Quelques zoophytes, comme les oursins, présentent encore des espèces de pièces dures placées à l'entrée de leur cavité digestive et munies de dents ; mais presque tous les animaux de cet embranchement en sont privés. Quant aux autres organes accessoires de la digestion, ils n'existent pas tous dans les diverses classes ; ainsi le foie, qui sécrète la bile et qui paraît le plus important, est remplacé chez la plupart des articulés par des vaisseaux hépatiques et n'existe point dans les rayonnés ; les glandes salivaires manquent à un petit nombre de poissons, à beaucoup de mollusques et d'articulés, et entièrement aux zoophytes ; les reins et le pancréas ne se trouvent que chez les vertébrés : ce dernier même disparaît dans quelques poissons. — Le chyle n'est point propre à servir immédiatement à la nutrition, il a besoin d'une élaboration nouvelle qui s'opère au moyen de la respiration. Dans les animaux supérieurs, après s'être mêlé au sang veineux, il pénètre dans les poumons ; ce sont des organes celluleux où l'air, appelé par le soulèvement des côtes et l'abaissement du diaphragme, pénètre par la trachée artère. Ils sont formés par les ramifications innombrables de vaisseaux sanguins, arrivés à un tel état de division que les molécules du fluide qu'ils contiennent ne sont séparées de l'air que par une pellicule d'une telle ténuité qu'elle n'en empêche pas l'action. Il se fait alors une espèce de combustion à laquelle on attribue la chaleur des animaux à sang rouge, et qui débarrasse le fluide d'une partie de son carbone ; il est porté ensuite dans un muscle creux, le cœur, qui en se contractant le chasse dans les artères ; celles-ci le distribuent à tout le corps, et c'est aux extrémités de leurs ramifications presque infinies que s'opère la nutrition des parties, après quoi le sang ramené au cœur par les veines est poussé dans les poumons. Il revient au cœur par les veines pulmonaires et est chassé de nouveau dans les artères. (V. RESPIRATION et CIRCULATION). Les poumons des mammifères sont mieux développés que ceux des oiseaux ; mais chez ces derniers ils communiquent à un grand nombre de poches aériennes placées dans tout le tronc et qui s'étendent jusque dans les os ; aussi leur respiration est-elle plus active que celle des mammifères, et c'est à cela qu'on attribue leur température plus élevée et l'énergie de leurs muscles. Les poumons des reptiles renferment un petit nombre de cellules, mais elles sont très-grandes, par conséquent les vaisseaux sanguins présentent moins de surface à l'air, et la respiration est peu active. Ils manquent dans les poissons, et sont remplacés par des organes analogues destinés à la respiration aquatique : ce sont les branchies, sortes de membranes disposées en feuillets, en franges ou en houppes, où viennent se ramifier les vaisseaux sanguins. (V. BRANCHIES). Les mollusques respirent soit au moyen de branchies, soit au moyen de sacs pulmonaires. On trouve encore des branchies bien développées dans les crustacés. Chez les insectes il n'y a plus que des trachées qui se ramifient en petits tubes dans toutes les parties du corps. Quelques zoophytes présentent des espèces de trachées aquatiques, mais la plupart de ces animaux ne jouissent que d'une respiration cutanée et n'ont point d'organe spécial destiné à cette fonction. — La circulation n'est pas moins féconde en différences. Le cœur dans les mammifères et les oiseaux est double et composé de deux ventricules distincts, l'un artériel, l'autre pulmonaire; leur circulation pulmonaire est complète, c'est-à-dire que la totalité du sang veineux passe dans les poumons avant de rentrer dans la grande circulation. Chez la plupart des reptiles les deux cavités sont séparées par une cloison incomplète qui manque souvent, et la totalité du sang veineux ne passe point dans les poumons. Une partie de ce sang est mêlée au sang artériel et poussée avec lui dans les artères, de sorte que leur circulation est incomplète, quoiqu'ils aient un cœur en même temps aortique et pulmonaire. Les poissons n'ont qu'un cœur pulmonaire, et le sang devenu artériel dans les branchies ne retourne au cœur qu'après avoir servi à la nutrition des parties. Les mollusques ont un cœur et quelquefois plusieurs, toujours séparés; quand il est unique, il est aortique, et le sang devenu artériel dans les organes respiratoires revient au cœur qui le distribue au corps. La circulation existe encore dans les crustacés et les annélides; elle disparaît chez les arachnides, et on ne trouve plus de circulation dans les insectes et les zoophytes. (*V.* CŒUR). — La fonction qui perpétue l'espèce ou la génération présente aussi un grand nombre de différences dans les diverses classes. Dans tous les vertébrés les sexes sont séparés. Chez les mammifères l'organe mâle, gonflé par l'accumulation du sang et introduit dans le vagin, lance la liqueur spermatique sur les ovaires. Les germes fécondés sont conduits dans la matrice où ils se développent par la succion des vaisseaux sanguins dont le placenta est formé; ils passent par diverses transformations et sont mis au jour vivants, après un laps de temps qui varie suivant les espèces. Tous les autres vertébrés sont ovipares ou ovovivipares; les œufs sont fécondés à l'intérieur chez tous les oiseaux, beaucoup de reptiles et quelques poissons, et conduits à l'extérieur par les oviductes si l'animal est simplement ovipare. Le germe se développe au moyen du jaune de l'œuf ou *vitellus*, passe par diverses formes, et le petit éclôt, soit dans le corps de sa mère, si elle est ovovivipare, soit à l'extérieur. Il est alors, à la taille près, tel qu'il sera toujours; il n'y a à cela qu'une exception bien remarquable qui a lieu chez les batraciens; le petit est d'abord tout différent de ses parents et ne leur ressemble qu'après avoir subi plusieurs métamorphoses. — Les sexes sont le plus souvent unis chez les mollusques; les acéphales sont *hermaphrodites*, et produisent sans le concours d'un autre individu de leur espèce; la plupart des gastéropodes sont *androgynes*, c'est-à-dire qu'ils réunissent les organes des deux sexes, mais que pour produire ils sont obligés de s'accoupler deux à deux afin de se féconder mutuellement. Chez presque tous les articulés les sexes sont séparés. Les insectes naissent le plus souvent à l'état de larve (*V.* ce mot) et subissent des métamorphoses avant d'arriver à l'état parfait. Parmi les zoophytes un grand nombre se reproduisent en quelque sorte à la manière des plantes, par des espèces de bourgeons, qui se développent tantôt sur les diverses parties de l'être, tantôt sur des points déterminés. Quelquefois ils y restent fixés et poussent d'autres bourgeons, ce qui donne lieu à une tige ramifiée; d'autres fois ils se séparent spontanément. Il est beaucoup de ces animaux qu'on peut multiplier en les divisant, chaque partie ayant la faculté de produire ce qui lui manque pour former un nouvel animal. — Les vertébrés ont à l'intérieur une charpente osseuse, un squelette formé de pièces dures articulées les unes aux autres; les muscles attachés à ces pièces en déterminent les mouvements par leur contraction. La forme variable des premières, la disposition de leurs articulations et le mode d'insertion des seconds donnent lieu à cette grande diversité de mouvements qu'on observe dans les différentes classes de cet embranchement. C'est surtout à ses extrémités que le squelette présente le plus de variations; ici elles sont allongées, là raccourcies, ailleurs arrondies, aplaties, etc.; et ces modifications sont toujours liées au genre de vie de l'animal. Dans les autres embranchements il n'existe pas de véritable squelette, et les muscles sont fixés à la peau. Cependant on trouve encore chez un petit nombre de mollusques des pièces osseuses ou cartilagineuses qui servent de point d'appui à leurs organes de locomotion, comme dans beaucoup de céphalopodes; mais presque toujours ces pièces manquent chez les mollusques, et leurs mouvements peu étendus sont dus aux contractions du corps et de ses appendices. Il est même un grand nombre de ces animaux qui n'offrent que des mouvements partiels. Les articulés sont bien plus favorisés sous ce rapport; leur peau le plus souvent coriace fait l'office d'un véritable squelette; elle est divisée en segments ou pièces articulées de diverses manières, et mues par les muscles qui s'y attachent à l'intérieur. La plupart sont pourvus de membres articulés souvent très-nombreux et infiniment variés. C'est

dans les zoophytes qu'on perd la trace des organes du mouvement. On distingue encore chez un petit nombre des plus parfaits, des muscles attachés à la peau ou aux parties dures de l'animal, qui se meut, soit au moyen de ses appendices, soit par les contractions et les dilatations successives de tout son corps. Presque tous sont fixés aux rochers. Il en est quelques-uns chez lesquels on ne voit d'autre apparence de mouvement qu'un léger frémissement; enfin plusieurs en paraissent totalement privés. — Tous les appareils précédents seraient dépourvus d'activité s'ils n'étaient animés par le système nerveux. Ce système a toujours une partie centrale d'où partent les nerfs qui se distribuent dans toutes les parties du corps en se divisant à l'infini; les uns, destinés à recevoir les sensations, les transmettent à la partie centrale; les autres, destinés au mouvement, reçoivent de celle-ci les ordres de la volonté. Il est double chez tous les vertébrés, et présente 1° un système *cérébro-spinal*, destiné aux fonctions de relation : il se compose d'un cerveau protégé par les os du crâne, d'une moelle épinière enfermée dans la colonne vertébrale, et des nerfs cérébraux et spinaux; 2° un système *ganglionnaire* : des ganglions viscéraux qui président aux mouvements des fonctions organiques indépendants de la volonté de l'animal, et qui sont distribués aux organes qu'ils animent; enfin des ganglions intervertébraux disposés en série de chaque côté de la colonne vertébrale, lesquels établissent une communication active entre les ganglions viscéraux et le système cérébro-spinal. Les invertébrés n'ont qu'un système nerveux qu'on appelle *ganglionnaire* dans les mollusques : il se compose d'une partie centrale placée en travers sur l'œsophage, formée de ganglions unis deux à deux par des filets nerveux et qui communiquent avec d'autres ganglions épars. Dans les articulés le cerveau, placé comme chez les précédents, émet deux filets qui se rapprochent en dessous, pour marcher le long du canal intestinal, et se renflent d'espace en espace en ganglions, d'où partent tous les nerfs. Dans un petit nombre de zoophytes on trouve encore un anneau œsophagien d'où sortent plusieurs cordons longitudinaux, mais sans aucun ganglion; dans tous les autres animaux de cet embranchement, la substance nerveuse, si elle existe, est confondue avec les autres tissus. Tous les animaux vertébrés ont les mêmes sens que l'homme. Seulement la vue manque aux mollusques acéphales, aux larves de quelques insectes, à presque tous les rayonnés. Les organes apparents de l'ouïe ne se retrouvent que chez un petit nombre de mollusques et quelques crustacés; cependant la plupart des insectes jouissent de ce sens, mais on ne connaît point les parties destinées à cet usage; probablement le plus grand nombre des rayonnés en est dépourvu. On ne retrouve pas dans les invertébrés l'organe de l'odorat; les mollusques pourtant et surtout les insectes possèdent ce sens, bien qu'on en ignore le siège : on a soupçonné que chez ces derniers il pouvait résider, soit dans les antennes, soit dans les membranes qui tapissent les trachées. Le goût existe encore dans les mollusques et dans un grand nombre d'articulés; probablement beaucoup de zoophytes n'en jouissent pas. Le toucher paraît ne jamais manquer, excepté peut-être chez les éponges qui ne donnent aucun signe de sensibilité. (*V.* SYSTÈME NERVEUX, SENSIBILITÉ, ORGANES DES SENS). — Le système nerveux éprouve, comme nous venons de le voir, de grandes modifications dans les diverses classes; il se dégrade progressivement depuis l'homme jusqu'au zoophyte; et comme c'est l'organe le plus important des fonctions de relation, celles-ci subissent une dégradation correspondante, et l'intelligence finit par disparaître pour faire place à une faculté instinctive obscure. « Les animaux les plus parfaits, dit Cuvier, bien qu'infiniment au-dessous de l'homme pour les facultés intellectuelles, se meuvent en conséquence des sensations qu'ils reçoivent, sont susceptibles d'affections durables, et acquièrent par l'expérience une certaine connaissance des choses d'après lesquelles ils se conduisent indépendamment de la peine et du plaisir actuels et par la seule prévoyance des suites. En domesticité, ils sentent leur subordination, savent que l'être qui les punit est libre de ne pas le faire, prennent devant lui l'air suppliant quand ils se sentent coupables ou qu'ils le voient fâché. Ils se perfectionnent ou se corrompent dans la société de l'homme; ils sont susceptibles d'émulation et de jalousie; ils ont entre eux un langage naturel, qui n'est à la vérité que l'expression de leurs sensations du moment; mais l'homme leur apprend à entendre un langage beaucoup plus compliqué, par lequel il leur fait connaître ses volontés et les détermine à les exécuter. En effet, on aperçoit dans les animaux supérieurs un certain degré de raisonnement avec tous ses effets bons et mauvais, et qui paraît être à peu près le même que celui des enfants lorsqu'ils n'ont pas encore appris à parler. » — C'est principalement dans la classe des mammifères que l'intelligence se manifeste d'une manière sensible ; elle décroît par degrés dans les derniers ordres, où elle est en partie remplacée par l'instinct, faculté innée, qui ne se développe point par l'expérience comme l'intelligence, et ne varie pas dans ses effets, mais qui force l'être organisé à agir comme par une espèce de nécessité, en sorte que, suivant un auteur, on peut considérer les animaux comme « soumis à des images ou sensations innées qui les déterminent à agir comme les sensations accidentelles. » — Chez les oiseaux, l'instinct semble l'emporter sur l'intelligence ; nous le voyons dans la construction de leurs nids toujours semblables chez les individus de la même espèce, dans leurs migrations à des époques déterminées, etc. On a dit que l'instinct était développé en raison inverse de l'intelligence. Ceci n'est point vrai en général, puisque les reptiles et les poissons surtout sont inférieurs aux oiseaux, tant sous le rapport de l'instinct que sous celui de l'intelligence. Les mollusques sont encore au-dessous. Chez les articulés, c'est l'instinct qui domine ; c'est à lui qu'il faut attribuer presque tous les actes si merveilleux que nous admirons dans les insectes, et qui, sans l'instinct, seraient inexplicables, ou supposeraient une intelligence souvent supérieure à celle de l'homme. Dans les zoophytes, ces facultés paraissent plus faibles, à mesure qu'on descend vers les classes inférieures. — Tous les organes des animaux ont des rapports plus ou moins directs les uns avec les autres, et, comme nous l'avons déjà dit, si l'un d'eux est modifié, il faut que les autres le soient, sans quoi l'animal ne saurait exister. Ainsi, dit Cuvier, « un animal qui ne peut digérer que de la chair doit, sous peine de destruction son espèce, avoir la faculté d'apercevoir son gibier, de le poursuivre, de le saisir, de le vaincre, de le dépecer. Il lui faut donc de toute nécessité une vue perçante, un odorat fin, une course rapide, de l'adresse et de la force dans les pattes et dans les mâchoires. Ainsi jamais une dent tranchante et propre à découper la chair ne coexistera avec un pied enveloppé de corne, qui ne peut que soutenir l'animal, et avec lequel il ne peut saisir. De là la règle que tout animal à sabot est herbivore ; et ces règles encore plus détaillées, qui ne sont que des corollaires de la première, que des sabots au pied indiquent des dents molaires à couronne plate, un canal alimentaire très-long, un estomac ample et multiple, et un grand nombre de rapports du même genre. — Ces lois, qui déterminent les rapports des systèmes d'organes aux différentes fonctions, exercent également leur puissance sur les différentes parties d'un même système et en lient les variations avec la même force. C'est surtout dans le système alimentaire, dont les parties sont plus nombreuses et plus distinctes, que ces règles trouvent des applications plus évidentes. La forme des dents, la longueur, les replis, les dilatations du canal alimentaire, le nombre et l'abondance des sucs dissolvants qui s'y versent, sont toujours dans un rapport admirable entre eux, et avec la nature, la dureté et la dissolubilité des matières que l'animal mange, au point que l'homme exercé, qui connaît une de ces parties, peut aisément deviner la plupart des autres, et qu'il peut même, d'après les règles précédentes, étendre ses conjectures aux organes des autres fonctions. La même harmonie existe entre toutes les parties du système des organes du mouvement. Comme il n'y en a aucune qui n'agisse sur les autres et qui n'éprouve leur action, surtout lorsque l'animal se meut en entier, toutes leurs formes sont en rapport. Il n'est presque aucun os qui varie dans ses facettes, dans ses courbures, dans ses proéminences, sans que les autres subissent des variations proportionnées, et on peut aussi à la vue d'un seul d'entre eux conclure, jusqu'à un certain point, la forme de tout le squelette » (V. CORRÉLATION DES FORMES). — Lorsque la zoologie était dans l'enfance, on se contentait de diviser les animaux en prenant pour caractères soit leur manière de vivre, soit la forme générale de leur corps ; de là les divisions en volatiles, terrestres, aquatiques et autres de même fabrique, dans lesquelles se trouvaient pêle-mêle une foule d'êtres disparates, tels, par exemple, que les oiseaux avec les papillons, les vers avec les serpents, les plongeons avec les huîtres et les poissons. Le petit nombre d'animaux et le peu de faits connus alors permettaient jusqu'à un certain point des rapprochements aussi bizarres ; mais actuellement, s'il en était ainsi, la mémoire la plus exercée ne pourrait retenir qu'une faible partie des faits observés ; il était donc nécessaire de suivre une autre marche. De nos jours, on a cherché à grouper les animaux de manière à rapprocher les espèces qui se ressemblent le plus par l'ensemble de leur or-

ganisation. De cette façon la mémoire est singulièrement aidée, parce que si on connaît une des parties d'un animal, on peut conclure pour beaucoup d'autres ; ainsi, pourvu qu'on sache qu'un écureuil est un vertébré, on saura par cela même qu'il a un système nerveux double, qu'il jouit des cinq sens, qu'il a un cœur, des artères, des veines, des vaisseaux lymphatiques, etc. Si on sait qu'il appartient à la classe des mammifères, on pourra en conclure qu'il a deux condyles occipitaux, le sang chaud, un cœur à deux ventricules et deux oreillettes, des poumons, un diaphragme, des mamelles ; qu'il est vivipare, etc. (V. CLASSIFICATION, ZOOLOGIE). Parmi les diverses méthodes en usage aujourd'hui, nous nous bornerons à exposer celle de Cuvier, parce qu'elle est plus généralement suivie. — Cuvier a reconnu qu'il existait quatre types d'après lesquels tous les animaux semblent avoir été modelés ; il les a nommés *embranchements*. — Les *vertébrés*, qui forment le premier, ont le corps symétrique (quelques poissons exceptés), soutenu par un squelette intérieur articulé, dont la partie centrale, la colonne vertébrale formée d'anneaux plus ou moins nombreux, renferme la moelle épinière et se termine antérieurement par un renflement osseux ; le crâne, qui contient et protège le cerveau, et se prolonge le plus souvent en arrière pour former la queue. Ils ne présentent jamais plus de quatre membres, qui quelquefois manquent totalement, ou dont il n'existe qu'une paire, soit antérieure, soit la postérieure (quelques reptiles, beaucoup de poissons). Ils ont un double système nerveux, les cinq sens, deux mâchoires horizontales, un cœur, le sang rouge, des artères, des veines, des vaisseaux lymphatiques, des poumons ou des branchies et des sexes séparés. Cet embranchement comprend les quatre classes suivantes : — 1° Les *mammifères* qui sont couverts de poils. Ils n'ont jamais plus de neuf vertèbres cervicales, ni moins de six, et presque toujours sept, dont la première reçoit les deux condyles de la tête. Leur sternum est formé d'une suite longitudinale d'os. Tous ont quatre membres (les cétacés exceptés) ; leur encéphale est plus compliqué que dans les autres classes ; leurs yeux ont deux paupières ; leur oreille a quatre osselets articulés et un limaçon spiral ; leur langue est molle ; leur sang est chaud ; leur circulation double, et les poumons sont enfermés dans la première cavité du tronc, séparée de l'abdomen par un diaphragme. La femelle offre une matrice à deux cornes. Ce sont les seuls animaux véritablement vivipares. Ils nourrissent leurs petits du lait de leurs mamelles (exemple : *éléphant, baleine*). — 2° Les *oiseaux* qui ont le corps couvert de plumes, les vertèbres cervicales en nombre variable, ordinairement entre dix et vingt-trois, la tête portée sur un seul condyle, le sternum large, jamais formé d'une suite longitudinale d'os, quatre membres, un encéphale moins bien développé que celui des mammifères, des yeux à trois paupières, un seul osselet au tympan, un limaçon en cône arqué, un os dans la langue, le sang chaud, une circulation double, des poumons qui communiquent à des poches aériennes, point de diaphragme ; ils sont ovipares. Les femelles n'ont qu'un seul oviductus (exemple : *autruche, aigle*). — 3° Les *reptiles*. Leur corps est couvert d'écailles ou d'une peau nue ; leur tête portée sur un seul condyle, excepté chez les batraciens qui en ont deux. Les vertèbres cervicales n'existent pas chez tous (les serpents, les grenouilles, etc.). Le sternum manque quelquefois (serpents, caméléons), et varie beaucoup. Leurs membres sont au nombre de quatre le plus souvent, rarement ils n'en ont que deux, soit antérieurs, soit postérieurs, quelquefois ils en manquent entièrement. Leur cerveau est petit. Leurs yeux sont généralement peu développés ; ils ont deux ou trois paupières, ou point. L'oreille et la langue sont très-variables. Leur sang est en équilibre avec la température du milieu dans lequel ils se trouvent ; leur circulation pulmonaire est incomplète ; ils n'ont point de diaphragme ; leurs poumons ne communiquent pas à des poches aériennes ; quelques-uns, les batraciens, respirent au moyen de branchies dans le premier âge, et les conservent rarement. Ils sont ovipares, et les femelles ont toujours deux oviductus (exemple : *tortue, lézard, serpent, grenouille*). — 4° Les *poissons*. Leur corps est couvert d'écailles ou d'une peau nue ; ils sont dépourvus de véritables vertèbres cervicales, et le squelette devient membraneux dans quelques espèces (les ammocètes). L'oreille est cachée dans le crâne ; la langue osseuse, les narines sans issue en arrière ; la circulation pulmonaire seulement ; le sang en équilibre avec la température du milieu dans lequel sont plongés. Ils respirent toujours par des branchies, sont ovipares, et les femelles ont rarement des oviductus (exemple : *esturgeon, tanche*). — Les animaux du premier embranchement sont les seuls qui aient une véritable voix ; encore les poissons qui n'ont point de poumons, ni par conséquent de trachée-artère, en sont-ils dépourvus. Tous les bruits ou chants qu'on observe dans les animaux des autres embranchements sont produits, soit par le frottement de pièces dures, soit par le mouvement vibratoire de quelque membrane interne ou externe, soit encore par l'air mis en vibration dans des cavités particulières (*V.* VOIX et CHANT). — Le second embranchement est celui des *mollusques*. Leur corps mou et quelquefois non symétrique n'est point soutenu par un squelette. Leurs muscles sont attachés en dedans d'une peau molle, tantôt nue, tantôt recouverte par une coquille qui n'adhère qu'à quelques points. Leurs membres en nombre variable manquent souvent et sont très-rarement articulés ; le corps ne l'est jamais. Leur système nerveux consiste en un cerveau formé de plusieurs ganglions, d'autres ganglions épars et un anneau œsophagien, réunis par des filets nerveux. L'organe de l'ouïe n'est apparent que dans une famille ; la vue manque à un grand nombre. On ne connaît pas chez eux le siège de l'odorat, quoiqu'ils aient pour la plupart la faculté de percevoir les odeurs. Tous paraissent jouir du goût et de l'ouïe. Ils ont un ou plusieurs cœurs ; le sang non coloré en rouge, des vaisseaux artériels et veineux ; point de vaisseaux lymphatiques, un foie volumineux, souvent des mâchoires diversement situées. Leur respiration se fait au moyen de branchies ou d'une cavité pulmonaire. Les sexes sont tantôt séparés, tantôt réunis, et dans ce cas l'animal peut être soit androgyne, soit hermaphrodite (*V.* ces mots). Cet embranchement comprend les huit classes suivantes : — 1° Les *céphalopodes* ont le corps en forme de sac ; leur tête porte des tentacules nombreux et placés autour de la bouche, et disposés pour la locomotion et la préhension. Leur coquille est tantôt extérieure, tantôt intérieure et cachée dans le dos. Ils ont un crâne cartilagineux, des organes de l'ouïe apparents, des yeux bien développés, des mâchoires cornées, trois cœurs, un aortique et deux branchiaux ; des branchies et des sexes séparés (exemple : *sèche, argonaute*). — 2° Les *ptéropodes*, dont les organes du mouvement consistent en nageoires placées comme des ailes aux côtés de la bouche ; leur corps, en forme de sac, est nu ou couvert d'une coquille univalve. Leur tête n'est pas toujours distincte, les yeux manquent souvent ; ils ont un cœur aortique, des branchies, et des sexes réunis (exemples : *clio, hyale*). — 3° Les *gastéropodes*, qui rampent sur leur ventre, muni d'un disque musculaire ; leur coquille, quand elle existe, est presque toujours univalve ; ils n'ont point d'organe apparent de l'ouïe ; la tête porte ordinairement une ou plusieurs paires de tentacules sur lesquels ou près desquels sont placés des yeux peu développés ; leurs mâchoires varient beaucoup ; ils ont un cœur aortique, des branchies ou une cavité pulmonaire ; les sexes sont tantôt séparés, tantôt réunis (exemple : *hélice, limace*). — 4° Les *brachiopodes* ; ils ont pour organes du mouvement, deux bras charnus garnis de cils et roulés en spirale dans l'état de repos ; leur coquille est bivalve, presque toujours fixée par un pédicule fibreux ; leur bouche sans dents, est cachée entre les deux lobes de leur manteau ; ils ont des branchies (exemple : *lingule, térébratule*). — 5° Les *acéphales* ont généralement peu ou point de mouvement total ; leurs coquilles sont bivalves ou multivalves ; ils n'offrent ni tête, ni oreilles, ni yeux ; leur bouche est placée sous leur manteau ; leur cœur est aortique ; ils respirent par des branchies, et sont hermaphrodites (exemple : *huître, moule*). — 6° Les *biphores* : leur corps est nu et en forme de sac ouvert à chaque extrémité, souvent réuni à ceux d'autres individus de la même espèce, et flotte librement dans l'eau. Ils ont un cœur et des branchies ; cette classe et la suivante, peu nombreuses en espèces, ont été laissées parmi les acéphales. Cependant, dans le traité d'anatomie comparée de Cuvier, elles sont indiquées comme classes séparées. — 7° Les *ascidies* : leur corps est nu, toujours fixé, et présente deux orifices ; la bouche est fixée au fond du sac branchial ; dans quelques espèces, plusieurs individus vivent en masses agrégées, à la manière de certains zoophytes (exemple : *cynthia, momus*). — 8° Les *cirrhopodes* ont le long du ventre des tentacules de substance cornée, articulés et rangés par paires ; leur coquille est multivalve, composée de pièces mobiles, et toujours fixée à quelque corps, soit au moyen d'un tube charnu et contractile, soit simplement par sa base. Ils n'ont point d'yeux ; leur bouche a des mâchoires latérales ; ils ont un cœur aortique, des branchies sur les côtés, et sont hermaphrodites (exemple : *anatifes, balanes*). Leur organisation a tant de rapports avec celle des articulés, que plusieurs habiles naturalistes doutent s'il faut les laisser parmi les mollusques. Ils établissent un

passage très-naturel de ce dernier embranchement à celui des articulés. — Le troisième embranchement est celui des *articulés* ; leur corps symétrique est enveloppé d'une peau toujours divisée en segments ou anneaux plus ou moins solides, en nombre et de formes variables, auxquels s'attachent les muscles à l'intérieur. Les membres, qui n'existent pas toujours, sont articulés, et leur nombre, quelquefois très-grand, n'est jamais de moins de six ; leur système nerveux consiste en un double cordon nerveux renflé d'espace en espace en nœuds ou ganglions, et situé sous le ventre, à l'exception du premier ganglion qui forme le cerveau, et est placé sur l'œsophage ; leurs yeux sont simples ou composés et en nombre variable. Une seule famille a des organes de l'ouïe apparents ; on ne connaît point celui de l'odorat, qui paraît souvent très-développé ; ils ont le goût et le toucher ; les mâchoires, quand elles existent, sont toujours latérales. Tous n'ont pas des organes de circulation ; ils respirent au moyen de branchies, d'organes pulmonaires ou de trachées, et les sexes sont le plus souvent séparés. Les cinq classes suivantes appartiennent à cet embranchement. — 1° Les *annélides* : leur peau est molle ; ils sont privés de pieds articulés ; leur tête, peu distincte des autres anneaux, est le plus souvent dépourvue d'yeux ; ceux-ci, quand ils existent, sont simples, ordinairement peu apparents, et en nombre variable ; leur sang est généralement rouge, et circule dans des artères et des veines ; ils respirent tantôt par des organes analogues aux branchies, tantôt par des organes intérieurs ou situés à la surface de la peau, mais différents des trachées ; la plupart sont hermaphrodites (exemple : *sangsue, lombric*). — 2° Les *crustacés* : leur corps est composé d'anneaux solides, et pourvu de pieds articulés en nombre variable, toujours de plus de six ; on trouve des vestiges d'oreille chez quelques-uns ; leurs yeux sont composés et ordinairement placés sur des pédoncules mobiles ; ils ont deux ou quatre antennes, un système de circulation complet, un cœur aortique, des branchies, des mâchoires réunies par paires, souvent nombreuses, et des sexes séparés (exemple : *écrevisse, crabe*). — 3° Les *arachnides* ont plus de six pieds articulés (ordinairement huit) ; leur tête forme une seule pièce avec le thorax, et c'est sur cette pièce que sont rangés les yeux qui sont simples, et dont le nombre et la disposition varient ; ils sont dépourvus d'antennes ; leur bouche a deux paires de mâchoires ; leur circulation est complète ou incomplète ; leur respiration s'opère, soit dans des sacs pulmonaires, où l'air pénètre par les stigmates, soit par des espèces de trachées (exemple : *araignée, mite, scorpion*). — 4° Les *myriapodes* ont le corps allongé, composé d'anneaux nombreux, à peu près égaux, dont chacun porte une ou deux paires de pieds articulés, n'offre ni tronc, ni abdomen distinct ; ils ont toujours plus de six pieds, et quelquefois deux cents, des yeux composés pour la plupart, deux antennes, des mâchoires, point de circulation et des trachées ; leurs organes sexuels sont ordinairement placés sous le ventre ; ils ne subissent point de métamorphoses, mais en changeant de peau, ils augmentent le nombre des anneaux de leur corps et celui de leurs pieds. Ils sont d'ailleurs très-rapprochés des insectes avec lesquels on les a longtemps confondus (exemple : *scolopendre* ou *millepieds, iule*). — 5° Les *insectes* : leur corps est divisé en trois parties distinctes : la tête, le thorax et l'abdomen ; ils n'ont jamais plus de six pieds, après avoir subi toutes leurs métamorphoses ; ils présentent le plus souvent deux ou quatre ailes ; leur tête porte deux antennes, deux yeux presque toujours composés, et souvent d'autres petits yeux, mais simples ; leur bouche varie pour la forme et le nombre des parties ; ils n'ont point de circulation ; leur vaisseau dorsal semble être un dernier vestige de cœur. L'air pénètre dans tout leur corps au moyen des stigmates et des trachées ; leurs sexes sont séparés, et presque tous subissent des métamorphoses (exemple : *puces, hannetons, sauterelles, punaises, papillons, mouches*). — Le quatrième embranchement, celui des *rayonnés* ou *zoophytes*, renferme un grand nombre d'animaux, qui présentent entre eux de grandes différences de forme, et dont le caractère commun est d'avoir leurs organes disposés circulairement autour d'un axe. Il n'ont ni cerveau, ni moelle épinière, ni ganglions ; les nerfs manquent presque toujours ; leur cavité digestive n'a ordinairement qu'une seule ouverture ; ils offrent rarement des vestiges de circulation ; leur respiration se fait presque toujours à la surface du corps ; la plupart n'ont pas de sexes, et leur reproduction se fait souvent par une division de parties, soit naturelle, soit accidentelle. Les dernières familles se rapprochent par leur tissu de l'homogénéité des plantes. Les cinq classes suivantes sont comprises dans cet embranchement. — 1° Les *échinodermes* sont revêtus d'une peau coriace ou calcaire, munie d'épines articulées et mobiles, et le plus souvent percée de trous rangés symétriquement, d'où sortent les tentacules très-nombreux ; leur système nerveux consiste en un anneau œsophagien, d'où partent quelques filets nerveux. Plusieurs ont un canal alimentaire à deux issues, et une bouche garnie de dents. On trouve encore chez eux quelques vestiges de circulation et d'organes respiratoires (exemple : *oursin* ou *hérisson de mer*, *astérie* ou *étoile de mer*). — 2° Les *intestinaux* sont privés de tentacules ; leur corps, couvert d'une peau molle, est le plus ordinairement allongé, quelquefois ovoïde ou globuleux ; il est plus ou moins aplati ou arrondi, et divisé en segments chez quelques espèces ; leur tête est rarement distincte. Plusieurs offrent quelques vestiges de système nerveux, et la plupart sont dépourvus d'organes apparents des sens ; leur cavité digestive, intimement unie à la peau, communique avec des orifices en nombre variable, et disposés diversement ; on ne leur connaît point d'organes pour la circulation ni pour la respiration ; ils vivent dans l'intérieur des autres animaux (exemple : *tænias* ou *vers solitaires*, *ascarides*). — 3° Les *acalèphes :* leur corps gélatineux, diversement coloré, ordinairement de forme ovale ou -arrondie, présente des appendices en nombre et de forme variables ; il ont, pour la plupart, un canal intestinal ramifié, dont l'ouverture est garnie souvent de tentacules ; ils sont libres ou fixés ; un grand nombre sont phosphorescents (ex. : *méduses*). — 4° Les *polypes* ont pour la plupart le corps cylindrique ou conique ; leur bouche est presque toujours garnie de filaments tentaculaires ; les uns sont nus, d'autres, réunis en grand nombre, vivent agrégés sur des masses pierreuses ou cornées, formées par eux, et extrêmement variées (exemple : *corail, corallines, madrépores*). — 5° Les *infusoires*. Cette classe renferme un grand nombre d'êtres observés à l'aide du microscope, et principalement dans les infusions, dans les matières qui se corrompent, dans les eaux dormantes, etc. Ils présentent entre eux trop de différences pour qu'on puisse les indiquer ici (*V.* INFUSOIRES). Beaucoup sont plus complètement organisés que les animaux des classes précédentes ; d'autres ne présentent point d'organes extérieurs ; ils sont fixés ou libres ; et parmi ces derniers, il en est qui se meuvent avec une grande agilité (exemple : *vibrion du vinaigre, monade, amibe*). (Voyez, pour autres détails, les articles destinés à chaque classe.) — Toutes les classes que renferment les quatre embranchements forment une série plutôt ramifiée que linéaire, et on aurait tort de croire qu'à partir de la première, leur organisation devient de moins en moins complète, suivant l'ordre qu'elles occupent ; cela n'est vrai qu'en général, et il y a de nombreuses exceptions. Il en est de même pour les embranchements : ainsi les articulés ne sont pas moins complètement organisés que les mollusques ; leurs organes de la vie de relation sont bien plus développés que ceux des mollusques, mais ceux de la vie organique le sont beaucoup moins. — Si nous comparons les animaux entre eux, sous le rapport des dimensions, nous trouverons que les vertébrés l'emportent de beaucoup sur tous, et parmi eux les mammifères (les cétacés) ; ensuite les poissons sur les reptiles, et ceux-ci sur les oiseaux. Parmi les invertébrés, les céphalopodes sont ceux qui atteignent les plus grandes dimensions, et les infusoires les plus petites. En général, c'est dans l'eau que se trouvent les plus grands animaux, puis sur la terre, enfin dans l'air, comme s'il était plus facile à la nature de faire mouvoir de grandes masses dans l'eau que sur la terre, et sur celle-ci que dans l'air. Sous le rapport des formes, nous verrons qu'elles sont d'autant plus différentes entre les animaux d'une même classe, qu'on approche plus des classes inférieures. Sous celui des couleurs, les insectes, les oiseaux, les reptiles, les poissons, les coquilles des mollusques, nous offriront les plus brillantes et les plus variées. — C'est parmi les articulés, et particulièrement parmi les insectes, qu'on trouve le plus grand nombre d'espèces et d'individus de chaque espèce ; par conséquent leur fécondité est très-grande : néanmoins elle est plus prodigieuse encore dans les poissons ; nous en avons déjà donné des exemples. Mais comme ceux-ci sont exposés, avant leur complet développement, à des causes de destruction plus puissantes, il en résulte un nombre bien moindre d'individus. Quant à l'habitation, on peut dire en général que les poissons, les mollusques, les annélides, les crustacés, les rayonnés vivent dans l'eau, les mammifères, les oiseaux, les arachnides, les myriapodes sur la terre, les oiseaux dans l'air, et les insectes partout ; cependant elle est extrêmement variable dans chaque classe. Ainsi, des mammifères (cétacés, etc.) ; des oiseaux (plongeons, etc.); des reptiles (la plupart des batraciens, etc.), vivent dans l'eau ;

des mammifères (chauves-souris), et même des reptiles et des poissons (dragons, exocets), en très-petit nombre, il est vrai, se soutiennent dans l'air ; des mollusques (limaces) ne se trouvent que sur la terre ; et on pourrait multiplier beaucoup ces exemples.—Pour ce qui est de la distribution géographique, voyez GÉOGRAPHIE ZOOLOGIQUE. Maintenant, si nous les envisageons sous le point de vue de leur utilité pour l'homme, nous accorderons la prééminence aux mammifères qui nous aident dans nos travaux, veillent à notre sûreté, etc. Dans chaque embranchement, nous en trouverons qui nous servent ou peuvent nous servir comme aliments, soit directement, comme la plupart des mammifères et des oiseaux, quelques mollusques et un petit nombre d'articulés et de zoophytes, soit indirectement, les mammifères qui nous offrent leur lait, les oiseaux leurs œufs, les abeilles leur miel, etc. Un grand nombre nous fournissent encore diverses substances employées dans les arts, telles que le blanc de baleine, la cire, diverses matières colorantes, la soie, etc. ; enfin des moyens de combattre nos maladies, les sangsues, les cantharides, les corallines, etc. Et si on s'attachait à étudier les propriétés de la substance des animaux, comme on l'a fait pour les plantes, un très-grand nombre qui ne nous servent à rien, deviendraient infailliblement aussi précieux qu'ils nous paraissent inutiles. Quelques-uns sont utiles d'une autre manière ; ainsi les oiseaux insectivores le sont en empêchant la trop grande multiplication des insectes, et beaucoup de ceux-ci, les mouches, par exemple, en nous débarrassant promptement des cadavres et des substances en décomposition qui corrompent l'air. Et s'il nous était toujours facile d'apercevoir tous les rapports qu'ils ont entre eux et avec les objets qui les entourent, nous verrions que le plus abject à nos yeux, remplit quelque destination dans l'économie générale (*V.* RÈGNE ANIMAL).   J. BRUNET.

ANIMAL (*philosophie médicale*). Cette dénomination est applicable à tous les êtres vivants, depuis l'homme jusqu'au dernier zoophyte ; car le mot *animal* signifie être animé. Mais, comme la vie n'existe pas avec les mêmes conditions dans toutes les classes d'êtres, qu'ici elle paraît exubérante, et que là elle semble se confondre avec la vitalité toute spéciale qui détermine le développement de la plante, il y a des nuances, des différences et même des contrastes à étudier et à constater. Entendons-nous bien d'abord sur la définition du mot *animal*. — Pour déterminer le sens de ce mot, on peut partir de deux points de vue entièrement opposés. En fondant sa définition sur le mot latin *anima*, qui lui a servi de racine, il conviendrait plus à l'homme qu'au zoophyte ; dans le cas contraire, c'est-à-dire en donnant au mot *animal* une valeur qui porte avec elle la signification étroite de sensibilité et de mouvement, cette dénomination conviendrait plutôt au zoophyte qu'à l'homme, ou plutôt ne conviendrait qu'aux êtres de l'échelle zoologique qui ne partagent pas l'admirable organisation de l'être humain. Or, c'est à cette dernière définition qu'on s'est arrêté. La science et l'habitude ont attaché au mot *animal* un cachet d'infériorité qui ne peut s'appliquer à l'homme. Toutefois, comme il a dans son organisation des points de ressemblance avec les êtres qui ne sont pas de son espèce, on a agrandi la sphère du mot animal ; et l'homme a été placé sous le joug de cette dénomination humiliante. C'est par les études matérialistes qu'on est arrivé là. — Nous ne parlerons pas à ce sujet des doctrines des encyclopédistes du XVIIIe siècle. Ils vivaient à une époque où l'analyse existait plutôt dans le sentiment que dans la pensée, où leur système était moins un fait scientifique qu'une religion ; aussi nous ne nous occuperons que des doctrines mieux arrêtées de l'un de leurs descendants. Avec la pensée ou plutôt la formule émise dans la science par le fameux naturaliste M. de Lamarck, l'homme ne devait être considéré philosophiquement que comme un animal d'un ordre supérieur. En effet, d'après lui, l'animal le plus simple est formé par une molécule primitive qui, sous l'influence de la chaleur, de la lumière, et parfois aussi de l'humidité, acquiert la propriété de croître, de se développer, d'être animé, de vivre. L'observation avait conduit le naturaliste dont nous parlons à poser ce principe ; car il avait vu ou cru voir que ces générations d'animalcules auxquelles on a donné l'épithète explicative de spontanées, se formaient sans l'intervention des sexes, se produisaient d'elles-mêmes dans des circonstances à peu près déterminées. Certes M. de Lamarck pouvait ne pas être dans l'erreur en établissant ce fait comme un fait incontestable. Mais il voulut l'exploiter au profit de ses doctrines sans doute préconçues ; et c'est là que fut l'erreur ou la faute. Ainsi, ce savant enseigna que le même phénomène se produisait dans la formation de tous les êtres, que tous les animaux et l'homme même étaient issus de la molécule qui pouvait indistinctement servir à la formation de l'être humain comme au développement de l'infusoire, et que l'immense différence des résultats ne gisait que dans celle des circonstances ou des milieux au sein desquels le grand phénomène se produisait. Une telle opinion était si ingénieuse comme synthèse et se présentait à l'esprit tellement dépourvue de complication, qu'elle ne tarda pas à faire un grand nombre de prosélytes. Toutefois les naturalistes, même les plus prévenus en faveur de la théorie de M. de Lamarck, s'aperçurent bientôt qu'entre l'observation et l'imagination, ces deux facteurs ordinaires de toutes les hypothèses, l'imagination avait la meilleure part. Du reste, en considérant l'homme sous tous les aspects qu'il présente, il était facile de reconnaître que, par ses fonctions et sa supériorité, il ne pouvait être classé en frère ou en égal dans la grande famille animale ; mais comme les esprits tournaient au matérialisme, on ne combattit le système Lamarck que pour en produire un autre de la même catégorie, comme, par exemple, celui de l'emboîtement et du désemboîtement des germes, lequel consiste entièrement en ceci : une molécule primitive s'est formée d'abord au milieu de circonstances inconnues, et il s'en est formé en aussi grand nombre qu'il y a d'espèces animales et végétales ; cette molécule porte en elle le germe de toutes celles qui se développeront plus tard : c'est une boîte où tous les êtres à venir ont en quelque sorte leur embryon ; et la succession des êtres se fait par le mécanisme de cette même boîte qui s'ouvre pour donner naissance à une autre qui s'ouvre à son tour, jusqu'à ce qu'enfin tous les germes contenus les uns dans les autres soient entièrement épuisés, c'est-à-dire que des espèces s'éteignent ou que le monde arrive à sa fin. Cette doctrine conclut au panthéisme en assignant un centre particulier pour chaque groupe d'animaux et de végétaux, et en négligeant d'admettre une hiérarchie ; mais le panthéisme est un matérialisme déguisé. Nous pouvons donc tirer de ces prémisses la conséquence suivante : que le naturalisme conduit directement à comprendre l'homme dans l'acception humiliante que la science et l'habitude ont donnée au mot *animal*. — En considérant l'homme et les animaux sous un autre point de vue que celui sous lequel nous l'ont montré les doctrines matérialistes, on peut et on doit arriver à un résultat tout différent ; voici de quelle manière. Il y a longtemps déjà que la science a jeté grande lumière sur la grande question du rapport des êtres entre eux. Toutefois les travaux des écrivains modernes sont les plus concluants ; car, au lieu de s'exercer exclusivement sur le mode d'existence de tel ou tel animal arrivé à son développement complet et de s'occuper de sa formation au sein de la mère au point de vue de l'imagination et de l'hypothèse, ces travaux ont pris pour champ d'investigation toute la période embryogénique pendant laquelle se constituent de toutes pièces les conditions essentielles de l'être futur. Or, on a reconnu, en suivant les événements mystérieux de cette histoire dans leur progression journalière, que chaque espèce animale s'échelonnait sur l'espèce inférieure, que la hiérarchie la plus prononcée séparait en espaces infranchissables chaque groupe d'êtres des autres groupes, qu'une sphère particulière au delà de laquelle un développement ultérieur était impossible demeurait à toujours le partage exclusif de chacun de ces groupes, et que, par conséquent, cette molécule primitive de Lamarck, d'où pouvait émaner, sous l'influence de certaines conditions, l'homme, comme l'animal le plus élémentaire, ne réalisait qu'une hypothèse où la mauvaise foi avait peut-être plus de part que l'erreur. On peut opposer, il est vrai, l'existence de monstruosités pour défendre l'opinion du nivellement fraternel des espèces ; mais les monstres sont des aberrations et ne peuvent nullement constituer la transition qui sépare les espèces entre elles. M. Geoffroy Saint-Hilaire est le seul, ou à peu près, parmi les naturalistes contemporains, qui tienne à cette doctrine, comme il en était lui-même l'auteur ou le régénérateur. En poursuivant l'étude des êtres, en s'élevant de la forme plastique qui les constitue aux conditions auxquelles leur existence est liée, on reconnaît que, malgré l'indépendance qui sépare les espèces animales les unes des autres, il existe entre elles un lien dont l'homme seul est indépendant, sous un certain point de vue. Ainsi, tous les animaux, depuis le mammifère le plus proche de l'être humain jusqu'à l'infusoire, ont à épuiser dans la ligne de leur existence une série circulaire de manifestations qui jamais ne changera ; car elle n'a pas encore éprouvé la plus petite modification. Pourquoi cela ? parce que la matière, si bien organisée qu'elle soit, ne peut servir de moteur à elle-même que pour un nombre déterminé d'actes et de mouvements. Fixez les yeux

sur ce phénomène de mécanique que présente un automate ; une fois que le cylindre ou les ressorts qui font mouvoir si merveilleusement cette machine auront terminé leur révolution, il faut de toute nécessité que des mouvements analogues correspondent fidèlement à une révolution nouvelle. Pour un animal, dans l'expression acceptée du mot, n'en est-il pas presque de même, puisque la sphère de ses sensations, de ses mouvements, de ses mœurs, de ses habitudes, est toujours identique pour lui ? puisqu'un animal d'une espèce quelconque ressemble, par tout ce que son organisation lui fait faire, à tous ceux qui l'ont devancé ? Ce caractère tout spécial, dont la manifestation a lieu avec cette passivité de la roue qui obéit au mouvement de révolution de son axe, est, comme nous l'avons déjà dit, le caractère essentiel de tous les membres de la famille animale. Mais l'homme que, dans notre opinion, nous plaçons en dehors de l'animalité, l'homme est-il l'esclave obéissant de l'instinct ? (C'est ainsi qu'on nomme l'ensemble des lois mécaniques qui régissent les êtres des espèces inférieures.) Non, parce que chez lui l'instinct est bien loin d'être tout. Cette réponse, qui ne date pas d'aujourd'hui, car ni la philosophie ni la science ne sont de création moderne, s'appuie maintenant sur une logique si irréfragable, qu'il faut bien que l'homme soit séparé de tout ce qui vit et obéit autour de lui. L'homme, en effet, est double dans son essence ; il peut agir par impulsion et avec la spontanéité animale ; mais par sa nature il réfléchit des actes, balance entre telle action ou telle autre, et se détermine librement plutôt pour celle-ci que pour celle-là. Cette faculté de choisir, de vouloir et de ne vouloir pas en même temps, fait que chaque homme s'individualise, s'isole, pour ainsi dire, dans une série d'actes et de créations qui le font grand ou petit selon l'éducation, les circonstances et les aptitudes organiques. Il en est de même pour les générations qui ne se ressemblent pas entre elles comme caractère intellectuel, parce qu'elles héritent les unes des autres et se meuvent par ascension dans la sphère immense des idées. C'est ce mouvement qui constitue le progrès des siècles et dont le type se retrouve dans le progrès individuel. Or, puisqu'il en est ainsi, l'homme ne peut pas être mû par les seuls ressorts de son organisation. Si en lui tout était organes ou appareil d'organes, son progrès serait un progrès écourté, périodique, circulaire comme celui d'une mécanique qui a sa fonction à remplir. En effet, comme nous l'avons déjà dit explicitement et implicitement, la matière, quelque bien organisée qu'elle soit, doit se répéter fatalement dans ses actes : la liberté d'action et la variété constante des mouvements ne sont pas et ne peuvent être son apanage. Il est donc logique d'admettre pour conclusion qu'il existe dans l'homme autre chose que des appareils organiques ; il est aussi logique d'admettre que cette chose est une force dont l'influence est plus haut placée, par sa nature et son mode d'action, que la matière distribuée en organes ; et que ses tendances sont et doivent toujours être opposées aux tendances de ce qui constitue l'instrumentation humaine. Ainsi, cette qualité de l'homme tour à tour si contestée et si courageusement soutenue, est une démonstration faite, un axiome. Mais, pour le bien comprendre, il ne faut pas placer les deux facteurs de cette dualité sur une même ligne : à l'un appartiennent la suprématie et l'activité, à l'autre l'infériorité et l'obéissance passive. Or, puisque l'homme a une instrumentation organique qui a ses besoins, ses appétits, ses aptitudes, comme les animaux, cette partie de lui-même sera celle dont la modification, la direction, la domination appartiendront au premier facteur. Pour nous résumer, l'instinct ou la partie animale de l'homme doit se soumettre à l'esprit, ce roi de la personnalité humaine, comme la grande famille zoologique que se soumet dans sa force physique à la force spirituelle du roi de la création. D'après cela, les mots d'*animalité*, d'*animal*, ne représentent l'être humain que dans le facteur le moins puissant de sa nature et du but auquel il est appelé ; ces expressions ne conviennent qu'aux êtres qui lui sont inférieurs, car elles définissent, d'après l'acception reçue, tout ce qu'ils sont et tout ce qu'ils peuvent être ; et le mot *animal* ne doit jamais faire partie d'une définition philosophique sur la nature de l'homme, si on ne s'empresse de bien en déterminer la véritable signification : il est si facile de s'égarer et d'égarer les autres ! — Les dernières déductions que nous devons nous empresser de tirer de cette exposition de principes, consistent en ceci : dans la philosophie, comme dans la politique, comme dans la médecine, l'homme doit être compris, gouverné, traité de la hauteur du point de vue où nous avons conduit nos lecteurs. L'homme matériel devant s'effacer derrière la personnalité spirituelle, il faudra plutôt étudier cet être dans ses hautes manifestations, dans ses tendances, dans sa marche, dans son but, que dans ces êtres tout matériels qui ne résument que l'exception. Dans la philosophie, en effet, il y a le but social à montrer et non pas une éducation animale à faire naître; dans la politique, un mouvement, une direction à seconder, et non pas une force spirituelle à anéantir; dans la médecine, une action intelligente, morale et fortifiante, à réveiller, et non pas un traitement constamment et uniquement matériel dont la pensée générale semble placer les malades dans la catégorie des sujets de la médecine vétérinaire. Sans doute nous aurions encore beaucoup de déductions à tirer; mais nous devons les renvoyer aux articles spéciaux, pour accomplir successivement cette tâche qui n'est pas moins belle que difficile. Dʳ ED. CARRIÈRE.

ANIMALCULES (*V.* INFUSOIRES).

ANIMALISATION. Les médecins et les naturalistes désignent par ce mot la transformation des substances végétales soumises à la digestion dans l'estomac d'un animal, en substances capables de s'assimiler et pouvant ainsi concourir à la restauration ou réparation du corps de cet animal. Quelques écrivains confondent l'animalisation avec l'assimilation; d'autres limitent le sens du mot et ne l'emploient que pour exprimer le résultat de l'élaboration qui donne aux aliments le caractère d'animalité, à quelque règne qu'ils appartiennent, animal ou végétal. Dans cette opération de la nature, l'hydrogène et le carbone se dissipent en partie et sont remplacés par de l'azote, quoique l'azote n'existât pas primitivement dans les matières végétales. Comment ce changement s'opère-t-il? Est-ce pas un effet de la respiration ou de la digestion même? c'est là ce qu'on ignore; car c'est ignorer que d'être réduit à de simples suppositions. M. Vauquelin a démontré que des animaux nourris exclusivement de végétaux destitués de certains principes, offrent pourtant des sécrétions et des excrétions où la présence de ces principes se manifeste.

ANIMALISTE. On a donné ce nom à une secte de physiciens, disciples ou sectateurs de Hartsoëker et de Leuwenhoeck, lesquels ont prétendu que les embryons de tous les animaux de la même espèce se trouvaient tout formés et même vivants dans la semence génératrice.

ANIMALITÉ. On désigne par ce mot la réunion des caractères qui constituent la nature propre de l'animal, des qualités qui sont les attributs des êtres animés. Il semble que ce mot doit être synonyme d'*animalisme*; ces deux termes offrent pourtant une différence. Le premier paraît indiquer plus particulièrement ce qui constitue l'animal. Le second s'emploie pour exprimer l'état même de l'animal, sa constitution consommée. Ainsi la faculté de sentir, de choisir entre les sensations, la volonté d'agir, de se mouvoir, font l'*animalité*. L'animalisme, c'est-à-dire l'animalité acquise, est ce qui distingue les animaux des végétaux.

ANIMATION. C'est un terme purement didactique par lequel on désigne le moment de la réunion de l'âme au corps du fœtus, et l'opération mystérieuse par laquelle cette réunion a lieu (*V.* AME). N. M. P.

ANIMAUX (*droit*). Les animaux se divisent en deux grandes classes : 1° les *animaux domestiques*, tels que les bœufs, les chevaux, les porcs, les moutons, les chiens, les chats, les oiseaux de basse-cour et tous les quadrupèdes ou bipèdes qui sont dans la dépendance, au service et à l'usage ordinaire de l'homme; 2° les *animaux sauvages* et jouissant de leur liberté naturelle, comme les chevreuils, les cerfs, les lièvres, les loups, les sangliers et autres bêtes féroces; les oiseaux et les poissons. Les animaux de la première classe sont, comme tous les objets mobiliers, la propriété de celui qui les possède (*V.* PROPRIÉTÉ). Quant aux animaux de la seconde classe, tant qu'ils sont dans leur état de liberté naturelle, ils sont dans la catégorie des choses que le droit romain appelait *res nullius*, qui n'appartiennent à personne et qui appartiennent à tous (Code civ., art. 714). Le propriétaire du fonds sur lequel ils se trouvent momentanément n'y a lui-même aucun droit; ils sont la propriété du premier occupant; c'est ainsi que le chasseur et le pêcheur deviennent propriétaires du gibier ou du poisson dont ils sont parvenus à s'emparer par ruse, par force ou par adresse (Toullier). Mais la propriété de ces animaux se perd avec la possession; aussitôt qu'ils ont recouvré leur liberté naturelle ils rentrent dans l'état de communauté négative jusqu'à ce qu'ils aient subi un nouveau maître et sans que le précédent possesseur puisse les revendiquer. Parmi les animaux de nature sauvage, il en est qui, façonnés plus ou moins à l'usage ou au service de l'homme, nourris ou apprivoisés par lui, participent sous ce rapport à la nature des animaux domestiques, et deviennent une dépendance de la propriété à laquelle ils sont attachés; tels sont les lapins que nous élevons dans une garenne, les pigeons qui peuplent un colombier, les poissons d'un étang, les abeilles d'une ruche. Bien que ces animaux ne soient pas en notre possession immédiate, nous en conservons la propriété tant qu'ils ont conservé l'habitude d'aller et de revenir (art. 564, C. civ.); mais dès qu'ils ont perdu cette habitude, *si animum revertendi habere desierint* (Inst.), nous n'avons plus le droit de les revendiquer, et ils redeviennent la chose du premier occupant.—« Aussi, dit Pothier, le propriétaire d'un étang où il y a des poissons, d'un colombier où il y a des pigeons, d'une garenne où il y a des lapins, est bien plutôt propriétaire d'un étang empoissonné, d'un colombier peuplé de pigeons et d'une garenne peuplée de lapins, qu'il ne l'est des poissons, des pigeons et des lapins qui y sont. » — Toutefois les animaux sauvages ne sont censés avoir recouvré leur liberté naturelle que lorsqu'ils ont échappé aux poursuites de leur premier maître, ou qu'il serait impossible à celui-ci de prouver qu'ils lui ont appartenu. — Ainsi le propriétaire d'un essaim d'abeilles a le droit de les réclamer et de s'en ressaisir, tant qu'il n'a pas cessé de les suivre; *eo usque intelligitur esse tuum*, dit le droit romain. Autrement l'essaim appartient au propriétaire du terrain sur lequel il s'est fixé (l. 28 septembre-6 octobre 1791, tit. 1ᵉʳ, sect. III, art. 5). Mais si les pigeons, lapins, poissons, qui passent dans un autre colombier, garenne ou étang, y ont été attirés par fraude ou artifice (art. 564, C. civ.), l'ancien propriétaire peut les revendiquer. — Cette règle est applicable à tout animal sauvage : *Naturalem libertatem recipere intelligitur cùm vel oculos tuos effugerit, vel ita sit in conspectu tuo, ut difficilis sit ejus persecutio* (ex Gaio, lib. III, De acq. rer. dom.). — Le droit de suite est même accordé sur un animal qu'on ne possède pas, qu'on a blessé, même mortellement, mais qu'on n'a pas encore pu atteindre. Cependant il est considéré comme appartenant à celui qui l'a blessé et qui n'a pas cessé de le poursuivre (D. 41, 1). Le produit des animaux appartient par droit d'accession au propriétaire. Le croît est la propriété du maître de la femelle. *Partus sequitur ventrem.* Ce produit et ce croît peuvent être l'objet de conventions particulières (*V.* CHEPTEL, USUFRUIT). — Les animaux sont meubles de leur nature (C. civ., 528). Toutefois sont immeubles par destination ceux qui ont été placés par le propriétaire pour le service et l'exploitation de son fonds, comme les animaux attachés à la culture, les pigeons des colombiers, les lapins des garennes, les abeilles des ruches, les poissons des étangs (C. civ., 524). A ce titre d'*immeubles par destination*, ils sont insaisissables par voie de saisie-exécution (C. proc. civ., 592). — Sont compris dans cette catégorie, les vers à soie d'une magnanerie, ainsi que les feuilles de mûrier nécessaires pour leur éducation. Il est aussi défendu de troubler, sans aucun prétexte, les abeilles dans leurs courses et leurs travaux. — On ne peut non plus arrêter un individu occupé à la garde d'animaux ou bestiaux de labourage ou autrement, avant qu'il ait été pourvu à la sûreté de ces animaux, sous la responsabilité de ceux qui exercent l'arrestation (l. 28 septembre-6 octobre 1791). — Comme *meubles*, les animaux reçoivent l'application des art. 2279 et 2280 du Code civil. Ainsi le propriétaire d'animaux domestiques peut les revendiquer pendant trois ans à partir du jour de la perte ou du vol. — Si celui entre les mains duquel ils se trouvent les a achetés dans une foire, un marché, une vente publique, ou chez un marchand qui vend des choses pareilles, l'ancien propriétaire ne peut se les faire rendre qu'en remboursant au possesseur le prix qu'ils lui ont coûté (C. civ., 2279 et 2280). Mais celui qui a acheté, hors des foires et marchés, des bestiaux volés, est tenu de les restituer sans indemnité au propriétaire, dans l'état où ils se trouvent (l. 28 septembre-6 octobre 1791, tit. II, art. 11). — Le propriétaire a également une action contre toute personne qui aurait tué ses animaux ou leur aurait causé quelque dommage. Celui-là même qui les surprend pacageant sans droit dans son héritage ne peut user envers eux d'aucune voie de fait sous peine de dommages (ibid., tit. II, art. 12). Le même principe s'applique aux animaux sauvages apprivoisés, tant que le propriétaire du fonds en conserve la propriété. — Cependant Toullier (tom. II, 313) ne reconnaît aux propriétaires des lapins de garenne le droit d'actionner celui qui les a tués que lorsqu'ils ont été tués dans la garenne même. — Indépendamment des dommages-intérêts et de la restitution au propriétaire, la loi punit aussi de diverses peines ceux qui ont blessé, tué ou volé des animaux appartenant à autrui. Ainsi les articles 479 et 480 du Code pénal prononcent des peines de police contre les au-teurs du dommage. Le même Code punit de peines correction-nelles celui qui a empoisonné ou tué, sans nécessité, même sur son terrain, des chevaux ou autres bêtes de voiture, de monture ou de charge, des bestiaux à cornes, des moutons, dès chèvres ou des porcs ; les poissons des étangs, viviers ou réservoirs (art. 452 à 455 et 462). — Il applique la peine de la réclusion à celui qui vole dans les champs des chevaux ou bêtes de charge, de voiture ou de monture, gros et menus bestiaux, ou qui vole le poisson dans les étangs, viviers ou réservoirs (art. 388). Les articles 379 et 401 s'appliquent à tous les au-tres vols d'animaux ; même à celui qui tue des pigeons hors le temps où ils sont déclarés *gibier* par la loi et se les approprie. — Si la loi accorde aux propriétaires d'animaux des garanties pour le maintien et la conservation de leur propriété, c'est à la condition que cette propriété ne sera pour autrui la cause ou l'occasion d'aucun préjudice. De là ce principe posé par l'article 1385 du Code civil : « Le propriétaire d'un animal ou celui qui s'en sert est responsable du dommage que l'animal a causé, soit qu'il fût sous sa garde, soit qu'il fût égaré ou échappé. » Si l'animal est sous la garde du propriétaire ou de celui qui s'en sert, la partie lésée fait constater le dommage et en poursuit la réparation. — S'il est égaré, échappé ou *laissé à l'abandon*, le propriétaire qui éprouve le dommage a le droit de le saisir, sous l'obligation de le faire conduire dans les vingt-quatre heures au lieu de dépôt désigné à cet effet par la municipalité ; il peut même le faire vendre et s'en faire attribuer le prix si dans la huitaine du jour du délit l'animal n'a pas été réclamé ou le dommage payé (art. 12, tit. II, l. de 1791). Le dommage est dû par celui qui a la jouissance de l'ani-mal, et, s'il est insolvable, par le propriétaire (art. id.). — Si ce sont des volailles qui causent le dommage, on a le droit de les tuer, mais seulement sur le lieu et au moment du dégât. Cette disposition ne doit même s'entendre, suivant Toullier et Mer-lin, que du cas où ces volailles seraient laissées à l'abandon. Au surplus, le droit de tuer les volailles au moment du dégât n'exclut pas celui qu'on a toujours de se pourvoir contre le maître en réparation du dommage. Ce droit résulte, au con-traire, de la combinaison des articles 3 et 12 de la loi de 1792 et des dispositions générales de l'article 1385 du Code civil, comme l'a décidé la cour de cassation le 11 août 1808. — A l'égard des pigeons (qui ne peuvent pas être compris dans le terme générique de volailles), des dispositions spéciales leur sont applicables, ainsi qu'aux propriétaires des colombiers où ils ont l'habitude de se retirer. Une loi de novembre 1789 en-joignait aux propriétaires de pigeons de les tenir enfermés aux époques fixées par l'usage des lieux : ces époques sont celles des semailles et de la moisson, parce qu'alors les pigeons peuvent causer de grands dégâts. Et si l'autorité municipale a négligé de prendre un arrêté pour la clôture des colombiers, celui dont les semences sont endommagées est autorisé à les tuer sur son terrain ; car la loi n'a pas d'autre but que de protéger les pro-priétés contre les dévastations de ces animaux. — Cependant celui qui laisse sortir les pigeons en temps prohibé s'expose seulement à les voir tuer ; mais il n'encourt aucune peine de police, et l'autorité administrative ne peut y suppléer ; tout arrêté pris à ce sujet serait illégal. Ainsi le décida, le 23 juillet 1790, le comité féodal de l'assemblée constituante, qui avait été consulté sur la question de savoir si les autorités municipales où communales pouvaient défendre la sortie des pigeons, *à peine d'amende* ; et cette doctrine a été consacrée par deux arrêts de la cour de cassation, des 6 août 1813 et 5 octobre 1821. Mais s'il n'existe aucune peine de police contre celui qui laisse divaguer ses pigeons en temps prohibé, le principe géné-ral posé par l'article 1385 du Code civil lui est toujours ap-plicable, et on peut le faire condamner à réparer le dommage qu'ils ont causé. — On doit aussi appliquer ce principe au propriétaire d'une garenne ou d'un terrier dont les lapins commettent des dégâts sur les propriétés voisines, pourvu toutefois qu'ils y soient établis par suite de la destination de ce propriétaire. Mais le propriétaire d'un bois ou autre terrain non constitué en garenne ne répond pas plus du dommage causé par les lapins qui s'y trouvent, qu'il ne répond de celui que causerait tout autre animal sauvage qui se serait réfugié sur sa terre. Seulement, dans ce dernier cas, la responsabilité serait encourue si, sans contribuer à la multiplication d'ani-maux nuisibles, il l'avait cependant indirectement favorisée, soit en négligeant de les détruire, soit en refusant aux pro-priétaires voisins, qui s'en seraient plaints, la permission de les chasser et de les détruire sur son terrain. C'est l'applica-tion de la règle : *Qui occasionem præstat, damnum fecisse*

videtur (L. 30, § 3, *D. ad. leg. aquil.*), consacrée par l'article 1383 du Code civil. — Les dommages causés par bles-sures sont soumis aux mêmes règles ; seulement ces règles sont modifiées, suivant les circonstances, par l'article 1383 du Code civil. Ainsi, les maîtres des chiens qui mordent, des chevaux qui ruent, des bœufs qui frappent de la corne, etc., ceux qui mènent des bêtes féroces, comme des ours, des lions, etc., sont responsables du dommage causé par ces animaux. — La loi romaine cite comme exemple le cas d'un charretier ou d'un écuyer qui n'a pas la force ou l'adresse de retenir un cheval fougueux : si ce cheval s'effarouche et cause un dommage, le charretier est tenu de le réparer ; mais si la personne blessée s'est attirée le mal en provoquant ou effarouchant l'animal, c'est à elle seule qu'elle doit s'en prendre. *Quod quis ex culpâ suâ damnum sentit, non intelligitur damnum sentire.* Toullier applique ce principe au chasseur qui franchirait la barrière d'un champ clos où paissent des taureaux et serait attaqué et blessé par l'un d'eux : en effet, le chasseur est seul en faute, et si, pour se défendre, il tue le taureau, le propriétaire a une action pour en demander le prix. — Suivant le droit romain, celui qui n'aurait fait que caresser ou toucher un animal et qui en aurait été blessé, aurait le droit d'actionner le maître de cet animal. Mais Domat observe avec raison qu'on ne doit appli-quer ce principe qu'avec réserve ; car il y a imprudence à s'ap-procher sans nécessité d'un animal qu'on ne connaît pas. Il en est autrement si l'animal a été laissé par son maître dans un passage fréquenté et qu'une personne, en passant près de lui, en ait reçu une blessure ; aucune faute ne peut dans ce cas être imputée au passant, et le propriétaire qui a causé le mal par son imprudence doit être condamné à le réparer (L. 1, § 4. D. *Si quadr. paup. fec. dic.*). Si l'animal a été provoqué ou effarouché par un tiers, ce dernier est responsable des suites de sa malice ou de son imprudence. Il y a même raison de décider si c'est par le fait d'un tiers qu'on s'est approché d'un animal qui a causé le dommage. — Toullier cite, d'après Merlin, un autre exemple de la responsabilité d'un tiers comme auteur du dommage par suite de son imprudence ou de son imprévoyance : un cheval avait été placé dans l'écurie d'une auberge à côté d'un autre cheval qui lui cassa la cuisse. Un arrêt du parlement de Grenoble, du 3 décembre 1776, con-damna l'aubergiste à payer la valeur du cheval pour n'avoir pas séparé les chevaux par des barres, comme la prudence l'exigeait. Aujourd'hui cette décision serait conforme aux dis-positions combinées des articles 1383, 1928 et 1952 du Code civil (*V.* AUBERGISTE). — Si l'animal provoqué l'a été par un autre, le dommage doit être réparé par le propriétaire de ce dernier. — Dans le cas d'un combat entre deux animaux, le maître de l'agresseur est responsable du dommage ; si l'on ignore quel a été l'agresseur, le dommage est considéré comme un cas fortuit. — Indépendamment des obligations envers les particuliers pour réparation du dommage causé par les ani-maux qui leur appartiennent, les propriétaires de ces animaux ont aussi des obligations à remplir envers la société. — Ainsi les articles 475, 476, 478 et 479 du Code pénal punissent d'amendes et même d'un emprisonnement qui ne peut excéder cinq jours : « Les rouliers, charretiers, conducteurs de voi-tures quelconques ou de bêtes de charge qui auraient contre-venu aux règlements par lesquels ils sont obligés de se tenir constamment à portée de leurs chevaux, bêtes de trait ou de charge, et de leurs voitures, et en état de les guider et con-duire ; d'occuper un seul côté des rues, chemins ou voies pu-bliques ; de se détourner et ranger devant toutes autres voitures, et à leur approche de leur laisser libre au moins la moitié des rues, chaussées, routes et chemins. Et ceux qui auront fait ou laissé courir les chevaux, bêtes de trait, de charge ou de monture dans l'intérieur d'un lieu habité, ou violé les règle-ments contre le chargement, la rapidité ou la mauvaise direc-tion des voitures. — Ceux qui auraient laissé divaguer des ani-maux malfaisants ou féroces. — Ceux qui auraient excité ou n'auraient pas retenu leurs chiens, lorsqu'ils attaquent ou poursuivent les passants, quand même il n'en serait résulté aucun mal ni dommage. — Enfin ceux qui auraient fait ou laissé passer des bestiaux, animaux de trait, de charge ou de monture sur le terrain d'autrui, ensemencé ou chargé d'une récolte, en quelque saison que ce soit (voyez aussi art. 471, n° 14). » La peine est encourue lors même que les animaux n'au-raient causé aucun dommage (c. cass., 16 oct. 1835). Elle s'applique également au fait d'avoir abandonné des bestiaux sur le terrain d'autrui (c. cass., 1er août 1818 et 18 sept. 1829). Si on les y a introduits pour les faire pacager, c'est un délit qui peut donner lieu à une action correctionnelle passible des peines portées par le Code-rural de 1791 (art. 26, tit. II). — Le fait d'avoir laissé des volailles à l'abandon sur les propriétés d'autrui constitue aussi une contravention passible, aux termes de la loi du 23 thermidor an IV, de la peine de trois journées de travail ou de trois jours d'emprisonnement. — L'article 199 du Code forestier déclare passibles d'amende les propriétaires des animaux trouvés en délit dans les bois. Si le délit a été commis la nuit et dans les bois âgés de moins de dix ans, l'amende est double. — Il appartient à l'autorité municipale de prescrire par des règlements les mesures propres à chaque localité pour prévenir les accidents. Ces règlements sont obligatoires et leur infraction est punie de peines de simple police. La loi de 1791 déjà citée (tit. II, art. 13) ordonne à tout propriétaire de bestiaux morts de les enfouir dans la journée à quatre pieds de profondeur, et dans son terrain, ou de les voiturer à l'endroit désigné par la municipalité, pour y être également enfouis, sous peine d'amende. — La loi prescrit à l'autorité municipale de chaque localité d'encourager et protéger la multiplication des chevaux, des troupeaux et de tous les bestiaux de race étrangère qui pourraient être utiles à l'amélioration des espèces. Elle leur prescrit également de prendre des mesures pour prévenir et arrêter les épizooties et la contagion de la morve des chevaux. (*V.* COMICES AGRICOLES, HARAS, ÉCOLES VÉTÉRINAIRES, ÉPIZOOTIES.) — L'autorité locale doit aussi encourager les habitants des campagnes par des récompenses à la destruction des animaux malfaisants qui peuvent ravager les troupeaux, ainsi qu'à la destruction des animaux et des insectes qui peuvent nuire aux récoltes (Code rural de 1791). (*V.* CHASSES ET BATTUES, LOUVETERIE, ÉCHENILLAGE.)

T. ALLENET.

ANIMAUX (*Bible*). Un des points de la législation mosaïque que les ennemis de la révélation n'ont pas oublié dans leurs attaques, c'est la distinction des animaux en purs et impurs ; ils ne voient en effet dans cette distinction qu'une superstition et une allusion à de pures fables. Cependant cette loi, quand on l'étudie sans prévention, paraît au contraire aussi sage qu'utile. Examinons donc en quoi elle consiste et voyons quels en sont les motifs. — Par l'effet de cette distinction, toutes les espèces d'animaux étaient partagés en deux classes, dont les uns étaient déclarés purs et les autres impurs ou immondes. L'usage des premiers était seul permis pour les sacrifices et pour les repas des Hébreux. Ainsi, la vache, le taureau, le veau, la chèvre, le bouc, le chevreau, la brebis, le bélier et l'agneau, étaient seuls offerts au Seigneur et on pouvait en manger ; mais on pouvait faire usage encore des animaux dont la corne du pied est fourchue et qui ruminent, comme le cerf, le chevreuil, etc. ; tous ceux dont la corne est fourchue ou non, mais qui ne ruminent pas, étaient déclarés impurs et ne pouvaient ni être offerts en sacrifice ni être servis sur les tables des Hébreux (*Lévit.*, XI). Il faut remarquer que la graisse des bêtes immolées leur était également interdite (III, 17 ; VII, 23, 24, 25), aussi bien que le sang de tous les animaux en général (VII, 26, 27) et cela sous peine de mort (VII, 27 ; XVII, 10). D'autres lois défendaient encore de manger soit la nerf de la cuisse des animaux même purs, en mémoire du nerf de la cuisse de Jacob, lequel fut frappé de l'ange avec qui cet patriarche lutta (*Gen.*, XXXII, 25), soit des animaux pris ou touchés par une bête carnassière et impure, comme le chien, le loup, le sanglier, etc. (*Lév.*, V, 2 ; XI, 39 ; XVII, 15 ; XXII, 8 ; *Exod.*, XXII, 31), soit même d'une bête morte naturellement. Les poissons sans écailles et sans nageoires, les serpents et certains insectes volants à quatre pieds et marchant sur la terre, étaient également impurs (*Lév.*, XI, 20). Toutefois la loi excepte les sauterelles, dont les pattes de derrière sont plus hautes que de devant, et qui sautent plutôt qu'elles ne marchent (*Lév.*, XI, 21, 22). Il paraît incontestable que la distinction des animaux en purs et impurs existait déjà avant le déluge, puisqu'elle se trouve observée par Noé dans le choix qu'il fit des bêtes qui devaient entrer dans l'arche (*Gen.*, VII, 2). — Mais quel était le motif de cette distinction ? n'était-elle que symbolique, et, par exemple, le porc rappelant la gourmandise, le lièvre l'impudicité, la brebis la douceur, la colombe la simplicité, la loi n'avait-elle pour but que de rappeler les vices qu'il fallait éviter, et les vertus que l'on devait pratiquer ? En permettant l'usage des animaux que l'Égypte adorait ou en les déclarant impurs, Dieu n'avait-il pas voulu éloigner des Hébreux la pensée de leur rendre un culte sacrilége ? ou enfin quelques qualités nuisibles n'avaient-elles pas été les seuls motifs d'exclusion, et cette loi ne devait-elle pas être regardée comme une prescription diététique en même temps que religieuse ? Un seul de ces motifs suffisait pour autoriser la loi ; mais qui pourrait prouver que le sage législateur ne les eut point tous plus ou moins en vue ? Eh quoi ! quand les prêtres égyptiens avaient réglé avec tant d'exactitude le régime diététique qui devait être observé par le peuple, il aurait été défendu au législateur des Hébreux d'interdire une nourriture malsaine, surtout dans les climats où les Israélites devaient vivre et où certaines maladies étaient très-communes ? Mais on peut encore attribuer cette distinction à des motifs plus puissants. Dieu, c'est une chose incontestable, a eu pour but principal dans les lois qu'il a dictées à Moïse, de séparer entièrement les Israélites des autres nations de la terre : or, quel moyen plus propre à cette fin, qu'un usage qui ne leur permettait de se lier familièrement avec elles, ni dans la religion, ni dans le commerce de la vie ? Ajoutons que, par cette distinction, Dieu faisait sentir aux Hébreux que, jusque dans les petites choses, ils devaient se montrer saints et purs, comme il est saint lui-même (*Lév.*, XI, 44, 45), en même temps qu'il les élevait par cette pureté extérieure et figurative à une pureté plus réelle et bien plus excellente, celle du cœur (I *Petr.*, I, 15, 16).

J. G.

ANIMAUX (*culte des*). A cette déplorable époque de corruption où, suivant l'énergique expression de Bossuet, tout était dieu excepté Dieu, les animaux, même les plus abjects, trouvèrent des adorateurs. Cela devait être. Quand l'homme n'est plus capable de sentir Dieu, et que sa raison, en l'abandonnant, le livre tout entier au délire de son imagination ou aux folles passions de son cœur, il tremble et s'humilie devant tout ce qui, doué de puissance, peut modifier sa manière d'exister ou même compromettre sa vie. Ainsi, tout ce qui est grand dans la nature, tout ce qui surtout se montre sous un aspect menaçant, lui semble avoir droit à son hommage ; car c'est par cet hommage intéressé qu'il compte détourner de lui un contact funeste avec l'objet qu'il redoute. S'il frémit de terreur quand l'orage gronde, quand les feux du volcan embrasent l'atmosphère, quand il entend les rugissements du lion et du tigre ; si, par un fâcheux retour sur lui-même, il reconnaît sa faiblesse qui le tient exposé sans défense aux dangers qu'il voudrait fuir, que peut-il faire, si ce n'est demander grâce et prier avec d'autant plus de ferveur que ses terreurs sont plus grandes et que le sentiment de son impuissance est plus amer et plus douloureux ? Ce ne fut point d'abord de la colombe qu'il attendit protection et merci ; ce dut être plutôt de l'animal qui représentait à ses yeux les forces actives de la nature. — Quoi qu'il en soit, on trouve établi chez tous les anciens peuples le culte des animaux ; mais comme chez aucun d'eux il n'a été aussi général que chez les Égyptiens ni assujetti à des formes aussi régulières, c'est à l'histoire ancienne des Égyptiens que nous allons emprunter cet article. En prenant pour dieux des animaux, disait le bon Plutarque, les Égyptiens se sont couverts de ridicule ; mais Cicéron avait dit que les Égyptiens ne croyaient pas plus à la divinité des animaux que les Romains éclairés ne croyaient à celle de Jupiter. Là-dessus Synèse s'exprime ainsi : « Les prêtres se jouent de la crédulité publique au moyen des ibis et des éperviers qu'ils font sculpter sur le frontispice de leurs temples, tandis que pour célébrer leurs mystères ils se cachent au fond du sanctuaire dont l'accès est interdit au peuple. » Quand Hérodote parle de la religion de l'Égypte, c'est toujours avec la plus grande réserve ; on comprend qu'il ne dit pas, qu'il ne veut pas dire tout ce qu'il sait. Il semble même qu'il craint qu'on ne le devine, ce qui fait supposer que son indiscrétion l'aurait exposé aux vengeances de la caste sacerdotale. C'est principalement quand il est question du culte des animaux qu'il s'exprime d'une manière vague et superficielle. Il saisit même le premier prétexte qui se présente pour se dispenser d'entrer dans aucun détail sur ce culte bizarre. — D'autres écrivains ont gardé moins de ménagements ; ils ont traité les Égyptiens de grossiers idolâtres, et l'adoration des bêtes, considérée seulement par le côté ridicule, a fourni matière à d'amers sarcasmes. Quelques-uns toutefois ont prétendu que le culte des animaux était purement symbolique. On peut conclure de cette divergence d'opinions que, dans l'origine, les Égyptiens cherchèrent à trouver des rapports entre les animaux et les attributs de la Divinité ; que ces rapports furent moraux ou physiques, ou que même ils n'existèrent que dans le sens ou dans le son des mots [1] ; que si le

---

[1] Les rapports de la première espèce sont ceux qui se trouvent entre les qualités d'un animal et les attributs de quelque divinité. C'est ainsi, par exemple, que le bouc, animal à tempérament ardent, a représenté Mendès considéré comme puissance génératrice. Ceux de la seconde

culte fut d'abord symbolique, à la longue les Égyptiens, perdant l'idée et le souvenir de l'être représenté, transportèrent à l'objet représentant le culte qui n'était dû qu'au premier. — Strabon, qui était bien instruit, affirme que, dans les premiers temps, les Égyptiens n'avaient point d'idoles et que celles qu'ils eurent plus tard n'étaient pas à forme humaine. Lorsque Cambyse conquit l'Égypte, il ne trouva dans les temples que de petits simulacres dont il se moqua. Jusqu'à l'époque de la domination lagide, les temples ne renfermèrent que les animaux sacrés, des vases pleins d'eau du Nil et quelques lampes qu'on avait soin d'entretenir toujours allumées. On peut, ce semble, conclure de là que le culte des animaux était extrêmement ancien en Égypte, où il était peut-être venu de l'Éthiopie avec les colonies qui peuplèrent la Thebaïde. — Diodore a soigneusement recueilli toutes les opinions qui régnaient de son temps sur l'origine de ce culte absurde. Les uns ont prétendu que, pendant la guerre des Titans, les dieux s'enfuirent en Égypte, et que, pour se soustraire à la poursuite de leurs ennemis, ils prirent tous des formes d'animaux. Par reconnaissance, après que la victoire de Jupiter leur eut rendu leur Olympe, ils voulurent que les animaux dont ils avaient pris la ressemblance devinssent sacrés, et ils chargèrent les prêtres de nourrir ces animaux avec soin, de leur faire de pompeuses funérailles et d'instituer en leur honneur des cérémonies religieuses. Les autres, continue Diodore, soutiennent que les Égyptiens, au commencement de leur monarchie, n'ayant encore ni tactique ni discipline, et ne pouvant résister à leurs ennemis, parce que ceux-ci les trouvaient toujours dispersés, imaginèrent de se réunir par cantons sous des bannières particulières. On ajoute que sur ces bannières étaient dessinées des figures d'animaux, et que les Égyptiens vainqueurs à leur tour, et attribuant leur victoire à l'influence des animaux, firent de ces animaux l'objet d'un culte religieux. Plutarque raconte la chose autrement. Suivant lui, les successeurs d'Osiris, princes ou simples capitaines, ornèrent leurs casques de figures d'animaux, afin de se donner un air plus terrible; après leur mort on les représenta sous la figure de l'animal qu'ils avaient adopté. Ainsi Anubis, officier d'Osiris, lequel, de son vivant, s'était couvert de la dépouille d'un chien, fut représenté sous la forme d'un chien. — Cicéron s'est montré de l'avis de ceux qui ont pensé que les Égyptiens tirant des animaux de très-grands services, l'apothéose de ces derniers fut l'œuvre d'une reconnaissance grossière et mal dirigée. Dans ce système, le bœuf, si nécessaire à l'agriculture, a donné lieu au culte d'Apis; la fidélité du chien pour ses maîtres a produit le culte d'Anubis, à qui était confiée la garde d'Osiris et d'Isis. Le chat qui poursuit certains serpents, ajoute Diodore; l'ibis qui fait la guerre aux reptiles; le faucon qui détruit les scorpions et les insectes venimeux; le crocodile qui, par la terreur qu'il inspire, empêcha les Libyens de traverser le Nil, contribuant ainsi à la sûreté générale; le loup qui rendit autrefois le même service quand les Éthiopiens furent sur le point d'envahir l'Égypte, etc., tous ces animaux, regardés d'abord comme bienfaiteurs de l'Égypte, sont insensiblement montés au rang d'intelligences célestes. — Ce ne sont pas là les seules conjectures qu'on a faites sur l'origine de ce culte. On a dit qu'après la mort d'Osiris, les divers colléges de prêtres, enrichis par sa veuve Isis, consacrèrent dans leurs temples des animaux dont la mort serait regardée comme indiquant l'époque à laquelle devraient commencer les cérémonies des funérailles. D'autres, avec aussi peu de raison peut-être, ont prétendu que les anciens rois d'Égypte, ne pouvant détruire dans leurs sujets l'esprit de sédition qui mettait souvent leur trône en péril, imaginèrent de diviser l'Égypte en une infinité de provinces et d'assigner à chacune un animal qu'elle honorerait particulièrement. Il arriva que, dans un district, on tuait ou on poursuivait l'animal sacré d'un autre district, ce qui fit naître des guerres intestines et procura quelque repos aux pharaons. Beaucoup d'objections se présentent contre cette

espèce indiquent seulement des similitudes entre les opérations d'un dieu et les actes extérieurs d'un animal. Ainsi encore la marche en arrière de l'écrevisse a servi à désigner la marche rétrograde du soleil arrivé au solstice. Enfin, pour établir les rapports de la troisième sorte, on cherchait dans l'idiome un mot dont la signification rendît par la parole ou dont le son exprimât le nom que portait l'individu qu'on voulait représenter. Le lecteur trouvera des exemples de ce genre au mot Ammon (Jupiter). D'autres rapports étaient uniquement symboliques. Ils ne constituaient qu'une pure figure au moyen de laquelle on peignait à l'œil, par un dessin convenu, un sens particulièrement convenu. Ainsi, un serpent formant un cercle désignait l'éternité, parce que le cercle n'a ni commencement ni fin, quoiqu'en général le serpent fût regardé comme emblème de la prudence.

opinion; nous n'en citerons qu'une. La division en nomes est postérieure à l'adoration des animaux; pour désigner à chacun de ces nomes un animal particulier comme objet du culte, il fallait que les animaux eussent déjà reçu les honneurs de l'apothéose. Il est d'ailleurs reconnu que jamais la diversité des objets du culte n'avait été dans l'ancienne Égypte, une cause de troubles et de querelles. Ce fut pendant la domination romaine que des divisions de ce genre éclatèrent pour la première fois. — Strabon, plus judicieux que Diodore et même que Plutarque, prétend que les animaux qu'on voyait dans les temples des Égyptiens représentaient emblématiquement l'objet, la cause ou la matière de leur culte. Selden, Banier et beaucoup d'autres parmi les modernes, se sont rangés à cette opinion. Ils ont pensé que le culte des animaux était symbolique; encore soutiennent-ils que ce culte symbolique n'était que secondaire, puisque les animaux mêmes étaient consacrés aux dieux: le bœuf à Osiris, le chien à Anubis, le bouc à Mendès, etc., d'où ils infèrent que l'adoration de la divinité dans le symbole, quel qu'il fût, constituait le fond de la religion. Cette opinion a trouvé des adversaires. Ceux-ci, tirant une conséquence générale de quelques faits particuliers, ont soutenu que les Égyptiens adoraient réellement, les animaux. Mais pour voir des dieux dans les bêtes, il faudrait, ce semble, une nation tellement dépourvue de lumières, tellement plongée dans les ténèbres de la plus grossière ignorance, qu'on ne conçoit pas qu'une nation semblable pût exister. Et certes les Égyptiens ne passaient pas pour des hommes destitués d'intelligence. Ils n'adoraient pas les animaux pour eux-mêmes; ils adoraient en eux la divinité qui en faisait les instruments de sa volonté suprême. — Warburton avance que les hiéroglyphes ont été pour l'Égypte une source abondante de superstition et d'idolâtrie. En effet, ces caractères destinés à peindre aux yeux le nom, l'attribut, le pouvoir d'une divinité, finirent par être sacrés par l'application constante qui en était faite. Cneph, par exemple, était représenté par un serpent formant un cercle; or, comment le caractère hiéroglyphique aurait-il pu être un objet de vénération, sans que l'animal qui fournissait les traits de la figure sacrée obtînt à la longue une part considérable dans cette vénération superstitieuse? Newton, concluant il est vrai sur des motifs que nous n'adoptons pas, embrasse la même opinion; il accuse les hiéroglyphes d'avoir produit le culte des animaux dans l'Éthiopie et l'Égypte. Warburton dit encore que les Égyptiens faisaient graver sur des pierres précieuses les caractères hiéroglyphiques qu'on tenait pour sacrés, et qu'ils les portaient constamment sur eux en guise d'amulette ou de talisman. Mais de même que Newton est évidemment dans l'erreur lorsque, retranchant d'un seul coup plusieurs siècles des annales égyptiennes, il fait de Sésostris le Sésac de l'Écriture, de même Warburton tombe dans une autre erreur quand il fixe l'époque où fut introduit l'usage des talismans un peu au-dessus du temps où s'établit le culte de Sérapis, c'est-à-dire vers le règne des premiers Ptolémées. Mais bien certainement l'usage des amulettes remonte à une époque de beaucoup antérieure. Les idoles que Rachel emporta de la maison de Laban son père ne consistaient qu'en des figurines qu'on regardait comme des amulettes. Il en était de même des anneaux des Sichémites que Jacob enterra sous un chêne. On trouve d'ailleurs dans l'Écriture la preuve irrécusable que l'adoration des animaux était extrêmement ancienne en Égypte; car l'un des motifs que les Hébreux alléguaient pour que le pharaon les autorisât à quitter ses États, c'était l'obligation que leurs rites leur imposaient d'immoler des animaux que les Égyptiens regardaient comme sacrés ou même divins. — Le Deutéronome distingue formellement en Égypte trois espèces de cultes : celui des astres, celui des idoles et celui des bêtes. Ézéchiel parle encore de l'apothéose des héros et des rois; il reproche amèrement aux Hébreux d'avoir adoré les dieux de tous les pays et notamment les idoles de l'Égypte. De là viennent tant de défenses à ce peuple, trop souvent ingrat, de fabriquer des images d'animaux et de leur offrir des sacrifices. On ne peut guère douter que l'adoration du veau d'or ne fût le résultat des habitudes contractées en Égypte, ni que l'adoration des deux veaux de Jéroboam, après la séparation des royaumes de Juda et d'Israël, ne fût un retour vers ces habitudes. — Le culte des animaux apporté de l'Éthiopie avec les hiéroglyphes et les doctrines des gymnosophistes, a probablement commencé par celui des serpents, assez général en Afrique, et par celui du bœuf ou bubalos, bœuf nain, dont les cornes recourbées en demi-cercle imitent le croissant de la lune. La couleuvre non venimeuse représentait Cneph ou la bonté divine; la vipère au venin actif désignait la puissance et la force. Les prêtres portaient autour de leur bonnet la figure d'un serpent entortillé. Élien affirme qu'on nourrissait des serpents dans tous les temples de l'Égypte. Les Égyptiens tiraient assez souvent de l'Éthiopie des couleuvres longues de vingt pieds. — De tous les dieux-animaux que l'Égypte honorait, le plus fameux était sans contredit le bœuf Apis de Memphis (*V.* Apis) ou Mnévis de la ville du Soleil. — Suivant Eusèbe et Porphyre, les habitants d'Anabis, ville de la Thébaïde, adoraient un homme vivant; mais comme ce genre de culte était tout à fait hors des mœurs égyptiennes, il est plus que probable qu'il ne s'agissait là que d'un singe de la grande espèce, descendu de l'Éthiopie. Les deux Hermopolis honoraient pareillement le singe cynocéphale, et la Babylone du Nil révérait le singe cébus ou sapajou. — Trois villes principales avaient des temples où l'on nourrissait des crocodiles : Coptos, Arsinoé et Crocodilopolis dans la province actuelle de Fayoum. Strabon dit qu'il a vu le crocodile sacré sur les bords du lac Mœris; les prêtres ouvraient impunément sa gueule pour y faire entrer les gâteaux dont on le nourrissait. Il faut être bien convaincu que Strabon n'adoptait pas aisément les rapports fabuleux et qu'il se faisait d'ailleurs un devoir de la véracité pour ne pas révoquer ce fait en doute. Un crocodile apprivoisé, c'est, selon nous, un merveilleux phénomène. L'hippopotame avait des adorateurs à Paprémis, le lion, le loup, le chien, dans les villes qui portaient leur nom; la belette était révérée dans la Thébaïde; l'ichneumon, dans les deux Héracléopolis; la musaraigne, à Buto et Athribis; la chèvre sauvage, à Coptos; le bouc, à Mendès et à Thmuis; le bélier, à Thèbes; l'épervier, aux deux Hiéraconpolis; l'aigle, à la grande Diospolis; la chouette, à Saïs; le vautour, l'ibis, la cigogne, la huppe, dans toute l'Égypte. — Le poisson ne manquait pas non plus d'encens. Les habitants de Latopolis rendaient un culte à la perche; ceux de Lépidotum, à la carpe; ceux d'Oxiriaque, au brochet, etc. La superstition ne s'arrêtait pas là; les insectes avaient des autels. Encore aujourd'hui on trouve partout la représentation du scarabée dans les monuments sépulcraux, dans les ruines des temples, dans les caisses des momies. — La vénération qu'on avait pour l'ibis et les oiseaux du même genre pouvait avoir une cause assez légitime; l'ibis purgeait l'Égypte de reptiles. Plutarque assigne une autre raison : l'espace compris entre son bec et ses cuisses, dit-il, forme un triangle équilatéral; les trois sommets de ce triangle sont les trois attributs de Dieu; les taches noires et blanches de son plumage imitent les taches de la lune, etc. La vipère, qui se meut très-facilement et très-vite, quoiqu'elle manque d'organes apparents pour marcher, sert de symbole aux corps célestes roulant dans l'espace; le crocodile, représentation de Typhon, meurtrier d'Osiris, marquait l'orient et l'occident, parce que Typhon, en tuant Osiris, avait interrompu et limité la marche du soleil. Il faut convenir que ces interprétations qu'on trouve fréquemment dans Plutarque, et surtout dans Horusapollon, sont bien peu naturelles. Peut-être pourrait-on en conclure que la religion primitive des Égyptiens se liait étroitement à l'astronomie (*V.* Égypte [*relig.*]). On peut dire la même chose du culte de la musaraigne qui, à cause de ses yeux petits et enfoncés qui ne lui permettent de voir qu'avec peine, était censée représenter la lumière affaiblie de la lune au dernier période de son décours, ou bien encor l'*Athor*, c'est-à-dire l'incompréhensibilité du grand être. Cette explication nous paraît plus forcée encore que les précédentes. La musaraigne, espèce de belette, faisait la chasse aux rats qui infestaient l'Égypte après la retraite des eaux, et sous ce rapport elle avait plus de droits à la reconnaissance pour son utilité qu'elle n'en avait aux adorations par des ressemblances chimériques. Si la raison que donne Plutarque était vraie, les Égyptiens auraient dû transporter à la taupe le culte qu'ils rendaient à la musaraigne. — Quant au scarabée, tous les écrivains sont d'accord sur ce point, que le culte presque général dont il était l'objet avait sa source dans ses propriétés symboliques ou augurales. Cet insecte était l'emblème de la sagesse, de la force et de l'industrie. On en fabriquait en porcelaine, en jaspe, en cornaline, en pierres précieuses; il n'y avait pas d'Égyptien de l'un et de l'autre sexe qui n'en portât quelqu'un suspendu au cou. Horusapollon peint le scarabée comme brillant et radieux, ce qui peut faire présumer qu'il s'agit, dans sa description, du grand scarabée doré des jardins d'Europe, cachant ses ailes sous une écaille dure et polie qui réfléchit les rayons du soleil. Pline, au contraire, parle du scarabée commun, et son assertion est, conforme aux indications de l'Écriture. Moïse, désignant les dieux de l'Égypte, fait mention de cette espèce, *stercoreos deos*. — Comme chaque

nome avait un animal ou des animaux particuliers, il avait fallu multiplier à l'excès les officiers commis à leur garde. Une portion considérable des revenus publics était affectée aux frais d'entretien des animaux sacrés. Le dieu avait toujours une loge commode où il était entouré de soins. Son image était sculptée sur le fronton du péristyle; sa mort était regardée comme une calamité publique. La vénération qu'on avait pour l'animal-dieu s'étendait, du reste, à toute l'espèce. A Cynopolis, quand un chien mourait, à Bubaste, quand c'était un chat, le deuil entrait dans la maison; les habitants se rasaient les sourcils en signe d'affliction; on embaumait le corps; on lui faisait des obsèques magnifiques; on transférait ensuite sa momie au caveau destiné aux individus de son espèce.—Tuer, même involontairement, un animal sacré, c'était un crime. irrésistible qui entraînait la mort. Si le sacrilège avait été commis méchamment, le coupable était déchiré en lambeaux; et la peine s'appliquait probablement avec tant de précipitation, que, lorsqu'un Égyptien rencontrait au hasard sur sa route un de ces animaux sans vie, il se mettait à pleurer et à se lamenter, protestant et jurant qu'il l'avait trouvé en cet état. On connaît la fin tragique d'un soldat romain qui avait tué un chat par mégarde; rien ne put le sauver : il fut mis en pièces par la populace. Il paraît résulter toutefois d'un passage d'Hérodote que, si la mort de l'animal provenait d'un accident involontaire, les prêtres pouvaient mitiger la peine, à moins qu'il ne fût question d'un ibis ou d'un épervier. Diodore raconte qu'avant la conquête de l'Égypte par les Romains, une horrible famine s'étendit sur les deux rives du Nil. Les Égyptiens s'entre-dévoraient, mais ils respectèrent les animaux sacrés; Cicéron prétend aussi qu'un Égyptien se dévouerait aux plus affreux supplices plutôt que de tuer un animal sacré. — Les prêtres étaient moins scrupuleux; car, lorsque le bœuf Apis avait atteint sa vingt-cinquième année, ils le noyaient impitoyablement dans le Nil; et, dans les temps de calamité publique, les prêtres saisissaient l'animal sacré, le priaient instamment de faire cesser le fléau, menaçant de le tuer s'il n'exauçait pas leurs prières; et si le fléau continuait, la menace était exécutée. Cela prouve qu'ils ne partageaient pas l'opinion du vulgaire sur la divinité des animaux ou que même ils n'y croyaient pas du tout. — Le soin de pourvoir à la nourriture des animaux sacrés n'était confié qu'aux premiers personnages de l'État. C'était toujours les meilleurs et les plus beaux fruits ou la chair la plus fraîche et la plus succulente qu'on leur offrait. On leur servait aussi des gâteaux de fleur de farine pétrie avec du lait et du miel. On brûlait devant eux de l'encens et des parfums; on tendait sous leurs pas des tapis somptueux ou on jonchait le sol de fleurs. Des lois générales réglaient la forme et la durée du deuil public; les funérailles, l'embaumement et la translation du corps aux lieux particuliers destinés à recevoir la dépouille de chaque espèce. On portait de toute l'Égypte les chats à Bubaste, les éperviers à Buto; on jetait dans le Nil les restes des vaches; les bœufs étaient enterrés sur le rivage; mais, afin de retrouver la place, on plantait les cornes sur le sol. Les momies des quadrupèdes étaient renfermées dans des cercueils de bois de sycomore; celles des oiseaux dans des pots de grès ou de terre vernie. — A certaines époques un vaisseau partant de Prosapitis dans le Delta remontait le Nil jusqu'à Syène; il renfermait des hommes dont la mission spéciale consistait à recueillir tous les os de bœuf qu'ils trouvaient sur la route. On prétend que, pour chaque espèce d'animaux sacrés, il y avait des hommes préposés pour le même objet. Au retour des vaisseaux, les os étaient déposés dans la sépulture commune de chaque espèce. Les momies étaient emmaillotées avec autant de soin que celles des hommes. On trouve encore à Bouzir des caveaux tout remplis de squelettes de chiens, de chats, de bœufs, etc., enveloppés de plusieurs tours de toile de chanvre; quelques-uns sont enduits de poix ou de résine. Ceux-ci, aussi pesants que le fer, en ont la couleur. Les chairs adhérentes aux enveloppes ne forment qu'une seule masse d'un rouge brun sous laquelle on aperçoit les os qui sont très-blancs. Abdallatif, qui fournit ces détails, croit qu'avant d'employer la toile qui servait d'enveloppe, on la trempait dans une décoction d'aloès et de goudron. Il affirme que les recherches les plus minutieuses n'ont jamais pu lui faire découvrir une tête de cheval, d'âne ou de chameau, et qu'il a toujours ouï dire que personne n'en avait vu. — Quand tous ces détails sont connus, on ne peut guère douter que, pour le peuple égyptien en général, les animaux ne fussent l'objet direct et immédiat des adorations. Les prêtres, sans doute, avaient des idées d'un ordre plus élevé, mais comme ces idées n'étaient que pour eux et pour les initiés, ils laissaient au vulgaire les grossières superstitions, afin de détourner son attention des choses dont ils voulaient lui faire un mystère (*V.* ÉGYPTE [*relig.*]).

J. DE MARLES.

ANIMAUX DOMESTIQUES. On désigne par ce nom tous les animaux que l'homme a su rendre propres à son usage par l'éducation qu'il leur a donnée, ou qui, d'eux-mêmes et par instinct ou par besoin, se sont rapprochés de lui. Ces animaux sont en général de la classe des mammifères; beaucoup d'oiseaux, quelques poissons et jusqu'à certains insectes partagent cette dénomination. Au nombre des premiers sont ceux qu'on désigne par les noms de bestiaux de labour, bêtes de somme, bétail à cornes, bêtes à laine : tels sont le cheval, l'âne, le mulet, le chameau, le bœuf, la vache, le bouc, le bélier, le mouton, la chèvre, la brebis. Le porc, le chien, le chat, le renne, la vigogne, l'alpaque, le buffle, etc., entrent encore dans la catégorie des animaux domestiques, les uns en tout pays, les autres dans certaines localités seulement. Les oiseaux appliqués par l'homme à son usage se divisent en deux sections : oiseaux de basse-cour, tels que les oies, les canards, les dindons, les poules, les pigeons; oiseaux d'agrément, comme paons, cygnes, faisans, etc. On peut mettre au nombre des animaux domestiques les poissons des viviers, des étangs particuliers, des cours d'eau qui ne sont pas du domaine public; enfin, parmi les insectes, on trouve les abeilles, les vers à soie et dans certains pays les cochenilles. — Les animaux domestiques forment une partie essentielle des domaines ruraux; il en est même, en assez grand nombre, que la loi regarde comme tellement nécessaires à l'exploitation, qu'ils sont déclarés immeubles par destination, et, comme tels, attachés à la terre. Ils contribuent en effet, tant par les services qu'ils rendent que par leur produit, à augmenter la richesse du propriétaire. Mais si les bestiaux labourent la terre, s'ils fournissent au sol un excellent engrais, s'ils donnent de riches toisons que l'art peut ensuite convertir en tissus précieux, il faut que de son côté le maître du domaine les traite avec douceur, ne les épuise pas de travail, leur fournisse de gras pâturages. Il ne doit pas oublier que les animaux sont sensibles aux bons comme aux mauvais procédés, qu'ils s'attachent à ceux qui les soignent, que la bonne éducation augmente ou du moins entretient leurs forces, corrige un naturel vicieux, contribue puissamment au perfectionnement de l'espèce, tandis que le défaut de soins amène promptement la dégénération. — Le propriétaire d'un domaine qui veut se procurer des bestiaux ou des troupeaux doit encore apporter le plus grand soin dans le choix des individus; car de là dépend souvent le succès qu'il cherche. Mais autant il est intéressé à peupler son domaine d'animaux utiles, autant il lui faut de vigilance et d'activité pour le garantir ou le purger d'animaux nuisibles, tels que les rats ou mulots, les souris, les taupes, les moineaux, les pinsons, les charançons, les fourmis, les hannetons, les chenilles, les punaises de bois, les mites, les guêpes, les scorpions, etc. (*V.* tous ces noms. *V.* aussi CHEVAL, ANE, BŒUF, CHAMEAU, etc.) On y trouvera les moyens à prendre pour se délivrer de ces nombreux ennemis; contentons-nous de dire ici que les plus efficaces consistent dans les fumigations sulfureuses et les solutions et pommades mercurielles.

X. X.

ANIMAUX FOSSILES (*V.* FOSSILES).

ANIMISME (*philosophie médicale*). L'animisme médical est presque l'histoire de la médecine entière; car il n'y a pas de doctrine déduite d'une idée générale ou fondée sur des considérations de détail qui n'ait eu besoin d'admettre un principe d'action dont la nature tient plus ou moins de l'immatérialité. Ainsi, les médecins les plus matérialistes ont admis des forces dans les organes de l'homme, des forces suivant lesquelles la vie se produit, la santé se continue, la maladie se résout et l'intelligence fonctionne. Il est vrai toutefois que, parmi ces médecins, ces forces sont considérées comme le résultat de l'assemblage et du mode d'organisation des parties dont le tout forme la corporalité humaine. Mais s'ils ont raison en ce qui regarde les fonctions au mécanisme desquelles la volonté ne prend aucune part, en peut-il être de même quand il s'agit de cette force unitaire qui règne en souveraine sur les manifestations d'un ordre élevé, les éclaire, les modifie, et enfin réalise sa puissance autocratique par le caractère spécial et supérieur dont elle investit l'être qu'on a essayé si souvent de confondre ou de faire fraterniser avec les membres de la vaste famille animale? Certes il y a dans la nécessité du principe qui fait l'homme ce qu'il est, non pas matériellement, mais sous le point de vue de son activité intellectuelle et de son esprit d'association, tous les éléments logiques nécessaires pour commander notre croyance philosophique aux plus incrédules.

Cependant il n'en est pas toujours ainsi, pour la médecine surtout; et voici pourquoi : en séparant la spéculation de la pratique, en condamnant la première à ne pas empiéter sur la sphère de l'autre, en reléguant la philosophie et ses considérations moins belles peut-être qu'utiles, dans un monde à part livré seulement à l'exploration des rêveurs ou des poètes, la médecine a cru pouvoir mieux remplir sa mission de guérir les maux des hommes. Comme dans cet art les secours matériels sont seuls, disent les adeptes qui méprisent l'intervention de la philosophie, il faut étudier seulement la machine humaine dans la complication merveilleuse de ses ressorts et sonder bien avant dans les conditions de l'exercice régulier de cette machine pour porter remède aux modifications qu'elle pourra éprouver dans ses mouvements, dans sa fonction. Mais on peut opposer à ces logiciens qui se circonscrivent dans un terrain aussi étroit, que, malgré leur volonté, ils font de la philosophie; que, quoique ennemis jurés de toute hypothèse, ils en formulent peut-être à leur insu, sinon les termes, au moins la pensée première dans leur esprit, parce qu'il est impossible de grouper quelques résultats généraux si on n'agit en vue d'une loi, d'une opinion qui dirige dans le choix et la coordination des faits. D'ailleurs les sciences de tous les ordres doivent avoir entre elles des points de connexion pour qu'elles constituent les unes les autres un enchaînement logique, pour qu'elles se servent mutuellement de démonstration. Si un ordre de connaissances restait isolé de manière à ne pas servir de complément ou de corollaire à un autre, on pourrait en conclure, sans crainte d'erreur, qu'il n'a pas encore acquis tout son développement, ou que, par une mauvaise direction, il n'a pu sortir des limbes obscurs de sa période en quelque sorte élémentaire. Ceci posé, on comprendra facilement que la nécessité de philosopher d'un côté, et de l'autre celle de donner à la médecine un rang dans l'encyclopédie des sciences, ont fait sortir les médecins de tous les temps de l'ornière où on a cherché tant de fois à tenir leur art renfermé; or, comme la doctrine spiritualiste est celle qui se lie le plus logiquement avec les phénomènes, on comprendra aussi pourquoi l'animisme a eu pour disciples zélés les plus grands noms dont s'honore la médecine de tous les âges et compte aujourd'hui parmi ses défenseurs nos plus belles illustrations. — Si nous prenons la médecine à son commencement, nous verrons que les maladies qui affligeaient les hommes étaient considérées comme des punitions; c'étaient des expiations pour des souillures; aussi les prêtres avaient alors le monopole des maladies, l'art prenait ses inspirations dans le sanctuaire. Tel est le caractère de la médecine hindoue avant Hippocrate; et il ressort évidemment de la cause à laquelle cette médecine rattachait le développement des maladies, qu'on professait la croyance à un être supérieur, qu'en l'homme il y avait une émanation de cet être, et que le mal moral dont il se rendait coupable sur la terre exigeait des purifications par lesquelles il lui était de nouveau permis de reprendre sa place en recouvrant sa dignité. Lorsque Hippocrate parut pour recueillir, organiser et même expliquer les faits que la pratique avait gravés sur les murs des temples, il sembla s'isoler des doctrines philosophiques dont les créateurs étaient ses contemporains (Démocrite vivait du temps d'Hippocrate); mais le grand père de la médecine, le vieillard de Cos a prouvé par ses œuvres qu'il n'était pas resté étranger aux idées spéculatives de son temps. Selon lui, en effet, le principe général de toutes les opérations de l'économie vivante est la nature; la nature est la force qui régit le corps dans ses fonctions comme dans ses actes; et cette nature par laquelle existe la vie ou qui est la vie elle-même, est constituée par une chaleur toute spéciale qui ne doit nullement être confondue avec celle qui agit sur les corps inertes. Or, cet air chaud, ou bien la matière la plus dénuée de corporéité, constitue ce que les philosophes, qui ont précédé l'ère chrétienne, comprennent sous le nom d'âme; avant cette époque l'esprit ne pouvait être conçu et compris que par l'image concrète de la matière épurée. Ainsi Platon, dont la science a dominé, avec celle d'Aristote, toute la philosophie grecque, et dont la sublime intelligence comprend si bien le rôle actif de l'esprit, donne à l'âme qu'il divise en *rationnelle* et *irrationnelle* le vêtement matériel que le christianisme devait bientôt faire tomber. Aristote imite Platon en prenant dans l'éther, qu'il considère comme le foyer de l'activité générale, les âmes humaines qui sont pour lui constantes émanations du dieu matériel. Zénon et les stoïciens ses disciples qui résument dans leur philosophie toutes les philosophies grecques, admettent pour principe premier un feu créateur, par lequel tout a été fait, toutes les formes se développent, et les actes de la vie organique ou végétative ainsi que ceux de la vie intellectuelle se consomment dans la vaste échelle de leur développement. Or, ces considérations devinrent le fondement de l'animisme médical, ou, pour mieux dire, son point de départ; et les praticiens qui exerçaient la médecine pendant le règne de ces doctrines mirent en harmonie ce qu'elles enseignaient avec leur conduite envers les malades. Mais, quelque partisan qu'on puisse être de l'animisme, on ne doit pas dire pour cela que les dogmes dont nous avons parlé ont, immédiatement donné lieu à une pratique bonne et utile; en voici la raison : si chaque science doit converger au sein de la philosophie, si chacune doit se couronner de la lumineuse admission d'un principe d'action duquel émane le mouvement et la vie, il ne faut pas que l'idée générale absorbe les détails, ni que ceux-ci soient sacrifiés aux calculs métaphysiques de l'abstraction pour l'amour de l'abstraction elle-même. Et telle est précisément la méthode suivant laquelle procéda la philosophie grecque. En effet, on étudia la cause, on discuta sur les incertitudes que cette question présentait sans s'occuper patiemment des phénomènes; en d'autres termes, on ne chercha qu'à expliquer par la cause ou par l'hypothèse admise les faits qui devaient servir d'échafaudage à cette hypothèse. Il existait donc dans cette méthode un vice immense et que Bacon seul a fait disparaître, en enseignant que, pour arriver logiquement à la vérité, il faut grouper les faits de manière à former des idées de plus en plus générales jusqu'à ce qu'enfin la série progressive de ces idées forme une échelle dont le sommet touche à la cause. Ainsi donc, si la médecine ancienne ne profita pas, sous le point de vue pratique, de la lumière qui émanait des sanctuaires philosophiques d'Aristote et de Platon, c'est que le détail était négligé pour le dogme, l'application pour la théorie, ou même parce que la théorie absorbait tout. — Lorsque le dogme chrétien eut été promulgué, la pensée générale qu'il créa devint la science tout entière; et si la philosophie ancienne s'irradiait du sein des académies, la nouvelle posa son flambeau sur l'autel des basiliques. Aussi les intelligences se groupèrent autour de l'idée mère de la religion; car, en présence de ce qu'elle avait de nouveau, de ce qu'elle montrait de fécond, on ne pouvait songer à fixer le travail de la pensée sur des spécialités de connaissances qui devaient émaner d'elle. Ce fut donc à la poésie religieuse, qui s'empara des docteurs de l'époque, que la philosophie scolastique dut sa naissance et son développement, cette philosophie qui consistait à bâtir des propositions dans les hauteurs les plus voisines du principe auquel tout devait se rattacher, et à les grouper entre elles de manière à produire des dogmes secondaires dont profitaient à la fois la métaphysique et la théologie. Sans doute les études d'un ordre élevé durent gagner à cette direction; mais celles qui devaient partir des faits et n'arriver que par ce chemin à la vérification du principe religieux, restèrent en arrière, parce que la synthèse excluait toutes les méthodes analytiques : l'analyse eût constitué un acte flagrant d'irréligion durant ces époques de foi. Toutefois son tour arriva, car elle devait réagir contre certaines erreurs pratiques que le caractère particulier de cette philosophie, poussé jusqu'à l'enthousiasme et la superstition, ne manqua pas de produire. Ainsi, les médecins auxquels on donna le nom de *théosophes* s'égarèrent dans des théories où l'absurde se trouve mêlé souvent à des considérations d'une justesse et d'une profondeur remarquables. Les rose-croix, ces sectaires nés sous le ciel allemand, vinrent inonder le champ de la science d'un fatras d'écrits incompréhensibles, d'arcanes singuliers, de formules cabalistiques qui, malgré leur peu de valeur, ont apporté à la chimie un large tribut de découvertes. Il est bien entendu que nous mettons au-dessus des rose-croix les alchimistes, ces infatigables poursuivants du grand œuvre, qui ne trouvèrent jamais dans leurs creusets ce qu'ils y cherchaient, mais qui y découvrirent en compensation une multitude de composés ou de corps simples dont les anciens livres n'avaient fait aucune mention. Or, c'est au milieu de cette population d'illuminés, qui se succéda durant quelques siècles, que brille Paracelse. Se posant comme un novateur, comme le messie de la médecine, il occupa l'Europe de son nom; mais il ne méritait pas l'espèce d'immortalité que lui donnèrent ses contemporains et que lui a conservé l'histoire. Paracelse, en effet, semble plutôt avoir écrit pour formuler les images de ses rêves et les caprices de son imagination, que pour établir des dogmes où les adeptes de l'art de guérir eussent pu trouver quelque bon enseignement. Nous ne dirons pas pourtant que les œuvres de Paracelse soient complètement stériles, ce ne peut être notre opinion; mais son système philosophique ne devait pas être fécond en résultats : le cabaliste allemand était panthéiste. — Ne restons pas plus longtemps

sur les faits historiques qui prouvent que, quelque bon que soit le point de départ, on peut souvent en dévier, et hâtons-nous de prendre une voie toute différente. Et d'abord Van Helmont, qui formait un des chaînons de la série des médecins spiritualistes, Van Helmont commença dès le XVIᵉ siècle à imprimer quelque fécondité à la doctrine à laquelle il se dévoua. Toutefois il ne s'écarta pas entièrement des aberrations de ses devanciers; car, comme eux, il médita davantage sur les fonctions du corps et les sensations qu'il trouvait en lui-même, que sur la structure physique et les phénomènes physiologiques de l'organisme humain. Mais en tirant l'archée de Paracelse des nébuleux développements dans lesquels celui-ci l'avait enveloppée, il fonda sur ce mot une explication psychologique du mécanisme de la vie, qui nous semble avoir servi d'idée première à beaucoup d'idées prétendues originales. Ainsi Van Helmont appelle du nom d'archée une puissance et non pas une forme qu'il suppose hiérarchiquement distribuée dans le corps humain, pour présider à ses fonctions, pour en déterminer l'accomplissement. Cette puissance a son centre principal dans l'estomac; c'est ce viscère qui est le trône d'où l'archée le plus douée d'énergie vitale agit sur tous les autres. — Certes ici l'imagination joue un grand rôle; se contentant de quelques données dépourvues d'une induction logique suffisante, elle dispose son édifice comme si tous les fondements étaient construits. Mais que de choses découlent de cette psychologie physiologique, si l'on peut ainsi s'exprimer! Van Helmont abandonne d'abord la philosophie grecque: il s'en débarrasse entièrement. L'homme, en effet, ne dépend pas de cet air ou de ce feu couronnant les hautes régions de l'atmosphère, et dont les émanations partielles sont l'activité qui le fait vivre et agir, vivre matériellement et agir par l'intelligence. Non; les fonctions de la vie sont liées directement à l'influence motrice qui est inhérente à l'organisme et le domine entièrement. Et d'après cela, l'homme n'est plus un petit monde dans un monde immense; c'est une unité indépendante, une vie qui puise dans les régions supérieures de son monde à elle ses ressources et ses conditions. La théorie de l'archée, comme l'a établie Van Helmont, s'accorde parfaitement avec la démonstration de grandes vérités médicales. En effet, l'archée agit de manière à diriger les fonctions et à les ramener à l'état naturel, si la maladie les en écarte. Par conséquent, cette puissance conservatrice doit transmettre au corps un mouvement de réaction pour lutter contre l'action du mal. Mais ce mouvement se fait-il? Les phénomènes morbides qu'on peut suivre sur un malade sont-ils d'accord avec la formule de la théorie? oui, les faits sont entièrement d'accord avec l'hypothèse. Ainsi la fièvre pourrait, et peut même s'appeler un mouvement conservateur, suscité par la puissance vitale de l'être, pour écarter ou annihiler l'influence ou la force qui tend à en détruire l'harmonie. Or, Van Helmont a donné cette définition; et depuis lui cette définition n'a guère reçu d'atteinte. Nous pourrions ajouter encore que ces sympathies qui établissent une solidarité si étroite entre toutes les parties du corps, ces sympathies ou organiques ou nerveuses sur lesquelles on a écrit tant de livres, sur lesquelles il reste tant à écrire, ressortent directement de la définition de la fièvre, et sont du reste explicitement indiquées dans les œuvres du médecin belge. Mais rien ne confirme l'unité du corps vivant comme les sympathies de toutes les parties entre elles; et aucun médecin n'est aussi savant que lorsqu'il connaît la sphère particulière et les rapports déterminés de toutes les sympathies. Van Helmont a donc été, avec son spiritualisme, fort utile à la médecine. Nous ne devons pas omettre Descartes dans la liste des continuateurs de Van Helmont, car ce philosophe a soutenu dans ses doctrines l'activité de la cause en présence de la passivité de la matière, et il a servi de transition en quelque sorte au système de Stahl. Plus connu que Van Helmont, parce qu'il a parlé un langage plus clair, plus précis, plus philosophique, ce médecin abandonne la spiritualité de l'archée pour la confier à l'âme, ou, en d'autres termes, il donne à l'âme les fonctions assignées à l'archée. Or, l'âme de Stahl, dans son harmonie avec le dogme chrétien, réunit toutes les conditions ou du moins le rôle tout entier qu'Hippocrate donnait à cette puissance occulte par laquelle, suivant ses doctrines, les fonctions des corps étaient régies. La même analogie pourrait se trouver presque entre la cause de Van Helmont et celle d'Hippocrate; mais le premier a le tort de distribuer par portions dans toute l'économie une puissance dont la divisibilité ne peut être évidemment admise, puisque cette puissance n'est pas matérielle de sa nature. Stahl est donc celui qui, par ses doctrines, se rapproche le plus jusque-là de la manière dont il faut considérer l'âme ou la cause par rapport à la médecine. Toutefois, ce progrès n'est pas le seul qu'il ait fait faire à la science de guérir. Avant lui et pendant tout le règne de la philosophie scolastique, on respectait tellement la cause, on craignait tellement d'agir en impie ou de se montrer hérétique, si l'on vérifiait par l'analyse la réalité des idées palingénésiques qui faisaient le fondement de la religion nouvelle, que toutes les recherches, toutes les discussions, tous les travaux ne partaient que du point de vue de l'âme, et ne quittaient pas ou presque pas cette sphère élevée. Mais le caractère philosophique du XVIᵉ siècle, et du XVIIᵉ surtout, donnant plus d'indépendance à l'esprit, Stahl osa procéder par l'analyse pour arriver à la synthèse. La méthode de Bacon, qui commençait à être appréciée dans l'école, contribua aussi à lui ouvrir cette voie ; et ce médecin philosophe parvint à élever un monument dont toutes les assises forment un ensemble parfaitement unitaire, auquel la démonstration de la nécessité de l'âme sert de couronnement. La méthode qui lie entre eux les dogmes de sa théorie est tellement irréprochable, que, même les médecins les plus matérialistes, disent qu'en enlevant le couronnement, l'ouvrage reste dans toute son intégrité, et que rien n'est détruit de ce qu'il contient de bon et d'utile. Mais on pourrait répondre à ces médecins qu'on agit toujours, quoiqu'on procède par l'analyse, en vue d'une théorie ou d'une idée générale ; et que, comme il serait lui le dans la philosophie comme dans la pratique, il y a une connexion immense entre les enseignements d'une doctrine et la pensée qui les a éclairés de sa lumière. Pour répondre avec une plus grande force d'argumentation à ces médecins, nous pourrions indiquer ici les découvertes dues à la doctrine de Stahl et les rapprocher de celles qu'ils croient issues de leurs doctrines ; mais ceci nous conduirait trop loin ; nous en parlerons plus tard, à l'article *Stahl*. — Le système que nous venons d'esquisser à grands traits fit grand bruit dans le monde médical ; car il était fait dans l'esprit de l'époque, toute portée à l'emploi de l'analyse, à l'étude directe des faits. Une école de médecine qui conserve encore sa vieille réputation, servit surtout d'écho aux théories stahliennes. Comme elle s'était depuis longtemps vouée à la méditation des œuvres d'Hippocrate, et que jamais elle n'avait abandonné cette pensée : qu'une force toute spirituelle agissait au sein de l'organisme pour lui imprimer les conditions de la vie et en faire jaillir les belles créations de l'intelligence, cette école s'en appropria les dogmes comme s'ils lui eussent appartenu ; mais ce fut pour leur imprimer un progrès immense. En effet, il y avait une grande modification, une transformation même à opérer dans l'idée générale du système de Stahl. Ce médecin avait bien admis une âme ; une âme qui répondait par son activité à l'accomplissement de tous les phénomènes de la vie matérielle et intellectuelle. Mais une telle opinion, quelque philosophique qu'elle parût alors, pouvait-elle satisfaire l'esprit ? non, certainement ; car, bien que la science n'eût pas encore fait connaître l'abîme qui sépare l'humanité de l'animalité, la religion avait posé cette vérité *à priori*, et tout le monde la comprenait de sentiment, sinon d'intelligence. Il est parfaitement entendu que nous séparons de la généralité ces savants qui, commençant à s'enfermer dans l'étude analytique et exclusive du détail, préféraient la négation à l'affirmation, le scepticisme à la foi. Il fallait donc séparer la cause des mouvements moraux et de tout ce qui constitue enfin la vie intelligente et l'existence sociale de l'homme, de ce qui le fait vivre et agir comme agissent et vivent les animaux ; il fallait prouver que l'âme des bêtes ou l'activité par laquelle ils vivent et se conservent n'était pas une modification de cette âme qui pousse sans cesse l'homme à l'accomplissement de sa belle destinée. Arriver à un tel résultat, c'était même le moyen de borner la sphère de la médecine dans son domaine à elle, en l'empêchant d'empiéter sur le terrain de la psychologie. Or, le mouvement que les sciences médicales avaient reçu de l'esprit à la fois analytique et généralisateur des médecins de l'école de Montpellier, arriva bientôt à cette conclusion toute logique. Bacon et Stahl, le premier qui a enseigné à bien appliquer la logique à la science, le second, qu'une logique bien comprise et bien employée conduit toujours à la vérité, furent les précurseurs de cet événement scientifique, comme Barthez fut le savant médecin qui en vulgarisa le caractère dans sa formule et ses applications. — Nous ne parlerons pas ici de l'homme qui a tant illustré la médecine en France à la fin du dernier siècle et que les premières années de celui-ci ont vu mourir ; car nous devons seulement nous occuper de ses doctrines. Barthez voit dans l'homme deux forces : l'âme d'abord qu'on peut reléguer loin de la médecine, parce que son étude est du domaine particulier des sciences métaphysiques, et un second principe, qu'il appelle *principe*

vital, et qu'on peut parfaitement comparer à la *nature* d'Hippocrate, abstraction faite des fonctions qui appartiennent exclusivement à l'action de l'âme. Ce *principe vital* qui existe aussi chez les animaux, puisqu'ils dépendent, comme l'homme, dans leur existence matérielle, de l'harmonie des fonctions des organes entre eux, ce *principe vital* résume l'ensemble des forces vivantes et les propriétés particulières de la matière organisée par laquelle la vie se maintient et les phénomènes qui en dépendent se continuent et s'enchaînent. Quand la maladie a lieu, le principe vital agit comme conservateur, il éveille les sympathies, il fixe en quelque sorte le corps sur le dérangement qui vient d'en interrompre le bel équilibre ; et alors il peut s'opérer, par le réveil spontané des forces, une compression résolutive du mal, la guérison. Ceci ne s'applique qu'aux maladies dont le siége est connu, qui affectent telle partie déterminée du corps ; car celles qui paraissent absorber tout l'organisme sans présenter un centre d'émanation, doivent résulter de ces causes qui attaquent la vie dans son principe et dont il est presque impossible de neutraliser l'influence. Tel est le système de Barthez et de son école, système, disons-nous, qui a suscité contre lui de virulents adversaires ; car on l'a taxé d'inconséquence et de vouloir mettre obstacle au progrès médical. On croyait démontrer l'inconséquence, en disant qu'une entité spirituelle ne pouvait être frappée de maladie, et que, si on matérialisait cette entité, il fallait au moins en faire voir la place ; mais Barthez n'a pas avancé que le principe vital fût de nature matérielle, comme aussi il n'a pas soutenu qu'il fût de nature spirituelle ; il a dit seulement que ce principe résumait dans sa pensée certaines propriétés spéciales à la nature animée, et que ces propriétés pouvaient manquer à la matière sous des conditions dont il n'était pas donné à l'homme de connaître le caractère spécial. On croyait démontrer que l'admission du *principe vital* de Barthez s'opposait au progrès médical, en disant que taxer certaines maladies de résulter directement du mode d'influence de ce principe, c'était condamner d'avance les travaux entrepris dans le but de trouver un siége, d'assigner une place à une affection qui n'en avait pas auparavant et ne pouvait pas en avoir si l'on suivait strictement les enseignements du système de Barthez ; mais ce médecin ne condamnait pas d'avance l'avenir, il ne stigmatisait pas le progrès, seulement il voulait admettre et faire admettre qu'il y a et qu'il y aura toujours de l'inconnu dans le mécanisme du corps vivant, sans nier pour cela que ce domaine, si grand qu'il soit encore, ne pût être réduit par les découvertes successives sur lesquelles on a droit de compter. Ainsi, le savant docteur de Montpellier avait raison contre les adversaires de Paris, dont les doctrines matérialistes ne pouvaient s'accommoder avec l'admission d'un principe entièrement en dehors de l'investigation physique et à la démonstration duquel il fallait arriver à l'aide des nécessités logiques de l'induction. Et pourtant qu'ont fait les adversaires des doctrines de Barthez? n'ont-ils pas imité ce maître, en constituant dans la matière des propriétés, visibles il est vrai, mais dont les lésions ne peuvent guère ou plutôt ne peuvent nullement se constater ? En effet, après Haller, qui a posé le principe de l'irritabilité de la fibre animale comme cause des phénomènes de la vie, et qui du reste a précédé Barthez, une foule de médecins s'est groupée autour de ce principe tout matériel, pour le faire servir d'échafaudage à une systématisation médicale. Il en a été de même pour la contractilité, pour la sensibilité, pour la fameuse théorie de l'irritation, pour l'action du système nerveux, pour l'influence prétendue vitale des rapports ou de l'assemblage des organes entre eux ; de sorte que, d'après cette dernière hypothèse, on supposait que le corps vivant fonctionne en suivant la loi de la pile voltaïque, où des métaux juxtaposés dans un milieu liquide donnent lieu à la production de l'électricité. Or, en suivant ces diverses doctrines dans leur application au traitement des maladies, la guérison en est-elle plus probable ? certainement non ; car si quelques-uns de ceux qui s'en sont déclarés les partisans oublient auprès du lit des malades leur foi théorique et les inductions pratiques qu'ils auraient pu en tirer, pour n'appliquer qu'à l'expérience seule leur mémoire et leur réflexion, ceux-là sont en petit nombre. Voyez, en effet, quelle pratique a fait naître la théorie de Broussais ? En face de la maladie, on agit sous l'influence toute entière de la pensée que l'irritation est tout et produit tout, que par elle il y a trop, que sans elle il y a toujours trop peu ; car l'irritation, dans quelques circonstances rares, peut cesser et tomber dans l'extrême opposé, et par conséquent on s'occupe, dans la plupart des cas, à soustraire l'élément irritateur, le sang, sans songer le moins du monde que le corps est une unité possédant en lui des forces de conservation dont il ne faut pas brutalement exclure l'action ou neutraliser l'influence. En recherchant les vices d'application des doctrines qui fraternisent avec celle-là, nous leur trouverions, à peu de chose près, cette conclusion commune : que le corps étant un assemblage d'organes dont les fonctions peuvent être suspendues ou détruites par une surabondance de sang ou de fluide nerveux, etc., et aussi par une diminution en quantité de ces fluides ou de ces liquides dans un organe ou une région déterminée, il faut agir pour rétablir l'équilibre en ôtant le superflu ou en donnant ce qui manque, en ajoutant ou en diminuant. — Avec de telles tendances, l'addition ou la soustraction, le malade est considéré, par conséquent, comme une matière que le médecin doit modifier et pétrir à son gré. Cette nature d'Hippocrate, cet ensemble de forces qui semble doué d'une espèce de prévision, tout cela n'est et ne peut être ; et pourtant les médecins qui voient l'homme et agissent sur l'homme à travers ces théories, ne craignent pas de tomber en admiration devant des chefs-d'œuvre de mécanique, où les erreurs de tel cylindre sont contre-balancées par les révolutions de tel rouage ou de tel échappement. L'animisme, au contraire, comme le comprend l'école de Montpellier, quelque ridiculisé qu'il ait été, même dans des œuvres pensées avec conscience et talent, l'animisme, qu'on a fait le bouc émissaire de toutes les erreurs qui ont couvert, dans tous les temps, le vaste champ de la médecine, a enseigné la connexion unitaire qui faisait du corps humain un seul tout harmonieux, a prouvé que cette harmonie avait des ressources en elle, et que c'était en suivant les phénomènes dont elle déroulait la série, qu'il serait sinon facile, du moins beaucoup plus aisé qu'au moyen des autres doctrines, de rendre à l'organisme malade l'intégrité de ses fonctions. L'animisme, enfin, n'a pas borné la maladie seulement à une place étroite, et n'a pas cru qu'en détruisant le symptôme local on détruisait tout, on guérissait; il a soutenu avec raison que si quelques lésions n'étendaient pas leur influence délétère au delà du point où elles s'étaient manifestées, d'autres étaient le résultat d'un vice général qui n'en existait pas moins, quoique son appréciation matérielle fût impossible; il a soutenu avec raison que des maladies puissantes attaquent les sources de la vie, les données fondamentales de l'action de l'organisme, sans qu'il y ait la moindre comparaison logique à établir entre les révélations du cadavre et les terribles phénomènes de l'affection. Or, la théorie de l'animisme et sa réalisation pratique ont éprouvé un sort bien différent; on a nié la première, et en face du malade on s'est servi souvent de la seconde; on a fait bien plus encore, on a dit qu'en enlevant le couronnement de cet édifice médical, on pourrait mettre à profit la coordination de ses matériaux, les principaux détails de son ensemble, et on en a usé largement pour construire du neuf à petits frais de conception et à grands fracas de renommée. Mais avec quelques données historiques et un peu de bon sens, on rencontre bientôt le défaut de ces constructions, et on peut répondre à ceux qui profitent des résultats en repoussant la cause, que des principes au corollaire il y a une liaison si intime, que l'admission de l'un commande impérieusement celle de l'autre, et que, dans cette circonstance, il faut tout admettre ou tout rejeter. — Outre les résultats d'application où conduit la doctrine animiste, il y en a un dont nous devons parler spécialement, quoique le lecteur, s'il nous a bien suivi, l'ait déjà compris lui-même. Bien que par l'animisme, comme l'enseigne l'école de Montpellier, on sépare l'âme du principe vital, et par conséquent la psychologie de la physiologie, l'abstraction n'est pas pourtant éliminée des hautes considérations médicales : ce serait impossible. Ainsi, au point de vue de l'animisme, on monte malgré soi; mais le mouvement d'ascension est nécessaire; il est lié à la doctrine elle-même; car, sans cela, l'homme ne serait pas considéré dans tout son être, et certaines causes de maladies resteraient inconnues. Ces causes sont celles qui appartiennent au domaine moral et donnent lieu à des affections dont quelques traits caractéristiques n'ont de signification et n'indiquent une certaine conduite médicale qu'aux yeux du médecin philosophe. Il est vrai que le médecin matérialiste s'habille de philosophie; mais à travers ses doctrines, celui-ci ne voit et ne veut voir que des lésions du corps et ne veut guérir que par des moyens physiques; il veut confondre la médecine humaine avec la vétérinaire, en admettant seulement cette différence, que ses clients ont plus de besoins, plus de maux, et en compensation la parole pour en faire connaître le caractère. C'est donc le médecin animiste qui peut être appelé seul un médecin complet, puisqu'il voit dans l'organisation humaine autre chose qu'une organisation semblable à celle des êtres inférieurs, puisqu'il ne considère pas seulement l'homme

comme corps, mais comme esprit, et puisqu'en présence de cette conviction si lumineuse, que l'homme ne se réalise pas seulement dans un corps, il ennoblit la médecine physique par les utiles et belles considérations de la médecine morale.

Dr Ed. CARRIÈRE.

ANIMISTES (*histoire de la médecine*). Les premiers médecins animistes ne peuvent dater que de l'ère chrétienne; toutefois on peut en faire remonter la filiation bien au delà de cette époque, à cause des tendances qui se montraient progressivement au sein de la vieille philosophie. Ainsi, l'air le plus subtil, la matière la plus épurée, furent d'abord considérés comme la cause de la formation des êtres, et comme l'activité qui entretenait leur existence. La mort était produite quand cette matière s'échappait de la prison de chair où elle était renfermée, pour se rendre aux régions supérieures, sur lesquelles flottait, pour ainsi dire, son foyer d'émanation. Zénon, Socrate, Platon, Aristote professèrent ces doctrines; car, malgré les différences qu'on y rencontre dans la lettre comme dans l'esprit, elles convergent toutes vers le même principe, elles admettent la même cause première. Quoi qu'il en soit pourtant des analogies qu'on peut constater entre la philosophie des anciens et les croyances des médecins philosophes qui se sont succédé depuis le commencement de l'ère chrétienne, l'histoire de l'animisme ne date réellement que de ceux-ci. Comme nous l'avons déjà dit dans un autre article, la religion absorbait tout à l'époque de sa première évolution, tout rentrait en elle; aussi les premiers qui firent de l'animisme médical, appartiennent à l'Église; et parmi les noms qu'on pourrait citer, ou trouver dans les vieilles annales des abbayes et dans les souvenirs des premiers siècles de notre histoire, brille surtout celui de saint Thomas d'Aquin. Nous ne donnerons pas ici des détails sur les principes de philosophie physiologique de ce savant docteur, mais nous devons dire qu'il a compris et exprimé avec une justesse presque à la hauteur des temps modernes, le rôle actif de l'âme et son influence despotique sur les tendances instinctives du corps. L'un des créateurs de la philosophie scolastique, qui fut la philosophie du moyen âge, contribua, par la haute réputation qu'il avait acquise, à faire admettre ses idées, qui toutes ressortaient de l'orthodoxie la plus pure, de laquelle, du reste, toute la science tendait alors à ne jamais s'écarter. Ainsi donc, à quelques modifications près, les idées physiologiques de saint Thomas furent communes aux docteurs ou aux médecins de cette grande époque. Lorsqu'après le moyen âge, quand la foi eut perdu sa primitive ardeur, on voulut vérifier la pensée fondamentale de toute la philosophie, il s'opéra une violente réaction; les uns, en effet, abandonnèrent la philosophie scolastique pour suivre la réforme introduite par Ramus et l'esprit du temps dans la méthode; les autres, agissant en sens contraire et se révoltant contre cette tendance, se jetèrent dans les errements de la superstition et les folies de la cabale. Parmi ces derniers ont brillé Jean Reuchlin, le fameux Pic de la Mirandole qui se vantait de pouvoir discuter *de omni re scibili*, Henri Corneille Agrippa et l'extravagant Paracelse dont la doctrine et certaines applications qu'il en fait prouvent du moins qu'il a quelque titre aux longues biographies dont toutes les histoires de la médecine ont tour à tour illustré son nom. Mais la réaction ne s'arrêta pas à Paracelse; elle devait se continuer jusqu'à son apogée, jusqu'à ce qu'enfin, tout saturés de cette cause active qu'ils voyaient partout ou dont ils sentaient partout l'influence, les philosophes de cette école fussent devenus complétement panthéistes. Paracelse l'était déjà; toutefois il fut surpassé par Thomas Campanella, qui soutenait que tous les corps de la nature, organisée ou non, vivent, sentent, désirent et détestent. Heureusement, la méthode logique de Ramus, autour de laquelle se réunissaient tous les jours de nouveaux prosélytes, mit fin à ces aberrations; Van Helmont en effet, cet héritier des principes de Paracelse, travailla à les mettre d'accord avec une philosophie qui n'admettait pas de sentiment à la cause première, mais qui cherchait à confirmer la formule synthétique par des travaux auxquels celle-ci devait servir de couronnement. Plus d'un siècle avant l'époque où nous sommes parvenus, vers le commencement du XVIIe, la philosophie s'était isolée de la médecine, ou plutôt la médecine s'était faite indépendante de la philosophie; mais elles s'éclairaient mutuellement. Ainsi Bacon et Descartes contribuèrent à la forme si éminemment scientifique que revêtit le système animiste de Stahl; les principes qu'il établit produisirent même un retour vers Hippocrate, dont les observations de détail devaient rentrer dans le domaine de la médecine, à l'époque où l'on demandait des enseignements ou des inductions aux détails. Et ce fut au milieu de ce mouvement qu'apparut Sydenham à qui on donna le nom d'Hippocrate moderne, et que brilla l'école de Montpellier, où, Sauvage et Fouquet, ennemis des doctrines mécaniciennes, Lacaze, cet habile défenseur de la participation du sens intime pour récolter des faits d'observation; Bordeu, ce profond physiologiste qui enseigna à étudier l'homme sous ses deux faces pour le bien connaître, le physique et le moral; où, dirons-nous, ces médecins si remarquables servirent de précurseurs à l'illustre Barthez. Or, c'est à ce grand homme que s'arrête et doit s'arrêter le progrès des doctrines animistes dans leur application à la médecine; car il a achevé de séparer les considérations théologiques ou psychologiques de celles qui doivent diriger l'homme de l'art dans ses théories et sa pratique. C'est par lui en effet que le vitalisme a été introduit dans la médecine; le vitalisme, ce système qui enferme l'homme dans sa physiologie propre, dans les phénomènes de sa mécanique animée, tout en conduisant le médecin qui a médité les belles formules à étudier sans crainte d'égarement les hautes considérations qui constituent la connaissance de l'homme moral. Barthez a laissé des continuateurs, parmi lesquels le plus actif est le professeur Lordat, dont la science, tout imprégnée de philosophie et toute mêlée d'esprit, a jeté la lumière sur les parties que le maître avait négligées, et dont la parole continue à faire des élèves dans sa chaire de l'école de Montpellier. Il y a quelques années qu'on eût pu croire à la mort du vitalisme, en ne considérant seulement que les tendances du moment; car l'école de Paris, inspirée tout entière par le dogmatisme révolutionnaire de Broussais, anathématisait tout ce qui ne voulait pas suivre aveuglément sa ligne. Mais il vient toujours une époque, après ces périodes de fièvre, où le repos succède à l'agitation, la réflexion à la folie; et alors on étudie le passé, on le compare au présent, et on y cherche d'utiles enseignements pour l'avenir. Or c'est précisément ce qui est arrivé depuis deux ou trois ans à peine; et, au moment où nous écrivons ces lignes, la science devient orthodoxe, et l'homme est compris sous sa signification complète, puisqu'on ne fait guère plus dépendre le moral de la disposition physique des organes constituant le corps. La médecine, dans ses applications pratiques, a aussi trouvé, comme on le pense bien, dans ce mouvement, une direction bonne et durable, puisque le cercle des moyens thérapeutiques qu'on doit employer pour agir sur l'organisme malade comprend maintenant une série de préceptes et de moyens utiles sur lesquels l'exclusion la plus injuste avait depuis trop longtemps pesé.

Dʳ ED. CARRIÈRE.

ANIO ou **ANIENUS**, aujourd'hui le *Teverone*, rivière d'Italie, qui formait autrefois la limite septentrionale du Latium. Elle prend sa source à peu de distance de la mer Adriatique et se jette dans le Tibre à deux petites lieues au-dessus de Rome, après avoir baigné les murs de l'ancien Tibur (*Tivoli*). — Rome possédait deux aqueducs du nom d'Anio, construits, le premier après la guerre d'Épire contre Pyrrhus, et le second sous le règne de Caligula. On les distinguait l'un de l'autre par les mots *vetus* et *novus*. (*V.* TIVOLI.) N. M. P.

ANIS, *anisum* (*bot.*), espèce de plante du genre *pimpinella*, Linn. (*pentandrie digynie*). Elle appartient à la famille naturelle des ombellifères de Jussieu. Les uns dérivent le mot *anis* de ἄνισον, inégal (φύλλα ἄνισα, feuilles inégales); d'autres le font venir de ἀνίημι, parce qu'il dissipe les flatuosités. — *Caractères* : racine fibreuse, tige fistuleuse, pubescente; feuilles alternes, amplexicaules; fleurs petites, blanches, disposées en ombelles doubles terminales; cinq pétales ovales, cordiformes, légèrement courbés à leur sommet, cinq étamines libres qui supportent des anthères arrondies; ovaire infère, surmonté de deux styles droits à stygmates globuleux; fruit ovoïde, composé de deux petites graines d'un gris verdâtre, convexes et cannelées sur le dos. — Cette plante croît naturellement en Sicile, en Égypte et en Turquie. On la cultive dans quelques contrées de la France et de l'Allemagne. Les graines de l'anis sont l'objet d'un commerce étendu. Les confiseurs en font un grand usage. Dans certains pays on fait entrer les graines d'anis dans le pain; et j'ai vu moi-même, en Hollande, les habitants des provinces d'Assen et de Grœningue mettre de ces graines dans leur fromage. L'anis fait partie d'un grand nombre de médicaments composés, tels que le mithridate, la thériaque, l'eau carminative, l'élixir pectoral de Wedel, etc. Presque tous les médecins, après Dioscoride, ont préconisé les propriétés diurétiques et excitantes de l'anis.

F. HOEFER.

ANIS (*offic.*). On tire de cette plante aromatique des huiles et des liqueurs qui sont d'un goût agréable et passent pour stomachiques. — Pour faire la *crème d'eau d'anis*, on met infuser une once et demie de graine dans deux pintes de bonne eau-de-vie; au bout de cinq ou six jours on passe à travers un linge. On fait dissoudre ensuite deux livres et demie de sucre dans une pinte d'eau; quand le sucre est fondu, on mêle les deux liqueurs, on laisse reposer et on filtre au papier gris. Cette liqueur apaise les coliques et chasse les vents. — Pour *l'huile d'anis*, on prend quatre onces de graine, une livre de sirop, une pinte d'eau-de-vie, on laisse infuser pendant cinq ou six semaines, on filtre. — *L'anisette de Bordeaux* s'obtient par la distillation au bain-marie : prenez six onces d'anis vert, trois onces d'anis étoilé, une once de fenouil, autant de coriandre; concassez et jetez dans huit pintes d'eau-de-vie, distillez; faites fondre dans deux pintes d'eau six ou sept livres de sucre, mêlez-y le produit de la distillation, mêlez bien, filtrez et mettez en bouteilles. — Pour avoir, en très peu de temps, une liqueur saine et d'un goût agréable, on prend une demi-pinte de bonne eau-de-vie, le double d'eau, deux onces de sucre; on mêle bien, on ajoute ensuite quatre ou cinq gouttes d'huile essentielle d'anis et on passe au filtre. X. X.

ANISODACTYLES, *anisodactyli* (*zool.*), sixième ordre des oiseaux dans la méthode d'ornithologie de Temminck. Cet auteur lui assigne pour caractères : bec plus ou moins arqué, souvent droit, toujours subulé, effilé et grêle, moins large que le front. Pieds à trois doigts devant et un derrière; l'extérieur soudé à sa base au doigt du milieu, le postérieur le plus souvent long; tous pourvus d'ongles assez longs et courbés. — Ces oiseaux grimpent pour la plupart ou s'accrochent aux arbres. Ils se nourrissent en général d'insectes qu'ils saisissent entre les fentes des écorces au moyen de leur langue terminée en dard ou en pinceau, et plus ou moins extensible : d'autres vivent du suc miellé des fleurs qu'ils pompent avec leur langue bifide et disposée en tuyau. Un petit nombre habitent l'Europe. — Cet ordre comprend dans la méthode de Temminck, dix-sept genres, dont les principaux sont : *sitelle, grimpereaux, guit-guit, colibri, souimanga, huppe, proméops*, etc. (*V.* ces mots.)

ANISOMÈRE, *anisomera* (*zool. ins.*); genre de l'ordre des diptères de la famille des tipulaires, dont les caractères sont : antennes sétacées, composées de six articles, dont le troisième est ordinairement le plus long; jambes terminées par deux pointes; trois cellules postérieures, la discoïdale nulle. On ne connaît point les mœurs de ce genre peu nombreux en espèces. On trouve en France l'anisomère noire, *anisomera nigra*, longue de 4 lignes et 1/2, noire, avec deux tubercules sur le front et les ailes légèrement obscures.

ANISONYX (*zool.*). Ce genre de coléoptères de la section des pentamères et de la famille des lamellicornes, a été établi par Latreille aux dépens du genre hanneton. Il présente pour caractères : chaperon allongé, triangulaire; labre non saillant; mandibules minces et non dentées, mâchoires terminées par une pièce étroite, membraneuse; palpes saillants, terminés par un article long et cylindrique; antennes de dix articles; prothorax en trapèze, moins large que l'abdomen; élytres en carré arrondi postérieurement; tarse des pieds de derrière n'ayant qu'un seul crochet. Ce dernier caractère seul empêche de confondre les anisonyx avec les genres voisins. — Ces insectes sont de petite taille, le plus souvent très-velus et ornés quelquefois de couleurs très-brillantes dues à de petites écailles qui couvrent toutes les parties du corps, comme chez les huplies, avec lesquelles ils ont beaucoup de rapport. On pense qu'ils vivent sur les fleurs. Les espèces connues viennent du midi de l'Afrique, et principalement du cap de Bonne-Espérance. Une des plus communes est l'anisonyx ours, long de quatre à cinq lignes, noir, couvert d'écailles d'un vert brillant et hérissé de poils. On rapporte encore à ce genre les *melolontha crinita, lynx, proboscidea, cinerea* de Fabricius.

ANISOPHYSE, *anisophysa* (*zool. ins.*). Ce genre de l'ordre des diptères, de la famille des athéricères, a été créé aux dépens du genre *piophyla* par M. Macquart, qui le place dans sa quatorzième sous-tribu des muscides, celle des piophylides, et lui assigne pour caractères : trompe assez épaisse; palpes très-petits, terminés par une soie; face carénée; épistome saillant, à deux soies courtes; antennes couchées; troisième article large, allongé; style nu; front convexe; thorax mat; écusson allongé dans la femelle, arrondi postérieurement; abdomen allongé; pieds presque nus; cuisses antérieures du mâle munies d'une touffe de petites soies vers le milieu, en dessous; jambes antérieurement munies de petits poils; pieds antérieurs de la femelle simples; cuisses intermédiaires munies de petites soies distantes dans toute sa longueur;

jambes intermédiaires munies de quelques petites soies vers l'extrémité ; tarses allongés ; ailes à cellule médiastine double, ne s'étendant que jusqu'au milieu du bord extérieur ; marginale n'atteignant pas le bord postérieur ; première cellule postérieure un peu rétrécie à l'extrémité ; nervures transversales rapprochées. — On ne connaît encore que deux espèces de ce genre qui vivent sur les fleurs de plusieurs ombellifères, où on les rencontre souvent en grande quantité vers le milieu de l'été. L'espèce type est l'*anisophysa scutellaris*, longue d'une ligne et demie, noire, avec la poitrine et les côtés du premier segment de l'abdomen fauves, chez le mâle seulement.   J. B.

ANISOPLIE, *anisoplia* (zool.), genre de coléoptères de la section des pentamères et de la famille des lamellicornes, établi par Megerle aux dépens du genre hanneton. Les caractères qui le distinguent sont : chaperon arrondi ; mâchoires munies de dents fortes ; antennes de neuf articles ; prothorax presque carré, plus large que long ; élytres arrondies à l'extrémité ; les quatre pieds antérieurs terminés par des crochets bifides ; les postérieurs robustes ; saillie sternale nulle. — On connaît plus de quinze espèces de ce genre ; un petit nombre habitent l'Europe. On trouve en France les *anisoplia horticola, agricola* et *arvicola*. Cette dernière espèce, ordinairement longue de cinq à six lignes, varie beaucoup pour la taille et la couleur des élytres ; tout son corps est d'un vert obscur et couvert d'un duvet jaunâtre plus serré en dessous ; ses élytres sont fauves ou roussâtres, plus ou moins variées de noirâtre, principalement vers l'écusson. Elle est commune dans le midi de la France, vole à l'ardeur du soleil, et pose ordinairement sur les fleurs.   J. B.

ANISSON-DUPERRON, famille de typographes, honorablement connue en France. Laurent Anisson fut imprimeur à Lyon dans la dernière moitié du XVIIe siècle. En 1670, il devint échevin. On lui doit la publication de la Bibliothèque des Pères, sous le titre de *Bibliotheca maxima veterum Patrum et antiquorum scriptorum*, Lyon, 1677, 27 vol. in-fol. Son fils Jean imprima, onze ans plus tard, le Glossaire de du Cange. En 1701, il obtient la direction de l'imprimerie royale à Paris, charge qu'il transmit en mourant à ses enfants Louis-Laurent et Jacques, qui l'occupèrent successivement. Le fils de ce dernier, Étienne-Alexandre, ajouta le nom de Duperron à celui d'Anisson. Il était né à Paris en 1748, remplaça son père à la direction, publia des ouvrages importants, et périt sur l'échafaud en 1794, victime de son dévouement à la cause royale. Dans un *Mémoire sur l'impression en lettres suivi de la description d'une nouvelle presse*, 1785, in-4o, Paris, Anisson-Duperron se prétend inventeur de la presse à un coup. MM. Didot lui ont contesté cette invention ou plutôt ce perfectionnement qui paraît évidemment leur appartenir.

ANJOU (géogr. hist.). Dans l'ancienne constitution des provinces entre lesquelles avait été réparti le territoire français, l'*Anjou*, situé entre le 47e et le 48e degré de latitude nord, était borné au sud par le Poitou ; à l'est, par la Touraine ; au nord, par le Maine ; à l'ouest, par la Bretagne. Jadis connu sous le nom de *Pagus* ou *Tractus Andegavensis*, l'Anjou avait pour capitale la ville de *Juliomagus*, actuellement Angers (*V.* ce mot). Dans ces temps éloignés, cette province eut à lutter contre les légions de César. Vaincus et soumis aux Romains, les *Andes* (Angevins) tentèrent sans succès de recouvrer leur liberté ; le conquérant des Gaules les assujettit de nouveau. Au temps d'Honorius, l'Anjou fut incorporé dans la troisième Lyonnaise. Plus tard, on vit cette province envahie d'un côté par les Wisigoths, attaquée de l'autre par les Francs ; ce fut alors que le chef des milices romaines, Ægidius, appela au secours de ce pays les Saxons qui devaient en rester possesseurs ; nous trouvons en effet due le comte Paul, successeur d'Ægidius, leur fit entière concession des bords de la Loire et de la ville d'Angers. Cet état de choses dura peu. En 464, Childéric, roi des Francs, marcha contre l'Anjou, tua de sa main le comte Paul, s'empara d'Angers, et ajouta à ses États la province tout entière. Environ trois cent cinquante ans plus tard, sous la dynastie des Carlovingiens, l'Anjou fut divisé en deux parties, qui prirent la dénomination de *comtés*. L'un, situé en deçà de la rivière du Maine ou Mayenne, eut pour capitale Angers ; l'autre, au delà de la rivière, eut pour chef-lieu Château-neuf. Le premier, spécialement désigné sous le nom de comté d'Anjou, resta compris dans les domaines royaux ; le second, le comté d'Outre-Maine, aussi appelé Marche angevine, fut concédé par Charles le Chauve à Robert le Fort, qui périt, en 866, dans un combat contre les Bretons et les Normands ; ce dernier eut pour successeur son fils Eudes, qui fut roi de France en 888.   H. C.

— Quant à l'autre comté, celui d'en deçà la Maine, le même Charles le Chauve en avait fait don au petit-fils d'un paysan, Ingelga ; et comme ce nouveau possesseur repoussa les Normands à plusieurs reprises, Louis le Bègue, fils et successeur de Charles, pour prix de ses longs services, lui fit obtenir pour épouse la fille du comte de Gatinais. Ce mariage, avec l'une des plus riches héritières du royaume, rendit Ingelga très-grand seigneur ; ses descendants, le titre de comte, parvinrent à un très-haut degré de puissance (*V.* FOULQUES et GEOFFROY D'ANJOU). Foulques III mourut sans enfants mâles ; ceux de sa fille Ermengarde lui succédèrent et formèrent la seconde maison d'Anjou (1060), qui, au bout d'un siècle, donna une dynastie de rois à la Grande-Bretagne (1154), commençant par Henri II, dit Plantagenet (*V.* PLANTAGENET). Plus tard le comté d'Anjou rentra dans le domaine de la couronne (1246), mais il en ressortit par la cession que saint Louis en fit à son frère Charles d'Anjou, comte de Provence et successivement roi de Naples (*V.* CHARLES D'ANJOU). Ce prince devint ainsi le fondateur de la troisième maison d'Anjou. — Vers le milieu du XIVe siècle, le roi Jean érigea le comté en duché-pairie, en faveur de son second fils Louis (1360). Les successeurs de celui-ci joignirent au duché d'Anjou la province et le royaume de Naples ; mais ils ne furent guère que titulaires de ce royaume. Leur race s'éteignit en 1481, dans la personne de Charles d'Anjou. Louis XI s'était déjà mis en possession du duché qui, avant même la mort de Charles, fut définitivement réuni à la couronne. Depuis cette époque, le duché d'Anjou n'a donné aux princes qui l'ont porté qu'un simple titre d'apanage ; les fils de Henri II, deux fils de Louis XIV, son petit-fils, devenu plus tard roi d'Espagne, etc., ont été ducs d'Anjou (*V.* CHARLES D'ANJOU, CHARLES LE BOITEUX, LOUIS D'ANJOU, RENÉ, MARGUERITE D'ANJOU, MARIE, ROBERT). L'ancien comté d'Anjou forme aujourd'hui le département de Maine-et-Loire (*V.* ce mot).   N. M. P.

ANJOU (FRANÇOIS DE FRANCE, DUC D') naquit, en 1554, de Catherine de Médicis, femme de Henri II ; il reçut d'abord le titre de duc d'Alençon. Après la mort prématurée de Charles IX, un parti puissant, dirigé par le roi de Navarre, voulut le placer sur le trône, au préjudice de son frère Henri, qui avait été élu roi de Pologne ; l'activité de Catherine fit avorter ce projet, et Henri fut reconnu sans opposition. Celui-ci, oubliant le passé, rendit à son frère son affection, mais le duc d'Alençon se montra peu reconnaissant ; il favorisa la révolte et se laissa mettre à la tête du parti protestant. Il ne fut pas plus fidèle à ses nouveaux amis qu'il ne l'avait été à son frère. L'offre qui lui fut faite du duché d'Anjou le ramena dans les rangs des catholiques (1576) ; il remporta même sur les protestants plusieurs avantages qui lui valurent quelque réputation. Henri III lui confia pour lors le commandement des troupes qu'il envoyait dans la Flandre, pour aider les Flamands à secouer le joug de l'Espagne. Le duc d'Anjou répondit mal à la confiance de Henri ; et, comme celui-ci ne cachait pas son ressentiment, le duc échappa aux gardes qu'on avait mis près de sa personne et se sauva dans les Pays-Bas. De là, il gagna l'Angleterre où régnait la fameuse Élisabeth. Le duc joua auprès d'elle le rôle d'amant passionné, et la vieille reine qui, à cinquante ans, avait encore des prétentions à la jeunesse et à la beauté, se laissa si bien prendre à ses démonstrations d'un amour impossible qu'elle lui donna son anneau, ce qui équivalait à une promesse formelle de mariage : une de ses dames, dit le docteur Lingard, se jeta à ses pieds et osa lui représenter que le duc, à peine sorti de l'adolescence, n'aspirait à sa main que pour se rendre par elle maître de l'Angleterre. Élisabeth versa des larmes de honte ou de dépit secret ; le duc se plaignit amèrement, mais le mariage ne se fit point. On ajoute qu'Élisabeth l'alla voir secrètement et lui renouvela ses promesses, qui, disait-elle, n'étaient qu'ajournées. Le duc quitta l'Angleterre, et comme, en perdant l'espérance d'épouser cette reine, il ne s'était pas dépouillé de son ambition, il retourna dans les Pays-Bas, où il parvint à se faire proclamer souverain ; mais il eut si peu l'art de ménager les esprits, qu'il excita un mécontentement général qui, dégénérant en révolte armée, le contraignit de retourner en France avec la honte d'avoir échoué partout. Il mourut en 1584, à l'âge de 29 ans, après avoir vécu cinq ou six ans assez négligé de ses anciens amis, qui n'attendaient plus rien d'un prince dont le crédit était usé.   J. DE M.

ANKARSTROEM (*V.* ANCKARSTROEM).

ANKYLOBLÉPHARON, terme de médecine formé de deux mots grecs qui signifient *constriction* ou *rapprochement des* *paupières.* C'est l'adhérence des deux paupières entre elles, ou des paupières avec le globe de l'œil, soit que cette adhérence soit congéniale, soit qu'elle provienne de quelque accident.

ANKYLOGLOSSE, de ἄγκυλος et de γλῶσσα, adhérence de la langue. C'est le nom d'une maladie qui consiste dans l'adhésion de la langue à la face intérieure des gencives, ou à la paroi inférieure de la bouche. Dans ce dernier cas, c'est le trop grand prolongement du frein ou filet de la langue qui cause l'adhérence. On désignait par le nom d'*ankylotome* une espèce de couteau à lame recourbée dont on se servait dans l'ankyloglosse pour couper le frein et le détacher de la partie de la bouche à laquelle il se trouvait uni. X. X.

ANKYLOSE (ἄγκυλος, courbé, plié). Cette maladie consiste dans la perte plus ou moins complète des mouvements articulaires, et l'origine du nom qu'elle a pris vient de ce que les membres frappés d'ankylose demeurent ordinairement dans un état de flexion. L'ankylose n'est pas toujours constituée par la perte absolue du mouvement; il y a des degrés dans cette maladie, qui peut donc être complète ou incomplète. Son siége est facile à déterminer, puisqu'elle détruit l'exercice des mouvements articulaires par un obstacle mécanique qui s'oppose plus ou moins immédiatement au jeu physiologique de l'articulation. Ainsi, c'est dans l'articulation et sur les côtes que se développent ou que se forment les lésions dont finalement l'ankylose est le résultat. Quant à la fréquence de cette maladie, plutôt dans une espèce d'articulations que dans une autre, il paraît qu'elle se fait remarquer dans l'espèce à laquelle correspondent les mouvements les plus étendus. Toutefois les articulations les moins mobiles sont sujettes à l'ankylose; comme aussi lorsque le mal se lie à une affection interne, plus d'une articulation peut être frappée, et contracter par conséquent cette immobilité qui empêche tout mouvement. Il existe un exemple fort curieux d'ankylose générale, et qui est peut-être le seul dont les annales de la médecine fassent mention; c'est celui d'un officier mort à Metz en 1802, à l'âge de cinquante ans, qui après avoir fait la guerre dans un lieu où toutes les conditions étaient réunies pour lui faire contracter un violent rhumatisme, vit se développer en lui, à la suite de cette affection violente, une série d'ankyloses qui frappèrent tour à tour chaque articulation. Cet officier fut tellement soudé dans tous les intervalles osseux, qu'il ne pouvait même éloigner les deux mâchoires l'une de l'autre pour avaler; on fut obligé de lui arracher deux incisives afin d'introduire par là des crèmes ou des aliments liquides. Un tel exemple prouve assez que les causes de l'ankylose ne peuvent pas se réduire à une seule : nous allons rapidement les passer en revue. — Et d'abord, l'ankylose peut se développer par le *repos de l'articulation*; les liens fibreux qui unissent les pièces osseuses finissent par perdre leur souplesse, si ces pièces ne jouent pas, ne se meuvent pas. En outre, une poche qui est placée au milieu de l'articulation, et laisse transsuder un liquide par la compression que le mouvement lui fait subir, cette poche, disons-nous, cesse bientôt sa fonction, de sorte que la sécheresse qui en résulte communique bientôt son influence à l'appareil articulaire, dont la rigidité finit par ne se prêter à aucun mouvement. Quand l'habitude de l'immobilité a réalisé toutes les conditions de l'ankylose, le remède est impossible; ce n'est guère que lorsque le mal n'est pas encore arrivé à son terme qu'on peut arriver à produire quelque changement. Or, dans ce dernier cas, il faut rendre aux parties qui entourent l'articulation leur élasticité première, en employant les bains tièdes, les fomentations émollientes, les douches de vapeur simples et composées, le massage, et enfin, en habituant peu à peu le membre à revenir à l'exercice plus ou moins parfait de ses mouvements. — L'ankylose peut aussi se développer *au moyen de fausses membranes* qui se forment dans l'intérieur de l'articulation; voici comment ce développement a lieu. Pendant l'inflammation des parties qui séparent l'une de l'autre les têtes osseuses, ces parties laissent exsuder un liquide plus ou moins épais qui, s'étendant en lames d'une membrane à un cartilage par exemple, les fixe dans des rapports qui leur ôtent le libre exercice de leurs fonctions. Il faut toujours un repos à peu près absolu pour donner le temps à ces concrétions de se former et de contracter une force de résistance assez considérable. Le moyen de rendre à l'articulation toute la liberté de son jeu, consisterait à faire absorber, par une action interne, ces corps de formation nouvelle, avant qu'ils eussent acquis la cohésion que leur donne le temps; mais les moyens thérapeutiques qu'on pourrait employer pour atteindre ce résultat, sont très-bornés ou même n'existent pas. Reste donc à empêcher ces lames ou ces brides de se former, en ne laissant jamais longtemps l'articulation malade dans une immobilité complète.

Ainsi, imprimer de légers mouvements par intervalles plus ou moins éloignés, aux deux leviers osseux qui aboutissent au foyer du mal, c'est mettre le malade à l'abri des inconvénients de l'ankylose. — Cette lésion grave s'établit encore *au moyen de bourgeons charnus* qui, se développant dans l'articulation à la suite d'abcès, de tumeurs, etc., s'y comportent comme dans une plaie ordinaire, c'est-à-dire en oblitérant tous les espaces, et en formant une cicatrice. Ici il n'y a pas de remède; et cette terminaison est même un bienfait, car la cause déterminante de l'ankylose eût pu produire la mort. — Certaines articulations, comme celles qui unissent les vertèbres, peuvent s'ankyloser *par l'ossification du cartilage* qui les sépare l'une de l'autre. Dans cette circonstance, il n'y a encore rien à faire; il faudrait du reste, que le mal occupât une série plus ou moins considérable de ces cartilages, pour que ses effets fussent sensibles pour le malade, et visibles pour le médecin. — L'ankylose se développe enfin dans les cas de *fractures qui pénètrent dans les articulations, ou sont dans leur voisinage.* Il se produit pour la consolidation des fragments osseux, une inflammation adhésive qui donne lieu à un travail extrêmement curieux; les bouts d'os se ramollissent, se gorgent de sang, augmentent de volume, tendent à se réunir, et quand la réunion a lieu, la soudure se raffermit et s'ossifie dans toute son épaisseur. Or, la matière plastique qui sert à cette consolidation, peut produire une saillie plus ou moins considérable dans l'articulation, si la fracture y pénètre; et dans le cas contraire, cette même matière s'épanche le long de l'os, depuis le point où elle se forme jusqu'aux espaces articulaires, et devient là, comme dans le premier cas, un obstacle au mouvement. Pour ce genre d'ankylose, il n'y a pas de remède; aussi les excrétions osseuses ne peuvent être ni soustraites par une opération, ni résorbées sous l'influence d'un traitement quelconque. — Une autre sorte d'ankylose se développe quelquefois par la *contracture des muscles* qui s'attachent aux os dont les extrémités forment l'articulation. Mais dans ce cas, si l'on agit avec assez de force pour écarter l'un de l'autre les deux leviers osseux, ils cèdent bientôt pour revenir sur eux-mêmes comme par un ressort dès l'instant qu'on les relâche; la maladie, dans cette circonstance, n'est nullement dans l'articulation; elle est tout entière dans les muscles, et lorsque nous serons parvenus à l'article *contracture*, nous ferons connaître les moyens que la médecine emploie pour la faire cesser. — Il nous reste à dire maintenant que si les moyens pour détruire l'ankylose sont bornés, bien qu'on ait tout fait pour en étendre la sphère, jusqu'à essayer de pratiquer, de fabriquer dans l'épaisseur des membres, de fausses articulations, ce mal n'a rien de dangereux; quelquefois même, avons-nous dit, il est une terminaison heureuse, si l'on peut appeler ainsi celle qui consiste à condamner un membre à un refus constant de service, à une complète immobilité.

Dr ED. CARRIÈRE.

ANLAFF, fils cadet de Sightric, roi de Northumberland, se retira en Irlande après la mort de son père, en 925, parce que les forces supérieures d'Athelstan, roi des Anglo-Saxons, le mettaient dans l'impossibilité de faire valoir ses droits à la couronne : là il chercha à se faire des amis et des alliés. Après douze années de guerre, il vint à bout d'équiper une flotte formidable, et entra dans l'Humber, suivi d'aventuriers irlandais, gallois et danois, pour reconquérir les États de son père. Les deux armées furent bientôt en présence. Anlaff projeta une attaque nocturne, dans l'espérance de surprendre l'ennemi et de le tailler en pièces. Pour reconnaître la position d'Athelstan, il se servit d'un stratagème ordinaire aux Normands. Le ménestrel était alors un personnage sacré : Anlaff entre dans le camp ennemi une harpe à la main, se mêle en toute sécurité avec les gens de guerre et est enfin conduit à la tente royale. Le prince prenait son repas; il commande à l'étranger de jouer de la harpe, et fait l'éloge de ses chants. Cependant le déguisement du prétendu ménestrel n'avait pu le dérober aux yeux d'un soldat qui avait autrefois servi sous ses étendards; mais, ne pouvant se résoudre à trahir son ancien chef, il attendit qu'Anlaff fût hors de danger pour en porter la nouvelle au roi, qui l'accusa d'infidélité : « Seigneur, lui répondit-il, j'ai montré mon honneur est supérieur à la tentation : songez que, si j'avais été infidèle envers lui, j'aurais pu l'être aussi envers vous. » Cette justification plut à Athelstan qui, sur l'avis du soldat, transporta sa tente à quelque distance de là, dans une autre partie du camp; en même temps l'évêque de Sherburn vint dresser la sienne à la place qu'abandonnait le roi. La nuit suivante, l'alarme se répand : Anlaff était au milieu du camp, livrant une bataille sanglante, mais qui resta indécise. Le lendemain matin, quand il se fut retiré, on trouva le prélat mort avec tous ses serviteurs. Deux jours après se donna le combat meurtrier de Brunamburgh, qui fournit une riche matière aux poëtes saxons et scandinaves. Anlaff combattit vaillamment et avec opiniâtreté; mais il eut peine à échapper au glaive victorieux de l'ennemi. (*V.* ATHELSTAN.) *Extrait de Lingard.*

ROESS.

ANNA (Sᵗᵃ·), *Aquis granensis*, Sainte-Anne d'Aix-la-Chapelle; monastère d'hommes, de l'ordre de Saint-Benoît, du diocèse de Liége, fondé en 1150. — Anna Trevirensis (Sᵗᵃ·) était un autre monastère d'hommes, de l'ordre de Cîteaux, fondé à Trèves avant 1239.

L. DE M.

ANNA (*myth.*), sœur de Pygmalion et de Didon, suivit cette dernière en Afrique, et après sa mort se rendit à l'île de Malte, d'où elle gagna l'Italie. Bien accueillie par Énée, elle excita la jalousie de Lavinie qui, craignant une rivale, voulut s'en délivrer par un assassinat. Anna fut avertie en songe par sa sœur du danger qui la menaçait; pour s'y soustraire, elle se jeta dans le fleuve Numicus. Les dieux la changèrent en nymphe. — Les Romains célébraient tous les ans, aux ides de mars, des fêtes solennelles en l'honneur d'Anna Perenna, déesse qui présidait à l'ouverture de l'année. Quelques écrivains ont confondu cette Anna Perenna avec la sœur de Didon. D'autres ont prétendu qu'Anna était le nom d'une vieille femme qui avait fourni des vivres au peuple quand il se retira sur le mont Aventin. D'autres encore ont fait d'Anna la déesse Thémis, la nymphe Io, une divinité champêtre. Ce qui paraît certain, c'est que les fêtes d'Anna Perenna, espèces de saturnales, n'avaient été instituées que pour célébrer le retour de l'année. Vers la fin de la république et sous les empereurs, on retarda la fête afin qu'elle n'eût pas lieu le jour où César avait été assassiné.

ANNABERG. Petite ville de Saxe, dans le district d'Erzgebirg, fondée en 1496, par le duc Albert, autrefois importante par ses mines dont le produit faisait toute la richesse des habitants, aujourd'hui industriels et manufacturiers; on y fabrique beaucoup de dentelles. Ses mines fournissent encore de l'argent, du cobalt et de l'étain; on voit aux environs une belle carrière de marbre. Une partie de sa population se compose des descendants des protestants belges, que les rigueurs du duc d'Albe forcèrent de s'expatrier. Ceux-là sont presque tous passementiers et fabricants de rubans.

ANNAL. Ce qui dure ou a duré un an; ainsi une permission, un congé, un passe-port, sont donnés pour un an, et leur validité ne s'étend pas au delà du délai qui est exprimé; on dira donc très-bien, une procuration annale; mais il ne faut pas avancer avec le *Dictionnaire des dictionnaires*, qu'une *possession annale* ne dure qu'un an. Une possession annale est celle qui a duré un an révolu avant le trouble causé au possesseur. En matière de revendication d'immeubles, le possesseur qui a la possession annale au moment où l'action est intentée, peut demander à y être maintenu pendant le procès. Annal diffère d'annuel en ce que le premier mot ne sert qu'à désigner ce qui dure un an, au lieu que par le second, on entend ce qui revient chaque année : c'est dans ce sens qu'on dit plante annuelle, c'est-à-dire qui naît, vit et meurt en un an, et se reproduit chaque année. — En terme de liturgie, on appelle fête annuelle la fête la plus solennelle de l'année.

N. M. P.

ANNALES, relation historique des événements qui concernent un État, exposés dans l'ordre des années. Les auteurs ne sont pas d'accord sur la différence qu'il faut établir entre l'histoire proprement dite et les annales. Selon les uns, l'histoire est le récit de choses que l'auteur lui-même a vues, ou auxquelles, du moins, il a assisté : ceux qui adoptent ce sens se fondent sur l'étymologie même du mot histoire, qui signifie en grec *connaissance des choses présentes*; les annales au contraire, disent-ils, exposent les faits accomplis par des hommes étrangers à l'auteur, et dont celui-ci n'a pas été le témoin. D'autres critiques pensent que l'histoire et les annales diffèrent comme le genre et l'espèce; que l'histoire est le genre, qu'elle suppose une narration et récite des choses passées; que les annales sont l'espèce; qu'elles sont aussi le récit des choses passées, avec cette différence toutefois qu'on les réduit à certaines périodes ou années. Suivant d'autres enfin, les annales sont une relation toute neuve de ce qui se passe chaque année, au lieu que l'histoire nous apprend non-seulement les faits, mais encore leurs causes, leur occasion et leurs résultats. L'annaliste se borne à l'exposition des événements, tels qu'ils sont en eux-mêmes : l'historien raisonne de plus sur ces événements et sur leurs circonstances; il en développe les principes, il en déduit complétement les consé-

quences. — C'est cette dernière distinction qui a prévalu. A Rome, le souverain pontife écrivait chaque année ce qui s'était passé l'année précédente, et il exposait ce récit dans sa maison, où chacun pouvait le lire. C'était là que les Romains appelaient *annales maximi*, et l'usage en fut conservé jusqu'à l'an 620 de la fondation de Rome.

A. S—R.

ANNALIS, *annaire*, nom d'une loi qui, de la législation d'Athènes, avait passé dans la législation romaine, et qui déterminait l'âge précis que tout citoyen devait avoir pour devenir habile à exercer des fonctions publiques.

ANNAM, vaste contrée de l'Asie, située dans la partie orientale de la presqu'île en deçà du Gange, au sud de la Chine; c'est cette position qui lui a valu le nom qu'elle porte, Annam, en chinois, signifiant *repos du midi*. Elle se divise en deux grandes parties, l'Annam septentrional ou Tonquin, et Annam méridional ou Cochinchine, *Dang-nai* et *Dang-trong*, royaume de l'intérieur et royaume de l'extérieur. On comprend encore sous le nom d'Annam le Tsiampa, le Cambodge et le Laos. La capitale de tout le pays est Bac-Kinh, autrefois Dong-Kinh (ville de l'est); les Européens en ont fait Tonquin. L'Annam s'étend du sud au nord sur une longueur d'environ 360 lieues, mais de l'est à l'ouest sa largeur n'est guère que de 150. Une chaîne de montagnes le traverse dans le premier sens, laissant l'Annam propre à l'est et le Laos et le Cambodge à l'ouest. Le sol est assez fertile dans le nord, mais il est sablonneux et aride dans la partie méridionale. Le voisinage de la mer et la périodicité des pluies tempèrent la chaleur du climat, mais la stagnation des eaux pluviales cause souvent des maladies épidémiques. Les montagnes donnent du cuivre, du fer, de l'argent, du marbre et de l'albâtre; le sol produit du riz, du millet, des patates, des ignames; le bétel, le poivre, l'indigo, le coton, la canne à sucre, etc., y viennent très-bien. On y trouve des chevaux, des éléphants, des buffles, des tigres, des panthères, des rhinocéros, des ours, des serpents, des porcs-épics, des chauves-souris d'une dimension gigantesque; les rivières abondent en poissons, en tortues, etc. — Les habitants de l'Annam, dont on évalue le nombre à vingt-deux ou vingt-trois millions, ont beaucoup de ressemblance avec les Chinois; mais leur constitution paraît beaucoup plus forte; leur physionomie est en général dure et repoussante. Leurs femmes sont un peu moins laides que les Chinoises. Elles ont beaucoup de liberté; un homme peut avoir plusieurs épouses et celles-ci se piquent peu de fidélité. Le costume consiste en une robe de toile ou de soie ouverte sur la poitrine; une espèce de turban enveloppe la tête. Les maisons, construites en bambous, sont recouvertes de chaume. La boisson ordinaire des habitants est une liqueur fermentée qu'ils savent extraire du riz; en général ils passent pour être braves et généreux; les Cochinchinois sont réputés avares et fripons. Leur langue diffère peu du chinois pour le fond, mais la prononciation est beaucoup plus rude, excepté dans le Tonquin. Leur littérature est à peu près nulle, quoiqu'ils aient des écoles publiques. Pour ce qui concerne les sciences naturelles, ils n'en ont pas même les premières notions, et leur ignorance en astronomie, en physique, en chimie, etc., est à peu près complète, et sous ce rapport ils sont très-inférieurs aux Chinois. Il y a pourtant une imprimerie à Tonquin ou Kécho. Les caractères en sont en bois. — Le gouvernement est despotique. Le *dova* ou souverain jouit d'un pouvoir illimité. Les charges éminentes confèrent la noblesse, mais cette noblesse est personnelle et ne se transmet pas. Chaque ville se gouverne elle-même, fait la répartition des taxes, se donne un chef ou magistrat à la pluralité des voix; l'armée ne consiste qu'en infanterie; les éléphants ne servent plus que pour le transport des bagages. Les forces de mer se composent de quelques navires, galères ou vaisseaux. Tout habitant est soldat à dix-huit ans, époque de la majorité. La justice règle ses décisions sur les lois de la Chine qui sont aussi celles du pays. Les peines y sont sévères; on applique les accusés à la question. — Les nobles et les lettrés suivent la religion de Confucius; le peuple préfère celle de Bouddha. Chaque ville a d'ailleurs une divinité protectrice. Les bonzes ou prêtres sont bien loin d'y avoir le crédit que les brahmines ont dans l'Inde. Dans le Laos, les bonzes portent le nom de talapoins. — Le commerce est assez étendu et même assez actif dans la partie voisine de la mer; il consiste principalement en échanges. Le commerce de l'extérieur est tout entier entre les mains des Chinois; les Européens y font peu d'affaires, quoique en général ils soient bien accueillis par les naturels et que leurs marchandises y soient exemptes de droits. Les naturels s'occupent avec succès de la culture des terres. — L'histoire ancienne de l'Annam est très-obscure. On croit savoir seulement que deux cents ans avant J. C. le Tonquin reçut des colonies chinoises qui apportèrent aux aborigènes les premières lueurs de civilisation. Mais les Tonquinois ne voulurent point dépendre de leurs voisins ; des guerres interminables s'élevèrent entre le Tonquin et la Chine. Les Tonquinois furent plusieurs fois obligés de subir le joug ; mais chaque fois de nouveaux efforts de leur part le brisèrent. En 1368 l'empereur de la Chine reconnut formellement leur indépendance. Cette grande révolution fut l'ouvrage d'un vaillant capitaine descendant de la famille royale, nommé Lè-loa. Ses descendants lui succédèrent ; mais aucun d'eux ne fit de grandes choses. Ils furent même réduits au rôle passif de roi sans autorité, et en 1533 ils furent renversés du trône par les trois frères Taysou qui s'en emparèrent. L'Annam eut alors son prétendant ; c'était un petit-fils du dernier souverain légitime ; mais ses efforts furent longtemps infructueux. A la fin ce prince ayant reçu quelque secours des Français parvint à ressaisir le sceptre qu'il étendit bientôt sur tout le pays qui forme aujourd'hui l'empire d'Annam. Les Français n'ont pas retiré de leur intervention tout le fruit sur lequel ils avaient compté ; les officiers même à qui la nouvelle dynastie est redevable de son élévation ont été obligés, en 1825, de quitter ce pays. — L'Annam comprend aujourd'hui cinq grandes provinces : 1° le Tonquin, borné à l'ouest par une chaîne de montagnes, et s'étendant en plaine jusqu'à la mer. Il est arrosé par les eaux du Sang-koï qui a un cours de plus de cent lieues, mais dont l'embouchure est obstruée par des bancs de sable. Le sol y est très-favorable à la végétation, et l'empire n'a pas de meilleure province. 2° La Cochinchine, qui est bornée à l'est par la Chine et a servi longtemps de théâtre de la guerre, se divise en pays de montagne et pays de plaine. Dans le premier on trouve des mines d'or et de fer, mais le climat en est insalubre. On en tire aussi du bois d'ébène, de santal, de fer, d'aigle, et surtout de calembec que les Chinois achètent au poids de l'or à cause de son parfum (*V.* tous ces mots) ; la plaine produit beaucoup de grains dans la saison sèche ; dans la saison des pluies elle devient inhabitable. Hué-fo ou Kouang-tri, capitale de la province, a des fortifications à l'européenne, des magasins, des arsenaux et une fonderie de canons. 3° Le Tsiampa, qu'on appelle aussi Binh-tuam, est presque désert. Le sol ne se compose guère que de sable, et aucune rivière considérable n'y répand ses eaux. Les éléphants et les tigres y sont très-communs. 4° Le Cambodge ou Youdra-scan a plusieurs villes fortifiées ayant chacune un donjon et une garnison. L'ancienne capitale, que les naturels appellent Teweick ou Loech, est bâtie au milieu d'une île que forme le Maï-kang. On y voit les ruines de l'ancienne demeure royale. La capitale moderne, Saï-gong, est bâtie dans une belle campagne sur les bords de la rivière Danaï ; l'empereur d'Annam y a un palais, et la ville, très-bien fortifiée, compte cent mille habitants. Les chrétiens y possèdent une église. L'île Condor ou Poulo-Condor, à l'embouchure du Maï-kang, offre aux navires étrangers un très-bon mouillage ; mais le sol de l'île nourrit tant d'insectes venimeux, que les Européens n'ont jamais pu y faire d'établissement. 5° Le Laos, séparé des autres provinces par des forêts et des montagnes, produit beaucoup de riz et de grains. On y voit des carrières de pierres précieuses, rubis et topazes ; on pêche des perles dans le Maï-kang, et on tire de l'or de ses mines. La capitale, Lan-tchang, n'a que cinq mille âmes de population ; elle s'élève sur le sommet d'une haute montagne et est entourée de murailles.   N. M. P.

ANNAT (FRANÇOIS), né à Rhodez vers la fin du XVIᵉ siècle, entra de bonne heure dans l'ordre des jésuites où il s'annonça par de grands talents pour l'enseignement. Il occupa pendant plusieurs années une chaire de philosophie et de théologie à Toulouse, et la manière dont il exerça le professorat le fit appeler à Rome où il fut nommé censeur des ouvrages publiés par la société. Le cardinal Caraffa le nomma plus tard assistant du général en France. Annat, devenu provincial de l'ordre, fut désigné à Louis XIV pour être son confesseur (1654), et il remplit ce poste éminent avec un désintéressement égal à sa probité, n'ayant jamais employé son crédit ni pour lui-même ni pour les membres de sa famille, très-peu fortunés. Au bout d'environ seize ans, Annat quitta la cour pour aller terminer sa carrière dans la retraite. Là-dessus, on a dit que le P. Annat, octogénaire, avait perdu complètement l'ouïe, ce qui l'avait obligé de renoncer à sa position auprès du roi ; d'autres ont prétendu, et ceci paraît plus vraisemblable, que le P. Annat s'était fortement élevé contre la passion naissante du roi pour mademoiselle de la Vallière, et que ce prince, trop faible pour immoler ses penchants

à son devoir, avait pris le parti de se débarrasser d'un censeur incommode en le renvoyant. On doit à ce savant jésuite un grand nombre d'ouvrages qu'on a recueillis et imprimés à Paris en 1666 en 3 vol. in-4°, la plupart en latin, tous dirigés contre les nouveaux prétendus disciples de saint Augustin. Les jansénistes de leur côté ont beaucoup écrit pour le réfuter ; mais leurs efforts mêmes pour y parvenir prouvent combien ses attaques leur paraissaient dangereuses. Annat mourut à Paris en 1670 ; il écrivait mieux en latin que dans sa langue maternelle dont il avait négligé l'étude.

J. DE M.

ANNATE. C'est le revenu d'une année, ou plutôt la taxe à laquelle a été autrefois fixé le revenu d'une année des bénéfices consistoriaux, que ceux qui étaient pourvus de ces bénéfices payaient à la chambre apostolique, en retirant leurs bulles. Ces taxes n'étaient pas proportionnelles à la valeur actuelle des revenus d'une année des bénéfices : il y en avait plusieurs dont l'annate se montait à plus de deux années de fruits. On vit dans le XIIᵉ siècle des évêques et des abbés qui, par un privilège ou par une coutume particulière, recevaient les annates des bénéfices vacants qui dépendaient de leur diocèse ou de leur abbaye. L'époque de l'établissement du droit de les percevoir n'est pas bien certaine ; quelques-uns la rapportent à Boniface IX, d'autres à Jean XXII, et d'autres à Clément V ; mais de Marca observe que, du temps d'Alexandre IV, il s'était élevé de grandes disputes au sujet des annates, et, par conséquent, qu'elles étaient dès lors en usage. Clément V les établit en Angleterre ; Jean XXII se réserva les annates de tous les bénéfices qui vaqueraient durant trois ans dans toute l'étendue de l'Église catholique, à la réserve des évêchés et des abbayes. Ses successeurs établirent ce droit pour toujours, et y obligèrent les évêques et les abbés. Plotin dit que ce fut Boniface IX qui, pendant le schisme d'Avignon, introduisit cette coutume, mais qu'il n'imposa pour annate que la moitié de la première année du revenu. Thierry de Niem dit que c'était le moyen qu'avait pris Boniface IX pour pallier la simonie dont il ne se faisait pas grand scrupule. Le jurisconsulte Dumoulin et le docteur de Launoy ont soutenu, en conséquence, que les annates étaient simoniaques. Cependant Gerson et le cardinal d'Ailly, qu'on n'accusera pas d'être favorables au pape, ont prouvé qu'il était permis de payer les annates, par l'exemple des réserves, des pensions, des décimes ou autres impositions sur les fruits des bénéfices, qu'on ne regarde point comme des conventions simoniaques. Ce qu'il y a de plus important à remarquer pour la justification des annates, c'est qu'on ne les payait point pour les provisions, qui s'expédiaient toujours gratis, mais à titre de subvention ; ou, comme disent les canonistes, de *subsidium charitativum*, pour l'entretien du pape et des cardinaux. Les Français ne se soumirent qu'avec peine à cette charge ; le roi Charles VI, en condamnant le prétendu droit de dépouille, par son édit de 1406, défendit de payer les annates et les taxes qu'on appelait de *menus services* (*minuta servitia*). Dans le même temps, ce prince fit condamner, par arrêt du parlement, les exactions de l'anti-pape Benoît de Lune, surtout par rapport aux annates. Dans le concile de Constance, tenu en 1414, il y eut de vives contestations sur le même sujet ; les Français demandaient qu'on les abolît, et ils s'assemblèrent pour ce sujet en particulier : Jean de Scribani, procureur fiscal de la chambre apostolique, appela au pape futur de tout ce qui pourrait être décidé dans cette congrégation particulière ; les cardinaux se joignirent à lui, et l'affaire demeura indécise ; car Martin V, qui fut élu, ne statua rien. Cependant, en 1417, Charles VI renouvela son édit contre les annates ; mais les Anglais s'étant rendus maîtres de la France, le duc de Bedford, régent du royaume pour eux, les fit rétablir. En 1433, le concile de Bâle décida, par le décret de la session XII, que le pape ne devait rien recevoir pour les bulles, les sceaux, les annates et autres droits qu'on avait coutume d'exiger pour la collation et la confirmation des bénéfices. Il ajouta que les évêques assemblés pourvoiraient d'ailleurs à l'entretien du pape, des officiers et des cardinaux, à condition que si cette proposition n'était pas exécutée, on continuerait de payer la moitié de la taxe ordinaire pour les bénéfices qui étaient sujets au droit d'annate, non point avant la concession des bulles, mais après la première année de la jouissance. Dans le décret de la session XXI, qui est relatif à celui de la douzième, le même concile semble abolir les annates ; mais il approuve qu'on donne au pape un secours raisonnable pour soutenir les charges du gouvernement ecclésiastique, sans toutefois fixer sur quels fonds il le prendra. L'assemblée tenue à Bourges en 1438, à laquelle assista le roi Charles VII, reçut le décret du concile de Bâle contre les annates, et accorda seulement au pape, pendant sa vie, une taxe modérée sur les bénéfices vacants, à cause des besoins pressants de la cour de Rome, et sans tirer à conséquence. Charles VII avait confirmé, dès 1422, les édits de son prédécesseur ; Louis XI avait rendu de pareils édits en 1463 et 1464. Les états assemblés à Tours en 1493 présentèrent à Charles VIII une requête pour l'abolition des annates, et il est certain qu'on ne les paya point en France, tant que la pragmatique sanction y fût observée. Mais elles furent rétablies pour les évêchés et les abbayes, non par le concordat passé entre François Ier et Léon X, mais par une bulle postérieure qui le suivit de près, et sur laquelle François Ier donna des lettres patentes, qui n'ont cependant été enregistrées dans aucun parlement. Les autres bénéfices étaient tous censés au-dessous de la valeur de vingt-quatre ducats, et par conséquent n'étaient pas sujets à l'annate. Malgré cette dernière disposition, François Ier fit remontrer au pape l'injustice de ces exactions, par les cardinaux de Tournon et de Grammont, ses ambassadeurs extraordinaires, en 1532. Henri II, dans les instructions données à ses ambassadeurs envoyés au concile de Trente en 1547, demandait qu'on supprimât ces impositions ; et enfin, en 1561, Charles IX donna ordre à son ambassadeur auprès du pape, de poursuivre l'abolition des annates, que la faculté de théologie de Paris avait déclarées simoniaques. Ce décret de la faculté ne condamnait comme telles que les annates exigées pour les provisions sans le consentement du roi et du clergé, et non pas celles qui se payaient plus tard sous le titre de subvention, suivant la disposition du concile de Bâle. En Angleterre, l'archevêque de Canterbury jouissait autrefois des annates de tous les bénéfices de son diocèse par un privilège du pape. En 1305, Clément V se fit payer les annates des bénéfices de toute sorte vacants en Angleterre pendant deux ans, selon Mathieu de Westminster, ou pendant trois ans, selon Walsingham. Les annates furent depuis établies dans tout ce royaume, jusqu'à Henri VIII qui les abolit. Par le concordat fait entre la nation germanique et le pape Nicolas V, en 1448, on régla que les évêchés et les abbayes d'hommes payeraient l'annate, et que les autres bénéfices ne seraient sujets que quand le revenu serait de vingt-quatre florins d'or. Charles V fit des efforts inutiles pour abolir les annates en Allemagne, et l'article de l'ordonnance d'Orléans, qui les abrogeait en France, fut révoqué par l'édit de Chartres, en 1562. Paul II fit une bulle, en 1469, pour ordonner qu'on payerait les annates de quinze en quinze ans, pour les bénéfices sujets à ce droit qui seraient unis à quelque communauté ; ses successeurs confirmèrent ce règlement. — Quelques chapitres jouissaient, à titre d'annate, du revenu des canonicats qui étaient vacants ; mais ce revenu appartenait à la fabrique, et devait être employé aux ornements de l'église. Le droit de déport, en usage en Normandie, était un véritable droit d'annate ; dans quelques diocèses, les archidiacres jouissaient de la première année des cures vacantes dans l'étendue de leur archidiaconé ; mais ce droit tirait son origine de la garde des églises vacantes, qui leur appartenait autrefois.   A. S—R.

ANNE. L'Écriture parle de plusieurs femmes de ce nom : 1° l'épouse d'Elcana, de la tribu de Lévi, qui, affligée de sa stérilité que rendaient plus amère encore les reproches de Phénénus sa rivale, fit vœu de consacrer au Seigneur le fils qu'il voudrait bien lui donner, espérant que par ce moyen elle serait plus tôt exaucée ; sa confiance en effet ne fut point trompée, car elle mit au monde un fils qu'elle appela Samuel, et qu'elle offrit au Seigneur par les mains du grand prêtre Héli (1, *Rois*, II). — 2° La femme de Tobie l'ancien, que l'Écriture nous présente comme ayant, par le travail de ses mains, soutenu son mari pendant sa captivité à Ninive, et surtout depuis qu'il eut perdu la vue ; et qui fut sans doute inhumée à côté de lui, selon le désir qu'il en avait plusieurs fois manifesté à son fils. — 3° La fille de Raguel, cousine du vieux Tobie, qui fut emmenée en captivité à Ragès, et fut mère de Sara, femme du jeune Tobie (*Tob*. VII, 2 et 3). — 4° La fille de Phanuel, prophétesse, veuve, de la tribu d'Aser, qui, lorsque la sainte Vierge offrit au temple Jésus-Christ enfant, parla du Messie à tous ceux qui attendaient la rédemption d'Israël (*Luc*, II, 36, 37). Plusieurs martyrologes en font mention, entre autres le martyrologe romain qui place sa fête au premier jour de septembre. — 5° La mère de la sainte Vierge, femme de saint Joachim, qu'on ne connaît que par des traditions, et surtout par celles des Orientaux (*V*. MARIE). — 6° Enfin l'épouse de Jéroboam, premier roi d'Israël, mais dont on ne lit le nom que dans la version grecque (111. *Rois*, XIV, 1 et suiv.).   J. G.

ANNE ou ANANUS, grand prêtre de Jérusalem. (*V*. ANANUS.)

ANNE (ORDRE DE SAINTE-). Cet ordre, devenu très-commun, fut fondé le 3 février 1735 par Charles-Frédéric, duc de Holstein-Gottorp, en l'honneur d'Anne de Russie, fille de Pierre le Grand, qu'il avait épousée, et de l'impératrice alors régnante, Anne Ivanowna. Le gouvernement russe s'appropria cet ordre sept ou huit ans après, et bien qu'on le considérât comme un ordre étranger, l'impératrice Élisabeth et Catherine II le conférèrent fréquemment. Le grand-duc Paul le déclara ordre russe en 1796. Il n'avait d'abord qu'une seule classe de chevaliers, il y en a aujourd'hui quatre, sans compter la classe nombreuse des simples soldats pour qui on a imaginé une sorte de décoration particulière. La croix est rouge et se porte suspendue à un ruban de même couleur liséré de jaune. La plaque se place à droite ; la croix rouge en occupe le milieu ; on lit à l'entour ces mots : *Amantibus pietatem, justitiam, fidem*.

ANNE COMMÈNE, fille de l'empereur Alexis et de l'impératrice Irène, naquit en 1084, ou, suivant quelques biographes, le 1er décembre 1093, et consacra ses premières années à l'étude des mathématiques, de la philosophie, de la poésie et de l'éloquence. Devenue épouse de Nicéphore Brienne, savant modeste qui n'aspirait qu'au repos, elle sentit l'ambition s'associer dans son cœur à l'amour des lettres, et parut s'indigner de l'indifférence de son mari pour les grandeurs. Aussi, lorsqu'elle crut que la fin de son père n'était pas éloignée, elle embrassa ses genoux pour le conjurer de nommer Nicéphore pour son successeur. Alexis fut sourd à ses prières ; Anne, irritée par le mauvais succès, ourdit une conspiration contre son frère pour le renverser du trône qu'elle n'avait pu lui ravir par ses manœuvres. Nicéphore servit mal les desseins de son épouse, et, soit crainte, soit irrésolution, il fit manquer l'entreprise. Jean, contre les habitudes de l'Orient, se montra généreux envers les conjurés vaincus. Anne se vit réduite à ne régner que sur les érudits et les savants dont elle s'entoura. La mort de son mari survenue en 1132 lui permit de se livrer aux lettres avec une ardeur nouvelle ; longtemps après, elle entreprit d'écrire l'histoire de son père ; son mari avait commencé celle de l'empire grec, depuis Romain Diogène, et il l'avait continuée jusqu'à l'année même de sa mort. Anne voulut terminer son ouvrage ; mais elle avait déjà soixante ans lorsqu'elle prit la plume. Son ouvrage, intitulé *Alexios*, en quinze livres et en grec, se ressent de l'extrême mobilité de son caractère. On voit qu'elle a cédé, en le composant, aux inspirations du moment, tantôt passionnée, exagératrice, tantôt égarée dans ses jugements par la haine, tantôt boursouflée d'une érudition ennuyeuse, souvent prolixe et diffuse, toujours écrivant avec l'imagination exaltée d'une femme qui se croit au-dessus de son sexe. Elle commence dans ce livre, dont le principal mérite consiste dans la clarté et l'élégance du style, genre de mérite que les Grecs avaient depuis longtemps perdu, par se donner à elle-même des éloges où elle n'épargne pas l'encens ; elle détaille tous ses titres à l'admiration publique : étude particulière du génie de la langue grecque, rhétorique, longues méditations sur les dialogues de Platon et sur les œuvres d'Aristote, sciences physiques et mathématiques, en un mot, tout ce qui orne et cultive l'esprit. Ensuite elle feint d'éprouver un grand embarras sur la conduite qu'elle tiendra en parlant d'Alexis ; elle craint qu'on ne l'accuse de louer son père aux dépens de la vérité, ou qu'on ne lui reproche de manquer à la piété filiale. Au reste, elle annonce qu'elle a pris ses matériaux dans sa propre mémoire, dans les récits des contemporains et dans les commentaires de quelques moines grecs ; et, pour prouver son exactitude, elle ne manque pas de décrire les traits et jusqu'à la taille de chacun de ses personnages. Toutefois elle ne peut dissimuler la haine qu'elle porte aux croisés et surtout à Robert Guiscard, ce qui a fait dire qu'elle n'avait pas été insensible au mérite du fils de ce même Guiscard, Bohémond, duc de Tarente, dont il lui arrive souvent de parler avec enthousiasme. Quant au pape, elle le traite d'un ton cavalier, affectant de ne lui donner que le titre d'évêque, et reprochant aigrement aux Latins *leur insolente prétention de vouloir faire de leur évêque le souverain pontife de toute la terre*. — L'Alexios d'Anne Commène fut publié à Augsbourg en 1610 par David Hœschel, 1 vol. in-4° ; le P. Possin en donna une seconde édition à Paris, in-fol. en 1651 ; il y joignit les notes de David Hœschel. Le président Cousin a donné de l'Alexiade une traduction française où l'élégance s'allie avec l'exactitude. Schiller a donné à Anne de son côté une traduction allemande. Anne mourut en 1148, âgée de soixante-quatre ans.   N. M. P.

ANNE DE RUSSIE, devint reine de France en 1044, suivant l'opinion commune, en épousant Henri Ier, troisième roi de la race des Capétiens. Ce prince avait eu déjà deux épouses, mortes l'une et l'autre sans postérité. Le désir d'avoir un héritier de son sang le fit décider à se remarier, et comme il ne voyait autour de lui, dit-on, que des femmes avec lesquelles il avait quelque lien de parenté, il alla chercher sa troisième femme dans une contrée éloignée et dans une famille qui lui fût tout à fait étrangère. Anne, crue d'abord stérile, donna le jour à trois fils, dont l'aîné, Philippe, fut couronné du vivant même de son père, et devint après lui roi de France (1060). Anne, restée veuve, se retira dans un monastère qu'elle avait fait bâtir à Senlis ; mais elle n'y resta pas longtemps, et, peu fidèle à la mémoire de son mari, elle épousa en secondes noces un parent de Henri, nommé Raoul de Péronne, comte de Crépi. Les deux époux furent excommuniés parce que non-seulement Raoul était allié du premier mari, mais encore il était déjà marié lui-même. Il avait à la vérité répudié cette femme, mais l'Église n'avait point ratifié le divorce. Raoul et Anne bravèrent l'excommunication ; mais ce que l'Église et les évêques n'avaient pu obtenir, l'inconstance de Raoul l'opéra ; dégoûté d'Anne, il l'éloigna de lui, et cette princesse alla, suivant les uns, mourir peu de temps après en Russie, et, suivant les autres, à l'abbaye ou près de l'abbaye de Villiers. Ces variations, jointes à l'incertitude où l'on est sur la véritable époque de son mariage avec Henri, époque que d'anciens annalistes avancent ou retardent de plusieurs années, ont fait douter de l'existence de cette princesse. On ajoute que l'on ne connaît pas mieux son véritable nom ni celui de son père ; qu'on la trouve souvent désignée sous le nom d'Agnès et même de Gertrude, tandis que son père est nommé tantôt Jaroslaw et tantôt George, Ioury et Gauthier ; et de là on a conclu qu'Anne était d'une famille des anciens Ruthéniens d'Aquitaine, que nos vieux annalistes placent dans le Rouergue. Mais toutes ces hypothèses méritent peu qu'on s'y arrête, et l'on a vu plus d'une fois des personnages, dont l'existence n'est nullement douteuse, désignés d'une manière équivoque.

ANNE DE SAVOIE, fille du comte de Savoie Amédée V, épousa, l'an 1327, Andronic le jeune, qui devint empereur de Constantinople. Restée veuve d'assez bonne heure, elle devint régente de l'empire pendant la minorité de Jean Paléologue son fils. La puissance de Cantacuzène, généralissime des troupes, lui causa de l'ombrage ; elle voulut l'éloigner de la cour ; mais Cantacuzène avait de nombreux amis : ils forcèrent l'impératrice à le rappeler et même à partager avec lui l'exercice du pouvoir. Lorsque Jean Paléologue fut en âge de gouverner, son orgueil se révolta contre la concession qu'on avait arraché à sa mère en faveur de Cantacuzène. La guerre civile ne tarda pas à s'allumer ; Anne, qui depuis quelque temps ne s'occupait plus que de discussions théologiques, sortit de sa retraite pour s'interposer entre son fils et Cantacuzène ; mais les troubles ne cessèrent que lorsque ce dernier eut abdiqué le pouvoir qu'il lui fut rentré dans la vie privée. Anne vit la guerre terminée, mais elle ne jouit pas longtemps du repos qui suivit l'abdication de Cantacuzène ; elle mourut fort peu de temps après lui.

ANNE DE FRANCE, plus connue sous le nom d'Anne de Beaujeu, était fille de Louis XI, qui lui donna pour époux (1474) Pierre de Bourbon, sire de Beaujeu et plus tard duc de Bourbon. Cette princesse, digne de son père par son habileté, sa dissimulation et son adroite politique, fut désignée par lui comme régente, et tutrice de son frère Charles, à l'exclusion des princes du sang, et principalement du duc d'Orléans qu'il n'aimait pas et qu'il avait contraint d'épouser sa seconde fille, Jeanne. Louis n'eut pas plutôt fermé les yeux, qu'Anne se rendit à Tours où les états généraux furent convoqués (1484) pour faire reconnaître son autorité. Anne l'emporta sur le duc d'Orléans, malgré l'espèce de ligue qui s'était formée contre elle et dans laquelle beaucoup de seigneurs étaient entrés. Ceux-ci prirent même les armes ; mais la régente, par son courage et son activité, vint aisément à bout de tous ses ennemis, et le duc d'Orléans, battu et fait prisonnier, fut jeté dans une prison où il passa près de trois ans. On prétend qu'Anne, qui n'avait pas dédaigné de faire de tendres avances au prince, se vengea ainsi de l'indifférence dont il les avait payées ; mais hâtons-nous de dire que c'est à Brantôme, écrivain justement suspect, que cette anecdote a été empruntée ; il est plus naturel de penser que le sentiment qui divisait le prince et la régente n'était pas autre chose que la jalousie du pouvoir ; ils se regardaient l'un dans l'autre comme un obstacle à l'exercice de l'autorité à laquelle tous deux prétendaient. — Quoi qu'il en soit, il est certain que la fille de Louis XI tint en cette occasion une conduite que le feu roi n'aurait point désavouée. Au

lieu de poursuivre les seigneurs du parti d'Orléans, elle s'attacha seulement à les diviser ou à les gagner par des largesses réelles et de grandes promesses. D'un autre côté, pour obtenir la faveur populaire, elle supprima un impôt onéreux, et livra aux tribunaux trois anciens favoris. La nation entière les avait en horreur, et cette concession adroite à l'opinion générale valut à la régente beaucoup d'amis. C'étaient le fameux Olivier le Dain, devenu, de barbier de Louis XI, son premier ministre, Doyen et le médecin Cottier. Le premier périt sur un gibet, le second fut flétri de la verge et banni du royaume ; on condamna le troisième à cent cinquante mille livres d'amende. — Cependant Louis d'Orléans se fatiguait de la prison. Ses amis, n'espérant rien de madame de Beaujeu, s'attachèrent à gagner le jeune roi qui, de son côté, supportait impatiemment la tutelle de sa sœur. On prétexta une partie de chasse pour soustraire le roi à la surveillance active de la régente ; Louis d'Orléans fut mis en liberté, et le roi déclara qu'il n'avait plus besoin de personne pour se conduire. Anne, depuis ce moment, n'eut plus ni autorité ni crédit. A la mort de Charles, elle se disposait même à s'éloigner de la cour, parce qu'elle craignait les ressentiments de Louis, successeur de son frère. Louis lui dut rassurer, et il la combla même de biens et de marques d'affection. (*V.* LOUIS XII.) — Anne mourut en 1522 ; elle était dans sa soixantième année. **N. M. P.**

ANNE DE BRETAGNE, fille et unique héritière de François II, dernier duc de Bretagne, naquit vers la fin de janvier 1476. Plusieurs prétendants se disputèrent sa main : Alain d'Albret, Maximilien d'Autriche, le vicomte de Rohan pour son fils, Charles VIII pour lui-même. Anne, qui tremblait à l'idée d'un mariage avec Alain qu'elle aurait pu avoir pour aïeul, qui ne voulait pas non plus de son cousin de Rohan, qui craignait surtout, en épousant le roi de France, d'abdiquer ses droits de souveraineté, envoya secrètement un message à Maximilien qui, dans ce moment retenu par la guerre au fond de l'Allemagne, se fit représenter par un fondé de pouvoir et épousa la princesse par procuration. Dunois, ami et parent de Louis d'Orléans qu'Anne de Beaujeu retenait prisonnier à Bourges, conçut le projet de rompre ce mariage et de donner Anne et la Bretagne au roi, en attachant pour condition au succès de ses négociations la liberté du prince. Dunois se trouvait alors à Rennes auprès d'Anne qui lui montrait beaucoup de confiance ; mais ce ne fut pas sans peine qu'il la fit consentir à devenir reine de France ; il fallut qu'elle eût l'air d'y être forcée ; une armée française l'assiégea dans Rennes. Il fut stipulé dans le contrat de mariage que, si Anne mourait sans enfants, tous ses droits sur la Bretagne passeraient sur la tête du roi ; que, si elle lui survivait, elle ne pourrait se remarier qu'avec le successeur du roi. On sait que Charles VIII, frappé d'apoplexie, mourut cinq ou six ans après, et qu'il ne laissa point d'enfants. Anne se hâta de partir pour Nantes et de faire acte de souveraineté. On sait encore que Louis d'Orléans avait autrefois aspiré à sa main ; la mort de Charles lui rendit l'espoir de l'obtenir. Mais, marié lui-même à Jeanne de France, il ne trouva d'autre moyen de se satisfaire que celui de rompre les nœuds qui l'attachaient à la fille de Louis XI. Le divorce fut prononcé par des juges complaisants et confirmé par le pape : c'était Alexandre VI. Le contrat de mariage de Charles et d'Anne avait été celui d'un roi qui épouse sa vassale ; celui d'Anne et de Louis XII montrait une femme orgueilleuse qui daigne faire monter jusqu'à elle un esclave soumis. Le second contrat semblait fait pour empêcher la Bretagne de s'unir jamais à la France. Anne s'y montra toute Bretonne ; Louis ne se montra ni Français ni roi. Ce n'est pas ici le lieu de parler de ces guerres fatales d'Italie auxquelles se laissa entraîner Louis XII. Contentons-nous de parler de ce qui se rattache à sa femme. Le roi était tombé malade (1504) à Blois ; on dit que ce fut de chagrin du mauvais succès de ses armes ; on peut croire que le chagrin rendit son mal plus actif. La reine, que nul Français ne sera tenté d'appeler la *bonne Anne* (*V.* ANNE STUART), ne vit pas plutôt la maladie empirer, que, sans se mettre en peine de ses devoirs d'épouse et de reine, ni même des plus légères convenances, elle fit transporter tout son mobilier sur les bords de la Loire avec ordre de l'embarquer pour Nantes. Elle se disposait à suivre ses effets avec sa fille Claude qui n'était encore âgée que de quatre ou cinq ans. Le maréchal de Gié, gouverneur de François d'Angoulême, fit arrêter les bateaux et donna ordre d'arrêter la reine elle-même si elle prétendait emmener la princesse. Le roi ayant recouvré la santé, Anne reprit tout son ascendant qu'elle employa tout entier à poursuivre le loyal Gié, qui aurait trouvé la mort sur un échafaud pour prix de sa fidélité sans l'inébranlable fermeté du chancelier Gui de Rochefort. On conçoit le dépit, le ressentiment, la haine qui devaient exciter Anne à la vengeance : le maréchal de Gié avait mis son âme à nu. Ce qu'on ne conçoit pas, c'est l'aveuglement de Louis XII. Il est vrai que le maréchal s'était permis, dit-on, quelques plaisanteries sur la faiblesse du roi pour sa femme qui n'était ni bonne ni aimable, et qui prouvait au contraire qu'elle était haineuse et vindicative, par les précautions prématurées qu'elle avait prises, qu'elle plaçât son propre intérêt avant tout. — Rien ne put ouvrir les yeux du roi; Anne l'obligea de souscrire un traité en vertu duquel le cardinal d'Amboise lui fit faire un testament par lequel il fut déclaré que sa fille aînée, Claude, était promise à Charles de Luxembourg (depuis Charles-Quint), avec le duché de Bretagne, les comtés d'Ast et de Blois, le duché de Bourgogne et les droits de son père sur Naples et le Milanez. Anne pouvait sans doute désirer l'accomplissement d'un projet qui assurait un sort brillant à sa fille; mais il fallait que Louis fût bien aveuglé par sa passion pour s'être ainsi résigné à des conventions désastreuses. Heureusement le ciel ne permit pas qu'elles s'accomplissent. Le roi étant de nouveau tombé malade, le cardinal d'Amboise lui fit faire un testament par lequel il fut déclaré que sa fille Claude épouserait le comte d'Angoulême aussitôt que leur âge le permettrait. Anne se montra mécontente, mais elle ne put obtenir la révocation du testament. Elle mourut à Blois à la suite d'un accouchement laborieux (1514); elle n'avait alors que trente-six ans. Anne emporta la réputation d'une femme hautaine, entêtée et capricieuse, d'humeur très-exigeante. Elle s'était conduite en épouse tendre et soumise envers Charles VIII qui ne l'avait placée sur le trône que par convenance; elle agit d'une façon tout à fait opposée avec Louis XII qui lui avait tout sacrifié, jusqu'au repos de sa conscience; car avait-il pu jamais se pardonner son odieux procédé envers Jeanne, dont tout le tort fut de n'être point belle?   J. DE M.

ANNE DE HONGRIE. Elle était fille du roi de Hongrie Ladislas VI; en 1527 elle épousa l'empereur d'Allemagne Ferdinand, et lui apporta en dot la Hongrie et la Bohême. Ses historiens ont vanté sa beauté et son courage extraordinaires. Quand les Turcs firent le siége de Vienne conjointement avec le vaywode de Transylvanie, on la vit constamment à la tête des troupes excitant leur bravoure et affrontant elle-même tous les dangers. Elle mourut à Prague en 1547, dans un âge peu avancé. Anne d'Autriche et Marie de Médicis étaient ses petites-filles.   N. M. P.

ANNE D'AUTRICHE, reine de France, fille aînée de Philippe III, roi d'Espagne, et femme de Louis XIII, naquit à Valladolid dans le courant de 1601. Elle n'avait guère plus de quatorze ans quand elle épousa le roi qui était du même âge. Le prince de Condé, et tous les mécontents avec lui, s'étaient élevés contre ce mariage qui, selon eux, était contraire aux volontés du roi (Henri IV), et surtout aux intérêts de la France. Marie de Médicis méprisa cette opposition; toutefois elle tâcha d'abord de gagner du temps; elle amusa le prince par des promesses, mais elle fit partir en même temps pour l'Espagne le duc de Guise, ennemi déclaré du parti protestant. Il était chargé de conduire à Madrid la princesse Élisabeth, sœur du roi, promise à l'héritier du trône, et d'amener en France l'infante destinée au roi. Celui-ci l'alla recevoir à Bordeaux où le mariage fut célébré. Anne avait probablement espéré le bonheur; vive, aimante, passionnée, elle comptait sur la réciprocité; elle avait d'ailleurs l'esprit, la grâce et la beauté; et c'étaient là bien des moyens de plaire que la nature avait mis à sa disposition. Mais Louis était froid, indifférent, faisant ses délices de la chasse aux moineaux avec les pies-grièches que son favori Luynes dressait exprès; il répondit mal aux désirs de l'infante. De là naquit de part et d'autre un sentiment qui, bien que moins fort que la haine, ne laissa pas de rendre les époux étrangers l'un à l'autre pendant plus de vingt ans. On conçoit que, durant ce long intervalle, époque brillante mais austère du ministère de Richelieu, Anne ne jouit pas d'une condition bien heureuse. Non-seulement le ministre-roi la privait de toute autorité, de toute influence dans les affaires, mais encore il feignit de prendre ses plaintes pour des menaces, quelque expression, peut-être imprudente, pour l'involontaire aveu d'un complot contre l'État, et il ne lui en fallait pas davantage pour se faire autoriser par le roi à la tenir en quelque sorte prisonnière dans son palais; il fit plus; il la rendit suspecte comme épouse. Ses liaisons avec Gaston, son beau-frère, lui furent imputées à crime; les ressentiments du roi en vinrent au point que Louis les lui reprocha en plein conseil, en lui disant *qu'elle avait voulu changer de mari.* (On prêtait à la reine l'intention de faire prononcer son divorce pour épouser

Gaston.) On prétend que la reine répondit froidement *qu'elle n'aurait pas beaucoup gagné au change.* — Un rapprochement s'opéra pourtant entre les deux époux peu d'années avant la mort du roi, puisque Anne devint mère d'un fils qui reçut comme son père le nom de Louis et qui lui succéda, et que deux ans après elle donna le jour à un second fils qui devint duc d'Orléans. Nous ne répéterons pas ici les historiettes qu'on a faites pour expliquer ce rapprochement; nous croyons plutôt qu'il fut conseillé par Richelieu qui était obligé de ménager Gaston, *héritier présomptif du trône tant que le roi n'avait pas d'enfants,* ce qui l'empêchait d'attaquer l'esprit de révolte dans son foyer, tandis qu'après la naissance de Louis XIV, Gaston parut bien moins dangereux, et qu'il put être facilement contenu. — Louis XIII avait légué la régence à sa femme (1643) et la lieutenance générale du royaume à Gaston. Anne, dirigée par Mazarin, flatta le parlement et obtint de lui la régence pure et simple, c'est-à-dire le pouvoir absolu. Un parti de mécontents se forma, Gaston se mit à leur tête. D'un autre côté, le peuple se plaignit d'être surchargé d'impôts, le parlement se déclara contre la cour, et le 15 juin 1648 il signa le fameux arrêt d'union, espèce de ligue de tous les parlements du royaume contre le gouvernement. La reine, pour éviter un plus grand mal, adopta l'édit d'union; mais par cet acte de faiblesse elle augmenta l'audace du parlement qui voulut être à la fois pouvoir administratif, pouvoir judiciaire, conseil politique du souverain et représentation nationale. La reine irritée fit arrêter le conseiller Potier et le président Broussel. Ainsi commença la guerre de la Fronde, guerre qui ne serait que ridicule, si quelquefois les fureurs de la populace n'en avaient ensanglanté les principales journées. (*V.* FRONDE [guerre de la].) Elle agita la France pendant dix ans avec des succès mêlés de revers que les deux partis. Tantôt la cour dut quitter Paris, tantôt elle put y rentrer en triomphe. Mazarin fut deux fois obligé de s'éloigner de la France, et chaque fois il y revint plus puissant. Il y eut des trèves, des traités faits et rompus, des défections de part et d'autre; le cardinal de Retz fut au moment de saisir le pouvoir et finit par être emprisonné, et Condé, qui ne trouvait plus en France de sympathie, ne fut pas assez grand pour rentrer dans le devoir; il alla offrir ses services à l'Espagne contre son pays, ajoutant ainsi à la révolte la trahison. (*V.* CONDÉ, dit le Grand.) Ainsi finit la guerre de la Fronde (1655). — Après la *paix des Pyrénées* du 7 novembre 1659, Anne abandonna tout à fait les affaires et ne s'occupa plus que de pratiques de dévotion. Elle continua pourtant de donner ses avis au roi dans les occasions importantes. Elle contribua surtout à son mariage avec l'infante d'Espagne Marie-Thérèse, lequel se fit le 9 juin 1660. Anne mourut six ans après d'un cancer au sein qu'elle avait négligé (20 janvier 1666), dans sa soixante-quatrième année. Elle emporta les regrets de son fils qui avait retrouvé, à son avénement, la monarchie aussi forte que Richelieu l'avait laissée à sa mort. Paris lui doit l'église du Val-de-Grâce, qu'elle avait fait construire en commémoration de la naissance de son fils. — Les écrivains, ou pour mieux dire les pamphlétaires, les libellistes du temps, c'est tout ce qui dépendait d'eux pour décrier Anne à laquelle ils ont prêté des mœurs dissolues. Ils lui ont donné autant d'amants qu'il y avait de seigneurs vieux ou jeunes à la cour de Louis XIII, le duc de Bellegarde, le duc de Montmorency, le marquis de Gesvres, le cardinal de Richelieu, Mazarin et surtout l'Anglais Buckingham, et plusieurs écrivains de nos jours ont répété ces accusations calomnieuses; ils ont cité surtout avec complaisance la prétendue découverte de Hume, qui a gravement affirmé que le mystérieux personnage connu sous le nom de *Masque de fer* était le fruit des amours de Buckingham et de la reine. Il ne s'est donc trouvé personne qui ait soupçonné de mensonge tous ces conteurs d'anecdotes licencieuses, émules du cynique Brantôme ! personne qui ait imaginé que la Fronde, qui enfanta contre Mazarin quatre-vingts gros volumes in-4º de satires et de libelles, ait pu aussi produire un tissu de calomnies contre une reine à laquelle Mazarin se montra toujours dévoué ! Nous nous réservons de revenir sur cette question, où il s'agit de l'honneur d'une grande reine, au mot *Masque de fer;* nous y renvoyons le lecteur.   J. DE M.

ANNE STUART, reine d'Angleterre, naquit à Twickenham aux environs de Londres, le 6 février 1694. Elle eut pour père l'infortuné Jacques II, et pour mère Anne Hyde, fille de l'illustre Clarendon et première femme de Jacques. Celui-ci avait concentré sur elle ses plus tendres affections, et Anne, encore enfant et douée d'un cœur aimant, y répondait avec tout l'aban don de son âge. Jacques déjà catholique au fond du cœur, bien qu'il n'eût pas encore abjuré le protestantisme, comptait élever sa plus jeune fille dans la religion qu'il voulait embrasser, et qu'il embrassa plus tard en effet avec tant de conviction, qu'il ne craignit pas de sacrifier pour elle ses trois couronnes. Anne, parvenue à peine à sa sixième année, fut envoyée en France sous prétexte de rétablir sa santé menacée, et, s'il faut en croire les mémoires du temps, afin qu'elle puisât de bonne heure à la cour de Louis XIV les principes du catholicisme. On ajoute qu'il existait entre le roi de France et Jacques, alors duc d'Yorck, un traité secret par lequel le second promettait la main de sa fille à un prince catholique, et le premier s'engageait à favoriser et à protéger cette alliance. Rien au fond ne paraît moins avéré qu'un traité de ce genre; rien ne semble même moins vraisemblable. Quel intérêt réel pouvait résulter pour Louis XIV du mariage de la *seconde* fille du duc d'Yorck? Quelque zélé que se montrât le roi de France pour le rétablissement de la religion catholique en Angleterre, pouvait-il espérer ce rétablissement de la conversion d'une enfant que sa naissance et son sexe devaient tenir éloignée du trône tant que son oncle, son père et sa sœur aînée vivraient eux et leurs descendants, s'ils en avaient. Quoi qu'il en soit, Anne et sa sœur Marie furent l'une et l'autre élevées sous les yeux de Charles II, imbues de bonne heure des doctrines de l'anglicanisme, et mariées, la première au prince George, frère du roi de Danemark, Christian V, et Marie au prince d'Orange, Guillaume, cet ennemi acharné de Louis XIV, cet ambitieux déhonté qui, plus tard, d'une main sacrilège, fit tomber son beau-père du trône pour s'en emparer au nom de la religion. — Anne aimait son père; elle aurait voulu s'attacher à sa fortune, l'aller consoler dans l'exil; mais, d'une part, son mari gagné par Guillaume n'y consentit pas; de l'autre, Sarah Jennings, femme de lord Churchill (depuis duc de Marlborough), laquelle vivait avec Anne dès son enfance dans la plus grande intimité, s'opposa de toutes ses forces à l'exécution d'un projet qui aurait renversé les espérances de fortune qu'elle formait pour l'avenir; car Marie n'avait point d'enfants, et il avait été réglé par un bill solennel que si, Marie prédécédée, Guillaume se remariait, les enfants qu'il pourrait avoir d'une seconde épouse ne lui succéderaient pas. Il semblait donc très-probable que si Anne survivait à sa sœur, elle serait déclarée héritière présomptive du trône. Anne fut donc retenue en Angleterre et présentée même à la cour du nouveau souverain, qui lui montra d'abord beaucoup d'amitié, mais qui ne tarda pas à manifester un sentiment presque tout opposé quand il connut l'influence que la princesse de Danemark laissait prendre sur son esprit à lord Churchill. Ce refroidissement de Guillaume pour sa belle-sœur fut suivi de la disgrâce de ce favori qui, créé depuis peu comte de Marlborough, fut dépouillé de ses dignités; mais après la mort de Marie (1694), Guillaume se rapprocha de nouveau d'Anne; il sentait qu'il avait besoin de la ménager pour se soutenir sur un trône auquel il n'avait aucun droit réel. Marlborough, de son côté, devait se ressentir de ce retour du roi; il fut réintégré dans ses charges et nommé gouverneur du duc de Glocester; c'était le seul fils qu'Anne avait pu conserver; mais ce jeune prince mourut très-peu de temps après que le parlement l'eut déclaré héritier présomptif de la couronne. Ce fut alors qu'Anne écrivit à son père pour en obtenir l'autorisation de monter sur le trône, promettant de le rendre à son frère, le chevalier de Saint-George. Jacques repoussa la prière de sa fille; il répondit que c'était à lui-même que le trône appartenait, et après lui à son fils. La cour de Saint-Germain loua cette réponse; on aurait pu demander à Jacques pourquoi il avait si mal défendu ce trône contre le gendre ingrat qui le lui ravit. Ce prince, qui ne montra jamais que de la fermeté, mourut en 1701; Guillaume le suivit de près dans la tombe: Anne fut proclamée reine d'Angleterre. Les deux partis des whigs et des torys montrèrent la même joie à son avénement, mais ils avaient tous les motifs bien opposés; les premiers accueillaient avec plaisir la princesse protestante qui s'engageait à suivre la politique de Guillaume; les seconds recevaient avec enthousiasme la souveraine en qui se continuait la race royale de Stuart, et les jacobites se joignaient à eux par l'espérance de voir dans peu sur le trône le successeur légitime de Jacques II. Mais si les torys et les whigs semblaient sur ce point confondre leurs opinions et leurs sentiments dans une satisfaction commune, il n'en était pas de même pour la question de la guerre étrangère; les whigs l'appelaient à grands cris, les torys voulaient la paix. Marlborough, avide de renommée autant que de richesses, grand maître de l'artillerie et distribuant les

emplois de l'armée, dirigeant le cabinet par son gendre Sunderland qu'il avait fait nommer secrétaire d'État, puisant à pleines mains dans les coffres publics que lui tenait ouverts lord Godolphin, dont le fils était aussi son gendre, Marlborough fit déclarer la guerre. — Les prétextes ne manquaient pas pour obtenir du parlement les fonds nécessaires. On a dit, on a répété que la rupture eut pour cause la reconnaissance que Louis XIV avait faite du chevalier de Saint-George en qualité de roi d'Angleterre après la mort de Jacques II; et il est probable que cet acte, assez impolitique par rapport à l'époque où il eut lieu, put contribuer à indisposer Guillaume. Mais tel ne fut point le véritable motif de la guerre. A sa haine contre Louis XIV Guillaume joignait le désir exclusif de réaliser son utopie de l'équilibre européen: la balance des pouvoirs fut sa chimère de toute la vie. Il s'était alarmé pour elle en pensant que la mort sans enfants de Charles II, roi d'Espagne, allait accroître outre mesure le pouvoir de la France ou celui de l'empereur d'Allemagne; car ce dernier n'avait pas moins de droits que le roi de France lui-même sur l'immense héritage que le décès de Charles pouvait laisser vacant. Guillaume voulait éviter l'inconvénient qui de part ou d'autre mettait en péril son système de l'équilibre, et surmontant l'aversion qu'il avait vouée au roi de France, il lui proposa un partage de la monarchie espagnole, partage auquel l'empereur, Louis XIV et l'électeur de Bavière auraient pris part. Louis XIV avait d'abord accepté; mais Charles II, irrité de ce qu'on disposait ainsi sans le consulter de sa succession, nomma pour héritier universel le fils de l'électeur de Bavière. Le jeune prince, à peine âgé de cinq ans, mourut au bout de quelques mois. Guillaume reprit alors son projet de partage, seulement il le proposa sur d'autres bases. Louis XIV ou le dauphin devait prendre le royaume de Naples, les îles de la Méditerranée et plusieurs places fortes du nord de l'Espagne avec leurs territoires; l'exécution de ce plan aurait été avantageuse à la France, mais le roi se laissa gagner par l'idée d'assurer la succession entière à son petit-fils, et il publia le fameux testament qui appela Philippe d'Anjou. Guillaume se plaignit; il accusa Louis XIV d'ambition et de mauvaise foi, et il suscita contre lui l'Empire, la Hollande et l'Angleterre. Guillaume mourut avant que la guerre eût commencé, mais il laissa la coalition existante: il ne fut question que de continuer son ouvrage. — La guerre dura près de douze ans; les premières campagnes furent peu décisives; les succès et les revers se balancèrent; mais lorsque Marlborough et le prince Eugène, déposant toute jalousie de gloire et de commandement, eurent uni leurs efforts, lorsque surtout Louis XIV, dominé par madame de Maintenon, eut substitué aux Berwick, aux Vendôme, aux Villars les généraux de cour, formés dans les salons de Versailles, les Tallard et les Villeroi, les désastres se succédèrent sans compensation, et Louis, si longtemps victorieux, fut réduit à demander aux *bourgeois d'Amsterdam* une paix qu'ils lui refusèrent; car c'était le refuser de l'accorder à des conditions telles que la honte de les accepter eût été pire mille fois que la mort. — Repoussée par les Hollandais, Louis se tourna du côté de la reine Anne; il n'ignorait pas ce qui se passait à Londres, et tout petits qu'étaient les incidents sur lesquels ses agents avaient fondé l'espoir de réussir, l'événement prouva qu'ils ne s'étaient point trompés. Le parti tory demandait la fin des hostilités, le peuple murmurait parce que les impôts allaient toujours croissant; bien des gens disaient hautement que l'Angleterre s'épuisait d'argent et d'hommes pour des intérêts étrangers: les whigs, nombreux dans les chambres, l'emportaient sur leurs adversaires, et la reine, subjuguée par l'ascendant de Sarah Jennings, continuait la guerre tout en formant des vœux pour la paix. Mais un jour elle s'aperçut que Sarah était en tutelle, que même elle avait l'air de ne remplir qu'avec répugnance les devoirs de sa charge. Anne avait demandé ses gants, et Sarah les lui présenta du bout de ses doigts et en détournant la tête, comme si elle eût craint de se souiller de quelque mal contagieux. On ajoute qu'elle renversa comme par mégarde une aiguière pleine d'eau sur la robe de madame Masham qui paraissait depuis quelque temps s'insinuer dans les bonnes grâces de la reine; et ce que n'avaient pu faire ni la puissance des torys, ni les murmures du peuple, ni l'épuisement du trésor public, l'insolence de la favorite le fit en un jour: le ministère whig fut renversé, et Marlborough attaqué sans ménagement dans les chambres et par les écrivains; on parla ouvertement de son ambition démesurée qui, pour se satisfaire, exposait le salut de l'Angleterre, de son avarice sordide, de ses déprédations scandaleuses. Anne commença par borner son autorité militaire; on lui ôta le commandement, on formula contre lui un acte d'accusation dans la chambre des communes, tous ses emplois lui furent repris. — Un événement qu'on n'avait point prévu vint appuyer de toute son influence la révolution qui s'était opérée dans les esprits. L'empereur Joseph mourut sans postérité, ne laissant pour lui succéder un son frère, l'archiduc Charles, qui depuis tant d'années disputait à Philippe V la couronne d'Espagne. Charles en effet fut élevé à l'empire (1711) sous le nom de Charles VI. Le motif allégué par les whigs pour continuer la guerre venait donc de cesser; car si l'Angleterre n'avait combattu que pour le maintien de l'équilibre imaginé par Guillaume, cet équilibre allait être rompu par l'accession de l'empereur au trône d'Espagne, et il ne convenait pas plus à ses intérêts qu'il se rompît en faveur de l'Autriche que si ce résultat s'opérait du côté de la France. Toutefois, le parti de Marlborough, vaincu à la cour, vaincu au parlement, ne se rendit pas encore; il poussa dans l'ombre des cris de guerre, il conspira, et le prince Eugène lui-même ne craignit pas de tacher sa gloire de capitaine en venant à Londres accepter le rôle d'agitateur. Bolingbroke, qui faisait partie du nouveau ministère, proposa de le faire arrêter; la reine n'eut pas le courage de le permettre; elle ordonna seulement qu'on prît toutes les mesures de précaution nécessaires pour prévenir ou comprimer les troubles. Eugène ne se trouvant plus soutenu, craignant peut-être pour sa sûreté, partit à la hâte de Londres et retourna intriguer sur le continent. La seule difficulté qui retardât encore la conclusion de la paix, c'était la clause que le ministère anglais imposait à Louis XIV : la reconnaissance du droit de succession au trône de la ligne protestante de Brunswick-Hanovre. Comme il ne s'agissait là que d'une affaire de forme, puisqu'au fond on traitait avec la reine, on trancha la question, et la paix définitive fut enfin signée à Utrecht le 7 avril 1713. L'empereur résista encore; mais convaincu par Villars, qui sous les yeux même du prince Eugène emportait ses places fortes, que sans le secours de ses anciens alliés il ne pouvait soutenir la guerre, il finit par adhérer à la paix générale et par reconnaître Philippe V en qualité de roi d'Espagne. — Anne jouit peu de temps de la gloire qu'elle s'était acquise par cette paix qu'elle dictait à l'Europe plus que par les victoires de Marlborough, dues en grande partie au mauvais choix des généraux que lui opposa la cour de Versailles. Elle mourut le 20 juillet 1714, emportant les regrets universels de ses sujets qui lui donnèrent le nom de *bonne reine Anne*. On ne saurait faire un meilleur éloge des souverains que de peindre le deuil des peuples : les Anglais arrosèrent de pleurs le cercueil d'Anne, et de nos jours encore ils ne parlent d'elle qu'avec attendrissement. — Ce fut sous le règne de cette princesse que l'Écosse et l'Angleterre furent définitivement réunies (1706); depuis cette époque, l'Écosse a été représentée aux deux chambres du parlement britannique, mais elle a cessé d'avoir un parlement particulier. Ce fut aussi vers le même temps (le commencement du XVIIIᵉ siècle) que la littérature anglaise prit un essor qu'on a comparé à celui qu'avait pris la littérature française dans la dernière moitié du siècle précédent. On avait vu en effet Pope, Prior, Swift, Congrève, Thompson, Young, Addison, etc., s'élancer d'un pas ferme dans la carrière de la poésie et des lettres, faire perdre à la langue ce qu'elle conservait de rudesse et d'incorrection, épurer le goût public, donner aux idées une direction plus sage. — Anne, par les qualités de son cœur, méritait d'être heureuse; elle ne le fut point, et les circonstances la tinrent toujours placée dans une situation tout à fait opposée à ses penchants. Elle aima son père, et elle vécut loin de lui sous les dehors de l'ingratitude; elle aima tendrement son frère, et on la força de mettre sa tête à prix; elle aurait voulu lui transmettre sa succession, et le parlement lui donna pour héritier un parent éloigné qu'elle haïssait; elle désira toujours la paix et le bonheur de son peuple, et durant tout son règne elle fit la guerre et le peuple gémit sous le fardeau des impôts. Elle n'en fut pas moins la *bonne reine Anne*.

J. DE M.

ANNE IWANOWNA, naquit en 1693 sur les degrés du trône de Russie; elle y monta par une de ces révolutions de cour qu'on voit arriver plus d'une fois sans que le peuple y prenne une part bien active, et dont tout l'effet se réduit à la substitution d'un individu à un autre. Elle était fille d'Iwan ou Jean, frère du czar Pierre, et quoique celui-ci eût laissé deux filles, elle leur fut préférée à la mort de Pierre II, qui venait de mourir au sortir de l'adolescence. Les princes Dolgorowski avaient gouverné l'empire en qualité de favoris; un nouveau favori, Ernest de Buren, dirigea la main d'Anne, et il souilla du sang des proscriptions. Les Dolgorowski furent

livrés aux bourreaux, et beaucoup de seigneurs périrent avec eux; on prétend que plus de douze mille individus furent immolés aux haines cruelles d'Ernest, haines si implacables, si avides de supplices, que l'impératrice elle-même, épouvantée de ses excès, le conjura plusieurs fois, les larmes aux yeux, d'y mettre un terme. Buren ne changea point de conduite; la rigueur était, suivant lui, nécessaire pour contenir l'esprit de révolte; ce qu'il faut dire, c'est que le ministère de Buren, qu'on peut considérer comme le Richelieu de la Russie, fit briller le règne d'Anne d'un éclat extraordinaire; que les armées de terre et de mer offrirent des masses imposantes; que la discipline s'établit dans les troupes; que les Polonais reçurent d'Anne leur roi Auguste III; que les Suédois, qui avaient jusque-là tenu dans leurs mains le sceptre du Nord, furent contraints de céder à l'influence croissante de la Russie. Anne mourut dans un âge peu avancé, aux dernier jours d'octobre 1740. — Anne Petrowna, la fille aînée de Pierre et de Catherine Iʳᵉ, avait cessé de vivre dès l'an 1728, à peine âgée de vingt-deux ans; elle avait épousé, trois ans avant sa mort, le duc de Holstein-Gottorp, Charles-Frédéric, qui aspirait au trône de Suède : elle laissa pour héritier de ses droits le jeune et malheureux Pierre III (*V.* ce mot). Ce prince ne fut point toutefois le successeur immédiat d'Anne, qui transmit son trône en mourant au prince Iwan Antonowitz, petit-fils de Catherine, sa sœur aînée. La régence fut confiée à Buren, qui avait été nommé duc de Courlande. (*V.* BUREN ou BIRON.) Le règne d'Anne fut favorable au progrès de la science géographique; les voyages de découvertes ordonnés par Pierre le Grand furent continués, la mer Glaciale fut explorée, la côte de la Sibérie reconnue et décrite, l'archipel des Aléutiennes visité par Béringh, la route vers l'océan Oriental découverte. (*V.* BÉRINGH.)

ANNE DE GONZAGUE, plus connue sous le nom de *princesse palatine*, était fille de Charles de Gonzague, duc de Mantoue. En 1645 elle épousa le comte palatin du Rhin, Édouard. Celui-ci était fils de Frédéric V, électeur palatin, et d'Élisabeth Stuart, fille de Jacques II. Anne mourut à Paris en 1684, à l'âge de soixante-huit ans. Son esprit et son active charité pour les pauvres la firent encenser par les gens de lettres et bénir par les indigents. Aux qualités de l'esprit et du cœur, Anne de Gonzague joignit un grand fonds de piété, ce qui pouvait paraître d'autant plus extraordinaire, qu'elle s'était laissé gagner par les larges doctrines et la morale commode du philosophisme, morale qui l'avait conduite à l'incrédulité. Bossuet a prononcé son oraison funèbre : il y a inséré les détails de sa conversion. En 1786 on a publié de prétendus Mémoires d'Anne de Gonzague; ils ne méritent aucune confiance.

N. M. P.

ANNE DE BOULEYN. (*V.* BOULEYN.)
ANNE DE CLÈVES. (*V.* HENRI VIII.)
ANNE DE FERRARE. (*V.* FERRARE.)
ANNE DE GUISE. (*V.* GUISE.)

ANNEAU, *s. m.* Cet ornement remonte à une haute antiquité. Il est possible qu'ainsi que Pline l'affirme l'anneau ne fût pas connu des Grecs au temps de la guerre de Troie. Mais il était en usage chez les Hébreux avant cette époque, comme on le voit au 38ᵉ chapitre de la Genèse, où Juda donne son anneau à Thausor. Pline affirme encore que les Égyptiens ignoraient ce genre de parure. Cette assertion est démentie par l'autorité de la Genèse, qui nous dit, dans son 41ᵉ chapitre, que Pharaon, roi d'Égypte, ôta son anneau de son doigt et le mit aux mains de Joseph. Tout porte à croire que les Grecs, au contraire, empruntèrent cet ornement des Égyptiens, et le transmirent aux anciens peuples de l'Italie. Selon Denis d'Halicarnasse, les Sabins, au temps de Romulus, portaient des anneaux; ils firent prendre cette mode aux Romains eux-mêmes; à moins de supposer qu'elle ne fût venue à ceux-ci des Étrusques, après la victoire que remporta sur eux Tarquin l'ancien, qui trouva bon nombre d'anneaux parmi les insignes dont il avait dépouillé leurs chefs. L'anneau, du reste, ne fut pas commun à tous les rois de Rome, puisque, de leurs statues placées dans le Capitole, celles de Numa et de Servius Tullius en étaient seules décorées. Nous parlerons plus bas de l'anneau des chevaliers sous la république. — Les anciens anneaux étaient quelquefois d'un seul métal, le plus souvent d'alliage; quelques-uns avaient le cercle et le chaton en or, tandis que le champ ou cachet était en argent, et *vice versâ*. Dans d'autres enfin, le cachet était une pierre fine, le plus souvent taillée en creux ou en relief (*V.* les mots INTAILLE et CAMÉE). On choisissait de préférence pour la glyptique (ou taille) l'onyx, l'agate et la sardoine, comme plus faciles à se détacher de la cire (*V.* pour plus de détails les articles GLYPTIQUE et GLYPTOGRAPHIE). — Suivant Macrobe, l'anneau se mettait indifféremment aux deux mains, puis il fut réservé à la main gauche. On le porta d'abord à l'avant-dernier doigt, ensuite à l'index. Les Gaulois et les Bretons le plaçaient au doigt du milieu, quelques empereurs romains au pouce. Enfin, le luxe en fit charger, non-seulement chaque doigt des mains et des pieds, mais encore chaque phalange de doigt. — *Anneau sigillaire.* Nous lisons au 1er livre des Rois que l'ordre donné par Achab, roi de Samarie, de mettre à mort Naboth, était revêtu de l'empreinte de son anneau. Dans le livre d'Esther (chap. 8), Assuérus dit à la reine : *Écrivez donc aux Juifs en mon nom... et scellez la lettre de mon anneau.* Quinte-Curce rapporte qu'Alexandre le Grand scellait d'une pierre antique enchâssée dans son anneau les lettres qu'il écrivit à Darius. On trouve dans Justin que le père de Trogue Pompée était garde de l'anneau de César. Sous les empereurs de Constantinople, cette charge était confiée aux logothètes ; sous les premiers rois francs, aux référendaires. — L'empreinte de l'anneau, comme scellé, remonte également à une haute antiquité. On lit au chapitre 6 du livre de Daniel : « On apporta une pierre qui fut mise à l'entrée de la fosse, et scellée de l'anneau du roi et de celui des grands de la cour ; » et au chapitre 14 du même livre, les prêtres de Bel disent au roi : « Fermez la porte du temple, et la scellez de votre anneau. » En Élide, d'après Aristote, un temple dans lequel on avait déposé trois amphores vides, et qu'on avait scellé, offrit les trois amphores pleines de vin quand on brisa le cachet. Un passage d'Aristophane fait connaître que les gynécées (appartements des femmes) étaient scellés du sceau des maris. Dans l'Évangile selon saint Mathieu, les princes des prêtres et les pharisiens apposèrent un sceau sur la pierre qui couvrait la tombe de Jésus-Christ. Du temps de Pline, les pères de famille imprimaient leur cachet sur le mobilier et sur certaines provisions. Tacite, au livre II des Annales, raconte que Vénones, fils de Phraate, devint l'objet des railleries des Parthes, pour avoir mis, contrairement à l'usage de ses ancêtres, le sceau de son anneau sur un mobilier de vil prix. Les anciens apposaient leur cachet sur les sacs d'argent qu'ils confiaient aux banquiers ou qu'ils consacraient dans les temples. Nous lisons dans Plutarque que Cn. Pompée, pour mettre fin aux violences que se permettaient les soldats dans l'expédition de Sicile, scella de son anneau leurs épées dans le fourreau, et menaça de peines sévères ceux qui briseraient son cachet. Ce n'est pas que les cachets, comme de nos jours, portassent des armoiries et des devises de famille ; mais l'empreinte que chaque personnage un peu important avait adoptée, était bien connue. Jules César avait pour cachet une Vénus armée ; Pompée, un lion ; Auguste, un sphinx ou une tête d'Alexandre ; Commode, l'effigie de sa concubine Martia représentée en amazone ; Galba, un chien se tenant à la proue d'un vaisseau. D'autres successeurs d'Auguste avaient pour sceau la tête ou l'image entière de ce prince. — Ces bagues ornées étaient bien loin de ce simple anneau qui, comme nous l'avons dit plus haut, était la marque distinctive des patriciens romains sous la république ; car l'anneau d'or était interdit aux sénateurs, à moins qu'ils ne fussent en mission à l'étranger : plus tard il leur fut permis de le porter dans les cérémonies publiques, encore étaient-ils obligés de le déposer une fois rentrés chez eux, et de prendre l'anneau de fer : puis l'anneau d'or devint d'un usage continu pour les sénateurs et les chevaliers ; mais ils devaient au préalable l'avoir reçu des mains du magistrat. Alors les plébéiens en portèrent tous un d'argent. Le magistrat cependant pouvait, quelquefois, les décorer de l'anneau d'or, ce que fit Sylla à l'égard du fameux comédien Roscius. Jusqu'au temps d'Auguste, le droit de porter l'anneau d'or, d'argent ou de fer, fut le partage exclusif des hommes nés dans une condition libre ; Auguste l'étendit à quelques affranchis, comme Mena et Mufa ; Tibère, au contraire, par un décret de l'an 775 de la fondation de Rome, le restreignit aux seuls citoyens de condition libre qui auraient joui, depuis trois générations, d'un revenu de 400 grands sesterces, et ayant droit de place aux quatorze premiers rangs assignés au théâtre par la loi Julia. Ce décret fut bientôt aboli de fait, puisque le sénat décora publiquement de l'anneau d'or Pallas, affranchi de Claude, et qu'il accorda successivement ce même honneur aux affranchis de Galba, de Vitellius, de Domitien. Le temps n'était plus alors où les patriciens déposaient, en signe de deuil, leur anneau d'or, comme après la honteux traité des fourches caudines ; où le fils de Scipion l'Africain était publiquement dépouillé du sien pour avoir démérité des vertus de sa famille ; où les accusés et les suppliants s'en dépouillaient eux-mêmes ! — Nous

avons dit plus haut que le luxe des anneaux avait été poussé à un tel point, que les Romains riches en portaient à chaque phalange des doigts du pied et de la main. Nous aurions pu ajouter que ces anneaux variaient selon la saison ; Héliogabale même en changeait tous les jours. Ces anneaux étaient conservés dans de riches cassettes appelées dactyliothèques. Les Romains empruntèrent des Grecs l'usage des bagues magiques, portant l'empreinte de caractères inconnus, montées sous telle ou telle constellation, et garnies d'une herbe ou d'une pierre consacrée ou soumise à cette constellation. Ces bagues avaient, selon eux, la vertu de préserver du poison, d'inspirer de l'amour, d'éloigner les mauvais génies, etc., etc. Tel fut, sans doute, l'anneau de Gygès dont parlent Platon et Cicéron ; tels les anneaux d'Excestus, tyran de Phocée, lesquels, par un son simultané, l'avertissaient de ce que l'on tramait contre lui ; celui du juif Éléazar, qui s'en servit pour exorciser les démons en présence de l'empereur Vespasien ; tels encore les sept anneaux que Jarcha, prince de Perse, donna au fameux Apollonius de Thyane, qui, par leur vertu, reprit tout l'éclat de la jeunesse, bien qu'il fût centenaire ; puis l'anneau prophétique consulté par les courtisans pour connaître quel serait le successeur de l'empereur Valence. On range aussi parmi les anneaux magiques les abraxas de l'hérésiarque Basilides ; mais on ne saurait confondre avec eux les anneaux que portaient les premiers chrétiens avec l'incise des deux lettres grecques X, P, réunies dans un monogramme composé de ces deux lettres et signifiant *Christus Redemptor*. C'était un signe de reconnaissance dans les assemblées secrètes au temps des persécutions. Cependant le moyen âge eut aussi ses bagues magiques. Pétrarque raconte que Charlemagne ayant mis à son doigt un anneau qu'il avait trouvé à la bouche d'une jeune femme qui venait de mourir, fut épris, pour le cadavre, d'un amour qui allait jusqu'à la folie. Les chroniques font mention des anneaux de saint Hubert et d'Édouard le Confesseur, dont le contact guérissait de la rage et des écrouelles..... Tel rit peut-être aujourd'hui de ces vieilles traditions, qui porte à son doigt une bague spécifique contre la migraine. — L'anneau fut chez quelques peuples l'attribut du souverain pouvoir. Au rapport de l'historien Josèphe, Hélène, reine de l'Adiabène (contrée d'Assyrie, partie du Diarbeck actuel), confia à Monobaze, comme signe de l'autorité suprême qu'il devait transmettre à son jeune frère Izates, l'anneau de leur père Bozée, qui, avant désigné Izates pour son successeur. Nous lisons aussi dans Nicétas que Jean Comnène, s'apercevant que sa mère Irène travaillait à l'exclure du trône, pour y faire asseoir sa sœur Anne, ôta l'anneau du doigt de son père Alexis, qui était sur le point d'expirer, et qu'il assura ainsi son droit à l'empire. En France, les princes de la première race connaissaient cet insigne de la royauté. L'anneau portait l'effigie et le nom du monarque lui-même, comme il conste de celui de Chilpéric Ier, trouvé dans son tombeau près de Tournai : on lit même dans l'histoire de l'abbaye de Tournus, par Pierre Chifflet (frère de l'auteur de la dissertation sur le tombeau de Chilpéric), que l'on conservait dans le trésor de cette abbaye l'anneau de saint Louis, sur lequel son nom était gravé. Enfin, jusqu'à nos jours, l'anneau a été un des insignes de la royauté mentionnés dans le rituel cérémonial du sacre à Reims. Tel il a été également reconnu par les empereurs d'Allemagne, à en juger par la finale de leurs édits ; *Annuli nostri impressione signari jussimus.* — *Anneau épiscopal.* Cet anneau doit être garni d'une pierre précieuse, non gravée. Les anciens évêques le portaient à l'index, pour marquer, selon l'interprétation des canonistes, que le pasteur doit indiquer par ses propres vertus le chemin du ciel à son troupeau ; pour désigner encore le silence commandé sur les saints mystères. Les évêques étant venus à porter leur bague à l'annulaire, on est à présumer que l'anneau épiscopal est avant tout le symbole de l'alliance du prélat avec son église. L'obligation de porter un anneau passa des évêques aux cardinaux, qui, en le recevant, sont tenus de payer une somme considérable ; *pro jure annuli cardinalitii.* — *Anneau de mariage.* Quelques commentateurs ont fait remonter à l'époque de Moïse l'usage de l'anneau de mariage, en s'appuyant sur ce passage de l'Exode (chap. 35, vers. 22) : *Les hommes avec les femmes offrirent au Seigneur leurs chaînes, leurs pendants d'oreilles, leurs bagues et leurs bracelets.* D'autres commentateurs ont prétendu que du moins cet usage était connu des Hébreux au temps d'Isaïe, et ils citent à cet effet ce verset du prophète (chap. 3) : *Le Seigneur ôtera aux filles de Sion leurs bagues et leurs pierreries qui leur pendent sur le front.* Selden, qui doit faire autorité en pareille matière, ne partage pas cette opinion ; il pense que dans les deux passages il n'est question que de purs ornements. Il invoque le témoignage du célèbre rabbin Léon de Modène, qui, dans son histoire des rites hébraïques, assure que l'usage de l'anneau nuptial chez les Juifs est bien postérieur aux temps des livres saints ; qu'il ne sait à quelle nation ils l'ont emprunté plus tard ; que cet usage n'est pas général même au moment où il écrit (1637) ; que, de plus, quand l'anneau est employé dans les fiançailles, le prêtre demande aux témoins si cet anneau représente la valeur de la pièce de monnaie exigée en pareil cas par la loi religieuse. — Isidore de Séville, qui vivait au commencement du VIIe siècle, est le premier auteur qui parle de la bénédiction de l'anneau nuptial chez les chrétiens. On voit, par l'ancien paroissien de quelques villes (Liége, Cologne, Strasbourg) que l'époux passait successivement l'anneau à trois doigts de l'épouse : celle-ci, en échange, lui remettait trois petites pièces de monnaie enveloppées dans un gant rouge. Comme en se présentant à l'autel l'époux avait l'anneau à un doigt de la main gauche, on peut présumer qu'il l'avait reçu de sa future compagne, le jour des fiançailles, et qu'il lui avait donné, de son côté, les trois pièces de monnaie qu'elle lui rendait au moment de la célébration. A Rome, une ancienne loi de l'Église exigeait qu'un couple qui sanctionner par le mariage des liaisons illicites, fût conduit publiquement par le centurion à la chapelle de Sainte-Marine, portant au doigt un anneau de paille ou de jonc. Nous ne nous prononcerons pas sur cette coutume sévère. Toutefois, qu'il nous soit permis de voir avec regret s'effacer chaque jour davantage du code des peuples chrétiens ces punitions toutes morales qui ne réclamaient ni geôliers ni bourreaux ! (*V.* pour d'autres détails les articles DACTYLIOTHÈQUE, SCELLÉS, etc., etc.)

L. M. COTTARD.

ANNEAU (*surfaces annulaires*). Si on suppose un cercle dont la circonférence est tracée sur un plan déterminé, et qu'on fasse mouvoir un autre cercle dont le plan sera différent du premier, de manière à ce que ce cercle touche la première circonférence en un point qui soit toujours le même, et qu'en parcourant les points de cette dernière circonférence, il se conserve toujours parallèle à sa première position, la surface ainsi décrite prendra le nom d'*anneau* ; et nous lui donnerons de plus le nom d'*anneau solide* pour le distinguer de l'*anneau plan* ou *couronne*, surface plane, comprise entre deux cercles concentriques[1]. Le cercle générateur se nomme *génératrice*, et la circonférence sur laquelle il se meut, *directrice*. Il est évident que, par ce mode de génération, on pourrait produire une infinité de surfaces différentes, en faisant varier la nature des lignes employées, soit comme directrices, soit comme génératrices. En employant seulement les lignes droites, le plan se trouverait produit ; en combinant la ligne droite avec une courbe quelconque, quand la ligne droite serait génératrice, on aurait une surface cylindrique : dans le cas contraire, ce serait une des *surfaces* appelées *canaux*. Si la génératrice était un cercle égal à la directrice, et se mouvant en son milieu, de manière à ce que la perpendiculaire au plan de la directrice, élevée par le point de contact, fût un diamètre du cercle générateur, et que la perpendiculaire à la circonférence directrice, la surface annulaire deviendrait celle d'une sphère dont les cordes seraient les grands cercles ; savoir, le cercle générateur comme *méridien*, et le cercle directeur comme *équateur*. — On peut donc aussi définir la surface *annulaire*, la surface engendrée par une courbe quelconque qui tourne autour d'un axe sans jamais le rencontrer : néanmoins on doit distinguer cette surface de l'anneau proprement dit, comme susceptible d'une généralité que cette dernière surface ne peut atteindre. L'*anneau* a une sorte de bourrelet qui laisse un intervalle entre son axe et lui, c'est-à-dire qui n'appartient point à la surface. La *surface annulaire* au contraire peut n'en point laisser, comme l'*hyperboloïde de révolution*. Il serait plus simple et plus vrai de nous contenter de notre première définition, et de laisser la surface simplement annulaire comme celle que nous citons, ou la sphère, parmi les surfaces de révolution. — Les bagues, nommées *alliances* offrent des surfaces annulaires produites par une circonférence tournant autour d'un axe situé dans son plan, mais à une distance du centre plus grande que le rayon. La gorge d'une poulie est une demi-surface annulaire creuse ; les

[1] L'espace compris entre deux surfaces cylindriques de la même espèce et rapportées à un même axe, si on le coupe par des plans parallèles entre eux, mais quelconques, se partage en *anneaux* d'une même nature, appelés *anneaux plats*.

moulures d'une colonne également ; mais leurs génératrices sont souvent des axes de courbes non circulaires. Le vaste cylindre qui forme la halle aux blés de Paris, et qu'entoure un cylindre équidistant, offre une voûte annulaire qui recouvre l'espace compris entre les deux cylindres. — La surface d'un anneau s'estime *par la circonférence génératrice multipliée par la circonférence selon laquelle se dirige le cercle générateur.* Supposons que le rayon inférieur de l'anneau de 3 pouces, le rayon extérieur = 4 pouces, la circonférence qui passe par les centres des cercles générateurs aura un diamètre de 7 pouces, et sa longueur sera égale à $7 \times \frac{22^{po}}{7} = 22$ pouces. Le diamètre de la circonférence aura 1 pouce ; la longueur de cette circonférence sera $1^{po} \times \frac{22}{7} = \frac{22^{po}}{7}$, la superficie de l'anneau sera $22^{po} \times \frac{22^{po}}{7} = \frac{484}{7}$ pouces carrés, ou 69;143 pouces carrés.

— Quant au volume de l'anneau, *on multiplie la surface du cercle générateur par la longueur de la circonférence qu'il a parcourue*[2]. — Soit le rayon de la plus petite circonférence, ou celle du vide égale à 6 pouces, et celui de la plus grande de 12 pouces, le rayon du cercle générateur aura 3 pouces : donc sa surface sera égale à $9 \times \frac{22}{7}$ pouces carrés, et le rayon de la circonférence parcourue par son centre sera de $6 + 3$ pouces, ou 9 pouces ; par conséquent son diamètre de 18 pouces, ou 9 pouces ; par conséquent son diamètre de 18 pouces, et son aire de $18 \times \frac{22}{7}$; et le volume, réduit en pouces cubes, en contiendra $9 \times \frac{22}{7} \times 18 \times \frac{22}{7} = 162 \times \frac{484}{49} =$ 1600, 16. — On se rendra facilement compte de ces mesures de superficie et de solidité, en considérant l'anneau comme un cylindre ployé. Les génératrices droites n'ont changé de longueur, les unes se sont raccourcies, les autres se sont allongées ; mais l'axe qui tient le milieu n'a point dévié en devenant circonférence, et il en est de même de la génératrice courbe. — Qu'on se représente un cylindre creux et droit, touché, selon des circonférences égales, par un grand nombre de sphères dont les centres, liés entre eux par un fil placé selon l'axe, soient très-voisins les uns des autres ; si l'on ploie le fil selon une certaine courbe, et que les génératrices droites du cylindre conservent leur équidistance ce fil, la surface cylindrique deviendra la surface à génératrice circulaire.

L. CHINON DE LA LANDRIÈRE.

ANNEAUX COLORÉS. Lorsqu'on place l'un sur l'autre deux morceaux de verre polis, en les frottant ou en les pressant assez pour exclure une partie de l'air qui les sépare, on ne tarde pas à sentir entre eux une adhérence plus considérable en certaines parties que dans d'autres ; sans doute parce que les verres, n'étant jamais parfaitement plans, se touchent plus exactement par quelques points, ou parce que la pression les a légèrement fléchis et les a plus rapprochés par quelques parties. Quoi qu'il en soit, à partir du point où le contact est complet, on comprend qu'il existe tout autour de ce point une couche d'air d'abord extrêmement mince, et qui augmente sans cesse à mesure qu'elle s'en éloigne. — Alors, si l'on présente les verres au jour, en les tournant de telle sorte que l'œil puisse recevoir la lumière des nuées, réfléchie partiellement par la lame d'air qui les sépare, on y aperçoit nombre d'anneaux diversement colorés, environnant une tache noire située au point du contact. — Ces anneaux se forment encore en pressant l'une contre l'autre deux lames transparentes de diverses substances, et ils subsistent dans le vide le plus

[2] L'aire d'une surface annulaire, autrement dite le *tore*, décrite par une circonférence tournant autour d'un axe situé dans son plan ; R étant le rayon de la circonférence mobile, D la distance de son centre à l'axe, et S l'aire cherchée, on aura $S = 2 \pi R \times 2 \pi D = 4 \pi^2 RD$. La demi-circonférence qui tourne sa concavité à l'axe engendre une aire égale à $\pi R \cdot 2\pi \left(D + \frac{2R}{\pi} \right) = \pi^2 R D + 4 \pi R^2$; et la demi-circonférence qui tourne sa convexité à l'axe a pour expression de la surface décrite $\frac{1}{2} \pi R \cdot 2\pi \left(D - \frac{2R}{\pi} \right) = 2 \pi^2 R D - 4 \pi R^2$; et en ajoutant ces deux surfaces, on a $4 \pi^2 R D$. Ainsi, la demi-circonférence concave engendre la moitié de la surface annulaire, plus l'aire d'une sphère du même rayon ; et la surface engendrée par la demi-circonférence convexe engendre la moitié de la surface annulaire, moins l'aire d'une sphère de même rayon.

parfait que nous puissions produire. — Une couche d'eau, d'éther ou d'alcool, ou de tout autre liquide évaporable, étendue sur un verre noir, produit des couleurs pareilles, lorsqu'elle est devenue suffisamment mince en s'évaporant. — Lorsqu'au lieu de regarder la lame par réflexion on la regarde par transmission, on aperçoit aussi des anneaux disposés comme les premiers, mais plus pâles et de couleurs différentes; et cela doit être: car, quand la lumière est décomposée par réflexion, la partie qui n'est pas réfléchie, et qui par conséquent se transmet, est nécessairement colorée, et les couleurs de ces anneaux, réunies avec celle des anneaux correspondant vus par réflexion, devraient donner du blanc; ces couleurs sont donc complémentaires. — Tels sont en gros les phénomènes lumineux connus sous le nom d'*anneaux colorés*. Newton, qui s'en est occupé, a porté dans ses recherches, dit M. Biot, un soin qui ne peut être expliqué que par ce qu'il prévoyait dès lors qu'elles pouvaient amener un jour les résultats les plus importants; en effet ce phénomène devait lui faire introduire dans sa Théorie de la lumière une particularité trop compliquée avec celle être admise; c'est celle qu'il a désignée par *accès de facile réflexion et de facile transmission*. Voici en quoi elle consiste: — Newton admet : 1° que les molécules lumineuses sont douées alternativement de la propriété de se réfléchir et de celle de se transmettre: c'est là ce qu'il a nommé *accès de facile réflexion* ou de *facile transmission*; 2° en passant *e* la distance d'un accès au suivant, la distance d'un accès à l'accès semblable sera toujours 2 *e*; et par conséquent les accès de facile réflexion se succéderont aux intervalles *e*, 3°, 5°, 7°, etc., en suivant la série des nombres impairs, et les accès de facile transmission se succéderont aux intervalles *e*, 2°, 4°, 6°, etc., en suivant la série des nombres pairs; 3° selon la position du corps qui reçoit le faisceau lumineux et, selon sa distance au dernier accès, certaines molécules se réfléchissent, les autres passent à travers le corps; 4° le même effet se reproduit sur la seconde surface, mais il dépend alors de l'épaisseur même de ce corps, car s'il a pour épaisseur *e*, 3°, 5°, les accès seront contraires à ceux sous lesquels ils se présentent à la première surface; et ils seront les mêmes, si le corps a pour épaisseur 2°, 4°, 6°. Il est maintenant facile d'appliquer cette explication au cas des verres pressés l'un contre l'autre, où l'espace intermédiaire, diminuant suivant une certaine proportion, vaut alternativement *n e* et (*n* + 1) *e* : il doit donc y avoir alternativement transmission et réflexion de la lumière; de là ces anneaux colorés. — Cette explication de Newton, nécessaire dans le système de l'*émission*, qui veut que la sensation de la lumière soit due à une infinité de molécules qui s'échappent du corps humain et se projettent en ligne droite, n'est pas admise dans le système des *ondulations*; celui-ci considère la lumière comme produite par les ébranlements successifs d'un fluide infiniment subtil et élastique qui remplit tout l'espace et qu'on appelle l'*éther*; ces ébranlements se forment à la ronde, à la manière de ceux que le son occasione dans l'air; et comme ces derniers s'appellent des *ondes sonores*, on appelle *ondes lumineuses* celles que la présence d'un corps lumineux excite dans le fluide éthéré. — On conçoit maintenant : 1° que ces ondes ont une certaine longueur; 2° que, dans leurs mouvements, lorsque plusieurs ondes se croisent, elles peuvent concourir, c'est-à-dire commencer et se terminer ensemble aux mêmes limites, ou empiéter l'une sur l'autre, ou se contrarier absolument; 3° dans ces trois cas, la sensation doit être différente, c'est-à-dire qu'elle est augmentée dans le premier, diminuée dans le second, détruite dans le troisième; 4° les alternatives d'ombre et de lumière qui résultent de cette combinaison ont été appelées *interférences*. — Faisons l'application de ce système au phénomène qui nous occupe. Soit l'intervalle *l* précisément égal à la longueur d'une onde lumineuse: lorsque les routes des deux rayons qui *interfèrent* diffèrent précisément de la moitié de cette quantité à l'endroit où ils se croisent, ils y apportent des mouvements et des états contraires; de plus, les mouvements produits par ces ondulations partielles s'opèrent presque dans la même direction, à cause du quasi-parallélisme des rayons lumineux. Cela étant, les mouvements qu'elles tendent à produire se retranchent l'un de l'autre, et, puisqu'ils sont exactement égaux, ils s'entre-détruisent, de sorte que le point de l'éther où ce phénomène arrive n'est point du tout ébranlé: il ne s'y produit donc aucune sensation de lumière. — Si, au contraire, les routes des deux rayons ne diffèrent pas, il est visible que leurs actions s'ajoutent, et que la sensation de lumière doit être plus vive. — Maintenant, si un corps présente

une épaisseur très-petite, et croissante comme celle des substances qui produisent les anneaux colorés, n'est-il pas évident que les différences des routes des rayons seront alternativement : 0, 1/2 *l*, *l*, 3/2 *l*, 2 *l*, 5/2 *l*, 3 *l* et les fractions intermédiaires; qu'aux points 1/2 *l*, 3/2 *l*, 5/2 *l* il y aura obscurité complète; au point *l*, 2*l*, 3*l*, il y aura lumière vive; clarté moyenne dans les espaces intermédiaires. Or, ces différences, se représentant autour du point de contact, nous donneront précisément ces anneaux colorés. — Cette explication a sur la précédente l'avantage de ne pas supposer à la lumière la propriété bizarre de se réfléchir et de se transmettre alternativement par une même substance. — *Anneaux colorés produits par l'électricité.* Priestley avait obtenu, par de fortes décharges électriques, des anneaux colorés sur des plaques métalliques. Depuis, M. Léop. Nobili est parvenu, au moyen d'un courant galvanique, à former sur des plaques de différents métaux des dessins réguliers, colorés des teintes les plus vives. Voici l'une de ses expériences : On met sur une plaque d'argent en communication avec le pôle négatif de la pile une dissolution de nitre et d'acétate de cuivre; le point de la plaque qui communique avec le pôle positif conserve le brillant métallique; on voit ensuite une suite de cercles concentriques, diversement colorés, savoir : deux petits cercles verts, un blanc, un rouge, un verdâtre; une zone de cuivre du plus beau rouge de feu; un cercle azuré, marqué de lignes rayonnantes; puis une seconde zone de cuivre, plus large et aussi brillante que la première; enfin, un cercle d'un beau violet : toutes ces couleurs sont dues à des dépôts d'oxyde en lames minces. — Plus tard, M. Nobili a perfectionné encore cette formation; il est parvenu à donner à ces bandes tous les contours possibles, et à en former de très-jolis dessins.

B. JULLIEN.

ANNEAU DE SATURNE. On donne ce nom à un corps opaque, de forme circulaire, large et mince, qui environne le globe de la planète et se tient dans le plan de son équateur. Il accompagne Saturne dans sa révolution, et reste toujours parallèle à lui-même. Son inclinaison à l'écliptique est de 28° 40'. Ce cercle, vu obliquement, a l'apparence d'une ellipse qui s'aplatit de plus en plus; il disparaît totalement quand son épaisseur est tournée vers l'observateur. Ce n'est qu'à l'aide de forts télescopes qu'on aperçoit la tranche qui est une ligne lumineuse. Les apparences sont l'effet des positions relatives de Saturne, du soleil et de la terre, et s'accordent avec l'aspect d'un disque circulaire, vu éclairé de différentes manières. L'anneau de Saturne a été découvert au moyen de la lunette d'approche; et ce n'est que par suite des perfectionnements successifs apportés aux instruments d'observation, qu'on est parvenu à juger de la forme, des dimensions et de la position de la ceinture de la planète. Il n'est pas sans intérêt de connaître la marche progressive des astronomes dans la découverte de ce phénomène remarquable. En 1612, Galilée avait vu Saturne composé de trois parties, ensuite la planète lui parut sphérique. Cette incertitude de formes lui fit discontinuer ses observations. Quarante ans plus tard, Gassendi vit Saturne accompagné de deux globes de blancheur que la planète même. Hévélius avoue dans sa *Sélénographie*, publiée en 1647, qu'il ne comprenait rien à ces deux bras de Saturne. Dix ans après, le même astronome distinguait six phases différentes de la planète; mais deux de ces phases, nommées par lui *trisphericum* et *spherico-cuspidatum*, n'étaient que des illusions d'optique, dues à l'imperfection des télescopes. Quelques astronomes ont cru que ces apparences de la planète étaient sa figure particulière, vue plus ou moins obliquement, et Veidler y distinguait deux gros satellites. Mais Huygens leva tous les doutes, dans son *Systema Saturnium*, imprimé en 1659. L'anneau est concentrique à Saturne, également éloigné de sa surface dans tous les points; il est soutenu par l'action de la pesanteur naturelle et simultanée de toutes ses particules, comme les arches d'un pont dont le foyer de la pesanteur serait au centre des voussoirs. M. Biot, dans ces derniers temps, a expliqué d'une manière fort évidente cette théorie de l'anneau de Saturne. « On peut, dit cet illustre physicien, considérer chaque particule de l'anneau comme un petit satellite de la planète, et l'anneau lui-même comme un amas de satellites liés entre eux d'une manière invariable. Si ces corps étaient libres et indépendants les uns des autres, leurs vitesses varieraient avec leur distance au centre de la planète; les plus voisins de ce centre iraient plus vite, les plus éloignés plus lentement; et, si l'on prend pour terme moyen la vitesse qui convient à la circonférence moyenne de l'anneau, les vitesses des autres particules s'en écarteraient, soit en plus, soit en moins, d'une égale quantité. Maintenant, si les particules viennent à s'unir et à s'attacher les unes aux autres, pour former un corps solide, il se fera une sorte de compensation entre leurs mouvements; les plus rapides communiqueront en échange une partie de leur vitesse, et ces efforts opposés se faisant mutuellement équilibre, il ne restera que le mouvement moyen, commun à toutes les particules, et qui sera celui de la circonférence moyenne. Ces anneaux se soutiendront autour de Saturne, comme la lune se soutient autour de la terre. » Cette théorie subsisterait encore dans le cas où l'anneau serait composé, comme il paraît l'être en effet, de plusieurs anneaux concentriques, et détachés les uns des autres. Dominique Cassini observa que la largeur de la ceinture de Saturne était divisée en deux parties égales par un trait obscur, de même courbure que cet anneau. Jhot, avec son grand télescope, distingua en 1763 plusieurs lignes noires, concentriques à la circonférence de l'anneau, ce qui porte à admettre l'existence de plusieurs anneaux placés dans un même plan; Hadly n'en observa qu'un; Hershell en a constaté deux. Le diamètre intérieur du plus petit anneau serait, selon cet astronome, de 48,782 lieues, et son diamètre extérieur de 61,464 lieues; le diamètre intérieur du plus grand aurait pour largeur 63,416 lieues, et le diamètre extérieur 68,294. Il y aurait donc, d'après cela, entre Saturne et la circonférence de l'anneau postérieur, une distance de 14,444 lieues. Le vide entre le globe et l'anneau, à travers lequel on peut distinguer les petites étoiles qui sont au delà, est à peu près égal à la partie pleine de l'anneau; l'épaisseur de la couronne est de 1,500 lieues. — L'anneau de Saturne disparaît environ de quinze en quinze ans, comme on l'a observé en 1803, 1819, 1832, et comme on l'observera encore en 1848, 1862, 1878 et 1891. Cette disparition a lieu: 1° lorsque la planète est dans le 20° degré de la Vierge ou des Poissons. Alors, le plan de l'anneau, qui est constamment dirigé vers ces points de l'écliptique, se trouve en même temps dirigé vers le soleil, et ne reçoit de lumière que sur son épaisseur: la planète paraît ainsi sans anneau; 2° lorsque le plan de l'anneau, étant dirigé vers la terre, passe par l'œil de l'observateur, il n'y a de visible que son épaisseur, trop petite pour être aperçue; 3° enfin, lorsque le plan de l'anneau passe entre l'observateur et le soleil: alors sa surface éclairée n'est point tournée vers la terre. L'observation de ce phénomène a fait connaître la position des nœuds de l'anneau, ou ses intersections avec l'écliptique. On a reconnu aussi que Saturne et son anneau sont deux corps opaques, en observant que l'ombre de l'anneau se projette sur la planète et y forme une bande obscure, et que Saturne porte aussi ombre sur l'anneau. Nous terminerons cet article en mentionnant une découverte intéressante, faite par Herschell. Cet astronome a conclu du déplacement des points brillants observés à la surface de Saturne, le mouvement de rotation de l'anneau: cet anneau tourne autour du même axe que la planète et dans le même temps, 10ʰ 29′ 16″.　　VAN-TENAC.

ANNEAU (métrol.). Pour mesurer les bois de chauffage, on avait autrefois pour étalon un cercle de fer de six pieds et demi, dont le modèle était déposé à l'hôtel de ville de Paris. On emplissait trois fois cet anneau de bûches, on en mettait douze de plus, et on avait la voie de bois de compte. Le bois d'Andelle étant plus court, il en fallait quatre anneaux et seize bûches pour la voie.　　　　　　L. C. DE LA L.

ANNEAUX (zool.). On donne ce nom aux segments ou divisions de la peau des articulés dont l'ensemble constitue le squelette de ces animaux. Un anneau présente ordinairement deux parties principales; l'une, qui occupe le dessus du corps, porte le nom d'arceau supérieur ou dorsal; l'autre, placée en dessous, a été appelée arceau intérieur ou ventral; chacune d'elles est composée de plusieurs pièces soudées entre elles et plus ou moins distinctes. Les anneaux sont articulés de diverses manières, et unis entre eux par une membrane solide et flexible, en sorte que les muscles qui s'y attachent à l'intérieur peuvent les mettre en mouvement. Leur consistance est variable; chez les annélides, et la plupart des larves d'insectes, ils sont assez mous; tandis que chez beaucoup de crustacés et d'insectes parfaits, ils ont la dureté de la corne ou d'une coquille. Leur forme et leur développement sont à peu près les mêmes dans toutes les parties du corps des annélides, des myriapodes et d'un grand nombre de larves d'insectes; mais il n'en est pas ainsi dans la plupart des crustacés et des insectes parfaits, chez lesquels plusieurs anneaux se soudent entre eux ou se développent autrement que les autres, ce qui permet de distinguer dans le corps de ces animaux trois groupes d'anneaux qui correspondent à la division en tête, thorax et abdomen (V. ces mots). M. Audouin, dans un beau travail sur la structure du thorax des insectes (Annales des sciences natu-

relles, tome Iᵉʳ, page 116), est arrivé à cette conclusion générale: « Ce n'est que de l'accroissement semblable ou dissemblable des segments, de l'union ou de la division des pièces qui les composent, du maximum de développement des uns, de l'état rudimentaire des autres, que dépendent toutes les différences qui se remarquent dans la série des animaux articulés. » — On a donné aussi le nom d'anneaux aux pièces dont se composent les appendices des articulés; ils sont mieux nommés articles (V. ce mot). On désigne encore sous le nom d'anneaux les bandes colorées et circulaires du corps ou des appendices des articulés; c'est dans ce sens qu'on dit antennes, abdomen, pieds, etc., annelés de blanc et de noir, etc.　　J. BRUNET.

ANNEAU. Ce terme a un grand nombre d'acceptions figurées, qui toutes cependant se rapportent au sens propre du mot, c'est-à-dire à la forme annulaire. C'est ainsi, par exemple, qu'on a donné le nom d'anneau de Saturne à la bande large et mince qui entoure cette planète, parce que cette bande ressemble à un anneau. — En terme de marine, on nomme anneau astronomique un cercle de métal où se trouve un trou éloigné de 45° du point par lequel on le tient suspendu. Cet instrument sert à prendre en mer la hauteur du soleil. Les marins appellent aussi anneau un cercle de fer, épais et solide, fortement attaché aux murs ou sur le sol des quais, dans les ports où sur les rivières navigables, et dans lequel on fait passer le câble qui sert d'amarre aux vaisseaux. — L'anneau solaire est un petit cadran portatif formé d'un cercle percé d'un trou par lequel passe le rayon solaire qui va indiquer l'heure marquée dans l'intérieur du cercle, à l'opposite du trou. L'anneau astronomique ou universel se distingue du précédent en ce que celui-ci ne marque l'heure avec exactitude que pendant quelques jours, à moins qu'on ne rapproche ou qu'on n'éloigne le trou du point de suspension, tandis que l'anneau universel marque l'heure du jour en tout lieu et en toute saison. Ces deux instruments rappellent les armilles d'Ératosthène (V. ce mot). — En botanique et en zoologie, certaines parties des plantes et de quelques animaux sont désignées par le nom d'anneaux. Ainsi dans les fougères l'anneau est une sorte de collet ou membrane circulaire qui environne les capsules de certaines espèces et facilite l'explosion des capsules; dans le champignon, c'est encore une membrane qui entoure le pédicule dans quelques espèces, après que le chapeau s'est formé, etc. Ainsi dans les annélides, tels que lombrics, sangsues, etc., on entend par anneaux les parties contractiles de leur corps qui ressemblent à des anneaux liés les uns aux autres (voyez les articles précédents). — En agriculture, on appelle anneau les plis qui se voient sur l'écorce des branches qui doivent donner du fruit, de même que sur les boutons auxquels le fruit doit succéder. On nomme aussi anneau la courbure qu'on fait prendre au sarment pour le faire passer par-dessous un cep ou pour l'introduire sous terre, quand on provigne. — Les anatomistes nomment anneaux les ouvertures circulaires ou ovales qui traversent certains muscles et sont garnies de fibres aponévrotiques et résistantes, afin que les parties qui passent au travers, tels que vaisseaux et conduits, ne puissent éprouver aucun resserrement dans les contractions musculaires. Parmi les anneaux on distingue l'anneau ombilical qui donne passage au cordon de même nom, l'anneau inguinal ou sus-pubien, l'anneau ou cercle ciliaire, etc. (V. OMBILICAL, INGUINAL, CILIAIRE, CRURAL, etc.) — Les anciens donnaient le nom d'anneau de Samothrace à un anneau creux dans lequel on renfermait des brins d'herbe ou de petites pierres qu'on cueillait à certaines époques déterminées ou sous la prétendue influence d'une constellation particulière. Ces anneaux offraient à l'extérieur des caractères magiques ou cabalistiques. Les Samothraciens en faisaient grand cas. C'est à ce genre d'anneaux-talismans qu'on doit rapporter le fameux anneau de Salomon dont parlent avec enthousiasme tous les écrivains orientaux, amis du merveilleux. Soleiman-ben-Daoud, disent-ils (Salomon, fils de David), entrant un jour dans le bain, quitta son anneau; un mauvais génie le lui déroba et l'alla jeter dans la mer. Comme c'était à la possession de cet anneau que Salomon devait sa grande sagesse, il ne voulut plus monter sur son trône ni administrer la justice, parce qu'il ne se croyait plus capable de gouverner; mais au bout de quarante jours il retrouva le précieux talisman dans le corps d'un poisson qu'on servit devant lui. Le prince, disent les Arabes, voyait tout ce qu'il voulait savoir dans le chaton de son anneau. On a remarqué que Josèphe, dans son livre des Antiquités, n'a point parlé de l'anneau de Salomon; ce silence prouve que c'est d'un temps postérieur à cet écrivain que datent toutes les fables orientales qui s'y rapportent, et que c'est aux Arabes

qui ont écrit depuis Mahomet que tout l'honneur de la découverte appartient. Nous disons depuis Mahomet, parce qu'avant lui les Arabes vivaient plongés dans la plus grossière idolâtrie.
— A Rome, on appelle *anneau du pêcheur* l'un des trois sceaux dont on se sert dans la chancellerie pour sceller les bulles et les brefs du souverain pontife. On voit gravée sur ce sceau l'image de saint Pierre pêchant dans une barque. (*V.* ANNELET.)
N. M. P.

ANNEBAUT ou ANNEBAUD (CLAUDE D'), baron de Retz, maréchal de France et amiral, issu d'une ancienne famille de Normandie, descendant au neuvième degré de Jehan d'Annebaut (qui, en 1097, avait accompagné en Palestine Robert Courte-Heure, duc de Normandie), fut fait prisonnier à Pavie avec François Ier. Sur la fin du règne de ce prince il devint ministre des finances. Il fut chargé de plusieurs ambassades, et en 1547 il négocia la paix entre la France et l'Angleterre. Il avait été moins heureux dans l'expédition dont la direction lui avait été confiée deux ans auparavant, laquelle avait pour but une descente en Angleterre. La descente fut tentée à l'île de Whight et repoussée avec beaucoup de vigueur. Après la mort de François Ier, Annebaut parut avoir perdu la faveur de la cour; toutefois Catherine de Médicis l'appela au conseil en 1552, mais il mourut à la Fère au commencement de novembre de la même année, laissant une réputation intacte de probité.
X. X.

ANNECY (*géogr.*). Cette ville, bâtie sur le lac auquel elle a donné son nom, s'élève à sept lieues sud de Genève, et à cinq lieues de Chambéry. — Cité de l'ancien duché de Savoie, incorporée à la France en 1792, elle est traversée par le canal de Thierry, qui se jette, à peu de distance des murs, dans la rivière du *Fier*. Annecy est situé par 23° 44' de longitude, et par 45° 53' de latitude nord. — Le territoire de cette ville produit un vin assez estimé et des grains de bonne qualité; il est cependant couvert en grande partie de hautes montagnes, où la neige séjourne pendant six mois de l'année. — Lorsque, dans l'année 1535, les protestants de Genève contraignirent l'évêque de leur ville à sortir du pays, ce fut dans les murs d'Annecy que le vertueux exilé alla chercher un refuge. H. C.

ANNÉE (*chronologie*). L'année est la période de temps nécessaire pour qu'un corps céleste accomplisse une révolution entière dans son orbite. Sa durée varie donc, suivant qu'il s'agit d'astres dont la révolution s'opère en des temps plus ou moins longs; en général, par le mot d'année nous entendons le temps que dure la révolution apparente du soleil autour de la terre, et, pour mieux dire, la révolution de la terre autour du soleil; et comme cette révolution ne s'opère qu'en 365 jours 5 heures 49 minutes, c'est ce nombre de jours que nous désignons par le mot d'*année solaire*. — On s'est demandé d'où venait ce mot, en latin *annus*; et l'on a dit qu'il venait de *anus* qui signifiait *vieille*, parce que l'année vieillit à mesure qu'elle avance vers le terme qui lui est assigné. Il faut convenir que la manie des étymologies fait souvent arriver à des conséquences bien extraordinaires. S'il fallait donner le nom d'*anus* à tout ce qui vieillit, est-il vrai sur la terre quelque chose qui ne dût pas le porter? Au surplus, ce terme, qu'on trouve dans Ovide pour désigner une vieille femme, signifie, dans le sens propre, un cercle, un rond quelconque. De là sont sortis les mots d'*annus*, grand cercle, et d'*annulus*, petit cercle, anneau. Or, l'année n'a pas plutôt fini qu'elle recommence; c'est le temps qui court toujours sans s'arrêter; c'est un cercle sans fin. Les Égyptiens peignaient l'année sous la forme d'un serpent qui mord sa queue. Diodore, dans sa description, plus que suspecte, il est vrai, du tombeau d'Osymandias, parle d'un grand cercle d'or épais d'une coudée; sa circonférence, de 365 coudées, offrait le même nombre de divisions, équivalant chacune à un jour de l'année, et indiquant le lever et le coucher des étoiles. — Assurément Diodore a voulu tromper les autres s'il ne croyait pas lui-même à l'existence du cercle merveilleux, ou il a été dupe de sa crédulité s'il a été de bonne foi; mais du moins ce qu'il dit d'après d'anciennes traditions prouve que les Égyptiens savaient, depuis bien des siècles, mesurer le temps sur le cours du soleil. Il est même à présumer que ce fut le retour successif des saisons, tout à fait dépendant de l'éloignement ou du rapprochement du soleil, qui avait donné à ces peuples l'idée d'une période déterminée qui marquait la durée de l'apparente révolution de cet astre. — Toutefois, s'il faut s'en rapporter à Hérodote, l'année des Égyptiens n'aurait été d'abord que de 360 jours; une colonie éthiopienne, fondatrice de la ville de Thèbes, s'aperçut que l'année était trop courte de cinq jours; l'erreur ne fut pourtant corrigée qu'au temps de Nabonassar, au moyen de cinq jours ajoutés qu'on

appela επαγομεναι, épagomènes; mais, comme l'année commençait tous les quatre ans un jour avant que le soleil renouvelât sa révolution, l'année fut appelée *vague*, et cette année, suivant l'historien grec, servait pour la fixation des fêtes; ce qui est évidemment une erreur, car toutes les fêtes des Égyptiens étaient déterminées par les saisons, et il eût été impossible que le commencement de l'année vague s'avançant tous les quatre ans d'un jour, les fêtes se fussent longtemps trouvées dans l'ordre nécessaire. Au surplus, l'année vague n'était, pour les Égyptiens, que l'année civile; car l'année usuelle pour les travaux de la campagne, dont l'époque était déterminée par les crues du Nil, ne commençait qu'au lever de la canicule (*V.* ANUBIS) ou Syrius, lequel coïncidait avec le solstice, temps où d'ordinaire l'inondation commençait. Plusieurs écrivains ont prétendu que les prêtres égyptiens connaissaient bien la durée fixe de l'année solaire, et que s'ils ne remédiaient pas à ce vice, c'était parce qu'ils voulaient faire, en quelque sorte, une période sainte durant laquelle leurs fêtes auraient lieu chaque jour de l'année, ce qui devait arriver dans l'espace de 1461 ans de 365 jours, égaux en durée à 1460 ans de 365 jours 1/4. D'autres, au contraire, ont pensé que les prêtres de Thèbes faisaient usage, dès les plus anciens temps, de cette dernière année, ce qui est bien plus vraisemblable; et leur grande période de 1460 ans n'avait été imaginée que pour remettre d'accord les deux années et les faire recommencer ensemble le premier jour de la période à laquelle on donnait le nom de *sothierque*, année de *Sothis* (nom de Syrius). On peut du moins regarder comme extrêmement probable que si, pour leur année religieuse, les prêtres employaient l'année vague, ils savaient rendre leurs fêtes mobiles, afin de les faire toujours coïncider avec la saison à laquelle ils les avaient consacrées. — L'année vague, c'est-à-dire de 365 jours (12 mois de 30 jours et 5 jours épagomènes), se maintint en Égypte jusqu'au temps d'Auguste. — L'année des Grecs fut d'abord lunaire et divisée en 12 mois *caves* et pleins alternativement, c'est-à-dire de 29 et 30 jours, ce qui donnait un total de 354 jours seulement : on ne tarda pas à s'apercevoir que cette année faisait rétrograder considérablement les saisons. L'oracle consulté décida qu'il fallait régler les mois sur la lune et l'année sur le soleil, de sorte qu'on intercala dans une période de 8 années 3 mois de 30 jours. Et en effet, 8 années de 354 jours avec 3 mois intercalés, savoir, la 3e, la 5e et la 8e année, équivalaient à 8 années de 365 jours 1/4 (2922 j.); de sorte qu'au bout de l'*octaéride* ou période de huit ans, on voyait revenir le premier jour des deux années vers la nouvelle lune qui avait lieu après le solstice d'été. Au reste, ce ne fut que l'an 430 avant J. C. que les Athéniens adoptèrent définitivement cet arrangement et firent de leur mois d'*hécatombœon*, qui était primitivement le septième, le premier mois de leur année olympique. Quant à leur mois *embolismique* ou intercalé, ils le placèrent toujours après leur mois de *posideon*, qui de dernier était devenu le sixième, de sorte que l'intercalation avait toujours lieu au milieu de l'année. — Cependant l'octaéride, due à Cléostrate, n'avait pas été généralement adoptée par les Grecs. Les Macédoniens, les Lacédémoniens, et en général les peuples de l'Argolide et du Péloponèse, avaient un mode particulier de compter l'année. Alexandre imposa le calendrier macédonien aux peuples soumis de la Syrie et de l'Asie Mineure; ce même calendrier fut importé après sa mort dans l'Égypte par les Lagides, mais ceux-ci ne s'en servirent que concurremment avec le calendrier égyptien. — L'octaéride offrait des résultats satisfaisants, puisqu'à la fin de cette période la différence de l'année lunaire et l'année solaire ne se trouvait être que d'une heure et demie ou deux heures environ; mais déjà depuis bien longtemps les astronomes grecs, qui s'étaient aperçus que le retour des étoiles fixes sous le même parallèle n'avait lieu qu'aux mêmes jours de l'année solaire, voulurent, pour leur usage particulier, mettre cette année à la place de l'année lunaire, laissant subsister cette dernière pour les usages communs; mais ils cherchèrent à établir des rapports exacts entre les deux années, ou, pour mieux dire, entre les révolutions des deux astres qui servaient à mesurer le temps. On imagina les cycles; celui de 19 années lunaires trouvé par Méthon et composé de 235 lunaisons ou de 12 années de 12 mois et de 7 années de 13, fut proposé et adopté sans contradiction aux jeux Olympiques. Sur les 235 mois du cycle, 114 eurent 29 jours et 121 en eurent 30. Cet arrangement nouveau subsista jusqu'au temps d'Hérodote et d'Hippocrate; on y fit quelques corrections; mais la différence entre les résultats, bien que peu sensible, ne continua pas moins de subsister. — Les Romains avaient adopté l'année des anciens peuples de l'Italie,

II.

53

et il paraît, d'après les noms mêmes que portaient les mois, qu'ils n'étaient qu'au nombre de 10 de 30 et de 31 jours, ce qui ne donnait qu'un total de 304 jours. Une telle composition de l'année bouleversait nécessairement l'ordre des saisons ; Numa entreprit de la réformer : il commença par faire l'année de douze mois, ajoutant aux dix mois du calendrier latin le mois de janvier au commencement et celui de février à la fin. Pour mettre sa nouvelle année lunaire d'accord avec l'année solaire, il voulut que dans chaque période de quatre ans on intercalât un petit mois de 22 jours la seconde année, et un autre mois de 23 jours la quatrième. Nous ne devons pas omettre, au surplus, qu'il paraît résulter d'un passage de Plutarque, dans ses *Questions romaines*, que Numa avait trouvé l'année de Romulus de douze mois, non de dix, et qu'il n'avait fait qu'en déplacer le commencement. Quoi qu'il en soit, ici s'élève une difficulté. L'année commune de Numa, lit-on dans les anciens écrivains, se composait de 355 jours ; mais ce nombre multiplié par 4 donne 1420, et les deux petits mois de 22 et de 23 jours, ensemble 45 ajoutés au quotient, produisent un total de 1465 ; et quatre années solaires de 365 jours 1/4 ne donnent que 1461 jours. Il se trouvait donc au bout de la période de Numa un excédant de 4 jours ; cet excédant était double au bout de huit ans, et ainsi de suite. Suivant d'Alembert, dont l'opinion a été adoptée par Lalande, Numa s'étant aperçu que son année était trop longue, ordonna que tous les huit ans son mois de *mercedonius* ou de 23 jours ne serait que de 15, c'est-à-dire que huit jours en seraient retranchés. Nous devons dire que tout cela n'est guère appuyé que sur des suppositions ; il nous semble que Numa, qui avait réglé son année sur l'année grecque et lui avait, à peu de chose près, donné la même forme, n'ignorait pas que l'année lunaire n'était que de 354 jours, et il est probable que quelque erreur de copie aura seule donné à l'année de Numa un jour de plus. Dans cette dernière supposition, les douze mois de Numa avec ses intercalations auraient répondu tous les quatre ans à l'année solaire. — Comme toutes les intercalations étaient ou pouvaient être pour le peuple une cause sans cesse subsistante d'erreur ou de confusion, le collège des prêtres était chargé de rédiger le calendrier chaque année, ce qui donna naissance à des abus assez graves. Il arriva plus d'une fois qu'on allongea ou qu'on raccourcit l'année pour allonger ou pour raccourcir la durée des magistratures et des baux des fermiers des revenus publics. Mais de pareilles altérations ne pouvaient avoir lieu sans déranger l'ordre des saisons. On voit, par une lettre de Cicéron à Atticus, que l'équinoxe se trouvait arriver vers le milieu du mois de mai ; et il le prie de s'opposer à ce que l'année de son proconsulat en Cilicie soit prolongée par une intercalation. — Jules César, qui eut la volonté de faire cesser le désordre et qui en même temps réunissait dans sa main tous les pouvoirs nécessaires pour y réussir, appela d'Égypte l'astronome Sosigène, et il travailla conjointement avec lui et avec le Romain Flavius à donner enfin de la fixité à l'année. Leurs travaux les conduisirent à trouver une année solaire de 365 jours, plus 6 heures. Ces 6 heures, négligées pendant quatre années consécutives, donnèrent un jour entier qui fut ajouté au mois de février. L'année où ce jour se trouva reçut le nom de bissextile (*V.* ANNÉE ECCLÉSIAST.). Ce fut l'an 45 avant J. C. que cette réforme eut lieu ; mais il arriva, par le peu de soin que les prêtres avaient mis à supputer les jours dans les intercalations qui étaient à leur charge, que 67 jours se trouvaient perdus depuis l'année de Numa, c'est-à-dire que les saisons se trouvaient avancées de cet espace de temps sur le cours constant du soleil. On se vit donc obligé d'ajouter à l'année antérieure à la réforme le nombre de jours suffisant pour faire de nouveau coïncider le commencement de l'année avec le solstice d'hiver, ce qui porta le nombre de ses jours à 445. On appela cette année (46 av. J. C.) *année de confusion*. L'heureuse innovation de Jules César donnait, plus que toutes les méthodes connues, la facilité de soumettre les siècles et les années à des calculs chronologiques ; toutefois on savait déjà, et Hipparque l'avait formellement reconnu il y avait près d'un siècle, que l'année n'avait pas tout à fait 6 heures au delà des 365 jours, et il est probable que Sosigène ne l'ignorait point ; mais il jugea que cette différence, qui n'est au fond que d'environ 11 minutes pour chaque année, ne pouvait produire de résultat sensible au bout de plusieurs siècles, et il la négligea. Cependant ces 11 minutes au bout de 129 ans donnent un jour entier ; il ne fallait donc qu'un assez petit nombre de révolutions de 129 ans pour produire une différence de plusieurs jours. Ce fut-là ce qui amena la réforme grégorienne en 1582. (*V.* l'article déjà cité et CALENDRIER) ; réforme éminem-

ment utile, et qui, bien qu'elle n'offre pas encore une exactitude mathématique, est si bien calculée, qu'en 4000 ans la différence entre les années grégoriennes et les années tropiques ne sera que de 22 heures 40 minutes, puisque 4000 ans grégoriens, avec leurs bissextiles et leur retranchement de trois bissextiles séculaires sur quatre, donnent 1,460,970 jours, tandis que 4000 années tropiques, ne donnent que 1,460,969 jours 1 heure 20 minutes. — L'idée de la réforme grégorienne a pu être empruntée aux astronomes persans qui, l'an 1075 (467 de l'hégire), avaient proposé de faire bissextile la dernière année de chaque période de quatre ans sept fois de suite, et de n'intercaler de bissextile la huitième fois, que la cinquième année ; de sorte qu'on n'aurait que huit bissextiles en trente-trois ans. Le résultat de ce mode d'intercalation sur 4000 ans offre 1,460,969 jours 16 heures 44 minutes ; ce qui donne 3 heures 16 minutes de moins que le calcul grégorien. Ce produit a si peu d'avantage sous le rapport de l'exactitude, que ce serait peu la peine de substituer au calcul grégorien le calcul persan. Celui-ci d'ailleurs a l'inconvénient d'offrir moins de facilité pour la conversion en jours des années et des siècles. — On découvrit en 1715, dans la bibliothèque *Lorenziana*, un manuscrit qu'on a depuis intitulé *Hémérologe de Florence*. Il se trouve à la suite du commentaire de Théon sur l'almageste de Ptolémée. On y voit les calendriers de seize peuples anciens mis en concordance, jour par jour, avec le calendrier romain. Jean Masson, qui a découvert ce manuscrit, en a publié un second qui rectifie quelques erreurs contenues dans le premier, ainsi que dans un manuscrit semblable trouvé à Leyde. On peut, au moyen de l'Hémérologe, donner toute la fixité désirable à la chronologie de plusieurs siècles antérieurs à l'ère chrétienne, de même que la découverte des marbres d'Arundel a servi à déterminer plusieurs points importants de l'histoire grecque. Depuis l'introduction de l'ère julienne, on ne s'est guère servi toutefois que de cette ère pour marquer les époques de l'histoire ancienne même antérieure, c'est-à-dire qu'on a supposé que les années de toutes les ères étaient semblables pour la durée et pour les bissextiles à celles du calendrier julien. — Ce qui a contribué encore à augmenter l'obscurité chronologique de beaucoup d'époques anciennes, c'est l'habitude qu'ont eue les plus anciens peuples et même les peuples modernes, de compter les époques de leur histoire que par les règnes de leurs rois ; de sorte que, pour trouver la correspondance de l'année d'un règne à l'année d'une ère quelconque, il faut connaître la série et la durée de tous les règnes. Ce qui étonne, c'est de voir cette méthode si imparfaite se maintenir malgré l'expérience qui en démontre chaque jour les inconvénients. Les Anglais, même dans les derniers temps, ne donnaient d'autre date aux événements que celle du règne de leurs rois. Un tel usage peut être sans désavantage réel pour le peuple soumis au prince dont le règne sert d'ère, mais il ne peut que produire la confusion pour les autres peuples qui ne sont pas obligés de savoir très-exactement que la vingtième, la trentième, la quarantième année du règne de George III répondent à telle ou telle année de l'ère vulgaire (*V.* ÈRE). — L'année arabe ou turque est lunaire et composée de douze mois de 30 et de 29 jours. Les Arabes ajoutent un jour à chaque 2e, 5e, 7e, 10e, 13e, 15e, 18e, 21e, 24e, 26e et 29e année d'un cycle de trente ans, ce qui leur donne onze années embolismiques sur trente. — Les Scandinaves, Cimbres, Teutons, etc., et en général tous les peuples du Nord, subdivisaient leur année, qui était lunaire, en saisons, et, pour la faire concorder avec l'année solaire, ils intercalaient un mois de temps en temps. C'étaient les druides qui, de même que les prêtres de Rome, faisaient ou ordonnaient ces intercalations. — L'année n'a pas toujours commencé à la même époque chez les peuples anciens ni même chez les peuples modernes. Les Chaldéens, les Perses, les Égyptiens, les Syriens, les Phéniciens, etc., la faisaient partir de l'équinoxe d'automne. Les Grecs, avant Méthon, en plaçaient le premier jour au solstice d'hiver ; après lui ils le placèrent au solstice d'été. Les Romains, avant Numa, la prenaient de l'équinoxe du printemps ; Numa, comme nous l'avons dit, en fixa le premier jour au mois de janvier. — Les musulmans commencent l'année à une époque indéterminée ; leur hégire date du 22 juillet 622. Les habitants de l'Inde en deçà et en delà du Gange ont une année lunaire, et ils la font commencer avec la première lunaison qui suit le solstice d'hiver. — Les peuples européens aujourd'hui, les Russes exceptés, ouvrent leur année avec le mois de janvier. Les Russes et les Églises grecques qui ont refusé d'adopter la réforme grégorienne, parce qu'elle leur serait venue de l'Église latine, ont conservé l'année julienne, ce qui les met sur nous en retard de 12 jours; ils commencent donc l'année un peu avant le solstice d'hiver. — En France, le commencement de l'année a souvent été transporté d'une saison à une autre. Il paraît qu'au temps de Grégoire de Tours et de son continuateur on datait assez souvent de la Saint-Martin; cependant, dans l'usage ordinaire, l'année commençait au 1er mai, jour célèbre dans nos annales. Sous les Carlovingiens, l'année ne s'ouvrit plus qu'à la Noël. Sous les Capétiens, au lieu de la Noël, qui est toujours fixe, on choisit la Pâque qui offrit pour premier inconvénient de rendre les années inégales entre elles; car d'une Pâque à l'autre il y a souvent moins de douze mois. Il en résultait beaucoup de confusion. Un édit de Charles IX, de l'an 1563, ordonna que, pour la date des actes publics, le commencement de l'année serait fixé au 1er janvier. Mais il est bien rare qu'une innovation, quelque utile qu'elle puisse être, ne trouve pas d'opposition dans les intérêts froissés ou simplement dans les habitudes. Le parlement de Paris surtout se signala par une opposition violente; il fallut une déclaration nouvelle, datée de Roussillon en Dauphiné, du mois d'août 1564, pour vaincre cette résistance bizarre. Ainsi l'année 1564 finit le 31 décembre et l'année 1565 commença le lendemain; encore ce ne fut que le roi qui se conforma aux dispositions de l'édit; le parlement trouva le moyen de les éluder, en renouvelant les remontrances, jusqu'au 1er janvier 1567. — Quelques années plus tard la réforme grégorienne fut admise en France. L'année continua d'être prise au 1er janvier jusqu'au moment où la convention, qui voulait trop détruire pour tout reconstituer, qui a tout détruit en effet, mais qui a fondé sur le sable ce qu'elle a reconstitué, imagina le nouveau calendrier, dont nous parlerons sous le mot *Annuaire*; ce calendrier qui, suivant le sens d'une expression employée dans le sénatus-consulte du 21 fructidor an XIII, nous tenait emprisonnés dans une chronologie étrangère à l'Europe, fut aboli à compter du 1er janvier 1806 et remplacé par le calendrier grégorien qui reprit ses droits.   J. DE MARLÈS.

ANNÉE, dérivé du sens primitif du mot latin *annus*, cercle, s'entend généralement, par analogie, de toute période astronomique après laquelle se reproduisent une même suite de phénomènes. Le mot *cycle* (κυκλος), qui signifie également *cercle*, est pris dans la même acception. Cependant nous nous bornerons ici à considérer le mot *année* dans sa signification la plus restreinte, c'est-à-dire comme indiquant le temps de la révolution de la terre autour du soleil. — *Année astronomique*. En observant, pendant plusieurs années consécutives, le nombre de jours et fractions de jour que le soleil a employés pour revenir à l'équinoxe, et, prenant ensuite un milieu entre toutes ces observations, on a trouvé, pour la durée de l'année, 365j, 242256694 ou 365j 5h 48' 51", 6. Cette année équinoxiale *moyenne* s'écarte tantôt en plus, tantôt en moins de l'année *vraie*, parce que le retour du soleil à un même équinoxe ne s'accomplit pas dans une période rigoureusement invariable. Les principales causes qui contribuent à cette inégalité, et que nous expliquerons dans cet ouvrage, sont: 1° le mouvement des équinoxes, lesquels ne reviennent aux mêmes étoiles qu'après 25,868 ans; 2° les 50" 1 que le soleil a encore à parcourir, après l'accomplissement de l'année équinoxiale, pour revenir aux mêmes étoiles, ce qui exige 20' 331817, différence entre l'année équinoxiale et l'année sidérale; 3° l'altération de la régularité des mouvements de la lune par l'attraction de la lune, qui tourne autour de notre globe, et des autres planètes qui circulent avec celle-ci autour du soleil; 4° le phénomène de la *nutation*, qui accroît ou diminue l'année équinoxiale de 6' 41" au plus; 5° le déplacement de l'écliptique par les planètes, lesquelles nous ont fait l'année plus courte d'environ 4" 21 qu'elle ne l'était au temps d'Hipparque; 6° les perturbations mutuelles de ces astres, ou leurs *inégalités séculaires* et *périodiques*. En négligeant ces dernières perturbations planétaires, l'année ne serait, pendant quatre siècles, que de 365j 5h 48' 37". Toutefois la science a constaté que ces diverses causes d'inégalité de l'année *vraie* ont chacune une moyenne durée invariable, parce qu'elles sont comprises entre certaines limites qu'elles ne franchissent jamais. En sorte que si l'on a choisi deux observations d'équinoxes, assez éloignées l'une de l'autre pour que l'erreur possible se trouve atténuée, la révolution annuelle de la terre aura elle-même une durée moyenne invariable. — L'*année sidérale* est l'espace de temps que le soleil met à faire sa révolution apparente autour du soleil et à revenir à une même étoile, ou le temps que la terre emploie à revenir au même point du ciel. La durée de cette période astronomique est de 365j 6h 9' 11" 6. — *Année*

civile. Pour approprier l'année astronomique moyenne, qui n'a pas un nombre exact de jours, aux besoins de l'agriculture, du commerce et de l'industrie, il a fallu recourir à un artifice particulier. L'année civile ne comprenait d'abord que 365 jours, et se trouvait plus courte que l'année solaire de 5h 49' environ; en sorte qu'après 4 ans, l'équinoxe arrivait 1 jour plus tard. L'accumulation de cette différence est devenue sensible au bout de 100 ans, puisque l'année civile commençait 24 jours avant l'année astronomique. On fit alors concorder les deux années, en attachant les mois et les fêtes aux mêmes saisons, afin d'en faire des époques remarquables pour l'agriculture. Par la méthode des *intercalations*, on ajouta à l'année civile 1 jour tous les 4 ans. Cette année de 366 jours fut nommée *bissextile*, parce que le jour intercalaire était placé le lendemain du sixième jour avant les calendes de mars (*sexto calendas martii*), et avait lui-même été nommé pour cette raison jour *bis sextus*. C'est à Jules César, aidé de Sosigène, mathématicien de l'école d'Alexandrie, qu'on doit la correction qui suppose l'année de 365j 6h, durée trop longue de 11' 15, qui font 1 jour en 129 ans: l'intercalation n'était donc qu'approximative. L'an 45 de notre ère fut la première année comptée selon l'institution de Jules César. Pour ramener le 1er janvier de cette année à la nouvelle lune qui suivait le solstice d'hiver, il fallut porter à 455 le nombre des jours de l'année précédente, qu'on a nommée pour cette raison l'année de *confusion*. — En 1582, on s'aperçut que le soleil entrait dans l'équinoxe 10 jours plus tôt que du temps du concile de Nicée. Alors le pape Grégoire XIII, pour éviter cette anticipation très-lente de l'année solaire sur l'année civile, ordonna la suppression des bissextiles séculaires, une exceptée de 4 en 4 siècles. Ainsi 1700, 1800, 1900, qui devaient être des années bissextiles, comme étant de rang quaternaire, ne le sont cependant pas, tandis que l'an 2000 l'est. On intercale seulement ainsi 97 jours au lieu de 100 sur une durée de 400 ans. Cet intervalle est donc de 400 fois 365, plus 97 jours, et, divisant par 400, l'année équinoxiale est supposée de 365j 2425, quantité fort rapprochée. Il suit de cet exposé de la réforme *grégorienne* que, pour reconnaître si une année est bissextile, il faut diviser par 4 les deux chiffres à droite du millésime: si le quotient est exact, l'année est bissextile; si le reste de la division est 1, 2 ou 3, l'année est 1re, 2e ou 3e après la bissextile. L'an 1839 est 3e après la bissextile, parce que 3 est le reste de la division de 39 par 4. Si l'année est séculaire, il faut opérer de même, après avoir supprimé les deux zéros à droite du millésime: l'an 1800 n'est pas bissextile, parce 18 n'est pas multiple de 4. — Autrefois, en France, l'année commençait le 1er mars, jour de la revue des troupes sous les rois de la race mérovingienne; le jour de Noël sous les rois carlovingiens, et sous les Capets le jour de Pâques. L'année ecclésiastique commençait au 1er dimanche de l'Avent. Sous Charles IX, en 1564, un édit fit commencer l'année civile au mois de janvier. La réforme grégorienne y fut alors admise, ainsi que dans les autres pays catholiques. Les États protestants ne s'y soumirent qu'en 1751 et 1752. Les Russes et les chrétiens du rit grec sont les seuls qui, en Europe, ont conservé le vieux style ou l'année julienne, laquelle commence maintenant 12 jours après la nôtre. Après l'année 1900, cette différence augmentera encore d'un jour. — Les Grecs commençaient l'année au mois de septembre; les Romains, sous Romulus, au 1er mars, et depuis Numa, au 1er janvier. Sous la république française, le commencement de l'année était fixé par une loi, d'après l'époque de l'*équinoxe vrai*. — Chez tous les peuples, l'année a été divisée en mois, durée de la révolution synodique de la lune. L'année solaire contenant environ 12 lunaisons, on l'a partagée en 12 mois. L'année grecque était lunaire et composée de 12 mois, d'abord tous de 30 jours, ensuite alternativement de 30 et de 29; les mois commençaient à la première pleine lune après le solstice d'été. L'année des Juifs était également lunaire. On ne faisait répondre l'année solaire, en ajoutant à la fin 11 et quelquefois 12 jours, ou en insérant 1 mois embolismique. Romulus avait divisé l'année lunaire en mois de 10 mois, alternativement de 31 et de 30 jours, qui formaient ainsi 304 jours. L'année arabe ou turque est une année lunaire de 12 mois, quelquefois de 13 mois, alternativement de 30 et de 29 jours (*V.* CYCLE et CALENDRIER). — Nous ne terminerons pas cet article sans parler de la *grande année platonique*, qui a lieu, suivant Cicéron, lorsque le soleil, la lune et les cinq planètes reviennent à la même situation; mais cette année renferme des milliers de siècles. Lalande, ayant voulu avoir un aperçu du retour des planètes principales à une même position relative, a trouvé plus de dix-sept mille millions d'années pour le temps d'un pareil retour, encore supposait-il la durée des révolutions des planètes autour du soleil composée d'un nombre infini de jours. VAN-TENAC.

ANNÉE CLIMATÉRIQUE, du mot grec κλιμαξ, échelle; c'est le nom que les astrologues, quelques médecins et quelques philosophes ont donné à l'année qui revient tous les sept et tous les neuf ans. On a prétendu que le retour de cette année dans la vie humaine et même dans celle des végétaux amenait de fâcheux événements, des catastrophes mortelles; et l'on a poussé même le délire de la crédulité jusqu'à soutenir que les corps politiques pouvaient se ressentir de l'année climatérique. Cette croyance, extrêmement ancienne, nous vient, dit-on, des Chaldéens qui s'adonnaient particulièrement à l'astronomie et à l'art divinatoire; toutefois, l'opinion commune attribue à Pythagore la découverte de l'année climatérique, parce qu'on sait que ce philosophe attribuait une grande efficacité à la puissance des nombres, principalement celle du nombre 7, et ensuite celle du nombre 9; aussi appelait-on *grandes climatériques* la 63ᵉ et la 81ᵉ année de la vie, parce que le premier de ces nombres se forme de la combinaison des deux nombres climatériques sept multiplié par neuf, et que le second se compose de neuf multiplié par lui-même. Quelques astrologues substituaient à 81 le nombre 84, qu'ils regardaient comme plus critique encore. — La doctrine de Pythagore ou de ceux qui invoquent son nom se fonde sur l'observation de plusieurs faits qui sont vrais, mais dont on ne peut toutefois déduire aucun principe général. Ainsi l'œuf de la poule et de plusieurs autres oiseaux a besoin pour éclore d'être couvé pendant 21 jours ou trois fois sept jours. Une lunaison se compose de 28 ou quatre fois sept; dans beaucoup de maladies aiguës, il y a des périodes fatales de sept ou de neuf jours, amenant des crises qui sauvent le malade ou qui l'emportent. La dentition , la sortie de la barbe, la puberté, etc., ont été rapportées pareillement à des périodes septénaires. En général la croissance et le développement des animaux, et des plantes sont subordonnés à la marche régulière des années; mais de toutes ces observations et de beaucoup d'autres du même genre, que peut-on en conclure? Parce que la dentition a lieu à 7 ans, la puberté à 14, la jeunesse à 21, l'entier développement des facultés physiques à 28, le maximum des forces à 35; que la décroissance commence à 42, la vieillesse à 56, sauf les cas d'exception où ces effets sont retardés ou accélérés par des circonstances locales, faudra-t-il dire que ces diverses années sont plus dangereuses que les autres? Pourquoi surtout la 63ᵉ année offrirait-elle de plus grandes chances de mortalité? Qu'importe que dans 63 il y ait neuf fois sept? Assurément à 63 ans on est tout naturellement plus près du tombeau qu'à 30 ou à 40; et il ne faut être ni astrologue, ni philosophe, ni médecin pour en indiquer la raison. C'est que la vie de l'homme ayant un terme qui rarement passe 80 ans, plus on approche de ce terme, moins on a de temps à vivre; et quoique, suivant les partisans de ce système, la 81ᵉ année soit une des plus dangereuses, il n'est pas d'homme tenant à la vie qui n'aimât. mieux encore avoir 63 ans que d'en avoir 81. — Les observations modernes ont démontré que les prétendues années climatériques ne sont pas plus fatales à la vie humaine que celles qui suivent ou qui précèdent. Les chances de prolongement de la vie dans les hommes bien constitués et qui ne sont pas atteints de maladies particulières qui entraînent la mort prématurée, ne diminuent qu'en proportion de l'accroissement de l'âge. Le corps humain se développe régulièrement et sans secousse; la décrépitude s'opère de la même manière; la vie commence par un souffle, elle finit quand ce souffle s'éteint. Les animaux et les plantes, plus exposés que l'homme à l'action des saisons et de la température, peuvent ressentir davantage l'influence de ces deux causes; mais pour l'homme il n'existe point d'influence semblable, et les années climatériques ne sauraient agir sur lui. Il faut convenir toutefois que beaucoup de personnes aux idées étroites, cédant à d'anciens préjugés et croyant fermement à l'action des années climatériques, s'effrayent au point de se rendre réellement malades quand elles atteignent quelqu'une de ces années. C'est pour ces personnes qu'on peut répéter le vieil adage que la peur du mal est pire que le mal ; il faudrait pouvoir leur faire entendre que la crainte d'une maladie prédispose singulièrement le corps aux faciles atteintes de cette maladie. Auguste, si l'on en croit Suétone rapporte, se félicitait d'avoir échappé de sa grande année climatérique; il poussa effectivement sa carrière jusqu'à sa 76ᵉ année; pour l'honneur des astrologues, nous voudrions pouvoir dire qu'il mourût une année plus tard. Au surplus beaucoup d'hommes d'un grand

mérite ont cru aux années climatériques. On cite Platon, Cicéron, Macrobe, le vénérable Bède, Boèce, Saumaise, Bodin, avocat du roi à Laon, etc. Ce dernier avait annoncé que son maître, Henri III, verrait finir sa dynastie ; il se fondait sur ce que ce prince était le 63ᵉ roi de France, et nous ne savons trop comment il faisait son compte, même en comprenant dans le nombre Pharamond, Mérovée et Childéric, antérieurs à Clovis. Ce qui est malheureusement vrai, c'est que Henri III périt assassiné par le fanatique Jacques Clément.

J. DE M.

ANNÉE (*Écrit. sainte*). Pour prendre une idée juste et précise de l'année des Juifs, il faut avant tout distinguer les temps et les différentes époques de l'histoire de ce peuple. Avant la loi mosaïque, les Hébreux, qui s'étaient formés en Égypte, n'avaient d'autre année que l'année égyptienne. Dans le calcul qu'il nous a transmis de la durée du déluge, Moïse nous fait connaître que l'année hébraïque était composée de douze mois de trente jours chacun (*Gen.*, VII); et il paraît que le douzième avait trente-cinq jours. On a soupçonné (Scaliger, *De emendat. temporum*, l. III) que les Hébreux avaient un mois intercalaire tous les cent vingt ans, pour réparer le déficit de trente jours entiers qui, à cette époque, résultait nécessairement de la forme même de leur année; mais, il faut l'avouer, l'Écriture ne parle jamais ni de treizième mois, ni d'intercalation. Depuis la sortie d'Égypte , le peuple juif adopta pour le sacré et pour les fêtes et autres cérémonies de religion, une nouvelle forme d'année, qui était en partie solaire et en partie lunaire; toutefois il ne changea rien à l'ordre de l'année qui concernait le civil. Ainsi il y a eu chez les Hébreux, depuis cette époque, deux sortes d'années, l'une sainte ou sacrée, et l'autre civile. La première commençait au printemps, au mois d'abib ou de nisan (*V.* NISAN); la seconde en automne, au mois de tischri ou tisri (*V.* ce mot). Mais il faut observer que ce que nous venons d'avancer au sujet des années lunaires des Hébreux pour le sacré, ne peut bien se prouver que depuis Alexandre le Grand. Après la clôture du Talmud, les Juifs ne font plus fait usage que des années lunaires, qu'ils ont accommodées aux solaires, au moyen d'un treizième mois, nommé *veadar* (*V.* ADAR et MOIS DES HÉBREUX), qu'ils intercalaient. Mais indépendamment de ces deux sortes d'années, les Hébreux ont encore l'année sabbatique et l'année du Jubilé. L'année sabbatique se célébrait tous les sept ans; pendant cette année on ne labourait et on ne semait point; et ce que la terre et les arbres produisaient sans culture, était un bien commun qui appartenait à tout le monde, de manière que le propriétaire du fonds lui-même n'avait pas plus de droit que l'étranger (*Lévit.*, XXV; *Exod.*, XXIII). L'Écriture ne s'explique point sur le temps où devait commencer l'année sabbatique; mais en disant qu'on ne labourera point la terre, et qu'on ne fera point la moisson tant qu'elle durera, elle semble insinuer qu'il fallait de toute nécessité la commencer en automne , après toutes les récoltes, puisque c'était le seul moyen d'observer le repos de cette année, sans que la terre demeurât plus d'un an sans culture. Pendant l'année sabbatique, les esclaves pouvaient recouvrer leur liberté; les dettes cessaient de devenir exigibles, et les débiteurs étaient libérés (*Exod.*, XXI; *Deut.*, XV). — Quant à l'année jubilaire qui se célébrait après sept semaines d'années, ou la quarante-neuvième année de la république , outre les prérogatives de l'année sabbatique qu'elle accordait, elle affranchissait encore ceux mêmes qui avaient renoncé à leur liberté à l'année sabbatique, et faisait rentrer dans la possession de leurs biens les anciens possesseurs qui avaient été obligés de les vendre (*Lévit.*, XXV). Il est évident que par l'institution de ces diverses années, le Seigneur voulait: 1° rappeler la mémoire de la création du monde par les divers sabbats de septième jour, de septième année, de septièmes semaines d'année; 2° conserver autant que possible, parmi les Hébreux, l'égalité des biens et des conditions; 3° rappeler le souverain domaine de Dieu sur tout ce qui existe, en rendant les productions de la terre communes à tous, et en accordant à la terre le repos, aux esclaves la liberté. J. G.

ANNÉE ECCLÉSIASTIQUE. L'année ecclésiastique n'est que l'année julienne, introduite par Jules César dans la république romaine, laquelle a été conservée sans altération jusqu'à l'an 1582, où le pape Grégoire XIII lui fit subir quelques corrections essentielles. Jules César, ou plutôt Sosigène d'Égypte, que Jules César avait chargé de la réforme du calendrier, avait supposé (comme cela se trouve déjà dit dans les articles précédents) que l'année solaire était de 365 jours et 6 heures; mais l'année julienne était trop grande de 11′ 14″ 30‴, et cet excédant, quelque léger qu'il paraisse, ne laisse pas que de former un jour au bout de 128 ou 129 ans. En 1582, cette différence ou anticipation de l'année julienne sur l'année tropique se trouva être de 10 jours. — Ce désordre avait été senti dès le xv° siècle, et plus d'une fois on avait songé à la réforme du calendrier. Mais ce fut le pape Grégoire XIII qui eut l'honneur d'achever cette grande entreprise; il chargea de ce travail un habile astronome italien, Aloïse Lilio, et ordonna par une bulle datée du 24 février 1581, que le nouveau calendrier fût introduit dans tous les États chrétiens. — Pour rétablir l'harmonie entre l'année civile et l'année tropique, on retrancha dix jours de l'année 1582, le 5 jusqu'au 14 octobre, en sorte qu'après le 4 octobre, on compta immédiatement le 15. Et comme il fallait empêcher que, par la suite, les 11′ 14″ 30‴, dont l'année julienne anticipait sur le cours du soleil, ne fissent de nouveau des jours entiers, par la suite, il faut réglé que trois années séculaires qui, d'après le calendrier julien, devraient être de 366 jours, ou bissextiles, ne seraient que de 365 jours, ou communes, et que dans la quatrième année séculaire seulement, on intercalerait un jour. — Cette réforme du calendrier fut adoptée sans opposition par les États catholiques; mais les princes protestants refusèrent de s'y conformer, parce qu'elle venait d'un pape, et leur exemple fut suivi par les Grecs et les Russes séparés de l'Église latine; tous, par un entêtement ridicule, aimèrent mieux supporter les vices évidents, et qu'ils sentaient eux-mêmes, de leur calendrier, que de paraître en devoir la correction à un pontife romain; cependant la plupart ont fini par l'adopter, les uns plus tôt, les autres plus tard, et aujourd'hui il n'y a plus que les Russes qui conservent encore l'ancien style, aussi retardent-ils de 12 jours sur les autres peuples de l'Europe. — L'année ecclésiastique commence au 1er dimanche de l'Avent ; mais elle ne finit pas toujours au 24° dimanche après la Pentecôte; il arrive quelquefois que l'année compte 25, 26, 27 et même 28 dimanches après la Pentecôte, et dans ce cas on reprend les dimanches qui cette année ont été omis après l'Épiphanie, pour remplir le vide qui se rencontre entre le 24° dimanche après la Pentecôte et le 1er de l'Avent. — Dans l'année ecclésiastique, l'on remarque des fêtes mobiles et des fêtes immobiles. On appelle fêtes immobiles celles qui toutes les années reviennent au même jour du mois; les fêtes mobiles, au contraire, ne tombent pas toujours sur les mêmes jours, mais elles varient, et se règlent d'après le jour où Pâques est célébré, de manière cependant qu'elles se présentent tous les ans dans le même ordre et dans la même distance l'une de l'autre. Or, la fête de Pâques peut tomber entre le 22 mars et le 25 avril; ces deux jours forment les limites au delà desquelles cette fête n'arrive jamais. Pour comprendre ceci, il faut se rappeler que l'Église, pour ne pas se rencontrer avec les juifs qui célèbrent la pâque le 14° jour de la lune de mars , a , dès son origine, solennisé cette fête le premier dimanche après la pleine lune de l'équinoxe du printemps, et cette discipline fut sanctionnée en 325, par le concile de Nicée. D'après cette disposition, Pâques n'arrivera jamais avant le 22 mars, ni après le 25 avril , comme le démontrent les auteurs qui ont traité du calendrier.— L'année ecclésiastique nous amène naturellement à parler de la lettre dominicale, du nombre d'or, de l'épacte et de l'indiction. — Dans le calendrier ecclésiastique, chaque jour de la semaine est désigné par une des lettres G, F, E, D, C, B, A; cette dernière lettre se trouve placée avant le 1er janvier et le 31 décembre. Chaque année a sa lettre dominicale qui indique les jours du mois sur lesquels tombe le dimanche : la lettre dominicale de 1839 est le F. Quand les années sont bissextiles, on compte deux lettres dominicales, l'une qui sert jusqu'au 24 février , et l'autre jusqu'à la fin de l'année. La lettre dominicale forme un cycle de 28 années; on l'appelle cycle solaire, et on en doit l'invention à Denis le Petit, qui en a placé le commencement neuf ans avant Jésus-Christ, dont la naissance tombe dans la dixième année de ce cycle. — On appelle nombre d'or celui qui indique le rang de chaque année dans le cycle lunaire de 19 ans. Le nombre d'or de 1839 est 16. Ce serait une erreur de croire que les nouvelles et les pleines lunes tombent exactement sur les mêmes jours, après une révolution de 19 ans; cela n'a lieu qu'après 312 ans. — L'épacte dans le comput ecclésiastique est la différence qui se trouve entre l'année solaire et l'année lunaire : cette différence est de 11 jours pendant la durée du cycle de 19 ans. Pour 1839, l'épacte est xv. — Le cycle des indictions est particulièrement usité dans les bulles des papes, et renferme une période de 15 ans. On place le commencement des indictions sous le règne de Constantin le Grand, ou même sous celui de Dioclétien. Cependant nous signalons comme un fait assez singulier, qu'une bulle papale fait remonter la série des indictions jusqu'à

l'an 3 avant J. C. , en désignant l'année 781 de l'ère chrétienne par cette formule : *Anno 4, indictionis 53.* (*V.* LETTRE DOMINICALE, NOMBRE D'OR, ÉPACTE, INDICTION; voyez aussi JUBILÉ ou ANNÉE SAINTE.) L'abbé G—D.

ANNELET, terme de blason. C'est un petit anneau ou plutôt ce sont de petits anneaux qu'on trouve souvent dans les armoiries. On prétend que c'est un signe de haute noblesse. L'anneau simple se dit d'un cercle qui meuble l'écu. X. X.

ANNÉLIDAIRES (*zooph.*). Groupe d'animaux proposé par M. de Blainville. Le savant considère les êtres qui le composent comme intermédiaires entre les articulés et les rayonnés, et ayant plus de rapports avec ces derniers. Ce groupe comprend les genres *clarate, thalassème, sipuncule, priapule* (*V.* ces mots).

ANNÉLIDES, *annelides* (*zool.*). Les animaux qui forment cette classe avaient été laissés par Linné avec les mollusques et les vers, par Bruguières avec les vers seulement. Cuvier, en les séparant de ces derniers pour les placer parmi les articulés, les nomma *vers à sang rouge*. Lamarck, en adoptant cette classe de Cuvier, lui imposa le nom d'*annélides*, généralement employé depuis. Les annélides ont le corps divisé en segments ou anneaux de vingt à trente chez les uns, de plus de cinq cents chez d'autres; ils n'ont point de thorax distinct, comme la plupart des autres articulés; cependant il arrive quelquefois que les anneaux placés immédiatement après la tête sont un peu plus renflés et portent des appendices plus complets (*serpules, amphitrites*). Ils manquent de membres articulés, et ont ordinairement pour s'aider dans leurs mouvements, des faisceaux de soies flexibles ou épineuses de diverses formes; leur tête, incomplète ou à peine distincte, se compose, suivant quelques auteurs, de un à sept segments; leurs yeux, quand ils existent, sont petits et comparables aux yeux lisses de certaines larves d'insectes: il y en a tantôt deux, tantôt quatre, ou même un plus grand nombre; leur bouche consiste soit en une trompe rétractile plus ou moins développée, garnie ou non de tentacules quelquefois assez nombreux, soit en deux lèvres formant chez quelques espèces un disque charnu qui fait l'office de ventouse et sert à la succion et aussi à la progression; un grand nombre sont munis de dents ou de mâchoires qui varient beaucoup pour la forme, la consistance, la disposition, et dont le nombre est de deux à neuf; la trompe renferme encore, dans plusieurs espèces, des papilles cornées et solides, rangées circulairement sur plusieurs rangs ou ramassées en groupes; le canal intestinal est généralement droit; il excède rarement du quart ou de la moitié de la longueur du corps; ils n'ont point de cœur proprement dit; leur sang, presque toujours coloré en rouge, circule au moyen de deux artères longitudinales et de veines, renforcées quelquefois par des ventricules charnus; leurs branchies, le plus souvent extérieures, se présentent sous la forme de panaches, d'arbuscules, de franges, d'éventails, etc.; elles sont tantôt disposées uniformément sur tout le corps, tantôt sur la partie médiane ou antérieure seulement; d'autres fois, les organes de la respiration restent à la surface de la peau, ou consistent en vessies internes; leur système nerveux est formé d'un double cordon nerveux inférieur , renflé par intervalles en ganglions qui communiquent entre eux par des cordons nerveux, et d'où partent les nerfs qui se rendent aux parties; ils sont presque tous androgynes, et leurs organes de la génération sont extrêmement variés. — Les annélides sont tantôt nus, tantôt protégés par des tubes libres, ou bien fixés aux corps marins; leurs muscles n'adhèrent jamais à ces tubes qui sont formés soit par une transsudation calcaire de leur peau, soit par l'agglutination de grains de sable ou de débris de coquilles; ils vivent dans la mer ou le sable des rivages, et plus rarement dans les eaux douces, la vase et la terre humide. Quelques-uns se nourrissent de petits animaux marins qu'ils dévorent avec avidité, d'autres de sang ou des molécules nutritives répandues dans l'eau; enfin il en est, tels que les *lombrics* ou vers de terre, qui trouvent leur nourriture dans les matières végétales ou animales mêlées à la terre ou à la vase qu'ils avalent. Plusieurs brillent pendant la nuit d'une lumière phosphorescente; les pêcheurs se servent de quelques espèces pour garnir leurs hameçons; il est inutile de parler de l'usage des sangsues. — Cuvier a divisé la classe des annélides en trois ordres : le premier, celui des *tubicoles*, renferme les espèces qui vivent dans des tubes, et dont les branchies sont à la partie antérieure du corps (*serpules, térébelles, amphitrites*); le second, celui des *dorsibranches*, est formé par les espèces généralement libres, qui ont les branchies sur tout le corps ou sur sa partie moyenne seulement (*néréides, aphrodites, amphinomes*); le troisième, celui des *abranches*, contient celles dont les branchies sont intérieures ou remplacées par d'autres organes respiratoires, et qui vivent dans le sable des rivages, dans la vase ou la terre humide, et dans l'eau (*naïades, lombrics, sangsues*). Lamarck a divisé aussi cette classe en trois ordres : les annélides *apodes, antennées,* et *sédentaires ;* Savigny en quatre, les *néréidées* (néréides), les *serpulées* (serpules), les *lombricinées* (lombrics), et les *hirudinées* (sangsues). MM. Audouin et Milne-Edwards en font aussi quatre ordres : les annélides *errantes,* les *tubicoles* ou *sédentaires,* les *terricoles* et les *suceuses.* (*V.* ces mots.) J. BRUNET.

ANNEXE (*jurisp.*). Ce mot est susceptible de différentes acceptions. — On appelle *annexe* une chapelle qui dépend d'une paroisse ou d'une succursale (décret du 30 septembre 1807). — Quand on dit qu'un immeuble est vendu ou loué avec toutes ses *annexes,* cela signifie avec tous ses accessoires, toutes ses dépendances. — Dans le style du notariat, l'*annexe* est toute pièce, une procuration, par exemple, qui est jointe à la minute d'un acte, et qui doit rester déposée chez le notaire avec cette minute (*V.* NOTAIRE, PROCURATION). Le mot *annexe* sert aussi à exprimer le fait même de la jonction. — On nommait autrefois *droit d'annexe,* le droit qu'avait le parlement de Provence d'autoriser par arrêt l'exécution, dans son ressort, des bulles et brefs de la cour de Rome. R. B.

ANNIA (*numism.*). Famille romaine plébéienne, à laquelle appartenait Annius, tribun, l'an 517 de Rome. Il était aïeul de cet Annius dont on a des deniers romains, et qui était surnommé *Luscus,* parce qu'il était borgne. D. M.

ANNIA FAUSTINA (*numism.*). Les médailles de cette princesse sont fort rares et très-estimées. Elles valent en or 2000 francs ; en argent, 1000 francs, et en grand bronze, 600 francs. Sur la médaille d'or, on voit son portrait, la tête diadémée ; au revers, la tête d'Élagabale, son époux. Cette médaille n'est connue que par le P. Khell ; Mionnet doute de son authenticité (*Méd. rom.,* t. I, p. 354). Le revers de la médaille d'argent, avec sa tête, représente une femme debout devant un autel, avec la légende : PIETAS AVGVSTA, *la piété auguste.* Une autre médaille d'argent, avec la légende : CONCORDIA, *la concorde,* représente Élagabale et Annia Faustina debout, se donnant la main ; dans le champ, un astre. Le même sujet se trouve sur le grand bronze au revers de la tête, et de plus, à l'exergue, les lettres s. c, *senatus consulto,* le bronze étant toujours frappé par l'autorité du sénat. D. M.

ANNIBAL, fils d'Amilcar Barca, né en 247 av. J. C. Jusqu'à la fin de la première guerre punique, le gouvernement de Carthage avait été purement aristocratique ; mais après la bataille des îles Éguses les conditions onéreuses du traité conclu avec Luctatius mirent la république dans un tel état de gêne, qu'elle se vit hors d'état de payer ses troupes. Des propositions leur furent faites pour obtenir d'elles quelque remise ; les soldats y répondirent en massacrant leur général et en assiégeant Carthage. Hannon, envoyé contre les rebelles, fut battu ; Amilcar, plus heureux, mit fin, après trois ans, à la plus épouvantable crise qu'eût éprouvée sa patrie. De là haine implacable d'Hannon pour son heureux rival. Comme Hannon était soutenu par la plupart des grandes familles, Amilcar se jeta dans les bras du peuple et fit naître ainsi l'esprit de faction ; mais il comprenait la nécessité de s'appuyer sur autre chose que sur la faveur incertaine de la multitude, et il se détermina à tenter la conquête de l'Espagne, conquête qui devait le rendre nécessaire en même temps qu'elle fournirait à Carthage des richesses propres à réparer les pertes précédemment essuyées. Il y voyait peut-être aussi des avantages de nature à lui permettre de reprendre avec succès une lutte qu'il regardait seulement comme interrompue. — Annibal avait neuf ans lorsqu'il vit son père offrir un sacrifice aux dieux pour se les rendre favorables dans l'expédition qu'il entreprenait. Il le supplia de l'emmener, et Amilcar y consentit après lui avoir fait jurer qu'il serait l'implacable ennemi des Romains. — Il n'entre pas dans le cadre de cet article de rappeler les exploits d'Amilcar et de son gendre Asdrubal en Espagne. Nous nous contenterons de rappeler à nos lecteurs que le parti de Barca fut assez puissant pour faire passer à Annibal le gouvernement de l'importante province que sa famille avait soumise. Dès lors il n'eut qu'une seule pensée, celle de faire sentir aux Romains les effets de la haine qu'il leur avait vouée dès l'enfance. Des forces considérables étaient à sa disposition, il avait eu assez d'habileté pour donner un même esprit à des mercenaires levés dans toutes les parties du monde connu, et pour en former une armée dont les éléments hétérogènes se confondaient dans un sentiment général d'estime et de dévouement pour sa personne. Il assiégea et détruisit **Sagonte,** et après avoir ainsi forcé la main au sénat de

Carthage même, il résolut d'attaquer les Romains dans l'Italie, bien assuré qu'il était de trouver de la sympathie dans ces Gaulois cisalpins à peine subjugués, dans ces Étrusques, ces Latins, ces Samnites qui n'avaient jusque-là laissé échapper aucune occasion de témoigner à Rome leur mauvais vouloir. Nous ne suivrons pas Annibal dans son voyage à travers les Gaules ; le passage du Rhône et celui des Alpes ont été racontés si souvent, que les circonstances qui y ont rapport sont devenues de véritables lieux communs ; nous ferons cependant remarquer tout le ridicule de certaines assertions de Tite-Live au sujet des moyens employés par le grand capitaine pour se frayer une route à travers les rochers. Le bois et le vinaigre abondèrent-ils jamais à la cime des Alpes ? Nous ne le croyons pas. Du haut des monts Annibal et ses soldats virent cette riche Italie dont ils allaient tenter la conquête ; c'était une compensation à toutes les fatigues qu'ils venaient d'essuyer. — Annibal avait perdu dans les Alpes une partie notable de son armée, il lui fallait un avantage décisif pour déterminer les Gaulois à se joindre à lui. Aussi chercha-t-il les occasions de livrer bataille. Un engagement eut lieu près du Tésin ; une blessure reçue par Scipion obligea les Romains de céder le terrain à leurs ennemis ; mais ils se retirèrent en bon ordre : les Gaulois ne firent encore aucun mouvement. Cependant le caractère bouillant de Sempronius, son orgueil indomptable, son incapacité, permirent bientôt à un héros circonspect et observateur de l'attirer dans un piège. Une armée romaine périt à la Trébie (218), et 80,000 Gaulois se levèrent le même jour au cri de liberté poussé par Annibal. — Le vainqueur résolut alors de porter la guerre dans l'Italie centrale, dont la victoire de Trasimène lui ouvrit le chemin. Mais pendant six mois il eut affaire à un adversaire digne de lui. Fabius aurait privé Annibal de la gloire de Cannes, si la dictature avait eu une durée moins limitée. Varron rendit la supériorité au Carthaginois, et pour la troisième fois un héraut vint dire au milieu du Forum : « Nous avons perdu une grande bataille. » — Ici encore nous avons à combattre de vieux préjugés : et d'abord tout le monde s'accorde à dire qu'Annibal eut tort de ne pas marcher sur Rome immédiatement après la bataille de Cannes. Nous soutenons qu'il eut raison, et nous croyons en état de prouver qu'il savait aussi bien son métier d'homme de guerre que les écrivains qui passent si commodément condamnation sur l'une de ses plus importantes déterminations. — Annibal avait 37 ou 38,000 hommes en état de combattre après la bataille de Cannes ; aucune machine de siége n'était à sa disposition. Il ne pouvait donc compter que sur une surprise pour s'emparer d'une ville d'une grande étendue, défendue par plus de 100,000 citoyens. Or, la distance qu'il avait à parcourir était telle, que les fuyards pouvaient l'avoir franchie deux jours avant qu'il pût paraître lui-même devant ses murs, les mouvements d'une armée étant nécessairement plus lents que ceux des hommes isolés. Mais, a-t-on dit, il aurait trouvé les Romains dans un abattement tel, qu'il en aurait triomphé aisément. Ceci est si peu exact, que Rome n'hésita pas à envoyer deux armées en Espagne le jour même où elle apprenait l'affreux désastre de Cannes. — Nous ne pensons pas qu'il soit nécessaire de nous arrêter sur les quartiers d'hiver passés à Capoue et sur le prétendu amollissement des Carthaginois au sein des délices dont Capoue donne si peu d'idée aujourd'hui. Quatorze ans de séjour en Italie répondent mieux que nous ne pourrions le faire à une telle assertion. Mais un autre fait a donné lieu à des interprétations non moins erronées. Après la bataille de Cannes, les opérations d'Annibal sont devenues purement défensives. De là d'amers reproches adressés à la république de Carthage qui avait laissé sans appui son plus grand capitaine, et cela uniquement pour satisfaire les petites haines du parti d'Hannon. Nous savons par une triste expérience que les partis raisonnent peu, que leurs vues sont étroites et égoïstes. Mais c'est une vérité qu'il faut déplorer sans en exagérer les démonstrations. Hannon, apprenant la victoire de Cannes, s'est borné à émettre l'avis que l'on profitât de cet avantage pour conclure la paix. Annibal et son parti voulaient la continuation de la guerre ; le sénat satisfit à leurs vœux et prit toutes les mesures indiquées par le vainqueur de Cannes. Annibal en effet ne demandait pas qu'on lui envoyât de Carthage des renforts en Italie ; il désirait que 18,000 hommes fussent envoyés en Espagne et que son frère Asdrubal lui amenât les troupes aguerries qu'il commandait en ce pays. Qui peut être responsable des circonstances qui empêchèrent la réalisation de ce plan admirable ? Y a-t-il lieu de reprocher à Hannon l'arrivée en Espagne des deux Scipion qui y retinrent Asdrubal pendant trois ans ? Enfin Asdrubal se défit de ces deux adversaires ; il vint en Italie ; mais les courriers qu'il envoyait à son frère furent arrêtés et il fut lui-même surpris et tué sur les bords du Metaure. Annibal comprit que ses espérances étaient ruinées ; mais il fut plus juste que la postérité envers sa patrie, il n'accusa que le destin. — Cependant le jeune Scipion, après le départ d'Asdrubal, avait relevé les affaires des Romains en Espagne. Nommé consul avant l'âge prescrit par les lois, il passa en Afrique. Carthage, comme toutes les villes essentiellement marchandes, ne cherchait que le profit ; elle écrasait, pour augmenter ses revenus, les villes placées sous sa domination ; aussi les voyait-on embrasser en masse le parti du premier étranger assez hardi pour oser débarquer en Afrique. Agathocle, Régulus avaient vu deux cents villes se ranger, en quelques jours, de leur côté ; et lorsque Scipion parut, Carthage ne vit d'autre moyen de salut que le rappel d'Annibal. La bataille de Zara perdue par ce grand homme réduisit le sénat à recevoir de dures conditions de paix (202). — Le mérite d'Annibal était si justement apprécié, que, même après sa défaite, il conserva la plus grande influence à Carthage. D'utiles réformes vinrent fermer en partie les plaies récentes. Au sein même de la paix il se rappelait le serment que lui avait fait prêter son père. Des messagers envoyés partout faisaient comprendre aux rois et aux peuples que Rome menaçait l'univers entier, qu'il n'y avait de salut que dans une vaste coalition ; les éléments qu'il voulait mettre en œuvre étaient disposés, lorsque les Romains découvrirent ses plans et envoyèrent une ambassade à Carthage. Annibal savait que ses réformes lui avaient fait des ennemis ; il prit la fuite et se retira chez Antiochus, roi de Syrie, qui d'abord le reçut avec distinction. Pendant quelque temps notre héros put espérer qu'à la tête d'une armée il reparaîtrait aux portes de Rome ; mais de petites susceptibilités, habilement exploitées par d'envieux courtisans, déterminèrent Antiochus à abandonner des projets dans lesquels il était d'abord entré avec ardeur. Il fut vaincu et eut l'infamie de s'engager par un traité à livrer son hôte aux Romains. Annibal ne lui en laissa pas le temps ; il chercha un asile dans le petit royaume de Bithynie et donna au roi Prusias une importance à laquelle il ne pouvait aspirer ni par sa situation ni par son caractère personnel. Cependant la politique romaine alla le troubler dans cette retraite. Prusias était faible, il se détermina à livrer le proscrit. Informé de cette résolution, et se voyant hors d'état de fuir, Annibal prit du poison qu'il portait toujours sur lui (183 av. J. C.)

HENRI PRAT.

ANNICÉRIS, philosophe grec, disciple d'Aristippe et ami de Platon. Il épura les doctrines de l'école cyrénaïque, qui se fondit plus tard dans celle d'Épicure, et, comme son maître, il fit consister son bonheur dans le plaisir ; mais le plaisir ne se trouvait suivant lui que dans la vertu. Quand Denis le Tyran fit vendre Platon comme esclave, Annicéris l'acheta, lui rendit la liberté et reçut ses leçons.

ANNIUS ; ce nom fut porté autrefois par un grand nombre de personnages, célèbres dans les annales de Rome. On cite parmi eux Annius Titus, triumvir, chargé l'an 534 de Rome de distribuer des terres aux colons venus de Crémone sur les rives du Pô dans la Gaule cisalpine. — Annius, officier de Marius, qui, pour plaire à son maître, coupa la tête à l'orateur Marc-Antoine et la lui offrit. — Annius Rufus, gouverneur de la Judée (voyez ci-après). — A. Pollion, accusé d'avoir conspiré contre Tibère, qui dédaigna de le poursuivre, exilé par Néron. — A. Faustus, qui fit le métier de dénoncer sous le règne de Néron, et qui, dénoncé lui-même après la mort de ce prince, périt du dernier supplice. — A. Vinigianus, fils de Pollion, qui se révolta contre Claude après avoir conspiré contre Caligula, aspira ouvertement à l'empire et ne put se soustraire aux poursuites dont il devint l'objet qu'en se donnant la mort ; etc.

ANNIUS DE VITERBE (JEAN HANNI ou NANNI), dominicain, né à Viterbe en 1432, fut maître du palais pendant le pontificat d'Alexandre VI. Il mourut septuagénaire à Rome en 1502, empoisonné, dit-on, par César Borgia. Il passait pour très-versé dans les langues grecque, latine, hébraïque, chaldaïque et arabe, de même que dans l'histoire et la chronologie sacrées. Il ne s'était pas fait moins de réputation par ses sermons que par ses écrits. — On a de lui un *Traité de l'empire des Turcs*. Cet ouvrage, écrit en latin, fit beaucoup de bruit, parce qu'il parut très à propos : les Turcs venaient de s'emparer de l'antique Byzance, et l'empire grec de Constantinople s'écroulait sur ses dernières bases. Plus tard (1480) il publia in-4°, à Gênes et à Nuremberg, un *Traité*, aussi en latin, *des triomphes futurs des chrétiens sur les Turcs et les Sarrasins.*

Ces deux ouvrages ne se composent que d'une série de sermons qu'Annius avait prêchés à Gênes ; le dernier surtout contient le développement de ses idées sur l'Apocalypse. Il le dédia au pape Sixte IV. Un autre ouvrage d'Annius concerne le prêt à intérêt, il porte le titre de *Quæstiones duæ super mutuo judaico et civili et divino.* Mais de tous les ouvrages d'Annius celui qui lui fit dans le temps le plus d'honneur, quoiqu'il ait nui plus tard à sa renommée, c'est son recueil d'antiquités : *Antiquitatum variarum volumina XVII, cum commentariis, Fr.-J. Annii Viterbensis,* in-fol., Rome, 1498 ; Paris, 1512, in-fol. ; Anvers, 1552, in-8°. Annius, dans ce vaste recueil, fait sans discernement et sans critique, a renfermé tous les écrits attribués à d'anciens écrivains, tels que Xénophon, Philon, Sempronius, Bérose, Manéthon, etc. Comme le compilateur se montrait bien persuadé que les pièces qu'il avait recueillies appartenaient réellement à ceux qu'il en désignait comme les auteurs, beaucoup de gens, même parmi les savants, se laissèrent prendre au ton de bonne foi d'Annius, et crurent au mérite de la compilation. On pense aujourd'hui qu'Annius fut trompé lui-même par d'autres, et que naturellement crédule, il admit indistinctement tout ce qu'il trouva sous sa main, portant en apparence un cachet d'antiquité ; mais ceux qui le traitent d'imposteur et de faussaire se montrent beaucoup trop rigoureux, pour ne pas dire injustes. N. M. P.

ANNIUS RUFUS, selon que nous l'apprend l'historien Josèphe, fut successeur d'Ambivius dans le gouvernement de la Judée, où il avait été envoyé par Auguste ; il gouverna cette province depuis l'an du monde 4016 jusqu'en 4018, époque à laquelle il fut rappelé par Tibère, qui lui donna pour successeur Valérius Gratus (Joséph., *Antiq.*, l. XVIII, c. 3).

J. G.

ANNIUS VERUS (archéol., numism.). Ce jeune fils de Marc-Aurèle, mort à l'âge de sept ans, et déjà décoré du titre de césar, est représenté avec son frère Commode, sur un beau médaillon de bronze du cabinet de France, la tête nue et la poitrine couverte du paludamento. On y lit la légende : ANNIVS VERVS CÆSari ANTONINI AVGVsti FILIus ; *Annius Verus, césar, fils d'Antonin Auguste.* Cette pièce vaut 400 fr. ; la même en grand bronze, d'une belle fabrique et d'une conservation admirable, est estimée 600 fr. Il y a encore un médaillon où les têtes des deux frères sont en regard, et au revers duquel on lit : TEMPORVM FELICITAS, *la félicité des temps.* On y voit pour type quatre enfants qui représentent les quatre saisons. — Le cabinet de France possède encore un superbe camée en ronde bosse, sculpté dans une agate de 3 pouces 1/2 de haut sur 30 lignes de large, qui représente le jeune Annius Verus, divinisé sous la forme de Bacchus enfant, avec une guirlande de pampre. Ce beau morceau était conservé autrefois dans le trésor de l'abbaye de Saint-Denis (D. Felibien, p. 543, pl. 4, lettre N). Il a beaucoup d'analogie avec des médailles de petit bronze attribuées à ce jeune prince (Mionnet, *Suppl.*, t. 2, p. 561). Un ouvrage aussi important pour l'art et pour la matière atteste la douleur de Marc-Aurèle, qui alla jusqu'à faire élever à son fils des statues d'or : il a été publié, pour la première fois, dans la Notice du cabinet des médailles, et se retrouve dans mon histoire de ce cabinet (1838, p. 125).

DU MERSAN.

ANNIVERSAIRE, de *annus,* année, et de *vertere,* tourner. On désignait autrefois ainsi des cérémonies qui revenaient tous les ans à certains jours remarquables. Telles étaient les *férales* ou fêtes des funérailles. (V. FÉRALES.) La signification de ce mot n'a point changé. Dans les premiers temps du christianisme on célébrait chaque année le retour de la fête des saints martyrs au jour où ils avaient souffert le martyre. A la fin de l'année on célébrait aussi la fête des morts. Dans la suite, des personnes pieuses instituèrent des services anniversaires pour le repos de leur âme et de celles de leurs parents ; elles affectèrent certaines sommes pour fournir aux frais de ces fêtes funèbres. Aujourd'hui le mot d'anniversaire s'emploie d'une manière plus générale, et il se dit du retour périodique du jour d'un événement quel qu'il soit. Ainsi on dit également anniversaire de mariage ou de naissance, et anniversaire de décès. X. X.

ANNO (S.) (quelques biographes ont écrit ANNON, d'autres HANNON). Ses premières fonctions furent celles de recteur à Bamberg, et de prévôt à Gosslar. Plus tard, Henri III l'appela à sa cour, et l'envoya en qualité d'ambassadeur à Cologne : il s'y fit tant estimer, que l'archevêque Hermann le recommanda comme digne de lui succéder, et il fut élu en effet l'an 1055. Le nouvel évêque se montra digne des saintes fonctions dont il venait d'être revêtu ; il fonda beaucoup de chapitres, et introduisit d'utiles réformes dans les monastères. Six ans après la mort de Henri III, il retourna à la cour impériale, fut chargé de l'éducation du jeune empereur Henri IV et du gouvernement de l'Empire; mais il trouva beaucoup d'opposition parmi les courtisans qui flattaient les passions de son élève. En 1062, il ordonna la tenue d'un concile dans lequel l'antipape Honorius II fut rejeté, et Alexandre II reconnu. Il se rendit lui-même deux fois en Italie (1066, 1067) pour rétablir la paix de l'Église que troublait l'anti-pape, et il assista au concile de Mantoue. Vers cette époque, Anno fut démis de ses fonctions; mais les intrigants qui l'avaient supplanté portèrent un tel désordre dans le gouvernement, que Henri IV lui-même, qui avait naguère tiré l'épée contre Anno, envoya des messagers à ce saint évêque pour l'inviter à remplir de nouveau les fonctions dont il avait été dépouillé. Celui-ci, par amour pour le bien, consentit à reparaître au sein de cette cour où il avait eu tant d'ennemis, et il réforma beaucoup d'abus. Vers l'an 1073, son âge avancé, et surtout l'impossibilité de réaliser tout le bien qu'il désirait, le décidèrent à se retirer des affaires. Alors il fit un voyage à Rome, où le pape Alexandre lui fit un très-bon accueil. De retour en Allemagne, il vécut, autant que possible, dans la retraite. Le pape Grégoire VII, qui lui accordait une entière confiance, lui écrivit un assez grand nombre de lettres. Il mourut le 4 décembre 1075. Doué d'un esprit élevé, possédant des connaissances étendues, ayant une grande expérience des hommes, enflammé de zèle pour le bien, plein de dévouement pour les hommes et de charité pour les pauvres, il était orné de toutes les qualités qui font un grand homme d'État, et animé de toutes les vertus qui font un homme de Dieu. — Aussi, peu d'années après sa mort, un chant populaire, qui embrassait l'histoire universelle, était déjà consacré en grande partie à célébrer la mémoire des bienfaits du saint évêque. Voici un extrait de ce chant, avec la traduction littérale.

TEXTE ORIGINAL.

(*Vieil allemand.*)

33ᵉ STROPHE.

Seint-Anno-licht-is-her-unti-gut,
Untir-dandere-brahter-sinin-schin
Uls-der-jachant-in-diz-guldini-vingerlin.

(*Allemand moderne.*)

St-Anno's-licht-ist-hehr-und-gut,
Unter-die-andern-bracht'-er-seinen-schein
Als-der-hyacinth-in-das-goldne-fingerlein.

La lumière de saint Anno brille auguste et bonne;
Au milieu des autres (saints du ciel) il manifeste sa splendeur,
Comme l'hyacinthe dans une bague d'or.

34ᵉ STROPHE.

Den-vili-tiurlichin-man
Muge-wir-nu-ci-bispili-havin,
Den-als-ein-spiegel-anesin
Die-tugint-unti-warheiti-wollen-plegin.
Du-der-dritte-keiser-Heinrich
Demi-selbin-Heirrin-bival-sich,
Unti-der-Godis-willo-was-irgangin,
Dar-her-ci-Kolne-ward-mit-lobe-intfangin:
Du-ging-her-mit-liut-crefte
Ulsi-diu-sunni-duht-in-den-liufte,
Diu-in-juschin-erdin-unti-himili-geit,
Beiden-halbin-schinit;
Also-ging-der-bischof-Unno
Vure-Gode-unti-vurem-annen.
In-der-phelinzin-sin-tugint-sulich-was,
Daz-un-daz-richal-untersaz;
Ci-Godis-diensti-in-den-geberin
Samir-ein-engil-weri.
Sin-ere-gihilter-wole-beidint-halb,
Dannin-ward-her-ci-rethimi-hert-umi-gezalt.

Cet homme très-précieux
Prenons-le pour modèle;
Qu'ils le regardent comme un miroir,
Ceux qui veulent cultiver la vertu et la vérité.
Lorsque l'empereur Henri trois
Se confia en lui,
Et que la volonté de Dieu fut faite,
Lorsqu'il fut accueilli avec louanges à Cologne,
Alors il alla avec la force du peuple,
Comme fait le soleil dans l'air,
Qui va entre la terre et le ciel,
Resplendissant des deux côtés;
Ainsi alla l'évêque Anno
Devant Dieu et devant les hommes.
Dans le palais sa vertu fut telle,
Que tout l'Empire se soumit à lui;
Dans le saint ministère, en sa manière d'être,
Il était comme un ange.
Il soutint son honneur des deux côtés (comme homme d'État et comme homme de Dieu):
Aussi il était compté pour une véritable autorité.

35ᵉ STROPHE.

Sin-guti-bitanti-uil-und-manig-man,
Nu-virnemit-wi-sini-siddi-warin-gedan,
Offen-was-her-sinir-worte,
Vure-dir-warheite-niemannin-her-ni-vorte,
Als-ein-lewa-saz-her-vur-din-vuristin,
Als-ein-lamb-gin-her-untir-diurftigin;
Den-tumbin-was-her-scirphe,
Den-gutin-was-her-rinste;
Weisin-unti-widewin
Di-lobitin-wole-sinin-sidde;
Also-ging-der-bischof-Anno, etc.

Seine-güte-kannte-viel-und-mancher-mann,
Nun-vernehmet-wie-seine-sitten-waren-gethan;
Offen-war-er-seinen-worten-nach,
Tür-die-warrheit-niemanden-er-nie-frorchte;
Als-ein-löwe-sasz-er-var-den-türsten,
Als-ein-lamm-ging-er-unter-den-dürftigen;
Den-schlechten-war-er-scharf,
Den-guten-war-er-mild,
Waisen-und-wittwen
Die-lobeten-wohl-seine-sitte;
Also-ging-der-bischof-Anno, etc.

Beaucoup d'hommes ont connu sa bonté.
Maintenant écoutez comment ses mœurs étaient faites:
Il était sincère dans ses paroles,
Il ne se laissait intimider par personne pour la vérité;
(Courageux) comme un lion il était assis devant les princes;
(Bon) comme un mouton il allait au milieu des nécessiteux;
Envers les méchants il était sévère,
Envers les bons il était doux,
Orphelins et veuves,
Ceux-là louaient bien ses mœurs;
Ainsi alla l'évêque Anno, etc.

36ᵉ STROPHE.

So-diz-liuht-nahtis-ward-flasin-al,
So-stunt-imi-uf-der-vili-gute-man;

Mit-luterér-finiz-venie
Guhter-muniftere-manige;
Oin-oblei-her-mit-imi-drug,
Dir-armin-vant-her-genug,
Die-dir-felide-niht-hattin.
Und-imi-ba-ware-dabin;
Da-diz-armi-wif-mit-demi-tindi-lag,
Der-dir-niman-ni-plag,
Dari-giene-der-bifchof-vrono,
Her-gebettidi-iri-felbe-fcono;
Go-her-mit-rechte-mohte-heizin
Vatir-aller-weifin,
So-harte-was-er-in-genedig!
Nu-havitis-imi-Got-gelonit.

Wenn-die-leute-nacht-waren-schlafend-all,
So-stund-(sich)-auf-der-viel-gute-mann;
Mit-seiner-lauteren-heiligkeit
Besucht-er-manche-munster;
Seiu-almosen-er-mit-sich-tsug,
Der-armen-tand-er-genug,
Die-der-slerberge-nicht-hatten,
Und-sein-da-warteten;
Da-das-arme-weib-mit-dem-kinde-lag,
Der-dir-niemand-nicht-pflegte,
Dahin-ging-der-heilige-bischof,
Er-bettete-ihr-selbst-schon;
So-mit-recht-er-konnte-heizen
Vater-aller-waisen,
So-sehr-was-er-ihnen-gnadig!
Nun-hat-'s-ihm-Gott-gelohnet.

La nuit, lorsque les gens dormaient,
Il était levé, l'excellent homme,
Dans sa sainteté renommée,
Il visitait mainte église;
Il portait avec lui son aumône,
Il en rencontrait assez de pauvres
Qui n'avaient point de logement,
Et attendaient là.
Où il y avait quelque pauvre femme abandonnée avec son enfant,
Dont personne ne s'occupait,
Là allait le saint évêque,
Et il mettait bellement prière devant elle (la consolait);
Ainsi avec raison il pouvait être appelé,
Le père de tous les orphelins,
Tant il leur était bienveillant!
Maintenant, Dieu l'en a récompensé.

Ce chant, composé de huit cent soixante-dix-neuf vers et divisé en quarante-neuf strophes, est un des plus anciens et des plus précieux monuments de la littérature allemande : l'auteur en est inconnu. C'est au poëte Opitz que la conservation de ce chant est due; il le découvrit dans une bibliothèque de Breslau (Bhedigerischen Bibliothek), et, en 1639, il le fit publier à Dantzig, avec des notes explicatives. Malheureusement le manuscrit qu'Opitz avait découvert n'existe plus, ou du moins il est inconnu; de sorte qu'on ne peut consulter que l'édition de Dantzig, qui, à n'en pas douter, est fautive. Schilter, dans son ouvrage intitulé : *Thesaurus antiquitatum teutonicarum*, en a aussi donné une édition; mais elle est encore moins correcte que l'autre. Breitinger et Bodmer, dans la publication (qu'ils avaient entreprise et qu'ils n'ont pu terminer) des OEuvres complètes d'Opitz, ont reproduit le texte de l'édition de ce poëte; Bodmer l'a fait suivre d'utiles explications. Hegerwisch, en publiant une traduction de ce chant en allemand moderne dans le *Magasin allemand* (Deutschen magazin), a reproduit le texte fautif de Schilter. Bouterweck, dans son histoire de la poésie et de l'éloquence allemandes, a dit d'excellentes choses sur ce chant. Enfin, en 1816, Goldmann, ajoutant le fruit de ses travaux aux études de ses devanciers, en a donné l'édition la meilleure : en face du texte il y a une traduction en allemand moderne, et, à la suite, on trouve d'excellents commentaires.

LOUIS DE HUMBOURG.

ANNOMINATION, mot purement latin qui signifie jeu de mots sur des noms qui offrent plusieurs sens. (*V.* PARONOMASE.)　　　X. X.

ANNONA (numism.). Terme qui se rencontre fréquemment sur les médailles, et qui vient d'*annus*, parce qu'il signifie proprement la récolte de blé que produisait une année. Les édiles chargés d'assurer la subsistance de Rome sont représentés, sur

les médailles, assis sur la chaise curule, et présidant aux distributions. Quelquefois *Annona* y est personnifiée comme Cérès tenant d'une main des épis, et de l'autre la corne d'abondance. D'autres fois, ce ne sont que des symboles, tels qu'un *modius*, ou mesure d'où sortent des épis.　　　D. M.

ANNONA (*mythol.*), déesse qui présidait aux approvisionnements de Rome. On la représentait tenant des épis à la main, assise sur la proue d'un vaisseau; pour montrer que l'approvisionnement de la ville avait lieu par mer. Quelquefois on se contentait de placer auprès d'elle une proue de navire. On appelait *annonaires* les villes ou les pays, tels que la Sicile et l'Égypte, qui étaient obligés de fournir des vivres à Rome; et *loi annonaire*, celle qui réglait tout ce qui concernait la matière des approvisionnements.　　　N. M. P.

ANNONAY, ville de France, autrefois marquisat dans le haut Vivarais, aujourd'hui chef-lieu de canton et de tribunal de commerce, dans le département de l'Ardèche, au pied d'une chaîne de montagnes; au fond d'une vallée qu'arrosent la Cance et la Diaune. Cette ville, peuplée d'environ six mille habitants, fait un grand commerce de beau papier à écrire et papier d'impression. On y voit un obélisque élevé en l'honneur d'un de ses enfants, le fameux Montgolfier, inventeur du bélier hydraulique et des aérostats. Cette même ville vit naître aussi dans ses murs le courageux Boissy d'Anglas. Près d'Annonay se voit le premier pont en fil de fer qu'on ait construit en France. (*V.* PAPIER.)　　　X. X.

ANNONCE. Le mot d'annonce était autrefois consacré à désigner dans la religion réformée, ce que nous appelons *bans*, c'est-à-dire, les publications et affiches qui doivent précéder le mariage. On l'employait encore pour exprimer l'espèce de compliment que venait faire un acteur entre les deux pièces ou à la fin du spectacle, pour annoncer la pièce ou les pièces qui seraient jouées le lendemain. Cet usage, abandonné depuis longtemps à Paris, a lieu encore dans quelques petits théâtres de province. On donne aujourd'hui le nom d'annonce aux avis qu'on fait insérer dans les journaux, soit qu'on le fasse volontairement pour donner de la publicité à un fait quelconque, soit qu'une disposition légale, un règlement de police, rendent obligatoire l'insertion de certaines annonces dans certains journaux. Un arrêt du conseil, de 1785, défendit à l'éditeur de tout livre imprimé d'annoncer l'ouvrage avant de l'avoir fait annoncer par le *Journal des savants*. — La révolution, qui détruisit tous les privilèges, ne laissa point subsister celui du Journal des savants; mais si, d'un côté, elle accordait liberté absolue à chacun d'annoncer ses œuvres, d'un autre côté elle soumettait les annonces à des droits de timbre. Beaucoup de personnes renoncèrent alors à ce mode de publicité; le Code de procédure civile, ce inextricable dédale de formes, vint au secours du fisc; il créa la nécessité des annonces pour une infinité d'actes, sous prétexte de leur donner de la publicité. Il n'est pas nécessaire de dire que tous les actes annoncés entraînent des droits de timbre et d'enregistrement. — Les journaux de notre temps se sont chargés d'annoncer au public tout ce qu'on veut lui apprendre en fait d'ouvrages d'art ou de génie; ils redeviennent ce qu'ils furent autrefois, de vraies petites affiches, des feuilles d'annonces; car avant la révolution, les journaux annonçaient les achats et les ventes, les cours des marchés, et tout au plus le titre de quelque ouvrage littéraire. Les questions de science et de littérature étaient réservées pour le Mercure. Plus tard la presse devint libre, les journaux s'encombrèrent de littérature, et bientôt la politique, agrandissant la place qu'on lui avait d'abord assignée, se mit en possession de toutes les colonnes du journal envahi : il ne resta plus d'espace pour l'annonce. Cependant on n'y renonça point, car l'annonce était lucrative; aujourd'hui elle occupe la quatrième partie d'un journal; chaque ligne, dans les grands journaux, coûte 1 franc 50 centimes; cet impôt exorbitant profite fort peu à ceux qui le payent, car, à l'exception de certains hommes qui ne croiraient pas avoir lu un journal, s'ils ne le lisaient depuis la date jusqu'au nom de l'imprimeur inclusivement, qui va lire les annonces? car qui voudrait juger sur l'annonce du mérite de la chose annoncée?　　　J. DE M.

ANNONCIADE (ORDRE DE L'), nom de plusieurs ordres religieux militaires, ou simplement religieux, institués pour honorer le mystère de l'Annonciation. Le premier de ces ordres est celui des *servites* ou serviteurs de Marie, fondé en 1232 à Florence, par sept marchands de cette ville. — Amédée VI, comte de Savoie, institua, sous le titre d'Annonciade, un ordre militaire, en 1355. Il fut approuvé par le pape Félix V, en 1434. Les successeurs d'Amédée VI, devenus ducs, s'attachèrent à lui donner de l'éclat et à l'entourer de la considération publique en ne l'accordant qu'aux plus éminents personnages. Le premier nom, qui porta cet ordre fut celui de *Lacs d'amour*. Il conserve encore pour insignes un collier orné de quatre lacs d'amour et supportant une image de l'annonciade, c'est-à-dire de l'annonciation de la Vierge. — A la fin du XVe siècle, Jeanne de Valois, femme répudiée de Louis XII, fonda une maison de religieuses de l'Annonciade à Bourges. Leur règle fut approuvée par plusieurs papes; cependant le nombre des maisons de cet ordre fut toujours peu considérable en France. — Cent quatre ans plus tard (1604), Marie-Victoire Fornaro de Gênes créa un nouvel ordre d'annonciades, auxquelles elle donna une règle plus austère encore que celle qu'avait donnée Jeanne de Valois. Celles-ci portaient l'habit brun, un scapulaire rouge, un manteau blanc et un voile noir; celles de Marie Fornaro avaient l'habit blanc avec le scapulaire et le manteau bleus, ce qui leur fit donner le nom d'annonciades célestes. Il s'en établit quelques maisons en France. — En 1460, le cardinal de Torquemada fonda, sous le même titre d'Annonciade, une congrégation chargée de marier des filles pauvres. Cette congrégation, érigée en archiconfrérie, célèbre sa fête le 25 mars de chaque année. On assure qu'elle ne dote pas moins de quatre cents filles, qui reçoivent chacune 60 écus d'or, une robe de serge blanche et un florin pour épingles. Celles qui veulent devenir religieuses reçoivent une dot double. » X. X.

ANNONCIATION. C'est le nom d'une fête dans laquelle l'Église honore l'ambassade de l'ange Gabriel à Marie pour lui annoncer l'heureuse nouvelle de sa maternité divine par l'incarnation du Verbe éternel, ainsi que l'on sait. Les Grecs appellent l'Annonciation *bonne Nouvelle et Salutation.* Saint Augustin dit, d'après une tradition ancienne „ que ce mystère s'accomplit le 25 mars (lib. 4, de Trinit., c. 5). Dieu accomplit en ce jour la promesse qu'il avait faite à Adam (*Genes.* III, 15), de mettre inimitié entre le serpent et la femme, entre la race de la femme et la sienne : « Elle te brisera la tête, et tu tâcheras de la mordre au talon. » « 4. En ce jour, un Dieu se renferma dans le sein d'une vierge, afin de pacifier la terre, de glorifier le ciel, de sauver ce qui était perdu, de rendre la vie aux morts, d'établir une alliance entre le ciel et la terre et un commerce entre la Divinité et la nature humaine (*Saint Chrys.*, serm. 146). » (*V.* INCARNATION.) — Le monde vivait dans l'attente du Sauveur, il était l'objet des désirs des patriarches, des prédictions des prophètes, des figures de la loi, des soupirs des justes, de l'attente du genre humain. — L'ange Gabriel, que l'on croit être le premier des archanges, fut envoyé du ciel à une vierge alors inconnue au monde; il ne descendit ni dans le palais des Césars, ni dans la capitale du monde, ni même dans la ville de Jérusalem : il entra dans un humble maison de Nazareth, bourgade de la Galilée, et annonça à la vierge, mariée à un saint homme nommé Joseph, simple artisan, qui descendait de la maison royale de David, le mystère que Dieu allait accomplir en sa personne. Jamais aucune créature n'avait reçu une aussi sublime ambassade et n'avait entendu des paroles plus ineffables ; en effet, l'ange lui dit : « Je vous salue, pleine de grâce, le Seigneur est avec vous ; vous êtes bénie entre toutes les femmes » (*Luc*, 1, 9). Cette louange troubla Marie; elle craignit, dit saint Bernard (Serm. 33, in Cant.), qu'un ange de Satan ne se fût transfiguré en ange de lumière pour la tromper; aussi, pour dissiper son trouble, Gabriel ajouta : « Ne craignez pas, Marie, car vous avez trouvé grâce devant Dieu. » Ces paroles la rassurèrent : « Vous concevrez, dit le messager divin, dans votre sein, et vous enfanterez un fils à qui vous donnerez le nom de Jésus. Il sera grand et sera appelé le Fils du Très-Haut. Le Seigneur lui donnera le trône de David, son père; il régnera éternellement sur la maison de Jacob, et son règne n'aura point de fin. » — Marie l'ayant interrogé sur la manière dont ce mystère devait s'accomplir, l'ange ajouta : « Le Saint-Esprit surviendra en vous, et la vertu du Très-Haut vous couvrira de son ombre; c'est pourquoi le fruit saint qui naîtra de vous sera appelé le Fils de Dieu, et sachez qu'Élisabeth, votre cousine, a conçu aussi elle-même un fils dans sa vieillesse, et que c'est déjà le sixième mois de la grossesse de celle qui est appelée stérile, parce qu'il n'y a rien d'impossible à Dieu. » — Marie, s'humiliant profondément à l'aspect de la grandeur inouïe à laquelle Dieu l'élevait, répondit : « Voici la servante du Seigneur, qu'il me soit fait selon votre parole. » Après ce consentement, l'ange se retira. Marie montra, dans cette circonstance solennelle, sa pureté, son humilité, son obéissance et sa foi. — La célébration de cette fête est très-ancienne dans l'Église romaine: Hospinien, (*De festis*), quoique protestant, pense que cette fête était déjà connue, du

temps de saint Athanase vers l'an 340, parce qu'il en est fait mention dans un sermon attribué à ce Père; quelques autres font remonter son origine plus haut „ jusqu'à saint Grégoire thaumaturge qui a aussi écrit un sermon sur cette solennité ; il est vrai que les critiques Cave, Dupin et Rivet, regardent ces écrits comme apocryphes, et prétendent qu'ils n'ont été composés qu'après l'hérésie des monothélites, par Maxime ou tout autre auteur; Bellarmin et Labbe les regardent comme douteux. Quoi qu'il en soit, comme parmi les sermons *De sanctis* de saint Augustin, qui mourut en 430, il y en a deux, le 17e et le 18e, sur l'Annonciation ; que le sacramentaire de Gélase Ier montre que cette fête était établie l'an 469 ; que le concile de Constantinople ordonna, en 692, que l'on célébrât la *messe des présanctifiés* tous les jours de carême, excepté les samedis, les dimanches et la fête de l'Annonciation; enfin, comme le concile de Tolède de l'an 656 appelle cette solennité *la Fête de la Mère de Dieu*, il est évident qu'elle remonte au delà du VIIe siècle. L'Église romaine et l'Église grecque célèbrent cette fête le 25 mars, au commencement du printemps. Plusieurs Églises d'Orient l'ont placée au mois de décembre, avant la fête de Noël; les Syriens l'ont fixée au 1er décembre, les Arméniens au 5 janvier. — Urbain II décida dans le concile de Clermont, en 1095, que tous les jours on sonnerait la cloche le matin, à midi et le soir, et qu'on dirait chaque fois la salutation angélique : c'est ce qu'on appelle l'*Angelus*. Jean XXII, Calixte III, Paul III, Alexandre VII, Clément X et Benoît XIII, ont attaché des indulgences à cette dévotion (*V.* ANGELUS). — Les juifs, comme d'annonciation à une partie des cérémonies de la fête de Pâques. O. V.

ANNOTATEUR, se dit d'un homme de lettres, d'un savant qui se livre à des recherches pour éclaircir des passages obscurs d'un ouvrage, qui fait des remarques, des notes: Richelet, Ménage ont été annotateurs de Ronsard et de Malherbe. X. X.

ANNOTATION DE BIENS (anc. jurisp.): On nommait ainsi autrefois la saisie qui avait lieu des biens d'un accusé absent, après que, perquisition faite, l'huissier, porteur du décret de prise de corps, avait constaté dans son procès-verbal, qu'il ne l'avait pas trouvé (ordonnance de 1670, titre XVII). « Cette saisie se fait, dit Ferrière, sans que pour raison de ce il soit obtenu aucun jugement. Le décret de prise de corps décerné contre l'accusé absent suffit pour que l'huissier fasse la perquisition de sa personne, et fasse ensuite l'annotation de ses biens. » — L'annotation s'exerçait également sur les meubles et sur les immeubles. On y procédait alors même que le crime imputé à l'accusé absent n'était pas de nature à emporter contre lui la confiscation des biens en cas de condamnation. Cette mesure n'avait, en effet, pour but que d'amener l'accusé à se représenter, en lui enlevant la jouissance de sa fortune durant l'instruction (*V.* CONTUMACE). — Le mot d'annotation, outre la signification particulière qu'on lui donne au palais, sert à exprimer les remarques, les observations critiques, les notes qu'un écrivain a faites sur l'ouvrage d'un autre écrivain. R. B.

ANNOTINE, terme de liturgie qui signifie anniversaire.

ANNUAIRE, nom substitué par la révolution à celui d'almanach ou de calendrier. Les novateurs, il est vrai, dans leur ardeur de réforme, voulurent aussi modifier, étendre, ennoblir le terme qu'ils venaient de créer par une définition plus recherchée que juste; car ils appelèrent l'annuaire, *un recueil destiné à reproduire annuellement une série de faits ou d'observations sur des matières quelconques.* Mais il parut évident que cette définition était incomplète et très-inexacte, puisque le premier annuaire eut paru. Sa composition ne s'éloignait pas de la composition des anciens almanachs; c'était moins la *reproduction* d'une série d'événements que la *production* anticipée de la série des faits astronomiques, météorologiques, etc., et autres semblables qui devaient avoir lieu dans le courant de l'année nouvelle. Or, si l'annuaire n'était destiné qu'à donner la connaissance des temps futurs, avec les notices contenues d'ordinaire dans les almanachs, il était inutile de créer un nom pour ce qui en avait déjà un ou même deux; et si l'annuaire devait se borner à reproduire annuellement des faits accomplis, il fallait se servir du mot d'*annales*, consacré par un long usage. — Ce nom d'annuaire a été banni en quelque sorte de notre langue par non-usage; de vieilles habitudes ont rétabli l'almanach en lieu et place; le calendrier dans leur possession du droit de nous montrer d'avance le quantième du jour de la double année solaire et lunaire, de prédire les marées et les éclipses, de fournir un tableau plus ou moins complet des souverains de l'Europe, et de relever toutes ces choses par des anecdotes communes qui, pour si rebattues qu'elles soient, trouvent toujours quelque lecteur qui les ignorait. Le nom d'annuaire a été conservé toutefois au calendrier du bureau des longitudes, seule création inoffensive peut-être de l'époque où elle parut. Ce fut une loi du 23 juin 1795 qui ordonna la formation de ce bureau, que le règlement fait pour lui chargea de présenter chaque année au corps législatif un *Annuaire* sur lequel seraient réglés tous les annuaires de la république. Dans les premières années l'Annuaire, de 40 à 48 pages seulement, ne contenait que des extraits de la *Connaissance du temps*, livre plus spécialement destiné aux marins et aux astronomes. Aujourd'hui l'Annuaire est un volume de près de 300 pages; il contient beaucoup de choses utiles et curieuses, mais inutiles pour la plupart aux personnes qui font la plus grande consommation d'almanachs, et qui sont très-satisfaites de leur Mathieu Laensberg. (*V.* ALMANACH, CALENDRIER.) — L'annuaire républicain naquit de la loi du 5 octobre 1793 qui fit commencer l'année à l'équinoxe d'automne, et la nouvelle ère de la république au 22 septembre 1792. Le système décimal avait été déjà adopté; on voulut y soumettre la division du temps; mais comme la lune, en un an, fait douze révolutions autour de la terre et non dix, il fallut se résoudre à garder douze mois. On se dédommagea d'un autre côté en donnant à chaque mois trente jours divisés en trois décades; mais les trente-six décades ne donnaient que trois cent soixante jours : on ajouta donc au mois de décembre cinq jours complémentaires, six quand l'année était bissextile. Les douze mois avaient été désignés par des noms analogues aux saisons : vendémiaire, brumaire, frimaire; nivôse, pluviôse, ventôse; germinal, floréal, prairial; messidor, thermidor, fructidor. Le dimanche fut supprimé, mais en revanche le jour de la décade dut être chômé par un repos absolu; et les novateurs s'applaudirent d'avoir gagné chaque mois un jour pour le travail, puisqu'au lieu de quatre dimanches on n'eut que trois décades, ils croyaient sans doute qu'il suffit d'un mot pour arracher du fond du cœur des croyances qui s'y trouvent profondément enracinées. Il arriva ce qu'il aurait fallu prévoir : au lieu de quatre jours de repos on en eut sept; car tous ceux qui n'avaient pas répudié le nom de chrétiens gardaient les fêtes et dimanches pour obéir à leur conscience, et ils s'abstenaient de travailler le jour de la décade, pour éviter la persécution et les tribunaux révolutionnaires. Les jours complémentaires étaient destinés aux fêtes nationales, noblement appelées *sans-culottides*. Ces fêtes étaient consacrées au génie, au travail, aux belles actions, aux récompenses, à l'opinion. Le sixième jour complémentaire de l'année bissextile était destiné à fêter la *révolution*, pour lui rendre grâce sans doute de tout le bien qu'elle avait produit. La fête de l'Opinion, d'après le programme, devait consister en une espèce de saturnales où il serait permis au peuple et aux journalistes de dire impunément même des injures à ceux qui étaient au pouvoir; la fête de la Révolution devait être célébrée le plus solennellement qu'il serait possible, afin d'honorer dignement la naissance de la république. Les calculateurs républicains n'avaient pu forcer le cours de la lune à se prêter aux divisions décimales : ils furent moins embarrassés pour la division du jour, qu'ils divisèrent en dix heures de dix fractions, une fraction divisible aussi par dix et ainsi de suite. On ne trouva d'obstacle à ce changement que dans la force des vieilles habitudes. Le public, malgré son adhésion à la révolution, ne fut pas assez complaisant pour renoncer à ses vingt-quatre heures. La division décimale fut ajournée et l'on n'y pensa plus. L'annuaire républicain n'aurait pas été beaucoup mieux accueilli, si les mesures les plus rigoureuses n'avaient été prises pour forcer *les bons citoyens* à s'en servir. Une loi de fructidor an vi défendit, sous peine d'amende, d'insérer dans aucun acte public ou privé une date qui n'appartînt pas à l'ère nouvelle, à moins qu'il ne s'agît de conventions passées entre étrangers. — Il n'avait pas suffi de changer le calendrier, on avait encore substitué aux noms de saints des noms de légumes, d'animaux de basse-cour, de bêtes de labour, d'instruments aratoires, etc. C'était un bonheur pour un sans-culotte que de pouvoir ajouter à ce titre le prénom de Dinde, de Carotte, de Chaudron, etc. — Marchant d'innovation en innovation, on ordonna que les jours des foires et des marchés des départements fussent transférés à des jours du nouvel annuaire tels qu'ils seraient fixés par l'autorité locale. Les préfets, les maires obéirent; ils firent des règlements, ils bouleversèrent tous les usages, mécontentèrent tous leurs administrés, et ne purent triompher de la résistance qu'on leur opposa. Le gouvernement se relâcha donc de ses exi-

gences, et les préfets furent autorisés a remettre les choses sur l'ancien pied. C'était un acheminement à ce qui devait arriver. Le concordat, en relevant les autels, rendit à la France le libre usage de l'ère antique; et si les actes du gouvernement continuèrent encore pendant quelque temps à porter la date républicaine, on voyait dans la plupart des actes privés ou authentiques reparaître la date grégorienne seule, ou tout au moins employée simultanément avec l'autre. La loi du 18 germinal an x fixa au dimanche le repos des fonctionnaires publics, la décade cessa d'être obligatoire. Enfin un sénatus-consulte du 22 fructidor an xiii décida que le calendrier grégorien serait seul employé à dater du 14 nivôse an xiv ou 1er janvier 1806. Le sénatus-consulte fut exécuté sans la moindre opposition.   J. DE M.

ANNUEL, adj.; qui dure une année, ou qui revient chaque année. — En terme de liturgie on appelle annuelles les quatre grandes fêtes solennelles : la Pâque, la Pentecôte, l'Assomption et la Noël. Il y a d'autres fêtes qu'on est tenu de garder quoique non rangées dans la même classe. On donne, au surplus, le nom d'annuel majeur et d'annuel mineur aux fêtes de premier et de second ordre. — En botanique on donne le nom d'annuelles à toutes les plantes qui naissent, vivent et meurent dans le cours de la même année. On nomme bisannuelles les plantes qui vivent deux ans. — Il y a des végétaux qui vivent beaucoup d'années; tels sont en général les arbres; mais la plupart ont des parties annuelles, ce sont les fleurs, les fruits et les feuilles.   X. X.

ANNUITÉS (*jurisp.*). On dit que le remboursement d'un capital se fait par *annuités*, lorsque le prêteur touche annuellement, pendant un certain nombre d'années, une somme comprenant l'intérêt du capital et une portion du capital lui-même, de manière qu'après le dernier terme des payements, l'emprunteur se trouve entièrement libéré. — Dans les emprunts publics soumis à ce mode de remboursement, les effets mis en circulation reçoivent la dénomination d'*annuités*.   R. B.

ANNUITÉS (CALCUL DES). Pour rembourser par annuités un capital n, la rente de ce capital doit être calculée de telle sorte qu'en payant chaque année une somme x, qui soit toujours la même, cette somme soit formée des intérêts échus, et d'un à-compte sur le capital, lequel, se réduisant peu à peu, devient nul après un temps t déterminé. Le capital, si r est le *denier* ou la somme qui rapporte 1 franc d'intérêt par an, et par conséquent si 1 franc devient, au bout d'un an, $\frac{1+r}{r} = q$, deviendra aq lui-même; et puisqu'on paye x, alors on ne devra plus que $a' = aq - x$. Après le deuxième payement, a' se trouvera réduit à $a'q - x$, ou $aq^2 - qr - x$; et continuant de même à multiplier par q, et à retrancher x, pour avoir ce qui reste dû, après chacune des années successives, on en vient enfin à trouver que l'emprunteur doit après t années, lorsqu'il vient d'effectuer son t° payement, $z = aq - x \cdot \frac{(q^t - 1)}{q - 1}$, ou substituant et réduisant $z = (a - nr) \cdot \frac{(1+r)^t}{r} + xr$, si l'emprunteur s'est acquitté $z = o$, et on trouve $x = \frac{a}{x} \times \frac{(1+r)^t}{(1+r)^t - r^t}$. Du reste, on peut prendre ici pour inconnue l'une des quantités x, a, q, r et t, les autres étant données. Les logarithmes sont alors commodes, ou même d'un usage indispensable. S'il faut réduire l'équation par rapport à t, on trouvera, en prenant les logarithmes de part et d'autres, $t = \frac{\log. x - \log. (x + a - aq)}{\log q}$

$= \frac{\log. x + \log. r - \log. (rr - a')}{\log. (1+r) - \log. r}$. Si l'on veut que l'inconnue soit x ou a, on posera $y = \frac{rx - a}{x}$, d'où $x = \frac{a}{r - y}$, et $a = x (r - y)$. Or, en substituant pour x sa valeur, on trouvera $(1 + r)^t = r^t + 1$, d'où log. $y = (t + 1) \log r - t \log.$ $(1 + r)$. C'est sur cette théorie que sont établies les rentes dont le capital et les intérêts s'éteignent à la mort du prêteur, et que l'on appelle *viagères*. On suppose que le prêteur doit vivre encore t années lorsqu'il place le capital a, et on demande quelle somme x on doit lui payer chaque année pour qu'à l'expiration de ces t années il n'ait plus aucun droit à aucune somme : cette rente est donnée par la valeur ci-dessus de x. Si, par exemple, l'intérêt de 100 fr. est 5 pour 100, $r = 20$, et si $a = 100$ fr. log. y 1,80103 $- t + 0,02119$, $x = \dfrac{110}{20} y$.

— Des tables de mortalité établissent la vie probable des individus, et servent de base aux tontines et aux rentes viagères. — Par exemple, soient les âges actuels, des années, nombre rond : 1, 5, 10, 15, 20, 25, 30, 35, 40, 45, 50, 55, 60, 65, 70, 75, 80 : la vie probable est : 37, 45 1/2, 43, 39, 35 1/2, 30 1/2, 29 1/2, 26, 23, 20, 17, 14, 11, 8 2/3, 6 1/2, 5, 3 1/2. — Ainsi, un homme de 40 ans pouvant compter sur 23 ans d'existence, $t = 23$, et log. $y = 0,81366$, $y = 6,5$, d'où $x = 7,4$: le capital doit être placé en viager à 7,4 pour 100 par an. *Voyez* Francœur. Pour les annuités, des calculs analogues nous apprennent que pour une somme de 1000 fr., remboursable en 20 ans, il faudrait donner annuellement, à raison de 6 pour 100, 87 fr. 36 c., et à 3 pour 100, 67 fr. 22 c.

Annuités à recevoir ou à payer depuis un an jusqu'à vingt, pour éteindre un emprunt de 1000 fr. à 4, 5 et 6 p. 0/0, intérêt composé.

ANNÉES.	4 p. 0/0	5 p. 0/0	6 p. 0/0
1	1040	1050	1060
2	530,20	537,81	545,44
3	360,35	367,21	374,11
4	275,50	282,01	288,60
5	224,63	230,98	237,40
6	190,76	197,02	203,36
7	166,61	172,82	179,14
8	148,53	154,72	161,04
9	134,49	140,70	147,02
10	123,29	129,70	135,87
11	114,15	120,39	126,79
12	106,55	112,83	119,28
13	100,14	106,46	112,96
14	94,67	101,02	107,59
15	89,94	96,34	102,96
16	85,82	92,27	98,96
17	82,20	88,70	95,45
18	78,99	85,55	92,36
19	76,14	82,75	89,62
20	73,58	80,24	87,19

CHIRON DE LA LANDRIÈRE.

ANNULATION. C'est l'action de mettre à néant les actes, jugements et arrêts. L'annulation résulte, ou d'une décision judiciaire, ou de la volonté des parties. Les actes frappés de nullité par la loi peuvent cependant avoir effet et exécution, jusqu'à ce qu'ils aient été annulés par la justice (*V.* NULLITÉ). — On peut faire annuler les contrats entachés de dol, de fraude ou de violence, ou pour cause de lésion ; cette annulation prend le nom de *révision*. — On peut aussi les faire annuler pour cause d'inexécution des conditions stipulées ; c'est la *résolution* (*V.* CONTRATS et OBLIGATIONS, PARTAGE, VENTES). — On appelle *résiliation* ou *résiliement*, l'acte par lequel les parties annulent d'un *commun accord* les conventions *existant entre elles* (*V.* BAIL, MARCHÉ) ; et *révocation*, l'annulation de certaines dispositions de propre mouvement, par un acte postérieur, contenant une volonté contraire. — Ainsi on révoque un *mandat*, un *testament*. Une *donation entre-vifs* est aussi révocable en certains cas. — Les jugements peuvent être annulés ou déclarés nuls en tout ou en partie, par les jugements ou arrêts, qui alors sont *infirmatifs*. — La cour de cassation *casse* et annule les jugements et arrêts. — Les arrêtés administratifs sont annulés par ordonnances du roi, rendues en *conseil d'État*. — Le roi annule une ordonnance par une nouvelle ordonnance qui la *rapporte*. — Enfin on appelle *abrogation*, l'annulation totale d'une loi ; et *dérogation*, son annulation partielle.
T. A.

ANOBLISSEMENT. Les rois et même les seigneurs de grands fiefs conféraient à leurs sujets les privilèges de la noblesse, par lettres nommées d'*anoblissement*. Mais il faut bien distinguer entre noble et anobli, surtout dans les siècles où la féodalité était dans toute sa force. Les nobles par excellence étaient les possesseurs du sol, les descendants des races franques dont les services et les noms vivaient dans les souvenirs historiques. Homme noble signifiait généralement, homme capable de hautes fonctions ; mais ce titre n'impliquait pas toujours l'idée d'un fief, d'un château, d'une puissance immobilisée, scellée dans le sol ; donc, il y avait deux sortes de noblesse. — Il est

difficile de fixer l'époque des premiers anoblissements. On cite souvent l'anoblissement de Raoul, orfèvre du roi, par Philippe le Hardi ; Philippe le Bel, Philippe de Valois et ses successeurs firent un grand usage de l'anoblissement. Les seigneurs ne tardèrent pas à s'arroger le droit d'anoblir ; mais lorsque la monarchie, en France, se fut débarrassée des entraves féodales, lorsqu'elle eut tout concentré dans elle-même, ce droit revint à elle seule, à la source d'où il était parti. La vanité jeta de grandes sommes dans le trésor royal, en retour de titres de noblesse. — Cependant l'achat des titres n'était pas le seul moyen de devenir noble ; certaines charges conféraient la noblesse. Les *secrétaires* ou conseillers d'État obtenaient l'anoblissement après vingt années de service ; les officiers qui atteignaient au grade d'officier général, étaient, par ce fait seul, nobles eux et leur postérité. Par un édit de 1644, rendu pendant la minorité de Louis XIV, il fut accordé au parlement de Paris, à la cour des comptes, à la cour des aides et autres cours des provinces, des privilèges de *nobles de race* aux descendants des conseillers et présidents qui auraient servi vingt ans, ou qui seraient morts dans leurs fonctions magistrales. Jusque-là, on avait contesté la noblesse de robe. — Il existait encore une autre espèce d'anoblissement, l'anoblissement *par le ventre*. La mère noble de naissance qui avait épousé un roturier communiquait ses droits et ses titres à ses enfants ; mais, dans ce cas, *les enfants devaient renoncer pour le tout ou en partie*, suivant les dispositions de la coutume locale, *à la succession du père au profit du roi*, qui accordait en échange des lettres de noblesse. « Quand la mère est gentilfemme, et père ne l'est pas, li enfants ne perdent pas l'état de gentilesce dou tout. » (Beaumanoir, chap. 45.)
J. BAÏSSAS.

ANOCTHÈTE (*minéral.*) Corps de peu d'importance, cristallisé en prismes obliques, d'une pesanteur spécifique de 2, 7. — Rose pense, d'après la composition de cette substance, que c'est de la vernerite sous un autre système de cristallisation. Ce corps se trouve dans les blocs de dolomie de la Somma, où elle avait été confondue avec la néphéline.
CH. B.

ANODIN, et de l'à privatif (sans douleur), se dit en médecine des remèdes qui servent à calmer les douleurs, ou qui, du moins, les diminuent. Ce mot, assez vague, ne peut guère s'appliquer à aucune substance médicinale, car il peut arriver que des anodins n'apaisent point des douleurs qu'on parvient quelquefois à guérir par des moyens contraires. Toutefois, les narcotiques, tels que la jusquiame, l'opium, les pavots, etc., peuvent être considérés comme anodins, parce qu'en agissant sur le cerveau, ils produisent un assoupissement pendant lequel la douleur se fait bien moins sentir, si même elle ne s'apaise entièrement.
X. X.

ANODONTE, *anodonta* (*zool.*), genre de mollusques d'eau douce, de la famille des naïades de Lamarck et très-voisin des unios. C'est le genre anodontite de Bruguières et les anodontides de Raffinesque. Les caractères qui distinguent ce genre sont : coquille équivalve, inéquilatérale, transverse, souvent ailée ; charnière sans dents ; deux impressions musculaires écartées, latérales, subgéminées ; ligament long et fort, s'enfonçant à l'extrémité antérieure dans la ligne cardinale. Animal semblable à celui des unios. — Ces coquilles sont généralement minces, fragiles et revêtues à l'extérieur d'un épiderme verdâtre ou noirâtre ; leur nacre présente souvent des couleurs irisées très-vives. On connaît un assez grand nombre d'espèces de ce genre : elles vivent toutes dans les étangs, les lacs ou les rivières. L'animal se transporte au moyen d'un pied placé au-devant du canal intestinal, composé de trois couches de fibres disposées suivant sa longueur, sa largeur et son épaisseur, et qui par conséquent est susceptible de prendre diverses formes. Les sillons sinueux qu'on remarque dans la vase des étangs, ou dans le sable des rivières, sont tracés par ces animaux. Poupart dit qu'ils se servent des valves de leurs coquilles comme de nageoires ; mais ce fait paraît douteux. Les anodontes sont hermaphrodites et vivipares ; on trouve pendant l'hiver, entre leurs branchies, des milliers de petits tout formés avec leur coquille, dont on peut observer les mouvements à l'aide d'une bonne loupe. Les espèces de ce genre sont peu nombreuses en Europe et dans l'ancien continent ; la plupart habitent l'Amérique. — L'anodonte dilatée, *anodonta cycnea*, est commune en France. Elle varie beaucoup pour la taille ; on en trouve qui ont près de sept pouces dans leur plus grand diamètre. Elle est couverte d'un épiderme vert, qui passe au verdâtre, et devient noir dans la vieillesse. On s'en sert, dans plusieurs localités, de ses valves pour écrémer le lait. On mange aussi quelquefois sa chair crue ou cuite, mais elle passe pour fade. Les anodontes sont sujettes à varier non-seulement dans leur taille, mais aussi dans leur forme, et M. de Férussac pense que plusieurs des espèces décrites ne sont que des variétés. — Ce genre est très-peu répandu à l'état fossile. On en a trouvé dans les lignites de Paudex près de Lauzanne et dans les formations schisteuses d'OEningen ; mais elles sont généralement en très-mauvais état, ce qui rend leur détermination très-difficile.

ANOLIS, *anolis* (*rept.*); genre de sauriens de la famille des iguaniens, propres au nouveau continent. — Les anolis ont la tête quadrangulaire, allongée ou raccourcie, à surface supérieure couverte de petites plaques polygones, irrégulières, un peu dilatées vers le front, où se trouve le plus ordinairement un léger enfoncement ; le museau souvent arrondi, quelquefois aigu ou carré ; les narines petites ; les yeux saillants ; la membrane du tympan enfoncée dans le trou auriculaire, qui forme une ouverture ovalaire ; la bouche grande ; les dents maxillaires antérieures simples et arrondies, les postérieures comprimées et divisées en plusieurs lobes ou seulement dentelées ; les palatines simples, coniques et formant une rangée assez courte sur chaque palatin ; la langue est charnue, peu extensible et très-légèrement échancrée à la pointe. La peau du cou forme en dessous une espèce de fanon soutenu par les branches postérieures de l'os hyoïde, lesquelles prennent chez quelques espèces un développement considérable ; lorsque l'animal gonfle ce fanon en l'emplissant d'air, il lui donne l'apparence d'un goître souvent énorme. Le corps est ordinairement comprimé, quelquefois arrondi, rarement déprimé. La queue est longue, tantôt épaisse, tantôt grêle, comprimée ou presque arrondie, renflée aux articulations et souvent surmontée d'une crête. Les membres sont bien développés, les postérieurs sont dépourvues de pores. Les doigts, grêles et terminés par des ongles crochus, présentent à leur antépénultième plaque, surtout aux trois intermédiaires, une phalange discoïdale pyriforme, formée par une dilatation de la peau et revêtue en dessous de feuillets squammeux imbriqués. — Les anolis sont de jolis sauriens de la taille de nos lézards. Ils grimpent facilement au moyen de leurs ongles crochus et des disques squammeux qui garnissent leurs doigts. Vifs et agiles, ils poursuivent sur les buissons et sur les arbres les insectes dont ils se nourrissent. Ardents dans leurs passions, ils s'irritent facilement et mordent avec acharnement. Plusieurs sont ornés de couleurs éclatantes, et ont, comme les caméléons, la faculté en changer. On dit que les mâles font entendre un bruit semblable à quelques égards au jappement du chien. — MM. Duméril et Bibron viennent de décrire, dans leur Erpétologie générale, vingt-cinq espèces d'anolis dont près de la moitié sont nouvelles. Ils les divisent en deux groupes principaux : le premier renferme les espèces dont les doigts sont peu dilatés, et correspond au genre *dracomura* de Wagler et de Wiegman ; deux espèces seulement lui appartiennent, ce sont les *anolis fulgens* et *crysolepis* ; tous deux, longs d'environ dix-huit centimètres, brillent de l'éclat de l'or et ont été trouvés à Surinam. Le second groupe, subdivisé en plusieurs groupes secondaires, renferme toutes les autres espèces chez lesquelles la dilatation des doigts est très-apparente. Les plus remarquables sont : — L'anolis loysiana, *anolis loysiana*. Cette espèce, rapportée de l'île de Cuba par M. Ramon de la Sagra, est totalement dépourvue de crête. Elle a sous le cou un rudiment de fanon. Les écailles qui couvrent les parties supérieures de son corps et de ses membres sont entremêlées de tubercules de forme conique ou pyramidale, qui deviennent aigus sur les cuisses. Sa couleur est en dessus d'un blanc bleuâtre ou verdâtre, avec une série de taches noires de chaque côté du dos ; le dessous est blanc. M. Th. Cocteau a proposé de faire de cette espèce le type d'un genre particulier, sous le nom d'*acantholis*. — L'anolis brun doré, *anolis fusco-auratus*, long d'environ quatorze centimètres, est dépourvu de crête dorsale. Il a tout le dessus du corps d'un brun marron à reflets dorés, et le dessous blanchâtre. Il vit au Chili. — L'anolis à écharpe, *anolis equestris*, long de quarante à quarante-cinq centimètres, ordinairement d'un beau vert, quelquefois brun verdâtre ou violâtre, a au-dessus des épaules une bande oblique blanche, jaunâtre ou même orangée, souvent lisérée de noir. Son fanon est grand, de couleur blanchâtre ou jaunâtre ; sa queue très-comprimée est surmontée, ainsi que le dos, d'une crête dentelée. Il se trouve à Cuba et à la Jamaïque. — L'anolis caméléonide, *anolis chamœleonides*. Cette espèce, très-remarquable par sa forme qui rappelle celle de certains caméléons, et par les petites écailles granuleuses qui recouvrent son ventre, à environ trente-deux centimètres de longueur. On remarque, sur le cou

et sur le dos, une petite crête dentelée, formée par un pli de la peau. Son fanon est médiocrement grand ; sa couleur est un brun fauve, varié de jaunâtre avec des bandes ponceau sur les parties supérieures des membres et de la queue. Elle vient de Cuba. M. Th. Cocteau a fait de cette espèce le type d'un genre nouveau, qu'il nomme *chamœleolis*.

J. BRUNET.

ANOMALIE (*médec.*) (de *à* privatif et de ὁμαλός, égal). L'anomalie doit être rapportée à une modification, à une manière d'être qui n'a pas de nom dans la sphère où l'observation la constate ; mais, par extension, on a appliqué le mot *anomalie* à tout ce qui sort des règles ordinaires d'un ordre déterminé de faits. Cela se conçoit jusqu'à un certain point ; car, si une modification accidentelle, imprévue, n'a pas reçu de nom dans la science de la physiologie humaine, par exemple, il peut arriver que cette modification ne soit pas dans les conditions organiques de l'économie ; et il est tout simple, dans cette circonstance, de faire empiéter le mot *anomalie* sur celui d'*anosmalite*. Toutefois ces deux mots doivent être renfermés dans leur signification propre. En effet, toute chose qui peut rentrer dans les conditions de l'anomalie n'est pas exclue pour cela du rang qui est assigné à tout ce qui n'est pas rangé sous la loi de ce mot. Par le progrès, une anomalie peut finir par avoir un nom, une place et une influence d'action. Qu'une condition inconnue ou méconnue se révèle dans un phénomène taxé d'anomalie, et à ce phénomène se rattachera une loi : il en découlera un ordre d'idées. On pourrait donc même dire que, dans le monde de la science comme dans le monde moral ou social, la dénomination d'anomalie ne constitue pas essentiellement une exclusion perpétuelle ; il appartient souvent à l'avenir de faire appel.

Dr ED. C.

ANOMALIE (Ἀνώμαλος, *inæqualis*). C'est la distance d'une planète à son aphélie. Cette distance est, en effet, ce qui règle l'irrégularité ou l'*inégalité* du mouvement de la planète, et qui sert à la calculer dans les différents points de son orbite. On distingue trois sortes d'anomalies : — 1° L'anomalie *vraie* est l'angle rentré au foyer de l'orbite où se trouve le soleil, par la ligne des apsides et le rayon recteur qui passe par le lieu de la planète. — Soit A T M A l'orbite d'une planète, A P la ligne des apsides

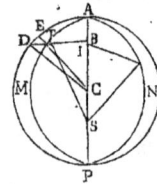

ou le grand axe, A l'aphélie, P le périhélie, S le foyer où se trouve le soleil, A D P N A le cercle décrit sur A P comme diamètre. Supposons que le mouvement de la planète se fasse dans le sens A T P, et qu'elle soit parvenue en T ; l'angle A S T sera l'anomalie *vraie*. — 2° L'anomalie *excentrique* est l'angle formé au centre du cercle circonscrit, ayant pour diamètre le grand axe, par la ligne des apsides et le rayon de ce cercle passant au point d'intersection de sa circonférence et de l'ordonnée de l'orbite qui passe par le lieu de la planète : A C D est l'anomalie *excentrique* de la planète. — 3° L'anomalie *moyenne* est l'angle formé au centre du cercle circonscrit à l'orbite, par la ligne des apsides et le rayon de ce cercle passant par le point de sa circonférence où se trouverait la planète, si elle décrivait cette circonférence d'un mouvement uniforme et dans le même temps qu'elle décrit réellement son orbite, ou bien si une planète fictive, coïncidant avec la planète réelle à l'instant de son passage à l'aphélie, tournait autour du soleil d'un mouvement circulaire, uniforme, et de manière à achever sa révolution dans le même temps que la planète réelle : l'angle A C E est l'anomalie *moyenne*, en supposant l'arc A E décrit d'un mouvement uniforme, dans le même temps que la planète a employé à décrire l'arc A T de son orbite. — On doit remarquer que le mouvement d'une planète étant toujours plus lent vers l'aphélie que vers le périhélie, il en résulte que, dans la première moitié de la révolution de la planète, l'anomalie *moyenne* surpasse la *vraie*, c'est-à-dire que la planète réelle précède la planète fictive. Le contraire a lieu dans la dernière moitié de la révolution de la planète, ou depuis le périhélie jusqu'à l'aphélie. — L'anomalie *excentrique* peut être plus grande ou plus petite que l'anomalie *moyenne*, selon la forme de l'ellipse que décrit la planète. — Képler ayant remarqué que les planètes décrivent des ellipses avec des aires proportionnelles aux temps, sentit que pour déterminer le lieu vrai d'une planète, pour un temps donné, il falloit trouver l'anomalie *vraie* par le temps moyen de l'anomalie *moyenne*: c'est ce qu'on appelle le *problème* de Képler. Walis et Newton en ont donné des solutions par le moyen de la cycloïde allongée; mais ce sont d'ingénieuses théories sans utilité dans l'application. Lahire, Kéill, Cassini, Herman, Machin et Simpson ont également résolu le même problème. — La science a constaté après Képler, que l'aire du secteur elliptique déterminé par l'anomalie *vraie* est proportionnelle au temps écoulé depuis le passage de la planète à l'aphélie, et conséquemment proportionnelle à l'anomalie *moyenne*, d'où il suit qu'on peut prendre l'aire de ce même secteur comme mesure de l'anomalie *moyenne*. On peut facilement connaître cette dernière anomalie par l'observation du temps qui s'est écoulé depuis le passage à l'aphélie: car dans un mouvement circulaire uniforme, l'angle parcouru est à la circonférence entière dans le même rapport que le temps employé est au temps de la révolution totale. Connaissant l'anomalie *moyenne*, on peut donc calculer l'anomalie *vraie*, ce qui résout le problème de Képler. Et réciproquement, si l'on connaît par observation l'anomalie *vraie*, on peut en déduire l'anomalie *moyenne*, et par suite, le temps écoulé depuis le passage de l'aphélie. — Képler donnait le nom d'anomalie de *commutation* à l'angle formé par les rayons menés à une planète et à la terre, et partant du centre d'égalité ou du centre du mouvement moyen de la planète. — Les anciens appelaient *anomalia orbis*, la distance d'une planète au sommet de son épicycle. C'est ce que Copernic désignait par *anomalia commutationis*, *anomalia secundæ inæqualitatis*; mais *anomalia excentrici* était le mouvement du centre de l'épicycle compté depuis l'apogée de l'excentrique. Pour la lune, il y avait d'autres inégalités qui, suivant Képler, se nommaient *soluta*, *menstrua*, *temporanea*, *menstrua perpetua*. — Quelques auteurs appelaient anomalie *égalée*, l'angle formé au centre de l'ellipse par le grand axe de l'orbite et la ligne menée au lieu vrai de la planète. L'anomalie *vraie* de la lune est nommée par certains auteurs, anomalie *complète* de l'orbe. Enfin, dans l'ancienne astronomie, l'anomalie de l'obliquité du zodiaque et l'anomalie des équinoxes étaient les inégalités qu'on admettait dans ces deux éléments. On les appelait aussi libration première, libration seconde et trépidation.

ANOMALISTIQUE, adj. Se dit de la révolution d'une planète par rapport à son apside, son apogée, son aphélie, ou du retour au même point de son ellipse. Si l'aphélie d'une planète avait un lieu fixe dans le ciel, cette planète y reviendrait exactement en achevant sa révolution sidérale, et se trouverait avoir la même anomalie *vraie* ou *moyenne*; mais les aphélies ayant un mouvement d'occident en orient, il en résulte que tandis que la planète accomplit sa révolution sidérale, son aphélie se déplace, et que la planète ayant repris la même longitude héliocentrique, doit s'avancer encore dans le sens de son mouvement pour recouvrer la même valeur d'anomalie. La révolution *anomalistique* surpasse donc toujours la révolution sidérale. Par exemple, le grand axe de l'ellipse terrestre ayant un mouvement propre de 11" 8, selon l'ordre des signes, la terre doit décrire 360° 0' 11" 8 pour rejoindre le lieu de son apogée. C'est là que l'année *anomalistique* de la terre est de 365 j. 6 h. 15' 58" 8. — Si les orbites des planètes étaient fixes, et qu'elles répondissent toujours aux mêmes étoiles, ces deux révolutions, l'une *anomalistique*, l'autre sidérale, seraient égales; mais il n'en est point ainsi. Pour trouver la durée de la révolution *anomalistique*, on peut multiplier la durée d'un siècle convertie en secondes par 360°, et diviser le produit par le mouvement de son périhélie. VAN-TENAC.

ANOMÉENS ou **DISSEMBLABLES**, disciples d'Eunomius, dont ils recurent également le nom, enseignaient que le Fils de Dieu était dissemblable à son Père en essence et dans tout le reste; c'étaient de purs ariens : ils prétendaient qu'ils avaient le pouvoir, pendant leur vie, de comprendre Dieu. Ils furent connus aussi sous le nom de troglodytes. Ils étaient opposés aux semi-ariens qui, tout en niant la consubstantialité du Verbe, lui attribuaient une ressemblance en toutes choses avec le Père. Ces hérétiques parurent sous le pontificat de Libère et le règne de Constantin, vers l'an 398. Les Pères de l'Église, entre autres saint Chrysostôme, ont combattu leurs erreurs; eux-mêmes, quoique sortis du tronc primitif de l'arianisme, ne tardèrent pas à se diviser avec les sectaires de la même famille; ils condamnèrent les semi-ariens dans le con-

cile de CP. et d'Antioche, et ceux-ci, à leur tour, condamnèrent les anoméens, dans le concile de Séleucie (*V.* Socrate, liv. 11; Sozomène, liv. 4; Théod., liv. 4). O. V.

ANOMIDES (*zool. ins.*). M. Duméril a donné ce nom à une famille d'orthoptères, qui est la même que celle des mantides (*V.* ce mot).

ANOMIE, *anomia* (*zool.*), genre de mollusques lamellibranches de la famille des ostracés. Lamarck lui assigne pour caractères : coquille inéquivalve, irrégulière, operculée, adhérente par son opercule; valves, l'une percée, ordinairement aplatie, avant un trou ou une échancrure à son crochet, l'autre un peu plus grande, concave, entière; opercule petit, elliptique, osseux, fixe sur des corps étrangers et auquel s'attache le muscle intérieur de l'animal. — Cet opercule a été pris par Bruguières pour une troisième valve, et c'est pour cela qu'il a placé ce genre parmi les multivalves. L'animal a, comme les peignes, un petit pied qui se glisse entre l'échancrure et la plaque qui la ferme, et sert, selon Cuvier, à faire arriver l'eau vers la bouche. Les coquilles de ces mollusques sont très-irrégulières, souvent minces, translucides et ornées de couleurs très-vives, ordinairement jaunes; elles passent toute leur vie fixées à divers corps marins, et même à des coquilles, des crustacés, etc. On en trouve plusieurs espèces dans l'océan Atlantique et la Méditerranée; la plus commune a été nommée *pelure d'oignon*, à cause de sa couleur; on la mange sur nos côtes, où elle est préférée aux huîtres. Plusieurs espèces sont connues à l'état fossile; l'une d'elles, très-voisine de l'anomie pelure d'oignon, est répandue en grande quantité dans les terrains calcaires des environs de Paris. J. B.

ANOMIENS, secte d'hérétiques qui ne reconnaissaient aucune espèce de loi. Le mot se formait de l'à grec privatif et de νόμος, loi (*V.* ANTINOMIENS). X. X.

ANOMITES (*zool.*). On réunissait autrefois sous cette dénomination les anomies et les térébratules; elle ne s'applique actuellement qu'aux anomies fossiles. J. B.

ANONÉES, *anonacées* (*bot.*), famille naturelle de plantes, de la division des *exogènes* ou *dicotylédons*. *Caractères*: arbres ou arbrisseaux à rameaux grêles contenant un suc aqueux; feuilles simples, entières, à nervures penniformes, portées sur un pétiole court; fleurs hermaphrodites, régulières, ordinairement axillaires, solitaires; calice persistant, monosépale, à trois divisions; corolle à six pétales hypogynes disposés sur deux rangs, les trois pétales externes alternant avec les divisions du calice, les trois internes alternant avec les pétales externes; étamines en nombre indéfini, portées sur un gynandrophore globuleux; anthères biloculaires, déhiscentes par une fente longitudinale, portées sur des filaments très-courts; ovaire multiloculaire, surmonté d'un grand nombre de styles courts à stigmate simple; le fruit consiste en un grand nombre de carpelles sessiles ou stipités, succulents ou secs; embryon interne, placé près du hile; cotylédons courts, entiers; radicelle capillaire. — Les plantes de cette famille croissent dans les pays intertropicaux de l'ancien et du nouveau continent. Toutes les parties de ces plantes sont très-aromatiques. Les fruits du genre *habzelia* (*H. aromatica*) se vendent dans le commerce sous le nom de *poivre d'Éthiopie*; les nègres en font un grand usage. Blume remarque que les espèces de Java doivent être employées avec précaution, à cause d'un principe extrêmement âcre et irritant qu'elles contiennent; administrées à haute dose et pendant un temps assez long, elles produisent le vertige, l'hémorragie et l'avortement. On mange dans les Indes le fruit de quelques-unes de ces plantes. L'*asimina triloba* qu'on cultive au jardin des plantes de Paris, contient, suivant Duhamel, un acide très-énergique. Les Indiens de l'Orénoque emploient le fruit de l'*Uvaria* (*U. fébrifuga*) contre la fièvre, sous le nom de *fruto de Burro*. Les principaux genres de cette famille sont: 1° *anona* L.; 2° *habzelia*. *A. Dl.*; 3° *uvaria* L.; 4° *asimina*, Adans; 5° *artabotrys*. (Voyez *Anona*, *Juss. gen. ed. Ust.*, p. 314; Ann. du Mus. XVI, p. 338; Dunal, *Monographie de la famille des anonacées*, Paris, 1817; De C. Syst. nat., I, p. 463, Prodrom., 1, p. 83.) F. HŒFER.

ANONYME, de ὄνομα ou ὄνυμα, nom, et de l'à privatif (sans nom). Se dit des auteurs qui ne se nomment point dans leurs ouvrages, des livres et des écrits qui ne sont pas signés par ceux qui les ont faits. Quand on publie un écrit et qu'on garde l'anonyme, on le fait, ou parce qu'on craint les rigueurs de la critique, ou par modestie, ou parce qu'on ne veut pas s'exposer aux ressentiments de ceux qu'on offense. Dans le premier cas, l'anonyme ne sauve pas l'auteur des traits de la critique, mais il espère rester inconnu; s'il a de la réputation, un méchant ouvrage qu'on ne lui impute pas ne saurait lui nuire ; s'il aspire au contraire à la renommée, le mauvais succès dont la honte ne retombe pas sur lui ne l'arrête pas à son début. Dans le second cas, c'est-à-dire s'il se cache, par modestie, on ne peut l'en blâmer ; pourvu toutefois qu'il n'émette aucune opinion dont il puisse avoir à répondre, et qu'il ne se laisse point aller à des personnalités toujours odieuses. Dans le dernier cas, l'auteur d'un écrit anonyme peut-être assimilé à un lâche qui, caché dans l'ombre, lance contre son ennemi, sans aucun danger, des traits empoisonnés. — Avant l'ère vulgaire les auteurs étaient, dans l'usage, de se nommer en tête de leurs écrits, et c'était là une garantie qu'ils donnaient à leurs concitoyens. Dans les premiers temps du christianisme, les Pères de l'Église suivirent cet exemple ; s'ils attaquaient les ennemis de la foi ou les fauteurs de l'hérésie, c'était à visage découvert ; ils s'annonçaient comme responsables de leurs doctrines. Plus tard cette noble habitude se perdit, et l'on commença de chercher un abri derrière l'anonyme, lorsqu'on voulait avancer ou propager des doctrines proscrites ou audacieuses, ou bien lorsqu'on voulait attaquer non-seulement des doctrines ou des écrits, mais encore la personne elle-même ; ce qui se continua jusqu'au XVIe siècle, car le concile de Trente fit très-expresses défenses de publier aucun ouvrage sur la religion sans nom d'auteur ; et d'un autre côté les auteurs de pamphlets contre les individus furent poursuivis par les magistrats et sévèrement punis toutes les fois qu'ils étaient découverts. Dans le XVIIIe siècle le goût de l'anonyme parut se réveiller ; c'est qu'il était question d'attaquer le gouvernement, la religion et même la morale publique par des écrits qu'on n'aurait pas eu le courage d'avouer. — Au premier rang des livres anonymes qui ont fait naître le plus vif intérêt, il faut placer l'Imitation de Jésus-Christ que Fontenelle appelait *le plus beau livre sorti de la main des hommes, puisque l'Évangile n'en vient pas.* Ce livre admirable a été attribué d'abord à Thomas A. Kempis, et plus tard au fameux Gerson ; mais la question semble aujourd'hui décidée en faveur d'A. Kempis. — Un autre livre qui a fortement piqué la curiosité publique dans le XVIIIe siècle, ce sont les fameuses Lettres de Junius, publiées en Angleterre, écrites avec beaucoup de sel, d'esprit et de gaieté, et d'autant plus piquantes qu'on ne savait à qui les attribuer. Il paraît aujourd'hui qu'elles sortaient de la plume de Burke, de qui Fox fut longtemps le disciple et l'ami, et dont il déserta plus tard les opinions politiques (mais voy. PSEUDONYME). — Les lettres anonymes ont un caractère de déloyauté qui révolte ; aussi un homme sensé se méfie des anonymes qu'on lui adresse, et quelque chose qu'elles renferment, il les méprise. Plus d'une fois des écrits de ce genre ont porté le désordre au milieu des familles, ont séparé des amis, des époux, ont causé des événements désastreux. Toutefois il ne faut pas toujours négliger les avis anonymes qui nous parviennent. Qui ne connaît l'anecdote du billet que le duc de Guise trouva sous sa serviette en se mettant à table ? il n'en tint compte, et il fut assassiné. Qui ne sait encore que ce fut un billet anonyme qui fit découvrir la fameuse conspiration des poudres sous le règne de Jacques Ier ? (*V.* GUISE, CONSPIRATION DES POUDRES, JACQUES Ier, roi d'Angleterre). — En 1806-1808, feu M. Barbier a publié un Dictionnaire de tous les livres anonymes et pseudonymes français ou latins, avec le nom des auteurs. Cet ouvrage a été réimprimé à Paris, 1822-1825, Barrois, 4 vol. in-8°. J. DE M.

ANONYME (SOCIÉTÉ) (*jurispr.*). C'est une espèce de société que la loi reconnaît en matière de commerce (*V.* SO-CIÉTÉS). R. B.

ANONYME (*zool.*). Nom donné par Buffon à une espèce du genre chien, le fennec de Bruce, le *canisardo* de Gmelin ; et par Azara, à un angoulevent du Paraguay. On l'a appliqué aussi à la mésange à longue queue. J. B.

ANOPÉE. Nom d'une montagne de la Phocide, faisant partie de la chaîne d'OEta ; elle offrit aux Perses, conduits par Hydarnès, un petit sentier par lequel ils arrivèrent jusqu'aux Thermopyles, sans être aperçus. N. M. P.

ANOPHÈLE, *anopheles* (*zool. ins.*). Ce genre, de l'ordre des diptères et de la famille des culicides, ne diffère du genre *culex* que par les palpes qui sont, dans le mâle comme dans la femelle, de la longueur de la trompe. L'espèce la mieux connue est l'*anopheles bifurcatus*, long de trois lignes à trois lignes et demie ; cendré ; thorax marqué de lignes brunes ; abdomen annelé de brun ; ailes sans tache. La femelle qui d'un brun jaunâtre Linné dit que cette espèce ne pique pas. Sa larve vit dans l'eau ; elle est, suivant Meigen, tout à fait transparente ; elle a quelques poils à la bouche, deux petits corps

ovales derrière la tête, et deux autres près de l'extrémité. On voit sous la queue de longs poils qui servent sans doute à la natation. La nymphe est contournée et a la tête munie de deux cornes.

ANOPLOTHÈRE, *anoplotherium* (*zool.*). Parmi les espèces perdues de mammifères que recèlent les couches du globe, les anoplothères appartiennent aux plus anciens, et ont le moins d'analogie avec les espèces vivantes. Quoiqu'ils s'éloignent beaucoup des pachydermes, c'est avec eux qu'ils ont le plus de rapports ; ils se rapprochent aussi des ruminants, et particulièrement du chameau. Ils présentent pour caractères principaux : six incisives, deux canines et quatorze molaires à chaque mâchoire, en tout quarante-quatre dents ; par une singularité très-remarquable, ces dents forment une série continue en haut et en bas, disposition qu'on ne retrouve que chez l'homme. Les molaires antérieures sont comprimées, les postérieures d'en haut carrées, et celles d'en bas ont leur couronne marquée de deux ou trois croissants simples, comme dans les rhinocéros et le daman : les canines ne sont pas plus longues que les autres dents, et c'est pour cela que Cuvier a donné à ce genre le nom d'anoplotherium, de ἄνοπλος, sans défense, et θηρίον, bête sauvage. Les pieds sont terminés par deux grands doigts, comme ceux des ruminants ; mais ils en diffèrent principalement par les os du métacarpe et par ceux du métatarse, qui sont toujours séparés, tandis qu'ils se soudent complètement en un seul ou dans les ruminants. Les pieds de derrière présentent un vestige de pouce semblable à celui du cochon ou du pécari, et les pieds de devant ont des rudiments d'index, de pouce et de petit doigt. — On connaît trois espèces de ce genre, dont la plus remarquable est l'*anoplotherium commune*, elle avait la taille d'un âne moyen : sa longueur, depuis le bout du museau jusqu'à l'origine de la queue, était de cinq pieds et quelques pouces ; celle de la queue de près de trois pieds ; sa hauteur au garrot était de trois pieds environ ou un peu plus. Sa tête, assez étroite par rapport à sa longueur, contenait, autant qu'on en peut juger par la glaise moulée dans la cavité du crâne, un cerveau peu volumineux à proportion, aplati horizontalement, dont les hémisphères, ne montraient pas de circonvolution, ce qui peut faire penser que cet animal avait peu d'intelligence. Les os du nez s'avançant unis aux maxillaires et aux intermaxillaires jusque sur le bord de la mâchoire, indiquent qu'il ne portait point de trompe. Ce qui distinguait le plus cet animal, dit Cuvier (*Recherches sur les ossements fossiles*, 4e édition, tom. V, pag. 426), « c'était son énorme queue : elle lui donnait quelque chose de la stature de la loutre, et il est très-probable qu'il se portait souvent, comme elle carnassier, sur et dans les eaux, surtout dans les lieux marécageux ; mais ce n'était sans doute point pour y pêcher. Comme la loutre d'eau, comme l'hippopotame, comme tout le genre des sangliers et des rhinocéros, notre *anoplotherium* était herbivore ; il allait donc chercher les racines et les tiges succulentes des plantes aquatiques. D'après ses habitudes de nageur et de plongeur, il devait avoir le poil lisse comme la loutre ; peut-être même sa peau était-elle demi-nue, comme celle des pachydermes dont nous venons de parler. Il n'est pas vraisemblable non plus qu'il ait eu de longues oreilles qui l'auraient gêné dans son genre de vie aquatique, et je penserais volontiers qu'il ressemblait, à cet égard, à l'hippopotame et aux autres quadrupèdes qui fréquentent beaucoup les eaux. » — Les deux autres espèces sont l'*anoplotherium secundarium*, semblable à la précédente, mais de la taille d'un porc, et l'*anoplotherium laticurvatum*, découverte, en 1833, par M. Geoffroy de Saint-Hilaire, aux environs de Saint-Gérand le Puy (département de l'Allier), et qui se distingue des précédents par la branche montante de ses maxillaires inférieures plus développée et surtout plus contournée circulairement. Cuvier avait d'abord réuni aux anoplothères des animaux très-voisins, dont il a fait ensuite les genres *dichobunes* et *xiphodon* (*V.* ces mots). — C'est principalement dans les formations gypseuses d'une douce des environs de Paris que les ossements d'anoplothères ont été trouvés. L'animal étant presque toujours couché sur le côté, les côtes supérieures avaient le temps de se détacher et d'être entraînées ailleurs pendant que les inférieures s'incrustaient. Ces os paraissent quelquefois avoir été rongés par des animaux carnassiers ; ils ne sont point calcinés, mais simplement fossiles, et ont conservé une partie de leur substance animale. On en a trouvé aussi en Italie, en Angleterre, etc. J. BRUNET.

ANOREXIE (*médec.*). (de ἀ privatif et ὄρεξις appétit : sans appétit). Les symptômes de l'anorexie consistent dans le dégoût des aliments ou le peu de désir qu'on a de manger. Cette maladie ne paraît donc pas dès l'abord présenter un caractère grave; du reste elle constitue le plus souvent un symptôme d'une cause qu'il faut faire disparaître pour rendre aux forces digestives leur énergie accoutumée. Ainsi, au début d'une inflammation de l'estomac et des intestins, pendant sa durée et même à l'époque de la convalescence, il y a dégoût des aliments; et lorsque la maladie existe dans toute sa force, leur vue, leur odeur vont jusqu'à provoquer des nausées. Pendant le cours des affections chroniques, l'anorexie est aussi très-prononcée; le malade désire, il est vrai, mais à peine a-t-il pris la plus petite quantité de l'aliment qu'il avait demandé avec instance, qu'il en a déjà trop et n'en veut plus. Dans certaines maladies nerveuses des voies digestives, l'anorexie se montre aussi quelquefois; mais le phénomène qui la complique le plus souvent, c'est l'augmentation ou la perversion de l'appétit. Du reste, tant qu'on n'aura pas jeté quelque lumière sur le grand problème du rôle physiologique du système nerveux et des maladies auxquelles ce système est soumis, on ne pourra jamais dresser un tableau précis et sûr des phénomènes morbides, ou, en d'autres termes, attribuer positivement tel symptôme à telle maladie déterminée, et par conséquent opérer la guérison et de la maladie et du symptôme. A la suite de certains abus dans l'alimentation, de l'usage immodéré des boissons spiritueuses, on voit souvent se prononcer l'anorexie; la débilitation consécutive que produit sur les organes digestifs une irritation forte forte et que les mêmes habitudes ne cessent d'entretenir et même d'augmenter, se lie, dans cette circonstance, au défaut d'appétit ou au dégoût qu'inspirent les aliments. L'abus des plaisirs vénériens donne lieu encore à un semblable résultat, par l'épuisement général qu'il fait contracter au corps. Des habitudes trop exclusives de travail d'esprit qui mettent le cerveau dans un état de tension dont la force et la durée épuisent l'énergie de l'organisme, font contracter à la longue, avec tous les symptômes de la débilité, une grande faiblesse dans les organes de la digestion. — Voilà beaucoup de causes qui donnent lieu au même symptôme; il faut donc tirer de là cette conséquence, qu'il ne faut pas traiter l'anorexie par les mêmes moyens. — Passons maintenant au traitement : quand l'anorexie existe concurremment avec une inflammation gastrique, il faut, pour faire cesser le symptôme, guérir l'inflammation. Quand le dégoût des aliments ou le défaut d'appétit persiste après la guérison réelle ou apparente de l'affection inflammatoire, il faut bien se garder d'administrer des toniques avant de savoir à quoi s'en tenir, avant de s'être assuré que la débilité de l'estomac a succédé entièrement à la disparition complète de la maladie primitive; sans cela on courrait le risque de commettre une erreur qui entraînerait peut-être la mort du malade; car on ranimerait l'inflammation à peu près guérie. Quand l'anorexie se lie à l'existence d'une maladie chronique, il est nécessaire encore d'étudier avec beaucoup de soin le caractère et le siège de cette maladie, afin que les moyens employés pour faire disparaître le défaut d'appétit ne constituent pas une condition de plus parmi les conditions favorables au développement de l'affection chronique. Lorsque le dégoût pour les aliments ou la faiblesse des organes digestifs paraît se lier à une maladie nerveuse, il faut avouer qu'il est fort difficile d'adopter une méthode spéciale de traitement et de lui accorder toute sa confiance, par la raison que la médecine ne connaît pas ou connaît mal le mode d'influence des nerfs; mais comme on pense en général que les maladies de ce système dépendent du défaut ou de l'absence du fluide nerveux, il faudrait, dans telle circonstance donnée, provoquer la sécrétion de ce fluide; et, dans une circonstance contraire, la diminuer ou l'empêcher. Or, il reste maintenant à connaître les moyens presque ignorés par la médecine actuelle, puisqu'elle se borne à donner des toniques quand la maladie prétendue nerveuse existe en même temps qu'une débilité générale, et à diminuer, par des calmants, l'éréthisme, l'irritation dans les cas où il paraît exister comme dans ceux où il n'existe pas du tout. Quand l'anorexie résulte de l'usage immodéré de boissons spiritueuses, ce symptôme se lie le plus souvent à une inflammation chronique de l'estomac, et il faut d'abord traiter la maladie primitive; s'il y a seulement faiblesse ou énervation des membranes de cet organe, comme dans le cas d'abus des plaisirs vénériens par exemple, il faut agir moins par l'estomac que par le corps lui-même, c'est-à-dire qu'on doit commencer par un exercice modéré, des bains toniques ou stimulants, et, en un mot, par tout ce qui peut ranimer la fibre musculaire avant d'en venir à un traitement local. Pour faire disparaître l'anorexie qui est si souvent l'apanage ordinaire de ceux qui consomment leur existence dans des méditations d'esprit et des

travaux de cabinet, il faut couper d'intervalles de repos ce travail assidu, changer d'air si celui qu'on respire est malsain, prescrire la promenade, l'exercice, la gymnastique même, enfin exercer toutes les forces du corps, pour que le cerveau seul ne consomme pas, à l'exclusion des autres organes, la vitalité dont chacun doit avoir sa part.

ANORMALITÉ (*médecine*). Tout ce qui sort des règles ordinaires d'un ordre logique de phénomènes ou qui en heurte l'harmonie rentre dans le domaine de l'anormalité. Ainsi, dire qu'une chose est anormale, c'est la rejeter hors de la sphère d'une série de faits ou d'une science, parce que son admission donnerait finalement des résultats où l'erreur serait tout et la vérité rien. Cependant ceci n'est applicable qu'aux connaissances ou à l'ensemble des phénomènes qui ont une coordination et dont cette coordination réalise, dans sa fécondité, une conclusion bonne et utile. Dans le cas contraire, l'intelligence n'aurait pas les éléments nécessaires pour bien juger, et elle pourrait se tromper en appelant un fait ou une condition qui ne mériterait pas une qualification pareille. D'après cela, c'est seulement quand une science est faite qu'on s'entend parfaitement sur les choses auxquelles doit s'appliquer le mot anormalité; car lorsqu'il n'en est pas ainsi, on peut arriver à l'erreur par deux voies opposées, en rejetant comme anormal ce qui ne l'est pas, ou en admettant comme logique ce qui est l'antipode du normal. Dans le premier cas, l'erreur est forte; mais elle ne conduit jamais à d'aussi graves conséquences que dans le second. En effet, si en rejetant ce qui paraît anormal et ne l'est pas, on ne fait que retarder l'avènement d'une idée progressive ou d'une systématisation de faits, par l'admission du contraire on introduit un élément perturbateur dans un centre où une coordination s'opérait; on détruit au lieu d'aider à construire. Or, nous pouvons aisément donner un exemple de notre assertion, un exemple même qui tend à se compléter tous les jours, en cherchant à se corroborer par tous les moyens possibles : nous allons citer. L'histoire naturelle de l'homme et des animaux est devenue philosophique; on ne décrit plus maintenant comme le faisait Buffon; on étudie la structure des êtres, leurs fonctions, on compare de haut après avoir observé de près; et de ces rapports, de ces comparaisons, le savant tire de hautes conséquences. Mais si ces conséquences se groupent vers un centre commun pour les hommes en général, il n'en est pas ainsi pour certains savants qui semblent avoir pris à tâche d'expliquer le normal par l'anormal ou de faire grandir l'erreur jusqu'à la taille de la vérité. Suivant un naturaliste, que nous ne nommerons pas, les monstres qui existent ou peuvent exister au sein de toutes les espèces animales ont une perfection spécifique, comme les individualités les mieux organisées des espèces; les monstres sont même des espèces particulières qui constituent, par leur existence, la nuance qui sépare les uns des autres les groupes divers de l'animalité. Mais quelle conclusion tirer de telles prémisses, d'une croyance aussi singulière? nous l'avons déjà dit, une conclusion où l'erreur est tout et la vérité rien. Voici, du reste, le fruit de cette foi philosophique. L'homme séparé par nuances de la classe qui lui est inférieure n'est qu'un animal mieux organisé que les êtres auxquels il commande. Au lieu de les dominer et d'en être indépendant, il est à leur niveau; puisque tous les animaux, depuis les plus parfaits jusqu'aux plus élémentaires, sont des expansions les uns des autres. Avec une telle pensée, l'ordre est évidemment banni du sein des espèces, car les nuances qui émanent des espèces doivent les jeter dans la confusion; et nous ajouterons, avec la destruction de la hiérarchie, la cause est rejetée du domaine de la foi, ou elle se personnifie dans l'effet lui-même, ce qui conduit logiquement au panthéisme le plus grossier comme le plus absolu. Or, cet exemple prouve assez avec quel soin il faut peser la valeur d'une considération avant de s'en servir, avec quel soin il faut en éprouver ou l'excellence ou le vice radical avant de le rejeter ou de l'admettre. D'ailleurs l'anormalité ressort toujours de sa vérification par l'idée première d'une bonne théorie; ainsi donc, pour toutes choses, il n'y a qu'à lier ses pensées, ses œuvres, ses travaux à l'influence d'un bon principe, et l'erreur ou l'anormalité ne seront nullement à redouter, puisqu'on ne pourra plus prendre le change sur leur compte.

D' Ed. C.

ANOSMIE, terme de médecine qui signifie diminution ou perte de l'odorat. Cette affection, assez peu ordinaire, est quelquefois congénitale, et, dans ce cas, elle provient d'un vice de conformation dans l'appareil olfactif ou d'une maladie de la membrane muqueuse, comme cancer, polype, etc. Quelquefois l'anosmie est le résultat de l'abus des odeurs fortes ou de l'obligation de respirer longtemps un air chargé de trop de parties odorantes. Les parfumeurs sont sujets à l'anosmie.

X. X.

ANOSTOME, *anostomus* (zool., poiss.), genre de la famille des *salmones* fondé par Cuvier. Une seule espèce qui habite les mers de l'Inde constitue ce genre, c'est le *salmo anostomus* de Linné. Elle a de grands rapports de forme avec les truites; sa mâchoire inférieure est épaisse, terminée par un mamelon et relevée au devant de la supérieure, de façon que la bouche se trouve placée verticalement à l'extrémité du museau. Son corps est brun avec deux bandes longitudinales plus claires.

ANOSTOME, *anostoma* (zool., moll.), genre de coquilles terrestres établi par Lamarck. C'est le genre *tomogère* de Denis de Montfort. Il est extrêmement voisin des hélices; le caractère principal qui l'en distingue consiste en ce que la bouche s'ouvre du côté de la spire, de manière à ce qu'un plan tangent à cette bouche couperait perpendiculairement l'axe de la spire. On ne connaît que deux espèces de ce genre, toutes deux de l'Inde. Elles sont encore fort rares dans les collections.

ANOTIE, *anotia* (zool., ins.), genre d'hémiptères de la tribu des fulgorelles établi par Kirby. Ces petits insectes, très-voisins du genre derbe, s'en distinguent par l'absence des yeux lisses et un suçoir plus court. On en connaît un petit nombre d'espèces dont on ignore les mœurs. Une des plus jolies est l'anotia coccinea d'un beau rouge carmin; elle vient de la Nouvelle-Irlande.

J. B.

ANOUKÉ (myth. égypt.). En 1817 M. Ruppel a trouvé, dans une des îles de la cataracte prétendue du Nil, une inscription grecque commençant par ces mots *Anoykei thi kai Estiai* (à Anoukis dite aussi Estia). D'après ce monument on a conjecturé que la déesse Anoukis a tenu un rang distingué dans l'Olympe égyptien, car Estia était l'un des noms de la Vesta grecque, et M. Champollion jeune croit avoir reconnu sur des monuments d'ancien style égyptien l'image d'Anouké ou Anouki, représentée sous la figure d'une femme assise sur un trône, la tête ceinte d'un diadème orné de feuilles de diverses couleurs, comme si l'on avait voulu imiter la fleur du lotus. La déesse tient aussi à la main la croix à anse, qui n'est pas autre chose que la représentation du phallus grec. On a, dit-on encore, trouvé cette même image dans le temple de Cneph à Éléphantine, dont la construction remonte au XVe ou XVIe siècle avant J. C. De tout cela et de quelques autres documents du même genre, on tire la conséquence que cette déesse avait sa place à Cneph et avant Osiris. — Tout cela nous paraît bien hypothétique. Hérodote, en parlant d'Estia ou Istia, dit que ce nom était inconnu aux Égyptiens. Diodore, il est vrai, met Anoukis au nombre des divinités égyptiennes; mais Diodore a écrit dans un temps où déjà les Grecs avaient importé en Égypte leurs dieux, leur langue et leurs mœurs. Ce qui doit surtout paraître étrange, c'est que Manéthon, ni dans Eusèbe, ni dans Jules Africain, ni dans Josèphe, ne parle d'Anouké, quoiqu'il compose sa dynastie céleste de divinités grecques. Ce qu'on peut croire, c'est qu'après que les Grecs eurent fait des établissements en Égypte sous les auspices de Psammétique, ils introduisirent leurs propres dieux dans le Panthéon égyptien; que ce nom d'Anoukis donné probablement à la grande Isis, la nature personnifiée, dut rappeler aux Grecs quelqu'un des attributs de Vesta-Istia, et qu'ils continuèrent d'offrir leurs adorations à Vesta dans la personne d'Anouké. Ce qui doit fortifier cette conjecture, c'est qu'on n'a pas douté que les Égyptiens n'ont jamais eu d'idoles à figures humaines dans leurs temples jusqu'à l'incorporation des colonies grecques dans la nation égyptienne. Cependant, objecte-t-on, la lecture des caractères hiéroglyphiques gravés sur plusieurs monuments prouve que l'existence d'Anoukis remonte à une époque très-reculée. Mais, sans vouloir rien ôter à feu Champollion de tout ce qui lui est dû d'admiration pour ses découvertes, on peut répondre que la lecture des hiéroglyphes est loin peut-être d'offrir le véritable sens de ces caractères. (*V.* HIÉROGLYPHES.) C'est encore une science conjecturale plus que positive, car rien ne prouve que les obstacles que trouvait Clément d'Alexandrie à cette interprétation, aient été levés de manière à ne plus permettre le doute.

J. DE MARLÈS.

ANOURES (zool.). On désigne par ce nom les reptiles batraciens qui dans l'âge adulte sont privés de queue; ils ont cependant à l'intérieur un os long, comprimé, ordinairement mobile, qui ne dépasse pas le bassin, et considéré par quelques naturalistes comme une véritable pièce coccygienne; mais Cuvier le regarde comme une deuxième vertèbre sacrée. Outre ce caractère qui les distingue parfaitement des batraciens urodèles ou munis d'une queue, ils en présentent d'autres fort remarquables; ainsi le nombre des vertèbres qui composent leur colonne vertébrale ne dépasse jamais dix; leurs apophyses transverses sont quelquefois très-longues et simulent alors des côtes; celles-ci manquent toujours. Le sternum est très-développé et en grande partie cartilagineux. La cavité du bassin n'existe pas, parce que les ilions sont très-rapprochés inférieurement, en sorte que les têtes des fémurs semblent se toucher. Ces ilions sont très-élargis et unis au sacrum par symphyse dans les *pipas*, tandis qu'ils sont étroits et allongés dans les grenouilles et les rainettes. La tête s'articule à la première vertèbre au moyen de deux condyles, et le crâne, quoique très-petit, n'est pas complétement empli par l'encéphale. Les membres antérieurs ont leur radius et leur cubitus unis; les postérieurs, toujours plus développés, ont un fémur très-long dans les grenouilles et les rainettes, plus court dans les crapauds, aplati dans les pipas; le tibia et le péroné sont tellement soudés en un seul os, qu'ils ont été considérés comme un os surnuméraire par plusieurs naturalistes qui prenaient mal à propos pour ces deux os les deux premiers du tarse considérablement allongés chez ces animaux. Les muscles de la cuisse et de la jambe ont quelque analogie de forme et de disposition avec ceux de l'homme, circonstance qui, jointe à la longueur des os, au mode d'articulation des fémurs et à la mobilité du bassin, dans le plus grand nombre, favorise beaucoup le saut et la natation. Les doigts n'ont point d'ongles; chez les rainettes leur extrémité est élargie en un disque charnu qui peut opérer le vide, ce qui permet à ces animaux de se mouvoir sur les plans verticaux les plus unis. Le corps est court, large et comme tronqué; la tête aplatie; la bouche grande. Plusieurs ont des dents palatines. La langue est charnue, molle et offre ordinairement une singulière disposition; sa base, au lieu d'être soutenue par l'os hyoïde, est attachée à la concavité antérieure de la mâchoire, de manière que son extrémité correspond à l'arrière-gorge; l'animal peut la faire sortir très-rapidement de la bouche; elle lui sert merveilleusement pour saisir les insectes qui sont à sa portée; il la lance vivement sur eux, et comme elle est toujours enduite d'une humeur visqueuse, l'insecte s'y attache. Mais tous les batraciens anoures n'ont pas la langue aussi développée, elle est même presque nulle dans les pipas. L'estomac est courbé, un peu dirigé en travers. Les intestins, très-longs dans le têtard (*V.* BATRACIENS), deviennent courts après la dernière transformation. Chez quelques-uns il se dépose dans les replis du péritoine une matière grasse communément d'un jaune plus ou moins foncé, qui, selon quelques auteurs, est employée lorsque l'animal s'engourdit (*V.* HIBERNATION), et suivant d'autres fournit la matière colorante de la peau. Le cloaque offre une ouverture ronde contrairement à ce qui a lieu dans la plupart des autres reptiles, chez lesquels cette ouverture présente une fente transverse ou longitudinale. Les poumons sont amples et leurs cellules très-développées. Comme les côtes manquent, le mécanisme de la respiration a dû subir de grandes modifications; l'air ne pénètre pas dans les poumons par un mouvement d'inspiration, mais par une sorte de déglutition, et voici comment: l'animal emplit sa bouche d'air, puis après avoir bouché avec sa langue l'ouverture interne des narines, il comprime, au moyen de la peau de sa gorge, l'air enfermé, le force à entrer dans les poumons. La plupart des batraciens anoures produisent, par divers mécanismes que nous expliquerons dans les articles qui traiteront des genres, des coassements ou des sons flûtés, variables suivant les genres. Un fait bien extraordinaire qui a été constaté par d'habiles observateurs, c'est que ces animaux respirent aussi par la surface de la peau, soit dans l'air, soit dans l'eau; c'est ce qui, joint à leur mode de circulation, leur permet de rester si longtemps dans la vase ou dans l'eau. Ils manquent de muscle peaussier, et leur peau, fixée seulement aux mâchoires, aux aines et aux extrémités des membres, n'adhère point à leur corps qu'elle enveloppe comme une sorte de sac. Cette peau est très-perméable à l'humeur de la perspiration, et l'évaporation qui se fait à travers explique pourquoi ces animaux, qui périssent rapidement quand on les plonge dans l'eau un peu plus que tiède, peuvent supporter dans l'air une chaleur plus forte pendant fort longtemps; mais il faut pour cela qu'ils puissent remplacer l'eau qu'ils perdent, sans quoi ils sécheraient et périraient vite: aussi ont-ils le soin, quand ils s'exposent à l'ardeur du soleil, de se placer sur de la terre humide ou dans le voisinage des eaux, de manière à pouvoir réparer leur perte en absorbant une quantité d'eau égale à celle qui s'évapore; c'est par toute la surface de la peau que s'opère cette absorption, et chez les rainettes principalement à la surface de celle de leur bas-ventre: L'eau absorbée se rend dans une poche ordinairement bilobée, placée sous les viscères à la partie inférieure de l'abdomen, et communiquant avec le cloaque; quand l'animal est inquiété, il en rend une grande quantité par l'anus, afin de rendre son poids moindre et sa fuite plus facile: c'est cette eau aussi claire que l'eau distillée que les personnes peu versées en histoire naturelle prennent pour l'urine du crapaud et de la grenouille. Les mâles manquent d'organes saillants de la génération. Le mâle, placé sur le dos de la femelle, s'accroche au moyen des pieds de devant vers les aisselles de celle-ci, et s'y tient tellement cramponné qu'il est quelquefois très-difficile de l'en détacher; il féconde les œufs à leur sortie et aide fréquemment la femelle à s'en débarrasser. La fécondation se fait ordinairement dans l'eau et dure presque toujours plusieurs semaines. Les œufs sont enveloppés dans une coque molle et agglutinés de plusieurs manières suivant les espèces; ils se développent dans l'eau et quelquefois sur le dos de la femelle (pipa); ils donnent naissance à des têtards d'abord dépourvus de pieds et munis de branchies placées sous la gorge dans une espèce de sac, et communiquant avec l'eau, soit d'un côté, soit de l'autre, selon les espèces. Bientôt ils prennent des membres, leurs branchies sont remplacées par des poumons, leur queue disparaît, et ils deviennent en tout semblables à leurs parents, à la taille près. (Voyez, pour d'autres détails, *Batraciens.*) — Toutes les espèces de batraciens anoures peuvent être rangées dans les quatre genres grenouille, rainette, crapaud et pipa. Cuvier a établi dans cette division les genres grenouille, cératophrys, dactylèthre, rainette, crapaud, bombinator, rhinelle, otilophes et pipa (*V.* ces mots). Plusieurs erpétologistes modernes ont singulièrement augmenté le nombre des genres.

J. BRUNET.

ANQUETIL (LOUIS-PIERRE), naquit à Paris, le 21 janvier 1723, d'une honorable famille de la bourgeoisie de cette ville. A dix-sept ans, il·avait achevé ses humanités au collége Mazarin, et entrait dans la congrégation des chanoines réguliers de Sainte-Geneviève. Une irrésistible vocation l'appelait à l'état ecclésiastique. Sous la direction du P. Tourrayer, il fit avec distinction ses études théologiques; et à vingt ans·, nous le trouvons dans l'abbaye de Saint-Jean à Sens, professant, aux applaudissements universels, les belles-lettres, la philosophie, la théologie même. — C'était un travailleur infatigable que ce jeune professeur, et au milieu de ses occupations multipliées, il trouvait encore le temps de consacrer un temps considérable à l'étude de l'histoire. Nommé directeur du séminaire de Reims, il eut l'occasion d'écrire, de concert avec un certain Félix de Lasalle, une histoire de cette ville, ouvrage peu lu, comme presque tous ceux de ce genre, mais où l'auteur fait preuve d'une sagacité peu ordinaire; il avait fait pour cet ouvrage des recherches consciencieuses, il avait su conserver aux faits toute leur physionomie. Aucun livre du XVIIIe siècle ne donne une idée aussi juste des convulsions qui accompagnaient la formation d'une commune au moyen âge. Au reste, l'histoire civile et politique de la ville de Reims s'arrête à l'an 1657; un quatrième volume qui devait la compléter n'a jamais été publié. — Du séminaire de Reims, Anquetil passa en qualité de prieur à l'abbaye de Roé en Anjou, puis au séminaire de Senlis, où il écrivit son *Esprit de la Ligue.* Bien des critiques ont fait à ce livre le reproche de manquer de vigueur, d'être monotone. Mais on y trouve les couleurs du temps; l'auteur eut le mérite fort rare à l'époque où il vivait, d'aimer son sujet, de ne point mépriser un siècle de fanatisme et de désordre. Il y a d'ailleurs chez lui un désir d'impartialité qui fait l'éloge de son caractère personnel. — Anquetil quitta Senlis pour la cure de Château-Renard, près de Montargis. Cet homme, qui disait qu'il ne s'était cloîtré que pour devenir père de famille, trouva dans la nouvelle situation où la Providence le plaçait, mille occasions de satisfaire le besoin de charité qui remplissait son âme. Il devint le bienfaiteur, l'ami, le conseil, le soutien de tous les paysans, et sa sollicitude pour tout ce qui les concernait nous explique la distance qui sépare deux ouvrages cités plus haut de ceux qu'il écrivit à Château-Renard sous les titres suivants: 1° *Intrigues du cabinet sous les rois Henri IV, Louis XIII, Louis XIV;* 2° *Louis XIV, la cour et le régent;* 3° *Vie du maréchal de Villars.* Le premier de ces ouvrages manque essentiellement de vigueur, et ce reproche acquiert de la gravité, quand on se rappelle que la grande figure du cardinal de Richelieu plane sur toute l'époque tracée par l'auteur; le deuxième n'est qu'un extrait de mémoires publiés depuis; le troisième est de, même une sorte d'analyse des mémoires de Villars, écrits par lui-même; l'exactitude en est le seul mérite.

— Anquetil eut plus de temps à consacrer à ses études dans la cure de la Villette, près de Paris. Ce fut là qu'il entreprit son Précis de l'histoire universelle, qui n'est au fond qu'un extrait de la grande histoire universelle des Anglais, en 125 volumes. Il travaillait encore à cet ouvrage, lorsqu'il fut arrêté comme suspect, le 16 août 1793. Enfermé à Saint-Lazare, il ne perdit rien de sa tranquillité d'esprit, et termina son ouvrage. Lorsqu'il le publia (1797), il était membre de l'Institut national. Le *Précis de l'histoire universelle* a été traduit en plusieurs langues. Mais ce serait à tort qu'on en conclurait qu'il mérite une haute considération.—Anquetil fut attaché plus tard aux archives du ministère des relations extérieures; il avait perdu par une banqueroute le fruit de ses travaux. Ce fut vers ce temps qu'il écrivit un autre livre qui ajoute peu à ses titres littéraires; il nous suffira de le nommer: *Motifs des guerres et des traités de paix de la France, pendant les règnes de Louis XIV, Louis XV et Louis XVI* (1798). Il était presque octogénaire quand il entreprit d'écrire l'*Histoire de France.* Mais ici laissons parler M. Augustin Thierry. « Cet ouvrage, froid et sans couleur, n'a ni l'âcreté politique de Mézerai, ni l'exactitude de Daniel,.ni la légèreté de bon ton qu'affecte Velly. Tout ce qu'on y remarque pour la forme, c'est de la simplicité et de la clarté, et quant au fond, il est pris au hasard de l'histoire de Velly et de celle de Mézerai, que le nouvel historien extrait et cite pour ainsi dire à tour de rôle. » Pourtant c'était un homme de grand sens et capable de s'élever plus haut. On dit qu'il avait eu le projet de composer une histoire générale de la monarchie française, non d'après des histoires déjà faites, mais d'après les monuments et les historiens originaux. — Peut-être doit-on regretter qu'Anquetil n'ait pas exécuté ce dessein, car en présence des sources, son esprit juste avait la faculté de comprendre et d'exprimer avec franchise les mœurs et les passions d'autrefois. L'histoire d'Anquetil n'a rien du ton relâché qui fait la fortune de celle de Velly: l'auteur n'entend raillerie ni sur les tendres faiblesses, ni sur les galanteries des princes. — En 1805, Anquetil perdit son frère; il en éprouva un vif chagrin, et huit mois après, il le suivit au tombeau. HENRI PRAT.

ANQUETIL DUPERRON, frère du précédent, naquit à Paris le 7 décembre 1731, et fit de brillantes études dans l'université de cette ville. Attiré à Auxerre par M. de Caylus, alors évêque de ce siége, il aurait pu espérer un rapide avancement dans la carrière de l'Église; mais il manquait de vocation, et d'ailleurs, un goût irrésistible l'entraînait vers l'étude des langues orientales. Bientôt il sut l'hébreu, l'arabe, le persan, et se fit remarquer à la bibliothèque du roi, par l'abbé Sallier, qui obtint pour lui un modique traitement d'*élève pour les langues orientales.* Peu de temps après cet heureux événement, quelques feuillets calqués sur un manuscrit zend tombèrent sous les yeux du jeune savant. Dès lors, l'Inde, la Perse, devinrent pour lui l'objet des désirs les plus ardents. Une expédition se préparait pour l'Inde; Anquetil, privé de tout autre moyen d'y prendre part, s'engagea comme soldat dans les troupes qu'on devait embarquer. Cet excès de zèle pour la science fut heureusement connu du ministre, qui accorda à Anquetil le passage gratuit, la table du capitaine et un traitement convenable. — Après neuf mois de traversée, il arriva sans accident à Pondichéry, où il resta le temps nécessaire pour apprendre le persan moderne. De là il se rendit à Chandernagor, où il espérait pouvoir étudier le sanskrit; mais il y tomba malade. A peine était-il rétabli, que la guerre éclata entre la France et l'Angleterre; Chandernagor fut pris, et Anquetil, dans un état voisin du dénûment, retourna à pied à Pondichéry; il y arriva après cent jours de marche, ayant couru toutes sortes de dangers. — Rien ne pouvait le décourager: il s'embarqua pour Mahé, se rendit ensuite à Surate par terre, et parvint à une connaissance assez exacte du zend et du pehlevy, pour traduire un dictionnaire et quelques autres ouvrages· moins importants. Il voulait aller à Bénarès pour y étudier la littérature et la philosophie des Hindoux, lorsque la prise de Pondichéry l'obligea de revenir en Europe. Après avoir visité Londres et Oxford, il arriva à Paris en 1764, et obtint une pension par l'entremise de l'abbé Barthélemy; peu après, il fut reçu par l'Académie des inscriptions. Sa vie changea alors complètement; il ne s'occupa plus que de mettre en ordre les innombrables matériaux qu'il avait recueillis. Et d'abord, il publia, sous le titre de *Zénd Avesta,* les livres sacrés des Persans, accompagnés d'une relation de ses voyages et d'une vie de Zoroastre, où il a fait preuve d'une vaste érudition. Les Anglais lui avaient inutilement offert 30,000 livres de son manuscrit. Dans un deuxième ouvrage, intitulé *Législation orientale,* il osa combattre les idées de Montesquieu sur le même sujet. A cette publication, succéda celle de ses *Recher-*

chies historiques et géographiques sur l'Inde, et de son ouvrage intitulé *Dignité du commerce et de l'état du commerçant*. — La révolution éclata : Anquetil se tint tout à fait à l'écart, et le fruit de sa retraite fut la publication de l'*Inde en rapport avec l'Europe*. On rapporte aussi à la dernière partie de sa vie la traduction de quelques fragments des Veddas. Anquetil Duperron mourut en 1805; comme tous les hommes remarquables, il a eu des envieux, mais, pour le rabaisser, leurs efforts sont restés impuissants. **HENRI PRAT.**

ANQUISITION, terme de l'ancien droit romain. C'était le nom qu'on appliquait à la demande en indemnité que le plaignant formait contre celui qu'il accusait, après avoir réitéré trois fois sa plainte. Il concluait à une amende ou à des peines corporelles.

ANSART (ANDRÉ-JOSEPH), né en 1723 dans un village du comté d'Artois, entra jeune encore dans l'ordre de Saint-Benoît. Devenu procureur du couvent qui l'avait reçu, il fut accusé d'avoir détourné les fonds dont il avait le maniement. Cette accusation, qui n'est pas bien justifiée, fut pourtant un motif pour qu'il quittât la maison. Il s'attacha ensuite à l'ordre de Malte, puis se fit recevoir avocat au parlement et docteur en droit. Il obtint plus tard le prieuré-cure de Villeconin. On a de lui un *Dialogue sur l'utilité des moines rentés*, 1768, in-12; une *Exposition sur le cantique des cantiques de Salomon*, 1770, in-12; une *Histoire de saint Maur, abbé de Glanfeuille*, 1772, in-12, en quatre parties, dont la dernière contient l'histoire de l'abbaye de Saint-Maur des Fossés; un *Éloge de l'empereur Charles V*, traduit du latin, 1777, in-12; une *Histoire de saint Fiacre*, 1784, in-12; une *Vie de Grégoire Cortez, évêque d'Urbin et cardinal*, 1786, etc., et plusieurs autres petits ouvrages, parmi lesquels on remarque l'*Esprit de saint Vincent de Paul, ou Modèle de conduite pour les ecclésiastiques*, 1780, in-12. Ansart mourut au commencement de la révolution : il était membre de l'académie d'Arras et de celle des Arcades de Rome. **N. M. P.**

ANSBERT (S.), originaire du Vexin, fut élevé à la cour de Clotaire III, qui le nomma son chancelier; il ne tarda pas à renoncer aux grandeurs du monde pour pouvoir se livrer sans obstacle à ses exercices de piété. Il embrassa la règle de Saint-Benoît, et se conduisit avec tant de sagesse, qu'on lui donna l'abbaye de Fontenelle. A la mort de saint Ouen, archevêque de Rouen, en 683, il fut élu pour lui succéder. Le roi Thierry III, qui le vénérait à cause de sa sainteté, le nomma son confesseur; mais le maire du palais, Pepin, prévenu contre lui, le relégua dans un monastère du Hainaut. Au bout de quelque temps, on lui permit de rentrer dans son diocèse; mais la mort le surprit au moment où son exil finissait. La vie de ce saint religieux a été écrite par Aigrade, et se trouve dans Bollandus; il mourut en 697.

ANSCHAIRE (S.), surnommé l'*Apôtre du Nord*, naquit en Picardie, dans les premières années du IXe siècle. Après avoir embrassé de bonne heure la vie religieuse, et dirigé pendant quelque temps une école du monastère de Corbie, il s'attacha au roi ou chef des Juttes, Harold, qui venait de se convertir au christianisme; il le suivit dans ses États, et conçut dès ce moment le dessein de se livrer tout entier aux travaux apostoliques. Il fonda une école dans le pays, s'appliqua exclusivement à l'étude des langues du Nord, et répandit autour de lui l'instruction. Appelé au monastère de Corbie en Saxe sur le Weser, il fut chargé par Louis le Débonnaire, qui l'avait fondé, de l'administration de ce nouvel établissement. Anscharie se trouvait à Corbie en 836, lorsque les députés suédois se présentèrent à l'empereur pour lui demander des prêtres ou missionnaires; ce prince jeta les yeux sur Anschaire; et le pape Grégoire IV lui en donna la mission spéciale. Le roi de Suède Bjorn l'accueillit avec distinction, et beaucoup de Suédois, touchés par ses prédications, abjurèrent le paganisme. En 842, Anschaire fut nommé par l'empereur évêque de Hambourg, ville toute nouvelle, dont Charlemagne avait jeté les fondements, mais souvent attaquée par les pirates; Anschaire fut obligé de se sauver à Brême qui avait déjà un évêque, auquel il succéda en 849. Les dangers qu'il avait courus dans son premier voyage de Suède ne diminuèrent rien de son zèle pour la conversion des peuples du Nord. Il entreprit en 855 un second voyage, et le roi Olof ne lui montra pas moins de bienveillance que Bjorn; il obtint même la permission de construire une église chrétienne. On dit que dans une de ses excursions au nord, il arriva jusqu'à l'Islande et même jusqu'au Groenland, ce qui paraît fort douteux. Ce pieux évêque mourut dans sa soixantième année, vers l'an 864; il avait réussi à abolir le commerce des esclaves dans les pays soumis à sa juridiction. —

Il a laissé une Vie de saint Willehad, premier évêque de Brême, imprimée à Cologne, 1642. Mabillon, qui a publié la vie d'Anschaire lui-même, a donné une seconde édition de celle de saint Willehad. Fabrice l'a réimprimée dans ses *Historiens de Hambourg*. **X. X.**

ANSE DE PANIER. Ces courbes, si précieuses pour la construction, jouent un grand rôle dans l'architecture, qui les substitue, comme d'une exécution plus facile, à l'ellipse. Elles servent aussi, par leur génération, à expliquer la théorie si importante dans l'analyse des *développantes* et des *développées*. — Prenez un polygone d'un nombre quelconque de côtés *a, b, c, d, ..., p*. Faites tourner un de ses côtés autour d'une de ses extrémités, jusqu'à ce qu'il se confonde avec le prolongement du côté *b*, qui passe par une de ses extrémités, vous aurez un arc de cercle. Faites mouvoir ensuite le côté *b* avec son prolongement égal à *a*, jusqu'à ce qu'il se confonde à son tour avec le prolongement du côté *c*, qui passe par l'extrémité du côté *b*, centre de ce nouvel arc. Faites-en autant pour chacun des côtés suivants, et vous aurez autant d'*arcs de cercle* que de côtés, lesquels se raccorderont entre eux, et formeront une courbe à *plusieurs* centres, appelée *anse de panier*. Plus ces centres seront multipliés, plus la courbe sera agréable à l'œil et se rapprochera de l'*ovale* de l'architecte, surtout si le *polygone* est régulier. Ces courbures diminueront et seront entre elles dans le rapport des rayons, appelés à cause de cela *rayons de courbure*. Il est donc évident, 1° que chaque rayon de courbure est perpendiculaire à l'arc qu'il décrit; 2° qu'il est égal à la partie développée du polygone; 3° que chaque centre de courbure est l'intersection de deux rayons de courbure consécutifs, considérations qui s'appliquent également à une courbe quelconque, plane ou à double courbure. **L. CHINON DE LA LANDRIÈRE.**

ANSE. Parmi plusieurs conciles tenus en cette ville, nous n'en citerons que deux comme étant les plus importants : l'un eut lieu en 1025; il se composait des archevêques de Lyon, de Vienne, de Moutier en Tarantaise, et de plusieurs évêques de ces trois provinces. Gauzlin ou Gosselin, évêque de Mâcon, porta dans ce concile une plainte contre Bouchard, évêque de Vienne, parce qu'il avait ordonné des moines de Cluny, quoique cette abbaye fût dans le diocèse de Mâcon. L'archevêque nomma saint Odilon, abbé de Cluny, qui était présent, comme le garant de son ordination. L'abbé Odilon fit alors un privilège du pape qui exemptait son abbaye de la juridiction de l'évêque. Mais les évêques ayant fait lire les canons du concile général de Calcédoine et ceux de plusieurs autres anciens conciles qui soumettent les moines à la juridiction des ordinaires ou évêques, déclarèrent ces prétendus priviléges contraires à l'autorité des saints canons, obligèrent l'archevêque de Vienne à faire satisfaction à l'évêque de Mâcon, et à lui fournir, pendant toute sa vie, l'huile nécessaire tous les ans pour faire le baume. Ce concile est précieux dans l'histoire ecclésiastique, parce qu'il peut faire bien distinguer les véritables priviléges des moines d'avec ceux qui sont supposés, ou obtenus par importunité et par surprise. — L'autre concile, dont nous avons à parler, se tint en 1100, et fut composé de quatre archevêques, ceux de Lyon, de Tours, de Bourges, de Canterbury (alors saint Anselme), et de huit évêques. Hugues, archevêque de Lyon, y demanda un subside pour les frais d'un voyage qu'il devait faire à Jérusalem, en ayant obtenu la permission du pape. On excommunia dans ce concile ceux qui, ayant pris la croix pour la terre sainte, négligeaient d'accomplir leur vœu.

ANSE, du latin *ansa*, demi-cercle attaché à la partie supérieure d'un panier, d'un seau, etc., afin de pouvoir transporter commodément les objets. On donne le même nom à beaucoup de choses qui par leur forme ressemblent à une anse ou qui sont d'un usage à peu près semblable. Ainsi les fondeurs appellent anse la partie de la cloche qui sert à la suspendre; les serruriers nomment de même la partie demi-circulaire d'un cadenas qu'on fait passer dans le trou d'un piton ou crampon, et dont on fait rentrer ensuite le bout dans le corps du cadenas. L'anse est encore un ornement qui se compose de deux enroulements opposés. — En terme de marine l'anse est un petit bras de mer qui s'enfonce entre deux pointes de terre; quand cet enfoncement a lieu sur une plage sablonneuse, on l'appelle anse de sable. — On dit populairement d'un individu qui met ses mains ou ses poings sur ses côtés, *qu'il fait le pot à deux anses*; on dit aussi familièrement d'une cuisinière qui fait payer à ses maîtres les denrées qu'elle achète plus cher qu'elle ne les a payées elle-même, qu'*elle fait danser l'anse du panier*. **N. M. P.**

ANSÉATIQUES (VILLES). L'an 1241, les villes de Hambourg

et de Lubeck contractèrent alliance pour assurer la liberté des communications entre l'Elbe et la Trave. Si l'on en croit l'historien Menzel, telle fut l'origine de la ligue qui donna aux villes alliées le nom d'*anséatiques*, du mot allemand *hansa*, qui, selon Puffendorf, vient d'*an see, sur le bord de la mer*; selon Menzel, d'*hansen, hommes ou alliance d'hommes*. D'autres historiens prétendent que la grande *hanse, die grosse hansa*, fut fondée antérieurement par la ville de Brême, vers la fin du XIIᵉ siècle, à l'effet de protéger le commerce que cette ville entretenait avec la Livonie. — Quant à la double étymologie que nous avons indiquée, rien n'empêche d'admettre les deux opinions qu'elle renferme; les villes anséatiques étaient en effet situées *sur le bord de la mer*, et constituaient en même temps une véritable *alliance d'hommes* et de populations. Pour ce qui est de l'origine assignée à la confédération, ce serait chose difficile et sujette à discussion que d'en fixer précisément la date et le caractère; les assertions de Menzel et des autres historiens dont nous venons de parler méritent d'être prises en considération et serviraient, au besoin, de base à l'examen des faits positifs; mais, sans nous arrêter à ce détail, nous nous hâterons d'établir ce point incontestable, que, vers la fin du XIIIᵉ siècle, le pavillon des villes anséatiques flottait sur toutes les mers, reconnu et respecté de toutes les nations européennes. C'était déjà, dans ces temps éloignés, une véritable puissance que cette ligue, dont les armées dominaient le continent, et dont les flottes sillonnaient en souveraines les eaux des mers du Nord. — Lubeck était la métropole, la reine de cette confédération commerciale. Située sur la mer Baltique, elle exerçait depuis longues années une influence considérable; dépositaire des trésors et des archives de la ligue, elle ouvrait tous les ans, le jour de la Pentecôte, un congrès général (*hanse tag*), où se réunissaient les envoyés des villes alliées; les représentants de la confédération délibéraient alors, en séance solennelle, sur les intérêts commerciaux, sur la paix ou sur la guerre. Si quelqu'une des cités de la ligue négligeait d'envoyer ses députés au congrès, elle était condamnée à l'amende, qu'elle versait dans le trésor commun. Lubeck avait le privilège exclusif de fournir les ambassadeurs de la confédération; c'était parmi les bourgeois de cette ville que la hanse devait choisir ses plénipotentiaires. Les traités d'alliance et de commerce portaient le sceau de la métropole. — Dans le cours du XIVᵉ siècle, la ligue anséatique reçut un accroissement prodigieux. La confédération s'étendit de toutes parts; on vit se ranger sous sa bannière les principales villes des Pays-Bas, d'Angleterre, de France, d'Espagne, de Portugal, d'Italie, de Sicile, de Russie. On vit s'adjoindre à Lubeck, à Hambourg et à Brême : Cologne, Amsterdam, Anvers, Rotterdam, Bruges, Ostende, Dunkerque, Londres, Calais, Saint-Malo, Rouen, Marseille, Bayonne, Bordeaux, Cadix, Séville, Barcelone, Lisbonne, Naples, Messine et Nowgorod. — On peut dire que le principe de cette alliance fut un résultat des croisades; dans cette immense levée de peuples dont la terre sainte était devenue le point de réunion, les guerriers qui marchaient à la délivrance du saint sépulcre, se connaient d'eux-mêmes à cette fraternité d'armes, origine certaine de l'ordre Teutonique, et sans doute, en même temps, les pèlerins inoffensifs qui se rendaient sur ces plages lointaines pour s'agenouiller aux saints lieux, recueillaient, chemin faisant, les germes de cette fraternité civile qui, plus tard, donna naissance à cette grande république commerciale. Ce fut les Génois et les Vénitiens, ces maîtres de l'époque, enseignèrent alors aux habitants des régions septentrionales les ressources de l'industrie, et les villes de la Méditerranée leur donnèrent l'exemple des associations auxquelles elles devaient leurs richesses et leur puissance. — Mais bientôt, dépassées et vaincues par leurs élèves, elles furent contraintes de céder aux cités anséatiques le sceptre du commerce chez les nations du Nord. On vit, en effet, ces dernières monopoliser dans leurs mains tous les trésors de ces contrées. — La suprématie commerciale de la ligue anséatique était surtout basée sur ses innombrables entrepôts disséminés en tous lieux, et sur les privilèges assurés aux négociants de la confédération. On vit en quelques endroits ces entrepôts des cités alliées se transformer insensiblement en véritables colonies qui se régissaient d'elles-mêmes, d'après les lois de la métropole, seule puissance à laquelle elles fussent soumises et, qui, au milieu même des populations étrangères, formaient une population à part, essentiellement indépendante du gouvernement local. Ce fut ainsi que la ville de Cologne eut, en 1203, dans la ville de Londres, sa colonie particulière. Remarquons toutefois que, malgré cette espèce de naturalisation libre, les membres de

ces colonies n'en demeuraient pas moins citoyens et justiciables de leur mère patrie. — Une loi particulière leur interdisait la liberté de contracter aucune alliance, même par le mariage, avec les familles indigènes. On pouvait donc comparer les comptoirs de ces négociants étrangers à des établissements monastiques, ou à ces quartiers séparés de la communauté, tels, par exemple, les quartiers juifs de l'Italie et de l'Allemagne. — Bientôt la confédération eut des comptoirs établis sur les principaux foyers du commerce européen. Nowgorod devint le centre de ses relations avec l'Asie; elle eut, avec Bruges, les Pays-Bas; avec Berghen, la Suède et la Norwége; avec Londres, la Grande-Bretagne; Cologne était, de son côté, l'âme des opérations continentales : placée sur le passage des commerçants de l'est et de l'ouest, cette ville s'était bientôt transformée en un bazar immense, car ces négociants étaient tenus d'y faire leurs échanges et de repartir ensuite pour les lieux d'où ils étaient venus. Il en était de même pour ceux qui remontaient ou descendaient le Rhin. Cologne était un centre où tout aboutissait; rien ne lui échappait du commerce de ces régions, dont la hanse lui avait réparti le monopole. — Un jour vint enfin où la ligue anséatique, dont la suprématie commerciale s'étendait sur toute l'Europe, et dont les forces maritimes imposaient aux nations le respect et la crainte, put traiter de puissance à puissance avec les souverains de notre continent. On la vit, au commencement du XIIIᵉ siècle, exiger du roi de France, Philippe IV, qu'il fermât aux Anglais les ports de son royaume. On vit l'Angleterre elle-même acheter, à prix d'or, une paix que la hanse daigna lui octroyer. La superbe Albion versa, pour cette transaction, dix mille livres sterling dans le trésor des cités alliées. Mais ce fut surtout à l'égard des rois de Danemark, ces princes placés, pour ainsi dire, au foyer du pouvoir anséatique, que cette domination se manifesta dans toute son étendue. Leur existence et leur couronne dépendaient, à proprement parler, du congrès souverain; on les eut pris pour ces rois d'un autre âge, humbles vassaux que le sénat romain daignait tolérer sur le trône, et qui n'étaient plus, à tout prendre, que les préfets de la république. — Ce ne fut point sans efforts et sans lutte que la confédération anséatique put arriver à ce haut degré de pouvoir et de prospérité : cette suprématie devant laquelle l'Europe entière s'inclinait, fut le résultat de ces guerres sanglantes dont les annales du Nord conservent l'éclatant témoignage. Le cours de ces événements date de l'année 1249. Sous le règne d'Érick IV, Alexandre Soltwedel, bourgeois de Lubeck, vainqueur des Danois, sur terre et sur mer, se rendit maître de Stralsund et de Copenhague, qu'il mit à feu et à sang. Vers le milieu du siècle suivant, Waldemar III, roi de Danemark, entreprit d'abolir les privilèges de la confédération; alors les armées de la hanse, réunies sous les ordres de Wittenberg, citoyen de Lubeck, opérèrent une descente sur le territoire de ce prince : la lutte fut terrible; mais Waldemar l'emporta. L'infortuné Wittenberg expia sa défaite sous la hache du bourreau; il fut mis à mort sur la place publique de Lubeck. — Ce désastre, qui menaçait la ligue d'une prochaine dissolution, excita parmi les populations alliées une ardeur de vengeance que la victoire seule pouvait apaiser. De nouvelles armées se réunirent précipitamment; une expédition fut tentée sur les côtes de Seeland; et cette fois elle réussit; Copenhague, Elseneur tombèrent au pouvoir de la hanse; la Norwége fut envahie, et les représailles de la confédération s'exercèrent cruellement sur plus de deux cents villes ou villages qui furent dévastés et détruits, pour punir le roi de ce pays d'avoir prêté secours à Waldemar et partagé son triomphe. Le Danemark humilié implora la pitié des vainqueurs, et une paix humiliante fut le triste résultat d'un triomphe passager. Une des clauses de ce traité imposait aux Danois l'obligation de consulter la ligue sur le choix de leurs princes; ceux-ci ne pouvaient être reconnus avant d'avoir juré de respecter les privilèges de la confédération : une autre clause autorisait la hanse à conserver, pendant quinze ans, la Scanie et toutes les places fortes, pour indemnité des frais de la guerre. — Instruit par l'exemple de Waldemar, mais rempli des mêmes projets, l'empereur Venceslas tenta de renverser par des moyens d'un autre genre. Il jeta d'abord à Tanger-Monde, en 1377, les fondations d'une nouvelle puissance commerciale; insensée il essaya de se placer à la tête de la ligue anséatique : il se rendit, en grande pompe, à Lubeck; il déploya dans cette ville toutes les magnificences, toutes les somptuosités d'un luxe impérial; il entoura les *bourgeois* de cette ville des séductions, les combla de toutes les caresses qu'il crut propres à lui gagner les cœurs de ces républicains, dont l'intérêt farouche et ombrageux n'était guère accessible aux cajoleries de la puissance. Ce fut peine perdue; vainement s'était-il efforcé de fraterniser avec eux; vainement les appelait-il ses *maîtres et seigneurs*; c'était pour les bourgeois un trop puissant ami; l'intimité ne put s'établir; l'homme se montrait à jour sous la pourpre de l'empereur; on lui rendit caresse pour caresse, honneur pour honneur; on se conduisit comme il convient entre gens qui se doivent considération et respect: la porte par laquelle Venceslas avait fait son entrée fut murée en toute cérémonie; on déclara que nul n'avait le droit de fouler désormais le sol où s'était imprimé le pied de l'empereur; ce fut là tout: les projets de Venceslas s'en allèrent en fumée; quoi qu'il pût dire et faire, jamais il ne lui fut donné de prendre part aux affaires de la confédération. — Nous avons dit que la hanse et l'ordre Teutonique avaient eu le même berceau; il était naturel qu'ils fussent unis dans la vie comme dans la naissance; et de fait ce ne fut constamment alliés jusqu'à l'époque où s'effectua le démembrement de la ligue. — Il était réservé à la Hollande et à l'Angleterre de porter les premiers coups à la confédération. Elle eut le destin des puissances dont les ressorts s'affaiblissent à mesure qu'elles se développent; elle eut le sort de ces rois de la terre dont les représentants, disséminés au loin, deviennent les rivaux, les ennemis et les vainqueurs. Filles ingrates de la hanse, les colonies commerciales aspirèrent un jour à secouer le joug de la métropole, et la métropole succomba. — La France et la Russie prirent une part indirecte au démembrement de la ligue: le pillage de Nowgorod, en 1494, par le czar Yvan Wasiliewitch, ruina cette ville, qu'on pouvait regarder comme le plus important des comptoirs anséatiques; d'un autre côté, le développement de la monarchie française imposa successivement le joug du pouvoir royal aux villes qui, durant l'anarchie du moyen âge, s'étaient incorporées à la confédération; dès lors cette vaste puissance qui avait, pendant deux siècles, régné sur le monde commercial, vit ses limites ramenées à la Vistule et au Rhin. Réduite à ces proportions, la hanse se reconstitua sur de nouvelles bases; elle eut pour métropoles Lubeck, Dantzig, Brunswik et Cologne; mais ce remaniement d'un pouvoir morcelé ne pouvait être de longue durée; d'ailleurs un ennemi nouveau croissait à cette époque au sein de la ligue elle-même: la réforme jetait dans ces contrées les germes des révolutions qui substituèrent aux municipalités oligarchiques les principes et les institutions d'une démocratie également fatale aux intérêts du commerce et à ceux de la politique. — A ces renversements des principes et des choses, ajoutez la guerre de trente ans; voyez l'empire germanique ravagé de toutes parts, les campagnes dévastées, le commerce et l'industrie ruinés de fond en comble; puis le traité de Westphalie, qui arrache à la confédération le territoire des Pays-Bas, et met le dernier sceau à tous les démembrements de cette puissance en ruine; voyez les évêchés de Brême et de Verden, l'île de Rugen et toutes les positions qui commandent la mer Baltique; voyez toutes ces possessions et toutes ces villes abandonnées à la Suède. — Telles sont les dernières épreuves de la confédération; elle ne survivra point à ces désastres; elle est démantelée, rompue, morcelée, presque anéantie.—La Hollande et l'Angleterre recueillirent l'héritage de la hanse; le pavillon anséatique cessa de régner sur les mers du Nord; Londres, Anvers, Amsterdam succédèrent aux métropoles vaincues et appauvries; Cologne et Magdebourg disparurent pour ainsi dire du monde commercial et politique; les seules villes qui échappèrent à cette grande ruine ne durent leur salut qu'à leur situation physique, car tel est le destin de certaines cités: protégées par les lieux sur lesquels elles sont assises, elles peuvent succomber à chaque révolution du monde; mais elles renaissent de leurs cendres, et le siècle qui suit les jours de leurs désastres, les retrouve plus grandes encore, plus riches et plus florissantes qu'elles n'étaient avant leur ruine. Ainsi vit-on Lubeck, Brême, Hambourg, Francfort, Augsbourg et Nuremberg, ces villes situées sur tous les chemins du commerce et de la fortune, se relever bientôt et reconstituer, sur nouveaux frais, leur confédération primitive: ce fut ainsi que la ligue anséatique se perpétua jusqu'à la révolution de 1789. — L'existence de la confédération, réduite à ces six dernières villes, fut encore mentionnée dans le traité de paix de Lunéville; mais ce ne fut, à proprement parler, qu'un dernier témoignage de respect pour cette grande puissance qui allait bientôt disparaître. En 1806, l'empereur Napoléon déclare que l'empire d'Allemagne a cessé d'exister; Francfort est dévolu à l'électeur de Mayence; Nuremberg et Augsbourg, au nouveau roi de Bavière; Hambourg, Brême et Lubeck restent seuls désormais, derniers débris de la ligue qui naguère s'étendait des mers du Nord aux mers de la Sicile et au détroit

de Gibraltar. Voici cette ligue puissante réduite à sa plus simple et dernière expression; suivons jusqu'au bout ce grand pouvoir qui diminue, qui s'effile, et qui pourtant se continue toujours: nous touchons à la fin; les derniers restes de la ligue sont réunis à l'empire français. — Sans doute, en 1814, quand cet empire se brisa sous les coups de l'Europe, Francfort, Hambourg, Brême et Lubeck profitèrent de la liberté qui leur était rendue pour reconstituer l'édifice anséatique; les liens de la fédération s'étendirent de nouveau, et, comme aux premiers temps, Lubeck devint encore métropole souveraine de la ligue régénérée; mais d'autres intérêts et d'autres puissances avaient grandi en Europe; ce pouvoir du XIIIe et du XIVe siècle n'était plus désormais qu'une fiction surannée; on avait rétabli le nom, mais la chose restait à jamais abolie. — C'est ainsi qu'aujourd'hui Lubeck, Hambourg et Brême sont encore appelés *villes anséatiques*. — Noble et respectable tradition; monument du passé dont on aime à retrouver les vestiges; sous cette apparence illusoire, la hanse vit encore comme vivent encore les Templiers de Rhodes, et cet ordre Teutonique sorti du même berceau que la confédération. Il faut se garder de confondre la ligue des cités du Rhin avec la ligue des villes anséatiques; la première (*V.* CONFÉDÉRATION DU RHIN) était indépendante de la seconde. Fondée, en 1247, pour protéger les rives du Rhin contre les entreprises de la féodalité, elle crût et s'éleva comme la hanse, et succomba dans les mêmes tourments.—Si l'on en excepte Brême, Hambourg, Francfort et Lubeck, toutes les villes anséatiques, déchues de leur indépendance, sont tombées sous le joug des pouvoirs étrangers. Souvent, durant le cours des dernières révolutions et des guerres qui ont ensanglanté les commencements de notre siècle, elles changèrent de sort et de maîtres; souvent aussi, leur destinée commune fut de payer les frais de ces guerres sans fin, dont elles étaient les premières victimes. Il n'est pas étonnant que la plupart d'entre elles aient perdu leurs richesses avec leur indépendance; et, sous ce point de vue, elles peuvent encore être citées comme des exemples éclatants des vicissitudes du monde. C'était, en effet, chose merveilleuse à voir que l'opulence de ces villes: les bourgeois de Nuremberg excitaient l'envie des rois eux-mêmes; tel prince de la terre jetait un regard jaloux et déconcerté sur la demeure d'un simple commerçant de Hambourg ou de Lubeck: comparé à la plupart des habitations de ces métropoles, son propre palais ne lui semblait qu'une maison mesquine; chez les citoyens de la ligue, l'or, l'argent et les pierreries ruisselaient à faire plaisir; on ignorait, jusque dans les auberges, l'usage des vases de bois, ou de fer, ou de cuivre: on y buvait dans des coupes d'argent; les chevaux ne broyaient que des mors d'un or pur; les femmes étaient couvertes de diamants et de rubis, s'il faut en croire Éneas Silvius, écrivain du XVe siècle, décrivant toutes ces richesses, toute cette magnificence. — Restes de ces temps merveilleux, les cathédrales de Cologne, de Strasbourg, de Spire, de Vienne, etc., attesteront longtemps encore la splendeur de ces cités. — Les arts n'y florissaient pas moins que le commerce: J. Van Eyk, Hans-Hemling, Wohlgemuth, Albert Durer, ces grands peintres; Bœkel et Gottfried, ces grands poëtes, rivaux de Pétrarque et de Dante; tous étaient nés dans ces contrées heureuses; tous ont légué à leur patrie l'héritage d'une gloire qui ne périra point,

« Si quid habent veri vatum præsagia !... »

H. CORNILLE.

ANSEAUME, né à Paris en 1722 et mort dans la même ville en 1784. De souffleur au théâtre Italien il devint en 1755 sous-directeur de l'Opéra-comique de la Foire. En 1766 il reprit son premier métier de souffleur; mais il joignit à ce titre celui d'auteur dramatique. Il donna successivement plusieurs pièces: *le Peintre amoureux de son modèle*, *le Soldat magicien*, *les deux Chasseurs et la Laitière*, *l'École de la Jeunesse*, *le Tableau parlant*, etc. Son théâtre en 3 vol. in-8° fut publié en 1766. Quelques-unes de ces pièces sont longtemps restées au répertoire. *Le Tableau parlant*, animé par la belle musique de Grétry, est une petite pièce fort gaie qu'on joue encore sur les théâtres de province. Grimm, dans sa correspondance, parle d'Anseaume comme d'un écrivain qui a beaucoup de naturel, peu d'élégance et de correction dans le style, mais assez de facilité dans le dialogue et d'entente de la scène; ce sont à peu de chose près les qualités et les défauts de Sedaine.

J. DE M.

ANSEGISE (S.), né dans le VIIIe siècle, d'une famille illustre, alliée, dit-on, à la famille royale. Il embrassa de bonne heure l'état monastique; mais Charlemagne le tira de sa retraite, lui donna l'intendance d'Aix-la-Chapelle et le fit abbé de Saint-Germer en Flex à titre de bénéfice. Louis le Débonnaire lui conféra plus tard les abbayes de Luxeuil et de Fontenelle. Charlemagne et son fils l'avaient chargé de plusieurs missions diplomatiques qu'il remplit avec succès. On rapporte sa mort à l'an 834. On a de lui un recueil des capitulaires de ces deux princes, publié par P. et F. Pithou en 1588, 1603 et 1620, et par Baluze en 1677, 2 vol. in-fol. — Il y a eu un autre Ansegise, prêtre comme le précédent du diocèse de Reims, mais postérieur d'un demi-siècle. Il fut élevé en 871 à l'archiépiscopat de Sens. Jean VIII le nomma primat de la Gaule et de la Germanie; mais plusieurs prélats, et entre autres Hincmar, archevêque de Reims, s'opposèrent à cette primatie qu'ils ne voulurent point reconnaître. En 879, dans l'abbaye de Ferrière en Gatinais, Ansegise sacra les deux fils de Louis le Bègue, Louis III et Carloman. Il mourut quatre ans après.

N. M. P.

ANSELME (S.), archevêque de Canterbury, originaire du Piémont, né en 1033. Les écrivains qui ont parlé de ce prélat sont peu d'accord sur ses premières années. Les uns prétendent qu'il avait puisé dans les leçons de sa mère Ermenberge une piété solide, et même une vocation décidée pour la vie monastique; qu'ensuite ses passions l'emportèrent sur ses principes, et que sa jeunesse fut assez orageuse; que les mauvais traitements de son père l'avaient contraint de se bannir lui-même de son pays. D'autres au contraire soutiennent que sa vocation ne s'était jamais cessé de se manifester, et que les persécutions qu'il eut à subir de son père n'avaient pour cause que l'opposition de ce dernier au désir qu'il montra constamment de se consacrer à la retraite. Tout ce qu'on sait de plus certain, c'est qu'après avoir parcouru la Bourgogne et la Normandie et visité plusieurs monastères, il se rendit à l'abbaye du Bec, où il fut retenu par la réputation de Lanfranc dont il reçut les leçons. Arrivé à l'âge de vingt-sept ans et pourvu du consentement de l'évêque diocésain, il embrassa la règle de Saint-Benoît et fit profession à cette abbaye dont Lanfranc était devenu prieur. Celui-ci ayant été nommé abbé à Caen, Anselme le suivit en qualité de prieur; et comme dans ses fonctions il déploya non moins de zèle que de douceur et de qualités solides, lorsque l'abbé du Bec, Herluin, laissa par sa mort en 1078 son poste vacant, Anselme fut élu à l'unanimité, mais il n'accepta sa nomination qu'après avoir opposé une longue résistance. — Lanfranc, protégé par Guillaume le Conquérant, avait été élevé à l'archevêché de Canterbury. L'amitié d'Anselme pour l'illustre archevêque l'attira plus d'une fois en Angleterre, ce qui lui donna l'occasion de voir les religieux du chapitre métropolitain. La réputation qu'il acquit dans ses entretiens avec eux parvint aux oreilles de Guillaume le Roux, qui désira le connaître. Anselme laissa de tels souvenirs dans l'esprit de ce prince, que, d'après la mort de Lanfranc, arrivée en 1089 (quand, pressé par le pape et par le clergé de son royaume de lui donner un successeur, il s'y détermina au bout de quatre ans), il le désigna pour remplacer le prélat. Anselme, comme s'il eût prévu que son épiscopat ne serait pour lui qu'une carrière de disgrâces, résista pendant longtemps aux désirs du roi et aux instances du clergé; il fallut lui faire violence. Son refus avait un double motif: il exigeait que le roi restituât au siège de Canterbury tous les biens dont il l'avait frustré depuis la mort de Lanfranc, et qu'il reconnût Urbain II au lieu de l'antipape Guibert qui avait pris le nom de Clément III. — Guillaume ne tarda pas à violer toutes ses promesses; mais il éprouva de la part d'Anselme une résistance qui l'irrita au point qu'il voulut le faire déposer. Une assemblée de prélats et de seigneurs fut convoquée: elle ne répondit pas aux désirs du roi, qui se tourna pour lors du côté d'Urbain, auquel il envoya un ambassadeur pour lui annoncer qu'il se soumettait à son autorité. Ce n'était là qu'un artifice pour se faire remettre le pallium destiné à l'archevêque. Le roi voulut alors forcer Anselme à composer; mais la fermeté d'Anselme triompha, du moins en apparence, de son mauvais vouloir. Cette réconciliation n'était rien moins que sincère de la part du roi qui persécuta de nouveau l'archevêque. Anselme avait plusieurs fois sollicité la permission de se retirer à Rome; il l'arracha plutôt qu'il ne l'obtint, et, pour quitter l'Angleterre, il fut presque obligé de recourir à un déguisement. On dit que lorsqu'il traversa la France et la Bourgogne en 1097 pour gagner l'Italie, il courut le danger d'être dépouillé par le duc Odon, dit le Boucher, qui, informé que le prélat se rendait à Lyon et qu'il était muni d'une somme considérable, alla s'embusquer sur la grande route avec une suite nombreuse de chevaliers. A peine les voyageurs furent-ils arrivés au lieu de l'embuscade,

que le duc parut à cheval en criant: Où est l'archevêque? Anselme s'avança aussitôt vers lui, et d'un ton grave et sévère: Le voici, dit-il; c'est moi qui suis l'archevêque; et sans lui laisser le temps de se remettre de la confusion dont il n'avait pu se défendre: Seigneur duc, ajouta-t-il, permettez-vous que je vous embrasse? Le duc, tout à fait déconcerté, n'eut pas le courage d'accomplir son infâme projet. — Anselme fut accueilli avec la plus grande bienveillance par Urbain II; il assista les deux années suivantes (1098-99) aux conciles de Bari et de Rome, où fut décidée la grande question des investitures. Les princes prétendaient que les propriétés du clergé étaient soumises aux mêmes devoirs féodaux que celles des laïques; ils se réservaient donc d'abord le droit de valider l'élection, et ils exigeaient de l'élu le serment de foi et hommage; plus tard ils s'arrogèrent la nomination même, et le droit d'investir l'élu en lui donnant l'anneau et la crosse. Les conciles avaient condamné cette usurpation; Grégoire VII défendit avec vigueur les droits et l'indépendance du saint-siège; la question, débattue de nouveau au concile de Rome, y reçut une solution analogue. — Après la mort de Guillaume le Roux, Henri Ier, qui lui succéda, se hâta de rappeler Anselme; mais la bonne intelligence ne subsista pas longtemps entre le monarque et le prélat. Le premier voulait forcer Anselme à recevoir de lui l'investiture, et le second, s'appuyant sur la décision du concile, excommunia les évêques qui s'étaient soumis à l'investiture du roi, et maintint directement contre le roi lui-même la discipline ecclésiastique. — Ses dissensions avec le souverain n'empêchèrent pas Anselme de se montrer sujet fidèle et dévoué; car ce fut lui qui ménagea entre les deux frères, Henri et Robert, duc de Normandie, un accommodement utile à tous deux. Beaucoup de seigneurs anglo-normands avaient embrassé le parti de Robert: Anselme les ramena dans le camp royal, et, menaçant les Normands d'excommunication, il força Robert à recevoir la paix. — Tant que Henri avait eu besoin des services de l'archevêque, il avait évité avec soin tout ce qui pouvait alarmer Anselme pour son église; mais aussitôt que Robert eut cessé d'être à craindre, il renouvela ses prétentions. Il fut convenu qu'Anselme se rendrait à Rome avec un envoyé du roi, et que la question serait soumise au pape Pascal II, successeur d'Urbain. La décision du souverain pontife fut tout opposée à l'attente du roi, ou, pour mieux dire, le roi s'attendait à la décision rendue, car à peine l'archevêque fut-il arrivé à Lyon, que l'agent de Henri lui donna l'ordre de rester en France jusqu'à ce qu'il serait décidé à se soumettre aux volontés du roi. Anselme se retira dans son ancienne abbaye du Bec; il y passa trois ans. Au bout de ce temps le pape l'ayant autorisé à faire au roi quelques concessions, il fut convenu (1106) que le roi renoncerait à l'investiture, c'est-à-dire à la remise de l'anneau et de la crosse qui ne pouvaient être considérés que comme signes d'une dignité spirituelle; mais d'un autre côté les évêques restèrent assujettis à la prestation du serment de foi et hommage à raison de leurs possessions temporelles. Cette convention fut ratifiée par Henri en personne, à la suite d'une entrevue qui eut lieu à l'abbaye du Bec. Anselme rentra immédiatement en Angleterre où il fut accueilli avec enthousiasme par le peuple et par le clergé. Malheureusement il ne jouit pas longtemps de sa nouvelle situation. Il mourut à Canterbury le 21 avril 1109. Un religieux de son église métropolitaine, Eadmer, qui l'accompagna dans tous ses voyages, a écrit sa vie. Jean de Salisbury et Guillaume de Malmesbury ont pareillement donné beaucoup de détails sur ce digne prélat que l'Église a mis depuis longtemps au nombre de ses saints. — Anselme a laissé un grand nombre d'ouvrages consistant 1° en traités dogmatiques de philosophie et de théologie; 2° en œuvres ascétiques et spirituelles; 3° en sermons et homélies; 4° en lettres. Ces divers ouvrages furent d'abord recueillis et imprimés à Nuremberg, 1491, in-fol., caractères gothiques; une seconde édition, beaucoup plus correcte que la première, fut publiée à Paris en 1675 par dom Gabriel Gerberon, et réimprimée en 1721. On estime aussi l'édition de Venise en deux vol. in-fol., 1744. Faut-il apprécier maintenant les écrits d'Anselme? laissons-les d'abord juger par des hommes qu'on ne regardera pas sans doute comme suspects. Brucker l'a mis au premier rang des écrivains pour sa pénétration; Bayle, l'aristarque Bayle l'appelle un grand prélat et l'un des plus illustres de son temps; Mosheim va beaucoup plus loin: il le regarde comme ayant été bien supérieur à son siècle, qui ne sut pas le comprendre; il le vante comme étant à la fois théologien, philosophe, moraliste et écrivain. Leibnitz a parlé avec éloge de la profondeur de sa philosophie, que Descartes a mise en œuvre plusieurs siècles après. Les catholiques le regardent comme le plus grand métaphysicien qu'ait eu l'Église depuis saint Augustin, et les théologiens le reconnaissent comme le créateur de la théologie scolastique. Considérons ses écrits sous ce double rapport. — Parmi ses ouvrages philosophiques on distingue, 1° le *Grammairien*; 2° le *Monologium*; 3° le *Proslogium*. Dans le premier, saint Anselme a montré tout le secours que les idées peuvent tirer des mots bien ordonnés et bien employés, tant pour leur enchaînement et leur production que pour la clarté de la pensée; c'est en quelque sorte la logique née de la grammaire. Dans le second, d'un ordre bien plus élevé, et par une admirable méthode analytique, il établit l'existence et les attributs de Dieu sans employer d'autres arguments que ceux que peuvent fournir les lumières naturelles. De l'idée de chaque chose belle, bonne, utile en elle-même, il remonte à l'idée d'une beauté, d'une bonté, d'une utilité absolue, générale, suprême, qui est le principe de tout ce qui est beau, bon et utile. Notre esprit, dit-il, ne peut pas avoir l'idée d'un bien particulier sans s'élever spontanément à l'idée d'un bien général; et il prouve cette assertion par une série d'arguments pressants. Ce principe posé, il montre que de la seule idée précise de ce principe, c'est-à-dire de la faculté de concevoir ce que nous appelons Dieu, découle nécessairement la preuve de son existence; car ce principe, ce Dieu est composé de toutes les perfections, et l'existence est une perfection. Que de deux hommes l'un conçoive Dieu en niant toutefois son existence, que l'autre au contraire conçoive Dieu existant, le second aura conçu incontestablement un être plus parfait. Or si l'on conçoit Dieu comme un être infiniment parfait, nous ne pouvons pas le concevoir non existant. Ce sont là les arguments auxquels Descartes a prêté sa logique dans ses *Méditations*, arguments où il a poussé les conclusions jusqu'à l'évidence. — Dans le Proslogium, saint Anselme, après avoir reproduit la preuve de l'existence de Dieu par l'idée de l'existence de la perfection, analyse toutes les perfections divines, et il les établit par des raisonnements concluants. Le moine Gaunilon éleva des objections contre le système d'Anselme; celui-ci, sans sortir des bornes de la plus louable modération, lui fit des réponses victorieuses. — Dans ses traités du *Libre arbitre*, de la *Prédestination*, de la *Vérité*, de la *Grâce*, Anselme s'est montré métaphysicien profond, quelquefois obscur, dialecticien consommé, quelquefois subtil. — Dans ses œuvres théologiques: de la *Trinité et de l'Incarnation*, *Pourquoi Dieu s'est fait homme*, la *Procession du Saint-Esprit*, etc., saint Anselme part du principe qu'on ne rejette pas une vérité parce qu'on ne la comprend pas; ensuite il établit que la raison n'est nullement contraire au mystère de l'incarnation. Il a dans ces divers ouvrages abandonné le syllogisme pour donner à ses preuves des formes dramatiques; il affecte celle du dialogue. Du reste, si, longtemps après lui, on a abusé de la méthode qu'il avait adoptée d'allier aux raisonnements théologiques la précision dialectique, si, comme le dit un écrivain moderne, *on a fait de la théologie une espèce de logique contentieuse*, ce n'est pas saint Anselme qu'il faut en accuser, car il a su éviter tous les défauts qu'on reproche à la scolastique moderne. Encore faudra-t-il convenir qu'il est souvent nécessaire que la scolastique se montre bien armée d'arguments, quand elle doit combattre des hérétiques tout hérissés eux-mêmes de subtilités. — Les œuvres ascétiques, les *homélies*, les *sermons*, les *prières*, se distinguent par un ton affectueux de reconnaissance envers Dieu, d'amour exalté pour l'Être des êtres, de bienveillance pour les hommes. A cela se joint tant de naturel, l'écrivain ou l'orateur montre tant de conviction et de bonne foi qu'il est impossible de ne pas se laisser entraîner par ses discours. Son style est toujours précis et serré, sans rien perdre de la clarté. Quelques personnes pourtant trouvent dans les sermons trop de mysticité et trop peu de considérations morales. — Quant aux lettres de saint Anselme, elles sont fort nombreuses, et l'on y trouve beaucoup de détails intéressants sur la discipline monastique et sur les églises de l'Angleterre.

J. DE MARLÈS.

ANSELME. Le nom d'Anselme, illustré par le saint archevêque de Canterbury qui l'a porté (voy. l'art. précédent), appartient à plusieurs hommes qui méritent d'être connus, bien qu'ils soient inférieurs en mérite à celui que l'Église honore. Nous allons en parler succinctement. — Vers le milieu du XI° siècle, sous l'épiscopat de Wason en 1041, et celui de Théoduin, son successeur au siège de Liége, en 1048, on trouve un ANSELME, chanoine et doyen de l'église de Liége, continuant l'histoire des évêques de cette ville, commencée par Héridge, abbé de Lobbes. Le travail d'Anselme a été recueilli

dans l'*Amplissima collectio* de Dom Martenne et de Dom Durand de la congrégation de Saint-Maur. — ANSELME DE GEMBLOUX, religieux de l'ordre de Saint-Benoît, fut appelé successivement à l'abbaye de Hautvillers en Champagne, à celle de Lagny, et enfin à celle de Gembloux dans le Brabant, pour y instruire les novices et les jeunes religieux. A la mort de ce dernier monastère, arrivée en 1113, il fut élu à l'unanimité pour lui succéder. Malgré la faiblesse habituelle de sa santé, Anselme remplit ses nouvelles fonctions avec beaucoup de zèle sans abandonner pour cela les anciennes. On lui doit la continuation de *la Chronique* du moine Sigebert, depuis l'an 1112, époque où Sigebert mourut, jusqu'à l'an 1137, époque où mourut Anselme lui-même. — La ville de Lucques a eu un évêque du nom d'ANSELME qui, se reprochant d'avoir reçu l'investiture de l'empereur Henri IV contre la défense formelle des conciles et du souverain pontife, se démit volontairement de l'épiscopat en 1061. Grégoire VII l'en investit de nouveau, et il le fit même son vicaire dans la Lombardie. Il mourut en 1086, laissant la réputation d'un savant laborieux. Il est auteur d'une *Apologie pour Grégoire VII*; d'une *Explication des lamentations de Jérémie*; d'une *Explication des psaumes*, non terminée; d'un *Recueil de canons*; d'une *Réfutation des prétentions de l'antipape Guibert*. — ANSELME, doyen et archidiacre de Laon, professeur de théologie à Paris et plus tard à Laon, est auteur d'une *Glose interlinéaire de la Bible*, et de *Commentaires sur saint Matthieu et saint Jean*. Il était contemporain d'Abailard, qui le compare à un arbre qui se couvre de belles feuilles et ne donne pas de fruits; il mourut en 1117. — ANSELME DE SAINTE-MARIE (le Père), dont le vrai nom est Pierre de Guibours, était augustin déchaussé, et mourut septuagénaire, en 1694, à Paris où il était né. Sa vie entière fut employée à compulser les vieilles chroniques, à fouiller les archives et les bibliothèques pour en extraire un livre qui, dans le temps où il parut, put offrir un grand intérêt, qui peut encore être consulté avec fruit dans beaucoup d'occasions. C'est l'*Histoire généalogique et chronologique de la maison de France et des grands officiers de la couronne*. Cet ouvrage, qui n'avait d'abord que 2 vol. in-4°, a été continué par les PP. Ange et Simplicien, et poussé jusqu'à 9 vol. in-fol., publiés en 1726 et années suivantes. Le P. Anselme est encore auteur de la *Science héraldique*, 1675, in-4°; du *Palais de l'Honneur* et du *Palais de la Gloire*, contenant les généalogies des maisons de Lorraine et de Savoie, et celles des plus illustres maisons de France et de l'Europe. Le premier de ces deux ouvrages a été imprimé à Paris in-4°, de 1663 à 1668, et le second aussi in-4° en 1664. — ANSELME (Antoine), né en 1652 à l'Ile-Jourdain, dans l'ancienne province d'Armagnac, embrassa de bonne heure l'état ecclésiastique, ce qui ne l'empêcha pas de se livrer avec ardeur à l'étude de la littérature et de la poésie. Il concourut deux fois aux jeux floraux et fut deux fois couronné. Chargé par le marquis de Montespan de l'éducation de son fils, il se rendit à Paris avec son élève, et il se distingua dans cette ville par ses sermons qui le firent surnommer le *Petit prophète*. Il prêcha plusieurs fois devant la cour; mais ce furent ses panégyriques plus encore que ses sermons qui firent grandir sa réputation. Vers la fin de ses jours il se retira dans son abbaye de Saint-Sever en Gascogne, et il y vécut en vrai philosophe; il y mourut en 1737, à l'âge de quatre-vingt-six ans, emportant les regrets universels, car il avait répandu autour de lui l'amour du travail et l'aisance. Ses sermons, ses panégyriques et ses oraisons funèbres forment un recueil de 7 vol. in-8°. Les sermons ont été réimprimés en particulier en 6 vol. in-12. Soumis à l'épreuve de la lecture, ils n'ont pas répondu à l'idée qu'en avaient prise ceux qui les avaient entendus. Les Mémoires de l'Académie des inscriptions renferment plusieurs *Dissertations de l'abbé Anselme*; l'auteur y a mis beaucoup d'érudition. — ANSELME ou ANSELMO (Antoine), natif d'Anvers, mort octogénaire dans cette ville en 1668, a laissé plusieurs ouvrages de jurisprudence concernant la Belgique: 1° *Recueil d'ordonnances*, 4 vol. in-fol. 1648; 2° *Codex belgicus*, in-fol., 1649; 3° *Tribonianus belgicus*, in-fol., Bruxelles, 1663; 4° *Commentaria ad perpetuum edictum*, Anvers, in-fol., 1656; 5° *Consultationes*, id., in-fol., 1671. Le premier de ces ouvrages est écrit en langue flamande. N. M. P.

ANSÉRINE, *chenopodium* (bot.), genre de plantes de la famille naturelle des *chénopodées*. Le nom d'*ansérine* lui vient de *anser* (oie), à cause de la conformation des feuilles, auxquelles on a trouvé quelque ressemblance avec une *patte d'oie*; on désigne même cette plante vulgairement sous ce dernier nom. L'ansérine est de la même famille que l'épinard et l'arroche, avec laquelle elle a beaucoup d'analogie. *Caractères*: tige herbacée, feuilles pétiolées, alternes; périgone ou calice à cinq folioles lancéolées et persistantes autour de la graine; étamines au nombre de cinq, opposées aux folioles du calice; anthères globuleuses; ovaire supère, surmonté d'un style très-court à deux ou trois stigmates obtus. Le fruit est une graine nue, arrondie, et renfermée dans le calice qui persiste. La plupart des espèces du genre ansérine sont indigènes en Europe. En voici les principales : 1° *chenopodium bonus Henricus* (ansérine bon Henri); ses feuilles sont en forme de fer de flèche, ridées d'un vert assez foncé en dessus, nerveuses et blanchâtres en dessous; les fleurs sont terminales et disposées en grappes, quelquefois dioïques. On trouve cette plante sur les bords des chemins et dans les lieux incultes; elle passe pour vulnéraire et détersive. Dans certains pays, on en mange les feuilles en guise d'épinard. — 2° *Ch. rubrum* (Lin.), à feuilles obtuses, dentées, souvent rougeâtres, surtout sur les bords; les grappes des fleurs sont toujours entremêlées de feuilles. Elle croît dans les décombres et au bord des murs; elle est annuelle. — 3° *Ch. ambrosioides*. Sa tige est cannelée, garnie de feuilles lancéolées; les fleurs sont disposées à l'aisselle des feuilles et des rameaux. Cette plante est connue sous le nom de *thé du Mexique* ou *d'Ambroise*, à cause de son odeur agréable. On la rencontre en Portugal, en Espagne et dans le midi de la France, aux environs de Toulouse. — 4° *Ch. scoparia* (a. à balai); les feuilles sont lancéolées-linéaires, entières et velues sur les bords; celles de la partie inférieure de la tige ont trois nervures longitudinales. On cultive cette plante aux environs de Nice, sous le nom de *belvedere*; elle sert à faire des balais. — 5° *Ch. vulvaria* (a. fétide). Ses tiges sont blanchâtres et presque rampantes; les feuilles sont chargées en dessous d'une poussière farineuse et blanchâtre. Cette plante croît sur les bords des chemins et le long des murs; elle exhale une odeur fort désagréable. Elle a été employée en médecine comme anti-hystérique et emménagogue. On la connaît vulgairement sous le nom de *vulvaire* ou *d'arroche puante*. — 6° *Ch. urbicum* (a. des villages), à feuilles deltoïdes, un peu charnues, se rencontre aux environs des habitations sous les villes et des villages. — 7° *Ch. album* (Lin.), à feuilles blanchâtres et sinueuses. Cette espèce a été trouvée par Linné en Laponie, aux environs des étables et des cabanes des Lapons (*Linnæi Flora laponica*, ed. *Smith*. p. 63). F. HŒFER.

ANSON (GEORGE), naquit dans le Staffordshire, en 1697, d'une famille de bonne noblesse. — Nous ne nous arrêterons pas aux détails que donnent les biographes sur les goûts de son enfance. — Selon eux, il aurait été facile de prévoir dès lors ce qu'il serait un jour; mais remarquons qu'il n'est rien de si commun parmi les enfants que le goût des histoires guerrières. —On cite ceux qui deviennent des héros, et on oublie que d'autres, en bien plus grand nombre, sont devenus gens très-pacifiques. Anson entra fort jeune au service, et passa régulièrement par tous les grades. — De 1714 à 1735, il fit trois voyages à la Caroline du Sud, où il fonda une colonie, qui depuis a porté son nom. — En 1738, il fit un quatrième voyage en Guinée et en Amérique, et il sut éviter d'entrer en hostilité avec la France sans faire rien perdre à la dignité de son pavillon. Ce fut alors que le cabinet anglais résolut de rompre avec l'Espagne, et jeta les yeux sur Anson pour ruiner le commerce espagnol dans les mers du Sud. — L'expédition qu'il devait conduire avait d'abord été regardée comme fort importante; mais peu à peu on avait diminué les forces qu'on lui confiait, et il partit avec cinq vaisseaux et trois petits bâtiments montés par mille quatre cents hommes. — Des tempêtes affreuses le retinrent trois mois vers le cap Horn, et ce ne fut qu'après beaucoup de dangers qu'il arriva aux îles Juan Fernandez. Trois de ses vaisseaux l'y rejoignirent, et après un séjour de trois mois il remit à la voile. Bientôt il surprit et pilla la ville de Payta; puis se dirigea vers Acapulco, où il attendit inutilement deux galions, dont l'un était entré dans le port, dont l'autre n'en voulait pas sortir. — Obligé alors de détruire trois de ses vaisseaux, et réduit au *Centurion* qu'il montait, il se dirigea vers les Philippines. — Pendant cette longue traversée, le scorbut fit des ravages affreux dans son équipage : enfin, il arriva aux îles des Larrons; mais là un nouveau péril le menaça. A peine était-il descendu à terre avec une partie de ses gens, que les courants emportèrent son vaisseau. — Dans ce moment de crise Anson fit preuve d'un admirable sang-froid : il était déjà fixé sur le parti qu'il avait à prendre, lorsque le *Centurion* reparut. Ses hommes étant remis de leurs fatigues, il reprit la mer, et alla renouveler ses vivres à Macao. Il n'en sortit que pour aller à la rencontre du galion d'Acapulco, qu'il savait être en chemin,

et qu'il enleva, bien qu'il n'eût à sa disposition que des forces très-inférieures à celles qu'il dut combattre. — Satisfait du résultat de ses travaux, il doubla le cap de Bonne-Espérance, et vint débarquer à Spithead, le 15 décembre 1743. — Il fut élevé au grade de contre-amiral, et reçut toutes les prises comme présent du roi : elles s'élevaient à 1,000,000 de livres sterling. En 1747, une brillante victoire sur *de la Jonquière* lui valut la pairie et le grade de vice-amiral. Puis il devint premier lord de l'amirauté, et encourut en cette qualité quelque blâme pour la perte de Minorque. Néanmoins ce fut lui qu'on chargea, en 1755, de bloquer Brest, et de favoriser une double descente des Anglais à Saint-Malo et à Cherbourg. En 1761, il fut nommé amiral, et il allait conduire la reine en Angleterre, lorsque la mort l'enleva subitement. Son voyage a été publié par son aumônier, M. Walter; mais il ne renferme rien dont la science puisse tirer quelque profit, et n'est pas d'ailleurs à l'abri du reproche d'inexactitude. HENRI PRAT.

ANSPACH. La ville d'Anspach, autrefois capitale d'une principauté d'Allemagne, connue sous le nom de margraviat d'Anspach-Bareuth, est aujourd'hui le chef-lieu du district de la Rézat qui fait partie du royaume de Bavière. Elle renferme treize ou quatorze mille habitants, a un château, un collège, des tribunaux de première instance et d'appel, et quelques fabriques. On voit dans le jardin du château un monument élevé en l'honneur du poète Uz qui était de cette ville où il est mort en 1796. — La principauté d'Anspach faisait autrefois partie du burgraviat de Nuremberg, et elle se trouvait comprise dans le cercle de Franconie. Ce burgraviat, composé d'Anspach et de Bareuth, était possédé en 1417 par Frédéric IV, à qui l'empereur Sigismond vendit l'électorat de Brandebourg. Ainsi le burgraviat et l'électorat se trouvèrent réunis dans la maison de Nuremberg; mais ils furent de nouveau séparés après la mort d'Albert, fils de Frédéric IV, pour être une seconde fois réunis au commencement du XVII° siècle, après un grand nombre de transmissions et divisions sans intérêt. La branche *ancienne* d'Anspach s'éteignit définitivement par la mort sans enfants d'Albert-Frédéric en 1618; mais après la mort de l'électeur de Brandebourg, duc de Prusse, Jean-George, le margraviat d'Anspach devint l'apanage du second fils de ce prince, lequel alla résider au château d'Anspach et devint la tige de la branche *moderne* de Brandebourg-Anspach. Les successeurs de ce premier margrave, mort en 1625, ont possédé jusqu'à Christian-Frédéric-Alexandre, qui, après avoir réuni le margraviat de Bareuth à celui de Brandebourg-Anspach en 1769, n'a laissé pour hériter que le roi de Prusse Charles-Frédéric-Guillaume II. En 1806, le margraviat d'Anspach fut cédé par Napoléon au roi de Bavière, et celui de Prusse lui fut en échange le duché de Juliers et de Berg. Cette cession a été confirmée par les traités postérieurs. Le traité de Tilsitt avait fait acquérir à la France le pays de Bareuth; mais Napoléon le réunit aussi à la Bavière en 1809. La superficie du margraviat est d'environ soixante lieues carrées pour trois cent mille habitants. X. X.

ANSPESSADE. Ce mot, qui a désigné en France un grade militaire, vient de l'italien *lancia spezzata*, qui veut dire *lance rompue, lance cassée*; et voici comment il commença à être adopté pour l'usage en Italie, pendant les guerres du XV° siècle. — Lorsqu'un cavalier, gendarme ou chevau-léger, avait brisé, perdu ou cassé sa lance dans un combat, ne pouvant plus continuer à combattre à cheval, il quittait la cavalerie et prenait place dans un corps d'infanterie; il y restait, y conservait sa solde de gendarme ou de chevau-léger, jusqu'au moment où il pouvait se procurer une autre lance, et reprendre sa monture. On l'appelait *lancia spezzata*, d'où les Français firent d'abord *lancepessate, lancespessate*, et ensuite *lancepassade* et *lanspessade* : c'est ainsi que l'on trouve écrit ce mot dans les ordonnances de François Ier et dans celles de Henri II; enfin on en a fait *anspessade*. — Il en arrivait de même lorsqu'un gendarme avait eu son cheval tué sous lui pendant l'ennemi. Ne pouvant plus continuer à faire partie de la gendarmerie, il prenait place dans un corps d'infanterie; et sa lance étant une arme trop longue, et surtout trop pesante pour combattre à pied, il en retranchait une partie, la rendait ainsi plus légère, et la réduisait à la longueur convenable. De là aussi le nom de *lancia spezzata*, qu'on lui donnait dans les rangs de l'infanterie. — Cet usage italien s'introduisit dans l'armée française, ainsi que le nom de lancepessate, pendant la première guerre que François Ier entreprit en Italie, et peu de temps après la bataille de Marignan. Et comme la gendarmerie, à cette époque, était encore toute composée de gentilshommes et de personnes vivant noblement, les lanspessates jouissaient dans l'infanterie de la considération que leur donnait cette origine, et ils prenaient rang immédiatement après les lieutenants. — Plus tard on fit de la charge d'anspessade un grade militaire, une récompense pour les soldats intelligents qu'on employoit à instruire les jeunes recrues, et pour ceux qui se faisaient remarquer par leur bonne conduite ou par leur courage; on accordait aussi cette distinction aux gentilshommes qui voulaient commencer à servir dans l'infanterie; alors ces gentilshommes étaient employés, dès leur entrée au service, en qualité d'aides-caporaux. Les Anglais les ont appelés *lance-corporal*, caporal de lance. — On trouve la preuve de ce que nous venons de dire dans plusieurs historiens du XVIe siècle, et particulièrement dans les Mémoires sur la vie du maréchal de Vieilleville, écrits par son secrétaire : « Il y avait dans ce temps-là (1552) aux bandes françaises, dit cet auteur, des places pour honorer la noblesse, quand elle se voulait ranger avec les gens de pied qur faire leur apprentissage d'armes, savoir : douze *lancepessades* en chaque compagnie (les compagnies de gens de pied étaient alors de trois cents hommes chacune), à trente livres par mois chacun, etc. » — Quelque temps après, le grade d'anspessade devint la récompense de l'ancienneté; quelques militaires, satisfaits de l'avoir obtenu, bornaient là leur ambition, et n'en voulaient pas d'autre. — Brantôme, en parlant de quelques guerriers qui, des dernières classes de la milice, s'étaient élevés au rang de capitaine, et s'y étaient distingués, ajoute : « Plusieurs se plaisent plus en leur état de soldat, portant sa belle harquebuse et son beau fourniment de Milan ou son beau corcelet gravé et sa picque, à obeyr que non pas à commander. J'en ay veu une infinité parmy nos bandes de telle humeur, et ne laissoit-on à les honorer et estimer autant : aussi les appelloit-on *payez reallez*, et *lancepassades*, et l'espagnol *soldados aventajados*, qui veut dire, soldats avantagés. » — Montgommery dit en parlant des *lancespesates* (c'est ainsi qu'il les appelle) : « Ces gens ici honorent fort l'infanterie, et sont ceux auxquels on commet les rondes ou les sentinelles d'importance, en temps d'éminent péril; car en autre saison ils sont épargnés et gratifiés; ce sont ordinairement les camerates des capitaines et autres chefs. Ils ne sont sujets d'obéir, après le capitaine, qu'au lieutenant, lequel en est comme caporal, et les doit même beaucoup honorer et priser. Ils doivent être les chefs de file d'un bataillon, etc. » — Les anspessades jouissant d'une solde un peu plus forte que les soldats, les commissaires des guerres les désignaient dans leurs revues et sur leurs contrôles sous le nom d'*appointés*, qui finit par leur rester et remplacer le premier. — Ces places qui, sous le règne de Louis XV, étaient encore données, dans chaque compagnie, aux anciens grenadiers et fusiliers, furent supprimées en 1776; on les rétablit en 1788. Elles furent abolies, créées de nouveau, et définitivement supprimées en 1793. — Dans les maisons militaires des princes d'Italie, les anspessades se sont conservés plus longtemps, mais sous une organisation très éloignée de leur origine. Le pape institua encore, il n'y a pas longtemps, une compagnie de *lancie spezzate*, pour la garde de sa personne; c'étaient des gardes du corps à pied, qui avaient tous le grade d'officier.　　　　　　　　　　Comte DE CARPEGNA.

ANSPRAND, roi des Lombards, tuteur du jeune Lieubert (700). Il eut à soutenir une guerre sanglante contre le duc de Turin, Ragemberg, qui finit par le chasser de ses États, après avoir massacré toute sa famille ainsi que son jeune pupille. Ansprand s'était réfugié auprès de son père dans la Bavière; il y resta jusqu'en 712. A cette époque, il reparut en Lombardie, amenant une armée nombreuse. Ragemberg avait cessé de vivre, et son fils Aribert se noya en traversant le Tésin. Ansprand monta sur le trône, mais il ne l'occupa que trois mois; la mort vint le saisir à l'improviste; il eut pour successeur son fils Luitprand, qui devint l'un des plus puissants princes de son temps.

ANSSE ou ANSE DE VILLOISON. (*V.* VILLOISON.)

ANTAGONISME; ANTAGONISTE. Ces deux mots, dont le premier exprime l'action ou l'opération, et l'autre ce qui agit ou opère, dérivent du grec ἀντί, contre, et ἀγωνίζω, je combats, je fais effort. Ces mots, pris dans le sens propre, ne s'emploient guère qu'en anatomie, pour exprimer la résistance que s'opposent deux puissances contraires. Ainsi, quand sur deux muscles l'un tend à imprimer un mouvement contraire à celui qui résulte de l'autre, on dit qu'ils sont *antagonistes*. Quand deux muscles ne sont opposés que pour certains mouvements, et que, pour d'autres mouvements, ils agissent d'accord, on dit qu'ils sont *congénères*; par exemple, le sterno-mastoïdien d'un côté de la tête, muscle qui sert à la faire tourner, est antagoniste du sterno-mastoïdien du côté opposé, car l'un pousse la tête à droite, et l'autre à gauche; mais ces deux

muscles deviennent congénères quand il s'agit seulement de pencher la tête en avant. — L'antagonisme, au figuré, est peu usité; antagoniste se prend assez souvent pour adversaire, il emporte l'idée de prétention à la supériorité. — Des écrivains modernes ont voulu exprimer par le mot d'antagonisme une sorte de corps de doctrine opposée à l'analogie; c'est de la métaphysique obscure, empruntée à la métaphysique allemande.　　　　　　　　　　　　　　　　　　X. X.

ANTAGONISME (*physiologie philosophique et anatomie*). Lorsqu'on étudie l'homme dans les secrets de son organisme et la manière merveilleuse dont il se manifeste, on y reconnaît comme éléments principaux deux forces qui sont opposées l'une à l'autre dans leurs tendances et dans leur nature. L'une de ces forces est spirituelle, malgré toutes les discussions, tous les traités qui pullulent dans l'histoire de la philosophie, pour essayer de démontrer le contraire; l'autre est évidemment matérielle, car elle se traduit par des faits si intimement liés aux organes du corps, qu'il n'est besoin que d'ouvrir les yeux pour constater ou plutôt pour nommer la cause réelle des phénomènes. La première de ces forces agit toujours dans un sens contraire aux appétits du corps, c'est-à-dire, en sacrifiant le sensualisme aux jouissances morales, en fatiguant l'économie animale, en l'usant, en la détruisant, pour agrandir la sphère des connaissances de l'esprit; la seconde ne réclame jamais rien pour l'intelligence ou pour l'âme, elle n'appelle jamais que ces plaisirs grossiers dont le but final est le bien-être de la chair. Ainsi la force sensuelle qui se réalise par l'activité de l'instinct est le point par lequel l'homme touche à l'animalité; la force spirituelle est le point par lequel l'homme se soustrait à cette souillure, en s'élevant au-dessus de lui. L'antagonisme ressort donc de cette double tendance dans toutes les manifestations de la nature humaine. Il y a en effet, tantôt la prédomination d'une force, tantôt la prédomination d'une autre; dans certaines circonstances l'instinct, dans d'autres l'esprit, voilà le ressort constant des phénomènes de la vie. Mais pour que l'homme réalise ce but de son existence, il faut que l'instinct obéisse presque toujours, c'est à l'esprit de gouverner; sans cela, tous les besoins, tous les désirs de cette nature si supérieure, n'aboutiraient qu'à la série des phénomènes ou des pratiques qui sont du ressort de l'animalité. La morale peut tirer de ce principe tutélaire des renseignements capables de produire une bonne théorie d'éducation. Il y a longtemps, du reste, qu'on sait qu'il faut à l'éducation, pour qu'elle ne soit pas stérile, la domination de la pensée religieuse, de cette pensée qui, se liant intimement à la philosophie, la pénètre de sa lumière, et la rend propre à servir de fondement ou de mobile à de grandes choses. Ainsi donc, en nous résumant, il y a dans le corps deux forces antagonistes, dont l'une doit toujours être dominée par l'autre, pour que l'homme vive dans les conditions de sa nature; et ces forces, on peut les désigner en appelant celle qui est destinée à obéir, la force de conservation, et celle qui doit dominer, la force de progression ou d'impulsion. — L'antagonisme se retrouve encore au sein de l'économie, dans la disposition matérielle des tissus qui concourent à sa formation. Ainsi la vie organique se distribuant sur tous les points, dans le but de donner à chacun la portion de mouvement ou de sensibilité qui est essentielle à l'existence, le corps doit être considéré, on l'isole de l'impulsion spirituelle qui le régit, comme une mécanique sublime dont le moteur est précisément cette vie organique dont la nature est commune à l'animalité. — Or, dans les machines, il y a une complication de détails où tel rouage enroule telle corde, où telle corde fait mouvoir tel levier, et où les mouvements sont combinés de telle sorte, que tout concourt à un résultat général qui est lui-même le but final pour lequel la machine a été construite. — Certes, le corps possède une instrumentation par excellence dont la marche est si bien engrenée, si l'on peut user d'une pareille expression, que le *moi* n'a pas conscience de ce travail intérieur. Mais les recherches anatomiques ont mis sur la trace des analogies; les muscles, en effet, agissent comme des cordes dont les extrémités s'attachent, l'une à un point fixe qui sert de point d'appui, l'autre à un corps mobile qui doit se mouvoir sous l'influence de leur traction. Nous expliquerons dans un autre article comment ces tractions s'opèrent. — Nous devons parler maintenant de l'antagonisme : les muscles étant placés sur les côtés des os, de manière à réaliser les formes arrondies des membres, ceux qui sont à la partie interne, par exemple, pourraient entraîner dans la direction voulue la partie qui doit obéir à ce mouvement, avec trop de force et bien au delà des limites, si les muscles ou le muscle placé à la partie externe ne balançait par son action propre l'action trop puissante qui tend à se produire sur la face opposée. Mais l'antagonisme des forces musculaires, dont la résultante constitue un mouvement normal et facile dans cette circonstance, est encore une condition essentielle à la fixité du corps ; en voici la raison : lorsqu'un membre garde dans son immobilité la position droite, il est évident que les muscles fléchisseurs sont tendus et les extenseurs relâchés, et que cette condition amènerait des mouvements plus ou moins irréguliers, si le balancement, la neutralisation des forces n'était produite par un antagonisme proportionnel. Il en est de même pour les muscles du tronc et de la face qui sont distribués par paires sur les deux côtés du corps, et dont l'action se neutralise par l'antagonisme. — Dans les cas de paralysie, il n'y a pas de mutualité, parce que, suivant que ce symptôme affecte un côté ou l'autre du corps, les muscles du côté affecté ne jouissent plus de leur force propre, et par conséquent de la faculté de transmettre et de produire le mouvement. Aussi n'y a-t-il plus aucune harmonie dans l'immobilité, des impulsions insolites se produisent, et si les paralytiques ont la bouche détournée de l'axe du visage par une traction trop forte qui a lieu sur l'un de ses angles, c'est que l'angle opposé n'est plus retenu, n'est plus fixé par un muscle doué d'action vitale : l'antagonisme qui garantit la fixité régulière de la bouche n'existe plus. — Ce que nous venons d'exposer en quelques mots sur la réciprocité d'influence des forces matérielles de l'économie conduit directement à cette conséquence, que la gymnastique doit être employée comme moyen d'éducation physique, puisque la régularité, l'intégrité et la beauté des mouvements du corps, sont liées au développement et à l'action musculaires, dans des proportions en harmonie avec les besoins et la mission de l'organisme humain. La gymnastique en effet, lorsqu'elle est appliquée à la distribution des forces, à l'équilibre de toutes les tendances organiques, musculaires ou non, doit être considérée comme la méthode la plus directe, et, dans quelques circonstances, la plus efficace pour moraliser l'homme matériel. Peut-être est-ce à cause de cela que les anciens en ordonnaient à toutes les classes les exercices et la pratique, qu'ils avaient fait entrer dans les habitudes et dans les mœurs : la loi physique devait tenir lieu chez eux de la loi spirituelle qu'ils ne connaissaient pas ; et ne pouvant moraliser par l'une, ils devaient le faire par l'autre.

D' Ed. C.

ANTALCIDAS. Sparte avait détruit la prééminence d'Athènes, et Agésilas menaçait l'empire de Perse, lorsque le grand roi excita les villes grecques à secouer le joug qu'elles subissaient. Assurées de son assistance, Corinthe, Thèbes, Argos se liguèrent. Bientôt Athènes et la Thessalie entrèrent dans la confédération. La bataille d'Halyarte fut gagnée par les alliés, et Sparte rappela Agésilas ; mais elle découvrit sans peine d'où était parti le coup qu'elle venait de recevoir : Antalcidas fut envoyé vers le roi de Perse. C'était un de ces hommes formés à l'école de Lysandre, habiles, mais peu soucieux des principes honorables qui avaient conduit les ancêtres. Par un traité qui porte son nom (387 avant Jésus-Christ), il sauva la suprématie de Sparte, et couvrit de honte sa patrie en achetant l'alliance des barbares au prix de la liberté des villes grecques de l'Asie Mineure.—Antalcidas fut reçu à Sparte avec de vives acclamations, et élevé à la charge d'éphore. — Envoyé depuis à la cour du grand roi pour obtenir de lui des subsides, il eut le malheur d'échouer, et se laissa mourir de faim, dans la crainte des rigueurs que son gouvernement n'aurait pas manqué d'exercer sur lui.

Henri Prat.

ANTAN, vieux mot provenant du latin *ante annum* (antérieur à cette année), et servant à exprimer l'*année précédente*. Il est à peu près hors d'usage aujourd'hui, et on ne l'emploie guère que dans cette expression du style familier : *Je m'en soucie comme des neiges d'antan*, c'est-à-dire, j'en fais peu de cas. — Dans quelques provinces de France, on appelle *antanaires* les animaux domestiques qui n'ont pas terminé leur première année ; les fauconniers donnaient le même nom aux oiseaux qui n'avaient pas encore mué. Ce nom d'antanaire a la même signification que ceux d'*antanois* ou d'*antenois*. Le mot d'*antanier* s'applique aux oiseaux de l'année précédente.

X. X.

ANTANACLASE, du grec αντι, contre, et de ανάκλασις, répercussion. Les rhéteurs donnaient ce nom à une figure qui consistait d'abord dans la répétition d'un mot qui frappait deux fois l'oreille ; plus tard, dans la répétition du même mot pris en deux sens. Ils citent tous pour exemple cette phrase latine : Veniam *ad vos si mihi senatus det* Veniam. Nos calembours ne sont guère que des antanaclases.

ANTANAGOGE, de αναγωγή, rejaillissement ; nom pareillement donné par les rhéteurs à une figure qui consiste à rétorquer un argument contre celui qui l'emploie.

ANTAR, ANDAR ou **ANTARAH,** nom d'un prince arabe qui vécut vers le VIe siècle de l'ère vulgaire, fut en même temps guerrier et poëte, se battit contre ses rivaux qu'il vainquit, et chanta ses exploits dans un poëme qui fut mis au rang des moallacahs (*V.* ce mot) et suspendu suivant l'usage à la porte de la kaaba. Ce n'est que depuis peu d'années qu'on connaît quelques particularités concernant Antar. On savait seulement que Mahomet estimait beaucoup ses vers, et qu'il manifestait le regret de n'avoir pu le connaître, ce qui faisait supposer qu'Antar avait vécu avant lui ; encore n'est-ce guère que depuis le XVe siècle qu'on a vu surgir le nom d'Antar dans les biographies arabes. Il paraît pourtant que dès le temps du calife Haroun-al-Raschid, le grammairien Armaï avait recueilli les traditions relatives à Antar et qu'il y avait réuni toutes les traditions plus anciennes qui concernaient les guerriers célèbres des temps postérieurs. Toutes ces traditions, remaniées plus tard par d'autres écrivains, ont formé une espèce de roman, sous le nom d'Antar, en plusieurs volumes, contenant un recueil d'histoires orientales liées ensemble comme les contes des *Mille et une Nuits*, et non moins amusantes. Dans ce roman, dont Antar est le héros, il est représenté comme fils d'un scheik illustre, mais né d'une esclave, ce qui le fit exclure de la maison de son père et destiner à la garde des troupeaux. Malgré la bassesse de cette condition, Antar eut des sentiments élevés, de l'âme, du courage, des vertus, et il finit par s'élever au premier rang, soutenu par son seul mérite. Le récit est tantôt en vers, tantôt en prose élégante ; il est écrit en arabe très-pur. Ce livre renferme un tableau qu'on dit très-exact des mœurs et des usages de l'ancienne Arabie, il a pour titre *Histoire d'Antarah, fils de Scheddad et père de la chevalerie.* Les écrivains arabes ont conservé beaucoup de vers de ce poëte. C'est à W. Jones, traducteur des *Moallacahs,* qu'on doit la connaissance précise du roman d'Antar ; un exemplaire de ce roman existe à la bibliothèque impériale de Vienne ; il a été décrit par de Hammer dans ses *Mines de l'Orient* (1812). Le secrétaire de l'ambassade anglaise à Constantinople, Hamilton, a traduit la première partie de ce roman sous le titre de *Antar a bedouen romance, translated from the Arabie by Berrik Hamilton,* 1819 ; Lond., 4 vol. in-8°. — M. Caussin de Perceval a parlé de ce roman d'Antar dans le *Journal asiatique,* août 1833. La Revue française en avait déjà rendu compte dans son numéro du mois de mai 1830. On dit que M. de Hammer en prépare une traduction allemande. — Antarah eut la réputation d'un satirique mordant, s'il faut s'en rapporter au jugement que porte Abou Beckr-ibn-Abdal des six poëtes arabes les plus anciens. *Antaræus (ut communis fert sententia) cæteris poeticâ laude præstat, si acria et satyrica... exerceat.* Il existe une traduction allemande de la Moallacah d'Antar dans les *Pléiades brillantes de Hartmann,* Munster, 1802.

N. M. P.

ANTARCTIQUE (Pôle). On a donné ce nom, par opposition à celui de pôle arctique (*V.* Arctique et Zone), à l'espace compris entre le cercle polaire austral et le pôle du sud, ce qui forme à peu près un intervalle circulaire de 23° de rayon autour du pôle. Trouve-t-on dans ces régions glacées des terres habitées ou habitables ? (*V.* Australes [terres]). X. X.

— On donne encore le nom d'antarctique à l'extrémité méridionale de l'axe de la terre, l'un des points autour desquels s'opère le mouvement de rotation de cette planète (*V.* Pôle).

— Les étoiles voisines du *pôle antarctique* ne paraissent jamais sur notre horizon (*V.* Étoile, Horizon).—On nomme cercle polaire *antarctique,* l'un des petits cercles de la sphère, parallèle à l'équateur et éloigné du pôle méridional de 23° 28'. Le cercle qui lui est opposé et qui est à la même distance du pôle septentrional, est appelé cercle polaire *arctique* (*V.* Cercles, Arctique).

V. T.

ANTARÈS (Καρδία Σκορπιοῦ Ἀντάρης, *Caleb al' Acrab*) est le nom d'une étoile de première grandeur, située au cœur du Scorpion. Elle forme, avec la lyre ou Arcturus, un grand triangle isocèle dont cette dernière étoile est le sommet. Antarès est le centre d'un arc convexe vers la Baleine, formé de quatre ou cinq étoiles, dont l'une β, ou le *front,* χ *krab,* est secondaire. La ligne de Régulus à l'Épi donne sur χ Antarès. On voit cette étoile au méridien au commencement de juillet, à 9 heures et demie du soir, et vers 15° de hauteur, à Paris. Le 1er juin, à la même heure, cette étoile est avec la Balance, du côté oriental ; l'Épi est au méridien, la Vierge et la Coupe à l'occident, et la grande ourse au zénith. Les éphémérides pour 1840 fixent ainsi la position moyenne d'Antarès, au 1er janvier, : ascension droite en temps 16 h. 19 m. 36 s. 42; déclinaison australe 26° 4' 11" 8. C'était l'une des quatre étoiles que les Égyptiens appelaient *royales*, parce qu'elles ouvraient les saisons. Ces étoiles étaient classées dans l'ordre suivant : Régulus, Antarès, Homalhant et Aldébaran. V. T.

ANTE. Quelques peintres appellent ainsi le manche de la brosse ou du pinceau. — Les architectes donnent le même nom aux piliers qui font saillie sur la surface d'un mur; les charpentiers se servent du même mot pour désigner une pièce de bois qui est attachée aux volants des moulins à vent.

ANTE. (*archit.*). (*V.* ANTES.)

ANTÉCÉDENT. Ce mot, purement latin, formé de *ante* et de *cedere*, marcher avant, précéder, s'emploie au figuré en divers sens, mais toujours pour marquer antériorité. — En terme de logique, on nomme antécédent la première partie d'un enthymème, argument qui ne renferme que deux propositions (*V.* ENTHYMÈME); cette première proposition renferme toujours une vérité générale, un principe incontestable; la seconde n'est qu'une conséquence forcée de la première. *Tous les vices sont méprisables*, donc l'ivrognerie est méprisable; tous les vices sont méprisables, c'est l'antécédent. Observons que l'antécédent contient implicitement la conséquence, car après avoir dit que tous les vices sont méprisables, il n'est pas nécessaire de nommer l'ivrognerie pour la flétrir. Tous les vices (et l'ivrognerie est un vice) sont méprisables; cela dit tout. — En terme de mathématiques, on appelle antécédent d'un rapport, le premier terme d'une proportion, tout comme on appelle *conséquent* le second terme. Ainsi quand je cherche quel est le rapport de 48 à 24, relativement à 2, je trouve pour résultat que l'antécédent du premier rapport 48 à 24 est dans la même proportion que l'antécédent du rapport 2 : 1; en conséquence, les deux premiers termes des deux rapports 48 et 2, sont les antécédents. — En terme de grammaire, l'antécédent est le mot qui précède le relatif qui : *l'homme qui remplit ses devoirs est digne d'éloge*, le mot l'homme est l'antécédent. — On se sert assez souvent au palais des mots antécédent ou précédent, et l'on nomme ainsi les décisions qui ont été déjà rendues sur une matière semblable à celle dont il s'agit, et pour laquelle il ne se trouve pas dans la loi de disposition spéciale. — Depuis que nous avons des chambres, on a introduit le mot antécédent dans le langage politique et parlementaire, pour exprimer les décisions qui ont été prises sur un fait qui ne se trouvait point prévu par le règlement. En général, on doit s'abstenir d'invoquer les antécédents, surtout quand l'antécédent a été une dérogation à la loi; car il est à peu près impossible que deux espèces se présentent tellement identiques, que la même décision puisse être aussi justement appliquée à l'une qu'à l'autre. D'ailleurs, s'il y a eu dérogation à la loi, même dans un intérêt général, il est à craindre que cet antécédent ne soit invoqué en faveur d'un intérêt particulier. — Pour ce qui concerne les antécédents en théologie, voyez l'article suivant. — Enfin ce mot a été depuis quelque temps introduit dans la langue usuelle pour désigner les habitudes de celui dont on parle, antérieures au temps où l'on se trouve. On dira dans ce sens qu'un homme a de bons ou de mauvais antécédents, ou qu'on peut juger par ses antécédents de son avenir, c'est-à-dire par ce qu'il a été de ce qu'il sera. J. DE M.

ANTECEDENTIA ou PRECEDENTIA. On dit, en astronomie, qu'une planète se meut *antecedentia* ou *precedentia*, lorsqu'elle paraît aller vers l'occident, contre l'ordre des signes, comme du Taureau dans le Bélier. Au contraire, lorsqu'elle se dirige du côté de l'orient, en suivant l'ordre des signes, comme du Bélier dans le Taureau, elle se meut *in consequentia*. V. T.

ANTÉCÉDENTS; c'est un terme théologique employé pour exprimer, selon notre manière de concevoir, l'ordre des décrets divins, ou les effets de la volonté de Dieu, quoique réellement il n'y ait en Dieu aucune succession de temps, que tout soit éternellement présent à ses yeux, et surtout sa volonté soit immuable et ne soit soumise à aucun changement. — Un décret antécédent est celui qui précède un autre décret; ainsi, par exemple, le décret de la rédemption du monde suppose les décrets antécédents de la création, de la chute de l'ange, de son antagonisme contre le bien, celui de la chute de l'homme, de l'incarnation du Verbe, du choix de la femme destinée à être la mère de Dieu, etc. — Le décret de la prédestination à la gloire de certains saints, tels que Marie, Jean-Baptiste, les apôtres, etc., est antécédent à la prévision de leurs mérites, tandis que le décret de la réprobation est subséquent à la prévision des péchés. — La volonté de Dieu antécédente est celle par laquelle Dieu veut une chose, en soi, sans consi-

dérer les circonstances particulières qui peuvent l'entourer; il y a en Dieu volonté antécédente de sauver tous les hommes (*V.* GRACE et SALUT); mais la perversité humaine le force à ne pas l'accomplir à l'égard de tous. O. V.

ANTECHRIST, contraire ou opposé à Jésus-Christ. Ce nom convient en général à tous ceux qui ont altéré la doctrine de Jésus-Christ par leurs erreurs, comme les hérésiarques, et à tous ceux qui ont persécuté l'Église chrétienne et qui se sont efforcés de faire régner l'idolâtrie sur ses ruines. Saint Jean appelle les antechrist des antechrists. — L'antechrist proprement dit est un homme impie qui s'élèvera à la fin des siècles contre Jésus-Christ, persécutera l'Église, abolira le sacrifice, séduira une multitude d'hommes par ses prodiges jusqu'à se faire adorer comme un Dieu et qui, par son impiété et sa persécution cruelle contre les fidèles, méritera, plus que tous les autres ennemis de Jésus-Christ, le nom d'antechrist. Saint Paul le désigne, à ce que l'on croit, sous le nom de l'homme de péché, de l'enfant de perdition, de l'impie, de l'inique. L'antechrist sera un homme animé de l'esprit de Satan, mais ce ne sera pas un démon incarné, comme l'a cru saint Jérôme. On regarde l'impie Antiochus comme une figure de l'antechrist; Simon le magicien et les hérésiarques de tous les siècles; Apollonius de Thyanes; Néron qui a ouvert l'ère des grandes persécutions de l'Église; Dioclétien qui se vantait d'avoir extirpé le nom chrétien de la face de la terre, et Julien l'apostat, le restaurateur impuissant du paganisme, en sont les précurseurs. Le plus fameux de tous ces ennemis de Jésus-Christ, que quelques auteurs ont regardé même comme le véritable antechrist, c'est Mahomet; mais cet imposteur, dont la séduction fut si puissante, doit-être rangé seulement au nombre des persécuteurs; car, malgré son animosité contre le non-chrétien, il ne possédait pas tous les caractères de l'antechrist, dont un des principaux sera de se faire adorer comme un dieu, comme Mahomet s'est donné pour le prophète de Dieu. — L'époque de l'apparition de l'antechrist est inconnue; on sait seulement qu'elle précédera les derniers temps de l'existence du monde; mais quand le monde finira-t-il? c'est ce que nous ignorons; nul n'a pénétré dans les secrets de Dieu à cet égard. Nous savons seulement, dit saint Augustin, que vers le temps du jugement dernier, l'avénement d'Élie de Thesbé, la conversion des juifs, la persécution de l'antechrist précéderont l'avénement du souverain Juge. L'opinion commune des Pères sur la naissance de l'antechrist, c'est qu'il sortira du milieu de la nation juive; quelques-uns ajoutent qu'il sera de la tribu de Dan, et que les Juifs le regarderont comme le vrai messie. Saint Jérôme dit, dans son Commentaire sur Daniel, qu'il naîtra à Babylone. Il paraît, d'après une certaine tradition fondée sur un passage de saint Paul, que la ruine de l'empire romain sera l'un des principaux signes qui annonceront l'avénement de cet impie : « Vous savez bien, dit saint Paul aux Thessaloniens, ce qui empêche qu'il ne vienne, afin qu'il paraisse en son temps; car le mystère d'iniquité se forme dès à présent; seulement que celui qui tient maintenant tienne jusqu'à ce qu'il soit ôté du monde. » Ce que l'on applique à l'empire romain. Le second signe de l'avénement de l'antechrist, c'est l'apostasie dont parle saint Paul : « Le jour du Seigneur, dit cet apôtre, ne viendra pas que l'apostasie ne soit arrivée auparavant, et qu'on n'ait vu paraître l'homme du péché (II. *Thess.*, II, 3). » Cette apostasie semble signifier la défection à l'égard de la foi de Jésus-Christ et de la soumission due au souverain pontife. Le troisième signe, selon quelques-uns, c'est que l'empire romain sera divisé entre dix rois, et que de ces dix rois il en abattra trois : ils se fondent à cet égard sur Daniel; il paraît que cet impie formera un vaste empire, au milieu duquel il régnera. Saint Jean, parlant de cette bête qui monte de l'abîme, et qui, selon toute la tradition, représente l'antechrist, déclare expressément que « la puissance lui fut donnée sur toute tribu, tout peuple, toute langue et toute nation (*Apocal.*, XIII, 7). » La tradition reconnaît qu'il dominera sur la terre, non qu'il soit alors le seul monarque régnant, mais parce que tous les autres rois lui seront assujettis de gré ou par force. On croit qu'il établira le siège de son empire à Jérusalem, et qu'il rebâtira le temple; d'autres prétendent qu'il régnera à Rome même. — Le nom de l'antechrist n'est pas encore connu. Saint Jean dit que le nombre du nom de cet impie est 666. On a trouvé ce nombre dans le nom de Mahomet, d'où quelques-uns ont conclu qu'il portera un nom semblable. — Cet impie sera le plus scélérat de tous les hommes; plein de ruse, d'artifice, d'hypocrisie, il sera impudent, audacieux, téméraire. A la puissance des faux miracles dont il se servira pour se faire passer pour Dieu, il joindra la passion des femmes et une ardeur insatiable pour les richesses. Il n'y a cependant rien de certain à cet égard ; mais ce qui paraît plus avéré, c'est qu'il s'annoncera comme Christ, et que ce mensonge trompera les juifs ; il séduira aussi un grand nombre de chrétiens et persécutera ceux qui refuseront de ployer le genou devant lui. Il attaquera ouvertement Jésus-Christ en niant l'incarnation du Verbe. Cet impie, soutenu par les nombreux partisans de son apostasie, placé à la tête de l'empire antichrétien, se montrera envers les fidèles plus cruel que les Néron et les Dioclétien. Dieu n'abandonnera pourtant pas alors son Église ; il suscitera Élie et Énoch pour la soutenir dans le danger. Élie, le zélateur de la loi, convertira les juifs ; Énoch, aidé de l'exemple et du zèle des juifs devenus chrétiens, convertira une multitude innombrable de gentils. C'est alors que l'antechrist, furieux d'être abandonné d'une partie de ses partisans, prendra le nom de Dieu : « Il s'assiéra dans le temple de Dieu, voulant lui-même passer pour Dieu (II. Thess., II, 4). » Il se fera adorer personnellement dans le siége de son empire ; dans les provinces ou les villes éloignées il fera rendre les honneurs divins à son image. Sans détruire le culte des idoles il le réprimera. C'est ainsi que, dans son orgueil insensé, il s'élèvera au-dessus de tout ce qui est appelé Dieu ou qui est adoré comme Dieu. Sa fureur contre le peuple fidèle ne connaîtra pas de bornes ; il s'efforcera d'abolir le culte chrétien : c'est ce que Daniel annonce, lorsqu'au chap. XII de ses Prophéties, il marque le temps d'une désolation affreuse, au milieu de laquelle « le sacrifice perpétuel sera aboli (Dan., XII, 11). » Cette persécution sanglante durera, d'après le même prophète, un temps, deux temps et la moitié d'un temps. Saint Jean dit qu'il sera donné à la bête de faire la guerre durant quarante-deux mois, ou douze cent quatre-vingt-dix jours. — La mort de l'antechrist sera le signe avant-coureur de l'avènement de Jésus-Christ : « Le Seigneur Jésus détruira cet impie par le souffle de sa bouche, et le perdra par l'éclat de sa présence ou de son avènement. » Saint Jérôme croit néanmoins qu'il y aura un silence de quarante-cinq jours environ entre la mort de l'impie et l'avènement de Jésus-Christ. — Voilà le résumé des conjectures que les Pères, les auteurs ecclésiastiques ont faites sur l'antechrist qui doit paraître à la fin des temps. Toutes ces conjectures sont-elles bien fondées ? toutes les circonstances décrites s'accompliront-elles comme le pensent ces auteurs ? c'est ce que nous n'affirmerions pas. Mais la vérité de l'existence d'un antechrist, d'un nouveau Mahomet à la fin des temps, l'apostasie de la multitude, la violente persécution que subira l'Église, comme pour couronner ses travaux, est appuyée sur une tradition trop respectable et une attente trop universelle, pour qu'on puisse la nier. — Les protestants ont osé qualifier le pape d'antechrist ; Wiclef en Angleterre, Jean Hus en Bohême et Luther en Allemagne, n'ont pas craint d'assumer sur eux l'immense ridicule de désigner ainsi le chef du sacerdoce chrétien ; leurs partisans trouvaient dans cette idée un texte trop favorable à leurs déclamations pour ne pas l'adopter. Nous ne descendrons pas jusqu'à réfuter une pareille ineptie, dont probablement le bon sens commence à faire justice parmi les protestants de nos jours, malgré la décision du synode protestant de Gap.   O. V.

ANTÉCIENS, nom par lequel on désigne les peuples qui se trouvent placés sous le même méridien à une distance dont l'équateur occupe le centre.   X. X.

ANTÉDILUVIEN, mot formé de ante et de diluvium, avant le déluge. Cet adjectif s'applique à tous les êtres animés ou inanimés qui existaient ou qu'on croit avoir existé antérieurement au déluge. Quelques naturalistes géologues prétendent qu'on ne peut désigner comme antédiluviens que les fossiles, c'est-à-dire les plantes et les animaux dont les analogues ne se retrouvent pas sur la terre, parce que leurs races ont péri par les cataclysmes qui ont bouleversé la surface du globe ; et comme jusqu'ici les fossiles n'ont jamais offert de débris humains, cela signifie que le déluge a eu lieu avant la création de l'homme, et que par conséquent il faut reléguer la Genèse et tous les livres saints au rang des fables. Pour nous qui croyons à un déluge arrivé sur une terre habitée des hommes et non sur une terre uniquement peuplée d'animaux et de plantes, et qui le croyons non pas seulement parce que Moïse l'a dit, mais encore parce que la tradition d'un tel déluge vit dans l'histoire de tous les anciens peuples (V. DÉLUGE), soit que ce déluge ait été universel, c'est-à-dire qu'il ait couvert toute la superficie du globe, soit qu'il n'ait été que partiel, c'est-à-dire qu'il ait couvert toute la partie habitée et connue du globe au moment où il est survenu, nous appellerons antédiluvien tout ce qui a existé avant le déluge, hommes, animaux, plantes,

rochers, etc. — Ce n'est pas ici le lieu de traiter la question de savoir si, d'après les découvertes faites par les géologues, la terre a subi plusieurs cataclysmes antérieurs au déluge de Moïse (V. CATACLISMES DU GLOBE) ; nous devons ici nous borner à déterminer, autant que cela est possible, l'époque où ce déluge a eu lieu, afin de tracer une ligne fixe de démarcation entre ce qui est antédiluvien et ce qui est postdiluvien. — Deux époques sont assignées au déluge, séparées l'une et l'autre de la naissance du premier homme par un intervalle d'environ seize siècles, et de la naissance de Jésus-Christ, l'une par 3944 ans, l'autre par 2350 ans seulement. Les premiers suivent la chronologie des Septante adoptée par Eusèbe, et de notre temps par un grand nombre d'habiles chronologistes ; les seconds suivent la chronologie de l'Irlandais Usser, et il faut convenir que ces derniers sont les plus nombreux. Mais il faut dire aussi que la chronologie vulgaire ne s'accorde pour les époques très-reculées avec les récits d'aucun peuple, tandis que celle des Septante, offrant un cadre plus vaste, permet de concilier ces récits avec l'ordre des temps, et de saisir à travers les ténèbres qui enveloppent les premiers âges quelques points historiques sur lesquels on peut arrêter ses idées d'espace en espace. C'est ainsi que l'Arabe voyageur, traversant les déserts de l'Afrique où, durant plusieurs mois, il ne voit que le sable et le ciel, se guide dans sa marche sur quelques points isolés qui semblent surnager sur cet aride océan. — Reconnaissons hautement dans Moïse sa mission divine, mais n'oublions pas qu'il ne voulait donner à son peuple que la connaissance des faits qu'il jugeait importants, sans s'attacher à rapporter et à préciser toutes les dates. — Distinguons donc dans ces livres, les plus anciens qui soient au monde, les faits des époques, et les faits des termes employés pour les rendre. — Quels événements ont rempli l'intervalle de seize siècles qui, dans l'une et dans l'autre chronologie, sépare le déluge et la création ? Les livres saints sont ici notre seule autorité. Encore Moïse ne fit-il qu'offrir à son peuple la généalogie des enfants de Caïn et celle des patriarches issus de Seth. Il ne donne point de dates, ne parle d'aucun événement collatéral aux événements qu'il mentionne, et se borne à indiquer le nombre des années que les chefs de famille ont passé sur la terre. — Après le meurtre d'Abel, dit-il, Caïn devint père d'Énoch, et il bâtit une ville à laquelle il donna le nom de son fils, qu'il ne faut pas confondre avec Énoch, fils de Jaret et père de Mathusalem, dans la branche cadette. Lamech, descendant de Caïn au cinquième degré, continue l'historien sacré, épousa deux femmes. De la première naquit Jabal de qui sortirent les peuples « qui vivaient sous des tentes et qui élevaient des troupeaux. » La seconde donna le jour à Jubal, que tous ceux « qui jouent de la flute et de la harpe » nomment leur père. Jubal eut pour frère Tubal-Caïn qui le premier sut travailler le fer et l'airain. — La branche cadette eut Seth pour auteur. Énos, Caïnan, Mahlaleel, Jaret, Énoch, Mathusalem, Lamech et Noé furent ses descendants en ligne directe. — Cependant la race humaine, ajoute Moïse, s'était considérablement augmentée ; il arriva même que les enfants de Dieu ayant vu les filles des hommes et les trouvant belles, les prirent pour épouses. De ces alliances naquirent des hommes puissants et de grande renommée ; à la même époque il y eut des géants sur la terre. Ces géants, ces hommes puissants voulurent probablement abuser de leur force et de leurs avantages. L'oppression, la tyrannie, les abus de tout genre commencèrent de peser sur les peuples ; la haine, la colère, le désir des vengeances, tous les vices qu'engendre la servitude s'emparèrent des cœurs de la multitude ; tous les principes conservateurs de la société s'altérèrent, se corrompirent, finirent par s'effacer ; la religion et la morale perdirent entièrement leur salutaire influence ; les passions, libres de frein, leur ravirent l'empire, et l'homme ne pensa plus d'autre dieu que son cœur et ses sens. — Noé avait alors six cents ans. Seul parmi les hommes il avait préservé son cœur de la contagion et gardé le dépôt des traditions religieuses ; seul il fut excepté de l'arrêt de mort prononcé contre la race dégénérée d'Adam. Remarquons en passant que chez tous les anciens peuples on trouve cette tradition d'une humanité antérieure à la nôtre, submergée par les eaux d'un déluge, en punition de ses crimes : toutes ces traditions où, malgré les fables qui les défigurent, on reconnaît le fond de la tradition hébraïque, sont à nos yeux comme autant de rayons de lumière qui jaillissent en divergeant du même point lumineux. — On voit par les vieilles traditions orientales, recueillies par Bérose, Sanchoniaton, Hésiode, Manéthon, Diodore et les historiens des premiers âges, que tous les peuples anciens avaient gardé un souvenir confus des temps antédiluviens ; mais ne pouvant rien préciser, ils avaient suppléé arbitrairement la vérité qui leur échappait. Les Chaldéens et les Phéniciens n'ont parlé du déluge que comme d'un événement particulier à une contrée, lequel n'interrompait nullement leur histoire qu'ils faisaient remonter à la création ; mais cette histoire, pour la partie antédiluvienne, se compose tout entière de règnes de dieux et de demi-dieux jusqu'à l'avénement des deux géants Mysor et Sidic. — Au reste, ils avaient deux ères principales. Épigène, un leurs annalistes, fait remonter l'une à sept cent vingt mille ans ; Bérose, plus modeste, n'en réclame que quatre cent soixante-treize mille ; leur premier homme porte le nom d'Alorus. Les Égyptiens ont eu quelque chose de plus précis, si l'on peut regarder comme authentique un fragment de leurs annales, rapporté par George le Syncelle qui prétend l'avoir extrait d'un ancien manuscrit antérieur à l'ouvrage de Manéthon, lequel existait dans la bibliothèque de Constantinople. Suivant ce fragment, les Égyptiens se vantaient d'avoir eu trois grandes races de souverains, celle des Aurites, celle des Mestréens et celle des Pharaons. La chronique dont ce fragment fait partie, dit le Syncelle, avait été formée sur les documents laissés par Mercure ou Hermès. Ainsi, par pharaons on entendait les princes des dynasties contemporaines d'Hermès ; par mestréens, ceux qui descendaient de Mestraïm ou Mezraïm, fils de Cham, et par aurites ceux qui avaient régné avant le déluge. L'ancien annaliste ne cite d'ailleurs aucune action de ces aurites. — Manéthon, qui était prêtre d'Héliopolis au temps des premiers Ptolémées, prétend que depuis la fondation de la monarchie égyptienne jusqu'à l'époque d'Alexandre il s'était écoulé 36,525 ans. Mais plus de trente mille ans appartiennent aux temps antédiluviens, car il ne fait remonter le commencement de ses dynasties qu'à 5443 ans avant Alexandre, ce qui, en y ajoutant 330 ans pour le temps qui s'est écoulé entre Alexandre et le commencement de l'ère vulgaire, indique l'origine de la première dynastie à l'an 5773 avant J. C. Ce dernier résultat a été adopté avec très-peu de différence par Ératosthène, bibliothécaire d'Alexandrie, par Eusèbe, le Syncelle, et dans les temps modernes par Jules Scaliger. — Moins modestes que les Égyptiens, moins orgueilleux pourtant que les Chaldéens, les mages de l'ancienne Perse se donnaient cent mille ans d'antiquité, rapportant l'apparition de leur premier Zarsdust ou Zoroastre à une époque si éloignée, qu'elle se perdait dans la nuit des temps. Quant au second Zoroastre, contemporain de Darius, fils d'Histaspes, il n'est antérieur que de quelques siècles à Jésus-Christ ; mais pour le long intervalle des cent mille ans antérieurs jusqu'au règne de Cayoumers, leurs annales sont complètement vides. Au surplus, ils croyaient que le temps se divisait en grandes périodes dont la durée se mesurait sur la révolution des astres, et qu'à la fin de chaque période l'humanité entière périssait, à l'exception d'un couple réservé par la Providence pour produire une génération nouvelle. — Les Phéniciens ne dataient leur ère que de trente mille ans. Sanchoniaton, leur annaliste, de qui des écrivains modernes ont mis en doute l'existence malgré les fragments cités par Philon de Byblos, fait régner deux géants, Mysor et Sidic, vers l'an 6800 avant J. C. Il place ensuite Taut qui est le Mercure grec et égyptien. Mysor était l'aîné des enfants de Cham ; Sidic ou Sedec le juste fut un surnom donné à Canaan, frère de Mysor. Ce fut à cette époque, suivant le même Sanchoniaton, que Saturne, après avoir dépouillé son père, fut remplacé sur le trône par ses trois fils, dont l'un s'appelait comme lui, le second Belus-Jupiter et le troisième Apollon. Comme il est à peu près avéré que le Saturne ou Chronos des Grecs est un personnage emprunté aux Hébreux et probablement le même que Noé, on peut regarder comme antédiluviennes les traditions qui les concernent. (Voy. au surplus POSTDILUVIEN et TEMPS FABULEUX ; voy. aussi CRÉATION [mythol.].) — Y a-t-il une écriture antédiluvienne ? C'est encore une question que bien des gens ont tenté d'éclaircir et toujours sans succès. Il est des choses que nous sommes condamnés à ignorer à jamais, parce que des présomptions, plus d'une fois trompeuses, ne sauraient former une preuve, établir une vérité. Noé transmit à ses enfants les traditions qu'il avait reçues de ses pères, et c'est par cette voie que s'est conservée parmi les Hébreux la mémoire des événements antédiluviens qui concernaient leur nation ; et si les autres peuples qui se sont formés postérieurement au déluge n'ont conservé de ces mêmes événements que des notions vagues et confuses, c'est qu'en s'éloignant de la source des traditions, c'est-à-dire du pays habité par Noé, les notices qu'ils emportaient se sont altérées, effacées même en plus d'un cas, et que ceux qui en gardaient encore quelque souvenir ont substitué les

créations de leur imagination à la vérité qui leur échappait.

J. DE MARLÈS.

ANTÉE (myth.), géant fameux, fils de Neptune et de la Terre, et roi d'Irasa, contrée de la Libye. Il avait soixante-quatre coudées de haut. Comme il était très-fort et très-adroit, il attaquait tous ceux qui entraient dans ses États, et il les défiait au combat. Après les avoir vaincus il leur coupait la tête. Hercule s'étant présenté, la terrible lutte s'engagea, et trois fois Antée fut renversé par Hercule ; mais chaque fois il se relevait plus vigoureux, parce que la Terre, sa mère, lui communiquait des forces nouvelles lorsqu'il la touchait. Hercule s'étant aperçu du prodige, enleva le géant de terre, et, le serrant dans ses bras, il parvint à l'étouffer.

ANTELMI ou ANTHELMI (JOSEPH), chanoine de Fréjus, né dans cette ville en 1648, mort en 1697. Il est auteur de plusieurs Dissertations latines sur l'histoire ecclésiastique de Fréjus, 1680, Aix, in-4° ; sur le Symbole de saint Athanase, 1693, in-8° ; sur la Vocation des gentils, livre attribué communément à saint Léon et qu'il prétend appartenir à saint Prosper. — Nicolas Antelmi, son grand-oncle, fut premier chanoine et vicaire général de Fréjus. Il assista comme syndic général du clergé aux assemblées qui eurent lieu en 1605 et 1606. Il n'est guère connu au surplus que pour avoir fourni aux frères Gaucher et Louis de Sainte-Marthe, auteurs du Gallia christiana, le catalogue des évêques de Fréjus. Il mourut en 1646. — Pierre Antelmi, oncle de Joseph, fut aussi chanoine de Fréjus, mais il avait fait ses études à Paris, et il était docteur dans les deux facultés de droit et de théologie. Il s'était même appliqué à l'étude des antiquités, qu'il abandonna au bout de peu de temps pour s'occuper exclusivement de théologie. Il a laissé, 1° De initiis ecclesiæ Forojuliensis, Aix, 1680. in-4° ; 2° Leontius episcopus et martyr suis Forojuliensibus restitutus. Il descendit au tombeau deux ans après Nicolas.

ANTEMNES, ancienne ville de l'Italie au confluent de l'Anio et du Tibre, dans le pays des Sabins. Ce fut une des premières conquêtes de Romulus, qui en transporta les habitants dans sa ville nouvelle.

ANTENNE (marine). Vergue transversale, suspendue aux mâts des navires, et à laquelle on attache la voile latine de certains bâtiments en usage sur la Méditerranée. Les galères qui portaient une voilure triangulaire n'avaient que des antennes. Les marins donnent encore le nom d'antennes à un rang de pièces à eau arrimées dans la cale d'un bâtiment, et même à un rang de bâtiments amarrés sur la même ligne très-près l'un de l'autre. On désigne enfin par le nom d'antennes de longues pièces de bois qui servent à soutenir le grand mât du côté de la terre. X. X.

ANTENNES (zool.). On nomme ainsi les appendices mobiles connus vulgairement sous le nom de cornes, qu'on remarque sur la tête de beaucoup d'articulés. Tous les insectes ont deux antennes, la plupart des crustacés quatre ; plusieurs en sont dépourvus ; quelques annélidés ont trois ou cinq filets analogues ; presque toutes les arachnides en manquent. Elles sont placées souvent sur la tête, plus rarement dessous, tantôt en avant des yeux, tantôt en arrière, etc. Toutes ces situations ont été désignées par diverses dénominations ; ainsi on dit que les antennes sont supérieures, inférieures, préoculaires, postoculaires ; elles peuvent être encore interoculaires ou entre les yeux, inoculaires ou insérées dans une échancrure des yeux, écartées, rapprochées, contiguës, connées, etc.—Elles sont composées d'articles ou de petits cylindres creux articulés plus ou moins cornés, et presque toujours velus ; leur base livre passage aux muscles et aux nerfs qu'elles contiennent et s'articule dans une cavité de la tête, de manière à leur permettre un mouvement dans tous les sens. — Chez les crustacés ces organes présentent deux parties principales ; la première, le pédoncule, est plus grosse et ordinairement formée de deux ou trois articles ; elle porte la tige terminale ou la seconde partie, dont le nombre des segments est beaucoup plus grand ; outre cela on remarque quelquefois au sommet du pédoncule un ou deux appendices qu'on a considérés comme les analogues du palpe et du fouet des autres membres des crustacés. Dans beaucoup d'insectes on y distingue trois parties, le scapus, la tige et la massue ; le scapus ou premier article s'articule avec la tête au moyen d'un renflement ; il est quelquefois développé d'une manière remarquable, surtout dans les espèces qui ont les antennes coudées, et alors il égale souvent ou surpasse en longueur le reste de l'antenne, comme chez les lucanes et un grand nombre de curculionites ; la tige ou partie médiane présente un nombre d'articles d'autant plus grand que la massue

est moins développée; le premier, reçu dans une cavité cotyloïde du scapus, est souvent extrêmement petit ou même entièrement caché, il a été nommé pédicelle. La massue est formée par une sorte de renflement plus ou moins brusque et offre de nombreuses modifications. Ces diverses parties ne sont pas toujours distinctes; la massue manque dans beaucoup de cas ou est confondue avec la tige, et le scapus est quelquefois peu différent des autres articles. — Les antennes d'un grand nombre de diptères paraissent n'être composées que de trois articles, dont le premier a reçu le nom de *palette*, tandis qu'on en compte ordinairement onze dans celles des coléoptères, et plus de cent cinquante dans d'autres insectes. Leur longueur ne dépend pas toujours du nombre de leurs articles, elles peuvent être très-longues et n'en avoir qu'un petit nombre *et vice versâ*. Leurs formes prodigieusement variées ont reçu une foule de dénominations dont nous n'indiquerons que les principales : on dit que les antennes sont *brisées* lorsque la tige forme avec le scapus un angle plus ou moins grand, *droites* dans le cas contraire, *filiformes* si elles sont d'égal diamètre dans toute leur longueur, *sétacées* quand elles diminuent de grosseur de la base au sommet, en *massue* lorsqu'elles se terminent par un renflement; on nomme *fusiformes* celles qui sont renflées au milieu, *prismatiques* celles qui présentent trois côtés égaux, *moniliformes* celles qui sont formées d'articles arrondis, disposés comme les perles d'un collier, *perfoliées* celles dont les articles sont portés par un pédoncule qui semble les traverser; elles sont encore *noueuses* ou à articles inégaux en diamètre, *pectinées* ou en peigne, *rameuses*, *en scie*, *plumeuses*, etc., etc. On s'est servi utilement de ces diverses configurations dans la classification des insectes. — En général les antennes des mâles sont plus développées que celles des femelles; dans certains longicornes, celles des premiers sont deux ou trois fois plus longues; dans un grand nombre de lépidoptères nocturnes, celles des mâles sont pectinées, tandis que celles des femelles sont simplement dentées ou même filiformes. Quelques insectes sont pourvus de cavités particulières destinées à recevoir et à protéger une partie ou la totalité de chaque antenne lorsqu'ils sont en repos; ils ont à cet effet une rainure placée soit sur les côtés de la tête, soit sous le prothorax. — Les naturalistes sont bien loin d'être d'accord sur les fonctions que remplissent ces organes. Réaumur, Roësel, MM. de Blainville, Strauss et Robineau Desvoidy les considèrent comme servant à percevoir les odeurs, tandis que MM. Strauss, Carus et plusieurs autres anatomistes les regardent comme les organes de l'audition. Des expériences faites par Huber et Lehmann, quoique entièrement opposées par leur résultat, semblent prouver que les antennes ne servent point à l'odorat. Ce qui fait pencher quelques auteurs vers la seconde opinion, c'est que l'organe de l'ouïe des crustacés, lorsqu'il est apparent, est placé un peu en arrière des antennes de la seconde paire ou même dans leur premier article. Latreille, M. Thiébaud de Berneaud et la plupart des naturalistes les regardent comme les organes du tact; enfin plusieurs habiles entomologistes croient qu'elles sont le siége d'un sens particulier, et parmi eux M. Al. Lefèbre, d'après une expérience faite par lui (*Annales de la société entomol. de France*, t. VII, p. 395 et suiv.), pense que ce sens est une sorte de toucher d'une extrême délicatesse dont nous ne pouvons nous faire une idée, mais qui doit participer de l'odorat. — Plusieurs crustacés se servent de leurs antennes pour retenir la femelle pendant l'accouplement. Quelques autres les emploient comme organes de la natation.
BRUNET.

ANTÉNOR (*myth.*), prince troyen, parent de Priam; il joua un grand rôle durant le siége de Troie. Il avait reçu dans sa maison Ulysse et Ménélas, que les Grecs députèrent à Priam pour réclamer Hélène; et cette circonstance a suffi pour que plusieurs historiens grecs l'aient accusé d'avoir trahi son pays. S'il faut en croire Homère, Anténor ne cessa d'inviter les Troyens à renvoyer cette femme sujet de tant de discordes et de malheurs, et qui causerait la ruine de leur ville. Sa maison ne fut point dévastée par les Grecs, quand ils livrèrent Troie au pillage; il est probable qu'Anténor dut cette faveur au souvenir qu'Ulysse et Ménélas conservèrent de l'hospitalité qu'il leur avait donnée. Quoi qu'il en soit, on lui impute d'avoir enlevé le Palladium pour le remettre aux Grecs, d'avoir fait naître l'idée du cheval de bois, de l'avoir introduit dans la ville, d'avoir donné aux Grecs le signal de l'assaut avec une lanterne allumée, et d'avoir ouvert le cheval au moment décisif. Après la chute de Troie, Anténor et ses fils allèrent chercher dans la Thrace un asile. De là ils se rendirent en Italie avec une colonie de Vénètes, et, tous ensemble, fondèrent la ville de *Patavium* ou Padoue. Les fils d'Anténor furent désignés par le nom patronymique d'Anténorides.

ANTENNULES, diminutif d'antennes, employé par plusieurs entomologistes pour désigner les appendices articulées que l'on aperçoit aux mâchoires de beaucoup d'insectes et que l'on nomme ordinairement *palpes* (*V.* ce mot).

ANTÉOCCUPATION, figure de rhétorique par laquelle on prévoit et on expose l'objection qu'on peut nous faire, afin de pouvoir la réfuter d'avance.

ANTÉPÉNULTIÈME, terme de grammaire; il se dit de la syllabe qui précède l'avant-dernière, dans un mot polysyllabe. On n'emploie guère ce terme que pour exprimer les nécessités de la prosodie ou quantité, c'est-à-dire pour indiquer que cette syllabe est longue ou brève. Ainsi dans les deux mots *conglomero* et *congratulor* on dira que l'antépénultième du premier est brève et celle du second longue. Dans notre langue claire, précise, se prêtant merveilleusement à toutes les exigences de la pensée, mais dénuée de prosodie, l'antépénultième est toujours brève, parce que c'est toujours la dernière syllabe qui est longue, excepté dans les mots qui se terminent par un *e* muet où la syllabe longue est la pénultième, et dans le petit nombre de ceux où cette pénultième syllabe est marquée d'un accent circonflexe, comme dans bâton, mâtin (chien), qui ne se prononcent pas comme nous *battons*, le *matin*. L'antépénultième, dans le même cas, est pareillement longue, quand le mot est de trois syllabes au plus, comme dans *bâillement*, *bâtiment*, qui se prononcent en traînant la première syllabe, au lieu que les autres mots, comme *compliment*, *appartement*, sont soumis à la règle générale. Que l'antépénultième au surplus soit longue, cela n'empêche pas la dernière de l'être aussi; ainsi dans *bâillement* il n'y a de brève que la syllabe du milieu.
N. M. P.

ANTÉPHIALTIQUE, de ἀντί, contre, et de ἐφιάλτης, cauchemar. C'est un mot employé par Hoffman pour indiquer les remèdes propres à guérir le cauchemar ou du moins à soulager le malade.

ANTEPILANI. Les Romains donnaient ce nom aux vieux soldats de chaque légion, dont on formait une espèce de réserve placée en seconde ligne.

ANTÈRE ou **ANTHÈRE** (S.), Grec de naissance, monta sur le trône pontifical en 235 de J. C., après la mort de saint Pontien. Il ne fit qu'y paraître, car il mourut au bout de quarante jours. Bède et le nouveau martyrologe romain lui ont donné le nom de martyr.

ANTÉROS (*myth.*). Vénus se plaignait devant Thémis de ce que son fils Cupidon restait toujours enfant. Thémis lui répondit qu'il ne grandirait pas tant qu'il n'aurait pas un frère qui pût l'aimer. Antéros naquit, et l'amour grandit parce que les deux frères s'aimèrent; mais chaque fois qu'Antéros s'éloignait, Cupidon redevenait enfant. Cette fable est gracieuse et riante comme le sont en général toutes celles dont se compose la mythologie grecque; on est fâché seulement d'y voir Antéros naître d'une union criminelle entre Vénus et Mars. Cet adultère gâte l'allégorie. Les Athéniens élevèrent un temple en l'honneur d'Antéros, bien qu'on trouve d'anciens mythes qui font naître ce dieu de la Nuit et de l'Érèbe, et ne le présentent que comme une divinité très-peu importante, qui n'avait que des traits de plomb à lancer, traits qui ne produisaient que des passions brutales et peu durables.

ANTES, peuples slaves ou sarmates qui habitaient primitivement entre le Dniester et le Dniéper. L'empereur Héraclius leur avait permis de s'établir dans l'Illyrie; de là ils s'étaient étendus dans les contrées actuellement connues sous le nom de Croatie, Esclavonie, Dalmatie, Servie. Ceux qui s'étaient avancés vers l'Adriatique infestèrent cette mer et désolèrent tous ses rivages par leurs pirateries. Ceux qui étaient restés sur le Danube avaient été subjugués par les Goths. L'invasion des Huns brisa leurs chaînes, mais elle leur donna d'autres maîtres qui, à leur tour, subjugués par d'autres peuples, laissèrent aux Antes le pouvoir de reprendre leur liberté; mais à force de luttes sanglantes, qui tantôt en faisaient périr un grand nombre et tantôt se terminaient par des traités de paix à la suite desquels ils se mêlaient et s'incorporaient à leurs vainqueurs, leur nom a fini par se perdre, et dès le xe siècle on ne le retrouve plus dans l'histoire. On croit que tout ce qui se conservait de ces peuples s'était porté vers la Volkhova et qu'ils y fondèrent les villes de Kief et de Nowogorod. Voici ce que Procope a dit des Antes et des Slaves. « Ils ne sont pas soumis au gouvernement d'un seul, mais toutes leurs affaires, bonnes ou mauvaises, sont traitées en commun. Ils adorent un dieu créateur du tonnerre et maître de tout, ils lui sacrifient des taureaux et des victimes de toute sorte. Ils adorent aussi des nymphes et des génies.... Leurs habitations ne sont que de misérables huttes éparses sur le sol; ils vivent en nomades; ils combattent à pied, ont des javelots et de petits boucliers. Beaucoup d'entre eux sont à demi-nus. Leur langue est rude et grossière.... Ils ont les mœurs des Huns. Les Slaves et les Antes avaient autrefois le nom commun de *Spori*.... Ils possèdent la plus grande partie des terres qui bordent la rive septentrionale de l'Ister (le Danube). »   N. M. P.

ANTES. Ce substantif féminin vient du latin *ante*, devant, et désigne des piliers saillant sur la face d'un mur, les jambes de force formant dosseret dans un mur mitoyen, sous une poutre ou à l'encoignure d'un bâtiment. On appelle *antes* les jambages qui sont aux côtés des portes, et mieux encore les pilastres dont la partie antérieure est seule visible, ou bien les colonnes carrées placées au coin des murs de la *cella* des temples anciens. — Les auteurs qui ont traité de l'architecture sont quelquefois en dissentiment sur ce détail architectural. Perrault prétend que les antes que nous appelons pilastres et les *parastatæ* sont presque toujours une seule et même chose. Malgré cette autorité, on peut cependant faire une distinction. Le mot *ante* serait plus justement appliqué aux pilastres plats dont on ne voit que la partie antérieure, et celui de parastate irait mieux aux pieds-droits, qui sont des piliers carrés, ou qui forment saillie en dehors du mur de la moitié ou des deux tiers du carré. — Selon Vitruve, l'épaisseur du diamètre des antes doit être égale à celle des colonnes. En étudiant l'antique, on s'aperçoit que les antes ou *pilastres corniers* diminuaient dans la même proportion que les colonnes, et aussi qu'elles n'étaient pas toujours parallèles aux colonnes du *pronaos*. Enfin, dans les temples d'ordre dorique grec, les chapiteaux des antes diffèrent essentiellement des chapiteaux des colonnes. — Ainsi, l'on peut diviser les antes en trois sortes : les antes des portes, pilastres plats qui en accompagnent les côtés; les antes angulaires des murs latéraux, également pilastres plats, et les antes des murs prolongés de la *cella* ou corps du temple, lesquelles sont des piliers carrés. — Chez les Latins on appelait *antes* les premiers ceps de la rangée qui bordait une pièce de vigne; Virgile dit :

> Jam canit extremos effœtus vinitor antes.

Il est probable que de là ce nom, par métaphore, aura passé dans l'architecture.   GUILLOT.

ANTESIGNAN (PIERRE), né à Rabasteins, diocèse d'Alby, dans le XVI siècle, se fit une grande réputation par sa Grammaire grecque qui a été réimprimée plusieurs fois et qui n'avait rien perdu dans l'esprit des érudits par la publication de celle de Port-Royal, qui au fond n'est que la Grammaire d'Antesignan, avec quelques changements légers qui désignent assez mal le plagiat. Antesignan avait encore écrit une Grammaire universelle, mais elle est bien loin d'offrir le même mérite que la Grammaire grecque. Il a aussi donné une édition de Térence surchargée de notes savantes qui prouvent qu'il avait fait des études longues et solides. On a de lui quelques traités latins sur des questions de grammaire.

ANTESIGNANI. On appelait ainsi des soldats qui étaient spécialement chargés de la garde du drapeau dans les légions romaines. Comme on choisissait les plus braves pour leur confier cette importante mission, on donnait quelquefois le nom d'antesignanus, au figuré, à tous ceux qui excellaient dans un art. On appelait du même nom un corps de troupes légères qui marchaient en éclaireurs, ce que nous appelons *enfants perdus*.

ANTESTATURE, de *ante* et de *stare*, être placé devant. C'étaient des retranchements formés avec des palissades, des pieux et des sacs à terre qu'on élevait en avant des lieux qui ne paraissaient pas assez bien fortifiés, et principalement devant les portes des villes.

ANTEVERTA, déesse qui présidait au souvenir du passé.   X. X.

ANTH (PIERRE), curé de Sainte-Marguerite à Cologne, né aux environs d'Urheim dans la Prusse rhénane, fit ses études à Munstereifel, au gymnase des jésuites, puis suivit à l'université de Cologne les cours de physique, de logique et de mathématiques. Il aborda tout avec la même ardeur, et soutint des thèses publiques avec beaucoup de succès, ce qui lui acquit des protecteurs. Il ne se distingua pas moins en théologie. Ordonné prêtre en 1769, il enseigna la science pastorale au séminaire de Saint-Michel, et travailla ensuite pendant quinze ans au salut des âmes en qualité de vicaire du Petit-Saint-Martin à Cologne. Il ajouta à ses fonctions celle de prédicateur de la cathédrale, dont il s'acquitta avec intelligence

et avec fruit. Après la mort de l'archevêque Maximilien Frédéric, il fut chargé de prononcer son oraison funèbre, qui fut imprimée. Promu au grade de licencié en droit canon, il soutint courageusement dans cette occasion une thèse sur le *pécule du clergé* (*De peculio clericorum*), après quoi il fut nommé curé de Saint-Martin. Tous ses revenus étaient consacrés à l'acquisition des ouvrages les plus distingués et à des œuvres d'hospitalité. Il sut particulièrement exercer cette vertu lors de l'émigration de tant de prêtres français. Sa table fut ouverte pendant plus d'un an à ces confesseurs de la foi. Le nombre de ses hôtes se montait souvent jusqu'à quarante, et quand sa maison ne pouvait suffire à les recevoir, il leur procurait chez ses paroissiens demeure, vivres et argent. Dans un voyage qu'il fit à Rome il acquit beaucoup de connaissances, une expérience étendue et plusieurs ouvrages précieux. Par suite du concordat et d'une nouvelle organisation curiale, la paroisse de Sainte-Marguerite lui échut. Sa mort arriva le 1er mars 1810. Anth était franc, intrépide et gai, bon orateur, théologien consommé et philologue d'assez grand mérite. Outre une foule de petits traités, parmi lesquels il faut compter l'IKESIA, petit écrit anonyme dirigé contre le néologue Hedderich, professeur à Bonn, on a de lui *Six discours sur la divinité de la Bible*, Cologne, 1810. Ferdinand Wallraff, professeur à Cologne et célèbre antiquaire, a écrit sa vie.   RÆSS.

ANTHÉDON. (*V.* AGRIPPIAS.)

ANTHÉDON. Deux villes de l'antiquité ont porté ce nom. L'une était dans la Béotie près du détroit de l'Euripe (Négrepont); l'autre était au pays des Philistins, au S.-O. de Gaza. Hérode changea son nom en celui d'*Agrippiade*, en l'honneur de son ami Agrippa, favori d'Auguste.

ANTHELA, bourg de la Thessalie, près du golfe Maliaque et près des gorges des Thermopyles. Ce bourg était autrefois devenu très-célèbre, parce que le conseil des amphictyons y tenait tous les ans son assemblée dans l'enceinte du temple de Cérès.

ANTHÉLIENS (*dieux*), ἀνθήλιος (*contre le soleil*). C'étaient des espèces de dieux termes dont les statues, placées en dehors des portes d'Athènes, étaient continuellement exposées aux injures de l'air.   N. M. P.

ANTHELME (S.), évêque du Bellay, naquit dans la Savoie vers le commencement du XII siècle. Il entra de bonne heure dans la carrière ecclésiastique, mais de bonne heure aussi, dégoûté du monde où il ne rencontrait trop de distractions, il courut s'enfermer dans la grande Chartreuse, où il fut élu prieur en 1141. À l'avénement d'Alexandre III au siége apostolique il fit déclarer l'ordre entier des chartreux contre son compétiteur Victor III. La France, l'Espagne et l'Angleterre reconnurent Alexandre III. En 1163 Anthelme fut élevé à l'épiscopat; mais sa modestie était si grande qu'il fallut un ordre formel du pape pour lui faire accepter sa nomination. Anthelme n'ignorait pas qu'il prenait une tâche très-lourde, parce que les mœurs étaient très-corrompues même parmi les membres du clergé, et qu'en prêchant la réforme il allait se faire beaucoup d'ennemis. Il tenta d'abord la voie de la douceur, elle fut infructueuse; aussi se vit-il obligé de recourir aux censures ecclésiastiques. Peu de temps après il eut à soutenir contre le comte de Savoie, Humbert, les droits de son église. Contraint de céder à la violence, d'un autre côté vivement contrarié par son propre clergé peu disposé à se réformer, il se démit de sa dignité, mais le pape lui enjoignit de retourner à son église; Anthelme obéit, et depuis ce moment, alliant à propos la douceur à la fermeté, il parvint à triompher de l'injustice d'Humbert et de la résistance du clergé. Il mourut en odeur de sainteté le 26 juin 1178.   X. X.

ANTHELMI. (*V.* ANTELMI.)

ANTHELMINTIQUES. On désigne sous ce nom les médicaments qui sont employés pour détruire et pour expulser les vers intestinaux. — Ceux qui expulsent les vers sont appelés *vermifuges*, et ceux qui les détruisent *vermicides*. En tête des anthelmintiques il faut placer le mercure, qu'on administre particulièrement sous la forme de calomel. — L'arsenic, l'antimoine et l'étain ont été vantés contre les vers; les dangers qu'ils peuvent occasionner doivent rendre très-réservé sur leur emploi. — L'usage de la mousse de Corse, du semen-contra, de la racine de grenadier, de la fougère mâle et de la suie est beaucoup plus répandu. — On fait, avec ces diverses substances, des poudres, des pastilles, des tablettes et d'autres préparations qui jouissent d'une grande efficacité. Mais il faut reconnaître qu'il n'y a point de vermifuge assuré. Tous réussissent et tous échouent, suivant les circonstances, même lorsqu'on en surveille l'emploi et qu'on en prolonge l'administration. —

Il suffit, dans quelques circonstances, d'un changement dans le régime habituel pour procurer la mort ou la sortie des vers intestinaux et prévenir leur développement ultérieur. Ainsi, on a fait la remarque que ces animaux étaient fort rares, que peut-être même ils n'existaient jamais chez les enfants qui ne font que téter. — En présence de ces faits, comment n'être pas porté à croire que la production des entozoaires dépend de l'action organique du sujet chez lequel on le rencontre? (*V.* VERS.) A. B. DE B.

ANTHÉMIS ODORANTE, ou camomille romaine (*anthemis nobilis*), de la famille des corymbifères, plante indigène et vivace, à grandes fleurs blanches très-doubles; elles viennent dans le mois d'août. La plante demande une terre légère, amendée, une bonne exposition au midi, et les arrosements fréquents pendant les chaleurs. Après la floraison, on doit replanter la plante et la garantir des neiges qu'elle craint. L'anthémis à grandes fleurs (*anthemis grandiflora*) fournit beaucoup de variétés; il y en a à fleurs pourpres, à fleurs jaune soufré, à fleurs blanches en tuyaux, à fleurs cramoisi foncé, etc. Elle a besoin, comme la précédente, d'une exposition bien abritée, d'une terre légère et de peu ou point d'arrosement; elle ne fleurit qu'en octobre. X. X.

ANTHÉMIUS (PROCOPIUS ou PATRICIUS), petit-fils d'Anthémius qui administra, sous le nom de régent, et avec un succès soutenu, l'empire de Constantinople, pendant la minorité de Théodose le Jeune. Les exploits de Procopius Anthémius contre les barbares qui alors désolaient l'empire, le firent remarquer de l'empereur Marcien, qui lui donna en mariage sa fille unique, Flavia Euphémia, et lui confia le commandement de ses troupes d'Orient. Anthémius justifia les espérances que son beau-père avait conçues; il força les Goths et les Huns à fuir devant lui, et tant qu'il fut à la tête des armées, la terreur de son nom suffit pour garder les frontières. L'Occident, que d'autres barbares se disputaient, et que Ricimer semblait ne défendre que pour avoir un théâtre où sa cruauté pût s'exercer, l'Occident fit solennellement demander Anthémius à Constantinople; il y fut reçu comme un sauveur. Le vainqueur des Huns, arrivé à Rome avec le titre de césar, y fut aussitôt proclamé auguste par le peuple et le sénat. En 467, le nouvel empereur, comptant que des liens de famille pourraient lui attacher Ricimer, et qu'ainsi le repos de l'Italie serait assuré, accorda sa propre fille à cet ambitieux Suève. Cependant la paix ne régna pas longtemps entre le beau-père et le gendre; il fallait à Ricimer des empereurs qui consentissent à lui servir d'instrument. Ricimer vint, soutenu par tous les barons de la haute Italie, mettre le siége devant Rome, et bientôt la trahison lui en ouvrit les portes. Son premier acte fut de livrer à des assassins le père de sa femme; c'était le troisième empereur qu'il faisait périr. La mort d'Anthémius, dont le règne n'avait duré que cinq ans, fut une calamité pour l'Italie, car cet empereur avait toutes les qualités qu'on peut désirer dans ceux qui commandent; une valeur éprouvée, un grand amour pour la justice, et surtout la noble ambition de rendre son règne si pacifique et si prospère, que ceux-là même qui avaient combattu son élection, furent forcés d'applaudir à son gouvernement. J. R.

ANTHÉMIUS, de Tralles en Lydie, mathématicien, architecte et sculpteur, naquit dans le vᵉ siècle et mourut vers l'an 534. Il fut disciple de Proclus et fit le plus grand honneur à son école platonicienne, longtemps héritière de la gloire que les sciences mathématiques avaient fait rejaillir sur l'école d'Alexandrie. Anthémius fut l'ami d'Eutocius, le savant commentateur d'Archimède et d'Apollonius de Perge; il se rendit célèbre, sous le règne de Justinien, par la supériorité avec laquelle il appliqua les mathématiques à l'architecture et à l'optique. La renommée qu'il s'était acquise le fit choisir par cet empereur pour reconstruire à Constantinople, de concert avec Isidore de Milet, la superbe basilique de Sainte-Sophie, la plus belle église que le christianisme ait élevée dans l'Orient; bâtie d'abord par Constantin, réparée par Théodose le Jeune, décorée par tous les empereurs, elle avait été réduite en cendres sous le règne de Justinien. Après la mort d'Isidore, Anthémius eut la gloire de continuer seul ce chef-d'œuvre de l'art chrétien; et lorsque l'empereur vit cet ouvrage achevé, il s'écria : « O Salomon! je t'ai surpassé. » — On attribue à Anthémius l'invention des dômes, couronnement qui termine avec autant de hardiesse que de majesté les monuments religieux. On croit aussi qu'il inventa divers moyens d'imiter les tremblements de terre, le tonnerre et les éclairs, ce qui ferait supposer qu'il avait trouvé une composition semblable à la poudre à canon. Les historiens prétendent que pour se venger du rhéteur Zénon, dont il avait sujet de se plaindre, Anthémius déploya auprès de la maison de son antagoniste, l'appareil effrayant de son art; le rhéteur sentit tout à coup sa maison ébranlée jusque dans les fondements; il vit briller la foudre, et croyant le ciel déchaîné contre lui, il s'enfuit épouvanté. — On ne connaît des travaux d'Anthémius, dans la mécanique et dans l'optique, que des fragments de son ouvrage : περὶ παραδόξων μηχανημάτων, *de Machinis paradoxis*, etc., dont Dupuy, de l'académie des inscriptions, publia, en 1777, une traduction enrichie de savantes notes et d'observations. Dans cet écrit, Anthémius résout quatre problèmes de mécanique et de dioptrique, entre autres celui de former un immense miroir ardent de plusieurs miroirs plans, pour expliquer comment Archimède avait pu, à l'aide de ces miroirs, incendier les vaisseaux des Romains. VAN-TENAC.

ANTHÉMIUS (numism.). Il n'est guère possible de distinguer un portrait dans la tête de César casquée qui se trouve sur les médailles d'or de ce prince; l'art est à cette époque au commencement de la décadence. Le revers porte deux figures militaires, soutenant un globe surmonté d'une croix, et la légende : SALVS REIPVBLICÆ, *Salut de la république*. Dans le champ, le monogramme du Christ. Les quinaires portent la tête de profil, et au revers, le monogramme du Christ dans une couronne de laurier, ou seulement la croix. Les médailles d'or valent 30 et 36 fr., et les quinaires 10 à 18. On connaît aussi un médaillon contorniate, qui représente au revers Hercule portant dans ses bras le petit Télèphe; il vaut 100 fr., et n'est cité que dans Vaillant. D. M.

ANTHÈRE (bot.), de ἄνθος , fleur , ἔρως , amour, partie essentielle de l'organe sexuel mâle des plantes ; c'est la partie de l'étamine qui renferme la poussière fécondante appelée *pollen* (*V.* ce mot). L'anthère est supportée par un filet ordinairement vert et de longueur très-variable; rarement l'anthère dépasse la corolle. L'extrémité supérieure de l'étamine, ou l'anthère, ne se trouve jamais exactement à la même hauteur que l'extrémité supérieure du pistil (organe sexuel femelle) appelé le stigmate. Les fleurs où l'anthère est plus élevée que le stigmate sont en général droites, tandis que celles où le stigmate est plus élevé que l'anthère sont ordinairement inclinées. Il résulte de là que l'anthère conserve toujours une position supérieure à celle du pistil, et la poussière fécondante tombe naturellement sur l'organe femelle. Ce fait extrêmement remarquable a frappé tous les observateurs. La couleur de l'anthère est ordinairement d'un jaune doré, à cause de la transparence de la pellicule mince qui contient les grains du pollen. Sa forme est extrêmement variable, suivant les différents genres de plantes; elle est tantôt ovale, tantôt globuleuse, quelquefois semblable à la forme d'un haricot. L'anthère se trouve souvent si peu attachée au filet, qu'elle est sans cesse vacillante. Elle est composée généralement de deux petits lobes ovales, accolés l'un à l'autre; chaque lobe a un sillon longitudinal qui indique l'endroit par lequel doit s'ouvrir l'anthère, car, quoique avant sa maturité ce corps paraisse charnu et solide, il présente à l'observateur une cavité interne, divisée en deux loges par une cloison intermédiaire. Quelques anthères cependant n'ont qu'une loge, d'autres en ont trois. La plupart s'ouvrent par un petit trou qui se forme au sommet, ou par une sorte de couvercle tournant de bas en haut, comme sur une charnière. Les anthères portent quelquefois des houppes, des aigrettes, des épines, qui constituent souvent d'excellents caractères pour la distinction des espèces. F. HOEFER.

ANTHESPHORIES (*myth.*), de ἄνθος, fleur, et φέρω, je porte. C'étaient des fêtes qu'on célébrait autrefois en Sicile en l'honneur de Proserpine. On leur donna ce nom parce que ce fut tandis qu'elle cueillait des fleurs que Proserpine devint la proie du dieu des enfers. Quelques mythologues prétendent que ce nom venait de ce qu'on portait des épis de blé quand on célébrait dans Argos des fêtes en l'honneur de Junon *Anthea*. Les Athéniens donnaient quelquefois le nom d'anthesphorion au mois dans lequel ces fêtes avaient lieu.

ANTHESTÉRIES. Fêtes que les Athéniens célébraient en l'honneur de Bacchus les 11, 12 et 13 du mois anthestérion. Le premier jour, *pithœgia*, on ouvrait les tonneaux; le second jour, *choes*, on se défiait à qui boirait le plus; le vainqueur était couronné de lierre; on parcourait la ville et les champs sur des chariots, on se lançait des épigrammes, des quolibets; le troisième jour, *chitri*, on portait des vases pleins de grain consacrés à Mercure. Pendant ces trois jours, les esclaves étaient servis par leurs maîtres; mais à la fin du troisième jour, un héraut criait : En arrière, esclaves, les fêtes sont finies. — Le mois d'anthestérion répondait d'abord aux mois de mars et d'avril; mais comme les Athéniens employaient l'année lunaire, ce mois changeait souvent de place et parcourait toutes les saisons. Après la réforme du calendrier par Méthon, en 432 avant J. C., le mois d'anthestérion répondit aux mois de janvier et février. — Bacchus était souvent surnommé Anthius, parce qu'on couronnait de fleurs ses statues.

ANTHIAS. Les anciens donnaient ce nom à un poisson qui se dégageait des filets où il s'était pris, au moyen de sa nageoire dorsale. **N. M. P.**

ANTHOCÉPHALE (*hist. nat.*). Terme créé par Rudolphi pour désigner une famille de vers intestinaux, dont il a compté cinq espèces qu'il ne trouve que sur les poissons, soit dans les parenchymes organiques, soit dans le tissu cellulaire sous-membraneux, ou dans le foie, etc.; encore ces poissons appartiennent-ils tous, suivant lui, aux régions australes. Cependant M. de Blainville et M. Charles Leblond ont vu des anthocéphales sur des poissons communs à Paris, tels que le turbot et le merlan. *Caractères principaux :* tête avec quatre tentacules rétractiles, pourvus de crochets; fossettes latérales à la tête; corps allongé mince, avec un renflement vésiculaire. — Les anthocéphales, sur lesquels on ne sait encore que très-peu de chose, sont enveloppés extérieurement d'une pellicule élastique, épaisse, adhérente aux parenchymes organiques. Les anthocéphales diffèrent peu des *botriocéphales* et des *cysticerques.* **X. X.**

ANTHOLOGE (*théol.*), recueil des principaux offices de l'Église grecque. On emploie dans le même sens le mot florilége, collection de fleurs.

ANTHOLOGIE, de ἄνθος, fleur, et λέγω, je cueille. On désigne par ce mot un recueil de petites pièces des poètes grecs, de poésies choisies. Les anciens donnaient à ces petites pièces, à ces *fleurs de l'esprit,* le nom d'épigramme, quel qu'en fût le sujet, épithalame, épitaphe, élégie, inscription ou toute autre chose. Ils étaient loin d'attacher au mot d'épigramme le même sens que nous (*V.* ÉPIGRAMME). Le premier qui, parmi les Grecs, eut l'idée de recueillir tous ces traits légers qui, échappés à un poète en verve, ne laissaient que des traces fugitives de leur existence, et couraient risque d'être perdus parce que leur peu d'importance n'excitait pas au soin de les conserver, ce fut Méléagre de Gadara, ville de Syrie, qui vivait près d'un siècle avant J. C. Méléagre intitula son recueil *Guirlande,* Στέφανος, ou plutôt *Couronne de fleurs,* στέφανος, et il est probable que cette collection était meilleure que celles qui l'ont suivie, car le compilateur avait à sa disposition les meilleurs poëtes de la Grèce, au nombre de quarante-six, parmi lesquels on trouvait, au premier rang, Pindare, Anacréon, Sapho, Bachylide, Archiloque, etc. Malheureusement cette collection n'est pas arrivée jusqu'à nous. Environ deux cents ans plus tard, Philippe de Thessalonique publia une seconde anthologie, qu'il tira de quatorze poètes postérieurs à Méléagre, et cette seconde collection, faite dans un temps de décadence de la bonne littérature, ne pouvait égaler son aînée en mérite. Straton de Sardes dans le siècle suivant, et Agathias de Myrimne, dans le vɪᵉ, firent paraître de nouveaux recueils faisant suite à celui de Philippe. Enfin dans le xᵉ siècle Constantin Céphalas fit de tous ces recueils un extrait régulier qu'il divisa en cinq livres. Les deux premiers ne renferment que des pièces licencieuses, obscènes et même ordurières. Quelques-unes peuvent offrir quelque intérêt comme connaissant des peintures de mœurs; mais mieux eût valu ne pas connaître les mœurs de cette époque, que de ne les connaître que par cette voie. La troisième partie renferme, sous le nom d'*anathematika,* des pièces de vers ou épigrammes, qui servaient d'inscription aux offrandes faites aux dieux. La quatrième, *epitymia,* ne contenait que des épitaphes ou inscriptions tumulaires. La cinquième enfin, *epideictika,* se composait de pièces sur divers sujets, de jeux de mots, de traits plus ou moins saillants où le poète cherchait à faire parade de son esprit; c'était là ce qui se rapprochait le plus de notre genre épigrammatique. — Quatre cents ans après Céphalas, un moine grec de Constantinople, Maxime Planude, composa de tous ces recueils précédents une collection en sept livres, où les épigrammes se trouvent rangées par ordre alphabétique. Il est à regretter que le goût n'ait pas toujours présidé au choix fait par Planude; car s'il a purgé son recueil de beaucoup de pièces obscènes, il en a laissé subsister un grand nombre qui ne méritaient point grâce, et parmi les autres pièces il en a rejeté arbitrairement plusieurs qui valaient mieux que celles qu'il a conservées, s'il faut en croire ceux qui ont vu l'Anthologie de Céphalas. Ce dernier ouvrage avait tout à fait disparu des bibliothèques; on le jugeait perdu, lorsqu'il fut retrouvé, en 1606, par Saumaise, dans la bibliothèque d'Heidelberg, ville non moins fameuse par son tonneau de quarante-quatre mille hectolitres, l'une des merveilles de

l'Allemagne, que par ses établissements littéraires et scientifiques. François Guiet fit une copie de l'Anthologie d'Heidelberg sur celle de Saumaise; elle se composait de soixante feuillets in-folio d'une belle écriture. Cette copie, après avoir appartenu à Ménage, fut achetée par le ministre Louvois qui la transmit à la bibliothèque royale. On y trouve plus de sept cents épigrammes appartenant à cent vingt auteurs, sur lesquels il en est plus de trente dont Planude n'a rien inséré dans son Anthologie, et parmi ces derniers on compte Pythagore, Thalès, Eschine, etc. — L'Anthologie de Céphalas n'a pas été imprimée, mais celle de Planude a eu plusieurs éditions. Celle de Brunck, publiée à Strasbourg, 1772, en trois volumes, et à Leipzig, en 1794, avec un commentaire de Jacobs, a été enrichie d'additions par Henri Étienne et Saumaise. L'édition la plus moderne et en même temps la plus complète, est pareillement sortie des presses de Leipzig : c'est celle de Jacobs en quatre volumes. — Joseph Scaliger et d'autres latinistes ont publié une anthologie latine. La meilleure édition est celle d'Amsterdam, 1759—1775, deux volumes in-4°; elle est due aux soins de Pierre Burmann jeune. — Les Arabes ont beaucoup d'anthologies; car, à proprement parler, toutes les biographies de leurs écrivains peuvent en tenir lieu. M. Grangeret de la Grange a publié l'*Anthologie arabe,* et M. Sylvestre de Sacy la *Chrestomathie arabe,* avec la traduction française en regard, et des notes, et une *Anthologie grammaticale arabe,* aussi avec la traduction française et des notes. **J. DE M.**

ANTHOMYE, *anthomya* (*zool. ins.*), genre de diptères athéricères de la tribu des muscides, section des antomyzides, auquel M. Macquart assigne pour caractères : antennes n'atteignant pas l'épistome; style ordinairement tomenteux, quelquefois nu; abdomen étroit, atténué à l'extrémité; cuillerons petits; valve inférieure ne dépassant pas ordinairement la supérieure; ailes sans pointe au bord extérieur. — Les espèces assez nombreuses de ce genre vivent principalement sur les fleurs. Plusieurs se réunissent en troupes nombreuses qui se balancent dans les airs pendant des heures entières. Les femelles déposent leurs œufs à terre. On trouve communément en France : l'anthomye florale, *anthomya floralis,* longue de trois lignes; une bande noire sur le front; thorax obscur avec trois lignes noires; abdomen gris avec une bande dorsale et des incisions noires. — L'anthomye pluviale, *anthomya pluvialis,* longue de deux à trois lignes; d'un cendré pâle; cinq taches noires sur le thorax, deux sur l'écusson, et trois rangs de taches de même couleur sur l'abdomen. Cette espèce est fort incommode aux animaux, qu'elle harcèle sans cesse pendant une grande partie de l'été, surtout lorsque le temps se dispose à l'orage.—L'anthomye à manchettes, *anthomya manicata,* longue de trois lignes; noirâtre; abdomen à reflets bleuâtres, avec une bande dorsale et des incisions noires; une touffe de poils aux cuisses intermédiaires; ailes grises. La larve de cette espèce, suivant les observations de M. Robineau-Desvoidy, s'attache à divers corps pour subir sa métamorphose, et reste suspendue comme les chrysalides de beaucoup de lépidoptères. **J. BRUNET.**

ANTHOPHAGES, genre d'insectes qui vivent sur les fleurs et qui s'en nourrissent. On appelle *Anthophiles* ceux qui vivent sur les fleurs, mais ne s'en nourrissent pas. **X. X.**

ANTHOPHYLLITE (*minér.*) Silicate alumineux, renfermant de la magnésie et de l'oxyde de fer, qui est assez mal connu.— Cette substance est lamellaire, brunâtre, d'une densité de 2, 3, et elle se trouve en Norwége et au Groenland. **CH. B.**

ANTHRACIENS (*entom.*). Famille de l'ordre des dyptères. Caractères d'après Latreille : trompe à gaîne univalve, à lèvres très-petites et saillantes; à forme cylindrique ou conique; suçoir de quatre soies, dont deux portent des palpes; antenne de trois pièces terminées en alène; ailes écartées; tête au niveau du thorax. Ces insectes, vifs et légers, se nourrissent des sucs des plantes au moyen de leur trompe. Les anthrax, qui forment la principale variété, cherchent les lieux sablonneux frappés par le soleil. **X. X.**

ANTHRACITE, *houille éclatante, houille incombustible* (*minér.*). Cette substance est noire, avec un luisant qui tire sur le carbone de fer, d'une densité de 1, 8. — Elle a pour caractère essentiel de brûler lentement et difficilement, sans flamme ni fumée : sa composition se rapproche beaucoup de celle du diamant, c'est-à-dire du carbone pur. Elle renferme du carbone, avec des traces d'hydrogène, et 3 à 7 pour cent de matières terreuses. — Ce corps se présente quelquefois schisteux, réniforme, compacte, fibreux : on le distingue de la houille en ce que celle-ci brûle mieux et plus facilement, et qu'elle a une densité moindre que l'anthracite, dans le rapport de 7 à 8. — *Usages.* On emploie l'anthracite pour combustible, mais seulement dans les fonderies, les fours à chaux et autres grandes exploitations, car il s'allume et brûle difficilement, surtout lorsqu'il se trouve en petites masses. Il donne en brûlant une haute température. Pour le faire prendre, on le mélange avec de la houille ou du bois. Outre la difficulté qu'il a de s'allumer, il présente l'inconvénient de se briser au feu, et de former de petits morceaux qui ne peuvent plus brûler. — *Gisement.* Cette substance ne paraît pas avoir de gisement particulier; on pense que c'est de la houille qui a subi l'action d'un feu, dont toutes les matières volatiles s'étaient échappées et dégagées; peut-être aussi ces matières volatiles se sont-elles condensées pour former les bitumes, etc.; par conséquent il ne serait resté que du carbone, mélangé d'un peu de matière terreuse, et imprégné de traces de gaz. Ce qui porte à cette opinion, c'est que l'anthracite se rencontre assez souvent dans des terrains qu'on regarde comme de formation ignée; ces terrains renferment fréquemment des gneiss, des dolérites, des porphyres, et ces roches en s'épanchant ont pu modifier la houille. Ces roches ont d'ailleurs une relation intime avec les matières arénacées qui renferment aussi ce combustible. L'anthracite renferme des débris de végétaux, mais qui sont difficiles à reconnaître; ce n'est que dans les dépôts d'anthracite du lias alpin qu'on parvient à bien déterminer ces débris. — L'anthracite se rencontre au milieu des roches arénacées qu'on désigne sous le nom de Grauwacke, dans les Vosges, au Harz, en Bohême; quelquefois entre des couches de porphyre à Anzin, et plus particulièrement dans le lias alpin, dans le Dauphiné, au Valais, etc.   CHARLES BONNET.

ANTHRACONISTRE (*chim.*). C'est le nom d'un instrument inventé depuis peu, lequel sert à mesurer avec précision quelle quantité d'acide carbonique entre dans l'air atmosphérique.   X. X.

ANTHRAX (de ἄνθραξ, anthrax, carbo, charbon) (*méd.*). C'est une maladie qui a beaucoup d'analogie avec le furoncle ou clou, dont il n'y a personne qui ne connaisse les principaux caractères; seulement il occupe une plus grande étendue sur les points de la peau où il se développe, et présente beaucoup plus de gravité que lui. L'anthrax semble très-voisin du furoncle lorsqu'il est bénin; mais lorsqu'il prend un caractère de malignité, il se confond avec les maladies dont la dernière période est marquée par l'invasion de la gangrène. De là deux divisions bien tranchées dans l'anthrax; et la théorie et la pratique y trouvent avec raison deux sortes de maladies. La comparaison que nous avons faite entre le furoncle et l'*anthrax de nature bénigne*, met presque sur la voie de la description caractéristique de celui-ci. Il est constitué, en effet, par une tumeur inflammatoire, circonscrite, très-dure, très-douloureuse, dont la température est fort élevée, et qui se développe ordinairement sur la nuque, le dos, les parois de la poitrine et de l'abdomen, les épaules, les fesses et les cuisses. Son siège est dans les alvéoles du derme et le tissu cellulaire sous lequel le derme s'étend. Cette tumeur, qui s'environne dans sa circonférence d'une sorte d'éruption érysipélateuse, se couronne quelquefois, au bout de quelques jours, d'une vésicule jaunâtre; mais lorsque l'anthrax ne sort pas de son caractère de bénignité, cette vésicule ne se manifeste nullement, et la maladie continue à marcher ainsi vers sa terminaison. La portion la plus saillante commence au bout de quelques jours à présenter un ramollissement vague, un commencement de fluctuation. Cette période converge ordinairement avec une altération de la couleur de la peau qui tourne au violet pâle ou au bleuâtre; plus la fluctuation fait des progrès, plus la peau se ramollit et perd de son épaisseur; et après plusieurs jours de ce travail lent de la nature, un ulcère se forme, il en sort du pus sanguinolent, et quelques flocons de tissu cellulaire. Mais après ce dégorgement, la plaie ne se ferme pas de suite; l'ulcération s'agrandit, la suppuration continue, il s'ouvre même d'autres abcès dans le rayon occupé par l'anthrax, et la cicatrisation a lieu après un dégorgement qui dure un espace de temps indéterminé. — Il n'est pas besoin de dire que cette maladie, quelque bornée qu'elle soit, peut avoir son retentissement dans l'économie tout entière, car l'irritabilité, la susceptibilité des tempéraments doivent augmenter son degré d'énergie. Toutefois, abstraction faite de la nature particulière des individus, l'anthrax est souvent fort grave par lui-même, car il peut donner lieu à une fièvre considérable, et même à des complications funestes, telles que le développement d'affections inflammatoires dans des organes importants. Cette complication se produit, lorsque l'inflammation de la peau communique de la surface extérieure de la poitrine, par exemple, à la surface interne; on conçoit d'ailleurs, que sous l'influence d'un tel voisinage, la plèvre et le poumon peuvent facilement contracter une affection inflammatoire. Il arrive encore, et le cas est assez très-grave, que le volume considérable de l'anthrax, l'étendue de la place qu'il occupe, donnent lieu à une suppuration tellement abondante, que le malade en est très-affaibli. Dans cette hypothèse, un individu faible, scrofuleux, peut succomber par l'effet de l'épuisement résultant de la suppuration; mais dans la plupart des cas, l'anthrax bénin a une terminaison qui est parfaitement en harmonie avec l'épithète dont on fait suivre ce nom. S'il y a fièvre, cette fièvre dure très-peu de temps, trois ou quatre jours à peine, et ses rares retours disparaissent lorsque la formation de l'ulcère a succédé au degré d'acuité de la maladie. — La variété des causes qui font développer l'anthrax, directement ou indirectement, est assez marquée pour que le traitement ne soit pas identique. Ses causes, en effet, sont internes ou externes; dans ce dernier cas, il suffit d'applications froides pour faire avorter la tumeur, et cet avortement n'a rien de nuisible, si c'est à l'action de l'air ou au contact prolongé de certaines substances irritantes que l'anthrax doit son développement. Mais, si la maladie est avancée, il faut agir avec la série ordinaire des moyens antiphlogistiques, tout en modifiant ce traitement d'après les exigences organiques de chaque individu. Dans le premier cas, c'est-à-dire lorsque l'anthrax est le symptôme d'une affection interne, il faut rechercher s'il n'existe pas une sorte de filiation entre une vieille affection de peau non guérie et la maladie actuelle, si l'anthrax ne se lie pas à une modification plus ou moins inflammatoire des intestins ou de l'estomac, et même à une lésion du rein, ou à une interruption définitive ou passagère du flux menstruel. C'est la solution de ces questions, dont l'importance est évidente, que se lie directement au traitement rationnel de cette sorte d'anthrax. Il est important toutefois, à quelque cause que cette affection doive son origine, d'ouvrir le sommet et les parties déclives de la tumeur en la cernant par une incision ovalaire, ou en la divisant par une incision cruciale. En agissant ainsi, on affaiblit l'inflammation, et on prévient son trop grand développement en lui donnant plus d'espace, en décentralisant son activité, ce qui met à l'abri de toute terminaison fâcheuse, comme celle qui peut avoir lieu par la gangrène. — Ce que nous venons de dire s'applique à la guérison de la maladie et non aux moyens ou aux précautions qu'il faut prendre pour en éviter l'invasion. Et d'abord l'anthrax ne se développe guère que chez les femmes et les enfants; dès lors, la délicatesse de la peau est une prédisposition fâcheuse. Il faut donc, à l'époque où l'anthrax est le plus commun, au printemps et à l'automne, ne pas trop s'exposer à l'air humide ou changeant des journées et du soir, ne pas quitter trop rapidement les habits d'hiver, ni garder trop longtemps les costumes légers et frais de la belle saison; user d'une nourriture légère au retour de l'été, sans trop prendre sur les fruits qui ne sont pas mûrs, afin de conserver une normalité entière aux forces digestives; être fidèle toute l'année aux préceptes hygiéniques dans lesquels entrent l'usage des bains, la gymnastique ou l'exercice pour la bonne distribution des forces physiques, et la division ou plutôt la mesure proportionnée du travail intellectuel, pour que l'équilibre de l'économie ne soit rompu d'aucune manière. Les jeunes filles qui passent de l'état d'enfance à celui de nubilité, les femmes sur le retour, ne doivent pas se hâter de faire disparaître les anthrax qui se développent assez souvent chez elles, car ils servent à compenser dans la plupart des cas, la rareté ou la cessation du flux menstruel. Quand ces anthrax sont le résultat de l'activité salutaire de cette force conservatrice de la nature, qui porte au centre à la circonférence les produits ou l'action morbide qui troublent l'économie dans ses organes les plus importants, il faut respecter l'éruption, la suppuration, et veiller à la terminaison en se gardant bien d'en troubler le cours régulier. Dans ce cas-là, qui se répète, du reste, assez souvent, l'anthrax n'est pas une maladie à craindre; c'est un bienfait. — Passons maintenant à l'*anthrax malin*. Il dépend d'une cause interne douée sans doute d'une très-grande activité, puisqu'il se termine constamment par la gangrène. Il débute, du reste, comme le phlegmon ou plutôt l'anthrax ordinaire. Ainsi c'est d'abord une tension douloureuse à la peau, une tumeur considérable, rouge, chaude, qui, se couronnant bientôt d'une phlyctène livide, contracte elle-même peu à peu cette couleur, et tombe bientôt en décomposition gangréneuse. Les symptômes ne se bornent pas à la circonscription plus ou moins considérable que l'anthrax occupe sur la peau, ils se compliquent de ces troubles profonds, de ces marques caractéristiques d'une grande débilité, qui prouvent combien l'économie est gravement atteinte; de sorte que le pouls est petit; que le hoquet vient compliquer la prostration des forces, et que des syncopes multipliées ne tardent pas à se joindre à ces avant-coureurs trop certains d'une funeste et prochaine terminaison. Quels remèdes peuvent mettre fin à cette maladie? Ou les individus qui en sont atteints ont un vice éminemment morbide dans le corps, difficilement appréciable, et dont l'existence se réalise par le développement de l'anthrax, ou bien on les voit exténués, décomposés en quelque sorte dans les parties vitales de leurs organes, et la maladie est inséparable de leur état. Or, en présence de causes dont les unes sont inconnues, et les autres difficilement destructibles, le médecin peut rarement agir contre elles avec efficacité: du reste, le temps le lui permettrait-il, puisque le mal se développe avec la plus grande promptitude? Voici pourtant à quoi se réduisent les soins de l'homme de l'art : à l'intérieur, il donne des médicaments toniques et excitants pour aviver l'énergie organique, pour soulever les forces contre l'énergie de la désorganisation; à l'extérieur, il débride le foyer du mal, il porte le cautère actuel sur les parties gangrénées, pour aviver encore, par une réaction physiologique, les chairs qui formeront la face de la future plaie. A ce concours d'efforts, la guérison répond quelquefois; mais les terminaisons funestes sont plus communes, surtout quand le traitement n'a pas commencé à temps. Dans ces cas, qui sont bien loin d'être rares dans la classe pauvre, la célérité doit, pour ainsi dire, avoir le pas sur le choix rationnel des médicaments. — Nous avons à peine effleuré la question importante de l'anthrax malin; nous y reviendrons dans les articles *gangrène et pustule maligne.*   Dr ED. CARRIÈRE.

ANTHRAX, *anthrax* (*zool. ins.*). Genre de l'ordre des diptères, famille des tanystomes, tribu des anthraciens. Les anthrax ont les antennes distantes; à troisième article le plus souvent court et sphérique à la base; les yeux grands, réniformes; séparés dans les deux sexes; la trompe courte, à lèvres terminales distinctes; les ailes longues, à deux, trois ou quatre cellules sous-marginales. — Ces insectes se font facilement remarquer par leur parure sombre, mais agréablement variée de blanc; leur corps velouté, ordinairement velu, est souvent orné de taches argentées; leurs ailes longues présentent des parties transparentes de forme très-variable, sur un fond noir. Les anthrax volent avec une grande rapidité. On les voit souvent planer au-dessus des fleurs, où ils restent longtemps comme suspendus, en imprimant à leurs ailes un mouvement vibratoire. Plusieurs espèces de ce genre se trouvent en France, telles que l'anthrax demi-noir, *anthrax morio*, long de quatre à six lignes; noir; des poils fauves sur les côtés du thorax et à la base de l'abdomen; noir de l'aile allant de la base jusque vers le milieu, où il se termine en zigzag; le reste de l'aile transparent. Il est commun aux environs de Paris.— L'anthrax iachus, *anthrax iachus*, long de trois à quatre lignes; noir avec des poils d'un jaune doré; côtés du thorax à poils noirs; abdomen orné de bandes argentées interrompues; ailes noires avec des points et le bord intérieur transparents. Se trouve dans le midi de la France. — L'anthrax grand, *anthrax grandis*, long de neuf lignes; noir; thorax à poils jaunâtres; ailes à base et bandes obliques brunes; au midi de la France, etc. Les autres espèces, assez nombreuses, habitent pour la plupart les contrées chaudes des deux continents.

J. BRUNET.

ANTHRÈNE (*entom.*), genre d'insectes de l'ordre des coléoptères, à antennes finissant en massue, décrit par Fabricius. Corps ovoïde, couvert de petites écailles colorées, qui se détachent au toucher; antennes en massue, logées dans une cavité du corselet; mandibules petites; mais fortes; pattes contractiles, pouvant s'appliquer contre le corps. On connaît de plus de vingt espèces d'anthrènes; il y en a six en France, où la plus commune et en même temps la plus nuisible est l'*anthrène des musées,* ainsi nommée parce qu'elle dépose ses œufs dans les collections d'histoire naturelle où ses larves font beaucoup de dégât. Elle est d'un brun obscur avec quelques écailles blanches. On trouve souvent l'anthrène sur les fleurs. Cet insecte contrefait le mort quand on le touche. A l'état de larve il n'a que deux lignes de long, une tête écailleuse de même que les pattes, une bouche pourvue de fortes mâchoires, le corps couvert de poils réunis à la partie postérieure en deux petites aigrettes que l'insecte élève ou abaisse à son gré. On trouve ces larves dans toutes les matières animales desséchées, comme cuirs, pelleteries, etc. Tous les moyens qu'on a employés jusqu'ici pour les détruire, fumigations, préparations arsénicales, vapeurs sulfureuses, etc., ont été presque toujours infructueux. Il paraît que le seul moyen efficace qu'on puisse employer c'est

de soumettre les objets qui les recèlent à une chaleur de 50 à 60 degrés.

ANTHRIBE, genre d'insectes coléoptères tétramères de la famille des curculionites de Geoffroy (*Histoire naturelle des insectes des environs de Paris*). Corps ovoïde, légèrement aplati en dessus; élytres plus courts que l'abdomen et laissant découverts les derniers anneaux; tête prolongée en un bec court, large et aplati; palpes grands et filiformes; antennes terminées par une massue en trois articles, plus longues dans les mâles que dans les femelles. Cet insecte, peu commun en Europe, où l'on n'en voit que sept à huit espèces, quoiqu'on en connaisse une centaine, ne fait aucun dégât; aussi on le laisse se développer en paix sur les ormes où il dépose ses larves. L'anthribe latirostre de Fabricius, long de six à sept lignes, est le plus grand de ceux qu'on voit en Europe; il a le bec aussi long que la tête et très-large; le corps et les élytres d'un beau noir, avec des bandes grisâtres dont la couleur à l'extrémité dégénère en blanc. Il vit sur le tronc des arbres morts, où il paraît mort lui-même, tant sa démarche est lente; il a des ailes, mais il ne sait ou ne peut s'en servir.

ANTHROPOGÉNIE ou **ANTHROPOGÉNÉSIE**, de *anthropos* et de *genesis*, homme et génération; étude ou connaissance de tout ce qui se rapporte aux phénomènes de la génération humaine.

ANTHROPOGLYPHITE, de *anthropos* et de *glypho*, je taille; c'est un terme d'histoire naturelle employé pour désigner des pierres taillées naturellement et sans le secours de l'art, lesquelles représentent quelque partie du corps humain.

ANTHROPOGNOSIE, science ou connaissance de l'homme, sous le rapport principal de sa constitution physique et anatomique. — ANTHROPOGRAPHIE, titre d'un ouvrage de Riolan, contenant la description anatomique de l'homme.   X. X.

ANTHROPOLITHE (de *anthropos* et de *lithos*, pierre), homme pétrifié, fossile. La terre recélait, depuis bien des siècles, des débris de plantes et d'animaux de toute sorte : reptiles, poissons, quadrupèdes; ainsi les fouilles qu'à diverses époques on a faites jusque dans ses entrailles ont toujours produit le même résultat, c'est-à-dire la rencontre de quelques-uns de ces débris; mais bien des siècles encore ont dû s'écouler avant que la science pût s'emparer de ces découvertes. Ce n'a été que lorsque la présence de ces restes est venue frapper un œil explorateur, que la connaissance des fossiles, objet d'abord de pure curiosité, est devenue le but d'une étude sérieuse non moins qu'intéressante. (*V.* Fossile.) Une observation essentielle qui doit trouver ici place, c'est que par tous les fossiles découverts jusqu'à ce jour, on a pu acquérir la certitude que ces fossiles, à quelque règne qu'ils appartiennent, végétal, minéral ou animal, s'avancent plus vers la perfection à mesure qu'ils semblent s'approcher de nous, c'est-à-dire que ceux qui proviennent des terrains plus voisins de la surface actuelle du globe offrent des restes d'une organisation plus parfaite que ceux qu'on ne rencontre qu'à une grande profondeur et dans les terrains secondaires. Une chose non moins importante, c'est que de tous ces débris, que par une admirable analyse en remontant de l'effet à la cause, on est parvenu à recomposer de manière à former des corps réguliers, il n'en est aucun qu'on ait pu employer à reconstruire la charpente d'un homme, de telle sorte qu'il est aujourd'hui peu de savants naturalistes qui ne soient bien convaincus qu'il n'existe point d'anthropolithes. Nous allons plus loin : nous ne croyons pas qu'il en existe jamais. Mais avant d'aborder cette question par le raisonnement, examinons-la sous le rapport des faits allégués pour prouver qu'il y a eu des hommes fossiles. — En 1543, le commandant de Puertoviejo, ville maritime du Pérou, fit exécuter des fouilles dans un lieu où l'on prétendait avoir trouvé des ossements humains d'une grandeur prodigieuse, et on y découvrit en effet des ossements de très-fortes dimensions. Postérieurement de nouvelles fouilles furent faites au Mexique et dans plusieurs autres contrées de l'Amérique, et l'on se convainquit que le sol recélait beaucoup d'ossements. Le duc d'Albuquerque, qui était vice-roi du Mexique dans le XVIe siècle, fit assembler, dit Wafer, tous les médecins et naturalistes qu'on put trouver dans les colonies espagnoles; il les consulta sur la nature de ces ossements, et tous les reconnurent pour des restes de squelettes humains. Cette erreur manifeste, accueillie en Espagne, s'enracina si bien dans l'esprit des érudits de ce pays, qu'il n'y a pas beaucoup plus d'un siècle que le P. Torrubia de Madrid en fit la base de sa Gigantologie. Il trouvait dans ces immenses débris les restes des géants des premiers âges, de ceux dont il est parlé dans les livres saints, de ceux dont il est fait mention dans l'histoire des plus anciens peuples; il y trouvait les Titans, fils de la Terre, qui disputèrent le ciel à Jupiter; le squelette d'Antée étouffé par Hercule, lequel fut vu par Sertorius près de Tanger; celui d'Orion, trouvé dans l'île de Candie, moins haut que celui d'Antée; celui du roi Tautobocus, qui déjà dégénérait, car il n'avait que vingt-cinq pieds. Malheureusement pour l'ingénieux système de Torrubia, il fut avéré que les géants à qui ces ossements avaient appartenu n'étaient que des éléphants fossiles. Toutefois ceux qui voulaient absolument parmi les fossiles trouver des hommes ne se tinrent point pour vaincus. Près d'Aix, en 1583, et même en 1760, on a trouvé des restes de squelette humain. Cela fit grand bruit. Des débris du même genre sortirent de terre en 1779 comme pour venir attester l'existence de l'homme fossile, et certes la cause paraissait gagnée; mais il est avéré que MM. Lamanon et Cuvier, bons juges en cette matière, n'ont su voir dans ces restes humains que des restes de tortue. Il en fut de même de l'homme contemporain du déluge, présenté et prôné par Scheuchzer: Cuvier démontra que cet homme prétendu n'était qu'une salamandre de la grande espèce et de trois pieds de long, renfermée dans les feuilles d'un schiste du canton d'OEningue dans le duché de Bade. Cependant on voit des écrivains qui ont persisté dans l'opinion qu'il existe des fossiles humains, Donati, Sternberg, Schlotheim et quelques autres; ils ont regardé comme tels des débris recueillis dans l'île de Cérigo, dans la Dalmatie et ailleurs; mais leur opinion est loin d'avoir été prouvée. Dans nos départements du Midi on a trouvé dans des terrains d'alluvion, au-dessus des terrains secondaires ou même tertiaires, à peu de distance en un mot des couches modernes, des débris d'animaux parmi lesquels on a vu des restes humains; mais il a été reconnu que ces débris d'animaux appartiennent tous à des races encore existantes sur la terre; qu'on y voit pêle-mêle des os de loup, de chien, de cheval, de tigre, etc., et comme tous ces os se sont trouvés dans des cavernes, on présume que fuyant devant un danger commun, oubliant les uns leur timidité, les autres leur férocité naturelle, ils s'étaient réfugiés dans des antres où les eaux vinrent les submerger. Des fragments de poterie qu'on a trouvés parmi ces débris prouvent assez qu'il y avait déjà civilisation commencée, et que par conséquent ce n'étaient point là de véritables fossiles. — Il nous reste à parler des deux hommes fossiles rapportés de la Guadeloupe par l'Anglais Cochrane. C'étaient deux Galibis (anciens habitants de l'île), pris dans un bloc qui faisait partie d'un banc de coquillages maritimes: ce banc se trouve sous le niveau de la haute mer. Mais il a été démontré que toute cette masse calcaire est de formation moderne; que par conséquent, et vu que la matière qui la compose n'a pu saisir les corps de ces deux hommes que lorsqu'elle était encore molle et pâteuse, ces prétendus fossiles sont aussi de formation moderne. Quant à l'accident qui a fait périr ces deux hommes, on peut aisément le présumer: le bouleversement causé par quelque éruption volcanique ou quelqu'un de ces ouragans si fréquents aux Antilles et si terribles dans leurs effets. — Nous arrivons maintenant à la première question que nous avons énoncée. Des fossiles humains, parvenus à l'état de vrai fossile, antérieurs au déluge et postérieurs à la création de l'homme, peuvent-ils exister? nous ne le pensons pas. Voici comment nous raisonnons. — Tous les géologues, tous les naturalistes, tous les savants sont aujourd'hui d'accord sur ce point, qu'il n'existe pas ou que du moins personne n'a vu ni trouvé de fossile humain. Ou nous devons rejeter comme erronée et fausse cette opinion fondée sur des observations qui sont en partie du ressort des yeux, ou nous devons regarder la proposition comme certaine. C'est ce que nous ferons. Cela, il est vrai, ne fait pas qu'il soit impossible de trouver un jour ce qu'on n'a pas trouvé encore; mais jusqu'à ce que nous puissions voir de vrais fossiles humains, tenons pour constant qu'il n'y en a pas. Si on nous en montrait un seul, la question serait tranchée. — Mais d'un autre côté, il est certain qu'une humanité antérieure à la nôtre a existé, et que cette humanité tout entière a péri par le déluge; car ici, de deux choses l'une, ou les livres saints ne parlent d'un fait vrai que nous devons croire, ou ils ne méritent aucune croyance; en d'autres termes, ou les descendants d'Adam ont péri par le déluge, Noé et sa famille exceptés, ou bien la création de l'homme est postérieure au déluge; pour des chrétiens, le choix dans cette alternative ne saurait être douteux. — De ce que nous venons de dire résultent deux propositions, dont l'une est pour nous la vérité même: *les fils d'Adam, moins Noé et les siens, ont péri par le déluge;* dont l'autre réunit toutes les probabilités, toutes les présomptions de vérité

qu'il soit humainement possible d'acquérir: *il n'y a pas de fossiles humains.* Or, si depuis le déluge de Noé, des hommes submergés dans ce grand cataclysme avaient pu devenir fossiles, assurément on aurait trouvé des hommes fossiles, tout comme on a trouvé des animaux et des plantes. Il faut donc que les conditions nécessaires pour pétrifier l'homme depuis le déluge aient tout à fait manqué; mais si les conditions ont manqué pour faire des hommes fossiles, il ne faut pas s'attendre qu'il s'en trouve aujourd'hui, quelques fouilles qu'on tente, à quelque profondeur qu'on les conduise, en quelque lieu qu'on les fasse; car ce qui n'a pas pu être dans le passé à défaut de moyens d'existence, ne peut pas être dans le présent, ne pourra pas être dans l'avenir. Quant à la question de savoir si les animaux et les plantes fossiles ont été contemporains de l'homme; nous renvoyons aux mots CRÉATION, DÉLUGE, FOSSILE.   J. DE MARLÈS.

ANTHROPOLOGIE (*hist. nat. méd.*), de *anthropos* et de *logos*, discours. Ce mot a été employé au propre et au figuré. Au propre, c'est un discours, un traité sur l'homme ou sur le corps humain, sur son anatomie ou sa physiologie particulière. Platner, dans ses Questions physiologiques, a désigné sous ce nom la science qui traite de l'intelligence et des facultés par lesquelles l'homme se distingue de la bête. Burdach a donné à ce mot un sens plus étendu; suivant lui, l'anthropologie consiste dans la réunion des connaissances anatomiques, chimiques, physiologiques et psychologiques qui se rapportent à l'homme; il convient pourtant qu'on peut l'entendre comme Platner. Il semble que la définition de Burdach est plus exacte parce qu'elle embrasse plus de choses; elle s'applique à l'homme tout entier, à l'homme physique comme à l'homme moral, en état de nature, sauvage ou civilisé, vivant dans les bois ou bâtissant des villes, vivant isolément ou en société, espèce ou simple individu; c'est là du moins ce qui résulte textuellement de l'étymologie. Un discours sur l'homme ne peut avoir de limites que là où finit son histoire. — Dans l'école philosophique moderne on appelle anthropologie la partie de la science qui ne s'occupe que de l'économie morale de l'homme. Dans un sens figuré, on entend tout discours; toute expression qui attribue à Dieu des organes et des sensations de douleur ou de plaisir.   N. M. P.

ANTHROPOLOGIE (*philos.*). D'après son étymologie, qui signifie *science de l'homme,* l'anthropologie serait cette science qui, considérant l'homme, à la fois, comme un être moral et comme faisant partie de la nature physique, étudierait les lois de son organisation dans l'état de santé et dans l'état maladif, ses facultés intellectuelles, ses relations avec ses semblables et avec le monde, et qui, pénétrant enfin dans l'intimité même de l'être, s'élèverait à la connaissance des rapports qui existent entre l'homme et l'auteur de toutes choses. Telle serait l'immense étendue de l'anthropologie, si ce mot était pris dans toute son acception. Mais les aspects divers sous lesquels l'homme peut être considéré sont tellement nombreux, et la science qui embrasserait tous ces aspects serait tellement vaste et compréhensive, que l'on a été forcé de restreindre la signification du mot *anthropologie,* qui n'est guère employé que pour désigner cette partie de l'histoire naturelle, ou plutôt de la zoologie, qui, comparant l'homme avec les autres mammifères, se borne à rechercher et à décrire les caractères distinctifs de son organisation. — Dans la pensée de certains philosophes, cette partie de l'histoire naturelle qui, selon nous, ne considère l'homme que dans le moindre des points de vue sous lesquels on peut l'étudier, l'anthropologie avec cette restriction et circonscrite dans les bornes que se trace le naturaliste, renfermerait la science entière de l'homme, puisque au delà de ce qui tombe sous le sens, il serait impossible qu'on pût connaître de lui rien de certain et de positif. Cette erreur est d'abord celle de ces philosophes matérialistes pour lesquels la science de l'homme n'est autre chose que la connaissance de son corps. Elle a été reproduite par ceux des physiologistes modernes qui ont essayé de trouver dans le cerveau l'explication matérielle de tout ce que peuvent embrasser la sensibilité, l'intelligence et la volonté de l'homme. Mais il n'appartient à aucune puissance de mutiler et d'emprisonner ainsi dans de minces proportions, la science de l'homme, qui doit être *double,* qui par son organisation touche à tous les objets matériels qui rampent ou se traînent avec lui sur la terre, et par son intelligence, et surtout sa liberté morale, s'élève jusqu'à devenir concitoyen de ce monde invisible, de ce royaume des esprits que régit la divine Providence. Que l'on établisse pour la commodité de la science humaine, peu capable d'embrasser à la fois les détails et l'ensemble d'un tout tant soit peu compliqué, des divisions artificielles; que l'on abandonne au médecin l'examen des causes et des résultats pathologiques ; au physiologiste, l'étude des organes de la vie ; au phrénologiste, l'analyse du cerveau ; au naturaliste, les détails de l'organisation intérieure ou externe ; au psychologue, la connaissance des facultés de l'âme ; au logicien, celle des moyens qu'elle possède pour atteindre la vérité ; au moraliste et au politique, l'énumération de ses mobiles d'action, de ses devoirs ou de ses droits ; que l'on divise et subdivise ainsi la science de l'homme en plusieurs branches, partagées elles-mêmes en mille branches différentes, c'est agir avec prudence, c'est employer le seul moyen susceptible de faire produire à la faiblesse le même résultat qu'à la force. Mais prendre une de ces divisions pour la science totale, pour la science exacte et complète, c'est une erreur, qui, pour être assez ordinaire, n'en est pas moins une erreur profonde. L'anthropologie, pour être la science de l'homme et mériter véritablement ce titre, ne peut donc être considérée au point de vue exclusif et restreint du naturaliste ou du phrénologiste ; elle s'étend au delà de l'observation sensible ; elle ne croit pas avoir expliqué l'homme tout entier, lorsqu'elle a entrevu le mécanisme qui préside à l'action des nerfs du cerveau, ou les phénomènes qui accompagnent la digestion ou la circulation du sang. Une véritable science de l'homme ne peut pas séparer de l'organisme, ce qui fait que l'organisme, avec tous ses développements, ne devient pas tout à fait inutile ; ce qui constitue la personnalité humaine ; ce qui préside aux mouvements du corps ; ce qui jouit ou souffre à l'occasion de ces mouvements ; ce qui connaît, juge, raisonne, imagine ; ce qui, en concevant le beau, crée les merveilles de l'*art*; ce qui, en percevant les rapports et les lois de l'être, comprend le *vrai* ; ce qui, en s'élevant à l'idée de la vertu, devient un être moral ; ce qui enfin, remontant au principe suprême du *vrai*, du *beau* et du *juste*, devient capable de connaître ce que ce principe suprême a bien voulu lui révéler sur sa propre nature, sur ses divins attributs, sur le culte qu'il exige de sa créature, qu'il consent, dans sa bonté infinie, à élever jusqu'à lui par la religion, source ineffable, principe éternel de tout art, de toute vérité, de toute morale. C'est-à-dire que la science de l'homme, l'anthropologie, doit embrasser à la fois la science de l'âme et celle du corps, dans tous leurs rapports avec la nature et avec Dieu. Une pareille science, il faut bien l'avouer, n'existe pas encore ; nous pouvons ajouter même qu'elle n'existera jamais d'une manière adéquate et complète. Mais, quoiqu'il paraisse difficile qu'il se présente en aucun temps, une tête philosophique assez solide, possédant à un degré assez éminent les connaissances les plus diverses, pour pouvoir arriver à cette connaissance approfondie de la nature spirituelle et de la nature physique de l'homme, qui, dans notre opinion, mériterait seule le nom d'anthropologie, on peut concevoir néanmoins ce que devrait être une pareille science, en tracer les limites, en déterminer les diverses parties, en énumérer les nombreuses ramifications. C'est ce que nous ne pourrions essayer de faire ici d'une manière assez complète. Nous aimons mieux renvoyer au mot *homme* l'exposition de ces idées ; elles y trouveront naturellement leur place, et elles se lieront d'une manière plus complète à toutes les considérations que nous pourrons présenter alors à nos lecteurs. C. HIPPEAU.

ANTHROPOLOGIE (*médec., psychol.*). L'anthropologie, c'est-à-dire l'étude de l'homme, est la plus vaste de toutes les sciences ; et nous pouvons ajouter l'une des plus importantes, puisque l'homme y est considéré sous le point de vue de son influence sur ce qui l'entoure, de celle qu'il reçoit du milieu dans lequel il vit, des institutions qui le régissent, des habitudes qui l'occupent, et enfin sous le point de vue qu'on peut tirer de l'utilité de ces connaissances dans leur application au bien-être des nations et des individus. Cette science, comme on le pense bien, a existé de tous les temps, car l'homme a toujours travaillé à se connaître ; mais les recherches qui, dans les premières époques de la philosophie, avaient cette connaissance pour but, se bornaient à l'essence de l'être ou allaient rarement au delà : le γνῶθι σεαυτον des temples grecs ne s'appliquait qu'à l'homme en lui-même. A mesure que les rapports sociaux étendirent leur cercle, que la vie politique fût étudiée dans ses exigences et son développement, l'anthropologie groupa progressivement autour d'elle la série de sciences qui devaient la constituer ; enfin depuis cette époque on fit marcher l'étude de l'homme vis-à-vis du monde, au-dessus de celle de l'homme considéré sous le rapport du principe actif par lequel il procède aux phénomènes merveilleux de son existence intellectuelle. Dire que l'anthropologie a déjà rendu de grands services à l'humanité, c'est avancer un axiome incontestable, car toutes les branches qui constituent cette grande science ont été cultivées avec fruit. Ainsi l'étude de l'origine des langues a vu des écrivains laborieux et patients tirer de leurs recherches cette grande conséquence, que les langages si multipliés dont la civilisation actuelle présente les types, soit dans la pratique, soit dans l'histoire, sont issus de trois idiomes primitifs, et que les idiomes primitifs sont issus eux-mêmes d'une seule et même langue mère. Or, un tel résultat conduit nécessairement à admettre la communauté d'origine de tous les hommes, et de déduction en déduction à flétrir la criante injustice de l'esclavage dont les nègres commencent à être affranchis. Les doctrines du Christ avaient établi à *priori* cette grande vérité, qui vient d'être justifiée par la science. La connaissance de l'homme dans son développement au sein maternel, les preuves de son indépendance de la grande famille animale, dont M. de Blainville et tant d'autres naturalistes habiles ont exposé la série, servent de point d'appui aux vérités mises en évidence par l'étude approfondie de la linguistique, et par conséquent fournissent un élément de plus en faveur des belles applications qui se déduisent directement de l'unité de la race humaine. L'histoire considérée sous le point de vue de la filiation synthétique des événements, dans une intention qui soit en harmonie avec les conditions et les tendances communes de l'individu et de la société, est encore un ordre de connaissances qui rentre essentiellement dans l'anthropologie. On conçoit en effet que la coordination et l'appréciation des causes auxquelles se lient les péripéties de l'humanité, et la démonstration de la loi dont la formule domine et fait vivre en quelque sorte toutes ces considérations, établissent un moyen de certitude qui peut servir à remédier au présent et à préparer l'avenir. Dans les derniers temps l'histoire, comme nous l'entendons, a été poussée très-loin ; depuis que Condorcet a démontré le progrès du mouvement social, elle a pris les proportions d'une science. Pour que l'histoire ait une haute portée, et qu'elle concoure puissamment à former la science anthropologique, elle doit s'appuyer sur une série de connaissances dont l'importance est d'ailleurs parfaitement appréciée de nos jours. Ainsi l'individu, comme la nation dont il fait partie, vit dans une atmosphère à la fois morale et physique, qui se compose d'une part des croyances, de la législation, du gouvernement, et de l'autre, du climat, de la culture, du sol. De là découlent les habitudes, les mœurs ; de là aussi dérivent ces influences dont le cachet s'imprime sur les formes du corps et modifie les caractères de la physionomie. Or, pour bien pénétrer un homme et une nation, pour lutter contre leurs mauvaises tendances et pour seconder fructueusement les bonnes, il faut apprendre à connaître toutes les conditions de climat et de gouvernement contre lesquelles l'esprit n'a pas toujours la puissance de réagir complètement. Ici la science anthropologique prend un développement immense, car elle appelle à elle une série de connaissances dont il nous est presque difficile de faire la fidèle énumération. En effet, la morale et la philosophie doivent poser les règles, indiquer le but, afin que les savants d'un ordre inférieur ne s'égarent pas dans leurs recherches ; en consommant leur temps à de puériles investigations, à des travaux d'une application étroite ou même impossible. Pendant que le législateur, éclairé de cette lumière, modifie ou enrichit le système de lois qui est destiné à seconder les tendances meilleures de l'individu dans son isolement et la nation dans son ensemble, l'esprit individuel et général doit être préparé par l'éducation, et les conditions du climat et du sol, si elles sont mauvaises ou imparfaites, doivent être aussi modifiées en ce qui regarde le bien-être physique de chacun et de tous. Eh ! que de sciences entrent dans cette double éducation, celle du corps et celle de l'esprit, pour qu'elles réalisent tous ces moyens d'action qui, après avoir été sublimes découvertes, deviennent des pratiques communes et familières ! Ainsi, d'une part, tout ce qui rentre dans la philosophie avec ses applications, tout ce qui rentre dans la haute et la grande éducation, tout ce qui est du ressort de la distribution, de la division des pouvoirs dans leur hiérarchie depuis le chef suprême jusqu'au simple ouvrier, jusqu'au prolétaire ; tout ce qui constitue l'action des puissants et le droit des faibles, le devoir des premiers et l'indépendance des seconds ; enfin tout ce qui sert d'élément à cette politique internationale qui doit se résumer dans la fusion de peuple à peuple, des intérêts et des sympathies, pour arriver à la réalisation politique de ce bel article de la loi de Jésus-Christ : Hommes, soyez tous frères ! d'autre part, l'assainissement de l'air des villes et des campagnes par les moyens qui sont du domaine de la physique du globe, de la physique spéciale et de l'hygiène publique ; la culture des terres dans ses rapports avec le climat et les besoins, et parfois pour modifier le climat lui-même ; la distribution logique des eaux et des routes dans le but de rendre aussi faciles que possible les communications qui naissent de l'activité de l'esprit et des nécessités du commerce ; et pour ne rien omettre, tout ce qui peut contribuer à développer chez l'homme et dans une nation le bien-être physique dont l'influence seconde si souvent les grandes et puissantes manifestations du moral. Déjà même on peut voir combien la France marche avec vitesse dans cette voie. Nous ne parlons pas de la culture qui a fécondé des steppes et ressuscité des populations malades dont l'existence ne se prolongeait guère au delà de l'âge mûr ; nous ne parlons pas de ces réseaux de routes et de canaux qui commencent à sillonner les espaces de notre beau pays et en ouvrir les parties les plus reculées aux lumières et au commerce ; mais nous devons fixer l'attention sur ce qui se fait maintenant dans les prisons, où la réforme entre de toutes parts pour réhabiliter le condamné dans le monde par l'éducation chrétienne de l'esprit et l'éducation absorbante du travail ; nous devons répéter ce qu'on ne cesse de dire depuis quelques années déjà, que la vapeur et les chemins de fer sont un grand acte de philosophie anthropologique, puisqu'en activant les communications, en rapprochant sans cesse l'habitant du Nord de celui du Midi, en faisant voyager les hommes et les idées, toutes les circonscriptions territoriales, toutes les influences de climat tomberont pour ne faire place qu'à la toute-puissance de l'intelligence et de la pensée humaines. Or, que nous partions des améliorations physiques ou de l'éducation morale, nous revenons toujours à ce précepte de l'Évangile qui place les hommes sous le même niveau, lorsqu'au lieu de vivre par la matière ils vivent par l'esprit : l'admirable et beau principe de la fraternité de tous, sans distinction de ciel ou d'origine. — Ainsi donc aucune science n'est plus vaste que l'anthropologie et n'a besoin d'une plus grande concentration de lumières pour se manifester dans sa bienfaisante utilité. Voilà pourquoi peu de livres ont été écrits sur elle, car, pour en considérer les éléments, il faudrait une intelligence qui eût scruté tour à tour les connaissances de tous les ordres. D'ailleurs, comme nous l'avons déjà dit, l'anthropologie ne date en quelque sorte que d'hier. Avant l'imprimerie on ne la soupçonnait nullement, ou plutôt on ne la soupçonnait pas dans l'immensité de son domaine ; depuis l'imprimerie, les paroles civilisatrices du Christ ont trouvé leur justification dans les découvertes de l'analyse ; et l'anthropologie est maintenant dans la bonne voie, puisqu'elle se réalise tous les jours en essayant de mettre en pratique ses doctrines.

Dʳ Ed. CARRIÈRE.

ANTHROPOMAGNÉTISME. Spindler a désigné par ce nom le magnétisme animal considéré relativement aux rapports qui existent entre l'homme et les autres corps de tout genre.

ANTHROPOMANTIE ; genre de divination qui s'opérait par l'inspection des entrailles humaines. Il était en usage parmi les Grecs depuis les plus anciens temps, s'il faut en croire Hérodote, qui rapporte que Ménélas, jeté par la tempête en Égypte, sacrifia deux enfants, afin de découvrir son propre avenir en faisant examiner leurs entrailles.

ANTHROPOMÉTRIE, science qui consiste à connaître les proportions des diverses parties dont se compose le corps humain.

ANTHROPOMORPHE, adject. des deux genres, qui s'applique aux animaux qui ont quelque chose des formes humaines.

X. X.

ANTHROPOMORPHIE (de *anthropos*, homme, et de *morphé*, forme). Les considérations à faire sur les formes animales qui se rapprochent de la forme humaine rentrent dans l'acception de ce mot. Vu sous une seule face, il semblera d'abord n'avoir qu'un domaine très-borné : mais ce domaine s'agrandit bientôt sous les yeux de l'observateur. En effet, à commencer à la période antédiluvienne, les géologues ont cru longtemps qu'il existait à cette époque un animal dont les formes avaient beaucoup d'analogie avec celles de l'homme, puisqu'on a discuté longuement sur l'origine réelle des débris trouvés. Appartenaient-ils à l'homme contemporain du déluge ou, à un animal dont la structure anatomique aurait eu quelque ressemblance avec la sienne ? On est maintenant à peu près d'accord sur la réalité de l'existence de l'homme à l'époque du grand cataclysme. Les singes étant l'espèce animale la plus voisine de la nôtre, certains géologues ont pris ou plutôt ont voulu prendre des débris de la première pour des restes appartenant à la seconde ; et quelques zoologistes ont cherché à

établir entre l'homme et l'orang-outang un lien d'identité qui ne peut sortir que d'une hypothèse menteuse et préconçue. Mais toutes ces erreurs n'ont eu qu'une durée passagère, et notre nature n'a pas été souillée par une aussi monstrueuse association. Du reste, les qualités ou plutôt les particularités physiologiques et anatomiques qui constituent l'espèce simiane sont plus que suffisantes pour isoler entièrement de l'espèce humaine. Nous ne parlerons pas ici de ces formes plus ou moins voisines de celles de l'homme qui sont moins dans la réalité que dans l'imagination, comme ces incubes ou ces succubes dont la personnalité toute spirituelle est décrite dans l'histoire de la démonomanie et des superstitions du moyen âge ; nous n'en parlerons pas, disons-nous, parce que les détails que nous aurions à donner sur un tel sujet nous feraient sortir des limites que nous devons nous imposer. — La succession des êtres de l'espèce humaine offre souvent des aberrations du type normal, des monstres incapables de se reproduire, parce qu'ils sont constitués par des appareils incomplets dont le jeu n'est pas même suffisant dans la plupart des cas, pour prolonger l'existence. La cause de l'altération de ces êtres peut tenir à un ébranlement nerveux de la mère pendant la gestation, à une maladie, ou à une action quelconque, qui auraient troublé le développement d'un organe important, et enfin brouillé les rapports d'un tout qui se distribuait dans les conditions de sa normalité future. Les monstres sont donc d'une grande utilité pour faire apprécier comparativement le rôle ou la sphère d'action de chaque système d'organes ; car si l'un de ces êtres exceptionnels offre, par exemple, pendant son existence de quelques heures ou de quelques jours, des phénomènes de vitalité incomplets ou exagérés qui se rapportent à l'absence ou au trop grand développement d'un organe dont les fonctions ne seraient qu'imparfaitement connues, les déductions qu'on peut en tirer doivent conduire à la détermination réelle de l'influence et du mode d'action physiologiques de cet organe. Mais ce n'est pas à cela qu'on s'est arrêté ; quelques zoologistes en considérant l'importance de l'étude des monstres, et en reconnaissant surtout, comme quelques Allemands et M. Geoffroi Saint-Hilaire, une certaine identité dans les caractères principaux que présentent ces anomalies, ont tiré cette conséquence : que les monstres n'étaient des monstres que comparativement au type humain, et que dans leur ligne, ils présentaient un ensemble de lois organiques dont le mécanisme vital réalisait la nuance intermédiaire qui sépare l'homme du singe. Ainsi, par cette opinion, on confond, ou plutôt on met sur le même niveau toutes les espèces animales, en se contentant seulement de les classer, comme le peintre dispose les couleurs sur sa palette, c'est-à-dire en séparant les unes des autres par des dégradations successives, les teintes les plus prononcées. Heureusement l'école des naturalistes allemands a cédé le pas à celle qui fait rentrer la nuance dans le type d'où elle émane, et donne à ce type une indépendance dont la distribution se fait par une hiérarchie au sein de laquelle l'homme occupe le point culminant de l'échelle. D'après cela, l'étude des monstres peut jusqu'à un certain point égarer le naturaliste qui veut tirer de ses observations de hautes conceptions philosophiques ; mais en même temps, si elle est bien dirigée, bien comprise, elle a dans la grandeur de son domaine de très-utiles enseignements à fournir. En effet, si Cuvier et Gall ont tiré de la comparaison de l'homme avec les animaux inférieurs de belles et fécondes conséquences ; si le premier a su reconstruire ces géants de l'animalité dont le déluge avait effacé la trace, à l'aide de quelques débris du monde passé qu'il rapprochait des pièces de structure appartenant au monde actuel, combien la comparaison de la dégénération de l'homme avec l'homme lui-même, du monstre avec le type dans toute sa pureté, doit donner d'utiles résultats ! Aussi que l'étude de l'anthropomorphie ne soit pour personne un sujet d'occupation où la curiosité serait tout et la science rien ; car, nous le répétons, étudier les monstres dans une bonne direction, c'est compléter l'histoire de la physiologie humaine, et aider au lieu d'empêcher le mouvement religieux qui se continue si merveilleusement sous la route déjà si bien déblayée des sciences naturelles. Quant aux théories philosophiques qui rentrent dans l'acception du mot *Anthropomorphie*, nous renvoyons au mot *Ontologie*.

Dʳ Ed. CARRIÈRE.

ANTHROPOMORPHISME. Ce mot sert à désigner une secte d'hérétiques du IIIᵉ siècle, lesquels prétendaient que Dieu est corporel et qu'il possède une forme humaine. Un visionnaire de la Mésopotamie, nommé Andée, fut l'auteur de cette secte, qui se propagea en peu de temps dans plusieurs contrées de l'Orient. L'Égypte et le pays des Goths, où l'empereur

Théodose avait relégué Andée, furent surtout infectés des doctrines de l'anthropomorphisme (*V.* l'art. suivant). J. R.

ANTHROPOMORPHITES ou **VADIENS** et **ANDIENS**; hérétiques grossiers, qui croyaient que Dieu avait un corps de figure humaine. Ils parurent en Égypte sous Théodose le Grand, et sous le pontificat du pape Sérice, vers l'an 395. Ils prenaient à la lettre tous les passages de l'Écriture qui attribuent à Dieu des bras, des pieds, des mains, etc. Ils expliquaient dans le sens de la forme corporelle le célèbre passage de la Genèse, dans lequel Dieu dit : « Faisons l'homme à notre image et à notre ressemblance. » — Cette hérésie reparut sous Henri I*er*, dit l'Oiseleur, et sous le pape Jean XII, qui succéda à Agapet en 954. — Quelques auteurs ont accusé Tertullien de l'avoir fait naître ou de l'avoir fomentée; mais saint Augustin l'excuse à cet égard, dans son livre des Hérésies (ch. 86). — Nicéphore (liv. II de son *Histoire ecclésiastique*, ch. 14) et saint Épiphane appellent les anthropomorphites Andiens, d'Andée ou Andius, qui avait tiré sa doctrine de Manès. Ces hérétiques, sous prétexte d'une vie plus sainte, se séparèrent de l'Église, et se couvrirent d'un masque de sainteté pharisaïque, afin de cacher la honte de leur conduite réelle. — Les moines de l'Égypte, en 402, se divisèrent sur cette question : les uns, hommes simples et grossiers, adoptèrent l'anthropomorphisme, et les autres le rejetèrent; les premiers, joignant la violence à leur grossière ignorance, accoururent à Alexandrie, et excitèrent une grande sédition dans la ville; ils forcèrent le patriarche Théophile à condamner les écrits d'Origène, qu'ils regardaient comme l'auteur de la spiritualité de Dieu. Théophile put preuve d'adresse en cette occasion, mais il ne montra pas un grand courage à soutenir la vraie doctrine de l'Église : « En vous voyant, dit-il à ces moines irrités, je vois en vous l'image de Dieu. » Cette parole apaisa la sédition. — Certains mécréants accusent ceux qui admettent Dieu d'anthropomorphisme, parce que l'esprit humain ne peut penser à Dieu sans image, comme si notre impuissance à concevoir la spiritualité divine prouve quelque chose contre notre foi, dans cette vérité que *Dieu est esprit*.
O. VIDAL.

ANTHROPONOMIE, de *anthropos* et de *nomé*, loi : C'est la partie de la science par laquelle on apprend à connaître les lois particulières qui règlent l'exercice des fonctions du corps humain, qui dominent sur l'économie animale.

ANTHROPOPATHIE, de *anthropos* et de *pathos*, passion; expression figurée, par laquelle on attribue à Dieu une passion, une affection qui n'appartient qu'à l'homme. Il n'est pas nécessaire de dire que toute anthropopathie renferme un abus répréhensible des formes du langage. Attribuer à Dieu une affection quelconque de l'homme, fût-ce même la plus éminente de ses vertus, c'est l'offenser en l'abaissant à notre niveau; car qu'y a-t-il de commun entre les vertus de l'homme et celles de Dieu? N. M. P.

ANTHROPOPHAGE, ANTHROPOPHAGIE. Ces deux mots dont l'origine est commune (de *anthropos* et de *phaguein*, manger) signifient, le premier, mangeur d'hommes et le second, coutume de manger de la chair humaine. Il n'est pas nécessaire de dire que le nom d'anthropophage ne se donne point à celui qui par quelque accident s'est trouvé réduit à manger de la chair humaine, ni même à celui qui, dominé par une passion furieuse ou par le sentiment d'un fanatisme aveugle, ou victime d'une déplorable monomanie, aura momentanément dévoré quelque portion de cet abominable aliment; il se donne à l'homme qui par goût et surtout par habitude se nourrit de la chair de ses semblables. — Ici deux questions se présentent : 1° l'anthropophagie a-t-elle existé? existe-t-elle? 2° Quelle cause a produit l'anthropophagie? Il est aisé de voir que cette seconde question ne peut en quelque sorte être traitée que subsidiairement, car toute discussion sur l'origine de l'anthropophagie deviendrait sans objet si elle était démontré que l'anthropophagie n'a jamais existé, comme l'ont prétendu certains écrivains philosauvages qui n'ont jamais voulu convenir que les *bons* hommes de la nature ont gagné quelque chose à la civilisation. — La première question ne saurait être douteuse. Que l'on consulte la fable ou l'histoire, on y trouvera la preuve irréfragable que l'horrible coutume de manger la chair humaine a existé en tous lieux, dès les plus anciens temps, liée sans doute à l'état de barbarie, mais non, comme le disent quelques personnes, à un état positif d'aliénation mentale. — Homère, dans son *Odyssée*, parle des Cyclopes et des Lestrigons dévorant les compagnons d'Ulysse; son géant Polyphème se nourrissait de la chair de ses prisonniers. Les deux Lycaon offrirent à Jupiter un repas composé de victimes humaines; Tantale présenta aux dieux dans un festin les membres de son propre fils

Pelops. Horace loue Orphée d'avoir enseigné aux hommes à s'abstenir d'un tel aliment. — Si maintenant nous consultons l'histoire, sans parler même du livre d'Énoch cité par saint Jude, dans lequel il est dit que les géants nés du commerce des anges avec les filles des hommes dévoraient leurs ennemis, Hérodote, Arrien, et après eux Pline, Porphyre, Strabon, Ammien Marcellin, représentent comme anthropophages les Scythes, les Sarmates, les Massagètes, et en général tous les *barbares de l'Orient*. Ce qui avait lieu dans l'Orient avait lieu de même dans l'Occident; car saint Jérôme affirme avoir vu des Bretons qui, dans une irruption qu'ils firent en Gaule, coupaient certains membres aux individus des deux sexes et en mangeaient les chairs toutes palpitantes. Tite-Live a prétendu que les Carthaginois d'Annibal étaient anthropophages, ou que du moins leur général les voulait accoutumer à se nourrir des cadavres de leurs ennemis, pour les rendre plus vigoureux et plus forts. Les Germains, les Gaulois, les Ibères furent aussi anthropophages, de même que les Scandinaves. Si cela ne résulte pas textuellement des vieilles annales qui les concernent, c'est une conséquence nécessaire de leurs mœurs et de leurs habitudes. — Quand l'Amérique a été découverte, on a trouvé l'anthropophagie en usage chez un grand nombre de peuples. D'autres n'en conservaient plus que quelques vestiges : c'étaient ceux qui étaient parvenus à un plus haut degré de civilisation; mais chez le plus grand nombre cette coutume était si bien enracinée, que le contact des Européens n'a pu la faire proscrire. C'est principalement dans les îles de la mer du Sud qu'elle était générale; toutes les relations anciennes et modernes s'accordent sur ce point, et ce n'est qu'à grand'peine, après bien des efforts infructueux, que les Européens sont parvenus sur quelques points à introduire chez ces barbares quelque commencement de civilisation. Nous pouvons donc tenir pour constant, sans qu'il soit nécessaire d'entrer en de plus longs détails ou de citer des exemples, que tous les peuples, de toute race, de toute couleur, de tout âge et de tout pays, ont été ou sont encore anthropophages. — Cela posé, examinons la seconde question. Un écrivain du XVIIIe siècle, Cluvier, dans ses *Commentaires sur l'ancienne Germanie*, a soutenu que l'anthropophagie était née de la coutume d'offrir aux dieux des sacrifices humains, parce que, suivant lui, la barbarie du fanatisme a précédé la barbarie des mœurs. Nous pensons que cette idée est loin d'être exacte. Beaucoup de peuples sauvages se nourrissent de chair humaine et n'ont aucune idée des sacrifices; d'autres, au contraire, font des sacrifices, immolent même des victimes humaines et n'en mangent pas la chair. Le fanatisme, dit-on, a précédé la barbarie des mangeurs d'hommes. Mais où est la preuve de cette assertion? — Le premier sentiment de l'homme dans l'état de nature n'est-il pas pour lui-même? Avant que son esprit ait pu concevoir l'idée d'un être supérieur, invisible, tout-puissant, qu'il doive apaiser ou se concilier par des sacrifices, n'éprouvera-t-il pas des besoins pressants pour lui-même? Si l'anthropophagie était née du culte de sang rendu aux dieux, tous les anciens peuples de la terre, Perses, Hindous, Arabes, Phéniciens, Grecs, Romains, Scythes, Germains, Gaulois, Celtes, etc., qui ont évidemment immolé des victimes humaines, seraient devenus mangeurs d'hommes depuis l'époque où leurs sacrifices sanglants avaient commencé, et c'est le contraire qui est arrivé. Du moins est-il certain que chez la plupart de ces peuples l'anthropophagie avait cessé d'exister, ou n'existait que pour certains cas particuliers, lorsque la manière d'honorer les dieux a été assujettie à des règles positives. Avant cette époque, les hommes livrés à leurs passions, sans aucun frein pour les comprimer, n'eurent pas sans doute avec leurs semblables des rapports de fraternité bien étendus. L'intérêt de leur propre conservation était incontestablement le premier, le seul peut-être; mais aucun d'eux n'avait mis cet intérêt en commun avec les autres intérêts individuels, parce qu'ils ne sentaient pas que de cette communauté d'efforts pour obtenir le bien-être pouvait sortir un système général de bonheur qui, se distribuant ensuite entre les individus, leur donnait à chacun toute la portion à laquelle il pouvait prétendre. Or, pendant cette période, chaque homme ne voyait que lui-même; tout le reste était ennemi à ses yeux ou indifférent; et comme tous devaient avoir les mêmes besoins et les mêmes passions, que par conséquent ils se trouvèrent souvent opposés l'un à l'autre, il fallut nécessairement entre eux recourir à la force pour déterminer à qui, sur deux prétendants à la même chose, appartiendrait le droit de la posséder; ce droit de posséder fut donc le droit du plus fort; mais s'il pour l'acquérir, si pour le conserver le vainqueur crut prudent de tuer le vaincu, il le tua. Là fut le crime;

car une fois le meurtre commis, se repaître de la chair du vaincu, c'était chose simple et naturelle. Accoutumé à cette nourriture facile et abondante, l'homme chercha probablement les moyens de n'en pas manquer. D'abord il poursuivait à la chasse les bêtes fauves ; plus tard il poursuivit l'homme même comme une proie. — Mais, nous dira-t-on ici, on ne saurait admettre une telle hypothèse, car la coutume de s'entre-dévorer serait en contradiction avec le but de la nature qui est la conservation des espèces. Une telle objection n'est elle-même d'aucun poids ; des sauvages ignorants et cruels s'embarrassent fort peu des règles de la nature. La nature pour eux n'a point de règles, ou ces règles, s'ils en remarquent, ils ne les appliquent qu'à eux. Le loup ne dévore-t-il pas le loup ? pourquoi l'homme sauvage, si peu différent de la brute, agirait-il autrement qu'elle ? —Toutefois c'est ici le cas de signaler une amélioration qui s'opéra lorsque quelques idées de sociabilité commencèrent à luire au milieu d'eux. Au lieu de se poursuivre pour s'entre-manger, ils n'immolèrent plus que leurs ennemis ou leurs prisonniers, et vraisemblablement alors, pour se rendre leur divinité favorable, pour lui rendre grâce de la victoire ou pour l'obtenir, ils immolèrent les victimes sur son autel, lui en offrirent quelque partie et dévorèrent le reste. Cet usage dut se conserver chez les Latins, à en juger par les mots *hostia* et *victima* qui se sont évidemment formés des mots *hostis*, ennemi, *vinctus*, attaché, ou *victus*, vaincu. Peut-être même le mot *victus*, vivres, approvisionnement, a-t-il la même origine. L'ennemi vaincu devenait *victime* consacrée aux dieux et *vivres* après le sacrifice. Quand la civilisation eut fait de plus grands progrès et que les mœurs eurent perdu de leur férocité ; lorsque l'agriculture en honneur, fécondant le sein de la terre, eut assuré aux hommes des subsistances nouvelles ; lorsque, perfectionnant leurs méthodes de chasse et de pêche, il leur fut devenu plus facile de se passer d'un aliment qu'ils ne se procuraient pas sans danger, ou qu'ils ne se procuraient qu'en s'exposant aux inconvénients de la loi du talion, on ne mangea plus qu'à certaines époques la chair des victimes ; bientôt même les victimes humaines furent épargnées ou ne donnèrent plus que quelques gouttes de leur sang (*V.* SACRIFICES HUMAINS). — Quelques écrivains ont avancé que l'anthropophagie tenait à une sorte d'aliénation mentale ; mais cette assertion, qui certainement ne peut convaincre personne et à laquelle ne croient probablement que ceux mêmes dont on veut faire une transition pour arriver à cette idée, que si la médecine et la philosophie avaient fait plus de progrès, au lieu de frapper les individus qui, *poussés par une imagination délirante*, tuent d'autres individus et dévorent leurs membres, et d'appliquer à ces monstres *la vengeance barbare des lois*, on ne s'occuperait que de les guérir ; qu'au lieu de les livrer au bourreau on devrait les abandonner au médecin. Assurément les avocats qui défendent des Papavoine ou des Lacenaire croient très bien faire en soutenant que leurs clients ne sont que de malheureux monomanes qui méritent indulgence et pitié ; mais les jurés et les juges croient faire et font mieux encore en purgeant le monde de ces profonds scélérats, de ces tigres à forme humaine, qui guettent, attendent, assassinent leur victime, la volent, assouvissent sur elle leur passion brutale, boivent ensuite son sang et dévorent sa chair ; car il y a là plus qu'aliénation mentale ; non, il n'est pas seulement fou celui qui médite un crime, s'assure les moyens de l'accomplir, l'exécute, en profite, et sait ensuite se soustraire à la poursuite de ceux qui le cherchent ou qu'il redoute. — D'autres, Pigafetta entre autres, pensent que l'anthropophagie a été produite chez les sauvages par le désir de se venger de leurs ennemis. Mais des motifs particuliers ne pourraient pas, ce semble, avoir pour résultat une coutume générale, caractère distinctif d'une époque plutôt qu'il n'est le vice particulier d'un peuple. Des hommes en fureur, ivres de vengeance, aveuglés par la haine, peuvent se disputer les restes d'un ennemi pour les dévorer. La populace de Paris après le maréchal d'Ancre, celle d'Amsterdam après la mort du pensionnaire de Witt, se sont souillées de cet abominable excès ; personne ne s'est avisé pour cela de dire que les Français et les Hollandais étaient anthropophages.—Suivant nous, on ne doit chercher l'origine de l'anthropophagie que dans la nécessité qui ne connaît point de loi. Placés sur un sol encore avare de produits, et dépourvus de toute industrie, les sauvages, ceux des premiers temps, ont dû naturellement obéir au soin de leur propre conservation aux dépens de tout ce qui n'était pas eux-mêmes ; ils ont mangé la chair de leur ennemi, non par vengeance, mais pour assouvir leur faim, de même qu'on a vu quelquefois des marins manquant de vivres égorger l'un d'eux pour prolonger l'existence des autres.

Croira-t-on que des peuples qui habitent un sol stérile, que les Otomaques, par exemple, qui, toujours affamés, mangent des boulettes de terre pour tromper les besoins de leur estomac, ne sont pas tout prédisposés à manger de la chair humaine quand l'occasion s'en présente ? Le plus grand mal c'est que, lorsque la nécessité cesse, l'habitude est prise et la coutume reste. Ce n'est qu'après de longs essais de civilisation qu'on arrive à la déraciner. Deux causes principales concourent pour rendre ce résultat difficile : certains préjugés politiques ou religieux, le goût exquis que les sauvages trouvent à la chair humaine. — Sur les rives de Rio - Grande, dans l'Amérique méridionale, les sauvages mangeaient le corps de leurs guerriers morts au champ de bataille ; chez d'autres peuples, les vieillards, soit qu'ils fussent mis à mort de leur plein gré, soit qu'ils mourussent de maladie, étaient dévorés par leurs enfants ; et cela s'était fait de tout temps, non-seulement dans le nouveau monde, mais sur l'ancien continent. Hérodote, Strabon parlent des Massagètes et des Derbices, peuples de race scythique, chez qui la plus belle mort pour un vieillard était d'être coupé par morceaux et mangé par ses enfants. Les Derbices ne mangeaient que les hommes qui avaient atteint soixante-dix ans. Les femmes et les hommes moins âgés étaient ensevelis. D'autres peuples moins délicats mangeaient indistinctement tous les morts ; et, comme ce ne pouvait être par besoin, puisque rien au monde n'est plus capable qu'une semblable nourriture d'inspirer un invincible dégoût, il fallait bien que quelque idée politique ou religieuse fût attachée à cet acte. On trouve le principe de cette idée dans la croyance des Nouveaux-Zélandais ; ils sont persuadés, dit M. d'Urville, qu'en mangeant un guerrier ils ont vaincu ils acquièrent les qualités qu'il possédait : l'adresse, la force, la constance, la bravoure. — La seconde cause qui s'oppose à l'extirpation de cette odieuse coutume, c'est le goût très-prononcé de tous les sauvages en général pour la chair humaine. Les anthropophages de Sumatra et des îles de la Sonde mangent les condamnés à mort, tels que voleurs de nuit, adultères, prisonniers de guerre, etc. Assurément le motif des Nouveaux-Zélandais ne peut exister ici ; ce n'est point pour obtenir les qualités des condamnés qu'ils les dévorent ; et si autrefois ceux qui ont rédigé les lois pénales qui régissent les habitants de ces îles, ont pu avoir quelque motif politique pour ordonner que les condamnés fussent dévorés par les membres de la société dont leurs crimes ont enfreint les statuts, ce motif ne peut plus exister aujourd'hui ; et si ce n'était le plaisir qu'ils éprouvent à ces exécrables festins, quel autre motif pourrait les tenir attachés à cette vieille habitude ? Comment d'ailleurs expliquer autrement que par la sensation du goût physique, cette préférence que certains sauvages donnent à la chair de l'homme sur la chair de la femme et des enfants ; à la chair de la femme sur celle de l'homme ; à celle du blanc sur celle du nègre ; à celle de l'homme de cinquante ans et au-dessus sur celle des adultes ; à certaines parties du corps, telles que les parties tendineuses et musculaires, le cœur, la cervelle, etc. ? La Billardière, qui accompagna le vice-amiral d'Entrecasteaux à la recherche de *la Pérouse*, raconte que, passant près d'une île de la mer du Sud et voyant des sauvages au bord de l'eau, il en remarqua un qui regardait avec plus d'attention que les autres ; il mit aussitôt son doigt dans sa bouche et fit semblant de le ronger, ce qui excita dans le sauvage un long éclat de rire avec les gestes les plus approbatifs. Et ce ne sont pas seulement les sauvages qui ont trouvé bonne la chair humaine. On lit dans Galien, que plusieurs riches Romains, contemporains de Commode, faisaient un grand cas de cet aliment. — En résultat, l'anthropophagie a existé chez tous les peuples de la terre, un peu moins, un peu plus longtemps ; on la trouve encore subsistante dans la mer du Sud, en Afrique et en Amérique ; elle est née principalement de la nécessité de satisfaire aux premiers besoins ; le désir de la vengeance, des principes religieux ou politiques peuvent aussi l'avoir déterminée dans certains lieux, mais elle a très - vraisemblablement précédé l'introduction des sacrifices humains. — Terminons cet article par quelques particularités curieuses concernant les anthropophages de l'Amérique. Les anciens historiens espagnols en ont fait deux classes bien distinctes : la première se compose de ceux qui ne dévoraient que leurs prisonniers ; la seconde comprend ceux qui, outre les prisonniers, mangeaient leurs guerriers morts. Celle-ci est beaucoup moins nombreuse que l'autre. — On trouvait la première existante presque partout, depuis le pays des Esquimaux jusqu'aux extrémités du Chili. Leur paresse native, la mauvaise qualité de leur sol, le défaut d'instruments pour le cultiver, l'instinct sauvage des animaux qui ne se laissaient pas réduire à l'état domestique, la qualité souvent délétère de leurs végétaux et de leurs fruits, d'autres causes encore, en les privant des moyens d'assurer leur subsistance, ne leur laissaient guère d'autre ressource que celle qu'ils employaient. D'ailleurs la chasse des bêtes fauves, outre qu'elle n'offrait que des produits incertains, les accoutumait à répandre le sang; elle amenait encore des rixes opiniâtres, des guerres cruelles entre les peuplades qui se rencontraient sur un même terrain dont chacune d'elles voulait la possession exclusive, ce qui, augmentant dans les sauvages leur égoïsme naturel, les laissait sans compassion pour les autres. Les Européens ont anéanti la plupart des tribus où les prisonniers étaient traités avec le plus de barbarie; ils en ont obligé d'autres à les épargner; mais il se trouve encore en Amérique des tribus non soumises ou indépendantes qui conservent les mœurs primitives. Ces tribus résident principalement à l'extrémité de l'Amérique du Sud, dans l'intérieur des terres où les Européens ne pénètrent point, et sur les bords de la rivière de Youpoura, de l'Orénoque et du Maragnon. On cite les Gallibis comme les plus féroces; ce sont les restes d'une peuplade caraïbe que les Espagnols ont expulsée du sol natal. Pierre d'Angleria, compagnon de Fernand Cortez, assure que de son temps les sauvages engraissaient leurs prisonniers, et que ceux-ci se laissaient paisiblement engraisser, quoiqu'ils connussent très-bien le sort qui leur était réservé. Ce fait semble prouver d'abord ce n'était pas moins par besoin que par goût que les sauvages mangeaient de la chair humaine; en second lieu, que les indigènes étaient doués d'une sorte d'apathie morale qui les rendait presque insensibles à la douleur et à la mort. On a vu des Américains indigènes, livrés aux plus épouvantables tortures, souffrir sans pousser la moindre plainte, sans faire un seul geste d'impatience. La religion seule pouvait donner aux martyrs le courage de braver sans frémir la plus horrible mort; les Américains, privés de cet appui et dépourvus d'ailleurs de ces idées de gloire et de grandeur qui exaltent l'imagination et placent l'homme au-dessus des douleurs, ne devaient sans doute la force de supporter les tourments corporels qu'à l'organisation particulière qu'ils ont reçue de la nature et qui les rend beaucoup moins sensibles au mal que ne le sont en général les autres hommes. — Les Mexicains et les Péruviens ont été anthropophages; on n'en saurait douter, d'après les usages qu'ils avaient conservés et qu'on a trouvés encore existants chez eux au moment de la conquête. Toutes les fois que les Mexicains célébraient une fête, ils immolaient un grand nombre d'hommes. Leurs prêtres publiaient que Vitzilipultzi avait soif, et aussitôt on assommait un captif sur l'autel et on distribuait au peuple sa chair toute sanglante. A la fin de chaque année on égorgeait un prisonnier qu'on avait nourri jusqu'au dernier jour de viandes succulentes pour le rendre digne du dieu. Sa chair était pareillement distribuée aux assistants. Les Péruviens, chez qui la civilisation était plus avancée, ne sacrifiaient plus de victimes humaines; ils se contentaient de leur faire de copieuses saignées, et le sang, soigneusement recueilli, servait à pétrir des gâteaux. — Le P. Charlevoix a prétendu que les sauvages américains n'aimaient point la chair des Français et des Anglais parce qu'elle était salée; mais il se contredit lui-même lorsqu'il rapporte que les indigènes du Paraguay avaient grande envie de manger leurs jésuites, précisément à cause du haut goût que donnait à leur chair l'usage du sel. Au surplus, l'expérience a mille fois prouvé le contraire; et s'ils ne mangent point les femmes, c'est parce qu'ils trouvent leur chair trop molle et trop fade. — Depuis que les indigènes de gré ou de force se sont abstenus de chair humaine, ils se sont livrés à l'ivrognerie avec une passion qui va jusqu'à la fureur. L'ivresse leur cause une gaieté folle; ceux qu'on soupçonne de rechercher encore leurs abominables festins sont d'une humeur sombre et mélancolique. Quelques-uns, tels que les Caraïbes, ont les deux inconvénients, ils mangent des hommes quand ils le peuvent, et, par-dessus, ils s'enivrent.   J. DE MARLÈS.

ANTHROPOSOMATOLOGIE, de anthropos, de somatos, génitif de soma, corps, et logos, discours; description du corps humain et de sa structure (V. ANTHROPOLOGIE).

ANTHROPOSOPHIE, de sophia, science; connaissance de la nature de l'homme moral.

ANTHROPOTOMIE, de τέμνω, je coupe; anatomie du corps humain.

ANTHURE (hist. nat.), crustacé de l'ordre des isopodes (V. ce mot).   X. X.

ANTHYLLIDE, anthyllis (bot.), genre de plantes de la famille des légumineuses. Les anthyllides ressemblent beaucoup aux trèfles, dont on ne les distingue guère que par leur

port. Caractères ; tige herbacée ou ligneuse; feuilles alternes, composées de quatre ou d'un moins grand nombre de folioles (A. tetraphylla, Lin.); le nombre de ces folioles varie suivant les espèces; il est de plus de cinq dans l'A. vulnéraire (A. vulneraria, Lin.); les feuilles sont de sept à neuf folioles linéaires dans l'A. de Gérard (A. Gerardi, Lin.); elles sont de quinze à vingt folioles dans l'A. de montagne (A. montana, Lin.); elles sont ailées à quinze ou dix-sept folioles dans l'A. barbe de Jupiter (A. barba Jovis). Les rameaux sont effilés, un peu cotonneux, non épineux au sommet dans l'A. faux-cytise (A. cytisoïdes); ils sont touffus, glabres, épineux au sommet dans l'A. hermannia. Le calice est monosépale, ovale-oblong, ordinairement évasé au milieu et rétréci à sa partie supérieure, persistant, velu et à cinq dents. Corolle polypétale, représentant la forme d'un pavillon; le pétale supérieur ou pavillon (V. LÉGUMINEUSES) est plus long que les autres pétales; les deux ailes sont fermées; la carène est comprimée et aussi grande que les ailes. Les étamines, au nombre de dix, sont réunies toutes ensemble par leur base (monadelphie); ovaire oblong, à style simple, surmonté d'un stigmate obtus. Le fruit est une gousse à une ou deux graines, renfermée dans le calice. Les anthyllides sont des herbes ou des arbrisseaux à feuilles impari-pennées, à stipules adhérentes au pétiole. Les fleurs sont terminales et réunies en capitules. — Les principales espèces du genre anthyllis sont les suivantes : 1° A. thyllis tetraphylla. Le calice est très-renflé, et renferme presque entièrement la corolle; la carène est un peu purpurine au sommet. Cette espèce est annuelle : on la rencontre en France, dans les lieux arides et sur les bords des chemins, en Languedoc et en Provence. — 2° A. vulneraria. Les fleurs sont terminales, partagées en deux bouquets appliqués l'un contre l'autre, et garnis à leur base d'une bractée digitée : suivant la couleur blanche, jaune ou purpurine de la corolle, on a établi plusieurs variétés dans cette espèce (A. vulneraria, flore coccineo, Dill. Eltham, t. 320, f. 413; A. vuln., flore albo, Tournf., Inst., 297). On trouve cette plante en Italie et en Sicile; elle passe pour vulnéraire. — 3° A. montana, petite plante élégante, qui ressemble beaucoup à l'astragale; les fleurs sont purpurines. On remarque sur le dos du pétale supérieur (pavillon) une tache violette qui contraste agréablement avec le fond couleur de pourpre de la corolle. Cette plante croît dans les pays montagneux du midi de l'Europe. 4° A. Gerardi. Les pédoncules sont terminés par une tête composée de quinze à vingt fleurs, serrées, blanchâtres et très-petites; sa racine est grêle et très-longue. On la rencontre dans les forêts de la Provence, près Saint-Tropez. — 5° A. barba Jovis est un arbrisseau environ de deux mètres de hauteur; les feuilles sont recouvertes d'un duvet argenté et soyeux; les fleurs sont jaunes et ramassées en capitules. Cette plante croît sur les côtes de la mer Méditerranée. — 6° A. cytisoïdes, sous-arbrisseau, à feuilles éparses, légèrement cotonneuses. On trouve cette plante, qui a une odeur agréable, en Espagne, en Languedoc et en Roussillon, aux environs de Perpignan. — 7° A. hermannia, sous-arbrisseau, à fleurs jaunes, petites, supportées, au nombre de trois ou quatre, au sommet d'un court pédoncule, et dépourvues de bractées; le calice est capanuliforme. Elle croît en Corse. — 8° A. capensis. Cet arbrisseau toujours vert, à fleurs rougeâtres, terminales, a été trouvé au cap de Bonne-Espérance.   F. HOEFER.

ANTHYPOPHORE; mot grec par lequel on désigne une figure qui consiste, de la part de l'orateur, à se faire lui-même les objections qu'il prévoit que son adversaire lui fera, afin de les réfuter d'avance, et détruire ainsi tout l'effet qu'elles pourraient produire.   N. M. P.

ANTI, mot grec, ἀντί, contre, transporté dans notre langue pour exprimer la qualité opposée à celle qui résulte du mot auquel il est attaché comme préposition, comme antiévangélique, antifébrile, antinational, etc., qui signifient contraire à l'Évangile, contre la fièvre, contre l'intérêt ou les goûts de la nation. Dans les mots d'étymologie latine, comme dans antidate, antidiluvien ou antédiluvien, antimense, etc., la préposition anti marque seulement antériorité donnée à la chose qu'indique le mot. Quand l'adjectif ou le substantif commence par une voyelle ou une h muette, la préposition anti perd sa dernière lettre; ainsi on dit antarctique au lieu de antiarctique. Assez souvent on emploie indifféremment le mot avec élision ou sans élision; ainsi on dit antiacide ou antacide.   X. X.

ANTIA; nom d'une ancienne loi romaine, promulguée par les soins d'Antius Restio, et tendant à réprimer la somptuosité des festins; mais la loi Antia eut le sort de toutes les lois somptuaires : elle ne fut pas exécutée. Pour n'être plus témoin des désordres qui continuaient d'avoir lieu dans les festins, Antius prit la résolution de ne manger jamais hors de chez lui.

ANTIALCIDES (*numism.*). Ce prince a régné dans la Bactriane à une époque incertaine; c'est un des rois que nous a fait connaître la découverte de nouvelles médailles de l'Inde et de la Bactriane; il ne s'en trouvait que fort peu dans les cabinets, avant que le général Allard eût apporté en France, vers la fin de 1835, la collection dont il a fait hommage au gouvernement. Depuis, le cabinet de France a encore acquis un certain nombre de ces médailles, sur lesquelles M. Raoul Rochette a donné une notice intéressante dans le Journal des savants (août 1834, octobre 1835, et août 1836). Les monnaies des souverains grecs de la Bactriane remontent à 250 ans avant l'ère chrétienne; les dernières dont on puisse fixer l'époque sont de 125 ans avant J. C. L'histoire ne donne aucun renseignement sur Antialcides, qui n'est connu que par les médailles suivantes : — Tête à droite d'Antialcides, coiffée du chapeau macédonien; *revers* : le roi couronné, assis sur son trône, tenant de la main droite un sceptre orné du croissant, et de la gauche une Victoire portant une palme et une couronne; près de lui un éléphant; autour, la légende grecque : *Basileôs Nikêphorou Antialcidou, du roi Antialcides Nicéphore* (qui porte la victoire). Cette pièce a 9 lignes de diamètre, est dans le cabinet de M. Révil; elle est gravée dans la description des médailles de Mionnet (*Suppl.*, 7, 8, p. 483). Le cabinet de France possède une pièce d'argent à peu près semblable; mais la légende grecque est du côté de la tête, et le revers porte une légende en caractères bactriens. Il possède encore deux pièces de bronze de ce prince, ayant la tête nue, et au revers, deux palmes et les bonnets des dioscures : elles sont de forme carrée, et portent du côté de la tête la légende grecque, et au revers, une légende bactrienne.

DU MERSAN.

ANTIAS, surnom qu'on avait donné à la Fortune, parce qu'elle avait un temple dans la ville d'Antium (*V.* ce mot).

ANTIAS (FURIUS), l'un des plus anciens poëtes latins dont la mémoire se soit conservée sans le secours de ses écrits. Il avait composé des annales en vers hexamètres, et plusieurs poëmes auxquels, s'il faut en croire Macrobe, Virgile aurait fait de nombreux emprunts. Le grammairien Gésalus Vindex accuse le style d'Antias d'incorrection; Aulu-Gelle en vante au contraire l'élégance et la pureté; et si l'assertion de Macrobe est vraie, on ne saurait guère douter que la beauté des pensées ne se trouvât unie, chez Antias, au charme de l'expression.

N. M. P.

ANTIBES (*géog.*), ville du département du Var, peuplée d'environ 6,000 âmes, ne conserve plus que de faibles vestiges de son antique splendeur. Son port, aujourd'hui tout à fait secondaire, n'est plus, comme sous les Romains, le rival de celui de Marseille; son école royale de navigation est bien loin de lui rendre la célébrité que lui donnait l'école où les fils des consuls venaient chercher des leçons d'atticisme. Située sur la belle presqu'île qui forme l'une des enceintes du golfe Juan, Antibes fait face à la ville de Nice. Ce n'est pas de là pourtant que lui est venu son ancien nom d'*Antipolis*, mais de sa position de premier port des Gaules que l'on rencontrait en venant de Rome par mer. Ses fortifications lui donnent encore une assez grande importance, surtout à cause de sa situation sur les frontières du Piémont. Cette ville a soutenu plusieurs siéges honorables; son port avait repris beaucoup d'activité au temps des croisades, mais elle s'est arrêtée avec ces grandes entreprises de l'Europe chrétienne. Son évêché fut transféré à Grasse dès le milieu du XIIIe siècle.

J. R.

ANTICA (*numism.*), *pars antica*, partie antérieure. Terme employé par les anciens numismatistes pour désigner le premier côté des pièces, celui qui porte la figure principale, qui n'est pas toujours une tête. Il a été remplacé en français par le mot *avers* (*V.* ce mot) en opposition avec *revers* (Hennin, *Manuel numism.*, t. 1, p. 155). Le mot *avers* n'a pas été employé par beaucoup d'écrivains : quelques-uns ont adopté le mot *face*, non pas comme représentant une figure, mais comme on dit la face d'un bâtiment, son devant, le côté de son entrée, sa face principale, sa façade. On se sert plus volontiers du mot *droit*.

DU MERSAN.

ANTICHAMBRE. Ce mot, qui proprement signifie pièce avant la chambre, ne s'emploie guère que pour désigner une pièce d'entrée qui précède le salon où l'on reçoit. Quand on va visiter un grand personnage, surtout si on a l'air d'un solliciteur, on risque fort de faire antichambre, c'est-à-dire de passer dans l'antichambre un temps plus ou moins long, confondu dans la foule, et ce qui est pire, avec les domestiques de la maison qui vous ont annoncé. Les meubles d'une antichambre à Paris ne consistent guère qu'en une table chargée d'une écritoire et d'une main de papier, des chaises communes, et quelques mauvaises gravures qui peuvent faire trouver le temps moins long à ceux qui attendent. — Chez un grand seigneur, né grand seigneur, on faisait rarement antichambre; un domestique vous annonçait, et vous étiez reçu, ou bien l'on vous disait : « Monseigneur n'est point visible. » — Chez un parvenu, on vous laisse dans l'antichambre vous morfondre une heure ou deux, parce que ce parvenu veut paraître ce qu'il n'est pas : *grand seigneur*. — A la campagne, on a aussi des antichambres; c'est simplement une pièce d'entrée où l'on essuie ses pieds boueux, où on lave ses mains avant d'entrer dans la salle à manger. Une fontaine avec sa cuvette, un essuie-main, des paillassons sur le sol, quelques chaises, voilà l'ameublement de rigueur de l'antichambre de village, ou même du *château bourgeois*.

J. DE M.

ANTICHRÈSE (*jurispr.*) On appelle ainsi le contrat de *nantissement*, lorsqu'il a pour objet une chose immobilière. (*V.* NANTISSEMENT.)

R. B.

ANTICHTHONES, de ἀντί, vis-à-vis, en face, et χθων, terre. C'était le nom que les anciens donnaient aux peuples qui habitaient au sud, à la même distance de l'équateur que celle à laquelle ils en étaient eux-mêmes, et qui de plus se trouvaient sous le même méridien. Ils distinguaient très-bien les antichthones des antipodes (*V.* ANTISCIENS).

N. M. P.

ANTICIPATION; figure de rhétorique par laquelle l'orateur se propose des objections, afin de les résoudre (*V.* ANTHYPOPHORE).

X. X.

ANTICIPATION (*jurispr.*) Le payement par *anticipation* est celui qui est fait avant l'échéance (*V.* PAYEMENT). — Le même mot est pris quelquefois comme synonyme d'empiétement; dans ce sens, *anticiper* sur un fonds, c'est en occuper sans droit une partie. — On nommait autrefois *anticipation*, une assignation donnée par l'intimé à l'appelant, et qui tendait à hâter la décision sur l'appel (*V.* BAIL PAR ANTICIPATION; EMPIÉTEMENT, USURPATION DE TERRAIN.)

R. B.

ANTICIPATION (*musique.*). On désigne par ce mot tout accord dans lequel on retrouve une ou plusieurs notes de l'accord qui précède, lesquelles, tout en produisant une dissonance passagère, préparent l'oreille à recevoir l'impression d'un nouvel accord; comme si, par exemple, on produit l'accord parfait *ut, mi, sol, ut*, qu'on fasse ensuite entendre *ut, fa, sol, si; ut; mi, sol, si ♭; ut, fa, la, ut; ré, fa, la, sol; ut, mi, sol, si ♮; ut, mi, sol, ut*; on voit que tous ces accords anticipent les uns sur les autres, et que les dissonances que quelques-uns renferment, sont sauvées dans les accords subséquents et ont pour résultat de faire désirer à l'oreille un dernier accord qui complète l'harmonie : ainsi, après l'accord *ut, fa, la, ut*, l'accord *ré, fa, la, si*, qui serait très-désagréable à entendre s'il était seul, suivi de l'accord *ré, fa, sol, si*, prépare très-bien l'oreille par le seul changement du *la* en *sol*, à l'accord parfait qui suit. — Il y a encore anticipation, lorsqu'au lieu de transporter quelques notes sur un accord sur l'accord suivant, on applique les sons d'un accord à la note de basse qui précède la note fondamentale de l'accord même, comme si avant de produire l'accord *ut, mi, sol, ut*, on a fait entendre le même accord avec une autre note de basse, comme *sol, mi, sol, ut*. Quand on anticipe, on doit avoir soin de sauver régulièrement les dissonances; en procédant ainsi, on mêle toujours aux notes d'un accord quelques-unes de celles de l'accord qui doit suivre.

ANTICLINALE (LIGNE) (*géolog.*). Dans les terrains stratifiés, c'est-à-dire disposés par couches superposées, il y a presque toujours des points culminants d'où les couches descendent dans deux directions opposées, au nord et au midi, à l'est et à l'ouest, etc. On appelle anticlinale (de *anti* et de *clino*, je penche ou j'incline) une ligne qui part du point culminant et forme la division des couches inclinées en sens contraire. On voit assez souvent cette ligne tracée sur les cartes physiques; elle sert à faire connaître la disposition des couches.

ANTICYRE, avant *Cyparisse*, aujourd'hui *Aspro-Spitia*, ancienne ville de la Phocide sur le golfe de Corinthe. Elle était devenue célèbre parce que ses champs produisaient l'ellébore, plante à laquelle on attribuait la faculté de guérir la folie. De là cette expression proverbiale qu'on trouve dans Plaute, dans Horace, *Anticyram naviget*, qu'il fasse voile pour Anticyre, afin d'aller chercher de l'ellébore pour sa folie. Quelquefois le mot même d'Anticyre s'employait pour l'ellébore. C'est ainsi qu'on lit dans Juvénal *Anticyrâ non eget*, il n'a pas besoin d'ellébore. Horace a dit d'un homme dont il voulait faire entendre que la folie était incurable : *Anticyris tribus caput insanabile*.

ANTIDATE, date antérieure à celle du jour où l'on écrit, et s'il s'agit d'un événement accompli, à celle du jour où cet événement a eu lieu. L'antidate suppose toujours volonté de la part de celui qui date; quand l'erreur est involontaire, on dit fausse date. Ainsi quand un homme, sciemment, et pour quelque motif particulier, date les événements ou un écrit d'une époque antérieure à l'époque réelle, on dit qu'il antidate; mais en indiquant une date inexacte il a été de bonne foi, on dira seulement qu'il y a fausse date, erreur de date. — Le mot antidate est opposé à *post-date* qui signifie date postérieure à la date véritable. — Quand un historien, un chronologiste écrit dans un esprit de système, c'est-à-dire qu'il a d'avance un système tout fait auquel il veut que les événements se plient au lieu de plier son récit aux événements, il arrive assez souvent qu'il antidate ou qu'il post-date les faits afin de les faire concorder avec son système; ensuite pour pallier ou justifier son procédé il entasse les sophismes; et c'est malheureusement ainsi que plus d'une fois on écrit l'histoire.
J. DE M.

ANTIDATE (*jurispr.*). L'antidate mise à un acte est, en certains cas, assimilée au *faux* (*V.* ce mot). R. B.

ANTIDIAPHORISTES, c'est-à-dire opposés aux adiaphoristes ou indifférents, sont une secte de luthériens rigides, qui refusaient de reconnaître la juridiction des évêques et improuvaient plusieurs cérémonies de l'Église, observées par les luthériens mitigés. Flaccius Illyricus fut un des pères de cette secte, et fit la guerre à Mélanchthon et à ses partisans, sectateurs de l'adiaphorisme. O. V.

ANTIDICOMARIANITES ou **ANTIMARIENS**, sectateurs de Paul de Samozate, de Nestorius, d'Helvidius et de Jovinien, sont les adversaires de la maternité divine de Marie, ou de sa virginité; les uns ne voulaient pas la reconnaître pour mère de Dieu, et les autres prétendaient qu'après la naissance de J. C. elle avait eu plusieurs enfants de saint Joseph son époux. Ils appuyaient leur erreur sur les passages de l'Évangile où il est fait mention des frères et des sœurs de Jésus, *Matth.* 13. Ils ignoraient que chez les Hébreux les frères et les sœurs signifient souvent les neveux ou les cousins et les cousines : c'est ainsi que Loth, neveu d'Abraham, est appelé *dans la Genèse*, 13, frère d'Abraham. O. V.

ANTIDOTE. On donne ce nom, ou celui de *contre-poison*, aux substances qu'on suppose douées de la propriété de combattre ou même de prévenir les effets redoutables des corps vénéneux. Mais pour affirmer qu'un réactif chimique jouit de cette propriété, il est indispensable qu'il n'y ait pas de vomissement, que le réactif ait séjourné pendant longtemps dans l'estomac avec la substance vénéneuse; que le poison ait été transformé en une matière inerte. Or, les expériences ont mis hors de doute que la dissolution d'albumine ou du gluten décomposent sur-le-champ les sels solubles de mercure et de cuivre, et que le poison nouveau était sans danger pour l'économie. — Donc l'albumine est le contre-poison des sels mercuriels et cuivreux. — Les résultats que nous avons constatés pour ces sels, on les a également observés pour l'emploi du lait étendu d'eau, après l'empoisonnement par les sels d'étain, pour l'infusion de noix de galle après celui que déterminent les préparations antimoniales solubles. La même disposition se remarque pour la magnésie calcinée, très-étendue d'eau; en contact avec les acides les plus concentrés, elle les transforme en sels qui agissent comme les laxatifs. — Les boissons légèrement acidulées, en neutralisant les alcalis concentrés, ne doivent-elles pas aussi être considérées comme leur antidote ? — L'existence du contre-poison, étant hors de doute, il n'est plus nécessaire de faire voir qu'on peut les employer à une certaine époque de la maladie. — Mais si la nécessité des contre-poisons, dans la première période de l'empoisonnement de certaines substances minérales, ne peut être révoquée en doute, leur emploi, à une période plus avancée, n'est pas sans dangers, c'est alors contre la maladie et non contre le poison que les secours doivent être dirigés (*V.* EMPOISONNEMENT). Les contre-poisons ont été connus de l'antiquité, l'anecdote de Mithridate en est la meilleure preuve; mais il est incontestable que de graves erreurs ont été accréditées à ce sujet. Il n'existe pas d'antidote unique; les poisons sont nombreux comme les substances qu'on leur oppose : Mithridate n'a donc pu faire de son estomac un laboratoire où tous les réactifs étaient mis en réserve; il est plus que probable que l'on ne connaissait qu'une espèce de poison dans le Pont, et que c'est contre lui seulement que ce prince

avait pris ses précautions. Peut-être aussi Mithridate avait-il une de ces organisations exceptionnelles qui sont réfractaires à l'action de certaines substances vénéneuses. A. B. DE B.

ANTIENNE ou **ANTIPHONE**, du grec ἀντί, contre, et φωνή, voix, chant, est un chant réciproque fait par deux chœurs qui se répondent alternativement. C'est la définition qu'en donnent Isidore, liv. VI, de ses Étymologies, chap. 19, Alcuin, des Div. off., et Raban-Maur, liv. I, de l'Instit. des cler., chap. 33. Quelques auteurs tirent l'origine de l'antiphone de ce que dit Isaïe, chap. VI, *Deux séraphins criaient l'un à l'autre et disaient : Saint, saint, saint est le Seigneur des armées.* Socrate attribue l'introduction de l'antienne, chez les Grecs, à saint Ignace d'Antioche, disciple de l'apôtre saint Jean; il est certain que du temps de saint Basile, cet usage était général dans tout l'Orient. Cassien en excepte quelques monastères de l'Égypte. Saint Ambroise, chez les Latins, imita le premier cet usage des Grecs; de Milan, ce genre de chant se répandit dans tout l'Occident. Saint Augustin parle de l'introduction de cet usage dans le IXe livre de ses Confessions, et l'approuve. Quelques auteurs, par erreur, l'ont attribué au pape Damase. Le pape Célestin établit que des psaumes seraient dits *antiphonatim* dans le sacrifice de la messe : c'est ce qui est connu sous le nom d'introït. — Aujourd'hui par antienne on entend certaines sentences, ou certains versets de l'Écriture appropriés au mystère, à la vie ou à la dignité du saint dont on célèbre la fête. Le nombre des antiennes varie en raison de la solennité des offices. L'imposition de l'antienne est faite par un choriste à une personne du clergé, présente à l'office, qui en repète ou en chante les premiers mots; quelquefois le chœur la continue; dans un grand nombre de diocèses on la chante. Après le psaume ou le cantique, l'intonation de l'antienne règle celle des psaumes. Ceux qui aiment les explications mystiques de toutes les parties de l'office divin, trouveront celles qui concernent l'antienne dans Durand, évêque de Mende, *Ration. offic. divin.*, lib. VI, cap. 11, n° 26 et seq. — On donne encore le nom d'antiennes à des prières particulières que l'Église chante en l'honneur de la sainte Vierge, et qui sont suivies d'un verset et d'une oraison : telles que l'*Alma Redemptoris Mater*, l'*Inviolata*, le *Salve Regina*, etc.
O. V.

ANTIGÈNE, un des capitaines d'Alexandre. Il fut le second des huit généraux que ce prince couronna publiquement pour leur valeur éprouvée. Longtemps après la mort du héros, il livra Eumène à son ennemi Antigone. Celui-ci le fit périr d'une mort cruelle, pour le payer de sa trahison.

ANTIGÉNIDE, célèbre joueur de flûte de Thèbes en Béotie. C'est de lui qu'on rapporte que le son de son instrument fit tant d'impression sur Alexandre, que ce prince entra dans un accès de fureur qui manqua d'être fatal à ceux qui l'entouraient. On dit qu'Antigénide augmenta le nombre des trous de la flûte afin d'en tirer plus de sons et de pouvoir jouer dans tous les modes. Il inventa même un mode nouveau qui fut nommé *antigénidien*.

ANTIGOA, l'une des petites Antilles, remarquable par l'état florissant de l'agriculture et la richesse de ses produits. Elle est située au nord de la Guadeloupe, à quelques lieues de distance. Elle a pour capitale Johns-Town, qu'on dit peuplée de 15 ou 16,000 habitants. C'est une ville commerçante, pourvue d'un bon port, résidence du gouverneur particulier de l'île, et du gouverneur général des îles sous le vent, *Leeward-Islands*. *English-Harbour* est un bourg moderne, bien fortifié, pourvu d'un très-beau port et de plusieurs établissements de la marine anglaise. X. X.

ANTIGONE (*myth.*) Voici l'une des plus nobles figures qui nous apparaissent au milieu de l'antiquité fabuleuse. On aime à rencontrer Antigone à une époque où la Grèce présente de toutes parts le spectacle hideux de l'inceste et du meurtre; c'est un tableau qui attache et qui émeut, que celui d'une jeune fille versant le baume des consolations sur les douleurs paternelles! Les grands tragiques qui se sont emparés du nom d'Antigone, ont pu le rendre plus populaire, mais ils n'ont rien ajouté à sa gloire : son histoire est assez belle pour pouvoir se passer des secours de la poésie. Fille d'OEdipe et de Jocaste, Antigone n'hérita point de la malédiction que les dieux avaient prononcée contre l'union monstrueuse de ses parents. Ses charmes extérieurs n'étaient égalés que par les qualités de son esprit et de son cœur. Heureux celui dont elle acceptera la couronne, disaient les rois de la Grèce, et ils recherchaient tous l'amitié de son père, dans l'espoir d'obtenir sa main. Tout lui donnait l'espérance d'un heureux avenir; mais lorsque le malheureux OEdipe, perçant le mystère qui avait couvert à ses yeux son fatal hyménée, et s'arrachant les yeux pour ne plus voir le jour, dont la lumière lui était désormais odieuse, s'enfuit vers le Cythéron (selon Sophocle, à Colonne), pour y pleurer son erreur involontaire, Antigone abandonna tout pour suivre son père qu'elle ne retrouva qu'après de longues et pénibles recherches. Mais OEdipe ne voulut pas que les vertus de sa fille restassent ensevelies dans un désert, et pour qu'elle pût devenir l'épouse de Thésée, il pria les dieux de lui reprendre une vie qu'ils ne lui avaient donnée que pour son malheur. Sa prière fut exaucée : la terre s'entr'ouvrit pour l'engloutir. Cependant l'inceste d'OEdipe et de Jocaste avait été horriblement fécond ; Antigone avait une sœur, Ismène, et deux frères, Étéocle et Polynice, qui, ennemis dès l'enfance et jaloux du pouvoir, se firent une guerre cruelle. N'ayant pu conjurer par ses larmes cette guerre fratricide, elle ne voulut pas s'éloigner de ses frères, dans l'espoir de les réconcilier. On sait qu'ils périrent, mortellement frappés l'un par l'autre. Créon, leur oncle, avait fait jeter le corps de Polynice à la voirie, avec défense, sous peine de mort, de lui donner la sépulture ; Antigone brava cette menace et lui creusa un tombeau de ses propres mains. Créon irrité ordonna qu'on l'enterrât toute vive. Pour se soustraire à ce supplice, elle se donna la mort. Telle est du moins la version de Sophocle, d'Ovide et d'Apollodore ; ce dernier ajoute que la sœur d'Antigone, Ismène, se déclara coupable du même crime, et qu'elle fut condamnée au même supplice. Suivant Hygin, Créon obligea son fils Hémon à égorger Antigone qu'il aimait ; il ajoute que ce prince se tua de désespoir. — Les mythologues citent plusieurs autres princesses du nom d'Antigone ; l'une, fille de Laomédon et sœur de Priam, était d'une beauté remarquable ; mais elle le savait trop, pour son malheur, car elle eut l'orgueilleuse audace de se comparer à Junon ; celle-ci la métamorphosa en cicogne. — La seconde, femme de Pélée, s'arracha la vie, à la fausse nouvelle que Pélée allait épouser Stérope, fille d'Acaste.

J.-R.

ANTIGONE. Il y a eu plusieurs personnages de ce nom. 1° ANTIGONE SOCHŒUS, maître de Sadoc, chef des Saducéens, vivait du temps d'Éléazar, environ 300 ans avant J. C. Un des points principaux de sa doctrine, c'était qu'il fallait servir Dieu uniquement dans des vues désintéressées, et sans désirer des récompenses de sa part. Mais Sadoc, son disciple, interpréta la doctrine de son maître dans un sens tout opposé à cet esprit de désintéressement (*V.* SADOC). — 2° ANTIGONE, fils de Jean Hircan, et petit-fils de Simon Machabée, fut associé à la royauté avec son frère Aristobule, qui, sur de calomnieuses dénonciations, craignant qu'il ne voulût s'emparer du pouvoir suprême, le fit massacrer dans la tour de Straton, vers l'an 105 avant J. C. (Josèphe, *Antiq.*, l. XIII, ch. 18, 19). — 3° ANTIGONE, fils d'Aristobule II, fut fait prisonnier avec son père, dans la guerre des Romains contre les Juifs, vers l'an 61 avant J. C. Conduits tous deux à Rome, ils y restèrent cinq ou six ans ; au bout de ce temps, ils parvinrent à s'échapper, et retournèrent en Judée. Ayant recommencé la guerre, ils furent pris de nouveau, et envoyés une seconde fois à Rome. Enfin les Parthes ramenèrent Antigone à Jérusalem où il ne régna que trois ans. Pendant ce règne, il fit couper les oreilles à Hircan, son oncle, qu'il voulait éloigner du grand pontificat, la loi mosaïque excluant tous ceux qui avaient de semblables défauts corporels (*Lévit.*, XXI, 17, 18). Cet acte de barbarie ne resta pas impuni ; Hérode, qui avait épousé Marianne, petite-fille d'Hircan, s'étant rendu maître de Jérusalem, envoya Antigone à Antioche, avec prière à Marc-Antoine de le faire mourir. Ce prince, gagné par les sommes énormes d'argent qu'il avait reçues d'Hérode, se prêta sans difficulté à ses désirs, et fit trancher la tête à Antigone, vers l'an 35 avant J. C. (Josèphe, *Antiq.*, l. XIV, ch. 11, 13, 15, 24, 25, 26 ; l. XX, ch. 8 ; *De bello*, l. I, ch. 6, 7, 8, 10, 13).

J. G.

ANTIGONE, l'un des généraux les plus distingués d'Alexandre, reçut, à la mort de ce prince, le gouvernement de la Lydie, de la Phrygie et de la Pamphylie. Mais bientôt il s'aperçut des dangers de son entourage dans sa nouvelle situation. Perdiccas, qui s'était emparé de l'esprit d'Aridée, et qui tendait à profiter seul des conquêtes d'Alexandre, voyait avec inquiétude ce qu'il y avait de supériorité dans l'esprit et les talents d'Antigone ; il résolut de le perdre. Averti à temps, ce dernier s'embarqua secrètement pour l'Europe, et lia ses intérêts à ceux de Cratère, d'Antipater et de Ptolémée. Alors éclata la première des guerres qui devaient amener le morcellement de l'empire. Perdiccas périt assassiné, et Antigone fut chargé par ses collègues de poursuivre en Asie les hostilités contre Eumène, lieutenant de leur ennemi défunt, et invaria-

blement attaché aux intérêts de la maison d'Alexandre. Eumène tomba entre les mains d'Antigone, qui le fit mettre à mort. — Maître alors de la plus grande partie de l'Asie, celui-ci commença visiblement à séparer sa cause personnelle de celle de ses alliés ; ce qu'il avait condamné dans Perdiccas, il tenta de l'accomplir à son profit. Séleucus s'enfuit de Babylone, et alla jeter l'alarme en Egypte. On y apprit bientôt que les trésors laissés à Suze et à Ecbatane étaient devenus la proie de l'ambitieux vainqueur de l'Asie : on lui en demanda compte, et il ne répondit qu'en déclarant la guerre à Cassandre, sous le prétexte de venger Olympias, et de délivrer Roxane et son fils Alexandre Arzus. Chacun connaît les détails de cette guerre, où les succès et les revers furent balancés, grâce à l'appui que trouva Cassandre dans Lysimaque, Ptolémée et Séleucus. Une trêve fut conclue, mais presque aussitôt rompue par suite du massacre des parents d'Alexandre. — Dès l'ouverture de la deuxième guerre, Antigone prit le titre de roi et le donna à son fils Démétrius. Tout parut d'abord lui être favorable ; mais la bataille d'Ipsus en Phrygie, livrée l'an 301 avant J. C., décida contre lui la querelle. L'impétuosité de Démétrius à poursuivre un premier avantage, permit aux ennemis d'Antigone de l'accabler ; lorsque son fils revint sur le champ de bataille, il trouva son armée dispersée, et son père sans vie. Antigone avait 84 ans.

ANTIGONE, surnommé GONATAS, petit-fils du précédent, fit preuve de la piété filiale la plus touchante, à l'époque où Démétrius Poliorcète, son père, fut retenu prisonnier par Séleucus Nicator ; il alla jusqu'à offrir de prendre sa place. Après la mort de Démétrius, la Macédoine, successivement possédée par Séleucus, Ptolémée, Céraune, Sosthènes, Méléagre, fut délivrée par Antigone de la présence des Gaulois qui la ravageaient ; mais ce prince fut bientôt après chassé par Pyrrhus, qui resta maître du pays, jusqu'au moment où il mourut (siège d'Argos) ; alors Antigone ressaisit le sceptre. — Solidement établi en Macédoine, il songea à se rendre maître de la Grèce ; il s'empara, par surprise, de la citadelle de Corinthe. Mais cette position importante lui fut enlevée par Aratus. — Depuis ce moment, l'histoire ne nous transmet aucun détail sur Antigone Gonatas : nous savons seulement qu'il mourut en 243, à l'âge de 80 ans. Son fils Démétrius lui succéda.

ANTIGONE, surnommé DOSON, succéda en 231 avant J. C., à Démétrius II ; son neveu, dont le fils, Philippe II, était encore trop jeune pour gouverner. La Thessalie et la Mœsie avaient secoué le joug de la Macédoine : Antigone les fit rentrer dans l'obéissance. — Ce fut alors qu'éclata la guerre entre Cléomènes, roi de Sparte, et les Achéens, toujours gouvernés par Aratus. Celui-ci, désespérant de triompher d'un ennemi habile et actif, appela à son secours le roi de Macédoine, qui n'eut garde de laisser échapper l'occasion d'intervenir dans les affaires de la Grèce. Après la bataille de Sélasie, Cléomènes vaincu se retira en Egypte, et Antigone entra dans Sparte ; mais il traita les Grecs avec une modération qui lui fait honneur. Il mourut en 221, et eut pour successeur Philippe, sous le règne duquel les Romains préparèrent la chute du royaume de Macédoine.

HENRI PRAT.

— Antigone fut surnommé Doson parce qu'il promettait toujours sans jamais rien donner. Son successeur exerça sur la Macédoine un tel despotisme, que Persée, son propre fils, entra dans une conspiration qui tendait à lui ôter la couronne et la vie. Un descendant d'Antigone Gonatas, portant aussi le nom d'Antigone, découvrit la conjuration ; Philippe reconnaissant désigna pour son successeur Antigone ; mais il n'eut pas plutôt fermé les yeux, que Persée s'empara du pouvoir et fit périr Antigone.

N. M. P.

ANTIGONE GONATAS (*numism.*), roi de Macédoine. Les médailles de ce prince sont en argent et en bronze. Les tétradrachmes d'argent portent une tête de faune dans un bouclier macédonien, et au revers le nom du *roi Antigone*, et Pallas armée, lançant la foudre. *Diamètre*, 13 lignes ; *prix*, 90 fr. Les médailles en bronze sont nombreuses ; on y trouve les têtes de Jupiter, de Pallas, d'Hercule, et au revers, le type le plus fréquent représente un faune érigeant un trophée. — On a attribué quelques-unes de ces médailles à *Antigone Doson*, mais sans certitude.

ANTIGONE (*numism.*), roi d'Asie. Les médailles de ce prince ne portent point son portrait. Celles d'or offrent la tête casquée de Pallas, et au revers, le nom du *roi Antigone*, une Victoire debout : elles sont dans le caractère de celles d'Alexandre. *Diamètre*, 8 lignes. On les estime 800 fr. Les médailles d'argent portent la tête de Neptune, et au revers, Apollon assis sur une proue de vaisseau. *Diamètre*, 13 lignes ; 120 fr.

Les médailles de bronze présentent la tête d'Hercule, et au revers, un casque, un caducée dans un bouclier macédonien ; 15 francs.

ANTIGONE (*numism.*), roi de Judée. Le nom de ce prince est inscrit sur les monnaies dans une couronne de lierre, en lettres grecques. Au revers, on voit deux cornes d'abondance, et autour, les mots *sacerdos magnus* ou *sacerdos Mathathias*, en caractères samaritains. Ces pièces de bronze, de 7 à 10 lignes de diamètre, valent 15 francs. **D. M.**

ANTILAITEUX. On croit dans le monde qu'il existe des médicaments propres à diminuer la sécrétion du lait, ou à l'évacuer lorsqu'il a disparu brusquement. — C'est une de ces nombreuses erreurs qui forment le contingent de l'éducation actuelle. La sécrétion du lait ne peut être tarie tout à coup sans qu'il en résulte souvent des accidents ; mais ceux-ci peuvent être prévenus, atténués et même dissipés, en déterminant des sécrétions plus abondantes sur des surfaces plus ou moins étendues ; telle est la manière d'agir des purgatifs, des diurétiques, des sudorifiques, des bains surtout, secondés par une diète convenable. — Ce n'est qu'après la cessation des lochies qu'il est permis de détourner l'irritation qui envahit les mamelles ; car, si l'on n'attend pas que l'utérus ait complètement cessé d'être irrité, on court risque d'augmenter la surexcitation de cet organe. — Quant aux effets antilaiteux des médicaments populaires, tels que la menthe, la racine de canne de Provence, l'infusion de fleurs de pervenche, le lait lui-même, ils sont absolument hypothétiques. Il en est de même des feuilles de l'alaterne, très-vanté à Rouen ; de l'élixir américain et de celui de Garus. Ces deux derniers moyens ne sont pas sans inconvéniens. Le petit-lait de Weiss, qui jouit d'une assez grande réputation, doit ses propriétés aux substances purgatives et diaphorétiques qu'il contient (*V.* LACTATION et LAITEUSES (*maladies*). **A.-B. DE B.**

ANTILAMBDA. On appelait ainsi autrefois un signe qu'on employait dans les manuscrits pour indiquer une citation et la faire distinguer du texte. Ce signe a été remplacé par les guillemets. **X. X.**

ANTI-LIBAN, chaîne de montagnes située à l'orient du Liban, et qui ne formait avec lui qu'une longue chaîne s'étendant du nord au midi, puis du midi au nord, à peu près en forme de fer à cheval, dans un espace de près de quatre-vingts lieues. — Le texte hébreu de l'Écriture ne parle jamais de l'Anti-Liban ; il n'emploie que le mot générique Liban : les Septante, au contraire, écrivent souvent Anti-Liban, au lieu de Liban (*Deut.*, I, 7 ; III, 25 ; IX, 24 ; *Josué*, I, 4 ; IX, 1). — La vallée qui sépare le Liban de l'Anti-Liban, et que, suivant Strabon, on appelait Célé-Syrie ou Syrie creuse, est très-fertile. Elle était autrefois fermée, du côté de la Syrie, par un mur dont on ne voit plus de vestiges. **J. G.**

ANTILLES (*géog.*). Cet archipel, le plus important de toute l'Amérique, est souvent désigné, mais improprement, par le nom d'Indes occidentales. Il se forme de trois groupes principaux : les grandes Antilles au centre, les Lucayes au nord et les petites Antilles au Caraïbes au midi. On distingue encore ces groupes en îles du vent (en espagnol *barlovento*, en anglais *windward*), et îles sous le vent (en esp. *soto vento*, en ang. *leeward*). Cette dernière distinction leur a été donnée par les Français ; elle est prise de leur position relativement aux vents alizés de l'est. La Martinique sépare les îles du vent des îles sous le vent, et à les premières au nord. Par sa position astronomique, cet archipel se trouve compris entre le 10° degré 52' et le 27° 50' de latitude nord, le 61° 55' et le 87° 18' de longitude occidentale de Paris. Le nombre de toutes les Antilles, si l'on y comprend les îlots de toute nature et de toute grandeur, dépasse 700 ; mais un très-grand nombre sont inhabitables. Cette ligne d'îles et d'îlots, qui semble une chaîne rompue de communication entre les deux Amériques, parcourt une étendue de plus de 600 lieues. Il est donc facile de concevoir que le climat des Antilles, la nature de leur sol, leurs productions, ne peuvent pas être partout les mêmes. Ainsi dans ce que nous allons dire de ces îles, considérées sous ces trois rapports, il faudra qu'on nous tienne compte de toutes les exceptions que nous supposons tacitement, et qu'on ne regarde nos chiffres et nos appréciations que comme des termes moyens et des généralités calculées sur des détails plus ou moins variables. — *Climat.* La position des Antilles étant en très-grande partie tropicale, le soleil s'y trouve deux fois l'année au zénith, et devrait, par conséquent, rendre leur température brûlante. Cependant la chaleur y est plus modérée qu'on ne pourrait le croire. Deux causes principales contribuent à tempérer l'action des rayons solaires : d'abord le refroidissement considérable

que l'atmosphère et la terre subissent pendant la nuit, et, en second lieu, le souffle des vents alizés ou vents d'est, qu'on appelle aussi brise de mer. Pour être facilement appréciée, la température des Antilles doit être considérée sous le rapport de ses variations journalières et sous celui de ses variations annuelles ou des saisons. La variation journalière est, terme moyen, de 4 degrés : c'est de 2 à 3 heures après midi que la chaleur est la plus forte. Les vents alizés commencent alors à tomber, la chaleur commence aussi à décroître, quoique d'une manière peu sensible et très-lentement. Le vent change au coucher du soleil, souffle de l'ouest à l'est et amène une fraîcheur que l'abondance de la rosée augmente encore. Cet abaissement de température se continue pendant toute la nuit et se trouve à son maximum au moment du lever du soleil. Le thermomètre commence à se relever avec le soleil et les vents alizés, qui semblent véritablement avoir un coucher et un lever comme cet astre. Nous voyons, par le beau travail de M. de Humboldt sur la chaleur commence aussi à décroître, quoique d'une manière des Antilles est de 27° 5'. Juillet, août et septembre sont les mois les plus chauds de l'année ; décembre, janvier et février, les plus froids ; mars, mai, juin et la première moitié d'octobre, les plus variables ; avril, novembre et la seconde moitié d'octobre, se rapprochent de la moyenne annuelle de 27° 5'. — Cependant cette distinction en quatre saisons n'est pas absolument juste ; car les Antilles n'ont réellement que deux saisons bien caractérisées : la saison des pluies et la saison de la sécheresse. La dernière dure depuis le commencement de novembre jusque vers le 20 mars. Les pluies qui commencent alors à tomber s'appellent grains, arrivent entre onze heures et midi et durent une heure au plus. Les grands orages, les raz de mer, les ouragans, les tremblemens de terre, les chaleurs étouffantes sont les funestes présents de la saison des pluies. C'est également dans cette saison que les épidémies se déclarent chez les hommes et les animaux, et mettent le comble à la désolation produite par tant d'autres fléaux. La direction des vents n'exerce qu'une influence secondaire sur la fréquence des pluies. Elles tombent, de quelque côté que le vent souffle, pendant les deux tiers de l'année au moins, et la raison physique en est palpable : le soleil y rencontre partout des vapeurs à pomper, vapeurs sur les mers qui entourent l'archipel, vapeurs sur les grandes forêts, sur les marais immenses, sur les larges fleuves, sur les savanes humides. On est effrayé quand on voit dans les observations des savants voyageurs, que la quantité de pluie qui tombe sur les montagnes des Antilles est de 80, de 100, de 120 et même de 340 pouces, sur les plus hauts sommets. C'est à l'humidité entretenue par ces pluies et à l'évaporation de la mer qu'il faut attribuer ces maladies lentes ou rapides, qui tuent les Européens, surtout la fièvre jaune. Cette humidité est encore funeste par la prompte putréfaction qu'elle fait subir aux viandes, et par l'innombrable quantité d'insectes malfaisants dont elle facilite la naissance et le développement. Sous son action tous les métaux oxydables se décomposent, toutes les étoffes perdent leur éclat, tous les bois employés dans la construction des vaisseaux subissent une altération rapide. Les mois où l'air des Antilles est le plus salubre sont : novembre, décembre, janvier et février, parce qu'alors le vent vient du nord plus ou moins directement, et purifie l'atmosphère de toutes les vapeurs dont l'avaient imprégnée les vents alizés du sud et sud-ouest. — *Aspect physique et nature du sol.* La hauteur des montagnes des Antilles, et surtout le parallélisme de leur direction, qui semble en faire des pics d'une même chaîne, présentent cet archipel comme un prolongement de la presqu'île de Floride et une suite de chaînons qui le lient à la chaîne de la Parime ou de la Guiane. Quoi qu'il en soit, voici les points culminans du système antilien, d'après M. Balbi :

Iles.	Noms des pics.	Elévation.
Cuba	*Mont Potrillo*, près la Trinidad.	1,400 toises.
Idem	*Pic de la Sierra de Copra*	1,400
La Jamaïque	*Pic des montagnes Bleues*	1,138
Haïti (St-Dom.)	*Pic de la grande Serrania*	1,400
St-Eustache	Le point culminant	1,155
St-Christophe	*Le mont de Misère*	1,000
La Guadeloupe	*La Soufrière*	581
La Dominique	Le point culminant	778
La Martinique	*Le piton du Carbet*	950
Idem	*La montagne Pelée*	619
St-Vincent	*Le morne Garou*	790

— Ces cimes sont généralement aiguës et soutenues par des

contre-forts. Les pluies extraordinaires qui les battent si fréquemment ne laissent à leur couronnement que des rochers nus ; mais leurs flancs sont couverts d'une riche végétation et des sources nombreuses s'en échappent. Contrairement à la direction générale des montagnes de l'Amérique, les grandes Antilles, dont la forme est plus ou moins allongée, courent de l'est à l'ouest, c'est-à-dire parallèlement à l'équateur. Les petites affectent plutôt une forme ronde. A quelques exceptions près, on peut dire que, dans son ensemble, l'archipel antilien a ses côtes orientales basses, peu découpées en golfes et en anses, tandis que du côté de la mer des Caraïbes ses rivages se redressent, opposent aux vagues des rochers abruptes, et sont bizarrement hérissés de promontoires. Sous le rapport géologique, cet archipel peut se classer en îles d'origine non volcanique, d'origine volcanico-calcaire et d'origine volcanique proprement dite. Les quatre grandes Antilles et une partie des Lucayes appartiennent à la première classe ; la seconde comprend les petites Antilles à l'est de la ligne de la Trinité à Saba ; la troisième enfin embrasse le reste de l'archipel. Cette classification géologique des Antilles n'est pas ici une affaire de science, mais un moyen de reconnaître les qualités atmosphériques de ces îles et leurs dangers relatifs. En effet, les îles d'origine immédiatement volcanique offrent encore des symptômes plus ou moins apparents de nouvelles éruptions, ou du moins de tremblements de terre fréquents. L'alun, le soufre, les sources d'eau chaude s'y trouvent en abondance ; quelques cratères vomissent encore de la fumée ; des lacs tarissent subitement ou se forment par l'effet de commotions intérieures ; tout annonce, en un mot, que les feux souterrains n'ont pas perdu toute leur activité, et peuvent, sinon couvrir ces îles de nouvelles laves enflammées, au moins les secouer dans leurs fondements, comme les derniers malheurs de la Martinique l'attestent. Un autre désavantage pour les îles volcaniques, c'est que leur terre argileuse, provenant de la pulvérisation des laves, n'absorbe qu'une petite quantité de pluie, et conservant le reste à sa surface, répand cette humidité funeste, que le soleil n'aspire que pour la rendre plus dangereuse encore. Mais si les calcaires n'ont pas cet inconvénient, elles ont les chaleurs dévorantes qui tuent la végétation, et les orages terribles qui sillonnent les plantations par des torrents impétueux ou les nivellent par le choc des grêlons. — *Productions.* La minéralogie des Antilles n'a qu'une importance tout à fait secondaire, depuis qu'on a cessé d'y exploiter les mines d'or et d'argent. Il est probable cependant qu'elles ne sont pas entièrement épuisées, puisqu'on trouve encore de l'or dans plusieurs rivières. Les autres métaux que produisent les Antilles sont : le cuivre, le plomb, le fer, mais on a négligé l'extraction pour se livrer à des travaux plus faciles et plus lucratifs. La nature elle-même indiquait aux Européens qu'en se livrant à la culture de la terre, ils retireraient les richesses les plus sûres. Là, en effet, la terre semble vouloir se passer de la main de l'homme pour produire, tant son activité est puissante et féconde. Rivales des régions tropicales des Indes orientales, les Antilles produisent spontanément les plantes les plus propres à la nourriture de l'homme, comme celles qui contribuent le plus à la commodité et à l'agrément de la vie. Nous distinguerons parmi les plantes naturelles des Antilles : le cacaotier au fruit parfumé ; le chou palmiste qui balance sa tête sur une colonne de deux cents pieds ; l'élégant tamarin dont les cosses acides sont si précieuses dans un climat brûlant ; le carrougier toujours vert ; le beau mancenillier, aussi dangereux par son ombrage que par ses fruits ; le manglier qui ne se plaît qu'au bord des eaux et dont la reproduction est si admirable ; le cotonnier dont le duvet soyeux subit tant de formes et reçoit tant de couleurs ; le mahogony et le cédrel (deux espèces d'acajou), que l'industrie de l'homme métamorphose de tant de manières ; le gayac aux fleurs d'azur ; le figuier d'Inde aux rameaux ambitieux ; le bois de campêche qui donne le velouté à nos draps ; les grenadilles, les goyaviers, les cocotiers, les papayers, les sapotilliers, dont les fruits sont si succulents, etc. — Les plantes indigènes ou naturalisées que l'on cultive sont les plus commercial sont celles qui produisent le sucre, le café, le cacao, l'indigo, le tabac, le coton ; les arbres et arbustes à épicerie, portant des fruits ou une écorce propres à la teinture, etc. Nos céréales ne réussissent pas dans les Antilles ; mais quelques-uns de nos arbres fruitiers et les plantes potagères y viennent bien, surtout le melon. Les fleurs sont si multipliées partout qu'il devient superflu de les cultiver. — Sous le rapport zoologique, les Antilles ne sont vraiment remarquables que par la grande quantité de leurs oiseaux si variés par l'élégance de leur forme et le brillant de leur plumage. C'est en effet là qu'on admire les colibris, les oiseaux-mouches, ces bijoux de l'air que le soleil fait scintiller de tant de feux et de couleurs ; les perroquets de toutes les variétés ; les jacamars émeraudes ; les amazones vertes ; les guits-guits azurés ; les manakias rouges, bleus, jaunes, couronnés de flammes ; les magnifiques rupicoles, etc. Les oiseaux utiles, soit pour la nourriture de l'homme, soit pour la destruction des insectes nuisibles, abondent également. Ainsi on y distingue : les colombes, les gelinottes, les dindons, les hoccos, les colins, les pauxi, les tinamous, les pénélopes, les pélicans, les caciques, les carouges, les tardivoles, les jacarins, les éperviers, etc. La mer et les rivières sont très-poissonneuses ; mais les marsouins et les cachalots infestent les rivages ; les lamantins fréquentent l'embouchure des fleuves. Les quadrupèdes sont rares et appartiennent presque tous à notre continent. Les reptiles venimeux sont moins communs et moins grands que sur le continent américain, mais ne manquent pas cependant. On y voit beaucoup d'araignées d'une grosseur extraordinaire, ainsi que des scorpions et des scolopendres. Il faut encore compter au nombre des animaux malfaisants, les fourmis qui s'attaquent aux aliments et au bois ; les ravets qui répandent leur odeur pestilentielle sur les étoffes et les mets qu'ils touchent ; les chiques qui viennent se loger sous la peau et y causent des démangeaisons insupportables ; et surtout les maringouins dont la blessure presque inévitable est si douloureuse. — *Population.* Les Caraïbes, qui défendirent si longtemps et si courageusement leur liberté, mais à qui l'histoire est obligée de refuser toute sympathie à cause de leur effroyable férocité, ont presque entièrement disparu de ces îles, dont ils furent les premiers maîtres. On n'en rencontre plus qu'une demi-race à Saint-Vincent, provenant de vrais Caraïbes et de nègres ; mais leur famille subsiste encore sur les bords de l'Orénoque. A ces anthropophages a succédé une population mêlée de maîtres et d'esclaves, d'Européens et d'Africains. Les esclaves, c'est-à-dire les nègres, forment la classe la plus nombreuse. Après eux viennent les mulâtres, issus des blancs et des nègres, et la plupart libres. Tous les nègres ne sont pas esclaves cependant ; sans compter tous ceux que le gouvernement anglais a rendus à la liberté et les Haïtiens, un grand nombre des hommes de couleur vivent libres dans les Antilles coloniales ; les blancs dominent cependant partout ; car le moindre signe de sang africain est regardé comme une honte, tandis que la couleur blanche est partout comme un titre de noblesse. Toute personne née dans les Antilles est appelée *créole.* Voici comment les caractérise un géographe moderne, M. Eyriès : « L'air humide et salin et le défaut d'électricité privent le teint des créoles de ces couleurs vives qui animent le visage des habitants de l'Europe tempérée. Ils sont d'ailleurs bien faits et agiles, et ont généralement l'esprit vif, beaucoup d'intelligence et de finesse. Ils sont ardents, vains, inconstants, volages, et se livrent à leurs penchants avec une impétuosité qui est le résultat de leur caractère bouillant et de leur éducation trop négligée. Les femmes créoles, sans être parfaitement belles, ont dans la physionomie une expression de douceur qui charme ; elles possèdent du coloris brillant des Européennes par une extrême délicatesse de traits, une tournure svelte et une taille élégante et déliée. Naturellement indolentes, elles sont très-exigeantes et fières avec leurs inférieurs, familières avec leurs égaux, timides et froides avec les étrangers. Bonnes et sensibles, elles sont souvent la consolation des êtres malheureux qui les entourent, et répandent beaucoup de charmes dans la société. » Nous croyons que la population totale des Antilles ne peut pas être évaluée à moins de deux millions et demi, celle d'Haïti s'élevant déjà à près de 800,000, celle des Antilles espagnoles à un million, et celle des Antilles françaises à plus de 200,000, etc. — Le catholicisme est la religion dominante et presque universelle des Antilles. Il ne se trouve guère de communions dissidentes que dans quelques parties des îles anglaises et dans celles de la Hollande, du Danemark et de la Suède. — Considéré sous ses rapports politiques, l'archipel des Antilles forme sept divisions, c'est-à-dire un état indépendant (Haïti) et six colonies appartenant à l'Angleterre, l'Espagne, la France, la Hollande, le Danemark et la Suède. Quelques-unes de ces divisions méritent d'être traitées à part, surtout Haïti, Cuba, la Jamaïque, la Martinique. Notre intention n'est donc pas d'entrer ici dans les particularités qui se rattachent à ces noms, auxquels nous renvoyons le lecteur. Mais, ayant considéré les Antilles comme une unité fictive, nous devons, pour compléter nos généralités, donner le tableau sommaire des divisions politiques de cet archipel. — *Haïti,* république reconnue par toutes les puissances, est gouvernée par un président, dont les actes sont contrôlés par un sénat électif. Son territoire se divise en 6 départements administratifs, 26 arrondissements militaires et 8 arrondissements financiers. Les 6 départements sont : 1° département de l'*Ouest* : chef-lieu, Port-au-Prince, qui, pendant la révolution, prit le nom de Port républicain. C'est aussi la capitale de la république. 2° Département du *Sud* : chef-lieu, les Cayes. 3° Département d'*Artibonite* : chef-lieu, les Gonaïves : 4° Département du *Nord* : chef-lieu, cap Haïtien (cabo Santo, cap Français, cap Henri). 5° Département du *Nord-est* : chef-lieu, Saint-Jacques (Saint-Yago de los Cavalleros). 6° Département du *Sud-est* : chef-lieu, Santo-Domingo (Saint-Domingue). Port-au-Prince, 15,000 âmes ; cap Haïtien, 10,000 ; Santo-Domingo, archevêché, 10,000. Grand nombre de ports et de places fortes. Revenus publics 15 millions ; dette 150 millions ; armée disponible 45,000 hommes. (Pour l'histoire et les détails, voyez HAÏTI.)—*Antilles espagnoles* : Cuba, Porto-Rico et îles adjacentes, renferment une population totale d'un million d'âmes et forment deux capitaineries générales : première capitainerie générale, Cuba, la plus étendue des grandes Antilles, subdivisée en trois capitaineries : capit. occidentale, capit. du centre ; capit. orientale. Capitale de l'île, la Havane, avec une population de 115,000 âmes, dont 20,000 esclaves. Après la Havane, les villes les plus peuplées sont : Puerto-Principe, 49,000 âmes ; Sant-Yago de Cuba, 27,000 ; Matanzas, 14,000 ; Trinidad, 13,000. — Revenus de Cuba, 45 millions ; mouvement des ports de l'île : navires entrés 1,841 ; navires sortis 1,649 (*V.* CUBA).—Capitainerie générale de Porto-Rico. Population, 288,000 âmes, dont 25,000 esclaves. Capitale, Porto-Rico, avec une population de 30,000 âmes. — *Antilles françaises* : ces îles font partie des petites Antilles et sont au nombre de 6 ; non compris le groupe des îlots, dit des Saintes. Elles forment les deux gouvernements coloniaux de la Martinique et de la Guadeloupe. 1° *Martinique*. Capitale, le Fort Royal, port, place forte, cour royale, tribunal de première instance, 7,000 habitants. Seconde ville, mais la première par la population : Saint-Pierre, rade superbe, entrepôt du commerce français avec l'Amérique méridionale, 18,000 habitants. Le Lamentin, 8,000 h. La Trinité, beau port, 4,000 h. Bourgades principales : Anse-d'Arlet, le Marin, le Vauclain, le Français, le Robert, le Prêcheur, Sainte-Marie. 2° *La Guadeloupe*. Basse-Terre, capitale, cour royale, tribunal de première instance, rade peu fréquentée. Les autres villes et bourgs sont : Pointe-à-Pitre, bon port, 16,000 habitants ; le Moule ; Port-Louis ; Petit-Canal ; le Grand-Bourg ou Marigot. 3° Marie-Galande, dont le chef-lieu est le Grand-Bourg dans la Guadeloupe. 4° Petite-Terre. 5° la Désirade. 6° Saint-Martin. Ces trois îles n'ont aucun lieu remarquable. 7° Groupe des Saintes : chef-lieu, la Terre d'en haut (*V.* MARTINIQUE et GUADELOUPE). — *Antilles anglaises*. Elles se composent : 1° de la Jamaïque, l'une des quatre grandes Antilles, capitale Spanish-Town, 5,000 habitants. Ports principaux : Kingston, 33,000 hab. ; Port-Royal, 15,000 hab. 2° Du groupe des Lucayes, composé d'environ 650 îlots, parmi lesquels on remarque 14 îles principales. Nous nommerons la Providence, la grande Bahama, la grande San-Salvador, le groupe d'Acklin, le groupe des Caÿques et le groupe des Turques. 3° Dans les petites Antilles : Grenade, capitale : George-Town ; la Dominique, cap. Roseau ; Sainte-Lucie, cap. Port-Castries ; Saint-Vincent, cap. Kingston ; Tabago, cap. Scarborough ; la Trinité, cap. Spanish-Town ; la Barbade, cap. Bridge-Town ; Saint-Christophe, cap. Basse-Terre ; Antigoa, cap. Johns-Town ; Mont Serrat et Nevis, cap. Plymouth et Charleston ; groupe des Grenadiles, groupe des Vierges anglaises, Barboude et Anguilles, sans aucun lieu remarquable (*V.* JAMAÏQUE). — *Antilles hollandaises*. Elles consistent en deux groupes des petites-Antilles : 1° groupe de Saint-Eustache avec une capitale du même nom, et qui est en même temps port franc. C'est à ce groupe qu'appartient l'îlot de Saba qu'la nature et l'art ont rendu presque imprenable. 2° Groupe de Curaçao : Willemstad capitale. — *Antilles danoises*. Elles sont au nombre de trois et font partie des petites Antilles. Ile de Sainte-Croix, ayant pour capitale Christianstad, résidence du gouverneur général ; île de Saint-Thomas avec un port de même nom, déclaré port franc ; île de Saint-Jean, sans ville. — *Antilles suédoises*. Cette colonie n'a pas plus de 16,000 habitants, et occupe la petite île de Saint-Barthélemy, qui lui fut cédée par la France en 1784. La franchise de son port, Gustavia, lui donne une certaine importance commerciale.

ANTILLES (la mer des), autrement appelée mer des Caraïbes, forme, avec le golfe ou mer du Mexique, la méditerranée la plus vaste et la plus fréquentée que l'on connaisse. Elle reçoit par une multitude de canaux ou détroits les eaux de l'océan Atlantique et les rejette dans le golfe du Mexique par la seule ouverture comprise entre les caps Catoche et Saint-Antoine, c'est-à-dire entre Cuba et le Yucatan. La Madeleine est le seul grand fleuve qui lui porte ses eaux. Ses principaux enfoncements dans les terres forment les golfes de Darien ou d'Uraba, de Maracaïbo ou Venezuela, de Mosquitos et d'Honduras. Sa plus grande longueur de l'est à l'ouest est de 530 lieues ; sa plus grande largeur du nord au midi, de 250 lieues. Son grand canal de communication avec le golfe du Mexique n'a guère que 45 lieues d'ouverture. Le phénomène que ce canal offre des deux côtés mérite d'être mentionné. Du sein des flots s'élancent des sources d'eaux douces dont la force est telle qu'on les dirait poussées par l'explosion d'un volcan. Leur douceur est si peu altérée par les vagues salées qui les entourent, que souvent les navires y viennent faire leurs provisions. Dans les temps calmes, les eaux de cette mer sont si transparentes qu'on y distingue les poissons et les coraux à plus de cinquante brasses de profondeur ; mais dans la saison des pluies ou d'hivernage, elle est souvent bouleversée par des coups de vent ou des ouragans. Ce ne sont pas là les seuls dangers qu'elle présente aux navigateurs : les approches de ses côtes sont souvent semées d'écueils, et ses courants rapides et sinueux sont peut-être encore plus à craindre que les récifs eux-mêmes. Tout cela n'empêche pas que cette mer ne soit l'une des plus fréquentées du globe. J.-R.

ANTILLON (ISIDORE), professeur d'histoire, de géographie et d'astronomie au séminaire royal des nobles à Madrid, quitta son poste à l'époque de l'invasion des Français, en 1808, et fit partie des juntes. Quand les Français pénétrèrent dans l'Andalousie il se rendit à Cadix avec la junte centrale. De Cadix il fut envoyé à Majorque pour y remplir une haute magistrature. Ce fut alors qu'il commença la publication d'un journal intitulé l'*Aurore patriotique*. Nommé membre des cortès, en 1813, par les Aragonais, il partit immédiatement pour Cadix, et il s'y montra zélé partisan des principes plus que libéraux des cortès. Après la rentrée de Ferdinand, il fut dénoncé et arrêté pour ses opinions exaltées. Il devait être conduit à Saragosse pour y être jugé ; il mourut sur la route. On a de lui des cartes géographiques et beaucoup d'écrits utiles ; les principaux sont ses *Leçons de géographie générale* et ses *Éléments de géographie astronomique*. Dans ces deux ouvrages, imprimés à Madrid, il a relevé beaucoup d'erreurs commises par les géographes étrangers à la Péninsule, en ce qui concerne l'Espagne et le Portugal. Quant à ses écrits politiques, on n'y trouve guère que de l'exaltation ; rien ne les recommande à la postérité ; aussi les a-t-on complétement oubliés, même en Espagne.

ANTILOGIE, contradiction entre quelques idées d'un même discours (*V.* CONTRADICTION). N. M. P.

ANTILOPE (*hist. nat.*). L'antilope est un animal que ses formes très-gracieuses, sa vivacité, ses habitudes, placent entre le cerf et la chèvre ; il se rapproche davantage de cette dernière par ses cornes creuses. Le genre antilope se compose de beaucoup d'espèces qui, l'on doit en convenir, n'ont pas toutes un caractère commun positif auquel on puisse les reconnaître, et l'on pourrait peut-être convertir en genres plusieurs de ces espèces. Quoi qu'il en soit, on peut définir en général l'antilope un animal ruminant à cornes creuses renfermant un noyau osseux et solide qui n'est que le prolongement du sinus frontal. Quelques espèces ont, comme les cerfs, des larmiers en avant des yeux. Les dents sont au nombre de trente-deux, dont huit incisives ; la forme des cornes varie à l'infini : il y en a de lisses, de striées, de cannelées, de rondes, de triangulaires, de droites, de recourbées en dehors, en dedans, et dans toutes les directions, de contournées en spirale ou entourées d'une arête en spirale, de simples, de rameuses, etc. — Les antilopes existent dans les deux continents ; elles sont toutes remarquables par leur rapidité à la course ; c'est pour elles une qualité nécessaire, car elles sont d'ailleurs sans défense contre les animaux qui les poursuivent pour en faire leur proie. Ce n'est que par leur agilité extraordinaire et la faculté qu'elles ont de franchir en sautant de larges précipices, qu'elles peuvent se soustraire aux tigres, aux hyènes, aux léopards, etc. Ces animaux sont d'ailleurs doués d'une vue perçante, d'une ouïe excellente et d'une grande finesse d'odorat. Ils sont doux et timides, vivent communément par troupes. — Buffon a parlé avec détail des antilopes ; Cuvier les a classées en plusieurs divisions : *gazelles*, *orix*, *acuticornes*, *bubales*, *tseirans*, *strepsicères*, *leiocères* et *ramifères*, sans compter quarante ou quarante-cinq subdivisions, parmi lesquelles on remarque le *gnou*, le *condoma*, l'*izard des Pyrénées*, etc. — De toutes les espèces d'antilopes, la plus belle est celle des gazelles, dont les cornes, disposées comme les deux branches d'une lyre, sont entourées d'anneaux (*V.* GAZELLES); on les trouve particulièrement en Afrique et dans les parties voisines de l'Asie. — Le *klipps-springer*, ou antilope sauteuse, se distingue de toutes les autres par sa légèreté extraordinaire et vraiment prodigieuse. — Le *guérey*, ou roi des chevrotins, et l'*antilope de Salt* se font remarquer par la petitesse de leur taille qui excède à peine douze ou treize pouces, et par l'extrême ténuité de leurs jambes, qui n'ont guère que deux ou trois lignes d'épaisseur. On assure qu'ils ont une telle élasticité musculaire, qu'ils peuvent s'élever d'un saut jusqu'à dix ou douze pieds de hauteur. — L'antilope à bourse, que les Hollandais appellent *chèvre de parade*, est plus grande que la gazelle; elle habite l'intérieur de l'Afrique méridionale. On assure que ces antilopes se réunissent par bandes très-nombreuses, et marchent en colonnes serrées afin de pouvoir se défendre contre les attaques des bêtes féroces, auxquelles elles opposent leurs cornes longues et aiguës (*V.* BUBALE, CHAMOIS, IZARD, SAÏGA, NIGH-GHAN ou *taureau bleu*, ORIX, GNOU, etc.). X. X.

ANTILOQUE (*myth.*), fils de Nestor et d'Eurydice, accompagna son père au siège de Troie. Il était, dit Homère, beau, fort et vaillant. Achille l'estimait à cause de sa bravoure. Il fut tué par Memnon, fils de l'Aurore, au moment où il accourait à la défense de son père que Memnon poursuivait. Le fils du devin Amphiaraüs, devin lui-même, s'appelait aussi Antiloque. Un poète grec a porté le même nom.

ANTILUTHÉRIENS. (*V.* SACRAMENTAIRES.)

ANTIMACHIDES, fut un des architectes choisis par Pisistrate (55ᵉ olympiade) pour la construction dans Athènes du temple de Jupiter Olympien. Les troubles qui agitèrent la Grèce à cette époque empêchèrent ce grand ouvrage d'être continué; mais Antimachides en avait jeté déjà les fondements. Ce ne fut que longtemps après que les travaux furent repris et terminés par Cossutius, architecte romain. Ce temple, dit Vitruve, tout en marbre, était un des plus beaux de la Grèce; ceux de Cérès à Éleusis, de Diane à Éphèse et d'Apollon à Milet partageaient sa renommée. L'empereur Adrien y ajouta une enceinte richement décorée de statues et de colonnes formant péristyle. Il ne reste aujourd'hui que des ruines de ce superbe édifice; on ne peut n'est-on pas bien certain que celles qu'ont décrites deux voyageurs modernes appartiennent réellement à ce temple.

ANTIMACHIES (*myth.*), fêtes qu'on célébrait dans l'île de Cos en l'honneur d'Hercule. Suivant une ancienne tradition peu glorieuse pour le dieu, Hercule jeté sur la côte par la tempête, et craignant sans doute de ne pouvoir se défendre contre les habitants qui accourraient en armes, fut obligé de fuir sous un déguisement de femme. En mémoire de cet exploit, qui assurément n'est pas au nombre des douze travaux, les prêtres paraissaient dans le temple le jour de la fête, portant des vêtements de femme.

ANTIMAQUE. Il est fait mention dans Tite-Live d'un général macédonien de ce nom; il était au service de Persée, dernier roi de Macédoine, et il périt dans un engagement contre les Romains. — On connaît beaucoup mieux un autre Antimaque, poète et musicien d'Ionie, surnommé Clarius, parce qu'il était de Claros. Il vivait dans le même temps que Socrate et Platon. Il avait composé un traité sur l'âge d'Homère et sa généalogie; il soutenait que le chantre d'Achille était né à Colophon, et c'est là peut-être ce qui a donné lieu à d'anciens écrivains de dire qu'Antimaque était lui-même de cette ville. Il ne reste de ce poète que des fragments de peu d'étendue, que Schekenberg a publiés en 1786. Mais il paraît que les anciens en faisaient grand cas; en général on l'égalait à Homère, et que quelques-uns le mettaient même au-dessus. On sait qu'il avait composé un poème sur la guerre de Thèbes, et qu'au vingt-quatrième chant son héros n'était pas encore arrivé aux portes de la ville. L'empereur Adrien faisait, dit-on, ses délices de ce poème et le préférait à l'Iliade. N. M. P.

ANTIMAQUE, roi de la Bactriane (*numism.*). Ce prince, qui régnait, à ce qu'on croit, vers l'an 170 avant J. C., est représenté sur un tétradrachme d'argent de travail grec; il a les cheveux crépus, retenus par un diadème, ou en chapeau plat et a une chlamyde sur les épaules. On lit son nom en grec au revers: *Basiléos, Théou, Antimachou* (du roi, Dieu, Antimaque). Le type représente Neptune debout, armé du trident, et tenant une palme. Cette pièce, de 15 lignes de diamètre, vaut mille francs. Une autre pièce d'argent porte au droit la légende grecque: *Basiléos Niképhorou Antimachou*. Le type est une Victoire debout tenant une palme et une

bandelette; et au revers, le roi coiffé du chapeau macédonien, à cheval, allant au galop; on lit autour une légende bactrienne. Le travail de cette pièce n'est pas d'un beau style. D. M.

ANTIMENSE, et au pluriel ANTIMENSIA, mot latin signifiant à la lettre *qui tient lieu de table*. Ce mot, en effet, désigne une espèce de nappe qui tient lieu d'autel consacré chez les Grecs. Personne n'ignore que les Grecs ont fort peu d'églises consacrées; cette pénurie de temples, et par conséquent d'autels, rend ces sortes de linges, en quelque sorte, indispensables. Aussi est-ce sur ces nappes qu'on offre le saint sacrifice de la messe. J. G.

ANTIMOINE (*chimie*), est un métal assez anciennement connu. Les alchimistes lui attribuaient des propriétés merveilleuses et lui faisaient jouer un grand rôle dans la série des métaux. Pour se convaincre de ce que j'avance, on n'a qu'à lire le livre du célèbre moine allemand Basile Valentin, sous le titre de *Currus triomphalis antimonii*, publié en allemand vers le commencement du XVIᵉ siècle. On rencontre l'antimoine dans la nature presque toujours à l'état de sulfure, rarement à l'état d'oxyde ou à l'état natif. Les minerais de plomb, d'arsenic et même d'argent, sont souvent antimonifères. L'antimoine contient presque constamment une certaine quantité d'arsenic en alliage, dont il est difficile de le débarrasser. On a cependant trouvé dans le département de l'Allier des minerais d'antimoine dont Vauquelin a analysé quelques échantillons qu'il a trouvés exempts d'arsenic. Presque tous les traités de chimie ont répété, depuis le Mémoire de Vauquelin sur un échantillon d'antimoine non arsénière, que les mines d'antimoine exploitées dans le département de l'Allier ne contiennent point d'arsenic. Je me crois ici autorisé à rectifier une erreur généralement commise: d'après les renseignements que j'ai pris et d'après ce que j'ai vu moi-même, on n'a jamais exploité de mines d'antimoine dans le département de l'Allier; et quant aux échantillons envoyés à Vauquelin, ils n'avaient point été retirés d'une mine, mais ils avaient été trouvés disséminés à la surface du sol. On n'en a point trouvé depuis. — *Caractères*. L'antimoine métallique cristallise en larges lames d'un blanc tirant sur le gris, quand il est impur et qu'il contient de l'arsenic; il cristallise en grains très-fins et serrés doués d'un éclat argentin, quand il est pur et exempt d'arsenic. Il est cassant et friable; on peut le réduire en poudre dans un mortier de fer; il est par conséquent non malléable, non ductile, non élastique, insonore, enfin il a des propriétés négatives, quand on le compare aux autres métaux. Sous ce rapport il se rapproche beaucoup de l'arsenic qui, comme lui, a été placé à tort dans la classe des métaux, comme l'a très-bien démontré M. Gay-Lussac. Allié aux autres métaux, il est rendu cassant. — L'antimoine fond à la température de 430° environ. Il se volatilise sensiblement à la température blanche, circonstance dont il faut tenir compte dans les analyses. Il répand alors une odeur particulière qui rappelle celle de la graisse fondue. Au contact de l'air, il brûle avec beaucoup d'éclat; il s'oxyde en répandant des vapeurs blanches, épaisses et fort malsaines, probablement à cause de l'arsenic renfermé dans l'antimoine. Car, suivant M. Liebig, ces vapeurs peuvent être respirées sans inconvénient, quand l'antimoine est exempt d'arsenic. Ces vapeurs blanches, qui se déposent quelquefois sous forme de cristaux brillants, portaient autrefois le nom de *fleurs d'antimoine*. Sa densité varie entre 6,702 et 6,86. Quand on le chauffe en poudre avec du nitre, il y a détonation et formation d'antimoniate de potasse. Réduit en poudre, il brûle dans le chlore, à la température ordinaire. Chauffé à l'abri du contact de l'air, et refroidi lentement, il se produit à sa surface une cristallisation arborescente qu'on a comparée à la forme des feuilles de fougère. — *Combinaisons*. L'antimoine peut se combiner avec l'oxygène dans trois proportions déterminées; l'oxygène marche comme les nombres 3, 4, 5, l'équivalent de l'antimoine étant double. En voici les formules: St^2 (*stibium*) O^3, $St^2 O^4$, $St^2 O^5$. Le sous-oxyde de M. Berzelius, comme en général tous les prétendus sous-oxydes, n'est probablement qu'un mélange de protoxyde et de métal. L'*oxyde d'antimoine* ($St^2 O^3$), obtenu en décomposant le chlorure d'antimoine par le carbonate de potasse, est sous forme de poudre blanche, un peu soluble dans l'eau, se réduisant facilement par le charbon. Chauffé, il brûle comme de la tourbe, et se suroxyde. Il forme des sels assez peu stables. Il se comporte avec les alcalis comme un acide faible. Suivant M. Berzelius, sa capacité de saturation, comme acide, est égale au tiers de la quantité d'oxygène qu'il renferme, ou 5,227. — L'*acide antimonieux* ($St^2 O^4$) s'obtient, soit en grillant le sulfure d'antimoine, soit en traitant le métal par l'acide nitrique et évaporant la masse jusqu'à siccité. Il est blanc et devient jaune quand on le chauffe. Il se réduit au moyen du charbon à une température à laquelle l'antimoine métallique peut en partie se volatiliser. Sa réduction présente donc d'assez grandes difficultés. Chauffé dans un vase clos, avec de l'antimoine métallique, il passe à l'état de protoxyde en oxydant l'antimoine aux dépens de son oxygène. Il se combine avec les alcalis et donne des antimonites. — L'*acide antimonique* se prépare en dissolvant l'antimoine dans l'eau régale; on évapore la dissolution jusqu'à siccité et on reprend le résidu par l'acide nitrique qu'on chauffe presque jusqu'au rouge. Il est sous forme de poudre jaunâtre. Il rougit la teinture de tournesol; il se dissout dans l'acide chlorhydrique et dans la potasse. Les antimoniates alcalins précipitent en blanc par les acides. Chauffé au rouge, il donne de l'oxygène et de l'acide antimonieux. D'après ce que nous venons de voir, il est évident que l'acide antimonieux (St² O⁴) est la combinaison oxygénée la plus stable. — *Sulfure d'antimoine.* Le soufre peut comme l'oxygène se combiner en trois proportions différentes avec l'antimoine. Le sulfure d'antimoine s'obtient directement en chauffant le soufre avec le métal ou avec l'oxyde; dans ce dernier cas il se dégage de l'acide sulfureux; il est d'une couleur grise foncée et d'une cassure fibreuse. Chauffé dans des vaisseaux clos, il distille sans s'altérer. L'acide chlorhydrique le dissout à l'aide de la chaleur; il se dégage en même temps de l'hydrogène sulfuré. Il peut se combiner avec le sulfure de potassium et donner un sulfosel dans lequel le soufre de la potasse est au soufre de l'antimoine comme 1 : 3. Cette dissolution faite à chaud laisse déposer par le refroidissement une masse d'un brun rougeâtre qui porte, dans le commerce, le nom de *kermès minéral*; c'est un oxysulfure d'antimoine. D'après les recherches les plus récentes, malgré ce qu'en a dit M. Berzelius, on peut préparer le sulfosel d'antimoine et de potasse en chauffant dans un creuset un mélange d'une partie de carbonate de potasse et trois parties de sulfure d'antimoine réduit en poudre. Une partie de potasse dissout l'oxyde d'antimoine qui se forme aux dépens d'une autre partie de potasse qui, étant réduite à l'état de potassium, se combine avec le soufre de l'antimoine. Il se forme ainsi un sulfure double de potassium et d'antimoine qui, en se refroidissant ou en y ajoutant de l'eau, laisse déposer le kermès. Cluzel a donné un moyen par lequel on obtient le kermès; ce procédé n'est pas économique, mais on l'emploie parce qu'il fournit le plus beau produit : on fait bouillir pendant une demi-heure une partie de sulfure d'antimoine, vingt à cinq-cents parties de carbonate de soude, et deux cent cinquante parties d'eau; on filtre, on laisse refroidir la liqueur; le kermès se dépose, on le filtre, on le lave avec de l'eau bouillie et refroidie sans le contact de l'air, et on le sèche à l'ombre; ainsi préparé, le kermès se présente en poudre rouge pourpre, cristalline, très-légère, d'un aspect brillant au soleil. Le sulfhydrate d'ammoniaque convertit l'oxyde d'antimoine en sulfure à la température ordinaire. Avec les acides antimonieux et antimonique il faut opérer à chaud; il se dégage de l'hydrogène sulfuré et on obtient un mélange d'antimonite d'ammoniaque et de sulfure d'antimoine, qui, précipité par un acide, donne du *soufre doré d'antimoine*. On se servait autrefois du sulfure d'antimoine pour purifier l'or; le soufre enlève les métaux étrangers, et l'antimoine et l'or entrent en fusion, le premier avant le dernier. C'est probablement à cause de cette propriété que les alchimistes l'avaient appelé *lupus metallorum*. Fondu dans un creuset et chauffé jusqu'au rouge, il donne une masse brune, à cassure vitreuse, connue sous le nom de *verre d'antimoine*. La couleur de ce verre peut prendre différentes nuances, suivant les différents degrés d'oxydation de l'antimoine, du plomb et du fer, etc., qui peuvent s'y trouver. Le verre d'antimoine, mis en contact avec les acides, donne à la longue un précipité appelé *safran d'antimoine*. Les autres sulfures d'antimoine sont peu connus. — *Hydrure d'antimoine* (*hydrogène antimonié*) est un gaz qui a été découvert récemment par M. Pfaff (*Annalen de Pogg.*, vol. 42, 1837). Il est incolore et inodore comme l'hydrogène; l'odeur qu'il a quelquefois tient à des matières étrangères. Il est décomposé par la chaleur : l'antimoine se dépose sur les parois du tube avec l'éclat qui le caractérise; il brûle avec une flamme blanche tirant légèrement sur le jaune; il est peu soluble dans l'eau. La dissolution se trouble peu à peu, elle se décompose et laisse déposer de l'antimoine, à peu près comme l'hydrogène arsénié, avec lequel il a au reste tant de ressemblance, que quelques chimistes avaient renoncé à trouver un bon caractère pour distinguer l'un de l'autre. Comme l'hydrogène arsénié, il précipite en jaune par l'hydrogène sulfuré. Comme l'hydrogène

arsénié, il produit, en brûlant, une tache noire sur un morceau de porcelaine. Mais voici comment il faut s'y prendre pour distinguer la tache noire produite par l'hydrogène arsénié de celle que produit l'hydrogène antimonié : il faut, avant d'y porter l'hydrogène sulfuré, humecter la tache noire avec de l'eau régale : la tache que laisse l'hydrogène arsénié devient, par l'action du réactif, d'un jaune citron très-pur, tandis que la tache que laisse l'hydrogène antimonié est d'un jaune rougeâtre. On prépare l'hydrogène antimonié par le même procédé que l'hydrogène (*V.* HYDROGÈNE) : on met en contact, dans un vase, du zinc, de l'acide sulfurique et de l'oxyde d'antimoine; aussitôt il se produit une effervescence et le gaz se dégage; on peut le recueillir sous une cloche au moyen de tubes recourbés — *Chlorure d'antimoine* (St²Ch⁶), est de tous les sels antimoniaux à peu près le seul qui intéresse le chimiste, et auquel s'appliquent les caractères des sels de l'antimoine. Le chlorure d'antimoine (*beurre d'antimoine*) est acide, très-caustique; on s'en sert quelquefois en médecine pour cautériser les plaies produites par la morsure de serpents venimeux. Il est soluble dans l'eau; en y ajoutant une plus grande quantité d'eau, il se forme un précipité blanc d'oxychlorure d'antimoine qui porte le nom de poudre d'Algaroth, chimiste et médecin qui l'avait obtenu; on l'employait autrefois pour déterminer le vomissement, et la liqueur provenant de sa préparation portait le nom d'*esprit de vitriol des philosophes*, qui, abandonné quelque temps, se transforme entièrement en protoxyde d'antimoine (*Sérullas*). Quand on y ajoute préalablement un acide organique, tel que l'acide tartrique, l'eau ne précipite plus le chlorure d'antimoine; car l'acide végétal reprend l'oxyde d'antimoine pour former un sel soluble. La potasse ou la soude, versée dans le chlorure d'antimoine, donne un précipité d'oxyde d'antimoine soluble dans un excès de potasse ou de soude. Les carbonates solubles y donnent également un précipité blanc, mais qui est insoluble dans un excès de précipitant. Il se dégage en même temps de l'acide carbonique; car l'oxyde d'antimoine n'est pas susceptible de se combiner avec l'acide carbonique pour former un carbonate; ensuite, un excès de carbonate alcalin ne dissout pas de nouveau l'oxyde d'antimoine, parce que celui-ci, étant une fois précipité, n'est pas assez fort pour chasser l'acide carbonique du carbonate alcalin ajouté en excès. Les anciens chimistes connaissaient déjà la différence des précipités produits par un alcali pur et par un alcali carbonaté sans en pouvoir donner d'explication. L'hydrogène sulfuré précipite le chlorure d'antimoine en jaune orangé. En employant ce réactif, il faut ajouter préalablement au chlorure de l'acide tartrique, afin d'empêcher la formation d'un oxychlorure insoluble que l'eau de l'hydrogène sulfuré tendrait à produire; car, d'après la loi générale, les réactifs attaquent mieux les corps dissous que les corps non dissous. Le cyanure double de fer et de potassium précipite le sel d'antimoine en blanc. Le fer, le zinc, l'étain, le cuivre précipitent l'antimoine de ses dissolutions sous forme d'une poudre grise qui, séchée au feu, est pyrophorique et s'enflamme spontanément à l'air. Le chlorure d'antimoine ou beurre d'antimoine peut s'obtenir directement, en dissolvant de l'antimoine métallique dans de l'eau régale. On peut encore le préparer en chauffant dans une cornue de grès de l'oxyde d'antimoine, du sel marin et de l'acide sulfurique; le chlorure d'antimoine passe à la distillation et on a pour résidu du sulfate de soude. — On utilise dans les arts les résidus de la préparation de l'hydrogène sulfuré par le sulfure d'antimoine; pour cela on prend les résidus qui sont liquides, on les filtre sur une toile et on les distille, on rejette 3/5 de la liqueur qui est passée, et le restant qui se distille est du beurre d'antimoine, qui assez souvent n'a pas besoin d'être redistillé. — Lorsqu'on fait brûler de l'antimoine dans le chlore, ce n'est pas du protochlorure d'antimoine ou beurre d'antimoine qu'on obtient, c'est du perchlorure qui est un liquide légèrement jaunâtre, très-volatil, qui cristallise en attirant l'humidité de l'air, qui se décompose en acide antimonique par l'addition de beaucoup d'eau; sa formule est 56 Ch⁵.—Les *oxysels d'antimoine* sont peu connus; ils sont à peu près tous insolubles, excepté ceux formés par les acides végétaux. L'acide tartrique, en se combinant avec l'oxyde d'antimoine et la potasse, donne un sel double qui est employé en médecine sous le nom d'*émétique*. (*V.* TARTRIQUE.) Les *antimonites* et les *antimoniates* solubles sont précipités en blanc par les acides minéraux. Ils sont peu connus. — *Usages.* L'antimoine est employé en alliage dans la composition des caractères d'imprimerie. L'antimoine diaphorétique (précipité de l'antimoniate de potasse par l'acide nitrique) a été employé comme apéritif dans les maladies cutanées. Le verre d'antimoine, le kermès,

n.

59

le safran des métaux (sulfure), et même l'antimoine métallique, ont été employés comme émétiques.

F. HOEFER.

ANTIMOINE (*métallurgie*). Le commerce emploie deux produits d'antimoine, qui sont : le premier, le sulfure d'antimoine, sous le nom d'*antimoine cru*; le second, qui est l'antimoine métallique, sous le nom de *régule d'antimoine*. Dans l'exploitation de ces produits il s'en forme deux autres, qui sont le crocus et le verre d'antimoine. L'antimoine métallique entre dans la composition des caractères d'imprimerie, dans celle des couverts dits de métal d'Alger (*V.* ÉTAIN). — Le sulfure d'antimoine sert dans plusieurs préparations pharmaceutiques et chimiques. Le crocus est employé dans la médecine vétérinaire; enfin, le verre d'antimoine sert à faire quelques émaux et à colorer des substances vitreuses. Ces deux derniers produits d'antimoine sont de peu d'importance. — Presque tout l'antimoine qui est livré à l'industrie est fourni par quelques exploitations qui s'occupent exclusivement de son extraction; cependant il y en a un peu de fourni par l'extraction de certains minerais qui renferment du plomb et de l'antimoine, ou du fer et de l'antimoine. — La nature n'offre pas un grand nombre de variétés de minerais d'antimoine. Habituellement c'est du sulfure seul ou combiné avec d'autres sulfures métalliques; car on peut dire que c'est à peu près le seul minerai d'antimoine. Quelques-uns de ces minerais renferment assez souvent de l'argent et quelquefois de l'or. — En Europe on trouve beaucoup de sulfure d'antimoine; son gisement est en filons plus ou moins considérables dans les terrains primitifs; sa gangue est quartzeuse. On cite en France plusieurs pays qui en renferment et qui l'exploitent : à Portes, Saint-Florent et Aujac, dans le département du Gard; à Massias, dans le Cantal; à Auzat, dans le Puy-de-Dôme; à Malbosc, dans l'Ardèche; à Dèze, dans la Lozère; à Alby et Merccœur, dans la Haute-Loire. — Le traitement de l'antimoine comprend deux opérations : 1° la purification du minerai; 2° la réduction du sulfure en métal. La plupart des exploitants livrent au commerce le sulfure une fois purifié, et alors d'autres le convertissent en métal. Pour purifier le sulfure d'antimoine, on met à profit la propriété qu'il a de fondre assez facilement. — Autrefois, en Hongrie, pour le purifier, on mettait le minerai concassé dans un pot de terre, dont le fond était percé de petits trous : ce pot était sur un autre qui servait de récipient, et portait le nom de *pot à boulet*; on lutait le pot supérieur, on y mettait un couvercle, et on le chauffait; le sulfure fondu tombait dans le pot inférieur, et la gangue restait dans le pot supérieur. Ce procédé est encore employé à Malbosc, mais les pots sont coniques. — A Schmœllnitz, en Hongrie, on emploie un appareil analogue à celui dont on se sert pour la distillation du soufre à Puzzuoli (*V.* SOUFRE), c'est-à-dire un fourneau de galère. — Lampadius conseille de mettre le minerai dans des tuyaux de fonte enduits de terre, et de chauffer ces tuyaux; le sulfure fondrait et coulerait, la gangue resterait dans le cylindre. On enduirait de terre les tuyaux de fonte pour préserver le sulfure d'antimoine de l'action du fer. Je crois qu'il y aurait un avantage à employer des tuyaux de terre, et opérer comme on le fait pour obtenir le soufre des pyrites de fer (*V.* SOUFRE). Dans la Vendée on se sert d'un fourneau à réverbère circulaire; on dispose le minerai sur une sole concave formée d'argile et de braise; cette sole est percée d'un trou par où s'écoule le sulfure fondu, qui tombe alors dans un récipient extérieur. Malgré les essais d'amélioration qu'on a proposés, on se sert toujours des pots; seulement on en place un certain nombre dans un fourneau à réverbère pour les chauffer. — M. Berthier avait proposé, au lieu de fondre le minerai, de le bocarder et de le laver; mais le sulfure d'antimoine est si fragile qu'il se pulvériserait trop finement, et qu'il formerait une bouillie avec l'eau : il faut beaucoup de peine pour le bocarder; il y aurait économie, mais cela demanderait à être dirigé par une personne habile. —*Deuxième opération.* — réduction du sulfure en métal. Avant de procéder à l'opération de la réduction, on fait griller le minerai; on se sert pour cela d'un four analogue à celui d'un four à boulanger. Au bout de douze à quinze heures, la matière a pris une couleur cendrée ou briquetée; elle ne fume plus; on laisse tomber le feu, on vide le four pour recommencer une autre opération. Pendant le grillage il se dégage du sulfure sulfureux, du protoxyde d'antimoine et un peu d'acide arsénieux; il faut pour cela qu'il faut avoir une bonne ventilation pour ne pas compromettre la santé des ouvriers. — Le sulfure qu'on emploie étant purifié devrait fournir 86 pour 100 d'oxyde d'antimoine, mais on obtient seulement 60 à 65; si l'opération était bien conduite, on devrait obtenir 76 pour 100. — On mé-

lange alors 65 parties de sulfure grillé avec 8 à 10 de charbon en poudre; le charbon est arrosé d'une forte dissolution de carbonate de soude. On met le mélange dans des creusets de terre qu'on porte à la chaleur rouge. — Quand la fusion est terminée, on coule le métal dans une lingotière, et on trouve par-dessus une scorie formée de sulfure de sodium et de sulfure d'antimoine. Pour purifier le métal, on le fait refondre avec les scories et du sulfure grillé; cette nouvelle opération a pour objet d'oxyder les métaux, tels que le fer, le sodium. — La première scorie est un double sulfure; la seconde est un rubine ou verre d'antimoine. — De 65 pour 100 de sulfure grillé on obtient 45 de régule par la première fusion, et 42 par la seconde. C'est-à-dire que 100 parties de sulfure donnent 40 à 44 pour 100 de métal pur, tandis qu'il devrait en donner 73. — On a essayé, en Écosse, de décomposer le sulfure d'antimoine par le fer; mais ce procédé n'a pas donné de bons résultats. On a essayé aussi de décomposer le minerai impur sans le purifier, et de le transformer par une seule opération en métal, en le fondant avec de la craie, ou avec de l'oxyde de fer, ou des alcalis; mais la température élevée qu'on est obligé d'employer, fait perdre une assez grande quantité d'antimoine. — Les fabricants peu nombreux et qui existent à Alais, Riom et Clermont, emploient un procédé qui n'est pas connu, et qu'ils gardent comme un secret. Lorsque l'antimoine est bien pur, il offre à sa face une cristallisation en étoile. — La France produit, non-seulement pour sa consommation, mais encore elle fournit à l'étranger.

		Consommation.	*Export.*
1820.	Sulfure en métal.	970 kilogrammes	14,760
1823.		2,766	8,474
1824.		2,055	40,512
1826.		14,849	19,495
		18,640	83,241

Voyez les ouvrages suivants : *Journal des Mines*, tom. XIX, pag. 459; *Annales des Mines*, tom. III, pag. 555, série 1; *Annales de Chimie phys.*, tom. XXV, pag. 379; *Annales des Mines*, tom. I, pag. 3, série 2.

CHARLES BONNET.

ANTIMOINE MURIATÉ (*V.* ENITÈLE).

ANTIMOINE MÉTALLIQUE NATIF (*minéral.*). Corps métallique, blanc grisâtre, clivable en octaèdre; densité 6,7; attaquable par l'acide azotique; corps simple de la chimie : c'est une substance rare à l'état natif, qui ne se trouve qu'en petites masses lamellaires en Dauphiné, etc. CH. B.

ANTIMOINE OXYDÉ (*V.* STIBICONISE).

ANTIMOINE ROUGE OU OXYSULFURÉ (*V.* KERMÈS).

ANTIMOINE SULFURÉ (*V.* STIBINE).

ANTIMOINE SULFURÉ NIKÉLIFÈRE (*V.* ANTIMONICKEL).

ANTIMOINE SULFURÉ PLOMBIFÈRE (*V.* SAMESONITE).

ANTIMOINE SULFURÉ PLOMBO-CUPRIFÈRE (*V.* BOURNONITE).

ANTIMOINE (*méd.*), métal solide, d'un blanc grisâtre ou bleuâtre, qu'on trouve dans le commerce sous la forme de pains orbiculaires, à la surface desquels on voit des arborisations qui imitent assez bien les feuilles de fougère. Les anciens paraissent avoir connu l'antimoine. Ce métal est celui dont les alchimistes se sont le plus occupés. On le trouve au Hartz, en Suède, en Hongrie, en France, en Angleterre, en Saxe. Il se montre : 1° à l'état natif; 2° sous forme d'oxyde d'un blanc nacré; 3° à l'état d'oxyde sulfuré (kermès minéral ou soufre natif) : ce composé a une couleur rouge sombre; 4° enfin, et surtout commun comme sulfure (antimoine cru) (voyez les articles précédents). — Toutes les préparations antimoniales exercent une action stimulante sur l'économie. A une certaine dose, elles excitent le vomissement et la purgation; à haute dose, quelques-unes déterminent l'empoisonnement. — Un grand nombre de préparations médicales ont été faites avec l'antimoine; nous allons indiquer les principales. — L'antimoine diaphorétique est un mélange de nitré et d'antimoine, qu'on projette par parties dans un creuset; au contact avec l'eau, une partie se dissout, et la matière insoluble est appelée antimoine diaphorétique non lavé. — En versant un acide dans la solution, il s'en précite une poudre blanche; c'est le *magistère d'antimoine*, la *céruse d'antimoine*, la *matière perlée de, Kerkringius*. Le *beurre d'antimoine* (chlorure d'antimoine) s'obtient en distillant un mélange de sublimé corrosif et de sulfure d'antimoine. C'est un caustique très-énergique. — La *poudre d'Algaroth*, *mercure de vie* (oxydo-chlorure d'antimoine), se prépare en délayant du beurre d'antimoine dans une grande quantité d'eau tiède. Nous ne ferons qu'énumerer l'iodure d'antimoine, le sulfure, qui entre comme base dans une foule de médicaments purgatifs, tels que la poudre de Jasser, le bol antimonial, la poudre de Kumpf et les pastilles de Kunkel. — Sous les noms de verre d'antimoine, foie d'antimoine, crocus metallorum, rubine d'antimoine, on désignait autrefois des mélanges en des proportions différentes d'oxyde d'antimoine avec du sulfure ou de l'oxydo-sulfure. —Toutes ces préparations sont aujourd'hui presque abandonnées. Il n'en est pas ainsi du *kermès minéral* (hydrosulfate d'antimoine, sous-hydrosulfate d'antimoine, oxydosulfure d'antimoine hydraté). Le kermès a été découvert par Glauber. Un chartreux, le P. Simon, l'employa avec un grand succès pour guérir un moine de son couvent. Les pastilles ou tablettes de kermès favorisent l'expectoration. — Le *soufre doré d'antimoine* se donne sous les mêmes formes que le kermès; il est d'un usage beaucoup moins fréquent. — De toutes les combinaisons de l'antimoine, la plus connue, la plus usitée, est l'*émétique*, aussi appelé *tartre émétique*, *tartre stibié* (tartrate de potasse et d'antimoine).—Le docteur Adrien Minsycht le fit connaître le premier en 1631. Cette substance est blanche, insoluble; sa saveur est âcre et nauséabonde. On l'emploie sous un grand nombre de formes; il agit surtout comme vomitif, purgatif et irritant externe. Ses propriétés sont très-différentes suivant les états; à la dose d'un à deux grains, il détermine ordinairement des vomissements très-abondants; chez les personnes nerveuses nous avons vu un douzième de grain produire les mêmes effets. Dans les fluxions de poitrine, sa dose peut être portée à un chiffre effrayant sans qu'il en résulte de dangers. Nous connaissons un homme auquel on en a prescrit un gros pendant trois jours, et qui a été complètement guéri d'une maladie désespérée. Les aliénés en prennent fréquemment douze, quinze et vingt grains, sans qu'il y ait de vomissements ou d'évacuations. Avant le XIIIᵉ siècle, l'antimoine n'entrait que dans la composition du fard. Vers ce temps-là environ, un religieux nommé Basile Valentin, cherchant la pierre philosophale, se servit de l'antimoine pour avancer la fonte des métaux. Il en jeta un jour à des pourceaux, et il remarqua que ces animaux, après avoir été excessivement purgés, engraissèrent beaucoup. Persuadé, par cette expérience, que, s'il en faisait prendre aux moines ses confrères, il rendrait leur santé parfaite, il en composa des remèdes et des breuvages, qui firent mourir tous ceux qui en avalèrent. C'est, dit-on, par suite de cet événement, que ce métal reçut le nom qu'il porte aujourd'hui. — Il est peu de médicaments qui aient excité autant de controverses que l'antimoine. Un arrêt du parlement de 1566 en proscrivit l'usage, et Paulmier, savant médecin du temps, fut chassé en 1609 de la faculté, pour avoir contrevenu à cet arrêt. Le célèbre Guy-Patin avait un gros registre des malades tués par l'émétique, qu'il appelait le martyrologe de l'émétique, ou le témoignage de la vertu émétique. — Le tartre stibié est aujourd'hui d'un grand usage en médecine; on le prescrit avec succès dans les maladies bilieuses, dans les embarras intestinaux, dans certaines angines. Un nombre considérable de pneumonies (fluxions de poitrine) ont été guéries par son emploi. Le rhumatisme articulaire a plus d'une fois cédé à ce médicament; enfin, on l'a encore prescrit dans les hémorragies pulmonaires. — Les préparations antimoniales ont été également recommandées dans le catarrhe, la phlébite et la pleurésie. — On a rangé l'antimoine et ses diverses préparations parmi les poisons; il n'en est que deux qui jouissent de propriétés véritablement toxiques: ce sont le tartre stibié et le beurre d'antimoine (Voir pour ce dernier au mot CAUSTIQUE). L'émétique appliqué sur les tissus y exerce une action irritante fort énergique; mais cette lésion locale est elle-même singulièrement modifiée par les circonstances. En thèse générale, on peut dire que l'émétique, donné à une dose très-considérable, peut déterminer des accidents immédiats fort graves, mais que peu de temps suffit pour faire cesser. — Quant au traitement à opposer à cet empoisonnement, voici les règles : Si le vomissement n'a pas encore eu lieu, il faut faire prendre immédiatement une grande quantité d'eau tiède, et exercer des titillations sur la luette; on fait ensuite préparer des décoctions de thé, ou de noix de galle, ou de quinquina, coupées avec du lait. Ces boissons décomposent l'émétique. — Plus tard, et lorsqu'il y a des symptômes d'inflammation, il faut recourir à l'opium, à la saignée, aux saignées locales. Les boissons adoucissantes doivent être administrées dès qu'on croit convenable de cesser l'usage des décoctions végétales as-

tringentes. — Le même traitement devrait être employé dans le cas où le vin émétique, l'antimoine métallique en poudre, le sulfure d'antimoine, le kermès, l'antimoine diaphorétique, auraient produit des accidents analogues.

A. BRIÈRE DE BOISMONT.

ANTIMONICKEL (minér.) ou *Nickel arsénical antimonifère*, *antimoine sulfuré nickélifère*. Corps d'un gris d'acier, cristallisant en cube, mais rare à l'état cristallin, d'une densité de 6, 45. Il renferme quelquefois de l'arsenic. L'antimoine y entre dans la proportion de 47 à 55 pour 100, et le nickel de 26 à 27. — Sa formule est Ni. Sb S. On le trouve en petites masses dans les filons des mines de cobalt à Siegen. CH. B.

ANTIMONIURE D'ARGENT. (DISCRASE).

ANTINE (DOM MAUR-FRANÇOIS D'), de la congrégation de Saint-Maur, naquit en 1688 dans le diocèse de Liége, se rendit en France où son goût l'appelait, et devint professeur de philosophie à Saint-Nicaise de Reims. Il exerça longtemps ses fonctions avec beaucoup de succès; mais à la fin ses opinions sur le jansénisme ayant paru peu orthodoxes ou du moins suspectes à M. de Mailly, cardinal-archevêque de Reims, il fut obligé de s'éloigner de cette ville. Les supérieurs de la congrégation l'appelèrent alors à Saint-Germain des Prés où il travailla à la collection des *Décrétales* et à une édition nouvelle du Glossaire de du Cange *Mediæ et infimæ latinitatis*. Au bout de quelque temps, les querelles de jansénisme durant toujours, il fut exilé à Toulouse (1734). On le rappela au bout de trois ans à Saint-Germain, où, conjointement avec dom Bouquet, il s'occupa de la *Collection des historiens des Gaules et de la France*. L'*Art de vérifier les dates* lui doit aussi plusieurs chapitres. Il fit seul une *Traduction des psaumes sur l'hébreu*, *avec des notes tirées de l'Écriture sainte et des saints Pères*, etc., 1738, in-18; Paris, 1739-40, in-12. Dom d'Antine mourut d'apoplexie au commencement de novembre 1746.   X. X.

ANTINOÉ. Cette ville, honteusement célèbre, s'élevait sur la rive orientale du Nil, presque en face d'Hermopolis. Tout ce que la superstition païenne a de faiblesse; tout ce que le despotisme a d'odieux et le dévouement servile de fanatisme imbécile; tout ce qu'une passion déréglée a d'abjection; les égarements du cœur et de l'esprit, l'image dégoûtante de la corruption effrénée, la vanité, l'orgueil qui croit cacher une tache sous un monument, et n'imagine pas que ce monument ne fait que rendre la tache éternelle : telles sont les tristes idées qui se réveillent à l'aspect des ruines de cette ville. Ou croit voir encore la place où Antinoüs s'immola sur l'autel qu'érigèrent les terreurs du lâche Adrien, qui, pour conserver quelques jours flétris d'avance, les ajouter à une vie passée dans la plus criminelle débauche, laissa égorger son ami se dévouant pour lui à la mort. A ce souvenir affligeant s'unit encore un sentiment involontaire de tristesse quand on promène ses regards sur la campagne qui entoure les restes d'Antinoé. C'est une plaine nue et aride, terminée à l'orient par les rochers désolés de la chaîne arabique. Aussi, quoique Antinoé fût devenue sous les empereurs la capitale de la Thébaïde, et que les monuments publics y eussent été prodigués pour l'embellir, elle ne fut jamais florissante, et sous la domination des Arabes elle déchut rapidement. Elle existait pourtant encore au temps où Macrisy écrivait, mais ruinée en partie et presque déserte. Ses promenades, ses jardins avaient disparu ; et les travaux qui avaient fondé un sol nouveau sur un sol stérile ayant été abandonnés, la terre avait cessé de produire et le sol artificiel d'exister. Les restes d'Antinoé consistent en deux grandes rues, qui en se croisant coupaient jadis la ville à angles droits; quatre beaux portiques, dont deux sont presque entiers, formaient l'entrée de ces rues; au lieu où les rues se rencontraient, on voit encore quatre grandes colonnes chargées d'ornements. L'un des portiques conduisait à l'amphithéâtre, actuellement ruiné, par une avenue longue de huit cents pas et ornée d'un double rang de colonnes. Un canal faisait le tour de la ville après l'avoir traversée. Le nilomètre décrit par Macrisy se trouvait dans un bassin circulaire qu'entouraient trois cent soixante-cinq colonnes. On a trouvé, dit-on, dans ce bassin le buste d'Antinoüs. C'est à peu près là tout ce qui s'est conservé d'Antinoé, outre l'obélisque de Marc-Aurèle, ainsi nommé parce qu'il fut élevé en l'honneur de ce prince; un arc de triomphe à trois arceaux, et quelques colonnes qui appartenaient à un péristyle, servent aujourd'hui d'appui à quelques huttes arabes. — Il est probable que ce qui a contribué au dépérissement des édifices d'Antinoé, quoiqu'ils ne fussent pas bien vieux, c'est d'avoir été tous construits avec une pierre calcaire extrêmement tendre et friable. — La montagne voisine est pleine d'excavations artificielles, où l'on trouve quelques momies. L'une de ces excavations a servi autrefois, du moins on le présume, d'enceinte à un temple, d'après les peintures et les hiéroglyphes qui en couvrent les parois. On sait qu'Antinoé avait été construite sur l'emplacement d'une ville beaucoup plus ancienne, qu'on nommait Bésa ou Béla. Le temple a plusieurs chambres souterraines, où l'on descend par des puits et des degrés. Aux petites cellules qu'on y voit, et qui paraissent n'avoir été propres qu'à recevoir des cercueils, on juge que ces chambres étaient destinées à renfermer des momies. Les autres excavations semblent avoir été de tout temps employées au même usage ; mais la différence de travail montre que les unes furent l'ouvrage des anciens Égyptiens, et les autres celui des conquérants de l'Égypte, ou même celui des Coptes.   J. DE M.

ANTINOMIE (jurispr.), contradiction entre deux dispositions législatives. Bien souvent l'antinomie n'est qu'apparente ; et c'est alors aux méditations et à la sagacité du jurisconsulte à trouver le moyen de conciliation.   R. B.

ANTINOMIE (philos.). Dans le langage philosophique, on entend par antinomie une opposition directe entre deux principes ou deux lois qui régissent, ou plutôt qu'on suppose régir la nature. Kant, ce grand penseur de l'Allemagne, mais qui ne pense guère que pour lui seul (car presque toujours obscur, il est souvent inintelligible), et pour quelques adeptes qui ont pu le comprendre, mais qui, en cherchant à perfectionner son système, sont loin de l'avoir rendu plus clair (*V.* KANT, FICHTE, SCHELLING), Kant, dans son livre intitulé *Critique de la raison pure*, appelle antinomie la contradiction manifeste qui existe entre deux principes ou deux lois dont l'une régit le monde intellectuel, et l'autre s'applique au monde extérieur ; ce qui arrive chaque fois qu'on admet, soit un fait, soit une idée que la raison ne peut concevoir, comme l'*éternité*, l'*infini*, etc., et qu'on rapproche ce fait ou cette idée incompréhensibles de l'opinion que notre raison pure pourrait ou devrait s'en former. Il suffit d'une réflexion bien simple pour renverser tout ce grand échafaudage de métaphysique. Quand nous posons des principes d'après lesquels il nous semble que l'univers est régi, n'oublions pas que notre édifice n'a pour fondement qu'une hypothèse, car nous ne sommes point dans le secret de la Providence. Lorsqu'ensuite ce principe contredit ou paraît contredire un autre principe que la raison nous suggère, soyons bien assurés qu'il n'y a d'antinomie, de contradiction ou opposition réelle, qu'entre le fait et notre manière de l'apprécier et de le juger. Sans doute l'univers obéit à des lois immuables, mais ces lois, nous ne les connaissons pas : c'est entre l'omniscience du Créateur et notre ignorance que se trouve l'opposition.

J. DE M.

ANTINOMIENS, c'est-à-dire contraires à la loi divine. Ces hérétiques affirmaient que la loi de Dieu n'était nécessaire ni avant ni après la justification, et que les hommes évangéliques n'étaient pas obligés aux bonnes œuvres de la loi divine. Ils confondaient la loi cérémonielle que saint Paul regardait comme inutile et même nuisible depuis Jésus-Christ, avec la loi morale du décalogue, que l'homme est toujours tenu d'accomplir (*Nom.*, II, 13). Luther est le premier antinome ; il a été jusqu'à dire dans son livre des conciles : « Que tu sois adultère, usurier, chargé de péchés, pourvu que tu aies la foi ; tu es sauvé. » Ses disciples poussèrent plus loin que lui encore les conséquences des principes qu'il avait émis. On peut regarder comme antinomes les anabaptistes, qui, en vertu de la liberté évangélique prêchée par Luther, secouèrent le joug des princes, les armes à la main, et violèrent les lois civiles. Jean Agricola, disciple de Luther, né à Islebe, dans la basse Saxe, est regardé comme le chef des vrais antinomiens ; il se brouilla avec Luther, qui refusait d'admettre les conséquences de son principe, de la justification par la foi. Dans le XVIIe siècle, on vit paraître des antinomiens parmi les puritains d'Angleterre. Poussant jusqu'au bout les conséquences du système de prédestination et de réprobation absolues de Calvin, ces hérétiques soutinrent que puisque les chrétiens étaient sauvés par un décret immuable, il était inutile de les exhorter à obéir à la loi de Dieu, de même qu'il était inutile d'exhorter ceux qui étaient réprouvés par un décret absolu, à changer de vie. Les autres tirèrent à peu près les mêmes conséquences de l'inamissibilité de la justice. — Il y en a qui prétendent que l'on a aussi donné le nom d'antinomiens à ceux qui soutiennent que dans la pratique des bonnes œuvres, il ne faut avoir aucun égard aux motifs naturels, parce que les œuvres inspirées par ces motifs sont inutiles au salut. Il est certain néanmoins que ces œuvres sont une disposition à des œuvres faites par un motif surnaturel,

et que toutes les actions des infidèles ne sont pas des péchés.   O. VIDAL.

ANTINOÜS (myth.). On sait qu'Antinoüs était un jeune Bithynien qui devint, probablement malgré lui, l'objet des criminelles affections de l'empereur Adrien. Nous disons *malgré lui*, car, si quelques écrivains ont dit qu'il fit volontairement le sacrifice de sa vie pour conserver celle de son maître, d'autres ont prétendu qu'il ne se précipita dans le Nil que pour se soustraire à une condition qui l'humiliait et le fatiguait. Quoi qu'il en soit, Adrien montra de sa mort une douleur insensée ; il releva les murs de Bésa, l'embellit de monuments, fit prendre à la ville le nom d'Antinoé (*V.* ce mot), érigea des temples, institua un culte en l'honneur de son favori, et immortalisa ainsi les souvenirs de sa honteuse faiblesse. — On voit figurer dans l'Odyssée un Antinoüs, fils d'Eupithès d'Ithaque, l'un des amants de Pénélope. Lorsqu'Ulysse, de son retour, se présenta sous les habits d'un mendiant, Antinoüs le repoussa brutalement ; mais Ulysse s'étant fait reconnaître par Pénélope et son fils Télémaque, attaqua les amants de sa femme et les défit. Antinoüs fut un des premiers qui tomba sous ses coups.

X. X.

ANTINOÜS (numism.) Le portrait de ce favori d'Adrien ne se trouve point sur les médailles romaines ; mais la flatterie des provinces soumises lui a accordé l'honneur de la monnaie, comme à un dieu, ou un héros divinisé, après l'apothéose que lui décerna ce prince. — Il n'est pas étonnant de trouver la tête d'Antinoüs sur une médaille de la ville d'*Hadrianopolis*, en Thrace ; cette tête est au revers de celle d'Adrien (Mionnet, *Suppl.*, II, 303). On voit encore le portrait d'Antinoüs sur des médailles de bronze de la ville de Rium, en Bithynie, ville qui porte aujourd'hui le nom de *Rhios* et de *Falios*. Ces médailles représentent sa tête avec l'inscription ANTINOOI HPOI, à Antinoüs héros. Il est divinisé, au revers, sous la forme de Bacchus. Ces médailles, de 9 lignes de diamètre, valent 30 francs ; celles de 14 lignes valent 100 fr. Sur l'une de ces pièces, acquise dernièrement au musée Hédervar pour le cabinet de France, on voit Antinoüs à demi nu, assis sur une base, sur laquelle est posée sa main gauche. — Le médaillon de la ville de Claudiopolis de Bithynie, aujourd'hui *Bastan*, offre aux regards un beau buste d'Antinoüs, au revers de celui de Bacchus. On lit autour de la médaille, la légende : H ΠΑΤΡΙC ΑΝΤΙΝΟΟΝ ΘΕΟΝ, la patrie (adore) Antinoüs dieu. Ce médaillon, de 16 lignes de diamètre, est estimé 600 fr. : il est gravé dans Mionnet (*Suppl.*, v. pl. 1). — Un autre médaillon de la même ville représente Antinoüs vêtu du paludamentum, debout, tenant une palme de la main droite, et une branche de la gauche ; derrière lui, un taureau. Ce médaillon est estimé 400 fr. La tête d'Antinoüs se retrouve sur les pièces de cette ville, au règne de Commode (Br. 20 fr.). Plusieurs autres villes de la Bithynie, patrie d'Antinoüs, Cius, Chalcédoine, Nicomédie, ont frappé des monnaies à l'effigie de celui dont Adrien avait fait un dieu. — Antinoüs est encore figuré et apothéosé sur les médailles des Achéens, d'Andramytenum de Mysie, d'Alabanda de Carie, d'Ancyre de Galatie, de l'Arcadie, de Corinthe, de Cumes, de Cyzique, d'Hierapolis de Phrygie, de Nicopolis d'Épire, de Philadelphie, et de Sardes de Lydie, de Smyrne, de Tarse de Cilicie. — Sur les médailles frappées à Alexandrie d'Égypte, avec la légende, *Antinoüs, heros*, on voit fréquemment la tête d'Antinoüs ; il y est aussi représenté comme Mercure, ou avec la fleur de lotus sur la tête, ou à cheval. Ces médailles de bronze, de 9 à 13 lignes de diamètre, valent de 10 à 48 francs. — Le cabinet de France possède deux intailles représentant Antinoüs, n° 467 et 468 ; et un camée, n° 203, où il est représenté en Harpocrate. — L'impératrice Joséphine possédait une très-belle pierre, qui a été publiée par Millin (*Monum. ined.*, t. II, p. 152), et qui représente Antinoüs gravé en creux sur un sardonyx, avec les attributs de Bacchus. Autour et sur la même pierre, sont gravés en relief, Ampelos, génie du vin, deux bacchantes, et un vieux Pan ou satyre, célébrant l'apothéose d'Antinoüs, devenu un nouveau Bacchus. — Plusieurs statues ont été consacrées à Antinoüs. Ses représentations sont presque toutes faites dans le style égyptien, tel cependant que les Grecs le modifièrent sous les Lagides. Les Égyptiens, voulant plaire au frivole Adrien, se hâtèrent de déifier le jeune Bithynien, et lui rendirent un culte public. Aussi les statues d'Antinoüs, exécutées sur le modèle des statues égyptiennes, ressemblent à celle qui était honorée, avec son tombeau, dans la ville qui prit le nom d'Antinoé. Elles ont toutes une position roide et les bras pendants perpendiculairement, selon le style des anciennes figures égyptiennes. Cependant le visage n'est point dans le *faire* égyptien ; on y a conservé sa beauté grecque. Cette beauté est surtout exprimée dans le buste en demi-bosse de la villa Albani, et dans la tête colossale de la villa Mandragore, située au-dessus de Frascati. Le premier a été tiré des fouilles de la villa d'Adrien. Ces deux têtes sont ceintes de couronnes de lotus, appelées *antinoïa* chez les Alexandrins, parce qu'ils les consacrèrent au favori d'Adrien. — On voit encore un beau buste d'Antinoüs dans le palais Bevilaqua, à Vérone. — La plus belle statue d'Antinoüs est à la villa Casali, auprès de laquelle on l'a déterrée sur le mont Cœlius. — La superbe statue que l'on admire à Rome sous le nom de l'Antinoüs du Belvédère, paraîtrait plutôt représenter un Méléagre ou quelque héros grec, observée par la remarqué Winckelmann. — Un groupe célèbre qui est conservé dans le palais du roi d'Espagne à Madrid, et dont on voit une belle copie dans le jardin des Tuileries, a longtemps été connu sous le nom de Castor et Pollux; M. Visconti y a reconnu Antinoüs et son génie. (*Icon. gr.*, t. III, p. 55). **DU MERSAN.**

ANTINOÜS (*puer Andreaneus ou Bithynicus, novus Ægypti Deus, puer Troicus, Phrygius, puer Aquilæ, Jovis cinœdus ou catamitus, Pincerna ou Pocillator, Ganimedes*). Démembrement de la constellation de l'Aigle. Ptolémée l'indiquait comme une étoile voisine de l'Aigle; Hévélius, d'après cet ancien astronome, la place au-dessous de cette constellation. Dans les nouvelles cartes du ciel, les étoiles η, θ; ι, χ; λ, de la constellation de l'Aigle sont placées sur la figure d'Antinoüs. — Le 1er août, à 9 heures du soir, à Paris, on voit Antinoüs du côté oriental, Ophinclus sur le méridien, le Scorpion à l'occident, la Lyre au zénith, et la grande Ourse à gauche du pôle nord. Le 1er novembre, à la même heure, Antinoüs se trouve avec le Verseau, à l'ouest du méridien, et Andromède est au zénith, et la petite Ourse à gauche du pôle boréal. — Properce a prétendu que l'Antinoüs céleste était un des amants de Pénélope :

Penelopem quoque neglecto clamore mariti
Nubere lascivo cogeret Antinoo.
IV, Élég., 5.

D'autres veulent qu'Antinoüs soit le même que Ganimède, ce qui l'a fait surnommer *puer Troicus*. — η d'Antinoüs est une étoile *périodique* ou *changeante*, observée pour. la première fois en 1784, par Pigott. Suivant l'Astronomie d'Herschell, la période de cette étoile est de 7 j. 4 h. 15 m.; ses variations de grandeur sont indiquées par les chiffres 3, 4 à 4, 5.   **V. T.**

ANTIOCHE (*géog.*), *Antiocha, Antiocha Magna, Cæsariensis*, et aujourd'hui *Antakièh*. Cette ville, ancienne capitale du grand empire des Séleucides, n'est plus qu'une mince bourgade. Une partie de ses vastes murailles qui ressemblaient à des collines, les voûtes de ses aqueducs, voilà tout ce qui a pu résister aux ravages du temps et surtout aux mains dévastatrices des conquérants. Les 700,000 habitants qui se pressaient autrefois dans sa vaste enceinte, sont représentés maintenant par une population de 10,000 âmes; aucun commerce ne l'anime, aucune caravane ne la prend pour lieu de passage; les seuls étrangers qu'elle voit, ce sont les voyageurs européens que la curiosité y attire, et les collecteurs d'impôts que le gouverneur de Syrie lui envoie. Ses eaux thermales, jadis si fameuses, sont presque oubliées depuis que les plaisirs ont déserté ses murs. Les cinq patriarches ou archevêques qui portent son nom, s'y montrent à peine une fois pendant tout le cours de leur pontificat. Cependant l'espèce de désolation qui règne dans Antioche peut à peine donner une idée des grandes catastrophes qui l'ont frappée, depuis que Séleucus Nicanor, son fondateur, lui eut donné le nom de son père, vers l'an 301 avant J. C. Reine de l'Asie sous les Séleucides, dont la puissance ne soutint qu'environ cent ans, elle ne fut plus que la capitale de la Syrie quand l'empire séleucide eut été démembré. Cependant elle ne perdit d'abord rien de sa propre grandeur par l'abaissement de ses maîtres. Comme Nicanor avait peuplé la Syrie de colonies grecques, et encouragé les sciences et les lettres, le goût des études libérales s'était répandu dans toute la Syrie et même dans l'Asie, de sorte qu'Antioche, où se trouvaient les plus célèbres écoles et les maîtres les plus fameux, continua d'être le rendez-vous de tout l'Orient. La conquête de la Syrie par Pompée devint fatale à cette ville, qui fut d'abord traitée avec rigueur; mais peu à peu les vainqueurs lui rendirent le joug plus léger, et finirent par lui faire reprendre son ancien rang de capitale de l'Asie.   **J.-R.**

ANTIOCHE (*hist.*). Cette ville célèbre, fondée par Antiochus Soter, s'élevait sur la rive gauche de l'Oronte (ou Axius, aujourd'hui *Ari*), à cinq ou six lieues au-dessus de Séleucie, aujourd'hui *Souédie*, qui s'élevait elle-même sur le bord de la mer, à l'embouchure du fleuve), au pied d'un groupe de

montagnes ramification du Taurus, dans une position pittoresque, dont toutes les dévastations de ses possesseurs n'ont pu détruire le charme. Après la construction d'Antioche, Séleucie ne fut plus, en quelque sorte, que le port de la capitale; c'était par Séleucie que se faisait le commerce de cette dernière, c'était là qu'affluaient les étrangers qui allaient rendre hommage à Diane dans le bois de lauriers et de cyprès que Séleucus lui avait consacré sur la colline de Daphné. Antioche avait vu sa prospérité s'accroître rapidement pendant plus de cinq siècles: aussi la nommait-on la troisième ville de l'empire; Rome et Alexandrie étaient les deux premières. Mais le fameux Shahpour, vainqueur de Valérien qu'il fit prisonnier, profitant de l'inaction et de la faiblesse de Gallien, qui ne tenta rien ni pour délivrer son collègue, ni pour garantir ses provinces des barbares, et dérobant habilement sa marche à travers la Syrie aux officiers de l'empire, Shahpour vint surprendre Antioche vers l'an 257 de l'ère vulgaire, pendant que la population, confiante en la vigilance de ses magistrats, assistait aux jeux du cirque, à ce que rapporte Ammien Marcellin. Shahpour avait jeté dans les fers tous ceux qui n'avaient point péri ou qu'une prompte fuite n'avait pas assez tôt dérobés au glaive des Perses. Cependant la ville, grâce à sa position avantageuse et à la protection spéciale des empereurs, se rétablit assez promptement de ce premier désastre; mais vers l'an 522 de l'ère vulgaire, sous le règne de Justin le Vieux, un tremblement de terre épouvantable renversa la moitié de la ville et ensevelit sous les ruines près de trois cent mille habitants. — Au temps de Strabon, Antioche renfermait quatre villes dans une seule commune; chacune avait, en outre, une enceinte particulière. A l'ouest se terminait un appendice du Taurus; à l'est commençaient à onduler, en s'élevant par degrés, les coteaux qui servent de base au mont Cassius (*Dgebal-Akra*); un peu plus loin on voyait le faubourg de Daphné, sur le penchant de la colline que couronnait le bois sacré planté par Séleucus. Ce bois, impénétrable aux rayons du soleil, était sans cesse rafraîchi par des eaux claires, limpides et abondantes; au centre s'élevait un temple fameux où l'on révérait Apollon et Diane. Dans les anciens temps, les Amphictyons tenaient leurs assemblées auprès de ce temple. Le sophiste Libanius qui écrivait au IVe siècle, et par conséquent après l'invasion de Shahpour, attribuait à Alexandre l'idée première de la fondation d'Antioche. Il avait été séduit par la beauté du site, tout comme en mettant le pied sur le sol de l'Égypte il l'avait été par la position qu'il jugea la plus propre à fonder une ville commerçante. Pour justifier, en quelque sorte, cette prédilection prétendue du conquérant, Libanius fait la plus magnifique description d'Antioche et de ses campagnes. — Libanius réserve pour les habitants une bonne partie de ses éloges; il les peint comme des hommes doués des meilleures dispositions, capables d'acquérir l'instruction la plus étendue, du plus heureux naturel, de mœurs douces, d'humeur sociable, ayant beaucoup d'aptitude pour les arts et les lettres. Ce qui peut rendre un peu suspect d'exagération l'apologiste des habitants d'Antioche, c'est de savoir que Libanius dirigeait dans leur ville une école de rhétorique et qu'il avait besoin de plaire à ceux qui lui confiaient leurs enfants. Il savait sans doute aussi que les coups d'encensoir, même *à travers le visage*, ne blessent point ceux que l'on encense, quoi qu'en ait dit Boileau. Il est très-vrai que le christianisme trouva peu de peine à s'établir dans Antioche, lorsque, voulant poursuivre sa mission divine, il commença de s'étendre hors de Jérusalem; c'est vrai que déjà sous Théodose l'Église d'Antioche, de cet *œil de l'Église d'Orient*, comptait plus de cent mille chrétiens; il paraît même que ce fut dans Antioche qu'on employa pour la première fois le nom de chrétien; mais il n'en est pas moins vrai que les habitants, passionnés pour le cirque et pour les représentations scéniques, aimant le luxe et le plaisir, légers d'ailleurs et frivoles, ressemblaient aux Athéniens par leur esprit inquiet et turbulent, souvent capricieux, et aux Romains de la décadence par le défaut de goût dans les lettres et dans les arts. — Vers le milieu du IVe siècle, le temple de Daphné avait été converti en église; on y honorait le saint évêque Babylas; on y ensevelissait les chrétiens d'Antioche. Julien, qu'il n'est plus permis d'appeler l'*Apostat* sans encourir la philosophique colère de beaucoup d'écrivains modernes, devenu seul maître de l'empire par la mort de Constance, arrivée en 361, ne tarda pas à prendre la route de l'Orient, où les lieutenants de Shahpour cherchaient à consolider les conquêtes de leur maître. Comme les Perses avaient dévasté la Syrie, Julien y manquant de vivres pour son armée ne fit que traverser cette contrée; il séjourna toutefois assez longtemps dans Antioche pour y laisser des souvenirs durables de cette haute philosophie qu'on lui prête avec tant de complaisance. Il fit démolir l'église de Saint-Babylas, et il ordonna aux chrétiens d'exhumer tous leurs morts et de les transporter aux cimetières d'Antioche. Deux ou trois jours après, soit par un mouvement de zèle mal entendu, soit par accident ou par l'effet de la malveillance, la statue d'Apollon que Julien avait relevée fut consumée par le feu. L'empereur attribua ce grand-crime aux chrétiens d'Antioche; il les priva de leur métropole et les soumit à des contributions énormes. — Cet empereur raconte lui-même, dans son *Misopogon*, l'affaire d'Antioche; il y parle aussi des habitants qu'il peint comme mous, efféminés, licencieux et disposés à la rébellion. Une révolte sérieuse vint bientôt, en effet, justifier les paroles de Julien. En 387, la population chrétienne d'Antioche, tout agitée encore par les discussions religieuses qui avaient eu lieu relativement au choix d'un évêque, se réunit à la population païenne qu'une demande supplémentaire d'impôts avait mécontentée, pour opposer une résistance efficace aux percepteurs chargés du recouvrement. Le peuple, qui se sentait fort par son union, se livra, comme cela se voit toujours dans les temps de trouble, à des excès répréhensibles; les mutins poussèrent même le délire jusqu'à briser les statues inoffensives de l'empereur Théodose, de l'impératrice et de ses deux enfants, Arcadius et Honorius. Les ordres les plus rigoureux allaient être expédiés de Constantinople; l'évêque Flavien les prévint; il demanda grâce pour les coupables habitants d'Antioche, et l'empereur, touché par un discours qu'on attribue à saint Jean Chrysostôme, commua les peines qu'il avait d'abord prononcées. La ville fut dépouillée des droits de cité, de même que de tous ses priviléges. — Vers le commencement du VIᵉ siècle, Antioche comptait encore plus de deux cent mille habitants; elle avait un patriarche dont la juridiction s'étendait sur la Syrie, la Cilicie et la Mésopotamie; mais ce retour de prospérité ne se soutint pas; l'an 540 la ville fut prise par Chosroès et livrée au pillage et à la dévastation; un tremblement de terre avait déjà renversé une partie de ses édifices, et Justinien l'avait restaurée. Un siècle plus tard environ (638), elle fut prise et saccagée par les Arabes. Les croisés s'en emparèrent en 1097, et ils y fondèrent une principauté latine ou franque qui eut cent soixante-onze ans de durée. Le sultan d'Égypte, Bibars, s'en rendit maître en 1268. Après que le sultan Selim eut conquis la Syrie et l'Égypte, Antioche passa sous la domination turque; elle dépend aujourd'hui du pachalik d'Égypte. — Antioche ou, pour mieux dire, Antakïéh a été .détruite presque en entier, en 1822, par un tremblement de terre. — Pour l'histoire d'Antioche sous les Francs, depuis l'an 1097, voyez BOHÉMOND. J. DE M.

ANTIOCHE DE SYRIE (*numism.*) Plusieurs villes de la Syrie, de la Commagène, de la Décapole, de la Cilicie, ont porté le nom d'Antioche, qu'elles ont dû au prince qui les avait fondées, et leurs monnaies nous les signalent par divers surnoms. La principale était celle dont il s'agit ici. Ses médailles rappellent .principalement le culte de Jupiter. Antiochus IV Épiphane, zélé pour la substitution du culte des divinités purement helléniques, à celles dont la religion avait jusqu'alors dominé dans l'Asie, avait consacré dans cette ville une statue de Jupiter, qui avait la même dimension que celle de Phidias à Olympie : ce dieu portait une Victoire d'or massif. On doit diviser les médailles d'Antioche en plusieurs séries; la première est celle des médailles qui portent l'ère des Séleucides, depuis l'an 223, qui correspond à l'an 90 avant J. C.; celles qui portent des dates incertaines; celles de l'ère actiaque et de l'ère césarienne, qui ont été frappées sous les empereurs romains, en argent, en bronze et en potin. Ces médailles sont extrêmement nombreuses; le cabinet de France en possède plus de six cents (Voyez Mionnet, *Descr. de méd.*, tom. v, p. 53, 148). La plupart portent le titre de *métropole*, ce qui les fait distinguer de celles des autres villes, qui joignent au nom d'Antioche des désignations particulières. — *Antiochia ad Daphnen* était un faubourg d'Antioche, qui portait le nom de Daphné. Les habitants de cette ville prétendaient que cette nymphe aimée d'Apollon était née dans leur pays, et ils montraient le laurier qui fut autrefois Daphné. Au milieu de bois était un temple d'Apollon et de Diane : c'est là que Bérénice, femme d'Antiochus II, s'était réfugiée, et qu'elle fut égorgée par ordre de Laodice. — *Antiochia ad Callirhoen*, ainsi nommée, parce qu'elle était située près de la fontaine Callirhoé. Les médailles qui portent pour légende *des Antiochéens de la Ptolémaïde*, ont donné lieu à plusieurs discussions. Elles avaient été attribuées par plusieurs antiquaires à Édesse, ap-

pelée anciennement Antioche. Eckhel pense, comme Pellerin, qu'elles ont été frappées par des négociants d'Antioche, établis à Ptolémaïs, qui avaient obtenu des rois de Syrie le privilége d'y former des établissements, et qui ont pu fabriquer des monnaies, soit pour payer des tributs, soit pour leur propre commerce (Voyez *Trésor numismatique*, p. 98). Beaucoup de médailles des rois de Syrie ont été frappées dans les différentes villes qui portaient le nom d'Antioche. — *Antioche de Carie*, sur le Méandre, maintenant *Iegni-Shehr*, ville nouvelle. Les médaillons ou tétradrachmes d'argent de cette ville, représentent la tête d'Apollon, et au revers Pégase, avec le nom de la ville et celui d'un magistrat : ils valent 100 francs. Le culte de Jupiter est fréquemment rappelé sur les médailles de bronze avec divers surnoms de ce dieu, tels que Olympien, Capitolin, Conseiller, ou Président au sénat. Le sénat d'Antioche est aussi personnifié sur ces médailles, tantôt sous la figure d'une femme voilée, tantôt sous celle d'un jeune homme. Le peuple d'Antioche y est représenté comme un. vieillard barbu et diadémé, et la ville, avec une tête tourelée. On y trouve aussi la plupart des divinités grecques. Presque tous les empereurs romains ont fait frapper des monnaies à Antioche, depuis Auguste jusqu'à Gallien. Le Méandre, fleuve sur lequel la ville était construite, est représenté sur les médailles des empereurs, ainsi que le pont construit sur ce fleuve, lequel paraît pour la première fois sous Trajan Dèce (médaillon, 30 fr.). Le bœuf bossu, ou zébu, est encore un type commun de cette ville. Le prix des médailles autonomes de bronze varie de 4 à 24 fr., celui des impériales de 6 à 12, et en grand module, de 18 à 48 fr. (Voy. Mionnet, t. III, p. 313.)—*Antioche de Pisidie*, maintenant *Ak-Schehere*. Les médailles de cette ville sont coloniales, c'est-à-dire frappées avec des légendes latines par les Romains, qui y avaient établi une colonie. Elles rappellent le culte du dieu *Lunus*, dont la tête est coiffée du bonnet phrygien, et accompagnée du croissant. La même divinité se trouve au revers des médailles frappées sous les empereurs; on y voit aussi le génie de la ville, sous la figure d'une femme, et parmi les types communs à d'autres villes, tels que Romulus et Remus allaités par la louve, l'aigle romaine, la Victoire, etc. et le type qui désigne les colonies, savoir : le grand prêtre traçant les limites de la colonie, avec une charrue attelée de deux bœufs. Les médailles de cette ville sont des prix communs. Parmi celles du grand module, le grand bronze de Tibère avec le colon conduisant la charrue, vaut 100 fr.; celle de Géta avec le même type, 60 fr. — *Antioche*, sur le fleuve Sarus. Cette ville de la Cilicie porta plus tard le nom de *Adana*. On distingue ses médailles de celles des autres villes, parce qu'elles mentionnent le nom du fleuve près duquel elle était bâtie. On ne trouve ses médailles qu'en bronze, les autonomes avec une tête de femme voilée, au revers Jupiter assis, un cheval marchant. Sa première époque est de l'an 19 avant J. C.; la seconde, que l'on appelle époque néronienne, est postérieure de plusieurs années. On voit des médailles d'Antiochus Épiphane et de Marc-Aurèle, sous le nom d'Antioche. Sous celui de *Adana*, elle porte les têtes de Jupiter, de Diane, de Cérès, la tête tourelée de la ville, au revers Jupiter assis, un aigle, la Victoire, un fleuve, sans doute le fleuve Sarus. Les médailles impériales commencent à Commode et finissent à Gallien. DU MERSAN.

ANTIOCHE (*hist. eccl.*). Cette ancienne capitale de la Syrie est célèbre surtout par le siége épiscopal que saint Pierre y établit la dernière année de l'empire de Tibère, et la trente-neuvième depuis la naissance de J. C. D'après le calcul d'Eusèbe dans sa chronique, l'église de cette ville, la troisième de l'empire romain, est presque contemporaine de celle de Jérusalem. Aussi il faut rejeter l'opinion d'Onuphrius Panvinius qui, dans ses additions à Platina, prétend, sans être appuyé par aucun témoignage des anciens ni des modernes, que saint Pierre siégea à Rome avant de fonder le siége d'Antioche. Cette opinion est insoutenable; les fréquentes et nécessaires relations entre Antioche et Jérusalem, procurèrent à cette vaste cité la connaissance du christianisme, dès les premières prédications des apôtres. C'est dans Antioche que les disciples de Jésus-Christ prirent pour la première fois le nom de chrétiens (*Actes*, XI, 19, XXVI, 13). — Les protestants, fougueux adversaires de la primatie de saint Pierre, lui ont vivement contesté, on ne sait pourquoi, d'avoir établi son premier siége dans cette ville (Basnage, *Hist. de l'Église*, t. III, c. 1). Mais un fait attesté par le témoignage positif d'Origène, d'Eusèbe, de saint Jérôme et de saint Jean Chrysostôme, est trop solidement assis pour qu'on puisse le renverser par des preuves négatives; une tradition aussi constante résiste à tous les arguments contraires. — La fête de la chaire de saint Pierre à Antioche, est très-ancienne dans l'Église. — Antioche est encore célèbre par le schisme qui éclata dans son sein, vers le commencement du IVe siècle, et qui dura quatre-vingt-cinq ans. Pendant que l'arianisme désolait l'Église, par suite de la protection qu'il avait trouvée dans la cour de l'empereur, Eusthathe, prélat qui soutenait les intérêts de l'orthodoxie, fut chassé par les ariens de ce siége patriarcal. Ces sectaires prirent à sa place Eudoxe, zélateur aveugle de cette terrible hérésie. Après la mort d'Eusthathe et la translation d'Eudoxe sur le siége de Constantinople, Mélèce fut élu patriarche; mais ce saint prélat ayant condamné l'arianisme dans ses discours, les ariens qui avaient contribué à son élection, le firent exiler et mirent à sa place Euzoïcès, arien fougueux. Dès ce moment, Antioche se trouva divisée en trois partis, celui des catholiques dévoués à Eusthathe, celui des catholiques attachés à Mélèce, et celui des ariens; ces partis remplirent la ville de troubles et de divisions. — Julien, à son avénement à l'empire, cachant sous une feinte douceur la haine qu'il portait au nom chrétien, rappela de l'exil les évêques qui avaient été bannis par les ariens. Mélèce, Lucifer de Cagliari et Eusèbe de Verceil quittèrent la Thébaïde pour revenir prendre possession de leurs églises. — Lucifer de Cagliari se rendit d'abord à Antioche pour réunir les catholiques divisés. A cet effet, il ordonna évêque un nommé Paulin, chef des eusthathiens, s'imaginant que les méléciens se rangeraient sous son autorité; mais le schisme dura encore plusieurs années. Les évêques d'Orient prirent le parti de Mélèce, ceux d'Occident celui de Paulin. Flavien, successeur de Mélèce, finit par se réunir aux évêques d'Occident, et termina, en 393, ce schisme déplorable. Le patriarcat de cette ville se nommait le diocèse d'Orient; il comprenait au VIe siècle, la Syrie, la Mésopotamie, la Cilicie. Trois évêques prennent le titre de patriarches d'Antioche, celui des melchites ou Grecs schismatiques, celui des Syriens monophysites ou jacobites, celui des Syriens maronites ou chrétiens catholiques.

O. VIDAL.

ANTIOCHE (hist. des conc.). Il s'est tenu autrefois dans Antioche plusieurs conciles, parmi lesquels on remarque : 1° celui qui fut convoqué contre Novatien par l'évêque Fabius, à qui saint Corneille avait écrit à ce sujet. Le synodicon fait mention de ce concile comme ayant été présidé par Démétrius, successeur de Fabius, mort la même année 252; 2° celui du mois de septembre de l'année 264 contre Paul de Samosate, qui en était évêque et qui niait la divinité de Jésus-Christ. Paul évita sa condamnation, en protestant qu'il tenait la foi de l'Église. Saint Grégoire Thaumaturge, évêque de Néocésarée, et Athénodore, son frère, furent les premiers parmi ceux qui souscrivirent les actes de ce concile, qu'on regarde comme le premier tenu par les évêques suffragants d'Antioche; 3° le concile de 269, où Paul de Samosate fut convaincu d'erreur et déposé au commencement de l'an 270 au plus tard, et Domnus mis à sa place. On ignore le nombre des évêques qui composèrent ce concile. Saint Athanase en compte soixante-dix, Facundus quatre-vingts, et les moines d'Orient, dans leur requête présentée au concile d'Éphèse contre Nestorius, cent quatrevingts. Un auteur ecclésiastique du dernier siècle nie que ce concile ait rejeté le terme amousion ou consubstantiel, dans Paul de Samosate. Saint Athanase (De synod. Rimin.) l'assure néanmoins positivement, et en donne la raison : c'est que Paul, dit-il, entendait ce terme corporellement; 4° celui des ariens en 331. Saint Eusthathe qui était évêque y fut faussement accusé d'un crime honteux. La calomnie d'Eusèbe de Nicomédie et d'Eusèbe de Césarée, ses accusateurs, l'emporta. Saint Eusthathe fut condamné. Constantin, dont la religion fut surprise par des imposteurs, le relégua à Philippe en Macédoine, où l'on ne reconnut qu'après sa mort. Le P. Mansi (Suppl. conc., t. I) le rapporte à l'an 327 ou environ; 5° celui des ariens, en présence de l'empereur, en 339; Pistus, prêtre de la Maréote, fut ordonné à la place de saint Athanase (D. Cellier, ibid.); 6° le concile du mois d'août 341 où se fit la dédicace de l'église cathédrale d'Antioche. Il y avait quatre-vingt-dix-sept évêques, et quarante d'entre eux penchaient vers l'arianisme dont on n'avait pas encore bien dévoilé les erreurs. Ceux-ci donnèrent leur profession de foi. Elle ne disait point, mais elle ne nisait point que le Fils fût consubstantiel au Père; quoique un peu obscure elle contenta sans doute les catholiques, puisque ceux-ci communiquèrent avec les ariens. Après la dédicace de l'église, les évêques firent deux professions de foi contre le sabellianisme, toutes deux catholiques, et ensuite vingt-cinq canons, dont le premier anathématise ceux qui ne se conforment pas au règle-

ment du concile de Nicée touchant le jour de la célébration de la Pâque (on ne voit pas que les Pères de Nicée aient employé les censures dans cette matière; mais ceux d'Antioche pouvaient user de cette voie de rigueur, parce qu'alors il n'y avait plus que quelques dyscoles qui s'obstinassent à suivre l'usage des Juifs. On appela depuis ces opposants les quartodécimans). Le cinquième canon ordonne la déposition d'un clerc schismatique, et ajoute ces paroles remarquables : S'il continue de troubler l'Église, qu'il soit réprimé par la puissance extérieure comme séditieux. C'est ce qu'on appela plus tard implorer le secours du bras séculier. Le dix-huitième porte que, si un évêque, ordonné pour une église, est rejeté par son peuple sans qu'il y ait faute de sa part, il conservera non-seulement l'honneur de son rang, mais aussi les fonctions de son ministère, pourvu qu'il ne soit point à charge à l'église où il les exercera; 7° en 361 se tinrent deux conciles. Dans le premier, en présence de l'empereur Constance, on élut saint Mélèce pour évêque d'Antioche. Mélèce était alors à Bérée où il s'était retiré après avoir quitté l'évêché de Sébaste en Arménie. Sur la nouvelle de son élection, il arriva à Antioche avant que le concile fût séparé. Il prêcha devant l'assemblée le jour de son intronisation, et professa la foi de Nicée au grand étonnement des ariens. L'empereur, séduit par leurs artifices, l'exila au bout de trente jours à Mélitine en Arménie, lieu de sa naissance. Euzoïcès le remplaça; mais après la mort de Constance, Mélèce rentra dans son église (362), en vertu de l'édit de Julien qui rappelait tous les évêques exilés. Le second concile d'Antioche de 361, dominé par les ariens après l'exil de saint Mélèce, retrancha de la formule qu'ils avaient précédemment adoptée, l'expression de semblable en substance, comme le dit Sozomène expressément (Pagi); 8° au mois d'octobre de 363, saint Mélèce et les évêques tinrent un concile pour célébrer leur nouvelle réunion; 9° dans celui de 372, on reçut la lettre synodique du pape Damase, apportée par le diacre Sabin, auquel les évêques présidés par Mélèce en remirent une autre pour ce pape. C'est la quatrevingt-douzième de celles de saint Basile (Mansi, Suppl. conc., t. I); 10° celui du mois d'octobre 379, où saint Mélèce et cent quarante-six Orientaux approuvèrent les articles de foi et les anathèmes du dernier concile de Rome, par un écrit ou tome qui est cité dans la lettre synodale du concile de Constantinople tenu en 382. Le P. Mansi met ce concile en 378; mais il se trompe, puisqu'il est certain qu'il se tint neuf mois après la mort de saint Basile; 11° en 391 ou environ, l'évêque Flavien, avec trois autres évêques et plusieurs prêtres et diacres, anathématisèrent dans un concile les messaliens, qui regardaient les sacrements comme inutiles, et mettaient toute la perfection du chrétien dans la prière seule (D. Cellier.); 12° Théodote, évêque d'Antioche, tint en 424 un concile contre les erreurs de Pélage. Prayle, évêque de Jérusalem, que cet hérésiarque avait d'abord prévenu en sa faveur, assista à ce concile, où il reconnut l'illusion que Pélage lui avait faite, et souscrivit à sa condamnation (Editio Venet.). Mansi se trompe en rapportant ce concile à l'année 418. Théodote ne monta sur le siège d'Antioche qu'en 421 ou 422; 13° en 432 un concile fut convoqué pour rétablir la paix entre saint Cyrille et Jean d'Antioche. Elle ne fut conclue que l'année suivante (Pagi, Tillemont); 14° dans un concile de l'an 435, on lut et on approuva un ouvrage de Proclus de Constantinople contre Téodote de Mopsueste. Libérat ajoute qu'un certain diacre, nommé Basile, porta cet ouvrage à saint Cyrille d'Alexandrie, de qui il reçut en échange les livres qu'il avait composés contre Diodore de Tarse et Théodote de Mopsueste, et que Basile revint à Constantinople dans le temps que Proclus se disposait à faire l'envoi de son ouvrage aux Arméniens; 15° le concile de 445 fut nombreux; Athanase, évêque de Perrha, y fut déposé, et Sabinien mis à sa place; 16° en 448 se tint, sous l'évêque Domnus, aux fêtes de Pâques, un concile où l'on obligea les accusateurs d'Ybas, évêque d'Édesse, accusé faussement d'être nestorien, et d'avoir dit qu'il pouvait être Dieu aussi bien que Jésus-Christ, à se désister de leurs poursuites (Mansi, Suppl. conc., t. I); 17° dans un concile tenu l'année 471, par Pierre le Foulon, l'on fait au Trisagion l'addition impie, qui crucifixus es pro nobis (Edit. Venet., t. IV, ex Synodico); 18° Pierre le Foulon fut déposé dans un concile de l'an 472. Le pape Gélase en fait mention, ainsi que Libérat (Breu., cap. 18); 19° dans le concile de 509, Flavien d'Antioche écrivit une grande lettre synodale, par laquelle il déclarait recevoir les conciles de Nicée, de Constantinople et d'Éphèse, sans parler de celui de Calcédoine (Le Quien, Or. Christ.). 20° le 30 novembre 1141, le légat Albéric, assisté des évêques de Syrie, présida un concile où fut déposé le patriarche Raoul; on mit à sa place sur le siége d'Antioche Aiméri qui en était doyen (Guill. de Tyr, l. v).

L. DE MASLATRIE.

ANTIOCHIDE ou **ANTIOCHIS**, concubine d'Antiochus Épiphane, avait reçu de lui les villes de Tharse et de Mallote; mais ces villes, voyant dans ce don une marque de mépris, se soulevèrent contre ce prince, qui dut marcher contre elles pour les faire rentrer dans l'obéissance (2, *Mach.*, IV, 30). Il n'était pas rare autrefois de voir des rois de Perse donner à leurs femmes quelques villes dont les revenus étaient employés par elles suivant leurs caprices, et le plus souvent à leur toilette. Cicéron (*in Verrem*, 5) signale et flétrit cet abus.

J. G.

ANTIOCHUS, roi de Messénie conjointement avec Androclès, était fils de Phintas; il vivait vers l'an 742 avant J. C. On croit savoir que ce fut sous son règne que la guerre s'alluma pour la première fois entre les Messéniens et les Spartiates.

ANTIOCHUS Ier, roi de Comagène vers le milieu du Ier siècle avant J. C. Il embrassa la cause de Tigrane, roi d'Arménie, contre les Romains. Vaincu d'abord par Lucullus qui lui accorda la paix, et par Pompée l'an 67, il sut inspirer à ce dernier tant de confiance, que non-seulement il en obtint la paix, mais encore une cession de territoire. Ce fut sans doute par reconnaissance qu'il fournit des troupes à Pompée contre César, et que, fidèle à la mémoire de Pompée après sa mort, il osa lutter contre le dictateur. Plus tard il fut assiégé dans Samosate par Ventidius, lieutenant du triumvir Marc Antoine; il acheta, moyennant trois cents talents, d'Antoine lui-même la retraite de Ventidius. Auguste, resté maître de l'empire, appela Antiochus à Rome; et lorsqu'il le tint en son pouvoir, il le livra au bourreau (27 av. J. C.), pour le punir d'avoir fait assassiner un ambassadeur envoyé par son frère au sénat.

ANTIOCHUS II, issu de l'ancienne famille des rois de Comagène, recouvra l'héritage de ses ancêtres et régna paisiblement pendant neuf ou dix ans. Il mourut sous Tibère, l'an 17 avant J. C.

ANTIOCHUS III, fils du précédent, ne succéda pas immédiatement à son père, parce que son royaume avait été réduit en province romaine. Caligula le lui rendit l'an 37 de l'ère vulgaire, pour le lui reprendre bientôt après. Claude lui restitua de nouveau Comagène; mais Vespasien l'en dépouilla définitivement l'an 72.

ANTIOCHUS D'ARCADIE, l'un des dix mille, fut envoyé à Artaxercès après la bataille de Cunaxa, pour obtenir, en faveur des Grecs, la faculté de se retirer dans leur pays sans être inquiétés. Artaxercès exigea que les Grecs se rendissent à discrétion. Antiochus ayant rapporté aux Grecs la réponse du roi de Perse, leur fit entendre qu'ils ne devaient placer d'espérance que dans leurs épées : ce fut sur cette réponse que commença cette admirable retraite connue dans l'histoire sous le nom de *Retraite des dix mille* (*V.* ce mot). N. M. P.

ANTIOCHUS Ier (SOTER) Antiochus, fils de Séleucus et d'Apamé, avait, du vivant même de son père, régné sur une partie de la Syrie; il recueillit sa succession entière l'an 281 avant J. C. Le désir de venger la mort de son père, la perte d'une épouse qu'il adorait, les revers qu'éprouvèrent ses armes, troublèrent son règne, dont la fin seulement fut moins agitée. Il vint même à bout de conquérir une paix glorieuse, délivra l'Asie des Gaulois qui tâchaient de s'y établir, et mérita ainsi le surnom de *Soter* ou sauveur. Un nouvel hymen augmenta sa famille; il plaça, par des alliances, deux de ses filles, l'une sur le trône de la Macédoine, en la donnant à Antigonus Gonatas; l'autre sur le trône de la Cyrénaïque, en la mariant avec Magas, roi de Cyrène (Justin, livre XXVI, c. 3). Mais Ptolémée, l'un de ses fils, se révolta contre lui, et le malheureux père fut contraint de le faire périr. Ptolémée Philadelphe, roi d'Égypte, contre lequel il entreprit une guerre impolitique, lui suscita beaucoup d'embarras. Ce prince mourut à Éphèse, la dix-neuvième année de son règne et l'an 262 avant J. C., par suite des blessures qu'il avait reçues d'un Gaulois nommé Centarète.

ANTIOCHUS (numism.). Quatorze princes du nom d'Antiochus ont régné sur la Syrie, soit à titre légitime; soit comme usurpateurs. Ils nous ont laissé sur leurs monnaies leurs effigies, leurs noms, leurs surnoms et le souvenir de leur puissance. Les dates que l'on trouve sur plusieurs de ces monnaies sont d'une haute importance pour la chronologie, et d'une grande utilité pour fixer les règnes et reconnaître les traits de tant de princes qui ont porté le même nom. — Antiochus Ier *Soter*) est représenté sur les tétradrachmes d'argent la tête

ceinte du diadème, tantôt avec son nom seul et le titre de roi, ΒΑΣΙΛΕΟΣ ΑΝΤΙΟΧΟΥ (*du roi Antiochus*), tantôt avec le surnom de *Soter*, ΣΩΤΗΡΟΣ : sur les monnaies en or ou on voit au revers *Pallas Nicéphore* (porte-victoire); et Apollon nu, assis sur l'*Omphalos* (*V.* ce mot) et tenant un arc et une flèche. Ce dernier type se retrouve presque constamment sur ses tétradrachmes d'argent. On y voit aussi Jupiter *Aétophore* (qui porte l'aigle). Sur ses monnaies de bronze, outre la Victoire, on voit Diane, une tête d'éléphant, un taureau *cornupète* (frappant la terre avec ses cornes), le zébu ou bœuf bossu, un trépied, une proue de vaisseau. Un symbole fréquent sur ces monnaies est une ancre; ce que l'on explique par la tradition suivante, rapportée par plusieurs auteurs et particulièrement par Justin (liv. XV, c. 4). Laodice, mère de Séleucus et aïeule d'Antiochus Ier, crut voir, pendant son sommeil, Apollon qui lui donnait un anneau sur la pierre duquel était gravée une ancre : en effet, le jour suivant elle trouva dans son lit cet anneau, et Séleucus, qui naquit exactement neuf mois après, avait une ancre imprimée sur la cuisse. On prétendait que cette marque de son origine s'était constamment perpétuée parmi ses descendants. Les poètes signalèrent cet événement, et le vulgaire adopta cette fable, que les Sigéens mentionnèrent dans un décret solennel en l'honneur d'Antiochus Ier, où ils appelèrent Apollon l'auteur de sa race. C'est la raison pour laquelle ce dieu est fréquemment représenté sur les monnaies des Séleucides. Le titre de *soter*, sauveur, donné par les historiens à Antiochus Ier, se trouve sur un tétradrachme fort rare et unique dans le cabinet de France, que l'on croit avoir été frappé après la victoire d'Antiochus sur les Gaulois qui menaçaient l'Asie. Son portrait sur cette pièce le représente avancé en âge; en effet, il n'était monté sur le trône de son père que sept ans avant cette victoire, qu'il remporta l'an 38 de l'ère des Séleucides, 275 ans avant J. C.

ANTIOCHUS II (THÉOS ou LE DIEU). Antiochus II était fils du premier Antiochus et de Stratonice; le témoignage des historiens s'appuie d'une inscription gravée sous Séleucus II (*Marm. Oxon. Inscr.* XXVI, lin. 9). Il succéda à son père (262 av. J. C.) qui, de son vivant, l'avait déjà investi d'une part de son autorité (Appian. *Syriac.* 65). — Le surnom de *Dieu* fut donné à ce prince par les habitants de Milet qu'il délivra de la tyrannie de Timarque, gouverneur de cette contrée, lequel s'était soustrait à la dépendance d'Antiochus Soter. Ce premier succès, qui lui avait valu un titre si brillant, ne fut suivi que de revers. Sa guerre contre Ptolémée Philadelphe fut tellement malheureuse que, pour obtenir la paix, il fut contraint d'abandonner Laodice, sa seconde épouse, et sa sœur, déjà mère de deux princes, et de priver ceux-ci de leurs droits à la couronne, pour épouser Bérénice, fille du roi d'Égypte. Lorsque cette reine eut perdu son père, Antiochus la répudia et rappela Laodice; mais cette dernière princesse, pour prévenir les nouveaux caprices de son époux, l'empoisonna et employa la ruse pour assurer le trône à Séleucus, son fils aîné. Un courtisan, qui avait quelque ressemblance avec Antiochus, fut placé dans son lit et dicta un testament qui renversa les projets et les prétentions de Bérénice. Antiochus mourut l'an 247 avant J. C. (Appian. *Syr.* 565). Il n'avait régné que quinze ans, pendant lesquels des troubles continuels agitèrent ses États. Les gouverneurs des provinces les plus éloignées se révoltèrent : Théodote, dans la Bactriane, et Spasinès, sur les bords du Tigre, méconnurent son autorité, ainsi qu'Arsace chez les Parthes, et Arsamès dans l'Arménie (Justin, liv. XLI, c. 4; Longuerue, *Annal. Arsacid.*, page 2). — *Numismatique.* La numismatique des rois de Syrie peut, comme nous l'avons dit, offrir quelques incertitudes; mais les surnoms des princes nous donnant les moyens de reconnaître leurs portraits, cette incertitude ne portera que sur quelques pièces des premiers règnes, dont la comparaison avec les pièces certaines, facilitera l'attribution, en exceptant toutefois celles qui, ayant été frappées dans des pays barbares ou dans des villes éloignées de la capitale, offrent des têtes d'une mauvaise exécution et dont le caractère est altéré. — Antiochus II, outre les types de son prédécesseur, offre ceux d'Hercule, de Pallas combattant, de Jupiter *Aétophore*, les Dioscures (Castor et Pollux) à cheval, ou les bonnets des Dioscures et la massue d'Hercule. Le titre de *Dieu* que lui donnent les historiens ne se trouve pas sur ses monnaies.

ANTIOCHUS HIÉRAX. Ce prince n'était âgé que de quatorze ans lorsque Séleucus II, son frère, crut pouvoir défendre la monarchie en la partageant avec lui, l'an 226 avant J. C., et la sauver ainsi des attaques étrangères; mais le jeune Antiochus, dont l'ambition était aussi précoce que les talents, répondit mal à la confiance de Séleucus, et il dissimula si peu son insatiable envie de dominer, qu'on lui donna le surnom d'*Hiérax*, qui désigne un oiseau de proie (*Justin.*, liv. XXVII, c. 2). Les deux frères se firent une guerre déplorable par laquelle le jeune Antiochus ressaisit plusieurs fois, à force de ruses et de stratagèmes, la victoire qui lui échappait (*Polyaen.*, liv. IV, c. 17). Il fut, pendant quelque temps, maître de presque toute l'Asie Mineure, et prit à sa solde les troupes gauloises dont les secours avaient souvent été funestes à ceux qui les avaient employés. Une dernière bataille qu'il perdit dans la Mésopotamie ruina son parti et toutes ses espérances; il crut trouver une ressource dans la générosité d'un ennemi de sa race, Ptolémée Évergète, qui trompa son attente et le fit enfermer dans une étroite prison. Il parvint cependant à se sauver, mais il fut rencontré par une troupe de brigands qui le massacrèrent, vers l'an 226 avant J. C. — *Numismatique*. Nous aurions pu douter que nous eussions un portrait de ce prince dont le règne fut si court et si peu paisible, si nous ne trouvions sur ses médailles des traits différents de ceux des Antiochus précédents et des onze derniers Antiochus, dont les médailles sont reconnaissables à des dates et à des surnoms. Ses traits, selon la remarque de Pellerin (*Méd. des Rois*, pag. 69) et de Visconti (*Iconogr.*, t. II, p. 303), rappellent assez ceux de Séleucus II, son frère, pour que cette tête ait dû être attribuée à celui-ci, si l'on ne lisait auprès d'elle le nom d'Antiochus. Son diadème porte des ailes, et nous avons vu cet emblème adopté par son père, pour indiquer qu'il tirait son origine de Persée. Il a conservé le type d'Apollon, divinité tutélaire des Séleucides et fondateur de leur race.

ANTIOCHUS III (LE GRAND), second fils de Séleucus Callinicus et de Laodice, devint maître du trône par la mort imprévue de son frère, arrivée l'an 224 av. J. C.; il était à peine âgé de 15 ans. Son cousin Achéus, que quelques courtisans voulaient déclarer roi, résista à leurs suggestions et lui resta fidèle. Lorsqu'Antiochus arriva au pouvoir, son royaume était menacé de toutes parts : au dedans par les gouverneurs des provinces qui cherchaient à se rendre indépendants, au dehors par les rois de Pergame, des Parthes et de la Bactriane, et même par les rois d'Égypte qui s'étaient emparés de plusieurs provinces de Syrie. Antiochus délivra son territoire des Égyptiens et arrêta les invasions des autres peuples. Achéus, enflé par ses victoires sur les rois de Pergame, cessa d'être fidèle. Antiochus le vainquit, le fit prisonnier et ordonna son supplice. Le règne d'Antiochus fut long et glorieux; ses contemporains lui donnèrent le surnom de *Grand*. Vers la fin de sa carrière, poussé probablement par Annibal qui s'était réfugié à sa cour, il fit la guerre aux Romains qui, vainqueurs de Carthage, semblaient vouloir porter plus loin leurs conquêtes. Presque toujours battu, réduit à l'extrémité par la perte de la bataille de Magnésie, il se vit contraint à demander la paix à la république et à se soumettre aux conditions les plus dures. Dépouillé de ses flottes, de ses éléphants, d'une partie de ses conquêtes et de ses trésors, il fut encore obligé d'exiler Annibal et de donner son fils en otage aux Romains; mais il ne put acquitter les tributs stipulés sans charger d'impôts ses sujets qui se révoltèrent. Cherchant les moyens d'apaiser les mécontents, il alla jusque dans l'Élymaïs, région de la Perse, pour y prendre les trésors que, depuis plusieurs siècles, la superstition avait entassés dans le temple de *Nanea*. Cette divinité est ainsi nommée dans le second livre des Machabées : c'était l'*Anaïtis* d'Arménie; et les Grecs l'ont assimilée tantôt à Aphrodite, tantôt à leur Jupiter. On retrouve *Nanea* sur les médailles de la Bactriane (K. O. Müller, *Goett. Gel. Anzeig.* 1825, p. 1777; Raoul-Rochette, *Notice sur quelques médailles grecques de la Bactriane*, etc., p. 56). Mais Antiochus ne fut point heureux dans cette expédition; il y périt, massacré au milieu d'une émeute populaire, dans la trente-sixième année de son règne, âgé de cinquante-deux ans, l'an 187 avant J. C. — *Numismatique*. Les années de l'ère des Séleucides commencent à paraître sur la monnaie des rois de Syrie sous le règne d'Antiochus III. Ces années sont : les 102e, 105e et 107e, qui correspondent aux années 209, 206 et 204 avant J. C. Les médailles qui les donnent ont dû être frappées dans des villes maritimes, telles que Tyr ou Sidon. — Les caractères iconographiques des médailles d'Antiochus III, aux différents âges de ce prince, ont été fixés avec solidité par Visconti. — Antiochus III (le Grand) est représenté sur ses monnaies d'abord jeune, puis dans un âge plus avancé : on y retrouve le type d'Apollon et celui de la Victoire, ainsi que l'éléphant, commun sur les médailles de la Syrie. Les pièces frappées dans la Judée pour ce prince ont pour type un palmier; elles ont sans doute été fabriquées après

la conquête de cette contrée par Antiochus III sur Ptolémée Épiphane. Celles qui portent une trirème ou galère ont été frappées dans la Phénicie.

ANTIOCHUS IV (ÉPIPHANE). Le trône de Séleucus était occupé par le traître Héliodore, lorsqu'Antiochus revint de Rome, l'an 176 avant J. C.; il vengea la mort de son frère en renversant l'usurpateur, qui, n'étant encore que ministre, s'était déjà rendu odieux au peuple par son avarice et ses concussions. Antiochus avait reçu des secours des princes Attalides qu'effrayait la puissance d'Héliodore, et qui saisirent cette occasion d'y mettre un frein. L'usurpateur Héliodore est, selon toutes les apparences, le même que les historiens juifs flétrissent pour avoir tenté de violer le temple (*Machabées*, liv. II, c. 3). Quant à Antiochus, le commencement de son règne éblouit les Syriens. Il succédait à un prince faible, il renversait un tyran, il étalait de la magnificence et affectait la popularité : aussi reçut-il de ses sujets le titre de *Dieu manifeste et victorieux*. Malheureusement ces belles qualités d'Antiochus étaient ternies par l'excès même auquel il les portait. Sa popularité descendait jusqu'à la bassesse, et sa magnificence dégénérait en prodigalité : ses dépenses le ruinèrent, ses succès en Égypte lui attirèrent la jalousie de l'usurpateur, et tandis qu'il portait ses armes dans l'Arménie où il assujettissait quelques princes qui avaient secoué la domination de son père, la guerre civile désolait ses propres États. D'un autre côté, il fit la grande faute de vouloir contraindre les Juifs à se séparer de la religion de leurs pères : ces peuples, mal soumis, se révoltèrent et furent encouragés par les Romains. Le sang coula dans la Syrie et dans la Judée, et ce fut une tache ineffaçable pour le règne d'Antiochus. Ce prince crut pouvoir réparer ses fautes, en cherchant dans le pillage des temples des dieux étrangers, des ressources pour couvrir les énormes dépenses qu'il consacrait au culte des Grecs; ce fut une faute nouvelle, et bien qu'il dût être averti par l'exemple de son père, massacré par les adorateurs des idoles qu'il avait voulu dépouiller dans leurs temples, il fit la même tentative chez les Perses; et, s'il ne tomba pas sous leurs coups, leur résistance et le chagrin de n'avoir pas réussi dans son entreprise lui causèrent une maladie qui le conduisit au tombeau. — Antiochus expira la douzième année de son règne, l'an 164 avant J. C. Sa mort fut attribuée par les historiens profanes à la vengeance de la Diane Persique dont il avait voulu enlever les trésors (Polybe, cité par Josèphe, *Ant. Jud.*, liv. XII, c. 9). Selon les livres saints, elle fut la punition de ses persécutions injustes contre les enfants d'Israël (*Machab.*, liv. I, c. 6, vers. 12). — *Numismatique*. Ce prince porte sur ses monnaies les titres de *Dieu, Épiphane* et *Nicéphore*; ses tétradrachmes, dépourvus, contre l'ordinaire, de l'effigie royale, ont dû être frappés en mémoire des fondations religieuses par lesquelles il voulut substituer imprudemment le culte des divinités helléniques à toutes les autres religions de l'Asie. Ces pièces nous offrent d'un côté le buste, de l'autre la figure entière de Jupiter dédié par Épiphane. Il tient, comme celui de Phidias, une victoire dans la main, ce qui justifie le titre de Nicéphore que s'arroge le prince lui-même, moins sans doute à cause de ses succès contre les Égyptiens. Sur d'autres médailles où Antiochus est représenté jeune, son diadème est surmonté d'un astre, emblème de la divinité dont il prend, sur d'autres médailles, un signe caractéristique, la couronne radiée, attribut d'Apollon ou du Soleil. En effet, Antiochus s'empara du titre de *Theos*, Dieu, et prit sur les monuments en y joignant celui d'Épiphane, *l'illustre* ou plutôt *le manifesté*, surnom qu'il avait reçu des Milésiens après les avoir délivrés de la tyrannie de Timarchus. L'astre est le signe de l'apothéose, que les Romains imitèrent en frappant pour Jules César des médailles où ils placèrent également un astre au-dessus de la tête du prince divinisé. Quant à la couronne radiée prise par quelques autres rois de Syrie, cette coutume, introduite par Antiochus IV et imitée par les rois d'Égypte, passa chez les Romains qui donnèrent à Auguste la couronne radiée, mais seulement après sa mort. Néron la prit de son vivant. Cet usage devint plus commun dans les règnes postérieurs. Outre les types d'Apollon et de Jupiter, et ceux qui représentent des divinités, telles que Junon, Diane et Vénus Uranie, on trouve sous le règne d'Antiochus IV des types égyptiens, comme la tête d'Isis ornée de la fleur de lotus, et au revers un aigle semblable à celui des médailles des Ptolémées; Isis *Pharia*. Ces types rappellent la conquête de l'Égypte, et plus particulièrement Alexandrie. On a aussi des médailles du même prince frappées dans les villes de la Phénicie qu'il avait soumises; la plupart de ces villes ont inscrit sur leurs monnaies une année de l'ère des Séleucides; ces dates commencent à l'année 138 et finissent à l'année 148. Parmi ces monnaies de la Phénicie, celles qui furent frappées à Laodicée sur mer portent le type de Neptune. Il y en.a de frappées à une autre Laodicée, c'est celle du mont Liban; ces monnaies portent, avec leur inscription grecque, une légende phénicienne qui signifie *Laodiceæ matris in Canaan*, de Laodicée *mère* ou métropole dans le pays de Canaan. (Trésor de numism. Rois grecs, p. 94). Il y a aussi des pièces d'Antiochus IV frappées à Tyr et à Sidon, avec des légendes phéniciennes et des types maritimes, parmi lesquels on remarque Europe assise sur un taureau.

ANTIOCHUS V (EUPATOR). Ce prince, fils d'Antiochus Épiphane, avait neuf ans lorsque son père mourut dans l'Élymais; il était resté à Antioche, et il avait Lysias pour gouverneur; mais son père l'avait mis sous la tutelle de Philippe, l'un de ses courtisans les plus dévoués; de sorte que la régence fut disputée entre Philippe et Lysias. Ce dernier se trouvant à la tête de l'armée qui faisait la guerre aux Juifs, eut l'avantage, et fit reconnaître pour roi le jeune prince, auquel on donna le surnom d'*Eupator*, fils d'un père vaillant (164 avant J. C.). Cependant Démétrius, fils de Séleucus IV, qui depuis deux ans était retenu en otage à Rome, appartenait à la branche aînée des Séleucides et avait plus de droits au trône que son cousin. Rome favorisait Eupator, dont la jeunesse faisait espérer qu'il serait moins capable de réprimer l'anarchie qui depuis quelque temps désolait son royaume. Le sénat envoya en Orient des commissaires qui exigèrent l'exécution des traités conclus entre les Romains et Antiochus III. Ces envoyés entrèrent en maîtres dans la Syrie, firent brûler les vaisseaux du nouveau roi et tuer ses éléphants. Le peuple de Laodicée se révolta et tua Octavius, l'un des commissaires. Lysias envoya promptement des ambassadeurs à Rome pour apaiser le sénat qui l'accusait de cet attentat, et le sénat, ne consultant que sa politique, feignit d'admettre ses excuses, afin de ne point dépouiller Eupator qu'il craignait moins que Démétrius. Mais celui-ci, trompant la vigilance de ses gardiens, parvint à se sauver et alla débarquer en Phénicie où il fut reçu comme un libérateur; la Syrie entière le proclama immédiatement. Le jeune Eupator et son gouverneur furent remis, par leurs propres gardes, aux mains de Démétrius, qui, sans vouloir ni les voir ni les entendre, ordonna leur supplice. Eupator périt ainsi à l'âge de onze ans, après en avoir passé deux sur le trône de Syrie. Quand on réfléchit à la fin tragique de ce prince, dans un âge si tendre, on croit à peine que les médailles qui portent son nom nous offrent son véritable portrait. Cependant Visconti (*Icon.*, t. II, p. 321) pense que les mêmes motifs qui ont engagé les artistes à représenter, dans la force de l'âge, des princes qui étaient presque dans la décrépitude, les ont portés à dissimuler la grande jeunesse d'Eupator. Le type du tétradrachme du cabinet de France représente, au revers, Jupiter Nicéphore; la médaille de bronze ne porte que le foudre, attribut de ce dieu.

ANTIOCHUS VI (DIONYSUS). Pendant que Démétrius II régnait, le jeune Antiochus, fils d'Alexandre, vivait sous la garde d'un prince arabe, nommé Elmalchuel, suivant le livre des Machabées (chap. xi, v. 39), et Malchus, suivant Josèphe (A. J. L. XIII, chap. 5). Tryphon, qui se trouvait à la tête des débris de l'armée et d'un parti dans lequel s'était rangé le peuple juif, parvint à faire proclamer roi cet enfant, mais avec l'intention de régner sous son nom. Il lui fit donner les titres de *Dionysus* et d'*Épiphane*, ou de *Bacchus, dieu manifesté.* Le nom de Bacchus convenait à sa beauté et sa jeunesse, et celui d'Épiphane rappelait que ce titre avait été porté par Antiochus IV, son aïeul. La ville d'Antioche s'étant déclarée en faveur du jeune prince, l'ambitieux Tryphon affermit ainsi son autorité; mais bientôt, impatient de régner seul, il corrompit des médecins qui, sous le prétexte de guérir du calcul le jeune Antiochus, le firent périr par le traitement même qu'ils lui administrèrent. — Les médailles d'Antiochus VI portent les dates 168, 169 et 170 des Séleucides (de 145 à 143 avant J. C.). Sa tête y paraît avec un diadème et une couronne radiée; cette couronne fait allusion au titre d'*Épiphane* ou *dieu manifesté* que ce prince joint à celui de *Dionysus* ou *Bacchus.* Le revers d'un de ses tétradrachmes d'argent, a pour type les Dioscures ou Castor et Pollux à cheval. C'étaient les dieux révérés dans la Syrie, sous le nom de *Cabires*, et qui avaient protégé les armes du jeune prince contre Démétrius. Sur ses autres tétradrachmes, on voit Jupiter Nicéphore; Apollon assis sur l'omphalos; et sur ses monnaies de bronze des types relatifs à son surnom: Bacchus tenant le thyrse et le canthare; la panthère de Bacchus tenant un thyrse dans sa gueule; un *diota* ou vase à deux anses. Un autre type curieux est celui qui représente un

éléphant portant un flambeau avec sa trompe. On pense que ce sujet fait allusion à l'entrée triomphale d'Antiochus dans la ville d'Antioche, qui l'accueillit pour se venger de Démétrius, et le rendit maître de tous les éléphants de guerre qui étaient rassemblés dans son enceinte. Eckhel suppose que ce type rappelle quelque pompe où quelque solennité où figuraient des éléphants *dadouques* ou porteurs de flambeaux, comme on en avait vu dans plusieurs occasions, entre autres dans celle où Suétone rapporte que César monta au Capitole éclairé par quarante éléphants placés à droite et à gauche et portant des flambeaux. — Tryphon, qui avait ramené d'Arabie le jeune prince et qui s'était déclaré son tuteur après l'avoir fait reconnaître roi, mais qui voulait régner sous son nom, laissa percer la preuve de son ambition, en mettant sur les monnaies de son pupille les lettres initiales de son nom.

ANTIOCHUS VII (ÉVERGÈTE ou SIDÈTE). Antiochus était à Rhodes lorsqu'il apprit la captivité de son frère Démétrius II; il en partit aussitôt et entra dans la Syrie avec les troupes qu'il avait pu rassembler (138 avant J. C.). Il avait d'abord résidé à Side en Pamphilie, et l'opinion reçue est que le surnom de Sidète lui vint de son séjour dans cette ville. Cléopâtre, épouse de son frère, s'était réfugiée dans Séleucie avec ses enfants; elle lui offrit sa main, les soldats qui lui étaient restés fidèles, et la place forte où elle s'était renfermée (*Jos. Ant. jud.*, XIII, 7). Antiochus mit d'abord dans ses intérêts les princes hébreux, en déclarant Jérusalem sainte et libre, en remettant toutes les dettes et en accordant aux Hébreux le droit de frapper monnaie. Ceux-ci, se croyant dégagés par la mort du jeune Dionysus, et voulant se venger de la trahison de l'usurpateur Tryphon, embrassèrent le parti d'Antiochus. Le grand prêtre Simon lui fournit de l'argent et des machines de guerre. Une partie des troupes de Tryphon l'abandonna, et le nouveau roi commença son règne sous des auspices si favorables, qu'il fut salué du titre d'*Évergète* ou *bienfaisant.* Plusieurs auteurs ajoutent ceux d'*Eusèbes*, pieux, et de *Soter*, sauveur. Celui d'Évergète est le seul qu'il ait pris sur ses monnaies. — Antiochus attaqua et poursuivit son ennemi, le chassa de toutes ses retraites, et le joignit enfin à Apamée où il le fit périr. Les premiers moments de son règne furent employés à soumettre les rebelles et à rétablir, dans le gouvernement, l'ordre qu'avaient détruit les guerres intestines. Il déploya la plus grande sévérité contre tous ceux qui avaient été attachés à la faction d'Alexandre Bala et de ses successeurs, et, dans cette réaction de parti, il n'épargna point les philosophes et particulièrement les épicuriens, dont il ferma les écoles, et contre lesquels il exerça toute sorte de persécutions. Si l'intérêt de la morale servit de prétexte à cette rigueur, il se démentit lui-même par son luxe et ses excès. Il se livra aux plaisirs de la chasse et à ceux de la table, et déploya, dans ses campements, la plus grande somptuosité; ses tentes étaient ornées des tapisseries les plus précieuses (*Athen.*, X, p. 439, et XII, p. 450. *Valer. Maxim.*, IX, 1, 4). Une jeune princesse, sa nièce et sa belle-fille, puisqu'elle était fille de son frère Démétrius et de Cléopâtre, était toujours auprès de lui (Justin. XXXVIII, 10), et on ne peut guère penser que cette liaison fût innocente. Cependant Antiochus n'en eut pas moins les qualités d'un guerrier. Après avoir soumis la Syrie, il fit la guerre aux Parthes, sous le prétexte de délivrer son frère, et reprit les villes grecques et les riches contrées au delà de l'Euphrate, qui avaient été envahies par Mithridate Ier. Le roi des Parthes, vaincu par Antiochus, rendit la liberté à son frère, espérant que celui-ci ne le laisserait pas gouverner seul, et que la rivalité de ces deux princes diminuerait leurs forces. — L'armée d'Antiochus avait déjà commencé à s'affaiblir par le désordre et l'indiscipline qui s'étaient introduits pendant les quartiers d'hiver; elle fut attaquée et détruite en détail; Antiochus eut de la peine à sauver sa liberté et même sa vie. Cependant les Parthes, qui avaient perdu beaucoup de monde dans les campagnes précédentes, ne profitèrent pas entièrement de leur victoire. Antiochus reconquit la haute Asie; il s'y maintint quelque temps, et soutint avec courage les revers qui l'accablaient de toutes parts. La jeune princesse qui l'accompagnait devint prisonnière des Parthes; Cléopâtre le quitta pour se réunir à Démétrius. Ainsi abandonné, ce prince forma le singulier projet de prendre pour épouse une déesse, et il choisit cette Nanea, qu'on adorait dans l'Élymaïs, dont deux de ses prédécesseurs avaient déjà convoité les richesses. Il ne fut pas plus heureux que ces deux princes; introduit dans le sanctuaire par les prêtres, il y fut assassiné. Plusieurs historiens font mourir Antiochus VII l'an 183 des Séleucides (130 ans avant J. C.); mais ses médailles, datées de l'an 186 de cette ère, s'accordent avec le récit du deuxième livre des Machabées. Posidonius, cité par Athénée (x, p. 439 E.), ajoute que le roi des Parthes ne fut pas étranger à cet événement. Visconti (*Icon.* t. II, p. 344, note 2) remarque qu'il y a quelques tétradrachmes d'Antiochus Évergète sans époque, avec le type de Minerve, sur lesquels se trouve non son effigie, mais le portrait de Démétrius Ier, son père : ce sont probablement les premiers médaillons qu'on a frappés avec son nom. Du reste, ses tétradrachmes représentent Pallas portant une victoire sur la main droite, et tenant de la gauche la lance et le bouclier. Ce type est probablement relatif à ses premiers succès, auxquels succédèrent bientôt des revers cruels. Plusieurs pièces ont été frappées pour ce prince dans les villes de Sidon et de Tyr : sur celles de cette dernière ville on remarque le monogramme qui exprime son nom, uni à la massue d'Hercule..

ANTIOCHUS VIII (ÉPIPHANE, surnommé *Grypus*). La Syrie, après la mort de Zébina, respira quelque temps; Grypus lui-même, depuis qu'il régna seul, jouit de huit années de repos. Son mariage avec Tryphène, sa cousine, fille de Ptolémée VII, lui avait assuré la paix du côté de l'Égypte. Mais une ambition criminelle lui inspira le désir de se défaire d'Antiochus, qui était, comme lui, fils de Cléopâtre, et dont le père était Antiochus Évergète, son oncle. Le jeune prince était élevé à Cyzique : Grypus tenta de le faire périr par le poison; la trame fut découverte, et la guerre entre les deux frères en fut le résultat. Quoique Grypus fût maître d'Antioche, il ne pouvait guère compter sur la fidélité de la population immense et toujours avide de nouveautés, que cette ville renfermait dans sa quadruple enceinte. En effet, le mariage que le Cyzicénien avait contracté avec une princesse du sang des Lagides, sœur de la reine de Syrie, lui procura une armée, il attaqua son frère, le défit et s'empara d'Antioche. Mais le vaincu ne tarda pas à prendre sa revanche; et Grypus ne put même empêcher sa femme furieuse de se baigner dans le sang de sa propre sœur. Les alternatives de la guerre ramenèrent, plus d'une fois, des scènes également sanglantes. Tryphène s'immola aux mânes de sa sœur et Grypus contraint de se réfugier dans l'Asie Mineure; il en revint avec une nouvelle armée. Un accord, fruit de la dissimulation, termina enfin la guerre entre les deux frères. Le royaume des Séleucides fut alors divisé; les villes les plus florissantes vendirent, pour des priviléges, leur secours aux deux rivaux; elles se déclarèrent libres au milieu de la monarchie, plusieurs gouverneurs se rendirent indépendants, et bientôt après la guerre se ralluma; le roi de Judée et Ptolémée Lathyre prirent part aux troubles de la Syrie; la guerre étrangère ajouta ses horreurs à celles de la guerre civile; un nouveau mariage de Grypus avec une princesse d'Alexandrie, sa belle-sœur et femme divorcée de Lathyre, irrita ce dernier; enfin un Syrien, nommé Héracléon, gagna la confiance de l'aîné des deux frères et conspira sa ruine. Grypus périt par l'artifice de ce ministre perfide, ou fut surpris par la mort au moment où il allait être victime de la conspiration. Héracléon tenta de se faire roi; mais Séleucus, fils aîné de Grypus et de Tryphène, réussit à se placer sur le trône paternel. — Grypus régna vingt-neuf ans, si on comprend dans ce nombre l'année ou les deux années de sa retraite en Asie. Son règne avait commencé l'an 125 de l'ère chrétienne. Il mourut l'an 97. — *Numismatique.* Les monnaies d'Antiochus VIII le représentent avec sa mère Cléopâtre (c'est celle que Corneille a transportée sur la scène dans sa tragédie de *Rodogune*). Cette princesse, après avoir sacrifié à son ambition son fils Séleucus, partagea le trône avec Antiochus VIII, le plus jeune de ses fils. Elle est la seule des reines de Syrie qui ait fait frapper de la monnaie avec son effigie, soit seule, soit réunie à celle des rois ses époux et ses fils. — Lorsque Antiochus régna enfin seul, après avoir forcé sa mère à boire la coupe empoisonnée qu'elle avait préparée pour lui, il frappa seul ses monnaies, où nous voyons un type particulier, celui du mois *dius* personnifié, ayant un croissant sur la tête, tenant d'une main la haste et portant de l'autre un astre. Les autres types diffèrent peu de ceux des divers rois de Syrie.

ANTIOCHUS IX (PHILOPATOR, CYZICENUS). Ce prince, dont le règne commença l'an 97 avant J. C., avait été élevé à Cyzique d'où lui vint le surnom de *Cyzicénien*. Il commença par faire la guerre à son frère Grypus qui avait cherché à l'empoisonner. Ses premières tentatives furent heureuses et le hasard le seconda. Ptolémée VIII, roi d'Égypte, ayant répudié, par ordre de sa mère, Cléopâtre qui était à la fois sa femme et sa sœur, cette princesse offrit à Philopator sa main et une armée qui lui était dévouée. Antiochus prit, perdit et reprit plusieurs fois Antioche. Cléopâtre périt victime de la

perfidie de sa sœur Tryphène, sur laquelle Philopator ne tarda pas à venger le meurtre de son épouse. La guerre fut quelque temps suspendue (voyez l'article précédent); mais elle ne fut réellement terminée qu'après la mort de Grypus. Philopator, resté maître d'Antioche, épousa la veuve de son frère, Cléopâtre Sélène. Cette union devait terminer les cruelles dissensions qui ruinaient la Syrie, lorsqu'un nouveau prétendant vint les faire revivre. Séleucus, l'aîné des neveux de Philopator, l'attaqua près de sa capitale; Philopator, emporté par son cheval, et se voyant au milieu des rangs ennemis, se donna lui-même la mort. Ce récit est celui de Porphyre. D'autres historiens, et particulièrement Josèphe, disent qu'il fut tué par ordre de Séleucus. Il périt l'an 96 avant J. C. Cette époque a été prouvée par l'abbé Belley (Mém. de l'Acad. des belles-lettres, xxix, p. 216). Plusieurs médailles servent à constater cette date. — Il paraît que Philopator était plus homme de guerre qu'habile à gouverner; il avait la passion de la chasse, et n'employait le temps que lui laissait cet exercice, qu'à s'entourer de mimes et de bateleurs; lui-même se livrait à leurs jeux et à leurs exercices; et Diodore (*Excerpta*, p. 606, éd. de Wesseling) raconte qu'il s'amusait à faire mouvoir lui-même, par des mécanismes ingénieux, des automates d'une stature gigantesque. Visconti (Iconographie, t. II, p. 356) fait l'observation que ce genre d'amusement d'Antiochus avait été jusqu'ici mal expliqué, parce que l'on ne savait pas que le mot ξόον signifie très-souvent en grec *figure humaine*, peinte ou sculptée, et on le traduisait toujours par animal. — Le surnom de Philopator qu'avait pris Antiochus IX était un moyen de se concilier l'affection de ses peuples qui avaient en vénération la mémoire d'Antiochus Évergète, son père, lequel s'était distingué par sa piété envers les dieux et par son humanité envers ses sujets, au lieu qu'ils détestaient celle de Démétrius, de qui Antiochus Grypus était issu. — Le type principal des tétradrachmes d'Antiochus IX est Minerve, dont la figure est probablement une imitation de la statue colossale de bronze que Séleucus Nicator avait élevée en l'honneur de cette déesse.

ANTIOCHUS X (EUSÈBES ou LE PIEUX). L'histoire de Syrie n'offre, à dater de ce règne, d'autre spectacle que celui des guerres les plus acharnées entre les deux branches de la famille royale, issues de deux fils que Cléopâtre avait eus des deux frères, Démétrius II et Antiochus VII. Antiochus X était, par le Cyzicénien, le petit-fils d'Antiochus VII. Lors de la catastrophe de son père, une courtisane d'Antioche, touchée de sa jeunesse et de sa beauté, lui procura les moyens de se réfugier à Aradus, où il prit le titre de roi. Bientôt il eut rassemblé une armée avec laquelle il attaqua Séleucus, le battit et le poursuivit dans la Cilicie où il le fit périr. Mais la branche de Démétrius II lui opposait encore plusieurs compétiteurs. — Antiochus XI et Philippe, frères jumeaux, partagèrent le trône de Séleucus VI, leur aîné, et marchèrent contre Antiochus X, leur cousin. Celui-ci fut encore une fois vainqueur; l'un des deux compétiteurs périt dans la déroute de l'armée. Le vainqueur, pour s'affermir sur le trône, épousa Sélène, veuve de Grypus, son oncle, et son père le Cyzicénien. Cette princesse était douée du courage viril qui distinguait les femmes du sang des Lagides. — La nouvelle de ce mariage enflamma de colère et de jalousie Ptolémée Lathyre, frère de Sélène et son premier mari. Il opposa à Antiochus X un nouveau compétiteur, Démétrius III, quatrième fils de Grypus. Ce prince réunit ses forces à celles de Philippe son frère; et Antiochus se vit, en peu de temps, réduit à une telle extrémité, qu'il fut contraint de chercher un asile chez les Parthes. On n'a plus, depuis sa fuite, aucune connaissance certaine des événements de sa vie : il paraît que, profitant de la discorde qui ne tarda pas à diviser les frères, il parvint à recouvrer quelques débris de son royaume, dont il fut dépouillé de nouveau par Tigrane. Dans les temps qui suivirent, il n'est plus fait mention de lui dans l'histoire : on sait cependant qu'après sa mort plusieurs villes de la Phénicie restèrent quelque temps fidèles à la veuve et à ses enfants. Ce prince régna vers le commencement du 1er siècle avant J. C. — Les tétradrachmes de ce prince lui donnent les titres d'*Eusèbes* et *Philopator*. La tête du jeune roi est ceinte du diadème et sans barbe; ses médailles de bronze nous le représentent avec un peu de barbe à l'extrémité des joues. On observe cette différence de costume dans les portraits de presque tous les princes séleucides qui ont régné à cette dernière époque. Le revers des tétradrachmes représente Jupiter assis, qu'on trouve fréquemment sur les monnaies des Antiochus qui ont été frappées à Antioche. On y voit aussi Minerve. Les pièces qui ont pour type la Victoire rappellent les premiers succès d'Antiochus.

ANTIOCHUS XI (PHILADELPHE). Antiochus XI et Philippe étaient fils jumeaux de Grypus et de Tryphène : sans se contester réciproquement le droit d'aînesse, ils prirent ensemble le titre de rois de Syrie, et le surnom de Philadelphes ou de *frères qui s'aiment*. Ce surnom indiquait l'amitié dont ils étaient unis, et peut-être aussi l'ardeur dont ils étaient animés pour venger la mort de Séleucus leur frère aîné. En effet, ils entrèrent en Cilicie, s'emparèrent de la ville de Mopsus qu'ils détruisirent de fond en comble, après avoir fait périr tous ses habitants, auteurs du meurtre de Séleucus. Ils furent moins heureux contre Antiochus Eusèbes; leur armée fut défaite; et Antiochus Philadelphe, en fuyant, fut renversé dans l'Oronte où il se noya. Son règne commença et finit dans la même année (l'an 93 avant J. C., 220 de l'ère des Séleucides). — Ce règne très-court fournit peu de médailles; le tétradrachme d'argent lui donne les titres d'*Épiphane* et *Philadelphe;* il a pour type du revers le Jupiter d'Antioche; la médaille de bronze porte une Victoire. Le surnom d'Épiphane est celui que son père Grypus et son frère Séleucus VI avaient porté.

ANTIOCHUS XII (DIONYSUS CALLINICUS). Dionysus, le dernier des enfants de Grypus et de Tryphène, serait à peine connu sans l'histoire de Josèphe. Cet écrivain nous apprend que, pendant la captivité de Démétrius *Eucæros*, Dionysus, frère de ce prince, s'empara de la ville de Damas, et que ses premiers exploits furent dirigés contre les Arabes. Philippe qui, à l'aide de ces barbares, avait renversé Démétrius du trône, profita de cette circonstance pour surprendre Damas dont la trahison lui ouvrit les portes; mais il en fut chassé peu de temps après. Cependant Dionysus continua la guerre, et, soutenu par Alexandre, tyran des Juifs, il obtint plusieurs avantages; mais sa valeur téméraire lui fit trouver la mort dans une bataille où il s'était exposé avec trop peu de ménagements. Arétas, roi de quelques peuplades arabes, fut appelé par les habitants de Damas pour prendre la place de Dionysus. On n'a aucun renseignement précis sur la durée de son règne; on sait seulement qu'elle ne peut avoir été que de deux ou trois années. Il avait commencé à régner en 89, ou même un peu plus tard. — Une médaille de bronze présente le buste de ce jeune roi; le revers a pour type Jupiter debout, ayant dans la main droite une petite figure de la Victoire et le sceptre dans la gauche. La légende *du Roi Antiochus Dionysus Épiphane Philopator Callinicus* (victorieux) caractérise ce prince de manière à ne pouvoir le confondre avec aucun autre. Dionysus est le nom que lui donnent Josèphe et Porphyre. Les titres de Callinicus et de Philopator le distinguent d'Antiochus VI qui prenait aussi le nom de Dionysus. Il paraît sur quelques-unes de ses médailles avec une barbe naissante, qui ne peut convenir à un enfant de dix ans, tel qu'était Antiochus VI.

ANTIOCHUS XIII (CALLINICUS dit *l'Asiatique*). Ce prince prit le surnom d'Asiatique parce qu'à la chute de son père, Antiochus X Eusèbes, il s'était réfugié, avec son frère, dans une ville de l'Asie Mineure, où ils furent élevés l'un et l'autre. Leur mère, après l'invasion de Tigrane, avait conservé ou fait soulever en sa faveur quelques villes de la Syrie, qu'elle garda tant qu'elle put soustraire sa liberté et sa vie aux poursuites du prince arménien. Ses deux fils, désespérant de recouvrer le royaume de leurs aïeux, sortirent de leur retraite et firent un voyage à Rome pour solliciter auprès du sénat le trône d'Alexandrie occupé alors par Ptolémée Aulète, que les Romains ne voulaient pas reconnaître comme roi d'Égypte. Ils passèrent deux ans dans cette ville, où leurs sollicitations n'eurent aucun effet. La dernière guerre de Mithridate ayant obligé Tigrane à retirer ses troupes de la Syrie, Antiochus s'y montra, et quelques villes le reconnurent pour leur souverain. Lucullus l'y laissa paisiblement régner; mais Pompée, qui fut le successeur de Lucullus dans le commandement, et qui avait forcé Tigrane à renoncer à la Syrie, ne crut pas que les droits du prince séleucide, droits presque anéantis par les longs malheurs de sa famille, pussent être mis en balance avec ceux que les Romains avaient acquis par leurs victoires. Les prières d'Antiochus ne purent le fléchir; et le dernier des Séleucides fut contraint de descendre du trône. Visconti (Iconogr., t. II, p. 372) prouve, contre l'opinion reçue, qu'Antiochus, reconnu par Pompée comme roi de la Comagène, n'était pas le même prince qu'Antiochus l'asiatique. — Une médaille de bronze, attribuée à ce prince, non sans contestation (Mionnet, Descr. de méd., suppl., t. VIII, p. 81), porte les noms et les titres de *Épiphane, Philopator, Callinicus*. Elle présente au revers la Victoire tenant une couronne et une palme; on l'avait donnée antérieurement à Antiochus XII. Une autre médaille représente au revers une femme ayant une palme dans la main

droite, une corne d'abondance dans la gauche, et une fleur au-dessus du front. DU MERSAN.

ANTIOCHUS D'ASCALON, connu aussi sous le nom d'Antiochus l'*Académique*, parce qu'il fonda la cinquième académie vers le milieu du Ier siècle avant J. C., avait eu pour maître Philon qui avait fondé la quatrième. Après avoir suivi pendant quelque temps les principes de ce philosophe et ceux d'Arcésilas et de Carnéades, fatigué de leur scepticisme, il se rapprocha des stoïciens. Son livre, intitulé *Sosus*, qu'il composa contre Philon, lui fit beaucoup d'ennemis, mais lui attira aussi plusieurs disciples, parmi lesquels il compta Brutus, Cicéron et Lucullus; ce dernier fut même si charmé de la finesse de son esprit et de l'élégance de son langage, qu'ayant été nommé questeur en Asie, il voulut qu'Antiochus le suivît dans son voyage. Dans la vie de Lucullus, Plutarque nous apprend que le philosophe d'Ascalon composa un *Traité sur les dieux;* mais cet écrit ne nous est pas parvenu. — Il y a eu deux autres philosophes du nom d'Antiochus : le premier était de Laodicée en Phrygie, et fut sceptique au plus haut degré; le second, originaire de Cilicie, était de l'école cynique, et joua dans les armées romaines, sous Sévère et Caracalla, le rôle du Tyrtée de Lacédémone, et des bardes de la Gaule et de la Germanie. Par ses discours, il excitait le courage des soldats, et, par ses exemples, il leur apprenait à supporter les plus rudes fatigues. Plus tard, il forma des projets ambitieux qui échouèrent; il se sauva chez les Parthes, mais Caracalla les contraignit à le lui livrer, l'an 216 de J. C. On croit qu'il le fit périr.

ANTIOCHUS, moine de Séba dans la Palestine, vivait au commencement du VIIe siècle. Le plus important de ses ouvrages est un Recueil de cent quatre-vingt dix homélies, ou plutôt Commentaires sur l'histoire et l'Écriture sainte. Il se livra aussi à la poésie; mais le poëme qui nous reste de lui sur l'enlèvement de la vraie croix par les Perses, nous donne une faible opinion de son génie poétique. Ce poëme se trouve en grec et en latin dans le supplément de la *Bibliotheca Patrum*. J. R.

ANTIOCHUS, historien, natif de Syracuse en Sicile, florissait dans les premières années du Ve siècle de l'ère chrétienne. Il avait composé l'histoire de Sicile depuis Cocale, roi des Sicans, jusqu'à Xercès; elle était divisée en neuf livres. Il était encore auteur d'une histoire très-curieuse de l'Italie. Il ne reste presque rien de ces deux ouvrages; quelques fragments qui ont été conservés par d'autres écrivains, font vivement regretter que le reste soit perdu.

ANTIOCHUS, évêque de Ptolémaïs à la fin du IVe siècle et au commencement du Ve de l'ère vulgaire, se fit un nom de bonne heure par ses talents oratoires; mais se trouvant à Ptolémaïs sur un théâtre trop resserré, il se rendit à Constantinople où ses premiers sermons attirèrent la foule; ils lui valurent même, dit-on, le surnom de second Chrysostôme. Enivré de ses succès, il alla de ville en ville mendier des hommages qu'un orateur chrétien doit ne ambitionner. Ce qui, à ses yeux, ne valait pas moins que la gloire, ce furent les richesses considérables qu'il acquit durant ses voyages. De retour à Ptolémaïs, et dominé par son humeur inquiète, il s'unit avec Sévérien et l'évêque de Béroé contre saint Chrysostôme, qu'on voulait dépouiller de la dignité épiscopale. Au concile de Constantinople, il se montra l'un des ennemis les plus acharnés du saint prélat, et il ne craignit pas d'avancer contre lui les faits les plus calomnieux. Il mourut peu de temps après, en 407. Il laissa quelques écrits qui se sont perdus; l'un d'eux était, dit-on, un *Traité sur l'avarice*. Il écrivait à peu près dans le même temps que Sénèque, gorgé de biens, vantait le mépris des richesses. N. M. P.

ANTIOCHUS est aussi le nom d'un juif d'Antioche, qui ayant accusé son père, le plus distingué des juifs de la ville, d'avoir voulu, de concert avec ses coreligionnaires, y mettre le feu, souleva tout le peuple, qui, dans sa fureur, massacra indistinctement tous les juifs. Cependant Antiochus, qui en voulait plus à leur religion qu'à leur vie, engagea les citoyens d'Antioche à forcer tous les juifs de sacrifier à la manière des gentils, leur assurant que tous ceux qui y consentiraient étaient innocents; tandis que ceux qui s'y refuseraient étaient réellement coupables du crime dont on les accusait. Cette horrible proposition ayant été acceptée, un grand nombre de juifs apostasièrent, les autres aimèrent mieux périr que de sacrifier aux idoles. Cet événement se passa environ l'an 65 de J. C. (Josèphe, *De bello Jud.*, l. VII, ch. 21, *in lat. sed in græc.*, Κεφ. 6). J. G.

ANTIOPE (*myth.*), fille de Nyctéus, roi de Thèbes, et selon Homère, du fleuve Asope, était douée de tant de beauté, que beaucoup de princes se disputèrent sa main. Un de ses amants, qu'elle croyait être Jupiter, la rendit bientôt mère : craignant alors la colère de Nyctéus; elle se réfugia, suivant les uns, à la cour d'Épopée, roi de Sycione; d'autres mythologues prétendent qu'Epopée l'avait enlevée. Nyctéus fit la guerre au roi de Sycione; mais il succomba dès le premier engagement; avant de mourir, il recommanda à son frère Lycus de le venger et de punir Antiope. Lycus suivit les intentions de son frère; Épopée périt; et Antiope tomba aux mains du vainqueur. On prétend que ce fut lorsque Lycus la ramenait à Thèbes, qu'elle mit au monde Zéthus et Amphion, fils jumeaux de son premier amant. On dit encore que Lycus devint à son tour l'amant d'Antiope, de laquelle il ne tarda pas à se dégoûter. Livrée à la jalouse Dircé, femme de Lycus, Antiope passa plusieurs années dans une très-dure captivité; mais enfin, étant parvenue à s'échapper, elle rejoignit ses fils qui étaient déjà grands. Les deux princes vengèrent leur mère en s'emparant de Thèbes et en massacrant Lycus et Dircé. D'après Pausanias, Bacchus qui aimait cette dernière, vengea sa mort sur Antiope, en la privant de raison. Après avoir été longtemps errante et vagabonde par toute la Grèce, elle fut rencontrée par Phocus, petit-fils de Sisyphe; ce prince la guérit et l'épousa. Ce sont les malheurs d'Antiope et le supplice de Dircé qui font le sujet du *Taureau de Farnèse*, l'un des plus magnifiques groupes de l'antiquité.

ANTIOPE (*myth.*). Celle-ci était reine des Amazones et passait pour avoir de grandes richesses. Eurysthée ayant chargé Hercule de lui enlever sa ceinture, c'est-à-dire ses trésors, le héros alla la combattre et la fit prisonnière; il en fit ensuite présent à Thésée qui l'épousa, et en eut un fils nommé Hippolyte. On donne aussi à Antiope le nom de son fils. J. R.

ANTIPAPES. Ces adversaires d'un pape légitimement élu; prétendaient se faire reconnaître, au moyen d'une élection extorquée à quelques évêques ou à certains cardinaux, pour véritables souverains pontifes. L'ambition, la plus aveugle et la plus forcenée des passions, donna naissance à cette usurpation de la tiare. En général, les antipapes ont plutôt embarrassé le pouvoir du pape légitime, que causé de grands schismes dans l'Église. Plusieurs même ont dû regretter d'avoir prêté les mains à cette intrusion. Le premier de tous est Novatien qui donna, en 251, le premier exemple de ce scandale : trois évêques, la tête échauffée par une orgie, le couronnèrent pape du vivant du pape légitime. Félix imita cet exemple funeste, en 356; puis vinrent Ursicin en 366, Eulalius en 418, Laurent en 498, Dioscore en 530, Vigile en 537 : celui-ci finit par devenir pape légitime; Pascal en 687, Théodore en 687, Théophylacte en 757, Constantin en 767, Zizime en 824, Anastase en 855; Sergius en 891, Christophe en 904; Francon, dit Boniface VII, en 973; Philagathe, dit Jean XVI, en 997; Grégoire en 1012; Jean, dit Sylvestre III, en 1044; Jean, évêque de Vellétri, qui prit le nom de Benoît, en 1058; Cadalons, dit Honorius II, en 1061; Guibert, dit Clément III, en 1080; Albert, Théodoric et Maginulfe en 1100; Maurice Bourdin, dit Grégoire VIII, en 1118; Pierre de Léon, dit Anaclet, en 1130; Grégoire, dit Victor, en 1138; Octavien, dit Victor III, en 1159; Guy de Crême, dit Pascal III, en 1164; Jean, abbé de Strum, dit Calixte III, en 1168; Lando Sitino, dit Innocent III, en 1178; Pierre de Corbières en 1328; Gilles Munias, dit Clément VIII, en 1424. Amédée de Savoie, dit Félix V, en 1439, clôtura la liste des antipapes. On voit que depuis le III° siècle jusqu'au XV°, où cette usurpation sacrilège cessa, l'Église vit surgir dans son sein deux ou trois antipapes par siècle. O. V.

ANTIPARALLÈLES. Si deux droites situées dans le même plan sont telles, que par rapport à une autre droite, qu'elles font avec elle des angles égaux, mais dirigés en sens contraires, elles sont dites *antiparallèles*. Il en est de même des plans dans le cône, ou dans le cylindre, par rapport à la base de ces solides, ou même dans la sphère, par rapport à son équateur.
C. DE LA LAND.

ANTIPAS-HÉRODE (*V.* HÉRODE).

ANTIPAS (S.), martyr de Pergame, que Jésus-Christ, dans l'Apocalypse (II; 13), appelle son *fidèle-témoin*, souffrit la mort pour lui à Pergame, en Phrygie; sous le règne de Domitien au plus tard. Suivant ses actes, fondés sur la tradition du pays même, il aurait été brûlé dans un bœuf d'airain. L'Église célèbre sa fête le 11 avril (Tillemont, *Mém. ecclés.*, t. II; Baillet, 11 avril). J. G.

ANTIPATER. Ce nom appartient à un grand nombre d'individus qui se distinguèrent jadis en Grèce; soit comme guerriers ou administrateurs, soit comme poëtes, historiens, philosophes, etc. Nous allons faire connaître les principaux.

ANTIPATER, l'un des généraux d'Alexandre. Son mérite et ses services, qui dataient du règne de Philippe, l'avaient poussé aux premiers grades de l'armée. Lorsqu'Alexandre partit pour sa grande expédition, il lui confia le gouvernement de la Macédoine et de la Grèce, et Antipater justifia complétement ce choix. Toutefois Alexandre, cédant aux suggestions de sa mère, lui ôta son gouvernement, quoiqu'il eût fait rentrer dans le devoir les Thraces révoltés et qu'il eût dissipé la ligue des Spartiates qui avaient soulevé tout le Péloponèse. On a prétendu qu'Antipater irrité avait empoisonné Alexandre; mais c'est là une assertion tout à fait dénuée de preuves. Lorsqu'après la mort du conquérant ses généraux partagèrent entre eux ses provinces, Antipater eut la Macédoine. Mais les Grecs avaient compté sur la possibilité de briser le joug et de recouvrer la liberté. Leurs premiers efforts furent heureux, et ils pressèrent si vivement Antipater qu'ils le contraignirent de s'enfermer dans une ville de la Thessalie; mais le général athénien ayant été tué dans une sortie, la désunion se mit aussitôt parmi les Grecs, que de nouveaux efforts de la part d'Antipater mirent en déroute. A peine le siège était-il levé, qu'Antipater, ayant reçu des renforts, rentra en campagne, rencontra et défit complétement les Grecs à Cranon en Thessalie, soumit la Béotie et l'Étolie, et n'accorda la paix aux Athéniens qu'à des conditions très-dures; dont l'une était qu'ils recevraient dans leur ville garnison macédonienne. Le traité fut conclu l'an 322 avant J. C. Après la mort de Perdiccas, Antipater fut nommé gouverneur général de l'empire et tuteur du jeune fils d'Alexandre; il mourut peu de temps après (319), laissant le gouvernement à Polysperchon, quoiqu'il eût un fils nommé Cassandre (*V.* ce mot). — Antipater aima la littérature et il la cultiva; il avait composé une histoire qui est perdue; on lui reproche le traitement barbare qu'il fit à Hypéride (*V.* ce nom), et la rigueur dont il usa envers Démosthène (*V.* ce nom).

ANTIPATER, fils de Cassandre, monta sur le trône de Macédoine l'an 298 avant J. C., et il régna conjointement avec son frère Philippe pendant trois ans; au bout de ce temps; ils furent détrônés l'un et l'autre par Démétrius Polyorcète (295 avant J. C.). Antipater se retira chez Lysimaque dont il avait épousé la fille, et qui le fit mourir, afin de s'emparer sans obstacle de son trône dont il avait chassé Démétrius. Antipater, meurtrier de sa propre mère, méritait son sort. — Un oncle d'Antipater, de même nom que lui, se fit proclamer roi de Macédoine quelque temps après la mort de Lysimaque; mais jugé incapable de régner, il fut déposé au bout de quarante-cinq jours (278 avant J. C.). N. M. P.

ANTIPATER (*numism.*). Les numismatistes avaient donné à ce roi de Macédoine plusieurs médailles : quelques-unes sont incertaines, d'autres ont été restituées à Antigone Gonatas. Ils avaient été trompés par des légendes mal conservées, et avaient cru devoir lire ANTIΠ, initiales du mot *Antipater*, au lieu de ANTIΓ, initiales d'*Antigone*. D. M.

ANTIPATER, fils de Jason, jouissait d'une grande considération parmi les juifs de son temps. Simon Machabée en particulier montra la confiance qu'il avait en lui, en le députant vers les Lacédémoniens lorsqu'il fut question de renouveler l'alliance avec eux (I. Mach., XIV, 17, 22). — ANTIPATER, Iduméen, père d'Hérode le Grand, était fils d'un autre Antipater ou Antipas, gouverneur de l'Idumée. Il s'attacha à Hircan, qu'il fit remonter sur le trône de Judée, et qui, pour le récompenser de ses services, lui abandonna la conduite des affaires. Jules César, qu'il avait beaucoup aidé dans sa guerre en Égypte, lui donna le titre et les droits de citoyen romain, ainsi que l'intendance de la Judée. Le grand attachement qu'il montra pour les intérêts des Romains fut peut-être en partie cause de sa mort; car, comme il contribua de ses propres deniers à fournir les grandes sommes qu'ils exigeaient de la Judée; Malichus, qui avait été employé à lever ces sommes, en conçut une telle jalousie contre lui, qu'il résolut de le faire mourir; ce qu'il exécuta en engageant un échanson d'Hircan à lui donner une coupe empoisonnée pendant qu'ils étaient ensemble à table chez ce prince (Josèphe, l. XIV, c. 1, 2, 10, 14-19). — Un autre ANTIPATER, fils du précédent, fut appelé à la cour d'Hérode le Grand, son père, où, par ses calomnies et ses dénonciations habilement dissimulées, il parvint à perdre ses frères Alexandre et Aristobule, qui furent étranglés à Sébaste, un an avant la naissance de Jésus-Christ. Ayant, plus tard, conspiré contre son père et cherché à l'empoisonner, il fut mis à mort par ses ordres, l'an 1er de Jésus-Christ, et enterré au château d'Hircanium, comme un simple particulier, sans pompe et sans honneurs. Hérode lui-même ne lui survécut que de quelques jours (Josèphe, *Antiq.*, l. XVI, c. 6, 7, 8, 11; l. XVII, c. 3, 6, 9). J. G.

ANTIPATER DE TARSE, contemporain de Carnéade, vivait vers le milieu du II° siècle avant J. C. Il appartenait à l'école de Zénon, et il publia, dit-on, un traité contre le scepticisme. Cet ouvrage n'est pas arrivé jusqu'à nous. D'autres traités sur la superstition et sur la colère sont également perdus. — Il a existé un autre philosophe stoïcien qui fut lié d'amitié avec Caton d'Utique. On croit qu'il était de Tyr. — ANTIPATER DE SYDON, contemporain de Sylla, était aussi de l'école de Zénon. Il joignit à la philosophie le goût des vers. On trouve de lui quelques épigrammes dans l'Anthologie. — Le nom d'un autre Antipater se trouve parmi les disciples d'Aristote.

ANTIPATER DE THESSALONIQUE, poëte que Vossius fait vivre en même temps qu'Auguste. Dans ce qui reste de l'Anthologie de Philippe de Thessalonique, on a des fragments de ce poëte.

ANTIPATER (L. CÉLIUS), historien latin dont il ne nous reste malheureusement que des fragments recueillis en 1568 par Riccobon, réimprimés à Anvers en 1595 avec d'autres pièces attribuées à d'anciens historiens. Il avait écrit une histoire de la seconde guerre punique; il vivait dans le IIe siècle avant J. C. — Un autre Antipater, postérieur de quatre siècles, écrivit une histoire de Marc-Aurèle. — Enfin un troisième Antipater, d'Hiéropolis de Phrygie, fameux par ses harangues improvisées, fut secrétaire de l'empereur Sévère, précepteur des enfants de ce prince, consul et gouverneur de Bithynie. Il eut, dit-on, le courage de reprocher à Caracalla le meurtre de Géta, et il n'eut pas celui de supporter sa disgrâce: Caracalla le bannit de sa cour, et Antipater se laissa mourir de faim.

N. M. P.

ANTIPATERA ou **ANTIPUS**. (*V.* ANTIPUS.)

ANTIPATHIE, mot purement grec (ἀντιπάθεια), formé de deux autres mots, *anti* et *pathos*, contre, passion, c'est-à-dire opposition de passion, de goût, de penchant entre deux personnes; sentiment d'aversion ou de répugnance qu'on éprouve pour une personne ou pour certains objets, sans se rendre raison à soi-même de ce qu'on ressent, ou même sans avoir le temps de chercher à connaître la cause de ce sentiment, parce qu'on s'en trouve saisi presqu'à l'improviste. — Nous ne parlerons qu'en passant de l'antipathie qui paraît exister entre des corps inorganiques, effet purement physique dans lequel nous ne voyons qu'un défaut d'affinité; nous ne nous étendrons pas non plus sur l'espèce d'antipathie qu'on remarque entre certaines plantes, autre effet physique auquel nous ne laissons le nom d'antipathie que parce que nous n'en connaissons pas qui rende la même idée; nous ne nous occuperons même que très-succinctement de ces antipathies qu'on éprouve pour certaines personnes, nées de la connaissance qu'on acquiert de l'individu. Nous nous arrêterons plus spécialement sur ces antipathies dites ou prétendues inexplicables que nous ressentons sans savoir pourquoi, comme l'a dit un poëte il y a dix-huit siècles: « J'aime, ou je hais : vous me demandez pourquoi ; je l'ignore ; ce que je sens, c'est que j'aime, c'est que je hais, et cela me tourmente. » — Il est assez généralement reconnu que deux grandes lois existent dans la nature, lois en vertu desquelles tous les corps s'attirent ou se repoussent; mais il est aisé de comprendre que les effets de la loi de répulsion, lorsqu'ils s'appliquent à des corps inorganiques, ou incapables de sensation, ne peuvent recevoir le nom d'antipathie que par un abus de langage. En effet, si le mercure et l'argent s'unissent et s'amalgament, si le mercure et le fer ne peuvent se mêler, c'est parce qu'entre les deux premiers métaux il existe affinité, c'est-à-dire prédisposition à se pénétrer mutuellement; c'est qu'entre le fer et le mercure il y a défaut absolu d'affinité. Ces antipathies et ces sympathies, la science qui décompose et analyse les corps peut les expliquer; elle les explique en faisant connaître les propriétés des parties dont ces corps se composent, en rendant pour ainsi dire sensible à l'œil le procédé par lequel deux corps s'unissent ou refusent de s'unir, s'attirent réciproquement ou se repoussent avec force quand on les met en contact. — Si de là nous passons à la prétendue antipathie de quelques plantes entre elles, nous serons encore conduits à dire qu'une connaissance parfaite des qualités ou propriétés de ces plantes ennemies ferait découvrir d'une manière positive la cause de cette aversion. Toutefois nous ferons ici une observation trop négligée, c'est que bien des gens répètent un fait sans se donner la peine de s'assurer que le fait existe, tandis que sur des choses qui s'éloignent des règles ordinaires de la nature, il faut se méfier de la crédulité ou de l'exagération des autres. Ainsi on a dit que certaines plantes ont tant d'antipathie (et le mot ne doit pas se prendre ici à la lettre, car l'antipathie est un sentiment, et il est absurde de prêter un sentiment à ce qui manque de sensibilité), tant d'antipathie les unes pour les autres, que si on

place deux de ces plantes à peu de distance, l'une des deux ne peut venir. Nous ne craignons pas de dire que le fait est faux; mais fût-il exact, il en résulterait seulement que ces plantes serviraient de conducteurs à deux courants électriques ou magnétiques, qui en se heurtant se neutraliseraient et produiraient la stérilité. Il est bien vrai que certaines plantes nuisent au développement d'autres plantes, au point même de les faire mourir. On peut citer les plantes parasites, vivant aux dépens d'autres plantes qu'elles étouffent en les enlaçant étroitement de leurs rameaux sarmenteux, en absorbant les sucs nourriciers qui leur étaient destinés, ou de tout autre manière; mais, que le voisinage d'une plante empêche une autre plante de croître et de vivre, c'est ce qui n'arrive pas; cette sorte d'antipathie entre végétaux n'est qu'une chimère. — Nous arrivons à l'antipathie qui se remarque entre certains animaux; et franchement nous ne croyons guère aux antipathies de ce genre. On parle du chien et du chat, du loup et de la brebis, de la belette et du crapaud, etc.; bien examinées, ces antipathies se réduisent à des procédés déterminés par l'éducation et le besoin. Le chien ne court sur le chat que parce qu'on l'a depuis sa naissance accoutumé à le faire en l'excitant par ces mots *au chat, au chat!* Mais qui n'a vu mille fois chats et chiens dans l'intérieur d'une maison vivre dans la meilleure intelligence ? Qu'un chat étranger arrive, le chien de la maison, il est vrai, court sur lui et le chasse, mais il en fait autant pour un animal de son espèce. Le chat de la maison n'accueille pas beaucoup mieux un chat qui vient du dehors. L'éducation a rendu ces animaux égoïstes; ils ne veulent pas admettre d'autres animaux au partage du bien-être dont ils jouissent. On parle de la brebis et du loup; mais ce n'est pas là de l'antipathie. La brebis tremble à l'aspect de l'animal qui arrive pour la dévorer, et le loup, dans la brebis, ne voit et ne cherche qu'une proie riche et facile. C'est en général à cela que se réduit l'antipathie prétendue des carnivores et des herbivores; si c'était par antipathie que le loup mange l'agneau, ce serait aussi par antipathie que l'agneau broute l'herbe tendre, et que l'abeille aspire le suc des fleurs. Si on voyait le loup étrangler un mouton et puis s'enfuir sans y toucher, on pourrait penser qu'il n'a fait que suivre un mouvement d'aversion et de haine; mais il est évident que s'il le tue, *l'emporte et puis le mange*, comme disait le bon la Fontaine, il n'a fait que saisir l'occasion qui lui offre un splendide festin après plusieurs jours peut-être de très-mauvaise chère. En un mot, nous doutons fort que les animaux ressentent pour d'autres animaux ce sentiment qui constitue la véritable antipathie, le *odi et amo... quare?... nescio*, du poëte. Si l'on a vu des animaux d'espèces différentes très-attachés l'un à l'autre, ou au contraire ennemis irréconciliables, c'est qu'ils ont été façonnés à l'amitié ou à la haine par une longue habitude ou par quelque circonstance particulière. — Parlons maintenant de l'antipathie que nous remarquons quelquefois entre individus de notre espèce. Ce sentiment peut être de deux sortes : ou il naît de l'épreuve que nous avons faite, de l'expérience acquise, d'une espèce de prévision de résultats fâcheux que nous voulons éviter; ou bien il n'a point de cause déterminée, il nous domine malgré nous, et il reste toujours pour nous aussi inexplicable que la prédilection que nous ressentons souvent pour des individus qui ne le méritent pas. — Il est évident que deux hommes également avides de biens, d'honneur et de renommée, également emportés et violents, d'humeur également impérieuse, également égoïstes, il est évident que ces deux hommes, si la fortune les place sur la même route, où ils se feront mutuellement obstacle, ne pourront pas à être antipathiques l'un à l'autre, car l'un n'obtiendra aucune faveur que l'autre ne la regarde comme une injustice qu'on lui aura faite à lui-même, comme un vol dont il sera victime, et l'aversion, la haine, que chacun d'eux concevra contre son rival, deviendra d'autant plus active, s'enracinera d'autant plus qu'il arrivera plus de circonstances où leurs intérêts seront en contact. — Il peut arriver aussi que deux hommes se rencontrent sans éprouver ni attraction ni répulsion, et qu'à mesure qu'ils se fréquentent, la connaissance qu'ils acquièrent réciproquement de leur caractère, de leurs habitudes, de leurs opinions, fasse naître la méfiance, l'éloignement, l'aversion; mais ce qu'ils prendront alors pour antipathie ne sera pas autre chose que le produit de l'espèce d'épreuve à laquelle ils se sont soumis. — Enfin on peut encore se trouver en opposition avec un homme dont les antécédents bien connus excitent en nous une répugnance insurmontable à toute liaison avec lui. Cette répugnance n'est pas l'antipathie, c'est tout simplement prévision de ce qui pourrait résulter d'une liaison semblable, embarras, inconvénients, désagréments qu'on ne peut calculer; il y aura même répugnance si la réputation de cet homme n'est pas bien pure, car l'homme honnête répugne à se rapprocher de l'homme taré. — Venons-en à ce que réellement signifie le mot qui nous occupe, l'antipathie, cette aversion qu'on éprouve pour un homme, pour un animal, pour un objet non animé, inorganique; et quoique nous soyons bien convaincus qu'il existe réellement en nous une sorte de prédisposition à aimer ou haïr, à rechercher ou fuir certaines personnes ou certaines choses, et que le sentiment de sympathie ou d'antipathie a lieu sans que nous sachions bien le pourquoi, nous ne sommes pas moins convaincus que cette prédisposition ne s'exerce que lorsque nous nous trouvons inopinément en présence de l'objet dont les qualités extérieures nous annoncent qu'il y a en lui d'autres qualités qui peuvent s'adapter à notre manière d'être, à notre essence; qu'ainsi il n'y a pas, à proprement parler, plus d'antipathies qu'il n'y a de sympathies, et que la répulsion et l'attraction sont déterminées par des circonstances qui ne sont ni prévues ni dépendantes de nous; mais adhérentes à l'objet qui cause l'une ou l'autre de ces sensations. Nous ne nions pas qu'entre deux personnes il ne puisse naître subitement un sentiment d'affection qui les entraîne à se rapprocher; mais nous croyons que ce sentiment n'est pas né sans cause. Si nous ne sentons pas cette cause, c'est que nous ne la cherchons pas. N'oublions pas ce vieil adage que *l'amour vient par les yeux*, et cela posé il sera moins difficile qu'on ne croit d'arriver à découvrir ce qui nous a plu. Quelquefois l'amour peut venir par un autre sens que celui de la vue. Le son de la voix, le contact d'une main douce et caressante, peuvent produire des passions violentes. Un aveugle-né, par exemple, sera plus sensible qu'un autre au charme de la voix. Mais si la sympathie naissait indépendamment de nos sens, nous n'aurions pas besoin de sentir, de toucher, de voir l'objet de notre affection; et de même que sur dix lames d'acier, le brin de fer trouvera la seule qui est aimentée, et de même, aveugles et sourds, nous nous sentirions attirés vers une personne, même à notre insu. Or cela n'arrive point. Nous avons toujours vu, toujours entendu celui qui nous inspire sympathie. — Ces mouvements subits du cœur sont bien plus rares encore lorsqu'il s'agit d'antipathie; du moins nous dirons que ce n'est jamais qu'après avoir vu, entendu, senti, que nous éprouvons antipathie. Qu'un aveugle-sourd soit introduit au milieu de l'assemblée la plus nombreuse, il ne sentira ni attraction ni répulsion pour personne; mais qu'on lui rende la vue et l'ouïe, lorsqu'il promènera ses regards sur la foule, il se trouvera disposé à fuir l'objet qui lui répugne par ses traits rudes, par son œil hagard et menaçant, par sa physionomie sombre, par sa voix aigre et dure. Dira-t-on que c'est là de l'antipathie? oui, dans ce sens qu'on aurait une grande répugnance à se rapprocher de cet individu, non pas précisément parce qu'on le craint, mais parce qu'on sait qu'il est à craindre; ces deux idées se mêlent dans notre esprit et elles nous poussent en arrière. N'avons-nous pas entendu mille fois dire qu'il ne faut pas disputer des goûts? et cela est très vrai; ce qui plaît à l'un déplaît à l'autre. Il y a autant de variété dans les éléments de nos goûts qu'il y en a dans nos formes. Tous les hommes ont les mêmes organes, et il ne s'en trouve pas deux qui soient identiques; comment s'en trouverait-ils deux qui sentissent exactement de la même manière? On dira que la beauté plaît à tous, que la laideur déplaît de même, et cela est vrai; mais combien de nuances dans la manière de sentir; entre le plus et le moins on trouve presque l'infini. En résultat, avant de dire que nous éprouvons sympathie ou antipathie pour quelqu'un, consultons-nous bien, interrogeons-nous; et assurément, avec une investigation consciencieuse, nous trouverons ce qui nous attire ou ce qui nous repousse. — Il y a encore des antipathies qui naissent d'une suite d'idées qui s'associent dans notre esprit, sans que nous cherchions à produire ce résultat. Un homme vous a blessé dans votre amour-propre, même sans vous connaître, et sans intention de vous offenser; c'en est assez pour que son aspect vous soit pénible; pour que tout ce qu'il dira, tout ce qu'il fera, vous le trouviez mal; pour que vous soyez toujours disposé à le condamner sur tout. Dans ce cas, il peut bien se faire qu'on vous entende alléguer que vous avez pour cet homme de l'antipathie; d'où cela vient-il? de ce que votre vanité s'est sentie froissée, et que vous n'en convenez pas, c'est que vous voudriez même l'oublier. — On a parlé de l'antipathie de l'homme pour certains animaux; mais ici nous croyons fermement que certain mouvement, ou pour mieux dire le sentiment d'aversion qu'on peut avoir pour un animal, quoique poussé au plus haut degré, n'est jamais que le résultat d'un préjugé,

de l'habitude, d'une première impression défavorable, de quelque cause semblable. Nous avons connu un homme qui éprouvait de l'antipathie pour les chiens; c'est que dans son enfance un chien l'avait mordu. Les chiens à leur tour n'ont-ils pas une très-forte antipathie contre les chiffonniers et les gens mal vêtus? C'est qu'ils se souviennent que toutes les fois qu'ils ont pu le faire, les chiffonniers les ont poursuivis; et dès qu'ils voient ou qu'ils sentent un homme mal vêtu, ils aboient contre lui, parce qu'ils le prennent pour un chiffonnier. On assure que le cheval reconnaît l'homme qui l'a blessé, et qu'il ne perd pas l'occasion de s'en venger, s'il la trouve. Il en est de même du chameau qui garde rancune pour les mauvais traitements qu'il a subis, et il ne s'apaise que lorsqu'il s'est vengé. Certes ce n'est point de l'antipathie; ce n'est de la part de ces animaux que mémoire et vengeance. Quant à l'aversion d'un homme contre un animal, on peut être assuré qu'elle ne vient que de quelque sensation désagréable que cet animal ou un autre de son espèce lui aura fait éprouver, soit que son aspect lui ait paru hideux, soit qu'il ait été exposé à quelque contact fâcheux. Nous pourrions nommer un homme à qui une araignée fait horreur; il n'en prononce même le nom qu'avec saisissement. Cet homme sait très-bien pourtant que l'araignée n'est pas un insecte bien dangereux; il sait que Pelisson à la Bastille avait apprivoisé une grosse araignée qui venait saisir des mouches jusque sur sa main; il sait que M. de Lalande aimait à croquer une araignée de cave, à laquelle il trouvait le goût de noisette; il sait que l'araignée, loin d'attaquer l'homme, le fuit de toutes ses forces; malgré cela, il ne peut supporter la vue d'une araignée, et pour tous les biens du monde il ne la saisirait pas avec ses doigts. Est-ce là de l'antipathie? non, ce n'est que de la mémoire. Cet homme, très-jeune encore, avait des accès de fièvre qui depuis sept ou huit mois résistaient à tous les remèdes. Un bon villageois, fermier de son père, offrit à la famille la guérison de l'enfant; on accepta. Le spécifique consistait en une grosse araignée de mur, qu'il fallait appliquer sur l'estomac nu du malade, au moment où l'accès commençait. L'enfant craignait les araignées, parce qu'on lui avait dit qu'elles mordaient; elles lui faisaient peur parce qu'elles sont hideuses. Celle du villageois était de belle taille et noire comme du jais; on l'avait attachée par le milieu du corps et proche de ses pinces par précaution; mais on eut beau dire à l'enfant pour le rassurer; ce ne fut qu'un seul cri qui dura depuis le moment de l'application jusqu'au moment de l'enlèvement, ce qui n'eut lieu qu'au bout de trois heures: est-il étonnant que l'enfant en grandissant ait conservé le souvenir de ce qu'il avait souffert? — Pour ce qui est de la répugnance que quelques personnes ont pour certaines substances, l'ail par exemple, et pour ceux qui s'en nourrissent, cela vient de ce que ces personnes ne supportent pas les émanations de cette substance; et comme ceux qui en ont mangé conservent pendant longtemps l'odeur pénétrante de cet aliment, il est assez naturel que les gens délicats éprouvent du dégoût pour ceux qui leur apportent l'odeur nauséabonde de leur ail mal digéré. — Mais que dirons-nous de la répugnance invincible que certains individus éprouvent pour des objets inoffensifs, tels que des fleurs, des odeurs? Nous avons lu que la princesse de Lamballe, l'amie infortunée de l'infortunée Marie-Antoinette, ne pouvait supporter l'odeur ni même la vue d'un bouquet de violettes. Si un individu portant une de ces fleurs entrait dans l'appartement où elle se trouvait, elle tombait en défaillance, et c'était si peu de la faute de son imagination, qu'il suffisait que quelqu'un eût sur lui des violettes pour qu'elle se trouvât mal, quoiqu'elle ne les vît pas. Nous avons lu encore qu'un seigneur de la cour de Louis XV avait la même antipathie pour les roses. On mit un jour cette antipathie à l'épreuve: on attacha, sans qu'il s'en aperçût, une rose à la bourse qui renfermait ses cheveux (*V.* BOURSE DES CHEVEUX); ce peu de temps après on le vit pâlir, avoir des angoisses; ce qui obligea les auteurs de la plaisanterie à le délivrer au plus tôt de la fleur qui causait son mal. Si ces deux faits sont vrais, ils prouvent qu'il y avait antipathie entre ces deux individus et les fleurs dont la vue ou l'odeur les tourmentait. Nous disons l'odeur, car nous ne croyons pas que la seule vue d'une rose ou d'une violette pût produire de semblables crises; ou du moins si le simple aspect suffisait pour cela, ce ne pouvait être que parce qu'à l'idée qui en naissait venait se joindre le souvenir de la détresse occasionnée par l'odeur. C'était non pas le mal, mais la peur du mal. Au reste, il n'y a rien là qui doive étonner. Qui ne sait que rien n'est qu'une émanation du corps odorant? que de ce corps se détachent continuellement des molécules extrêmement subtiles qui vont frapper les organes de . l'odorat? et qui ne conçoit que cet organe peut être disposé de manière à recevoir une très-forte et même très-douloureuse impression de certaines odeurs plutôt que d'autres? Comment se colorent les objets, les uns en bleu, les autres en rouge, les autres en vert, etc.? N'est-ce point parce que les substances qui reçoivent les rayons de lumière absorbent toutes les molécules dont ces rayons se composent, à l'exception de celles qui forment la couleur demandée? Pourquoi n'en serait-il pas de même pour les odeurs? — Disons, en finissant, que les sympathies de même que les antipathies, ou en d'autres termes le sentiment d'attraction et de répulsion que l'homme éprouve pour les individus de son espèce, pour des animaux ou même pour des choses inorganiques, ont toujours une cause réelle, physique ou morale; qu'il est rare qu'on tâche de reconnaître cette cause. Au lieu même de la chercher, on a l'air d'éviter sa rencontre. Il est si commode de dire : *Odi et amo... quare ?... nescio.*

J. DE MARLÈS.

ANTIPATHIE. Terme de l'ancienne physique, opposé à *sympathie.* La sympathie et l'antipathie étaient au fond la même chose que l'attraction et la répulsion; seulement ces deux derniers mots expriment purement et simplement un fait, tandis que les deux premiers semblent assigner pour cause de ce fait un sentiment d'amour ou de haine que les molécules de matière auraient les unes pour les autres. — Empédocle est peut-être le premier qui ait nettement exprimé cette idée : il admettait quatre éléments matériels, le feu, l'air, l'eau et la terre; et deux principes immatériels, l'amour et la haine, ou , ce qui est la même chose, la sympathie et l'antipathie. Depuis longtemps ces deux mots ont joué le plus grand rôle dans l'explication des phénomènes naturels, à l'époque surtout où l'on n'en avait qu'une idée fort confuse.—Il est si commode d'attribuer à une puissance occulte tout ce qui sort de nos habitudes ou excède nos connaissances! Un aimant, par exemple, attire le fer, c'est de la sympathie; qu'il repousse un autre, c'est de l'antipathie : un remède guérit un malade; il y a sympathie entre le remède et lui, antipathie entre le mal et le remède. — Par là, sans doute, on n'a fait que mettre un mot à la place d'un autre, sans rien expliquer réellement; mais on sait que pendant bien longtemps les physiciens, comme les autres hommes, se sont payés de mots. — L'exemple suivant montrera, du reste, quel usage, ou plutôt quel abus, l'on faisait de ces qualités pour l'explication des phénomènes. — Porta, physicien du XVIᵉ siècle, voyant que l'aimant attirait le fer, imagina qu'il était composé de fer et de pierre; que ces deux substances étant antipathiques l'une à l'autre, combattaient sans cesse entre elles, et que le fer, vaincu dans cette lutte, empruntait le secours du fer qui se trouve dans son voisinage, avec lequel il avait nécessairement sympathie (Libes, *Hist. de la Phys.*, I). — *Antipathique.* Cet adjectif, inutile aujourd'hui, servait à caractériser les substances que l'on croyait se repousser ou se combattre. — Dans le temps où les physiciens attribuaient aux qualités des corps la production de tous les effets possibles, le chaud et le froid, le sec et l'humide, le lourd et le léger, étaient antipathiques.

B. JULIEN.

ANTIPATRIDE, anciennement *Caphar-Saba*, qu'on a confondue avec Dora et avec Assus ou Arsus , était située sur le chemin de Jérusalem à Césarée (*Act.*, XXI, 11, 31.), dans une plaine très-fertile et très-agréable. Josèphe la place à 150 stades de Joppé. Ce fut Hérode le Grand qui changea son nom pour lui donner , en l'honneur de son père Antipater, celui qu'elle a porté depuis (Josèphe, *Antiq.*, l. XIII, c. 13, et l. XVI, c. 9; *De bello Jud.*, l. I, c. 16; Reland, *Palæst. illustr.*, t. III, p. 569).

J. G.

ANTIPÉRISTASE, de ἀντι, contre, πιρίσταμαι, je suis autour, résistance à quelque chose qui environne; action de deux qualités contraires, dont l'une augmente la force de l'autre. Les péripatéticiens expliquaient avec cette prétendue loi de la nature, une foule de phénomènes, qu'ils ne savaient ou ne voulaient pas se donner la peine d'observer à fond. C'est ainsi que, d'après eux, le feu est plus ardent l'hiver que l'été, parce qu'étant menacé par le froid d'une destruction prochaine, il est obligé de faire une plus grande résistance. De même, si la chaux vive s'enflamme et bouillonne au contact de l'eau, c'est qu'elle est stimulée et irritée par son contraire, qui menace de l'étouffer et de l'éteindre. Si l'eau des sources et des puits est plus chaude l'hiver que l'été, s'il en est de même des caves profondes, c'est par antipéristase. L'eau monte-t-elle dans les pompes, lorsqu'on fait jouer le piston, c'est la nature qui s'efforce par ce moyen de combler le vide dont elle a horreur. Nous convenons que si par le mot antipéristase on avait voulu

seulement désigner un fait d'observation, sans rien préjuger sur la cause, et en attendant que la science plus avancée permît d'en donner l'explication, la peine qu'on s'était donnée de fabriquer ce mot eût été excusable; elle aurait même eu son utilité, puisqu'elle aurait servi à consigner un ordre de phénomènes dont les causes étaient inconnues. Mais la sagesse aristotélicienne ne sut pas garder cette mesure prudente; on transforma une généralité en loi de la nature, on en fit une vertu et une qualité occulte, et l'on persista pendant plus de 2000 ans, à expliquer un phénomène physique par le nom qui servait à l'appeler.

P. J. PRUDHON.

ANTIPHANE. Ce nom a été porté par quelques poètes comiques grecs, de qui le temps n'a pas respecté les ouvrages. Nous savons seulement par Suidas que le premier était de l'île d'Eubée (Négrepont); que le second, Athénien de naissance, avait composé cent soixante-quatre comédies, sur lesquelles treize avaient été couronnées. Strabon et Athénée parlent des deux autres sans entrer dans aucun détail. — On trouve aussi dans l'histoire de la Grèce un médecin de Délos, du nom d'Antiphane; il attribuait toutes les maladies à la variété des mets.

ANTIPHILE, général athénien qui prit le commandement après la mort de Léosthène, et continua le siège de Lamia où se trouvait Antipater; mais il fut forcé de lever le siège. — Il y a eu plusieurs autres personnages du même nom; le seul qui mérite qu'on le remarque était peintre, élève de Ctésidème, et contemporain du premier Ptolémée. On dit qu'il imita la manière d'Apelles. Pline parle d'un grand nombre de tableaux d'Antiphile.

N. M. P.

ANTIPHLOGISTIQUES (*médec.*), médicaments contre l'inflammation. — On a tellement abusé dans ces derniers temps des antiphlogistiques, ils sont même devenus si populaires, ce qui concerne leur action et leur nature devrait avoir une place réservée dans la plupart des ouvrages qui aspirent au titre de *complets.* Cette précaution aurait au moins pour résultat de tenir en garde contre certains abus qui sont assez communs parmi les gens de l'art, et le sont bien plus encore dans les pratiques médicales de ceux qui se médicamentent sans les conseils du médecin. — Par l'importance que la médecine de Broussais a donnée aux antiphlogistiques , on peut juger du nombre des moyens ou des médicaments de cette classe que renferme notre thérapeutique; le médecin n'est pas, dans ce cas, réduit à déplorer la stérilité des ressources de l'art. Toutefois les antiphlogistiques ne peuvent pas être groupés dans la même catégorie; car ils sont loin d'agir tous de la même manière. En effet, les uns agissent directement, d'autres indirectement, ou par des influences que, dans l'état actuel de la science, il est impossible d'expliquer. Parmi les moyens directs, la saignée générale ou locale occupe évidemment le premier rang; et, du reste, le mécanisme de son action se comprend facilement, puisque cette pratique, toute matérielle, consiste à réduire le volume du sang, à diminuer, par la soustraction, ses proportions relatives. Après la saignée, les *débilitants*, les *rafraîchissants* pourraient être considérés comme des moyens directs; mais il nous semble pourtant que la saignée seule mérite réellement ce nom. Les *débilitants* en effet, dont la *diète* et les *bains* résument la principale ressource, agissent par ces deux moyens de la manière suivante : la *diète* prive le sang des matériaux qui concourent à la formation de sa partie plastique; on a appelé avec raison le sang de la chair coulante; eh bien, c'est cette chair à l'état liquide que la diète prive le sang sanguin : les *bains*, en agissant par absorption, peuvent rendre le sang moins actif en s'y mêlant dans une proportion plus ou moins grande; mais cette explication est entièrement hypothétique, car les bains agissent plutôt en énervant l'action musculaire, en produisant une certaine détente dans la masse générale du système nerveux, ce qui donne plus de liberté à la circulation, ouvre également au sang tous les points de l'économie, et fait cesser, par conséquent, la trop grande accumulation de fluide circulatoire dans l'organe frappé d'inflammation. Les *rafraîchissants* agissent évidemment par absorption, et ce mode d'action est plus marqué, plus direct que l'absorption qui résulte du bain. Mais les médicaments de cette catégorie ne diminuent-ils pas l'inflammation sous les conditions entièrement spéciales, et ne rafraîchissent-ils pas moins par la masse d'eau qu'ils mêlent au sang que par leurs propriétés chimiques? C'est possible, c'est même probable, puisque les rafraîchissants ne remplissent le but pour lequel on les administre, que lorsqu'un acide entre dans leur composition. L'acide agissant donc en première ligne. Serait-ce en s'emparant d'un alcali qui se trouverait au *maximum* dans le sang pendant les périodes de l'inflammation? Quoiqu'il ne nous soit permis de connaître que bien peu de chose dans les merveilles intimes de la chimie vivante, cependant l'observation prouve que, durant le cours des affections inflammatoires, les liquides du corps présentent tour à tour des signes d'alcalinité ou d'acidité, et que ces symptômes spéciaux à la maladie augmentent, décroissent ou disparaissent avec elle. Une conséquence très-importante se déduit, en quelque sorte, d'elle-même de ces considérations ; c'est que l'inflammation ne résulte pas seulement dans la plupart des cas de la fluxion du sang sur un point ou de l'exubérance de sa quantité proportionnelle, mais d'un vice inhérent à la composition dont la cause réside ou dans le fluide sanguin lui-même ou dans un organe important de l'économie. — Les *émollients*, qui forment une famille si nombreuse dans la grande classe des antiphlogistiques, produisent le relâchement, l'atonie des tissus, soit qu'on les emploie à l'intérieur, comme dans maladies chroniques inflammatoires, soit qu'on ne s'en serve qu'à l'extérieur, c'est-à-dire en applications sur le point qui correspond au siége principal de la maladie. — Voilà toute la série de moyens thérapeutiques, qui, malgré leurs différences, peuvent être appelés *directs*, et qui forment la base première de la médication antiphlogistique ; passons aux moyens indirects. — Parmi les moyens ou les substances qu'emploie la médecine pour arriver indirectement à la solution de l'inflammation, se présentent d'abord les *astringents*, dont le mode d'action consiste à contracter, à resserrer le tissu enflammé et, par conséquent, à chasser le sang qui s'est fixé dans ses mailles. Mais, quelque avantageux que soit l'emploi des substances qui rentrent dans cette classe, il ne faut s'en servir qu'avec précaution et au début ou au déclin des maladies inflammatoires dont le siége est en quelque sorte sous la main du médecin. Si on employait les astringents lorsque l'affection est dans son intensité, on augmenterait le progrès inflammatoire au lieu de l'arrêter ; à ce période de la maladie, en effet, ces substances sont impuissantes à lutter contre l'effort du sang, et, ne produisant que de la tonicité ou de l'excitation, elles ne manquent jamais d'activer les symptômes du mal. — Les *révulsifs* et les *dérivatifs*, quoique en dehors de la classe des antiphlogistiques, sont d'une très-grande importance pour la solution des maladies que ceux-ci sont destinés à guérir, surtout lorsque le médecin veut éviter l'abus des saignées, dont le résultat le plus ordinaire est d'éterniser la convalescence des malades qui ont été largement traités par ce moyen. Or, par la révulsion et la dérivation on déplace le sang au lieu de le soustraire au corps, on le porte de l'organe affecté à celui qui ne l'est pas, ou dont les conditions entièrement normales garantissent contre toute idée d'une inflammation consécutive à ce mode spécial de traitement. D'ailleurs, si la révulsion s'opère sur un point déterminé et d'une surface peu considérable, c'est toujours à l'extérieur qu'on la produit ; et si la dérivation est produite en général à l'intérieur, elle est, dans tous les cas, moins locale, moins circonscrite que la révulsion ; car, c'est moins sur un organe que sur un système d'organes que se manifestent ses phénomènes thérapeutiques. Ainsi, il y a sûreté complète pour l'avenir du malade comme pour la conscience de l'homme de l'art. — Puisque nous avons parlé des *dérivatifs* et des *révulsifs*, dont nous analyserons la nature et les effets avec plus de soin dans les articles spéciaux, nous devons mentionner les *stimulants diffusibles*, les *sudorifiques*, qui agissent aussi par dérivation, en décentralisant l'action inflammatoire, et portant le sang du centre, où sont les organes les plus importants de l'économie, à la circonférence où sont les capillaires artériels et veineux. — Voici maintenant un genre de médication antiphlogistique d'autant plus indirect, que ses effets sont inexplicables, mais dont les résultats sont surprenants : le traitement des inflammations par la méthode du médecin italien Rasori. Elle consiste à administrer des médicaments dont l'activité est très-connue, l'*émétique*, le *mercure*, par exemple, à doses exagérées ; ce traitement produit peu à peu, s'il est supporté par le malade, une sorte d'anéantissement physique qui semble faire jouer au remède le rôle de poison ; sous cette influence, la chaleur tombe, la fièvre cesse, l'inflammation avorte et le malade guérit. On a appelé les substances employées dans ce but des *contre-stimulants*, c'est-à-dire des forces thérapeutiques qui luttent, par leur action irritante, contre l'action irritante de l'affection ; mais ceci n'explique rien : seulement l'art adopte l'un des principes de la méthode homœopathique, la destruction du semblable par l'opposition du semblable, principe qui, du reste, est consacré implicitement dans notre médecine, et que, par conséquent, l'homœopathie n'a pas inventé. Parmi les hypothèses qu'on n'a pas

manqué de faire sur le mode d'action problématique des contre-stimulants, nous citerons celle qui, avec le même vice que les autres, a au moins le mérite d'être plus ingénieuse. Le chirurgien Delpech, après avoir guéri, par le mercure à haute dose, un homme qui était frappé d'un terrible engorgement inflammatoire du membre inférieur droit, nous disait, en 1829, dans la salle des conférences de l'hôpital Saint-Éloy de Montpellier, que le mercure agissait, dans cette circonstance, en portant par élection sa masse métallique dans les interstices du membre engorgé ; que là, s'interposait molécule par molécule aux molécules sanguines, et que, par l'effet qui en résultait, le sang était chassé du membre pour refluer finalement dans les canaux librement ouverts de la circulation. Nous ne partirons pas de cette théorie pour encourager la pratique, mais nous devons dire que, par ses résultats, cette médecine mérite la confiance des hommes de l'art. Aussi elle lutte avec avantage dans le monde médical contre la méthode Broussais, dont l'influence toute de réaction ne devait pas, d'ailleurs, avoir une bien longue durée. — Il existe encore une autre puissance antiphlogistique qu'on pourra placer au-dessus de celle des contre-stimulants, lorsqu'elle sera mieux connue, et lorsque, à l'aide des futures lumières qui sans doute l'éclaireront bientôt, elle aura pris, dans l'esprit des hommes de l'art, le degré d'importance qui doit lui appartenir : nous voulons parler d'une médecine spécifique qui détruit l'inflammation en produisant une action directe sur les fonctions de l'organe malade ou de celui d'où dépend l'affection. Ainsi, dans les inflammations du poumon, on peut traiter et on traite avec succès par la *digitale* qui, paralysant jusqu'à un certain point les mouvements du cœur, diminue la quantité de sang que, dans un temps donné, cet organe chasse dans celui de la respiration. On peut encore traiter et on traite avec succès par l'acide *hydrocyanique* qui, modifiant ou la composition du sang ou la contractilité organique du poumon ou du cœur, diminue peu à peu la fièvre et fait disparaître progressivement l'engorgement inflammatoire. Or, que ces substances, dont le mode d'action est empreint d'une certitude complète aux yeux des médecins qu'aveugle une prévention exclusive, viennent à trouver des analogues qui, par leur influence spéciale, produisent des modifications antiphlogistiques dans les autres organes de l'économie, et les sangsues et les saignées ne seront plus employées avec cette profusion qui signala leur invasion despotique dans la médecine pratique. — D'après ces considérations générales où nous venons d'entrer, on peut tirer cette conséquence, que l'art médical se réforme dans une bonne direction. En effet, d'après le système de Broussais, les antiphlogistiques n'étaient réellement puissants que lorsqu'ils agissaient par soustraction ; enlever du sang, parce que la maladie inflammatoire ne pouvait être déterminée que par l'exubérance ou de liquide, tel était le précepte qui attachait la masse des médecins à la toute-puissance de la lancette, en lui donnant la conviction que par la saignée toute inflammation avortait. Mais comment admettre que toutes les maladies rangées dans l'immense famille des phlogoses sont produites par la même cause, c'est-à-dire par cette surabondance de sang dont l'existence n'est pas même entièrement démontrée ? Heureusement, cette question qu'on s'est faite, quoique un peu tard, a dirigé les médecins dans un ordre de recherches d'où devaient découler des préceptes contraires ; on a rapporté à l'action primitive de quelques organes l'abondance exubérante ou l'active effervescence du sang ; et on a reconnu que le sang étant vicié dans sa composition pendant les périodes de quelques maladies inflammatoires, et probablement de toutes, la saignée n'était qu'un moyen terme qui, par son influence, ne pouvait nullement régénérer le fluide malade et opérer, par conséquent, l'avortement de l'inflammation. On s'est donc convaincu que, par la différence de symptôme et des formes de cette affection, ses causes devaient être tellement multipliées, que les médicaments spécifiques étaient appelés à jouer un grand rôle dans la future thérapeutique de ces maladies, puisque déjà quelques-uns d'entre eux avaient fait obtenir d'heureux résultats. Ainsi, depuis Broussais, un grand pas a été fait : on commence à donner une valeur propre à chaque système d'organes ; on comprend mieux la mutualité d'influence de cet organisme dont la divisibilité se confond si merveilleusement dans l'unité ; enfin on renonce à faire de la médecine populaire pour faire de la médecine utile.

Dr ÉD. CARRIÈRE.

ANTIPHLOGISTIQUE (DOCTRINE) ; c'est un nom par lequel on désigne la doctrine opposée à celle de Stahl sur les phénomènes de la combustion. Stahl imaginait un corps volatil, impalpable, auquel il donnait le nom de phlogistique, se séparant par la combustion du corps qui brûlait, produisant par conséquent perte de substance; et ces idées étaient si bien enracinées que, lorsqu'apparut la doctrine antiphlogistique de Lavoisier, celle-ci ne put s'établir qu'après une lutte obstinée. Lavoisier prouva, par des expériences, que le corps en combustion acquérait du poids, d'où il tira la conséquence que quelque substance étrangère s'était attachée au corps brûlé. Il prouva que cent parties de plomb chauffées donnaient cent six parties (*V.* PHLOGISTIQUE; LAVOISIER). X. X.

ANTIPHON, rhéteur, de Rhamnus en Attique, ce qui lui fit donner le surnom de Rhamnusien, vécut dans le vᵉ siècle avant J. C. et périt vers l'an 411 par la main du bourreau. Il ne s'était point contenté d'enseigner la rhétorique réduite par lui en art, d'exercer cet art lui-même et de plaider moyennant salaire, ce que Socrate lui a reproché; il voulut encore s'immiscer dans le gouvernement et, pour son malheur, il y réussit. On prétend que ce fut d'après son conseil que Pisandre créa le conseil aristocratique des quatre cents et qu'Antiphon en fut membre; mais lorsqu'il fut question de donner quelque stabilité à cette création antipathique à l'esprit des Athéniens, ses efforts échouèrent complètement. Aussi, quand le parti démocratique fut parvenu à se relever, Antiphon, dénoncé au peuple comme traître pour avoir négocié la paix avec Sparte, fut jugé, condamné et traîné au supplice. Son corps fut jeté à la voirie et son nom déclaré à jamais infâme. Aussi le nom d'Antiphon devint-il, par la suite, l'équivalent de fourbe et de calomniateur. C'est probablement à cause de ce sens attribué par l'usage à ce nom propre que Térence, nourri de la littérature grecque, le donne, dans son Phormion, à un de ses personnages :

> Nihil est, Antipho,
> Quin malè narrando possit depravarier.
> Tu id quod boni est excerpis, dicis quod mali est.

— Antiphon s'était défendu avec beaucoup de force et d'éloquence, mais sa cause était perdue d'avance. On trouve dans le recueil d'orateurs de Henri Estienne, en 1595, recueil refait plus tard par Reiske, quinze ou seize discours qui sont d'Antiphon ou qu'on lui attribue. Thucydide, qui fut son disciple, lui donne de grands éloges dans le livre VIII de son histoire; Cicéron et Plutarque en parlent dans le même sens. Nous devons donc supposer que les bons ouvrages d'Antiphon sont perdus; car ceux qui restent justifient assez mal ces éloges. Ce sont de vraies déclamations de barreau, mais ce n'est point l'éloquence de Démosthène. — Il est fait mention dans Plutarque et dans Aristote d'un Antiphon, poëte d'Athènes, auteur de tragédies, de poëmes épiques et de harangues. Il vécut assez longtemps à la cour de Denis le Tyran. Un bon mot lui coûta la vie. Denis lui demandait un jour quel était le meilleur airain : *Celui qui a servi à faire les statues d'Harmodius et d'Aristogiton*, répondit le poëte. Ces deux Athéniens étaient les principaux auteurs de la conspiration qui renversa Hipparque, fils du tyran Pisistrate. J. DE M.

ANTIPHONAIRE ou ANTIPHONIER (*liturgie*), d'αντι, contre, et de φωνη, voix, est le nom du livre qui contient les antiennes, *antiphonas*, ou les hymnes, psaumes, versets, etc., destinés à être chantés par deux voix. Comme dans les anciens temps les antiennes se chantaient ainsi, les auteurs liturgiques désignèrent indifféremment l'antiphonaire par le nom de *Responsorial* (*V.* LIVRES LITURGIQUES). J. R.

ANTIPHONIE, mot dérivé du grec, par lequel on désignait la méthode musicale qui consistait à exécuter un chant à deux parties, dont l'une était l'octave ou la double octave de l'autre. C'était l'opposé de l'omophonie, ὁμοφωνία, dans laquelle le même chant était exécuté à l'unisson (*V.* SYMPHONIE). J. DE M.

ANTIPHRASE, de αντι, contre, et φράζω, je parle, comme si l'on disait, façon de parler contre sa pensée, ou proprement, contre-vérité. C'est une figure par laquelle on emploie un mot, une locution, une phrase, dans un sens contraire à sa véritable signification, afin de nier ou de démentir avec plus de force et un certain mélange de moquerie. Ainsi, les Grecs nommaient les furies *Euménides* ou *Bienveillantes*, la mer Noire *Pontus Euxinus*, ou mer *Hospitalière*, etc. Cette figure suppose dans une nation un développement intellectuel déjà avancé, et un tour d'esprit fin et recherché. Elle est très-rare dans l'Écriture, là même où elle semblerait devoir se présenter plus naturellement. La naïveté, la simplicité de la langue hébraïque n'y répugnaient pas moins que la majesté, la gravité, la sublimité de sa littérature. P. J. PROUDHON.

ANTIPHUS, fils de Thessalus, conduisit les troupes de l'île de Cos au siége de Troie. Au retour, la tempête jeta ses vaisseaux sur la côte du pays des Pélasges; il s'y établit avec ses compagnons et donna le nom de Thessalie à cette contrée, en l'honneur de son père; Hercule était son aïeul. — Plutarque, dans son Traité sur l'*Adresse des animaux*, parle d'Antiphus et de Ctimène, fils l'un et l'autre de Ganyctor de Naupacte, lesquels, soupçonnant injustement le poëte Hésiode d'avoir outragé leur sœur, l'assassinèrent et jetèrent dans la mer son cadavre. Le chien d'Hésiode, en s'attachant à les poursuivre, comme l'a fait plus tard le chien de Montargis contre le meurtrier de son maître, fit naître des soupçons qui, convertis bientôt après en certitude, amenèrent leur condamnation. Ils furent précipités dans la mer. N. M. P.

ANTIPILES (*V.* ANTÉPILANI.)

ANTIPODES. Les anciens donnaient ce nom à un peuple fabuleux de la Libye, remarquable par ses pieds retournés, les talons par devant, le tarse et les doigts par derrière. X. X.

ANTIPODES (de αντι, contre, et de πους, ποδος, pied). Lieux de la terre diamétralement opposés. Vulgairement, on appelle *antipodes* les habitants des contrées qui ont cette situation; mais la science a adopté la définition plus précise que nous venons de donner. Les pays qui sont sur des parallèles à l'équateur, également éloignés de ce cercle, les uns au midi, les autres au nord, qui ont le même méridien et qui, sous ce méridien, sont à la distance les uns des autres de 180 degrés, c'est-à-dire à la moitié de ce méridien, sont antipodes les uns aux autres : leurs habitants ont, en effet, les pieds diamétralement opposés. Les *antipodes* éprouvent à peu près les mêmes degrés de chaleur et de froid, et ont les nuits et les jours d'une égale longueur, mais dans des temps opposés, c'est-à-dire qu'il est midi pour les uns, quand il est minuit pour les autres, et que les jours ont atteint pour les uns leur plus grand accroissement, quand ils sont pour les autres au point de leur plus courte durée. — Les anciens ont ou les uns soupçonné, les autres nié l'existence des antipodes. C'est que la science, chez eux, n'avait pas encore acquis l'autorité que lui donnent aujourd'hui les progrès des mathématiques, la perfection des instruments, et l'accord constant des faits avec la théorie. Maintenant, personne ne révoque en doute les antipodes, et quiconque possède les premières notions de géographie, comprend le principe de l'attraction, et sait que les antipodes de Paris sont dans la mer du Sud, près de la Nouvelle-Zélande. VAN-TENAC.

ANTIPODES. C'est une condition fatale de l'humanité, que nous ne parvenions à la connaissance d'une vérité qu'à travers un dédale d'erreurs; que lorsque pour la première fois nous essayons de déchiffrer le voile qui nous dérobe quelque mystère de la nature, nos anciens préjugés se mêlent à l'audace de nos conjectures, et compromettent l'avenir de la science par l'incohérence de nos contradictions. L'opinion que la terre est ronde, qu'elle se meut dans l'espace à travers le vide, paraît être de la plus haute antiquité; comme toutes les notions fondamentales, dans les diverses branches de nos connaissances, elle fut devinée longtemps avant d'être élevée à la hauteur d'une vérité positive et scientifiquement démontrée. Le poëte Lucrèce (*de Nat. Deor.*, lib. I) rejetait les antipodes, à raison d'impossibilités qui font aujourd'hui sourire les enfants; Plutarque (de *Facie in orbe lunæ*) embrassa le même sentiment. Pline l'ancien admettait que notre terre est un globe de figure ronde, sans oser croire toutefois que sa surface puisse être habitable partout. Au reste, l'idée vraie qu'il s'était faite de la forme du monde, ne tirait pas à conséquence pour le surplus de ses connaissances en géographie : il était persuadé, par exemple, que le ciel est un immense globe concave, dans lequel la terre est concentriquement renfermée; il prétendait être certain que les plus hauts sommets des Alpes ont au moins cinquante mille pas de hauteur perpendiculaire, et dans le même chapitre, il dit que le vaisseau qui s'éloigne du port, semble d'abord descendre dans la mer, puisqu'au bout de quelques lieues, il disparaît. Ce dernier phénomène, qui est vrai, ne lui avait point servi à se faire une estimation approximative de la courbure terrestre et par conséquent de la circonférence totale du globe, ne l'empêchait pas de supposer des montagnes d'une élévation disproportionnée avec la masse du globe. Mais l'un des adversaires les plus déclarés des antipodes fut le rhéteur Lactance. On nous saura gré de rapporter ici un passage remarquable de ses *Institutions divines*, dans lequel, parmi le grand nombre d'*absurdités* que l'auteur reproche aux mathématiciens de son temps, on est tout surpris de rencontrer le principe de la gravitation universelle, donné par raison du fait que l'on eût été plus disposé à admettre, s'il avait paru moins inconcevable. « Comment donc a-t-on été conduit à inventer les antipodes? On avait remarqué que le cours des astres se fait d'orient en occident, que le soleil et la lune se lèvent toujours du même côté, et vont se coucher au même lieu. Comme on n'apercevait pas la loi de ce mouvement, ni par quel chemin les astres revenaient à leur point de départ ; que l'on jugeait d'un autre côté que le ciel est partout concave, chose que son immensité suggère d'ailleurs tout naturellement, on s'imagina que le monde était rond comme une boule ; et du mouvement sidéral, on tira la conséquence que le ciel tournait sur lui-même, ramenant dans sa révolution, d'occident en orient, le soleil et tous les astres. C'est pour représenter cette hypothèse du monde, que l'on fabrique ces grands globes de cuivre où l'on voit gravées des images d'animaux monstrueux, figurant les constellations et les étoiles. S'il est vrai que le ciel soit ainsi rond et creux, il doit envelopper la terre, et dans ce cas, la terre elle-même doit être semblable à une boule, car le contenu ne saurait être d'une autre figure que le contenant. Mais si la terre est ronde, il faut absolument qu'elle présente une face homogène à tous les points du ciel : des monts escarpés, des plaines immenses, des mers profondes ; dernière conséquence enfin ; il suivrait de tout cela que toutes les parties de la terre sont peuplées. Voilà comment, de l'idée que le ciel est rond, on est arrivé à croire à ces antipodes suspendus. Si l'on demande aux partisans de toutes ces folies, comment ils ne fait que rien ne tombe de la terre dans la partie basse du ciel, ils vous répondent que c'est une loi de la nature *que les masses se précipitent vers un centre, et que tous les corps soient retenus à un axe, comme les rayons à la roue*; tandis que les corps légers, tels que les nuages, la fumée et la flamme, s'élancent vers le ciel. Que dire de pareilles gens...? Pour moi, je suis à même de démontrer, par une foule de preuves, que le ciel ne peut en aucune façon être sous la terre, etc. » (*Divin. Instit.*, lib. III, cap. 24.) — Environ un siècle après Lactance, saint Augustin, sans nier positivement la sphéricité de la terre, n'en combat pas moins et toute sa force la possibilité d'hommes antipodes ; mais il y était conduit par des raisons bien différentes de celles de Lactance. « Les démonstrations des mathématiciens, écrivait un journaliste de Trévoux (janvier 1708), donnèrent lieu aux conjectures des philosophes. Ceux-ci assuraient que la mer formait autour de la terre deux grands cercles qui la divisaient en quatre parties ; que la vaste étendue de l'Océan et les chaleurs excessives de la zone torride empêchaient toute communication entre ces parties ; en sorte qu'il n'était pas possible que les hommes qui les habitaient fussent de la même espèce et provinssent de la même tige que nous. » Saint Augustin, faussement persuadé que l'existence des antipodes et la diversité de leur race devaient être deux faits connexes, et trouvant que ce dernier est formellement démenti par les textes de la Genèse, s'éleva contre une opinion qui lui semblait impie, en prouvant qu'elle était toute gratuite. En effet, d'après les conjectures philosophiques que nous venons de rapporter, il était impossible de conclure logiquement la réalité d'une race antipode ; aucun fait, aucune histoire n'en déposait ; de plus, il était impossible de vérifier la chose. — Dans ces derniers siècles, les philosophes incrédules ont cherché à tirer parti, contre l'infaillibilité de l'Église enseignante, des erreurs des anciens Pères, et même de quelques papes, touchant le système du monde (*V.* ZACHARIE, VIGILE, évêque de Strasbourg, GALILÉE). Les arguments et les railleries de ces philosophes ne prouvent qu'une chose : c'est qu'ils connaissent aussi mal la nature de l'infaillibilité de l'Église, que les premiers auteurs chrétiens comprenaient peu les limites de leur compétence en matière d'enseignement, quand ils se mêlaient d'expliquer la physique à l'aide de leurs interprétations bibliques. L'Église ne prétend pas avoir reçu mission d'enseigner les sciences ; à plus forte raison ne réclame-t-elle pas l'infaillibilité sur ce point ; elle ne connaît que d'une seule chose, la religion, ce qui comprend le dogme, le culte, la discipline, la morale, la tradition, l'exégèse, etc. ; voilà les objets pour lesquels elle soutient que l'infaillibilité lui a été promise, voilà sur quel terrain il faut l'attaquer. Ainsi quand on montrerait qu'il n'est pas un seul canon, pas une constitution des papes, pas un seul décret ou règlement pontifical qui ne renferme quelque erreur physique ou mathématique, si l'on ne prouvait en même temps que l'Église s'est trompée ou contredite dans sa foi, on n'aurait fait que mettre dans une plus grande évidence le miracle de cette infaillibilité, exclusivement réservée aux choses de la religion. C'est donc un paralogisme plein d'ignorance et de mauvaise foi, que de reprocher à l'Église les erreurs privées de quelques-uns de ses docteurs et apologistes, sur des spéculations qui sortent de leur spécialité. Newton est-il un méchant physicien, parce qu'il a commenté ridiculement l'Apocalypse ? Or, il y a cette différence entre Newton et

l'Église catholique, que malgré tout son génie, Newton pouvait se tromper dans ses calculs, tandis que l'Église est, dans l'exposition de ses dogmes et de sa morale, divinement inspirée. Prouvez par des faits que cette prétention est mal fondée, ou reconnaissez-en la légitimité. P. J. PROUDHON.

ANTIPTOSE. Figure de rhétorique qui ne peut être d'usage que dans les langues où les noms se déclinent, comme le grec et le latin. Elle consiste à mettre un cas à la place d'un autre, comme lorsque Virgile a dit *urbem quam statuo vestra est*, pour *urbs quam statuo*. N. M. P.

ANTIQUAILLE. On désigne ordinairement par ce mot formé de l'italien *anticaglia*, les monuments antiques de peu de valeur. Par extension, on l'a appliqué aux vieux meubles, aux ustensiles, et même par dérision, aux femmes âgées. Enfin, ce mot est devenu un terme de mépris pour désigner tout ce qui est vieux, usé, et qui a passé de mode. D. M.

ANTIQUAIRE (*hist. litt.*). On appelait autrefois *antiquarium* le lieu où l'on tenait les livres renfermés, pour les conserver ; antiquaires, ceux qui étaient chargés de la garde de l'antiquarium ; antiquariat, la charge de l'antiquaire. L'antiquaire avait l'inspection et la haute main sur les copistes. Souvent les copistes eux-mêmes étaient compris sous cette désignation générique, de même que les libraires qui vendaient les vieux manuscrits. Les Allemands encore aujourd'hui appellent antiquaires les marchands de vieux livres ; nous les nommons bouquinistes. — Les écrivains qui employaient leur temps à faire des notes sur les auteurs plus anciens, des scolies, des commentaires, afin d'expliquer un texte obscur en faisant connaître les choses ou les usages auxquels le texte se rapportait, recevaient le nom d'antiquaires, parce qu'on les regardait comme versés dans la science de l'antiquité. On désigne aujourd'hui cette science par le nom grec d'archéologie (*V.* ce mot), et ceux qui s'y appliquent par celui d'archéologues. Parmi les savants qui se sont le plus distingués dans l'étude et la recherche des vieux monuments, des vieilles coutumes, des vieux livres, et en général de tout ce qui nous vient ou que nous croyons venir de l'antiquité, on cite le comte de Caylus, Montfaucon, Barthélemy, Winckelmann, Millin, Wolf, Visconti, Heyne, etc., et beaucoup d'autres. Quand le comte de Caylus mourut, un plaisant lui fit cette épitaphe :

Ci-gît un antiquaire acariâtre et brusque.
Ah ! qu'il est bien logé dans cette cruche étrusque !

— Il existe dans beaucoup de villes des sociétés d'antiquaires ; l'une des plus remarquables par le résultat de ses travaux est celle de Londres, fondée sous le règne d'Élisabeth, et déclarée société royale en 1751, sous le règne de George II. Elle a publié 18 volumes de mémoires de 1770 à 1815, sous le titre de *Archæologia, or miscellaneous tracts relating to antiquity, published by the society of antiquaries of London*. Paris a aussi une *Société royale des Antiquaires de France* ; elle fut fondée en 1805 sous le titre d'*Académie celtique*, titre qu'elle a gardé jusqu'à la restauration. Elle a commencé en 1817 à publier des mémoires où l'on trouve des documents précieux pour l'histoire ancienne du pays. — Nous avons dit que le nom d'antiquaire s'appliquait autrefois aux annotateurs, aux copistes, aux gardiens ou aux marchands de manuscrits ; mais les Romains s'en servaient particulièrement pour désigner cette espèce de savants et d'écrivains que nous appelons classiques, lesquels, à force d'étudier les bons modèles des temps antérieurs, et d'épurer leur goût au creuset de la réflexion et de l'expérience, s'étaient en quelque sorte approprié le genre et le style de ces ouvrages que l'opinion générale plaçait au rang des plus beaux produits du génie. Virgile s'était formé d'Hésiode et d'Homère, Horace de Pindare et d'Anacréon, Térence de Ménandre et de Plaute, Cicéron d'Eschyne et de Démosthène, etc. Écoutons Cicéron lui-même : *Mihi placuit, eoque sum usus adolescens, ut summorum oratorum græcas orationes explicarem ; quibus lectis, hoc assequebar ut, cùm ea quæ legerem græcè latinè redderem, non solùm optimis verbis uterer* ET TAMEN USITATIS, *sed etiam exprimerem quædam verba imitando, quæ nova nostris essent, dummodò essent idonea*. Nous avons cru devoir transcrire ce passage en entier, parce qu'il contient toute la théorie de l'imitation des modèles. Lire les bonnes harangues grecques, les rendre en latin et se servir pour cela des meilleurs termes *en usage*, sans se priver pourtant de la faculté d'employer des termes nouveaux pourvu qu'ils fussent propres, voilà ce que faisait Cicéron, voilà ce qui fait vraisemblablement tous ceux qui, pour se former le goût et le jugement, se sont nourris de bonne heure, *adolescentes*, de la lecture des anciens. On conçoit en effet que ce n'est que par cette méthode qu'on peut se rendre son modèle tellement familier qu'on finit par lui ressembler. Cicéron exhorte l'orateur ou l'écrivain à choisir ses termes parmi ceux qui sont d'un bon usage, ce qui exclut le néologisme. Il ne défend pourtant pas de créer un mot nouveau quand il est nécessaire, et qu'il donne une idée précise de la chose qu'on veut exprimer. — Mais ce n'est pas du néologisme seulement qu'il faut savoir se défendre ; c'est encore de l'archaïsme exclusif (*V.* ce mot), qui consiste à rechercher avec soin les expressions tout à fait vieillies et à les employer de préférence aux termes reçus. Cette affectation ridicule d'employer de vieux mots et des constructions surannées, comme l'ont fait dans le XVIIIᵉ siècle les fauteurs du style prétendu marotique, comme le veulent faire aujourd'hui les écrivains imberbes à qui nous allons devoir la *renaissance* de la littérature et des arts, plongés, comme on le sait, dans la barbarie par les méchants écrivains du siècle de Louis XIV et quelques-uns du XVIIIᵉ, cette affectation avait tellement choqué les esprits sages qu'on avait fini par prendre en mauvaise part le titre d'antiquaire. — Ce mot s'employait autrefois dans une autre acception que celle qu'il présente au premier aspect. On appelait antiquaires dans l'ancienne Italie, et même dans la Grèce, des hommes qui remplissaient les fonctions d'indicateurs et démonstrateurs des anciens monuments en faveur des étrangers ; ils leur expliquaient aussi le sens des inscriptions. — De même que dans tous les arts il y a des artistes et des amateurs, de même on voit aujourd'hui des antiquaires éclairés et des *amateurs* de l'antiquité ; mais il y a une grande différence entre les uns et les autres, car on ne donne ce dernier nom qu'à ceux qui, le plus souvent sans goût et sans discernement, presque toujours sans études préparatoires, par singularité ou par ostentation, se font des collections de fragments, de médailles, monnaies, d'objets de tout genre qu'on leur vend pour *antiques*, ou qu'ils jugent tels parce qu'ils sont vieux, mutilés ou couverts de rouille. Ces amateurs-là sont antiquaires, comme beaucoup d'amateurs d'arts sont artistes, comme beaucoup d'*hommes de loi* sont avocats, comme beaucoup d'*hommes de lettres* sont littérateurs.   J. DE M.

ANTIQUARE, terme de l'ancienne Rome, synonyme de *antiqua probare*, approuver l'ancien usage. On s'en servait pour exprimer qu'on rejetait une innovation et qu'on s'en tenait à ce qui s'était fait jusque-là. Ainsi lorsqu'on proposait un projet de loi aux citoyens assemblés, ceux qui refusaient leur assentiment ou qui s'opposaient à ce que ce projet fût admis, remettaient aux officiers qui recueillaient les voix une tablette sur laquelle était gravé le mot *antiquo*, je désapprouve, ou même la lettre *A* seule ; c'étaient là les boules noires des Romains.   N. M. P.

ANTIQUE, mot latin francisé qui, dans son acception propre, signifie très-ancien, et dans le sens que les modernes y ont attaché, 1° tout produit de l'antiquité classique, soit dans les sciences, soit dans les arts, et plus particulièrement dans ceux-ci ; 2° tout ce qui porte le cachet du goût antique dans les œuvres du génie, c'est-à-dire tout ce qui est conforme à la raison, au jugement et au goût, entendus dans le sens que tous les hommes ont donné à ces mots depuis trente siècles, à toutes les époques où les lumières ont le plus brillé sur la terre. Et comme de tous les anciens peuples, ceux en qui l'on a le plus généralement reconnu les trois qualités des ouvrages d'esprit, sont les habitants de la Grèce et des colonies grecques, il s'est formé pour ainsi dire une convention tacite entre les modernes, d'après laquelle on a réservé pour les productions de l'ancienne Grèce l'épithète d'antique. Les Romains même n'ont joui à nos yeux de ce droit d'*antiquité* qu'autant qu'ils ont cherché, en imitant les Grecs, à s'approprier leur genre et leur manière. Ainsi, bien que dans l'Inde, par exemple, on trouve des poëmes épiques, lyriques et dramatiques extrêmement anciens et certainement antérieurs à l'Iliade, tels que le Mahabarat, le Sacontala, etc., on ne désigne point par le nom d'antique les antiquités des Hindous, non plus que celles des Égyptiens, des Chinois, des Arabes, etc. Ainsi encore, lorsqu'on dit d'une œuvre d'art ou de génie qu'elle est dans le goût antique, cela veut dire que son auteur s'est conformé aux règles tracées par les Hellènes, règles contre lesquelles s'élève et déclame sans cesse la médiocrité de quelques modernes auxquels il n'est pas donné de pouvoir s'y soumettre. — Quant aux produits de l'*antiquité classique*, qui seuls obtiennent le nom d'antiques, nous ferons observer que nous entendons par classique le genre des artistes ou des auteurs anciens qui ont mérité l'approbation unanime de leurs contemporains et de la postérité ; que dans ce nombre nous comptons les Apelle, les

Phidias, les Praxitèle, les Archimède, les Homère, les Platon, etc., etc., et que c'est à leurs seuls ouvrages et à ceux des Romains qui les ont imités qu'on accorde le nom d'antique ; que c'est principalement aux ouvrages de peinture et surtout de sculpture que ce nom est attribué ; qu'on désigne par le mot d'*antiquités* les monuments antiques des autres peuples, et par celui d'*antiquailles* les choses anciennes de peu de valeur, fussent-elles réellement des antiques. Il y a donc une différence à faire entre un musée d'antiques et un musée ou cabinet d'antiquités. Dans le premier, on ne voit que des objets provenant des Grecs et des Romains, statues, torses, bustes, reliefs, bas-reliefs, etc., comme dans le musée des antiques des salles basses du Louvre à Paris, et ceux du Vatican à Rome, de *Studii* à Naples, du palais japonais à Dresde, de Médicis à Florence, etc. Un cabinet d'antiquités renferme toutes sortes d'objets très-anciens, antiquités chinoises, antiquités égyptiennes, etc. On voit par là que le mot antique entraîne toujours l'idée du classique, c'est-à-dire de ce qu'il y a de plus parfait pour l'invention et pour la forme, de ce qui s'accorde le mieux avec les règles invariables du bon goût. Parmi les cabinets d'antiquités le mieux assortis on cite celui des salles hautes du Louvre, le musée britannique de Londres, le cabinet de l'université à Berlin, la collection de Stockholm, etc. — La victoire et les traités avaient enrichi le musée des antiques de Paris de tous les chefs-d'œuvre qui depuis vingt siècles sont en possession d'exciter l'admiration publique. On y voyait l'Apollon du Belvédère, la Vénus de Médicis, le Laocoon, etc., et ces objets semblaient si bien acquis à la France que, lorsque les alliés l'ont envahie la première fois, ils ont regardé le musée avec envie et l'ont respecté. Quand ils sont revenus, rapportant les sentiments les plus hostiles, ils ont voulu non-seulement dépouiller le musée de ce qu'il avait acquis, mais encore le dévaster complétement. Ils l'auraient fait sans l'intervention de Louis XVIII. Ce qu'il est pénible de dire, c'est qu'on a vu des Français, fanatiques de royalisme, en haine de la révolution qu'assurément nous sommes loin de vouloir justifier de ses excès, applaudir aux intentions ennemies des Prussiens, et les exciter par le regard et le geste à la spoliation du musée.   J. DE M.

ANTIQUE (*genre*). Pour parler du genre antique, il est inutile de remonter au temps où deux poteaux parallèles joints par des perches transversales représentaient, chez les Lacédémoniens, les deux frères Castor et Pollux. Les Grecs ne sortirent de cette ignorance que longtemps après l'époque où les Égyptiens avaient déjà leurs édifices somptueux, et où les Hébreux, fabriquant des idoles, avaient par conséquent des arts. C'est aux ouvrages par lesquels l'art s'est constitué chez les Grecs dans sa plénitude et sa force, que commence et finit la question. — Par quel secret les anciens ont-ils fait naître et savent-ils conserver l'admiration sans partage dont leurs œuvres sont l'objet ? Depuis eux la face du monde s'est renouvelée tout entière ; vingt siècles ont apporté d'autres idées, d'autres croyances, les productions de leurs arts n'en restent pas moins belles pour tous les yeux. C'est dans une région inférieure que s'agitent les variations des écoles, les engouements passagers, les incertitudes de tant d'esprits qui flottent sans point d'appui, sans conviction sérieuse, entre mille systèmes contraires. La grandeur de l'antiquité, sous le rapport des arts, est loin encore d'avoir été même égalée. Et certes, ce n'est point l'enthousiasme exagéré qui porte un tel jugement, c'est l'appréciation calme et consciencieuse des hommes qui réfléchissent et savent voir. Les artistes anciens ont procédé suivant les lois simples et naturelles de la raison, du bon sens, et l'art qu'ils ont créé est resté dans toutes ses parties la manifestation la plus savante du bon goût et de la vérité. Voilà tout leur secret. — Pour ceux qui peuvent examiner sans préjugés les sculptures des beaux jours de la Grèce, un fait reste démontré : les anciens imitèrent fidèlement la nature et ne s'abandonnèrent jamais à l'absurde espoir de l'embellir. La nature étant l'œuvre d'une main divine, ils savaient qu'il était impossible au plus habile des mortels d'y ajouter la moindre perfection. Leur supériorité, de même que celle de tous les artistes modernes dont la renommée a reçu la sanction du temps, repose en entier sur cette donnée aussi simple que féconde. En quoi que ce soit, le point de départ exerce une influence irrésistible. Est-il juste, on s'avance de succès en succès, de merveille en merveille. Est-il faux, on ne saurait faire un pas sans se heurter à un écueil. Les Grecs se bornèrent à donner à leurs dieux des formes les plus élégantes ou les plus robustes de la nature humaine, selon qu'ils voulaient représenter Apollon ou Hercule. Pour ceux du premier ordre, ils empruntaient les types de noblesse, de fierté, de majesté, aux classes aristocratiques parmi lesquelles l'absence de toute peine, de toute fatigue perpétuait la délicatesse de l'enveloppe matérielle. Les divinités de second ordre avaient leurs modèles dans des conditions inférieures et des habitudes plus vulgaires. Quelques-uns de ces types furent généralement adoptés, de même que les modernes en ont pour le Christ, pour la Vierge sainte, pour les apôtres et d'autres bienheureux. Si les écrivains qui se sont occupés d'art s'étaient imposé l'obligation d'assister aux luttes d'athlètes, et de fréquenter les bains publics, ils auraient pu mettre en regard de la nature, et ils se seraient convaincus qu'il n'existe dans les ouvrages de l'antiquité aucune trace de ce que l'on est convenu de nommer beau idéal. (*V.* BEAU IDÉAL.) — Chez un peuple qui aimait la beauté, les artistes devaient se la proposer pour premier objet de leur art. En effet, leur admiration pour les belles formes les conduisit forcément à une imitation savante et fidèle, savante parce qu'elle était fidèle, fidèle parce qu'elle était savante. Une reproduction inexacte, incomplète, en altérant les contours qui les charmaient, devait passer à leurs yeux pour une profanation. Ce que la nature leur offrait dans sa magnificence ayant suffi pour exciter leur enthousiasme, comment auraient-ils songé, en supposant que cela fût réalisable, à créer des choses imaginaires quand la réalité seule dominait leur esprit, embrasait leur imagination? — En revanche, le goût exquis que l'amour du beau, non idéal mais réel, avait développé chez eux, faisait qu'ils plaçaient la beauté là où elle réside réellement, dans l'unité. L'unité se comprend mieux qu'elle ne s'explique; c'est un tout dont les parties parfaitement homogènes participent d'un même caractère et s'assemblent dans un ordre logique; c'est un ensemble dont les lignes se moins éloignent du centre que le moins possible, et tendent au contraire à s'en rapprocher, pour que l'harmonie générale ne soit pas endommagée par de brusques écarts. Cette harmonie des œuvres antiques n'est contestée par personne; mais les antiquaires se sont livrés pour en rechercher les règles à des dissertations peut-être puériles. Suivant Winckelmann, le respect des artistes grecs pour l'unité leur faisait rejeter les fossettes au menton et aux joues, considérées par les modernes comme des agréments pleins de grâce. Cependant on les retrouve dans plusieurs têtes de divinités. Au lieu de les attribuer à une restauration inintelligente, il est plus sage de penser que le visage des femmes grecques n'offrant que rarement cette particularité, ils eurent peu d'occasions de la reproduire; ou bien, que ces détails donnant à la physionomie un air enjoué, malséant à des êtres divins, ils s'en abstinrent avec raison pour les personnages les plus graves de l'Olympe. — Ce respect pour l'unité, pour l'harmonie dont parle Winckelmann, cet amour d'une imitation fidèle de la nature dont il ne parle pas, non plus que Lessing et les autres admirateurs de l'antiquité, semblent avoir éloigné les Grecs de la représentation des mouvements violents. Ceci, à quelques rares exceptions près, constitue une des faces du genre antique. En effet, les mouvements violents nécessitent des lignes coupées, saccadées, tout à fait excentriques, peu favorables à l'unité, à l'harmonie d'une figure isolée. De plus, pour des artistes épris de la nature, l'imitation fidèle, l'imitation passionnée du vrai, devient, dans les limites des forces humaines, physiquement impossible en de telles conditions. D'un autre côté, la représentation du corps humain, à l'état de repos ou de méditation, leur a paru donner à l'art le pouvoir d'approcher davantage de la majestueuse simplicité de la nature. Ces trois considérations réunies établissent évidemment une doctrine grandiose pleine de puissance et de solidité. — Si, par imitation de la nature, on entend, comme cela doit être, non-seulement la copie des reliefs, mais encore l'observation rigoureuse de toutes les circonstances morales qui se rattachent à un fait, on reconnaîtra que cette large imitation caractérise au plus haut degré le genre antique. Là rien n'est donné au hasard, au caprice, au désir de produire de l'effet à tout prix; tout est réglé au contraire par un profond sentiment des convenances et du vrai. Sous ce dernier rapport on peut même assurer que jamais nous ne pousserions la hardiesse aussi loin. C'est ce que Winckelmann, malgré son immense érudition, n'a pas toujours bien compris. Ainsi, à propos de la grande Pallas, après en avoir célébré la haute beauté, il dit : « On voit qu'il manque à sa physionomie une certaine grâce, et l'on voit en même temps qu'il eût été facile de la lui donner par un trait plus moelleux et plus arrondi. Les figures du groupe de Niobé n'ont pas cette dureté qui fixe l'âge (l'époque) de la Pallas. » En distinguant plusieurs styles dans les nombreux débris de l'antiquité, Winckelmann n'ap-

porte pas de preuves pour classer cette belle statue parmi les productions du style ancien (style dur). Il serait donc permis de contester ce point, mais là n'est pas la question. Sans doute la statue de Minerve ne présente pas l'allure gracieuse et les contours moelleux du groupe de Niobé, et c'est en cela précisément que brille la suprême raison des artistes grecs. Ils avaient à personnifier la sagesse aux yeux des peuples; la sagesse qui moralise, qui réprime les sens, qui maîtrise les passions; la sagesse sévère, incorruptible, inexorable en tout temps et envers tous. Pour remplir ce programme ils se sont bien gardés de choisir un type élégant et gracieux. Leur déesse est une femme, oui, mais une femme en qui rien de sensuel ne caresse la vue, rien n'excite les instincts grossiers. La physionomie n'est point dure de style, mais elle est empreinte d'une austérité qui glace, impose le respect et fait oublier que l'on contemple une femme. La structure délicate qui est particulière à son sexe n'y apparaît nulle part. C'est une vierge; la pureté de l'expression, la chasteté de l'ensemble l'indiquent, mais une vierge dans la force de l'âge, robuste, dédaigneuse de la mollesse, inaccessible aux séductions du monde. D'épaisses draperies la voilent de haut en bas, sa pose est simple, carrée pour ainsi dire, et son geste semble presque et réprimander à la fois. En se plaçant au point de vue du paganisme, il est impossible de concevoir une plus savante personnification de la sagesse. — Outre que les anciens préféraient représenter des actions modérées plutôt que violentes, ils n'employaient dans la composition que le plus petit nombre des figures autorisées par le sujet. On ne voit jamais dans leurs ouvrages, dit encore Winckelmann, comme dans ceux des modernes, « de ces foules où chacun s'empresse de se faire entendre conjointement les uns les autres, ni de ces affluences de peuple où l'on dirait que l'un veut monter sur l'autre. Les compositions de l'antiquité ressemblent à des assemblées de personnes qui marquent et exigent de la considération. » Quelquefois même, ajoute l'écrivain, les Grecs forçaient des sujets qui supposaient une grande multiplicité de figures à se contenter d'une seule, dont l'action avait d'autant plus d'empire sur l'âme des spectateurs que leur attention n'était pas distraite par d'autres objets. Ainsi le peintre Théon, que les anciens ont placé entre les artistes les plus ingénieux, voulant peindre un guerrier qui résiste seul à ses adversaires, n'exécuta que la seule figure de ce guerrier, et laissa l'imagination des spectateurs se peindre à elle-même les ennemis qui étaient censés hors de la toile. A ce propos il ne faut pas oublier que les arts eurent aussi leurs sophistes. Sans contredit, le génie sait trouver des ressources dans les esprits médiocres ne se douteraient jamais. Les germes des grandes choses sont comme des étoiles retirées dans un immense éloignement et visibles seulement aux plus perçants regards. On ne dit pas si l'idée de Théon obtint quelque succès. La beauté de l'art ne repose pas sur des traits d'esprit, sur des singularités constamment dédaignées par les grands artistes de toutes les époques. Les conditions spéciales de la sculpture font comprendre le gladiateur combattant; quant au guerrier de Théon, si l'on en parle ici, c'est pour avertir de ne point apprécier le genre antique d'après des faits de cette espèce, en supposant même qu'ils fussent avérés. — Tout ce qu'on a dit et écrit sur les proportions rigoureuses, immuables, que les Grecs appliquaient à leurs statues, à leurs monuments, renferme un nombre infini d'erreurs. On ne cite pas dans toute l'antiquité deux statues dont les proportions soient exactement semblables. Il en est de même des colonnes et chapiteaux des divers monuments comparés entre eux. Loin de là, l'inépuisable variété de la nature s'y trouve admirablement reflétée. Mais le système des proportions immuables une fois admis, on a voulu à toute force faire entrer l'art antique dans ce cadre étroit. Les statues, les monuments étant mesurés, on a pris le terme moyen de tant de mesures diverses; après quoi les copistes se sont mis à l'œuvre et nous ont légué une sculpture et une architecture lourdes, bâtardes, qui composent, sauf de précieuses exceptions, le patrimoine des écoles modernes. — Est-ce à dire que les ouvrages des anciens soient la plus haute expression de la perfection permise à l'art? non; mais ils sont, jusqu'à présent, les plus éclatants exemples de la perfection à laquelle on peut atteindre en s'appuyant sur un principe vrai, en s'attachant à la nature. Le genre antique est formé de deux éléments qui sont : la représentation des choses particulières aux peuples grec et romain, puis la méthode sûre, large, logique des artistes de l'antiquité. De ces deux éléments, le premier n'est plus qu'un souvenir, et, quand nous voulons l'exhumer, nous restons inférieurs aux anciens car le milieu dans lequel ils vivaient n'est plus le nôtre : le second est éternel, et c'est lui qui perpétue notre admiration. Le vrai, le naturel ne sauraient être âgés ni vieillir, parce que la nature est la même en tout temps, parce qu'elle parle un langage intelligible aux hommes de tous les siècles et de toutes les nations.

ARTHUR GUILLOT.

ANTIQUITÉ. En général on entend par antiquité les temps extrêmement anciens, à quelque peuple que l'histoire de ces temps appartienne; pris dans un sens absolu, ce mot ne s'applique qu'à l'antiquité grecque et romaine, que les uns appellent docte et savante, parce qu'ils ne deviennent eux-mêmes savants et doctes qu'en étudiant les modèles qu'elle nous a laissés; que les autres appellent sotte et radoteuse, parce qu'ils trouvent commode de ne rien apprendre, ou que, sans avoir rien appris qu'à lire un mot grec ou latin sans le comprendre, ils se trouvent assez savants. Les Romains avaient personnifié l'antiquité; ils la représentaient assise sur un trône appuyé sur les beaux-arts et entouré par les Grâces, une couronne de laurier sur la tête, indiquant d'une main les médaillons des grands hommes d'Athènes et de Rome suspendus aux murailles du temple de Mémoire, et tenant de l'autre main les poèmes d'Homère et de Virgile. — Revenons à l'acception générale du mot. Chaque peuple a son antiquité, et cette antiquité relative il ne la distingue de l'âge moderne que par quelque circonstance extraordinaire de sa propre histoire. Toutefois en Europe, comme, d'une part, tous les peuples qui l'habitent ont été soumis par le christianisme à des règles communes à tous, et que, d'autre part, ils ont tous subi, à peu de chose près, les mêmes accidents vers la même époque (nous voulons parler de l'invasion ou des invasions des barbares au IIIᵉ, au IVᵉ et au Vᵉ siècle), on est convenu de donner le nom d'antiquité à tout le temps qui s'est écoulé depuis les premières notions historiques qu'il a été possible de recueillir jusqu'au IVᵉ ou Vᵉ siècle de l'ère vulgaire. Observons, au surplus, que l'antiquité a cessé un peu plus tôt pour certains peuples, un peu plus tard pour d'autres. — Là où finit l'antiquité commence le moyen âge, qui lui-même a fait place aux temps modernes. Ceux-ci datent de la chute de Constantinople au milieu du XVᵉ siècle (V. MOYEN AGE; TEMPS MODERNES). Cette antiquité se divise en classique et commune ou non classique. La première ne comprend que les Grecs et les Romains, et elle doit le nom qu'elle porte au développement qui a eu lieu pendant sa durée de toutes les facultés intellectuelles, développement qui a produit en tout genre des ouvrages tels, qu'il semble que la raison humaine ne peut aller au delà ou s'élever plus haut. Les Grecs et les Romains, les premiers surtout, forment cette antiquité précieuse. — L'antiquité commune embrasse tous les peuples contemporains des Grecs ou même antérieurs ou postérieurs: tels sont les Égyptiens, les Hébreux, les Chaldéens, les Éthiopiens, les Perses, les Hindous, les peuples de l'Asie Mineure et de l'Assyrie, auxquels on peut joindre toutes les hordes scythes et germaines, celtes, ibères, tous ceux enfin qui ont des monuments ou des traditions qui remontent à des temps éloignés, etc. Les Arabes, les Chinois, les Tartares, les Turcs, ont aussi une antiquité, mais se lie moins avec celle des autres peuples que nous avons nommés, que les histoires particulières de ces peuples ne se lient entre elles. — Les Allemands, qui mettent partout de la métaphysique, ont fait de la connaissance de l'antiquité une haute science, qui consiste à prendre l'antiquité dans tout son ensemble, à rechercher ce qu'elle a su, ce qu'elle a fait, ce qu'elle a vu, ce qu'elle a produit, et à recomposer de toutes ces parties, par le moyen de la synthèse, un type primitif. L'archéologie proprement dite, qui apprend à connaître seulement les antiquités de chaque peuple en particulier, ne fait qu'ouvrir la carrière que doit ensuite parcourir la haute science. Mais à quoi cette science conduira-t-elle? nous en doutons. Mais après mille volumes imprimés, commentés, réfutés, contredits, défendus par mille autres volumes, ces questions importantes seront-elles suffisamment éclaircies? nous en doutons. — Un marin bourru voulait qu'on lui nommât les premiers vaisseaux qui avaient vogué sur la mer. On lui parla des vaisseaux grecs qui allèrent

au siège de Troie, des vaisseaux phéniciens qui naviguaient jusqu'aux îles Cassitérides; du navire des Argonautes qui allèrent conquérir la Toison d'or, des bâtiments qui avaient transporté dans la Grèce les colonies qui la peuplèrent; rien ne le satisfit. Son interlocuteur impatienté nomma l'arche de Noé, et le marin se fâcha, parce qu'il crut qu'on se moquait de lui. Eh bien, lorsqu'on aura longuement disserté sur la première question, qu'y aura-t-il de prouvé? Et si à notre tour nous disons que le premier lieu habité fut le jardin d'Éden, nous indiquera-t-on bien positivement la place que ce jardin occupait? — Cette haute science, dit-on encore, montrera l'esprit humain dans toute sa grandeur; dites plutôt qu'elle ouvrira un champ immense aux imaginations vagabondes, ou qu'elle sera un abîme d'abstractions où elles iront se perdre. On peut arriver à la vérité soit par l'analyse, soit par la synthèse, quand on raisonne sur des principes fixes dont on déduit des conséquences, ou sur des effets positifs d'où l'on remonte à la cause. Mais lorsqu'il s'agit d'établir des faits pour lesquels on manque de base certaine sur des suppositions et des raisonnements hypothétiques, ce qui peut arriver de moins fâcheux, c'est d'avoir usé tout son temps à discourir sans résultat. Quand nous remontons dans l'histoire à une époque éloignée de douze ou quinze siècles de l'ère vulgaire, nous marchons en aveugles sur un sol inconnu, au milieu des chimères et des illusions, entre les écueils et les précipices. Qui oserait là se flatter de rencontrer la vérité? — Renonçant donc à chercher la solution de ces questions de haute science, qu'au surplus nous pourrions retrouver ailleurs (V. IRAN, MIGRATION DES PEUPLES, ARARAT, etc.), occupons-nous davantage de ce qu'il nous est permis de connaître : l'antiquité grecque et romaine. — Les Grecs, vifs, légers, éloquents, poètes, possesseurs d'une langue harmonieuse et riche, doués d'une imagination brillante et d'un esprit aventureux, se trouvant trop à l'étroit dans leur pays, se répandirent dans l'Asie Mineure et la Syrie, dans la Basse Italie et ses îles, dans les Gaules, l'Espagne et l'Afrique, et partout ils transplantèrent leurs mœurs et leurs usages, recevant en échange de chaque pays tout ce qu'ils y trouvaient de plus riant et de plus gracieux, prenant à l'un ses dieux, à l'autre sa philosophie, et, par la collision de leurs propres idées avec les idées qu'ils trouvaient établies, faisant jaillir quelque trait de lumière dont ils augmentaient la masse de leurs connaissances. Il ne faut donc pas être surpris que les Grecs, naturellement ingénieux et trop actifs pour rester stationnaires, eussent étendu le domaine de l'intelligence et posé les premiers les règles du goût dans tous les ouvrages d'art comme dans tous les genres de littérature. — Les Romains, vainqueurs des Grecs, prirent peu à peu les mœurs des vaincus; ils en reçurent les arts, les connaissances, la philosophie; mais ils étaient beaucoup plus puissants; l'habitude des combats et de la domination avait donné plus d'énergie à leur volonté, mis plus d'austérité, de gravité dans leurs manières et de roideur dans leurs formes. La langue des Grecs s'étendait sur une grande moitié du monde connu; les Romains lui substituèrent leur propre langue, qui devint peu à peu d'un usage exclusif dans l'Occident, et qui, dans l'Orient même, fut celle des transactions, des administrateurs, des légions et des hommes de lettres, qui n'apprirent plus le grec que pour orner leur esprit et s'approprier le génie de leurs maîtres; toutefois, dans la Cyrénaïque et l'Égypte, dans la Syrie et les parties limitrophes de l'Asie Mineure, de même que dans les îles de l'Archipel, la langue grecque continua d'être celle du peuple et des savants, jusqu'au moment où les hordes du Nord et de l'Est vinrent inonder le monde romain. — Toutes les langues anciennes avaient disparu; les Mèdes, les Parthes, les Égyptiens, les Syriens, avaient successivement reçu celle d'Alexandre, des Antiochus et des Ptolémées; l'Espagne, la Gaule, la Bretagne, la Germanie, celle des Scipions, de Pompée et de Jules César; la langue des Mages, des Assyriens, des Coptes, des Phéniciens, des Celtes, des Ibères, ne se conservait plus que dans quelques peuplades, que leur situation géographique isolait des dominateurs de leur patrie, ou que quelque autre cause garantissait du contact destructeur. Cela explique comment, l'Inde et la Chine exceptées, parce que ni les Grecs ni les Romains n'y pénétrèrent, toutes les contrées de l'ancien monde connu n'ont laissé d'autres monuments littéraires que des ouvrages grecs ou latins; cela explique aussi comment ces œuvres sont si parfaites qu'elles ont dû servir de modèle à tous les peuples qui ont voulu sortir de la barbarie; comment, encore aujourd'hui, c'est là que nous devons puiser les principes du beau et du bon, non de ce beau, de ce bon qu'un goût malade et dépravé voudrait nous imposer, mais de celui qui, fondé sur des règles invariables, parce qu'elles sont le fruit de l'observation prolongée des siècles antérieurs, n'a cessé de charmer et de plaire partout où il s'est montré. — De même que les Grecs et les Romains, leurs disciples, placés à la tête de la civilisation, surpassaient tous les autres peuples sous le rapport de la littérature, de la poésie et des sciences, de même ils les surpassaient par les productions des beaux-arts, par la science militaire, par la beauté de leurs villes, la noble régularité de leurs constructions, le type de durée imprimé à tout ce qui sortait de leurs mains. Est-il étonnant que, lorsque nous parlons de l'antiquité, notre pensée se rapporte à ces deux peuples et se restreigne à eux ? Quel autre peuple en effet pouvait partager avec eux l'honneur d'offrir des modèles aux générations venues sur la terre depuis qu'ils n'y sont plus ? Si l'on parvient jamais à lire couramment les hiéroglyphes, ce qui est fort douteux, on aura trouvé quelques dates, découvert peut-être quelques faits ; mais ces dates, ces faits se rapporteront à l'histoire d'un petit peuple égyptien qui n'eut jamais quelque grandeur réelle que lorsqu'il fut soumis aux Ptolémées ; mais lors même qu'on retrouverait les fameuses prétendues colonnes d'Hermès enfouies dans les souterrains du temple d'Héliopolis, on n'y trouverait certainement ni une Iliade égyptienne, ni un corps d'histoire égyptien, ni un Homère, ni un Hérodote : on peut en juger par les fragments qu'on nous a conservés de Manéthon, qui écrivit l'histoire de l'Egypte par ordre de Philadelphe. Nous dirons la même chose des Indiens. Depuis que les Anglais occupent leur pays et que, pour ainsi dire, ils ont fait revivre la langue sanscrite, quel fruit ont retiré de tous leurs efforts la science, la littérature et l'histoire ? (V. LITTÉRATURE DES HINDOUS.) Non, les autres peuples ne sont point à nos yeux l'antiquité ; toute l'antiquité se concentre sur les Grecs et les Romains, dans le sens que l'on attache communément à ce mot ; car eux seuls ont rempli le monde de leur nom, parce qu'eux seuls ont eu le génie qui produit tout. — Il nous reste à parler, en peu de mots, du caractère de cette antiquité. — Les Grecs étaient, dit-on, vifs, légers, inconstants, mais polis et spirituels ; ils aimaient avec passion les objets analogues à leur manière d'être ; révoltés par tout ce qui se montrait sous des dehors grossiers, ils poursuivaient du ridicule et du mépris tout ce qui sortait des limites du beau. Mais ce beau où se trouvait-il ? dans la nature, non la nature dans ses écarts, mais la nature franche, correcte, élégante ; ils savaient comme nous qu'auprès du gracieux et du beau, la nature avait mis quelquefois le hideux et le laid ; mais quand ils voulaient peindre d'après elle, ils choisissaient. Voilà pourquoi leurs peintures et leurs sculptures offraient toujours le travail le plus exquis ; voilà pourquoi leur architecture à la noblesse des formes joignait le moelleux et le doux. Ils ne construisaient pas de lourdes pyramides qui écrasaient le sol de leur masse ; ils ne découpaient pas les rochers en temples et en pagodes : ils construisaient le Parthénon. Là n'étaient pas les dieux-monstres de l'Inde, le bouc de Mendès et l'Apis de Thèbes ; c'était tout ce que l'imagination la plus vive, sous un ciel pur et riant, pouvait inventer de plus délicat et de plus fini dans les formes ; c'était Vénus parée de toutes les beautés, c'était Apollon noble et ravissant ; sous les traits de Mars le charme d'Adonis, la majesté d'un dieu tempérée par la grâce. De la perfection dans les arts, les Grecs étaient parvenus à la perfection dans les ouvrages d'esprit. Ils avaient compris qu'il faut des règles au goût, afin qu'il ne s'égare pas, et ces règles ils les avaient posées ; et, sous peine de ridicule, on ne pouvait les violer. Leur goût, en un mot, se modelait sur la belle nature, et la laideur ne leur paraissait pas devoir être imitée. La matière était quelque chose sans doute à leurs yeux, mais c'était par la forme qu'ils rehaussaient le fond. La plus belle statue de Praxitèle n'offrait qu'un morceau de pierre, mais cette pierre façonnée par le ciseau de l'artiste était devenue de l'or. Dans l'œuvre d'un écrivain sans génie, les Grecs ne voyaient que des mots ; dans une tragédie de Sophocle et d'Euripide, ils admiraient la beauté des proportions, la simplicité des moyens et la forme de la pensée, c'est-à-dire la correcte élégance de l'expression. Les Romains, devant qui toutes les nations se courbèrent, les Romains subirent le joug de ces lois immuables du goût, qu'ils trouvèrent établies en Grèce ; l'atticisme saisit leur littérature et s'y incorpora. — Nous ne ferons pas un crime au moyen âge d'avoir perdu les traditions de l'antiquité. Subjugué, tourmenté, mutilé par les barbares, pouvait-il s'occuper d'arts et de littérature ? Quand les barbares, vaincus à leur tour par l'Évangile, furent devenus chrétiens, les esprits reçurent une impulsion des idées religieuses ; mais la religion, cette source

si abondante de sentiments purs, élevés, sublimes, était encore mal comprise, et, plus d'une fois, la superstition et le fanatisme dénaturèrent ses préceptes. L'art et la littérature se ressentirent de la barbarie, et l'antiquité païenne, complètement ignorée, n'exerça aucune influence. Ce fut seulement dans le fond de quelques monastères que cette espèce de feu sacré se conserva, mais le goût dominant du siècle ne lui permettait pas de se développer. Quand vint Louis XIV, l'antiquité reparut avec toutes ses gloires, et n'eût-elle eu que celle d'avoir éclairé et guidé le grand siècle, c'est serait assez pour qu'elle méritât notre vénération. A la vérité, quand on arrive au point de répudier ce siècle, il est tout naturel de répudier aussi toute l'antiquité dont il ne fut qu'une vivante imitation. Que faire en effet de cette antiquité surannée, quand on veut tout reconstruire à beaucoup moins de frais ; car jadis il fallait pour écrire de l'instruction et du style, et l'on peut se passer aujourd'hui de l'un et de l'autre. Cela est même extrêmement commode ; aussi voilà pourquoi l'ère actuelle produit tant d'excellents ouvrages sous la plume des membres du nouveau Portique. C'est encore là un des bienfaits de la révolution littéraire qui nous a régénérés ; pour peu que cela continue, la jeune France pourra se montrer orgueilleuse et fière de ses chefs-d'œuvre, à la place de cette France vieille et décrépite qui fit jadis, bien mal à propos, l'admiration de l'Europe et la gloire de ses enfants. J. DE MARLÈS.

ANTIQUITÉS ; mot par lequel on désigne tout ce qui reste d'une nation, soit en ouvrages d'art, soit en productions de l'esprit, soit pour ce qui concerne ses croyances religieuses, ses opinions politiques, ses mœurs, sa législation, etc. Dans un sens plus étroit, ce mot s'applique aux restes de monuments, aux fragments, aux débris, aux objets, quels qu'ils soient, qui proviennent d'un peuple ancien, tels qu'édifices debout ou ruinés, temples, chapelles, colonnes, théâtres, cirques, tombeaux, sculptures, bas-reliefs, peintures, inscriptions, ustensiles, etc., etc. (V. PALENQUE, PERSÉPOLIS, BRITANNIQUES [antiq.], DRUIDIQUES [antiq.], PÉRUVIENNES [antiq.], CIRQUE, NÎMES, HERCULANUM, POMPÉI, MURVIEDRO, etc., etc.).

ANTISCIENS ; peuples qui habitent sous le même méridien des deux côtés de l'équateur à égale distance, ce qui fait qu'à midi leurs ombres ont une direction contraire. Ce nom vient de αντι, contre, et de σκια, ombre, suivant les uns, et de οικος, maison, suivant les autres, c'est-à-dire qui ont leurs ombres ou leurs habitations en sens contraire. Les antisciens ont midi à la même heure, puisque le soleil traverse leur méridien au même instant ; mais les jours les plus longs pour les antisciens du nord sont les plus courts pour ceux du midi. Les premiers ont l'été quand les autres ont l'hiver. Il n'y a pas d'antisciens sous l'équateur ; mais il y a des antéciens. Le prolongement de l'ombre, au nord ou au midi, ne commence à être sensible qu'à quelque distance de ce grand cercle (V. ANTÉCIENS). X. X.

ANTISCORBUTIQUES. Lorsque les marins entreprenaient, il y a peu d'années encore, un voyage de long cours, beaucoup d'entre eux étaient dévoués d'avance à une mort certaine à cause des ravages du scorbut. — Qui ne se rappelle le beau voyage du commodore Anson en 1739. Dans cette croisière, qui fut si fatale aux Espagnols, Anson perdit les deux tiers de son équipage, et fut obligé d'abandonner deux de ses vaisseaux. Cent ans plus tard, Duperré, Dumont d'Urville, Freycinet naviguèrent pendant plusieurs années, sans qu'à leur retour on constatât la mort d'un seul homme par suite du scorbut. Frappés des dangers de cette maladie, les hommes, dont l'esprit est en général peu philosophique, s'adressèrent à la médecine empirique, qui ne pouvait leur offrir que des médicaments : telle a été l'origine des antiscorbutiques. On les tirait surtout de la famille des crucifères et des alliacées. — Les racines de raifort, les feuilles de cochlearia, de lepidium, de cresson, les graines de moutarde, les tiges et les feuilles du veronica beccabonga, les bulbes de la plupart des espèces du genre ail étaient les plus employés. — Une étude plus approfondie de ces végétaux a montré que ces agents thérapeutiques sont souvent inutiles et quelquefois même dangereux à raison de leurs propriétés excitantes. Dans le cas d'inflammation, ils déterminent la fièvre. — Ils conviennent mieux dans les cachexies, les scrofules, dans certaines maladies cutanées et dans les engorgements des ganglions. On doit s'abstenir de l'usage de ces médicaments dans les temps secs et froids, parce qu'alors tous les organes ont pris du ton ; ils doivent être également proscrits dans les grandes chaleurs de l'été, parce que la soif est en raison de l'accélération du pouls, de l'abondance de la transpiration, et que les excitants ajouteraient aux inconvénients d'une chaleur excessive. Lorsque nous traiterons du *scorbut*, nous ferons voir qu'un air pur et libre, une habitation et une nourriture salubres, des végétaux frais et en abondance et bien fournis de leur eau de végétation, sont les seuls moyens qui méritent le nom d'antiscorbutiques, parce que seuls ils guérissent ou ralentissent le scorbut. (*V.* le mot SCORBUT.)

ANTISCROFULEUX. L'opinion admise par un grand nombre de médecins que la maladie scrofuleuse était un état morbide *sui generis*, a dû nécessairement faire admettre des médicaments spécifiques. Pendant quelques années l'iode a eu une réputation colossale; les corps savants ont même décerné des couronnes à plusieurs médecins qui avaient obtenu par son aide des cures réellement merveilleuses. Malheureusement l'expérience n'a point confirmé l'avantage de cette découverte, et l'on peut dire aujourd'hui qu'il n'est aucun médicament qui guérisse les scrofules plutôt que toute autre maladie. (*V.* SCROFULES.)

ANTISEPTIQUES, médicaments destinés à empêcher la putréfaction. On s'est beaucoup récrié contre cette dénomination, parce que dans le corps vivant il n'exista jamais rien de semblable. Mais le *jamais* en médecine n'est pas plus irrévocable qu'en politique. Aussi, dans ces derniers temps, M. Bonnet de Lyon a découvert que le sang des individus atteints de fièvre typhoïde contenait de l'hydrosulfate d'ammoniaque. Si ce fait est confirmé, il semblerait indiquer qu'au sein même de l'appareil circulaire, le sang subit un commencement de putréfaction, et dans ce cas les médicaments antiseptiques pourraient bien n'être plus une chimère. A. B. DE B.

ANTISIGMA. C'est un signe qu'employaient les anciens commentateurs ou annotateurs, pour indiquer que les vers devant lesquels il était placé, devaient être rangés autrement, ou bien que de deux vers qui avaient le même sens, on devait en retrancher un. Ce signe se composait de deux σ sigma (dix-huitième lettre de l'alphabet grec) tournés l'un contre l'autre. X. X.

ANTISPASMODIQUES. L'excitation du système nerveux est, sans contredit, dans nos sociétés modernes, une maladie d'une fréquence extrême. Les spasmes, les vapeurs, l'épilepsie, l'aliénation attaquent des millions d'individus. Une médication destinée à combattre ces accidents, est donc digne de toute l'attention des observateurs. Une première remarque à faire, c'est de distinguer si l'état nerveux est primitif ou symptomatique, car ici les moyens à employer sont tout à fait différents. Or, cette distinction est d'une haute importance, puisque MM. Trousseau et Pidoux établissent que les spasmes essentiels ont les mêmes points de départ que les actes instinctifs, savoir, les différents viscères ou organes de la vie générale. Ceci posé, étudions les nombreuses formes de l'état spasmodique primitif. — La *mobilité nerveuse* ouvre, pour ainsi dire, la marche de ces affections; elle est caractérisée par une impressionnabilité. soudaine et sans cesse renaissante du cerveau et de l'estomac, par des tressaillements involontaires à la plus légère surprise, par des frayeurs paniques, des pleurs sans motif, un effroi qui va jusqu'à la syncope; une porte qui se ferme, un mot, un geste imprévu suffisent pour déterminer ces singuliers effets. — Cette disposition maladive peut être palliée et même combattue, en faisant prendre tous les matins un demi-gros de poudre de valériane, étendue dans une tasse d'infusion de fleurs de tilleul, ou bien en donnant quelques cuillerées de sirop d'éther, ou un verre d'eau sucrée très-chargé d'eau distillée de fleur d'orange.—Si l'estomac est le siége de l'état nerveux, l'appétit est alors perdu, les digestions sont difficiles, il y a des éructations gazeuses. L'usage de la poudre de valériane, immédiatement avant et même après le repas (un demi-gros dans la première cuillerée de potage), est un moyen qui réussit souvent. — Lorsqu'il s'y joint des vomissements nerveux spasmodiques, l'éther à doses très-élevées est très-avantageux. — Le spasme des intestins qui donne lieu à des coliques est souvent dissipé par les lavements d'*assa fœtida*. — Une variété du spasme qu'on observe fréquemment depuis quelques années, est celui qu'on connaît sous le nom de *palpitations de cœur*. Il cède assez bien à quelques gouttes d'éther, quand il n'est pas intense. Mais si la maladie est plus ancienne, il faut recourir à la valériane et à l'*assa fœtida*. — C'est encore par l'emploi de ces moyens qu'on triomphe des étouffements, des toux convulsives et des accès d'asthme. — De toutes les affections spasmodiques, la plus rebelle est l'hystérie, dont le point de départ est dans les organes de la génération; et qui n'exerce que secondairement son action sur le cerveau; bien peu de femmes en

sont tout à fait exemptes. Chez celles où la mobilité nerveuse est très-prononcée et qui sont d'une complexion délicate, l'hystérie agit surtout par l'énervation des différents organes du ventre et de la poitrine; au contraire, elle se caractérise par les convulsions, la perte des sens et de l'intelligence, lorsque les femmes sont fortes et puissantes. — Les indications à saisir appartiennent trop exclusivement à la médecine pratique, pour qu'il en soit question ici. — Il est inutile de dire que les antispasmodiques sont sans efficacité contre la catalepsie, l'extase, et toutes ces formes aujourd'hui fort rares, mais si communes dans le moyen âge, comme le prouve notre travail de l'*Influence de la civilisation sur le développement de la folie*. — Restent trois affections convulsives où ces agents sont encore utiles, comme moyens accessoires d'autres moyens plus appropriés, ce sont l'éclampsie, les convulsions des enfants et la danse de saint Guy. — Il ne faut pas perdre de vue que le spasme peut s'ajouter dans quelques circonstances aux maladies aiguës, mais beaucoup plus fréquemment aux maladies chroniques. Les femmes surtout, depuis l'âge de la puberté jusqu'au temps critique, n'ont presque pas d'affections chroniques où l'élément nerveux n'exerce une grande influence. — Les signes auxquels on reconnaît cette complication ont assez de valeur pour que nous les indiquions. Leur marche n'est point celle de l'affection primitive; ils apparaissent après celle-ci, le plus ordinairement, d'une manière brusque et sans connexité avec elle; ils finissent et se reproduisent sans cause appréciable; leur terminaison n'offre point de crise apparente dans un grand nombre de cas; ils se portent indistinctement sur tous les organes et avec des phénomènes bizarres; ils existent avec plusieurs des signes de la mobilité nerveuse, coïncident avec le froid aux pieds, un pouls convulsif, des productions gazeuses, des urines abondantes, claires. Enfin, ils disparaissent, en général, lorsque la maladie revêt une forme aiguë, pyrétique, et s'accroissent lorsqu'on multiplie les saignées. — Cette distinction entre la maladie organique et le spasme, est éminemment pratique, car il suffit souvent dans ce cas, de prescrire l'*assa fœtida*, la gomme ammoniaque, pour voir disparaître tous les symptômes nerveux, et pour ramener la maladie principale à un état de simplicité. — La médication antispasmodique, bien connue des médecins célèbres qui nous ont précédés, avait été totalement négligée, après l'apparition de Broussais. L'expérience a de nouveau prouvé l'emploi des antispasmodiques était indispensable dans une foule de cas, et aujourd'hui, ils ont repris en France la place qu'ils n'auraient jamais dû cesser d'occuper dans la thérapeutique. Nous terminerons cet article par l'énumération de ces substances, en renvoyant à chacune d'elles pour en faire connaître l'histoire. Médicaments antispasmodiques les plus employés : *valériane*, *assa fœtida*, *gomme ammoniaque*, *opapariax*, *sagapenum*, *galbanum*, *musc*, *castoreum*, *camphre*, *éther*, *ambre gris*, *succin*, *pétrole*, *fleurs de tilleul*, *fleurs et feuilles d'oranger*, *oxyde de zinc* (*V.* ces mots). A. B. DE B.

ANTIPASTE et non *antipasme*; de αντι, contre, et de σπαώ, je tire en sens contraire. Pied très grec ou latin composé de deux longues entre deux brèves, un ïambe ⌣ ⎯, et un chorée ⎯ ⌣; comme, par exemple, dans le mot plïcatŭrǎ.

ANTIPASTIQUE; terme de médecine qui s'applique aux remèdes dont l'effet est d'attirer les humeurs à une autre partie du corps que celle où elles ont leur siége. Il vient comme le mot précédent, de σπαώ. X. X.

ANTISTHÈNES. Ce philosophe, chef de la secte des *cyniques*, sortit de l'école de Socrate, où il avait puisé le goût qu'il manifesta toujours pour l'étude de la nature morale de l'homme, et pour la science pratique, mises par son maître au-dessus de toutes les spéculations théoriques, dans lesquelles s'étaient perdues les écoles antérieures. Il fut à l'égard de son contemporain, Aristippe de Cyrène, ce que devait être plus tard, avec toutes les différences qui résultèrent d'une théorie plus approfondie et plus proportionnée, la philosophie stoïque de Zénon de Cittium, à l'égard de la philosophie d'Épicure. Il représentait ce côté de l'esprit humain, qui, frappé exclusivement de l'idée du devoir, à la réalisation duquel les appétits du corps et les exigences de la société opposent de si puissants obstacles, prend en haine et en dégoût tout ce qui peut contrarier l'idée qu'il se fait de la perfection morale. L'humeur chagrine et austère d'Antisthènes crut trouver dans les progrès du luxe qu'amenait le développement de la civilisation et des beaux-arts, la source de ce relâchement dans les mœurs, qui commençait à travailler la société d'Athènes, où s'infiltraient, malgré les efforts de Socrate, les maximes corruptrices des sophistes. Dans les leçons qu'il ouvrit au *cynosarge*, il s'efforça de résister au torrent dans lequel il voyait avec douleur s'abîmer insensiblement et les vertus privées, et le patriotisme, et les qualités généreuses qui avaient illustré sa patrie. La doctrine qu'il enseigna était une réaction violente contre la tendance de son siècle, et surtout contre cette philosophie accommodante, dont Aristippe s'était fait le complaisant organe, et qui loin d'essayer de détruire les vices et les passions contemporaines, croyait pouvoir seulement en tempérer l'ardeur, en permettant qu'on en fît un usage délicat et modéré. Antisthènes, né dans une condition obscure, pauvre et par conséquent laissé dans l'ombre, malgré son mérite, ne pouvait adopter une philosophie faite uniquement pour les heureux du monde; et se jetant dans l'extrême opposé, il poursuivit de sa verve spirituelle et caustique, cette élégance extérieure, ce luxe de bon ton, ces arts frivoles, dont la corruption des mœurs se faisait un voile à travers lequel il apercevait le vice dans toute sa laideur. Ainsi s'expliquent le point de départ et la direction de ses idées. Une fois entré dans cette voie, il la suivit jusqu'au bout: la vraie sagesse, selon lui, consista à fouler aux pieds tous ces avantages brillants qui ne servent qu'à alimenter la corruption du cœur, et qui n'amènent à leur suite que la satiété et le dégoût. L'homme véritablement vertueux qui savait se mettre au-dessus de tous les préjugés, braver tous les usages reçus, et ne s'occuper que de la recherche et de la pratique du souverain bien. Pour offrir lui-même un exemple vivant de l'excellence de ses doctrines, on le vit se couvrir des haillons de la misère, endosser la livrée du pauvre avec autant d'ostentation que d'autres en mettent à se revêtir de somptueux habits; se montrer en public avec la besace et le bâton du mendiant, comme s'il eût voulu faire briller en sa personne une vertu d'autant plus pure et plus éclatante qu'il se présentait seule et pour ainsi dire toute nue. Car le vrai mérite, la vertu première, consistaient surtout à savoir se passer de tout ce que recherchent les autres hommes; le seul bien étant la vertu, et le seul mal l'absence de la vertu, tout ce que les hommes ont décoré du titre de bien, ou flétri du nom de mal, était par soi-même tout à fait indifférent. La richesse, la puissance, le savoir, la politesse, ces idoles devant lesquelles s'incline une foule insensée, doivent être comptées pour rien : rien ne lui paraissait plus digne d'hommages que la philosophie qui pratique la vertu au milieu de la situation la plus humble, et trouve dans la modération de ses désirs, dans l'absence de besoins, dans la sobriété, dans l'austérité de ses mœurs, la vraie richesse, la vraie gloire, le vrai bonheur. Il y avait déjà dans la philosophie d'Antisthènes le germe de cette théorie du devoir, si hardiment développée et poussée avec une si intrépide logique par les stoïciens; mais Antisthènes, et surtout ses disciples Diogène et Cratès, outrant ce qu'il pouvait y avoir de plausible ou de spécieux dans cette morale, tombèrent dans une dégradation qui a rendu fameux le nom sous lequel leur secte fut connue. À force de braver et d'attaquer ce qu'ils appelaient les préjugés et les erreurs, ils furent entraînés à la violation de tout ce qu'il y a de plus respectable et de plus sacré parmi les hommes; leur liberté devint une impudeur grossière; leur franchise, une méprisable insolence. Aboyant et mordant à tort et à travers, uniquement pour aboyer et pour mordre, ne respectant ni la science, ni la religion, ni la morale publique, ces tristes et dangereux bouffons n'offraient plus qu'une dégoûtante parodie de la philosophie, et ne purent montrer que l'orgueil, la vanité et la dégradation du sens moral qu'apercevaient les vrais philosophes à travers les déchirures de leurs habits.   C. HIPPEAU.

ANTISTIA. Famille plébéienne de Rome, de qui on a des deniers, dont plusieurs ont été frappés avec l'*Apollon actiaque*, en l'honneur de la victoire d'Auguste à Actium (Voyez *Novell. Fam. rom.*, p. 17, 18). Une pièce d'or de cette famille, qui est dans le cabinet de Vienne, représente un prêtre faisant un sacrifice, avec la légende PRO VALETUDINE CÆSARIS. S. P. Q. R. *Le sénat et le peuple romain, pour la santé de César*; elle vaut 500 francs.   D. M.

ANTISTROPHE, de ἀντί, contre, et de στρέφω, je tourne. C'était, chez les Grecs, la seconde stance d'un chant lyrique, semblable en tout pour le nombre et la mesure des vers, à la première stance ou strophe; mais celle-ci se chantait en tournant à droite autour de l'autel, et l'antistrophe en tournant à gauche. — En terme de grammaire, c'est le renversement de deux mots qui dépendent l'un de l'autre, comme le fils du père, ou le père du fils, *filius patris* ou *pater filii*. — En terme de stratégie, c'était chez les Grecs une sorte d'évolution qui consistait à faire exécuter une conversion rétrograde à une phalange ou une portion de phalange qui avait fait un mouvement en avant.

ANTITACTES, de ἀντιτάσσομαι; je m'oppose. Secte d'hérétiques du II° siècle, qui faisaient tout le contraire de ce qui était ordonné par la loi, parce qu'ils prétendaient qu'un mauvais génie avait créé tout ce qui existait, et que, pour tromper les hommes, il avait donné au mal l'apparence du bien.

ANTITHES. Les anciens donnaient ce nom à de mauvais génies qui étaient ennemis des hommes, et s'opposaient de toutes leurs forces aux desseins des dieux.   X. X.

ANTITHÈSE, ἀντίθεσις, *opposition*. Figure de rhétorique par laquelle l'orateur oppose, dans une même période, des choses contraires les unes aux autres, soit par les pensées, soit par les termes. « Les antithèses, dit le P. Bouhours, plaisent infiniment dans les ouvrages d'esprit; elles y font à peu près le même effet que dans la peinture les ombres et les jours qu'un bon peintre a l'art de dispenser à propos, ou dans la musique les voix hautes et basses qu'un maître habile sait mêler ensemble. » L'emploi de cette figure exige une grande sobriété; car rien n'est plus fatigant que l'espèce de cliquetis, et, pour ainsi dire, de feu roulant que produit l'antithèse trop répétée. Elle brille dans les livres sacrés d'un éclat tout particulier, et qui tient peut-être aussi autant au caractère parallélitique de la poésie hébraïque qu'au tour bref et concis de la langue. *Dixit, et facta sunt; mandavit, et creata sunt.* Ps. *Quomodo maledicam Israël, non maledicente Deo; aut ego exsecrabor, non exsecrante Jehová?* Num. 23. *Dixit ergo, et non faciet; locutus est, et non implebit?* Ibid. On a remarqué qu'en général l'abus des figures, et de l'antithèse en particulier, est le signe de la décadence du goût dans une nation, et de la médiocrité du génie dans les écrivains, qui, vides de pensées grandes et profondes, s'efforcent de compenser ce défaut par les effets de style et la fantasmagorie des tropes. Ce vice est commun à tous les auteurs de la moyenne et basse latinité : saint Augustin et saint Bernard eux-mêmes ne font pas exception ; et l'on peut dire que, sans le christianisme et son influence puissante, à laquelle ces deux Pères durent toute leur gloire, il est douteux qu'ils eussent été autre chose que des rhéteurs beaux-esprits, enfants avortés de Sénèque et de Salvien.   P.-J. PROUDHON.

— L'antithèse plaît par le contraste qu'elle établit entre deux pensées; nous aimons en général le contraste, car, ainsi qu'on l'a dit depuis longtemps, l'uniformité nous endort:

L'ennui naquit un jour de l'uniformité.

Cependant, comme dans la nature, quoi qu'en dise un de nos philosophes modernes, tout ne consiste pas en contrastes, on n'est pas fâché de trouver, après le choc de deux idées contraires, deux idées analogues qui, s'alliant sans effort, offrent pour ainsi dire, un point de repos à l'esprit froissé par de trop fréquentes collisions de mots ou de pensées. L'art de l'écrivain ou de l'orateur consiste donc à savoir mêler les genres, à relever de temps en temps son style par l'introduction de quelque figure brillante, et nulle n'est aussi propre à réveiller l'esprit que l'antithèse, lorsqu'elle arrive naturellement et sans recherche, et qu'elle n'est point formée par les mots détournés de leur sens propre; car dans ce dernier cas, elle dégénère en pointe ridicule; il ne faut pas que l'antithèse soit un calembour, comme dans ce vers de Racine, de Racine assez riche de couleur poétique, pour qu'on puisse faire remarquer une tache :

Brûlé de plus de feux que je n'en allumai,

ce qui signifie que le feu qui consuma Troie est moins ardent que le feu qui embrase le cœur de Pyrrhus. Cela rappelle cet autre vers de Quinaut, qui fait dire à la confidente d'une femme qui pleure son amant mort :

Voulez-vous conserver des feux pour de la cendre?

Racine était jeune encore lorsqu'il écrivit sa tragédie d'Andromaque; il ne s'était pas encore guéri, par le secours d'un goût épuré, des impressions qu'il avait reçues par l'étude de la littérature espagnole, à qui Corneille et Molière avaient fait tant d'emprunts. Il n'est pas rare de voir Corneille, entraîné plus d'une fois par l'habitude, tomber dans le vice des pointes et des concetti, si commun alors chez nos voisins. Calderón, Lope de Véga et les écrivains espagnols ou italiens du XVI° siècle, sont pleins de ces antithèses forcées qui déparent les meilleurs ouvrages. — Mais quand l'antithèse naît de la situation, ou qu'elle est si naturelle qu'elle nous semble n'être que l'expression de notre propre pensée, combien n'a-t-elle pas de force et de grâce tout à la fois! Écoutez cette femme passionnée à qui Racine prête ce trait si court et si énergique, où toute une âme se peint :

> Je l'aimais inconstant, qu'aurais-je fait fidèle?

ce qu'elle dit, ne le diriez-vous pas, ne l'auriez-vous pas dit vous-même? — Les grands écrivains du siècle de Louis XIV ont usé de l'antithèse avec beaucoup de réserve; quelques-uns pourtant se sont livrés trop facilement au désir de produire de l'effet. Montesquieu, le grand auteur de l'*Esprit des lois*, que madame du Deffant n'appelait pas sans raison de l'*Esprit sur les lois*, s'est laissé aller fréquemment au goût des antithèses; le pur, l'élégant Massillon lui-même ne s'en est pas toujours garanti; mais de tous les écrivains de cette époque, celui auquel on a le plus reproché l'abus de l'antithèse, c'est Fléchier qui en a parsemé ses oraisons funèbres et ses panégyriques. — L'antithèse n'est quelquefois que dans les mots, comme dans cette antithèse de Cicéron : « la licence a vaincu la pudeur, l'audace la crainte, la démence la raison, etc. » Quelquefois elle est toute dans la pensée, comme dans cette phrase : « Élévation et bassesse, force et faiblesse, grandeur et néant, voilà ce que la réflexion nous montre dans l'univers. » Quelquefois enfin, elle est à la fois dans les mots et dans la pensée, comme dans cet exemple : « Jeunes gens, écoutez un vieillard que les vieillards écoutaient lorsqu'il était jeune encore. » *Audite senem, juvenes, quem juvenem audivere senes* (*V.* FIGURES, TROPES).   J. DE M.

ANTITRINITAIRES. On a désigné par ce nom tous les hérétiques qui ont nié la sainte Trinité ou qui ont refusé d'admettre un Dieu en trois personnes. Les Ariens qui niaient que le verbe fût Dieu, les Macédoniens qui le disaient du Saint-Esprit, Paul de Samosate qui ne distinguait pas les trois personnes entre elles, étaient tous antitrinitaires. Aujourd'hui ce nom semble appartenir plus particulièrement aux *sociniens*; qu'on appelle aussi *unitaires* (*V.* ces mots).

ANTITYPE, ἀντίτυπον, figure qui en représente une autre ou qui répond à une autre. On se sert de ce mot dans l'Église grecque pour désigner l'Eucharistie.

ANTIUM (aujourd'hui *Nettuno*), ville d'Italie et ancienne capitale des Volsques, dont on attribuait la fondation au fils d'Énée, Ascagne, ou même à un fils d'Ulysse et de Circé. Cette ville, dit Tite-Live, quelquefois alliée, plus souvent ennemie de Rome, fut le foyer de toutes les guerres qu'il fallut soutenir contre les Volsques. Camille s'en rendit maître l'an 358 de Rome; les éperons des galères qui se trouvaient dans le port furent transportés sur la place publique de Rome, et c'est depuis ce moment que la tribune aux harangues, qui était sur cette place, a été appelée *Rostra*. Les Antiates possédaient dans leur ville un temple de la Fortune, que son oracle avait rendu célèbre, et un temple consacré à Esculape, dans lequel on conservait le serpent divin que des ambassadeurs romains y avaient apporté d'Épidaure l'an 462. Néron et Caligula étaient l'un et l'autre nés dans Antium.   X. X.

ANTOINE (MARC), l'*Orateur*, le plus bel ornement et le personnage le plus digne de l'illustre famille Antonia qui, vers l'an 450 avant J. C., avait déjà fourni un des décemvirs, devenus si célèbres par la tyrannie d'Appius Claudius. Dès son début dans les affaires publiques, le jeune Marc Antoine se signala par une conduite vraiment romaine, qui lui attira une grande considération. Ayant obtenu la questure d'Asie, comme il était sur le point de s'embarquer à Brindes pour se rendre au lieu de sa destination, il apprit tout à coup qu'il était accusé d'inceste, et que c'était le préteur Cassius, un plus rigide des juges, celui dont on avait surnommé le tribunal l'*Écueil des accusés*, qui était saisi de l'instruction. Marc Antoine pouvait profiter du bénéfice de la loi, qui défendait de suivre aucune accusation contre quiconque était absent pour le service de la république, et laisser au temps le soin de le venger de la malveillance de ses ennemis : il préféra se justifier dans toute la rigueur des formes, revint à Rome, poursuivit son procès et réduisit son accusateur au silence. Devenu préteur en Sicile, il purgea la Méditerranée des pirates qui l'infestaient. Élu consul avec A. Posthumius Albinus, l'an de Rome 653, il sut contenir la turbulence d'un certain tribun du peuple, nommé Sextus Titus. Plus tard, son proconsulat de Cilicie lui valut les honneurs du triomphe. Devenu censeur, il raya du nombre le tribun M. Duronius, pour avoir fait abroger une loi somptuaire. Accusé ensuite de brigue par ce même Duronius, il fut absous par le jugement du peuple, dont l'approbation solennelle manifestée couronna ainsi la glo-

rieuse vie du consulaire. Marc Antoine périt misérablement dans la confusion où Marius et Cinna jetèrent la république. Découvert dans la retraite où il se tenait caché, il réussit à toucher, par son éloquence, les soldats chargés de le tuer : mais leur chef, impatienté d'attendre si longtemps l'exécution de ses ordres, entra brusquement dans la maison, et, sans vouloir l'écouter, l'égorgea en vrai barbare. La tête de Marc Antoine fut attachée à la tribune aux harangues, où il avait tant de fois servi et défendu la république, et qu'il avait ornée de dépouilles remportées sur les ennemis. — Marc Antoine fut l'un des plus grands orateurs de l'ancienne Rome; par lui surtout, dit Cicéron, l'Italie peut se vanter d'avoir égalé la Grèce dans l'éloquence. Sa défense de M. Aquilius était célèbre comme modèle de pathétique; l'action qu'il y déploya fut extrêmement vive et passionnée. On peut en lire le récit dans l'ouvrage de Cicéron, *de Oratore*, où il apprécie le caractère de l'éloquence de Marc Antoine. Une chose que l'on a aussi remarquée dans cet orateur, c'est qu'il ne passa jamais pour érudit, ou plutôt qu'il se défendit toujours de l'être, soit qu'il craignît qu'on ne lui imputât d'employer l'artifice et d'abuser des ressources de la rhétorique plutôt que de rechercher la vérité, soit qu'il voulût qu'on attribuât son éloquence et ses mouvements à une inspiration naturelle et non à une préparation calculée. De tout temps le soupçon du travail a nui à l'effet des meilleurs discours : aussi un des rivaux de Démosthène lui reprochait-il que ses harangues *sentaient l'huile*. Marc Antoine ne voulut jamais, dit-on, publier aucun de ses plaidoyers, de peur de fournir des armes à ses adversaires, s'il lui arrivait de soutenir dans une cause le contraire de ce qu'il aurait soutenu dans une autre. Cicéron, qui eut à essuyer le même reproche de contradiction, s'en justifiait en disant « qu'autre est le langage de la cause et des circonstances, autre le langage personnel de l'avocat; que celui-ci est chargé, non d'exposer son sentiment privé, mais de dire ce que dirait la cause si elle pouvait parler pour elle-même. » Il y a loin de cette morale commode du barreau romain à celle que développe Platon dans le Gorgias, lorsque, après avoir prouvé que le premier de tous les maux est le crime et le vice, et que le second est l'impunité, il enseigne que le véritable triomphe de l'éloquence serait, de la part d'un coupable, non de s'excuser, de tromper ou d'attendrir les juges, mais de demander lui-même son châtiment, comme le seul remède aux plaies de son âme.

ANTOINE (MARC), le triumvir, petit-fils de l'orateur, naquit l'an 86 avant J. C., et fut élevé par les soins de sa mère Julia, de la famille de César. Le caractère de ce Romain est l'un des plus curieux que l'on puisse étudier quand on veut acquérir une juste idée de la solidité et de l'efficacité de la morale qui présidait à une éducation païenne, et comprendre en même temps comment Rome, de l'austérité de ses mœurs républicaines, se plongea tout à coup dans les délices et les voluptés. — Les anciens comptaient quatre vertus fondamentales, ou, si j'ose employer ce terme, *cardinales*, qu'ils regardaient comme la souche et le résumé de toutes les autres : c'étaient la *Prudence*, la *Justice*, la *Force* et la *Tempérance*. Mais ces vertus, tout humaines, ne partaient point d'un principe surnaturel; elles reposaient uniquement sur l'intérêt bien entendu de la santé, de la gloire et de l'ambition, et elles ne découlaient point d'une contemplation plus haute du beau, du juste et du saint, comme aussi elles ne recevaient leur sanction ni de la religion, ni des lois politiques, ni même du plein assentiment de la conscience, mais seulement de l'admiration des hommes et quelquefois de la crainte du supplice. Antoine reçut une brillante et philosophique éducation et n'en fut pas moins un très-méchant homme, fléau justement mérité d'un monde qui idolâtrait ses vices et applaudissait à ses folies. Dès sa jeunesse il se lia intimement avec Curion et Clodius, jeunes gens d'illustre famille, perdus de dettes et de débauches : leur vie scandaleuse fit assez de bruit pour qu'Antoine se vît obligé de se retirer pendant quelque temps à Athènes où il étudia l'éloquence et l'art militaire. Que trouvait donc à blâmer le public romain dans les passe-temps de ces jeunes nobles? Rien qu'un excès de pétulance et une joyeuseté qui dégénérait trop souvent en bouffonnerie et en crapule. Alors, comme de nos jours, on voulait qu'un jeune homme songeât à faire son chemin : on souffrait qu'il permît tout à ses fantaisies; mais on exigeait qu'il couvrît ses excès d'un voile de décence, qu'il n'allât pas jusqu'à y consumer son patrimoine et tout son temps, qu'il y ménageât les forces de son âme et de son corps : c'est ce que l'on appelait *tempérance*. On prévoit tout ce qui dut arriver, lorsque des hommes du tempérament d'Antoine se trouvèrent maîtres du monde, et que, loin de rencontrer des censeurs, ils n'aperçurent plus autour d'eux que des flatteurs et des esclaves. D'Athènes Antoine alla joindre le consul Gabinius, alors en mission en Égypte et en Syrie; celui-ci le chargea du commandement d'un corps de cavalerie. Antoine se distingua surtout contre Aristobule, chef des Juifs révoltés, et dans la route périlleuse qu'il fit à travers les marais de Péluse. Ce fut dans cette occasion qu'il commença de s'attacher les soldats et le peuple en s'opposant aux desseins de Ptolémée, qui voulait faire passer au fil de l'épée tous les habitants de Pélusium. Voici son portrait tracé de la main de Plutarque (trad. d'Amyot) : « Si avoit oultre cela une dignité libérale et sentant son homme de bonne maison en la face, la barbe forte et espesse, le front large, le nez aquilin; et apparoissoit en son visage une telle virilité que l'on voit représentée ès médailles et images peinctes ou moulées de Hercules. Aussi estoit-ce une chose qui se disoit de toute ancienneté que la famille des Antoniens étoit descendue d'un Anton, fils de Hercules, de qui elle retenoit le nom.... Ce qu'aucuns trouvoient fascheux et insupportable en luy, qu'il se vantoit ordinairement et se gaudissoit toujours de quelqu'un, qu'il ne faisoit point de difficulté de boire devant tout le monde, et de s'asseoir auprès des souldards quand ilz disnoyent, et de boire et manger avec eulx à leur table; il n'est pas croyable combien cela le faisoit aimer, souhaitter et desirer d'eulx. Davantage qu'il estoit adonné à l'amour le rendoit desirable, et attrayoit par ce moyen plusieurs à luy vouloir bien; car il estoit bien aise d'aider ceux qui estoient amoureux à jouir de leurs amours, et ne se prenoit point à desplaisir qu'on le gaudist des siennes. » De retour à Rome, Antoine soutint avec son ami Curion le parti de César : ce n'était point le devoir d'un honnête homme ni d'un bon citoyen, mais c'était le fait d'un ambitieux très-avisé. En cela Marc Antoine fit preuve de la première des vertus païennes, la prudence. Aussi ne tarda-t-il pas à devenir augure et tribun du peuple, et, quand César partit pour l'Espagne il lui laissa le commandement de Rome, ce qui équivalait presque à un pouvoir absolu. Antoine et les siens en abusèrent : ce qui fut cause, dit Plutarque, que l'on haïssait la domination de César et qu'on calomniait sa personne. « Ce n'estoyent au logis d'Antoine que festins, danses et momeries, et passoit le temps à ouyr jouer des farces ou à faire les nopces de quelques farceurs, bastelleurs, plaisans et autres telles gens. Auquel propos on conte que ès nopces d'un sien plaisant nommé Hippias, il but tant toute la nuict, que depuis le lendemain-matin quand il vint pour haranguer devant le peuple assemblé sur la place qui l'avoit fait appeler, ayant encore l'estomac tout chargé du vin et de viande, il fut contraint, etc... Si desplaisoit grandement aux honestes gens de voir quand il alloit par les champs, qu'il trainoit après luy grand nombre de buffetz et de vaisselle d'or et d'argent à la veuë de tout le monde, comme si c'eust été la pompe et la montre de quelque triomphe, et que bien souvent au milieu du chemin il faisoit dresser ses tentes et pavillons à l'orée de quelque vert bocage ou le long de quelque plaisante rivière, là où on luy accoustroit son disner sumptueusement, et qu'il faisoit atteler à ses chariots des lions pour les trainer : et falloit par les villes où il passoit que ès bonnes maisons des honestes hommes et femmes fussent logées des....., courtisannes et mènestrières...... » La présence de Jules César contint momentanément le désordre; mais Antoine n'en fut pas moins nommé maître de la cavalerie, après la bataille de Pharsale. Après la mort de César, Antoine, qui s'était brouillé avec le jeune Octave, eut à lutter pendant quelque temps contre la mauvaise fortune : le sénat, à l'instigation de Cicéron, l'avait déclaré ennemi de la patrie; vaincu et n'ayant plus de soldats, il erra à travers les Alpes dans le plus profond dénûment. Alors il eut besoin de tout son courage pour tenir tête à l'adversité, et il donna des preuves de cette *fortitude* qui, dénuée de moralité et mise au service des passions, n'est guère autre chose qu'une férocité brutale. Tout à coup, par un retour inespéré du sort, l'armée de Lépide se rendit à Antoine et Octave lui fit faire des propositions de paix. « Car, dit Plutarque, adonc ne voulut plus Cæsar adhérer à Cicéron, voyant qu'il travailloit totalement et n'avoit autre voulunté ne autre intention que de remettre la chose publique en sa première liberté; si envoya semondre Antonius par ses amis de traiter appointement. » L'entrevue eut lieu dans une petite île du fleuve Rhéno : c'est là que fut constitué le fameux *triumvirat*. On sait qu'une des conditions de l'arrangement fut qu'on livrerait à Antoine la tête de Cicéron; il donna en échange celle de son oncle Lucius. C'était de l'équité (car je n'ose profaner le nom de la justice) entre les trois maîtres du monde : et ce que le genre humain appelait parricide et lâche trahison, était à leurs yeux prudence et raison d'État. Antoine eut pour sa part la Grèce, l'Égypte et tout l'Orient. Devenu *autocrate* d'une partie du monde, ce fut alors qu'il put se livrer sans retenue à ses plaisirs, et qu'il se mit à vivre comme s'il eût voulu dévorer ses provinces. On peut calculer ce qui est rigoureusement nécessaire à un homme pour vivre : ce qu'il peut consumer en débauches et en luxe passe toute appréciation. Quelle pensée de tempérance eût pu surgir dans l'esprit d'un homme qui était maître de tout et qui savait que la modération philosophique consiste à mesurer ses plaisirs sur la vigueur de son tempérament et l'étendue de sa fortune; qui, d'un autre côté, se voyait approuvé par tous, excepté ceux qui souffraient de ses folies. « En la cité d'Éphèse les femmes allèrent au-devant de lui déguisées en bacchantes, les hommes et enfans en faunes et satyres, et ne voyoit-on autre chose par toute la ville que lierre et javelines entortillées de lierre, psaltérions, flustes et haulbois. Ilz appelloient Antonius en leurs cantiques Bacchus, père de liesse, doulx et bening; aussi l'estoit-il à aucuns, mais à la plus grande partie estoit cruel et inhumain; car il ostoit les biens à des gens nobles et à des hommes d'honneur, pour les bailler à des pendards et à des flatteurs. » Vers ce même temps il fit connaissance de la fameuse Cléopâtre (*V.* CLÉOPÂTRE); il la fut la cause de sa ruine. Pour elle il oublia sa femme Fulvie, veuve de Clodius, et cette femme pleine d'audace et de courage vint à bout par ses intrigues de mettre l'Italie en combustion et d'exciter une guerre entre Octave et son infidèle époux. Les deux rivaux marchèrent l'un contre l'autre; mais Fulvie étant venue à mourir, leurs amis communs s'entremirent pour les accorder, et Octavie, sœur d'Octave, fut donnée à Antoine, comme gage du traité. Mais la malheureuse Octavie eut le sort de Fulvie, et bientôt elle se vit délaissée : Antoine regrettait les orgies et les mœurs licencieuses de Cléopâtre. Ce fut pour s'en rapprocher qu'il entreprit, à contre-temps, une guerre contre les Parthes; dans son impatience de la rejoindre, il commit fautes sur fautes, perdit la moitié de son armée, et rentra couvert de honte à Alexandrie où il s'efforça d'oublier sa défaite dans de nouvelles voluptés. Son indigne conduite envers Octavie et ses profusions pour Cléopâtre servirent de prétexte à la guerre. Octave déclarait dans son manifeste qu'Antoine avait été privé de sa raison par les philtres que lui administrait Cléopâtre, qu'en fait il ne possédait plus l'empire, puisqu'il s'en était dépouillé en faveur de la reine d'Égypte et de ses enfants, etc. La flotte d'Antoine était plus nombreuse, plus dévouée peut-être que celle de son rival; mais la fortune combattit pour Octave et la bataille d'Actium décida de l'empire. Antoine et Cléopâtre s'enfuirent en Égypte; la saison avancée empêcha Octave de les poursuivre, ou plutôt on eût dit qu'il leur laissait quelques mois pour se préparer à mourir. Ils y pensèrent, mais d'une façon digne de leur vie passée. Dans leur bon temps ils avaient formé, avec leurs intimes et leurs familiers, une espèce de société érotico-bachique, à laquelle ils avaient donné le nom d'*Amimétobion*, c'est-à-dire des *incomparables viveurs*; ce nom fut changé en celui de *Synapothanouménon*, comme qui dirait des *comourants*; les fêtes et les banquets avaient recommencé, et c'est comment se termina cette longue orgie. Antoine et Cléopâtre, assiégés dans Alexandrie par Octave, mirent tous deux fin à leurs jours; et le *sage* Plutarque les loue d'avoir su du moins mourir avec résolution. Telle était la morale païenne, jouir et vivre, sinon mourir. Quand l'existence n'est estimée que par la somme de plaisir qu'elle procure, l'usage du suicide est le seul antidote de l'infortune; il reçoit les éloges du vulgaire et des *philosophes*. Ainsi finit la carrière d'Antoine. Né avec quelques qualités heureuses, plutôt de constitution que de réflexion, doué d'un génie médiocre, mais d'un caractère facile; brave soldat et bon général, à une autre époque il eût pu être honnête homme, tandis qu'il ne fut qu'un tyran absurde, lascif et cruel. C'est à lui que commence la longue et hideuse série de ces empereurs, qui tous, avec des couleurs plus ou moins foncées, reproduisirent le même type, et ne différèrent entre eux que par l'ampleur et la vivacité de leurs appétits, jamais par de véritables vertus.

P. J. PROUDHON.

ANTOINE (MARC) (*numism.*), Marc Antoine porte sur ses médailles les titres de tribun, de consul, d'*imperator*, de triumvir et d'augure. Les initiales M. F. et M. N.., qui s'y rencontrent aussi, s'expliquent par Marci Filius, Marci Nepos. Il était petit-fils de Marcus Antonius, le plus célèbre des orateurs romains avant Cicéron et Hortensius, et fils de Marcus Antonius, que Salluste (*Hist.*, lib. III) dépeint comme un prodigue, et dont Plutarque fait l'éloge pour son caractère libéral et bienfaisant. Les médailles de Marc Antoine sont tellement nombreuses que leur description dépasserait les bornes que nous devons mettre à cet article : nous ne désignerons que les principales, ainsi que les grandes raretés numismatiques. En or, sans sa tête, elles valent ordinairement de 40 à 200 fr.; au revers de la tête de Lepide, 400 fr.; au revers de la tête d'Octave, 150 fr.; au revers de la tête de Jules César, 200 fr.; ayant au revers la tête de son fils, 1000 fr.; en or avec la tête de Cléopâtre, elle est douteuse. En médaillon d'argent avec sa même tête, elle vaut 72 fr., et le denier d'argent 40. La médaille d'or de Marc Antoine avec Lucius Antonius, son frère, qui n'est connue que du cabinet de M. Rollin, vaut 1200 fr.; en argent, elle en vaut 30. Une série très-intéressante est celle des légions et cohortes qui furent ses ordres, et dont le nombre indiqué sur les médailles se monte à trente : elles représentent ordinairement l'aigle légionnaire entre deux enseignes militaires, au revers d'une galère; elles sont toutes en argent, excepté la dix-neuvième légion, que l'on connaît en or. Sur les médailles de bronze, on voit ordinairement la tête de Marc Antoine en regard d'une tête de femme que plusieurs auteurs ont décrite comme celle de Cléopâtre, mais que le savant Eckhel pense, avec plus de raison, être celle d'Octavie. M. Charles Lenormant, dans l'*Iconographie romaine du trésor de numismatique* (pag. 4), a adopté cette opinion que nous partageons. — Sur les monnaies d'argent frappées dans l'Asie, et nommées cistophores (*V.* ce mot), nous trouvons encore l'effigie de Marc Antoine couronnée de lierre, accompagnée du Lituus ou bâton des augures et quelquefois d'une tête de femme, celle d'Octavie probablement. Les médailles frappées en Égypte offrent la tête de Marc-Antoine au revers de Cléopâtre. Cette princesse y porte le titre de nouvelle déesse, et Marc Antoine y est désigné comme triumvir, et empereur pour la troisième fois. Cette médaille d'argent, de onze lignes de diamètre, est estimée 100 fr.; celles de bronze valent de 6 à 24 fr. La tête de Marc Antoine se trouve encore sur les médailles de *Carthagonova* (Carthagène) de Corinthe, d'Éphèse, de Sinope, de Thessalonique, de Nicopolis de Syrie, et de la Sicile. Visconti (*Iconogr. rom.*, tom. I, pag. 175, pl. VII), a publié un beau buste de Marc Antoine, en marbre, qui était dans la galerie de Florence, et qui se trouvait à Rome vers la fin du XVIe siècle. DU MERSAN.

ANTOINE DE BOURBON, roi de Navarre, père de Henri IV, roi de France, fils de Charles de Bourbon, duc de Vendôme, naquit en 1518. Les historiens l'ont généralement représenté comme un prince voluptueux et timide, oubliant les injures plutôt par faiblesse que par magnanimité, et d'une excessive irrésolution. Sous ce dernier rapport, peu s'en faut même qu'ils n'en aient fait un homme imbécile et stupide. Ce jugement nous paraît tout à fait inexact; Antoine de Bourbon un de ces âmes profondément personnelles, froides, difficiles à émouvoir, et n'obéissant qu'aux suggestions de leur bon sens et de leur intérêt; en quoi surtout nous oserons dire que le roi de Navarre nous semble reproduire fidèlement l'esprit de l'époque où il a vécu. Qu'était-ce en effet que toute la politique du XVe, du XVIe et même du XVIIe siècle? Que sont ces troubles sans caractère, ces ligues éternelles de nobles et de seigneurs, ces guerres soi-disant de religion? Rien autre chose que des querelles de ménage, des intrigues de cour, des luttes d'ambition et d'égoïsme, non pas entre des nations, mais entre des grands; ce sont des rois, des princes et leurs femmes qui se brouillent et se raccommodent pour leurs affaires domestiques; les questions d'État ne sont rien dans ces démêlés. — Devenu roi de Navarre en 1548 par son mariage avec Jeanne d'Albret, Antoine de Bourbon flotta presque toujours entre les religions et les deux partis qui divisaient la France. Cette fluctuation s'explique tout naturellement par l'état d'un souverain dont la fortune était faite, quoique assez mal assurée, et qui n'avait désormais de préférence à accorder qu'au plus fort. Quant à la religion, on sait ce qu'elle était pour la plupart des grands de ce temps-là; ils étaient catholiques ou protestants, selon ce qu'il convenait davantage à leur ambition; les disputes des théologiens ne les inquiétaient guère. Après la mort de Henri II, le connétable de Montmorency, pour balancer le crédit des Guise, pressa le roi de Navarre de venir prendre auprès du jeune roi la place qui lui appartenait. Mais Antoine, n'osant se fier à Montmorency qui avait autrefois conseillé à Henri II de s'emparer de son petit royaume de Navarre déjà fortement entamé par Ferdinand le Catholique, se retira dans sa principauté de Béarn où il ne tarda pas à s'attirer le mécontentement des huguenots qui n'attendaient qu'un chef pour prendre les armes

et qui ne purent le décider à se mettre à leur tête. Dans tout cela nous ne prétendons nullement que le roi de Navarre se conduisit par les principes d'une politique supérieure ou d'une haute moralité; mais à l'égard du connétable de Montmorency le motif de sa défiance était certes légitime; et, pour ce qui concerne les huguenots, nous pensons qu'il écouta plutôt son intérêt que le leur. Ainsi faisaient les personnages les plus illustres; ainsi fit le prince de Condé, frère d'Antoine, qui accepta empressement un rôle dont celui-ci ne se souciait point. On se liguait, on faisait la guerre afin de mettre la couronne à composition et de se faire chèrement récompenser de sa révolte. — Nous allons voir que le roi de Navarre ne manqua, lorsqu'il le jugea nécessaire, ni de courage, ni de prudence, ni de résolution. Soupçonné par les Guise de soutenir secrètement la révolte des huguenots et de préparer une confédération redoutable, il est mandé à la cour avec son frère le prince de Condé. La noblesse de son royaume demande aussitôt à l'accompagner et s'empresse de lui offrir des secours; Antoine refuse toute escorte et ne veut marcher armé que de sa seule innocence. A la cour il est instruit que les Guise ont obtenu le consentement de François II pour l'assassiner. « S'ils me tuent, dit-il à Reinsy son gentilhomme, portez à ma femme et à mon fils mes habits tout sanglants, ils y liront leur devoir. » Ce mot est digne du père de Henri IV. Puis il entre d'un air intrépide dans la salle du conseil, et s'impose à ses ennemis qui n'osent attenter à ses jours. Enfin la condamnation du prince de Condé, les dangers qu'il courait, la répugnance qu'il paraît avoir toujours eue pour entrer dans aucune ligue contre la France, tout cela, joint à l'espoir qu'on lui faisait concevoir de lui faire restituer par le roi d'Espagne son royaume de Navarre, le détermina à embrasser sans réserve le parti de la reine Catherine de Médicis, qu'il n'aimait pas, à se réconcilier avec les Guise et à se séparer entièrement des huguenots. Il alla même jusqu'à embrasser la religion catholique, renvoya en Béarn Jeanne d'Albret sa femme, après lui avoir ôté l'éducation de son fils Henri, et forma avec le duc de Guise et le connétable de Montmorency cette union appelée par les protestants le *triumvirat*. Sa résolution une fois prise, il la soutint jusqu'au bout avec persévérance et quelquefois malgré ses propres alliés. La guerre civile s'étant allumée, le prince de Condé, chef des protestants, s'approcha en armes de Fontainebleau où étaient la cour, le roi de Navarre et Catherine de Médicis. Cette princesse, pour laquelle combattait Antoine, était alors d'intelligence avec le prince de Condé et voulait se remettre entre ses mains; mais le roi de Navarre vint lui déclarer qu'il fallait ramener le roi à Paris. La reine hésitait : « Vous pouvez rester si bon vous semble, lui dit le roi de Navarre; nous partons. » Il fallut le suivre. A l'ouverture de la campagne de 1562, il fit échouer l'entreprise du prince de Condé sur le camp royal et soumit ensuite la ville de Bourges. La même année il fit le siège de Rouen, et fut blessé dans la tranchée d'un coup de mousqueton. Lorsque la ville fut prise, il s'y fit porter sur son lit par des Suisses et y entra victorieux par la brèche. Son incontinence rendit mortelle une blessure qui n'avait rien de dangereux; il mourut le 17 novembre 1562, à quarante-quatre ans. On avait pensé à lui faire épouser Marie Stuart, qui lui aurait apporté en dot l'Écosse, et peut-être les trois royaumes britanniques. La négociation n'eut pas de suite. Il laissa de Jeanne d'Albret Henri IV et Catherine de Navarre, mariée à Louis de Lorraine, et Louise de Labéraudière, demoiselle du Rouet, un fils naturel nommé Charles de Bourbon, qui fut archevêque de Rouen et mourut en 1613. Tel fut Antoine de Bourbon, que les partis mécontents se sont accordés à peindre comme un prince faible, irrésolu, apathique, *sans cœur et sans fiel*, et qui n'eut peut-être d'autre tort que d'être plus franc qu'eux-mêmes et plus conséquent dans son égoïsme. P. J. PROUDHON.

ANTOINE (S.), patriarche des cénobites, naquit près d'Héraclée, dans la haute Égypte, l'an 251 de J. C. Ayant perdu ses parents avant d'avoir atteint sa vingtième année, il se trouva possesseur d'une fortune considérable; mais il s'en défit en faveur des malheureux après avoir entendu ces paroles de l'Évangile : *Allez, vendez ce que vous avez, donnez-le aux pauvres et vous aurez un trésor dans les cieux.* Craignant ensuite que le monde ne lui fît payer cher la possession duquel il avait sacrifié les richesses de la terre, il se retira dans le désert pour que sa vertu eût moins d'ennemis à combattre; mais la vie du chrétien est un combat sans fin que la mort seule peut couronner des saintes palmes de la victoire. Arrivé dans le désert, Antoine comprit que le travail et la prière pouvaient seuls l'aider à triompher des souvenirs du monde dont il avait méprisé les plaisirs et de ses propres passions. Son exemple produisit une révolution dans tout l'Orient, il fit trouver des charmes dans l'isolement et la pauvreté, des délices au milieu des souffrances et des privations. — Cependant le saint solitaire n'eut pas des disciples aussitôt qu'il eut abandonné le monde. Comme le lieu de sa retraite n'était pas bien éloigné d'Héraclée, ce qui attirait auprès de lui beaucoup de curieux, il alla se cacher dans un vieux tombeau, et un ami qui lui apportait du pain de temps en temps connaissait seul le secret de ce nouvel asile. A l'âge de trente-cinq ans il s'enfonça encore plus avant dans le désert, passa le bras oriental du Nil, se retira sur le sommet d'une montagne et vécut pendant de vingt ans enfermé dans un château abandonné. Malgré tous les soins qu'il prenait pour rester inconnu, le bruit de sa sainteté traversa le désert et lui amena un grand nombre de disciples. Forcé enfin de céder au désir qu'ils lui manifestaient de vivre sous sa conduite, il descendit de sa montagne et fonda, non loin d'Aphrodite, dans l'Heptanome, un monastère qui ne fut d'abord composé que de quelques cellules éparses. — Pendant qu'il formait ses disciples à la vie cénobitique, moins encore par ses discours que par ses exemples, la persécution éclata dans Alexandrie. Il n'aurait tenu qu'à lui de continuer à vivre dans sa paisible solitude; mais convient-il au chrétien de rester éloigné du champ de bataille quand ses frères combattent? Antoine accourut là où était le danger, et, en l'affrontant lui-même, il apprit aux autres à le braver. Sa charité courageuse pendant la persécution ne fit que rendre son nom plus célèbre; et quand le calme revenu dans l'Église lui eut permis de retourner dans son désert, le nombre de ses disciples se trouva tellement augmenté que, dans le seul désert d'Arsinoé, le nombre des moines s'éleva bientôt à dix mille, selon Rufin. Les uns vivaient dans des monastères et les autres dans des cellules ou cavernes séparées. Leur temps était partagé entre la prière et le travail; mais un travail utile, profitable pour les malheureux des villes voisines. — Chef d'une communauté si nombreuse, Antoine fut effrayé de la responsabilité qui pesait sur lui, et, convaincu que le ciel bénirait son œuvre d'autant plus sûrement qu'il paraîtrait plus saint à ses yeux, il résolut de se retirer dans un lieu où ses privations fussent plus grandes et son humilité plus facile à conserver. S'étant donc joint à quelques marchands arabes qui allaient vers la mer Rouge, il les suivit pendant trois jours et les abandonna au pied du mont Colzin, depuis mont Saint-Antoine, dont l'aspect hideux lui promit des souffrances telles qu'il les désirait. Ce fut là que, cultivant un petit jardin qui fournissait à ses besoins, il mena cette vie pénitente dont le seul récit effraye; là qu'après avoir prié pendant toute la nuit, il s'affligeait de ce qui réjouit les autres hommes, et au soleil : « Qu'ai-je besoin de ta lumière? pourquoi viens-tu me distraire? pourquoi ne te lèves-tu que pour m'arracher aux clartés de la véritable lumière? » — Il ne s'éloigna plus de cette solitude que pour visiter ses anciens monastères et aller passer quelques jours à Alexandrie, où il avait été appelé par saint Athanase, pour combattre les ariens et surtout pour démentir les calomnies des hérétiques, qui ne craignaient pas d'avancer que le saint de Dieu, comme les païens eux-mêmes l'appelaient, partageait leurs pernicieuses doctrines. — Telle était la vénération que l'Église tout entière avait déjà pour notre saint, que l'empereur Constantin et ses deux fils lui écrivirent une lettre commune pour se recommander à ses prières. Saint Athanase nous a conservé la réponse du saint. Saint Jérôme cite de lui sept autres lettres que quelques-uns regardent comme apocryphes. Quand il sentit la mort s'approcher, il reprit le chemin de l'Église, n'emmenant avec lui que Macaire et Amathas auxquels il fit promettre de garder le secret sur le lieu de sa sépulture. Il mourut dans leurs bras l'an 356; il était âgé de cent cinq ans, et malgré ses longues austérités, il n'avait éprouvé aucune des infirmités qui accompagnent ordinairement la vieillesse (*V.* VIE CÉNOBITIQUE).   J. R.

 — Nous invitons nos lecteurs à chercher dans la vie de saint Antoine par saint Athanase, et dans le témoignage unanime de saint Augustin, de saint Jérôme et de saint Jean-Chrysostôme, rendu aux modestes vertus du saint anachorète, la complète réfutation de ces misérables légendes que l'impiété railleuse de quelques artistes a supposées pour les accommoder à d'indécentes caricatures, et tourner ainsi en ridicule un des plus vénérables personnages de l'antiquité chrétienne. Saint Athanase fut le contemporain, l'ami d'Antoine, et saint Athanase, esprit du premier ordre, n'était pas homme à donner à des visions fantastiques l'autorité de son nom respecté.   J. DE M.

ANTOINE (S.), dit DE PADOUE, à cause du long séjour qu'il fit dans cette ville, naquit à Lisbonne en 1195, et entra, à l'âge de vingt-quatre ans, dans l'ordre de saint François qui vivait encore. Comme cet ordre avait une mission dans l'empire de Maroc, Antoine demanda comme une faveur d'être admis au nombre des nouveaux ouvriers évangéliques que l'on faisait partir pour remplacer cinq frères qui avaient été martyrisés par les infidèles. Le désir de gagner la palme que Jésus-Christ a promise à ceux qui ont combattu pour son nom, excitait son ardente charité; mais en arrivant il fut attaqué d'un mal subit qui l'obligea de se rembarquer avant même d'avoir pu arborer sur le rivage le saint étendard qu'il voulait porter jusqu'au fond des déserts de l'Atlas. Le ciel, qui le destinait à des travaux d'un autre genre, ne lui permit pas d'aborder en Espagne où il se faisait conduire pour rétablir sa santé. Le vaisseau, poussé par des vents contraires, entra dans un port d'Italie. Admis dans un couvent que son humilité lui fit d'abord sans être remarqué de ses frères, ne s'occupant que des travaux les plus grossiers de la maison; mais bientôt son mérite se fit jour malgré lui et le rendit l'objet de l'attention de ses supérieurs. Après avoir professé la théologie à Bologne, à Toulouse, à Montpellier, à Limoges, il abandonna la carrière de l'enseignement pour se livrer entièrement à la prédication. Les succès que son éloquence apostolique obtint en Espagne, en France et en Italie, furent prodigieux. L'ardeur de son zèle était sans bornes; ses vertus, rendues plus éclatantes par plusieurs miracles, lui attiraient un auditoire que les plus vastes cathédrales ne pouvaient contenir. — Lorsque le féroce Ezzelin, surnommé le fils du démon, eut fait massacrer dans Padoue onze mille citoyens, Antoine alla le trouver dans Vérone et, en présence de toute sa cour, il lui reprocha ses cruautés avec tant de force et d'éloquence, que le monstre, tremblant, abattu, portant une corde au cou, se jeta aux genoux du saint pour le prier de demander à Dieu le pardon de ses crimes. Saint Antoine mourut à Padoue en 1231, à l'âge de trente-six ans. C'est surtout en Italie et en Portugal que la mémoire de ce saint est en grande vénération. Il nous reste de lui plusieurs ouvrages : 1° des sermons; 2° une concordance morale de la Bible; 3° une exposition mystique des livres de l'Écriture. Les sermons ne répondent pas à l'idée qu'on peut se former de l'éloquence du saint, d'après ses succès; mais il est à peu près certain que les traducteurs qui nous les ont conservés ne nous ont pris que les divisions et les motifs. *Legenda S. Anton. Pad. per Siconem; Annales minorum; Bibl. hispanica vetus,* etc.   J. R.

ANTOINE, prince de Crato, fils naturel de Louis de Portugal et d'Yolande Gomez, servit avec distinction contre les Maures, et fut fait prisonnier après la bataille d'Alcazar-Quivir en 1558. Il ne tarda pas à recouvrer sa liberté, soit qu'il eût trompé la surveillance de ses gardiens, soit qu'il eût reçu d'un esclave les moyens de sortir de prison. De retour à Lisbonne, il éleva des prétentions à la couronne. Le roi Sébastien avait disparu (*V.* SÉBASTIEN DE PORTUGAL), et le cardinal Henri, surnommé le *Prêtre-roi*, était alors sur le trône. Antoine prétendait que Louis avait contracté un mariage secret avec sa mère Yolande, et le peuple de Lisbonne, adoptant cette fable, le proclama souverain à la mort du cardinal (1580). Philippe II, d'un autre côté, alléguant les droits de sa mère Isabelle, envahit le Portugal avec une armée, et s'alla faire couronner à Lisbonne. La tête d'Antoine fut mise à prix. Ce malheureux prince, abandonné de tous, eut recours à la France, qui lui accorda six mille hommes. Ce secours était insuffisant; Antoine fut obligé de fuir, et, après avoir erré pendant longtemps en Hollande, en Angleterre, en France, d'aller chercher un asile à Paris. Il mourut dans cette ville, en 1595, dans sa soixante-quatrième année. On dit que, par reconnaissance, il fit cession de ses droits au roi de France, qui se mit peu en peine de les faire valoir. Antoine, dans sa retraite, traduisit les psaumes de la pénitence; qu'il accompagna de prières sur différents sujets. L'abbé de Bellegarde en publia une traduction française, *Paris*, 1718, in-12.

ANTOINE de Sicile, prisonnier de Mahomet II, mit le feu à l'arsenal de Gallipoli, et il se disposait à le mettre aux vaisseaux qui se trouvaient dans le port, lorsqu'atteint lui-même par les flammes, il fut obligé d'aller se cacher dans un bois. Pris et amené devant Mahomet, il lui déclara fièrement que son intention avait toujours été de le poignarder lui-même. Mahomet le fit scier par le milieu du corps. Le sénat de Venise gratifia la famille d'Antoine d'une pension considérable.

ANTOINE de Palerme, au service d'Alphonse d'Aragon, roi

de Naples, fut envoyé par ce prince à Venise, pour demander l'os du bras de Tite-Live, et on dit qu'il l'obtint (1451). On ajoute que, pour acheter un exemplaire de cet historien copié par le Pogge, il vendit un de ses domaines. S'il donna dans cette occasion une preuve de son amour pour la littérature, il n'en donna pas de délicatesse et d'aménité dans ses discussions avec Laurent Valla; celui-ci à la vérité lui rendit injure pour injure, suivant la noble coutume des gens de lettres de ce XVe siècle, tant vanté, tant regretté par l'hypocrite médiocrité qui voudrait bien pouvoir effacer le XVIIe de nos annales littéraires. Antoine mourut à Naples en 1471, âgé de soixante-dix-huit ans. Il a laissé des épîtres, deux harangues, des épigrammes et des satires contre Laurent Valla; toutes ces pièces furent imprimées à Venise, in-4°, 1558. Antoine a publié encore à Pise, 1485, in-4°, un Recueil d'apophthegmes d'Alphonse, en latin; cet ouvrage fut imprimé à Bâle, 1538.

ANTOINE (PAUL-GABRIEL), né à Lunéville en 1679, et mort à Pont-à-Mousson en 1743, professa pendant longtemps avec distinction la théologie et la philosophie. Il a composé un traité latin intitulé: *Theologica universa dogmatica*, Paris, 7 vol. in-12, 1744; et un second traité: *Theologia moralis*, Paris, 4 vol. in-12, 1740. Il faisait partie de l'ordre des jésuites. La Morale du P. Antoine, meilleure que sa Théologie, fut désignée par le pape Benoît XIV pour l'usage des collèges de la Propagande. Ses mœurs furent pures et sa piété douce et vraie.

ANTOINE de Gênes, contemporain de Paul Gabriel, professa comme lui la philosophie et la théologie à l'académie de Naples. Benoît XIV faisait grand cas de ses talents; toutefois son style est rude et souvent obscur. Il est auteur de plusieurs ouvrages, parmi lesquels on remarque: les *Institutions théologiques*, 1758, in-4°, Cologne; les *Éléments de la logique et de la critique*, et les *Éléments de mathématiques*. Il est mort à Paris à la fin du règne de Louis XV.　　N. M. P.

ANTOINE DE LEBRIXA ou LEBRIJA, naquit au commencement de 1442, dans la ville d'Andalousie dont il porte le nom. A quatorze ans il passa à l'université de Salamanque, et à dix-neuf il alla en Italie fréquenter les écoles célèbres. En dix années il avait parcouru le cercle des connaissances humaines; cela veut dire qu'il avait successivement suivi tous les cours qui se faisaient alors. A cette époque, où l'on savait encore si peu de chose en chaque science, les savants universels n'étaient pas, comme aujourd'hui, des phénomènes; mais à mesure que les sciences reculèrent leurs limites, ils devinrent de plus en plus rares. Versé surtout dans l'hébreu, le grec et le latin, Antoine de Lebrixa obtint, à son retour à Salamanque, une chaire d'humanités, où il professa pendant vingt ans. Il publia, pendant la durée de son professorat, différents ouvrages sur les langues, les belles-lettres, les mathématiques, la médecine, la grammaire, la jurisprudence et la critique sacrée. Ce fut lui qui donna au cardinal Ximenès le plan de sa Polyglotte (*V.* ce mot), dont il fut le principal directeur. Sur la fin de sa vie, il donna ses soins à l'histoire, débrouilla l'origine et les antiquités de sa nation, et publia une *Histoire des rois catholiques*, qui lui valut le titre d'historiographe du roi. Il mourut à Alcala de Hénarez, où l'avait appelé Ximenès, le 11 juillet 1522, à soixante-dix-sept ans, avant d'avoir achevé son ouvrage. Son éloge, proposé par l'académie de Madrid, a paru en 1796, par D. J. B. Mugnoz. On cite surtout d'Antoine de Lebrixa: 1° *Deux décades de l'Histoire de Ferdinand et d'Isabelle*, Grenade, 1545, in-fol.; 2° des *Lexiques*, espagnol-latin et latin-espagnol, qui ont obtenu un grand succès; 3° *Explication de l'Écriture sainte*, dans les *Critici sacri*; 4° des *Commentaires* sur beaucoup d'auteurs anciens. Les *Poésies latines* furent publiées par Vivamo, en 1491.

　　　　　　　　　　　　　　　P. J. PROUDHON.

ANTOINE (JACQUES-DENIS), architecte, né à Paris, en 1733, d'un simple menuisier, et mort dans la même ville, en 1801, membre de l'Institut. Il commença son utile carrière par exercer l'état de maçon. L'intelligence dont il fit preuve l'ayant fait nommer entrepreneur-expert, il trouva l'occasion de montrer ses heureuses dispositions, et de les cultiver par l'exercice et l'exemple des maîtres. C'est à lui que le palais de justice à Paris doit son grand escalier et sa voûte. Il construisit aussi l'hôtel des Monnaies de cette ville; celui des Monnaies de Berne et le bel hôtel de Berwick à Madrid ont été construits l'un et l'autre sur ses dessins et par ses soins. Dussault a publié un *Éloge d'Antoine*, Paris, in-8°, 1801.

ANTOINE (S.), monastère. Les déserts de la Thébaïde, livrés dans l'origine à des tribus sauvages que les pharaons ne purent ni civiliser ni soumettre, parce que la nature les défendait contre toutes les entreprises ennemies, offraient des retraites inaccessibles aux chrétiens que la persécution menaçait, ou à ceux qui dans la ferveur de leur zèle avaient besoin de solitude, soit pour se détacher des choses de la terre, soit pour rompre à jamais avec les hommes. Ce fut sur le sommet des montagnes les plus arides, sur la pointe des rochers escarpés de la chaîne arabique, au sein des privations les plus dures, dévorés par les feux d'un soleil dont rien ne tempère l'ardeur, que vécurent ces pieuses légions d'anachorètes de qui les annales des premiers siècles du christianisme retracent l'histoire et les pénitences austères. Ils ouvraient leurs cellules dans les flancs du rocher où le plus souvent ils ne pouvaient arriver qu'en traversant d'affreux précipices sur de frêles planches qu'ils retiraient à eux pendant la nuit. Là, ils se nourrissaient du produit de leurs quêtes, et si les aumônes étaient insuffisantes, ils disputaient aux bêtes fauves quelques herbes sauvages qui croissaient dans le creux des rochers. Toutefois, comme pour subsister sous un climat brûlant, il faut d'abord se procurer de l'eau, ils choisissaient de préférence les montagnes perpendiculaires qui, dans plusieurs parties de la chaîne, s'avancent jusqu'au Nil, ou du moins celles dont le fleuve va baigner le pied dans les temps de crue. A cette époque ils puisaient l'eau qui leur était nécessaire pour toute l'année, et ils la déposaient dans un réservoir creusé de leurs propres mains. On voit encore beaucoup de cellules quand on navigue sur le Nil. — Ceux qui s'enfonçaient dans l'intérieur des montagnes, et se rapprochaient de la mer de Kolzoum (mer Rouge), cherchaient pour s'établir un lieu qui recélât quelque source d'eau vive: tels furent les saints ermites Antoine et Paul, et ceux que leur exemple attira auprès d'eux. Sur la montagne de Kolzoum, que les Arabes désignent par le nom de *Gebel Arabah*, montagne des chariots, à une journée de la mer, et à trois journées au sud de l'ancien Fostat (le vieux Caire), au milieu d'une contrée âpre, rude et déserte, on voit encore subsistant un monastère antique, fameux par le nom de son fondateur; c'est ce nommer saint Antoine. Il est bâti sur le penchant de la montagne et entouré d'une enceinte épaisse de briques cuites au soleil. La cellule du saint se voit sur une roche voisine; on n'y pouvait monter que par des degrés taillés dans le roc: la grotte de saint Paul n'en est pas éloignée. L'enceinte du monastère est très-vaste; s'il faut en croire Vansleb, elle contient deux mille quatre cents acres de terre. Elle n'a point de portes, et pour y entrer il faut passer par-dessus la muraille, au moyen d'un pont-levis, ou même par une espèce de panier qu'on enlève avec une poulie. Elle contenait, au temps de Macrisy, un verger planté d'arbres fruitiers et de dattiers, un jardin potager assez vaste et trois sources d'eau vive. Chaque moine avait autrefois une maisonnette où il vivait seul. Ces habitations étaient toutes rangées en rond au pied d'une grosse tour, espèce de donjon qui s'élève au milieu de l'enclos, et qui servait autrefois de magasin et citadelle. Les Turcs ont ruiné toutes les maisons. On y a substitué des cellules basses, étroites, obscures, recouvertes d'un toit en terrasse. Le donjon, de même que l'enceinte, n'a point de portes. On s'y introduit par une ouverture pratiquée au mur et fermée par un pont-levis qui s'abat sur le toit d'un édifice voisin. C'est là que les moines serrent leurs provisions et qu'ils s'enferment eux-mêmes si les Arabes les insultent. Du reste, les Arabes les molestent peu, pourvu que les moines les reçoivent quand ils se présentent. — Les jardins sont grands et productifs; une partie du terrain est plantée en vignes qui donnent d'assez bon vin blanc. L'eau des sources est claire, abondante, mais son goût saumâtre la rend désagréable et malsaine. Il y a dans l'enclos deux ou trois églises à demi ruinées; dans la principale on révère saint Antoine, qui n'a pas été seulement, dit-on, le fondateur de la règle, mais encore l'architecte et le constructeur de l'édifice sacré. On assure que le saint a été enterré dans la grotte même qui fut sa première demeure. — La règle de ces moines est très-austère; ils sont tout couverts de laine, et portent à la main un bâton dont le bout a la forme d'un tau grec. Leurs aliments consistent en pois secs et en herbages qu'ils font cuire sans autre assaisonnement qu'un peu d'huile de lin; ils couchent enveloppés dans leurs vêtements. Au surplus, leur ignorance est extrême; deux ou trois volumes composent leur bibliothèque, et ils regardent comme savant celui d'entre eux qui peut les lire couramment. Il est probable qu'il y a là de l'exagération.　　J. DE M.

ANTOINETTE D'ORLÉANS, fille du duc de Longueville, ayant perdu son mari Charles de Gondi, tué au mont Saint-Michel, repaire des calvinistes en 1596, dégoûtée du monde et de ses vaines illusions de bonheur, alla chercher la paix de l'âme dans un monastère de Toulouse en 1599. Le pape exigea d'elle qu'elle entrât à l'abbaye de Fontevrault, afin d'y donner l'exemple de ses vertus ; elle obéit, mais son humilité ne lui permit pas d'accepter les fonctions d'abbesse qui lui furent offertes. Bientôt même elle sollicita la liberté d'aller s'enfermer dans un couvent obscur près de Poitiers. Elle y fonda la congrégation du Calvaire, et mourut en 1618, laissant après elle une grande réputation de sainteté.

ANTOINETTE (MARIE). Le grand dauphin venait de mourir, Louis XV ne s'occupait guère que de ses plaisirs, M. de Choiseul osa songer à marier l'héritier du trône. — De toutes les maisons souveraines, celle qui pouvait à plus juste titre fixer l'attention du ministre, était sans doute cette antique et noble maison d'Autriche, représentée alors par la grande Marie - Thérèse. L'Europe apprit bientôt que le petit-fils de Louis XV épouserait la fille des césars. — Marie-Antoinette-Joséphine-Jeanne d'Autriche était née à Vienne, le 2 novembre 1755, de Marie-Thérèse et de François de Lorraine. Douée par la nature de tous les avantages extérieurs, elle devait à son illustre mère tous ceux que donne une éducation distinguée. Elle parlait avec facilité le français, l'anglais, l'italien : le latin ne lui était pas étranger. Elle dessinait avec goût et excellait dans la musique, dont elle faisait ses délices. Gluck avait été son maître. — On éprouve une douloureuse impression en lisant les détails relatifs à son départ. Elle quittait l'Autriche sans peine, et se faisait la plus douce idée d'un avenir dont elle ne pouvait prévoir l'horreur, et que nous connaissons. Les sentiments des Français étaient du reste en rapport avec les siens. Fatigués de l'immoralité profonde de la cour, ils aspiraient au moment où ils pourraient saluer de leurs acclamations une reine légitime ; ils avaient soif de pudeur publique. La cour attendit à Compiègne la nouvelle dauphine, et ce fut Louis XV lui-même qui la présenta à son petit-fils, à Versailles : cependant de pénibles circonstances troublèrent la joie de Marie-Antoinette ; un orage affreux éclata sur la ville au moment de la bénédiction nuptiale. Puis il lui fallut souffrir que la Dubarry lui fût présentée et figurât à côté d'elle à la table du roi. — Peu de jours après elle vint à Paris, et chacun se rappelle les désastres qui eurent lieu à cette occasion. Plus de douze cents personnes périrent victimes de leur curieux empressement et de l'imprévoyance de la police. — Enfin, l'exil de M. de Choiseul affecta douloureusement une princesse qui avait espéré lui devoir le bonheur. — La dauphine avait un tact exquis, le dauphin était d'un caractère grave ; ils comprirent combien leur position était pénible au milieu d'une cour flétrie par le vice, et ils vécurent fort retirés. — En 1774, Louis XVI devint roi ; des actes de bonté signalèrent son avénement et celui de la reine. Le peuple applaudit, les courtisans corrompus se retirèrent, et tout parut devoir changer d'aspect. Mais une révolution devait éclater ; une victime innocente devait expier les crimes des générations précédentes. Déjà la philosophie du XVIIIe siècle répandait son venin et détruisait les croyances religieuses ; bientôt ses spéculations hardies entrèrent dans le domaine de la politique. Les ambitieux voulurent profiter de l'égarement général, et, pour arriver plus sûrement à leur but, ils semèrent les calomnies les plus odieuses contre la reine : son éloignement pour l'étiquette, sa simplicité, ses bienfaits même furent interprétés contre elle, et des libelles infâmes commencèrent à circuler ; lorsque l'empereur Joseph se fut rendu à Paris, on affirma que la reine lui avait remis des sommes considérables pour assurer l'exécution de plans contraires aux intérêts de la France. — Vint ensuite cette histoire du collier, où figurèrent d'un côté une intrigante, de l'autre un prélat stupide, et qui tourna encore contre une reine qui seule ignorait ce qu'on faisait sous son nom ; et ici la calomnie fut, pour ainsi dire, autorisée par la magistrature. Il sembla que le parlement mettait un soin extrême à rendre une sentence équivoque, afin d'autoriser tous les bruits qui couraient. Alors le déchaînement fut sans bornes, et le délit fut attribué aux profusions de Marie-Antoinette. Les comptes de sa maison répondent à de telles imputations. — Cependant les états généraux furent convoqués, et, dès leur ouverture, la situation de l'infortunée reine parut si alarmante que la cour d'Autriche et celle de Naples voulurent la faire sortir de France. Mais le roi était menacé, Marie-Antoinette l'avait compris ; elle voulut rester près de lui : il y avait là une grandeur d'âme qui ne se démentit pas aux funestes journées du 5 et du 6 octobre. Ce fut avec une héroïque résignation qu'elle subit cet horrible voyage de Versailles à Paris, au milieu des cannibales qui l'accablaient de leurs outrages, et qui lui firent encore subir en arrivant les impériales haran-

gues de la municipalité. — Depuis lors les Tuileries devinrent une prison. Après deux ans de patience, le roi crut qu'il devait faire quelque chose pour lui-même et pour la France en se mettant à la tête de quelques régiments restés fidèles ; alors fut formée cette malheureuse entreprise que le maire de Varennes devait faire échouer. Huit jours d'un voyage aussi pénible que celui du 6 octobre ramenèrent la famille royale aux Tuileries. — Barnave et Pétion l'avaient accompagnée ; le premier avait été touché de ce qu'il avait vu, le second avait insulté sans ménagement à de si grandes infortunes. — Cependant le courage de la reine s'élevait à mesure que le mal faisait des progrès ; elle fut sublime au 20 juin et au 10 août ; et après la déchéance du roi, dans cette prison du Temple, où elle était dénuée de tout, elle se montra supérieure à l'humanité. — On a honte d'avoir à dire que des Français restèrent froids au spectacle qu'offrait alors la famille royale ; qu'ils présentèrent à la reine la tête de la princesse de Lamballe, qu'ils séparèrent enfin des êtres qu'ils ne trouvaient pas encore assez malheureux. Marie-Antoinette ne put obtenir des habits de deuil après la mort du roi. — Mais de si grands maux devaient trouver un terme. La reine fut transférée à la Conciergerie, et son procès commença. Fouquier-Tinville joua le rôle d'accusateur public devant un tribunal où figuraient un tailleur, un perruquier et un recors. — Le ridicule et l'atroce furent au même niveau. Personne ne se présenta pour défendre la reine. MM. Tronçon - Ducoudray et Chauveau - Lagarde, nommés d'office, remplirent leur dangereuse mission avec courage, mais sans espoir de succès. La reine périt à la même place où était tombée la tête du roi. Les faits parlent plus haut que nous ne pourrions le faire. HENRI PRAT.

ANTONELLE (PIERRE-ANTOINE D'). Cet ardent révolutionnaire qui, né d'une famille noble et riche d'Arles en Provence, se jeta dans le tourbillon de la démagogie avec son titre de marquis et n'y périt pas, se fit connaître *avantageusement* dans le parti des ennemis du trône par son *Catéchisme du tiers état.* Nommé à la mairie d'Arles, envoyé à l'assemblée législative, juré du tribunal révolutionnaire, il montra constamment la même exaltation de principes. Sa qualité de noble le fit exclure du club des jacobins ; mais il se dédommagea de cette privation en votant comme juré la mort de la reine et celle des girondins. Un écrit dans lequel il réclamait la liberté des opinions en faveur des jurés, causa son arrestation ; il ne fut remis en liberté qu'après le 9 thermidor. Au 13 vendémiaire, il se déclara pour la convention contre les sections, devint ensuite collaborateur du *Journal des hommes libres.* Impliqué dans la conspiration de Babeuf, poursuivi et acquitté par la cour de Vendôme, moins cher au directoire anarchiste forcené, il n'en fut pas moins élu par les Parisiens pour faire partie du conseil des cinq cents. Le directoire prononça son exclusion par voie d'épuration ; son département le réélut, mais l'élection fut annulée par le conseil des anciens. Au 18 brumaire, son nom fut inscrit sur une liste de déportation ; il réussit à s'en faire rayer. Après le 3 nivôse, Fouché l'exila à cinquante lieues de Paris, et Antonelle s'en alla visiter l'Italie. Au bout de quelques années il rentra en France et se retira dans son pays natal, où il mourut en 1819, sans avoir voulu recevoir les secours de la religion. Il avait publié en 1814, sous le titre de *Réveil d'un vieillard,* une brochure où il prenait la défense des Bourbons, et peut-être Louis XVIII en l'apprenant s'écria-t-il, comme jadis Antisthènes quand il s'entendit louer par des méchants : « Bon Dieu ! que vous ai-je donc fait pour que vous me donniez de tels amis ? » Antonelle a laissé diverses brochures politiques, aujourd'hui dénuées de tout intérêt et entièrement oubliées.

ANTONELLI (NICOLAS), né à Sinigaglia, dans le duché d'Urbin, entra dans l'état ecclésiastique, se fit rechercher par son érudition, s'attacha à la cour de Rome, et obtint de Clément XIII le chapeau de cardinal. Il passait pour savant orientaliste ; il mourut, le 14 septembre 1767, septuagénaire. On a de lui un ouvrage intitulé : *Ragioni della sede apostolica sopra il ducato di Parma e Piacenza, esposte a sovrani é principi catolici dell' Europa,* 4 vol. in-4°, Rome 1742, sans nom d'auteur, et quelques autres ouvrages fort peu importants. — Un neveu d'Antonelli, nommé Léonard, né en novembre 1730, fut, comme son oncle, revêtu de la pourpre romaine ; mais ce ne fut que sous le pontificat de Pie VI ; son attachement pour les jésuites l'avait rendu suspect à Clément XIV. En 1797, il était doyen du sacré collège, et il possédait toute la confiance de Pie VII, qu'il accompagna à Paris en 1804. Léonard Antonelli mourut à Sinigaglia, en 1811, emportant l'estime et les regrets de tous ceux qui l'avaient connu.

ANTONELLO, de Messine, de la famille des Antonii qui avait donné plusieurs artistes renommés à la Sicile, naquit à Messine en 1424 suivant les uns, et douze ans plus tôt suivant les autres. Ce peintre célèbre n'a pas inventé la manière de peindre à l'huile, mais il est le premier qui l'a fait connaître en Italie, en publiant le procédé qu'il avait appris dans un voyage en Flandre. Ce qui paraît avéré, c'est que le gouvernement de Venise, reconnaissant, ordonna par un décret qu'Antonello fût logé et entretenu sa vie durant aux frais de la république. On dit que Dominique Vénitien, à qui Antonello avait communiqué son secret, s'étant rendu à Florence, fut assassiné par André del Castagno, qui, pareillement maître du procédé d'Antonello, voulut se débarrasser d'un rival. — Antonello passa les dernières années de sa vie à Venise, comblé d'honneurs et de biens. Il laissa un assez grand nombre de tableaux dont plusieurs églises ornèrent leurs autels; mais, quoique ce peintre eût tâché, pendant son long séjour en Flandre, de prendre la manière de Jean de Bruges, ses ouvrages, qui ne s'élèvent guère au-dessus du médiocre, ont pour principal mérite celui d'avoir ouvert la carrière que les Léonard de Vinci, les Michel-Ange, les Raphaël et d'autres grands peintres ont parcourue avec tant d'éclat. On ignore l'année fixe de sa mort; quelques-uns la rapportent à l'an 1496. Les peintres vénitiens érigèrent un monument à sa mémoire, et ils le décorèrent d'une épitaphe qui tend à perpétuer le souvenir du service qu'il a rendu à la peinture; ils reconnaissent qu'il fut le premier qui, en mêlant l'huile aux couleurs, apprit à l'Italie à donner de l'éclat et de la durée à la peinture.

. . Coloribus oleo miscendis
Splendorem et perpetuitatem
Primus italicæ picturæ contulit...

N. M. P.

ANTONI (JEAN), prieur à l'abbaye des bénédictins à Mayence, né à Wittlich, dans l'évêché de Trèves, publia, en 1628, une *Chronique* de son monastère. Elle se trouve aussi dans le *Script. rer. Moguntiacarum*, de Joannis, t. II.

RŒSS.

ANTONI (ALEXANDRE-VICTOR), né à Villefranche dans le comté de Nice, en 1714, devint par son mérite et sa bravoure, de simple canonnier, lieutenant général et directeur de l'école d'artillerie de Turin; il mourut en 1788. Il a laissé divers ouvrages qui tous ont été traduits en français et publiés à Paris de 1773 à 1797, savoir : *Examen de la poudre*, in-8°; — *Principes fondamentaux de la construction des places et nouveau système de fortifications*, in-8°; — *Cours de mathématiques, d'artillerie et d'architecture militaire*, in-8°; — *Institutions physico-mécaniques*, 2 vol. in-12; — *Du service de l'artillerie à la guerre*, in-8°; — *De l'usage des armes à feu*, in-8°; — *L'architecture militaire pour les écoles royales théoriques d'artillerie et de fortifications*, avec *planches*, in-8°. — Bologne a vu naître dans ses murs, en avril 1746, et mourir en mars 1828, un avocat nommé Vincent Antoni ou Antonj, qui, après avoir rempli avec distinction une chaire de droit, fut dépouillé de sa charge quand les Français envahirent Bologne. Lorsque les Autrichiens rentrèrent dans cette ville en 1792, Antoni devint membre de la régence impériale; mais, après le retour des Français, il fut nommé commissaire général des finances et procureur général près la cour de révision; il garda cette dernière place jusqu'au rétablissement de Pie VII. A cette dernière époque il rentra tout à fait dans la vie privée. Il a composé quelques ouvrages de jurisprudence, des poésies et même des comédies. N. M. P.

ANTONIA, tour ou forteresse de Jérusalem, bâtie par Hérode le Grand, en l'honneur de Marc Antoine, était située vers l'angle occidental et septentrional du temple, sur une hauteur escarpée de tous côtés; elle avait la forme d'une tour carrée, et était flanquée à chacun de ses angles d'une tour qui la défendait. Les Romains tenaient ordinairement une garnison dans la tour Antonia, qui peut être regardée comme la citadelle du temple, qui servait lui-même de forteresse à la ville. Ce fut de cette tour que le tribun accourut avec ses soldats pour sauver saint Paul de la fureur des Juifs, qui l'avaient pris dans le temple, et qui voulaient le faire mourir (Josèphe, *Antiq.*, liv. XV, ch. 14, et *Bello Jud.*, l. VI, ch. 12; *Act.*, XXI, 31 et seqq).

J. G.

ANTONIA (numism.) Cette princesse, que les numismatistes nomment *Antonia minor*, pour la distinguer de sa sœur aînée,

qui fut mariée à Domitius Ænobarbus, aïeul de Néron, est représentée sur des médailles d'or, d'argent et de moyen bronze. Elle fut décorée du titre d'*Augusta* par Caligula, son petit-fils, après l'avénement de ce dernier au trône impérial. Les deux seuls revers connus sont : une femme debout, avec la légende, CONSTANTIAE AVGVSTI, *A la constance d'Auguste* (de l'empereur), et deux torches liées ensemble, avec la légende SACERDOS DIVI AVGVSTI (prêtre du divin Auguste). On connaît un coin moderne de la médaille d'argent; les médailles d'or d'Antonia valent 60 francs, celles d'argent, 40. Elles sont communes en moyen bronze, et ne valent que 1 franc. D. M.

ANTONIANO (JEAN), né à Rome, vers l'an 1540, d'une famille peu fortunée. La nature lui avait donné les plus heureuses dispositions pour la musique et la poésie. On prétend qu'à dix ans il improvisait, en s'accompagnant de la lyre, sur toutes sortes de sujets. Le duc de Ferrare fit cultiver par une bonne éducation ce talent précoce. Antoniano devint professeur de belles-lettres, secrétaire au sacré collège sous Pie V, et secrétaire des brefs sous Clément VIII, qui le revêtit de la pourpre romaine, en 1598. Antoniano mourut cinq ans après, épuisé, dit-on, par les veilles; il consacrait toutes les nuits au travail. On a de lui des commentaires, des sermons, des lettres, des vers; diverses dissertations écrites en latin sur la succession des apôtres, sur la primatie de saint Pierre, etc., et un traité intitulé *Dell' Educazione Cristiana de figliuoli*, en trois parties.

ANTONIDES (JEAN), plus connu sous le nom de *Van der Goes*, qui est celui du bourg où il est né. Ses parents lui firent donner une éducation brillante, et il en profita. Il commença par des imitations d'Horace et d'autres poètes latins; il composa plus tard un poème original, le *Ystroom* (Description de la rivière d'Y); il y a déployé tout ce que son imagination avait de ressources. Les amis que lui valut cet ouvrage lui fournirent les moyens d'étudier la médecine et de se faire graduer à Utrecht. Il mourut prématurément peu de temps après, en 1684, dans sa trente-huitième année, au moment où il projetait un poème en douze chants sur les travaux de l'apôtre saint Paul. Ses ouvrages ont été recueillis à Amsterdam, et publiés, in-4°, en 1714. N. M. P.

ANTONIN (S.), ou le *petit Antoine*, ainsi nommé à cause de la petitesse de sa taille, naquit à Florence en 1389. Son intelligence et ses vertus, également précoces, le firent recevoir dans l'ordre des dominicains, quoiqu'il n'eût pas encore seize ans. Ses supérieurs reconnurent bientôt combien il leur serait facile de mettre à profit cette précieuse conquête, et ils chargèrent frère Antonin de diriger les autres, dans un âge où bien peu savent se guider eux-mêmes. Successivement prieur à Rome, à Naples, à Gaëte, à Florence, partout il édifia par ses vertus, étonna par sa connaissance du cœur humain, se fit aimer par sa douceur unie à la fermeté. Appelé en qualité de théologien au concile général de Florence, où il devait être question des Grecs avec les Latins, il justifia toute la confiance qu'Eugène IV avait mise en lui, par la haute supériorité avec laquelle il traita toutes les questions. Sur ces entrefaites, le siège de Florence étant devenu vacant, il fut appelé à le remplir; mais telle était sa modestie, que pour l'obliger d'accepter cette dignité, le pape fut réduit à le menacer d'excommunication. L'épiscopat n'offre pas de plus beaux modèles à suivre; il était le plus pauvre du diocèse, car tout ce qu'il avait appartenait aux pauvres; il appartenait lui-même à tous, comme il le prouva pendant la peste qui désola Florence. Il se conduisit de manière que ceux qui plus tard l'ont imité, saint Charles Borromée à Milan, Belzunce à Marseille, ne l'ont pas surpassé en héroïsme et en charité. Il mourut le 2 mai 1459, dans la soixante-dixième année de son âge et la treizième de son épiscopat. Il nous reste de lui : 1° une *Somme théologique* en quatre parties, bonne à consulter, et utile par sa forme aux prédicateurs, à qui elle fournit les divisions et des motifs; 2° une *Somme historique*, appelée *Chronique tripartite*, commençant à Adam et finissant à Frédéric III; pour les premiers siècles l'auteur est exact, mais pour les autres, il a puisé à des sources peu sûres; 3° *Traité de l'excommunication*; l'auteur s'est montré érudit; 4° *Sermons*; 5° *Donation de Constantin*; 6° *Les disciples allant à Emmaüs*, etc. J. R.

ANTONIN (TITUS-AURELIUS-FULVIUS-ANTONINUS-PIUS). A la monstrueuse époque des douze Césars succède, dans les annales de l'empire romain, le règne de cinq empereurs dont les vertus dédommagent, en quelque sorte, le lecteur et l'historien du tableau dégoûtant des vices de leurs prédécesseurs. — Le quatrième de ces princes exceptionnels, naquit l'an 86 de notre ère à Lanuvium, dans la campagne de Rome. Sa famille, originaire de Nîmes, appartenait à l'ancienne noblesse du pays, mais elle s'était tenue jusqu'alors dans l'isolement, et n'avait vu aucun de ses membres exercer les hautes dignités de l'État. — Un caractère naturellement doux rendit Antonin cher à tous les siens ; et bientôt une fortune considérable ; une incontestable distinction d'esprit, une probité reconnue, appelèrent sur lui l'attention du souverain et lui ouvrirent une carrière brillante. — Élevé d'abord au consulat, il ne sortit de charge que pour aller prendre possession du proconsulat d'Asie, et on le vit investi, à son retour à Rome, de toute la confiance d'Adrien. Ce prince s'attacha davantage à lui à mesure qu'il le connut mieux, et se détermina enfin à l'adopter, à la condition que lui-même assurerait sa succession à L. Verus et à Annius Verus (depuis Marc-Aurèle). Ce ne fut qu'après une longue et sincère hésitation qu'Antonin consentit à se charger du fardeau de l'empire ; tous les ordres de l'État lui témoignèrent par leurs acclamations leur vive reconnaissance pour le sacrifice qu'il s'imposait. En l'an 136, il prit les rênes du gouvernement et justifia toutes les espérances qu'il avait fait concevoir. Qu'on se figure en effet l'impression que devait produire à Rome les actes d'un prince qui, ne suivant jamais que les inspirations d'une conscience scrupuleuse, préféra toujours la clémence à la rigueur. Qu'on se reporte aux règnes des Tibère et des Caligula ; on y verra l'innocence opprimée, la délation encouragée en vue du profit des confiscations, la crainte partout, le dégoût de la vie porté à un tel point chez les particuliers, que rien n'était commun comme le suicide. À ce hideux tableau opposons celui du règne d'Antonin. Quelques conspirations éclatent ; les coupables sont punis, mais l'empereur défend qu'on recherche leurs complices, il va jusqu'à prendre sous sa protection personnelle la fille de l'un des conjurés ; la justice adopte un caractère bienveillant ; pour la première fois les chrétiens éprouvent les bienfaits de la tolérance : le monde est en paix. — Les temps les plus heureux sont ceux qui laissent des lacunes dans l'histoire ; le règne d'Antonin en offre la preuve. Les faits ont dû en être peu nombreux, et ils nous ont été transmis avec peu de soin ; il ne nous est pas même possible d'affirmer qu'on doive attribuer à ce prince la construction des arènes de Nîmes et du pont du Gard. Cependant il y a de fortes raisons de le regarder comme le fondateur de deux monuments situés au berceau de sa famille et empreints au reste du caractère de son siècle. Une muraille construite en Bretagne, au nord de celle d'Adrien, et désignée dans l'histoire sous le nom de mur d'Antonin, donne seule à penser que l'empire avait reçu quelque extension de ce côté. Antonin mourut de la fièvre l'an 161. Le sénat lui décerna, selon l'usage, le titre de dieu ; des temples lui furent élevés, des prêtres veillèrent aux cérémonies de son culte :. ce fut la moins indigne de ces objets d'une coupable adoration. — Antonin fut enterré dans le tombeau d'Adrien. — Avant de fermer les yeux, il avait adopté Marc-Aurèle, qui était devenu son gendre, et que les historiens appellent le deuxième Antonin (*V.* MARC-AURÈLE).

HENRI PRAT.

ANTONIN (itinéraire d'). C'est le titre que porte une espèce de tableau, de livre de routes où sont décrites avec soin toutes les voies publiques qui s'étendaient de l'ancienne Rome à toutes les provinces de l'empire, et jusqu'aux extrémités les plus reculées. Cet itinéraire a été publié, en 1512, par H. Estienne, qui l'attribue à l'empereur Antonin le Pieux ou à son successeur Marc-Aurèle ; mais cette opinion du savant éditeur n'a pas été généralement adoptée : on croit communément que l'itinéraire fut l'ouvrage d'un géographe du IIIe ou du IVe siècle, qui emprunta le nom de cet empereur pour le faire plus facilement adopter par le public, ou que même il fut composé longtemps après la mort d'Antonin, en exécution de quelque projet que ce dernier aurait conçu ou de quelque ordre qu'il aurait donné de son vivant et qui serait resté sans exécution. Il y a des écrivains qui prétendent, d'après un passage extrait d'un auteur peu connu, que l'itinéraire fut dressé par trois géographes ou ingénieurs nommés par Jules-César, réformateur de l'année solaire, et que leurs travaux, qui durèrent de 15 à 25 ans, furent terminés vers l'an 20 avant Jésus-Christ. Ils ajoutent que la forme d'itinéraire qu'ils reçurent fut l'ouvrage de Marc-Antoine. Cela peut être ; mais comme rien ne prouve que ce prétendu itinéraire de Marc-Antoine ait reçu plus tard des additions, et que l'itinéraire d'Antonin renferme des noms de villes qui n'ont pu être donnés qu'à la fin du IIIe siècle, comme Dioclétianopolis, que d'ailleurs les routes de la Gaule et de la Grande-Bretagne s'y trouvent aussi, on peut douter de

l'exactitude de tous ces détails. Quoi qu'il en soit, comme l'itinéraire d'Antonin indique toutes les principales routes, les villes qu'elles traversent, la distance qui sépare ces villes, les ports de mer et les chemins qui y conduisent, il sera extrêmement utile toutes les fois qu'il s'agira de dresser des cartes de l'ancien empire romain ; mais il faut y joindre les tables de Peutinger (*V.* PEUTINGER). N. M. P.

ANTONIN LE PIEUX (numism.). Le règne long et glorieux d'Antonin fournit beaucoup de monuments numismatiques aussi intéressants pour l'art que pour l'histoire. On remarque sur ses médailles beaucoup de types communs à tous les empereurs : mais celles de ce prince se distinguent par les sujets relatifs à la religion et aux anciennes traditions de Rome. Les noms d'Antonin étaient *Titus-Aurelius - Fulvus - Boionius - Arrius-Antoninus*. Les médailles lui donnent ceux de *Ælius-Hadrianus*, d'après l'usage des Romains de prendre le nom de ceux qui les avaient adoptés. — Les légendes qui se trouvent sur les médailles d'or, telles que ÆTERNITAS, FORTUNA OBSEQUENS, LIBERALITAS, LÆTITIA, PIETAS, TEMPORUM FELICITAS, VICTORIA AUGUSTI, étaient des formules banales par lesquelles on vantait *la fortune*, *la libéralité*, *la piété* des empereurs qui avaient le moins de droit à ces éloges, et *la joie* et *la félicité* des peuples n'existaient souvent que dans ces inscriptions menteuses. Toutefois, elles ont une application juste au prince qui, comme Antonin, régna avec sagesse, et ne répandit que des bienfaits sur la nation qui lui était soumise. Nul ne mérita mieux que lui le titre de *Pieux*, qui lui fut décerné par le sénat, ainsi que celui de *Père de la patrie*, et la dédicace OPTIMO PRINCIPI (à l'excellent prince). Parmi les types particuliers à son règne, on remarquera sur les médailles d'or et d'argent, ÆD. DIVI. AUG. REST. COS. IIII ; un temple octostyle, dans lequel sont deux figures assises : *le temple du divin Auguste*, *rétabli sous le 4e consulat d'Antonin*, DIVO. PIO., *au divin* (Antonin), *pieux*, et la colonne Antonine. AFRICA. BRITANNIA. CAPADOCIA. DACIA. HISPANIA. MAVRETANIA. PARTHIA. SYRIA., etc., sont autant de souvenirs de ses victoires sur tous ces peuples, ou de la domination romaine qu'il y avait conservée ou affermie. REX ARMENIIS DATUS rappelle qu'il donna un roi aux Arméniens (Vaillant, *Arsacid.*, imp., pag. 325), ainsi qu'aux *Quades*, peuples qui habitaient au delà du Danube. — Parmi les types mythologiques qui abondent sur les médaillons et les médailles de grand bronze d'Antonin, on remarquera Jupiter debout devant un autel orné d'un bas-relief représentant les Titans foudroyés par le maître des dieux, et auprès Atlas à genoux, supportant le globe du monde (200 fr.). — Le Soleil dans son char sur des nuages, précédé de Phosphore, et au-dessous la Terre, sous la figure d'une femme assise, tenant des épis et une corne d'abondance (150 fr.). — Diane lucifère, Diane chasseresse ; Vulcain forgeant un casque ; Bacchus et Ariane, sur un char traîné par un satyre et une panthère (250 fr.). — Prométhée assis, travaillant à former l'homme, et près de lui Minerve (200 fr.). — Six sujets de l'histoire d'Hercule, son combat contre les centaures : le plus curieux représente ce héros à table avec *Pinarius* et *Potitius* (Virg. *Æn.*, lib. VIII, 268). Ce médaillon vaut 400 fr.). Les médaillons relatifs à l'ancienne histoire de Rome attestent le soin avec lequel Antonin s'occupa de conserver l'antique religion et ses cérémonies, ce qui le fit comparer à Numa. Hercule, ayant à ses pieds Cacus, rappelle que ce héros en purgea le mont Aventin, qui était infesté de ses brigandages (Ovid. ; *Fast.*, I, 552). Hercule sacrifiant un taureau devant un temple est un souvenir du sacrifice que fit ce héros lorsqu'il eut repris les bœufs de Cacus, et qu'il en eut sacrifié deux à Jupiter, ce qui lui fit rendre les honneurs divins par Évandre, qui lui éleva un autel. Ovide (*Fast.*, I, 579) et Properce (L. IV, *eleg.* 10) racontent ce fait répété par Tacite (*Ann.*, XV, c. 41). Les historiens disent que cet autel existait encore sous Dioclétien. — Énée emporte son père Anchise après le sac de Troie. — Énée, descendant de son vaisseau, regarde la truie que lui avait annoncée l'oracle. — Mars vient visiter Rhéa Sylvia. — La louve allaite les deux jumeaux. — L'augure Nœvius tranche un caillou, et Tarquin assiste à ce prodige. — Horatius Coclès, après avoir fait rompre le pont où il soutenait l'effort des Étrusques, s'élance dans les eaux du Tibre. Tous ces événements de l'ancienne histoire de Rome n'ont pas besoin d'explication ; mais ils ont un double intérêt : ils font voir combien la monnaie des anciens avait pour l'histoire de supériorité sur la nôtre, en variant les types et répandant dans toutes les mains la représentation des faits les plus intéressants. C'est ce que Bagarris, écrivain du XVIe siècle, avait désiré prouver à ce prince, dans son discours *De l'usage des médailles, dans les* monnaies, où il cherchait à lui persuader de représenter sur le métal frappé les principaux événements de son règne ; projet qui fut exécuté par Louis XIV, mais seulement sur des pièces qui n'avaient point cours. En effet, et pour ne point le répéter dans nos autres articles numismatiques, nous dirons que l'histoire de chaque prince, le nombre de ses consulats, de ses puissances tribunitienncs, de ses nominations comme *imperator*, sont consignés sur ses monnaies, ainsi que les allocutions, les départs pour l'armée, les victoires, les triomphes et d'autres événements importants. — L'apothéose, désignée sur les médailles par le mot CONSECRATIO, est ordinairement figurée par un aigle ou par le bûcher. Un médaillon d'Antonin le représente lui-même enlevé au ciel par l'aigle, et au-dessous une femme couchée, probablement la Terre, qui le voit monter au rang des dieux. Il fut regardé, après sa mort, comme le dieu tutélaire de l'empire. Nous ne pouvons mentionner les nombreuses monnaies frappées sous son règne dans toutes les contrées soumises à l'empire romain ; celles qui furent frappées dans la seule ville d'Alexandrie se montent, dans le cabinet de France, à près de six cents. Outre les types religieux de l'Égypte, on y remarque, entre autres sujets curieux, Apollon et Marsyas, où le jeune Scythe qui va écorcher ce dernier. — Hercule portant sur ses épaules le sanglier d'Érimanthe, et Eurysthée effrayé se cachant dans un tonneau. — Hercule étouffant le géant Anthée; — domptant le taureau de Crète ; — terrassant Diomède ; — enchaînant Cerbère ; — étouffant le lion de Némée ; — saisissant la biche aux pieds d'airain; — cueillant les pommes des Hespérides ; — tuant les oiseaux de Stymphale; — assommant *Échidna*, etc. — Persée délivrant Andromède. — Le Jugement de Pâris. — Orphée jouant de la lyre et entouré d'une multitude d'animaux. — Le centaure Chiron instruisant Achille. — Il y a beaucoup de deniers romains de la famille *Antonia*. — Consultez, pour la numismatique d'Antonin, Eckhel, *Doctrina nummorum*, t. VII, p. 1; Mionnet, *Méd. rom.*, t. 1, p. 206; Rasche, *Lexicon*, verbo ANTONINVS; et pour les médailles de cet empereur frappées à Alexandrie, Zoéga, *Num. ægypt.* — Pour l'histoire de ses faits d'armes, *la Colonne Antonine*, expliquée par Bartoli. — Pour ses portraits, Visconti, *Iconographie romaine*, t. III, p. 77. Il y décrit un beau buste colossal de marbre pentélique, qui est conservé dans le musée royal, sous le n° 8. L'empereur, voilé et couronné d'épis, est représenté dans le costume religieux des frères *Arvales*. — Le cabinet des médailles possède une pierre intaille représentant Antonin, sous le n° 469 ; c'est un onyx nicole, de 29 lignes de hauteur sur 21 de largeur. DU MERSAN.

ANTONIN HONORAT, était évêque de Constantine, dans le vᵉ siècle. Tout ce qu'on sait de lui par une de ses lettres qui nous a été conservée dans la *Bibliothèque des Pères*, c'est que durant la persécution suscitée par le Vandale Genseric contre les catholiques, il tâcha de consoler Arcade, exilé par ce prince, et de le soutenir par ses exhortations. Cette lettre paraît avoir été écrite vers l'an 435. N. M. P.

ANTONIN ou ANTONINUS. Ce nom, porté par Antonin le Pieux, fut adopté par ses successeurs jusqu'à Héliogabale, dernier hommage rendu à la mémoire révérée d'un prince qui sut se faire aimer de son vivant, estimer et regretter après sa mort. Aussi n'est-ce point sans surprise que nous avons lu dans un ouvrage moderne qu'Antonin ne fut qu'un harpagon, qui, suivant l'expression de Julien l'Apostat (lequel, dit-on, n'est pas suspect), *aurait vécu divisé en deux un grain de cumin*, d'où l'on conclut qu'il n'y avait rien de grand dans le caractère d'Antonin, « qui avait déifié l'infâme Adrien pour s'assurer l'empire. » Nous ne sommes point de ceux qui n'osent pas s'écarter le moins du monde des routes battues, mais nous ne nous piquons pas non plus de penser autrement que tout le monde sur des faits bien établis. Ainsi nous laisserons Antonin jouir de sa réputation de bonté et de vertu, réputation qui lui fut faite par ses sujets qu'il rendit heureux, et par les chrétiens qu'il ne persécuta pas. Nous dirons, au surplus, que nous ne regardons pas comme infaillible l'autorité de Julien l'Apostat en matière de morale. L'homme qui ne voit dans la religion qu'un moyen de gouvernement, et qui repousse le christianisme, non par conviction (car il n'est pas possible qu'un homme, s'il n'est pas dans un état complet de démence, croie en Jupiter plutôt qu'en Jésus-Christ), mais parce que le christianisme condamne la servitude que le paganisme tolère, peut être justement regardé comme *suspect*; quoi qu'on en dise, quand il porte un jugement contre celui que tous les autres ont vanté. Eh quoi! guérir les plaies de Rome, arrêter les persécutions, assurer la prospérité publique, ce n'est point

là la véritable grandeur! L'apostat Julien est-il plus grand quand il abjure sa foi, quand il relève les autels ridicules de l'incestueux Jupiter, de l'impudique Vénus, du farouche Mars, etc., etc. N'est-ce point à force d'économie qu'Antonin put restaurer la fortune publique, épuisée par les profusions des règnes précédents? Mais pourquoi, dit-on, déifier l'infâme Adrien? Pourquoi ? parce qu'Adrien l'avait adopté pour fils et lui avait transmis sa superbe couronne, parce que c'était l'usage de décerner aux morts éminents les honneurs de l'apothéose, ce qui était au fond différent de la déification, et qu'en les accordant à son père adoptif, il ne faisait que suivre un juste mouvement de reconnaissance; et cela fut si bien compris ainsi par ses contemporains, qu'on lui donna le surnom de *Pieux*, pour avoir rempli un devoir imposé par la piété filiale. — L'aïeul d'Antonin, Titus Aurélius Antoninus, personnage consulaire, avait composé, en grec, plusieurs pièces de poésie, qui se distinguaient par l'élégance et la grâce, s'il faut en juger par la traduction que Pline a faite de quelques-unes en vers latins. — Plusieurs fils, neveux ou parents des Antonins, portant le même nom, moururent en bas âge ou furent immolés par Commode. — Antonin fut aussi le nom d'un officier romain qui, mécontent de Constance, se rendit auprès du Perse Shah-Pour, lui remit l'état de toutes les forces de l'empire et lui conseilla d'envahir la Syrie (*V.* SHAH-POUR, que nous appelons Sapor). — *Antoninus Liberalis* un auteur grec de qui on a un livre de métamorphoses, inséré dans le recueil intitulé *Mythologi græci*, publié à Londres, 1676, et Amsterdam, 1688, 2 vol. in-8°. Les Métamorphoses d'Antoninus ont été publiées plus tard à Leipzig, 1 vol. in-8°, 1731, avec une traduction latine, sous le titre de *Transformationum congeries*. Il y en a eu une dernière édition en 1795. J. DE M.

ANTONINE (COLONNE). *V.* COLONNE.

ANTONINIENS (*numism.*) Ces jeux, fondés par Caracalla, se trouvent rappelés sur les médailles de Byzance de Thrace, de Cyzique de Mysie, de Laodicée de Syrie, de Nicomédie de Bithynie, d'Adana et de Tarse de Cilicie. Ils sont indiqués sur les médailles de Byzance, de Nicomédie, d'Adana et de Tarse, par une urne d'où sortent les palmes qu'on donnait aux vainqueurs, et des vases posés sur une table; on lit auprès la légende ANTONEINIA. — Sur les médailles de Cyzique, on voit une galère ou un navire, avec des enseignes militaires. Ces jeux y étaient sans doute célébrés par des fêtes maritimes. — Sur les médailles de Laodicée, deux centaures supportent l'urne des jeux. D. M.

ANTONINS. L'ordre des antonins ou chanoines réguliers de l'ordre de Saint-Antoine, prit naissance dans le xIᵉ siècle. Un seigneur allemand, nommé Josselin, issu des comtes de Poitiers, de la maison de Touraine, entreprit par dévotion un voyage dans la terre sainte. À son retour, il s'arrêta à Constantinople, où on lui fit don de quelques reliques de saint Antoine. Comme il les portait habituellement sur lui, tant il avait de confiance dans leur vertu, les évêques exigèrent qu'il les exposât à la vénération publique; il obéit et choisit pour cet effet la petite ville de la Mothe-Saint-Didier, dont il était seigneur; il y jeta les fondements de l'église de Saint-Antoine. Vers le même temps, l'Europe fut affligée d'un mal terrible qui dévorait ceux qui en étaient atteints : saint Thomas l'appelait *feu infernal*; mais il était plus généralement connu sous le nom de *sidération* ou *feu sacré*, comme s'il eut été l'effet de quelque influence des astres. Beaucoup de malades invoquèrent l'intercession de saint Antoine, et se trouvèrent soulagés; le mal fut alors désigné sous le nom de *feu Saint-Antoine*. On accourait en foule à la Mothe-Saint-Didier ; mais bientôt le nombre des malades devint si considérable, qu'ils ne trouvèrent plus à se loger dans la ville. Gaston et son fils Gérin, deux riches gentilshommes d'une des premières maisons du Dauphiné, touchés de compassion pour ces malheureux, résolurent de pourvoir à leurs besoins, et ils y consacrèrent leurs biens et leurs personnes. Sept gentilshommes de la province, pleins d'une sainte émulation, voulurent avoir part à cette bonne œuvre, et tous ensemble firent bâtir dans la petite ville de la Mothe, un hôpital où ils reçurent tous les malades de l'un et de l'autre sexe, attaqués du feu Saint-Antoine. C'est à ces hospitaliers que l'ordre des antonins est redevable de son institution ; cet établissement, qui eut lieu sous le pontificat d'Urbain II, fut imité en France, en Allemagne, en Italie, en Espagne, en Angleterre, en Écosse, en Hongrie, en Lorraine, en Savoie, en Piémont et même au delà des mers. On donna à Gaston, comme premier instituteur, le titre de grand maître et de gouverneur de tous ces nouveaux établissements, qui reconnurent pour chef-lieu la petite ville de la Mothe. Par la suite, toutes les maisons de l'ordre devinrent autant de commanderies qu'on divisa en générales et en subalternes : les générales relevaient immédiatement de celle du chef-lieu, dont le grand maître était titulaire; les subalternes relevaient des générales. Les hospitaliers s'assujettirent à une vie commune et uniforme; et pour marque extérieure de leur profession, ils placèrent un *tau* grec sur leurs habits : c'est le T de notre alphabet, qu'on appelle improprement la croix de Saint-Antoine; ce T, qui représente la béquille sur laquelle les malades se soutenaient, était l'emblème de l'hospitalité que les antonins exerçaient. Les chanoines réguliers qui leur succédèrent ont continué de le porter. Ils retinrent leur organisation primitive pendant plus de deux siècles sous dix-sept grands maîtres; mais en 1297, Aimon de Montigny, le dernier des grands maîtres, considérant que les cas du feu Saint-Antoine devenaient plus rares de jour en jour, et que bientôt peut-être ils cesseraient entièrement, demanda au pape Boniface VII une nouvelle constitution qui, sans faire perdre de vue le but primitif des hospitaliers, les attachât plus particulièrement au culte divin et aux fonctions ecclésiastiques qui sont perpétuelles de leur nature. Le pape, ayant égard à cette demande, accorda aux hospitaliers la qualité de chanoines réguliers de Saint-Augustin, dont ils suivaient déjà la règle, et leur donna un abbé général. Le chef-lieu de la congrégation de l'ordre fut l'abbaye de Saint-Antoine de Viennois; l'abbé général, qui était toujours un régulier, avait séance dans l'assemblée des états du Dauphiné, immédiatement après l'évêque de Grenoble, qui en était président. Il avait pareillement séance au parlement du Dauphiné. On forma, en 1775, le projet d'unir l'ordre hospitalier de Saint-Antoine de Viennois à celui de Malte. Par suite d'un traité préliminaire passé entre les deux ordres et de la permission du roi, des commissaires des deux ordres demandèrent à Rome l'approbation de cette réunion Le pape Pie VI, par une bulle du 17 décembre 1776, supprima l'ordre des Antonins; le 30 mai de l'année suivante, le roi donna des lettres patentes pour autoriser la fulmination et l'exécution de cette bulle, et en même temps pour donner à l'ordre de Malte la jouissance provisoire de tous les biens appartenant à celui de Saint-Antoine, à l'exception cependant des cures, dont le roi réserva la nomination aux évêques.

A. S—R.

ANTONINS D'OR. S'il faut en croire Montfaucon, les antonins n'étaient que des médailles des empereurs qui ont porté ce nom; mais il paraît prouvé, contre l'opinion du savant antiquaire, que les antonins avaient cours dans l'empire comme monnaies, puisque l'empereur Valérien donna dans plusieurs occasions d'Aurélien des antonins et des philippes d'argent.

ANTONIO (Don Nicolas), né à Séville en 1617, mort à Madrid en 1684, chevalier de l'ordre de Saint-Jacques et du conseil de Charles II, s'est rendu célèbre par sa *Bibliothèque des auteurs espagnols*, publiée pour la première fois à Rome en 1672, 2 vol. in-fol., sous le titre de *Bibliotheca hispana nova*. Après la mort de l'auteur, le cardinal de Aguirre, qui avait été son ami, y ajouta une première partie qui parut en 1696, aussi en 2 vol. in-fol., sous le titre de *Bibliotheca hispana vetus*. Le style de don Nicolas Antonio est assez pur, et son livre offre de l'exactitude, mais on lui reproche d'avoir exagéré l'éloge pour les bons écrivains, et d'avoir montré trop d'indulgence pour la médiocrité.

N. M. P.

ANTONIUM AD SCALDIM, *Antoin sur l'Escaut*. Monastère d'hommes, du diocèse de Tournai, fondé avant 870 (Recueil des historiens de France, commencé par Bouquet). — *Antonius* (S.), Saint-Antoine des Champs. Monastère d'hommes, de l'ordre de Cîteaux, à Paris, fondé vers 1191.—*Antonius* (S.), Saint-Antonin, près Pamiers. Monastère d'hommes, de l'ordre de Saint-Benoît, fondé avant 1209 (Voir le Recueil des historiens de France, commencé par Bouquet). — *Antonius* ou *Antoninus* (S.), Saint-Antonin. Monastère d'hommes, du diocèse de Rodez, fondé avant 817.

ANTONIUS DE MATO (S.), *Saint-Antoine de Viennois*, près de Vienne. Célèbre monastère d'hommes, de l'ordre de Saint-Augustin, fondé en 1095, d'après les *Annales bénédictines de Mabillon*. Cette abbaye était située en Dauphiné, dans le bourg de son nom, sur le ruisseau de Furan, près de Saint-Marcellin, à demi-lieue de l'Isère. Ce n'était d'abord qu'un prieuré de l'ordre de Saint-Benoît, dépendant de l'abbaye de Mont-Majour, près d'Arles, établi dans un lieu nommé la Mothe, qui avait acquis beaucoup d'importance après que Josselin y eut déposé les reliques de saint Antoine (*V.* ci-dessus ANTONINS). L'église de Saint-Antoine était d'une rare beauté; après la cathédrale de Vienne, c'était la plus remarquable du Dauphiné; le pape Calixte II, qui avait été archevêque de Vienne, étant venu

en France en 1119, la consacra. L'autel était d'un marbre noir, décoré de quatre figures de bronze d'un travail admirable. On conservait, dit-on, sur l'autel, le corps de saint Antoine, dans une belle châsse d'ébène, couverte de lames d'argent. Le chœur situé derrière l'autel, dans le fond de l'église, était décoré de plusieurs tableaux estimés. La sacristie, riche de beaucoup d'ornements et de pièces d'argenterie, renfermait aussi un grand nombre de reliques, parmi lesquelles on voyait plusieurs corps tirés des catacombes de Rome; les religieux de Saint-Antoine les avaient reçus de leurs confrères de Rome, qui avaient une vigne située dans un antique cimetière chrétien. — Les religieux de l'abbaye de Saint-Antoine étaient très-bien logés; de tous les morceaux d'architecture qu'on admirait dans leur abbaye, le meilleur était le réfectoire, long de 111 pieds, large de 34; il était élevé à proportion, bien percé, sans piliers, et soutenait trois étages supérieurs. De beaux tableaux des meilleurs maîtres d'Italie en ornaient l'enceinte. — En 1722, les chanoines réguliers de l'ordre de Saint-Augustin, de la congrégation de France, dite de Sainte-Geneviève, intentèrent un grave procès aux religieux de Saint-Antoine, pour le titre qu'ils prenaient; mais ceux-ci furent confirmés, par arrêt du grand conseil, dans leur possession du titre de chanoines réguliers de l'ordre de Saint-Augustin. — En 1306, le dauphin Humbert accorda à l'abbé de Saint-Antoine le droit de présider aux états du Dauphiné, après l'évêque de Grenoble. Il avait seul dans son ordre le titre d'abbé : les supérieurs des autres maisons n'avaient que celui de maître ou de commandeur. Aux états de Blois de l'an 1575, on voulut assujettir cette abbaye à la nomination royale; mais le crédit du général l'emporta, et elle resta élective et régulière. Elle jouissait de 40,000 livres de rente environ, avant la suppression des abbayes.

LOUIS DE MASLATRIE.

ANTONIUS. Les Romains ont eu, sous le nom d'Antonius, outre les descendants de la famille Antonia, beaucoup de guerriers, de savants, de magistrats, appartenant à diverses familles. Nous citerons les principaux, d'abord dans la famille Antonia; nous passerons ensuite aux autres. — *Antonius*, surnommé Creticus ou Cretensis, fils de l'orateur et père du triumvir, fut nommé préteur l'an de Rome 678, accabla d'exactions les provinces qu'il devait administrer, marcha contre les Crétois qui s'étaient révoltés, fut battu complétement et reçut des Romains, par dérision, le surnom de *Crétois*. — *Antonius Nepos*, frère du précédent, fut consul conjointement avec Cicéron. Plus courageux ou plus habile que son frère, il défit Catilina et ses complices; mais il ne se montra pas moins avide que le Crétois, et pendant son proconsulat, il surchargea tellement les Macédoniens d'impôts et de contributions, que, sur leurs plaintes réitérées, il fut accusé de concussion devant le sénat qui le condamna au bannissement. — *Antonius Julius*, fils du triumvir et d'Octavie, sœur d'Auguste, fut comblé d'honneurs et de biens par son oncle, qui l'éleva au consulat. Jules Antoine ne répondit aux bontés d'Octave qu'en conspirant contre lui; il fut condamné à mort; on dit que pour prévenir l'exécution de la sentence, il se tua lui-même. Horace lui a adressé une de ses odes, ce qui rend assez vraisemblable ce qu'on rapporte de son goût pour la poésie, que non-seulement il aimait dans les autres, mais encore qu'il cultivait avec soin; on prétend qu'il avait écrit un poëme en douze chants. — *Antonius Primus*, natif de Toulouse, et général romain. Sa conduite semble loin d'être irréprochable, s'il est vrai, comme le dit Tacite, qu'il ait été condamné sous Néron pour crime de faux : cette flétrissure ne l'empêcha pas d'être élu membre du sénat, lorsque Galba, son ami, monta sur le trône impérial. Devenu chef d'une légion, et envoyé dans les Gaules, il embrassa la cause de Vespasien contre Vitellius, gagna les soldats qui tenaient pour celui-ci, défit successivement deux armées ennemies, marcha sur Crémone où les débris de ces deux armées s'étaient enfermés, s'empara de la ville, reprit sa marche victorieuse, arriva triomphant à Rome, fit proclamer Vespasien empereur, fut revêtu lui-même de la pourpre consulaire, et après avoir occupé les plus hauts emplois, se retira, par goût, des affaires publiques, et passa le reste de ses jours dans une agréable retraite. Il mourut à l'âge de soixante-quinze ans; il laissa la réputation d'un général consommé, prudent et prudent, capable de conduire et de diriger à son gré l'esprit du peuple et de l'armée par l'ascendant de ses paroles. Il fut l'ami de Martial et cultiva la poésie. — *Antonius Gnifo*, Gaulois de naissance, comme le précédent, rhéteur et poëte, enseigna la rhétorique à Rome, et compta parmi ses disciples Cicéron et plusieurs grands personnages de son temps. Suétone, dans sa

Vie des grammairiens, remarque qu'Antonius Gnifo n'exigeait de ses disciples aucun salaire, mais il a soin d'ajouter qu'il n'en était que mieux payé.

N. M. P.

ANTONOMASE, ἀντι, ὄνεμα, *changement de nom*. Figure de rhétorique qui consiste à mettre un nom commun à la place d'un nom propre, ou un nom propre à la place d'un nom commun; exemple du premier cas : le *sage*, le *prophète*, l'*apôtre*, pour Salomon, David, saint Paul. C'est un *Caton*, un *Démosthène*, un *Néron*, etc., pour un stoïcien, un orateur, un tyran.

P. J. P.

ANTRACOTHÉRIUM; genre fossile de mammifères que M. Cuvier a divisé en cinq espèces, qui, suivant lui, s'éloignent des tapirs, des anoplothériums, des lophiodons, etc., ont quelque affinité avec les pachydermes fossiles, et se rapprochent des cochons et des sangliers actuellement vivants. Sa théorie est fondée sur la découverte qui a été faite au village de Hautevigne, département de Lot-et-Garonne, d'un fragment de la branche gauche de la mâchoire inférieure, offrant encore trois dents molaires, et de quelques autres fragments recueillis en Alsace et dans la rivière de Gênes. Il conjecture que ces antracothériums, dont il forme sa seconde espèce, étaient des animaux forts et grands, ayant les habitudes de l'hippopotame et du porc, vivant dans les lieux marécageux et se nourrissant de fruits et de racines de plantes aquatiques.

X. X.

ANTRAIGUES (EMMANUEL DE LAUNEY, COMTE D'), ancien officier français, se jeta dans la révolution à corps perdu, et se fit d'abord connaître par un *Mémoire sur les états généraux et leurs droits* (1788), ce qui lui valut d'être élu membre des états généraux convoqués à cette époque. Mais il ne conserva pas longtemps la popularité qu'il s'était acquise par ses doctrines apologétiques de la révolte; car il ne fut pas plus tôt question de la réunion des trois ordres et d'atteintes portées aux privilèges de la noblesse, qu'il se déclara hautement contre toute mesure de ce genre; et comme il prévoyait que ses opinions manifestées en 1789 pourraient bien le rendre suspect en 1791, il quitta la France pour s'aller réunir aux émigrés, et là il se fit distinguer encore par une exaltation factice en faveur de la cause nouvelle qu'il venait d'embrasser. Mais cette exaltation fit des dupes; il fut employé successivement par l'Espagne, par l'Angleterre, l'Autriche et la Russie; l'empereur Alexandre l'envoya en Italie; Bonaparte, qui s'y trouvait alors, le fit arrêter. Sa femme, ancienne actrice de l'Opéra (*la Saint-Huberty*), lui procura des moyens d'évasion. Il retourna en Russie, et l'empereur le nomma conseiller d'État. Se trouvant à Dresde, il publia un livre contre Napoléon, sous le titre de *Fragment du dix-huitième livre de Polybe, trouvé au mont Athos*. S'étant procuré plus tard la connaissance des articles secrets du traité de Tilsit, il se rendit furtivement en Angleterre, et vendit son secret au ministre Canning, qui, depuis ce moment, lui montra beaucoup de confiance; toutefois d'Antraigues ne réussit pas à gagner celle de Louis XVIII, malgré tous ses efforts pour arriver à ce résultat. En 1813, il vivait dans un village près de Londres; il y fut assassiné, de même que sa femme, par un domestique dont les uns font un homme, les autres une femme, Lorenzo ou Lorenza, Italien ou Italienne. On ajoute que ce domestique, mâle ou femelle, se brûla immédiatement la cervelle; et comme le gouvernement s'empara de tous les papiers d'Antraigues, on forma sur cet accident d'étranges conjectures; on soupçonna les ministres de crime, là où probablement il n'y avait de la part du domestique qu'un acte de jalousie et de désespoir. Antraigues emporta la réputation d'habile diplomate.

N. M. P.

ANTRAIGUES (HENRIETTE DE BALZAC D'). (*V*. ENTRAIGUES.)

ANTRUM, *Aindre*. Monastère d'hommes, de l'ordre de Saint-Benoît, du diocèse de Nantes, fondé en 696 sous l'invocation de Saint-Martin. — Aindre était le nom d'une île située dans la mer de Bretagne, à trois lieues au-dessous de la ville de Nantes, à l'embouchure de la Loire. Saint Hermeland s'y retira pour y vivre dans la solitude; il y fit mettre un monastère qui fut détruit par les Normands, en 843, et n'a jamais été rebâti (*Annales du P. Mabillon.*). Les bollandistes ont placé au 25 mars l'histoire de saint Hermeland, faite par un anonyme, et l'ont fait suivre d'un commentaire. Mabillon l'a insérée sans cette addition, dans le t. III des *Actes des saints de l'ordre de Saint-Benoît*. Giry et Baillet en ont donné un résumé en français, dans leur *Vie des saints*.

L. DE M.

ANTRUSTION. Ce mot, d'origine teutonne, servait à désigner les guerriers qui s'attachaient aux chefs francs et successivement aux rois de la première race, et les suivaient à la guerre. Nos anciens historiens leur donnent aussi le nom de *leudes* ou *fidèles*. Quand les rois francs se furent établis dans la Gaule et qu'ils distribuèrent des terres à leurs soldats, les antrustions furent largement dotés (*V*. LEUDES).

X. X.

ANUBIS ou **ANOUBIS**, de la race des demi-dieux qui régnèrent sur Égypte. Manéthon, qui lui attribue un règne de dix-sept ans, lui donne Osiris pour père; d'autres écrivains le confondent avec Hermès ou Mercure. Plutarque embrasse la première opinion. Il raconte que Nephthy, sœur d'Osiris et de Typhon, mais épouse de ce dernier, cédant à la passion qu'Osiris lui avait inspirée, usurpa une nuit la place d'Isis à l'insu même d'Osiris qui, la prenant pour sa femme, la rendit mère. Anubis naquit de cet inceste. Nephthy, craignant la vengeance de Typhon, exposa l'enfant sur les bords du Nil : Isis l'ayant aperçu le prit dans ses bras et l'éleva avec soin. Comme il montra de bonne heure du génie et du courage, Osiris s'en fit suivre dans ses expéditions. On prétend que pour inspirer de la terreur aux ennemis, Anubis couvrait sa tête et ses épaules de la dépouille d'un chien. Ce fait, vrai ou faux, se transmit d'âge en âge par la voie des traditions; il passa plus tard dans la mythologie égyptienne où Anubis est représenté avec une tête de chien sur un corps d'homme; et c'est sous cette forme bizarre qu'il a été offert à l'adoration du vulgaire. On lui érigea un temple célèbre à Cynopolis (la ville des chiens). — Les partisans de la seconde opinion se fondent sur ce qu'Anubis était toujours représenté porteur du caducée, et qu'on l'appelait souvent *Ermenoubis*. Le caducée se composait de deux serpents entrelacés autour d'une baguette. Plutarque, à qui plus d'une fois il arrive de donner sur le même individu des notions opposées, semble pencher vers l'opinion qui fait d'Anubis un être allégorique, imaginé pour exprimer le cercle de l'horizon qui sépare la partie inférieure et invisible du globe, *Nephthy*, de la partie supérieure et visible, *Isis*. Le caducée dans les mains de ce dieu rend ce système plausible. En effet, les anciens astronomes représentèrent l'orbite de la lune par deux serpents formant chacun un demi-cercle, et décrivant un cercle entier par leur rapprochement. C'est là ce que les Orientaux appellent la tête, le corps et la queue du Dragon. Les deux nœuds de la lune, coupant l'écliptique, étaient censés figurés par la rencontre des deux têtes et celle des deux queues; une ligne droite tirée d'un nœud à l'autre représentait l'équateur. Le prolongement de cette ligne au-dessous du cercle a formé naturellement le caducée, et cet instrument, d'origine astronomique, convenait parfaitement au *dieu Horizon* placé entre les deux hémisphères, et touchant d'une main le séjour des ténèbres, de l'autre la région brillante de la lumière; c'est apparemment de cette idée qu'est née celle de peindre la face d'Hermès mi-partie de lumière et d'ombre. La figure du chien, dont la vigilance est égale à la nuit et le jour, n'a été, dans le même système, qu'un accessoire emblématique d'Anubis. Au reste, le dieu avec sa tête de chien était présenté tous les ans au peuple à l'époque du commencement de la crue du Nil, comme pour l'avertir qu'il était temps de quitter la plaine que le fleuve allait inonder, et de gagner les hauteurs.

J. DE MARLÈS.

ANUND, connu sous le nom de *Brant Anund*, parce qu'il enseigna aux Suédois l'art de défricher la terre, fut le plus grand prince de la famille d'Ynglinga. Il aimait la paix, et son règne, dont on ne saurait assigner l'époque précise, fut signalé par des années d'abondance. Tout ce qu'on sait de lui, c'est que de leur temps le Suithiod (la Suède) était encore couvert d'immenses forêts presque impénétrables, et que tous ses soins étaient dirigés vers l'accroissement de la culture et l'établissement de nouveaux habitants. Dans chaque province il faisait construire des maisons sur les terres qu'il avait fait défricher. Dans un voyage qu'il entreprit pendant l'automne, la chute d'un rocher l'écrasa, lui et toute sa suite. Il laissa un fils, Ingiald Ilrada.

ANUND JACQUES (JACOB) : il fut aussi nommé *Kolbrenna*, parce qu'il faisait brûler les maisons des criminels, coutume qui ne se trouvait pas seulement dans le Nord, mais qu'on vit encore subsister en Normandie longtemps après lui. Il était fils d'Olof Skotkonung (roi au Suède). Adam de Brême dit de lui qu'aucun roi de Suède n'avait été l'objet d'une affection aussi profonde de la part du peuple. Cependant il était très-sévère dans ses jugements, et il en maintenait rigoureusement l'exécution. Il soutint son beau-frère Olof, roi de Norwége (c'est le même qui fut canonisé plus tard), contre Canut, le puissant roi de Danemark et d'Angleterre. Sous son règne le christianisme fit de rapides progrès en Suède. Il mourut vers l'an 1052.

J. F. DE LUNDBLAD.

ANUS, extrémité inférieure de l'intestin destiné à donner passage aux excréments, et ainsi nommée à cause de sa forme circulaire. La peau de cette partie du corps est humectée par un fluide onctueux et présente une foule de plis rayonnés, dépendant de la contraction des fibres musculaires subjacentes. A la faveur de ces plis l'ouverture de l'anus peut acquérir une étendue très-grande, nécessitée dans quelques circonstances par l'accumulation des matières fécales. — Trois muscles entrent dans la composition de l'anus; ce sont le releveur, le sphincter interne et le sphincter externe. Ces deux derniers, et en particulier le sphincter externe, peuvent être comparés aux cordons d'une bourse. Les artères sont peu volumineuses, on les appelle *hémorroïdales inférieures*. Les veines sont plus importantes, elles donnent naissance à un lacis de vaisseaux qui porte le nom de *plexus hémorroïdal*. La dilatation de ces vaisseaux constitue une des variétés des *hémorroïdes* (*V.* ce mot). — L'appareil musculaire, et notamment le sphincter externe, jouent un rôle important dans la rétention momentanée et dans l'expulsion des matières qui ont parcouru le gros intestin. — M. Bellingeri a prétendu que la contraction du sphincter de l'anus était sous l'influence des cordons postérieurs de la moelle épinière, tandis que les cordons antérieurs présidaient au relâchement de ce muscle; les faits que nous avons recueillis, et entre autres celui de M. Ollivier d'Angers, dans lequel on voit une constipation opiniâtre coïncider avec la destruction des cordons postérieurs de la moelle à la région du cou, ne sont pas favorables à cette opinion.—L'anus, tant à raison de sa proximité des organes sexuels et urinaires, qu'à cause du passage continuel des matières stercorales, est sujet à un grand nombre de maladies. L'*inflammation* de cet organe est assez souvent la suite du frottement des matières chez les personnes constipées, des efforts pour aller à la garde-robe et de l'étranglement momentané de la membrane muqueuse. L'inflammation superficielle de la marge de l'anus est produite encore, d'après M. Bérard, par la racine des poils coupés un peu ras. La *névralgie* de l'anus a été observée par M. Campaignac. Le fondement devient le siége de douleurs lancinantes, revenant assez souvent par accès, et cependant l'examen des parties ne montre ni rougeur, ni gonflement, ni la plus légère trace d'altération. Cette maladie a quelquefois pris l'apparence de la pierre et fait tailler des individus qui n'avaient point de calcul dans la vessie. — L'anus peut être dilaté outre mesure, le plus ordinairement par suite d'habitudes vicieuses; l'aspect qu'il présente alors est caractéristique; il est évasé et ressemble assez bien à un entonnoir, ce qui lui a fait donner le nom d'*infundibuliforme*. La même cause peut occasionner un rétrécissement. Nous avons décrit cette maladie dans les *Leçons orales de clinique chirurgicale*, faites par M. Dupuytren. Cette dilatation peut cependant tenir à d'autres causes, mais dans ce cas l'anus est saillant, ou enfoncé, ou irrégulier. Plusieurs formes de la maladie vénérienne semblent avoir l'anus pour siége de prédilection; telles sont les éruptions appelées *dartres*, la *blennorrhagie*, les *rhagades* ou *fissures*, les *pustules muqueuses*, les *végétations* ou *excroissances*, les *chancres* et les *ulcères*. — L'anus recèle assez souvent dans ses plis des vers fort incommodes, connus sous le nom d'*oxyures vermiculaires*, qui causent un démangeaison et une sensation de chatouillement presque insupportables. Quoique les enfants y soient, en général, plus exposés, nous les avons rencontrés plusieurs fois chez les adultes. La *fissure* ou crevasse de l'anus, maladie fort commune et dont on ne s'est occupé que dans ces derniers temps, consiste dans un petit ulcère étroit, allongé, qui se développe entre les replis rayonnés du fondement. Parmi les autres affections morbides de l'anus, il faut citer les *abcès* et les *fistules*. Cette dernière maladie se révèle souvent par le passage de quelques parcelles d'aliments, ou bien encore par l'émission de vents à travers la plaie. Elle est fréquemment occasionnée par des abcès ou des hémorroïdes enflammées, ulcérées. Les traitements à opposer à ces maladies présentent des différences suivant chacune d'elles. Dans l'inflammation, il suffit de simples moyens de propreté, de lotions avec la décoction de guimauve, de lavements émollients et de bains de siége. — La névralgie cède assez difficilement aux remèdes, c'est un mal qui s'use plutôt avec le temps. On pourrait cependant essayer des lavements laudanisés et des préparations antispasmodiques pour la bouche, ou, mieux encore, en bains et en lavements. On guérit la dilatation en en faisant cesser la cause. Les astringents sont ici d'une grande utilité. Lorsque ces médicaments ont été vainement employés et que le sphincter n'est pas altéré, on remédie presque constamment à la dilatation en excisant quelques plis rayonnés des tégu-

ments du voisinage. Les affections syphilitiques exigent un traitement antivénérien; mais comme celui-ci offre des différences très-grandes suivant les espèces, nous renvoyons au mot *Syphilis*. La cure des vers de l'anus a lieu en portant quelques jours de suite des lotions, des solutions, ou des pommades mercurielles sur la partie affectée. Les lavements d'eau froide réussissent aussi très-bien. Un grand nombre de moyens ont été préconisés contre la fissure; si cette maladie est légère, il faudrait faire usage, à l'exemple de Dupuytren, d'un mélange d'extrait de belladone, d'eau miellée et d'axonge, qu'on introduirait dans l'anus à l'aide d'une mèche. La cautérisation et la dilatation sont peu usitées; il n'en est pas de même de l'incision du sphincter, proposée par Boyer, et qui a été adoptée par presque tous les chirurgiens; c'est le moyen qui, jusqu'à présent, a procuré le plus de succès. La fistule à l'anus a également beaucoup exercé le génie des chirurgiens; tour à tour on l'a traitée par la cautérisation, la ligature et la compression excentrique; la plupart de ces méthodes ayant échoué, l'instrument tranchant est celui auquel on donne maintenant la préférence. — *Anus contre nature*. On appelle ainsi une ouverture permanente des intestins située sur un point des parois du ventre, ou à l'intérieur des organes du bassin qui communiquent au dehors, et par laquelle s'écoulent les matières chymeuses ou stercorales. De toutes les infirmités qui assiégent l'humanité, il n'en est point de plus incommode et de plus dégoûtant que l'anus contre nature. Quel spectacle que celui d'un malheureux qui voit à chaque instant s'échapper malgré lui les matières alimentaires, bilieuses et excrémentitielles contenues dans son intestin! En vain cherche-t-il, à l'aide de poches, de réservoirs, de boîtes, à pallier son mal affreux; la société est perdue pour lui, et il est désormais condamné à mener une vie solitaire et misérable. Tel était du moins, il y a peu d'années encore, l'arrêt porté par la science, lorsque le génie de Dupuytren vint le réformer et rendre au monde des infortunés qui en semblaient pour jamais bannis. Mais pour bien concevoir le procédé inventé par ce grand chirurgien et dont nous avons donné la description dans ses *Leçons orales*, il est indispensable d'entrer dans quelques détails anatomiques. Lorsque dans une hernie l'intestin n'a été que pincé par l'anneau, sa direction, par rapport à la paroi abdominale, est presque parallèle; le bout supérieur de l'intestin, ou celui qui est situé au-dessus de l'anus contre nature, vient, pour ainsi dire, toucher la paroi du ventre et se continue dans la même direction avec le bout inférieur. Ces deux parties font en arrière un angle très-ouvert. Si la plaie de l'intestin est plus considérable, l'anse pincée est plus ou moins inclinée contre la paroi du ventre, et les bouts supérieur et inférieur font en arrière un angle de plus en plus aigu. De cet adossement résulte une cloison dont le bord fait saillie dans le calibre de l'intestin. Cette sorte de valvule gêne considérablement la marche des matières. — Enfin, si une anse intestinale entière a été retranchée ou divisée par une plaie dans tout son calibre, les deux bouts de l'intestin sont tout à fait parallèles entre eux; le bord de la cloison qui les sépare, auquel on a donné le nom d'*éperon*, s'oppose complétement au passage direct des matières stercorales de l'un dans l'autre, et celles-ci s'échappent en entier par l'anus contre nature. L'existence de l'éperon, sa saillie dans l'intestin étant reconnues, le principal obstacle au cours des matières fécales était trouvé; c'était contre cet obstacle que devaient être dirigés les efforts de l'art. Dupuytren le comprit, et après plusieurs essais, son *entérotôme* fut inventé. Il se compose de trois pièces, ou de deux branches latérales et d'une vis de pression à plusieurs filets. Son mécanisme est facile à concevoir. Deux branches, qu'on peut à volonté séparer ou réunir en les croisant, pourvues de lames et de tranchants ondulés et très-mousses sont mises en mouvement à l'aide d'une vis passant à travers leurs manches; tout ce que ces lames embrassent est saisi et retenu par elles, tant à l'aide de leurs bords dentelés que par l'introduction de l'une d'elles dans l'autre. La pression qu'elles exercent sur les parties qu'elles ont embrassées a pour premier effet de les mettre en contact; cette pression peut ensuite être portée au point d'y détruire la vie, sans être assez violente pour les diviser immédiatement, tant est grande l'épaisseur de leurs tranchants. Le premier individu sur lequel cette grave opération fut pratiquée s'appelait Ménage. Il fut complétement guéri de sa triste infirmité au bout de quatre mois. De 1813 à 1824 quarante et une opérations d'anus contre nature ont été faites à l'aide de l'entérotôme; sur quarante et un cas, trois individus sont morts, neuf ont conservé des fistules et vingt-neuf ont radicalement guéri. On peut donc dire que l'entérotômie a enrichi l'art chirurgical d'une méthode simple, facile, efficace, contre une maladie qui avait si souvent résisté aux efforts des hommes les plus habiles. A. Brière de Boismont.

ANVERS, *Antwerpen*, ville forte des Pays-Bas, chef-lieu de la province de ce nom, laquelle est bornée au N. et au N. E. par le Brabant septentrional, au S. E. par la province de Limbourg, au S. par le Brabant méridional, et à l'O. par la Flandre orientale, dont elle est séparée par l'Escaut; à 35 lieues S. d'Amsterdam, 10 lieues N. de Bruxelles, 25 lieues S. S. E. de la Haye; siége du gouvernement de la province : cour d'assises, tribunal de 1re instance du ressort de la cour supérieure de Bruxelles ; tribunal de commerce, etc. Cette ville est généralement régulière, belle et très-forte ; son port peut contenir au moins 1000 navires, qui, au moyen de canaux, pénètrent dans l'intérieur de la ville. Elle fait un grand commerce de grains, et renferme une foule de manufactures dans tous les genres ; c'est la patrie du géographe Ortélius, de Gramaye, de Butkens, de Méteren, de Jordaens, de Messis, de Téniers, de Van Dyck et Crayer : 62,000 habitants.—On présume qu'Anvers fut la capitale des Ambivarites, dont parle César ; elle fut ravagée par les Normands en 836 ou 837. Déjà très-peuplée en 1124, elle s'agrandit progressivement jusqu'au xvie siècle. Sa citadelle fut bâtie en 1558 par le duc d'Albe. En 1576, cette ville fut saccagée et pillée pendant trois jours par les Espagnols ; en 1583, elle soutint un siège d'un an contre le duc de Parme, et ne se rendit qu'après avoir éprouvé toutes les horreurs de la famine. Le traité de la Barrière entre l'empereur Charles VI et les Provinces-Unies y fut signé en 1715. En 1746, les Français s'en emparèrent, et l'évacuèrent à la paix d'Aix-la-Chapelle. Elle se rendit de nouveau aux Français par capitulation le 29 novembre 1792 ; ils l'évacuèrent en 1793, et la reprirent en 1794. Elle fut alors réunie à la France, et devint le chef-lieu du département des Deux-Nèthes. En 1809, les Anglais tentèrent d'incendier ses chantiers et ses vaisseaux ; mais ils furent repoussés honteusement. En 1814, l'armée anglaise ne put parvenir à l'investir, et le gouverneur Carnot ne la rendit aux alliés que sur l'ordre exprès de Louis XVIII, conformément au traité de Paris. Après la révolution de 1830, la Belgique, s'étant détachée de la Hollande, fut constituée en royaume indépendant : le roi Guillaume ayant refusé d'adhérer au traité des 24 articles, le général Chassé, qui commandait alors la citadelle d'Anvers, refusa d'en sortir, et y fut assiégé, pendant l'hiver de 1832 à 1833, par le maréchal Gérard qui commandait l'armée française. Pendant ce siége, une partie de la ville fut incendiée par le feu des assiégés ; d'un autre côté, la citadelle fut presque détruite par la quantité des projectiles qui y furent lancés. Enfin la garnison hollandaise capitula, et depuis ce temps, Anvers fait partie des États de Léopold, prince de Cobourg, reconnu souverain de Belgique. — Anvers fut comme le berceau des arts dans les Pays-Bas ; on remarque dans ses églises un grand nombre de chefs-d'œuvre de peinture, entre autres la *Descente de croix* de Rubens. — La province d'Anvers est divisée en 3 arrondissements, renfermant 144 communes, et près de 300,000 habitants. La surface du pays est unie, le sol léger et sablonneux, médiocrement fertile, abondant sur tout en pâturages et céréales : l'industrie et les arts sont plus généralement les sources de la prospérité nationale que les productions de la nature.

ANVILLE (Jean-Baptiste Bourguignon d'), premier géographe du roi, pensionnaire de l'Académie des inscriptions et belles-lettres, adjoint géographe de l'Académie des sciences, de la Société des antiquaires de Londres, de l'Académie de Saint-Pétersbourg, et secrétaire ordinaire de M. le duc d'Orléans, vit le jour à Paris, le 11 juillet 1697. Il naquit géographe comme la Fontaine était né poète, Pascal géomètre, et le Corrège peintre. Une carte tombée entre ses mains lorsqu'il n'avait que douze ans fit éclater son aptitude, ou, pour mieux dire, sa passion pour la géographie ; dès lors toutes ses études furent constamment dirigées vers ce même but : ne lisant les auteurs anciens que pour retrouver la situation des villes et des États dont ils ont parlé, suivant sur ses cartes la marche des armées, déterminant leurs campements et leurs champs de bataille, traçant les limites des empires, il obtint bientôt de si grands résultats et s'acquit une telle réputation, qu'à vingt-deux ans il reçut le brevet de géographe du roi. Ce fut surtout dans la géographie ancienne que d'Anville sut se placer au premier rang parmi les savants, et mérita de servir d'autorité et de modèle à ses contemporains et à ses successeurs. Il commença d'abord par déterminer la longueur des mesures itinéraires des anciens, en les comparant avec celles des modernes, et arriva à un tel degré d'exactitude, que l'on a vu successivement tous les voyageurs et les savants qui depuis se sont occupés de travaux

géodésiques sur les mêmes contrées dont il avait en quelque sorte fixé les limites et assigné l'étendue, confirmer par leurs rapports unanimes la justesse presque divinatoire de ses calculs. En rendant hommage à cette sagacité surprenante, n'oublions pas qu'elle avait pour données les mesures rapportées par les écrivains grecs et latins, et reconnaissons que si, dans les sciences exactes et naturelles, nous devons assez peu aux anciens, ils ne nous ont pas néanmoins laissé la priorité dans toutes les découvertes. D'Anville a publié deux cent onze cartes ou plans, et soixante-dix-huit mémoires : ceux qu'il a composés sur les mesures itinéraires des Romains, des Grecs et des Chinois, sont les plus beaux monuments de géographie que nous possédions. L'*Orbis veteribus notus*, l'*Orbis romanus*, les cartes de la Gaule, de l'Italie et de la Grèce, doivent être entre les mains de tous ceux qui étudient l'histoire ancienne. On a reproché à d'Anville de l'obscurité et de l'embarras dans le style : son principal mérite est dans l'immensité des recherches, dans la justesse des aperçus et l'extrême exactitude des résultats. Les Anglais ont rendu justice à cette gloire de la nation française, quand ils ont surnommé le major Rennel, le plus célèbre de leurs géographes, le *d'Anville de l'Angleterre*. D'Anville mourut le 28 juin 1782. On recherche de cet auteur : sa *Dissertation sur l'étendue de l'ancienne Jérusalem et de son temple*, 1747, in-8°; et sa *Géographie ancienne*, 3 vol. in-12, 1768 et 1782. P. J. Proudhon.

ANWARI ou ANWÉRI, l'un des poëtes les plus célèbres de la Perse, naquit vers le milieu du xiie siècle, dans la province du Khorasan, où le goût des lettres s'est toujours conservé. Le sentiment qui a fait tant de grands hommes et donné leurs premières inspirations à tant d'écrivains, l'émulation, réveilla son génie poétique et lui dicta ses premiers vers. Il recevait encore les leçons de ses premiers maîtres, lorsque, apercevant au milieu du cortège du sultan Sandjar un cavalier à qui les officiers du prince montraient beaucoup de déférence, et qu'à la richesse de ses vêtements on aurait pris pour le fils aîné du sultan, et apprenant que ce grand personnage n'était autre chose que l'un des poëtes attachés à sa cour : « Quoi! s'écria-t-il, c'est ainsi qu'on honore le talent! Et moi aussi je suis poëte! » Aussitôt il court s'enfermer dans son cabinet, passa la nuit à composer un poëme à la louange de Sandjar, et le lendemain il le fit parvenir à ce prince qui en parut charmé, et admit son auteur à sa cour. Pendant quelques années, Anwéri se montra satisfait de s'être élevé au-dessus de tous ses rivaux de faveur et de renommée; mais à la fin, ouvrant son cœur à l'ambition, il voulut arriver à un plus haut genre de gloire, et cette gloire il la chercha dans les illusions de l'astrologie, où il se flattait de trouver la science de l'avenir; mais ses premières prédictions manquèrent de lui être fatales. Il avait annoncé aux habitants de Merv que la grande conjonction, que les tables alphonsines plaçaient à l'an 1186, serait suivie d'une inondation qui submergerait leur ville. La population épouvantée courut, avant le jour marqué, chercher un refuge sur les montagnes voisines. Un orage qui serait survenu aurait sauvé peut-être l'honneur d'Anwéri; mais jamais le soleil n'avait brillé d'un plus vif éclat, jamais on ne vit temps plus calme, ciel plus pur, plus serein. L'astrologue confus prit la fuite; il comptait pouvoir cacher dans Balk sa mésaventure; mais les habitants de cette ville n'ignoraient pas ce qui venait d'arriver à Merv; la populace voulut même, dit-on, le lapider. Le cadi ne parvint qu'avec peine à l'arracher à ces furieux; on l'obligea de promettre avec serment qu'il ne ferait plus aucune prédiction. Il mourut en 1201; on l'a surnommé *roi du Khorasan*, parce qu'il devint le plus illustre poëte de son pays. On le regarde aujourd'hui comme égaux à lui les poëtes Khakány, Nisamy et Dyamy pour les chants héroïques, et Hafiz pour les ghazels ou chants érotiques. Anwari a composé aussi des satires : ses pensées sont grandes, ses images nobles ou gracieuses, son style plein de nerf; mais sa versification est dure et inégale. J. R.

ANXIÉTÉ. État d'agitation et de trouble de l'esprit et du cœur; c'est le second degré de l'inquiétude, qui d'ordinaire occasionne un sentiment confus de gêne, une espèce de resserrement à la région précordiale; l'anxiété, si c'est une cause qui la produit ne cesse bientôt, dégénère en angoisses.—La crainte raisonnable d'un mal cause l'inquiétude; quand la crainte se prolonge, et que les probabilités de danger augmentent, on éprouve de l'anxiété; quand on regarde le mal comme inévitable, on subit les tourments de l'angoisse. Vous attendez votre fils qui est en voyage : le soleil couchant devait vous le ramener; mais depuis une heure, deux heures, le soleil est couché, et votre fils n'est point là. L'inquiétude commence, et plus il s'écoulera de minutes, plus ce sentiment deviendra pénible et douloureux. Vous arrivez au milieu de la nuit et vous n'avez point de nouvelles : l'anxiété prend la place de l'inquiétude. Vous vous agitez ; des terreurs confuses, vagues, vous tourmentent ; vous prévoyez mille accidents funestes. Enfin, la nuit se passe, et le soleil qui se lève n'éclaire point le retour de ce fils, objet de tant de sollicitudes. Vous craignez tout ; votre œil interroge tous ceux que vous apercevez ; vous courez aux informations ; vous entendez parler de la grande route, de voiture renversée dans un précipice, de navire brisé sur un écueil. Alors vient l'angoisse, véritable agonie de l'âme.

ANYSIS ; successeur, suivant Hérodote, du pharaon Bonchoris ou Bocchoris, qui, vers la fin du VIII° siècle avant J. C., composa la vingt-quatrième dynastie de Manéthon. Bonchoris, dit Ælien, avait permis qu'un taureau sauvage attaquât le bœuf sacré, Apis ou Mnévis ; et ce sacrilège lui fit perdre l'affection de tous ses sujets. Un de ses officiers, nommé Anysis, c'est Hérodote qui parle, se révolta contre lui, et lui enleva Memphis avec toute la basse Égypte. Lorsque les Éthiopiens, conduits par leur roi Sabacon, envahirent l'Égypte et s'en rendirent maîtres, Anysis se sauva dans les marais du Delta, et il s'y tint caché tant que Sabacon demeura en Égypte. Il reparut après la retraite des Éthiopiens. Manéthon ne s'accorde pas sur ce point avec Hérodote ; il ne parle point d'Anysis, et, suivant lui, Sabacon, au bout de douze ans, résigna la couronne en faveur de son fils Sévéchos, qui est probablement le So de l'Écriture, auxiliaire d'Osée, roi d'Israël, contre le roi d'Assyrie, Salmanazar. Ce qui fait croire qu'Hérodote a confondu quelque autre fait avec ceux qu'il attribue à Anysis, c'est qu'il ajoute qu'Anysis était devenu aveugle.　　　　J. DE MARLÈS.

ANYTUS (V. SOCRATE).

ANZIN (MINES D'). Anzin, gros village de France, département du Nord, près de Valenciennes, célèbre par les mines de houille que recouvre un sol surchargé de la plus riche végétation. Ce n'est que depuis 1734 que ces mines furent, sinon découvertes, du moins exploitées à la suite de plusieurs essais tentés par les soins du marquis des Androuin et d'un-ingénieur habile, nommé Jacques Mathieu. Les carrières, extrêmement abondantes, ne se sont pas trouvées, comme en d'autres lieux, à la surface du sol : il a fallu les chercher à cent et même à deux cents toises de profondeur.—Les mineurs d'Anzin sont au nombre de quatre ou cinq mille. Ils se coalisèrent il y a six ou sept ans pour obtenir un supplément de paye de 4 sous par jour, ou, pour mieux dire, la restitution de ces 4 sous dont ils jouissaient auparavant, et que la compagnie avait supprimés pour subvenir à des frais nouvellement occasionnés par l'introduction des lampes Davy (V. ce mot). Ce procès, qui eut beaucoup de retentissement, fut jugé contre les mineurs ; mais la compagnie s'est tenue pour condamnée, et a fourni l'augmentation réclamée. — Le village, peuplé d'environ quatre mille habitants, possède des verreries d'où sort une grande quantité de carreaux de vitre et de bouteilles. Les mines produisent environ quatre millions de quintaux de charbon tous les ans. — Charles X visita les mines d'Anzin, en 1827, et laissa aux mineurs des preuves de sa munificence. On rapporte qu'ayant reconnu au milieu des actionnaires le fameux Casimir Périer, il lui dit en souriant : M. Périer, conduisez-moi. Bien des gens se rappellent ce mot deux ou trois ans plus tard ont voulu y voir un sens politique ; il ne fallait y voir, selon nous, qu'une expression de bienvenue.　　　X. X.

AOD, ou, suivant le texte hébreu, EHOUD, juge d'Israël, successeur d'Othoniel et prédécesseur de Samgar, était fils de Géra, de la tribu de Benjamin : Choisi par les Israélites pour porter à Églon, roi des Moabites, un présent ou le tribut qu'ils lui devaient (une terme hébreu peut signifier l'un et l'autre), il se fit faire une sorte de poignard qu'il cacha sous ses vêtements, et dont il perça le cœur de ce prince, voulant venger par là les Hébreux de la cruelle tyrannie qu'il avait exercée sur eux pendant dix-huit années. Aod avertit aussitôt les Israélites de ce qui venait de se passer ; et, se mettant à leur tête, il attaqua vivement les Moabites, dont une partie fut taillée en pièces, et l'autre se vit forcée d'abandonner le pays. Le gouvernement d'Aod fut long et heureux. Comme Aod tua Églon en trahison, les ennemis de la révélation n'ont pas manqué de s'élever à cette occasion contre nos livres saints, sous prétexte que c'est un mauvais exemple à proposer à tout un peuple mécontent de son souverain. Mais d'abord jamais les Israélites n'ont reconnu Églon pour leur roi ; il ne fut pour eux qu'un oppresseur étranger, qui, sans avoir reçu aucune offense ni souffert aucun dommage de leur part, et oubliant qu'ils étaient un peuple libre et indépendant, avait

profité de leur voisinage pour se jeter sur leurs terres, mettre une garnison dans plusieurs de leurs places, et les forcer à lui payer de grandes contributions. Quant au moyen employé par Aod, qui pourrait ignorer que, chez les anciens peuples, on croyait généralement que la ruse et la fourberie étaient permises contre les ennemis de l'État ? Il n'est certainement pas une seule nation, excepté celles qui sont éclairées par la lumière de l'Évangile qui nous a donné les vrais notions du droit des gens et du droit politique, chez laquelle l'action d'Aod ne fût regardée comme très-légitime. Au reste, la Bible ne nous la propose point pour modèle. Les historiens des chefs du peuple hébreu racontent leurs actions sans les approuver ni les blâmer ; et lorsqu'ils nous disent que Dieu suscita aux Juifs un libérateur, c'est un fait incontestable ; mais rien dans leur récit ne signifie que le Seigneur inspira à ce libérateur le meurtre ou le mensonge. D'ailleurs, ce qui est cité comme un trait de courage n'est pas proposé comme un acte de justice (Jud., III, 13 et seqq.).　　　　J. G.

AOÉDÉ, de ἀοιδή, chant ; c'était le nom d'une des trois muses qui, dans les temps primitifs, eurent le domaine des sciences et des arts (V. MUSES) ; les deux autres s'appelaient Mélété et Mnémé.

AON ; AONIDES ; AONIE. Aon était fils de Neptune ; il réunit en société les habitants de l'île d'Eubée (Négrepont) et de la Béotie (Livadie), et les accoutuma au séjour des villes. Le pays dans lequel ils s'établirent prit le nom d'Aonie, et eux-mêmes reçurent le nom d'Aones. Ils occupaient déjà cette contrée lorsque Cadmus y arriva, conduisant une colonie phénicienne. — Le surnom d'Aonides fut donné aux muses parce qu'elles habitaient sur les montagnes de la Béotie ou Aonie. Le surnom d'Aonius fut pareillement donné à Hercule et à Bacchus, parce qu'ils étaient tous deux natifs de Thèbes.

AORASIE, de ἀ privatif et d'ὁράω, je vois ; propriété ou faculté d'être invisible. Quand les dieux venaient sur la terre pour converser avec les hommes, ils ne se manifestaient jamais face à face ; ils se cachaient sous une forme empruntée. Ce n'était qu'au moment où ils se retiraient qu'ils se laissaient reconnaître à quelques émanations célestes, qui s'exhalaient, pour ainsi dire, de leur personne. Neptune se montre aux deux Ajax sous la figure de Chalchas, Vénus apparaît à Anchise sous les traits d'une simple bergère ; mais le faux Chalchas, la fausse bergère, en s'éloignant, font sentir leur divinité. C'est là ce que les anciens exprimaient par le mot d'aorasie.　　　N. M. P.

AORISTE, ἀόριστος, de ἀ privatif et de ὁρίζω, definio, determino, c'est-à-dire indéfini, indéterminé. Les Grecs donnaient ce nom aux temps de leurs verbes qui marquent une action passée et entièrement finie, mais dont l'époque est indéterminée ; il y avait deux, l'aoriste premier et l'aoriste deuxième. Le premier avait le trait caractéristique du futur σ, λύ-ω, futur λυ-σω ; aoriste ε-λυ-σα. Le deuxième ressemblait à l'imparfait de l'indicatif, que les anciens auteurs emploient fréquemment comme un aoriste, ε-λυ-ον, je déliais, et je déliai. Les Grecs ont un autre temps passé, nommé parfait ; il indique que la chose s'est faite et qu'elle continue encore à se faire ; et on le forme à l'aide du redoublement de la première consonne du radical, λε-λυ-κα, passé-comme les prétérits latins, peperi, cecidi, teligi, etc. D'après cet exposé, on ne peut s'empêcher de reconnaître la plus grande ressemblance entre les aoristes grecs et notre prétérit défini, entre le parfait à redoublement et notre prétérit indéfini ; mais il n'est pas moins extraordinaire que nos grammairiens aient adopté, pour désigner des temps identiques, des dénominations tout à fait contraires à celles des Grecs. Le prétérit-défini désigne une période de temps entièrement écoulée, de même que l'aoriste : Je terminai hier ; j'écrivis la semaine dernière ; les Français vainquirent à Zurich en 1799. Comme l'époque peut être plus ou moins éloignée, les Grecs nommèrent ce temps aoriste ; mais comme elle doit être entièrement écoulée, nous l'avons nommé défini. Le prétérit indéfini marque une période qui n'est pas encore finie, et c'est de là que lui vient son nom : J'ai écrit cette semaine ; j'ai fini cette année, etc. ; mais les Grecs, considérant que l'action indiquée par ce temps, commence dans un lointain plus ou moins reculé, trouve son parachèvement au moment même où l'on parle, le nommèrent perfectum, parfait. — Quant aux langues dites sémitiques, telles que l'hébreu, le chaldéen, le syriaque, l'arabe, etc., elles n'ont que deux formes grammaticales, nommées prétérit et futur, pour exprimer tous les temps. Comme le prétérit est souvent employé pour marquer un temps à venir, et le *futur* un temps passé, plusieurs leur ont donné le nom d'aoristes.

P. J. PROUDHON.

AORNE, de ἀ privatif et de ὀρνίς, oiseau; nom que les anciens donnaient à un canton de la Thesprotide, sur le bord de la mer Caspienne, au pied des monts Cérauniens, branche du Taurus. On croyait qu'il s'élevait de ce lieu des exhalaisons mortelles pour les oiseaux. (*V.* AVERNE.)

AORTE (ἀορτή, vaisseau). L'aorte est l'un des deux grands vaisseaux qui partent de la base du cœur, et servent de tronc commun aux artères de tous les ordres qui sont destinées à porter le sang dans tous les points de l'économie. Son insertion à la partie supérieure et droite du ventricule gauche ne se fait que par l'homogénéité de substance entre la sienne et celle du cœur, car la membrane propre de l'aorte ne s'étend pas au delà de l'anneau tendineux qui semble être entre eux l'organe central de la circulation et le grand vaisseau qui le couronne. Seulement la membrane interne de l'aorte se continue dans les cavités du cœur, et la membrane externe s'insère par languettes et se perd à la surface du tissu musculaire des ventricules. L'anneau tendineux, qui n'est formé lui-même que par la substance de la membrane moyenne, façonne à l'intérieur du vaisseau en trois saillies demi-circulaires, dont le relief assez solide sert à doubler trois valvules qui sont formées aux dépens de la membrane interne. Ces valvules, qui ont reçu le nom de valvules sigmoïdes à cause de leur forme particulière, empêchent le retour du sang de l'aorte dans le cœur une fois qu'il a été lancé par les contractions de cet organe; cet usage du reste s'explique de lui-même en considérant les parties dans la nature morte, car il existe au-dessus de ces valvules un renflement, ou mieux encore une dépression intérieure qui est due évidemment à l'effort du sang contre l'obstacle que lui opposent les conditions physiologiques de l'organisation. De telles dépressions se montrent encore dans d'autres points de l'aorte, à cause de ses courbures qui forcent la colonne circulatoire à se briser en quelque sorte contre les parois du vaisseau qu'elle parcourt. Mais les sinus, c'est le nom que l'anatomie descriptive a donné aux dépressions, ne sont guère bien marqués que chez les vieillards : ils sont l'effet d'une action longuement continuée. Il serait très-difficile de comparer à une forme familière celle des courbures de l'aorte, depuis son insertion au cœur jusqu'au point où elle devient verticale en suivant de haut en bas le trajet de la ligne des vertèbres, puisque avant de former ce qu'on appelle la crosse, c'est-à-dire sa dernière courbure, elle se dirige d'abord en haut, puis suit une direction oblique, va joindre les vertèbres et s'infléchit sur elle-même pour former une nouvelle obliquité. De l'aorte, tronc commun de toutes les artères qui se distribuent dans le corps humain, émanent directement des vaisseaux de différents calibres dont nous devons faire l'énumération. Ainsi deux artères d'une grosseur peu considérable, destinées à nourrir de sang le tissu du cœur, et qui se nomment les *cardiaques antérieure et postérieure*, naissent au voisinage de l'anneau tendineux qui sert de limite à la membrane propre du grand vaisseau. Sur sa convexité, et de droite à gauche, naissent l'*artère brachio-céphalique* qui nourrit de sang la partie supérieure et droite du corps, la *carotide gauche* et la *sous-clavière gauche* qui complètent le système de nutrition de tous les organes compris entre la calotte crânienne et le diaphragme, cloison musculaire qui divise transversalement le corps, quelques pouces au-dessus de l'ombilic. Enfin, pendant son trajet, depuis la crosse jusqu'au bassin où elle perd son nom, l'aorte donne naissance, en avant, à droite et à gauche, et presque toujours à angle droit, à des artères de tous les calibres, qui vont porter leur tribut aux organes renfermés dans la cavité abdominale, et se termine en se divisant en deux branches qui s'appellent en langage anatomique *iliaques primitives*, et dont la fonction est d'alimenter quelques parties importantes du bas-ventre et les tissus musculaires et osseux des deux membres inférieurs. Mais quelque régularité qu'il y ait en général dans le plan d'organisation commun à la nature humaine, de graves anormalités se font remarquer parfois dans la distribution de toutes les artères, et surtout de celles qui naissent de la crosse de l'aorte; de sorte que, ou l'insertion se fait en un point différent, ou les vaisseaux ne présentent pas le même chiffre que dans l'état naturel, ou bien encore ils présentent un chiffre plus élevé. Ce qu'il y a de très-remarquable, c'est que ces différences, qui s'éloignent plus ou moins de l'état physiologique, ont leurs analogues dans la distribution normale des vaisseaux des animaux à sang rouge. Or, ceci est un point d'anatomie comparative sur lequel on n'a pas encore assez médité; car il est impossible qu'en comparant les phéno-

mènes spéciaux à l'homme, qui porte en lui un de ces vices organiques, avec la famille animale dont l'organisation présente ces conditions, il est impossible, disons-nous, que la physiologie n'en tire pas quelque profit. Peut-être même que, si jamais cette étude portait ses fruits, on expliquerait par la force d'impulsion du sang l'énergie de certaines tendances instinctives que les phrénologistes essayent vainement de localiser au milieu de leur république fédérative du cerveau ; alors il serait établi par un argument de plus, que l'homme, dans ses manifestations, dépend moins d'une action locale que d'une action complexe, qu'il vit plutôt par l'ensemble que par les parties. Mais bornons-nous à ce que nous avons dit sur l'anatomie de l'aorte pour nous occuper des maladies et des lésions dont ce tronc artériel peut être frappé. De cette manière, notre article sera complet, quelque brièvement que nous exposions d'ailleurs la série de faits et d'inductions que nous allons faire connaître. — L'aorte peut contracter l'état inflammatoire à tous les degrés et donner lieu à des altérations qu'on ne retrouve pas ou qu'on trouve rarement dans les autres artères. L'*inflammation aiguë*, qui lui est commune avec tous les tissus du corps humain, a pour cause ordinaire tout ce qui entre dans cette vie d'excitation dont les personnes débauchées, ou d'une grande violence de caractère, ou adonnées à un travail pénible et continu, sont ordinairement les victimes. Mais les symptômes de l'*aortite aiguë* sont moins faciles à déterminer que la série des causes ; voici toutefois ceux qu'on croit en général pouvoir se rapporter à l'existence de la maladie qui nous occupe. Du malaise, des syncopes, des douleurs vagues dans la poitrine, des battements irréguliers du cœur, de la chaleur dans la direction de l'aorte, une certaine force dans les pulsations de ce vaisseau, et l'infiltration séreuse des membres inférieurs avec faiblesse et accès fébrile, comme cela résulte des faits cités par M. Bizot de Genève; tels sont à peu près les symptômes de l'état inflammatoire de la portion aortique qui est enfermée dans la poitrine. Mais ce cortége de phénomènes ne peut-il se rapporter également à une affection semblable qui aurait frappé les annexes du cœur, et par conséquent le voisinage presque immédiat de la grande artère, ce qui aurait produit dans celle-ci un mouvement d'excitation sympathique auquel l'inflammation directe n'aurait eu aucune part? sans doute; et c'est à cause de cela que le médecin même le plus expérimenté balance, avant d'indiquer le siége réel de la maladie, d'affirmer l'existence de l'aortite. Lorsque c'est la partie d'aorte enfermée dans l'abdomen qui est frappée d'inflammation, la maladie semble se traduire au dehors avec moins de vague que dans le premier cas. En effet, outre ce bruit de souffle que Laënnec et tous les auscultateurs ont signalé, et qui se rapporte également à tous les points de l'aorte enflammée, soit dans le ventre, soit dans la poitrine, il existe un sentiment de douleur qui semble suivre toute la moitié inférieure de la colonne vertébrale et s'irradier jusque dans l'épaisseur des cuisses. Mais le symptôme qui peut servir le plus sûrement au diagnostic du médecin, c'est la perception des pulsations de l'artère à travers les parois abdominales. Il est toutefois difficile de dire jusqu'à quel point ce phénomène morbide se rapporte spécialement à l'inflammation aiguë de cette portion du grand vaisseau; on ignore encore s'il n'était commun à des maladies d'un caractère différent; du reste, il est bien entendu que nous ne parlons pas ici de l'anévrisme, puisque c'est la lésion qui produit avec le plus de force et d'étendue les battements artériels. La raison qui peut aider l'aortite aiguë à se développer peut aussi produire le même effet pour l'*aortite chronique*, qui n'est qu'une modification et souvent un résultat de l'inflammation franche. Ses symptômes ont beaucoup d'analogie avec ceux qui se montrent pendant l'état aigu; mais voici les différences. A cause de la chronicité du mal, les phénomènes qui doivent le faire reconnaître prennent aussi une marche chronique : ainsi une sorte d'asthme très-pénible condamne les malades à un repos presque constant; la nutrition s'altère, et les effets de cette altération qui bientôt se manifestent par la maigreur, la diminution de l'énergie musculaire et la coloration jaune de la face, se combinent le plus souvent avec une infiltration séreuse très-marquée des membres inférieurs. Mais nous ferons encore à ce sujet la même observation que nous faisions tout à l'heure : tous ces phénomènes peuvent être communs à une autre affection des organes de la circulation, à un anévrisme du ventricule gauche du cœur par exemple, dont le développement serait encore incomplet ou le diagnostic obscur, ou bien encore à un état nerveux particulier de ce centre d'impulsion du sang, comme celui qu'on suppose pour se rendre compte de l'existence de *d'angine de poitrine.* (*V.* Angine.) Il n'est pas à dire cependant qu'en étudiant avec soin la symptomatologie, on ne puisse pas arriver à connaître le siège et le caractère du mal; la difficulté n'exclut pas la possibilité. Le traitement qui se rapporte à l'*aortite aiguë et chronique* se résume, dans l'état actuel de la médecine, à soustraire du sang, à calmer les contractions du cœur par la digitale, à priver le malade de toute action perturbatrice qui agiterait le fluide sanguin et en augmenterait l'impulsion, à déterminer la sécrétion des muqueuses et de certains organes pour affaiblir la maladie comme pour diminuer l'infiltration des membres, si cette infiltration s'était déjà développée. Mais si cette série de moyens produit, dans quelques circonstances, la solution de l'aortite aiguë, il n'en est pas toujours de même, lorsqu'il s'agit de l'aortite chronique. Cette maladie, en effet, se complique le plus souvent, et par sa nature particulière et par la presque impossibilité qu'il y a de l'arrêter dès son commencement, d'ulcérations, de développements anormaux, de dégénérescences de tout genre que l'autopsie seule fait reconnaître et qu'on peut à peine soupçonner sur le corps vivant.—Bien que des *ulcérations* se forment à l'état d'inflammation aiguë de l'aorte, on doit les considérer comme n'étant qu'une de ses complications les plus rares et dont le développement doit être lié plus ou moins directement à une cause d'un ordre exceptionnel. Ce qui caractérise l'inflammation aiguë, c'est la coagulation du sang que M. Cruveilhier compare à la formation de ces fausses membranes qui se concrètent de toutes pièces sur les membranes ou les tissus dont le caractère morbide est semblable; quant aux ulcérations, elles ressortent en général de l'état chronique. Celles qui se fixent à l'intérieur de l'aorte sont rouge foncé sur les bords, grises au fond, et creusent dans l'épaisseur du vaisseau de manière à détruire la tunique moyenne, et par conséquent à produire les conditions les plus complètes à la formation d'un anévrisme. Parfois l'anévrisme se développe non pas directement de dedans en dehors, mais sous l'influence d'une infiltration sanguine successive qui a séparé la tunique moyenne de la tunique extérieure; c'est à ce mode de dilatation morbide que Laënnec a donné le nom d'*anévrisme disséquant.* Les ulcérations qui, en creusant dans l'épaisseur du vaisseau, pourraient produire plus qu'un anévrisme, c'est-à-dire une perforation complète et un épanchement spontané promptement mortel, s'arrêtant quelquefois, se bornent à des plaques osseuses ou cartilagineuses dont le développement a eu lieu comme conséquence du mal lui-même et probablement pour faire obstacle à son progrès. Comme les caractères de ces substances ne pourraient offrir beaucoup d'intérêt à nos lecteurs, nous nous contenterons de dire que parmi celles dont la formation résulte de cet état morbide, il y en a de forme et de caractère très-divers et de toutes les consistances, depuis la ductilité du suif jusqu'à la friabilité de la pierre et la dureté de l'os. Que diriger contre ces développements anormaux, véritables embarras de la circulation, dont la symptomatologie se confond avec celle de l'inflammation chronique, les mêmes moyens que nous avons déjà indiqués jusqu'à ce qu'on connaisse mieux le mode d'altération que subit le sang pendant le règne de l'action inflammatoire, celui qu'il peut produire dans ces circonstances, et les agents thérapeutiques par lesquels ce fluide pourrait être ramené à ses conditions de normalité. En considérant l'état actuel de la science, nous assignons sans doute un terme bien éloigné à cette grande et utile investigation; mais le progrès marche et ne court pas pour que ses conquêtes soient plus sûres, et les vérités qu'il fait naître plus éclatantes. — Dans la classe si variée des dégénérescences de l'aorte, quelques observateurs disent avoir trouvé la dégénérescence *tuberculeuse,* celle qui se fait dans les poumons des malades affectés de phthisie. M. Velpeau assure aussi avoir reconnu dans sa pratique qu'une portion circonscrite de l'aorte était poussée à l'état de *cancer.* Sans doute tout cela est fort rare; mais les fortes secousses que reçoivent les parois de ce grand vaisseau, sous l'effort de la colonne sanguine, doivent le rendre susceptible de contracter des maladies dont on ne retrouve pas les analogues dans les artères d'un calibre inférieur ou d'une moindre importance. Nous n'avons pas besoin de faire observer que dans ces circonstances les symptômes doivent être pour ainsi dire nuls aux yeux du médecin, dont la conduite ne serait pas du reste plus active si le contraire avait lieu, puisque la science de guérir n'a rien opposer aux dégénérescences tuberculeuses et cancéreuses; elle en est encore à la période d'expérimentation... — Par la même raison que celle que nous avons exprimée tout à l'heure pour expliquer la variété des maladies dont l'aorte pou-

vait être atteinte, ce grand vaisseau doit être très-sujet aux anévrismes. Mais, tant qu'ils se sont qu'à la première époque de leur développement, ils présentent beaucoup d'obscurité pour l'investigation symptomatique; car les troubles qu'ils jettent dans la circulation peuvent être attribués à des dérangements ou à des lésions d'un autre ordre. Ce vague peut aussi faire prendre des battements irréguliers et forts dont le malade et le médecin auraient la perception, pour des anévrismes très-avancés, lorsque les symptômes appartiendraient à des causes entièrement différentes. Ainsi, parmi les personnes nerveuses, il en est beaucoup qui sentent dans l'estomac des pulsations puissantes, comme si une force considérable le soulevait régulièrement de dedans en dehors. Sans doute on peut supposer que cela tient à un anévrisme de la portion d'aorte qui passe derrière cet organe; mais ces pulsations ne peuvent-elles pas être de nature nerveuse, comme l'a fort bien expérimenté M. E. Home, qui, en touchant avec un caustique l'un de ces petits cerveaux qui sont distribués en grand nombre dans l'économie, communiqua des pulsations convulsives au vaisseau qui recevait des prolongements de ce centre d'innervation? ne peuvent-elles pas dépendre d'un état spasmodique de l'estomac lui-même ou des intestins (M. Albers de Bremen), dont l'accès plus ou moins long, et affectant dans son rhythme une sorte de régularité, simulerait jusqu'à un certain point le signe principal sur lequel on base l'existence de l'anévrisme? Les pulsations ne peuvent-elles pas aussi résulter d'une augmentation de développement du cœur qui, refoulant par l'exagération de son volume les organes qui le séparent de l'estomac, transmettrait à celui-ci, par une sorte de continuité, les mouvements isochrones dont l'exercice régulier et continu constitue le caractère de sa fonction? et si nous supposons qu'une maladie inflammatoire ait le cœur à son enveloppe, ait collé cette enveloppe à la cloison musculaire qui sépare les poumons de la cavité de l'abdomen (Allan-Burns de Glascow), l'estomac ne pourra-t-il pas, surtout lorsqu'il est chargé d'aliments, transmettre les battements du cœur et les répéter avec une force et une fidélité singulière? Nous pourrions ajouter encore à ce dénombrement; mais il nous suffit d'avoir établi qu'on peut facilement tomber dans l'erreur en prenant pour les symptômes d'un anévrisme ceux d'une maladie ou d'une lésion entièrement différentes. Comme nous l'avons déjà dit, le contraire doit avoir lieu, ou, en d'autres termes, on doit prendre pour une maladie nerveuse, par exemple, ce qui constitue réellement la symptomatologie d'un anévrisme en progrès. Ainsi donc, ce n'est que lorsque cette lésion a acquis un développement assez marqué que les méprises sont impossibles. Mais, comme l'aorte est située assez profondément, puisqu'elle descend le long de la colonne vertébrale, de quelle manière peut-on reconnaître le siège et la circonscription de la tumeur qui s'est développée sur un de ses points? Les embarras de la circulation et le caractère qu'ils revêtent donnent une série de symptômes assez significatifs; mais ce qu'il faut, surtout pour donner au chirurgien le courage de tenter une opération, ce qu'il faut, c'est une évidence entièrement basée sur l'examen direct ou indirect des parties. Pour l'examen indirect on a le stéthoscope, qui donne la perception de bruits tout différents de ceux de la circulation normale; pour l'examen direct on a la main qui, lorsque la tumeur anévrismatique a son siége dans la portion d'aorte contenue dans l'abdomen, peut palper et trouver le relief que la lésion forme sur le point où elle s'est développée. Le stéthoscope ou l'oreille est le moyen d'investigation le plus direct pour apprécier localement l'existence et l'état de progression de l'anévrisme de la crosse de l'aorte et de la partie du vaisseau renfermée dans la poitrine; et même, malgré l'étude minutieuse qu'on a faite de ce mode presque récent d'exploration, il arrive très-souvent qu'on n'assigne pas rigoureusement le siège de la dilatation dont les résultats sont mortels pour la plupart. Toutefois on a vu, mais dans les parties de l'aorte les plus éloignées du cœur, ces tumeurs sanguines s'oblitérer, et la portion du vaisseau lui-même se changer en un cylindre compacte qui, interrompant le cours de la circulation, forçait le sang à revenir sur lui-même, ou plutôt à se faire jour par des embranchements latéraux. Or, de telles guérisons produites par la nature donnèrent, il y a quelques années, à sir Astley Cooper le courage, nous oserons même dire l'audace, d'aller porter une ligature (*V.* Anévrisme) à travers les viscères du bas-ventre, un pouce à peu près au-dessus du point où l'aorte opère sa bifurcation. Artistiquement parlant, cet essai réussit très-bien; la ligature fut placée, serrée; un caillot avait commencé même à se figer au-dessus d'elle; mais au bout de quarante heures le malade succomba.

Cette tentative, qui d'ailleurs ne fut faite qu'en désespoir de cause, ne compte qu'un ou deux imitateurs, dont le succès n'a pas été plus grand que celui de l'habile chirurgien leur maître. D'après cela, l'homme de l'art doit se résigner à ne pas tenter sur ce grand vaisseau ce qu'il peut pratiquer courageusement sur tous les autres, puisqu'en interrompant violemment le cours du sang dans l'aorte, il jette le système circulatoire, et par conséquent toutes les fonctions, dans une perturbation si grande que le nœud vital doit en être brisé. Du reste, si la force conservatrice du corps vivant fait disparaître, en oblitérant l'aorte dans quelques-unes de ses parties, les symptômes de l'anévrisme, et guérit la lésion de ce vaisseau, c'est qu'elle agit progressivement par des procédés qui sont à elle et que la grossière mécanique de l'art chirurgical ne pourra jamais que grossièrement imiter. Ainsi donc, suivre et surveiller la marche de la lésion, l'enrayer si c'est possible, employer largement, pour arriver à ce résultat, la méthode débilitante à laquelle le médecin Valsalva a donné son nom (V. ANÉVRISME), voilà tout ce qui reste à faire au chirurgien en vue d'une probabilité qui ne se réalise que dans la plus rare exception. Une fois nous avons suivi les péripéties d'un développement anévrismatique, qui avait son siége sur la deuxième courbure de la crosse de l'aorte, et faisait saillie au-dessous de l'os dont l'une des extrémités arc-boute le bras gauche, la clavicule. La tumeur se développait tous les jours davantage, malgré l'application de vessies remplies de glace pilée, malgré tout l'appareil débilitant que fournit la thérapeutique; il arriva même que la peau qui couvrait la surface de la tumeur, rougit et s'enflamma sous l'influence répétée des réfrigérants, et qu'il fallut abandonner ce genre de topiques. L'inflammation ne cessa pas pourtant; ou si la rougeur et la chaleur parurent diminuer, ce fut pour nous montrer un symptôme dont l'apparition ne précéda que de quelques jours la longue agonie du malade. Au centre d'une auréole, dont la couleur était légèrement altérée par une teinte bleuâtre, on pouvait voir une petite plaque de peau dont l'amincissement était évident et qui tendait à l'ulcération. Or l'ulcération de l'enveloppe anévrismale, c'est la mort; puisque la collection sanguine se fait bientôt jour à travers cette solution de continuité, et que cette hémorragie spontanée vide en un instant pour ainsi dire le système vasculaire du malade. Mais dans ce cas particulier le mal n'arriva pas même à sa dernière période: la tumeur, dont le développement s'était produit à l'intérieur comme à l'extérieur, comprima tellement le tube par lequel passe l'air respiratoire que le malade mourut asphyxié; l'hémorragie résultant de l'ulcération se serait déclarée deux jours plus tard. — Ce n'est que pour mémoire que nous mentionnons, avant de finir, les lésions produites sur l'aorte, par les blessures provenant d'une arme quelconque. Suivant le diamètre de l'ouverture, ou des circonstances particulières au blessé, celui-ci peut ne pas succomber sur-le-champ; mais la mort arrive toujours pour lui dans l'espace de quelques jours, et le plus souvent de quelques heures. Quand l'ouverture est grande, la mort est foudroyante comme par l'apoplexie: ce fut ainsi que mourut, il y a quelques années, l'illustre professeur Delpech de Montpellier, à la suite d'un affreux assassinat qui eut un immense retentissement.

Dr ED. CARRIÈRE.

AOSTE, ou AOST (VALLÉE D'). Vallée du Piémont, entre la Suisse au N., la Savoie à l'O., Novare à l'E., et Turin au S., formée par un écartement des Alpes. Le Mont-Blanc, le Mont-Rosat, le petit Saint-Bernard la dominent; la Doire la traverse dans toute sa longueur. Des glaciers immenses couronnent les montagnes dont les flancs sont couverts de pins et de châtaigniers. De gras pâturages occupent le fond de la vallée; mais si les troupeaux y trouvent une nourriture abondante, il n'en est pas ainsi des habitants qui manquent de terres labourables et ne se nourrissent guère que de châtaignes. La population, composée d'environ soixante ou soixante-cinq mille habitants, se trouve répartie entre soixante-treize communes, dont la principale est la ville d'Aoste, peuplée de six mille habitants, et située sur la Doire au point où viennent aboutir les deux vallées du grand et du petit Saint-Bernard. Les montagnes renferment du fer, du cuivre, du plomb et de l'argent; quelques vallées secondaires produisent du sel gemme et de la manganèse; on y trouve aussi des eaux thermales, et des carrières d'ardoise et de marbre. L'intérieur de la vallée offre deux grandes routes, celle qui conduit d'Aoste au Piémont et celle qui traverse le Saint-Bernard. La capitale portait sous les Romains le nom de *Civitas augusta* ou *Augusta Salassiorum*. On y voit les restes d'un amphithéâtre et ceux d'un arc de triomphe. — Comme le pays n'est ni assez riche ni assez productif pour nourrir ses habitants, il y a tous les ans des émigrations nombreuses d'enfants et de jeunes gens qui vont chercher fortune en France ou en Italie, en exerçant les métiers de chaudronnier, de maçon et de ramoneur. — Le bourg de Gressan a de riches mines de fer.

X. X.

AOUDH. (V. OUDE.)

AOÛT, sixième mois (*sextilis*) de l'année de Romulus, laquelle était de dix mois, devenu ensuite le huitième de celle de Numa et de notre année moderne. Auguste lui imposa son nom *Augustus*, d'où nous avons fait août par corruption. Ce mois et celui de juillet, à qui le nom vient de Jules César, sont les seuls qui aient conservé les noms que les empereurs leur avaient donnés. — Voltaire, dans sa Correspondance, datait ses lettres du mois d'*auguste* au lieu d'*août*; les Anglais font de même dans leur calendrier. Ils appellent le premier jour d'août, qui est la fête de Saint-Pierre-ès-Liens, *Lamma's day*, fête de l'Agneau, ce que l'on attribue à une coutume qui s'observait autrefois dans la province d'York. Tous ceux qui possédaient quelques terres de l'église cathédrale étaient obligés ce jour-là d'amener dans l'église, à la grand'messe, un agneau vivant pour offrande. — Pendant le mois d'août, le soleil parait parcourir la plus grande partie du signe du Lion, et il entre, vers le 23, au signe de la Vierge. — C'est dans ce mois que se fait la moisson. La Fontaine, dans ses fables, emploie ainsi au figuré le mot *août*, qu'il fait prononcer *oût* :

« Je vous payerai, lui dit-elle,
« Avant l'*août*, foi d'animal. . . »
« Remuez votre champ dès qu'on aura fait l'*août*. . . »

VAN-TENAC.

AOUT. Ce mois, que les anciens avaient consacré à Cérès, très-important par ses produits agricoles, tels que grains, fruits, légumes, herbages de toute espèce, est aussi le mois des grandes chaleurs, parce qu'il renferme les jours caniculaires (V. CANICULE). Les agriculteurs sèment alors la navette, l'orge et le trèfle d'hiver, la gaude, le spergula; ils récoltent les blés, les avoines, les orges, le chanvre, le lin, les cardères, la moutarde noire, les pavots. Les jardiniers arrosent leurs légumes, en replantant quelques-uns, comme carottes, choux-fleurs durs, etc.; lient leurs chicorées, empaillent leurs cardons, replantant leurs bordures d'oseille, d'estragon, de lavande; abattent la tige des oignons rouges; ébourgeonnent leurs arbres de pépinière, greffent les arbres à fruit et ceux d'ornement, recueillent les fruits; lèvent en motte les fleurs annuelles d'automne, comme balsamines, marguerites, œillets d'Inde; empotent les plantes qui doivent être rentrées l'hiver; tondent les gazons, les bordures, ratissent, arrosent, donnent de l'ombre aux plantes délicates. — C'est dans le mois d'août que, dans les ménages bien dirigés, on fait les marmelades de prunes et d'abricots, les gelées, les sirops, etc. — On prépare aussi les câpres, les cornichons, l'eau-de-vie, et l'on fait provision d'œufs pour l'arrière-saison. — On entend souvent par le mot d'août la moisson ou récolte qui se fait dans ce mois. C'est en ce sens qu'on dit que l'*août est* ou *n'est pas commencé*. — On disait autrefois d'un homme qui avait dépensé ses revenus ou ses capitaux, qu'il *avait fait son août*. Cette expression, qui a vieilli, est aujourd'hui remplacée par la suivante : *Faire ses orges*; l'une et l'autre ne s'emploient que dans le style familier. — Beaucoup de gens à Paris, et presque tous les provinciaux, prononcent *a-oût*. Cette prononciation vicieuse est proscrite par le bon usage; on doit prononcer *oû*. Il y a toutefois une exception pour le mot *aoûté*, qui signifie mûri par le soleil du mois d'août, et qui se prononce *a-oû-té*. Toutefois, dans le Dictionnaire Landais, la prononciation du mot *aoûté* est indiquée conformément à la règle générale; nous croyons que c'est une erreur: des grammairiens justement estimés, Wailly entre autres, veulent qu'on dise *a-oû-té*; et en effet des fruits *a-oû-tés* sonnent mieux à l'oreille que des fruits *oûtés*.

X. X.

AOUT (LE DIX), jour de mémoire à jamais odieuse, jour où des factieux, de leurs mains sacrilèges, portèrent les derniers coups à l'antique et noble monarchie; où les héritiers de tant de règnes de force, et de prospérité ou de gloire, virent se briser sur leur front leur couronne souillée; où les fureurs populaires triomphant de l'autorité tutélaire des lois, des principes conservateurs des empires, de la force même des habitudes, apprirent au monde épouvanté que les révolutions ne peuvent s'accomplir que sur des ruines et des cadavres. — Jusqu'au 10 août, plus d'un excès avait signalé la marche destructrice des événements : c'étaient des listes nombreuses de proscription et la spoliation des proscrits; c'était le renverse-

ment des institutions qui avaient la sanction du temps; c'é-
taient de violentes attaques contre le trône et l'autel; mais les
novateurs trouvaient encore des obstacles à l'œuvre de démolition. Les uns voulaient conserver le trône dit constitutionnel
après l'avoir isolé de tous ses appuis; les autres ne voulaient
pas même de trône. Ceux-ci faisaient demander par les jacobins des départements et par les sections de Paris la déchéance
de Louis XVI; les autres n'avaient de force que contre le roi
qui en manquait; ils lui arrachaient des concessions, et ils ne
pouvaient ou ne voulaient pas arrêter le cours du torrent démagogique. — Le 20 juin fut comme le prélude de ce drame terrible
où périt la royauté de quatorze siècles, cette royauté qui, par
la seule puissance de son nom, s'était soutenue contre les entreprises des grands vassaux, des égarements du peuple et la
conquête étrangère. Le 20 juin, la populace avait forcé l'entrée
des Tuileries, le sang avait coulé, le bonnet rouge avait couvert une tête auguste, et dès ce moment il fut aisé de prévoir
ce qui arriverait. Un roi qui souffre que des factieux fassent
de sa personne un jouet ignoble, montre qu'il n'a plus de
force réelle, et qu'il n'a pas non plus cette force morale qu'il
devrait tirer de sa position élevée, cette force d'âme qui survit
aux revers et les maîtrise. Avec quoi le roi faible résistera-t-il
donc aux flots tumultueux des passions populaires, qui de
toutes parts le débordent et s'élèvent autour de lui pour le
submerger? Oh! sans doute ce prince pieux, se voyant ainsi
couronné, dut offrir à son Dieu couronné d'épines cet excès
d'opprobre qui l'accablait; mais la résignation chrétienne en
cette circonstance ne suffisait pas; Louis, roi de France, avait
des devoirs; à son sort se liait le sort de la partie saine de la
nation; et quand la révolte montra sa tête hideuse, il n'eût
fallu peut-être qu'un acte de vigueur pour l'abattre. — On
prétend que les constitutionnels, effrayés de l'abîme où d'eurs
utopies avaient poussé le trône, firent quelques tentatives pour
détourner l'orage; il était trop tard: ils ne réussirent qu'à se
rendre suspects; et quand le peuple souverain eut ses représentants armés d'une faux pour sceptre, les constitutionnels
ne furent pas épargnés. La Fayette, cette idole du peuple auquel il avait prêché la sainte doctrine de l'insurrection, redoutant maintenant l'inconstance de ce même peuple, avait quitté
furtivement la capitale; et son exemple fut suivi, car chacun
voyait la sanglante catastrophe qui s'approchait à grands pas.
Dès les premiers jours du mois d'août, les factieux se préparaient à l'attaque du château; le château de son côté semblait
avoir l'intention de se défendre; mais tout l'avantage était du
côté des factieux, car ils avaient des chefs entreprenants, et
les défenseurs du trône étaient dominés par une volonté faible,
irrésolue, que dominait à son tour la crainte de verser le sang,
crainte honorable mais fatale par ses effets. Le 9 août, le maire
de Paris, Pétion, se rendit à l'assemblée nationale pour lui
annoncer que le tocsin devait sonner à minuit; il se plaignit
de n'avoir pas les moyens d'empêcher ou d'arrêter un mouvement populaire qui se montrait sous l'aspect le plus alarmant;
on lui répondit par un ordre du jour; et à minuit le tocsin se
fit entendre, et les sections de Paris se rassemblèrent, et la
demeure royale fut de toutes parts investie par des hordes armées, en tête desquelles se montrait cette légion de brigands
qu'on appelait des Marseillais (non qu'ils fussent de Marseille
(cette ville n'était pas plus qu'une autre la patrie de tant de
scélérats), mais parce qu'ils étaient entrés dans Paris en chantant la Marseillaise. — Louis XVI ne manquait pas de défenseurs, mais leur dévouement fut rendu inutile. Le roi était
descendu au jardin vers les cinq ou six heures du matin; il
avait passé en revue quelques bataillons suspects de la garde
nationale; à peine était-il rentré au château que les bandes des
insurgés vinrent occuper la place du Carrousel en poussant les
plus horribles clameurs. Vers les huit heures du matin, le
procureur syndic du département, Rœderer, se rendit au
château; il représenta le danger comme inévitable; pour s'y
soustraire, le roi, suivant lui, n'avait qu'un moyen, c'était de
se rendre au sein de l'assemblée. Le roi se laissa aisément
persuader; la reine au contraire s'y opposa; elle présenta
même des armes au roi en lui disant: Allons, monsieur, voilà
le moment de vous montrer. Le roi garda le silence, et Rœderer revenant à la charge et se tournant vers la reine: « Vous
voulez donc, madame, lui dit-il, vous rendre coupable de la
mort du roi, de celle de votre fils, de la vôtre? » La reine
alors baissa les yeux et suivit tristement le roi; elle eut sans
doute un pressentiment funeste de l'avenir. — Le départ du
roi devint pour tous un signal de retraite. Royalistes et gardes
nationaux, ainsi livrés à eux-mêmes, désertèrent le château;
il n'y resta qu'un régiment suisse. Les Suisses se disposaient

aussi à se retirer. Quelques Marseillais s'avancèrent vers eux
pour les inviter à fraterniser; ils en emmenèrent cinq dans
leurs rangs, à ils les massacrèrent. Les Suisses indignés font
une décharge; les Marseillais fuient laissant leurs canons; la
terreur pénètre dans l'assemblée; on entoure le roi, on le conjure d'envoyer l'ordre de cesser le feu. Le roi se laisse arracher
l'ordre fatal, et les malheureux Suisses, martyrs du devoir,
sont inhumainement égorgés. — Le soir de ce même jour
10 août, l'assemblée nationale rendit le fameux décret qui
« invite le peuple français à former une convention nationale,
déclare le chef du pouvoir exécutif provisoirement suspendu
de ses fonctions, jusqu'à ce que la convention nationale ait
prononcé sur les mesures qu'elle croira pouvoir adopter pour
assurer la souveraineté du peuple, le règne de la liberté et de
l'égalité. » On sait que le premier acte de la convention fut de
proclamer la république (21 septembre). Le roi et sa famille
furent enfermés dans la tour du Temple. (V. LOUIS XVI).
— Le 10 août est un jour néfaste. Quatre ans auparavant, à
pareil jour, Gholaoum-Caudir, ministre de l'empereur mogol,
Shah-Alloum, espèce de maire du palais en qui résidait tout
le pouvoir, après avoir dépouillé ce prince infortuné de toutes
ses richesses, l'avoir précipité du trône dans une prison,
abreuvé d'humiliations, comblé d'outrages dans sa personne
et dans les membres de sa famille, le féroce Caudir, escorté de
cinq assassins, entra dans la chambre de l'empereur, le fit
saisir par ces hommes, et se jetant sur lui avec rage lui creva
les deux yeux, le perce de mille coups de son poignard. — Shah-Alloum
du moins trouva des vengeurs, et ces vengeurs, ce furent des
hommes à demi sauvages, les Mohrattes de Scindiah! Caudir,
arrêté dans sa fuite, fut enfermé dans une cage de fer où on le
laissa expirer dans les douleurs d'une horrible agonie; on lui
avait coupé tous les membres. Il n'en fut pas de même en
France. Si les girondins, auteurs du 10 août, furent sacrifiés
peu de mois après qu'ils eurent assassiné Louis XVI, ce ne
fut point aux mânes sanglants de prince qu'on les immola;
ils périrent pour que l'ambition de Robespierre et de ses complices ne trouvât point d'obstacle; si Robespierre lui-même fut
livré plus tard aux bourreaux, ce ne fut point pour le punir de
ses crimes: les thermidoriens ne firent que racheter leurs propres têtes.

AOUT (LE SEPT). Nous sommes trop près du 7 août pour
pouvoir juger impartialement cette mémorable journée, qui a
placé sur le trône une dynastie nouvelle et remplacé les rois de
France par un roi des Français. La postérité peut-être pourra
le faire, quand vingt générations dormiront sur la tombe qui
aura reçu les auteurs du 7 août. Nous disons peut-être; car,
comment se défendre d'un sentiment de prédilection ou de
haine pour les individus, lorsqu'on entreprend le récit d'un
grand événement? Après un long intervalle de neuf ou dix
siècles, on se passionne encore pour ou contre Charlemagne
ou Philippe-Auguste. Après deux mille ans on s'émeut au nom
d'Alexandre, de Pompée ou de Jules-César, et, suivant la direction imprimée à ses idées par les circonstances, on fait du
même personnage un héros ou un vandale. Peut-on donc s'empêcher d'avoir une opinion sur des événements auxquels on n'a
pu soi-même rester étranger? On a beau mettre à son livre,
comme Tacite, l'épigraphe fameuse: Mihi nec injuria nec
beneficio cogniti, on n'en est pas moins dominé en écrivant
par le souvenir des sensations qu'on a éprouvées. Mais quand
les partis sont encore en présence, chacun avec ses prétentions
ennemies, dire ce qu'on pense, c'est vouloir acheter l'approbation des uns par l'animadversion des autres. Il n'est qu'un
moyen de se sauver de cet écueil, c'est de dire les faits,
les faits tout nus, et de laisser au lecteur le droit de les juger.
— Ce n'est pas ici le lieu d'indiquer les causes qui produisirent
les trois journées de juillet; nous les ferons connaître ailleurs
(V. JUILLET); nous nous bornons ici à énoncer ce qui a précédé, accompagné et suivi le 7 août. — Après la victoire populaire, la commission municipale de Paris, composée de
MM. Audry de Puiraveau, Mauguin, de Schonen et comte de
Lobau, prononça la déchéance de Charles X, en 1792 ce fut
l'assemblée soi-disant nationale qui prononça la déchéance de
Louis XVI. Le même jour, les députés qui se trouvaient à
Paris, au nombre d'environ soixante, proclamèrent le duc
d'Orléans lieutenant-général du royaume. La cour se trouvait
alors à Saint-Cloud, avertie que les Parisiens se disposaient à
marcher sur cette résidence, elle partit pour Versailles d'où
elle se rendit à Rambouillet. Charles X avait encore autour de
lui seize mille hommes dont trois mille cinq cents étaient de
cavalerie. On conseilla au roi d'abdiquer; il le fit en faveur du
duc de Bordeaux; le duc d'Angoulême l'imita. Cette abdication

ne fut pas acceptée. On voulait que la duchesse de Berri se présentât aux Parisiens avec son fils ; cette démarche lui parut trop dangereuse. Le 2 août, quatre commissaires, le maréchal Maison, de Schonen, Jacqueminot et Odilon-Barrot, se rendirent à Rambouillet pour hâter le départ du roi qui ne voulut pas les recevoir. Le lendemain 3 août, les vainqueurs de juillet partirent de Paris pour aller prêter main-forte aux quatre commissaires. La garde royale, alors réunie sous les yeux du prince, pouvait facilement écraser ces masses désordonnées ; Charles X voulut éviter l'effusion de sang : il offrit de partir. Le 16 août il s'embarqua à Cherbourg avec sa famille. — Cependant la chambre des députés avait ouvert sa session. Elle agissait en vertu des lettres de convocation envoyées antérieurement aux ordonnances : elle regarda comme légale cette convocation, et comme non avenue l'ordonnance de dissolution. Le lieutenant général s'y rendit avec ses deux fils, de Chartres et de Nemours, et prononça le discours d'ouverture ; il présenta à la chambre l'acte d'abdication du roi et l'ordre qu'il recevait lui-même, comme lieutenant général du royaume, de faire proclamer Henri V. Cette communication n'eut aucune suite. Le 6 du même mois, sur la proposition du député Bérard, la chambre délibéra sur ces deux grandes questions : 1° faut-il reviser et refondre divers articles de la charte ? 2° Faut-il offrir le trône au duc d'Orléans, à la condition d'accepter la charte modifiée ? — M. de Cormenin avait soutenu que la chambre du 3 août, ou plutôt ce fragment de la chambre de la restauration, n'avait pas le pouvoir de changer la forme du gouvernement ; Napoléon lui-même, dit-il, n'avait pas osé créer l'empire sans l'appel au peuple ; il fut combattu par MM. Devaux et Kératry, bien faiblement suivant les uns, victorieusement suivant ceux qui adoptèrent son opinion. Quand les débats se furent ouverts sur la double proposition Bérard, plusieurs membres de la chambre protestèrent. M. de Lézardière, tout « en applaudissant aux mesures par lesquelles l'ordre avait été maintenu, tout en payant un juste tribut de reconnaissance au lieutenant général, » déclara qu'il ne *pouvait aller plus loin.* « Lors même que je pourrais croire, dit M. Hyde de Neuville, que j'ai mission de briser un trône et de faire un roi, je laisserais à d'autres le soin de fixer par d'aussi grands changements encore formulèrent leur opposition ; mais la majorité l'emporta. Il y eut vingt-deux articles modifiés, et onze articles supprimés. On en voulait particulièrement à la pairie ; MM. Guizot, de Broglie et Dupin aîné obtinrent qu'on la laissât subsister. Le lendemain 7 août, après une délibération de vingt-quatre heures, sur la proposition de M. Dupin, la chambre déclara que « l'intérêt universel et pressant du peuple français appelait au trône S. A. R. Louis-Philippe d'Orléans et ses descendants à perpétuité, de mâle en mâle par ordre de primogéniture. Qu'en conséquence S. A. R. serait invitée à accepter et jurer les clauses, etc. » Le jour de l'ouverture il n'y avait guère que 120 à 130 députés. Dans la séance du 7 août, il y en eut 252 présents ; 219 se prononcèrent en faveur du changement de dynastie, 33 protestèrent. A cinq heures du soir les députés en corps se rendirent au Palais-Royal, et le président Laffitte lut au lieutenant général la nouvelle charte et la déclaration qui l'accompagnait. Le lieutenant général répondit que « le sentiment dominant de son cœur était l'amour du pays, qu'il sentait ce que le pays lui prescrivait, et qu'il le ferait. » Après avoir terminé sa réponse le prince embrassa M. Laffitte ; ensuite il parut sur le balcon de la grande cour du palais ; des musiques militaires exécutaient *la Marseillaise*, et le prince lui-même s'unit aux musiciens en battant la mesure du haut du balcon. Ce fut alors, dit-on, que la Fayette lui, qui était à côté du prince, dit ces mots qui ne sont point tombés par terre : *« Vous êtes le roi qu'il nous faut : c'est la meilleure république. »* Dans le même temps la duchesse d'Orléans montrait ses enfants aux Parisiens qui remplissaient la cour. On prétend que le prince répondit à la Fayette qu'il n'avait pas cessé depuis sa jeunesse d'être républicain, et que, si la situation de la France ne lui permettait pas d'imiter le *gouvernement modèle* (celui des *États-Unis*), il était convaincu que le nouveau trône devait être *entouré d'institutions républicaines*. — La déclaration de la chambre des députés fut portée sans délai à celle des pairs qui la discuta et l'adopta à une majorité de 89 membres sur 99. Ce résultat fut transmis le 8 au lieutenant général ; le 9 les deux chambres réunies reçurent le serment de Louis-Philippe, et tout fut consommé. J. DE MARLÈS.

APACARO. Van-Rheede, dans son *Hortus malabaricus,* donne la description d'un arbrisseau toujours vert, originaire de la côte du Malabar, haut de cinq à six pieds, chargé à la fois de feuilles, de fleurs et de fruits, à branches alternes, longues, écartées et couvertes d'une écorce couleur brun-noir. Les feuilles, disposées alternativement, de forme elliptique, pointues aux deux bouts, d'un beau vert foncé, luisant, par-dessus, d'un vert clair, terne, par-dessous, sont portées sur un pédicule cylindrique assez court. Les fleurs naissent de la branche même, dans l'intervalle que laissent les feuilles entre elles ; elles sont rougeâtres, longues d'environ un pouce, solitaires ; elles consistent en un calice verdâtre, petit, épais, d'une seule pièce avec trois compartiments, et une corolle à six pétales égaux, ouverts en étoile. Une centaine d'étamines, pressées autour de quelques ovaires (8 à 15), occupent le centre de la fleur. Les ovaires en mûrissant deviennent des baies charnues, acides, douceâtres, de trois à quatre lignes de diamètre. Les feuilles de l'apacaro ont une forte odeur aromatique et une saveur âcre. Le suc de ces feuilles, retiré par expression et mêlé au jus de pavot, a passé pour un excellent fébrifuge. La décoction de ces mêmes feuilles apaise les douleurs articulaires.

APACZAI (JEAN), savant hongrois, né dans un village de Transylvanie, vers la fin du XVIe siècle, devint professeur de géographie, de physique et d'astronomie au collège de Weissembourg. Son attachement aux doctrines de Descartes et aux opinions des presbytériens manqua de lui faire subir le dernier supplice : il fut sauvé par ses amis. Il se retira à Clausembourg, où il obtint aussi une chaire de professeur. Il mourut en 1659. On a de lui plusieurs dissertations latines et deux ouvrages plus importants : *Magyar Encyclopædia*, Encyclopédie hongroise, Utrecht, 1560 ; et *Magyar Logica*, Logique hongroise, Weissembourg, 1656. X. X.

APADNO, mot qui se trouve dans Daniel (XI, 45), a été pris par la plupart des interprètes pour un nom propre de lieu, sur la situation duquel ils ne s'accordent guère ; car les uns l'entendent du mont des Oliviers, les autres d'un lieu qui avoisinait Jérusalem. Quant à saint Jérôme, il dit expressément qu'Apadno était près de Nicopolis, autrement Emmaüs, où commençaient les montagnes de Judée (Hieron. *in Dan.*, XI). Plusieurs pensent, et peut-être avec plus de raison, qu'*Apadno* est tout simplement un nom appellatif, dont le sens est *son palais* ; ce qui est incontestable si l'on s'en tient au texte hébreu, dans lequel le mot précédent signifie *les tentes de.* Il serait difficile, il est vrai, d'établir la signification de *palais* par la langue sacrée elle-même ; mais le syriaque et l'arabe lèvent la difficulté, car un terme tout à fait semblable, qui se trouve dans ces deux idiomes, désigne incontestablement un *palais*, une *citadelle.* J. G.

APAFI, nom d'une ancienne famille hongroise, qui a fourni deux princes à la Transylvanie, Michel Ier et Michel II. Le premier fut élu en 1662, après la mort de Jean Kémeny, et, secondé par les Turcs, il délivra son pays du joug autrichien ; mais, en 1688, il fut tellement pressé par l'empereur Léopold, qu'il fut obligé de reconnaître la suzeraineté de l'Autriche et de prêter entre les mains de l'empereur le serment de foi et hommage. Apafi mourut deux ans après (1690). On croit que le chagrin qu'il conçut de sa défaite avança le terme de sa carrière. Il a laissé l'histoire de sa vie, manuscrite, sous le titre de *Vehiculum vitæ Michaelis Apafi.* — Michel II n'avait que huit ans à la mort de son père. L'Autriche et la Turquie le reconnurent ; mais l'empereur Léopold, s'étant déclaré tuteur du jeune prince, fit gouverner la Transylvanie par un conseil de douze seigneurs. Apafi, devenu majeur, fit cession de ses droits à l'empereur, moyennant une pension de douze mille florins. Il mourut à Venise, en 1713, à la fleur de l'âge. X. X.

APAGOGIE (*log.*), de ἀπό, de, et de ἄγω, je conduis, ou je déduis ; c'est le nom par lequel on désigne un raisonnement qui sert à prouver la vérité d'une proposition en démontrant l'absurdité d'une proposition contraire. Les Latins appelaient ce procédé : *Deductio ad absurdum.* (*V.* DÉMONSTRATION). N. M. P.

APALACHES (Monts). (*V.* ALLEGHANYS).

APALE, *apalus* (*ins.*). Genre de coléoptères établi par Fabricius qui lui assigne pour caractères : antennes et palpes filiformes, ces derniers égaux ; mâchoires cornées, unidentées ; languette membraneuse, tronquée, entière. Le type de ce genre est l'*apalus bimaculatus* de Fabricius ; on le trouve en Suède, dans les lieux sablonneux ; il répand une odeur agréable. — Latreille a fait des apales de Fabricius son genre *sitaris* (*V.* ce mot). J. B.

APAMÉ. Plusieurs princesses de l'antiquité ont porté ce nom ;

la femme de Prusias, roi de Bythinie, mère de Nicomède; la sœur d'Antiochus Théos, qui engagea son frère à faire la guerre aux Romains; la femme de Séleucus Nicanor, fondateur d'Antioche, et qui donna son nom à une ville de la Syrie, que son mari fit construire sur l'Oronte (*V.* l'art. suivant).

APAMÉE. Séleucus voulant donner à sa femme une preuve d'affection conjugale, donna le nom d'Apamée à la ville qu'il éleva sur l'Oronte, à peu de distance d'Antioche. Cette ville, remplacée aujourd'hui par une bourgade qui porte le nom de Hama, a possédé autrefois un archevêché dépendant du patriarcat d'Antioche. Elle est située sur une colline qui domine une plaine féconde en fruits et en grains; ses abords sont défendus par un château dont l'Oronte baigne la base. Il existait, dans la Phrygie, une autre ville du nom d'Apamée, au-dessus du confluent du Méandre et du Marsyas, aujourd'hui presque entièrement ruinée. Antiochus Soter y avait transporté les habitants de Célènes et lui avait donné le nom de sa mère. Elle ne tarda pas à prendre un vaste accroissement et à devenir l'entrepôt du commerce de l'Orient, et en particulier de l'Asie Mineure, ce qui lui fit donner le surnom de Cibotos (κιϐωτος, grand coffre). — Une troisième ville d'Apamée s'élevait dans la Mésopotamie, sur les bords de l'Euphrate; on en retrouve les restes dans la bourgade de *Famieh*. — Il y a eu encore plusieurs villes de ce nom dans la Babylonie, dans l'Hyrcanie, dans l'Assyrie, etc., toutes peu importantes; dont il ne reste guère que des ruines. De ce nombre est celle qui s'élevait au confluent du Tigre et de l'Euphrate, et qui avait porté le nom de Digba; elle est actuellement connue sous celui de *Korma*. N. M. P.

APAMÉE (*numism.*). De toutes les villes qui ont porté le nom d'Apamée, les seules dont on ait des monnaies sont celles de Phrygie, de Syrie et de Bithynie, la première surtout; elle s'appelle aujourd'hui Afiun-Kara-Hyssar. — Les types principaux de ses monnaies autonomes sont : le serpent sortant de la ciste mystique (*V.* CISTOPHORES), Jupiter, Junon, Hécate, Cérès, et les fleuves qui baignaient les murs de cette ville; ces fleuves ne sont pas représentés par leurs divinités, comme c'est l'ordinaire sur les monuments antiques. Les Apaméens ont placé sur leurs monnaies des types qui font allusion aux noms de ces fleuves. Ainsi le satyre Marsyas, jouant de la double flûte, rappelle le fleuve ainsi nommé; le *méandre*, cet ornement appelé vulgairement une *grecque*, et qui devait son nom aux sinuosités proverbiales du Méandre, représente ce fleuve célèbre. Comme la ville est placée au confluent même de ces deux fleuves, souvent Marsyas est représenté debout sur ces méandres. — Parmi les médailles d'Apamée, il est un revers qui, par la singularité du sujet, a occasionné de grandes discussions parmi les numismatistes. On voit sur ce revers qu'on connaît avec les têtes de Septime Sévère, de Macrin, de Philippe père, deux personnages à mi-corps, et paraissant sur le point de sortir d'une sorte d'arche ou de boîte carrée, dont le couvercle est relevé. Sur le couvercle de cette boîte est un oiseau, et à gauche un autre oiseau tenant dans sa patte un rameau et volant vers l'arche, sur laquelle on lit, en lettres grecques, NOE. C'est en effet l'histoire de ce patriarche que représente ce médaillon : quelques antiquaires ont voulu y voir la représentation du déluge de Deucalion; mais Eckhel a très-bien prouvé qu'il était difficile de se méprendre sur le sujet de cette composition. En effet, tous les détails racontés par l'Écriture s'y trouvent: le corbeau, la colombe qui revient, apportant le rameau devenu le symbole de l'espérance chrétienne; Noé et sa femme s'apprêtant à sortir de l'arche. Par une licence qu'ont souvent prise les artistes, une seconde scène représente les mêmes personnages sortis de l'arche et rendant grâce au ciel de leur délivrance. — Il est difficile d'expliquer comment les Apaméens ont admis sur leurs monnaies une tradition de l'histoire des Juifs. Parmi les considérations qui peuvent les y avoir décidés, on a pensé au nom grec de l'arche, ΚΙΒΩΤΟΣ, *Cibotos*, qui faisait allusion à l'ancien nom de leur ville. Les Grecs ont souvent adopté de ces types parlants (*V.* TYPE). — Les médailles autonomes d'Apamée valent; à petit et moyen modules, de 1 à 18 fr.; le cistophore, de 40 à 200 fr. Le revers de Noé vaut 120 fr. — On connaît trois classes de monnaies d'Apamée de Syrie (aujourd'hui *Famieh*): 1° les monnaies autonomes dont les types principaux sont : Jupiter, Pallas, Bacchus, Cérès, la Victoire et un éléphant. Ces pièces sont toutes en bronze; en petit module, elles valent de 2 à 15 fr.; en moyen bronze, 12 fr.; 2° les monnaies royales portant l'effigie et le nom d'un roi de Syrie. On en connaît d'Antiochus III et d'Alexandre-Bala; toutes en bronze. Les types principaux des revers sont : Jupiter, la Victoire, Bacchus, un éléphant, etc. Ces pièces valent environ 6 fr. Celle d'Antiochus

vaut 30 fr.; 3° les monnaies impériales. On ne connaît de cette classe que celle qui a la tête d'Auguste; ces pièces valent de 6 à 12 fr. — *Apamée de Bithynie.* Cette ville, qui avait porté plus anciennement le nom de *Myrlæa*, réunit quelquefois ces deux noms sur ses médailles, dont on connaît peu d'autonomes. Les Romains y fondèrent une colonie, et on a beaucoup de monnaies frappées depuis Jules César sous les différents empereurs. Apollon et Bacchus sont les divinités principales qu'on voit sur ces monnaies. On y trouve aussi le type d'Énée emportant Anchise, aux règnes de Macrin et de Sévère Alexandre. Ce type vaut 100 fr.; les autres, de 15 à 30 fr. — La pièce de bronze frappée en l'honneur d'Agrippine, de Drusille et de Julie, sous le règne de Caligula, est curieuse et vaut 100 fr. D. M.

APAN. M. Andanson fait mention, dans son *Histoire naturelle du Sénégal*, d'un assez grand coquillage, commun dans la mer du Sénégal, autour du cap Bernard et du cap Vert, et sur les côtes de l'île de Gorée, où on le trouve attaché aux rochers par un grand nombre de fils semblables à ceux que les anciens appelaient *byssus*, à trois brasses de profondeur. Ce coquillage, dont la chair est très-recherchée par les Européens, à six ou sept pouces de long sur deux pouces environ de large. La coquille, très-mince et aussi fragile que le verre, a la couleur et la transparence de la corne : intérieurement elle est polie et luisante; mais au dehors sa surface est hérissée d'un grand nombre de pointes de quatre à cinq lignes. — La pêche des apans se fait en plongeant. Ce sont les nègres qui s'y livrent; ils détachent le coquillage du rocher où il est attaché au moyen d'un couteau. X. X.

APANAGE. Dans les premiers temps de la monarchie, le roi partageait son empire avec ses enfants. Ce ne fut pas la moindre cause de tant de querelles et de guerres intestines allumées par la jalousie des héritiers. On a dit, et ce n'est pas exact, que, pour obvier aux inconvénients funestes qu'offrait un tel ordre de choses, on avait imaginé les *apanages*. Quand l'usage de doter d'apanages les enfants des rois s'établit, l'organisation politique de la France était totalement changée. En suivant attentivement toutes les filiations de l'hérédité, on reconnaît bien vite que l'apanage est une reproduction, mais en petit, du système primitif d'hérédité des races franques. Sous la première race et sous le commencement de la seconde, les rois disposaient de la totalité du sol; mais le régime féodal s'étant peu à peu constitué, il relégua les rois dans leurs domaines, ou simplement à la tête d'une hiérarchie militaire. Il s'ensuivrait donc que les rois ne pouvaient donner à leurs héritiers que des portions de leurs propres domaines; et, pour résumer en deux mots les deux phases du système d'hérédité des Francs, nous ferons observer que primitivement le père distribuait à ses enfants des couronnes royales, tandis qu'ensuite il fut réduit à leur assigner des propriétés, n'accordant la couronne qu'à un seul. — D'abord l'apanagé put disposer de son bien; dans la suite les apanages durent retourner à la couronne à défaut d'hoirs. Cette dernière loi se trouve formulée dans un arrêt relatif au comté de Poitiers (1283). Alphonse, comte de Poitiers, venait de mourir; deux concurrents se présentaient : Philippe le Hardi, neveu du comte décédé, et Charles d'Anjou, qui semblait héritier plus direct puisqu'il était frère d'Alphonse; néanmoins l'arrêt prononça sagement en faveur du roi de France. En effet l'apanage, par sa nature même, devait retourner à la couronne, puisqu'il était, pour ainsi dire, la portion que le roi faisait à ses puînés. S'il n'y avait pas retourné quand les hoirs venaient à défaillir, et si les parents en eussent hérité, peu à peu les domaines royaux auraient disparu, et le système traditionnel de l'hérédité n'eût pu se continuer. — Malgré ces prudentes dispositions, il y avait des abus : les femmes eurent le droit d'hériter d'un apanage aussi bien que les mâles. Le sol domanial courait risque de passer par un mariage en des mains étrangères, ce qui eût produit les mêmes effets que l'on voulut éviter en proclamant la réversion à la couronne à défaut d'hoirs. Philippe le Bel, pour prévenir les suites d'une telle jurisprudence, stipula dans des lettres patentes que le comté de Poitou qu'il laissait à son fils puîné, qui devint plus tard roi sous le nom de Philippe le Long, retournerait à la couronne, à défaut d'hoirs mâles. Néanmoins l'usage contraire se perpétua encore. Enfin en 1386 cet usage fut irrévocablement aboli par Charles VI n'étant encore que dauphin; il décida que les domaines royaux seraient de tout point inaliénables. J. BAÏSSAS.

APANTHROPIE, espèce de misanthropie, éloignement qu'on

éprouve pour la société des hommes, désir d'être seul, qui est produit par une maladie.

APANTOMANCIE, espèce de divination qui avait lieu au moyen des présages qu'on tirait des objets qui se présentaient inopinément à la vue. Ce mot vient de ἄπαντα, tout, et de μαντεία, divination.

APARS (*zool.*). Subdivision établie par Cuvier de plusieurs espèces de quadrupèdes articulés du genre *tatou*, de l'ordre des *édentés* (*V.* ces mots). X. X.

APARTÉ. Mot latin francisé, qui ne s'emploie guère que pour désigner les courts monologues d'un acteur qui est en scène, en présence d'autres personnages, et qui se dit à lui-même à part des choses que le spectateur entend, mais que les autres acteurs sont censés ne pas entendre. Marmontel a prétendu que la vraisemblance de l'aparté se fonde sur la supposition que le spectateur n'est là présent qu'en esprit; et pour prouver cette proposition, qui nous paraît assez étrange, il entre dans une discussion où il pose toujours en principe ce qui doit être en question. C'est là de cette métaphysique quintessenciée qui était devenue de mode à l'époque où se forma la secte encyclopédique. Pour l'acteur qui fait son aparté, le spectateur n'existe pas : non-seulement il ne peut pas imaginer qu'un nombreux auditoire assiste en esprit à son soliloque, mais encore il sait très-bien qu'il représente un personnage qui n'a pas d'autres auditeurs que ceux avec lesquels il converse sur la scène même. — Il ne faut pas conclure de là que l'aparté est une chose contre nature et par conséquent invraisemblable; il est, au contraire, très-naturel qu'un homme, dans le cours d'une discussion animée, se dise à lui-même quelques mots qui ne sont pas de la discussion, mais qui expriment le sentiment qu'il éprouve au moment où il parle; et il peut fort bien arriver que l'interlocuteur de cet homme, entraîné lui-même par ses propres idées, n'entende point l'aparté. — On connaît l'anecdote de Racine, Molière et la Fontaine qui, se trouvant un jour ensemble, comme cela leur arrivait souvent, se prirent à discuter sur la vraisemblance ou l'invraisemblance de l'aparté. Racine soutenait que l'aparté était vraisemblable et permis, la Fontaine le taxait d'absurdité; et pendant qu'ils parlaient, Molière dit plusieurs fois à haute voix : « Que ce coquin de la Fontaine est bête ! » La Fontaine convint qu'il n'avait rien entendu, et la cause de l'aparté fut gagnée à ce tribunal dont on ne saurait contester la compétence. — Ainsi tenons pour assuré que lorsque plusieurs acteurs sont en scène, l'un d'eux peut prononcer à part quelques mots qui sont censés n'être que pour lui, et que le spectateur entend; mais il ne faut pas que l'aparté soit long, car rien n'est plus choquant que de voir l'un des personnages faire quelques pas en avant, en arrière ou de côté, et débiter froidement quelques longues phrases, tandis que les autres acteurs pour donner à entendre que leur conversation continue, s'agitent et gesticulent en attendant la fin de l'aparté. — L'auteur dramatique doit être sobre au surplus de ce moyen, qui parfois produit de l'effet, mais dont très-souvent les spectateurs se passeraient bien. L'aparté doit être banni surtout des scènes où il n'y a que deux interlocuteurs; et si dans ce cas on le tolère, c'est lorsqu'ils sont très-courts. Consultons encore Molière. Lorsque Harpagon veut chasser Lafleur, le valet de son fils, si Lafleur ne dit aparté qu'un mot ou deux, Harpagon n'entend pas ; il continue son interrogatoire; mais lorsque Lafleur, poussé à bout, se met à dire : *La peste soit de l'avarice et des avaricieux !* Harpagon entend, confusément au moins, car il réplique : « Qu'est-ce que tu marmottes-là entre tes dents ? » De tout ce que nous venons de dire, concluons que, pour ôter à l'aparté tout ce qu'il peut offrir d'invraisemblance, on ne doit l'employer que dans les moments où l'action vive et rapide est censée occuper tellement les principaux personnages, que l'un d'eux peut, sans inconvénient, se livrer à un aparté. Dans une encyclopédie moderne on a loué Potier de ses aparté qu'il adressait directement aux spectateurs, s'approchant de la rampe et entamant « avec le parterre muet un long entretien mêlé de naïveté, de finesse et de niaiserie. » Eh bien, nous convenons que Potier était un grand comédien; mais il n'en est pas moins vrai que ses longs entretiens avec le parterre étaient d'une invraisemblance choquante; il savait les rendre très-amusants, mais il y avait là un abus de talent, qu'on supportait sans se plaindre parce qu'il plaisait, mais que le goût n'approuvait pas; il était de ces aparté de Potier comme des coq-à-l'âne et des grosses balourdises d'un autre acteur en vogue, dont on rit tout en disant : Oh! que c'est bête !

J. DE M.

APATHIE, résultat d'un certain trouble dans l'organisation physique qui enlève à l'âme son énergie et à la volonté son ressort. L'apathie est un de ces états pathologiques que l'art du médecin, aidé des observations du moraliste, peut parvenir à modifier plus ou moins et sur lequel la passion ou la réaction de l'organisme peut quelquefois obtenir un triomphe complet. — Telle est la signification ordinaire de ce mot : mais nous considérerons ici l'apathie sous un autre point de vue. Les personnes qui ne sont point étrangères à l'étude de l'histoire de la philosophie savent que ce mot désigne un certain état de l'âme dans lequel d'anciens philosophes ont enseigné qu'il était du devoir de l'homme de se plonger volontairement, afin d'y trouver le bonheur et même la vertu; l'un et l'autre en effet, dans leur opinion, ne peuvent naître que pour l'homme qui aura su fermer son cœur à toute sensibilité, à toute passion, et s'affranchir ainsi des obstacles qui s'opposent à ce calme de l'âme auquel doivent aspirer les vrais sages. — Les premières réflexions faites par les philosophes sur la nature morale de l'homme devaient nécessairement appeler leur attention sur les phénomènes de la sensibilité physique, sur les mouvements désordonnés que le plus souvent elle fait naître, lesquels soumettent à leurs lois l'homme trop faible pour résister à leurs séductions, et le rendent ainsi incapable de se modérer et de régler ses actions. Le corps et les passions qu'il produit voilà quel fut toujours ce mauvais principe, cet ennemi contre lequel le sage doit réunir tous ses efforts, afin de le vaincre, de l'assujettir et de donner à sa nature morale les développements dont elle est susceptible. Ceux même d'entre les philosophes qui l'avaient traité avec le plus d'indulgence, et qui, transigeant pour ainsi dire avec lui, l'avaient accepté comme ingrédient obligé de ce *souverain bien*, qui était l'idéal poursuivi par la philosophie ancienne, avaient cependant signalé tous les dangers et tous les obstacles qu'il présentait à la recherche de la vérité et à la pratique de la vertu. Il n'était pas jusqu'aux écoles d'Aristippe et d'Épicure qui n'eussent prodigué les préceptes et les recommandations tendant à prémunir l'âme contre les excès dans lesquels les passions l'entraînent ; de sorte que s'ils n'allaient pas jusqu'à prêcher l'insensibilité, il y avait, dans ce calme et cette modération qu'ils recommandaient à leur sage, un hommage rendu à la nature morale de l'homme et à cette grandeur à laquelle il n'arrive qu'en triomphant de ses passions. — Mais les philosophes, plus accoutumés à chercher dans la nature de l'âme, dégagée des liens du corps, la source de la vertu et du bonheur, allèrent plus loin; et fatigués de rencontrer toujours, comme un éternel obstacle à la réalisation du bien, ces appétits, ces désirs, ces affections qui, comme autant de liens matériels, retiennent la nature prisonnière et l'empêchent de s'élever dans les hautes régions de l'idéal, ils finirent par déclarer que le bonheur et la vertu ne seraient possibles qu'à la condition de débarrasser préalablement l'âme de tout ce qui l'entrave dans ses aspirations vers le ciel. Telle fut la philosophie de Platon qui, dans son dédain pour tout ce qui se rattache à la nature matérielle, toujours soumise aux lois variables du mouvement et de la contingence, ne se reposait qu'au sein de ces idées éternelles qui ne brillent aux yeux de la raison que lorsqu'elle s'est entièrement dégagée des passions que lui communique son contact avec le corps. Le philosophe mégarique Stilpon est le premier qui ait désigné sous le nom d'apathie (formé de l'ά privatif et de πάθος, passion) cet état de l'âme ainsi parvenue à étouffer la voix impérieuse des passions et à n'agir que d'après les froides et impassibles inspirations de la raison. Mais c'est à la philosophie stoïcienne qu'appartient le privilége d'avoir élevé ce mot à toute la hauteur d'une théorie et d'en avoir fait l'expression d'un des points les plus importants de son système de morale. — Dans la pensée de Zénon et de ses disciples, l'ordre et l'harmonie qui règnent dans l'univers sont pour la raison du sage le type-loi suivant lequel il doit régler sa vie, et d'après lequel il doit agir en toutes circonstances. Soumettre tout à calcul et à l'harmonie, ne se laisser détourner dans l'accomplissement du devoir par aucune considération étrangère, c'est-à-dire faire le bien uniquement parce qu'il est le bien, parce que le bien est la loi souveraine de tous les êtres, c'est ce qu'ils appellent vivre d'une manière conforme à la nature des choses, *naturæ convenienter vivere*, d'après la seule et unique énergie de la droite raison, ὀρθὸς λόγος. Mais, pour arriver à ce but qui est le bonheur suprême, qui fait d'un simple mortel l'égal de la divinité, qui rend même le sage supérieur aux dieux, parce que pour ceux-ci le bonheur est un don, tandis que pour le vrai sage il est une conquête et le prix du sacrifice immense, il y a pour l'âme un travail préalable et qu'il n'est pas donné à tous les hommes d'achever avec le même succès. Ce travail, ce n'est rien moins que la destruction et l'anéantissement de la passion : alors, et seulement alors, le sage peut arriver à cette précieuse apathie, principe et condition de toutes les vertus de l'école stoïcienne. — Nous montrerons à l'article *Stoïcisme* ce que pouvait être une morale fondée ainsi sur l'absence de la sensibilité humaine, et qui ne devait avoir pour résultat qu'un froid et orgueilleux égoïsme. Nous ferons voir comment le christianisme, qui a institué comme principe de la vertu la lutte contre les passions produites par l'imperfection de notre nature physique, et placé la loi du devoir dans une sphère élevée au-dessus de la sensibilité, a dépassé la philosophie stoïque en donnant pour base à l'accomplissement de la loi du devoir l'amour de Dieu et l'amour du prochain. La vertu chrétienne est une vertu active, toujours en éveil et toujours sur ses gardes. Elle aussi sait ce sont les passions, que c'est la sensibilité qui s'opposent à cette perfection vers laquelle elle ne cesse de tendre ; mais elle sait aussi que l'homme n'a pas par lui-même une force suffisante pour arriver à cette perfection sublime que dans son orgueil le stoïcisme croyait pouvoir en quelque sorte emporter d'assaut. Elle ne songe pas à anéantir la passion, mais à l'écarter par la prière ou à l'épurer par la charité. Le stoïcisme était inutile au monde, puisqu'il se fondait sur un état de l'âme qui ne peut être atteint qu'au prix de la destruction de toutes les vertus domestiques et civiques. La vertu chrétienne est la seule qui réalise l'idéal de la perfection, et qui en même temps, par l'admirable harmonie qu'elle établit entre toutes les facultés de l'homme, accord vainement cherché par la philosophie ancienne, est, dans toute l'acception du mot, la vraie morale de l'humanité. C. HIPPEAU.

APATHIQUES, nom proposé par Lamarck pour désigner les *animaux dépourvus de sentiment, ne sentant pas même qu'ils existent.* Il y a là une de ces aberrations auxquelles on est plus d'une fois conduit par l'esprit de système. Des animaux dépourvus de sentiment ne sont point des animaux ; car ce qui constitue l'animalité c'est la faculté de sentir ; et il n'est pas moins absurde de dire des animaux qui ne sentent point, que de dire, des pierres ou des roches qui sentent. Lamarck appartenait à cette école qui, par une dégradation successive de tous les êtres créés, a voulu prouver qu'entre l'homme et le zoophyte il n'y a pas d'autre différence que celle d'une organisation plus ou moins parfaite. Au fond, Lamarck forme sa classe des apathiques des zoophytes ou animaux rayonnés ; et, sans doute, les zoophytes, sous le rapport de la sensibilité et de l'intelligence, sont bien inférieurs aux animaux des autres classes ; mais il n'en est pas moins vrai qu'ils sentent et qu'ils agissent ; et l'on ne peut par conséquent leur appliquer l'épithète d'apathiques, dans le sens donné à ce mot. Il n'y a jamais dans un animal *privation absolue* de sentiment ; il peut y avoir diminution très-grande de la faculté de sentir, mais, pour peu qu'il en reste, c'est encore assez pour constituer l'animalité. Le mot apathique (modifié) ne doit donc servir qu'à désigner les dernières classes d'animaux où la sensibilité est très-peu apparente. J. DE M.

APATITE (*minér.*), appelée aussi *pierre d'asperge*, *chrysolithe.* Cette substance se présente sous des apparences et sous des couleurs assez variées. Elle a une densité de 3, 16 à 3, 28 ; elle cristallise en prisme hexaèdre régulier, et est soluble dans l'acide azotique avec peu d'effervescence ; la plupart des variétés de ce corps sont phosphoreuses au feu lorsqu'on les y jette.

— Sa formule est 3 Câ³ Ph + Ca Ch² + Câ Fl², c'est-à-dire, du phosphate de chaux qui renferme presque toujours du fluorure de calcium, et très-souvent du chlorure de la même base. — L'apatite se présente incolore, jaune, verdâtre, bleue, violette, brune, orangée, limpide, opaque et translucide. Sous le rapport de la texture, elle se rencontre cristallisée, lamellaire, fibreuse, granulaire, compacte, terreuse. — *Usages* : à l'état terreux on l'emploie pour bâtir, lorsqu'elle est abondante ; c'est ce qu'on fait dans l'Estrémadure, en Espagne. La variété bleue taillée s'emploie quelquefois pour faire de petits bijoux, qui n'ont que peu d'éclat et peu de valeur. — L'apatite est très-répandue sur le globe ; nous ne citerons que quelques localités où elle se présente. On la trouve dans le talc à Nantes, à Chateloube près Limoges, et dans des quartz en Estrémadure ; dans la craie au cap la Héve, près le Havre, et dans les argiles tertiaires à Auteuil, près Paris. — CHARLES BONNET, *professeur.*

APATURIE (*myth.*), de ἀπάτη, tromperie ; c'était un surnom qu'on avait donné à Minerve, parce qu'elle avait trompé les géants en cachant Hercule dans un antre. — Les Athéniens

célébraient des fêtes qu'ils nommaient Apaturies, en mémoire du stratagème qu'employa le roi d'Athènes, Mélanthe, pour triompher du roi de Thèbes en Béotie, Xanthus, dans un combat singulier à l'issue duquel les deux rois étaient tenus de s'en rapporter, pour terminer la querelle qui les divisait relativement à la frontière de leurs États. A peine furent-ils en présence, que Mélanthe s'écria : « Vous vous faites accompagner par cet homme qui est couvert d'une peau de chèvre noire. » Xanthus, qui n'avait donné à personne l'ordre de le suivre, se retourna surpris, et Mélanthe saisit ce moment pour le tuer. Cette victoire, toute déloyale qu'elle dût paraître, n'en fut pas moins célébrée dans Athènes à qui elle assurait l'empire ; mais, pour pallier ce qu'elle avait d'odieux, on supposa l'intervention de Jupiter et de Bacchus. Le premier fut nommé *Apathénor*, trompeur, et Bacchus *Mélanaigis*, de μέλας, noir, et αἰγἱ, peau de chèvre. Les Apaturies commençaient le 22 du mois de pyanepsion et duraient trois jours, quatre suivant quelques écrivains. Le premier jour se nommait *Dorpia*, de *dorpos*, souper, parce qu'on servait un grand souper aux tribus ; le second, *Anorrhysis*, de *ano*, en haut, et de *eryein*, tourner, parce qu'on tournait vers le ciel les têtes des victimes sacrifiées à Jupiter et à Minerve ; le troisième, *Coureotis*, de *koura*, action de raser, parce que les jeunes gens qui étaient inscrits ce jour-là sur le registre des citoyens se faisaient raser les cheveux. C'était en effet ce jour-là que les Athéniens présentaient leurs enfants aux chefs des tribus ; aussi Xénophon et d'autres ont-ils prétendu que la fête n'avait été instituée qu'à cette occasion, et que son nom venait de *apatores*, qui signifie, sans père ou n'ayant pas de père. Les enfants, au surplus, n'acquéraient des droits de famille qu'après que leur nom était inscrit sur les registres publics.

APCHON DE CORJENON (CLAUDE-MARC-ANTOINE), né à Montbrison en 1722, fut destiné par ses parents à la carrière des armes ; mais une irrésistible vocation l'entraînait vers l'état ecclésiastique. Nommé en 1755 à l'évêché de Dijon, il donna, dans sa position nouvelle, tant de preuves de zèle et de véritable piété, qu'il déploya tant de vertu qu'en 1776 il fut pourvu de l'archevêché d'Auch. Malheureusement pour ses diocésains le ciel ne permit pas qu'il vieillît au milieu d'eux : il mourut, en 1783, à Paris, où il venait de se rendre pour consulter les médecins de cette capitale sur l'état de sa santé. Lorsqu'il arriva dans Auch, il trouva le pays ruiné par une épizootie. La réputation de charité qui l'avait précédé ne se démentit pas : il acheta de ses deniers sept mille bêtes à cornes, qu'il distribua aux paysans qui avaient le plus souffert du fléau ; il employait communément en aumônes les huit à neuf dixièmes de son revenu. Informé un jour qu'un violent incendie venait d'éclater, il se transporta immédiatement sur les lieux. Deux enfants allaient devenir la proie des flammes, il offrit cent louis, deux cents louis à quiconque irait chercher ces deux enfants. Personne ne s'étant présenté, il saisit lui-même une échelle, entre dans la maison par une croisée, court aux enfants à travers les flammes, les saisit dans ses bras, retourne à la croisée, descend heureusement avec son précieux fardeau. Au même instant la maison s'écroule ; mais les enfants étaient sauvés. Le bienfaisant prélat rend grâce à la divine Providence ; ensuite se tournant vers les assistants : « J'ai bien gagné, dit-il, du moins je le crois, les deux cents louis que j'avais offerts ; eh bien, j'en dispose en faveur de ces deux enfants. — Quand les habitants d'Auch apprirent la mort de leur archevêque, ils se livrèrent à la plus vive douleur ; ce ne fut pas seulement un jour de regrets et de deuil, ce fut une véritable calamité pour le pays.

APÉGA. C'était un instrument de supplice inventé par Nabis, tyran de Sparte. Cet instrument offrait la figure et les formes d'une femme revêtue d'habits magnifiques. Sous ces habits il était tout hérissé de pointes aiguës de fer. Des ressorts cachés dans l'intérieur faisaient mouvoir, au gré du tyran, les membres de cette infernale machine. Quand Nabis voulait sacrifier à ses ressentiments ou à sa haine un habitant de Sparte, il le faisait amener devant lui, le plaçait devant Apéga, qui se levait, s'avançait, saisissait sa victime, et la tenait si étroitement embrassée, que, pour peu que le supplice se prolongeât, elle perdait tout son sang et la vie. N. M. P.

APEL (JEAN), né à Nuremberg en 1486, décédé dans la même ville en 1536, fut professeur à l'université de Wittemberg, et l'un des plus ardents défenseurs de Luther et de ses doctrines. Pour se montrer digne d'un tel maître, il épousa publiquement une religieuse. L'évêque de Wurtzbourg, justement indigné de cette union, le priva de tous ses emplois et le bannit de Wurtzbourg, dont il était devenu chanoine. Apel publia des apologies qui ne firent qu'augmenter le scandale, en cherchant à justifier l'acte qui l'avait causé. Apel a laissé divers ouvrages, parmi lesquels un seul mérite d'être cité ; c'est une collection où recueil de lois dont les jurisconsultes allemands ont fait tant de cas, qu'ils l'attribuaient à l'empereur Justinien. Il a été publié à Cologne, in-12, 1564, sous le titre de *Brachylogus juris civilis, sive corpus legum*.

APEL (JEAN-AUGUSTE), qu'il ne faut pas confondre avec le précédent, naquit à Leipzig en 1771, et mourut dans la même ville en 1816. Son père, bourgmestre de cette ville, n'épargna rien pour son éducation, et Apel profita des leçons qu'il reçut ; il acquit une instruction solide et variée : mais, quoique docteur en droit et conseiller municipal de la ville, il s'occupa moins d'affaires que de poésie et de littérature. Il publia d'abord deux romans dans le genre sombre : *Robin des Bois* et l'*Enfant tranquille* ; et dans ces productions défectueuses, il montra pourtant un mérite assez peu ordinaire en Allemagne, la *clarté* jointe à l'énergie. Apel composa plus tard trois tragédies dans le goût des Grecs : *Polyide, les Étoliens* et *Thémistocle*. Ce sont trois imitations plus ou moins heureuses du genre particulier des trois grands tragiques grecs, Eschyle, Euripide et Sophocle. Il composa aussi d'autres pièces dans le goût allemand moderne, genre qu'on s'efforce d'importer en France. La plus estimée de ces compositions germaniques est *Faust et Kunz de Kaufungen*. L'ouvrage qui a fait le plus d'honneur à Apel, c'est sa *Métrique* ou Art poétique ; *Leipzig*, 1814-16. Le philosophe Hermann a combattu les doctrines littéraires de l'auteur, qui dédaigna de lui répondre.   X. X.

APELLES, nom commun à plusieurs personnages de l'antiquité et des premiers siècles de l'ère chrétienne : 1° Le peintre célèbre (*V.* ci-dessous) ; 2° le ministre de Philippe, fils de Démétrius, roi de Macédoine, puni par le dernier supplice de l'abus révoltant qu'il avait fait de son autorité (218 ans av. J. C.) ; 3° le général d'Antiochus Épiphane, envoyé par ce prince à Jérusalem pour forcer les Juifs à sacrifier aux idoles, et massacré avec les siens par Mathatias, et par ses enfants ; 4° l'auteur tragique qui vivait au temps de Caligula, et dont il ne reste rien ; 5° un évêque d'Héraclée, et un hérésiarque. (*V.* ci-dessous).   N. M. P.

APELLES, auquel saint Paul donne le titre d'*homme probe en Jésus-Christ* (*Rom.*, XVI, 10), était, suivant les Grecs, qui célèbrent sa fête le 31 octobre, un des soixante-douze disciples, et devint évêque d'Héraclée. Le martyrologe romain le nomme au 22 avril et au 10 septembre avec Luc ou Lucius.
                    J. G.

APELLES, de tous les peintres de l'antiquité le plus célèbre, naquit à Cos, suivant la plupart des auteurs qui ont parlé de lui, et reçut de la ville de Éphèse le droit de cité. Son père se nommait Pythius, et son frère Ctésiochus. Il eut successivement deux maîtres : le premier fut Éphorus d'Éphèse ; le second, Pamphile d'Amphipolis ; mais il ne dut qu'à lui-même, à ses efforts, à sa riche organisation, d'effacer tous les peintres qui l'avaient précédé. Apelles, dit-on, excella dans toutes les parties de l'art si difficile de la peinture ; mais ce qui distinguait particulièrement ses ouvrages et leur imprimait le sceau d'une haute supériorité, c'était une grâce incomparable, jointe à l'élégance des formes, à l'exquise pureté du dessin. Pour fortifier son talent, peut-être aussi afin de juger par ses yeux de la puissance de ses rivaux, Apelles entreprit de nombreux voyages. Ce fut ainsi qu'entre autres écoles renommées, il visita celle de Sicyone, alors en grande réputation ; puis celle de Rhodes pour y voir Protogène, dont la célébrité retentissait dans la Grèce. Protogène n'étant pas chez lui quand Apelles s'y présenta, ce dernier laissa pour seule trace de sa visite, au lieu de son nom, une simple esquisse au pinceau et au trait, mais d'une précision étonnante. Protogène, s'il faut en croire la tradition, reconnut son puissant rival à cette marque et, se piquant d'émulation, il entreprit de le surpasser en dessinant près de l'esquisse des contours encore plus légers et plus précis. Apelles revint une seconde fois, et trouvant cette nouvelle esquisse à côté de la sienne, il remplit l'espace qui était resté libre, d'un dessin si parfait, si précieux, que Protogène, à son retour, transporté d'admiration et s'avouant vaincu, courut chez le peintre d'Éphèse, et lui rendit toute sorte d'honneurs. Ce dessin au simple trait, qu'on regardait comme une merveille, et sur lequel on a fait un nombre considérable de dissertations inutiles, fut placé dans le palais des Césars, à Rome, où un incendie le dévora. Bien différent de tant d'artistes que la jalousie et la haine torturent, Apelles se faisait aimer de ses émules aussi bien que de ses élèves, par la dou-

ceur, par la noblesse du langage et des manières. Sa rivalité avec Protogène, pure de fiel et de bas sentiments, ne nuisit pas à l'amitié, à tel point qu'il fit plus d'une fois passer les ouvrages de cet habile peintre pour les siens, afin d'en augmenter le prix. Entraîné par sa prédilection pour l'élégance et la pureté des formes, Apelles devait être nécessairement admirateur de la beauté. Ce fut lui qui, rencontrant une jeune fille occupée à puiser de l'eau à une fontaine, s'arrêta pour l'admirer, et prédit la célébrité à cette enfant qui lui servit de modèle, et devint depuis la fameuse Laïs. Une autre courtisane, Phryné, lui servit aussi de modèle, et l'on croit que ce fut d'après elle qu'il peignit, pour les habitants de Cos, une Vénus Anadyomène, placée plus tard par Auguste dans le temple de César. Cet ouvrage était un éclatant chef-d'œuvre, et cependant il pâlissait devant une autre Vénus qu'Apelles, surpris prématurément par la mort, ne put achever, et à laquelle aucun peintre n'osa mettre la main après lui. Ce fut vers la 112e olympiade, 332 ans avant l'ère chrétienne, que la gloire et le talent d'Apelles se trouvèrent portés à leur comble. Les villes de la Grèce, de l'Archipel, de l'Égypte, de l'Asie, s'enorgueillissaient de posséder un seul de ses tableaux. Il fut le favori, et l'on pourrait dire, l'ami d'Alexandre, qui ne voulait être peint que par lui. On raconte que ce prince, dissertant un jour sur la peinture, l'artiste l'interrompit en lui disant : « Prenez garde, et parlez plus bas, car les ouvriers qui broient mes couleurs riraient de vos discours. » Quelques auteurs pensent que ce propos hardi ne fut adressé qu'au grand prêtre d'Éphèse, qu'Apelles avait peint présidant aux cérémonies d'un sacrifice. Ce tableau est cité comme un des plus beaux qui soient sortis de sa main. Parmi les autres ouvrages remarquables dont le souvenir est venu jusqu'à nous, il faut compter un *Antigone*, peint de profil, afin de dissimuler l'infirmité de ce prince, qui avait un œil crevé ; puis un Jupiter foudroyant, dont l'aspect inspirait la terreur. — Plusieurs anecdotes relatives à ce grand peintre, et plus ou moins authentiques, nous ont été transmises d'écrivain en écrivain. Il avait peint un cheval à la vue duquel hennissaient les cavales. Travaillant un jour à une peinture du même genre, et ne pouvant réussir à représenter à son gré l'écume qui sortait de la bouche d'un coursier plein de fougue et d'ardeur, il saisit une éponge, la jeta par un mouvement d'impatience contre son ouvrage, et obtint du hasard l'effet qu'il avait cherché vainement. Telle était pour lui l'amitié d'Alexandre, que ce prince, épris d'une esclave de la plus grande beauté, nommée Campaspe, l'ayant chargé de faire le portrait de cette femme, la lui abandonna dès qu'il se fut aperçu que l'artiste était devenu amoureux de son modèle. Quand Alexandre fut mort, Apelles se rendit à la cour de Ptolémée, à Alexandrie ; mais, loin d'y être accueilli favorablement, il faillit y perdre la vie par suite des manœuvres odieuses dont il devint l'objet. Attiré par une fausse invitation au milieu d'un festin de la cour, et voyant le roi courroucé d'une telle hardiesse, il dessina sur la muraille la figure de l'homme qui l'avait trompé et dont il ignorait le nom ; cette ingénieuse révélation fit punir le perfide. Apelles n'en fut pas moins, peu après, dénoncé par le peintre Antiphile et jeté dans les fers, comme ayant pris part à une conspiration. Les aveux de l'un des coupables l'ayant justifié, il revint dans sa patrie, où, sous l'impression des événements dont il avait manqué d'être victime, il peignit son fameux *Tableau de la calomnie*. Affublé d'énormes oreilles, un roi siégeait entre le Soupçon et l'Ignorance. La Calomnie, armée d'une torche, en habits somptueux, escortée de la Fraude et de la Perfidie, tenait par les cheveux un jeune homme éploré qu'elle traînait devant ce roi. Sur le second plan le Repentir, en habit de deuil, montrait dans l'éloignement la Vérité sous les traits d'une femme intéressante par sa modestie et sa beauté. — Apelles aimait à connaître les sentiments que la vue de ses ouvrages excitait dans le public, et souvent il se cachait derrière ses tableaux pour entendre les propos des spectateurs. Personne n'ignore la réponse devenue proverbiale qu'il fit à ce cordonnier qui, ayant trouvé à redire au cothurne d'une figure ainsi exposée publiquement, et s'apercevant le lendemain, dit-on, que le peintre avait tenu compte de son observation, s'avisa de critiquer autre chose. « Cordonnier, lui dit Apelles, n'allez pas plus haut que la chaussure. » Ce trait, dont la moralité toutefois est excellente, pourrait être assez justement contesté. Il n'est pas un artiste qui ne soit en état d'affirmer que jamais un peintre tel qu'Apelles n'a pu tenir ce langage. Il y a une différence énorme entre un objet quelconque et le dessin ou la peinture qui représente cet objet. Les procédés employés par l'intelligence pour obtenir ces deux résultats ne sont pas moins différents.

Un cordonnier peut fort bien prononcer sur la valeur de deux chaussures de même genre; mais entre tous ses pareils, fût-il le plus expert, il ne saurait indiquer une imperfection si ses yeux ne sont formés à l'exercice du dessin. En revanche, les deux réponses suivantes sont tout à fait dignes du grand peintre. Un artiste lui montrait un ouvrage qui avait pour mérite unique d'avoir été fait avec une promptitude extrême; et comme l'auteur lui faisait remarquer avec orgueil cette célérité : « Je m'en aperçois, dit-il; seulement je m'étonne que vous n'en ayez pas fait davantage dans le même temps. » Un de ses élèves avait peint une Hélène couverte de vêtements magnifiques. « Mon ami, s'écria le maître, tu l'as faite riche ne pouvant la faire belle. » Apelles croyait avec raison que, pour entretenir le coup d'œil et l'habileté de la main, un peintre ne devait pas laisser passer un jour sans faire usage du crayon ou du pinceau. L'époque de sa mort et le lieu où il mourut sont restés ignorés. Cette obscurité surprend à l'égard d'un homme qu'on nommait de son vivant le prince des peintres, et qu'on accueillait partout avec des honneurs extraordinaires. Apelles avait écrit sur la peinture trois traités; on croit qu'ils existaient encore au temps de Pline; il avait aussi inventé un vernis pour les tableaux. Reynolds a démontré que ce vernis était, à peu de chose près, semblable aux nôtres. Suivant Pline, Apelles ne se servait habituellement que de quatre couleurs. On peut lire dans cet écrivain et dans Pausanias l'énumération d'un très-grand nombre d'ouvrages d'Apelles.   AR. GUILLOT.

APELLES, statuaire. On ne peut préciser ni l'époque, ni le lieu de sa naissance ; on croit seulement qu'il parut après Phidias. Il fit la statue de Cynisca, fille d'Archidamus, roi de Sparte. Cette princesse était la première femme qui eût nourri des chevaux, et triompha aux jeux Olympiques : son exemple entraîna plusieurs Lacédémoniennes. Archidamus étant mort 430 ans avant Jésus-Christ, on voit à peu près en quel temps le statuaire Apelles florissait. Peut-être est-ce le même personnage que l'*Apellas* de Pline, lequel avait exécuté des statues de femmes en adoration.   AR. G.

APELLES, hérétique du II° siècle. Suivant lui, le principe éternel, seul nécessaire, avait chargé un ange de feu de créer l'univers; mais cette création fut mauvaise, parce que le créateur était mauvais. Marcion, dont il avait pris les leçons, le chassa de sa communion, à cause du scandale qu'il causait par ses mœurs. Il se retira dans Alexandrie, où il s'associa avec une prétendue prophétesse nommée Philonménia. Marcion soutenait que Jésus-Christ n'avait eu que l'apparence d'un corps. Apelles alla plus loin; il prétendait qu'en descendant du ciel, Jésus-Christ s'était fait un corps aérien qu'il conserva sur la terre, et qu'après la résurrection et au moment de l'ascension, ce corps s'était décomposé et résolu, rendant ainsi à l'air toutes les particules dont il était composé, de telle sorte que l'esprit seul de Jésus-Christ retourna au ciel. Apelles eut des disciples, qui prirent le nom d'Apellistes ou d'Apelléiens. Ils niaient la résurrection des morts, et leurs doctrines, à peu de chose près, étaient les mêmes que celles des Marcionites. (*V.* ce mot.)

APELLICON, né à Téos, étudia la philosophie et s'attacha aux péripatéticiens. Il acheta à un très-haut prix les ouvrages d'Aristote et de Théophraste; et il y fit entrer beaucoup d'interpolations. On prétend qu'il possédait une copie originale de tous les livres philosophiques d'Aristote. Sa bibliothèque était belle et nombreuse; le goût des livres était en lui une véritable passion; on l'a même accusé d'avoir plusieurs fois volé des livres qu'on ne voulait pas lui vendre ou qu'il ne pouvait pas acheter. Il mourut l'an 86 avant J. C.

APELLITES. (*V.* Apelles, hérétique.)

APÉNÉ, de ἀπήνη, char ou chariot, attelé de deux ou de quatre mules. Les Éléens s'en servirent aux jeux Olympiques. Suivant Sophocle, Laïus était sur un char traîné par deux mules lorsqu'il fut tué par Œdipe qui ne le connaissait pas. On employait aussi ces chars pour transporter aux jeux du cirque les images des dieux. Les Latins les appelaient *tensa*.   N. M. P.

APENNINS. On appelle ainsi la chaîne de montagnes qui se détache des Alpes aux environs de Savone, et qui traverse toute l'Italie, séparant les eaux qui se rendent dans l'Adriatique de celles qui se rendent dans la Méditerranée. Dans la plupart des traités de géographie cette longue suite de montagnes porte un seul et même nom. En Italie, on appelle *Alpes liguriennes* la portion de la chaîne qui s'étend entre Savone et les sources de la Magra.—Jusqu'au Phare de Messine, le nom d'Apennins prévaut; mais il ne faut pas croire que là s'arrête cette grande chaîne; elle se relève en Sicile, et Balbi a proposé de donner

aux montagnes qui couvrent cette île, le nom d'Apennin insulaire. — La chaîne de l'Apennin est en général d'une élévation médiocre. Il sera facile d'en juger par les chiffres que nous allons donner pour les points culminants.

Monte Cimone	1,098 toises.
Monte Amiata	906
Monte Corno	1,489
Monte Vetora	1,272
Monte Amaro	1,428
Mont Etna	1,700

Dans cette énumération nous avons suivi la chaîne en commençant par l'extrémité septentrionale.   H. P.

APENS (GUET-). Dessein conçu, prémédité, de nuire, insulter, voler ou tuer quelqu'un. Cette expression, qu'assez de personnes écrivent *guet-à-pend*, vient du vieux verbe *appenser*, qui signifie méditer une chose avant de l'exécuter.

APEPSIE, de ἀ privatif et de πέψις, digestion, indigestion. Vogel emploie ce mot comme synonyme de dyspepsie (*V.* ce mot et DIGESTION).

APER (S.), Saint-Èvre ou Saint-Épure-lèz-Toul. Monastère d'hommes de l'orde de Saint-Benoît, situé dans le faubourg dit de la Porte de Paris. Cette abbaye était fort ancienne, puisque saint Frotaire, dès la première moitié du IX° siècle, fut obligé d'y réformer la discipline monastique qui s'y relâchait, ce qui suppose une existence de quelques siècles. On pense qu'il a été fondé vers l'an 507. Frotaire donna aux religieux de l'abbaye plusieurs terres pour leur subsistance; ce fut par suite de ce bienfait que l'abbaye de Saint-Èvre passa sous la dépendance particulière de la cathédrale de Toul; et pour marque de sa juridiction, l'évêque voulut qu'elle lui donnât tous les ans, le jour de Saint-Épure, un festin et des présents parmi lesquels devaient se trouver certains vêtements ou ornements militaires. Cette abbaye éprouva plusieurs fois les malheurs de la guerre : ses archives demeurèrent toutefois intactes. Cependant comme cette abbaye se trouvait exposée par sa situation aux attaques des troupes des ducs de Bar et de Lorraine, elle fut obligée de se mettre sous la protection et la sauvegarde de ces princes; et telle fut l'origine de la souveraineté que les ducs de Lorraine prétendaient avoir sur cette abbaye, quoiqu'elle fît partie de la ville de Toul, avant d'être close de murailles. Mais par l'article 7 du traité de Paris, de 1716, le duc de Lorraine renonça à ses prétentions.   L. DE MASLATRIE.

APER (MARCUS), Gaulois de naissance, se rendit à Rome, où il embrassa la carrière du barreau. Il ne tarda pas à s'y faire une grande réputation d'éloquence et d'habileté; il devint sénateur et fut successivement questeur, tribun et préteur. On lui attribue un *Dialogue sur les causes de la corruption de l'éloquence*. Cette pièce, dont une traduction parut à Paris, in-4°, 1639, et que d'autres traductions, notamment celle que Dureau de la Malle a insérée dans la deuxième édition de son *Tacite*, nous ont fait connaître, est écrite avec tant de correction et d'élégance qu'elle a été attribuée à Tacite ou à Quintilien. Il mourut l'an 85 de J. C. — ARRIUS APER, qu'il ne faut pas confondre avec le précédent, était préfet du prétoire sous l'empereur Carus. Un violent orage étant survenu, Aper fit mettre le feu à la tente de ce prince qu'il tua de sa main; il publia que Carus avait été frappé par la foudre. Numérien, fils de Carus et gendre d'Aper, ayant été proclamé empereur, Aper, qui aspirait au pouvoir suprême, fit empoisonner le nouveau souverain (284). Aper ne recueillit pas le fruit de ce crime. On avait prédit à Dioclétien qu'il monterait sur le trône lorsqu'il aurait tué le *sanglier* (en latin, *aper*); Dioclétien tua le préfet du prétoire, et l'ancienne prédiction se trouva accomplie.   N. M. P.

APERCHER (*terme de chasse*). C'est remarquer l'endroit où un oiseau s'est retiré pour y passer la nuit.

APERÇU; idée sommaire qu'on prend ou qu'on donne d'une chose; exposé succinct et réduit aux points principaux des parties qui composent ou composeront un ouvrage; estimation approximative d'une dépense.   X. X.

APÉRITIFS. Nous croyons qu'on doit entendre par ce mot les agents thérapeutiques qui tendent à rendre les humeurs plus fluides, à dilater les vaisseaux et à faciliter le mouvement des liquides : d'après cette définition, les boissons relâchantes, les bains, les saignées, les *purgatifs*, dans quelques cas; les diurétiques, les sudorifiques, dans d'autres; et la plupart des médicaments perturbateurs doivent appartenir à la classe des apéritifs. — On a cependant beaucoup restreint la signification de ce mot, puisqu'on l'appliquait presque exclusivement à certains médicaments qu'on croyait propres à résoudre les engorgements indolents et apyrétiques du foie et de la rate, comme les savonneux et les sels alcalins, l'acétate de potasse surtout, et le tartrate de potasse et de soude, donnés à très-petites doses. — Ces substances provoquaient l'excrétion de l'urine et la sécrétion de la bile et du mucus intestinal. — C'est par suite de cette opinion qu'on avait rapproché des apéritifs salins certains médicaments amers, et en particulier les chicoracées. — Les herbivores, qu'on nourrit avec des plantes vertes et surtout avec les feuilles de chicorée sauvage, dans les pays où, comme en Allemagne, cette plante est cultivée en grand, n'offrent plus en été, dès qu'ils en font usage, aucune concrétion hépatique, tandis que, pendant l'hiver qu'ils en sont privés, le foie de ces animaux en contient une grande quantité.

A. B. DE B.

APÉTALE, de l'*a* privatif et de πέταλον, feuille, se dit des plantes qui n'ont point de pétales. Tournefort a formé quatre classes de ces plantes; ce sont les 15e, 16e, 17e et 18e inclusivement de sa méthode. La première de ces quatre classes comprend les plantes à fleurs sans corolle, mais ayant un calice; la seconde, celles qui n'ont ni calice, ni corolle, ni fleur apparente; la troisième, celles qui n'ont ni fleur, ni fruit; la quatrième enfin, les arbres qui ont des fleurs sans corolle. — On nomme *aphyllés* les plantes qui n'ont pas de feuilles (*V*. APHYLLES).

X. X.

APEX; bonnet des saliens et des flamines, ou plutôt verge de bois recouverte de laine, que les flamines portaient attachée au sommet de leur bonnet. On lit dans Valère-Maxime, que Sulpitius fut exclu du sacerdoce parce que son apex tomba tandis qu'il sacrifiait aux dieux.

APHACE ou **APHAQUE**, ancienne ville de la Syrie, située entre Héliopolis et Byblos, célèbre par son temple de Vénus et par son oracle. Quand on voulait consulter Vénus Aphacite, on jetait dans le lac voisin de la ville, les offrandes qu'on avait destinées à la déesse; si elles surnageaient, le présage était défavorable; si elles descendaient au fond de l'eau, c'était une preuve que la déesse les acceptait. Zozime rapporte sérieusement que les Palmyriens révoltés contre l'empereur Aurélien, consultèrent l'oracle: leurs présents furent engloutis par les eaux; mais l'année suivante, lorsqu'ils apprirent qu'Aurélien marchait contre eux avec une armée, l'oracle, de nouveau consulté, leur annonça leur ruine: leurs présents surnagèrent et leur ville fut prise et détruite.

N. M. P.

APHANÈSE (*num*.). Substance vert bleu, dont la composition est peu connue, d'une densité de 4,28, cristallisant en prisme rhomboïdal. L'aphanèse se présente à l'état fibreux capillaire. Il se rencontre dans le Cornwallshire. C'est un arséniate de cuivre.

CH. B.

APHANITE (*géol*.). *V*. CORNÉENNE.

APHEC. L'Écriture fait mention de plusieurs villes de ce nom: 1° l'une dans la tribu de Juda, où les Philistins étaient campés quand on amena de Silo l'arche du Seigneur (I. *Rois*, IV, 1, 2, 3 et suiv.); elle fut prise pendant la bataille par les Philistins: On croit que c'est la même que l'Aphéca dont parle Josué (XV, 53); — 2° une autre dans la vallée de Jezraël, où campaient les Philistins pendant que Saül et son armée étaient près de Jezraël, sur les montagnes de Gelboé (I. *Rois*, XXIX, 1 et suiv.); — 3° une troisième dans la tribu d'Aser (*Josué*, XIX, 30), et dans le voisinage du pays des Sidoniens (*Josué*, XIII, 4), mais qu'on croit la même que la suivante; — 4° Aphec, dans la Syrie, près de laquelle eut lieu la bataille entre Achab et Bénadab (III. *Rois*, XX, 26 et suiv.), et dont la muraille, tombant sur les Syriens vaincus, en écrasa vingt-sept mille. Plusieurs pensent que c'est la même qu'*Aphaca*, célèbre par un temple de Vénus Aphacite (Sozom., l. XI, c. 55; et Théophan., *in Chronico*, p. 18).

J. G.

APHÉLIE (de ἀπό, *longe*, et de ἥλιος, *sol*), point de l'orbite d'une planète, où sa distance au soleil est la plus grande possible: c'est l'une des extrémités du grand axe de l'ellipse que décrit la planète autour de cet astre. L'aphélie est le point diamétralement opposé au périhélie (*V*. ce mot). — Dans le système de Ptolémée, et dans tous les systèmes anciens où l'on suppose le soleil se meut autour de la terre, l'aphélie devient l'apogée (*V*. ce mot). — Les aphélies des planètes ne sont point fixes: l'attraction mutuelle qu'elles exercent les unes sur les autres, fait que ces points de leurs orbes sont dans un mouvement continuel, lequel est plus ou moins sensible. Ce mouvement est *in consequentiâ*, c'est-à-dire, selon l'ordre des signes. Lorsqu'il se produit par une planète fort éloignée sur plusieurs planètes inférieures, il est, selon Newton, en raison sesquiplée des distances de ces planètes au soleil, ou comme les racines carrées des cubes de ces distances (*V*. PERTURBATIONS). — Pour déterminer la position et le mouvement

de l'aphélie des planètes par des observations astronomiques, on emploie diverses méthodes. Nous allons faire connaître les

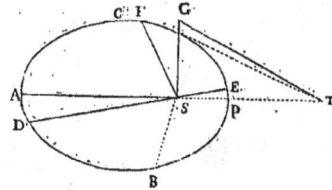

principales. — *Méthode de Kepler*. Soient EBACE l'orbe elliptique d'une planète, S le foyer de cet orbe occupé par le soleil, et ASP le plus grand axe, ou la ligne des apsides. Le point de l'aphélie A est celui où la planète a la plus petite vitesse, et le périhélie P est le point de la plus grande vitesse. Le grand axe AP sépare deux portions de l'orbite qui sont égales et parcourues en temps égaux, avec les mêmes degrés de vitesse, la plus grande au périhélie, la plus petite à l'aphélie, mais si, par le foyer, on tire une autre droite DSE, elle partagera l'ellipse en deux parties, DAFE, DBPE, qui ne seront ni égales, ni parcourues en temps égaux. La partie DAFE, où se trouve l'aphélie, exigera plus de temps que l'autre, ou plus de la moitié de la révolution: ainsi, choisissant deux observations d'une planète où les longitudes observées réduites au soleil, aient été diamétralement opposées entre elles, si les temps de ces observations sont éloignés entre eux de celui d'une demi-révolution de la planète, on saura par là même qu'elles ont été faites dans la propre ligne des apsides: plus l'intervalle approchera de la demi-révolution juste, plus les positions observées approcheront d'être celle des apsides, ou de l'aphélie et du périhélie. — *Deuxième méthode*. Pour les planètes dont les oppositions n'ont lieu qu'à de longs intervalles de temps, il est difficile d'avoir deux longitudes vues du soleil, diamétralement opposées. Dans ce cas, on est obligé de supposer connues l'excentricité et la plus grande équation, et l'on trouve la situation de l'aphélie par une autre considération. On prend deux observations faites, l'une aux environs du point A, et l'autre aux environs du point F, qui est vers la moyenne distance; on a ainsi le mouvement vrai, ou l'angle ASF; mais, par la durée entière de la révolution, on connaît toujours le mouvement moyen pour un intervalle de temps donné. La différence du mouvement vrai au mouvement moyen doit être d'accord avec l'équation de l'orbite calculée, en supposant bien connu le lieu A de l'aphélie: mais si on se trompe sur le lieu de l'aphélie, il y aura une erreur dans l'équation calculée vers le point A, où elle change rapidement; il n'y en aura presque point vers la moyenne distance F, où l'équation, étant à son maximum, ne varie pas sensiblement. Ainsi, le mouvement total calculé de A en F, ne sera conforme au mouvement observé, que quand on aura employé dans le calcul, un lieu véritable de l'aphélie A. Alors, on changera l'hypothèse, jusqu'à ce que le calcul soit conforme à l'observation, et l'on aura ainsi la véritable situation de l'aphélie. — *Méthode de Lalande*. Cette méthode, qui a été employée pour déterminer l'aphélie de Mars, consiste à observer la plus grande digression de la planète vers ses moyennes distances. Supposons que la terre T, voie la planète F par un rayon visuel TF qui touche l'orbite en F, et qui marque la plus grande digression STF. Pour peu qu'on change la direction AP de la ligne des apsides, le rayon TF changera de situation et sortira de l'angle STF du côté du point G, en sorte que l'angle d'élongation augmentera et deviendra STG, et alors le calcul ne s'accordera plus avec l'observation supposée faite sur la ligne TF. Ainsi, l'élongation observée nous apprend quelle situation il faut donner au point A de l'aphélie, pour que le calcul s'accorde avec l'observation: donc, en faisant avec différentes hypothèses, on trouvera quel est le vrai lieu de l'aphélie. — *Quatrième méthode*. On emploie trois observations rapportées au soleil pour déterminer à la fois les trois éléments principaux d'une orbite, c'est-à-dire l'aphélie, l'excentricité et l'époque du moyen mouvement, pourvu que ces observations soient réparties vers les apsides et les moyennes distances. Puis, il ne s'agit plus que de convertir les anomalies vraies en anomalies moyennes dans différentes hypothèses d'aphélie et d'excentricité, jusqu'à ce qu'on ait trouvé deux différentes anomalies moyennes, exactement d'accord avec les intervalles des observations. — Delambre, dans son *Traité d'astronomie* (t. II, ch. XXI), fait l'application à la planète Mars, pour trouver l'aphélie d'une méthode que M. Bouvard avait aussi découverte de son côté.

VAN-TENAC.

APHÉRÈSE, de ἀπὸ *ab*, et de αἱρέω *tollo*, (*ablatio*), retranchement; figure de grammaire par laquelle on retranche une syllabe ou une lettre au commencement d'un mot; c'est ainsi, dit-on, que de *gibbosus* on a fait *bossu*. Si le retranchement se fait au milieu du mot, il se nomme *syncope*; s'il a lieu à la fin, c'est une *apocope*.

P. J. P.

APHÉRÈTE (*miner.*), phosphate de cuivre vert foncé hydraté, cristallisant en octaèdre, d'une densité de 3,6 à 3,8.

Sa formule est : Cu 4 Ph + 2 aq. On ne connaît qu'une seule localité où se trouve cette substance; c'est Libethen en Hongrie.

CH. B.

APHIDIENS, *aphidii* (*bot.*), deuxième famille des hémiptères homoptères, établie par Latreille (*Règne animal*), qui lui donne pour caractères : deux articles aux tarses; antennes filiformes ou en forme de soie, plus longues que la tête, de six à onze articles, deux élytres et deux ailes dans les individus ailés. Latreille comprend dans cette famille les *psylles*, les *thrips* et les *pucerons*. Dans un autre ouvrage (*Considérations générales*), il en sépare les psylles et assigne aux aphidiens les caractères suivants : deux articles aux tarses, le premier peu distinct, et le dernier terminé par deux crochets ou sans crochets, et vésiculeux; antennes de sept à huit articles; souvent point d'ailes. — Les aphidiens sont de petits insectes ordinairement mous. Ils vivent sur les végétaux dont ils pompent les sucs au moyen de leur trompe. On en trouve une très-grande quantité pendant la plus grande partie de l'année. Leurs mœurs présentent plusieurs particularités très-remarquables, que nous indiquerons aux mots *pucerons*, *thrips*, *psylles*.

APHIDIPHAGES, *aphidiphagi* (*ins.*). Famille de coléoptères, de la section des trimères, dont le principal caractère est d'avoir les antennes plus courtes que le prothorax, et terminées par une massue comprimée, formée d'articles en triangle renversé. — Les aphidiphages ont le corps plus ou moins hémisphérique ou ovoïde, le prothorax très-large et court. Leurs larves se nourrissent en général de pucerons (*aphis*), d'où vient le nom d'aphidiphages. Cette famille est formée par le genre coccinelle (*V. ce mot*).

APHIDIVORES (*ins.*). Plusieurs naturalistes ont donné ce nom à des insectes de différents ordres dont les larves se nourrissent de pucerons, tels que les coccinelles, les hémérobes, les syrphes. (*V. ces mots*).

APHODIE, *aphodius* (*ins.*). Genre de l'ordre des coléoptères, section des pentamères, tribu des scarabéides, établi par Illiger aux dépens du genre bousier. Ses caractères suivant Latreille sont : palpes labiaux peu velus, filiformes, à articles presque égaux, le dernier un peu plus grêle ou un peu plus court; pattes séparées par des intervalles égaux, les postérieures distantes de l'anus; abdomen plus long que large; écusson distinct. — Les aphodies vivent dans les fientes et les fumiers. On en connaît un grand nombre d'espèces, dont beaucoup se trouvent en Europe. Parmi celles qu'on rencontre souvent en France, nous citerons l'*aphodius fimetarius*, long de trois à quatre lignes; corps noir, trois tubercules sur la tête, dont l'intermédiaire plus apparent; prothorax couvert de points enfoncés, noir, avec une tache fauve aux angles antérieurs; écusson brun; élytres fauves, avec neuf stries ponctuées; antennes fauves. On le trouve très-communément dans les fumiers. — L'*aphodius fossor*, long de six lignes environ, entièrement noir, avec trois tubercules sur la tête, et les élytres striées. — L'*aphodius bimaculatus*, long de deux lignes et demie à trois lignes, noir; élytres striées, ponctuées, ayant vers leur base une tache rouge.

J. B.

APHONIE (*méd.*) (de ἀ privatif, et φωνὴ, voix). L'aphonie ou privation de la voix, qu'il ne faut pas confondre avec le mutisme, dépend de causes très-variées : tantôt c'est une lésion qui a son siége dans les organes de la voix, tantôt la cause se développe dans une autre partie du corps d'où son influence s'étend jusqu'au larynx. Dans le premier cas, l'aphonie est directe; dans le second, elle est indirecte, ou, selon le langage de l'école, celle-là est idiopathique et celle-ci symptomatique. — L'aphonie de la première espèce peut dépendre d'une lésion du poumon, du larynx et de l'arrière-bouche; ces diverses parties concourent toutes à la formation de la voix (*V. Voix*). Lorsque l'aphonie résulte d'une lésion de l'organe pulmonaire ou de ses annexes, on doit dégager les parties autant que possible, des obstacles mécaniques qui s'opposent au jeu physiologique des organes; et si l'aphonie dépend d'une lésion que l'art

chirurgical ne puisse pas atteindre, on doit avoir recours à la thérapeutique. — Les causes les plus directes et les plus nombreuses de l'aphonie sont les maladies particulières au larynx. Le larynx est en effet l'organe spécial de la voix (*V. Larynx*); qu'il y ait trop d'élasticité dans les membranes, trop d'humidité dans les tissus, et la voix sera plus ou moins profondément altérée. Mais ces inconvénients n'ont jamais besoin de l'intervention de l'art : ils disparaissent d'eux-mêmes, toujours dans un temps très-court et quelquefois dans l'espace de quelques heures. Les maladies réelles du larynx commencent à l'inflammation légère des tissus; l'un des symptômes de cette inflammation consiste dans un enrouement plus ou moins considérable. Si le mal, au lieu de se fixer sur un seul point, occupe une grande étendue; qu'au lieu de rester à la surface de la muqueuse de l'organe, il traverse, en quelque sorte, cette membrane pour frapper les tissus sous-jacents, l'altération de la voix est très-forte, et l'inflammation difficile à guérir. La guérison est encore plus difficile si l'on méconnaît les causes véritables de la laryngite; car se tromper, c'est permettre à la maladie de s'enraciner dans l'organe, de manière à rendre superflus des soins ultérieurs. Par exemple, dans l'hypothèse de l'existence d'un vice syphilitique ou tuberculeux, les symptômes prennent bientôt un caractère très-alarmant; la douleur, la toux, agitée, convulsive, qui caractérise l'inflammation du larynx, se prononcent avec plus de force; l'aphonie devient à peu près complète, ou le son se modifie dans son timbre, comme s'il se formait dans une cavité exclusivement osseuse. L'existence de l'ulcération du larynx se lie tellement à ce dernier symptôme, que, lorsque le symptôme existe, on peut affirmer, sans crainte d'erreur, qu'il y a ulcération : la difficulté tout entière gît dans la guérison. Il est vrai que les ulcères syphilitiques peuvent disparaître par un traitement antivénérien; mais les ulcères tuberculeux dont l'existence constitue la maladie connue sous le nom de *phthisie laryngée*, ne cèdent pas plus à l'action des révulsifs appliqués à la région du cou, qu'aux lotions cautérisantes portées à l'aide d'une baleine et d'une éponge à l'intérieur du larynx lui-même. Peut-être la phthisie laryngée sera guérissable, lorsque le problème de la curabilité de la phthisie de poitrine, auquel on a travaillé dans ces derniers temps avec assez de succès, aura trouvé une complète solution. Quant au traitement de la laryngite qui ne se complique pas d'ulcères tuberculeux ou syphilitiques, il se réduit à des saignées ou des sangsues ou des ventouses, aux gargarismes émollients, aux topiques anodins, aux frictions sur le cou avec l'huile de croton tiglium ou la pommade stibiée, aux dérivatifs externes ou internes. La série de ces moyens dont on doit proportionner l'énergie à la gravité de l'affection, suffit pour guérir la laryngite la mieux caractérisée. — Les *angines diphtériques* (*V. Angine*), en tapissant les cavités du larynx d'une membrane plus ou moins épaisse, peuvent aussi produire l'aphonie. M. Bretonneau de Tours a fait depuis peu connaître des moyens thérapeutiques propres à dissoudre ces membranes, et par conséquent à ramener le larynx à ses conditions physiologiques. Un *engorgement œdémateux* peut encore s'établir sur la tunique muqueuse qui tapisse l'intérieur de l'organe et produire une réduction dans les diamètres des cavités laryngiennes. Dans ces circonstances, on peut restituer à la glotte sa forme normale par l'introduction d'une sonde à demeure, dont les parois solides compriment les parties engorgées. Lorsqu'une inflammation plus ou moins interne occupe l'arrière-bouche, les amygdales, la luette, il faut agir avec tout l'appareil thérapeutique que nous avons déjà décrit en parlant du traitement de la laryngite. Il y a cependant une pratique devenue très-usitée et très-importante à faire connaître; nous voulons parler de l'excision qui produit d'excellents effets, soit en dégorgeant les parties, soit en leur restituant les proportions qu'elles doivent avoir. — Les chanteurs, les orateurs, les acteurs, les crieurs d'annonces, etc., qui, par état, doivent toujours tenir leur organe en haleine, sont très-sujets aux maladies du larynx; ainsi leur voix peut devenir capricieuse, inégale, n'avoir que par intervalles sa plénitude première, et finir par rester sourde et voilée, comme si les plis de la muqueuse laryngienne, qui figurent parfaitement les cordes d'instrument, avaient perdu de leur tension et de leur élasticité. Cet état peut même s'aggraver et donner lieu, suivant le tempérament du malade, à une aphonie complète, ou dégénérer en ulcères tuberculeux dont le développement peut se terminer par la mort. Les hommes habitués aux excès de tout genre, aux boissons fortes, aux mets épicés, contractent aussi très-souvent des affections laryngiennes qui participent plus ou moins de l'inflammation; mais ici l'inflammation n'est que secondaire. En effet, l'habitude des boissons fortes fait

65.

contracter à la muqueuse du larynx des conditions particulières que l'anatomie ne peut que rarement constater. Or, les modifications qui consistent peut-être dans le mode de sensibilité ou d'élasticité des membranes, et qui agissent si puissamment sur la qualité du son, rendent nécessairement l'organe et les parties qui le composent, impuissants à réagir contre un stimulant doué d'une certaine énergie. Ainsi l'inflammation constitue dans ce cas-là, une maladie secondaire, une complication. Les tailleurs de pierre, les marbriers, par l'aspiration d'un air saturé d'une poussière extrêmement ténue, contractent au bout d'un temps plus ou moins long, une grande dureté dans la voix, par la sécheresse qui se produit à la surface des muqueuses buccale et laryngienne; pour peu que le tempérament s'y prête, le mal finit par prendre le caractère symptomatique de la phthisie laryngée: on sait comment se termine cette grave maladie. Les personnes qui exercent ces professions devraient user habituellement d'une boisson adoucissante, et surtout garder constamment au devant de leur bouche, une étoffe fine ou une petite éponge imbibée d'eau, tant pour arrêter les molécules pierreuses dont l'air est chargé, que pour entretenir sur les lèvres et les muqueuses de l'humidité et de la fraîcheur. Cette pratique est une habitude chez quelques statuaires; mais parmi les ouvriers à la journée, elle est pour ainsi dire inconnue. — L'abus des liqueurs fortes produit à la longue un enrouement extraordinaire; cet abus se lie trop à la misérable existence du pauvre, pour qu'on espère jamais en opérer la réforme. — Les chanteurs, les acteurs qui ont le larynx dans un état à peu près constant d'irritation, et par conséquent de sécheresse, doivent user de boissons adoucissantes et d'aliments doux, afin de restituer ou de conserver aux surfaces laryngiennes l'humidité qui est une des conditions physiologiques de la phonation. Si l'altération de la voix tient à une atonie qui se serait développée à la suite d'une fatigue considérable de l'organe, et si cette altération résulte d'une condition inflammatoire chronique ou d'un faible développement, les gargarismes alumineux sont très-efficaces, et on ne saurait trop en recommander l'usage. — La seconde espèce d'aphonie, l'*aphonie symptomatique*, c'est-à-dire celle dont l'origine ne se rapporte pas à une lésion locale, peut résulter des suites de la compression du cerveau par l'apoplexie, de l'épilepsie, de l'hystérie, de la catalepsie (affections puissantes du système nerveux, qui, en suspendant l'exercice de la volonté chez l'homme, paralysent aussi toutes les fonctions de relation), et de l'empoisonnement par certaines substances narcotiques, dont le mode d'influence consiste à suspendre directement ou indirectement l'action vivifiante du fluide nerveux. La douleur et la joie, excessives chez les personnes d'une organisation délicate, épuisent, pour ainsi dire, subitement l'innervation, et produisent l'aphonie; une action contraire peut faire disparaître cette torpeur, quelquefois passagère, quelquefois durable, en frappant, pour ainsi dire, un grand coup qui ranime la force nerveuse paralysée. — Jusqu'à quel point peut-on user d'un moyen perturbateur pour rendre la parole à ceux qui l'ont perdue? Il n'y a pas de règle fixe, ou plutôt il y en a une qui consiste à ne pas livrer imprudemment un malade à des expériences dont le résultat pourrait être aussi bien la mort que l'aggravation du mal. Quant aux maladies déterminées, telles que l'apoplexie, qui produisent l'aphonie, il faut attaquer la cause pour modifier ou détruire l'effet. Il est difficile d'atteindre la cause lorsqu'il s'agit de guérir l'aphonie qui dépend directement de l'épilepsie, de l'hystérie et de la catalepsie, parce que la médecine en est encore là-dessus à la période des expériences et des conjectures; mais dans ces divers cas l'aphonie n'est que passagère. — Devons-nous parler de ces aphonies qui dépendent des modifications que subissent les organes de la génération dans leur développement et leurs accidents morbides? Sans doute; car les relations qui lient le système vocal au système générateur sont tellement intimes, qu'elles sont même du ressort de l'homme du monde. Personne n'ignore en effet, que l'époque de la mue est aussi celle de la puberté; que la révolution que subit l'homme alors dans la voix, converge avec celle qu'il subit dans sa force génératrice. Chez la femme, l'aphonie semble résulter quelquefois de la difficulté de la menstruation, ou dure et se reproduit périodiquement vers le temps de l'écoulement mensuel. L'état morbide des organes générateurs, tant chez l'homme que chez la femme, a aussi dans quelques circonstances, agi sur le larynx; et la voix est si étroitement liée à l'intégrité du système reproducteur, que la mutilation implique toujours une révolution dans son timbre; on le sait : si, dans cette circonstance, l'homme ne perd pas la faculté de chanter ou de parler, il ne parle et ne chante plus que comme une femme.

Sans doute, la cause de ces sympathies si étroites ne se montre pas évidente et positive sous le scalpel des anatomistes; ce n'est pas un filet nerveux de communication qui suffirait à établir une dépendance aussi complète. Toutefois on comprend que la conservation des conditions d'existence de l'être dépend de la connexité des fonctions de relation, comme de la connexité des fonctions de la vie végétative. D^r Ed. Carrière.

APHORISME. On désigne sous ce nom une sentence ou une maxime énoncée en peu de mots. Tout le monde connaît les aphorismes d'Hippocrate, qu'on s'accorde à regarder comme un des chefs-d'œuvre de l'esprit humain, et qui ont eu plus de trois cents éditions : ils n'ont pas eu moins de commentaires, et ils ont subi une vingtaine de métamorphoses sous la plume des poëtes médiocres de diverses nations. — On a recueilli aussi des aphorismes de jurisprudence. H. P. — Hippocrate n'est point le seul qui ait laissé des aphorismes, Boerhaave, l'un des plus grands médecins des temps modernes, a écrit aussi un livre d'aphorismes qui sont comme autant de points principaux dans lesquels la science se résume. Godefroy, le savant commentateur du corps du droit romain, a fait un recueil d'aphorismes de droit. Le titre de *Regulis juris* des Pandectes de Pothier, n'est pas autre chose qu'un immense répertoire d'aphorismes. Il est peu de sciences pour lesquelles on n'ait pas fait de semblables recueils, soit avec le titre d'aphorismes, soit sous tout autre titre. N. M. P.

APHRACTES. Ce mot qu'on trouve dans Cicéron écrit en grec, et qu'il fait dériver de l'*a* privatif et de *phratto*, je fortifie, était le nom d'un navire à un seul rang de rames et sans pont, ou non couvert, ce qui le faisait distinguer des *cataphractes* qui avaient un pont et servaient à la guerre. Cependant à la poupe et à la proue, les aphractes avaient aussi un plancher, comme nos petites barques; il arrivait même quelquefois qu'on couvrait les aphractes et qu'on armait leur proue d'un éperon (*rostrum*). N. M. P.

APHRITE, *aphritis* (*ins.*), genre de l'ordre des diptères, famille des athéricères, tribu des syrphides. Ce genre, établi par Latreille, présente, suivant M. Macquart, les caractères suivants : palpes très-petits; antennes plus longues que la tête, deuxième et troisième article formant une massue allongée; écusson muni de deux pointes; abdomen ovale; cellule médiastine, et quelquefois première postérieure des ailes divisée par une nervure transversale. — Les aphrites vivent sur les fleurs : on n'en connaît plusieurs espèces, dont trois se trouvent en Europe; la plus remarquable de ces dernières est l'*aphritis auropubescens*, Lat., long de quatre à cinq lignes, et couvert de poils serrés, d'un jaune doré luisant; la tête et le thorax sont verts, l'abdomen noir, et les ailes brunâtres : cette espèce assez rare habite principalement l'Europe méridionale. J. B.

APHRODISIAQUES. Substances destinées à rendre aux organes reproducteurs les forces qu'ils ont perdues; mais comme les causes qui donnent lieu à cet accident sont nombreuses et variées, nous renvoyons pour leur étude aux mots Impuissance et Stérilité, qui donnent lieu à des considérations importantes sous le rapport de la médecine, de la morale, de l'hygiène et de la médecine légale. A. B. DE B.

APHRODISIAS (*numism.*). La plupart des monnaies d'Aphrodisie, dans la Carie, rappellent le culte de Vénus Aphrodite, de qui elle tient son nom; on y voit le plus souvent la déesse debout, ou dans son temple, quelquefois avec Cupidon, quelquefois Cupidon seul. Sur les médailles de cette ville, frappées pour Crispine, on a représenté les trois Grâces. Les autres divinités s'y voient moins fréquemment. Il paraît, d'après les légendes de plusieurs médailles, que cette ville a été réunie à celle de Plarasa. Plusieurs jeux y sont indiqués; on n'y trouve point les aphrodisies ou fêtes de Vénus. D. M.

APHRODISIES. Ce nom, qui signifie consacré à Vénus, était commun à beaucoup d'anciennes villes de la Grèce, à des îles de la Méditerranée, et même de l'Océan, etc. — C'était aussi le nom des fêtes qu'on célébrait en l'honneur de cette déesse, principalement dans l'île de Chypre, où elles avaient été instituées par Cynire, dont la famille était en possession de fournir des prêtres au temple. Les initiés offraient une pièce de monnaie à la déesse; c'était une représentation du prix payé au libertinage, *veluti prostibuli pretium*. A Corynthe, dit Strabon, la fête n'était célébrée que par des courtisanes : Athénée prétend toutefois que dans cette ville les femmes honnêtes célébraient aussi les aphrodisies; mais il ajoute qu'elles avaient soin de ne pas se mêler avec les courtisanes.

APHRODISIUS, grand prêtre d'Hermopolis et préfet d'É-

gypte, fut, dit-on, le premier gentil qui crut à la divinité de Jésus-Christ et qui embrassa le christianisme. Il s'attacha d'abord
à saint Pierre, et se rendit ensuite avec saint Paul dans la Gaule.
S'étant arrêté à *Beterræ* (Béziers), il y fut persécuté par les
magistrats, qui, malgré son âge avancé, lui firent souffrir un
cruel martyre, l'an 70 de J. C.

APHRODITE, un des noms de Vénus, ἀφρός, écume, et de
δύμι, sortir; les poëtes supposaient, d'après Hésiode, qu'elle
était née de l'écume de la mer; ce qui peut signifier que le culte
de cette déesse avait été apporté en Grèce par des navigateurs
étrangers.   N. M. P.

APHRODITE, *aphrodita* (ann.). C'est pour Cuvier un genre
de l'ordre des dorsibranches; pour Savigny, la première famille de ses homocriciens, et pour M. de Blainville la première famille des néréides. — Le corps des aphrodites, ordinairement large et aplati, est composé de vingt - trois ou
vingt-cinq segments ; plus courts et plus larges que ceux des
autres annélides. On remarque sur le dos douze à quinze paires
d'écailles membraneuses disposées longitudinalement sur deux
rangs, sous lesquelles sont les branchies en forme de petites
crêtes charnues ou de lames; la bouche consiste en une trompe
cylindrique, fendue transversalement à l'extrémité et munie
de quatre mâchoires cartilagineuses ou cornées; les antennes
sont au nombre de deux à cinq, et les yeux de deux à quatre.
— Ces animaux marins vivent dans la vase : leurs espèces sont
très-répandues sur nos côtes; la plus remarquable est l'aphrodite hérissée, *aphrodita aculeata*, Lin. Voici la description
qu'en donne Cuvier : « Elle est ovale, longue de six à huit
pouces, large de deux à trois; les écailles de son dos sont
recouvertes et cachées par une bourre semblable à de l'étoupe
qui prend naissance sur ses côtes; de ces mêmes côtes naissent
des groupes de fortes épines qui percent en partie l'étoupe,
des faisceaux de soies flexueuses, brillantes de tout l'éclat de
l'or, et changeantes en toutes les teintes de l'iris; elles ne le
cèdent en beauté, ni au plumage des colibris, ni à ce que les
pierres précieuses ont de plus vif; plus bas est un tubercule
d'où sortent des épines en trois groupes et de trois grosseurs
différentes, et enfin un cône charnu; on compte quarante de
ces tubercules de chaque côté, et entre les deux premiers sont
deux petits tentacules charnus ; il y a quinze paires d'écailles
larges, et quelquefois boursouflées, sur le dos, et quinze petites crêtes branchiales. »   J. B.

APHRODITOPOLIS (aujourd'hui *Atfich*). C'était la capitale
d'un nome, et Vénus y avait un temple. Elle était située sur
la rive droite du Nil, au-dessous de Memphis. On y voit encore
aujourd'hui quelques familles coptes, dont le pasteur prend le
titre fastueux d'évêque, sous le titre même d'Aphroditopolis,
malgré ce que ce nom a de profane. Strabon prétend qu'au-
dessous de cette ville quelques Troyens, captifs de Ménélas,
avaient fondé une seconde Troie. — Il y avait dans le même
nome deux autres villes aussi nommées Aphroditopolis.
                                                N. M. P.

Cette ville offre sur ses médailles la déesse dans son temple,
au revers de Trajan et d'Adrien. Ces médailles sont en bronze,
et valent de 50 à 80 fr.   D. M.

APHROGÉDA, de ἀφρός, écume, et peut-être de γάλα, lait
(dans ce cas il faudrait dire et lire *aphrogala*, et le premier
mot *aphrogéda* ne serait ainsi écrit que par une erreur de copiste); c'était du lait battu et converti en écume. Galien en
recommande l'usage pour diminuer la chaleur excessive de
l'estomac; c'est un aliment sain et rafraîchissant : les anciens
y mêlaient de la neige. Peut-être que l'aphrogéda de Galien
n'est pas autre chose que l'*oxygalac* de Pline, espèce de fromage fait avec de la menthe, du thym, de la coriandre, de
l'oignon, de l'origan, de la sarriette et du lait.   X. X.

APHTALOSE (minér). *Sulfate de potasse, sel de Duobus*.
Substance blanche, soluble dans l'eau, d'une densité de 2, 4,
cristallisant en prismes rhomboïdaux. Elle ne se trouve qu'aux
environs des volcans, au Vésuve, et même elle est assez rare.
                                                CH. B.

APHTARTODOCÈTES, hérétiques du VIe siècle. Leur nom
se compose de ἀφθαρτος, incorruptible, et de δοκέω, je crois;
il leur fut donné parce qu'ils prétendaient que le corps de J. C.
était incorruptible, impassible et immortel. Les Aphtartodocètes formaient une branche des Eutychiens. Ils parurent pour
la première fois vers l'an 535 de l'ère chrétienne.
                                                N. M. P.

APHTHES (méd.) (ἀφθαι, de ἀφθω, brûler). L'aphthe est une
affection de la bouche dont peu de personnes ont été exemptes,
et qui consiste dans l'éruption d'une vésicule sur un point de
la muqueuse buccale, plus ou moins enflammée, et dans son

ulcération qui, après s'être agrandie pendant quelques jours,
aboutit à la cicatrisation. Lorsque la vésicule s'est couronnée
d'une teinte blanche ou grise, et entourée à sa base d'un bourrelet de même couleur, elle s'ouvre à son sommet et s'affaisse
entièrement pour s'étendre en surface sur la muqueuse enflammée. Lorsque l'aphthe est dans son état le plus grand de simplicité, il disparaît au bout d'une semaine. L'éruption aphtheuse
n'a pas toujours ce caractère de bénignité; ainsi, tantôt elle
reste stationnaire, c'est-à-dire à l'état d'ulcération, sans tendre
à se cicatriser, ce qui tient le plus souvent au tempérament
mou, lymphatique de l'individu; tantôt l'éruption est tellement
considérable, que les ulcérations se touchent par leurs bords.
Alors les aphthes ne bornent pas leur développement à la muqueuse de la bouche, il s'en forme encore dans toute la longueur
du tube intestinal : dans ce cas, le début est toujours accompagné de frissons, de fièvre, de maux de tête, et lorsque le mal
suit ses diverses périodes, il est accompagné d'anxiétés à la
région du cœur, de douleurs aiguës dans la bouche et dans la
gorge, de nausées continues, de vomissements, de douleurs abdominales qui augmentent par la pression et font désirer vivement l'usage des boissons acidules, enfin de diarrhée et de tout
l'appareil de ces symptômes typhoïdes qui annoncent une fâcheuse terminaison. — Les ulcérations aphtheuses peuvent
quelquefois se compliquer de gangrène et d'hémorragie ; mais
cette complication ne s'observe que rarement, comme il est
rare aussi d'observer l'éruption confluente qui s'étend depuis la
bouche jusqu'aux intestins. — Quelles sont les causes de cette
affection? Le défaut de propreté de la bouche, l'usage du tabac
et d'aliments fortement épicés ou de mauvaise composition, un
état d'irritation de l'estomac et surtout un embarras dans cet
organe. Mais l'influence de l'atmosphère y est aussi pour beaucoup, puisque l'humidité de l'air, comme sa trop grande sécheresse, peuvent déterminer des modifications plus ou moins
marquées dans les fonctions de la digestion et les muqueuses en
général. Les pays qui ont une constitution atmosphérique
nuageuse et malsaine, favorisent le développement de l'aphthe
stationnaire atonique dont la cicatrisation est très-lente. Dans
les pays chauds et secs au contraire, on voit quelquefois se
développer l'aphthe confluent avec tous les phénomènes qui le
compliquent; mais les lieux qui jouissent d'une bonne température ne présentent guère cette éruption qu'à l'état de bénignité,
à moins toutefois qu'une affection du système digestif ou le
tempérament lui-même n'impriment à la maladie un caractère
particulier de complication. — Les tempéraments scrofuleux
devront user souvent de gargarismes toniques pour que la muqueuse buccale ne contracte pas cette faiblesse qui seconde si
bien le développement de l'ulcération et la rend rebelle à la cicatrisation. Les tempéraments sujets à l'irritation du système
gastrique et intestinal affaibliront cette tendance en suivant
fidèlement un régime qui ne produira pas un excès de travail
pour l'organe et un excès de nutrition pour le corps. Nous
n'avons pas besoin de dire que les conditions particulières aux
climats et aux saisons imposent en quelque sorte, ou un régime
doux ou un régime tonique, si l'on veut éviter le développement
de l'éruption : parmi les exigences de cette hygiène, nous
comptons les soins de propreté qui s'appliquent spécialement à
la bouche. Lorsque la maladie est établie, son traitement doit
être dirigé suivant les circonstances; ainsi, quand l'aphthe est
bénin, on emploiera les gargarismes avec l'eau de guimauve,
de pavot, de laitue; on touchera les ulcérations pour en calmer
la sensibilité, avec du mucilage de pepins de coings ou de
graine de lin, imprégné de laudanum, et, pour faire cicatriser,
on se servira de borate de soude, d'acide hydro-chlorique,
d'alun ou de nitrate d'argent. Quand l'aphthe est de nature atonique, il faut employer des gargarismes de quinquina et hâter
la terminaison des ulcérations en touchant leur surface avec
du nitrate acide de mercure : la cautérisation par cette substance produit d'excellents effets. Comme l'aphthe à éruptions
multipliées, de même que l'aphthe confluent, donne toujours
lieu à des symptômes d'inflammation, il faut d'abord pratiquer
des saignées générales ou locales, et prescrire l'usage des boissons acidules; mais à la période d'ulcération, on doit user de
boissons gommeuses, de fomentations émollientes; si des
symptômes de prostration se manifestent, il faut employer le
quinquina et laver tout le tube digestif, pour ainsi dire, avec
des décoctions de cette substance si éminemment tonique. Au
surplus, l'aphthe confluent se développe très-rarement dans nos
villes, où pourtant les affections de l'appareil digestif sont très-
communes.   D' ED. C.

APHTONIUS, rhéteur, natif d'Antioche, professa son art
dans Alexandrie vers le commencement du IIIe siècle de l'ère

vulgaire. Il publia une grammaire élémentaire, qui a été traduite en latin : la meilleure édition est celle de François Escobar, 1611, Barcelone. On recommande aussi comme très-exacte l'édition d'Amsterdam, Elzevir, 1642 et années suivantes, in-12; elle porte ce titre : *Aphtonii progymnasmata..... latinitate donata; cum Scholiis R. Lorichii.* Aphtonius a composé d'autres ouvrages, parmi lesquels on remarque sa *Description de la citadelle d'Alexandrie.* On y lit un passage qui se rapporte à la fameuse colonne d'Alexandrie, si mal à propos nommée colonne de Pompée. Il y avait, dit-il, « une cour environnée de colonnes et de portiques sous lesquels on a construit des chambres ou cabinets; les uns renferment des livres dont l'usage est public; les autres avaient été consacrés au culte des *anciens dieux.* Au milieu de la cour s'élève une *colonne d'une grandeur extraordinaire,* qui sert, pour ainsi dire, de signal ou de jalon pour reconnaître les divers chemins. » Ce passage essentiel, cité par M. de Sacy, concourt à établir que cette colonne fameuse d'Alexandrie, objet de tant de controverses, faisait partie d'un ancien édifice, et n'a été élevée ni en l'honneur de Pompée, ni en celui d'Alexandre Sévère, comme on l'a prétendu. J. DE M.

APHYE (*zool.*), du grec ἀφύη, dont les Latins ont fait *aphya,* espèce de petit poisson de mer de peu de valeur; nom commun aux goujons, aux muges, aux surmulets, etc.; ce que nous appelons familièrement du fretin. Comme tout ce menu poisson se tient ordinairement dans la vase, les anciens croyaient que la vase les produisait : l'anchois a été mis au nombre des aphyes. X. X.

APHYLLE, de φύλλον, feuille, et de à privatif; plante qui n'a pas de feuilles.

APHYTE, ancienne ville de la Macédoine, célèbre par son temple de Jupiter-Ammon et les oracles de ce dieu. Pour récompenser les habitants du culte qu'ils lui rendaient, le dieu vint à leur secours quand Lysandre faisait le siège de leur ville; il apparut la nuit à ce général, et lui ordonna de lever le siége sous peine d'encourir les célestes vengeances. Lysandre n'osa pas s'y exposer : il se retira au moment où la ville aux abois allait ouvrir ses portes. N. M. P.

API (POMME D'), fruit d'une espèce de pommier qui, dit-on, fut apporté du Péloponèse à Rome par Appius, ce qui est plus que douteux. La pomme d'api est très-petite, d'un jaune citron, mais colorée d'un beau rouge écarlate du côté où elle reçoit les rayons du soleil; sa chair est blanche et ferme, croquant sous la dent. Cette espèce offre plusieurs variétés, parmi lesquelles on distingue l'*api noir,* où le rouge foncé tire sur le brun, et la *pomme-rose,* ainsi nommée parce qu'elle a le parfum de cette fleur. Le pommier d'api à branches droites et longues, est de taille moyenne, et donne beaucoup de fruits. X. X.

APIAIRES (*ins.*). Deuxième coupe de la famille des mellifères, établie dans l'ordre des hyménoptères par Latreille qui lui assigne pour caractères : division moyenne de la languette aussi longue au moins que le menton ou sa gaine tubulaire, et en forme de filet ou de soie; mâchoires et lèvres très-allongées, formant une sorte de trompe coudée et repliée en dessous dans l'inaction; les deux premiers articles des palpes labiaux ayant le plus souvent la forme d'une soie écailleuse, comprimée, embrassant les deux côtés de la languette; les deux autres très-petits; le troisième communément inséré près de l'extrémité extérieure du précédent, qui se termine en pointe. — Les apiaires ont la tête triangulaire, les yeux à réseau entier; trois ocelles ou yeux lisses situés sur le front ou sur le vertex, les antennes coudées composées de treize articles dans les mâles, et de douze dans les femelles. Leurs mandibules varient beaucoup : on peut voir à l'histoire de chaque genre de cette division, qu'elles sont toujours en rapport avec l'industrie de ces insectes. L'abdomen est ovoïde ou conique, et formé de six anneaux dans les mâles, et de sept dans les femelles. — Latreille divise les apiaires en solitaires et en sociales. Parmi les premières, les unes ont, soit aux jambes, soit aux segments de l'abdomen, des poils nombreux et serrés, destinés à récolter sur les fleurs le pollen des étamines, elles construisent dans le bois mort, dans la terre ou contre les rochers et les murs, des nids qu'elles emplissent d'une pâte composée de pollen et de miel, après y avoir déposé leurs œufs (*V.* XYLOCOPE, MÉGACHILE, OSMIE, etc.); les autres n'ont pas de poils disposés pour la récolte du pollen, et leurs larves vivent en parasites dans les nids des autres mellifères, où elles déposent leurs œufs (*V.* AMMOBATE, NOMADE, etc.). Les apiaires sociales se divisent en celles dont la société ne dure qu'une année (*V.* BOURDON); et en celles dont la société dure plusieurs années. Les abeilles et

les mélipones appartiennent à ces dernières (*V.* APIARIDE et APIARITE). J. B.

APIANUS (PIERRE) né à Leysnick de Misnie, en 1495; mort à Ingolstadt, le 21 avril 1551. Son nom allemand était BIENEWITZ; selon la coutume du temps il le latinisa et le changea : de BIENE, *abeille, apis,* il fit APIANUS. Cet homme célèbre a été élevé à Rochlitz. Il était astronome et professeur de mathématiques à Ingolstadt. Les nombreux ouvrages qu'il avait publiés lui acquirent une haute renommée parmi ses contemporains, et lui valurent la faveur de l'empereur Charles-Quint. Apianus dédia à ce prince, qui avait reçu de lui des leçons d'astronomie, sa *Cosmographia,* livre plusieurs fois réimprimé et souvent consulté. Charles-Quint fut si content de cet ouvrage, qu'il fit l'auteur chevalier de l'empire germanique, et lui donna une récompense de trois mille écus d'or. Apianus excellait dans la construction des instruments de mathématiques; il en inventa plusieurs. La plupart de ses écrits se ressentent des préjugés de l'époque à laquelle ils furent composés. Un seul contient une partie qui intéresse encore la science astronomique; c'est l'*Astronomicum cæsareum,* dédié à Charles-Quint et à son frère Ferdinand. Apianus avait pour but, dans cet ouvrage, de substituer les instruments aux tables astronomiques, pour trouver en tout temps la position des astres et toutes les circonstances des éclipses, invention appelée par Kepler malheureuse (*miserabilem*). Dans la seconde partie, on trouve cette remarque curieuse, que les queues des comètes sont toujours à l'opposite du soleil, et dirigées suivant le prolongement de la droite menée du centre du soleil à celui de la comète. Apianus y consigna les observations qu'il avait faites des comètes de 1531, 1532, 1533, 1538 et 1539. La plus importante est celle qui avait pour objet la comète de 1532. Cette observation a servi à calculer le retour périodique des comètes, et contribué ainsi à agrandir la sphère des connaissances astronomiques. Elle fournit au célèbre Halley le moyen de justifier ses conjectures sur l'identité de la comète de 1607 avec celle de 1682. Ayant déterminé les éléments paraboliques de la première, leur rapport leur grande similitude avec ceux de la seconde. C'est ainsi qu'il assignait à la comète de 1707 une révolution de 74 à 76 ans, en faisant la part des perturbations que l'attraction des planètes pouvait apporter à sa marche. Halley ne douta pas de la périodicité de la comète dont il se hasarda à prédire la réapparition pour le commencement de 1759. Clairaut résolut le difficile problème posé par Halley, en déterminant avec exactitude la valeur des perturbations que la comète devait éprouver, eu égard au ralentissement qu'apporterait dans sa marche l'attraction des planètes. Ainsi qu'il l'avait annoncé à l'Académie des sciences, la comète passa en effet au périhélie le 12 mars 1759 : Clairaut avait fixé ce passage vers le 4 avril de la même année, en avertissant toutefois que les fractions de temps, négligées dans ses calculs faits rapidement, pourraient s'élever à *plus* ou *moins* de 30 jours sur 76 ans. Il est certain aujourd'hui que la comète observée à Ingolstadt, en 1531, par Apianus, est celle qui s'était montrée précédemment en 1456, et qui parut ensuite en 1607, 1682 et 1759. Le peu d'exactitude des observations antérieures au XVe siècle ne permet pas de suivre plus loin dans le passé la chronologie de ses retours périodiques; mais la science est à même aujourd'hui d'en déterminer la marche future. M. Damoiseau, du bureau des longitudes, avait calculé la date du prochain retour de la comète de 1759, et l'avait fixée au 16 novembre 1835. On sait qu'elle a commencé à être visible à Paris, le 21 août, entre 3 et 4 heures du matin, dans la constellation du Taureau. — Apianus est aussi célèbre par des observations d'éclipses. Il fut l'un des premiers à proposer l'observation des mouvements de la lune pour déterminer les longitudes. Dans la première partie de sa *Cosmographia,* il veut qu'on observe la distance de la lune à quelque étoile fixe, peu éloignée de l'écliptique; et c'est l'une des méthodes que l'on suit encore actuellement. — Son fils PHILIPPE, qui lui succéda dans sa chaire de mathématiques, se consacra également à l'astronomie. Il est auteur d'un *Traité des cadrans solaires,* de *l'Utilité des cylindres,* de *Tables géographiques,* et d'une *Lettre* au landgrave de Hesse-Cassel, sur l'étoile nouvelle de Cassiopée, en 1572. Tycho a conservé cette lettre dans un de ses ouvrages. VAN-TENAC.

APIARIDES (*ins.*), famille d'hyménoptères mellifères, établie par M. Lepelletier de Saint-Fargeau qui lui assigna pour caractères : langue presque cylindrique, plus longue que la tête, plus courte que le corps; femelles fécondes et infécondes, et mâles pourvus d'ailes, pendant toute leur vie à l'état parfait; antennes vibratiles filiformes; le deuxième article plus court que le troisième, presque globuleux; le troisième un peu conique; jambes postérieures dépourvues d'épines à leur extrémité; premier article des tarses postérieurs dilaté à l'angle extérieur de sa base, en forme d'oreillette pointue ou mutique. — Cette famille correspond aux apiaires sociales de Latreille, dont la société dure plusieurs années, et a été divisée en deux tribus par M. Lepelletier de Saint-Fargeau, celle des apiarites et celle des méliponites (*V.* ces mots).

APIARITES (ins.), tribu de l'ordre des hyménoptères établie par M. Lepelletier de Saint-Fargeau dans sa famille des apiarides, et que cet habile hyménoptériste caractérise ainsi : Femelles pourvues d'un aiguillon; ailes ayant toutes leurs nervures fortes et distinctes; une radiale resserrée, fort allongée; son bout retenant un peu écarté de la côte de l'aile et presque arrondi; quatre cubitales, la deuxième très-rétrécie vers la radiale, très-élargie vers le disque, recevant la première nervure récurrente; la troisième étroite oblique, recevant la deuxième nervure récurrente; la quatrième commence n'atteignant pas tout à fait le bord inférieur de l'aile; trois cellules discoïdales-complètes. — Cette tribu ne renferme que le genre abeille. — On connaît une douzaine d'espèces du genre abeille; la plus répandue en Europe est l'abeille domestique proprement dite; *apis mellifica*. Elle est originaire de l'Europe, probablement de la Grèce et peut-être aussi de la Natolie. L'homme l'a transportée dans le nord de l'Afrique et de l'Amérique; mais dans cette dernière contrée, elle est, en grande partie, redevenue sauvage. C'est elle qui nous servira de type. La conformation des autres espèces est semblable, à quelques légères différences près. Il en est de même pour ce qui concerne leurs mœurs. — Les abeilles forment des sociétés plus ou moins nombreuses, quelquefois de plus de quarante mille individus, mais ordinairement de vingt à trente mille, assez rarement de beaucoup moins. Chaque société se compose d'une reine on mère-abeille, ou en d'autres termes, d'une femelle féconde, et des ouvrières ou neutres, qui en forment la plus grande partie : ce sont des femelles infécondes; cependant il arrive, mais très-rarement, et seulement dans certains cas que nous indiquerons, que des ouvrières naissent fécondes et pondent quelques œufs; enfin des mâles ou faux-bourdons. Réaumur évalue le nombre moyen de ceux-ci à sept cents dans une ruche où il y aurait vingt mille ouvrières. Ce n'est que pendant une partie de l'année qu'on trouve des mâles dans les ruches; aussitôt qu'ils y sont devenus inutiles, ils sont tués ou chassés par les ouvrières. — La femelle féconde a ordinairement 9 à 10 lignes de longueur; elle est couverte de poils noirs sur le vertex, gris cendré sur l'abdomen et les pattes de devant, roussâtres en dessous et sur le corselet où ils sont plus nombreux qu'ailleurs; le dessus du corps est d'un brun noirâtre; le dessous des antennes et de l'abdomen, ainsi que les tarses, sont roussâtres; les quatre pattes antérieures et les cuisses postérieures noires; la jambe postérieure est brune. Elle se distingue facilement de l'ouvrière et du mâle par son abdomen plus allongé et qui dépasse les ailes. — L'ouvrière est plus petite; elle n'a guère que 6 à 7 lignes de long; ses ailes dépassent l'abdomen; celui-ci a, comme chez la mâle et la femelle féconde, des bandes de poils cendrés à la base des segments en dessus, mais ils y sont plus nombreux que dans la femelle, et les poils qui sont à l'extrémité de l'abdomen sont moins nombreux que dans le mâle; ses pattes sont noires, les tarses, les poils des antennes et du corselet roussâtres; le corps est d'un brun noir, et le dernier article des antennes brun roussâtre au bout. — Le mâle est plus gros que l'ouvrière, il a environ 8 lignes à 8 lignes 1/2 de long; son abdomen est plus obtus, et les ailes le dépassent. — Outre ces différences entre la femelle féconde, les ouvrières et les mâles, il en existe d'autres dans la forme des différentes parties du corps, que nous indiquerons plus loin. — C'est ordinairement dans les cavités des rochers, des troncs d'arbres cariés, ou dans des logements préparés par l'homme, que les sociétés d'abeilles établissent, pour l'éducation de leur postérité et pour conserver leurs provisions d'hiver, ces constructions si admirées, qu'il faut pourtant se garder d'attribuer à leur intelligence, comme le voudraient faire certains philosophes modernes, et qui ne sont que le produit d'un instinct routinier. — La tête de l'abeille ouvrière est à peu près triangulaire et de la largeur du corselet. Ses yeux à réseau sont grands, ovales, entiers, placés sur les côtés, et plus étroits près de l'origine des mandibules. Les ocelles ou yeux lisses, au nombre de trois, sont situés sur le front et forment un triangle dont l'angle le plus près de la bouche est obtus. Les antennes, plus courtes que la tête et le corselet pris ensemble, sont composées de douze articles, filiformes et coudées après le premier article.

La bouche présente un labre transversal, deux mandibules fortes et une trompe formée par l'allongement des mâchoires, de la languette et des palpes labiaux. Les mandibules sont resserrées au milieu, et de là elles vont en s'évasant jusqu'à leur extrémité qui est coupée obliquement et en ligne droite. Leur surface extérieure est convexe, tandis que l'intérieure est concave à peu près comme certaines tarières; de sorte que, quand elles se rencontrent bout à bout, il reste entre elles une cavité dont chaque mandibule fournit la moitié. Chaque moitié de cette cavité est divisée en deux parties à peu près égales par une arête dirigée vers la pointe de la mandibule, et son contour est bordé extérieurement de poils. — Les mandibules peuvent non-seulement se rencontrer, mais encore se croiser. C'est avec ces instruments que l'abeille travaille la cire et la propolis; elle s'en sert encore pour récolter cette dernière substance, pour ouvrir les anthères des étamines, pour saisir et transporter divers corps; elle s'en sert aussi en guise d'arme ou d'aiguillon. — La récolte du miel se fait au moyen de la trompe. Cet organe, digne de fixer l'attention, a été décrit très-exactement par Réaumur; comme nous ne pourrions ici que répéter ses paroles, nous invitons le lecteur à voir, dans son ouvrage, l'excellente description qu'il a faite de ce merveilleux instrument de l'abeille. — Swammerdam croyait la trompe de l'abeille percée à l'extrémité et destinée à pomper les sucs miellés des fleurs. Réaumur a prouvé que cette ouverture n'existe qu'en apparence; il n'a pu parvenir, en pressant la trompe, à faire sortir par son extrémité aucune goutte de la liqueur contenue dans sa base; d'ailleurs les grains de miel introduit dans son estomac n'auraient pu passer par une ouverture aussi petite. Un observateur aussi patient et aussi adroit que Réaumur, ne pouvait manquer de découvrir l'ouverture qui livre passage aux aliments : c'est le *pharynx*. Il est situé au-dessous des mandibules, au centre de la base de la trompe; son contour est luisant et paraît un peu cartilagineux. Le pharynx est fermé par une valve membraneuse, mobile et capable de changer de forme. Cette valve a été nommée *langue* par Réaumur, *épiglotte* par Latreille, *épipharynx* par M. Savigny, et *lèvre intérieure* par M. Lepelletier de Saint-Fargeau. La trompe n'agit que comme une langue, elle lèche en quelque sorte les liqueurs mielleuses et elle les conduit sur l'épipharynx. Réaumur a remarqué que, pour y parvenir, l'abeille allonge et raccourcit alternativement sa trompe, qu'elle la gonfle et la contracte, lui fait faire des sinuosités, et surtout qu'elle rend de temps en temps sa surface supérieure concave, comme pour aider la liqueur dont elle est chargée, à glisser vers la bouche. Le même observateur ayant écarté les étuis de dessus la trompe, parvint à placer, avec la pointe d'une épingle, une goutte de miel extrêmement petite sur la trompe, dans un endroit où elle pouvait être couverte par le bout des étuis extérieurs, et la goutte de miel a toujours été repoussée vers la bouche. — Le corselet de l'abeille est entièrement couvert de poils, il est court, arrondi et obtus en arrière; il est ordinairement appliqué contre les premiers segments de l'abdomen qui, à cet endroit, est un peu concave. C'est ce qui empêche de voir le filet court et étroit qui unit ces deux parties. — Les pattes postérieures de l'abeille ouvrière présentent une disposition remarquable : la partie qui vient après la cuisse, la jambe, est aplatie et en forme de triangle allongé dont le sommet s'articule avec la cuisse, et la base avec le premier article du tarse. Sa face extérieure offre une dépression longitudinale et triangulaire; ses côtés sont bordés par des poils longs, roides, dirigés vers le bas et relevés en dehors au-dessus des bords de la dépression. La base de celle-ci ou le bas de la jambe est aussi garnie de poils, mais tournés vers le haut de la jambe, de sorte que les poils des deux côtés et ceux de la base forment les bords d'une espèce de corbeille dont l'enfoncement triangulaire serait le fond. La face extérieure du premier article des tarses, de la même paire de pattes a aussi un enfoncement triangulaire, mais beaucoup plus court et tourné en sens inverse, de manière que sa base correspond à celle de la jambe. On a donné à ces dépressions le nom de *palettes*. Nous verrons bientôt leur usage. Le premier article du tarse de toutes les pattes est beaucoup plus grand que les autres, surtout aux pattes postérieures; il est garni en dessous de poils serrés, ce qui a fait donner à cette partie le nom de *brosse*. La brosse de la première paire de pattes est allongée et arrondie; celle de la deuxième paire est oblongue et aplatie; elle est lisse en dessus, et les poils qui la garnissent en dessous sont plus roides que ceux de la brosse précédente; enfin la brosse des pattes postérieures est à peu près rectangulaire et très-peu plus longue que large. Son côté articulé à la jambe est plus échancré que le côté opposé et se prolonge en dehors en une dent aiguë; son articulation, au lieu de se faire au milieu de la jambe comme dans les autres paires de pattes, se fait à l'angle intérieur des deux pièces; et comme le bout inférieur de la jambe est coupé en ligne droite, il forme, avec le bout supérieur de la brosse, une espèce de pince. Les poils qui garnissent cette brosse sont beaucoup plus longs et plus durs qu'aux autres, et ils sont distribués par rangs diversement disposés. Les autres articles de tous les tarses sont infiniment plus grêles que le premier; le dernier ou le cinquième article est muni de deux crochets divisés en deux et dont une division dépasse l'autre en longueur de la moitié. — L'abdomen de l'abeille ouvrière est à peu près conique; nous avons dit déjà qu'il tient au corselet par un pédoncule très-court et très-étroit, et qu'il est un peu tronqué antérieurement pour recevoir le bord postérieur du corselet contre lequel il est appliqué, lorsque l'insecte ne fait pas mouvoir. Il est composé de six segments ou de sept si on compte le segment anal. Les arceaux supérieurs protègent le dessus et les côtés, et se recourbent en dessous pour couvrir la partie latérale des arceaux inférieurs. Ceux-ci ne sont pas planes, ils sont voûtés et présentent une saillie anguleuse qui règne tout le long du milieu du ventre. Les membranes intra-articulaires qui unissent les arceaux inférieurs des deuxième, troisième, quatrième et cinquième segments, et qui sont ordinairement cachés, se découvrent facilement en allongeant l'abdomen; on apercevra alors facilement que la saillie angulaire dont nous avons parlé se prolonge sur ces membranes en une arête cornée, dirigée vers la tête, bifurquée à son extrémité et contournée en arc à droite et à gauche. Cette arête divise chaque membrane, dont la surface est à peu près double de celle de chaque arceau, en trois petites aires, dont les deux latérales irrégulièrement pentagones sont inclinées sur les côtés du corps et approchent de l'ovale pour la forme. C'est sur ces petites aires que se dépose la matière à cire en petites plaques de la forme des aires, qui, en s'allongeant, deviennent plus irrégulières et finissent quelquefois par déborder les anneaux. On n'a point découvert jusqu'ici d'organes spéciaux propres à sécréter cette matière, et l'on pense que la membrane sur laquelle elle se dépose est l'organe sécréteur. Ce qu'il y a de bien certain, c'est que la transsudation de la matière à cire se fait à travers cette membrane; car Huber, l'ayant percée, en fit jaillir une liqueur transparente qui se coagula en se refroidissant, et qui présenta les mêmes caractères que les plaques, c'est-à-dire qu'elle se liquéfia de nouveau par la chaleur. Cette matière, ainsi que les plaques, n'avait point la flexibilité ni la blancheur de la cire; il faut donc, avant de l'employer, que l'abeille la mêle avec quelque autre substance pour en faire de véritable cire. Nous reviendrons sur ce sujet. — Dans l'intérieur de l'abdomen se trouve caché l'aiguillon de l'abeille; on peut le considérer comme formé des pièces analogues à celles qui composent l'oviscapte (V. ce mot) de beaucoup d'hyménoptères, quoique les fonctions qu'il remplit soient toutes différentes. C'est à Réaumur que nous empruntons la description de cet organe. « Dans les temps ordinaires, dit-il, l'aiguillon des abeilles est caché dans leur corps, dans la cavité de l'anus où aboutit l'oviducte; mais dès qu'on en tient une par le corselet entre deux doigts, elle ne tarde pas à faire sortir le sien comme un trait, d'un peu au-dessous de l'anus; bientôt elle le fait rentrer, mais c'est pour le darder de nouveau à bien des reprises.... Quand l'aiguillon commence à paraître, il est accompagné de deux corps blancs, oblongs, arrondis par le bout, et dans chacun desquels une gouttière est creusée. On juge aisément que ces deux pièces composent ensemble une espèce de boîte dans laquelle l'instrument délicat est logé lorsqu'il est dans le corps de la mouche. Ainsi renfermé, aucune partie de l'intérieur ne lui peut nuire, et il ne peut blesser aucune partie. Quoique ce petit dard soit extrêmement délié, on l'aperçoit néanmoins à la vue simple; elle suffit même pour faire juger que, quelque fin qu'il soit, et surtout auprès de son extrémité, il est creux et qu'il l'est jusqu'au bout de sa pointe; car bientôt une gouttelette d'une liqueur extrêmement transparente paraît posée sur le bout même de cette pointe; on voit cette petite goutte grossir de moment en moment; enfin, si on l'emporte avec le doigt, une autre gouttelette reparaît bientôt dans la même place. On prévoit déjà le fatal usage auquel une liqueur si claire est destinée. On soupçonne sans doute que, malgré sa limpidité, elle est le poison qui doit être porté dans la plaie. — Quand on regarde cet aiguillon avec le secours d'une loupe d'un court foyer, on voit que sa construction est moins simple qu'elle ne le paraissait. Sa base est solide, épaisse et grosse, si on la compare avec la tige qu'elle porte; à mesure que cette base s'élève, elle devient

plus menue; elle est un peu aplatie, elle a moins de diamètre d'un côté à l'autre, que de devant en arrière. Dans l'endroit que l'on peut prendre pour son terme, il y a une espèce de talon du côté du-dos de la mouche; c'est de là que part cette tige droite destinée à faire les piqûres si douloureuses, qui n'est pourtant que le prolongement de la base..... A mesure qu'elle approche de son extrémité, elle devient de plus en plus déliée, et enfin elle se termine par une pointe fine. Malgré la finesse apparente de cette pointe, il y a des circonstances où elle semble mousse. Nous avons déjà vu son bout est percé, qu'il laisse sortir de la liqueur. Ce n'est pas tout : de cette même pointe sort quelquefois une autre pointe beaucoup plus déliée, qu'on avait pris pour celle de l'étui dans lequel il est contenu, car cet étui ne renferme pas un seul aiguillon, il en renferme deux égaux et semblables. » (Voyez, pour plus de détails tant sur l'aiguillon que sur le réservoir du venin, etc., l'ouvrage du même Réaumur). — Réaumur, ayant essuyé le bout d'un aiguillon avec du papier bleu, l'endroit mouillé n'a pas rougi. Il en conclut que la liqueur vénéneuse n'est point un acide ou qu'elle n'a pas un acide actuellement développé. Fontana, qui a fait des recherches sur la nature de ce venin, dit qu'il est soluble dans l'eau, et que, si on ajoute de l'alcool à la dissolution, il se forme un précipité blanc qui a la propriété de rougir le papier bleu végétal. Ce venin, à l'état sec, est tenace, gommeux et élastique. M. Lepelletier de Saint-Fargeau (Hist. nat. des hyménoptères, t. I, p. 351) pense que, s'il était possible de s'en procurer une quantité suffisante de pur, son analyse ne s'éloignerait pas beaucoup de celle de l'acide formique, ses effets sur l'économie animale étant les mêmes que ceux produits par la piqûre de certaines espèces de fourmis. Il indique l'application immédiate de l'alcali volatil sur la piqûre, comme le meilleur moyen de se garantir de l'enflure qu'elle occasionne, et la même liqueur employée en frictions répétées pour diminuer l'enflure lorsqu'elle existe. Un grand nombre de piqûres déterminent toujours de graves accidents et peuvent même causer la mort. On cite plusieurs animaux de grande taille qui en ont péri; tels que des chevaux, des ânes, etc. — Le tube intestinal de l'abeille se compose du *pharynx*, de l'*œsophage*, d'un premier estomac ou *jabot de succion*, d'un second estomac ou *ventricule chylifique*, et des *intestins*. Nous avons déjà dit que le pharynx est situé à la base de la trompe au-dessous des mandibules et qu'il est recouvert par une valvule mobile faisant l'office de langue. L'œsophage est un tube droit d'un petit diamètre, qui traverse le corselet pour se rendre dans l'abdomen; il tient d'une part au pharynx, et de l'autre au jabot de succion. Celui-ci forme un sac contractile, assez volumineux et semblable, lorsqu'il est plein, à une vessie mince et transparente; lorsqu'il est vide, il est irrégulièrement plissé et d'un diamètre à peu près égal dans toute son étendue. C'est dans cet organe que l'abeille élabore le miel avant de le dégorger. Le ventricule chylifique, séparé du jabot de succion, à l'extérieur par un étranglement et à l'intérieur par une petite valvule qui s'ouvre d'avant en arrière, se présente sous la forme d'un cylindre de médiocre grandeur, placé en travers et entouré dans toute sa longueur de muscles circulaires. Le rétrécissement pylorique, immédiatement après lequel s'insèrent les vaisseaux hépatiques, le sépare des intestins qui se terminent par un rectum court. — Tout ce que nous venons de dire sur les parties tant externes qu'internes de l'abeille a été décrit d'après l'ouvrière. Chez la femelle féconde et chez le mâle ces parties présentent quelques modifications. Les mandibules des mâles et des femelles fécondes sont plus petites, surtout chez le premier, et elles ont des dentelures qui n'existent pas chez l'ouvrière. Leurs jambes postérieures sont dépourvues de palettes et, au lieu d'être déprimées à leur face externe, elles sont bombées et couvertes de poils; outre cela, la dent saillante du bord supérieur du premier article du tarse, qui forme avec le bord inférieur de la jambe une espèce de pince, manque entièrement, et les brosses n'existent que dans le mâle, encore sont-elles autrement faites. Le mâle a un article de plus aux antennes, les yeux à réseau plus gros, les ocelles situés sur le vertex, et une trompe plus courte de beaucoup; il manque d'aiguillon. La femelle féconde a toutes ces dernières parties semblables à celles de l'ouvrière; seulement son aiguillon est plus grand et un peu courbé vers le ventre, tandis que l'ouvrière a droit. — L'organe mâle est caché dans l'abdomen ; il se compose de deux testicules, de deux vaisseaux déférents qui se rendent dans deux vésicules séminales, d'un canal tortueux qui fait communiquer les deux vésicules séminales à un corps lenticulaire et charnu qui présente à son bord postérieur quatre valves convexes écailleuses, dont deux sont plus petites que les autres de moitié. — Ce que l'organe femelle présente de plus remarquable, ce sont les deux ovaires ; chacun d'eux se compose de plus de cent cinquante tubes ovigères, ce qui explique la prodigieuse fécondité de la femelle féconde. Swammerdam a compté dix-sept œufs dans chaque tube, par conséquent deux mille cinq cent cinquante dans chaque ovaire, ou cinq mille deux cents pour les deux ovaires ; et si on ajoute les œufs qui n'existent pas encore assez développés pour qu'on les puisse distinguer, on comprendra facilement qu'une femelle féconde peut pondre dix à douze mille œufs en sept ou huit semaines. — Le premier soin des abeilles, quand elles s'établissent dans une ruche, est d'examiner si elle est parfaitement close. Si elles y trouvent quelques fentes ou quelques trous, elles s'empressent de les boucher ; ce n'est pas avec la cire qu'elles le font, la nature leur a appris à se servir pour cet usage d'une autre matière plus tenace ; c'est une espèce de résine d'abord molle et visqueuse, mais qui durcit promptement. Les anciens lui ont donné le nom de *propolis*. Les abeilles récoltent cette substance principalement sur les bourgeons des bouleaux, des peupliers, des saules, etc.; elles la détachent par parcelles avec leurs mandibules ; le tarse de leur jambe antérieure s'empare successivement de chaque parcelle détachée, la transmet au pied suivant, qui la dépose sur la palette de la jambe postérieure. Mais ce n'est pas tout : il faut qu'il y tienne, et que les nouvelles parcelles placées soient réunies en une seule masse ; c'est encore le second pied qui est chargé de l'opération ; aussitôt qu'il a déposé chaque parcelle, il frappe dessus deux ou trois fois avec la brosse dont il est muni, et donne à l'ensemble la forme d'une petite pelote un peu aplatie. Lorsque les jambes postérieures sont chargées d'une pelote égale et suffisamment grosse, l'abeille retourne à la ruche où elle est bientôt débarrassée par plusieurs ouvrières qui viennent successivement arracher par parcelles la propolis attachée à ses jambes, pour la porter et l'étendre de suite partout où il est besoin. Pendant ce temps, d'autres ouvrières emploient les plaques de matière à cire, qui se sont formées sous les arceaux inférieurs de leur abdomen, à poser les fondements des gâteaux. Parmi celles qui, il y a un instant, étaient occupées dans les champs voisins, les unes ont leurs palettes chargées de pollen qu'elles offrent à celles qui s'emploient aux travaux de l'intérieur : ces dernières les détachent des palettes pour s'en nourrir ; les autres leur présentent le miel qu'elles viennent de récolter : elles étendent leur trompe afin que l'ouverture par laquelle le miel peut sortir se trouve un peu au delà des mandibules ; une contraction de leur jabot de succion le refoule vers cette ouverture, et celles qui ont besoin d'en prendre y portent le bout de leur trompe. Il n'est pas rare de voir, même dans les champs, des abeilles occupées à fournir du miel à celles de leurs compagnes qui n'ont pas eu le temps d'en récolter. Nous avons vu que la récolte du miel se fait sur les fleurs au moyen de la trompe ; chaque fleur en fournit peu : aussi voyons-nous les abeilles passer rapidement d'une fleur à l'autre ; il leur faut beaucoup de temps pour en emplir leur jabot de succion. C'est aussi sur les fleurs que les abeilles trouvent le pollen ; elles se roulent dans la corolle de celles qui sont bien épanouies ; le pollen se détache alors des anthères et s'embarrasse dans les poils de l'abeille, et cela d'autant mieux que la plupart de ces poils ne sont pas simples comme ils le paraissent à la vue simple, mais garnis dans presque toute leur longueur de poils infiniment plus petits et opposés par paires. Si les fleurs ne sont pas assez épanouies pour que le pollen puisse sortir des anthères, elles pressent celles-ci entre leurs mandibules et les forcent à s'ouvrir. Lorsque ces poils sont bien chargés de pollen, elles le rassemblent ordinairement en petites pelotes avant de rentrer à la ruche. On devine aisément que les brosses dont nous avons parlé servent merveilleusement à l'abeille dans cette opération : elle les passe et repasse sur tout son corps et parvient à réunir les grains de pollen, sur chaque palette, en une pelote qui déborde le plus souvent la jambe et retenue par les poils qui l'entourent de toutes parts et auxquels elle semble collée. — Quand on peut voir l'intérieur d'une ruche habitée depuis quelque temps, ce n'est pas sans surprise que l'on considère les gâteaux de cire qui y sont fixés perpendiculairement vers le sommet ; ces gâteaux, épais d'un peu moins d'un pouce, variables dans

leurs autres dimensions, sont ordinairement parallèles entre eux ; cependant cet arrangement est quelquefois différent. Entre les gâteaux il reste un espace d'environ six lignes, qui permet à deux abeilles de passer à la fois. En outre, il existe d'autres passages creusés dans l'épaisseur des gâteaux et qui établissent une communication avec les premiers. On est bien plus étonné si, après avoir examiné ces gâteaux, on cherche à se rendre compte de la forme et de la disposition des nombreuses cellules qui les composent ; celles-ci sont en hexagone à peu près régulier, et terminées par un fond pyramidal ; l'ouverture des unes occupe une des faces du gâteau, et celle des autres la face opposée. Chaque pan d'une cellule constitue en même temps un des pans des six cellules voisines, et est coupé obliquement vers le fond, de manière à former avec les deux qui le touchent, d'un côté un angle saillant, et de l'autre un angle rentrant. Trois pièces rhomboïdales qui s'ajustent sur ces angles et entre elles forment un fond pyramidal à chaque cellule. On conçoit aisément que les saillies de ces fonds à l'autre face du gâteau laissent entre elles des cavités semblables et égales qui fournissent les fonds des cellules opposées, et qu'il résulte de cela que le fond de chaque cellule est adossé à une portion de trois cellules de l'autre face. Pour peu qu'on réfléchisse sur l'arrangement des cellules, on s'apercevra qu'il est le plus propre à leur donner une solidité aussi grande que possible, leurs dimensions, leur nombre et la quantité de cire étant déterminés ; en effet, toutes leurs arêtes sont fortifiées par un des pans de chacune des six cellules voisines et des trois sur lesquelles leur fond s'appuie. Ce même arrangement est aussi celui qui économise le plus l'espace et la cire, puisque nulle part il n'existe de vide, et que chaque pièce d'une cellule lui est commune avec une autre cellule. Quant à la forme des cellules, il a été démontré mathématiquement que c'est celle qui leur donne les plus grandes dimensions par rapport à la quantité de matière employée et l'espace qu'elles occupent. N'est-il pas surprenant qu'un insecte qui paraît si peu important dans l'économie générale, semble être parvenu à résoudre un des problèmes les plus difficiles de la géométrie ; en vérité il y aurait là de quoi confondre notre raison, si, fermant les yeux à l'évidence, nous ne voulions y voir que l'intelligence de l'abeille. Ce problème a été énoncé ainsi : une quantité de matière étant donnée, en former des cellules égales et semblables, d'une capacité déterminée, mais la plus grande possible ; par rapport à la quantité de matière qui y est employée, et des cellules tellement disposées qu'elles occupent dans la ruche le moins d'espace possible. Nous avons vu que les abeilles ont satisfait à toutes ces conditions. — Si on observe les abeilles pendant qu'elles construisent les gâteaux, on est surpris de la prodigieuse activité qui règne parmi elles : les unes posent les fondements des cellules, d'autres en prolongent les pans ; ici elles construisent, là elles dégrossissent, elles aplanissent les parois, ailleurs elles les liment, elles les polissent. Tout cela se fait en même temps et des deux côtés du gâteau. Les ouvrières se succèdent si rapidement dans ce travail, et le nombre de celles qui s'y emploient est si considérable, qu'il est difficile de découvrir comment elles parviennent à établir leurs cellules et à leur donner la forme hexagonale. Il faut voir dans Réaumur et surtout dans Huber les procédés industriels de l'abeille ouvrière pour produire ce résultat. — « Dans le premier travail des abeilles, qui consiste à suspendre à la voûte de la ruche des blocs de matière, on n'aperçoit, dit Huber, aucun angle, aucune trace de la figure des alvéoles ou cellules ; c'est une simple cloison en ligne droite et sans la moindre inflexion, longue de six à huit lignes, élevée des deux tiers du diamètre d'une cellule (un peu plus d'une ligne et demie), rabaissée vers ses extrémités..... Ce fut dans un bloc, d'abord très-petit, ajoute cet observateur attentif, mais agrandi successivement, à mesure que la progression du travail des abeilles l'exigeait, que furent creusés les fonds des cellules. Nous comprîmes, dès le commencement, pourquoi ils étaient entrelacés ; les abeilles firent devant nous ce premier rang, qui donne la clef de toute l'architecture. Elles creusèrent grossièrement, d'un côté du bloc, une petite cavité de la largeur d'une cellule ordinaire ; c'était une espèce de cannelure, dont elles rendirent les bords saillants par l'accumulation de la cire. Au revers de cet enfoncement, sur la face opposée, elles en pratiquèrent deux autres égaux et contigus entre eux, à peu près semblables au premier, mais un peu moins allongés. Ces trois creux de même diamètre étaient partiellement adossés, parce que le milieu de celui qui était isolé répondait exactement au rebord qui séparait les deux autres. Le premier de ces creux étant plus allongé, sa partie supérieure ne pouvait correspondre sur l'autre face qu'à une portion du bloc encore brute qui régnait au-dessus des cavités du premier rang, et c'est sur cette portion que l'ébauche du premier fond pyramidal fut commencée. Ainsi, l'on voyait une seule cannelure, située sur la face antérieure, répondre partiellement à trois cavités, dont deux appartenaient au premier rang et une au second. — Le rebord arqué de ces cannelures ayant été converti par les abeilles en deux saillies rectilignes qui faisaient ensemble un angle obtus, chacune des cavités du premier rang eut un contour pentagone, en comptant la tringle même pour un de ses côtés. Mais la cannelure du second rang, dont la base était située entre les côtés obliques des deux fonds du premier, eut six côtés : deux pris de sa base, deux latéraux parallèles, et deux autres obliques, formés sur son bord arqué. Quant à la configuration intérieure que reçurent ces cavités, elle nous parut dériver aussi naturellement que la position respective de leurs ébauches. Il semblait que les abeilles, douées d'une délicatesse de tact admirable, dirigeassent, toujours en sculptant, leurs mandibules principalement là où la cire était le plus épaisse, c'est-à-dire dans les parties où d'autres ouvrières avaient accumulé cette matière en travaillant sur le revers; ce qui explique pourquoi les fonds des cellules sont creusés angulairement derrière les saillies sur lesquelles doivent être élevés les pans des cellules correspondantes. Les fonds des cavités étaient donc divisés en plusieurs pièces qui faisaient angle ensemble, et le nombre, comme la forme de ces pièces, dépendaient de la manière dont les fonds ébauchés sur la face opposée du bloc, partageaient l'espace qui leur était adossé; ainsi la plus grande des cannelures, qui était opposée à trois autres, fut divisée en trois parties, tandis que sur l'autre face, celles du premier rang, qui n'étaient adossées qu'à celles-ci, ne furent composées que de deux pièces seulement. Par une conséquence de la manière dont les cannelures étaient opposées les unes aux autres, celles du second rang et toutes celles qui vinrent après, adossées partiellement à trois cavités, furent composées de trois pièces égales dont la forme était celle du rhombe. — Suivant Maraldi, les angles obtus de ces rhombes ont 109 degrés 28 minutes, et les angles aigus 70 degrés 32 minutes; et, suivant Réaumur, un habile géomètre a démontré qu'entre toutes les cellules à fond pyramidal, celle dans laquelle il entre le moins de matière, a son fond composé de trois rhombes dont chaque angle obtus est de 109 degrés 28 minutes, et chaque angle aigu 70 degrés 34 minutes. Il n'y a, par conséquent, que deux minutes de différence entre ce résultat et les mesures prises par Maraldi. Si on examine un grand nombre de cellules, on s'aperçoit que toutes celles de même sorte ne sont pas semblables, et que leurs angles peuvent varier un peu, soit en plus, soit en moins; on trouvera même, très-rarement il est vrai, le fond de plusieurs cellules formé de quatre pièces. Les pans des cellules fourniront encore d'autres variations. La plupart de ces irrégularités dépendent du voisinage des parois de la ruche; quelquefois cependant les abeilles semblent se tromper et chercher, en achevant la cellule mal commencée, à la faire différer des autres le moins qu'il est possible. Les cellules ne forment point un hexagone parfaitement régulier; deux de leurs pans parallèles sont un peu moins larges que les autres, ce qui donne au diamètre pris dans le sens de ces pans 1/9 de moins qu'à l'autre. — Toutes les cellules n'ont pas les mêmes dimensions, parce que toutes n'ont pas la même destination. Les plus nombreuses, qui servent à élever les larves des ouvrières et à recevoir les provisions de pollen et de miel, ont 2 lignes 2/5 dans leur plus petit diamètre; leur profondeur est ordinairement de 5 lignes 1/2, ce qui donne environ 10 lignes d'épaisseur aux gâteaux. Mais quand la récolte du miel est trop abondante pour pouvoir être contenue dans les cellules construites, les abeilles, au lieu d'en bâtir de nouvelles, se contentent souvent de prolonger les anciennes de manière à leur donner 8 ou 10 lignes de profondeur. Les cellules bien moins nombreuses, destinées à élever les larves des mâles, mais qui servent, au besoin, à contenir des provisions, ont dans leur plus petit diamètre, 3 lig. 17/50, et leur profondeur est quelquefois de plus de 8 lignes, souvent aussi elle est moindre. Enfin, si on observe une ruche dans certains temps, surtout au printemps, on y remarquera plusieurs cellules bien différentes des autres pour la forme, le volume et la position. Dans les ruches très-peu peuplées, il n'y en a que deux ou trois, dans d'autres on peut en compter jusqu'à quarante. Ces cellules sont oblongues et arrondies, plus grosses au bout supérieur qu'à l'inférieur; leurs parois sont épaisses; leur surface semble souvent guillochée et présente l'ébauche des cellules ordinaires qui, plus tard, la couvriront. Leur poids surpasse de cent à cent cinquante fois celui des

autres cellules. Leur longueur est d'environ 15 à 16 lignes. Elles sont rarement placées sur le milieu des gâteaux et pendent presque toujours de leurs bords. Leur axe est vertical au lieu d'être horizontal comme celui des cellules ordinaires, en sorte que la nymphe qui doit en sortir y est placée la tête en bas. C'est dans ces cellules que sont élevées les larves qui se transformeront en femelles fécondes ou *reines* des anciens auteurs; aussi leur a-t-on donné le nom de *cellules royales*. — Quelques jours suffisent ordinairement aux abeilles pour construire plusieurs gâteaux de 9 à 10 pouces de long, si elles peuvent récolter du miel ou si elles en ont provision. Des expériences faites par Huber, avec tout le soin imaginable, sur des abeilles captives, prouvent incontestablement qu'il ne se forme point de plaques de matière à cire sous les segments de leur abdomen et qu'elles ne construisent pas de miel leur manque, quand même elles auraient du pollen en abondance. D'après les expériences de Réaumur, qui soupçonnait que la cire était le produit de l'élaboration du pollen dans le canal digestif des abeilles, le principe odorant de la cire se trouverait dans le pollen; s'il en est ainsi, il est probable que cette substance ajoute quelque propriété à la cire obtenue par l'élaboration du miel, soit en se mêlant aux plaques pendant leur formation, soit en fournissant une partie de la liqueur que l'abeille emploie pour transformer la matière des plaques en véritable cire. Quoi qu'il en soit, il paraît prouvé que les abeilles construisent des gâteaux quand elles n'ont que du miel, et qu'elles n'en construisent point quand on ne leur donne que du pollen. Il est à remarquer que les mâles qui ne font point de cire ne mangent pas de pollen. — Quand les abeilles sont établies dans une ruche, dont une face est plus large que l'autre, leurs gâteaux sont ordinairement tous parallèles à cette face; cependant il arrive quelquefois que les abeilles ont mal calculé en commençant, et le second ou le troisième gâteau se trouve à une distance trop grande du premier ou du second; dans ce cas, en le continuant, elles lui donnent une direction qui le rapproche de l'autre jusqu'à la distance voulue; mais, à son origine, il reste beaucoup de place perdue entre les deux gâteaux, et les abeilles remplissent le plus souvent ce vide par un autre gâteau qu'elles prolongent seulement quand il est nécessaire pour ne pas gêner leurs passages. Si, au contraire, la ruche n'a pas de face plus grande que les autres, ou si elle est irrégulière, la disposition des gâteaux varie un peu plus. Une partie de ceux-ci peut être plus ou moins oblique ou même perpendiculaire à l'autre; plusieurs gâteaux peuvent être contournés. En général leur arrangement est tel qu'il faire occuper le moins de place possible ou à la plus grande commodité des abeilles. Tous les gâteaux n'ont point les mêmes dimensions; leur largeur dépend en partie de celle de la ruche, et leur longueur est ordinairement en raison inverse de leur largeur, excepté si la ruche est extrêmement peuplée. Certains gâteaux qui n'ont pas plus de dix à douze pouces de large ont quelquefois près de deux pieds de long; d'autres ont une longueur à peine égale à leur largeur : il est vrai que les abeilles les allongent par la suite si cela est nécessaire. Le contour des gâteaux est curviligne, et on y remarque des ébauches de cellules; leur bord supérieur est presque toujours composé de cellules pentagones dont le côté le plus large est fixé à la paroi supérieure de la ruche, ce qui, augmentant la surface de la base du gâteau, l'attache plus solidement. Mais le gâteau, grandissant rapidement, pourrait finir par se détacher s'il n'était mieux fixé : alors les abeilles se jettent sur le premier rang de cellules et le déchirent en ayant soin de n'attaquer que d'un côté du gâteau à la fois et de ménager les bases des cellules, puis elles remplissent le vide qu'elles viennent de faire avec un mélange de cire et de propolis, et passent de l'autre côté du gâteau pour répéter la même opération. Les cellules qui, comme nous l'avons déjà dit, forment entièrement les gâteaux, ont leurs pans si minces qu'il faut trois ou quatre de ceux-ci pour égaler en épaisseur une feuille de papier ordinaire, excepté seulement aux bords des cellules qui seraient facilement brisés par le passage continuel des abeilles, s'ils n'étaient renforcés par un cordon de cire. Les gâteaux sont donc très-légers en eux-mêmes; cependant ils deviennent lourds quand les cellules sont pleines de miel, de pollen et de larves, et leur poids pourrait les faire rompre : alors les abeilles les attachent à divers endroits de la ruche au moyen de petites masses de cire qu'elles multiplient autant qu'il est nécessaire; les gâteaux voisins des parois de la ruche y sont fixés, et ceux du milieu sont liés entre eux et avec les premiers. — Pendant les jours pluvieux et froids, les abeilles ne pourraient, sans danger, sortir de leur ruche; d'un autre côté, une partie de l'année ne leur fournit ni miel ni pollen; elles seraient donc exposées à périr de faim si elles n'avaient soin de faire leurs provisions lorsque la récolte est abondante. Pour cela chaque abeille qui rentre à la ruche chargée de deux petites pelotes de pollen, inutiles pour le moment, introduit ses jambes postérieures dans une cellule, se tient accrochée avec les antérieures et détache avec les tarses des intermédiaires les petites pelotes qui tombent dans la cellule Ordinairement elle laisse à une autre le soin de les arranger. Celle-ci entre dans la cellule aussitôt que la première en est sortie, pétrit en quelque sorte avec ses mandibules les petites pelotes en y mêlant un peu de miel, et les réunit en une seule masse qu'elle applique contre le fond de la cellule. Souvent, dans le même temps, plusieurs abeilles dégorgent dans d'autres cellules le miel élaboré dans leur jabot de succion. On conçoit qu'avant qu'une cellule en soit pleine, il faut qu'un grand nombre d'abeilles y déposent leur miel. Aussitôt qu'une cellule est entièrement pleine, les abeilles se hâtent de la fermer avec un couvercle de cire; elles mettent une ceinture de cette matière sur le bord d'un des côtés, puis sur tous, et, réduisant de plus en plus l'ouverture de la cellule par l'addition de nouvelles ceintures de cire, elles finissent par la fermer. Le miel étant presque incorruptible se conserve parfaitement dans les cellules, et quoique le pollen soit plus altérable, la petite quantité de miel que l'abeille y mêle l'empêche de s'y corrompre. Parmi les cellules pleines quelques-unes ne sont jamais fermées et servent à la consommation journalière des abeilles qui, occupées au dedans, n'ont pas le temps d'aller à la récolte, ou à celle de la population entière de la ruche, lorsqu'un jour pluvieux empêche les abeilles de sortir. Les cellules fermées et réservées pour l'hiver ne sont attaquées qu'à la dernière extrémité. — Quoiqu'il règne une grande activité dans une ruche, surtout quand elle est nouvellement fondée, on y remarque bien des abeilles en repos, et même le nombre de celles-ci surpasse celui des autres. Elles sont posées contre les parois de la ruche ou réunies en divers endroits par groupes plus ou moins nombreux. Réaumur évalue à quatre au moins et à sept au plus, suivant les besoins de la ruche, les sorties de chaque abeille pendant quatorze heures, en supposant que toutes les abeilles d'une ruche sortent le même jour, et il en conclut que, si le nombre de celles qui sont en repos est grand, il n'est pas composé longtemps des mêmes abeilles. Mais il n'en est pas tout à fait ainsi, beaucoup de celles qu'on voit en repos sont gorgées de miel et restent complètement immobiles pendant vingt-quatre heures environ, temps nécessaire pour que les plaques de matière à cire se soient formées sous les segments de leur abdomen, après quoi elles se détachent des groupes et se mêlent parmi les travailleuses. — Les ouvrières seules s'occupent de la construction des cellules, de récolter, etc. Les mâles et l'unique femelle féconde ou mère ont une autre destination, celle de pourvoir à la population de la ruche et à la conservation de l'espèce; encore l'éducation des larves est-elle entièrement confiée aux soins des ouvrières. Si la mère d'une ruche a été forcée de céder sa place à une femelle nouvellement née dans cette ruche et d'aller s'établir ailleurs suivie d'un essaim composé d'ouvrières et de mâles, la jeune femelle sort bientôt de la cellule où elle était retenue par les ouvrières. Si le temps est beau, elle se montre à la porte de la ruche, et, après avoir brossé son abdomen avec ses pattes postérieures, elle prend son essor, elle revient aussitôt comme pour reconnaître l'endroit d'où elle est partie, puis décrit plusieurs cercles et s'élève rapidement à perte de vue, escortée des mâles qui n'ont pas suivi l'ancienne mère. Elle s'accouple au haut des airs, avec l'un d'entre eux qui périt bientôt de la blessure qu'il s'est faite, en laissant dans la vulve de la femelle une partie de ses organes de la génération. Des expériences d'Huber prouvent que jamais la femelle ne s'accouple dans la ruche, même quand les mâles y sont très-nombreux, et que, s'il n'existe aucun mâle avec elle, elle pourra être fécondée en dehors par un de ceux d'une autre ruche. Jusqu'ici personne n'a vu l'accouplement, mais on est bien certain qu'il a lieu, puisque lorsque la femelle rentre à la ruche, ce qui arrive ordinairement un quart d'heure après qu'elle en est sortie, on trouve dans sa vulve l'organe copulateur du mâle. Un seul accouplement rend la femelle féconde pendant toute sa vie. Quelque étonnant que ce fait puisse paraître au premier abord, on cessera d'en être surpris dès qu'on saura, et ceci est bien prouvé, que chez d'autres insectes, les pucerons, un seul accouplement féconde plusieurs générations (V. PUCERON). — De retour à la ruche, la jeune femelle, qui jusqu'ici y avait été regardée avec indifférence, est accueillie avec empressement par les ouvrières. Dès lors elle devient l'objet de leurs soins, et elle sera toujours accompagnée au dedans par plusieurs d'entre elles qui ne la

laisseront manquer de rien; celles-ci forment une espèce de cercle autour d'elle, se rangent pour la laisser passer; les unes la lèchent avec leur trompe, d'autres lui offrent du miel, enfin elles lui prodiguent toutes sortes de caresses comme pour lui témoigner combien sa fécondité la leur rend chère. Leur attachement pour elle est tel que, si elle quitte la ruche, ce qui arrive assez souvent peu de jours après qu'elle s'est accouplée, elle sera aussitôt suivie par toutes les abeilles alors présentes à la ruche; quelque part qu'elle aille, elles ne l'abandonneront pas. Swammerdam, pour voir jusqu'à quel point elles lui sont attachées, s'empara d'une femelle au moment de la sortie d'un essaim, la fixa à une perche, et partout où il lui plut de transporter cette perche, les nymphes qui assemblèrent. Le P. Labbat rapporte (*Relation de l'Afrique occidentale*, t. III, p. 316) que Bru, directeur de la compagnie du Sénégal, « reçut la visite d'un homme qui se disait le maître des mouches à miel; qu'il en fût le maître ou non, il est certain qu'elles le suivaient comme un troupeau suit le pasteur, et même de plus près, car il en était tout couvert; son bonnet surtout en était tellement chargé, qu'il ressemblait parfaitement à ces essaims qui, cherchant à se placer, s'attachent à quelque branche; on le lui fit ôter, et les abeilles se placèrent sur ses épaules, sa tête, ses bras et ses mains, sans le piquer, ni même ceux qui étaient auprès de lui. On le pressa beaucoup de dire son secret, mais on n'en put tirer autre chose sinon qu'il était le maître des mouches. Elles le suivirent toutes quand il se retira; car, outre celles qu'il portait sur lui, il en avait encore des légions à sa suite. » On devine aisément le secret de cet homme. — Si la jeune femelle reste à la ruche, ce qui a lieu presque toujours lorsque toutes les cellules royales sont vides, ou que les ouvrières ne l'empêchent pas de détruire les larves et les nymphes qui peuvent y être, elle commence sa ponte quarante-six heures environ après l'accouplement. Ses premiers œufs sont déposés dans les petites cellules et ne donneront que des ouvrières, et il en sera ainsi jusqu'à l'hiver; au printemps suivant elle pondra d'abord des œufs d'ouvrières, puis des œufs de mâles, sans cesser de pondre des œufs d'ouvrières dont plusieurs pourront être placés dans les cellules royales. Ce qu'il y a de très-singulier dans cette importante opération, c'est que la femelle semble savoir d'avance de quel sexe seront ses œufs, puisqu'elle les pond toujours dans les grandes cellules s'il doit en naître des mâles, et dans les petites cellules ou les cellules royales s'il doit en naître des ouvrières ou des femelles. Les ouvrières paraissent en être instruites aussi bien qu'elle : car elles construisent, suivant le besoin, les unes ou les autres cellules. Cet ordre, dans la ponte de la mère, se reproduira chaque année et pendant toute sa vie sans nouvel accouplement. Mais, suivant Huber, si l'accouplement a été retardé au delà du vingt et unième jour, soit par les mauvais temps, soit par d'autres causes, elle ne donnera que des œufs de mâles pendant toute sa vie. La première ponte de la femelle, celle qu'elle fait après qu'elle a été fécondée jusqu'à l'hiver, est bien inférieure à celle du printemps. — Dès que les premiers beaux jours ont échauffé l'air, l'activité des abeilles semble redoubler; en moins de deux mois elles ont souvent élevé douze ou quinze mille larves et quelquefois davantage. On ne sera pas étonné qu'une seule femelle donne le jour à une si nombreuse famille, si on se rappelle que nous avons dit de ses ovaires. C'est vers ce temps qu'on peut le plus facilement observer la mère pendant qu'elle fait sa ponte. « Le cortège que je lui ai vu alors, dit Réaumur, a été quelquefois plus, quelquefois moins nombreux; assez souvent il a été composé d'une douzaine d'abeilles, mais quelquefois il a été si mal fourni, qu'il était à peine composé de quatre, à cinq; celles qui semblent faire autour d'eux leur cour à leur souveraine sont à peu près disposées en cercle autour d'elle, et toutes ont la tête tournée vers elle. Cette abeille si chérie, quoique pressée alors par le besoin de faire ses œufs, marche assez lentement, ou, comme on l'a voulu, gravement. Elle regarde dans les cellules sur lesquelles elle passe, elle fait entrer successivement sa tête dans l'ouverture de plusieurs. Quand, après avoir examiné l'intérieur d'une cellule, elle a reconnu qu'elle était vide et nette et qu'elle l'a trouvée à son gré, elle se retourne tout par bout; elle y introduit son abdomen et l'y fait avancer jusqu'à ce qu'une partie considérable de son corps y soit logée, c'est-à-dire jusqu'à ce que l'extrémité de son abdomen soit assez près du fond de la cellule pour que l'œuf qui va sortir puisse y être appliqué par un de ses bouts. Il sort enduit d'une matière visqueuse qui colle contre la cire la partie qui la touche. Un œuf est pondu et mis en place dans un instant. A peine la mère s'est-elle enfoncée autant qu'elle a voulu s'enfoncer dans une cellule, qu'elle en sort pour aller faire la même manœuvre dans une cellule voisine, et ainsi de cellule en cellule ; c'est-à-dire qu'après s'être assurée qu'une cellule est vide et propre, elle y entre par sa partie postérieure, et qu'elle y laisse un œuf. » — Ordinairement la mère ne laisse qu'un œuf dans chaque cellule ; cependant si elle est pressée par le besoin de pondre et s'il n'y a pas assez de cellules construites, elle pond deux ou trois fois dans la même ; mais comme une seule larve peut y être élevée, les ouvrières ont soin d'enlever les œufs de trop, peut-être pour les porter dans d'autres cellules nouvellement construites. Les auteurs n'indiquent pas si les œufs diffèrent entre eux. Réaumur semble croire que ceux qui donneront des femelles sont autres que ceux des ouvrières. Une observation d'Huber paraît prouver qu'ils sont les mêmes, et que de l'influence exercée sur les larves d'une nourriture plus abondante et plus substantielle et par une cellule plus spacieuse et autrement située, résultent toutes les différences qu'on remarque entre les femelles fécondes et les ouvrières. Que cette influence puisse développer les ovaires, nous l'admettons facilement, mais nous avons plus de peine à croire qu'elle soit telle qu'elle fasse prendre aux mandibules et aux jambes postérieures une forme tout autre ; qu'elle raccourcisse la trompe courbe, l'aiguillon, etc. ; néanmoins l'observation d'Huber paraît si concluante, et l'exactitude de cet observateur est si connue, qu'il faut dans le cas admettre ce qu'il admet, tant qu'on n'aura que des doutes à opposer aux preuves qu'il donne. Les voici : « Lorsque les abeilles, dit-il, ont perdu leur mère, elles s'en aperçoivent très-vite, et au bout de quelques heures elles entreprennent les travaux nécessaires pour réparer leur perte ; d'abord elles choisissent les jeunes larves d'ouvrières, auxquelles elles doivent donner les soins propres à les convertir en mères, et dès ce premier moment elles commencent à agrandir les cellules où elles sont logées. Le procédé qu'elles emploient est curieux. Pour le faire mieux connaître, je décrirai leur travail sur une seule de ces cellules ; ce que j'en dirai doit s'appliquer à toutes celles qui contiennent des larves qu'elles appellent à la fécondité. Après avoir choisi une larve d'ouvrière âgée de moins de trois jours, elles sacrifient trois des alvéoles contiguës à celle où elle est placée, et elles emportent de celles-ci les larves et élèvent autour d'elle une cloison cylindrique : sa cellule devient donc un vrai tube à fond rhomboïdal ; car elles ne touchent pas aux pièces de ce fond ; si elles l'endommageaient, il faudrait qu'elles missent à jour les trois cellules correspondantes de la face opposée du gâteau, et que, par conséquent, elles sacrifiassent les larves qui les habitent, sacrifice qui n'était pas nécessaire et que la nature n'a pas permis. Elles laissent donc le fond rhomboïdal et se contentent d'élever autour de la larve un vrai tube cylindrique qui se trouve, ainsi que les autres cellules du gâteau, placé horizontalement. Mais cette habitation ne peut convenir à la larve, appelée à l'état de mère, que pendant les trois premiers jours de sa vie ; il faut qu'elle vive les deux autres jours pendant lesquels elle conserve sa forme de larve, dans une autre situation : pour ces deux jours, portion si courte de son existence, elle doit habiter une cellule de forme à peu près pyramidale, dont la base soit en haut et la pointe en bas. On dirait que les ouvrières le savent ; car, dès que la larve a achevé son troisième jour, elles préparent la place que doit occuper son nouveau logement ; elles rongent quelques-unes des cellules placées au-dessous du tube cylindrique, sacrifient sans pitié les larves qui y sont contenues, et se servent de la cire qu'elles viennent de ronger pour construire un nouveau tube de forme pyramidale qu'elles soudent à angle droit sur le premier et qu'elles dirigent en bas : le diamètre de cette pyramide diminue insensiblement depuis sa base, qui est assez étroite, jusqu'à la pointe. Pendant les deux jours que la larve l'habite, il y a toujours une abeille qui tient sa tête plus ou moins avancée dans la cellule ; quand une ouvrière la quitte, il en vient une autre prendre sa place. Elles y travaillent à prolonger la cellule à mesure que la larve grandit, et elles lui apportent sa nourriture qu'elles placent devant sa bouche et autour de son corps : elles en font une espèce de cordon autour d'elle. La larve, qui ne peut se mouvoir qu'en spirale, tourne sans cesse pour saisir la bouillie placée devant sa tête ; elle descend insensiblement et arrive tout près de l'orifice de sa cellule ; c'est à cette époque qu'elle doit se transformer en nymphe. Les soins que les ouvrières en ont pris jusque-là ne lui sont plus nécessaires ; elles ferment son berceau d'une clôture qui lui est appropriée, et elle subit, au temps marqué, ses deux métamorphoses. » — Cette observation ayant été répétée plusieurs fois par divers observateurs, il faut nécessairement en conclure que les œufs des ouvrières sont, à tous égards, semblables à ceux des femelles fécondes.

A l'extérieur ces œufs diffèrent uniquement de ceux des mâles par une taille un peu moindre ; tous sont allongés ; leur diamètre dans un sens égale cinq fois l'autre. Il sont arrondis aux extrémités, dont l'une est plus grosse que l'autre ; la membrane qui les enveloppe est mince, solide, flexible et élastique, au point qu'ils peuvent être pliés presque en deux sans se rompre, et reprendre aussitôt après leur première figure ; leur couleur est un blanc bleuâtre. Réaumur, en les regardant au microscope, a remarqué aux deux bouts des traits formant des espèces de losanges très-allongées. Leur petit bout est comme collé au milieu du fond de la cellule, de manière que les œufs sont comme suspendus. Ces œufs ne demandent pour éclore que la chaleur répandue dans la ruche, qui, suivant Réaumur, approche presque toujours de celle qu'une poule donne aux œufs sur lesquels elle reste constamment, et qui la surpasse quelquefois. Ils éclosent vers la fin du troisième jour après la ponte. Huber, en observant des œufs d'abeilles au microscope un instant avant leur éclosion, remarqua de légers mouvements d'inclinaison et de redressement dans l'un de ces œufs ; il ne put rien voir d'organisé sur sa surface ; bientôt la jeune larve rompit la membrane qui l'emprisonnait, et il la vit se courber et se redresser alternativement par des mouvements assez vifs, et achever de jeter sa dépouille après vingt minutes de travail. Le même observateur, regardant avec une bonne lentille un œuf de mâle, découvrit à travers la membrane neuf des anneaux de la larve, les deux principaux troncs des trachées et un grand nombre de leurs ramifications. Il vit bientôt le gros bout de l'œuf se courber et se redresser alternativement, de manière à toucher presque le plan où l'autre bout était fixé, et ces efforts opérèrent le déchirement de la membrane de l'œuf, d'abord vers la tête de la larve, puis sur le dos, et successivement dans toutes les parties. — Les larves des femelles et des ouvrières sont composées de treize segments, celles des mâles de quinze. Les unes et les autres sont apodes. Leur bouche se compose d'une lèvre supérieure et d'une lèvre inférieure à trois divisions : la division moyenne de celle-ci, qui paraît seule correspondre à la lèvre inférieure de l'insecte parfait, est taillée carrément à l'extrémité ; on y voit une cavité formée par des chairs plissées d'où sort quelquefois une petite lame charnue dans laquelle est placée la filière. Les mandibules sont courtes et si exactement appliquées qu'elles se distinguent difficilement. Les autres parties de la bouche sont encore moins distinctes. Réaumur considère comme les yeux de la larve deux petits globes blancs et luisants situés dans un petit enfoncement de chaque côté de la tête ; mais rien ne prouve que ce soit ses yeux, et il est possible qu'elle en manque comme beaucoup d'autres larves. Lorsque la larve est née depuis peu, elle est d'un blanc un peu bleuâtre ; en grandissant elle devient d'un blanc de lait, et on remarque sur son dos une ligne jaune, qui n'est autre chose que le canal intestinal plein d'aliments, que la transparence de la peau permet de voir. On distingue facilement sur chaque côté le tronc principal des trachées, et on peut suivre ses principales branches et beaucoup de leurs ramifications. Suivant Réaumur, ces trachées sont composées d'un fil cartilagineux d'une prodigieuse finesse roulé en spirale. Quoique les stigmates soient petits, on les trouve facilement en suivant les trachées. Quelques naturalistes modernes qui se sont occupés de l'anatomie des insectes disent que la larve de l'abeille ne rend point d'excréments, que son anus est oblitéré, et que, lorsqu'elle commence à se transformer en nymphe, la muqueuse interne du canal digestif ne pouvant être rejetée, comme cela a lieu ordinairement chez les autres larves, s'accumule en paquet dans l'intestin alors extrêmement court, pour être expulsé aussitôt après la transformation. Cependant Réaumur dit que « l'anus de la larve est à son dernier anneau et n'est destiné qu'à rendre peu d'excréments ; mais il n'en rejette que lorsqu'on tient la larve entre ses doigts. » Réaumur se serait-il trompé ? Il n'est pas superflu toutefois d'ajouter qu'il dit ailleurs : « Quand la larve a pris tout son accroissement, elle rend le fond de sa cellule net et propre, et on n'y voit pas qu'il y soit resté d'excréments. — Dès les premiers jours de sa naissance, la larve d'ouvrière se tient roulée au fond de sa cellule et ne le couvre pas entièrement. Le plan de l'anneau qu'elle forme est perpendiculaire à l'axe de la cellule, par conséquent ce plan est vertical. Plus tard son dos est exactement appliqué contre les parois de la cellule, et l'anneau qu'elle forme est plein ; à mesure qu'elle grandit elle conserve la même position, en sorte qu'elle est forcée de s'étendre en largeur, par conséquent à s'aplatir ; mais pour peu qu'on la tire de la cellule, elle s'arrondit. Cette larve, quoique apode, peut se mouvoir. Suivant Huber, elle tourne en spirale très-lentement dans les trois premiers jours de son existence; ce mouvement devient ensuite plus facile à distinguer, et on lui voit faire deux évolutions en une heure trois quarts; enfin aux approches de sa métamorphose elle n'est qu'à deux lignes du bord de sa cellule. La nourriture que les ouvrières lui apportent consiste en une espèce de bouillie ou de gelée qui l'environne. Dans les premiers jours de l'existence de la larve cette bouillie est blanchâtre et insipide, puis de plus en plus sucrée et de plus en plus colorée en jaunâtre ou en verdâtre, suivant l'âge de la larve. Il est probable que cette gelée ou bouillie est préparée dans le corps de l'abeille et que le pollen en est la base à laquelle l'abeille ajoute du miel par degrés. Ce qu'il y a de bien certain, c'est que des abeilles retenues dans une chambre n'élèvent des larves que quand on leur fournit conjointement du miel et du pollen. — Aussitôt que chaque larve a atteint son dernier degré d'accroissement, on ne trouve plus de nourriture dans sa cellule; alors les ouvrières l'enferment en appliquant à l'ouverture de sa cellule un couvercle de cire qu'elles construisent de la même manière que ceux dont nous avons déjà parlé. C'est seulement après cette opération que la larve change de position : elle s'allonge dans le sens de l'axe de sa cellule; elle se file une coque complète, c'est-à-dire qui l'environne de toute part, d'une extrême minceur et appliquée très-exactement contre les parois de sa cellule. Cette coque est d'un tissu de soie très-serré et roussâtre, et tellement mince que, lorsque six ou sept larves ont filé dans la même cellule six ou sept coques, ce dont on peut s'assurer très-facilement, le diamètre de la cellule n'en est pas sensiblement devenu plus petit. On conçoit que ces coques ne contribuent pas peu à consolider les cellules. La coque achevée, la larve se dépouille de sa peau pour la première fois en sa vie et se transforme en nymphe. On distingue facilement dans la nymphe toutes les parties de l'insecte parfait, seulement elles sont dans un état de mollesse extrême et enveloppées dans une membrane très-mince; elles prennent peu à peu plus de consistance, et la nymphe, vers le huitième jour de son existence sous cette forme (nous n'avons pas besoin de dire que pendant tout ce temps elle n'a pas pris de nourriture), se dépouille de son enveloppe, perce avec ses mandibules le couvercle de cire au milieu et en agrandit l'ouverture; elle sort enfin de sa cellule à côté de laquelle elle se pose sur le gâteau où ses ailes achèvent de se déplier. Elle est encore toute humide, mais bientôt deux ou trois ouvrières s'avancent, la lèchent et l'essuient avec leur trompe; l'influence de l'air et la chaleur de la ruche la sèchent entièrement et raffermissent tous ses membres. Aussitôt qu'elle est en état de voler, l'instinct dont l'a pourvue le Créateur la guide; elle essaye ses forces, sort de la ruche, voltige de fleur en fleur, et, comme poussée par une sorte de nécessité irrésistible, elle se charge de pollen et rentre la ruche, et, sans l'avoir appris, elle dépose dans les cellules la récolte qu'elle vient de faire. — Tout ce que nous venons de dire sur l'éducation des larves d'ouvrières s'applique aussi bien à celles des mâles; seulement ces dernières sont élevées dans des cellules plus grandes. Cependant plusieurs mâles naissent quelquefois dans des cellules d'ouvrières, probablement parce que la femelle pressée de pondre et ne trouvant pas assez de grandes cellules construites a pondu des œufs de mâles dans les petites. Les mâles qui naissent dans ces petites cellules sont plus petits que les autres et un peu plus gros que les ouvrières; ce cas doit être rare, puisque Réaumur n'a vu qu'un seul de ces petits mâles. Huber en a vu un assez grand nombre. — Il naît des mâles à deux époques de l'année, mais dans différentes ruches. Ceux qui naissent d'une jeune femelle de l'année précédente paraissent au printemps, et ceux qui viennent d'une vieille femelle qui a conduit un essaim en mai ou en juin de l'année précédente n'éclosent que vers le milieu de l'été. — Les œufs destinés à donner le jour à des femelles fécondes sont déposés dans les grandes cellules oblongues ou cellules royales avant même qu'elles soient achevées. C'est seulement pendant l'éducation des femelles qu'on voit ces cellules dans les ruches; après, elles sont entièrement détruites ou couvertes par des cellules ordinaires. Les cellules royales ayant leur axe vertical et les larves y étant roulées en spirale comme celles des ouvrières et des mâles, dans un plan perpendiculaire à l'axe de la cellule, il en résulte que le plan de l'anneau qu'elles forment est horizontal au lieu d'être vertical. La bouillie qu'on leur donne est différente de celle qui est destinée aux autres larves, et a reçu le nom de *bouillie prolifique*, parce que c'est, en grande partie, à son influence, jointe à celle d'un plus grand espace, qu'on attribue le développement des ovaires. Aussitôt que les larves ont pris toute leur croissance et que les ouvrières les ont enfermées en

construisant un couvercle de cire à l'entrée de leurs cellules, elles commencent à filer. Leur coque n'est pas complète, l'extrémité de l'abdomen de la nymphe n'en est point entouré. Après leur transformation en nymphe, leur corps, au lieu d'être couché horizontalement comme celui des ouvrières et des mâles, est dans la direction de l'axe de la cellule, et leur tête est en bas du côté du couvercle de cire. La nymphe n'emplit pas, à beaucoup près, la cavité dans laquelle elle est. Au moment de leur éclosion les ouvrières veillent autour de leurs cellules et ordinairement les empêchent de sortir quelquefois pendant plusieurs jours. — Suivant les observations d'Huber, l'ouvrière éclôt le vingtième jour après la naissance de l'œuf; la femelle féconde au bout de seize jours; le mâle après le vingt-quatrième. — Dans quelques circonstances assez rares, des larves élevées dans les petites cellules peuvent donner des ouvrières fécondes, mais dont la fécondité est bien inférieure à celle des mères. Huber, qui a disséqué plusieurs de ces ouvrières fécondes, a trouvé leurs ovaires plus petits, plus fragiles et moins composés que ceux des mères. Il n'a pu y compter plus de onze œufs. Il s'est assuré qu'elles ne pondent que des œufs de mâles, qu'elles déposent ordinairement dans les cellules des mâles, quelquefois dans celles des ouvrières, et même dans les cellules royales. Elles donnent d'abord tous leurs soins aux larves qui naissent dans ces dernières; elles ferment leurs cellules comme à l'ordinaire, mais toujours elles les détruisent trois jours après les avoir fermées. Huber pense que toutes les larves qui donnent des ouvrières fécondes sont élevées dans les cellules voisines de celles des mères, et qu'elles reçoivent accidentellement une petite portion de la bouillie prolifique destinée à celles-ci. Ce qu'il y de bien certain, c'est que toutes les fois qu'on prive une ruche de sa mère et qu'il reste du couvain d'ouvrières dans cette ruche, les ouvrières élevées autour des larves destinées à remplacer la mère, deviennent fécondes. Huber s'en est assuré par plusieurs expériences qu'il serait trop long de rapporter; mais il ne s'est pas assuré qu'il ne naît pas d'ouvrières fécondes dans d'autres parties des gâteaux. — Le système sur la génération des abeilles que nous venons d'exposer a été généralement adopté par les naturalistes et a trouvé peu de contradicteurs. De 1829 à 1830 M. d'Espaignet, alors chanoine-curé de Saint-André à Bordeaux, mort depuis peu, a publié un système bien différent, fondé sur ses propres observations. (On peut en voir l'exposition dans les Actes de la Société linnéenne de Bordeaux, t. IV, p. 59, et t. III, p. 6 et 63.) — Nous ne pouvons ici nous livrer à la discussion d'un système qui a contre lui l'opinion générale; nous devons nous borner à dire que celui de M. d'Espaignet s'éloigne tout à fait de la nature, en formant quatre espèces distinctes d'abeilles, dont chacune ne possède qu'un sexe, tandis que parmi toutes les espèces d'êtres organisés, sans exception, il existe deux sexes, soit séparés, soit réunis. — Pendant l'hiver tout travail cesse dans la ruche; les abeilles, amoncelées entre les gâteaux, au centre de leur habitation, et accrochées les unes aux autres, sont comme engourdies. Si quelques journées chaudes viennent les ranimer, elles attaquent leurs provisions, et, si l'hiver est trop doux pour les tenir souvent engourdies, elles les achèvent avant de pouvoir les remplacer, et sont exposées à périr de faim. Un hiver long et assez froid pour les tenir engourdies est donc moins à craindre pour elles qu'un hiver plus chaud; cependant si le froid est trop rigoureux, elles ne le supportent pas toujours, et les ruches peu peuplées sont les premières détruites; celles qui le sont autant qu'elles peuvent l'être résistent ordinairement aux hivers les plus rudes, parce que la chaleur que les abeilles développent dans leur ruche par leur nombre est telle que la température peut s'y maintenir à quinze degrés et plus au-dessus de zéro du thermomètre de Réaumur, tandis que l'air extérieur est à plusieurs degrés au-dessus de la congélation; sans cela toutes les abeilles périraient pendant l'hiver dans notre pays, puisqu'elles ne résistent pas plusieurs jours à une température assez douce, telle que celle de cinq degrés et même plus au-dessus de zéro: aussi en périt-il tous les ans un grand nombre à la fin de l'automne et au commencement du printemps. Celles qui sortent alors de leur ruche sont souvent engourdies dans les champs et ne tardent pas à succomber. C'est pour cela qu'au printemps la population d'une ruche est bien inférieure à ce qu'elle était avant l'hiver. Mais cette perte se répare facilement par la fécondité de la mère; en quelques semaines des milliers d'ouvrières ont remplacé celles que la mauvaise saison a détruites. Après avoir pondu douze ou quinze mille œufs d'ouvrières, et souvent beaucoup plus, la mère donne des œufs de mâles, sans cesser pour cela de pondre des œufs d'ouvrières. Bientôt apparaissent les cellules royales, et les femelles fécondes sont élevées; l'une d'elles est déjà prête à sortir de sa prison, mais les ouvrières qui veillent autour l'en empêchent en appliquant en dehors contre le couvercle autant et plus de parcelles de cire que la prisonnière n'en détache en dedans. Ceci ne paraîtra plus si surprenant dès qu'on saura que la mère ne peut souffrir aucune concurrence, et que si la jeune femelle sortait de sa cellule elle serait infailliblement tuée par la mère jalouse, ou, si elle était aussi vigoureuse que celle-ci, les deux rivales pourraient se donner la mort en même temps et par là priver la ruche de sa population future. Les ouvrières ont donc intérêt à ne pas laisser paraître la jeune femelle. Cependant celle-ci, irritée de tant de résistance, fait entendre un bruissement assez fort pour qu'on le distingue hors de la ruche; ce bruissement qu'elle produit probablement au moyen de ses ailes est propre aux femelles fécondes. La mère, ainsi avertie de la présence d'une rivale, semble en proie à une violente agitation; dès lors tout travail cesse; les ouvrières, non moins agitées que la mère, se précipitent au-devant de celle-ci, se pressent les unes contre les autres pour lui fermer le chemin et l'empêcher d'approcher des cellules royales; l'agitation augmente de moment en moment et développe dans la ruche une chaleur qui surpasse souvent 32 degrés; enfin la mère, soit par colère, soit parce qu'elle ne peut plus supporter la chaleur occasionnée par le tumulte, abandonne la ruche suivie de toutes les abeilles en état de l'accompagner. C'est ainsi que se forme de toutes pièces la première colonie ou premier *essaim*, composé quelquefois de près de quarante mille abeilles, mais le plus souvent moindre. On peut croire qu'après cette sortie la ruche est dépeuplée et ne doit se rétablir que longtemps après; cependant il est loin d'en être ainsi : un grand nombre d'abeilles, occupées dans les champs au moment du départ de la mère, reviennent bientôt donner leurs soins aux larves que celle-ci a laissées dans la ruche; d'instant en instant des nymphes se transforment en insectes parfaits, et la perte est réparée en grande partie huit jours plus tard. La jeune femelle que nous avons laissée dans sa cellule est sortie, s'est accouplée, et la société est de nouveau constituée. Souvent d'autres femelles fécondes sont près d'ouvrir leurs prisons; dans ce cas, mêmes précautions de la part des ouvrières, mêmes frémissements d'impatience, même tumulte, même résultat; la jeune mère se voit forcée d'aller s'établir ailleurs avec les abeilles qui peuvent la suivre. Quelquefois les jeunes femelles captives parviennent à s'échapper pendant le trouble et partent avec l'essaim, en sorte que la nouvelle colonie est conduite d'abord par plusieurs femelles. Une seule est adoptée, les autres sont accueillies dans les ruches privées de mères; mais si elles pénètrent dans celles qui ne le sont pas, les abeilles s'entassent sur elles, les empêchent d'aller plus avant et les retiennent ainsi jusqu'à ce qu'elles succombent. — Ordinairement il reste dans la ruche, deux fois abandonnée, plusieurs femelles fécondes : si la population y est encore assez nombreuse, la première qui sort de sa cellule peut se mettre à la tête d'un troisième essaim. On a des exemples de ruches qui ont fourni jusqu'à cinq essaims la même année. Si la ruche est trop faible, les ouvrières laissent la jeune femelle détruire ses rivales. Elle ouvre avec ses mandibules le haut des cellules royales, y introduit son aiguillon, et perce d'autant plus facilement les femelles qu'elles renferment, que les coques de soie qui les enveloppent ne sont point fermées par le haut; puis elle se dirige vers les cellules qui ne contiennent que des nymphes et des larves, se contente de les ouvrir, et abandonne aux ouvrières le soin d'en tirer l'insecte qui s'y trouve, sous quelque forme qu'il soit, ce qu'elles ne manquent jamais de faire dès qu'une cellule royale est entamée. — Lorsque deux femelles fécondes éclosent en même temps, il s'engage entre elles un combat qui ne finit qu'avec la mort de l'une d'elles ou de toutes les deux. Huber qui a été témoin d'un de ces combats, le rapporte ainsi : « Deux mères sortirent de leurs cellules presqu'au même moment; dès qu'elles furent à portée de se voir, elles s'élancèrent l'une contre l'autre avec l'apparence d'une grande colère, et se mirent dans une position telle, que chacune avait ses antennes prises dans les mandibules de sa rivale; la tête, le corselet et le ventre de l'une étaient opposés à la tête, au corselet et au ventre de l'autre; elles n'avaient qu'à replier l'extrémité postérieure de ce ventre, elles se seraient percées réciproquement de leur aiguillon et seraient mortes toutes deux dans le combat; mais il semble que l'auteur de la nature n'a pas voulu le duel par péril les deux combattantes; on dirait qu'il a ordonné aux mères, qui se trouvent dans cette position, de se fuir à l'instant même. Cette même circonstance se rencontra dans plusieurs combats dont

nous fûmes témoin et eut toujours la même issue. Quelques minutes après que nos deux mères se furent séparées, leur crainte cessa, et elles recommencèrent à se chercher; bientôt elles s'aperçurent, et nous les vîmes courir l'une contre l'autre : elles se saisirent encore comme la première fois; le résultat fut le même : dès que leurs ventres s'approchèrent elles ne songèrent plus qu'à se dégager l'une de l'autre et elles s'enfuirent. Les abeilles ouvrières étaient fort agitées pendant tout ce temps, et leur tumulte paraissait s'accroître lorsque les deux adversaires se séparaient; nous les vîmes, à deux différentes fois, arrêter les mères dans leur fuite, les saisir par les jambes et les retenir prisonnières plus d'une minute. Enfin dans une troisième attaque, celle des deux mères qui était la plus acharnée ou la plus forte court sur sa rivale, au moment où celle-ci ne la voyait pas venir; elle la saisit avec ses mandibules à la naissance de l'aile, lui monta sur son corps et amena l'extrémité de son ventre sur les derniers anneaux de celui de son ennemie, qu'elle parvint facilement à percer de son aiguillon; elle lâcha alors l'aile et retira son aiguillon. La mère vaincue tomba, se traîna languissamment, perdit ses forces très-vite et expira bientôt après. » Ces femelles étaient jeunes et vierges; la même animosité existe entre les mères fécondées. Quand un essaim sort d'une ruche il s'élève en tourbillon sans s'éloigner, et reste en l'air jusqu'à ce que la mère qui le conduit se pose, et qu'elle fait bientôt et ordinairement sur une branche. Toutes les abeilles s'y rassemblent; les premières posées servent d'appui aux autres qui accrochent leurs tarses de devant aux tarses postérieurs des premières, en sorte que le groupe ainsi formé pend de la branche en grappe plus ou moins longue. Quelque temps après, si l'homme ne vient s'en emparer, l'essaim prend son vol et va s'établir dans quelque cavité d'arbre, de rocher ou de mur, et peut donner un essaim la même année dans quelques circonstances. Nous renvoyons au mot *Essaim* pour tout ce qui concerne cette partie de l'histoire des abeilles. — Après la sortie des essaims, qui a lieu ordinairement depuis le 15 mai jusqu'à la fin de juin, et lorsque toutes les femelles sont fécondées, les mâles, devenus inutiles, sont impitoyablement massacrés dans les ruches; les ouvrières se jettent sur eux, les saisissent avec leurs mandibules et les percent avec leur aiguillon. Ils seraient devenus à charge à la société en se nourrissant pendant l'hiver des provisions qu'ils n'ont pas récoltées et auraient exposé la ruche à périr de faim. Quelques-uns qui parviennent quelquefois à échapper à ce massacre, qui dure ordinairement trois jours, s'introduisent dans une autre ruche où ils ne sont pas mieux accueillis, excepté cependant si la femelle de cette ruche ne pond que des œufs de mâles, ayant eu ses ovaires viciés parce que son accouplement a été retardé au delà du vingt et unième jour après sa naissance. Là ils ne sont pas inquiétés et vivent tranquillement jusqu'à l'hiver, époque à laquelle périt ordinairement la ruche qu'ils habitent, et que le découragement des ouvrières ou leur petit nombre, par rapport à celui des mâles, a empêché d'approvisionner convenablement. — Ordinairement les abeilles ne peuvent souffrir aucune étrangère parmi elles; si quelqu'une cherche à s'introduire dans leur ruche, elle est presque aussitôt tuée par celles qui en gardent les portes. Quelquefois, lorsqu'une ruche est mal approvisionnée ou que quelque autre cause force ses habitants à l'abandonner vers la fin de l'automne ou au commencement du printemps, ils entrent dans une autre ruche de vive force; alors il s'engage un combat qui ne finit qu'avec la destruction presque entière des assaillants ou des propriétaires de la ruche. Outre ces combats, il en est d'autres bien moins dangereux : plusieurs abeilles en attaquent une autre qui n'est pas des leurs; elles n'en veulent pas à sa vie, mais bien à sa provision de miel : pour cela elles la saisissent par les jambes et la tiraillent en tous sens sans lui faire grand mal; celle-ci résiste d'abord et finit, pour se tirer d'affaire, par étendre sa trompe que les assaillants s'empressent de sucer. — Les abeilles ont des ennemis bien plus à craindre que leur propre espèce; pendant l'hiver le mulot n'est pas un des moins redoutables; il les attaque dans leur ruche quand elles sont engourdies, et en fait périr un nombre d'autant plus grand qu'il ne mange que leur tête et leur corselet. Plusieurs oiseaux, surtout les moineaux, en font une grande destruction. De petits lépidoptères du genre gallérie (*V.* ce mot) profitent des ténèbres pour entrer dans les ruches; ils déposent leurs œufs dans les cellules, et les chenilles qui en naissent percent la cire dont elles se nourrissent, et bouleversent tous les travaux en construisant peu à peu dans les gâteaux des galeries d'une soie serrée, impénétrable à l'aiguillon des abeilles. Les guêpes et les frelons les attaquent dans les champs et les tuent pour sucer leur miel dans leurs entrailles; enfin plusieurs autres animaux leur nuisent en s'introduisant dans leur habitation, soit pour s'emparer de leurs provisions, soit par accident. Ces derniers sont bien moins dangereux; les abeilles les tuent ordinairement sans peine et en transportent les cadavres dehors, ou, s'ils sont trop lourds, elles les couvrent entièrement de propolis. Réaumur rapporte qu'un limaçon ayant pénétré dans une de ses ruches vitrées et appliqué contre le verre les bords de l'ouverture de sa coquille, les abeilles se contentèrent d'appliquer une épaisse ceinture de propolis autour de l'ouverture de sa coquille et contre le verre. — On n'est point d'accord sur la durée de la vie des abeilles : quelques-uns la portent à un an ou deux au plus; d'autres jusqu'à sept. Quoi qu'il en soit, le plus grand nombre ne peuvent guère vivre plus d'un an; les causes de destruction qui les environnent sont trop puissantes et leurs moyens d'y résister trop faibles pour que leur vie se prolonge au delà. Ce n'est donc que par l'incalculable fécondité des mères que l'espèce se maintient aussi répandue. On est bien certain que les mères peuvent vivre au moins deux ans, et il est probable qu'elles ne vivent pas davantage; l'époque à laquelle il est naturel qu'elles périssent est celle où elles ont pondu tous leurs œufs et où il naît de jeunes femelles dans la ruche, c'est ce qui fait qu'on s'aperçoit assez rarement de leur perte. Comme leur vie est plus nécessaire que celle des ouvrières, elles sont exposées à moins d'accidents, car elles ne sortent que pour s'accoupler et conduire les essaims. — C'est, comme nous l'avons déjà dit, sur l'abeille domestique, apis mellifica, que les observations que nous venons de rapporter ont été faites. Les mœurs des autres espèces, dont l'homme a su se rendre maître, paraissent être les mêmes. Parmi elles les plus répandues sont : l'abeille ligurienne, apis ligustica, qu'on élève dans une partie de l'Italie; l'abeille fasciée, apis fasciata, domestique en Égypte et dans une grande partie de l'Asie Mineure; l'abeille indienne, apis indica, répandue au Bengale; l'abeille d'Adanson, apis Adansonii, cultivée au Sénégal; enfin l'abeille unicolore, apis unicolor, domestique à Madagascar et introduite dans l'île Bourbon. Plusieurs autres espèces pourraient aussi être utilisées, et peut-être toutes. (V. ESSAIM et RUCHE.)   J. BRUNET.

APIARIUS DE SICCA, prêtre de la ville de Sicca en Numidie. Excommunié par son évêque, il se pourvut devant le pape Zozime, qui le reçut à sa communion. Les évêques d'Afrique prétendirent que l'appel des simples prêtres au delà des mers était contraire à la discipline de leur Église, et principalement au concile de Milet. Le pape envoya des légats sur les lieux, et un concile fut convoqué en 1118. Zozime mourut avant que l'affaire fût terminée. L'évêque Urbain ayant modifié la sentence d'excommunication, et Apiarius ayant reconnu ses torts, les évêques écrivirent à Boniface, successeur de Zozime, que tout était arrangé : Apiarius fut transféré de l'église de Sicca à celle de Tabraques. Apiarius commit de nouvelles fautes qui provoquèrent son exclusion des ordres. Sur son appel, le pape Célestin envoya un légat, qui assembla un concile. Apiarius confessa tous ses torts, et la condamnation fut confirmée. — On a voulu inférer de ce fait que l'Église d'Afrique ne reconnaissait pas la juridiction du souverain pontife pour le cas d'appel d'une sentence épiscopale. C'est une erreur; car, loin de contester ce droit au saint-siége, elle le reconnut très-explicitement en priant le pape Célestin, successeur de Boniface, de ne pas recevoir trop facilement à l'avenir ces sortes d'appel.   N. M. P.

APICIUS, nom fameux dans les annales gastronomiques. Trois Romains l'ont porté et l'ont illustré par la gourmandise passée en proverbe. Caton le Vieux, dans sa Maison rustique, De re rusticâ, parle du raisin et du vin d'Apicius, uva apicia, vinum apicium. Serait-ce parce que l'individu qui le premier fit usage de cette espèce de raisin pour en extraire une boisson s'appelait Apicius? Et les trois Romains dont nous allons parler descendaient-ils de lui? Ils en étaient dignes. Le premier vivait au temps de Sylla, et les proscriptions du dictateur ne s'étendirent pas sur lui : ses habitudes étaient trop inoffensives pour qu'il inspirât quelque crainte. Le second fut contemporain d'Auguste et de Tibère; c'est sur celui-là que plane la plus belle renommée. Il ne se fit pas un nom seulement par sa gloutonnerie; il y joignit encore celui de praticien dans l'art culinaire, et même de théoricien; car par la force de son génie il inventa plusieurs sauces et plusieurs manières d'apprêter les mets, afin de les rendre plus succulents. Il mourut en vrai gastronome qui tremble devant un avenir où la chère serait mauvaise. Il avait dissipé une bonne partie de son patrimoine, qui s'élevait, dit-on, à une valeur de 100 millions de sesterces

(20 millions de francs). Il ne lui restait plus qu'un ou deux millions; avec cette modique somme Apicius pouvait-il vivre? Il craignait justement de mourir de faim, et pour éviter ce malheur il s'empoisonna. — Le troisième Apicius vécut du temps de Trajan, s'il faut en croire Athénée, le seul écrivain qui en parle; il se rendit sinon célèbre, du moins très-agréable à cet empereur, qui aimait les huîtres fraîches, et auquel Apicius envoyait des huîtres fraîches, par un procédé qui eut de son temps tout le mérite de l'invention et de l'à-propos; tandis que le prince, à cent cinquante lieues de la mer, guerroyait dans l'Orient. — Il existe un livre intitulé De re coquinariâ, retrouvé pour la satisfaction des gastronomes modernes dans le cours du XVe siècle, et on en a fait honneur au second Apicius, comme le plus éminent des trois. L'auteur, ou du moins le nom d'auteur qu'on y lit, est Cœlius Apicius, prénom et nom du gastronome. On présume que ce Cœlius était quelque écrivain obscur du IIIe siècle, qui, pour donner de la vogue à son ouvrage, le publia sous le nom du prætogastronome. Ce traité, au surplus, de quelque part qu'il vienne, renferme des choses assez curieuses sur les habitudes, nous allions presque dire sur les mœurs culinaires des anciens.   J. DE M.

APIEN (PIERRE), né dans la Misnie, en 1495, mort à Ingolstadt, en 1552, fut professeur de mathématiques dans cette ville. Il publia en 1530, sa COSMOGRAPHIE; et, dix ans après, son Astronomia Cæsarea. Il prétendit, dans ce dernier ouvrage, qu'on pouvait, à l'aide de machines et de figures, se passer de calculs astronomiques. Charles-Quint faisait grand cas de ce savant; il fit imprimer à ses frais la Cosmographie, et ajouta des lettres de noblesse pour l'auteur à une récompense pécuniaire. La Cosmographie a été réimprimée à Anvers, in-4°, 1548. On attribue assez généralement à Pierre Apien les deux ouvrages suivants : Instructiones SS., vetustatis, non illæ quidem romanæ, sed totius veré orbis, Ingolstadt, 1554; Tabulæ directionum perfectionumque, Wittemberg, 1606. On prétend qu'il fut un des premiers qui proposa d'observer le mouvement de la lune pour déterminer les longitudes; le procédé qu'il indique est le même qu'on suit encore. Il consiste à observer la distance de cette planète à une étoile fixe voisine de l'écliptique. — Philippe Apien, fils du précédent, naquit à Ingolstadt, en 1531, et devint professeur de mathématiques à Tubingen, où il mourut en 1589. Il a laissé divers écrits, parmi lesquels on remarque un Traité des cadrans solaires. Il publia une carte de la Bavière, en vingt-quatre feuilles, Munich, 1566, laquelle a longtemps passé pour un chef-d'œuvre. Le duc Albert lui donna une gratification considérable. — Othon Apien, né à Freiberg, devint professeur de philosophie, et finit par se consacrer à la prédication. Il a publié un ouvrage intitulé : Pathologia passionalis.

APION, grammairien, né dans une des oasis égyptiennes (on ignore dans laquelle), se rendit de bonne heure à Alexandrie pour s'y perfectionner dans l'étude de la grammaire. Il réussit au point d'obtenir les honneurs du professorat, d'abord dans Alexandrie, et plus tard à Rome, où il fut appelé par Tibère. Il écrivit un gros livre contre les Juifs; Josèphe le réfuta victorieusement. Il paraît que l'ouvrage d'Apion renfermait plus d'injures déclamatoires que de raisonnement; c'était un monument que l'auteur érigeait à sa haine contre ce peuple, plus que le produit d'une conviction fondée. Lorsque les Alexandrins voulurent se plaindre à Caligula des Juifs qui habitaient leur ville, ils députèrent vers cet empereur le grammairien Apion, persuadés qu'ils ne pouvaient mieux choisir. Tous les écrits d'Apion sont perdus; on sait qu'il avait composé une histoire d'Égypte, Ægyptiaca, en cinq livres. Il semble, au surplus, qu'on ne doit pas beaucoup le regretter, car Apion avait de vanité, suivant Aulu-Gelle, que de vraie science. Tibère l'appelait Cymbalum Mundi; ce qui caractérise parfaitement un savant peu modeste qui se vante lui-même impudemment, et veut remplir le monde du bruit de son nom, s'il ne peut le remplir de bons et solides ouvrages.   N. M. P.

APIS (myth. égypt.). De tous les dieux-animaux que l'Égypte honorait, le plus fameux était sans contredit le bœuf Apis de Memphis, où Mnévis de la ville du Soleil. Après l'assassinat d'Osiris, on publia, dit-on, et les Égyptiens finirent par le croire, que son âme avait passé dans le corps d'un taureau qui n'avait pas été engendré par les voies ordinaires, mais qui était né par l'opération du feu céleste. On ajouta que lorsque ce taureau cesserait de vivre, l'âme d'Osiris s'envolerait dans un taureau tout à fait semblable. L'animal divin devait se reconnaître à son poil noir et à certaines taches blanches sur le front et sur le dos, et principalement à une figure de scarabée qui devait être empreinte sur sa langue. On sait que le scarabée, emblème de la sagesse, de la force et de l'industrie, était en Égypte l'objet d'un culte universel. — Lorsque Apis était mort d'accident, ou que, parvenu à sa vingt-cinquième année, il était noyé solennellement dans le Nil par ses propres prêtres, à ce que rapportent Plutarque et Ammien-Marcellin, on se livrait dans toute l'Égypte à la recherche de son successeur : aussitôt qu'on l'avait découvert, on l'amenait en grande pompe à Memphis, où il était logé dans un temple superbe, et le peuple s'abandonnait à tout le délire de la joie, ce qui, dans une occasion importante, attira sur les fanatiques Égyptiens une persécution violente de la part de Cambyse. Ce prince, de retour d'une expédition malheureuse qu'il avait tentée contre les Éthiopiens, trouva tous les habitants dans les fêtes; il crut qu'on célébrait le malheur de ses armes. Il manda sur-le-champ les magistrats, et après leur avoir reproché l'allégresse publique, sans vouloir admettre leur justification, les envoya au supplice. Les prêtres, amenés à leur tour en présence du tyran, répondirent comme les magistrats; alors il leur ordonna de conduire Apis devant lui; l'ordre exécuté, Cambyse tira son épée et en frappa le dieu sur la cuisse; puis il fit battre les prêtres de verges, et il prononça la peine capitale contre quiconque célébrerait la fête d'Apis.—Ochus, l'un des successeurs de Cambyse, poussa plus loin encore la profanation, car Apis fut immolé au pied d'un autel sur lequel on avait placé un âne. Cambyse se blessa lui-même à la cuisse en voulant tirer son épée, et il mourut des suites de sa blessure; Ochus fut assassiné : les prêtres ne manquèrent pas de dire que les dieux les avaient punis de leur irrévérence envers Apis. — Le premier Apis avait été consacré au temple de Memphis, s'il faut s'en rapporter aux calculs de Jablonski, l'an 1171 avant l'ère vulgaire. Quand les Grecs s'introduisirent en Égypte, ils y trouvèrent le culte d'Apis établi; ils donnèrent à cet étrange dieu le nom de Ἔπαφος. Ce culte ne disparut entièrement que sous le règne de l'empereur Théodose, de manière que la succession des Apis égyptiens a duré environ 1550 ans. Jablonski s'est conformé ce point à la chronologie d'Eusèbe; mais Manéthon fait remonter beaucoup plus haut l'origine de ce culte et l'installation du dieu dans son temple. Tous les historiens font les plus belles descriptions de la magnificence de cet édifice où le peuple n'était admis qu'en certaines occasions extrêmement rares. Ce qui doit paraître extraordinaire, c'est que dans une ville où l'on adorait un taureau noir masqué de taches blanches, il y eût dans l'enceinte du temple de Vulcain une arène où, à des jours fixes, on faisait combattre des taureaux contre d'autres taureaux ou contre des lutteurs dressés à cet exercice. — Le bœuf n'était pas honoré seulement dans Memphis; beaucoup d'autres villes, et principalement Hermonthis et Héliopolis lui rendaient un culte régulier; dans cette dernière ville, il était désigné sous le nom de *Mnévis*, et consacré à Osiris ou le Soleil. Diodore a fait de Mnévis un législateur; mais il paraît qu'il s'est trompé, ou, pour mieux dire, il faut présumer que son texte a été altéré par l'inadvertance de quelque copiste, et qu'il faut lire Menès ou un autre nom, au lieu de Mnévis qui ne fut qu'un bœuf, comme Strabon et Macrobe l'affirment. Mnévis, dit Diodore, fut un homme de génie qui apparut après le règne des dieux et des demi-dieux, qui donna au peuple de bonnes lois, et, pour qu'ils les suivissent avec moins de peine à s'y conformer, leur dit qu'il les avait reçues de Mercure. Or, c'est Menès que Manéthon fait régner après les demi-dieux. — La vache avait aussi ses autels; on l'adorait à Momemphis, à Kous et Aphroditopolis. Les vaches sacrées avaient leur sépulture particulière à Marbéchis, de même que les chats l'avaient à Bubaste, etc. Quant à celle du bœuf, nous avons-dit que le bœuf-dieu était noyé dans le Nil; si son cadavre était rejeté sur le bord du fleuve, on l'enterrait dans le sable; mais afin de le retrouver, on avait soin de planter des cornes en terre. On enterrait de même tous les autres bœufs. Il partait tous les ans de Prosopitis, dans le Delta, un vaisseau qui remontait le Nil jusqu'à Syène; on y recueillait tous les os de bœuf ou de vache qu'on trouvait sur le rivage, et on les allait déposer à Bouzir ou Abouzir (l'ancienne Busiris), dans des caveaux spécialement destinés à cet usage. — On a prétendu que les pyramides de Dgizeh furent des tombeaux; Hérodote, Diodore et beaucoup d'autres l'ont dit; mais comme il paraît certain qu'aucun pharaon n'y a été enseveli, on a modifié cette première assertion, et l'on a vu dans les pyramides des tombeaux pour l'Apis sacré. On s'appuie sur la prétendue découverte faite par Belzoni dans la seconde pyramide, où, s'il faut l'en croire, il vit un sarcophage, et dans ce sarcophage des ossements de bœuf. Mais en admettant le fait comme constant, est-il bien avéré que ces ossements de bœuf étaient là de tout temps? Est-il avéré que

l'auge de pierre où Belzoni les a vus entassés, était un sarcophage? Est-il avéré que ces os appartenaient à des bœufs? Et comment les Égyptiens qui emmaillottaient et embaumaient avec tant de soin jusqu'aux plus petits de leurs animaux sacrés, auraient-ils entassé pêle-mêle les restes de leur divin Apis?—Les Arabes avaient déjà visité l'intérieur de cette pyramide (*V.* PYRAMIDE DE DGIZEH). — Comme l'instinct de prévoyance que montrent beaucoup d'animaux, les a fait souvent regarder comme éminemment propres à rendre des oracles, on consulta d'abord le dieu Apis pour apprendre de lui quelle serait la hauteur de la crue du Nil. On le conduisait vers une pièce qui avait deux portes d'entrée; le présage était heureux ou malheureux suivant qu'il passait par l'une ou par l'autre de ces portes; ou bien on lui présentait des grains et du foin : si le dieu mangeait, c'était un bon signe. On dit que Germanicus avait consulté l'oracle d'Apis peu de temps avant sa fin tragique, et l'on assure, c'est-à-dire qu'après l'événement on répandit ce bruit, qu'Apis avait refusé de manger. — Une chose qui paraît inexplicable et qui devrait bien nous étonner si nous n'étions accoutumés aux inconséquences et aux contradictions grossières du paganisme, c'est qu'on immolait sur l'autel d'Osiris-bœuf ou Apis, des taureaux jeunes, sans tache et choisis avec le plus grand soin. Quand la victime avait été traînée en présence du dieu, on faisait des libations de vin autour du feu sacré, on invoquait Osiris par des prières et par des chants, et la tête de la victime, séparée du corps, tombait chargée des imprécations et des malédictions de tous les assistants. Cela n'empêchait pas les prêtres de vendre ces têtes aux Grecs ou aux étrangers : s'il ne se présentait pas d'acheteur, on jetait la tête dans le Nil en proférant ces mots : « Que tous les maux qui menacent N. qui offre le sacrifice, retombent sur cette tête maudite. » Les Hindous avaient une pratique à peu près semblable; mais c'était chez eux un cheval qui faisait l'office du bouc émissaire. — Varron et Eusèbe ont prétendu, et c'est sans aucun fondement, que l'Apis égyptien ne fut autre qu'un petit-fils d'Inachus, lequel régna dans Argos vers l'an 1800 avant J. C. Ils ajoutent qu'il conduisit une colonie en Égypte et que les habitants, par reconnaissance, le déifièrent.   J. DE M.

Le bœuf Apis sert de type à plusieurs médailles frappées dans la ville d'Alexandrie d'Égypte, sous les empereurs romains, entre autres Néron, Adrien et Antonin. Il porte entre ses cornes un disque ou une fleur de lotus : quelquefois il y a devant lui un autel. On le voit aussi sur les médailles du nome Memphites; il se trouve sur celles de la ville de Perinthe en Thrace, qui avait adopté le culte de plusieurs divinités égyptiennes, et sur les monnaies de l'empereur Julien qui était adonné à beaucoup de superstitions. — On a pris à tort, pour le dieu Apis, le bœuf qui est représenté sur quelques médailles d'Espagne.   D. M.

APIS (*musca, apes*), constellation méridionale : on ne la voit point en Europe. Elle ne renferme que quatre étoiles remarquables, dont trois sont de quatrième grandeur. Cette constellation est placée sur le dos du Bélier, entre les Pléiades, le Bélier, la Tête de Méduse et le Triangle.   V. T.

APISTES (*ichth.*), petits poissons qui ont des dents au palatins, et une forte épine sous-orbitaire qui devient une arme perfide quand le poisson la redresse. Cuvier en a fait un genre de la famille des *joues cuirassées*, ordre des *acanthoptérygiens* (*V.* ces deux mots).   X. X.

APITOYEURS; c'était le nom que les révolutionnaires de 1792 donnaient à tous ceux qui osaient montrer quelque compassion pour les victimes des fureurs populaires. L'apitoyeur ne fut d'abord que tourné en ridicule, puis il devint suspect; de suspect à proscrit, de proscrit à victime, la transition était presque immédiate.   N. M. P.

APLATISSEMENT DE LA TERRE. Depuis la fin du XVIIᵉ siècle, la science est parvenue à constater, et elle démontre aujourd'hui avec tous les développements nécessaires, que *notre globe peut être considéré, sans erreur sensible, comme une ellipsoïde de révolution autour de son petit axe, qui est celui des pôles.* En comparant les résultats de l'observation aux formules qui appartiennent aux dimensions de ce corps, on a pu vérifier cette conséquence de la rotation de notre sphéroïde, et trouver les longueurs suivantes :

Diamètre équatorial. 12,754,863 mèt., ou 2,870, 1 lieues de 25 au deg.		
Diamètre polaire. . .12,712,251	2,860, 5	
Différence. 42,612	9, 6	

Le rapport des diamètres est sensiblement de 298 à 299, et la différence, ou l'aplatissement de la terre, est un peu plus de 1/300. Les géomètres et les astronomes qui ont calculé cet aplatissement; ne sont pas tous arrivés à la même évaluation : en effet, elle est: selon Laplace de 1/321, selon Duséjour de 1/307, selon. Lalande de 1/300, selon Delambre de 1/308, et selon Svanberg de 1/307; mais le nombre 1/300 paraît être le plus rapproché de la vérité; c'est aussi le plus généralement adopté. — La théorie a d'abord signalé l'aplatissement de la terre, déjà soupçonné lorsqu'on avait remarqué que Jupiter était aplati vers ses pôles. Plus tard, les opérations géodésiques combinées avec les moyens de vérification fournis par l'astronomie, ont confirmé ce fait devenu incontestable. Nous allons tracer succinctement l'historique de cette découverte.— Richer, envoyé à Cayenne en 1672 pour diverses observations, fut obligé, afin de régler son horloge sur le temps moyen, de raccourcir le pendule d'une ligne et un quart. Ce phénomène étonna les astronomes et leur parut douteux; mais Varin et Deshayes, ayant remarqué le même fait sur la côte d'Afrique et de l'Amérique, il fallut bien admettre que la longueur du pendule à secondes variait sous différentes latitudes. Huygens en recherche les causes, et il reconnut que la principale résidait dans la rotation de la terre. Par une suite de ses réflexions, ce grand homme fut amené à conclure que notre globe n'était point exactement sphérique, comme on le croyait alors, mais qu'il était aplati vers les pôles et renflé sous l'équateur. A la même époque, Newton, par une application de sa nouvelle théorie de la gravitation, arrivait à la même conclusion; mais le premier de ces savants avait une idée beaucoup moins exacte que Newton de la cause et de la mesure de la pesanteur; aussi, son évaluation ne peut-elle être mentionnée aujourd'hui que pour l'histoire de la science. Cependant, la base de leur raisonnement était la même; nous allons l'indiquer ici. — Imaginons un canal qui aille du pôle au centre de la terre, et de là à l'équateur, il sera en équilibre isolément. Si le globe prend un mouvement de rotation autour de son axe, les molécules de chaque branche du canal tendront à tomber vers le centre, et ces deux tendances devront se faire équilibre; mais les molécules du canal équatorial tendent aussi à s'échapper par l'effet de la force centrifuge : donc la force qui attire vers le centre les molécules de ce dernier canal, se trouvant diminuée de la force centrifuge, ne peut plus faire équilibre à celle qui attire les molécules du canal polaire vers le centre. Par conséquent, pour que l'équilibre se maintienne, il faut qu'il y ait plus de molécules dans le canal équatorial que dans le canal polaire; en d'autres termes, que la masse terrestre se renfle vers l'équateur. Calculant la différence qui doit en résulter pour ces deux rayons, ainsi que pour les rayons intermédiaires, on peut en déduire la forme qui convient à la terre, pour qu'elle soit en équilibre. Ce calcul est très-compliqué. Newton partant de la forme elliptique et supposant que la terre était homogène, trouva, pour le rapport des deux axes, celui de 229 à 230. Clairaut, beaucoup plus fort en analyse, partit de l'hypothèse que les couches terrestres diminuaient de densité du centre à la surface, et trouva que ce rapport était 1/306. D'Alembert employa, pour le même calcul, une méthode fort ingénieuse, mais d'une extrême complication. Euler, Lagrange et Laplace vinrent ensuite généraliser de plus en plus la question, en apportant les moyens puissants du calcul dont ils ont enrichi la science.— Dans l'hypothèse de l'aplatissement de la terre, il était intéressant de mesurer plusieurs degrés de méridien, pour comparer les résultats de l'expérience avec ceux de la théorie. Le gouvernement ordonna, non-seulement de vérifier la mesure du degré terrestre prise par Picard en 1669 et 1670, et d'y appliquer les moyens nouveaux que la perfection des instruments et des méthodes avait fait découvrir, mais encore de prolonger la méridienne à travers la France, jusqu'à Dunkerque vers le nord, et jusqu'à Collioure vers le midi. En 1683, Lahire fut chargé de la partie du nord, et Dominique Cassini de celle du midi. Cette opération, souvent interrompue par les événements politiques, ne fut terminée qu'en 1718. Trompés par un lapsus calami, les auteurs de ces nouvelles mesures, trouvant que les degrés terrestres diminuaient de longueur du midi au nord, en avaient conclu que la terre est plus longue vers les pôles; et cette erreur, qui faisait de notre globe un sphéroïde allongé, subsista pendant quarante ans, malgré Huygens et Newton.— En 1735, la Condamine, Godin et Bouguer partirent pour le Pérou; l'année suivante, Maupertuis, Clairaut, Camus et Lemonnier, accompagnés de l'abbé Outhier et de l'astronome suédois Celsius, allèrent en Laponie. Les savants envoyés dans les régions polaires, trouvèrent que le degré du méridien terrestre avait, près de l'équateur, de 353 toises plus grande à Tornéo qu'à Paris. Ceux qui avaient été, au Pérou, reconnurent que le premier degré était plus petit de 316 toises que celui qui avait

été mesuré de Paris à Amiens, et conséquemment plus petit de 669 toises que celui de Tornéo. Ces belles expéditions résolurent donc la question en faveur de l'aplatissement des pôles. Il fallait encore trouver de combien la terre était aplatie. Or, l'aplatissement d'une courbe en deux points opposés, et son renflement vers les deux points situés sur la perpendiculaire joignant les premiers, sont du caractère de l'ellipse. C'est pourquoi l'on a comparé la forme du méridien avec la forme de l'ellipse, et l'on a déduit de là des opérations qui, répétées avec toute la précision désirable, ont conduit à reconnaître la différence des axes, c'est-à-dire l'aplatissement de la terre, tel que nous l'avons indiqué au commencement de cet article. — Depuis l'expérience de Richer, la propriété du pendule avait été étudiée avec beaucoup de soin, et l'on avait généralement reconnu que la cause principale de la variation du pendule sous les différentes latitudes, est la rotation de la terre sur son axe, rotation qui doit donner aux corps situés à la surface une force centrifuge dont l'effet est de neutraliser une partie de la force de la pesanteur, en vertu de laquelle les corps tendent vers le centre. Cette théorie sert encore à constater l'aplatissement de la terre. En effet, le mouvement du pendule est produit par la chute du corps pesant qui le compose; et, toutes choses égales d'ailleurs, la vitesse de la chute doit être évidemment d'autant plus grande que la force qui la détermine a plus d'intensité. La vitesse acquise dans la chute, force, par la résistance du point de suspension, le pendule à remonter; en sorte que la durée d'une oscillation est intimement liée avec l'intensité de la pesanteur; et fournit le moyen de la déterminer comparativement. Or, la force centrifuge due à la rotation de la terre et qui agit en sens inverse de la pesanteur, est nécessairement la plus grande à l'équateur, et doit aller en décroissant de l'équateur vers les pôles, puisque les cercles décrits dans la même durée de vingt-quatre heures par les divers points d'un méridien terrestre, sont d'autant plus petits que ces points sont plus près des pôles, où la force centrifuge devient nulle. — De nombreuses expériences faites sur la longueur du pendule, sous toutes les latitudes accessibles à l'homme, et à différentes époques, ont prouvé que la différence totale de la pesanteur à l'équateur et au pôle, est de 1/194 de la pesanteur au pôle; et, comme la force centrifuge diminue la pesanteur à l'équateur de 1/189, la différence de ces deux fractions, ou 1/590, est la diminution de la pesanteur due à l'aplatissement de la terre, ce qui donne, pour valeur de cet aplatissement, 1/320. Lors des grands travaux du système métrique, M. Mathieu a conclu de six mesures absolues du pendule sur le méridien, un aplatissement de 1/298. — D'après ce que nous venons d'exposer, il est évident qu'on doit jusqu'ici s'en tenir pour l'évaluation de l'aplatissement de la terre, aux résultats de la mesure des degrés du méridien et des observations du pendule, et adopter le nombre 1/300, comme représentant le mieux cet aplatissement. Quant au problème d'Huygens et de Newton, il demeure encore sans solution, malgré les efforts de tant d'illustres géomètres; car les données physiques manquent complètement, et aucune des hypothèses avec lesquelles on a voulu l'attaquer n'est revêtue d'une probabilité assez élevée pour qu'on puisse s'y abandonner avec confiance. VAN-TENAC.

APLOMB, s. m. Les ouvriers en bâtiments emploient ce terme pour exprimer qu'un mur, un pan de bois, est posé avec justesse verticalement ou perpendiculairement à l'horizon, et ne penche ni en avant, ni en arrière, ni de côté : ils se servent pour cela d'un plomb suspendu à une corde, et c'est de là que vient cette dénomination. — Il existe deux exemples étonnants d'un hors d'aplomb produit par l'affaissement du terrain : la tour des Garifendi, à Bologne, et la tour de Pise, haute de cent quarante-deux pieds. Si du haut de cette dernière on laisse tomber un plomb jusqu'au sol, on trouve douze pieds de distance entre le plomb et la base de l'édifice. Les assises de ces deux tours sont inclinées; le vide se déverse dans le sens de l'inclinaison, d'où il résulte que ce hors d'aplomb n'est, en aucune façon, le fruit de la volonté d'un architecte bizarre. A. G.

APLUSTRE (aplustria, aplustra ou aplustriæ). Nom par lequel les Romains désignaient les ornements qu'ils attachaient à la proue de leurs navires. Ces ornements consistaient tantôt en figures sculptées sur bois, représentant quelque divinité de la mer, tantôt (et c'était le plus ordinaire) en flammes, des banderoles, ou pièces d'étoffe, suspendues au mât de beaupré. N. M. P.

APLYSIES. Genre de mollusques gastéropodes, ressemblant beaucoup aux limaces : sur la Méditerranée, où elles sont communes, on les appelle lièvres de mer. La conformation de leur corps leur permet, pour ainsi dire, de se montrer successivement sous diverses figures. Quand elles sont dans l'eau douce et qu'on les touche légèrement, elles répandent une liqueur rouge si foncée qu'un seul de ces mollusques peut colorer un seau d'eau. Les aplysies sont androgynes. Cuvier a pensé que c'était de ces mollusques que les anciens tiraient le pourpre.

X. X.

APOBATERION, mot grec qui signifie discours d'adieu. Les anciens appelaient ainsi un petit discours en vers ou en prose qu'un homme prononçait avant son départ devant ses parents ou ses amis assemblés. Ils nommaient *épibaterion* les premiers mots adressés aux personnes qu'on apercevait les premières en entrant dans un pays étranger, ou à la famille au retour d'un voyage.

N. M. P.

APOCALYPSE, de ἀποκαλύπτω, je révèle, nom du dernier livre du Nouveau Testament. C'est la révélation des destinées de l'Église faite à saint Jean pendant son exil à Patmos, exil qui, selon la plupart des commentateurs, arriva sous Domitien, mais qu'il est plus exact de faire commencer, comme l'a fait Grotius d'après saint Épiphane, dès l'empire de Claude. Les premières ordonnances qui furent rendues contre les chrétiens datent de cet empereur; elles furent abolies par Vespasien et Tite; Domitien les renouvela. Ceux qui avaient été exilés au temps de Claude retournèrent donc au lieu de leur exil, et c'est ce second séjour de saint Jean à Patmos qui, ayant fait perdre de vue le premier, a donné lieu de suspecter l'exactitude de saint Épiphane, et fait rejeter la tradition qu'il avait suivie. Ce fait est de la plus haute importance pour déterminer le véritable sens de l'Apocalypse, lequel dépend tout entier, ainsi que nous le démontrerons, de la fixation des époques. — Dans les premiers siècles, l'authenticité et la canonicité de l'Apocalypse soulevèrent de vives controverses, dont on peut voir le résumé dans tous les ouvrages de théologie dogmatique et exégétique, ainsi nous ne nous y arrêterons pas. Pour nous, c'est une chose démontrée que l'auteur de l'Apocalypse, quel qu'il ait été, est le même que celui de l'Évangile attribué aussi à saint Jean; que cet écrivain était versé dans la théologie judaïque non moins que dans la théologie chrétienne; qu'il écrivait dans une langue qui n'était pas la sienne; que les idiotismes dont fourmillent ses ouvrages, le caractère de ses pensées, son génie philosophique, s'il est permis de parler ainsi, attestent une origine et une éducation syriennes. Voilà à peu près tout ce que la critique humaine peut affirmer de l'auteur de l'Apocalypse; mais quel était-il, c'est sur quoi elle ne saurait prononcer. La tradition ecclésiastique témoigne que ce fut saint Jean: aucune donnée historique ne vient infirmer ce témoignage. Quant à la canonicité assez tardivement reconnue, dit-on, de l'Apocalypse, contentons-nous d'observer que ce retard ne prouve rien ni en fait ni en droit: 1° parce que l'Apocalypse ayant été rédigée à une époque comparativement moderne (selon notre opinion vers l'an 98 ou 100, au commencement du règne de Trajan), plusieurs églises purent très-bien n'en avoir pas entendu parler; 2° parce que cet ouvrage dut être fort peu répandu et communiqué avec la plus grande discrétion, à cause des prophéties qu'il renferme contre Rome et les empereurs, dont il parle d'une manière énigmatique il est vrai, mais qu'on aurait pourtant trouvée assez claire, si l'on se fût avisé de vouloir l'examiner; 3° parce que la question de canonicité ne pouvait être soulevée avant l'existence du livre lui-même, et que la publication de ce livre est postérieure à l'établissement des églises; 4° enfin, parce que les disputes qui s'élevèrent à l'occasion de cette canonicité sont précisément ce qui donne le plus de poids et d'autorité au jugement de l'Église; ce qui garantit le mieux l'infaillibilité de sa décision. Pour admettre un livre dans le canon, comme pour décréter la béatitude d'un saint, il faut qu'une enquête soit faite, qu'un procès s'instruise, que le pour et le contre soient plaidés, l'Église ne prononçant pas qu'un livre est divinement inspiré sur le seul nom d'un auteur vrai ou supposé, mais jugeant de l'inspiration par la doctrine, et de la doctrine par la tradition. Du reste les plus saints et les plus illustres personnages ont témoigné dans tous les siècles de leur respect et de leur admiration pour l'Apocalypse. «Je ne mesure pas sur ma faible raison des choses si sublimes, dit saint Denis d'Alexandrie, et je me garde de les mépriser: parce que je ne saurais les comprendre: au contraire, je les admire d'autant plus que je les comprends moins.» Un autre Père appliquait à l'Apocalypse le mot de Socrate sur un livre du philosophe Héraclite: «Ce que je puis entendre est fort, et j'aime à croire qu'il en est de même de ce que je n'entends pas: mais il faudrait ici un habile plongeur.» «Malgré les obscurités de ce livre, dit Bossuet,

on y ressent, en le lisant, une impression si douce et tout ensemble si magnifique de la majesté de Dieu; il y paraît des idées si hautes des mystères de Jésus-Christ, de si nobles images de ses victoires et de son règne, et des effets si terribles de son jugement, que l'âme en est émue et toute pénétrée. Toutes les beautés de l'Écriture sont ramassées dans ce livre. Tout ce qu'il y a de plus touchant, de plus vif et de plus majestueux dans la loi et les prophètes y reçoit un nouvel éclat.» En effet, on trouve dans l'Apocalypse une sorte de *florilegium* de l'Ancien Testament. C'est, à le considérer du point de vue littéraire, l'ouvrage le plus méthodique, le plus habilement distribué, le plus savamment traité de toute la Bible; nous n'en exceptons pas même le livre de Job. On en jugera d'après l'analyse rapide que nous en donnerons tout à l'heure, et dans laquelle nous proposerons une nouvelle méthode pour parvenir à l'entière explication de cette prophétie que nous sommes loin de regarder comme étant elle-même le livre fermé de sept sceaux. Mais faisons auparavant connaître les principes de critique qui nous ont guidés dans une route si ténébreuse, et justifions-nous nous-mêmes d'une entreprise que bien des gens seront tentés de qualifier de téméraire, pour ne rien dire de plus. Nous prions seulement les personnes pieuses de considérer que l'Église n'ayant pas encore prononcé sur le contenu de l'Apocalypse, toutes les opinions sont libres et peuvent être soutenues: la seule chose qui ait été décidée touchant les révélations de saint Jean, c'est qu'elles concernent l'Église primitive, militante et triomphante, et partant qu'elles ne peuvent être détournées de cette application qui, dans notre opinion personnelle aussi, est la vraie. Au reste, nous abandonnons à la critique tout ce système d'interprétation; nous ne le donnons pas comme absolument démontré, mais comme plus logique et plus simple que tous ceux qu'on a présentés jusqu'à ce jour. — Pour résoudre un problème comme pour déchiffrer une énigme, il faut procéder avec ordre et méthode et ne pas courir à l'aventure, allant de tâtonnements en tâtonnements jusqu'à ce que l'on croie avoir trouvé la solution; il faut aller du connu à l'inconnu par des raisonnements si serrés que la marche suivie réponde de l'exactitude des résultats. C'est là un principe de critique et une règle de bon sens que tout le monde approuve et recommande, mais que trop souvent on oublie. Dans l'Apocalypse tout est *prophétique*, c'est-à-dire qu'elle est tout entière écrite du style inspiré des prophètes, que ce qu'elle renferme sur les dogmes et la morale, sur les hommes et les choses, est la vérité; mais tout n'est pas *prédiction*, parce que tous les événements qui y sont décrits n'étaient pas futurs au moment où l'apôtre écrivait. Cette distinction ne surprend point, quand on sait que dans le Nouveau comme dans l'Ancien Testament le mot prophétie n'emporte pas nécessairement la qualité de *prédiseur*. On n'a qu'à relire attentivement, pour s'en convaincre, la première épître de saint Paul aux Corinthiens, où il parle du don de prophétie. D'ailleurs, saint Jean nous avertit lui-même qu'il reçut l'ordre de ne point *sceller* sa prophétie, parce que les temps étaient venus, c'est-à-dire que les événements venaient de se passer ou qu'ils se passaient au moment même; or, dans le langage de l'Écriture, on nomme prophétie scellée toute révélation renfermant des prédictions et des avertissements pour l'avenir, et on appelle prophétie non scellée celle qui ne prononce que sur le présent. Le but de la révélation de saint Jean est de montrer aux fidèles que les événements dont le monde venait d'être témoin étaient arrivés par le juste jugement de Dieu qui châtiait les impies et vengeait la mort de ses saints; en même temps de fortifier les courages contre la crainte des persécutions, en annonçant le triomphe éclatant de l'Évangile sur l'idolâtrie. Le point le plus important à éclaircir dans la question qui nous occupe est la détermination de la période historique à laquelle il est fait allusion dans l'Apocalypse. Voici comment il nous semble qu'on doit procéder à cette recherche. D'abord la date de la rédaction définitive et de la publication de l'Apocalypse n'est pas douteuse; saint Jean la fixe lui-même dès son début, en parlant de son exil à Patmos comme d'une chose accomplie. Et si le monde s'accorde à placer ce retour de Patmos après l'an 96, de sorte que l'Apocalypse aurait été composée et écrite au commencement du règne de Trajan. Mais nous verrons d'un autre côté que saint Jean, à l'exemple du prophète Ézéchiel, fait commencer son récit ou pour mieux dire ses visions à l'année même où l'Église commençait de souffrir et d'être persécutée; c'est de ce temps qu'il compte les années et les empereurs; c'est aussi à partir de ce point qu'il faut chercher les événements auxquels l'Apocalypse fait allusion. On croit communément, sur la foi de Lactance, et de quelques autres ; que Néron fut le premier qui persécuta les chrétiens, c'est une erreur. Néron ne fit qu'user contre eux des ordonnances qui avaient été rendues avant lui, et saint Épiphane, qui puisait à des sources authentiques, dit positivement que la première persécution commença sous Claude, et que ce fut, dans le même temps que saint Jean fut exilé à Patmos. Cette assertion est confirmée par les témoignages de Tacite et de Suétone, historiens contemporains. Le premier dit, parlant de la religion chrétienne : *Repressaque in præsens exitiabilis superstitio* RURSUS *erumpebat, non modo per Judæam, originem ejus mali, sed per Urbem, etiam, quo cuncta undique atrocia aut pudenda confluunt celebranturque.* Ceci se passait sous Néron. Ainsi, selon Tacite, lorsque Néron faisait enduire de poix et brûler vifs dans ses jardins, les chrétiens de Rome, lorsqu'il se promenait en char à la lueur de ces flambeaux vivants, ce n'était pas la première fois que l'on entendait parler de cette *pernicieuse superstition*, qui, malgré la répression dont elle avait été l'objet, repullulait de toutes parts. C'est donc dans l'intervalle qui sépare le règne de Claude de celui de Trajan, c'est-à-dire dans un laps d'environ soixante années, que nous placerons tous les événements spécifiés sous des traits caractéristiques dans l'Apocalypse. Quant aux menaces imprécatoires contre Rome, et aux promesses faites à l'Église, elles regardent, il est vrai, les temps qui suivirent, mais elles n'ont rien que de général et ne souffrent aucune application particulière. Tout nous prouve que c'est dans l'histoire contemporaine qu'il faut chercher l'explication des figures de l'Apocalypse. Que saint Jean écrivait pour les hommes de son siècle et qu'il voulait être entendu d'eux ; aussi tout porte à croire qu'il le fut. La désignation propre de certaines personnes et de certaines choses, le voile assez transparent qu'il jette sur d'autres et qu'il soulève lui-même, les indications plus que suffisantes pour des hommes accoutumés au style allégorique des prophètes, dont il accompagne ses descriptions, rien n'est oublié de ce qui pouvait faciliter l'intelligence de ces énigmes. Et, n'en doutons pas, l'Apocalypse fut comprise de tous ceux qui, jusqu'au règne des Antonins, purent en avoir connaissance. Malheureusement, ceux-là furent en petit nombre, à cause du danger de communiquer un pareil livre ; et comme ils avaient vu la plupart des événements signalés, ils ne jugèrent pas à propos de fixer, dans quelque écrit, le sens des figures. Après eux, les traditions se brouillèrent ; l'intérêt de circonstance qui leur avait fait reconnaître sans difficulté les personnages et les événements désignés par l'apôtre, ayant cessé d'exister, on perdit de vue le véritable objet du livre, et l'Apocalypse fut regardée depuis lors comme une prophétie que l'avenir seul pourrait expliquer. Au reste, chacun s'est donné carrière sur ce sujet selon son caprice ou son génie ; au lieu de chercher dans les temps voisins de l'âge des apôtres la réalité des symboles apocalyptiques, on a voulu la trouver, bon gré mal gré, à toutes les époques postérieures. Dioclétien, ses collègues, Julien l'Apostat, Mahomet, le Pape, la Réforme et Louis XIV lui-même ont tour à tour été la bête à sept têtes. « L'Église persécutée, puis victorieuse et paisible, est certainement la clef de l'Apocalypse, » dit Dom Calmet ; tâchons donc de n'y pas voir autre chose, et puisque saint Jean a adressé son livre aux évêques de son temps, qu'il leur parle comme à des hommes dont il est sûr d'être compris, transportons-nous par la pensée au milieu d'eux. Supposons, pour un moment, que nous sommes à Smyrne, sur la fin du 1er siècle de notre ère : nous assistons à l'un de ces repas que les chrétiens de ce temps nommaient *agapes* ; l'évêque préside à la réunion ; c'est le vénérable Polycarpe, qui plus tard versera son sang pour la foi. En ce moment il vient de recevoir la lettre que saint Jean, son maître, a été chargé de là part de Dieu de lui écrire, *Apoc.*, II, 8-11 ; elle est accompagnée de la Révélation tout entière. Polycarpe propose à l'assemblée de lui en donner communication. — Pour peu que nous ayons vécu, nous avons entendu parler de l'imbécillité de Claude, des folies et des parricides de Néron, des guerres civiles sous Galba, Othon, Vitellius ; nous avons assisté à la désolation de la Judée et à la ruine de Jérusalem par Vespasien et Tite ; nous avons traversé la persécution de trois ans et demi que Domitien entreprit contre nous ; nous avons respiré un peu plus librement sous Nerva. Trajan, prince généreux et philosophe, est maintenant à la tête de l'empire : il ne s'est pas encore déclaré notre ennemi ; mais ses intentions sont peu rassurantes ; et, pour m'exprimer comme saint Jean, il parle le langage du Dragon. Haïs des païens, qui voient en nous des incestueux et des empoisonneurs, et dont les plus sages traitent notre religion de fanatisme empesté ; suspects aux maîtres du monde, qui se défient de nos mœurs, de notre fraternité et de notre courage, nous sommes toujours des victimes placées sous le couteau. Aussi avons-nous juré sur la croix, le jour de notre initiation, de tout sacrifier, jusqu'à notre vie, pour la doctrine de Jésus-Christ. Le plus grand de nos devoirs est la propagande, ce sera le premier de nos crimes. Dans cette disposition d'esprit, écoutons ce que notre président, ἐπίσκοπος, va nous lire. — CH. Ier. Ce livre est adressé à sept églises : le nombre sept indiquant perfection et plénitude, les sept églises représentent l'Église universelle. L'apôtre raconte qu'il a vu dans un ravissement d'esprit, un homme au milieu de sept chandeliers d'or, ayant sept étoiles dans sa main droite, et de la bouche duquel sortait une épée à deux tranchants. Nous reconnaissons le Fils de l'Homme, toujours présent au milieu des siens ; qu'il anime et conduit par sa Providence, et qu'il instruit par sa doctrine. Le glaive à deux tranchants indique la parole ; les sept étoiles, les sept esprits providentiels : nous savons tout cela par l'étude assidue des Écritures ; et d'ailleurs saint Jean prend soin lui-même de nous l'expliquer ; — CH. II et III. Ils renferment les lettres adressées aux sept églises. Ce sont des avertissements généraux sur les hérésies qui nous divisent et que nous ne connaissons que trop bien, sur les œuvres de religion dont quelques-uns se relâchent, sur l'esprit de foi et de charité qui s'attiédit, et sur la persévérance. Rien n'égale l'originalité majestueuse et laconique de ces lettres : si jamais Dieu dicta une correspondance, il ne put employer d'autre style. — CH. IV et V. La scène change : saint Jean voit le ciel ouvert, et Dieu assis sur son trône, environné de l'arc-en-ciel, signe de son alliance : vingt-quatre prêtres ou vieillards, πρεσβύτεροι, se tiennent autour du trône, comme jadis dans le temple de Jérusalem. Quatre animaux mystérieux, semblables à ceux d'Ézéchiel, revêtus d'ailes comme les séraphins d'Isaïe et chantant l'*Hosanna* éternel, figurent les quatre évangélistes, hérauts de l'Évangile. La lecture journalière des livres sacrés nous a préparés à l'intelligence de tous ces symboles. On apporte le livre des destinées, qui ne peut être ouvert que par l'Agneau mystique : n'avons-nous pas lu que nul, excepté le Fils, ne connaît les desseins du Père ? — CH. VI et VII. Les sceaux sont levés : quatre personnifications effrayantes, la Guerre, le Massacre, la Famine et la Peste accompagnent l'ouverture des quatre premiers sceaux. Au cinquième, la vengeance est promise aux âmes des martyrs : le sixième annonce une grande catastrophe nationale, mais qui n'arrivera qu'après que les fidèles auront été mis en sûreté. — CH. VIII, IX, X, XI. Septième sceau. L'accomplissement suit de près la révélation : sur qui vont tomber les fléaux dont l'horrible cohorte a passé devant nous ? Nous venons de voir qu'une nation coupable est menacée, quelle est-elle ? L'apôtre nous la désigne quand il dit le dénombrement de tous ceux qui, dans les douze tribus d'Israël, furent marqués au front comme serviteurs de Dieu ; quand il nous raconte qu'avant la ruine définitive de cette nation, il reçut ordre, comme autrefois Ézéchiel, de prendre la mesure du sanctuaire, et qu'il vit l'arche d'alliance transportée dans le ciel : ce qui indique assez clairement qu'avec la seule nation qui l'adorât et qui lui eût élevé un temple, le culte du Très-Haut ne périrait pas. A présent que les fidèles d'entre les Juifs sont en sûreté (tous s'étaient retirés à Pella et dans les villes voisines, et aucun d'eux ne périt dans le sac de Jérusalem), les événements se succéderont à mesure que Dieu le permettra. Sept anges, munis de sept trompettes, donneront le signal. On entend d'abord des voix dans le ciel, la terre tremble, l'air est embrasé. *Expassæ repentè delubri fores*, dit Tacite, *et audita, major humanâ vox*, EXCEDERE DEOS, *simul ingens motus excedentium*. Le premier ange sonne de la trompette ; la guerre est commencée : la terre et les arbres sont consumés par le feu. Les Romains brûlèrent tout, jusqu'aux arbres et à l'herbe des champs. Tous les principaux événements de cette guerre sont ensuite indiqués à chaque trompette : les meurtres et les brigandages des factieux, qui, retirés dans la citadelle antonienne, désignée sous le nom de montagne, faisaient irruption sur le peuple de la ville et pillaient tous leurs biens ; les faux docteurs qui trompaient le peuple par des promesses de victoire ; les prodiges qui arrivèrent dans le ciel et dont Tacite fait mention : *Visæ per cœlum concurrere acies, rutilantia arma, et subitò nubium igne collucere templum* ; les crimes affreux et l'odieuse tyrannie d'une secte de fanatiques appelés *zélés*, et qui opprimaient les malheureux Juifs jusqu'à l'arrivée de Titus, durant cinq mois, le dénombrement de l'armée romaine, décrit en style oriental et symbolique, mais conforme à celui de Tacite ; les détails du siège, la prise de la ville, la ruine du temple, tout est représenté avec des circonstances si spéciales, qu'il est impossible de nous y méprendre. Un coup de tonnerre accompagné de grêle et de tremblement de terre met fin à cette vision. — Ch. XII. Une femme en travail d'enfant met au monde un enfant mâle; un grand dragon roux s'apprête à le dévorer; mais l'enfant est enlevé dans le ciel. Michel et ses anges combattent le dragon et le précipitent sur la terre. Alors le dragon se met à poursuivre la femme et fait la guerre à ses enfants. A ces traits nous reconnaissons l'Église. Le génie des Juifs, Michel, devenu l'ange des chrétiens, a combattu pour nous : la religion demeurera victorieuse, mais auparavant nous serons persécutés. — Ch. XIII, XIV, XV, XVI, XVII et XVIII. Comme la justice de Dieu a passé sur Jérusalem, de même elle passera sur Rome. la catastrophe de l'une est le garant et l'avant-coureur de la chute de l'autre. C'est Rome que l'apôtre désigne sous le nom de *grande prostituée, de mère des prostituées,* τῶν πόρνων μήτηρ; c'est cette Rome pompeuse et corrompue, si fière de sa puissance et de sa gloire, livrée à ses plaisirs, à ses musiciens, à ses histrions, à ses courtisanes, à ses philosophes, c'est cette Cléopâtre du monde, qui nous est dépeinte sous les traits d'une bacchante dans l'ivresse de l'orgie, le regard impudique, la bouche écumante, et s'intitulant elle-même *la Ville éternelle.* Elle est assise sur un monstre à sept têtes et dix cornes : ce monstre nous représente l'empire romain. Les sept têtes, dit saint Jean, sont sept montagnes sur lesquelles la ville est assise. Nous savons tous que Rome est bâtie sur sept collines. Une de ces têtes fut blessée à mort et guérie. Du temps de Vitellius le Capitole s'écroula. Les destinées de la ville y étant attachées, chacun crut que l'empire romain était menacé d'une ruine prochaine, et une terreur panique s'empara de tous les esprits. Mais Vespasien rétablit le Capitole. On peut lire dans Tacite, au quatrième livre des Histoires, la description des pompes et des réjouissances publiques qui accompagnèrent cette restauration, par laquelle Vespasien semblait avoir conjuré la chute de l'empire. Les sept têtes désignent aussi sept rois ou sept empereurs, selon la révélation elle-même. Les cinq premiers sont Claude, Néron, Galba, Othon, Vitellius. *Unus est,* Vespasien, sous lequel la révélation est censée être faite, entre le premier exil de saint Jean sous Claude, et le second sous Domitien. Le septième empereur n'a pas encore paru, mais il doit régner peu de temps; c'est Tite. Le monstre lui-même forme le huitième; et ce huitième est Domitien. C'est de lui qu'il est dit, qu'il reçut pouvoir de nuire aux saints pendant quarante-deux mois, ou trois ans et demi. En effet, l'édit de persécution fut rendu dans la treizième année de Domitien, et maintenu jusqu'à la seizième où cet empereur fut tué. C'est encore de lui qu'il est dit, que *celui qui a fait périr par le glaive périra par le glaive;* et que sa bouche est blasphématrice. Cette dernière circonstance est rapportée par les historiens. Chaque fois qu'il entendait tonner, *Feriat quem volet,* s'écriait cet impie. Ce fut lui aussi qui le premier se fit adorer de son vivant comme un dieu. Enfin les dix cornes représentent encore dix rois : ce sont les précédents, plus Nerva et Trajan, sous le règne duquel la prophétie est écrite, et qui, à l'époque où nous sommes, donne son nom à la bête, c'est-à-dire à l'empire. Ce nom nous est indiqué par ses lettres numérales, et si nous prenons la peine d'additionner les nombres des lettres qui composent le mot grec Ουλπιος, *Ulpius,* prénom de Trajan, en comptant pour 6 unités le ς final, comme on faisait quelquefois, nous trouvons effectivement 666. Saint Jean fait des remarques générales sur ces dix rois : c'est d'abord qu'ils ne sont pas rois, βασιλείαν ούπω έλαβον, mais qu'ils ont une puissance *comme rois* : le titre de *roi* fut toujours si odieux aux Romains, que jamais les *imperatores* n'osèrent le prendre; c'est ensuite que tous ces rois haïssent la prostituée, c'est-à-dire la ville de Rome, tout en défendant le monstre ou l'empire; qu'ils la dépouillent, la désolent, la brûlent et mangent ses chairs. C'est une allusion assez vive à l'antipathie que Rome inspirait aux empereurs qui finirent par ne plus l'habiter, et aux brigandages que la plupart d'entre eux y exerçaient. Néron y mit le feu. Telle est la description de l'état où se trouvait l'empire à l'époque où fut composée l'Apocalypse, description que l'on a toujours voulu regarder comme se rapportant à l'avenir, et qui n'est qu'une peinture hiéroglyphique du présent. Maintenant tout le reste de l'Apocalypse ne souffre plus la moindre difficulté : Rome tombera en punition de ses idolâtries, de son luxe, de ses fornications et de son orgueil; elle s'est enivrée du sang des saints, tout ce sang lui sera redemandé. Les chrétiens qu'elle a fait périr ressusciteront dans la gloire : c'est le Fils de l'Homme lui-même qui récoltera cette précieuse moisson, tandis qu'un ange fera la

vendange des méchants et la jettera dans l'enfer. Tous les fléaux tomberont sur Rome idolâtre et sur son empire : la peste, désignée par les bubons; la guerre générale et civile; la sécheresse, καῦμα, si redoutée des anciens; la division et le trouble au sein de l'État; l'invasion des peuples ennemis du nom romain; la destruction de la grande ville et de toutes les cités. On entend les lamentations des idolâtres, les chants d'allégresse des chrétiens; il n'y a plus ni tyrans, ni idolâtrie : le règne de Dieu va s'établir pour durer éternellement. Depuis ce temps l'opinion s'établit parmi les chrétiens que Rome et l'empire seraient renversés; on le voit par Tertullien, Lactance et quelques autres. La prospérité des règnes de Constantin et de Théodose n'ébranla pas cette opinion. On sait comment elle fut justifiée. — Ch. XIX, XX, XXI et XXII. Description du règne du Christ, de l'abolition de l'idolâtrie, des noces de Jésus-Christ et de l'Église, et de l'établissement du christianisme. On trouve dans tous ces chapitres plusieurs passages qui font allusion à différents points de la croyance catholique : le jugement dernier, la venue de l'Antechrist, les cérémonies du baptême, etc., etc. Le règne de mille ans marque toute la durée de la religion jusqu'à la fin du monde. Cette dernière partie ne renferme plus rien qui doive s'expliquer autrement que par les coutumes de l'Église primitive et les dogmes qu'elle nous a laissés. — Nous avons tracé rapidement et à grands traits l'ensemble des faits auxquels nous pensons qu'il est fait allusion dans l'Apocalypse; nous avons négligé grand nombre de détails qui auraient confirmé de plus en plus notre système, mais il sera facile d'y suppléer. — Un lecteur attentif verra facilement que nous avons profité des lumières de Grotius, de Bossuet et de Dom Calmet; nous espérons d'ailleurs que le reproche de témérité ne nous sera point adressé.

P. J. P.

APOCATASTASE, de ἀποκαθίστημι, *je rétablis dans son premier état,* se dit de la révolution périodique qui ramène les astres au point d'où ils sont partis. Ce phénomène fournit aux anciens astronomes un moyen facile et simple de calculer le retour des éclipses : on sait que toutes les deux cent vingt-trois lunaisons, ce qui fait une période d'environ dix-neuf ans, le soleil, la lune et la terre se retrouvent, à peu de chose près, au même point du ciel. Autrefois les tireurs d'horoscopes et les faiseurs de cosmogonies se plaisaient à tous ces calculs, qui, ne reposant que sur des observations grossières, se trouvaient nécessairement inexacts. La science offre aujourd'hui des résultats précis et positifs. — Le mot d'apocatastase, dans les Pères grecs, se prend aussi dans le même sens que ἐγκαίνωσις, *renouvellement,* et se dit de cette rénovation universelle que quelques personnes attendaient, après le règne de mille ans et des saints, dont il est fait mention dans l'Apocalypse et dans quelques autres passages du Nouveau Testament. Elles croyaient, d'après l'interprétation forcée que l'on donnait aux Écritures, qu'aussitôt après la fin des persécutions le Fils de l'Homme descendrait sur la terre, et jugerait tous les hommes; qu'après qu'il aurait régné pendant mille ans, la Jérusalem céleste descendrait sur la terre, que le ciel et la terre seraient renouvelés, et qu'un nouvel ordre de choses commencerait. L'Église regarde comme tout à fait imaginaire ce règne de Jésus-Christ et des saints sur la terre pendant mille ans (*V.* MILLENAIRES), et par *apocatastase* ou *enkainose,* elle entend la béatitude éternelle.

P. J. P.

APOCAUQUE, Grec de naissance, parvint, à force d'intrigues, sous l'empereur Andronic, aux plus hautes dignités de l'empire; on le vit successivement questeur, gouverneur de la cour et grand-duc, n'ayant au-dessus de lui que l'empereur; mais il n'usa de sa haute fortune que pour conspirer, tantôt contre le successeur d'Andronic, tantôt contre Cantacuzène qu'il voulut faire assassiner. Ses manœuvres produisirent enfin la guerre civile; on lui imputa les malheurs publics, et il périt victime des fureurs populaires, le 11 juin 1345.

X. X.

APOCOPE, de ἀποκόπτω, *je retranche.* Accident de grammaire qui a lieu lorsqu'on retranche une lettre ou une syllabe à la fin d'un mot, comme dans *Nathan* mis pour *Nathanaël* (don de Dieu); *viden'* pour *videsne; horridu'* miles, dans Ennius, pour *horridus miles; dic, duc, fac, fer,* pour *dic-e, duc-e, fac-e, fer-e.* D'après la philologie moderne, il paraîtrait qu'en principe tout thème ou radical consiste en une seule syllabe, laquelle se compose toujours d'une consonne et d'une voyelle, jamais d'une voyelle et d'une consonne, ΚΑ, ΤΑ; de telle sorte que si un vocable commence par une voyelle, c'est qu'il a subi une aphérèse (*V.* ce mot); s'il finit par une consonne, il est apocopé. Cela étant, il faut admettre cette autre conséquence, que toute la linguistique peut se réduire à l'étude d'une seule question, celle de l'apocope et de l'aphérèse. Les progrès de la science sont encore trop peu avancés pour que nous osions nous prononcer sur cette question d'une manière définitive : toutefois l'opinion que nous venons de rapporter est confirmée jusqu'à présent par l'analyse des langues orientales, c'est-à-dire des idiomes les plus anciens, pères de tous les autres. En hébreu, aucune consonne n'est censée entièrement destituée de voyelle : et c'est là l'origine du *scheva*, espèce de voyelle sourde assez semblable à notre *e* muet, et qui s'écrit sous toutes les consonnes qui n'ont pas de voyelle apparente. Tous les mots chinois sans exception sont formés de l'union d'une consonne et d'une voyelle, soit pure, soit diphthongue, soit nasale : de là vient l'extrême difficulté que le peuple éprouve à prononcer les noms étrangers, où il ne manque jamais de mêler des voyelles, toutes les fois qu'il s'y rencontre deux ou plusieurs consonnes de suite, comme *sopilitou sanacoto* pour *spiritu sancto*. Quant au sanscrit, les anciens grammairiens hindous sont les premiers auteurs de cette théorie, qu'ils ont mise en pratique dans tous leurs dictionnaires. — Il ne faut pas confondre l'apocope avec la contraction, comme on l'a fait quelquefois. C'est se tromper grossièrement que de donner comme exemple de l'apocope les mots *ingeni*, *oti*, etc., pour *ingenii*, *otii*.

P. J. P.

APOCRÉAS, nom que les Grecs donnent à la semaine que nous appelons Septuagésime ; il signifie : *privation de chair*. Depuis le dimanche qui suit l'apocréas jusqu'au second jour après la Quinquagésime, jour où commence le jeûne du carême, l'usage de la viande était défendu. X. X.

' **APOCRISIAIRE**. C'était, dans l'empire romain, un officier établi pour porter les messages, intimer les ordres, déclarer les réponses de l'empereur, ou même pour juger les causes pendantes entre les soldats du palais. Ce mot vient du grec ἀπόκρισις ; réponse ; de là vient que les Latins nommaient cet officier *responsalis*, porteur de réponses. — Il devint dans la suite chancelier de l'empereur, dont il gardait les sceaux. On trouve quelquefois dans le latin barbare du moyen âge, le mot *a secreto*, secrétaire, pour apocrisiarius, que Vopiscus, dans la vie d'Aurélien, appelle *notarius secretorum*. — On donna ensuite le nom d'apocrisiaires aux diacres que les évêques, et surtout les patriarches, députaient à leurs églises pour revendiquer leurs droits, ou aux puissances temporelles pour l'intérêt de leurs églises. Ce nom fut spécialement affecté aux ecclésiastiques qui étaient envoyés de Rome pour traiter des affaires du saint-siége à la cour de l'empereur ; car, outre les sous-diacres et les défenseurs que les papes mandaient de temps en temps dans les provinces pour veiller aux intérêts de l'Église romaine, ils avaient ordinairement un nonce résidant à la cour impériale, que les Latins appelaient *responsalis*, et les Grecs *apocrisiaire*. — Il paraît que l'usage des apocrisiaires a commencé au temps de Constantin, car la conversion des empereurs dut nécessairement faire établir des correspondances entre eux et le souverain pontife. Ce n'est toutefois que sous Justinien qu'on voit pour la première fois paraître le nom de ces officiers. Ce prince en fait mention dans la sixième novelle, où il nous apprend que tous les évêques avaient des apocrisiaires. — Les monastères eurent aussi leurs apocrisiaires ; ceux-ci ne résidaient pas constamment dans la ville impériale ou à la cour, mais on les déléguait au besoin pour les affaires que le monastère ou quelqu'un des moines pouvait avoir au dehors ou devant l'évêque. La novelle 79 veut que les ascètes et les vierges consacrées à Dieu comparaissent et répondent par leurs apocrisiaires, dont les fonctions étaient à peu près semblables à celles des procureurs dans les monastères, ou des procureurs généraux des ordres religieux. — Les apocrisiaires de pape n'avaient aucune juridiction ; leur emploi se réduisait à exprimer à l'empereur les désirs ou les intentions du pape, et à transmettre au pape les réponses de l'empereur. Les papes leur déléguaient quelquefois le jugement de certaines causes. Quant au rang qu'ils occupaient, quoiqu'ils eussent la qualité de nonce, ils cédaient le pas aux évêques : dans le concile de Constantinople de l'an 536, Pélage, apocrisiaire du pape Agapet, ne signa qu'après les évêques. — Il y eut plusieurs apocrisiaires à la cour de Charlemagne et de Louis le Débonnaire. — On a depuis donné le nom d'apocrisiaire à un officier ecclésiastique de la cour des rois de France ; il était confesseur du roi, avait une juridiction sur tous les clercs du palais, et prenait connaissance des affaires de l'Église ; on le qualifiait de *custos palatii*, garde du palais ; il exerçait à peu près les fonctions attribuées au-jourd'hui au grand aumônier (*V.* AUMÔNIER, ARCHICHAPELAIN).
A. S—R.

APOCRYPHE (*littér.*), de ἀπό, loin, et de κρύπτω, je cache. Ce mot avait autrefois un sens qui répondait à son étymologie ; il signifiait caché, inconnu. Ainsi on désignait par le nom d'apocryphe toute sorte de documents écrits qu'on gardait soigneusement et dont on voulait dérober la connaissance au vulgaire. Ainsi les livres qui renfermaient les annales égyptiennes, déposés dans le sanctuaire des temples et confiés à la garde des prêtres, les livres des sibylles, gardés à Rome par les décemvirs, et dont la lecture, la vue même n'étaient permises qu'aux initiés, étaient des livres apocryphes. Plus tard, la signification d'apocryphe s'est étendue ou, pour mieux dire, elle a été détournée en grande partie de son sens primitif. On s'en est servi pour caractériser un livre, une histoire, un auteur dont l'autorité, l'authenticité, la réalité sont fort douteuses. Ainsi d'un fait dont on soupçonne la non-existence, on dira que c'est un fait apocryphe ; d'un ouvrage qu'on aura quelque raison de croire supposé, on tiendra le même langage. Quelques érudits ont regardé l'ancien historien Sanchoniation, malgré l'autorité de Philon de Byblos, ou même à cause de cette autorité suspecte, comme un personnage qui n'a jamais existé ; d'autres ont dit la même chose d'Homère ; d'autres encore ont osé mettre en problème les fabuleuses conquêtes de Sésostris, malgré les cartouches de l'obélisque ou des obélisques de Thèbes ; on peut donc dire, si l'on partage l'incrédulité de ces érudits, que Sanchoniation, qu'Homère, que Sésostris sont des personnages apocryphes, c'est-à-dire dont l'existence peut être contestée. — L'apocryphe n'est ni le pseudonyme, ni l'hypothétique ou supposé : car le pseudonyme suppose un écrivain qui, ne voulant pas, par un motif quelconque, se faire connaître en qualité d'auteur d'un ouvrage, signe d'un nom qui n'est pas le sien (*V.* PSEUDONYME) ; l'hypothétique indique une chose qui non-seulement n'est point prouvée, mais qui encore est supposée ou imaginée, et par conséquent non existante. — L'antiquité, comme nous l'avons dit, a eu ses personnages, ses livres apocryphes, dans la double acception du mot ; outre les livres égyptiens et sibyllins, on peut ranger dans la même classe les *Hymnes d'Orphée* et les *Vers dorés de Pythagore* (*V.* ces mots). Les apocryphes de la seconde espèce étaient bien plus nombreux encore ; de même que chez les modernes, les anciens attribuaient souvent à un écrivain, à un poète, à un orateur, ce qui ne lui appartenait pas. — Il existe encore un troisième genre d'apocryphes ; mais les ouvrages qui entrent dans ce genre exceptionnel constituent le plus souvent un véritable délit, qui par malheur n'est pas explicitement prévu par les lois, mais auquel pourtant il serait aisé d'appliquer certaines dispositions pénales ; c'est lorsqu'un écrivain, voulant répandre dans le monde des doctrines impies, folles, dangereuses, subversives de tout ce qui est établi, fait paraître son livre sous le nom d'un individu qui existe, et qui demeure ainsi exposé aux poursuites judiciaires, à la haine publique, au mépris des gens de bien, au ressentiment des personnes offensées. Quand Voltaire publiait ses pamphlets antireligieux sous les noms supposés de Jérôme Carré, du P. l'Escarbottier ou du P. Fatutto, de Risorius, d'Amabed, etc., tout le monde le devinait, et il était évident pour lors qu'il voulait éviter tous démêlés avec le parlement et la censure, du moins il ne compromettait personne ; mais, quand Diderot et le baron d'Holbach attribuaient à l'obscur Mirabaud, de l'Académie française, leur livre infâme du *Système de la nature*, ils commettaient l'action la plus répréhensible, composée à la fois de lâcheté et de perfidie. On peut présumer, il est vrai, par le silence que garda Mirabaud, qu'il consentit secrètement à ce que son nom fût chargé d'une iniquité, qui ne le rendait pas, sans doute, plus respectable, mais qui lui valait une célébrité qu'auraient pu lui donner ses travaux académiques.
J. DE M.

APOCRYPHE. L'antiquité païenne appela d'abord apocryphes les livres qu'on tenait enfermés et cachés pour en dérober la connaissance au vulgaire (*V.* l'article précédent) ; ce nom dans la suite ne s'appliqua qu'aux ouvrages supposés ou faussement attribués à un autre que leur auteur. C'est dans ce dernier sens seulement que les chrétiens ont donné le nom d'apocryphes à un grand nombre d'ouvrages qui s'étaient glissés au milieu des livres sacrés. Quant à ces derniers, au lieu de les tenir cachés au peuple, on leur avait toujours donné la publicité la plus grande. C'était au fond des annales que chacun pouvait consulter et lire ; et ni renfermaient aucune doctrine occulte : des poésies religieuses et nationales, qui se chantaient publiquement ; des traités de morale et de philosophie, où l'on ne trouvait que des préceptes sur la conduite de la vie ; des prophéties, que leurs auteurs récitaient sur la place publique, et qu'ils répandaient ensuite parmi le peuple. Tant qu'a duré la monarchie des Hébreux, aucun livre sacré de la nation n'a pu être apocryphe, dans le sens primitif du mot. Après le retour de Babylone, Esdras rassembla les Écritures : ce fut un travail immense auquel prirent part tous les scribes et docteurs, et dont Esdras fut le directeur suprême. Le but de cette entreprise était de constater quels étaient les livres vraiment nationaux, quels autres devaient être rejetés comme supposés. Depuis la ruine de la nation par Nabuchodonosor, on avait vu paraître journellement des prédictions de toute espèce, attribuées aux prophètes que ce peuple vénérait, et dans lesquelles on l'abusait d'espérances vaines et dangereuses : Esdras voulut arrêter ce mal dans sa source en faisant lui-même la collection des livres véritablement prophétiques. Mais son œuvre eût été sans fruit, s'il n'avait en même temps rendu accessible à tous la connaissance des livres qu'il proposait au respect et à la méditation, qu'il voulait qu'on regardât comme l'unique dépôt des traditions nationales, et des oracles qui renfermaient ses destinées. Ce fut précisément cette immense publicité qui rendait si difficile, disons mieux, impossible, l'introduction dans le canon de tout ouvrage supposé, et qui empêchait les imaginations faibles d'être séduites par des rapsodies apocryphes. Parlait-on d'une prophétie qui avait annoncé l'événement du jour, on demandait d'abord à la voir, puis, on allait chercher dans le canon d'Esdras si elle était vraiment de l'auteur et du temps auquel on la rapportait ; succombait-elle dans cet examen, elle était ironiquement déclarée apocryphe, comme si on eût voulu faire entendre qu'elle était restée si cachée qu'Esdras lui-même n'avait pu la voir. C'est dans ce sens que saint Épiphane dit que les livres apocryphes ne sont point déposés dans l'arche parmi les autres écrits inspirés ; et quand on lit dans l'Encyclopédie de Diderot que, « par rapport au juif lui-même, la qualification d'apocryphe convenait aux livres qui n'étaient pas insérés dans le canon ou, catalogue public des Écritures, » on conçoit qu'il y a là contradiction manifeste, puisqu'il n'y eut jamais de catalogue secret, et qu'une distinction que rien n'autorise est tout à fait arbitraire, pour ne pas dire qu'elle est fausse et controuvée.

— Des circonstances semblables, et des besoins analogues obligèrent, dès les premiers temps, l'Église chrétienne de faire pour ses enfants ce qu'Esdras avait fait pour les juifs. Jamais on ne vit une telle multiplication d'histoires et de révélations apocryphes, autant de relations mensongères et de contes absurdes, qu'aux trois premiers siècles de l'Église. Il n'y a pas de prophète, de patriarche, d'apôtre, de personnage quelque peu célèbre de l'Ancien et du Nouveau Testament, dont on n'ait chargé la mémoire de quelque grossière compilation. On vit paraître jusqu'à cinquante faux Évangiles ou histoires de Jésus-Christ, toutes remarquables par la puérilité et le ridicule. Les temps difficiles où l'on se trouvait aidaient encore à la supercherie, la nécessité de cacher les livres saints, le danger des assemblées ecclésiastiques, la difficulté pour les prêtres et les évêques de conférer entre eux et de s'entendre, l'espace de temps assez long pendant lequel parurent les livres du Nouveau Testament, et la distance qui séparait les églises auxquelles le dépôt en avait été confié, tout prêtait à la fraude et favorisait l'erreur. La tâche se compliquait donc pour le tribunal apostolique ; car, avant de prononcer sur la canonicité d'un livre, c'est-à-dire sur son caractère de livre inspiré, il fallait au préalable résoudre la question de son authenticité, ce qui exigeait une enquête judiciaire et des témoignages convaincants. Cela nous explique pourquoi certains livres reconnus aujourd'hui pour canoniques, tels que l'Apocalypse, l'Épître aux Hébreux, celle de saint Jude, ont été autrefois rejetés par plusieurs Pères et par quelques églises : la certitude n'étant pas encore pleinement acquise à leur égard, le consentement universel ne pouvait exister. La hardiesse des faussaires ne se contentait pas, même de fabriquer de fausses révélations, elle allait jusqu'à altérer, interpoler et tronquer les livres authentiques ; cette mauvaise foi est bien ancienne, puisque saint Jean crut devoir en préserver son Apocalypse, en adjurant tous ceux qui la transcriraient, par les menaces les plus terribles, de ne rien changer, rien ajouter, rien retrancher à sa prophétie. Saint Irénée, saint Jérôme à la fin de la Chronique d'Eusèbe, Ruffin à la suite des livres d'Origène, prirent une précaution semblable. Voici la formule qu'ils employaient : « Qui que tu sois qui transcris le présent livre, je te somme par notre Seigneur Jésus-Christ, et par son glorieux avénement dans lequel il doit juger les vivants et les morts, de collationner

soigneusement la copie que tu auras faite sur cet original, de transcrire également cette adjuration, et de la placer sur ta copie. » Au reste, c'est merveille de voir l'immense distance qui sépare les livres apocryphes des livres canoniques ; et quand l'Église n'eût prononcé sur aucun d'eux que comme tribunal littéraire, ses arrêts seraient encore des oracles de bon goût. Que l'on compare avec les ouvrages, soit historiques, soit moraux, soit prophétiques, reconnus par l'Église, les plus honorables de ces pieuses compilations, le iiie et le ive livre d'Esdras, qui s'impriment encore à la fin des Bibles ordinaires, et l'on sera surpris de la médiocrité de génie, de la faiblesse d'invention et de style qui distinguent les uns des autres. On dirait un pastiche de quelque grand poème, la Batrachomyomachie à côté de l'Iliade. Comme Saül, au milieu du chœur des prophètes, était saisi d'enthousiasme et prophétisait lui-même, les premiers fidèles, enflammés par la lecture des livres saints, se croyaient pleins de l'esprit prophétique et animés du souffle de Dieu : mais cette ardeur n'était qu'un reflet de celle des auteurs sacrés ; aussi les auteurs de livres apocryphes sont-ils inférieurs à leurs modèles autant que l'efficacité de l'homme est au-dessous de l'efficacité divine.

— Les catholiques et les protestants ont eu des disputes très-vives sur l'autorité de plusieurs livres que ces derniers traitent d'apocryphes, se fondant sur la tradition de quelques églises qui les rejetaient. Nous avouons qu'une telle controverse, de la part des protestants, nous paraît une chicane sans objet. Comment des hommes qui ne reconnaissent d'autorité que celle de la raison, peuvent-ils s'occuper de canonicité ou de non-canonicité ? Que Judith, Esdras et les Machabées, que le Pentateuque lui-même et les quatre Évangiles soient ou ne soient pas inspirés, qu'importe à des protestants ? N'est-ce pas avec les seules lumières de la raison qu'ils lisent et qu'ils expliquent l'Ancien et le Nouveau Testament ? Ne rejettent-ils pas tout ce qui répugne à leur raison, comme aussi n'adoptent-ils pas tout ce qu'elle approuve ? Si le contenu des Écritures est soumis au contrôle de la, raison humaine, à plus forte raison la canonicité tombe-t-elle sous la juridiction de la critique historique ; mais alors c'est une affaire de bibliographie et de philologie, et rien de plus. Qui dit canonicité suppose un tribunal qui admet ou rejette ; ce tribunal ne peut être que l'Église : attaquer ses décisions, c'est détruire qui fait la canonicité.　　　　　　　　　　　　　　　　　P. J. P.

APOCYN, de ἀπό, loin, et de κύων, chien (qui éloigne ou qui chasse les chiens) ; les Athéniens ont cru que les émanations de cette plante faisaient périr ces animaux. De quatre espèces du genre apocyn, qu'on regarde comme le type de la famille des apocynées (V. l'article suivant), la plus remarquable est celle qu'on appelle apocynum androsemifolium, vulgairement apocyn gobe-mouche. On lui donne ce nom parce que les mouches, attirées par le suc mielleux de ses fleurs, introduisent leur trompe entre les filets, des étamines, et se trouvent ensuite retenues par le pavillon de leur trompe, soit parce qu'il est engagé entre les anthères qui se contractent, soit parce qu'il se gonfle par les sucs aspirés, soit encore parce que, dans les efforts mêmes qu'elles font pour se retirer à reculons, leurs pattes s'attachent aux sucs visqueux qui sortent de la fleur. — On doit remarquer encore l'apocyn cannabinum, originaire de l'Amérique, et qui fournit aux naturels une espèce de filasse grossière dont ils fabriquent des tissus. M. de la Rouvière paraît être le premier qui soit parvenu à carder cette filasse (en 1760), après l'avoir exposée à la vapeur de l'eau chaude. — L'apocyn s'est acclimaté en France sans beaucoup de peine, principalement dans nos provinces de l'ouest ; il croît même spontanément sur les dunes de la Rochelle, ce qui indique qu'il s'accommode d'un terrain de qualité médiocre. La tige de l'apocyn cultivé dans les jardins est annuelle, et donne un fruit qui, en s'ouvrant, laisse échapper un flocon de matière soyeuse, long d'environ quinze à vingt lignes ; les graines sont enveloppées dans ce flocon, qu'on laisse sécher pour les en séparer ; il reste ensuite qu'une espèce de coton très-fin, qui s'emploie à différents usages, pour la fabrication des chapeaux, des velours, des molletons, des flanelles, de la bonneterie, etc. ; on en tire aussi les ouates dont on se sert pour doubler des pelisses, des robes de femme, des couvertures, etc. — Si l'on met rouir, comme le lin et le chanvre, la tige de l'apocyn, on en tire un fil très-fort et très-fin.　　　X. X.

APOCYNÉES (bot.), famille naturelle de plantes (Juss.), de la division des dycotylédonées. Caractères : arbres, arbrisseaux, herbes annuelles, rameaux et tiges le plus souvent lactescents, tétragones, quelquefois noueux et volubiles ; feuilles opposées, verticillées, simples, entières, à veinules parallèles ;

fleurs en cime ou en forme de corymbe, axillaires, hermaphrodites, régulières; calice libre, herbacé, persistant, monophylle, à cinq ou rarement à quatre divisions; corolle hypogyne, caduque; monopétale quinquéfide; les lobes de la corolle alternant avec les divisions du calice; étamines au nombre de cinq, très-rarement quatre, épipétales, alternant avec les lobes de la corolle; filaments ordinairement non soudés; anthères biloculaires, libres ou adhérentes au stigmate, déhiscentes au moyen d'une fente longitudinale; pollen granuleux, immédiatement appliqué sur le stigmate; ovaire supère, biloculaire, surmonté d'un style et stigmate simple; fruit capsulaire, bivalve; ovules en nombre indéfini; embryon droit, foliacé. — Les apocynées ont beaucoup d'affinité avec les asclépiadées, les gentianées et les rubiacées. Les plantes de cette famille n'aiment point les pays froids; elles croissent naturellement dans l'hémisphère austral de l'Amérique, aux environs de la zone torride. Quelques-unes (*spigelia marilandica*) sont employées comme vermifuge, dans le nord de l'Amérique; elles jouissent presque toutes de propriétés éminemment purgatives; elles sont vénéneuses (*strychnos*); administrées à haute dose, elles produisent des effets narcotiques, des mouvements spasmodiques des muscles de l'œil, la dilatation de la pupille, des convulsions et même la mort. Les principaux genres de cette famille sont 1° *echitea*, L, 2° *apocynum*, 3° *rauwolfiea*, 4° *carissea*, L, 5° *strychnos*. — En général, les divers genres et les espèces de cette famille sont encore mal connus. (*Apocyn.*, Juss. Gén. 143. R. Brown, Prodr., 465 (1810). Lindl., Synop., 176 (1829). Strychn., Blume Bijdr. 1018 (1826). **F. Hœfer.**

APODACRYTIQUE (*méd.*), de ἀπό et de δάκρυ — larme: Nom que les anciens donnaient à certaines préparations qui excitaient les larmes, et ensuite les arrêtaient.

APODE de α privatif, et de πόδος génitif de πούς, pied, qui n'a pas de pieds. Ce nom a été fait pour désigner certains oiseaux qui ont les pieds fort courts, tels que le martinet noir, et surtout l'oiseau de paradis qu'on a cru longtemps dépourvu de pieds, parce que tous ceux qu'on apportait en Europe empaillés, avaient été privés de leurs pattes. Ce nom a été donné ensuite aux poissons qui n'ont pas de nageoires ventrales ou aux poissons anguilliformes, comme les gymnotes, les murènes, etc. On a aussi compris dans la classe des apodes les serpents, les annélides, les larves de beaucoup d'insectes. Les anciens appelaient apode une marmite sans pieds. **X. X.**

APODICTIQUE, de ἀποδεικτικός, prouver d'une manière claire, évidente, convaincante. Ce terme de logique, assez peu usité, a été remis en honneur par les écrivains de l'école allemande; mais sa signification est modifiée. On s'en sert pour exprimer une opération de l'esprit par laquelle on porte sur une chose un jugement qui nous semble nécessaire, c'est-à-dire rendu nécessaire par les inductions tirées des principes qui se rapportent à cette chose, de sorte que le jugement soit le résultat, non de l'expérience acquise, mais du raisonnement. On emploie encore ce même mot pour : connaissance des bases positives de la science humaine. Maintenant, à ces profonds penseurs, créateurs de la philosophie apodictique, on pourrait demander s'il est possible que la raison humaine, si sujette à l'erreur, surtout lorsqu'elle veut parcourir le champ de la métaphysique, puisse partir de principes tellement positifs et certains que leurs conséquences soient inévitables; s'il est possible à l'homme, à qui tant de choses sont encore et seront toujours inconnues, de poser, sans se tromper, les bases de la science, bases nécessaires, précises, invariables, inaltérables; et si rien de tout cela n'est possible, qu'est-ce, en vérité, que cette philosophie apodictique, éclose de quelque cerveau malade? **J. de M.**

APODIOXIS, de ἀποδιώκω (je repousse loin), figure de rhétorique par laquelle on rejette une objection comme absurde, en manifestant qu'une sorte d'indignation causée par l'emploi d'un tel moyen. Il ne faut pas confondre l'apodioxe avec l'apodoce, autre figure par laquelle les derniers membres d'une période offrairaient une opposition plus ou moins marquée avec les premiers membres.

APODIPNE ou **APODEIPNE**, de ἀπό et de δεῖπνον, souper. C'était le nom donné aux chansons qu'on chantait après le souper. Les Latins les appelaient *post-cœnia*. Apodipne est encore un terme de liturgie employé dans l'Église grecque pour désigner l'office que les catholiques appellent *complies*. L'apodipne se divise en grand et petit: le premier est réservé pour le carême, le second sert pour tout le reste de l'année.

APODOPNIQUE (*phys.*), se dit de ce qui est propre à rétablir la respiration chez les personnes asphyxiées. Ce mot vient de ἀποδός, retour, et de πνέω, je respire.

APODYTÉRION (*hist. anc.*), pièce des anciens thermes et de la palestre, où les baigneurs et les lutteurs quittaient leurs habits, soit pour entrer au bain, soit pour les exercices gymnastiques. Aux thermes de Dioclétien l'apodytérion était un grand salon octogone oblong, dont chaque face formait un demi-cercle. La voûte était soutenue par plusieurs colonnes élevées. **N. M. P.**

APOGÉE, de ἀπό, longé, et de γῆς, terra: nom de l'apside supérieure ou éloignée de l'ellipse solaire. L'apside inférieure a été nommée périgée. Ces mots ne s'emploient que lorsque la terre est au foyer de l'ellipse, tandis que les expressions aphélie et périhélie supposent que le soleil occupe ce foyer. Ainsi, dans notre système solaire, quel que soit le corps planétaire que l'on considère, on peut y appliquer les mots aphélie et périhélie. Il est donc évident que les diverses méthodes données pour leur mouvement serviront également à déterminer l'apogée ou le périgée. — Dans le mouvement annuel de la terre autour du soleil, c'est à peu près au solstice d'hiver qu'elle se trouve à son périgée, c'est-à-dire au point le plus rapproché de cet astre. La terre atteint, vers l'autre solstice, l'apogée, ou le point le plus éloigné. — A l'apogée le diamètre solaire est de 31' 31'', au périgée, il est de 32' 35'6. Bien que la différence soit légère, il en résulte pourtant que les deux lignes de la plus grande et de la plus petite distance, dont un peu inégales. Ces distances étant en raison inverse des diamètres apparents, on a l'équation $\dfrac{AS}{SP} = \dfrac{32'\ 35'',6}{31'\ 31''}$, c'est-à-dire que si la plus grande distance est diminuée de son trentième, il reste la plus petite. Le calcul donne pour la distance du soleil à la terre, en supposant le rayon terrestre égal à 1,432 lieues de 2,280 toises:

Apogée	34,501 rayons terrestres,	ou 35,085,432 lieues.
Périgée	33,691	33,925,512
Moyenne	34,096	34,505,472

— Ainsi la plus grande distance surpasse la moyenne de 580,000 lieues, quantité très-petite comparée aux dimensions de l'orbe. — L'espace angulaire que le soleil semble décrire chaque jour, varie avec le diamètre apparent, c'est-à-dire avec l'éloignement; mais en comparant les dimensions des deux rayons vecteurs aux accroissements de ces angles, on reconnaît que ceux-ci sont plus grands qu'ils ne doivent l'être, à raison du seul changement de distance. Ainsi, au périgée, où le diamètre apparent est de 32' 35'',6, le soleil nous semble décrire en vingt-quatre heures un arc d'écliptique de 61' 9'',9, tandis que cet arc n'est que de 57' 11'',5 à l'apogée, où le diamètre est de 31' 31''. D'où il suit qu'un observateur placé dans le soleil verrait décrire à la terre un arc d'environ 61' au périgée, et de 57' à l'apogée. Si le rapport des arcs décrits était égal au rapport des diamètres apparents, qui est l'inverse des distances, c'est-à-dire si $\dfrac{61'\ 9'',9}{57'\ 11'',5}$ était égal à $\dfrac{32'\ 35'',6}{31'\ 31''}$, et qu'une égalité semblable subsistât pour un point quelconque de l'orbite, on en conclurait que le mouvement annuel est uniforme, et que la différence des distances est la seule cause du changement apparent de vitesse apparente; mais ces deux rapports n'étant jamais égaux, on est forcé d'en conclure que la terre éprouve un ralentissement réel à mesure qu'elle s'éloigne du soleil, et une accélération quand elle s'en approche. Ainsi, sa vitesse est plus grande au périgée qu'à l'apogée. — L'apogée est proprement le point de la plus grande distance d'une planète à la terre, et le périgée le point où cette distance est la plus petite. — Par extension on dit que la lune est apogée ou périgée, pour indiquer qu'elle est à sa plus grande ou à sa plus petite distance de la terre, autour de laquelle elle circule. Le lieu de l'apogée et celui du périgée de l'orbite lunaire changent continuellement, par l'effet du phénomène connu sous le nom de révolution des *apsides de la lune*, et qui s'effectue dans une période de 3232 jours, 5753. Ce changement n'est point uniforme; ses irrégularités ne deviennent sensibles que dans un grand intervalle de temps. — Le Bureau des longitudes a calculé qu'en 1840, la lune sera apogée, pour Paris, les 27 janvier, 24 février, 23 mars, 19 avril, 17 mai, 13 juin, 10 juillet, 7 août, 4 septembre, 1er et 29 octobre, 26 novembre et 23 décembre. — Elle sera périgée, les 15 janvier, 11 février, 7 mars, 4 avril, 2 et 30 mai, 25 juin, 26 juillet, 23 août, 17 septembre, 13 octobre, 10 novembre et 9 décembre.

Van-Tenac.

APOGOGNE, mot grec employé dans l'ancienne tactique militaire pour désigner une évolution qui consistait à faire rompre une ligne de soldats pour les mettre en colonne.

APOGONS (*hist. nat.*); genre de poissons de la famille des percoïdes de Cuvier. On en compte plusieurs espèces, toutes étrangères à nos mers; à l'exception de l'apogon commun (*rex mullorum*, roi des rougets). Il est long de six à sept pouces, a la tête courte, la bouche peu fendue, est couvert d'écailles minces, excepté sur le crâne et aux mâchoires; la première dorsale à six rayons épineux; la seconde à dix rayons, dont le premier seul est épineux; dix rayons mous aux pectorales; autant à l'anale, qui en a de plus un épineux; dix-neuf à la caudale. *Couleur* : très-beau rouge à reflets dorés. — La chair de ce poisson est très-délicate; c'est un des meilleurs mets que fournit la Méditerranée. Sur les côtes de cette mer on l'appelle *rouget*; il est d'une qualité bien supérieure à celle des rougets de Paris.

APOGRAPHE, de ἀπό et de γράφω, je transcris; c'est la copie d'un écrit, et l'opposé d'*autographe*, qui se dit d'un écrit original.　　　　　　　　　　　　　　　　X. X.

APOJOVE (du grec ἀπό, loin, et du latin *Jovis*, de Jupiter), nommé par quelques astronomes à la plus grande distance des satellites de Jupiter à cette planète, c'est-à-dire de l'apside supérieure de leurs orbites. Le point diamétralement opposé se nomme *périjove*.　　　　　　　　　　　　　V. T.

APOKOLOKINTOSE, mot grec formé de la préposition ἀπό, de, et de κολοκύντη, citrouille; titre d'une satire en vers et en prose, dans laquelle Sénèque, son auteur, raconte la métamorphose de Claude en citrouille.

APOLDA, petite ville, peuplée d'environ 3500 habitants, dans le duché de Saxe-Weimar, non loin de la capitale; on y fait un très-grand commerce de bas fabriqués au métier; on en exporte des quantités immenses.　　　　　　　　X. X.

APOLLINAIRE (CLAUDE), évêque d'Hiéraple, en Phrygie. Dès les premiers siècles de l'Église, le christianisme se vit obligé de lutter, non pas seulement contre le paganisme qui le persécutait brutalement, mais encore contre l'hérésie qui le déchirait intérieurement, et contre la philosophie ancienne qui fournissait des arguments aux chrétiens égarés. — Il était réservé, du reste, à certains athlètes puissants de combattre à la fois tous les ennemis de la vérité; de ce nombre fut saint Apollinaire. — Aux païens il oppose des livres où il combat par la raison seule leurs idées absurdes sur la Divinité; aux hérétiques, il oppose de savants traités où il dévoile la véritable source de leurs erreurs. Mais il ne lui suffit pas de foudroyer les ennemis de l'Église naissante, il veut encore justifier les chrétiens des crimes dont on les accuse, et c'est à l'empereur philosophe, à Marc-Aurèle, qu'il adresse leur apologie.—Nous ignorons absolument l'époque précise de la mort de saint Apollinaire; nous n'avons même conservé de ses œuvres que quelques fragments de commentaires sur l'Ancien Testament. — Mais Photius avait lu tout ce qu'il avait écrit, et il parle de ses ouvrages avec éloge.　　　　　　　　　　　　HENRI PRAT.

APOLLINAIRE L'ANCIEN, ainsi nommé pour le distinguer de son fils, était né à Alexandrie. Il enseigna la grammaire et les lettres, d'abord à Béryte, ensuite à Laodicée (de Syrie). Ayant perdu sa femme, pendant son séjour dans cette ville, il entra dans les ordres et arriva bientôt à la prêtrise. — Sous le règne de Julien, les sourdes persécutions de l'Apostat fournirent à Apollinaire l'occasion d'acquérir une réputation qui devait lui devancer la triste célébrité de son fils. Dans l'espérance d'étouffer le christianisme, l'empereur avait défendu à tous les sectateurs du *Galiléen* d'enseigner la grammaire et la rhétorique, prétendant que ceux qui répudiaient les dieux d'Homère, de Démosthène, de Cicéron et de Virgile, devaient se contenter de lire et de commenter dans leurs réunions les écrits de Luc et de Matthieu. En condamnant ainsi la jeunesse chrétienne à l'ignorance, il pensait débarrasser le polythéisme d'adversaires aussi redoutables par leurs lumières que par la pureté de leurs doctrines. Pour remédier au danger dont la religion était menacée, les maîtres chrétiens ne craignirent pas d'entreprendre un travail que la foi seule pouvait rendre possible : c'était de composer, sur des sujets sacrés, des ouvrages imités des anciens. Apollinaire fut un de ces auteurs les plus féconds. De concert avec son fils, il publia, en peu de temps, divers ouvrages en prose et en vers; qui, suivant Sozomène, ne le cédaient en rien à ceux des écrivains les plus célèbres de l'antiquité pour la disposition, la forme et l'expression de la pensée. Il montra même en cela un génie d'autant plus remarquable qu'il était obligé de se plier aux exigences des genres les plus opposés. En n'admettant qu'une partie de ces éloges, toujours est-il qu'Apollinaire devait posséder un talent supérieur pour les avoir mérités. Telle est l'opinion du

savant Brucker. — Pour composer une épopée dans le genre homérique, il mit en vers héroïques les livres de l'Ancien Testament, jusqu'au règne de Saül, qu'il divisa en vingt-quatre chants distingués par les vingt-quatre lettres de l'alphabet. Il composa aussi, sur des sujets sacrés, des comédies, des tragédies et des poésies lyriques dans lesquelles il chercha à imiter Ménandre, Euripide et Pindare. Les autres ouvrages des deux Apollinaire sont : les quatre Évangiles en forme de dialogues, à la manière de Platon; une paraphrase des psaumes en vers hexamètres; trente livres contre Julien; une tragédie sur la Passion de Jésus-Christ. A la mort de Julien, la persécution contre les chrétiens ayant cessé, tous ces écrits tombèrent dans l'oubli; aussi ont-ils péri presqu'en totalité; le dernier seul se trouve dans les œuvres de saint Grégoire de Nazianze auquel on l'avait faussement attribué. On ignore l'époque de la mort d'Apollinaire.

APOLLINAIRE LE JEUNE, fils du précédent. Ce n'est pas sans regret qu'on est forcé de le mettre au nombre des ennemis de la foi; car, du témoignage même de ses adversaires, c'était un homme d'une piété douce et éclairée, d'un rare talent, d'un esprit supérieur. Uni d'abord par une communauté de vues et de sentiments aux plus grands évêques de son temps, les Basile, les Grégoire, les Athanase, il donna ensuite le déplorable exemple des erreurs où peuvent entraîner une trop grande confiance en soi-même et l'orgueil du savoir. Son père se plut à cultiver l'intelligence naturelle de son fils, et, grâce à ses soins, l'élève surpassa bientôt le maître. Le jeune Apollinaire était profondément versé dans les sciences de la Grèce et nourri de la lecture de ses philosophes : sa puissance d'argumentation, sa faconde le mettaient au rang des plus illustres Pères de son temps; il devait à sa connaissance de l'hébreu, de posséder les saintes Écritures, mieux même que saint Grégoire et saint Basile. — Comme son père, il enseigna la rhétorique et les belles-lettres; et au nombre de ses disciples il compta saint Jérôme. Il était lecteur de l'église de Laodicée, lors du passage de saint Athanase en cette ville en 349. Les marques de respect et d'affection que reçut de lui l'illustre proscrit excitèrent le courroux de George, évêque de la ville et furieux arien. Il prit prétexte des rapports d'Apollinaire avec le prélat excommunié pour le séparer temporairement de l'Église. Déjà antérieurement les deux Apollinaire avaient encouru les censures de leur évêque à cause de leur liaison avec le sophiste païen Épiphane. (Un jour qu'ils se trouvaient chez Épiphane, celui-ci lut un hymne à Bacchus, qui commençait par la formule ordinaire : une invitation aux profanes de sortir; plusieurs des spectateurs se retirèrent; mais les deux Apollinaire restèrent et applaudirent à l'œuvre du païen.) On a cru, avec peu de vraisemblance, trouver dans le dépit que lui causa cette double punition, le motif qui précipita Apollinaire dans l'hérésie. — Comme son père, il fit d'abord servir son éloquence et son savoir à la défense de l'orthodoxie, il combattit l'arianisme, et, ainsi que nous l'avons dit dans l'article précédent, il composa, en commun avec son père, plusieurs ouvrages avec lesquels il devint possible aux chrétiens d'éluder les ordres tyranniques de Julien l'Apostat. Ce fut probablement en récompense de ses services, et parce qu'on ignorait ses principes, qui commençaient à peine à se répandre, qu'il fut appelé au gouvernement de l'église de Laodicée, comme évêque, vers 363. — Après avoir été l'un des plus fermes défenseurs de la consubstantialité, cet illustre champion, *magnus ille agonista*, comme l'appelle saint Cyrille, tomba à son tour dans l'hérésie. En voulant scruter trop profondément l'impénétrable mystère de l'Incarnation, ses yeux éblouis ne virent plus que ténèbres, sa raison chancela et l'esprit de Dieu se retira de lui. Il avança, peut-être sans intention coupable, une opinion qu'il soutint ensuite avec toute l'obstination de l'orgueil qui ne veut pas reconnaître qu'il a pu faillir. C'était le germe de l'hérésie d'Eutychès. Il prétendit que la Divinité s'était bien incarnée, mais que, *le logos*, l'éternelle sagesse, avait tenu en Jésus la place d'une âme humaine et en avait rempli les fonctions. D'après cette doctrine, il reconnaissait que l'essence impassible avait été soumise à la douleur et aux angoisses de la mort, que la source de toute science n'avait pas été exempte d'ignorance, et qu'enfin le principe de toute existence s'était éteint sur le Golgotha. Aussi, comme effrayé des conséquences de cette opinion, il amenda son idée première en ajoutant que Jésus possédait bien une âme, mais purement sensitive, sans raison ni entendement, présidant simplement aux fonctions de la vie animale, tandis que le logos dirigeait les actes intellectuels du Christ. Cette distinction qui, au dire de Némésius, était suivie par les néoplatoniciens, par Plotin entre autres, il l'avait puisée dans les principes de la philosophie pythagoricienne qui admet dans l'homme deux substances spirituelles, l'une supérieure, exempte de passions, pure intelligence, source du raisonnement; l'autre subordonnée, incapable de raisonner, capable seulement de sentir. Une des raisons dont il se servait pour appuyer son opinion, c'est qu'il est défendu par Dieu même d'adorer une créature quelque élevée qu'elle puisse être, et qu'on devait craindre d'adorer en Jésus-Christ sa nature humaine. Aussi les apollinaristes appelaient-ils les orthodoxes *anthropolâtres*; ceux-ci à leur tour les flétrissaient du nom de *sarcolâtres*, parce qu'ils adoraient le corps du Christ. En effet, Apollinaire ou ses disciples prétendaient que le corps de Jésus-Christ était incréé, qu'il était venu du ciel impassible et incorruptible, établissant par là une *quaternité*. — A cette hérésie qui anéantissait les mérites du Sauveur et conséquemment le mystère de la Rédemption, les apollinaristes ajoutèrent d'autres erreurs empruntées à d'anciennes sectes, telles que celles de Sabellius et des millénaires (*V*. ces mots). Ils mettaient aussi des degrés dans les trois personnes de la Trinité, la composant d'un grand, d'un plus grand, d'un très-grand: *Scalam Divinitatis*, dit saint Grégoire, *quæ non in cœlum deducit, sed è cœlo dejicit*. — La vénération qu'inspirait le caractère de l'évêque de Laodicée, sa piété connue, les services par lui rendus à la religion, firent qu'on se refusa longtemps à croire qu'il eût pu déserter la bannière de l'orthodoxie. Son disciple Vital, qu'il avait institué évêque d'Antioche, parvint même à tromper le pape Damase, bien que les ménagements dont usèrent d'abord envers lui saint Basile et saint Grégoire laissèrent planer sur eux quelques soupçons. — Le système d'Apollinaire fut ensuite vivement combattu par ces deux grands hommes, par saint Athanase, saint Grégoire de Nysse, Théodoret et saint Ambroise. Saint Athanase le condamna dans le concile d'Alexandrie en 362, sans toutefois prononcer le nom de son auteur. Il fut de nouveau anathématisé par le pape Damase, dans les conciles de Rome en 374, 377 et 378, et la sentence fut confirmée dans le second concile œcuménique de Constantinople en 381. L'empereur Théodose rendit en 383, contre les apollinaristes, un décret par lequel il leur était défendu de s'assembler même dans les maisons particulières, et qui permettait aux catholiques de les empêcher de le faire. Un autre décret du même empereur (388) enjoint de les chasser des villes, et leur défend d'instituer des évêques et des clercs. — Les apollinaristes, après s'être divisés en plusieurs sectes, finirent par se confondre dans celle des eutychéens. Le ministre anglican Whiston a, dans le dernier siècle, renouvelé l'erreur principale d'Apollinaire. Celui-ci mourut, à ce que l'on croit, vers 392, sans donner le moindre signe de repentir. — Outre les ouvrages dont nous avons parlé dans l'article précédent, à la composition desquels Apollinaire eut la plus grande part, il en écrivit pour la défense de son système un grand nombre qui sont rapportés par son disciple Timothée. Il fit en outre une version de la Bible, dans laquelle saint Basile lui reprocha de trop négliger le sens littéral pour le sens allégorique; pour cette raison, elle fut également rejetée par les chrétiens et par les juifs. Saint Grégoire le blâme aussi d'avoir substitué des psaumes de sa composition aux cantiques tirés de l'Écriture qu'on chantait dans les églises.

APOLLINAIRE (Caïus Sollius Sidoine), né à Lyon vers 430, était d'une famille sénatoriale des Gaules. Son grand-père, qui, le premier de sa race, se convertit au christianisme, avait été préfet des Gaules, et son père fut aussi revêtu de cette éminente dignité sous Valentinien III (448 ou 449). Le jeune Sidoine reçut une éducation conforme à son illustre naissance. Nœnus lui donna des leçons de poésie, et Eusèbe de philosophie. Doué d'une intelligence prompte, il fit de rapides progrès dans les études diverses auxquelles il se livra, et il acquit cette variété de connaissances qui devaient en faire un des hommes les plus remarquables de la Gaule. — Héritier d'un nom auquel se rattachaient tant de souvenirs glorieux pour lui et sur lequel il devait jeter encore plus d'éclat, Sidoine chercha de bonne heure les moyens d'atteindre le but que son ambition convoitait; son mariage avec Papianille, fille d'Avitus, noble d'Auvergne, sembla devoir réaliser promptement ses projets. En effet, Avitus étant devenu empereur peu après, la carrière des honneurs s'ouvrait sans limites pour Sidoine. Il accompagna à Rome le nouveau souverain et prononça son panégyrique en présence du peuple et du sénat (455). Cependant il ne paraît pas qu'il ait obtenu de son beau-père autre chose qu'une vaine distinction honorifique: une statue d'airain placée parmi celles des autres poëtes que renfermait la bibliothèque Trajane. Avitus ne garda pas longtemps la pourpre impériale, malheu-

reusement pour la réalisation des projets ambitieux de Sidoine: un barbare l'avait imposé aux Romains, ce même barbare le fit descendre du trône, et sans doute ordonna sa mort. (*V*. Avitus, Ricimer.) — Sidoine revint alors en Gaule et prit une part active aux menées de la faction gauloise qui, soutenue par le roi des Visigoths, Théodoric (*V*. ce nom), voulait donner un successeur à Avitus. C'était à Lyon que les rebelles avaient concentré leurs forces: le nouvel empereur Majorien marcha contre cette ville dont il se rendit maître. Sidoine obtint sa grâce du vainqueur et parvint même à faire accorder à sa ville natale quelques faveurs dont elle semblait s'être rendue indigne par sa rébellion. Séduit par l'esprit de justice, l'indulgence et les mâles vertus de Majorien, Sidoine prononça publiquement le panégyrique de cet empereur (458). Peut-être aussi cette admiration n'était-elle pas tout à fait désintéressée, peut-être Sidoine voulait-il seulement par là faire oublier ses torts et se préparer un moyen d'arriver aux honneurs, but de toutes ses pensées. — A la mort de Majorien, Sidoine sembla renoncer totalement à la poursuite de ses plans d'élévation, et, tout le temps du règne de Sévère, il se tint à l'écart dans sa maison d'Avitac en Auvergne, ne s'occupant que de ses travaux littéraires, de ses affaires domestiques, et jouissant de tous les plaisirs des riches oisifs de cette époque. Mais lors de l'avénement d'Anthémius au trône, il parut avec plus d'éclat sur la scène politique. Pendant le règne nominal de Sévère, les provinces de la Gaule, qui appartenaient encore à l'empire, avaient refusé de reconnaître la créature de Ricimer (*V*. Égidius); elles accueillirent avec joie la nouvelle de l'élévation d'Anthémius, et une députation fut chargée d'aller porter au pied du trône impérial le tribut de leur hommage. Sidoine fut le chef de la députation. En choisissant le gendre d'un ancien empereur, un homme dont le nom était déjà connu à Rome, les Gallo-Romains espéraient faire accueillir mieux les demandes que leurs envoyés devaient adresser au nouveau souverain: ils ne se trompèrent pas. Bien conseillé par un de ses amis, Sidoine qui, pendant toute cette époque de sa vie, s'est montré assez étranger à toute conviction politique, Sidoine, en courtisan habile, prononça le 1er janvier 468 le panégyrique d'Anthémius qui prenait possession du consulat. Son zèle intéressé fut couronné d'un plein succès. Nommé préfet de Rome, et successivement patrice, il ne lui restait plus à obtenir que la dignité consulaire pour se placer au niveau des personnages les plus éminents de l'État. La position du nouveau préfet lui permit d'influer puissamment sur les décisions du prince dans l'intérêt de sa patrie et de ses amis. On en trouve une preuve dans la nomination aux principales magistratures des Gaules de Gaudentius, Arvandus, Ecdicius et quelques autres, tous amis ou parents de Sidoine. Aussi crut-il son honneur autant que son amitié intéressés à défendre le coupable Arvandus, accusé devant le sénat d'avoir voulu livrer la Gaule au roi des Visigoths, et ce ne fut qu'à la chaleureuse intervention de Sidoine que l'ex-préfet dut la conservation de sa vie. On ignore quel motif fit renoncer Sidoine à ses fonctions, il n'en parle dans aucune de ses lettres; peut-être l'événement que nous venons de rapporter n'y fut-il pas étranger. C'est de ce moment que commence pour lui une nouvelle existence. Jusqu'alors nous l'avons vu uniquement occupé de pensées d'ambition, variant sans cesse dans sa conduite politique et recherchant surtout les joies de la terre; maintenant nous le verrons intervenir, et, plus immédiatement, dans les affaires de son pays; mais des vues pures et désintéressées le guideront dans sa nouvelle carrière; sa marche sera ferme et assurée; sa force lui viendra d'en haut. Il était revenu se fixer à Clermont, lorsqu'en 471 il fut appelé, par le choix unanime des habitants de cette ville, à remplacer leur évêque Éparche qui venait de mourir. Son éloquence, son savoir, l'illustration de sa famille déterminèrent seuls sans doute ce choix; car, jusqu'à ce jour, Sidoine avait montré peu de vertus chrétiennes. Il n'était même pas clerc, sa femme vivait encore et survécut trois ans à son élévation. Cependant, malgré ses refus, il se vit contraint de céder aux instances de ses concitoyens, en acceptant le gouvernement du diocèse de Clermont, qui comprenait alors toute l'Auvergne. En changeant de condition, Sidoine changea totalement de caractère, de manière d'être. Une humilité profonde remplaça ses idées d'orgueil et d'ambition; ses richesses ne furent plus consacrées à lui procurer les jouissances de la vie, mais, converties en aumônes, elles allèrent partout chercher les malheureux; sa piété fervente devint un sujet d'édification. Abandonnant la poésie, comme indigne d'un évêque, il se livra à l'étude des saintes Écritures avec tant de zèle que bientôt il fut regardé comme un des flambeaux de l'Église gallicane. Les félicitations et les·encouragements qu'il·reçut des évêques les plus distingués de l'époque prouvent combien ils le jugeaient digne de prendre place dans leurs rangs. Parmi eux nous citerons saint Loup, évêque de Troyes, saint Euphrème d'Autun, saint Remi de Reims, saint Mamert de Vienne, saint Prosper d'Orléans. « Je vous embrasse et je vous honore, lui écrivait saint Loup, non plus comme un prince de l'empire, mais comme un prince de l'Église, comme mon fils par l'âge, mon frère par la dignité et mon père par le mérite. » Les vertus épiscopales de Sidoine obtinrent un hommage bien flatteur, lorsque le peuple de Bourges s'en remit à lui du choix de son archevêque. Il nomma Simplice. Ce fut alors qu'il donna une preuve de son extrême facilité, en composant, dans l'espace d'une courte nuit d'été, le discours qu'il prononça devant le peuple pour justifier son choix. — La crise politique qui, à cette époque, tirait à sa fin, le mit à même de montrer tout ce que peut l'énergie du patriotisme soutenue par une fervente piété. L'empire d'Occident s'en allait pièce à pièce sous les coups des barbares, le roi des Visigoths, Euric (*V*. ce nom), convoitait les provinces de la Gaule méridionale qui confinaient à ses États : la riche et fertile Auvergne en était la plus voisine ; ce fut contre elle qu'il dirigea d'abord ses efforts. Constamment sillonné par les armées des barbares, ce malheureux pays devint un théâtre de désolation. Pour fléchir la colère divine, Sidoine introduisit dans son diocèse *les Rogations* que saint Mamert avait depuis peu instituées à Vienne. « Ce qui fait notre force, écrivait-il à saint Mamert lui-même, ce ne sont pas nos remparts calcinés, nos machines vermoulues, nos murailles usées par le frottement des poitrines de nos sentinelles, c'est l'institution des Rogations. » Mais en même temps le pieux évêque ne négligea pas de recourir à d'autres moyens de salut, et il fut puissamment secondé dans ses efforts par le brave Ecdicius (*V*. ce nom), le noble fils de l'empereur Avitus. Plusieurs fois, mais toujours sans succès, les Visigoths vinrent se ruer sur les remparts de Clermont : le siége le plus remarquable qu'ils en firent fut celui de 474. Aux maux de l'invasion, aux horreurs de la famine s'étaient jointes les divisions intérieures ; il fallut toute la fermeté, toute la prudence de Sidoine pour calmer les dissensions qu'avait fait naître l'excès des souffrances. Enfin, effrayés de leurs pertes, les Goths se retirèrent une fois encore. Mais à peine les Arvernes commençaient-ils à respirer que leur joie se changea en désespoir ; ils apprirent que leurs efforts héroïques ne devaient être sans résultat. Des négociations étaient entamées entre l'empereur et le prince goth qui, pour condition première de cette paix sollicitée par Népos, exigeait impérieusement la cession de l'Auvergne. Les représentants de l'empereur étaient Græcus de Marseille, Fauste de Riez, Léontius d'Arles, tous trois frères de Sidoine par l'épiscopat. Celui-ci écrivit énergiquement au premier pour l'engager à éloigner de son malheureux pays le joug odieux d'un arien, d'un barbare. Il se plaint amèrement que l'on jette une province entière·comme une proie aux barbares. « C'est au prix de notre esclavage, dit-il, que l'on achète la sécurité de l'empire… Nous faut-il combattre? être encore assiégés, encore affamés? nous sommes prêts… Mais si vous ne pouvez nous sauver, alors apprêtez des terres pour les exilés, des rançons pour les captifs ; si nos portes s'ouvrent aux ennemis, que les vôtres ne soient pas fermées à des hôtes nouveaux. » Les plaintes du courageux évêque ne furent pas écoutées ; le lâche Népos n'osa pas même confier au désespoir des Arvernes la défense de leur liberté : de peur d'être trahi, il fit signifier qu'il n'appartenaient plus à l'empire. A cette nouvelle, ceux qui s'étaient montrés les adversaires les plus obstinés d'Euric prirent la fuite pour échapper à la colère de leur·nouveau maître. Prêt à tout souffrir, l'évêque de Clermont crut devoir rester à son poste. Le barbare irrité lui fit en effet sentir le poids de son ressentiment. Sidoine fut enfermé dans le château de Liviane, situé entre Narbonne et Carcassonne (maintenant Capendu). Il ne dut sa liberté qu'à l'intercession de Léon, ministre d'Euric, qui avait une haute estime pour le caractère de Sidoine. Soit par le conseil de son protecteur, soit par tout autre motif, à son retour de sa captivité il se rendit à Bordeaux, où il attendit deux mois une audience de son nouveau souverain. Ce fut pendant ce séjour forcé dans la résidence royale qu'il traça de la cour d'Euric un tableau qui donne une idée de la puissance formidable de ce prince. — Nous n'avons aucun renseignement sur les dernières années de Sidoine après son retour dans son diocèse ; on sait seulement qu'il fut en butte à de mauvais traitements de deux prêtres de son église qui voulurent lui en ôter la direction, mais qui ne réussirent que momentanément

dans·leurs coupables desseins. On peut se faire une idée de la· tendre affection que l'évêque de Clermont avait su inspirer aux habitants de cette ville, par la douleur que leur causa sa mort. Sentant approcher l'instant fatal, il se fit porter à l'église. Autour de son lit·se pressait une foule de personnes de tout âge, de tout rang ; on n'entendait que sanglots et cris de désespoir : « Pourquoi nous abandonner, ô notre bon pasteur? Qui te succédera dans le soin de tes enfants orphelins? Qu'allons-nous devenir si tu quittes la vie? » Ce fut au milieu de cette expression d'une vive douleur que Sidoine s'éteignit paisiblement. le 21 août (488), jour auquel l'église de Clermont célèbre la fête du saint évêque. — Si nous en croyions le jugement de ses contemporains pour apprécier Sidoine comme littérateur, nous le placerions au niveau des plus grands écrivains de l'antiquité ; telle n'est pas l'opinion qu'en ont portée depuis·les savants appelés à se prononcer sur cette question. Nous citerons entre autres les auteurs de l'*Histoire littéraire de France.* « On trouve dans ses ouvrages, disent-ils, un certain jargon qui les défigure beaucoup. Il se sert de mots vieillis ou inventés par lui, quoiqu'il prétende n'avoir employé aucune expression qui ne fût autorisée par quelque bon auteur. Pour donner plus de finesse à sa pensée, il l'exagère. » Malgré ces défauts, qui sont ceux de son siècle, on ne peut refuser à Sidoine un grand talent d'observation, une grande vérité dans ses descriptions et ses portraits, et les qualités sont de lui. Ses principaux ouvrages sont, 1° un *Recueil de poésies* contenant vingt-quatre poëmes, dont les plus remarquables sont *les panégyriques d'Avitus, de Majorien et d'Anthémius,* où l'on trouve à côté d'éloges outrés des renseignements·historiques sur les mœurs de l'époque ; un *poëme à Félix,* espèce de préface du recueil, contenant avec un abrégé de la Fable une liste de presque tous les poëtes les plus célèbres qui avaient écrit jusqu'alors ; un *Epithalame à Catullin,* renfermant des détails plaisants sur les Bourguignons ; une *Épitre à Cossence,* où se trouvent des détails sur Narbonne et sur plusieurs auteurs auxquels cette ville a donné naissance ; une *Épitre finale,* adressée à tous les littérateurs ses amis, et cette épître en fait connaître un grand nombre. 2° Ses *Lettres* au nombre de cent cinquante environ, recueillies en partie par lui-même et divisées en neuf livres, où se trouvent épars plusieurs renseignements précieux sur l'histoire contemporaine ; mais il n'y suit aucun ordre chronologique. Il avait, à la prière de saint Prosper d'Orléans, commencé à écrire l'*Histoire de la guerre d'Attila,* mais il y renonça, jugeant ce travail au-dessus de ses forces. Plus tard, il refusa à Léon, qui l'en priait, d'écrire l'histoire de son siècle, craignant sans doute d'être au-dessus ou au-dessous de la vérité ; cette entreprise d'ailleurs, selon lui, convenait mieux à un homme d'État comme Léon, placé dans les conseils du prince, qu'à un évêque dont les occupations devaient avoir un but plus utile et moins éclatant. Il est probable que beaucoup de ses lettres ne sont pas venues jusqu'à nous. On a aussi à regretter de lui diverses pièces de vers dont il fait mention dans ses autres ouvrages, et un traité appelé *Contestatiunculæ,* espèce de missel. La meilleure édition des œuvres de Sidoine est celle qu'en donna le P. Sirmond (1614) qui l'enrichit de notes nombreuses. — APOLLINAIRE (Sidoine), fils du précédent, après avoir encouru la disgrâce d'Alaric II, roi des Visigoths, rentra ensuite en faveur auprès de ce prince. Il combattit pour lui à la bataille de Vouillé et s'y distingua. Il devint ensuite évêque de Clermont vers 516. Mais cette élection fut simoniaque, saint Quentin de Rhodez ayant été d'abord élu. Apollinaire ne resta que trois ou quatre mois en possession de son siége. Il laissa un fils que l'on croit être le même que cet Arcadius, conseiller de Childebert et de Clotaire, lequel joua un rôle actif dans la guerre entre Théodoric et son frère Childebert.

L. DE SAINT-LÉGER.

APOLLINOPOLIS MAGNA (aujourd'hui Edfou). Une triste et sale bourgade a remplacé la ville d'Apollon. Elle dominait jadis sur le fleuve et la vallée ; le temple dominait sur elle. Ses restes magnifiques ont reçu des habitants le nom de citadelle ou forteresse. Ce temple, dit M. Denon, est le plus beau de l'Égypte, et le plus grand même après ceux de Thèbes. Le fini de l'exécution dans toutes ses parties démontre qu'il fut construit dans les beaux siècles de l'ancienne Égypte. L'architecture est belle, les hiéroglyphes bien faits, les figures très-variées. Cet édifice, dont les dimensions étaient gigantesques sans cesser d'être majestueuses, offrait plusieurs portes pyramidales, des cours décorées de portiques, de galeries supportées par des colonnes, des nefs couvertes de blocs énormes de grès. La porte principale a cinquante pieds de hauteur : ses chambranles renferment un escalier par lequel on monte sur les plates-formes.

et sur les terrasses qui servaient de toiture aux galeries extérieures. La longueur du temple était de cinq cents pieds. Les murs, de grès très-fin, tiré probablement des carrières de Silsilis, sont couverts d'hiéroglyphes si parfaitement exécutés qu'on dirait qu'ils ont été moulés. Les habitants d'Edfou ont construit leurs chaumières dans les cours du temple sous les galeries et jusque sur les combles. Asile de la paresse et de la misère, ces chaumières ne renferment que des malheureux ; bâties sans goût et sans solidité, elles gâtent et dégradent tout ce qui les entoure : presque tous les ans elles s'écroulent, laissant à leur place des monceaux de boue desséchée, sous lesquels vont s'ensevelir peu à peu les débris des grands monuments de la puissance égyptienne, débris muets pour le Copte dégénéré, pour l'Arabe avide, pour le 'Fellah qu'abrutit l'esclavage. — Quelle cause a donc produit ce grand changement entre l'Égypte ancienne et l'Égypte moderne ; bouleversé les mœurs, les institutions, les habitudes ; éteint le goût des arts et principalement de l'architecture ; détruit tout ce qui était, sans rien mettre à la place de ce qui n'est plus ? Le sol, l'air, le climat ne sont-ils plus les mêmes ? Le Nil retient-il ses eaux fécondantes ? Non ; mais le despotisme s'est appesanti sur l'Égypte, le despotisme intolérant des Arabes, le despotisme farouche et cruel des Mamlouks, le despotisme avare et sanguinaire des Osmanlis. — De ces connaissances philosophiques dont les Grecs transplantèrent les principes en Europe, de ces sciences morales et naturelles qui brillaient à Memphis et à Thèbes; des institutions dont une sage expérience avait doté le pays, des usages utiles, des mœurs égyptiennes : tout ce qui avait échappé des fureurs de Cambyse; tout ce qui avait survécu à l'ère de corruption commencée par les derniers Lagides; tout ce que l'orgueilleuse politique romaine laissa subsister; tout ce qui surnagea dans le naufrage presque universel des lumières qu'entraîna l'irruption des peuples du Nord; tout ce qui ne périt point sous les coups de l'arianisme, lorsque assis sur le trône de Byzance, il empoisonnait toutes les sources du bonheur public, tout fut dévoré par le féroce islamisme, qui, dans sa fureur insensée de prosélytisme, prétendait convertir par le glaive, et punissait la résistance par la servitude et quelquefois par la mort. J. DE M.

APOLLINOPOLIS (numis.). Il existe des médailles qui portent le nom ΑΠΟΛΛΩΝΟΠΟΛΙΤΗΣ. Elles sont frappées sous Adrien, avec la date de la onzième année de son règne : l'une d'elles représente Apollon en habit court, tenant l'arc d'une main et de l'autre tirant une flèche de son carquois. Une autre représente Osiris selon Eckhel, et selon Mionnet Apollon élevant la main droite et portant de la gauche un oiseau. Une médaille d'Antonin a pour type un homme demi-nu, tenant de la droite la haste et de la gauche un épervier mitré. Eckhel attribue cette médaille à une Apollonopolites des Tentyrites, qui rendaient les honneurs divins à l'épervier, parce qu'ils le regardaient comme participant à la nature du feu. Cette médaille de grand module vaut 80 fr.; les autres 18 fr. D. M.

APOLLODORE, peintre athénien, vivait vers la 93e olympiade, et porta son art à un point de perfection inconnu jusque-là. Le premier il eut l'idée d'imiter les ombres, et sa découverte excita quelque peu son amour-propre, s'il faut croire, comme l'assure Pline, qu'il écrivit au bas de ses tableaux : « Il sera plus facile de le critiquer que de l'imiter. » Pline admira encore, à Pergame, son *Ajax frappé par la foudre*, et son *Prêtre en prière*. Ces ouvrages ont disparu ainsi que son traité sur la peinture. Il eut le chagrin de se voir dépasser par Zeuxis son disciple, et eut assez de bonne foi pour en convenir dans des vers où il exhalait sa douleur.

APOLLODORE, né à Cassandrée en Macédoine, à la fin du IVe siècle avant Jésus-Christ, s'attira l'estime du peuple par le zèle qu'il affecta pour la liberté. Bientôt cependant il aspira au souverain pouvoir, et tenta, mais sans succès, de s'en emparer. Absous par des juges qu'il avait su intéresser à son sort, il prit des mesures mieux calculées et il réussit. Une fois maître de l'autorité, il s'entoura de Gaulois, et se livra sans contrainte à sa férocité naturelle, jusqu'au moment où Antigone Gonatas le détrôna, et lui fit expier dans les tourments des crimes jusqu'alors sans exemple. H. PRAT.

APOLLODORE, de Damas, après avoir étudié dans Athènes les principes de la belle architecture, se rendit à Rome pour s'y établir. Trajan ayant eu occasion de l'apprécier, lui donna la direction des principaux ouvrages de Rome et de l'empire. Apollodore répondit pleinement à sa confiance; c'est du moins ce que résulte du rapport d'un grand nombre d'historiens, car il ne reste malheureusement que peu de chose de ses ouvrages, parmi lesquels on comptait le *forum* et surtout

le *pont du Danube*. Il paraît qu'Apollodore réunissait à un point éminent toutes les qualités d'un grand artiste : imagination féconde, goût épuré, vues saines, persévérance; aussi ses compositions offraient-elles cette richesse d'ornements qui distingue l'architecture orientale, cette pureté de style qu'on ne trouvait que dans la Grèce, cette majesté, ce grandiose que le peuple romain imprimait sur toutes ses créations. — Pour construire le forum, l'architecte fut obligé de niveler le terrain et de creuser à travers le mont Aventin une tranchée immense qu'il convertit en place publique. Au milieu de cette place il érigea une colonne à laquelle il donna autant d'élévation que la tranchée qu'il avait creusée avait de profondeur. La statue de Trajan surmontait la colonne (*V.* COLONNE TRAJANE). Le forum renfermait encore un arc de triomphe, une basilique nommée Ulpia, de Ulpius, l'un des noms de l'empereur, deux bibliothèques, de vastes portiques et une immense quantité de statues. Ces constructions ont subsisté, du moins en partie, jusqu'à la fin du VIe siècle; mais, la colonne exceptée, elles n'ont laissé arriver jusqu'à nous que des ruines. — Apollodore n'avait pas seulement embelli Rome; il avait aussi orné plusieurs villes de l'empire d'arcs de triomphe, de bains ou thermes, de théâtres, de collèges, de temples, de grandes routes, de ponts, etc. Parmi les ponts, le plus beau, le plus magnifique était incontestablement celui qu'il avait construit sur le Danube, dans la basse Hongrie, à quelques lieues au-dessous d'Orsova. Marsigli a donné la description dans son *Opus Danubianum*. Pour fonder les piles de ce pont gigantesque, Apollodore avait fait échouer dans le lit du fleuve un double rang de bateaux chargés de pierres solidement cimentées; l'intervalle entre les rangs de bateaux fut rempli de béton (mélange de chaux, de sable et de gravier). Les piles s'élevaient d'environ quarante ou quarante-cinq pieds au-dessus des moyennes eaux jusqu'à la naissance des arches; celles-ci, au nombre de vingt, avaient cent vingt pieds d'ouverture. La largeur du pont était d'environ quatre-vingts pieds. Quelques piles, encore debout, attestent le talent d'Apollodore et la basse jalousie d'Adrien qui, dit-on, sous prétexte que ce pont offrait aux barbares d'au delà du Danube un moyen facile d'invasion, le fit détruire aussitôt après son avénement au trône. Ce vil despote se vengeait ainsi de quelque propos satirique échappé à l'architecte. Adrien, simple particulier, se mêlait de peinture et d'architecture, n'y entendait rien et, comme tous les petits génies, avait la prétention ridicule d'y exceller. Apollodore ne flatta pas, il critiqua. La vanité blessée ne pardonne point; Adrien empereur exila d'abord le critique, puis l'accusant d'un crime imaginaire, il ordonna son supplice vers l'an 130 de l'ère vulgaire. J. DE M.

Beaucoup d'autres personnages de l'antiquité, philosophes, littérateurs, médecins, artistes, ont porté autrefois ce nom; mais c'est là tout ce qu'on sait de la plupart d'entre eux; on sait peu de chose des autres. — Apollodore, lieutenant d'Alexandre, reçut de ce prince, l'an 326 avant J. C., le gouvernement de Babylone et du pays qui s'étendait jusqu'à la Cilicie. — Apollodore, poète dramatique, contemporain de Ménandre, composa quarante-sept pièces, sur lesquelles sept furent couronnées. — Apollodore, tyran d'Athènes, fit périr beaucoup d'Athéniens, et périt lui-même dans les supplices. — Apollodore, rhéteur et grammairien de Pergame, fut auteur d'un Traité de rhétorique et d'une secte qui porta son nom; il fut contemporain d'Auguste. Un autre Apollodore, surnommé l'*Illustre*, fut disciple d'Épicure. Cicéron en parle souvent dans ses œuvres; mais des quatre volumes qu'avait écrits ce philosophe il ne nous reste rien. — Un médecin de ce nom, né à Lemnos, un siècle avant J. C., écrivit sur les propriétés des plantes et sur le venin des animaux. Il vantait, à ce que dit Pline, le suc de chou et de raifort comme un puissant antidote contre les champignons vénéneux. On croit que c'est des écrits de ce médecin que Galien a tiré la composition d'un antidote contre la piqûre des vipères. — Quelque temps avant, florissait dans Athènes Apollodore le grammairien; il était fils d'Asclépiade et disciple de Panétius de Rhodes. De tous les ouvrages qu'on lui attribue, il ne nous reste que sa *Bibliothèque*, en 3 livres, contenant l'histoire des dieux et des héros du paganisme. On y trouve beaucoup de documents précieux. Cet ouvrage, publié pour la première fois à Rome, en 1550, in-8°, a été ensuite à Saumur, en 1661, en grec et en latin. Deux éditions nouvelles en ont été faites à Gœttingue, 1783, 4 vol. in-12; 1803, 2 vol. in-8°. On sait qu'il avait composé un grand ouvrage sur l'*Origine des dieux*; il est entièrement perdu. Quelques érudits pensent que c'est le même ouvrage que la *Bibliothèque*; d'autres, en plus grand nombre, et son traducteur M. Clavier avec eux (1805, 2 vol. in-8°), croient que ce dernier livre n'est qu'un abrégé de tous ses ouvrages, et que cet abrégé ne remonte pas au delà du moyen âge. N. M. P.

On lit le nom d'Apollodore sur les monnaies d'Athènes, de Bagæ, ville de Lydie, de Magnésie, de Priène, de Smyrne d'Ionie, et de l'île de Rhodes. Une médaille fort rare, qui n'est connue que par une description de Pinkerton, rapportée par Sestini, aurait été frappée par un Apollodore, roi ou tyran de la ville de Cassandria en Macédoine (*V.* Mionnet, Supp., t. III, p. 59); mais cette pièce, dont le métal et le module ne sont point indiqués, n'offre point assez de certitude. D. M.

APOLLODOTE (*numism.*). Ce nom de magistrat se trouve sur les médailles d'Érythréa et de Smyrne d'Ionie.—C'est aussi le nom d'un roi de l'Indo-Scythie, connu depuis les découvertes qui nous ont rendus possesseurs des monnaies frappées dans la Bactriane. L'époque du règne de ce prince est incertaine; toutefois elle ne peut guère s'écarter de celle des règnes de Ménandre et d'Hermœus, environ un siècle et demi avant l'ère chrétienne. Cet Apollodote, l'un des rois grecs qui ont régné sur le Sindh après la conquête d'Alexandre, prend sur les monnaies les titres de *Soter* et de *Philopator*. On voit sa tête diadémée; au revers, Apollon et le trépied, symbole de ce dieu: Pallas combattant. La plus rare de ses médailles, que l'on estime 700 fr., est celle de forme carrée, qui porte d'un côté un éléphant, avec la légende grecque : *Du roi Apollodote Soter*, et au revers le zébu, ou bœuf bossu, avec une légende en caractères bactriens. D. M.

APOLLON. Tout le monde sait qu'Apollon, dieu du jour, des arts, des lettres et de la médecine, naquit à Délos, de Jupiter et de Latone; que, poursuivi par la colère de Junon, il triompha du serpent Python, suscité contre lui par cette vindicative déesse; que plus tard, il tua les cyclopes pour venger la mort de son fils Esculape, et qu'il fut, en raison de ce méfait, chassé du ciel par Jupiter. Réduit à la condition de simple mortel, Apollon garda les troupeaux du roi Admète, puis bâtit les murs de Troie, de concert avec Neptune, et punit l'ingratitude du roi Laomédon. Rappelé enfin dans l'Olympe après une longue disgrâce, il obtint la direction du char du soleil, et présida aux concerts des Muses. — Le savant Fréret pense que l'histoire des dieux n'est que l'histoire des révolutions qu'a subies leur culte. Partant de là, il cherche à prouver que le culte d'Apollon fut apporté d'Égypte aux Doriens par Orphée. Cette assertion donne à supposer qu'avant le XIVᵉ siècle, ce dieu était inconnu aux Grecs, et diverses circonstances tendent à corroborer cette opinion. Le personnage historique d'Admète est antérieur d'une génération à la guerre de Troie. — Apollon devint la divinité tutélaire des Doriens, et le portèrent son culte partout où ils pénétrèrent. Mais lorsqu'ils arrivèrent aux environs du mont Œta, ils trouvèrent une vive résistance et furent d'abord refoulés jusqu'à la vallée de Tempé. De là sans doute les jeux qu'on célébrait tous les neuf ans à Delphes, où un personnage représentant Apollon combattait Python, était d'abord repoussé jusqu'à Tempé, et revenait ensuite à la charge avec succès. Les Doriens ayant rassemblé de nouvelles forces, s'emparèrent de la contrée voisine de l'Œta, et firent bâtir par Agamèdes et Trophonius le temple de Delphes dont l'oracle acquit dans la suite une si grande autorité. — Lorsque vers la fin du XIIᵉ siècle, les Héraclides reconquirent le Péloponèse, leurs armées étaient composées de Doriens, et cette circonstance nous explique toute l'importance que prit dès lors le culte d'Apollon. — Nous n'insisterons ici ni sur les détails relatifs au temple de Delphes à son oracle, ni sur les diverses particularités qui concernent ce dieu, soit comme dieu de la lumière, soit comme patron des beaux-arts; ces articles spéciaux y seront consacrés. Un hymne d'Homère est adressé à Apollon, où il est dit que pendant un certain temps les grands prêtres de ce dieu furent Crétois. On peut disputer sur la question de savoir si Homère est réellement l'auteur de cet hymne, mais il est impossible d'en contester la haute antiquité, puisque Thucydide en parle comme d'un monument littéraire fort ancien. Or, si l'on rapproche le passage auquel nous venons de faire allusion, de l'opinion de Spanheim, qui soutient que pendant un certain temps, les colonies tiraient leurs pontifes de leur métropole; si, d'un autre côté, on se rappelle que les Telchines, pères des Doriens, étaient Crétois, on ouvrira une voie nouvelle aux méditations des amateurs de l'antiquité classique. H. PRAT.

Les Égyptiens ont eu aussi leur Apollon; mais comme d'après le témoignage unanime d'Hérodote, de Plutarque, de Diodore et de Macrobe, on ne peut guère douter qu'Apollon ne soit le même personnage qu'Horus, il faut reconnaître dans l'Apollon égyptien le type de l'Apollon grec. Horus était fils du troisième Osiris et d'Isis, qui au titre de sœur réunissait celui d'épouse, suivant l'ancienne coutume égyptienne. Il régna paisiblement dans la Thébaïde pendant un quart de siècle. C'est à peu près tout ce que les annales égyptiennes nous apprennent d'Horus; seulement elles ajoutent qu'ayant appris la médecine d'Isis sa mère, il fit de grands progrès dans cette science, ce qui lui valut le surnom d'Esculape. Diodore mentionne expressément les colonnes chargées d'inscriptions et faisant partie du monument de Nysa. Sur l'une de ces colonnes on lisait : « Je suis Isis, sœur et femme d'Osiris et mère d'Horus, etc. » Ce qui d'abord a pu causer quelque doute sur l'identité d'Horus et d'Apollon, c'est d'avoir trouvé le nom d'Apollon après celui d'Héraclée dans la liste des dieux qui forment la dynastie céleste de Manéthon; mais, quand on considère que l'ouvrage de Manéthon n'est arrivé jusqu'à nous que par fragments, qui ont passé par les mains de mille copistes; quand on trouve dans cette même liste Ammon après Horus, quoiqu'Ammon soit bien évidemment antérieur, et qu'on trouve ensuite Zéus ou Jupiter à la fin de cette même liste, quoique Zéus ou Jupiter soit bien certainement le même qu'Ammon, on reste convaincu que c'est quelque erreur de copiste, ou quelque intercalation grecque qui aura multiplié les personnages et séparé Horus d'Apollon (*V.* HORUS). — Ce dieu était quelquefois représenté sous la figure d'un enfant au maillot; mais le plus souvent on lui donnait la forme d'un faucon ou d'un aigle porté par des lions. Il est assez probable que les sphinx, si communs dans les anciens monuments égyptiens, n'étaient pas autre chose que des représentations d'Horus. Les divers emblèmes dont on accompagnait d'ordinaire la figure d'Horus, indiquaient, à ce qu'on croit, l'étoile du matin passant à travers les signes du printemps pour arriver au signe du Lion. Il faut se souvenir, en parlant de la mythologie égyptienne, qu'elle était intimement liée aux notions astronomiques. (*V.* OSIRIS.) J. DE M.

APOLLON DU BELVÉDÈRE. On croit avec raison que cette statue célèbre fut une de celles dont Néron dépouilla la Grèce. Ce qu'il y a de certain, c'est qu'elle fut découverte à Porto d'Ancio, ville nommée autrefois *Antium*, lieu de naissance de Néron, et embellie par lui au prix des plus énormes dépenses. Elle tire sa désignation, comme on sait, du belvédère du Vatican où elle était placée lorsqu'on l'enleva pour la transporter à Paris, d'où elle est retournée à Rome après la chute de l'empire français. — Les antiquaires ont expliqué diversement le sujet de cette belle figure : l'évêque Spence y voyait un Apollon chasseur. Winckelmann trouve cette interprétation peu digne de l'œuvre; selon lui, le fait qui motive l'action du dieu est, pour le moins, sa victoire sur le serpent Python, ou bien, la défaite du géant Titye, lequel fut percé de flèches pour avoir entrepris de faire violence à Latone. Winckelmann estime que la statue de l'Apollon du Belvédère et le gros torse ou figure tronquée d'Hercule sont les deux plus sublimes créations idéales que les Grecs nous aient laissées. Beaucoup d'hommes versés dans l'étude de la nature et la connaissance de l'antiquité mettent au-dessus le gros torse, ouvrage d'Apollonius d'Athènes, bien au-dessus de l'Apollon. A. G.

APOLLON (*archéol.*) Les statues d'Apollon répandues dans les divers musées de l'Europe sont réunies dans la description accompagnée de figures qu'en a donnée M. le comte de Clarac dans son bel ouvrage intitulé : *Musée de sculpture et de peinture*. Ces statues sont au nombre de quatre-vingts, et représentent le dieu sous toutes sortes de formes et d'attitudes : il lance ses traits, joue de la lyre, se repose, paraît inspiré; il a près de lui le trépied, ou le griffon; il tient le flambeau du jour, il attaque le serpent Python, ou joue avec un lézard; il est ordinairement nu, porte quelquefois une légère chaussure, ou paraît vêtu d'une longue robe de femme (*V. Musée de sculpture antique et moderne*, par M. le comte de Clarac, pl. 475 à 496). — Le culte d'Apollon, répandu dans toute la Grèce, a dû se trouver rappelé sur les monnaies d'une quantité considérable de villes. A vrai dire, il y en a très-peu qui ne nous offrent pas la tête d'Apollon, ou quelques-uns de ses attributs; ses surnoms y sont aussi quelquefois rappelés. On voit ordinairement au droit la tête du dieu avec le caractère de la jeunesse et de la beauté; il est couronné de laurier. Les revers de ces médailles offrent la lyre, le trépied ou l'arc et la flèche. La figure entière du dieu est souvent aussi représentée sur les médailles : on y voit Apollon nu, tantôt debout, tenant l'arc, lançant une flèche, appuyé sur le trépied, tantôt assis sur l'*omphalos*, c'est-à-dire sur l'endroit qu'on présumait être le milieu de la terre, et où il rendait les oracles;

souvent il tient la lyre ou le plectrum, quelquefois un rameau de laurier. On le voit ainsi sur les médailles des rois de Syrie (*V.* ANTIOCHUS), sur celles d'Éleutherna de Crète, de Nicoclès, roi de Paphos, et de Delphes avec la légende *Amphictyo*. — Apollon, vêtu de la *stola* et jouant de la lyre, rappelle l'Apollon Actiaque, ainsi nommé de celui qu'Auguste, après la bataille d'Actium, avait consacré sur le mont Palatin. On le trouve représenté de même sur les médailles d'Auguste. Les contrées particulièrement consacrées à Apollon, telles que Délos, Delphes, Rhodes, et les villes nommées *Apollonie*, dont nous connaissons douze dans la Grèce, vont rappeler plus particulièrement le culte de ce dieu; au reste, ce culte est presque universel. Les représentations d'Apollon ont souvent trait au surnom qu'il avait dans chaque localité, et quelquefois à la localité même: quelquefois la figure du dieu est associée à celle d'autres divinités, ou placée dans des compositions-qui rappellent des mythes où il joue un rôle, comme celui de Marsyas, ou du serpent Python (*V.* Mionnet, *Desc. de Médailles*, tables générales, Suppl., tom. IX, p. 225). — Les pierres gravées représentent souvent aussi Apollon soit comme dieu du jour et des arts, soit comme musicien et prophète, et dans diverses compositions. (*V.* Raspe, *Catalogue de Tassie*; — Lippert, *Dactyliothèque*; — Millin, *Pierres gravées inédites*; — *Pierres gravées d'Orléans*; — *Histoire du cabinet des Médailles*, Intailles, Nos 51 à 78; Camées, Nos 14 à 17.) — Sur les vases peints, Apollon paraît dans des scènes plus compliquées où il est acteur: on le voit poursuivant Daphné, combattant le géant Tityus, tuant les enfants de Niobé, conduisant son char comme dieu du jour. Il fait aussi partie de compositions importantes sur les bas-reliefs. — La flatterie, qui a souvent emprunté le langage de l'allégorie pour diviniser les princes, n'a pas manqué de le représenter en Apollon dans les peintures et les sculptures de nos monuments: nous en avons des exemples modernes imités de l'antique. DU MERSAN.

APOLLON, Juif de nation, originaire d'Alexandrie, homme éloquent, et savant dans les Écritures, se convertit, jeune encore, à la foi de Jésus-Christ. Il n'avait encore reçu que le baptême de saint Jean, lorsque, se trouvant à Éphèse, où il instruisait les Juifs qui habitaient cette ville, Aquila et Priscille son épouse, qui l'entendirent, l'amenèrent chez eux et complétèrent son instruction. Apollon voulut ensuite passer en Achaïe; les frères d'Éphèse l'ayant confirmé dans cette résolution, Aquila et Priscille lui donnèrent une lettre de recommandation, et il fut reçu avec joie par les fidèles de Corinthe. Il n'avait qu'à cultiver et arroser les champs déjà défrichés par saint Paul: il se mit donc à prêcher dans les synagogues et surtout dans les maisons, montrant, par les Écritures, que Jésus était le Christ. Ce fut alors, et malgré lui sans doute, que s'élevèrent, parmi les Corinthiens, ces divisions que leur reproche saint Paul dans sa 1re *aux Cor.* Les uns se disaient disciples de Paul, les autres de Céphas, ceux-là d'Apollon, comme si l'enseignement de chacun n'eût pas été le même. Saint Jérôme atteste qu'Apollon fut vivement affligé de ces disputes, et qu'il se retira pour quelque temps de Corinthe: nous voyons en effet, par divers passages des lettres de saint Paul (1 *Cor.*, XVI, 12, *Tit.* III, 13), qu'Apollon était allé le rejoindre, pour démontrer aux Corinthiens, par cette simple démarche, la vanité de leurs querelles. On ne sait rien de plus d'Apollon, sinon qu'il accompagna saint Paul dans un autre voyage à Éphèse. Ce qui est le plus remarquable dans l'histoire de ce néophyte, c'est la spontanéité de sa conversion, qui ne semble due qu'aux lumières qu'il avait acquises dans la connaissance des temps et l'intelligence des Écritures. Apollon était chrétien avant d'avoir vu les apôtres, avant presque de connaître Jésus-Christ. Il voyait s'évanouir l'antique mosaïsme, depuis longtemps altéré et défiguré par les superstitions et les subtilités des pharisiens; il ne pouvait se faire illusion sur les espérances de la nation touchant un messie conquérant et triomphateur; il comprenait enfin que ce n'était pas un déplacement de la monarchie universelle, dont Rome était alors le siège, qu'il fallait au genre humain, mais une loi nouvelle, une régénération complète. Apollon entendit parler des prédications de saint Jean et de la religion nouvelle; en homme qui a depuis longtemps abandonné les sentiers battus, il aperçut d'abord de quel côté se trouvait la vérité qu'il cherchait; et, comme s'il eût deviné l'évangile et tout le christianisme, il se mit à le développer lui-même et à l'enseigner aux autres. Il en était venu à ce point, quand il fit à Éphèse la rencontre d'Aquila, qui acheva de l'instruire. - P. J. PROUDHON.

APOLLONICON, nom donné par Flight et Robson, organis-

tes, à un grand orgue à cylindre, ayant cinq claviers adaptés les uns aux autres, de manière à ce que cinq musiciens pussent jouer à la fois. Cet instrument, qui a paru en Allemagne en 1817, a le son majestueux de l'orgue, mais les nuances en sont beaucoup plus variées. Rœller, de Hesse-Darmstadt, avait déjà inventé une espèce de piano-forte à deux claviers; il lui avait donné le nom d'*apollonion*. Un automate attaché à l'instrument occupait l'un des claviers. Nous venons de voir, à l'exposition de cette année, un orgue aussi à deux claviers. Ce que ces claviers ont de particulier, c'est que les touches ne produisent pas seulement des sons isolés, mais qu'elles produisent encore des accords complets, de telle sorte qu'il n'est pas nécessaire, pour entendre distinctement *ut*, *mi*, *sol*, de toucher trois touches, il ne faut que mettre en mouvement la première. Nous en parlerons à l'article *Orgue*, auquel nous renvoyons le lecteur.

APOLLONIDE, natif de Cos, médecin du roi de Perse, Artaxercès Ier. On dit qu'après avoir passé plusieurs années à la cour de ce prince, au milieu des honneurs et de l'opulence, il conçut un amour violent pour la princesse Amytis, auprès de laquelle il avait été appelé pour lui donner les secours de son art. On ajoute qu'après avoir satisfait sa passion, il s'éloigna de celle qui l'avait excitée, et qu'Amestris, mère d'Amytis, ayant obtenu d'Artaxercès qu'il lui livrât l'inconstant médecin, le fit cruellement périr; il fut enterré vivant le même jour que la princesse mourut. Il est bon d'ajouter que ce fait est raconté par Ctésias, le moins scrupuleux de tous les historiens et mille fois convaincu de mensonge. Il est à présumer qu'Apollonide, n'ayant pu sauver la princesse malade, fut puni par le supplice de son ignorance ou de l'impuissance de la médecine.

APOLLONIE. Il y eut jadis un grand nombre de villes du nom d'Apollonie, dans la Macédoine, aux Cyclades, dans la Sicile, dans la Thrace, etc. Dans l'une d'elles on voyait une statue d'Apollon haute de trente coudées. La plus célèbre de ces villes était dans l'Illyrie méridionale, à l'embouchure de l'Aoüs. On y accourait de toutes parts pour consulter l'oracle, ce qui se pratiquait en jetant de l'encens dans le feu. Si l'encens brûlait, l'augure était favorable; c'était le contraire si l'encens ne se consumait pas. Cette ville, au rapport de Strabon, fut bâtie par les Corinthiens et les Corcyréens. Gilæx, chef de la colonie corinthienne, lui donna le nom de *Gilæcia*, qu'elle a porté d'abord. Spanheim a vu des médailles d'Apollonie portant le type de Corcyre. — On donnait aussi le nom d'Apollonies à des fêtes qu'on célébrait à Égialée en l'honneur d'Apollon et de Diane. Ces deux divinités, s'étant rendues à Égialée, furent chassées par les habitants. Apollon et Diane se vengèrent en leur envoyant une peste cruelle qui fit beaucoup de ravages. L'oracle consulté répondit qu'il fallait députer vers Apollon sept jeunes garçons et vers sa sœur autant de jeunes vierges, pour les conjurer de revenir au milieu d'eux, ce qu'ils firent sans hésiter. Les dieux satisfaits rentrèrent dans Égialée, et le fléau cessa aussitôt. Ce fut en mémoire de cet événement que se faisait une procession de sept garçons et de sept filles, qui sortaient de la ville en grande pompe, comme pour aller chercher Apollon et Diane, et qui revenaient en portant leur image. N. M. P.

APOLLONIE DE THRACE (*numis.*). Ce nom est commun à plusieurs villes de diverses contrées de la Grèce, et leur vient de ce qu'elles étaient sous la protection d'Apollon, ou de ce que son culte y était en honneur. En suivant l'ordre géographique adopté pour la numismatique, la première ville que nous rencontrons, nommée *Apollonie*, est celle de Thrace, dont les médailles sont faciles à distinguer en raison des mots EN ΠΟΝΤΩ, sur le Pont, sur la mer. Cette ville fut fondée par une colonie de Milésiens; une partie en est bâtie dans une petite île qui renfermait un temple d'Apollon, d'où Lucullus enleva le colosse de ce dieu, qu'il plaça à Rome dans le Capitole. Cette statue coûta 500 talents (le talent d'or valait environ 5222 fr.); elle était l'ouvrage du statuaire Calamis. Le nom moderne d'Apollonie est *Sizeboli*, corruption du mot *Sozopolis*. Les monnaies antiques de cette ville ne sont pas communes: on n'en connaît qu'en bronze. — Le P. Panel en cite une autonome dans les *Mémoires de Trévoux*. Le cabinet de France n'en possède que d'impériales de Septime Sévère, Julia Domna, Caracalla et Gordien le Pieux. Les types sont: Apollon dans un temple; trois nymphes se tenant par la main, Pallas, Esculape. Ces pièces valent, en petit module, 18 fr.; en moyen module, 30 fr. — *Apollonie d'Illyrie*. Les médailles de cette Apollonie sont faciles à distinguer des autres par le caractère particulier de leur fabrique et par leur type, qui ne diffère pas de celui des autres villes de cette contrée. On y trouve, au droit, une vache allaitant son·veau, et·au revers, un carré à compartiments, dans lequel les·numismatistes ont cru voir le plan des jardins d'Alcinoüs (*V.* ce mot). Sur d'autres médailles, on voit la tête d'Apollon, et au·revers, trois nymphes qui se tiennent par la main et semblent danser près d'un monticule qui lance des flammes. Il y avait sans doute un volcan près de la ville d'Apollonie; et Suidas rapporte qu'il existait en ce lieu un *nymphéum* ou temple des Nymphes. Ce type, fréquent sur les médailles d'argent, se retrouve sur celles de grand bronze de Julia Domna et de Caracalla. Sur celles qui ont été frappées en l'honneur de Néron, on voit cet empereur lui-même représenté comme Apollon et jouant de la lyre, avec le titre de KTICTHC, fondateur. Du reste, le culte des autres divinités n'est point étranger à la numismatique de la ville d'Apollonie sous les empereurs: elle nous y montre Jupiter, Mercure, Mars, l'Abondance, la Victoire; mais parmi les revers relatifs à Apollon, on trouve la lyre et le trépied de ce dieu. Un type particulier, qui n'a point encore reçu d'explication, est un obélisque, ou une espèce de colonne, qui occupe le revers des médailles d'argent et de bronze, et qui, sur les médailles d'Élagabale, se trouve placé devant une tête d'Apollon. Il faut donner à l'Apollonie d'Illyrie les médailles où, au lieu de la terminaison ΤΩΝ, on lit la légende ΑΠΟΛΛΩΝΙΑΤΑΝ, à cause de la terminaison dorique, qui était la même dans les pays voisins. Les médailles de cette ville donnent le nom d'un grand nombre de magistrats. — *Apollonie d'Ionie.* Étienne de Byzance est le seul qui cite une Apollonie parmi les villes d'Ionie. Eckhel pense qu'on peut attribuer à cette ville une médaille de bronze qui porte, au droit, la tête du sénat, avec l'inscription ΙΕΡΑ ΣΥΝΚΛΗΤΟΣ, le sacré sénat; et, au revers, une tête de femme, avec la légende ΑΠΟΛΛΩΝΙΕΩΝ, des Apolloniens. Une autre médaille frappée sous Alexandre Sévère, représentant au revers Esculape et Hygiée, avec les noms des magistrats Tetillus et Antonianus, joindrait, selon Eckhel, à la légende ΑΠΟΛΛΩΝΙΕΩΝ les mots ΕΝ ΙΩΝΙΑ, dans l'Ionie, ce qui justifierait son attribution. Cette médaille est estimée 100 fr. — *Apollonie de Carie.* Cette ville, fondée par Alexandre le Grand, a rappelé son origine sur ses monnaies, autour de la tête de ce·prince, la légende grecque ΑΛΕΞΑΝΔΡΟΣ ΚΤΙΣΤΗΣ ΑΠΟΛΛΩΝΙΑΤΩΝ, *Alexandre, fondateur de la ville des Apolloniates,* ainsi nommés par Pline. Apollonie est située sur le Méandre; cependant Ptolémée ajoute, *ad Lambanum,* qui serait le nom ou d'un moindre fleuve voisin, ou de quelque montagne. Il n'est pas toujours facile de distinguer les médailles des différentes villes qui portent le nom d'Apollonie; il faut pour cela consulter le caractère du travail, plus que le type·principal qui est relatif au même culte, et les symboles ou accessoires qui caractérisent la contrée. Une médaille autonome de cette ville porte, au droit, la tête laurée de Jupiter; au revers, une figure équestre au-dessus du Méandre. On ne peut se tromper sur cette attribution que justifie la présence symbolique du fleuve, comme son·nom, joint à celui d'Apollonie, caractérise cette ville de Carie. Les médailles frappées par Apollonie avec la tête d'Alexandre, offrent les alliances de cette ville avec la Lycie, et avec Lysias de Phrygie, Perga de Pamphylie. — On connaît beaucoup de médailles d'Apollonie, frappées sous les empereurs, depuis Auguste jusqu'à Gallien; Apollon en est presque toujours le type (*V.* Mionnet, Supp., t. VI., p. 469 et suiv.). Il y a dans les médailles rares de cette ville, dont les autonomes vont jusqu'à 40 fr., et des impériales de 18 à 48 fr. Un médaillon frappé sous Septime Sévère, où l'on voit Apollon dans un temple, entre Diane et Latone, vaut 100 fr. — *Apollonie de Lycie.* Outre le caractère du travail qui distingue ces médailles, on remarquera la légende qui les différencie de celles d'Apollonie d'Illyrie, la terminaison dorique TAN n'y étant pas en usage; de plus, après le mot ΑΠΟΛΛΩΝΙΑΤΩΝ, se trouvent ou les initiales ΛΥ ou le mot entier ΛΥΚΙΩΝ, des Lyciens. Du reste, le culte d'Apollon était en honneur dans toute la Lycie, et le surnom de *Lycien* était un de ceux d'Apollon. On voit sur les médailles la tête du dieu; on le voit aussi vêtu d'une longue robe, comme l'Apollon Palatin, et jouant de la lyre. Les médailles de cette ville valent, selon la rareté, de 15 à 48 fr. Les médaillons d'Antonin et de Gallien valent 100 et 150 francs. D. M.

.APOLLONIS ou APOLLONIAS, épouse d'Attale Ier, roi de Pergame. Elle était née à Cyzique, d'une famille·obscure: mais elle avait toutes les qualités qui pouvaient la rendre digne du trône. Ce furent ces qualités, que relevait encore la modestie, qui lui valurent l'affection constante de son époux. Celui-ci, en mourant, la désigna pour tutrice de ses quatre enfants,

qu'elle éleva dans les principes de vertu qu'elle avait toujours suivis elle-même. Après sa mort, ses enfants lui érigèrent un temple à Cyzique. N. M. P.

APOLLONIS ou APOLLONIDES EN LYDIE (*numism.*). Plusieurs médailles ont été attribuées par les numismatistes à une ville d'*Apollonie* en Lydie; les géographes anciens n'en font cependant pas mention, et Cellarius en conteste l'existence; il serait mieux de réunir ces médailles à celles que l'on attribue, avec beaucoup plus de certitude, à Apollonie de Carie. La ville de Lydie, qui était consacrée à Apollon, se nommait Apollonis ou Apollonides; elle était située, selon Strabon, entre Pergame et Sardes. Cicéron en parle souvent dans son *Oratio pro Flacco.* Pline nomme ses habitants *Apollonidienses*: Le mot *Apollonidea* est inscrit sur la base du colosse de Tibère. — Les autonomes de cette ville offrent Jupiter, Hercule, la Fortune; le culte de Bacchus y est souvent rappelé, ainsi que celui de Cérès. Ce n'est que sur les médailles impériales que nous trouvons la lyre, le trépied, l'arc et le carquois d'Apollon, et ce dieu lui-même dans un temple. Les médailles de cette ville ne sont connues qu'en bronze; elles valent de 12 à 80 fr.; les médaillons de Marc-Aurèle, de Caracalla et de Sévère-Alexandre, valent 100 fr. D. M.

APOLLONIUS. Ce nom a été porté par une infinité de personnages de l'antiquité et même par divers individus du moyen âge, généraux, littérateurs, philosophes; trois surtout se font remarquer plus particulièrement: des articles spéciaux leur seront consacrés. Nous ne parlerons ici que de ceux qui, sans avoir acquis beaucoup de célébrité, ne doivent pas cependant rester inconnus. — Apollonius, général syrien, fut envoyé par Antiochus Épiphane en Égypte pour le représenter au couronnement de Ptolémée Philométor, et de là à Rome pour apaiser le sénat qui menaçait Antiochus de la guerre pour avoir négligé de payer le tribut auquel il s'était soumis. Quelques années plus tard, il fut mis, par son maître, à la tête des troupes qui allèrent prendre, saccager et détruire Jérusalem. Apollonius avait surpris les Juifs assemblés dans le temple pour célébrer la pâque, et il les fit tous massacrer; mais il périt lui-même de la main de Judas Machabée. — Un second *Apollonius,* général de Démétrius Nicanor, et gouverneur de la Célé-Syrie, ayant attaqué les Juifs à Jamnia, fut battu complétement par Jonathas. — *Apollonius* le stoïcien assista aux derniers moments de Caton d'Utique, au rapport de Strabon, qui serait presque tenté de le louer d'avoir prêté au désespoir du farouche Romain le secours de ses sophismes; il ne faut pas s'en étonner: le suicide était une des vertus du paganisme. — Apollonius de Carie, orateur, ouvrit une école d'éloquence à Rhodes, et ensuite à Rome vers l'an 70 avant J. C. César et Cicéron furent au nombre de ses disciples, et si d'après les disciples il faut juger du maître, on peut croire qu'il eut des talents éminents. Toutefois il écrivit une histoire dont Josèphe ne dit pas beaucoup de bien; c'est qu'Apollonius y dit beaucoup de mal de la nation juive, s'il faut s'en rapporter à Josèphe. — Apollonius, surnommé Δύσκολος, dyscole, à cause de son humeur acariâtre et chagrine, était natif d'Alexandrie. Il écrivit un *Traité de la grammaire* en quatre livres. Cet ouvrage s'est conservé sous le nom de *Construction* ou *Syntaxe*; il existe dans la grammaire de Théodore d'Alde, imprimée à Francfort, in-folio, 1495; il fut imprimé séparément dans la même ville, in-4°, 1596. On a aussi de cet écrivain un recueil d'histoires ou plutôt de contes sous le titre de *Historiæ commentitiæ*, imprimées à Leyde, in-4°, 1620, en grec et en latin, par Jean Meursius. — Un second Apollonius d'Alexandrie, disciple de Didyme, vivait dans le 1er siècle de l'ère chrétienne. Il se fit connaître par son dictionnaire explicatif des termes employés dans l'Iliade et l'Odyssée, *Lexicon græcum Iliadis et Odysseæ.* M. de Villoison en a donné une édition avec la traduction en regard, Paris, 1773, 2 vol. in-4°. Treize ans après il parut à Bath une autre édition du texte grec. Il est probable que ce fut le Lexicon d'Apollonius qui donna l'idée à Hésychius de son Glossaire de la version des Septante, deux siècles après Apollonius (*V.* HÉSYCHIUS). — Apollonius de Chalcis dans l'île d'Eubée (Négrepont), ou de Calchedon en Bithynie, de la secte des stoïciens, fut appelé à Rome par Antonin pour être précepteur du fils adoptif de ce prince, le fameux Marc-Aurèle. Il avait du talent sans doute, puisqu'il fut choisi par Antonin qui se connaissait en talents; mais il poussait le stoïcisme jusqu'à un cynisme grossier, s'il est vrai qu'en arrivant à Rome il envoya dire à l'empereur qui l'attendait avec impatience, que ce n'était pas au maître à aller trouver le disciple, mais au disciple à se rendre auprès du maître. Antonin fut assez généreux pour ne point se fâcher de cette insolence · de pédant : il fit conduire son fils chez Apollonius ; mais il ne put s'empêcher de dire en souriant qu'il était étonné qu'Apollonius eût trouvé le chemin de Chalcis à Rome plus court ou moins fatigant que celui de son logis au palais impérial. — Apollonius Lævinus, voyageur-écrivain du XVIᵉ siècle, né dans un village voisin de Gand, a laissé une description du Pérou et l'histoire du voyage des Français à la Floride : *Libri 5 de Peruviæ.... inventione et rebus in eadem gestis* ; Anvers, 1567. *De Navigatione Gallorum in terram floridam deque Clade, anno* 1565, *ab Hispanis acceptâ,* Anvers, 1568, in-8°. Ce dernier ouvrage est très-curieux. — Apollonius (Pierre), ecclésiastique de Novare, qui vivait dans le XVᵉ siècle, écrivit un poëme sur le *Siége de Jérusalem* par Vespasien, et un second poëme sur le combat de David contre Goliath. Ces poëmes furent imprimés à Milan vers la fin du XVᵉ siècle. Ils sont oubliés aujourd'hui. On y trouve le nom du vrai Dieu sans cesse mêlé avec les noms des dieux de l'Olympe, genre de profanation que le goût seul devrait proscrire quand même la religion n'en serait pas offensée. — Apollonius, écrivain chrétien qui vécut entre le IIᵉ et le IIIᵉ siècle de l'Église, écrivit contre Montan et ses disciples, qu'il attaqua non-seulement par le raisonnement, mais encore par le ridicule. Tertullien, qui avait malheureusement adopté les rêveries de Montan, traita Apollonius de calomniateur ; mais saint Jérôme parle de lui comme d'un homme très-savant. Il ne reste de son ouvrage qu'un fragment rapporté par Eusèbe. Il ne faut pas confondre cet Apollonius avec un sénateur romain de même nom, qui fut livré aux supplices, l'an 186 de J. C., pour avoir pris en plein sénat la défense de la religion chrétienne.   N. M. P.

APOLLONIUS DE PERGE florissait, vers la fin du IIᵉ siècle, à Alexandrie ; il eut pour maître Eubilide, qui lui-même avait étudié sous Euclide. Émule et rival de ce dernier, il compléta sa géométrie par un traité *Des sections coniques ;* c'est son plus beau titre de gloire, il lui valut l'admiration de ses contemporains ; il nomma ainsi les courbes du second degré, et cette dénomination a subsisté jusqu'à nos jours, parce que, comme lui, on ne savait les obtenir que des sections du cône à deux nappes engendré par un angle qui tourne autour de l'un de ses côtés considérés comme *axe de rotation*, et, et par conséquent, que toute section faite par un plan perpendiculaire à l'axe est un cercle. Mais comme ces courbes s'obtiennent encore par l'intersection d'un plan avec des surfaces fort différentes du cône, on a changé cette dénomination imparfaite et trop exclusive. C'est Apollonius qui, par ces combinaisons de divers cercles appelés *épicycles*, est parvenu à rendre compte des stations et des rétrogradations des planètes, d'après le système de Ptolémée. L'édition la plus récente de ses œuvres est l'édition in-folio donnée avec une version latine, en 1720, à Oxford, par Halley. L'Anglais Barrow, en 1675, a donné ses quatre premiers livres réunis à ce qui nous reste d'Archimède et de Théodosius. Une préface et un commentaire de Pappus d'Alexandrie, en 1706, avaient déjà paru à Oxford, sous les auspices du même Halley ; vol. in-8°.   L. C. DE LA LANDRIÈRE.

APOLLONIUS et TAURISCUS, son frère, fils l'un et l'autre d'Artémidore, comme on le voit sur leurs ouvrages, étaient deux sculpteurs auxquels on doit le célèbre groupe connu sous le nom de Taureau Farnèse. Ils eurent, selon Pline, Ménécrate pour maître. On ignore l'époque où ils vivaient. Les uns les font contemporains d'Alexandre, à cause de la beauté de ce groupe ; d'autres pensent qu'ils vivaient dans le Iᵉʳ siècle après Jésus-Christ. Au surplus, ce même groupe a été tellement surchargé de restaurations que M. Heyne, dans ses Mémoires sur les sujets d'antiquité, a établi que, quoique composé de morceaux antiques, il ne ressemble plus actuellement à ce qu'il était lorsqu'il était placé dans les Thermes de Caracalla, où il fut découvert, sous Paul III, vers la moitié du XVIᵉ siècle : il remarque qu'on y a ajouté beaucoup de figures accessoires, et qu'on en a fait d'abord Hercule domptant le taureau de Marathon, et ensuite Dircé punie par Amphion et Zethus, fils d'Antiope. Cependant Pline indique ce dernier sujet comme existant de son temps ; il rapporte que ce groupe avait été transporté de l'île de Rhodes à Rome. Sans nous apprendre aucune particularité au sujet d'Apollonius et de Tauriscus, il nous indique leur patrie, qui était la ville de Tralles en Lydie. L'inscription que ces artistes avaient ajoutée à leur travail ne se retrouve pas : l'endroit le plus apparent qui ait pu la recevoir, est certainement le tronc d'arbre qui soutenait la statue de Zethus ; mais ce tronc est moderne (*V.* Maffei, *Raccolta di statue*, XLVIII ; Winckelmann, *Mon. ined.*, t. II, p. 316).   D. M.

APOLLONIUS de Rhodes, poëte célèbre, natif de Naucratis, suivant Ælien, et d'Alexandrie, suivant Strabon, contemporain de Ptolémée Philadelphe et de Ptolémée Évergète, vécut dans le IIIᵉ siècle avant J. C., et mourut au commencement du IIᵉ, vers l'an 186, après une très-longue vieillesse. Il avait été disciple de Callimaque, poëte favori des Ptolémées ; et soit qu'Apollonius, enorgueilli de quelque succès, eût montré peu d'égards pour son maître, soit que celui-ci craignît de rencontrer un rival dans son disciple, la mésintelligence ne tarda pas à se mettre entre eux et à dégénérer en inimitié. On ignore de quel côté furent les torts ; mais Callimaque avait la faveur du prince ; s'il fut offensé, il se vengea sans pitié ; s'il ne fut qu'envieux et jaloux, il se montra injuste et cruel. Apollonius alla expier dans l'exil ses propres torts ou ceux de Callimaque. Il trouva dans la ville de Rhodes un asile honorable ; il y ouvrit une école de rhétorique où les élèves affluèrent, il revit et corrigea son poëme des Argonautes, en fit hommage aux Rhodiens qui lui conférèrent le droit de cité, et, de son côté, Apollonius, pour prouver sa reconnaissance aux Rhodiens, ajouta le titre de Rhodien à son nom. — Apollonius, sur la fin de ses jours, fut rappelé par Ptolémée Épiphane ; Callimaque était déjà mort (cela du moins est probable), de même que son protecteur Évergète ; les Alexandrins le reçurent avec des honneurs capables de lui faire oublier sa disgrâce ou d'en adoucir le souvenir. Ératosthène, gardien de la bibliothèque d'Alexandrie, étant décédé vers cette époque, Apollonius fut désigné pour le remplacer et conserva cette place jusqu'à sa mort. Des ouvrages qu'il avait composés, un seul est parvenu jusqu'à nous, c'est son poëme des Argonautes. Les anciens l'estimaient ; les modernes le connaissent à peine ; cette indifférence est injuste, et bien qu'Apollonius ne marche pas à l'égal d'Homère du côté de l'invention, du feu poétique et des grandes images, il n'est pas au-dessous de lui pour la correction et l'élégance du style ; plus d'une fois même il le surpasse sous le rapport de la pureté. La langue d'Homère, énergique, forte, expressive, mais quelquefois rude et sauvage dans sa naïveté, polie par un long usage, avait atteint, sous les Ptolémées, le plus haut point de perfection. Longin, en comparant Apollonius à Homère, dit que *le premier ne tombe jamais*, sans doute parce que jamais il ne s'élève bien haut. Homère, au contraire, monte quelquefois jusqu'au sublime ; mais quelquefois aussi il descend si bas qu'on ne le retrouve plus. Quintilien ratifie le jugement de Longin ; il reconnaît dans Apollonius une *marche égale, toujours soutenue, mais tempérée*. Le vice principal des Argonautiques vient incontestablement du choix du sujet. Qu'a de poétique, en effet, un voyage par mer entrepris pour la conquête d'une toison d'or ? Après une description de tempête et la peinture des dangers que la conquête pourrait offrir, que dire encore pour exciter l'intérêt en faveur des héros du poëme ? Nous sommes convaincus que, si le sujet avait prêté davantage à l'imagination du poëte, les Argonautiques ne seraient pas une œuvre froide et monotone. Apollonius a prouvé, par l'épisode des amours de Médée, qu'il connaissait le cœur humain, et ce n'est pas sans s'intéresser vivement à cette fille du roi Æétès, qu'on suit dans le poëme le développement de sa passion et les combats que, dans son jeune cœur, la pudeur et le devoir livrent à l'amour. Un autre tort d'Apollonius, c'est de s'être trop scrupuleusement astreint à suivre les traditions existantes, ce qui souvent donne au poëme les allures d'un journal de voyage. Malgré les défauts des Argonautiques, Virgile et Ovide n'ont pas dédaigné de leur faire de nombreux emprunts ; Valerius Flaccus y a puisé l'idée de son poëme et pris des vers entiers ; Terentius Varro les traduisit en vers latins. — La meilleure édition du poëme d'Apollonius est celle de Brunck, Strasbourg, 1782, et Leipzig, 1810—13, 2 vol. in-8° avec des remarques. Le texte d'Apollonius a été revu sur les manuscrits. Weichert a publié une vie du poëte, avec des remarques sur ses ouvrages, dans son *Uber das Leben und Gedicht das Apollonius*, à Meissen en Saxe, 1821. M. Caussin en a publié, à Paris, 1796, une traduction française.

APOLLONIUS DE TYANE, philosophe de la secte de Pythagore, que les païens regardèrent comme un être surnaturel, parce qu'il sut les éblouir par des prestiges, et que les ennemis du christianisme ont, dans tous les temps, tenté d'opposer à Jésus-Christ, morale pour morale, mission pour mission, miracles pour miracles, divinité pour divinité. Il naquit à Tyane, ville de la Cappadoce dans l'Asie Mineure, vers le commencement de l'ère chrétienne, s'il faut en croire certains chronologistes, la même année que le fils de Dieu. Pour que rien ne manquât à la gloire d'Apollonius, ses anciens biographes ont entouré son berceau de contes de fées, contes complaisamment répétés par les modernes qui, sans être païens, se glorifient de ne pas être chrétiens. Tandis qu'il était encore dans le sein maternel, dit Philostrate (Philostrate qu'on accuse de mauvaise foi et d'excessive crédulité, mais qui n'était en cela payé par l'impératrice Julie, femme de Septime-Sévère, pour faire l'apothéose du *saint philosophe*), le dieu Protée apparut à sa mère, et lui annonça que l'enfant qu'elle mettrait au monde ne serait autre que lui-même. — Quand elle sentit sa grossesse très-avancée, elle se rendit à certaine prairie et s'y endormit. Les cygnes qui se trouvaient dans cette prairie se rangèrent en cercle autour d'elle, et se mirent à battre des ailes et à *chanter* tous ensemble (les cygnes chantaient alors sans doute [*V.* CYGNE]); au bruit de cette étrange harmonie la dame se réveilla, et soudain elle fut délivrée. Ce n'est pas tout ; le scrupuleux narrateur, qui a soin d'annoncer qu'il est allé parcourir tous les lieux qu'avait visités son héros, afin de recueillir les traditions encore existantes (il écrivait environ cent vingt ans après la mort d'Apollonius), rapporte, d'après les habitants du pays, qu'à l'instant de la naissance, une grande lumière, semblable à un éclair, descendit du ciel sur la terre, puis remonta dans les airs et s'évanouit. Toutefois, dit encore Philostrate, Apollonius lui-même n'a jamais dit qu'il fût fils d'un dieu. — Cela est vrai, ou du moins nous ne savons pas le contraire ; mais Apollonius souffrait très-bien qu'on lui donnât un dieu pour père, et il eut grand soin toute sa vie d'entretenir le vulgaire dans cette erreur, en affectant de ne parler qu'en termes mystiques et obscurs pour jouer l'oracle, et en s'entourant de faux prestiges pour paraître supérieur aux hommes. — Dès l'âge de quatorze ans Apollonius fut envoyé à Tarse pour étudier la grammaire et la rhétorique. Il eut pour maître Euthydème, pour lequel il eut beaucoup d'affection ; mais, alléguant que les habitants de Tarse avaient des mœurs corrompues, ce qui le détournait de ses études philosophiques, il se retira dans une ville voisine ; Euthydème, qui déjà éprouvait l'irrésistible ascendant d'Apollonius, ne voulut pas se séparer de lui, et il l'accompagna près de son nouveau maître Euxène, qui malheureusement ne suivait pas la morale qu'il enseignait aux autres ; aussi Apollonius prit-il la résolution de n'avoir désormais d'autre maître que Pythagore lui-même. A compter de ce moment, il se vêtit de toile, poussant le respect pour les animaux jusqu'à rejeter toute espèce d'habillement provenant des substances animales, telles que le cuir et la laine. Quant à ses aliments ils ne consistèrent plus qu'en fruits ou en herbages, et il n'eut que l'eau pour boisson. — Après la mort de son père, il reprit le chemin d'Égès où il avait étudié sous Euxène, et il ouvrit une école de philosophie. Bientôt après, s'enfonçant davantage dans la pratique des doctrines pythagoriciennes, il se voua au silence le plus absolu pour un espace de temps qui ne devait pas être moindre de cinq années. Il tint religieusement son vœu, dit toujours Philostrate, et on le vit visiter, sans prononcer un seul mot, plusieurs villes de la Pamphylie et de la Cilicie. De cette époque de silence, les historiens racontent des prodiges, qui pourtant, dit un écrivain moderne, *ne sont pas invraisemblables*. Cette réflexion, jetée comme au hasard, ne tend pas, comme on le voit, à faire passer Apollonius pour un charlatan de philosophie. Quoi qu'il en soit, voici un de ces prodiges : Se trouvant dans une de ces villes, une sédition éclata. Apollonius pour l'apaiser n'eut besoin que de quelques mots qu'il écrivit à la hâte sur des tablettes et qu'il accompagna de gestes pathétiques. — Lorsque Apollonius eut repris l'usage de la parole, il se rendit à Éphèse, Antioche et plusieurs autres villes, cherchant partout à converser avec les prêtres et les philosophes. — Apollonius marchait précédé d'une réputation immense (c'est toujours Philostrate qui parle) ; il passait pour l'homme le plus savant dans tout ce qui concernait la religion et le culte à rendre aux dieux, de sorte que de toutes parts on lui envoyait des députés pour lui demander son avis sur ces matières ; le philosophe joignait à une science transcendante la plus étonnante modestie : chaque fois qu'il était ainsi interrogé, il se rendait au temple, assemblait les prêtres, leur proposait la question, écoutait leur réponse, et ne donnait la sienne qu'après les avoir entendues. Les réponses d'Apollonius étaient d'ailleurs toutes dictées par le même esprit : ramener le culte et les cérémonies religieuses à la plus grande simplicité. — Cependant Apollonius nourrissait depuis longtemps le désir d'aller, comme autrefois Pythagore, visiter les mages de Babylone et les brahmines de l'Inde. Ses disciples, craignant les fatigues ou les dangers de ce long voyage, refusèrent de le suivre : il partit seul avec un domestique. Arrivé à Ninive, il y trouva un nouveau disciple qui, plus dévoué, plus curieux ou plus courageux que les autres, s'attacha à sa personne pour ne plus s'en sé-

parer. Il s'appelait Damis, et il fut d'autant plus utile à son maître qu'il connaissait les langues de l'Arménie, de la Médie et de la Perse. — De Ninive Apollonius partit pour Babylone ; là il fut accueilli par le prince qui lui offrit de riches présents, et le sage les refusa noblement ; il eut même la philosophique impertinence de causer, devant le roi et les seigneurs de la cour, avec son disciple Damis comme s'il eût été seul dans sa chambre. Le roi ne se fâcha pas ; il dut être au contraire fort reconnaissant, parce qu'il reçut de lui d'excellents conseils, à ce que dit Philostrate, d'après les mémoires de Damis, qui regardait son maître comme un être divin ; car comme on lui reprochait un jour cette espèce d'idolâtrie, de même que sa coutume de recueillir toutes les paroles d'Apollonius, même les plus insignifiantes, et qu'on le comparait aux petits chiens qui ramassent avidement tout ce qui tombe de la table ou de la bouche de leur maître, il répondit sans s'émouvoir : Si ce maître était un dieu, si de sa table il ne tombait que des miettes d'ambroisie, le chien aurait-il tort de tout ramasser ? — De Babylone et de Ninive, le maître et le disciple partirent pour l'Inde. Mais avant de suivre Apollonius dans cette partie de son voyage, qu'il nous soit permis de présenter ici quelques courtes observations. — Les ennemis du christianisme n'ont pas manqué, comme nous l'avons dit en commençant, d'établir un parallèle entre le fourbe Apollonius et Jésus-Christ. Pour rendre ce parallèle le plus complet possible, on a commencé par entourer de prodiges le berceau du philosophe de Tyane. On l'a fait naître vers le même temps, disent les uns, la même année, disent les autres. Pourquoi s'arrêter là ? en coûtait-il davantage de placer les deux naissances au même jour ? Quant à l'apparition de Protée à la mère d'Apollonius, au concert des cygnes et à la délivrance de cette femme, qui ne voit là une misérable parodie du mystère de l'Incarnation ? Que dire ensuite de ce silence absolu de cinq années, silence qu'il garda sans qu'il lui fût arrivé une seule fois de le rompre quoiqu'il eût employé tout ce temps en voyages, c'est-à-dire à mener un genre de vie où mille fois le jour on a besoin d'exprimer sa pensée autrement que par des gestes. Au reste, il se dédommagea de ce silence forcé en donnant à ses paroles, après le temps d'épreuve, un ton décisif d'autorité, comme celui d'un homme qui ne croit pas l'erreur possible pour lui. Il est vrai que si on lui demandait comment il pouvait toujours répondre avec tant de clarté et de précision aux questions qui lui étaient adressées, il disait modestement que s'il répondait juste c'était parce qu'il avait appris pendant cinq ans à répondre. — Si ce voyage en Cilicie et en Pamphylie peut paraître extraordinaire, le voyage de Ninive et de Babylone le paraîtra bien plus encore ; car que pouvait-il aller chercher dans ces deux villes complètement ruinées, dont on ne connaît pas même aujourd'hui l'emplacement ? Quand Cyrus s'empara de Babylone vers la dernière moitié du VIᵉ siècle avant J. C., cette ville perdit la moitié de sa population et de ses édifices. Lorsque Séleucus fonda son empire deux siècles plus tard, il abandonna Babylone pour Séleucie, ce qui fut pour cette ville déjà si maltraitée une cause nouvelle et très-efficace de décadence ; car Séleucie et ensuite Antioche se peuplèrent aux dépens de la vieille Babylone. Au temps de Pline, contemporain d'Apollonius, puisqu'il mourut l'an 23 de l'ère chrétienne, Babylone était presque déserte. Il est plus que douteux qu'il s'y trouvât encore des mages ; qu'y auraient-ils fait ? On sait d'ailleurs qu'après la mort de Zoroastre (le second Zoroastre) ses disciples furent persécutés dans toute la Perse et plusieurs fois proscrits ; que.des schismes s'élevèrent dans la religion nouvelle, et que ce ne fut que sous le règne d'Ardeschir, qui fonda la dynastie sassanide au commencement du IIIᵉ siècle de notre ère, que les doctrines de Zoroastre furent rétablies et tolérées. — Quant à Ninive, plus malheureuse encore que Babylone, elle avait été prise et entièrement détruite l'an 606 avant J. C. par Nabopolassar, roi de Babylone, et Astyage, roi des Mèdes. Il n'est donc guère possible de concilier les récits du fanatique Damis et du complaisant Philostrate avec la vérité historique. Ce Damis, qui ne repoussait pas la comparaison de sa personne avec le petit chien, a été comparé aussi à saint Jean, disciple chéri de Jésus-Christ. Eh ! quelle ressemblance, grand Dieu ! peut-elle exister entre celui qui touche de ses mains pour ainsi dire la divinité de son maître, et le jeune enthousiaste qui ne peut s'empêcher de reconnaître un homme dans celui dont il voudrait faire un dieu ? Au surplus, ne perdons pas de vue que dans tout ce que nous avons dit et dans ce qui nous reste à dire nous n'avons pour garant de la vérité que le récit très-suspect de Philostrate. — Suivant ce même Philostrate, Apollonius, en arrivant sur l'Indus, trouva toute la contrée sous la domination d'un prince riche et puissant, que le biographe appelle Phraote. Apollonius en reçut l'accueil le plus bienveillant. Son royaume était dans l'état le plus florissant ; les sciences y étaient cultivées ; les manufactures étaient nombreuses, l'industrie active. Le brachmane Yarchas lui donna un anneau composé de sept métaux représentant les sept planètes ; et il lui fit entendre le *tonnerre artificiel* qu'on lançait sur l'ennemi du haut des remparts. — Ici nouvelle preuve du peu de confiance qu'on doit ajouter au roman de Damis et de Philostrate. Le nom de Phraote est grec, et non hindou ou sanscrit. Il est dit d'ailleurs qu'Apollonius conversa en grec avec lui. Le biographe ajoute que Phraote était ennemi du faste, simple dans ses mœurs et ses habitudes, frugal dans ses repas, modeste dans ses habillements ; ce qui offre un parfait contraste avec ce que les écrivains de ce temps rapportent de la pompe et de la magnificence des radjahs ou princes indiens. D'un autre côté, ce prince sacrifiait au soleil dans un temple superbe dont on n'a trouvé nulle part le moindre vestige ; il est probable que ce temple n'a jamais existé que dans l'imagination de Philostrate, et qu'il en est de ce temple comme de Babylone qu'il peint riche, peuplée et florissante, quoiqu'il soit avéré qu'elle ne put offrir aux deux voyageurs que l'aspect triste et solitaire des ruines. Apollonius d'ailleurs n'avait cherché à pénétrer dans l'Inde que pour imiter Pythagore et Zoroastre ; on ne peut donc faire aucun fond sur les renseignements d'histoire politique et naturelle qu'il nous transmet par l'organe de son biographe ; et il est très-difficile, pour ne pas dire impossible, de déterminer positivement si le roi Phraote était Parthe d'origine, issu des anciens rois de la Bactriane, tributaire des Scythes ou de caste hindoue. — Il en est de même du roi Mandrus que Philostrate fait régner sur l'ancien royaume de Porus, et dans lequel nous croyons reconnaître le Soumoudra mentionné dans la chronique du brahmine Mritioumjaya, lequel régnait à Delhy et dont Apollonius ou Damis n'ont pu parler que par ouï-dire. — Après un séjour de quelques mois dans l'Inde, Apollonius revint à Babylone d'où il se rendit à Éphèse pour y commencer sa mission d'apôtre. Sa réputation était telle, son parfum de sainteté si grand, que la foule se pressait constamment autour de lui ; chacun voulait jouir du bonheur extrême de le voir et de l'entendre. — Il prêchait publiquement sa doctrine au cirque, à l'hippodrome, sur les places, partout où le nombre des auditeurs pouvait être considérable, et ses prédications roulaient d'ordinaire sur la fraternité, sur la charité et sur la communauté des biens. « C'est chose à remarquer, s'écrie là-dessus un écrivain de nos jours, combien cette doctrine s'accorde avec le christianisme. » Nous voulons bien que tous les anciens philosophes du paganisme aient professé par quelques points, tels que la fraternité ou la charité, une doctrine que le christianisme n'eût point désavouée ; mais celui qui a dit : Rendez à César ce qui est à César, n'a pas voulu introduire dans la société humaine la communauté des biens. Cette doctrine, si commode pour la paresse, est incompatible avec l'existence de toute société. Recommander au riche la charité envers le pauvre, ce n'est pas donner au pauvre le droit de prendre la propriété du riche ; on lui a dit au contraire qu'il ne doit pas dérober le bien d'autrui. — Un petit prodige survenant à propos pouvait singulièrement appuyer une doctrine qui plaît toute seule à ceux qui n'ont rien, mais qui plaît un peu moins à ceux qui ont quelque chose : le prodige arriva. Pendant qu'Apollonius prêchait, c'était dans un lieu planté d'arbres, un moineau qui avait pris son vol vers les arbres se mit à piailler. Aussitôt tous les moineaux perchés sur les arbres suivirent le piailleur, qui s'en retourna vers le lieu d'où il était venu. Apollonius s'arrête au milieu de son discours ; les auditeurs étonnés suivent les moineaux de l'œil ; quelque chose de bien extraordinaire se passe sans doute. « Vous voilà bien surpris, dit Apollonius, je vais vous expliquer ce que vous avez vu. Un homme passait non loin d'ici par tel chemin ; il portait un sac de blé sur l'épaule ; son sac s'est troué en tombant, des grains de blé se sont répandus sur la terre. Un moineau était là, il a vu les grains de blé, et il est venu chercher les autres moineaux pour leur faire partager le festin que le hasard lui offrait. » Quelques-uns des auditeurs coururent au lieu indiqué par Apollonius ; ils virent en effet l'homme au sac s'éloignant et les moineaux occupés à recueillir le blé tombé sur le sol. L'admiration fut grande, et c'était à bon droit : Apollonius était pour le moins un demi-dieu. On ne nous a pas dit pourtant si les riches Éphésiens, touchés de cette édifiante confraternité des moineaux, se hâtèrent d'appeler leurs compatriotes au partage de leurs biens. Dans l'incertitude, nous ne pouvons, ce semble, donner d'éloges qu'au

digne moineau qui appelle ses frères au banquet. Nous nous garderons bien pourtant de dire que l'homme au sac était, comme cela se dit en termes de tours de passe-passe, un compère aposté par Apollonius ; nous ne dirons pas non plus qu'un moineau apprivoisé et dressé fut l'instrument du miracle ; les croyants en Apollonius ne nous pardonneraient pas. Les moineaux d'Éphèse pouvaient être d'ailleurs mieux élevés que les pierrots de Paris qui, lorsque l'un d'eux peut saisir quelque chose, est poursuivi par les autres jusqu'à ce qu'il ait abandonné sa proie. — En sortant d'Éphèse Apollonius prit la route de la Grèce et de l'Italie ; mais, en traversant l'ancien emplacement d'Ilion, il passa une nuit sur le tombeau d'Achille, et Achille lui apparut. On n'en saurait douter ; c'est Philostrate qui le dit. Apollonius, après avoir conversé avec l'ombre du plus vaillant des Grecs, alla converser à Lesbos, à Lacédémone, à Athènes, etc., avec les prêtres de tous les temples et de tous les dieux. Toutes les villes de la Grèce voulurent à leur tour posséder Apollonius dans leur sein ; car l'enthousiasme et la vénération pour sa personne étaient parvenus au plus haut point. — Lorsqu'il eut assez promené sa vanité par la Grèce, Apollonius l'alla montrer à Rome. Les édits de Néron contre les magiciens et les charlatans obligèrent le philosophe-dieu à sortir de cette ville ; il parcourut la Gaule et l'Espagne, se mêla des affaires publiques, et il avait probablement deviné la fameuse maxime qui sanctifie l'insurrection, puisqu'on le voit fomenter la révolte en Bétique et prendre part à tous les troubles de l'empire. La mort de Néron le ramena vers l'Italie ; de l'Italie où son orgueil ne trouvait plus d'aliment, il se rendit en Égypte où Vespasien intriguait pour se faire élever à l'empire. — Toujours dévoré d'un désir effréné de renommée, Apollonius parut dans Alexandrie sous les dehors les plus bizarres ; il ne voulait ressembler aux autres hommes ni par le langage, ni par les mœurs, ni par les vêtements. Ce fut principalement en Égypte qu'il manifesta la prétention de faire des miracles ; il faut convenir même qu'il poussa l'adresse assez loin pour faire des dupes. Ce fut alors aussi qu'on mit en quelque sorte de la frénésie à faire revivre le parallèle sacrilége de cet hypocrite avec Jésus-Christ. Encore l'entendit-on souvent dédaigner la comparaison et traiter Jésus-Christ de faux prophète. — Un accident simple au fond et qu'il est très-aisé d'expliquer, mais que le fanatisme égyptien trouva surnaturel, rendit Apollonius plus fameux encore que ses propres discours n'auraient pu le faire. Il y avait dans la ville un lion apprivoisé. Un jour qu'Apollonius recevait ses caresses devant le peuple, il se prit tout à coup à dire d'un ton d'inspiré que cet animal renfermait l'âme d'Amasis. En entendant ce mot, le lion rugit d'une manière triste et plaintive ; il n'en fallut pas davantage pour convaincre les Égyptiens du caractère sacré de ce lion qui, depuis ce moment enfermé dans un temple, eut des serviteurs et des prêtres. — Il ne suffisait pas au *philosophe* Apollonius d'être devenu en Égypte le confident de Vespasien et un objet de vénération pour le peuple : il voulut se faire admirer par les Éthiopiens et il partit avec dix de ses disciples. Là, il fut mal reçu par les prêtres qui, le démasquant en présence de ceux qu'il voulait séduire, lui reprochèrent son orgueil et les faux prestiges sur lesquels il s'appuyait. « La terre, lui dit un de ces prêtres nommé Thespérion, ne produit point pour nous sans culture ; nous ne faisons pas couler à volonté des fontaines de vin et de lait ; nous ne volons pas dans les airs ; mais le travail nous procure des aliments sains et suffisants. La sagesse marche simplement ; elle n'a pas besoin de cet appareil dont vous l'entourez ; elle parle sans faste ; elle ne cherche pas à éblouir le vulgaire par de fausses merveilles. » Mécontent de l'Éthiopie et de ses prêtres qui n'avaient pas voulu se laisser tromper, Apollonius s'éloigna le cœur plein de dépit et se rendit auprès de Titus qui venait de conquérir la Cilicie. — Après la mort de Titus et l'avénement de Domitien, il fut accusé de magie par Euphrate d'Alexandrie ; mais Domitien, par un heureux caprice, le protégea contre ses ennemis. Accusé pareillement d'avoir excité une sédition en faveur de Nerva, il se présenta volontairement devant le préteur et fut acquitté. Il se rendit ensuite à Éphèse, visita des temples et finit par fonder à Éphèse une école pythoricienne. On croit qu'il mourut centenaire dans cette ville durant le règne de Nerva. Philostrate lui-même, malgré les mémoires de Damis, malgré les deux ou trois biographies contemporaines qu'il se procura, malgré les anecdotes que lui fournirent l'impératrice Julie et ses propres voyages, ne put rien découvrir de l'époque, ni sur le lieu de la mort de son héros. On peut supposer qu'il mourut dans l'obscurité, mort bien vulgaire pour un homme qui avait tant fait de bruit pendant sa vie. — Nous ne devons pas omettre de parler d'un des plus grands miracles d'Apollonius. Au milieu d'un discours qu'il prononçait en public on le vit soudain s'arrêter, et, au bout d'un court silence, on l'entendit s'écrier d'une voix forte : *Bien! bien! courage! tue, tue le tyran*. Ensuite faisant une autre pause, il reprit après quelques instants : *Le tyran est mort; on l'a tué en ce moment même*. Le tyran était Domitien qui périt assassiné. Ici nous ne dirons pas que l'honnête Apollonius était dans le secret de la conspiration et que, sachant le jour et l'heure où les coups devaient être portés, il ne lui fût pas difficile de dire ce qui se passait à Rome, à l'instant même où il parlait à cent lieues de distance ; car on ne manquerait pas d'objecter que, n'ayant pas, ne pouvant pas avoir la certitude physique que l'événement avait lieu, il ne se serait pas exposé à passer pour un faux prophète. On pourrait, il est vrai, répondre que, si la conjuration avait manqué, Apollonius n'aurait pas été, pour cela convaincu d'imposture. Quand le bon Laensberg annonce de la pluie pour le premier jour de la lune et qu'il fait un temps superbe, est-ce à dire pour cela qu'il a menti ou qu'il s'est trompé dans ses calculs? ni l'un, ni l'autre : s'il n'a pas plu à Paris, il a plu à Naples ou à Saint-Pétersbourg ; Laensberg ne peut pas dire vrai à la fois pour tout le monde. Domitien n'était pas probablement le seul tyran qu'il y eût sur la terre; Apollonius ne le nommait pas, il ne parlait pas de Rome : il y avait toujours lieu de se sauver par quelque subterfuge. Nous nous contenterons de demander si le fait en lui-même est bien prouvé. Qui nous l'a fait connaître? Philostrate qui, payé pour vanter Apollonius, entasse, sans discernement comme sans critique, les fables les plus absurdes et n'a pas l'air d'en douter ; et ces fables d'où Philostrate les a-t-il tirées? des mémoires laissés par un jeune insensé qui avait, de son propre aveu, recueilli *toutes les miettes*, mais qui n'avait pas osé, après la mort de son maître, servir ces bribes au public. Le même fait se retrouve dans Dion Cassius qui l'a copié de Philostrate, et qui, de l'aveu de tous les critiques, mérite le reproche de bizarrerie, de crédulité et d'adulation. Quoi qu'il en soit du rapport de Philostrate, nous ne ferons qu'une réflexion sur le fait en lui-même. Apollonius a fait publiquement l'apologie de l'assassinat, car il a montré que l'assassinat lui plaisait. Que certains amateurs forcenés de liberté croient que tous les moyens sont bons pour se délivrer de la tyrannie; qu'ils comptent, s'ils le veulent, au nombre de ces moyens le meurtre et l'assassinat, à la bonne heure; quant à nous, qui n'admirons ni les Brutus l'ancien ni les Brutus modernes, et qui sans hésiter rangeons l'assassinat dans la classe des crimes, nous qui ne mettons aucune différence entre tous ces Brutus et les Châtel, les Ravaillac, les Clément, nous ne pouvons nous empêcher de dire que si Apollonius approuva l'assassinat de Domitien, il aurait bien pu sans scrupule l'assassiner lui-même, ce qui n'est pas une œuvre bien philosophique ni bien sainte. Ajoutons que celui à qui l'on a l'audace de comparer le Tyanien, celui qui voulait qu'on rendît à César ce qui était à César, quoique ce César fût Tibère, n'aurait jamais dit : Bien, bien! courage! tuez, tuez le tyran. — Les intarissables apologistes de cet empirique de morale lui font grand honneur de sa prétendue lettre à Titus, vainqueur des Juifs : « Puisque vous refusez d'être applaudi pour une victoire meurtrière, je vous envoie la couronne de modération. » Assurément nous ne blâmons pas l'éloge adressé à Titus; mais dans la bouche d'Apollonius, *distribuant des couronnes*, cet éloge ne nous paraît pas autre chose que l'expression fastueuse de sa vanité. On dit encore que lorsque le Tyanien parut devant Domitien : sous le poids d'une accusation capitale (on lui imputait d'avoir tenté de soulever le peuple en faveur de Nerva), l'empereur l'ayant menacé de la mort, il répondit : *Vous ne me tuerez point; je ne suis pas mortel*; et qu'au même instant il disparut par le secours d'un démon ou génie qui le transporta en quelques heures à trente lieues de distance. Il nous semble que pour un démon le prodige n'est pas bien merveilleux. Trente lieues en quelques heures! c'est là ce que font nos chemins de fer. — Quelque temps avant la mort de Néron, un orage éclata sur Rome, en même temps il y eut éclipse de soleil, et Apollonius de prédire que *quelque chose de grand arriverait et n'arriverait pas*. Paroles absurdes qui ne peuvent avoir aucun sens. Mais trois jours après, la foudre tomba sur la table de Néron et enleva de ses mains, sans lui faire aucun mal, la coupe qu'il portait à ses lèvres. On trouva là l'explication de l'oracle d'Apollonius. — Une autre fois il rencontra le convoi d'une jeune fille, il s'approcha d'elle; dit à voix basse quelques paroles; et la jeune fille ressuscitée; au grand ébahissement de la foule, s'en retourna très-bien portante chez ses parents; et les Romains;

ingrats eurent la cruauté de chasser de leur ville l'habile homme qui ressuscitait leurs morts et qui aurait pu au besoin les ressusciter eux mêmes. Peut-être quelque mauvais plaisant s'avisa-t-il de dire que la fille n'était point morte, et que l'artifice était trop grossier pour tromper tout homme qui ne voudrait pas se faire tromper exprès... — Nous ne pousserons pas plus loin cette analyse des miracles et de la vie d'Apollonius. Nous n'entreprendrons pas non plus de réfuter Hiéroclès, l'un des plus ardents persécuteurs des chrétiens sous le règne de Galère et de Dioclétien. Eusèbe et Lactance lui ont répondu. Nous ne parlerons pas davantage de l'ouvrage de Legrand d'Aussy qui a caché le rôle de panégyriste sous les dehors du biographe, et une satire amère du christianisme sous l'apparence d'une apologie d'Apollonius. Nous ne concevons pas pourquoi certaines gens prennent tant de peine pour détruire la foi dans les hommes. Vivraient-ils donc plus heureux dans une société d'athées, de matérialistes, d'incrédules de toute espèce qui se livreraient sans crainte à toutes les passions quand la loi humaine ne punit point les excès par les supplices? Une société d'hommes honnêtes, de chrétiens bien pénétrés de leurs devoirs ne leur conviendrait pas davantage? En vérité, cela ne se comprend pas. — Nous ne concevons pas davantage pourquoi dans un ouvrage moderne on a eu grand soin de ramasser dans l'article Apollonius tous les témoignages de vénération que l'antiquité païenne a donnés à ce *saint du paganisme*. Eh! que nous fait à nous que l'empereur Adrien, ce lâche et immoral meurtrier d'Antinoüs, gardât précieusement le livre d'Apollonius sur les réponses de l'oracle Trophonien? ou qu'Alexandre Sévère eût dans un oratoire les images d'Orphée, d'Abraham, d'Apollonius, de plusieurs dieux de cette sorte et des grands dieux? Que nous fait que le païen Lampride, l'un des insipides compilateurs du fatras historique qu'on appelle Histoire auguste, ait mêlé à ces noms profanes le nom sacré de Jésus-Christ? Cela prouve-t-il qu'entre Apollonius et Jésus-Christ nous ne devons, nous chrétiens, faire aucune différence? Qu'importe que le peuple imbécile de Tyane ait érigé un temple à l'auteur des prestiges qui fascinèrent ses yeux? Ce qu'il eût fallu pour hausser Apollonius jusqu'à Dieu et ravaler Jésus-Christ jusqu'à l'homme, comme cela paraît être dans l'intention de l'écrivain dont nous parlons, c'eût été de prouver que les Pères dont on cite les passages, ont vu dans Apollonius autre chose qu'un homme ou qu'un magicien protégé par le démon. Saint Augustin révoque en doute les miracles d'Apollonius, qui, dit-il, ne sont appuyés d'aucun témoignage digne de foi; et nous partageons bien le doute de saint Augustin; il ajoute que les démons peuvent opérer quelques prodiges qui ont l'apparence des prodiges attribués aux anges, et sur ce point nous n'avons rien à dire, si ce n'est que les démons ne peuvent agir par voie surnaturelle qu'autant que cela leur est permis par Dieu; qu'au fond il n'est nullement nécessaire de supposer l'intervention des démons pour expliquer les miracles d'Apollonius. Quant au témoignage que saint Augustin rend des vertus du Tyanien, il se réduit à dire qu'Apollonius vaut encore mieux que Jupiter, cet odieux adultère tout souillé de débauches. Le langage de saint Jérôme est à peu près le même que celui de saint Augustin. Nous ne voyons pas qu'il en résulte là le quelque avantage pour la mémoire d'Apollonius. Les Pères et les écrivains antérieurs à saint Augustin, ajoute-t-on, tels qu'Origène, Arnobe, Lactance, etc., ne se sont exprimés avec plus de chaleur que parce que le christianisme luttait encore avec le paganisme et que le résultat de la lutte était incertain; comme si le christianisme était une institution purement humaine qui a un besoin de renverser une autre institution pour s'établir solidement. Mais, dit-on encore, quand le christianisme vainqueur dans cette lutte dangereuse n'a plus eu de crainte sérieuse pour son existence, alors on a rendu justice aux vertus d'Apollonius; témoin Sidoine Apollinaire qui en parle comme d'un sage. Mais il y a loin d'un sage à un dieu, ou même à un homme que Dieu a choisi pour l'annoncer, comme Moïse. — Et toute cette discussion antichrétienne est pour arriver à dire que « le sage Apollonius, qui fut toute sa vie partisan de la simplicité... qui rejeta les richesses... qui brava la haine des tyrans, n'est pas l'ennemi de Jésus-Christ. » Apollonius a pris part à ce grand travail. En résultat on conseille aux modernes, qui ont opposé Apollonius au Christ, afin de nier l'un par l'autre, de s'appliquer au contraire à les comprendre et à les concilier. » Il est aisé de mettre beaucoup d'erreurs dans peu de mots; nous venons d'en donner un exemple. Quoi ! il fut simple, il fut modeste, cet homme qu'on vit toujours à la cour des rois et des empereurs, à Babylone, à Ninive, dans l'Inde, à Rome, se mêlant constamment des affaires publiques, travaillant pour les uns, conspirant contre les autres. Il brava la haine des tyrans! oui, en disant à Domitien : *Tu ne peux me tuer, je ne suis pas mortel.* Il méprisa les richesses! dites plutôt qu'il eut l'air de les mépriser; et quand on le voit à la cour de Phraorte, dédaigner de répondre à ce roi et à ses courtisans pour s'entretenir avec son séide, n'est-on pas tenté de lui dire: Antisthène, je vois ta vanité à travers les trous de ton manteau? Que dire surtout de cette assertion impie que les néoplatoniciens ont préparé le dogme chrétien, et que le fourbe Apollonius a grandement contribué à ce résultat? Ce furent donc des philosophes païens, des ennemis acharnés du christianisme, que le Dieu des chrétiens destina pour précurseurs à son fils; ces rêveurs qui, ressuscitant le mysticisme de Platon, ajoutèrent aux aberrations d'un homme de génie, livré à lui-même, leurs propres et nombreuses erreurs? un Plotin, sectateur passionné du panthéisme, qui meurt en disant : Je cherche à réunir ce qu'il y a de divin en moi à ce qu'il y a de divin dans l'univers; un Porphyre qui se rendit fameux moins par ses doctrines philosophiques que par sa haine aveugle contre le christianisme; un Proclus, initié aux mystères d'Éleusis, composant des hymnes en l'honneur de tous les dieux du paganisme et ne refusant qu'à Dieu seul le nom de Dieu; un Jamblique, ardent zélateur de magie, de prodiges, d'apparitions, grand thaumaturge lui-même? D'ailleurs comment des néoplatoniciens, tous postérieurs à Jésus-Christ de deux, de trois et de quatre siècles, ont-ils pu préparer le dogme chrétien? Voulez-vous dire qu'ils l'ont aidé à se fortifier, à se développer? eh bien, c'est la vérité; ils ont servi le christianisme en démontrant par leur exemple que tous les efforts de l'orgueilleuse raison humaine furent impuissants pour le détruire. Il en est de même aujourd'hui : le philosophisme, tout armé qu'il est de grands mots et de belles sentences, ne peut réussir à renverser l'œuvre divine. Est-ce bien d'Apollonius surtout qu'on ose dire qu'il *prit sa part à la grande œuvre*? Il voulut, dit-on, réformer le polythéisme; mais comment voulait-il opérer cette réforme? en *redonnant un sens à la mythologie des Grecs*, en se montrant *attaché de toute manière et par le fond des choses au paganisme*; nous ajouterons : en poussant de toutes ses forces au panthéisme, dont les doctrines conduisent sûrement, comme on le sait, aux vérités de notre religion sainte. En vérité il fallait arriver au XIXᵉ siècle pour qu'on vînt nous conseiller de confondre dans une même adoration Apollonius de Tyane et le fils de Dieu !

J. DE MARLÈS.

APOLLONOSHIERON (*numism.*). Le nom de cette ville de Lydie exprime qu'elle était consacrée à Apollon; qu'elle était pour ainsi dire son temple. Parmi les types communs à presque toutes les villes, Jupiter, Pallas, Hercule et la figure du sénat, une seule autonome présente la lyre d'Apollon; c'est sur les médailles impériales qu'Apollon lui-même, vêtu d'une longue robe (la stola) et tenant la lyre, est représenté au revers de Tibère et de Néron. Le culte égyptien n'était point étranger à cette ville, dont les types nous offrent aussi Isis et Sérapis. Ses médailles valent de 18 à 24 fr.; celle d'Hostilien avec Sérapis vaut 48 fr. D. M.

APOLOGÈTES, **APOLOGÉTIQUE**, **APOLOGISTES**. On donne ce nom aux écrivains qui, dans les premiers siècles de l'Église, ont composé et publié des apologies ou mémoires justificatifs du christianisme. La religion naissante de Jésus-Christ n'eut pas seulement à lutter contre la morale commode du paganisme, la puissance de l'habitude, les passions humaines, les intérêts privés, mais encore contre le despotisme ombrageux qui voyait bien que la religion nouvelle, en abolissant l'esclavage, en rendant à l'homme de la dignité, diminuait l'influence et l'autorité du despote; et ce fut pour cela que les empereurs poursuivirent avec tant de rigueur tous ceux qui, dociles à la voix des apôtres ou leurs successeurs, désertaient les temples des idoles, et, au péril de leur vie, se convertissaient à la foi chrétienne. Mais si, dans ces premiers âges beaucoup de chrétiens versèrent leur sang pour elle, beaucoup d'autres, effrayés par l'appareil des supplices, pouvaient donner le scandaleux exemple de l'apostasie : c'était là ce qu'il fallait éviter. On eut donc la pensée d'écrire des apologies dans lesquelles on réfutait victorieusement toutes les accusations dont les païens chargeaient le christianisme, et ces apologies avaient quelquefois pour résultat d'adoucir ou même d'arrêter les persécutions. Il existait encore une autre cause qui rendait les apologies nécessaires ou du moins utiles. Les *philosophes*, principalement ceux de l'école d'Alexandrie, les

néoplatoniciens, les sophistes, ennemis déclarés du christianisme, écrivaient des traités dans lesquels, dénaturant ses principes, ils le représentaient comme une religion absurde et monstrueuse; et ces écrits pouvaient tromper, séduire des esprits faibles ou mal affermis encore dans la foi; il était donc nécessaire de répondre à ces sortes d'attaques. — Parmi les apologistes les plus célèbres on compte, chez les Grecs, Justin le Martyr, Athénagore, Tatien, Théophile, etc.; et chez les Latins, Minutius Félix, Arnobe, etc., et surtout Tertullien. — Les apologies, qu'on nomme plus particulièrement apologétiques, étaient adressées aux empereurs, aux gouverneurs des provinces, aux magistrats. Celle de saint Quadrat, évêque d'Athènes, fut composée vers l'an 124 de Jésus-Christ. Eusèbe en a conservé quelques fragments. Peu de temps après, saint Justin écrivit les siennes, l'une l'an 150, l'autre l'an 166. La première fut présentée à l'empereur Antonin, la seconde au sénat de Rome. Croira-t-on que les chrétiens étaient accusés d'athéisme, et que ce fut principalement pour repousser cette absurde imputation que Justin fut obligé de prendre la plume? Dans la même année 166, Athénagore repoussait pareillement l'imputation d'athéisme, de certains repas de chair humaine et de tolérance pour l'inceste. Dans le IIIᵉ siècle Minutius Félix composa son fameux dialogue d'Octavius sur la vérité de la religion chrétienne, et il saisit l'occasion de réfuter les calomnies des païens et des juifs. — Quant à l'apologétique de Tertullien, nous nous bornons ici à dire que c'est un ouvrage où la logique s'allie à la clarté du raisonnement, la force et l'énergie à l'élégance du style, l'élévation des pensées à la solidité; aussi beaucoup d'écrivains ont-ils appelé cette apologétique admirable (*V.* TERTULLIEN). Des écrivains protestants ont accusé les auteurs de ces sortes de compositions d'user souvent de sophismes. Comme ils n'apportent aucune preuve de ce qu'ils avancent, on ne doit leur répondre que par une dénégation. Non, le christianisme n'eut jamais besoin de recourir au sophisme ou au mensonge pour se défendre; il ne lui fallut que se montrer tel qu'il est. — Quand la philosophie du XVIIIᵉ siècle, ou, plutôt lorsque le déisme déguisé sous le nom d'emprunt eut envahi en grande partie le domaine de l'opinion, plusieurs écrivains de talent consacrèrent leurs veilles à des apologétiques. A cette tendance railleuse des esprits, ouvrage de Voltaire et de ses adeptes, fallait-il n'opposer aucune barrière? Fallait-il, que la corruption des mœurs publiques, déjà autorisée par la corruption qui s'agitait autour du trône, trouvât de plus un large appui dans ces écrits impies qui, pour l'augmenter encore, brisaient tout frein religieux, sans qu'une main amie vînt montrer à l'inexpérience l'abîme où on l'entraînait? Malheureusement ceux qui entreprirent de répondre aux philosophes se jetèrent dans des généralités au lieu de les attaquer corps à corps, ce qui ne pouvait guère produire que des victoires sans résultat. De notre temps, les Bonald, les de Maistre, les Cobbett, les Robinson, se sont attachés à nos professeurs de matérialisme, de déisme et de panthéisme; ils les ont suivis pas à pas dans toutes les aberrations de leur esprit, les ont combattus vigoureusement, et la victoire n'est pas restée indécise. — L'apologétique forme aujourd'hui une véritable science, ou plutôt un art, si ce dernier mot convient aux opérations de l'esprit par lesquelles on met en quelque sorte en pratique les théories d'une science; cet art consiste dans le développement des preuves de l'origine ou de l'essence du christianisme et de ses dogmes. L'apologétique diffère des simples écrits polémiques, qui ne sont destinés qu'à soutenir des doctrines contre d'autres doctrines. J. DE M.

APOLOGIE. (*V.* LIVRES SYMBOLIQUES).

APOLOGIE (du grec apo-logos). Discours écrit ou de vive voix, pour la justification, pour la défense de quelqu'un, de quelque action, de quelque ouvrage. — L'étymologie de ce mot peut s'expliquer historiquement, puisque dans l'antiquité les jugements étaient publics. Les plaidoyers étaient souvent écrits, et nous en trouvons des exemples dans les apologies de Socrate, par Platon et par Xénophon. Dans la suite, l'apologie fut un des exercices que les rhéteurs employèrent à faire soutenir par leurs élèves. H. P.

APOLOGUE. On entend par apologue un poëme de peu d'étendue, destiné à développer quelque vérité morale et philosophique, par le moyen d'une action ou d'un dialogue où, pour l'ordinaire, on emploie des animaux comme acteurs ou interlocuteurs. L'apologue est originaire de l'Orient; il paraît être né dans l'Inde à une époque très-reculée, et les poëmes historiques de cette contrée renferment des apologues, et c'est évidemment de l'Inde que ce genre a passé dans la Perse, et de la Perse dans la Grèce en traversant l'Asie Mineure. — Les

Égyptiens connurent aussi l'apologue, et il est probable que ce fut chez eux que les Hébreux en prirent le goût. On trouve dans le *Livre des Juges* (ch. 9, v. 8, et dans le IVe l. des *Rois*, ch. 14, v. 9) deux apologues, dont le premier fut employé par Joatham, fils de Gédéon, à qui les Hébreux annonçaient qu'ils s'étaient donné Abimélech pour roi ; le second le fut par Joas, roi d'Israël, en réponse à un message d'Amasias, roi de Juda. — « Tous les arbres, dit Joatham, étaient assemblés pour choisir un roi parmi eux ; ils s'adressèrent d'abord à l'olivier, puis au figuier, au cep de vigne, etc., qui tous refusèrent le dangereux honneur. Le choix tomba enfin sur la ronce qui répondit : Si vous voulez que je sois votre roi, soyez tous soumis à mes volontés ; sinon, il sortira de moi un feu ardent qui dévorera jusqu'aux cèdres du mont Liban. » — Amasias demandait à Joas une entrevue : « Le chardon, répondit Joas, envoya demander au cèdre sa fille en mariage pour son propre fils. Une bête fauve, en passant, foula le chardon et l'écrasa. » Malgré cette vive allégorie, Amasias persista dans sa demande, et il ne tarda pas à perdre sa couronne et sa liberté. — Les Ioniens et les Éoliens, dit Hérodote, avaient résisté à toutes les avances de Cyrus qui désirait les attirer dans son parti ; ils lui offrirent leur alliance après qu'il eut remporté sur Crésus une victoire décisive : il était trop tard. Cyrus leur répondit : « Un pêcheur avait longtemps joué de la flûte pour attirer à lui les poissons ; voyant qu'il perdait sa peine, il jeta dans l'eau ses filets, et il en prit abondamment. » — Nous avons supposé que l'apologue est né dans l'Inde ; c'est une opinion que nous avons énoncée ailleurs (*Histoire générale de l'Inde ancienne et moderne*). Nous y avons parlé de Pilpaï ou Bidpaï, ancien brachmane qui vivait à la cour d'un roi dont la puissance s'étendait jusqu'au Gange, et qui, pour l'instruire sans le blesser, composa pour lui un livre d'allégories ou d'apologues, où d'utiles vérités se cachaient sous un voile fleuri. On croit que ce livre fut transporté en Perse longtemps avant l'ère vulgaire, et que vers le VIe siècle de cette ère, il y fut porté de nouveau, augmenté et mis en ordre par le brahmine Vishouakerman, en même temps que le jeu des échecs, pareillement originaire de l'Inde ; les Persans, en cela semblables aux Grecs, n'ont pas hésité à se déclarer inventeurs des échecs et de l'apologue. Une publication assez récente confirme notre opinion ; en 1816, M. de Sacy a fait paraître la traduction d'un recueil d'apologues extrêmement anciens, intitulé *Kalila* et *Dimna*. Un lion avait pour premier ministre un bœuf honnête et travailleur, et pour conseiller un renard méchant, fourbe et menteur. Celui-ci parvint sans beaucoup de peine à rendre le bœuf suspect et à surprendre ensuite au roi une sentence de mort contre le malheureux ministre. Cependant la vérité se fait jour ; le renard, malgré toutes les ruses qu'il emploie pour se sauver, périt par le supplice. Le crime était puni, mais le bœuf était mort ; le lion gémit de sa précipitation funeste, mais le mal était sans remède. — Il est très-probable que l'invention de l'apologue tient aux doctrines de la métempsycose ; évidemment de telles doctrines devaient faire des bêtes un objet de vénération ; par suite on dut s'attacher à l'étude de leurs mœurs et attribuer un sens à chacun de leurs mouvements, comme si ces mouvements étaient dirigés par les âmes humaines logées dans leurs corps pour y subir un degré d'expiation. — Le recueil de Bidpaï fut d'abord traduit en pahlavi, du pahlavi en arabe, de l'arabe en persan. Cependant l'apologue est répandu au loin, car lors même qu'il serait vrai que le Phrygien Ésope n'a jamais existé, comme l'ont soutenu plusieurs écrivains, il n'en est pas moins certain que vers le temps où l'on suppose qu'il exista, c'est-à-dire le milieu du VIe siècle avant J. C. (la 57e olympiade), l'apologue était connu dans la Grèce, et souvent employé. Toute l'éloquence de Démosthène excitant les Athéniens à prendre les armes pour repousser l'agression d'Alexandre, aurait échoué contre leur indolence et leur découragement, s'il n'avait eu recours à l'apologue. Ce prince leur offrait la paix à condition qu'ils lui livreraient dix orateurs qu'il regardait comme les ennemis les plus acharnés. Démosthène se contenta de leur dire la fable du loup offrant la paix aux brebis et demandant seulement qu'elles lui livrassent le berger et les chiens qui les gardaient. — Les Romains furent en tout imitateurs des Grecs. Quand le peuple révolté se retira sur le mont Sacré, l'an de Rome 261, Ménennius Agrippa calma l'effervescence des esprits par l'apologue des membres et de l'estomac. — Pour tout ce qui concerne le caractère que doit avoir l'apologue, l'intérêt, le choix des personnages, la moralité, la forme matérielle et le style propre à ce genre, de même que pour l'histoire progressive de l'apologue, *V.* les mots FABLE et FABULISTES. Nous nous occuperons seulement ici d'une question préliminaire sur

laquelle on trouve deux opinions diamétralement opposées : l'apologue est-il dans la nature ? toute vraisemblance n'en est-elle pas bannie, et dans ce cas, ne doit-il pas choquer un esprit raisonnable, au lieu de l'instruire en l'amusant ? Nous dispensant de répondre à cette question, nous pourrions nous contenter d'en appeler sur ce point à l'expérience universelle. Tous les peuples ont eu, ont encore des apologues, tous les aiment, s'en amusent, tous peuvent y puiser d'excellentes règles de conduite et de morale : que faut-il de plus pour se déclarer en faveur de l'apologue ? Toutefois nous aborderons la question afin de la résoudre par le seul secours du raisonnement. — Non, il n'est pas vraisemblable que des animaux parlent, qu'ils fassent entre eux des traités ou des conventions. Aussi n'est-ce point ce genre de vraisemblance qui consiste à ce qu'une chose puisse être vraie, qu'on exige de l'apologue ; ce qu'on veut, c'est que les convenances soient gardées et que le loup ne parle point comme l'agneau. Mais ces petits drames exécutés par des animaux sont-ils donc les seules choses invraisemblables, dans ce sens qu'elles ne peuvent pas être vraies ? J'assiste à une représentation scénique, j'ai sous les yeux Pyrrhus et Andromaque, Phèdre et Thésée, Auguste et Cinna, etc. : est-il possible, est-il vrai que tous ces personnages exhumés par le poëte après trente siècles, se donnent rendez-vous sous mes yeux pour me faire assister à leurs débats, à leurs guerres, au spectacle de toutes leurs passions ? Est-il vraisemblable que le grec Pyrrhus, que le romain Auguste, que le musulman Orosmane, viennent tous s'exprimer en beaux vers français bien symétrisés, bien cadencés, bien élégants ? Et quand tout cela serait possible, vrai ou vraisemblable, que leurs ombres évoquées par la poésie viendraient animer des corps vivants qui les représentent, puis-je me persuader que tous ces gens-là vont exprès me mettre dans la confidence de leurs plus secrètes pensées, moi et deux mille autres personnes qui, ainsi que moi, les écoutent ? Peut-on surtout concevoir qu'à l'Opéra, le pauvre malheureux qu'un tyran condamne à mourir, l'amante désespérée qui va se jeter dans les flammes, et mille autres se mettent à chanter et à roucouler pendant vingt minutes ? En un mot, des morts et des absents ne peuvent pas plus parler et agir devant nous que des bêtes qui, n'en doutons pas, ont entre elles un langage bien imparfait sans doute, mais suffisant pour qu'elles s'entendent. Si nous admettons sur la scène Achille et Agamemnon, pourquoi n'y admettrions-nous pas le lion et le renard ? Il suffit que nous trouvions dans les premiers les héros d'Homère, que les seconds soient tels qu'ils doivent être pour paraître vrais. C'est dans cette dernière condition que consiste ce qu'on entend par l'imitation de la nature. Or, la nature et l'art sont deux choses distinctes ; l'art ne doit pas être tel, que la nature prise à la lettre puisse être confondue avec elle ; l'art a besoin pour émouvoir et pour charmer, d'aller plus loin que la nature elle-même, de s'élancer vers le beau idéal ; or, pour arriver à ce beau idéal, il faut, pour chaque chose, partir d'un principe de convention, et c'est qu'une fiction sera regardée comme la vérité, afin que tous les accessoires de cette fiction paraissent vrais ou du moins vraisemblables. Or, dans l'apologue, il est convenu que les bêtes parleront, comme il est convenu à l'Opéra que l'amour, l'espérance, la crainte, la fureur s'exprimeront en accords mélodieux. Il ne s'agit donc encore une fois dans l'apologue que de donner à chaque animal le langage qu'il aurait d'après son caractère connu, s'il avait comme nous la faculté d'exprimer ses pensées. Encore faut-il se garder de pousser jusqu'à la rigueur les exigences du principe. La société du lion avec la chèvre et la génisse, dit-on, n'est pas vraisemblable ; faut-il donc blâmer le fabuliste qui l'a représentée ? Non certes. Tout le monde n'a-t-il pas vu dans la ménagerie royale un lion et un chien dans la même loge ? Cela n'est pas ordinaire sans doute, mais cela peut être. Personne, ajoute-t-on, ne croira qu'un loup affamé entre en conversation avec un agneau ; blâmerons-nous la Fontaine d'avoir, sur cette conversation invraisemblable, bâti une fable charmante ? Nous dirons même que si une telle conversation n'est pas dans la nature réelle, elle est tout à fait dans la nature d'art, et que si l'on admet une fois que les bêtes parlent, il faut admettre aussi qu'elles parlent comme nous le ferions nous-mêmes, si nous avions les mêmes mœurs et que nous nous trouvassions dans une position semblable. Voit-on jamais la méchanceté se montrer toute nue ? Et quand le droit du plus fort s'exerce, n'est-ce pas toujours ou presque toujours en voulant se donner l'apparence du droit ?

> Si, ce n'est toi, c'est donc ton frère...
> .... c'est donc quelqu'un des tiens ?

C'est vraiment là le langage du plus fort envers le plus faible.

— Jean-Jacques Rousseau a, dans son *Émile*, attaqué l'apologue sous un autre rapport; il a voulu prouver qu'il ne fallait pas mettre des fables entre les mains des enfants. Pour cela, il a disséqué mot à mot la fable du renard et du corbeau, et sur chaque vers il a écrit et développé un paradoxe:

Maître corbeau sur un arbre perché....

« Maître! s'écrie-t-il; expliquez donc à l'enfant pourquoi vous l'appelez maître.... L'enfant ne peut comprendre, vous l'appelez maître.... L'enfant ne peut comprendre, vous faussez son jugement, etc. » Mais où est l'enfant qui a été préparé par d'autres études à lire avec fruit les fables de la Fontaine, qui ne comprendra pas qu'on appelle maître un homme qui exerce une profession, un métier, et qui a été reconnu capable de l'exercer? que c'est là un titre d'honneur? que le maître maçon n'est pas le manœuvre qui le sert?... « Mais pourquoi, continue le sophiste, le renard l'appelle-t-il presque au même instant, *Monsieur du Corbeau?* » Nous répondrons que c'est par la même raison qu'il l'a appelé Maître, puisque Monsieur de ou Monsieur du est un titre d'honneur, et que le renard est prodigue de titres d'honneur, tout juste comme le garçon tailleur de M. Jourdain: « Mon Gentilhomme, Votre Grandeur, Votre Excellence; » ce qui fait dire à M. Jourdain: « Ma foi, s'il était allé jusqu'à l'Altesse, il aurait eu toute la bourse. » L'inversion qui termine ce vers *sur un arbre perché*, fournit encore à l'auteur d'*Émile* un bon texte d'amères remarques: « L'enfant croira qu'il y a des arbres perchés; » non: il ne le croira pas, et il comprendra très-bien, peut-être même sans le secours de personne, que cela signifie perché sur un arbre. Il comprendra très-bien aussi, si on le lui explique sans phrases ambitieuses, sans prétention au style amphigourique, que les vers et la prose ne sont pas la même chose; et lorsqu'on lui aura expliqué ce qu'on entend par inversion, il comprendra encore que ce n'est guère que dans les vers que l'inversion est plus généralement employée. Mais là-dessus on insiste: il faudra donc à propos d'une fable, expliquer à l'enfant une infinité de choses qui seront au-dessus de son intelligence. Eh bien, fallût-il à propos d'une fable, faire à un enfant un cours complet de physique, de grammaire, d'histoire naturelle, il n'y aurait rien de perdu; et pourvu que le maître ait grand soin de s'assurer que l'élève a bien compris, l'élève n'en sera que mieux instruit et plus avancé. Donnez à un enfant de huit ou neuf ans, d'une intelligence même médiocre, la fable du Corbeau, et un maître qui soit ce qu'il doit être, éclairé, bienveillant et patient, et soyez sûr qu'en deux heures, l'enfant saura et comprendra parfaitement la fable, et qu'il aura de plus appris par occasion beaucoup de choses nouvelles pour lui. On lui expliquera, par exemple, que les animaux ne parlent pas, mais qu'on suppose qu'ils parlent, afin de mettre dans leur bouche des choses qu'on n'oserait pas soi-même dire aux autres de peur de les fâcher; on lui expliquera l'emploi de ce premier mot qui choque tant le précepteur d'Émile; on lui fera sentir par des exemples ce que c'est que l'inversion, et quand on arrivera à la leçon qui ressort de la fable, il sentira à merveille que l'homme orgueilleux et vain est toujours dupe de ceux qui le flattent; et de cette première maxime, on en fera jaillir plusieurs autres qu'il ne comprendra pas moins bien que la première. — Le mot apologue vient des mots grecs *apo*, loin, et *logos*, discours, ce qui signifie discours ou paroles détournées pour faire entendre à quelqu'un ce qu'on ne veut pas lui dire directement.   J. DE MARLÈS.

APOLYTIQUE (*liturg.*), se dit d'un refrain qui termine certaines parties de l'office.

APOMAQUE (*art mil.*), nom par lequel les Grecs désignaient les soldats qui avaient accompli leur temps de service et qui se trouvaient entièrement libérés; ce qui n'arrivait guère qu'à l'âge de soixante ans révolus.

APOMÉCOMÉTRIE (*géom.*), de ἀπό, loin, μῆκος, longueur, et μέτρον, mesure; art de mesurer la distance des objets éloignés avec l'instrument nommé apomécomètre.

APOMYTTOSE (*méd.*), sorte de spasme qui consiste dans un tremblement de tête accompagné de gêne dans la respiration, de bruit produit par le passage de l'air dans la trachée, et d'expulsion de mucosités par les narines. Cette affection a quelque affinité avec l'éternument, mais elle en diffère par la respiration stertoreuse. On donne quelquefois à l'amyttose une signification plus étendue, et on s'en sert pour désigner le tremblement de tout le corps, la respiration toujours stertoreuse. L'individu affecté d'apomyttose pourrait être pris pour un homme qui ronfle.

APOMYUS, surnom que les Éléens avaient donné à Jupiter, parce que, à leur prière, il avait délivré des mouches qui l'incom-

modaient Hercule faisant un sacrifice. Ces insectes incommodes s'envolèrent au delà de l'Alphée.   X. X.

APON ou **APONO**, médecin et astrologue du XIIIe siècle, naquit dans le village d'Abano, près de Padoue. Reçu à Paris docteur en médecine et en philosophie, il alla professer ces deux sciences à Bologne. Son avarice sordide fut cause, dit-on, de sa perte. Appelé comme médecin auprès du pape Honorius IV, il ne se rendit à l'invitation qui lui fut faite qu'après s'être fait allouer cent ducats chaque jour; et il n'allait jamais visiter un malade qu'il n'exigeât jusqu'à cinquante écus; aussi devint-il si odieux qu'on l'accusa de magie et d'hérésie. On assure qu'il mourut dans les prisons de l'inquisition, en 1316, dans sa soixante-sixième année. Le sénat de Padoue n'en ordonna pas moins qu'on lui érigeât une statue sur laquelle on grava une inscription où il était dit qu'il fut si savant astrologue qu'on l'avait accusé de s'être livré à la magie et d'être tombé dans l'hérésie; mais l'inscription ajoute qu'il fut absous. On a de lui un ouvrage intitulé: *Conciliator differentiarum philosophorum et præcipue medicorum*, 1472, in-fol., Mantoue. Il n'est pas nécessaire de dire que son ouvrage ne produisit aucun résultat. Molière n'avait pas encore tranché la question; et l'on pouvait croire avant lui qu'il était possible de concilier des médecins et des philosophes.   N. M. P.

APONÉVROLOGIE, de *aponeurosis*, et *logos*, discours; traité des aponévroses. — *Aponévrographie*, description des aponévroses ou aponeuroses. — *Aponévrotomie*, dissection des parties aponévrotiques (*V.* l'article suivant).   X. X.

APONÉVROSES (*anat.*). Les aponévroses, qu'on nomme aussi *fasciæ* (de *fascia*, bande), sont des toiles plutôt fibreuses que membraneuses, qui possèdent beaucoup de résistance et bien peu d'élasticité. Elles semblent naître ou naissent réellement des ligaments qui entourent et contiennent les articulations des tendons qui fixent les muscles aux os, et du *périoste*, espèce de tunique fibreuse qui revêt la surface de toutes les pièces du squelette, comme, du reste, l'indique suffisamment son nom. Ces bandes aponévrotiques ne se ressemblent, ni par la dimension, ni par la forme, car elles se modifient dans chaque région musculaire suivant la fonction qu'elles ont à remplir. Cette fonction consiste d'abord à servir de champ d'insertion aux fibres des muscles pour les fixer médiatement ou immédiatement au système osseux, puis à former des cloisons partielles qui séparent les unes des autres certaines catégories des muscles, ou même des muscles isolés, et enfin à constituer un fourreau commun aux masses charnues des membres, tant dans la sage prévision de la condensation des forces que de la conservation des formes. De là vient la division des aponévroses en deux grandes classes, aponévroses d'insertion et aponévroses d'enveloppe. — Les premières agissent avec le même but que les tendons, puisque, comme eux, elles sont destinées à fixer les masses musculaires aux crêtes et aux tubérosités osseuses; quelquefois même ce tissu n'est que l'épanouissement du tendon dont la forme se dessine aux dépens des fibres aponévrotiques. Les secondes, qui paraissent souvent se fondre dans le tissu cellulaire, sont très-répandues dans l'épaisseur des couches musculaires du corps. Ainsi, tantôt ce sont des toiles unies qui partent d'un même point, et se dédoublent ensuite pour loger entre elles diverses catégories de muscles, et leur prêter un appui rendu nécessaire par l'éloignement relatif des parties solides où se fait l'insertion; tantôt ce sont des canaux qui s'enroulent autour des artères, des veines et des nerfs pour les protéger, pour les garder contre les efforts latéraux qui pourraient nuire à l'intégrité de leur exercice; tantôt des éraillements de leur substance forment des ouvertures qui conservent leurs dimensions, quels que soient les mouvements du corps, et donnent un libre passage aux filets nerveux et aux vaisseaux dont la direction se porte, par exemple, d'une cavité dans l'épaisseur d'un membre. Les aponévroses présentent dans certains endroits un entrelacement de fibres longitudinales et transversales semblable à la trame et à la chaîne de nos tissus, ce qui leur permet d'opposer une forte résistance. Lorsque la membrane n'a pas besoin d'autant de solidité, les fibres s'amincissent, et la chaîne, par exemple, disparaît sur la trame, qui finit elle-même par ne constituer qu'un assemblage de lames où les fibres orginaires ne se font plus remarquer. C'est alors que l'aponévrose, dont l'épaisseur est dégénérée en un feuillet extrêmement mince, commence à se transformer en tissu cellulaire, pour se perdre enfin dans les couches de cette substance. — Le tissu aponévrotique, considéré sous le rapport de sa constitution vitale, offre très-peu de sensibilité. En effet, les stimulants ordinaires ne lui impriment aucun mouvement; toutefois il suffit qu'il fasse partie de l'organisme pour qu'il possède à un degré quelconque les propriétés qui sont inhérentes aux tissus d'un ordre supérieur. Il n'est donc pas étonnant que jusqu'ici l'observation n'ait fait connaître, qu'un phénomène dont l'existence se lierait à la lésion de ces tissus. Ce phénomène, c'est la rétraction des membres qui les raccourcit en les fléchissant, et les immobilise dans cette position forcée. Mais d'après les travaux de MM. Velpeau et Goyrand (d'Aix), on a bientôt changé d'opinion sur la cause de la rétraction, car on a vu qu'au lieu de dépendre du raccourcissement inflammatoire ou non des toiles qui fixent ou enveloppent les muscles, elle dépendait de la formation de brides dans l'épaisseur du tissu cellulaire, sous la condition d'un état morbide préexistant et d'une flexion du membre trop longtemps prolongée. Si les aponévroses ne paraissent pas contracter des maladies dans leur substance, leur inextensibilité, leur épaisseur portent souvent au plus haut degré l'intensité de l'inflammation, lorsqu'elle se développe sur un point enveloppé de ces toiles fortes et serrées. Qui n'a pas été témoin au moins une fois, parmi les gens de l'art, des désordres dont la cuisse ou la jambe sont frappées, lorsque l'afflux du sang augmentant leur volume sous l'influence d'un violent état inflammatoire, l'aponévrose qui entoure le membre réagit énergiquement contre le mouvement d'expansion? Qui n'a pas ressenti les douloureuses atteintes de ces inflammations des extrémités des doigts dont l'énergie augmente en raison de l'obstacle que met l'aponévrose au développement de la maladie? On le sait, le remède, c'est l'ouverture, le débridement de la toile aponévrotique, afin de donner au sang la liberté qu'il lui faut pour circuler librement dans les tissus, et par conséquent pour abandonner le point où il tendait de plus en plus à s'accumuler. Ainsi, quelle que soit la gravité des inflammations, le débridement est le moyen le plus sûr, le plus prompt pour arrêter les désordres, car, s'il détruit la douleur des inflammations légères et bornées, il empêche l'amputation d'un membre ou met la vie du malade à l'abri d'un danger imminent. Dr ED. C.

APOPEMPTIQUES, fêtes par lesquelles on célébrait le départ présumé des dieux pour leur pays. C'étaient des processions dans lesquelles on promenait les idoles. Quand on les reportait sur l'autel, on chantait les hymnes de départ ou apopemptiques.

APOPHORÈTES. On appelait autrefois de ce nom des espèces de plateaux ronds adaptés à un manche. Le P. Montfaucon croit qu'on les nommait ainsi, à ferendo poma, parce qu'ils servaient à porter des viandes ou des fruits. — On donnait aussi le nom d'apophorètes aux présents que les Romains se faisaient réciproquement pendant les saturnales. Chaque convié à un festin emportait les plats qui lui étaient offertes. C'étaient à peu près ce que nous appelons des étrennes.
N. M. P.

APOPHTHEGME, ἀπὸ, ab, ex, φθίγγομαι, loquor, effatum. Dit, sentence courte, énergique et vive, de quelque personnage illustre. On a conservé des apophthegmes de Thémistocle, de Solon, de Plutarque, etc.; mais grand nombre de ces apophthegmes, pour avoir la brièveté des sentences, n'en ont pas toujours le poids, et pèchent par le défaut de justesse et de vérité. Le plus magnifique recueil d'apophthegmes que nous possédions est le livre des Proverbes, de Salomon, fils de David, augmenté de quelques chapitres attribués par la sainte Écriture à des auteurs inconnus.
P. J. P.

APOPHYGE (archit.); c'est dans une colonne la place où le fût commence à s'échapper de la base, comme un jet d'eau qui surgit d'une source; de ἀποφυγή, fuite. Aussi les architectes donnaient à l'apophyge le nom de source de la colonne ou d'échappe. On prétend que, dans les anciens temps, l'apophyge était un anneau de fer qu'on fixait à l'extrémité d'une pièce de bois pour l'empêcher de se fendre; plus tard on imita l'apophyge sur la pierre.
X. X.

APOPHYLLITE (minér.), albine, zéolite d'Hellesta. Ce corps est blanc, souvent nacré, d'une pesanteur spécifique de 2,38 à 2,46, cristallisant en prismes. C'est un silicate hydraté de chaux et de potasse, dont la formule est 8

$\dot{C}a \ddot{S}i + \ddot{K} \ddot{S}i^2 + 16 aq$. Cette substance se trouve assez souvent dans les sites métallifères à Uto, au Banat, au Harz; dans les roches basaltiques, en Bohême, à Fasso. Nous adjoindrons ici l'onavérite, substance qui se rapproche des apophyllites, et qui a été trouvée par Brewster et Turner, dans des bois pétrifiés venant des bords d'une source d'eau chaude, à Onaver, en Islande.
Ch. B.

APOPHYSE (anatom.), de ἀποφύομαι, s'élever. Les os sont souvent couverts dans leur étendue d'éminences de forme différente, qui fixent les extrémités des muscles, ou concourent par leur usage au jeu des articulations : c'est à ces tubérosités osseuses qu'on a donné le nom d'apophyses. Pour les classer méthodiquement, car il n'y a pas d'os humain qui n'en offre au moins une, on les a divisées, suivant leurs fonctions et d'après leurs formes, en apophyses qui servent aux articulations, et en apophyses d'insertion musculaire. Celles de la première division, servent aux articulations mobiles, comme les condyles ou les têtes des os de la cuisse, du bras, de l'avant-bras, et aux articulations immobiles, comme les engrenures, dont les inégalités unissent si étroitement entre eux les os de la voûte crânienne. Celles de la seconde division sont plutôt considérées dans la forme que dans la fonction, parce que la fonction est toujours la même, et que toute la différence est dans le mode d'insertion ou d'implantation des muscles. On les a nommées empreintes, quand la tubérosité ne consiste en quelque sorte que dans l'agglomération de petites inégalités; lignes, crêtes, bosses, protubérances, lorsque leurs formes particulières se rapprochent plus ou moins de la configuration qui est exprimée par ces mots; on les a nommées apophyses épineuses, styloïdes, coracoïdes, odontoïdes, mastoïdes, pour exprimer leur ressemblance avec une épine, un stylet, un bec de corbeau, une dent, une mamelle; pour faire comprendre leur direction et leur situation relatives, on les a nommées montantes, de verticales, de transverses, de supérieures, etc.; on les a aussi appelées trochanters, pour indiquer que les muscles qui s'y insèrent agissent en faisant tourner l'os sur lui-même, apophyses de réflexion, pour constater que ces saillies font les fonctions de poulies de renvoi, en supportant et en laissant glisser sur elles un tendon, qui va se fixer sur un point différent; enfin apophyses d'impression, quand elles correspondent directement à un creux qui existerait à la surface d'un organe. En résultat, les qualifications des apophyses sont assez nombreuses et surtout assez mal coordonnées; espérons qu'on finira par remanier complètement cette importante section de l'anatomie. (V. Ostéologie.) Dr ED. C.

APOPLEXIE. Que de questions intéressantes se rattachent à l'histoire des maladies cérébrales! Puisque l'intelligence a choisi l'encéphale pour le siège de son empire, à priori l'intégrité de cet organe paraît nécessaire à la manifestation des phénomènes intellectuels. Mais ici commencent les difficultés. Le cerveau est-il unique, ou bien est-il composé d'un certain nombre de petits cerveaux isolés et indépendants les uns des autres? Les différentes parties qui le forment ont-elles chacune des fonctions spéciales, et président-elles, comme on l'a prétendu, à la motilité, à la sensibilité et à l'intelligence? Pour résoudre ces problèmes variés, trois ordres de faits tirés de l'anatomie comparée, de la physiologie expérimentale et de l'anatomie morbide, nous seraient nécessaires. Mais une pareille étude appartient plutôt à l'histoire du cerveau, aussi croyons-nous devoir à renvoyer nos lecteurs; nous l'aborderons néanmoins ici, mais seulement dans ses rapports avec la maladie qui va faire le sujet de cet article. — L'apoplexie, ainsi nommée d'un mot grec qui veut dire je renverse, comprenait chez les anciens les maladies dont le progrès rapide expose le patient à une mort immédiate. — Un grand nombre de divisions ont été proposées pour classer les différentes variétés de l'apoplexie; les plus généralement admises sont : la congestion cérébrale, l'hémorragie cérébrale, c'est-à-dire celle qui se fait dans le tissu même du cerveau, l'hémorragie qui a lieu à l'extérieur du cerveau ou dans ses ventricules, l'apoplexie des nouveau-nés, l'apoplexie séreuse instantanée, et l'apoplexie nerveuse. — La congestion cérébrale, que l'on a aussi appelée hypérémie, se révèle, après la mort, par une coloration plus marquée des deux substances qui entrent dans la composition du cerveau. Cette coloration peut être générale ou partielle; elle peut affecter les circonvolutions seules, ou celles-ci avec les membranes. — Parmi les causes qui favorisent le développement de la congestion, il faut placer les maladies du cœur. Les efforts musculaires qui portent le sang vers la tête et empêchent le libre retour du sang veineux, déterminent la congestion : tel était le cas de cet étudiant qui, après avoir valsé avec ardeur, mourut presque subitement. Les jongleurs, les artisans qui exercent une profession qui les oblige à baisser la tête, éprouvent les accidents de cette maladie. — Les ligatures, la strangulation et les cravates trop serrées, certaines parties de l'habillement en comprimant la poitrine, doivent être comptées au nombre des causes de congestion. Le coup de sang frappe souvent l'homme qui est exposé à une chaleur ou à une insolation trop intenses. Il paraîtrait cependant que la maladie vulgairement connue sous le nom de coup de soleil ne serait pas toujours une espèce d'apoplexie. Chez trois soldats, qui moururent après avoir été exposés à l'action des rayons solaires, on trouva le cerveau sain; mais les poumons étaient tellement engorgés qu'ils étaient noirs et presque complètement obstrués de sang. La température exerce une action marquée sur la circulation cérébrale. Sous le climat de Paris les congestions sont plus fréquentes en hiver qu'en été et au printemps. Les personnes soumises à une température de 30 à 40° cent. peuvent périr en quelques instants. Il en est de même des effets d'un froid vif de 8 à 15°. La campagne de Russie n'a fourni que trop d'occasions d'observer la mort par suite de congestion. Lorsque le baromètre s'élève brusquement au delà de 756 millimètres (moyenne barométrique de Paris), il n'est pas rare de voir survenir des morts subites. Retz a trouvé, après vingt ans d'observation, que les apoplexies s'étaient montrées 32 fois sur 60, lorsque la pesanteur atmosphérique avait diminué, et 28 fois sur 60 lorsqu'elle était plus considérable que d'habitude. On a prétendu que les vents pouvaient déterminer la maladie d'une manière épidémique. L'influence de l'alimentation est plus certaine. Il se fait chez l'homme, après le repas, une congestion passagère qui est annoncée par l'engourdissement, l'injection de la face, le penchant au sommeil et le sommeil même. Les boissons alcooliques produisent les mêmes effets; aussi le cerveau des individus sujets à s'enivrer est-il presque toujours congestionné. Enfin l'absorption de certains gaz, tels que l'acide carbonique, l'oxyde de carbone, a encore été considérée comme une cause d'hyperémie. Les symptômes propres à la congestion sont le mal de tête, les étourdissements, les vertiges, les bourdonnements, la somnolence, les fourmillements des membres, l'injection de la face, la fièvre et l'oppression. A un degré plus avancé, on observe la perte de connaissance, les convulsions, la paralysie générale ou partielle, et dans quelques circonstances les symptômes des fièvres graves. — De la congestion nous arrivons naturellement à l'*hémorragie cérébrale*. Ici le cerveau ne présente plus une coloration plus ou moins foncée, le sang s'est épanché dans l'organe en quantité plus ou moins considérable. Il existe des foyers sanguins qui varient en nombre et en étendue. Ces foyers ont leur siége le plus ordinaire dans les corps striés, les couches optiques et les parties circonvoisines. La cause prochaine de l'hémorragie cérébrale se trouve tantôt dans une inflammation primitive qui détruit la consistance normale de la substance du cerveau, tantôt dans une lésion des parois artérielles qui se déchirent. Dans d'autres cas, il est impossible de découvrir la cause de l'épanchement sanguin. Le début rapide de l'apoplexie a de tout temps effrayé les médecins, aussi ont-ils cherché à établir des signes précurseurs qui puissent indiquer l'approche de cette grave maladie. Voici ceux qu'on observe le plus souvent : douleur de tête, vertiges, tintement et bourdonnement d'oreilles, apparition de bluettes, sentiment d'engourdissement, de paresse. L'affaiblissement de la mémoire et de l'intelligence, la faiblesse ou la difficulté des mouvements, le perte de la vivacité, l'obtusion des sens, l'embarras de la langue doivent encore être mis au nombre des symptômes précurseurs. Le plus ordinairement cependant les hommes qui sont atteints d'apoplexie sont frappés au milieu de la santé la plus florissante, sans qu'aucune indisposition préalable puisse leur faire craindre cette redoutable affection. Les signes constants de l'apoplexie sont la perte de la sensibilité et celle du mouvement dans le côté du corps opposé au siége de l'hémorragie. Cette règle n'est pas encore sans exception. M. Séverin a observé à Bicêtre un individu chez lequel l'épanchement sanguin ne fut annoncé par aucun signe. M. Andral a consigné un fait semblable dans sa Clinique. Nous avons nous-même recueilli il y a quinze ans une observation analogue dans le service de M. l'Herminier. Les organes des sens éprouvent différents troubles. L'intelligence peut être conservée, affaiblie, complètement perdue. Chez quelques personnes, immédiatement après la perte de la connaissance, survient un état d'assoupissement qui peut continuer jusqu'à la mort. Quand la perte du mouvement (*paralysie*) occupe tout un côté du corps on l'appelle *hémiplégie*, elle porte le nom de *paraplégie* quand elle ne frappe que les extrémités inférieures, la vessie et le rectum. Il est à remarquer que les mouvements reviennent plus vite dans la jambe que dans le bras. La paralysie est quelquefois remplacée momentanément dans le même membre par des convulsions; en sorte qu'on a le singulier spectacle d'un membre successivement agité par des secousses convulsives, raidi par la contraction, et rendu ensuite immobile par la paralysie. La paralysie est quelquefois partielle; on l'a vue ne frapper que la langue, l'œsophage, le globe de l'œil, le larynx,

les lèvres, les muscles du cou, l'estomac, la vessie, le rectum, le bras, la jambe. D'autres fois elle est générale, mais elle n'est pas alors un symptôme aussi caractéristique de l'hémorragie du cerveau que l'hémiplégie ou la perte du mouvement d'un membre. — Nous avons vu que la congestion cérébrale et surtout l'hémorragie se traduisaient à l'extérieur par des désordres du mouvement, de la sensibilité et de l'intelligence. Examinons maintenant si le siége de la paralysie correspondra au siége de l'apoplexie. Un premier fait, qu'on peut regarder comme une loi générale, puisqu'il n'existe qu'un très-petit nombre d'exceptions, c'est que la paralysie a toujours lieu du côté opposé à l'hémisphère du cerveau dans lequel se fait l'hémorragie; mais l'épanchement sanguin entraîne-t-il la paralysie de tel ou tel organe, suivant la partie qu'il occupe? c'est ce que nous allons rechercher. On a prétendu que l'hémorragie dans le lobe moyen d'un hémisphère produisait l'hémiplégie; MM. Serres, Foville et Pinel-Grandchamp affirment que la paralysie des membres tient à la lésion des corps strié, et la paralysie du bras à la lésion de la couche optique. Suivant ces mêmes médecins, il survient une hémiplégie quand ces deux portions du cerveau sont atteintes en même temps. La paralysie de la langue a été rapportée à une lésion de la corne d'Ammon, et suivant d'autres à une hémorragie de la partie antérieure des hémisphères ou du lobule. Or voici ce que nous apprend l'analyse de 75 cas, consignés dans le t. V de la Clinique médicale de M. Andral : dans 40 observations, 21 fois l'altération était limitée au corps strié et s'étendait à la substance cérébrale placée au-devant; 19 fois l'altération avait son siége dans la couche optique ou envahissait la pulpe située en arrière; ainsi dans ces 40 cas, la lésion des corps striés et des couches optiques a indifféremment déterminé l'altération des membres supérieurs ou des membres inférieurs. Dans 23 cas de paralysie du membre supérieur, la lésion existait 2 fois dans le lobe moyen, 11 fois dans la partie antérieure du cerveau, 10 fois enfin dans la couche optique. Ainsi dans ce résumé il y a plus de faits contre la théorie qu'en sa faveur. Dans 12 cas de paralysie du membre inférieur seul, l'altération siégeait 10 fois dans le lobule antérieur, 2 fois dans la couche optique. Ce relevé complet et intéressant prouve donc que dans l'état actuel de la science on ne peut dire que les mouvements des membres soient subordonnés à telle ou telle partie du cerveau. Nous allons suivre la même marche pour le siége de la parole. — Dans 37 cas d'hémorragie cérébrale survenus dans les lobules antérieurs du cerveau, la parole a été abolie 21 fois et conservée 16. Dans 7 cas d'hémorragie du lobule postérieur, la parole a été perdue le même nombre de fois. Dans 7 autres cas où la lésion occupait les lobes moyens et postérieurs, la parole a été également abolie. Nous avons vu à la Pitié une femme âgée, privée entièrement depuis deux ans de la parole; sa langue était parfaitement libre dans ses mouvements. Elle mourut, et à l'ouverture qui fut faite avec beaucoup de soin, nous trouvâmes dans le lobule moyen un petit ramollissement, et absolument rien autre chose. Il s'agit ici d'une altération chronique, et pour laquelle on ne peut en conséquence invoquer une influence sur les autres parties du cerveau. Il n'est point de parties du cerveau où l'on n'ait observé l'hémorragie; c'est ainsi qu'on l'a plusieurs fois constatée dans le cervelet. L'examen des symptômes est ici d'autant plus intéressant qu'un physiologiste fameux, le docteur Gall, a fait du cervelet le siége de l'amour physique. Eh bien; l'analyse des faits connus n'est pas plus décisive en faveur de cette opinion que les observations citées pour faire du corps strié et de la couche optique les organes qui président aux mouvements de la jambe et du bras. Quelques observations sembleraient indiquer que cet organe est le siége de la sensibilité; mais la science en possède d'autres qui sont tout à fait contraires. Nous en dirons autant de l'impulsion invincible qui porte quelques individus à tourner dans un sens ou à marcher en avant; c'est là un symptôme propre à confirmer certaines théories, mais qui ne s'est pas montré assez souvent pour qu'on puisse en faire un signe caractéristique de l'apoplexie du cervelet. Le tableau des symptômes que présente l'hémorragie de la moelle est loin d'être définitivement tracé; le même désaccord que nous avons signalé, en parlant des hémorragies du cervelet, règne au sujet de l'épanchement dans la moelle : aussi ne peut-on rien dire de précis sur les fonctions qui ont été attribuées aux cordons antérieurs et postérieurs de la moelle relativement au mouvement et à la sensibilité. MM. Fodéré et Falret regardent l'apoplexie comme fréquente. L'hémorragie du cerveau est une affection toujours grave, car très-souvent les individus conservent une paralysie ou une diminution notable des facultés.

intellectuelles. En Grèce, Hippocrate avait fait la remarque que l'apoplexie survenait communément de 40 à 60 ans. En France et dans les pays tempérés, l'apoplexie est beaucoup plus commune après 60 ans qu'après tout autre âge. Toutefois l'hémorragie cérébrale a souvent lieu dans l'âge moyen; nous avons recueilli, dans les divers hôpitaux de Paris, vingt cas d'apoplexie, où l'attaque avait frappé des individus fort jeunes. Les deux tiers appartenaient au sexe féminin; l'âge était compris entre 5 et 32 ans. L'un de ces individus avait eu la première atteinte à 5 ans; le bras paralysé n'était pas plus développé que celui d'un enfant de cet âge. La seconde attaque avait eu lieu à 32 ans, et dans le même côté du corps. Les relevés de M. Falret semblent mettre hors de doute que l'apoplexie est plus fréquente chez les hommes que chez les femmes. Sur 2,297 apoplexies observés à Paris depuis 1794 jusqu'en 1823, il a trouvé 1,670 hommes et 627 femmes. Il serait difficile de ne pas admettre un tempérament apoplectique; plus d'une fois, en effet, nous avons vu succomber à l'apoplexie des individus qui avaient le corps gros et replet, la poitrine couverte de muscles épais, le cou très-court, la tête volumineuse, la face habituellement rouge et injectée, les yeux brillants, les battements du cœur énergiques. Nous n'aurions qu'imparfaitement traité la question de l'apoplexie si nous ne présentions quelques considérations sur plusieurs de ses variétés. Il arrive quelquefois que l'*hémorragie se fait à l'extérieur*; lorsqu'elle se montre d'un côté, la paralysie a lieu ordinairement du côté opposé; mais il peut se faire que la présence du sang à la surface extérieure du cerveau ne soit décélée par aucun trouble intellectuel, et cette remarque est d'autant plus importante qu'on a fait de la substance grise le siége de l'intelligence. Les mêmes faits se reproduiront dans les autres maladies du cerveau, lorsque nous les passerons en revue en faisant l'histoire de cet organe. — Nous avons dit au commencement de cet article que l'apoplexie pouvait être *séreuse*, c'est-à-dire consister en une collection de sérosité, au lieu d'être formée par un épanchement sanguin. L'observation apprend, en effet, qu'il survient instantanément des apoplexies séreuses qui ont la plus grande ressemblance avec les hémorragies cérébrales, et qui diffèrent par la rapidité de leur début, leur marche et leur terminaison, des épanchements aigus ou chroniques qui suivent la phlegmasie des méninges. Nous nous rappelons un directeur des douanes qui fut frappé de la perte subite de la sensibilité et de la motilité d'un côté du corps, avec abolition de l'intelligence; l'autopsie ne fit découvrir d'autre altération qu'un amas de liquide dans le ventricule opposé. — L'*apoplexie nerveuse*, par laquelle nous terminons ce qui est relatif aux différentes variétés de cette maladie, est digne de toute notre attention au point de vue philosophique sous lequel nous étudions l'apoplexie. Si la congestion sanguine, si l'épanchement de sang surtout déterminent constamment la perte du sentiment et du mouvement du côté opposé, comment se fait-il que des individus soient frappés d'hémiplégie sans que la mort, arrivée presque instantanément, révèle la moindre altération du cerveau? Parmi les faits de ce genre que nous avons consignés dans notre *Mémoire sur la localisation des fonctions cérébrales* (couronné par la Société de médecine de Bordeaux), se trouve celui d'une femme qui succomba dans le service de M. Louis à la Pitié, et chez laquelle il fut impossible d'expliquer la paralysie par aucune lésion du cerveau. Abercrombie a rapporté plusieurs observations semblables. En vain niera-t-on ces faits, en vain cherchera-t-on à s'en rendre compte à l'aide du microscope, ou à les attribuer à l'imperfection de nos moyens de recherches; ils sont constants et inattaquables. Il ne se passe pas d'année que nous ne voyions succomber des individus chez lesquels il est impossible de trouver à l'ouverture la moindre cause matérielle de mort. Il y a peu de temps encore nous avons assisté, dans le service de M. Sadioux, à l'autopsie d'une femme qui présentait tous les symptômes d'une asphyxie imminente; la trachéotomie fut pratiquée, elle paraissait urgente. Aucune lésion anatomique ne vint en aide de cette mort mystérieuse, qui n'eût peut-être pas eu lieu, si les symptômes que nous échappèrent avaient engagé à faire usage des antispasmodiques. L'anatomie morbide, trop généralisée, a certainement entraîné les esprits dans une fausse direction; évidemment les preuves surabondent de l'existence chez l'homme de propriétés différentes de celles de la matière, et il y aurait un curieux travail à faire sur les morts qui arrivent sans lésion appréciable. — La *marche* de la maladie présente de grandes différences suivant les variétés. Ainsi l'on voit des individus chez lesquels tous les accidents d'une véritable apoplexie se dé-

clarent, mais qui recouvrent la santé au bout de quelques heures. La nature du mal ne saurait ici être méconnue, il s'agit d'une congestion, car l'hémorragie du cerveau ne disparaît pas avec cette rapidité et laisse toujours des traces de son passage. Dans d'autres cas, l'homme frappé inopinément comme par la foudre tombe sans connaissance, les quatre membres privés à la fois de mouvement; il rend du sang par la bouche, le nez, les oreilles, les yeux; la respiration devient bruyante, le pouls imperceptible, et la mort survient quelquefois en *quatre ou cinq heures : c'est* là ce que les auteurs ont appelé *apoplexie foudroyante*. Les morts subites, qui tranchent à l'instant même l'existence, doivent être plutôt attribuées à des affections du cœur, ou à la rupture de quelque tronc vasculaire. La marche de l'apoplexie n'est pas toujours aussi rapide. Deux cas peuvent se présenter : ou la terminaison sera heureuse ou elle sera funeste; dans le premier, on observe une amélioration graduelle de tous les symptômes. La perte de la connaissance est le premier accident qui disparaît; ce changement se manifeste, en général, du premier au huitième jour. La jambe reprend plutôt ses forces que le bras. Dans les circonstances les plus heureuses, le retour à la santé est toujours très-lent; chez l'adulte le mieux constitué la paralysie ne se dissipe pas avant trois ou quatre mois. Chez les vieillards ou les personnes au-dessus de quarante ans, elle persiste presque toujours, mais à des degrés variables. On rencontre fréquemment dans les rues des personnes dont la démarche est singulière, leur bras reste pendant le long de leur corps, et la jambe du même côté ne se meut que par un mouvement semblable à celui que décrit la faux : ce sont d'anciens apoplectiques. — Lorsque la terminaison doit être fatale, les symptômes vont en s'aggravant, et les malades meurent sans avoir repris connaissance. L'aliénation mentale peut être une des terminaisons de l'apoplexie. Il est des individus qui finissent par tomber dans l'enfance; ils pleurent et rient sans aucun motif. D'autres, paralysés de tous leurs membres, sont obligés de garder le lit. L'hémorragie cérébrale est plus que toute autre maladie sujette aux récidives; aussi presque tous les apoplectiques, qui ont échappé à une première attaque, finissent-ils par succomber plus tard sous le coup de nouvelles hémorragies. C'est cette tendance bien connue qui fit dire à Corvisart, lorsque Napoléon l'interrogeait sur cette maladie : L'apoplexie est d'abord un avertissement simple, puis une sommation avec frais, et enfin une contrainte par corps. L'apoplexie peut se présenter sous la forme sporadique et épidémique. Baglivi et Lancisi nous ont laissé quelques histoires de ces épidémies. Le premier observa en 1694 et 1695, dans presque toute l'Italie, cette affection qui fit périr un grand nombre de personnes. Lancisi fut témoin d'une épidémie semblable qui sévissait aussi à Rome en 1705 et 1706; elle tenait comme la précédente aux variations atmosphériques. — Le *traitement* de l'apoplexie présente des différences suivant l'époque de la maladie, aussi trois divisions importantes nous paraissent-elles devoir être établies : 1° la maladie est imminente; 2° elle vient de se déclarer; 3° elle existe depuis un certain temps. Préserver, disions-nous dans notre histoire du choléra-morbus de Pologne, c'est plus que guérir; faisons donc connaître les moyens destinés à combattre les influences fâcheuses qui menacent la santé. On préviendra la congestion cérébrale et l'apoplexie en recommandant aux hommes forts et sanguins de respirer un air modérément chaud et d'éviter avec soin les lieux où ils pourraient être soumis à une température élevée. Les hommes enclins à la bonne chère, aux excès de boisson, portés en outre à l'acte vénérien, en sont surtout menacés, s'ils ne renoncent pas entièrement à leur genre de vie. Ils doivent choisir leurs aliments parmi les végétaux, les viandes blanches, les fruits acides et sucrés; l'usage longtemps continué des boissons aqueuses, délayantes ou acidules, les promenades en plein air et dans des lieux frais, pendant l'été, la modération dans les plaisirs de l'amour, le calme et la tranquillité d'esprit, la cessation de tout travail intellectuel, sont autant de précautions qu'il est nécessaire de prendre. On enlèvera avec soin toutes les parties de l'habillement qui peuvent empêcher le retour du sang veineux. Les liens, les cravates fortement serrées autour du cou peuvent être la cause d'une congestion dont on ne soupçonne pas l'origine. La constipation doit être combattue à l'aide de lavements émollients ou de légers purgatifs salins. On a recommandé avec raison les saignées générales et locales. La saignée est préférable aux sangsues, lorsque les individus sont forts ou qu'ils présentent des signes d'hypertrophie. Les sangsues conviennent mieux lorsque la congestion tient à un travail intellectuel prolongé. Les bains de pied sinapisés, les vêtements de laine, les purgatifs doux ou salins sont utiles pour prévenir l'apoplexie. Lorsque le malade vient d'être frappé d'une attaque, il est quelques précautions à observer avant de recourir à un traitement actif. Il faut d'abord découvrir la tête, la maintenir élevée, ôter tous les liens. L'air environnant doit être frais et convenablement renouvelé; il importe aussi qu'on ne fasse respirer aucune liqueur stimulante et volatile, ni boire aucune eau aromatique ou spiritueuse. Dès que le malade a été mis dans ces conditions favorables, il faut recourir à la saignée, qu'on doit renouveler suivant les forces du sujet et l'intensité de l'apoplexie. Le plus ordinairement on ouvre la veine du bras; les bons effets produits par la saignée de pied nous la font fortement recommander; elle est surtout avantageuse chez les femmes dont la menstruation est dérangée. Les sangsues et les ventouses peuvent encore être placées au nombre des moyens efficaces. Les applications de glace sur la tête ont été de tout temps très-employées; elles conviennent chez les vieillards et dans les cas où l'on n'ose pas saigner, parce qu'elles diminuent l'afflux du sang vers la tête, sans soustraire à l'économie des matériaux dont la réparation est difficile. — On secondera ce traitement par une diète sévère, des boissons légèrement purgatives, telles que le petit-lait, la pulpe de tamarin, l'orangeade, comme l'eau d'orge, le chiendent, l'orangeade, la limonade cuite; on peut donner des lavements émollients et purgatifs si la constipation est opiniâtre. Lorsqu'on n'a plus à craindre l'effort hémorragique, on doit chercher à diminuer la fluxion sanguine qui tend à se faire autour de la substance nerveuse altérée, et empêcher que l'inflammation qui se déclare aux environs du foyer ne dépasse la limite dans laquelle doit se renfermer le travail de cicatrisation. Les purgatifs remplissent très-bien cette indication. En même temps qu'on exerce une irritation révulsive sur l'intestin, on peut agir de la même manière sur la peau des membres, à l'aide de pédiluves irritants, de cataplasmes sinapisés, de vésicatoires sur les jambes et les cuisses. Parmi les symptômes qui persistent plus ou moins longtemps après l'apparition de l'hémorragie, ce sont les différentes espèces de paralysie qui ont le plus fixé l'attention des médecins. Avant de passer en revue quelques-uns des médicaments employés contre elles, nous ferons la remarque que l'action de ces médicaments est inutile, souvent même nuisible, lorsque l'altération cérébrale existe encore. Aussi ne doit-on rien entreprendre avant que le caillot soit entièrement résorbé et que la cicatrisation soit aussi complète que possible. C'est surtout par un régime convenable que l'on obtiendra la résorption complète du sang épanché; la diète végétale, le calme d'esprit, l'exercice, l'habitation au bord de la mer auront une grande part à la guérison des paralysies. Les voyages aux eaux ou dans les pays étrangers agissent aussi d'une manière convenable. Les cautères, les sétons et les autres exutoires, placés à la nuque ou sur le cuir chevelu, peuvent hâter la résorption, pourvu toutefois qu'on ne les applique qu'à une période avancée de la maladie. Outre ce traitement externe, il en est un autre dirigé plus spécialement contre la paralysie des membres. Il consiste en frictions avec la teinture de benjoin, l'eau-de-vie camphrée, les baumes d'opodeldoch, l'huile essentielle de térébenthine, les douches froides ou chaudes, les bains de vapeur simple ou sulfureuse, les immersions froides de cinq à six minutes. Lorsque le malade est en état de voyager, on l'envoie prendre les eaux sulfureuses d'Enghien, de Bagnères-de-Luchon, de Cauterets, ou les eaux ferrugineuses de Spa, de Forges, de Vichy, de Bourbonne, de Plombières, de Passy; le malade doit boire plusieurs verres de ces eaux chaque matin à jeun. Enfin on promène des vésicatoires volants sur les parties paralysées, que l'on a soin de couvrir de morceaux de laine ou de flanelle. — Il nous resterait à parler de quelques médicaments énergiques, destinés à produire la contraction des membres, tels que la noix vomique, la strychnine, le rhus radicans et l'électricité; mais leur emploi, surtout celui des trois premières substances, ne peut être prescrit qu'avec les plus grandes précautions; aussi les indications qu'ils présentent appartiennent-elles plutôt à un traité de pathologie qu'à une encyclopédie destinée aux personnes étrangères à la médecine.

A. BRIERRE DE BOISMONT.

APOPOMPÉE, de ἀποπέμπειν, renvoyer. Les Grecs appelaient ainsi certains jours durant lesquels ils offraient des sacrifices aux dieux, pour éloigner d'eux les maux dont ils étaient menacés. — Les Juifs donnaient le même nom à la victime expiatoire qu'ils chassaient dans le désert après l'avoir chargée de malédictions.

APORE, APORISME ou **APORON**, de πορός, passage, et de

à privatif. On désignait par ce nom une chose impraticable ou extrêmement difficile. Les anciens géomètres nommaient ainsi tout problème dont la solution paraissait impossible. Quand on proposait une question à un philosophe grec, s'il ne pouvait la résoudre, il répondait : Ἀπορέω, je n'y conçois rien.

APORRHAXIS, mot tiré du grec, et servant à nommer un jeu de paume en usage chez les anciens. Il consistait à jeter obliquement une balle contre terre, de manière qu'en bondissant elle s'avançât vers d'autres joueurs, qui l'attendaient pour la renvoyer de la même manière. La balle était lancée à la main; le joueur qui manquait son coup perdait le point.

APOSIOPÈSE, figure de rhétorique que l'on appelle aussi réticence, quoique entre la réticence et l'aposiopèse, qui l'une et l'autre expriment interruption d'un discours, ou plutôt d'une phrase commencée, il y ait cette différence, que la première peut avoir lieu en toute sorte d'occasions, tandis que l'autre ne s'applique qu'à l'interruption causée par quelque mouvement de colère, d'indignation, comme le fameux *Quos ego* de Virgile. Neptune irrité menace de sa colère les vents qui s'étaient déchaînés contre les vaisseaux d'Énée :

Quos ego.... sed motos præstat componere fluctus.

(*V.* RÉTICENCE.) N. M. P.

APOSTASIE, de ἀπό et ἵστημι, je me sépare; désertion, défection. On entend ordinairement par ce mot le crime de celui qui abandonne la vraie religion pour en embrasser une fausse. Dès le commencement du christianisme il y eut des apostats : Pline en avait interrogé plusieurs, et il déclare, dans sa lettre à Trajan, que tout ce qu'il a découvert par leurs aveux, c'est que le christianisme est un excès de superstition. Ce témoignage de Pline, si positif et si désintéressé, prouve en faveur des premiers chrétiens et des martyrs, qu'ils ne furent jamais accusés d'aucun autre crime que de leur religion; et, comme la politique romaine admettait tous les dieux et tous les cultes, il ôte encore aux empereurs le seul prétexte dont ils pouvaient couvrir leurs édits de persécution, savoir, la nécessité de défendre la religion de l'État. Enfin ce qui dépose encore en faveur de la pureté du christianisme primitif, c'est l'empressement des apostats à se présenter à la pénitence aussitôt que l'orage était passé, et à se faire réconcilier avec l'Église; conduite qui témoigne que la crainte seule de la mort, des tortures, ou de la perte des biens, avait fait agir et parler contre leur conscience ces âmes lâches et charnelles. — Il n'est pas rare aujourd'hui d'entendre donner le nom d'apostats à ceux qui passent d'un parti politique dans un autre : cette espèce surpasse de beaucoup en malice celle dont nous venons de parler; aussi la voit-on soulever contre elle l'indignation générale. Autrefois les chrétiens tombés cherchaient à réparer la honte de leur faiblesse par les soins qu'ils prodiguaient à leurs frères plus courageux; ils les visitaient dans les prisons, pansaient leurs plaies et se chargeaient de leurs familles; l'apostat politique demandera, s'il le faut, la mort de ceux qu'il appelait ses frères. L'Église, tout en pardonnant à ses enfants débiles, leur imposait une longue et sévère pénitence : quelle peine mériterait la trahison des nouveaux Juliens? Gardons-nous de prononcer : leur crime est si grand aux yeux des hommes, qu'à Dieu seul en appartient la vengeance. — Hobbes, qui plaçait l'autorité du souverain au-dessus de celle de la religion, et qui faisait découler la morale du bon plaisir du législateur; Hobbes, qui rédigea le code du despotisme, soutenait qu'un chrétien est obligé en conscience d'obéir aux lois d'un monarque infidèle, même en matière de religion, par conséquent de renier Jésus-Christ par ses paroles, pourvu qu'il garde sa foi dans son cœur. Alors, dit-il, ce n'est pas le sujet qui renie Jésus-Christ, c'est le roi et le gouvernement. Distinction ingénieuse, qui sépare, dans le même individu, le chrétien du citoyen, et fournit au lâche et à l'ambitieux une justification facile contre le reproche flétrissant d'apostasie. Cette doctrine sophistique, toute profonde qu'elle est dans son exécrable immoralité, a été dépassée de bien loin par les théories du XIXe siècle. L'argument de Hobbes paraîtrait aujourd'hui bien misérable, et nous doutons que personne fût assez malavisé pour s'en servir. Le génie des apostats a doublé ses moyens de défense. « On me reproche, dit Sérapius, jusqu'à six apostasies : qu'est-ce que cela veut dire ? Des partis différents et ennemis se sont tour à tour enlevé le pouvoir, sous chacun d'eux j'ai servi ma patrie en bon et digne citoyen; le chef du gouvernement a changé, je suis demeuré fidèle à mon pays; hommes et choses, tout a tourné autour de moi; mais je suis resté immobile. Fallait-il déserter mon poste, parce que des systèmes d'un jour passaient comme la tempête? et devais-je préférer des hommes à l'État ? » — « Pour moi, dit Protagoras, entraîné par l'ardeur de la jeunesse, j'eus le malheur de m'associer à de désolantes doctrines : le fils de Monique aussi fut mani-chéen. J'ai pu me tromper jadis dans mon ardente recherche de la vérité; mais, grâce au ciel, je l'ai embrassée dès qu'elle s'est fait connaître; j'ai livré ma vie et ma réputation à la rage des calomniateurs pour obéir à ma conscience, préférant la paix avec moi-même, à l'adulation d'un parti aveugle et fanatique. Et depuis quand est-ce un crime à l'homme hon-nête, sincère et candide, de quitter une erreur funeste parce qu'il l'aura publiquement professée ? L'adhésion d'un moment à de faux systèmes fermera-t-elle tout retour aux bonnes doctrines? Quels sont-ils ces hommes qui défendent au pécheur de se convertir, au failli de se relever ? » C'est ainsi que le délateur, l'ingrat et le transfuge, après avoir reçu le prix de leur infamie, essayent encore de la colorer des beaux noms de patriotisme et de bonne foi, et, pour nous exprimer avec l'É-glise, de mentir au Saint-Esprit, après avoir trompé les hom-mes par le parjure. Il suffit, pour toute réponse, de leur faire voir qu'ils déplacent la question, et de leur prouver que leurs superbes maximes ne leur sont point applicables. Quant à l'argument de Hobbes, disons seulement qu'il est en opposi-tion avec ces paroles de l'Évangile : « *Quiconque aura rougi de moi devant les hommes, je rougirai de lui devant mon père.* » L'amour de Dieu, la fidélité à sa loi, le respect de la justice et la pratique des vertus fondamentales, ne sauraient transiger avec le respect humain et la crainte des majestés du monde. Dieu demande plus que l'adoration intérieure; il veut encore la louange publique et la prédication, sans les-quelles l'enseignement cesserait bientôt, et la religion périrait. Or, tout chrétien prêche et enseigne quand il fait profession publique de l'Évangile. — Les anciens distinguaient trois sortes d'apostasies : 1° *à supererogatione*, celle du prêtre ou religieux qui retourne à l'état de laïque : elle est dite *de surérogation*, parce qu'il ajoute le sacrilége aux deux autres espèces; 2° *à mandatis Dei*, celle que commet quiconque viole la loi de Dieu, à laquelle il adhère, et tout en conservant la foi ; 3° *à fide*; c'est la défection totale du christianisme. Elle fut autrefois su-jette à la vindicte des lois civiles. Plusieurs édits et déclara-tions publiés sous le règne de Louis XIV punissaient un ca-tholique qui embrassait la réforme, de l'amende honorable, du bannissement perpétuel et de la confiscation des biens. Sans prétendre justifier en tout l'utilité et l'opportunité de ces lois, nous ferons remarquer seulement qu'elles restaient dans le droit de l'État, au même titre que celles par lesquelles les anciens chassaient de leur territoire et punissaient de mort les impies et les sacriléges. De nos jours encore, l'homme qui ferait pro-fession d'athéisme ne serait admis dans aucune de ces républi-ques qui composent les États-Unis d'Amérique.

P. J. PROUDHON.

APOSTÈME, mot purement grec, qui signifie enflure exté-rieure avec purulence; tumeur humorale. Il vient de ἀφίστημι, je m'éloigne. L'humeur dans l'apostème s'épanche d'un lieu dans un autre. Ce terme est aujourd'hui peu usité; on se sert plus communément de celui d'abcès (*V.* ce mot). Dans le lan-gage ordinaire on dit *apostume*. X. X.

A POSTERIORI. (*V.* A PRIORI.)

APOSTILLE (*jurisp.*), annotation ou addition en marge d'un acte. On dit plus habituellement *renvoi*. (*V.* ce mot.) R. B.

APOSTILLE (*droit*). Dans l'ancienne jurisprudence et en matière d'arbitrage, on appelait apostille la note écrite que les arbitres mettaient à la marge d'un article de compte, soit pour l'approuver, soit pour le rejeter. Chaque apostille pouvait être considérée comme une sentence arbitrale. — On donne encore, et plus que jamais, le nom d'*apostille* à la note que quelque personnage en crédit ou haut placé écrit à la marge ou au bas d'une pétition, d'un mémoire, pour le recommander à celui à qui on l'adresse. N. M. P.

APOSTOLAT, en grec ἀποστολή, mission, commission, se dit de toute espèce de délégation, de mandat ou d'envoi. Avant Jésus-Christ, les synagogues des Juifs appelaient du nom d'apôtres ceux qu'elles chargeaient de porter à Jérusalem les collectes pour les pauvres et les offrandes pour le temple. Ces hommes étaient placés immédiatement sous la juridiction des princes de la synagogue, et en recevaient leurs lettres de créance. On croit que saint Paul était revêtu d'une semblable mission lorsqu'il persécutait l'Église et qu'il fut arrêté sur le chemin de Damas; et il semble lui-même y faire allusion dans le premier verset de son épître aux Galates, quand il dit :

« Paul, apôtre non des hommes, mais de Dieu, et de Jésus-Christ.... » Sa conduite envers les chrétiens prouverait que les apôtres de synagogues recevaient quelquefois des pouvoirs très-étendus. Les premières églises imitèrent cet usage. On voit par les épîtres de saint Paul qu'elles s'envoyaient les unes aux autres comme des ambassadeurs, chargés d'entretenir entre elles les relations de foi, de charité, d'unité, mais surtout de veiller aux intérêts et à la subsistance des pauvres. Saint Paul dit d'Andronicus et de Junie, qu'ils sont *illustres entre les apô-tres*, et il ajoute qu'ils sont plus anciens que lui dans le chris-tianisme, par où l'on voit que l'apostolat remonte à Jésus-Christ même. On voit encore par le même passage, que les femmes n'en étaient point exclues, et il paraît que la plupart de celles que le même apôtre nomme dans ses lettres exerçaient cette fonction conjointement avec leurs maris. Ainsi l'Église, tout en recommandant la charité la plus parfaite, usait de pré-cautions pour maintenir la décence dans les rapports de sexe à sexe, et ne permit jamais cette confusion scandaleuse qui déshonora toujours les sectes des premiers hérétiques. L'apos-tolat tomba peu à peu en désuétude dans l'Église, à mesure que la hiérarchie sacerdotale se perfectionna et que son organi-sation devint plus-puissante : mais peut-être serait-il utile à la religion de rétablir cette institution primitive, afin de ranimer le zèle religieux dans le cœur des fidèles, en les faisant partici-per à l'administration des affaires temporelles de l'Église, et en les chargeant de quelques offices de charité et de propaga-tion. (Voyez, au surplus, MISSION APOSTOLIQUE, PRÉDICA-TION DE L'ÉVANGILE.) P. J. PROUDHON.

APOSTOLINS. C'étaient des religieux du XIVe siècle, qu'on vit pour la première fois à Milan en Italie. Ils prétendaient imiter les apôtres et les premiers chrétiens, et mener le même genre de vie. Ce fût cette prétention manifeste qui leur fit donner le nom d'apostolins. X. X.

APOSTOLIQUE, qui vient des apôtres. Les apôtres ayant été choisis et délégués par Jésus-Christ même pour constituer la société chrétienne et prêcher la doctrine évangélique, et de plus ayant reçu de lui le pouvoir de se recruter eux-mêmes et de per-pétuer leur ministère par l'élection et l'imposition des mains, toute doctrine, tout autorité, pour être légitime dans l'Église chrétienne, doit venir des apôtres. Dans les premiers siècles, les églises de Jérusalem, d'Antioche, d'Alexandrie, de Rome, d'Éphèse, etc., qui avaient eu des apôtres pour fondateurs, prenaient le nom d'apostoliques : leur autorité cependant ne fut point égale. Comme chacune avait reçu la doctrine et la tradition d'une source infaillible, elles n'avaient pas besoin, ce semble, de chercher ailleurs la règle de leur conduite et de leurs décisions. Néanmoins, entre ces églises et Jésus-Christ, on reconnaît toujours un intermédiaire, une église supérieure, un siége suprême, centre d'unité pour tous les adorateurs de Jésus-Christ. Ce serait donc une erreur de reconnaître aucune espèce d'indépendance dans les églises apostoliques : toutes étaient soumises à la primauté du siége de Pierre, et cela est dans la nature même des choses. Il est évident que l'enseigne-ment écrit ou oral d'un apôtre, conservé dans chaque église, ne-put suffire longtemps aux besoins toujours nouveaux d'une société en progrès, soit pour satisfaire aux difficultés de dogme, de morale et de gouvernement, qui se présentaient sans cesse, soit pour réfuter et combattre les sectes d'hérétiques, si fré-quentes et si dangereuses dans les commencements; il est évi-dent que ces églises, par leurs représentants, durent quelquefois se réunir, conférer ensemble et s'entendre, afin de conserver la communion : dès lors il y eut nécessité d'une autorité centrale et exécutive, d'un foyer convergent, d'une cour suprême enfin, instituant et jugeant en dernier ressort. Ceux-là donc qui ar-guent contre l'autorité supérieure du saint-siége de la plu-ralité des églises apostoliques, nous semblent toucher aux confins de la déraison et de l'absurde. Quand la suprématie de l'Église romaine ne serait pas d'institution divine, elle trouve-rait sa raison suffisante et sa légitimation dans le besoin d'unité et d'harmonie qui régit toutes les choses divines et humaines. Ce mouvement d'organisation se remarque dès les premiers temps : les églises fondées par les successeurs immédiats des apôtres prenaient aussi le nom d'apostoliques, en témoignage de la communauté de leur symbole et de leur doctrine. Enfin ce titre fut réservé à l'Église de Rome, comme représentant l'Église universelle, ainsi qu'au pape qui en est l'évêque et seul primat de toute la chrétienté. Ce titre lui fut adjugé solennelle-ment par le concile de Reims de 1049. Auparavant, il était d'usage de donner aux évêques le titre *apostolique*: c'est ce qui paraît par les formules de Marculphe, dressées vers l'an 660, et par une lettre de Clovis aux prélats assemblés en concile à

Orléans, laquelle commence par ces mots : *Le roi Clovis aux saints évêques et très-dignes du siége apostolique. — Chambre apostolique* est un tribunal où l'on discute les affaires qui regardent le trésor ou le domaine du saint-siége ou du pape. Enfin on donne le nom d'apostolique à tout ce qui émane du pape: nonce apostolique, notaire, bref, vicaire, bénédiction, etc.

P. J. PROUDHON.

APOSTOLIQUES (*pères, canons, constitutions*). (*V.* PÈRES, CANONS, CONSTITUTIONS.)

APOSTOLIQUES, nom que deux sectes différentes ont pris, sous prétexte qu'elles imitaient les mœurs et la pratique des apôtres. C'est une prétention semblable qui donna naissance à tous les schismes et à toutes les hérésies. Dans tous les temps il s'est rencontré des hommes à courte vue et d'une raison étroite qui, sans intelligence pour les exigences des lieux et des temps, sans intelligence de la force de compréhension et de développement qui réside dans le christianisme, se refusaient à toute innovation nécessaire, bien qu'elle dérivât des principes qu'ils admettaient, et traitaient d'inventions antichrétiennes toute application de l'Évangile et toute déduction dogmatique. On peut dire que les hérétiques furent en général des stationnaires en religion; un exemple célèbre fait ressortir toute leur conduite. Céphas, instruisant dans la foi des juifs convertis, se soumettait, par ménagement pour leur susceptibilité délicatesse, à toutes les prescriptions de la loi mosaïque : jusque-là il n'y avait rien que de raisonnable; mais sa complaisance alla jusqu'à recommander les mêmes pratiques aux chrétiens venus de la gentilité; aussitôt il fut repris par saint Paul, qui soutint que c'était le cas d'appliquer dans toute son étendue la maxime de Jésus-Christ : « Ce n'est pas ce qui entre par la bouche qui souille l'âme, c'est ce qui sort du cœur. » On sait qu'il y eut à ce sujet des dissensions et des murmures, et que les apôtres furent obligés de s'assembler en concile, dans lequel, entre autres décisions, ils arrêtèrent que les nouveaux chrétiens ne pouvaient être astreints à la loi de Moïse. Qu'eussent-ils dû répondre à un opiniâtre qui leur aurait fait cette objection : « Vous n'avez point le droit de rejeter et d'abolir ce qu'a observé Jésus-Christ, votre maître et le nôtre? » Rien, sans doute, sinon que le consultant ne comprenait ni l'Évangile ni son auteur. Les premiers apostoliques, autrement nommés apotactiques ou apotactites, c'est-à-dire *renonçants*, professaient l'abstinence du mariage, du vin, de la chair, etc. Il ne paraît pas qu'ils aient donné d'abord dans aucune autre erreur. Selon quelques auteurs ecclésiastiques, ils eurent des vierges et des martyrs sous la persécution de Dioclétien au IVe siècle; ensuite ils tombèrent dans l'hérésie des encratites; de là vient que la sixième loi du code Théodosien joint les apotactiques aux eunomiens et aux ariens. Ils se servaient de certains actes apocryphes de saint Thomas et de saint André, dans lesquels il est probable qu'ils avaient puisé leurs erreurs. — L'autre secte des apostoliques fit grand bruit au XIIIe siècle : elle eut pour auteur Gérard Sagarelli ou Ségarel, né à Parme. C'était un fanatique qui exigeait que ses disciples, à l'exemple de Jésus-Christ et des apôtres, allassent de ville en ville, vêtus de blanc et portant de longues barbes, les cheveux épars et la tête nue, accompagnés de certaines femmes qu'ils nommaient leurs sœurs. Ils les obligeait à renoncer à toute propriété et à prêcher la pénitence. Dans leurs assemblées particulières, ils annonçaient la destruction prochaine de l'Église de Rome, l'établissement d'un culte plus pur et d'une Église plus glorieuse. Cette Église était sa secte, qu'il appelait la *congrégation spirituelle*; à tout cela il joignait une foule de maximes hérétiques, séditieuses et immorales, par exemple, que l'attachement à sa doctrine sanctifiait les actions les plus criminelles. Ç'a été le caractère de toutes les sectes qui ont prétendu faire revivre les mœurs des chrétiens primitifs, de tomber bientôt dans les plus infâmes désordres. Certains usages, outrés par les hérétiques, ont dû être réduits par l'Église à de justes bornes; en quoi, selon nous, elle a fait preuve de la plus grande sagesse. Il y a dans la charité et le renoncement que recommande l'Évangile un degré de perfection dangereux à poursuivre pour certains esprits : l'idée de cette perfection, mal comprise, ne peut enfanter, à coup sûr, qu'une fausse spiritualité. Ségarel fut brûlé vif à Parme, l'an 1300. Après sa mort, un autre fanatique nommé Doucin prit sa place, et, comme son prédécesseur, finit sur le bûcher. Dès lors la secte, qu'on avait surnommée des *dulcinistes*, se dissipa, et l'on présume qu'elle alla se réunir aux Albigeois, avec lesquels elle avait plus d'un point de ressemblance. Mosheim assure qu'un de ces fanatiques alla se faire brûler vif à Lubeck. — Une branche de mennonites a été aussi appelée *apostolique*, du nom de *Samuel Apostool*, un de ses pasteurs.

Saint Bernard a écrit contre les apostoliques, *serm.* 66, *in Cant.* (*V.* l'art. suivant.)

P. J. PROUDHON.

APOSTOOL (SAMUEL) donna son nom à une secte de mennonites anabaptistes (*V.* ANABAPTISTES) répandus dans le Waterland, province hollandaise. Les mennonites s'étaient divisés en deux partis, dont l'un eut pour chef Abraham Galénus, médecin hollandais, et l'autre se rallia autour de Samuel; mais les partisans de ce dernier reçurent le nom de relâchés, parce que leurs doctrines étaient moins austères; ce fut en 1664 que cette scission s'opéra. On sait que les mennonites en général soutenaient l'inutilité du baptême des enfants et celle des magistrats dans le royaume de Dieu, c'est-à-dire l'inutilité des prêtres et du culte. Galénus professait cette doctrine sur tous ses points, et proscrivait toutes celles des réformés; Apostool, au contraire, tout en maintenant le double principe des mennonites, admettait sur les autres points les doctrines de Luther. Les deux sectes sont aujourd'hui réunies, ou du moins ne diffèrent par aucun point essentiel. On trouve encore des apostoliens dans le Nord-Hollande. Pour plus de détails sur Apostool, on peut consulter Mosheim dans ses *Instit. hist. Eccles.* Cet hérésiarque n'a laissé qu'un catéchisme, qu'il intitula *Veritatis exercitatio.*

J. DE M.

APOSTROPHE, ἀποστροφή, *aversio*, figure par laquelle l'orateur s'interrompt tout à coup lui-même, pour adresser directement la parole à une personne ou à une chose quelconque. Les orateurs et les poëtes sont tous pleins d'apostrophes sublimes. L'apostrophe est la plus vive, la plus efficace de toutes les figures; mais plus l'effet en est puissant et quelquefois terrible, plus il doit être ménagé avec art. Au reste, cette figure ne semble pas également propre à toutes les langues, à toutes les littératures, à toutes les nations. Chez les peuples primitifs et encore placés sous le règne de l'imagination, elle est plus naturelle, parce qu'elle rentre dans les conditions ordinaires du génie social. — Il en est de l'apostrophe dans l'éloquence, comme du merveilleux en poésie : elle ne peut régner dans toute sa puissance et sa splendeur qu'à la faveur de certaines circonstances de temps, de langue, de croyance et de civilisation. La Bible est pleine de magnifiques apostrophes : mais qui voudrait imiter ce style tout de mouvement et d'images, courrait risque aujourd'hui de tomber dans la déclamation et de fatiguer le lecteur.

P. J. P.

APOSTROPHIE, surnom que les Grecs donnaient à une de leurs trois Vénus. La première, la Vénus céleste, Uranie, était celle qui présidait aux chastes amours, tout à fait dégagées de l'action des sens; la seconde, la Vénus terrestre ou vulgaire, était invoquée dans les mariages; la troisième, *Apostrophia*, préservait les cœurs des désirs illicites ou déréglés. Les Romains, en l'adoptant, lui avaient donné le nom de *Verticordia*, qui change les cœurs.

APOTACTIQUES ou APOTACTITES, en grec, ἀποτάκτιται, formé de ἀπό, loin, et de τάττω, j'établis, c'est-à-dire, je renonce. Ce nom fut donné à d'anciens hérétiques qui, pour se conformer aux conseils et aux mœurs des apôtres, renonçaient à leurs biens de toute espèce. Jusque-là il n'y aurait pas eu de reproche à leur faire, et il paraît qu'en effet, pendant les trois premiers siècles de l'Église, ils n'en méritèrent pas; mais ensuite ils prétendirent que le renoncement aux richesses était de nécessité absolue; et c'était en cela que consista leur erreur; ils ajoutaient aux préceptes divins un précepte qui, trop difficile à garder pour bien des hommes, n'aurait pu qu'éloigner du christianisme ceux que déjà la persécution épouvantait. Plus tard ils adoptèrent les erreurs des eunomiens et des ariens (*V.* APOSTOLIQUES).

N. M. P.

APOTAPHE, de τάφος, tombeau, et ἀπό, loin. On donnait ce nom à ceux qui étaient privés de sépulture, soit par accident, soit en vertu de quelque disposition de la loi.

APOTE, adj. des deux genres, qui sert à qualifier les espèces d'animaux qui ne boivent pas.

X. X.

APOTHÈME. Tout polygone régulier rectiligne a un centre de symétrie, autrement nommé dans ce cas *centre de figure*, qui, outre les propriétés des centres de symétrie ordinaires, jouit de celle d'être à égale distance de tous les côtés du polygone. Cette plus courte distance, toujours la même et perpendiculaire à chaque côté, se nomme *apothème*, de deux mots grecs, ἀπό, de, loin, et de τίθημι, placé, comme si on disait *la place de loin, de la distance*; car ce mot signifie, d'une manière absolue, *le lieu de la longueur ou de la distance* : les mots *longueur et distance*, sans autre désignation, ne s'entendent jamais que de la ligne droite et de la plus courte distance. Le polygone régulier ne jouit pas seul d'un apothème. Tout polygone irrégulier, mais circonscriptible à une circonférence, a aussi un point dans l'intérieur de son aire, à égale distance de chacun de ses côtés, et par conséquent un apothème. Mais ce point n'est pas un *centre de figure*; car il serait alors à égale distance, non-seulement des côtés, mais de chaque sommet. Il n'est pas un *centre de symétrie*; car toute perpendiculaire abaissée de ce point sur un des côtés du polygone, et prolongée jusqu'à ce qu'il rencontrât son périmètre en deux points, serait un axe de symétrie tel, qu'il partagerait l'aire polygonale en deux parties placées symétriquement, mais parfaitement égales et exactement superposables, en faisant tourner l'une d'elles autour de cet axe jusqu'à ce qu'elle vînt se rabattre sur l'autre, qu'alors elle recouvrirait entièrement. Nous pensons qu'il faut donner à ce point le nom de *centre de la plus courte distance*. Dans le polygone régulier, il est égal au rayon du cercle inscrit, qu'on trouve facilement en menant des perpendiculaires au milieu de chaque côté. Dans le polygone irrégulier circonscriptible, quoiqu'il ait la même valeur, il est plus difficile à déterminer. Voulez-vous savoir si le polygone régulier est inscriptible; toutes les perpendiculaires, partant des milieux des côtés auxquels elles sont menées, se rencontrent en un même point; et dans ce cas *le centre de la plus courte distance à chaque côté*; dénomination qui n'implique pas nécessairement l'égalité de toutes ces distances entre elles, et par conséquent l'existence d'un apothème, mais qui nécessite l'égalité de toutes les sécantes menées de ce point au sommet de chaque angle du polygone. Dans le cas où le polygone irrégulier est circonscriptible, on le reconnaîtra à ce que toutes les *bissectrices* de ses angles se rencontrent en un même point; et dans ce cas *le centre de la plus courte distance* aura un *apothème*. — Partout où il y a un apothème, la moitié de cet apothème entre nécessairement comme facteur dans l'évaluation de l'aire polygonale, qui est égale à son périmètre multiplié par ce demi-apothème. — Les courbes planes ou gauches, poussées d'un *centre de la plus courte distance*, toujours la même, c'est-à-dire, en même temps centre de figure, sont les circonférences dont la plus simple a pour équation $x^2 + y^2 = a$, r, t, dont l'expression est dans sa plus grande généralité, $x^m + y^m = A$. Après avoir tracé un cercle sur un plan tel, par exemple, qu'une feuille de papier, pliez cette feuille en autant de plans que vous voudrez, ni l'aire renfermée par la circonférence ne changera, ni la propriété qu'ont ses points d'être à égale distance du *centre de la plus courte distance*; les rayons sont autant d'apothèmes abaissés sur le milieu de chaque côté infiniment petit du polygone régulier d'une infinité de côtés, que l'on appelle *cercle*. — Les polyèdres réguliers jouissent aussi d'un centre de figure, qui est en même temps un centre de la plus courte distance, qui fournit autant d'apothèmes égaux qu'il y a de faces. La sphère également et son rayon est un véritable apothème, de sorte que les polyèdres réguliers et la sphère ont pour expression de leur solidité leur surface multipliée par le tiers de l'apothème. — Si on a un polygone sphérique régulier, il jouira des mêmes propriétés que s'il était rectiligne; il aura un centre de la plus courte distance, et l'arc de grand cercle, abaissé de ce point perpendiculairement sur chaque côté, tombera sur le milieu, et sera partout de même grandeur. Un cercle placé sur la sphère reste plan, parce que l'intersection d'un plan et d'une sphère est un plan; mais alors la surface que comprend sa circonférence sur la surface sphérique est bien plus grande que sa surface plane : ainsi on ne peut se servir de cette propriété pour mesurer les surfaces des polygones sphériques. Ceci tient à ce que la surface sphérique n'est pas développable, c'est-à-dire ne pourrait s'étendre exactement sur un plan. Mais il en est tout autrement si l'on applique la surface circulaire sur une surface cylindrique, elle s'y étend de manière que son aire, sans augmenter ni diminuer, devient une surface courbe. Il en est de même du polygone rectiligne plan. Dans ce cas l'apothème se courbe dans tous les sens, et n'est droit que dans le cas où, pour un côté, il devient parallèle à la génératrice. Ainsi la mesure de son aire a toujours la même expression.

L. CHIRON DE LA LANDRIÈRE.

APOTHÉOSE, ἀποθέωσις, déifier. Il serait difficile de préciser la véritable origine de cette cérémonie par laquelle les Romains, sous les empereurs, faisaient passer un homme au rang des dieux. Si nous osions nous livrer à quelques conjectures étymologiques, nous dirions que le mot *apothéose* n'a peut-être signifié dans le principe que la *combustion* du cadavre, et que ce fut par une équivoque de langage, aidée de la flatterie et de la superstition, qu'il fut pris ensuite au sens de *déification*. Presque tous les mots grecs dont la racine est θα,

θε, θο, θυ, ζα, ζε, ζο, etc., expriment une chose légère ou rapide, comme le vent, le souffle, la fumée, la flamme, odeur, parfum, etc. Ainsi θέ-ρω, θά-λπω, chauffer; θέ-ω, courir; brûler la victime, sacrifier, *tuer*; θυ-ία, *thye*, arbre odoriférant; θυ-όω, parfumer, embaumer; θεῖ-ον, soufre; θε-ός, Dieu, l'ESPRIT, le souffle universel; θεί-νω, mourir, expirer. — On sait que l'usage des anciens Grecs était de brûler les morts illustres avec les objets qu'ils avaient aimés durant leur vie et les insignes de leur dignité. Tout ce que nous lisons, dans Homère, des funérailles de Patrocle, se renouvelait de point en point dans l'*apothéose* des empereurs romains. Il y a donc toute apparence que l'apothéose des hommes illustres ne consista d'abord que dans la combustion ou l'embaumement de leurs corps; plus tard les idées sur la divinité et l'autre vie conduisirent peu à peu à placer au rang des dieux ceux qui, pendant leur vie, avaient paru animés de leur esprit. L'apothéose, en un mot, n'a sa source dans le culte que les peuples, dans tous les temps et dans tous les pays, ont rendu aux morts. Voici la description des cérémonies de l'apothéose, telle que la rapporte l'*Encyclopédie* de Diderot; on n'y verra pas autre chose qu'un enterrement. — « Sitôt que l'empereur était mort, toute la ville prenait le deuil. On ensevelissait le corps du prince à la manière ordinaire, cependant avec beaucoup de pompe; on mettait dans le vestibule du palais, sur un lit d'ivoire couvert d'étoffes d'or, une figure de cire qui représentait parfaitement le défunt, avec un air pâle, comme s'il était encore malade. Le sénat, en robe de deuil, restait rangé au côté gauche du lit pendant une grande partie du jour, et au côté droit étaient les personnes et les filles de qualité, avec de grandes robes blanches, sans colliers ni bracelets. On gardait le même ordre sept jours de suite, pendant lesquels les médecins s'approchaient du lit de temps en temps et trouvaient toujours que le malade baissait, jusqu'à ce qu'enfin ils prononçaient qu'il était mort. Alors les chevaliers romains les plus distingués avec les plus jeunes sénateurs le portaient sur leurs épaules par la rue qu'on nommait *Sacrée*, jusqu'à l'ancien marché où se trouvait une estrade de bois peint. Sur cette estrade était construit un péristyle enrichi d'ivoire et de cire. Le nouvel empereur, les magistrats s'asseyaient dans la place, et les dames sous des portiques, tandis que deux chœurs de musique chantaient les louanges du mort; et après que leur successeur en avait prononcé l'éloge, on transportait le corps hors de la ville dans le Champ de Mars, où se trouvait un bûcher tout dressé. C'était une charpente carrée en forme de pavillon, de quatre ou cinq étages qui allaient toujours en diminuant comme une pyramide. Le dedans était rempli de matières combustibles, et le dehors revêtu de drap d'or, et de compartiments d'ivoire et de riches peintures. Chaque étage formait un portique soutenu par des colonnes, et sur le faîte de l'édifice on plaçait assez ordinairement une représentation du char doré dont se servait l'empereur défunt. Ceux qui portaient le lit de parade le remettaient entre les mains des pontifes, et ceux-ci le plaçaient sur le second étage du bûcher. On faisait ensuite des courses de chevaux et de chars. Le nouvel empereur, une torche à la main, allait mettre le feu au bûcher, et les principaux magistrats y mettaient aussi de tous côtés; la flamme pénétrait promptement jusqu'au sommet, et en chassait une aigle ou un paon, qui, s'envolant dans les airs, allait, selon le peuple, porter au ciel l'âme du feu empereur, ou de la feue impératrice, qui dès lors avaient leur culte et leurs autels comme les autres dieux. » — On accordait quelquefois les honneurs de l'apothéose aux mignons et aux maîtresses des empereurs, ce qui fit tomber cet usage dans un tel discrédit, que Vespasien, à la veille de mourir, disait en se moquant : « *Je sens que je deviens dieu.* » De nos jours le goût de l'apothéose a reparu parmi nous, avec toutes les autres folies renouvelées des Romains et des Grecs; un Panthéon de grands hommes a été inauguré; mais si pour y être admis il faut l'assentiment universel et l'admiration unanime, on n'y mettra jamais personne. Le jugement d'un parti ou d'une génération sera toujours contredit par le jugement de la génération suivante ou du parti opposé. Dieu seul déifie les grands hommes, les héros et les bienfaiteurs de l'humanité : pour nous, mortels si sujets à l'erreur, si prompts à admirer et à maudire, cachons nos morts sous une terre égale; c'est tout ce que nous leur devons et tout ce qui nous est permis.

P. J. PROUDHON.

APOTHÉOSE D'HOMÈRE (*hist. litt.*). Ce monument, qu'on attribue à l'un des plus fameux sculpteurs de l'antiquité, Archélaüs de Priène en Ionie (*V.* ARCHELAUS), fut érigé en l'honneur du célèbre poëte par ordre de l'empereur Claude, qui aimait beaucoup la littérature grecque; c'est du moins le sentiment du P. Kircher. Il fut découvert en 1668, dans une maison de campagne voisine de Rome et appartenait aux princes Colona. Le même savant entreprit de l'expliquer dans son *Latium*; mais, comme il n'avait donné qu'une explication incomplète, d'autres savants ont complété son travail, Spanheim, Nicolas Heinsius, Grævius, et particulièrement Cuper, qui en a donné une description minutieuse dans un ouvrage spécial, intitulé : *Apotheosis et consecratio Homeri*. (*V.* Homère.)

APOTHÈQUES. Les anciens donnaient ce nom au lieu où, dans leurs maisons, ils conservaient les parfums, les vivres et en général toutes les provisions; c'était à la fois un garde-manger, une cave, un office. un magasin. C'est de ce mot grec, ἀποθήκη, que s'est formé le mot *apothicairerie* et *apothicaire.*

APOTHÈTES, lieu où les Spartiates, qui dans les premiers temps furent peut-être moins sauvages que les sauvages de l'Afrique et de l'Amérique, exposaient leurs enfants nouveau-nés qui avaient le malheur de venir au monde contrefaits ou de faible constitution; c'étaient des fondrières voisines du mont Taygète. Le plus souvent on ne se contentait pas d'y abandonner les enfants; on les précipitait dans l'abîme. N. M. P.

APOTHICAIRE, mot formé du grec ἀποθήκη, qui signifie boîte, coffre, lieu où l'on garde à part, boutique. Comme les diverses drogues qui entrent dans la composition des remèdes doivent être gardées et conservées avec beaucoup de soin, on a donné à ceux qui préparaient et conservaient ces drogues le nom d'apothicaires, et à leur boutique celui d'apothicairerie, boutique par excellence. — Les apothicaires ne faisaient autrefois en France, et spécialement à Paris, qu'un seul corps de communauté avec les marchands épiciers-droguistes; c'était le second des six corps marchands. Aujourd'hui les épiciers forment un corps tout à fait distinct des apothicaires, qu'il n'est plus permis d'appeler que du nom de pharmaciens, depuis que certains poètes comiques se sont avisés de traduire sur la scène le respectable M. Fleurant, et que, pour comble d'irrévérence, on les a taxés de ne pas s'adresser toujours à leurs visages. Au surplus, les épiciers eux-mêmes se sont subdivisés en droguistes, herboristes et épiciers proprement dits, et ces derniers ne sont guère plus ménagés sur la scène que les apothicaires du temps de Molière. Nous renverrons donc au mot *Pharmacien* tout ce qui concerne les apothicaires, et nous nous contentons ici de dire que, parmi les modernes pharmaciens, il en est un grand nombre que leurs connaissances et leur talent mettent bien au-dessus des anciens confrères des épiciers. — Dans les maisons de communauté, les hospices, les prisons, les palais, il y a toujours une pharmacie où l'on conserve les médicaments nécessaires au traitement des malades de la maison. Dans certains lieux, ces pharmacies sont décorées avec beaucoup de luxe. L'apothicairerie de Lorette offrait une superbe salle richement ornée de colonnes, de dorures, de glaces. Celle de Dresde était plus riche encore; on y gardait les remèdes dans quatorze mille boîtes d'argent; du moins le dit. (*V.* Pharmacie , Pharmaciens.)

APOTOME (*musiq.*), du grec ἀποτέμνω, je retranche. Ce mot, employé par plusieurs auteurs pour désigner la différence existant entre deux quantités incommensurables, par exemple, l'excès de la racine carrée de 2 sur 1, ou l'excès d'une ligne sur une autre ligne qui lui est incommensurable, comme la diagonale d'un carré sur le côté, est aussi un terme de musique qui signifie le reste d'un ton majeur entier au-dessus du dièse. Soient les deux tons majeurs *ut, ré* : si on divise l'intervalle qui les sépare par un dièse, le demi-ton qui se trouvera de *ut* dièse à *ré* prendra le nom d'apotome; ce dernier intervalle est plus grand que celui qui est formé par le dièse dans la proportion de 2048 à 2087; cet excès de 39 2087mes était appelé *comma*. L'intervalle d'un ton majeur à un autre ne peut se diviser en deux parties parfaitement égales; les Grecs ne l'ignoraient pas; aussi divisaient-ils de plusieurs manières l'intervalle qui existe entre les deux tons. Ce fut Philolaüs, disciple de Pythagore, qui trouva le dièse ou limma (*V.* Limma, Intervalle). L'apotome devient très-sensible à la septième quinte après la tonique *ut*; car si l'on passe par les tons suivantes, *sol, ré, la, mi, si, fa* dièse, *ut* dièse, cette dernière quinte se trouve justement plus élevée d'un comma que le limma d'*ut* tonique. C'est pour cela que, pour accorder les pianos, on a dû adopter une méthode qu'on appelle *tempérament*, et qui consiste à affaiblir les quintes (*V.* Tempérament). — Les anciens reconnaissaient en outre deux sortes d'apotomes, le majeur et le mineur. L'apotome majeur, que l'on appelle

quart de ton enharmonique (*Démonst. du princ. de l'harm.* Rameau), était un intervalle entre deux sons, dans la proportion de 125 à 128; l'apotome mineur, dans la proportion de 2025 à 2048, était moindre. J. DE M.

APÔTRE, de ἀποστέλλω, j'envoie. Ce nom a été employé par Hérodote et d'autres auteurs pour désigner toute espèce de délégué (*V.* Apostolat). A l'exemple des synagogues, qui avaient aussi leurs envoyés chargés de diverses missions, Jésus-Christ nomma *apôtres* les principaux de ses disciples, évitant avec soin d'employer des dénominations inconnues, de peur de paraître innover, et se conformant ainsi jusque dans les plus petites choses à sa maxime : « Je ne viens point abolir la loi, mais la compléter. » Il institua ces apôtres au nombre de douze, par allusion aux douze tribus d'Israël, ainsi qu'il s'en explique lui-même, *Matth.*, XIX, 28 : « Vous qui m'avez suivi, lorsque viendra le renouvellement de toutes choses, et que le Fils de l'Homme paraîtra sur le trône de sa majesté, vous serez assis sur douze sièges, jugeant les douze tribus d'Israël. » C'est là tout le mystère du nombre des apôtres, et ce serait folie d'y chercher aucune allégorie planétaire ou zodiacale. On ne sait rien de la vie privée des apôtres antérieurement à leur vocation; pêcheurs pour la plupart, habitant les bords des lacs de Galilée, ils menaient une vie simple, exempte de toute ambition; ils étaient alors fort ignorants et grossiers. Mais cette rudesse d'intelligence et de mœurs, résultat de l'éducation et du défaut de fortune, cachait d'étonnantes facultés, de nobles caractères et de grands courages; et si, mettant de côté ce qui était en eux l'effet de la grâce et de l'inspiration, nous ne considérons dans les apôtres que ce qui fut de l'homme et de la nature, nous ne saurons lequel nous devons admirer davantage, ou de la pénétration divine de celui qui mit au jour ces âmes héroïques, ou de l'efficacité de son enseignement et de la promptitude avec laquelle ces pauvres pêcheurs furent transformés en hommes nouveaux. C'est sous ce dernier point de vue que nous étudierons les apôtres et que nous apprécierons la doctrine qui les fit être tout ce qu'ils furent; quant aux arguments et aux faits qui établissent la divinité de leur mission, la certitude de leurs miracles, l'autorité de leurs écrits, leur moralité, la gloire de leur martyre, etc., les livres classiques de théologie en sont pleins. — Depuis le retour de la captivité, la nation juive semblait abaissée au-dessous d'elle-même et déshéritée de son génie; le séjour à Babylone avait donné le goût des recherches curieuses et des disputes philosophiques; l'antique simplicité et le bon sens primitif s'étaient perdus. A la place de ces grandes associations religieuses et tempérantes, telles que les collèges des prophètes, les réchabites et les nazaréens, on voyait fermenter des sectes ambitieuses et rivales, plus occupées de leurs intérêts que des besoins du peuple et de la religion, mais, comme toujours, se proposant, pour dernière recherche, la vérité et le bonheur du genre humain. Quelle distance du souffle qui inspira les prophètes à l'esprit chicaneur, pointilleux et faux des pharisiens ! quelle chute des révélations d'Isaïe à la pédagogie du Talmud ! Les asmonéens avaient été les derniers de cette génération de héros et de saints qui ne manquèrent jamais au peuple hébreu depuis Moïse jusqu'à Simon, frère de Machabée et fils de Mathathias, après eux la liste des grands hommes de la nation est close; elle peut fermer les portes de son Panthéon. Voyez-la cette race infortunée de Jacob dans les deux siècles qui précédèrent le berceau de Jésus-Christ, elle n'a plus ni grandeur, ni noblesse; sa gloire passée l'accable, ses folies présentes font d'elle la risée des nations. Un fanatique l'appelle, et elle se précipite sur ses pas; un autre lui crie: C'est moi qui suis le Messie prédit par les prophètes, et elle se retire avec lui au désert. Son esprit national s'éteint dans une sombre et inquiète ambition, dans une haine furieuse des puissances qui la tiennent asservie; sa religion, déshonorée par les superstitions rabbiniques et altérée par mille fausses traditions, n'est plus qu'un levier funeste dont chaque ambitieux se sert pour agiter la multitude. Incapable de juger les temps et de composer avec la nécessité, rêvant toujours la conquête du monde, impatient de toute domination, le peuple de Jérusalem, dont la politique de Rome respecte le culte et les lois, se fait exterminer par ses maîtres pour le bon plaisir de quelques scélérats vulgaires. La saine raison semble avoir tellement abandonné les grands et les petits, que pas un esprit supérieur, pas un grand caractère n'apparaît dans cette longue période de deux cents ans. Qu'est-ce que ce Philon le platonicien, cette espèce de mystagogue ampoulé, plus connu cent fois par ses plates rêveries et par le mysticisme de ses écrits, que par un petit nombre de vérités anciennes et vraiment utiles ? Et Josèphe, cet humble courtisan de Vespasien, qu'il ne rougit pas de proclamer le Messie annoncé par Daniel ; ce glorieux lévite , toujours préoccupé de sa généalogie et de son mérite personnel, qu'est-il autre chose que le plus fatigant des narrateurs, le plus verbeux des historiens, le plus inexact des annalistes ? Est-il donc vrai que les nations peuvent dégénérer d'elles-mêmes , qu'elles ont leur âge de décrépitude comme leur âge de maturité et de jeunesse ? où serait-ce pas plutôt que la vigueur de l'âme, la grandeur et la beauté de l'intelligence ne se montrent que sous certaines conditions d'harmonie sociale, en dehors desquelles il n'y a que misère et faiblesse; et l'éclipse du génie dans une nation n'annoncerait-elle point une cessation d'équilibre ? Voyons , examinons; que le christianisme, régénérant les apôtres, nous instruise. Cette seule observation bien faite nous démontrera, peut-être, la vanité et le ridicule de toutes ces théories qu'on décore aujourd'hui du nom pompeux de *philosophie de l'histoire* , et qui ne sont que du verbiage sur l'histoire. — Nous disions, en commençant cet article, que l'âme des apôtres, forte et douée des plus riches facultés, sommeillait sous une enveloppe grossière jusqu'au jour où Jésus-Christ vint la produire; qu'il n'eut qu'à défricher une terre féconde et à y déposer un germe précieux pour transformer ses douze Galiléens en héros que le monde n'égala jamais. Cette assertion n'a rien en soi qui répugne à la divinité de la vocation des apôtres; le miracle de la grâce dans leur esprit et dans leur cœur n'en est point affaibli; l'Église elle-même se plaît à remarquer les traits naturels qui caractérisèrent chacun d'eux. Cherchons donc ce qu'auraient pu devenir ces génies qui si longtemps s'ignorèrent, si, placés en dehors de l'influence de l'Évangile, ils n'avaient reçu que la plus parfaite éducation que le siècle où ils vivaient pût donner à un Juif. Paul , fils d'un riche bourgeois de Tarse en Cilicie, pharisien et fils de pharisien, élevé aux pieds du docteur Gamaliel, instruit dans toutes les lettres humaines, citoyen romain; Paul, favorisé des dons de la nature et des avantages du monde, abandonné aux inspirations de l'homme, débute par se faire ministre subalterne des vengeances de la synagogue et par servir de valet aux bourreaux de saint Étienne. Tourmenté d'un fanatisme pharisaïque , il se constitue le répresseur de la religion nouvelle qui s'élève au sein de la Judée , et se met à battre le pays, frappant de verges, enchaînant et emprisonnant tous les chrétiens qu'il peut découvrir, sans distinction d'âge ni de sexe. À défaut d'un plus noble exercice, son âme impétueuse se consume en efforts sacrilèges contre l'œuvre de Dieu. Où pouvait aboutir ce zèle emporté , cette furibonde intolérance ? Que la grâce divine, l'arrêtant sur le chemin de Damas, n'eût pas dessillé les yeux et inondé le cœur de ce persécuteur insensé, et l'on aurait vu Paul , devenu l'un des chefs de cette bande infernale qu'on appela des *zélés* , remplir la Judée de sang et de rapines, souffler partout la révolte et la sédition, prêcher la guerre contre les Romains et se signaler parmi ces partisans fanatiques qui, en s'insurgeant contre une force toute-puissante, attirèrent le fer et la flamme au cœur de leur patrie. Paul, confondu dans les rangs de Simon, de Jean ou d'Éléazar, n'eût pas même obtenu de l'histoire une mention pour son opiniâtre courage et ses héroïques fureurs; le disciple de Gamaliel serait tombé chargé de l'exécration générale pour une cause que la postérité a flétrie et que Dieu même avait condamnée. Telle eût été la destinée, non-seulement de Paul , devenu le plus beau génie du christianisme , mais encore de tous ses disciples dans l'apostolat. Suivons-les, ces disciples favoris du Sauveur, ces princes de la chrétienté, dans les pèlerinages et les missions où ils accompagnent Jésus-Christ; écoutons leurs discours et tâchons de pénétrer leurs secrètes pensées. Quel fanatisme aveugle dans leurs idées ! quelle misérable ambition dans leur zèle pour la gloire de Dieu ! quelles puériles jalousies ! quelle intolérance indiscrète ! comme ils sont Juifs ! Une ville a refusé de les recevoir : « Veux-tu, maître, disent-ils à Jésus-Christ , que nous fassions tomber le feu céleste et que nous les brûlions ? » Un homme essaye de chasser les démons au nom de Jésus de Nazareth : ils l'en empêchent, parce que cet homme empiétait sur leurs droits. Ainsi Josué conseillait à Moïse d'arrêter l'esprit de prophétie qui se manifestait au milieu du camp d'Israël. Le peuple et les enfants veulent s'approcher de Jésus : les apôtres les chassent d'auprès de lui. Ce qui les occupe surtout, c'est de savoir quel sera le plus grand parmi eux. Les fils de Zébédée osent prétendre à la première place dans le royaume céleste : les autres se fâchent et murmurent. Jusqu'au jour du crucifiement, ils semblent ne voir dans la prédication de leur maître qu'une entreprise révolutionnaire où ils ne peuvent manquer de gagner chacun un trône

et une principauté. Mais à peine le Christ a-t-il disparu de dessus la terre, à peine leur a-t-il donné ses dernières instructions et les a-t-il confirmés dans son esprit et sa doctrine, qu'ils semblent animés d'une nouvelle vie. Ils comprennent enfin leur mission sublime et ils s'apprêtent à la remplir. Une prudence extraordinaire préside à toutes leurs démarches. D'abord ils sentent la nécessité de se concerter et de régulariser leurs travaux ; il faut, dans une société, si petite qu'elle soit , un ordre, une police , une autorité , une hiérarchie. C'est Pierre qui est le chef du sacré collège; c'est lui qui porte la parole au nom des douze ; c'est lui qui, de par tous les apôtres, ordonne et exécute. Bientôt les conversions se multiplient; ils ne peuvent plus suffire aux fonctions de l'apostolat. Ils s'adjoignent alors des ministres d'un ordre inférieur, et le diaconat est institué. Une dissension éclate dans l'Église au sujet des incirconcis admis à la grâce de la régénération, et menace d'étouffer la religion dès sa naissance. Pierre raconte qu'il a appris par révélation que la volonté de Dieu est que l'Évangile soit annoncé aux nations, et que les temps prédits par les prophètes sont venus, et son discours est reçu avec l'acclamation universelle. L'orgueil judaïque cède à la charité chrétienne. Les Juifs christianisés veulent astreindre les gentils convertis aux observances de Moïse ; les apôtres s'assemblent, et , après avoir invoqué le Saint-Esprit, décrètent à l'unanimité que l'ancienne loi n'est point faite pour les néophytes de la gentilité, que les figures ayant fait place à la réalité, il suffit de garder la pureté, dont les abstinences et les ablutions n'étaient que des symboles. Interrogés par les autorités juives pourquoi ils se permettent toutes ces choses : « Nous ne pouvons, disent-ils, taire ce que nous avons vu et entendu. » On leur défend de tenir à l'avenir de semblables discours : « Il faut obéir à Dieu plutôt qu'aux hommes, » telle est leur réponse. Toute leur conduite est pleine de la plus admirable sagesse et de la plus ardente charité. Ce fougueux Boanergès, qui voulait mettre le feu à une ville de Samarie, est devenu le modèle de la douceur et de l'amour évangélique : *Aimez-vous les uns les autres, mes enfants;* c'est là le texte de tous ses discours, c'est le sentiment qui brille dans tous ses écrits. Paul, l'ancien boute-feu de la synagogue, maintenant le plus persécuté des apôtres ; Paul, discipliné par l'Évangile, a été fait un vase d'élection pour la pureté de son zèle, la sublimité de sa doctrine, l'immensité de ses œuvres. Jadis il ravageait en pirate; maintenant il édifie et cultive en conquérant législateur. Mais la Palestine ne suffit plus à l'immensité de leur ambition : l'un d'eux reste à Jérusalem, tous les autres se répandent dans l'univers entier. L'unité de puissance qui tient en ce moment l'Europe, l'Afrique et l'Asie, sert merveilleusement à la rapidité de leurs excursions. Du reste, soumis aux pouvoirs constitués, dont ils sapent la religion, restaurent les mœurs, épurent les lois, ne témoignant ni haine ni mépris pour leurs persécuteurs, ils répondent à leurs juges avec jactance et sans outrage; les tribunaux où ils sont cités deviennent pour eux autant de chaires où ils annoncent Jésus-Christ. Ils n'ont garde de perdre le temps en contestations avec les différentes autorités, en chicanes judiciaires; ils ne récusent point leurs juges, ne déclinent pas leur compétence, n'incidentent sur rien : ils répondent à quiconque les interroge, et la simplicité de leur langage et l'héroïsme de leurs sentiments étonnent et confondent. L'enthousiasme qui brille sur leur front est si sensible, que leurs ennemis mêmes en sont éblouis et s'imaginent voir des figures d'anges. Mais que veulent-ils ces prédicateurs invincibles ; quelle espérance, quel intérêt humain les anime ? « Ah ! s'écrie l'un d'eux, si nous n'espérons rien que de ce monde, nous sommes les plus malheureux des hommes. » Mais enfin qui leur a communiqué la doctrine qu'ils annoncent, et qui les a à eux-mêmes ainsi transfigurés ? Qui les envoie, qui leur a parlé, qui les a instruits ? Ils disent que c'est Jésus de Nazareth , fils de Joseph et de Marie, mort et ressuscité. Ici nous ne ferons qu'une objection contre un système devenu célèbre : vous dites que Christ n'exista jamais comme homme, et qu'il n'est autre que le soleil; mais ses apôtres ont été vus par des millions de Juifs, de Grecs, de Romains, d'Asiatiques, d'Égyptiens; ils ont laissé des écrits que nous avons encore; ils ont fondé des Églises qui ont gardé leur souvenir et qui les comptent parmi leurs premiers évêques ; les premiers écrivains du christianisme parlent d'eux comme témoins oculaires. Comment donc ces douze fondateurs de religion se sont-ils accordés pour une œuvre commune ? comment ont-ils pu convenir entre eux d'un symbole et d'une doctrine ? comment les mêmes idées leur sont-elles venues à tous ? comment ces hommes qui se disent *envoyés* ne relèvent-ils que d'eux-mêmes ? comment, se prétendant *disciples*, n'auraient-ils pas d'instituteur? Niez, si vous voulez, la divinité du Christ, mais ne niez pas son existence, car il est aussi peu raisonnable d'admettre un fait sans cause, que de nier le fait lui-même. Dites qu'il n'y a pas eu de prédication apostolique, que le christianisme n'existe pas, ou reconnaissez la réalité de son auteur. — Si nous suivons maintenant les effets de la doctrine évangélique dans les premières sociétés chrétiennes, nous les retrouverons semblables en tout à ceux que nous avons observés dans les apôtres; l'esprit de désintéressement et de fraternité substitué à l'égoïsme et à la cupidité; la modestie, l'humilité, la chasteté, la contemplation chassant l'orgueil, l'ambition, la hideuse luxure, la dissipation et l'étourdissement de l'esprit; nous verrons, en un mot, des hommes jadis charnels, pleins de passions et d'inépuisables inquiétudes, et traînant la chaîne du monde et de la concupiscence, vivre maintenant de la vie de l'esprit, être satisfaits de tous les états, s'accommoder à toutes les révolutions du siècle, parce que leur pensée est libre, que leur âme leur appartient, que leur cœur est sous la main de leur volonté. Que fût devenu le peuple juif si, fidèle à la voix des apôtres, il eût reçu leur enseignement! Placé bientôt à la tête des nations par la sublimité de sa religion et la pureté de sa morale, il aurait vu se réaliser cette prédiction d'Isaïe, qui ne pouvait recevoir autrement son accomplissement : «Les peuples se diront : Venez, montons à la montagne de Jéhovah, à la maison du Dieu de Jacob, et il nous enseignera ses voies et nous marcherons dans ses sentiers; car c'est de Sion que sort la loi, et de Jérusalem la parole de Jéhovah. » De toutes parts le gentil serait venu demander au juif réformé par l'Évangile des mœurs et des lois, l'idolâtrie, honteuse et épuisée, se serait effacée, sans secousse et sans récrimination, devant la clarté du christianisme. La nouvelle religion, devenue celle d'une nation entière, eût fait partie des religions de l'empire jusqu'à ce que son voisinage et sa libre concurrence les eussent entièrement ruinées; Rome eût rendu au Christ les mêmes honneurs qu'elle faisait rendre à Jéhovah. Quel spectacle c'eût été que celui de toute une nation servant d'institutrice à l'univers! Mais les Juifs n'étaient point faits pour un tel rôle, un messie de paix ne leur convenait pas; il leur fallait des conquêtes et des victoires, des richesses, de la gloire et l'empire du monde. Aux exhortations des sages ils ne répondirent que par des cris de mort et des assassinats juridiques; et quand toute puissance civile leur eut été enlevée, quand ils eurent perdu jusqu'à leur existence nationale, ils se firent dénonciateurs des chrétiens et les traduisirent au ban de l'empire. Aujourd'hui nous entendons certains de leurs docteurs réchauffer encore leur fanatisme des mêmes espérances; la loi de Moïse, selon eux, va servir de modèle au monde et opérer la régénération universelle. Nous le croyons sans peine, mais ce sera lorsque la loi de Moïse se sera renouvelée elle-même, et il n'y a pour elle de renouvellement possible que par le christianisme. Or cette grande réformation est opérée depuis seize siècles : les juifs modernes, s'ils ne veulent rester en arrière de tous les peuples, n'ont plus qu'à s'évangéliser eux-mêmes ou à demander des apôtres. La génération n'en est pas éteinte (*V.* MISSIONNAIRES).

P. J. PROUDRON.

APÔTRES (congrégation des). Vers le milieu du XIIIᵉ siècle, un enthousiaste insensé, qui finit par tomber dans l'hérésie, Gérard Sagarelli de Parme, fonda une société, une congrégation, un ordre qu'il nomma *des apôtres*, parce que tous les frères, quoique non soumis à la vie du cloître, devaient néanmoins, à l'imitation des apôtres, vivre et se vêtir pauvrement et prendre des habitudes nomades. Les nouveaux apôtres se mirent à parcourir l'Italie et la France en prêchant et en mendiant. Bientôt ils se faisaient suivre d'hommes et de femmes, comme les apôtres, mais on ne tarda pas à s'apercevoir que c'était avec des vues moins pures. Le pape Honorius IV, à qui les apôtres avaient demandé une bulle d'autorisation, les supprima (1286); malgré cela, ils continuèrent de prêcher et de vaguer. La mort de Sagarelli, condamné au dernier supplice comme hérétique, en 1300, ne put pas même dissiper leur bande, qui, sous la direction de Dolcino, natif de Milan, s'accrut, en peu de temps, jusqu'au nombre de quatorze cents. Alors on déploya contre eux les moyens de rigueur; on les poursuivit à main armée, et cela était devenu nécessaire, car ce n'étaient plus des apôtres parcourant paisiblement les campagnes de l'Italie, c'étaient de véritables bédouins ravageant tous les lieux qu'ils traversaient. A la fin, refoulés et cernés sur le mont Zébello, près de Vercelli, ils furent presque tous détruits en 1307. Cependant quelques apôtres parurent encore, de temps en temps, dans la Lombardie, la Pro-

vence, et le Languedoc; en 1368, ils disparurent entièrement (*V.* au surplus APOSTOLIQUES).

APOTROPÉENS (*myth.*). Dieux qu'on invoquait quand on redoutait un accident fâcheux, un malheur. On leur immolait une brebis en chantant des hymnes ou des vers, qu'on appelait apotropées, de ἀποτρέπειν, détourner. C'étaient les *averrunci* des Latins, mentionnés par Pacuvius.

N. M. P.

APOZÈME, médicament liquide dont la base est une décoction ou une infusion aqueuse d'une ou de plusieurs substances végétales, à laquelle on ajoute divers médicaments, tels que la manne, des sels, des sirops.—L'apozème prend ordinairement son nom de sa propriété principale; ainsi l'on prépare des apozèmes purgatifs, fébrifuges, antiscorbutiques. L'apozème diffère du bouillon, en ce qu'il est fait avec des substances végétales, et de la simple tisane, en ce qu'il renferme les principes fournis par plusieurs médicaments à la fois. Les apozèmes sont beaucoup moins employés aujourd'hui qu'ils ne l'étaient autrefois, à cause du dégoût qu'ils inspirent aux malades.

A. B. DE. B.

APPARAT, d'*apparo*, je prépare. On donne ce nom à toute espèce d'ouvrage rédigé en forme de dictionnaire ou de catalogue : l'*Apparat de Cicéron* est une espèce de concordance ou recueil de phrases cicéroniennes. Ce mot d'*apparat* s'employait autrefois comme synonyme de commentaire : c'était un recueil de passages de différents auteurs sur une même matière. Ces sortes de livres sont extrêmement commodes pour éviter la peine des recherches et les fatigues de l'érudition, dont ils peuvent même donner à peu de frais toutes les apparences; mais ils ne sont vraiment utiles qu'aux hommes qui, à leur secours trop facile, joignent de fortes études. Les apparats peuvent indiquer ce qui a été dit sur chaque chose; mais ils ne sauraient jamais donner l'ensemble d'une science; ils manquent essentiellement de synthèse. — D'après une autre signification du latin *apparatus*, ornement, pompe, ostentation, on appelle discours d'apparat ceux qui sont destinés uniquement à servir d'introduction ou d'embellissement à une solennité. Comme nous ne voulons faire ici la satire de personne, nous nous abstenons de citer aucun exemple : nous plaignons plutôt l'orateur chargé de porter la parole dans les jours de grande cérémonie; c'est une victime dévouée à une impitoyable divinité, l'usage. Ce travers est le dernier peut-être dont l'humanité guérira. — *Lettres d'apparat*, se dit en écriture de celles qui se mettent au commencement des chapitres. Les copistes laissaient en blanc la place qui leur était destinée, et c'étaient des artistes habiles qui étaient chargés de leur exécution. Ces lettres étaient coloriées, dorées, chargées de peintures, d'arabesques, et supposaient un art infini. Depuis quelque temps l'imprimerie cherche à les imiter dans les ouvrages de luxe, par ces grandes lettres accompagnées d'ornements et de fantaisies que l'on voit en tête de chaque chapitre; mais comme ces lettres ne s'impriment qu'en noir avec le reste de l'ouvrage, elles font désagréablement regretter ces lettres si délicatement tracées à la main, si admirablement rubriquées, telles qu'on les admire dans les manuscrits et dans les premiers imprimés.

P. J. PROUDHON.

APPARAUX (*marine*). Sous ce mot générique on comprend tous les agrès d'un vaisseau, tels que vergues, voiles, câbles, poulies, ancres, etc.; et, de plus, toute l'artillerie nécessaire à la défense. Aussi dit-on communément les agrès et apparaux. Dans ce dernier mot toutefois ne sont pas compris les divers objets d'équipement propres aux matelots et aux marins, non plus que les vivres et provisions. L'équipement comprend généralement tout ce qui garnit un vaisseau; les apparaux s'entendent de l'artillerie et des agrès; les agrès, des seules choses relatives à la voilure, à la mâture, etc.

APPAREIL, mot d'un usage d'autant plus fréquent, qu'il s'emploie avec un grand nombre de significations qui, bien que provenant au fond de la même idée, offrent cependant des différences essentielles, si même ce n'est point par analogie seulement qu'on s'en est servi. Ainsi on peut dire qu'en général le mot appareil se dit de tous les apprêts, de tous les préparatifs qui se font pour une chose quelconque; mais on ne prend pas ces mots indistinctement l'un pour l'autre; car on entend par *préparatifs*, les premières dispositions qui sont faites pour se procurer les choses nécessaires; par *apprêts*, les dispositions qui sont prises, après que les choses nécessaires ont été réunies, pour les classer et les mettre en ordre; par *appareil*, la réunion, l'ensemble de toutes ces choses déjà placées dans l'ordre convenable. Ainsi on dira d'un homme qui se dispose à partir pour un lieu éloigné, qu'il fait ses préparatifs de voyage quand on le voit se pourvoir d'une chaise, de provisions, d'habits de route, etc.; on dira qu'il en fait les apprêts, quand il range ses vêtements dans des malles, ses provisions dans des coffres ou des paniers, qu'il place tous ces objets dans l'ordre qu'ils doivent garder; enfin, on dira qu'on l'a rencontré en appareil de voyage, lorsque ses effets sont tout prêts et qu'il ne s'agit plus que de les hisser sur la voiture. — Assez souvent l'appareil se prend pour l'apparat, la pompe mêlée d'ostentation, jamais pour *attirail*, comme on le trouve dans certains dictionnaires; car l'attirail suppose toujours une grande quantité de choses bonnes ou mauvaises, qui finissent par fatiguer; c'est dans ce sens qu'on dira un attirail et non un appareil de toilette, parce que d'ordinaire les femmes trouvent que toujours quelque chose manque à leur toilette, et qu'il leur faut pour la faire une foule d'ingrédients inutiles. Faire les choses avec pompe, avec magnificence, c'est y employer toutes les ressources de la richesse, mais sans prétention; les faire avec appareil, c'est y mettre de l'ostentation, de la vanité. Un prince, né prince, aura de la magnificence sans appareil; un petit bourgeois parvenu usera d'appareil sans magnificence. — Si de ces observations générales nous passons à des spécialités, nous remarquerons un grand nombre de cas où le mot appareil reçoit une signification particulière. — En chirurgie, l'appareil se compose de tous les médicaments; linges, compresses, bandes, etc., qui sont nécessaires pour panser une plaie. On nomme premier appareil, les premiers linges qu'on a appliqués sur une blessure. Ce premier appareil ne se lève guère qu'après vingt-quatre heures, et c'est lorsqu'on l'a levé qu'on juge avec plus de probabilité du caractère que la plaie peut prendre. La règle générale en chirurgie, c'est que l'appareil doit être tenu prêt avant que l'opération commence, excepté néanmoins le cas de luxation; car il faut alors commencer par replacer les os dans leur situation naturelle (*V.* LUXATION), c'est le plus pressé. Les chirurgiens désignaient autrefois par les mots de *haut*, *grand* et *petit appareil* les diverses opérations de la taille. Le haut appareil consistait dans une ouverture pratiquée au-dessus du pénil, et une incision au fond de la vessie; par cette double voie on réussissait à extraire la pierre, et quelquefois on sauvait le malade; le plus souvent le malade ne pouvait supporter l'opération, et s'il ne périssait pas au moment même où on l'opérait, il périssait des suites de la blessure. Le grand appareil, dont l'inventeur fut un chirurgien de Crémone, nommé Jean de Romanis (en 1520), consistait dans l'introduction dans la vessie d'une sonde creuse, et une incision au périnée. La sonde servait par sa cannelure à conduire la pointe du bistouri. Pour le petit appareil, dû à Celse, on pratiquait l'incision au périnée par-dessus la pierre qu'on rapprochait auparavant du col de la vessie, en introduisant deux doigts dans le fondement et en les avançant le plus possible, afin de pouvoir les porter au-dessus de la pierre. Toutes ces méthodes, très-dangereuses et qui rarement réussissaient pleinement, ont été abandonnées et remplacées par l'heureuse invention de la *lithotritie*. (*V.* ce mot; voy. aussi OPÉRATIONS, PANSEMENT.) Dans les hospices on donne le nom de l'appareil à des boîtes ou caisses qui renferment toutes les choses nécessaires pour les pansements. — *En chimie pratique* et dans les *arts industriels*, on désigne par le nom d'appareil, la réunion de tous les ustensiles, vases, instruments qui sont nécessaires pour une opération, tels que cornues, ballons, flacons, tubes, fourneaux, lut, bouchons, etc. Dans les laboratoires de chimie on monte et on démonte les appareils chaque fois qu'il faut en faire usage. Dans les fabriques, où le même appareil sert constamment, on les monte d'une manière plus solide. Certains appareils, généralement adoptés à cause de leur utilité ou de leur commodité, conservent le nom de leur inventeur; c'est l'appareil de Wolf (*V.* WOLF). Deux choses sont à considérer dans la composition des appareils; c'est d'abord de bien connaître la nature et les propriétés des substances qu'on doit faire agir, de même que les produits présumés qu'on va obtenir, afin que tous les produits soient convenablement recueillis, et que l'opération ne manque pas faute de prévoyance; c'est en second lieu de disposer l'appareil de manière que l'opération ne puisse présenter aucun danger pour l'opérateur. — En terme d'*anatomie*, on désigne par appareil un assemblage de parties qui sont liées à d'autres parties plus considérables et d'un caractère différent, et qui concourent à l'exercice de quelque fonction organique. Ainsi, par appareil digestif, on entend l'ensemble de tous les organes qui contribuent à la digestion; on dit dans le même sens appareil respiratoire, appareil générateur, etc. (*V.* DIGESTION, RESPIRATION, GÉNÉRATION, CIRCULATION, etc.) Quoique chaque appareil ait ses fonctions propres, on voit néanmoins des appareils, souvent éloignés, avoir entre eux des rapports si intimes, qu'ils semblent soumis à la même impulsion. C'est ainsi qu'on voit l'appareil générateur exercer sur l'appareil vocal une grande influence. Les divers appareils n'ont pas le même degré d'énergie, le même développement chez tous les individus. Ce développement plus ou moins considérable, plus ou moins actif qu'ils offrent dans les uns plus que dans les autres, est cause la force ou la faiblesse des tempéraments. Là où l'appareil vocal est fortement constitué, il y a surabondance de voix; là où c'est l'appareil musculaire, il y a force et vigueur; là où c'est l'appareil digestif, il y a tempérament bilieux. La bile, la force, la voix au contraire ne sont pas tout ce qu'elles devraient être quand les appareils respectifs sont faibles et peu développés. L'état de maladie modifiant l'action des divers appareils, les fonctions qu'ils doivent remplir languissent ou cessent même entièrement. La fatigue, la chaleur, le froid, les odeurs, les miasmes putrides exercent aussi sur tous les appareils une influence qui ne se manifeste que trop souvent par l'irrégularité des fonctions. — En terme de *jardinage*, l'appareil se dit d'une substance telle que terreau, terre détrempée, bouse de vache, qu'on applique sur la plaie faite à un arbre, soit au tronc, soit aux racines, soit aux branches, afin de la garantir du contact de l'air, des pluies, du soleil. Cet appareil est maintenu au moyen d'un chiffon qu'on attache autour de la branche malade avec une ficelle ou un brin d'osier; on a soin que la ligature n'endommage pas l'écorce. Quelques agronomes ont vanté l'appareil gras; mais il est évident que toute matière grasse, en bouchant les pores, empêche ou gêne la circulation de la séve. — En terme de *maçonnerie*, appareil signifie la hauteur ou épaisseur d'une pierre entre deux lits. On dit tailler de haut ou de bas appareil, c'est-à-dire d'une grande ou d'une petite épaisseur. On conçoit que toutes les pierres d'une même assise doivent être de même appareil. — En terme d'*architecture*, l'appareil consiste à tracer bien exactement la coupe des pierres ou marbres et à les disposer ensuite de la manière la plus convenable pour qu'elles répondent au dessin de l'architecte ou à la disposition de l'édifice. — En terme de *marine*, on donne le nom d'appareil à l'ensemble des moyens mécaniques employés pour produire une grande force. (*V.* ci-dessous APPAREILLAGE.) — En terme d'*arts industriels*, il y a des appareils *à vapeur*, des appareils de *distillation*, des appareils de *fabrication* (*V.* ces divers mots). — En terme d'*hydrodynamique*, l'appareil consiste dans le piston de la pompe. — En terme de *physique*, on donne ce nom à diverses pièces qui, réunies, servent à produire quelque résultat (*V.* HYDROPNEUMATIQUE, CUVE HYDROPNEUMATIQUE de Priestley). — En terme d'*art culinaire*, on donne le nom d'appareil à tous les ingrédients qui entrent dans un ragoût, tels que poivre, sel, épices, viandes, racines, etc.   X. X.

APPAREILLAGE (*marine*). Un bâtiment est en appareillage lorsqu'il fait ses préparatifs pour quitter sa position sur une rade où il était à l'ancre, et prendre la mer sous la voilure la plus favorable. Il commence par mettre à bord ses embarcations et garnir la tournerie au cabestan; puis il vire sur sa première ancre, s'il est affourché, et vient à pic sur la dernière et debout au vent. Tout en dérappant, il largue d'abord ses voiles hautes, abat du bord le plus avantageux, et fait servir, c'est-à-dire oriente sa voilure pour mettre le vent dedans. L'appareillage ne se pratiquait pas ainsi il y a vingt ans : on hissait les huniers avant de les border; aujourd'hui, on en est revenu à la méthode suivie au XVIIe siècle, c'est-à-dire que l'on borde les huniers avant de lever l'ancre, afin d'être de suite en route. L'appareillage est une des opérations les plus importantes qu'exécute un vaisseau, surtout quand il s'agit de faire passer cette masse énorme dans un défilé étroit et obstrué d'écueils. Cette manœuvre délicate peut s'effectuer de dix manières différentes, selon les circonstances de lieu et de temps, et selon l'habileté de l'officier qui la commande. Si le temps est mauvais, tout le personnel de l'équipage concourt à l'appareillage; mille hommes sont répartis et agissent sur tous les points; chaque officier est à son poste, et le capitaine partout. Le plus profond silence règne à bord. Les graves accents du porte-voix donnent les ordres, qui sont transmis par le sifflet du maître d'équipage, dont les trils aigus dominent les ronflements de la tempête, les gémissements de la mer qui déferle, le grincement des poulies qui se heurtent, le frottement des cordages qui obéissent : un si magnifique spectacle que ce colosse flottant, tout à l'heure immobile avant l'appareillage, maintenant incliné, fuyant rapide et majestueux, les voiles enflées, sous la puissante impulsion d'une brise carabinée. — L'appareillage des bâtiments latins ne s'exécute pas comme

celui des bâtiments carrés, par la raison qu'ils diffèrent de forme et de voilure. — Appareiller une voile, c'est la disposer à recevoir le vent; appareiller une ancre, c'est la préparer soit à être mouillée, soit à être levée. — Le mot appareiller n'avait anciennement qu'une partie de l'acception qu'on lui donne aujourd'hui en marine. Dans les chroniqueurs de saint Louis, cette expression, d'après son étymologie latine *apparare*, signifie préparer, être prêt. C'est dans ce sens qu'il faut entendre les phrases suivantes des écrivains dont nous parlons : « Le roi fit appareiller sa navire ; — Quand la neff fut appareillée, on fit voile, etc. »
VAN-TENAC.

APPAREILLEMENT ; c'est l'action d'accoupler deux animaux de même espèce, soit pour l'attelage des voitures, le labourage ou des travaux de ce genre, soit pour les faire produire et obtenir d'eux d'autres animaux de leur espèce, mais aussi parfaits que possible. Dans l'un et l'autre cas, il faut veiller à ce que les animaux qu'on appareille soit égaux en force, en taille, en vigueur; dans le second cas, il faut choisir de plus des individus exempts de défauts. Pour améliorer les races on les croise; ainsi, pour obtenir de bonne laine, on a donné aux brebis de France des mérinos espagnols.

APPAREILLE. (*V.* APPAREILLAGE.)

APPAREILLEUR (*archit. et maçonn.*); c'est un ouvrier qui dirige la coupe des pierres d'après le tracé fourni par l'architecte. Il indique le mode suivant lequel elles doivent être taillées; il détermine la longueur des arêtes, les courbures, l'ouverture des angles. Ensuite il règle la manière dont les pierres taillées doivent être posées. C'est en quelque sorte un aide-architecte. — Dans les fabriques de bonneterie et dans beaucoup d'autres ateliers, l'appareilleur a des fonctions analogues à celles de l'appareilleur-architecte. Il apprête les bas, les bonnets, les soies, les étoffes, et il dirige et surveille le travail des autres ouvriers. Il y a aussi des appareilleuses dans les fabriques de bas et de soieries, etc. Il faut bien se garder de confondre ces femmes laborieuses avec d'autres femmes auxquelles on donne ce même nom pour ne pas employer un mot qui est beaucoup moins honnête.
N. M. P.

APPARENCE ; c'est, à proprement parler, l'image d'un objet, telle qu'elle se forme dans notre œil. Cette image peut être inexacte en ce qu'elle ne nous peint pas toujours la véritable forme de l'objet, ses dimensions, sa grandeur ou sa situation réelle ; de là vient qu'on prend souvent le mot d'apparence pour l'idée vraisemblable, mais fausse, qu'on aurait d'une chose ou d'une personne. *Quand on juge sur les apparences*, c'est-à-dire sur ce qui nous paraît être, on s'expose à des erreurs plus ou moins fâcheuses, suivant que notre jugement porte sur des choses essentielles ou sur de simples accessoires. Un homme a les plus belles apparences de probité, d'honneur, de délicatesse; vous vous confiez à lui, et il vous trompe. Un autre homme a des formes rudes, un extérieur qui ne prévient pas ; vous vous tenez contre lui en garde, vous le fuyez ; et cet homme cache une belle âme sous une grossière enveloppe. Vous apercevez d'un peu loin un grand édifice, il vous paraît grand, noble, majestueux, son apparence impose ; vous avancez et vous découvrez des défauts choquants, des lignes heurtées, des ressauts qui fatiguent, des proportions mal gardées, la confusion des genres. Dans ce dernier cas, le mot d'apparence se prend communément pour l'extérieur ou plutôt pour l'idée générale qu'on prend des objets qui se présentent devant nous. — Apparence se dit souvent pour probabilité. *Il y a apparence que telle chose arrivera*, c'est-à-dire il est vraisemblable, il est à présumer, à croire que.... Quelquefois on donne à ce mot un sens qu'il n'est guère possible de déterminer que par un exemple : *Quelle apparence qu'on tente une chose où l'on n'a aucune chance de succès!* On sent qu'il y a là une ellipse et qu'il faut sous-entendre plusieurs mots : Quelle apparence de raison et de sagesse y aurait-il à tenter.... — On dit, en style proverbial : *Sauver les apparences*, ce qui signifie, garder si bien les convenances sociales au dehors, que les autres ne s'aperçoivent pas qu'on mène une conduite irrégulière. — *En apparence*, c'est-à-dire d'après l'idée qu'on peut prendre des choses sur les dehors ou sur l'extérieur de.... Un homme est *en apparence* très-satisfait ; mais au fond du cœur il s'inquiète. Sous l'apparence de la bonne foi, on trompe aisément ceux qui manquent d'expérience. — Les anciens définissaient l'apparence : *la surface extérieure des corps* et la première impression que l'esprit en reçoit ; de là ils concluaient que les qualités sensibles des corps n'étaient que des apparences. S'ils entendaient par qualités sensibles celles dont la vérité est pleinement démontrée par le témoi-

gnage des sens, la conclusion qu'ils tiraient renfermait une erreur grossière; car par apparence on n'a jamais pu concevoir autre chose que *ce qui paraît être* ; or, ce qui paraît être n'est pas toujours ce qui est ; et mille fois le témoignage d'un de nos sens est venu rectifier le jugement que nous avions porté, trompés par un autre sens. Qui ne sait qu'en effet le sens du toucher redresse constamment le jugement rendu par le sens de la vue ? Qui ne sait aussi que la source la plus féconde de nos erreurs, c'est notre penchant à juger des choses sur les apparences ? (*V.* au surplus, ERREUR, VRAISEMBLANCE). — L'*apparence en perspective* est la projection d'une figure ou d'un objet quelconque sur le plan d'un tableau. (*V.* PROJECTION.)
J. DE M.

APPARENT. L'endroit où nous paraît un objet vu à travers un milieu qui fait diverger ou converger les rayons lumineux, est ce qu'on appelle le lieu apparent de cet objet. Le lieu apparent diffère toujours du lieu réel, excepté le cas où il s'agit d'un astre placé au zénith de l'observateur. Alors, en effet, la position de l'astre ne peut être altérée ni par la réfraction, ni par la parallaxe. — La forme apparente est celle sous laquelle nous voyons un objet d'une certaine distance. Cette forme est souvent différente de la véritable ; car une ligne droite peut ne paraître qu'un point, une surface ne paraître qu'une ligne, un solide ne paraître qu'une surface, selon sa situation relativement à notre œil. Tous les objets ont aussi une tendance à s'arrondir par l'éloignement. — Le diamètre apparent est, non la longueur réelle de ce diamètre, mais l'angle sous lequel il apparaît. Cet angle diminue à mesure que la distance augmente; en sorte qu'un petit objet, situé à une petite distance, peut avoir le même diamètre apparent qu'un objet plus grand situé à une plus grande distance ; il suffit pour cela que ces deux objets soient vus sous des angles égaux. Le diamètre apparent varie donc avec la situation de l'objet. — En mesurant le soleil au moyen de l'héliomètre, on trouve pour valeur du diamètre apparent 32′ 35″,6, au 1ᵉʳ janvier, époque de la plus grande vitesse angulaire; et 31′ 31″ au 1ᵉʳ juillet, époque de la plus petite distance angulaire. — Le diamètre apparent de la lune, vu de la terre, est de 32′; celui de la terre, vu de la lune, est de 1° 54′ ou 114′, double de la parallaxe horizontale. Les surfaces apparentes doivent donc être entre elles comme

$$\frac{2}{114} : \frac{2}{32}, $$ ou à peu près comme 13 : 1. — Le diamètre apparent de la lune varie beaucoup et en peu de jours. Le 16 décembre 1840, au périgée, il sera de 33′ 18″; et, le 23 du même mois, à l'apogée, ce diamètre sera de 29′ 22″. — Le diamètre apparent de Mercure, qui est d'environ 7″, varie aussi avec les distances; il est à son *maximum* quand la planète est dans sa conjonction inférieure, c'est-à-dire entre le ciel et la terre. Ce même diamètre est à son *minimum* quand la planète se trouve dans sa conjonction supérieure, c'est-à-dire au delà du soleil par rapport à la terre. — Le diamètre apparent de Vénus atteint jusqu'à 61″; il sera de 17″,2 le 20 janvier 1840, de 10″,6 le 28 avril suivant. Celui de Mars varie de 4″ à 18″; il sera de 4″ le 13 septembre 1840, et de 5″,8 le 22 décembre suivant. Celui de Jupiter varie de 30″ à 46″; il sera de 46″,4 le 17 mai 1840, et de 33″,2 le 14 octobre suivant. Celui de Saturne sera de 18″ le 18 juin 1840, et de 14″,8 le 15 novembre suivant. Celui d'Uranus est d'environ 4″, etc. — Le phénomène de l'occultation des étoiles prouve qu'elles n'ont point de diamètre apparent. En effet, si d'une seule étoile on mène deux droites aux extrémités du grand axe de l'orbite terrestre, ce qui donne une base de soixante-huit millions de lieues, l'angle formé par ces deux droites est nul. Or, avec le micromètre on trouve que le diamètre apparent des étoiles est moindre que 1″; et, avec une lunette aussi parfaite que possible, les étoiles paraissent toujours avoir ce diamètre réel et nettement terminé. Les étoiles auraient donc un diamètre de plus de soixante-huit millions de lieues, tandis que celui du soleil n'est que de cent soixante mille lieues : or, si le diamètre des étoiles n'était pas une illusion d'optique, lors de leur occultation par la lune, à mesure que le disque lunaire empiéterait sur une étoile, on la verrait diminuer successivement jusqu'à ce qu'elle disparaisse. Mais ce phénomène se passe autrement ; car dès que le disque lunaire a empiété jusqu'au centre, la totalité de l'étoile disparaît. Ne serait-il pas que le diamètre de l'étoile est factice, et que toute sa lumière réside dans son centre, qui se dilate en venant se peindre sur la rétine ? — Le lever et le coucher apparent d'un astre est son apparition à l'horizon apparent, au moment où cet astre passe de l'hémisphère inférieur à l'hémisphère supérieur, ou *vice versâ*, par

l'effet du mouvement diurne apparent de la voûte céleste. Comme l'horizon visible dépend de l'élévation du lieu où se trouve l'observateur, l'heure du lever ou du coucher apparent d'un astre varie par rapport aux divers points de la terre, et en raison de la hauteur du lieu d'observation au-dessus de sa surface. — Le lever ou le coucher astronomique apparent d'un astre est l'apparition de cet astre à l'horizon rationnel. Le moment de cette apparition, fourni par la Connaissance des temps, diffère toujours de celui où l'astre est réellement à l'horizon, à cause de la parallaxe et de la réfraction dont les effets opposés altèrent la hauteur apparente des astres. C'est ainsi, par exemple, que le soleil est environ de 34', et la lune de 21' au-dessous de l'horizon, lorsqu'ils semblent se lever. Cette hauteur apparente des astres est celle sous laquelle ils nous apparaissent au-dessus de l'horizon. Elle est altérée par l'effet de la réfraction et de la parallaxe. La hauteur apparente des objets terrestres n'est affectée que par la réfraction. — La distance apparente est celle qu'on observe en degrés, minutes et secondes, entre deux astres, avant de l'avoir corrigée de la réfraction et de la parallaxe, qui changent, cette distance, c'est-à-dire, l'arc apparent compris entre les deux astres observés. — La conjonction apparente de deux planètes a lieu lorsque la ligne droite, supposée menée par le centre des deux astres, passe par l'œil de l'observateur, sans passer par le centre de la terre. La conjonction réelle est celle dans laquelle cette même droite passe par le centre de la terre. En général, on entend par conjonction apparente de plusieurs objets, leur position dans une même droite qui passe par l'œil de l'observateur. — Le mouvement apparent est celui que nous observons dans un corps éloigné mis en mouvement, ou le mouvement que paraît avoir un corps en repos, pendant que notre œil est lui-même en mouvement. — Les mouvements des corps situés à une grande distance, bien que s'effectuant d'une manière égale et uniforme, peuvent être jugés inégaux et irréguliers par l'œil qui ne voit que le changement apparent de l'angle visuel. — La station apparente d'une planète est la position de cette planète dans un point du zodiaque, où elle semble ne pas se mouvoir pendant plusieurs jours. — L'horizon visible ou apparent est la surface d'un cône droit ayant son sommet à l'œil de l'observateur, et pour base le cercle formé par l'intersection de la terre et du ciel. Cet horizon sépare la partie, visible du ciel de la partie inférieure que nous ne pouvons voir, à cause de la rondeur de notre globe. L'horizon apparent diffère de l'horizon sensible, parce que celui-ci est un grand cercle tangent à la surface de la terre, et parallèle à l'horizon rationnel, qui est un autre grand cercle dont le plan passe par le centre de notre ellipsoïde. — Enfin, le temps apparent est la même chose que le temps vrai, qui diffère du temps moyen, à raison de l'équation du temps.   VAN-TENAC.

APPARENT (*phys.*). Tout ce qui est sensible à l'œil, tout ce que l'esprit peut concevoir est *apparent*. On dit : *Lieu apparent* d'un objet, *distance apparente*, *grandeur apparente*. — Le lieu apparent d'un objet, en terme d'optique, est le lieu où l'objet est vu, et ce lieu est souvent très-différent du lieu réel où il se trouve. Cette différence provient de la réfraction qu'éprouvent les rayons visuels, en passant par un milieu qui se trouve entre l'objet et l'observateur, ou par plusieurs milieux. Ainsi, lorsque les rayons visuels qui partent d'un objet pour se rendre à notre œil, traversent un milieu autre que celui dans lequel nous nous trouvons nous-mêmes, si, par exemple, nous regardons une tour; un arbre, une montagne à travers un verre ou plusieurs verres, les rayons lumineux subissent une réfraction qui les rend plus ou moins convergents ou divergents, suivant la nature du verre convexe ou concave qu'on emploie; or ces rayons ainsi réfractés font nécessairement paraître l'objet à une autre place que celle où on le voit par le seul secours de l'œil. Plongez au fond d'un verre une pièce de monnaie, et placez le verre de manière que vous ne puissiez voir la pièce; emplissez le verre d'eau, et, sans que la pièce change de place, vous finirez par la découvrir tout entière. Cet effet est le produit de la réfraction que subit le rayon en sortant de l'eau pour entrer dans l'air (*V.* VISION, MIROIR, DIOPTRIQUE, voyez aussi l'article précédent). — La *distance apparente* est la distance à laquelle un objet, vu de loin, paraît être de l'œil de l'observateur. Cette distance apparente est bien différente de la distance réelle; et il est à remarquer que plus la distance réelle est grande, plus la distance apparente devient proportionnellement petite. Si, placés au milieu d'une vaste plaine, nous apercevons à l'orient un objet réellement distant d'une lieue, et que nous en voyions à l'occident un autre, distant de plusieurs lieues, ces deux objets nous paraissent placés à une distance à peu près égale; il est même possible que l'objet placé le plus près de nous, si entre nous et lui nous apercevons plusieurs autres objets intermédiaires, nous semble être plus éloigné, et que l'objet réellement plus éloigné nous paraisse le plus voisin, ce qui aura lieu s'il n'y a pas d'objets intermédiaires; car c'est toujours par le nombre d'objets interposés entre nous et l'objet que nous regardons, que nous sommes toujours tentés, à la vue simple, de juger de la distance; ce n'est même qu'en nous servant de notre expérience acquise que nous pouvons nous former une idée moins inexacte des distances. Quand le soleil se lève ou se couche, si nous en jugions d'après nos yeux, nous pourrions croire qu'il touche la terre à l'horizon, et toutefois cette distance, si différente de l'immense distance réelle, nous paraît plus grande, encore que celle où il se montre à midi, quand il est au-dessus de nos têtes. C'est qu'à midi nous ne voyons rien entre lui et nous, et que, le soir et le matin, nous apercevons une grande quantité d'objets intermédiaires, sans parler de toute cette portion de la voûte céleste qui se développe devant nos yeux, et paraît s'éloigner de nous à mesure qu'elle descend à l'horizon. Le soleil et la lune nous semblent, à la même distance de la terre, quoique le premier en soit 411 fois plus éloigné que la lune. — La *grandeur apparente* est celle que l'objet nous paraît avoir. On a cru longtemps que cette grandeur pouvait se calculer sur l'angle optique; mais c'était là une erreur évidente : car, si deux bâtons, l'un long de deux pieds, l'autre de dix pieds, sont placés de manière à ce que l'angle optique ne varie pas, c'est-à-dire, que le premier soit distant de deux pieds, et le second de dix, ces deux objets, loin de paraître égaux, quoique l'angle optique qu'ils forment soit exactement le même. Pour que deux objets paraissent égaux en hauteur, il faut, non qu'ils soient, tous deux, sous le même angle optique, mais que le second, c'est-à-dire le plus grand, soit placé à une distance telle que l'angle optique formé par lui n'ait pas plus d'ouverture que l'angle formé par le premier; d'où l'on peut conclure que la grandeur apparente dépend de la distance apparente. Le soleil et la lune ont une grandeur apparente égale, quoique la grandeur réelle soit bien différente; la lune elle-même nous paraîtrait d'un moindre diamètre qu'un disque lumineux de trois pieds, qui serait placé, pendant la nuit, à peu de distance de nous. (*V.* DIAMÈTRE, MOUVEMENT, TEMPS APPARENT, SOLEIL, LUNE, etc.).   J. DE M.

APPARITEUR. Ce mot fut donné d'abord par les Romains aux gardes des tribuns; plus tard on l'étendit à ceux qui étaient chargés d'exécuter les ordres des magistrats. Les appariteurs étaient peu estimés de ceux qui les employaient. On n'estime pas davantage, chez nous, les sergents, les recors, les huissiers, tous ceux enfin dont les fonctions, odieuses de leur nature bien que nécessaires, semblent exiger de la part de ceux qui les exercent, insensibilité, dureté, rudesse. Qui n'est convaincu, par exemple, qu'il faut une police, et que cette police a besoin de sbirres, d'agents, d'espions; mais quel homme délicat voudrait être espion de police? Le nom d'appariteur s'est introduit en France, avec quelque différence dans le sens attaché au mot. On ne l'a guère employé que pour désigner dans les juridictions ecclésiastiques, des espèces de sergents ou d'huissiers qui portaient les citations. On a aussi appelé appariteurs dès hommes attachés aux mairies ou aux corps municipaux, et chargés de porter les invitations extrajudiciaires de se présenter devant le maire, ou d'exécuter ses ordres en ce qui concerne les attributions que la loi confie à cet administrateur. — L'université a eu pareillement ses appariteurs; mais ceux-ci n'étaient que des espèces de bedeaux ou massiers, des licteurs chargés d'accompagner ou de précéder les grands dignitaires de ce corps. — Les appariteurs à Rome étaient choisis parmi les affranchis; leur état, sans être vil ou infâme, était généralement méprisé, parce qu'en beaucoup de cas il était odieux. Aussi lorsqu'une ville s'était révoltée, le sénat lui imposait, comme peine de sa rébellion, l'obligation de fournir un certain nombre d'appariteurs. — Il y avait des appariteurs attachés aux cohortes, aux prétoires, aux prêtres même. Quand il arrivait, à leurs chefs ou, pour mieux dire, à leurs maîtres, quelque événement favorable, les appariteurs recevaient d'ordinaire un poste meilleur, plus lucratif ou plus honorable.
                                          N. M. P.

APPARITION. Il y a cette différence, entre l'apparition et la vision, que cette dernière est tout intérieur et se passe au dedans de l'esprit, tandis que l'apparition suppose un objet extérieur, aperçu des yeux du corps, ou du moins perçu par quelqu'un des sens. « Joseph, dit l'abbé Girard, fut averti par une vision de passer en Égypte : ce fut une apparition qui instruisit la Madeleine de la résurrection. Les cerveaux affaiblis par la veille ou la maladie sont sujets à des visions : les esprits timides et crédules prennent tout ce qui se présente pour des apparitions. » Le livre entier de l'Apocalypse fut révélé à saint Jean dans une vision. *Je fus en esprit*, dit lui-même cet apôtre. La vision consiste dans une représentation suivie et détaillée, ordinairement symbolique, produite dans l'intelligence par l'opération divine, à la manière des songes. L'apparition consiste dans la manifestation sensible d'un être spirituel, tel que Dieu, les anges et les âmes des morts. La psychologie ne peut combattre la possibilité des visions et des apparitions, ainsi l'incrédulité ne peut les rejeter *à priori*, et sous prétexte d'impossibilité absolue : en pareille matière, la raison n'a plus à se prononcer que sur la valeur des témoignages, et c'est à la critique historique et judiciaire qu'il appartient d'établir la réalité des faits. Mais c'est à tort, ce nous semble, qu'on est allé jusqu'à prétendre que le matérialisme lui-même ne pouvait être admis à rejeter toutes les apparitions, sur cette raison spécieuse qu'on ne saurait assigner des bornes à la puissance de la nature. Le matérialiste nie l'existence des esprits, comment serait-il forcé, dans son système, d'admettre que ce qui n'est pas peut se manifester ? Spinosa, qui ne niait pas les miracles de l'Ancien Testament, ni les apparitions, n'était point matérialiste mais panthéiste, et il expliquait les uns comme les autres par la puissance infinie de la nature, qui, selon lui, est tout à la fois matière et esprit. Spinosa était donc d'accord avec lui-même. De nos jours il n'est pas rare de rencontrer des hommes de moins d'esprit que Spinosa, il est vrai, mais qui, fort en garde contre ce qu'ils appellent *préjugés* de révélation, d'apparition, de prophétie, de miracle, n'en sont pas moins convaincus des effets merveilleux du magnétisme animal. Ceux-là seuls sont inconséquents. Au lieu de nier les miracles de Jésus-Christ et des apôtres, ils pourraient tout au plus, d'après leur système, en rapporter quelques-uns à la puissance du sommeil sympathique, et à la seconde vue des somnambules. Qu'ils soutiennent contre toute évidence que Jésus et ses disciples étaient d'habiles magnétiseurs, comme Julien et Porphyre prétendaient, avec non moins d'absurdité, qu'ils étaient magiciens, à la bonne heure ; mais qu'ils ne rejettent pas leurs actes, et surtout qu'ils ne s'avisent pas de contester la réalité des possessions et des exorcismes. — Quant au mode dont se fait une apparition, les théologiens sont d'accord que les esprits n'étant pas visibles aux yeux de la chair, ils se revêtent d'un corps ou d'une apparence matérielle, sous laquelle ils se parlent et agissent. Ainsi, ce n'est pas l'esprit lui-même qui apparaît, c'est le manteau qu'il a revêtu ; en conséquence, le mot apparition est un mot mal fait. Tout homme vivant est un esprit revêtu d'un corps ; lors donc que nous croyons embrasser un ami, ce n'est pas l'esprit lui-même que nous saisissons, nous ne touchons que son enveloppe. Notre vie n'est qu'une longue apparition. — *Apparitions de Dieu.* On lit au chapitre XXXIII de l'Exode, une phrase qui paraît singulière. Lorsque Moïse conjure le Seigneur de se montrer à lui, le Seigneur répond : « Aucun homme ne peut me voir et vivre. » Cependant, selon la Genèse, écrite par le même Moïse, nous voyons que Dieu, soit par lui-même, soit par son Verbe, conversa plusieurs fois et d'une manière sensible avec Adam, avec Noé, etc. Ces saints personnages ont vu Dieu, ils ne sont pas morts. Ce que nous disions tout à l'heure sur le mode de manifestation d'un esprit sert à expliquer cette contradiction apparente. Dieu, en se montrant aux patriarches, ne se faisait pas voir dans son essence, mais sous une forme empruntée et matérielle, condition de toute apparition. Mais pourquoi est-il dit qu'*un homme ne saurait voir Dieu sans mourir* ? Que signifie cette pensée ? Nous croyons que cette proposition est déduite de la notion de l'essence divine, et nous essayerons d'en donner l'explication d'après un phénomène psychologique qui mériterait peut-être d'être étudié plus à fond, et que les anciens semblent avoir observé beaucoup mieux que nous. Qu'est-ce qui rend l'homme si terrible aux animaux ? N'est-ce pas la puissance de son regard et l'air de haute intelligence répandu sur toute sa personne ? n'est-ce pas cette majesté de raison qui couronne sa tête, cette force de volonté dominatrice qui éclate dans ses yeux et gonfle ses narines, et qui rend si formidable sa démarche ? Le regard de l'homme énerve le lion, comme celui du serpent enchaîne l'oiseau. Par lui-même l'homme a quelque chose d'effrayant. Qu'en passant devant une glace, il rencontre son propre regard, il frissonne à sa vue, il s'inspire une terreur divine. Sur ses semblables, il exerce la même fascination :

l'homme doué de courage et de génie domine et violente les natures faibles, dompte et entraîne les volontés rebelles, et se soumet les plus furieuses passions. *Mon génie étonné tremble devant le sien*, disait Néron, parlant de sa mère Agrippine. L'esprit fort tue l'esprit faible ; l'esprit ne peut être regardé en face et contenu que par l'esprit ; l'esprit brise l'existence purement sensible et arrête la vie, comme la peur suspend la respiration, comme le fluide électrique rompt et dissout tous les organismes. Or, quelle raison, disaient les anciens, quelle volonté, quelle âme humaine pourrait subsister devant Dieu, Dieu, raison infinie, volonté toute-puissante, âme universelle ? quels yeux mortels pourraient le regarder, et vivre ? — *Apparitions des anges.* L'Ancien et le Nouveau Testament parlent d'un grand nombre d'apparitions d'anges ; et il paraît que la forme sous laquelle ils se montraient n'était pas constamment la même. L'ange qui conduisit le jeune Tobie, celui qui se fit voir à la mère de Samson, celui qui vint annoncer à la Vierge Marie sa conception future, parurent sous la figure de jeunes hommes : les chérubins d'Ézéchiel étaient semblables à des animaux extraordinaires, couverts d'ailes et d'yeux ; les séraphins d'Isaïe avaient aussi six ailes. (*V.* ANGES). — Au chapitre IV de saint Matthieu, il est fait mention pour la première fois d'une apparition du démon. (*V.* DIABLE, POSSESSION, SATAN). — *Apparitions de Jésus-Christ.* Après sa résurrection, Jésus-Christ se fit voir plusieurs fois à ses disciples, conversant et mangeant avec eux. Ces apparitions eurent cela de particulier, que Jésus se montrant sous le même corps qui avait souffert, avait été crucifié et mis dans le tombeau, ce corps conservait encore les vestiges de la passion, ce corps pénétrait la matière à la façon des esprits, traversait les murs, paraissait et disparaissait tout à coup. Ses visites étaient brusques et inattendues ; son départ ressemblait à un évanouissement. Jésus-Christ dit à saint Thomas, qu'il est bien lui-même en os et en chair ; cependant on ne voit pas que depuis sa résurrection il vécût comme auparavant : il ne logeait chez personne, se montrait par intervalles ; le lieu de sa retraite était inconnu. Dans ces quarante jours qui précédèrent son ascension, Jésus-Christ fut toujours présent sur la terre ; mais son existence n'était plus dans les conditions de notre nature. (*V.* RÉSURRECTION). — *Apparitions du Saint-Esprit.* Il n'est fait mention dans les Écritures que de deux apparitions du Saint-Esprit : la première, lorsque Jésus-Christ se fit baptiser par saint Jean ; la seconde, le jour de la Pentecôte, lorsque les apôtres, réunis dans le cénacle, reçurent le Saint-Esprit. L'Évangile rapporte qu'au baptême de Jésus-Christ, le Saint-Esprit se manifesta sous la forme d'une colombe. Et ce serait se tromper que de croire que la comparaison de la colombe a rapport au Verbe, qui exprime la descente du Saint-Esprit, mais non au Saint-Esprit lui-même. Saint Matthieu et saint Marc disent : « Il vit le Saint-Esprit descendre comme une colombe, » c'est-à-dire sous la figure de la colombe. Saint Luc s'exprime de même : « Le Saint-Esprit, sous une forme corporelle, descendit comme une colombe. » Il n'est donc pas présumable que *la forme corporelle* sous laquelle saint Jean vit descendre la Saint-Esprit, fût la forme humaine, ou celle qu'on prête au Père Éternel. — La seconde apparition du Saint-Esprit eut lieu sous la forme de langues de feu. Ce langage ne présente rien d'inexact. Les flammes, ou *langues de feu*, de même que le coup de vent qui ébranla le cénacle, ne furent pas seulement le signe sensible qui annonça la présence et la diffusion du Saint-Esprit, mais elles furent encore sa figure. Le texte porte : « Il se fit un bruit dans le ciel, comme celui d'un vent violent, qui remplit toute la maison où ils étaient ; et il apparut comme des langues de feu qui s'arrêtèrent sur chacun d'eux ; et ils furent tous remplis du Saint-Esprit. » Le mot *langue de feu* ailleurs qu'ici pourrait signifier *flamme*, à cause de la ressemblance qu'a la flamme avec une langue ; de là cette expression de Virgile :

Attollitque globos flammarum, et sidera lambit.

P. J. PROUDHON.

APPARITIONS SURNATURELLES. On en distingue de trois sortes : celles que perçoit intérieurement l'imagination ou l'intelligence, et qu'on appelle *visions* ; les *révélations*, sensibles à l'ouïe ; enfin les apparitions proprement dites, visibles aux yeux des corps : c'est de celles-ci que nous parlerons ; pour les autres, nous renvoyons à leurs articles respectifs. — La croyance aux apparitions surnaturelles, c'est-à-dire à un commerce entre le monde céleste et le monde terrestre, a été de tous les temps, de tous les lieux. Que l'on consulte les annales religieuses de tous les peuples, à toutes les époques, des traces de cette croyance s'y trouveront plus ou moins multipliées, plus ou moins fortement empreintes. D'où vient une telle concordance d'opinion? N'y verra-t-on qu'une rencontre fortuite, le résultat d'absurdes préjugés populaires, enfantés et nourris par des prêtres qui avaient intérêt à les exploiter? ou plutôt ne serait-ce pas la conséquence d'un de ces sentiments intimes, innés dans l'homme, qui existent en lui, même à son insu. Oui, selon nous, cette croyance a une origine plus noble, elle est née du sentiment que l'homme a de sa faiblesse, du besoin qu'il éprouve de chercher ailleurs qu'en lui-même un appui que souvent il n'y trouve pas contre ses propres penchants : l'idée de l'intérêt que prennent à ses destinées les êtres d'une nature supérieure à la sienne, celle que tout ne meurt pas en lui, voilà les deux sources cachées de cette opinion, que fortifia ensuite, en la dénaturant, son amour pour le merveilleux. — L'antiquité païenne, dont les ingénieuses fictions peuplaient l'univers de divinités de tout genre et de tout degré, l'antiquité devait être aisément portée à admettre un commerce constant entre les immortels et les hommes. Aussi était-ce une croyance généralement reçue que, dans les situations critiques de l'existence d'un simple citoyen, comme dans les grandes circonstances politiques, les dieux ou les âmes des morts intervenaient d'une manière immédiate. Les exemples se présenteraient en foule pour appuyer ce que nous avançons; mais, sans multiplier les citations, nous nous contenterons de rapporter un passage de Cicéron, expression exacte et succincte du crédit que l'on accordait aux apparitions surnaturelles. « Parmi nous, comme parmi les autres peuples, dit-il, le culte divin et les pratiques religieuses s'accroissent et s'épurent de jour en jour. On ne doit l'attribuer ni au caprice, ni au hasard, mais aux marques certaines que les dieux nous donnent souvent de leur présence. Dans la guerre des Latins, quand A. Posthumius attaqua près du lac Rhégille Octavius Mamillus de Tusculum, notre armée vit Castor et Pollux qui combattaient pour nous à cheval. Dans une autre occasion et longtemps après, ce fut aussi des Tyndarides que l'on apprit la défaite du roi Persée. Souvent les faunes ont fait entendre leurs voix, souvent les dieux ont apparu sous des formes si visibles qu'il fallait être ou impie ou stupide pour en douter. » (Cic. de Natur. Deor., II, 2, édit. de M. Leclerc). — Quatre siècles après Cicéron, à l'époque où l'empire romain en décadence allait faire place à la société nouvelle créée par le christianisme, unissant leurs efforts à ceux des prêtres qui avec leur culte voyaient s'évanouir leur influence, les philosophes païens cherchèrent à étayer d'un appui divin le paganisme croulant, en donnant plus que jamais crédit aux apparitions surnaturelles. Infatués de théurgie et de magie, ces sophistes, qui se prétendaient les continuateurs de la philosophie de l'académie et du portique, se vantèrent audacieusement de pouvoir communiquer à leur gré avec les dieux, et d'évoquer les bons génies et les démons (Eunape, Vies des sophistes). Ils parvinrent à le persuader à quelques esprits crédules, et Julien l'Apostat, qui, dans les cavernes d'Éleusis et d'Ephèse, fut dupe de leurs jongleries, se montra l'un de leurs plus fervents adeptes. En récompense de sa foi, l'illustre disciple fut, au rapport de Libanius, honoré des visites fréquentes et familières des puissances célestes; mais la mort du simple couronné fit rentrer dans leur néant les divinités de l'Olympe (Libanius, Legat. ad Jul., p. 157, et Orator. parent., c. 83, p. 309). — L'on a contesté l'apparition des esprits, ange ou âme, ces deux termes paraissant s'exclure, puisque par esprit nous entendons un être immatériel qui ne tombe pas sous les sens. Une apparition, a-t-on ajouté, ne pourrait avoir lieu que par un acte exprès de Dieu; toute apparition surnaturelle devient alors un miracle, c'est-à-dire un interventissement des lois générales et constantes qui régissent le monde, et Dieu, principe de sagesse et de raison, ne peut suspendre le cours ordinaire des choses que par des motifs très-puissants. L'on a trouvé que généralement, dans les récits d'apparitions qui nous ont été transmis, son intervention médiate n'était pas suffisamment justifiée, parce que le résultat ne semblait pas en rapport avec la cause. Cette objection, que nous reconnaissons vraie en partie, ne conclurait pas contre la possibilité des apparitions, mais bien contre leur qualité, s'il est permis de parler ainsi. Mais qui peut avoir la prétention de juger des desseins de l'Être infini, suivant la mesure bornée de sa propre intelligence? Qui donc aura la hardiesse de faire comparaître la souveraine sagesse à la barre de la raison humaine, pour lui demander compte des motifs qui l'ont fait agir, du but qu'elle a voulu atteindre? En tout cas, l'objection dont nous parlons, confirmerait alors la certitude des apparitions pendant les trois premiers siècles de l'Église, lesquelles, du reste, n'ont jamais été révoquées en doute; même, parmi les protestants, elles ont trouvé des défenseurs. A cette époque, en effet,

où le paganisme réunissait toutes ses forces pour étouffer dans son berceau l'enfance vigoureuse de la religion chrétienne; peut-on s'étonner que Dieu ait confirmé, par une suite d'autres prodiges, le prodige le plus grand qui ait pu apparaître aux regards des hommes, l'incarnation du Verbe. En raffermissant la constance de ces illustres confesseurs de la foi, dont le sang était une semence de chrétiens, ces preuves de l'appui que Dieu prêtait à leurs héroïques efforts, devaient, en la hâtant, assurer la propagation de la parole de vie. On peut voir dans Ruinart (Act. martyr.) les apparitions dont furent favorisés, entre autres, saint Ignace, saint Polycarpe, sainte Perpétue, saint Cyprien. La plus célèbre de cette époque, celle qui en est comme le complément, puisqu'elle assura le triomphe du christianisme, c'est l'apparition de la croix à Constantin (V. ce nom). On a cherché depuis à jeter du doute sur l'existence de ce fait si important, que rapportent Eusèbe et Lactance, contemporains de l'empereur; on en a voulu trouver l'explication dans un phénomène atmosphérique. Il serait assez extraordinaire que dans ce temps, où une faible partie de l'empire seulement était chrétienne, et où les païens, que ménageait la politique de l'empereur, avaient intérêt à convaincre Constantin d'imposture, nul des nombreux témoins de ce fait n'eût élevé la voix pour arguer de faux le récit de l'évêque de Césarée ou du savant rhéteur. — Si, durant les trois ou quatre premiers siècles, la plupart des apparitions sont entourées de circonstances qui leur donnent un haut degré de certitude, il n'en est pas de même de celles dont les récits se multiplient depuis ce moment; presque toutes se rétrécissent à des proportions mesquines, et prenant un caractère d'individualité, ne semblent plus avoir pour but l'intérêt de la religion. Il faut excepter cependant quelques saints personnages, tels que saint François d'Assise, sainte Brigitte, sainte Thérèse, sainte Catherine. Mais généralement, l'ambition, la vanité, la faiblesse d'esprit et même des passions honteuses donnèrent naissance à une foule de récits plus invraisemblables les uns que les autres. Beaucoup, pour inspirer une haute idée de leur piété, ou pleins d'une orgueilleuse confiance dans leurs mérites, prétendirent avoir été favorisés d'apparitions où il leur était annoncé que la justice de Dieu était satisfaite, et qu'il leur était fait remise de leurs péchés, même à venir. Ils oubliaient que l'un des plus illustres pontifes de l'Église, le pape saint Grégoire, se croyait indigne d'être visité par Dieu, et que sainte Thérèse tremblait toujours de se laisser séduire par les œuvres de l'esprit de ténèbres. D'autres, de bonne foi sans doute, ont pris pour des réalités les rêves d'une imagination échauffée, et, dans les extases de leurs veilles, ont vu ou plutôt cru voir les mystères de l'autre monde se dévoiler à leurs regards; des femmes, des solitaires, tous ceux à qui un état maladif, des jeûnes trop prolongés, une vie contemplative, donnaient une sorte de surexcitation mentale, se crurent surtout favorisés d'apparitions. Tous trouvèrent des historiens qui, pour répandre plus d'intérêt sur leurs héros, chargèrent leurs légendes de circonstances puériles ou même condamnables, plus propres à jeter du ridicule sur la religion, qu'à en rehausser la sainte pureté. Que dire, en effet, d'absurdités pareilles à celles que rapportent gravement des auteurs tels que Cæsarius, Thomas Cantimpré et plusieurs autres? La cupidité, il faut le dire, inventa aussi des apparitions qui devinrent pour des communautés un moyen de célébrité et en même temps de richesse. Pour effrayer les puissants du jour, on publia aussi les récits de quelques visionnaires auxquels il avait été donné de connaître les tourments réservés aux âmes des réprouvés, et, dans le nombre, se trouvaient toujours celles de quelques spoliateurs des biens ecclésiastiques. C'est ainsi que le concile national de Kiersi, en 858, rappela à Louis le Germanique que saint Eucherius, évêque d'Orléans, avait vu exposée aux tourments, dans le plus profond de l'enfer, l'âme de Charles-Martel qui avait enlevé les biens des églises pour les distribuer en bénéfices à ses compagnons d'armes. On peut voir dans Script. Franc., t. III, p. 659, les réflexions dont les bénédictins accompagnent le récit de ce fait. En opposition à celui-ci, nous en trouvons un autre qui en est comme la contre-partie; il est relatif à Dagobert qui, au milieu de ses débordements, s'était montré le bienfaiteur des monastères. Un pieux solitaire qui habitait une île voisine de la Sicile, raconta au protecteur des biens de l'église de Poitiers, Ansoald, qu'il avait vu l'âme du roi arrachée des mains des démons par saint Denis, saint Maurice et saint Martin, à qui il avait fait de nombreuses offrandes pendant sa vie (Ms. lat., 2447, p. 130). — C'est une idée touchante que celle de cette douce affection qui, survivant à la tombe, établit de nouveaux et mystérieux rapports entre l'âme d'un parent chéri, d'un ami bien-aimé, et celui qui les pleure. Dégagée de ses liens terrestres, cette âme veut se rattacher cependant à l'objet de sa tendresse; elle erre autour de lui, endort ses souffrances, et, dans son langage muet, sait parler à son cœur. Croire que le remords peut produire sur le meurtrier une impression telle, que, dans ses veilles ou dans son sommeil, le trouble de sa conscience évoque devant lui l'ombre pâle et sanglante de sa victime : voilà encore une idée morale et consolante; c'est là le mauvais génie de Brutus. En supposant que les âmes des morts restés sans sépulture, pouvaient importuner les vivants, les anciens avaient eu aussi une pensée noble et morale; par là ils enseignaient le respect dû à la cendre des morts. Mais comment expliquer tant d'apparitions effroyables dont sont remplies les légendes du moyen âge et même des derniers siècles; leur seul but semble être d'épouvanter l'innocence, et elles ne peuvent être accueillies que par une superstitieuse crédulité. Ce ne sont plus des esprits bienfaisants qui y jouent le principal rôle, ou bien ce rôle est ridicule; on dirait que l'ennemi du genre humain a reçu de Dieu l'empire de la terre. C'est alors que naquirent ou se développèrent ces croyances mensongères aux esprits malfaisants de tout genre, vampires, goules, etc., et enfin aux sorciers, intermédiaires entre le génie du mal et ses victimes. — On a voulu imputer à l'Église le ridicule de ces exagérations; et l'on a tout à fait méconnu ses doctrines à ce sujet. L'Église n'a jamais admis que difficilement les apparitions particulières, lorsqu'elles présentent tous les caractères de la vérité; encore a-t-elle enseigné par la bouche des Pères et des théologiens les plus célèbres, que les apparitions ne peuvent obliger les fidèles, quand bien même elles seraient utiles à la religion, parce qu'il n'y a que les dogmes qu'elle a recueillis de Jésus-Christ; qui puissent être un article de foi. *Nihil ultra scire omnia scire est*, dit le pape Étienne en parlant de la doctrine de Jésus-Christ, prêchée par les apôtres. S'il en eût été autrement, l'unité de la foi eût été rompue, car chaque élu, en voulant faire prévaloir ses idées, aurait pu amener des modifications constantes dans les dogmes immuables du christianisme. C'est précisément pour cela que les fanatiques et les sectaires de tous les temps ont adopté l'opinion contraire; pour donner plus de crédit à leurs innovations, ils les appuyaient sur de prétendues apparitions ou révélations. Mahomet était en communication réglée avec l'archange Gabriel, et au rapport de Luther lui-même, ce fut le diable qui, dans une conférence nocturne, vint lui démontrer la fausseté de plusieurs dogmes catholiques (*Lutheri Opera*, t. 6, p. 228). — Les deux derniers siècles nous offrent plusieurs exemples d'apparitions. La supérieure du monastère d'Agreda (Vieille-Castille), sœur Marie de Jésus, fut, suivant son dire, visitée par Jésus-Christ et sa mère, et d'après leur ordre, elle écrivit une vie de la sainte Vierge, ouvrage qui n'en fut pas moins censuré par la Sorbonne en 1696. — On peut encore citer la fameuse vision de Charles XI, roi de Suède, que l'un de nos plus spirituels littérateurs a embellie de tout le charme de son talent. — Au reste, comme l'espace nous a manqué pour les citations, nous renvoyons tous ceux qui seraient curieux de vérifier sur quels faits nous avons basé notre jugement, aux ouvrages suivants : *Acta martyrum*, de Ruinart; *Bibliotheca Patrum cistercensium*; du P. Tissier; le *Recueil des bollandistes*; Cardan, *Traité des songes*; D. Calmet, *Dissertations sur les apparitions*; Lenglet Dufresnoy, *Traité des apparitions et Dissertations sur les apparitions* (V. encore les articles de l'*Encyclopédie catholique*: MIRACLE, MAGIE, SORCELLERIE, SPECTRES, NÉCROMANCIE, EXTASE, INSPIRATION, RELIGION).

L. DE SAINT-LÉGER.

APPARTEMENT, du latin *pars*, partie; c'est une portion de maison, d'hôtel, de palais, composée de toutes les pièces nécessaires à une famille pour être commodément logée, salle à manger, salon, chambres, cabinets, etc. Chez les anciens, chaque chef de famille avait pour son usage une maison entière, et cet usage dure encore en Italie, en Espagne, en Angleterre, et en général partout où la population ne s'agglomère pas comme à Londres et à Paris; encore ces deux villes, les plus peuplées de l'Europe, ont-elles plusieurs quartiers où les maisons ne renferment chacune qu'une famille. Mais quand la population afflue dans une ville où l'espace manque, il devient nécessaire de diviser les divers étages d'une maison en deux ou plusieurs appartements séparés, qui tous ont une entrée particulière, et dans lesquels plusieurs familles vivent aussi isolées l'une de l'autre que si elles se trouvaient aux quartiers les plus opposés de la ville. Ce qui distingue les appartements qu'on construit aujourd'hui à Paris, c'est l'heureuse distribution que nos architectes savent faire de l'espace restreint dont ils peuvent seulement disposer, malgré les difficultés que leur

offre le terrain par ses irrégularités. Les pièces sont petites, mais leur ensemble compose un appartement complet, commode, où tout se trouve sous la main. — Les maisons des anciens se divisaient d'ordinaire en trois parties : l'*andronytis* ou appartement des hommes, ordinairement orné de colonnes et occupant le devant de la maison; le *gynécée* ou appartement des femmes dans la partie la plus éloignée de l'andronytis; et l'*hospitium*. Ce dernier, appartement des étrangers, était au rez-de-chaussée sur la rue ou au premier étage. — Cette distribution en trois parties se retrouve encore dans beaucoup de grands hôtels ou de palais, en Russie, en Allemagne, etc. Là on a besoin de grands appartements, afin de multiplier les salons de réception. — Autrefois en France les seigneurs ou, pour mieux dire, les riches, avaient deux sortes d'appartements : de *parade* et de *commodité*. Les premiers étaient spacieux, prenaient jour des jardins s'il y en avait, communiquaient de l'un à l'autre, formant enfilade. Ces appartements étaient sous-divisés en appartements *de parade* proprement dits et appartements *de société*. Ceux-ci servaient à recevoir les personnes du dehors dans les jours ordinaires; les autres s'ouvraient pour les personnes d'un rang éminent. Ces deux appartements se réunissaient quand il y avait dans la maison quelque grande fête; ils prenaient alors le nom de *grands appartements*. Les appartements de commodité étaient destinés à l'usage du maître et de sa famille; si la maison était vaste, il pouvait y avoir appartement d'hiver et appartement d'été : l'un au midi, l'autre au nord. Comme les appartements de commodité se trouvaient d'ordinaire contigus aux grands appartements, dont le plancher s'élevait au-dessus du sol de 18 à 22 pieds, on construisait sur les appartements de commodité des entre-sols qui avaient la hauteur de tout ce qui, dans les grands appartements, excédait celle des appartements ordinaires, de sorte que, si les grands appartements avaient 20 pieds de hauteur et qu'on n'eût besoin pour les appartements de commodité que d'une hauteur de 13 pieds, on en donnait 7 à l'entre-sol, l'épaisseur du plancher comprise. C'est pour cela qu'on voit à Paris tant d'anciens hôtels où les grandes croisées du premier étage sont divisées en deux vers les deux tiers de leur dimension. La première portion éclaire l'appartement; le dernier tiers éclaire l'entre-sol. L'entre-sol était destiné à recevoir les garde-robes; servait de cabinets de dégagement, formait des chambres pour les domestiques spécialement attachés à la personne du maître. — Aujourd'hui un appartement est censé complet lorsqu'il offre une antichambre ou pièce d'entrée, un salon à manger, un salon de compagnie, deux ou trois chambres à coucher, un cabinet de travail, un cabinet de toilette, des garde-robes, un office, des cuisines et des chambres de domestiques. X. X.

APPARTENANCE (*terme de prat.*); vieux mot qui signifie *dépendant de : Ce pré est une appartenance de la ferme*. On vend un bien avec ses *appartenances et dépendances*, c'est-à-dire avec tout ce qui en dépend comme immeubles, droits actifs, servitudes acquises, redevances. Quelquefois ce mot s'emploie pour désigner les droits d'une personne : *Cela fait partie de ses appartenances*. Dans l'ancienne législation féodale on entendait par ce mot tout ce qui était annexé au fief ou qui en dépendait : immeubles, droits, hommes et bestiaux. En termes de manége, appartenances se dit de tous les harnais nécessaires à la selle d'un cheval : sangles, courroies, croupière, etc.

N. M. P.

APPAS, qu'il ne faut pas confondre avec appât, mot à peu près synonyme d'attraits et de charmes, bien qu'il y ait entre eux des différences essentielles. Les attraits sont toutes les qualités morales ou physiques qui attirent vers un objet et font naître un vif sentiment de bienveillance, d'affection ou de désir. Les attraits d'une femme nous invitent à nous rapprocher d'elle; on aime sa physionomie, ses manières, son langage, son esprit, ses qualités, sa jeunesse : ce sont autant d'attraits qui plaisent et qu'on recherche. Les appas sont autre chose; ils tiennent aux formes corporelles, à la régularité, à la beauté des traits; les appas séduisent, mais ils s'adressent aux sens plus qu'à l'esprit ou au cœur. Une femme peut avoir des appas sans avoir beaucoup d'attraits; elle peut aussi avoir des attraits et manquer d'appas, et obtenir par les premiers un empire plus durable qu'elle ne le pourrait avec les seconds seuls; car les qualités du cœur et de l'esprit, qui constituent les véritables attraits, peuvent se passer du secours des appas, tandis que souvent une femme réduite à ses seuls appas éprouve bientôt qu'ils ne suffisent pas pour plaire, ou du moins pour plaire longtemps. Les charmes sont plus que les attraits, plus que les appas; ce sont les appas et les attraits réunis, confondus dans une même idée; pour mieux dire, les charmes

APPÂT (566) APPEL

se composent presque en entier des attraits les plus délicats; les appas n'y entrent que pour peu de chose. C'est assez pour que les charmes agissent, que la femme qui les possède ait, sans être belle, un extérieur agréable. — Ce qui semble confirmer notre opinion sur le sens qu'on doit attacher au mot appas, c'est qu'on dit très-bien que la vertu a des attraits, a des charmes, que les âmes honnêtes sentent très-bien, et qu'on ne dira pas que la vertu a des appas. L'abbé Girard, dans ses Synonymes, a dit : « La vertu a des attraits que le vicieux ne peuvent s'empêcher de reconnaître; les biens de ce monde ont des appas qui font, que la cupidité triomphe souvent du devoir; le plaisir a des charmes qui le font rechercher partout, dans la vie retirée comme dans le grand monde. » Nous pouvons nous tromper, mais nous croyons que cet exemple est assez mal choisi. Les biens de ce monde n'ont pas des appas; qu'on dise tant qu'on voudra que les biens de la terre ont des attraits ou de l'attrait, ou même qu'ils ont des charmes, mais qu'on ne leur donne pas des appas : c'est tout au plus appât qu'il fallait dire, comme Boileau l'a fait dans ce vers :

Quittez ces vains plaisirs dont l'appât vous abuse.

L'Encyclopédie du XVIIIᵉ siècle a dit aussi que la richesse a des appas qui font succomber la vertu, que le plaisir a des charmes qui triomphent de la philosophie; et, malgré cette autorité, nous persistons dans notre opinion. On dira bien d'un homme qu'il se porte aux plus grands excès par l'appât de la richesse, c'est-à-dire parce qu'il compte s'enrichir; mais il nous paraît plus qu'étrange de donner des appas à la richesse. On dit aussi l'appât de l'or, et non les appas de l'or. — Il en est de même de cette expression : Le plaisir a des charmes. Le plaisir est le sentiment de satisfaction que produit la possession de l'objet qui a des charmes. Les charmes peuvent donc produire le plaisir; mais ils ne sont pas le plaisir lui-même.

J. DE M.

APPÂT, du latin pastus, nourriture, pâture, et de la préposition ad. C'est un mot générique sous lequel on comprend tous les ingrédients, tels qu'amorces, pâtes, vers, etc., dont se servent les pêcheurs et les chasseurs pour attirer les poissons ou le gibier et pour les prendre. On lit dans le Dictionnaire des dictionnaires que ce mot s'écrivait autrefois appast, et cela est vrai; mais il aurait dû ajouter qu'il s'écrivait aussi appas. On n'a donc pas eu raison de blâmer dans Marivaux cette phrase : L'appas que l'or a pour ceux qui le possèdent; ni dans le poète Rousseau ces deux vers :

Tous les amants savent feindre,
Nymphes, craignez leurs appas;

ni Boileau, le correct Boileau, d'avoir dit :

. . . . aux appas d'un hameçon perfide.

Il est évident que Marivaux, Rousseau et Boileau ont voulu dire appât ou appâts, et qu'ils ont suivi l'orthographe alors en usage, comme on peut le voir dans l'ancienne encyclopédie où l'on écrit appas ou appast. Quand le même Boileau a écrit appât, dans le vers cité au mot Appas (voyez ci-dessus), il faut présumer que l'orthographe s'était modifiée. — L'appât consiste, pour les poissons, en vers, en limaces dépouillées de leur coque, en insectes, et même en images d'insectes en crin, en coton ou en plumes; genre d'industrie qui nous vient de l'Angleterre. — Pour prendre les bêtes fauves, les renards, les vautours et d'autres animaux de ce genre, on emploie comme appât des morceaux de chair ou même des animaux vivants, des poules ou des pigeons, qu'on place au bout du piège ou de la trappe. Lorsqu'on veut rendre la pêche fructueuse, on se sert d'appâts de fond qu'on jette dans l'eau la veille du jour destiné à la pêche. Ces sortes d'appâts se composent ordinairement de terre glaise, de crottin de cheval, de bouse de vache, de vers, qu'on pétrit ensemble et dont on fait de grosses boules que leur poids précipite au fond de la rivière ou de l'étang. L'appât pour certaines espèces, telles que les carpes, se forme de miel et de fèves mi-cuites. Ces substances attirent le poisson au lieu où elles ont été déposées. Le meilleur appât pour garnir les hameçons, c'est l'achée ou ver de terre. — La nature a donné à plusieurs animaux l'instinct de s'offrir eux-mêmes en appât aux insectes dont ils font leur proie. Ainsi le fourmilier se couche auprès des fourmilières, la langue toute tirée en dehors, comme organe et couvert d'une humeur visqueuse qui attire les fourmis; celles-ci ne manquent pas d'arriver en foule; quand le fourmilier sent sa langue bien chargée, il la retire brusquement et les imprudentes fourmis vont s'ensevelir par centaines dans la gueule de leur ennemi. Si le fourmilier n'a pas la patience d'attendre le résultat de sa chasse, il enfonce sa langue, qui est très-allongée, dans la fourmilière même. Quelques poissons ont les côtés de la bouche garnis de longs barbillons qu'ils agitent en tout sens. Les poissons attirés par ce mouvement, pareil à celui des vers qui serpentent en nageant, viennent se faire prendre (V. LOPHIE, ESTURGEON, FOURMILIER, PIC, etc.).

APPÂTELER, donner de la pâtée à certains animaux qui ne peuvent manger seuls. — Appâter a la même signification, mais il veut dire aussi attirer avec un appât.

APPAUVRIR, rendre pauvre. Ce mot s'emploie communément au figuré : on dit appauvrir un terrain en lui ôtant une partie de sa fertilité, soit par trop de récoltes, soit par le mélange de terres sablonneuses. On appauvrit une langue lorsqu'on en retranche arbitrairement certains mots, certaines expressions utiles, ou lorsqu'à la place d'une expression consacrée par l'usage on s'efforce d'introduire des termes proscrits, vieillis, ou triviaux. — Les médecins se servent volontiers de ce mot pour donner à entendre qu'une humeur a perdu tout ou partie de ses principes constitutifs : le sang pâle et sans consistance est un sang appauvri; le sang vermeil, se coagulant aisément, est un sang riche. N. M. P.

APPEAU (terme de chasse); c'est proprement un oiseau apprivoisé qui appelle les autres oiseaux par son chant, les attire vers lui et les fait ainsi tomber dans les pièges de l'oiseleur. C'est aussi une espèce de sifflet avec lequel on contrefait le chant des cailles, des perdrix et de quelques autres oiseaux. Quand la perdrix, l'alouette, etc., entendent le son de l'appeau, elles y répondent par leur chant, ce qui indique au chasseur le lieu, le buisson qui les recèle. Les appeaux à sifflet se font avec un noyau d'abricot qu'on perce des deux côtés, et dont on ôte l'amande; ce noyau s'enchâsse dans le col d'un petit sac, qu'on presse avec les doigts. L'air, forcé de sortir par la pression, produit en passant à travers le noyau un son qui imite assez bien le chant des perdrix, pour que ces oiseaux s'y trompent. — Les appeaux à languette ou pipeaux sont bien plus simples; c'est un petit ruban, une feuille de chiendent, de lierre, etc., que le pipeur met dans sa bouche, pour contrefaire le cri de la chouette, du hibou, etc., ce qui effraye si fort les oiseaux, qu'ils se prennent à fuir en tout sens étourdiment et se heurtant les uns les autres; en augmentant le bruit de l'appeau ou en le dirigeant du côté opposé au lieu où les gluaux sont préparés, les oiseaux fugitifs vont donner dans le piège. — L'appeau à frouer n'est pas moins simple. C'est une feuille de lierre tournée en cornet et dans laquelle on souffle, ce qui produit un bruissement assez semblable au bruit que font les merles, les geais et d'autres oiseaux en volant. D'autres appeaux, composés de deux languettes comme les anches des instruments à vent, servent pour les cerfs, pour les daims, les renards, etc. — Ce mot d'appeau s'emploie encore en horlogerie pour désigner une petite cloche adaptée à un ressort, lequel fait mouvoir un marteau qui sonne les heures et les quarts d'heure. Les plombiers donnent le même nom à une espèce d'étain en feuille qu'on apporte de la Hollande. — Autrefois le mot appeau signifiait appel, et, jusqu'à la révolution, on a donné, dans certains lieux, au greffe où étaient reçues les déclarations d'appel, le nom de greffe des appeaux. X. X.

APPEL. M. Adanson fait mention d'un arbre du Malabar décrit par Van-Rhéede dans son Hortus Malabaricus. Il est de moyenne grandeur, s'élevant jusqu'à vingt ou vingt-cinq pieds; ses branches droites et peu écartées sortent d'un tronc haut de six pieds, de quinze ou dix-huit pouces de diamètre. Son bois est blanc; le cœur est roux-brun. L'appel fleurit et fructifie chaque année; la racine a l'odeur du safran; les fleurs et même les autres parties de l'arbre exhalent une odeur piquante, mais agréablement parfumée. L'écorce de la racine produit, par distillation, une huile claire, d'un beau jaune, d'une saveur un peu âcre et amère, mais d'une odeur aromatique très-douce. On en a fait usage dans la médecine contre les fièvres provenant de froid et contre les coliques; la décoction des feuilles appliquée en cataplasme produit le même effet. On prétend même que la décoction de la racine est un excellent spécifique contre la goutte et, en général, contre toutes les douleurs. Il est fâcheux qu'on ne soit pas mieux assuré de la puissance de cette plante pour guérir les douleurs, maladie très-commune qui fait beaucoup souffrir le malade, sans qu'on l'en plaigne, ce qui, chez beaucoup de gens, peut contribuer à l'augmenter.

APPEL (terme de chasse), attention du chien à la voix du chasseur; on dit du chien qui n'est pas attentif quand son maître lui parle, qu'*il n'a pas d'appel*, c'est-à-dire qu'il n'est pas sensible à l'appel qui lui est fait. — En termes d'escrime, c'est une attaque que fait l'un des deux champions à son adversaire, en battant du pied droit sans changer de place, ou en découvrant à dessein une partie du corps pour attirer son fleuret et le tromper. — *Appel* se dit encore pour *défi*, *cartel* donné ou envoyé à quelqu'un pour se battre avec lui. — Faire l'appel, c'est appeler à haute voix ceux qui forment une troupe, un cercle, une assemblée, pour reconnaître s'ils sont ou non présents. Dans les assemblées délibérantes, on donne à cet appel le nom de *nominal*; on le fait pour s'assurer si l'on est en nombre pour délibérer, ou pour constater les noms des absents. On nomme encore appel ou rappel certaine batterie du tambour destinée à réunir les soldats.   X. X.

APPEL, c'est l'action d'appeler à haute voix les militaires qui se doivent trouver à une assemblée ou à une revue, ou qui doivent venir faire acte de présence devant leur supérieur. On les appelle ainsi pour s'assurer qu'ils ne sont pas absents du lieu où leurs services peuvent devenir nécessaires d'un moment à l'autre, pour les disposer, soit dans l'ordre général, soit dans celui qui convient à des circonstances particulières, et pour éviter ou rendre difficiles les désordres et l'inconduite en les empêchant de s'écarter. — Les règlements militaires prescrivent de faire en garnison : — 1° un appel le matin aussitôt après le lever des soldats. Cet appel se fait par le caporal de chambrée, qui en rend compte au sergent-major; et celui-ci à l'adjudant de semaine; — 2° un appel à dix heures et demie, après le repas du matin. Ce second appel se fait par le sergent-major devant l'officier de semaine. Le sergent-major en rend compte à l'adjudant, et l'officier de semaine à l'adjudant-major. Ces rapports se font verbalement s'il n'y manque personne, et par écrit s'il y manque quelqu'un; — 3° un appel le soir, une demi-heure après la retraite. Ce dernier appel est annoncé par trois roulements; il se fait dans chaque chambrée par le caporal de chambrée, en présence du sergent-major et de l'officier de semaine. Le billet d'appel de la compagnie est signé de l'officier de semaine, et remis par le sergent-major à l'adjudant de semaine. — Le relevé général des billets d'appel, fait par l'adjudant et signé par l'adjudant-major, est porté, tous les jours, chez le colonel par l'adjudant. — Le chef de bataillon de semaine ou l'adjudant-major ordonnent des contre-appels quand ils le jugent convenable, à une heure quelconque du jour ou de la nuit. L'adjudant de semaine y assiste, et il en fait lui-même quand il le croit nécessaire, et après avoir pris les ordres de l'adjudant-major. — En marche, on fait un appel le matin avant le départ du lieu où la troupe a passé la nuit, un autre en arrivant, pour s'assurer de la présence de tous les hommes ou de l'absence de ceux qui sont en retard; et un troisième le soir pour constater l'arrivée ou l'absence définitive des hommes qui manquaient au second appel. — En campagne, on fait régulièrement deux appels par jour, un le matin et un le soir; et le commandant du régiment de la compagnie ou du détachement, en fait faire dans le courant de la journée, toutes les fois qu'il le juge convenable pour prévenir surtout la désertion et la maraude. Ces appels extraordinaires sont connus sous le nom de contre-appels. — Aux termes de la loi du 25 octobre 1790, du règlement du 24 juin 1792, et de l'ordonnance du 13 mai 1818, le manque aux appels est réputé faute contre la discipline. La répression, au moyen des peines prescrites par la loi elle-même, est en effet confiée aux chefs militaires. Ces peines, purement correctionnelles, sont, d'après les lois et règlements qui viennent d'être cités, et suivant la gravité de la faute, que la récidive augmente notablement : les corvées de la chambre; celles de la place; la consigne aux portes de la ville; la consigne au quartier; la chambre de police, jusqu'à concurrence d'un mois; la prison, jusqu'à concurrence de quinze jours. Tout homme gradé peut infliger une des peines ci-dessus au soldat qui aurait manqué à l'appel, et tout supérieur à son inférieur, sauf à en faire déterminer la durée par le chef de la compagnie ou par le chef du corps, suivant la personne punie et la peine infligée. — Les Romains avaient, comme nous, des appels réguliers. Un tribun les recevait et les remettait au général en allant demander l'ordre. Ils étaient aussi dans l'usage de faire des appels particuliers; les décurions en étaient chargés; ceux-ci rendaient compte du résultat à leurs supérieurs jusqu'au tribun, qui en donnait connaissance au chef de l'armée. — Quoique nous n'ayons pas la preuve du même fait pour les autres nations de l'antiquité qui avaient une organisation militaire, on peut assurer, sans crainte de se tromper, qu'elles aussi ont eu leurs appels réguliers et leurs contre-appels. Sans ces moyens simples et efficaces, elles auraient été

dans l'impossibilité de conserver l'ordre et la discipline dans leurs armées. — Appel, se dit aussi du signal qui se fait avec le tambour ou la trompette pour assembler les soldats. Appel, en matière de recrutement, signifie l'action d'appeler sous les drapeaux. — Appel, en termes de procédure militaire, comme dans la procédure civile, c'est le recours à un tribunal supérieur; mais ce tribunal supérieur, qui, en matière civile, se nomme cour d'appel ou de cassation, reçoit, dans le langage militaire, le nom de conseil de révision. Il y en a un dans chaque division d'armée et dans chaque division de l'intérieur. Ces tribunaux de révision ont été créés par la loi du 18 vendémiaire an VI, qui a établi également auprès d'eux un second conseil de guerre auquel le conseil de révision renvoie les affaires dont il a annulé le jugement. — Les jugements de ce second conseil de guerre peuvent être, comme les jugements dont est appel, déférés au conseil de révision; et, en cas de nouvelle annulation, il y a recours au corps législatif, en suivant la hiérarchie des différents pouvoirs (*V.* RÉVISION [conseil de]).   Comte CH. DE CARPEGNA.

APPEL (*jurispr.*); c'est l'acte par lequel une partie défère à un tribunal supérieur une décision judiciaire dont elle demande la réformation. Nous devons parler de l'appel en matière civile, et de l'appel en matière criminelle : — § I. *De l'appel en matière civile*. L'appel forme le second degré de juridiction; c'est l'une des voies ordinaires à prendre contre les jugements (*V.* DEGRÉS DE JURIDICTION; JUGEMENT). Il est principal ou incident. L'appel principal est celui qui est jeté le premier par l'une des parties, et qui devient l'origine de l'instance nouvelle; l'appel incident est celui par lequel l'autre partie attaque le même jugement, durant le cours de l'appel principal. On désigne sous le nom d'appelant la partie qui poursuit la réformation du jugement; le défendeur sur l'appel reçoit le nom d'intimé. Lorsque les parties demandent respectivement la réformation et le maintien de certains chefs du jugement, elles sont à la fois appelantes et intimées. — On ne peut appeler que des jugements rendus en premier ressort (*V.* DEGRÉS DE JURIDICTION). Cependant la disposition qui prononce la contrainte par corps, est, dans tous les cas, sujette à l'appel (loi du 17 avril 1832, art. 20). L'appel est aussi toujours permis, quant au chef qui statue sur une question de compétence, quelle que soit au fond la valeur du procès (Code de procéd. civ., art. 454). Remarquons, du reste, qu'aux termes de l'article 453, un jugement, bien que qualifié en dernier ressort, est sujet à l'appel, lorsque les juges n'avaient le droit de prononcer qu'en première instance (*V.* COMPÉTENCE). Ce n'est pas, en effet, à une qualification, c'est à la réalité des choses qu'il faut s'attacher. Par là même raison, si les premiers juges devaient prononcer en dernier ressort, mais ont omis de qualifier leur jugement ou l'ont qualifié en premier ressort, l'appel n'est point recevable (*ibid.*). — La voie de l'opposition (*V.* ce mot) étant plus respectueuse que celle de l'appel, on ne peut appeler d'un jugement rendu par défaut que lorsque les délais de l'opposition sont expirés (Code de proc. civ., art. 455). On a agité la question de savoir si cette règle est applicable en matière commerciale. La jurisprudence, d'abord indécise, s'est fixée dans le sens de la négative, et cette solution résulte manifestement des termes de l'article 645 du Code de commerce, qui permet d'interjeter appel le jour même du jugement, sans distinguer entre les jugements contradictoires et les jugements par défaut (voy. notamment un arrêt de la cour de cassation du 24 juin 1816, et un arrêt de la cour royale de Paris du 22e mars 1836). — Le délai pour interjeter appel des jugements des tribunaux civils et de commerce est de trois mois (Code de proc. civ. art. 443; Code de comm., art. 645). Il est de trente jours lorsqu'il s'agit de sentence de juge de paix (loi du 25 mai 1838, art. 13). — Dans quelques matières spéciales (*V.* notamment RÉFÉRÉ, RÉCUSATION, SAISIE IMMOBILIÈRE), la loi abrège le temps fixé pour l'appel; mais, à moins de disposition expresse et dérogatoire, le délai est de trois mois et emporte déchéance (Code de proc. civ., art. 444). — Le délai est augmenté en faveur des individus demeurant hors du territoire continental de la France, d'après les règles prescrites en matière d'ajournement (*V.* ce mot). Quant à ceux qui sont absents du territoire européen du royaume pour service de terre ou de mer, ou employés dans les négociations extérieures pour le service de l'Etat, ils ont une année, indépendamment des trois mois (Code de proc. civ., art. 446). Mais, relativement aux personnes demeurant en France, le délai n'est jamais augmenté à raison des distances, si ce n'est toutefois en ce qui touche l'appel des sentences des juges de paix, la loi du 25 mai 1838 contenant une disposition expresse à cet égard (*V.* JUGE DE PAIX). Ne sont compris dans le délai ni le jour de la signification, qui le fait courir, ni le jour de l'échéance (Code de proc. civ., art. 1033). — Le délai de l'appel court pour les jugements contradictoires, du jour de la signification à personne ou domicile; pour les jugements par défaut, du jour où l'opposition n'est plus recevable (Code de proc. civ., art. 443; Code de comm., art. 645). — Dans le but d'obtenir des parties une économie de temps et de frais, le législateur a voulu que l'appel d'un jugement préparatoire ne pût être interjeté qu'après le jugement définitif et conjointement avec l'appel de ce jugement. Le délai de l'appel ne court en conséquence que de la signification du jugement définitif; et l'appel est recevable quoique le jugement préparatoire ait été exécuté sans réserves (Code de procéd. civ., art. 451). Mais l'appel d'un jugement interlocutoire, ou d'un jugement qui accorde une provision, peut être interjeté avant le jugement définitif (*ibid.*). Aux termes de l'article suivant, sont réputés préparatoires les jugements rendus pour l'instruction de la cause, et qui tendent à mettre le procès en état de recevoir jugement définitif; sont réputés interlocutoires les jugements rendus lorsque le tribunal ordonne, avant dire droit, une preuve, une vérification ou une instruction qui préjuge le fond (*V.* JUGEMENT). — Remarquons qu'on n'est pas obligé d'attendre, pour appeler d'un jugement, qu'il ait été signifié. Mais, si le jugement n'est pas exécutoire par provision, la loi défend d'en interjeter appel dans la huitaine à dater du jour où il a été rendu (Code de proc. civ., art. 449). Le motif de cette disposition est facile à saisir. Il fallait laisser aux parties le temps de la réflexion et éviter l'effet d'un premier mouvement. Cette règle, au surplus, n'est pas applicable en matière de commerce, puisque, ainsi que nous l'avons dit déjà, l'appel des jugements commerciaux peut être formé le jour même du jugement. D'après la loi du 25 mai 1838 (art. 13), il est interdit d'appeler, avant un délai de trois jours, des sentences des juges de paix, qui n'emportent pas exécution provisoire. — Le délai d'appel ne commence à courir contre le mineur non émancipé que du jour de la signification du jugement, faite tant au tuteur qu'au subrogé tuteur, encore que celui-ci n'ait pas été en cause (Code de proc. civ., art. 444). Il est suspendu par la mort de la partie condamnée, et ne reprend son cours qu'après que le jugement a été signifié au domicile du défunt, et à compter de l'expiration du temps accordé pour faire inventaire et délibérer (*V.* SUCCESSION). La signification peut être faite aux héritiers collectivement, sans désignation de noms et qualités (art. 447). Si le jugement avait été rendu sur une pièce fausse, ou si la partie avait été condamnée faute de représenter une pièce décisive qui était retenue par son adversaire, le délai ne courrait que du jour où le faux aurait été reconnu ou juridiquement constaté, ou que la pièce aurait été recouvrée, pourvu que, dans ce dernier cas, le jour où la pièce aurait été recouvrée fût établi par une preuve écrite (art. 448). — Une observation importante doit se placer ici. Ce que nous venons de dire du délai donné pour interjeter appel ne s'applique qu'à l'appel principal. L'intimé peut appeler incidemment en tout état de cause, quand même il aurait signifié le jugement sans protestation (Code de proc. civ., art. 443). Si l'appel incident n'avait pas été permis en tout état de cause, l'appelant principal aurait pu le rendre impossible, en retardant à dessein la déclaration de son appel jusqu'au dernier jour des trois mois. — L'appel incident peut s'appliquer à tous les chefs du jugement, même à ceux qui n'a pas frappés l'appel principal. Il ne serait pas recevable si l'intimé avait acquiescé sans réserves au jugement de première instance postérieurement à l'appel formé par l'autre partie (*V.* ACQUIESCEMENT). Mais l'acquiescement antérieur ne s'oppose pas à l'appel incident, parce qu'on présume qu'il n'a eu lieu que sous la condition tacite que l'autre partie se soumettrait au jugement. — L'appel incident est formé par acte d'avoué à avoué; il peut être aussi par des conclusions prises à l'audience. Il ne peut pas être formé verbalement à la barre. — Quant à l'appel principal, il est formé par un acte exprès contenant assignation dans les délais de la loi et signifié à personne ou domicile, à peine de nullité (Code de proc. civ., art. 456). L'acte d'appel est soumis aux formalités générales prescrites pour l'ajournement (*V.* ce mot). Cet acte est signifié par huissier à l'intimé (*V.* EXPLOIT). Une déclaration, mise par la partie condamnée au bas de la signification du jugement de première instance, serait insuffisante (arrêt de la cour de cassation du 5 avril 1813). La partie dont l'appel est déclaré nul pour vice de forme, peut appeler de nouveau, si elle se trouve encore dans le délai. — L'appel des jugements définitifs ou interlocutoires est suspensif, à moins

que le jugement ne prononce l'exécution provisoire, dans les cas où elle est autorisée (Code de proc. civ., art. 457) (*V.* EXÉCUTION PROVISOIRE). En matière de commerce, les jugements sont de droit exécutoires par provision, mais à la charge par la partie de donner caution (Code de proc. civ., art. 439). — L'appel n'est pas suspensif quant à une disposition du jugement relative à la contrainte par corps (*V.* ce mot). — Les tribunaux de première instance connaissent de l'appel des sentences des juges de paix. L'appel des jugements des tribunaux de première instance et des tribunaux de commerce est déféré aux cours royales. Quant aux règles de la *compétence*, voyez ce mot. — Tout appel, même de jugement rendu sur instruction par écrit, est porté à l'audience, sauf au tribunal ou à la cour à ordonner, s'il y a lieu, l'instruction par écrit. Dans la huitaine de la constitution d'avoué par l'intimé, l'appelant signifie ses griefs contre le jugement; l'intimé répond dans la huitaine suivante; l'audience est poursuivie sans autre procédure. Les appels des jugements rendus en matière sommaire sont portés à l'audience sur un simple acte, sans autre procédure. Il en est de même de l'appel des autres jugements, lorsque l'intimé n'a pas comparu (art. 461, 462 et 463). Les appels des jugements, en matière commerciale, sont aussi instruits et jugés comme affaires sommaires (Code de comm., art. 648). — Avant l'audience, l'appelant doit consigner une amende de 5 francs, s'il s'agit de l'appel d'une sentence de juge de paix, et de 10 francs, s'il s'agit de l'appel d'un jugement de tribunal de première instance ou de commerce. S'il succombe, il est condamné à cette amende (Code de proc. civ., art. 471). — On ne peut former, en cause d'appel, aucune nouvelle demande, à moins qu'il ne s'agisse de compensation ou que la demande nouvelle ne soit la défense à l'action principale (*V.* DEMANDE NOUVELLE, RECONVENTION). Les parties peuvent aussi demander des intérêts, arrérages, loyers et autres accessoires échus depuis le jugement de première instance, et les dommages et intérêts pour le préjudice souffert depuis ledit jugement (Code de proc. civ., art. 464). Il ne faut pas confondre avec une demande nouvelle un moyen nouveau; ainsi, sur l'appel, on peut demander pour la première fois une enquête. — Aucune intervention n'est reçue en appel, si ce n'est de la part de ceux qui auraient le droit de former tierce-opposition (*V.* ce mot). — Si le jugement est confirmé, l'exécution appartient aux premiers juges. Si le jugement est infirmé, l'exécution, entre les mêmes parties, appartient à la cour qui a prononcé, ou à un autre tribunal qu'elle indique par son arrêt (Code de proc. civ., art. 472) (*V.* TRIBUNAL DE PREMIÈRE INSTANCE, TRIBUNAL DE COMMERCE, COUR ROYALE). — § 2. *De l'appel en matière criminelle.* L'appel n'a pas lieu contre les arrêts des cours d'assises; ces arrêts ne peuvent être attaqués que par un pourvoi en cassation (*V.* COUR D'ASSISES, CASSATION). Mais il est permis d'appeler des jugements prononcés par les tribunaux de police correctionnelle et les tribunaux de simple police. — *Appel des jugements des tribunaux correctionnels.* L'appel est recevable alors même que, par application de l'article 463 du Code pénal, le tribunal n'a condamné le prévenu, déclaré coupable d'un délit, qu'à des peines de simple police; la diminution de la peine ne change ni le caractère du fait ni le titre de la condamnation. L'article 192 du Code d'instruction criminelle prévoit un cas entièrement différent, celui où le fait dont le tribunal se trouve saisi, ne constitue qu'une contravention de police. Alors, si la partie publique ou la partie civile n'a pas demandé le renvoi, le tribunal applique la peine, et son jugement est en dernier ressort. Bien que la loi, dont nous venons de reproduire les termes, parle seulement de la partie publique et de la partie civile, il nous paraît évident que le renvoi devrait être également prononcé s'il était requis par le prévenu. — Conformément au principe admis en matière civile, l'appel des jugements simplement préparatoires et de pure instruction, rendus par les tribunaux correctionnels, ne peut être formé qu'après le jugement définitif et conjointement avec l'appel de ce jugement; c'est ce qui a été jugé notamment par un arrêt de la cour de cassation, en date du 22 janvier 1825. Mais le droit d'appel reste entier à l'égard des autres jugements, soit définitifs, soit interlocutoires. Il reste entier aussi à l'égard des jugements qui, sans être absolument définitifs et sans terminer le procès, renferment cependant sur un incident séparé et grave une disposition définitive. Telles sont les décisions qui statuent sur une fin de non-recevoir, une exception, etc...; telles sont surtout celles qui prononcent sur une question de compétence (arrêts de la cour de cassation des 1er janvier 1811, 8 thermidor an XIII, 31 janvier 1817). — La faculté d'interjeter appel appartient: 1° aux parties prévenues ou responsables; 2° à la partie civile, quant à ses intérêts civils seulement;

3° à l'administration forestière (*V.* Forêts); 4° au procureur du roi près le tribunal de première instance, lequel, dans le cas où il n'appelle pas; est tenu d'adresser, dans le délai de quinzaine, un extrait du jugement au magistrat du ministère public près le tribunal ou la cour qui doit connaître de l'appel; 5° au ministère public près le tribunal ou la cour qui doit prononcer sur l'appel (Code d'inst. crim., art. 202). — Quand le ministère public appelle parce que la peine prononcée lui paraît trop légère, on dit qu'il appelle *à minimâ.* — Les parties prévenues ou responsables et la partie civile peuvent appeler par l'intermédiaire d'un fondé de procuration; mais le mandat doit être spécial. Il serait néanmoins suffisant, s'il contenait pouvoir d'appeler de tout jugement (arrêt de la cour de cassation du 28 janvier 1813). Un père peut, quoique sans mandat, interjeter appel des jugements rendus contre ses enfants mineurs; s'ils sont majeurs, on rentre dans la règle générale. — Le ministère public étant indivisible, les substituts du procureur du roi n'ont pas besoin d'un mandat donné par ce dernier pour former appel. — L'appel résulte d'une déclaration faite au greffe du tribunal qui a rendu le jugement (art. 203). L'appelant peut (car c'est pour lui une simple faculté) remettre une requête contenant ses moyens au même greffe ou à celui du tribunal d'appel. Cette requête est signée de l'appelant, ou d'un avoué, ou de tout autre fondé de pouvoir spécial; dans ce dernier cas, le pouvoir est annexé à la requête (art. 204). — La déclaration d'appel doit être faite, sous peine de déchéance, dix jours au plus tard après celui où le jugement a été prononcé, et, si le jugement est par défaut, dix jours au plus tard après celui de la signification qui en a été faite à la partie condamnée ou à son domicile, outre un jour par trois myriamètres de distance (art. 203). Ainsi l'appel est recevable au plus tard le onzième jour, y compris celui de la prononciation ou de la signification du jugement. La règle s'applique alors même que le dernier jour du délai se trouve être un jour férié. — Ce que nous venons de dire a trait à l'appel formé par les parties ou par le ministère public près le tribunal qui a rendu le jugement. Des dispositions spéciales existent quant au ministère public près la juridiction appelée à prononcer sur l'appel. Aux termes de l'article 205 du Code d'instruction criminelle, le ministère public près le tribunal ou la cour qui doit connaître de l'appel, est tenu, à peine de déchéance, de notifier son recours, soit au prévenu, soit à la personne civilement responsable du délit, dans les deux mois à compter du jour de la prononciation du jugement, ou, si le jugement lui a été légalement notifié par l'une des parties, dans le mois du jour de cette notification. La notification du recours, dont parle l'article 205, n'a pas besoin d'être précédée d'une déclaration au greffe. Elle n'est soumise à aucune forme particulière; et il est même de jurisprudence que l'officier du parquet près le tribunal d'appel, s'il se trouve encore dans le délai, peut valablement former son appel à l'audience, pourvu que ce soit en présence du prévenu. Le jour où le jugement a été rendu ne doit pas être compté dans le délai de deux mois fixé par l'article 205. — L'appel est suspensif; pendant le délai d'appel, et durant l'instance à laquelle l'appel donne lieu, il est sursis à l'exécution du jugement (art. 203). Toutefois le principe reçoit exception dans l'intérêt du prévenu acquitté, dont la mise en liberté ne peut être suspendue lorsqu'aucun appel n'a été déclaré ni notifié dans les trois jours de la prononciation du jugement (art. 206). — L'article 200 du Code d'instruction criminelle porte ce qui suit : « Les appels des jugements rendus en police correctionnelle seront portés des tribunaux d'arrondissement au tribunal du chef-lieu du département. Les appels des jugements rendus en police correctionnelle au chef-lieu du département seront portés au tribunal du chef-lieu du département voisin, quand il sera dans le ressort de la même cour royale, sans néanmoins que les tribunaux puissent, dans aucun cas, être respectivement juges d'appel de leurs jugements. Il sera formé un tableau des tribunaux de chef-lieu auxquels les appels seront portés. » Le tableau a été annexé à la loi du 20 avril 1810. Cette loi du 20 avril (art. 40) veut que les appels des jugements rendus en police correctionnelle soient portés au tribunal du lieu où siége habituellement la cour d'assises; cette disposition déroge jusqu'à un certain point à l'article 200, puisque, dans quelques départements, la cour d'assises n'est pas au chef-lieu. Enfin, suivant l'article 201 dans le département où siége la cour royale, les appels des jugements rendus en police correctionnelle sont portés à ladite cour. Il en est de même des appels des jugements rendus au chef-lieu d'un département voisin, lorsque la distance de cette cour n'est pas plus forte que celle du chef-lieu d'un autre département (*ibid.*);

mais on comprend que, dans aucun cas, une cour royale ne peut connaître de jugements rendus hors de son ressort (*V.* Cours royales). — Dans les vingt-quatre heures après la déclaration ou la remise de la notification d'appel, les pièces sont envoyées par le procureur du roi au greffe de la cour ou du tribunal d'appel. Si le prévenu se trouve en état d'arrestation, il est, dans le même délai, transféré dans la maison d'arrêt du lieu où siége cette cour ou ce tribunal (art. 207). L'appel est jugé à l'audience, dans le mois, sur le rapport fait par un des juges (art. 209). A la suite du rapport, le prévenu, soit qu'il ait été acquitté, soit qu'il ait été condamné, les personnes civilement responsables, la partie civile et le procureur du roi sont entendus (art. 210). On observe, du reste, les formes et solennités prescrites par la loi (*V.* Tribunal correctionnel, Jugement). Les jugements rendus par défaut sur l'appel peuvent être frappés d'opposition (*V.* ce mot) dans les cinq jours de la signification faite au prévenu ou à son domicile, outre un jour par cinq myriamètres de distance. L'opposition emporte de droit citation à la première audience; elle est comme non avenue si l'opposant ne comparaît pas. Le jugement qui intervient sur l'opposition, ne peut plus être attaqué par l'opposant, si ce n'est devant la cour de cassation (art. 208). — Si le jugement est réformé parce que le fait n'est réputé ni délit ni contravention de police par aucune loi, la cour ou le tribunal décharge le prévenu, et statue, s'il y a lieu, sur les dommages-intérêts (art. 212). On comprend que, dans ce cas, des dommages-intérêts ne sauraient être réclamés par la partie civile, sauf à elle à poursuivre son action devant les tribunaux civils. Si le jugement est annulé parce que le fait ne présente qu'une contravention de police, et si le renvoi devant une autre juridiction n'a pas été demandé, la cour ou le tribunal prononce la peine, et statue également, s'il y a lieu, sur les dommages-intérêts (art. 213). Si le jugement est annulé parce que le délit est de nature à mériter une peine afflictive et infamante, la cour ou le tribunal décerne, s'il y a lieu, le mandat de dépôt ou même le mandat d'arrêt, et renvoie le prévenu devant l'autorité compétente, autre toutefois que celle qui a rendu le jugement ou fait l'instruction (art. 214). Enfin, si le jugement est annulé pour violation ou omission non réparée de formes prescrites à peine de nullité, le tribunal ou la cour statue sur le fond (art. 215). — Un point essentiel à constater, c'est que les droits du tribunal d'appel varient selon que l'appel est interjeté par le prévenu, par la partie civile ou par le ministère public. L'appel du prévenu ne saurait lui préjudicier; si donc il a seul appelé, les juges d'appel ne peuvent pas prononcer contre lui une peine plus forte ni aggraver en quoi que ce soit sa situation. Dans le cas où la partie civile a appelé seule, le tribunal d'appel ne peut rien changer à la peine, et doit s'occuper uniquement de la question des dommages-intérêts réclamés par la partie civile. Lorsque le ministère public a appelé à minimâ et que le prévenu a gardé le silence, le tribunal d'appel a-t-il le droit de prononcer l'acquittement ou de réduire la peine? La négative avait paru d'abord résulter des principes; mais l'opinion contraire a ensuite prévalu devant la cour de cassation (arrêt du 4 mai 1825). On a pensé avec raison que l'appel du ministère public avait une nature et des règles particulières; que cet appel, étant formé en dehors de tout intérêt privé et dans l'intérêt de la bonne administration de la justice, devait tout remettre en question, et conséquemment profiter au prévenu si le mal jugé de sa condamnation était établi. Il est inutile d'ajouter que l'humanité ne peut qu'applaudir à cette interprétation. — Le prévenu, la partie civile, les personnes civilement responsables du délit et le ministère public sont admis à se pourvoir en cassation contre la décision rendue par le tribunal ou la cour d'appel (art. 216). — *Appel des jugements de simple police.* Suivant l'article 172 du Code d'instruction criminelle, les jugements rendus en matière de police sont sujets à appel, lorsqu'ils prononcent un emprisonnement, ou lorsque les amendes, restitutions et autres réparations civiles excèdent la somme de cinq francs, outre les dépens. — Les termes de l'article 172 supposent évidemment une condamnation; d'où l'on a conclu que le droit d'appeler, en matière de simple police, n'appartient qu'aux parties condamnées, et non au ministère public (*V.* notamment un arrêt de la cour de cassation du 24 février 1827). — L'appel est porté au tribunal correctionnel du ressort. Il doit être formé dans les dix jours de la signification de la sentence à personne ou à domicile (art. 174). La loi ne distingue pas, pour faire courir le délai, entre les jugements contradictoires et les jugements par défaut; la signification est toujours le point de départ. La loi n'indique pas non plus de quelle manière l'appel est interjeté; la cour de cassation a jugé, le 3 août 1833, que, dans le silence du Code à cet égard, l'appel peut être interjeté, soit par déclaration au greffe du tribunal qui a rendu le jugement, soit par notification faite au ministère public et contenant citation devant le tribunal supérieur. — L'appel est suspensif (art. 173). — Lorsque, sur l'appel, le procureur du roi ou l'une des parties le requiert, les témoins peuvent être entendus de nouveau, et il peut même en être entendu d'autres (art. 175). — Le jugement rendu sur l'appel peut être déféré à la cour de cassation par le ministère public ou les parties (art. 177). (*V.* CASSATION, TRIBUNAL DE POLICE.)

R. DE BELLEVAL.

APPEL COMME D'ABUS. On entend par appel comme d'abus un recours à l'autorité royale contre les empiétements de la juridiction ecclésiastique sur les droits de l'autorité civile, et contre les empiétements de celle-ci sur les droits de la première; d'où l'on voit que, si un magistrat peut se plaindre d'un excès de pouvoir de la part du pouvoir spirituel, ce juge peut aussi de son côté réclamer contre l'excès de pouvoir du magistrat. Trois questions principales se présentent naturellement à l'esprit, quand on veut traiter cet important sujet : *1° Quelle est l'origine des appels comme d'abus? 2° Quels sont les cas où il a lieu? 3° Quel en est le juge?* — I. Le mot d'*abus* a été inconnu de toute l'antiquité ecclésiastique. On le trouve employé pour la première fois par Durand, évêque de Mende, vers le commencement du XIVe siècle (voy. dans le *Dictionn. de droit can.* de Durand de Meillanne, le mot *Appel comme d'abus*). Mais si le mot était inconnu, la chose elle-même l'a-t-elle également été? Il est certain que lorsqu'on parcourt les lois romaines recueillies dans les codes de Théodose et de Justinien, on y trouve une protection très-étendue, accordée à l'Église, à sa discipline, à sa doctrine, à ses jugements; mais on n'y aperçoit pas la plus légère trace d'un tribunal ou d'un pouvoir institué pour fixer et faire respecter les limites des deux autorités. Les lois et les institutions du moyen âge ne présentent rien qui ressemble à un pouvoir établi dans ce but et avec cette attribution. Cependant les empereurs et les rois, depuis Constantin jusqu'à François Ier, sont intervenus dans les affaires ecclésiastiques; le fait n'est pas douteux; l'histoire est là pour l'attester. A quel titre ont-ils donc exercé cette intervention? Et cette intervention n'a-t-elle pas le caractère d'un recours pour cause d'abus? Parmi les canonistes, les uns veulent faire remonter les appels comme d'abus à la seconde race, ou même à Constantin, et les autres en placent l'origine au XVIe siècle. Mais quelques distinctions suffiront pour concilier ces assertions qui ne sont contradictoires qu'en apparence. Il est certain qu'il n'y avait pas d'appel comme d'abus de la part des magistrats contre les évêques pour cause d'empiétement de juridiction; mais il y avait appel aux évêques pour obtenir protection contre toutes les violences auxquelles eux ou les fidèles qui leur étaient confiés se trouvaient souvent exposés. Ainsi, si l'on ne veut parler que de ce genre d'appel comme d'abus, on ne saurait nier qu'il ne soit très-ancien dans l'Église. Les annales ecclésiastiques font encore foi qu'il remonte jusqu'à Constantin. Mais voici un autre genre d'appel comme d'abus, qui n'a pas été inconnu dans les premiers siècles du christianisme. Les prêtres menacés par leurs évêques recouraient à l'empereur, non point précisément pour attaquer la forme suivie dans leurs jugements, ni pour contester la compétence du juge, pas plus que pour demander à ce chef de l'empire de les réintégrer dans leurs fonctions, mais pour qu'il fît assembler un concile où leur cause pût être revisée. Nous lisons en effet dans le concile d'Antioche : « *Si quis à proprio episcopo presbyter aut diaconus, aut à synodo fuerit episcopus forté damnatus, et imperatoris auribus molestus exstiterit, opporteat ad majus episcoporum converti concilium, et quæ putaverint justa habere, pluribus episcopis suggerant, eorumque discussiones atque justitia præstarentur. Si verò hæc parvipendentes molesti fuerint imperatori, hos nullâ veniâ dignos esse, nec locum satisfactionis habere, nec spem futuræ restitutionis penitus operiri dijudicamus* » (Conc. Antioch., ann. 341, can. 12). L'abbé Pey fait judicieusement sur ce canon la remarque suivante : « Quoique ce canon du concile d'Antioche n'ait point été adopté de l'Église, en ce qu'il interdisait l'appel au pape, il montre pourtant quelle était la doctrine de ce temps, par rapport à l'indépendance de la puissance épiscopale (De l'autorité des deux puissances, t. III, pag. 593, seconde édit.). » — Il est une autre espèce d'appel comme d'abus, le plus fréquent et presque le seul auquel on ait eu recours pendant trois siècles, et qui est beaucoup moins ancien que ceux dont nous venons de parler; c'est

celui qui était dirigé contre le juge, ou les supérieurs ecclésiastiques. Il fut en pleine vigueur au XVIe siècle. Ce n'est pas précisément à Pierre de Cugnières, comme quelques auteurs le soutiennent, qu'il a commencé, ni au grand schisme; seulement à ces deux grandes époques il y a eu une disposition très-prononcée à les établir. « Vers la fin du XIIIe siècle, dit M. Jauffret, les officialités furent établies ou plutôt érigées en tribunaux proprement dits, car elles existaient déjà. Dès lors on distingua dans les évêques deux sortes de juridictions : la juridiction gracieuse ou volontaire, et la juridiction contentieuse. La juridiction gracieuse, qu'ils continuèrent d'exercer par eux-mêmes ou par leurs vicaires généraux, comprit toutes les affaires de simple administration. Le droit de réprimer par les voies canoniques les ecclésiastiques ou les laïques coupables de quelque délit religieux, et celui de connaître des actions personnelles intentées aux ministres de la religion, même aux simples clercs, firent partie de la juridiction contentieuse. Cette juridiction fut attribuée aux officiaux ou *juges d'église*, pour être exercée, au nom de l'évêque, dans les formes prescrites par le droit canonique et par les ordonnances du royaume. Quelques officiaux s'attirèrent de justes reproches en franchissant les bornes d'un pouvoir limité par sa nature aux objets spirituels, et inséparables du ministère des âmes. Les seigneurs en profitèrent pour accuser les juges d'église en masse d'entreprendre sur leur juridiction. Ils adressèrent leurs doléances au roi en 1329. Philippe VI ne voulut prendre aucune détermination avant d'avoir entendu les évêques. Il leur écrivit de se rendre à Paris pour y défendre leur cause. Les seigneurs furent également convoqués. Une assemblée solennelle eut lieu dans le palais du roi, en présence des princes du sang. Pierre de Cugnières, remplissant à la fois les fonctions d'avocat général et celles de conseiller, exposa les sujets de plainte et déclara que le monarque était dans la ferme résolution de s'opposer désormais à toute entreprise de juridiction, à tout excès de pouvoir de la part des officiaux. Roger, archevêque de Sens, porta la parole au nom du clergé. Après avoir essayé de prouver que plusieurs faits, signalés comme des entreprises sur la juridiction temporelle, étaient étrangers à cette juridiction, il dit qu'on reprochait aux officiaux des excès de pouvoir dont le clergé n'avait nulle connaissance, et qu'il ne saurait tolérer; qu'au reste il avait lui-même à se plaindre de diverses proclamations faites au préjudice de la juridiction ecclésiastique. Le roi assura personnellement les prélats qu'elles avaient été faites sans son ordre, qu'il les désapprouvait et qu'il ne donnerait jamais aux autres l'exemple d'attaquer l'Église. Il ne s'expliqua point sur l'objet pour lequel il avait à propos de les réunir; mais quelques jours après Pierre de Cugnières fut autorisé à leur dire, *que s'ils ne prenaient eux-mêmes les mesures convenables pour mettre un terme aux abus, Sa Majesté se verrait forcée d'y apporter le remède qui serait agréable à Dieu et au peuple.* Les plaintes continuèrent. Cependant la menace faite au nom du roi ne se réalisa point. La difficulté de fixer avec précision les limites des deux puissances arrêta le monarque. « Mais, dit Villaret, cette querelle fut le germe qui produisit par la suite les *appels comme d'abus*. (Jauffret, *Des recours au conseil d'État dans les cas d'abus en matière ecclésiastique*, pag. 4-7). » La pragmatique sanction n'établit ni des règles pour autoriser les appels, ni un tribunal pour les juger. Cet acte fameux, qui date de 1438, se borna à mettre sous la protection des parlements l'exécution d'un petit nombre de points de discipline et surtout la collation des bénéfices. Charles VII et les évêques ne pensaient alors qu'à se défendre contre le préjudice causé aux regnicoles par les collations faites à Rome. Certes, il y a loin de la protection de ces intérêts à l'institution d'une règle et d'un juge pour faire respecter les limites des deux juridictions, ce qui, nous devons le répéter, est à proprement parler le seul motif des appels comme d'abus. Cependant les parlements dépassèrent le cercle des attributions dans lequel la pragmatique les avait renfermés, et, malgré les injonctions qu'y rentrer qui leur furent faites par Charles VII dans son ordonnance de 1553, ils n'en continuèrent pas moins à frapper tous les jours sur la juridiction spirituelle. Le concordat de 1516, en révoquant la pragmatique, leur accorda, d'après les nouvelles conventions stipulées entre le pape et le roi de France, un droit de protection, c'est-à-dire la faculté de contraindre à exécuter leurs arrêts. Mais l'abus suivit de près cette concession; les magistrats parurent n'en faire usage que pour étendre sans mesure leurs attributions. Enfin l'ordonnance de 1539 donna aux appels comme d'abus proprement dits l'existence légale qu'ils n'avaient pas jusqu'alors. Ainsi, quoi qu'il en soit des discussions qui tendent à leur donner une plus grande antiquité, ils ne pouvaient être avant cette époque que des faits en dehors des lois. Mais nous croyons que ces faits eux-mêmes n'ont point existé, ou n'ont pas constitué de véritables recours pour cause d'abus. Les auteurs contemporains attestent en effet qu'avant le commencement du XVI° siècle il n'existait pas même de formule pour ces appels. Or, c'est aux yeux de plusieurs jurisconsultes et de Févret lui-même une preuve incontestable que les parlements ne les regardaient point à cette époque comme des causes relevant de leur juridiction. Ils devinrent plus fréquents encore après cet édit. Ils se multiplièrent surtout depuis qu'en 1549 Henri II eut attribué aux juges laïques la connaissance de tout acte ou de tout procédé religieux important offense publique; car dès lors on les vit fréquemment interjetés et reçus pour des actes peu importants et concernant le for intérieur, tels, par exemple, que les interdictions que prononçaient les évêques, en vertu de leur juridiction volontaire, les suspenses, etc. Le clergé s'en plaignit en 1585 à Henri III, et demanda que l'autorité royale déterminât les cas où les appels pourraient être formés. Il réitéra sa demande en 1605, mais ce fut toujours sans succès; Henri IV ne se montra pas plus facile que Henri III. Seulement, comme le remarque M. Jouffret que nous ne faisons qu'abréger ici, pour empêcher qu'on ne recourût à ce remède aussi souvent que par le passé, un édit du mois de décembre 1606 doubla l'amende du fol appel et renouvela les dispositions des édits et des ordonnances de 1539, 1580 et 1591, portant que les appellations comme d'abus en matière de correction et de discipline n'auraient aucun effet suspensif. Le clergé réclama de nouveau en 1614, sous la régence de Marie de Médicis, mère de Louis XIII, et ce fut encore inutilement. Lors de la rédaction de l'ordonnance civile de 1667, on s'occupa bien de préciser davantage les cas d'abus; mais après une longue discussion on déclara qu'il fallait s'en tenir à ce qui existait, et s'en rapporter, pour les particuliers, à la prudence des cours et à la religion des magistrats. Toutefois les parlements eurent ordre de procéder au jugement des appels, de manière à ce que les ecclésiastiques ne fussent point troublés dans l'exercice de leur juridiction. Cette injonction ne fut pas sans quelque résultat. Bossuet dit, dans l'oraison funèbre de Le Tellier, que, sous ce ministre, leur conduite fut à l'abri de tout reproche. Mais bientôt après de nouvelles atteintes furent portées à la juridiction ecclésiastique, au point que Fleury s'en plaignit ouvertement en 1693, dans un de ses discours, de ce que les parlements *étaient indirectement à cette juridiction ce qu'ils ne pouvaient lui ôter directement.* Enfin pour la première fois les plaintes de cette nature portèrent des fruits réels; car, par un édit en date du mois d'août 1695, Louis XIV fit défense aux parlements « d'admettre d'autres appels d'ordonnances et jugements des juges d'église que ceux qui seraient qualifiés d'*appels comme d'abus.* » Il leur enjoignit en même temps d'examiner « les moyens d'appel le plus exactement possible avant de les recevoir, et de procéder à leur jugement avec telle diligence et circonspection, que l'ordre et la discipline ecclésiastique n'en pussent être ni altérés ni retardés, et que, au contraire, elles ne servissent qu'à les maintenir dans leur pureté, suivant les saints décrets, et à conserver l'autorité légitime et nécessaire des prélats et autres supérieurs ecclésiastiques (art. XXXV). » Le même édit ordonnait encore aux parlements de renvoyer aux évêques *tout ce qui était relatif à la doctrine;* il voulait aussi que l'appelant fût condamné, s'il succombait, aux dépens et à une amende de 75 livres au moins. Il confirmait en outre les dispositions des anciennes ordonnances, d'après lesquelles les appels en matière de discipline et de correction n'avaient aucun effet suspensif (art. XXX, XXXVI et XXXVII). Enfin il statuait qu'en jugeant les appels comme d'abus, les cours prononceraient qu'il n'y avait abus, ou diraient qu'il avait été mal et abusivement procédé; et qu'en ce cas, si la cause était de la juridiction ecclésiastique, elles la renverraient à l'archevêque ou évêque dont l'official avait rendu le jugement ou l'ordonnance déclarée abusive, afin qu'il en fût donné une autre, ou au supérieur ecclésiastique, si la dite ordonnance ou jugement étaient directement émanés de l'archevêque ou évêque, comme concernant la juridiction volontaire (article XXXVII). Cependant on ne se conforma pas toujours à ces dispositions. Les auteurs des opinions les plus divergentes sont tombés d'accord que les parlements avaient exagéré outre mesure les droits de l'autorité civile. Personne n'oserait justifier aujourd'hui leur tant d'arrêts en matière de doctrine, de discipline et de sacrements, objets sur lesquels leur incompétence était évidente. Au milieu même de leur grande puissance, Montes-

quieu les a trouvés menaçants pour la monarchie; car il disait en 1748 : « Les tribunaux d'un grand État en Europe frappent depuis plusieurs siècles sur la juridiction patrimoniale des seigneurs et sur la juridiction ecclésiastique. Nous ne voulons pas censurer des magistrats si sages, mais nous laissons à décider jusqu'à quel point la constitution peut en être changée (*Esprit des lois,* liv. II, ch. IV). » — II. Quant à la question des *cas d'abus,* on ne saurait l'éclaircir autrement qu'en distinguant ce qui se pratiquait sous l'ancienne législation de ce qui se fait aujourd'hui. De quelque manière qu'on divise les appels comme d'abus pratiqués autrefois, on peut les renfermer dans l'une de ces quatre catégories. Les premiers sont fondés sur les atteintes portées directement à l'ordre civil; les seconds sur l'irrégularité des procédures; les troisièmes sur le mal jugé dans cette partie de la juridiction civile, que l'évêque exerce par concession du prince; les quatrièmes sur l'infraction des lois ecclésiastiques ou civiles par rapport au fond des matières spirituelles. Nous ne parlerons pas des appels fondés sur la violation des formes de la procédure, qui est sans intérêt pour nous, puisqu'elle a été abrogée par nos lois, ni de ceux qui avaient lieu contre la sentence du juge d'église dans les choses où il était le délégué du prince. Les évêques n'ont plus à prononcer sur des débats de cette nature. « Le quatrième genre d'appel comme-d'abus sur le mal jugé, quant au fond des matières spirituelles, dit l'abbé Pey, est évidemment nul et illégal, ainsi que le jugement qui intervient, par la raison que le magistrat politique est sans juridiction sur ces matières, et que l'abus qu'une puissance légitime peut faire de son autorité ne peut donner aucune juridiction à une autre puissance pour la juger, ni pour la réformer, ainsi que nous venons de le prouver dans ce paragraphe. Il n'est pas en la disposition des magistrats politiques d'étendre leur domaine au delà des limites que Dieu leur a marquées, et il est encore moins permis aux simples particuliers d'intervertir l'ordre qu'il a établi; comme si le mot d'*abus,* ajouté à l'appel, avait la vertu de transporter, selon leur caprice, la juridiction épiscopale à un juge incompétent. » M. du Perrai enseigne sur l'appel comme d'abus en matière spirituelle, « on ne peut prononcer *bené vel malé* parce que les juges séculiers n'examinent pas le mérite du fond, pour confirmer ou infirmer la sentence, mais seulement pour juger s'il y a abus (du Perrai, Not. sur l'édit de 1695, articles XXXVII et LIV), c'est-à-dire s'il y a irrégularité, quant à la forme. M. de Marca (Concord. sacerd. et imp., l. LV, cap. 20, num. 2) observe que les magistrats doivent se borner à protéger les canons, sans entreprendre sur la juridiction de l'Église. « Or il y aurait entreprise, ajoute-t-il, si, en prononçant sur l'abus, le jugement portait sur le fond. *Quod varié accidere potest, scilicet si non solum se canonum exactores præstent, sed etiam executores, id est, si prænuntiantes de abusu admisso, eo gradu non hæreant, sed etiam de negotio ecclesiastico judicium ferant* (De l'autorité des deux puissances, t. III, pag. 603-604). Jetons à présent les yeux sur la loi organique du 8 avril 1802 : « Il y aura recours au conseil d'État, porte l'article 6, dans tous les cas d'abus de la part des supérieurs et autres personnes ecclésiastiques. Les cas d'abus sont l'usurpation ou l'excès de pouvoir, la contravention aux lois et règlements de la république, l'infraction des règles consacrées par les canons reçus en France, l'attentat aux libertés, franchises et coutumes de l'Église gallicane, et toute entreprise ou tout procédé qui, dans l'exercice du culte, peut compromettre l'honneur des citoyens, troubler arbitrairement leur conscience, dégénérer contre eux en oppression ou en injure, ou en scandale public. » Ce qu'on peut aisément remarquer dans ces dispositions, c'est qu'elles reproduisent l'esprit de l'ancienne jurisprudence sans être fondées sur les mêmes motifs. Si dans une matière aussi délicate il nous était permis d'émettre un avis, nous nous arrêterions aux règles suivantes : 1° s'il s'agit de délits contre des particuliers, commis par des ecclésiastiques dans l'exercice de leurs fonctions, c'est aux tribunaux à statuer, après une autorisation préalable du conseil d'État. Mais le recours à ce conseil n'a dans ce cas aucun rapport avec celui qui est formé pour cause d'abus; il est de même nature que la garantie donnée aux fonctionnaires par la constitution de l'an VIII; 2° s'il s'agit de contravention aux lois, d'excès de pouvoir, il n'y a proprement abus qu'autant que cette contravention a lieu par un acte appartenant à la juridiction ecclésiastique, parce que cet acte peut seul constituer un empêtrement : hors de là, c'est un délit ou ce n'est rien; 3° si l'appel est formé par un ecclésiastique qui, jouissant d'un titre inamovible, en a été privé par son évêque, le conseil d'État n'a à s'enquérir que d'une chose, c'est de savoir si l'évêque a observé les formes essentielles des jugements. Or cet appel n'appartient pas non plus à la catégorie des appels comme d'abus ; il est plutôt la conséquence de la protection que la loi accorde à tout Français contre un jugement arbitraire. Remarquons en passant que, dans le cas de privation du titre et de la suppression du traitement, ainsi que de l'interdit ou de toute autre peine canonique, le conseil d'État se déclare ordinairement et doit se déclarer en effet incompétent ; 4° s'il s'agit de refus de sépulture, de sacrements ou de toute autre matière spirituelle, le conseil d'État n'a aucune intervention juridictionnelle à exercer. Telles sont les règles que nous semble prescrire la sagesse et qui ne sont pas inconciliables avec les lois. Au reste, cette importante matière, de l'aveu de tout le monde, a besoin d'une législation nouvelle. — III. Sous l'ancien régime la connaissance des appels comme d'abus appartenait incontestablement aux parlements ; et si ces cours étaient elles-mêmes accusées d'empiétement par le clergé, l'appel était porté au grand conseil, ou au conseil du roi. Aujourd'hui c'est le conseil d'État qui juge des appels comme d'abus ; sa juridiction n'est plus contestée. Il y a quelques années que cette même juridiction était vivement réclamée en faveur des cours royales ; on citait, pour la leur attribuer, le décret du 25 mars 1813 ; mais, comme l'a remarqué M. Jauffret, ce décret rendu *ab irato*, à l'occasion du concordat de Fontainebleau, contre lequel le pape venait de protester, n'a pas plus été observé que le traité dont il prescrivait l'exécution. Il n'aurait pu l'être qu'autant qu'une loi subséquente aurait déterminé, conformément à l'art. 6, la procédure et les peines applicables dans ces sortes de matières. Cette loi n'a pas été faite ; c'est donc celle du 8 avril 1802 qui doit continuer à nous régir. Vainement on objecte, c'est toujours M. Jauffret qui parle, que l'ordonnance du 23 août 1815 a rapporté celle du 29 juin 1814, relative au conseil d'État. Cette ordonnance n'était pas attributive ; elle ne faisait que reconnaître un droit conféré par une loi formelle, par une loi constamment observée depuis 1802, et indiquer le comité devant lequel on devait procéder. Or, si l'ordonnance a été rapportée, la loi n'en subsiste pas moins. Le conseil d'État est donc seul compétent dans l'état actuel de la législation pour connaître des cas d'abus ; c'est ce que la cour royale a formellement reconnu par l'arrêt qu'elle a rendu dans l'affaire du sieur Chasle, curé de Notre-Dame de Chartres, qui avait présenté requête à l'effet d'obtenir la permission d'assigner son évêque pour appel comme d'abus (*Des recours au conseil d'État*, pag. 37-38). Nous ne terminerons point cet article, sans dire avec le sentiment de la reconnaissance, que nous devons à M. l'abbé Affre, vicaire général du diocèse de Paris, les renseignements qui nous ont aidé à fixer l'origine des appels comme d'abus, et les règles auxquelles il conviendrait d'assujettir ces sortes d'appels pour les mettre en harmonie avec notre droit public.　　　　　　　　L'abbé GLAIRE.

APPEL AU FUTUR CONCILE (*V.* ci-dessous APPELANT).

APPEL (*terme de manège*). Appel de langue, appeler son cheval de la langue, c'est une des aides de l'ancienne école française (*V.* ÉQUITATION).

APPELANT, qui émet appel d'une sentence, d'un jugement. (*V.* APPEL, droit.) On a désigné particulièrement par ce nom, au commencement du XVIIIe siècle, les évêques et autres ecclésiastiques qui avaient interjeté *appel au futur concile* de la bulle *Unigenitus*, donnée par le pape Clément XI. C'étaient les évêques de Mirepoix, de Senez, de Montpellier et de Boulogne, qui, ne voulant pas tenir le pape pour infaillible en matière de foi, interjetèrent cet appel comme pour se retrancher dans leur désobéissance, derrière une formule à peu près illusoire ; car il n'était guère probable qu'un concile, et surtout un concile œcuménique, tel qu'il aurait dû l'être dans leur opinion même pour être supérieur au pape, fût convoqué de leur vivant, et que par conséquent la question se trouvât décidée. Quoi qu'il en soit, le cardinal de Noailles, archevêque de Paris, accéda, de même que l'université, à l'opinion des quatre prélats ; mais, en 1739, l'université, mieux informée, rétracta son adhésion. Les appelants prétendaient que la bulle renfermait plusieurs décisions dont le sens était équivoque. Que les écrivains protestants ou qui écrivent pour les protestants, aient loué ces quatre évêques de s'être *scandalisés de cette bulle dont* s'étaient effarouchés d'abord les prélats même qui l'admiraient, cela ne doit pas surprendre ; ce qui doit étonner à quelque religion, à quelque secte qu'on appartienne, c'est qu'on veuille nous apprendre que ces quatre ou cinq récalcitrants ont eu à eux seuls plus de raison, nous ne disons pas que le souverain pontife et son conseil, mais que les cent prélats qui composaient le haut clergé de France et les innombrables docteurs en théologie qui avaient adhéré à la décision de l'immense majorité des évêques. Nous renvoyons au mot *concile* pour la question de savoir si un appel au futur concile est fondé, et s'il peut avoir quelque effet ; on y verra aussi quel a été sur ce point l'usage de l'Église de France. On sait que la bulle *Unigenitus* condamnait le livre du P. Quesnel, intitulé : *Réflexions morales sur le Nouveau Testament*.　　　　　J. DE M.

APPELER. Ce verbe, tantôt actif, tantôt neutre, s'emploie en divers sens, 1° pour *nommer* :

　　J'appelle un chat un chat, et Rollet un fripon.

Comment vous appelez-vous ? Je m'appelle Jean ; 2° pour *faire l'appel* de ceux qui font partie d'un corps, d'une assemblée : *appelez les témoins ;* 3° pour inviter à faire quelque chose : *la cloche appelle les fidèles au sermon ;* 4° pour citer, *assigner* à comparaître en justice : *il a été appelé devant le juge d'instruction ;* 5° pour nommer la cause qui doit être plaidée, ce qui se fait en indiquant à haute voix les noms et qualités des parties : *appeler une cause à l'audience ;* 6° pour provoquer quelqu'un à se battre : *appeler en champ clos.* — Appeler se dit encore de ceux qui sont décédés : *Dieu l'a appelé à lui.* On dit proverbialement *appeler les choses par leur nom*, pour indiquer qu'on ne ménage point la susceptibilité de ceux à qui l'on s'adresse, et qu'on leur dit leurs vérités, quelque dures qu'elles soient. — On dit d'un homme qui élude la prière qu'on lui fait : *c'est le chien de Jean de Nivelle qui fuit quand on l'appelle.* — En termes de marine, appeler se dit d'un cordage, d'un câble, d'une manœuvre qui remplissent la fonction pour laquelle on les emploie : un câble *appelle droit* lorsque rien ne lui fait perdre la ligne droite ; il *appelle en étrive* lorsqu'il rencontre un obstacle qui le force à dévier de sa direction ; il *appelle de loin* lorsque le point où son extrémité est fixée, se trouve bien éloigné du point où l'agent de la force opère.　　　　　　　　　　　　　　X. X.

APPÉLIUS (JEAN-HENRI), naquit à Middelbourg dans la Zélande, vers l'an 1761. Son père, ministre du culte protestant, le destinant à suivre la même carrière, lui fit faire des études analogues ; Jean-Henri commença à remplir les fonctions de notaire. La révolution étant survenue, et l'exemple donné par la France républicaine ayant fait surgir du fond des Pays-Bas une république batave, il fut nommé membre de l'assemblée nationale de cette république, et il s'y fit remarquer comme orateur et comme diplomate. Doué d'ailleurs de beaucoup de souplesse d'esprit, il sut se maintenir dans les divers emplois qui lui furent successivement confiés. Le roi *Louis Bonaparte* l'appela au ministère des finances, et Appélius ne s'y montra point déplacé. Après la réunion éphémère de la Hollande à l'empire, réunion monstrueuse dont le caractère hollandais rendait la durée impossible, Appélius devint conseiller d'État attaché à la section des finances. En 1814, il quitta Paris et fut nommé par le nouveau roi de Hollande, administrateur général des finances pour les provinces belges, et plus tard directeur général des impositions indirectes. Appélius, en digne champion du fisc, avait présenté en 1815, un projet de loi tendant à élever un taux excessif les droits de succession, et ce projet, qui fut rejeté par la seconde chambre, lui avait attiré la haine de l'aristocratie hollandaise ; mais lorsque, plus tard, il proposa d'augmenter les impôts qui frappaient le commerce, il souleva contre lui toute la population de Rotterdam (1819) ; il courut même quelques dangers. Il mourut à la Haye en avril 1828, dans sa soixante et unième année, emportant la réputation d'un homme qui avait eu plus de ruse et de finesse que de grandeur dans les vues.　　　　　　　　　　　N. M. P.

APPELLATIF. Tous les noms sont appellatifs, puisque tous sont des signes qui servent à appeler et à nommer ; mais les grammairiens sont convenus d'entendre par *nom appellatif* ou *nom commun*, celui qui est l'opposé du *nom propre*, c'est-à-dire du nom qui ne s'applique qu'à un seul individu. Ainsi, *homme, cheval, maison, étoile*, sont des noms appellatifs ; mais *César, Bucéphale, Tivoli, Sirius*, sont des noms propres. La distinction est tranchée, et semble, on ne peut davantage, facile à saisir ; et cependant elle ne laisse pas que de présenter quelquefois dans la pratique, de grandes difficultés. La nature, au premier coup d'œil, paraît n'offrir que de grandes divisions nettement caractérisées ; mais à qui l'observe de près, tout échappe dans l'infini des distinctions, tout se confond dans l'unité du plan. Les anciens n'ont connu pendant longtemps que quatre éléments principaux : l'eau, l'air, le feu, la terre. La chimie moderne a remplacé ces éléments par une multitude de corps simples, dont la liste pourrait bien n'être pas encore complète ; puis voilà qu'aujourd'hui, quelques-uns de ces corps, prétendus simples, semblent vouloir se diviser encore, ou se confondre avec d'autres. Il en est de même en grammaire. *Au commencement, Dieu créa le Ciel et la Terre;* tant que ces deux choses existaient seules avec Dieu, *Ciel* et *Terre* furent des noms propres. Dieu sépare les éléments; il fait naître le Feu, l'Air, l'Humide et l'Aride. L'univers, distribué dans ses principales parties, n'est plus qu'une collection; les noms de *terre* et de *ciel*, de propres qu'ils étaient, deviennent appellatifs. Bientôt l'Humide et l'Aride produisent des êtres organisés, Béhémah (les quadrupèdes), Léviathan (les poissons), Hozan (les oiseaux), Adam (l'homme); et les noms passent continuellement du sens propre à l'appellatif, parce que dans la création, tous les êtres sont tour à tour genres et espèces. Le genre humain se divise en nations, chaque nation en familles, chaque famille en individus, qui à leur tour redeviennent chefs de familles et de genres. Où est la véritable ligne de démarcation entre le nom propre et le nom appellatif? Autant vaudrait demander à un philosophe, où commence la création et où elle finit. L'univers était un immense musée, divisé par cases et compartiments, sur chacun desquels l'homme fut chargé de mettre l'étiquette.　　　　　　　　　　P. J. PROUDHON.

APPENDICE, subs. masc.; en latin, *appendix*, qui est du genre féminin. Les grammairiens, ou du moins les lexicographes ne sont pas d'accord sur le genre de ce nom, qui signifie: Chose ajoutée à un objet principal, supplément placé à la fin d'un ouvrage littéraire, soit pour le compléter, soit pour donner quelque explication. Ceux qui prétendent que le mot doit être féminin se fondent sur l'étymologie. C'est un mot tout latin, disent-ils, *appendix*, et en latin ce mot est du genre féminin : tout cela est vrai; mais les autres allèguent l'usage, et l'usage, ce tyran des langues, doit être suivi. Wailly, Noël et Chapsal, l'Académie, se prononcent pour le masculin; Laveaux, Gattel, Landais, pour le féminin. Nous penchons pour les premiers, qui ont avec eux l'Académie. Or nous ne jugeons pas de l'Académie par les épigrammes de Piron; mais l'Académie est un corps qui doit faire autorité en matière de langue. Si nous nous mettons au-dessus de ses décisions et qu'ensuite nous soyons imités, nous marchons directement vers l'anarchie. Assurément nous ne pensons pas que des juges soient infaillibles; souvent même nous ne les croyons pas plus instruits que nous : quand ils ont jugé, nous n'en sommes pas moins obligés d'exécuter leur sentence. — En termes d'*anatomie*, on donne le nom d'appendice à une partie qui, bien qu'adhérente par quelque point à une autre partie, en paraît cependant séparée. Ce sont en général des membranes annexées à un organe (*V.* Appendice XIPHOÏDE ou STERNAL, Appendice VERMICULAIRE ou CŒCAL, Appendices ÉPIPLOÏQUES). — En *botanique*, on entend par appendice une espèce de prolongement de la fleur ou de la feuille qui accompagne le pédoncule ou le pétiole jusqu'à son insertion sur la tige ou sur les rameaux. — *Appendicule*, petit appendice peu important.　　　　　　　　　　J. DE M.

APPENTIS, subs. masc.; ce mot est tiré du latin *appendix*, dépendance; il désigne un demi-comble en manière d'auvent, qui n'a qu'un égout.

APPENZELL. Après la chute de la maison de Souabe, l'Helvétie ancienne se trouva divisée en une quantité de petits États ecclésiastiques et séculiers, qui tous relevaient directement de l'Empire. Au nombre des seigneurs qui se l'étaient partagée, nous devons placer l'abbé de Saint-Gall, possesseur du Rheinthal et du pays d'Appenzell. Rien ne troubla pendant un siècle et demi la tranquillité des abbés; mais, à la fin du XIVe siècle, Cunon de Stauffen abusa des droits que ses prédécesseurs lui avaient transmis. Les Appenzellais irrités chassèrent ses officiers, et demandèrent à être reçus dans la confédération suisse. Deux cantons seulement consentirent à faire alliance avec eux (Glaris et Schwytz). Néanmoins les secours qu'ils en tirèrent, et l'habileté de leur chef Jacques Hartsch, leur suffirent pour battre une armée nombreuse, réunie contre eux par leur ancien seigneur. Vainement Cunon appela-t-il à son secours Frédéric d'Autriche; Rodolphe, comte de Vordenberg, se mit du côté des Appenzellais, et fit encore pencher la balance en leur faveur. Vainement encore l'empereur Robert le Palatin (en 1408) rendit-il une sentence favorable à l'abbé; il mourut avant d'avoir pu en assurer l'exécution. — Enfin, l'an 1419, Appenzell fut reçu à l'unanimité dans la confédération suisse, et depuis ce temps sa liberté a été à l'abri de toute atteinte. — Le gouvernement d'Appenzell est démocratique. — Le pays qui forme le canton est couvert de montagnes et abonde en pâturages. — On y trouve huit bourgs ou villages, et pas une ville. — La population (55,000 habit.)

est presque également partagée entre le catholicisme et le protestantisme.　　　　　　　　　　HENRI PRAT.

APPESANTIR. Au propre, c'est rendre plus pesant, plus lourd; au figuré, c'est diminuer l'activité des fonctions du corps et de l'esprit. Un homme est appesanti par les années, c'est-à-dire que ses membres ont perdu leur vigueur; s'il s'agit de son intelligence, on dit que ses facultés morales se sont appesanties. On dira d'un homme que les malheurs accablent, que la main de Dieu, que le courroux du ciel s'est *appesanti sur lui;* d'un orateur qui divague longuement sur un point, qu'il *s'est appesanti* sur son sujet; d'un chirurgien qui n'a plus la main bien sûre, qu'elle *s'est appesantie;* d'un individu qui s'endort, que sa *paupière s'appesantit.*　　X.X.

APPÉTIT, c'est le désir instinctif de prendre des aliments solides; car si ce besoin a la boisson pour objet, il s'appelle *soif.* L'appétit qui n'est pas satisfait, au bout de quelque temps dégénère en faim. La faim diffère de l'appétit, en ce que celui-ci peut être excité soit en mangeant des aliments qui plaisent, soit même par le seul souvenir de ces aliments; au lieu que la faim consiste dans un besoin réel qui, pour se satisfaire, accepte tout ce qui ne cause point de répugnance : l'appétit choisit ses mets. Il arrive souvent qu'en mangeant l'appétit devient plus vif : la faim s'apaise dès qu'elle trouve des aliments suffisants. — L'appétit est produit par une excitation des papilles nerveuses de l'appareil nutritif; il se manifeste par une abondante sécrétion de salive; il a son siége dans le système des ganglions. — Un appétit dévorant ou déréglé est une véritable maladie. Dans le premier cas, c'est-à-dire, si le besoin de manger est continuel, il prend le nom de boulimie ou cynorexie (*V.* ces mots). Dans le second cas, c'est-à-dire si l'on appète des choses qui ne sont pas des substances alimentaires, comme de la terre, de la craie, du plâtre, de la chair crue, et même des matières fécales sèches, la maladie prend le nom de *pica, malacia, cissa* (*V.* ces mots); et comme elle provient d'une lésion du système nerveux, il faut chercher à détruire la cause qui a produit la lésion, et si l'on réussit, l'appétit dépravé disparaît. — Dans les maladies l'appétit se perd; cette perte de l'appétit est souvent le symptôme de la maladie même; le retour de l'appétit est un signal de convalescence. Le meilleur moyen de ramener l'appétit, c'est un exercice modéré; les préparations pharmaceutiques produisent bien moins d'effet. — Le mot appétit se prend souvent au figuré, et dans ce cas il signifie : désir de posséder quelque chose pour la satisfaction de quelqu'un de nos penchants : *Appétit sensuel, appétit charnel,* etc. *Avoir appétit de biens, d'honneurs.* — Il s'emploie aussi proverbialement : *C'est un homme de bon appétit,* que rien ne satisfait, qui toujours demande. *L'appétit vient en mangeant,* c'est-à-dire quand on a obtenu une chose, on en veut une autre. *Avoir l'appétit ouvert de bon matin;* rechercher de bonne heure et d'avance les choses qu'on désire. *Il n'est chère que d'appétit;* ce qui signifie que le meilleur assaisonnement des mets est la faim. Cette expression signifie aussi qu'un homme aspire à tous les biens. — On donne le nom d'*appétits* à de petits oignons, ciboules, etc., qu'on met dans les salades pour en relever le goût.　　　　　　　　　　N. M P.

APPIEN, historien grec, naquit à Alexandrie, et paraît avoir écrit sous Antonin le Pieux. Il vint de bonne heure à Rome, y exerça la profession d'avocat, et obtint un emploi dans la maison impériale. Quelques biographes prétendent qu'il fut ensuite chargé du gouvernement de l'Égypte; mais ils ont négligé d'appuyer cette assertion sur des preuves qui nous permettent de l'accepter comme vraie. — C'est à cela que se réduisent tous les détails biographiques que nous avons sur Appien; mais ses ouvrages nous sont restés en partie, et sont dignes de fixer l'attention. — Appien s'était proposé d'écrire une histoire générale de l'empire romain; mais, comme presque tous les auteurs qui naissent aux époques de décadence littéraire, il a scindé son sujet, et l'a privé ainsi de tout caractère. Loin de s'attacher à envisager du point de vue philosophique et moral les développemets successifs de la puissance romaine, il décrit séparément les événements dont chaque pays, chaque province même a été le théâtre. Son œuvre par là est commode à consulter, mais ne peut être lue de suite avec avantage que des livres d'un mérite même inférieur, mais conçus et disposés sur un plan différent; et si nous nous élevons ici contre la méthode d'Appien, c'est que nous regrettons de ne pouvoir tout admirer dans ce qu'il nous a légué. — Sous le rapport géographique, il donne des renseignements qu'on chercherait vainement ailleurs. Les récits de batailles, de siéges de places, d'actions militaires en général, sont pleins de vérité; les discours qu'il prête aux acteurs des grandes scènes historiques sont toujours en situation ; enfin les détails qu'il donne sur les mœurs sont aussi complets et attachants que possible. — Mais, pour donner une idée juste à nos lecteurs des travaux de cet estimable écrivain, il nous sera nécessaire de placer ici une sorte de table des matières ; en même temps nous pourrons indiquer ce qui nous est resté de ses vingt-quatre livres, et ce que nous avons à regretter. — Dans les cinq premiers livres, Appius avait fait entrer l'histoire de Rome sous ses rois, et celle des guerres que la république eut à faire pour se rendre maîtresse de l'Italie et de la Sicile. Il ne nous en reste que des extraits fort succincts. — Les trois livres suivants nous sont parvenus presque entiers ; ils renferment le récit des guerres d'Espagne et des guerres puniques. Nous n'avons perdu de cette division des ouvrages de notre auteur que ce qui a rapport à la dernière période de la lutte entre Rome et Carthage. — Dans le neuvième livre, conservé en entier, se trouvent les guerres de Macédoine. Mais le dixième servait de complément à celui-là, parce qu'il était tout entier consacré aux guerres de Grèce et d'Italie ; il est absolument perdu. — Nous pouvons en dire autant des *Syriaques* et des *Parthiques* contenues dans le onzième livre ; car l'ouvrage qu'on donne sous ce titre et qu'on attribue à Appien, n'est évidemment qu'un abrégé des Vies de Crassus et de Marc-Antoine par Plutarque. — Heureusement nous avons conservé intacts les six livres suivants, ceux de tous qui peuvent donner la plus haute idée du talent d'Appien dans l'art d'écrire. Dans l'un apparaît cette gigantesque figure de Mithridate, à la fois sublime et atroce. Dans les cinq autres se rangent les monstruosités des guerres civiles des Romains. Appien est peut-être l'auteur qui a fourni les traits les plus énergiques à l'auteur *Des considérations sur la grandeur et la décadence de l'empire romain*, et c'était en effet le meilleur guide à suivre. — Les cinq livres *des guerres civiles* s'arrêtent à la mort de Sextus Pompée. Ils demandaient un complément, et l'auteur avait satisfait à ce besoin en écrivant cinq nouveaux livres, où l'histoire romaine était conduite jusqu'à l'expiration du premier siècle de l'empire : ce complément nous manque. Mais ici nous pouvons revenir sur les reproches que nous nous sommes permis d'adresser à l'historien grec relativement à l'ordre dans lequel il a disposé ses matières. Ce reproche est effectivement si bien fondé, que les deux derniers livres paraissent des hors-d'œuvre. — Le vingt-troisième traite des guerres d'Illyrie ; il nous est resté tout entier. — Le vingt-quatrième renfermait le récit des guerres d'Arabie, et est tout à fait perdu. — Des éditions grecques et latines d'Appien ont été données par les frères Étienne au XVIe siècle ; des traductions ont été faites de ses ouvrages en français et en allemand.

APPIENNE (VOIE). « Les monuments les plus remarquables de l'économie politique des Romains, dit M. Caumont, sont peut-être les voies au moyen desquelles ils établissaient des communications entre toutes les parties de leur vaste empire. » Les vestiges de ces voies sont encore reconnaissables dans toute l'Europe romaine. La première et la plus noble de toutes, celle qui portait le nom de voie romaine, fut commencée par Appius Claudius Crassus Cœcus, 312 ans avant J. C., et prit de lui le nom de voie Appienne. Elle conduisait de Rome à Capoue, et fut plus tard prolongée jusqu'à Bénévent et jusqu'à Brindes. Elle était autrefois décorée de somptueux mausolées, de temples, d'arcs de triomphe et d'autres monuments, et l'on regarda comme particulièrement honorable le soin que prirent de la faire réparer ou entretenir Jules César, Auguste, Trajan, et jusqu'au Goth Théodoric, ce barbare si digne de devenir Romain. — Lorsqu'on examine près de Terracine, les restes de la voie Appienne, on est étonné de leur état de conservation : plus de 2000 ans ont passé, et le travail du censeur Appius est intact partout où la main des hommes n'est pas venue l'effacer. Quelques renseignements sur le mode de construction employé par les ingénieurs romains, expliqueront ce fait. — Dans les routes les plus importantes, la couche inférieure était formée de pierres plus ou moins grandes, posées sur le plat et cimentées avec du mortier. Un second lit était formé de pierres concassées ; ensuite venait une couche de chaux mêlée avec des tuileaux pulvérisés ou du sable ; enfin un pavé ou une sorte de macadam surmontait le tout. Les routes suivaient le plus possible des lignes droites, et étaient ordinairement placées sur les plateaux pour éviter les terrains marécageux. Nous devons cependant faire remarquer que ce plan général était soumis dans la pratique à de nombreuses exceptions causées par la nature du terrain sur lequel les ingénieurs devaient agir. — Une dernière observation est nécessaire. Habitués aux dimensions larges des routes tracées en France par Louis XIV, nous trouvons généralement fort étroites celles des Romains ; la voie Appienne, par exemple, n'avait pas plus de quatorze pieds, mais elle suffisait aux besoins du temps.

APPIUS CLAUDIUS CRASSINUS. Le besoin d'une législation écrite ne se fait généralement sentir qu'aux époques où la civilisation a pénétré chez les peuples. Alors les abus ont eu le temps de naître, la naïve bonne foi a fait place à l'astuce et à la duplicité ; le droit, la lettre prennent celle de la simple équité, trop souvent éloignée par l'intérêt ou par l'ambition des tribunaux dont elle devrait être la seule règle. — Rome, sous les rois et pendant les deux tiers du premier siècle de la république, s'était passée d'un code ; le tribun Térentilius en demanda un, et voulut qu'il fût exposé sur la place publique, pour que chacun pût apprécier par lui-même la manière dont la justice lui serait rendue. Au premier abord, rien ne paraît exorbitant dans une telle demande, et l'on est étonné au dernier point d'apprendre que les patriciens déclarèrent qu'il faudrait mettre à mort jusqu'au dernier d'entre eux, avant qu'ils laissassent un tel changement s'introduire dans la constitution. Mais tout étonnement cesse lorsqu'on sait que les tribuns prétendaient rédiger eux-mêmes les lois nouvelles et mettre à néant par ce moyen tous les privilèges de l'aristocratie romaine. De longues dissensions suivirent le refus du sénat d'accepter la proposition de Térentilius, et elles ne trouvèrent un terme qu'en l'année 454 avant J. C., époque à laquelle les tribuns consentirent à ce que le peuple choisît ses législateurs dans l'ordre de la noblesse. Trois commissaires furent envoyés en Grèce pour examiner les différentes législations qui étaient en usage dans ce pays, et à leur retour, dix patriciens furent chargés de choisir parmi les lois grecques celles qu'ils croiraient convenir le mieux à la république romaine. — Les décemvirs n'étaient pas seulement chargés de la rédaction d'un code : on avait pensé qu'il serait bon de les rendre dépositaires d'un pouvoir absolu pendant l'année qu'on croyait devoir suffire à leur travail. Dans cet arrangement, le sénat avait vu une facile suppression au moins temporaire du tribunat. Le peuple n'avait pas eu moins de satisfaction à voir tomber pour un an le consulat. Du reste, l'ordre supérieur avait eu assez d'habileté pour faire élire les nouveaux magistrats dans une assemblée par centuries où il dominait, et les deux premiers étaient les consuls désignés pour l'année suivante, Appius Claudius Crassinus et Génutius. Appius devint l'âme du nouveau gouvernement dont il espérait rester indéfiniment investi ; mais il sut déguiser son ambition sous les dehors de la popularité ; il saluait les plus obscurs citoyens et se plaisait à se faire regarder comme leur protecteur. Cependant il vaquait avec ses collègues à tous les soins que réclamait l'administration de l'État, et s'occupait avec activité du travail législatif qui lui était confié, et il put soumettre, avant l'expiration de l'année, à l'approbation du sénat et du peuple. Ce travail, accepté d'une voix unanime, est resté, à travers les révolutions que Rome a subies, la base de son droit écrit. — Mais il était certains points qui réclamaient encore les soins des décemvirs. Le sénat et le peuple s'étaient bien trouvés de leur administration : on convint de leur laisser le pouvoir pendant une nouvelle année. Appius, réélu sans difficulté, sut se faire adjoindre des collègues dont il était sûr de faire des instruments passifs de sa volonté ; il leur fit prêter le serment secret de garder l'autorité toute leur vie, de n'admettre aucun citoyen nouveau dans le gouvernement, et d'assembler le plus rarement possible, le sénat ou le peuple. Deux nouvelles tables de lois furent publiées, et lorsque l'année de magistrature se fut écoulée, les arbitres de la république restèrent en charge sans consulter personne. Mais ils ne se bornèrent pas à usurper l'autorité, ils se montrèrent despotes dans toute l'étendue du terme, et bientôt le peuple et la noblesse souffrirent également de leur tyrannie. — Un attentat contre la morale avait amené la chute des Tarquins, un crime analogue amena celle d'Appius et de ses collègues. Les Èques et les Sabins avaient déclaré la guerre à Rome. Appius voulut profiter de l'absence du centurion Virginius, pour porter atteinte à l'honneur de sa fille. Vainement profana-t-il le sanctuaire des lois par une décision d'une injustice notoire. Virginius eut le temps de revenir de l'armée pour soustraire sa fille à l'infamie par un moyen qui nous fait horreur, mais qui n'était que trop conforme au génie du peuple romain. Une agitation affreuse suivit l'action désespérée de Virginius. Les décemvirs crurent devoir convoquer le sénat pour le lendemain ; mais l'armée avait été soulevée par l'infortuné centurion ; elle avait levé ses enseignes et marchait sur Rome en dépit des efforts de ses généraux pour la retenir. Appius et ses collègues sentirent qu'ils ne pourraient faire face à l'orage; ils abdiquèrent un pouvoir usurpé, et furent presque aussitôt jetés dans les prisons. On assure qu'Appius y fut étranglé. — L'ancien ordre de choses fut rétabli; mais le peuple romain ne se croyait pas obligé, comme certains peuples modernes, d'anéantir tout ce qu'il tenait d'un gouvernement tombé: le code des douze tables fut maintenu; Cicéron l'appelle la raison écrite.

HENRI PRAT.

APPLAUDISSEMENTS. Ce mot signifie l'action d'applaudir, d'approuver, et s'applique à tout acte par lequel l'approbation se manifeste, et plus particulièrement aux battements de mains. — Il n'est pas de son plus doux à l'oreille, il n'est pas de plus suave harmonie que le bruit des applaudissements, quelque rauque ou discordant qu'il puisse être. Mais les applaudissements ne peuvent donner une vraie jouissance que lorsqu'ils sont bien mérités. Quoi de plus misérable, en effet, que ces applaudissements arrachés par la crainte, ou largement payés par celui qui les reçoit ? Autrefois la manière d'applaudir était un art véritable; aujourd'hui c'est encore un art, mais il ne s'exerce plus qu'au théâtre, au profit des auteurs ou des acteurs de la pièce. Dans les premiers temps, dans l'ancienne Rome de même qu'en Grèce, les applaudissements ne consistaient guère qu'en cris et en exclamations; plus tard, vers la fin de la république ou au commencement de l'empire, ils furent soumis à des règles. On distingua trois manières d'applaudir : le *bombus*, espèce de bruit sourd comme le bourdonnement des abeilles, ce que nous appelons *murmure* d'approbation; l'*imbrex* qui devait consister en quelque espèce de glapissement ou gloussement, imitant le bruit de la pluie : plusieurs écrivains pensent que ce bruit se produisait avec les mains, non avec la langue; enfin le *testæ*, dont le bruit ressemblait au cliquetis de coquilles ou de tuiles qu'on secoue. Ces applaudissements ne partaient pas irrégulièrement, ils se faisaient entendre en cadence, probablement à un signal donné. Aussi Tacite se plaint-il des gens de la campagne qui, ne connaissant pas la manière d'applaudir, le faisaient sans goût et sans mesure, et troublaient l'harmonie des applaudissements cadencés. — Suétone rend un compte assez détaillé des mesures que Néron avait prises pour se faire applaudir, quand la manie le prit de jouer et de chanter sur le théâtre. Il avait plusieurs centaines de chevaliers et cinq mille plébéiens qui faisaient l'air de leurs cris ou de leurs battements de mains, et répondaient ainsi aux accents de l'Amphion impérial. Le même écrivain rapporte qu'un malheureux sénateur fut condamné à mort pour s'être endormi dans une occasion où il aurait fallu applaudir. — Les anciens avaient d'ailleurs plusieurs autres manières de manifester leur approbation; c'était de se lever, de porter les mains à la bouche, et de les diriger ensuite vers celui qu'on voulait applaudir; de lever les deux mains jointes en croisant les pouces; de faire voltiger un pan de sa robe. La première et la dernière de ces trois manières ont laissé parmi nous des traces sensibles : il n'est pas rare de voir un individu porter à sa bouche les cinq doigts de la main droite réunis en faisceau, et de les rejeter ensuite en avant, en même temps que du bout des lèvres on fait le même mouvement que pour un baiser; cela veut dire : *je trouve cela charmant;* aussi les Romains appelaient-ils ce mode d'applaudir *basia jactare.* Faire voltiger un pan de sa robe n'était pas commode; l'empereur Aurélien fit distribuer au peuple des morceaux d'étoffe qu'on agitait en l'air, comme bien des gens font aujourd'hui de leurs mouchoirs dans les grandes assemblées, et lorsque l'usage ne permet pas de battre des mains. — Aujourd'hui, comme nous l'avons dit plus haut, on n'applaudit plus qu'au théâtre. Pour un orateur, c'est tout au plus le *bombus* qui se fait entendre. Mais les acteurs, les actrices et les auteurs dramatiques modernes ne se contentent pas de signes équivoques; il faut que l'admiration de commande qu'on a pour eux, se traduise intelligiblement en battements de mains accompagnés de bravos étourdissants. Nous avons des entrepreneurs d'applaudissements comme il y a des entrepreneurs de chemins de fer; ceux-ci se font vanter par des journaux à 1 fr. 50 c. la ligne; ceux-là ont comme Néron des chevaliers et des plébéiens. Les chevaliers se placent au milieu du parterre, d'où leur vient à Paris le titre de *chevaliers du lustre;* les plébéiens garnissent le paradis et s'étendent jusqu'aux secondes loges. Ces entrepreneurs ont au surplus une véritable stratégie, car ce ne sont pas toujours des battements de mains qui partent; ce sont quelquefois des bravos auxquels on donne certaine intonation qui semble dire : C'est la force du talent qui l'arrache. Quelquefois aussi, dans les endroits pathétiques, l'un des adeptes a l'air de tousser, et aussitôt partent mille *chuts*, ce qui signifie : Vandale que vous êtes, admirez et laissez-nous admirer. Quand l'acteur ou l'auteur veulent paraître plaisants,

ce sont des éclats de gros rire qui partent de plusieurs points de la salle; c'est inviter par l'exemple le public à rire. Les gens sensés prennent en pitié toutes ces basses manœuvres; ils savent, par tradition que Molière et Racine n'avaient point des compagnies de claqueurs à gages. (*V.* CLAQUEURS).

J. DE M.

APPLICATA, mot consacré par les hygiénistes pour désigner les choses qui s'appliquent à la surface du corps; les habillements, les frictions, les bains, les lotions, les cosmétiques, font partie de cette division, dont nous renvoyons la description à chacun de ces articles.

A. B., DE B.

APPLICATION (*psychologie*), est la même chose que l'attention suivie et constamment renouvelée et ramenée au même objet. Son verbe corrélatif est le pronominal *s'appliquer à*. La force de l'attention tient plus à la vigueur de l'esprit; celle de l'application paraît dépendre davantage de la constance du caractère. Une attention puissante et prolongée enfante presque toujours des prodiges : le succès ne couronne pas toujours l'application la plus infatigable. Mais, quels que puissent être ses résultats pour les différents esprits, cette qualité n'en est pas moins indispensable à tous ceux qui veulent faire des progrès dans la science, dans les arts ou dans l'industrie. La nécessité de l'application est exprimée tout entière dans ces mots *Tu mangeras ton pain à la sueur de ton front.*

P. J. P.

APPLICATION DE L'ALGÈBRE A LA GÉOMÉTRIE. Toute quantité, quelle que soit sa nature, peut se rapporter à une quantité de son espèce, qui, dans ce cas, prend le nom d'*unité*. Si ce rapport est exprimé dans toutes ses parties, il en résulte des nombres; s'il n'y a d'affirmé que son existence, le rapport est appelé *quantité algébrique.* Il résulte de cette vérité que toutes les quantités que les mathématiques considèrent sont soumises au calcul et à l'analyse, et que la forme qu'elles prennent alors change de signification, d'après la nature de la question : ainsi, $a\,b$ sera un nombre, ou un rectangle, selon que l'on parlera de quantités abstraites ou de géométrie. Exprimer au moyen du calcul et de ses symboles les dimensions de l'étendue, chercher ce qui résulte de ses combinaisons, et construire graphiquement ce résultat, afin de le rendre sensible à nos sens, tel est le premier objet de la *géométrie analytique* ou de l'*application de l'algèbre à la géométrie.* Revenir de cette construction graphique à l'expression analytique qui a pu y conduire, compose la seconde partie de cette belle science, si féconde pour les arts et l'industrie, et un des plus beaux titres de gloire de nos géomètres français. Les anciens manquaient de ces moyens puissants que nous fournit l'analyse; on n'en voit guère que des traces imparfaites, plutôt soupçonnées que démontrées, dans les écrits qui nous restent d'eux, particulièrement dans Diophante et Apollonius. —En 1630 parut, imprimé à Rome, l'ouvrage posthume d'un certain *Marin Geteld*, de Raguse, *de Compositione et Resolutione mathematicâ*, où l'on trouve une méthode très-claire pour *construire géométriquement* les racines réelles des équations du premier et du second degré, après qu'elles ont été résolues. Cet ouvrage précéda de sept ans la savante *géométrie* de l'illustre Descartes, que l'on doit plutôt regarder comme un traité d'algèbre. Mais cette circonstance n'infirme en rien la découverte de ce grand homme, à qui l'on doit bien certainement l'invention de l'analyse appliquée aux courbes et la construction des racines des équations supérieures au second degré. Il eut soin de constater ses titres d'inventeur, en publiant d'abord ses résultats sans démonstration. Plusieurs géomètres travaillèrent sur ses idées, et bientôt après parut un savant commentaire de la géométrie de Descartes, une des plus belles et des plus utiles découvertes de l'esprit humain, et qui suffirait seule pour illustrer le XVII⁽ siècle. — Newton donna ensuite à l'énumération des lignes du troisième ordre, et fut corrigé et augmenté par Sturling. — M. de Bragelogne entreprit celle des lignes du quatrième; et dans un ouvrage estimé, le géomètre Degna n'aurait rien laissé à désirer sur l'*analyse cartésienne*, pour la recherche des propriétés des lignes géométriques d'un ordre quelconque, s'il n'était tombé dans une sorte de paralogisme en voulant juger des séries par leur seul premier terme.—Depuis, le célèbre Monge a surtout traité avec sa supériorité ordinaire la géométrie analytique : il a perfectionné, en y appliquant, l'excellente et ingénieuse méthode de M. de Lagny. Maintenant on peut regarder cette science comme complète par rapport aux deux premiers degrés; et elle suivra nécessairement les progrès de l'algèbre qui, nonobstant les travaux opiniâtres auxquels se sont livrés depuis près de deux cents ans les analystes les plus distingués, est encore bien éloignée de nous avoir révélé tous ses secrets et toute sa généralité (*V.* Construction des équations et des quantités algébriques; Lieux géométriques; Courbes; Surfaces).

L. Chiron de la Landrière.

APPLICATION (*technol.*). On donne le nom d'application à toute opération qui consiste à mettre une chose sur une autre, de manière à ce que les deux choses soient parfaitement unies (*V.* Appliqué). Au figuré, on fait à un individu, à un acte l'application d'un passage, d'une maxime dont le sens se rapporte à la chose à laquelle se fait l'application. — Application se prend aussi pour l'attention soutenue avec laquelle on se livre à l'étude. — En termes de *médecine*, application se disait autrefois de l'adaptation des particules nourricières à la place de celles qui se sont perdues; on dit aujourd'hui assimilation. — Les anciens physiciens ont défini le mouvement: l'application successive d'un corps aux différentes parties de l'espace. — Les géomètres appellent application l'opération qu'en arithmétique on nomme *division*; mais on s'en sert plus en latin qu'en français : *Applicare duodecim ad quatuor*, c'est-à-dire diviser 12 par 4. Ils donnent le même nom d'application ou de superposition à l'action de mettre l'une sur l'autre deux figures planes, égales ou non. — Les astrologues entendaient par ce mot le rapport d'un degré à un degré suivant, en ce qui concernait les influences. — En termes d'*arts et métiers*, on donne le nom d'application à une opération qui consiste à appliquer une étoffe épaisse sur une étoffe claire, et à découper la première sur le dessin qu'offre la seconde, de manière à enlever tous les intervalles, ce qui produit un dessin mat sur un fond transparent. — L'étamage des glaces, le placage des objets de marqueterie ou d'ébénisterie sont encore des applications. — En termes de *science*, l'application est le procédé par lequel une chose est comparée à une autre afin de tirer de la comparaison une conséquence certaine C'est ainsi, par exemple, que, si l'on tire d'un point quelconque d'une circonférence une ligne droite passant par le centre, c'est-à-dire un diamètre, et qu'on applique ensuite l'une sur l'autre les deux parties du cercle divisées au diamètre, on trouve que les deux parties sont parfaitement égales; de même si on partage un carré par sa diagonale, on trouve par l'application que les deux triangles sont égaux. Application se dit encore, et c'est ici le point essentiel, de l'usage qu'on fait dans une science des vérités et des procédés qui appartiennent à une autre science. Ainsi, 1° on *applique l'algèbre ou l'analyse à la géométrie.* (Voyez l'article précédent.) En pensant que l'algèbre n'est pas autre chose que le calcul des grandeurs en général, et que l'analyse elle-même n'est que l'algèbre employée pour découvrir les quantités inconnues; en réfléchissant d'autre part à l'objet de la géométrie, qui est de mesurer les lignes, soit dans les surfaces, soit dans les solides, Descartes avait conjecturé que l'algèbre et l'analyse pouvaient naturellement s'appliquer à la géométrie. Ses efforts couronnés de succès ouvrirent une large voie aux découvertes. Par réciprocité il y a eu *application de la géométrie à l'algèbre.* Supposons, par exemple, avec d'Alembert, qu'on cherche le carré de $a + b$; le calcul algébrique démontre que ce carré contient le carré de *a*, plus le carré de *b*, plus deux fois le produit de *a* par *b*. Voici comment la géométrie peut s'appliquer ici. On forme un carré dont on partage la hauteur et la base chacune en deux parties. Appelez ces parties *a* et *b*. Divisez ensuite ce carré en quatre surfaces, en tirant deux lignes parallèles l'une à la base, l'autre à la hauteur de ces quatre surfaces; l'une sera le carré de *a*, l'autre le carré de *b*; les deux autres seront chacune un rectangle formé de *a* et de *b*. De là il suit que le carré de $a + b$ contient le carré de chacune des deux parties, plus deux fois le produit de l'une par l'autre. — *La géométrie et l'algèbre s'appliquent à la mécanique* pour trouver les propriétés générales du mouvement; *vice versâ*, la mécanique s'applique à la géométrie pour déterminer les solides que forment les figures, en faisant usage du centre de gravité de ces figures. — *L'application de la géométrie et de l'astronomie à la géographie* consiste à déterminer la figure de la terre par des procédés géométriques et astronomiques; à trouver la position des lieux par l'observation des longitudes et des latitudes; à déterminer la position des lieux peu éloignés entre eux par de simples opérations géométriques. La géométrie et l'astronomie sont encore d'un très-grand usage sur mer : il n'y a pas de bon navigateur qui ne soit astronome et géomètre. — De même que Descartes applique l'algèbre et l'analyse à la géométrie, Newton applique ces deux dernières sciences à la physique. Newton a procédé par les mêmes principes que le savant français, et c'est sur cette application que se fondent aujourd'hui toutes les sciences physico-mathématiques; car c'est par le secours de la géométrie et de l'analyse que l'on peut déterminer la quantité d'un effet qui dépend d'un autre effet mieux connu. Mais ici il est un écueil à éviter : il ne faut pas appliquer le calcul à des choses qui s'y refusent. Quand les géomètres veulent trouver ainsi certaines propriétés des corps, tel que l'aimant, ils ne raisonnent que sur des hypothèses, et des hypothèses, quelques probalités qu'elles offrent, ne peuvent jamais pleinement satisfaire. — En toute chose, rien n'est facile comme l'excès. Il s'est trouvé des hommes qui, en récapitulant les services que l'application d'une science à une autre a rendus à chacune d'elles, se sont imaginé que la *méthode géométrique* pourrait s'appliquer à la *métaphysique*; il s'en est trouvé aussi qui ont voulu appliquer la métaphysique à la géométrie. On a vu beaucoup de métaphysiciens procéder par axiomes, théorèmes et corollaires, etc. : comme si ces mots étaient nécessaires pour une démonstration; comme si une vérité qu'on cherche se trouvait établie dès qu'on a annoncé qu'il fallait l'établir. Quant à ceux qui ont voulu faire de la métaphysique en géométrie, ils n'ont fait qu'obscurcir ce qui demande pour premier mérite la simplicité et la clarté; car la certitude en mathématiques vient de la simplicité même de l'objet sur lequel elle s'appuie. — Enfin, les théologiens entendent par *application* l'acte par lequel Jésus-Christ nous a transmis ses propres mérites, c'est-à-dire tout ce qu'il a mérité par sa vie et par sa mort. Ce n'est que par cette application des mérites de Jésus-Christ que nous acquérons des droits au bonheur éternel. Cette application s'opère plus particulièrement par la voie des sacrements.

J. de M.

APPLICATION (*école d'*). On donne ce nom à toute école où l'instruction que l'élève reçoit consiste dans la manière d'appliquer une science déjà sue à une science ou à un art qu'on ignore. — Les premières écoles d'application pour l'artillerie et le génie furent établies à Châlons et à Metz; elles existèrent séparément depuis 1790 jusqu'en 1802, époque où un décret consulaire les déclara réunies sous le titre d'*École d'application de l'artillerie et du génie.* Les élèves y sont admis en sortant de l'école polytechnique; ils y passent deux ans, durant lesquels ils apprennent *par la pratique* tout ce qui concerne les manœuvres, constructions et service de l'artillerie, la conduite des équipages, l'attaque et la défense des places, les mines, les levées de plans, l'administration, la comptabilité, tout ce qui est nécessaire, en un mot, à un officier du génie ou d'artillerie. — Une ordonnance de mai 1818 créa une *école d'application d'état-major*, destinée à former des officiers capables de diriger momentanément la défense ou l'attaque des forteresses, d'élever des retranchements, de faire camper une armée, de se placer au besoin à la tête de l'administration, etc. Les élèves sont choisis parmi ceux de Saint-Cyr; de même que ceux de l'école polytechnique en entrant à Metz, ils reçoivent tous en entrant dans l'école un brevet de sous-lieutenant. — Il y a d'autres écoles d'application destinées à former des artisans et des artistes habiles, en leur enseignant à faire l'application à l'art qu'ils veulent pratiquer, des leçons qu'ils ont reçues sur les sciences qui se rapportent à cet art.

N. M. P.

APPLIQUE ou **APPLICATION** ; c'est dans certains arts une chose appliquée sur une autre. Ainsi, *en terme d'orfévrerie*, c'est une pièce qui s'adapte à une autre pièce par des charnières, comme le couvert d'une boîte ou tabatière, ou qui s'assujettit au moyen de vis, d'agrafes, de clous, de boucles, etc. — Une plaque ou lame d'or ou d'argent, percée de plusieurs trous, dans lesquels on place des pierres précieuses qu'on maintient par une sertissure soudée à l'orifice du trou et rabattue sur les pierres, porte pareillement le nom d'*applique.* On le donne aussi à une lanterne qu'on applique contre un mur pour éclairer un passage, un escalier.

APPLIQUÉE (*géom.*), ligne droite qui se termine par une de ses extrémités à une courbe ou à une autre ligne droite tracée sur le plan de cette courbe. Ce terme est synonyme d'*ordonnée.* (*V.* ce mot).

X. X.

APPOGGIATURE (*musiq.*), du mot italien *appoggiare*, appuyer. On nomme ainsi des notes étrangères introduites dans la mélodie ou l'harmonie comme ornement, et sur lesquelles la voix semble s'appuyer pour passer à la note réelle. Les appoggiatures, qu'on appelle aussi petites notes, se font au-dessus ou au-dessous, souvent immédiatement, quelquefois à de plus grands intervalles. Les appoggiatures inférieures ont une expression plus tendre et plus incisive. Les autres, au contraire, donnent à la phrase musicale quelque chose de plus large et plus arrondi. On se sert pour les appoggiatures de caractères plus petits; souvent même on ne les note pas, et le compositeur s'en rapporte au goût de l'artiste qui exécute. Quand un morceau se termine par deux notes égales, la première est d'ordinaire une appoggiature. Les chanteurs ne savent pas toujours se défendre de la manie des appoggiatures, que nos pères appelaient notes d'agrément : l'abus de ces notes fait dégénérer la mélodie en tours de force, qui quelquefois étonnent, mais qui plaisent rarement.   A. C.

APPOINT, du latin *ad punctum*, au point juste. C'est un terme de commerce et de banque, par lequel on exprime toute somme qu'on ajoute à une somme principale, pour que cette dernière égale la somme à payer : ainsi (par ex.), le débiteur de 525 fr. 70 c., s'il paye en un billet de banque de 500 fr., ajoutera 25 fr. 70 c. pour compléter la somme dont il est débiteur; c'est là ce qu'on appelle appoint. Si le payement a lieu en or, on donne le nom d'appoint à ce qu'il faut ajouter en argent; s'il se fait en argent, ce qu'on fournit en cuivre forme l'appoint. — On donne le même nom à la somme qui doit être payée pour solde d'un compte : ainsi un négociant tire sur un autre une lettre de change pour appoint, c'est-à-dire, pour solde de son compte avec le tiré.   L. G.

APPOINTÉ. On désignait autrefois par le nom d'appointé l'officier et le soldat qui, pour quelque motif particulier, avait obtenu une augmentation de solde. Plus tard, on appela de ce nom le soldat qui tenait un rang intermédiaire entre le simple soldat et le caporal; l'appointé avait remplacé l'anspessade (*V.* ce mot), dont le grade avait été supprimé, et, durant la révolution, il fut remplacé lui-même, dans chaque régiment, par les compagnies d'élite. Ce grade a été rétabli dans certains corps spéciaux, comme ceux de l'artillerie, du génie, etc.   C. M.

APPOINTEMENT (*t. de pratique*). C'était, sous l'empire de l'ordonnance, un jugement préparatoire qui réglait la manière dont un procès serait instruit; qui, par conséquent, déterminait si la matière serait ou ne serait pas jugée à l'audience sur simples plaidoiries. Toutes les fois que les détails d'une affaire étaient trop longs, qu'elle exigeait une instruction préalable, elle était appointée. Quelquefois la cause l'était de droit, comme en matière de reddition de comptes, d'appels, de jugements rendus sur causes appointées, de causes placées sur le rôle et qui n'avaient pu être plaidées dans l'année, etc. Ces appointements se levaient au greffe. — L'appointement était *en droit*, *à mettre*, *à écrire et produire*, *en faits contraires*, etc. L'appointement *en droit* était prononcé en première instance; *à mettre*, signifiait injonction de remettre les pièces au greffe, pour en être ensuite fait rapport par un des juges nommés par le même jugement; *à écrire et produire*, avait lieu pour les causes d'appel inscrites sur le rôle de la grand'chambre; *en faits contraires*, lorsqu'il fallait vérifier des faits sur lesquels les parties n'étaient pas d'accord : le code civil a fait peu de changements à cette matière. Quand une cause est sommaire, elle doit être jugée sans instruction écrite; si toutefois la cause se complique, ou par la production de pièces ou par l'allégation de faits qui exigent une preuve, les juges peuvent appointer les parties suivant ce que la cause exige. Si la cause, en matière ordinaire, paraît très-chargée de détails ou de questions de droit, le juge ordonne qu'elle sera instruite par écrit. Si elle a été portée à l'audience, et qu'elle paraisse demander un examen particulier de la part des juges, on nomme un rapporteur à qui les pièces sont remises. La cause, soit après les plaidoiries, soit après le rapport, n'est pas susceptible d'être jugée immédiatement, les juges ordonnent qu'il en sera délibéré.   L. G.

APPOINTEMENTS, salaire annuel donné à un employé, à un commis, pour prix de son travail. Autrefois, on entendait par ce mot une pension que les grands seigneurs faisaient à des hommes de talent pour obtenir d'eux tout le produit de leur travail, ou simplement par ostentation et par vanité. Il était rare qu'un seigneur riche ne donnât pas d'appointements à quelque homme de lettres; les financiers même, à l'exemple de gens de qualité, voulaient aussi avoir leur poëte. Le mot appointements s'emploie aujourd'hui à la place du mot gages, réservé pour les seuls domestiques. Les fonctionnaires publics ne reçoivent que des *traitements*. Autrefois il n'y avait pas de différence entre les gages et ce qu'on nomme aujourd'hui traitements et appointements : les gages étaient payés par les trésoriers ordinaires; les appointements consistaient en gratifications accordées annuellement par brevet.

APPORT (*t. de pratique*). c'est la remise par les avoués des parties fait au greffe des pièces de leur procès, en vertu d'une ordonnance du juge, soit pour quelque vérification, soit pour le jugement, soit pour qu'il en soit fait rapport. L'acte de dépôt d'une pièce chez un notaire se nommait autrefois acte d'apport. — On entend encore par apport tout ce qu'une femme, en se mariant, apporte dans la communauté, tant en mobilier qu'en immeubles. On applique même le mot apport aux biens du mari. de même qu'à la dot de la femme, en quoi qu'elle consiste, lorsqu'elle se marie sous le régime dotal (*V.* COMMUNAUTÉ, DOT). — Dans beaucoup de lieux, on désignait par le mot apport une espèce de marché où l'on apportait les denrées et les marchandises à vendre.

APPOSITION (*gramm.*), figure de construction que les Grecs, et après eux les Romains, ont appelée *épexégésis*, de la préposition *épi*, et d'*éxégésis*, en latin *enarratio*, explication, exposition. Cette figure consistait à placer plusieurs substantifs de suite et au même cas, sans les joindre par aucune conjonction ou préposition, de manière pourtant que le second substantif devînt en quelque sorte adjectif, et qu'il servît à expliquer la qualité du premier. Si, par exemple, on disait : citoyens, soldats, plébéiens, nobles, tous sont d'accord, il n'y aurait pas apposition, puisque les derniers substantifs offrent une idée particulière, et n'expliquent pas le sens du premier; mais si l'on dit : Rome, *théâtre* de troubles. *la guerre*, *fruit* de l'ambition, etc., il y a apposition, parce que les substantifs théâtre, fruit, sont pris adjectivement, et qu'ils expliquent ou étendent l'idée qui s'attache aux substantifs Rome, guerre.   N. M. P.

APPOSITION (*t. de phys.*), se dit de l'opération par laquelle des molécules des corps environnants s'attachent à un autre corps, et lui procurent ainsi de l'accroissement (*V.* JUXTAPOSITION).   R. G.

APPOSITION DE SCELLÉS (*V.* SCELLÉS).

APPRÉCIATION, *ad pretium*, mettre *à prix*, c'est-à-dire déterminer le prix ou la valeur d'un objet ou d'un acte. — Ce mot dut être employé primitivement qu'à désigner le jugement, par experts ou à l'amiable, par lequel on fixait la valeur des objets matériels (meubles ou immeubles) qui se trouvaient dans le commerce, en les rapportant à *un prix*, c'est-à-dire à une valeur conventionnelle adoptée comme règle et mesure de la valeur de ce genre. — Mais bientôt, par une extension toute naturelle, le terme a dû franchir les limites étroites de la sphère matérielle, et s'appliquer aux objets et aux actes d'une autre nature. — On apprécie la moralité d'une action, la beauté d'une œuvre de l'art, la justesse d'un raisonnement, l'utilité d'un projet, l'opportunité d'une loi, etc., comme on apprécie la valeur d'un champ ou d'une quantité déterminée d'une denrée; seulement, la mesure ou la règle de ces diverses appréciations est aussi différente que les objets eux-mêmes : ici c'est un *objet matériel* dont chacun peut facilement prendre une connaissance exacte que l'on rapporte à un *type conventionnel* qui lui sert de règle ou de mesure, et que l'on peut toujours en définitive traduire en un équivalent pécuniaire; là, au contraire, les *objets* échappent à l'observation du plus grand nombre, ils se compliquent d'une foule d'éléments qu'une étude approfondie peut seule découvrir et constater; là le *type* ou la règle qui doit servir de mesure n'est pas conventionnel, mais placé dans une sphère supérieure; il ne se révèle jamais qu'incomplètement au fond de la conscience humaine, et toujours en raison directe du degré d'intelligence, d'attention et de sensibilité de chacun : ce qui constitue, à proprement parler, la conscience morale, le goût et la raison particulière de chaque individu. Ces considérations suffisent pour expliquer les opinions contradictoires sur les règles de l'appréciation morale, artistique, scientifique, utilitaire, etc; car ceux qui prétendent que ces règles sont absolues et immuables ont raison, puisque le bon, le beau, le vrai, types éternels et nécessaires de toute moralité, de toute beauté, de toute vérité relatives, ne sont pas soumis aux caprices de la passion et aux méprises de l'ignorance; et ceux qui soutiennent que ces règles sont variables et changeantes dans leur application, et suivent, comme tout le reste, la loi du progrès, ont aussi raison, puisque l'intelligence, qui remonte à ces types, ne les conçoit jamais qu'imparfaitement, et pourra varier éternellement son imitation, y ajouter indéfiniment, sans pouvoir jamais épuiser les trésors infinis que recèlent la bonté, la beauté et la vérité éternelles. — Ces considérations expliquent encore comment il advient qu'en fait de moralité, d'art, d'utilité et de politique pratique les appréciations sont si diverses et souvent si contradictoires, non-seulement entre appréciateurs différents, mais encore dans le même appréciateur soumis à des influences con-

II.

73

traires, telles que peuvent en exercer l'âge, l'expérience, les intérêts, les passions, et généralement les causes innombrables qui modifient plus ou moins profondément l'intelligence et la sensibilité humaines. — De là encore, et par la même raison, les appréciations diverses et souvent opposées que des partis, des peuples ou des générations différents, font des mêmes objets et des mêmes actes. — De là ces flétrissures et ces admirations passionnées des mêmes faits, apologies et censures également injustes dans leur application, quoique parfois consciencieuses dans l'appréciateur, et dont on ne saurait se rendre compte si l'on perd de vue la complication des éléments qui constituent ces objets ou ces faits, et la fécondité infinie du type qui leur sert de mesure et règle ces appréciations. — En général, pour apprécier convenablement les hommes et les choses, il faut s'oublier un moment soi-même, oublier les circonstances de temps, de lieu, de personnes, d'intérêts et qui vous sont personnelles; se transporter au point de vue des hommes et des choses que l'on prétend juger; ne pas prendre ces hommes et ces choses isolément, mais les mettre à leur place et sur le théâtre même qu'ils occupaient avec tous les éléments hostiles ou favorables qui les environnaient : alors l'obscurité se dissipe peu à peu; bientôt la lumière se fait jour, et l'appréciation a quelque chance d'être intelligente, et par conséquent équitable. Mais ce procédé est lent, laborieux et désintéressé : la passion et l'ignorance en auront toujours à leurs ordres de plus faciles et de plus expéditifs (V. ART. CONSCIENCE MORALE, GOUT, LITTÉRATURE, OUVRAGES D'ART). J. F.

APPRÉHENSION. (métaphys.). Opération de l'esprit qui lui fait apercevoir une chose, idée qu'il prend d'une chose sans en porter encore aucun jugement (V. PERCEPTION). — Dans le langage ordinaire, appréhension signifie peur, crainte. L'appréhension est le premier degré de la peur, c'est une crainte vague dont l'objet n'est pas déterminé. Quand cet objet se fait voir distinctement, on a de la crainte; si la crainte est fondée, on conçoit de la peur (V. EFFROI, FRAYEUR, ÉPOUVANTE). N. M. P.

APPRENDRE (de la préposition ab et de prehendere, saisir, prendre) : c'est acquérir des connaissances par les leçons d'un maître, ou enseigner à un autre une science ou un art. Ainsi on dira, dans le premier sens : j'ai appris le grec, j'ai appris à peindre; et dans le second, il m'a appris le grec, etc. Il y a de la différence entre apprendre, s'instruire, étudier. On étudie pour acquérir la science; on apprend lorsque l'étude produit d'heureux résultats. On peut s'instruire en étudiant par soi-même et sans le secours d'un maître; les leçons semblent indiquées par le mot apprendre. — On apprend par l'expérience, soit que cette expérience soit la nôtre, soit qu'elle nous vienne d'autrui. — Apprendre par cœur, c'est chercher à retenir quelque chose dans sa mémoire. Apprendre à vivre à quelqu'un, c'est le réprimander fortement pour le forcer à remplir ses devoirs ou le châtier pour qu'il ne retombe pas dans la même faute. On se sert quelquefois de cette expression en ce genre de menace : Je lui apprendrai à vivre...

APPRENTI, APPRENTISSAGE. On donne le nom d'apprenti à celui qui demeure pendant quelque temps chez un maître ou une maîtresse, à certaines conditions, pour apprendre le métier ou la profession de ce maître. On écrivait autrefois apprentif et apprentive; on lit dans Boileau une apprentive auteur. L'usage a proscrit cette terminaison, et l'on écrit aujourd'hui apprenti et apprentie. Certains écrivains ont dit apprentisse au féminin; ce mot ne fut jamais français. — Le temps que l'apprenti demeure chez son maître se nomme apprentissage. Les mots d'apprenti et d'apprentissage s'emploient souvent au figuré, le premier, presque toujours en mauvaise part. Ainsi, on dit d'un homme qui sait mal son métier, ce n'est qu'un apprenti. On dit d'un homme qui commence à mettre en pratique les leçons qu'il a reçues, qu'il fait son apprentissage. — Avant l'abolition des maîtrises, l'apprenti était tenu de passer chez son maître un espace de temps qui, pour l'ordinaire, était de trois ans; le maître s'obligeait à lui enseigner sa profession, et l'apprenti ne pouvait faire aucun ouvrage pour d'autres que pour son maître, ni pour son propre compte. Quand l'apprentissage était fini, l'apprenti pouvait être reçu maître en subissant certaines épreuves, et notamment celle du chef-d'œuvre. On désignait par ce nom une pièce proposée par les syndics de la communauté, compliquée et difficile à faire. Si l'apprenti réussissait, il était reçu comme capable de triompher de toutes les difficultés de son art. — Les jurandes et maîtrises furent abolies par l'assemblée constituante, sous le spécieux prétexte qu'elles

constituaient le monopole des industries en les plaçant dans quelques mains privilégiées. Il aurait fallu dire, pour être juste, qu'il n'y avait de monopole que pour le talent. On ne saurait voir un grand mal à ce qu'un genre quelconque d'industrie ne soit pas exploité par des mains inhabiles; on avait autrefois des maîtres, c'est-à-dire, de très-bons ouvriers ou artisans; grâce à l'assemblée constituante nous n'avons plus ni maîtrises ni maîtres : en revanche nous avons beaucoup d'apprentis (V. COMPAGNONAGE, JURANDE, MAITRISE). — Les conditions de l'apprentissage forment aujourd'hui la matière d'un contrat qui a lieu entre l'apprenti et le maître; mais il est à remarquer que ce contrat est bien loin de donner à ce dernier, sur son élève, les mêmes droits, qu'il avait jadis. Tout maintenant se réduit à l'accomplissement des conditions librement stipulées de part et d'autre. S'il survient des contestations entre le maître et l'apprenti, elles sont portées, en vertu d'une loi du 25 mai 1838, par-devant le conseil des prud'hommes, et, s'il n'y a pas de conseil de prud'hommes, devant le juge de paix, à charge d'appel quand l'objet de la contestation excède une valeur de 100 fr. L. G.

APRÊT, APPRÊTEUR. Le mot apprêt, dans son sens propre de préparatif, ne s'emploie guère qu'au pluriel. On dit : faire de grands apprêts pour une fête. Toutefois, lorsqu'il s'agit de l'assaisonnement des viandes, on l'emploie au singulier. Bien des gens disent dans ce sens apprêtage : c'est un barbarisme. — En peinture, on entend par ce mot une préparation qu'on fait subir aux murs, aux toiles, au bois qu'on veut peindre. L'apprêt, pour les murs, consiste d'ordinaire en un enduit de chaux vive mêlée avec du sable et de la brique pilée. Quelques peintres mêlent à la chaux de l'huile bien visqueuse et du blanc de céruse; d'autres emploient la cire, l'huile et la litharge. Pour recevoir cet apprêt, il faut que le mur soit préalablement chauffé. — L'apprêt des toiles consiste en plusieurs couches de blanc de céruse et d'huile; mais il faut éviter l'emploi de la litharge. — L'apprêt des chapeliers ne se compose que d'eau gommée; cette préparation donne aux chapeaux plus d'éclat et de solidité. — En général, dans les arts et métiers, on nomme apprêt toute composition préparatoire qu'on applique aux diverses matières qu'on veut travailler, et on donne le nom d'apprêteur à celui qui applique ces préparations. On conçoit que ces matières étant fort différentes, le lin, le coton, la laine, etc., l'apprêt doit varier suivant la nature de la matière pour laquelle il est destiné. L'apprêt des étoffes de lin et de chanvre consiste en un mélange d'amidon et d'indigo ou de bleu de Prusse. Cet apprêt se donne au moyen d'une machine qu'on nomme corroi (V. ce mot). Les toiles de coton reçoivent un apprêt à peu près semblable. Celui des linons, des gazes, des tulles, exige beaucoup de précautions; celui des étoffes de laine consiste dans la pression et l'application d'un corps chaud. Cette opération, qui s'appelle cati à chaud, donne au drap beaucoup de lustre et d'éclat; mais elle laisse paraître toutes les taches qui peuvent se trouver sur l'étoffe. Le cati à froid, c'est-à-dire la pression sans chaleur, donne moins de lustre, mais ne nuit pas à la solidité de l'étoffe. — Le mot d'apprêt se prend souvent au figuré pour exprimer que la chose dont on parle offre une certaine roideur qui provient de trop d'affectation ou de recherche; ainsi, on dira d'un écrivain, qu'il y a de l'apprêt dans son style, quand ce style, maniéré, précieux, manque de naturel, de douceur et de grâce; on dira d'une femme à l'air prétentieux et guindé, qu'elle a l'air apprêté. X. X.

APPRISE. Vieux terme de palais, par lequel on désignait l'ordonnance d'un juge supérieur prescrivant à son subalterne la forme de la sentence que celui-ci devait rendre.

APPRIVOISEMENT. Action, art d'apprivoiser les animaux, de les rendre plus doux, plus obéissants par l'éducation, ou même de leur faire perdre leur férocité. Il n'est pas nécessaire de dire que cet art n'appartient à l'homme que par la supériorité qu'une raison amplement développée lui donne sur les bêtes; ce n'est guère chez les peuples civilisés qu'on voit des exemples frappants d'apprivoisement; là où la raison est encore dénuée du secours de l'expérience et de la clarté des lumières, l'homme ne songe qu'à dompter les animaux plus faibles que lui, à éviter ceux qui sont plus forts, ou à se défendre contre eux. — L'art d'apprivoiser les animaux féroces est très-ancien, et l'on peut croire que la fable d'Orphée, endormant Cerbère au son de sa lyre harmonieuse, signifie que les moyens doux peuvent s'employer avec succès contre la férocité des tigres et des panthères. — Il ne faut pas confondre l'instruction donnée aux animaux avec l'apprivoisement; car l'apprivoisement ne s'attache qu'aux mœurs de l'animal, qui devient doux et traitable, de sauvage et féroce qu'il était; et un animal peut être apprivoisé sans devenir savant; l'instruction suppose toujours l'apprivoisement préalable. Ainsi un ours apprend à danser, à faire l'exercice; mais ce n'est qu'après l'avoir apprivoisé qu'on peut s'occuper de l'instruire. Paris a vu, il y a quelques années, un lion, une hyène, un éléphant apprivoisés, et dressés par Martin; il voit encore les chevaux et l'éléphant de Franconi; mais il a vu depuis peu d'autres merveilles: Van-Amburgh et Carter s'enfermant dans la même cage avec des lions, des tigres, des hyènes, des ours, des léopards, etc., ont laissé bien loin derrière eux leur précurseur Martin. C'est l'art de l'apprivoisement poussé au plus haut point possible.

APPROBATION. Acte par lequel le supérieur ecclésiastique, tel que l'évêque diocésain ou son délégué, donne à un prêtre le pouvoir de confesser et d'absoudre. Dans les premiers siècles de l'Église, tout prêtre était, par son ordination même, attaché à une église particulière; plus tard, il y eut des ordinations sans assignation d'église; on les appela ordinations vagues. Plusieurs conciles ont condamné ces sortes d'ordinations; mais vers le XIIe siècle elles se multiplièrent. Le concile de Trente les proscrivit de nouveau, et les évêques de France adoptèrent la décision rendue. Cependant on éluda encore la prohibition sur le motif que les prêtres pourvus d'un titre de bénéfice ne pouvaient remplir seuls toutes leurs obligations, et qu'ils avaient besoin d'aide. Au surplus, l'approbation de l'évêque diocésain est nécessaire au prêtre en titre comme au simple prêtre; car il s'agit ici d'un acte de juridiction; l'évêque est maître d'assigner une durée déterminée à l'approbation, d'en limiter l'étendue, de ne lui donner de valeur qu'autant que la faculté qu'elle donne sera exercée dans un certain lieu. L'évêque peut aussi révoquer l'approbation qu'il a donnée; il n'est pas même obligé d'indiquer les motifs de sa décision. Ce pouvoir que l'évêque conserve est une garantie pour les fidèles contre les inconvénients qui peuvent quelquefois résulter de l'approbation. — Autrefois un libraire ne pouvait publier un livre, ni un imprimeur l'imprimer, sans l'approbation préalable du censeur désigné par le chancelier. Cette approbation obtenue, l'auteur ne pouvait plus toucher à son manuscrit; et s'il avait à y faire quelque changement important, fût-ce même pour rectifier une erreur, il devait obtenir une approbation nouvelle. Une forte amende punissait les infractions à la loi de la censure, et il est à remarquer que cette censure, contre laquelle on a tant crié, n'empêchait jamais la publication d'un bon livre; combien même d'ouvrages dangereux pour les mœurs ont vu la lumière malgré ce tribunal permanent! Aussi, quand on voulait imprimer un mauvais ouvrage, dirigé contre la religion et la morale, on le faisait clandestinement, et sous la rubrique de La Haye, de Bruxelles, etc. — Quand l'approbation avait été donnée, l'auteur ni l'imprimeur ne pouvaient être poursuivis; le censeur trop facile était seul responsable (V. PRESSE [liberté de la]).

APPROCHE, APPROCHER. L'approche est l'acte par lequel un homme ou un objet s'avance vers un autre objet. En terme d'imprimerie, ce mot désigne le trop grand espace laissé entre deux lettres d'un même mot. En terme d'optique; on appelle lunette d'approche un tube composé d'un ou de plusieurs parties, dans lequel se trouvent plusieurs verres disposés de manière à rapprocher et à grossir en apparence les objets qu'on regarde à travers le tube. En terme de stratégie, on désigne par ce mot, employé au pluriel, tous les travaux que font les assiégeants pour se rapprocher de la place assiégée. En terme de marine, on dit que le vent approche lorsqu'on est contraint de hâler les boulines afin d'aller au plus près. — Le verbe approcher signifie quelquefois avoir la faveur de..... On dit d'un homme qu'il approche le roi, les princes, les ministres, etc., lorsqu'on le voit jouir de la faveur de ces éminents personnages.

APPROPRIATION, APPROPRIER. L'appropriation en général, est l'acte par lequel on s'approprie quelque chose, ou par lequel on rend une chose propre à un certain usage. En terme de logique, ce mot signifie le changement qu'on fait au sens d'un mot pour lui donner un sens plus étendu, ou l'embrasse un plus grand objet. Les chimistes appellent ainsi l'état de deux corps qui ne peuvent s'unir et s'amalgamer que par le secours d'un troisième qui sert d'agent. Les physiologistes donnent ce nom à l'action de la chaleur naturelle qui unit tellement les humeurs aux parties du corps, que celles-ci perdent la faculté d'agir dès les premières qui s'en séparent. — Le ve be approprier signifie rendre propre à....... Autrefois on disait approprier, s'approprier, pour ajuster, orner, s'ajuster, se parer. Dans ce sens, ce terme est banni du bon usage. N. M. P.

APPROVISIONNEMENT, action d'approvisionner, c'est-à-dire de fournir à une ville, à une armée, à un magasin, à un individu, les provisions nécessaires, non-seulement pour les besoins actuels, mais encore pour ceux à venir. En général, on peut dire que l'approvisionnement a pour objet de pourvoir aux besoins réels ou factices, et que ce mot peut s'appliquer à tous les genres de consommation. Il est peu de nations aujourd'hui pour qui la civilisation n'ait créé des besoins auparavant inconnus, et que la nécessité ou le désir de les satisfaire ne rende tributaires sur plusieurs points des nations voisines. De toutes les sortes d'approvisionnements, le plus important est sans contredit celui qui s'applique à la consommation journalière des habitants (V. CONSOMMATION, écon. polit.). — Dans l'usage ordinaire le mot d'approvisionnement s'entend de la fourniture des choses nécessaires à une armée, à une flotte, à un hospice, etc.: vivres, munitions, agrès, remèdes. On ne saurait trop bien approvisionner les places frontières, exposées en temps de guerre à se trouver subitement investies, et privées de communication avec l'intérieur. (V. SUBSISTANCE MILITAIRE, SIÉGE [Approvisionnement de]), MUNITIONS, FOURRAGES, GRENIER D'ABONDANCE, MAGASINS, VIVRES, etc.) L. G.

APPROXIMATION (mathém.). C'est l'opération par laquelle, ne pouvant ou ne voulant déterminer une quantité d'une manière précise, on tâche de s'en approcher le plus possible par un calcul approximatif, ou par un procédé géométrique. Par exemple, on ne peut exactement exprimer en décimales la fraction 1|3; on ne peut déterminer non plus avec la plus parfaite précision le rapport qui existe entre la circonférence et le diamètre, etc. Dans ces divers cas, l'on néglige les très-petites quantités, ou l'on procède par une série dont les termes vont en diminuant jusqu'à l'infini, et se rapprochent de plus en plus des points vrais, sans pouvoir pourtant y arriver jamais. — En arithmétique et en algèbre, on se sert fréquemment du calcul approximatif, pour trouver les racines carrées ou cubiques des nombres qui ne forment pas des carrés ou des cubes parfaits. — Les physiciens ne peuvent guère employer que des mesures approximatives; l'imperfection de nos instruments, et même de nos organes, ne nous permet pas d'obtenir des résultats exactement vrais. Les résultats en physique ne sont guère que la moyenne prise entre des résultats obtenus sur le même objet, par des observations souvent répétées et des procédés différents. — Quelques médecins, ou plutôt des empiriques, ont prétendu guérir certaines maladies en les transmettant à l'aide du contact immédiat, du malade à un animal; c'est ce qu'on appelle méthode d'approximation. R. G.

APPUI. Ce mot sert à désigner tout objet sur lequel un autre objet s'appuie, et qui, par conséquent, le soutient. Les balustrades, les rampes des escaliers, destinées à servir d'appui, sont à hauteur d'appui. Les architectes nomment appui, une pierre ou un billot sur lequel on pose le levier de manière à ce qu'il puisse faire la bascule. En terme de tourneur, c'est une pièce de bois qui pose sur les deux poupées. En terme de manège, c'est la manière dont le cavalier soutient le cheval en élevant la bride, ou dont le cheval appuie sur le mors. — Le mot appui s'emploie au figuré, pour faveur, protection, soutien. — Appuyer offre les mêmes acceptions qu'appui. En terme de manège, appuyer sur le mors se dit du cheval qui tient sa tête basse; en terme de chasse, appuyer les chiens, c'est les diriger, les animer; en terme d'escrime, appuyer une botte, c'est appuyer le fleuret sur le corps de l'adversaire qu'on a touché; en terme de maçonnerie, appuyer une maison, c'est la bâtir contre un autre édifice ou contre une muraille solide, un roc, une colline, etc.

APPUIE ou APPULSE, s. f. (astron.), mot par lequel on désigne le passage de la lune très-près d'une étoile, sans que, néanmoins il y ait éclipse, de manière que les bords de la lune et ceux de l'étoile paraissent au moment de se toucher. On donne aussi le nom d'appulse au mouvement d'un astre qui approche de sa conjonction avec un autre corps céleste. Les appulses servent, quand on les observe avec soin, à corriger les erreurs de longitude ou à montrer les erreurs des tables astronomiques. R. G.

APRAXINE. Nom d'une famille russe, dont plusieurs membres se sont illustrés au service durant le XVIIIe siècle. Le plus connu est le comte Étienne, qui, sous le règne d'Élisabeth, eut le commandement d'une armée de cent mille hommes, avec laquelle il envahit la Prusse en 1757: il obtint d'abord de brillants avantages; mais ayant appris que l'impératrice était gravement malade, et n'ignorait pas que son héritier présomptif avait pour le grand Frédéric une admiration qui allait jusqu'à l'enthousiasme, il ne profita pas de ses avantages. L'impératrice guérit, et se vengea du comte Apraxine, en le livrant à un conseil de guerre. Il mourut d'un mal que le chagrin augmenta, avant que ce conseil eût prononcé sur son sort (26 août 1760). **A. P.**

APRE, rude au goût ou au toucher. En parlant d'un pays, d'un chemin, du sol, âpre signifie raboteux, couvert d'aspérités. Au figuré, âpre signifie avide. On dit d'un homme qu'il est âpre au gain, d'un chien, qu'il est âpre à la curée. En terme de médecine, on appelle ligne âpre du fémur, une saillie longitudinale de la face postérieure du fémur, à laquelle se rattachent plusieurs muscles. En terme de botanique on appelle tige ou plante âpre, celle dont la surface, hérissée de poils très-forts, est dure et rude au toucher. Les chaufourniers appellent âpre la chaux faite pendant les froids. L'âpreté diffère de l'aspérité, en ce que le premier mot ne se dit que de ce qui est âpre au goût, et le second de ce qui est âpre au toucher. **A. A.**

APRIÈS, 4ᵉ Pharaon de la 26ᵉ dynastie de Manethon, monta sur le trône après Psammoutis, l'an 588 avant J. C. Manethon l'appelle Ouaphris; l'Écriture le désigne sous le nom d'Ophra ou Hophré, ou même de Khôphra. L'historien grec le nomme Apriès, nom très-visiblement tiré de Ouaphris ou Vaphris. Il signala son avènement par des victoires. Après avoir conquis l'île de Chypre, il tourna ses armes contre les Phéniciens, s'empara de Sidon et subjugua tout le pays environnant. Le roi de Juda, Sédécias, justement alarmé, lui envoya des ambassadeurs, et fit avec lui un traité d'alliance, alliance funeste, qui, le remplissant d'une confiance irréfléchie, le conduisit à sa ruine. Sédécias s'était révolté contre Nabuchodonosor; celui-ci fit marcher des troupes qui mirent le siège devant Jérusalem. Apriès accourut au secours de Sédécias; mais, à l'aspect de l'armée assyrienne, il se hâta de rentrer dans ses États. Jérusalem, forcée de se rendre, fut d'abord pillée et puis ruinée de fond en comble. La ville de Tyr opposa au vainqueur une vive et longue résistance. — Pendant que le roi de Babylone en faisait le siège, Apriès, qui comptait peu sur la fidélité de la plus grande partie de ses troupes, forma un corps nombreux de tous ceux qui lui semblaient suspects, et l'envoya porter la guerre à Cyrène, dont la puissance toujours croissante commençait à lui donner de l'ombrage. Les Égyptiens eurent à combattre les éléments, plus dangereux encore que les Cyrénéens; ils murmurèrent, et du mécontentement, ils passèrent à la révolte. Apriès chargea un de ses généraux de les aller réduire. Cet officier, c'était Amasis, qui, au lieu d'apaiser la sédition, l'attisa en secret; et, recueillant le fruit de sa trahison, il fut proclamé roi par l'armée. — Le Pharaon se crut encore assez fort pour combattre et punir les rebelles; mais la fortune trahit ses espérances: il fut vaincu, et jeté par ordre d'Amasis dans une prison, d'où les mécontents l'arrachèrent peu de temps après pour l'immoler à leur fureur. — On prétend qu'Amasis fut soutenu dans sa révolte par le roi de Babylone, qui saisit, pour envahir l'Égypte, l'époque des troubles dont ce pays était agité. Josèphe prétend même qu'il fut appelé par le rebelle, et qu'il lui envoya quelques troupes, tandis qu'Apriès, abandonné de tous, ne conservait pour se défendre que quelques bandes grecques peu nombreuses. Apriès périt après un règne de dix-neuf ans, suivant Manethon de Jules Africain. — Le prophète Jérémie avait prédit à ce prince le sort qui l'attendait. **J. DE M.**

A PRIORI, A POSTERIORI. On désigne par ces deux termes deux formes d'arguments très-usités en logique pour démontrer une vérité ou une proposition. Par l'argument à priori on descend de la cause à l'effet, de la nature d'une chose à ses propriétés. Dans cette espèce d'argumentation on part d'un principe incontesté ou incontestable, soit que ce principe se trouve établi par des faits certains, soit qu'il existe en nous-mêmes par l'effet d'une conviction intime ou d'une croyance profondément enracinée. Quand on argumente à posteriori, on part, non du principe, mais des conséquences qui supposent le principe; on remonte des effets à la cause. Les idées à priori se produisent en nous d'elles-mêmes, et notre raison les perçoit sans le secours des objets du dehors; les idées à posteriori nous sont au contraire fournies par l'expérience et l'observation (*V.* les mots CONTRARIOA, FORTIORIA). **N. M. P.**

APRON, poisson d'eau douce, à tête déprimée, classé par Cuvier dans la famille des acanthoptérygiens, ne se distingue de la perche que par son museau plus arrondi et ses nageoires dorsales plus éloignées l'une de l'autre. Il a les mâchoires et les os palatins garnis de dents en velours. L'apron ordinaire n'a guère que six ou sept pouces de long. L'apron

cingle ou *zindal* est beaucoup plus grand, et son corps, au lieu d'être rond, est triangulaire; sa chair est meilleure que celle de l'apron commun. On ne le trouve que dans le Danube et ses affluents. Le premier est commun dans le Rhône. **X. X.**

APROSIO (ANGE); religieux augustin, né à Vintimille dans la Ligurie, en 1607. Il montra dès son enfance la passion des livres, et ce goût croissant avec l'âge lui inspira le désir de doter son couvent d'une bibliothèque nombreuse et choisie. Il était entré dans l'ordre dès l'âge de dix-sept ans; il avait rempli à Gênes les fonctions de professeur; il s'était acquitté avec succès de plusieurs missions qu'on lui avait données, et, dans le cours des voyages qu'il fut obligé de faire, il ne négligea aucun moyen pour se procurer de bons livres. Aprosio se fit beaucoup de tort en prenant ouvertement la défense d'un poëme du cavalier Marini, l'Adonis, dont quelques beautés de détail sont loin de racheter la licence et l'obscénité. Il publia sous des noms supposés un grand nombre de pamphlets principalement dirigés contre Stigliani, antagoniste ardent de Marini. Plus tard, il écrivit un ouvrage contre le luxe, intitulé: *lo Scudo*, le Bouclier de Renaud. Il traduisit aussi quelques sermons du prédicateur espagnol Osorio. Il mourut à l'âge d'environ soixante-seize ans. **A. P.**

APSÉE fit révolter les habitants de Palmyre contre Aurélien, qui les avait subjugués. Ils élurent pour empereur, à la place de leur vainqueur, un parent de leur dernière reine, la fameuse Zénobie. La vengeance d'Aurélien ne se fit pas attendre; Palmyre fut investie, emportée d'assaut et détruite de fond en comble par le fer et le feu. Tous ses malheureux habitants furent passés au fil de l'épée. **N. M. P.**

APSEUDES (*zoolog.*). Crustacées dont Cuvier a formé un sous-genre des crevettes, ordre des amphipodes. Ils ont le thorax divisé en plusieurs segments; leurs pieds de devant se terminent par une pince, les deux suivants, par une excroissance osseuse; les six autres pieds sont onguiculés. **A. A.**

APSIDES, s. m. p., du grec ἁπσιδες pluriel de ἁπσις, voûte ou courbure. Ce sont les deux points de l'orbite d'une planète, où cette planète se trouve à la plus grande et à la plus petite distance du soleil; et le nom d'apsides a été donné à ces points, parce que c'est là que l'orbite se courbe le plus et prend une autre direction. L'apside supérieure, ou grande apside, s'appelle apogée quand il s'agit du soleil et de la lune, et aphélie lorsqu'il est question des planètes. La petite apside ou apside inférieure prend le nom de périgée ou de périhélie dans les mêmes cas. La ligne droite qui passe par les deux sommets est désignée par le nom de grand axe de l'orbite, ou simplement de ligne des apsides. Cette ligne sert à mesurer l'excentricité de l'orbite. — Les apsides se déplacent continuellement, et l'on a longtemps discuté pour déterminer la cause de ce déplacement. Les uns ont comparé ce mouvement aux oscillations d'un pendule: Bernouilli est de ce nombre; d'autres, Newton à leur tête, en ont trouvé la cause dans la gravitation des planètes vers le foyer de l'orbite. Euler a donné une méthode qui paraît très-exacte pour calculer le mouvement des apsides (*V.* au surplus, GRAVITATION, PLANÈTE, ORBITE, APHÉLIE, APOGÉE, etc.). **R. G.**

APSIS (*archit.*). On désigne par ce nom la partie intérieure des anciennes églises dans laquelle on plaçait l'autel et les stalles des prêtres (*V.* CHOEUR, NEF, SANCTUAIRE). Sous l'arcade qui servait d'entrée à l'apsis, avaient lieu plusieurs cérémonies, entre autres, celle de l'imposition des mains et celle de revêtir de sacs et de cilices les condamnés à des pénitences publiques. Les corps des évêques étaient ordinairement déposés dans cette partie de l'église. — On donnait aussi le nom d'apsis à une châsse où l'on renfermait des reliques, parce que les châsses avaient le couvercle voûté, ou parce qu'on les plaçait dans l'apsis. C'est de ce mot purement grec que les Latins ont formé leur *cupsa* (*V.* ABSIDE). **R. G.**

APT, ville de la Provence (départ. de Vaucluse), chef-lieu de sous-préfecture, avec tribunal de première instance; peuplée d'environ 6,000 âmes. Cette ville, extrêmement ancienne, existait longtemps avant la conquête des Gaules par les Romains. César releva ses murs que l'invasion avait renversés, et lui donna le nom d'*Apta Julia*. Auguste en aima le séjour, et Trajan lui accorda le droit italique. Adrien y vit mourir son cheval, et, obséquieux jusqu'à la bassesse, les habitants, qui avaient déjà élevé un temple à Auguste, érigèrent un mausolée pour le cheval. Ce monument a été retrouvé en 1804. Apt perdit toute son importance vers le huitième siècle de notre ère; ravagée par les Lombards, elle n'a pu reprendre son ancienne splendeur. On y voit les restes d'un aqueduc romain.

Sa situation, dans une vallée qu'arrose le Calavon, est assez agréable; les coteaux voisins sont couverts de vignes et d'oliviers.　　　　　　　　　　　　　　X. X.

APTÉNODYTES (du grec πτηνος, qui vole, et δυτης, plongeur). Ce nom se donne à des oiseaux qui ont les ailes très-courtes et sans pennes; ce qui leur permet de plonger dans les eaux pour y chercher leur pâture.　　　　　　X. X.

APTÉRAS, mot formé du grec πτερον, aile, et de l'α privatif. On désigne par ce nom les insectes qui n'ont point d'ailes, bien qu'ils aient le corps et les pieds articulés. Linné les divise en trois sections, qu'il établit d'après le nombre des pieds et le mode d'articulation de la tête avec le corselet. — On appelle *aptérodicères* les insectes qui n'ont pas d'ailes, mais qui ont deux antennes; (δις, deux, κέρας, corne). — Les Athéniens avaient donné à la victoire l'épithète d'aptère, parce qu'ils la représentaient sans ailes, comme pour l'obliger à se fixer parmi eux. — Les anciens donnèrent le même nom à une ville de l'île de Crète (aujourd'hui *Atteria* ou *Paleacastro*), parce que, suivant leurs traditions mythologiques, ce fut en ce lieu que les syrènes tombèrent, lorsque, vaincues par les muses dans une lutte de chant, elles perdirent leurs ailes.

APTÉRONOTE (*icth.*; du mot grec πτερον, nageoire, et de l'α privatif), poissons qui n'ont pas de nageoires. L'aptéronote forme un genre établi par Lacépède d'après une seule espèce, l'aptéronote à front blanc, et placé par Cuvier dans la famille des anguilliformes. Ce qui distingue particulièrement ce poisson de tous les autres, c'est l'existence, sur la partie supérieure de son dos, d'un filament charnu qui s'emboîte dans une espèce de gouttière ou d'ornière, et y est retenu par de petits filets placés de distance en distance. On ignore complétement à quel usage peut servir ce filament, qui n'a et ne peut avoir que très-peu de mouvement. Ce poisson a le corps et la tête très-aplatis sur les côtés; il est d'un brun noirâtre, à l'exception du museau et de la partie supérieure du crâne, qui sont d'un beau blanc. On le trouve dans les eaux douces de la Guyane.　　　　　　　　　　　　　　　　X. X.

APTÉRIX (*ornith.*), espèce d'oiseau singulier qu'on ne connaît que par le rapport du docteur Shaw, qui l'a vu dans la Nouvelle-Zélande. L'aptérix austral, dit-on, est voyageur, est grand comme une oie; son plumage est brun tirant sur la couleur de fer; il a des jambes comme celles des gallinacées, et il a plusieurs traits de ressemblance avec l'autruche; ses plumes sont de la nature de celles de l'émou noir; et par son port élevé et ses pieds déjetés en arrière, il ressemble au manchot. Les naturels lui donnent le nom de *kivi-kivi*. M. Lesson, dans son *Manuel d'ornithologie*, désigne l'aptérix par le nom de *dromicaius Novæ-Zelandiæ*, et il en fait une famille séparée, qu'il nomme *nullipennes*.　　　　　　　　X. X.

APULÉE, poëte, philosophe et jurisconsulte, né à Madaure en Afrique, sous le règne du premier Antonin, descendait, à ce qu'il dit lui-même, du célèbre Plutarque par Sylvia sa mère, et il ne se montra pas indigne héritier de ce grand homme. Il eut à Carthage ses premiers maîtres; mais cette ville lui offrant peu de ressources, il partit pour Athènes, centre des lumières. Là, il se livra tout entier à l'étude, et ce fut avec tant d'ardeur, qu'en peu de temps il se fit une grande réputation de science et de sagesse. Il partut surtout s'attacher aux doctrines de Platon, qu'il avait toujours aimées. D'Athènes, Apulée se rendit à Rome afin de se familiariser avec la langue latine, qu'il parvint, sans maître, mais non sans peine, à parler et à écrire avec assez d'élégance et de pureté. Quand il eut appris la langue de Cicéron, il voulut, comme ce grand orateur, consacrer au barreau son talent et son éloquence. Ses débuts furent heureux; mais la manie des voyages s'étant de nouveau saisie de son esprit, il visita pour la seconde fois la Grèce, revint en Italie, et finit par retourner en Afrique, riche de connaissances philosophiques et de principes de morale, mais fort pauvre et dénué d'argent. Il avait étudié tous les systèmes philosophiques, approfondi toutes les doctrines religieuses, acheté son initiation à tous les mystères, mais il avait épuisé sa fortune, et pour payer ses frais d'admission dans le collége des prêtres d'Isis, il vendit jusqu'à son manteau. Le barreau, il est vrai, lui fournit de nouveaux moyens d'existence; il acquit même tant de réputation dans la ville d'Oéa (aujourd'hui Tripoli), qu'une riche veuve, éprise de sa personne, lui offrit sa main et sa fortune. Les parents de Pudentilla (c'était le nom de la veuve), irrités d'un mariage qui les frustrait de l'héritage sur lequel ils avaient compté, accusèrent Apulée de magie. Cette imputation était grave; elle pouvait avoir des résultats terribles; cité devant le proconsul Claude-Maxime, Apulée se défendit lui-même. Nous

possédons le plaidoyer qu'il prononça, sous le nom d'apologie. S. Augustin en parle comme d'une pièce éloquente et fleurie. — Il paraît qu'après le gain de son procès; Apulée coula des jours heureux et tranquiles, ne s'occupant que d'écrire ou de mettre en ordre les nombreux matériaux qu'il avait recueillis dans ses voyages. Aussi laissa-t-il beaucoup d'écrits tant en prose qu'en vers; mais plusieurs de ces ouvrages sont malheureusement perdus: tels sont les *Nombres*, la *Musique*, la *République*, les *Lettres à Cerellia*, les *Questions de table*, l'*Hymne à Esculape*, la traduction du *Phédon* de Platon, et de l'*Arithmétique* de Nicomachus, des *Dialogues*, des *Histoires*, des *Poëmes*, des *Traités* sur différents sujets. — Les seuls ouvrages qui nous restent d'Apulée sont: trois traités sur la *Philosophie*, le *Syllogisme*, et le *Monde*; un livre que S. Augustin a réfuté dans sa *Cité de Dieu*, le *Démon de Socrate*; les *Florides*, recueil de discours et de plaidoyers, et enfin les *Métamorphoses* ou l'*Ane d'or*. — De nombreuses éditions ont été faites de ces divers ouvrages, dont le plus estimé est l'*Ane d'or*. C'est un conte dans le genre des fables milésiennes. Là, sous le voile de l'allégorie, Apulée fait une critique amère de la corruption des hommes de son temps, et de tous les désordres auxquels ils se livraient. L'idée première de ce livre est due à Lucius de Patras, à qui Lucien l'emprunta (Wieland, il est vrai, doute fortement de l'existence de ce Lucius, qui vécut, dit-on, sous Marc-Aurèle, de même que Lucien et Apulée lui même, et Lucius, suivant lui, n'est autre que Lucien). Mais il faut ajouter que, bien que Lucien soit un écrivain très-spirituel, Apulée s'est approprié l'idée de son livre par la manière dont il l'a traitée et la beauté réelle des détails dont il l'entoure. Le sujet de ce roman moral, on pourrait même dire religieux, c'est l'histoire de Lucius, jeune homme qui, pour s'être abandonné aux plaisirs, et avoir tenté de s'instruire dans la magie (depuis le règne du frivole et du fanatique Adrien, le goût de la magie était général), a été changé en âne par les dieux irrités de son impiété; il ne doit recouvrer sa première forme qu'après s'être amendé, et avoir mangé une guirlande de roses dont le grand prêtre d'Isis aura le front ceint le jour de la fête de la déesse. Comme on couronnait de roses les initiés, et que la vertu des roses dénotait celle des mystères, on a pensé que, par la double métamorphose de Lucius, Apulée a voulu peindre les dangers de la magie et la nécessité de l'initiation. — L'*Ane* d'Apulée est rempli d'épisodes et de tableaux écrits avec non moins de verve que d'élégance. C'est dans ce livre que se trouve la belle fable de Psyché, si bien mise en œuvre par Lafontaine, et d'une si haute portée. Le reproche qu'on peut faire à Apulée, c'est d'avoir introduit dans la langue latine une grande quantité de néologismes. C'était, du reste, le défaut de tous les écrivains de son temps, comme cela arrive toujours à l'époque de la décadence des langues. — La première édition des œuvres d'Apulée a été faite à Rome, en 1469, in-folio, par les soins de J. André, évêque d'Aleria; elle est extrêmement rare. Il y en a une autre édition *ad usum Delphini*, 2 vol. in-40, 1688. L'*Ane d'or* surtout a été souvent imprimé et réimprimé; on estime les éditions françaises de 1623, 1631 et 1648, in-8o, à cause des figures dont elles sont ornées. La meilleure édition des œuvres complètes est celle de Deux-Ponts, 1788, et la meilleure de l'*Ane d'or* est celle de Leyde, 1786, in-40, *cum notis var.* Ce dernier ouvrage a été traduit plusieurs fois, et toujours avec un talent fort médiocre. La traduction italienne de Firanzuola, 1667, Venise, in-80, jouit toutefois d'assez d'estime; elle est rare. — Le portrait d'Apulée se trouve dans la collection des médailles contorniates. Il y est représenté sous la forme d'un jeune homme dont la chevelure flottante est ceinte d'un bandeau. Sa poitrine est couverte d'une chlamyde; il a devant lui une branche de laurier. Le revers de la médaille représente un général romain portant le casque et la cuirasse; devant lui est un temple dont le fronton est orné de trois têtes. Le paludamentum ou manteau écarlate que porte le général semble indiquer qu'il se dispose à faire un sacrifice. Mais comme le revers n'a aucun rapport avec la figure principale, on peut douter, ce semble, que cette figure soit celle d'Apulée.　　　　　　　　　　　J. DE M.

APULIE, contrée d'Italie, faisant partie de la Grande-Grèce, aujourd'hui Puglia, divisée en Capitanate, Terre de Bari et Terre d'Otrante (*V.* POUILLE [*la*] ; BARI, CAPITANATE, etc.)　　　　　　　　　　　　　　　A. X.

APUREMENT. C'est l'acte par lequel on arrête et on solde définitivement un compte courant, ou le compte d'une gestion; de telle sorte que celui qui rend ce compte soit entièrement déchargé par celui qui le reçoit. L'apurement peut se faire sans procédures, et par une simple quittance; quand il y a contestation et que le rendant et l'oyant refusent de s'accorder, il faut que la justice intervienne. Il est même des personnes qui ne peuvent rendre compte qu'en suivant certaines formes légales : tels sont les tuteurs, comptant de leur administration avec le mineur émancipé. Les comptables envers l'État, les communes, les hospices, et autres établissements publics dont les revenus sont au moins de 10,000 francs, doivent rendre leurs comptes devant la cour des comptes (*V.* Compte).　　　　　　　　　　　　　　　　　L. G.

APUS ou APOUS (du grec πους, pied et de l'α privatif). C'est le nom qu'on a donné à l'oiseau de paradis, parce qu'il a les pattes très-courtes, ce qui d'abord avait fait croire qu'il n'avait pas de pieds. On s'est principalement servi de ce mot d'apus, et par corruption, apis, pour désigner une constellation méridionale, à laquelle Bayer, dans ses cartes, donne douze étoiles; La Caille, dans son catalogue, lui en donne un plus grand nombre. La principale de ces étoiles n'est, au surplus, que de la cinquième grandeur. — On donne aussi le nom d'apus à un genre de crustacés de l'ordre des branchiopodes, section des phyllopes, adopté par Latreille dans ses *Familles du règne animal de Cuvier*. Le corps de l'apus se forme d'une quarantaine de segments, dont les derniers n'ont point de pattes; tous les autres en sont chargés. La tête, toujours confondue avec le corps, est recouverte, comme le corps lui-même, par un vaste bouclier membraneux, formé par deux lames adhérentes; ce bouclier est bombé et échancré vers la queue, qui se termine par deux filets très-longs, composés d'une multitude d'articulations. Ces animalcules habitent les mares, les fossés, les eaux stagnantes; on les voit toujours réunis en très-grand nombre; ils sont tous pourvus d'œufs; ces œufs ressemblent à de petits grains d'un rouge très-vif. On connaît fort peu les habitudes de ces crustacés, dont on trouve aux environs de Paris les deux espèces; on les distingue l'une de l'autre par les noms d'apus cancriforme, ou binocle à filets, et d'apus prolongé, l'*apus productus* de Linné.　　　　X. X.

APYCNI. Les anciens appelaient de ce nom trois des huit sons stables de leur diagramme, savoir : le *proslambanomène*, la nète synémenon et la nète hyperboléon. Ils appelaient aussi *apycnos* le genre diatonique, où les deux premiers intervalles sont plus grands que le troisième.

APYRE (du grec πυρ, feu, et de l'α privatif). On appelle apyres les corps qui peuvent résister à l'action du feu sans éprouver d'altération sensible. Entre le corps apyre et le corps *réfractaire*, il existe cette différence, que ce dernier résiste, sans se fondre, au feu le plus violent, non sans éprouver des altérations plus ou moins considérables, tandis que le premier n'éprouve pas de changement sensible. Ainsi le calcaire bien pur est réfractaire, parce qu'il ne fond jamais seul; mais il n'est pas apyre, puisque, exposé à un feu violent, il perd considérablement de son poids, que ses parties intégrantes perdent leur adhérence, et que ses propriétés essentielles changent de caractère en prenant celui de chaux vive. Le diamant bien pur est, au contraire, apyre, parce que non-seulement il ne fond pas, mais qu'il n'éprouve encore aucune altération sensible.　　　　　　　　　　　　　　　　　　X. X.

APYREXIE (méd.; du grec πυρετος, fièvre et de l'α privatif). Ce mot, qu'on explique inexactement par *absence* ou *cessation de fièvre*, indique proprement l'état où l'on se trouve dans l'intervalle des accès des fièvres intermittentes: ainsi la durée de l'apyrexie dépend du caractère de ces fièvres. La cessation de la fièvre après une maladie est toute autre chose que l'apyrexie.　　　　　　　　　　　　　　A. A.

AQUARELLE (*peinture à l'eau*). Ce genre de peinture, que nous devons principalement aux Anglais, mais qui depuis peu d'années a fait parmi nous des progrès immenses, réunit à l'avantage de ne produire, comme la peinture à l'huile, ni malpropreté ni mauvaise odeur, et de n'exiger que de très-légers préparatifs, celui d'offrir beaucoup de fraîcheur et surtout une finesse de ton que l'on atteint rarement avec l'empâtement des couleurs à l'huile. On peint l'aquarelle sur papier, sur carton, sur ivoire, et l'on emploie que des couleurs délayées à l'eau légèrement gommée. Quelquefois on se sert du suc qu'on retire, par expression, des fleurs ou des feuilles. — Autrefois l'aquarelle ne présentait que très-peu de ressources; on estimait pourtant les aquarelles de Nicole, représentant des vues de Rome; les jolis dessins, artistement enluminés, firent revivre un genre oublié. Les Anglais fondèrent une espèce d'académie d'aquarellistes qui fournissaient périodiquement des sujets aux expositions publiques. Le succès obtenu par les aquarellistes excita l'émulation : on tendit au perfectionne-

ment. Les dessins acquirent plus de pureté, les sujets furent mieux choisis, la manipulation des couleurs se perfectionna, le genre s'étendit. L'Anglais Bonnington importa l'aquarelle en France : on fit venir de Londres des couleurs préparées avec plus de soin, et beaucoup de peintres français peignirent des aquarelles. Cependant les Anglais restaient encore nos maîtres; les Français redoublèrent d'ardeur et bientôt les Deveria, les Johannot, les Charlet, les Delaroche, et beaucoup d'autres artistes de la capitale, rivalisèrent avec leurs voisins d'outremer, et souvent les vainquirent. — On avait cru d'abord que l'aquarelle ne pouvait convenir qu'aux paysages; aujourd'hui on a reconnu qu'elle se prête à tous les genres; elle fait les fleurs et les paysages comme le portrait et les scènes héroïques ou familières. Elle doit cet avantage à la finesse et à la transparence des teintes, de même qu'à l'éclat des couleurs qui, délayées à l'eau, s'altèrent beaucoup moins que broyées à l'huile.　　　　　　　　　　　　　　　　　　G. L.

AQUARIENS, secte d'hérétiques qui parurent dans le IIIe siècle de l'Église, ainsi nommés parce qu'ils n'employaient que l'eau dans le sacrement de l'eucharistie. On dit que pendant les persécutions dirigées à cette époque contre le christianisme, les chrétiens, encore peu affermis dans la foi, voulant se soustraire à la vigilance de leurs ennemis, ne se réunissaient plus que la nuit pour célébrer les saints mystères. Ils craignirent que l'odeur du vin ne les trahît; ils ne ses servirent que d'eau. Malheureusement cette habitude s'enracina parmi eux, de telle-sorte que, lorsque le danger fut passé, ils la conservèrent. Saint Epiphane dit simplement que les aquariens, sectateurs de Tatien, s'abstenaient de vin en toute occasion, et que c'était pour ne pas contrevenir aux statuts de leur secte qu'ils refusaient de s'en servir, même dans l'eucharistie.　　　　　　　　　　　　　　　　　　　N. M. P.

AQUATILE, *adj.*; qui naît, croît et se nourrit dans l'eau. Ainsi les plantes qui naissent dans le lit des rivières ou au fond des amas d'eau, telles que les fucus, et qui restent constamment submergées, ou dont les fleurs flottent et s'étendent sur la surface des eaux, comme le fameux lotus des Hindous et des Égyptiens, sont des plantes aquatiles. On appelle aquatiques celles qui naissent dans les lieux marécageux. Ce dernier mot semble exprimer un peu moins que le premier; par exemple, on ne dit pas des oiseaux aquatiles; on dit aquatiques.

AQUA-TINTA, gravure imitant le dessin au lavis (*V.* Gravure).

AQUA-TOFANA, poison très-subtil et très-dangereux, dont on attribuait l'invention à une femme de Palerme, nommée Tofana. On prétend que c'était une eau limpide, transparente, sans odeur ni saveur, dont il ne fallait que quelques gouttes pour donner la mort. Il devait ses qualités délétères à la présence de l'arsenic; mais cette substance vénéneuse se trouvait mêlée à d'autres substances qui ne permettaient pas de la reconnaître. Au surplus, l'effet du poison était fort lent; les forces diminuaient peu à peu; on perdait l'appétit, on sentait un dégoût de la vie que rien ne pouvait surmonter; on souffrait d'une soif brûlante; on mourait peu à peu, chaque jour, chaque heure, mais on n'éprouvait ni douleurs atroces ni convulsions, comme cela arrive aux personnes empoisonnées par des compositions arsenicales; ainsi la mort se rendait en quelque sorte complice du crime. Quant à la Brinvilliers sicilienne, Labat rapporte qu'après avoir fait périr plus de cinq ou six cents personnes, elle fut poursuivie, et que, voulant se soustraire à la mort, elle s'alla réfugier dans une église qui avait droit d'asile; mais elle en fut arrachée et traînée au supplice.　　　　　　　　　　　　　　　A. P.

AQUAVIVA ou ACQUAVIVA (ANDRÉ-MATHIEU), duc d'Atri et prince de Tésano, dans le royaume de Naples, cultiva les sciences et les arts, préférant la paix du cabinet au tumulte des camps. Il a laissé une *Encyclopédie*, ou plutôt l'ébauche d'une encyclopédie, et des *Commentaires* sur la morale de Plutarque. Il mourut septuagénaire en 1528. Un de ses descendants, Octave, devint cardinal, légat d'Avignon, et enfin archevêque de Naples. Dans tous ces emplois, il se distingua par ses vertus, sa piété et l'intérêt qu'il montra aux savants. Il mourut en 1612. — Claude, de la même famille, prit l'habit des jésuites en 1567, et devint général de l'ordre en 1581. Ce fut lui qui rédigea le fameux règlement connu sous le nom de *Ratio studiorum* (Rome, 1588, in-8°), mal reçu par les jésuites, supprimé par l'inquisition, et réimprimé avec des mutilations et des coupures en 1591. Aquaviva ordonnait par ce règlement à ses religieux d'enseigner la gratuité de la prédestination; mais il leur permettait d'adoucir ce qu'il y avait de choquant dans ce principe, au moyen de la congruité, c'est-à-dire de l'efficacité de la grâce. — On a encore de ce célèbre jésuite des *Épîtres*, des *Méditations*, en latin, sur les psaumes 44 et 98. Son meilleur ouvrage, celui qui marque beaucoup de connaissance du cœur humain, c'est le *Directorium exercitionum sancti Ignatii industria pro superioribus societatis ad curandos animæ morbos*. Venise, 1611, in-12. Il a laissé aussi un discours latin qu'il prononça devant Grégoire XII, sur la passion du Seigneur. Il mourut en 1615, dans sa soixante-treizième année, laissant après lui la réputation d'un homme bienfaisant et humain, d'un caractère ferme et décidé, dont il savait tempérer l'inflexibilité par la douceur.

A. P.

AQUEDUC (*hist.*), de *aquæ ductus*, conduite d'eau). On peut définir ainsi l'aqueduc : construction apparente ou souterraine, destinée à conduire l'eau d'un lieu à un autre. Ainsi des canaux extérieurs qui peuvent servir à la navigation et à l'agriculture, ou aux besoins d'une population, de même que les canaux souterrains qui, partant d'un réservoir commun, vont distribuer les eaux dans les divers quartiers d'une ville, peuvent être désignés sous le nom d'aqueduc. Toutefois ce mot paraît plus particulièrement consacré à désigner ces canaux, pour ainsi dire aériens, qui, portés sur des arcades plus ou moins nombreuses, disposées en un seul rang ou en deux et trois rangs superposés, traversent les vallées, les marais, les rivières, et transportent les eaux à des lieux que la nature avait frappé d'aridité. — Dès l'antiquité la plus reculée on a construit des aqueducs, s'il faut s'en rapporter aux anciens historiens, qui se plaisent à décrire ces magnifiques ouvrages où la hardiesse des formes s'unissait à la solidité de la construction, où l'harmonie des proportions plaisait à l'œil comme l'immensité des masses frappait les sens en étonnant l'esprit. On cite l'aqueduc de Sésostris en Égypte, sans indiquer toutefois la place qu'il occupait, de sorte qu'on ne sait s'il était à Thèbes ou à Memphis. Il est probable que dans chacune de ces deux villes, il avait fallu construire des aqueducs proprement dits pour faire arriver les eaux du Nil jusqu'aux quartiers les plus éloignés du fleuve. Toutefois les ruines de Thèbes n'offrent point de traces d'aqueducs ; mais au delà de l'emplacement de l'ancienne Memphis, à l'occident, on a découvert les restes d'une trentaine d'arches qu'on présume avoir supporté quelque conduite d'eau (*V.* CANAL). On parle aussi de l'aqueduc de Babylone, qu'on attribue à Sémiramis, et de celui que Salomon fit construire dans le pays d'Israël. Il ne paraît pas, au surplus, que les Grecs aient construit de ces sortes d'ouvrages : c'est le sentiment de Strabon. Quelques écrivains pensent que les premiers Européens qui en ont fait usage ce sont les Étrusques, qui, en effet, ont devancé tous les autres peuples de l'Italie dans la carrière des arts. Quoi qu'il en soit, les Romains, qui apprirent d'eux, ne tardèrent pas à devancer leurs maîtres. Ce que le temps, ce que surtout la main des barbares a laissé subsister de leurs travaux en ce genre suffit pour les recommander à l'admiration de la postérité. On peut même dire que leur architecture, si grande, si majestueuse, si empreinte de durée, n'a rien produit de plus merveilleux que leurs aqueducs. Non-seulement ils avaient construit plusieurs aqueducs aux environs de Rome et dans Rome même, mais encore ils en élevèrent un grand nombre dans toutes les provinces conquises. — Le premier aqueduc construit dans Rome fut dû au célèbre auteur de la voie Appienne, le censeur Appius Claudius. Après l'*Aqua Appia*, les Romains virent de nouveaux aqueducs se former, l'*Anio vetus*, l'*Aqua Martia*, l'*Aqua Julia*, etc., et une infinité d'autres. On a calculé que tous ces aqueducs avaient ensemble une longueur d'environ 430,000 mètres, et qu'ils versaient chaque jour dans Rome 3,720 mètres cubes d'eau, c'est-à-dire autant que pourrait en donner un courant large de trente pieds sur six de profondeur, coulant avec la vitesse moyenne de la Seine à Paris. — Parmi les aqueducs que les Romains construisirent dans les provinces, on peut placer au premier rang l'aqueduc de Nîmes ou Pont du Gard, l'aqueduc de Ségovie en Espagne, l'aqueduc de Metz, qui traversait la Moselle ; l'aqueduc d'Arcueil, attribué à l'empereur Julien (*V.* GARD [*pont du*], SÉGOVIE [*aqueduc de*], METZ [*aqueduc de*]. ARCUEIL). — Les peuples étrangers, presque tous plongés dans la barbarie durant les beaux siècles de Rome, s'empressèrent peu d'imiter ce peuple dominateur qui, tout en parlant de liberté, ne voulait hors de lui que des esclaves. Aussi les premiers siècles de notre ère ne montrent-ils nulle part des aqueducs en construction. Il n'y a d'exception à faire qu'en faveur des Perses qui, suivant Procope, sous le règne d'abord si brillant et puis si malheureux de Khosrou, fils d'Ormus, vers le milieu du VIe siècle, construisirent à

Pétra, dans la Mingrélie, un aqueduc qui avait trois conduits, l'un au-dessus de l'autre et sur la même ligne. — Les Italiens modernes ont cherché à marcher sur les traces de leurs ancêtres ; et l'architecte Vanvitelli a construit à Caserte, dans le XVIIIe siècle, pour conduire les eaux au palais du roi de Naples, un aqueduc qui ne le cède ni en grandeur, ni en solidité, ni en magnificence, aux plus beaux ouvrages des Romains dans ce genre. (*V.* CASERTE [*aqueduc de*]). — Les Français avaient devancé les Italiens, et l'aqueduc de Maintenon, construit par ordre de Louis XIV, qui ne voulait rester étranger à aucune gloire, aurait pu se placer à côté des plus anciens monuments de l'architecture ancienne ; il devait conduire à Versailles les eaux de la rivière d'Eure (*V.* MAINTENON [*aqueduc de*]). Le même prince fit relever aussi l'aqueduc d'Arcueil, pour le service de la capitale. — Il n'avait pas suffi aux Romains d'avoir conduit dans leur ville des canaux abondants ; il fallait encore pourvoir aux moyens de faire couler hors de Rome les eaux superflues, les résidus des bains, celles qui avaient servi au nettoyage des rues, etc. Ce résultat ne pouvait se produire qu'au moyen de conduits souterrains destinés en même temps à recevoir les eaux pluviales. Les égouts ou cloaques (*V.* ces deux mots) de Rome étaient comptés au nombre des merveilles de cette ville. Ils s'étendaient sous toutes les rues, et se divisaient en une infinité de branches, qui toutes s'écoulaient dans le Tibre. Ils consistaient en de vastes galeries solidement voûtées sous lesquelles on pouvait aller en bateau, tandis que des charrettes chargées pouvaient passer sur les bords du canal. Aussi Pline dirait-il que la ville était suspendue en l'air, et qu'on pouvait naviguer sous les maisons. — *Aqueduc* (*physiq.*) La construction d'un aqueduc ayant pour objet de conduire l'eau à une ville pour fournir aux besoins des habitants, la première chose à laquelle on doit s'attacher, c'est d'offrir à l'eau un lit solide où elle puisse couler facilement, promptement, et avec le moins de perte possible, soit dans la quantité, soit dans la vitesse avec laquelle elle franchit l'espace qui sépare le lieu d'où elle sort du lieu où on la conduit. L'eau ne peut être conduite qu'à ciel ouvert, c'est-à-dire dans un canal ouvert placé sur le sol, creusé dans la roche vive, ou maçonné, ou bien par un conduit souterrain. Dans le premier cas, il faut considérer que la vitesse de l'eau est retardée par le frottement qui a lieu contre les côtés du canal ; d'un autre côté, elle ne subit que la pression qui s'exerce sur les liquides contenus dans un canal fermé. Elle n'éprouve de pression que celle qui a lieu par l'effet de l'inclinaison qui, force les lames d'eau à se rejeter les unes sur les autres. Il est donc nécessaire de donner au lit du canal une pente suffisante pour que l'eau puisse couler sans rompre de sa vitesse : or, des expériences répétées ont prouvé qu'il suffit d'un mètre d'inclinaison sur 3,500 mètres d'étendue. Il n'est pas nécessaire de dire que l'inclinaison est considérable, plus la vitesse est grande. Si l'on n'a que très-peu de pente, il faut avoir soin d'éviter, autant que possible, les coudes, où la vitesse du courant s'use et se perd ; il faut au moins que les retours soient tellement adoucis, qu'il n'y ait pas de diminution sensible de vitesse. — Dans le second cas, c'est-à-dire quand le conduit est souterrain, il y a plusieurs choses à examiner : la matière employée pour le conduit, les dimensions du conduit, et la vitesse de l'eau. Quant aux matières dont on se sert, elles consistent en tuyaux de fonte de fer, en tuyaux de bois, et de terre. On employait autrefois le plomb ; la cherté de ce métal et le défaut de force suffisante pour résister à la pression de l'eau font qu'on le emploie que très-rarement aujourd'hui. Les tuyaux en fonte sont les plus solides. Pour ce qui est des dimensions du conduit, la chose dépend tout entière de la volonté du constructeur, qui proportionne la largeur du canal ou le diamètre du tuyau à la quantité d'eau qu'il s'agit de transporter. Enfin, pour ce qui regarde la vitesse, et c'est là le véritable objet à considérer, elle dépend de la pression qui s'exerce sur l'eau, et de l'action des frottements. — Il faut d'abord établir en principe que la vitesse de l'eau, dans un conduit fermé, influe considérablement sur la quantité transportée. Qu'on suppose un tube d'un pouce de diamètre, et un autre tube de deux pouces : si, dans le premier, la vitesse de l'eau est double de la vitesse dans le second, ils verseront, dans le même temps, donneront chacun la même quantité d'eau ; car si le premier tube, la vitesse étant comme 2, verse dans une minute 60 pouces cubes d'eau ; il versera, si la vitesse est comme 4, 120 pouces cubes. Or, la vitesse dépend de la pression et de l'absence des frottements. — On entend par pression l'action que les parties supérieures d'un liquide exercent par leur propre poids sur les parties inférieures, et cette pression est d'autant plus forte qu'il y a plus de distance entre la partie pressée et le niveau supérieur de l'eau ; de telle sorte que si on suppose un réservoir plein d'eau à la hauteur d'un mètre, l'eau qui jaillirait par un trou pratiqué à la partie la plus basse de ce vase s'élancerait, par l'effet de la pression, à un mètre de distance, si sa vitesse n'était diminuée par la résistance de l'air et par son propre poids. Si l'eau, en sortant de ce réservoir, est reçue dans un conduit fermé, elle y acquerra une vitesse qui lui fera parcourir une distance quatre fois et demie plus grande que si elle ne sortait que par une ouverture pratiquée à sa partie supérieure et sous le niveau de l'eau. Si, au contraire, la pression augmente, comme si la hauteur perpendiculaire du niveau à l'ouverture est de deux mètres, la vitesse sera de six et un quart. — La vitesse de l'eau, dans le conduit fermé, pouvant être aisément connue, il est facile de calculer la quantité d'eau qui sera fournie par un tuyau de la dimension voulue dans un espace de temps donné, abstraction faite néanmoins de la diminution de vitesse qui s'opère par les frottements prolongés. — Ce n'est pas ici le lieu de déterminer exactement l'effet du frottement sur la marche du liquide, mais quelque faible que cet effet paraisse au premier coup d'œil, il n'en n'est pas moins vrai qu'il existe, et que s'il est presque nul sur une longueur de quelques mètres, il devient très-sensible sur une longueur de plusieurs milliers de mètres, au point de détruire complètement la vitesse, surtout si les tuyaux sont étroits et s'ils forment beaucoup de coudes. — Le constructeur des conduites d'eau doit donc, autant qu'il le peut, éviter tous les accidents qui peuvent retarder la vitesse de l'eau ; suivre la ligne droite, qui est la plus avantageuse ; adoucir la courbure des coudes ; renforcer les tuyaux dans les courbures, et principalement au fond des vallons, quand le conduit, descendant d'un côté de la vallée, remonte du côté opposé comme un siphon renversé ; ménager, d'espace en espace, des soupiraux garnis d'un robinet qu'on ouvre pour donner passage à l'air qui se trouve enfermé dans le conduit, surtout à l'endroit des coudes, quand on s'aperçoit qu'en se condensant, il oppose une résistance nuisible à la marche de l'eau. — Au surplus, ce qu'il est nécessaire de trouver dans un constructeur, c'est la pratique éclairée par l'expérience ; car mille causes locales peuvent ici rendre les théories insuffisantes. — *Aqueduc* (architect.) Dans le commencement de cet article, nous avons renvoyé à des articles spéciaux ce que nous pouvions dire des divers aqueducs que nous avons nommés ; nous nous contenterons de parler ici de ce qui ne trouverait point de place ailleurs. Les Romains n'épargnaient aucune dépense pour la construction de leurs aqueducs ; ils n'hésitaient pas à faire venir les eaux qui leur étaient nécessaires d'une distance prodigieuse, tantôt sur des arcades, tantôt à travers des rochers qu'ils perçaient avec des peines infinies, ou en creusant des montagnes. Les arcades étaient quelquefois basses, quelquefois d'une grande hauteur ; quand le niveau du canal de conduite était élevé, de peur que la trop grande élévation des arcades ne nuisît à leur solidité, ils en construisaient deux ou trois rangs les uns sur les autres. Ces arcades étaient ordinairement de briques ; mais ces briques sont liées entre elles par un ciment si dur, qu'encore aujourd'hui on ne peut qu'avec peine en détacher des morceaux. A Vicovaro, au-dessus de Tivoli, on voit à la suite de l'aqueduc un canal coupé dans la roche vive, l'espace de plus d'un mille : ce canal a cinq pieds de haut sur quatre de large. — L'aqueduc de l'*Aqua Martia*, à Rome, a un arc de seize pieds d'ouverture. Il est construit en pierre de trois sortes. On y voit deux conduits, dont l'un portait l'eau du *Teveron*, et l'autre amenait de l'eau *claudienne*. L'édifice avait soixante-dix pieds romains de hauteur. Un autre aqueduc avait trois conduits qui fournissaient l'eau *Julia*, l'eau *Tepula* et l'eau *Martia*. Le canal de l'*Aqua Appia* était remarquable par une circonstance particulière : il allait en s'élargissant par degrés. Le plus solide et le plus beau de tous ces aqueducs était celui de l'*Aqua Claudia*, dû à la munificence de l'empereur Claude. Il était tout construit en pierre de taille, et parcourait un espace de quarante-six milles ; une partie de ce long trajet, neuf ou dix milles, était sur des arcades de cent pieds de haut. L'aqueduc de l'*Aqua Virginalis*, long de quatorze mille pas romains, supporté par dix arcades, sur une longueur de sept cents pas, était une construction d'Agrippa, qui l'avait orné de quatre cents colonnes et de trois cents statues. Il a été restauré par les papes Nicolas V et Pie IV. — Une chose a excité l'étonnement : souvent les Romains faisaient parcourir à leurs aqueducs un espace beaucoup plus considérable que cela n'était nécessaire. Plus d'une fois, au

lieu de suivre la ligne droite, qui était praticable, comme entre Tivoli et Rome, ils faisaient serpenter leurs conduits par mille détours. On a donné plusieurs raisons de cette espèce de phénomène d'architecture. — Les uns ont prétendu que les Romains n'avaient cherché que l'embellissement des environs de Rome, et cette supposition est absurde ; les autres ont pensé que les constructeurs d'aqueducs n'avaient suivi des routes tortueuses qu'afin de profiter le plus possible des terrains élevés, et d'éviter par l'obligation de faire des arcades d'une hauteur démesurée ; d'autres encore ont dit que les Romains n'avaient voulu que diminuer la trop grande vitesse des eaux, vitesse qui, si les eaux avaient suivi la ligne droite par une pente rapide, aurait été toujours croissante, ce qui aurait infailliblement amené une prompte destruction des aqueducs. La meilleure raison, à ce qu'on présume, est la suivante : les Romains n'ignoraient pas que, plus l'eau est chargée (et c'était presque le cas de toutes les eaux qui entraient dans Rome, celles du Téveron surtout), plus elle a besoin de se purifier. Il fallait donc, pour que les eaux eussent le temps de se dégager des matières qu'elles charriaient, qu'elles eussent un long trajet à faire ; or, pour obtenir des eaux meilleures, plus claires et plus légères, les Romains étaient toujours disposés aux plus grands sacrifices. L'eau du Téveron était chargée de parties minérales ; aussi, au lieu de la prendre à Tivoli, d'où une pente rapide l'aurait promptement conduite à Rome, ils l'amenaient de trente milles plus haut, afin qu'elle arrivât parfaitement dépouillée. — *Aqueduc* (jurisp.). Dans le langage des lois, on entend par aqueduc le droit de faire passer de l'eau sur le fonds d'autrui, pour ses propres besoins : *jus ducendi aquam per fundum alienum*. Toutefois, comme le législateur romain emploie souvent l'expression composée *jus aquæ ductûs* pour désigner la servitude, on entend par le mot aqueduc, employé seul, les ouvrages qui servent à la conduite des eaux. Les Romains, attachés à leurs aqueducs tant publics que privés, avaient pourvu à leur conservation par un grand nombre de dispositions légales. Notre droit français ne contient pas de dispositions spéciales ; après quelques principes généraux posés dans les articles 640 et suivants du code civil, le législateur s'en rapporte aux usages locaux, et aux règlements particuliers par l'article 645 ; aussi, dans les anciens pays de droit écrit, c'est encore la loi romaine qu'on invoque pour statuer sur les prétentions respectives de celui qui réclame l'usage des cours d'eau et le droit d'aqueduc, et de celui qui cherche à libérer son fonds de toute servitude. Il y a, au surplus, dans notre législation comme dans la législation romaine, une grande différence à faire entre les cours d'eau publics, comme les fleuves et les rivières navigables, qui sont censés appartenir à l'État, et les cours d'eau qui appartiennent à des particuliers. Ici on peut acquérir la servitude active, ou s'en décharger, soit par les conventions, soit par la prescription (*V.* COURS D'EAU, NAVIGABLES [rivières], PRESCRIPTION, SERVITUDES). Contentons-nous de dire que tout ce qui concerne les rivières navigables a été réglé en grande partie par l'édit de 1683. Un arrêt du conseil, de 1669, décida qu'on ne pourrait établir ni aqueducs ni plantations d'arbres à quinze toises des fontaines publiques. — Le propriétaire d'une eau privée peut être forcé à souffrir l'établissement d'une prise d'eau et d'un aqueduc sur son fonds, s'il est question de l'utilité d'une contrée ou d'une commune. Une loi du 7 juillet 1833, sur l'expropriation forcée pour cause d'utilité publique, en contient la disposition formelle. A défaut de titre, toute servitude peut s'acquérir par la possession de trente ans, accompagnée de signes apparents qui manifestent l'existence de la servitude ; une possession clandestine serait inefficace. Le non-usage pendant le même laps de temps entraîne la perte du droit. Voyez, au surplus, le titre *des servitudes* du code civil ; tout l'ancien droit s'y trouve résumé. — *Aqueduc* (anatom.). Les anatomistes se servent du mot aqueduc pour désigner certains conduits membraneux ou cartilagineux qui font partie du corps humain. Ainsi on appelle *aqueduc de Fallope* celui qui s'étend du conduit auditif interne au trou stylo-mastoïdien, en traversant le rocher ; un filet du nerf facial passe par ce canal, qu'il ne faut confondre ni avec l'*aqueduc du vestibule*, qui va s'ouvrir à la face postérieure du rocher et commence très-près de l'orifice des deux canaux semi-circulaires, ni avec l'*aqueduc du limaçon*, canal très-étroit qui va de la rampe du limaçon au bord postérieur du rocher. L'*aqueduc de Sylvius* est un conduit oblique qui traverse la protubérance cérébrale au-dessous des tubercules quadrijumeaux, et qui s'ouvre en arrière dans le ventricule du cervelet.

J. DE M.

AQUIFOLIACÉES. M. de Candolle avait désigné par ce nom plusieurs genres de la famille des rhamnées de M. de Jussieu (*V.* RHAMNÉE) ; ensuite, revenant sur sa classification, au lieu d'en faire une famille distincte, il n'en fit qu'une branche des célastrénées (*V.* CÉLASTRÉNÉES), à pétales élargis, à fruits indéhiscents, à embryons droits renfermés dans un albumen charnu et à feuilles simples. D'autres naturalistes ont maintenu la première distinction de M. de Candolle : d'après lui, cette famille renferme des arbres et des arbrisseaux à feuilles glabres, dépourvues de stipules, alternes, à fleurs axillaires, seules ou fasciculées. Des cent espèces environ qui la composent, on a formé neuf ou dix genres. Le houx (*ilex*) est considéré comme type de la famille (*V.* HOUX).　　A. A.

AQUEUX, qui participe de la nature de l'eau, ou qui en contient beaucoup. La distillation sépare la partie aqueuse des corps des autres substances dont ils se composent. On appelle *humeur aqueuse* la première des trois humeurs de l'œil (*V.* OEIL) ; *conduits aqueux*, ceux par lesquels circule la lymphe (*V.* LYMPHATIQUE [*humeur*]) ; *remèdes aqueux*, ceux où l'eau domine : les plantes fraîches, principalement celles qui se dissolvent aisément par la coction ou la macération, telles que la laitue, l'oseille, la poirée, la chicorée, le pourpier, etc., les aliments aqueux, pois verts, asperges, herbes potagères, fruits mûrs, conviennent à ceux qui ont les humeurs âcres, les fibres roides, le sang aduste.　　A. A.

AQUILA, juif de Synope, dans le royaume du Pont, embrassa le christianisme vers l'an 129 de J. C. Adrien, qui l'avait nommé intendant de ses bâtiments, lui donna commission de rebâtir Jérusalem sous le nom d'*Ælia-Capitolina*. Ce fut à cette occasion qu'il demanda le baptême ; mais peu de temps après, repoussé par l'Église à cause de son attachement insensé à l'astrologie judiciaire, il retourna au judaïsme ; il devint même rabbin, et traduisit l'Ancien Testament d'hébreu en grec. Quoique sa version, dont il ne reste plus que des fragments, fût textuelle, il n'en chercha pas moins à détourner le sens des passages favorables au christianisme ; il n'avait voulu, dit Bossuet, que contredire la version des septante dont se servaient les églises à l'exemple des apôtres, et affaiblir les témoignages qui regardaient J. C. Toutefois il n'a pu si bien faire, suivant saint Jérôme, qu'il n'ait laissé subsister bien des choses dont les chrétiens peuvent se prévaloir ; c'est qu'il n'est pas possible de détruire la vérité (*V.* BIBLE).
　　　　　　　　　　　　A. P.

AQUILA, surnommé *le Pontique*, parce qu'il était né dans le Pont, contrée de l'Asie Mineure, était ouvrier en tentes : c'est sans doute pour ce motif que saint Paul, qui exerçait la même profession, alla loger chez lui à Corinthe, lorsqu'il revint d'Athènes. Quoi qu'il en soit, le saint apôtre profita de son séjour dans la maison d'Aquila pour le convertir au christianisme, lui et Priscille sa femme. Ces nouveaux chrétiens se montrèrent très-reconnaissants envers l'apôtre ; ils lui rendirent à Éphèse les services les plus signalés, et leur zèle à son égard fut tel, qu'ils ne craignirent pas d'exposer leur vie pour sauver la sienne. Aussi, de son côté, saint Paul en parle avec de grands éloges dans son Épitre aux Romains. On ne sait ni le temps, ni le lieu de la mort de ces illustres chrétiens. Les Grecs donnent à Aquila le titre d'évêque et d'apôtre, et célèbrent en son honneur leur grand office le 14 juillet. Les martyrologes d'Usuard et d'Adon placent leur mort au 8 de ce même mois (Act. XVIII, 2 et seqq. Rom. XVI, 4. 2 Timoth. IV, 19).
　　　　　　　　　　　　J. G.

AQUILA-ALBA ; t. de chim. qui s'applique à tous les sublimés blancs, et surtout à celui du mercure, qu'on désigne particulièrement par le nom de protochlorure de mercure (*V.* CHLORURES DE MERCURE).

AQUILAIRE ou GARO, arbre qui fournit le bois aromatique d'Aigle.

AQUILANO (Sébastien), médecin italien, natif d'Aquila, roy. de Naples, lequel professa dans l'université de Padoue ; il mourut, dit-on, en 1543. On a de lui un traité *De morbo gallico*, imprimé à Lyon en 1506, in-4°, et à Bologne en 1517, in-8° ; et un autre traité *De febre sanguineâ ad mentem Galeni* ; Bâle, 1537 ; Lyon, 1538, in-8°. — Un autre Aquilano (*Séraphin*), compatriote et contemporain du précédent, né en 1466, se distingua de bonne heure par des poésies italiennes, imprimées à Rome en 1503, trois ans après sa mort, arrivée l'an 1500. Il fut successivement attaché au cardinal Sforce, à Ferdinand II, duc de Calabre, au marquis de Mantoue François de Gonzague, et au fameux duc de Valentinois César Borgia. Aquilano est un de ceux qui contribuèrent à délivrer la poésie et la langue italienne de la barbarie ; il prépara, con-

jointement avec Thibaut de Ferrare et quelques autres, l'ère de Bembo et de Sannazar.　　　　　A. P.

AQUILÉE, *Aquileia* ou *Aquilegia*, ville d'Italie, dans la Vénétie, ou États de Venise, non loin de la mer, à l'entrée du golfe *Tergestinus* (de Trieste). Les Romains la fondèrent longtemps avant l'ère vulgaire, pour s'en faire un rempart contre les Barbares. Ce fut, dit-on, sous le consulat de Spurius-Postbumus et de Quintus-Marcus qu'une colonie s'y établit, et il est probable que son nom lui est venu de ce qu'une légion romaine y avait planté ses aigles, c'est-à-dire y avait campé longtemps. Les empereurs se plurent à fortifier cette ville et à l'embellir : Adrien y construisit un temple sous le nom d'Adrianée ; Marc-Aurèle l'éleva au rang de première forteresse de l'empire. Un canal qui, du pied de ses murs, aboutissait à la mer, l'avait rendue commerçante, ce qui, joint à ses remparts, l'avait fait surnommer la *seconde Rome*. Plus tard elle se défendit avec succès contre l'empereur Maximien, qu'elle avait refusé de reconnaître ; mais elle ne put résister aux efforts d'Attila, qui s'en rendit maître et la détruisit de fond en comble (452). Les habitants se réfugièrent dans les îles, où plus tard s'établit la ville de Venise. Narsès tenta vainement de rétablir Aquilée : ce n'est aujourd'hui qu'une ville ou plutôt qu'un village sans-importance, qui dépend du cercle de Trieste ; ses habitants, au nombre d'environ 1,500, ne vivent guère que des produits de la pêche : quelques étrangers s'y rendent pour y voir les restes d'antiquités romaines qui occupent tout le sol environnant. — Dès le IVe siècle, le siége épiscopal devint métropolitain, et, dans le VIIIe, il fut érigé en patriarchat : le patriarche devint même, par la protection de Charlemagne et de ses successeurs, prince souverain et prince de l'empire, avec droit de battre monnaie, ce qui ne dura guère que jusqu'au XIIIe siècle. Depuis cette dernière époque, la décadence a été rapide ; le patriarchat a été même aboli en 1758, et le diocèse divisé en deux évêchés, Udine et Goritz. Plusieurs conciles ont été tenus à Aquilée, en 381, 558, 698 et 1184.　　A. X.

AQUILÉGES, nom donné par Auguste à ceux qu'il avait chargés d'entretenir et de surveiller les aqueducs.

AQUILICES, sacrifices offerts par les Romains à Jupiter, pour obtenir de la pluie en temps de sécheresse. On nommait *aquiliciens* les prêtres qui présidaient à ces sacrifices.
　　　　　　　　　　　　N. M. P.

AQUILIE, nom d'une dame romaine que Tibère condamna à l'exil, parce qu'elle fut convaincue d'adultère. — L'épouse d'Héliogabale porta aussi le nom d'Aquilie (*Aquilia Severa*) : plusieurs médailles ont conservé ses traits. On trouve quelquefois son effigie sur le revers de la médaille de son époux ; elle est représentée fort jeune, et d'une physionomie agréable.
　　　　　　　　　　　　N.-M. P.

AQUILIENNE (loi). *Lex aquilia*, ainsi nommée parce qu'elle fut proposée à la sanction du peuple par le tribun L. Aquilius, l'an 572 de Rome. Elle avait deux objets principaux : par sa première disposition, elle réglait la réparation du dommage causé à un particulier, en enlevant ou en blessant et tuant ses esclaves ou son bétail ; par la seconde, elle accordait au damnifié la réparation du dommage qui lui était causé par un esclave ou un animal appartenant à autrui ; le premier cas n'entraînait que des indemnités pécuniaires ; le second, outre l'indemnité, causait pour le maître la perte de l'animal ou de l'esclave. — Tous les anciens peuples ont prononcé des peines plus ou moins rigoureuses dans tous les cas de dommage causé par les animaux. Il serait à désirer que notre législation se fût montrée moins indulgente : les maîtres d'animaux ombrageux, hargneux, méchants, se tiendraient plus sur leurs gardes ; on ne verrait plus sur le seuil des portes des chiens qui mordent les passants, ou des chevaux rétifs qui les estropient. Le *Lévitique*, chap. XXI, ordonnait que tout animal qui avait tué un homme fût lapidé et mis à mort ; Minos voulut que si un cochon commettait du dégât dans un champ de blé, on lui arrachât les dents ; Solon fit livrer enchaîné un chien méchant à celui qui en avait été mordu ; Démocrite voulait qu'on punît de mort tout animal auteur d'un dommage. Les lois de Dracon allaient plus loin : elles ordonnaient la destruction des objets, même inanimés, qui, par leur chute, avaient blessé quelqu'un. — Nos pères avaient adopté cette jurisprudence, s'il faut en croire le jurisconsulte Gupape, qui devint président du conseil souverain du Dauphiné ; il prétend avoir vu pendre à un arbre un cochon qui avait tué un enfant. La jurisprudence des Franc-Comtois était la même ; il existe une sentence du *baillif du comté de Bourgogne*, qui condamne au supplice un porc convaincu *d'avoir tué et meurtri un enfant.* — On conçoit aisément que toutes ces lois avaient un but louable, celui d'engager les maîtres des animaux malfaisants à une active et continuelle surveillance : malheureusement on avait dépassé le but. Nos législateurs sont peut-être tombés dans l'excès contraire : c'est du moins ce qu'on est porté à croire quand ils veulent que ceux qui causent par leurs bestiaux du dommage à un champ ensemencé (475 du C. p., n° 10), ceux qui laissent divaguer des fous ou furieux (n° 7), et des animaux malfaisants ou féroces, soient punis d'une amende de 6 à 10 fr., et que, suivant les circonstances, le délinquant puisse être condamné à trois jours d'emprisonnement.

L. G.

AQUILII, nom de deux princes romains, Lucius et Marcus, qui avaient conspiré contre la république en faveur de Tarquin, exilé de Rome. Ils furent condamnés à mort. Ils appartenaient à une famille alliée des Tarquin, et qui a fourni à Rome des magistrats et des généraux. Le plus connu de ces derniers, M. Aquilius Nepos, fut consul l'an de Rome 653, et collègue de Marius. Accusé de concussion, il allait être condamné, lorsque son défenseur, M. Antoine, déchirant la tunique de son client, mit à nu sa poitrine toute couverte de cicatrices. Aquilius fut envoyé plus tard contre Mithridate qui le vainquit, le fit prisonnier et l'envoya au supplice.

N. M. P.

AQUILON, vent du nord que Vitruve prend pour le nord-est (*V.* NORD [*vent du*]). Les poètes ont fait Aquilon fils de l'Aurore et d'Éole (on le nommait ainsi à cause de sa rapidité semblable au vol de l'aigle). Ils donnent le nom d'aquilon à tous les vents orageux, terreur du nautonier. N. M. P.

AQUEMINARIUM, vase qui se plaçait à l'entrée des temples, rempli d'eau lustrale.

AQUIN (*V.* D'AQUIN et THOMAS [St.])

AQUIN (PIERRE D'), né à Paris en 1720, et mort en 1797, se fit recevoir bachelier en médecine, mais il abandonna la médecine pour la littérature. Il a composé divers ouvrages qu'il a publiés sous le nom de *Cousin de Rabelais* ou de *Rabelais d'Aquin.* On voit, par ces noms qu'il se donnait, qu'il s'était proposé Rabelais pour modèle ; mais il est resté bien au-dessous de lui, quoiqu'il en ait eu tout le dévergondage. Il a produit des *Contes en vers*, des *Lettres sur les hommes célèbres du règne de Louis XV* (ce sont, suivant lui, Gresset, Crébillon, Trublet, Fontenelle, Montesquieu et Voltaire !), la *Semaine littéraire*, etc. Tous ces ouvrages sont aujourd'hui oubliés. A. P.

AQUIN LE SUÈVE, écrivain du xve siècle, vivait à la cour d'Othon, duc de Bavière ; il cultiva la philosophie, les mathématiques et la poésie, choses qui vont rarement ensemble ; on lui attribue des *Lettres*, un *Traité sur la proportion des sons et des nombres*, et des *Sermons.* A. P.

AQUIN, ville du royaume de Naples, autrefois *Aquinum* dans le Latium sur les limites du territoire des Samnites. Ce fut dans cette ville que naquit Juvénal. Il paraît qu'Aquino est une des premières villes de l'Italie qui ont connu l'usage des monnaies. A. X.

AQUINO (PHILIPPE), rabbin juif, né à Carpentras, embrassa le christianisme vers le commencement du XVIIe siècle, et quitta son nom de Mardochée pour celui d'Aquino, ville où il reçut le baptême. Après sa conversion, il se rendit à Paris, où il enseigna l'hébreu ; et il mourut en 1650. Le Jai lui confia la correction des textes hébreu et chaldéen de sa Bible polyglotte. On lui doit un dictionnaire hébreu rabbinique et thalmudiste, sous le titre de *Dictionarium hebraïco-chaldeo-thalmudico rabbinicum*, Paris, 1629, in-folio ; des *Racines de la langue sainte ;* Paris, 1620, in-folio ; *Voces primigeniæ seu radices græcæ ;* Paris, 1620, in-16 ; l'*Interprétation de l'arbre de la cabale des Hébreux*, sans date, in-8° ; et plusieurs autres ouvrages qui n'ont que peu d'intérêt aujourd'hui.

AQUINO (CHARLES D'), né en 1654, à Naples, entra de bonne heure chez les jésuites, et devint professeur de rhétorique à Rome ; il exerça le professorat pendant dix-huit ans avec éclat ; il mourut en 1740, âgé de quatre-vingt-six ans. Aquino a laissé un grand nombre d'ouvrages presque tous écrits en latin. Le plus connu c'est l'*Anacreon recantatus :* c'est un recueil d'odes égales en nombre à celles du poète grec ; mais auxquelles il a donné un caractère tout opposé sous le rapport de la morale et de la science ; après les odes viennent des élégies et des héroïdes, suivies de satires que des notes accompagnent : ce recueil, en 3 vol., a été imprimé à Rome, en 1702. Les autres ouvrages d'Aquino consistent en discours, *Orationes*, 2 vol. ; un dictionnaire, *Lexicon militare*, conte-

nant l'explication de tous les termes militaires et de savantes dissertations, 2 vol. in-folio ; des mélanges, des fragments de l'histoire de la guerre de Hongrie, un vocabulaire d'architecture pratique, un vocabulaire d'agriculture, etc. Tous ces ouvrages ont été, comme les premiers, imprimés à Rome.

AQUITAINE (*géog. hist.*). L'Aquitaine était l'une des trois grandes provinces de la Gaule, reconnues par Jules-César après la conquête, d'après le langage, les mœurs et la législation des habitants, qui formaient bien évidemment trois races différentes : les Belges, les Galls ou Celtes et les Aquitains. Les premiers habitaient au nord, sur les rives du Rhin, les seconds occupaient la partie centrale ; les derniers se renfermaient entre la Garonne, l'Océan et les Pyrénées : *à Garumna flumine ad Pyrænœos montes et eam partem Oceani quæ ad Hispaniam pertinet.* César, non plus que Pline et Pomponius Mela, venus après lui, n'assigne point de limites à l'Aquitaine du côté de l'orient ; Strabon dit qu'elle arrivait jusqu'à la Narbonnaise, dont elle n'était séparée que par la chaîne des Cévennes. Sous le règne d'Auguste, l'Aquitaine s'agrandit au nord d'une partie de la Celtique, et elle poussa ses limites jusqu'à la Loire. Elle comprenait alors tout le pays qu'on a désigné plus tard sous les noms de Béarn, pays des Basques, Bigorre et Couserans, Agenois, Querey, Albigeois, Rouergue, Gévaudan, Velay, Auvergne, Bourbonnais, Limousin, Périgord, Poitou et Saintonge (*V.* ces mots). Dans les temps plus rapprochés de nous, et par l'effet de nouvelles divisions et circonscriptions, la partie la plus méridionale de l'Aquitaine en a été distraite sous le nom de Gascogne ; au nord ses bornes ont été aussi reculées, et cette vaste province s'est trouvée réduite à la Guienne, qui comprenait, avant la révolution, le Bordelais, le Bazadais, l'Agenois, le Querey, le Rouergue et le Périgord. Aujourd'hui elle forme les départements de la Gironde, de Lot-et-Garonne et de la Dordogne. (*V.* ces mots). — On a souvent discuté sur l'étymologie du mot Aquitaine ; quelques-uns, d'après Alain Chartier, qui affirmait une chose qu'il ne pouvait savoir, le font dériver du mot latin *aqua*, eau, et du grec τανία, contrée, c'est-à-dire pays d'eau, comme si on avait beaucoup d'exemples de mots formés avec des mots appartenant à deux langues, ou comme si l'Aquitaine avait réellement plus d'eau que beaucoup d'autres provinces. Pline a dit simplement que l'Aquitaine était ainsi nommée des Aquitains, l'un des peuples qui l'habitaient, et cela est beaucoup plus probable comme conforme à l'usage constant de tous les temps et de tous les lieux. On a toujours donné aux pays le nom du principal peuple qui l'habitant. — Quant au mot de Guienne, il est vraisemblable qu'il n'est qu'une dégradation d'Aquitaine, dont on aura fait *Quitaine*, *Quiaine* et *Guienne.* — Le passage d'Annibal à travers l'Aquitaine, mentionné par Polybe, et l'invasion des Cimbres, qui s'étendirent jusqu'aux Pyrénées, invasion dont parle Florus, sont les seuls événements importants de l'histoire des Aquitains, antérieurement à l'ère de César. Après la conquête, et sous ses empereurs, les Aquitains essayèrent plusieurs fois de secouer le joug, mais leurs efforts, toujours impuissants, ne servirent qu'à faire river leurs chaînes. — Vers l'an 370, Valentinien divisa l'Aquitaine en première et seconde, et en Novempopulanie ; la première avait Bourges pour capitale, la seconde Bordeaux. La Novempopulanie, ainsi nommée parce qu'elle était habitée par neuf peuples ou tribus, s'étendait de l'ouest à l'est, au pied des Pyrénées. — Les Romains donnèrent aux Aquitains, ainsi qu'à tous les peuples qu'ils avaient soumis, leur langue, leurs lois et leurs dieux ; ils leur firent aussi connaître les bienfaits de la civilisation. On voit, par divers exemples, que les Aquitains cultivèrent avec succès la philosophie et les belles-lettres. L'orateur Fronte, maître d'Antonin, était né dans l'Aquitaine. — Le christianisme s'introduisit à son tour dans cette vaste contrée, en profitant des voies que la civilisation romaine avait ouvertes. On fait remonter jusqu'au temps de Vespasien l'épiscopat de saint Martial, premier apôtre de l'Aquitaine, et évêque de Limoges. — Dès les premières années du ve siècle, les Vandales envahirent l'Aquitaine. Les Wisigoths, déjà maîtres de la Septimanie par la cession qu'ils avaient obtenue de l'empereur Honorius, expulsèrent les Vandales, et reçurent du même prince Toulouse et le pays environnant. De là ils s'étendirent peu à peu sur l'Aquitaine entière. Julius Nepos leur céda la souveraineté du pays qu'ils avaient conquis (475), mais ils ne la conservèrent que peu d'années. Une seule bataille où périt leur roi Alaric, de la main même de Clovis (bataille de Vouillé, près de Poitiers, 507), fit passer l'Aquitaine sous la domination des rois francs. Ce qui facilita la conquête, ce fut le désaccord qui régnait entre les Aquitains et les Wisigoths. Les premiers, en embrassant le christianisme, en avaient adopté toutes les doctrines, et ils les conservaient dans leur pureté primitive; les seconds étaient ariens, et, comme tous les hérétiques, qui toujours se plaignent qu'on les persécute, ils étaient persécuteurs. Clovis, catholique zélé et politique habile, tira parti des circonstances, et les Wisigoths furent exterminés. — Depuis cette époque, l'Aquitaine a fait partie de l'empire franc, tantôt réunie à la couronne, tantôt formant un royaume particulier ou un duché (*V.* CARIBERT, DAGOBERT Ier). Odon, ou Eudes, possédait l'Aquitaine à ce dernier titre (*V.* EUDES), quand les Arabes d'Espagne passèrent les Pyrénées et envahirent l'Aquitaine. Longtemps repoussés, mais à la fin vainqueurs de tous les obstacles, les musulmans, sous la conduite de l'émir El-Samah, vinrent mettre le siége devant Toulouse, capitale d'Eudes. Celui-ci accourut au secours de la place, et battit complètement les Arabes (724); l'émir tomba sur le champ de bataille. Onze ans plus tard (et non quatre comme il est dit dans l'Encyclopédie du XIXe siècle), l'émir Abderahman, qui avait sauvé l'armée après la bataille de Toulouse, et ramené ses débris en Espagne, voulut venger la mort d'El-Samah et de ses musulmans, publia la guerre sainte (les musulmans appellent ainsi la guerre contre les chrétiens), réunit une armée immense et se précipita sur l'Aquitaine comme un torrent destructeur: il subit le sort d'El-Samah, et Charles Martel, par une victoire éclatante (entre Tours et Poitiers, octobre 732), sauva la France et l'Europe septentrionale du joug musulman. En 778, Charlemagne, qui avait réuni l'Aquitaine à ses États, l'érigea en royaume pour son fils Louis. Celui-ci donna ce royaume à son fils Pépin, dont les descendants ne purent le conserver; il devint l'apanage de Charles le Chauve. Louis le Bègue, après lui, réunit de nouveau l'Aquitaine au royaume des Francs. Les abus du régime féodal l'en détachèrent encore; ses ducs, sous la vaine promesse de foi et hommage, promesse que presque toujours ils éludèrent, se rendirent complètement indépendants. Guillaume X en fut le dernier duc; sa mort, arrivée en 1137, fit passer sa souveraineté sur la tête d'Éléonore, sa fille unique. Celle-ci épousa Louis le Jeune, qu'elle suivit en Palestine; sa conduite peu régulière fut pour Louis un motif de divorce, et la fille du duc Guillaume, rendue à la liberté, épousa le duc de Normandie Henri, qui devint peu de temps après roi d'Angleterre; elle lui apporta pour dot un grand tiers de la France. En 1202, le duc Jean-sans-Terre, fils de Henri et d'Éléonore, n'ayant pas comparu devant la cour des pairs où il avait été cité comme meurtrier de son neveu Arthur, héritier de la Normandie, fut déclaré privé de tous les fiefs qu'il avait en France. L'Aquitaine rentra dans le domaine du roi; mais en 1255 saint Louis, entraîné par des scrupules de conscience, restitua au roi d'Angleterre Henri III une grande partie de l'Aquitaine sous le nom du duché de Guienne. Ce ne fut qu'en 1453, sous le règne de Charles VII, que, par l'expulsion définitive des Anglais, ce duché fut enfin incorporé à la France pour n'en être plus détaché que momentanément, en faveur de Charles, frère de Louis XI, lequel mourut en 1472 sans laisser d'héritiers. — Les écrivains du Xe siècle représentent les Aquitains comme un peuple vain et léger, recherché dans sa parure et dissolu dans ses mœurs. Ils les comparent à des baladins; et leur reprochent d'avoir étendu la corruption parmi les peuples de la France et de la Bourgogne, par le mauvais exemple et par le contact de leurs vices. — Différents conciles furent tenus dans l'Aquitaine, la province d'Arles et celle de Lyon, en 1034. Pagi, qui en fait mention, n'indique pas le lieu précis où ils se réunirent. Il paraît qu'ils eurent principalement pour but de décider qu'on jeûnerait le vendredi, et qu'on s'abstiendrait de chair le lendemain.   J. DE M.

ARA, nom latin de la constellation plus communément appelée AUTEL (*V.* ce mot). — Ara ou Hara est aussi le nom d'une ville assyrienne, où les rois Phul et Theglathphalasar conduisirent les tribus captives d'au delà du Jourdain, c'est-à-dire celle de Ruben, de Gad et la moitié de celle de Manassés. Suivant saint Jérôme, cette ville d'Ara serait la même que Ragès, dont il est fait mention dans Tobie. — On désigne encore par le nom d'Ara le cap le plus méridional de l'Arabie; il forme, avec la côte orientale de l'Afrique, le détroit de Babelmandel.   J. DE M.

ARA, hérétique des premiers temps du christianisme, qui prétendit que J. C. lui-même était né avec le péché originel.   A. X.

ARA (*ornith.*), magnifique, oiseau des deux Amériques,

qu'on a longtemps confondu avec les perroquets, que Cuvier et Lacépède en ont séparé. La nature a orné son plumage des plus brillantes couleurs, bleu, jaune d'or, rouge, vert, qui nuancées et fondues sur les diverses parties de son corps, produisent un effet ravissant. Mais c'est là tout le mérite de l'ara, qui glapit et croasse au lieu de chanter, dépourvu d'intelligence et n'a que des allures grossières qui font un singulier contraste avec sa parure, dont on dirait, au reste, qu'il connaît lui-même le prix et l'offre vanité. L'ara, outre ses couleurs, se reconnaît à d'autres signes; il a sur chaque joue la peau dénuée de plumes autour de son bec et de ses yeux assez fort petits; sa queue est très-longue et étagée; les tarses sont forts et robustes; le bec, très-recourbé, est plus large ou plus haut que long; sa démarche est pesante et dénuée de grâce; son vol, presque toujours horizontal, ne s'élève que très-peu au-dessus du sol, encore faut-il, pour qu'il puisse prendre son essor, qu'il soit perché sur un arbre ou sur une éminence. Comme ses ailes sont fort longues et ses pieds fort courts, il a beaucoup de peine à s'envoler quand il est à terre, ce qui, au surplus, lui arrive rarement; il est alors aisé de le prendre. — Dans l'état de liberté, il se nourrit de fruits, de graines et de toute espèce de baies. En Europe, il s'accommode assez de nos fruits, mais il préfère le pain blanc trempé dans le lait; la viande et le sucre lui sont contraires. — L'ara est sujet à beaucoup de maladies, de même que les perroquets, et principalement à l'épilepsie ou crampe. Quand on le prend jeune, on parvient sans peine à l'apprivoiser, mais on ne peut guère lui apprendre à parler, ni lui faire dire autre chose que son nom, qu'il prononce *arrra*, appuyant très-fort et très-longtemps sur la lettre *r*. On compte neuf ou dix espèces d'aras, qu'on désigne par le mot générique de *macrocercus*, et qu'on a classées dans l'ordre des *passereaux grimpants*, famille des perroquets. De tous les aras, celui qui s'acclimate le mieux en France, est l'ara bleu de Buffon. L'ara fait son nid dans les trous des rochers ou dans les troncs creux des arbres. La femelle pond ordinairement deux œufs; qu'elle couve alternativement avec le mâle, qui partage avec elle le soin de faire éclore et de nourrir ses petits.   X. X.

ARAB (*Geog.*), petite ville d'Asie, dans l'Arabie Déserte, canton de Nedsched. Elle est extrêmement ancienne. — Il y avait en Palestine et dans la tribu de Juda une ville de même nom.

ARABA, petite ville du Diarbékir, sur la rivière de Kaboûr. C'est dans cette ville que se réunissent à certaines époques, mais alternativement, les Kurdes, les Turcomans, les Arabes, etc., qui se disposent à dévaliser les caravanes, ou qui se louent aux caravanes mêmes pour les défendre contre les voleurs.

ARABAT, pet. ville maritime de la Crimée, dont les Russes se rendirent maîtres en 1771, à la suite d'un assaut. La garnison fut en grande partie égorgée par les vainqueurs.   A. X.

ARAB-CHAH, docteur musulman, a donné une histoire du fameux Timur-Leng (Tamerlan), sous le titre de: *Merveilleux effets du décret divin dans le récit des faits de Timur.* Cet ouvrage a été imprimé à Leyde en 1636, et Vatier en a publié une traduction française en 1657. Arab-Chah a composé une *Traité de l'unité de Dieu.* Il est mort à Damas en 1450 (*V.* la Biographie d'Aboul-Mahassan). On voit à la bibliothèque royale deux exemplaires arabes de la vie de Timur.   A. P.

ARABES (*hist.*). L'histoire des Arabes n'est pas sans intérêt, comme l'ont avancé les auteurs d'un ouvrage moderne, et l'on ne saurait au contraire refuser un sentiment peu différent de l'admiration à un peuple qui, à peine arraché à l'idolâtrie et à la vie nomade, devint conquérant et législateur, rivalisant de gloire militaire avec les anciens Romains, rallumant le feu sacré de la poésie, imposant sa langue à la moitié de l'Asie et de l'Afrique, imprimant au siècle un caractère de grandeur inconnue, et remplaçant en quelque sorte l'ancienne Grèce dans la noble mission de répandre sur la terre les bienfaits de la civilisation; et d'initier ses habitants aux sciences et aux arts qu'on croirait nés dans leurs déserts. Aussi, fiers des services qu'ils ont rendus aux peuples qui ont eu avec eux des communications, fiers des victoires qui les ont illustrés, fiers surtout de leur antiquité, de leur noblesse et de leur origine patriarcale, ils n'estiment qu'eux-mêmes, ils méprisent tous les autres peuples. Il faut convenir toutefois que l'histoire des Arabes, pour les temps qui ont précédé l'apparition de Mahomet, est nue et stérile; cela doit être, car la position excentrique de leur pays a dû les laisser longtemps étrangers, à toutes les révolutions qui ont agité les anciens peuples; mais, après Mahomet, les Arabes prennent le principal rôle dans l'histoire de l'Orient. — Il paraît que trois races ou familles différentes ont peuplé l'Arabie dès les temps voisins du déluge. Les contrées du midi, nous dit Moïse dans la Genèse, furent occupées par les enfants de Ham ou Cham. L'un d'eux, Cush, eut cinq fils, Saba, Hawitah, Sabta, Sabtaka et Ramah. On croit que, par Saba, il faut entendre le pays de Mareb dans l'Yémen, sur lequel régnait la reine devenue fameuse par sa visite à Salomon; le pays d'Hawilah s'étend au pied de la chaîne de rochers qui borde à quelque distance la partie septentrionale de la mer Rouge. Les pays de Sabta et Sabtaka ne sont pas bien connus. Quant au pays de Ramah, les uns le trouvent dans une petite contrée peuplée par les Cushites, et située sur le golfe Persique; mais il est plus vraisemblable que ce Ramah est le même que le héros des Hindous, tant célébré dans leurs pouranas. Ainsi on peut dire que les enfants de Cush, fils de Cham, peuplèrent primitivement la côte orientale de la mer Rouge; mais, comme on donne aux Éthiopiens le même Cush pour père, il faut ajouter que les Cushites s'étaient répandus sur les deux rivages de cette mer. Homère, si exact dans ses descriptions, dit positivement que les Éthiopiens se divisaient en orientaux et en occidentaux, séparés les uns des autres par une mer. — La race de Sem vint partager avec celle de Cham le sol de l'Arabie. Heber, issu de Sem à la quatrième génération, eut deux fils, Arphaxad, de qui, par une longue suite de générations, est sorti Abraham, et Jechtan, dont les descendants s'établirent dans l'intérieur de l'Arabie et les contrées méridionales. Yarab, fils aîné de Jechtan, donna son nom à tout le pays depuis le mont Shefar, dans le désert, jusqu'à l'embouchure de l'Euphrate. Treize tribus principales sorties de Jechtan possédaient donc le Hadramaut et l'Yémen. Ophir et Mareb leur appartenaient. — Toutes les familles issues de ces deux races forment à proprement parler la nation arabe par sang, al-Arab-al-Ariba. Les descendants d'Ismaël, quoique devenus dans la suite les plus puissants du pays, ne sont regardés que comme Arabes d'origine étrangère; on les appelle most-arab ou mac-arab. Les douze tribus ismaéliques habitèrent depuis Hawilah jusqu'à la route qui conduit de l'Égypte à l'Assyrie; ils étaient nomades et vivaient sous la tente. — Dans le temps d'ignorance, c'est-à-dire avant Mahomet, dit Aboul-Faradj, l'empire était dans la famille de Kahtan (Jechtan), fils d'Heber. Les autres Arabes, descendus d'Adnan formaient deux classes: l'une habitait les villes, l'autre vivait sous la tente, parcourant le désert avec ses troupeaux et ses chameaux, cherchant les gras pâturages et les eaux courantes ou les puits. À l'approche de l'hiver, ils gagnaient les campagnes de l'Irak (là Chaldée) ou les frontières de la Syrie. — Quelques écrivains ont pensé que les Ismaélites, plus nombreux et plus forts, exterminèrent les Cushites et les Jechtanites: ils se fondent sur les propres aveux des historiens arabes. Il est à croire que ces derniers ont voulu dire seulement que les Ismaélites, s'étant mêlés aux premiers habitants, finirent par faire disparaître toutes les distinctions qui avaient existé entre les trois races. Les Ismaélites ont exterminé les Cushites, comme les Francs ont exterminé les Galls ou Gaulois, comme les Angles ont exterminé les Bretons, ou les Wisigoths les Celtes et les Ibères. Au reste, les Arabes des temps modernes ne veulent guère reconnaître pour auteur de leur race que le patriarche Abraham. — Chaque tribu avait son chef, ses usages, sa religion; chaque famille même vivait isolée; la communauté d'origine ne se montrait que par quelques signes particuliers à tous. — Dès les temps les plus reculés, un grand nombre de juifs se sont répandus parmi les Arabes. Un écrivain arabe, cité par Aboulféda, dit que Moïse ayant envoyé une armée contre les Amalécites, avec ordre de les exterminer tous, les vainqueurs épargnèrent le fils du roi, qu'ils emmenèrent en Syrie. Mais les Hébreux, leurs frères, refusèrent de le recevoir sur le motif qu'ils avaient désobéi à Moïse, en laissant vivre le fils du roi. Ainsi repoussés du sol natal, ils s'en retournèrent dans le pays dont ils avaient tué tous les habitants. Quand les eaux de la montagne, rompant leurs digues, couvrirent une partie de l'Yémen, deux tribus cushites allèrent s'établir à Khaïbar et Yathreb (dans le Hedjaz, ancien pays des Amalécites), où ils furent bien accueillis par les Hébreux qui occupaient ces villes. Dans la suite, d'autres juifs vinrent chercher un asile dans l'Arabie, après la ruine de Jérusalem par Nabuchodonosor, et plus tard encore, après l'expédition de Titus et dans les deux siècles suivants; ils devinrent même si nombreux qu'ils donnèrent leur religion aux habitants de l'Yémen. On a prétendu, il est vrai, que les Arabes convertis au judaïsme prétendaient suivre la véritable religion d'Abraham. M. de Sacy ne tient aucun compte de cette distinction chimérique entre le judaïsme des deux époques. Ce qui est certain, c'est que l'Yémen

eut dès princes juifs vers le commencement du IIIe siècle de l'ère vulgaire, et que ses princes persécutèrent violemment les chrétiens qui commençaient à être assez nombreux. Le roi d'Éthiopie, Elesbaaz, prit les armes en faveur des chrétiens arabes, et il vainquit le roi juif Dhou-Djeden, dont il saisit la couronne; mais son successeur Abraha ayant voulu s'emparer de la Mecque, l'éléphant qu'il montait, disent les historiens arabes, s'arrêta à quelque distance de cette ville et s'agenouilla même en présence de la Kaaba (V. KAABA), ce qui occasionna la conversion au judaïsme d'une partie de l'armée éthiopienne, et la ruine de l'autre partie. Toutefois la dynastie chrétienne se maintint quelque temps encore; mais c'est à cette époque que commence l'ère de l'Éléphant, fameuse dans les annales de l'Arabie. (571 de J. C., année de la naissance de Mahomet.) — Les Cushites, ou Arabes noirs, avaient entièrement disparu des rivages de la mer Rouge et de l'Arabie entière; mais les Jechtanites avaient conservé la possession de l'Yémen. Un arrière-petit-fils de Jechtan, Himiar, fils de Saba, avait fondé un royaume qui durait encore lorsque les Éthiopiens en firent la conquête sous Elesbaaz. La dynastie était désignée par le nom générique d'homérites ou himiariques; et on donnait aux princes le titre de toba (successeur), comme on a donné celui de calife (vicaire) aux successeurs de Mahomet. L'empire des Himiarites, dit Aboulféda, dura 2020 ans, mais la nomenclature des souverains et la durée des différents règnes ne reposent sur aucune base certaine. Le même écrivain s'étonne avec raison que pour un aussi long espace de temps les annalistes ne comptent que vingt-six rois, ce qui, à peu de chose près, ferait un siècle pour chaque règne. Quoi qu'il en soit, ce fut pendant cette période, dont la durée est très-incertaine, qu'arriva le seïl-alarim, mentionné par tous les historiens arabes; c'est-à-dire la rupture des digues qui défendaient contre l'irruption des eaux de la mer Rouge les fertiles contrées de Saba ou Mareb. À la suite d'une dissertation lumineuse et savante, M. de Sacy a placé cet événement vers le milieu du IIe siècle. — Le pays de Saba ou Mareb, l'un des plus fertiles de l'Yémen, était d'abord inhabitable à cause des fréquentes inondations auxquelles il était sujet. Un roi du pays, nommé Lokman, fils d'Ad, fit construire une forte digue à l'issue de la vallée, de sorte que les eaux qui descendaient des montagnes aux temps d'orage étaient arrêtées et forcées de prendre leur direction par des canaux qui les recevaient, pour les faire servir à l'irrigation des terres dans la saison sèche. Mais cette digue, construite depuis plusieurs siècles, finit par se miner entièrement; et comme on ne la réparait point, il fut aisé de prévoir qu'elle ne tarderait pas à se rompre. Un grand nombre de familles et de tribus se hâtèrent de quitter un pays où la vie même des individus était en danger. Beaucoup en effet périrent lorsque, la rupture subite de la digue ouvrant à l'eau un large passage, toute la plaine fut submergée et convertie en un vaste marais. Cette inondation désastreuse occasionna la dispersion des Himiarites par toute l'Arabie et bien au delà. Deux principautés furent fondées par ces hommes restés sans patrie: l'une dans l'Irak, sous le nom de Hira, l'autre dans la Syrie, sous le nom de Gazzan, vers l'an 210 de l'ère vulgaire. — Vers le même temps une tribu de Mareb, nommée Rébia, s'était réfugiée à la Mecque, qui était au pouvoir des Djorhamites; ceux-ci lui refusèrent l'hospitalité; il en résulta une guerre qui finit par le triomphe complet des étrangers. Les anciens habitants furent expulsés; mais bientôt les vainqueurs trouvèrent désagréable le séjour de la Mecque; ils l'abandonnèrent, ne laissant dans la ville qu'une seule famille chargée de la garde de la Kaaba. Cette famille prit le nom de Khosaï. Elle resta en possession de la Kaaba et de la Mecque jusqu'au milieu du Ve siècle. L'an 464, un Arabe de la tribu de Koreisch, s'étant fait un parti nombreux, s'empara du pouvoir, et les Khosaïtes, qu'on ne massacra pas dans le premier moment, furent contraints de s'enfuir. Les Khosaïtes avaient introduit dans la Kaaba le culte des idoles; les Koreischites le maintinrent jusqu'au moment où un membre de cette même famille, le trop fameux Mahomet, se mit à déclamer contre ce culte impie, ce qui lui attira de telles persécutions, qu'il s'enfuit à Yathreb, qui prit plus tard le nom de Médine (la ville). — La nature avait créé les Arabes belliqueux: pour en faire des conquérants, il fallait que les circonstances leur découvrissent tout ce qu'il y avait en eux d'audace, de courage et de force; mais le courage, ils le poussaient jusqu'à la férocité, et ce n'était point par amour de la gloire qu'ils prenaient les armes, c'était par esprit de pillage, et plus d'une fois pour se procurer le vil salaire dont les étrangers payaient leur sang et leurs services. Les Romains et les Perses avaient des bandes d'Arabes mercenaires dans leurs armées. Toutefois, les Arabes ne souffrirent jamais chez eux de domination étrangère. Le fameux, nous allions presque dire le fabuleux Sésostris, ne prit sur eux que quelques places maritimes qu'il ne put conserver ; les Perses, au temps de leur plus grande puissance, n'ont pas compté l'Arabie au nombre de leurs provinces. Les Spartiates tentèrent de l'envahir, et ils échouèrent complètement. Alexandre, à son retour de l'Inde, conçut le projet de subjuguer les Arabes, la mort le prévint ; mais, par les grands préparatifs qu'il avait faits, il montrait assez combien il regardait le succès comme difficile. Les Ptolémées, les Antiochus de Syrie surtout, n'éprouvèrent que des revers quand ils voulurent les attaquer. Les Romains, il est vrai, pénétrèrent dans l'Arabie, mais ils ne la conquièrent pas. Lucullus fut forcé de s'arrêter à Petra ; Crassus voulut aller plus loin, et son armée périt dans les déserts ; Elius Gallus obtint quelques succès, mais les chaleurs décimèrent ses troupes, et , pour sauver le reste, il dut prendre à la hâte la route de l'Egypte. Plus tard les Romains détruisirent quelques villes arabes ; mais Trajan fut obligé de lever le siège de la capitale des Hagariniens, et ses successeurs, ne pouvant dompter les Arabes, en firent des alliés. — Sous le règne de Théodose, les Arabes commencèrent à faire la guerre pour leur propre compte ; leurs tribus se réunirent et ils devinrent la terreur de l'empire. — Les écrivains de cette nation vantent beaucoup l'avantage qu'a eu leur pays de conserver son indépendance ; mais si l'on réfléchit à la positition de la péninsule arabique loin de la route des armées, à ces vastes déserts qui l'entourent et la défendent contre toute invasion étrangère ; à la difficulté d'y faire subsister une armée, à moins de connaître bien exactement la position des sources et des puits ; à la forme des villes arabes qui ne consistent qu'en une réunion de chaumières qu'ils abandonnent dès que l'ennemi s'approche ; à leurs rochers escarpés, presque inaccessibles, où cent hommes peuvent arrêter une armée, on sera peu surpris de ce que l'Arabie n'a jamais été complètement conquise. Nous disons complètement, car plusieurs de ses provinces ont subi le joug à diverses époques. La partie septentrionale de l'Arabie Pétrée, envahie par les Romains, resta longtemps au pouvoir des empereurs de Constantinople ; les contrées voisines du cours de l'Euphrate avaient subi le joug du roi de Perse Khozron ; les rois chrétiens de l'Éthiopie avaient conquis une partie du Yémen. Un frère de Salah-Eddin se rendit maître de la Mecque et de Médine. Tous ces exemples prouvent que c'est moins à leur courage qu'à la nature du sol qu'ils habitent que les Arabes doivent l'avantage dont ils se glorifient. — A Mahomet commence une ère nouvelle pour l'Arabie. Cet homme, à qui l'on ne saurait refuser de grands talents, quoiqu'il faille déplorer le funeste usage qu'il en a fait, avait étudié l'état politique des Arabes et la situation respective de tous les princes de son temps. Il avait conclu de ses observations, que s'il pouvait unir tous les Arabes par les liens sacrés d'une religion commune, il en ferait des guerriers invincibles, et il ne se trompa point dans ses prévisions. Mahomet soumit les Koreischites, et ses généraux Khaled et Amrou-ben-Alas subjuguèrent l'Arabie entière. Mahomet mourut sans avoir institué d'héritiers, mais son œuvre ne périt point, et ses doctrines s'étaient déjà si bien enracinées dans tous les esprits, qu'elles résistèrent à l'épreuve de l'élection de son successeur (*V.* MAHOMET, ABU-BÉERE, OMAR, OTHMAN, MOAVIE, ALI, OMMEYAH, ABBASSIDES). Après Moavie, quatrième calife ou successeur du prophète, le califat resta héréditaire dans la famille d'Ommeyah, et sous le règne des quatorze princes de cette dynastie, l'empire des Arabes prit un immense accroissement. Il comprenait tout le littoral de l'Afrique jusqu'au détroit de Gibraltar, l'Espagne entière, les provinces méridionales de la France. A l'orient il n'était borné que par le cours de l'Oxus, au midi, il arrivait jusqu'à l'Inde. — Vers l'an 132 de l'hégire, Merwan II occupait le trône des califes ; ce prince avait du courage et de grands talents militaires, mais la fortune se déclara constamment contre lui dans toutes ses entreprises soit qu'il attaquât, soit qu'il ne voulût que se défendre ; il fut détrôné par Aboul-Abbas, qui descendait d'un oncle de Mahomet, et qui, à ce titre, se croyait seul en droit de recueillir l'héritage de Mahomet. Tous les membres de la famille d'Ommeyah furent égorgés ; un seul parvint à se sauver. Il passa en Espagne où il jeta les fondements du califat de Cordoue (*V.* ABDERAHMAN). — Le successeur d'Aboul-Abbas transféra le siège du gouvernement de Damas à Bagdad, ville nouvelle

qu'il avait fondée. — On compte trente-neuf princes abbassides ; mais depuis le célèbre Aaron Raschild, contemporain de Charlemagne, l'empire, qui sous ce calife était parvenu au plus haut point de splendeur, ne fit que tomber en décadence. La division du territoire, l'incapacité des califes, les querelles religieuses, l'indépendance acquise par divers gouverneurs de provinces, la séparation de l'Espagne, la perte de l'Egypte, les invasions des peuples du Nord, la formation de plusieurs empires rivaux du califat, les Gaznevides, les Seljoukides ébranlèrent la puissance des califes, et réduisirent son territoire au seul district de Bagdad ; tout le reste ne reconnaissait plus dans les successeurs du prophète qu'une vaine suprématie. Enfin, dans le XIIIe siècle (656 de l'hégire), le Mongol Houlacou, descendant du fameux Dgenghiz-Khan, s'empara de Bagdad, et renversa pour toujours l'empire des califes. Ceux-ci se retirèrent en Egypte, où ils furent reçus par les sultans qui, au fond, ne leur laissèrent qu'un vain nom sans autorité réelle. Cet état de choses ne dura que jusqu'au temps de Sélim, empereur des Turcs, lequel soumit l'Egypte, détruisit le pouvoir des mamelucks, et emmena prisonnier à Constantinople le dernier calife, Mostanzed-Billah. Après la mort de ce dernier, l'empereur ottoman se déclara prince des croyants, vicaire du prophète, réunissant ainsi sur sa tête le pouvoir temporel et le pouvoir spirituel. — Des débris du califat, plusieurs principautés se formèrent ; mais trop faibles pour résister à la pression exercée à l'occident par les Turcs, à l'orient par les Perses, elles disparurent insensiblement, et il ne resta plus que deux grands empires, l'un à Constantinople, l'autre à Ispahan. Aujourd'hui les Arabes sont partout, en Afrique et en Asie, mais nulle part en corps de nation ; ils se trouvent tellement confondus et mêlés avec les Turcs, les Egyptiens, les Persans, les Hindous, les Tartares, qu'on ne saurait se persuader qu'ils ont formé jadis un peuple puissant, si on ne retrouvait chez ceux qui les ont vaincus, leur religion, leurs mœurs et leur langue.

— ARABES (*religion*). Les anciens Arabes, dit Aboul-Faradj, n'avaient pas tous la même religion : « *Himyar* adorait le soleil, *Canénah* la lune, *Milam* l'astre Aldebaran, *Laham* et *Jédlam* l'étoile de Jupiter, *Tay* la constellation de Canope, Kaïs Syrius, *Azad* Mercure, *Tzakif* un petit temple nommé Alat, et situé sur les hauteurs de Nahla. On en trouvait parmi eux qui croyaient à la résurrection des morts, et qui sacrifiaient sur la tombe de leurs amis le cheval ou le chameau du défunt. Ce dont ils se glorifiaient le plus, c'était de bien connaître la langue, d'employer toujours le mot propre, d'être éloquents et poëtes. Ils connaissaient le cours des astres, leur lever et leur coucher, leurs oppositions entre eux : ils savaient que quand l'un paraît l'autre se cache, que l'un amène la pluie, que l'autre produit le beau temps. Cette science leur venait de ce qu'ils avaient une grande habitude de consulter le ciel pour tous leurs besoins ; mais ils n'en faisaient pas une étude régulière. Quant à leur philosophie, ils n'en avaient guère ; Dieu n'avait pas voulu en faire des philosophes. » — D'autres écrivains arabes, jaloux de l'honneur de leur nation, ont prétendu que l'adoration des astres n'était pas exclusive de l'idée d'un Dieu créateur, qu'ils nommaient *Allah-Taâhla*, et qu'ils ne regardaient les astres que comme divinités subalternes, *al-Hahât*, intermédiaires entre l'homme et Dieu. Ils ajoutent que d'abord on les honora sous la forme d'étoiles, et que plus tard on les remplaça par des idoles plus ou moins grossières. Une seule pierre droite, une colonne à peine ébauchée, un rocher, étaient, aux yeux des Arabes, des images de la divinité ; mais l'objet constant de leur vénération profonde, c'était la Kauba, petit édifice dont on attribuait la construction à Ismaël (*V.* SABÉISME ; ASTRES [*adoration des*], PIERRES [*adoration des*]). — Les anciens Perses, adorateurs du feu, n'avaient pu avoir de communications fréquentes avec les Arabes sans recevoir quelqu'une de leurs idées, et sans leur faire adopter en échange quelqu'un de leurs principes religieux : la tribu de Tamim avait embrassé la religion de Zoroastre. Nous avons dit dans l'article précédent que les Arabes avaient des notions du judaïsme, et que beaucoup d'entre eux, dans le Yémen, avaient adopté cette religion. Le christianisme n'y fut pas non plus inconnu. À l'époque des persécutions dirigées par les empereurs contre l'Église d'Orient, beaucoup de chrétiens se réfugièrent dans l'Arabie ; il en fut de même des individus appartenant aux sectes hérétiques. À l'époque où Mahomet s'annonça comme venant remplir une mission céleste, il y avait en Arabie beaucoup d'ariens, de nestoriens et de jacobites ; il y avait même, dit-on, deux évêques jacobites, l'un à Cufa, l'autre à Hira. Il n'était pas possible que, naissant au milieu de toutes ces sectes qui cherchaient, par tous les moyens, le triomphe exclusif de leurs doctrines, Mahomet ne puisât pas dans ces doctrines même les principes qu'il se proposait de faire embrasser par les Arabes. Doué d'une imagination vive, d'une mémoire active et du genre d'éloquence qui convenait à ses desseins, et se couvrant à tous les yeux des dehors de l'inspiration céleste, il annonça l'unité de Dieu, et faisant un mélange adultère des principes du christianisme avec ceux du judaïsme, et surtout avec les erreurs des nestoriens, il prêcha la foi, l'aumône, la prière, les délices du paradis pour les croyants, les tourments de l'enfer pour les infidèles, et légua ses propres doctrines à ses successeurs dans une série de discours poétiques, qui, recueillis par son successeur immédiat, Abu-Bekre, forment encore aujourd'hui le livre saint des musulmans (*V.* Coran, Islamisme, Mahomet), le Coran, que tout vrai croyant doit lire et même retenir par cœur en partie. — Nous n'entrerons ici dans aucun détail sur la religion fondée par Mahomet, nous en parlerons ailleurs; nous nous contenterons de dire que l'islamisme a produit deux sectes principales qui se subdivisent elles-mêmes en plusieurs autres, celles des *sunnites*, c'est-à-dire ceux qui admettent les traditions orales du prophète, et des *schyites*, qui rejettent les traditions orales pour ne suivre que les traditions écrites. Les Turcs, les Égyptiens, les Arabes eux-mêmes, sont tous sunnites; les Persans, au contraire, regardant comme intrus les premiers califes jusqu'aux Abbassides, sont schyites (*V.* Schyites, Sunnites).

ARABES (*philosophie*). Quelques écrivains, entre autres Ludewig, admirateurs outrés des Arabes, ont prétendu que, longtemps avant Mahomet, les Arabes furent philosophes; il suffit d'opposer à cette assertion, dont l'invraisemblance touche de fort près au ridicule, l'assertion bien positive de tous les écrivains arabes, qui s'accordent à nommer *temps d'ignorance* celui qui précéda la venue de leur prophète. Au surplus, les ouvrages prétendus philosophiques des anciens Arabes ne sont point arrivés jusqu'à nous; ceux que nous avons sont postérieurs à l'islamisme, encore ne les connaissons-nous que par des traductions en latin barbare, faites sur des traductions en hébreu. Maimonidès, qui, parmi les écrivains de cette nation, jouit d'une grande réputation, a démontré que ses compatriotes se sont adonnés à la philosophie; mais ce n'a été que sous le règne des Abbassides que la philosophie, importée de la Grèce, a commencé d'être cultivée dans l'Arabie, ou, pour mieux dire, à Bagdad, et dans les pays soumis à la domination des califes; car l'Arabie, proprement dite, resta toujours livrée à ses pasteurs nomades, qui s'occupèrent d'astrologie et de poésie, mais fort peu de philosophie. Quoi qu'il en soit, les philosophes musulmans ont eu de tout temps pour modèle et pour patron le célèbre Aristote; Avicenne à l'orient, Averroès à l'occident, furent les disciples avoués, les prôneurs, les imitateurs d'Aristote: Platon, son maître, n'a été que très-peu connu; mais le nom d'Aristote était devenu populaire, et, dans les écoles, ce nom faisait autorité. Cela est d'autant plus étonnant, qu'il existe entre la doctrine d'Aristote et celle du Coran une contradiction radicale. Aristote enseigne que la matière est éternelle, de sorte que, dans son système, Dieu n'est point créateur, mais seulement ordonnateur; le Coran, au contraire, enseigne l'unité absolue de Dieu: il n'y a de Dieu que Dieu; et, suivant lui, la matière a été créée. Il fallait donc chercher des modifications à la doctrine aristotélique. De là vint, pour les Arabes, l'occasion d'admettre dans leurs écoles les commentateurs d'Aristote, et principalement les docteurs de l'école néoplatonicienne, professeurs du panthéisme. Aussi trouve-t-on dans la philosophie des Arabes un amalgame de toutes les doctrines philosophiques. De là les *vrais croyants*, ceux qui s'attachent à la lettre du Coran, regardent-ils, comme suspects d'hérésie Avicenne, Averroès et leurs disciples: ils combattent par le raisonnement cette singulière philosophie, qui fait de la matière inerte un être coexistant avec Dieu de toute éternité; ils établissent le dogme de la création. Le philosophe Maimonidès (*V.* ce mot) se moque de *l'absurdité de ces raisonneurs*, qui veulent que Dieu soit ainsi créateur, et qui traite de disciples des chrétiens; mais ses spirituels sarcasmes ne peuvent convaincre les raisonneurs qu'ils se trompent. — Parmi les sectes philosophiques des Arabes, on distingue celles des *ascharites* et des *motazalites*. Les premiers, qui reconnaissent pour maître Aboul-Hassan al-Aschâri, admettent un fatalisme absolu, c'est l'opinion qui a prévalu, et regardée comme seule orthodoxe; les seconds admettent en faveur de l'homme le libre arbitre, ce qui, selon eux, explique l'origine du mal,

incompatible, disent-ils, dans son existence avec Dieu, qui est le bien suprême. — Outre ces deux sectes, les écrivains arabes citent des *philosophes contemplatifs* ou *idéalistes*, à la tête desquels ils mettent Platon, et des péripatéticiens. Ils prétendent que la philosophie contemplative se retrouve dans Aristote, mais qu'elle forme le *sens occulte* de ce philosophe. C'est à peu près la même distinction que l'école italienne a faite plus tard entre l'Aristote *exotérique* et l'Aristote *ésotérique* (*V.* pour plus de détails sur la philosophie arabe, Elgazali, Averroès, Avicenne, Maimonidès, etc.).

ARABES (*langue*). Pour donner une idée de la richesse de la langue arabe, le P. Ange de Saint-Joseph assure qu'il y a plus de mille mots pour signifier une *épée*, cinq cents pour signifier un *lion*, deux cents pour *serpent*, etc. Il y a sans doute en cela quelque exagération, puisque la plupart de ces mots ne sont que de simples épithètes; mais on peut tirer de là cette conséquence, que cette langue est très-riche et très-abondante. Au fond, elle a les mêmes racines que le syriaque, l'hébreu et les autres langues *sémitiques* (*V.* ce mot). Les racines sont ordinairement de trois lettres, qui, modifiées par la prononciation ou par l'adjonction d'autres lettres au commencement ou à la fin, forment tous les mots qui peuvent servir à exprimer la pensée. Elle est harmonieuse et pleine d'images; mais, malgré ses ressources, on la trouve pauvre et stérile lorsqu'il s'agit d'exprimer des nuances légères, ce qu'on ne peut faire que par des mots composés, et de véritables périphrases. — Ce qui a contribué à rendre l'arabe presque universel en Asie et en Afrique, c'est qu'il est partout devenu l'idiome des peuples vaincus par les armes, et converti par la force aux maximes du Coran. Il n'a pas été même nécessaire, pour parler l'arabe, de renoncer à sa foi; il a suffi du besoin de communiquer et de s'entendre avec les vainqueurs : ainsi dans la Syrie, en Egypte, on trouve des chrétiens, et ces chrétiens n'entendent plus que l'arabe; leur langue originaire est perdue. Il n'y a plus un seul homme en Egypte qui entende le copte. — Toutefois, depuis le Xe siècle, l'arabe n'est plus aussi général qu'avant cette époque; les Espagnols, par exemple, ont bien retenu quelques mots arabes, mais ils sont retournés à la langue de leurs ancêtres; le persan moderne se trouve mêlé de mots arabes, mais il forme une langue particulière. Il en est de même dans l'Inde, où les indigènes parlent l'hindoustain, et ne regardent plus l'arabe que comme une langue savante; ce n'est qu'en Egypte, en Arabie, en Syrie et sur la côte septentrionale de l'Afrique que l'arabe est la langue vulgaire. Dans toute la Turquie, on parle turc, quoique le Coran, les traditions, les traités de médecine, d'astronomie, de philosophie, soient écrits en arabe. — Mais, dans les pays même où l'on parle arabe, cette langue a perdu de sa pureté. L'arabe de l'Algérie ou du Maroc n'est point celui de la Syrie. Cette dégradation tient nécessairement à l'introduction de beaucoup de mots appartenant à l'idiome des anciens habitants du pays. On trouve même plusieurs dialectes dans l'Arabie; le plus pur passe pour être celui de la Mecque, comme le meilleur allemand est celui de la Saxe. — L'étude de l'arabe est aujourd'hui fortement recommandée aux philosophes et aux littérateurs. Le premier qui remit cette étude en honneur en France, ce fut Postel. La France actuelle, l'Allemagne, la Hollande et l'Angleterre possèdent beaucoup de savants qui se sont adonnés avec succès à l'étude des langues de l'orient, et principalement à celle de l'arabe. — Nous croyons utile de signaler ici quelques-uns des principaux ouvrages qui peuvent servir à ceux qui désirent apprendre l'arabe : la *Grammaire arabe* de M. Sylvestre de Sacy; Paris, 1831, 2 vol.; *Grammatica critica linguæ arab. cum brevi metrorum doctrinâ*, par M. Ewald; Lips. (*Leipzig*), 1831-33, 2 vol. in-8°.; *Lexicon heptaglotton* de Castelaz; Londres, 1669, 2 vol. in-fol.; le *Lexicon arab. latinum* de Golius; Lugd., 1653, in-fol.; le *Dictionnaire arabe-latin*, publié récemment à Bonn par M. Freytag, ainsi que l'abrégé donné par l'auteur lui-même; la *Chrestomathie de la langue arabe*, par de Sacy, 3 vol. in-8°. Pour étudier l'arabe moderne, on peut consulter la *Grammaire d'arabe vulgaire et moderne* de Savary, Paris, 1833, in-4°; la *Grammaire d'arabe vulgaire* de Caussin de Perceval, Paris, 1833, in-8°; et le *Dictionnaire*, par le même, 2 vol. in-4°; Paris, 1819.

ARABES (*écriture*). Avant Mahomet, les Arabes avaient l'écriture hymiarite, en usage dans l'Yémen; l'écriture actuelle était celle dont probablement Mahomet se servit pour écrire le Coran, puisque c'est depuis l'apparition de ce livre que l'écriture hymiarite paraît avoir été abandonnée. Les Arabes, de même que les Hébreux, ne marquent ordinairement que les consonnes. Les voyelles, quand on les écrit, se placent au-dessus ou au-dessous; on les omet le plus souvent, ce qui peut donner lieu à de fréquentes méprises ou de fausses interprétations. C'est là ce qui a produit tant de commentaires sur le Coran, qui fut d'abord écrit sans voyelles, et sur le sens duquel, en beaucoup d'endroits, les docteurs musulmans ne sont pas d'accord. — L'écriture cursive des Arabes porte le nom de *neskhi*. M. de Sacy a prouvé, en publiant divers monuments paléographiques arabes, que le neskhi existait du temps de Mahomet. On pensait, avant lui, que l'invention de cette écriture ne remontait pas au delà du Xe siècle. —L'écriture cufique, ainsi nommée de la ville de Cufa (*V.* ce mot), où l'on suppose qu'elle a été d'abord en usage, ne consiste guère qu'en lignes droites comme les anciens caractères romains. Les lettres cufiques (*V.* CUFIQUES) ont servi principalement pour les inscriptions monumentales et les monnaies; mais l'écriture neskhi est aujourd'hui la seule employée. Les Persans et les Turcs l'ont adoptée en modifiant quatre lettres de l'alphabet, pour leur faire exprimer des sons particuliers à leur langue (*V.* CARACTÈRES).

ARABES (*chiffres*). On appelle ainsi les signes dont on se sert dans les calculs d'arithmétique (*V.* NOMBRES, CALCUL), parce qu'on a cru pendant longtemps que c'était aux Arabes que l'on était redevable de ces figures. La gloire de les avoir inventées appartient aux Hindous, mais ce sont les Arabes qui les ont introduites en Europe, et les juifs, qui étaient pour ainsi dire les facteurs des Arabes d'Espagne, les ont fait connaître aux peuples voisins. Les Arabes ont toujours confessé qu'ils tenaient les chiffres des Indiens, qui s'en servaient depuis un temps immémorial. Le P. Mabillon, dans son traité *De re diplomaticâ*, assure que les chrétiens n'ont pas employé ces chiffres avant le XIVe siècle, et il paraît avéré que c'est Planude qui, le premier parmi eux, a fait usage cent ans avant l'époque fixée par Mabillon. L'Anglais Wallis prétend même qu'on s'en est servi en Angleterre vers l'an 1050 pour dresser les tables astronomiques et faire des opérations mathématiques. Il se fonde sur une inscription en bas-relief, qu'on lisait au presbytère de Hélindon, dans le Northamptonshire, et qui porte la date de 1133. On lit dans les *Transactions philosophiques*, n° 255, qu'il existe sur la place du marché de Colchester une maison dont une croisée, construite à la romaine, offre, entre deux lions en bas-relief, la date de 1390, dans un écusson. M. Huet pense que les chiffres prétendus arabes sont grecs, et qu'ils consistent simplement dans les lettres numérales des peuples de la Grèce. Peu de personnes ont embrassé l'opinion de l'évêque d'Avranches.

ARABES (*littérat.*). Des hommes que domine en tout temps une imagination brûlante sont peu propres à l'étude des sciences graves et sérieuses qui ont besoin de méditations profondes pour pouvoir découvrir les principes et les lier aux conséquences, ou, d'induction en induction, remonter de l'effet visible à la cause inconnue. Tels sont les Arabes, habitants des régions équinoxiales, où les passions s'agitent, où les sens en désordre poussent l'esprit aux écarts, où le génie s'allume et ne veut point d'entraves; patrie de l'éloquence et de la poésie, qui sont le langage du cœur, mais ne sont pas toujours celui de la raison, et ne se prêtent qu'imparfaitement à tout ce que l'on demande analyse et méthode. Aussi les Arabes, à peine sortis des mains de la nature, se sont-ils montrés orateurs et poëtes. Il faut dire qu'ils étaient aidés par leur langue harmonieuse et riche, vivante d'images et de figures. Ajoutons que l'émulation qu'on avait soin d'exciter et d'entretenir parmi eux favorisait encore leurs dispositions naturelles, en leur offrant la fortune et la gloire pour prix de leurs efforts. A une époque périodique de l'année, tous les poëtes apportaient à la Mecque les fruits de leur travail. On suspendait dans la Kaaba les poëmes jugés dignes du prix et on les transcrivait en lettres d'or sur des feuilles de byssus (*V.* ce mot). Ces poëmes étaient désignés sous le nom commun de *moallacah*. Ils sont en général écrits d'un style tout chargé d'images et de maximes, fruit d'une imagination vigoureuse, mais trop ouvertement maîtrisée par la passion avec toutes ses fougues. De même que dans les discours oratoires, écrits dans une prose fortement cadencée et visant à l'effet, on ne trouve dans les moallacah, ni enchaînement et suite dans les raisonnements, ni liaisons adroitement ménagées ou transitions heureuses; mais beaucoup d'éclairs qui éblouissent sans éclairer, beaucoup d'expressions qui se heurtent, beaucoup d'écarts d'une imagination vagabonde qui ne sait ni choisir sa route ni s'arrêter au

bord de l'abîme. —On sent que cette même terre, si favorable au développement de la poésie et de l'art oratoire, dut être le berceau de l'apologue. Les peuples de l'Orient ont toujours aimé à couvrir d'un voile les vérités les plus communes afin de leur donner plus de dignité. Les Arabes aiment encore à se proposer des énigmes pour se donner le mérite de les deviner. —C'est à Mahomet, du reste, que commencent, avec la plus brillante époque de l'histoire arabe, les plus beaux siècles de leur littérature; car Mahomet fut poëte et orateur autant que guerrier, et son Coran est écrit en vers. — Toutefois, comme le législateur des Arabes n'avait cherché qu'à exciter leur courage par le fanatisme, ils avaient contracté des habitudes grossières et rudes qui ne pouvaient se concilier avec le culte paisible des lettres. Ce ne fut, à proprement parler, que sous les Abbassides, et principalement sous le règne d'Aaron-al-Raschid, que la littérature arabe commença à prospérer. Ce calife appela de toutes parts des savants à sa cour, et il récompensa leurs travaux en souverain généreux. Ce fut par ses soins que les meilleurs ouvrages des Grecs, traduits en arabe, répandirent dans ses États, avec l'amour des lettres, les règles du goût. Sous les successeurs de ce prince, des écoles publiques furent fondées à Bagdad, à Bassora, à Cufa; Bagdad et Alexandrie eurent des bibliothèques. Les ommeyas d'Espagne égalèrent et quelquefois surpassèrent les califes d'Orient dans leur sollicitude pour la propagation des lumières et les écoles de Cordoue, non moins célèbres que celles de l'Asie, attirèrent de tous les points de l'Europe les amants des lettres. On eût dit que ces peuples n'étaient venus conquérir la péninsule espagnole que pour y conserver en dépôt pour l'Europe barbare les trésors de la littérature grecque et latine, et les produits de leur propre génie. Dans le Xe siècle on comptait en Espagne quatorze universités et cinq bibliothèques publiques, outre les collèges et les écoles élémentaires. Les Arabes cultivaient à la fois, et avec un égal succès, la philosophie et la médecine, la géographie et l'histoire, la physique et l'astronomie : les mathématiques formaient l'une des principales parties de l'éducation; aussi, l'arithmétique, l'algèbre, la géographie, l'astronomie firent-elles beaucoup de progrès; il faut même dire que les modernes ont peu ajouté à ce qu'ils ont hérité des Arabes. — Les Arabes avaient poussé beaucoup plus loin que les Romains la connaissance de la terre. Le Casiri nomme dix-sept savants employés à des voyages purement scientifiques; dès les premiers temps de l'hégire, les généraux partant pour faire des conquêtes emmenaient des géographes, afin de lever les plans de tous les pays qu'ils parcouraient. C'est là ce qui explique comment les Arabes ont eu un si grand nombre de géographes, parmi lesquels il s'en trouve dont on peut encore consulter avec fruit les ouvrages, tels qu'Aboulféda, Abdállatif, Macrisy, Massoudi, etc. — La géographie conduit naturellement à l'histoire, car on ne peut guère s'enquérir de l'état actuel d'un pays sans chercher à connaître les révolutions qu'il a subies. Les Arabes ont eu beaucoup d'historiens et d'annalistes; presque tous furent en même temps historiens et géographes; les noms célèbres dans l'une de ces carrières le sont pareillement dans l'autre. Beaucoup d'écrivains de nos jours reprochent aux historiens arabes de n'être que des annalistes secs et arides, de ne s'occuper en aucune manière des causes des événements, de ne point rechercher l'influence qu'ils peuvent avoir sur l'avenir, de négliger, en un mot, ce que l'on appelle la philosophie de l'histoire. Mais avant de condamner les Arabes sur ce point, il aurait fallu, ce semble, considérer qu'ils vivent courbés sous le joug du despotisme, et que le despotisme est ombrageux; considérer, de plus, qu'accoutumés dès l'enfance, par les principes de fanatisme qui leur sont inculqués, à regarder tous les événements comme inévitables, ils sont dispensés de disserter sur des faits qui n'ont pas d'autre cause que la nécessité; et, par une suite immédiate de cette opinion, ils ne peuvent ni approuver ni condamner : ils ne font que se résigner à ce qui arrive. Aussi ils se contentent de rapporter les faits sans préambule, sans discussion, tels qu'ils sont ou du moins tels qu'ils les savent, avec la plus grande bonne foi, même lorsqu'ils racontent des choses invraisemblables. Tout ce qu'ils osent faire, c'est d'appliquer aux événements dont ils parlent, et lorsque l'occasion l'amène, quelques passages du Coran. Quant au style des historiens arabes, il est en général simple, correct, mais dépourvu d'élégance et de mouvement. Il est ce qu'il doit être pour un genre où toutes les passions doivent rester muettes. — Les Arabes n'ont jamais été grands physiciens. Comme ils s'occupaient principalement de dialectique et de métaphysique , d'où naquit parmi eux la philosophie scolastique qui , de Cordoue et de Bagdad , s'est répandue sur toute l'Europe, et que leur philosophie aristotélique se contredisant ouvertement avec le Coran , ils étaient obligés de recourir à des moyens très-difficiles à trouver d'interprétation et de conciliation , leur physique se ressentait nécessairement de cet état de doute et d'incertitude où ils se sentaient flotter entre le philosophe grec et leur prophète législateur. — Ils furent plus heureux dans les mathématiques, qu'ils simplifièrent en les étendant. Outre leurs chiffres et leur système de numération , ils firent usage des sinus en place des cordes dans la trigonométrie; les calculs algébriques devinrent plus utiles en recevant une application plus générale. On cite au nombre de leurs meilleurs mathématiciens : Mohammed-ben-Muza, Thebit-ben Khorrah ; Alhacen, qui a fait un traité d'optique ; Nazer-Eddin , auteur d'une traduction des éléments d'Euclide; Dsheber-ben-Asla , qui a commenté la trigonométrie de Ptolémée. — C'est surtout dans l'astronomie que les progrès des Arabes furent sensibles; les observatoires de Bagdad et de Cordoue n'étaient point pour les villes des monuments inutiles. Dès l'an 812, Alhacen et Sergius traduisirent l'Almageste de Ptolémée (*V.* ALMAGESTE); deux cents ans plus tard , Albaten observa le mouvement des aphélies, Albateni calcula l'inclinaison de l'écliptique, et compléta la théorie du soleil ; Almanzor dressa des tables astronomiques où l'inclinaison de l'écliptique se trouve appréciée ; Alpetragi composa la théorie des planètes. — L'étude des sciences exactes ne nuisit pas chez les Arabes au développement de leur génie poétique ; car , en 830, Abou-Temam publiait une anthologie en dix livres, sous le titre de *Grande Hamasah* , et , quarante ans plus tard , il en parut une continuation par Bokteri , intitulée *Petite Hamasah*. Nous avons déjà parlé des Moallacah ; nous ajouterons seulement ici que les sept poëmes qui forment cette collection appartiennent à Tharasah , Amralkeir , Lebid , Zoheir, Antarah , Amrou-ben-Kaltan et Hareth. — Plus tard la poésie arabe s'éloigna de son type oriental; on y voit régner un mysticisme vaporeux qui ne s'exprime que par hyperboles: ce fut une époque de décadence; l'idiome s'en ressentit. Les Arabes n'ont pas composé de drames, mais ils ont inventé la romance, petit poëme où l'esprit poétique s'unit à l'esprit chevaleresque. — Des écrivains modernes ont accusé les Arabes d'avoir légué au moyen âge l'esprit romantique qui exerce aujourd'hui sur la littérature française et la littérature allemande une si funeste influence, en rendant la première ridicule et la seconde tellement nébuleuse qu'on s'y perd dans le vague des idées: c'est une grave erreur, suivant nous. Les Arabes ont toujours eu l'imagination vive et féconde, les passions ardentes, le courage que peut donner le fanatisme religieux joint à la soif du pillage, l'amour de la gloire militaire : tous ces éléments combinés pouvaient produire et produisirent l'esprit chevaleresque qui, des Arabes et des Maures, passa aux Espagnols par lesquels il se transmit à leurs voisins d'Europe. Mais qu'y a-t-il donc de commun entre cet esprit chevaleresque et le mépris affecté de toutes les règles du goût et de la décence, caractère distinctif de beaucoup d'écrivains du xixe siècle , qui, dans leurs prétentions orgueilleuses, vantent de rajeunir et de régénérer la France littéraire en essayant de la ramener de vive force à ces temps, qui heureusement ne sont plus, où les lettres et les arts, dans leur renaissance, s'efforçaient de secouer la poussière de douze siècles de barbarie?...Et qu'il nous soit permis de faire remarquer en passant tout ce qu'il y a d'inconvenant et de follement ridicule dans le titre qu'on a donné à l'un des théâtres de Paris, *théâtre de la Renaissance*, comme si l'art de Racine et de Molière avait besoin d'être refait , comme s'il devait surtout renaître dans les productions monstrueuses des jeunes imaginations délirantes qui se croient appelées à opérer la réforme (*V.* CORAN , HAMASA , MOALLACAH , LOKMAN , KHALEDOUN , AVERROÈS , AVICENNE , etc.)

ARABES (*monnaies*). Les anciens Arabes n'eurent point de monnaies; ils n'en connurent l'usage qu'après que les Romains eurent pénétré dans leur pays; encore cet usage ne fut-il adopté que par les habitants de l'Arabie Pétrée. Les premiers califes voulant convertir en monnaies l'or et l'argent qu'ils avaient amassé durant le cours de leurs expéditions, ne surent pas mieux faire que d'imiter les monnaies des Grecs et des Persans en y ajoutant quelques mots arabes. Mais vers la fin du VIIe siècle (76 de l'hég.); le calife Abdelmalic fit frapper une monnaie nationale, qui, conformément aux principes de l'islamisme qui défend toute sorte d'images, n'offrait sur les deux faces qu'un passage du Coran avec la date et le nom de la ville où les pièces avaient été fabriquées. Cet état de choses ne dura que jusqu'au IXe siècle. A cette époque on commença de voir sur les monnaies l'effigie des princes régnants, ou tout au moins des emblèmes qui les désignaient. Aujourd'hui les monnaies portent toujours le nom du prince après celui du sultan, lorsque le premier est vassal du second. Les pièces sont d'or, d'argent et de bronze. Les premières portent le nom de *dinar* , mot tiré de *Denarius* , les secondes ont celui de *dirhem*. Autrefois, dans certains pays tels que l'Egypte et la Sicile, quand il y avait pénurie de numéraire, on substituait des pièces de verre aux pièces de bronze. — Les premières médailles qu'a fournies l'Arabie datent du commencement du IIe siècle; les dernières sont du milieu du siècle suivant.

ARABES (*médecine*). La médecine ne fut pendant longtemps, chez les Arabes, qu'une science d'empiriques. Les uns, pour guérir leurs malades , employaient des amulettes et des paroles magiques ; les autres reconnaissaient quatre principes élémentaires des maladies , l'humidité et la sécheresse, le froid et la chaleur , appliquaient les remèdes suivant la cause qu'ils soupçonnaient , opposant la chaleur au froid, la sécheresse à l'humidité; d'autres encore, ignorant le mécanisme du corps, traitaient par les mêmes remèdes toutes les maladies qui avaient des symptômes semblables , ne tenant aucun compte de la différence d'âge, de complexion , de tempérament ou de sexe. Heureusement pour les habitants ils n'avaient pas souvent besoin des secours du médecin, car , naturellement sobres, ils étaient peu sujets aux maladies ; ils connaissaient d'ailleurs la vertu des plantes aromatiques dont leur pays abonde , et une longue expérience leur avait appris à s'en servir. Mais, de même que toutes les autres sciences , la médecine prit un nouvel essor sous le règne des premiers Abbassides, et les Arabes devinrent alors nos maîtres dans l'art de guérir comme ils le furent dans les sciences et dans les arts. Ce fut dans le milieu du IXe siècle que commencèrent les progrès de la médecine. Yaga-ben-Meswe, médecin d'Almamón, fils du célèbre Aaron-al-Raschild , traduisit par ordre de son maître plusieurs ouvrages grecs. Quinze ou seize ans plus tard (873), Honeim-ben-Ishak continua ces traductions, et, à côté d'Aristote, d'Euclide et de Ptolémée, se placèrent Hippocrate et Galien. Aben-Ishak composa lui-même divers traités de médecine, et on le regarde comme le créateur de la science médicale. Les progrès des Arabes furent rapides; malheureusement leurs préjugés religieux les empêchèrent de se livrer à l'étude de l'anatomie, car le Coran défend expressément toute dissection de cadavres; mais en revanche ils devinrent habiles pharmaciens et savants botanistes. La chimie même fut cultivée avec ardeur ; mais quelque fausse théorie sur la formation des métaux créa l'alchimie avec ses illusions. Toutefois il s'est trouvé parmi eux de véritables savants qui ont hautement proclamé la vanité de cette science prétendue. Il est possible, dit Avicenne, que , par le moyen de certaines teintures, le bronze puisse recevoir une teinte d'argent et que l'argent prenne la couleur de l'or; mais cette couleur n'altère que la surface, l'intérieur reste toujours ce qu'il était. — Parmi les médecins arabes on distingue au premier rang Abou-Ali Hosaïn-ibn-Sina, plus connu sous le nom d'Avicenne, dont l'ouvrage intitulé *le Canon*, publié à Rome en 1593, a été longtemps regardé en Europe comme le meilleur manuel de médecine , et Aboul-Walid-ibn-Roschd , dit Averroès, qui vécut à la fin du XIIe siècle ; Abou-Bekre-al-Rasi écrivit sur la petite vérole vers le milieu du Xe siècle, et il a été surnommé le Galien arabe ; Ishak-ben-Soleiman , juif de Kairwan, se rendit en même temps célèbre par son traité sur la fièvre; Abou-Yaya-Zacaria-al-Razwini a mérité le surnom de Pline de l'Orient par son grand traité des *Merveilles de la nature*.

ARABES (*architect.*) Dans tous les temps et dans tous les pays, l'architecture naquit du besoin de donner au culte religieux toute la pompe qui lui convient. Là où les hommes vivent isolés ou épars, il n'y a point de temples ; mais, à mesure que les sociétés se forment, l'idée de la divinité s'affermit , s'étend, s'épure , et la nécessité d'un culte public se fait sentir davantage. Les Arabes, avant Mahomet, pasteurs nomades , et divisés en tribus sans liaison entre elles, souvent ennemis, ne pouvaient guère s'occuper de construire ces grands et somptueux édifices qui furent partout les premiers monuments architecturaux. Le seul édifice que possédât l'Arabie , c'était la maison fameuse de la Kaaba ; il n'avait pas été détruit parce qu'on respectait en lui la mémoire de son fondateur: la construction en fut toujours attribuée , par les

Arabes, à l'auteur de leur race, Ismaël, fils d'Agar et d'Abraham. La digue célèbre de Mareb tient moins à l'histoire de l'architecture qu'à celle de l'industrie. Il en est à peu près de même des forteresses que les Arabes, dit-on, avaient construites dans certains lieux pour défendre les avenues de leur pays. —Avec Mahomet ou ses généraux, les Arabes pénétrèrent en Syrie, en Egypte, et ils s'étendirent sur toute la côte africaine jusqu'à l'Océan. Là ils trouvèrent de nombreux édifices grecs ou romains, les uns datant des premiers temps de l'architecture, les autres appartenant à l'architecture du Bas-Empire. Ceux-ci, d'une construction plus élégante, riches d'ornéments et de formes variées, durent être pris pour modèle, sans que toutefois les Arabes voulussent devenir de serviles copistes et soumettre leur imagination aux règles existantes. Il n'est guère possible, en effet, de penser qu'ils n'eussent aucune connaissance des ordres grecs, mais ils adoptèrent un système tout différent, se s'en rapportant qu'au caprice de l'architecte pour déterminer les formes et les proportions des édifices. Comme, au surplus, la loi de Mahomet défendait toute représentation d'êtres animés, leurs décorations, tout arbitraires, ne consistaient qu'en rinceaux, en fleurs, en feuillages, qu'ils appliquaient en dedans ou en dehors, mais qu'assez souvent ils sculptaient sur la masse même de leurs bâtiments. — L'architecture arabe ne tarda pas à s'introduire d'Espagne en France, en Italie et dans le reste de l'Europe, et cette architecture toute nouvelle changea totalement le caractère de l'architecture gothique alors existante. Autant cette dernière était lourde et massive, autant l'autre semblait légère, hardie, élancée et découpée, car les Arabes excellaient à découper les pierres. Ce nouveau genre prit le nom de gothique moderne ou d'architecture sarrasine. Les voûtes en ogive, les colonnes déliées, quelquefois engagées ou accouplées, ne présentant aucun rapport entre leur diamètre et leur hauteur; les chapiteaux de formes variées, les pierres découpées et filigranées, l'absence de toute représentation d'animaux dans les ornements: tels sont à peu près les éléments de l'architecture arabe (V. Arabesque, Gothique).

Arabes (mœurs, usages, etc.). Les Arabes sont, en général, grands, bien faits, vigoureux, endurcis au travail et à la fatigue. Sobres et frugaux par nécessité dans un climat brûlant et sur un sol stérile, ils n'éprouvent ni les tourments de l'ambition, ni ceux de l'ennui, et ils vivent exempts de la plupart des maladies qui abrègent la vie dans les climats plus doux. On leur reproche leur triste gravité, et surtout cette indifférence qu'ils montrent pour tout ce qui plaît à tous les autres hommes, indifférence qui, en les forçant à concentrer sur eux-mêmes toutes leurs pensées, les rend insensibles et durs pour tout ce qui n'est pas eux. On leur reproche encore, et ce n'est pas sans raison, ce fond de cruauté qui les pousse à verser sans remords le sang humain pour le plus mince sujet. Ismaël, disent-ils, chassé de la maison paternelle, reçut pour domaine les plaines et les déserts; nous sommes, comme lui, seigneurs de la terre. C'est d'après ce préjugé qu'ils ne se font point scrupule de voler les caravanes, de tuer les voyageurs en cas de résistance, et qu'ils donnent au droit de la guerre une si odieuse extension. Les premiers musulmans, surtout, se montrèrent cruels et impitoyables, car ils se regardaient comme les instruments de la justice divine; intolérants par principe, ils se montraient barbares dans l'exécution. — On vante néanmoins les vertus hospitalières des Arabes, leur fidélité à remplir les engagements qu'ils ont contractés, leur humeur bienfaisante, le soin même qu'ils prennent des animaux. Ces éloges sont fondés, mais il n'est que trop vrai que les reproches le sont aussi, de sorte que l'Arabe paraît composé de cruauté et de douceur, de férocité et de bonhomie, d'indulgence et d'inflexibilité; mais n'est-ce point par cette opposition même qu'il ressemble aux autres hommes, qui n'offrent en effet, le plus souvent, dans leur caractère et dans leurs actions, qu'un mélange continuel de force et de faiblesse, de grandeur et d'abaissement, de vertus et de vices. — Les Bédouins, descendants des Scénètes, habitent les déserts et mènent la vie nomade; ils conservent les mœurs primitives, le goût du brigandage et le mépris de tous les arts utiles. Les Arabes, habitants des villes, commencent à se ressentir des bienfaits de la civilisation, et ils ont des communications fréquentes avec les Européens.—Fiers de leur origine, les Arabes font de leur généalogie une étude sérieuse; mais comme leurs ancêtres ne savaient ni lire ni écrire, les preuves de ces généalogies ne peuvent remonter bien haut. — Les arts sont peu estimés par les Arabes, même par ceux des villes. La seule

chose dans laquelle ils ont réussi, c'est dans la fabrication des arcs, des javelots et des cimeterres. — On voyait autrefois en Arabie de prétendus savants qui se vantaient d'entendre le langage des oiseaux, et chez un peuple ami du merveilleux ils ne pouvaient manquer de trouver des admirateurs et des dupes. D'autres prenaient le titre de prophètes, et se retiraient dans les déserts, où ils étaient favorisés, disaient-ils, par des visions ou apparitions de la Divinité. C'est de cette partie de l'Arabie que sont sortis, à ce qu'on croit, tous ces essaims de soi-disant devins qui allaient disant la bonne aventure et faisant des dupes. Leurs descendants, sous le nom de Bohémiens, font le même métier. — Le père de famille est d'ordinaire l'instituteur de ses enfants; comme il a intérêt à maintenir et à augmenter la bonne réputation de sa famille, il prêche souvent l'exemple. Aussi voit-on presque toujours les enfants imiter leur père dans toutes les actions de leur vie. —On trouvait jadis en Arabie des usages qui étaient communs à d'autres contrées dont les habitants n'avaient jamais eu de communication avec les Arabes. Il semble résulter de là que les mêmes usages peuvent, en des lieux différents, naître des mêmes besoins. — Ils ne faisaient point usage de linge, ce qui les rendait sales et dégoûtants: les fréquentes ablutions remédiaient un peu au mal; aujourd'hui ils emploient des tuniques pour couvrir leur corps. — La polygamie est encore tolérée dans l'Arabie, où, d'ailleurs, le divorce est permis pour le motif le plus léger. Les femmes, surchargées de détails domestiques, mènent une vie pénible et laborieuse. — Les Arabes ne reconnaissent pour nobles de race que les descendants de Mahomet et des scheiks ou seigneurs; aussi tous les shérifs, tous les émirs se disent issus du Prophète. Leur éducation est très-sévère; à peine sortis du harem ou de la garde des femmes, ce qui a lieu quand ils ont quatre ou cinq ans, ils passent leur jeunesse auprès de leurs pères qui ne leur permettent pas le moindre amusement, mais qui les exercent de bonne heure au maniement des armes et à monter à cheval. Au reste, les mœurs et les usages des Arabes varient suivant la partie qu'ils habitent de l'Arabie. Il y a des contrées où l'agriculture et le commerce sont en honneur; là, ils ont pris les habitudes des Syriens et des Egyptiens. Sur les bords du golfe Persique, ils sont pêcheurs; ce n'est que dans les plaines sablonneuses qu'ils sont nomades, ne s'occupant que de l'éducation de leurs troupeaux. Ce sont ces derniers qu'on appelle Bédouins, mot formé de bédévi, fils du désert (V. Bédouins, Egypte [Arabes d'], etc.). J. DE M.

Arabesque (archit.). Nom par lequel on désigne des ornements composés de toute espèce de plantes, de fruits, de fleurs, de feuillages découpés arbitrairement, enroulés, décomposés, etc., et de toutes sortes d'édifices fantastiques, de fragments d'architecture, de meubles, d'ustensiles représentés à l'aide du ciseau ou du pinceau. Si les Arabes, comme on pourrait le croire, d'après le nom donné à ces ornements, en avaient été les inventeurs, il faudrait que la définition de l'arabesque s'arrêtât là; mais il n'en est point ainsi, et longtemps avant que les Arabes sortissent de leur obscurité, l'Italie et la Grèce avaient des arabesques, c'est-à-dire, outre les divers dessins déjà mentionnés, d'autres dessins peints ou sculptés qui représentaient des figures d'hommes ou d'animaux, entières ou tronquées, mêlées entre elles de toutes manières. — Tous ces dessins sont tout à fait contraires à la vraisemblance et hors de la nature physique, comme Vitruve le remarque dans un passage où les raisons qu'il donne portent le cachet du bon sens; mais ce n'est pas toujours le bon sens qui préside aux productions de l'art, surtout à celles qui ne s'astreignent à aucune règle et dépendent entièrement du caprice, souvent bizarre, de leur auteur: il ne serait pas impossible, d'ailleurs, de trouver un motif assez légitime à ces créations fantastiques qui nous semblent d'abord extravagantes. La peinture et la sculpture ont imité la poésie qui vit de fictions. Ces fictions sont-elles heureuses? plaisent-elles? amusent-elles? Voilà le point essentiel. Il en sera de même du sculpteur ou du peintre; que les formes qu'il a imaginées vous plaisent: il n'en veut pas davantage. — Le goût des décorations architecturales a dû nécessairement suivre de près les progrès de l'architecture. Dans l'Orient, ce goût avait reçu l'empreinte d'une imagination déréglée, telle qu'est celle des Orientaux; mais les Grecs et les Romains, tout en conservant leurs formes graves et régulières pour le fond de leurs édifices, ne se privèrent pas de la faculté d'en orner les diverses parties par des décorations indépendantes des règles. — Au fond, si l'on peut critiquer avec Vitruve ces figures tronquées d'hommes et d'animaux sortant d'une tige de fleurs ou d'un roseau débile, et supportant eux-mêmes des édifices, on ne doit pas se montrer trop sévère pour l'arabesque qui consiste en rinceaux, en festons, en enroulements, en feuillages. Le seul reproche qu'on puisse adresser à ce genre, c'est de mêler trop souvent le possible à l'impossible; car s'il est possible que des festons, des feuillages soient contournés de la plus inextricable manière, il ne l'est pas que, sur un feston composé de fleurs, repose un corps lourd et solide. Dans ce genre, exagérer la licence c'est abuser de l'abus, c'est-à-dire c'est pousser l'invraisemblance au delà de toute expression. Pline se plaint que le goût excessif de l'arabesque, joint à celui des revêtements en marbres précieux, entraîne la décadence de l'architecture: les arabesques des bains de Titus étaient là pour justifier ses plaintes. — La ruine de l'empire romain fit disparaître l'arabesque de l'Occident; à peine en retrouve-t-on quelques traces dans les lourdes masses que les Goths élevèrent du IIIe au IXe siècles. Mais lorsque les Arabes, protégés par leurs califes, furent entrés dans les voies de la civilisation, les capricieux ornements de l'ancienne architecture reçurent une vie nouvelle de leur imagination active et brillante. Les Arabes ne purent, à la vérité, imiter les représentations d'hommes et d'animaux, mais ils les suppléèrent par des devises tirées du Coran, et artistement mêlées aux fleurs et aux plantes qu'ils employaient. Les chrétiens d'Espagne imitèrent les Arabes, leurs dominateurs, et ce fut par eux, ainsi que par les croisés qui revinrent de l'Asie, que le goût de l'arabesque se propagea par toute l'Europe. — A l'époque de la renaissance des arts, Raphaël, dit-on, fut présent à la découverte des arabesques des Thermes de Titus, et aussitôt ce grand peintre fit voir, par ses décorations des loges du Vatican, tout ce que ce genre peut devenir en des mains habiles. Toutefois Raphaël n'eut point de continuateurs, et l'arabesque ne tarda pas à dégénérer, jusqu'à ce qu'il fût tout à fait remplacé par de grandes figures en relief, des compartiments saillants et des statues colossales. En France, ce ne fut guère que vers le milieu du siècle passé que Vatteau et d'autres voulurent faire revivre l'arabesque antique; ils n'y ont réussi que très-imparfaitement. Il est toutefois hors de doute que l'arabesque, employé sagement et comme simple décoration, peut produire de grandes beautés (*V.* DÉCOR, ORNEMENT, RINCEAU).

J. DE M.

ARABETTE (*bot.*), plante de la famille des crucifères, qui vient des Alpes, s'arrondit en larges touffes, et porte de grandes fleurs blanches, en bouquets terminaux, dont le principal mérite est de se montrer au mois de février. Cette plante demande une bonne exposition. Après la chute des fleurs, il faut tondre la plante et retrancher toutes les branches irrégulières. On en compte plusieurs espèces, dont les unes ont la tige chargée de feuilles, et les autres l'ont nue ou presque nue. L'espèce cultivée en France est l'*arabis verna* ou tourette printanière.

X. X.

ARABIE (*géog.*). L'Arabie est une vaste péninsule située entre l'Asie et l'Afrique, limitée, au nord, par la Syrie et la Mésopotamie, à l'orient par le golfe Persique, au midi par la mer des Indes, et à l'occident par la mer Rouge et l'isthme de Suez. Elle s'étend, du midi au nord, du 12e au 34e degré de latitude, et, de l'ouest à l'est, du 30e au 57e degré de longitude est de Paris. On estime sa population à douze millions d'habitants. Ptolémée divisa cette région en Arabie Pétrée, en Arabie Déserte et en Arabie Heureuse, et cette division, adoptée par les géographes modernes, a été suivie jusqu'à ces derniers temps. L'Écriture n'avait reconnu dans l'Arabie que deux divisions formées par le mont Safar, qui laissait à l'ouest le pays de *Kadem*, et à l'occident celui d'*Arab*. Le Kadem se sous-divisait en deux; les Ismaélites occupaient le nord, les Jechtanites le sud; les Cushites retenaient l'Arab. — Aboulféda et les autres géographes arabes qui avaient connaissance de la division faite par Ptolémée n'en tinrent aucun compte, et ils indiquent six divisions principales, adoptées par le savant voyageur Niebhubr. Ce sont les suivantes: 1° le *Berr Abad* ou Berriâh, désert intérieur, entouré de tous côtés de terres habitées; c'est l'Arabie Pétrée, qui fut ainsi nommée de son sol rocailleux ou du nom de *Petra*, la capitale. C'était le chef-lieu des Nabathéens, branche des Ismaélites. Les ruines de cette ville ont été retrouvées par l'intrépide Burckhardt, près du village d'El-Gy. Toute cette contrée est hérissée de rochers qui rappellent, chacun, de grands souvenirs; le *Gébel-Mousay*, la montagne de Moïse, avec ses deux cimes Sinaï et Horeb; les *Aïn-Mousay*, fontaines de Moïse; le *Tyâh-beni-Israel*, la trace des enfants d'Israël, vallée qui commence en Égypte,

traverse la mer Rouge et se prolonge dans l'Arabie. Aboulféda comprend, dans le Berryâh, le désert de Syrie, où s'élevait Tadmor ou Palmyre; le désert de Mésopotamie, jusqu'à Anbar, et celui de Chaldée jusqu'à Bassorah. — 2° le *Hedjaz*, qui s'étend entre la côte de la mer Rouge et les montagnes, renferme *El-Beled-el-Hârem* ou le pays saint, où l'on trouve la Mecque et Médine (*V.* LA MECQUE, MÉDINE). Niebhubr, que nous suivons particulièrement ici, dit que de son temps il y avait, entre ces deux villes, plusieurs scheiks indépendants dont le plus puissant était celui de *Harb*. Ce même voyageur y a vu aussi plusieurs tribus juives, elles avaient été déjà remarquées par Benjamin de Tudele, et elles ont été retrouvées par le missionnaire Wolf. — 3° L'*Yémen*, qui répond à l'Arabie Heureuse des anciens, et qui s'étend au sud du Hedjaz, comprend l'Yémen proprement dit et plusieurs autres districts considérables. L'Yémen propre a pour capitale du *Tehamâh* ou pays de plaine, Moka, ville fameuse par son café, et pour capitale du *Gebel* ou pays de montagne Sanâh, résidence de l'iman ou souverain du pays. Outre les pays soumis à l'iman de Sanâh, il y a une infinité de petits scheiks qui forment ensemble une puissante confédération: de ce nombre est le scheik de Beled-el-Scherfâ qui possède la ville et le pays de Mareb, dont l'on voit encore les restes de la digue dont la rupture causa l'inondation du pays. Le Hadramaut est compris, par les géographes arabes, dans l'Yémen; il se divise en plusieurs districts qui appartiennent à des scheiks indépendants. L'un d'eux possède, outre son district, l'île de Socotora, sur la côte africaine. — 4° L'*Oman*, qui occupe le sud de l'Arabie et se divise entre plusieurs petits souverains, dont le principal est l'iman de *Maskat* (*V.* ce nom), dont le port est fréquenté par les Européens. — 5° Le *Bahrein*, aussi nommé *El-Hassa* ou *Hedjr*, n'est guère qu'une plage sablonneuse, qui serait déserte sans son port d'El-Kathif et ses pêcheries de perles, qui font la richesse des habitants. Il y a quelques autres ports, mais ils sont peu importants. — 6° Le *Nedched* occupe le centre de l'Arabie; c'est un vaste plateau sur lequel s'élèvent quelques cimes de montagnes. Ce pays a acquis, depuis un demi-siècle, une grande importance, par l'apparition du fameux Abdel-Wahheb, chef d'une secte religieuse et militaire qui aurait peut-être triomphé de l'islamisme sans l'intervention du vice-roi d'Égypte, Méhémet-Ali. Ce pays a pour capitale ou plutôt pour ville principale celle de Dezayeh (*V.* WAHABITES). — L'Arabie n'a point de grandes rivières; ses cours d'eau ne sont que des torrents, dangereux dans la saison des pluies, à sec quand les pluies ont cessé. Les plus considérables vont se jeter dans la mer des Indes. Les montagnes qui couvrent une partie du pays sont ramenées par Balbi à deux systèmes. Les unes, embranchement du mont Liban, appartiennent au groupe Tauro-Caucasien; les autres, s'étendant en tous sens, forment la chaîne maritime dont plusieurs ramifications s'introduisent dans l'intérieur, et la chaîne centrale. — Les bords de la mer, les pentes des montagnes à leur base, les vallées, que des torrents parcourent, se couvrent, dans la saison sèche, d'une riche végétation. Les dattiers, les bananiers, les citronniers, les figuiers, la vigne, y donnent des fruits abondants; l'arbre à baume et le caféier revêtent de leurs épais buissons le penchant des coteaux. Quant aux parfums et aux épiceries, qu'on a cru pendant très-longtemps indigènes de l'Arabie, d'après l'assertion d'Hérodote, les Arabes les tiraient de l'Inde, où le commerce les a conduits dès les temps les plus reculés, et ils laissaient croire à ceux qui venaient ensuite trafiquer avec eux que leur pays produisait ces précieuses denrées (*V.* SINAI, HOREB). A. X.

ARABIE (golfe d') (*V.* MER ROUGE).

ARABIQUE (*gomme*). Suc en grumeaux, de la grosseur d'une petite noix, de formes variées, transparents, de couleur jaune pâle ou jaune brillant; ridés à la surface, fragiles, à cassure brillante, insipide, donnant à l'eau où on la dissout une viscosité gluante. Cette gomme vient de l'Arabie, de l'Égypte et des côtes d'Afrique. La plus estimée est celle qui est d'un jaune pâle ou même blanche, transparente et brillante. C'est le produit d'une espèce d'acacia armé de fortes épines, à feuilles menues, d'un vert obscur, donnant ses fleurs à l'aisselle des côtes qui portent les feuilles. Les fleurs consistent en boutons supportés par un pédicule d'un pouce de long, de forme sphérique, de couleur d'or, d'une seule pièce. Le pistil dégénère en une gousse longue de cinq pouces, très-aplatie, et renfermant de quatre à douze ou quinze fèves très-plates qui contiennent la graine, plate comme tout le reste. Cet acacia, dit-on, est commun près du Caire; il découle des fentes, pratiquées près du tronc et aux branches de l'arbre, une humeur visqueuse que le temps fait épaissir: on l'appelle *gomme vermiculaire*. — La gomme arabique se dissout dans l'eau, non dans l'esprit de vin ni dans l'huile; dans le feu, elle ne s'enflamme pas, mais elle se réduit en charbon. Les pharmaciens en font usage pour beaucoup de médicaments. Les peintres à l'aquarelle s'en servent aussi pour délayer leurs couleurs. On prétend que les nègres qui portent cette gomme au Sénégal s'en nourrissent sur toute la route. A. A.

ARABIQUES. On a désigné par ce nom une secte d'hérétiques qui parurent en Arabie vers l'an 207 de notre ère. Les Arabiques soutenaient que l'âme naissait et mourait avec le corps; mais ils ajoutaient qu'au jour du jugement elle ressusciterait avec lui. Eusèbe parle d'un concile tenu en Arabie, où ces sectaires furent appelés. Origène s'y trouva aussi, et, chargé de discuter avec eux, il les convainquit si complétement de leur erreur, qu'ils demandèrent à rentrer dans le sein de l'Église. Ce qui avait donné lieu à cette hérésie, ce fut l'opinion, qu'on cherchait alors à répandre, que l'âme était matérielle. N. M. P.

ARABISME, ARABISER; tour de phrase, locution imitant la manière arabe; chercher, en parlant ou en écrivant, à se donner du style arabe ou oriental. L. D. M.

ARACAN, ancien royaume de la presqu'île en deçà du Gange, entre le Bengale et le Pégu : il se compose des provinces d'Aracan, de Sandawy, de Ramsy et de Tchaduba. Sa population est d'environ deux millions d'habitants, qui appellent leur pays *Rossan* ou *Rouinga*. C'est une vallée qui s'étend le long de la côte ; la chaleur et les pluies en rendent le séjour malsain pour les Européens. La population se compose d'Aborigènes, que les Bengalais appellent *Mugs*, mais dont le véritable nom est Maranma. Leurs traits ressemblent beaucoup à ceux des Chinois: ils suivent la religion de Bouddha. La ville d'Aracan était autrefois une pagode où la dévotion attirait un grand nombre d'Hindous, parce qu'on y voyait la statue de Goutama, prédécesseur de Bouddha. Lorsque les Birmans envahirent ce royaume, en 1783, ils enlevèrent cette statue, et ils incorporèrent l'Aracan à leur empire; mais, en 1825, les Anglais ont à leur tour pénétré dans ce pays, qui, par le traité de Yandabou, en 1826, ils ont forcé l'empereur birman à leur céder, de sorte que, depuis cette époque, l'Aracan fait partie des possessions de la compagnie anglaise des Indes-Orientales. — Le sol est fertile, mais mal cultivé; on trouve dans les montagnes beaucoup de lions et de tigres. La ville d'Aracan, située à deux journées de la mer, sur le bord de la rivière, que les navires remontent avec la marée, se trouve par le 20° 43' de latitude N. et les 91° 6' de long. E. de Paris. On prétend qu'avant l'occupation des Anglais elle avait 30,000 maisons et près de 100,000 habitants; elle n'en a conservé que 8 ou 10,000. La capitale actuelle est Kyouk-Phyou, ou les Pierres-Blanches. Le commerce de l'Aracan est assez lucratif pour les Anglais, qui en tirent des dents d'éléphant, de l'or, du bois de construction, et qui surtout y versent une partie de leurs produits manufacturés. A. X.

ARACA-PUDA. (botan.), plante du Malabar, assez approchante du rossolis, dessinée par Van-Rhéede dans son *Hortus Malabaricus*, et nommée par Linné *rossolis indica*. C'est une herbe vivace, qui croît dans les sables, et s'élève à la hauteur de trois pouces ; racine courte, menue, articulée, fibreuse; tiges, au nombre de cinq à six, cylindriques, menues, se divisant en deux vers l'extrémité, vertes, charnues, hérissées de poils blanchâtres, garnies de six à huit feuilles alternes, disposées circulairement; le bout de chaque branche se termine par un épi de deux à quatre fleurs bleuâtres de deux à trois lignes de diamètre; calice d'une seule pièce, à cinq divisions profondes; corolle à cinq pétales ronds et égaux; cinq étamines à anthères jaunes, cinq filets intermédiaires sans anthères; ovaire sphérique au centre de la fleur. On extrait de cette plante un sel qui passe pour spécifique dans les obstructions du foie, de la rate et du mésentère. A. A.

ARACARI (*ornith.*), espèce de toucan, originaire du Brésil. Il est un peu plus gros qu'un merle ; de l'extrémité du bec à celle de la queue, il a quinze ou seize pouces de long; son bec seul a quatre pouces et plus, la queue six pouces; sa tête est petite et comprimée, le cou assez long ; ses ailes, pliées, n'arrivent qu'à la naissance de la queue ; quand il les déploie, elles ont dix-sept pouces d'envergure. L'aracari a la tête, la gorge et le cou noirs ; les ailes, le dos, les cuisses, les pieds d'un vert foncé; le ventre jaune, tacheté de rouge, traversé

au milieu par une bande couleur de sang : une auréole de même couleur entoure ses yeux, qui sont à prunelle noire et iris jaune; le dessous de la queue et des ailes est d'un vert clair. Il habite le Brésil et la Guyane. A. A.

ARACATCHA. (bot.), plante de la famille des ombellifères, comprenant deux espèces, *moschata* et *esculenta*, mais différant si peu entre elles que beaucoup de botanistes pensent que l'une n'est qu'une variété de l'autre. Elle est originaire de l'Amérique du Sud, où on la cultive comme plante alimentaire par ses racines. Elle ressemble assez par sa fleur à la carotte, à l'ache par ses feuilles, et à l'angélique par son port, quoique moins élevée. On cultive l'aracatcha dans la Colombie; elle offre un aliment sain dont tous les estomacs s'accommodent; mais tous les essais qu'on a faits jusqu'ici en Europe pour l'acclimater et l'opposer ainsi à la pomme de terre ont été infructueux. Ce végétal, qui se reproduit dans sa patrie avec la plus grande facilité, n'obtient pas le même succès dans nos climats. Sa saveur, au surplus, est à peu près la même que celle des pommes de terre. A. A.

ARACHIDE ou ARACHINE, aussi appelée *pistache de terre*, à cause de la forme de son fruit, qui se développe sous terre. C'est une plante annuelle, dont la tige a deux pieds de long; cette tige, couchée dans sa partie inférieure, se redresse dans la partie supérieure; les fleurs, jaunes, solitaires, naissent à l'aisselle des feuilles. Quand la fécondation a lieu, la fleur tombe, et il ne reste que la base du pédoncule, laquelle enferme le pistil; on voit alors sortir de terre un petit filet qui se recourbe vers le sol. En même temps, le pédoncule s'allonge pour que l'ovaire puisse s'enfoncer dans la terre et s'y cacher pour nourrir ses graines, qui se convertissent en fruits longs, cylindriques, grisâtres, contenant chacun deux ou trois amandes de la grosseur d'une noisette. L'amande donne la moitié de son poids d'huile également bonne pour la table et pour l'éclairage; les mêmes amandes, légèrement grillées, se mangent entières ou en dragées sucrées; on en fait même un bon chocolat en les mêlant avec le cacao et le sucre. — L'arachide demande peu de soins, et s'accommode des terrains sablonneux et maigres. On dit qu'un seul plant peut donner jusqu'à sept cents gousses. Cette plante est originaire de l'Amérique; on a tenté, non sans succès, de la naturaliser en Espagne et dans nos départements méridionaux. Les botanistes la nomment *arachis hypogœa* et la classent dans la famille des légumineuses. X. X.

ARACHNE (*myth.*), fille d'Idmon, de la ville de Colophon, brodait avec tant de perfection qu'elle osa disputer à Minerve le prix du travail de ce genre. Arachné représenta par des broderies les amours de Jupiter, et ces broderies parurent si belles que le prix allait lui être adjugé; Minerve, outrée de dépit, jeta sa navette à la tête de la malheureuse Arachné, qui s'alla pendre de désespoir. Les dieux la métamorphosèrent en araignée.

ARACHNÉIDES ou ARACHNIDES, s. m. p.; septième classe d'animaux invertébrés de Lamarck, déterminée, suivant lui, par les caractères suivants : ovipares, exempts de métamorphoses; munis de pattes toujours articulées; n'acquérant jamais de nouvelles parties par le développement ; un cœur où la circulation se fait remarquer ; respiration par des branchies ou par des trachées. — Parmi les arachnéides, les uns ont des antennes, les autres en manquent; ici c'est un ventre énorme, là ce sont plusieurs anneaux articulés; dans quelques-uns on aperçoit la bouche bien distinctement et bien armée, d'autres n'ont qu'un suçoir qu'on reconnaît à peine. Le nombre des pattes et des yeux ne varie pas moins que les formes dans ces insectes. On en voit qui ont tant de pattes (tels que les *scolopendres*), qu'on leur a donné le nom vulgaire de *mille pieds*; on en voit aussi qui semblent avoir cent yeux, tandis que chez d'autres on n'en voit pas la trace. — Dans cette classe nombreuse, on comprend les araignées, les galéodes, les scorpions, les espèces parasites, telles que ixodes ou ricins, poux, teignes, etc (*V.* tous ces mots). Les premières espèces pourvoient à leur propre subsistance, et, malgré leurs formes hideuses, ce sont les mieux organisées; les secondes vivent sur d'autres animaux. On trouve des arachnéides dans les lieux humides, les *podures*, les *scolopendres*; dans les jardins, les *iules*, les *faucheurs*; dans les campagnes ou sur la tige ou les fleurs de certains végétaux, les *leptes*, *trompidions*, *cirons*, *acarides aquatiques*; dans nos maisons, les *forbicines*; sur le fromage, les *antes*; sur les livres, les *pinces*; dans les airs, les *araignées* (*V.* tous ces mots). Les arachnéides sont carnassiers, souvent très-voraces; il y en a dont la morsure est venimeuse. — Plusieurs naturalistes ont formé deux classes des arachnéides : les pulmonaires et les trachéens. Les premiers répondent à ceux qui respirent par des branchies, les seconds à ceux qui respirent par des trachées, et ne présentent que très-imparfaitement l'appareil circulatoire. Beaucoup d'insectes trachéens sont très-petits ; il y en a même qui sont microscopiques.   X. X.

ARACHNOIDE (*anat.*), de ἀράχνη, araignée, et de εἶδος, forme. On désigne par ce nom plusieurs membranes du corps humain que leur extrême finesse a fait comparer à une toile d'araignée. Celse et Galien appelaient ainsi la membrane qui renf rme l'humeur vitrée, aujourd'hui *hyaloïde*. Le nom d'arachnoïde s'applique principalement à l'une des trois membranes qui servent d'enveloppe à l'encéphale. Placée entre la pie-mère et la dure-mère, et appartenant à la classe des membranes séreuses, elle se compose de deux feuillets dont la plus extérieure adhère à la dure-mère, et tapisse les parois intérieures du crâne et du canal vertébral. L'autre feuillet s'étend sur le cerveau même et n'en est séparé que par la pie-mère ; il n'est pas adhérent à cette membrane, car il passe sur les anfractuosités du cerveau sans s'y enfoncer comme elle ; il enveloppe les veines du sinus, s'enfonce entre le cerveau et le cervelet, et va tapisser toutes les cavités intérieures du cerveau : il se prolonge sur la moelle, entoure les nerfs spinaux, et se termine à l'extrémité du canal sacré. C'est Varole qui, pour la première fois, a décrit l'arachnoïde dont plusieurs anatomistes niaient l'existence (*V.* HYALOÏDE).
                                              A. A.

ARACHNOIDITE OU ARACHNITIS. Inflammation de l'arachnoïde. Cette inflammation produit une espèce de phlegmasie qui se manifeste principalement par l'affluence du sang au cerveau, et bientôt après par le délire. La saignée au pied, les sangsues aux tempes ou derrière les oreilles, suffisent d'ordinaire pour calmer cet accident : quelquefois on applique de la glace sur la tête.   A. A.

ARACHNOLOGIE, art de prédire les changements et les variations atmosphériques, d'après le travail et le mouvement des araignées. Cet art, non moins incertain qu'il est ancien, a été mentionné par Pline ; mais, malgré le penchant de cet écrivain pour le merveilleux, il n'ose point en parler comme d'une chose dont il serait convaincu. Toutefois, un savant moderne, membre de l'Académie des sciences, M. Quatremère Disjonval, emprisonné au commencement de la révolution, employa les huit mois que dura sa captivité à faire des observations arachnologiques. Il examina très-attentivement les araignées qui habitaient avec lui dans sa prison, et remarqua les rapports qui semblaient exister entre les mouvements de ces insectes et les changements de l'atmosphère. Lorsqu'il doit pleuvoir, a-t-il dit dans un écrit publié en 1797, les araignées restent, dans un état complet de torpeur ; elles en sortent pour reprendre leur travail dès qu'elles sentent que le beau temps revient. Dans le premier cas, elles raccourcissent les derniers fils de leur toile ; dans le second, elles les allongent. Il en est à peu près de même quand elles sentent venir le froid et la chaleur.   N. M. P.

ARACHNOTÈRES (*ornith.*), oiseaux qui se nourrissent d'araignées : ils habitent l'archipel de l'Inde. M. G. Cuvier les a compris dans le genre des *grimpraux*, famille des *ténuirostres*, ordre des *passereaux* (*V.* ces divers mots). X. X.

ARÆOSTYLE (*archit.*) ; l'un des cinq modes d'entrecolonnement usités par les Grecs dans la disposition des colonnes appliquées à l'extérieur des édifices ; il consistait à donner à l'espacement des colonnes le plus de largeur possible. Dans l'ordonnance aræostyle, Vitruve ne veut pas qu'on emploie des architraves en pierre ou en marbre, mais il ne détermine pas la mesure que doit avoir l'espacement ; et les architectes, peu d'accord entre eux, varient de trois diamètres et demi à cinq. Perrault n'en exige que quatre, et il paraît que ce nombre est suffisant pour la distance à observer entre les colonnes de l'aræostyle.   G. L.

ARÆ PHILENORUM (*V.* PHILÈNES).

ARAFAT (*hist. et géogr.*) ; montagne peu éloignée de la Mecque, sur laquelle les pèlerins turcs pratiquent diverses cérémonies, en mémoire du sacrifice qu'Abraham voulait faire de son fils Isaac sur cette même montagne, ainsi qu'ils le prétendent. Ils font d'abord sept fois le tour de la Kaaba, s'arrosent ensuite de l'eau du puits Zemzem, et vont enfin passer la nuit et le jour suivants en prières sur l'Arafat. Le lendemain, ils égorgent dans la vallée de Mina, au pied de la montagne, une certaine quantité de moutons ; ils en envoient à leurs amis quelques parties, et distribuent tout le reste aux pauvres. Il n'y a sur la montagne qu'une mosquée et point

d'autel ; on n'y brûle aucun des moutons égorgés ; aussi appelle-t-on cette pratique des pèlerins faire le *corban*, c'est-à-dire l'oblation, l'offrande, et non le sacrifice. N. M. P.

ARAGON (*géogr. hist.*) ; province d'Espagne, autrefois royaume indépendant, bornée au nord par les Pyrénées, à l'orient par la Catalogne et une partie du royaume de Valence, au sud par la province de Cuenca, Castille nouvelle, et à l'ouest par la Vieille-Castille et la Navarre. Elle s'étend sur une longueur d'environ soixante-quinze lieues, sur une largeur de cinquante. Sa population, sur environ mille lieues carrées, est à peu près de 660,000 âmes. Au nord et au midi, le sol est très-montagneux, et l'on y voit des pics très-élevés, parmi lesquels on distingue ceux de Teruel, d'Albaracin, de Sierra-Molina, et surtout le pic Cayo. La partie centrale offre de vastes plateaux dont les uns, très-élevés, ne produisent que des bruyères ; d'autres, au contraire, tous ceux qu'arrose quelque cours d'eau, sont extrêmement fertiles. Le plus grand fleuve de l'Aragon est l'Ebre, qui le traverse du nord-ouest au sud-est et baigne les murs de Saragosse. Le Tage y a sa principale source non loin d'Albaracin. Toutes ses autres rivières, parmi lesquelles nous nommerons l'Aragon, qui a donné son nom à la contrée, se jettent dans l'Ebre, les unes descendant du nord, les autres du midi. Encore l'Aragon, après avoir couru quelques lieues de l'est à l'ouest, change du nord-ouest dans la Navarre, où il termine sa course sur la frontière de la Vieille-Castille, province de Soria. Les principales villes de l'Aragon sont Saragosse, séjour des anciens rois ; Jaca, Huesca, ancienne capitale ; Calatayud, Daroca, Teruel, Albaracin. Le sol produit des grains, de très-bon vin, de l'huile, de la soie, du chanvre, du lin, du safran ; les plateaux élevés et les montagnes ont d'excellents pâturages ; aussi on y compte plus de deux millions de bêtes à laine. Autour des grandes villes, l'agriculture a fait beaucoup de progrès, mais loin de là elle est très-négligée. Les montagnes recèlent, dit-on, plusieurs sortes de métaux, mais on n'en tire que fort peu de parti. L'industrie est encore très-bornée dans l'Aragon : on y fabrique de grosses toiles et des draps communs avec des laines superbes et de très-bon chanvre. Le commerce en tire, outre ces objets, des savons, des eaux-de-vie, peu de soieries. Charles-Quint fit commencer à Tudela, en 1529, un canal qui, après un cours d'une vingtaine de lieues, s'arrête à deux lieues au-dessous de Saragosse. Le projet de le continuer jusqu'à Sastago, au nord de Hijar, où il entrera dans l'Ebre, existe depuis très-longtemps ; mais les révolutions qui agitent la Péninsule depuis plus de trente ans ont empêché jusqu'ici l'exécution de ce projet. Un même canal, continué au nord et passant par Logrono et Vittoria, irait se décharger dans la mer, à l'ouest de Bilbao. Le climat de l'Aragon, en général, est froid sur les montagnes et chaud dans les plaines et les vallées non ouvertes au nord ; car dans celles qui font partie de la chaîne des Pyrénées et dans lesquelles ce vent pénètre, elles sont extrêmement froides. Les rivières sont poissonneuses ; les montagnes et les bruyères abondent en gibier, les fruits sont délicieux, et beaucoup de parties de l'Aragon offriraient à l'étranger un séjour enchanteur, si les habitants y étaient plus communicatifs et plus aimables. Les Aragonais sont froids et sérieux, souvent brusques et rudes dans leur ton comme dans leurs manières ; ils passent pour opiniâtres, attachés à leurs opinions, à leur pays et à leurs usages, ne pliant jamais leur caractère aux circonstances, se vantant même de l'âpre inflexibilité de leur humeur. Les Aragonais sont esclaves incorrigibles de l'habitude ; tout, autour d'eux, est triste, silencieux, monotone ; la bourgeoisie vit dans l'insouciance, le peuple est malheureux et pauvre. — L'Aragon eut des habitants dès la plus haute antiquité : peuplé primitivement par les *Ibères*, et, plus tard, par les *Celtibères*, ce pays fut compris, par les Romains, dans la Tarragonaise. Vers la fin du ve siècle, les Goths s'y établirent (470), et l'Aragon fit, pendant deux cent cinquante ans, partie de l'empire qu'ils avaient fondé. Après l'invasion des Arabes, cette contrée subit le sort du reste de la Péninsule, les rochers de la Cantabrie exceptés, et elle forma l'une des grandes divisions du califat de Cordoue. Cet état de choses ne dura pas longtemps ; outre le royaume des Asturies et de Léon, un autre royaume s'était formé dans les Pyrénées. Au commencement du xe siècle (905), Sanche Ier régnait sur la Navarre ; vainqueur de l'émir de Saragosse, il recula les limites de ses états, et il ajouta le comté de Jaca ou d'Aragon à ses domaines. Les successeurs de ce prince, et surtout Sanche Abarca, dit le Grand, firent de nouvelles conquêtes sur les Arabes, de sorte que le comté d'Aragon s'agrandit successivement ; aussi à la mort de

Sanche, arrivée en 1035, le comté d'Aragon fut élevé au rang de royaume, en faveur de Ramire, l'un de ses enfants. En 1118, Alphonse le Batailleur, arrière-petit-fils de Sanche, s'étant rendu maître de Saragosse, en fit sa capitale. Ramire II, frère d'Alphonse, n'ayant laissé qu'une fille, nommée Pétronille, l'époux de celle-ci, Raymond Béranger, comte de Barcelone, fut proclamé roi d'Aragon. Dès ce moment, la Catalogne fut incorporée à l'Aragon : en 1458, l'Aragon et la Navarre se trouvèrent définitivement réunis sur la tête de Jean II, père de Ferdinand dit le Catholique; et celui-ci, par son mariage avec Isabelle, héritière de la Castille et de Léon, vit passer sous son sceptre l'Espagne entière. Depuis cette époque, l'histoire de l'Aragon a été confondue avec l'histoire d'Espagne (*V.* SANCHE, RAMIRE, PIERRE, ALPHONSE, FERDINAND). — Pour ce qui concerne cette constitution fameuse, à laquelle on a paru, en France, attacher une si grande importance (*V.* CONSTITUTION ou FUEROS DE ARAGON).　　　J. de M.

ARAGON (JEANNE D'), femme du prince de Tagliacozzi, se signala par un courage au-dessus de son sexe et une grande habileté avec Isabelle. Mais, ayant voulu se mêler de la querelle des Colonne (son mari était de cette famille) avec le pape Paul IV, on lui donna Rome pour prison. Elle mourut en 1577 octogénaire; les poëtes du temps ont célébré ses vertus et sa beauté. On a recueilli tous les vers faits à sa louange, et on les a imprimés à Venise, en 1558, sous le titre de *Tempio alla divina signora Giovanna d'Aragona.*　　　A. P.

ARAGON (TULLIE D'), née à Rome à la fin du XVe siècle, fut célèbre par son esprit, ses grâces et son talent pour la poésie. Dans sa vieillesse, elle se retira à Florence, où, protégée par la duchesse, elle vécut libre et heureuse. Elle avait dédié ses poésies à cette princesse, sous le titre de *Rime.* Elles furent publiées à Venise en 1547, in-8°. On a encore d'elle un *Dialogo dell infinità d'amore,* 1547, Venise, et *il Merchino* ou *il Guerino,* poëme en trente-six chants, Venise, 1560.　　　A. P.

ARAGONITE (*minéral.*), minéral dont la composition est la même que celle de la chaux carbonatée, qui en diffère néanmoins sur plusieurs points. On a confondu pendant longtemps ces deux substances; il a fallu, pour les distinguer, observer que leurs formes cristallines ne sont point les mêmes, non plus que leur pesanteur spécifique ni leur dureté respective. Ces observations décisives sont dues à M. Haüy. Le phénomène de la double réfraction s'opère à travers les deux minéraux d'une manière différente, ce qui indique suffisamment que, si les éléments sont identiques dans l'un et dans l'autre (l'expérience démontre que dans l'aragonite comme dans la chaux carbonaté il entre 0,564 de chaux sur 0,436 d'acide carbonique), il y a différence positive dans le mode d'agrégation de leurs molécules. — L'aragonite a été ainsi nommée parce qu'on a dit dans le temps que c'était dans l'Aragon que cette substance avait été découverte. C'est le naturaliste Bowles qui le premier en a parlé (1775); il l'avait trouvée près de Molina de Aragon. — L'aragonite présente généralement un prisme à six pans, lesquels se terminent par des faces perpendiculaires à l'axe. Bowles, trompé par le résultat de l'analyse chimique à laquelle il soumit l'aragonite, la rangea dans les chaux carbonatées : d'autres naturalistes ont partagé son opinion. Werner, toutefois, a démontré qu'entre les deux substances il se trouve des différences essentielles; le savant Haüy a suivi l'opinion de Werner, et soutenu avec force que, pour déterminer la nature d'une espèce minérale, c'était moins à la composition chimique qu'il fallait s'en rapporter qu'à l'observation des formes cristallines. La question a été vivement controversée, mais les chimistes n'ont pas répondu à cet argument d'Haüy. La chimie trouve identité dans les deux substances, l'observation démontre la disparité dans les propriétés de chacune: ce sont là deux faits incontestables. Or, l'identité dans les substances est ou n'est pas réelle, existe ou n'existe pas; dans le premier cas, celui de l'identité, la chimie est en opposition manifeste avec l'expérience, puisqu'elle signale identité là où les propriétés respectives signalent différence; dans le second cas, celui de non-identité, il faut conclure qu'il se trouve des différences dans la composition des deux substances, et que la chimie n'est pas encore assez avancée pour les apercevoir et les constater.　　　D. B.

ARAIGNÉE (*V.* ARANÉÏDE, TÉGENAIRE). Le mot d'araignée a été souvent employé pour désigner certains objets dont la forme est imitée ou du moins rappelle la forme de l'araignée. Ainsi, les ingénieurs appellent de ce nom plusieurs branches ou rayons de galeries souterraines qui, partant

d'un point commun, s'en éloignent en divergeant entre eux, et se terminent chacun par un fourneau. Ces travaux se pratiquent lorsqu'on veut faire sauter à la fois une certaine étendue de terrain; ce terrain s'appelle lui-même *entonnoir* ou *cercle de rupture,* parce que les divers rayons ont reçu la longueur nécessaire pour qu'ils arrivent jusqu'à l'extrémité du terrain qui doit s'enlever. — Les chasseurs donnent le nom d'araignée à un filet tendu le long des bois ou des buissons, et qui leur sert principalement à prendre des merles et des grives. — Les astronomes nommaient de même un cercle de l'astrolabe, percé à jour et portant différents bras qui, par leurs extrémités, marquaient la position des étoiles. — Par le mot d'araignée les marins entendent les poulies particulières qui reçoivent les martinets, cordages à plusieurs branches qui, partant de plusieurs points différents, vont se réunir à ces poulies (*V.* MARTINET, MOQUE DE TRÉLINGAGE). — On appelle encore araignée la première soie que filent les vers à soie pour soutenir les cocons. — Dans le style familier on désigne par les mots *pattes d'araignée* des doigts longs, menus et décharnés.　　　L. M.

ARAIRE, du latin *arare,* labourer; mot générique employé pour désigner les instruments d'agriculture. On donne en particulier le nom d'araire à une espèce de charrue qui sert à labourer les terres légères.

ARAJA (FRANÇOIS), musicien et compositeur, né à Naples en 1700. Après avoir donné deux opéras à Florence et à Rome, il quitta l'Italie pour se rendre à Saint-Pétersbourg avec une troupe de chanteurs italiens. Il composa dans cette ville le premier opéra qu'on y ait représenté, intitulé *Abiazare* (1737); l'année suivante, il fit paraître *Semiramide* et successivement *Scipione, Arsace* et *Seleuco. Cephale* et *Procris,* sur des paroles russes, parut en 1751, et fit époque sur la scène russe : quoique chanté par des chanteurs russes, il obtint un brillant succès. L'impératrice envoya 500 roubles au compositeur et une pelisse de zibeline, pour lui témoigner la satisfaction qu'elle avait eue. Huit ans après, Araja retourna en Italie et se retira à Bologne. On ignore l'époque de sa mort.　　　A. P.

ARAK, ARACK ou RACK; mot indien qui, en général, signifie toute liqueur distillée, spiritueuse, et principalement l'eau-de-vie extraite du riz, mêlée avec le sucre de canne et des noix de coco, ou avec le cannamèle. La première espèce vient de Batavia, la seconde de Goa. L'arak de Goa est celui dont il se fait une plus forte consommation, quoiqu'il soit moins fort que l'autre. Les Anglais fabriquent de l'arak en distillant le suc ou jus de cocotier, qu'ils obtiennent par incision du tronc. Ce jus, auquel on donne le nom de *toddi,* fait seul une liqueur assez agréable. Frais, il est légèrement purgatif. Les Anglais substituent l'arak au rhum pour composer leur *punch.*

ARAL (*mer d'*). Grand lac de l'Asie centrale, à l'est de la mer Caspienne, vers le 43e degré de longitude, dont la plus grande longueur du sud au nord environ cent lieues, sur une largeur moindre, en général, de moitié. L'eau y est peu profonde, et on y trouve beaucoup de bancs de sable, ce qui oblige les pêcheurs à se servir de bateaux plats. L'eau en est salée, mais on n'en connaît pas encore la pesanteur spécifique. On assure que la superficie du lac d'Aral diminue sensiblement depuis quelque temps, quoique deux rivières considérables, le Sy-Daria ou Sy-Houn (l'ancien Jaxartes), et l'Amou-Daria (l'ancien Oxus) y déchargent leurs eaux. Si le fait de la diminution est réel, il faudrait en conclure que l'évaporation emporte plus d'eau que le lac n'en reçoit. Ce qui est certain, c'est que deux savants envoyés en 1812 par l'académie de Saint-Pétersbourg pour explorer les régions caucasiennes trouvèrent que le niveau de la mer Caspienne était plus bas que celui de la mer Noire d'environ 54 à 55 toises, et plus tard deux officiers de la marine française ont trouvé que le niveau de l'Aral est plus haut d'environ 18 à 19 toises que celui de la mer Caspienne. Les anciens croyaient que l'Aral et cette mer ne formaient qu'un seul bassin; des géologues ont pensé de même, quoiqu'un isthme large de plus de 60 lieues les sépare aujourd'hui. D'autres ont conjecturé que l'Aral envoie dans la mer Caspienne ses eaux surabondantes par des canaux souterrains. Quoi qu'il en soit, l'Aral a beaucoup d'îles et d'îlots, surtout dans la partie sud. Ses eaux sont assez poissonneuses. Elles nourrissent beaucoup d'esturgeons; on y trouve même des phoques. Des tribus de Kirghis et d'Ubbecks habitent sur ses bords.　　　A. X.

ARALIA, ARALIACÉES, famille des plantes, très-voisine des ombellifères. Ce qui les en a fait distinguer, c'est que leurs ombelles sont assez souvent imparfaites, que les pétales de leurs fleurs se touchent par les bords, que presque toujours elles ont plus de deux ovaires, et que leurs fruits consistent en baies qui renferment dans des loges des semences très-dures. Quatre-vingts espèces à peu près, réunies en douze genres assez mal désignés, forment cette famille, dont les deux principales espèces sont l'*Aralia* et le *Panax*. — L'*Aralia*, type de la famille, a pour caractères génériques des fleurs en ombelle pourvues de cinq pétales et de cinq étamines, un pistil formé d'un embryon qui tient au calice, et quatre styles obtus. Dans l'embryon, qui devient une baie succulente, sont renfermées cinq semences dures, de forme aplatie. L'espèce la plus connue est l'*Aralia spinosa*, ou angélique épineuse, ainsi nommée à cause des piquants qui arment ses feuilles. Ses fleurs ont l'odeur du lilas; aussi on la cultive dans les jardins; elles se distinguent par leur réunion en grandes panicules. — Le *Panax* se reconnaît à son fruit, qui n'a que deux loges au lieu de cinq. On en compte vingt-sept ou vingt-huit espèces, sur lesquelles le *Panax speciosum* et le *Panax quinquefolium* méritent d'être distingués. Le premier a des feuilles digitées, couvertes par-dessous d'un duvet cotonneux, et dont les fleurs, revêtues par-dessous d'un duvet semblable, sont disposées en très-beaux panicules. Dans la Guiane, d'où il est originaire, on l'appelle *arbre de mai* ou *bois canon bâtard*. Le second n'est remarquable qu'à cause de sa racine, qui est blanche et légèrement striée transversalement. Voici ses caractères distinctifs : tige grêle, terminée par trois grandes feuilles composées chacune de cinq folioles, sertule de fleurs polygames dioïques, partant du milieu des trois feuilles; baies comprimées à deux loges. — Ce qui rend l'histoire de ce panax assez intéressante, c'est qu'il paraît que sa racine est la même que celle de ce fameux *Jinchen* ou *Ginseng* des Chinois, qui a joui, non-seulement en Asie mais en Europe, d'après les relations des missionnaires et des voyageurs, d'une réputation telle de panacée infaillible pour la restauration des forces, qu'elle s'y est vendue au poids de l'or, tant que l'empyrisme asiatique a trouvé des acheteurs et des dupes, et que la crédulité européenne a servi le charlatanisme chinois. La racine de ginseng, comme celle de notre panais sauvage, se compose en grande partie de gomme et de fécule mêlées à un principe aromatique résineux; elle peut donc jouir de qualités stimulantes et toniques. Mais quand les Hollandais, trouvant dans l'Amérique du Nord le panax quinquefolium, ont eu transporté en Chine des cargaisons de racines de panax, le ginseng a perdu presque tout son crédit dans le pays même où il avait pour lui la possession immémoriale. A. A.

ARAMACA (*ichthiol.*), espèce de sole particulière aux côtes du Brésil, décrite par Murgrave dans son *Hist. nat. du Brésil*, et par Johnston et Ruysch dans leur *Hist. nat. des poissons*. Les Portugais l'appellent *lingoada* et *cubriconcha*. Les yeux, au nombre de deux, sont placés sur le côté grisâtre de cette sole; ils sont de la grosseur d'un pois, à prunelle cristalline entourée d'un iris bleuâtre qui a la forme d'un croissant. La bouche, petite, sans langue, est garnie de dents très-aiguës. Ses nageoires sont au nombre de six : deux, ventrales, placées au-dessous de l'ouverture assez grande des ouïes; deux, pectorales, assez longues, terminées par un bouquet de poil; une dorsale qui commence au-dessus des ventrales; une anale qui commence au-dessous des pectorales. Tout le corps est couvert d'écailles fort menues. La chair de l'aramaca est d'assez bon goût : on trouve ce poisson dans les fonds sablonneux du rivage. X. X.

ARAMAIQUE (*langue*), dialecte du pays d'*Aram* ou pays élevé, par opposition à la langue du pays bas ou *Canaan*. C'est Niebuhr, le plus exact de tous les voyageurs qui ont visité l'Arabie et la Syrie, qui a retrouvé cette langue aramaïque aux environs de Mosul, comme il a retrouvé le syriaque dans plusieurs cantons du pachalik de Damas. Le même voyageur donne le nom de chaldéen à l'idiome parlé par les chrétiens de ce pays. Au reste, ces deux dialectes aramaïque et syriaque, le premier à l'est, le second à l'ouest, sont presque éteints aujourd'hui. — Les Juifs de nos jours appellent la langue aramaïque orientale langue du Talmud, parce que plusieurs parties du Talmud sont écrites dans cette langue, dont les premiers vestiges se trouvent dans la Genèse, dans Jérémie et dans les livres de Daniel et d'Esdras. On l'appelle encore langue du *targum* ou des traductions, à cause des commentaires de l'Ancien Testament, pour lesquels on l'a employée. Quant à l'aramaïque occidental, ce qu'on trouve de plus ancien, ce sont les inscriptions de Palmyre. L'aramaïque

diffère de l'hébreu sur beaucoup de points; on le dit moins riche de mots. Anciennement les Hébreux n'entendaient pas l'aramaïque, mais, s'étant formés à cet idiome pendant la captivité de Babylone, ils continuèrent à en faire usage, et perdirent ainsi insensiblement l'habitude de leur propre langue. Quand Jésus-Christ sur la croix prononça le commencement du XXIe psaume, ce furent les termes de la version aramaïque, non ceux de l'ancien texte hébreu, qu'il employa. L'historien Josèphe fait dans son ouvrage beaucoup de citations qui prouvent qu'au commencement de notre ère les Juifs parlaient la langue aramaïque, bien qu'ils fissent un grand usage du grec, qui était la langue des savants. On peut consulter avec fruit l'ouvrage suivant : *Andreæ Theophili Hofmanni grammaticæ syriacæ libritres, cum tabulis variis scripturæ aramaicæ genera exhibentibus*, Halæ, 1727, in-4°.

ARAMÉENS, peuples de la Syrie qui tiraient leur origine d'Aram, cinquième fils de Sem. Hésiode et Homère les appellent Ariméens. Ils habitaient, à une époque très-reculée, entre le cours du Tigre et la Méditerranée. Moïse donne toujours le nom d'Araméens aux Syriens et aux Mésopotamiens, et l'Écriture fait mention de plusieurs pays d'Aram compris dans les limites des Araméens, tels que l'Aram *Naharaïm* ou des deux fleuves, l'Aram de Damas, etc. On interprète un passage du prophète Amos de manière qu'on en peut inférer que les Araméens étaient originaires du pays de Kir dans l'Ibérie; mais si cette émigration a eu lieu, il faut qu'elle soit bien ancienne, car les Israélites trouvèrent les Araméens établis dans toute la Syrie. David, et après lui Salomon, avaient rendu les Araméens tributaires; mais lorsque Israël et Juda se séparèrent, les Araméens secouèrent le joug. N. M. P.

ARAN (*hist. saint.*) fut l'aîné des fils de Tharé, et frère d'Abraham; mais il mourut avant son père. Jusqu'à lui on n'avait pas vu d'exemples d'hommes décédés avant les auteurs de leurs jours. Aussi saint Épiphane croit que la mort d'Aran fut pour Tharé un châtiment infligé par la justice divine, parce qu'il avait forgé des dieux nouveaux. Les rabbins vont plus loin : les uns prétendent que Tharé le fit périr dans le feu, parce qu'il avait refusé ses adorations à ce dieu, tandis que d'autres soutiennent qu'ayant voulu éteindre le feu qu'Abraham avait mis aux idoles de son père, ce feu le consuma. N. M. P.

ARANAPANNA, espèce de fougère du Malabar, de laquelle les habitants ne font aucun usage; elle est remarquable par la disposition de ses folioles ou divisions de feuilles. Ces folioles sont au nombre de trente environ par chaque feuille; elles ont cinq ou six pouces de long sur cinq ou six lignes de large; elles portent sur chaque bord une quarantaine de crénelures, et elles ont en dessous deux rangs de quarante à cinquante paquets de fleurs; chaque paquet se trouve placé sous la fente qui sépare deux crénelures. Ces fleurs sont d'un jaune brun, qui finit par devenir jaune-rougeâtre. Le dessus de la feuille est marqué de petites taches qui répondent aux paquets de fleurs.

ARANDA (PIERRE-PAUL ABARCA DE BOLEA, comte D'), d'une illustre famille de l'Aragon, naquit le 21 décemb. 1718. Il avait embrassé d'abord la carrière des armes, qu'il abandonna pour la diplomatie. Le talent qu'il déploya dans plusieurs occasions donna de lui la meilleure opinion à Charles III, qui lui accorda l'ambassade de Pologne (1758). De retour dans sa patrie au bout de sept ans, il fut nommé capitaine général (gouverneur) du royaume de Valence. Une émeute dangereuse qui eut lieu dans la capitale (1765) fit rappeler Aranda, dont on connaissait la vigueur de caractère, et non-seulement il fut admis au conseil suprême de Castille, mais encore il en obtint la présidence, et bientôt la paix publique fut rétablie. Ce fut alors que, devenu membre du conseil privé, avec Mogino, le marquis de Campo-Alegre et Campomanes, il prépara l'expulsion et la ruine d'un corps célèbre qui n'avait produit que du bien pour l'Espagne, et contre lequel aucun sujet fondé de plainte ne s'élevait : nous voulons parler de la compagnie de Jésus; mais Aranda avait goûté et adopté dans toute leur étendue les principes du philosophisme du XVIIIe siècle, il ne voulait pas rester en arrière avec les *philosophes* de France; et le même jour, à la même heure, dans l'Espagne entière, les jésuites furent arrêtés, emprisonnés, encaissés dans les *pontons espagnols* (les Anglais n'avaient pas encore entassé dans leurs pontons les prisonniers français), pour être transportés en Italie. Aranda avait si bien pris ses précautions pour que les infortunés proscrits ne pussent se soustraire au sort qu'il leur destinait, qu'il avait enjoint à l'ambassadeur d'Espagne à Rome, Azara, de s'opposer à la *sécularisation* des jésuites, et d'insister pour l'expulsion, pure et simple. Cependant, le roi, qui n'avait consenti qu'à regret à une mesure qu'on lui représentait comme nécessaire, en témoigna son mécontentement en éloignant Aranda de la cour. On voulut toutefois lui ménager un exil honorable, et l'ambassade de Paris lui fut confiée. Le nouvel ambassadeur mit quelque réserve dans sa conduite, mais il ne put si bien cacher ses liaisons avec les chefs de la philosophie anti-religieuse, qu'il ne se rendît très-suspect à tous ceux pour qui la religion de leurs pères paraissait encore un objet sacré. Il paraît que Florida-Blanca, ministre de Charles III, lui adressa des reproches qu'il reçut assez mal; aussi l'ambassadeur fut-il brusquement rappelé à Madrid (1784). Après la mort de Charles III, il fut élevé au ministère par la femme de son faible successeur, à la place de Florida-Blanca, sur qui, devenue reine, elle voulait venger les injures de la princesse des Asturies, dont ce ministre avait blâmé les profusions. Mais Aranda ne conserva pas longtemps la faveur de circonstance qui l'avait poussé au ministère; il dut céder sa place à l'inhabile Manuel Godoy, si malheureusement, nous dirons même si honteusement célèbre sous le nom fastueux de *Prince de la Paix*. Aranda conserva néanmoins sa place de doyen du conseil d'Etat; mais s'étant permis de blâmer aigrement la guerre que le favori faisait entreprendre contre la république française, il fut exilé dans sa terre d'Aragon, où il mourut deux ans après (1794), ne laissant point d'enfants de sa jeune épouse, fille du duc de Hijar. — Vanté outre mesure en France par le parti qui préparait la révolution, il fut assez peu regretté en Espagne. Ses compatriotes, en général, l'accusèrent de manquer de profondeur dans ses vues, parce qu'il ne prévoyait pas les résultats qui devaient à la longue naître de son système; et quand il affectait un grand attachement pour la religion qu'il proscrivait ou qu'il frappait dans ses ministres, on le regardait comme un fourbe hypocrite, ou tout au moins comme un esprit faux, qui se faisait grossièrement illusion. Le marquis de Carraccioli, qui le connaissait et le jugeait bien, disait de lui: C'est un puits profond dont l'orifice est étroit. J. DE M.

ARANDA (*géog.*); il y a deux villes de ce nom en Espagne: l'une est dans la Vieille-Castille sur le Duero, et, pour la distinguer de l'autre, on l'a nomme *Aranda de Duero*; la seconde est dans l'Aragon, la seigneurie en appartenait au comte de ce nom (*V.* l'art. précédent). Des conciles y ont été tenus dans les premiers temps de l'affranchissement de la contrée, subjuguée par les Arabes. A. X.

ARANÉIDES, première famille de la classe des arachnides, du règne animal de Cuvier, ainsi caractérisée : quatre ou six appendices articulés, cylindriques ou coniques, situés sous la partie anale et désignés par le nom de *filières*, parce qu'à l'exception de deux ils ont leurs extrémités percées de plusieurs trous, par lesquels sortent des fils soyeux, ou bien terminés par de petits mamelons d'où sortent de même des fils pareils. Cuvier, à cause de ces appendices particuliers aux insectes de cette classe, substitua le nom celui d'aranéides. La tête, réunie au corps par un corselet d'une pièce, porte huit ou dix yeux ; la bouche est placée au-dessous de la partie antérieure du corselet, elle se compose de deux mandibules munies d'un onglet, de deux mâchoires pourvues de deux palpes séparées à leur base par une lèvre-sternale, et une langue velue, membraneuse, d'une seule pièce ; huit pattes, chacune de sept articles, terminées par deux ou trois griffes, sont attachées autour du corselet, ou céphalo-thorax. L'abdomen, suspendu à la partie postérieure par un pédicule court et cartilagineux, est mobile, d'une seule pièce, et se termine par un chaperon fendu au milieu; c'est la partie anale, en dessous de laquelle sont placés les quatre ou six mamelons ou filières. Sous l'abdomen on aperçoit deux ou quatre fentes, ce sont les ouvertures pulmonaires; entre ces fentes, les femelles ont une ouverture circulaire. Tels sont les caractères généraux des aranéides, ce qui n'empêche pas qu'il ne se trouve des caractères particuliers qui servent à classer les genres et à diversifier les espèces. — Certaines aranéides ont quatre ouvertures pulmonaires, d'autres n'en ont que deux; dans celles qui en ont quatre, les deux supérieures aboutissent à des branchies, les autres à des trachées. Dans la *tégénaire*, ou araignée domestique, la branchie est blanche et de forme triangulaire; par ces branchies, l'air décomposé pénètre dans l'intérieur du corps et aboutit à un vaisseau, qui s'étend sous le dos et sur les viscères; il paraît que ce vaisseau, organe du mouvement, ayant la forme d'un tube allongé garni de muscles latéraux, tient lieu de cœur et en remplit les fonctions. La forme de ce tube

varie d'ailleurs suivant les genres d'aranéides. — Quant au cerveau et aux ganglions pectoraux, ils résident dans le céphalo-thorax; le cerveau se compose de deux parties piriformes, séparées par une cloison, il en sort deux paires de nerfs qui aboutissent aux muscles des pattes : c'est d'un ganglion qui existe à la partie inférieure du céphalo-thorax que partent les nerfs des pattes; ces nerfs des pattes sont extrêmement nombreux, et vers leur extrémité ils ont tant de ramifications qu'on conjecture que les aranéides sont douées, dans cette partie, d'une prodigieuse sensibilité, de telle sorte que l'organe du toucher supplée probablement en elles à celui de l'ouïe, qu'on n'a pas encore découvert dans les aranéides: on ne peut nier cependant que le sens de l'ouïe n'existe en elles. Tout le monde connaît l'anecdote de Pélisson, qui avait accoutumé une araignée à sortir de son trou au son de la musette. L'auteur de cet article a vu cent fois chez lui une araignée qui avait fait sa toile sur la corniche du plafond, vers le milieu d'une glace; placée au-dessus d'un piano, sortir de sa loge aussitôt qu'on touchait le clavier, et descendre suspendue à un fil jusqu'à deux pieds et demi à peu près de distance de l'instrument, et rester à la même place tant qu'il se faisait entendre; elle regagnait sa loge aussitôt qu'on cessait de jouer. Elle descendait ainsi par un fil, parce que, n'ayant pas de prise sur le poli de la glace, elle n'avait pas trouvé de moyen plus commode pour s'approcher de l'instrument dont le son l'attirait. — L'organe de l'odorat n'est pas plus apparent que celui de l'ouïe, quoique peut-être le sens existe; c'est ce qu'on ignore. — L'organe qui produit les fils soyeux est placé à la partie postérieure de l'abdomen, et il consiste en un petit nombre de vaisseaux allongés, renflés dans le milieu, et terminés par une infinité de vaisseaux semblables, mais beaucoup plus courts et plus petits, se réunissant tous à un point commun sur lequel s'appuient les filières extérieures. La matière que ces petits vaisseaux renferment est différente de celle qui est dans les grands; semblable à une gomme transparente, elle ne se dissout ni dans l'eau ni dans l'alcool; elle est fragile et ne peut se plier que lorsqu'elle est en filets très-minces, comme le verre. Réaumur assure que les fils qui sortent des papilles excèdent le nombre de mille, mais il paraît que l'insecte les réunit à mesure qu'il file; ces fils, au surplus, se durcissent par le contact de l'air. Comme on a remarqué que les fils qui composent la toile destinée à prendre les insectes sont enduits de gluten ou matière visqueuse, que ceux qui servent à l'aranéide à monter ou à descendre n'en sont point dépourvus, et qu'il en est de même de ceux dont elle forme le sac où elle se loge, ou le nid qu'elle fait pour ses petits, on conjecture que l'aranéide peut tirer à volonté de son corps des fils d'espèces diverses. — Les aranéides sécrètent, outre la matière qui alimente leurs filières, un véritable venin qui sort par leurs mandibules, et dont elles se servent pour engourdir les insectes qui se prennent à leur toile, mais qui, en raison de leur taille et de leur force, pourraient se dégager de leurs filets. — Ce qui prouve surtout que l'aranéide peut former des fils d'espèces diverses, c'est que le cocon où elle enferme ses œufs est d'un tissu tellement dur et serré qu'il ressemble à une pellicule; mais ce n'est pas tout, elle recouvre en dehors cette espèce de pellicule d'une bourre de soie molle et lâche, qui semble d'une autre matière que celle du cocon. — Le venin de l'aranéide est beaucoup moins dangereux qu'on ne l'a dit; mais l'aversion qu'on éprouve pour ces insectes, leur forme hideuse, l'horreur même qu'ils inspirent à beaucoup de personnes, ont certainement contribué à faire exagérer le mal. Dans les pays chauds, toutefois, où les aranéides sont très-grosses, leur piqûre peut être plus douloureuse, sans qu'il en résulte néanmoins aucun danger (*V.* TARENTULE, LATRODECTE-MALMIGNATTE). On sait que l'astronome Lalande ne partageait pas cette répugnance presque universelle, et qu'il avalait sans dégoût et sans inconvénient l'abdomen de la grosse araignée des murs, à laquelle il trouvait le goût de noisette. On peut douter que M. de Lalande ait jamais beaucoup d'imitateurs, excepté dans la Nouvelle-Calédonie, dont les habitants recherchent, dit-on, les grosses araignées comme un mets délicieux. — On a tenté d'utiliser la soie des araignées, mais quoiqu'on soit parvenu, après beaucoup d'essais et dans le courant de la peine, à en fabriquer des bas et des gants, on peut croire, tout en rendant justice à la merveilleuse industrie des aranéides, que le produit de leurs fabriques ne deviendra jamais un article de commerce. — La famille des aranéides renferme cinquante-deux genres, qui forment deux grandes sections; la première n'a que cinq genres et porte le nom de théraphores, parce qu'elle se distingue par les mandibules articulés horizontalement et à mouvement vertical (*V.* MYGALE); la seconde à les mandibules articulés sur un plan incliné ou vertical à mouvement latéral, elle a quarante-sept genres (*V.* TÉGÉNAIRES). — Dans les jardins, les aranéides détruisent les mouches, les taons et d'autres insectes, mais elles causent elles-mêmes assez de mal, parce qu'elles entourent souvent de leurs toiles les corolles des fleurs, ce qui les empêche de se développer. C'est principalement celle que les jardiniers appellent araignée-loup qui fait le plus de dégât; elle dépose son nid sur la terre, ne file pas et attaque à la course les insectes dont elle se nourrit. Quand les insectes lui manquent, elle s'en prend aux individus de son espèce, et, pour dernière ressource, elle pique la tige des plantes, se nourrit de leur suc et les fait périr. On détruit ces insectes incommodes en les arrosant par des décoctions de feuilles de noyer, de tabac, de sureau, etc. Les toiles d'araignée sont encore employées pour étancher le sang dans les blessures ou les hémorrhagies; on assure qu'elles ont même la propriété d'empêcher l'inflammation.   J. DE M.

ARANJUEZ, petite ville à sept lieues de Madrid, dépendante de la province de Tolède. Elle est située dans une belle vallée au confluent du Xarama et du Tage, et bâtie dans le goût hollandais, c'est-à-dire qu'elle a des rues fort larges avec une rangée d'arbres de chaque côté. Philippe II y construisit un palais, une église et un couvent, et il en fit une résidence royale. Le château a de magnifiques escaliers de marbre, des glaces de la plus grande dimension, fabriquées à Saint-Ildefonse, et beaucoup de tableaux de prix des écoles espagnole et italienne. Dans le printemps, Aranjuez offre un séjour enchanteur; ses jardins, situés en partie dans une île du Tage, des eaux distribuées avec art par cent canaux divers et répandant de tous côtés la fraîcheur et la fertilité, des bosquets touffus qui parent les bords du fleuve, des prairies richement émaillées de fleurs, des buissons de rosiers partout, un air constamment parfumé: voilà ce qu'on trouve dans Aranjuez; mais à peine les chaleurs se font-elles sentir que l'air devient malsain et dangereux. Les vapeurs qui s'élèvent de la surface du fleuve viennent se condenser au milieu des arbres où elles entretiennent une insupportable humidité, tandis que non loin de là, dans les rues et sur les places, le soleil échauffe, dessèche, brûle tout ce qu'il atteint de ses rayons perpendiculaires. — Le traité d'alliance entre la France et l'Espagne, par lequel celle-ci s'engageait à aider la France dans la guerre qu'elle soutenait contre l'Angleterre, principalement en Amérique, fut conclu à Aranjuez, le 12 avril 1772. Ce fut aussi dans cette ville qu'éclata la révolte du 18 mars 1808, révolte qui amena l'abdication forcée de Charles IV en faveur de Ferdinand, et un peu plus tard l'inconcevable catastrophe de Bayonne(*V.* CHARLES IV, FERDINAND VII, NAPOLÉON). — Aranjuez n'a guère que 2,500 habitants; mais, quand la cour y résidait, ce nombre s'élevait jusqu'à 7 ou 8,000.   A. X.

ARARAT (*géogr.*); montagne célèbre de l'Arménie, à quinze lieues S. O. d'Erivan, par les 39° 3' de latitude N. et les 42° 15' de longitude E.: elle s'élève, presque isolée, au milieu du grand plateau de l'Arménie, élevé lui-même de quinze ou seize cents toises au-dessus du niveau de la mer; elle se termine par deux sommets, dont le plus haut, à l'occident, porte le nom de *Mazis*; l'autre, à l'orient, s'appelle *petit Ararat*. Le sommet du Mazis a, d'élévation totale au-dessus de la Méditerranée, deux mille sept cents toises. Perrot, voyageur russe, l'a ainsi déclaré à M. de Humboldt, qui le rapporte sans l'affirmer. L'Ararat n'offre, dans sa partie inférieure, que d'assez maigres pâturages, toujours couverts de troupeaux; dans la partie supérieure, il est de l'aspect le plus triste; la végétation y est morte. Sur l'un des flancs de la montagne est un abîme dont l'œil n'ose mesurer la profondeur: des quartiers de roche, qui souvent se détachent de la montagne, roulent dans cet abîme avec un épouvantable fracas. Au-dessus de ces rochers commence la région des neiges qui couvrent, dans l'hiver, les deux pics, et ne disparaissent jamais entièrement du Mazis. Mais autant l'Ararat est effrayant par lui-même, autant, vu d'un peu loin au milieu d'une vaste plaine couverte de verdure et toute semée de villages ou de monastères, autant il se présente imposant et majestueux. — On prétend même qu'à certains points de vue il offre, avec ses deux cimes, toutes les formes d'un vaisseau: c'est, très-probablement, une illusion née de l'idée qu'on apporte en s'approchant de ces lieux, tout pleins encore des traditions et des souvenirs du déluge. Ce fut sur l'Ararat, lisons-nous dans la Bible, que l'arche de Noé s'arrêta; il n'en

faut pas davantage pour que l'imagination frappée de ce grand événement, on ait cru voir dans la forme même de la montagne celle d'un grand vaisseau. Les Persans appellent l'Ararat *kohi-Nuh*, *montagne de Noé*. L'Ararat paraît être d'origine volcanique; mais, quoique certains voyageurs aient prétendu voir de la fumée s'élever de quelques parties, il est certain qu'il n'y a jamais été observé d'éruption; et il est à présumer que ce que ces voyageurs ont pris pour de la fumée n'était pas autre chose qu'un brouillard. Ce qui est assez extraordinaire, c'est qu'on trouve des tigres jusque sur la limite des neiges éternelles: les ours et les oiseaux de proie y sont assez communs. — Les Arméniens sont persuadés que les restes de l'arche sont encore au sommet du Mazis; mais ils ajoutent qu'il n'est pas possible aux hommes d'arriver jusqu'à ces précieuses reliques; et là-dessus ils racontent mille fables absurdes. Ce qui paraît certain, c'est que personne encore n'a réussi à monter jusqu'au plus haut point du Mazis; Tournefort le tenta et y renonça; un pacha turc fit faire à grands frais les préparatifs d'une ascension, et il ne fut pas plus heureux que Tournefort; des Arméniens et des Russes, que Pierre Ier y envoya en 1720, prétendirent être arrivés jusqu'au sommet; mais leur assertion fut vivement contestée par tous les habitants des environs. En 1829, le Russe Perrot, de qui nous avons parlé, a dit qu'il était parvenu au sommet; mais il n'a pas convaincu tout le monde de l'exactitude de son récit.   A. X.

ARASPE (*hist.*), jeune seigneur mède, à qui Cyrus avait confié la garde de sa prisonnière, Panthée, femme d'Abradate, roi de Suse, de peur de ne pouvoir résister aux charmes de cette femme, non moins célèbre par sa beauté que par ses vertus. Moins prudent que son maître, Araspe se laissa subjuguer par le sentiment qui l'entraînait vers Panthée, et il la poursuivit, mais en vain, de sa passion désordonnée. Cyrus ne put se résoudre à punir dans Araspe la faiblesse qu'il avait craint lui-même de ne pouvoir surmonter. Le Mède, reconnaissant, servit Cyrus avec tant de fidélité et de zèle dans la guerre qu'il eut lieu contre les Assyriens, qu'il perdit la vie sur le champ de bataille.   N. M. P.

ARATOR, intendant et secrétaire d'Athalaric, naquit vers l'an 490, sur la côte de la Ligurie (état de Gênes): il avait d'abord embrassé l'état ecclésiastique; et, devenu sous-diacre de l'Église de Rome, il présenta au pape Vigile, en 544, une version en vers latins des Actes des Apôtres (ce poëme se trouve, avec d'autres poëmes, dans la Bibliothèque des Pères, Venise, 1502). Ces vers d'Arator ont été l'objet d'amères critiques. Les Actes des Apôtres sont assurément un sujet peu propre aux mouvements et surtout aux fictions dont se nourrit la poésie. En ordonnant que ces vers seraient lus dans l'église, le pape Vigile prouva qu'il les avait trouvés beaux; et ce pape, beaucoup plus près de nous du temps où la langue latine était familière à tous, a bien eu, sans doute, le droit de juger une œuvre de son temps. Arator avait la confiance d'Athalaric qui l'envoya en ambassade auprès de l'empereur Justinien; il mourut en 556.   A. P.

ARATUS, né à Sicyone, dans le Péloponèse, vers l'an 275, avant J. C., échappé aux meurtriers de Clinias son père, à l'âge de sept à huit ans, trouva un asile dans la ville d'Argos. Là, nourrissant son cœur d'idées de vengeance et de liberté, il conçut de bonne heure le projet de purger Sicyone des tyrans qui l'opprimaient: à vingt ans il l'exécuta. Il avait communiqué son dessein et ses espérances à quelques-uns de ses compatriotes, proscrits comme lui: il prit à sa solde une troupe de bandits, accoutumés à vivre de pillage au milieu des dangers, se munit d'armes, d'échelles, se ménagea des intelligences dans la ville; ensuite, escaladant les murs, il courut au palais du tyran Nicoclès, qui n'eut que le temps de sortir de la ville par un chemin souterrain, et proclama la liberté dans Sicyone (*V.* LIBERTÉ, ARISTOCRATIE). Aratus eut peut-être la gloire d'aimer la liberté pour elle-même, et la volonté d'en faire jouir tous ses compatriotes, sans distinction de castes; mais, quand on le voit constamment à la tête de la ligue achéenne, et plus tard s'en détacher par un motif d'orgueil et de jalousie, on peut douter, sans trop de scrupule, de la pureté de ses intentions. — Les rois de Macédoine, par des efforts successifs, étaient parvenus à rompre l'ancienne ligue achéenne; mais plusieurs villes de l'Achaïe, étant parvenues à reprendre l'exercice de leurs droits et à expulser leurs tyrans, renouvelèrent l'ancienne confédération. Sicyone, par le conseil d'Aratus, s'associa à la ligue nouvelle: et Aratus, qui était homme d'état plus que grand capitaine, devint l'âme de toutes les entreprises. — Cependant comme, durant le règne des tyrans il y avait eu beaucoup d'exilés dont les biens avaient été confisqués et distribués ou vendus, et qu'Aratus avait rappelé tous les proscrits, ceux-ci, en rentrant, voulurent se remettre en possession de leurs biens, ce qui ne pouvait manquer d'exciter des troubles sérieux. Aratus les prévint en profitant de l'amitié de Ptolémée Philadelphe, qui lui donna des sommes considérables, au moyen desquelles il indemnisa les anciens propriétaires. — Aratus, malgré la loi qui défendait de laisser le pouvoir entre les mains d'un général au-delà d'un an, fut réélu, à l'unanimité, en qualité de chef de la confédération : c'était un prix accordé aux services qu'il avait rendus. — Les guerres qu'il entreprit ne furent pas toutes heureuses. La ville de Mégalopolis et celle de Cléone adhérèrent à la ligue; mais il échoua contre Argos et contre Athènes, dont il ne put se rendre maître ni par force, ni par adresse : il finit par les acheter, et il trouva des hommes qui les lui vendirent. Aratus voulut alors contraindre les Spartiates à entrer dans la ligue; mais, plus habile général qu'Aratus, le roi Cléomènes le battit dans plusieurs rencontres. Le vainqueur exigea, pour prix de la paix qu'il accordait, qu'on le nommât chef de la ligue achéenne; et les Achéens, humiliés par leurs défaites, cédèrent au vœu qu'il exprima. Aratus, irrité, devint infidèle aux principes pour lesquels il avait jusque-là combattu avec tant de persévérance; et, après avoir travaillé toute sa vie à rabaisser la puissance macédonienne, il se rapprocha d'Antigone, fit avec lui un traité d'alliance, lui remit Corinthe comme garant de sa bonne foi; et les phalanges macédoniennes, unies aux troupes d'Aratus, remportèrent à Sélasie une brillante victoire, qui anéantit pour toujours les espérances de Cléomènes. Aratus obtint alors la confiance d'Antigone, qui, en mourant, recommanda à Philippe, son successeur, de se conduire par les conseils d'Aratus. — Philippe ne suivit pas longtemps les avis d'Antigone : il montra d'abord pour Aratus beaucoup de déférence; mais bientôt, ne trouvant plus en lui qu'un censeur austère, il lui fit donner un poison lent. Aratus reconnut, au bout de peu de temps, la cause de son mal : il ne s'en plaignit pas; il se contenta de dire : *Voilà ce que produit l'amitié des rois !* Il mourut l'an 214 ou 213 avant J. C. — Les Sicyoniens lui firent de magnifiques funérailles, et ils érigèrent, en son honneur, une statue, avec le titre de *soter*, sauveur. Ils instituèrent même des fêtes qu'on célébrait tous les ans le jour anniversaire de sa mort, et le jour anniversaire de la délivrance de Sicyone. Dans ces fêtes, qui reçurent le nom d'*Aratées*, les prêtres portaient un diadème tacheté de blanc et de pourpre; les maîtres d'école se rendaient au temple avec tous leurs élèves, et les sénateurs avec des couronnes de fleurs. — Aratus avait composé une *Histoire de la ligue achéenne* et des *Mémoires*, que Polybe a cités avec éloge et mis en œuvre dans son histoire.   J. DE M.

ARATUS, poëte-astronome, originaire, suivant les uns, de Tarsos, en Cilicie, et, suivant le plus grand nombre, de Soli ou Soles, dans la même contrée, naquit vers l'an 277 avant J. C., et fut ainsi contemporain de Ptolémée Philadelphe, d'Antigone Gonatas, et de son homonyme, le chef de la ligue achéenne. Tout ce qu'on sait de sa vie, c'est qu'Antigone l'attira auprès de lui, et qu'il passa le reste de sa vie en Macédoine. On lui attribue un grand nombre d'écrits; mais tout ce qui nous reste de lui, ce sont d'assez beaux fragments de son poëme des *Phénomènes*, qui n'est, très-probablement, que la mise en vers du livre d'Eudoxe le Cnidien, astronome célèbre du 4e siècle avant l'ère chrétienne, intitulé de même nom de *Phénomènes*; car Hipparque, dans ses Commentaires sur Aratus, a inséré divers fragments du livre d'Eudoxe; et le rapprochement qu'il fait de ces fragments et du poëme prouve suffisamment qu'Aratus n'a fait, le plus souvent, que versifier la prose de l'astronome. Ce fut sans doute parce que Cicéron connaissait le poëme et le traité qu'il en dit en termes exprès : Il est tenu pour avéré, parmi les savants, qu'Aratus, sans savoir l'astronomie, a décrit en vers élégants le ciel et les constellations. — Le poëme est divisé en deux parties; la première traite de la sphère, de la forme et du mouvement des constellations; la seconde traite des pronostics, c'est-à-dire de l'influence des astres sur les choses terrestres, et des signes par lesquels cette influence se manifeste. — Le poëme d'Aratus jouit, pendant longtemps, d'une haute estime en Grèce et en Italie. Cicéron ne s'est pas borné à le louer, il l'a traduit. Cette traduction fut, il est vrai, une œuvre de sa jeunesse, mais il ne l'a pas désavouée. Quintilien est plus avare d'éloges que Cicéron; il ne trouve dans Aratus ni vérité, ni mouvement; mais c'est là un vice

qui tient au choix du sujet; et dans des descriptions dont le premier mérite est l'exactitude, il n'est guère possible d'être poëte : c'est assez, c'est beaucoup même, que d'être versificateur correct; et d'avoir constamment un style flexible, qui se prête à tous les détails, sans jamais cesser d'être élégant et harmonieux. Les grands écrivains du siècle d'Auguste ont été moins sévères que Quintilien. Théocrite lui a consacré sa sixième idylle. Ovide dit d'Aratus que son nom vivra autant que les astres qu'il a chantés.

> Cum sole et luna semper Aratus erit.

Virgile, suivant son commentateur Servius, voulait parler de lui lorsque, dans sa troisième églogue, il fait dire à Ménalque :

> Quis fuit alter
> Descripsit radio totum qui gentibus orbem ?

Virgile a fait plus, il a traduit littéralement Aratus dans cette même églogue lorsqu'il met dans la bouche de Damète :

> Ab Jove principium, musæ; Jovis omnia plena ;
> Ille colit terras.

Et il l'a imité de très-près dans ses Géorgiques lorsque, vers la fin du second livre, il décrit les pronostics qu'on peut tirer de l'aspect du soleil, ce qui amène naturellement le bel épisode de la mort de César :

> Sol quoque et exoriens, et cum se condit in undas
> Signa dabit : solem certissima signa sequuntur
> Et quæ mane refert, etc.

Cicéron ne fut pas le seul traducteur du poëme d'Aratus. Germanicus César en fit une version en vers latins, laquelle s'est conservée dans le recueil intitulé *Carmina familiæ Cæsariæ* (Cobourg, 1715, in-8°). Quant à la traduction de Cicéron, il n'en est arrivé jusqu'à nous que les deux tiers environ en fragments que H. Grotius a recueillis dans son édition d'Aratus (Leyde, 1600), et il a suppléé ce qui manque. Festus Avienus, qui vivait sous Théodose, a traduit aussi les Phénomènes en vers ïambiques latins. Cette version est contenue dans le recueil de ses œuvres dont la meilleure édition est celle d'Amsterdam (1731). — Mais de tous les témoignages de l'antiquité qui se réunissent en faveur d'Aratus, aucun ne lui fait autant d'honneur que celui de saint Paul qui, dans le discours qu'il prononça devant l'Aréopage, cita textuellement Aratus : *Sicut et quidam vestrorum poetarum dixerunt :* IPSIUS ENIM ET GENUS SUMUS ; passage que Cicéron a traduit ainsi :

> Nos genus illius; nobis ille omine magno
> Dextera præsignat, etc.

Aratus a eu beaucoup d'éditions; la plus complète est celle de J. Th. Buhle (Leipsig, 1793-1801, 2 vol. in-8°). Le chanoine Pingré, ancien bibliothécaire de Sainte-Geneviève et savant astronome, a donné une traduction française des *Aratées* de Cicéron sur le texte rétabli par Grotius, à la suite des *Astronomiques* de Manilius (Paris, 1786, 2 vol. in-8°). — On trouve dans l'Iconographie de Visconti la représentation d'une médaille qui existe au cabinet de France, et qu'on croit frappée sous le règne de Marc-Aurèle. Cette médaille offre le portrait d'Aratus levant la tête vers le ciel et celui de Chrisippe.   J. DE M.

ARAUCANIE (*géograp.*); contrée de l'Amérique méridionale, qui s'étend du 36° 44' de latitude S. jusqu'au 39° 50' ou même plus loin, et depuis le 72° 25' jusqu'au 76° 55' de longitude O. de Paris. Elle a 65 lieues environ du nord au sud, sur une largeur de 50 à 60 lieues de l'est à l'ouest; c'est un pays montueux, boisé et très-fertile dans les vallées; le climat y est sain et tempéré; les saisons y sont réglées comme dans le Chili; le printemps y commence en septembre, l'été en décembre, l'automne en mars, et l'hiver en juin; mais il n'y a point, comme dans le Chili, de longues sécheresses, et dans chaque saison il tombe des pluies assez abondantes pour que la terre devienne féconde. Le pays ne manque pas non plus de rivières, qui toutes forment à leur embouchure des baies commodes. Les plus considérables sont le Biobio, le Valdivia, le Tolten et le Cauten. Le lac de *Villarica* a trente-quatre lieues de circonférence; celui de *Nahul-Huapi* est de la même grandeur, mais on voit au milieu une île assez grande et bien boisée. Celui de Osorno est d'une forme très-allongée, il a dix-huit lieues de long sur deux seulement de largeur. — A d'assez courtes distances on trouve dix ou douze volcans; aussi l'Araucanie est-elle assujettie à de fréquents tremblements de terre. En 1730 et en 1761 des tremblements de terre renversèrent la ville de la Conception, bâtie sur le Biobio. Le volcan de Villarica a une hauteur de mille sept cents toises et est en pleine activité. Il en sort continuellement des tourbillons de flammes, sans mélange de laves ou de cendre. — Il paraît que les montagnes abondent en métaux précieux, mais les habitants en tirent peu de parti. On dit que la seule ville de Valdivia retirait de ses carrières une quantité d'or de la valeur de 75,000 fr. chaque jour. — Les habitants de ce pays qui, malgré tous les efforts des Espagnols durant trois cents ans, a conservé son indépendance, se divisent en trois nations principales : les *Araucaniens*, les *Cunchos* et les *Huilliches*. Les premiers habitent entre le Biobio et la Valdivia, c'est le meilleur canton de tout le pays; les seconds habitent les rivages de la mer jusqu'à l'archipel de Chiloë, et les derniers occupent l'intérieur du pays à l'est des seconds. Ces deux peuples sont séparés par un chaînon des Andes qui court du nord au sud parallèlement à la grande chaîne. Dans les hautes vallées des Andes on trouve quelques tribus alliées des Araucaniens. — La race de ceux-ci s'est bien altérée depuis que les Espagnols ont envahi le Chili, par le mélange des Chiliens proscrits, par leurs alliances avec les femmes espagnoles qu'ils faisaient prisonnières, par l'établissement parmi eux de tous les Espagnols du Chili poursuivis pour dettes, pour délits ou pour crimes. — Les Araucaniens en général ressemblent beaucoup aux Pampas pour la conformation physique. Ils sont d'une taille ordinaire, ont le visage large, les traits grossiers, les yeux petits et caves, le nez épaté, le front bas, les pommettes saillantes, la bouche grande et les lèvres épaisses. Les femmes sont petites, mal faites, et, aux yeux d'un Européen, très-laides. Les habitants des hautes montagnes sont plus grands que ceux de la plaine; on en voit, dit-on, qui ont jusqu'à six pieds. — L'agriculture, dans l'Araucanie, est à peu près semblable à celle du Chili; on cultive l'orge, le maïs, la pomme de terre, le froment; mais les Araucaniens ne savent pas tirer parti de cette dernière denrée. Ils se contentent d'écraser le grain entre deux pierres, et ils font des espèces de gâteaux qu'ils mettent cuire sous la cendre. Ils se procurent avec leurs grains des liqueurs fermentées dont ils boivent avec excès. Ils ont beaucoup de bétail et de chevaux; la chair du cheval est celle qu'ils préfèrent. Leur mets le plus délicat est un gâteau composé de farine et de sel, pétri avec le sang d'un poulain. — Ils sont excellents cavaliers, on les voit toujours à cheval. — Les femmes fabriquent de la poterie grossière et des lainages que les Chiliens estiment beaucoup et payent très-cher. Les hommes font des brides, des selles, des étriers; ils savent aussi travailler les métaux, mais la métallurgie est encore chez eux dans l'enfance. (*V.* l'art. suivant.)   A. X.

ARAUCANIENS (*hist. pol.*). Les Araucaniens se sont rendus célèbres en Amérique par la résistance opiniâtre qu'ils ont opposée aux Espagnols pendant trois siècles. Défendus par leurs rivières, leurs lacs, leurs montagnes, et surtout leur infatigable constance à repousser l'agression, ils ont conservé leur indépendance *ou leur liberté*, si l'on peut appeler liberté l'état d'un peuple qui, suivant ses historiens, vit sous la domination absolue de ses chefs. Nous verrons bientôt quelle confiance est due à ces historiens. — Au milieu du XVIᵉ siècle, Valdivia fonda sur les bords du Biobio la ville de la Conception. Il y fut bientôt attaqué par les Araucaniens, qui furent repoussés à plusieurs reprises. Les Espagnols vainqueurs s'avancèrent dans l'intérieur du pays, et Valdivia jeta les fondements d'une ville nouvelle qu'il nomma San-Yago, en l'honneur de Saint-Jacques, son patron. Les Araucaniens se réunirent sous les drapeaux du cacique *Capaule-Can*. Une sanglante bataille fut livrée au commencement de décembre 1553. Les Araucaniens firent d'incroyables efforts que la victoire couronna; tous les Espagnols furent massacrés ou faits prisonniers; Valdivia lui-même fut du nombre de ces derniers, et les Araucaniens ne l'épargnèrent pas. — La guerre ne fut point pour cela interrompue; et, quoique les Espagnols, à la faveur de leurs armes et de la tactique européenne, eussent repris l'avantage, ils ne pouvaient faire aucun progrès réel dans le pays, parce que leurs forces s'usaient dans ces combats partiels qu'il fallait livrer chaque jour. En 1598, les Araucaniens, ayant réuni toutes leurs forces, se divisèrent en plusieurs corps qui allèrent le même jour attaquer tous les postes espagnols, et, comme ils les trouvèrent sans défense, ils les ruinèrent de fond en comble. Ce ne fut qu'au bout de

quarante-deux ans environ qu'il fut question de paix. La paix fut en effet conclue (1641), et les Araucaniens en observèrent fidèlement les conditions; mais, au bout de quatorze ans, les hostilités recommencèrent; un second traité eut lieu en 1665. Ce ne fut qu'en 1722 que les Araucaniens tentèrent de le violer. Toutes les nations américaines voisines du Chili et de l'Araucanie avaient formé une confédération, dont l'objet avoué était le massacre de tous les Européens; elles entraînèrent les Araucaniens, mais le projet, mal conçu, fut mal exécuté; ces derniers seuls prirent les armes; seuls aussi ils eurent à soutenir tout le poids de la guerre. Ils furent contraints d'accepter la paix qu'on leur offrit. Le nombre des établissements espagnols dans leur pays s'accrut, les villes anciennes furent restaurées et des villes nouvelles construites. La guerre recommença en 1770, et elle se termina au bout de trois ans par un nouveau traité, en vertu duquel les Araucaniens eurent un représentant de leur nation auprès du gouvernement du Chili. — Quand les Chiliens, imitant leurs voisins du Pérou et de la Colombie, se sont révoltés contre la métropole, les Araucaniens ont fait cause commune avec les troupes royales, et, en 1817, ils ont ravagé la ville de la Conception. Les révoltés achetèrent la paix par des concessions, et les relations antérieures ont été rétablies sur l'ancien pied. — Au fond, les Araucaniens ne se font pas grand scrupule d'enfreindre les conventions existantes, toutes les fois qu'ils croient entrevoir l'occasion du gain et du pillage. Réunis à d'autres peuples indépendants comme eux, ils font des incursions en tous sens à trois ou quatre cents lieues de leur pays. Les Araucaniens qui, malgré le roman que Molina a écrit sur leur compte dans son *Essai sur l'histoire naturelle et civile du Chili*, ne sont pas moins féroces aujourd'hui qu'ils ne l'étaient autrefois, massacrent sans pitié tous les hommes, épargnent quelquefois les enfants, et réservent les femmes pour en faire des épouses, la polygamie étant chez eux en usage. — Mais Molina n'est pas le seul écrivain espagnol qui ait exagéré, sinon les vertus, du moins les progrès des Araucaniens dans les arts, dans les sciences, et dans l'art de gouverner. Cela ne pouvait guère se passer autrement. Les Espagnols, en Europe, ont expulsé de leur pays les Arabes et les Maures après sept cents ans de guerres et de combats. En Amérique, avec quelques poignées d'aventuriers, ils ont subjugué des nations puissantes; ils ont renversé des trônes appuyés sur de longues possessions; un seul peuple leur a résisté, et ce peuple, qui ne compte pas réellement aujourd'hui quatre-vingt mille individus, n'a jamais excédé un nombre quadruple, d'après les calculs les plus exagérés. Qu'avait donc ce peuple en lui-même pour être capable de résister aux vainqueurs du Mexique et du Pérou? il se composait sans doute d'hommes de beaucoup supérieurs au reste des Américains. Cette idée consolait l'orgueil espagnol; on a cherché à l'accréditer. A-t-on trouvé chez les Araucaniens quelque teinture des arts : on a publié qu'ils les avaient poussés au plus haut point de perfection. A-t-on aperçu quelque institution qui paraissait appartenir à un peuple civilisé : sans s'informer si elle ne devenait cette institution qu'à eux-mêmes, ou s'ils la tenaient des Péruviens, on a proclamé la bonté de leur système administratif, de leur organisation judiciaire, de leur gouvernement; et, afin de ne rien oublier, on les a faits poëtes, orateurs, géomètres, astronomes, etc.; et en tout ils ont excellé. Herrera réunit en un faisceau toutes ces exagérations, et son écrit fut lu avec avidité. Alonso de Hercilla s'empara d'un épisode de la guerre des Araucaniens, et composa un poëme très-peu connu en France, quoiqu'il mérite de l'être par la vigueur de composition, la hardiesse des images, la noblesse du style, et les nombreuses beautés de détail qui distinguent essentiellement cet ouvrage; et les fictions d'Hercilla et d'Herrera ont été prises littéralement pour la vérité historique. Molina, venu à la fin seulement du XVIIIᵉ siècle, a laissé bien loin derrière lui ses deux compatriotes, et il a fait des Araucaniens une nation de savants, d'hommes d'état, de littérateurs et d'industriels. Il a été imité par des écrivains allemands qui ne sont pas restés en arrière, et ont gravement publié la statistique de l'Araucanie : *Risum teneatis.* — Quelques bons esprits se sont élevés dans le temps contre les fausses idées qu'on faisait circuler sur les Araucaniens, mais on n'a pas voulu les entendre. Enfin parut à Londres, en 1826, un voyage au Chili et à la Plata (*Travels in Chili and la Plata*), par M. Miers, qui a traité de rêveries niaises et de fables grossières tout ce que les écrivains espagnols ont dit, en se répétant, de l'état social de ces peuples et de leurs connaissances en médecine, en astronomie, en mathématiques, en littérature; il se moque surtout de leur prétendue organisation politique, sorte de gouvernement fédéral et représentatif, qui n'est pas autre chose que le gouvernement de toutes les peuplades indiennes. Ces peuplades sont gouvernées par des chefs; elles forment entre elles une fédération, qui n'a guère d'effet qu'en temps de guerre et quand il faut combattre l'ennemi commun. Dans ce cas, les Araucaniens nomment parmi leurs chefs un chef suprême, une espèce de dictateur. — Quant à la civilisation des Araucaniens, tout ce qu'on peut dire, c'est que, s'ils sont un peu au-dessus des peuplades sauvages de la plaine des Pampas, du Brésil et de la Guiane, ils sont infiniment au-dessous des anciens Péruviens. Le premier degré de civilisation d'un peuple se manifeste par l'adoption d'un principe religieux positif et par l'application d'un culte à ce principe. Or, les Araucaniens n'ont jamais eu ni temples, ni idoles, ni signes extérieurs d'une religion quelconque: ils sont même, encore aujourd'hui, si éloignés d'avoir un système religieux, qu'ils ont toujours repoussé les missionnaires qui, à plusieurs reprises, ont tenté de leur faire connaître l'Évangile. Il est avéré que la doctrine des deux principes, commune à la presque universalité des religions américaines, se retrouve chez les Araucaniens avec celle des esprits ou génies d'un ordre inférieur, et par suite celle des magiciens et des sortiléges; ce qui souvent donne lieu à d'atroces vengeances, parce qu'ils sont persuadés que toute maladie, tout accident fâcheux, sont produits par un sort jeté sur l'individu malade. Ils croient aussi à l'immortalité de l'âme qui, selon eux, entrera dans un canot (on enterre les morts sur le bord des rivières), et de là dans l'Océan, au delà duquel elle trouvera le *gulchemon*, lieu de délices, où elle pourra se satisfaire éternellement par tous les sens. — Pour ce qui est des connaissances des Araucaniens en astronomie et en mathématiques, il paraît qu'elles se réduisent à la distinction entre les planètes et les étoiles fixes, et à la division de l'année en mois de trente jours avec cinq jours intercalaires, empruntée aux anciens Péruviens. Comment se persuader en effet que des hommes qui n'ont dans leur langue aucun mot qui exprime une ligne, un cercle, un carré, un cube, un triangle, qui n'ont pas la moindre notion de l'arithmétique, qui n'ont aucune idée des diverses mesures, aient pu jamais devenir mathématiciens? et quoi qu'en ait dit le jésuite allemand Harestadt, d'après Molina, lequel trouve la langue d'Arauca fort riche, fort douce et fort harmonieuse, cette langue est fort pauvre, très-rude, et ne consiste que des glapissements très-durs pour les oreilles européennes. Comme ils savent très-peu, ils n'ont pas besoin de retenir; aussi ils n'ont ni livres, ni historiens, ni écriture: c'est par le secours des traditions orales qu'ils ont quelque connaissance des événements passés. — L'art oratoire n'est pas plus avancé que la science; il y est même beaucoup moins que chez les Indiens du nord, quoique les harangues de ceux-ci ne se composent que de répétitions et de phrases amphigouriques débitées avec beaucoup d'emphase. — Les Araucaniens s'assemblent souvent, soit pour traiter de la guerre ou de la paix, soit pour affaires d'ordre qui ne regardent qu'eux; et ces assemblées finissent toujours par des scènes d'ivrognerie et des excès déplorables. Les femmes servent aux hommes des vases pleins d'eau-de-vie mêlée avec du sang de cheval, et ils boivent jusqu'à ce qu'ils tombent ivres-morts. Les femmes ont leur tour, et ce sont les hommes qui les servent; les Espagnols qui ont quelquefois assisté à de telles assemblées, assurent tous que les femmes se livrent avec plus d'emportement encore que les hommes à la plus crapuleuse débauche. Souvent ces fêtes se terminent par des rixes et des meurtres. — Les Araucaniens ne sont guère vêtus que d'une pièce d'étoffe qui entoure leur corps de la ceinture aux genoux; sur les épaules ils jettent un *poncho*. Les Cunchos et les Huilliches vont presque nus, quoique leur climat soit plus âpre. Les Pehuenches, ou habitants des Andes, substituent les peaux de bêtes à la laine. **J. DE M.**

ARAXE (aujourd'hui *Arax*), fleuve d'Arménie qui a sa source non loin d'Erzeroum. Après un cours très-sinueux d'environ cent cinquante lieues, il se jette dans la mer Caspienne. Ses eaux sont très-rapides et se répandent sur les bords de leur lit après de fortes pluies. On n'a pu y construire de ponts; on voit cependant sur quelques parties de son cours des ruines qui appartiennent à d'anciens ponts. Il a porté autrefois le nom de *Jaxarte* et de *Phase*. Les Scythes l'appelaient *Silis*, les compagnons d'Alexandre *Tanaïs*. — Quelques écrivains ont confondu l'Araxe, Aras, avec le Gihon, dont il est question dans le Pentateuque, et ils le faisaient descendre du mont Ararat; mais c'est une erreur (*V.* GIHON). — Les

anciens, au surplus, donnaient aussi le nom d'Araxe à un fleuve qui naît dans la Bucharie et se jette dans la mer d'Aral; il porte actuellement le nom de Gihon. — Enfin, le nom d'Araxe se donnait encore à un fleuve qui coulait du nord au sud-est, et passait à Persépolis: on le nomme aujourd'hui, *Bend-Émir*. (*V.* ce mot). **A. X.**

ARBACE, seigneur mède, qui, profitant de la molle incurie de Sardanapale, quarante-neuvième et dernier roi d'Assyrie, se révolta contre lui, entraîna dans sa rébellion Bélésis, gouverneur de Babylone, et se dirigea sur Ninive avec des forces nombreuses. A cette nouvelle, Sardanapale se réveilla de sa léthargie, se mit à la tête de son armée, et, malgré les défections qui l'affaiblirent, il débit les rebelles dans trois batailles rangées, où il montra lui-même plus de courage et de valeur qu'on ne devait en attendre de la part d'un prince qui avait passé sa vie entière dans les plaisirs. A la fin, pourtant, affaibli par ses victoires mêmes, il fut contraint de s'enfermer dans Ninive, où il soutint un siége de deux ans. Quand il n'eut plus d'espoir, il s'enferma dans son palais avec ses femmes et ses trésors, et il y mit le feu. — Du vaste empire d'Assyrie se formèrent le second royaume de Babylone, qui eut Bélésis pour roi; le second empire d'Assyrie, qui fut gouverné par Ninus II, fils de Sardanapale; et le royaume des Mèdes fondé par Arbace. — Il n'est pas possible de déterminer l'époque précise de cet événement: car la plus grande divergence d'opinions règne, à cet égard, chez les anciens historiens. Les uns fixent l'an 930 ou l'an 920 avant J. C., et ils donnent à Arbace un règne de vingt-trois ans; d'autres l'an 917 ou 898; ceux-là font régner Arbace vingt-huit ans au lieu de vingt-trois. Eutrope avance cet événement jusqu'à l'an 820; Justin l'avance encore, et le fixe à l'an 740, ce qui se rapproche le plus de l'opinion commune, qui place le commencement du règne de Sardanapale à l'an 763; de sorte qu'il n'aurait été détrôné que dans la vingt-troisième année de son règne. Dans l'*Art de vérifier les dates*, on indique les années 793 ou 750, et l'an 747 comme époque de la fondation du royaume des Mèdes; mais cette dernière année étant celle où commence l'ère de Nabonassar, et Nabonassar étant fils de Bélésis, il paraît qu'il faut reculer de vingt ans au moins la date donnée par Justin, et adopter comme date fixe du désastre de Sardanapale l'année 763, qu'on a indiquée comme celle de son avénement. — Nous avons insisté sur ce point de chronologie, parce qu'il se rattache à un événement important de l'histoire ancienne, la division du premier empire d'Assyrie et la fondation du royaume des Mèdes. **N. M. P.**

ARBACIUS (*Arnolphe*), surnommé *Philagathe*, était Grec d'origine et Calabrois de naissance. Il embrassa de bonne heure l'état ecclésiastique, et devint évêque de Plaisance. Crescentius, qui était consul de Rome en 998, tenta d'opposer Arbacius au pape Grégoire V, qui fut obligé de sortir de Rome. Arbacius fut élu sous le nom de Jean XVII. L'empereur Othon III ramena Grégoire à Rome, que Crescentius tenta vainement de défendre. Il fut battu, fait prisonnier et livré au supplice: l'antipape partagea le sort de Crescentius. **A. P.**

ARBALESTE (*Charlotte*) (*V.* MORNAY).

ARBALESTRILLE. Instrument de marine qui servait à prendre sur mer la hauteur du soleil et des astres. Cet instrument offrait de grands inconvénients, soit par les défauts inévitables de sa construction même, soit par la difficulté de s'en servir et d'obtenir des résultats précis. Cette difficulté était si réelle que l'on était toujours obligé de retrancher quelques minutes de l'angle trouvé par l'observation, à cause de l'élévation de l'observateur au-dessus de l'horizon, et que, d'un autre côté, on regardait l'arbalestrille comme ne pouvant servir à déterminer les angles au-dessus de 60°. — Cet instrument, quoique recommandé aux marins dans le cours du XVIe siècle, fut remplacé en 1600 par le *quartier anglais* (*V.* ce mot), qui a été lui-même abandonné, malgré les améliorations qu'il avait reçues pour l'*octant*, le *sextant* et le *cercle de réflexion* (*V.* ces mots), dont on se sert depuis la fin du XVIIIe siècle. — L'arbalestrille a eu plusieurs noms, tels que *radiomètre*, *rayon astronomique*, *bâton de Jacob*, *verge d'or*. Cet instrument se composait de deux pièces, la flèche et le marteau. La flèche est un morceau de bois carré, uni, et de grosseur égale dans toute sa longueur, qui est d'environ trois pieds. Le marteau consiste en un autre morceau de bois percé au milieu d'un trou carré dans lequel la flèche entre très-exactement. L'ouverture doit être assez grande pour que le marteau puisse courir librement sur la flèche en avant ou en arrière. Quand on veut prendre la hauteur d'un astre, on élève l'arbalestrille, on pose l'œil à son extrémité postérieure, et l'on avance ou on recule la flèche de telle manière que le rayon visuel qui va de l'œil à l'astre, et le rayon qui va de l'horizon à l'œil, passent exactement sur les deux extrémités du marteau. L'angle formé par ces deux rayons donne la hauteur de l'astre. On mesure de même l'angle que forment deux astres entre eux. M. D. J.

ARBALÈTE (*armes; art milit.*). L'arbalète, que les latins appelèrent *arcus balistarius* ou *balista manualis*, pour la distinguer des catapultes et des balistes, consistait en un arc fixé par son centre à un chevalet de bois, qu'on désignait jadis par le nom d'*arbrier de l'arbalète*. Ce chevalet avait au milieu à peu près de sa longueur, une ouverture dans laquelle pouvait se mouvoir une petite roue d'acier placée de manière qu'un arc de sa circonférence s'élevait un peu en dehors du chevalet. Cette roue, qu'on appelait *la noix de l'arbalète*, avait deux échancrures, l'une servait à retenir la corde de l'arc quand on l'avait bandé; l'autre, placée à l'opposite de la première, recevait le bout du ressort de la détente, qu'on faisait partir en poussant un bouton ou clef placé à l'extrémité du chevalet, dans la partie inférieure. Quand on tirait la détente, la roue tournait, la corde de l'arc s'échappait et lançait à une grande distance le projectile qu'on avait placé devant la corde et sur le chevalet. — Entre le point d'appui, c'est-à-dire le bout du chevalet, du côté opposé à l'arc et la petite roue, il y avait une lame de cuivre qu'on pouvait hausser ou baisser à volonté et qu'on appelait *fronteau de mire*. Elle servait à ajuster l'arbalète et à viser juste. La corde de l'arc était double; on voyait au milieu un anneau, aussi de corde, qui servait à arrêter la corde à l'entaille ou coche de la roue, quand l'arc était bandé, et un petit carré de la même matière, sur lequel on plaçait l'extrémité inférieure de la flèche. — Les petites arbalètes, *balista manualis*, se bandaient avec la main. Pour celles qui étaient plus grandes, on se servait d'un bâton ou d'un fer fourchu par le bout, qui s'appuyait sur la corde. On bandait les plus grandes avec les deux pieds, qu'on plaçait dans une espèce d'étrier.

Balistâ duplici iensâ pede missa sagitta.
(GUILL. LE BRETON.)

Il y avait même des arbalètes si fortes qu'il fallait employer un moulinet et une poulie. Enfin, on fabriquait des arbalètes de très-grande dimension, qu'aucun homme n'aurait pu manier, mais qu'on fixait sur les remparts et qui servaient à lancer de gros projectiles. — L'arbalète, inventée, dit-on, par les Phéniciens, ne fut guère en usage en France que sous le règne de Louis le Gros. Il en est fait mention pour la première fois dans la vie de ce prince par l'abbé Suger, où il est dit que le roi attaqua Drogon de Montfaur avec une troupe d'archers et d'arbalétriers, et que Raoul de Vermandois eut un œil crevé par un carreau d'arbalète. Sous le règne de Louis le Jeune, père de Philippe-Auguste, le second concile de Latran (1138) défendit l'usage de l'arbalète, qu'il appelle *artem mortiferam et Deo odibilem*. Cette défense fut mal gardée, bien que le pape Innocent III l'eût fortement renouvelée; Richard Cœur-de-Lion commença par rétablir cette arme en Angleterre, et Philippe-Auguste l'imita. — On se servait encore de l'arbalète au temps de François Ier, car, à la bataille de Marignan, ce prince avait une compagnie de deux cents arbalétriers qui firent beaucoup de mal à l'ennemi. Guillaume de Bellay rapporte qu'au siége de la Bicoque, en 1522, il n'y avait dans l'armée française qu'un seul arbalétrier, mais tellement adroit, qu'un capitaine espagnol, nommé Jean de Cardona, ayant levé la visière de son casque, fut atteint au milieu du visage d'une flèche que lui envoya cet arbalétrier. — L'arbalète a été abandonnée depuis l'invention des mousquets et des fusils. Bien des gens prétendent que l'arbalète serait plus meurtrière que le fusil, sans la baïonnette dont l'extrémité du canon a fait une arme. V. H.

ARBALÈTE (*technol.*). Ce mot se retrouve souvent dans les arts et métiers où il sert à désigner un instrument qui a, dans sa forme ou dans ses fonctions, quelque chose qui rappelle l'arbalète. — En terme de *chasse*, c'est une espèce de piége dont on se sert pour prendre les loirs. — En terme de *manége*, on dit d'un cheval attelé seul devant les deux chevaux du timon qu'il est en arbalète. — En terme de *manufacture de soieries*, l'arbalète est une corde avec laquelle on attache la poignée du battant (*V.* BATTANT), ou les *étrivières* qui font baisser les *lisses* (*V.* LISSES, ÉTRIVIÈRES). — Les serruriers, taillandiers, et autres ouvriers en métaux, donnent le nom d'arbalète à deux lames élastiques d'acier, courbées en arc,

appliquées l'une contre l'autre, le gros bout de la première au bout mince de la seconde, et retenues ensemble dans cette position par deux viroles de fer placées vers les extrémités. L'une de ces lames est attachée au plancher, au point qui correspond verticalement en deçà des mâchoires de l'étau; l'autre lame s'applique contre une coche pratiquée au dos d'une lime à deux manches, qui, elle-même, pose sur l'ouvrage à polir. L'arbalète épargne à l'ouvrier la fatigue de presser la lime sur la pièce qu'il travaille.

ARBALÉTRIERS. On appelait ainsi les soldats armés d'une arbalète. Leur chef prenait le nom de grand maître, et sa charge, qui consistait à lui donner l'inspection sur les différentes troupes, était la première de l'armée après celle de maréchal de France. Les arbalétriers jouissaient de plusieurs exemptions et privilèges. Il paraît qu'ils ne furent définitivement abolis que vers le milieu du règne de François Ier. — Les arquebusiers, dans leurs lettres de maîtrise, prenaient le titre d'arbalétriers, parce qu'ils fabriquaient les arbalètes. — En terme de *charpentier*, on appelle *arbalétriers* deux pièces de bois placées, par l'extrémité supérieure, l'une contre l'autre en forme d'arc, et portant en décharge sur l'entrait; elles sont destinées à supporter le poids des chevrons sur lesquels pose la couverture des bâtiments.

ARBÈLES ou ARBELLE (*géog.*); ville de la Galilée, dans la tribu de Nephtali, près de laquelle existaient de profondes cavernes qui servaient de retraite aux malfaiteurs. Hérode, dit le Grand, en fit fermer quelques-unes. On lit dans Josèphe (*Antiq.*, lib. XII, c. 18) que l'accès en était très-difficile, et qu'Hérode y fit descendre, dans de grands coffres suspendus à des chaînes de fer, des soldats armés de hallebardes, qui tuèrent ceux qui voulurent résister. — Arbèles était aussi une ville d'Assyrie, située sur le Lycus, et célèbre par la grande victoire qu'Alexandre remporta dans ses environs (au village de GAUGAMÈLE, *V.* ce mot.) sur l'armée de Darius, le 2 octobre 331 av. J. C. — C'était encore une ville de la Sicile, dont les habitants passaient pour si stupides qu'on aurait pu les appeler les Béotiens de l'Italie. Leur sottise même passa en proverbe: quand on savait qu'un homme traitait avec des gens rusés qui pouvaient le tromper, ou qu'au contraire, rusé lui-même, il avait quelque marché à conclure avec des gens aisés à tromper, on lui disait: *Quid non fies, Arbelas profectus?* Que ne serez-vous pas, à votre retour d'Arbèles? A. X.

ARBENNE (*ornith.*). *Lagopus avis*, plus connu sous le nom de perdrix blanche, quoiqu'elle ne ressemble à la perdrix que pour la grandeur et pour la forme, et qu'elle appartienne à un autre genre pour tout le reste. L'arbenne est de la grosseur d'un pigeon domestique; elle a le bec court, noir, assez semblable à celui d'une poule; la partie supérieure du bec déborde. sur la partie inférieure; elle a au-dessus des yeux, en place de sourcils, une petite caroncule sans plumes, d'un rouge vif, ayant la forme d'un croissant. Un trait noir, qui, de la partie supérieure du bec, va finir aux oreilles en passant au delà des yeux, distingue le mâle de la femelle. Le plumage de tout le corps est blanc, à l'exception de la queue qui a quatorze plumes d'un gris noirâtre avec la pointe blanche. Les pattes sont couvertes de plumes jusqu'au bout des doigts. Les ongles sont très-longs et ressemblent à ceux du lièvre. — Cet oiseau habite les montagnes élevées et couvertes de neige, telles que les Alpes. Sa chair a quelque ressemblance, pour le goût, avec celle de la perdrix. Dans la Savoie, on l'appelle indistinctement arbenne ou perdrix blanche. X. X.

ARBIENS ou ARBITES (*géog. anc.*). On donnait ce nom à un peuple d'Asie qui habitait sur les bords de l'Arbis (petite rivière qui se va décharger dans la mer des Indes), entre l'Indoustan et la Perse. Le pays des Arbiens répond à une partie du Mekhran actuel, autrefois Gédrosie. A. X.

ARBITRAGE (*en matière de change*) se dit de la comparaison qui se fait de plusieurs changes pour connaître quelle place est la plus avantageuse soit pour tirer, soit pour remettre. — On le dit aussi de l'échange que deux banquiers se font de leurs lettres de change sur diverses villes, au prix et au cours du change. Savari, dans son *Parfait négociant*, tom. I, p. 693, indique les règles ou opérations à faire pour ce genre d'arbitrage. — Aujourd'hui les commerçants et banquiers ne s'occupent guère que de la première espèce d'arbitrage, qui n'est qu'une opération de calcul d'après la connaissance du prix des marchandises, de la valeur des fonds, papier ou matières d'or et d'argent, et du cours du change dans diverses places. L. G.

ARBITRAGE, ARBITRATEUR, ARBITRE. On appelle arbitrage le droit qui est donné par des particuliers en litige, ou par la loi, de juger avec ou sans appel une contestation existante entre deux personnes. Dans le premier cas, l'arbitrage est *volontaire*; mais il est à remarquer que l'arbitre, n'étant nommé que pour juger, n'est ni représentant, ni mandataire de celui qui l'a nommé. Dans le second cas, l'arbitrage est *forcé*, car il a lieu sans le consentement des parties, et par la seule volonté de la loi; mais il ne faut pas conclure de là que les arbitres reçoivent un caractère public qui les assimile aux magistrats : il a été jugé pourtant que la diffamation contre des arbitres forcés était réputée commise contre des *dépositaires de l'autorité publique*. Malgré cet arrêt, la plupart des jurisconsultes refusent de voir dans l'arbitre, même forcé, le caractère d'*agent de l'autorité publique*. L'arbitre, en effet, a si peu de caractère, que sa sentence ne peut être exécutée qu'après l'ordonnance d'*exequatur* rendue par le magistrat; ordonnance que celui-ci ne peut, il est vrai, refuser, mais qui, seule, donne à la sentence la force obligatoire ou coercitive. La loi romaine *L. ult. C. de recept.* défendait de choisir une femme pour arbitre; toutefois le pape Alexandre III confirma une sentence arbitrale rendue par une reine de France. Cette décision ne fut probablement rendue que parce que la sentence était juste au fond, et peut-être à cause de la qualité que portait l'arbitre; mais la loi française ne contenant à cet égard aucune disposition, nous ne doutons pas qu'il ne fallût se conformer à la loi française. — La question de capacité de l'étranger, non autorisé à acquérir domicile en France, a été vivement débattue. La cour royale de Paris a refusé, dans ce cas, à un étranger, le droit de remplir en France les fonctions d'arbitre. Mais les mêmes jurisconsultes qui ne veulent pas reconnaître l'homme *public* dans l'arbitre ne partagent pas l'opinion de cette cour, quant à ce qui concerne l'étranger. — Il n'est pas nécessaire de dire que, pour compromettre, c'est-à-dire pour nommer des arbitres, il faut avoir la libre disposition de ses droits; que, par conséquent, des femmes mariées, des mineurs, des interdits ne peuvent compromettre. Cette règle est de droit étroit; car le mineur émancipé, qui est apte à tout acte d'administration, la femme autorisée, qui l'est de même s'il ne s'agit que de ses biens paraphernaux, le tuteur, qui représente en tous lieux son pupille, ne peuvent nommer des arbitres s'il s'agit, pour le mineur émancipé, de quelque acte d'aliénation, ou, pour la femme autorisée, des biens qui forment sa *dot*: le tuteur, dans aucun cas, ne peut compromettre. Toutefois, un tel compromis ne serait pas nul de plein droit, car l'incapacité ne peut être invoquée que par l'incapable lui-même : dans ce cas, la nullité n'est que relative, et si le mineur, la femme ou le mari ne se plaignent pas, l'autre partie n'est pas reçue à le faire. Il n'en est pas de même pourtant quand le compromis intéresse non-seulement les intérêts privés, mais encore ceux de la société en général. En un mot, dans tout ce qui concerne l'ordre public, le compromis serait nul envers toutes les parties, en quelque forme qu'il eût été fait, par acte notarié, par procès-verbal du juge de paix, par procès-verbal de comparution devant les arbitres, ou par acte sous seing privé. — Ceux qui veulent connaître les formes, les délais du compromis, les pouvoirs des arbitres, la manière de rendre les sentences exécutoires, ou d'arrêter leur exécution, de se pourvoir même contre la sentence pour la faire réformer ou annuler; la manière de former un acte de récusation contre les arbitres, celle dont le compromis prend fin, etc., peuvent consulter le titre entier des *arbitrages*, qui termine le code de procédure; tous les cas y sont prévus, ou du moins, la plus grande partie des cas. — On voit, par exemple, que le législateur, parlant de la faculté d'appeler, déclare valable la renonciation à cette faculté, de même qu'au droit de se pourvoir par requête civile; mais il n'a pas dit si la partie même qui a renoncé à la faculté d'appeler peut néanmoins former opposition à l'ordonnance d'*exequatur*. Dans l'ancienne jurisprudence, l'appel était autorisé, même quand on y avait renoncé en compromettant, quand on a suivi les cours de l'instance. C'est vraisemblablement d'après les principes qui déterminaient les anciennes cours, que celle de cassation a jugé (21 juin 1831) que l'opposition à l'ordonnance d'*exequatur* était recevable. — Les arbitres sont tenus de juger d'après les règles du droit, à moins que les parties ne les aient dispensés, par acte de suivre ces règles, et qu'elles ne les aient autorisés à procéder comme amiables compositeurs ou arbitrateurs, c'est-à-dire à consulter l'équité plutôt que la loi. — Comme la sentence des arbitres est un véritable jugement, elle doit être signée par tous; si l'un d'eux refuse de signer,

comme si, par exemple, elle a été rendue contre son avis, les autres doivent faire mention de son refus, et la sentence, signée par ceux-ci seulement, produit le même effet que si elle était signée de tous, pourvu toutefois qu'il soit constaté que celui qui ne signe pas a été présent aux délibérations. — Quand il y a partage, ou les arbitres n'ont pas reçu le droit de nommer des tiers-arbitres, ou ils ne peuvent se mettre d'accord sur la nomination de ces tiers-arbitres : dans l'un et l'autre cas, le tiers est désigné par le président du tribunal, à qui il appartient de rendre l'ordonnance d'*exequatur*. — Quand la sentence arbitrale a été revêtue de l'ordonnance d'*exequatur*, elle produit l'autorité de la chose jugée, comme les jugements émanés des tribunaux, entre les parties qui y ont figuré, car elle ne peut avoir d'effet contre des tiers. — Tous les moyens d'attaquer les jugements des tribunaux peuvent être employés contre les sentences arbitrales, excepté néanmoins l'opposition ordinaire, parce que nulle sentence arbitrale ne peut être considérée comme jugement par défaut. Il est des cas, néanmoins, où la sentence est inattaquable; c'est quand elle a été rendue sur un appel ou sur une requête civile. Dans les cas ordinaires, l'appel est porté devant le tribunal de première instance, ou devant la cour royale du ressort, suivant que la matière aurait été de la compétence des juges de paix ou des tribunaux de première instance. — La voie de l'appel n'est pas la seule ouverte contre les jugements arbitraux; celle de la requête civile peut aussi être prise, hors les cas où l'on peut agir par voie de nullité, comme si le compromis était nul ou expiré, etc.; la demande en nullité est portée devant les juges ordinaires, à qui la contestation aurait été dévolue sans le compromis. Cette demande, de même que l'opposition à l'ordonnance d'*exequatur*, doivent avoir naturellement l'effet suspensif. Il vaut mieux, en effet, que l'exécution soit suspendue jusqu'au jugement définitif, que si l'exécution avait eu lieu nonobstant l'opposition; il en résulterait, pour la partie lésée, un mal qui pourrait devenir irréparable. — Il arrive souvent que, lorsque deux parties s'engagent l'une envers l'autre par un contrat, elles conviennent que les contestations qui pourraient survenir entre elles, relativement à l'exécution de ce contrat, seront soumises à l'arbitrage, et c'est là ce qu'on appelle la clause *compromissoire*. Cette clause a toujours été jugée valable si les parties qui l'ont insérée dans leurs conventions avaient le droit de compromettre; car il est possible que ce soit en vue seulement de cette clause, avec laquelle on a la certitude d'éviter des procès souvent ruineux, que les parties ont contracté. Si l'une d'elles refuse de nommer des arbitres, les tribunaux en nomment d'office pour elle; il a été jugé que la clause compromissoire passe aux héritiers, même mineurs, de ceux qui s'y étaient soumis. — Il y a des cas où l'arbitrage est forcé, c'est-à-dire où la contestation est soumise au jugement d'arbitres, indépendamment du consentement des parties, et par la seule volonté de la loi. L'ordonnance du commerce de 1673 contenait une disposition formelle pour toutes contestations entre associés. Les législateurs de 1790, qui préludaient à une révolution impie pour une grande et trompeuse ostentation de vertus publiques et privées, soumirent à la juridiction exceptionnelle des arbitres les contestations entre parents et alliés. La Convention fit plus, et au moment où de ses mains sacrilèges elle renversait le trône et tentait de renverser l'autel, elle ordonna que les arbitres connaîtraient d'une infinité de matières; mais, à mesure que le masque d'Aristide s'effaçait pour tomber tout à fait, toutes ces *lois philanthropiques* furent rapportées, l'arbitrage forcé ne fut maintenu que dans le cas prévu par l'ordonnance de 1673, et cette disposition a passé dans nos codes; elle s'applique à toute espèce de contestations entre associés, *relatives à la société*. La mort d'un associé ne détruit pas la juridiction arbitrale; ses héritiers ou ayants droit y sont soumis. — Toutes les règles qui régissent l'arbitrage volontaire sur la forme du compromis, sur le refus de l'une des parties de nommer son arbitre, sur les pouvoirs des arbitres, sur les formes du jugement, etc., etc., reçoivent ici leur application. Les règles particulières aux arbitrages forcés entre associés sont posées dans les articles 51 et suivants du code de commerce. — La cour de cassation a décidé (12 mai 1838) que les parties pouvaient donner aux arbitres forcés le droit de juger comme *amiables compositeurs*. Cet arrêt, rendu par toutes les chambres réunies, objet, par conséquent, de méditations profondes, n'a pas laissé de trouver des censeurs, auxquels il paraît contraire à l'intention du législateur, qui, dans l'article 52 du code de commerce, permet, contre la sentence arbitrale, le recours en cassation, parce qu'il considère l'arbitre forcé comme un véritable juge; et, d'un autre côté, disent-ils, il est de principe que les parties ne peuvent pas dispenser *les juges* de suivre en jugeant les dispositions de la loi pour se rendre amiables compositeurs. Ces raisons nous paraissent très-fortes. — Lorsque, dans une contestation entre commerçants, il y a lieu à examen de comptes, de pièces, de registres, etc., le tribunal qui en est nanti renvoie les parties devant un ou trois arbitres, qui ont pour mission d'entendre les allégations réciproques, de vérifier les pièces, de concilier, s'il se peut, les parties, et, dans le cas où ils ne peuvent y parvenir, de donner leur avis dans un rapport qu'ils adressent au tribunal. On donne à ces arbitres le nom de *rapporteurs*. On voit que leurs fonctions sont assez semblables à celles des experts en matière originaire; aussi le tribunal n'est-il pas tenu de déférer à l'avis contenu dans le rapport. Les règles établies pour les experts sont communes aux arbitres rapporteurs. — On a toujours mis une différence essentielle entre l'arbitre et l'arbitrateur: le premier est tenu de procéder conformément à la loi; le second consulte plus l'équité et les convenances que la loi elle-même : *non prout lex sed prout humanitas vel misericordia regere impellet*. L'arbitrateur est plus souvent désigné sous le nom d'*amiable compositeur* (*V.* ÉTRANGER, FEMME, COMPROMIS, EXEQUATUR [*ord. d'*], OPPOSITION, REQUÊTE CIVILE, APPEL, AMIABLE COMPOSITEUR, etc.). L. G.

ARBITRAIRE (*adjectif des deux genres*). Ce mot, qu'on prend souvent dans un sens absolu (comme dans cette phrase: *l'arbitraire, substitué à l'expérience des faits, s'oppose aux progrès de la science*), signifie : qui dépend de la volonté de chaque individu, n'est déterminé par aucune loi, ou viole la loi, même la plus précise, pour s'accomplir sans obstacle; en d'autres termes, c'est la volonté individuelle substituée à la volonté générale, dont l'expression est censée résider dans la loi. On se rend donc coupable d'arbitraire, quelque rang qu'on occupe dans la hiérarchie sociale, depuis le plus bas jusqu'au plus élevé, soit lorsqu'on enfreint les termes de la loi, soit lorsqu'on lui donne sciemment une fausse interprétation, soit lorsqu'on excède d'une manière quelconque les attributions données par la loi aux fonctions dont on est revêtu. Ainsi la police agit arbitrairement lorsque, sous prétexte d'utilité publique non légalement constatée, elle prend des mesures qui vexent les individus sans nécessité. Un maire agit arbitrairement lorsque, simple officier de police judiciaire établi par la loi, il prétend s'ériger en magistrat, ou que, par des arrêtés en dehors de ses attributions, il lèse des droits acquis. Un juge agit arbitrairement lorsque, sortant également du cercle de ses attributions, il s'arroge en tout ou en partie l'autorité administrative. L'administrateur, à son tour, ne peut, sans se livrer à l'arbitraire, empiéter sur l'autorité judiciaire, entraver l'exécution des jugements ou arrêts. On peut dire également que les ministres se rendent coupables d'arbitraire toutes les fois qu'il leur arrive de transgresser la loi implicitement ou explicitement, en mettant leurs opinions ou décisions personnelles à la place de ce qui est prescrit par la loi. Les chambres mêmes, dans les gouvernements représentatifs, tombent dans l'arbitraire lorsqu'elles violent les règles fondamentales de leur constitution, comme, par exemple, lorsqu'étant légalement dissoutes, elles s'assemblent, délibèrent, prennent des résolutions, et détient ainsi le pouvoir qui a prononcé dans son droit l'ajournement ou la dissolution. Il importe d'ajouter ici quelques réflexions propres à donner une idée exacte et précise de l'arbitraire, envisagé sous d'autres rapports. C'est ainsi qu'on dit d'un souverain qu'il tient une conduite arbitraire lorsqu'il substitue *momentanément* sa volonté à celle des lois; car, s'il avait l'habitude constante de l'arbitraire, ce ne serait plus de l'arbitraire, mais du despotisme : il y aurait tyrannie si le despotisme était accompagné de dureté et de cruauté. Ainsi, comme on le voit par cette observation, l'arbitraire peut conduire à la tyrannie, en passant par le despotisme. Mais il faut remarquer encore que ce n'est pas seulement le souverain qui peut être tyran ou despote; c'est le ministre, c'est le préfet, c'est le général, c'est le juge, c'est l'administrateur, c'est même le plus mince employé (*V.* DESPOTISME, TYRANNIE, MONARCHIE, POUVOIR ARBITRAIRE et POUVOIR DISCRÉTIONNAIRE). — Il est certains cas où l'emploi de l'arbitraire est légitimé par les circonstances; c'est lorsqu'il y a nécessité de prendre des mesures promptes, vigoureuses, non sujettes à opposition; telles, en un mot, que ne pourrait les produire le régime

légal. Si les lois sont trop dures, est-ce un mal que, par un acte de sa volonté, le souverain tempère leur rigueur? Si, au contraire, trop indulgentes, elles n'empêchent ni ne punissent le crime, est-ce encore un mal que le souverain puisse y ajouter ce qui leur manque, et donner à la loi quelque vigueur? La mise en état de siége et les cours militaires chez les peuples modernes, l'ostracisme en Grèce, le *videant consules* et la dictature à Rome, étaient incontestablement des mesures arbitraires; mais quand la révolte menace un gouvernement légalement établi, quand un homme artificieux et puissant attaque les libertés publiques, quand l'ennemi est aux portes, quand temporiser c'est tout perdre, l'arbitraire seul peut sauver le pays. La nécessité, dans ce cas, devient loi des empires, comme elle fut toujours loi des individus, et toute considération doit cesser là où l'État est en péril : *Salus populi, suprema lex esto.* — En d'autres circonstances, d'un intérêt moins urgent et moins général, il peut y avoir une sorte d'arbitraire légal; cet arbitraire existe lorsque les lois, trop susceptibles d'interprétation, peuvent favoriser des applications injustes ou rigoureuses, et accordent aux administrateurs et aux juges une trop grande latitude. Mais il n'est pas possible au législateur de préciser tous les cas, et nécessairement il est beaucoup d'occasions où l'appréciation du fait doit être laissée à la discrétion de celui par qui la loi s'exécute; c'est ce qu'on a désigné par le nom d'*arbitraire légal.* — Au fond, l'arbitraire, hors le cas où la nécessité l'autorise, est toujours un mal. J. DE M.

ARBITRE (*V.* ARBITRAGE, TIERS-ARBITRE et SUR-ARBITRE). On se sert au figuré du mot arbitre pour *maître absolu. Vous êtes l'arbitre de mon sort, de mes destinées*, au lieu de dire : c'est de vous que dépend mon bonheur, ma fortune. — Arbitre s'emploie encore pour désigner cette faculté de l'âme qui se détermine à une chose plutôt qu'à une autre. On ne s'en sert dans ce sens qu'avec l'adjectif *franc* ou *libre* (plus communément ce dernier). (*V.* LIBRE-ARBITRE). L. D. M.

ARBOGASTE (*hist.*), Gaulois au service de Théodose Ier, parvint aux plus hauts grades de l'armée. Ce fut à son courage et à ses talents que l'empereur dut ses victoires sur Maxime, qui avait envahi la Gaule et l'Italie. Nommé préfet du prétoire, il eut la coupable ambition de vouloir subjuguer sa patrie pour son propre compte, et il engagea Valentinien II, empereur d'Occident, à faire la guerre aux Gaulois. Mécontent de ce prince, qui n'agissait pas dans ses intérêts, il le fit assassiner, après quoi il se déclara en état de révolte ouverte contre Théodose; mais celui-ci, réunissant ses troupes, marcha contre le rebelle qu'il défit complétement. Craignant d'être livré par ses propres soldats à l'empereur irrité, Arbogaste se perça le cœur de sa propre main, l'an 394 de l'ère vulgaire. N. M. P.

ARBOIS, ville de la Franche-Comté, comprise aujourd'hui dans le département du Jura; connue par ses vins blancs mousseux, peuplée de 6,000 âmes. On croit que l'ancienne *Arborosa*, citée par Ammien Marcellin. Arbois, patrie de Pichegru (*V.* PICHEGRU), ajoute à son commerce de vins blancs celui du papier et des fleurs. A. X.

ARBORER (*t. de marine*), c'est planter ou dresser un mât sur un vaisseau. Autrefois, sur les galères, on disait *arborer* et *désarborer*, pour lever son mestre et appareiller et abattre ses mâts. Arborer le pavillon, c'est le hisser et le déployer. — On dit au figuré : *arborer une opinion, un drapeau*, au lieu de se déclarer pour.... se ranger à un parti. Ce verbe a même sens qu'afficher, mais il paraît être du style plus noble. L. D. M.

ARBORIBONZES, prêtres du Japon, errants, vagabonds et ne vivant que d'aumônes. Ils se couvrent la tête de bonnets faits d'écorce d'arbre, terminés en pointe, et ornés d'une touffe de crins de cheval ou de poils de chèvre. Ils sont vêtus d'étoffes grossières, se laissent croître la barbe et les cheveux, portent des chaussures ferrées, et se vantent de conjurer les démons. N. M. P.

ARBORICHES ou ARBORIQUES, peuples sur lesquels les historiens et les géographes qui en ont parlé ne sont pas entièrement d'accord; car, suivant les uns, ils habitaient la Zélande, et suivant les autres, ils occupaient le territoire voisin de Maëstricht; selon d'autres encore, ils s'étendaient dans le pays situé entre Anvers et la Meuse. Le P. Daniel, dans son *Histoire de France*, place les Arboriques entre Tournai et le Vahal, dit qu'ils avaient déjà reçu le baptême au temps de Clovis, et qu'ils se montraient fort attachés à leur religion. Plusieurs auteurs confondent à leur tour les Arboriques avec les *Armoriques* ou *Armoricains*. (*V.* ARMORICAINS). N. M. P.

ARBORISATION, espèce de dessin naturel, ordinairement noir, qu'on remarque sur certaines pierres, telles que les agates, et qui représente des rameaux d'arbre. Les arborisations proviennent des infiltrations métalliques qui s'opèrent dans les fissures des pierres (*V.* ARBRE). X. X.

ARBOUSE, s. f. Fruit de l'arbousier, assez semblable aux fraises par la couleur et la forme, mais d'un goût âpre et de digestion difficile (*V.* ARBOUSIER ; *V.* aussi MELON.).

ARBOUSIER (en latin *arbutus*, en allemand *erdbeerbaum*, en anglais *straw-berry tree*). Grand arbrisseau dont il est souvent question dans Virgile, soit lorsqu'il recommande de donner ses feuilles aux chèvres :

> Jubeo frondentia capris
> Arbuta sufficere..... (*Georg.*)

soit qu'il vante l'agrément de son ombre,

> Et quæ vos rarâ viridis tegit arbutus umbrâ.

soit enfin lorsqu'il parle du fruit de l'arbousier comme faisant, avec le gland, la nourriture des peuples sauvages.

> Quum jam glandes atque arbuta sacra
> Deficerent silvæ, et victum Dodona negaret.

On assigne à l'arbousier, pour caractères génériques, un petit calice découpé en cinq parties, au fond duquel s'élève un embryon arrondi que surmonte un style entouré de dix étamines ; une fleur monopétale assez semblable à un grelot ; une baie ronde ou ovale, à cinq cellules qui renferment de petites semences osseuses. L'arbousier, qu'on a classé dans la famille des bruyères, rentre dans la décandrie monogynie de Lynné et dans les éricinées de Jussieu. On en connaît une vingtaine d'espèces qui croissent en Asie, en Amérique, en Europe, à différentes températures, depuis le bord de la mer jusqu'au sommet des montagnes. On doit distinguer parmi ces espèces : 1° l'arbousier commun, qui croît en Espagne, en Italie, et dans les Pyrénées, aux lieux pierreux, élevés, arides. Il s'élève à la hauteur de six à huit pieds sur une tige un peu torse, recouverte d'une écorce rougeâtre dont l'épiderme se gerce de bonne heure. — Les fleurs naissent en grappes vers la fin de l'automne ; elles sont d'un beau blanc de lait qui contraste très-bien avec la couleur rouge des baies alors parvenues à leur maturité, et avec le vert des feuilles, luisant par dessus, d'une teinte plus claire par dessus. — L'arbousier est cultivé dans les bosquets d'hiver, parce qu'il ne se dépouille jamais de ses feuilles. Il y a des variétés de cette espèce à fleur rouge. Cet arbousier se multiplie de graines et de marcottes ; la ressemblance de son fruit avec la fraise a fait donner souvent à l'arbousier commun le nom de fraisier en arbre. — 2° l'arbousier des Alpes, qu'on trouve aussi dans les Pyrénées et jusque dans la Laponie, n'est qu'un arbuste rampant qui ne s'élève guère au-dessus d'un pied de hauteur. Ses fleurs sont rouges ; ses feuilles, rudes et dentelées, ressemblent à celles du buis ; ce qui a fait donner à l'arbrisseau le nom de *busserole*. Ses baies, pareillement rouges, sont peu agréables au goût : mais les ours s'en accommodent très-bien ; aussi a-t-on appelé cet arbousier *uva ursi*, raisin d'ours. — Les feuilles de l'*uva ursi* ont longtemps été regardées comme lithontriptiques, et c'était une erreur ; mais on les regarde comme diurétiques, et on les emploie en infusion, en décoction ou en poudre ; seulement il faut savoir distinguer des vraies feuilles de busserole les feuilles d'airelle qu'on y mêle : celles-ci ont la face inférieure parsemée de points bruns, ce que n'offrent point les feuilles de busserole.

A. A.

ARBRE, ARBRISSEAU, ARBUSTE, SOUS-ARBRISSEAU. L'arbre est le roi des végétaux ; c'est une plante ligneuse et persistante, n'ayant qu'une seule tige, un seul tronc qui s'élève, nu, isolé jusqu'à plusieurs pieds de terre, comme un fût de colonne, et, parvenu à certaine hauteur, se divise en une grande quantité de branches qui s'élèvent à leur tour dans toutes les directions, et se sous-divisent en une infinité de rameaux chargés de feuilles, de fleurs et de fruits, avec une variété de formes si prodigieuse, que, bien que toutes les feuilles, toutes les fleurs des arbres de la même espèce se ressemblent, il serait impossible peut-être, dans le monde entier, de trouver deux feuilles parfaitement semblables. — Certains botanistes ont rapporté les diverses espèces d'ar-

bres à des genres qu'ils ont caractérisés, comme les autres plantes, par le nombre, la forme et la position de quelques parties ; et cette méthode a le grave inconvénient de confondre plus d'une fois les arbres avec des plantes, de ranger, par exemple, dans le même genre et sous un nom commun, l'érable et la capucine, le tilleul avec le pourpier, etc. Le savant Tournefort sentit combien cette classification devait paraître étrange aux gens du monde, qui ne peuvent guère apporter aux définitions de la science qu'une attention superficielle ; il voulut éviter l'écueil où tombaient les méthodistes en faisant des classes particulières pour les arbres et les arbrisseaux. Encore s'est-il lui-même écarté plusieurs fois de l'ordre qui lui paraissait le plus naturel ; ainsi il réunit l'hièble, qui n'est qu'une plante à demi-ligneuse, avec le sureau qui est un arbrisseau, la guimauve avec l'*althœa frutex*. — Aujourd'hui on a réuni dans la même classe tous les végétaux qui ont une tige ligneuse qui survit à une et même à plusieurs floraisons ; mais ces végétaux forment plusieurs genres qui se distinguent entre eux par des caractères particuliers, tels que la dureté, la durée, la grandeur des proportions, et chaque genre se divise en espèces, qui ont, chacune, un grand nombre de variétés. — Les arbres, premier genre, sont les plantes ligneuses à un seul tronc qui se divise en branches dans sa partie supérieure. Les arbrisseaux, deuxième genre, *arbusculæ*, se distinguent des arbres en ce qu'ils se ramifient à partir de leur base, et des arbustes, en ce qu'ils portent des bourgeons, et que ces derniers n'en ont pas. Les arbustes, *frutices*, troisième genre, se ramifient dès leur base, mais ils n'ont pas de bourgeons, ainsi que nous venons de le dire : de même que les arbrisseaux et les arbres, ils sont ligneux dans toute la longueur des tiges ou branches, excepté à leur extrémité. Les sous-arbrisseaux, *suffrutices*, quatrième genre, n'ont qu'une tige demi-ligneuse, dont la base seule persiste ou peut persister hors de terre durant plusieurs années, tandis que les rameaux périssent tous les hivers pour se renouveler au printemps. — Il faut convenir toutefois que cette division même n'offre aucune précision, car on n'y tient pas compte de la structure anatomique, et l'on ne peut nier qu'il n'existe des familles où de simples herbes se trouvent classées avec de grands arbres, comme celle des rosacées ; qu'il n'existe même des espèces où cette diversité se remarque. Le saule, par exemple, devient, dans les plaines, un arbre assez grand ; sur les hautes montagnes, comme les Alpes, il n'est plus qu'une humble plante qui, sous le nom de saule herbacé, s'élève à peine de quelques pouces sur ses faibles tiges. — Nous n'entreprendrons pas ici de substituer une méthode nouvelle à celles dont on reconnaît les inconvénients ; nous devons nous borner à quelques idées générales sur l'organisation intérieure et sur les deux grandes divisions qu'on a faites, d'après leur organisation, en monocotylédons et dicotylédons, sur le mode de nutrition, sur les organes de la reproduction, sur l'élévation, la durée, la situation géographique, l'utilité des arbres. — *Organisation des arbres.* La chimie n'a découvert jusqu'ici, dans les arbres, qu'un seul organe homogène qu'elle n'a pu diviser ; c'est une sorte de membrane très-déliée, transparente, dont l'organisation particulière est tout à fait inconnue : il paraît que c'est cette membrane qui, prenant toutes les formes par la végétation, vient à composer les organes élémentaires des végétaux. Ces organes sont de deux sortes : ou ils offrent des *tubes* et des *vaisseaux* dont les fonctions diverses ne sont encore que très-imparfaitement connues, ou bien de très-petites cellules ou *utricules*, allongées, renflées vers le milieu, plus ou moins régulières, suivant le degré de pression plus ou moins fort qu'elles subissent en se développant. La réunion des tubercules compose le *tissu cellulaire*, et celle des tubes ou vaisseaux le *tissu tubulaire* ou *vasculaire*. — Chaque utricule est d'abord isolée et remplie de sucs ; elle renferme des corpuscules ovoïdes qu'on nomme *globulines*, dans l'intérieur desquels se forment d'autres corpuscules semblables qui se développent à leur tour et rompent leur enveloppe. Alors les cellules comprimées s'allongent et, dans la tige adulte, se transforment en *fibres ligneuses* ; qu'on distingue aisément, à leur dureté, des autres parties de l'arbre dont le tissu est plus lâche, et qu'on désigne par le nom de parenchyme et de moelle. Ces trois substances, qui ne sont pas toujours disposées de la même manière dans tous les arbres, se rencontrent toujours dans les organes des arbres, tantôt réunies, tantôt isolées. — Dans la double division dont nous avons parlé en monocotylédons et dicotylédons, on a eu égard principalement à la disposition des trois substances constitutives de l'arbre. Ainsi, dans les monocotylédons, l'arbre n'a ordinairement qu'un seul stipe cylindrique terminé par un bouquet de feuilles et une gemme ou bourgeon unique. La moelle remplit tout l'intérieur du stipe, et les fibres ligneuses la traversent longitudinalement sans garder aucun ordre. Les dicotylédons, au contraire, ont toujours le tronc ramifié à une hauteur plus ou moins grande du sol, et les branches pourvues de rameaux et de gemmes; à l'intérieur on voit régulièrement disposés : la moelle et l'étui médullaire, le bois, l'aubier, les couches corticales, l'enveloppe herbacée et l'épiderme. — La tige est, en général, cylindrique, quoique, dans certaines espèces, elle soit triangulaire, ou carrée dans les jeunes pousses. Ainsi, dans l'oranger, elle est triangulaire; dans le buis, carrée; dans le pêcher, pentagone; dans l'érable, hexagone, etc.; mais, à mesure que le tronc vieillit, il prend la forme circulaire. Le tronc ou tige part du milieu des racines, qui, destinées par la nature à vivre sous terre, n'ont pas reçu d'elle la beauté des formes, mais seulement des parties utiles; elles se composent, comme le tronc, de corps ligneux et de couches corticales, mais ces couches sont plus fortes. Sur toute leur surface elles sont pourvues d'un nombre infini de suçoirs, et c'est par eux que la sève pénètre dans l'intérieur du végétal. — On appelle *épiderme* cette peau mince et transparente qui recouvre l'écorce; à mesure qu'elle vieillit, elle se dessèche, et fait place à la peau nouvelle qui se reproduit sous l'ancienne. L'épiderme s'oppose à la transpiration trop abondante de la plante. Au-dessous de l'épiderme on aperçoit une substance succulente, herbacée; c'est l'*enveloppe cellulaire* herbacée qui recouvre le tissu cellulaire : ces enveloppes diverses forment les couches corticales, ou l'écorce. L'écorce ne recouvre pas immédiatement le bois; entre cette écorce, molle et flexible, et le bois, dur et solide, la nature a placé un corps intermédiaire; c'est l'*aubier*, partie ligneuse de l'arbre, il est vrai, mais moins compacte, moins ferme et plus blanche que le bois proprement dit. Les couches ligneuses, d'abord herbacées, ne se durcissent qu'au bout de plusieurs années; quant au bois, il n'est composé que de couches ligneuses qui se recouvrent et s'enveloppent mutuellement. Dans ces couches, on remarque des *fibres ligneuses* ou *vaisseaux lymphatiques*, des *vaisseaux*, des *trachées*. — Au centre de toutes ces parties se trouve la moelle, de laquelle se forme le tissu cellulaire, qui, se divisant en ramifications sans nombre, porte par toute la plante les sucs nourriciers. La moelle est très-abondante dans les arbrisseaux qui durent peu. Les fibres renferment une liqueur qui diffère très-peu de l'eau simple : l'érable, le charme, le noyer, en donnent en abondance. Cette eau circule dans toutes les parties de l'arbre, car les branches les plus hautes en fournissent comme les racines; on peut la comparer à la lymphe, dont la portion surabondante s'évapore par la transpiration insensible. Parallèlement aux vaisseaux lymphatiques, il existe d'autres vaisseaux qui contiennent les sucs propres à la nature de l'arbre. Ces sucs sont toujours composés, laiteux comme dans le figuier, gommeux comme dans l'abricotier, résineux comme dans le pin, d'une saveur tantôt douce et fade, tantôt âcre et caustique, quelquefois insipides et inodores; tantôt blancs, tantôt rougeâtres ou jaunes : on donne aux vaisseaux qui renferment ces sucs le nom de vaisseaux propres. Ces sucs, nécessaires à la vie des végétaux, remplissent en eux les fonctions du sang dans le corps humain : leur épanchement prolongé occasionne la mort. — On donne le nom de trachées à d'autres vaisseaux disposés en spirale, et ne contenant que de l'air. On ne peut douter que, de même que les trachées des insectes, ils ne servent à faire pénétrer l'air dans le corps de l'arbre. On a observé qu'il n'y a de trachées ni dans l'écorce ni dans le *liber* (peau qui sépare l'écorce du bois, et de laquelle les anciens se servaient pour écrire, avant qu'ils eussent le papyrus et le parchemin). — La sève est un autre suc peu différent du suc propre, et formé de tout ce qui peut servir à la nutrition. — On s'est demandé quelle cause détermine l'ascension de la sève dans l'arbre? par quelles lois elle circule? s'il y a une sève ascendante venant des racines et se portant vers les feuilles, et une sève descendante aspirée par les feuilles et précipitée vers les racines. Les uns ont imaginé des valvules dans les fibres longitudinales, les autres ont parlé de la condensation ou de la raréfaction de l'air; ceux-ci ont attribué le double mouvement de la sève à l'aspérité des canaux et à la température de l'air ambiant, ceux-là ont établi un véritable système circulatoire analogue au mouvement de systole et de diastole qui s'opère dans les animaux. Au fond, ce

sont là des questions sur lesquelles on n'a que des conjectures ; ce qu'on sait le mieux, c'est que la circulation de la sève est toujours en rapport avec les saisons, qu'elle paraît s'arrêter dès que les premiers froids se font sentir, que pendant tout l'hiver elle est presque nulle ou du moins peu sensible, et qu'elle reprend son cours au printemps; contribuant à l'accroissement progressif de l'arbre par le dépôt successif des particules dont elle est chargée. Ainsi, à chaque renouvellement de la sève, on voit l'arbre s'étendre en longueur ou en grosseur, la tige s'allonger, ou le diamètre grossir de telle manière que l'épiderme, qui ne peut plus suffire à recouvrir l'écorce, se fend et se déchire. — Après avoir énoncé la composition anatomique de l'arbre, jetons un rapide coup d'œil sur ses principaux organes qu'on peut diviser en deux sections : *organes de nutrition, organes de reproduction.* Parmi les premiers, on distingue les racines, la tige, les gemmes ou bourgeons, les feuilles. Les racines absorbent les sucs de la terre, la tige transmet les sucs élaborés aux différentes parties de l'arbre; des gemmes naissent les rameaux et les branches; les feuilles servent à l'inspiration des gaz extérieurs, à l'expiration des gaz intérieurs surabondants. Il y a encore d'autres organes dont l'effet est moins sensible : les épines, les poils, les stipules, les vrilles, etc. (*V.* ces mots.) — Les organes générateurs sont la fleur et le fruit; dans la fleur, les *étamines* et le *pistil*, tantôt isolés, tantôt réunis dans la même enveloppe; dans le fruit, qui n'est pas autre chose que le développement de l'ovaire, le *péricarpe* et la *graine.* — L'analyse chimique a démontré la présence, dans les végétaux, du gaz *oxygène*, du gaz *hydrogène*, du gaz *azote*, et du carbone qui prédomine dans les arbres; on y trouve aussi, mais en très-petites proportions et diversement combinées, plusieurs matières minérales : le *soufre*, le *fer*, le *manganèse*, la *magnésie*, la *soude*, etc. — Nous avons dit que l'accroissement avait lieu en longueur ou en grosseur. Dans les monocotylédons, l'accroissement ayant lieu au centre de la tige, il s'élève chaque année un nouveau bourgeon dans la masse cellulaire, de sorte que les faisceaux de fibres des années précédentes se trouvent repoussés vers la circonférence; mais quand les parties qui composent la circonférence extérieure ont pris assez de consistance pour résister à la force excentrique produite par les nouveaux bourgeons, l'accroissement, ne pouvant plus s'opérer en diamètre, s'opère longitudinalement, c'est-à-dire en hauteur. Dans les dicotylédons, au contraire; comme c'est chaque année une couche nouvelle d'écorce et d'aubier qui se forme, l'accroissement se fait en diamètre, mais en même temps il a lieu en hauteur par l'accroissement particulier du bourgeon terminal. — Quand un arbre réunit dans la même fleur les étamines et le pistil, on nomme ces fleurs *hermaphrodites.* Quand ces deux parties sont isolées sur le même individu, elles se divisent en mâles et en femelles; les mâles ont les étamines qui portent la poussière séminale, les femelles ont le pistil qui reçoit cette poussière : on appelle ces fleurs *monoïques.* Si deux individus de la même espèce, comme les palmiers, ont chacun des fleurs de sexe différent, c'est-à-dire que les fleurs de l'un soient mâles, et celles de l'autre femelles, sans aucun mélange de femelles dans les premières ou de mâles dans les secondes, les fleurs portent le nom de *dioïques*, mais la fructification ne peut avoir lieu que lorsque les deux individus se trouvent placés à une telle distance que les fleurs femelles puissent recevoir, apportée par les vents, la poussière des étamines. — Les dicotylédons (les plus communs dans nos climats) se divisent en *arbres à feuilles caduques*, et en *arbres à feuilles persistantes* : les premiers se dépouillent tous les ans, les autres conservent toute l'année leur verdure, et leurs feuilles ne se renouvellent qu'au bout de plusieurs années, et successivement, en sorte que celles qui tombent sont remplacées par des feuilles nouvelles. — Il y a une grande disproportion entre la taille de certains arbres et les dimensions exiguës des plantes que les meilleures méthodes ont été souvent obligées de ranger dans le même genre. Sans nous occuper davantage de cet inconvénient, nous allons nous borner ici à exposer ce qu'on sait de moins incertain sur les dimensions gigantesques de certains arbres. On prétend qu'il existe dans les forêts du Chili un arbre qu'on appelle *Araucaria* et qui s'élève à deux cent cinquante pieds de hauteur. Salisbury a dit avoir vu, dans l'île de Norfolk, des arbres qu'il nomme *Eutassa heterophylla*, hauts de deux cent-vingt pieds. M. de Humboldt parle des palmiers des Andes *Ceropylon andicola*, dont la tige, de cent soixante à cent quatre-vingts pieds de longueur. Dans nos climats, le mélèze est un des arbres qui acquièrent le plus de hauteur. Pline rapporte que Tibère fit exposer à Rome une poutre qui avait cent vingt pieds de long sur deux pieds d'équarrissage d'une extrémité à l'autre; ce qui, d'après les calculs de Duhamel, doit faire supposer que l'arbre qui avait fourni cette poutre avait au moins deux cent vingt pieds de hauteur. Dans nos montagnes, il n'est pas rare de voir des chênes dont la hauteur varie de cent vingt à cent cinquante pieds. Les dicotylédons acquièrent en général pieds de hauteur, mais la nature les dédommage par l'épaisseur. Il y avait à Endzon, dans le Valais, un mélèze dont sept hommes pouvaient à peine embrasser la circonférence en se tenant par les mains, les bras étendus, ce qui équivaut à peu près à trente-six pieds de tour. Adanson a mesuré plusieurs fois les baobabs du Cap-Vert, et il leur a trouvé jusqu'à quatre-vingt-dix pieds de circonférence à la base du tronc, qui, au surplus, ne commençait à se ramifier qu'à douze pieds du sol. Les cèdres de Chiloé ont de vingt à vingt-quatre pieds de diamètre; les platanes de l'Ohio en ont seize. On voit souvent, dans les climats méridionaux de l'Europe, des ormes, des chênes, des tilleuls, des châtaigniers, des saules qui ont trente et quarante pieds de tour. Tous ces exemples, au fond, s'éloignent de la règle générale, mais ils tendent à prouver que les formes colossales de certains individus tiennent aux circonstances favorables de sol, de climat, de culture qui se trouvent réunies. Il paraît que, généralement, la chaleur et l'humidité contribuent à l'accroissement des arbres. C'est ainsi que les arbres de l'Amérique, venant sur un sol humide et chaud, sont généralement beaucoup plus grands que les arbres d'Europe. — C'est aussi dans les régions chaudes du midi qu'on trouve le plus d'espèces d'arbres. Ces espèces diminuent en nombre et se rabougrissent à mesure qu'elles sont plus rapprochées des pôles. A 64° de latitude, en Suède, les chênes, les érables, les frênes, les tilleuls, ne se trouvent plus ni en groupes, ni même isolés. Les pins et les sapins disparaissent au 69°; mais on trouve encore des aunes et des saules: les bouleaux vont encore, et ils forment des groupes jusqu'au 71°. Dans l'hémisphère austral, beaucoup plus froid que le nôtre, à 55° on ne trouve plus que des arbres nains. Le décroissement progressif se remarque à mesure qu'on s'élève sur les montagnes, comme lorsqu'on s'avance vers les pôles. Dans les montagnes de l'Europe centrale, on ne voit plus d'arbres à huit ou neuf cents toises d'élévation; en Asie, sur l'Himalaya, à 30° de latitude N.; en Amérique, sur les hauteurs du Mexique, on trouve encore des chênes et des pins à dix-huit cents et deux mille toises d'élévation. Sur les Pyrénées, les chênes cessent de se montrer à mille toises; en Allemagne ce sont les pins et les bouleaux nains qui atteignent la plus grande hauteur; sur les Alpes et les Pyrénées, c'est le daphné. — La durée de la vie varie beaucoup dans les arbres; en général, ceux de la même espèce vivent le même espace de temps; mais ce temps, aussi court dans certaines espèces, est très-long dans d'autres. L'olivier peut vivre trois cents ans, s'il est abrité du nord; le chêne vit le double de ce temps, et il n'a pas besoin de culture. Les cèdres du Liban ont une existence si longue qu'on dirait qu'ils ne meurent pas. Lorsqu'Adanson visita les îles du Cap-Vert, on lui dit que deux siècles avant lui des voyageurs avaient gravé leurs noms sur deux baobabs qu'on lui désigna; il assure qu'il réussit à trouver les noms après de pénibles recherches; ils étaient cachés sous une couche épaisse de bois nouveau. Par une règle de proportion (mais est-il possible d'en établir une exacte?) prise de l'épaisseur de ce bois nouveau, et du temps qu'il avait mis à se former, il conjectura que ces deux arbres avaient cinq mille ans d'existence (V. LONGÉVITÉ DES VÉGÉTAUX). — Nous ne nous étendrons pas ici sur l'utilité qu'on retire des arbres; personne n'ignore que nous leur devons nos meubles, nos charpentes, nos vaisseaux, de vives teintures, le feu qui nous éclaire, celui qui nous chauffe, celui qui prépare nos aliments, celui qui force tous les corps de la nature à se décomposer pour nous rendre témoins des merveilles de leur organisation; des fruits délicats et nourrissants, divers produits précieux. Qui ne sait encore qu'ils sont l'ornement de nos campagnes, de nos parcs, de nos jardins? Mais ce que bien des gens ignorent, c'est qu'ils exercent une grande influence sur les vapeurs atmosphériques et sur le fluide électrique, lorsqu'ils sont réunis en groupes (V. FORÊTS, ÉLECTRICITÉ, VAPEUR ATMOSPHÉRIQUE). — Quant à la division des arbres en forestiers, fruitiers ou d'agrément, nous n'en parlerons qu'en décrivant chaque espèce. Il en sera de même pour le moyen de les propager ou de les

multiplier, ou pour le genre de culture qu'ils demandent. On peut, au surplus, voir la description générale des procédés à employer aux mots ENTER, GREFFE, SEMIS, MARCOTTE, CULTURE, etc. — Nous ne dirons rien non plus de la division des arbres en arbres verts ou à feuilles persistantes, et en arbres à feuilles caduques; cela se comprend sans explication. Pour les espèces ARBRE A CIRE, ARBRE A PAIN, ARBRE A SUIF, et autres de ce genre, elles se trouveront aux mots CIRE, PAIN, SUIF, etc., où sous les noms que les botanistes leur ont donnés, comme MYRICA, JACQUIER, GLUTIER, etc. — On doit à M. Duhamel une série d'expériences qui montrent que des arbres dépouillés de leur écorce dans toute leur tige, et laissés sur pied jusqu'à ce qu'ils meurent, ce qui arrive au bout de trois ou quatre ans, donnent un bois plus pesant d'un cinquième, plus compacte, plus dur, que l'arbre non écorcé; l'aubier même en devient si dur qu'on peut l'employer sans difficulté. Les anciennes ordonnances défendaient l'écorcement des arbres sous des peines sévères: cette prohibition était faite dans l'intérêt général; elle aurait dû avoir des exceptions. Les anciens connaissaient cette manière de durcir le bois; cela résulte d'un passage de Vitruve. L'adhérence de l'écorce à l'arbre empêche la transpiration excessive, car il est résulté de ses expériences qu'il s'est exhalé du bois écorcé une plus grande quantité de sucs, dans un temps donné, quedu bois non écorcé, ce qui doit produire le dessèchement plus prompt des couches extérieures, et, par suite, leur durcissement (V. PATHOLOGIE VÉGÉTALE).

A. A.

ARBRES (hist.). Les anciens peuples montrèrent toujours une grande vénération pour les arbres: presque tous regardèrent les forêts comme le lieu choisi par leurs dieux pour y séjourner; aussi ce fut dans les forêts qu'ils célébraient plus particulièrement les cérémonies du culte qu'ils leur rendaient. Les forêts, en effet, par leur silence profond, qu'interrompt à peine le bruissement des feuilles, le chant des oiseaux ou le rugissement lointain d'une bête féroce, étaient toutes propres à exalter le sentiment religieux en forçant l'âme à se recueillir. Bientôt, à ce sentiment vague, indéterminé, s'attachèrent des idées précises: on imagina que chaque espèce d'arbres plaisait à un dieu plus qu'à un autre dieu, que Jupiter et Cybèle aimaient de préférence le chêne, Bacchus et Pan le pin, Apollon le laurier, Minerve l'olivier, Vénus le myrte, Mars le frêne, Hercule le peuplier, etc.; et tous ces arbres reçurent ainsi une consécration particulière. Ensuite on alla plus loin: on attacha des emblèmes du même genre aux constellations et aux signes du zodiaque. — Les anciens Druides avaient un respect particulier pour le chêne; et le gui, plante parasite qui vit aux dépens de cet arbre, et dont ils distribuaient les baies au peuple, était, à leurs yeux, un objet sacré, une espèce de palladium. Les Germains rendaient au chêne, de même qu'au tilleul et au pin, un véritable culte religieux. Les peuples scandinaves honoraient pareillement le chêne; les habitants de la Hesse lui offraient des sacrifices sanglants. Le christianisme, en s'établissant sur les ruines du paganisme, a dû ôter aux arbres toute leur signification religieuse, mais les peuples modernes n'en ont pas moins persisté à regarder les arbres, sinon comme objet de culte, du moins comme monuments capables de transmettre à la postérité le souvenir d'un événement important. Ce fut ainsi qu'après la victoire des Suisses sur Charles le Téméraire, à Morat, ils plantèrent un arbre sur la place de cette ville.

N. M. P.

ARBRE (architecture). On a dit souvent, on a répété que la colonne était une imitation de l'arbre; on s'est fondé sur des raisons d'analogie, on a invoqué le témoignage d'Ovide; on a trouvé, pour ainsi dire, l'histoire de l'art dans le changement en temple de la pauvre cabane de Philémon et Baucis raconté par le poëte.

Illa vetus dominis quondam casa parva duobus
Vertitur in templum, furcas subiere columnæ.

Oui, les troncs d'arbres qui soutenaient l'humble toit de la chaumière furent tranformés en colonnes, mais nous ne pensons nullement qu'Ovide, en parlant de cette transformation, ait songé le moins du monde à indiquer l'origine de l'architecture. C'est comme si l'on disait que les imaginations riantes, mais folles, qui ont créé des palais de fées, ont voulu nous enseigner la marche progressive des arts de luxe. Assurément les premiers qui ont façonné des colonnes pour supporter la voûte des temples et des palais n'ont pas voulu imiter les arbres plus qu'ils n'ont voulu que la superbe demeure des rois, ressemblât à la hutte de la famille nomade. Ce qu'il aurait fallu dire, et cela probablement n'aurait pas été contesté, c'est que d'essais en essais, de tâtonnement en tâtonnement, on est arrivé au point de suppléer aux troncs d'arbre informes, qui servirent d'abord d'appui aux toitures de branchages et de chaume, par des piliers de pierre plus ou moins massifs, plus ou moins travaillés, jusqu'à ce qu'on ait substitué les véritables colonnes aux piliers. — On ne peut guère douter que, dans les premiers âges, les hommes n'aient cherché dans les bois un abri contre le froid, contre le soleil, contre les pluies ; que, plus tard, ils n'aient senti le besoin de transporter leur habitation dans des lieux plus sains, moins humides, où ils fussent moins exposés à l'atteinte des bêtes de toute espèce, qui peuplent ordinairement les forêts. On peut presque ajouter que l'aspect de l'arbre, poussant des branches autour de son tronc isolé, et formant un toit de verdure, leur donna l'idée de placer des branches transversales sur un ou plusieurs troncs droits, et qu'insensiblement la nécessité de se garantir des injures de l'air leur suggéra l'idée de s'entourer de haies, de branches entrelacées, de murailles de terre et de pierre. Il a fallu sans doute bien des années, à ces hommes pour apprendre à rendre leurs demeures commodes, et surtout pour s'occuper de les embellir. Parvenus à ce dernier point, il est à présumer qu'aux troncs, employés tels que les donnait la nature, ils substituèrent des troncs écorcés, équarris, contournés, ornés de peintures et de gravures ; mais lorsque, abandonnant leurs chaumières, ils s'avisèrent de construire des maisons plus solides et plus durables, ils cherchèrent sans doute à augmenter la force des supports destinés à soutenir les toits. Des masses de pierres remplacèrent les troncs, même polis et ornés ; mais ces piliers prenant beaucoup d'espace, on chercha les moyens d'éviter cet inconvénient, et les colonnes parurent, brutes d'abord et sans proportions, recevant ensuite des mains de l'art des formes plus élégantes. (*V.* COLONNE, PILIER, ARCHITECTURE).

G. E.

ARBRES (*jurisp.*). Les forêts sont régies par une législation spéciale ; nous en parlerons aux mots *Bois*, *Eaux et forêts*. Il en est de même de ceux qui bordent les chemins et les routes ; il sera question, au mot *Voirie*, des règlements particuliers qui les concernent. — Comme les arbres font nécessairement partie du fonds sur lequel ils sont plantés, ils sont la propriété de celui à qui le fonds appartient ; toutefois, comme nul ne doit s'enrichir au détriment d'autrui, s'il est prouvé que les arbres ont été plantés par un autre que le propriétaire, celui-ci doit en payer la valeur intrinsèque, mais celui qui les a plantés n'a le droit ni de les reprendre, ni de forcer le propriétaire à les arracher. S'il y a eu mauvaise foi de la part de ce tiers, comme s'il savait que le fonds ne lui appartenait pas, le propriétaire ne doit payer que la valeur de l'arbre au moment de la plantation ainsi que la main-d'œuvre, à moins qu'il n'aime mieux contraindre le tiers à les arracher, ce qui a lieu sans préjudice des dommages-intérêts (code civil, art. 553 et suiv.). — Il est hors de doute que les arbres participent de la nature du fonds sur lequel ils sont plantés, et que par conséquent ils sont immeubles ; mais on s'est demandé s'ils ne devenaient pas *meubles* lorsqu'ils étaient arrachés, même provisoirement, et avec intention de les replanter ailleurs ? On ne doute pas qu'ils ne changent de nature dès l'instant où ils sont arrachés ; mais reprennent-ils leur qualité d'immeubles dès que la replantation a eu lieu ? Un arrêt de Paris (avril 1821) a jugé affirmativement. La loi romaine décidait que l'arbre ne redevenait immeuble qu'après avoir pris racine sur le fonds nouveau ; et cette décision est plus conforme aux vrais principes du droit. — Les droits de l'usufruitier et du propriétaire du fonds, sur les arbres abattus par le vent, et ceux qui mouraient de vieillesse ou par accident, étaient réglés par la loi romaine, LL. 18, 19, ff. *de usuf*. Le code civil a consacré les mêmes principes, de sorte que l'usufruitier ne peut employer ceux des arbres à son usage qu'à la charge de les remplacer. — Quelquefois un arbre se trouve sur la limite de deux héritages ; il est alors possédé en commun : chacun des deux propriétaires a le droit d'exiger qu'il soit arraché. — L'ordonnance de 1669 défendait aux particuliers d'abattre, sans autorisation préalable, leurs arbres de haute futaie : c'est que l'administration forestière avait le droit de choisir et marteler tous les arbres propres aux constructions de la marine royale, quel que fût le propriétaire. Cette prohibition, toute dans l'intérêt de l'État, fut renouvelée par une loi du 9 floréal an XI, et de plus par un décret impérial du 15 avril 1811, qui n'excepte de

ses dispositions que les arbres attenant aux habitations, non aménagés en coupes réglées, et renfermés dans des murs ou haies de clôture. Le code forestier du 21 mai 1827 s'était approprié ces diverses dispositions, mais il ne les avait maintenues que pour dix ans, à compter du 1er septembre de la même année, de manière que, depuis le 31 juillet 1837, les propriétaires d'arbres sont rentrés dans tous leurs droits. — La distance à mettre entre les arbres plantés dans un fonds et le fonds voisin doit être de six pieds (deux mètres) au moins (Code civil, 671) ; au surplus, la loi s'en rapporte aux usages du pays, sans qu'il soit nécessaire que ces usages résultent de coutumes écrites : l'usage est un fait qui peut s'établir par témoins. Des arbres plantés à une distance moindre que celle que les règlements indiquent peuvent être arrachés sur la demande du propriétaire du fonds voisin, quand même ce fonds serait de nature à ne pouvoir le souffrir. La cour de cassation l'a ainsi décidé par un arrêt du 8 mars 1828. — La destination du père de famille doit empêcher le maître du fonds voisin d'exercer ce droit, lorsqu'il est constaté que les deux fonds ont appartenu au même individu ; mais si ces arbres viennent à mourir ou à être abattus, ils ne peuvent plus être replantés, parce que la servitude s'est éteinte, et qu'une servitude éteinte ne peut pas revivre, à moins de stipulation expresse. — Dans tous les cas où le voisin du maître des arbres n'a pas le droit de demander qu'ils soient abattus, il peut du moins empêcher qu'ils ne lui causent trop de dommage, soit en obligeant le propriétaire des arbres à couper les branches qui avancent sur son fonds, soit en coupant lui-même les racines qui y pénètrent (Code civil, 672) ; mais toute action en dommages de la part du voisin qui aurait négligé d'exercer le double droit que lui donne la loi ne doit pas être reçue, quoique certains jurisconsultes pensent le contraire, car il ne doit imputer qu'à lui le dommage qu'il a éprouvé : *Damnum sentire non intelligitur qui suâ culpâ sentit*. D'un autre côté, la longue tolérance du voisin à souffrir que les racines ou les branches s'étendent jusqu'à son fonds ne peut jamais être alléguée par le maître du fonds pour acquérir, par prescription, le droit de les conserver. La cour de cassation l'a ainsi jugé deux fois, 13 novembre 1810, 16 juin 1835. Elle a pareillement jugé, le 31 juillet 1827, que cette règle s'applique même aux arbres qui appartiennent à l'État, bien qu'ils soient déclarés inviolables par les anciennes ordonnances ; mais le code forestier de cette même année 1827, art. 157, a décidé que la prescription de trente ans aurait lieu, dans ce cas, en faveur des arbres de l'État. — Dans tous les autres cas, la possession de trente ans, soit pour acquérir, soit pour éteindre les servitudes de ce genre, a lieu entre particuliers. — La loi pénale contient plusieurs dispositions protectrices de ces sortes d'objets, abandonnés nécessairement à la foi publique. Ainsi, ceux qui ont mutilé, coupé ou écorché des arbres, de manière à les faire périr, sont passibles d'un emprisonnement de six jours à deux mois, à raison de chaque arbre, sans que néanmoins le temps de l'emprisonnement puisse excéder cinq ans : cette condamnation a lieu sans préjudice des dommages-intérêts. La simple destruction des greffes est sujette à la même peine, à concurrence de deux, ainsi la loi est plus sévère pour la dévastation des plants et pépinières ; l'emprisonnement est de deux à cinq ans (Code pénal, 444 et suiv.). Par arrêt de février 1811, la cour de cassation a autorisé l'application de ces peines au voisin qui coupe lui-même, sans autorisation, les branches qu'il peut forcer son voisin à couper. Il nous semble que la cour a poussé trop loin la rigueur, car, si le maître d'un fonds a le droit de forcer son voisin à couper les branches qui avancent sur son héritage, il ne lui cause certainement aucun dommage lorsqu'il coupe lui-même ces branches, à moins qu'il ne les coupe de manière à nuire à l'arbre ; et comment y aurait-il délit là où il n'y a pas de dommage ? La même cour n'a-t-elle pas décidé, le 27 février 1828, que si l'écorchure faite à un arbre n'est pas de nature à le faire périr, il n'y avait pas de délit ; et cette espèce est bien moins favorable que celle du voisin qui, s'il n'a pas le droit de couper, a incontestablement celui de forcer à couper : celui qui avait écorché l'arbre n'avait ni le droit de faire, ni celui de faire faire. — Les délits commis dans les forêts de l'État sont l'objet de dispositions spéciales du code forestier : celles du code pénal leur sont pas applicables. — Nous n'avons pas besoin de dire que le propriétaire d'arbres qui se prétend lésé peut se contenter de la voie civile, et que, dans ce cas, c'est au juge de paix qu'il doit s'adresser.

L. G.

ARBRE DE VIE (*médec.*). On appelle ainsi les ramifications de la substance médullaire du cervelet. Si l'on coupe verticalement un de ces lobes, l'intérieur offre l'image exacte des ramifications végétales. A. A.

ARBRE DE VIE et ARBRE DE SCIENCE (*V.* PARADIS TERRESTRE).

ARBRE DE VIE, THUYA (*bot.*). Arbrisseau dont les embryons écailleux deviennent des fruits de forme oblongue, portant entre les écailles des semences bordées d'un filet très-mince et dont les feuilles sont formées de petites écailles posées les unes sur les autres (*V.* THUYA). A. A.

ARBRE A PAIN (*V.* JACQUIER ; RIMA).

ARBRE A SUIF (*V.* GLUTIER).

ARBRE DE JUDÉE (*V.* GAINIER).

ARBRE A CIRE (*hist. nat.*). C'est un arbuste de l'Amérique septentrionale, croissant naturellement dans la Pensylvanie, s'élevant à cinq ou dix pieds de hauteur, et produisant une grande quantité de petites semences enveloppées d'une espèce de glu ou cire verdâtre, dont on fait usage pour l'éclairage dans plusieurs provinces des Etats-Unis. On se procure la cire en mettant les graines dans un sac, qu'on plonge dans l'eau bouillante. On fait avec cette cire des bougies qui éclairent assez bien : les gens du peuple se contentent d'emplir un vase de ces graines et d'y mettre une mèche, comme on fait aux lampions. On a souvent recommandé, mais sans beaucoup de succès, en France, la culture de l'arbre à cire, qui y vient très-bien, comme le prouvent les essais qu'on a faits dans beaucoup de jardins.

ARBRE A SAVON (*V.* SAPONAIRE).

ARBRES VERTS. On désigne, par ce nom générique, tous les arbres qui conservent leurs feuilles toute l'année. Tous les arbres qui croissent entre les tropiques, sauf quelques exceptions, appartiennent à cette classe, de même que, dans les autres climats, les arbres résineux ou conifères (*V.* CONIFÈRES). On trouve encore, dans les climats septentrionaux, des arbres à feuilles persistantes, tels que les résineux : le buis, le liége, le houx, l'yeuse, le laurier-cerise, les magnoliers acclimatés, etc. Ces arbres sont recherchés dans les jardins, à cause de leur verdure, dont on peut jouir même au cœur de l'hiver. A. A.

ARBRE MÉTALLIQUE (*chim.*). Espèce de végétation métallique artificielle, dans laquelle on voit se former un arbre avec ses rameaux par le mélange de deux métaux et d'un dissolvant tel que l'esprit de nitre (*acide nitrique*), ou l'eau forte (*acide nitreux du commerce*). Les deux métaux les plus propres à cette opération, plus amusante qu'utile, sont l'argent (*diane*) et le plomb (*saturne*). L'arborisation se produit par l'effort que fait l'un des métaux placé dans le même bocal avec le dissolvant pour séparer ses parties, entre lesquelles s'introduisent celles de l'autre métal. Autrefois, les alchimistes attachaient beaucoup d'importance à ces arbres métalliques, dont la découverte semblait se mettre sur la voie de découvertes nouvelles, et devoir les conduire à la transformation des métaux (*V.* DIANE [*arbre de*] ; MARS [*arbre de*] ; SATURNE [*arbre de*]). M. D. J.

ARBRE ÉLECTRIQUE (*V.* ÉLECTRIQUE [*arbre*]).

ARBRE DE PORPHIRE (*log.*), ou échelle des cinq prédicaments ou catégories (*V.* PRÉDICAMENTS).

ARBRE GÉNÉALOGIQUE, *stemma, arbor consanguinitatis.* Cet arbre, ainsi nommé parce que sa forme imite celle d'un arbre dont le tronc se divise en branches qui, elles-mêmes, se sous-divisent en rameaux, se compose d'un certain nombre d'écussons contenant les armoiries de celui qui avait besoin de prouver sa généalogie, et de tous ses ascendants jusqu'à la quatrième génération inclusivement. C'était au moyen de cet arbre qu'on prouvait les seize quartiers de noblesse nécessaires pour entrer dans certains chapitres, comme celui des chanoines de Lyon, ou dans des ordres militaires, tels que celui de Malte. L'écusson du récipiendaire se voyait sur le tronc de l'arbre : de ce tronc naissaient deux branches qui supportaient les écussons du père et de la mère : c'était le premier degré. Ces deux branches en formaient quatre pour soutenir les quatre écussons des aïeux paternel et maternel, et de leurs femmes. Au troisième rang, se montraient huit écussons : à droite, ceux des père et mère de l'aïeul paternel et de sa femme ; à gauche, ceux des père et mère de l'aïeul maternel et de sa femme. Enfin sur le quatrième rang se trouvaient rangés seize écussons appartenant aux pères et mères des quatre bisaïeuls et de leurs femmes. Si, entre tant de personnes, il se trouvait, soit parmi les hommes, soit parmi les femmes, un seul roturier, le récipiendaire ne pouvait être reçu sans dispense. Et comme il était extrêmement rare,

parce que la chose était très-difficile, qu'il n'y eût pas de sang roturier, principalement du côté des femmes, les dispenses s'obtenaient assez aisément. Les plus grands seigneurs ne pouvaient guère s'en passer ; car, dès le temps de la régence, les mésalliances étaient devenues très-communes, et plus d'un seigneur de haut parage devait à la finance l'éclat dont il s'entourait. V. H.

ARBRE (*t. de blason*) se dit d'un *meuble* dont on charge les armoiries. Quand l'espèce peut se distinguer par son fruit, comme le chêne, le pin, l'olivier, etc., on le désigne par ces noms. — L'émail de l'arbre est ordinairement le sinople. Si le fût est d'un autre émail, on l'appelle *arbre futé; arraché*, si on en voit les racines ; *écoté*, s'il n'a pas de branches ; *effeuillé*, s'il n'a pas de feuilles. V. H.

ARBRE (*t. de marine*), employé, dans le Levant, au lieu de mât. On dit *arbre mestre* ou *de mestre*, au lieu de grand mât.

ARBRE (*t. de mécanique*). C'est une grande pièce de bois qui tourne sur un pivot ou qui reste immobile ; c'est la partie principale d'une machine, partie sur laquelle tourne la machine elle-même. — En terme de *charpentier* et de *maçon*, l'arbre est la pièce la plus forte de la machine qui sert à élever des pierres et des poutres (*V.* GRUE, ENGIN). — En terme de *cardeur*, c'est une partie du rouet à laquelle est suspendue la roue par une cheville de fer (*V.* ROUET). — En terme de *cartonnier*, c'est la pièce principale du moulin qui sert à broyer la pâte ; c'est un cylindre placé perpendiculairement, et tournant sur une crapaudine qui se trouve au fond de la cuve où est la pâte : l'extrémité inférieure du cylindre est armée d'un pivot qui entre dans la crapaudine. Toute la portion du cylindre qui tourne dans la cuve est garnie de longs couteaux ; la partie supérieure de l'arbre présente une pièce de bois placée horizontalement, au moyen de laquelle un cheval ou un homme fait tourner l'arbre. — Les horlogers donnent le nom d'arbre à des pièces qui entrent dans la composition de l'horloge ; en général, ils entendent par arbre une pièce cylindrique ou carrée et à pivots, à laquelle est attachée une roue ou bien l'essieu du barillet. Cet arbre a, sur un point de sa circonférence, un crochet auquel s'attache le ressort par une de ses extrémités : quand on monte la montre ou la pendule, le ressort se roule autour de cet essieu. Les horlogers ont encore deux outils qui portent le nom d'arbres ; l'un sert à monter les roues, l'autre sert à mettre les ressorts dans le barillet. — Les *fileurs d'or* et les *friseurs d'étoffes* ont aussi des machines auxquelles ils donnent le nom d'arbre (*V.* MOULIN A FILER L'OR ; ENSUBLE). Les *imprimeurs* appellent arbre de presse la pièce qui est entre la vis et le pivot ; l'arbre, ordinairement carré, reçoit la tête du barreau. La vis et le pivot ne sont, au surplus, que les deux extrémités de l'arbre, différemment façonnées (*V.* BARREAU, VIS, PIVOT). — Les *potiers d'étain* nomment arbre la principale pièce de celles qui entrent dans leur tour (*V.* TOUR DE POTIER D'ÉTAIN). — Les *rubaniers*, les *tourneurs*, les *fabricants de papier* ont aussi des pièces qui portent le nom d'arbre. Chez ceux-ci, c'est un long cylindre de bois servant d'axe à la grande roue du moulin que l'eau fait tourner. Il y a de distance en distance, sur l'arbre, des morceaux de bois implantés perpendiculairement à son axe. Ces morceaux de bois rencontrent, en tournant, l'extrémité des pilons, qu'ils forcent à s'élever pour retomber dès que le morceau de bois les abandonne, en continuant de tourner. Dans les poudrières, on a un arbre du même genre pour élever les pilons (*V.* MOULIN A PAPIER, A POUDRE). Pour ce qui concerne les rubaniers et les tourneurs (*V.* OURDISSOIR et TOUR A TOURNER). — On peut voir, par ce que nous venons de dire, qu'il y a, dans presque tous les arts et métiers, des machines qui portent le nom d'arbre, et dont les fonctions, toujours les mêmes au fond, consistent à recevoir du mouvement, soit par l'eau, soit par tout autre moteur, et à le transmettre aux pièces qui doivent se mouvoir, soit immédiatement, soit au moyen de roues d'engrenage ou de poulies. On désigne plus particulièrement par le mot d'*axe* (*V.* AXE) l'arbre qui reste immobile et sur lequel les machines tournent sans l'entraîner dans leur mouvement. J. C.

ARBRE DE LA LIBERTÉ. Ceux qui s'avisèrent de planter, en France, les arbres de la liberté, prétendirent faire revivre une coutume des anciennes républiques de la Grèce et de l'Italie. Mais il ne fallait pas remonter si haut pour trouver l'origine de ces arbres : c'était tout simplement le *mais* qu'on plantait en Italie le 1er mai de chaque année. Cet usage, qui se répandit assez vite en Europe, fut importé par les Anglais dans leurs colonies d'Amérique; et ces colonies, en se révoltant contre la métropole, avec les très-imprudents secours que leur fournit la France, nous renvoyèrent, après leur émancipation définitive, comme pour prix de l'assistance que nous leur avions prêtée, les principes républicains démocratiques, et les *maïs* (*may-poles*), qui ne tardèrent pas à devenir chez nous, comme ils l'avaient été chez les Américains, des signes de ralliement pour les chefs novateurs, et des emblèmes de liberté pour le peuple. Ce fut en 1790 que les premiers arbres de la liberté furent plantés. En peu de mois, le sol français se couvrit de ces arbres, dont on coiffa le sommet avec un bonnet rouge. Sous le consulat, les arbres qui avaient survécu aux réactions des partis furent, pour la plupart, abattus. Quelques-uns, protégés par le zèle démagogique des maires, échappèrent de la proscription; mais sous l'empire, ils disparurent tout à fait. En 1830, quelques hommes exaltés essayèrent de planter de nouveaux arbres de la liberté; mais ces arbres ne prirent point racine.　　　　　　　　　　　　　　　J. DE M.

ARBRES (*maladies des*) (*V.* MALADIES).

ARBRISSEAU (*V.* ARBRES).

ARBRISSEL (ROBERT D') (*V.* FONTEVRAULT).

ARBUSTE (*V.* ARBRES).

ARBUTHNOT (ALEXANDRE), né en Ecosse en 1538, et mort à l'âge de quarante-cinq ans, avait étudié le droit à Bourges sous le fameux Cujas, et, de retour dans sa patrie, fut fait principal du collège royal d'Aberdeen, pour prix de son apostasie. De catholique relâché, il devint zélé protestant et ardent propagateur des nouvelles doctrines. On juge, par sa conduite, qu'il avait l'esprit faux et léger, qu'il était propre à l'intrigue, et homme de parti. On lui doit des *Discours* en latin sur l'origine et l'excellence du droit; Édimbourg, 1572, in-4°, et l'édition de l'*Histoire d'Ecosse*, de Buchanam, dont il avait adopté le fanatisme. On lui attribue aussi un poëme sur le mérite des femmes, *The praises of women*, et une élégie sur les misères du savant pauvre, *The miseries of a poor scholar*.

ARBUTHNOT (JEAN), aussi né en Ecosse, vers le milieu du XVIIe siècle, fut professeur de mathématiques à Londres, et, comme il joignait à des connaissances profondes dans cette science des connaissances non moins étendues en médecine, il devint, en 1704, médecin de la reine Anne. Il a publié plusieurs ouvrages estimés, dont voici les principaux : 1° *Essai sur l'utilité de l'étude des mathématiques*, 1700, Londres; 2° *Table des monnaies, poids et mesures des anciens*, etc.; 1727, in-4°; 3° *Des effets de l'air sur le corps humain*, 1733; 4° *L'art de mentir en politique*. Arbuthnot réunissait beaucoup d'esprit à beaucoup d'instruction; mais il avait un grand penchant vers la satire. Il s'était particulièrement lié avec Swift, qui a publié, dans ses propres œuvres, divers fragments satiriques échappés de la plume d'Arbuthnot. On lui attribue aussi un *John-Bull*, critique amère des mœurs et des hommes de son temps. Après la mort d'Anne, sa protectrice, Arbuthnot subit une sorte de disgrâce; il passa les vingt dernières années de sa vie dans sa maison de campagne, près de Hampstead. Il mourut à Londres en 1735.

ARBUTHNOT (BENOIT), abbé des bénédictins écossais de Ratisbonne, naquit, le 5 mai 1737, en Ecosse: il était de la famille du précédent. Zélé catholique, il s'expatria, jeune encore, et alla prendre, en Allemagne, l'habit de saint Benoît en 1752. L'Académie des sciences de Munich lui ouvrit ses portes : il méritait cette faveur par ses connaissances profondes en mathématiques, en astronomie et en physique. Il existe un grand nombre de dissertations de ce savant religieux, mort en avril 1820; elles ont été imprimées dans les tomes V, VI, VII et IX des *Mémoires* de l'académie de Munich.　　　　　　　　　　　　　　　A. P.

ARC (*art milit.*). L'arc, qui vraisemblablement est, après le bâton, la massue et la fronde, la plus ancienne arme dont les hommes aient fait usage, consiste en une verge de bois ou de métal, renforcée dans le milieu, élastique, qu'on plie avec effort par la tension d'une corde attachée à ses deux extrémités, sur laquelle on appuie le talon d'une flèche, qui est lancée au loin par cette corde même, lorsqu'après l'avoir suffisamment tendue on vient à la lâcher tout à coup. Nous plaçons avant l'invention de l'arc le bâton et les pierres; car le bâton et les pierres furent incontestablement les premiers objets que l'homme employa pour attaquer ou pour se défendre. Sénèque le tragique dit il y a quinze siècles :

Venit imperii sitis
Cruenta; factus præda majori minor;
Pro jure vires esse. Tum primum manu

Bellare nudâ, saxaque et ramos rudes
Vertere in arma.　　　　SEN., *Hypol.*

Telle est, en effet, la marche de la nature. Quand le désir de dominer s'est emparé du cœur de l'homme, le plus faible est devenu la proie du plus fort, la force a fait le droit. Dans les premiers temps, on n'avait point d'armes; mais c'était avec la main, avec le poing, que l'homme vigoureux triomphait de son adversaire. Bientôt après il s'arma de pierres; une branche d'arbre devint une arme redoutable. — Les Grecs, les Romains, les Parthes surtout, se servaient de l'arc avec beaucoup d'adresse; les premiers en attribuaient l'invention à Apollon; mais longtemps avant que les Grecs formassent une nation policée, cette arme était en usage; car il en est fait mention dans les livres saints dès l'époque la plus reculée : Ismaël, Esaü, furent habiles à tirer de l'arc. Les plus anciens peuples de l'Asie en faisaient usage; l'arc était l'arme du Rustan des Perses, du Ramah des Hindous. Les descendants de Cush, les Éthiopiens, avaient des arcs de grande dimension: ce fut chez eux, peut-être, qu'il devint l'emblème de la force, parce qu'il fallait de grands efforts pour le tendre, et que la flèche fut celui de la vitesse. Les flèches de ces peuples étaient de roseau, armées par le bout d'une pierre aiguë. Chez les Mèdes, une pointe acérée de fer remplaçait la pierre : les Scythes, les Indiens, avaient adopté l'arc des Mèdes. On lit dans les historiens d'Alexandre que l'arc des Indiens avait six pieds de long, et que les flèches en partaient avec tant de force qu'elles traversaient les boucliers et les cuirasses. — Les Grecs avaient pris l'arc des Arabes, recourbé par les extrémités, pour que la corde y fût bien retenue : ils étaient devenus très-adroits au maniement de cette arme, mais ils n'égalaient ni les Parthes, ni les habitants des côtes de la Méditerranée. Ils armaient d'arcs et de flèches des corps de cavalerie légère, qu'ils plaçaient sur les ailes de l'armée, et qu'ils désignaient par le nom d'*hippotoxotes*, archers à cheval. Les Romains eurent à la fois des corps d'infanterie et des corps de cavalerie armés d'arcs et de flèches : ils les appelaient *sagittaires*, et les choisissaient toujours parmi les plus habiles tireurs d'arc étrangers, qu'ils enrôlaient dans leurs légions. — Les peuples de l'Asie, les insulaires de la mer du Sud, les indigènes de l'Amérique, conservent encore l'usage de l'arc. Le Chinois stationnaire s'en sert depuis trois mille ans, et continuera toujours de s'en servir. Les Tartares arment d'arcs leur cavalerie; les Baskirs, sujets ou alliés de la Russie, ont fait partie des armées russes que l'ambition de Napoléon abandonné par la fortune, a deux fois attirées dans nos provinces. On a vu les Baskirs, à Paris, armés d'arcs et de flèches, en 1814 et 1815. — Tous les peuples du Nord, Esquimaux, Kamtschadales, Groënlandais, Lapons, non moins sauvages que les Baskirs, n'ont pas d'autres armes que l'arc et les flèches; mais ils ne se contentent pas d'armer la pointe de leurs flèches d'os pointus, de lames de fer, de crochets, etc.; ils les empoisonnent, les uns avec le cavère, les autres avec le suc du mancenillier, ce qui cause la mort très-promptement. Ces peuples, dont quelques écrivains font semblant d'admirer les vertus, l'humanité, la bonne foi, imaginent tout pour que les blessures faites par leurs flèches soient plus dangereuses, pour que le fer déchire la plaie, pour qu'il ne puisse être retiré. — Les Germains, les Goths, les Francs, dédaignaient l'usage de l'arc, mais les Gaulois et les Bretons n'avaient pas d'autre arme. Toutefois les Francs, après la conquête, adoptant en grande partie les usages des vaincus, mirent moins d'importance à leurs angons, à leurs framées, et ils eurent des archers. Les conquérants de la Grande-Bretagne imitèrent les Francs; et, dans les siècles suivants, des corps réguliers de combattants à pied et à cheval, armés d'arcs et de flèches, furent organisés dans toute l'Europe. En France, les habitants des villes étaient obligés de s'exercer à tirer de l'arc; et ce fut l'origine des compagnies bourgeoises, qu'on appelait *compagnies de l'arc*, qui subsistaient encore dans quelques villes à la fin du siècle dernier. Les archers anglais passaient pour les meilleurs de l'Europe : ce fut à leur adresse qu'Edouard III et le prince Noir durent le gain des batailles de Crécy et de Poitiers. Aussi Charles VII forma-t-il des compagnies de *francs archers*, ainsi appelés parce que c'étaient tous des archers d'élite; mais, en 1468, Louis XI abolit l'usage de l'arc et de la flèche pour la hallebarde, la pique et le sabre. Les Anglais ont conservé leurs archers beaucoup plus longtemps; on en voyait encore leurs armées, aux premières années du XVIIe siècle. L'arc est encore en usage parmi les montagnards de l'Ecosse et les insulaires des Orcades. — La matière ordinaire des arcs était le bois d'if, de coudrier, d'ormeau ou de frêne; on employait aussi la corne, l'airain et l'acier : ce dernier métal était préféré à cause de sa grande élasticité. Ces arcs reçurent une infinité d'ornements, et, pour les préserver de la poussière et de l'humidité, on les enfermait dans un étui qui s'appelait *coryte*. Les flèches se portaient dans un autre étui nommé *carquois*; elles avaient différents noms, suivant leur forme et leur grandeur : les *alènes* consistaient en une pointe de fer tout unie; les *barbalès*, ou *dardelles*, avaient le fer dentelé. En général, on cherchait toujours à façonner la flèche de manière à faire le plus de mal possible. L'avantage qu'ont eu les Européens sur les sauvages, c'est qu'ils n'ont pas empoisonné leurs traits. V. H.

ARC (*géomét.*). L'arc est une portion de courbe, d'un cercle ou d'une ellipse. Ainsi, l'*arc de cercle* est une portion de la circonférence; la ligne droite qui passe par les deux extrémités de l'arc s'appelle *corde*; la perpendiculaire qui descend du milieu de la corde s'appelle *flèche*. L'arc de cercle sert à mesurer les angles; il suffit pour cela de décrire un arc qui a le sommet de l'angle pour centre. Comme le quart du cercle a 90° seulement, l'angle se mesure avec cet instrument, et son ouverture s'indique en degrés; mais il est à remarquer que l'arc d'une ellipse, ou de toute autre courbe, ne pouvait pas servir à mesurer les angles, parce que la courbure ne serait pas uniforme comme dans le cercle. On appelle *arcs concentriques* tous ceux qui ont un centre commun; *arcs égaux*, ceux qui ont le même nombre de degrés d'un même cercle; *arcs semblables*, ceux qui ont le même nombre de degrés de cercles inégaux. Quand deux rayons partent du centre de deux cercles concentriques, les arcs compris entre les deux rayons ont le même rapport à la circonférence entière des deux cercles, et les deux secteurs le même rapport à la surface entière de leurs cercles. Quant à la distance du centre de gravité d'un arc de cercle au centre du cercle, c'est une troisième proportionnelle à l'arc, à la corde et au rayon (*V.* CENTRE DE GRAVITÉ). Pour ce qui concerne les sinus, tangentes (*V.* ces deux mots, SINUS, TANGENTE). M. DE J.

ARC (*astronomie*). On appelle *arc diurne du soleil* la portion d'un cercle parallèle à l'équateur, décrite par cet astre dans sa marche apparente d'orient en occident, entre le lever et le coucher; on appelle *arc nocturne* l'arc qu'il décrit sous l'horizon, entre le coucher et le lever. — C'est sur un arc du méridien qu'on mesure la latitude et l'élévation du pôle, et sur un arc de l'équateur qu'on prend la longitude (*V.* DIURNE, JOUR, NOCTURNE, NUIT, ÉLÉVATION DU POLE, LATITUDE, LONGITUDE). — L'arc de l'écliptique, qu'une planète semble parcourir en suivant l'ordre des signes, se nomme *arc de progression* ou *de direction*; mais si la planète paraît se mouvoir contre l'ordre des signes, l'arc qu'elle décrit prend alors le nom d'*arc de rétrogradation* (*V.* DIRECTION, RÉTROGRADATION; *V.* aussi STATION). On appelle *arc entre les centres*, dans les éclipses, un arc qui, du centre de la terre, va perpendiculairement à l'orbite lunaire; si la somme de l'arc entre les centres, et du demi-diamètre apparent de la lune, est égale au demi-diamètre de l'ombre, l'éclipse sera totale, mais sans durée; si la somme est moindre, l'éclipse sera pareillement totale, mais elle aura quelque durée; si, au contraire, cette somme est plus grande, et que néanmoins elle le soit moins que la somme des demi-diamètres de la lune et de l'ombre, l'éclipse ne sera que partielle. — On appelle *arc de vision* ou *d'émersion* la distance à laquelle le soleil se trouve au-dessous de l'horizon, lorsqu'une étoile, que les rayons solaires empêchaient de voir, commence à paraître. Cet arc varie suivant la latitude et la déclinaison; il peut même se réduire à rien, car on aperçoit quelquefois certaines planètes en plein jour (*V.* ÉMERSION; *V.* aussi POSITION [*arc de*]). M. DE J.

ARC (*mathém.*), (*V.* COURBE [*arc de*]).

ARC (*architect.*). construction qui se termine en-dessous par une surface concave, pratiquée tantôt sur le vide, comme sont les arches d'un pont; tantôt en plein mur pour soulager la partie inférieure de ce mur et diminuer le poids de la partie supérieure. L'architecte, ou le constructeur, a trois choses à considérer dans la construction des arcs, la *courbure*, c'est-à-dire la hauteur du cintre au-dessus de la corde de l'arc, la *matière* et l'*appareil*. — On se sert, dans les arcs, de trois sortes de courbures, le *plein-cintre*, l'*arc surhaussé* et l'*arc surbaissé*. Le plein-cintre est celui qui forme un demi-cercle parfait, de sorte que le sommet de l'arc à 90° d'élévation au-dessus de la corde; l'arc surhaussé est celui qui, dans sa forme ovaloïde, porte son cintre à plus de 90° d'élévation; l'arc surbaissé, au contraire, n'élève pas son sommet à cette

hauteur, et l'on en voit qui ont à peine 40 ou 45° d'élévation. Les ouvriers donnent à ces arcs le nom d'*anse de panier*. — La matière des arcs est la pierre de taille, le moellon, le tuf ou la brique; les pierres de taille sont taillées de manière que leur surface du dessous forme la courbe du cintre, et que leur face antérieure suive l'alignement de la face du mur. Il faut encore que les lignes des joints soient perpendiculaires à la courbe de l'arc; or, comme il est évident que deux plans droits perpendiculaires à une courbe tendent à se rencontrer, il est aussi que toutes les pierres ainsi taillées font effort les unes contre les autres, et que leur réunion forme un arc dont toutes les parties se soutiennent mutuellement : ces pierres sont désignées par le nom de *voussoir*. Nos modernes constructeurs ont jugé à propos de mettre entre les voussoirs une couche de mortier; les Grecs et les Romains n'employaient pour cela aucun ciment, mais quand les arcs qu'ils construisaient étaient d'une très-grande dimension, et qu'ils avaient beaucoup de poids à supporter, il les formaient avec plusieurs rangs de voussoirs extradossés (*V.* VOUSSOIR, EXTRADOS, INTRADOS). Les constructeurs modernes taillent souvent les voussoirs de manière à ce que leur surface supérieure puisse se raccorder avec les assises droites du mur bâti au-dessus. On appelle *appareil* le procédé par lequel on choisit la forme et le nombre de rangs des voussoirs. — On donne le nom d'*arc bombé* à l'arc surbaissé dont le cintre est formé par un seul arc de cercle. Les anciens faisaient grand usage des arcs bombés, beaucoup plus solides que les anses de panier, moins solides pourtant que l'arc plein-cintre qui est le plus fort de tous. G. L.

ARC (*marin.*). Les marins désignent par ce terme la distance qui existe entre le bout de l'éperon et l'avant du vaisseau par-dessus l'éperon; en d'autres termes, c'est la courbure que prend un bâtiment dans le sens de sa longueur. A. X.

ARC-BOUTANT, et mieux ARC-BUTANT. C'est un arc construit en dehors d'un édifice pour contre-butter des voûtes et en empêcher l'écartement, comme on le voit aux églises gothiques. On donne mal à propos ce nom à des piliers ou à des masses de maçonnerie qu'on applique extérieurement à un mur pour le soutenir et le renforcer; on doit appeler ces sortes d'ouvrages *pilier-battant*, *contre-fort*, *éperon* (*V.* ces mots). Les églises gothiques offrent, en général, un un aspect désagréable à leur extérieur; ces masses d'arcs-boutants et de contre-forts leur donnent l'apparence d'un édifice en ruines qu'il a fallu étayer de toutes parts. L'art consistait à établir l'équilibre entre la voûte qui pousse et le contre-fort qui butte, et surtout à déguiser ce genre de travail. — L'arc-doubleau est un bandeau en saillie sur le mur d'une voûte, lequel la traverse dans le sens de sa courbure; le plus souvent les arcs-doubleaux sont sculptés par compartiments, ou à façon de frise continue, avec rinceaux de feuillages. — L'arc angulaire ou *composé* est formé par la rencontre de deux arcs diminués; il a dans sa corde deux centres et deux lignes courbes qui s'entrecoupent. — L'arc rampant est celui dont les naissances ne sont pas de même hauteur, comme dans les rampes d'escalier, les arcs-boutants d'église. Plus l'arc supérieur qui contre-butte est petit, plus il oppose de résistance à la poussée. — On a fait quelquefois usage, pour consolider les fondements d'un édifice, d'*arcs renversés*, dont les naissances sont fixées sur les piliers opposés qui supportent la voûte. Piranesi prétend que les anciens réunissaient ainsi, par un arc renversé, les piles de leurs ponts; on sent que par le moyen de ces arcs qui, dans toute leur courbure, appuient sur le sol, tout le poids se divise entre les différents points d'une plus grande superficie. On a fait aussi usage d'arcs renversés dans les fondations de l'église nouvelle de Sainte-Geneviève, à Paris (aujourd'hui Panthéon). G. L.

ARC-BOUTANT (*marin.*); c'est une pièce de bois qui sert à soutenir les *barots* ou *barotins* (*V.* ces mots). On appelle du même nom un petit mât haut de vingt-cinq ou trente pieds, servant à tenir les écoutes des bonnettes en état, à repousser les vaisseaux qui viendraient à l'abordage. Il est ferré par un bout; offrant trois pointes de six à huit pieds de long (*V.* ÉCOUTES, BONNETTES). A. X.

ARC (*arts et mét.*); les carrossiers appellent ainsi deux pièces de fer courbées en arc, servant à unir le bout postérieur de la flèche à l'essieu du devant, et à faire tourner aisément la voiture à droite ou à gauche. J. C.

ARC DU COLON (*méd.*), portion moyenne ou transversale du colon repliée en arc. A. J.

ARC (*météor.*). On a quelquefois observé, au coucher du soleil, un grand arc céleste, à couleurs rouge et orange très-prononcées. On présume, à défaut d'observations précises, que ce météore est produit par la réfraction des rayons solaires. M. DE J.

ARC (numism.). On voit sur beaucoup de médailles la figure d'un arc: dans celles qui représentent Diane, Apollon, Hercule, Éros ou l'Amour, l'arc se trouve toujours aux mains de ces divinités; dans celles qui représentent des rois de Perse ou des Parthes, l'arc se voit toujours, mais c'est comme arme de guerre, non comme attribut, comme dans les précédentes.
N. M. P.

ARC DE TRIOMPHE (V. TRIOMPHE).

ARC (Pont d') (géog.); pont naturel creusé par la nature ou par les eaux de l'Ardèche, qui aura profité de quelque circonstance favorable pour se frayer un passage à travers un rocher haut de deux cents pieds, sur une épaisseur de soixante-cinq. Cette arche naturelle a cent-soixante-trois pieds d'ouverture et quatre-vingt-dix de hauteur, depuis le niveau des eaux jusqu'au point le plus élevé de la voûte. Il paraît qu'autrefois la rivière faisait un long circuit autour de cette roche, car son ancien lit se voit encore dans la vallée qu'elle a abandonnée. Les approches de ce pont étaient défendues par une forteresse que Louis XIII fit démolir, pour enlever aux protestants une de leurs places d'armes, dans les temps de troubles. A. X.

ARC-EN-CIEL. De tous les météores lumineux, l'iris ou l'arc-en-ciel est sans contredit le plus magnifique. C'est une large bande demi-circulaire formée des sept couleurs primitives, imprimée pour ainsi dire sur une épaisse nuée, qui se résout en pluie. Quelquefois, au-dessus de cette bande, il s'en montre une seconde, où les couleurs, plus affaiblies, sont rangées dans un ordre inverse de celui qu'elles ont dans la première. Dans l'arc inférieur ou intérieur, de bas en haut, on observe les couleurs dans l'ordre suivant: violet, indigo, bleu, vert, jaune, orangé, rouge; dans l'arc supérieur ou extérieur, on voit d'abord le rouge et, successivement l'orangé, le jaune, le vert, le bleu, l'indigo et le violet: c'est absolument le même ordre que gardent entre elles les couleurs du rayon lumineux décomposé par le prisme. — Dès l'an 1611, l'Italien de Dominis imprimait à Venise, dans son livre intitulé: De radio visús et lucis, que l'arc-en-ciel était produit par la réfraction et la réflexion (V. ces deux mots) des rayons solaires dans les gouttes rondes de pluie qui se détachent de la nuée. L'Allemand Képler avait exprimé la même pensée; mais, comme ils ne connaissaient ni l'un ni l'autre la théorie des couleurs, ils n'ont donné, de même que Descartes, qui avait pourtant corrigé la théorie de Dominis sur l'arc extérieur, que des explications insuffisantes. Il était réservé à Newton, qui a porté dans diverses branches de la physique des lumières si positives, d'expliquer les causes et les effets de l'arc-en-ciel d'une manière claire et précise, par son système de la décomposition de la lumière, et de la réfrangibilité plus ou moins grande de chaque partie du rayon lumineux. — Nous expliquerons ailleurs la théorie de la réflexion et de la réfraction; nous nous contenterons ici de dire que, toutes les fois que, tournant le dos au soleil, on voit devant soi d'épais nuages se résolvant en pluie, on aperçoit l'arc-en-ciel double ou simple, pourvu que le soleil ne soit élevé au-dessus de l'horizon que de 40 à 44°; car, pour que l'iris soit visible, il faut que le rayon solaire qui frappe sur la goutte d'eau fasse avec le même rayon réfléchi, un angle d'environ 42°. — Les rayons solaires, entrant dans les gouttes de pluie, subissent réflexion et double réfraction: par la première réfraction, la direction du rayon s'abaisse dans la goutte dont il va frapper le fond. Là il se divise en deux; l'un traverse la goutte et se perd dans l'air; l'autre se réfléchit par un angle égal à celui d'incidence. Arrivé à la surface de la goutte, il se divise encore; l'une de ses parties retourne en arrière, pour aller subir encore une seconde réflexion et sortir de la goutte, suivant sa direction primitive; l'autre partie sort de la goutte par la surface qui regarde le soleil; mais, en sortant, il subit une seconde réfraction qui, en le relevant, le fait arriver jusqu'à l'œil. Ajoutons que ces deux réfractions sont telles à l'entrée des rayons dans la goutte et à leur sortie, que la plupart de ceux qui étaient entrés parallèles sortent divergents (V. DIVERGENCE); mais dans le nombre il y en a toujours quelques-uns qui, se réunissant au fond de la goutte sur le même point, ressortent à peu près parallèles, et arrivent à l'air de la même manière; ce sont les rayons efficaces, et il faut un certain nombre de ces rayons pour que notre œil reçoive la sensation de la lumière. Or, comme ce n'est pas une seule goutte d'eau qui réfracte et renvoie les rayons so-

laires, mais un nombre infini de gouttes d'eau (car on peut comparer le nuage qui se résout en pluie à une large nappe formée d'un immensité de globules d'eau), les rayons qui arrivent jusqu'à nous sont assez nombreux pour que nous percevions une image sensible. — Ce que nous venons de dire ne suffirait point pour nous faire comprendre pourquoi dans l'iris nous voyons les sept couleurs séparées; c'est ce qui s'explique par les lois de la réfrangibilité des couleurs (V. COULEUR, RÉFRANGIBILITÉ). Si les rayons nous paraissent de sept couleurs, qui se présentent dans le même ordre, c'est parce que les rayons sortant de la goutte pour entrer dans l'air se réfractent différemment; car les rayons rouges sont ceux qui se réfractent le moins, parce qu'ils sont les plus forts et les plus capables de rompre la résistance de l'air; viennent ensuite, par ordre de plus grande réfrangibilité, l'orangé, le jaune, le vert, le bleu, l'indigo et le violet. Les rayons violets, les plus faibles de tous, éprouvent aussi la plus forte réfraction. — Si, au-dessus des gouttes qui produisent l'arc-en-ciel, d'autres gouttes se détachent d'une nuée supérieure, on voit un second arc-en-ciel; les couleurs en sont renversées, parce que les rayons solaires qui peuvent arriver jusqu'à nous par l'effet de la réfraction et de la réflexion sont seulement ceux qui entrent dans la goutte par la partie inférieure, et ces rayons subissent, avant de sortir, une double réflexion, ce qui les oblige à se croiser, comme il arrive aux rayons visuels qui, passant à travers un verre convexe, nous montrent les objets renversés. Dans ce cas, le rayon solaire direct et le rayon réfléchi forment un angle d'environ 52°; de sorte que si le soleil est à cette hauteur au-dessus de l'horizon, on ne peut voir que l'arc supérieur, non l'arc inférieur. — Souvent on aperçoit des jets d'eau, sur les cascades, éclairés par le soleil, les couleurs et la forme de l'arc-en-ciel: c'est par la même raison qu'on voit l'arc-en-ciel sur la nuée; mais la même condition est nécessaire, c'est-à-dire qu'il faut être placé de manière à ce que l'angle formé par les rayons soit de 42°. — On peut de même produire une espèce d'iris, en tournant le dos au soleil et en éparpillant de l'eau dans l'air, soit avec la bouche, soit de toute autre manière. On peut encore imiter l'arc-en-ciel, ou les deux arcs-en-ciel, au moyen de deux globes de verre pleins d'eau sur lesquels on fait tomber deux rayons solaires, et qu'on élève ou qu'on abaisse jusqu'à ce qu'ils produisent l'effet qu'on désire. — Newton a cherché à déterminer la largeur des deux arcs-en-ciel et leur distance réciproque; mais comme dans ses calculs il n'a considéré le soleil que comme un point, il a donné trop peu de largeur aux arcs, et mis entre eux trop d'intervalle. Dans le fait, la largeur de l'arc intérieur est de 2° 15''; celle de l'arc extérieur de 5° 4'', et la distance réciproque de 8° 25''. — Si, après une averse de pluie, on regarde un champ, une prairie ou un lieu un peu élevé, quand le soleil est très-près de l'horizon, il arrive souvent qu'on aperçoit une portion de cercle de lumière colorée semblable à l'arc-en-ciel. Ce phénomène n'a pas d'autres causes que l'arc-en-ciel lui-même; c'est l'effet de la lumière réfractée et réfléchie par les gouttes d'eau suspendues aux brins d'herbe. — On voit quelquefois la lune produire un arc-en-ciel très-apparent, quoique ses couleurs soient beaucoup plus faibles que celles de l'arc-en-ciel solaire. Cela doit arriver toutes les fois que la lune se trouve dans une position semblable à celle qu'a le soleil au moment où l'arc-en-ciel se manifeste, et que, d'un autre côté, le nuage et le spectateur se trouvent dans les conditions nécessaires pour la production du phénomène. — L'arc-en-ciel marin est un phénomène de même nature, paraissant lorsque la mer est très-agitée, et que les rayons du soleil se brisent sur les vagues. Les couleurs en sont moins vives et moins distinctes, souvent même on ne distingue que le jaune et le vert; mais les arcs sont très-nombreux, car quelquefois on en voit vingt-cinq ou trente, et ils sont renversés. — Mariotte, dans son Essai de physique, prétend avoir observé en plein midi des arcs-en-ciel blancs, et il conjecture qu'ils se forment dans les brouillards, attribuant le défaut de couleur à la petitesse infinie des molécules vaporeux dont le brouillard se compose. M. DE J.

ARC-EN-CIEL (Écrit. Ste.). On voit encore tous les jours, par le monde, quelques disciples de l'auteur du Dictionnaire philosophique, qui, pour donner un démenti au récit de la Genèse, touchant l'arc-en-ciel, répètent après leur maître: «Remarquez que l'auteur ne dit pas: J'ai mis mon arc dans les nues, il dit: Je mettrai; ce qui suppose évidemment que l'opinion commune était que l'arc-en-ciel n'avait pas toujours existé. C'est un phénomène causé par la pluie, et on le donne ici comme quelque chose de surnaturel, qui avertit que la terre ne sera plus inondée. Il est étrange de choisir le signe de la pluie pour assurer qu'on ne sera pas noyé. » Il est certain que plusieurs écrivains comprenant mal le sens du chapitre de la Genèse (IX, 11 et suiv.), où il est question de ce phénomène, se sont imaginé que Dieu ne le créa qu'après le déluge, seulement pour servir de sceau à son alliance avec Noé. Mais pas un seul mot, dans le texte primitif, ne permet d'avancer que du temps de l'auteur sacré, qui nous a transmis ce récit, *l'opinion commune était que l'arc-en-ciel n'avait pas toujours existé.* Au contraire, le sentiment général des interprètes de toutes les communions est que Moïse n'a nullement prétendu que Dieu ne créa l'arc-en-ciel qu'après le déluge; mais qu'il suppose comme déjà existant ce phénomène qu'il choisit, alors seulement, pour signe de son alliance avec le genre humain. Or, ce sentiment de la généralité des interprètes est surtout fondé sur une explication légitime du texte; voici, en effet, le sens qu'il présente, quand on le traduit d'après les lois les mieux établies de la syntaxe hébraïque: « Je vais établir mon alliance avec vous et avec votre postérité (vers. 9):.. Cette alliance sera pour vous un sûr garant qu'à l'avenir toute créature exterminée par des eaux destructrices, et qu'il n'y aura plus désormais de déluge pour perdre la terre. Voici le signe de cette alliance que je contracte avec vous et tous les êtres vivants, et qui doit durer éternellement dans la suite des siècles. J'ai mis mon arc dans la nue; qu'il soit signe d'alliance entre moi et la terre. Ainsi, lorsque des nuages se formeront au-dessus de la terre, et que l'arc paraîtra dans la nue, je me souviendrai de l'alliance que j'ai contractée avec vous, et avec tout être vivant, et les eaux ne serviront plus à ravager et à détruire la terre. L'arc sera donc dans la nue, je le verrai, et je me souviendrai de l'alliance éternelle établie entre Dieu et toute créature qui vit sur la terre (vers. 11-16). » La Vulgate elle-même, bien comprise, ne présente pas au fond un sens différent: ainsi le verset 31 du chapitre IX de la Genèse suppose que l'arc-en-ciel existait avant le déluge, et prouve que, par l'institution de Dieu, il est devenu un signe de l'alliance qu'il a faite avec les hommes. Quant au choix que Dieu a fait de ce signe, bien loin qu'il soit étrange, il ne peut être plus sage. La pluie rappelle naturellement aux hommes le déluge; or, quoi de plus propre, pour leur ôter la crainte d'une semblable inondation, que de vouloir qu'un phénomène qui accompagne la pluie soit pour eux une assurance qu'ils ne seront plus exposés à périr par les eaux? Les censeurs téméraires que nous combattons, s'ils prennent la peine de lire la suite du passage où ils ont puisé leur plaisanterie impie, y verront leur maître lui-même s'est vu forcé d'avouer quel ce choix, qu'il avait d'abord traité d'étrange, ne manque pas de justesse et d'à-propos, puisqu'il dit: *On peut répondre que, dans le danger de l'inondation, on est rassuré par l'arc-en-ciel.*

J. G.

ARC SÉNILE. On a donné ce nom à un obscurcissement de la vue causé par une espèce de nuage ou d'ombre qui se forme circulairement autour de la cornée, et ne se développe qu'avec beaucoup de lenteur et sans trace d'inflammation. — Cet accident n'a presque jamais lieu que chez les vieillards: on pourrait penser qu'il a quelque cause analogue à celle qui ossifie chez eux les cartilages et les artères; car on a vu quelquefois l'ossification complète de la cornée. — Toutefois, quand l'obscurcissement ne passe pas la circonférence de la cornée, il n'offre pas de grands inconvénients, et c'est là le cas le plus ordinaire.

ARC (JEANNE) (*V.* JEANNE D'ARC).

ARCA SEPULCHRALIS; nom que les anciens donnaient à une espèce de cercueil fait comme un coffre quadrangulaire, *arca*, fermé par un couvercle dont la forme dépendait du goût de l'ouvrier ou de celui qui le faisait faire. On en trouve encore aujourd'hui de terre cuite, renfermés dans un autre cercueil de matière plus solide; mais le plus souvent on les faisait en marbre. L'extérieur était orné de sculptures diverses qui n'avaient pas toujours un rapport bien évident avec la personne à qui le cercueil était destiné. L'arca sépulcrale qu'on voit au musée du Vatican est de porphyre, et elle est ornée de sculptures qui représentent des combats de cavaliers et des guirlandes supportées par des génies (*V.* CERCUEIL, TOMBEAU, MAUSOLÉE). N. M. P.

ARCADE (*archit.*). C'est un arc élevé sur des pieds droits, ou pratiqué dans un mur pour faire une ouverture. Les arcades des portiques doivent avoir, d'après Vignole, deux fois plus de hauteur que de largeur pour les ordres toscan, do-

rique et ionique, mais, pour le composite et le corinthien, on leur donne un peu plus de hauteur. Ceci ne doit s'entendre, au surplus, que des arcades sur colonnes, genre qui s'établit dans la décadence de l'architecture, lorsqu'on ne trouvait plus qu'à grands frais des blocs assez considérables pour former des architraves d'une seule pièce, et qu'on abandonna par suite l'usage des entablements. Les Italiens employèrent très-fréquemment les arcades sur colonnes, d'abord parce qu'ils se servaient de colonnes de marbre, ensuite parce qu'ils avaient grand soin de bander solidement les arcades avec des briques et d'excellent ciment. L'église de Saint-Paul, à Rome, construite de cette manière sous Constantin et Théodose, subsiste encore sans altération. L'architecture gothique, trouvant des arcades sur colonnes dans tous les édifices du Bas-Empire, imita ce genre de construction, et l'on ne vit plus partout qu'arcades sur colonnes; mais comme ces colonnes ne pouvaient supporter les masses des édifices qu'ils élevaient, ils eurent recours aux piliers énormes. Ces piliers gothiques furent abandonnés à leur tour ainsi que les arcs d'ogive, auxquels on substitua les arcades cintrées portées par des pieds droits. Cependant les piliers ont dû être conservés dans les églises, à cause des vastes dimensions de ces édifices; mais il vaudrait mieux que, dans les églises, on renonçât aux arcades qui produisent toujours un effet monotone, pour y substituer les entablements et les colonnes. A l'extérieur des grands bâtiments, dans les cours intérieures des palais, dans les places publiques où les marchés, les arcades conviennent; elles embellissent, et forment des galeries qui, à l'agrément, joignent l'utilité. Les arcades de la rue de Rivoli, à Paris, sont d'un très-bon effet; mais dans un intérieur fermé, comme un amphithéâtre, les arcades offrent, il est vrai, de grandes ouvertures, mais, pour supporter les arcades et les murs qu'elles soutiennent, il faut de lourds massifs qui gênent la vue et paraissent rapetisser l'espace qu'on voudrait agrandir, parce qu'elles ne masquent point la vue. — On décore les arcades suivant l'ordre des colonnes qui les supportent. Ainsi, avec des colonnes toscanes, l'arcade n'a pas d'archivolte (*V.* ARCHIVOLTE); l'arcade dorique a une archivolte à deux faces couronnées; l'arcade ionique a, de plus que la dorique, une clef ou agrafe en forme de console. L'arcade corinthienne et l'arcade composite sont encore plus ornées. G. L.

ARCADE (*anat.*). Les anatomistes appellent ainsi toute partie du corps humain courbée en arc. Les *arcades orbitaires* sont les parties antérieure et supérieure de l'orbite de l'œil; les *arcades alvéolaires* et *dentaires* sont formées par la série des alvéoles et des dents sur le bord des maxillaires; les *arcades temporales* se composent de l'apophyse zygomatique réunie à l'os temporal. Si deux vaisseaux s'anastomosent, la ligne courbe qu'ils forment prend le nom d'*arcade anastomotique.* A. A.

ARCADE (*terme de jard.*); palissade formant une grande ouverture cintrée par le haut, percée jusqu'au sol ou arrêtée sur une charmille. On plante les arcades d'ifs, d'ormilles, de tilleuls ou même de grands arbres; il leur faut un terrain marécageux et frais. On doit les tondre quatre fois chaque année, afin de leur faire garder la forme qu'on leur a donnée. X. X.

ARCADES (*Acad. des*). L'Académie, à laquelle on se faisait autrefois honneur d'appartenir, fut fondée à Rome, en 1690 par une société de quatorze poètes ou savants qui la conformité de goûts réunissait chez la reine Christine de Suède. Six ans plus tard (1696), après la mort de leur protectrice, ils rédigèrent leurs statuts dans la forme, la langue et le style de la loi des douze Tables. On donna aux nouveaux académiciens le nom d'*Arcadiens*, parce que chacun d'eux avait dû prendre à sa réception le nom d'un berger arcadien. Tous les quatre ans, l'académie élit un *gardien* ou président, et un vice-gardien. Une flûte couronnée de pins et de lauriers forme l'écusson de l'académie. Les Arcadiens comptent par olympiades, et tous les quatre ans ils chôment leur des fêtes, le premier jour de l'olympiade nouvelle. La biographie des Arcadiens est déposée aux archives de l'académie; on y joint les portraits de ceux qui se sont illustrés. Ses portes sont ouvertes à tous les hommes qui ont ce que *la noblesse du talent,* ou, à défaut, la noblesse de la naissance. Les femmes sont aussi admises, pourvu qu'elles aient acquis quelque réputation par leurs poésies. N. M. P.

ARCADIE (*géog. anc.*). C'était la partie centrale et montagneuse du Péloponèse. Elle avait au nord pour limites l'Achaïe et Sicyone, à l'est l'Argolide, au sud la Messénie, et à l'ouest l'Élide. Elle portait primitivement le nom de Drymodé (de δρῦς, chêne), parce qu'une forêt de chênes en couvrait la surface; ensuite on l'appela *Lycaonie*, *Pélasgie*; le nom d'Arcadie lui fut imposé par Arcas, fils de Jupiter. Ce pays se divisa plus tard en quatorze provinces qui reçurent leurs noms de leurs villes principales. Outre ces quatorze provinces, il y avait plusieurs cantons qui avaient des noms particuliers. —Les habitants de l'Arcadie étaient pour la plupart bergers, et se nourrissaient de glands; ils ne laissaient pas d'être bons soldats et musiciens habiles. Mars et Pan recevaient à la fois leurs adorations: suivant leur tradition mythologique, ce dernier dieu se plaisait dans leurs montagnes. Tout ce qu'on sait de leur histoire se réduit à deux ou trois faits: ils prirent part à la guerre des Messéniens contre les Spartiates. Aristocrate II, leur roi, convaincu d'avoir trahi la cause des Messéniens et de s'être laissé corrompre par leurs ennemis, fut lapidé par le peuple, vers l'an 671 avant J. C. On lui donna pour successeur son fils Aristodème, mais celui-ci, voulant venger la mort de son père, se fit de nombreux ennemis qui l'assassinèrent. La dignité royale fut abolie: les Arcadiens se constituèrent en république, et ils eurent des tyrans, c'est-à-dire que des ambitieux, favorisés par la fortune, s'emparèrent à plusieurs reprises du pouvoir absolu. Sur la fin du IVᵉ siècle avant J. C., Cléomène, roi de Sparte, envahit l'Arcadie, mais ses armes ne furent point heureuses; il fut vaincu par les Arcadiens, et il perdit la vie dans une bataille. Un siècle plus tard, les Arcadiens firent partie de la ligue Achéenne: un de leurs tyrans, nommé Lisiadès, fut même nommé collègue d'*Aratus* (*V.* ce mot); mais la guerre continuant avec acharnement contre Sparte, il périt sur le champ de bataille (226). Soutenus d'abord par les Athéniens, ils obtinrent des succès; à la fin, abandonnés par leurs alliés mécontents, ils finirent par succomber; ils passèrent ensuite sous le joug romain. — Quelques beaux esprits du XVIIᵉ siècle, jugeant les Arcadiens sur leur ancienne réputation, et follement admirateurs de leurs mœurs pastorales et des beautés chimériques de leur pays, remirent en honneur les souvenirs de l'Arcadie, travestirent toute la poésie en églogues ou en idylles, firent des bergers fades et langoureux de tous leurs héros, et il ne tint pas à eux que la France entière ne devint une vaste bergerie. Heureusement ce faux goût tomba lorsqu'apparut sur la scène ce grand réformateur des ridicules de son siècle, l'immortel Molière, et ces productions désordonnées du bel esprit délirant ont à peine laissé parmi nous des souvenirs. Grâce au ciel, nous n'avons plus de bergers galants et parfumés dans notre littérature; mais c'est une autre plaie qui nous menace. Espérons que le mal ne fera pas de si grands progrès qu'il ne soit enfin possible de l'extirper, et que nos jeunes docteurs sans licence finiront par comprendre que pour être savant il faut des études, et que pour écrire il faut avoir un style, et surtout connaître sa langue.　J. DE M.

ARCADIUS, empereur d'Orient, né en Espagne en 377, empereur à 16 ans, mort en 408, dans sa 31ᵉ année. Après la mort de Théodose le Grand, l'empire se divisa entre ses deux fils, Arcadius et Honorius, qui ne ressemblaient à leur père ni par le talent, ni par le courage, ni par aucune des qualités qui font les grands rois. Arcadius eut l'Orient et Constantinople; Honorius, l'Occident avec Rome. Le préfet du prétoire de Constantinople, Ruffin, accoutumé à exercer le pouvoir, voulut, pour le conserver, obliger le jeune empereur à devenir son gendre. Ne pouvant y parvenir, il se révolta, mais ses propres soldats l'assassinèrent. Arcadius ne fut délivré d'une tutelle qui lui était odieuse, que pour retomber sous une autre plus odieuse encore, celle de l'eunuque Eutrope, qui, d'esclave devenu valet, et de valet grand chambellan, dirigea à son gré le faible esprit d'Arcadius, et, suivant l'expression un peu vulgaire, mais caractéristique de Zozime, le conduisait comme *on mène une bête*. Au bout de quelques années, Arcadius, fatigué de vivre sous la dépendance de son ministre, l'abandonna aux fureurs du peuple soulevé contre lui par ses exactions. Il fut sauvé par saint Jean-Chrysostôme, dont la harangue pour lui adressée au peuple passe pour un chef-d'œuvre (398); mais l'année suivante, poursuivi de nouveau, il fut arrêté et conduit au supplice. — Cependant Arcadius avait besoin d'être conduit; il se livra sans réserve à sa femme Eudoxie, qui gouverna l'État au nom de l'empereur. Le vénérable patriarche de Constantinople, Jean-Chrysostôme, osa seul lui résister: elle l'exila au fond de l'Arménie. Ce ne fut qu'en 404 qu'Arcadius reprit sa liberté par la mort d'Eudoxie. Peu d'années après sa criminelle complaisance envers sa femme, Arcadius mourut, laissant pour lui succéder son fils Théodose II (408).　　　　　　　　　N. M. P.

ARCANE, remède secret dont la composition n'est connue que de son inventeur, et qui, par conséquent, possède des propriétés toutes merveilleuses. L'alchimiste Paracelse, qui vantait modestement qu'il y avait plus de science dans les cordons de ses souliers que dans la tête d'Hippocrate et de Galien, définit l'arcane une substance incorporelle immortelle, et dont la nature est fort au-dessus de l'intelligence humaine. Au surplus, il ne parle d'incorporéité que relativement ou comparativement avec nos corps, car les arcanes, dit-il, fort supérieurs en bonté et en qualité à la matière de nos corps, ont pour propriété essentielle de les changer, de les restaurer et les conserver, attendu qu'ils renferment toute la vertu des corps qui les fournirent. Ces arcanes sont au nombre de quatre: la première matière, le mercure de vie, la pierre des philosophes, et la teinture. — La *première matière* rajeunit l'homme et lui donne une vie nouvelle, comme cela arrive aux végétaux qui se dépouillent chaque année pour se renouveler l'année suivante. — La *pierre des philosophes*, semblable au feu agissant sur la salamandre, purifie, consume les principes du mal, et restaure les forces. — Le *mercure de vie* produit les mêmes effets, mais il fait tomber des cheveux, les ongles, la peau pour les reproduire. Hales, qui, dans ses dernières années, avait ajouté foi aux paroles de Paracelse, crut avoir trouvé le mercure de vie dans l'esprit de Mélisse. — La *teinture* nettoie le corps de toutes ses impuretés, et le fortifie si bien le principe de vie que l'existence se prolonge bien au delà de la mesure ordinaire. — Paracelse a souvent employé le mot arcane pour toute sorte de teintures métalliques ou végétales.—Il n'est pas nécessaire de dire qu'aujourd'hui la science ne marchant qu'appuyée sur les faits, tous ces prétendus arcanes ont perdu leur mérite. — L'arcane corallin et l'oxyde de mercure sont obtenus par la décomposition du nitrate de mercure cristallisé (*V.* OXYDE DE MERCURE): ce remède, très-vanté autrefois, n'est plus en usage aujourd'hui.
　　　　　　　　　　　A. A.

ARCANO (GIOVANNI-MAURO D'), plus connu sous le nom d'*il Mauro*, fut un poëte satirique et burlesque du commencement du XVIᵉ siècle. Attaché comme secrétaire au cardinal Cesarini, il ne laissa pas de trouver assez de temps pour attaquer l'Arétin, et publier contre lui plusieurs satires mordantes: on les trouve ordinairement imprimées à la suite des poésies de Berni. Arcano mourut à Rome, à l'âge de trente-cinq ans.　　　　　　　　　　　A. P.

ARCANSON, c'est le galipot, ou résine du pin, liquéfié dans les chaudières, filtré et coulé dans des moules qui lui donnent la forme de gâteaux. On l'appelle aussi *brai sec* et *colophane*. (*V.* ces noms). C'est une substance stimulante qu'on n'emploie toutefois que dans les emplâtres.　　　　A. A.

ARCANUM DUPLICATUM, comme si l'on disait remède merveilleux composé de deux substances merveilleuses: c'était de l'acide vitriolique (sulfurique) mêlé avec la base alcaline de nitre. Ce mélange formait un sel moyen qu'on appelait *sel de Duobus*. — L'*arcanum Jovis*, fort estimé ou du moins fort vanté à Bath, était employé comme puissant sudorifique; on le donnait en dose de trois à huit grains. Il se composait de parties égales d'étain et de mercure pulvérisés et digérées avec de l'acide nitrique. Après quelques préparations, il résultait de cet amalgame une poudre insipide.　A. A.

ARCASSE (*t. de marine*). C'est toute la partie extérieure de la poupe d'un navire, assez ornée dans les vaisseaux de guerre. L'arcasse doit être solidement construite pour résister aux coups de mer. — On donne le même nom au corps de la poulie qui renferme le rouet.

ARCAUX (*t. de marine*). Dans les ports, les charpentiers donnent ce nom à la craie rouge délayée avec un peu d'eau dans laquelle ils trempent une ficelle qui, tendue sur deux points d'une pièce de bois, puis soulevée dans le milieu et brusquement lâchée, trace sur cette pièce une ligne rouge.　A. X.

ARC-BOUTANT (*V.* ARC).

ARC-DOUBLEAU (*V.* ARC).

ARC DE TRIOMPHE (*V.* TRIOMPHE).

ARCEAU (*archit.*). C'est la courbure du cintre parfait d'une voûte, d'une croisée ou d'une porte. Elle ne comprend qu'une partie du cercle, un quart au plus, souvent même beaucoup moins. — Des ornements de sculpture, comme de trèfle, prennent aussi le nom d'arceaux. — C'est encore le nom par lequel on désigne la petite voûte ou arche d'un ponceau. — En terme de *chirurgie*, c'est un appareil en bois ayant la forme d'un demi-cercle, que l'on place sous les couvertures du lit d'un blessé, pour préserver de leur poids la partie où est le mal. — En terme de *pêche*, c'est un anneau, une anse de corde qui passe à travers un trou pratiqué à une pierre destinée à faire descendre au fond de l'eau les cordages et les filets. — Arceaux, au pluriel, en terme de *marine*, se dit, sur les galères, de pièces de sapin qui, par un bout, s'insèrent dans la flèche, et dont l'autre bout porte sur le bandinet : on les nomme aussi *guérites*. G. L.

ARC-EN-CIEL (*V.* ci-dessus, après le mot ARC. *V.* aussi PACTE D'ALLIANCE).

. ARCÈRE (LOUIS-ÉTIENNE), né à Marseille à la fin du XVIIe siècle, entra de bonne heure dans la congrégation de l'Oratoire, professa les humanités, et remporta plusieurs prix de poésie dans des académies de province. En 1743, il s'établit à La Rochelle, où il devint secrétaire perpétuel de la société royale d'agriculture. Là, se servant des matériaux préparés par le P. Jaillot, il composa l'*Histoire de La Rochelle et du pays d'Aunis*, 1756, 2 vol. in-4°. Cet ouvrage valut à son auteur une pension de la province, et le titre de correspondant de l'Académie des inscriptions et belles-lettres. On doit encore à cet écrivain un *Journal historique de la prise de Mahon; un Mémoire apologétique de la révolution de Corse en 1760*, et une *Dissertation sur l'état de l'agriculture chez les Romains;* in-8°, Paris, 1776. Arcère est mort à La Rochelle, supérieur de la maison de l'Oratoire de cette ville, à l'âge de quatre-vingt-quatre ans, le 7 février 1782. A. P.

. ARCÉSILAS. Plusieurs personnages de l'antiquité ont porté ce nom. Hérodote fait mention d'un Arcésilas qui monta sur le trône de Cyrène l'an 622 avant J. C, et fut assassiné par son frère dans le cours d'une expédition entreprise contre les Libyens; et Justin parle d'un lieutenant d'Alexandre à qui la Mésopotamie échut en partage après la mort de ce prince. — Celui qui a jeté le plus de célébrité sur le nom d'Arcésilas fut un philosophe académicien, né à Pitane en Étolie. Il commença par étudier la philosophie de Platon sous Palémon et Cratès; après quoi, se fixant à Athènes, il y acquit en peu de temps une grande réputation, par ses connaissances variées non moins que par son éloquence persuasive, ses richesses, et l'emploi généreux qu'il en faisait. Il se distingua d'ailleurs des platoniciens par ses doctrines philosophiques, dont il ne dissimulait pas la tendance bien marquée vers le scepticisme; il prétendait que l'homme ne pouvant rien percevoir de certain, on ne devait former aucune opinion fixe, mais toujours douter; que c'était là le seul moyen de conserver une parfaite tranquillité d'âme. Lorsqu'après la mort de Cratès il fut choisi pour lui succéder, il soutint, comme Platon, disait-il, l'avait fait, lui-même, qu'il fallait distinguer, dans nos connaissances, celles qui, provenant des objets perçus par les sens n'ont aucune base possible de certitude, de celles qui sont perceptibles par l'intelligence et conformes à la raison. Il avait paru d'abord admettre pour celles-ci quelque degré de certitude, mais ensuite il soutint, contre les stoïciens, que le sage ne peut voir de certitude nulle part, et il réduisit tout à de simples probabilités. — Sextus Empiricus, philosophe pyrrhonien du IIe siècle de l'ère vulgaire, prétendait que le scepticisme d'Arcésilas n'était qu'apparent; que dans les discussions auxquelles il se livrait avec ses disciples, à la manière de Socrate, il n'affectait de douter que pour les éprouver et les former à la controverse; qu'au fond, il leur enseignait la pure philosophie de Platon. Quoi qu'il en soit, il a fondé la secte qu'on désigne par le nom de *seconde académie*, Cicéron, dans ses *Quest: acad.*, lib. 4, a réfuté solidement les doctrines du philosophe grec, qui, au surplus, fut bien éloigné de joindre à ses préceptes philosophiques l'autorité du bon exemple. Il passait des travaux du Portique aux plaisirs de la table, et quittait ses disciples pour les Laïs de son temps : aussi assure-t-on qu'il mourut à la suite d'une orgie, à l'âge de soixante-quinze ans, l'an 240 avant J. C. J. DE M.

ARCHAGATHES, médecin qui alla s'établir à Rome vers l'an 219 avant J. C. Pline l'Ancien en parle dans les termes suivants : « Nous apprenons de Cassius Hemina, auteur très-ancien, que le premier médecin qu'on ait vu à Rome fut Archagathus, fils de Lysanias, venu du Péloponèse sous le consulat de L. Émilius et de M. Livius, l'an 535 de la fondation de la ville; qu'investi des droits de citoyen romain, il obtint, aux frais de l'État, une boutique dans le carrefour d'Ælius, pour y exercer son art; qu'on le nomma *le Vulnéraire* (guérisseur de plaies), à cause de son talent, et que, dans les premiers temps, il fut très-bien accueilli; mais que, dans la suite, il appliqua si souvent le fer et le feu, qu'on le nomma *Carnifex* (le Bourreau), ce qui fit prendre en aversion la médecine

et les médecins. » — Il est fâcheux que Pline n'ait point indiqué le degré de confiance qu'on pouvait accorder à ce Cassius Hemina. Il semble bien peu vraisemblable que, pendant plus de cinq cents ans, les Romains se soient passés des secours de la médecine. Il est dans la nature de l'homme qui souffre de chercher un remède à son mal. Cette tendance bien prononcée, même chez les peuples les plus sauvages, a dû, en tout temps, en tout lieu, produire des médecins et des empyriques. Ce qu'on peut croire c'est que, par quelque cure fameuse, Archagathes se fit avantageusement connaître; que, par quelque échec éclatant, il perdit la réputation qu'il avait acquise; comme si l'art du médecin devait être infaillible; mais il n'en sera pas moins vrai que la médecine continua d'être en honneur à Rome, comme elle y était deux siècles avant Archagathes, puisqu'on lit dans les *Antiq. rom.*, lib. x; de Denis d'Halicarnasse, que la peste qui éclata dans Rome l'an 301, *ab urbe condita*, occasionnait tant de ravages que les *médecins* ne pouvaient suffire à donner leurs soins aux malades. N. M. P.

ARCHAÏSME (du grec ἀρχαῖος, ancien, avec la terminaison ισμος, qui indique imitation); imitation du langage des anciens dans l'emploi des mots ou dans le tour des phrases, soit que cette imitation ait lieu par négligence, soit par une prétendue nécessité, soit enfin qu'on y mette une sorte d'ostentation. Dans les trois cas l'archaïsme est un grand défaut, et, lors même qu'on parviendrait à l'employer heureusement une fois sur mille, il en résulterait pour la langue si peu d'avantages, on peut ajouter tant d'inconvénients, qu'il vaudrait beaucoup mieux renoncer à tout vieux mot hors d'usage, à toute expression surannée. Le prétexte qu'on fait souvent valoir pour faire revivre des termes ou des locutions tombées en désuétude, c'est la pauvreté de notre langue; mais il faut se faire grandement illusion pour trouver pauvre la langue dans laquelle ont écrit Bossuet, Pascal, Molière, La Fontaine, Buffon, etc. Disons plutôt que si, en parlant ou en écrivant, nous avions une idée nette des choses que nous devons exprimer, si nous en saisissions bien l'ensemble, si nous avions nourri notre esprit de la lecture des bons écrivains, si nous avions puisé aux sources pures et abondantes du goût antique, et surtout si un grand nombre de mots et de tournures qui appartiennent réellement à notre langue ne nous étaient pas inconnus, nous ne nous plaindrions pas de sa misère et de sa pauvreté. — Il est vrai que des écrivains, d'un mérite d'ailleurs généralement reconnu, ont eu la manie de l'archaïsme; Salluste, par exemple, chez les latins; Salluste, historien énergique, élégant et correct au siècle d'Auguste. Mais qui ne sait que Salluste a fait de son talent un abus déplorable, qui lui a été justement reproché par Quintilien et par tous les écrivains d'une saine critique? Mais, sans aller chercher des exemples si loin, à la fin du XVIIe siècle et au commencement du XVIIIe, on vit plusieurs auteurs français qui, se trouvant trop à l'étroit dans les limites si sagement tracées à cette époque, voulurent remplir notre langue d'archaïsmes, en mettant à la mode ce qu'ils appelaient le *style marotique :* Jean-Baptiste Rousseau fut un des écrivains les plus distingués qui adoptèrent ce genre bâtard; mais ses petits poëmes, dont rien au monde n'est plus froid, plus ennuyeux et d'une lecture plus fatigante, firent bientôt fermer les portes de la nouvelle école. J. DE M.

ARCHAMBAULD, maire du palais, en Neustrie, en 646. Lorsque, huit ans après, Sigebert mourut à Metz, il recommanda son fils Dagobert à Grimoald, maire du palais en Austrasie; mais celui-ci, infidèle à ses devoirs, fit raser la tête du jeune prince, et l'envoya secrètement en Islande. Ensuite, il répandit le bruit de sa mort, et n'osant pas mettre la couronne sur son propre front, il fit proclamer son fils roi d'Austrasie : Archambauld prit aussitôt les armes, et renversa du trône le fils de Grimoald. N. M. P.

ARCHANGE, ange d'un ordre supérieur; prince, chef des anges, de ἀρχή, puissance, suprématie, et de ἀγγελος, ange. Les archanges portent les messages du Seigneur dans les occasions importantes. L'Écriture insinue en quelques endroits qu'il y a sept archanges ou anges principaux (Tob., XII, 15; *Apocal.*, VIII, 2, 3), mais elle n'en mentionne que trois, Gabriel, Raphaël et Michel. Ce fut Gabriel qui annonça, de la part du Très-Haut, à Zacharie et à Marie la naissance de Jean Baptiste et celle de Jésus; Raphaël fut le compagnon du jeune Tobie; Michel est le vainqueur de Satan (*V.* ANGE). B. Z.

ARCHANGEL (*géog.*) (*V.* ARKHANGEL).

ARCHANGÉLIQUE (*botan.*), sous-genre du genre *angélique* de la famille des ombellifères. Hoffman lui avait donné ce nom à cause des qualités qu'il y avait trouvées, et M. de Candolle a conservé cette dénomination. Caractères principaux : pétales elliptiques, entiers, recourbés par-dessus en pointe; fruit ayant un raphe au milieu, deux ailes de chaque côté, légèrement comprimé par le dos; méricarpes à côtes saillantes; amande dépouillée de tégument et entourée d'espèces de veines remplies de résine aromatique; carpophore biparte. Ce sous-genre contient trois espèces, dont la plus intéressante est l'archangélique officinale, qui croît naturellement en Europe sur le bord des ruisseaux, dans les pays de montagne. Dans les contrées septentrionales, l'archangélique est cultivée avec soin. Il s'en exhale une odeur assez agréable, et sa saveur, un peu sucrée, mais aromatique et piquante, rappelle celle du céleri. La médecine tire parti de ses racines, dont l'huile essentielle agit comme l'éther sur les systèmes nerveux et artériel; mais l'angélique est généralement plus recherchée pour ses tiges que pour ses racines : les tiges passées à l'eau bouillante qui lui enlève son écorce, et confites au sucre, forment une conserve agréable; dans les départements méridionaux, on mange ses tiges crues en salade (*V.*, au surplus, ANGÉLIQUE).

X. X.

ARCHE (*archit.*), voûte en arcade entre les deux piles d'un pont, quand le pont n'a qu'une arche; entre les piles, quand il y en a plusieurs. Les arches peuvent être surhaussées, en plein cintre, ou surbaissées; cela dépend du plus ou moins d'élévation des chemins qui conduisent au pont. Tout ce qui a été dit au mot ARC peut, au surplus, s'appliquer au mot arche. Si le pont a plusieurs arches, celle du milieu est ordinairement plus large et plus élevée que les autres : on l'appelle *maîtresse arche.* — On appelle *elliptique* l'arche dont le trait forme une *demi-ellipse*, comme au pont Royal, à Paris, — *arche extra-dossée,* celle dont les voussoirs sont égaux en longueur, parallèles à leurs douelles, n'ayant aucune liaison entre eux ni avec les assises des reins, lesquelles sont à peu près de niveau : le pont Notre-Dame est ainsi construit (*V.* ARC). Les anciens ornaient les arches de leurs ponts d'archivoltes et de bandeaux; les modernes négligent ces embellissements. Ils feraient bien si les ornements nuisaient à la solidité; mais si la solidité peut se concilier avec l'ornementation, pourquoi se priver de ce moyen de pallier la froideur de ces sortes de constructions (*V.* PONT)?

G. L.

ARCHE (*techn.*). On appelle arche, en terme de marine, la boîte de charpente qui couvre la pompe, pour qu'elle ne soit pas endommagée; on emploie aussi au même effet des cordages dont la pompe est surliée (*V.* ARCHIPOMPE). Les verriers donnent aussi le nom d'arche à une partie de leur four : ce sont six cellules construites en brique, rangées extérieurement autour du four, avec lequel elles communiquent par des lunettes d'un pied de diamètre. C'est dans ces arches qu'on met recuire les matières propres à l'arche même, avant de les placer dans les pots; elles servent aussi à *tremper* ou *attremper* les pots avant de les passer pour la première fois dans l'intérieur du four (*V.* FOUR, LUNETTES, ATTREMPER). — La *cour des Arches,* en Angleterre, est un tribunal supérieur auquel ressortissent les appels en matière ecclésiastique de la province de Canterbury; elle se compose d'un juge, du secrétaire du synode, des députés du clergé, d'avocats, greffiers et autres. Outre sa juridiction ordinaire, le juge ou *doyen de la cour des Arches* a juridiction particulière sur treize paroisses de Londres. On a donné ce nom à ce tribunal, parce qu'il tenait ses séances dans la tour voûtée de l'église de Sainte-Marie. L'expédition des affaires a lieu très-promptement à la cour des arches : dès qu'un appel lui parvient, le doyen le transmet de suite au juge dont est appel, et il ajourne l'appelant à comparaître. Ne sont admis en qualité d'avocats ou défenseurs des parties que les docteurs en droit civil. — On dit proverbialement et figurément d'une maison où loge beaucoup de monde : *Cette maison est l'arche de Noé.* On dit aussi figurément, *être hors de l'arche,* pour être exclu de la communion des fidèles; et d'une chose à laquelle on ne doit pas toucher, dont on doit s'abstenir de parler : *C'est l'arche du Seigneur.*

L. D. M.

ARCHE D'ALLIANCE. C'était une sorte de coffre dans lequel se trouvaient enfermées les deux tables de pierre où étaient gravés les dix commandements de la loi donnée par Dieu à Moïse, sur le mont Sinaï (*Exod.*, c. XXV, v. 16). Les Hébreux avaient la plus grande vénération pour cette arche,

qu'ils avaient placée dans la partie la plus reculée du tabernacle; ils la portaient dans leurs expéditions militaires, comme gage de la protection de Dieu; mais Dieu, irrité par les infidélités de son peuple, permit que les Philistins s'en rendissent maîtres. Au bout de quelque temps, les Philistins furent atteints de tant de maux, qu'ils se hâtèrent de rendre l'arche sainte aux Israélites, qui la déposèrent à Cariathaïm, dans la maison du lévite Abinadab, où elle demeura soixante-dix ans. L'arche fut ensuite placée par David dans son palais de la montagne de Sion, et, quarante-deux ans plus tard, Salomon la fit transporter en grande pompe dans le sanctuaire du temple qu'il avait fait construire à Jérusalem. Elle y demeura jusqu'au siége de cette ville par Nabuchodonozor. On lit dans le deuxième chapitre du second livre des *Machabées,* que, durant le siége, et de crainte des profanations, le prophète Jérémie enferma l'arche et l'autel des *parfums* dans un souterrain, d'où les ayant retirés après le départ des Chaldéens, il les fit transporter à la montagne de Nébo, déjà fameuse par le tombeau de Moïse; qu'ayant fait retirer les personnes de sa suite, il cacha ces objets sacrés au fond d'une caverne, et qu'enfin il ferma si bien l'entrée de cette caverne, qu'il était impossible de la retrouver. On ignore ce que l'arche est devenue depuis cette époque : il ne paraît pas qu'elle ait été déposée dans le second temple; mais les juifs modernes prétendent que la caverne et l'arche se retrouveront lorsqu'il plaira au Seigneur de rassembler tous les restes dispersés de son peuple : alors, ajoutent-ils, se renouvelleront les merveilles du temps de Moïse et de Salomon. — Quant au nom d'*arche d'alliance,* il lui avait été donné parce que les objets qui s'y trouvaient déposés étaient comme les signes visibles de l'alliance que le Seigneur avait contractée avec le peuple hébreu. — La forme de l'arche était celle d'un coffre de bois à peu près carré, travaillé avec soin, de deux coudées et demie de long sur une et demie de haut et de large. Josephe dit cinq palmes sur trois; les côtés étaient doublés de lames d'or en dehors et en dedans. Pour la transporter, les lévites, à qui la garde en était spécialement confiée, passaient deux bâtons dorés dans des anneaux d'or fixés sur les côtés longs. Le couvercle, nommé *propitiatoire* (*V.* ce mot), supportait deux chérubins en or, qui le couvraient de leurs ailes. — Les juifs modernes ont dans leurs synagogues un coffre ou armoire où ils mettent leurs livres sacrés : ils regardent cette armoire, *aron,* comme une figure de l'arche d'alliance construite par Moïse. Léon de Modène dit que cette armoire est au côté oriental de la synagogue, et qu'on y garde le *Pentateuque* écrit sur vélin avec une encre particulière.

B. Z.

ARCHE DE NOÉ (*V.* NOÉ).

ARCHE (*hist. nat.*), *arca,* mollusque bivalve, que Linné a désigné sous ce nom avec beaucoup d'autres coquilles : après lui, on a établi plusieurs nouveaux genres aux dépens de celui de Linné. Comme, au surplus, toutes les coquilles qui forment ces genres ont beaucoup de rapport entre elles, Lamark a composé de toutes une famille qu'il a nommée famille des *arcacées.* La charnière de ces arcacées est pourvue, sur les deux valves, d'un nombre considérable de petites dents, disposées tantôt en ligne droite, tantôt en ligne courbe. Les coquilles du genre particulier *arche* se trouvent abondamment dans toutes les mers; elles se distinguent des autres par la forme de la charnière, et par l'intervalle qui se trouve entre leurs crochets. Quelques-unes ont la forme grossière d'un navire, et c'est là ce qui leur a valu le nom d'arche. Comme ces coquilles sont très-souvent bâillantes, l'animal laisse passer par cette ouverture des fils tendineux dont il se sert pour s'attacher aux rochers.

X. X.

ARCHÉE (*physiol.*), s. m. de αρχη, primauté, suprématie, etc. Ce mot, par lequel les chimistes allemands voulurent désigner le *den-natur-kruben,* le principe qui détermine la végétation particulière de chaque corps, fut employé d'abord par Basile Valentin, et adopté ensuite par son disciple Paracelse, et par Van-Helmont, pour désigner l'être de raison qui leur servait à expliquer les phénomènes de l'économie animale. Van-Helmont, il est vrai, tenta de modifier les doctrines de Paracelse, mais sa propre doctrine n'est pas plus claire que celle qu'il modifie. L'archée, suivant lui, est un principe immatériel, existant dans la semence avant sa fécondation, et présidant à son développement, de même qu'à tous les phénomènes dont se compose l'accroissement et la vie du corps organisé; mais ce principe immatériel n'est pas la même chose que l'âme intelligente, quoiqu'il suppose en lui de l'intelligence à un haut degré. — Outre cet archée principal, dont le siége est à l'orifice supérieur de l'estomac, Van-Helmont admet plusieurs autres archées; qui lui sont subordonnés et se chargent d'exécuter ses ordres. Chaque archée a sa place dans l'un des organes qu'il est chargé de faire mouvoir, et cet archée, sujet à toutes les passions, les communique à l'homme dont il dirige les fonctions. — L'origine de cette doctrine, plus qu'étrange, se trouve dans le résultat de la contemplation de la merveilleuse structure de l'homme. Les partisans de l'archée ont cru qu'il n'était pas possible aux organes de remplir leurs fonctions si diverses et si multipliées, sans le secours immédiat de quelque intelligence directrice; mais, disent-ils, cette intelligence, n'est point l'âme, parce que, s'il en était ainsi, l'homme devrait savoir tout ce qui se passe au-dedans de lui-même; c'est là certainement ce qu'on appelle tomber dans Scylla en évitant Carybde. Pour ne pas convenir qu'ils ignorent comment l'âme agit sur le corps, ils aiment mieux supposer un être dont ils ne connaissent pas davantage l'existence et la nature, et qui, pas plus que l'âme, n'a aucune communication avec nous; car les archées, nous laissent parfaitement ignorer comment ils agissent. Ignorance pour ignorance, préférons celle qui est la plus simple, et au lieu de nous donner deux âmes, convenons simplement que nous ignorerons toujours comment l'âme gouverne le corps. Sans doute nous connaissons quelques-unes des causes mécaniques des fonctions corporelles, mais quelle puissance fait agir ces causes mécaniques? C'est là ce que nous ne saurions concevoir, parce que la main divine a posé à notre faculté de connaître des bornes qu'avec tous nos efforts nous ne franchirons pas. — Stahl est venu, à son tour, modifier les doctrines de Van-Helmont; il attribue à l'âme le rôle que Van-Helmont fait jouer à ses archées; il fait, de ce moteur universel de nos organes et de nos pensées, un seul principe qui n'est point, par malheur, ce que les chrétiens appellent l'âme; c'est ce que Barthez appelle *principe vital.*   A. A.

ARCHEGAYE ou LANCEGAYE (*arm.*). C'était une espèce de lance en usage parmi les Gaulois, et adoptée ensuite par les Francs; elle se composait d'un fer pointu, très-étroit, et d'une hampe légère. Les cavaliers seuls s'en servaient; ils en plaçaient l'extrémité inférieure dans un étui attaché sur le côté droit de la selle: s'ils étaient obligés de combattre à pied, ils coupaient la hampe par le milieu, ou aux deux tiers, et ils employaient le côté du fer comme une demi-pique. V. H.

ARCHÉGÈTES (*myth.*), nom sous lequel Apollon était adoré dans l'île de Naxos. Il existe d'anciennes monnaies de cette île, sur la face desquelles on voit la tête du dieu avec ce nom. Hercule avait aussi des autels dans l'île de Malte, où son culte, sous le même nom d'Archégètes, avait été apporté par les marchands de Tyr. Ce mot dérive du grec ἀρχηγός, qui signifie *prince.*   N. M. P.

ARCHEION (*antiq.*), mot purement grec, qui signifie *trésor des archives:* c'était une partie du sanctuaire dans laquelle on gardait les trésors des dieux, et quelquefois même ceux des simples particuliers.   N. M. P.

ARCHELAUS, nom commun à des héros de la mythologie grecque, à des rois, à des princes, des généraux, des philosophes et des artistes : nous allons faire connaître les principaux. — Archélaüs, descendant d'Hercule, chassé par ses frères du sol natal, se réfugia en Macédoine auprès du roi Cissée, qui lui promit sa fille en son héritage s'il le défendait contre ses voisins. Archélaüs battit complétement les ennemis de Cissée, qui, loin d'accomplir sa promesse, lui dressa des embûches pour lui ôter la vie. Archélaüs, justement irrité, tourna contre lui ses armes victorieuses, et l'ayant fait périr, il monta sur le trône de Macédoine. D'autres disent que, craignant pour sa vie, il prit la fuite et se sauva. — Archélaüs, fils naturel de Perdiccas II, roi de Macédoine, mort l'an 413, avant J.-C., s'empara du trône après avoir immolé ses frères légitimes. Une fois maître du pouvoir, il fit oublier son usurpation en déployant de grandes qualités; il fortifia plusieurs villes, disciplina l'armée, construisit des vaisseaux, et se déclara protecteur des arts et des lettres. Plusieurs hommes célèbres de ce temps se rendirent à sa cour; mais il ne put engager Socrate à le visiter. Un de ses favoris l'assassina vers l'an 399. — Un général de ce même nom commandait en chef les armées de Mithridate; mais après avoir longtemps disputé la Grèce aux Romains, il perdit contre Sylla les batailles de Chéronée et d'Orchomène. Sylla n'accorda la paix qu'à des conditions très-onéreuses pour le roi de Pont, et, Archélaüs, craignant le ressentiment de son maître, s'enfuit avec sa famille, et alla demander un asile à Murena, lieutenant du dictateur. Toutefois, un fils d'Archélaüs, de même

nom que son père, servit d'abord sous Mithridate, mais il ne tarda pas à passer dans les rangs des Romains, et Pompée paya sa défection en lui donnant la souveraineté de Comane et le pontificat du temple de cette ville (*V.* COMANE), ce qui le rendait aussi puissant que le roi de Pont lui-même. Sur ces entrefaites, Ptolémée Aulète, roi d'Egypte, ayant été chassé par ses propres sujets, sa fille Bérénice fut proclamée héritière du trône. Cette femme, peu propre à la direction des affaires publiques, s'en déchargea sur le grand prêtre de Comane, qu'elle épousa pour lui faire partager la couronne. Archélaüs, dit-on, déploya de grands talents pendant son règne, qui fut seulement de six mois. Au bout de ce temps, Gabinius, général du fameux Marc-Antoine, sous prétexte de rétablir Aulète, envahit l'Egypte avec une puissante armée. Archélaüs tenta de résister aux Romains, mais les Egyptiens, qui ne se montrèrent jamais mauvais soldats qu'à cette époque, fatale à leur pays, à laquelle ils auraient eu le plus besoin de courage, secondèrent mal les efforts de leur prince, qui perdit la vie sur le champ de bataille. Antoine lui fit rendre les honneurs funèbres. (56 avant J.-C.) — ARCHELAUS, neveu du grand prêtre de Comane, fut nommé par Antoine, roi de Cappadoce; il prit part à la bataille d'Actium, où il était dans les rangs de son bienfaiteur. Le vainqueur ne laissa pas de le maintenir sur son trône lorsqu'il eut été lui-même proclamé empereur des Romains. Moins heureux sous Tibère, qui ne lui pardonna pas de n'avoir eu pour lui aucun égard lorsqu'ils s'étaient trouvés ensemble dans Rhodes, il fut appelé à Rome et jeté dans une prison où, dit-on, il mourut l'an 17 de l'ère vulgaire; son règne avait été de plus d'un demi-siècle. La Cappadoce fut déclarée province de l'empire. — ARCHELAUS, fils d'Hérode le Grand, succéda à son père sur le trône de Judée, l'an 3 avant J. C. Il signala le commencement de son règne par le supplice de trois mille Juifs qui avaient murmuré de ce qu'on eût frappé de mort ceux qui avaient enlevé l'aigle d'or du portail du temple. Auguste, pour le punir de sa cruauté, ne lui donna que la moitié des états de son père; bientôt après, sur de nouvelles plaintes qui s'élevèrent contre lui, l'empereur l'exila à Vienne, dans les Gaules; il mourut dans cette ville l'an 6 de l'ère vulgaire. C'est de cet Archélaüs que parle saint Mathieu, chap. II, lorsqu'il dit que Joseph, apprenant que ce prince avait succédé à son père, jugea prudent de ne pas retourner en Judée. —ARCHELAUS de Milet, disciple d'Anaxagore, et maître de Socrate, enseigna les doctrines de son maître avec quelques amendements, et il peut être considéré comme le dernier représentant de l'école ionienne que Thalès avait fondée. Il divisa la philosophie en partie morale et en partie physique, et, dans l'une comme dans l'autre, il professa des erreurs. Si en physique il découvrit, dit-on, que le son se propage par les vibrations de l'air, il prétendit aussi que le chaud et le froid sont le principe de toutes les choses. Quant à sa philosophie morale, il soutint que le juste et l'injuste, dans les actions des hommes, n'ont qu'une existence relative, et non absolue; c'est-à-dire, qu'elles ne sont en elles-mêmes ni bonnes ni mauvaises, mais qu'elles le deviennent suivant qu'elles sont permises ou défendues par les lois. C'est là, dit Feller, une de ces erreurs que les philosophes du XVIII° siècle ont tenté de faire revivre : ils avaient, donc intérêt à détruire la morale jusqu'en ses derniers fondements, afin d'arriver sans obstacle au bouleversement et à la ruine de la société. Y a-t-il, en effet, société possible, si chacun se montre convaincu que ses actions sont indifférentes; qu'il n'y a point de vertus réelles; que la bonne foi, la probité, la bienveillance pour les autres, l'honneur, la modestie, etc., ne sont que de vains noms; et que la seule chose dont on doive se garder, c'est d'outrepasser la disposition des lois? —ARCHELAUS de Priène, en Ionie, fut un sculpteur célèbre : il était, contemporain de l'empereur Claude, sous le règne duquel il exécuta son *apothéose d'Homère*, en marbre. Ce précieux monument a été retrouvé, en 1658, dans une campagne qui appartenait à l'illustre famille des Colonne. On croit que l'empereur Claude avait en ce lieu une maison de plaisance. — Un géographe appelé Archélaüs composa un traité de statistique sur tous les pays conquis par Alexandre; un autre écrivit l'*Histoire des animaux*. Enfin, un prélat de ce même nom, l'évêque de Casghar, dans la Mésopotamie, célèbre par son savoir autant que sa piété, soutint contre Manès, en 277, une conférence publique dans laquelle il confondit cet hérésiarque. La relation de cette conférence fameuse fut écrite en grec par Hégémoine; elle a été traduite du grec en latin par Zacagni, et la traduction existe encore.   P. D.

ARCHELET (*t. de pêch.*), branche de saule pliée en cercle et attachée avec de la lignette à l'orifice du *verveux*, afin de le tenir ouvert. On donne le même nom à deux bâtons d'orme, courbés en demi-ellipses et placés en travers, l'un sur l'autre, en forme de croix, qui s'attachent aux quatre coins de l'*échiquier*, filet à prendre du goujon. En *terme d'arts et métiers*, c'est un petit archet dont se servent les orfévres, les horlobers et les serruriers pour les ouvrages les plus légers qu'ils ont à tourner.　　　　　　　　　　L. D. M.

ARCHÉLOGIE (*médec.*). On désigne par ce nom, tiré du grec, un traité dogmatique des premiers éléments de la médecine, considérés par abstraction, mais fondés sur la raison et sur l'expérience; c'est la base fondamentale de la connaissance de l'homme.　　　　　　　　　　A. A.

ARCHEMORE ou OPHELTÈS (*mythol.*), fils de Lycurgue, roi de Némée, et de sa femme Euridice. Il était dans les bras d'Hypsipyle, sa nourrice, lorsque les soldats d'Adraste, qui allait assiéger Thèbes, traversant la forêt de Némée, et mourant de soif, rencontrèrent cette femme et la prièrent de leur indiquer une source. Hypsipyle les conduisit vers une fontaine voisine, et, pour se hâter davantage, elle déposa son nourrisson sur une plante d'ache; un serpent s'y était caché, il piqua l'enfant qui mourut de sa blessure. Lycurgue voulait punir de mort la négligence de la nourrice, mais les Grecs la protégèrent; d'un autre côté, pour adoucir la douleur et les regrets du père, ils firent à l'enfant de magnifiques funérailles, et ils instituèrent les jeux néméens, qu'on célébrait tous les trois ans, et où les vainqueurs, couverts de vêtements de deuil, portaient sur la tête des couronnes d'ache.　　　　　　　　　　N. M. P.

ARCHENHOLZ (*Jean-Guillaume d'*), né dans un faubourg de Dantzig en 1743, fit ses études dans l'institution des jeunes cadets de Berlin. Devenu officier dès l'âge de quinze ans, il fit la guerre de sept ans, parvint au grade de capitaine, et fut rayé des contrôles de l'armée en 1763, à cause de sa passion pour le jeu et de son amour effréné du plaisir. Archenholz se mit alors à voyager, et l'on assure que, pour subvenir à ses besoins, il n'employa pas toujours les moyens les plus honorables. De retour dans son pays, il ne trouva plus de ressources que dans ses travaux littéraires. Assez exact observateur, il savait raconter avec esprit; aussi les divers ouvrages qu'il publia, plus amusants qu'instructifs, plus spirituels que savants, eurent-ils beaucoup de succès. Il mourut septuagénaire à Hambourg, en 1812, dans sa maison de campagne. Ses principaux ouvrages sont : 1° *L'Angleterre et l'Italie*, ouvrage traduit dans plusieurs langues de l'Europe; la dernière édition, en 5 vol., est celle de Leipzig, 1687; 2° des *Annales de la Grande-Bretagne* depuis 1788, en 20 vol.; 3° une *Histoire estimée de la guerre de sept ans*, Berlin, 1792; 4° une *Histoire* ou plutôt le roman *de la reine Elisabeth*; 5° une *Histoire de Gustave Wasa*, Tubingen, 1801, 2 vol., avec un tableau préliminaire de la Suède, depuis les temps les plus anciens jusqu'au XVe siècle, et beaucoup d'autres ouvrages, parmi lesquels on doit citer divers journaux littéraires et politiques auxquels il a travaillé, et principalement *la Minerve*, qui a paru de 1782 à 1812, et qui a réuni jusqu'à trois mille abonnés. Dans ce journal, Archenholz s'est donné, à force d'adresse, un air d'impartialité qu'il était loin d'avoir : il était, avant tout, courtisan.　　　　　　　A. P.

ARCHÉOGRAPHE, ARCHÉOGRAPHIE, mots dérivés du grec, ἀρχαῖος, ancien, et γραφω, je décris. On appelle donc archéographie la description des monuments antiques, et archéographe l'auteur qui décrit ces monuments. Archéologie, au contraire (*V.* le mot suivant), se dit de la science même des choses antiques, de la connaissance des monuments. Ainsi, on peut décrire un édifice antique sans être archéologue, car il suffit d'avoir des yeux et de savoir écrire; mais il n'est guère possible d'être archéologue sans être en même temps archéographe.

ARCHÉOLOGIE, que, pour se conformer à l'étymologie grecque, il faudrait écrire archæologie, de même qu'archéographie, qui a la même origine; science ou connaissance des monuments antiques, monnaies, médailles, inscriptions, vases, ustensiles, etc., dont le but est d'appliquer le résultat de ses découvertes à l'histoire politique et morale des anciens peuples. L'archéologie offre déjà un plan assez vaste pour qu'un homme, avec de longues années de vie, ne puisse se flatter de le parcourir dans tous ses détails; mais il est des archéologues qui, voulant sans doute relever par l'énumération des difficultés qui entourent l'objet de leurs études, le prix que, sans cela, tout homme de sens attacherait à l'ar-

chéologie, exigent une telle réunion de connaissances dans l'histoire, la géographie, les langues mortes et celles de l'Orient, l'histoire naturelle dans ses branches, la physique, l'astronomie, la philosophie, les arts libéraux, les arts mécaniques, etc., que vingt hommes de talent qui tous réuniraient leurs connaissances en un seul faisceau, ne pourraient qu'à grand peine former un seul archéologue. — Cette prétention évidemment exagérée sous certains rapports, paraît cependant assez fondée sous quelques autres; car, pour que l'archéologue puisse faire une application exacte de ses découvertes, il a besoin de connaître préalablement les choses auxquelles l'application doit se faire. Mais la même chose peut se dire de toutes les sciences, car il n'en est pas une seule qui, par un ou plusieurs points, ne se rattache aux autres sciences. Ce qu'il faut à l'archéologie, c'est le talent de décrire ce qu'il observe. Le soin de faire les applications devrait être laissé à ceux qui s'occupent de l'histoire des arts, ou qui veulent faire sortir des monuments antiques l'histoire des peuples qui les ont érigés; car, ainsi que le dit avec beaucoup de raison un écrivain moderne de talent, l'archéologie n'est ni l'*histoire de l'art* ni l'*érudition*; celle-ci s'attache au texte des ouvrages des anciens, à leurs écrits; l'autre prend l'art à sa source et, de progrès en progrès, le conduit à son état de perfection. L'archéologie décrit les monuments de l'art à mesure qu'elle les aperçoit, et elle les explique; ainsi, dit le même écrivain, il y a là trois genres de connaissances qui s'éclairent mutuellement, bien qu'avec un but spécial qui empêche de les confondre. — Nous nous souvenons qu'à la nomination d'un académicien (le fait ne date pas de bien loin), les journaux glosèrent sur le discours du récipiendaire, qui prétendit avoir beaucoup d'esprit, on en convenait, mais avec peu de raison, ajoutait-on, que la scène dramatique d'un peuple ou d'une époque pouvait, en quelque sorte, servir de supplément à l'histoire de cette époque ou de ce peuple. Eh bien, cette doctrine qui, selon nous, ne manque pas de justesse, est la même que celle des archéologues, même de ceux qui ne voient dans l'archéologie que ce qu'il y a réellement : la recherche, la description et l'explication des monuments. Et convenons que, jusqu'à un certain point, ces monuments peuvent nous faire connaître, sinon l'histoire politique d'un peuple, du moins l'état de ses mœurs, de ses usages et de sa religion, en un mot, son état social. — Les progrès dans les arts annoncent une civilisation perfectionnée, et ceux qu'on voit cultivés avec le plus de soin ou d'assiduité, peuvent par leur nature indiquer, avec quelque certitude morale, la tendance des esprits et des inclinations. Mais il ne faut pas demander à l'archéologie plus qu'elle ne peut produire, c'est-à-dire, qu'on doit se contenter de notions générales, d'inductions, de probabilités, et de ces résultats qui sont la suite nécessaire d'un fait observé. Ainsi, lorsque des fouilles auront mis à découvert des idoles dans un pays qui fut habité par un peuple dont on ignorait les principes religieux, on pourra conclure de ce fait que ce peuple était idolâtre; la forme de ces idoles indiquera de même si les arts de ce peuple étaient avancés ou s'ils étaient encore dans l'enfance; la matière dont elles seront composées pourra également faire présumer si ce peuple était riche ou s'il manquait de métaux précieux; la nature des objets admis comme la représentation de la divinité permettra aussi de déterminer jusqu'à quel point ce peuple avait épuré ses principes religieux et son culte. — Les monuments peuvent encore servir à rectifier l'histoire, quand ils démentent le témoignage de l'historien, ou à l'étendre et le compléter, quand l'historien a manqué de documents. En résumé, l'archéologie trace, par les monuments qu'il décrit, l'état social d'un peuple aux époques déterminées par les dates de ces monuments; mais pour que son travail, devenant plus fructueux, mérite le nom de science, il ne doit ni substituer ses opinions à celle qui naît des monuments existants, ni, en l'absence des monuments, remplir avec son imagination les lacunes qu'il aperçoit; car ici tout doit être positif, rien n'est laissé à l'arbitraire. — Les travaux de l'archéologue roulent donc sur les monuments de l'architecture et sur ceux de la sculpture, de la peinture et de la gravure, tant sur pierre que sur métaux. Les maisons, les édifices publics, les pyramides, les obélisques, les théâtres, les tombeaux, etc., sont du domaine de l'architecture; on peut y ajouter tout ce qui concerne les constructions navales. La sculpture s'entend des statues, des bustes, des bas-reliefs, etc., tout comme la peinture embrasse toutes les espèces de tableaux quelle qu'en soit la matière qu'en soit la matière, la pierre, la toile, le papyrus, le bois, etc. La gravure comprend un nombre plus grand encore d'objets ; car à cette division appartiennent les pierres gravées, les inscriptions, les médailles et les monnaies. Il existe encore un grand nombre de choses qui ne peuvent guère se classer dans les divisions précédentes ; ce sont toutes celles qui se rapportent à des objets d'un usage général, comme les ustensiles, les vêtements, les armes, les instruments des arts, etc. ; en un mot, tout ce qu'on désigne par le mot d'antiquité figurée. — Il suffit de ce très-court exposé pour donner à comprendre que l'archéologue ne peut prétendre à aucun succès s'il ne s'est préparé, par de longues et fortes études, à la connaissance des antiquités. Ainsi, on ne saurait inférer de ce que nous avons dit au commencement de cet article, que nous regardons l'instruction préalable comme superflue : ce que nous avons prétendu, c'est qu'il ne faut point, dans un accès irréfléchi d'enthousiasme pour l'espèce de culte qu'on rend à la science, dire que l'archéologie renferme tout, ou que l'archéologue doit tout savoir. — Au fond, comme ce ne peut être dans un ouvrage du genre de l'Encyclopédie qu'on peut expliquer les principes et les résultats d'un art aussi vaste que celui de l'archéologue, nous n'avons fait qu'indiquer le but que se propose l'archéologie dans ses recherches, et nous devons, pour les moyens et les résultats, renvoyer aux ouvrages spéciaux, nous réservant, au surplus, d'entrer dans quelques détails aux articles NUMISMATIQUE, MONNAIES, MÉDAILLES, VASES, ICONOGRAPHIE, GLYPHIQUE, PLASTIQUE, MOSAIQUES, USTENSILES, etc. (V. tous ces mots). On consultera donc avec fruit l'Archæologia litteraria d'Ernesti ; Leipsig, 1790, in-8°, 2ᵉ édition ; l'Histoire de l'art chez les anciens, par Winckelmann ; Paris, 1802, 3 vol. in-4° ; l'Introduction à l'étude de monuments, des pierres gravées et des médailles, par Millin ; Paris, 1826, 1 vol. in-4° ; le Thesaurus antiquitatum græcarum et romanarum, de Grævius et de Gronovius ; Lugd., 1697, et seq., 29 vol. in-fol. ; le Lexicon antiquitatum romanarum de Pisticus, 2 vol. in-fol., 1713 ; L'antiquité expliquée de Montfaucon ; Paris, 1719, 15 vol. in-fol. ; le Recueil d'antiquités du comte de Caylus ; les volumes d'antiquités de l'Encyclopédie méthodique, par Mongez, 7 vol. in-4° ; tous les ouvrages du savant Visconti ; les Monuments antiques, inédits, de Millin, 3 vol. in-4° ; Paris, 1802 ; le Panthéon égyptien de Champollion jeune ; Paris, 1824, 1 vol. in-4°, etc., etc. — L'étude de l'archéologie remonte pas, en Europe, au-dessus du xvᵉ siècle. On a voulu, il est vrai, insérer les noms du Dante et de Pétrarque dans la nomenclature des archéologues ; mais il est évident que si ces deux poëtes firent quelques recherches, ce fut pour leur propre instruction et pour le besoin de leurs poëmes, plutôt que par aucun dessein formé d'avance de rédiger leurs découvertes en préceptes. Ce ne fut sous le patronage des Médicis, que le goût de l'archéologie s'éveilla dans Florence, et de là se répandit par toute l'Italie. Winckelmann est le premier qui, dans son Histoire de l'art chez les anciens, a réduit les observations en principes, et composé de ces principes une théorie que Visconti a perfectionnée. Millin, en France, s'est montré l'émule et le rival de ces deux hommes de génie ; une chaire d'antiquités à la Bibliothèque (alors nationale), créée en 1799, fut confiée à ses soins, et, par le talent qu'il y déploya, il se montra digne de la remplir (V. MONUMENTS FRANÇAIS).   N. M. P.

ARCHER (art milit.), nom qu'on donnait à un homme de guerre, à un soldat armé d'arc et de flèches. Tous les peuples de l'antiquité ont eu des archers, et, jusqu'à l'invention des armes à feu, des corps d'archers ont formé partie des armées européennes. Les Grecs, que les Romains imitèrent plus tard, plaçaient les archers avec les frondeurs sur les deux ailes de l'armée ; ils avaient aussi des corps d'hippotoxotes, c'est-à-dire d'archers à cheval. — Les Scythes, les Thraces, les Parthes, les Huns, passaient pour les plus habiles tireurs de l'arc : dans les temps modernes, les Anglais ont eu la même réputation. La plupart des peuples de l'Asie, les Chinois, les Persans, les Tartares, font encore usage de l'arc et des flèches ; il en est de même des peuples du Nord sur l'un et sur l'autre continent : toutes les peuplades sauvages ou à demi-sauvages de l'Amérique, de l'Afrique et de l'Océanie, n'ont d'autre arme que l'arc. — Les archers, et en général tous les gens de trait, engageaient l'action avec l'ennemi ; souvent leurs attaques arrêtaient une charge de cavalerie, plus souvent encore ils servaient à protéger les retraites, à fouiller les endroits suspects, les gués, les taillis, les forêts, les lieux marécageux. — Charles VII avait créé un nombre considérable d'archers ; chaque paroisse était soumise à la levée d'un de ses meilleurs

hommes, et chaque homme appelé au service devait se rendre à l'appel pourvu d'armes. Ce prince les affranchit de subsides, ce qui leur valut le nom de francs archers ; les nobles, par dérision, les appelaient francs taupins. — Louis XI remplaça les francs archers par un corps de seize mille hommes, sur lesquels il y avait six mille Suisses. Depuis cette époque, le nom d'archer n'a plus été employé que pour désigner les gardes chargés de veiller au maintien de la tranquillité publique. — Les francs archers jouissaient de tant de privilèges, que, bien que ces privilèges fussent personnels, leurs places étaient fort ambitionnées ; et, comme d'ordinaire les pères avaient pour successeurs leurs enfants, ce qui perpétuait dans la même famille la jouissance des mêmes privilèges, il se forma une noblesse, qu'on nomma noblesse archère, laquelle, après diverses générations, se confondait avec la noblesse de race. Aussi, pour empêcher cet abus de se prolonger, Henri III, en formant ses compagnies de gendarmes d'ordonnance (1579), défendit-il d'y recevoir aucun archer qui ne serait pas noble de race. — Les anciennes compagnies d'archers de la maréchaussée ayant été supprimées par un édit de 1720, on en créa de nouvelles sous le nom de cavaliers ; mais l'ancien usage prévalut pendant longtemps, et l'on s'est indistinctement servi du mot archer pour désigner les officiers exécuteurs des ordres des prévôts ; lieutenants de police, juges, etc. Il y avait des archers du grand prévôt de l'hôtel et du prévôt des marchands, des archers de ville, des archers du guet, etc. — Les archers de la prévôté générale des monnaies étaient au nombre de quatre cents ; outre leurs officiers et les exempts : ils avaient été établis pour procéder à l'exécution des arrêts et règlements de la cour des Monnaies. — Les archers de l'hôtel de ville de Paris formaient trois compagnies, l'une, créée par Charles VI, de cent soixante arbalétriers ; la seconde, par Louis XI, de cent vingt archers ; la troisième, par François Iᵉʳ, de cent arquebusiers. Ces trois compagnies, qui, en 1690, furent réunies en une seule, formaient un corps de trois cents hommes. — A l'imitation de la capitale, toutes les villes où il existait un corps municipal eurent un certain nombre d'archers, qu'on exemptait d'impôts et de droits d'octroi. — On appelait archers de la connétablie des officiers dont les fonctions consistaient à exécuter les sentences des lieutenants des maréchaux de France ; ils avaient le droit d'exploiter toute l'étendue du royaume, et de mettre à exécution les arrêts de toute espèce de juges.   V. H.

ARCHER (hist. nat.), petit poisson du Gange et des îles de l'archipel de l'Inde, long de six à sept pouces, connu sous le nom d'ican sumpit. Cuvier en a fait un genre de la famille des squammifères. Caractères principaux : seconde nageoire du dos très-reculée, membrane des bronchies soutenue par sept rayons, dentelure au sous-orbitaire et sur le bord inférieur du propercule, dents en velours ; corps ovale, fortement comprimé en arrière ; museau court et obtus, crâne aplati ; tête revêtue d'écailles, mâchoire inférieure allongée, œil grand et à fleur de tête ; couleur brun foncé sur le crâne, sur le dos et la nageoire dorsale ; le reste du corps d'un blanc argenté, avec quelque teinte de vert, quatre taches noires de chaque côté. Ce poisson, que les naturalistes appellent archer sagittaire, toxotes jaculator, doit ce nom à la faculté qu'il lui a donné la nature de lancer de sa bouche, à trois ou quatre pieds de distance, des gouttelettes d'eau ; il les dirige avec tant de justesse vers les insectes qu'il aperçoit sur le rivage ; que presque toujours il les atteint : ces insectes, étourdis par le coup, tombent dans l'eau, et deviennent la proie de l'adroit chasseur. Les Chinois élèvent de ces poissons dans des vases ; pour se donner le spectacle curieux de leur industrie. X. X.

ARCHESTRATE, nom d'un poëte tragique grec, qui vécut au temps des guerres du Péloponèse. — Un autre Archestrate, natif de Syracuse, contemporain de Périclès, composa un poëme gastronomique, et non-seulement il chanta les mets les plus exquis et les plus rares, mais encore il fit de longs voyages pour pouvoir indiquer ce que chaque pays produisait de meilleur en fruits, en légumes, en gibier, en poisson. Athénée et Plutarque font mention de ce digne précurseur d'Apicius. — Ce nom d'Archestrate appartenait encore à un Athénien qui fut jeté dans une prison, pour avoir conseillé, dit Xénophon, à ses concitoyens d'accepter les conditions de paix que leur offrait Lysandre, durant la guerre du Péloponèse.   N. M. P.

ARCHET, diminutif d'arc, sorte de petit arc en usage dans les arts, et composé d'une lame d'acier ou d'une baleine, emmanché dans un morceau de bois, et d'une grosse corde de boyau, fixée, par une de ses extrémités, à la partie de la lame qui est près du manche, et s'accrochant, par l'autre extrémité, à l'un des crans ou entailles pratiquées à l'autre bout de la baleine. Les arquebusiers, les doreurs, les horlogers, les serruriers, se servent d'archets pour faire tourner la boîte à foret, et ces archets se ressemblent tous. Pour s'en servir, l'ouvrier, avant de passer le bout libre de la corde au cran qui doit la retenir, l'enroule autour de la boîte, et il attache ensuite la corde à un cran plus ou moins éloigné de la lame, afin que la partie enroulée serre avec assez de force la boîte à foret. Alors, en imprimant à l'archet le mouvement de *va et vient*, l'ouvrier fait tourner rapidement la boîte de droite à gauche, ou de gauche à droite. Les tourneurs, au lieu d'archet, se servent d'une longue perche attachée par un bout au plafond (*V.* TOUR A TOURNER). Les *fondeurs de caractères* appellent archet un morceau de fil de fer plié en rond, et formant partie du moule. Les *lapidaires* donnent aussi le nom d'archet à une scie formée de fil de laiton, laquelle sert à couper les pierres précieuses, au moyen de l'eau et de l'émeri. Les *ouvriers en mosaïque* se servent d'un archet semblable, mais en fil de fer, qu'ils nomment scie à contourner, et qu'ils emploient pour découper le marbre. Les *briquetiers* coupent aussi la terre avec un archet en fil de fer pour conformer des briques. — C'est encore par le nom d'archet qu'on désigne un châssis tourné en arceau, qu'on place sur les berceaux des enfants.

ARCHET (*luther. et mus.*). L'archet est une baguette de bois, longue d'environ vingt-huit pouces, terminée par deux parties saillantes, dont l'une, celle d'en haut, s'appelle la *tête de l'archet*, et l'autre, mobile au moyen d'une vis à écrou, porte le nom de *hausse*. Un petit faisceau de crins de cheval, tendus longitudinalement dans la direction de la baguette, repose sur la tête et la hausse; et cette dernière partie, en s'éloignant ou se rapprochant à volonté, sert à donner aux crins le degré de tension nécessaire. C'est par le frottement de ce faisceau de crins, enduit de colophane (*V.* COLOPHANE), contre les cordes d'un instrument, que l'artiste tire de l'instrument qu'il tient en ses mains des sons plus ou moins doux, plus ou moins expressifs, suivant la bonté de l'instrument, et suivant la manière dont il manie l'archet. — Les instruments pour lesquels l'archet est nécessaire sont le violon, l'alto, le violoncelle ou basse, et la contre-basse. — Dans le XVIe siècle, l'archet était beaucoup plus cintré qu'il ne l'est aujourd'hui; dans le XVIIe, Lully et les violonistes de son école employèrent un archet plus court. Tartini, au commencement du XVIIIe, remit en vigueur les archets à longue baguette, mais il les garnit moins de crin. Quand Viotti vint en France (1797), il fit prendre à l'archet une forme nouvelle, celle qu'il offre actuellement, et les violonistes assurent que cette heureuse innovation a puissamment contribué aux progrès de leur art. — Pour se convaincre de l'importance du maniement méthodique de l'archet, on peut lire la *Méthode du Conservatoire* de M. Baillot. Suivant cet habile artiste, qui prouve par les faits la bonté et l'exactitude de ses théories, il faut faire une étude de la manière de *tenir* l'archet, de le *diviser*; c'est-à-dire de lui donner plus ou moins de développement, et de le *pousser*, c'est-à-dire de le tirer sur les cordes, ce que les violonistes appellent le *coup d'archet*. — Il y a plusieurs sortes de coups d'archet : 1o le *martelé*, qui consiste à détacher les notes avec la pointe de l'archet; 2o le *staccato*, avec lequel on pique plusieurs notes du même coup d'archet, soit en poussant de la tête à la hausse, soit en tirant de la hausse à la tête; 3o le *coulé*, qui se fait en liant ensemble plusieurs notes. De tous ces coups d'archet, le plus brillant, c'est le staccato; le plus expressif, c'est le coulé. — Il y a encore une sorte de martelé coulé, qu'on obtient en promenant successivement l'archet sur les notes qui forment un accord. Ce coup d'archet a beaucoup d'harmonie.
　　　　　　　　　　　　　　　　　G. B.

ARCHÉTYPE, de ἀρχή, principe, et de τύπος, type. Ce vieux mot de l'école, qui signifiait : idée sur laquelle Dieu a formé le monde, n'est plus en usage que dans les hôtels des monnaies, pour désigner l'étalon sur lequel on étalonne les poids et mesures (*V.*, au surplus, IDÉES ARCHÉTYPES ET PLASTIQUES.)
　　　　　　　　　　　　　　　　　N. M. P.

ARCHEVÊCHÉ, territoire ou province sur lequel s'étend la juridiction d'un archevêque. — Palais archiépiscopal.

ARCHEVÊQUE, prélat qui a plusieurs évêques pour suffragants, avec le pouvoir de les convoquer tous en concile provincial (*V.* ÉVÊQUE et MÉTROPOLITAIN).

ARCHI. Ce mot, emprunté du grec, n'a de signification que lorsqu'il est joint à un autre mot : il indique alors supériorité ou prééminence de la chose que le mot indique sur les autres choses de son espèce : archiacolyte, archichancelier, archi-

duc, etc. — Dans le style familier, il se met devant l'adjectif, et il exprime le plus haut degré : archifou, archipédant, etc.
　　　　　　　　　　　　　　　　　L. D. M.

ARCHIACOLYTE : (*hist. ecclés.*), nom d'une dignité qui plaçait celui qui en était revêtu au-dessus des acolytes dans l'église cathédrale. Comme il y avait dans les cathédrales quatre ordres de chanoines, prêtres, diacres, sous-diacres et acolytes, et que chaque ordre avait un chef particulier, les acolytes obéissaient à l'un d'eux, sous le nom d'archiacolyte. Ce chef n'avait pas le droit d'assister au chœur; il n'avait pas non plus de voix au chapitre. Il n'y a plus aujourd'hui d'archiacolyte.

ARCHIAS (*myth., hist. anc.*). Beaucoup de personnages de l'ancienne Grèce ont porté le nom d'Archias; les uns appartiennent à la mythologie plutôt qu'à l'histoire; les autres n'ont laissé qu'une réputation équivoque de talent. S'il faut en croire Pausanias et Denys d'Halicarnasse, Archias de Corinthe, descendant d'Hercule, fonda Syracuse l'an 732 avant J. C. L'oracle de Delphes, auquel il s'était adressé pour connaître le sort réservé à la ville nouvelle, lui répondit que les destinées de Syracuse dépendaient du choix qu'il ferait pour elle, de la richesse, de la force, de la puissance, de l'industrie, etc. Archias choisit la richesse, et Syracuse, en effet, devint en peu d'années, la ville la plus opulente de la Sicile. Ce fut un autre Archias qui, ayant obtenu sa guérison de l'Esculape d'Epidaure, introduisit le culte de ce dieu dans Smyrne et dans Pergame. — Archias, hiérophante d'Athènes, vivait vers le commencement du IVe siècle avant J. C. Informé du complot de Pélopidas pour délivrer Thèbes du joug des Spartiates, il écrivit à l'un des magistrats de cette ville, nommé Archias comme lui, pour le prévenir du dessein des conjurés. Archias de Thèbes était à table lorsqu'il reçut la lettre de l'hiérophante d'Athènes : sans prendre la peine de la lire, il la déposa sur la table, en disant : « A demain les affaires sérieuses.» Il fut tué au milieu de la nuit. — Un grammairien, du nom d'Archias, natif d'Alexandrie, quitta l'Egypte pour Rome, où il enseigna les lettres grecques, sans y gagner ni réputation ni fortune. Nous n'en parlons que pour qu'on ne le confonde pas avec Archias d'Antioche, qui était aussi grammairien, et se rendit à Rome, où, plus courtisan qu'homme de génie, il sut conquérir la faveur de Marius en chantant la guerre des Cimbres; celle de Lucullus, en chantant son expédition contre Mithridate; celle de Cicéron, en chantant le consulat du grand orateur, qui avait si mal réussi à le chanter lui-même par les vers fameux qui commencent :

O fortunatam natam me consule Romam.

Lucullus, par son crédit, obtint pour Archias le titre de citoyen romain, que le censeur Gratius lui contesta. Pour payer au poète Archias les éloges qu'il en avait reçus, Cicéron entreprit sa défense, et son discours *Pro Archia poetâ* a rendu Archias plus célèbre que n'auraient pu le faire ses trois poèmes dont il ne reste rien. Au fond, il ne faudrait pas juger Archias, quant à son talent poétique, par le texte de la harangue que Cicéron prononça; car s'il est vrai qu'une vingtaine d'épigrammes, sans verve, sans sel et sans portée, qu'on trouve sous son nom dans les anthologies, sont réellement sorties de sa plume, on ne pourrait prendre qu'une assez mince idée de son génie.
　　　　　　　　　　　　　　　　　N. M. P.

ARCHIATRE, du grec ἀρχή et de ἰατρος, médecin. Ce mot, qui n'est plus en usage, a longtemps servi à désigner les médecins attachés à la personne du souverain, ou ceux qui étaient chargés d'exercer sur les autres une surveillance quelconque. La première opinion, qui est celle de *Mercurialis*, a prévalu; la seconde appartient à Hoffman. Le nom d'archiatre a été donné aux médecins en chef des rois de France. On sait que Marchius, médecin de Childebert, porta le premier le titre d'archiatre : Dodart, médecin de Louis XV, a fermé la liste de ces fonctionnaires, à qui leur libre accès auprès du monarque donnait souvent les moyens d'influer sur les affaires publiques. Depuis Louis XV, les archiatres portent le nom de premiers médecins.
　　　　　　　　　　　　　　　　　A. A.

ARCHICAMÉRIER ou ARCHICHAMBELLAN (*V.* CAMÉRIER et CHAMBELLAN). — Avant la réorganisation de l'empire d'Allemagne, il y avait un archichambellan de l'empire; ce dignitaire, qui n'avait guère qu'un titre d'honneur, n'exerçait pas les mêmes fonctions que le grand chambellan de France. Il portait le sceptre devant l'empereur, et marchait à la gauche de l'électeur de Saxe. Au festin qui suivait l'élection de l'empereur, il devait présenter l'aiguière et la serviette; mais ordinairement il se faisait représenter par un suppléant qui était le prince de Hœnzollern. C'était l'électeur de Brandebourg qui était archicamérier de l'empire.

ARCHICHANCELIER. C'était autrefois le chef des *notaires*, ou secrétaires d'État. L'office de ce fonctionnaire se trouve établi en France dès la première race de ses rois. Charlemagne et ses successeurs eurent trois archichanceliers, ce qui a duré jusqu'au XIXᵉ siècle : c'était l'archevêque de Mayence pour l'Allemagne, celui de Cologne pour l'Italie, celui de Trèves pour l'ancien royaume d'Arles. Ce dernier n'avait plus qu'un vain titre ; il en était à peu près de même de celui de Cologne ; mais l'archevêque de Mayence tirait un grand relief de sa qualité, qui le rendait de droit doyen perpétuel des électeurs, et gardien de la matricule de l'empire. Il était aussi nanti des archives, non seulement pour ce qui concernait l'Allemagne, mais encore pour tout ce qui était relatif à l'Italie. L'abbé de Fulde avait le titre d'*archichancelier de l'impératrice* (*V.*, pour ce qui regarde la France, les mots CHANCELIER et GARDE DES SCEAUX).

ARCHICHANTRE. C'était le nom qu'on donnait au principal chantre d'une église ou au chef des chantres. Cette dignité était encore en usage dans plusieurs chapitres avant la révolution du siècle dernier (*V.* CHANTRE).

ARCHICHAPELAIN. Sous la seconde race des rois de France, on désignait par ce titre le dignitaire qui dirigeait la chapelle du palais. Il jouissait d'une grande autorité dans les affaires ecclésiastiques. Membre du conseil, et médiateur entre le roi et les évêques, il décidait seul la plupart des contestations, ne soumettant au jugement du souverain que les plus importantes. Les papes confiaient quelquefois à l'archichapelain, qu'on appelait aussi *garde du palais* ou *primicier*, les fonctions d'*apocrisiaire* (*V.* ce mot). Ce furent d'abord des abbés, puis des évêques qui portèrent le titre d'archichapelain. Sous les rois de la troisième race, il n'est plus parlé que de chapelain, d'aumônier et de grand aumônier du roi (*V.* CHAPELAIN et GRAND AUMÔNIER).

ARCHIDAMAS. Plusieurs rois de Sparte ont porté ce nom. Celui dont la vie est le plus connue était fils de Zeuxidame, et il succéda, l'an 469 avant J.-C., à son aïeul Léotichide. Son règne de vingt-sept ans fut presque tout entier rempli par des guerres. Ce furent d'abord les Ilotes qui se révoltèrent, profitant du désordre qu'un tremblement de terre avait occasionné dans Sparte. Archidamas parvint à les soumettre, mais il n'y parvint qu'au bout de dix ans. Il prit part ensuite à la guerre du Péloponnèse, à laquelle il s'était d'abord opposé ; il fit plusieurs invasions dans l'Attique, dévasta ce pays, et mit le siège devant Athènes, qu'il ne put prendre. — Son petit-fils, Archidamas III, ne monta sur le trône que vers l'an 360 avant J.-C. : il était fils d'Agésilas II. Après avoir vaincu les Arcadiens, Archidamas eut la gloire de résister au Thébain Épaminondas, et de le repousser loin des murs de Sparte. Il secourut ensuite les Tarentins contre les Lucaniens ; mais il périt dans cette expédition, l'an 338 avant J.-C. Ce fut ce prince qui écrivit à Philippe de Macédoine, fier d'une victoire qu'il avait remportée : « Regarde ton ombre au soleil, tu ne la trouveras pas plus grande aujourd'hui qu'hier. » On lui attribue aussi le mot fameux que les rhéteurs admirent et font admirer aux jeunes gens dont l'instruction leur est confiée ; mot qui, au fond, ne servirait qu'à détruire et à bouleverser toutes les idées de morale et de justice, en indiquant la force brutale comme unique et légitime arbitre de la destinée des États. On lui demandait jusqu'où s'étendait le domaine des Lacédémoniens : « Aussi loin, répondit-il, que leurs lances peuvent s'étendre. » N. M. P.

ARCHIDAPIFER, grand maître d'hôtel. Ce titre, qui appartenait, avant la nouvelle constitution germanique, à l'électeur de Bavière, lui était contesté par l'électeur palatin. Cet archidapifer n'était pas, du reste, le même personnage que le grand maître d'hôtel de l'empereur, qui avait sous ses ordres immédiats tous les officiers de bouche et de cuisine. On trouvait surprenant que la charge de grand maître d'hôtel fût la première de la cour impériale ; on pouvait répondre qu'en France la première charge du royaume était celle de connétable, et que le connétable n'était lui-même que le *comes stabuli*, le chef des palefreniers. J. DE M.

ARCHIDIACRE (*hist. ecclés.*). C'était le nom qu'on donnait autrefois au chef des diacres ; cette dignité ne fut d'abord attribuée qu'à des diacres, car si l'archidiacre recevait l'ordre de prêtrise, il devait cesser ses fonctions d'archidiacre. Dans la suite, et dès le XIIIᵉ siècle, on voyait des prêtres obtenir ce titre. L'archidiacre, dit Fleury, était, dans les premiers temps, le principal ministre de l'évêque pour tout ce qui

regardait l'extérieur, particulièrement pour l'administration temporelle : intendant et ordonnateur des revenus de l'église, il faisait distribuer aux clercs ce qui était alloué pour leur subsistance, et il avait la direction des pauvres avant qu'il y eût des hospices. Il veillait au maintien des bonnes mœurs et apaisait les querelles ; aussi l'appelait-on *l'œil et la main de l'évêque.* Tant d'attributions confiées à l'archidiacre lui firent en peu de temps acquérir une influence que les prêtres eux-mêmes n'avaient pas ; et, malgré les représentations de saint Jérôme, l'ascendant que prenait l'archidiacre devint si puissant, que les prêtres et même les archiprêtres lui furent soumis. En un mot, l'archidiacre fut réputé la première personne du diocèse après l'évêque, remplissant l'office de délégué. Dès l'an 1000, les archidiacres furent regardés comme juges ordinaires ayant juridiction de leur propre chef, avec pouvoir de déléguer eux-mêmes d'autres juges. Leur juridiction, il est vrai, fut restreinte par les efforts des évêques, qui ne voyaient pas sans crainte une puissance rivale s'élever en face de leur autorité. Pour réussir, le diocésain nomma plusieurs archidiacres, et, par ce moyen, leur pouvoir divisé s'affaiblit. Ce fut dans le commencement du XIIIᵉ siècle que cette révolution s'opéra, grâce à l'appui que les évêques trouvèrent dans les conciles et dans les parlements. — L'archidiacre était obligé de faire des visites dans son archidiaconé, c'est-à-dire dans tous les lieux soumis à sa juridiction ; il connaissait, dans ses tournées, des affaires peu importantes et urgentes. Dans plusieurs diocèses, il avait une place distinguée au chœur. Le pape Gélase II avait été *archidiacre de l'Église romaine* avant d'être élu ; mais il paraît que Grégoire VII supprima cet office, et qu'il établit, à la place de l'archidiacre, un *camérier* qu'il chargea de garder le trésor de l'église romaine. — Il y a des *archidiacres-cardinaux*, non qu'ils aient le titre de cardinal, mais parce que le mot *cardinalis* signifie principal. — Les émoluments des archidiacres étaient augmentés par un casuel considérable, et par l'exercice du droit de déport et de dépouille. Aujourd'hui l'archidiaconat n'est guère, dans la plupart des diocèses, que le titre de ceux que l'évêque investit de sa confiance, et auxquels il délègue une partie de son autorité sous le nom de vicaires-généraux. Ils portent le titre de l'église à laquelle ils sont attachés : ainsi on trouve, à Paris, l'archidiacre de Notre-Dame, celui de Sainte-Geneviève, etc. (*V.* DIACRE.) P. D.

ARCHIDUC. Titre qu'on donne à certains ducs qui ont ou qui prétendent avoir une sorte de prééminence sur les autres. Dès le règne de Dagobert, le duc d'Austrasie prit le titre d'archiduc ; ceux de Brabant et de Lorraine l'eurent plus tard. Quant à celui d'Autriche, on sait qu'il changea son titre primitif de marquis contre celui de duc, que sous Frédéric Iᵉʳ, en 1156 ; mais on ignore à quelle époque il fut créé archiduc : on croit que ce fut en 1459, en vertu d'une concession de Maximilien Iᵉʳ, qui annexa de très-grands priviléges à cette qualité. Ainsi l'archiduc administrait la haute justice dans toutes ses terres, en dernier ressort ; il demandait trois fois l'investiture de ses états ; il était censé l'avoir obtenue ; il ne pouvait être dépouillé de ses domaines ; il était conseiller né de l'empereur, et aucune affaire concernant l'empire ne pouvait être conclue sans sa participation ; il avait le droit de créer des comtes, des barons et des nobles, privilége qui n'appartenait pas aux autres ducs. C'était encore l'archiduc qui faisait l'ouverture de la diète. V. H.

ARCHIDRUIDE, chef ou pontife des druides (*V.* DRUIDES).

ARCHIÉCHANSON, dignité de l'ancien empire. C'était le roi de Bohême qui en était revêtu ; il présentait à l'empereur la première coupe de vin, dans le banquet qui suivait l'élection ; mais il était dispensé de porter ce costume. Il avait pour lieutenant ou délégué le prince de Limbourg. V. H.

ARCHIÉRARQUE, chef de la hiérarchie. Ce mot n'est guère en usage qu'en parlant du souverain pontife. V. H.

ARCHIÈRES, ouvertures oblongues pratiquées dans les murs d'un château, qui servaient aux archers à tirer des flèches sur ceux du dehors.

ARCHIGALLE, chef des prêtres de Cybèle : les prêtres de cette déesse portaient le nom de galles. Il était vêtu d'une tunique phrygienne, avait une mitre, des pendants d'oreille, une couronne et un collier sur lequel se voyait l'image d'Atys, ancien grand prêtre de la même divinité. Il tenait d'une main une coupe remplie de fruits ; de l'autre, une branche d'olivier. Il avait, suspendu sur le côté, un fouet d'osselets enfilés dans trois lanières : c'était avec ce fouet que les galles se fustigeaient en l'honneur de leur patrone. L'archigalle était toujours choisi dans les familles les plus distinguées. Apulée a donné sur ces prêtres des détails curieux.

ARCHIGRELIN (*t. de cord.*), cordage commis trois fois, et composé de plusieurs grelins. (*V.* GRELIN, TORON, CORDE).

ARCHILOQUE, poète grec, né à Paros, d'une famille distinguée, vers l'an 728 avant J. C., ou même trente ans plus tard. Son caractère fougueux et son humeur caustique le jetèrent dans l'arène des partis. Il avait commencé par porter les armes ; mais il ne se fit pas scrupule d'avouer, dans une pièce de vers, qu'il avait pris la fuite dès le premier choc, et qu'il avait même jeté son lourd bouclier afin de courir plus vite : *Quel grand malheur*, s'écrie-t-il, *il faudra que j'en achète un autre*. De retour dans sa patrie, Archiloque se livra tout entier à son penchant désordonné pour la satire. Rien n'était sacré pour lui : ce n'étaient pas ses ennemis seuls qu'il cherchait à tourner en ridicule, c'étaient ses meilleurs amis ; car c'est de lui que nous savons qu'il s'était rendu odieux par sa méchanceté, partout où il avait porté ses pas, et qu'il s'adonnait, sans aucune retenue, aux plus honteux débordements. — Archiloque n'était pas, dans ses vers, moins licencieux que méchant. Les Spartiates, qui lui avaient refusé l'entrée de leur ville, avaient aussi défendu la lecture de ses poésies. L'empereur Julien lui-même recommandait aux pontifes des faux dieux d'imiter les chrétiens, et, pour cela, de prohiber les livres obcènes, et particulièrement les poésies d'Archiloque. Il ne reste de ce poète que des fragments qui ont été recueillis dans la collection de Genève de 1606 et 1614, 2 vol. in fol., et placés, en 1812, à la tête du commentaire de Liébel sur la vie et les écrits d'Archiloque. — Ces fragments sont loin de justifier l'enthousiasme que les Grecs montrèrent pour ses vers : on y trouve beaucoup de verve et de vigueur ; mais on y chercherait en vain cette couleur poétique qui caractérise les écrits du chantre d'Achille, ou cette grandeur, cette majesté d'idées qui constituent la manière de Pindare. Les Grecs, toutefois, le plaçaient à l'égal du premier, et au-dessus du second. Il pouvait y avoir, dans ce jugement de ses contemporains, quelque cause particulière née des circonstances, et agissant sur les esprits à leur propre insu. Les habitants de Paros avaient banni de leur ville le poète licencieux, corrupteur de la morale publique ; mais, aux jeux olympiques, Archiloque avait obtenu la couronne de poésie par un hymne en l'honneur d'Hercule, chanté par lui-même, sur un air qu'il avait composé ; et ses compatriotes, fiers de son triomphe, se hâtèrent de le rappeler au milieu d'eux. Archiloque se rendit à leurs instances ; mais la haine de ses ennemis vivait encore : il fut assassiné. Quelques écrivains, qui ne veulent pas que sa mémoire reste chargée du double reproche de méchanceté et de lâcheté, prétendent que la guerre s'étant rallumée entre Paros et Naxos, il périt sur le champ de bataille. La première de ces deux versions est la plus suivie. — Ce fut Archiloque qui inventa le vers iambique, qui, par la marche inégale de ses pieds, semble imiter celle des boiteux. On dit que Lycambe (*V.* ce mot) boitait, et que ce fut la construction des vers, jointe au fiel dont tous les mots étaient imprégnés, qui causa, dans ce vieillard et ses filles, l'acte de désespoir par lequel se termina leur existence :

Archilocum proprio rabies armavit iambo:

a dit Horace ; mais, outre l'iambe, Archiloque inventa encore beaucoup d'autres mesures ou combinaisons métriques, parmi lesquelles on distingue le vers auquel on donne son nom.
A. P.

ARCHIMANDRITE. Ce mot, qui signifiait autrefois supérieur d'un monastère, répond à ce que, dans la suite, on a nommé un *abbé régulier*. Suivant Covarruvias, il signifiait *guide d'un troupeau*, de sorte qu'il convenait à tout supérieur ecclésiastique, ce qui explique pourquoi les historiens ont donné à des archevêques le titre d'archimandrite. Nonobstant cette opinion, ce mot est aujourd'hui réservé dans l'église grecque, où il est seulement en usage, pour exprimer supérieur d'un couvent d'hommes, ou de simples caloyers (*V.* CALOYER). — On a prétendu que l'origine de ce terme était syriaque ; mais il semble qu'on la trouve tout naturellement dans les deux mots grecs αρχη, autorité, suprématie, et μανδρα, bergerie, étable, troupeau. Le costume de l'archimandrite consiste en une large robe noire ; une croix d'or lui tombe sur la poitrine, et il porte à la main un bâton incrusté d'or ou d'ivoire. Lorsqu'il officie, il met par-dessus sa robe une tunique sans manches, en soie ou en velours, ornée de broderies, et quelquefois de perles ou de pierreries ; c'est le *phelonion*. L'archimandrite couvre sa tête d'un bonnet

orné de la même manière ; il attache ensuite à la ceinture, du côté droit, l'*épigonalion*, morceau carré d'une étoffe très-riche.
N. M. P.

ARCHIMARÉCHAL, ancienne charge de l'empire d'Allemagne, qui appartenait à l'électeur de Saxe. Dans les cérémonies publiques, il précédait immédiatement l'empereur l'épée nue à la main (*V.* MARÉCHAL.).
V. H.

ARCHIMÈDE, le plus célèbre des géomètres anciens, né à Syracuse, l'an 287 avant J. C., de parents alliés à la famille royale d'Hiéron, mais resté constamment étranger, malgré sa haute naissance, à toutes charges publiques. Suivant les uns, c'est un de ces hommes de génie que les siècles ne produisent qu'à de longs intervalles, capables de descendre seuls et sans guide aux dernières profondeurs de la science ; mais, suivant les autres, il est assez difficile de l'apprécier d'une manière exacte, et de déterminer quel degré d'influence il eut sur les progrès que firent les mathématiques, et qu'on lui attribue. On convient toutefois qu'il fit d'importantes découvertes, qui ont aidé les modernes à mesurer les surfaces curvilignes et les solides. Euclide, dans ses *Éléments*, ne considère que les rapports entre elles de quelques-unes de ces grandeurs, mais il ne les compare pas avec les surfaces et les solides rectilignes. Archimède, au contraire, développe très-bien les moyens d'arriver à cette comparaison dans son *Traité sur la sphère et le cylindre*, *le sphéroïde et le conoïde*, ainsi que dans son autre ouvrage, intitulé : *de la Mesure des cercles*. On cite surtout son *Traité de la spirale* comme un chef-d'œuvre de pénétration et de sagacité, dont, au surplus, l'intelligence est si difficile, que d'habiles mathématiciens de nos jours avouent qu'ils n'ont pu bien comprendre le sens de plusieurs propositions qui s'y trouvent contenues, ou bien qu'ils ont traité de paralogismes les démonstrations de l'auteur. C'est encore Archimède qui, le premier, a trouvé le rapport existant entre le cercle et son diamètre (trois diamètres et un septième) (*V.* QUADRATURE DU CERCLE) ; il a déterminé, plus exactement encore, la quadrature de la parabole dans son *Traité de la sphère*, que nous avons cité plus haut ; il a démontré que la sphère était égale en surface à un cylindre qui aurait pour base un grand cercle de cette sphère, pour hauteur son diamètre, et pour volume les deux tiers de ce cylindre. D'un autre côté, on peut le regarder comme inventeur de la mécanique et de l'hydrostatique. Qui ne connaît la vis fameuse qui porte son nom ? — Dans son livre intitulé *Arénaire*, adressé au roi Gélon, fils d'Hiéron, qui lui avait demandé s'il était possible de compter les grains de sable dont se compose le globe terrestre, non-seulement il résout la question, mais encore il calcule combien il faudrait de grains de sable pour remplir une sphère dont le rayon s'étendrait depuis le centre de la terre jusqu'aux étoiles. — Il découvrit qu'un corps plongé dans un liquide perdait de son poids une portion égale à celle du volume qu'il déplace. Ce fut au moyen de ce principe qu'il détermina d'une manière précise la quantité d'or et d'argent qui était entrée dans la couronne du roi Hiéron, et la quantité d'alliage mêlée en fraude à ces deux métaux précieux : ce fut en plongeant alternativement dans l'eau la couronne royale et une couronne d'or pur du même métal, et en comparant leur poids respectif au volume d'eau déplacé par chacune. Il était au bain public lorsqu'il trouva la solution du problème, et, dans l'enthousiasme que lui causa sa découverte, il sortit sans vêtements dans la rue, en criant : « Je l'ai trouvé ! je l'ai trouvé ! » — Lorsque les troupes romaines, sous les ordres de Marcellus, faisaient le siége de Syracuse, Archimède déploya, pour la défense de la ville, toutes les ressources de son art. Par ses machines, il faisait tomber sur les Romains de lourds projectiles, ou bien il accrochait leurs galères, les enlevait, et les brisait ensuite contre les rochers. Personne n'ignore qu'avec des miroirs ardents, il parvint à brûler la flotte ennemie. — On a longtemps douté de la possibilité de ce fait ; en 1746, Buffon l'a démontrée par la meilleure de toutes les démonstrations : des faits incontestables. Il construisit un miroir concave, composé de cent vingt-huit miroirs plans diversement inclinés, de manière à ce que les rayons réfléchis de ces cent vingt-huit miroirs se réunissent à un foyer commun et, à la distance de cent cinquante à deux cents pieds, il enflamma du bois ; avec un second miroir de deux cent vingt-une pièces, il fondit, à cinquante pieds, des assiettes d'argent. — Cependant, la constance de Marcellus ayant triomphé de tous les obstacles, Syracuse fut emportée d'assaut ; il avait ordonné d'épargner Archimède ; malheureusement ses ordres furent mal exécutés. Un soldat, rencontrant Archimède sur le bord de la mer, occupé à tracer des figures sur le sable, le tua sans le connaître. Archimède était alors âgé de soixante-quinze ans (deux cent douze ans avant J. C.). Marcellus lui fit ériger un mausolée, où, suivant le désir qu'il en avait montré de son vivant, on grava une sphère dans un cylindre. La tombe d'Archimède, longtemps perdue, fut retrouvée et restaurée environ cent cinquante ans après, tandis que Cicéron était questeur en Sicile. — On a plusieurs fois réimprimé les œuvres d'Archimède. La meilleure édition est celle de Torelli, 1729, Oxford, in-fol., sous ce titre : *Archimedis quæ supersunt omnia cum Eutocii Ascalonitæ commentariis.* Quelques-uns préfèrent l'édition princeps de Bâle, 1544. Il a paru à Paris, 1808, 2 vol. in-8°, la traduction française des ouvrages d'Archimède, par Peyrard; et en 1824 Nizze a publié à Stralsund une traduction allemande avec un commentaire. J. M.

ARCHIMIME, chef des acteurs qui jouaient la pantomime à Rome (*V.* MIME), ou plutôt mimes consommés, mimes par excellence. Comme les archimimes imitaient parfaitement les manières, la démarche et l'accent des personnes qu'on leur désignait, on s'en servit d'abord au théâtre, ensuite aux fêtes, et enfin aux funérailles. Ils marchaient après le cercueil, la figure couverte d'un masque représentant les traits du défunt, et ils reproduisaient, autant que possible, tout ce que ce dernier avait dit ou fait pendant sa vie. N. M. P.

ARCHINE, c'était le nom d'un habitant d'Argos qui, chargé de distribuer des armes à ses compatriotes, ne les distribua qu'à ses amis et à des soldats mercenaires, qui l'aidèrent à s'emparer du pouvoir. — *Archine* est aussi le nom d'une mesure de longueur usitée en Russie ; elle équivaut à vingt-six pouces trois lignes de France. Quinze cents archines valent une verste, mesure itinéraire (mille soixante-sept mètres treize centimètres). L'archine se divise en seize verchoks; chaque verchok vaut dix-neuf lignes et demie de France (*V.* VERSTE, SAGÈNE, VERCHOK). N. M. P.

ARCHINTO (OCTAVE), d'une famille ancienne de Milan qui se prétendait issue des rois lombards, créé comte par le roi d'Espagne Philippe III, fut un des plus grands antiquaires du XVIIe siècle : le mot *archéologue* n'était pas encore en usage. Il publia à Milan, en 1648, in-fol., un recueil volumineux de pièces, qui ne concernent que l'ancienneté et la noblesse de sa famille. Il existe aussi un volume in-folio, mais sans date et sans nom de lieu, contenant la description de toutes les antiquités qu'il avait réunies. — Le comte Charles Archinto, chevalier de la Toison d'or et grand d'Espagne, naquit à Milan en 1669, voyagea durant plusieurs années en observateur, et retourna au lieu de sa naissance, où il se fixa; il était alors âgé de trente-un ans. Comme il aimait et cultivait les lettres, il fonda une académie des sciences et des arts, réunit dans son palais une bibliothèque nombreuse et tous les instruments de physique et de mathématiques alors connus. Ce fut aussi par ses soins que se forma la *Société palatine,* à qui l'on doit tant d'éditions précieuses. On n'a d'Archinto que quelques *Notes* sur trois livres de l'*Histoire de Milan,* par Arnolphe, et quelques tables intitulées *Tabulæ præcipuæ scientiarum et artium,* etc.; mais on dit que sa famille possède un grand nombre de manuscrits de lui. Il mourut à la fin de 1732. A. P.

- ARCHIPEL. Ce terme, suivant quelques-uns, est formé de deux mots grecs, αἴγαιον πέλαγος, *Ægeo pelagus,* mer Egée; suivant les autres, et la chose est plus vraisemblable, il se compose du grec αρχή et de πέλαγος, parce que cette mer était regardée comme la portion la plus importante de la Méditerranée, à cause des nombreuses et belles îles qu'elle renferme. Cet archipel se trouve situé entre la Grèce, la Macédoine et l'Asie; il renferme toutes les îles de la mer Egée, celle de Rhodes et celle de Candie. La mer Egée, proprement dite, n'est que la partie septentrionale de l'archipel. Au sud-ouest de l'île d'Icare, aujourd'hui *Nicaria,* la mer prenait le nom d'Icarienne; sur les côtes du Péloponèse, c'était la mer de *Myrthos;* aux environs de l'île de Crète et des Cyclades, elle s'appelait mer de Crète. — Parmi les soixante-dix ou quatre-vingts îles que renferme l'archipel, on remarque Négrepont (ancienne Eubée), Candie (Crète), Mételin (Lesbos), Ténédos, Lemnos, Scio, Cos, Samos, Naxos, Paros, Cerigo (Cythère), Chypre (Cypre), Kolouri (Salamine), etc. Comme presque toutes ces îles avaient reçu des colonies grecques, elles se trouvèrent, en quelque sorte, liées aux destinées de la Grèce. Soumises d'abord aux Romains et aux empereurs d'Orient, elles passèrent, plus tard, au pouvoir des Vénitiens, des Génois, des Pisans; elles eurent des princes particuliers, servirent souvent de lieu de refuge aux croisés et aux pèlerins, et de station aux vaisseaux qui se rendaient

au port d'Alexandrie pour faire le commerce de l'Inde. Après que les Osmanlis se furent emparés de Constantinople, ils conquirent, l'une après l'autre, toutes ces îles, qui furent comprises dans le gouvernement du capitan-pacha, à l'exception de Scio et de Mételin. Comme la population des îles, dispersée sur une plus grande étendue, présentait aux vainqueurs moins de dangers de révolte, ils laissèrent jouir les insulaires de plus de liberté que les Grecs n'en avaient conservé sur le continent; ce qui fut pour eux une source de prospérité. — C'est dans l'île d'Hydra qu'est né le mouvement qui a rendu à la Grèce une partie de son ancienne indépendance. Quelques-unes de ces îles produisent des vins recherchés, de l'huile, du miel, de la cire, des fruits secs : on y élève des troupeaux de moutons et des vers à soie. Les marbres de Paros sont renommés dans les arts; les éponges se trouvent en abondance sur les rochers de plusieurs de ces îles. Les Turcs donnent à l'archipel le nom d'*Adalat-derchisi.* — La navigation de l'archipel était regardée comme très-dangereuse à cause du grand nombre d'obstacles qui se présentaient à chaque pas à la route des vaisseaux, surtout quand les vents d'hiver agitaient les vagues. — Les géographes modernes donnent le nom générique d'*archipel* à toutes les grandes réunions d'îles, comme l'archipel des Antilles, de la Sonde, des Moluques, des Philippines, de la Nouvelle-Bretagne, des Navigateurs, de Sainte-Croix, de la mer Mauvaise, de la Société, des Mariannes, etc., etc. (*V.* tous les mots cités dans cet article; le lecteur y trouvera sur chacun d'eux une notice particulière). A. X.

ARCHIPÉRACITE. C'est, dans les synagogues des juifs, le ministre chargé de lire et d'expliquer le texte de la loi et des prophètes : ce mot s'est formé, dit-on, du grec *arché,* et du chaldéen *pérack* ou *pharack.* L'archipéracite ne doit pas être confondu, comme cela se voit dans Grotius et d'autres auteurs, avec l'*archisynagogus* (*V.* ce mot). N. M. P.

ARCHIPOMPE (*t. de marine*). On donne ce nom à une espèce de retranchement ou enceinte de planches formé au fond de cale des vaisseaux, pour recevoir les eaux qui se déchargent de ce côté. Le matelot qui va visiter l'archipompe a soin de sonder avec une ligne chargée de plomb la hauteur de l'eau. Les pompes sont placées au milieu d'une archipompe. A. X.

ARCHIPRÊTRE. C'était, dans l'ancienne Église, un prêtre qui exerçait, sur tous les autres prêtres et clercs, un droit de surveillance attaché à sa charge, la première après celle de l'évêque, qu'il pouvait remplacer en cas d'absence; ce qui existe encore dans quelques diocèses. Il n'y avait autrefois qu'un seul archiprêtre dans chaque cathédrale; le nombre en fut augmenté dans le VIe siècle, et on vit des archiprêtres de ville ou *doyens des curés,* et des archiprêtres de la campagne ou *doyens ruraux.* Paris a eu deux archiprêtres : c'étaient les curés de la Madelaine et de Saint-Séverin. Chez les Grecs, l'archiprêtre a remplacé le chorévèque (*V.* ce mot); il tient, après le patriarche, la première place dans l'Église : aujourd'hui ce titre, qui s'attache encore à quelques cures principales, n'est plus qu'une dénomination honorifique de laquelle il ne résulte ni privilège ni juridiction. B. Z.

ARCHISYNAGOGUS; titre d'office chez les juifs, chef de la synagogue. D'ordinaire, c'étaient plusieurs notables dont le nombre n'était pas déterminé, parce qu'il dépendait de l'étendue de la ville où se trouvait la synagogue, qui présidaient les assemblées; mais dans les lieux de peu d'importance il n'y avait qu'un seul président, qu'on appelait *chef* ou *prince archisynagogus,* et quelquefois *chacham* ou *sage.* Outre le droit de présider les assemblées, l'archisynagogus pouvait juger certains délits, et infliger des corrections proportionnées. — Autrefois, dans l'Église grecque, on donnait le nom d'*archisynagogus* à des ecclésiastiques qui servaient d'assesseurs ou conseillers au patriarche.

- ARCHITECTE, mot composé de αρχη et de τεκτων, chef des ouvriers. Ce nom s'applique à un homme qui possède l'architecture ou l'art de bâtir, et dont le travail consiste à tracer le plan d'un édifice qu'on doit élever, et à faire exécuter les constructions de manière que l'édifice réunisse à la solidité la beauté des formes, la justesse des proportions, la commodité, etc. — Les Grecs et les Romains ont témoigné, dans plus d'une occasion, l'estime qu'ils faisaient des architectes, et les peuples modernes ont, sur ce point, imité les anciens : c'est qu'un bon architecte, devant réunir à l'intelligence, au goût, au talent d'inventer, des connaissances diverses, ne saurait être un homme ordinaire; toutefois, il faut bien se garder de l'exagération où un amour excessif des beaux-arts a fait tomber la plupart des écrivains qui ont parlé de toutes les qualités que l'architecte doit réunir. A les entendre, un architecte doit nécessairement être un homme universel, n'ignorer absolument rien de ce qui se rattache immédiatement ou non aux sciences et aux arts : à ce prix, il n'y a jamais eu et il n'y aura jamais un seul homme qui puisse mériter le nom d'architecte. Il est vrai qu'un bon architecte ne saurait être étranger à une foule de connaissances assez variées ; mais peut-on raisonnablement lui faire une loi de les posséder à fond ? Non, sans doute ; il lui suffit de bien connaître les règles particulières de son art, et les principes élémentaires des sciences et des arts qui ont avec lui quelque rapport, pourvu toutefois qu'à ces connaissances il joigne certaines qualités qui lui sont indispensables. Ainsi le goût, le jugement, le génie, sont pour l'architecte des qualités essentielles ; mais est-il nécessaire que, pour calculer la quantité et les proportions des matériaux qu'il doit employer, il connaisse à fond les mathématiques et toutes ses branches ; que, pour additionner le montant d'un devis, il emploie les formules algébriques ; que, pour élever un bâtiment solide et durable, pour l'orienter d'une manière convenable, il ait fait une étude sérieuse de la physique et de l'astronomie ? — Un des plus célèbres peintres de l'antiquité, lisons-nous dans le *Dictionnaire historique d'architecture*, Pythias, qui s'illustra par la construction du temple de Minerve à Prienne, exigeait de l'architecte, dans le traité qu'il composa, une connaissance plus profonde de chaque science en particulier qu'il ne serait nécessaire de l'avoir à chacun de ceux qui exerceraient chacune d'elles ; mais Vitruve, plus judicieux, ne demande à l'architecte qu'un moyen savoir dans ces différentes parties. « Il n'est point nécessaire, dit ce dernier (cela serait même impossible), qu'il soit aussi bon grammairien qu'Aristarque, aussi grand musicien qu'Aristoxènes, aussi excellent peintre qu'Apelles, aussi habile sculpteur que Myron et Polyclète, aussi docte médecin qu'Hippocrate : c'est assez qu'il n'ignore pas tout à fait la grammaire, la musique, la sculpture, la médecine, l'esprit d'un seul homme n'étant pas capable d'atteindre à la perfection dans un si grand nombre de connaissances. » Vitruve recommande ensuite à l'architecte de se montrer laborieux et désintéressé : c'est là un précepte qui est de tous les temps et de tous les pays, mais qui malheureusement n'est pas toujours assez bien observé. — Si l'on compare tout ce que les anciens exigeaient de l'architecte avec la manière dont on apprend l'architecture aujourd'hui, on est tenté de croire que les difficultés de l'art sont diminuées, puisque beaucoup d'architectes se dispensent d'acquérir, nous ne dirons pas les vastes connaissances que demandait Pythias, mais les simples notions dont se contente Vitruve. Cependant, tout en accordant que l'art de l'architecture, devenu moins difficile, a par là même moins besoin aujourd'hui qu'autrefois du secours des sciences abstraites, philosophiques ou naturelles, on est forcé de reconnaître que les connaissances historiques et littéraires sont plus nécessaires à l'architecte moderne qu'à celui des temps anciens ; nous dirons de même de la géométrie et de la mécanique, de la perspective et de la physique ; mais ce qui est surtout, pour les architectes, d'une indispensable nécessité, c'est le dessin, base de la peinture et de la sculpture, qui se lient si essentiellement à l'architecture. Tous les grands peintres de l'Italie, à l'époque de la renaissance, les Giotto, les Michel-Ange, les Raphaël, les Jules Romain, les Polidore, les Vasari, les Jean de Bologne, etc., furent en même temps sculpteurs et architectes ; mais en même temps on voyait de grands architectes, les Ammenati, les Brunelleschi, les Bramante, les Vignole, etc., se montrer aussi peintres et sculpteurs. — Vasari, qui lui-même était peintre et architecte, attribue la facilité que les peintres et les sculpteurs ont à devenir architectes, à la nécessité où ils sont les uns et les autres, soit de composer de l'architecture dans leurs tableaux, soit de mettre les statues en rapport avec les édifices, ce qui les oblige à étudier les mesures relatives à l'architecture : nous croyons plutôt qu'au temps des Léonard de Vinci et des Michel-Ange, temps où les peintres, les sculpteurs et les architectes se soumettaient au même genre d'études, il y avait nécessité pour les uns comme pour les autres de chercher à imiter la belle nature, afin d'arriver, non-seulement au beau réel, mais encore au beau idéal, que, pour atteindre ce but, il fallait établir des principes d'imitation qui, pour les peintres et les sculpteurs, devaient être plus rigou-

reusement vrais que pour les architectes, moins gênés dans leur marche ; ce qui rendait nécessairement plus facile aux premiers, accoutumés à une imitation exacte de ce qu'il y a de plus beau dans la nature, les progrès dans un art où ils avaient moins besoin d'exactitude et d'application (*V.* ARCHITECTURE).

ARCHITECTE (*jurisp.*). Le code civil renferme plusieurs dispositions législatives tendant à prévenir les discussions qui peuvent survenir entre l'architecte et celui qui l'emploie ; et, si la discussion existe, à régler ses effets en déterminant leurs droits respectifs. Le législateur établit d'abord une différence essentielle entre l'architecte et l'entrepreneur des travaux. Celui-ci se charge de faire exécuter les constructions ; les attributions du premier sont principalement de rédiger et dresser les plans et les devis des constructions. De là, dans le cas d'un marché à forfait, doit naître de leur part, en faveur du propriétaire, une juste responsabilité, et cette responsabilité, solidaire entre les deux premiers, s'étend jusqu'à l'expiration de dix années, à compter du jour où les travaux ont été terminés (art. 1792 et 2270 du C. civ.). Ainsi, l'édifice vient-il à périr, en tout ou en partie, par le vice des constructions ou par la mauvaise qualité du sol, le propriétaire doit être pleinement indemnisé par l'architecte et l'entrepreneur solidairement, sauf ensuite, pour ces derniers, le droit de se poursuivre mutuellement pour faire juger lequel des deux devra supporter, en définitive, la perte du bâtiment ; et le sort de cette question dépend tout entier de la nature du vice qui a causé le sinistre. Si, par exemple, le bâtiment s'est écroulé parce que les matériaux étaient de mauvaise qualité, parce que les ouvrages étaient mal confectionnés, ou par d'autres causes semblables, il est évident que l'entrepreneur des travaux, spécialement chargé de l'exécution, sera seul tenu des dommages ; si, au contraire, l'écroulement n'a en lieu que par le vice du sol, c'est l'architecte qui devient seul passible de l'indemnité, car il ne peut imputer qu'à lui seul le choix d'un mauvais terrain, ou le défaut de précautions nécessaires pour prévenir les accidents. — La responsabilité de l'architecte et de l'entrepreneur n'est pas bornée aux seuls *gros ouvrages*, comme on pourrait d'abord le penser ; d'après la jurisprudence constante des arrêts, elle s'étend à toute sorte de constructions principales ; il ne peut y avoir d'exception que pour les simples accessoires. Il a été jugé même que si les constructions dépérissent par l'effet de l'infiltration des eaux d'un canal, d'une rivière, etc., la responsabilité existe parce que l'entrepreneur et l'architecte auraient dû prévenir les infiltrations par des ouvrages préalables ; mais lorsque l'entrepreneur s'est conformé au plan de l'architecte, et que par le vice du plan que l'édifice a péri, l'action en dommages ne peut retomber que sur l'auteur du plan, c'est-à-dire sur l'architecte, et c'est aussi ce que la cour de cassation a jugé le 20 nov. 1817. Qu'on suppose qu'un architecte a dressé le plan d'une église, d'un théâtre, d'un monument isolé, recouvert d'une large voûte ; cette voûte s'écroule, et il est reconnu que la chose n'est arrivée que par le défaut de résistance à la poussée des arcs : si l'entrepreneur s'est exactement conformé au plan, il n'a aucun reproche à se faire ; l'architecte seul est coupable, pour n'avoir pas su proportionner la résistance à l'effort. Qu'on suppose encore qu'un édifice menace ruine, et qu'un architecte a été chargé des réparations nécessaires pour empêcher sa chute : les réparations terminées, l'édifice tombe. L'architecte est responsable, cela est hors de doute ; mais l'est-il de la valeur de tout l'édifice ? La même cour a jugé, en février 1805, qu'il n'est tenu que de la valeur des réparations inutiles. Il nous semble que cet arrêt isolé ne doit pas servir de fondement à une jurisprudence constante, et que la décision doit dépendre surtout des circonstances ; car s'il peut être prouvé que tel ou tel ouvrage, par exemple, un arc-boutant, aurait nécessairement empêché la chute, et que l'architecte se soit contenté d'un simple contrefort, il ne saurait se soustraire aux suites de sa négligence ou de son impéritie. — C'est ordinairement sur le devis dressé par l'architecte que le prix des constructions est réglé ; mais ce prix peut être aussi convenu par un marché à forfait. Dans ce dernier cas, lors même que les travaux auraient demandé une somme plus forte que le montant du marché, l'architecte et l'entrepreneur n'ont droit à aucun excédant du prix, lors même qu'ils établiraient que la main-d'œuvre est plus chère, ou que les matériaux ont augmenté de valeur. La même décision aurait lieu dans le cas où des changements seraient survenus au plan, sans le concours ou l'assentiment du propriétaire. — Si l'architecte se charge ui-même de l'exécution des travaux; il devient entrepreneur, et toute la responsabilité retombe sur lui. — Les architectes sont quelquefois appelés à donner leur avis en justice; c'est lorsque la contestation pendante se rapporte à des bâtiments : ils sont alors de véritables experts (V. EXPERTS, EXPERTISE). Les architectes et entrepreneurs ont un privilége sur les édifices qu'ils ont construits, pour le payement du prix ou portion de prix qui leur est dû; mais pour que ce privilége puisse être exercé, il faut des conditions qui rarement peuvent être accomplies; car la première de ces conditions est l'existence d'un procès-verbal dressé par un expert nommé d'office, constatant l'état des lieux avant les constructions et réparations, avec mention des travaux à faire; et c'est là une précaution que rarement un architecte pourra prendre, parce qu'elle doit paraître injurieuse pour le propriétaire, dont elle accuse la mauvaise foi ou le désordre. Il faut ensuite que, dans les six mois qui suivent la confection des ouvrages, ils aient été reçus par un second expert, pareillement nommé d'office par le juge (C. c., art. 2103, § IV; 2110). Il serait à désirer que l'exercice de ce privilége fût soumis à des conditions plus faciles à remplir (V. au surplus le Code civil, Des devis et marchés, articles 1787 à 1799 inclusivement).   L. G.

ARCHITECTONIQUE, adj. (du grec ἀρχιτεκτονικος, qui concerne la forme, la structure); terme de physique qui se dit de tout ce qui donne à une chose une forme régulière convenable à la nature ou à la destination de cette chose. Plusieurs philosophes ont indistinctement donné à la faculté de former ou de transformer le nom d'esprit architectonique ou de puissance plastique (V. PLASTIQUE). En terme d'archit., ce mot s'applique à tout ce qui appartient à l'architecture, aux procédés, aux découvertes, aux dissertations. Architectonique diffère d'architectural, en ce que ce dernier mot s'emploie plus particulièrement lorsqu'il s'agit des opérations mécaniques qui entrent dans la construction des édifices.
                                                              J. DE M.

ARCHITECTURE; art de bâtir. Cet art se divise naturellement en trois grandes sections, dont la première seulement doit nous occuper en ce lieu : architecture civile, architecture militaire, architecture navale. — L'architecture civile, qu'on nomme absolument architecture, est l'art de construire des édifices propres aux différents usages de la vie : tels sont les temples et les églises, les palais des rois, les hôtels des riches, les maisons des particuliers, l'habitation du pauvre, les ponts, les digues, les amphithéâtres, les places publiques, les arcs de triomphe, les naumachies, etc. — L'architecture militaire se dit de l'art de fortifier les villes, les châteaux, les lieux exposés à l'invasion ennemie, et à garantir un pays contre les insultes de l'ennemi : c'est ce qu'on appelle FORTIFICATION (V. ce mot). — On entend par architecture navale celle dont l'objet est de construire des vaisseaux et des navires de tout genre et de toute grandeur; la construction des ports, des môles, des jetées, des magasins, des chantiers, des corderies, des arsenaux érigés sur le bord de la mer, est comprise dans cette section (V. MARINE). — L'origine de l'architecture se cache dans l'ombre des siècles. En général, on peut dire que les arts, produits de la nécessité, de l'industrie, et quelquefois du hasard, naissent et se développent peu à peu par des progrès insensibles, et que, lorsqu'ils sont déjà parvenus à un certain degré de perfection, ils se trouvent si éloignés de leur origine que celle-ci ne laisse plus de traces auxquelles il soit possible de la reconnaître. Toutefois on peut dire de l'architecture qu'elle est sur la terre presque aussi ancienne que l'homme; car si les premiers hommes n'ont pas élevé de palais, ils n'ont pu se passer de tentes, de huttes et de cabanes; et, à mesure que leur nombre s'est accru et qu'ils se sont formés en sociétés, ils ont dû chercher à rendre leurs demeures régulières et plus commodes. — Nous avons parlé, au mot arbre, de l'opinion de ceux qui supposent, non sans fondement, que l'idée de la colonne est venue de l'aspect des troncs d'arbre qui servaient à supporter le toit de la cabane; ce dont on ne peut douter, c'est que dans tous les temps la nécessité fut le premier maître des hommes. Tant qu'ils ne furent que chasseurs et propriétaires de troupeaux, des tentes leur suffirent, car ils pouvaient transporter leurs tentes partout où les appelait l'intérêt de la chasse ou le bien des troupeaux. Lorsqu'ils devinrent laboureurs, ils eurent besoin d'avoir des demeures fixes, capables de recevoir leur famille, les animaux qu'ils employaient à labourer la terre, les instruments d'agriculture, leurs récoltes de toute espèce. Alors donc naquit l'architecture, car il fallut construire des bâtiments d'autant plus solides qu'ils étaient plus vastes, et d'autant mieux dis-

tribués au dedans et au dehors qu'ils devaient servir à un plus grand nombre d'usages. Il est à présumer qu'on employa d'abord le bois, et que ce fut seulement par degrés qu'on en vint à la terre, à la pierre sèche, à la pierre de taille; que les grottes et les cavernes des montagnes reçurent d'abord des habitants, et donnèrent ensuite l'idée de constructions du même genre, au-dessus du sol; que les habitations furent construites suivant les climats, la température, la nature du sol, et les besoins de la société naissante; qu'enfin l'idée de la divinité, devenant plus générale, et s'identifiant, pour ainsi dire, avec tous les principes conservateurs qui furent établis pour fonder la paix et la concorde, on érigea des temples, puis des palais pour les chefs. Si, comme il nous semble assez bien prouvé, les hommes, en descendant des plateaux de l'Iran (l'ancienne Perse), se sont répandus dans les contrées orientales et méridionales de l'Asie, ce serait d'abord dans la Perse, ensuite dans l'Inde et en Chine que nous devrions trouver les premiers éléments de l'histoire de l'architecture. Malheureusement, de toutes les merveilles de Babylone et de Ninive, du temple de Bélus, des jardins de Sémiramis, des palais de Ninus, il ne reste absolument rien qui puisse justifier ou démentir les descriptions magnifiques, fabuleuses peut-être, des anciens historiens; mais il est évident que ces historiens ont peint, non les choses qu'ils ont vues, mais les choses qu'ils ont supposé devoir exister, et ils se sont servis de tous les termes employés par les architectes de leur temps, de même que nos romanciers du XVe siècle, lorsqu'ils ont décrit des palais de fées; aussi, on peut appliquer à ces descriptions de Ninive et de Babylone ce que disait Quinte-Curce des soldats de Darius : Nomina veriùs quàm auxilia. Nous ne sommes guère plus heureux pour ce qui concerne l'ancienne Perse, et le Tchel-Minar de Persépolis (les quarante colonnes) (V. PERSÉPOLIS), reste d'un temple, d'un palais ou d'une forteresse, est loin de pouvoir donner une idée exacte de l'architecture perse. — Quant aux Chinois, personne n'ignore que c'est le peuple le plus stationnaire qui ait jamais existé; le plus attaché à suivre ses anciens usages : or les Chinois modernes bâtissent en bois comme leurs pères; il est à présumer que leurs constructions s'élèvent encore sur le même modèle qui servit il y a trente siècles aux auteurs de leur race; mais leurs édifices ont si peu de durée et de solidité qu'on peut dire hardiment qu'il n'existe pas dans toute la Chine un seul monument antique. — Viennent à la même époque les habitants de l'Inde et de l'Éthiopie, et leur architecture ressemble si peu à celle des autres peuples que leur examen approfondi de leurs édifices, en supposant même que la marche progressive de l'art pût y être remarquée, pourrait bien servir à former une histoire particulière et exceptionnelle; mais ne trouverait que difficilement sa place dans une histoire générale. Les Indous semblent n'avoir eu aucune règle positive; chaque édifice, chez eux, offre un quelque sorte un caractère particulier, sauf la profusion d'ornements qui se retrouve dans tous. Au fond, on peut dire qu'ils ont d'abord profité de ce que la nature semblait avoir fait pour eux en creusant des cavernes plus ou moins spacieuses dans les flancs des rochers : ces cavernes, soigneusement sculptées, furent les premiers temples; des blocs énormes, s'élevant au-dessus du sol, reçurent plus tard des formes déterminées; les uns furent taillés en statues, les autres offrirent, dans leurs excavations artificielles, des chambres, des galeries; enfin on transporta sur le sol lui-même le produit des excavations, et les pierres taillées, amoncelées avec plus ou moins d'art, formèrent ces temples ou pagodes dont les plus anciens ne présentent que des ruines, dont les autres retracent l'architecture de l'Inde ancienne. — Les Éthiopiens, que tous les anciens historiens ont confondus avec les Indous, eurent incontestablement avec ceux-ci des rapports fréquents, s'ils ne sont de la même famille; et comme, incontestablement aussi, ce n'est que par l'Éthiopie que l'Égypte s'est peuplée, on peut avancer que les Éthiopiens et les Égyptiens n'ont eu qu'une seule et même architecture. — Or les progrès de l'architecture en Égypte ont été, comme partout ailleurs, déterminés par le climat, la nature du sol, la qualité des matériaux; comme dans l'Inde, on commença par habiter des grottes, qu'on agrandit et qu'on orna; à l'imitation des grottes, on éleva sur le sol des édifices entièrement semblables à ces grottes; et comme dans un pays chaud, où il ne pleut jamais, les toits sont superflus, ou du moins il n'est pas nécessaire de les incliner pour faciliter l'écoulement des eaux, les monuments égyptiens ont tous pour caractère distinctif l'absence de toits, ou les toits plats, formés de grandes dalles; mais, par la difficulté de trouver des pierres d'une dimension suffisante pour embrasser la largeur de l'édifice, il fallut multiplier les colonnes dans l'intérieur, et la multiplicité des colonnes forme le second caractère de l'architecture égyptienne. — Les édifices égyptiens sont les premiers qui se sont présentés avec leurs masses colossales et presque indestructibles; ils ont donc naturellement attiré l'attention des anciens écrivains, qui ont parlé des peuples de l'Egypte comme ayant les premiers observé par instinct, et en quelque sorte deviné, ce précepte de Vitruve: *Non potest ædes ulla, sine symetriâ alque proportione, rationem habere compositionis, nisi uti ad hominis bene figurati membrorum habuërit exactam rationem.* Ce qui ne veut pas dire qu'un édifice doit être construit sur le modèle d'un homme bien conformé, ou que l'architecture doit imiter la structure du corps humain; cela signifie seulement que, de même que dans un homme bien fait les proportions d'un seul membre indiquent la mesure de tout le corps (et c'est sur ce principe que le savant Cuvier a su recomposer des espèces ou même des familles d'animaux qui étaient perdues), de même les proportions d'une seule partie d'un édifice doivent faire trouver la mesure de l'édifice entier. — Il faudrait donc regarder l'Egypte comme le berceau de l'architecture, si la Grèce ne réclamait cet honneur au nom des beaux-arts; et il faut convenir que si les ruines de Thèbes indiquent une époque très-reculée, celles du Parthénon indiquent un art perfectionné: c'est à la Grèce, en général, qu'on attribue l'invention des trois ordres dorique, ionique et corinthien; mais les Grecs, ici, furent-ils les inventeurs, ou n'ont-ils fait qu'imiter et améliorer? Nous sommes disposé à croire, sans vouloir rien leur ôter de leur immense mérite, qu'ils ne sont qu'heureux imitateurs des Egyptiens plus anciens qu'eux. Ces derniers, en effet, variaient la forme des chapiteaux, mais on pouvait les rapporter tous à trois principaux genres, chapiteaux carrés, chapiteaux bombés et chapiteaux évasés. Or, ne peut-on pas dire que les chapiteaux carrés ont produit l'ordre dorique, les bombés l'ordre ionique, et les évasés l'ordre corinthien? — Aux trois ordres grecs, les Romains ajoutèrent l'ordre toscan et l'ordre composite; le premier, qui n'est guère qu'une simplification du dorique; le second, qui, ainsi que son nom l'indique, se compose du mélange plus ou moins gracieux des deux autres. Et il faut croire que les Romains sont arrivés aux limites de l'art (tous les arts ont un point qu'ils ne sauraient franchir), car tous les efforts des modernes pour créer des ordres nouveaux ont été jusqu'ici infructueux. Le XVIIIe siècle a vu bien des essais dans ce genre; mais de tous ces essais, non plus que de ceux qu'on a faits dans le XIXe, il n'est rien sorti qu'on puisse regarder comme un genre nouveau adopté généralement par les contemporains; ce sont des composites plus ou moins rapprochés des anciens ordres, et, s'il est permis de le dire, plus ou moins bizarres. — L'architecture parvint dans Rome à son plus haut point sous le règne d'Auguste; sous Tibère et ses successeurs, elle ne gagna rien: elle s'affaiblit, et, sans la passion désordonnée de Néron pour les arts, sans le goût éclairé de Trajan, et, plus tard, d'Alexandre Sévère, elle aurait promptement déchu; mais l'amour des arts s'éteignit dans l'Occident avec celui des lumières; et l'architecture, de même que la sculpture et la peinture, entraînée par la chute du trône d'Auguste, périt sous la hache des Visigoths; du moins les architectes qui survécurent aux désastres de la grande invasion des Barbares, n'étant plus dominés par le sentiment du beau, ni soutenus par la présence des monuments anciens, négligèrent entièrement la justesse des proportions, la convenance du plan, la correction du dessin, en un mot tous les principes généraux du beau et du bon dans les arts. — De cette négligence et des abus qui en sortirent se forma une manière nouvelle de construire, qu'on a nommée *vieux gothique*, quoique les Goths, à l'exception peut-être de Théodoric, qui s'empara de Rome à la fin du Ve siècle, n'aient fait que détruire au lieu d'édifier. Encore l'architecture romaine conserva-t-elle assez d'influence sur l'architecture gothique pour que beaucoup d'archéologues la désignent par le nom de *romane*, de même qu'on a donné celui de langue romane à la langue latine corrompue du VIIe siècle et des siècles suivants. D'autres appellent cette architecture bâtarde: *saxonne, lombarde, normande*. Elle se distingue de celle qui précède et de celle qui suit par les arcades et les colonnes en demi-relief engagées dans le mur; remplaçant les péristyles et les colonnes isolées: Quant à celles qui, par leur position, devaient rester sans appui, comme celles qu'on des-

tinait à supporter les voûtes des nefs ou la coupole, on les remplaça par de gros piliers carrés, ce qui subsista jusqu'au temps de Charlemagne. Ce prince tenta de rétablir l'ancienne architecture; mais la barbarie avait poussé trop loin ses envahissements, il ne réussit pas; toutefois ses efforts préparèrent l'application, à ces gros piliers, des demi-colonnes. — Le style byzantin ne tarda pas à venir se mêler à l'architecture gothique ou romane. C'étaient les arts de l'Orient et de l'Occident en contact: il en sortit des modifications réciproques. La cathédrale de Saint-Marc, à Venise, offre le type le plus saillant de ce genre qui se reconnaît d'abord à ses arcs surhaussés. Dès le VIIe siècle, ce style byzantin avait paru en Europe; mais ce ne fut qu'au XIe qu'il prévalut dans la forme des basiliques, s'annonçant non-seulement par l'élévation des arcs, mais encore par la substitution des voûtes aux anciens plafonds plans. — Cependant nos premiers rois de la troisième race firent tant par leur persévérance que l'architecture prit, en quelque sorte, une vie nouvelle; mais, en s'éloignant des formes qu'elle avait reçues durant la période précédente, elle changea tout à fait de caractère, et des piliers colossaux, des murailles massives, des tours gigantesques, on passa aux colonnettes, aux pierres découpées, aux tours à jours, aux murs filigranés. Les architectes firent consister la beauté dans la profusion des ornements, et surtout dans la délicatesse, ou, pour mieux dire, dans la ténuité des parties. Ce qui les fit tomber dans cet excès, ce fut le désir de substituer un nouveau genre au vieux gothique, et, plus encore, l'influence qu'exerça sur leur propre goût celui des Arabes, qui importèrent leurs découpures en Espagne, d'où, de proche en proche, le genre arabe se répandit en France et en Italie. — Le genre qui se forma de l'amalgame du vieux gothique avec le byzantin et l'architecture arabe et mauresque a été désigné, très-improprement, par le nom de *gothique moderne*, ou simplement *gothique*. Nous disons *très-improprement*, car, au XIIe siècle, et même longtemps avant, le règne des Goths avait cessé; ce peuple avait disparu de l'Europe, exterminé par le fer, ou tellement mêlé avec d'autres peuples qu'il n'était plus possible de l'en distinguer. Vasari appelle cette architecture *tudesque* ou *allemande*, ce qui n'est pas une moindre impropriété; les Italiens l'appellent *française* ou *normande*, et ce serait *sarrasine* qu'il faudrait l'appeler; car, entre l'arabe et le mauresque, il y a cette différence, que la première emploie constamment l'ogive, et la seconde le cintre outrepassé; c'est-à-dire un cercle auquel on aurait retranché une section équivalant à un arc dont la corde aurait les deux tiers à peu près d'un diamètre. — Ce fut dans le cours du XIIIe siècle et du siècle suivant qu'on vit s'élever cette immense quantité de cathédrales, qui semblent toutes construites sur le même modèle. Dans le XVe siècle, l'architecture adopta les formes aiguës et anguleuses: on ne vit plus sur toutes les parties d'un édifice que des espèces de prismes et des colonnes groupées ou accouplées, d'une très-grande ténuité. Les feuilles de chardon ou de chou frisé remplacèrent, dans les ornements, les feuilles d'acanthe; les grandes ouvertures circulaires, appelées *roses*, furent bizarrement contournées. De la fin du XVe au milieu du XVIe siècle, les ornements furent si multipliés que le genre prit le nom de *gothique fleuri*. C'est à dater de cette époque qu'on aperçoit partout *festons, guirlandes, broderies, arabesques* et *dentelures*. — Les Italiens avaient su, mieux que leurs voisins, se défendre contre l'invasion de l'ogive; à peine le XVe siècle était-il commencé, que le fameux *Brunelleschi* essaya, non sans succès, de faire revivre le goût de l'architecture grecque, et l'ordre corinthien, dans sa pureté, osa se rencontrer dans l'église Saint-Laurent de Florence. Cent ans plus tard, *Alberti* composa un traité d'architecture, où il réduisait en quelque sorte en théorie la pratique de Brunelleschi, et son traité, soutenu par l'exemple et les leçons des Michel-Ange, des Raphaël, des Vignole, etc., produisit la plus heureuse révolution, la *renaissance* de l'architecture. François Ier ne laissa pas l'Italie jouir seule du bienfait; il attira Vignole à sa cour, et Vignole, conjointement avec Jean Goujon; devint le restaurateur de l'architecture en France. Louis de Foix, Philibert Delorme, Bullant, Desbrosses, marchèrent dignement sur les traces de Goujon et de Vignole; ils furent suivis eux-mêmes par Mansart, Perrault, Blondel et plusieurs autres. Malheureusement la régence survint avec ses principes de dégradation et de corruption dans les arts comme dans la morale, et l'architecture subit leur influence; elle s'épura vers le milieu du XVIIIe siècle, et les monuments élevés par Servandoni et Soufflot servent de transition aux édifices du temps de la régence et à ceux de notre temps. Il n'est pas nécessaire de dire que nous n'entendons nullement parler des efforts insensés de quelques hommes qui, dans leur enthousiasme factice pour le moyen âge, voudraient ramener leurs contemporains au XVe siècle, ou obliger le XIXe à recevoir les formes surannées qu'ils préconisent et vantent à outrance. — Nous ne voulons pas dire non plus que nous devons nous astreindre à copier servilement les anciens; qu'il n'est pas permis de s'écarter le moins du monde des règles posées par Vitruve; que toute innovation doit être proscrite : ce serait là obéir à un préjugé qui n'aurait d'autre effet que d'entraver le génie et de gêner le goût dans son essor. Il ne peut y avoir dans l'architecture qu'une seule règle invariable et fixe : celle de ne rien faire qui choque la vue, les idées générales et la manière de sentir commune à tous les hommes. — Nous n'avons pu, dans un article réduit à d'étroites limites, entrer dans aucun détail; et nous nous sommes borné à la faible esquisse d'un sujet sur lequel on peut écrire des volumes; mais, d'une part, nous prévenons nos lecteurs qu'ils trouveront aux mots ARABE (arch.), PERSÉPOLIS, (archit.), ROME (archit.), EGYPTE (archit.), SARRASINE (arch.), BYZANTINE (arch.), OGIVE, BOIS, BABYLONE, CHINE (archit.), INDE (archit.), COLONNES, ORDRES (arch.), CHAPITEAUX, GOTHIQUE (arch.), ROSES, RELIGIEUSE (arch.), ORNEMENTS, ARABESQUES, etc., des détails qui n'ont pu entrer dans le corps de cet article.

J. DE M.

ARCHITECTURE RURALE (V. CONSTRUCTIONS RURALES).

ARCHITRAVE (archit.), forte poutre qui porte horizontalement sur les colonnes, et qui forme l'une des trois parties de l'entablement (V. ENTABLEMENT). On l'appelle aussi épistyle, du grec ἐπι sur, et de στύλος, colonne. Comme les anciens espaçaient très peu leurs colonnes, l'architrave se composait d'une seule pièce nommée sommier (V. SOMMIER). Les modernes qui ont voulu des entrecolonnements plus vastes, n'ayant pas des matériaux propres à former des architraves d'une pièce, ont fait usage de claveaux, comme on le voit aux Invalides, au Val-de-Grâce, et au grand et petit entrecolonnement du Louvre. Les architraves à claveaux se composent de plusieurs pierres qui, par leur coupe, se soutiennent mutuellement, de manière à former ensemble une voûte plate. Elles sont ordinairement ornées de moulures, qu'on nomme plates-bandes, parce qu'elles ont très peu de saillie les unes sur les autres. Ces plates-bandes sont plus ou moins nombreuses, suivant qu'elles appartiennent à un ordre plus ou moins relevé. — On nomme architraves mutilées celles qui ont les plates-bandes arasées ou retranchées pour recevoir une inscription, ce qui est un défaut, parce que l'inscription peut être insérée dans la frise, qui est lisse (V. FRISE). On nomme architraves coupées celles qui sont interrompues dans l'espace de quelque entre-pilastre, afin de laisser monter les croisées jusque dans la frise, comme on le voit à la façade des Tuileries, à Paris, dans les ailes, qui sont décorées de pilastres d'ordre composite, ce qui est contraire à tous les principes de la bonne architecture, et ne peut guère être excusé que lorsqu'il y a eu impossibilité de faire autrement, comme s'il est question de raccorder plusieurs parties d'un même édifice. — Architrave, en terme de marine, est une pièce de bois placée sur les colonnes au lieu d'arcades, laquelle sert de soutien à toutes les autres; elle a sa place au-dessous de la plus basse frise de l'arcade qui sert de base aux termes. — Il est à remarquer que, pour nous conformer à l'usage général, nous avons fait architrave du genre féminin, mais les architectes le font masculin : nous croyons que c'est une erreur; car le mot latin trabs, poutre, duquel est formé architrave, est du genre féminin, et, par analogie, architrave doit avoir le même genre. — On appelle architravée une corniche de laquelle on a supprimé la frise. On appelle absolument architravée un entablement sans frise.

G. L.

ARCHITRÉSORIER. Dans l'ancien empire d'Allemagne, c'était l'électeur palatin qui était revêtu de cette dignité; mais d'autres électeurs, celui de Bavière et celui de Hanovre, la lui contestaient. L'une des principales fonctions, et, pour mieux dire, la seule qu'il remplissait, c'était de monter à cheval le jour du couronnement de l'empereur, et de répandre sur la place publique des pièces d'or et d'argent (V. TRÉSORIER.)

V. H.

ARCHITIS (myth.), surnom qu'on donnait à Vénus dans quelques lieux de la Syrie. Elle était représentée couverte d'un voile, la tête appuyée sur la main gauche, dans l'attitude que donne une douleur profonde. On supposait qu'elle pleurait en recevant la nouvelle de la blessure d'Adonis. N. M. P.

ARCHITRICLINUS, ordonnateur ou intendant des festins, de ἀρχή et de τρίκλινος, lit (on mangeait autrefois couché ou assis sur des coussins rangés autour de la table). Il était chargé de tout ce qui concernait le service, goûtait et distribuait le vin aux convives. N. M. P.

ARCHIVES (hist. mod.). Anciens titres ou chartes qui contiennent les droits, prétentions, privilèges, concessions, prérogatives, etc., d'une maison, d'une famille, d'une communauté, d'une ville, d'un pays. On désigne par le même nom le lieu où ces titres sont gardés, et par celui d'archiviste l'homme préposé à la conservation de ce dépôt. — Tous les anciens peuples ont eu des archives. Les Hébreux les placèrent d'abord dans l'arche et le tabernacle, ensuite dans le temple. Esdras a fait mention des archives de Babylone, Tertullien de celles des Phéniciens et des Chaldéens, Josèphe de celles de la ville de Tyr. L'Egypte eut aussi des archives, car Manéthon déclare qu'il a travaillé sur des documents authentiques déposés dans les temples : c'étaient des colonnes chargées d'inscriptions, qu'on attribuait à Hermès, et par celui des prêtres seuls pouvaient prendre connaissance (V. EGYPTE [Hist. de l'], Ce fut aussi dans les temples que les Grecs conservèrent leurs archives avec le trésor sacré. Dans les derniers temps, ils ajoutèrent à ce dépôt les actes importants qui concernaient les citoyens, de même que les ouvrages des grands écrivains. — Les Romains placèrent d'abord leurs archives dans le palais de leurs rois; mais, après l'expulsion de Tarquin, elles furent transportées dans le temple de Saturne; et, successivement, d'autres temples eurent des archives. Il en fut même établi dans chacune des provinces romaines. — Il paraît que, dès le milieu du IIIe siècle, le souverain pontife établit à Rome des archives ecclésiastiques; et les évêques, de même que les monastères et les églises, ne tardèrent pas à l'imiter. — En France, il n'est guère question d'archives que sous les rois de la seconde race. Les règlements faits dans les conciles tenus sous le règne de Charlemagne, et les ordonnances de Louis le Débonnaire, étaient conservés dans les archives du palais; mais, sous les rois de la troisième race, on adopta l'usage pernicieux d'emporter les archives avec les équipages du roi, lorsqu'il se mettait en voyage. Personne n'ignore que Philippe Auguste, surpris, en 1194, par son ennemi, le roi d'Angleterre, perdit ses archives, ses équipages et le sceau royal, perte qu'il ne put jamais réparer complétement (V. CHARTES [Trésor des], et ROYAUME [Archives du]). N. M. P.

ARCHIVIOLE (luth.), ancien instrument de musique hors d'usage, lequel se composait d'une espèce de clavecin, auquel on adapte le mécanisme d'une vielle, et qu'on fait aller par le moyen d'une manivelle. — On se servait, il n'y a pas encore bien longtemps, en Italie, d'un instrument à cordes qu'on appelait archiviole de lyre, à cause de la ressemblance qu'il avait avec la lyre et la guitare : il avait un manche très-large, sur lequel on montait de douze à seize cordes, dont les dernières, au grave, débordaient la droite du manche, et, par conséquent, sonnant à vide, ne pouvaient donner qu'un ton. On accordait ces cordes suivant le ton dans lequel on jouait, afin d'avoir des notes pleines de basse, quinte et tonique, dans les modes majeur et mineur de ce ton. G. L.

ARCHIVOLTE (archit.), arc contourné, de arcus volutus. Ce mot sert à désigner le bandeau ou chambranle qui règne autour d'une arcade de plein cintre, et se termine sur les impostes (V. CHAMBRANLE, IMPOSTE). Les moulures des archivoltes imitent celles des architraves, et né doivent, par conséquent, recevoir que des ornements en proportion avec la nature des ordres. On appelle retourné l'archivolte qui, au lieu de finir à l'imposte, se retourne pour s'aller joindre à un autre bandeau; mais cette manière est lourde, et ne convient qu'à l'architecture rustique. L'archivolte rustique n'a que des moulures très-simples qu'interrompent des bossages unis ou vermiculés (V. BOSSAGE). G. L.

ARCHON (LOUIS) (biogr.), naquit à Riom en Auvergne, en 1645, et mourut dans la même ville en 1717. Il fut chapelain de Louis XIV, qui lui procura le moyen de faire, sur des documents authentiques et curieux, l'Histoire de la chapelle des rois de France, Paris, 1704-1711, 2 vol. in-4°. La mort le surprit avant qu'il eût terminé son travail, qui n'arrive pas jusqu'à Louis XIV. A. P.

ARCHONTES (hist. anc.), nom par lequel on désignait les magistrats d'Athènes, de ἀρχή, commandement, dont on a formé ἄρχων. Après la mort de Codrus, roi d'Athènes, qui se dévoua volontairement pour donner la victoire à ses troupes (V. CODRUS), s'il faut en croire Justin, Pausanias et Valère Maxime, les Athéniens abolirent la royauté; mais, par reconnaissance, ils donnèrent à Médon, fils de Codrus, le titre d'archonte, ou chef de la république, et ils déclarèrent cette charge héréditaire dans la descendance de Médon. Mais, vers l'an 754 avant J. C., après Alcméon, treizième archonte à vie, l'archontat fut rendu électif, et sa durée limitée à dix ans; au bout de soixante ou soixante-dix ans, la durée de l'archontat fut encore réduite: on nomma neuf archontes, dont les pouvoirs ne s'étendaient pas au delà d'une année. Le premier de ces magistrats portait le titre d'*archonte éponyme*, parce qu'il donnait son nom à l'année de son administration. Il jugeait les procès de famille, les contestations entre époux et entre cohéritiers, était protecteur-né des orphelins, punissait sévèrement l'ivrognerie, et s'exposait lui-même à la peine de mort s'il s'enivrait dans l'année de l'archontat. Le second, nommé *archonte-roi*, présidait aux cérémonies religieuses, connaissait des différends entre les prêtres et les familles sacerdotales, punissait les profanateurs, offrait des sacrifices, présidait à la célébration des mystères d'Éleusis (*V.* ÉLEUSIS); il pouvait enfin siéger dans l'aréopage, mais il ne pouvait y paraître avec la couronne qui était la marque de sa dignité. Sa femme portait le titre de reine, et, en cette qualité, elle présidait le collège des prêtresses de Cérès et de Bacchus. Le troisième archonte portait le nom de *polémarque*; il commandait l'armée, avait la police des étrangers; veillait spécialement à ce que les enfants de ceux qui étaient morts pour la patrie fussent élevés et entretenus aux frais de l'État. Chacun de ces archontes pouvait s'adjoindre deux citoyens qui lui servaient d'assesseurs ou de conseils. — Les autres six archontes portaient le nom de *thesmothètes* (législateur); ils poursuivaient la calomnie, jugeaient les contestations entre marchands, portaient les appels au peuple, surveillaient les magistrats inférieurs, et s'opposaient à la sanction des lois qu'ils jugeaient contraires au bien de l'État. Après avoir rendu compte de leur administration, les archontes sortant de charge allaient siéger dans l'aréopage (*V.* ARÉOPAGE). — Pour pouvoir être élu archonte, il fallait descendre en ligne directe d'un père, d'un aïeul et d'un bisaïeul qui fussent citoyens d'Athènes; il fallait jouir d'une bonne réputation, avoir combattu pour la patrie, et posséder une fortune qui répondît à ce haut rang. Avant d'entrer en exercice, ils devaient prêter serment de remplir consciencieusement leur devoir, et de ne pas se laisser corrompre. S'ils étaient convaincus d'avoir reçu des présents, ils étaient condamnés à payer au temple de Delphes le poids en or de leur corps. Dans les derniers temps, on se relâcha beaucoup de cette rigueur. Dracon et Solon avaient été archontes; Plutarque le fut; Adrien, avant d'être empereur, avait eu le même honneur. Cette dignité, au surplus, avait beaucoup perdu de son importance au IIe siècle avant J. C., lorsque les successeurs des généraux d'Alexandre, maîtres de la Macédoine, se furent emparés d'Athènes. — Sous les empereurs romains, plusieurs villes grecques furent gouvernées par deux archontes, dont les fonctions étaient les mêmes que celles des décemvirs dans les colonies et les villes municipales. Quelques écrivains du moyen âge ont donné le nom d'archontes à des officiers civils ou ecclésiastiques du Bas-Empire: un évêque est archonte des églises où l'*Evangile* est annoncé, et l'*archonte des muràilles* est un directeur des fortifications, etc. On prétend qu'il existe des médailles de Byzance sur lesquelles le titre d'archonte est attribué à des femmes.   N. M. P.

ARCHONTIQUES (*hist. eccl.*), secte d'hérétiques qui parurent vers la fin du IIe siècle : ils attribuaient la création du monde à des substances intellectuelles, à des anges subordonnés à Dieu, mais laissés libres dans leur action; ils appelaient ces êtres surnaturels *archontes*; ils rejetaient le baptême et les mystères, ceux-ci étaient l'ouvrage de Sabaoth, l'un des archontes inférieurs. Ils disaient que la femme avait été produite par Satan, et ils croyaient que l'âme ressusciterait avec le corps. On regarde les archontiques comme appartenant à la secte des Valentiniens (*V.* VALENTINIENS et GNOSTIQUE).

ARCHYTAS (*de Tarente*), célèbre philosophe pythagoricien qui a vécu depuis la fin du Ve siècle avant J. C. jusque vers le milieu du IVe. Il fut, dit-on, le huitième successeur du fondateur de la secte, et Platon reçut ses leçons. Il s'était appliqué spécialement aux mathématiques et à la mécanique, et l'on dit qu'il inventa la vis et la poulie, qu'il appliqua les mathématiques à des choses usuelles, et qu'il trouva même la duplication du cube par deux moyennes proportionnelles. On prétend encore qu'il avait construit une colombe automate qui se soutenait en l'air par le mouvement de ses ailes; mais ce fait est évidemment fabuleux. — Archytas ne fut pas seulement philosophe, mathématicien et mécanicien; il fut encore homme d'état et général. Ses concitoyens le placèrent sept fois à la tête du gouvernement, et, dans plusieurs rencontres, il battit les troupes des Messiniens. Il périt par un naufrage sur les côtes de l'Apulie: son corps fut trouvé sans vie sur le sable. Cette mort a fourni à Horace le sujet de sa vingt-huitième ode, liv. Ier. On a d'Archytas un assez grand nombre de fragments, qui se trouvent épars dans plusieurs ouvrages, mais qui n'ont jamais été réunis en un seul corps. Stobée a publié ceux d'un traité sur la *Nature de l'univers*, et ceux d'un autre traité sur *la Sagesse* et l'*Homme bon et heureux*. Mais le traité des *Catégories*, qu'on lui attribue, et qui est complet, n'est pas de lui; c'est du moins l'opinion de deux savants qui ont publié, l'un à Paris, l'autre à Leipsick, deux dissertations latines sur les ouvrages et les fragments d'Archytas.   A. P.

ARCIS (MARC D'), né aux environs de Lavaur, devint un des plus fameux sculpteurs de son temps : il avait été l'élève de Rivals, et il mourut au commencement du XVIIIe siècle, doyen de l'Académie de sculpture de Paris. Ses meilleurs ouvrages sont : la statue de Louis XIV, à Pau; le Mausolée du marquis d'Ambres, à Lavaur; les bustes de plusieurs Toulousains. Il avait travaillé avec Vanclève à l'église de la Sorbonne.   A. P.

ARCIS-SUR-AUBE (*géogr.*, *hist.*), petite ville de 2,500 habitants, chef-lieu de sous-préfecture du département de l'Aube. Cette ville acquit, en 1814, une grande célébrité, parce que ce fut sous ses murs ou dans ses champs que, le 20 mars de cette année, eut lieu la bataille qui ruina les espérances de Napoléon; après avoir lutté tout le jour avec avantage contre les forces au moins triples du prince de Schwartzenberg, il fut contraint de battre en retraite à la faveur de la nuit, ce qui ouvrit aux alliés le chemin de Paris.   N. M. P.

ARCISSE, c'était le nom d'un monastère d'hommes de l'ordre de Saint-Benoît, diocèse de Chartres, situé sur la petite rivière d'Osée, et fondé, en 1225, par Isabelle, comtesse de Chartres, et Guillaume, évêque de Châlons-sur-Marne et comte du Perche. Sous le règne de Henri III, la destination de ce monastère fut changée, les religieux y furent remplacés par des filles, dont la première abbesse s'appelait Françoise de Riant, petite-fille de Jean Fernel, médecin de Henri II. Cette abbaye, en 1789, ne jouissait que d'un revenu de 5 à 6,000 francs.   B. Z

ARCISCEWSKI (CHRISTOPHE), fils d'un colonel polonais. Ses opinions religieuses l'ayant forcé de s'expatrier, il se rendit en Hollande où il entra au service de cette république, alors parvenue au faîte de la puissance. Après la conquête du Brésil sur les Portugais, il fut nommé gouverneur général de ce vaste pays. Il joignait à de grandes connaissances dans les sciences mathématiques beaucoup de bravoure personnelle. En 1667, les Hollandais frappèrent une médaille en son honneur: il mourut à Leschno ou Lissa, dans la grande Pologne, en 1668.

ARCO (*terme de fonderie*). Ce sont les parties de cuivre qui se trouvent parmi les cendres qu'il suffit de cribler pour les retirer (*V.* CALAMINA). En terme de musique, c'est un mot italien qu'on met ordinairement au-dessous de la portée et après un *pizzicato*, pour marquer qu'il faut reprendre l'archet.

ARCO (NICOLAS, Comte D') est compté par Ubaldini au nombre des poëtes qui ont illustré Vérone, où il paraît qu'il fit son séjour après avoir fait plusieurs campagnes. Il était né en 1470, et il mourut en 1546. Il avait abandonné de bonne heure la carrière militaire pour se retirer dans sa terre d'Arco, située dans le Tyrol, diocèse de Trente, érigée en comté par l'empereur Sigismond. On a de lui plusieurs opuscules en vers latins, imprimés sous le titre de *Nicolai Archii comitis numeri*, d'abord à Mantoue, in-4o, en 1546, et à Vérone, in-8o, 1762. — Jean-Baptiste d'Arco, de la famille du précédent, découvrit le buste original de Virgile.   A. P.

ARCOLE, village d'Italie, province de Mantoue, sur l'Alpon, petite rivière qui se jette dans l'Adige, un peu au-dessous, célèbre par la bataille que l'armée française, sous les ordres de Bonaparte, y livra le 15-17 novembre 1796 à l'armée autrichienne commandée par Wurmser.

ARÇON (*terme de manège*), espèce d'arc composé de deux pièces de bois qui soutiennent la selle et lui donnent sa forme; une de ces pièces forme le devant, l'autre le derrière. Parmi les diverses parties de l'arçon, on trouve le *pommeau*, petite poignée de cuivre élevée au-devant de la selle. (*V.* POMMEAU;

GARROT, MAMELLES, POINTES, BATTES). Il y a, pour les selles à tous chevaux, des arçons mobiles qui changent l'ouverture de la selle. — Les arçons sont nervés, c'est-à-dire couverts de nerfs battus et réduits en filasse, puis collés tout autour des arçons pour les renforcer; on y ajoute ensuite des bandes de fer qui les tiennent en état. L'arçon de derrière porte sur le troussequin (V. TROUSSEQUIN). J. C.

ARÇON (arts et métiers), C'est un outil de chapelier, servant à séparer et à diviser la laine ou le poil dont les chapeaux doivent être fabriqués. Il ressemble par la forme à un archet de violon; mais il a cinq ou six pieds de longueur. Il a une corde de boyau bien tendue, et c'est par le moyen de cette corde qu'on éparpille la matière. L'arçon, armé de sa corde, est suspendu par le milieu au plafond au-dessus d'une grande claie. A l'aide d'un outil qu'on nomme coche, l'ouvrier arçonneur met en mouvement la corde à boyau; par cette opération, la laine est divisée en parties si légères, qu'il suffirait du plus léger souffle pour la faire voler. Quand la matière est bien divisée, l'ouvrier fait jouer l'arçon très-légèrement, de manière que la laine, en retombant, forme un tas triangulaire. Cette opération, qui demande de la dextérité et de la pratique, précède immédiatement le feutrage. (V. FEUTRAGE). — Dans plusieurs établissements, on a substitué à l'arçon un cylindre tournant, percé de petites fentes longitudinales dans lesquelles on insère des cordes de boyau tendues convenablement. Quand on fait tourner l'axe du cylindre, la vibration des cordes arçonne et nettoie parfaitement la matière qui est dans le cylindre. C'est avec un cylindre de ce genre que depuis quelque temps, à Paris, on arçonne les matelas, et cette méthode est préférable au cardage. Le travail de l'arçoneur est malsain, parce qu'il s'élève toujours de la matière, quand elle est battue, une poussière très-fine qui affecte les yeux et la poitrine d'une manière fâcheuse. J. C.

ARÇON (JEAN-CLAUDE LEMICHAUD D'), officier-général du génie et correspondant de l'Institut, naquit à Pontarlier en 1733. Son père, avocat instruit, voulait que son fils embrassât l'état ecclésiastique; mais sa vocation l'entraînait vers la carrière des armes. Il entra en 1754 à l'école de Mézières, et il en sortit l'année suivante avec le titre d'ingénieur ordinaire. Il se distingua durant la guerre de sept ans, par la défense de Cassel. En 1774, il trouva une manière de lever les plans qui accélère l'opération; mais ce qui a rendu son nom populaire, ce fut d'avoir inventé, en 1780, pour le siège de Gibraltar, les batteries flottantes, insubmersibles et incombustibles; il les destinait à entamer le corps de la place du côté de la mer (V. BATTERIES FLOTTANTES). Son invention n'eut aucun résultat, mais ce fut par des causes qui lui étaient étrangères. Ce mauvais succès ne l'empêcha point de s'occuper de l'art militaire; il continua de servir pendant la révolution, fut dénoncé à deux reprises, rappelé parce qu'on estimait ses talents, employé par Carnot dans les comités militaires; nommé par Bonaparte membre du sénat en 1799. La mort ne le laissa pas jouir longtemps de ce retour de faveur; il mourut l'année suivante à l'âge de soixante-sept ans. On a de lui un très-grand nombre d'ouvrages qui tous roulent sur l'art militaire. Nous ne citerons que les principaux: 1° Mémoire pour servir à l'histoire du siège de Gibraltar, par l'auteur des batteries flottantes; Cadix, 1783, in-8°; 2° Examen détaillé de la question de l'utilité des places fortes des retranchements; Strasbourg, 1789, in-8°; 3° De la force militaire dans ses rapports conservateurs; Strasbourg, 1789, in-8°; 4° Considérations militaires et politiques sur les fortifications; Paris, impr. de la répub., 1785, in-8°. Ce fut ce dernier ouvrage qui valut à l'auteur l'approbation de Carnot et la bienveillance du gouvernement. A. P.

ARÇONNEUR, ouvrier qui prépare la laine avec l'arçon (V. ARÇON, arts et métiers).

ARÇONVILLE (GENEVIÈVE-CHARLOTTE D'ARTUS, femme du sieur d'), née le 17 octobre 1720, morte à Paris le 23 décembre 1805. — M. Bodard, dans son Cours de botanique médicale comparée, fait un bel éloge des bonnes qualités de cette femme auteur; mais il ne nous apprend rien des événements de sa vie, d'où l'on peut conclure qu'elle a parcouru sa longue carrière assez paisiblement, et sans éprouver de violentes secousses des événements qu'elle a vus passer sous ses yeux pendant ses quinze dernières années. Tout ce qu'on sait d'elle, c'est qu'à peine âgée de quatorze ans elle épousa un conseiller au parlement; qu'elle montra d'abord du goût pour la poésie qu'elle négligea bientôt après pour la science, étudiant à la

fois celles qui paraissent le plus opposées; la physique et la littérature, l'astronomie et l'agriculture, la botanique et la morale, etc.; et que, sur toutes les matières, elle a écrit un nombre infini de volumes. Nous citerons ses principaux ouvrages: 1° Pensées et réflexions morales; Paris, 1766, 2e édit., in-12; De l'amitié; Paris, 1761, in-8°; Des passions; Paris, 1764, in-8°. Ces trois petits volumes annoncent une femme de beaucoup d'esprit, exprimant bien ce qu'elle sent et ce qu'elle pense. 2° Vie du cardinal d'Ossat; Paris, 1771, 2 vol. in-8°. Cette vie est très-curieuse et bien écrite. 3° Vie de Marie de Médicis; Paris, 1774, 3 vol. in-8°. Cet ouvrage, plein de recherches, fait honneur au caractère et à la franchise de son auteur. 4° Histoire de François II, suivie d'un discours traduit de l'italien, de l'ambassadeur Suriano; Paris, 1783, 2 vol. in-8°. 5° Beaucoup de traductions de l'anglais, poésie, histoire, romans, ostéologie, comédies, etc. 6° Un Traité sur la putréfaction; Paris, 1766, in-8°. C'est un ouvrage curieux, intéressant et utile. A. P.

ARCOS (géog.), place forte de l'Andalousie, en Espagne, autrefois Arcobriga. Elle s'élève sur la pointe d'un rocher escarpé, dont une petite rivière baigne le pied; c'est le Guadalete, fameux par les batailles qui se sont livrées sur ses bords, et surtout par celle où périt le roi Rodrigue ou Roderic, et avec lui la monarchie des Goths. Cette ville, placée entre Cadix et Séville, fut érigée en duché en faveur de la maison Ponce de Léon, il y a près de trois siècles, quand cette maison céda elle-même à la couronne le port et la ville de Cadix. On l'appelle communément Arcos de la frontera (de la frontière), pour la distinguer de deux ou trois autres villes peu importantes qui ont le même nom. A. X.

ARCQ (PHILIPPE DE SAINTE-CROIX, Chevalier d'), fils naturel du comte de Toulouse, né à Paris, et mort en 1779 à Tulle, où il avait été exilé. Il avait aimé et cultivé les lettres avec soin. On a de lui: 1° Mes loisirs; Paris, 1755, in 12. Cet ouvrage, qui n'est qu'un recueil de pensées, les unes agréables ou instructives, les autres paradoxales, reçut les honneurs d'une traduction en allemand. L'auteur, homme du monde, et vivant au milieu des philosophes du XVIIIe siècle, loin de partager leurs doctrines, les a combattues avec force, et il a défendu la religion contre leurs attaques chaque fois que l'occasion s'en est présentée. 2° Le Palais du silence, 1754, in-12, roman bien écrit, dont le but est d'inspirer l'amour de la vertu et l'horreur du vice. 3° La Noblesse militaire, ouvrage écrit dans le dessein de l'opposer à la Noblesse commerçante, de l'abbé Coyer, 1756, in-12 (V. COYER). 4° Histoire générale des guerres, ouvrage dont le seul mérite est d'être bien écrit, trop superficiel pour réussir; aussi l'auteur n'en publia que deux volumes, et il ne l'a pas continué. 5° Histoire du commerce et de la navigation des anciens et des modernes, 1758, 2 vol. in-12. Cet ouvrage renferme beaucoup de recherches et de vues sages. Le chevalier d'Arcq a profité de ce qu'avaient écrit sur ce sujet Pluche et le savant Huet. Beaucoup d'autres ont profité ou peuvent profiter de ce qu'il a écrit lui-même pour compléter le travail de ses devanciers. A. P.

ARCTIQUE (astronomie). Nom par lequel on désigne le pôle septentrional; celui qui s'élève au-dessus de notre horizon; il a été ainsi appelé du grec αρκτος, qui signifie ourse, parce que la dernière étoile de la queue de la petite ourse (V. OURSE) est très-voisine du pôle. — On appelle cercle polaire arctique un cercle de la sphère parallèle à l'équateur, lequel n'est éloigné du pôle que de 23° 30' (V. CERCLE POLAIRE). De ce cercle au pôle est comprise la zone glacée. Nous renvoyons aux mots PASSAGE DU NORD-OUEST et TERRES ARCTIQUES la description de ces climats inhospitaliers, telle qu'elle résulte des voyages de découvertes tentés dans le XIXe siècle. Ce fut sous le cercle polaire arctique que furent faites en 1736 et 1737, par les délégués de l'Académie des sciences de Paris, les observations qui ont eu pour résultat de déterminer la figure de la terre. A. P.

ARCTOY, jeunes filles qu'on employait dans les fêtes nommées BRAURONIES (V. ce mot).

ARCTURUS (astronomie). De deux mots grecs qui signifient ourse et queue. C'est une étoile fixe de première grandeur qui a reçu son nom de sa situation dans la constellation d'arctophylax ou boates, en français le bouvier; et cette constellation elle-même a été ainsi appelée parce qu'elle se trouve dans le voisinage de la grande et de la petite ourse (V. OURSE et BOUVIER). L'étoile arcturus a été souvent remarquée par les anciens; il en est parlé dans plusieurs passages de l'Écriture: Qui fecit arcturum, et oriona et hya-

das, etc., Job., c. IX, v. 9. *Nunquid... gyrum, arcturi poteris dissi pare*, ib., c. XXXVI. v. 31;

Arcturum pluviasque hyadas, geminosque triones

a dit aussi Virgile dans ses *Géorgiques*. Cette étoile a un mouvement propre qui la fait avancer vers le sud de 14' par siècle. M. DE J.

ARCUATION (*médecine*). Terme employé par quelques écrivains pour exprimer le schisme la courbure des os, comme il arrive aux enfants qui se nouent (*V.* RACHITIS).

ARCUDIA, ville d'Afrique dans la régence de Tripoli, sur la frontière du pays de Barcah, sur le golfe de Sidra. Quelques auteurs anciens ont cru voir dans cette ville le *Philœnorum aræ*, l'autel des Philènes (*V.* PHILÈNES); d'autres pensent que c'est l'ancienne *Automala.*

ARCUDIUS (PIERRE), prêtre grec, natif de Corfou. Ce fut lui que Grégoire XIV envoya en Pologne et en Russie pour travailler à éteindre le schisme qui depuis si longtemps tient ces vastes contrées séparées de l'Église romaine. Son voyage annonçait d'assez heureux résultats; mais les préjugés des Grecs ne tardèrent pas à reprendre leur influence. A son retour, il s'attacha au cardinal Borghèse, qui l'honora de son amitié. On a d'Arcudius plusieurs ouvrages estimés: 1° *De concordiâ ecclesiæ occidentalis et orientalis*, etc.; Paris, 1672, in-4°; 2° *Utrum detur purgatorium*; Rome, 1632, in-4°; 3° *De purgatorio igne*; ib., 1637, in-4°; 4° *Opuscula de processione spiritus sancti*; ib., 1630, in-4°. Tous ces ouvrages sont remplis de savantes recherches; mais on trouve peu d'ordre dans le classement des matières, et le style en est souvent négligé, ce qui en rend la lecture pénible. Ils renferment, au surplus, une solide apologie des doctrines de Rome contre le schisme des Grecs. Il mourut vers l'an 1634 ou 1635, dans le collège des Grecs. A. P.

ARCUEIL, petit village à deux lieues de Paris, célèbre par l'aqueduc qu'y construisit Julien l'Apostat pour amener les eaux de Rongis à son palais des Thermes. Cet aqueduc fut réparé par Louis XIII; il a subi depuis de nouvelles réparations, et il a été reconstruit en partie. Il amène les mêmes eaux de Rongis à l'Observatoire royal, et de là elles sont conduites à diverses fontaines de Paris. On remarque aux environs d'Arcueil de très-belles pépinières. Il existe encore des fragments de l'ancien aqueduc; ils sont contigus à l'aqueduc moderne, dont la longueur totale est de sept mille toises. Au commencement du XIXe siècle, plusieurs savants se réunissaient à Arcueil, le plus souvent dans la maison de campagne de Berthollet; ils avaient même formé une société sous le nom de *Société d'Arcueil*, laquelle ne s'occupait que des sciences physiques: elle a publié plusieurs volumes de mémoires. X. X.

ARCULÆ AVES (*mythologie*). Nom par lequel les Romains désignaient des oiseaux de mauvais augure, soit par leur vol, soit par la manière dont ils prenaient le grain. Leur nom leur venait d'*arcere*, empêcher, parce que, dans le cas de présage fâcheux, ceux qui les consultaient étaient empêchés de rien faire, de rien entreprendre. N. M. P.

ARCULUS (*myth.*). Dieu qui, chez les Romains, présidait à la sûreté des coffres et des cassettes. Ce nom venait d'*arca*, coffre. Quelques écrivains lui donnent une autre étymologie, et ils le font dériver d'*arx*, forteresse; en conséquence ils en font le dieu protecteur des châteaux forts. N. M. P.

ARCURE (*t. de jard.*). C'est une opération qui consiste à courber les jeunes branches qu'une végétation trop prompte empêche de donner du fruit. La sève, gênée par cette courbure dans sa circulation, produit moins de branches à bois et plus de boutons à fleurs. Ce procédé réussit presque toujours, ce qui a quelquefois engagé des jardiniers à n'employer que l'arcure au lieu de la taille; et ils ont en effet obtenu plusieurs abondantes récoltes de fruits. Mais cette abondance n'a lieu qu'aux dépens de la qualité; elle nuit d'ailleurs à l'arbre, dont elle abrège la vie. Il ne faut donc employer l'arcure que dans quelques cas particuliers. X. X.

ARDAVALIS (*mus. anc.*), instrument de musique dont on prétend que les Hébreux se sont servis. C'est Bartoloccius qui, dans sa grande *Bibliothèque rabbinique*, parle de l'ardavalis d'après plusieurs rabbins, qui disent pourtant qu'on ne le trouvait point dans le sanctuaire. On suppose que c'était une espèce d'orgue hydraulique, comme l'indique son nom, s'il est vrai, ainsi qu'on le prétend, qu'il s'est formé par corruption du grec *hydraulis*. N. M. P.

ARDÈCHE (*géog.*), département de France, formé de l'ancien Vivarais, et ainsi nommé de la rivière qui le traverse. Cette rivière, qui a sa source non loin de celle de la Loire, descend par plusieurs ruisseaux du haut des Cévennes, et, après un cours d'environ trente lieues, tombe dans le Rhône au-dessus du Pont-Saint-Esprit. A l'époque de la fonte des neiges, elle déborde fréquemment et cause beaucoup de dommages, dont les riverains ne sont pas indemnisés par les paillettes d'or qu'elle entraîne. — Le département de l'Ardèche est borné à l'est par le Rhône, au nord par le département de la Loire, à l'ouest par ceux de la Lozère et de la Haute-Loire, au sud par celui du Gard. Il a une superficie de deux cent quatre-vingt-dix-neuf lieues carrées, vingt-sept lieues de long, seize de large, et 340,000 habitants environ. Le pays est presqu'en entier hérissé de montagnes, dont le point le plus élevé, le Mézin, a deux mille mètres de hauteur au-dessus du niveau de la mer; aussi ne manquerait-il point de richesses minérales, mais les habitants les exploitent mal. On y trouve des mines de plomb, de cuivre, de fer, d'antimoine, de manganèse, de houille; des carrières de marbre, du basalte, de l'argile à potier, du silex pour pierres à fusil, des pierres ponces, de la pouzzolane, des sources d'eaux minérales. Le sol est généralement sablonneux, et le climat varie suivant la position. La vallée du Rhône, ouverte au midi et abritée du nord, jouit d'une température chaude qui permet d'y élever des oliviers. Les vins, notamment ceux de Saint-Péray, sont assez estimés; mais l'une des sources les plus abondantes de richesse pour le pays est la culture du mûrier. Les montagnes sont couvertes de bois de chênes, de hêtres et surtout de châtaigniers, dont le fruit forme la base de la nourriture des habitants; et dont le superflu s'exporte et arrive tous les ans à Paris, sous le nom de *marrons de Lyon*. Au-dessus des châtaigniers sont les arbres à résine, comme les pins et les sapins. Les plateaux, couverts de neige pendant six mois, offrent, lorsqu'ils se découvrent, de bons pâturages pour les troupeaux du département et même des départements voisins. —Le chef-lieu du département est *Privas*; ses chefs-lieux d'arrondissement sont, avec la capitale, *Tournon* et l'*Argentière* (*V.* ces deux noms). On compte dans les trois arrondissements trente-une justices de paix et trois cent trente-cinq communes. L'Ardèche envoie quatre députés à la chambre; l'appel de ses tribunaux est porté à la cour royale de Nîmes. Son clergé est soumis à l'évêque de Mende, et, sous le rapport militaire, il dépend de la 9e division. Les réformés y ont cinq églises. — Les habitants de l'Ardèche sont industrieux et actifs. Dans certaines parties de leurs montagnes, ils élèvent des murs de pierre sèche et forment ainsi des terrasses sur lesquelles ils transportent de la terre végétale; ils entendent très-bien l'art de l'arrosement, et ils laissent rarement leurs terres en friche. Ils élèvent beaucoup de bétail, font du beurre et des fromages dont la vente forme une des branches de leur revenu; le seul revenu territorial est porté à plus de 13,200,000 francs. Ils ne se bornent pas à l'agriculture; ils ont des manufactures où l'industrie est poussée à un très-haut degré. C'est de l'Ardèche que sortent ces papiers d'Annonay connus dans toute l'Europe; ils ont aussi des filatures de soie, des tanneries, des fabriques de tissus; et leur commerce, qui a lieu par le Rhône, ne manque pas d'activité. —L'Ardèche a plusieurs curiosités naturelles qui attirent les voyageurs; nous nommerons les principales. Au lieu appelé *la Ray Pic*, l'Ardèche a une chute de cent vingt pieds; les eaux se précipitent du haut d'un rocher de basalte, et elles laissent entre leur masse et le rocher un espace considérable qu'on peut traverser à pied sec (*V.* ARC [*pont de l'*]). — Il existe à Boulègne une fontaine intermittente qui coule pendant quelques mois, de un à six, puis s'arrête plusieurs années, de dix à vingt-cinq. Les curieux vont aussi visiter les grottes de *Vallon*, le gouffre de *la Goule* et les colonnes basaltiques de *Coyron*, qui s'étendent sur un espace de trois cents toises. —Le Vivarais, que ce département représente, fut autrefois habité par les Helviens, au rapport de Strabon; ces Helviens entrèrent dans la confédération des Allobroges, quand il fut question de résister aux Arvernes (Auvergnats); plus tard les Romains les admirent à leur alliance, de même que les Allobroges. Ayant pris parti pour Sertorius, ils furent vaincus par C. Pompée, qui les dépouilla d'une partie de leurs terres, et les donna aux Marseillais, alliés de Rome. Aux comices de Narbonne, vingt-sept ans avant l'ère vulgaire, les Helviens furent compris dans la province romaine; Constantin les en sépara, pour les donner à la province viennoise. Ils avaient eu pour capitale *Civitas Albiensium*, mais cette ville avait été détruite au milieu du IIIe siècle; le siége de leur gouvernement et de l'épiscopat fut transféré à Viviers (*Vivarium* ou *Alba Helviorum*). On voit, dit-on, d'anciennes ruines de leur première capitale, à trois ou quatre lieues d'Aubenas, près du village d'Aps.

Dans le Ve siècle, les Helviens furent compris dans la Première Aquitanique, et furent soumis aux Visigoths. Après la bataille de Vouillé, en 507, leur pays fit partie du royaume de Clovis; mais, dans les fréquents partages qui eurent lieu sous les rois de la première race, le *Vivarium* changea souvent de maître. Dans le VIIIe siècle et postérieurement, il a fait partie du duché ou royaume d'Aquitaine, et du comté de Toulouse. — Nous mentionnerons, en finissant, le Châteauneuf-Randon, qui s'élève au milieu de l'aride plateau de *la Cluvade.* Ce fut sous les murs de ce château qu'en 1380 mourut le fameux Du Guesclin, qui en faisait le siège (*V.* Duguesclin). Nous mentionnerons aussi l'ancien collège royal de Tournon, duquel sont sortis tant d'hommes de talent; il existe encore, et un grand nombre d'élèves y reçoivent une éducation complète.

A. X.

ARDÉE (*géog. anc. et myth.*), ancienne ville du *Latium,* capitale des Rutules, à deux lieues de la mer. Elle fut bâtie par Danaé suivant les uns, et suivant les autres par un fils d'Ulysse et de Circé. Les soldats d'Énée y ayant mis le feu, les habitants publièrent que leur ville avait été changée en héron, en latin *ardea.* Cette métamorphose, racontée par Ovide, repose sur un fondement bien léger. Il est possible que cette contrée abondât alors en hérons; mais il est plus probable que le mot d'*ardéa* vient du latin *ardere,* brûler. Cette ville avait été rebâtie, et Tarquin le Superbe en faisait le siège lorsqu'il fut expulsé de Rome. On renonça pour lors à cette conquête; ce ne fut que plus de cent ans après qu'elle fut réunie au territoire de la république; peu de temps après, on y envoya une colonie.

N. M. P.

ARDÉLION, vieux mot par lequel on désignait un de ces hommes officieux, complaisants, empressés envers tout le monde, mais offrant beaucoup et ne faisant rien, voulant se mêler de tout et ne menant rien à bout, en un mot n'ayant que des paroles et peu d'effet. Il serait à désirer que ce mot fût rétabli dans nos dictionnaires et employé usuellement; il servirait très-bien à désigner une des plaies de notre société.

J. DE M.

ARDELLE, liqueur spiritueuse qu'on extrait du girofle.

ARDENNE (*géog.*). Nom qu'on donnait autrefois à une vaste contrée toute couverte de forêts; elle est aujourd'hui divisée entre la Belgique, la France et l'Allemagne rhénane. Le *Pagus ardennensis* dépendait de l'ancien royaume d'Austrasie, et devint par la suite un comté. Par le nom actuel d'*Ardenne,* on n'entend guère que la partie montueuse qui est au nord du département de ce nom, et s'étend jusqu'aux Pays-Bas, au sud de Luxembourg et de Namur, sur une longueur d'environ vingt-cinq lieues, et une largeur moyenne de sept. On prétend qu'au temps des druides la forêt des Ardennes était consacrée à la déesse *Ardrina;* quelques étymologistes dérivent ce nom d'un mot gaulois, qui signifie *grand, élevé.* — Le climat en est humide et froid; le sol est coupé de bois, de landes et de terres à culture; les animaux y sont petits, mais vigoureux. On y trouve beaucoup de mines de fer et des carrières d'ardoise; l'exploitation des carrières et des mines occupe beaucoup de bras.

A. P.

ARDENNE (*hist. eccl.*). Notre-Dame-d'Ardenne était un monastère d'hommes, de l'ordre des Prémontrés réformés, du diocèse de Bayeux, département du Calvados. Il fut fondé en 1122 par un seigneur d'Hermonville. Son premier abbé fut Gilbert, disciple de saint Norbert, fondateur de l'ordre des Prémontrés. Une dame, voulant contribuer aux pieux desseins de l'évêque de Bayeux et de Gilbert lui-même, fit bâtir une église, et le monastère ne tarda pas à s'élever. L'église fut dédiée à la sainte Vierge en 1138. Philippe de Gascourt, aussi évêque de Bayeux, donna des biens considérables à cette église, et la donation fut confirmée par la cour de Rome. Ce fut le milieu du XVe siècle, le monastère reçut de nouvelles concessions. Le nom d'*Ardenne* lui avait été donné, à cause des bois épais qui couvraient son territoire, mais dans la suite beaucoup de terres furent mises en culture. Ce monastère compte au nombre de ses abbés Margarin de la Bigne, auteur du recueil intitulé: *Bibliothèque des Pères,* ouvrage qui, depuis sa première apparition, a été considérablement augmenté et amélioré.

B. Z.

ARDENNES (*départ. des*). Ce département doit son nom à la contrée ou plutôt à la forêt qui en couvrait jadis presque toute la surface. Il se forme d'une portion de l'ancienne Champagne; la principauté de Sedan s'y trouve comprise. Il est renfermé entre la Belgique et les départements de la Meuse, de l'Aisne et de la Marne. Sa superficie est évaluée à deux cent soixante-dix-huit lieues carrées, sur une étendue de vingt-trois

lieues sur vingt-deux; sa population est d'environ 290,000 habitants. Une branche des Vosges coupe le pays du sud-est au nord-ouest; le sol y est fertile en certains lieux, aride dans quelques autres. Les terrains crayeux, qui abondent dans la partie méridionale, n'offrent presque point de traces de végétation. Dans le nord, les terres sont froides, et, pour les engraisser, on y brûle de la tourbe. Du côté de l'Aisne, le sol se prête à la culture des grains, dont on recueille une grande quantité; le vin est médiocre. Deux mille cents hectares sont plantés en vignobles, mais les bois s'étendent sur cent quatre-vingt-douze mille hectares. Quelques parties du département offrent de bons pâturages, mais on a tenté vainement d'y acclimater la chèvre de Kashmir. — Il y a beaucoup de mines de fer, de plomb et de houille, qu'on n'a pas encore exploitées. Le marbre et l'ardoise y abondent; on y trouve aussi des manufactures d'armes à feu, et des fabriques de draps fins, connus par toute l'Europe. Le département se divise en cinq arrondissements: Mezières qui est un même temps la capitale, Rocroy, Rethel, Sedan et Vouziers. On y compte trente-un cantons et cinq cent quatre-vingt-huit communes. Il appartient, pour l'administration militaire, à la 2e division; pour celle de la justice, à la cour royale de Metz, et, pour la juridiction ecclésiastique, au diocèse de Reims. On estime à plus de 11,000,000 le revenu territorial. Les communications, au surplus, sont faciles, tant par le canal de Sedan, qui abrège la navigation de la Meuse, que par l'existence de plusieurs grandes routes: celles de Metz, de Verdun, de Namur, et de Lille. Le département des Ardennes envoie quatre députés à la chambre (*V.* Mezières, Rocroy, Rethel, Sedan, Vouziers, Charleville, Charlemont). Méhul, ce grand compositeur dont les beaux-arts déploreront longtemps la perte, naquit à Givet, petite ville de ce département. A.P.

ARDENTS (*mal des*), maladie pestilentielle qui fit autrefois beaucoup de ravages à Paris et dans plusieurs provinces de France. Il y avait à Paris une église dédiée à sainte Geneviève, presque en face de Notre-Dame, et comme les malades, avec confiance dans l'efficacité de l'intercession de cette sainte, affluaient continuellement dans son église, on lui donna le nom de Sainte-Geneviève-des-Ardents. Ce mal, qu'on appelait aussi *feu sacré,* étendit plus d'une fois sa funeste influence jusque sur l'Allemagne. Les malheureuses victimes qu'il atteignait étaient dévorées par une soif inextinguible; et mouraient après une longue agonie, consumées par un feu intérieur qui brûlait leurs entrailles. Ce fut en 945 et en 1130 que le fléau se fit sentir avec le plus d'intensité. Ce fut aussi à cette dernière époque que, par ordre du pape Innocent II, se trouvait alors en France, une fête fut instituée en l'honneur de la sainte, et que l'église fut bâtie. — On appelle *fièvre ardente* la fièvre bilieuse inflammatoire.

ARDENT. Ce mot, d'un fréquent usage, s'applique à tout ce qui est embrasé et à tout ce qui embrase. On dit un feu ardent, un soleil ardent, un zèle ardent, une passion ardente. Dans les derniers exemples, le mot est pris au figuré. On dit de même d'un homme qui se porte avec feu à faire quelque chose, qu'il est *ardent à;* on le dit aussi d'un homme qui a beaucoup d'activité. — En parlant du poil ou des cheveux, ardent signifie roux ou rouge. — *Chambre ardente,* tribunal établi au temps de la fameuse Brinvilliers, pour juger les crimes d'empoisonnement; on l'appelait *ardente,* parce qu'elle condamnait les coupables à être brûlés. — La *chapelle ardente* est une pièce de la maison où il y a un défunt et dans laquelle on fait brûler un grand nombre de cierges autour du cercueil (*V.* Chapelle ardente). Le *miroir ardent* est un miroir concave à surface extrêmement polie, lequel, étant exposé au soleil, force les rayons solaires à converger par réflexion vers un seul et même point qu'on nomme *foyer* (*V.* Foyer). Les objets placés à ce foyer y sont brûlés par l'ardeur des rayons. Le *verre ardent* est simplement un verre convexe qui, recevant les rayons solaires, les oblige à se réfracter et à converger vers le même foyer *brûlant.* En *terme de marine,* on donne le nom d'ardent à un vaisseau qui a beaucoup de disposition à venir au vent contre son gouvernail, et malgré l'effet de ses voiles d'avant. — Les chimistes appellent *esprits ardents* ceux qui se tirent par la dissolution d'un végétal fermenté, ou par la distillation, et qui s'enflamment et brûlent, tels que l'esprit-de-vin, le rhum, l'eau de grain, etc. On voit quelquefois, autour des eaux stagnantes et marécageuses, des feux légers qui semblent voltiger à la surface du sol; on les nomme *ardents:* ce mot devient alors un substantif masculin.

ARDENTI (*Académ. des*). L'Académie des Ardenti ou des

Ardents, établie, d'abord à Viterbe, chef-lieu du patrimoine de saint Pierre, n'est pas au premier rang des académies de l'Italie ; mais elle s'est affilié tout ce que cette contrée produit d'hommes savants ou célèbres dans les sciences : ses travaux méritent d'être distingués. Elle a adopté pour emblème un creuset rougi sur des charbons ardents. Monseigneur de Bonneval, ancien évêque de Senez, émigré à l'époque de nos premiers troubles politiques, a été longtemps président de cette société, dont les membres se réunissent chaque année, le 4 septembre, pour célébrer la fête de sainte Rose, patronne de l'Académie.

ARDESCHIR, BABIGAN, fils de Babek, fondateur de la dynastie sassanienne et du second empire perse. Quelques écrivains le font descendre de Sassan, fils d'Artaxercès Longuemain, le Bahman du poëte-historien Firdoussi ; d'autres lui assignent une origine moins noble. Quoi qu'il en soit, Babek vivait, confondu dans la foule, du produit d'un très-modique emploi, lorsque Péri, gouverneur de la contrée, informé de la bravoure, et du mérite du jeune Ardeschir, l'appela près de lui, l'éleva aux honneurs, et le désigna même à sa mort pour lui succéder. — Devenu gouverneur du Darabjird, Ardeschir livra son cœur à l'ambition. Les historiens persans disent qu'il eut des visions fréquentes, durant lesquelles sa future grandeur lui fut dévoilée par les génies, tandis que le roi Arduan, probablement l'Artaban des Romains, était tout effrayé des noirs pronostics que les dieux lui envoyaient par la même voie. — Babek s'était rendu maître de la province de Fars ; mais au lieu de la laisser à son fils Ardeschir, qui lui avait fourni les moyens de la conquérir, il la transmit en mourant à un autre de ses fils : c'était le dévouer au ressentiment d'Ardeschir, qui jeta son frère dans les fers, s'empara du Farsistan, et fit son entrée solennelle dans Istakhre, ou Persépolis. Le Kerman se soumit aussi au vainqueur, qui, poussant rapidement ses conquêtes, s'était mis en possession de tout l'Irak, avant que le faible Ardouan eût songé à s'armer pour réprimer la révolte. — Une seule bataille décida la querelle (226 de l'ère vulgaire). Ardouan perdit à la fois le sceptre et la vie, et Ardeschir fut proclamé souverain de la Perse, avec le titre de *Schahan-Schah*, ou de roi des rois, titre qui semblait oublié depuis Khosrou le Grand. — Profitant de l'impression que cette grande victoire avait faite sur les esprits, Ardeschir augmenta ses armées, envahit les pays limitrophes de son empire, et fit reconnaître son autorité depuis le pays de Charasm, au sud-est, jusqu'aux bords de l'Euphrate, d'où il expulsa les légions romaines, s'il faut en croire les Persans. Il paraît toutefois qu'il ne put se maintenir dans la Mésopotamie, et que ses guerres contre les Romains n'eurent pour lui d'autre résultat que de le laisser en possession des contrées situées sur la rive gauche du Tigre, où même, disent les Persans, il bâtit une ville qu'ils appellent *Madèn*, et que l'on croit être l'ancienne Ctésiphon, que les rois de Perse avaient fait construire vis-à-vis de Séleucie. Dans ce cas, Ardeschir n'aurait fait que restaurer cette ville, dont il reste encore quelques ruines. — Parvenu au faîte des grandeurs, Ardeschir éprouva, dit-on, le besoin de repos ; et après un règne glorieux de quatorze années, depuis la défaite et la mort d'Ardouan, il fit passer la couronne sur la tête de son fils Schahpour. — Les exploits d'Ardeschir ne sont pas moins extraordinaires que la révolution qu'ils produisirent. Sorti de l'état le plus obscur, il s'était élevé lui-même par son génie ; et, l'empire des Parthes détruit, il devint le restaurateur de la grande monarchie des Perses, fondée, huit siècles auparavant, par Cyrus. — Les historiens ont recueilli plusieurs maximes d'Ardeschir ; elles donnent une idée assez exacte de sa conduite politique et des principes qui le dirigèrent : « Il n'y a pas de véritable puissance dans un État sans armée ; il n'y a pas d'armée sans argent, pas d'argent sans agriculture, pas d'agriculture sans justice. — Un roi ne doit pas tirer l'épée quand un simple roseau peut lui suffire. » Les Persans attribuent à ce prince deux ouvrages : l'un contenait sa propre histoire, l'autre renfermait des règles de conduite pour tous les accidents et les états de la vie. — Il se montra zélé pour la religion de Zoroastre, que les Persans avaient négligée sous le règne des Arsacides, qui avaient favorisé l'introduction dans la Perse des divinités de la Grèce. On ajoute qu'il poussa quelquefois le zèle jusqu'au fanatisme, ce qui le rendit injuste et persécuteur. Il recommanda fortement à son fils, en mourant, de protéger la religion, qui elle-même servirait d'appui à son trône.　　　　J. DE M.

ARDOISE (*hist. nat.*, *minér.*), *lapis fissilis*, *ardèsia*, *ardelia*, espèce de schiste de la nature de l'argile, de cou-

leur bleue, grise ou rousse, se divisant en lames minces, plates, unies. L'ardoise se trouve par bancs dans la terre ; tendre quand elle en sort, elle acquiert assez de dureté quand elle est exposée à l'air. C'est probablement à cause de cette propriété de l'ardoise qu'on lui a donné le nom de *pierre*. Lorsqu'elle est divisée en feuilles très-minces, elle sert à couvrir les édifices ; si les feuilles sont épaisses, elles servent au dallage des maisons. On en fait aussi des tablettes à dessiner, à écrire, à compter. Quand on lui laisse une certaine épaisseur, on l'emploie à construire des murs, en guise de moellons. — On la trouve par couches inclinées, quelquefois verticales ; les feuillets ne se détachent pas toujours dans le sens des couches, qui sont plus d'une fois traversées par des filons minces de quartz ou de calcaire. Ces couches se trouvent d'ordinaire dans les terrains de transition ; aussi les feuilles d'ardoises présentent-elles assez souvent des empreintes de corps organisés, principalement de végétaux. Dans les roches primitives, intermédiaires entre les terrains stratifiés cristallins et les terrains de sédiment, on voit fréquemment des pierres qui offrent à peu près les mêmes propriétés que l'ardoise ; mais le schiste argileux est le seul qu'on exploite. — On dit que les premières ardoises furent tirées d'un canton de l'Irlande, nommé *Ardes*, et que c'est de là que leur est venu le nom qu'elles portent. Ce qui est certain, c'est que les ardoisières les plus abondantes en France, et même en Europe, sont celles d'Angers, qui alimentent Paris et tous les départements de l'Ouest, sans parler de l'immense quantité qu'on exporte à l'étranger. — L'exploitation se fait à ciel ouvert ou par galeries souterraines. Les ardoisières d'Angers et des environs s'exploitent de la première manière ; dans le département des Ardennes, on suit le second procédé. — Toutes les ardoises ne sont point également bonnes ou propres à l'usage qu'on en veut faire : s'agit-il de couvrir un édifice, il faut choisir celles qui se séparent en feuilles minces et dures, et qui ne se laissent point pénétrer par l'eau. Cette dernière qualité est très-essentielle, si l'on veut se garantir de l'infiltration des eaux pluviales ou de l'humidité. Pour s'assurer que l'ardoise la possède, on en plonge une feuille dans un vase à demi plein d'eau ; si, après une immersion de vingt-quatre heures, le poids de la feuille n'est pas sensiblement augmenté, l'ardoise est bonne. Il faut aussi qu'elle résiste fortement lorsqu'on essaye de la casser en travers, et qu'elle rende un son métallique si on la frappe légèrement avec un corps dur. Il est à remarquer que lorsque l'ardoise sort de la carrière, il faut l'effeuiller sans perdre de temps ; car, peu d'heures après son extraction, elle perd la propriété fissile. — Dans les lieux exposés à des vents violents, on se sert, pour couvrir les toits, d'ardoises assez épaisses pour opposer la résistance convenable ; il doit en être de même dans les pays où l'hiver amène des neiges dont la charge pèse sur les toits durant de longs intervalles. — Les ardoises chauffées au four acquièrent une grande ténacité ; mais, comme elles ne peuvent plus être taillées, il faut avoir soin de leur donner la forme nécessaire avant de les placer au four ; où il faut les chauffer jusqu'au brun rouge. — Dans le commerce, on considère les ardoises sous le rapport de l'*échantillon*, on entend par échantillon les dimensions de longueur et de largeur. Ainsi, dans le premier échantillon, qu'on appelle *grande carrée forte*, le millier doit couvrir cinq toises de surface ; la *grande carrée fine* donne par millier cinq toises et demie de couverture ; la *petite fine*, trois toises ; la *carte* ou *cartelette*, deux toises et demie. Les premières qualités se vendent de 17 à 20 francs le millier et au-dessus ; les qualités inférieures valent de 8 à 15 francs. — Ce n'est pas seulement en France qu'il y a des ardoisières ; on en trouve de même en Allemagne, en Suisse et en Angleterre.　　　　X. X.

ARDOISE ARTIFICIELLE (*V.* CARTON-PIERRE).

ARDOREL, ancienne abbaye de l'ordre de Cîteaux (avant de l'ordre de Saint-Benoît, située dans le voisinage du Thoré, petite rivière qui se jette dans l'Agout, non loin de Castres. Elle avait été fondée, en 1124, par Bernard, vicomte d'Alby, sa femme et son fils ; elle fut ruinée, et détruite de fond en comble pendant les guerres de religion, au point qu'on ne reconnaît pas même aujourd'hui le terrain sur lequel les bâtiments s'élevaient. Chassés de leur demeure, ou plutôt obligés de s'enfuir, les religieux allèrent s'établir à la Rodde, diocèse de Lavaur ; mais leur monastère n'en était pas moins considéré comme dépendant de celui de Castres.　　　　M. N. P.

ARDUIN (MARQUIS D'YVRÉE). Il fut appelé au trône d'Italie l'an 1002, après la mort d'Othon III ; mais le duc de Bavière, sous prétexte de maintenir les droits des successeurs légitimes d'Othon, envahit le royaume avec une armée bavaroise, à laquelle se joignirent beaucoup de seigneurs lombards. Arduin se mit peu en peine de défendre son élection, et tandis que le Bavarois se faisait sacrer à Pavie en 1004, sous le nom de Henri II, il s'enfermait dans son château d'Yvrée, laissant à ses partisans le soin de repousser l'usurpateur, qui, trouvant peu d'affection dans le peuple lombard, reprit la route de la Bavière. Toutefois, Henri fit revivre ses prétentions neuf ou dix ans plus tard. Arduin, peu capable de lutter contre lui, souffrant d'ailleurs et malade, déposa la pourpre et le diadème, et alla s'enfermer dans un cloître, où il mourut l'année suivante 1015, après avoir pris l'habit religieux.

ARDUINI (Pierre) naquit à Vérone l'an 1728. On ignore l'époque de sa mort. Il a publié divers ouvrages de botanique, parmi lesquels on distingue l'*Animadversionum botanicarum specimen*, dont la première partie a été imprimée à Padoue et l'autre à Venise. Nommé professeur d'économie rurale à Padoue, il fit un grand nombre d'expériences sur la culture et les propriétés des plantes usuelles, et il en publia le résultat sous ce titre : *Memorie di osservazioni et d'esperienze sopra la coltura e gli usi delle piante che servir possono all' economia*; Padoue, 1766, in-4°. Linné estimait les talents d'Arduini, auquel il dédia un genre de plantes, sous le nom d'*arduinum*. — N. M. P.

ARDUINNA OU ARDOINNA (*mythol.*). C'était sous ce nom que les Gaulois et les Sabins honoraient la divinité protectrice des chasseurs, qu'ils représentaient armée d'une cuirasse ou corselet, un arc à la main et un chien à côté d'elle. Quand les Romains envahirent la Gaule, ils y trouvèrent le culte d'Arduinna établi, et, comme elle avait les mêmes attributs que Diane, ils lui en donnèrent le nom, ainsi que le prouvent diverses inscriptions citées par Broverius, Gruter, et rappelées par Grégoire de Tours. Arduinna était aussi le nom que les Romains donnaient aux Ardennes. N. M. P.

ARE, mesure agraire, consistant en un diamètre carré, c'est-à-dire en une portion de surface de dix mètres de long sur dix mètres de large : ce sont près de trois perches de Paris. Cent ares font un hectare, ou deux arpents quatre-vingt-douze perches et demie. L'are se divise en centiares ou centièmes d'are. — Dans le premier système de division et de mesure, adopté par décret du 1er août 1793, l'are devait contenir dix mille mètres carrés. On dit aujourd'hui *aréage* pour arpentage.

ARÉA (*médec.*), maladie qui fait tomber les cheveux.

ARÉALU (*hist. nat., bot.*), espèce de figuier du Malabar, que Linné désigne sous le nom de *ficus religiosa, foliis cordatis, oblongis, integerrimis, acuminatissimis*, décrit par Van-Rheede dans son *Hortus malabaricus*, et par M. Adanson dans ses *Familles des plantes*. C'est un arbre haut de quarante à cinquante pieds, aimant les terrains pierreux et sablonneux, étendant ses branches horizontalement, de manière à former une cime épaisse d'environ quarante pieds de diamètre. Le tronc a huit ou neuf pieds de tour, et il y a neuf ou dix pieds de hauteur du sol à la naissance des branches. — Les feuilles, disposées alternativement autour des branches, sont soutenues par des pédicules cylindriques; elles sont généralement taillées en forme de cœur, légèrement échancrées à leur naissance dans les jeunes pieds, et terminées par une pointe longue de deux pouces à deux pouces et demi. Tendres et flexibles quand elles sont jeunes, les feuilles se durcissent en vieillissant; elles sont d'un vert brun, luisant par dessus, de leur nervure longitudinale partent cinq ou six côtes alternes et transversales de chaque côté. Chaque branche est terminée par une pointe conique, oblongue, lisse, formée par une stipule roulée en cornet qui enveloppe la feuille. Celle-ci porte à l'aisselle deux enveloppes de fleurs, c'est-à-dire deux figues sphériques, sessiles, de cinq à six lignes de diamètre, rougeâtres dans leur maturité, pleines de petits grains noirâtres. — La médecine fait quelque usage de l'écorce de la racine, dont la décoction purifie le sang, et passe pour éminemment fébrifuge. L'écorce du tronc et des branches, pilée et réduite en pâte, nettoie et guérit les ulcères; de suc des feuilles, cuit avec l'huile, sert en liniment dans les fièvres causées par la goutte. — Les naturels du Malabar regardent l'aréalu comme sacré, parce que leur dieu Vischnou est né sous cet arbre. X. X.

AREC, ARECA, AREK (*hist. nat., bot.*), genre de plante de la famille du palmier, d'un usage presque universel dans l'Inde. Il y en a sept principales espèces, dont la première seule est importante à connaître : c'est l'arec proprement dit, que les Portugais appellent *arequiero*; les Espagnols, *arreguerro*; les Chinois, *binan*; les Arabes, *faufel ou fufel*; les brahmines, *madi*, et les Malais, *pinang*. Le fruit, qui est la

partie qu'on emploie, porte différents noms, suivant le degré de maturité auquel il est parvenu. — L'arec (*areca, catechu, frondibus pinnatis, foliolis replicatis, oppositis, præmorsis* de Linné) est un arbre de moyenne grandeur, qui rarement s'élève au-dessus de quarante pieds. Le tronc, droit, cylindrique, de sept à huit pouces de diamètre dans toute sa longueur, sort du milieu d'une racine en pivot, noirâtre, couverte d'une touffe sphéroïde, de vingt-quatre ou vingt-cinq pouces de diamètre, de fibres cylindriques, vermiculées, de trois ou quatre lignes de diamètre, rousses ou noirâtres en dehors, blanches en dedans, avec un filet ligneux. Le tronc, à l'extérieur d'un vert clair, est marqué sur toute sa longueur d'anneaux circulaires, très-peu saillants, lesquels indiquent la place des anciennes feuilles tombées. Le bois est plus blanc et plus fibreux que celui du cocotier, spongieux quand l'arbre est jeune, tenace par degrés, dur et compacte comme la corne quand l'arbre vieillit, facile à fendre dans sa longueur, très-dur à couper en travers. — Six à huit feuilles, longues de quinze pieds, larges de quatre à cinq, sortant deux à deux à l'opposé l'une de l'autre, forment à l'arbre une tête hémisphérique de vingt pieds de diamètre. — Le sommet de l'arbre offre une espèce de bourgeon long de deux à trois pieds dans les jeunes arbres, mais s'abaissant à mesure que les années s'accumulent. C'est ce bourgeon qu'on appelle *chou du palmier* : il se compose d'une masse de feuilles destinées à se développer successivement. Ce chou de l'arec, bien qu'il soit blanc et tendre, ne se mange pas à cause de sa saveur âpre et austère. — Ce n'est qu'après la cinquième ou la sixième année que l'arec commence à fleurir, et, quoique les fleurs sortent de l'aisselle des feuilles, c'est seulement après la chute de celles-ci qu'on voit sortir les gaines au-dessus du bourgeon. Chaque gaine ou spathe ne forme qu'une sorte de sac ou poche en tous points semblable à celles du cocotier ou du dattier, longue de vingt à vingt-quatre pouces; d'abord d'un vert fort clair, puis jaunâtre, dure, coriace, fendue, au milieu de sa face intérieure, d'un sillon longitudinal, d'où sort un régime en forme de grappes ou de faisceau, dont les branches portent à leur extrémité des fleurs blanches dont la plupart tombent; les autres se convertissent en fruits par une suite de procédés dont la description nous conduirait trop loin. Contentons-nous de dire que ce fruit n'est qu'une amande qui ne parvient qu'en six mois au point de maturité où l'on en peut faire usage. La pulpe ou chair qui entoure cette amande peut se manger lorsqu'elle est fraîche; mais c'est principalement des amandes qu'il se fait dans l'Inde une consommation prodigieuse. L'amande se coupe en trois ou quatre parties qu'on enveloppe de feuilles de bétel (*V.* BÉTEL); on y ajoute un peu de chaux. Les Indous trouvent délicieux ce mélange, qu'ils mâchent continuellement, et qui a la propriété de teindre la salive et les lèvres d'une vive couleur de pourpre. Chacun de ces trois ingrédients n'a qu'une saveur désagréable; mais réunis, disent-ils, ils forment le mets le plus exquis. — L'amande de l'arec produit, sur ceux qui n'y sont pas accoutumés, une sorte d'ivresse, à peu près comme la fumée du tabac; mais en peu de temps on s'y habitue. — La chaux qui sert à la préparation de l'arec se tire de coquillages d'une substance légère; la plus estimée vient des Moluques, où l'on la fabrique avec une espèce de millépores blancs, légers et poreux qui se trouvent abondamment dans ces îles. — Comme l'arec forme une branche importante de consommation intérieure et d'exportation, on le cultive avec soin. Il vient de Semis. On choisit pour cela les fruits qui sont restés sur l'arbre, on les enterre dans une fosse; quand ils ont germé, on les repique en cercle autour des maisons. L'aréquier croît très-vite, mais il ne vit guère que de quarante à cinquante ans, il cesse même de produire après sa trentième année. — M. Adanson a relevé l'erreur de Linné, qui donne neuf étamines aux fleurs de l'aréquier, au lieu de six qu'elles ont réellement. Il fait encore observer que le naturaliste suédois s'est trompé en donnant à l'arec le nom de *catéchu*, le catéchu provenant d'un autre arbre (*V.* CACHOU). — Les autres espèces méritent peu d'attention: leurs fruits sont inférieurs en qualité à ceux de l'aréquier, et on ne les emploie que là où l'arec manque totalement. — L'*arec d'Amérique*, qu'on nomme aussi *chou-palmiste*, se termine par un bourgeon qui a le goût de l'artichaut. Les habitants des Antilles le mangent cuit. De ses fruits on extrait une huile assez douce; ses feuilles servent à couvrir les habitations, et son bois à faire des planches et des solives. X. X.

ARÉCOMICI, ARÉCOMIQUES, peuples de la Gaule qui habitaient une partie de la Narbonnaise, entre les Helviens et les Tectosages ; ils formaient avec ces derniers la nation des Volces. Comme ils étaient voisins et alliés des Helviens, ils prirent parti avec eux pour Sertorius; Pompée leur fit la guerre, les vainquit; et, pour les punir, il leur enleva, ainsi qu'à leurs alliés, une portion de leurs terres, qu'il donna aux Marseillais ; ce qui les obligea de se retirer sur la rive droite du Rhône, et de s'étendre vers les côtes de la mer, malgré le peu de salubrité du pays, qui était alors tout couvert d'étangs et de lagunes. Plusieurs de ces étangs existent encore. — Les Arécomiques jouissaient du droit latin, et ils avaient des magistrats qui pouvaient parvenir aux honneurs dans Rome même.   N. M. P.

ARÉFACTION (*t. de méd.*). Dessiccation qu'on fait subir aux médicaments qu'on veut réduire en poudre.

ARE-FRODE, historien islandais du XIe siècle, dont le nom de famille était *Thorgilsen*, naquit en 1068. On dit qu'il écrivit l'histoire des rois de Danemark, de Norvége et d'Angleterre; mais cet ouvrage, s'il a existé, est entièrement perdu. On trouve pourtant dans la collection d'Arnas Magnus une *Généalogie des rois de Norvége*, que l'on croit n'être qu'un abrégé de l'histoire d'Are-Frode. Théodose Thoslacius, évêque islandais, a publié en 1668, sous le titre de *Schedæ de Islandiâ*, un fragment d'Are-Frode, qu'on croit authentique, parce qu'il renferme une table généalogique des propres ancêtres de l'auteur. Elle remonte de l'an 803 jusqu'à Ingre, contemporain d'Odin. Are-Frode mourut octogénaire.   A. P.

ARÉGONDE, une des femmes de Clotaire Ier. On sait que ce prince très-peu scrupuleux eut trois ou quatre épouses à la fois : Ingonde, l'une d'elles, l'ayant prié un jour de chercher un mari pour sa sœur Arégonde, Clotaire, qui la vit et la trouva belle, la prit pour lui-même, se contentant de dire à Ingonde qu'après avoir cherché parmi les seigneurs de sa cour un époux digne de sa sœur, il n'avait trouvé que lui-même. — Deux peintres de Corinthe, dont parle Strabon, et dont l'un portait le nom d'*Arégonde*, acquirent beaucoup de réputation par les tableaux dont ils avaient décoré le temple de Diane sur l'Alphée. On admirait, dit l'historien géographe, la *Prise de Troie* et la *Naissance de Minerve* d'Arégonde, et la *Diane au berceau* de Cléanthes.   A. P.

ARÉIENS (*jeux*), fêtes guerrières que les Scythes célébraient en l'honneur d'Arès ou Mars.

AREILZA (GRÉGOIRE), né à Naples vers le commencement du XVIIe siècle, entra de bonne heure dans l'ordre de Saint-Dominique, gouverna plusieurs maisons religieuses, et même la province de Sicile, d'abord comme vicaire général, ensuite comme provincial ; fut appelé à Rome avec le titre de *provincial de la terre sainte*, assista en cette qualité aux chapitres de 1656 et 1670, et, sa réputation s'étant répandue au loin, fut pourvu, en 1687, par le roi Charles II, d'un évêché qu'il refusa par humilité, préférant aux honneurs et à l'opulence qu'on lui offrait la pauvreté de son état. Il mourut à Naples en février 1691. Il est auteur de deux traités ascétiques, imprimés à Naples : *Gli stimoli della sacra solitudine*, et *Il Tesoro nascosto*.   A. P.

ARELAS ou ARELATE, ville de la Gaule Narbonnaise, dans la Viennensis, chez les Cavarres, sur le Rhône (*V.* ARLES).

ARELLANO (JEAN DE), peintre espagnol, né aux environs de Tolède en 1607, se distingua dans la peinture des fleurs. Il mourut en 1670. On voyait à l'église de Notre-Dame-de-Bon-Conseil, à Madrid, quatre de ses tableaux. — Le nom d'Arellano a été porté par plusieurs autres Espagnols qui ont parcouru la carrière des lettres : l'un, Gil-Ramire, président du tribunal de l'inquisition, a composé un traité *De privilegiis creditorum*; l'autre, Ramirez, un traité sur l'orthographe espagnole; le troisième, Jean Sauveur Baptiste, religieux, est auteur de plusieurs ouvrages, savoir : 1° *Antiquitates urbis Carmonæ, ejusque historiæ compendium*; 2° *de Origine imaginis sanctæ Mariæ*; 3° *de Reliquiis Justæ et Rufinæ*; enfin Michel Gomez de Arellano, membre du conseil des Indes, a publié quelques ouvrages de droit et de controverse : *Opera juridica tripartita, juris canonici Antilegomena; Theoremata pro immaculatâ conceptione*, etc.

ARELLIUS, peintre de Rome, contemporain de Tibère, avait un talent particulier pour peindre les portraits; aussi tous les temples de Rome furent-ils ornés des portraits de toutes les déesses du paganisme, Junon, Vesta, Cybèle, Diane, Minerve, Proserpine, etc. Mais on finit par s'apercevoir que sous les traits de ces déesses il avait peint plusieurs courtisanes. Le sénat, en ayant été informé, ordonna que tous les ouvrages d'Arellius fussent détruits en expiation du scandale

qu'il avait causé. Le mérite de ces compositions n'obtint pas grâce pour elles, dit Pline, et le décret du sénat fut exécuté.   N. M. P.

AREMBERG, nom d'une petite ville de l'Allemagne, arrondissement de Coblentz, canton d'Eyfel. Cette ville avait autrefois le titre de comté ; mais l'héritière de ce comté ayant épousé Jean de Barbançon, de la maison de Ligne, et celui-ci ayant obtenu de Charles-Quint, en 1549, la dignité de comte du saint-empire, Aremberg acquit une assez haute importance, et en 1576 il érigé en principauté par Maximilien II, et réuni au cercle du Bas-Rhin. Jean de Ligne fut tué dans un combat livré aux mécontents des Pays-Bas, en 1568. Sous les successeurs de Jean de Ligne, les domaines d'Aremberg formèrent un duché, qui est resté sous l'immédialité de l'empire jusqu'en 1801. Le traité de Lunéville dépouilla le possesseur de ce duché, Louis Engilbert; mais des indemnités lui furent accordées dans la Westphalie. En 1803 il céda à son fils Prosper tous les domaines qui lui étaient restés libres. Un membre de cette famille, Antoine d'Aremberg, dégoûté des grandeurs et du monde à l'âge où l'on se livre avec le plus de passion aux illusions de la vanité et à l'attrait des plaisirs, entra chez les capucins le 4 mars 1616, sous le nom de *frère Charles*. Il resta fidèle à ses vœux, et il mourut après quarante ans employés en pratiques religieuses, ou passés dans l'exercice souvent pénible des fonctions de surveillance et d'administration qui lui furent confiées. On a de lui une biographie de tous les personnages qui ont illustré l'ordre depuis 1525 jusqu'en 1580, sous le titre de *Flores seraphici*. Cet ouvrage est orné de gravures dont sa famille fit la dépense. Il a laissé aussi le *Seraphicus clypeus*; Cologne, 1643, 5 volumes.   A. P.

ARENA (ANTOINE D'), jurisconsulte et poë.e du XVIe siècle, né dans le village de Solliers, non loin de Toulon. Il commença, dans sa soif de renommée, par faire quelques livres assez médiocres sur la jurisprudence; comme le public leur fit un froid accueil, il ferma ses livres de droit, et, tenté par l'exemple de Merlin Coccaie, qui remplissait de ses vers plus que burlesques l'Italie entière, se mit à forger, sur ce brillant modèle, des vers *macaroniques* (*V.* ce mot). Son principal ouvrage est la *Description de la guerre de Charles-Quint en Provence*; Avignon, 1537, très-rare, réimprimée à Paris, sous le nom d'Avignon, en 1747. Voici le titre de l'ouvrage : *Meygra entrepriza catholiqui emperatoris, quanio*, *en 1536, veniebat per Provensam, bene carrossatus in postam prendere Fransam cum villis de Provensa*; etc... *Scribatum estando cum gallardis paysanis per boscos, montagnas, forestas*, etc. Arena mourut juge de Saint-Remi, près d'Arles, en 1544.

ARENA (JOSEPH), naquit en Corse vers l'an 1772, et fut député par son pays au conseil des Cinq-Cents. En l'an VI, il rentra dans les rangs de l'armée; mais, après le 18 brumaire, il vint habiter Paris. Impliqué, peu de temps après, dans une conspiration dirigée contre la vie du premier consul, il fut arrêté, jugé, condamné à mort et exécuté le 10 pluviose an IX (30 janvier 1801). Les conjurés avaient choisi, pour frapper Bonaparte, le jour de la représentation des *Horaces*, opéra de Porta. Le premier consul devait être assassiné dans sa loge; mais la conjuration avait été découverte, la police en avait saisi tous les fils, et les conjurés furent arrêtés au théâtre même. Ils se défendirent devant les juges, Arena surtout, avec beaucoup d'adresse et de talent; mais les preuves du crime résultèrent des débats trop claires et trop précises pour qu'il fût possible de les épargner. Il ne faut pas le confondre avec son frère le conventionnel (*V.* 18 BRUMAIRE).

ARÉNAIRE (*botan.*), genre de plante de la famille des caryophyllées, dont les principaux caractères sont : le calice à cinq divisions, et la corolle formée de cinq pétales et dix étamines; l'ovaire surmonté de trois styles; pour fruit, une capsule uniloculaire et polysperme. Linné en compte plusieurs espèces : l'*a. trinervia*, dont les feuilles ont trois nervures; l'*a. peploides*, arénaire pourpre à feuilles charnues, aiguës, ovales; l'*a. rubra*, arénaire rouge, à feuilles filiformes; l'*a. serpyllifolia*, à feuilles de serpolet, ovales, sessiles, etc. La première croît dans les bois, la seconde dans les sables sur le bord de la mer, la troisième dans les maisons, la quatrième dans les lieux sablonneux et sur les murs.   X. X.

ARÉNATION (*t. de méd.*), opération qui consiste à couvrir de sable chaud une partie du corps ou tout le corps d'un malade.

ARENDT (MARTIN-FRÉDÉRIC), voyageur allemand, qui a passé une partie de sa vie à parcourir l'Europe dans l'intérêt de la science. Il avait été placé, en 1797, en qualité d'élève, au jardin botanique de Copenhague; mais il employa presque tout son temps à chercher dans les manuscrits de la bibliothèque l'histoire des pays scandinaves. L'année suivante, le gouvernement danois l'envoya au Finmark pour recueillir des plantes, ce qui lui donna occasion de parcourir la Norvége; mais, comme il ne rapporta presque rien du produit de ses courses, il perdit sa place du jardin botanique. Ce fut alors que commencèrent ses longs voyages, qu'il ne fit pas toujours très-commodément; car plus d'une fois il coucha en plein air, l'estomac vide. A Naples, il fut persécuté comme suspect de carbonarisme. Il mourut, près de Venise, en 1824: il était né à Altona. Arendt a publié, à Paris, des opuscules historiques et philologiques. La bibliothèque royale de Copenhague conserve une partie de ses manuscrits et de ses dessins, qui, presque toujours, se rapportent à l'archéologie du Nord.   A. P.

ARÈNE (hist. nat.), amas de particules de pierres, formé des débris de matières lapidifiques calcinables. L'arène, le gravier et le sable sont de la même substance; ils ne diffèrent que par la grosseur des grains, grosseur déterminée par l'action successive et prolongée de l'air, des pluies, de la gelée, etc.; l'arène tient le milieu entre le sable et le gravier. On divise quelquefois l'arène en marine, fluviatile et fossile; mais, en quelque lieu que l'arène se trouve, sur les bords de la mer, dans le lit des rivières ou dans les entrailles de la terre, c'est toujours la même substance; la différence de noms n'est donc relative qu'à la situation de l'arène, et ne sert nullement à indiquer une nature diverse.

ARÈNE (hist. anc.). On appelait autrefois *arène* la partie de l'amphithéâtre sur laquelle combattaient les gladiateurs ou les bêtes féroces: c'était un vaste espace circulaire, couvert d'un sable fin; ce sable amortissait les chutes, servait aux athlètes à se frotter le corps pour donner moins de prise à leurs adversaires, ou, suivant quelques écrivains, à absorber le sang qui coulait des blessures des combattants, et à épargner ainsi aux spectateurs un spectacle pénible et dégoûtant, ce qui est assez peu vraisemblable; car les Romains avaient une telle habitude des jeux sanglants de l'arène, que l'aspect de l'agonie et des convulsions des blessés et des mourants était considéré comme le dénoûment obligé de ces sortes de spectacles. N'avons-nous pas vu de nos yeux les Espagnols, habitants des grandes villes et de la capitale, courir avec ardeur aux combats de taureaux, et applaudir, avec une sorte de frénésie, lorsqu'un taureau avait éventré dix ou douze chevaux, renversé, estropié le cavalier, tué même quelqu'un des acteurs de ces luttes barbares, et crier alors: « Bon taureau! bon taureau! » — On dit que Néron avait poussé l'extravagance jusqu'à faire répandre des paillettes d'or sur l'arène. — L'arène était le champ de bataille des gladiateurs; aussi les appelait-on *arenarii*. — Au figuré, on dit *descendre dans l'arène*, pour accepter le combat, ou simplement la discussion avec un autre individu. Les Latins disaient *consilium in arena*, pour exprimer une résolution prise sur le champ, sur le lieu même du combat. *Ecrire, bâtir sur l'arène*, écrire des choses qui ne doivent pas durer, des engagements qu'on ne veut pas tenir; faire des constructions peu solides, ou même former des projets qui manquent de base: dans ce derniers cas, bâtir sur l'arène, c'est faire des châteaux en Espagne. — On désigne par le nom d'*arènes* l'amphithéâtre de Nîmes (*V.* AMPHITHÉÂTRE, NÎMES).

ARÉNER (*t. d'archit.*), se dit d'un bâtiment qui s'est affaissé sur son propre poids, parce qu'il a été bâti sur un fond peu solide, ou qu'il a été mal construit.   J. L.

ARENG (hist. nat.), sorte de palmier qui se trouve, en grande quantité, aux Moluques. Sa moelle fournit aux habitants des Célèbes un ingrédient pour leurs aliments; ses fruits, cueillis un peu avant la maturité et confits au sucre, sont extrêmement estimés; la sève donne une liqueur sucrée assez agréable. On fait des cordes d'un bon usage avec les fibres noires qui entourent la base des pétioles. Cet arbre atteint la hauteur de cinquante à soixante pieds. On assure que les fruits, quand ils sont mûrs, produisent une inflammation considérable à la bouche et dans la gorge, si on veut en manger.   X. X.

ARÉNICOLE (*hist. nat.*), genre d'annélides de l'ordre des dorsibranches, de Cuvier. Lamarck a donné le nom d'arénicoles aux vers que Linné a, et, après lui, d'autres naturalistes ont appelés *lombrics*. Cuvier les a distingués par le nom d'*annélides à sang rouge*: On les reconnaît à leurs pieds, qui sont tous de la même espèce, munis de poils ordinaires et de poils à crochets; à la privation d'antennes, d'yeux et de mâ-

choires; à la tête, qui n'est pas distincte du corps; au corps cylindrique, formé d'anneaux qui offrent beaucoup de plis. La partie antérieure du corps est renflée en branchies; la partie postérieure manque de pieds, l'intermédiaire a des bronchies; les œufs sont répandus dans le corps, ils ont l'apparence comme de grains jaunâtres. — Ces vers vivent dans le sable; ils y creusent des galeries, dont l'entrée se reconnaît au petit monceau de sable qui s'élève à côté. C'est l'arénicole des pêcheurs, qui savent que le poisson en est très-avide, et qui en garnissent leurs hameçons. Ce ver, qu'on trouve dans les lieux sablonneux, parvient à une longueur de huit à dix pouces; sa couleur est d'un cendré tirant au jaune. — Il y a plusieurs espèces d'arénicoles, mais celle des pêcheurs est la plus connue.   X. X.

ARÉNIFORME, qui a la fornie du sable.

ARÉOLAIRE (*V.* CELLULAIRE).

ARÉOLE, petite aire, petite surface. Ce mot s'emploie en anatomie et en physique. Les anatomistes entendent par *aréoles* ou *vacuoles* le petit espace entre les fibres dont se composent nos organes, ou entre les lames ou vaisseaux entrecroisés. Ils ont donné le même nom au cercle coloré qui entoure le mamelon, et même à celui qui accompagne les boutons dans les éruptions; telles que la variole ou la vaccine. Suivant quelques hommes de l'art, le mot auréole conviendrait mieux dans ces derniers cas, et on laisserait celui d'aréole pour indiquer les interstices qui existent entre les fibres. Les physiciens entendent communément par aréole le cercle irisé qui entoure la lune.

ARÉOMÈTRE (*t. de physique*), instrument qui sert à mesurer la densité ou la pesanteur des fluides et des solides; ce mot est dérivé de deux mots grecs, dont l'un, ἀραιός, signifie mince, et l'autre, μέτρον, signifie mesure. La construction de l'aréomètre, que souvent on désigne par les noms assez inexacts de *pèse-liqueur*, de *pèse-acide*, de *pèse-sel*, etc., peut beaucoup varier, autant dans la matière que dans la forme; mais, de quelque manière qu'il soit construit, il ne peut l'être que d'après le principe que le hasard découvrit à Archimède, qu'un corps pesant s'enfonce dans un fluide jusqu'à ce qu'il occupe dans ce fluide la place d'un volume qui soit égal à lui en pesanteur; d'où il résulte que plus un fluide est dense et pesant, plus la partie déplacée par l'introdution du solide, par exemple de l'aréomètre, sera d'un petit volume; que, par conséquent, l'aréomètre doit s'enfoncer moins en proportion de la densité du fluide. Ainsi il déplace moins d'eau que de vin, moins de vin que d'eau-de-vie, moins d'eau-de-vie que d'huile, etc. — L'aréomètre se compose d'un tube de verre, long, cylindrique, et d'un petit diamètre, lequel se termine, par en bas, en un globule qu'on remplit de poudre ou de mercure en assez grande quantité, pour que l'instrument, abandonné à lui-même, se trouve toujours debout quand on le plonge dans un liquide; il est hermétiquement fermé. Le tube est divisé en degrés, et la pesanteur du fluide s'estime suivant le plus ou le moins de profondeur à laquelle descend l'instrument; le fluide où l'aréomètre descend le plus est évidemment le plus léger. Cet instrument est extrêmement ancien, car on le trouve décrit dans un poëme attribué à Priscien ou à Rhennius Fannius: *De ponderibus et mensuris*, lequel est compris dans la collection intitulée *Poetæ latini minores*, de Vendorf. — Il existe un autre aréomètre de l'invention de M. Homberg; c'est une bouteille de verre col extrêmement étroit; à côté du col, et parallèlement à lui, il y a un tube capillaire qui part du corps de la bouteille: on verse la liqueur par l'orifice du col, jusqu'à ce qu'elle sorte par l'orifice du tube capillaire, c'est-à-dire jusqu'à ce que la liqueur soit de niveau dans le tube et dans le col; ensuite, au moyen d'une balance, et le poids de l'aréomètre vide étant connu, on connaît la pesanteur de la liqueur dont l'aréomètre est rempli. Mais cet instrument est sujet à bien des inconvénients causés par les variations de la température et la nature des liqueurs, dont les unes se condensent bien plus aisément que les autres. D'ailleurs dans cette méthode, comme le remarque Musschenbrock, la vertu attractive du tube capillaire fait que la liqueur y monte plus ou moins que le col plus large; et, comme les liqueurs ont chacune une vertu attractive différente, on ne pourra jamais déterminer d'une manière bien précise les déductions à faire pour ces diverses attractions. — Sous un autre rapport, on divise ces instruments en aréomètres à volume constant, et aréomètres à poids constant. Les premiers, plus exacts, sont ceux qu'on emploie dans les laboratoires; les autres servent dans le commerce et dans les fabriques. — Farenheit a donné à son aréormètre la forme d'une poire renversée, terminée vers le bas par une nacelle pleine de plomb ou de mercure, et vers le haut par une tige très-effilée qui soutient une petite cuvette. Le corps de l'instrument, en verre ou en métal, est creux, rempli d'air, et fermé hermétiquement; la nacelle, par le poids qu'il la charge, force l'instrument à se tenir verticalement lorsqu'on le plonge dans l'eau; vers le milieu de la tige est une sorte de bourrelet qu'on appelle point d'*affleurement*. — Le poids total de l'instrument étant connu, cent grammes, par exemple, on le plonge dans l'eau pure, et on met dans la cuvette des poids suffisants pour le contraindre à descendre jusqu'au point d'affleurement. Si ces poids équivalent à vingt grammes, on en conclura que le volume d'eau déplacé est de cent grammes, plus vingt. Cela fait, on plonge l'instrument dans le liquide dont on veut évaluer la pesanteur ou la densité. S'il ne faut mettre de poids dans la cuvette que jusqu'à concurrence de douze grammes, on en conclura que le nouveau liquide ne pèse que cent grammes, plus douze; or, comme à volume égal la densité des corps est proportionnelle à leur poids, on aura pour résultat que la densité de ce liquide est à celle de l'eau comme cent douze est à cent vingt. — A la nacelle pleine de plomb et de mercure, Nicholson a substitué une cuvette à recevoir des poids, et cette heureuse modification permet de mesurer la densité des solides. On commence par faire affleurer l'aréomètre, et on note la quantité de poids qu'il a fallu pour produire l'affleurement; ensuite on ôte ce surcroît de poids, et on place sur la cuvette, du haut de la tige, le solide qu'on veut peser: ou l'aréomètre affleure, ou il n'affleure pas. Dans ce dernier cas, on force de nouveau l'instrument à descendre, et le poids ajouté sera distrait du montant de la surcharge, pour déterminer la pesanteur du solide; de sorte que, si la première surcharge qui a déterminé l'affleurement est de vingt grammes, et que le solide étant placé dans la cuvette il ne faille que douze grammes pour forcer l'aréomètre à s'affleurer, on pourra conclure que le corps solide pèse vingt grammes moins douze. Une troisième opération est ensuite nécessaire pour reconnaître la densité du solide: on pose celui-ci sur la cuvette inférieure, et l'on replonge l'aréomètre dans l'eau; mais, cette fois, il faudra, pour faire affleurer l'instrument, plus de douze grammes, parce que le solide, en plongeant, perd de son poids autant que celui du volume de liquide déplacé. Supposons donc qu'il faille ajouter deux grammes aux douze, il est évident que la perte de poids subie par le solide sera de deux grammes. Il suit de là que la densité du corps sera à celle de l'eau comme six, différence de quatorze à vingt, est à deux. L'aréomètre à poids constant n'est pas autre que celui que nous avons d'abord décrit. L'inconvénient que ce dernier instrument présente, c'est l'arbitraire qui règne dans la graduation du tube (*V.* PÈSE-LIQUEUR).   J. DE M.

ARÉOPAGE (*hist. anc.*), sénat d'Athènes, chargé de juger certaines causes, et particulièrement tous les crimes qui entraînaient la peine capitale; lieu où se tenaient ses séances. Ce mot est formé du grec ἄρης, le Mars des Égyptiens, et de πάγος, bourg ou lieu. Mars, ayant tué un fils de Neptune, fut jugé et acquitté par les juges d'Athènes. La colline sur laquelle le jugement fut rendu fut consacrée par la suite au dieu Mars. Quelques historiens prétendent que lorsque les amazones, qui se disaient issues de ce Dieu, vinrent assiéger Athènes, elles sacrifièrent sur cette colline à Mars leur race, et que la colline prit le nom de *Areos pagus*. Lorsque la ville s'agrandit, la colline de Mars fut enfermée dans l'enceinte de ses murs; elle en occupait à peu près le centre. Aujourd'hui, les ruines de l'édifice sont en dehors de l'enceinte de la ville moderne, qui s'étend bien moins que l'ancienne. Ses fondements sont été décrits par Spon dans son *Voyage en Grèce*; ils sont en demi-cercle. Des quartiers de roche, taillés en pointe, soutiennent une esplanade d'environ cent quarante pas de long; c'était sur cette esplanade que se réunissaient les magistrats. On voit dans le milieu une espèce de tribune taillée dans le roc et adossée contre le flanc du rocher. Des bancs, creusés dans le même roc, que la tribune, servaient de siége aux aréopagites. Hésychius s'est évidemment trompé en plaçant l'aréopage dans la citadelle; d'autres écrivains ont pris ces ruines pour celles d'un amphithéâtre: c'est une autre erreur, car elles n'ont rien qui rappelle les formes amphithéâtrales. Quant à l'origine de ce tribunal redoutable, qui décidait souverainement de l'honneur et de la vie des citoyens, tout ce qu'on peut dire, c'est que elle se perd dans les ténèbres qui enveloppent le berceau de tous les anciens peuples. Les uns veulent en rapporter l'honneur à Cécrops, fondateur d'Athènes, les

autres à Cranaüs ou à Solon. Quant au nombre des juges, il variait beaucoup; mais il paraît que si quelquefois il excédait celui de quarante, il n'a jamais été au-dessous de neuf. On admettait dans l'aréopage les citoyens les plus vertueux et les archontes qui avaient dignement rempli leurs fonctions. Un seul mot indécent ou obscène, une action déshonnête suffisaient pour qu'on en fût à jamais exclu; mais dans la suite on se relâcha beaucoup de cette rigidité, et l'on y vit figurer des hommes de mœurs très-corrompues. Périclès n'avait pu s'y faire admettre; aussi, lorsqu'il se fut emparé du pouvoir, il attaqua l'institution sous toutes les faces; il finit par la dépouiller de la plus grande partie de son autorité. De cette époque date la corruption des Athéniens. Les aréopagites eux-mêmes cessèrent de donner l'exemple des vertus, de la justice et de la sagesse. Aussi, quand ils reprochèrent à Démétrius de Phalère la licence de ses mœurs, il leur répondit en les invitant à se réformer eux-mêmes, avant de prétendre à réformer les autres. — L'aréopage était spécialement chargé de juger les affaires criminelles: le meurtre, l'impiété, la débauche et la paresse, qu'on regardait comme la source de tous les vices, soumettaient les coupables à sa juridiction; il était dépositaire des lois et administrateur du trésor public. Dans les causes d'assassinat il siégeait en plein air, parce que la loi ne permettait pas que l'assassin parût sous le même toit que la victime, ou ceux qu'elle chargeait de la venger; le jugement avait lieu la nuit, afin que les juges ne fussent émus ni par la vue de l'accusateur, ni par celle de l'accusé. Les orateurs ne pouvaient recourir aux grands moyens oratoires propres à séduire l'esprit ou à toucher le cœur. Tant que ce régime austère dura, les sentences de l'aréopage furent regardées comme la réponse sacrée de l'oracle; mais par la suite cette rigueur diminua; il fut permis à l'accusé, de même qu'à l'accusateur, d'employer les ressources de l'éloquence, sans pouvoir néanmoins faire usage d'exordes, de péroraisons et de figures vives et animées, telles que l'apostrophe. Quand la question se trouvait suffisamment éclairée par les débats, on apportait deux urnes, et les juges y déposaient silencieusement le bulletin qui contenait la condamnation ou l'absolution; l'une de ces urnes était appelée θάνατος, *l'urne de la mort*; l'autre, ἔλεος, *l'urne de la miséricorde*. En cas de partage, les votes d'absolution l'emportaient sur les autres, et l'on disait alors que l'accusé avait été acquitté par le suffrage de Minerve, *calculo Minervæ*. — Dans les premiers temps, les séances ou assises de l'aréopage avaient lieu les trois derniers jours de chaque mois; ensuite on ajouta de nouveaux jours de séance; mais, à la fin, le nombre des affaires fut si considérable, que le tribunal, devenu permanent, siégea chaque jour. — Quelques écrivains ont, en se copiant, fait monter jusqu'à cinq cents le nombre des aréopagites; mais évidemment cela n'a pu avoir lieu qu'au temps où ces magistrats n'eurent plus ni crédit, ni considération, où tout le monde était admis parmi eux, Grecs, Romains ou étrangers; ou bien encore ces écrivains ont confondu les aréopagites avec les prytanes (*V.* PRYTANES). Quant à ceux qui ont nommé Solon comme créateur de cette institution, c'est encore l'effet d'une erreur, car il résulte des marbres d'Arondel (*V.* ARONDEL [*marbres d'*]) que l'aréopage existait mille cent quarante-un ans avant Solon; mais comme Solon fut en quelque sorte le restaurateur de ce tribunal que Dracon avait avili, il a pu en être regardé comme fondateur. — Saint Denis, premier évêque d'Athènes, avait été membre de l'aréopage.   J. DE M.

ARÉOSTYLE (*arch. anc.*), une des cinq sortes d'intercolonnation, dans laquelle les colonnes se trouvaient placées à huit ou même dix modules de distance l'une de l'autre (*V.* MODULE). Ce mot vient du grec ἀραιός, rare, et de στύλος, colonne. Il n'y avait pas d'ordre d'architecture où les colonnes fussent aussi éloignées que dans l'aréostyle, dont on ne fait guère usage que dans l'ordre toscan, aux portes des villes et des forteresses.   G. L.

ARÉOTECTONIQUE, partie de l'architecture militaire qui concerne l'art de fortifier, d'attaquer et de défendre.

ARÉOTIQUE (*t. de méd.*), se dit des remèdes qu'on croit propres à raréfier les humeurs en ouvrant les pores de la peau, de manière à ce que les matières morbifiques puissent être poussées au dehors, soit par la sueur, soit par la transpiration insensible. Il paraît qu'on a reconnu aujourd'hui l'insuffisance de ces remèdes.   A. A.

AREPENNIS (*hist. anc.*), ancienne mesure carrée des Gaulois, égale à un demi-jugerum (*V.* JUGERUM). C'est de là que vient le mot *arpent*, quoique la mesure soit différente.

                N. M. P.

ARÉQUIPA (*géogr.*), ville du Pérou, à cent vingt lieues de Lima, vers le sud, et à soixante-dix de Cusco. Elle est située au milieu d'un terrain très-fertile, mais, par malheur, très-sujet aux tremblements de terre. En 1582 la ville fut renversée presque tout entière par des secousses qui se renouvelèrent très-fréquemment durant plusieurs jours. A peu de distance on voit un volcan qui brûlait encore il y a deux siècles.

A. X.

ARER (*l. de marine*), c'est chasser sur ses ancres; ce qui a lieu lorsque l'ancre, étant mouillée dans un mauvais fond, ne prend pas, ou lâche prise et se traîne en labourant le sable.

ARÈS ou **ARTÈS** (*myth. égypt.*). C'est un des demi-dieux qui ont gouverné l'Egypte avant les dynasties des Pharaons. Arès est, suivant Seldin, le nom oriental de la planète Mars, et Macrobe prétend que Mars est le même qu'Hercule : « *Stellam Herculis vocant quam reliqui Martis appellant.* » L'âme d'Hercule, disent les traditions orientales, alla se loger dans la planète de Mars, lorsqu'il eut reçu les honneurs divins. Manéthon, qui trouva probablement de grandes lacunes dans les annales de son pays, et qui, pour les remplir, eut recours à la mythologie phénicienne, se borna à placer Arès dans son catalogue de demi-dieux, entre Hôrus qui le précède, et Anubis qui le suit. Il le fait régner obscurément pendant vingt-trois ans, et son silence sur ce personnage prouve, comme le nom même d'Arès, que ce dieu était étranger à l'Egypte. Diodore a cru qu'Arès était le général ou l'Hercule qu'Osiris laissa auprès de sa femme, pour commander ses armées, lorsqu'il partit lui-même pour conquérir l'univers. Mais s'il est vrai que ce général ait porté le nom d'Arès, ce ne saurait être l'Arès de Manéthon, postérieur de cent ans à Osiris.

J. DE M.

ARÉSI (PAUL), religieux théatin et évêque de Tortone, naquit à Crémone vers l'an 1574, et mourut septuagénaire dans sa ville épiscopale. Il cultiva les lettres et protégea les savants. On a de lui des sermons en latin, des livres de philosophie, de théologie, de dévotion, et un traité plein de recherches curieuses sur les *Devises sacrées*, en italien : *Delle sacre imprese*, in-4°, 1625; Milan, 8 vol.

ARÉTAPHILE (*hist. anc.*), fille d'Églaton et femme de Nicocrate, tyran de Cyrène, dans la Libye. Ce prince n'avait acquis la possession de cette femme que par un crime : épris de sa beauté, il fit assassiner son mari, qui était prêtre de Cyrène. Arétaphile ne céda qu'à la violence; mais elle n'en conçut pas moins le désir de venger son époux par la mort de son ravisseur. Surprise au moment où elle préparait du poison pour Nicocrate, elle se défendit en soutenant qu'elle n'avait composé ou voulu composer qu'un philtre pour se faire aimer davantage. Nicocrate, aveuglé par sa passion, donna dans le piége; mais l'artificieuse Arétaphile gagna Lysandre, frère du tyran, par la promesse de se donner à lui, et Nicocrate fut à son tour assassiné. Lysandre obtint le prix qu'il avait stipulé, mais il n'en jouit pas longtemps; Arétaphile employa contre lui les mêmes moyens dont elle avait déjà fait usage, et elle lui suscita un ennemi puissant, qui le surprit, l'enferma dans un sac et le fit jeter à la mer. Les habitants de Cyrène, par reconnaissance, offrirent la couronne à leur libératrice, qui la refusa, et retourna auprès de ses parents. Ces événements se passèrent vers la 171e olympiade, au commencement du 1er siècle avant J. C.; et Plutarque, qui les raconte dans son traité *De virtute mulierum*, cite l'empoisonneuse Arétaphile comme un modèle de vertu. Mais n'oublions pas que Plutarque était un philosophe païen.

N. M. P.

ARÉTAS régnait sur une partie de l'Arabie et sur la Célé-Syrie, vers l'an 85e avant J. C. Hircan, roi des Juifs, chassé de ses états par son frère Aristobule, alla demander un asile à la cour d'Arétas; celui-ci l'accueillit favorablement, leva une nombreuse armée, et tenta de le rétablir sur le trône. Il ne trouva pas d'abord d'obstacle, et il assiégea l'usurpateur dans Jérusalem. Cette ville aurait probablement succombé, si Scaurus, lieutenant de Pompée, n'était accouru avec les légions romaines. Arétas fut contraint de lever le siége, et peu de temps après il éprouva une défaite complète. Scaurus poursuivit Arétas jusqu'en Arabie. Arétas acheta sa retraite. On ignore l'époque de sa mort.

A. P.

ARÉTAS, petit-fils du précédent, s'empara du trône à la mort de son père Obodas. Comme il n'avait pas demandé ni attendu le consentement d'Auguste, et qu'il apprit que l'empereur était très-irrité, il lui envoya des ambassadeurs chargés de lui offrir de riches présents; mais Auguste ne voulut ni accepter les présents, ni voir les ambassadeurs. Cependant

Hérode le tétrarque, qui avait épousé une fille d'Arétas, ayant réussi à convaincre Auguste de l'innocence d'Arétas, celui-ci fut confirmé dans sa possession. Longtemps après, Arétas fit la guerre à son gendre, parce que ce prince avait répudié sa femme pour épouser sa belle-sœur Hérodiade; mais Hérode se plaignit à Tibère, qui fit marcher Vitellius au secours des Juifs. Ce fut dans cette occasion que les habitants de Damas manquèrent de surprendre saint Paul qui se trouvait dans la ville. L'ingénieuse piété des chrétiens déjoua leurs projets perfides : ils placèrent l'apôtre dans une corbeille, et, comme les portes de la ville étaient soigneusement gardées, ils firent descendre la corbeille avec des cordes par dessus la muraille, l'an 38 de J. C. C'est l'apôtre lui-même qui fait le tableau de ses dangers et de ses souffrances dans sa IIe *Epître aux Corinthiens.*

A. P.

ARÉTAS, évêque de Césarée de Cappadoce, dans le xe siècle, a composé un *Commentaire sur l'Apocalypse.* Cet ouvrage a été imprimé à Paris, in-fol., 1621, en grec et en latin. On le trouve en latin dans la *Bibliothèque des Pères.*

ARÊTE (*hist. nat., technol.*, etc.). On entend par arête une partie dure et piquante, en forme d'épine, qui se trouve dans le corps des poissons, où elle remplit les mêmes fonctions que les os dans les quadrupèdes. Beaucoup de poissons ont aussi dans leur chair un grand nombre de filets déliés, mais solides, plus ou moins longs, pointus, les uns simples, les autres fourchus : ce sont des arêtes. Ce mot *arête* est le seul dont on se serve pour les poissons; le mot *os* est réservé pour les quadrupèdes. Cependant on dit os de sèche, os de baleine : ce sont des exceptions. — Les botanistes appellent *arêtes* des filets secs, grêles, roides, qui naissent des écailles ou paillettes florales des graminées. L'arête se distingue de la glume, en ce que celle-ci n'est que le prolongement des nervures de la glume, tandis que l'arête s'élance du sommet ou du dos des valves de la glume. — Les vétérinaires donnent le nom d'*arêtes* ou *queues de rat* à des croûtes écailleuses et dures qui viennent aux jambes des chevaux et des ânes, et s'étendent depuis le jarret jusqu'au boulet. Ils appellent de même les queues de cheval dégarnies de poils. — On ne saurait user de trop de précaution quand on mange du poisson : plus d'une fois une arête avalée a causé l'étranglement ou des ulcères dans l'œsophage, suivis d'épanchement des aliments dans la poitrine; ce qui a suffi pour causer la mort. Aussi les médecins et les chirurgiens ont-ils imaginé une infinité de procédés pour retirer les corps arrêtés dans le gosier. (*V.* Gosier). — En terme de *tailleur de pierre*, l'arête est l'angle que font deux surfaces droites ou courbes d'une pierre. Quand les surfaces concaves d'une voûte se rencontrent en angle saillant, cet angle prend aussi le nom d'*arête*. — Les *chapeliers* appellent *arête* l'extrémité inférieure du chapeau, à laquelle on coud ce qu'on appelle *le bord*. — Les *diamantaires* désignent par *arêtes* les angles de toutes les faces qu'un diamant peut recevoir : il ne faut pas confondre l'arête avec le *pan*; qui est la face elle-même (*V.* Pan). — En terme de *charpentier*, c'est le côté angulaire d'un corps; les angles bien marqués d'une pièce de bois équarrie avec soin sont ce qu'on appelle *vive arête*. — En terme de *fortification*, l'arête est la ligne formée par deux angles de glacis qui se joignent à un angle de chemin-couvert. — En terme de *serrurier*, l'arête est le bord de l'enclume. En un mot, on se sert de ce mot pour exprimer le sommet de tout ce qui forme un dos d'âne.

J. DE M.

ARÉTÉ (*hist. anc.*), femme du philosophe Aristippe, selon quelques historiens, ou sa fille, suivant d'autres témoignages. Elle fut renommée pour sa beauté, ses talents et sa vertu. Strabon dit qu'elle embrassa la doctrine de son père, et qu'elle-même se distingua dans la carrière qu'il avait parcourue. Diogène de Laërce dit qu'elle enseigna publiquement dans l'école fondée par Aristippe.

N. M. P.

ARÉTÉE DE CAPPADOCE, médecin, émule d'Hippocrate, son égal, ou même supérieur à lui, par l'esprit d'ordre et d'analyse qu'il a su introduire dans les matières où Hippocrate en avait mis assez peu; car ce dernier avait confusément rassemblé toutes les observations que la pratique lui avait fournies sur la plupart des maladies qui affligent le corps humain; observations précieuses, sans doute, chacune en elle-même, mais ne laissant dans l'esprit que des idées vagues, faute de méthode; et Arétée les a réduites, après y avoir ajouté les siennes, en un corps de doctrine qui offre l'histoire précise de chaque maladie, de ses divers symptômes, de sa marche, des moyens de guérison que donne la pratique, au lieu de disserter sur la cause de ces maladies, causes qui dévaient rester inconnues tant que l'anatomie n'arriverait pas avec son flambeau pour éclairer et guider le médecin dans ses recherches pathologiques. Aussi Boerhaave n'hésitait point à placer Arétée au niveau d'Hippocrate, et Haller préfère même le premier au second. Il est surtout une chose sur laquelle on s'accorde à reconnaître la supériorité d'Arétée, c'est, d'une part, sa méthode descriptive des maladies ; c'est, de l'autre, tout ce qui concerne le traitement ; et sa thérapeutique, plus variée et presque toujours plus efficace, n'est pas moins propre que celle d'Hippocrate à profiter des réactions salutaires de la nature, et à en aider le développement. — On ignore complétement tous les actes de la vie d'Arétée ; on ne sait pas même d'une manière précise en quel temps il vécut ; si ce fut au premier, au second, ou au troisième siècle de l'ère vulgaire. On croit, toutefois, que ce fut entre le premier et le second. Tout ce qu'on sait de lui par ses ouvrages, c'est qu'il était de la Cappadoce ; et, d'après un assez grand nombre de passages, on présume qu'il appartenait à la secte pneumatique, qui admettait comme cinquième élément le pneuma-esprit, fluide subtil, auquel elle attribuait la plupart des maladies, à peu près comme, de nos jours, les partisans du *fluide nerveux*. — Il nous est resté d'Arétée quatre traités écrits en dialecte ionien, et divisés chacun en deux livres : 1° *Des Causes et des signes des maladies aiguës* ; 2° *De la cure des maladies aiguës* ; 3° *Des causes et des signes des maladies chroniques* ; 4° *De la cure des maladies chroniques*. Ces écrits qui, au reste, ne nous sont arrivés qu'avec beaucoup de lacunes, ont été mis en ordre et traduits du grec en latin par Boerhaave, et enrichis de notes et de commentaires par le même ; Leyde, 1731, in-fol. Cette édition est la plus estimée.   A. A.

ARÉTHUSE (*mythol.*), nymphe de l'Élide, fille de l'Océan et de Doris. S'étant un jour baignée dans les eaux de l'Alphée, à son retour de la chasse, le dieu du fleuve, qui l'aperçut, se mit à la poursuivre avec ardeur. Près d'être atteinte, elle implora le secours de Diane, qui la changea en fontaine. Aussitôt l'Alphée voulut mêler ses eaux à celles d'Aréthuse ; mais Diane ouvrit un passage souterrain à ces dernières, qui allèrent jaillir en fontaine à Ortygie, île voisine de Syracuse ; Alphée se fraya, de son côté, une route sous les eaux de la mer, pour aller retrouver Aréthuse. — Les anciens donnèrent du crédit à cette fable, en disant que ce qu'on jetait dans l'Alphée en Arcadie allait reparaître dans la fontaine d'Ortygie. Pline lui a prêté aussi l'autorité de son nom, en écrivant que les eaux de l'Aréthuse avaient une odeur de fumier, à l'époque où l'on célébrait dans la Grèce les jeux Olympiques ; l'Alphée baignait les murs d'Olympe. Strabon a combattu ouvertement ces traditions ridicules : suivant lui, l'Alphée se perd dans la mer comme tous les autres fleuves. — La fontaine d'Ortygie n'est pas la seule qui ait porté le nom d'Aréthuse ; les anciens géographes en nomment deux ou trois autres. Ce nom a été aussi donné à plusieurs villes de la Syrie et de la Macédoine.   N. M. P.

ARÉTHUSE BULBEUSE (*botan.*), *arethusa bulbosa*, plante vivace, de la famille des orchidées. Elle est originaire de la Virginie ; elle produit au printemps de grandes fleurs roses. Elle demande une terre franche, grasse, humide, à moitié ombragée. Comme elle perd promptement ses feuilles, pour la conserver, on la met dans des pots enterrés.

ARÉTHUSE (*hist. nat.*). On désigne par le nom d'aréthuse une sorte de testacé microscopique qu'on trouve sur les rivages du golfe de Venise. Soldani a considéré le coquillage ; car l'animal qui l'habite n'est pas connu, comme une simple variété de l'*orthoceratium tuberosum*. L'opinion générale fait regarder l'aréthuse comme un genre distinct, voisin des milioles (*V.* MILIOLES). On remarque sur l'aréthuse de huit à douze vésicules tétraédriques, minces, irrisées, rangées en spirale les unes à la suite des autres, comprimées sur les faces adhérentes, arrondies sur les côtés libres ; le sommet de ces vésicules est légèrement mamelonné.   X. X.

ARETIN (GUI), natif d'Arezzo, religieux de l'ordre de Saint-Benoît, dans la première moitié du XIe siècle. Ce fut lui qui, aux six lettres de l'alphabet romain dont on se servait dans le plain-chant grégorien, substitua les syllabes *ut*, *re*, *mi*,*fa*, *sol*, *la*, que lui fournirent les trois premiers vers de l'hymne de saint Jean, composée par Paul Diacre.

Ur queant laxis   Resonare fibris
Mira gestorum   Famuli tuorum
Solve polluti   Labii reatum.

Il composa deux traités sur la musique, qu'il dédia à son abbé Théobald, et il simplifia tellement l'étude de cet art qu'on

pouvait apprendre en quelques mois ce qu'on n'apprenait avant lui qu'en plusieurs années. Le pape Jean XIX attira Gui d'Arezzo à Rome. (*V.* MURS [Jean]).   A. P.

ARÉTIN (LÉONARD) naquit, comme le précédent, dans la ville d'Arezzo, en 1370. Son nom de famille était Brun. De bonnes études, des connaissances en jurisprudence et en politique et la protection du Pogge, son ami intime, lui firent obtenir la place de secrétaire des brefs sous Innocent VII, et il la conserva non-seulement pendant la vie de ce pontife, mais encore sous ses quatre successeurs immédiats. Il avait suivi au concile de Constance le pape Jean XXIII en 1415 ; mais ce pape y ayant été déposé, Aretin s'enfuit secrètement de Constance, et reprit la route de Florence, où il consacra au repos et aux lettres tout le temps dont il pouvait disposer. Il fut employé à plusieurs ambassades, et il mourut en 1444. Aretin fut un des hommes de son siècle qui eurent le plus de mérite. Historien, orateur, traducteur, polygraphe, homme d'État, théologien, s'il ne réussit pas également en tout, il surpassa du moins tous ses contemporains par l'étendue de ses connaissances. On a de lui : 1° trois livres de la *Guerre punique*, pris presque en entier dans Polybe, 1537, in-8° ; 2° Histoire de l'ancienne Grèce et de Rome, sous le titre d'*Aquila volante* ; Venise, 1543, in-8° ; 3° *De bello italico adversus Gothos*, lib. IV, 1470, in-fol. ; 4° *Historiarum florentinarum*, lib. XII, 1610, in-8°, dont il avait donné lui-même une traduction italienne, 1476, in-fol. ; 5° des *Traductions latines* de quelques vies de Plutarque et de la politique d'Aristote ; 6° *De studiis et litteris* ; 7° *Épistola*. Ce dernier ouvrage renferme beaucoup de détails concernant l'histoire contemporaine.   A. P.

ARETIN (FRANÇOIS), savant du XVe siècle, traduisit en latin les Commentaires de saint Chrysostôme sur saint Jean, et une vingtaine d'homélies de ce Père. Il traduisit pareillement les *Lettres de Phalaris*, et publia un traité *De balneis puteolanis*. Il jouit de quelque faveur auprès de Pie II et de Sixte IV ; mais Érasme estimait peu sa traduction de saint Chrysostôme.   A. P.

ARETIN (FRANÇOIS), de la famille des *Accolti* d'Arezzo, plus connu sous le nom de son pays que sous le sien propre, vivait, comme le précédent, dans le XVe siècle. Il enseigna la jurisprudence avec succès ; sa subtilité était passée en proverbe ; il professa plus tard dans les académies de Pise et de Ferrare. Le pape Sixte IV, auprès duquel il faisait solliciter la dignité de cardinal, se tira d'embarras par un bon mot. «Je lui donnerais volontiers cette dignité, dit-il, si je ne craignais de faire tort à la jeunesse en la privant d'un si bon professeur.» Aretin avait au fond beaucoup de présomption ; il abandonna pour toujours le professorat, parce qu'étant monté un jour en chaire il s'aperçut qu'il n'avait qu'une quarantaine d'auditeurs. Il avait l'humeur difficile, et ne pouvait jamais garder un domestique plus d'un mois ou deux ; au reste, ses mœurs furent pures et même austères. — Il a publié quelques ouvrages de jurisprudence assez mal écrits et peu estimés. Il paraît qu'il avait plus de facilité à s'énoncer en parlant que de correction à mettre dans son style.   A. P.

ARETIN (JEAN-CHRISTOPHE, Baron D'), savant bibliographe, vice-président de l'académie de Munich, membre de celle de Gœttingue, né à Munich en décembre 1773, mort en août 1822, conservateur principal de la bibliothèque royale. Il a publié beaucoup d'opuscules, presque tous en allemand. Les plus importants sont : 1° *Discours sur les plus anciens monuments de l'art typographique en Bavière* ; Landshut, 1803, in-8° ; 2° *Histoire des juifs en Bavière* ; Munich, 1803, in-8° ; 3° *Recherches sur les cours d'amour au moyen âge* ; 4° *Théorie abrégée de la mnémonique* ; 5° *Discours sur les avantages immédiats de l'invention de l'imprimerie* ; Munich, 1808, in-8°. Le baron d'Aretin a laissé aussi un *Mémoire sur des recherches pour la langue universelle* (*V.* LANGUE UNIVERSELLE).

ARETIN (PIERRE), fils naturel de Louis Bacci, simple gentilhomme d'Arezzo, ne démentit nullement par ses mœurs corrompues, son génie dissolu, son audace brutale, son impiété révoltante, la source impure d'où il était sorti. Au reste, il s'est peint lui-même dans ses *Lettres familières*, imprimées à Venise de 1538 à 1557 ; et certes le portrait qu'il a fait de son cœur et de sa conduite n'est pas très-édifiant. On ne conçoit même pas comment un homme à qui l'on ne peut se refuser de l'intelligence et de l'esprit peut manquer assez de pudeur pour se vauter de faire ou d'avoir tout ce que les gens de bien méprisent et détestent. Ce qui résulte bien évidemment de ces lettres, c'est que jamais l'Italie ni le monde entier n'ont eu d'écrivain plus impudent ni plus dépravé. Il avait été placé, au sortir de l'enfance, en apprentissage chez un relieur, mais, au lieu de relier les livres, il s'amusait à les lire; il aimait de préférence les vers, surtout les vers satiriques, et il prit tant de goût à ce genre de poésie qu'il voulut lui-même devenir poëte. Ses premiers essais réussirent; mais il ne tarda pas à franchir les bornes de la modération et de la décence, et il s'abandonna sans retenue aux plus grands excès Les magistrats d'Arezzo le chassèrent de leur ville. Expulsé pareillement de Pérouse, il se rendit à Rome, où il publia des écrits sérieux, qui lui valurent la protection de Léon X et de Clément VII; mais, au moment où il aurait pu apprécier l'estime dont on commençait à l'honorer, son mauvais naturel reprit sur lui l'empire, et, après s'être annoncé par quelques poésies obscènes, il se rendit l'infâme interprète des dégoûtantes scènes de débauche que Jules Romain avait peintes d'un pinceau trempé dans la fange. Au scandale causé par ses sonnets se joignirent les haines que produisirent ses libelles, et il fut obligé de sortir de Rome comme il était sorti de Pérouse. Il alla chercher une retraite à Milan, d'où il se rendit à Venise. Dans cette dernière ville il vendit sa plume à quiconque la voulut acheter; et de la même main qui avait écrit les sonnets de Jules Romain, il composa des panégyriques, des satires, des comédies, et jusqu'à des livres de dévotion. Mais en général c'était par les satires qu'il cherchait à étendre sa réputation; il est vrai que plus d'une fois elles lui attirèrent, de la part des offensés, un traitement ignominieux, et que son dos et ses épaules expièrent les écarts de sa plume; en revanche il gagna beaucoup d'or, parce que beaucoup d'éminents personnages, craignant de servir de but à ses traits envenimés, eurent la faiblesse d'acheter son silence par des pensions et de riches présents. Aussi on le vit donner le dessin d'une médaille, où il s'était fait représenter sur une espèce de trône, recevant les envoyés des princes, avec cette inscription autour de son buste : *Il divino Aretino.* — Au reste, il ne prenait pas beaucoup la peine de dissimuler à quel prix il vendait ses éloges à François Ier, à Charles V, à Jules III et à Catherine de Médicis. — Aretin mourut à Venise en 1556 ou 1557. On n'est pas d'accord sur son genre de mort. Laurent Politien prétend qu'en écoutant le récit de quelque aventure scandaleuse arrivée à ses sœurs, il se prit à rire avec tant de force qu'il renversa la chaise sur laquelle il était assis, et qu'il se brisa la tête en tombant. D'autres écrivains ont insinué qu'il avait été pendu à Venise. Il est vrai qu'Apostolo Zeno nie le fait; mais nier un fait, ce n'est point prouver qu'il n'existe pas. — La vie d'Aretin a été imprimée à Paris, in-12, 1750, et in-8°, à Padoue, 1741. — Aretin avait de lui-même une telle opinion qu'il se vantait de faire plus de bien au monde par ses libelles que les prédicateurs par leurs sermons; nous devons ajouter qu'autant il se montrait insolent dans la prospérité, autant il était lâche, vil et rampant quand il craignait la vengeance de ceux qu'il avait outragés. — Aretin a laissé un très-grand nombre d'ouvrages : des *Lettres*, des *Dialogues*, des *Raisonnements (Raggionamenti)*, ouvrages où le dévergondage de style s'unit à la méchanceté la plus profonde; des comédies au nombre de cinq : *la Cortegiana; il Marescallo, il Ipocrito, il Filosofo* et *lo Talento*; une tragédie, l'*Orazio*; des poésies diverses, et puis des Vies de saints et de saintes, et des Paraphrases sur le psaume de la pénitence! — Il est aisé de voir par la diversité des genres qu'il traita qu'Aretin avait reçu du ciel beaucoup de facilité; mais il en abusa scandaleusement; il finit même par se dispenser d'avoir de l'esprit et tout au moins du bon sens, et dans ses derniers ouvrages il ne mit que du fiel. « Sauf une façon de parler bouffie et bouillonnée de pointes, ingénieuses à la vérité, mais recherchées de loin et fantastiques, a dit Montaigne en parlant d'Aretin, et outre l'éloquence, enfin, telle qu'elle puisse être, je ne vois pas qu'il y ait rien au-dessus des communs auteurs. » C'est dans ses œuvres dramatiques que son style paraît meilleur que par tout ailleurs; toutefois il ne faut y chercher ni décence ni sentiment; mais, de la verve comique, des caractères bien tracés, des scènes dramatiquement plaisantes, du sel, des concetti, un dialogue vif et serré, tout cela s'y rencontre. Sa tragédie est peut-être son meilleur ouvrage. — Sa prose a, du reste, les mêmes qualités et les mêmes défauts que ses vers; l'affectation le dépare; s'il parle d'un objet sérieux, il veut être éloquent; dans le cas contraire, il veut être spirituel et enjoué, mais son éloquence est forcée, et sa gaieté grimace. En dernier résultat, il faut bien se garder de prendre à la lettre les pompeux éloges de quelques modernes, qui n'ont voulu, peut-être, en louant

le détracteur de tout ce qui est réputé vénérable, saint et sacré pour les hommes, montrer qu'ils n'étaient point les ennemis de ses doctrines désorganisatrices.   J. DE M.

ARÉTOLOGIE (*morale*). C'est le nom qu'on a donné à cette partie de la philosophie morale qui traite de la vertu, de sa nature et des moyens de l'acquérir (*V.* VERTU, MORALE).

AREVACES ou AREVACI (*hist. anc.*). C'étaient des peuples de l'Espagne tarraconaise, dans la vieille Castille; ils tiraient leur nom de la rivière d'Areva (aujourd'hui *Adaja*), qui se jette dans le Duero.

AREUS (*myth.*), enfant de Mars; nom que prenaient ceux qui se distinguaient dans les combats, ou que les poëtes leur donnaient.

· AREZZO (THOMAS), né le 17 septembre 1756, à Orbitello en Toscane, d'un père qui était capitaine général au service de Naples, et de Marie Fitzgerald Brown, irlandaise. Dès l'an 1777, c'est-à-dire à l'âge de vingt-trois ans, il montra l'intention formelle d'entrer dans la carrière ecclésiastique; il s'appliqua à l'étude du droit canon et du droit civil, prit les leçons de Devoti, archevêque de Carthage, fut élevé aux honneurs par Pie VI, qui le nomma vice-légat de Bologne, gouverneur de plusieurs villes, et lui confia une mission particulière pour la Russie. Arezzo, à cette occasion, fut sacré archevêque de Séleucie. Arrivé à Saint-Pétersbourg, il défendit les intérêts de la religion catholique; mais il ne put se dispenser de se rendre à Berlin, où l'empereur Napoléon l'avait mandé. Il eut même avec Napoléon une longue conférence, après laquelle il repartit pour Rome. Quand les Français, en 1808, se furent rendus maîtres de cette ville, il fut contraint d'accepter le poste périlleux de pro-gouverneur, ce qui ne l'empêcha pas de conserver son dévouement pour le saint-siége : il en fut puni par la déportation. Après avoir été traduit de ville en ville pendant plusieurs années, il fut enfermé dans la citadelle de Bastia, en Corse. En octobre 1813, il parvint à se sauver, déguisé en matelot, et, après avoir évité bien des dangers, il s'embarqua pour Cagliari. Victor-Amédée, qui se trouvait alors en Sardaigne, l'accueillit avec bonté, et lui offrit l'évêché de Novare qu'il refusa. De retour sur le continent, il apprit la délivrance du pape qu'il se hâta d'aller rejoindre. Le 8 mars 1816, Pie VII le nomma cardinal et légat de Ferrare. Arezzo gouverna cette légation pendant quatorze ans. En 1830 il fut investi de la vice-chancellerie de la sainte Église; il mourut le 3 février 1832, après avoir rétabli les jésuites à Ferrare. Par son testament, il partagea son bien entre la propagande, les pauvres de son diocèse et les personnes de sa maison.
                                                        A. P.

ARGAIZ (GRÉGOIRE), bénédictin espagnol, né à Logrono dans la vieille Castille, se fit remarquer dans un ordre où les savants ne manquaient pas, par une très-grande facilité unie au goût du travail. On a de lui une *Histoire ecclésiastique de l'Espagne*, tirée des écrits de saint Grégoire, évêque de Grenade, et de chroniques espagnoles, 2 vol. in-fol. On lui a reproché de n'avoir travaillé que d'imagination, mais ce reproche n'est appuyé d'aucune preuve. Il a publié encore une *Histoire de Montserrat*, l'auteur y prétend que c'est un moine de ce monastère qui a composé les *Exercices spirituels* attribués à saint Ignace. Tous les ouvrages d'Argaiz composent 14 vol. in-fol.   A. P.

ARGAN, plante de l'ordre des sapotiles (*V.* SAPOTILE).

ARGAND (LAMPE D') (*V.* LAMPE).

ARGANEAU ou ORGANEAU (*t. de marine*), gros anneau de fer placé à la tête de l'ancre, et par lequel on fait passer le câble, dont l'extrémité se trouve sur le vaisseau (*V.* ANCRE).

ARGANÈTE (*art. mil., anc.*), espèce de baliste dont les anciens se servaient pour lancer sur les ennemis ou sur les villes des matières enflammées et combustibles.

ARGARICUS SINUS (*géog.*). C'est l'ancien nom du golfe de Bengale.

ARGAS (*hist. nat.*). On désigne par ce mot une espèce d'arachnides de la famille des holètres.

ARGATA (Chevaliers de L') ou Chevaliers du DÉVIDOIR (*hist. mod.*); nom plus que bizarre que se donnèrent quelques nobles napolitains du quartier dit de la Porte-Neuve, lorsqu'ils prirent les armes, en 1388, pour Louis d'Anjou contre la reine Marguerite. Ils portaient sur le bras ou le côté gauche, pour marque distinctive, un *dévidoir d'or en champ de gueules.* On ignore pourquoi ils avaient choisi un pareil emblème. Leur ordre finit avec le règne de Louis d'Anjou.

ARGÉ (*hist. nat.*), insectes de l'espèce des hylotomes (*V.* HYLOTOME). — (*mythol.*) nom d'une chasseresse qui fut changée en biche par Apollon, parce qu'elle s'était vantée d'atteindre un cerf à la course „ lors même que sa fuite serait aussi rapide que la marche du soleil.

ARGÉE. (*hist. anc.*). Nom d'un roi de Macédoine qui usurpa la couronne, vers l'an 393 avant J. C., pendant l'expulsion momentanée d'Amyntas II, père du fameux Philippe, et la garda jusqu'à l'an 390. Trente ans plus tard, il chercha, mais en vain, à remonter sur le trône. — (*géog.*) montagne située au milieu de la Cappadoce, et du sommet de laquelle on découvre la Méditerranée et la mer Noire. Au pied de cette montagne, dont le nom s'est conservé dans celui de *Ardgeh*, s'élevait la ville de Césarée, de Cappadoce, ou Mazaca. — Selon quelques historiens, le nom collectif d'*Argées* fut donné par Numa aux sept collines de Rome, en mémoire d'Argeus, l'un des compagnons d'Hercule, reçus dans son palais par le roi Évandre. D'autres assurent que ce nom fut restreint aux lieux seuls où les Argiens, compagnons d'Hercule, avaient été inhumés. **N. M. P.**

ARGÉENS (*jeux*). C'étaient des fêtes qu'on célébrait tous les ans à Rome, aux ides de mai. On fabriquait pour ces fêtes trente mannequins de jonc, représentant des hommes, et les vestales les jetaient dans le Tibre. Dans ses *Questions sur les Romains*, Plutarque recherche l'origine de ce nom d'Argée. Il dit que les anciens habitants du pays avaient la coutume barbare de jeter dans le Tibre tous les Grecs dont ils pouvaient se saisir, et que ce fut par le conseil d'Hercule qu'ils substituèrent des mannequins aux prisonniers qu'ils faisaient. D'après une autre tradition rapportée par le même historien, ce fut Évandre l'Arcadien, ennemi juré des Grecs, qui institua cette fête, afin de transmettre à la postérité un monument de sa haine. **N. M. P.**

ARGELLATI (PHILIPPE D.) „ né à Bologne en 1685, d'une ancienne famille de Florence. Il n'est guère connu que pour avoir pris part à la publication du recueil intitulé : *Scriptores rerum italicarum*, dont Muratori avait conçu l'idée. Argellati s'associa avec plusieurs personnes auxquelles il fit partager ses vues, et les membres de cette association prirent le nom de *Société palatine*. Cette société commença par fonder une imprimerie, d'où sortit d'abord le recueil des *Scriptores*. Ensuite ses travaux s'étendirent, et Argellati en particulier fit réimprimer un grand nombre d'ouvrages, notamment la *Bibliotheca scriptorum medialanensium*, Milan, 1745, 2 vol. in-fol.; et la *Biblioteca de' Volgarizzatori italiani*, id., 1767, 5 vol. in-fol. Argellati ne vit point cette publication; il avait cessé de vivre dès l'an 1755. **A. P.**

ARGEMA ou ARGEMON, de αργος, blanc (*chirurg.*), ulcère du globe de l'œil, dont le siége est partie sur la cornée de l'œil et particulier sur la cornée transparente (*V.* LEUCOME).

ARGÉMONE (*hist. nat.*). Les anciens donnaient ce nom à la plante qu'on appelle *aigremoine*, parce qu'ils lui supposaient la vertu de guérir l'argéma. C'est un genre de plantes de la famille des papavéracées, qui n'a que deux espèces, dont une seule est employée : c'est l'argémone du Mexique (*pavot épineux du Mexique; chardon bénit des Antilles*), plante annuelle, dont le suc jaune et âcre est analogue à celui de la chélidoine. Ses graines sont purgatives. La fleur se compose de plusieurs feuilles disposées en rose; du milieu de cette fleur sort un pistil, qui devient dans la suite un fruit ou plutôt une coque ovale, à une seule capsule ouverte. C'est dans cette capsule, qui a plusieurs compartiments, comme la capsule des pavots, que sont renfermées les graines. **X. X.**

ARGENS (JEAN-BAPTISTE DE BOYER, Marquis D'), né à Aix, en Provence, le 24 juin 1704, mort dans la même ville, le 11 janvier 1771. Son père, procureur général au parlement, voulait lui léguer sa charge; mais il trouva dans le caractère indépendant de son fils un obstacle insurmontable. A peine âgé de quinze ans, il s'enfuit de la maison paternelle pour se rendre à Strasbourg, où il entra dans le régiment de Toulouse; mais bientôt, épris d'une mauvaise actrice, que dans ses *Mémoires* (nouv. édit., 1807, Paris, in-8°) il nomme Silvie; il quitta le service et partit pour l'Espagne avec elle, dans l'intention de l'épouser. Son père, qui le faisait surveiller, informé à temps de ce projet insensé, le fit arrêter et ramener en Provence. Ensuite, croyant l'arracher à sa passion par une absence prolongée, il l'attacha, par le crédit de ses amis, à l'ambassade de France, à Constantinople. L'événement ne répondit pas aux intentions de M. d'Argens. Son fils oublia Silvie, mais ce fut pour se livrer sans retenue à des passions nouvelles aussi désordonnées que la première. De retour en France, il eut l'air, pour désarmer le juste courroux de son père, de s'adonner à l'étude de la jurisprudence; mais cela dura peu; au bout de quelques mois il rentra dans la carrière

militaire (1733); l'année suivante, il se trouva au siége de Kehl, et il y fut légèrement blessé; plus malheureux encore au siége de Philisbourg, il fit une chute de cheval qui le contraignit à quitter le service. — Cependant son père l'avait déshérité pour le punir de son inconduite; alors il songea, pour se procurer des moyens d'existence, à tirer parti de sa plume et de la facilité qu'il avait à écrire; mais comme il avait étudié la religion dans les écrits des philosophes du XVIIIᵉ siècle, et que, pour se faire promptement un nom, il devait dès les premiers jours se montrer supérieur à ses maîtres en fait de scepticisme, d'irréligion et même d'athéisme, il partit pour la Hollande, où il se flattait de pouvoir écrire en toute liberté. Ce fut là qu'il publia ses *Lettres juives*, ses *Lettres chinoises* et ses *Lettres cabalistiques*, qu'on a réunies plus tard à la *Philosophie du bon sens*, et qu'on a publiées à Paris, 1768, 24 volumes in-12, sous le titre commun : d'*OEuvres du marquis d'Argens*. Ces Lettres, résumé des doctrines des encyclopédistes, contiennent quelques recherches, ne sont pas dépourvues d'érudition, offrent même parfois des réflexions justes; mais elles sont écrites d'un style lâche et diffus, sans vigueur comme sans précision. Si on peut avoir la patience de lire vingt ou trente pages des *Lettres chinoises*, on voit évidemment que l'auteur n'a aucune idée arrêtée, qu'il flotte indécis entre la vérité et l'erreur, que l'une lui plaît mieux que l'autre, parce que les passions s'en accommodent plus aisément; qu'en même temps il est retenu par des craintes vagues qu'il appelle, il est vrai, préjugés pour tâcher de s'en affranchir, mais contre lesquels on le voit en vain se débattre. — Le marquis d'Argens ne s'en tint pas à ses Lettres; il fit paraître un grand nombre de romans, dont la morale est la même que celle de ses *Lettres juives* ou *chinoises*; ils offrent de plus une très-grande incorrection de style, et des idées pleines d'incohérence et de vague scepticisme, non-seulement pour ce qui concerne la foi religieuse, mais encore pour tout ce qui se rattache à la morale et aux bonnes mœurs, de sorte qu'on ignore toujours avec lui si une action est bonne ou mauvaise. — On a encore du marquis d'Argens une traduction du *Discours de Julien sur ou plutôt contre le christianisme*; des *Mémoires secrets de la république des lettres*, 1744, 7 vol. in-12; des *Lettres philosophiques et critiques*; une *Traduction* infidèle d'*Ocellus Lucanus* et de *Timée de Locres*. — Les *Lettres juives* et *chinoises* étaient tombées, peu de temps après leur apparition, aux mains du prince royal de Prusse (plus tard Frédéric II); et comme ce prince se piquait d'être philosophe, cet ennemi caché alors ouvertement déclaré de la religion, il témoigna le désir de voir l'auteur de l'ouvrage et même de l'avoir auprès de lui. Il lui écrivit même à ce sujet, mais d'Argens ne se rendit à son invitation que lorsqu'il fut monté sur le trône. Frédéric se l'attacha par le titre de chambellan, une pension de 6,000 livres et la direction des beaux-arts à l'Académie. D'Argens avait une conversation attrayante; il savait l'assaisonner de saillies spirituelles, aussi plaisait-il infiniment au roi, qui lui montrait une préférence marquée. Pendant près de vingt-cinq ans, il jouit d'une faveur constante; au bout de ce temps (il était sexagénaire), il conçut une passion si vive pour la comédienne Cauchois; que, sans en prévenir Frédéric, il l'épousa. Frédéric qui, bien que philosophe, pardonnait rarement, lui retira son amitié. D'Argens profita de ce refroidissement pour demander à rentrer en France, sous prétexte d'affaires de famille. Son frère, le président d'Eiguille, lui abandonna un petit domaine près de Toulon, où il vécut encore deux ans. Frédéric lui fit ériger un tombeau dans l'église des minimes d'Aix. On a longtemps douté si d'Argens était rentré, avant de mourir, dans le sein de l'Église, la chose est pourtant certaine. Les représentations de son frère le président, et de son second frère l'abbé d'Argens, avaient fortement ébranlé son esprit. Dans sa dernière maladie, il demanda lui-même les sacrements, et témoigna de la manière la moins équivoque le regret et le repentir de sa conduite passée. Un procès-verbal dressé à l'occasion de cette rétractation solennelle fut déposé dans les registres des délibérations capitulaires du chapitre de la cathédrale de Toulon.

J. DE M.

ARGENE (*V.* BAJOCASSES et BAYEUX).

ARGENSOLA, nom de deux frères, Luperce et Barthélemi, nés à Barbastro, dans l'Aragon; de parents originaires de Ravenne, le premier en 1565, et le second l'année suivante; ils cultivèrent tous deux avec succès les belles-lettres et la poésie. Leurs compatriotes, fiers de leurs talents, n'ont pas hésité à les comparer à Horace; et l'éloge peut s'appliquer à l'un et à l'autre, car leurs vers et leur prose semblent frappés au même coin, de sorte qu'il est difficile de reconnaître les deux frères à leur style. L'aîné accompagna le comte de Lemos à Naples, lorsque ce seigneur y fut envoyé en qualité de vice-roi; le second, qui avait embrassé l'état ecclésiastique, suivit dans la même ville l'impératrice Marie d'Autriche, en qualité de chapelain. A son retour en Espagne, il fut nommé historiographe du royaume d'Aragon. Il mourut en 1631; son frère était mort en 1613. L'aîné composa trois tragédies, que Cervantes a vantées dans son *Don Quixote;* Barthélemi a composé des *satires* et des *odes religieuses.* On doit encore à Barthélemi une description estimée de la *Conquête des Moluques*, Madrid, 1609, in-fol.; des *Annales d'Aragon*, pour faire suite aux *Annales* de Zurita; Sarragosse, 1630, in-fol.; des *Opuscules* et des *Epîtres.* Si les frères Argensola n'ont pas tout le talent que les écrivains espagnols leur attribuent, on ne peut nier du moins qu'ils n'aient contribué puissamment à épurer la langue de leur pays, et à ramener en Espagne le goût de la bonne littérature.　　J. DE M.

ARGENSOLLES, monastère de filles de l'ordre de Cîteaux et de la filiation de Clairvaux, du diocèse de Soissons, situé au milieu d'une contrée remplie de forêts, fut fondé vers l'an 1223 ou 1224 par Blanche de Castille, mère de saint Louis, et, suivant quelques anciennes chroniques, par Blanche d'Artois, femme du comte de Champagne Henri III; mais dans ce cas il y aurait anachronisme dans la date de la fondation, qui ne pourrait guère remonter au delà de 1260. Ce qui est certain, c'est que cette abbaye existait déjà en 1274; car à cette époque on comptait cent sœurs, dont six étaient converses, et vingt clercs portant l'habit religieux, sur lesquels il y avait douze prêtres, qui tous obéissaient à l'abbesse. Cette abbesse, la première en dignité de l'ordre de Cîteaux, avait le droit d'assister aux chapitres généraux de l'ordre. L'abbaye était fort riche; mais les guerres dont la Champagne fut souvent le théâtre lui firent perdre une grande partie de ses biens. A une lieue d'Argensolles était l'abbaye de la Charmoise, monastère d'hommes. Argensolles a subi le sort commun de tous les monastères de France.

ARGENSON (VOYER D'); famille ancienne de la Touraine, dont le nom patronymique est Voyer. Argenson est celui d'une terre située dans l'arrondissement de Chinon. Cette famille a produit plusieurs hommes distingués qui se sont dévoués au service de l'État. René, comte d'Argenson, ayant abandonné en 1596 la carrière des armes pour la magistrature, fut chargé par Richelieu et son successeur Mazarin de plusieurs négociations importantes; il mourut ambassadeur à Venise en 1651. On a de lui un *Traité de la sagesse chrétienne,* qu'il composa au château de Milan, où les Espagnols le tenaient prisonnier en 1640. Cet ouvrage fut traduit en plusieurs langues. — René eut pour successeur dans l'ambassade de Venise son fils, à qui la république accorda la faculté de joindre à ses armes le lion de Saint-Marc. Il mourut dans ses terres de Touraine en 1700, à l'âge de soixante-dix-sept ans. — Son fils avait été tenu sur les fonts par un délégué du sénat au nom de la république; il était né en 1652, et il reçut le prénom de Marc. Il était lieutenant au bailliage d'Angoulême au moment où M. de Caumartin parcourait les provinces en qualité de commissaire du roi. Celui-ci, appréciant ses talents, l'attira à Paris, lui donna sa fille en mariage, et le fit pourvoir de la charge, créée depuis peu, de lieutenant général de police. Paris, grâce à sa vigilance et à son zèle, jouit d'une paix intérieure et d'une sécurité jusqu'alors inconnues. Après la mort de Louis XIV, Marc-René posséda ou plutôt conserva la confiance du régent, qui, en 1718, le nomma président du conseil des finances et garde des sceaux. Mais au bout de deux ans, fatigué de lutter sans succès contre le discrédit qui minait par sa base le trop fameux système de Law, il se démit de la présidence du conseil des finances, et six mois après il remit les sceaux au régent qui, malgré cette double démission, eut toujours pour d'Argenson les mêmes sentiments d'affection et d'estime, et ne fit rien d'important sans l'avoir consulté. Il mourut en 1721, membre de l'Académie française et de l'Académie des sciences. Fontenelle fut chargé de prononcer son éloge, et cet éloge est un des meilleurs écrits du spirituel académicien. — René-Louis, marquis d'Argenson, fils aîné du précédent, naquit en 1696, fut intendant du Hainaut (1720), conseiller d'État (1724), ministre d'État au département des affaires étrangères (1744). Il déploya partout des talents réels, mais il eut à combattre contre la diplomatie étrangère, à laquelle il déplaisait par la fermeté de son caractère et par son zèle pour l'honneur de son pays. Il avait

entraîné le duc de Savoie dans une ligue qui avait pour objet l'expulsion des Autrichiens de l'Italie: la cour de Madrid vit ce projet de mauvais œil, car elle voulait rétablir l'ancien royaume de Lombardie pour en doter l'infant don Philippe. D'Argenson donna sa démission (1747), et, rendu à la vie privée et à la liberté, il cultiva les lettres, protégea les littérateurs et les savants, et puisa malheureusement dans leur société ces principes plus que hardis qu'on a vus se développer dans les écrits des encyclopédistes, et préparer en quelque sorte la révolution. Ses *Considérations sur le gouvernement de la France* parurent en Hollande en 1764, et furent réimprimées en France en 1784-87, par les soins de son fils. Ce livre devait porter un titre qui aurait annoncé le but de l'ouvrage et les intentions de son auteur : *Jusqu'où la démocratie peut-elle être admise dans un État monarchique?* Vers le même temps, c'est-à-dire en 1785 à 1787, il a paru en deux vol. in-8°, sous le titre de *Mémoires*, un autre ouvrage du marquis d'Argenson, primitivement intitulé : *Loisirs d'un ministre d'État.* L'esprit qui a présidé à la rédaction des *Considérations sur le Gouvernement* a aussi dicté les *Mémoires*, et ce même esprit auquel la plume de M. d'Argenson s'était vouée se retrouve dans l'*Histoire du droit public ecclésiastique français*; Londres, 1737, 2 vol. in-12, ouvrage auquel il contribua, et qui, dès la première page, annonce l'intention de combattre les principes dits ultramontains. René-Louis est mort à Paris en 1757. — Un frère du précédent, Marc-Pierre, comte d'Argenson, fut lieutenant de police, intendant de Touraine, conseiller d'État, intendant de Paris, et enfin secrétaire d'État au département de la guerre. Ce fut pendant son ministère que furent livrées les batailles de Fontenoy et de Lawfeld, que suivirent la prise de Berg-op-Zoom et l'investissement de Maestricht, qui, suivant ce qu'avait toujours prédit le maréchal de Saxe, amena immédiatement la paix d'Aix-la-Chapelle. C'est à Marc-Pierre d'Argenson qu'on doit la fondation de l'École militaire (1751); mais c'est à lui que Diderot a dédié son *Encyclopédie;* on peut ajouter qu'il fut toujours l'ami et le protecteur de Voltaire. Il passa les six dernières années de sa vie dans la disgrâce et dans l'exil. On attribua sa sortie du ministère aux ressentiments de la courtisane de Pompadour; d'autres en accusèrent le dauphin pour avoir négligé d'aller prendre ses ordres lorsque Louis XV fut blessé par Damiens. Il mourut en 1764, âgé de soixante-huit ans. — Marc-Antoine-René de Paulmy, fils du marquis d'Argenson, consacra sa vie entière à l'étude des lettres et de l'histoire. Il avait réuni une superbe bibliothèque, et les livres qui la composaient étaient nombreux et bien choisis. Il la vendit au comte d'Artois (1785), mais il s'en réserva la jouissance; elle fut placée à l'Arsenal, où elle existe encore. La plus grande partie des volumes qui composent la collection primitive ont en tête des notes manuscrites de M. de Paulmy. Il mourut à l'Arsenal dont il était gouverneur, en 1787. Il avait entrepris la *Bibliothèque universelle des romans*, dont 40 volumes furent publiés, de 1775 à 1778. Il y avait inséré trois ou quatre romans de sa composition, qui ont été imprimés à part, sous le titre de: *Choix de petits romans* (Paris, 1782, 2 vol. in-12). — M. de Paulmy ne tarda pas à entreprendre une publication non moins volumineuse et surtout plus utile, sous le titre de: *Mélanges tirés d'une grande bibliothèque.* C'était en quelque sorte l'analyse de celle qu'il avait cédée au comte d'Artois; il en a été publié 67 volumes in-8°. — Marc-René, marquis de Voyer, fils du comte d'Argenson, né en 1722, se distingua par sa bravoure à la bataille de Fontenoy, fut successivement directeur des haras, maréchal de camp et gouverneur de Vincennes. Il fut ensuite pourvu du commandement militaire de la Saintonge et du Poitou, et chargé de diriger l'assainissement des marais de Rochefort et les fortifications de l'île d'Aix. Ce fut tandis qu'il s'occupait d'accomplir sa mission qu'il fut attaqué d'une maladie qui se termina par sa mort. Son fils, Marc-René de Voyer-d'Argenson, né en 1771, et confié aux soins de son oncle, M. de Paulmy, après la mort de son père, vivant encore aujourd'hui, son nom n'appartient pas à l'histoire.　　A. P.

ARGENT (minér.), est une substance métallique qui, dans la classification des minéraux, est le type d'un genre composé de quatre espèces différentes: 1° L'*argent natif.* C'est l'argent pur, plus dur que l'or, l'étain et le plomb, moins dur que le fer et le platine, inaltérable à l'air, très-malléable et le plus ductile, après l'or, de tous les métaux. Il ne fond qu'à une très-haute température; et, soluble à froid dans l'acide nitrique, il n'est guère attaquable que par l'hydrogène sulfuré. Sa couleur est blanche, pure, brillante; il est le plus sonore des métaux, le cuivre excepté. Sa pesanteur spécifique est moindre que celle du platine, de l'or, du mercure et du plomb; mais elle excède celle de toutes les autres substances métalliques : il est dix fois et demie plus pesant que l'eau. L'argent natif, qu'on appelle aussi *argent vierge*, se trouve cristallisé en rameaux ou en filets minces, déliés, flexibles; en lames minces enfermées dans les gangues, ou en masses plus ou moins grandes; mais le plus souvent l'argent existe minéralisé avec d'autres substances. — 2° L'*argent sulfuré*. C'est une substance d'un gris noirâtre en dehors, d'un gris d'acier dans la cassure; il se montre en cristaux de forme cubique ou octaédrique, souvent mêlé avec la galène, contenant quatre-vingt-six parties d'argent sur quatorze de soufre, très-ductile et se coupant au couteau en petites lames flexibles. On en sépare le soufre par un feu doux. On le trouve dans les roches primitives, mêlé avec d'autres espèces de même genre, ou dans l'état de combinaison avec les sulfures de plomb ou de cuivre. Au premier cas, les roches constituent des mines d'argent; au second cas, ce sont des mines de plomb ou de cuivre argentifères. L'argent sulfuré est celui qui se trouve le plus abondamment. — 3° L'*argent muriaté* ou *corné* (chloruré). C'est une substance molle, demi-transparente, jaunâtre ou verdâtre, fusible à la flamme d'une bougie; elle offre soixante-quinze parties d'argent et vingt-cinq de chlore. Rare en Europe, elle est commune en Amérique, où elle se montre par blocs au milieu des calcaires secondaires et des roches de grès. — 4° L'*argent rouge* (antimoine sulfuré). Cette substance rouge, ou d'un gris bleu, est fragile, se réduit aisément à la flamme du chalumeau; elle contient, sur cent parties, vingt-trois d'antimoine, un peu moins de soufre et le reste d'argent. Elle cristallise d'ordinaire sous la forme rhomboïdale, et se trouve toujours dans les filons. — Il y a un autre argent rouge qui diffère du premier en ce que c'est l'arsenic qui s'y trouve à la place de l'antimoine. Au surplus, l'antimoine n'existe pas toujours dans la même proportion, et l'argent est d'autant moins abondant que l'antimoine domine davantage. — *Situation des mines d'argent*. Les minerais d'argent se trouvent généralement dans les filons des anciens terrains stratifiés, des schistes argileux, des roches volcaniques : l'Europe a beaucoup moins de mines d'argent que l'Amérique, et, dans l'Europe même, les contrées du nord en fournissent plus que celles du midi. Ainsi la France, l'Italie, l'Espagne ont très-peu de minerais d'argent; mais, dans la Norvège, on trouve l'argent natif, et dans la Hongrie l'argent sulfuré : on trouve aussi, dans les mêmes pays, des minerais de plomb argentifère. Les mines de la Hongrie sont celles qui fournissent le plus grand produit. On a calculé que les mines d'Europe donnaient tous les ans 72,000 kilogrammes d'argent; c'est à peine la dixième partie de ce qu'on retire des mines du Pérou et du Mexique. Les mines de l'Amérique sont situées dans les Cordillières : le Mexique seul, dit M. de Humboldt, a plus de trois mille exploitations, sur un nombre presque double de filons qui traversent les schistes argileux de transition ou des roches de porphyre, où l'or y est abondant. Le filon de Guanaxuato, *la veta madre* (la veine-mère), est le plus riche de l'univers; on en tire annuellement une valeur de 32 à 33,000,000 de francs. Le Pérou a la mine célèbre de Pasco, et celle plus célèbre encore du Potosi, qui ne le cède en richesse qu'au filon de Guanaxuato. La mine de Coquimbo appartient au Chili; l'argent, de même qu'à Pasco, se trouve en très-petites parcelles dans des gangues terreuses. Les mines d'argent de l'Amérique fournissent à peu près 190,000,000 de francs chaque année. M. de Humboldt a calculé que, depuis trois siècles, le nouveau continent a versé sur l'ancien la quantité de 513,000,000 de marcs d'argent. — *Métall.; traitement des minerais d'argent*. — Les métallurgistes divisent les minerais en deux classes, ceux qu'on traite directement pour en extraire l'argent, et ceux où l'argent n'est qu'accessoire. Le traitement des minerais de la première classe se fait par amalgamation ou par fondage; ceux de la seconde sont traités de manière à former d'abord des alliages d'argent et de plomb, ou d'argent et de cuivre, et l'on dégage ensuite l'argent du cuivre ou du plomb par la coupellation et la liquation. — L'amalgamation des minerais s'opère par la méthode exposée au mot AMALGAMATION. Quant au fondage ou fonte, le procédé s'applique aux minerais composés de galène, de pyrites, de fer ou de cuivre; la fonte a lieu de deux manières : la fonte crue et la fonte riche. — La *fonte crue* ou *de concentration* s'opère sur les minerais exempts de plomb; on réunit seulement, pour les soumettre à l'action du feu, tous les minerais qui renferment

des substances qui peuvent se volatiliser, ou dont on se débarrasse aisément. La fonte a lieu dans un demi-haut fourneau dont le creuset est formé d'une couche de brasque (argile battue avec du charbon pilé) posée sur une couche d'argile qui, elle-même, repose sur une sole de scories. On garnit pareillement de brasque les bassins de percée et de réception. — La *fonte riche* ou *de plomb* s'exécute sur les minerais qu'on a fait griller d'abord dans des fourneaux ouverts; par ce grillage, le soufre, l'arsenic, l'antimoine se résolvent en vapeur, et les métaux, l'argent excepté, s'oxydent. Ensuite on fait un mélange de sept cent quatre-vingts parties de minerai grillé, trois cent soixante de mattes pyriteuses aussi grillées, et de soixante à quatre-vingt-dix parties de scories. On met fondre ce mélange dans des fourneaux semblables à ceux de la fonte crue; on chauffe avec le plus d'ardeur possible, et on ne donne pas trop d'air. On coule trois fois (*V.* COULER, COULAGE) dans vingt-quatre heures, et on retire du plomb d'œuvre (*V.* PLOMB D'ŒUVRE) des mattes cuivreuses et des scories ferrugineuses. On soumet le plomb d'œuvre à la coupellation, et les mattes cuivreuses au grillage, et puis les mattes grillées à la fonte crue. Par cette fonte, on obtient du cuivre noir argentifère, qu'on soumet à la liquation. — *Traitement par coupellation*. On traite de cette manière, soit le plomb d'œuvre, c'est-à-dire le plomb argentifère qui résulte du fondage, soit tous les plombs argentifères qui se forment par la liquation. Ces plombs argentifères se composent d'argent, de cuivre, de plomb, d'antimoine, d'arsenic et quelquefois de nickel, de cobalt et de zinc. La coupellation sépare l'argent de toutes les autres matières métalliques (*V.* COUPELLATION). — *Traitement par liquation*. Ce procédé s'emploie pour les cuivres qui renferment des parties d'argent. On commence par changer, par des opérations préalables, le cuivre argentifère en cuivre noir (*V.* CUIVRE); le cuivre noir obtenu, on procède à la *liquation* (*V.* LIQUATION). *Argent; chim.* L'argent est plus dur que l'or et moins dur que le cuivre; on peut, en le battant, le réduire en lames si minces qu'il suffit d'un souffle pour les enlever. D'un autre côté, sa ductilité est telle qu'un seul grain d'argent (55 milligrammes) peut fournir un fil long de 132 mètres. L'argent exposé au feu rougit avant de fondre, mais il fond peu de temps après. Une fois fondu, il résiste sans altération au feu le plus violent. Il fond à 20° du pyromètre de Wedg-Wood, dont chaque degré équivaut à 57°, 778 du thermomètre de mercure gradué à 80°, comme celui de Réaumur. S'il est mis en fusion dans un vase ouvert, il s'en volatilise une assez grande quantité; dans un vase clos, la volatilisation n'a pas lieu d'une manière sensible. Exposé à l'action d'un miroir ardent, l'argent fond promptement s'il est dépoli; dans le cas contraire, c'est-à-dire si l'argent est poli, il force une partie des rayons à se réfléchir, ce qui diminue la chaleur du miroir ardent. — Si l'argent, en état de fusion, est exposé au contact de l'air, il absorbe beaucoup d'oxygène, si d'ailleurs il est parfaitement pur : s'il s'y trouve seulement la moindre partie de cuivre, cette absorption n'a pas lieu. — L'acide nitrique est le vrai dissolvant de l'argent; le métal commence par s'oxyder en se combinant avec une portion de l'oxygène de l'acide, puis il se dissout. L'acide nitrique peut dissoudre une quantité d'argent excédant la moitié de son poids. La dissolution fait précipiter des cristaux qui sont un *nitrate d'argent*, ce qu'on nommait avant *cristaux de Lune* : cette dissolution, extrêmement caustique, brûle et ronge l'épiderme. Le nitrate, fondu dans une lingotière, forme ce qu'on appelle en chirurgie, *pierre infernale* (*V.* PIERRE INFERNALE). — L'acide sulfurique n'agit sur l'argent qu'à chaud; l'acide sulfhydrique le noircit immédiatement; les œufs le noircissent également, parce qu'il se forme du sulfure; mais, à une chaleur rouge, le sulfure disparaît et laisse l'argent à l'état mat. — L'acide nitro-muriatique (*eau régale*) attaque l'argent très-facilement; mais l'acide muriatique (*esprit de sel*) ne l'oxyde point, parce que cet acide retient fortement son oxygène, et par conséquent il ne peut le dissoudre; car, dans l'argent, et il en est probablement de même pour tous les métaux, la dissolution par les acides est toujours précédée par l'oxydation. Il en est autrement des muriates oxygénés (sels formés par la combinaison de l'acide muriatique oxygéné avec la potasse et la soude, et découverts par Berthollet) Au moyen de leur excès d'oxygène, ils oxydent assez promptement l'argent, et, devenus acides muriatiques simples, ils le dissolvent en peu de temps. — L'oxyde d'argent est brun, anhydre, soluble dans l'eau, à laquelle il communique des propriétés alcalines. — L'eau de chaux, les alcalis, le cuivre, le mercure, précipitent l'argent dissous par l'acide nitrique. Dans le cas où le précipité s'obtient par le mercure, il se forme une espèce de végétation qu'on appelle *arbre de Diane* (*V.* DIANE [*arbre de*]). L'oxyde d'argent, de son côté, précipite plusieurs autres oxydes. — Il se dissout très-facilement dans l'ammoniaque; la liqueur donne spontanément, par évaporation, de petits cristaux brillants qui fulminent avec beaucoup de violence. Le plus léger contact, le souffle, suffisent pour déterminer la détonation. On doit se garder de vouloir enfermer ce mélange dans des vases, car l'argent fulminant est un corps véritablement intactile. Pour que la poudre à canon détonne, il faut le contact d'un corps embrasé; pour l'or fulminant, il faut qu'il acquière un certain degré de chaleur; pour l'argent, c'est assez du contact d'un cheveu. Il serait très-imprudent d'en préparer par grandes quantités. — Pour se procurer l'argent fulminant, Berthollet employait le procédé suivant : il dissolvait de l'argent de coupelle dans l'acide nitrique, et il précipitait par l'eau de chaux l'argent de cette dissolution; il décantait ensuite le vase pour retirer le précipité, qu'il laissait soixante ou soixante-douze heures exposé à l'air. Il étendait ensuite ce précipité desséché dans l'ammoniaque, où il prenait la forme d'une poudre noire; il retirait ensuite l'ammoniaque par décantation, et il laissait sécher la poudre à l'air (*V.* CHLORURE D'ARGENT; IODURE, NITRATE, PHOSPHATE, ACÉTATE, FULMINATE et POUDRE FULMINANTE). — *Alliage d'argent.* Le seul alliage d'argent employé dans le commerce se réduit aux alliages d'or et de cuivre. Ce sont ces alliages qui constituent les objets d'orfévrerie et les monnaies. Sans altérer trop sensiblement la couleur de l'or ou de l'argent, les alliages donnent à ces métaux plus de dureté, et les objets qu'on en fabrique conservent mieux les formes qu'on leur a données. Le titre de l'argent, c'est-à-dire la quantité d'alliage qu'il est permis d'y faire entrer, est déterminé par la loi. La monnaie contient un dixième de cuivre; les objets de grosse orfévrerie, comme les couverts, la vaisselle plate, un vingtième seulement; les bijoux, deux dixièmes; la monnaie de billon, telles que pièces de deux sous et de six liards, huit dixièmes. — Bien des gens imaginent qu'on peut laisser impunément des substances alimentaires dans des plats d'argent : il y a une distinction à faire; si ces substances sont capables d'oxyder le cuivre, telles que les acides ou les matières grasses, leur séjour devient dangereux : à la longue le vert-de-gris se développe (*V.* MONNAIE, ORFÉVRE, ESSAYEUR).   L. D.

ARGENT (*médecine*). L'argent ne fournit à la médecine qu'une seule substance qu'elle puisse employer avec succès : c'est le nitrate qui, réduit en fusion et coulé dans une lingotière qu'on enduit d'un peu de suif, forme la pierre infernale. Le nitrate non fondu, c'est-à-dire l'argent pur réduit en grenailles dans l'acide nitrique, étendu d'eau distillée la valeur du poids de l'argent, s'emploie quelquefois à l'extérieur, et on en a retiré quelque avantage dans le traitement de l'épilepsie; toutefois les effets produits par ce médicament sont loin de pouvoir en faire recommander l'usage, car il pallie la maladie, mais ne la guérit pas. Ce qu'on a remarqué, c'est que les personnes qui ont employé intérieurement le nitrate en reçoivent sur tout leur corps une couleur de bronze très-marquée, couleur indélébile qui subsiste bien des années après qu'on a cessé de s'en servir. Le nitrate d'argent liquide (*eau d'Egypte*) est la base d'une composition qui sert à teindre les cheveux; mais l'inconvénient presque inévitable de l'emploi de cette eau, c'est qu'au lieu de teindre elle finit par les faire tomber en attaquant le bulbe. Le nitrate d'argent liquide s'emploie quelquefois, mais étendu convenablement, dans les blennorrhagies, les leucorrhées, etc. — Le nitrate d'argent solide est très-fréquemment employé à l'extérieur. On s'en sert avec succès pour arrêter les progrès des ulcères, prévenir les affections gangréneuses ou en arrêter les ravages, détruire les verrues, toucher les aphtes, détruire le virus déposé dans les plaies par la morsure d'un chien enragé, la piqûre d'une vipère, cautériser les ulcérations de la cornée, combattre les affections couenneuses du pharynx. — Quand on fait usage de la pierre infernale, on en place un morceau dans un porte-pierre comme on place la mine de plomb dans le porte-crayon; mais il faut éviter de se servir d'un porte-pierre de cuivre, parce que le contact du nitrate pourrait décomposer le métal, ce qui manquerait rarement de produire des accidents fâcheux. Des accidents plus fâcheux encore seraient le résultat de l'emploi intérieur du nitrate, s'il était pris à trop fortes doses : ce serait un véritable empoisonnement. Le meilleur contre-poison, dans ce cas, c'est le sel de cuisine délayé dans l'eau; si le mal ne cédait pas, on aurait recours

aux boissons adoucissantes, aux fomentations où même à l'application des sangsues.   P. N.

ARGENT (*monn.*). L'argent, considéré comme signe d'échange ou signe représentatif de la valeur des objets de commerce, s'entend non-seulement des matières d'argent qui servent à cet usage, mais encore des matières d'or et de cuivre auxquelles une coutume constante, fondée sur le consentement universel, attache l'idée d'une valeur intrinsèque, plus ou moins forte, suivant la qualité du métal, sa beauté; son éclat, sa durée et sa rareté. Au reste, il peut se faire que le choix qu'on a fait de l'argent, plutôt que de l'or ou du cuivre, pour exprimer l'idée générique de numéraire, ait été déterminé par cette circonstance que l'argent, beaucoup plus abondant que l'or, l'est beaucoup moins que le cuivre; que, par conséquent, il a dû figurer plus souvent dans les transactions commerciales, parce qu'il offrait plus de facilité pour solder les échanges. L'histoire nous enseigne néanmoins que si l'or fut si commun autrefois, si abondant chez les Indiens, quoique leur pays n'en produisît pas, ou que du moins ils ne connussent pas l'art d'exploiter les mines, c'était parce qu'en échange de leurs produits précieux ils ne recevaient que des pièces d'or ou de l'or en lingots, et que jamais une once d'or ne sortait de leurs mains pour payer le prix des importations. — Il paraît d'ailleurs hors de doute que les monnaies furent d'abord d'argent, qu'une des premières places où en on fabriqua, ce fut l'île d'Egine, dépendante du royaume d'Argos, et que la fabrication eut lieu sous Phidon, roi de l'Argolide, que les marbres de Paros font régner vers l'an 894 avant J. C. Ces monnaies, auxquelles on a donné le nom de *médailles*, parce qu'elles n'ont plus cours dans le commerce, ont eu dans l'origine des formes très-irrégulières; elles n'avaient de type que d'un seul côté : on n'y voyait d'abord aucune légende; dans la suite on y grava des lettres initiales, celles du nom du pays où elles étaient frappées, et peut-être de celui du prince régnant. — Les Grecs adoptèrent pour unité monétaire la drachme d'argent, valant six oboles; ils eurent ensuite les didrachmes, tridrachmes et tétradrachmes, c'est-à-dire doubles, triples et quadruples drachmes. Ces dernières pièces, qu'on appelait aussi *statères*, étaient quelquefois d'or. Le diobole (deux oboles) et le triobole (trois oboles) formaient les divisions de la drachme. L'obole se divisait aussi en plusieurs fractions; mais les pièces qui représentaient ces fractions étaient si petites qu'on ne tarda pas à sentir la nécessité de substituer à ces pièces d'argent presque impalpables des pièces d'un métal plus commun, et qui, par leur plus grand volume, fussent moins incommodes à manier. Alors parut le chalcus, monnaie de cuivre qui valait un huitième d'obole. — L'argent des médailles de ce temps est d'une grande pureté. Ce métal fut même employé sans altération par les villes ou les peuples qui, jouissant encore de leur liberté, usaient du droit de battre monnaie; mais quand les Romains s'étendirent vers l'Orient, les derniers rois de Syrie employèrent l'argent altéré pour la fabrication de leur monnaie. Cet exemple ne fut que trop suivi, et les pièces de bas argent pullulèrent dans tous les pays où les Romains avaient pénétré : il y eut à la vérité quelques exceptions, mais ces exceptions furent rares. — Les Romains n'employèrent d'abord que le bronze; l'argent ne s'introduisit chez eux que l'an de Rome 485; et ce métal, tel qu'on le voit dans les médailles consulaires de ce temps, n'offre point d'alliage. Le cuivre ne commença guère de s'y mêler que sous le règne de Septime Sévère, bien qu'il paraisse, d'après le rapport de Pline, que déjà quelque tentative avait été faite pour altérer le titre des monnaies. Ces monnaies portaient le nom de *deniers, denarii*, parce que chaque pièce valait dix as. Le quinaire ou demi-denier valait cinq as; il était marqué d'un Q ou de la lettre numérale V, le denier l'était de la lettre numérale X. Les plus anciens deniers d'argent présentaient une tête de Rome, ou celles de Castor et Pollux; sur le revers on voyait un char à deux ou à quatre chevaux, une proue de navire ou une victoire. Les monnaies d'or furent alors extrêmement rares; on ne commença de les voir courir dans Rome que sous les successeurs des Césars. — Cependant les monnaies d'argent s'altéraient de plus en plus; sous Alexandre Sévère, elles ne contenaient que trois parties d'argent sur dix; sous Gallien, le titre fut encore diminué; Dioclétien rappela le denier à sa pureté primitive, et Constantin conserva le titre rétabli par Dioclétien. Entre Gallien et ce dernier empereur, on avait fait même disparaître l'argent en entier; les monnaies ne sont que de cuivre, recouvertes d'une feuille mince d'étain; c'est là ce qu'on appelle *médailles saucées;* mais ces mauvaises pièces avaient un cours forcé. — Il existe aussi, des temps antérieurs, des *médailles fourrées*; ce sont des pièces de bronze recouvertes d'une lame très-déliée d'argent. — Quant à la valeur réelle de l'argent et de l'or employés par les Romains, il paraît que le premier de ces métaux avait chez eux plus d'alliage qu'on n'en voit dans la matière actuelle de nos pièces d'argent; mais le second en était exempt, et leurs pièces d'or étaient d'une matière très-pure. — Les Arabes qui, dans le VIIe et le VIIIe siècle, conquirent une partie de l'Orient, n'estimèrent l'argent qu'en raison de sa pureté; aussi les monnaies des califes sont-elles presque exemptes de tout amalgame. — Les Francs, nos ancêtres, employèrent d'abord sans altération les monnaies romaines qu'ils trouvèrent abondamment répandues dans les Gaules, et ils laissèrent subsister leur forme et leur titre; mais lorsque ces monnaies, qui n'avaient presque plus que la trompeuse apparence de l'argent, furent généralement décriées, ils frappèrent une grande quantité de nouvelle monnaie à un titre élevé; ce ne fut que sous les rois de la troisième race que ce titre varia singulièrement, et que, de variations en variations il descendit si bas que le peuple stigmatisa Philippe-le-Bel et Philippe de Valois du nom de *faux-monnayeurs*. Saint Louis n'avait fait que d'impuissants efforts pour rétablir la pureté du titre des monnaies; Charles V ne fut pas plus heureux; les malheurs des temps, les guerres civiles, la multiplicité d'intérêts nés de la féodalité paralysèrent la bonne volonté de ces princes; Louis XII, le premier, parvint à rétablir le titre de l'argent, et, sans ses malheureuses guerres d'Italie, il est à croire qu'il aurait laissé la France riche de numéraire. Depuis son règne, l'argent s'est soutenu, à très-peu de chose près, à la même valeur, et la monnaie d'argent ne contient, aujourd'hui, comme alors, qu'un dixième d'alliage. — La révolution, à laquelle nous avons les assignats et les mandats territoriaux, a respecté le titre des monnaies existantes; on ne fit point de refontes pour diminuer la quantité de l'argent en conservant aux pièces leur valeur nominale; toutefois, dans les pièces nouvelles qui furent fabriquées, la dose d'alliage fut augmentée, et la couleur jaunâtre des pièces de trente et de quinze sous décèle suffisamment la présence du cuivre en grande quantité. En Italie, les papes ont donné constamment l'exemple de la bonne foi publique; leur monnaie d'argent est très-bien empreinte, et le titre de la matière en est très-pur. Les ducs de Milan et les Florentins ont émis aussi de très-bonnes monnaies. En Espagne, le titre a éprouvé de fréquentes variations depuis que la puissance des Arabes, réduite, s'est trouvée circonscrite dans le royaume de Grenade, jusqu'au moment où la Péninsule tout entière s'est vue réunie sous le même sceptre. Depuis Ferdinand le Catholique, l'argent d'Espagne a passé, non sans raison, pour offrir le meilleur titre. Les plus mauvaises pièces d'argent qu'on connaisse aujourd'hui parmi les nations, ce sont les thalers de Prusse. On peut y ajouter les boudjous d'Alger (*V.* MONNAIE).

ARGENT (*écon. polit.*). Il semble à peu près démontré par l'expérience que, en tout pays, en tout temps, la valeur relative de l'argent, considéré comme signe d'échange, a été fondée sur sa valeur intrinsèque. La volonté de fer d'un despote, la nécessité, fille des circonstances, d'autres causes semblables ont pu sans doute, à certaines époques, faire prendre à une matière une valeur idéale, et, par la peur des supplices, forcer les consommateurs d'accepter cette valeur idéale pour une valeur réelle; mais cette espèce de tyrannie ne saurait avoir de durée; on ne peut se faire attribuer l'effet de la réalité à ce qui n'est qu'une illusion, et le consommateur ne pourra jamais, contre ses propres convictions, donner au signe représentatif de ce qu'il consomme une valeur que ce signe n'a pas en lui-même. Dès que vient à cesser la cause qui, enchaînant ses répugnances, le contraignait à recevoir la fiction qu'il repousse, ses premières idées reprennent tout leur empire, et il se hâte de répudier ce qui lui avait été violemment imposé. De là il résulte que, si le gouvernement qui altère les monnaies trouve dans cette altération le moyen de se libérer momentanément avec le tiers, la moitié, le quart de ce qu'il doit, suivant que l'altération qu'il introduit dans l'argent est des deux tiers, de la moitié, des trois quarts de la valeur réelle ou intrinsèque, il ne reçoit à son tour que le tiers, la moitié, le quart de ce qui lui est dû, et qu'ainsi, outre la perturbation qu'il jette dans toutes les transactions, il ne retire aucun avantage réel de l'altération qu'il s'est permise; il y a plus, et abstraction faite du cas du débiteur et du créancier, dont l'un en donne, l'autre ne reçoit qu'une portion de la dette, il est certain que le résultat de l'opération désastreuse que nous signalons est loin de répondre à l'attente de ses auteurs. Supposons, en effet, que l'altération soit de la moitié de la valeur primitive intrinsèque, et que la valeur nominale soit restée la même : qu'arrive-t-il à celui qui, pour une pièce d'argent du poids d'une once, livrait au consommateur une quantité déterminée de sa marchandise ou de sa denrée, exigera deux pièces d'argent d'une once pour livrer la même quantité de denrées ou de marchandises; car la valeur réelle des denrées ne varie pas, ou du moins ne varie que d'une manière très-peu sensible. Si la valeur des monnaies change, si elle augmente ou si elle diminue, ce changement doit venir de toute autre cause que de l'altération du titre. — Il peut arriver que, dans un pays, la quantité d'or ou d'argent subisse augmentation ou diminution, et il est évident que, dans le premier cas, les transactions commerciales deviennent plus faciles et qu'elles reçoivent plus d'extension; mais il n'en résulte pas que la valeur intrinsèque de l'argent en soit altérée, ni même que la valeur des denrées éprouve aucun changement. Ce n'est qu'à la longue que la denrée augmente de prix avec la main-d'œuvre. — On a vu, depuis l'établissement de l'empire romain jusqu'à la fin du XVe siècle, l'argent augmenter de prix; c'était là un résultat nécessaire de l'état des choses, lequel amenait une grande diminution progressive de la quantité réelle de l'argent. Ce fut, d'une part, l'abandon où furent laissées les mines de l'Espagne et de la Grèce après la chute de l'empire romain, et, d'autre part, l'extradition continuelle de numéraire qui se faisait d'Europe en Asie, d'abord par la main des Grecs de Constantinople, ensuite par celle des Arabes, et plus tard par le canal des Vénitiens, afin de se procurer les marchandises de l'Inde; et, comme nous l'avons dit plus haut, l'or s'engouffrait dans l'Inde et n'en sortait plus. — Mais depuis le commencement du XVIe siècle, le prix de l'argent a subi une baisse considérable, et cela s'explique naturellement par cette immense quantité de métaux précieux que l'Amérique a versés sur l'Europe depuis trois siècles entiers. Si même la chose doit étonner, c'est que cette baisse n'ait pas eu lieu dans la proportion de l'augmentation de matière; car le prix de l'argent, depuis le commencement du XVIe siècle, n'a guère baissé que dans la proportion de 5 à 1, et on ne peut tenir pour constant que, d'après les calculs les plus modérés, l'Amérique a augmenté la quantité de matière qui existait en Europe dans la proportion de 1 à 12 au moins. — Mais on peut dire, pour expliquer cette contradiction apparente, qu'à mesure qu'on a eu plus de matière on s'est créé de nouveaux besoins, et que, pour les satisfaire, la matière a été employée à un plus grand nombre d'usages. Il n'en est pas moins vrai que, dans un pays quelconque, les *métaux représentatifs des denrées* tirent principalement leur valeur de la quantité plus ou moins grande qui est en circulation. Or, par des procédés en quelque sorte spontanés, et auxquels l'homme ne prend point une part directe, cette quantité se met d'elle-même en rapport avec la quantité de produits qu'elle est destinée à représenter, et avec le nombre des consommateurs ou acheteurs, et des producteurs ou vendeurs. Ce n'est guère que lorsque cette espèce d'équilibre s'est établi qu'on peut assigner aux pièces d'argent une valeur absolue; et, faute de pouvoir partir d'une base certaine, telle que l'offre et l'équilibre une fois établi, il est presque impossible de déterminer avec précision la valeur positive des pièces de monnaie d'un temps éloigné. Tout ce qu'on peut savoir, c'est qu'à des époques différentes des pièces de monnaie ont eu le même poids; mais la conformité de poids n'est point l'identité de valeur. — L'argent a une valeur comme métal; car, de même que les objets qui sont dans le commerce, l'argent est une marchandise; mais, outre cette valeur, il en a une autre, comme signe représentatif. C'est aux gouvernements qu'appartient incontestablement le droit d'établir une proportion entre l'argent métal et l'argent signe et monnaie, de fixer le poids et le titre de chaque pièce, afin de donner à la pièce la juste valeur nominale qu'il ne faut pas confondre avec la valeur intrinsèque, qui est presque entièrement indépendante des conventions, tandis que la valeur nominale est d'institution purement humaine. Quand l'argent n'est regardé que comme marchandise, plus un pays en possède, plus ce pays est riche; quelquefois le contraire arrive quand on le regarde comme signe, parce que l'abondance peut nuire à la qualité de signe, principalement fondée sur la rareté. L'argent, peut-on dire encore, n'est, au fond, qu'une richesse d'apparence; plus cette richesse fictive augmente, plus elle perd de son prix, parce qu'elle représente moins. L'auteur de l'*Esprit des lois* (tom. II,

p. 48 et suiv.), entre dans d'assez longs raisonnements pour prouver que les Espagnols ne comprirent pas ces principes lorsqu'ils apportèrent en Europe l'argent du Mexique. Il est vrai de dire qu'après les expéditions de Cortès et de Pizarre les richesses représentatives qui coulèrent de l'Espagne, comme d'une source qui déborde, doublèrent, triplèrent, quadruplèrent bientôt en Europe, et que cela put se reconnaître à ce que le prix de tout ce qui était dans le commerce doubla, tripla et se quadrupla ; mais nous ne croyons pas avec l'auteur que le malheur de l'Espagne soit précisément une de cet accroissement subit de richesse représentative. Il est possible que cette augmentation imprévue y ait indirectement contribué en favorisant la paresse native ; mais, dans notre opinion, la véritable cause de décadence de l'Espagne doit se trouver dans la dépopulation des provinces espagnoles, dont les habitants, attirés par l'espérance de la fortune, se ruèrent sur l'Amérique, abandonnant le sol natal à l'aridité, à la sécheresse, leurs bâtiments à la destruction, leurs manufactures à la solitude : déjà l'expulsion intempestive des Maures avait porté à l'Espagne un coup presque mortel ; les émigrations qui suivirent la découverte de l'Amérique consommèrent le mal ; et l'expérience a prouvé, par l'exemple de l'Espagne, que l'argent valait mieux pour un pays que les hommes. — Au fond, comme l'argent est un métal presque fixe qui ne peut se détruire en partie que par un très-long usage, qu'il forme, par conséquent, un signe de représentation très-durable, il importe fort peu que sa quantité absolue n'augmente pas ; car l'augmentation pourrait, à l'aide des siècles, le réduire à la condition des choses communes. La possibilité d'un tel résultat est d'ailleurs une chose si vague et si éloignée qu'il y aurait presque folie à s'en tourmenter. En effet, supposons que l'Europe restera longtemps encore telle qu'elle est, sans qu'il naisse de nouveaux besoins, sans que la population diminue sensiblement par des guerres ou par des cataclismes, des tremblements de terre et d'autres catastrophes de ce genre ; supposons encore que les mines du Mexique et du Pérou ne s'épuiseront pas, ou qu'on en découvrira d'autres qui les remplaceront ; que tout enfin restera dans un parfait *statu quo* (c'est là tout ce qu'on peut espérer de plus favorable) ; admettons, d'autre part, que la quantité de l'argent, depuis la découverte de l'Amérique et le versement de ses produits en Europe, c'est-à-dire depuis trois cents ans, s'est accrue dans la proportion de 10 à 1 ; combien de siècles ne faudra-t-il pas pour que l'argent devienne tellement commun qu'il ait perdu toute sa qualité de signe ? Quel nombre d'années suffira-t-il pour que l'argent devienne cent fois plus abondant qu'il ne l'est aujourd'hui ? Dans la supposition que nous avons faite du *statu quo* indéfini, si, dans trois cents ans, l'argent s'est augmenté dans la proportion de 10 à 1, il faudra trois mille ans pour que cette augmentation ait lieu dans la proportion de 100 à 1. Cela posé, notre pièce de 1 franc, qui vaut aujourd'hui 100 centimes, diminuant cent fois de valeur dans l'espace de trois mille ans, il s'ensuivra qu'alors cette pièce ne vaudra que 1 centime. Eh bien ! s'ensuivra-t-il nécessairement aussi que ces centimes d'argent ne pourront plus avoir de qualité représentative ? Assurément les comptes deviendront plus longs, mais ils ne seront nullement impossibles. Nous ne parlerons pas des maravédis d'Espagne, ni des rais de Portugal, dont il faut des milliers pour la somme la plus modique, parce que ce ne sont guère aujourd'hui que des monnaies idéales ; mais qui ne sait que dans l'Inde, depuis un temps immémorial, on compte par cauris, petits coquillages des Maldives, dont il faut sept mille deux cents pour équivaloir à la roupie sicca, qui, elle-même, vaut 2 fr. 70 c. de France ? Si donc trois mille ans sont nécessaires pour que le franc devienne 1 centime, des centaines de siècles le verront à peine descendu à la valeur du cuivre. — Mais c'est assez rester dans une hypothèse impossible. Les choses, dans trois mille ans, auront plusieurs fois changé de face ; il y aura eu des bouleversements politiques et des bouleversements dans la nature même : des empires s'écrouleront sur des empires écroulés ; des villes disparaîtront comme Ninive, Babylone et Palmyre, comme Thèbes et Memphis ; dix fois, peut-être, l'ignorance et la barbarie auront couvert de leurs ténèbres le monde civilisé ; dix fois les lumières se seront rallumées à quelque étincelle. Ce qui est arrivé arrivera encore ! Que sont devenus tous ces grands empires qui ont brillé sur la terre comme des météores, mais qui n'ont laissé après eux aucune trace ? Où sont toutes ces villes dont les anciens historiens peignent l'opulence, les palais somptueux et les temples dorés ? Où sont les richesses qu'elles renfermaient ?

Tout a disparu. Réunissez toutes les collections de médailles précieuses, d'or, d'argent et de cuivre que l'antiquité nous a léguées, grecques, romaines, syriennes, phéniciennes, arabes, etc. ; tout cela, réduit à sa valeur intrinsèque, ne vaudrait pas le trésor de nos modernes Crésus. Toutes les richesses de l'Égypte périrent par l'invasion de Cambyse ; toutes celles d'Alexandrie, par l'invasion romaine ; toutes celles de Rome, par l'invasion des Goths et des Vandales ; toutes celles de Darius et de Persépolis, par l'invasion d'Alexandre ; toutes celles de l'Inde, par les invasions de Mahmoud de Ghazna, de Timur Leng et de Nadir-Schah. Que reste-t-il de toutes ces masses d'or et d'argent qui faisaient la charge de mille chameaux ? de toutes ces pierres précieuses sorties des mines de Golconde ? de ces perles orientales qui resplendissaient sur les trônes des Akber et des Aureng-Zeb ? Nous verrons, aux articles MONNAIE et MÉDAILLES, tout ce que les temps modernes ont pu sauver des richesses des temps antiques. Ne paraissons donc pas si effrayés pour l'avenir de l'accroissement progressif des matières d'argent. Aux causes qui ont fait périr les richesses des nations antiques, qu'on ajoute l'épuisement des mines et même le déchet que l'argent éprouve par l'usage, et l'on sera bien convaincu que s'il n'est pas nécessaire pour le bonheur des peuples que la quantité de ce métal augmente, ce n'est pas non plus un bien grand mal pour eux que cette quantité s'accroisse.

L. C.

ARGENT (*technol.*) Ce mot s'emploie quelquefois au pluriel ; c'est lorsqu'on le prend pour *fragment de… échantillon*. De *tous ces argents*, celui-ci est le plus pur, le plus fin, le plus blanc. — On appelle *argent blanc* toute monnaie fabriquée de ce métal, par opposition aux monnaies d'or et à celles de cuivre. — *Argent fin* se dit, de celui qui a le moins d'alliage ; *argent bas*, de celui qui est de beaucoup inférieur au titre ordinaire ; *argent faux*, du cuivre rouge recouvert de minces lames d'argent ; *argent tenant or*, de l'or qui a perdu son nom et sa qualité pour être allié sur le blanc au-dessus de 17 carats ; *argent de cendrée*, la poudre d'argent qui s'attache aux lames de cuivre qu'on met dans l'acide nitreux qui a servi à l'affinage de l'or, et qu'on étend avec un peu d'eau ; *argent-le-roi*, l'argent qui est au titre fixé par les ordonnances pour les ouvrages d'orfévrerie et monnayage ; *argent en pâte*, celui qu'on a préparé pour le placer au creuset ; *argent en bain*, celui qui est en fusion ; *argent de coupelle*, celui qui, à l'essai, se trouve avoir 11 deniers 23 grains ; *argent en lames*, celui qui a été aplati entre deux rouleaux, et qui peut être appliqué sur la soie au moyen du moulin ; *argent trait*, celui qu'en le passant par les filières on a réduit à la grosseur d'un cheveu ; *argent filé*, celui qui a été déjà appliqué sur la soie ; *argent en feuilles*, celui que les batteurs d'or ont réduit en feuilles très-minces à l'usage des doreurs, argenteurs et autres ; *argent en coquilles*, celui qui résulte des rognures de l'argent en feuilles, et qui est employé par les peintres et les dessinateurs ; *argent fin fumé*, celui auquel on a voulu donner la couleur d'or en l'exposant à la fumée : il peut y avoir, dans l'emploi de ce procédé, un dessein frauduleux ; aussi a-t-il été défendu très-expressément, sous peine de confiscation et de 2,000 fr. d'amende. — On donne le nom d'*argent de permission* à l'argent de change dans plusieurs ci-devant provinces des Pays-Bas. 100 florins de permission valent 116 florins courants et même un tiers de florin de plus. — En terme de blason, l'argent s'entend de toute couleur blanche qui apparaît dans les armoiries. Les nobles anglais et les barons l'appellent *blanche perle* ; les princes *lune* : sans *or* et sans *argent*, disent-ils, il n'y a point de bonnes armoiries. Le blanc s'exprime, dans les armoiries, en laissant le fond tout uni, sans points et sans hachures. *Porter trois merlettes en champ d'argent*. — On dit *argent mort*, *argent comptant*, *argent mignon*, pour argent qui ne porte aucun intérêt, qu'on paye à l'instant même du contrat entre le vendeur et l'acheteur, qu'on tient en réserve pour l'employer à volonté, sans entamer ses revenus. — *Argent de jeu*, celui qui se gagne au jeu ; *argent de cartes*, celui qu'à chaque partie les joueurs mettent sous le chandelier pour payer les cartes à celui qui donne à jouer ; *argent sous corde*, celui qu'on met au jeu, expression prise du jeu de paume ; *argent comptant porte médecine*, c'est-à-dire que l'argent adoucit les peines de la vie ; *jouer, y aller bon jeu, bon argent*, agir franchement, sans hésitation, sans détour ; *prendre pour argent comptant*, s'en rapporter légèrement et sans examen à ce qu'on nous dit ; *avoir le drap et l'argent*, retenir la chose et le prix ; *mettre de bon argent contre du mauvais*, faire des avances avec la probabilité de n'être pas remboursé; *donner de l'argent en barre*, donner en payement un effet ou une chose qui vaut autant que de l'argent; *faire argent de tout*, user de toutes ses ressources pour se procurer de l'argent ou pour réussir dans quelque affaire; *point d'argent, point de Suisse*, pour dire qu'on ne réussit à rien quand on manque d'argent: toutes ces locutions sont du style familier, de même que la suivante : *Cet homme est un bourreau d'argent*, pour dire qu'il prodigue son argent, qu'il le dépense follement.   J. DE M.

ARGENTAL (CHARLES - AUGUSTE DE FERRIOL, Comte D') naquit à Paris le 20 décembre 1700, de M. Ferriol, président au parlement de Metz; il mourut dans la même ville le 5 janvier 1788. Destiné d'abord à l'état militaire, il s'était, par déférence pour sa famille, laissé nommer conseiller au parlement de Paris. Il en exerça les fonctions pendant quarante ans, après lesquelles il fut ministre du duc de Parme, auprès du roi de France. Comme ni dans l'une ni dans l'autre de ces charges il ne se distingua ni par de grands talents, ni par aucune action qui le mit en évidence, il est probable qu'il aurait parcouru assez obscurément sa longue carrière, sans les rapports constants qu'il eut avec le patriarche de la philosophie anti - religieuse du XVIIIe siècle. — Il avait été élevé au même collège que Voltaire, lui avait montré de l'affection pour sa personne, de l'enthousiasme et de l'admiration pour ses talents, un dévouement de séide. Il n'en fallait pas davantage pour être bien accueilli par la secte voltairienne, et spécialement distingué par le fondateur, qui, de son côté, le paya de son zèle et de son amitié par les éloges dont il était prodigue pour ses partisans. Aussi Marmontel le nomme-t-il l'*Âme damnée de Voltaire*, le regardant au fond comme un niais à prétention, qui n'avait pas d'opinion à lui : son unique occupation consistait à colporter de tous les côtés les ouvrages de son patron, et à faire de petits vers oubliés complétement aujourd'hui, mais prônés dans le temps, parce que Voltaire les avait vantés. On croit que d'Argental fut l'auteur du *Comte de Comminges*, roman sentimental attribué à madame de Tencin, sa tante, et des *Anecdotes de la cour d'Edouard*, pareillement attribuées à la même dame.   A. P.

ARGENTAN (*géog.*). Ville de la basse Normandie, aujourd'hui chef-lieu de sous-préfecture du département de l'Orne. Elle s'élève sur une éminence au milieu d'une plaine fertile que l'Orne arrose. Il y avait autrefois une élection, un bailliage et d'autres établissements publics. On y fabrique des toiles, des étamines, des étoffes légères et des dentelles, auxquelles on donne le nom de *point d'Argentan*. A. X.

ARGENTÉ (*t. de manég.*) On appelle *gris-argenté* certains poils du cheval qui ont le reflet de l'argent (*V.* GRIS).

ARGENTER. C'est appliquer et fixer des feuilles d'argent sur des ouvrages en fer, en cuivre et autres métaux en bois, en pierre, en écaille, sur toile, sur papier, pour donner à ces ouvrages l'apparence de l'argent.

ARGENTERIE. Se dit de toute la vaisselle et autres meubles d'argent. *Il a beaucoup d'argenterie*. Dans les paroisses ce mot s'applique au bénitier, à la croix, aux chandeliers et à tous les vases d'argent consacrés au culte. — On nommait aussi *argenterie*, chez le roi, un fonds qui se faisait tous les ans pour parer à certaines dépenses extraordinaires.

ARGENTEUIL (*géog.*). Gros bourg, aujourd'hui petite ville de France, à deux lieues et demie de Paris, sur la Seine, entre Saint-Denis et Saint-Germain, entouré de fossés et de murailles. Il y avait autrefois (commencement du XIIe siècle), une abbaye de bénédictines, où Héloïse se retira pour y pleurer l'événement funeste qui la priva de l'objet de sa passion, le fameux Abeilard. Elle devint prieure de ce monastère; mais les religieuses qui composaient la communauté avaient déjà depuis longtemps attiré sur elle les censures ecclésiastiques. Suger, abbé de Saint-Denis, convoqua un synode qui tint ses séances à Saint-Germain-des-Prés. Un légat du pape présida l'assemblée; on y ordonna l'expulsion des religieuses et leur translation dans d'autres couvents. Les unes se retirèrent à Malnoue, diocèse de Paris, les autres au Paraclet, diocèse de Troyes. Héloïse fut du nombre de ces dernières, et ce fut là, dit-on, qu'elle écrivit une lettre passionnée que les modernes ont traduite, paraphrasée, versifiée, et dont ils ont fait la base d'un prétendu recueil d'épîtres qui, si elles avaient été réellement écrites par ceux à qui on les attribue, feraient peu d'honneur à leur mémoire. Cependant les religieuses expulsées furent remplacées

dans Argenteuil par des religieux de Saint-Benoît. L'église est encore debout ; mais le monastère a été détruit et converti en habitations particulières. Argenteuil possède aussi un hôpital qu'on dit avoir été fondé par le vertueux Vincent de Paule. — Le château du Marais, dépendant d'Argenteuil, appartenait en 1789 au fameux Mirabeau. Ce fut là, dit-on, qu'il conçut le dessein de convertir en *assemblée nationale* les états généraux dont il était membre (*V.* HELOÏSE, ABEILARD, MIRABEAU).   A. X.

ARGENTEUR (*arts et mét.*). Ouvrier dont le travail consiste à fixer l'argent en feuilles sur des ouvrages en métal, en bois, en écaille, en papier, etc., et de donner à ces ouvrages toutes les apparences d'ouvrages d'argent. Ce métier est né, sans aucun doute, de ce besoin des peuples de feindre la richesse qu'ils n'ont pas, quand ils éprouvent le désir de briller sans pouvoir le satisfaire; ce qu'en un mot on appelle *luxe et indigence*. On a pu se procurer des meubles, des ornements d'argent; on imagine quelque chose qui ressemble à l'argent et qui puisse faire illusion: on connaît la ductilité, la malléabilité de ce métal précieux ; on en bat des parcelles qui s'étendent, s'allongent sous le marteau; on obtient des lames très-minces, et lorsque ces lames sont d'argent fin, et qu'elles ont été bien exactement appliquées, de manière à n'offrir aucune inégalité, l'ouvrage qui n'est qu'argenté a toutes les apparences de l'argent. Pour argenter sur métaux, on a recours au feu ; pour argenter sur bois ou sur d'autres matières, on se sert de matières glutineuses sur lesquelles s'attachent les feuilles d'argent. — Si l'on veut que l'argenture soit belle et durable, on *hache* les pièces, c'est-à-dire qu'on y pratique en tous sens un grand nombre de traits avec le tranchant d'un couteau d'acier (*V.* HACHURE [*argent*], EMORPHILER, MANDRIN, BLEUIR). — Pour ce qui concerne le bois, le cuir, la toile, etc., comme on les argente de la même manière qu'on emploie pour les dorer (*V.* DOREUR). — On désargente une pièce en la faisant chauffer et successivement tremper dans l'acide nitreux, qui peu à peu prend toute l'argenture; il faut avoir soin de retirer la pièce à temps, de peur que l'acide ne prenne sur la pièce elle-même.   J. C.

ARGENTIER. Dans les anciennes ordonnances, on trouve souvent le mot *argentier*. On désignait ainsi les orfèvres et marchands ou fabricants d'objets d'argent, et en général tous ceux qui faisaient le commerce de l'argent, comme les banquiers et les changeurs. — Dans l'*Histoire de France* du moyen âge, *argentier* signifiait surintendant des finances. Le fameux Jacques Cœur, dont le sort a excité contre Charles VII, qui délivra la France du joug des Anglais, toute la haine philosophique du XVIIIe siècle et d'écrivains plus modernes, Jacques Cœur, qui, entré sans fortune dans l'administration des finances, trouva le moyen, dans le court espace de quatre ans, de prêter au roi des millions, porte le titre d'*argentier*. Saint Eloi, qui devint ministre du roi Dagobert, avait été d'abord *argentier*, c'est-à-dire orfèvre.   N. M. P.

ARGENTIN (*mythol.*) *Argentinus*, fils de la déesse *Pecunia* ; c'était le dieu qui présidait aux monnaies d'argent, tout autre qu'*Æsculanus* qui présidait aux monnaies de cuivre. Il est fait mention de ce dieu dans un passage de saint Augustin, qui s'étonne de ce que les Romains, qui avaient fabriqué des pièces pour le cuivre et l'argent, n'en eussent pas un pour l'or. *Argentini dei patrem Æsculanum agnoverunt; miror autem quod Argentinus non genuerit Aurinum.* Ils ont fait d'Æsculan le père du dieu Argentin ; je suis vraiment surpris qu'Argentin n'ait as engendré Aurin. Il est probable que c'est de cette lacune de la mythologie païenne que Juvénal a voulu parler dans ces vers de sa première satire :

Funesta pecunia templo
Noudùm habitas ; nullas nummorum creximus aras.

Juvénal ne pouvait ignorer l'existence d'Argentin et d'Æsculan: si le témoignage de saint Augustin avait besoin d'être confirmé, il le serait par Varron, qui parle aussi de ces divinités. Quand il nomme *Pecunia*, qui n'a pas encore de temple, le poëte latin n'a pu vouloir parler que de l'or, car *Pecunia* elle-même, l'argent pris en général, avait été personnifiée et déifiée. — *Argentin* se dit aussi de tout ce qui a l'éclat ou le son de l'argent ; les *flots argentins* d'un ruisseau, le *son argentin* de la voix, du clocher.   J. DE M.

ARGENTINE (*république*) (*V.* RIO DE LA PLATA).

ARGENTINE (*botan.*) *Potentilla anserina*, genre de plantes de la famille des rosacées. L'argentine a beaucoup de ressemblance avec le fraisier, dont elle diffère par ses fruits secs portés par un réceptacle non charnu. Ses feuilles sont pennées et couvertes d'un duvet blanc et soyeux; elles passent pour légèrement astringentes. Ses fleurs sont jaunes et solitaires; son suc rougit le papier bleu, ce qui indique dans cette plante la présence d'un sel ammoniacal. On prescrivait autrefois l'argentine pour les pertes de sang, les flueurs blanches, les hémorroïdes, les diarrhées chroniques, etc. La *potentilla reptans*, quinte feuille, a les mêmes propriétés. A. A.

ARGENTINE (*ichthyol.*). Poisson qui, dans la classification de G. Cuvier, forme un sous-genre de la famille des *salmonés*, ordre des *malacoptérygiens abdominaux*. Il a la bouche petite; est dépourvu de dents aux mâchoires, mais armé de crocs aigus sur la langue; il a six rayons autour de ses ouïes. Dans une espèce qui se trouve dans la Méditerranée, on remarque une vessie épaisse, très-chargée de cette glu argentée qui sert à colorer les perles fausses. Ce poisson, dans son plus grand développement, n'excède pas 7 à 8 pouces. Son corps est légèrement comprimé, la tête seule forme le quart de sa longueur. Les os du crâne sont transparents; ils laissent voir le cerveau. A. A.

ARGENTOLIUM (*N.-D. d'Argenteuil*). Jadis prieuré de l'ordre de Saint-Benoît, dépendant de l'abbaye de Saint-Denis, fondé vers l'an 665, sous le règne de Clotaire III, par un seigneur nommé Germenric, cédé par Charlemagne à sa fille Théodrate, avec tout ce qui en restait après l'expulsion des religieux qui, s'étant tout à fait relâchés de leur règle, furent supprimés par l'autorité supérieure. Théodrate répara les bâtiments, et s'y retira avec quelques personnes qui embrassèrent comme elle la vie religieuse. Après la mort de Charlemagne et de Louis le Débonnaire, l'abbaye fut ravagée par les Normands. Ce ne fut que sous le règne et pendant la minorité de Robert qu'elle fut restaurée par la veuve de Hugues Capet, Adélaïde, mère du jeune roi. Plus de cent religieuses, dit-on, y furent réunies par ses soins, et placées sous la direction de l'évêque de Paris, sans opposition de la part de l'abbé de Saint-Denis; mais un siècle plus tard, Suger, alors abbé de Saint-Denis, se servit de son crédit sur l'esprit du roi pour faire rentrer l'abbaye dans ses anciens droits; il y réussit, non sans quelques difficultés de la part de Rome. (*V.* ARGENTEUIL). A. V.

ARGENTON. Petite ville de France dans le département de la Creuse, ancienne province de Berri. La Creuse la divise en deux parties : ville haute et ville basse. Au-dessus de la ville haute, qui a une enceinte particulière, il y avait un vieux château que Louis XIV fit démolir. A. X.

ARGENTRÉ (BERNARD D'), né à Vitré en 1519, et mort septuagénaire en 1590, s'était adonné de bonne heure à l'étude de la jurisprudence et de l'histoire; il joignait à l'érudition beaucoup de probité. On assure que sa mort eut principalement pour cause le chagrin qu'il ressentit en voyant la guerre civile excitée par le calvinisme déchirer sa malheureuse patrie. On a de lui des *Commentaires sur la coutume de Bretagne*, Paris, 1621, in-fol., et l'*Histoire de Bretagne*, Rennes, 1582, et Paris, 1583. L'auteur, dans cette seconde édition, corrigea les fautes qui lui étaient échappées dans la première. Son fils, Charles d'Argentré, revit encore et corrigea de nouveau l'ouvrage de son père qu'il fit réimprimer à Paris, in-f., 1612.

ARGENTRÉ (CHARLES-DUPLESSIS D'), né en 1673, d'une famille noble de Bretagne, docteur de Sorbonne en 1700, aumônier du roi neuf ans après, évêque de Tulle en 1723. Malgré le temps que lui prenaient ses fonctions épiscopales, il trouvait encore le moyen d'étudier six ou sept heures par jour; aussi a-t-il laissé plusieurs ouvrages, fruit de ses longues veilles. 1° *Explication des sacrements*, 3 vol. in-12; 2° des *Éléments de théologie*, en latin, Paris, 1702, in-4°; 3° *Collectio judiciorum de novis erroribus qui ab initio seculi duodecimi usque ad annum 1725 in Ecclesia proscripti sunt et notati*. Cet ouvrage, justement estimé, est rempli de savantes recherches. D'Argentré mourut en 1740, regretté de tous les gens de bien qu'il édifia par ses vertus, ou qu'il éclaira par ses lumières, et pleuré des pauvres qu'il comblait de ses bienfaits. On a encore de ce digne prélat des sermons et quelques livres de dévotion et de théologie. A. P.

ARGENTURE (*arts et mét.* [*V.* ARGENTEUR]). Outre la manière générale d'argenter les pièces métalliques, il en est plusieurs autres qui consistent à couvrir les pièces d'une composition qui a pour base le chlorure d'argent; mais les ouvriers qui se servent de ces méthodes ont grand soin de tenir leurs procédés secrets. Un de ces procédés a été transmis à

l'Académie des sciences, qui l'a rendu public; il argente très-bien, mais il emploie beaucoup d'argent. Il est dû à un Allemand nommé Mallawitz. On commence par décaper la pièce (*V.* DÉCAPER), ensuite on l'humecte avec de l'eau salée, et on saupoudre d'une composition formée de précipité, par le cuivre, d'une dissolution de nitrate d'argent, de chlorure d'argent, de deux parties de borax trituré. On fait rougir la pièce, qu'on plonge dans une dissolution de sel marin et de crème de tartre; après quoi, on la gratte-bosse (*V.* ce mot) à l'eau froide. Ce procédé doit être répété quatre fois. L'argent pénètre assez profondément dans le cuivre pour que l'argenture soit très-solide; elle offre d'ailleurs l'avantage que, si une partie se détériore, on peut la réparer, sans toucher au reste de la pièce. — La composition de Mallawitz a donné l'idée de beaucoup d'autres mélanges dont le nitrate d'argent forme toujours la base. J. C.

ARGIE (*mythol.*), fille d'Adraste et femme de Polynice, se rendit célèbre par sa tendresse pour son époux, qui fut tué dans la guerre des Sept Chefs contre Thèbes de Béotie. Malgré la défense de Créon, qui s'était emparé de l'autorité, elle alla chercher, parmi les morts, le cadavre de son époux, accompagnée de sa sœur Antigone, et elle l'ensevelit. Créon irrité la fit périr, et les dieux, touchés de son infortune, la changèrent en une fontaine qui prit son nom.

ARGIENS, *argivi* (*hist. anc.*). Les poëtes ont souvent donné le nom d'*argivi* à tous les Grecs, bien qu'il n'appartienne qu'aux seuls habitants de l'Argolide. Ceux-ci portèrent même le nom de *pélasges*; ils vivaient épars sur le sol comme les tribus sauvages. Ce fut Inachus, Phénicien, qui les civilisa en y fondant une colonie de Phéniciens. Plus tard ils prirent le nom de *Danaï*, de Danaüs, qui leur donna des lois et un gouvernement monarchique. Cent ans après la guerre de Troie, ils abolirent la royauté, et chaque ville de l'Argolide se constitua en république. (*Voy.* ARGOLIDE et ARGOS).

ARGILE (*hist. nat.*). Terre pesante, grasse, compacte; tenace et ductile lorsqu'elle est suffisamment humectée, durcissant à mesure qu'elle sèche, sans que ses parties se séparent; prenant au feu une consistance ferme qui lui fait perdre la faculté de se délayer dans l'eau. L'argile s'emploie à une infinité d'usages : on en fait des vases de toute sorte, des tuiles, des briques, des carreaux, des modèles de sculpture; car on peut, molle encore, lui faire prendre toutes les formes, et elle les conserve après avoir passé par le feu. Si même le feu est poussé un peu loin, l'argile se vitrifie. — La couleur de l'argile varie beaucoup; on en voit de blanche, de jaune, de grise, de rousse, de bleue, de noire, de veinée, comme le marbre. Cette substance se trouve partout, mais à des profondeurs bien inégales; quelquefois elle est à la surface du sol; le plus souvent elle sert de base aux rochers. — Les anciens considéraient l'argile comme un corps simple; les chimistes modernes et les minéralogistes ont démontré qu'elle se compose du mélange de plusieurs terres unies entre elles, et parmi lesquelles semblent prédominer le silice, l'alumine, assez souvent même la chaux et le fer. — L'argile a la propriété d'absorber l'eau très-rapidement; si on en place un morceau sur la langue, on la sent s'y attacher en se desséchant : c'est ce qu'on appelle *hupper à la langue*. — L'argile ne sert pas seulement à fabriquer de la poterie depuis le simple vase de terre jusqu'à la plus magnifique porcelaine (le kaolin n'est qu'une espèce d'argile); mais on l'emploie encore dans les arts à divers usages. Par exemple, dans les fabriques de lainage, elle sert au dégraissage des étoffes; on en fait aussi des crayons rouges et jaunes (*V.* OCRE ROUGE, OCRE JAUNE). C'est avec l'argile que l'on fabrique le pyromètre de Wedgwood; toute au re matière cédera à l'action du feu. — Buffon a prouvé que l'argile forme une des principales couches du globe terrestre; il en attribue l'origine à la décomposition des sables et à l'exfoliation des petites lames dont ils sont formés, et cette idée est assez conforme à ce qui se passe chaque jour sous nos yeux. Qu'on lave du sable sortant du sein de la terre; l'eau se charge, en assez grande quantité, d'une terre noire, grasse, ductile, véritable argile. Dans les villes pavées de grès, les boues sont toujours noires et grasses, et ces boues desséchées offrent une terre de même nature que l'argile. D'autre part, si l'on détrempe et qu'on lave à grande eau un morceau d'argile pris dans un terrain où l'on ne voit ni cailloux ni grès, on voit toujours se précipiter au fond du vase une assez forte quantité de sable vitrifiable. — L'expérience prouve encore que le sable, le caillou et le verre existent dans l'argile. Qu'on place, en effet, de l'ar-

gilé dans un fourneau qu'on chauffe au degré de calcination, l'argile se couvre au dehors d'un émail très-dur qui résiste à la lime et au burin, étincelle sous le marteau, et possède les propriétés de la silice : un degré de feu plus fait couler la matière qui se convertit en un véritable verre. — Cette transformation de l'argile en verre a fait penser à Buffon que le verre était la véritable terre élémentaire, et que tous les autres corps, les métaux, les minéraux, les sels, n'étaient qu'une terre vitrescible. La pierre ordinaire, d'autres matières analogues, et les coquillages, sont les seules substances qu'aucun agent connu n'a pu vitrifier ; mais, sauf cette exception unique, toutes les autres substances, vitrifiées particulièrement, peuvent être converties en verre ; elles ne sont donc essentiellement que du verre décomposé. — Les géologues pensent, en général, que l'argile est produite par la décomposition de substances volcaniques ou de divers minéraux, tels que le porphyre, le granit, le basalte. L'argile se trouve presque toujours par couche épaisse, plus souvent dans l'intérieur de la terre qu'à sa surface. Cette terre est tout à fait impropre à la végétation ; mais il arrive très-fréquemment qu'entre les couches d'argile on trouve beaucoup de débris de substances végétales et animales fossiles. — L'argile commune, glaise ou argile figuline, est celle qu'emploient les potiers et les sculpteurs ; l'argile calcarifère renferme de la chaux ; l'argile à foulon entre dans la préparation des laines ; le kaolin sert à composer la porcelaine ; l'argile ocreuse rouge, aussi nommée sanguine, sert à faire des crayons ; l'argile plastique sert aux statuaires. — D'autres naturalistes ont divisé les argiles en trois sections : argiles réfractaires, argiles fusibles, argiles effervescentes. 1° Argiles réfractaires, celles où il entre du calcaire, du fer oxydé, du fer sulfuré. De ce nombre est le kaolin ou terre à porcelaine (V. KAOLIN), qui se compose de silice et d'alumine, parties égales. L'argile plastique ou terre à pipe, infusible au feu de porcelaine (V. PLASTIQUE [argile]). 2° Argiles fusibles : la figuline, la smectique ou terre à foulon, l'ocreuse rouge et jaune entrent dans cette catégorie (V. FIGULINE [argile], SMECTIQUE [arg.], OCRE JAUNE, SANGUINE). 3° Argiles effervescentes : on compte dans cette catégorie les argiles qui font effervescence avec les acides : c'est la marne argileuse, mélange d'argile et de calcaire (V. MARNE ARGILEUSE). — Les argiles peuvent encore se diviser en deux classes sous le rapport du gisement et de l'origine ; les unes sont le produit de la décomposition des roches du sol primitif ; les autres, beaucoup plus nombreuses, sont des matières de transport ou de sédiment. Les premières ne contiennent pas de débris organiques, les secondes forment partie du sol secondaire ; les plastiques et les figulines se rencontrent au-dessus de ce sol, mais à la partie inférieure du sol tertiaire. Les argiles qui naissent sur place de la décomposition des roches se trouvent dans le voisinage et au pied de ces roches qui sont de feldspath, d'amphibole, de mica, etc. Les argiles de sédiment ou de transport se rencontrent en masses stratifiées, où le silicate alumino-hydreux, base de la matière argileuse, se trouve mêlée au silice, au quartz, aux silicates de chaux, de magnésie et de fer. Si ces matières existent en trop grande abondance, elles peuvent paralyser les qualités de l'argile.
X. X.

ARGILE, ville et comté de l'Ecosse méridionale (V. ARGYLE).

ARGINUSES (géog.), petites îles situées sur les côtes de l'Asie Mineure, entre Méthymne et Mitylène, célèbres par la victoire que les Athéniens, commandés par Conon, remportèrent dans leur voisinage sur la flotte des Spartiates qui perdirent leur général Callicratidas, dans la XCIIIe olympiade 407 ans, av. J. C.
A. X.

ARGIPPÉENS, anciens peuples de la Sarmatie qui, à ce que rapporte Hérodote, naissaient sans cheveux, le menton large, peu ou point de nez, un son de voix différent de celui des autres hommes ; ils ne vivaient que de fruits, ne faisaient jamais la guerre à leurs voisins, et jouissaient d'une telle réputation de sagesse que ces derniers les prenaient presque toujours pour arbitres de leurs différends. Ils habitaient sur les rivages de la mer Noire. Les anciens, sur la foi d'Hérodote, ou plutôt ajoutant aux récits d'Hérodote tout ce que leur dictait leur imagination fantastique, racontaient de ce peuple les plus grandes merveilles.
N. M. P.

ARGIUS, affranchi de Galba et intendant de sa maison. Après l'assassinat de son maître, il recueillit religieusement ses restes, alla retirer sa tête de la voirie où l'on jetait, à Rome, les corps des suppliciés, brûla son corps dans les jar-

dins qu'il possédait hors de Rome ; et renferma ses cendres dans une tombe modeste. Argius exposa sa vie, mais il remplit un devoir ; combien de gens sacrifient tous leurs devoirs à la seule crainte de hasarder leur repos ou de perdre un plaisir !
N. M. P.

ARGO (hist. anc., myth.). Nom du fameux navire qui transporta dans la Colchide Jason et ses compagnons partant pour conquérir la toison d'or. Les uns prétendent que l'architecte et le constructeur de ce vaisseau s'appelait Argus, et que le vaisseau prit le nom de celui qui l'avait construit ; d'autres font venir ce nom du grec αργός qui, par antiphrase, peut se traduire par vif et léger, au lieu du sens propre, lent et paresseux. Suivant une autre opinion, on donna au vaisseau le nom du lieu où il fut construit, Argos, ou celui par lequel ceux qui s'y embarquèrent, les Argiens, se distinguaient des autres Grecs. Cicéron a partagé ce sentiment quand il a dit dans ses Tusculanes :

Argo quia Argivi in eâ delicti viri
Vecti, petebant pellem inauratam arietis.

Le savant Bochart a rejeté toutes ces étymologies, et il fait venir du syriaque Arco, long, le nom du navire, en changeant, comme cela se pratique souvent, dit-il, l'e x en γ. Il se fonde sur ce que les Grecs ne s'étaient jamais servis que de vaisseaux ronds, et que le premier vaisseau long, d'après Philostephane, cité par Pline, fût celui de Jason. Longâ nave Jasonem primum navigasse Philostephanus auctor est. Plin., Hist. nat., lib. vii. — Ovide appelle sacrum Argum le vaisseau de Jason, parce que ce fut Minerve qui en dressa le plan et qui présida à sa construction ; d'ailleurs, la proue de ce vaisseau merveilleux était formée de bois coupé dans la forêt de Dodone, où se rendaient des oracles célèbres. Ce qu'il y eut de plus extraordinaire, ce fut d'entendre ce morceau de bois, façonné en proue et conservant la vertu prophétique, parler et rendre des oracles. Au surplus ce vaisseau n'était pas bien grand ou du moins bien lourd, puisque les Argonautes le portèrent sur leurs épaules depuis le Danube jusqu'à la mer Adriatique. — A son retour de la Colchide, où le succès avait couronné son audace, Jason consacra le navire Argo à Neptune ou à Minerve. Les dieux ne le laissèrent pas longtemps sur la terre ; ils l'enlevèrent pour le placer au ciel, transformé en constellation : Tam nobilis Argo, dit le poëte Manilius, in cælum subducta. Cette constellation se forme de huit étoiles seulement, suivant Ptolémée, de onze, suivant Ticho-Brahé, de vingt-cinq, s'il faut s'en rapporter au Catalogue britannique.
J. DE M.

ARGOLI (ANDRÉ), mathématicien, né en 1570 dans une petite ville du royaume de Naples, peu satisfait de ses compatriotes, alla demander un asile au sénat de Venise, qui, reconnaissant tout son mérite, le nomma professeur de mathématiques dans l'université de Padoue. Quelque temps après, Argoli reçut le titre de chevalier ; il mourut en 1653. Il a laissé plusieurs ouvrages qui, à l'époque où ils parurent, avaient le mérite de l'exactitude : 1° De diebus criticis, 1652 ; 2° Ephemerides ab anno 1620 ad 1700 ; 3° Astronomicorum libritres ; 4° Problemata astronomica. Les astronomes venus après Argoli ont profité sans scrupule du fruit de ses veilles, et plusieurs d'entre eux ne l'ont pas même cité. — Jean Argoli, son fils du précédent, montra dès la plus tendre enfance beaucoup d'inclination pour la poésie ; à quinze ans il fit imprimer une idylle sur le ver à soie. Les éloges qu'il entendait faire du poëme licencieux de Marini, l'Adonis, ayant enflammé son imagination, il crut pouvoir arriver à la gloire et à la fortune en tâchant d'imiter celui qu'il choisissait pour modèle ; à dix-sept ans, il entreprit et termina, dans l'espace de sept mois, l'Endymion, poëme en douze chants. Argoli avait encore trop peu d'expérience pour sentir qu'avec de la licence et de l'immoralité on n'a qu'une classe assez limitée de lecteurs, et que cette classe ne se compose ni des gens sensés ni des gens de bien dont le suffrage peut seul former les réputations. D'autres poésies qu'il composa restèrent manuscrites ; Argoli s'appliqua pour lors à l'étude de la jurisprudence ; il devint même professeur de droit à Bologne, où il tâcha de faire oublier les écarts de sa jeunesse. Il mourut assez peu d'années après son père, laissant quelques manuscrits sur la philologie et l'archéologie.
A. P.

ARGOLIDE. C'est un petit territoire du Péloponèse, dans l'ancienne Grèce, dont un voyageur anglais évalue la surface à 1059 milles carrés d'Angleterre, compris dans la péninsule que forment le golfe Saronique et le golfe d'Argos, borné au nord par la Sicyonie, à l'ouest par la chaîne de l'Artémisium et du Parthénium, qui la sépare de l'Arcadie, au midi par la Laconie, à l'orient par la mer Egée. Argos était la capitale de la contrée, mais la ville de Mycènes lui contestait la suprématie; cette dernière avait d'ailleurs un gouvernement particulier. Il en était de même de plusieurs autres villes de l'Argolide : Tirynthe, Trézène, Hermione, Épidaure, Némée, etc.; chacune d'elles formait le centre d'un État indépendant. L'île d'Égine était une dépendance de l'Argolide, bien qu'elle ait été souvent possédée par les Athéniens. — Dès le temps d'Homère, les rois d'Argos passaient pour les plus puissants de la Grèce; aussi „quand il fut question d'armer tous les princes grecs pour aller investir la ville de Priam, Agamemnon fut désigné pour commander les confédérés, et il reçut le titre de *roi des rois*. — Ce fut Inachus, dit-on, qui, l'an 2000 avant J. C., jeta les fondements de la ville d'Argos, (*V.* ARGOS). L'Argolide était sous la protection spéciale de Junon.

ARGONAUTES (*hist. anc.*; *mythol.*). On désigne par le nom d'*Argonautes* les princes grecs qui s'embarquèrent avec Jason sur le vaisseau *Argo*, vers l'an 1263 avant J. C., un demi-siècle environ les princes grecs avant le siége de Troie, pour aller conquérir la toison d'or. — Phryxus, fils d'Athamas, et sa sœur Hellé, poursuivis par la haine furieuse d'Ino, leur belle-mère, s'étaient enfuis de Thèbes sur un bélier dont la toison était d'or. Hellé, en traversant la mer, était tombée dans les flots, où elle avait péri; Phryxus était arrivé dans la Colchide, où le roi Eétès, son parent, l'avait accueilli avec tendresse. Ce prince lui donna même sa fille en mariage; mais au bout de quatre ou cinq ans, ouvrant son cœur à l'avarice, il fit assassiner son gendre pour s'emparer de la riche dépouille du bélier (*V.* PHRYXUS, TOISON D'OR). Vers le même temps, Jason, fils d'Eson, revendiquait de l'usurpateur Pélias le trône d'Iolcos, et Pélias offrit de le lui rendre, à condition qu'il enlèverait la toison d'or; et qu'il vengerait sur Eétès la mort de leur parent Phryxus. Jason accepta cette condition avec joie; le navire *Argo* fut construit, et tout ce que la Grèce avait de jeunes et courageux guerriers voulut s'associer à l'aventureuse expédition. Parmi eux, on comptait Argus, le constructeur du vaisseau; la fameuse Atalante, si légère à la course, sous des vêtements d'homme; Castor et Pollux; Esculape, fils d'Apollon; Hercule, fils de Jupiter; Méléagre, fils d'OEnée; Nestor, fils de Nélée; Pélée, fils d'Eaque; Philoctète, l'ami d'Hercule; Pirithoüs, fils d'Ixion; Thésée, fils d'Egée, etc. Esculape veillait à la santé des Argonautes; Tiphys dirigeait avec le gouvernail la marche du vaisseau; Orphée, qui était aussi de l'expédition, devait la célébrer par ses vers. — Les Argonautes partirent d'Iolcos, ville de la Thessalie, et abordèrent d'abord à l'île de Lemnos, où ils ne trouvèrent que des femmes; elles avaient égorgé leurs maris (*V.* HYPSIPILE), leurs frères, leurs parents, tous les hommes qui se trouvaient dans l'île. Les Argonautes ne laissèrent pas d'être bien accueillis par elles, car ils séjournèrent deux ans dans leur île. De Lemnos, ils allèrent prendre terre sur la côte de la Troade, d'où ils gagnèrent Cyzique. Une funeste méprise fut cause d'un combat sanglant entre les habitants et les étrangers. Le roi Syzicus perdit la vie! Pour expier ce meurtre involontaire, Jason fit de magnifiques obsèques au prince, et il offrit un sacrifice aux dieux. De Cyzique, les Argonautes gagnèrent la Bébrycie (plus tard Bithynie), où Pollux tua au combat du ceste le roi Amycus, qui l'avait défié. Poussés par les vents sur les côtes de la Thrace, ils délivrèrent le roi Phrinée du supplice auquel il avait été condamné, de subir les persécutions des Harpies. Ce prince, en reconnaissance, leur traça un itinéraire qui les conduisit heureusement dans le Pont-Euxin. Après diverses aventures, ils arrivèrent devant Æa, capitale de la Colchide. Le roi promit de livrer à Jason la toison d'or, s'il pouvait triompher des obstacles qu'il rencontrerait. Il fallait dompter deux taureaux à pieds et à cornes d'airain, et vomissant des flammes par les naseaux et par la bouche; les atteler ensuite à une charrue de diamant, labourer un champ de quatre arpents, et y semer les dents d'un dragon; vaincre et tuer les hommes qui naîtraient tout armés de ces dents; tuer ensuite le dragon, qui veillait jour et nuit sur la toison d'or : tous ces travaux devaient être exécutés dans un seul jour. Jason aurait certainement succombé, mais la fille du roi, la fameuse Médée, ayant conçu pour lui dans une seule entrevue la plus violente passion, le dirigea par ses conseils, et surtout l'aida et le soutint par ses enchantements. Jason enleva la toison d'or, et se rembarqua aussitôt avec ses compagnons et son amante. — Comme le fils d'Eétès et ce prince lui-même se mirent à leur poursuite, Jason et Médée attirèrent le premier

dans une embuscade, le tuèrent et laissèrent ses membres épars sur la route, comptant que le besoin d'ensevelir ces tristes restes arrêterait la marche d'Eétès. — Il serait beaucoup trop long de suivre les Argonautes sur toutes les routes que l'imagination des poëtes leur fait parcourir; qu'il nous suffise de dire qu'après bien des traversées, Jason, purifié du meurtre d'Absyrte, ramèna les Argonautes dans la Thessalie (*V.* JASON, MÉDÉE, etc.). — L'expédition des Argonautes a été chantée par les plus grands poëtes de l'antiquité : Orphée, Apollonius de Rhodes, Pindare, Valérius Flaccus ont tour à tour prêté les accents de leur lyre aux récits de l'histoire; Diodore de Sicile, Apollodore, Justin, Strabon ont confirmé de leur témoignage les fictions des poëtes. — L'opinion commune porte à cinquante-deux le nombre des Argonautes, de ces hardis navigateurs de qui l'on peut dire avec Sénèque le tragique :

„*Audax nimium qui freta primus*
Rate tam fragili perfida rupit.„

Et comme, depuis l'arrivée en Grèce des colonies phéniciennes, les Grecs s'étaient presque tous adonnés au négoce, on présume avec fondement que l'expédition des Argonautes ne fut qu'une entreprise commerciale; que, voulant d'abord affranchir le Pont-Euxin des entraves que le commerce y rencontrait, les Grecs équipèrent une flotte pour nettoyer la mer des pirates qui l'infestaient; qu'ils n'arrivèrent dans la Colchide qu'à travers mille dangers; que le roi Eétès reçut assez mal les étrangers, qui prétendaient changer un état de choses dans lequel il trouvait peut-être quelque avantage, et que les Grecs ne retournèrent chez eux qu'après avoir couru de nouveaux périls et perdu leurs vaisseaux, un seul excepté. — Diodore de Sicile croit que la toison d'or n'était pas autre chose que la peau d'un mouton que Phrixus avait immolé, et qu'on gardait très-soigneusement, parce que l'oracle avait prédit que le roi serait détrôné par celui qui s'en emparerait. Strabon et Justin disent qu'il y avait dans la Colchide plusieurs torrents qui roulaient des paillettes d'or dans leurs sables; qu'on ramassait ce sable aurifère avec des peaux de mouton (comme cela s'est pratiqué depuis dans plusieurs endroits), et dans ce fait ils voient tout le fondement de la fable de la toison d'or. Varron et Pline pensent qu'elle tirait son origine de ce que la Colchide produisait des très-belles laines, et que l'expédition de Jason n'avait pas été autre chose que le voyage de quelques marchands grecs. Suidas, enfin, imagine, on ignore sur quel fondement, que cette toison était un livre en parchemin contenant le secret de faire de l'or; cette opinion a été embrassée par tous les alchimistes. J. DE M.

ARGONAUTE (*hist. nat.*). On donne le nom d'*argonaute* à un genre de mollusques, connu des anciens sous le nom de *nautilus*; on le trouve dans la Méditerranée et dans la mer des Indes, habitant l'intérieur d'une coquille mince, à demi-transparente, assez blanche et, ressemblant, par la forme, à une nacelle. Ce mollusque, qu'on désigne plus particulièrement par le nom de *poulpe de l'argonaute*, est de la classe des céphalopodes. Il est pourvu de huit bras, assez longs, armés de chaque côté d'un rang de ventouses; il a une bouche placée au centre de ces huit bras, la tête très-peu distincte, un bec recourbé comme celui des perroquets, des yeux à la base des tentacules, le corps en forme de sac. — Aristote a donné de cet animal une description très-exacte; il a dépeint, et beaucoup d'autres l'ont imité, la merveilleuse manière dont il se sert de ses bras pour soutenir sa coquille à la surface de l'eau, la faire voguer en tous sens, se précipiter au moindre bruit au fond de la mer, remonter quand le danger est passé, manœuvrer, enfin, avec une précision infinie. — Aussi les anciens n'hésitaient pas à dire que c'était du nautile que les hommes avaient appris l'art de naviguer. — Une grande question a divisé les naturalistes modernes au sujet du poulpe de l'argonaute; les uns, M. de Blainville à leur tête, prétendent que ce poulpe est parasite, et qu'il s'empare de la coquille dans laquelle on le trouve, et à laquelle il n'adhère pas, en quoi il diffère de tous les mollusques connus. Cuvier et son école soutiennent, non sans motifs, l'opinion contraire; il est probable que la question ne sera pas de longtemps résolue. — On a fait de l'argonaute un genre auquel on a donné le nom d'*ocythoë*.

ARGONNE (*géog.*), contrée de France, entre la Meuse, la Marne et l'Aisne. Une forêt qui s'étend de Sedan jusqu'à Passavant, sur un espace d'environ quinze lieues, couvre une partie du pays, dont la ville la plus importante est celle de Sainte-Menehould. Cette forêt de l'Argonne, que Dumouriez appela les *Thermopyles de la France*, est remarquable par la défense qu'y fit ce général en 1792, et par la retraite de l'armée prussienne. L'Argonne est aujourd'hui divisée entre les départements de la Meuse et des Ardennes. A. X.

ARGONNE (Dom Noel d') naquit à Paris en 1640, et mourut dans la chartreuse de Gaillon, diocèse de Rouen, en 1704 ou 1705. Ce fut en profitant des moments de loisir que lui laissait la pratique de ses devoirs de religion qu'il composa divers ouvrages, qui prouvent qu'il ne manquait ni de goût ni de jugement : 1° *De la lecture des Pères de l'Eglise;* cet ouvrage, plusieurs fois imprimé, est écrit avec autant de sagesse que de discernement. La meilleure édition est celle de 1697, in-12. 2° *Mélanges d'histoire et de littérature*, publiés sous le nom de Vigneul de Marville, imprimés pour la quatrième fois en 1725, 3 vol. in-12 : le 3° volume est presque tout entier de l'abbé Banier. Ces *Mélanges* offrent des anecdotes littéraires, des réflexions critiques, des recherches curieuses. 3° L'*Education; maximes et réflexions, avec un discours sur le sel dans les ouvrages d'esprit;* Rouen, 1691, in-12, publié sous le nom de Moncade. Le P. d'Argonne a laissé, outre ces ouvrages, divers manuscrits.
A. P.

ARGOREUS (*myth.*), surnom sous lequel Mercure était honoré à Pharès, en Achaïe. Sa statue, dit Pausanias, rendait des oracles. Elle était de marbre, debout sur le sol et sans piédestal.

ARGOS (ville et royaume d') (*géog. hist.*). Ville autrefois riche, populeuse et puissante, Argos n'est plus qu'une triste bourgade qui porte le nom de *Nauplia*. La contrée où elle s'élevait fut connue d'abord sous les noms de *Phoronée* et d'*Apis*, du nom de deux de ses premiers souverains. La ville, nommée d'abord *Inachia*, en l'honneur de son fondateur, était située, au rapport de Strabon, dans une plaine au fond du golfe Argolique, à peu de distance de la mer. Les approches en étaient défendues par la citadelle de Larisse, bâtie, dit-on, sur des arcades, ce qui rendait cette forteresse plus remarquable par sa forme que par sa solidité. Le premier roi d'Argos fut Inachus, Phénicien d'origine; il régna vers l'an 1892 avant l'ère chrétienne; et par cette antiquité fabuleuse, qui n'est appuyée d'aucun monument, on peut concevoir combien l'histoire d'Argos, pour ses premiers temps, mérite de confiance. Phoronée, son fils et son successeur, donna quelques lois à ses sujets, et il institua un culte religieux. Le premier pas des hommes vers la civilisation fut toujours marqué par un retour vers la divinité. Ce fut vers le temps de son règne qu'arriva le déluge d'Ogygès qui, l'obligeant de s'éloigner de la Béotie, l'amena vers les bords du lac Triton où il fonda la ville d'Eleusis, devenue plus tard si fameuse par ses mystères. Apis, étranger suivant les uns, et par conséquent usurpateur ; fils, suivant les autres, de Phoronée, fut surnommé *Jupiter*, parce qu'il prétendait avoir ce dieu pour père. Argos, petit-fils de Phoronée, monta sur le trône après Apis, et donna son nom à la ville et à la contrée. La postérité de ce prince conserva la couronne huit générations encore ; le dernier inachide lui détrôné par l'aventurier Danaüs, que les Grecs prétendaient être venu d'Egypte, où il avait régné conjointement avec son frère Ægyptus, qui lui-même était venu d'Assyrie avec une tribu nombreuse, et s'établit sur le Nil, fait dont Manethon ne parle en aucune manière dans ses *Dynasties* (*V.* ÉGYPTE, ÆGYPTUS). Que Danaüs, au fond, soit sorti de l'Egypte ou qu'il n'ait été, comme Inachus, qu'un chef d'émigrés phéniciens, il n'en est pas moins considéré comme le fondateur d'une dynastie nouvelle. Après Danaüs, le trône d'Argos fut occupé par son neveu Lyncée, qui eut pour successeur Abbas son fils, dont on place la mort vers le commencement du XIV° siècle avant J. C. Abbas eut deux fils, Prætus et Acrisius; ils partagèrent entre eux le royaume, et se firent constamment la guerre. Acrisius fut père de la fameuse Danaé, de qui l'oracle avait prédit qu'un fils naîtrait d'elle qui serait le meurtrier de son aïeul. Pour empêcher l'oracle de s'accomplir, Acrisius fit enfermer sa fille dans une tour, où elle était étroitement gardée. Vaine précaution. Prætus, brûlant pour sa nièce d'une passion criminelle, corrompit les gardiens à force de présents, et, pénétrant dans la tour, il rendit Danaé mère d'un fils. Ce fut Persée. Pour pallier la faute de Danaé, on publia que Jupiter, métamorphosé en pluie d'or, avait honoré Danaé de sa présence. Persée remplit son horoscope; après avoir vaincu les Gorgones, coupé la tête à Méduse, vaincu le roi d'Espagne Gérion, à trois corps, il fut conduit par la fortune auprès d'Acrisius qui, touché de son courage

dans un âge si tendre, se déclara son aïeul et le désigna pour lui succéder; mais un jour que le vieillard et son petit-fils s'exerçaient à des jeux d'adresse, Persée lança un palet avec tant de force, mais en même temps avec tant de malheur, qu'Acrisius, qui en fut atteint, expira sur-le-champ. Désolé de ce meurtre involontaire, Persée ne voulut point régner sur Argos, et il échangea son royaume contre celui de Tirinte, que possédait son cousin Mégapenthe, fils de Prætus. C'est à Persée qu'on attribue la fondation de Micènes, qui ne tarda pas à devenir la rivale d'Argos. — L'Argolide fut alors divisée en quatre portions. La première, sur laquelle vint régner Mégapenthe, eut Argos pour capitale. La seconde fut à Mélampe et à Bias, son frère par Mégapenthe. Mélampe s'était adonné à la médecine; il arriva dans l'Argolide dans un moment où tout le pays était en confusion, tant par la suite tragique d'Acrisius que par une maladie dont toutes les Argiennes étaient atteintes. Mélampe et Bias les guérirent, et le roi, par reconnaissance, partagea ses Etats avec eux. Ces deux frères, à leur tour, sous-divisèrent leur royaume en deux. La quatrième portion de l'Argolide fut celle où Persée établit sa descendance. — Toutes ces dynasties collatérales disparurent peu à peu, et, vers la fin du XIII° siècle av. J. C., les royaumes d'Argus et de Micènes se trouvaient réunis sous le sceptre d'Agamemnon: Tisamène, son petit-fils, qui avait hérité du trône de Sparte, et qui, après la mort d'Oreste son père, monta sur celui d'Argos, fut détrôné par Téménus, arrière-petit-fils d'Hercule, vers l'an 1200 avant J. C. Les descendants de Téménus ne gardèrent le sceptre qu'environ deux siècles. Vers l'an 984, les Argiens abolirent la royauté et se constituèrent en république. — Dans la guerre du Péloponnèse, ils s'unirent aux Athéniens; mais, après la bataille de Mantinée, le parti républicain perdit de sa force, et des tyrans s'élevèrent dans l'Argolide, qui, sous la domination romaine, reprit son ancienne étendue. — Argos était devenu, au moyen âge, le chef-lieu des possessions vénitiennes dans le Levant. Plus tard, les naturels ont cultivé les terres jadis fertiles de cette contrée. La ville ancienne offre encore quelques ruines; les murs de l'Acropolis, ou citadelle, subsistent en partie ; mais l'ancien temple d'Apollon a été remplacé par un monastère. L'ancien théâtre, taillé dans le roc, se fait reconnaître encore par des vestiges considérables. On croit que le district actuel d'Argos ou Nauplie contient 14 ou 15,000 habitants.
J. DE M.

ARGOT (*t. de jardin.*). C'est l'extrémité d'une branche morte qui demande à être coupée. On en voit beaucoup sur les arbres greffés en écusson et dans les pépinières. On dit mieux *ergot*.

ARGOT, langage de convention en usage parmi les filous, les vagabonds, les mendiants, et, en général, parmi tous les hommes suspects qui ont intérêt à se communiquer leurs pensées sans crainte d'être entendus par ceux qu'ils redoutent. Pour donner une juste idée de ce langage, nous emprunterons quelques détails à l'article très-curieux de M. Moreau, inspecteur général des prisons de la Seine, publié dans un dictionnaire encyclopédique moderne. — Furetière a prétendu que le mot *argot* venait d'*Argos*, parce que la plupart des mots du jargon argotique viennent du grec. Granval, dans son poème de *Cartouche*, a réfuté cette opinion. Le Duchat, dans ses notes sur Rabelais, suppose que ce mot s'est formé par une légère transposition du nom d'un fameux escroc qui vivait sous Louis XII, et s'appelait *Ragot.* Un autre écrivain veut le faire venir de l'*ergo* des écoles, ce qui, n'en déplaise à l'auteur de cette opinion, nous paraît tout à fait improbable. La même incertitude règne sur l'étymologie du mot anglais *cant* et du mot allemand *rothwalsch*, qui ont la même signification que le mot français. — M. Moreau, passant ensuite à l'étymologie du mot à l'origine de ce qu'il exprime, fait remonter l'invention de l'argot au temps de la formation des sociétés. Dès qu'il y a eu des riches et des pauvres, la classe immense des pauvres a dû se diviser en hommes vivant de leur travail ou d'une honnête industrie, et en hommes vivant avec le moins de travail possible aux dépens des autres. Ces derniers alors n'ont plus considéré les hommes que sous deux rapports généraux : les voleurs et ceux qui ne le sont pas. Mais comme ils sentaient bien que les hommes qui peuvent être volés sont ennemis naturels de ceux qui volent, les voleurs ont compris à leur tour qu'ils avaient besoin de s'entendre sans être entendus; d'avoir, en conséquence, un idiome à eux, inintelligible pour tous les non initiés. Là, sans doute, l'origine de l'argot. — « Cette langue, dit M. Moreau, depuis Cacus jusqu'à Ti-ta-pa-Pouff, depuis Barrabas jusqu'à

Cartouche, depuis Mandrin jusqu'à Coco-Lacour, s'est pour ainsi dire greffée, dans tous les temps et dans tous les pays, comme une ente sauvage, sur le trône de la mère langue. » L'argot bohémien est peut-être le seul qui fasse exception à cette règle, car c'est un mélange de mots pris à tous les idiomes. — L'argot français n'a presque point subi d'altération depuis que Villon écrivait ses *Repus* françaises, que Clément Marot admirait. Un livre fort curieux en ce genre, c'est la *Vie généreuse des matois, gueux, bohémiens et cagous, contenant leur façon de vivre, subtilité et jargon*, par Péchon de Ruby. — Un écrivain moderne, dans un roman qui n'est rien moins que gai, a fait entrer plusieurs termes d'argot des XVIᵉ et XVIIᵉ siècles. Écoutons encore M. Moreau : « Nos chroniqueurs romanciers et dramaturges modernes, dit-il, se sont voués à l'étude du hideux, et, pour mieux nous initier aux mystères de la vie des bandits, ils en empruntent jusqu'à l'argot. » — Au surplus, il ne faut pas imaginer que la langue argotique soit tellement riche qu'elle puisse offrir un équivalent à chaque mot de la langue française; mais les argotiers ont imaginé un moyen de suppléer à cette insuffisance, c'est d'ajouter au mot qu'ils veulent employer la terminaison *mare*; on sent que ce mot, prononcé rapidement avec cette terminaison qui le dénature, devient un véritable mot d'argot, que n'entendent pas ceux qui ne sont pas du secret. — La construction et la syntaxe de la langue d'argot sont absolument les mêmes que pour la langue française. — Un glossaire de la langue argotique pourrait être fort utile, pour la police surtout. Une grammaire de ce genre a été composée en Allemagne pour les magistrats qui sont obligés par leurs fonctions, comme les juges d'instruction en France, d'être en contact fréquent avec les malfaiteurs. Dès l'an 1661, on avait publié un vocabulaire d'argot allemand; en 1755, il en sortit un second beaucoup plus complet à Francfort-sur-le-Mein; plus récemment encore, en 1791, en 1812, en 1814, de nouveaux ouvrages ont été publiés, et le *Rothwälsch* est assez bien connu dans les pays d'outre-Rhin. Il n'en est pas de même en France : on n'a que le *Dictionnaire* très-incomplet de Granval, réimprimé en 1827-1828; mais on n'y a fait aucune addition.   N. DE P.

ARGOULETS (*hist. milit.*). C'étaient des espèces de bussards de l'ancienne milice française, armés comme les estradiots (*V.* ce mot), excepté par la tête. Les argoulets portaient un cabasset (sorte de casque); ils avaient pour armes offensives l'épée, la masse à l'arçon gauche, une arquebuse de deux pieds et demi à l'arçon droit; par-dessus leurs armes, ils portaient une soubreveste courte. Ils servaient d'éclaireurs en temps de guerre. On en a vu encore à la bataille de Dreux, sous Charles IX.   V. H.

ARGOUSSIER (*botan.*), genre de la famille des éléagnées. C'est l'*hippophæ rhamnoides* de Linné, arbrisseau indigène, épineux, portant de jolis boutons et un beau feuillage argenté. Le fruit consiste en une baie globuleuse, monosperme, de couleur jaunâtre. Dans les dunes, l'argoussier sert à prévenir l'écoulement des sables. Dans les jardins, on en fait des haies à cause de la couleur de ses feuilles, qui contraste avec celle des autres arbres; seulement ses rejets sont un peu écartés.   A. A.

ARGOVIE, *Aargau* (*géogr.*). C'est l'un des cantons les plus considérables et les plus beaux de la Suisse. Il se compose de l'ancien Aargau bernois, du comté de Bade, des bailliages libres de Keller et de Frickthal, et des villes pareillement libres de Laufenbourg et de Rhinfelden. Le Rhin le sépare au nord du grand duché de Bade : de tous les autres côtés, en commençant par l'est, il se trouve borné par les cantons de Zug, de Zurich, de Lucerne, de Bâle, de Soleure et de Berne. Il s'étend sur une longueur de douze lieues sur dix de large. Il est divisé de l'est à l'ouest par une branche du mont Jura. On y trouve onze districts, qui se sous divisent en quarante-huit cercles, peuplés d'environ 148,000 âmes, sur lesquelles on compte la moitié de protestants. L'autorité réside dans les mains de deux bourgmestres choisis dans les deux commissions. Le gouvernement se compose de deux conseils : le grand, qui est de cent cinquante membres; le petit, qui n'en a que treize. — Le climat de l'Argovie est tempéré, et le sol, généralement fertile, produit abondamment du vin et des grains. Le gibier y est commun. — Le commerce et l'industrie ont fait de grands progrès depuis quelque temps. Les Argoviens fabriquent des étoffes de soie et de coton, de la toile, de la coutellerie, des cuirs. Dans la belle saison, les bains sulfureux de Bade sont très-fréquentés. Les forêts couvrent les montagnes; les mines de fer, de houille, de tourbe sont nombreuses dans l'Argovie, mais le mode d'exploitation a besoin encore de perfectionnement.   A. A.

ARGUE (*arts et mét.*). L'argue est une machine à l'usage des tireurs d'or. Quand le lingot a été fondu, examiné pour le titre et divisé par le forgeron en trois parties égales, aussi que qu'il est possible de le faire sur l'enclume, on passe à l'argue chacun de ces nouveaux lingots, c'est-à-dire qu'on les amincit en les étirant par le moyen d'une filière, à travers laquelle on les fait passer. Il y avait autrefois une argue royale à Paris et à Lyon; et les orfèvres, de même que les tireurs d'or, étaient obligés d'y porter leurs lingots pour être vérifiés et marqués.   J. C.

ARGUER. C'est passer l'or et l'argent à l'argue, afin de les dégrossir.   J. C.

ARGULE (*zool.*), crustacé de l'ordre des *pœcilopodes*, famille des *siphonostomes*, tribu des *caligides*. Ses principaux caractères sont : bouclier ovale, échancré par-derrière; ayant à la partie mitoyenne de son corps, désignée sous le nom de *chaperon*, deux yeux, quatre antennes; siphon dirigé en avant; douze pieds, les deux premiers terminés en suçoirs, les deux autres propres à saisir, les trois derniers finissant en nageoires. Il faut, dit-on, que ces animaux subissent plusieurs mues avant d'acquérir leur entier développement. On n'en connaît qu'une seule espèce, c'est celle qui s'attache au-dessous du corps des têtards de la grenouille; on la trouve aussi sur les truites, sur les épinoches, dont elle suce le sang jusqu'à leur donner quelquefois la mort. Cette espèce est celle que Latreille, d'après Müller et Jurine, désigne, dans sa nouvelle édition du *Règne animal de Cuvier*, sous le nom d'*argule foliacé*.

ARGUMENT (*log., rhétor.*). Cicéron a défini ainsi l'argument : *Ratio probabilis et idonea ad faciendam fidem*. Raisonnement probable et propre à faire naître la conviction dans les autres. Les logiciens donnent une définition d'un sens plus abstrait : c'est, disent-ils, un milieu qui, par sa connexion avec les deux extrêmes, établit la liaison de ces deux extrêmes entre eux; — et comme les arguments se distinguent les uns des autres par leur origine, c'est-à-dire relativement au principe duquel on les tire, on les divise en arguments déduits de la raison, et en arguments fondés sur une autorité positive. Les arguments se distinguent encore entre eux par leur forme; ce sont des syllogismes, des enthymèmes, des inductions ou sorites, et des dilemmes (*V.* PROBABILITÉ, MILIEU, SENTIMENT, EXTRÊME, SYLLOGISME, ENTHYMÈME, INDUCTION, DILEMME). — On appelle *argument en forme* le syllogisme construit dans toutes les règles de la logique. L'enthymème, dit-on, d'après Aristote, est l'espèce d'argumentation qu'emploient communément les orateurs. — Ceux ci, au surplus, appellent *intrinsèques* ou *artificiels*, en grec, ἔντεχνα, en latin, *insita*, les arguments qu'ils tirent, soit de leur propre situation, soit des circonstances propres à leur auditeur, soit enfin du fond même du sujet qu'ils traitent. Ainsi, par exemple, l'orateur, homme de bien, persuade plus aisément que celui dont la probité peut être mise en doute. Ce même orateur profite de quelque circonstance fortuite ou non pour émouvoir ses auditeurs, et faire pencher leur jugement dans son sens; ce sont les arguments de la seconde espèce. Ceux qui naissent du sujet même constituent ce que les rhéteurs appellent *lieux-communs extérieurs* ou *intérieurs* (*V.* LIEUX-COMMUNS). — Cicéron appelait *assumpta* les arguments naturels ou extrinsèques, ἔξτεχνα, que l'orateur trouve tout faits comme un texte de loi, la jurisprudence des arrêts, les procès-verbaux devant faire foi, les actes authentiques, etc. (*V.*, au surplus, DÉMONSTRATIF, DÉLIBÉRATIF, JUDICIAIRE). — On s'est servi, on se sert encore du mot *argument* à la place du mot *sommaire*, pour indiquer en peu de mots le sujet d'un livre, d'une histoire, d'un discours, etc. Les *prologues* des anciens, dont on voit encore quelques exemples dans nos auteurs dramatiques du commencement du XVIIᵉ siècle, contenaient d'ordinaire l'argument, l'exposition sommaire du sujet de leurs pièces de théâtre. Cet usage a été justement abandonné. — On peut se convaincre, par l'analyse très-succincte que nous venons de faire de l'argument, qu'il n'est pas nécessaire que l'orateur argumente avec les formes scolastiques. Une telle manière d'argumenter ne pourrait être employée avec succès que dans les causes extrêmement simples, où la vérité peut, en quelque sorte, se prouver mathématiquement; mais rien autant que cette forme sèche et aride ne pourrait nuire aux effets oratoires que l'orateur veut produire. Mais ce qui est nécessaire, c'est que l'orateur soit familier avec ces formes de l'école qui rectifient le jugement et empêchent l'imagination de s'égarer, afin que, lorsqu'il se livre dans son auditoire à l'argumentation, il n'y fasse entrer aucun argument qui ne puisse, être soumis à l'épreuve d'une analyse logique. — *Argument* se prend quelquefois pour *indice*, *conjecture*, comme dans cette phrase : *L'opinion qu'on a de sa probité est un grand argument en sa faveur.* — On appelle *argument ad hominem* celui qui est d'autant plus concluant qu'il s'attaque plus directement à la personne même à qui on l'adresse. — On désigne par *argument dialectique* celui qui n'est fondé que sur des raisonnements probables, qui, par conséquent, n'est pas capable de convaincre d'une manière absolue et positive de l'existence ou de la non-existence d'un fait, ou d'un principe.

ARGUMENT (*astron.*). On peut définir ce terme de la manière suivante : quantité de laquelle dépend une équation, une inégalité ou toute autre circonstance du mouvement d'une planète. Ce mouvement des astres n'est point, uniforme, il éprouve des inégalités périodiques qu'on voit se reproduire, après des intervalles de temps fixes, de la même manière qu'on les a déjà vues se produire. Supposons que la lune ne serait assujettie qu'à la seule attraction de la terre; elle décrirait autour de celle-ci une ellipse dont la terre occuperait constamment l'un des foyers. Il en résulte de même si la distance de la lune à la terre était tellement petite que l'attraction de la terre sur son satellite resterait toute-puissante et ne serait pas sensiblement contrariée par l'attraction du soleil: Mais le soleil opère sur la lune, comme sur la terre, une attraction considérable, bien supérieure à celle que la terre peut exercer; de là il doit résulter du mouvement de la lune une inégalité dont la somme dépend de l'angle formé par deux droites menées du centre de la terre, l'une au centre du soleil, l'autre au centre de la lune. On conçoit aisément que la grandeur de cet angle varie suivant la place qu'occupent respectivement la lune, le soleil et la terre. Mais comme dans le cours de chaque lunaison l'angle reprend, périodiquement, à très-peu de chose près, la même valeur qu'il avait eue à chaque moment de la lunaison précédente , il s'ensuit que l'inégalité du mouvement est périodique. Or, l'angle qui fixe la période, est ce qu'on appelle *argument*, et le nombre, qui fixe la grandeur de l'inégalité s'appelle, *coefficient.* — Quant à l'*argument de la latitude* d'une planète, c'est l'angle qui mesure la distance de son lieu vrai à son nœud; c'est-à-dire la distance du lieu qu'elle occupe dans son orbite, au point où cette orbite coupe celle de la terre. Les degrés de cet angle se comptent suivant l'ordre des signes ; le nœud dont on prend la distance au lieu vrai est le *nœud ascendant.* On désigne souvent l'argument de la latitude par *argument d'inclinaison.* — C'est par l'*argument menstruel* de la latitude de la lune, c'est-à-dire de la distance du vrai lieu de la lune au vrai lieu du soleil, qu'on trouve la grandeur d'une éclipse de lune, lunaire ou solaire. — On entend par *argument annuel* la distance du lieu du soleil au lieu de l'apogée de la lune, c'est-à-dire l'arc de l'écliptique compris entre ces deux lieux.

J. DE M.

ARGUMENTATION: se dit du procédé oratoire par lequel on réunit plusieurs arguments, ou par lequel on développe un argument dans diverses parties, soit pour démontrer la vérité qu'on soutient, soit pour réfuter l'erreur qu'on combat. L'argumentation répond à ce que les rhéteurs appellent *démonstration* (V. ce mot).

ARGUS (*myth.*). fils de Phryxus, dirigé par Minerve, construisit le navire *Argo,* qui, suivant quelques mythologues, reçut le nom du constructeur. Ce fut sur ses instances que Jason et ses compagnons s'embarquèrent pour aller venger la mort de son père. — *Argus*, fils d'Arestor ou d'Agénor, prince argien, fut surnommé *Panoptes*, parce qu'il avait cent yeux qui ne se fermaient que successivement et alternativement, de sorte qu'un grand nombre restaient toujours ouverts. Il fut chargé par la jalouse Junon de la garde d'Io ; Mercure, envoyé par Jupiter, endormit Argus en jouant de la flûte, et profita de son sommeil pour le tuer. Junon prit tous les yeux d'Argus, et elle en orna la queue des ailes du paon. — Les deux Argus dont nous venons de parler ne doivent pas être confondus avec l'*Argus* ou *Pélasgus*, qui fut troisième, ou quatrième roi d'Argos, suivant qu'on le fait succéder à Phoronée, ou à Apis; on le fait régner de cinquante-sept à soixante-dix ans, de l'an 1712 à l'an 1642 avant J.-C. Ce fut de lui que les Argiens prirent le nom de *Pélasges.* Après sa mort, il fut déifié.

ARGUS (*hist. nat.*). On a donné ce nom à des papillons diurnes, à six pieds, portant sur les ailes des taches en forme d'yeux, en nombre plus ou moins grand, suivant les espèces.

Le papillon auquel on donne plus particulièrement le nom d'*argus* est d'un beau bleu ; le dessous des ailes est gris blanc, parsemé de petits yeux noirs , entourés d'un bord blanc. Ce papillon se voit presque toujours voltigeant sur les bruyères et sur les prairies. — ARGUS (*ornith.*), de l'ordre des gallinacées et de la famille des *alectrides* ou oiseaux de basse-cour : il est ainsi nommé à cause des yeux qui sont répandus sur son plumage. On l'a confondu longtemps avec le paon, avec lequel il a incontestablement des traits de ressemblance; mais il en diffère par le nombre plus petit de rectrices et l'absence d'ergots aux tarses, ce qui a suffi pour que les naturalistes en fissent un genre particulier. — La chair de l'argus est très-délicate. On le trouve dans les contrées méridionales de l'Inde , au Pégu, à Siam , aux Moluques, etc. : il aime les contrées montagneuses et boisées. Son bec est nu à la base, robuste, droit, allongé, recourbé; les narines bouchées à demi par une membrane; les tarses médiocres; les ailes très-grandes ; la queue, peu longue , formée de douze rectrices larges, qu'il peut , comme le paon , épanouir en éventail. La femelle se distingue du mâle par un plumage moins brillant. — Cet oiseau n'a pas été naturalisé en France.　X. X.

ARGUS (*poiss.*). On donne ce nom à un genre de poissons de la famille des *leptosomes*, remarquables par leurs formes et leurs vives couleurs ; ce poisson est très-peu connu en Europe. Un autre poisson, plat comme la sole ou la limande, *pleuronectes*, porte aussi le nom d'*argus.* Ses yeux sont placés du même côté de la tête, et il nage constamment sur un seul côté, ce qui lui est commun avec les achires. — Le nom d'*argus* sert encore à distinguer un petit serpent de la Guinée, sur lequel on remarque un double rang de taches en forme d'yeux , et un petit lézard d'Amérique, d'une belle couleur bleu de ciel, avec des taches semblables sur tout le corps, la tête et la queue exceptées. — Les marchands d'objets d'histoire naturelle vendent sous le nom d'*argus* de petits coquillages du genre porcelaine, sur lesquels on remarque des taches comme des yeux.

ARGYLE OU ARGYLL, comté de l'Écosse méridionale, se prolongeant sur la mer, dans un espace d'environ quarante lieues de côtes tout entrecoupées de golfes et de bois. Le pays offre un aspect sauvage, mais pittoresque; le mont Biddmoor s'élève à quatre mille pieds au-dessus du niveau de l'Océan. L'intérieur du pays est coupé de *lochs* ou lacs qui embellissent le pays, en étendant sur lui leurs larges nappes d'eau. D'un autre côté, les terres labourables forment à peine la vingtième partie de la surface du comté. Aussi les habitants se livrent-ils à la pêche, à l'éducation des troupeaux, à l'extraction de l'ardoise, du marbre, du fer, du plomb de leur montagnes, et au salage des harengs, dont ils exportent annuellement deux mille tonneaux. — Le canal de Crinan , long d'environ quatre lieues, fait communiquer l'Océan avec le loch-Fine, où l'on pêche beaucoup de harengs, et de là avec le Clyde-Frith, qui débouche dans la mer du Nord. La capitale du comté est Inverary, à l'extrémité du golfe de Fyne. C'est une petite ville d'environ 1,100 ou 1,200 âmes. Le comté tout entier n'a pas 100,000 habitants. Les comtes d'Argyle résident à Inverary.　N. M. P.

Vers le milieu du XVIIe siècle, le comte d'Argyle, partisan frénétique de Cromwell périt sur l'échafaud (1661) après le rétablissement de Charles II. Ses biens furent confisqués; mais le roi, touché de compassion pour son fils Archibald, lui en abandonna la plus grande partie. Archibald, peu reconnaissant , entra dans toutes les conspirations qui se tramèrent tant contre Charles que contre Jacques II. Le parlement d'Écosse le condamna au dernier supplice, et la sentence fut exécutée en 1685. Les comtes d'Argyle, presque toujours comblés des bienfaits de leur souverain , n'ont jamais manqué de prendre les armes pour soutenir toutes les révoltes. Le fils d'Archibald fut élevé à la dignité de duc pour avoir combattu à outrance contre les jacobites; il mourut en 1743.　N. M. P.

ARGYRASPIDES (*hist. anc.*) de ἄργυρος, argent et ἀσπίς, bouclier. On désignait par ce nom des soldats macédoniens qui s'étaient si bien signalés par leur bravoure qu'Alexandre leur donna des boucliers d'argent pour prix des services qu'ils lui avaient rendus. Ils formaient, selon Quinte-Curce, le second corps de l'armée, la phalange macédonienne formant le premier. Le même historien semble dire que les Argyraspides étaient des troupes légères ; mais ce que se passa parmi les généraux d'Alexandre, après la mort de celui-ci, faisant chacun de son côté les plus grands efforts pour gagner les Argyraspides, prouve assez que ces soldats étaient considérés comme l'élite de l'armée, pouvant fixer la victoire sous la bannière qu'ils choisiraient. N. M. P.

ARGYRE (*myth.*). Nymphe qui fut aimée par le berger Sélimnus, et dont l'inconstance causa la mort de ce berger. Vénus, touchée de compassion, métamorphosa Sélimnus en un fleuve, qui, de même qu'Alphée, allait mêler ses eaux à celles de la fontaine à laquelle présidait Argyre. — Plusieurs fontaines, plusieurs villes de l'Achaïe et de la Sicile ont porté le nom d'Argyre; ce fut dans Argyre de Sicile que naquit l'historien Diodore.

ARGYRÉIOSE (*poiss.*). Le *zeus vomer* de Linné, seule espèce connue du genre argyréiose, établi par Lacépède, et adopté par Cuvier. Ce poisson se distingue par la longueur de ses nageoires ventrales, les fils que forment quelques rayons des nageoires dorsales, son corps excessivement comprimé, revêtu d'une peau fine satinée, sans écailles, brillante comme l'argent; c'est cette particularité qui lui a valu son nom. L'argyréiose habite les côtes orientales de l'Amérique. Il croît jusqu'à la longueur de deux pieds. Margrave vante la bonté de sa chair. On la trouve quelquefois dans les rivières; la chair de celui-ci est moins estimée; on le mange en friture ou bouilli, ou on le sale. X. X.

ARGYRATES (*jeux; hist. anc.*). Combats ou jeux dans lesquels le vainqueur obtenait pour prix un objet d'argent; tels que vases; boucliers, etc. Ces jeux ne faisaient partie d'aucun culte.

ARGYROCOME (*astron.*). Espèce de comète de couleur argentine, différant peu de l'héliocomète, mais jetant plus d'éclat (*V.* HÉLIOCOMÈTE). En *t.* de botan., on appelle *argyrocome* une plante du cap de Bonne-Espérance, dont les fleurs sont couleur d'argent.

ARGYROGONIE (*en t. d'alchim.*), c'est la pierre philosophale.

ARGYROLITHE (*en t. d'hist. nat.*), c'est une pierre qui paraît argentée.

ARGYRONÈTE. Araignée aquatique de Linné; ordre des pulmonaires, famille des fileuses ou aranéides, section des tubitèles, genre établi par Latreille. Principaux caractères: huit yeux, mâchoires droites, cylindriques; pattes fortes, médiocrement longues. Cette aranéide vit dans les eaux stagnantes; on la voit souvent s'élever à la surface de l'eau, soulever son abdomen qui est revêtu d'une grande quantité de poils. Il paraît que les bulles d'air qui s'attachent à ces poils, recueillies par l'argyronète, lui fournissent le moyen de respirer longtemps sous l'eau, où elle passe la plus grande partie de sa vie. L'argyronète se trouve assez souvent aux environs de Paris, mais plus fréquemment dans la Champagne.

ARGYROPÉE (*t. d'alchim.*). Qui signifie l'art de faire de l'argent avec un métal d'un prix inférieur. La chrysopée est de même l'art de faire de l'or (*V.* TRANSMUTATION DE MÉTAUX, PIERRE PHILOSOPHALE).

ARGYROPHILE OU ARGYROPULO (JEAN [*biog.*]), né à Constantinople; alla demeurer à Padoue vers l'an 1434. Il retourna au bout de quelque temps dans sa ville natale, mais il la quitta de nouveau après que Mahomet II s'en fut rendu maître en 1453. Il reprit le chemin de l'Italie, et se rendit à Florence. Côme de Médicis lui donna une chaire de grec, et lui confia l'éducation de son fils. Vers la fin de sa vie, il se rendit à Rome, où il donna des leçons de philosophie sur le texte grec d'Aristote; il y mourut en 1474. Ce fut, dit-on, des suites d'un accès de gourmandise et pour s'être chargé l'estomac de melon. Si ce fait est vrai, Argyrophile ne mettait guère en pratique pour lui-même les leçons de philosophie qu'il donnait aux autres. On a de lui une *Traduction de la Morale* et de la *Physique d'Aristote*, un traité *De regno* et *Consolatio ad imperatorem Constantinopolitanum.* Il eut *Politien* pour disciple.

ARGYROSE. Minéral argentifère. Ce minéral a un aspect métallique et une couleur gris-de-plomb ou d'acier; il est légèrement ductile, peut se couper avec le couteau, offre des cristaux assez réguliers. L'argyrose renferme 0,871 d'argent et 0,129 de soufre (*V.* ARGENT SULFURÉ).

ARGYRYTHROSE. C'est le minéral qu'on désigne ordinairement par le nom d'*argent rouge* et d'*ardent antimoné sulfuré.* L'argyrythrose cristallise dans le système rhomboédrique, aimant surtout la forme de prismes hexagones, terminée par des rhomboïdes. C'est l'une des trois combinaisons naturelles du sulfure d'argent avec celui de l'antimoine. Il offre par l'analyse 0,589 parties d'argent, 0,229 d'antimoine, 0,166 de soufre, 0,016 de scories. — Ce minéral, assez rare en Europe, ne se trouve guère qu'au Hartz, où on l'exploite à plus de 800 mè-

tres de profondeur. Nulle part il ne s'est montré aussi abondant qu'aux mines de Sombrerète, au Mexique. On prétend qu'il s'est trouvé des filons de 4 mètre d'épaisseur; et que, dans l'espace de peu de mois, les propriétaires de la mine en ont retiré 180 000 kilogrammes d'argent, avec un produit net de 20,000,000 de francs. J. C.

ARIA (*hist., géog. anc.*). C'était le nom d'une province de l'ancienne Médie qu'arrosait le fleuve Arius (*Héri*), et qui se formait des provinces actuelles du Schistan, du Kerman septentrional et du Khorassan méridional. La plus grande partie de l'Aria consistait en déserts; mais la vallée qui renfermait la ville capitale d'Aria (*Hérat*) paraît avoir été toujours très fertile. Une route de caravanes passait par cette ville en se rendant vers l'Indus (*Shind*). — Plusieurs géographes ont cru pouvoir confondre la province d'Aria avec celle d'Arian, qui se trouve nommée dans Strabon, et qui porte, dans le Zend-Avesta, les noms d'*Ariéné*, d'*Erium* ou d'*Irman*; et dans le Schah-Nâmeh celui d'*Ernnan* ou d'*Iran*. M. Heeren a cru au contraire que le nom d'Arian ne pouvait concerner que l'Iran, et M. de Hammer donne plusieurs solides raisons de penser que cette ancienne Arian ou Eriame n'est pas autre chose que l'antique royaume d'Iran, duquel est partie la civilisation. — Quant à l'Aria moderne, nous ferons observer que la ville de Hérat fait partie du Caboulistan soumis au pouvoir des Afghans, et qu'elle est la capitale de la portion qui dépend de la Perse s'appelle *Merchid.* L'air de l'Aria est sain, mais froid; le pays produit du vin, des fruits, des grains, du riz, de la soie, de l'indigo, des étoffes de soie et de coton, des tapis, des lames d'acier, de la cochenille, de l'or, de l'argent, du fer, des pierres précieuses, etc. Les plaines sont couvertes de ruines; elles sont habitées par des Turcomans, des Persans, des Bukhares, presque tous nomades. Ce sont ces derniers qui, formés en caravanes nombreuses, colportent les marchandises par toute l'Asie, en Chine, en Russie, dans les ports de la mer Caspienne. A. X.

ARIA CATTIVA OU MALA ARIA, mauvais air. C'est par ce nom que les Italiens désignent les émanations marécageuses qui produisent des fièvres pernicieuses. Ces émanations délétères exercent principalement leurs ravages aux environs des marais Pontins (*V.* MARAIS PONTINS) dont les vapeurs, élevées par la chaleur du jour, retombent, durant la nuit, sur la surface de la terre. Aussi les voyageurs qui traversent impunément ces parages tant le jour dure n'y passent-ils la nuit qu'en tremblant. A Rome même, on n'est pas tout à fait à l'abri de l'*Aria Cattiva*, dont l'influence se fait plus d'une fois sentir sur la ville basse. C'est ce qui a même fait transférer la résidence du souverain pontife du Vatican au Monte-Cavallo. X. X.

ARIA (*musiq.*). Ce mot, emprunté à la langue italienne, est l'équivalent du mot français *air*, qui désigne un morceau de chant composé pour une seule personne, avec l'accompagnement de l'orchestre. Quelquefois, outre l'orchestre, l'accompagnement comprend des chœurs chantants, mais il n'est pas nécessaire de dire que ces chœurs ne servent qu'à marquer le rhythme et compléter l'harmonie, sans prendre aucune part à la mélodie; si ce n'est lorsque la partie principale se tait, le chant du chœur reçoit alors plus d'extension. — Plusieurs conditions sont nécessaires pour que l'aria puisse produire un bon effet. Il faut d'abord que l'aria ne se fasse entendre que dans un moment où le cœur cherche pour ainsi dire à épancher au dehors tous les sentiments qu'il renferme; ce n'est qu'alors qu'il est permis de substituer le chant au langage ordinaire, et comme le chant doit nécessairement marcher moins vite que la parole parlée, il faut que le poète concentre, autant qu'il le peut, le sentiment dans un petit nombre de mots, qui, en échange, devront être énergiques. D'autre part, toutes les passions ne sont pas également propres à entrer dans l'aria; si elles sont inquiètes et véhémentes, ressemblant à un torrent qui déborde, elles ne peuvent former une aria, où la première condition à garder c'est l'unité de caractère. — L'aria se divise en deux parties: la première ne renferme en quelque sorte que l'expression générale du sentiment; c'est la reprise qui doit en faire l'application au sujet, ou en indiquer la modification exacte. — Les compositeurs italiens semblent avoir déterminé, même pour nous, la forme extérieure de l'aria. Ils commencent par une ritournelle qui, par son caractère sombre, grave, austère, gracieux, rude ou tendre, annonce le sentiment général qui va régner dans l'aria. Vient ensuite le récitatif, dans lequel le personnage exprime les causes du sentiment qu'il éprouve. Ici le poète n'emploiera, autant que possible, que des termes sonores; car la musique a besoin ici de s'appuyer sur les mots. Cette première partie de l'*aria* se termine ordinairement par la reprise de quelques vers conçus de manière à pouvoir amener naturellement la seconde partie. Quelquefois ce passage d'une partie à l'autre n'a lieu que par une transition dont le caractère tranche avec ce qui précède. C'est dans ces sortes de transitions, qui peignent assez bien l'agitation qui remplit l'âme du personnage, que le musicien peut déployer sans inconvénient ce qu'on appelle des effets d'orchestre et d'harmonie, pourvu toutefois que ces effets ne soient pas d'un caractère tellement sauvage qu'ils blessent l'oreille, qu'ils ne doivent tout au plus que frapper. — La seconde partie est celle qui est la plus importante pour le musicien qui, s'identifiant là avec le personnage, doit fournir une large carrière au sentiment; ou à la passion qui le domine et le maîtrise. Cette seconde partie se répète ordinairement après une ritournelle qui joint les deux reprises. Dans cette ritournelle, l'orchestre devient partie principale, et le chanteur reprend haleine pour pouvoir mettre encore plus d'énergie dans la *stratta*, par laquelle se termine l'*aria* sur un mouvement plus rapide et augmentant de vivacité à mesure que le chanteur avance vers la péripétie. — Les anciens terminaient l'*aria* par la reprise de la première phrase du commencement; mais ce procédé, qui pouvait se tolérer dans l'*aria* dont le mouvement ne variait pas, a été à peu près abandonné. — Quelquefois le chant commence sans préparation, sans ritournelle, sans récitatif. Si en effet la passion à exprimer est forte, cette méthode est plus naturelle et l'effet en est toujours assuré. — On a dit quelquefois que dans l'*aria* le compositeur ne faisait que revenir cent fois sur la même idée, ce qui devait fatiguer et produire de l'ennui. Il y a là erreur et presque mauvaise foi, car les répétitions du chanteur viennent toujours appuyer sur les traits les plus saillants, et pour peu que l'expression en soit variée, au lieu de fatiguer, les répétitions intéressent, car elles sont dans la nature: le sentiment revient sans cesse sur le sujet qui l'excite, et c'est par des impressions géminées que l'auditeur finit par être ému. — Au reste, tout homme de goût sentira que ni le poëte ni le musicien ne peuvent s'astreindre ici d'une manière servile à des règles précises. C'est le sujet qui commande, et le goût du poëte et du musicien doit diriger l'exécution. Quant aux règles à suivre par le chanteur, nous en parlerons au mot chant.

　　　　　　　　　　　　　　　　　J. DE M.

ARIANE ou ARIADNE (*myth*.). Fille de Minos. Thésée s'étant présenté pour combattre le Minotaure, elle lui donna le peloton de fil qui devait lui faire retrouver l'issue du labyrinthe, c'est-à-dire qu'elle lui communiqua le plan du labyrinthe et lui donna les moyens de vaincre le monstre. Thésée avait promis à la faible et crédule Ariane de l'épouser; mais, infidèle à sa promesse, il l'abandonna dans l'île de Naxos. Bacchus la consola de la perfidie de Thésée, et lui donna une couronne d'or qui a été plus tard changée en astre. Quelques mythologues ont lavé Thésée de l'accusation d'infidélité. Les uns disent qu'ayant dû remonter sur son vaisseau, tandis qu'Ariane reposait encore sur le rivage, il fut entraîné malgré lui par les vents; d'autres disent qu'Ariane fut enlevée à Thésée dans l'île de Naxos par un prêtre de Bacchus; et l'une ou l'autre de ces versions est plus vraisemblable que la noire ingratitude de Thésée (*V.* THÉSÉE, BACCHUS).

　　　　　　　　　　　　　　　　　N. M. P.

ARIANISME, hérésie d'Arius et de ses sectateurs. Prêtre infidèle de l'Église d'Alexandrie, Arius niait, dans la Trinité, la *consubstantialité* du Fils avec le Père, c'est-à-dire l'*égalité de substance*. Le Fils, suivant lui, n'était qu'une créature tirée du néant par le Père et produite dans le temps, ne recevant en quelque sorte la divinité que par participation. Comme cette doctrine, nettement formulée, attaquait directement le dogme sur lequel repose la foi catholique, Arius et ses disciples, et parmi ceux-ci Eusèbe de Nicomédie, cherchèrent à pallier, par des mots équivoques, ou même substitués frauduleusement aux mots propres, ce qu'il y avait de plus audacieux et de plus impie dans leurs assertions. L'erreur cherchait encore, pour s'enraciner plus profondément dans le monde, à se couvrir des apparences de la vérité; il était réservé au philosophisme des temps modernes de marcher à découvert et sans voile vers un but avoué, celui de remettre en question la sainteté du christianisme, en rendant hypothétique la divinité de son fondateur; de préparer, par le pyrrhonisme, le triomphe du déisme sur toutes les opinions religieuses; d'arriver, peut-être, par une pente insensible, au matérialisme pur, et de dégager les hommes de la crainte des châtiments et de l'espoir des récompenses, pour les livrer, sans scrupule comme sans remords, à l'instinct brutal des passions. — Des écrivains modernes, dont le talent d'ailleurs ne saurait être révoqué en doute, n'ont pas craint d'établir une comparaison impie entre l'arianisme et le christianisme, qu'ils ont placés sur le même rang d'institutions humaines, liées l'une à l'autre par le même principe, ne différant que dans l'application de ce principe, mais ne formant que deux développements d'un dogme de l'école platonicienne. Voici leurs propres paroles: « Deux développements divers de la doctrine du Verbe entraînaient conséquemment deux religions différentes; ces deux religions se sont montrées: l'une a mis en avant l'unité de Dieu avec un prophète, un être particulier, un type de perfection préconçu, antérieur à l'humanité, créé au commencement des temps, et tenu en réserve pour paraître quand le moment sera venu: c'est l'*arianisme*, et c'est aussi le *mahométisme*.... L'autre n'a pas voulu pousser plus loin la déduction de l'idée du Verbe de Dieu; elle s'est contentée de distinguer en Dieu ce Verbe; et, de même qu'elle affirmait l'éternité de ce Verbe, elle a également affirmé l'éternité de sa manifestation visible, c'est-à-dire de Jésus-Christ. Sommée de s'expliquer sur ces différentes hypothèses de la nature divine, elle a refusé de répondre et a inscrit sur sa croyance le mot *mystère*: c'est le *catholicisme*. »—Nous n'entreprendrons pas ici de réfuter ce passage, la discussion nous conduirait trop loin et hors de notre sujet. D'ailleurs, pour peu qu'on ait lu sans prévention l'histoire du christianisme, on ne peut manquer de sentir tout ce qu'il y a d'ignorance, de ridicule, de délire même dans les assertions qu'il renferme. Nous ne l'avons cité que pour montrer jusqu'où peuvent conduire les illusions du philosophisme quand on s'y laisse trop facilement entraîner. Nous l'avons cité encore pour qu'il nous serve en quelque sorte de transition pour arriver aux systèmes philosophiques de l'école d'Alexandrie, et aux orgueilleuses doctrines de ces néoplatoniciens qui ouvrirent les voies à toutes les hérésies des premiers âges du christianisme, et principalement à l'arianisme. — Inutile de dire que dès les premiers temps la religion naissante fut poursuivie, accusée, calomniée, proscrite par le paganisme qu'elle détrônait, et par la philosophie dont elle montrait la vaniteuse impuissance pour le bonheur des hommes. Tous les ressentiments, toutes les haines, toutes les passions mécontentes se convertissaient en résistance opiniâtre à la propagation de ses doctrines. Le moment était favorable: l'hérésie, accueillie par les philosophes comme auxiliaire, était protégée par eux, parce qu'elle se dirigeait vers le même but. — Un siècle avant la naissance de Jésus-Christ les platoniciens affluaient vers Alexandrie, où, grâce à l'incurie des successeurs dégénérés des premiers Ptolémées, ils trouvaient, pour la propagation de leur doctrine, une liberté qu'Athènes leur refusait. Vers le même temps les juifs d'Alexandrie (les juifs s'étaient établis dans cette ville depuis que Ptolémée Philométor avait permis à Onias [*V.* ce nom] de construire un temple semblable à celui de Jérusalem), voulant apparemment réunir en un seul faisceau toutes les doctrines philosophiques de leurs rabbins, publièrent un traité de philosophie où il n'est pas malaisé de reconnaître les idées et jusqu'au style de l'école platonicienne; et pour donner à ce livre une plus haute importance, ils publièrent que son contenu n'était que la suite et le développement des doctrines de Salomon, émanation de la sagesse divine. Philon d'Alexandrie, plus connu sous le nom de *Philon le Juif*, homme savant, mais se laissant trop dominer par son imagination là où il fallait apporter un esprit calme et une raison docile, non content de s'approprier toutes les idées philosophiques de ses compatriotes, voulut y ajouter les siennes, qui consistaient principalement à prétendre concilier la mythologie et la littérature grecques avec les traditions des livres saints; la philosophie de Platon et même de Pythagore, avec les dogmes de l'Écriture. Philon était éloquent et heureux dans le choix de ses expressions; on l'avait surnommé le *Platon juif*. Il fit école, et l'on vit naître dans Alexandrie une espèce de syncrétisme et de néoplatonisme, d'où sortirent plus tard les deux sectes fameuses qui ont tant produit, favorisé du moins, de chutes, d'erreurs et d'hérésies. Philon soutint qu'il y avait deux mondes: un monde idéal, intelligible, monde d'idées premières, prototypes, invariables, co-éternelles avec Dieu; et un monde sensible, créé par Dieu d'après le monde idéal: ce sont là les pures idées de Platon. Mais lorsqu'il personnifie ces idées prototypes sous le nom de *Logos* ou *Verbe*, lorsqu'il considère ce Verbe comme une émanation de Dieu, fils de Dieu, non Dieu comme lui, d'une seule et même substance, il devient le précurseur d'Arius. — Une sorte de communauté d'idées s'était établie entre les disciples de Philon et les platoniciens : les uns et les autres admettaient l'unité de Dieu et un Verbe qui avait précédé les temps, mais qui n'avait pas existé de toute éternité avec Dieu. Ce Verbe avait été créé par Dieu ; il offrait de Dieu la plus parfaite image, mais il n'était Dieu que parce que Dieu l'avait fait participer à sa divinité. Ce fut à peu près au moment où s'opérait, sur ce point important, cette communion d'idées entre deux sectes qui, par le fond des croyances, devaient rester à jamais séparées, que le christianisme parut sur la terre. — Les premiers chrétiens ne discutèrent ni sur les points de dogme, ni sur les doctrines que les apôtres leur avaient transmises ; mais ils scellèrent souvent de leur sang leurs croyances ; et, croyant avec l'Église à la divinité et à l'humanité de Jésus-Christ, ils conservèrent leur foi au péril de leur vie. Quand le christianisme, acquérant chaque jour des forces nouvelles, eut pénétré en Égypte, les platoniciens et beaucoup de juifs, trouvant à peu de chose près, dans la religion naissante, les idées de leur maître sur le Verbe, adoptèrent la foi évangélique, les uns sans restriction, les autres sans renoncer à leurs idées antérieures sur le logos. Cette dernière circonstance a même poussé quelques écrivains, dont l'opinion d'ailleurs n'est point pour nous une autorité, à dire que saint Clément d'Alexandrie, Origène et plusieurs autres docteurs révérés, confondaient secrètement la triade grecque (le pneuma, ou esprit pénétrant la matière et lui donnant le mouvement et la vie ; le nous, ou intelligence dirigeant l'univers dans sa marche ; le logos, Verbe ou Raison, qui maintient l'harmonie entre tous les êtres créés : formant les trois grands attributs de l'Être incréé Εἰκτον) avec la Trinité évangélique. — Au fond, et tant que l'autorité infaillible de l'Église chrétienne n'avait pas déclaré quel était le véritable sens du logos, cette espèce d'alliance de la philosophie platonicienne avec les doctrines du christianisme doit peut-être nous sembler un bienfait de la Providence, car l'école d'Alexandrie jouissait d'une immense renommée. Ce n'était plus à Rome, à Constantinople, à Athènes, que ceux qui voulaient s'instruire allaient chercher les lumières ; ils accouraient tous à la ville des Ptolémées, qui, durant les premiers siècles de l'ère vulgaire, semblait avoir seule hérité de toute la gloire littéraire et scientifique de l'Orient et de l'Occident ; et sous le voile officieux de l'allégorie platonicienne, les vérités du christianisme enseignées publiquement, et elles se propageaient au loin sans obstacle. — Cette concorde était évidemment fondée sur un malentendu : on acceptait le logos et l'on ne discutait pas sur sa nature. Aussi lorsque Ebion parut après la destruction de Jérusalem, et qu'il soutint que Jésus-Christ avait été créé comme les anges, mais plus grand qu'eux, qu'ayant pratiqué constamment la vertu, il avait été choisi par Dieu pour être son Fils, et que Dieu était descendu sur lui sous la forme d'une colombe, il fit peu de sensation, parce qu'il ne se trouvait d'accord ni avec les catholiques, ni avec les philosophes. Sabellius vint ensuite ; et, tombant dans l'excès contraire, il ne voulut admettre dans Jésus-Christ qu'une seule et même nature, divine et humaine à la fois ; il confondit ensemble les trois personnes, qui, suivant lui, n'étaient que le même être agissant de trois manières différentes, et il ne considéra le Fils que comme une incarnation du Père, momentanée et passagère. Sabellius avait formé un parti assez considérable ; il avait même poussé l'audace jusqu'à dénoncer comme hérétique le patriarche saint Denis d'Alexandrie. Celui-ci n'eut point de peine à repousser une accusation sans fondement ; ce fut même de lui que l'Église reçut le mot consubstantiel, qu'employèrent plus tard les Pères du concile de Nicée. Les erreurs de Sabellius furent condamnées par un concile tenu à Alexandrie en 261. Malgré cette condamnation elles subsistèrent jusqu'au Ve siècle ; puis elles disparurent entièrement pour se remonter au milieu du protestantisme, où elles forment la doctrine des unitaires (V. ce mot). Paul de Samosate, autre hérésiarque de la même époque, voulait bien que le Fils fût consubstantiel au Père, mais il entendait cette consubstantialité divine peu près comme les rapports qui, dans la nature humaine, existent entre le père et le fils. Une autre opinion sur le Verbe se faisait encore sentir dans Alexandrie, mais elle ne troublait pas plus que les autres l'union apparente qui continuait d'exister entre les philosophes et les théologiens. On regardait Jésus-Christ comme un Dieu, mais on le croyait d'une substance différente de celle du Père ; on entendait sa divinité comme

les païens entendaient celle de Jupiter et de Saturne. Toutes ces sectes ne pouvaient avoir de durée ; car, en s'éloignant de l'Église, elles ne trouvaient pas d'appui chez les partisans des doctrines idéales de Platon ; or un tel état de choses ne pouvait subsister. Là où les uns faisaient du logos une simple personnification, où les autres adoraient une personne consubstantielle, égale en durée et en puissance, la scission devait éclater dès qu'on en viendrait à une explication claire et précise du logos ; et il était à présumer que la rupture serait d'autant plus violente qu'on avait paru marcher plus longtemps dans la même voie. — Le moment de l'explication arriva, lorsqu'après la persécution de Dioclétien l'Église jouit du repos qu'elle avait acheté par des flots du sang le plus pur. Tel était à peu près l'état des choses lorsque Arius, poussé par une détestable ambition de renommée, excité d'autre part contre le patriarche par le dépit amer de n'avoir pu s'asseoir sur le siége patriarcal, parut audacieusement sur la scène avec tout l'avantage qu'il pouvait tirer d'un extérieur prévenant, d'un esprit cultivé, d'une éloquence douce et persuasive, de connaissances profondes dans les sciences, d'une grande réputation de piété, de mœurs en apparence irréprochables, d'une imagination vive et ardente, de beaucoup de sagacité et d'adresse, et de tous les dehors du dévouement aux volontés de l'empereur, du respect et de la vénération pour l'Église, d'une déférence sans bornes pour l'autorité ecclésiastique. — Après le martyre de saint Pierre, évêque d'Alexandrie, vers l'an 311, son successeur Achillas fit monter Arius du diaconat à la prêtrise, et lui confia la direction d'une église d'Alexandrie. Achillas mourut en 312, et Arius se mit sur les rangs pour obtenir sa dépouille. Alexandre fut élu, et l'inimitié d'Arius commença. Ne pouvant ou n'osant attenter à sa personne, il voulut l'attaquer dans sa foi et jeter le trouble dans son Église. Il se mit à prêcher ouvertement que « le Verbe n'était pas égal au Père, et qu'il n'avait pas été de toute éternité, mais qu'il avait été créé de rien. » Alexandre était d'un caractère doux et conciliant ; il n'épargna rien pour ramener Arius : celui-ci resta inflexible, et le patriarche se vit contraint malgré lui d'employer la rigueur. Un concile fut assemblé : tous les évêques de l'Égypte et de la Libye s'y trouvèrent au nombre de plus de cent ; tous les diacres, tous les prêtres d'Alexandrie y assistèrent aussi. La doctrine d'Alexandre était celle de l'Église : il avait enseigné dans les conférences qu'il faisait à son clergé que le Fils était en tout égal à son Père et de même nature, parce que l'essence divine est nécessairement une. Arius fut interrogé, et, loin de se rétracter, l'orgueilleux novateur répondit en défendant ses doctrines ; seulement il ajouta que le Fils n'avait été Dieu que par participation, et que, bien qu'il fût le plus parfait des créatures, il avait été capable de vices et de vertus par l'effet de son libre arbitre. Cette doctrine impie fut condamnée par tous les évêques ; Arius et ses partisans furent rejetés de la communion de l'Église catholique. — Cette condamnation n'était que trop juste ; peut-être pour guérir le mal ou le couper à la racine, elle aurait dû être plus sévère. Chassé pour la seconde fois d'Alexandrie (il en avait été expulsé par le patriarche Pierre, comme fauteur de l'hérésie de Mélèce, et Achillas, séduit par les apparences de son repentir, l'avait rappelé). Arius partit pour la Syrie et la Palestine, dans l'intention de se faire des partisans parmi les évêques ; il réussit au gré de ses désirs, et l'hérésie, comme l'hydre de Lerne, montra impudemment sa tête hideuse. Un grand nombre d'évêques, par ignorance ou par indifférence, fascinés peut-être par les artifices d'Arius, se déclarèrent hautement pour lui : Eusèbe, de Césarée ; Théodote, de Laodicée ; Paulin, de Tyr ; Athanase, d'Anazarbe ; Grégoire, de Bérite ; Aèce, de Lidde ; Panophile, de Schitopolis ; Narcisse, de Néroniade ; Ménophante, d'Éphèse ; Théognis, de Nicée ; Maris, de Chalcédoine ; Second, de Ptolémaïde ; Théonas, de Marmarique ; et surtout Eusèbe, de Nicomédie, qui fut son plus ardent défenseur, d'autant plus dangereux pour les catholiques qu'il jouissait d'un grand crédit à la cour de l'empereur par le canal de Constance, femme de Licinius et sœur de Constantin. Eusèbe ne put toutefois obtenir le retour d'Arius à Alexandrie ; mais il fit de plus grands efforts pour gagner les évêques encore fidèles à leurs devoirs et à leur conscience ; et tandis qu'il tâchait d'opérer d'éclatantes apostasies, Arius cherchait à populariser ses erreurs, en écrivant un recueil de chansons antichrétiennes, qu'il publia sous le nom de Thalie, mot qui signifie à la lettre : vers à chanter dans un festin. Ces écrits, où des prélats s'anathématisaient mutuellement, ne pouvaient

manquer d'exciter des troubles dans l'État ; car naturellement, dans chaque diocèse, le peuple suivait le parti de son
évêque ; ignorant son erreur, il soutenait l'erreur avec le
même zèle qu'il pouvait mettre à défendre la vérité, quand
la vérité lui était connue. Constantin conçut de vives alarmes
pour le repos de son empire ; il demanda des renseignements
à Eusèbe dont il ignorait les sentiments, et Eusèbe lui répondit artificieusement qu'il ne s'agissait que d'une question de
mots à débattre entre Arius et le patriarche ; mais que cette
querelle n'intéressait la religion en aucune manière. Constantin, s'en rapportant à Eusèbe, écrivit au patriarche d'A-
lexandrie et à l'auteur de *Thalie*, en les engageant à se réconcilier. Il chargea de sa lettre le vénérable Osius, âgé de
soixante-sept ans, et depuis trente ans évêque de Cordoue.
Osius vit Arius en passant, et l'hérésiarque orgueilleux refusa
nettement de se soumettre. Alexandre, de son côté, crut sa
conscience intéressée à tenir Arius éloigné des lieux où il avait
déjà fait tant de mal. Osius ne tarda pas à se convaincre
que l'empereur avait été trompé par Eusèbe de Nicomédie.
Un nouveau concile proscrivit Arius et ses doctrines (324).
Arius et ses partisans ne se montrèrent pas intimidés. Le
souverain pontife jugeant le mal était grand, et qu'un
concile général pourrait seul y trouver un remède, fit demander par Osius à l'empereur des lettres de convocation.
Dans ces lettres, la ville de Nicée fut désignée pour lieu de
réunion : trois cent dix-huit évêques s'y rendirent, sans
compter un nombre encore plus grand de docteurs, de prêtres et même de diacres. Les séances s'ouvrirent au mois de
juin de l'an 325, en présence de l'empereur, qui, n'étant encore
que catéchumène, n'avait pas de voix délibérative, et de
deux légats du pape Sylvestre, qui ne put s'y montrer en
personne à cause de son grand âge. Osius présida l'assemblée.
— Arius y comparut, et il lui fut permis de se défendre ;
mais il le fit avec si peu de ménagement ; il vomit tant de
blasphèmes contre la Trinité, que tous les Pères, à l'exception
d'une vingtaine d'évêques, partisans plus ou moins déclarés
de l'hérésiarque, prononcèrent anathème sur lui et sur ses
erreurs. Les ariens prouvèrent, dans cette occasion, combien
peu ils comptaient sur l'appui de l'Église. Ils cherchèrent bien
à se prévaloir de quelques termes obscurs ou équivoques des
anciens docteurs ; mais ils rejetaient toutes les traditions dont
l'autorité les aurait accablés ; et ils ne cessaient d'invoquer le
texte de l'Écriture, parce qu'ils espéraient se sauver par la
voie des interprétations. Les catholiques daignèrent accepter
cette espèce de défi, et il ne leur fut point difficile d'établir
que c'était détruire de fond en comble la foi chrétienne que
de nier la divinité du Verbe, unie en Jésus-Christ à la nature
humaine, puisque la foi repose sur le fondement sacré de ce
dogme. Ils établirent de même qu'admettre dans la divinité
une pluralité ou division de substance, ce serait se jeter dans
le polythéisme ; qu'ainsi il ne pouvait pas y avoir de terme
moyen entre la croyance de la divinité du Verbe consubstantiel avec le Père et la renonciation au titre de chrétien. Les ariens ne pouvaient répondre à cet argument ; ils
mirent plusieurs moyens en usage pour déguiser leurs sentiments et leur donner les couleurs de l'orthodoxie ; mais les
Pères, de leur côté, se tenaient en garde contre leurs subter-
fuges, et ils les embarrassèrent tellement par les arguments
qu'ils leur portaient que, sur les vingt-deux évêques partisans
de l'hérésie, cinq se rétractèrent dès le premier jour, et quinze
autres dans les jours suivants. Encore, les deux qui restèrent
n'osèrent-ils pas afficher leur résistance ; ils aimèrent mieux
user de supercherie. Et quelle idée faut-il prendre d'une cause
qu'on ne saurait défendre que par le mensonge ? Le jeune
Athanase, que le saint patriarche Alexandre avait amené d'A-
lexandrie, proposa au concile, lorsqu'il était question de formuler la célèbre profession de foi que l'Église a mise au
nombre de ses prières, d'adopter le mot *homoousius*, dont
Paul de Samosate avait forcé le sens, en le rétablissant dans
son acception primitive. — Osius dressa la formule. Hermo-
gène l'écrivit ; elle fut ainsi conçue : « Nous croyons en Jésus-
Christ, Fils unique de Dieu, engendré du Père ; c'est-à-dire
de la substance du Père, Dieu de Dieu, Lumière de Lumière,
vrai Dieu de vrai Dieu, engendré et non fait, consubstantiel
au Père... ! Quant à ceux qui disent : Il fut un temps où le
Fils n'était pas ; il n'était pas avant d'être engendré, et il
a été tiré du néant ; ou ceux qui prétendent que le Fils de
Dieu est d'une autre substance, changeante ou altérable, la
sainte Église catholique et apostolique leur dit : *anathème*. »
— Second et Théonas, tous deux Égyptiens, refusèrent de
joindre leur signature à celles de leurs collègues. Eusèbe

de Nicomédie et Théognis de Nicée écrivirent frauduleusement *homoiousios*, qui signifie d'une substance semblable,
au lieu de *homoousios*, qui signifie de la même substance.
L'empereur, informé de la décision du concile, crut devoir
exiler Arius et ses plus dévoués partisans ; il ordonna que
les livres de l'hérésiarque fussent brûlés, et il prononça la
peine de mort contre quiconque posséderait ou garderait
sciemment un de ces livres. — Constantin ne tarda pas à se
relâcher de cette rigueur. Eusèbe de Nicomédie et Théognis
réussirent d'abord à obtenir leur rappel ; ils travaillèrent ensuite à gagner l'esprit de Constantin afin d'obtenir la grâce
d'Arius. Ils furent fortement secondés par la veuve de Licinius, qui, elle-même, sentant sa dernière heure arriver, recommanda son confesseur à son frère dans les termes les plus
pressants. Ce confesseur était un prêtre arien, accoutumé à
déguiser ses vrais sentiments sous les dehors d'une piété profonde. L'empereur, qui avait toujours aimé tendrement sa
sœur, remplit scrupuleusement ses dernières volontés. Il accueillit le prêtre arien sans méfiance ; il demanda et reçut ses
conseils, et le premier résultat qu'ils produisirent, ce fut le
rappel d'Arius. — Celui-ci avait fait présenter à Constantin
une profession de foi si artificieusement écrite qu'elle pouvait
s'interpréter en faveur de la foi catholique aussi bien qu'en
faveur de l'hérésie. Constantin crut ce qu'il désirait ; il ne vit
dans Arius qu'un homme égaré qui abjurait sincèrement ses
erreurs, et il permit à l'hérésiarque de reparaître dans
Alexandrie. Ce même Athanase, dont la voix jeune encore,
mais vigoureuse, avait tonné contre les ariens au concile de
Nicée, occupait alors le siége patriarcal (331), que la mort
de saint Alexandre avait laissé vacant, et Athanase, inébranlable dans sa foi, inaccessible à la crainte, sourd à toutes les
séductions, repoussa de l'Église l'homme astucieux et perfide
qu'il jugeait indigne d'y entrer. Arius connaissait la fermeté
d'Athanase ; il sortit d'Alexandrie et courut implorer le secours de ses amis, qu'on appelait alors eusébiens, parce qu'ils
avaient pour chefs les deux Eusèbe de Nicomédie et de Césarée. — Ceux-ci, à force d'intrigues et de manœuvres tortueuses, secondés auprès de l'empereur par le prêtre arien,
qui, sous le masque de l'orthodoxie, s'était emparé de sa confiance, parvinrent à réunir quelques évêques à Tyr (335),
et ils y tinrent un conciliabule principalement dirigé contre
Athanase, dont on osait accuser les doctrines. Arius y comparut et il demanda son rétablissement. Dans le mois de septembre de la même année, les eusébiens s'étant de nouveau
réunis à Jérusalem pour la dédicace de l'Église, Arius fut admis à leur communion. — De Jérusalem l'hérésiarque reprit
la route d'Alexandrie, d'où l'empereur, égaré par les eusébiens, avait exilé Athanase ; mais le peuple, attaché à la personne du saint patriarche, non moins qu'aux pures doctrines
qu'il avait reçues de sa bouche éloquente, ferma les portes de
l'Église et chassa honteusement l'odieux apostat. Arius tenta
de se venger en excitant des troubles en Égypte. Constantin,
informé de ce qui se passait, fit appeler Arius à Constantinople, et dès que celui-ci fut arrivé, il ordonna qu'on l'amenât en sa présence. Les eusébiens avaient mis à profit toutes
les circonstances, et ils préparaient au fondateur de leur secte
une ovation pompeuse autant que sacrilége : ils prétendaient
le faire recevoir à la communion de l'Église dans la ville impériale, malgré l'opposition d'Alexandre, qui occupait alors
le siége épiscopal. — Constantin somma l'hérésiarque de déclarer s'il suivait la foi du concile de Nicée ; Arius le lui assura
avec serment, et il présenta même à l'empereur un écrit renfermant sa profession de foi, conforme, du moins en apparence, au symbole de Nicée ; mais s'il faut en croire Socrate,
Arius portait sur lui sa véritable profession de foi, et c'était
à cette déclaration furtive de ses erreurs que se rapportaient
ses protestations et ses serments frauduleux. Constantin
trompé transmit à l'évêque Alexandre l'ordre d'admettre
Arius dans sa communion. Le saint prélat s'était jeté aux pieds
de l'autel, implorant, du fond du cœur, et les yeux pleins de
larmes, les secours de celui qui seul pouvait le protéger contre
la violence et sauver à l'Église un grand scandale. Ses prières
furent exaucées. Le samedi soir, ou, suivant le cardinal Baronius, le dimanche matin, le jour même qui devait éclairer
son triomphe, Arius, pressé par un besoin naturel, se retira
dans un lieu écarté pour le satisfaire, et comme on ne le vit
pas revenir, on se mit à sa recherche : on le trouva mort
(336). Les catholiques virent dans cet accident un effet de la
vengeance divine ; les eusébiens parlèrent de poison et ne purent prouver leur assertion calomnieuse. — La mort d'Arius
n'abattit point son parti, et l'arianisme, protégé par la fai-

blesser de Constantin; qui, entièrement livré aux eusébiens, reçut en mourant (337) le baptême des mains d'Eusèbe de Nicomédie, ouvertement professé par Constance, qui lui succéda sur le trône d'Orient; et qui, au bout de quelques années, réunit sous son sceptre les deux empires, l'arianisme lutta longtemps contre l'orthodoxie; et Jésus-Christ, qui voulait sans doute éprouver son Église et la fortifier par les persécutions mêmes contre les dangers de l'erreur, permit que plusieurs fois elle parût près de succomber. Mais, fidèle à la promesse qu'il lui avait faite, il lui suscita toujours d'ardents défenseurs, qui, n'ayant pour armes que la vérité et la sincérité de leur cœur, parvinrent, à force de courage et de persévérance, à rendre l'Église triomphante et victorieuse. — Constance faisait monter l'arianisme avec lui sur le trône de Constantinople; mais l'Occident appartenait à ses deux frères, Constant et Constantin; ceux-ci demandèrent et obtinrent de sa politique le retour de saint Athanase. D'un autre côté, les eusébiens obtinrent la déposition de saint Paul, qu'après la mort d'Alexandre on avait placé sur le siège épiscopal de la ville impériale, y firent monter Eusèbe de Nicomédie, qui ne jouit pas longtemps de son usurpation; et, fiers de ce succès, poursuivirent de nouveau le patriarche d'Alexandrie. Celui-ci eut recours à l'intervention du pape; les ariens, au lieu d'envoyer à Rome leurs députés, comme ils l'avaient offert, se réunirent à Antioche (341), à l'occasion de la dédicace de l'église; et là, dans un synode tout composé d'ariens, ils prononcèrent une nouvelle sentence de déposition contre le patriarche, à qui le souverain pontife avait rendu pleine et entière justice. Le pape crut alors nécessaire, autant pour la justification d'Athanase que pour l'avantage et l'intérêt de l'Église, de convoquer un nouveau concile œcuménique. Trois cents évêques se réunirent à Sardique; l'innocence du patriarche y fut reconnue; les chefs des ariens des plus remuants ou les plus coupables y furent condamnés: et ceux-ci, qui se trouvaient en trop petit nombre pour résister à Sardique, à cette masse imposante d'évêques et de docteurs que l'orthodoxie y avait rassemblés, s'étaient retirés à Philippopolis, et là, dans un conciliabule clandestin, ils poussèrent l'audace jusqu'à prononcer anathème contre le pape même et son légat Osius. Ils furent néanmoins obligés de souscrire à la décision de Sardique et de subir la réintégration d'Athanase. Malheureusement l'empereur Constant, que la mort de son frère Constantin avait laissé maître de tout l'Occident, attaqué lui-même par le rebelle Magnence, succomba dans les Gaules (350); et Magnence, à son tour vaincu par Constance, ayant expié par sa mort son usurpation, Constance resta seul maître de l'héritage de Constantin (351). Dès lors l'arianisme, n'étant plus contenu et ne trouvant plus d'obstacle, s'étendit sur l'Orient et sur l'Occident, comme une flamme dévorante poussée par les aquilons, et partout où les évêques fidèles osèrent lui résister, il devint persécuteur et cruel, parce que la protection impériale ne lui manqua pas. Les catholiques étaient représentés dans les sujets indociles, turbulents, inquiets, capables de mettre l'empire en feu, plutôt que de passer condamnation sur un mot qui, au fond, disait-on, était sans importance réelle; et les successeurs de Constantin depuis Constance jusqu'à Théodose, accordant à ces impostures une confiance aveugle, se rendirent les instruments de la persécution: l'exil, la prison, la déposition, la confiscation, les peines corporelles, tout fut employé contre les catholiques; mais tous les efforts de l'arianisme ne purent détruire la foi. — La déclaration précise des Pères de Nicée rendait très-explicite l'expression légitime de la croyance générale; aussi on vit les défenseurs d'Arius, poussés dans leurs derniers retranchements, obligés de céder à l'irrésistible ascendant de la vérité; ils confessèrent la consubstantialité du bout des lèvres, et montrèrent un grand zèle apparent contre l'erreur de Sabellius, accusant les prélats orthodoxes de la partager. Tant que vécut Constantin, ils semblèrent avoir oublié la question dogmatique; et se contentèrent de décrier, quand ils le pouvaient, le mot sacramentel comme un mot nouveau, étranger à l'Écriture. Mais lorsque le sceptre fut tombé aux mains de Constance, ils crurent leur victoire certaine et ne gardèrent plus de ménagements. Dans le concile d'Antioche, où se trouvèrent quatre-vingt-dix évêques, et les catholiques étaient en plus grand nombre que les ariens; mais l'autorité de Constance, qui fut présent aux délibérations, réduisit les premiers à l'impuissance; et les trente-six prélats ariens, maîtres de l'arène, élaborèrent péniblement une profession de foi qu'ils pussent opposer au symbole de Nicée. Ils furent obligés d'y travailler à trois différentes re-

prises: il en coûte plus à l'erreur de se déguiser qu'à la vérité de se manifester; l'une a besoin d'artifices, l'autre n'a qu'à se laisser voir telle qu'elle est! La première formule pouvait rendre les ariens suspects d'hétérodoxie; la seconde offrait un sens équivoque; la troisième seule leur sembla répondre à leurs vues. Elle fut proposée par Théophron, évêque de Tyane; elle était ainsi conçue: Le Verbe est le Fils unique de Dieu, engendré de son Père avant tous les siècles; Dieu parfait d'un Dieu parfait. En supprimant les mots essence et substance, ils étaient dispensés de s'expliquer sur le fond de la question. Bientôt même, craignant que leurs doctrines ne fussent pas assez bien déguisées par cette formule, ils se servirent des mêmes mots qu'avaient employés les Pères de Nicée; mais ils omirent ceux-ci: engendré, non pas fait, consubstantiel à son Père. Ils ajoutèrent anathème contre quiconque soutiendrait que le Fils avait été produit de rien, et qu'il y avait eu un temps durant lequel il n'était pas encore. Arius avait soutenu dans les premiers temps ces deux propositions. — Dans le conciliabule de Philippopolis, les ariens allèrent plus loin; ils abolirent le mot consubstantiel; mais ils persistèrent à rejeter les deux propositions qu'ils avaient déjà condamnées; ce qui les fit appeler semi-ariens. — La division se mit alors parmi les sectaires; les synodes, les conciliabules, sous le nom de concile, se multiplièrent; chaque jour des formules nouvelles venaient ajouter à la confusion et à l'incertitude, les uns attaquaient ce que les autres défendaient; mais tous se réunissaient contre les orthodoxes, qu'on voulait d'abord accabler; sauf à se disputer ensuite le prix de la victoire. Les ariens purs, c'est-à-dire ceux qui admettaient le principe d'Arius avec toutes ses conséquences, soutenaient que le Fils était une pure créature, d'une nature différente de celle du Père; anomoion; ce qui leur valut le nom d'anoméens. Les acaciens, ainsi nommés d'Acace de Césarée, appelaient le Fils homoion, mot par lequel ils entendaient que le Fils n'avait qu'une ressemblance superficielle avec le Père. Les semi-ariens, qui eurent pour chef Basile d'Ancyre, marchaient sur les traces d'Eusèbe de Césarée, dont ils avaient adopté l'homoiousion; mais ils rejetaient l'homoousion des Pères de Nicée; et le mot consubstantiel, proscrit par toutes les sectes de l'arianisme, manqua de l'être par les catholiques eux-mêmes; ou du moins par un assez grand nombre. Dans l'Occident, le clergé soutenu par l'infaillible doctrine de Rome, repoussait avec énergie toute espèce de transaction avec l'hérésie, car il n'y a pas d'union possible entre la vérité et le mensonge. Il sentait que la divinité de Jésus-Christ, dérivant de la consubstantialité du Verbe, était l'aspect fondamental du christianisme; que cette divinité méconnue, il n'y avait plus d'Église, plus de christianisme; il sentait aussi que si les trois personnes n'étaient pas un seul Dieu, une seule et même substance, le christianisme ne serait plus qu'un du polythéisme: il résista courageusement à l'influence des novateurs. En Orient il n'en était pas ainsi. Beaucoup de chrétiens, dans leurs leur foi, se laissèrent persuader qu'ils pouvaient ou qu'ils devaient sacrifier, au besoin de rendre la paix à l'Église; un terme qui n'était pas essentiel à la foi, et un homme qui avait excité contre lui tant de tempêtes (saint Athanase), et dont la présence dans Alexandrie serait un obstacle perpétuel à la pacification. Ces catholiques ne devinrent pas ariens, mais ils se laissèrent affilier; pour ainsi dire, à la secte semi-arienne; qui, dans ses diverses formules, leur offrait toujours des mots susceptibles d'une interprétation orthodoxe, et semblait reconnaître hautement la divinité de Jésus-Christ. Ce fut dans ces circonstances que se réunirent les conciles d'Arles (353) et de Milan (355), moins pour y opérer aucune réconciliation que pour y organiser une sorte de persécution contre les prélats orthodoxes. Il n'est pas nécessaire de dire que tous les ressentiments se dirigeaient principalement contre le patriarche d'Alexandrie, qui fut déposé pour la troisième fois. Plusieurs prélats illustres furent exilés pour avoir refusé de souscrire à cette condamnation injuste. Ce n'était pas assez; le pape Libère et son légat Osius étaient, pour l'orthodoxie, un point inébranlable autour duquel elle se ralliait; Constance se flattait d'obtenir d'eux leur adhésion aux formules ariennes, et la confirmation de la condamnation d'Athanase. Osius, vaincu par les tortures que son grand âge rendait plus aiguës, finit par signer la formule, et il employa tout le reste de sa vie à déplorer sa faiblesse. Comme on s'attendait à une plus grande résistance de la part de Libère, on lui présenta la première formule rédigée à Sirmium, en 351, laquelle très-équivoque dans les termes, pouvait recevoir le sens qu'on vou-

drait y attacher , et on lui demanda la condamnation d'A-
thanase. Libère avait été depuis longtemps jeté dans l'exil :
épuisé de douleur, de fatigue et d'années, il se laissa arracher une double signature. On convient aujourd'hui que Libère ne faillit point dans la foi, mais qu'il fit une concession
momentanée, qu'il rétracta au surplus par ses actes dès qu'il
eut recouvré sa liberté. — Constance conçut alors le dessein
d'un concile universel ; mais les anoméens (ariens purs) qui
l'entouraient, craignant que, si les évêques de l'Orient se réunissaient à ceux de l'Occident, les catholiques ne l'empor-
tassent, suggérèrent à l'empereur l'idée de deux conciles qui
s'assembleraient à la fois, l'un à Séleucie, l'autre à Rimini
(359.) (V. RIMINI [concile de]). Les évêques de Rimini, au
nombre de quatre cents, sur lesquels les quatre cinquièmes
étaient orthodoxes, repoussèrent d'abord la formule de Sirmium, qu'on avait fait souscrire par Osius ; ils excommunièrent même Ursace et Valens qui la leur présentaient ; ils
déclarèrent en outre qu'ils restaient attachés de toutes leurs
forces à la déclaration de Nicée ; mais cédant à la fin, par
divers motifs, à l'obsession des semi-ariens, et surtout à l'influence directement exercée par l'empereur, retenus captifs
à Rimini, accablés de mauvais traitements, et complétement
dupes de l'artifice de Valens, qui leur proposa d'ajouter à la
formule ces mots : Si quelqu'un dit que le Fils est créature
comme les autres créature, qu'il soit anathème, les Pères
de Rimini souscrivirent la formule, et les ariens vantèrent
partout leur triomphe : « et le monde étonné, dit saint Jérôme, se trouva subitement arien. ». Le chef de l'Église ne
partagea point la faiblesse des Pères de Rimini, et il condamna leur adhésion à la formule, non que par cette formule
ils eussent abandonné ou trahi leur foi, puisqu'elle pouvait
être interprétée dans un sens orthodoxe, mais parce qu'elle
pouvait être aussi interprétée dans un sens opposé. — A Séleucie, où les semi-ariens dominaient, cent cinq évêques
contre quarante-trois acaciens souscrivirent l'homoiousios
des eusébiens. — Ce double succès ne remplissait pas entièrement l'espérance des ariens : la formule de Rimini, d'où le
mot substance avait été soigneusement élagué, fut envoyée
partout en Occident et en Orient, et la persécution devint
générale contre tous les récalcitrants, catholiques ou semi-
ariens sans distinction. La formule ou la déposition, telle
était l'alternative qu'on offrait à tous les évêques. Mais le
pape Libère, racheta quelques instants de faiblesse par une
constance à toute épreuve, donna le généreux exemple de la
résistance : chassé de Rome par la force brutale, il se réfugia
dans les catacombes, où il demeura jusqu'à la mort de Constance. Des prélats vertueux élevèrent aussi une voix courageuse : Lucifer, de Cagliari ; Eusèbe, de Verceil ; saint Hilaire,
qui mérita le surnom d'Athanase d'Occident ; et surtout l'intrépide Athanase, dont le nom seul signifie aujourd'hui force,
talent , foi chrétienne, gloire, soutinrent au péril de leur
vie l'édifice sacré que la Providence avait confié à leurs soins
(V. EUSÈBE, de Verceil, LUCIFER, HILAIRE, LIBÈRE, ATHA-
NASE). Constance avait conservé toute sa vie les prélats orthodoxes ; mais moins arien que les anoméens, il n'avait jamais pu tolérer la formule que le Fils était dissemblable au
Père. Toutefois, à la fin de ses jours, livré aux acaciens ,
comme son père l'avait été aux eusébiens, il permit la publication de cet horrible blasphème, que les acaciens avaient
fait adopter par un conciliabule tenu à Antioche (360).
C'était la douzième formule de l'arianisme, depuis la dédicace
d'Antioche, en 341. — Le successeur de Constance, Julien
l'Apostat, dont le XVIIIe siècle a prétendu faire un grand
prince et un grand philosophe, parut d'abord favoriser l'orthodoxie. Préfet des Gaules et déclaré César par l'armée, il
avait besoin, pour réussir, de s'appuyer sur la puissance du
clergé, et tout le clergé d'Occident était catholique. Déjà, il
est vrai, il nourrissait dans son cœur la pensée d'abattre d'un
seul coup le christianisme et toutes les sectes qui s'étaient
formées dans son sein : le ciel ne permit pas qu'il consommât
son dessein. Cependant les Églises avaient revu leurs évêques,
et l'orthodoxie reprenait des forces : Athanase avait réuni un
concile dans Alexandrie (362) ; Eusèbe de Verceil ramenait
à la communion catholique plusieurs évêques de l'Orient ;
saint Hilaire réconciliait avec l'Église ceux qui s'étaient laissé
surprendre à Rimini. — Sous le règne trop court de Jovien,
la secte arienne se trouva réduite à son impuissance primitive ; mais Valentinien ayant appelé son frère Valens au partage de l'empire (364) , l'arianisme, personnifié dans la
personne de Valens, reprit le rôle qu'il avait eu sous Constance, et les catholiques persécutés eurent encore à pleurer

sur le sort d'un grand nombre de victimes. Cependant l'É-
glise en général souffrit peu des persécutions de Valens ; ce
qu'il y eut de plus triste, ce fut l'invasion que fit l'arianisme
chez les peuples barbares qui habitaient sur les frontières de
l'empire. Les Goths, pressés par les Huns, implorèrent le secours de Valens ; pour l'obtenir, ils lui députèrent leur évêque
Ulphilas, qui avait assisté au concile de Rimini. Celui-ci se
laissa aisément gagner par les ariens. qui se trouvaient en
grand nombre auprès de l'empereur. Il emporta la promesse
d'être promptement secouru ; mais avec cette promesse il emporta aussi les doctrines empoisonnées de l'arianisme. Ces
doctrines, prêchées à des peuples barbares par celui qu'ils regardaient comme leur apôtre, furent accueillies avec un enthousiasme frénétique ; et tandis que, sous le règne et par les
soins de Théodose, l'Orient se purgeait peu à peu de l'arianisme, dont les restes étaient condamnés dans le concile œcuménique de Constantinople (381) (V. MACÉDONIENS), l'hérésie, rentrant dans l'Occident par les invasions des Barbares,
s'y préparait de nouveaux établissements dans une partie de
la France et de l'Italie et dans toute la péninsule espagnole.
Les Vandales, expulsés à leur tour de l'Espagne, transportèrent l'arianisme sur la plage africaine, et les catholiques y
furent violemment persécutés jusqu'au temps de Bélisaire.
Vers la fin du VIe siècle, cinquante ans après cette époque,
l'arianisme s'éteignit en Espagne par la conversion de Réca-
rède, roi d'Espagne. Les armes triomphantes de Clovis dans
la Gaule l'avaient forcé de se cacher, et cette contrainte, prolongée sous ses successeurs, avait fini par l'anéantir. — Il
était réservé au protestantisme du XVIe siècle de le tirer de
ses cendres pour lui rendre la vie sous d'autres noms et sous
d'autres formes, mais avec les mêmes doctrines. On s'est
élevé contre la divinité de Jésus-Christ, soit en la niant d'une
manière absolue, soit en voulant diviser la substance divine,
soit en confondant les trois personnes, comme l'avait fait
Sabellius ; et comme l'erreur n'est jamais d'accord avec elle-
même, les anti-trinitaires ont formé une infinité de sectes,
qu'on a distinguées par les noms de servétistes, d'arminiens,
de sociniens, d'anti-trinitaires, de trithéistes ou d'unitaires
(V. tous ces mots, et principalement SOCINIANISME). Du socinianisme au déisme il n'y avait qu'un pas, et ce pas le
XVIIIe siècle l'a fait ; le philosophisme moderne n'est pas autre
chose qu'un socinianisme modifié, plus conséquent dans ses
résultats ; car, dès qu'une fois on nie la consubstantialité, sur
laquelle repose uniquement la divinité de Jésus-Christ, autant vaut étendre à tout l'incrédulité, et soumettre à la seule
autorité de l'impuissante raison des choses qui sont et resteront toujours en dehors de son domaine.

ARIARATHE (hist. anc.), nom commun à plusieurs anciens
rois de Cappadoce, et à plusieurs autres princes. — Ariarathe Ier.
monta sur le trône de Cappadoce, dans la troisième année de
la CIVe olympiade (362 avant J. C.). Il partagea le pouvoir
avec son frère Holopherne, qu'il aima toujours tendrement.
Il se joignit aux Perses dans leur expédition d'Égypte, sous le
roi Ochus ; il s'y couvrit de gloire et rentra dans ses États
comblé d'honneurs. Holopherne lui survécut quelque temps, et
eut pour successeur son neveu. — Ariarathe II, vers l'an 3 de
la CXIIIe olymp. (330 av. J. C.). Après la mort d'Alexandre,
Perdiccas, un de ses lieutenants, voulut s'emparer de la Cappadoce, et Ariarathe tenta de se défendre. Les Cappadociens
furent deux fois vaincus, et le farouche Perdiccas ne craignit
pas de souiller sa victoire par le supplice d'Ariarathe et de
plusieurs princes de sa famille, qu'il fit mettre en croix (CIVe
olymp., 3. — 322 av. J. C.). — Ariarathe III, fils du précédent, s'était sauvé en Arménie où il demeura jusqu'après la
mort de Perdiccas et celle d'Eumène, gouverneur de la Cappadoce (CXVe olymp., 4. — 317 av. J. C.); secouru par le
roi d'Arménie, il recouvra son royaume. On ignore le temps
de sa mort. — Ariarathe IV, petit-fils du précédent et successeur d'Ariamnes II, son père, paraît avoir régné près de quarante ans. Dans la première année de la CXXXIXe olymp. (224
av. J. C.), il laissa sa couronne en mourant au fils qu'il avait
eu de sa femme Stratonice, fille d'Antiochus-Théos, roi de
Syrie. — Ariarathe V, fils et successeur du précédent, était
fort jeune encore quand il monta sur le trône. La quatrième
année de la CXLVIe olymp. (193 av. J. C.) et la trente et
unième de son règne, il épousa une fille d'Antiochus le Grand,
nommée Antiochide. Il prit parti pour son beau-père contre
les Romains ; vaincu par le consul Cn. Manlius l'an 188 avant
J. C., il fit demander la paix à Manlius, qui lui imposa une
forte amende. Eumène, roi de Pergame et allié des Romains,
obtint pour lui la remise de la moitié de l'amende ; il avait

épousé sa fille. Sa femme Antiochide, qui, n'ayant point d'enfants, en avait d'abord supposé deux, finit par lui en donner un qui lui succéda, sous le nom — d'Ariarathe VI. Ce prince, qu'on surnomma Philopator parce qu'il avait toujours montré pour son père beaucoup d'attachement, aima les lettres et la philosophie, ce qui attira un grand nombre de savants en Cappadoce. Démétrius-Soter lui offrit sa sœur en mariage. Comme il avait renouvelé avec les Romains l'alliance que son père avait contractée avec eux avant sa mort, la crainte de leur déplaire lui fit refuser la proposition de Démétrius. Celui-ci s'en vengea en fournissant des troupes à Holopherne, l'un des enfants supposés d'Ariarathe V. Ariarathe vaincu fut expulsé de la Cappadoce; mais Attale lui rendit le même service que Démétrius avait rendu au prétendu Holopherne, qui fut à son tour chassé du trône usurpé. Démétrius lui-même eut à se repentir de sa mauvaise foi. Ariarathe joignit ses troupes à celles d'Alexandre-Balas, de Ptolémée-Philométor et de quelques autres princes, tous ligués contre Démétrius. Une grande bataille fut livrée l'an 150 avant J. C., et Démétrius y périt avec une partie son armée. Ariarathe mourut lui-même l'an 129 avant J. C., dans le cours d'une expédition entreprise contre Aristonicus de Pergame.—Ariarathe VII, le seul des six enfants qu'Ariarathe VI avait eus de sa femme Laodice qu'on put sauver des fureurs de cette mère cruelle qui, craignant de perdre la régence lorsque ses fils seraient en âge de régner, voulut les faire périr par le poison; cinq succombèrent, le sixième seul échappa au danger. Les Cappadociens, justement irrités, massacrèrent cette nouvelle Médée. Ariarathe épousa une sœur de Mithridate, roi de Pont; il en eut deux fils, qui régnèrent successivement après lui. On ignore pourquoi Mithridate le fit assassiner. Tout ce qu'on apprend de Justin, c'est que sa veuve, qui se nommait aussi Laodice, épousa Nicomède, roi de Bithynie; qu'à la faveur de ce mariage celui-ci s'empara de la Cappadoce, et que Mithridate, l'ayant chassé du trône, le rendit à son neveu,—Ariarathe VIII. Celui-ci ne jouit pas longtemps de ce retour de fortune; Mithridate, qui ne cherchait qu'un prétexte pour s'emparer de la Cappadoce, voulut obliger le jeune prince à rappeler de l'exil Gordius, assassin de son père. Ariarathe leva une armée pour sa défense; Mithridate, qui ne voulut pas confier au hasard d'un combat le sort de ses prétentions, attira son neveu à une conférence qui devait avoir lieu entre les deux armées. A peine Ariarathe fut-il arrivé que son oncle, tirant un poignard qu'il tenait caché sous ses vêtements, le lui plongea dans le cœur, vers la CLXIIᵉ olympiade (92 av. J. C.). Les Cappadociens épouvantés se débandèrent, et Mithridate profita du désordre pour s'avancer dans la Cappadoce. Ne trouvant pas de résistance, il s'empara du trône sur lequel il plaça un de ses fils, sous la tutelle de Gordius. Les Cappadociens revenus de leur stupeur, et remplis d'indignation contre le barbare Mithridate, chassèrent Gordius et son élève, et mirent la couronne sur la tête—d'Ariarathe IX, second fils d'Ariarathe VII. Mithridate reprit les armes, et Ariarathe détrôné alla mourir de regret et de douleur loin de la Cappadoce. Nicomède, craignant pour lui-même, fit paraître un enfant de huit ans, et le présenta aux Romains comme un troisième fils d'Ariarathe VII. Mithridate, de son côté, prétendit que son fils, qu'il avait mis sur le trône sous le même nom d'Ariarathe, était fils du roi défunt. Les Romains punirent cette double imposture en chassant Mithridate de la Cappadoce et Nicomède de la Paphlagonie. Les Cappadociens ne voulurent pas de la liberté qu'on leur offrit; ils demandèrent un roi: les Romains leur donnèrent Ariobarzane. Tous ces événements eurent lieu dans le court espace de trois ans (*V.* CAPPADOCE).—Ariarathe X succéda vers l'an 41 avant J. C. au second Ariobarzane. Il fut déposédé quatre ou cinq ans après par Antoine, qui donna sa dépouille, d'abord à Sisinna, et plus tard au frère de Sisinna. Après la mort de celui-ci, la Cappadoce fut réduite en province romaine. N. M. P.

ARIAS (EMMANUEL), cardinal. Avant d'embrasser l'état ecclésiastique, il avait été deux fois bailli de l'ordre de Malte, deux fois gouverneur du conseil de Castille, et conseiller d'État. Il commença sa nouvelle carrière par être nommé archevêque de Séville. Cardinal en 1713, il mourut octogénaire quatre ans plus tard. Il avait servi avec beaucoup de zèle les intérêts de Philippe V. Les pauvres le pleurèrent; il avait toujours répandu d'abondantes aumônes. — Arias (François), natif de Séville, entra d'assez bonne heure chez les jésuites, et se recommanda par sa piété profonde et son amour pour le prochain. Saint François de Sales recommande la lecture de ses ouvrages. Il les écrivit en espagnol; mais ils ont été traduits

en latin, en italien et en français. Il mourut à Séville en odeur de sainteté, en mai 1605, dans la soixante et douzième année de son âge.

ARIAS MONTANUS (BENOIT) naquit dans un village de l'Estramadure, en 1527, et mourut septuagénaire en 1598, dans la maison des chevaliers de Saint-Jacques, à Séville. Il passe pour l'un des plus savants théologiens espagnols du XVIᵉ siècle. Issu d'une famille noble, mais peu fortunée, il eut besoin des secours de quelques amis pour pouvoir achever la carrière de ses études. Il n'était pas seulement théologien, mais il était encore très-versé dans les langues anciennes de l'Orient. Outre le grec et le latin, il savait l'hébreu, l'arabe, le chaldéen et le syriaque; et, dans le cours de ses voyages en Europe, il apprit encore le français, l'anglais, le flamand et l'allemand. De retour en Espagne il reçut l'ordre de la prêtrise. On le citait pour l'austérité de ses mœurs, sa sobriété extrême, et son aversion pour le vin, dont il s'abstenait totalement. L'évêque de Ségovie l'ayant amené avec lui à Trente, à l'époque du concile, il y acquit beaucoup de réputation. A son retour il se retira dans une maison de campagne qu'il possédait en Andalousie. Le cardinal Ximenès, ministre de Philippe II, le chargea d'une édition nouvelle de la *Bible polyglotte;* elle fut imprimée à Anvers, de 1560 à 1578, 8 vol. in-fol. Le roi lui offrit un évêché à titre de récompense; Arias le refusa, se contentant d'une commanderie de Saint-Jacques et du titre de chapelain du roi. Il a laissé plusieurs ouvrages, dont les plus estimés sont ses neuf livres d'*Antiquités judaïques;* Leyde, 1596, in-4º. On reproche à sa *Bible* d'avoir reproduit les fautes de la version de Pagnin, et même d'y en avoir ajouté de nouvelles. On a aussi de lui: *Humanæ salutis monumenta;* Anvers, 1571, in-4º, avec fig.; une *Traduction* latine de l'itinéraire de Benjamin de Tudele; le *Psautier,* en vers latins; des *Commentaires* sur les actes des apôtres, sur les épîtres, sur les douze prophètes, etc.; une *Histoire de la nature;* une *Rhétorique* très-estimée, en 4 livres.

ARIBERT, fils de Clotaire II et frère de Dagobert, n'avait que treize ou quatorze ans à la mort de son père; aussi n'éleva-t-il aucune prétention au trône, se contentant de la portion exiguë que son frère voulut bien lui céder. Il établit à Toulouse le siège de son petit royaume; mais il y mourut au bout de deux ans. Sa mort presque soudaine et celle de son enfant au berceau furent attribuées au poison, et on accusa Dagobert de l'avoir donné.

ARIBERT Iᵉʳ, roi de Lombardie, fut choisi par les Lombards pour successeur de Rodoald, quoiqu'il fût d'origine allemande. Son règne ne fut que de cinq ou six ans; il avait commencé l'an 657. Ses deux fils furent détrônés et mis à mort par Grimoald, l'an 661 ou 662. Il proscrivit l'arianisme dans ses États.

ARIBERT II, fils ou frère de Ragimbert, duc de Turin, qui avait usurpé le sceptre vers l'an 700. Pour consolider son autorité, il fit périr tous ceux qui avaient quelques droits à faire valoir; il crut pouvoir expier ses cruautés en restituant à l'Église romaine les biens qui lui avaient appartenu dans les Alpes Cottiennes. On dit qu'ensuite il gouverna ses États avec beaucoup de sagesse. Au bout de douze ans, un seigneur lombard qu'il avait chassé au commencement de son règne, ayant réussi à lever des troupes, fondit à l'improviste sur la Lombardie. Aribert, voyant son armée battue et découragée ou d'une fidélité suspecte, se chargea d'or et voulut se sauver à travers le Tésin, en le passant à la nage. On dit que, surchargé d'or et de richesses, il ne put se soutenir sur l'eau et qu'il se noya. Son successeur Luitprand confirma la donation d'Aribert au saint-siège. A. P.

ARIBON, premier abbé du monastère de Schledorf en Bavière, en 753, fut élevé au siège épiscopal de Freisingen, l'an 760. Il mourut en 783. On a de lui quelques vies de saints qui ont été publiées par Surius, et qu'on trouve dans le *Thesaurus* de Canilius et dans le 3ᵉ vol. des actes de D. Mabillon.

ARIBON, dix-neuvième archevêque de Mayence, descendant des comtes d'Andesch, naquit dans une ville d'Allemagne, à la fin du Xᵉ siècle. Il était chapelain de l'empereur Henri II, lorsque, le siège de Mayence se trouvant vacant, il y fut appelé (1031). Peu de temps après il sacra Gothard, évêque d'Hildesheim, et les prétentions des archevêques de Mayence sur quelques dépendances d'Hildesheim restèrent provisoirement suspendues. Aribon convoqua divers synodes où il fut question de faire cesser le scandale que produisaient les liaisons d'Othon, comte d'Hammerstein, avec Ermingarde; mais celle-ci méprisa l'excommunication. A la mort de Henri II, en 1024, le choix d'Aribon tomba sur Conrad, et son suffrage entraîna l'élection; ce fut Aribon qui couronna le nouvel empereur: Aribon montra toujours beaucoup de zèle pour la discipline ecclésiastique; il tint divers synodes, fonda le monastère d'Hassungen dans la Hesse, et mourut à Come en revenant de Rome, en 1041. On a de lui un *Traité* estimé, *sur les quinze psaumes graduels*, et des *Epîtres à divers*, en latin. A. P.

ARICA (*géog.*), autrefois port et ville opulente de l'Amérique méridionale, aujourd'hui petit village dont les maisons, bâties en roseaux, sont couvertes de chaume. Au commencement du XVIe siècle elle était l'entrepôt de tous les produits des mines du Potosi destinés pour Lima. L'argent y arrivait par terre et en sortait par mer; ce qui rendait cette ville florissante. En 1579, le fameux Drake, faisant le tour du monde par ordre d'Élisabeth d'Angleterre, sans abandonner son métier de flibustier, entra dans Arica, et enleva tout l'or et l'argent qui s'y trouvait. La crainte de voir ces expéditions de pirates se renouveler fit renoncer les Espagnols à la voie du transport par mer, et depuis ce moment Arica perdit la source unique de sa richesse. Un tremblement de terre la renversa de fond en comble en 1605. Les terres des environs d'Arica, de même qu'en général toutes les terres volcaniques, sont d'une grande fertilité, quoiqu'il n'y tombe jamais de pluie. A. X.

ARICIE (*hist. anc., myth.*), princesse du sang royal d'Athènes, reste infortuné de la race des Pallantides chassée du trône par Thésée. Après qu'Esculape eut ressuscité Hippolyte, ce prince l'épousa et en eut un fils. Il bâtit même en son honneur une ville du Latium, à laquelle il donna son nom, ainsi qu'à une forêt voisine où Diane l'avait tenu caché après sa résurrection. Cette ville d'Aricie était à quelques milles de Rome, sur la voie Appienne. Hippolyte y avait consacré un temple à Diane; les victimes humaines arrosaient de leur sang les autels de cette divinité sauvage. Le grand prêtre du temple devait avoir assassiné celui qu'il remplaçait, et, pour se garantir lui-même des attaques de quiconque voudrait le remplacer à son tour, il avait toujours la main armée d'une épée nue. —Les chevaux n'entraient jamais dans la forêt, parce que des chevaux avaient causé la mort d'Hippolyte. Il y avait au milieu de la forêt une fontaine qui servait de demeure à la nymphe Égérie. C'était cette nymphe que Numa Pompilius allait consulter lorsqu'il voulut donner des lois aux Romains (*V.* ÉGÉRIE, NUMA). Comme Diane avait un second temple dans la forêt, on lui donnait le surnom d'*Aricina.* N. M. P.

ARIDE (*adj.*), sec. Ces deux mots n'ont pas la même signification. Un terrain *sec*, par exemple, est celui qui, étant momentanément privé d'eau, ne conserve plus d'humidité; un terrain *aride* est celui qui, par une longue privation d'eau, a perdu la faculté de produire, ou qui, ne pouvant retenir l'eau à cause de sa nature spongieuse ou sablonneuse, n'a jamais assez d'humidité pour que le germe des plantes s'y développe. Ce mot s'emploie au figuré dans le même sens; on dit d'un sujet qu'il est *aride*, lorsqu'il ne fournit pas de matière à l'orateur ou à l'écrivain. —L'aridité, qualité de ce qui est aride, s'emploie comme l'adjectif, au propre et au figuré; on dit également l'*aridité* d'un sujet ou l'*aridité* d'un terrain. On se sert quelquefois de ce mot, mais au pluriel seulement, pour exprimer une espèce de dégoût, d'ennui ou d'indifférence, que les gens du monde n'éprouvent que trop souvent, dans la pratique des devoirs pieux. On dit *les aridités dans la prière.* —Les médecins se servent du mot *aridure* au lieu d'aridité, pour désigner l'état de maigreur et de consomption du corps, et plus souvent d'un membre seul (*V.* ATROPHIE). N. M. P.

ARIDÉE, fils de Philippe et d'une de ses concubines, frère naturel d'Alexandre, montra dès ses premières années de si heureuses dispositions que la reine Olympias, craignant qu'il n'enlevât un jour la couronne à son frère, lui administra, dit-on, des breuvages qui altérèrent peu à peu sa raison. Après la mort du héros macédonien, les généraux, qui n'osaient pas encore se partager les conquêtes et la couronne de leur maître, placèrent sur le trône Aridée, l'an 323 avant J. C., avec cette condition: que si la veuve d'Alexandre, Roxane, mettait au monde un fils, ce fils régnerait conjointement avec Aridée. Le cas prévu arriva; il naquit un fils qui reçut le nom de son père; mais ni cet enfant ni Aridée ne régnèrent de fait; Perdiccas et Cassandre disposaient de l'autorité; Cassandre comme tuteur du fils d'Alexandre (il le fit assassiner encore enfant), et Perdiccas comme ministre d'Aridée. Ce dernier périt presque en même temps, ainsi que sa femme Euridice, victime des jalouses fureurs d'Olympias (*V.* OLYMPIAS).

ARIDICES, philosophe grec, mentionné par Macrobe, qui rapporte de lui le trait suivant: Il avait été un jour invité avec d'autres savants, par un affranchi du prince, à dîner

chez lui. Aridices se rendit à l'invitation. L'affranchi, riche et orgueilleux, cherchait à s'amuser aux dépens de ses convives, en leur adressant des questions puériles et souvent même très déplacées. Vint le tour d'Aridices d'être questionné. «Apprends-moi, lui dit l'affranchi, pourquoi d'une fève noire et d'une fève blanche il sort une farine de même couleur.» «Apprends-moi, lui répondit sans hésiter le philosophe, pourquoi deux fouets, l'un de lanières blanches l'autre de lanières noires, font les mêmes marques sur le corps de l'esclave dont on châtie l'impertinence.»

ARIÉGE (*géogr.*), département de France, comprenant: l'ancien comté de Foix, le Donnézan, le Couserans et plusieurs communes du Languedoc; il a pris le nom de la rivière qui le traverse. Il est borné au nord et à l'ouest par la Haute-Garonne; à l'est, par l'Aude; au sud, par la chaîne des Pyrénées, qui le sépare de l'Espagne; au sud-est, par le département des Pyrénées-Orientales. Avant la conquête des Gaules par les Romains, ce pays était habité par les *Conseranni* et par les *Volsci Tectosages*. Vainqueur de Sertorius ou plutôt; après l'assassinat de Sertorius, vainqueur de l'assassin Perpenna, Cn. Pompée s'empara de la capitale des *Conseranni*, et il établit aux environs une colonie espagnole dont les membres reçurent le nom de *Convenæ*, nom qui, par des altérations successives, se convertit en celui de *Commingès*. Ce pays fit ensuite partie de la province romaine, et, dans les différentes divisions de la Gaule, depuis Auguste jusqu'à la chute de l'empire d'Occident, il appartint tantôt à la Narbonnaise, tantôt à la première Narbonnaise et à la Novempopulanie. Il eut ensuite à souffrir de l'invasion des Vandales, et, successivement, du séjour des Goths, des Visigoths et même des Arabes. Après l'expulsion définitive de ces derniers au delà des Pyrénées, ce pays fit partie du royaume ou duché d'Aquitaine. Plus tard il eut pour maîtres les comtes de Toulouse, de Carcassonne, de Foix, de Barcelone, les rois d'Aragon, les comtes de Comminges, les rois de Navarre et les sires d'Albret, de la maison d'Albret, il passa sous la domination des rois de la Navarre française, qui le réunirent à la couronne de France par l'avénement de Henri IV. — Le département se divise aujourd'hui en trois arrondissements: Foix, Pamiers, Saint-Girons; vingt cantons, trois cent trente-six communes peuplées d'environ 253,000 habitants. — Le pays est montueux, mais les montagnes ne s'élèvent que par degrés du sud au nord. La grande chaîne des Pyrénées offre plusieurs pics de 2,900 mètres de hauteur à 3,250. Entre ces pics élevés la nature a ménagé plusieurs passages dont quelques-uns sont praticables en tout temps. De ces montagnes descendent plusieurs rivières dont les dépôts successifs ont couvert le granit primitif des vallées de couches épaisses de terre végétale. Dans les plaines ou dans les vallons éloignés de la grande chaîne le sol est très-varié, composé tantôt de terres légères siliceuses ou sablonneuses, tantôt de terres grasses, humides, favorables à la végétation; aussi on récolte des grains, du vin, des fruits, et même de l'huile. Les terres incultes offrent aux bestiaux de bons pâturages. Le climat y est d'ailleurs assez tempéré, les froids n'y étant jamais bien vifs, ni les chaleurs insupportables. — L'Ariége est la seule rivière considérable de la contrée; toutes les autres ne sont guère que des torrents très-dangereux pendant l'hiver, et qu'on franchit à pied sec dans la saison des chaleurs. — Les eaux minérales thermales sont très-abondantes dans l'Ariége; on y voit aussi beaucoup de petits lacs et d'étangs très-poissonneux. La rivière roule des paillettes d'or; quelques femmes, inhabiles à tout autre genre de travail, s'occupent encore de la recherche de ces paillettes, qui indiquent incontestablement que le flanc des montagnes recèle de grandes richesses. Les habitants sont d'ailleurs fort peu enclins à l'exploitation des mines, car il y a des traces visibles de minerai de plomb argentifère, de plomb, de cuivre, de zinc, et aucune de ces mines n'est exploitée; la seule qu'on ait ouverte est la mine d'alun de Mas-d'Azil, qui livre annuellement au commerce quinze cents quintaux métriques d'alun d'une qualité supérieure. A la mine d'alun, il faut ajouter la mine de fer de Rancié, véritable source de prospérité pour le pays; on en tire annuellement, depuis quinze ou vingt ans, cent soixante mille quintaux de minerai, qui donnent de cinquante à soixante mille quintaux de très-bon fer, dont la vente produit deux millions et demi environ de revenu. — D'un autre côté, les habitants s'adonnent volontiers à l'agriculture, qui leur fournit assez de produits pour leur consommation, et leur permet même d'exporter quelques denrées, principalement des bestiaux. — L'instruction publique n'est pas aussi négligée dans l'Ariége qu'on pourrait de penser', d'après son éloignement de la capitale et des grandes villes du midi : outre les colléges et les pensionnats de garçons et de filles, on compte dans le département deux cent quatre-vingt-onze écoles publiques, réparties entre cent quarante-cinq communes. — La ville de Pamiers est la plus considérable du département; elle n'occupe néanmoins que le second rang, puisque Foix est le chef-lieu de la préfecture; pour dédommager, en quelque sorte, Pamiers, qui, sous tous les rapports, l'emporte sur Foix, on lui a donné un évêque et un chapitre de chanoines, avec un séminaire. — Le revenu territorial du département est d'environ 10,000,000; mais il paraît que la charge des contributions y est lourde, et qu'elle absorbe à peu près la moitié de ce produit (*V.* Foix, Pamiers, Saint-Girons, etc.). A. X.

— Larich (*Jacob-Juda*), rabbin de la synagogue d'Amsterdam, connu sous le nom de Léon de Modène, est auteur d'une savante *Description du Tabernacle*, de laquelle on a fait plusieurs éditions en hébreu, en flamand, en espagnol et en latin; il est mort vers l'an 1654. A. P.

Ariel ou Aréel, dernier fils de Gad, donna son nom à la famille des Ariélites. On lit dans la Vulgate : *Ipse percussit duos Ariel Moab, et ipse descendit et interfecit leonem in media cisterna, tempore nivis* (II Rois, XXIII, 20). Les interprètes varient sur le sens de ces mots; *les deux Ariel;* les uns en font un nom propre, d'autres un nom appellatif; quelques-uns entendent deux *lions*. Saint Jérome et plusieurs autres interprètes pensent qu'il s'agit de deux vaillants capitaines des Moabites qui furent tués par Banaïas, fils de Joïada, tandis qu'*Ariel*, qui en hébreu signifie *lion de Dieu*, n'était mis là que pour exprimer leur bravoure. Cette opinion nous paraît la plus vraisemblable. Les anciens Hébreux désignaient, en effet, par l'épithète de *lion de Dieu*, les hommes d'un courage héroïque; c'est ce que font encore aujourd'hui les Arabes et les Persans: ainsi le sens le plus naturel de ce passage, c'est que Banaïas tua deux Moabites et un lion qui était tombé dans une citerne remplie de neige. B. Z.

Ariens, peuples de la Germanie, mentionnés par Tacite. Quelques écrivains ont prétendu, sans aucun fondement, qu'ils étaient les mêmes que les habitants de l'île d'*Arren* ou d'*Arée* (Aria), en Danemarck. Les Gaulois qui allèrent s'établir dans l'Asie Mineure y trouvèrent des peuples qui portaient le nom d'*Arii*. N. M. P.

Ariens, sectateur d'Arius. Nous avons dit (*art.* Arianisme) que cette hérésie, abattue sous Théodose, avait néanmoins jeté de si profondes racines que, lorsqu'on l'extirpait d'un lieu, elle reparaissait dans un autre; mais à la fin, vers l'an 660 de l'ère chrétienne, il sembla que l'arianisme avait tout à fait disparu de l'Europe où il avait donné le plus longtemps des signes de vie. Au commencement du XVIe siècle, Érasme, dans son *Commentaire sur le Nouveau Testament*, sembla montrer l'intention de le faire revivre. On l'accusa d'avoir rempli son livre de gloses ariennes et de principes favorables à cette hérésie; Érasme ne fit qu'une réponse implicite, et en quelque sorte évasive : *Nulla hæresis*, dit-il, *magis extincta quam Arianorum.* Dire que cette hérésie était éteinte, ce n'était pas se laver du soupçon de vouloir la ressusciter; ce n'était pas sans raison qu'on avait relevé, dans son commentaire, des expressions susceptibles d'une interprétation peu orthodoxe. Peu de temps après (1531) parut le traité de l'Espagnol Servet, dirigé ouvertement contre la Trinité. Après avoir dogmatisé en Pologne, il se rendit, pour son malheur, à Genève où Calvin le fit brûler. Au fond, la seule chose que Servet avait de commun avec les Ariens, c'était la manière de combattre la divinité de J. C., c'est-à-dire que Servet, comme Arius, abusait des passages de l'Écriture. Le fond du système était différent (*V.* Servet). Après la mort de Servet, on vit s'élever dans Genève une secte nouvelle d'Ariens, qui employaient les doctrines mêmes de Calvin pour l'interprétation des Écritures; or, d'après Calvin, chacun n'avait besoin que de son propre esprit, de sa propre conviction intime pour juger pertinemment du vrai sens des passages; c'était par cette voie du sens intime que les nouveaux sectaires expliquaient les passages du Nouveau Testament. Persécutés à Genève, ils se retirèrent en Pologne où ils eurent beaucoup de disciples; à la longue leur doctrine se convertit en socinianisme (*V.* ce mot). — Grotius a été accusé, comme Érasme, d'avoir favorisé l'arianisme dans ses notes. Ce, qu'on peut dire, c'est qu'il élève tellement le Père au-dessus du Fils qu'on est bien tenté de croire qu'il le regarde, le premier comme le seul Dieu tout-puissant, et qu'en cette qualité il lui accordait une grande supériorité sur le Verbe.

Ariette (*mus.*) Chant formé d'une série de phrases mélodiques, rhythmées et divisées en deux ou trois parties par des cadences (*V.* Aria). Le mot *ariette* ne signifie pas, au fond, autre chose que le mot plus moderne d'*aria*, plus généralement adopté parce qu'il est tout italien, et que, loin d'avoir l'orgueil dont les accusent les autres peuples, les Français veulent humblement reconnaître qu'ils doivent leurs modes et leurs usages à l'Angleterre, leur philosophie à l'Allemagne, leur musique à l'Italie, et leur théâtre au renversement de toutes les règles du goût, de vraisemblance, de morale et de pudeur publique; mais ce mot a tellement vieilli qu'il en est devenu ridicule, et qu'on ne s'en sert guère aujourd'hui que pour déprimer les pièces de l'ancien répertoire, de Grétry, de Dalayrac, de Méhul, en les stigmatisant du nom de *comédies à ariettes:* Gluck et Piccini, tous deux étrangers à la France, mais travaillant pour la France, étaient pourtant d'excellents musiciens, de grands compositeurs, et ils ont fait des ariettes, d'admirables ariettes. Il est vrai qu'après eux on a étrangement abusé du genre, et comme l'ariette se chante par une voix seule; on a fait des morceaux de chant pour l'acteur ou l'actrice, non pour le personnage qu'ils représentent. De là ces ariettes à roulades, à gazouillement, à vrais tours de force, qui quelquefois étonnent, mais jamais ne plaisent; cet abus devait nécessairement décrier le genre : il n'a guère décrié que le mot, car, dans la musique moderne, les tours de force ne sont pas trop épargnés (*V.* Opéra; Opéra-comique, Musique moderne).

Arige (*saint*). Fut élevé sur le siége épiscopal de Gap en 579, après la déposition de Sagittaire. Vers la fin du VIe siècle, il se rendit à Rome pour visiter les tombeaux des apôtres, et il fut honorablement accueilli par saint Grégoire qui portait alors la tiare. Pendant son séjour à Rome, Arige se lia d'une étroite amitié avec le souverain pontife qui lui écrivit plusieurs fois après son retour à Gap. Il mourut fort peu de temps après, l'an 604 de J. C. Dans la Provence et le Dauphiné on célèbre la fête de saint Arige le 1er mai.

Arigise 1er. Fut créé duc de Bénévent par le roi des Lombards Agilulfe; il mourut après avoir conservé son duché pendant un demi-siècle. Il fit souvent la guerre aux Grecs, auxquels il enleva Crotone. On rapporte sa mort à l'an 641. — Arigise II succéda à Luitprand en 758. Allié de Didier, roi des Lombards, dont il avait épousé la fille, il osa résister à Charlemagne; mais, après une défense opiniâtre, il fut contraint de se soumettre. Il mourut en 787. Il eut pour successeur son fils Grimoald.

Arigoni (Pompée), cardinal et archevêque de Bénévent, naquit à Rome l'an 1552. Il mourut en avril 1616, près de Naples. Il exerça pendant longtemps les fonctions d'auditeur de rote, et il s'y distingua par ses talents et son zèle. — Arigoni (Jacques), né à Lodi vers le milieu du XIVe siècle, entra d'assez bonne heure dans l'ordre de Saint-Dominique, et quoiqu'il n'eût aucune teinture des lettres, il montra tant d'application à l'étude et d'amour pour la science qu'en très-peu de temps il devint un des membres les plus distingués de l'ordre. Reçu docteur et lecteur de l'Écriture sainte à Bologne, il eut le bonheur de plaire au pape Boniface IX, qui le fit maître du sacré palais vers l'an 1395. Douze ans après, Grégoire XII lui donna l'évêché de Lodi. Il assista en qualité d'évêque au concile de Pise (1409), et plus tard à celui de Constance où il prononça plusieurs sermons (1414). Martin V le transféra de Lodi à Trieste (1417) et de Trieste à Urbin (1424). Il mourut dans cette dernière ville (1435), non moins regretté qu'estimé.

Arille, (*t. de botan.*). C'est l'enveloppe de la graine laquelle ne contracte avec le tégument de celle-ci aucune adhésion, si ce n'est par le style. En d'autres termes, c'est l'extension, le prolongement de ce que les botanistes appellent *cordon ombilical* des graines. C'est aussi la partie charnue de certains fruits, comme ceux du fusain. Quelquefois ce mot s'applique à la paroi interne du péricarpe, comme dans la fraxinelle; tantôt au tégument propre de la graine, comme dans le café.

Arimane (*V.* Ahriman).

Arimaspes (*hist. anc.*). Peuples anciens sur lesquels on a fait tant de contes, débité tant de fables, qu'on est bien tenté de révoquer en doute leur existence. Ils n'avaient, dit-on, qu'un œil au milieu du front, et ils faisaient une guerre opiniâtre aux griffons et à d'autres monstres semblables. Ces griffons ont pour or une passion extrême. Ils fouillent jusqu'au fond des entrailles de la terre, et quand l'or est en leur pouvoir, ils se laisseraient tuer plutôt que de se le laisser prendre; les Arimaspes disputaient la possession de cet or aux griffons. Croirait-on que ces contes absurdes ont été rapportés par des écrivains d'un grand poids, Pline, Pomponius Mela, Pausanias, Solin et même Strabon? Diodore de Sicile prétend que les Arimaspes formaient un corps de nation au temps de Cyrus, qui les nomma *évergètes*, c'est-à-dire bienfaisants, parce que, dans un moment où son armée était en proie à la plus affreuse famine, les Arimaspes lui envoyèrent trois mille chariots chargés de blé. Diodore ajoute que ce peuple existait encore au temps d'Alexandre. Étienne de Byzance cite un auteur qui le place autour de la forêt Hercynie. — Ceux qui ne peuvent pas se persuader que tant d'anciens historiens se sont trompés, ou n'ont fait que répéter un conte qu'ils ont entendu faire, ou se copier les uns les autres, expliquent ainsi cet œil unique: *ari*, en langue scythe, signifie un, et *maspos*, œil; de sorte qu'*Arimaspe* veut dire *qui n'a qu'un œil ou borgne*. Or, les Arimaspes se servaient de l'arc et des flèches, au lieu du bouclier et de la lance, comme les Sarmates; pour diriger leur flèches avec plus de justesse, les Arimaspes visaient en fermant un œil, comme encore beaucoup de tireurs d'arquebuse ou de fusil: de là vient qu'on les appela *borgnes ou n'ayant qu'un œil*. N. M. P.

ARIMATHIE (*géog. anc.*). Ville de la Judée, dans la tribu d'Ephraïm. On l'appela d'abord *Ramat-hiom-Sophim*, parce qu'elle était construite sur la montagne de Sophim. Ce fut dans Arimathie que naquirent le prophète Samuel et longtemps après lui Joseph d'Arimathie, qui obtint de Pilate le corps de J. C. pour l'ensevelir. Cette ville est située à dix lieues de Jérusalem; mais elle n'offre plus que des ruines, auxquelles on donne le nom de *Rama*, *Ramola* ou *Remla*. N. M. P.

ARIOBARZANE (*hist. anc.*). Premier roi de Pont dont il soit fait mention dans l'histoire. Son propre fils le livra au roi de Perse Artaxerce-Longuemain qui le fit mourir. — Ariobarzane II était un satrape persan. Après la mort de Mithridate Ier, roi de Pont, Artaxerce Mnémon mit le satrape, son favori, en possession de ce royaume, au préjudice de l'héritier légitime (363 ans avant J. C.). Il se maintint sur le trône jusqu'à sa mort, arrivée l'an 337; mais en mourant il appela le fils de Mithridate à sa succession. — La Cappadoce a eu trois princes du nom d'Ariobarzane. Le premier, protégé par les Romains, monta sur le trône vers l'an 91 avant J. C., après l'expulsion des faux Ariarathes (*V.* ARIARATHE IX). Son règne fut orageux; deux fois détrôné par Mithridate et Tigrane d'Arménie unis contre lui, deux fois il fut rétabli par les Romains. Pompée, qui lui témoignait de la bienveillance, ajouta la Sophène à la Cappadoce: la Sophène était une province de l'Arménie. Ariobarzane voulut abdiquer en faveur de son fils, qui portait le même nom que lui; mais celui-ci refusa l'offre de son père; il fallut un ordre de Pompée pour le contraindre à monter sur le trône (63 av. J. C.). Il fut assassiné peu de temps après par des partisans de Sisenna, fils d'Archélaüs. Sisenna ne put voir toutefois son ambition satisfaite. Ariobarzane III, fils du roi défunt, ceignit le diadème, et il le conserva grâce à l'appui qu'il trouva dans Cicéron, alors gouverneur de la Cilicie (51 avant J. C.). Plus tard, Ariobarzane prit parti pour Pompée contre César; mais il ne voulut pas contracter d'alliance avec les assassins de ce dernier. Cassius, l'un d'eux, conduisit contre lui une armée, l'attaqua, le battit, le fit prisonnier et lui donna la mort (*V.* ARIARATHE, SISENNA). N. M. P.

ARIOCH. L'Écriture parle de deux Arioch: le premier était roi de Pont, et, selon l'hébreu, roi d'*Ellasar*, ou, suivant le paraphraste Jonathan et la version syriaque, roi de *Thalassar* (*V. Isaïe*, XXXVII, 12). Cet Arioch était un des alliés de Codorlahomor dans la guerre que fit ce prince aux rois de Sodome et Gomorrhe (*Genèse*, XIV, 1 et suiv.). — Le second Arioch était général des troupes de Nabuchodonosor. Ce fut lui que le roi chargea de faire mourir les mages et les interprètes des songes de Babylone, parce qu'ils n'avaient pu lui expliquer ni même lui rappeler une vision nocturne qu'il avait eue et dont il ne se souvenait plus (*V. Dan.*, XI, 14). J. G.

ARION (*hist. anc.*, *myth.*), poëte et musicien, né à Méthymne, dans l'île de Lesbos, vers le milieu du VIIe siècle avant J. C. Il vécut pendant longtemps à la cour de Périandre, roi de Corinthe, et il accompagna ce prince en Italie. Arrivé à Tarente, il remporta le prix du chant sur tous ceux qui osèrent le lui disputer. Il avait amassé de grandes richesses, ce qui fit naître en lui le désir de revoir sa patrie et Corinthe. Lorsque le navire qui le portait fut en pleine mer, les matelots formèrent le dessein de le tuer pour s'emparer de ses trésors. Averti en songe par Apollon du danger qui le

menaçait, il se couvrit de ses plus beaux habits, et, sa lyre à la main, il s'avança vers les matelots, comptant les désarmer par la douceur de ses chants et de ses accords; mais les matelots restèrent insensibles. Cependant une troupe de dauphins, attirés par la lyre d'Arion, nageaient autour du vaisseau, se montrant plus sensibles que les hommes aux accents du musicien. Celui-ci, voyant que les cruels matelots ne s'étaient pas laissé attendrir, prit le parti de se soustraire par une mort prompte et volontaire à celle qu'on lui préparait; il s'élança dans les flots; un dauphin le reçut sur son dos et le transporta sain et sauf jusqu'au promontoire de Ténare (le cap Matapan), d'où il gagna Corinthe. Quelque temps après, le vaisseau, battu par la tempête, vint échouer au pied du promontoire, près du lieu où le dauphin avait abordé. Périandre fit amener les matelots en sa présence, et il leur demanda ce qu'ils avaient fait d'Arion: ils répondirent qu'il était mort à Tarente, et qu'ils lui avaient érigé un tombeau. Périandre fit paraître alors Arion devant eux vêtu des mêmes habits qu'il portait le jour où il s'était précipité dans la mer. Les matelots confondus demandèrent grâce, mais Périandre les fit pendre autour du tombeau qu'il avait fait construire pour le dauphin qui était mort; au reste les dieux, qui ne voulurent pas laisser sans récompense le dévouement de cet animal, le placèrent parmi les astres. Pausanias, qui raconte l'histoire d'Arion, ne doute nullement de son authenticité; il en est de même d'Ovide dans ses *Fastes*, liv. 2 :

> Inde (fide majus) tergo Delphina recurvo
> Se memorant oneri supposuisse novo.

Joseph Scaliger croit aussi le fait vrai; Strabon et Aulu-Gelle le traitent de fable. Au fond, il paraît certain, d'après Hérodote, Pline, Plutarque et tous les anciens historiens, qu'Arion, poëte et musicien habile, fut aimé de Périandre, roi de Corinthe, à la cour duquel il passa une grande partie de sa vie. — De toutes les poésies d'Arion, il ne reste qu'un fragment d'hymne à Neptune, lequel renferme la description des dauphins qu'il appelle *amants des muses*, φιλομουσαι. Ce fragment plein de fraîcheur, de naturel et d'élégance, doit faire regretter la perte des autres poésies d'Arion; il se trouve dans l'*Histoire des animaux* d'Élien, liv. XII, 43, et dans les *Analectes* de Brunck, tom. III, p. 347.

ARION. C'est aussi le nom d'un cheval fameux dans la mythologie. Suivant quelques poëtes, ce fut le cheval que Neptune fit sortir tout enharnaché du sein de la terre, d'un coup de son trident, lorsqu'il disputait à Minerve le droit de nommer la ville de Cécrops. Suivant d'autres, c'était le propre fils de Neptune qui rendit mère la furie Erinnys, ou bien encore de Neptune et de Cérès qui, fuyant les poursuites du dieu, s'était métamorphosée en jument sans prévoir que le dieu se métamorphoserait en étalon. D'autres encore font naître Arion de Zéphyre et d'une harpie. Neptune l'employa quelquefois à traîner son char sur les eaux. Il le donna ensuite au roi d'Haliarte (ville de la Béotie aujourd'hui détruite) qui le céda à Hercule. Celui-ci en gratifia le roi d'Argos Adraste, qui, dans la guerre fameuse *des Sept chefs* ou *héros* (1226 av. J. C.), dut la vie à la vitesse de son cheval, comme il lui avait dû le prix aux jeux Néméens. Ce cheval merveilleux avait l'usage de la parole. N. M. P.

ARIOSTE (Louis), poëte célèbre de l'Italie, naquit à Reggio, dans le duché de Modène, le 8 septembre 1474; il fut l'aîné de dix enfants. Son père, membre de la cour de justice de Ferrare, le destinait au barreau, mais *son astre en naissant l'avait formé poëte*. Après cinq années d'études infructueusement laborieuses, il renonça au barreau pour se livrer tout entier aux sciences et à l'art des vers. La lecture de Plaute et de Térence lui donna d'abord l'idée de deux comédies, la *Cassaria* et *I suppositi*. Quelque temps après, un recueil de poésies lyriques, brillantes d'images et de style, appela sur lui l'attention du cardinal Hippolyte d'Est, fils du duc Hercule Ier. Alphonse, frère du cardinal, ayant succédé à son père, l'Arioste, toujours protégé par le cardinal, obtint divers emplois à la cour du nouveau duc; il fut même chargé de missions importantes dont il s'acquitta comme la diplomatie seule avait toujours été l'objet de ses études. Ces occupations, si étrangères à ses penchants, ne l'empêchèrent pas de consacrer une partie de son temps à la composition de son *Orlando furioso*, poëme en quarante chants d'abord, et plus tard en quarante-six. Il y employa dix années consécutives. Quand il l'eut terminé, il en fit voir le manuscrit au cardinal d'Est, qui, en le lui rendant, lui dit sèchement suivant les uns, en riant suivant les autres : *Messer Ludovico*, *dove diavolo avete pigliato tante coglionerie?* D'où diable avez-vous tiré tant de folies? Ces mots pouvaient en effet s'interpréter de deux manières; cela dépendait de la circonstance et de la manière dont ils étaient prononcés. L'Arioste jouissait alors de la plus grande faveur auprès du cardinal, qui, de son côté, avait la plus haute idée des talents poétiques de son protégé. Faut-il supposer que le cardinal aurait dit, d'un travail qui avait coûté dix années de soins et de fatigues à son auteur, d'un poëme écrit du style le plus gracieux, le plus élégant, passant toujours sans effort du *plaisant au sévère*, d'une idée riante à une idée sublime, et qui, n'eût-il pas été semé de détails pleins de fraîcheur et de vie, aurait eu incontestablement le mérite d'être l'ouvrage le plus purement écrit qui existât encore dans la langue italienne: *ce n'est là qu'un recueil de sottises et d'impertinences.* Nous disons le plus purement écrit, et l'Arioste savait bien que personne n'avait écrit comme lui. Le cardinal Bembo, qui a laissé un nom cher aux lettres, lui demandant un jour pourquoi il n'aimait pas mieux écrire en latin qu'en langue vulgaire: « Vous, à qui cette langue savante est si familière, vous en tireriez beaucoup plus de gloire; le latin, d'ailleurs, plus riche, plus étendu, offrirait à votre génie de plus amples ressources. » *J'aime mieux*, lui répondit l'Arioste, *être le premier des écrivains italiens que le second des latins.* Ce jugement qu'il portait de lui-même, la postérité l'a confirmé. La langue à demi-sauvage du Dante est bien loin de la langue douce, molle, délicate, harmonieuse de l'auteur de l'*Orlando*. Pétrarque lui-même, qui passa la meilleure partie de sa vie à écrire des madrigaux, n'a pu atteindre le *molle atque facetum* recommandé par Horace; et nul prosateur, nul poëte, après l'Arioste, n'a porté aussi loin cette perfection de style, cette gracieuseté de détails; ce délicieux mélange de tous les genres. — Si le cardinal d'Est avait jugé l'œuvre de messer Ludovico sous le rapport de la morale, de la décence, de l'amalgame plus qu'incohérent du sacré et du profane, il n'aurait eu que de trop bonnes raisons pour s'armer de sévérité et blâmer un livre sur lequel un œil chaste ne peut pas toujours se reposer; mais il est évident qu'il jugeait le poëme en homme du monde, et qu'étonné de la prodigieuse fécondité d'imagination dont son auteur faisait preuve, il lui adressait des mots qui exprimaient la surprise et non le dégoût. Le jugement du cardinal, pris à la lettre, aurait certainement découragé l'Arioste; nous le voyons, au contraire, livrer son poëme à l'impression en 1516, et travailler ensuite pendant seize ans encore à le perfectionner, à corriger, à limer, afin d'en faire disparaître toutes les taches que lui-même avait remarquées. — Si, vers la même époque, il perdit la protection et l'amitié du cardinal, ce ne fut point à cause de l'*Orlando*, ce fut parce que le cardinal, obligé de faire un voyage et un long séjour en Hongrie, voulut emmener l'Arioste qui, surchargé d'embarras pécuniaires (il était loin d'être riche), et unique appui de ses neuf frères ou sœurs, n'ayant d'ailleurs que très-peu de santé, refusa de l'accompagner, refus qu'Hippolyte ne lui pardonna pas. Le duc Alphonse aurait dû se déclarer le patron de l'Arioste; mais ce prince, qui comblait de biens les savants et les artistes, étrangers ou non, admettait l'Arioste dans son intimité, lui montrait une confiance illimitée, et le laissait languir dans un état voisin de l'indigence. L'Arioste prit le parti de demander au duc quelque emploi dont les modiques émoluments pussent l'aider à fournir à ses besoins. Alphonse le chargea pour lors d'aller pacifier la partie montagneuse de ses États, et de la nettoyer des bandes armées qui depuis longtemps désolaient les habitants par leurs brigandages. L'Arioste réussit parfaitement; comme il avait l'esprit doux et conciliant, il parvint, au bout de trois ans, à faire rentrer les rebelles dans le devoir, et à ramener l'ordre, la paix et la sécurité dans le pays. A son retour, il s'occupa des comédies qu'il avait autrefois composées. Outre la *Cassaria* et les *Suppositi*, il tenait encore en portefeuille la *Lena*, il *Negromante* et la *Scolastica*; il les fit toutes représenter sur le théâtre de la cour; mais il paraît que ce fut la seconde, ouvrage de sa jeunesse, qui obtint le plus de succès. — Bientôt il ne s'occupa plus que de la révision de son poëme. Il s'était fait construire à Ferrare une petite maison, peu somptueuse, mais commode, sur la porte de laquelle il fit placer ce distique:

Parva sed apta mihi, sed nulli obnoxia, sed non
Sordida, parta meo sed tamen ære domus.

On lui demanda pourquoi il ne l'avait pas rendue plus vaste

et plus magnifique, lui qui, dans son *Orlando*, avait édifié de si beaux palais. *C'est*, répondit-il, *qu'on assemble plus tôt des mots que des pierres.* C'est dans cette maison que le poëte passa les dernières années de sa vie; et il faut dire à sa louange que, malgré l'espèce de dévergondage qui règne dans son poëme, dévergondage qui n'était que dans son esprit et nullement dans son cœur, il jouissait d'une telle réputation de probité qu'un vieux prêtre très-riche, craignant d'être empoisonné par les avides collatéraux qui convoitaient sa succession, pria l'Arioste de recevoir chez lui. — Il mourut le 6 juin 1533, dans sa cinquante-huitième année. On attribue cette fin, presque prématurée, aux efforts de travail qu'il avait faits pour donner la seconde édition de son poëme, laquelle parut en 1532. — Outre l'*Orlando* et les cinq comédies dont nous avons parlé, on a de l'Arioste des *satires*, des *sonnets*, des *ballades*, des *chansons* et des *madrigaux* en latin et en italien; mais son véritable titre de gloire est dans l'*Orlando*, qui, depuis son apparition, a été l'objet de tant d'éloges et de tant de critiques: tantôt mis au-dessus de l'*Odyssée*, tantôt placé au-dessous de la *Jérusalem* du Tasse, tantôt exalté jusqu'aux nues, tantôt honteusement exclu du rang des poëmes, et tout cela n'arrivant que faute de s'entendre et de partir d'un principe fixe. Il est certain que si l'on s'obstine à comparer l'*Orlando* à l'*Iliade* ou à l'*Odyssée*, à la *Pharsale*, au *Paradis perdu*, à la *Jérusalem*, on n'obtiendra jamais que des résultats imparfaits, parce que les points de comparaison manquent entièrement. L'Arioste n'a point voulu faire un poëme épique sérieux avec toutes les qualités que Quintilien exige pour l'*épopée*; il a fait un poëme qui n'avait pas de modèle, et qui n'a pu encore avoir d'heureux imitateurs. L'Arioste s'est créé un genre, parce qu'il s'est dit:

Tous les genres sont bons, hors le genre ennuyeux.

Voltaire, qui aurait voulu anéantir tous les poëmes épiques, afin de placer au premier rang sa froide et monotone *Henriade*; Voltaire qui, dans un poëme mille fois plus licencieux que l'*Orlando*, a couru après la grâce légère et folâtre de l'Arioste, sans pouvoir l'atteindre, à moins qu'un style ordurier et obscène ne soit réputé gracieux et léger; Voltaire, distribuant à son gré les réputations et les rangs au Parnasse, s'est exprimé ainsi: *L'Europe ne mettra l'Arioste avec le Tasse que lorsqu'on placera l'Énéide avec Don Quichotte, et Caliot avec Corrége*; phrase prétentieuse qui, froidement analysée, n'offre aucun sens raisonnable et confond des choses qui doivent rester à jamais séparées. Il n'y a aucune comparaison à faire entre l'*Orlando* et la *Jérusalem*, car ce sont deux ouvrages d'un genre tout à fait opposé. On ne saurait établir de parité que sous le double rapport du plan et du style; et, en convenant que le plan du *Tasse* est plus sage et plus régulier, il faudra convenir aussi que l'Arioste l'emporte infiniment par le style. Ce qu'on pourrait dire peut-être de plus juste, c'est que le plan de la *Jérusalem* avec le style de l'*Orlando* aurait composé un poëme parfait. Le style du *Tasse* est souvent peu digne de la majesté de l'épopée, ou bien il est surchargé d'ornements que Boileau appelait durement du *clinquant*. Le *Tasse* court après l'esprit, ce qui souvent rend son vers faible d'expression, et jette sur ses idées un air de recherche que le goût réprouve. Le style de l'Arioste est toujours d'une élégance soutenue; la délicatesse de l'expression répond constamment à celle des sentiments, les descriptions y sont toutes de la plus grande magnificence, le mouvement des passions se fait sentir d'un bout du poëme à l'autre bout, et tous les personnages que l'auteur met en scène savent intéresser; on les quitte à regret, on les retrouve avec plaisir. Nous n'insisterons pas sur le reste de la phrase voltairienne (V. CERVANTES). — Nous n'avons plus qu'une observation à faire; l'Arioste n'est point le créateur de *Roland* et d'*Angélique*; il les a empruntés au *Boyardo* (V. BOYARDO). Celui-ci, nourri de la lecture d'Homère, avait voulu l'imiter, et son poëme de *Roland l'amoureux* paraît modelé sur l'*Iliade*. Le siége de Paris par les musulmans ligués contre Charlemagne ressemble au siége de Troie. Cette *Angélique*, que l'Arioste a rendue si séduisante et si belle, tient la place d'*Hélène*; les magiciens y jouent le rôle des dieux de l'Olympe. Le *Boyardo*, riche d'imagination, manque de naturel et de grâce; mais il a ouvert la carrière à l'Arioste, et c'est tous les personnages que celui-ci a mis en scène (V. LE TASSE, ÉPOPÉE). « Aucun poëte, dit Ginguené, ne l'a égalé dans ce genre d'*épopée*, où l'imagination a une bien autre carrière à fournir que dans l'*épopée* purement héroïque. Aucun n'a mêlé avec autant d'adresse le sérieux et le plaisant, le gracieux et le terrible, le sublime et le familier ; aucun n'a mené de front un aussi grand nombre de personnages et d'actions diverses, qui, tous, concourent au même but ; aucun n'a été plus poète dans son style, plus varié dans ses tableaux ; plus riche dans ses descriptions, plus fidèle dans la peinture des caractères et des mœurs, plus vrai, plus animé, plus vivant. » — Les éditions les plus rares de l'*Orlando* sont les deux premières de Ferrare, 1516 et 1532, in-4° : la première de quarante chants ; la seconde de quarante-six. On recherche aussi une édition des Aldes de Venise, 1545, in-4°. — L'Arioste a été traduit dans toutes les langues vivantes. Il est triste de dire qu'aucun traducteur, jusqu'ici, n'a réellement offert aux lecteurs les traits si prononcés de l'original. La traduction du comte de Tressan est peut-être la plus élégante, mais ce n'est pas la plus fidèle. Nous ne parlons pas de la traduction, en vers français, d'un ancien préfet-poète : c'est là peut-être que le mot de Voltaire pourrait recevoir une assez juste application ; c'est une belle composition du Corrège, traduite par Callot.   J. DE-M.

ARIOVISTE (EHREN VEST) était chef des Marcomans lorsque Jules César pénétra dans la Gaule. Toutes les tribus suèves l'ayant désigné comme chef de leur confédération, il passa le Rhin avec quinze mille hommes pour aller secourir les Séquanais ses alliés contre les Eduens leurs ennemis. Arioviste fit payer cher aux premiers la protection qu'il leur accorda ; il prit une partie de leurs terres et les menaça de ne pas s'en tenir à cette première usurpation. Il séjourna quatorze ans dans les Gaules ; plus de cent mille Germains étaient venus se ranger sous ses drapeaux ; quand Jules César, allié des Eduens, jugea nécessaire de repousser Arioviste et ses Germains au delà du Rhin. Ce n'était pas une chose facile ; les soldats romains avaient conçu d'Arioviste et de ses troupes une telle opinion de force et de bravoure qu'ils se croyaient vaincus avant de combattre. César eut besoin de toute son éloquence et de tout son ascendant sur l'esprit de ses soldats pour détruire l'impression fâcheuse qu'ils avaient reçue ; et comme il eut appris que les femmes germaines avaient prédit que les Germains seraient battus s'ils livraient bataille avant la lune nouvelle, il profita de cette circonstance, harangua pour la dernière fois les soldats, leur promit la victoire, et donna le signal du combat. Il fut long et terrible ; mais, à la fin, la valeur disciplinée l'emporta sur la bravoure sauvage des Germains (58 avant J. C.). Quatre-vingt mille Germains périrent, soit durant la bataille, soit dans la poursuite. Arioviste perdit deux de ses femmes, qui furent tuées. De ses deux filles, l'une fut aussi tuée, l'autre resta prisonnière. Arioviste avait du courage et des talents militaires, mais son orgueil le rendait insupportable, même aux siens. Il se sauva presque seul, et il traversa le Rhin dans une barque. Plusieurs tribus suèves, qui descendaient de la Germanie pour se rendre dans la Gaule, se hâtèrent de retourner sur leurs pas. Arioviste ne survécut que peu de temps à sa défaite.   A. P.

ARISBE (*hist. anc.*), première femme de Priam, qui la répudia pour épouser Hécube. Arisbe, de son côté, donna un successeur à Priam et fut unie à Hyrtace, dont elle eut un fils, nommé Esaque. — (*géogr.*) C'est aussi le nom de plusieurs villes anciennes qui étaient situées dans la Béotie, dans la Troade et dans l'île de Lesbos. La plus connue, ou pour mieux dire la seule connue, était dans la Mysie, au nord de la Troade. Elle avait été fondée par une colonie de Mityléniens, et détruite par les Troyens avant le siège de leur propre ville. Ce fut auprès des ruines d'Arisbe qu'Alexandre planta son camp lorsqu'il alla visiter les restes de Troie. — L'Arisbe de Lesbos fut renversée par un tremblement de terre.   A. X.

ARISI (FRANÇOIS), littérateur et jurisconsulte italien, des XVII° et XVIII° siècles, né à Crémone, et mort à quatre-vingt-six ans, en 1743. On a de lui un grand nombre d'ouvrages : des traités de jurisprudence, des travaux littéraires et des pièces de vers, qui ne dénotent pas plus un grand poète que les traités de jurisprudence n'indiquent un grand jurisconsulte. On peut consulter néanmoins sa *Cremona litterata* ; Crémone, 3 vol. in-fol., 1702, 1706 et 1744.   A. P.

ARISTAGORAS, parent d'Hystée, qui était souverain de Milet, vers le commencement du V° siècle avant J. C. Fatigué de voir Athènes, sa patrie, sous le joug des Perses, il réveilla chez les Grecs l'amour de la liberté, les excita ouvertement à la révolte et se mit à leur tête. Beaucoup de Grecs, dociles à sa voix, coururent aux armes ; on équipa des vaisseaux. Aristagoras prit le commandement de la flotte, et s'avança jusqu'à Sardes, dont il prit et qu'il réduisit en cendres. Darius en fut si irrité qu'il ordonna à ses serviteurs de lui rappeler, chaque

jour avant son repas du soir, le désastre de Sardes, afin que le désir de la vengeance ne s'éteignît pas dans son cœur. Aristagoras remporta plusieurs victoires qui éloignèrent la catastrophe, et qui peut-être l'auraient tout à fait conjurée, si les Spartiates avaient voulu s'unir à lui, et si les Thraces ne l'avaient tué avec quelques-uns des siens (498 avant J. C.). Après la mort de leur chef, tous les Grecs déposèrent les armes. — Pline parle d'un autre Aristagoras qui avait composé une histoire d'Egypte, et qui vivait sous le règne du second Ptolémée ; on croit que c'est le même que celui dont a fait mention Diogène Laërce.

ARISTANDRE, fameux devin de la fin du IV° siècle av. J. C. Il avait prédit à Philippe qu'il aurait un fils dont le courage serait égal à *celui d'un lion*. C'était l'explication d'un rêve de Philippe. La naissance d'un fils et non d'une fille commença de mettre Aristandre en crédit, et comme dès ses plus tendres années Alexandre montra des inclinations guerrières, on jugea que la prédiction était accomplie. Aristandre suivit Alexandre dans ses expéditions.

ARISTARQUE, né à Tégée, ville d'Arcadie, vivait vers le milieu du VI° siècle avant J. C. On dit qu'il composa soixante ou soixante-douze tragédies, dont deux seulement furent couronnées. Une de ces dernières, intitulée *Achille*, fut traduite en vers latins par Ennius.

ARISTARQUE, philosophe et astronome grec, natif de Samos, est l'un des premiers qui ont soutenu que la terre tourne sur elle-même, et qu'elle décrit en outre chaque année un grand cercle autour du soleil. C'était beaucoup, sans doute, que d'avoir entrevu la vérité ; il était réservé à Copernic, à Galilée, à Descartes, à Newton, de le prouver en quelque sorte mathématiquement, et d'expliquer les faits par les théories, de manière à ne point laisser de place pour le doute. On lui attribue l'invention d'un cadran solaire et un assez grand nombre d'ouvrages, auquel ne sont point parvenus, à l'exception d'un *Traité de la grandeur et de la distance du soleil et de la lune*. Quant au *Système du monde* qui a été publié sous son nom, c'est un ouvrage de Roberval. Le *Traité de la grandeur*, etc., publié en grec à Pezaro, en 1572, in 4°, a été traduit en latin et commenté par Frédéric Commandin. Wallis l'a publié en grec et en latin en 1688, et il l'a inséré dans le tome III de ses *Œuvres mathématiques*, imprimées à Oxford, 1699.

ARISTARQUE, de Samothrace, disciple d'Aristophane le grammairien, fut grammairien lui-même et critique renommé ; il florissait dans le milieu du II° siècle avant J. C. Ptolémée Philométor l'avait choisi pour précepteur de son fils. Il mourut septuagénaire, dans l'île de Chypre. On dit que ne pouvant guérir d'une hydropisie qui le faisait souffrir cruellement, il se laissa mourir de faim pour se délivrer de son mal. Il eut deux fils, qui n'héritèrent pas des talents de leur père. L'un d'eux fut même vendu comme esclave ; mais les Athéniens le rachetèrent en mémoire du nom d'Aristarque. Il publia neuf livres de corrections sur l'Iliade d'Homère, sur Pindare, Aratus et d'autres poètes. Il se montra, dans ses remarques, sévère jusqu'à la rigueur, mais juste. Dès qu'un vers d'Homère lui paraissait faible ou indigne de ce poète, il le rejetait comme supposé. Cicéron, Ovide, Horace, ce dernier surtout dans son art poétique, rout en parlant de la sévérité de ses critiques, rendent justice à sa bonne foi et à sa sagesse. Aussi le nom d'Aristarque est-il devenu, dès l'origine, l'équivalent de critique éclairé et judicieux. Quand Horace trace quels sont les devoirs d'un critique, il finit par dire :

> Fiet Aristarchus, nec dicet, cur ego amicum
> Offendam in nugis !

Le nom d'Aristarque est même devenu le titre spécial de plusieurs livres de critique. Ainsi Heinsius intitula ses notes sur l'Ancien Testament *Aristarchus sacer*. Il est à remarquer que le mot *Aristarque* pour *critique* ne se prend en mauvaise part comme celui de *Zoïle*. Pour modifier l'idée de critique sévère, mais impartiale et juste qui s'attache à ce nom, il faut y ajouter quelque épithète, comme l'a fait Boileau dans son épigramme adressée aux journalistes de Trévoux :

> Grands Aristarques de Trévoux, etc.   N. M. P.

ARISTARQUE, chronographe, auteur d'une *Lettre historique sur Athènes*, et sur ce que les apôtres firent dans cette ville. Hilduin l'a cité dans une de ses lettres qu'il écrivit à Louis le Débonnaire ; mais que la citation d'Hilduin soit exacte ou qu'elle soit supposée, comme le pensent plusieurs critiques, il ne faut pas confondre cet Aristarque avec celui dont nous allons parler.

ARISTARQUE, de Thessalonique, dont il est parlé dans les *Épîtres aux Colossiens et aux Philippiens*, mais surtout dans les *Actes des apôtres*, était un juif de naissance, disciple et compagnon de saint Paul. Il accompagna cet apôtre à Éphèse, et pendant un séjour de deux ans, il partagea les travaux et les périls de l'apostolat. Il manqua de périr dans une émeute qu'un orfèvre de cette ville excita, au sujet de la statue de Diane d'Éphèse; il partit avec saint Paul pour Corinthe, le suivit à Jérusalem, et ne le quitta pas lorsqu'il fut conduit à Rome, vers l'an 60 de J.-C. Dans son *Épître aux Colossiens*, saint Paul le nomme son compagnon de captivité, *concaptivus meus*. On ignore ce que devint Aristarque après la mort de saint Paul. Les Grecs l'honorent comme apôtre et martyr, et font sa fête le 14 avril; les latins font mention de lui le 4 août. A. P.

ARISTÉE (*myth.*), fils d'Apollon et de la nymphe Cyrène, qui a donné son nom à cette portion de l'Afrique qu'on a toujours appelée Cyrénaïque. Les nymphes, qui eurent soin de son enfance, lui apprirent à cultiver l'olivier, cailler le lait et élever les abeilles. Il épousa Autonoé, fille de Cadmus, qui le rendit père d'Actéon. Après la fin tragique de ce fils, il se retira dans l'île de Cos, où il guérit les habitants de la peste, en offrant des sacrifices aux dieux; il alla ensuite cultiver la Sardaigne, se rendit plus tard dans la Thrace, où Bacchus l'initia aux mystères des orgies, et alla s'établir sur le mont Hémus, d'où il disparut tout à coup. On publia qu'il avait été ravi au ciel par les dieux. Virgile, dans son 4e div. des *Géorgiques*, dit qu'Aristée poursuivait Eurydice, le jour même que celle-ci avait épousé Orphée; qu'Eurydice en fuyant fut piquée par un serpent, et qu'elle en mourut; que les nymphes, pour la venger, tuèrent les abeilles d'Aristée; qu'après le conseil de sa mère, il offrit un sacrifice de quatre taureaux et d'autant de génisses; ce qui apaisa les mânes d'Eurydice, qu'enfin dans les flancs des victimes se formèrent de nombreux essaims avec lesquels Aristée répara ses pertes. Il est à regretter que Virgile, qui avait du goût, ait choisi, pour orner d'un épisode son 4e livre des *Géorgiques*, le seul trait répréhensible de la vie d'Aristée, qu'on se plaît à représenter comme un homme sage, bienfaisant, qui apprit aux hommes tous les arts utiles, au point de mériter qu'on lui érigeât des autels après sa mort. Mais telle est la sagesse des païens! N. M. P.

ARISTÉE, de Proconèse, fils de Démocharis, florissait vers le milieu du VIe siècle avant J.-C., au temps de Cyrus et de Crésus. On lui attribue deux ouvrages qui sont perdus pour nous. L'un était une théogonie ou généalogie historique des dieux, qu'on doit regretter, d'après ce qu'on en dit Hérodote, qui regardait cet ouvrage comme capable de faire connaître la vraie origine de la plupart des dieux de la Grèce. L'autre ouvrage, duquel Longin a conservé quelques vers, dans son *Traité du Sublime*, était un poème épique sur la guerre que les Arimaspes faisaient aux Gryphes ou Gryphons (*V.* ARIMASPES) pour leur ravir l'or que ceux-ci retiraient des entrailles de la terre. Cet ouvrage n'était pas généralement goûté, parce que l'auteur y racontait des choses incroyables, qu'il prétendait sérieusement avoir vues, ce qui le faisait passer pour un imposteur. Denys d'Halicarnasse prétend même que ce poème était supposé. Aristée avait séduit beaucoup d'ignorants par de grossiers prestiges: il leur disait qu'il avait le pouvoir de faire sortir son âme de son corps, et de l'y ramener à sa volonté. Aussi Hérodote, qui plus d'une fois a justement encouru le reproche de crédulité, parle, comme d'un fait avéré, de deux ou trois résurrections et apparitions d'Aristée à plusieurs années d'intervalle, ce qui porta les habitants de Métaponte à lui ériger une statue dans le temple d'Apollon. Plutarque renchérit sur Hérodote. Aristée, dit-il, quittait et reprenait son âme, et quand elle sortait de son corps, les assistants la voyaient sous la figure d'un cerf.

ARISTÉE, surnommé l'*Ancien* par Pappus, l'un des plus habiles géomètres de l'antiquité, fut maître ou ami d'Euclide et contemporain d'Alexandre le même. Pappus rapporte qu'Euclide, par estime ou par attachement pour lui, ne voulut pas écrire sur un sujet déjà traité par Aristée, de peur de nuire à la réputation de son maître en paraissant plus savant que lui. A. P.

ARISTÉE, juif d'origine, officier de Ptolémée-Philadelphe, fut, selon qu'il le dit lui-même, envoyé par ce prince à Jérusalem pour demander à Éléazar des interprètes capables de traduire en grec la loi de Moïse. Il a composé une histoire de cette traduction, connue sous le nom de la *Version des Septante*. Nous ne nous étendrons point ici sur cette histoire. (*V.* SEPTANTE [*Version des*]); nous nous bornerons à dire que saint Jérôme ajoute absolument aucune foi au récit d'Aristée, et que depuis le milieu du XVIe siècle, où Louis Vivès, savant espagnol, fit naître des doutes sur l'authenticité même du livre, cette histoire a été vivement attaquée par de savants écrivains; tels que Léon de Castro, Salmeron, Scaliger, et surtout Hody, qui a entraîné dans son sentiment tous les critiques protestants et plusieurs auteurs catholiques. Mais il faut nécessairement convenir que Hody est allé trop loin, comme l'a prouvé le père de Magistris, dans ses dissertations qu'il a mises en tête de la version grecque de Daniel, publiée à Rome en 1772, quoique tous les arguments de ce savant père ne soient peut-être pas d'une égale force. Quant à nous, bien que nous regardions plusieurs circonstances de la narration d'Aristée comme fabuleuses, nous sommes loin de rejeter la substance du fait historique, et nous en embrassons le sentiment avec d'autant plus de confiance, qu'il est partagé par des critiques dont la hardiesse est d'ailleurs assez connue; nous voulons parler de Richard Simon et d'Ellies-Dupin. J. G.

ARISTÉNÈTE, de Nicée, vécut vers la fin du IVe siècle de l'ère vulgaire, ou le milieu du Ve, postérieurement au règne de Constantin et de ses fils. Il publia un livre de *Lettres érotiques*, qui sont arrivées jusqu'à nous. Elles ont été traduites du grec en français, et publiées à Paris en 1610. La meilleure édition de ces lettres avec une traduction latine, est celle de M. Boissonnade; Paris, 1822. Quelques-unes sont ingénieuses, d'autres sont passionnées; mais la plupart, dit Josias Mercer, n'offrent que des passages extraits de Platon, de Lucien et de plusieurs autres écrivains grecs. Dans une de ces lettres, il parle d'un comédien nommé *Caramulle*, que cette pareillement Sidoine Apollinaire, et ce comédien vivait dans le Ve siècle. Aristénète ne doit donc pas être confondu avec le sophiste Aristénète, ami de Libanius, lequel périt au tremblement de terre qui renversa Nicomédie en 358, ni avec l'Aristénète, qui fut consul avec Honorius, l'an 404, ni avec un autre Aristénète, cité par Étienne le géographe. — L'*Aristénète français*, publié à Paris en 1797, par M. Nogaret, n'est nullement une traduction, ni même une imitation de l'*Aristénète grec*; ce sont tout simplement des lettres d'amour, où il ne faut pas trop chercher la décence et la retenue.

ARISTIDE, Athénien, célèbre par sa grande réputation de justice et de probité, contemporain et rival, ou pour mieux dire, ennemi constant de Thémistocle, par rivalité d'amour-propre et de gloire suivant les uns, par zèle patriotique suivant les autres, banni d'Athènes par application de la loi d'ostracisme, surnommé plusieurs fois, le *Juste* par acclamation. Cette diversité de jugements sur Aristide, diversité qui résulte bien évidemment des écrits de Théophraste, de Plutarque, de Lucien, de Sénèque, etc., pourra, ce semble, s'expliquer d'une manière satisfaisante après qu'on aura défini d'une manière précise l'idée que les anciens avaient de la justice et de la vertu. Ce n'est pas ici le lieu de traiter cette matière, dont nous nous occuperons spécialement aux mots JUSTICE, VERTU, *chez les anciens*; nous nous contenterons de dire que chez les païens c'était plutôt l'absence de l'injustice et de la corruption qui passait pour probité ou vertu que l'amour réel des vertus pour elles-mêmes, et de sorte qu'un homme pouvait passer pour vertueux, non pas seulement lorsqu'il pratiquait le bien, mais encore lorsqu'il s'abstenait du mal. Il suffisait, pour acquérir un grand renom d'honnêteté ou de sagesse, de se placer dans les vices et de la dégradation de la multitude. — Thémistocle et Aristide avaient été pour, ainsi dire élevés ensemble; nés l'un et l'autre dans les grandes familles de l'aristocratie, ils semblaient destinés par leur position sociale à prendre part de bonne heure aux affaires du gouvernement. On dit qu'ils suivirent des qualités différentes; et cela est probable; mais chacun d'eux allait au même but par des routes opposées, comme cela devait être, si l'un fut toujours rempli de probité et d'amour désintéressé pour sa patrie, si l'autre, il constamment usage de dissimulation, d'adresse et de mensonge. Ce qui est certain, c'est qu'Aristide sut, dans l'occasion, sacrifier sa propre gloire au l'intérêt bien entendu de sa patrie. Lorsque Darius envahit la Grèce, il fut nommé l'un des dix généraux qui devaient, une jour chacun, avoir le commandement de l'armée athénienne. Il fut seul de l'avis de Miltiade, il opina, pour qu'on livrât bataille aux Perses, et, comme il connaissait les talents supérieurs de Miltiade pour l'art de la guerre, il déclara se démettre, en faveur de Miltiade, de son jour de commandément, et il engagea les autres polémarques (Thémistocle était du nombre) à suivre son exemple. Miltiade répondit à la confiance de ses collègues en gagnant la fameuse victoire de Marathon. Ce fut après avoir contribué au gain de cette bataille qu'Aristide fut banni d'Athènes par les intrigues de Thémistocle. On raconte à ce sujet qu'un homme de l'assemblée (*V.* OSTRACISME) l'ayant prié d'inscrire le nom d'Aristide sur sa coquille ou bulletin, Aristide, que cet homme ne connaissait pas, lui demanda s'il avait à se plaindre de celui qu'il voulait bannir : *Non, certes,* répondit l'Athénien, *mais je suis fatigué de l'entendre appeler le Juste.* Cette historiette serait imparfaite si l'on n'ajoutait qu'Aristide, sans répliquer, prit la coquille et qu'il y inscrivit son propre nom. — On dit encore que lorsqu'il sortit d'Athènes, il s'écria : « Fassent les dieux que les Athéniens n'aient pas à se repentir de m'avoir banni »! et l'on ne manque pas d'opposer à ce vœu (dans lequel, en le considérant de près, nous ne saurions voir qu'un mouvement excessif d'orgueil, comme si le salut d'Athènes avait uniquement dépendu de la présence d'Aristide) le vœu contraire de Camille, expulsé de Rome, afin de placer celui d'Aristide sous un plus beau jour. Pour nous, il nous semble que le même sentiment a produit le même vœu, et que l'expression seule en est différente, parce qu'elle est assortie au caractère des deux personnages. Au bout de cinq ou six ans, et à l'époque de l'invasion de Xerxès (*Ischfoundir*), les Athéniens rappelèrent Aristide, et lui conférèrent le commandement d'une partie de l'armée. Il assista à la bataille de Salamine, et il contribua puissamment au gain de celle de Platée. Pour prix de ses services il fut nommé archonte, et fit rendre une loi qui déclarait l'archontat accessible à tous les citoyens sans distinction de classe. Il fut chargé ensuite de la garde du trésor commun de la Grèce. Chacun des peuples qui habitaient la Grèce s'assujettit à payer tous les ans une somme qui devait être déposée et gardée en lieu sûr, et former ainsi un trésor avec lequel on pourrait faire face aux dépenses de la défense commune contre l'ennemi du dehors. On dit à sa louange qu'il eut l'administration de ces fonds, et qu'il mourut si pauvre que son inhumation eut lieu aux frais de l'État, qui se chargea pareillement de doter ses deux filles. Mais s'il n'usa pas de ces fonds pour lui-même, on l'accusa d'avoir souffert que le gouvernement d'Athènes s'en servît; il fut même taxé de concussion et condamné à une amende. Ce fut Thémistocle, dit-on, qui par ses menées obtint cette condamnation. Comme nous n'avons pas les pièces du procès, il n'est guère possible de dire si le jugement fut rendu sans preuves, ou si on fournit aux juges, à défaut de preuves, des indices suffisants pour motiver leur sentence, qui, au surplus, ne reçut pas d'exécution. Plutarque, qui vivait à une époque assez rapprochée, rapporte que l'année suivante, Aristide ayant été chargé par le peuple des mêmes fonctions, il se montra beaucoup moins sévère envers les comptables des deniers publics, et que ceux-ci, par reconnaissance, loin de l'accuser, le comblèrent d'éloges; et qu'ils demandèrent qu'il fût confirmé dans le même emploi. Et comme il n'est guère possible qu'un grand nombre de dilapidateurs, en qui se joint, au désir de frauder le trésor, celui de perdre l'homme qui a dénoncé leurs manœuvres, changent subitement leur avidité en désintéressement, et leur haine pour le dénonciateur en attachement et en bienveillance, il est naturel de penser qu'Aristide mit en cette occasion son propre avantage avant celui de l'État, et qu'il laissa vivre en paix ces sangsues publiques, pour ne pas s'exposer à leurs atteintes. Théophraste va beaucoup plus loin que Plutarque : il affirme qu'il n'y avait plus ni équité ni vertu dans Aristide, lorsqu'il s'agissait d'arriver au but politique qu'il s'était proposé. Plus d'une fois, dit-il, il a délié les Athéniens de leurs serments, se chargeant seul de leur parjure. Il convient lui-même qu'il s'opposait par système aux avis de Thémistocle, lors même qu'ils paraissaient utiles, de crainte que l'ascendant qu'il prendrait sur les esprits ne le conduisît au pouvoir absolu. Aristide alla jusqu'à dire un jour que c'en était fait de la république si Thémistocle n'était jeté dans un précipice. Aristide est encore accusé par plusieurs écrivains d'avoir voulu établir la suprématie d'Athènes sur toutes les autres villes de la Grèce. Il faut dire pourtant que lorsque Thémistocle parla d'un projet qui serait très-avantageux à Athènes (il s'agissait de brûler tous les vaisseaux des Grecs en mettant le feu à l'arsenal); et que le peuple lui eut enjoint de communiquer son secret à Aristide, celui-ci répondit que le projet de Thémistocle serait, en effet, très-utile à la république, mais qu'il serait très-in-

juste; et que le peuple rejeta la proposition d'une voix; sans vouloir même apprendre de quoi il s'agissait. A cela on objecte que la réponse d'Aristide fut le résultat de son opposition systématique: il ne voulait pas que les Athéniens dussent à Thémistocle plus qu'à lui-même. A tous ces faits, dont on pourrait encore augmenter le nombre, on peut opposer le sentiment de Platon, qui, tout émerveillé du désintéressement d'Aristide, et de l'état de pauvreté dans lequel il vécut et mourut, s'exprime ainsi : « Thémistocle, Cimon, Périclès, ont orné la ville de beaux édifices, de portiques, de statues, etc.; Aristide seul a dirigé ses habitants par les conseils de la vertu. » Que faut-il conclure de tous ces faits, qui paraissent inconciliables, de tous ces jugements contradictoires? C'est que les païens, n'ayant pour se guider que les seules lumières de la raison, ne pouvaient prendre de la vertu que des idées relatives, qui souvent se trouvaient subordonnées à des intérêts personnels ou de bien public. La vertu solide et véritable, celle qui marche toujours vers le bien sans jamais composer avec le mal, ne la cherchons que dans le christianisme; car c'est là seulement qu'on peut la trouver.   J. DE M.

ARISTIDE (ÆLIUS), rhéteur grec et prêtre de Jupiter, né vers l'an 129 de J. C., dans une ville de la Mysie ou de la Bythinie, nommée *Adriani*, près du mont Olympe, étudia sous les meilleurs maîtres de ce temps, et consacra une partie de sa vie à voyager en Égypte et en Éthiopie. A son retour, il résolut de se fixer à Smyrne. Peu de temps après, cette ville ayant été renversée par un tremblement de terre, Aristide adressa une lettre si pathétique à l'empereur que celui-ci, touché du sort des habitants, ordonna sur-le-champ que la ville fût rebâtie. Les habitants reconnaissants érigèrent une statue en l'honneur d'Aristide; il mourut âgé de soixante ans. Il a laissé des *hymnes* en prose en l'honneur des dieux et des héros, des *panégyriques*, des *apologies*, des *harangues*, en tout cinquante-quatre pièces, dont un médecin anglais, Samuel Jepp, a donné une très-bonne édition, 2 vol. in-12, Oxford, 1722-1730, avec des notes de plusieurs savants. Les contemporains le comparèrent, dit-on, à Démosthènes pour la vigueur et la force de style, et à Isocrate pour l'élégance; mais il paraît que ces éloges étaient fort exagérés.   A. P.

ARISTIDE (QUINTILIEN) vivait, à ce qu'on croit, dans le II° siècle de notre ère. Il a laissé un *Traité sur la musique* en trois livres; ce traité, assez estimé, a été imprimé par Meibonius, dans sa collection des *Antiqui musicæ autores*; Amsterdam, 1652, in-4°. — Il ne faut pas le confondre avec un autre ARISTIDE, son contemporain, philosophe de l'école platonicienne, né à Athènes, lequel, s'étant converti au christianisme, publia en faveur de la religion une *Apologie*, qu'il présenta, dit-on, l'an 125, à l'empereur Adrien. Eusèbe en parle avec éloge dans son histoire, liv. IV, ch. 3 et 5. Mais cette apologie, dont saint Jérôme fait aussi mention, n'est point arrivée jusqu'à nous: elle fit rendre l'édit célèbre par lequel Adrien défend de mettre personne à mort avant que son crime ait été clairement prouvé. Il paraît qu'Aristide mourut en odeur de sainteté. Tous les martyrologes, tant anciens que modernes, font mémoire de lui au 31 août.   A. P.

ARISTIDE, peintre de Thèbes, fut, dit-on, le premier qui tenta d'exprimer, par ses pinceaux, les diverses passions qui agitent l'âme. Il était contemporain d'Apelles et vécut dans le IV° siècle avant J. C. Pline, le naturaliste, dit qu'Attale donna cent talents d'un de ses tableaux; on en cite deux qui firent sa réputation : un *Bacchus* et une *femme mourante*.

ARISTIDE, de Milet, se fit connaître d'abord par des ouvrages historiques (notamment une Histoire d'Italie, ayant au moins quarante livres; une Histoire de la Sicile et une Histoire de la Perse), que Plutarque a souvent mis à contribution. Mais ce qui, plus que tout, rendit Aristide célèbre, ce furent ses *Milésiaques*, contes souvent licencieux et trop souvent imités. C'est dans ces contes que Lucius de Patras ou Lucien a pris l'idée de son *Ane d'or*, mise en œuvre par Apulée. Ce dernier ne craint pas de dire, dans sa préface, qu'il va écrire des *contes à la Milésiaque*, ce qui prouve que les contes de ce genre avaient alors la vogue, et qu'Apulée la cherchait sur les traces des siens. Parmi les modernes, Bocace a marché sur les traces d'Aristide, et il a mérité de ses contemporains le reproche que ceux d'Aristide faisaient à l'auteur des *Milésiaques*, dont l'ouvrir une carrière où l'on ne saurait plus s'arrêter dès qu'on y serait une fois entré, et où chaque pas serait marqué par des excès nouveaux. Des contes libres aux contes orduriers, il n'y a qu'un pas; en effet, et ce pas, on le franchit aisément.   N. M. P.

ARISTIPPE, de Cyrène, disciple de Socrate, et lui ressemblant fort peu; fondateur de la secte cyrénaïque, naquit, vers l'an 435 avant J. C., d'une famille riche et distinguée. La réputation de Socrate l'ayant conduit à Athènes, il alla prendre les leçons de ce philosophe; mais rien de ce qu'il entendit ne le fit renoncer à l'amour du plaisir, qu'il avait puisé dans le commerce du monde, et porté à l'excès par la facilité qu'une grande fortune lui donnait de le satisfaire. Ce fut à Olympie, où il s'était rendu pour disputer le grand prix de la course des chars, qu'il entendit parler de Socrate : et comme les doctrines de l'Athénien, sur l'identité primitive et absolue de la vertu et du bonheur, lui semblèrent répondre à l'idée qu'il s'était formée lui-même du bonheur, il s'était senti le plus grand désir d'entendre Socrate de près; mais jamais disciple ne comprit plus mal qu'Aristippe les paroles du maître; ou ne leur donna un sens plus éloigné de leur sens réel. Ainsi, abusant de cet axiome plein de sagesse, qu'il faut s'abstenir des choses qu'on ne comprend pas ou qu'on ne peut comprendre, Aristippe conclut que la physique et les mathématiques n'ont qu'une valeur relative, non une valeur intrinsèque; que, par conséquent, cette science, si vaste et si féconde en produits, devait être proscrite et bannie de tout enseignement. Quant à sa morale, elle est si éloignée de celle de Socrate qu'il n'avait nul besoin de visiter Athènes pour en composer une aussi corrompue que celle qu'il a transmise à l'école de Cyrène, par l'intermédiaire de sa fille Arétée et de son petit-fils Aristippe. Les Allemands, qui ont voulu laver le fondateur de la secte cyrénaïque du reproche d'immoralité, enveloppent d'expressions obscures leur analyse des doctrines de ce philosophe, qui, selon eux, n'aurait fait que vouloir réunir le réalisme ionien à l'idéalisme pythagoricien. Voici cette analyse; il sera facile ensuite de voir, en rapprochant de ces principes les actes du philosophe, jusqu'à quel point elle est exacte et fidèle : « Jouissons des plaisirs de la vie, de telle manière que, restant toujours maîtres de nous, nous puissions jouir constamment de plaisirs nouveaux, supporter les privations et avoir cette tranquillité d'âme sans laquelle il n'y a point de bonheur; le plaisir ne devient plaisir réel qu'autant que la jouissance est sage; c'est pour la doctrine d'Aristippe qu'a été fait cet axiome : *Mihi res, non me rebus subjungere conor.* Les affections de l'âme se réduisent à deux, le plaisir et la douleur : le plaisir existe quand l'âme est affectée agréablement et conformément à sa nature; il y a douleur lorsque l'affection contraire les sentiments naturels. Or, tous les êtres aspirent au plaisir; c'est donc par le plaisir que l'existence nous est donnée. Quant au bonheur, il se compose de la somme de tous les plaisirs passés, présents, ou qu'on espère.— Pour arriver au plaisir et au bonheur, il faut prendre pour guide la raison et la vertu : par la raison, nous calculons d'avance les suites et le résultat du plaisir; par la seconde, nous acquérons la force de résister à l'entraînement des plaisirs, qui peuvent amener les maux contraires (cette idée est complétement fausse; pour rejeter le plaisir qui peut se convertir en mal; il ne faut pas de la vertu, il ne faut que du bon sens). — La raison et la vertu sont donc utiles au philosophe; au fond, elles ne sont point désirables en elles-mêmes; elles ne sont à rechercher que parce qu'elles concourent au bonheur. Ce qui est indispensable au philosophe, c'est le calme parfait de l'esprit, afin que, tout entier aux sensations qu'il éprouve, il puisse mesurer par elles et par les affections qu'elles lui causent le degré d'estime qu'il doit faire des choses, soit pour en jouir, soit pour les éviter. » — Examinons maintenant cette doctrine traduite en actes par Aristippe lui-même. Nous n'avons que très-peu de détails sur sa vie, mais on nous a conservé de lui quelques-uns de ces mots caractéristiques où tout l'individu se peint. — Si tu savais te contenter d'herbe, lui dit un jour Diogène, tu ne ferais pas la cour aux rois. Si tu savais faire la cour aux rois, répondit Aristippe, tu n'aimerais pas les herbes. — Aristippe, en effet, méritait le reproche que lui faisait Diogène. Admis à la cour de Denys le Tyran, il s'était soumis, pour lui plaire, à tous les caprices de ce prince, auquel il prodiguait la louange et la flatterie. Un jour le philosophe lui demandait une grâce pour un de ses amis; ne pouvait-il l'obtenir, il tomba devant lui à genoux, et lui arracha ce qu'il demandait. Quelle honte! lui dit ensuite un homme qui l'avait vu s'humilier à ce point. Est-ce ma faute, dit Aristippe en riant, si Denys a les oreilles aux pieds? — On blâmait sa condescendance pour le tyran; je parle à la cour l'idiome de la cour, répliqua-t-il; mais *c'est pour faire triompher le juste et le vrai*. C'était là, il faut en convenir, un singulier moyen d'obtenir un pareil triomphe. — Nous ne parlerons pas du désordre de ses mœurs; ses liaisons étroites avec la cour-

tisane Laïs prouvent assez la corruption de son cœur et la bassesse de ses penchants. — On lui demandait à quoi lui avait servi la philosophie : A bien vivre avec tout le monde, répliqua-t-il; ce qui signifiait, avec les fripons comme avec les honnêtes gens. Ainsi la philosophie lui avait appris à danser avec Denys le Tyran et à s'enivrer avec lui, à décider de la bonté des plats, à surveiller les cuisiniers, etc. Il est certain qu'avec une philosophie aussi commode on peut se flatter de bien vivre avec tout le monde; et cependant Aristippe, avec ce caractère souple et pliant, qui ne reculait pas devant l'abjection, avait la plus haute opinion de lui-même et des philosophes en général; car, à celui qui lui demandait en quoi les philosophes l'emportaient sur les autres hommes, il répondit : C'est que, lors même qu'il n'y aurait point de lois, les philosophes vivraient comme ils vivent; ce qui ne doit s'entendre que des philosophes à la manière d'Aristippe, ne vivant que pour le plaisir, et ne cherchant qu'à se procurer chaque jour de nouvelles jouissances. — On lit dans Diogène Laërce que, sur la fin de ses jours, il ouvrit une école dans Athènes. On peut douter de ce fait; puisqu'on ne lui connaît aucun disciple; et la secte cyrénaïque, dont on le regarde comme le fondateur, parce qu'elle recueillit ses doctrines, n'est réellement que l'ouvrage de sa fille Arétée et de son petit-fils Aristippe (*V.* CYRÉNAÏQUE [*philosophie*], HÉDONIQUES). Contentons-nous de dire ici que les cyrénaïques se sont distingués des épicuriens en ce que les premiers ne tiennent aucun compte des plaisirs de l'intelligence, et qu'ils rapportent tout à leurs sens; et que les hédoniques, allant plus loin encore que les cyrénaïques, considèrent la volupté comme base unique du bonheur, et ne regardent la morale et la vertu que comme des mots insignifiants par eux-mêmes, qui ne s'appliquent qu'à certaines convenances sociales. — On a publié sous le nom d'Aristippe quatre lettres évidemment apocryphes, dans la collection intitulée *Epistolæ Socraticorum*; Paris; 1637, in-4°. — Wieland a publié un roman historique et philosophique (genre détestable pour les romans, qu'on ne lit jamais pour y apprendre la philosophie ou l'histoire) qu'il a intitulé : *Aristippe et quelques-uns de ses contemporains*. M. Coiffier en a publié une traduction française, 1802-1805, 5 vol. in-12; et c'est un livre, il faut bien le dire, beaucoup trop philosophique pour un roman, beaucoup trop superficiel pour une œuvre philosophique, en somme un livre ennuyeux. — ARISTIPPE, surnommé *Metro didactos* (de μήτηρ, mère, et de διδάσκειν, instruire), parce qu'il fut instruit dans la philosophie par sa mère Arétée, est le véritable fondateur de la secte cyrénaïque. Il eut pour disciple l'athée Théodore, qui niait, avec la divinité, jusqu'à l'existence de la morale et des premières vertus sociales. Il est rare, en effet, que la doctrine du plaisir et des voluptés ne conduise point à un matérialisme grossier, et, par suite, à l'athéisme.　　　　J. DE M.

ARISTOBULE. Nous lisons, dans la préface du second livre des Machabées, qu'Aristobule était précepteur du roi Ptolémée et de la race des prêtres oints, c'est-à-dire des prêtres du dieu d'Israël. Or, on convient assez généralement que Ptolémée est le même que celui qu'on a surnommé Philopator. Clément d'Alexandrie (*Stromat.*, l. 1) cite le premier livre d'Aristobule, adressé au roi Philométor, et dans lequel l'auteur affirme qu'avant la version des *Septante* (*V.* ce mot), il y en avait une autre, où Pythagore et Platon avaient puisé plusieurs de leurs sentiments. Anatolius, cité par Eusèbe (*Hist. ecclés.*, l. VII, c. 32), dit que ce même Aristobule était du nombre des septante interprètes, qu'il a composé des commentaires sur le Pentateuque de Moïse, et qu'il a dédiés aux rois Ptolémée, fils de Lagus, et à son fils Ptolémée Philadelphe. Nous nous étendrons davantage sur plusieurs faits qui se rattachent à l'histoire d'Aristobule, à l'article SEPTANTE.　　　　J. G.

ARISTOBULE, nom commun de six princes juifs et de plusieurs autres personnages. — Aristobule Ier, surnommé Phil-hellène (Φιλέλλην, l'ami des Grecs), succéda à son père Hircan, dans la grande sacrificature, l'an 107 avant J. C., et il prit le titre de roi, que aucun de ses prédécesseurs n'avait osé s'arroger. Il obligea les Iduméens et les Ituréens à professer le judaïsme; il ne régna qu'un an, et il signala ce court espace de temps par le supplice de sa mère, qu'il laissa mourir de faim dans son cachot, et le meurtre de son frère Antigone, injustement accusé par sa femme Salomé. — Aristobule II, fils d'Alexandre Jannée, chassa du trône son frère aîné Hircan, l'an 67 avant J. C.; mais il jouit peu de son usurpation. Hircan était allé demander un asile à un prince arabe nommé Arétas, et celui-ci entreprit d'expulser Aristobule, qui implora le secours des Romains. Les Romains intervinrent : Arétas fut contraint de se retirer, mais Pompée étant venu en Syrie, les deux frères le rendirent arbitre de leur querelle. Aristobule refusa de se soumettre à la décision de Pompée, qui l'assiégea dans Jérusalem. Aristobule, forcé de se rendre, alla servir d'ornement au triomphe de son vainqueur. Au bout de quelque temps il se sauva de Rome, et prit de nouveau les armes. Vaincu une seconde fois, il fut ramené en Italie et jeté dans les fers. Il y vécut huit ans dans la captivité. César, devenu maître de Rome, lui rendit la liberté; il voulait même l'envoyer en Judée avec plusieurs légions, mais les partisans de Pompée l'empoisonnèrent avant son départ, l'an 45 avant J. C. — Aristobule III, petit-fils du précédent, fut revêtu par son beau-frère Hérode de la grande sacrificature; craignant ensuite d'être détrôné par lui, Hérode le fit étouffer dans le bain, l'an 30 avant J. C. — Aristobule et Alexandre étaient tous deux fils d'Hérode et de la fameuse Marianne, que Salomé, la Brunehaut ou la Frédégonde juive, avait fait périr par ses rapports. Elle n'épargna pas les deux fils de Marianne; et elle aigrit si bien le cœur de leur père que celui-ci les livra à une commission toute composée de Romains qui les condamnèrent à mort. La sentence fut exécutée l'an 1er avant J. C. — Aristobule, fils du troisième Aristobule, fut un de ceux qui supplièrent le gouverneur Pétronius de ne point placer dans le temple la statue de Caligula. Pétronius céda au vœu des habitants, et il fut victime de sa coudescendance; peu de temps après il périt assassiné. — Un autre Aristobule, neveu du précédent, régna sur la Chalcide et la petite Arménie, que Néron lui donna. A. P.

ARISTOBULE, l'un des généraux d'Alexandre, suivit ce prince dans ses expéditions, et il en écrivit l'histoire. Dans cet ouvrage, dont Arrien confesse qu'il s'est beaucoup servi, et dont le même écrivain vante l'exactitude, Aristobule niait l'anecdote de Thalestre, prétendue reine des Amazones, et d'Alexandre. Cette histoire ne nous est point parvenue. AP.

ARISTOCLÈS de Messine, philosophe péripatéticien, écrivit sur la rhétorique, sur la morale, et sur les différentes sectes de philosophie. Il attaqua vivement le scepticisme de Timon, dont il montra la doctrine comme conduisant nécessairement aux conséquences les plus désastreuses. Il ne reste de tous ses écrits qu'un fragment conservé par Eusèbe. A. P.

ARISTOCRATE, roi ou tyran d'Arcadie, monta sur le trône vers l'an 725 avant J. C. Tout ce qu'on sait de lui, c'est qu'il fut lapidé par ses sujets, pour avoir outragé une prêtresse de Diane dans le temple même de la déesse. Il laissa le gouvernement à son fils Icétas, qui eut pour successeur Aristocrate II. Celui-ci eut le même sort que son aïeul, c'est-à-dire qu'il fut aussi lapidé par le peuple, mais ce fut pour une autre cause. Les Arcadiens étaient alliés naturels des Messéniens. Quand la première guerre de Messénie eut lieu, Aristocrate, gagné par le roi de Sparte, trahit deux fois la cause qu'il avait défendue, ce qui causa tant d'irritation parmi ses sujets qu'ils le lapidèrent, jetèrent ses restes hors de leur pays, et déclarèrent la royauté pour jamais abolie.

ARISTOCRATE, mot que la révolution française a employé, sans trop s'arrêter à son sens véritable, pour désigner tous les nobles, tous les privilégiés, tous ceux qui, sans avoir de privilège de caste ou de position sociale, se montraient attachés à l'ancienne monarchie, tous les prêtres qui, plutôt que de trahir les devoirs sacrés de leur conscience, se dévouaient aux persécutions, à l'exil, aux spoliations, à la mort même, tous ceux enfin que cette révolution regardait comme ennemis de ses principes et disposés à s'opposer à sa marche envahissante. Bientôt après on étendit la signification de ce mot à tous les hommes dont l'opinion modérée n'annonçait pas la volonté de prendre une part bien active au mouvement révolutionnaire; et sous prétexte de salut public on promulgua des lois que Dracon aurait pu avouer, on proscrivit, on emprisonna, on égorgea les suspects, c'est-à-dire tous les hommes qu'on supposait ennemis de la république. « Il faut, disait Collot d'Herbois que le corps politique se purge de la sueur immonde de l'aristocratie; plus il aura transpiré, mieux il se trouvera. » — Le mot aristocrate cessa d'être appliqué révolutionnairement lorsque Napoléon ceignit son front du diadème impérial. Aujourd'hui on ne l'emploie guère que pour désigner les partisans de l'aristocratie dans le gouvernement; on peut même dire qu'on ne s'en sert plus depuis longtemps (V. l'article suivant).

ARISTOCRATIE. Ce mot, qui n'est rien moins qu'ancien, fut inventé dans le XIVe siècle par le traducteur de la Politique d'Aristote, Nicolas Oresme. (V. ORESME), qui, de

même que le font assez généralement tous les traducteurs, souvent sans le vouloir, a évidemment exagéré les idées de l'original. Ce fut ainsi qu'ayant à expliquer ce qu'Aristote entendait par gouvernement du petit nombre, il forma d'abord le mot aristocratie; qu'il composa du grec ἄριστος, le meilleur, et de κράτος, force ou puissance; ce qui signifie autorité exercée par les meilleurs ou les plus sages. Ensuite, définissant cette autorité, il s'exprime ainsi: « L'aristocratie est une espèce de police selon laquelle un petit nombre de personnes ont principe (souveraineté) et domination sur la communauté, et sont très-bons et vertueux, et entendent à gouverner selon le profit commun. » Il est évident que la dernière moitié de cette définition est une utopie de l'auteur, et n'appartient nullement à Aristote; ni pour les termes ni pour le sens; car, tout ce qu'à dit Aristote, c'est que dans les gouvernements que nous appelons, nous, aristocratiques, et qu'il appelle du petit nombre, il faudrait que le choix du peuple tombât toujours sur les plus dignes, ce qui n'est pas dire que les plus dignes sont toujours choisis. Il serait plus vrai peut-être de convenir que l'aristocratie de la sagesse et du mérite n'a jamais existé que par exception. Il est possible que, dans l'origine des sociétés, le droit de les gouverner ait été primitivement accordé aux vieillards, en qui l'on devait supposer que les années avaient fait naître la sagesse et l'expérience. Le gouvernement de la société naissante se modelait sur le gouvernement de la famille: de là, chez les peuples primitifs, ces assemblées d'anciens, de gérontes, où se décidaient toutes les affaires qui intéressaient toute la nation. Tout concourt encore à faire croire qu'aux mêmes époques les prêtres, dépositaires des connaissances, et paraissant nécessairement les plus propres à gouverner, parce qu'ils étaient les plus instruits, furent souvent appelés à saisir les rênes de l'Etat; mais ni le gouvernement des prêtres, ni celui des gérontes, bien que ce fût au fond le gouvernement du petit nombre, ne peuvent être considérés comme l'aristocratie dans le sens où nous l'entendons, c'est-à-dire gouvernement où un petit nombre de personnes ont principe et domination sur la communauté, non parce qu'elles ont été choisies par le peuple pour un certain espace de temps, mais parce qu'elles tiennent leur droit de leur naissance, et comme faisant partie de l'héritage de leurs aïeux. Mais lorsque les gérontes et les prêtres, se laissant aller à cette tendance si naturelle qu'a de pouvoir pour s'étendre, cherchèrent à conserver leurs prérogatives et à les posséder exclusivement, lorsque toute la force d'action se trouva concentrée dans leurs mains, et qu'ils furent parvenus à transmettre à leurs enfants leurs droits lentement usurpés, mais sanctionnés par la possession, l'aristocratie, le gouvernement du petit nombre se forma, le pouvoir apparint à ce petit nombre de familles privilégiées, et le peuple, devenu sujet, n'eut plus aucune part dans la direction des affaires publiques. — Ce fut vraisemblablement ainsi que se forma, dans l'Inde, l'aristocratie des brahmines et des chatryas, c'est-à-dire des prêtres et des guerriers; en Egypte, l'aristocratie du sacerdoce; dans l'ancienne Gaule, celle des druides; chez les tribus germaines, l'aristocratie des chefs et de leurs fidèles ou leudes. Il ne faut pas croire pourtant que toutes ces aristocraties aient été le gouvernement des meilleurs, ou qu'elles dérivent toutes de la même source. Il est, au contraire, très-vraisemblable que l'homme jugé digne de commander par sa force et par son courage, n'aura pas toujours voulu résigner le pouvoir qui ne lui était confié que pour un temps déterminé, que d'autres, suivant son exemple, se seront aussi emparés du pouvoir, soit pour le partager avec lui, soit pour l'exercer en particulier. Dans ce dernier cas, c'est le despotisme qui surgit de ces usurpations partielles; dans le premier, c'est l'aristocratie de la force, qui ne tarde pas à dégénérer en oligarchie, ou, pour mieux dire, c'est l'oligarchie elle-même; car c'est ce mot seul qui convient, lorsqu'il s'agit du gouvernement du petit nombre, puisqu'il n'y a jamais eu de véritable aristocratie dans le sens qu'Oresme attachait à ce mot. — En d'autres occasions, l'aristocratie a pu être formée de la main même du fondateur d'un Etat. Quand les Athéniens et les autres peuples de la Grèce abolirent la royauté et se déclarèrent république, ce ne fut point le peuple qui agit, ce furent quelques familles qui délibérèrent ce qui existait, pour en usurper la place. Quand Romulus divisa son peuple en deux classes, il créa l'aristocratie du sénat, aristocratie qui perdit, il est vrai, son caractère exclusif, lorsque, marchant de concessions en concessions rendues nécessaires par les circonstances, il eut admis le peuple à l'exercice du pouvoir. — Après la guerre du Péloponèse, les Athéniens furent dépouillés de la suprématie qu'ils avaient exercée sur les autres peuples de la Grèce, et on leur imposa un gouvernement oligarchique: le pouvoir fut remis à trente individus qu'on appela les *trente tyrans*. Cette forme de gouvernement ne dura point, parce que les trente aristocrates abusèrent de leur puissance; mais s'ils l'avaient conservée et consolidée, et qu'ensuite ils l'eussent rendue héréditaire, ils auraient formé la véritable aristocratie d'Aristote. Au reste, il serait difficile peut-être de trouver dans l'histoire un seul exemple d'une aristocratie pure. Le sénat de Rome était bien une aristocratie fortement constituée, mais avant même la création des tribuns; les comices et les consuls limitaient le pouvoir du sénat; ce pouvoir même cessait entièrement lorsque les circonstances exigeaient la nomination d'un dictateur. Dans les temps plus rapprochés de nous, les républiques italiennes s'imprégnèrent plus ou moins d'aristocratie; mais à Venise même, où le *grand conseil électif* s'était transformé en aristocratie héréditaire, cette aristocratie finit par conduire au despotisme, résultat à peu près inévitable partout où le peuple, privé d'institutions qui lui servent de sauvegarde, est obligé de s'appuyer sur le premier qui lui offre quelque chance d'indépendance ou de liberté. — Nous n'entendons nullement ici discuter ni résoudre une question sur laquelle on discutera éternellement sans que la solution arrive: Le gouvernement d'un seul est-il préférable au gouvernement du petit nombre (l'*aristocratie*), ou au gouvernement du grand nombre, c'est-à-dire au gouvernement du peuple (la *démocratie*)? Nous voulons seulement établir que l'aristocratie ou *gouvernement des meilleurs*, gouvernement qui certes serait le plus désirable, n'est guère qu'une illusion qu'on ne peut longtemps conserver, et que l'aristocratie d'Aristote ne saurait de durée, parce qu'elle doit nécessairement finir par l'anarchie, transition ordinaire pour arriver au despotisme; car il n'est pas possible que, parmi un certain nombre d'individus se succédant le pouvoir à titre héréditaire, il ne se trouve pas quelqu'un qui aspire au pouvoir absolu. Lorsque, après la mort de Codrus, les Athéniens nommèrent des archontes héréditaires, ils n'avaient qu'un archonte; à l'extinction de la race de Codrus, ils voulurent avoir plusieurs archontes; mais pour se soustraire aux effets de l'aristocratie, ils rendirent l'archontat électif et temporaire. Un trône est trop petit pour deux, a-t-on dit: Comment le même trône pourrait-il suffire à trente, à cinquante, à cent aristocrates héréditaires, égaux en pouvoir? Si le gouvernement aristocratique de Rome s'est soutenu pendant plusieurs siècles, c'est que les pouvoirs du sénat étaient circonscrits dans certaines limites qu'il ne pouvait franchir sans que le peuple l'avertît, par la révolte, de ses empiétements; c'est qu'il ne pouvait prendre aucune résolution importante sans le concours des comices. Si plus tard il eut le sort commun des aristocraties, c'est parce que là où existent, outre le pouvoir qui exécute, deux pouvoirs dont l'un réside dans les grands, et l'autre dans le peuple, ces deux pouvoirs, l'aristocratie et la démocratie, doivent chercher naturellement, par une des conditions mêmes de leur existence, à s'étendre l'un aux dépens de l'autre, et, par suite, à s'entre-détruire (V. GOUVERNEMENT, CONSTITUTIONNEL). On peut ajouter que l'aristocratie des anciens Romains trouvait une chance très-efficace de durée dans l'institution du patronage des nobles et de la clientèle des plébéiens. Il y avait, entre le patron et le client, engagement réciproque de s'entr'aider, de se soutenir, ce qui donnait au noble un crédit qui se mesurait au nombre de ses clients, et ne laissait pas trop sentir à ceux-ci le poids de la servitude. — On trouve une pâle image de ce patronage des nobles romains dans notre ancien régime féodal, transplanté du fond de la Germanie sur le sol gaulois; nous voulons parler des liens réciproques qui existaient entre le suzerain et le vassal, le vassal et ses sous-vassaux, le seigneur du fief et le feudataire, celui-ci et ses hommes. — Ceci nous conduit à parler de ce régime, dans lequel on a voulu voir une véritable aristocratie où nous ne saurions découvrir qu'une œuvre de violence fondée sur le terrible droit de conquête. Après que les Francs eurent subjugué la Gaule, ils ne firent point, avec les vaincus, un seul peuple, une seule nation: il aurait fallu bien des siècles pour opérer la fusion complète des deux races. Mais, pendant un très-long espace de temps, les vainqueurs, se regardant comme maîtres, et s'imposant comme tels aux vaincus, s'emparèrent de la meilleure portion du territoire, s'arrogèrent le droit exclusif de gouverner, et l'exercèrent droit que dans leur propre intérêt, nullement dans celui des vaincus. Cette pré-

tendue aristocratie se composait d'une foule de despotes qui reconnaissaient, il est vrai, dans l'un d'eux une suprématie à peu près nominale, et qui se trouvaient engagés entre eux dans des liens d'une sorte de hiérarchie qui s'élevait par degrés depuis le plus mince possesseur de fief jusqu'au suzerain; mais ils ne s'en considéraient pas moins comme indépendants l'un de l'autre; ainsi que du pouvoir royal, ou du moins ils ne faisaient consister leur dépendance que dans quelque vaine formule par laquelle ils ne se croyaient pas liés, puisque non-seulement ils désobéissaient ouvertement au suzerain, mais que souvent encore ils armaient leurs vassaux contre lui (V. FÉODALITÉ). — Ce fut cette aristocratie féodale qui renversa le trône de Charlemagne. Sous les premiers rois de la troisième race, la lutte s'engagea de nouveau, avec plus de chances de succès pour le pouvoir royal. Ces princes avaient senti que, pour dompter ou comprimer du moins ces orgueilleux vassaux, ils devaient s'appuyer sur le peuple, qui, se groupant autour du trône, lui communiquerait autant de force qu'il en recevrait lui-même. Aussi voit-on Louis VI prononcer l'affranchissement des communes; saint Louis s'assurer le droit de rendre la justice et de promulguer la loi, attribut essentiel de la souveraineté; Philippe le Bel convoquer les assemblées du peuple sous le nom d'*états*; Charles V enlever aux grands vassaux tout droit de législature; et Louis XI, enfin, porter à la féodalité le coup mortel. La féodalité avait d'abord produit la chevalerie, la chevalerie produisit la noblesse (V. CHEVALERIE, NOBLESSE). — La noblesse elle-même ne tarda pas à se modifier, parce qu'il entrait dans la politique du souverain que le nombre des nobles s'accrût d'hommes sortis des rangs plébéiens. Ainsi, non-seulement la noblesse devint le prix de services rendus à l'État, soit dans la robe, soit dans l'administration, soit à l'armée, mais encore elle put s'acquérir à prix d'argent. Mais la noblesse, ainsi constituée, a-t-elle pu être une véritable aristocratie? Non, sans doute; elle avait le monopole de la faveur; elle formait une classe privilégiée; ses titres, ses honneurs étaient transmissibles; mais elle n'avait aucune part au gouvernement; et plus d'un très-grand seigneur a plus d'une fois humblement sollicité la faveur d'un ministre roturier. La noblesse de France n'était donc pas une aristocratie dans le sens de gouvernement du petit nombre. Mais si par aristocratie on entend simplement la tendance d'une fraction de la société à s'élever au-dessus des autres fractions, et c'est en vérité le seul sens qu'offre aujourd'hui ce mot, excepté néanmoins en Angleterre, nous conviendrons qu'il y a dans chaque État autant d'aristocraties qu'il y a de conditions différentes dans la société. Ainsi, à l'aristocratie de la naissance, fière de privilèges hérités, nous ajouterons l'aristocratie de la richesse, qui cherche à se rapprocher de la première, en échangeant ses millions contre un titre, en greffant sur le coffre-fort l'arbre généalogique du noble de haut parage, qui veut bien à son tour couvrir de son nom la roture dorée de la famille à laquelle il s'incorpore; l'aristocratie bourgeoise de l'industrie, banquière et commerçante, qui dans ses manufactures à mille ouvriers, ou dans ses bureaux à deux cents commis, peut se regarder comme exerçant des droits de souveraineté; l'aristocratie des talents, qui jadis eut beaucoup d'influence, et qui aujourd'hui est presque nulle, au moins dans certains pays, où l'intrigue et l'audace tiennent lieu de mérite et de savoir. Ces diverses espèces d'aristocratie, bien qu'elles n'aient point de part au gouvernement, tendent à établir des inégalités à même où toutes les institutions ont pour type l'égalité des droits (V. ÉGALITÉ). — Nous avons dit qu'il n'y a nulle part aujourd'hui de véritable aristocratie; l'exception que nous avons faite en faveur de l'Angleterre ne doit pas même être entendue dans le sens qu'en Angleterre l'aristocratie gouverne. Montesquieu, qui a consacré plusieurs chapitres de son *Esprit des lois* à définir l'aristocratie, et à prescrire les règles qu'elle doit observer pour le bien général, n'a parlé des institutions britanniques que comme d'institutions tout à fait étrangères au système général de l'aristocratie. En Angleterre, en effet, l'aristocratie (celle de la naissance, de la richesse et de la grandeur), représentée par la chambre des lords, a une part assez large dans le gouvernement; mais ce n'est pas encore là cette aristocratie aristotélique, ce gouvernement du petit nombre, dont nous avons parlé. On a beau dire que la chambre des lords oppose une digue insurmontable à la chambre des communes, qu'elle est le palladium de la constitution, qu'elle est le représentant naturel de la noblesse, de la richesse territoriale, des talents de tout genre; il n'en est pas moins vrai qu'elle n'a qu'une portion d'autorité dans le gouvernement, portion dont le roi peut même suspendre l'exercice par une prorogation, un ajournement, ou la dissolution du parlement. La constitution anglaise, sur laquelle ont prétendu se modeler tous les peuples qui ont voulu se donner des gouvernements, représentatifs, n'est ni une monarchie, ni une aristocratie, ni une démocratie : c'est le mélange de ces trois genres de gouvernement (*V.* CHAMBRE DES LORDS, PAIRIE *en France*).

J. DE M.

. ARISTODÈME, de la famille des Héraclides, fut un de ceux qui conquirent le Péloponèse, vers l'an 1004 avant J. C. Eurysthène et Proclès, ses deux fils jumeaux, régnèrent à Sparte, et furent la tige de deux branches royales d'Eurysthénides et de Proclides. Il mourut frappé de la foudre, suivant les uns, assassiné par deux princes du Péloponèse, suivant les autres.

ARISTODÈME, roi de Messénie, de la race des Epysides, succéda, par la voie de l'élection, au roi Euphaès. Dès l'an 740 avant J. C., il avait signalé son courage contre les Spartiates, auxquels il fit, toute sa vie, une guerre acharnée. Souvent vaincu, il avait l'art de réparer promptement ses pertes; vainqueur, il poursuivait les ennemis à outrance. Durant le cours de ses expéditions, il fit de si grands ravages dans la Laconie que les Lacédémoniens furent obligés, dit-on, de prostituer leurs femmes et leurs filles pour repeupler leur pays (*V.* PARTHÉNIENS). Proclamé roi de Messénie après la mort d'Euphaès, il justifia, par des victoires, le choix de ses compatriotes, et il fit prisonnier le roi de Sparte, Théopompe, qu'il fit sacrifier à Jupiter. Aristodème avait déjà immolé sa propre fille, sur la foi d'un oracle, pour la prospérité de sa patrie; mais l'ombre de l'innocente victime le poursuivant chaque nuit dans ses rêves, il se tua de sa propre main, dans un accès de désespoir, après un règne de six ans, l'an 724 avant J. C. Ses compatriotes ne lui donnèrent point de successeur; ils se contentèrent d'accorder au chef de l'armée le pouvoir de continuer la guerre.— Aristodème fut aussi le nom d'un Spartiate qui, ayant échappé seul au massacre des Thermopyles, fut si mal accueilli à son retour par ses compatriotes que, pour se laver de l'imputation de lâcheté, il se rendit à l'armée qui se préparait à livrer la bataille de Platée, et qu'il s'exposa tellement au danger qu'il y succomba, l'an 479 avant J. C. N..M. P.

ARISTO-DÉMOCRATIE, nom par lequel on a désigné certains gouvernements où le pouvoir se partageait entre les nobles et le peuple. Tel était le gouvernement de Carthage établi après la mort de Didon, parce qu'il ne s'était trouvé aucun personnage assez éminent pour s'emparer de la royauté. La république romaine eut un gouvernement aristo-démocratique, lorsque le peuple y eut obtenu ses tribuns et le droit de porter au consulat un homme tiré de ses rangs. L'ancien gouvernement de la Hollande fut du même genre (*V.* HOLLANDE).

A. X.

ARISTOGITON, jeune Athénien qui, de concert avec Harmodius, conspira contre Hipparque, tyran d'Athènes. De la race de Pisistrate. Hipparque avait outragé une sœur d'Harmodius, ami intime d'Aristogiton; le tyran fut immolé par les deux amis, à la fête des Panathénées, où il était permis de paraître avec des armes. Hippias, frère d'Hipparque, fit arrêter plusieurs personnes accusées d'avoir trempé dans la conspiration. On dit qu'Aristogiton, soumis aux rigueurs de la torture, accusa de complicité tous les Athéniens les plus dévoués à la cause des Pisistratides. Thucydide ne parle point de ce fait; silence qui le rend douteux. Après l'expulsion des tyrans, qui eut lieu vers le même temps, les Athéniens rendirent de bien grands honneurs à la mémoire d'Aristogiton et d'Harmodius, et ils leur dressèrent des statues. Une petite-fille d'Aristogiton fut dotée et mariée aux dépens de la république. La mort d'Hipparque remonte à l'an 513 avant J. C. Les Pisistratides furent chassés d'Athènes quatre ans plus tard, la même année que les Tarquins le furent de Rome (509 avant J. C.).

ARISTOLOCHE (*botan.*), genre de plantes dicotylédones (*gyn. hexand.* de Linné; *aristoloches* de Jussieu), ainsi nommé de αριστος très-bon, et de λοχεια lochies, parce que les anciens lui attribuaient la vertu de favoriser l'écoulement des menstrues et la sortie de l'arrière-faix. Voici les principaux caractères de l'aristoloche : périgone simple adhérant à l'ovaire, entier ou divisé; étamines ordinairement sessiles, quelquefois isolées, quelquefois soudées avec le style et le stigmate, formant un petit mamelon sur l'ovaire; fruit consistant en une baie à trois ou six loges, qui renferment chacune un grand nombre de graines. L'aristoloche est herbacée ou

ligneuse, quelquefois parasite, à feuilles simples et alternes. On a divisé la famille en deux genres : *aristolochia* et *asarum*. Les cinq espèces qu'on a le plus souvent employées en médecine sont les suivantes : *A. rotunda* de L.; elle vient du Languedoc et de la Provence; elle est grosse, pesante, mamelonnée, grise à la surface, jaune en dedans, d'une saveur amère, d'une odeur désagréable; *A. longa*, L., ne diffèrant de la précédente que par sa forme cylindrique; *A. clematitis*, L, composée de fibres brunes, longues de la grosseur d'un tuyau de plume, et de quelques radicales; son odeur est encore plus forte que celle des espèces précédentes, d'une saveur âcre et amère; *A. pistolochia*, L., que plusieurs botanistes nomment *A. tenuis*; elle est fibreuse et menue. Ce sont les racines de ces aristoloches qu'on regarde comme toniques et emménagogues; mais l'espèce la plus recherchée est l'*A. serpentaria*, L., serpentaire de Virginie. Dans cette province et dans la Caroline, où cette plante croît naturellement, elle passe pour un stimulant très-énergique dans les transpirations arrêtées et les rétentions d'urine. On fait, au surplus, de cette plante une espèce de panacée. Prise en poudre ou en infusion, elle produit un merveilleux effet; dit-on, dans les fièvres putrides et malignes, les fièvres intermitentes, les affections gangréneuses, le typhus, etc. Elle a, de plus, s'il faut en croire Jacquin, la propriété de neutraliser le venin des serpents. Ses feuilles sont planes, oblongues, les fleurs solitaires, la tige faible et flexible. On trouve encore en Amérique une autre espèce d'aristoloche qu'on appelle *anguicide*, parce que le suc de cette plante, mêlé à un peu de salive, a, suivant le même Jacquin, la propriété d'engourdir les serpents, au point qu'on peut les manier sans aucun danger. C'est probablement de quelque plante de ce genre que se servaient autrefois les psylles d'Egypte, et que se servent encore les jongleurs indous pour manier impunément les cérastes. — L'aristoloche-siphon, aussi originaire de l'Amérique, s'élève à la hauteur d'un arbrisseau. Ses tiges sarmenteuses portent de belles feuilles, larges de 7 à 8 pouces. Les jardiniers couvrent d'aristoloches le dessus des puits et des treillages. Ses fleurs viennent au mois de mai; elles font peu d'effet. Ces arbrisseaux demandent une bonne exposition au midi, et une terre légère. X. X.

ARISTOMÈNE, né dans une ville de la Messénie, fils de Nicomède et descendant de la famille des anciens rois du pays. A peine sorti de l'adolescence, il fit partager à ses compatriotes sa haine contre les Spartiates, qui tenaient sous le joug sa patrie (685 av. J. C.). La révolte éclata; les Messéniens coururent aux armes, et les Spartiates, battus dans plusieurs rencontres, consultèrent l'oracle, qui leur conseilla de demander un général aux Athéniens. Ceux-ci leur donnèrent Tyrtée, qui fit des hymnes patriotiques; mais des hymnes n'auraient point sauvé Sparte, si les Messéniens n'avaient été lâchement trahis par Aristocrate II, roi d'Arcadie. Aristomène ne perdit point courage, et il défendit son pays avec tant de courage et d'habileté que ce ne fut qu'au bout d'un grand nombre d'années qu'il se vit obligé d'évacuer le seul point qui lui restait encore (671 avant J. C.). Mais tandis que les Spartiates s'emparaient de la Messénie, il forma le dessein d'aller surprendre Sparte. Aristocrate le fit encore échouer. Aristomène se retira pour lors en Arcadie, où il mourut, vers l'an 640. Quelques écrivains prétendent qu'il s'était réfugié dans l'île de Rhodes. On dit qu'à la suite d'une de ses victoires il avait arraché à ses soldats quelques femmes de Sparte, dont ils s'étaient rendus maîtres, et que, dans une occasion; ayant été fait prisonnier et conduit à Lacédémone, les femmes de cette ville s'intéressèrent à lui si vivement qu'elles lui firent rendre la liberté. Content du titre de général des Messéniens, il avait toujours refusé celui de roi, que ceux-ci lui offrirent. Aristomène cultiva les lettres; Diodore et Pausanias lui attribuent deux pièces de théâtre. X. X.

ARISTON, fils d'Agasiclès, roi de Sparte, monta sur le trône l'an 564 avant J. C. Il régna près de quarante ans. Hérodote lui fait répudier deux femmes dont il n'avait pas eu d'enfants, pour en épouser une troisième qui passait pour la plus belle de Sparte, mais non pour la plus vertueuse. Elle mit au monde un fils six ou sept mois après son mariage; Ariston ne voulut pas le reconnaître. Plutarque cite de lui plusieurs reparties, parmi lesquelles il en est une qui rappelle une réponse de Marlborough au maréchal de Tallard (*V.* TALLARD). Les Athéniens avaient rendu de grands honneurs à la mémoire de ceux qui avaient péri en combattant contre les Lacédémoniens. «S'ils honorent tant les vaincus, dit Ariston, que faudra-t-il donc faire pour les vainqueurs?» X. X.

ARISTON, natif de Chio, surnommé *Sirène*, fut d'abord disciple de Zénon; mais il ne tarda pas à se séparer de son maître, dont les principes lui paraissaient trop sévères, et il suivit les leçons de Palémon, dont la morale plus accommodante convenait mieux à son caractère ennemi de toute contrainte. Bientôt il créa pour lui-même une doctrine particulière: il rejetait la métaphysique, parce qu'elle n'était, suivant lui, qu'une science chimérique, Dieu et l'âme étant incompréhensibles; il rejetait de même la logique, qu'il traitait de science inutile qui ne menait à rien, comparant les arguments des logiciens à des toiles d'araignée. Quant à la physique, il la trouvait au-dessus des forces humaines. Il restreignait donc la philosophie à l'étude de la morale; encore la réduisait-il à si peu de chose, qu'il n'y avait plus à ses yeux de devoirs autres que ceux qui pouvaient se concilier avec les plaisirs et la volupté. On dit qu'il mourut d'un coup de soleil. Il vivait vers la fin du IIIe siècle avant J. C.

ARISTON, jurisconsulte romain et philosophe contemporain de Trajan et d'Adrien. Il prétendait que l'homme vertueux ne doit chercher d'autre récompense que celle qu'il peut trouver dans la vertu même. C'était là une erreur dangereuse, car elle tendait à rendre l'homme arbitre souverain de ses propres actions, et n'ayant aucun compte à rendre pour elles. La vertu doit avoir un principe qui est différent d'elle-même, et ce n'est pas seulement pour dire : Je suis vertueux, qu'on aime et qu'on pratique la vertu. Assurément l'homme de bien, après une action vertueuse, trouve dans son cœur sa première récompense: c'est la satisfaction d'avoir rempli un devoir; mais ce devoir, il ne le remplit point sans que ses yeux s'élèvent vers le ciel, comme pour y chercher une autre récompense.

ARISTONICUS fut un joueur de paume si habile dans cet exercice, que les Athéniens lui dressèrent des statues.

ARISTONICUS, fils naturel d'Eumène IV, roi de Pergame, ne pouvant supporter l'idée que les Romains allaient s'emparer de sa patrie en vertu de la donation qu'ils avaient obtenue d'Attale III, leva promptement des troupes, se mit à leur tête et chassa aisément les Romains de Pergame. Le reste du royaume suivit l'exemple de la capitale: partout le peuple, idolâtre des Attalides, courut au-devant d'Aristonicus; les villes qui n'ouvrirent pas volontairement leurs portes furent investies et prises d'assaut. Le consul Licinius Crassus s'avança vers Pergame avec une armée, mais la fortune trahit son attente: il fut battu et fait prisonnier (131 avant J. C.). Aristonicus abusa de sa victoire; il fit périr son prisonnier, acte inutile de barbarie, dont il ne tarda pas à recevoir le châtiment. Attaqué la même année par le consul Perpenna, il fut vaincu à son tour, fait prisonnier, envoyé à Rome et mis à mort par ordre du sénat (130 avant J. C.).

ARISTONYME, poëte comique, contemporain de Ptolémée Philadelphe. Après la mort d'Apollonius, bibliothécaire d'Alexandre, lequel avait succédé au fameux Ératosthène, il fut choisi par Ptolémée Philopator pour le remplacer. Il mourut à l'âge de soixante-dix-sept ans.

ARISTOPHANE, célèbre poëte comique, né, suivant les uns, dans l'île de Rhodes, et suivant les autres dans celle d'Égine; d'autres encore prétendent qu'il était de la ville même d'Athènes. Ce qui est certain, c'est que s'il ne fut pas Athénien de naissance, il le fut par son esprit et par l'élégance et la pureté de son style. Il vécut dans le Ve siècle avant J. C. et fut contemporain de Socrate, d'Alcibiade, de Périclès, de Platon, d'Euripide. Tout ce qu'on sait de lui se réduit à quelques notions fort incomplètes. Il débuta sur la scène comique par la pièce des *Babyloniens*, représentée la seconde année de la LXXXVIIIe olympiade (427 avant J. C.). Le démagogue Cléon, qui jouissait alors d'un grand crédit dans Athènes, se trouvant maltraité dans cette comédie, accusa l'auteur d'avoir tourné le peuple athénien en ridicule devant les étrangers, et d'usurper indûment le titre de citoyen d'Athènes. Il paraît qu'Aristophane avait des biens dans l'île d'Égine, et que sa famille était originaire de Rhodes. Quoi qu'il en soit, il plaida sa cause lui-même, fit rire ses juges et fut déclaré Athénien. Cette première victoire sur Cléon fut suivie de plusieurs violentes attaques dirigées contre le même personnage. C'est principalement dans la pièce des *Chevaliers* qu'il le dévoue au fouet sanglant de la critique. Ce qu'il y a de plus remarquable dans cette pièce, c'est qu'Aristophane y tourne en ridicule le peuple athénien, qu'il représente sous la figure d'un vieillard appelé *Démos*, d'un caractère léger, irrésolu, esclave de ses propres esclaves, et surtout de celui qui méritait le moins sa faveur, de Cléon, le plus lâche et le plus pervers

de tous les hommes. Loin de s'irriter de la liberté du poëte, les Athéniens lui décernèrent une couronne de l'*olivier sacré*, marque d'honneur la plus signalée que pût alors obtenir un citoyen d'Athènes. Comme aucun ouvrier n'avait osé faire un masque représentant les traits de Cléon, ni aucun acteur jouer le rôle de ce personnage, Aristophane s'en chargea lui-même, et il dut être satisfait du succès qui couronna ses efforts, car le peuple d'Athènes, après avoir accueilli la pièce avec de grandes acclamations, ne tarda pas à imiter la conduite du vieux Démos, qui, éclairé par l'expérience, chasse Cléon de sa présence et reparaît sur la scène rajeuni et régénéré. Nous voudrions pouvoir nous arrêter davantage sur cette pièce, dont l'analyse ferait sentir quelle était l'importance de la vieille comédie, et même quelle part d'action elle prenait dans le gouvernement d'Athènes. — La liberté illimitée de l'ancienne comédie avait été longtemps regardée par les Athéniens comme le palladium de leurs propres libertés; mais après la guerre du Péloponèse on voulut la restreindre; l'an 388 avant J. C. il fut défendu de nommer aucun individu sur la scène, et peu de temps après, de jouer des personnages réels, ou de représenter des faits réellement arrivés sous des noms allégoriques. Ce furent ces restrictions qui donnèrent naissance à la comédie *moyenne* et à la comédie *nouvelle*. Aristophane donna encore l'exemple de ce genre dans sa pièce de *Cocalus*, et il ouvrit la carrière où Ménandre se distingua. — Outre sa comédie des *Babyloniens*, qu'avait précédée, suivant quelques auteurs, celle des *Détaliens*, Aristophane composa cinquante-quatre comédies, sur lesquelles onze sont arrivées jusqu'à nous avec quelques fragments des deux premières, savoir : les *Chevaliers*, les *Acarniens*, la *Paix*, les *Harangueuses*, les *Femmes au sénat*, *Lysistrate*, les *Oiseaux*, les *Nuées*, les *Guêpes*, *Plutus* et les *Grenouilles*. La plupart des pièces d'Aristophane se rapportaient à des événements contemporains ou à des traits marquants du caractère national. Dans les *Acarniens*, la *Paix*, *Lysistrate*, le poëte fait vivement sentir la nécessité de conclure la paix avec les Spartiates. Les *Oiseaux* et les *Harangueuses* offrent une critique très-spirituelle de ces républiques, rêvées d'abord par Protagore et plus tard par Platon. Les oiseaux ont bâti dans l'air une ville : les chercheurs de fortune y arrivent en foule; le poëtereau qui a fait une mauvaise pièce de vers en l'honneur de la ville nouvelle, le devin qui offre ses oracles, le géomètre qui vient arpenter le terrain, le crieur de décrets, le fils qui attend avec impatience la mort de son père pour en hériter, le savant et le philosophe qui débitent gravement les choses les plus communes, les magistrats cupides qui vendent la justice, les délateurs qui se vouent au plus vil de tous les métiers : on sent combien le poëte, avec sa verve féconde, son esprit mordant, son ingénieuse vivacité, devait se trouver à l'aise dans un cadre aussi vaste et aussi bien taillé pour la satire. — Dans les *Harangueuses*, ce sont les Athéniennes qui, déguisées en hommes, s'introduisent dans l'assemblée du peuple et font passer une loi qui investit les femmes du droit de gouverner l'État. Le premier usage qu'elles font de ce droit, c'est d'établir une constitution fondée sur le principe de la communauté des femmes, des enfants et des biens. — Dans les *Femmes au sénat* ou les *Fêtes de Cérès*, dans les *Grenouilles* et les *Nuées*, le poëte semble abandonner le champ de la politique pour se restreindre dans le domaine de la critique littéraire. Dans la première de ces pièces, les femmes, assemblées dans le temple à l'occasion des fêtes de Cérès, jugent Euripide détracteur de leur sexe. Le beau-père d'Euripide se déguise en femme pour aller prendre la défense de son gendre; mais son sexe ayant été reconnu, les femmes vont le faire périr. Euripide s'introduit dans le sénat féminin, et emploie pour le sauver plusieurs stratagèmes pris dans ses propres pièces. La paix est enfin conclue. Dans les *Grenouilles*, c'est encore Euripide disputant, aux enfers, le sceptre de la haute tragédie à Eschyle, qui en est en possession. A la suite d'une scène fort longue, mais pleine de force comique, où les deux poëtes se reprochent leurs défauts et leur présence de Bacchus que Pluton a nommé juge de la querelle, deux vers d'Eschyle, posés dans un des plateaux de la balance, pèsent plus que tous les ouvrages d'Euripide. Bacchus ramène Eschyle sur la terre, et décide qu'en attendant son retour le trône de la tragédie sera occupé par Sophocle. Il y a sans doute beaucoup d'exagération dans le jugement d'Aristophane contre Euripide; mais il est facile de comprendre que la délicatesse de sentiments de ce tragique, et la douce harmonie de son style, devaient convenir bien moins à l'âme fortement trempée du comique grec, que les vers mâles et vigoureux d'Eschyle exprimant des sentiments élevés; et certes Aristophane faisait grâce à la rudesse quelquefois sauvage de l'expression en faveur de l'énergie de la pensée. Dans sa comédie des *Guêpes*, le poëte tourna en ridicule la passion des Athéniens pour les procès. Cette pièce a fourni à Racine le sujet des *Plaideurs*. — La comédie des *Nuées* fut dirigée en partie contre Cléon et en partie contre Socrate, et les plaisanteries du poëte sur le philosophe lui ont attiré une accusation très-grave de la part de quelques anciens écrivains, accusation recueillie par les philosophes du XVIIIe siècle. Tout le monde connaît l'histoire d'Anytus et de Mélitus, accusateurs de Socrate. Élien, dans un recueil d'anecdotes, a rapporté sans citer les autorités, que ces deux hommes, voulant sonder l'esprit public sur le compte de Socrate, avaient payé Aristophane pour qu'il le tournât en ridicule dans une de ses pièces. Ce fait, s'il était vrai, supposerait que les *Nuées* précédèrent l'accusation de fort peu de temps; mais il est avéré que la représentation des *Nuées* eut lieu la première année de la LXXXIXe olympiade (l'an 424 avant J. C.), et la mort de Socrate n'eut lieu que l'an 400 ou même 399 avant J. C., ce qui met entre le supplice du philosophe et la représentation des *Nuées* un intervalle de vingt-cinq ans. D'un autre côté, Platon, dans son *Eutyphron*, qui ne parut de longtemps après les *Nuées*, parle de Mélitus comme d'un jeune homme, de sorte qu'à l'époque de la représentation, il ne pouvait être qu'un enfant. Toutes ces raisons auraient dû suffire pour proscrire une accusation démentie aussi victorieusement par les faits; mais le philosophisme n'a pu pardonner au poëte d'avoir peint de vives couleurs la vanité de Socrate (vanité dont celui-ci fit une ostentation non moins dangereuse que déplacée, quand il eut été déclaré coupable et que néanmoins on l'eut laissé maître de dicter sa condamnation) (*V.* SOCRATE), et d'avoir égayé le peuple d'Athènes aux dépens du démon familier du philosophe et de sa manie d'entrer jusque dans les boutiques des barbiers pour discuter sur des questions de philosophie avec toutes les personnes qu'il rencontrait. Nous sommes persuadé, de même que le savant Brunck, qu'Aristophane ne voulait pas plus la mort de Socrate qu'il ne voulait celle de Cléon, de Périclès, d'Euripide et de tous ceux qu'il a poursuivis de ses critiques ou traduits sur la scène. — Nous n'avons maintenant que peu de mots à dire au sujet de *Plutus*, qu'on peut regarder comme appartenant à cette comédie *moyenne* qui sert en quelque sorte de transition entre la vieille comédie, si riche en traits comiques, et la comédie nouvelle, qui peint les mœurs domestiques. Dans *Plutus*, le poëte traite à sa manière la question de la communauté des biens: cette comédie est remplie de traits délicats, de saillies spirituelles, et du plus, conduite avec beaucoup d'art. — Quant à la pièce de *Cocalus*, qui marquait la naissance de la comédie nouvelle, elle ne nous est point parvenue; nous savons seulement qu'il s'agissait d'un jeune homme, qui, après avoir séduit une jeune personne, finit par l'épouser. — Cette analyse succincte du théâtre d'Aristophane nous a paru nécessaire pour qu'on pût apprécier le mérite de l'homme que ses contemporains appelaient le *comique*, comme ils appelaient Homère le *poëte*, l'homme de qui Platon disait que les *Grâces* avaient choisi son esprit pour y établir leur demeure, et dont il regardait si bien les comédies comme renfermant une peinture fidèle des mœurs athéniennes, qu'il envoya sans commentaire à Denys le Tyran qui voulait connaître le gouvernement d'Athènes, en lui recommandant de les lire; l'homme de qui Julien l'Apostat voulait qu'on proscrivît les ouvrages, de peur que les chrétiens ne trouvassent dans ses descriptions animées la preuve des désordres qu'ils reprochaient aux païens. Cette analyse nous semble utile encore pour qu'on puisse juger de la bonne foi des philosophes modernes, qui ont tenté de priver Aristophane de ses lauriers, et surtout de ce chef de la secte, qui a osé dire et écrire que ce « poëte comique, qui n'est *ni comique ni poëte*, n'aurait pas été admis parmi nous à donner ses farces à la foire Saint-Laurent. » Brunck, que nous avons déjà cité, prétend que Voltaire n'a jamais lu Aristophane en grec: nous ne craignons pas d'ajouter qu'il n'avait aucune connaissance de cette langue. Au surplus, une simple traduction, pour peu qu'elle soit fidèle, suffit pour faire sentir à tout lecteur qui n'est pas dépourvu de goût, qu'Aristophane, vraiment comique et vraiment poëte, a mis plus de poésie dans une seule de ses pièces, les *Chevaliers*, par exemple, que Voltaire n'en a mis lui-même dans un grand nombre des siennes, et qu'il y a incontestablement

plus de verve et de *vis comica* dans une scène de ces mêmes *Chevaliers*, qu'on n'en saurait trouver dans *l'Indiscret*, dans *Nanine*, et dans tout le bagage prétendu comique qu'il a voulu léguer à la postérité. Aristophane a reproduit avec la plus grande fidélité le caractère athénien; ses ouvrages sont le tableau vivant de son siècle et de sa nation; Molière seul, depuis Aristophane, a eu la gloire de présenter résumée dans l'œuvre de son génie, toute l'époque durant laquelle il a vécu. Si le nom du comique grec est descendu jusqu'à nous, entouré des éloges très-peu suspects de l'antiquité, c'est qu'à la force comique il unissait toute la finesse du plus pur atticisme, c'est que la plus riche poésie servait chez lui d'enveloppe à la raison et au bon sens, c'est qu'il a frondé courageusement tous les vices, poursuivi, démasqué toutes les corruptions. Que si la pudeur est parfois alarmée par la licence de quelques expressions, c'est moins au poëte qu'il faut s'en prendre qu'aux mœurs dépravées de son temps. On peut même dire qu'il est resté bien au-dessous de ses contemporains sous le rapport du dévergondage et de l'obscénité; il dit lui-même dans la parabase des *Nuées* (*V.* ce mot), qu'il a fait à ce sujet quelques tentatives de réforme. — Toutes les comédies d'Aristophane ont été traduites et analysées par le P. Brumoy, dans son *Théâtre des Grecs*; Paris, 1786; Poinsinet de Sivri en avait donné aussi une traduction particulière en 4 vol.; Paris, 1734: La meilleure édition d'Aristophane est celle de Leipzig, 13 vol. in-8, 1794-1826. Le texte, avec un abrégé du commentaire, a été réimprimé par le même éditeur, 2 vol. in-8, 1830. C'est sur cette édition que M. Artaud, écrivain spirituel, a donné, des comédies d'Aristophane, une traduction élégante où se reproduit, avec non moins de bonheur que d'exactitude, la manière du poëte grec, et surtout cette force comique qu'il possédait à un si haut degré.

ARISTOPHANE, de Byzance, grammairien, disciple de Callimaque et de Zénodote, vivait vers la CXLV^e olympiade (commencement du IIe siècle avant J. C., 199 à 196). Ptolémée Évergète l'attira auprès de lui et lui confia la garde de la bibliothèque. C'est à lui qu'on attribue l'emploi des accents et de la ponctuation dans l'écriture grecque, et la rédaction du *Canon des Auteurs classiques* (*V.* ce mot). On ignore l'époque de sa mort comme celle de sa naissance.

ARISTOPHON, peintre grec, contemporain d'Aristophane. Il avait peint, dit-on, Mars penché sur le bras de Vénus, et Alcibiade sur celui de la courtisane Néméa. Ces tableaux étaient si beaux, le dernier surtout, que tous les habitants d'Athènes accouraient pour les voir. Athénée donne à ce peintre le nom d'*Aglaophon*. Plutarque et Pline l'appellent *Aristophon*.

ARISTOTE, philosophe célèbre de l'antiquité, fondateur de l'école péripatéticienne. Il était fils de Nicomaque, qui se prétendait issu d'Esculape et fut longtemps médecin d'Amyntas II, roi de Macédoine et père de Philippe. Destiné dès ses plus tendres années à l'exercice de la médecine, Aristote puisa dans les premiers principes de cette science le goût dominant qu'il montra toute sa vie pour l'histoire naturelle. Il perdit ses parents de fort bonne heure, ce qui le laissa maître de ses actions et d'une fortune considérable dont il dissipa une grande partie en fort peu de temps dans l'abus des plaisirs. Abandonnant ensuite la carrière où l'avait poussé la volonté de son père, il prit celle des armes, qu'il ne tarda pas à quitter pour l'injonction, sur l'injonction qu'il reçut de l'oracle de Delphes de se rendre à Athènes: « Allez, lui dit l'oracle, étudier la philosophie; vous aurez plus besoin de frein que d'éperon. » Cette prétendue réponse est fort suspecte; on ne peut pas même dire qu'elle ait été faite après coup, car, pour ceux qui connaissent la philosophie d'Aristote et son caractère, il est évident qu'il avait plus besoin d'éperon que de frein. — Quoi qu'il en soit, à peine arrivé dans la capitale de l'Attique, Aristote alla s'asseoir sur les bancs de l'Académie. Pendant vingt ans entiers il reçut les leçons de Platon; mais disciple orgueilleux, il se forma des principes particuliers, tout différents des principes du maître, qui, dans le juste ressentiment qu'il conçut de cette espèce de défection, le comparait aux nourrissons robustes, mais ingrats, qui maltraitent la mère dont ils ont sucé le lait. — Les Athéniens l'avaient chargé d'une ambassade à la cour de Philippe. A son retour il apprit que Platon, avant de mourir, avait désigné, pour le remplacer à l'Académie, son neveu Speusippe, et après lui Xénocrate. Vivement blessé par cette double exclusion d'un poste auquel il se croyait des droits incontestables, il s'éloigna brusquement d'Athènes, et se retira avec Xénocrate auprès d'Hermias, roi ou tyran d'Atarnée, dans la Mysie, ami commun des deux philosophes. Au bout de trois ans, Hermias tomba dans un piége dressé contre lui par le général d'Othus, roi de Perse, qui le fit périr d'une manière cruelle. Aristote commença par célébrer la mémoire de son ami dans un hymne à la vertu; ensuite il épousa la sœur d'Hermias (fille adoptive suivant quelques écrivains), nommée Pythaïs, et il l'emmena à Mitylène, dans l'île de Lesbos. On croit que ce fut dans cette ville qu'il reçut de Philippe (343 avant J. C.) l'invitation de se charger de l'éducation de son fils, alors âgé de treize ans. A l'occasion de la naissance de cet enfant, qui devait changer un jour la face du monde, Philippe lui avait écrit une lettre qui n'honorait pas moins le prince que le philosophe. « Je vous apprends que j'ai un fils. Je remercie les dieux, moins de me l'avoir donné, que de me l'avoir donné du temps d'Aristote. J'espère que vous en ferez un roi digne de la Macédoine. » Aristote se rendit aux vœux de Philippe: il partit sur-le-champ pour la Macédoine, passa huit ans auprès d'Alexandre, et, lorsqu'après la mort de Philippe, Alexandre, saisissant le sceptre d'une main ferme, voulut entreprendre sa vaste carrière de conquêtes, Aristote, suivant les uns, le suivit dans l'Asie Mineure, la Syrie et l'Égypte, et ne revint en Grèce que l'an 331 avant J. C.; suivant les autres, il ne laissa auprès de son royal élève que son neveu Callisthène, et reprit le chemin d'Athènes avec Théophraste, son disciple favori. Il avait profité de son crédit auprès de Philippe pour obtenir de lui qu'il rebâtit la ville de Stagyre, sa patrie, ruinée par la guerre civile, et qu'il rétablit dans leurs biens les habitants. On prétend même qu'il y fit construire un gymnase qu'il désigna par le nom de *Nymphæum*, et qu'il l'habita longtemps avec son élève. — Ce fut probablement dans cette résidence solitaire qu'Alexandre reçut les principes de cette *philosophie secrète que celui-ci ne communiquait à personne*, dit Plutarque; ce qui peut faire penser que cette philosophie ne reposait pas sur une morale bien pure; la vraie sagesse ne craint pas le grand jour: elle aime au contraire à se répandre, puisqu'elle peut rendre les hommes meilleurs, et l'on doit se méfier de toutes ces doctrines qui redoutent la publicité et ne se propagent qu'avec le secours du mystère. — Les Athéniens avaient obtenu de Philippe d'assez grandes faveurs sur la recommandation d'Aristote: ils l'accueillirent avec une sorte d'enthousiasme, et comme il manifesta l'intention d'ouvrir une école (depuis quatre ans Xénocrate avait succédé à Speusippe à l'Académie), ils lui cédèrent le Lycée, ancien temple d'Apollon Lycéen. De là sortit cette école fameuse des péripatéticiens, ainsi nommés, soit parce que le maître donnait ses leçons en se promenant avec ses élèves (περιπατῶν), soit parce que les conférences avaient lieu dans les salles du Lycée (περιπατοί). Aristote demeura huit ans au Lycée; il en sortit à la mort d'Alexandre (l'an 323 avant J. C.), et il se retira à Chalcis, dans l'île d'Eubée. Il y mourut deux ans après (l'an II de la CXIVe olympiade), âgé de soixante-trois ans. Les Stagyrites lui érigèrent des statues et lui consacrèrent un jour de l'année, durant lequel ils célébraient des fêtes en son honneur. — Alexandre avait appris avec plaisir que son maître exerçait sur l'esprit des Athéniens, par la puissance de son génie, autant d'influence que lui en donnait à lui-même, sur les peuples vaincus, la force des armes ou la fortune qui l'accompagnait dans ses entreprises. Il lui écrivit de se livrer à l'étude de l'histoire naturelle, et il lui envoya, dit-on, huit cents talents pour fournir aux dépenses que cette étude exigeait. — Aristote aurait voulu finir ses jours à Athènes; mais il fut accusé d'impiété par Eurymédon, prêtre de Cérès, ce qui l'obligea de prendre la fuite, en disant qu'il *voulait épargner un nouveau crime aux Athéniens*. Il faisait allusion à la mort de Socrate, et il craignait qu'on ne lui fît subir le même sort. Au fond, l'accusation d'Eurymédon pouvait paraître fort grave. Aristote, comblé d'honneurs par les Athéniens et les Macédoniens, honoré par Alexandre, chef d'une école qui comptait de nombreux disciples et menaçait d'éclipser l'école académique, Aristote qui aurait dû, par l'austérité de ses mœurs, donner une loi permanente de philosophie pratique, avait divinisé cette Pythaïs, que suivant quelques-uns il avait épousée, qui suivant quelques autres ne fut que sa concubine, et dont la conduite passée n'avait été rien moins qu'exemplaire. Il lui avait consacré un véritable culte, semblable à celui que les Athéniens rendaient à Cérès, et c'était là ce qui avait excité le zèle religieux du prêtre de la déesse. Diogène Laerce accuse Aristote de s'être empoisonné pour se soustraire aux dangers de l'accusation. D'autres écrivains, et parmi eux saint Grégoire de Nazianze et saint Justin, assurent qu'il se précipita dans les flots

de l'Euripe (le détroit qui sépare du continent l'île d'Eubée ou de Négrepont), dans un accès de désespoir auquel il se livra, parce qu'il ne put expliquer le flux et le reflux de la mer: *Non possum capere te, cape me.* Ce sont les mots qu'on lui prête avec fort peu de vraisemblance, car ces mots exprimeraient plutôt un dépit d'enfant qu'un mouvement de désespoir causé par l'impuissance du génie de l'homme à comprendre les mystères de la nature. D'autres écrivains encore lui font tenir un langage qui semble appartenir aux temps du christianisme, et qui assurément aurait paru étrange dans le IVe siècle avant l'ère vulgaire: *Fœdè mundum intravi, anxius vixi, perturbatus egredior; causa causarum, miserere mei.* — Des écrivains modernes se sont déclarés les champions d'Aristote et de sa mémoire: ils ont fait de Pythaïs ou Pythias une héroïne de vertu; d'Herpyllis de Stagyre, esclave de Pythaïs, laquelle donna un fils au philosophe, une seconde épouse; ils ont rejeté au rang des fables tout ce que les écrivains de l'antiquité, en assez grand nombre, ont dit de son idolâtrie pour la fille d'Hermias, de sa jalouse inimitié contre Platon, qu'il louait en public et qu'il décriait en secret, de ses manœuvres pour déprimer tous les écrivains qui l'avaient précédé, tout en s'appropriant le résultat de leurs travaux, de son animosité contre Speusippe, Xénocrate, et en général contre les platoniciens. Ils se sont récriés surtout contre l'accusation formulée contre lui par Athénée, Diogène Laerce et plusieurs autres, d'avoir conseillé à Antipater d'empoisonner Alexandre, ce qui aurait amené de la part du héros un refroidissement très-prononcé pour son ancien maître. Ils prétendent que c'est la haine qui a dirigé la plume des écrivains détracteurs; mais il est difficile de penser que la haine seule ait pu armer contre un homme des écrivains qui n'étaient ni ses contemporains, ni ses émules, ni ses rivaux de gloire. Pourquoi craint-on ainsi d'avouer que la raison humaine est bien faible contre les passions, et qu'elle a besoin, pour en triompher, de trouver un appui au-dessus d'elle? Le seul reproche que lui font ses apologistes outrés, c'est de n'avoir pas aimé la démocratie, et c'est peut-être là ce dont il faudrait le louer: la démocratie, en effet, avait à son temps produit tant de désordres, et les nouvelles destinées que Philippe et son fils semblaient promettre à la Grèce étaient si brillantes, qu'on ne saurait trouver étrange qu'un homme, nourri pour ainsi dire à la cour des rois, préférât le gouvernement d'un seul au gouvernement populaire, et qu'averti par l'expérience, il ne regardât la république de Platon que comme un beau rêve. — Pour être juste envers Aristote, sans chercher ni à le défendre contre ce que les uns traitent d'imputations calomnieuses, ni à justifier les apologies que les autres nomment insensées, il faut reconnaître que, si les leçons de Platon firent germer en lui le génie, il sut s'approprier toutes les connaissances de l'époque où il vécut; qu'il en étendit au loin les limites, en y ajoutant le produit immense de ses propres observations; qu'il les dépouilla, par une critique éclairée, de tout ce qu'elles offraient d'impur alliage; que, pour déterminer l'origine, la nature et les effets de ces connaissances, il les soumit à la plus rigoureuse analyse, afin de les ramener toutes, en quelque sorte, à un petit nombre de principes généraux, n'admettant rien que ce qui pouvait être prouvé par le raisonnement. — Aristote laissa une fortune considérable qui se partagea entre une fille qu'il avait eue de Pythias, et un fils que lui donna Herpyllis. Tout ce qu'on sait de ces deux héritiers de son nom, c'est que la fille épousa un petit-fils de Démarate, roi de Sparte: le fils, appelé *Nicomaque*, comme son aïeul, n'est connu que parce que ce fut pour lui qu'Aristote composa ses livres de morale. — Nous réservons pour l'article PÉRIPATÉTISME l'exposition de la philosophie d'Aristote et l'histoire même de ses doctrines, qui, dégénérant presque en scepticisme entre les mains de Théophraste, chef après lui de son école, devinrent du matérialisme et de l'athéisme en celles de Straton de Lampsaque qui remplaça Théophraste. Nous nous contenterons d'énoncer ici très-succinctement les principes généraux sur lesquels le philosophe de Stagyre fonde les connaissances, la classification qu'il en a faite, et les améliorations qui lui sont dues. — Aristote, prenant une route diamétralement opposée à celle que Platon avait suivie, fait dériver toutes nos idées d'une perception extérieure. L'expérience seule est capable à ses yeux de confirmer les théories, et de les convertir en principes féconds. Platon, au contraire, fait naître nos perceptions d'une idée prototype préexistante. C'est cette doctrine d'Aristote qui l'a fait regarder comme l'auteur de cette maxime fameuse, dont l'effet presque infaillible est de conduire au matérialisme : *Nihil est in intellectu quod non priùs fuerit in sensu*, maxime démontrée évidemment fausse quand on veut l'appliquer à ces perceptions de notre âme, purement intellectuelles, qui ne nous sont transmises par aucun sens extérieur. Aussi, quand il rencontrait sur sa route quelqu'une de ces vérités absolues qui sont indépendantes des perceptions extérieures, quand il se disait à lui-même : *Je pense, donc je suis*, proposition qu'il ne pouvait rapporter à l'expérience, il élude la difficulté plutôt qu'il ne la résout, et, dans sa classification des connaissances, il est embarrassé de trouver une place pour celles de cet ordre. — Aristote divisait les sciences en deux sections principales : les sciences *théorétiques*, qui consistent dans l'étude de ce qui est, et les sciences *pratiques*, qui consistent dans l'application des théories. Les premières comprennent trois classes : les sciences *expérimentales*, c'est-à-dire l'histoire naturelle ou science de l'extérieur, et la psychologie ou science de l'intérieur; les sciences *métaphysiques* ou rationnelles qu'il ne résout. comprennent l'ontologie et la théologie; les sciences *subordonnées* ou mixtes, c'est-à-dire la physique dans toutes ses branches. Quant aux sciences pratiques, Aristote les comprend dans ces trois divisions : la morale et l'économie politique ou privée. — Ce n'était pas assez d'avoir classé les sciences, il fallait encore trouver et indiquer les meilleures méthodes à suivre pour arriver promptement à les bien connaître. C'est sur ce point qu'une classe nombreuse d'écrivains a insisté le plus fortement pour faire mieux ressortir la gloire du maître; mais si, en indiquant la nécessité des méthodes pour le progrès des sciences, Aristote leur a rendu incontestablement un service essentiel, il n'en est pas moins vrai que sa méthode, qui se réduit à l'emploi du syllogisme sous toutes les formes, a longtemps arrêté la marche de l'esprit humain. On n'a pas voulu voir qu'en contraignant l'intelligence à ne percevoir et à ne juger que d'après des règles qu'elle ne peuvent être autre chose que des conséquences d'une proposition souvent hypothétique (telles sont les prémisses des syllogismes, qui ne sont vraies que par hypothèse, et en supposant que nous ne sommes trompés ni par nos sens ni par notre jugement), on lui imprime un caractère servile qui entrave sa marche et détruit son ressort; que la raison, ainsi réduite à n'opérer en quelque sorte qu'à l'aide d'un mécanisme de mots et de formules, se rend incapable de procéder à l'investigation des faits eux-mêmes, puisqu'il faut qu'elle admette des faits comme des conséquences nécessaires; qu'au fond les sciences expérimentales, où il faut voir beaucoup et bien, sont incompatibles avec des formules qui gênent l'observation, et qu'en général toutes les connaissances pour acquérir quelque certitude ont besoin d'autres vérités que les vérités hypothétiques. Suivant Aristote, tout l'art du philosophe consiste à faire un syllogisme, c'est-à-dire à partir d'un fait attesté par les sens, à tirer de ce fait des conséquences, et à déduire de ces conséquences un principe qu'il regarde comme infaillible. Il était réservé à Gassendi, à Pascal, à Descartes, et à d'autres philosophes chrétiens, de renverser la méthode fantastique qui voulait expliquer les faits par le raisonnement, au lieu de subordonner le raisonnement aux faits constatés par l'expérience. — En mentionnant les divers ouvrages d'Aristote qui sont arrivés jusqu'à nous, soit qu'ils lui appartiennent en entier, soit qu'ils aient été altérés, comme on l'a prétendu, par les copistes et notamment par Apellicon de Théos, nous remplirons la tâche que nous sommes imposée, de faire connaître ce que les sciences lui doivent. — Au premier rang de ses écrits, c'est du moins l'opinion commune, on trouve ceux qu'il composa pour Alexandre sur l'*art oratoire* et l'*art poétique*. Ici, de l'aveu de tous les écrivains, tant anciens que modernes, à peu d'exceptions près, Aristote, observateur profond et plein de sagacité, fidèle d'ailleurs à sa méthode de tirer des conséquences des faits accomplis, Aristote, nourri de la lecture d'Homère, d'Hésiode, de Pindare, de tous les poëtes, de tous les orateurs qui l'avaient précédé, notant avec discernement dans leurs ouvrages tout ce qui produisait de l'effet, tout ce qui faisait impression sur l'esprit des lecteurs ou des auditeurs, a converti en préceptes les procédés qu'ils ont employés pour plaire, pour entraîner, pour convaincre; et, sur les exemples qu'ils lui fournissent, il a formulé des règles capables de rectifier le jugement, de modérer les écarts de l'imagination, de former le goût des élèves. Ce qu'il a point vu dans les écrits où il a puisé, il l'a pour ainsi dire deviné; aussi n'a-t-on eu presque rien à retrancher ni à ajouter à sa Rhétorique et à sa Poétique, quoique ni dans l'un ni dans l'autre de ces ouvrages il ne soit ni poëte ni orateur, et que

son style, là comme partout ailleurs, soit austère, précis, serré jusqu'à la sécheresse, dépourvu d'images, de fleurs et d'ornements. — Sa *Morale*, qu'on regarde et qu'on cite ordinairement comme un de ses plus beaux ouvrages, mais que nous sommes loin de regarder comme un des meilleurs sous le rapport même de son titre, se compose de la définition des devoirs qu'il fait naître les uns des autres, de l'union de ces devoirs à la politique à laquelle il les subordonne plus d'une fois, ce qui n'est pas toujours moral, et des principes qui doivent servir de règle de conduite aux hommes de toutes les classes. Au fond, ces règles de morale diffèrent peu de celles de Platon en ce qui concerne l'application à la vie civile, mais la dissimilitude est immense relativement à la source d'où elles émanent. Aristote ne base sa morale que sur la modération. Le devoir en lui-même, indépendant des circonstances, n'est presque pour lui qu'un être de raison: tout ce qu'il veut de son élève, c'est qu'il devienne honnête, relativement à la société; mais il ne lui demande ni l'accomplissement des devoirs généraux de l'humanité, ni la connaissance du droit naturel, ni la contemplation d'une autre existence au-delà de l'existence actuelle. Il n'admet aucune limite à l'exercice de l'autorité paternelle sur les enfants, ni à celle du maître sur son esclave. Le bonheur, suivant lui, consiste dans un juste-milieu, entre ce qu'on nomme vertu et vice, humanité et égoïsme, plaisir et douleur. La *Morale* forme dix livres adressés à son fils Nicomaque; dans les *Grandes morales*, il enseigne en deux petits livres comment on peut acquérir la vertu et le bonheur. Cet ouvrage, ainsi que sept livres d'*Éthique*, sont adressés à Eudème, son disciple. On range dans la même classe les huit livres de *Politique* et les deux livres d'*Économique*. Le principe dominant de ces deux ouvrages, c'est que la politique ne consiste que dans la prudence, de telle manière qu'il convient d'examiner le résultat que peut avoir l'action qu'on se propose, plutôt que de s'enquérir de la nature même de l'action. En résultat, nous croyons que la *Morale* d'Aristote pouvait former un très-bon citoyen d'Athènes; nous doutons qu'elle pût former un chrétien. Platon, à qui l'on a tant reproché ses théories idéales, a sur son disciple le très-grand avantage de s'élever dans ses spéculations à une autre existence, et c'est là tout le principe de cet amour ardent de la vertu qui charme dans Platon, et qu'on chercherait en vain dans Aristote. — Aristote est le premier qui ait fait un art de la logique. Son *Organon* (instrument) est une collection de divers traités où le raisonnement, toujours fondé en principe sur les perceptions extérieures, est regardé par lui comme concluant, pourvu qu'il se construise d'après ses formules syllogistiques, parce que, suivant lui, les perceptions extérieures, celles que les sens nous transmettent, sont les seules qui ne nous trompent point. Le premier de ces traités est intitulé *Catégories*; l'esprit, en s'y conformant, devient infaillible dans ses démonstrations; la *Logique* donne la forme des arguments ou syllogismes. Les *Analytiques* ne sont pas autre chose que la décomposition du syllogisme, afin de s'assurer, par la nature de chacune de ses parties, que l'ensemble est exact. Dans le livre des *Analytiques postérieures*, Aristote examine quelles sont les conditions qui rendent le syllogisme nécessaire; dans celui des *Sophismes*, il détermine ou recherche quelles sont les erreurs possibles, et dans celui des *Topiques*, il considère le syllogisme sous le double rapport de *probable* ou de *contingent*. Dans son traité des *Post-Prédicaments* et des *Anti-Prédicaments*, il prémunit contre la fausse interprétation des termes. En un mot, il n'est aucun moyen que dans son génie, remarquable par la netteté de ses conceptions, il n'emploie pour assurer à son syllogisme la certitude en quelque sorte mathématique. Aussi, quoique Platon, Zénon, Euclide de Mégare et quelques autres, eussent posé quelques principes de logique, Aristote a tellement amélioré cette science, qu'il en est justement regardé comme le créateur. Mais l'opinion qu'on s'est formée de cette logique, opinion qui pendant si longtemps a dominé sur les hommes au moyen âge, n'a été visiblement qu'une exagération causée d'abord par l'enthousiasme dans des esprits inattentifs, et s'enracinant ensuite par cette sorte d'apathie qui porte assez souvent les hommes à s'en tenir aux idées reçues, pour ne point prendre la peine de les réfuter. On a pris la faculté de raisonner sur tout avec autant d'exactitude qu'il peut s'en trouver dans un syllogisme, pour la faculté de tout connaître. On a confondu la démonstration en paroles, en partant d'une vérité hypothétique, avec la démonstration de la vérité prouvée par les faits; et voilà pourquoi tous les syllogismes d'Aristote, ainsi que le dit très-bien Gassendi, n'ont pas fait faire un seul pas aux sciences exactes. — La *Physique* d'Aristote comprend sept traités, qui portent pour titres : *Physique générale*, *Acoustique*, *le Monde*, *le Ciel*, *des Météores*, *des Lieux et des vents*, *de l'Origine et de la destruction*. Dans sa *Physique générale* il reconnaît trois principes : la *matière*, la *forme*, la *privation*. Il définit ainsi la matière : *Ce qui n'est ni qui, ni quoi, ni combien grand, ni rien de ce qui fait mouvoir l'être*. Il résulte des développements où il entre à la suite de cette définition, ou pour la justifier, qu'il considère la matière comme un être, un corps susceptible de toutes les formes, d'une nature néanmoins identique bien que passive, au gré des modifications qu'elle reçoit des figures diverses qui agissent sur elle. Ici Aristote, ne procédant, comme à l'ordinaire, que par le syllogisme, est extrêmement obscur, et l'on devine plutôt qu'on ne comprend ce qu'il veut dire. La *forme* est un principe actif (*entéléchie*) qui constitue et organise les corps ; la *privation* est l'absence de forme et de matière. Dans le livre du *Ciel*, il parle des astres et de la matière dont ils sont formés, de leurs mouvements, de l'opinion des anciens astronomes, etc. Dans celui des *Météores*, il traite de la pluie, de la neige, des éclairs, du tonnerre, de l'arc-en-ciel, etc., des quatre éléments admis de son temps, et du cinquième élément qu'il avait admis sous le nom de *quintessence* ou *éther*. La *Physique* d'Aristote est bien loin sans doute de la science qui porte aujourd'hui ce nom ; mais elle renferme tout ce qu'on savait à cette époque. Il paraît, au reste, que plusieurs traités qui se trouvent compris dans ses œuvres lui ont été mal à propos attribués, et qu'il serait bien difficile de distinguer de ceux qui lui appartiennent réellement : ce sont les traités particuliers sur divers objets. — Dans sa *Métaphysique* en quatorze livres, il réfute Xénophon, Zénon et Gorgias. A cette classe appartient le traité célèbre de l'*Ame*. On croit que le fond de ces quatorze livres est réellement d'Aristote, mais que ce n'est point de lui qu'ils ont reçu la forme dans laquelle ils nous sont parvenus. Il y règne en effet tant de désordre, qu'on ne saurait concilier leur forme irrégulière avec l'esprit d'ordre et d'analyse qui fut toujours la qualité dominante d'Aristote (*V.* au surplus PÉRIPATÉTISME). — Il paraît que tous les ouvrages de ce philosophe qui se sont conservés, ou du moins la plus grande partie, dépendent de la classe de ceux que les anciens désignèrent par le nom d'*acroamatiques* ou *ésotériques*, pour les distinguer des *exotériques*, qu'ils regardaient comme bien moins importants. On dit que tant qu'il enseigna la philosophie au Lycée, il donna constamment deux leçons chaque jour, l'une le matin, à des disciples choisis ; l'autre le soir, à tous ceux qui se présentaient pour l'entendre. Dans la première, il expliquait les principes mêmes de la science, c'était sa doctrine secrète, réservée pour les adeptes ; dans la seconde, il n'était guère question que des connaissances pratiques, de la philosophie appliquée. Cet enseignement public se distinguait du premier par le nom d'*exotérique* ou *extérieur*. Comme tous les ouvrages qui nous restent sont cités par Aristote lui-même comme s'expliquant les uns par les autres, on a pensé que nous possédions ses meilleurs écrits, d'abord parce qu'il est probable qu'il n'a parlé que des plus importants, ensuite, parce qu'on présume que ce sont ceux que les anciens ont conservés avec le plus de soin. Strabon raconte qu'après la mort d'Aristote, son successeur Théophraste, resté dépositaire de tous les ouvrages de son maître, les remit en mourant à son neveu Nélée, qui en vendit une partie à Ptolémée Philadelphe pour sa bibliothèque d'Alexandrie ; il ajoute que ces écrits précieux périrent dans l'incendie qui consuma la bibliothèque, quand Jules César, assiégé dans la citadelle d'Alexandrie par les habitants, fit mettre le feu à la flotte, d'où il se communiqua au quartier de Bruchium, où la bibliothèque était renfermée. L'autre partie avait été conservée par les héritiers de Nélée. Ceux-ci les avaient cachés dans un souterrain pour les soustraire aux recherches des rois de Pergame, qui voulaient, par jalousie plus que par intérêt pour la science, fonder une bibliothèque rivale de celle des Ptolémées. Ce ne fut, dit Strabon, qu'après plus de cent ans que ces livres furent déterrés et remis à Apellicon de Téos, qui les fit copier et qui remplit les lacunes qui s'y trouvaient. La bibliothèque d'Apellicon ayant été transportée à Rome par Sylla, le grammairien Tyrannion publia une édition nouvelle et ne fit qu'augmenter le nombre des altérations et des fautes. Mais Andronicus le Rhodien rétablit le texte dans sa pureté. Des écrivains modernes ont prétendu qu'il ne pouvait être question dans tout ce récit que d'un seul exemplaire ; cependant il n'est guère possible d'expliquer autrement ces défauts

de rédaction qu'on aperçoit dans les écrits ésotériques. Quelques-uns, il est vrai, pensent que ces imperfections prouvent uniquement que la rédaction qui nous est parvenue est la rédaction primitive : ils disent qu'Aristote n'avait pas l'habitude de faire à ses disciples de longs discours ou de leur dicter des cahiers très-développés ; qu'il se contentait de leur donner des principes féconds, et qu'il leur laissait le soin d'en tirer des conséquences, les aidant en cela quand le principe leur semblait trop aride. — Quoi qu'il en soit de l'anecdote de Strabon, à qui l'on ne peut contester néanmoins le mérite d'avoir été l'un des écrivains les plus judicieux de l'antiquité ; la philosophie d'Aristote fut enseignée à Rome sans beaucoup de succès ; mais la philosophie de Platon régna sans rivale en Égypte, parce qu'elle s'accordait beaucoup mieux avec la vie contemplative et le recueillement religieux. Aussi les premiers Pères de l'Église et l'école d'Alexandrie négligèrent-ils le péripatétisme, qui, au rapport d'Eusèbe, devint la philosophie des hérésiarques. Quand on est fortement convaincu que toutes nos idées viennent par les sens, on se trouve insensiblement conduit à nier l'existence d'un principe immatériel, car ce principe, cet être créateur, intelligent, distinct de la matière, nous ne pouvons en recevoir par nos sens aucune idée ; la doctrine de la sensation doit donc finir par le matérialisme : ce fut l'effet qu'elle produisit sur Straton, qui professa l'athéisme, immédiatement après Théophraste, continuateur d'Aristote. — Le péripatétisme, après l'invasion et la chute des deux empires d'Orient et d'Occident, caché jusqu'au Xe siècle au fond de quelques monastères, reparut en Asie et en Europe avec les Arabes, qui, empruntant aux Grecs tous leurs livres de science et de philosophie, traduisirent en entier les ouvrages d'Aristote, et les étudièrent avec une sorte de ferveur (*V.* ARABES [*philos.*]). — Dans le XIIIe siècle, les écrits d'Aristote pénétrèrent en France. Anathématisés d'abord, prescrits ensuite comme classiques, commentés par d'habiles théologiens, ils servirent à fonder cette scolastique qui a pendant longtemps tenu lieu de méthode et de science dans les écoles où l'on n'enseignait plus que la logique, la métaphysique, la physique d'Aristote, et ses livres de l'*Ame* (*V.* PÉRIPATÉTISME [*histoire*]). — De tous les ouvrages du philosophe de Stagyre, ceux qui le placent véritablement au-dessus de son siècle, et qui ont laissé peu d'espérance aux siècles postérieurs de lui trouver des rivaux, ce sont ses divers traités d'histoire naturelle. Celui *De animalibus* et *De generatione animalium* renferme tant de faits, tant d'observations curieuses, tant de détails physiologiques, qu'il semble impossible qu'un seul homme ait pu par lui-même se procurer tant de renseignements divers. C'est là ce qui a fait dire par plusieurs écrivains qu'Aristote avait mis à contribution, sans amais les citer, tous les ouvrages existants. Mais en supposant que le fond de cette accusation soit vrai, on ne peut dépouiller Aristote du mérite réel d'avoir su s'approprier toutes les connaissances antérieures, et de les faire entrer sans effort dans son système général, comme si elles découlaient naturellement de ses propres principes. Ce résultat, il l'a obtenu de sa méthode, pour ainsi dire infaillible, qui consistait à étudier les faits, à n'admettre que ceux qui lui étaient bien prouvés, à comparer soigneusement entre eux tous ceux du même genre dans les diverses espèces d'animaux connues, et à tirer des faits ainsi observés et comparés, toutes les inductions physiologiques, à indiquer tous les rapports de mœurs et de caractère avec les organes, qu'il était possible de signaler ; et c'est là ce que nul homme n'a fait ni tenté durant le cours de vingt-deux siècles, depuis Aristote jusqu'à notre Cuvier. Nous renvoyons le lecteur, pour les détails qui concernent l'*Histoire naturelle* d'Aristote, aux mots HISTOIRE NATURELLE et CUVIER (*anat. comparée*), et nous terminerons cet article par l'indication des éditions complètes ou de traités particuliers des ouvrages d'Aristote, qui sont généralement regardées comme les meilleures. La première édition complète, sauf quelques lacunes, est celle d'Alde, à laquelle se sont joints les livres de Théophraste, mais où l'on ne trouve ni la *Rhétorique*, ni la *Poétique*, ni le second livre des *Économiques* ; Venise, 1493-1498, 5 vol. in-fol. Cette édition était déjà devenue fort rare au temps d'Érasme, qui en donna une nouvelle ; Bâle, 1531, 2 vol. in-fol., et qui inséra dans la sienne les trois traités qui manquaient à celle de Venise. Paul Manuce publia une autre édition en 6 vol. in-8°, Venise, 1551 ; elle est très-estimée, bien qu'elle ne renferme ni la *Rhétorique*, ni la *Poétique*. On recherche aussi l'édition de Sylburg ; Francfort, 1584-87, 5 tom. in-4° en 11 volumes : elle ne contient que le texte grec. L'édition d'Isaac Casaubon, Lyon,

1596; 2 vol. in-fol. , est la première qui renferme en regard du texte une version latine; mais cette édition a paru peu digne de la réputation de son auteur, et bien que plusieurs fois réimprimée à Paris, de 1619 à 1654, en 2 et en 4 vol. in-fol., elle ne jouit pas de l'estime des savants. En 1791, M. Théophile Buhle, de Deux-Ponts, commença une édition nouvelle, disposée dans un meilleur ordre, et accompagnée de notes et d'introductions estimées; mais il s'est arrêté au cinquième volume inclusivement, lequel a été publié à Strasbourg, l'an VII (1796). Ces volumes ne renferment que l'*Organon*, la *Rhétorique* et la *Poétique*. M. Bekker a publié à Berlin, sous le patronage de l'Académie de cette ville, en 1831 et suiv., une dernière édition en 3 vol. in-4°, contenant le texte revu et corrigé sur d'anciens manuscrits, et une traduction latine, pareillement revue et corrigée. On a depuis longtemps, annoncé comme devant suivre ces trois volumes, un quatrième volume contenant tous les commentaires grecs qui ont été faits sur Aristote, recueillis par Brandis. Quant aux éditions particulières d'ouvrages spéciaux, tels que la *Rhétorique*, la *Morale*, le *Traité de l'âme*, la *Politique*, l'*Histoire des animaux*, etc., il serait beaucoup trop long de les nommer toutes. Nous devons nous borner à citer un petit nombre des principales : l'*Histoire des animaux*; Leipzig, 1811, 4 vol. in-4°. Il y a de cette histoire une assez bonne traduction française; Paris, 1783, 2 vol. in-4°, par Camus; le traité des Merveilles, *De mirabilibus*, par Beckmann; Gœtting., 1786, in-4°; la *Politique*, par Scheider, traduite en français par Thuret; la *Rhétorique*, publiée par Gaisford; Oxford, 1820, 2 vol. in-8°; un volume précieux, in-8°, publié en 1827 à Heidelberg et à Spire, par Fréd. Neumann, composé de tous les fragments qui nous sont parvenus du grand travail d'Aristote sur les gouvernements. Pour ce qui concerne la vie d'Aristote on peut consulter la grande *Encyclopédie* allemande de Erch et Gruber, l'*Aristotelin* de Stahr, 2 vol. in-8°; Halle, 1830-32; les *Recherches critiques sur Aristote* et les *Commentaires* grecs ou arabes de Jourdain; Paris, 1819, in-8°; Titze, *De Aristot. oper. serie et distinctione*; Leipzig, 1826, etc.

ARISTOTÉLISME, doctrines d'Aristote; mot particulièrement employé pour désigner le système philosophique fondé sur les doctrines d'Aristote (*V.* PÉRIPATÉTISME, SCOLASTIQUE, SORBONNE).

ARISTOXÈNE, philosophe grec, naquit à Tarente en Italie, vers le milieu du IVe siècle avant J. C. Son père, voulant le rendre habile dans la musique, lui donna les principes de cet art, et le plaça, pour qu'il se perfectionnât, entre les mains du musicien Lamprus. Plus tard, Aristoxène, entraîné par son propre penchant, ou séduit par la grande renommée d'Aristote, se rendit auprès de ce philosophe, dont il fut l'un des plus célèbres disciples. On ajoute qu'après la mort de son maître il tâcha de le dénigrer, pour se venger de ce que Théophraste lui avait été préféré. Il existe en effet un assez grand nombre d'écrits de l'antiquité où l'on cite Aristoxène, et dans tous les passages où ce dernier nom se trouve, le philosophe de Stagyre n'est pas très-bien traité sous le rapport des mœurs et de la probité littéraire. Aussi a-t-on accusé Aristoxène de calomnie; nous nous contenterons d'observer que les contemporains vengèrent Homère de Zoïle, Socrate d'Anitus, qu'ils ne vengèrent pas Aristote d'Aristoxène. Suidas attribue à ce dernier quatre cent-cinquante trois ouvrages sur diverses matières: tous se sont perdus, à l'exception des *Éléments harmoniques*, en trois livres. C'est le plus ancien traité de musique qui soit arrivé jusqu'à nous. C'est par lui qu'on peut arriver à connaître l'ancien système musical des Grecs. Il fut publié en grec, à Leyde, par Meursius, en 1616. Trente-six ans après, Meibomius l'inséra dans son recueil des musiciens grecs, *Antiquæ musicæ auctores*; Amsterdam, 1652, 2 vol. in-4°. Une traduction latine de ce traité avait été déjà publiée par Antoine Gogavin; Venise, 1562, in-4°, conjointement avec les *Harmoniques* de Ptolémée. L'abbé Morelli a publié dans la même ville, en 1785, un fragment sur le rhythme, qu'il attribue à Aristoxène. La doctrine de celui-ci est diamétralement opposée à celle de Pythagore, qui faisait dériver l'harmonie des calculs mathématiques. Aristoxène n'admet d'autre juge que l'oreille; il ne croit pas que la musique, quelque savante qu'elle puisse être, puisse atteindre son but, qui est de plaire, si elle paraît âpre et rude à l'oreille. Cette dissidence d'opinion entre les disciples des philosophes produisit les deux sectes des *canonici* et des *harmonici*. Cette sécheresse de la musique pythagoricienne devait se manifester d'autant plus, que la partie instrumentale, infiniment bornée, ne

pouvait pas, comme aujourd'hui, sauver par des accords bruyants ce qu'il y a de sauvage dans certaines dissonances qu'il est convenu d'appeler effets d'orchestre.

ARITHMANCIE, et mieux **ARITHMOMANCIE**, de ἀριθμὸς, nombre, et de μαντεία, divination; manière de prédire ou de deviner l'avenir par les nombres. Delrio, qui a écrit un traité volumineux sur la magie (*Disquisition. magicæ*, lib. IV), distingue deux sortes d'arithmomancie. L'une était en usage chez les Grecs; elle considérait le nombre et la valeur des lettres numérales qui entraient dans la composition de deux mots. Ainsi ce fut par un calcul de ce genre, qu'entre Hector et Achille les Grecs prévirent le second serait vainqueur du premier. Les lettres numérales du mot *Achille* excèdent, en effet, en valeur celles du mot *Hector* (*V.* NOMBRES, LETTRES NUMÉRALES). L'autre genre de divination par les nombres, en usage chez les Chaldéens, consistait à changer en lettres numérales les lettres des noms, et à rapporter ensuite les nombres à des planètes correspondantes. Il ne faut pas confondre l'arithmomancie avec les propriétés que plusieurs peuples de l'Orient attribuent à certains nombres, notamment au nombre neuf, auquel on suppose une vertu mystérieuse, et au carré formé de la manière suivante,

$$
\begin{array}{ccc}
4 & 9 & 2 \\
3 & 5 & 7 \\
8 & 1 & 6
\end{array}
$$

dont les chiffres, pris en tout sens, donnent toujours le même nombre, c'est-à-dire 15. Les Arabes, et en général tous les mahométans, dit le voyageur Shaw, ont la plus grande confiance dans ces combinaisons puériles : ce sont pour eux de véritables amulettes. — Il paraît que les Hébreux firent quelque usage de l'arithmomancie. Un passage de l'*Apocalypse* a beaucoup exercé les commentateurs : c'est celui où l'évangéliste marque du nombre 666 le nom de l'Antechrist. Les juifs modernes attachent aussi aux nombres une grande importance : leur cabale (*V.* ce mot) n'est qu'une espèce d'arithmomancie.

ARITHMÉTIQUE, de ἀριθμὸς, nombre; science des nombres, c'est-à-dire, science des propriétés de certains nombres et des rapports qu'ils ont entre eux, de manière à former, en se coordonnant, une véritable théorie, féconde en résultats, mais hérissée de difficultés qui en font une branche élevée des mathématiques. Ce n'est point sous cet aspect que nous devons considérer ici l'arithmétique : c'est plutôt comme art de calculer, de trouver, par certains procédés, le nombre précis des objets qu'on veut compter, d'additionner, de multiplier, de soustraire, de diviser des quantités d'unités ou de fractions d'unités, et de faire ces divers calculs le plus promptement, le plus simplement et le plus exactement que cela est possible. La première de ces deux sortes d'arithmétique se renferme dans ce que Newton appelle *arithmétique universelle*, en d'autres termes, *algèbre*; la seconde est l'*arithmétique vulgaire*. — On ne saurait indiquer avec certitude l'origine de l'arithmétique; mais il est évident que la science qui enseigne à compter a dû naître avec les sociétés elles-mêmes; car, dès le moment où les hommes se sont réunis, ils ont eu besoin de compter, de partager, de diviser, d'échanger, d'acheter, de vendre. Aussi les peuples commerçants, tels que les Phéniciens, passent-ils généralement pour les inventeurs de l'arithmétique. Josephe prétend que ce fut par Abraham que cette science fut transportée de l'Asie en Europe. Elle était cultivée en Égypte dès les plus anciens temps. Les Égyptiens, dit Kircher, expliquaient tout par des nombres. Pythagore, en parlant de la *nature des nombres*, dit qu'elle est répandue dans tout l'univers, et que la connaissance des nombres conduit à celle de la Divinité. De l'Égypte, la science des nombres passa dans la Grèce, d'où elle fut plus tard transplantée en Italie. Quant à l'arithmétique proprement dite, ou art de calculer, elle était bien loin du degré de perfection où elle est arrivée aujourd'hui. On peut s'en convaincre par la lecture du *Traité d'arithmétique*, écrit en grec par Psellus, et publié par Xylander, en 1556, avec une traduction latine, et surtout par l'ouvrage plus volumineux de Jordanus, composé dans le XIIe siècle, publié avec un commentaire par Faber Stapulensis, en 1480. On peut d'ailleurs consulter le traité de l'*arithmétique des Grecs*, par Delambre. — Pour ce qui est du système de numération écrite, ainsi que des signes que nous employons aujourd'hui pour exprimer les nombres, il a pris incontestablement naissance dans l'Inde, d'où les Arabes l'ont transporté en Europe. On sait que le fameux Gerbert, qui fut élevé sur le siège apostolique sous le nom de Sylvestre II, dans le XIe siècle, avait fait ses études à Cordoue, où les lettres brillaient d'un vif éclat, tandis que le reste de l'Europe était plongé dans la barbarie : ce fut lui, dit-on, qui rapporta les chiffres ou signes numériques en France. Le fameux astronome allemand Regiomontanus y ajouta, dans le XVᵉ siècle, le calcul des fractions décimales. Pour remédier à la longueur des calculs numériques que pouvaient entraîner certaines opérations, l'Écossais Neper inventa, en 1614, les tables des logarithmes, qui font descendre d'un degré les grandes opérations arithmétiques (V. LOGARITHME). — L'arithmétique, ou science numérique (V. NOMBRES, NUMÉRATION), repose sur quatre règles fondamentales, l'addition, la soustraction, la multiplication et la division (V. ADDITION, SOUSTRACTION, etc.). C'est en effet par les quatre opérations que ces mots désignent, que l'on parvient à résoudre tous les problèmes arithmétiques ; car ce sont toujours des nombres qu'il faut ajouter, multiplier, retrancher ou diviser. Les règles de trois, d'alliage, d'escompte, de société, de proportion, etc., ne se forment elles-mêmes que de multiplications, d'additions, divisions : ce ne sont pas, comme les quatre premières, des règles fondamentales auxquelles toutes les opérations se réduisent ; ce sont des méthodes de calcul adoptées pour certains objets particuliers (V. RÈGLES DE TROIS, D'ALLIAGE, DE SOCIÉTÉ, etc.). — Newton a dit que les nombres ne sont, à proprement parler, que des *rapports*. Comme toute grandeur comparée à une autre se trouve plus grande, plus petite ou égale, il est vrai de dire que toute grandeur a un rapport à celle à laquelle on la compare, c'est-à-dire qu'elle la contient ou qu'elle y est contenue plusieurs fois ou une seule fois, en tout ou en partie : c'est là ce rapport qu'on nomme *nombre* (V. NOMBRE). Ainsi le nombre 5, par exemple, comparé au nombre 10, ou à l'unité, exprime le rapport de ce nombre à deux grandeurs, l'une plus grande, l'autre plus petite. Si l'on prend cette dernière pour l'unité, il en résulte que cette seconde grandeur est contenue cinq fois dans le nombre donné, lequel est contenu lui-même deux fois dans la première grandeur comparée, 10. Il en est de même si le nombre n'exprime qu'une fraction. On suppose toujours dans ce cas une grandeur que l'on prend pour l'unité, et dans laquelle la fraction est contenue autant de fois que le dénominateur l'indique : ainsi, dans la fraction $\frac{3}{5}$, on sait que l'unité peut être divisée en cinq parties, et que trois de ces parties seulement sont contenues dans la fraction. — De ce que les nombres ne sont que des rapports de grandeurs entre elles, et que ces nombres sont représentés par des signes particuliers, on peut dire que l'arithmétique n'est pas autre chose que l'art de combiner ces rapports en employant les signes qui les distinguent. De là sont nées les quatre règles fondamentales, règles qu'on peut même réduire à deux principes ; car toutes les combinaisons qu'on peut faire des nombres entre eux se réduisent à déterminer l'excès en plus ou en moins des uns sur les autres, ou la manière dont ils sont contenus les uns dans les autres. L'addition et la soustraction se rapportent à la première opération ; la multiplication et la division à la seconde. Considérées sous un autre aspect, ces quatre règles peuvent également se réduire à deux principes : former une seule somme de plusieurs nombres différents, ce qui s'exécute par l'addition et la multiplication, et diviser une somme en parties diverses, ce qui a lieu par la soustraction et la division. La multiplication n'est en effet qu'une addition répétée, de même que la division n'est qu'une soustraction répétée. Multiplier 12 par 5, c'est additionner la première somme cinq fois : 12 + 12 = 24 ; 24 + 12 = 36 ; 36 + 12 = 48 ; 48 + 12 égale 60. Diviser 60 par 5, c'est, au contraire, soustraire douze fois 5 du total : 60 — 5 = 55 ; 55 — 5 = 50, etc. En résultat, les quatre règles peuvent se réduire à deux, l'addition et la soustraction ; car la multiplication et la division ne sont au fond que deux procédés plus courts de faire l'addition ou la soustraction de plusieurs nombres. C'est pour cela que Newton appelle les règles de l'arithmétique *compositio et resolutio arithmetica*. — On a dit que les nombres ne sont proprement que des rapports géométriques, et cela est vrai, puisqu'il est toujours question de comparer deux grandeurs ensemble ; néanmoins, il paraît que dans l'addition et la soustraction ces rapports peuvent être considérés arithmétiquement ; car si on additionne 4 et 5, l'un ou l'autre de ces nombres, soit 4, représente l'excès de la somme 9 sur l'autre nombre 5. Mais dans la multiplication, si on multiplie 4 par 5, le nombre 4 est le rapport géométrique du produit 20 à l'autre nombre, contenu quatre fois dans ce produit. — Pour ce qui concerne les opérations arithmétiques en elles-mêmes, il est évident qu'elles dépendent de la forme et du nombre des signes employés :

c'est ce que M. de Buffon désigne par le nom d'*échelles arithmétiques*, c'est-à-dire progression des nombres suivant la quantité de signes qui auraient pu être mis en usage. Nous nous servons de dix signes, de telle sorte que tous les nombres, jusqu'à 9 inclusivement, s'expriment par un seul signe, et que tous les nombres au-dessus de 9 ne peuvent être représentés que par deux signes jusqu'à 99 inclusivement, par trois signes, jusqu'à 999 inclusivement, et ainsi de suite ; mais il est évident que si on n'employait que cinq signes, par exemple, 1, 2, 3, 4, 0, tout nombre supérieur à 4 devrait avoir plusieurs signes, 10 pour 5, 11 pour 6, 12 pour 7, 13 pour 8, 14 pour 9, 100 pour 10, etc. ; que si au contraire on employait vingt signes, tous les nombres jusqu'à 19 n'auraient qu'un signe ; tous ceux qui excéderaient 20 jusqu'à 400 n'en auraient que deux, etc. — Il y a donc un milieu à garder dans le nombre trop grand ou trop petit des signes numériques. Il paraît que l'arithmétique décimale a l'avantage de n'offrir ni trop ni trop peu de signes ; il n'y aurait pas d'ailleurs grand inconvénient à en avoir douze au lieu de dix ; il y a même des arithméticiens qui auraient préféré douze à dix, parce que 12 et ses composés ont un plus grand nombre de diviseurs que 10. Si ce dernier a prévalu, c'est apparemment à cause de son origine présumée : on croit que les premiers calculateurs ont compté avec leurs dix doigts avant de trouver des signes et des noms pour les exprimer. — L'arithmétique a été divisée en *théorique*, *pratique*, *instrumentale*, *logarithmique*, *numérale*, *spécieuse*, *décimale*, etc., etc. L'arithmétique théorique ne s'occupe, comme le nom l'indique, que des propriétés et des rapports des nombres abstraits ou concrets (V. NOMBRE ABSTRAIT, CONCRET). — L'arithmétique pratique ou vulgaire est l'art de calculer, comme nous l'avons dit plus haut. Le premier traité complet sur cette matière parut en 1556 à Venise. — On appelle arithmétique instrumentale celle où les règles communes s'exécutent à l'aide d'instruments imaginés pour faire les calculs puissent être faits promptement : tels sont les bâtons de Neper, la machine de Pascal, celle de Leibnitz (V. NEPER, PASCAL, LEIBNITZ). — Quant à l'arithmétique logarithmique (V. LOGARITHME), on peut consulter avec fruit l'*Arithmetica logarithmica* de Henr. Brigg, 1624. — L'arithmétique des Chinois est tout instrumentale ; pour compter ils se servent d'une lame de bois, longue d'environ vingt pouces, traversée d'un certain nombre de fils de fer, où sont enfilées plusieurs boules rondes : c'est par le moyen de ces boules, qui, par la place qu'elles occupent, indiquent leur valeur numérique, qu'ils font toute sorte de comptes. On sait que les naturels du Pérou et du Mexique comptaient et écrivaient même avec des cordes chargées de nœuds. — On appelle arithmétique *numérale* celle qui enseigne à calculer les quantités abstraites ou les nombres par le moyen des chiffres : telle est celle des Européens et des Arabes. — On appelait autrefois *spécieuse* ou *littérale* celle qui pour le même objet emploie les lettres de l'alphabet. On a, depuis quelque temps, abandonné cette dénomination pour le mot *algèbre* (V. ALGÈBRE). On doit à Wallis la méthode qui réunit le calcul numérique au calcul littéral, pour démontrer les règles des fractions, des proportions, des extractions de racines, des formations de puissances (V. FRACTIONS, RACINES, PUISSANCES). — L'arithmétique *décimale* est celle que nous employons, et qui s'exécute par une série de dix caractères ou signes, qui, répétés à l'infini, peuvent servir à exprimer les plus grandes quantités comme les plus petites, suivant que le nombre augmente à la gauche du premier signe, relativement à celui qui l'opère, ou à sa droite. Il suffit pour cela d'observer que chaque chiffre avancé de l'un ou de l'autre côté représente, dix fois dans chacune de ses unités, l'unité du chiffre qu'il précède ou qu'il suit immédiatement ; seulement on place une virgule à la droite du premier signe, pour déterminer la place des unités et les séparer des fractions. Ainsi, dans le nombre 8429,563 on voit que le chiffre 9, suivi à droite d'une virgule, indique les unités ; que le chiffre 2 de la gauche exprime deux dizaines d'unités ou vingt ; le chiffre 4, quatre fois dix dizaines de dizaines d'unités, ou quatre centaines ; le chiffre 8, huit fois dix centaines, ou huit mille. Quant aux chiffres placés à la droite du chiffre des unités après la virgule, il y a une observation à faire ; c'est que la progression étant descendante, le calcul de la valeur des signes se fait en sens décroissant (V. FRACTIONS DÉCIMALES, NUMÉRATION), de sorte que la somme exprimée par la double série des chiffres donnés est de huit mille quatre cent vingt-neuf unités, plus cinq cent soixante-trois millièmes d'unité. — On nomme *binaire* et *tétractaire* l'arithmétique où l'on n'emploie que deux et quatre signes. Quelques arithméticiens ont prétendu que, par le moyen de ces deux sortes d'arithmétique, les lois des progressions devenaient plus faciles à découvrir ; mais comme toute espèce de nombre s'exprime d'une manière beaucoup plus abrégée par l'arithmétique décimale, la binaire et la tétractaire ne sont aujourd'hui regardées que comme des objets de curiosité, et ne sont d'aucun usage dans la pratique. — L'arithmétique *sexagésimale* est celle qui procède par soixantaines, ou qui s'occupe des fractions sexagésimales (*V.* SEXAGÉSIMAL).—L'arithmétique *des infinis* a pour objet de trouver une suite de nombres dont les termes sont infinis (*V.* INFINI, SÉRIE). Wallis est encore le premier qui a traité à fond cette méthode dans ses *Opera mathematica*, et qui en a montré l'usage en géométrie pour déterminer l'aire des surfaces, la solidité des corps et leurs rapports ; mais cette méthode a été remplacée par celle des *fluxions*, l'arithmétique universelle des infinis, au moyen de laquelle les mêmes procédés d'évaluation des surfaces et de la solidité des corps se font plus promptement et avec moins de difficulté (*V.* FLUXION). — On entend par *arithmétique universelle* le calcul des grandeurs en général, ou *l'algèbre* : c'est Newton qui a donné ce nom à la science algébrique (*V.* ALGÈBRE, ÉQUATION, ANALYSE). — L'*arithmétique politique* est celle qui se rapporte à l'art du gouvernement, au nombre des habitants d'un pays, à la quantité des terres arables, à celle de la consommation, à la somme de travail qui peut être faite, aux richesses commerciales, à l'industrie, etc., c'est ce qu'on nomme aujourd'hui *statistique* (*V.* STATISTIQUE).

ARITHMOMANCIE (*V.* ARITHMANCIE).

ARIUS. Nous ne nommons ici cet hérésiarque que pour dire qu'il ne reçut la prêtrise que dans un âge avancé, et qu'il ne fut jamais évêque, quoiqu'on l'ait représenté, dans certains monuments, la mitre épiscopale sur la tête (*V.* ARIANISME). — Le nom d'Arius a été porté par un philosophe d'Alexandrie, qui fut ami d'Auguste, et qui, après la prise de cette ville, obtint du vainqueur la grâce des Alexandrins. Auguste lui offrit, dit-on, le gouvernement de l'Egypte, que le modeste philosophe refusa. — On donnait aussi le nom d'Arius (aujourd'hui *Tedzen*) à un fleuve de l'Asie qui traversait l'Arie, la Bactriane, la Parthiène, et se jetait, sous le nom d'Ochus, dans la mer Caspienne, au sud de l'embouchure de l'Oxus, avec lequel on ne doit pas le confondre.

ARKHANGEL (*géog.*), capitale du gouvernement russe de ce nom, sur la Dvina, près de la mer Blanche, avec près de deux mille maisons et 16,000 habitants environ. Le gouvernement entier n'en renferme guère que 170,000, répartis sur plus de seize mille lieues carrées. On trouve parmi eux des Lapons, et vers le nord-est, des Samoïèdes, presque tous païens. Ce furent les Anglais qui, les premiers, abordèrent à Arkhangel, en 1553. Ivan IV, qui régnait alors en Russie, attira ces étrangers à Moscou, et il fit avec eux un traité de commerce. Ivan y cherchait les moyens de communiquer plus facilement avec la Grande-Bretagne, et de cette communication, il espérait de grands avantages pour le commerce de la Russie. Les Anglais y virent la facilité d'établir des communications plus directes avec l'Inde orientale, et surtout d'étendre leur commerce sur la Russie. Ils formèrent une Compagnie de la mer Blanche, et Arkhangel fut pendant longtemps l'entrepôt d'un commerce immense de pelleteries. Ce commerce tomba par la fondation de Saint-Pétersbourg et la conquête de Riga ; mais il se releva sous Élisabeth, qui, en 1762, accorda au port d'Arkhangel tous les privilèges dont jouissait exclusivement celui de Saint-Pétersbourg. Depuis cette époque, le port d'Arkhangel est assez fréquenté, et la ville, qui tous les jours s'agrandit et voit augmenter sa population, sert d'entrepôt à tout le commerce de la Sibérie. Une ligne immense de canaux la fait communiquer avec Astrakhan et Moscou. Cette ville a un évêché. — On s'occupe, dans le gouvernement d'Arkhangel, de la pêche du hareng et de la baleine, de la préparation des fourrures et des cuirs, et de la fabrication des toiles. Le terroir produit de l'orge et des pommes de terre ; les légumes acquièrent rarement le degré nécessaire de maturité.

ARKONA (*géog. anc.*), nom par lequel on désigne l'extrémité de la presqu'île de Wittow, très-près de la pointe de l'île de Rugen, sur la mer Baltique. Cette presqu'île ne se compose que de craie, mêlée de silex et de fossiles. Il y avait autrefois une forteresse qui fut prise et détruite de fond en comble en 1168, par le roi Waldemar. C'était la principale résidence des Wendes, qui habitaient la partie actuelle de la Poméranie que baigne la mer Baltique. On y adorait le dieu

Swantwort, principale divinité des Slaves septentrionaux. Il y avait autrefois près de la forteresse une forêt de frênes et un petit lac. On croit que c'était un de ces lacs sacrés où les anciens Germains honoraient la déesse Hertha.

ARKWRIGHT (sir RICHARD), né à Preston, dans le Lancastre, en 1732, mort en 1792 ; simple barbier de village jusqu'à l'âge de trente ans, fabricant durant la seconde moitié de sa vie, et laissant après lui une fortune d'environ 15,000,000. Ce fut en 1767, qu'abandonnant sa chaumière, il se rendit à Warington, petite ville voisine de son village ; il s'imaginait avoir découvert le mouvement perpétuel, et il comptait sur la fortune. Un horloger, nommé Kay, eut assez de peine à le détromper, et il l'engagea fortement à consacrer son talent pour la mécanique à l'invention ou au perfectionnement des machines à filer le coton. Bientôt après Kay lui proposa une association ; un capitaliste de Liverpool fournit des fonds, et dès l'an 1769, Arkwright et Kay avaient obtenu un brevet d'invention pour leur machine. La société tomba d'abord en faillite ; à force de persévérance, Arkwright la releva ; il finit par établir une filature pour son propre compte, et triomphant de tous les obstacles, il y fit bientôt des bénéfices énormes. Pour apprécier les résultats de son invention, qu'il suffise de dire que, de 1771 à 1780, l'importation des cotons bruts en Angleterre n'était, année moyenne, que de 5,735,000 livres pesant, et qu'en 1825, elle s'était élevée à 144,000,000 de livres.

ARLAY, ancienne baronnie de la Franche-Comté, aujourd'hui département du Jura, laquelle appartenait à la famille de Châlons, d'où sont sortis les princes d'Orange. Depuis la mort de Guillaume III d'Angleterre, le titre d'Arlay figurait dans la série de ceux des rois de Prusse, à cause des prétentions de ces derniers à la succession de la maison d'Orange. En 1817 ce titre a été rayé.

ARLBERG et VORARLBERG, branches des Alpes rhétiennes qui pénètrent dans les terres de l'empire vers le Tyrol et le lac de Constance. Les Autrichiens comprennent sous le nom d'*Arlberg* plusieurs comtés et seigneuries (*V.* TYROL).

ARLEQUIN, personnage de l'ancienne comédie italienne, qui, de même que les Pierrots des tréteaux, chargés d'amuser la populace dans l'intervalle des représentations, avait dans ses attributions le privilège d'amuser le public par ses lazzi et ses naïvetés, quelquefois piquantes et spirituelles, assez souvent plates ou peu décentes. De la scène italienne, Arlequin, avec son habit collant, court, composé de petits losanges de drap de couleurs diverses, ses souliers sans talons, sa tête rase couverte d'une étroite calotte, et son sabre de bois, avait passé sur tous nos théâtres ; mais la scène italienne, d'où l'avait-elle tiré ? Suivant Riccoboni, dans son *Histoire du théâtre italien*, l'Arlequin n'est pas autre chose que l'ancien mime des Romains italianisé, le mime en haillons, *mimi centunculo*, le pied-plat de Diomède, *planipedes*, le bouffon à tête rase de Vossius, *sannio rasis capitibus*. Cicéron, dans son livre de l'*Orateur*, applique le nom de *sannio* à un bouffon impudent et satirique. Les anciens écrivains toscans désignaient souvent Arlequin et Scapin, autre personnage de la comédie italienne, par le nom de *zanni*. Quant au masque noir d'Arlequin, s'il est vrai, comme cela paraît l'être, que ce personnage en qui l'on retrouve tous les caractères du Sannio romain n'est réellement que le successeur des anciens mimes, il faudra dire que ce masque n'a fait que remplacer la suie dont ces mimes se barbouillaient le visage, et il ne sera pas nécessaire de recourir à l'hypothèse d'un esclave africain, ainsi que l'ont fait Marmontel et plusieurs autres après lui. Nous ne croyons pas que l'écrivain bel-esprit que nous venons de nommer ait rencontré plus juste quand il prétend que le caractère distinctif de l'ancienne comédie italienne était de jouer les ridicules nationaux et de négliger les ridicules personnels. Chaque ville d'Italie trouvait, suivant lui, une imitation grotesque des mœurs de ses habitants dans l'un des personnages ; c'était pour cela que Pantalon était toujours Vénitien, le docteur Bolonais, Scapin habitant de Naples, et Arlequin Bergamasque. Nous pensons, au contraire, que ces divers personnages ne changeaient jamais de patrie que par la même raison qu'ils ne changeaient jamais de caractère, de mœurs et d'emploi. C'étaient toujours le docteur et sa nièce Isabelle, Léandre et son valet Scapin, Colombine, la suivante, et Arlequin : « Arlequin d'ailleurs, c'est Marmontel qui parle, est une espèce d'homme ébauché, un grand enfant qui a des lueurs de raison et d'intelligence, dont toutes les méprises ou les maladresses ont quelque chose de piquant, dont le caractère est un mélange d'ignorance, de naïveté, d'esprit, de bêtise et de grâce. » Assurément ce portrait ne convient nullement à un représentant des Bergamasques, qui passaient pour sots, et de plus pour fripons. D'ailleurs, n'y avait-il en Italie que les habitants de Bergame à corriger ? — Sur la scène française, où Arlequin avait été transplanté avec les comédiens italiens du XVIIe siècle, Arlequin paraissait simple et naïf, mais il était au fond très-rusé, très-adroit et très-spirituel. Il remplaçait sur le théâtre les bouffons des rois et des princes, qui avaient le privilége d'humilier le sot orgueil des grands par les traits acérés qu'ils leur lançaient impunément à la faveur de leur titre : ils pouvaient tout dire, pourvu que le mot fût plaisant. — Les auteurs dramatiques chargés de travailler pour le théâtre italien ne fournissaient guère aux acteurs que des canevas, que ceux-ci remplissaient à leur gré ; le rôle d'arlequin surtout était toujours improvisé ; mais pour répondre aux exigences du public, qui n'aurait pas souffert un arlequin maussade, sot et ennuyeux, il fallait dans l'acteur un fonds presque inépuisable de saillies vives, de reparties piquantes, de traits incisifs, tout cela caché sous un air de bonhomie qui en faisait mieux ressortir la finesse. Dominique, Thomassin, Carlin se sont distingués dans le rôle d'arlequin, et pendant longtemps ils ont fait au théâtre de la Foire les délices des habitants de la capitale. — Les comédiens français n'avaient point voulu d'arlequin sur leur théâtre ; et les auteurs, pour ménager la vanité des comédiens, avaient imaginé les Crispin, les Frontin, les Lafleur, qui au fond n'étaient que des arlequins en livrée. Arlequin s'était toutefois introduit au Vaudeville, où il a figuré jusqu'en 1812, représenté par le comédien Laporte. Aujourd'hui Arlequin n'est plus souffert que sur les tréteaux : c'est probablement la faute des acteurs, qui ne peuvent plus se charger d'un rôle au-dessus de leurs forces. — On a beaucoup discuté sur l'étymologie du mot *arlequin*. On a dit et répété qu'un acteur de la troupe italienne qui vint en France sous Henri III, reçu chez le premier président de Harlay, fut nommé par ses camarades *Harlecchino* (petit Harlay) ; et c'est là, suivant nous, un conte sans vraisemblance. Ce nom d'*arlequin* était d'ailleurs connu depuis longtemps à l'époque où l'on place cette anecdote (1580). On lit, dans un recueil de bons mots, que le fameux Dominique, que Louis XIV honora de sa bienveillance, dînant un jour chez M. de Harlay, lui dit : « Monseigneur, j'ai l'honneur de vous appartenir. — Comment donc ? répondit le magistrat.—Votre bisaïeul s'appela Harlay Ier ; votre aïeul, Harlay II; votre père, Harlay III ; vous êtes Harlay IV, et je suis Arlequin (Harlay Quint). Cette anecdote n'est guère mieux prouvée que la première ; mais elle est plus vraisemblable. Achille de Harlay n'aurait point souffert que son nom s'avilît en devenant le sobriquet d'un histrion ; son successeur pouvait regarder comme une plaisanterie la saillie de Dominique.

᷎ ARLEQUINADE. Nom par lequel on a désigné certaines pièces qu'on a jouées au Vaudeville depuis 1792, époque de sa fondation, et dans lesquelles se trouvait un rôle d'arlequin. Ce mot s'emploie, dans le style familier, pour bouffonnerie; il se prend en mauvaise part; c'est un terme de mépris qu'on applique à un procédé léger, inconséquent et ridicule.

ARLES, ville considérable de France, sur le Rhône, non loin d'un grand marais dont une partie a été desséchée depuis peu d'années, à une journée de Marseille, faisait partie du gouvernement de Provence, et n'est aujourd'hui qu'un chef-lieu de sous-préfecture du département des Bouches-du-Rhône. Cette ville est extrêmement ancienne, car elle existait à l'époque de la conquête des Gaules. Quelques écrivains prétendent même qu'elle fut fondée longtemps avant Marseille, suivant les uns, par une colonie des Phocéens, suivant les autres par la tribu gauloise des *Salii* (Saliens). Les *Segorgii* vinrent ensuite habiter cette contrée, soit qu'ils eussent expulsé les Saliens, soit qu'ils se fussent seulement incorporés à eux. Quant à son nom d'*Arélate*, d'où, par corruption, est sorti le nom moderne d'*Arles*, quelques Arlésiens prétendent qu'il s'est formé des mots latins *ara lata* (grand autel consacré à Diane), sur lequel on sacrifiait tous les ans trois jeunes enfants à cette divinité, dont le culte avait été probablement importé dans le pays par les Romains. Les habitants d'Arles font encore remarquer aux étrangers les débris d'un édifice pyramidal, restes de cet autel de Diane. Quoi qu'il en soit de ces prétentions, que rien, il est vrai, ne justifie, mais que rien ne justifie, il paraît certain que Jules César établit dans Arélate une colonie romaine qui en peu de temps parvint à un très-haut degré de splendeur. On trouve encore dans Arles des vestiges bien sensibles de son ancienne magnificence dans son vaste amphithéâtre, ses Champs-Elysées, son obélisque de granit gris, dont

le fût d'un seul bloc a 47 pieds d'élévation, dans ses arcs de triomphe, ses restes d'aqueducs, de temples, ses fragments de colonnes, de statues, etc. Constantin, qui séjourna pendant quelque temps dans cette ville, y fit faire de nombreux embellissements; il lui donna même son nom. Quelques années plus tard et vers la fin du IVe siècle, Arles devint métropole, et siége du gouvernement du préfet des Gaules, qui avait jusque-là résidé à Trèves, et dans les premières années du siècle suivant (417), le pape Zozime accorda la suprématie à son église sur celles des deux Narbonnaises et de la Viennoise. Cette église d'Arles remonte au Ier siècle du christianisme, s'il faut s'en rapporter à la tradition qui attribue à saint Trophyme, l'un des soixante-douze disciples de J. C. envoyés par saint Pierre dans les Gaules, la conversion des habitants. — Dans le cours du Ve siècle, à dater de 425, Arles soutint plusieurs siéges contre les Wisigoths; elle fut à la fin obligée de leur ouvrir ses portes en 466. En 510, elle résista aux attaques des Francs et des Bourguignons. L'année suivante Théodoric y établit le siége de son gouvernement; mais peu de temps après elle tomba au pouvoir des Francs; qui même obtinrent de l'empereur Justinien une cession absolue des droits de l'empire sur cette ville. Clotaire II réunit la Provence à sa couronne, et ses successeurs continuèrent de posséder cette belle province jusqu'au milieu du IXe siècle, époque où elle fut érigée en royaume en faveur de Charles, troisième fils de l'empereur Lothaire (V. PROVENCE). En 933, le roi de Lombardie Hugues céda la Provence et plusieurs autres provinces au souverain de la Bourgogne transjurane, et des terres cédées jointes à la Bourgogne il se forma un nouveau royaume qui prit le nom d'*Arles*. Ce royaume n'eut pas une longue existence. A la fin du Xe siècle, les grands, profitant de la faiblesse du souverain, se rendirent indépendants et formèrent plusieurs petits États. La ville d'Arles subit successivement le joug de plusieurs maîtres; néanmoins, il paraît qu'après le démembrement du royaume, elle se maintint de son côté dans l'indépendance, jusqu'à se constituer en république en 1240. Mais au bout de onze ans elle fut obligée de se soumettre à Charles d'Anjou, comte de Provence. Depuis cette époque elle est restée incorporée à la Provence. — La ville d'Arles, dont le territoire avait quarante lieues de circonférence, et dont le climat tempéré est très-favorable à la végétation, commerce en vins de bonne qualité, en huile et en fruits excellents; on y recueille aussi de la manne. Sa population est d'environ 20,000 âmes. Elle avait autrefois un archevêque qui avait le titre de prince de Montdragon, et pour suffragants, les évêques de Toulon, de Marseille, de Saint-Paul-Trois-Châteaux et d'Orange. — Un grand nombre de conciles se sont tenus dans Arles. Le plus célèbre s'y réunit en 314, par ordre de Constantin; six cents évêques de tout l'empire y assistèrent; on y condamna les erreurs des donatistes. — Au-dessous d'Arles on a creusé un canal qui reçoit une partie des eaux du Rhône; après un cours de onze ou douze lieues, il aboutit au port de Bouc, sur la Méditerranée. Il y avait autrefois une académie des belles-lettres; elle avait été fondée en 1668 : il fallait être gentilhomme pour y être admis, comme si le talent et la science devaient être l'apanage exclusif de la naissance. — ARLES est le nom d'une petite ville de l'ancienne province de Roussillon (Pyrénées-Orientales), près de laquelle on remarque un grand édifice de construction romaine, renfermant des bains d'eaux minérales d'une assez haute température. Non loin de cette ville, au pied de la montagne du Canigou, qui s'élève à plus de 1,400 toises, dans une vallée riante où les sites pittoresques abondent, on voit les restes d'une abbaye de bénédictins. On y conservait les reliques de saint Abdon et de saint Sennen.

ARLESHEIM (*géog.*); bourg dépendant de l'évêché de Bâle, à une lieue et demie de cette ville, au milieu d'un riche vallon. Les chanoines réguliers de l'église de Bâle y avaient autrefois leur résidence. C'était parmi eux qu'on choisissait l'évêque, qui avait titre de prince.

ARLOTTO, dont le nom propre était *Mainardo*, né à Florence en 1395, entra dans la carrière ecclésiastique, et devint curé de paroisse. On dit qu'il mourut en 1483 ou 84, presque nonagénaire. Il n'est guère connu que par un recueil de bons mots et facéties publié à Venise en 1550, in-8°, sous le titre de *Facezie piacevoli, fabule e motti del Piovano Arlotto, prete Fiorentino*. Plusieurs souverains de son temps, entre autres Édouard d'Angleterre, Alphonse de Naples et René d'Anjou, l'honorèrent de leur amitié. Il y a dans les *Facéties* beaucoup de mauvaises plaisanteries, peu dignes du caractère sacré dont leur auteur était revêtu; mais on n'y voit pas le dévergondage de Rabelais.

II.

ARMACH, et mieux **ARMAGH**, ville d'Irlande, à demi ruinée par les longues guerres civiles qui ont désolé ce royaume, siége d'un archevêché, dont le possesseur porte le titre de *primat d'Irlande* (*V.* IRLANDE).

ARMADA INVINCIBLE, nom par lequel on désigne la flotte que Philippe II avait équipée à grands frais pour aller opérer un débarquement en Angleterre, et dont la tempête détruisit une grande partie, dispersant l'autre ou la livrant aux Anglais, échouée sur leurs rivages. Les préparatifs du roi d'Espagne étaient dirigés contre cette fausse et cruelle Élisabeth, ennemie de la religion de ses pères, passant dans la débauche et le concubinage les trois quarts de sa vie, et descendant au tombeau toute souillée du plus pur sang des îles Britanniques (*V.* MARIE STUART). — L'*armada* se réunit dans les eaux du Tage au printemps de 1588. Elle se composait de plus de cent cinquante vaisseaux de guerre : c'étaient là toutes les forces réunies de l'Espagne et du Portugal. Malheureusement le marquis de Santa-Cruz, qui devait en prendre le commandement, mourut pendant que les vaisseaux se réunissaient. On lui donna pour successeur le duc de Médina-Sidonia, officier sans expérience et de la fortune ne seconda pas. Quand Philippe reçut la nouvelle du désastre de sa flotte, il se contenta de dire : « Je ne l'avais pas armée pour lutter contre les tempêtes. » Élisabeth, ridiculement vêtue en amazone, et couverte d'une brillante armure, parut à cheval sur les bords de la Tamise, et les Anglais célébrèrent par de grandes fêtes le *succès des armes britanniques*.

ARMADILLE, nom qu'on donnait à une escadre de six à huit vaisseaux espagnols, bricks ou frégates, que le roi d'Espagne entretenait sur les côtes du Mexique et de la Nouvelle-Espagne, pour fermer aux étrangers l'accès du pays, et empêcher les naturels et les colons de trafiquer avec les étrangers, amis ou ennemis.

ARMAGNAC (*géog. hist.*), ancienne province de France, avec titre de comté, d'environ vingt-deux lieues de longueur moyenne, sur quinze ou seize de large, faisant partie du gouvernement de la Guienne, entre la Garonne, la Gascogne proprement dite, le Condomois, l'Agenois et le Béarn. Le comté d'Armagnac avait la ville d'Auch pour capitale. Le terroir est fertile en grains, en vins et en fruits. On en exporte du marbre, du plâtre, de l'eau-de-vie et du salpêtre. L'Armagnac forme aujourd'hui le département du Gers. — Le premier comte d'Armagnac fut Bernard, dit le Louche, second fils du comte de Fezensac, qui divisa ses États entre ses enfants, et donna l'Armagnac à Bernard; ce fut en 960. De ce Bernard est issue cette maison puissante dont les membres ont souvent joué un rôle important dans l'histoire de France. Vers la fin du XII° siècle, les comtes d'Armagnac reconnurent pour leur suzerain le comte de Toulouse, mais dans le XIII° ils faisaient hommage aux rois d'Angleterre. Cette maison s'agrandit successivement, par des alliances ou mariages, des comtés de Charolais, de Conimiges et de Rodez. A la fin du XIV° siècle, Jean III s'intitulait comte *par la grâce de Dieu*. Cent ans plus tard, l'Armagnac fut déclaré confisqué et réuni à la couronne. En 1525, la veuve du dernier comte (qui avait obtenu de François I° la restitution de l'Armagnac et qui était mort sans enfants), transmit les biens de son mari, dont elle était légataire, au roi de Navarre Henri d'Albret, qu'elle épousa en secondes noces. Henri IV réunit le comté à la couronne lorsqu'il monta lui-même sur le trône de France. — Parmi les comtes d'Armagnac, deux acquirent une grande mais funeste célébrité, Bernard VII, dit le Bossu, fils de Jean II et successeur de Jean III, son frère, en 1391, et Jean V, petit-fils de Bernard. Le premier, après avoir guerroyé quelque temps contre les Anglais, prit parti pour le duc d'Orléans, qui avait épousé sa fille, contre le duc de Bourgogne Jean-sans-Peur. Devenu l'âme de la faction à laquelle il venait de s'unir, il entra dans Paris en 1413, à la tête de l'armée royale, se fit donner l'épée de connétable, devint premier ministre et surintendant des finances; en même temps il s'empara de toutes les places fortes du royaume, ce qui le mit en état de braver impunément la reine Isabeau de Bavière, qui, jusque-là ennemie du duc de Bourgogne, appela ce prince à son secours. Les Bourguignons accoururent sous les ordres de l'Ile-Adam; Paris fut surpris le 29 mai 1418; le connétable et ses amis furent contraints de se cacher. Le connétable fut d'abord reçu chez un maçon, qui, intimidé par les ordres du prévôt, ou séduit par l'espoir d'une récompense, ne tarda pas à le dénoncer et à le livrer aux Bourguignons. Ceux-ci le mirent en prison à la Conciergerie avec le chancelier; mais le bruit s'étant répandu qu'on allait les remettre en liberté pour une somme

d'argent, la populace, qui les détestait l'un et l'autre, se porta furieuse à la prison et les massacra impitoyablement dans la cour du Palais. Tous ceux qui s'étaient ouvertement déclarés contre les Bourguignons, ou que seulement on soupçonnait d'être Armagnacs (c'était le nom qu'on donnait aux partisans du connétable), eurent le même sort. On prétend que le 12 juin seulement, jour de l'assassinat, on compta 5,118 morts. — Jean V, né l'an 1420, se distingua contre les Anglais. Devenu comte d'Armagnac à la mort de son père, il conçut pour sa sœur Isabelle une passion désordonnée. Le scandale de cette liaison attira sur le comte les armes du roi de France (Charles VII), et les anathèmes de l'Église. Jean promit de se séparer d'Isabelle, mais il ne fit rien; seulement, pour calmer les scrupules de sa sœur, il obtint, à force d'argent, la fabrication d'une fausse bulle, en vertu de laquelle il fit célébrer son mariage avec toutes les cérémonies de l'Église. Le roi le fit condamner par le parlement et le dépouilla par les armes. Le comte se sauva en Italie et fut assez heureux pour obtenir l'absolution du souverain pontife. Après la mort de Charles VII, il rentra en France, et le nouveau souverain, pour le payer des services qu'il en avait tirés, lui accorda la restitution de ses biens, ce qui ne l'empêcha pas d'entrer dans la ligue *du bien public*, principalement dirigée contre le prince. Celui-ci marcha contre lui en personne, le déposséda de nouveau et l'obligea de prendre la fuite (1470). Toutefois il ne tarda pas à se remontrer, et soutenu par le duc de Guienne, frère de Louis XI, il se remit en possession; mais à la fin, contraint de s'enfermer dans Lectoure, il y fut assiégé par une armée nombreuse, à laquelle, épuisé par la résistance, il livra la ville et sa personne. Il avait obtenu une capitulation; mais traître et perfide toute sa vie, il fut lui-même victime de sa perfidie; la capitulation fut indignement violée, et les soldats l'égorgèrent dans les bras mêmes de sa femme, Jeanne de Foix, qu'il avait épousée en 1468, et qui périt empoisonnée peu de temps après, dans la prison où on l'avait jetée (1473). Quant à Isabelle, on sait qu'elle survécut à son malheureux frère; mais les derniers événements de sa vie sont restés inconnus. — ARMAGNAC (Jacques d', duc de Nemours) (*V.* NEMOURS).

ARMAND (*t. de maréch.*). C'est le nom d'une sorte de bouillie faite de mie de pain, de miel rosat ou de miel ordinaire, à laquelle on ajoute quelques aromates, et qu'on fait prendre aux chevaux malades et dégoûtés, pour leur rendre l'appétit et restaurer leurs forces.

ARMANSPERG, nom d'une famille ancienne de la Bavière, dont plusieurs membres se sont distingués, à diverses époques, par des talents militaires ou administratifs. C'est à cette famille qu'appartient le comte d'Armansperg qui partit pour la Grèce avec le prince Othon, nouveau souverain de cette contrée, au commencement de 1833, pourvu du titre de président du conseil de régence.

ARMARINTE, s. f. (*hist. nat.*), plante vivace, à fleurs en rose, soutenues par des rayons qui s'étendent en parasol, composées de pétales disposés circulairement sur un calice qui devient un fruit à deux lobes, de matière spongieuse, lisses dans quelques espèces, cannelés et raboteux dans d'autres, et renfermant chacun une semence semblable à un grain d'orge. Cette plante a une forte odeur aromatique.

ARMATEUR. On appelle ainsi l'individu qui, nanti d'une autorisation légale, arme un ou plusieurs navires pour aller en course, soit qu'il possède ces navires en qualité de propriétaire en tout ou en partie, soit qu'il n'ait été simplement que chargé de la surveillance de l'armement. On applique aussi le nom d'armateur aux simples marchands qui affrètent ou équipent un navire pour la course ou pour le commerce. — On donnait encore le nom d'armateur au commandant d'un vaisseau armé en course, destiné à s'emparer des bâtiments ennemis. On appelait aussi *capre* l'armateur de cette espèce, et dans ce sens ce mot a vieilli. La plupart de nos marins du XVII° siècle, Jean Bart, Duguay-Trouin, etc., avaient commencé leur carrière par être *armateurs*. C'était là un palliatif du titre mal sonnant de *corsaire*, qui dans l'origine ne signifiait pas autre chose qu'armateur, mais que l'usage avait fait confondre avec *pirate*, ce qui était assez juste, car le pirate et le corsaire exerçaient le même métier. Aujourd'hui ces trois mots ont un sens plus spécial : le marchand qui arme ou fait armer un navire, qu'il lui applique ou non — et qu'il n'agisse que par commission — est un armateur; le navire armé en course est un corsaire (*V.* ce mot); le pirate est réputé infâme. — Dans les villes maritimes et places de commerce, les armateurs sont au premier rang; les négociants et banquiers ne viennent qu'après; les marchands, commerçants ou trafiquants suivent les négociants.

ARMATOLES et ARMATOLIS. On désigne par le premier de ces noms des milices grecques que, vers le commencement du XVI° siècle, le sultan Sélim institua pour garantir les plaines des incursions des habitants des montagnes, que les Turcs n'avaient jamais pu soumettre, et qui vivaient de pillage; ce qui leur avait fait donner le nom de *klephtes*, qui signifie voleurs. La Grèce était divisée en *armatolis* ou districts, commandés chacun par un chef de ces milices, et tous ces chefs prenaient les ordres du pacha, ou même du primat grec. Comme les armatoles et les klephtes avaient une origine commune, ils se regardaient comme frères, ce qui était cause que les premiers ne faisaient qu'imparfaitement leur service. Au fond, les uns et les autres ressentaient la même haine contre leurs dominateurs: aussi les Turcs, craignant que cette conformité de sentiments entre les klephtes et les armatoles ne finît par les pousser ensemble à la révolte, voulurent remplacer ces derniers par des schypetars (*V.* SCHYPETAR), que l'islamisme qu'ils professent rend ennemis des Grecs. Cette précaution ne fit qu'irriter les esprits et accélérer la catastrophe que les Turcs entrevoyaient. Les armatoles ont rendu de grands services dans la cause de l'affranchissement de la Grèce (*V.* KLEPHTES).

ARMATURE (*t. d'arts et mét.*). Les fondeurs de grands ouvrages de bronze, tels que groupes, statues, etc., appellent ainsi la réunion de plusieurs morceaux de fer disposés de manière à porter le noyau et le moule de potée. L'armature se compose de plusieurs pièces attachées les unes aux autres au moyen de vis, de clavettes, de boulons: de ces pièces, quelques-unes restent enfermées dans le bronze, afin de lui donner plus de solidité; les autres peuvent être retirées quand l'ouvrage est fondu. — Les architectes comprennent sous le nom d'*armature* tous les liens de fer qui servent à maintenir assemblées des pièces de charpente, barres, clefs, boulons, étriers, etc. (*V.* FOURRURE). On donne aussi le nom d'*armature* à des plaques de cuivre qu'on applique aux aimants naturels (*V.* AIMANT).

ARME, ARMURE. Tout ce qui sert à l'homme pour attaquer ou pour se défendre est compris sous le nom générique d'*arme*. L'armure ne se dit que de ce qui sert à la défense. Ainsi on dira d'un homme qu'il a toutes ses armes, lorsqu'il est couvert à la fois de ses armes défensives, casque, cuirasse, brassarts, etc., et qu'il est armé de lance, d'épée, de poignard, etc. Celui qui n'a que son armure ne peut pas attaquer, parce qu'il manque d'armes offensives. Depuis longtemps on n'use plus d'armures, mais probablement l'usage des armes ne sera jamais abandonné.

ARMES (*technol.*). Les armes ne sont pas seulement offensives ou défensives; elles se distinguent encore par leurs formes et leurs effets, ou la manière de s'en servir, ce qui constitue beaucoup d'espèces diverses: *armes blanches*, *armes à feu*, et autrefois *armes de main* et *armes de jet*. Le nom d'*armes blanches* se donne à l'épée, au sabre; les pistolets, les fusils, les mousquets sont des armes à feu. Les *armes de main* répondaient à nos armes blanches; les *armes de jet* ou de trait lançaient des projectiles comme nos armes à feu. — Nos pères appelaient *armes à fer émoulu*, *armes à outrance*, celles dont la pointe et le tranchant étaient acérés, et qu'on employait dans les combats ou dans les carimes tournois où l'on se battait à outrance, c'est-à-dire sans ménagement et au risque de la vie. Par *armes courtoises* ou *à fer émoussé*, on entendait au contraire des armes qu'on avait eu soin de rendre le moins nuisibles que cela se pouvait. — Les *armes catabalistiques*, *neurobalistiques*, *pyrobalistiques* étaient celles qui frappaient à coups redoublés, comme le bélier, celles où l'action du bras était remplacée par l'élasticité d'un ressort quelconque, celles qui servaient à lancer des matières embrasées (*V.* l'article suivant). — En *termes de blason*, on appelle *armes* certaines marques, certains signes qui sont particuliers à une famille noble, et qui se transmettent héréditairement: *armes de France*, *armes de famille*, etc. On dit *armes parlantes*, celles qui, par leur figure, expriment en tout ou en partie le nom de l'individu auquel elles appartiennent. Ainsi une famille dont le nom serait Châteaufort ou Châteauvieux, aurait des armes parlantes si elle y insérait une forteresse ou un château délabré. On dit *armes brisées* de celles des anciens cadets de famille, qu'on obligeait d'y ajouter quelque pièce pour les distinguer de celles de l'aîné;

armes fausses ou *à enquerre*, celles qui ne sont pas conformes aux règles du blason; *armes chargées*, celles où l'on ajoute d'autres armes; *armes substituées*, celles qu'on prend à la place des siennes lorsqu'on adopte un nom étranger, comme cela arrive lorsqu'un cadet ou un homme sans fortune épouse l'héritière d'un grand nom, et que les parents exigent que le nouvel époux prenne le nom et les armes de sa femme. — On appelle *maître d'armes* ou en *fait d'armes*, celui qui montre l'escrime. L'*homme d'armes* était jadis un cavalier armé de toutes pièces. Chaque homme d'armes amenait avec lui deux ou trois fantassins. *Faire ses premières armes*, c'est faire son apprentissage du métier de la guerre dans une première campagne. Dans l'ancienne chevalerie on appelait *pas d'armes* l'obligation qu'un chevalier contractait de défendre un pas ou passage contre tout venant; ce pas était fermé par une barrière. — En *terme d'escrime*, *tirer des armes* c'est s'exercer à manier l'épée ou le fleuret; *tirer dans les armes*, *hors des armes*, *sur* ou *sous les armes*, c'est allonger un coup d'épée entre les bras de l'adversaire, c'est-à-dire du côté gauche, le tirer du côté droit, passer l'épée par-dessus ou par-dessous le bras de l'adversaire. — On dit proverbialement et dans le style familier, d'une femme parée avec beaucoup de soin, qu'elle est *sous les armes*. *Etre sous les armes* se dit, au sens propre, des soldats à qui on a fait prendre les armes pour quelque motif, ou bien du nombre d'hommes qu'un souverain peut employer. *La France, en 1792, avait un million de soldats sous les armes; — la troupe est restée tout le jour sous les armes*, etc.

ARMES (*art milit.*). Tout ce qui peut servir à se défendre contre les attaques d'un ennemi, ou servir à l'attaquer, est compris sous le mot générique d'*armes*; de quelque manière que ces instruments soient construits, sous quelque forme qu'ils se montrent, qu'ils soient de bois, d'os, de fer, d'un métal quelconque, s'ils peuvent nous garantir, nous couvrir, nous protéger, ou s'ils ajoutent à nos forces et nous donnent des moyens d'attaque plus efficaces que ceux que nous pourrions tirer de nous-mêmes, ils constituent des armes et doivent en avoir le nom. — Le mot *arme* ne vient point du grec, car les Grecs donnaient aux armes le nom de ἅπλον; il est plus que probable qu'il vient du mot latin *arma*, qui lui-même paraît n'avoir été qu'un dérivé du mot *armus*, épaule, non pas, comme on l'a dit, parce que les armes couvraient ou garantissaient les épaules, ce qui est loin d'être exact, mais parce que l'homme, jeté nu sur la terre, n'a eu d'abord d'autres armes que ses bras; et le mot *armus*. ἁρμός, ne signifie pas seulement épaule, mais jointure de l'épaule, celle qui fait mouvoir le bras. Dans la langue des Celtes, le mot *arm* signifiait bras et armes; dans l'allemand moderne ainsi qu'en anglais, il a la même signification. — Les animaux ont été tous pourvus par la nature d'armes plus ou moins offensives ou défensives: l'homme n'avait que ses bras; mais son intelligence devait lui faire trouver autour de lui des matières capables de devenir en ses mains des armes plus terribles que celles des animaux. La plus légère expérience dut lui suffire pour le convaincre que ses bras et ses poings, quand il voulut s'en servir contre un ennemi, ne le défendaient qu'imparfaitement: il arma sa main de cailloux et de branches d'arbres grossièrement

> Tum primum manu
> Bellare nuda, saxaque et ramos rudes
> Vertere in arma.
>
> (SEN., *Hippol.*)

La nécessité plaça d'abord le bâton, la massue, le *patous*, dans la main de l'homme; le hasard, sans doute, lui fit trouver la fronde, avec laquelle il envoyait les cailloux avec plus de roideur et à une plus grande distance qu'avec la main seule. Le succès obtenu par ce moyen dut éveiller son imagination et exciter son industrie. L'arc et les flèches furent inventés; et quand il eut appris l'art d'extraire les métaux du sein de la terre et de les façonner, il dut les employer d'abord à forger des armes qui lui assurassent la supériorité sur tous les animaux qu'il voudrait attaquer, ou contre lesquels il devrait se défendre. Il n'est pas nécessaire de faire ici l'histoire hypothétique de la fabrication des armes; chacun peut imaginer par quels degrés l'homme est parvenu à multiplier ses moyens d'attaque et de défense, depuis la massue informe jusqu'aux brillantes armures de la chevalerie, depuis la fronde jusqu'aux armes à feu perfectionnées; depuis la palissade de troncs d'arbres ou le mur de terre, jusqu'aux fortifications qui défient tous les efforts ennemis. Nous devons plutôt, nous borner à quelques notions générales, et renvoyer, pour les détails, aux mots que nous ne ferons qu'énoncer. — On croit que les premières armes dont l'homme se servit ne furent destinées qu'à le défendre contre les bêtes féroces; on ajoute que Nembroth les employa contre les hommes, et que son fils Bélus suivit son exemple. Ce Bélus, suivant Diodore de Sicile, est le même personnage que Mars. Josèphe a prétendu que ce fut Moïse qui, le premier, donna des armes de fer aux Israélites, au lieu des armes d'airain dont ils se servaient auparavant. — Les armes offensives se divisent en portatives et non portatives. Les massues, les masses d'armes, les maillets, les marteaux, les piques, les lances, les hallebardes, et toutes les armes à long manche, les haches, les sabres, les épées, les cimeterres, les poignards, la baïonnette, la fronde, l'arc et les flèches, le trait, le javelot, l'haste, la zagaye, l'arbalète, la sarbacane, le fusil à vent, l'arquebuse, le mousquet, le fusil, le mousqueton, l'espingole ou tromblon, le pistolet : telles sont les armes portatives offensives qui ont été ou qui sont encore en usage; et dans ce nombre on peut comprendre les armes des sauvages, leurs patous et leurs casse-têtes n'étant au fond que des massues ou des haches plus ou moins grossièrement façonnées. Les armes offensives non portatives n'offrent point une nomenclature aussi étendue. Les anciens chars de guerre, les tours de bois qu'on faisait avancer, au moyen de roulettes, jusqu'au pied des remparts ennemis; les béliers, les balistes, les catapultes, les engins de toute espèce, les obusiers, les pierriers, les mortiers, les canons, les couleuvrines, les grenades, les feux d'artifice forment à peu près la liste des armes de toutes de ce genre (*V.* tous les mots cités, MASSUE, MASSE D'ARMES, MAILLETS, etc.; PATOUS, CASSE-TÊTE, CHARS DE GUERRE, etc.; ENGIN, MACHINES DE GUERRE, BOUCHES A FEU, ARTIFICES DE GUERRE, etc.). — Quant aux armes défensives, telles que bouclier, casques, cuirasses, etc. (*V.* ces divers mots, et les mots ARMURE et DÉFENSIVE [*arme*]). Pour ce qui est des palissades, des fossés, des retranchements, des remparts, etc., ce sont bien là des choses destinées à la défense, mais l'usage ne permet pas de les comprendre sous le nom d'armes défensives. Il en sera question dans les articles spéciaux qui les concernent, ainsi qu'au mot FORTIFICATION. — Une assez grande question a divisé les publicistes et les historiens. Il s'agissait de savoir si l'invention des armes à feu a produit un effet plus nuisible et plus destructif que l'emploi des armes anciennes. La chose paraît aujourd'hui décidée. Il est certain que les projectiles lancés par l'explosion de la poudre ont beaucoup plus de force que ceux qui partaient des balistes et des catapultes: l'effet des premiers est beaucoup plus prompt; mais il est certain aussi que les batailles étaient autrefois plus meurtrières; que, les deux troupes ennemies se joignant corps à corps, le carnage était inévitable; qu'il a été calculé que les archers du moyen âge causaient bien plus de ravages avec leurs flèches que la meilleure mousqueterie avec ses mousquets ou ses fusils; que l'arme blanche est plus dangereuse que l'arme à feu, dont neuf coups sur dix ne portent point. Ce qu'on peut dire, c'est que les armes à feu, l'artillerie du moins, font plus de dommage aux bâtiments et aux édifices qu'à l'arme aux hommes. Ajoutons que lorsque ces sortes d'armes parurent, tous les hommes qui passaient pour braves témoignèrent hautement leur indignation; Bayard, et généralement tout ce qui restait de l'ancienne chevalerie, déclamèrent contre l'emploi d'une arme qui rendait la valeur inutile, et qui permettait à un faible adversaire de tuer un brave chevalier. On aurait pu répondre au chevalier Bayard, quand, tout bardé de fer, il se précipitait au milieu d'une foule presque désarmée, que beaucoup de preux chevaliers n'avaient dû peut-être leur grand courage qu'à la bonté de leur armure impénétrable aux traits et au fer de la multitude, et qu'au fond, des hommes qui apportaient au combat leur poitrine nue pouvaient trouver qu'il ne fallait pas un très-grand courage pour entrer dans la mêlée quand on se regardait comme invulnérable. — Le mot *arme* s'emploie assez souvent pour désigner tous les corps de troupes qui ont la même organisation, et qui s'emploient de la même manière. Dans ce sens, l'infanterie, la cavalerie, l'artillerie sont des *armes*. Le génie reçoit quelquefois aussi le nom d'*arme*, plus souvent celui de *corps* (*V.* INFANTERIE, CAVALERIE, ARTILLERIE, GÉNIE.).

ARMES (*jurisprud.*). Ce mot, dans le style des lois, ne s'applique pas seulement à tous les instruments de guerre dont les soldats peuvent faire usage, mais encore à tout ce qui, dans les mains d'un individu, peut devenir un moyen d'attaque contre un autre individu : ainsi un bâton, une

pierre un marteau, sont des armes. La loi romaine était sur ce point très-explicite. : *Arma sunt omnia tela, hoc est fustes et lapides, non solum gladii, hastæ*, etc. La loi française n'est pas moins précise; elle comprend sous le mot *armes* (art. 101 du Code pénal) *toutes machines, tous instruments ou ustensiles tranchants, perçants ou contondants*. Quant aux couteaux et ciseaux de poche et aux simples cannes, elle déclare que ces objets ne sont réputés armes qu'autant qu'il en a été fait usage pour tuer, blesser ou frapper. On avait douté si les pierres et les bâtons devaient être rangés dans la même classe : l'affirmative ne pouvait être douteuse, car la pierre dont on se saisit pour attaquer est bien un *instrument contondant*. La cour de cassation, appelée par son institution à fixer la jurisprudence, a décidé, en 1824, qu'il n'est pas même nécessaire d'avoir fait usage des pierres pour donner lieu à l'application de la loi pénale, il suffit qu'on ait montré l'intention d'en faire usage, soit pour attaquer, soit pour opposer à la force publique une résistance injuste. — Il serait trop long de parler ici de tous les cas où la loi pénale s'occupe de l'emploi ou même seulement du port-d'armes; contentons-nous de dire que, dans tous les cas où il y a délit ou crime, l'emploi des armes forme constamment une circonstance aggravante, et que le simple port-d'armes, de la part de quiconque n'a pas le droit d'avoir des armes, est un délit punissable (*V.* PORT-D'ARMES, CHASSE; *V.* aussi GARDE NATIONALE, ARMURIER et FABRICATION D'ARMES). Une loi de 1834 déclare punissable par voie de détention quiconque, dans une émeute, est porteur d'armes apparentes ou cachées, et de déportation quiconque, porteur d'armes, est revêtu d'insignes civils ou militaires. Elle soumet à la peine des travaux forcés avec amende, ceux qui, dans un mouvement séditieux, se sont emparés violemment des armes déposées chez les armuriers ou dans des magasins, arsenaux et autres dépôts publics. Ceux qui ont fait usage de leurs armes sont punis de mort. Le Code pénal prononce la même peine contre les Français qui portent les armes contre la France; des amendes atteignent ceux qui laissent dans les champs des instruments dont les malfaiteurs pourraient abuser, ou ceux qui, par leur maladresse ou leur imprudence dans l'emploi des armes, tuent ou blessent des animaux appartenant à autrui. — Celui qui a fourni des armes à l'auteur d'un délit ou d'un crime est réputé complice du coupable, s'il savait à quel usage ces armes étaient destinées.

ARMES BOUCANIÈRES. On désignait par ce nom les fusils dont se servaient les chasseurs des îles, principalement ceux de Saint-Domingue. La seule différence qu'il y avait entre ces fusils et les fusils ordinaires, c'est que le canon des premiers était plus long que celui des seconds, ce qui les faisait porter beaucoup plus loin (*V.* BOUCANIER).

ARMES D'HONNEUR. Les anciens décernaient des armes particulières à ceux qui parmi eux s'étaient distingués par des actions d'éclat. En France, longtemps avant la révolution de 1789, des récompenses du même genre avaient été accordées. On citait le régiment Dauphin, infanterie, qui, jusqu'en 1789 avait joui du droit de faire porter des fourches de fer aux sergents de grenadiers, en mémoire de quelque action brillante que la compagnie des grenadiers avait exécutée avec des fourches. Au commencement de cette même révolution, des *armes d'honneur* furent accordées aux militaires : c'étaient, pour les sous-officiers et soldats, des fusils; pour les officiers, des sabres; pour les cavaliers, des mousquetons. Un arrêté du 4 nivôse an VIII fit revivre ces distinctions qui toujours étaient accompagnées d'une haute paye. La distribution des armes d'honneur ne cessa qu'à la création de la Légion d'honneur où entrèrent de droit tous ceux qui avaient reçu des armes, savoir : les officiers comme officiers; les sous-officiers et soldats comme simples légionnaires (*V.* LÉGION D'HONNEUR).

ARMES PROHIBÉES (*V.* PORT-D'ARMES).

ARMES ASSOMPTIVES. En Angleterre, un homme non noble qui faisait prisonnier à la guerre un noble, un pair ou un prince, avait le droit de porter les armes de son prisonnier, et de les transmettre à ses descendants. Cet usage, qu'on désignait par les mots d'*armes assomptives*, était fondé sur le principe que le domaine des choses prises sur l'ennemi passe au capteur ou vainqueur. — Quand un militaire, autrefois en France, avait commis un crime ou un délit grave, on le condamnait à *mettre bas ses armes*. C'était une sorte de dégradation introduite par Henri Ier, et dont la trace se retrouvait dans la peine de *dégradation de la noblesse*, laquelle consistait à faire briser par la main du bourreau les armoiries du coupable. — Autrefois, quand deux nobles ou deux chevaliers voulaient contracter une alliance, ou s'unir par l'amitié ou la fraternité d'armes (*V.* FRATERNITÉ D'ARMES), ils échangeaient leurs épées et leurs armures. Cet usage remonte aux plus anciens temps. On lit, dans l'*Iliade*, que Glaucus et Diomède, après avoir combattu l'un contre l'autre, le premier comme allié de Priam, le second comme chef ou prince des Thraces, se jurèrent amitié et qu'ils firent l'échange de leurs armes, ce qui donna même lieu au proverbe : « *Faire le troc de Diomède et de Glaucus*, pour dire faire un mauvais marché. La cuirasse de Glaucus était d'or, celle de Diomède, d'airain.

ARMÉ (*t. de blas.*), se dit du lion, du léopard et des autres animaux qui ont des ongles ou griffes, lorsque ces ongles sont d'un émail différent de celui de leur corps; dans le même cas, le même mot se dit des oiseaux de proie. — En *terme de marine*, on dit d'un vaisseau qu'il est *armé en guerre* quand il est équipé pour attaquer l'ennemi; *armé moitié en marchandises*, lorsque, outre l'équipage, il a des soldats et des munitions. Pour armer un vaisseau en guerre, il fallait autrefois une autorisation de l'amirauté; il la faut aujourd'hui du gouvernement (*V.* ARMATEUR et COURSE [armé en]).

ARMES (*hist. nat.*). On désigne par le nom générique d'*armes* tous les moyens d'agression et de défense que la nature a donnés aux animaux, lorsque ces moyens résident dans quelque organe extérieur, apparent, et d'une forme particulière; car les moyens qui consistent en ruse, en finesse, en stratagèmes, ne sont pas plus des armes que le courage, le sang-froid, l'intrépidité ne sont des armes pour le soldat, quoique ces qualités secondent merveilleusement l'emploi qu'il fait de ses armes. Les animaux semblent avoir été destinés à se servir mutuellement de pâture, car beaucoup d'entre eux ne vivent qu'aux dépens des autres; mais si tous les moyens d'attaque avaient été donnés aux uns, sans que les plus faibles eussent eu des armes défensives, la destruction serait devenue trop prompte, et beaucoup d'espèces auraient pu être anéanties; il fallait donc que, par un juste équilibre entre l'attaque et la défense, il fût pourvu à la conservation des espèces. — Les armes des animaux ont reçu des noms qui indiquent à peu près leur forme: *espadon, croc, scie, pince, éperon*, etc., quand elles sont purement offensives; *carapace, corselet, cuirasse*, etc, lorsqu'elles ne servent qu'à la défense. — De toutes les armes des animaux, les plus nombreuses et en même temps les plus variées par la forme, sont celles qui résident à la surface de la peau ou à l'extrémité des membres: telles sont les piquants, les cornes, les griffes, les serres, les ergots (*V.* tous ces mots); et dans la classe des armes défensives, les écailles des poissons, les cuirasses, les épines en forme de scie ou de rayons, la dureté et la ténacité de la peau. On peut ranger dans cette classe les sécrétions fétides qui s'exhalent du corps de certains animaux quand leur instinct leur avertit de la présence d'un danger. La plupart des autres armes des animaux appartiennent à leur bouche: ce sont les dents, comme dans les animaux carnassiers, les défenses, comme chez les sangliers et les éléphants; les crochets des serpents, les aiguillons des taons, les becs des oiseaux. Les femelles des hyménoptères ont leurs aiguillons annexés aux organes génitaux. L'appareil électrique des silures, torpilles, etc., quoique situé intérieurement, doit être rangé dans la classe des armes, parce qu'il agit à l'extérieur, soit dans l'attaque, soit à la défense.

ARMÉE. Nom collectif par lequel on désigne un grand nombre de troupes de toute arme, réunies en un seul corps sous les ordres d'un général en chef, soit pour la défense du pays contre l'ennemi, soit pour agir offensivement contre lui. Si le mot *armée* est employé dans un sens absolu, comme quand on dit l'armée, la magistrature, l'administration, il s'entend de tous les individus qui font partie des forces militaires d'un État. Il faut donc distinguer entre l'armée et une armée; car en disant *l'armée*, on parle de la classe militaire tout entière, au lieu qu'en disant *une armée*, on donne clairement à entendre qu'il n'est question que d'un corps de troupes employé pour une opération déterminée. — Ce mot est moderne, et ce n'est guère que depuis Louis XIV qu'on l'emploie. On se servit jadis du mot *bataille*; plus tard on lui substitua le mot *host*. La *milice* répondait à l'*armée*. Quelquefois, au lieu de milice, on disait *exercite*, mot purement latin. De nos jours, on a donné à l'armée les noms de *force armée* et de *force publique*, noms qui nous semblent expliquer assez mal ce qu'il faut entendre par *armée*. Quelques écrivains sont entrés en de longues discussions pour déterminer le sens du mot; nous ne les imiterons pas, et nous nous bornerons à maintenir notre définition, qui, nous le croyons, sera comprise de tout le monde. — L'armée, chez les Indous, chez les Égyptiens, chez la plupart des peuples anciens, se formait de toute une caste, vouée par la naissance au service militaire, comme il y avait une caste sacerdotale. — Chez les Grecs, elle se composait de tous les hommes libres, qui au premier appel des magistrats étaient tenus de se présenter sous les drapeaux, depuis l'âge de dix-huit ans jusqu'à celui de soixante. Les Athéniens pouvaient à quarante ans se dispenser de prendre les armes, hors le cas d'un danger imminent. Les soldats devaient dans les premiers temps s'entretenir à leurs frais: ce fut Périclès qui, pour s'attacher le peuple, introduisit la coutume de payer l'armée (*V.* PAYE, SOLDE, PRÊT). Il l'avait probablement empruntée aux peuples qui prenaient des troupes étrangères à leur solde, et ces troupes étaient principalement fournies par les Cariens, qu'à cause de cet usage les autres Grecs tenaient pour infâmes. L'armée se composait d'*oplites* ou infanterie pesamment armée, de *psiles* ou troupes légères, et de *peltastes*, qui tenaient le milieu entre les psiles et les oplites. Le reste de l'armée consistait en cavalerie et en chars de guerre; chaque soldat portait ses provisions dans un panier qui s'appelait *gylium*. L'armée, réunie sous les armes, était désignée par le nom de *strateia*; elle se divisait en *tétraphalangarchies* de seize mille trois cent quatre-vingt-quatre hommes chacune. Chaque tétraphalangarchie comprenait deux *diphalangies*, ou quatre *phalangarchies*. Les divisions ou corps d'armée des Spartiates portaient le nom de *mora*. Chaque mora avait de quatre à neuf cents hommes. — Dans les premiers temps de la république romaine, tout citoyen libre était soldat, ou pouvait être appelé sous les drapeaux depuis l'âge de seize ans jusqu'à quarante-six. Vingt ans de service dans l'infanterie, dix ans dans la cavalerie, procuraient l'exemption. Les *hastaires*, les *triaires*, les *princes*, les *vélites*, les *frondeurs* composaient l'infanterie de l'armée romaine. Deux corps différents formaient la cavalerie, qui fut pendant longtemps peu nombreuse et très-négligée (*V.* tous les mots ci-dessus). L'armée romaine ne se composa d'abord que de Romains; à mesure que Rome étendit ses conquêtes, elle admit les peuples soumis dans ses légions, sous le titre d'*auxiliaires* (*V.* LÉGION). Marius y fit entrer les esclaves qui avant lui en étaient bannis. — Les Hébreux n'eurent guère d'armée régulière que sous le règne de Salomon; jusque là ils n'avaient eu que des hommes levés à la hâte, sans cavalerie. Salomon fut le premier qui ajouta des cavaliers à son armée. — Autrefois en France, l'armée n'était qu'une milice composée des vassaux et des tenants des seigneurs (*V.* VASSAL, TENANT, SEIGNEUR, MILICE, etc.). Quand une compagnie avait servi le temps réglé par la coutume du fief, elle était licenciée. Pepin et Charlemagne avaient introduit la cavalerie dans leur milice. Au temps de la féodalité, les armées se composaient principalement de cavalerie. La France, au fond, n'a commencé d'avoir une armée proprement dite que lorsque Henri IV rendit permanente son infanterie (*V.* PERMANENTE [armée]). Louis XIV eut, de plus que son aïeul, une armée navale. — L'armée peut être divisée en active et en sédentaire. L'armée active comprend tous les corps armés soldés par l'État, qui, au premier signal donné, sont tenus de marcher à l'ennemi. L'armée sédentaire comprend tous les corps armés soldés ou non soldés qui, par leur organisation, sont destinés à séjourner dans l'intérieur, pour y maintenir l'ordre ou pour prêter leurs services à l'administration civile ou judiciaire. La garde nationale, la gendarmerie appartiennent à l'armée sédentaire; mais en cas de nécessité, tous les corps de l'armée sédentaire peuvent être requis d'un service actif. — Nous ne saurions entrer ici dans aucun détail relatif à la composition, à la marche, aux manœuvres, aux fonctions des armées: dans une matière sur laquelle on pourrait aisément écrire des volumes, nous devons nous restreindre à des notions très-succinctes; et renvoyer nos lecteurs aux mots STRATÉGIE, TACTIQUE, RECRUTEMENT, CONSCRIPTION MILITAIRE, etc.

ARMÉE NAVALE. On désigne par ce nom un grand nombre de vaisseaux de guerre, au nombre de quinze à vingt-sept, suivant les tacticiens, qui prétendent qu'avec ce dernier nombre on peut exécuter toutes les manœuvres; ce qui n'empêche pas que l'armée navale ne puisse se composer d'un plus grand nombre de vaisseaux, car, en 1690, l'armée navale commandée par M. de Tourville comptait cent seize voiles, dont soixante-dix étaient des vaisseaux de ligne; et en 1704, le comte de Toulouse commandait une armée de cinquante vaisseaux de cinquante-quatre à cent quatre canons, de plusieurs frégates, de vingt-quatre galères, de brûlots et de bâtiments de transport. Au-dessous de quinze vaisseaux on se sert du mot *escadre*. — L'armée navale se divise d'ordinaire en trois escadres, et chaque escadre en trois divisions. Avant la révolution, les escadres se distinguaient par les noms d'*escadre blanche*, d'*escadre bleue* et d'*escadre bleue et blanche*. La première était toujours sous les ordres immédiats de l'amiral ou vice-amiral commandant l'armée. Chaque vaisseau portait des flammes de la couleur de l'escadre à laquelle il appartenait (*V.* TACTIQUE NAVALE, ESCADRE, FLOTTE).

ARMÉE COMBINÉE, nom d'une armée qui se compose de la réunion des troupes fournies par plusieurs puissances, alliées contre un ennemi commun. L'armée qui envahit la France en 1814 et 1815 était une armée combinée. — On appelle *armée d'observation*, celle qui doit protéger le siège d'une place ou la frontière du pays; *armée de secours*, celle qui doit faire entrer des vivres ou des soldats dans une place assiégée, ou faire lever le siège; *armée de réserve*, celle qui se porte vers le théâtre de la guerre pour renforcer l'armée ou le corps d'armée qui se trouve déjà en face de l'ennemi, suivant que les circonstances l'exigent, et qui, par ses opérations, peut déterminer le succès d'une campagne. L'armée de réserve se compose quelquefois de milices, de troupes de dépôts, de recrues, de ce qu'on appelle l'*arrière-ban*; mais quelquefois aussi elle se forme de troupes d'élite. L'armée *à deux fronts* est celle dont les troupes font face à la tête et à la queue. Dans les guerres de l'empire, on désignait par le nom de grande armée celle qui était commandée par Napoléon.

ARMELLE (*V.* NÉANT [Armelle]).

ARMELLINI, bénédictin du Mont-Cassin, né à Rome vers l'an 1660, mort en 1737, dans sa soixante-dix-septième année. Après avoir étudié la langue grecque au monastère du Mont-Cassin, il professa la philosophie à Florence, montra du talent pour la prédication, et fut successivement abbé à Sienne, à Assise et à Foligno. On a de lui divers ouvrages qui ne sont guère relatifs qu'aux religieux de son ordre : *Bibliotheca benedicto-cassinensis*; Assise, 1731-32, deux parties in-folio. C'est un vaste recueil de notices sur les ouvrages et la vie de tous les membres de la congrégation de Saint-Benoît (Mont-Cassin ou Sainte-Justine de Padoue) qui se sont le plus distingués. Armellini donna successivement plusieurs continuations de cet ouvrage, sous le titre de *Catalogues des moines, évêques*, etc.; *Continuation des catalogues*, etc.; *Addition et corrections de la bibliothèque*, etc.; ce qui compose plusieurs tomes in-folio.

ARMELLINO (FRANÇOIS), natif de Pérouse, créé cardinal en 1517, par Léon X, qui lui donna le gouvernement de la Marche d'Ancône et l'intendance des finances. Il ne conserva pas sa faveur sous Adrien VI, qui lui reprochait d'avoir surchargé le peuple d'impôts; mais Clément VII le rappela auprès de lui et lui donna l'archevêché de Tarente, avec plusieurs bénéfices. Il se trouvait avec ce pape dans le château Saint-Ange, lorsque ce dernier y était assiégé par les troupes impériales, en 1527; et l'on dit qu'il mourut de chagrin d'avoir perdu, à la prise de Rome, le riche mobilier qu'il possédait.

ARMEMENT, action d'armer les troupes et de les pourvoir de munitions et de vivres pour les rendre disponibles pour quelque opération. L'armement demande plus ou moins de temps, suivant les ressources du pays où il a lieu. En France, il est possible, en très-peu de temps, de lever et de réunir un nombre très-considérable de troupes, et d'approvisionner les places de guerre. En 1793 et 1794, la Convention nationale, malgré le peu de sympathie qu'elle trouvait dans certaines classes, avait réussi en quelques mois à mettre sur pied quatorze armées. — On comprend souvent sous le mot *armement* tout ce qui entre dans l'équipement d'un fantassin, d'un cavalier, d'un artilleur, etc., pour qu'il soit complètement armé. — L'armement des places consiste à garnir leurs remparts de bouches à feu, à les mettre en état de défense complète, et à les fournir de munitions et de vivres pour qu'elles puissent soutenir un siège. *Armer des batteries*, c'est y placer les canons ou mortiers nécessaires pour le service qu'on en attend, et en même temps un nombre d'hommes suffisant. — On entend par *armement maritime*, l'acte d'équiper des vaisseaux, d'y embarquer de l'artillerie, les munitions, des soldats, des vivres, de former des escadres, des flottes capables d'agir hostilement, ou de défendre l'approche des côtes. Ce mot, qui ne semble fait que pour désigner les vaisseaux de guerre, s'applique, par extension, aux simples bâtiments marchands uniquement destinés à faire le commerce. On dit qu'un marchand arme deux ou trois navires, quand il les met en état de tenir la mer, quoiqu'il n'y ait

pas un seul canon, ni souvent même un seul fusil. L'*armement* d'un vaisseau comprend généralement tout ce qui concerne la construction, les approvisionnements, les manœuvres, agrès, cordages, lest, etc. (*V.* tous ces mots), et généralement tout ce qui est nécessaire pour rendre la navigation prompte et facile. — Il y a deux sortes d'armement : *armement en guerre* et *armement en paix*. Nous avons parlé du premier. Dans le second, les vaisseaux ne conservent que la moitié de leur artillerie et de leur équipage, ou même beaucoup moins. *Armer en course*, c'est disposer des bâtiments de commerce en corsaires sous le pavillon national et avec l'autorisation du gouvernement : on sent qu'ici le nom de corsaire ne doit pas être confondu avec celui de pirate. *Armer en flûte*, c'est armer un vaisseau de guerre sur le pied de paix (*V.* CORSAIRE, COURSE, FLUTE [marine]).

ARMÉNIE, vaste contrée d'Asie située entre l'ancienne Assyrie, la Perse et la Syrie, désignée sous le nom d'*Arménie* par tous les écrivains anciens et modernes de l'Orient et de l'Occident, et nommée par les naturels *Haïasdan* ou *Haïagan* (pays des *Haïks*), parce que, suivant eux, leur premier roi portait le nom de *Haïg*. Les Arméniens donnent encore à leur pays le nom d'*Askanazean*, du nom du patriarche *Askenez*, fils aîné de Gomer, fils de Japhet, ou celui de *Maison de Thorgom*; Thorgom était aussi fils de Gomer, ou son petit-fils. Quant au nom d'*Arménie*, il est à présumer qu'il vient du mot *Aram*, par lequel la Syrie et la Mésopotamie sont désignées dans l'Écriture. Dès le Ve siècle, les Grecs-Romains appliquaient le même nom à l'Arménie actuelle et à la partie est de la Cappadoce. L'Arménie s'étend sur une longueur d'environ 280 lieues du nord au sud, depuis la Géorgie jusqu'au Diarbékir, et sur une largeur à peu près égale, de l'est à l'ouest, depuis l'Euphrate jusqu'à la mer Caspienne. Les divisions territoriales de l'Arménie ont souvent varié. Elles consistent d'abord en quatre grandes provinces, qu'on distinguait par le nom de *première, seconde, troisième et quatrième Arménie*. Les Grecs et les Romains les réduisirent à deux, sous le nom de *Grande* et *Petite Arménie*, la grande entre la mer Caspienne et l'Euphrate, la petite à l'occident : celle-ci divisée en première, seconde et troisième. Les naturels avaient adopté la division en quinze provinces. L'Arménie fut longtemps occupée par les Persans, les Turcs et les Russes; mais les premiers et les seconds, dépossédés en grande partie par les Russes, n'ont guère conservé que quelques districts. La paix d'Andrinople, et le traité de 1827 avec la Perse, ont ratifié la conquête, et l'Arménie, reprenant son nom, a été transformée en province russe par un ukase du 21 mars 1828. Plusieurs cheiks kurdes en possèdent aussi de petites parties, où ils se maintiennent dans l'indépendance. — L'aspect du pays est très-varié : tantôt ce sont de vastes et fertiles plaines, tantôt des montagnes arides, coupées de précipices, tantôt de riantes vallées où la nature se montre prodigue. C'est dans l'Arménie que beaucoup d'anciens écrivains placent le jardin d'Éden, qu'arrosaient l'Euphrate et le Tigre; c'est dans la plaine qui entoure le mont Ararat qu'une autre tradition fait planter la vigne par Noé. Les habitants d'Érivan ont même entouré de murailles, à quelque distance de leur ville, un petit terrain qu'ils nomment l'*enclos de Noé*, et qu'ils s'empressent de montrer aux voyageurs. Le pays produit des grains, dont un vin qui seraient bons s'ils étaient bien fabriqués, et surtout des fruits délicieux vantés par Diodore de Sicile. On y trouve aussi des mines d'argent et de cuivre. — La province russe est séparée de la Géorgie par une chaîne de hautes montagnes, et des États turcs par le cours de l'Araxe; elle s'étend du 61° au 64° de longitude E., et du 39° au 42° de latitude. Un grand lac, ceint de hautes montagnes, occupe le centre du pays, et porte le nom de *Goktcha*. Les habitants s'occupent principalement d'élever des bestiaux; ils ont aussi quelques tanneries et des filatures de soie et de coton. La population de l'Arménie se compose de Seljoukides, d'Arméniens proprement dits, de Persans, de Kurdes, de Kasaks et même de bohémiens : les uns sont chrétiens, les autres mahométans sonnites ou schiites. Érivan, capitale de la contrée, ne compte guère que 14,000 habitants; le patriarche ou katholikos réside au monastère d'Echmiadzine, non loin du mont Ararat, qui, suivant les voyageurs russes, s'élève à 2,700 toises au-dessus du niveau de la mer. — L'Arménie a été si souvent en proie à des révolutions politiques, que le nom de capitale n'a pas toujours appartenu à la ville d'Érivan; celle d'Ani jouissait de ce titre lorsqu'elle fut prise d'assaut par le Seljoukide Alp-Arslan en 1064, et renversée par un tremblement de terre en 1319. Les villes les plus considérables, sont, Erzéroum, l'ancienne Théodosiopolis; Van, sur les bords du lac qui porte le même nom (c'est le même que celui de Goktcha), et dans l'enceinte de laquelle on voit les ruines de grandes constructions attribuées à Sémiramis, les vastes souterrains qui en dépendent, et les inscriptions cunéiformes relevées par le voyageur Schulz (*V*. ÉRIVAN, ERZEROUM, VAN, BAYAZID). — L'esprit mercantile et aventureux des Arméniens en pousse un grand nombre hors de leur pays; on en trouve en Asie, en Afrique, en Europe. Les Kurdes, qui habitent toute la partie méridionale, mènent la vie nomade et ne se font pas scrupule de dépouiller les voyageurs.

ARMÉNIE (*hist. religieuse*). La nation arménienne passa toujours pour religieuse; mais, de même que la nation juive, elle offre le phénomène d'un peuple en contact continuel avec d'autres peuples, et néanmoins demeurant au milieu d'eux tout à fait isolée par ses mœurs et ses habitudes. Haïg, le premier prince dont les annales arméniennes citent le nom, vint de la Babylonie vers l'an 2200 avant J. C.; il fut à la fois pontife et souverain. Ce fut l'âge d'or de l'Arménie; mais ce temps n'eut pas de durée. Les rois d'Assyrie firent la conquête de l'Arménie sous les descendants d'Haïg, et ils imposèrent le sabéisme aux habitants à la place de leur antique croyance. Après la chute de Ninive et de Babylone, les Arméniens recouvrèrent l'indépendance politique; mais sous le rapport religieux, ils se laissèrent entraîner par le mouvement qu'imprimèrent aux esprits les doctrines du second Zoroastre; le culte du feu prit la place du sabéisme pur. Le sensualisme des Grecs, importé dans l'Arménie par l'armée d'Alexandre, y fit peu de progrès; mais à l'époque où le christianisme apparut sur la terre, cette belle contrée, démembrée par les Romains, dévastée par les Parthes, allait cesser peut-être d'avoir une existence particulière, si le christianisme, renversant à jamais l'idolâtrie sabéenne et repoussant les envahissements du magisme, n'eût heureusement changé la position sociale de l'Arménie. Obligée de défendre la foi nouvelle contre l'intolérance des sectateurs de Zoroastre, elle revendiqua son ancienne indépendance : la religion produisit pour elle la liberté. Avec le christianisme, le goût de la science et des lettres se réveilla, et le pays régénéré se couvrit d'écoles. — Ce fut à saint Grégoire que l'Arménie fut redevable des lumières de l'Évangile. Il naquit en 240, et il était issu de la famille des Arsacides. Il avait été jeté dans une prison; mais lorsque les Sassanides qui avaient conquis l'Arménie eurent été expulsés par Tiridate, que les Arméniens appellent *le Grand*, et que l'ancienne dynastie eut été ainsi rétablie, saint Grégoire convertit ce prince à la foi chrétienne, et la plus grande partie de la nation suivit l'exemple du souverain. C'est par ce saint personnage que s'est ouverte la longue série des patriarches qui se sont succédé sans interruption jusqu'à notre temps. Vainement les rois de Perse s'érigèrent en persécuteurs; le sang des martyrs féconda le sol arménien et le christianisme y jeta de profondes racines. — Mais qui ne sait que l'hérésie infesta de ses doctrines l'Église d'Orient? La foi religieuse, si pure dans son principe, s'altéra, se décomposa quand le rationalisme des Grecs envahit l'Arménie. Le symbole de Nicée avait été adopté par les évêques arméniens, et l'arianisme définitivement condamné; mais l'hérésiarque Nestorius suscita de nouvelles querelles : il reconnaissait avec l'Église deux natures en Jésus-Christ; mais, de la dualité des natures il concluait à la dualité des personnes. Un autre hérésiarque, Eutychès, se déclara l'adversaire de Nestorius; mais en soutenant l'unité des personnes il en vint à soutenir l'unité de nature; et les Arméniens, qui avaient résisté aux doctrines de Nestorius, adoptèrent celles d'Eutychès, et sous le nom de *monophysites*, devinrent les défenseurs de l'unité de nature. Le concile de Chalcédoine condamna Eutychès, mais ses partisans, réunis à ceux de Dioscore, prétendirent que le concile avait admis la dualité des personnes en Jésus-Christ, et renouvelé les erreurs des nestoriens. L'an 596 le patriarche Abraham réunit les évêques de l'Arménie à Tovin, et les doctrines du concile œcuménique de Chalcédoine furent proscrites et rejetées. Ainsi les Arméniens, qui s'étaient déjà séparés des Syriens et des Grecs, qu'ils haïssaient également, restèrent volontairement attachés à leurs erreurs, et furent retranchés de la communion de l'Église d'Occident. Comme s'ils avaient cherché à se renfermer dans leur propre individualité, ils se donnèrent une ère particulière, dont le patriarche Moïse fixa l'ouverture à l'an 551. Ils ajoutèrent aussi à leur rituel le *trisagion*, hymne où ils prononçaient trois fois le nom de Dieu, en ajoutant au mot Dieu les mots suivants : *qui a été crucifié pour nous*. En omettant ainsi le nom du Christ, qui n'a pu souffrir que dans sa nature humaine, non dans sa nature divine, il était évident qu'ils n'admettaient qu'une seule nature et qu'ils retombaient dans l'erreur d'Eutychès. — Il est juste néanmoins de dire que tous les Arméniens n'embrassèrent pas l'hérésie, et que même beaucoup de ceux qui s'étaient laissé surprendre revinrent sur leurs pas; mais à commencer de l'époque où Jean, dit le *Philosophe*, devint patriarche, la foi des patriarches est plus que suspecte. — L'invasion des Arabes mit un terme aux querelles religieuses. Dans les premières années du XIIe siècle, le patriarche Nersès, dit le *Gracieux*, à cause de la pureté et de l'élégance de son style, assembla un synode dans l'intention de ramener la concorde dans l'Église. Ce synode, connu dans l'histoire ecclésiastique sous le nom de *synode de Tarse*, avait fait concevoir l'espérance d'un arrangement; mais le fanatisme de quelques prélats grecs le fit évanouir, et les deux Églises furent violemment séparées. Cependant Eugène IV tenta de nouveaux efforts pour en opérer la réunion : un concile fut convoqué à Florence; l'Arménie y envoya plusieurs représentants; mais malgré l'adhésion de ces derniers aux décisions du concile, on n'obtint aucun résultat; les mutations ou translations du siége patriarchal qui eurent lieu dans l'intervalle furent indirectement la cause de ce mauvais succès; et lorsque Mahomet II, après la prise de Constantinople, voulut établir dans cette ville une colonie arménienne, il lui donna un patriarche, ce qui produisit au bout de quelque temps, entre ce patriarche et ceux d'Eczmiadzin, de Sis et d'Aghtamar, un véritable schisme, et un conflit de juridiction dans lequel le premier, favorisé par le pouvoir, l'emporta toujours sur ses rivaux. — Cependant toutes les tentatives des novateurs, pour rompre sans retour avec l'Église arménienne, n'avaient pu triompher de l'attachement du parti catholique à la religion de ses pères. Ce parti formait la portion la plus intelligente et la plus éclairée de la nation : c'étaient les hommes qui lui appartenaient qui recevaient les missionnaires latins, et travaillaient sans se rebuter au rapprochement de l'Église dissidente, malgré le reproche qu'on leur adressait de vouloir anéantir l'Église nationale en la soumettant à un chef étranger. — Ce ne fut qu'au commencement du XVIIIe siècle que les Arméniens montrèrent un désir sincère de rentrer dans le sein de l'Église romaine. Le fondateur fameux de l'ordre de Saint-Lazare à Venise, Mochitar, conçut le projet d'apporter aux maux de sa patrie un remède efficace; il pensa que ce remède ne pouvait venir que de la diffusion des lumières. Il institua donc une société dont les membres iraient porter aux Arméniens le bienfait de la civilisation et de l'instruction religieuse. Ils n'ont pas trompé l'espérance du fondateur : par leur persévérance, autant que par leurs talents, ils ont exercé sur les esprits une influence salutaire, et, surmontant tous les obstacles, soutenus d'ailleurs par la diplomatie et par la noble intervention de la France, ils ont obtenu pour les catholiques une liberté pleine et entière. Depuis 1828 ils relèvent d'un patriarche nommé par le souverain pontife. On peut espérer aujourd'hui que l'esprit de paix, d'union et de charité qui distingue si éminemment le catholicisme, en s'étendant peu à peu sur l'Arménie, finira par guérir et cicatriser les maux résultant d'une anarchie religieuse qui s'était prolongée pendant douze siècles.

ARMÉNIE (*hist. polit.*). L'histoire d'un peuple est à peu de chose près comme celle d'un homme. Rarement l'homme apporte à l'âge mûr des souvenirs de l'enfance : un peuple naissant, c'est l'enfant au berceau; il a oublié ses commencements longtemps avant d'arriver au terme de sa carrière. Les anciennes annales arméniennes offrent une longue liste de rois qui se succèdent sans interruption jusqu'à l'arrivée d'Alexandre; mais ce ne sont que d'arides nomenclatures qui ne sont fondées sur aucun monument. Tout ce qu'on peut dire, c'est qu'Eusèbe, qui n'a fait que copier Abydène, se trouve presque toujours d'accord avec le grand annaliste de l'Arménie, Moïse de Khorène, pour tout ce qui concerne les temps où s'étendit; et il faut répéter que c'est à des dates et à des noms que se réduit toute l'histoire arménienne dans ses commencements. — *Ara*, surnommé *le Beau*, septième successeur d'Haïg, ayant été renversé du trône par les Assyriens, l'Arménie devint une province du royaume de Babylone, ce qui dura jusqu'à la mort de Sardanapale. Le roi Baroïr, profitant des troubles causés par l'invasion des Perses, secoua le joug des Assyriens (748 ans avant J. C.). Ses successeurs devinrent les alliés de Cyrus, et ils conservèrent le trône jusqu'au temps d'Alexandre. L'Arménie eut des gouverneurs macédoniens : ce fut Artaxig (Arshàg), qui , relevant le courage des Arméniens, leur fit prendre les armes, chassa les Grecs et transmit sa couronne à ses descendants. Ceux-ci ne la conservèrent pas longtemps , car bientôt après (149 ans avant J. C.), on voit le sceptre aux mains de Vagharchag , fondateur de la dynastie arsacide. Ses successeurs acquirent beaucoup de puissance : le fameux Tigrane II , l'un d'eux, lutta pendant longtemps contre la puissance romaine; mais à la fin, vaincu par Pompée, il fut contraint de céder aux Romains une partie de ses Etats pour conserver l'autre (63 ans avant J. C.). Après Tigrane et son fils, l'Arménie devint une province romaine; mais, en affaiblissant par degrés l'autorité royale, les vainqueurs avaient laissé aux grands du royaume les moyens de former plusieurs Etats indépendants, unis toutefois par un intérêt commun contre l'ennemi de leur pays. Les Romains sentirent qu'ils avaient commis une grande imprudence en abattant le trône : en effet, il leur était plus facile de subjuguer un roi faible qu'une puissante aristocratie. Les Arsacides reprirent le pouvoir : mais leur possession fut loin d'être paisible, et durant deux siècles entiers, pressés entre les Romains et les Parthes, ils se virent constamment forcés de vivre sous le patronage des uns ou des autres, pour conserver une ombre de pouvoir. En 232, Ardeschir, premier roi de Perse de la dynastie de Sassan, conquit l'Arménie et fit périr tous les Arsacides, à l'exception de Tiridate, qui parvint à se sauver, et qui, soutenu par les Romains, chassa les Persans et releva le trône de ses pères. — Les choses en étaient à ce point lorsque, vers la fin du IIIe siècle, saint Grégoire vint prêcher l'Évangile aux Arméniens. Près de deux siècles s'écoulèrent, et pendant tout ce temps l'Arménie fut en proie à des troubles de toute sorte. En 387, Théodose le Grand partagea ce pays avec le roi de Perse, afin de les mieux subjuguer, et ces deux princes firent régir les provinces ainsi démembrées par des gouverneurs des frontières, dont l'administration se prolongea jusqu'au renversement définitif des Arsacides par les armes du roi de Perse (428). Le retour de la domination sassanide fut fatal aux Arméniens; mais les Sassanides tombèrent à leur tour. Pour éviter le joug des musulmans, les Arméniens (632) se soumirent aux empereurs grecs; toutefois ceux-ci s'occupèrent fort peu de les défendre, et les Arabes eurent peu de peine à se rendre maîtres de tout le pays. A la fin du IXe siècle, le courageux Achod, de l'illustre famille des Pagratides, restaura le trône d'Arménie, mais son autorité ne s'étendit pas sur toute la contrée; d'autres princes en possédèrent quelques parties. Cette division de la souveraineté, diminuant nécessairement la force de la nation, les Turcs seljoukides n'éprouvèrent qu'une médiocre résistance quand ils cherchèrent à s'emparer du pays. Bientôt de nouveaux ennemis parurent : c'étaient les Mongols. Ils couvrirent le sol de ruines, qu'ils arrosèrent du sang des habitants. En 1080, un rejeton de la race royale d'Achod, Rhoupen, fonda une petite principauté dans les gorges du Taurus, et cette principauté dura quatre siècles. Les successeurs de Rhoupen accueillirent avec joie les croisés francs, et ils unirent leurs armes à celles de ces étrangers contre les mahométans. En 1342, à la mort de Léon V, les Arméniens offrirent la couronne à Jean de Lusignan , neveu du roi de Chypre : le nouveau souverain prit le nom de Constantin III. Léon VI, qui lui succéda, était aussi de la famille de Lusignan. Vaincu et fait prisonnier par le sultan d'Égypte, Léon VI passa six ans dans la captivité. Le roi de Castille Jean Ier obtint sa liberté. Le prince détrôné se rendit à Paris, où il mourut le 19 novembre 1391. — Depuis cette époque, l'Arménie a été possédée par les Turcs, par les Persans, per les Kurdes. Son terroir a été divisé, subdivisé, dévasté; les Russes en sont venus d'abord réclamer une portion, ensuite ils en ont exigé l'abandon total, et, comme nous l'avons déjà dit, ils ont obtenu à peu de chose près ce qu'ils demandaient.

ARMÉNIE (langue et littérature). Les Arméniens prétendent que leur langue est celle que parlait Noé; quelques philologues modernes ont appuyé cette prétention par leurs raisonnements. Nous pensons que l'arménien appartient à la famille des langues indo-germaniques, dont la source est au pieds de l'Himmalaïa, sur les bords du Gange, car c'est de ce point que les peuples nombreux qui parlent les idiomes dérivés de cette langue-mère se sont avancés, en remontant vers le nord et l'occident , jusque dans les plaines de la Germanie; c'est la conséquence pour ainsi dire forcée de l'analyse de ces langues. La grammaire arménienne repose sur les mêmes bases que la grammaire grecque et, de même que

celle-ci, elle a des rapports frappants avec la grammaire sanscrite, qui offre le tableau des déclinaisons semblable aux déclinaisons arméniennes, la même coïncidence du cas instrumental, le même système numérique des noms de nombre, dont plusieurs sont identiques tant pour le son que pour la manière de les écrire. De plus , le sanscrit, le grec, le persan et l'arménien ont un assez grand nombre de mots communs , mots qui certainement ont existé de tout temps dans ces quatre idiomes; car ils expriment des objets de première nécessité, tant au moral qu'au physique , et les mots de cette sorte sont toujours les premiers qui sont entrés dans une langue quelconque. On peut ajouter que la construction de l'arménien a tant de ressemblance avec celle de la langue grecque, que pour traduire du grec en arménien, il ne faut pour ainsi dire que calquer des mots arméniens sur les mots grecs, en laissant subsister l'ordre dans lequel ils sont placés. — La langue arménienne, au reste, est dure et surchargée de consonnes; et outre ses racines indo-germaniques, elle a des rapports surprenants avec les langues de l'Asie septentrionale. — L'ancien arménien ne se trouve plus que dans les livres ; l'arménien moderne n'a ni le même genre de construction ni la même acception des mots. Il est d'ailleurs mêlé de tant de mots turcs ou persans, qu'il forme une langue toute différente. — Quant à la littérature arménienne, elle ne consiste guère qu'en ouvrages qui appartiennent à l'Arménie chrétienne. Afin de préserver de l'idolâtrie et du magisme les nouveaux convertis, des hommes d'un zèle ardent et trop peu réfléchi détruisirent tous les monuments poétiques et historiques dont parlent les anciens historiens. Il faut aussi convenir qu'avant l'introduction du christianisme la culture de l'intelligence était fort peu avancée en Arménie; car il est à présumer que si le pays avait possédé quelque production remarquable, fruit d'un grand talent, il l'aurait conservé avec soin. L'alphabet ne parut que vers le milieu du Ve siècle, inventé ou plutôt imité par Mesrob. Au fond, l'esprit littéraire de ce peuple a toujours eu une direction exclusive vers les sciences théologiques. S'il y avait eu quelque autre tendance, il en serait resté des traces dans la littérature. Peut-on croire que tous les écrivains auraient renoncé simultanément aux souvenirs d'un genre cultivé par leurs pères? Si, dans les premiers siècles, ils étaient entrés dans les discussions philosophiques ou scientifiques, le siècle présent serait-il entièrement privé de tout monument littéraire capable de peindre les temps passés? Les querelles religieuses qui ont troublé si longtemps l'Arménie, ne sont-elles pas nées, du moins en partie, de cette tendance exclusive vers les discussions théologiques? La littérature arménienne présente à l'observateur trois époques principales où elle se montre avec des traits plus prononcés, le Ve, le XIIe et le XVIIIe siècles. De ces trois époques, la première est la plus importante. Ce fut en effet dans le Ve siècle, que saint Isaac et saint Mesrob travaillèrent avec leurs disciples à la traduction de la Bible, et la version arménienne passe généralement pour une des plus exactes et des plus élégantes; elle offre d'ailleurs l'avantage d'avoir été faite sur le texte grec des Septante, avant que l'Église eût adopté la Vulgate; il est encore à présumer que les traducteurs eurent sous les yeux les versions grecques qui avaient été faites pour l'usage des Églises de l'Orient. Ce ne fut pas à cette version que saint Mesrob borna sa sollicitude: il établit un grand nombre d'écoles. Après avoir en quelque sorte fixé la langue par sa traduction, il voulut répandre le goût des lettres et de l'instruction. On envoyait à Constantinople, à Athènes, à Alexandrie, les jeunes gens qui montraient les meilleures dispositions ou le plus d'aptitude Ce fait explique l'espèce de phénomène qui se remarque dans la marche de la littérature arménienne, entrant pour ainsi dire dans les voies de la littérature grecque. Faut-il décider que ce fut pour les Arméniens un avantage, que d'avoir marché sur les traces des Grecs, instituteurs de tous les peuples de l'Occident? Faut-il, au contraire, regretter pour eux qu'ils n'aient pas une littérature originale, native, indigène, servant à caractériser leur génie national, et portant avec elle le goût du terroir? — Moïse de Khorène suivit de près saint Mesrob : on lui doit les premiers documents historiques concernant sa nation. Il eut pour contemporains : 1° Elisée, auteur d'un Traité théologique sur les cultes païens, rempli de recherches précieuses; et d'une Histoire des guerres de l'Arménie contre la Perse, recommandable par la douceur et la simplicité correcte de son style; 2° David le philosophe, traducteur de plusieurs ouvrages d'Aristote. — Les trois siècles suivants ne produisirent que des livres de controverse et de polémique religieuse, les uns pour la défense des décisions du concile de Chalcédoine, les autres pour faire triompher l'hérésie. Le patriarche Jean VI, surnommé *l'Historien*, appartient à cette époque ; saint Grégoire de Narag est du Xᵉ siècle ; les Arméniens le placent à côté des plus grands poëtes lyriques. — Dans le XIIᵉ siècle, la science et les lettres se réfugièrent dans les couvents, en Arménie comme en Europe. Les monastères les plus célèbres furent ceux de Sanahim, de Hallak et de Sévan ; il en sortit un grand nombre d'écrivains, parmi lesquels se distingua l'évêque de Tarse, Nersès, qui ouvrit, par un discours pathétique et touchant, le synode qui prit le nom de *Tarse*, quoiqu'il se fût assemblé à Romela, en 1179. Depuis cette époque jusqu'à la fin du XVIIᵉ siècle, on ne voit plus d'écrivains distingués ; mais au commencement du XVIIIᵉ on trouve le célèbre Mechitar, fondateur révéré de Saint-Lazare de Venise. Tous les religieux de son ordre se sont livrés avec zèle aux travaux littéraires que réclamaient les circonstances : il fallait d'abord instruire la jeunesse et lui faire recevoir une éducation chrétienne ; il fallait ensuite la conduire dans les voies de la science, et ces religieux se sont fidèlement acquittés de cette double mission.

ARMÉNIE (*mœurs et coutumes*). Dans les temps anciens un grand nombre de juifs furent transportés en Arménie. On croit que la présence de ces étrangers a modifié, altéré le caractère de la race indigène. Beaucoup de traits de ressemblance entre la race arménienne et les races japhétiques des Grecs, des Perses et des Indous, ont fait penser, en effet, que les Arméniens avaient avec ces trois peuples une origine commune ; on voit pourtant dans leur physionomie des traits qui les assimilent aux peuples de race sémitique. — Partout où l'on aperçoit des Arméniens (et c'est dans toutes les grandes villes), on peut affirmer qu'ils y ont été conduits par la soif du gain, déguisée sous le nom de goût pour le commerce ; ce goût, ils l'ont en commun avec les juifs. Il en est de même du sentiment qui les porte à vouloir conserver leur *nationalité*, quoique, dispersés par tout l'univers, ils soient restés sans patrie. Au fond, quand ils ont pour concurrents les juifs, ceux-ci leur cèdent ordinairement la place, parce que tout en apportant aux affaires le même soin et le même zèle que les Hébreux y mettent, ils y ajoutent de la probité et de la bonne foi ; ce qui leur amène un grand nombre de clients, au préjudice de leurs rivaux. Les Arméniens sont bien faits, ont des traits fortement dessinés, des yeux noirs et brillants ; leurs femmes sont renommées dans l'Orient pour leur beauté. Elles jouissent d'assez de liberté ; mais les coutumes des Turcs sont obligatoires pour elles ; par tout l'empire, il faut qu'elles se soumettent aux règles de bienséance qui lient leur sexe : ainsi elles ne peuvent sortir que voilées et couvertes ; mais dans l'intérieur de leur maison, elles ne sont ni reléguées dans un harem, ni obligées de se tenir séparées des hommes ; ce qui ne les empêche pas d'être fort modestes et réservées. Les lois religieuses concernant le mariage sont d'une grande sévérité : la parenté jusqu'au septième degré, de même que l'affinité spirituelle, sont des empêchements dirimants. D'après l'usage de l'Orient, diamétralement opposé au nôtre, c'est le fiancé qui fournit un douaire à sa femme, car celle-ci n'apporte que ses vêtements, ses bijoux et l'ameublement de la chambre nuptiale. — Les Arméniens jeûnent souvent, et leurs jeûnes sont rigoureux : ils s'abstiennent de chair, de poisson, d'œufs, de beurre et de laitage, et ne font qu'un seul repas, après le coucher du soleil. Le vin et l'huile sont pareillement interdits par les anciens canons. Tous les mercredis et vendredis de l'année, depuis l'Ascension jusqu'au dimanche de Pâques, sont des jours de jeûne. Ils ont de plus dix semaines de jeûne, qu'ils appellent *jeûnes de pénitence*, à diverses époques de l'année. — Les églises de l'Arménie sont petites et simples, ne se distinguent des maisons que par une croix tracée sur la porte d'entrée. L'office divin se célèbre toujours avec beaucoup de solennité : la richesse des vêtements sacerdotaux, la tiare dont le célébrant couvre sa tête, le rideau qui cache aux yeux des assistants la consommation du mystère, l'ordre dans lequel sont rangés les acolytes, le silence qu'ils gardent, leurs chants mesurés, les prières du rituel, tout concourt à rendre la cérémonie imposante et respectable. — La liturgie est fort ancienne ; on la fait remonter jusqu'à Mesrob, ce même saint qui inventa l'alphabet vers le milieu du Vᵉ siècle. Le pain destiné au sacrifice de la messe est préparé la veille par un diacre ; il est sans levain, comme chez les maronites ; ils ne mettent point d'eau dans le calice, ils n'y reçoivent que du vin, le mélange du vin et de l'eau servant, selon eux, à exprimer les deux natures ; Jésus-Christ,

d'ailleurs, ne s'étant servi que de vin au jour de la Cène, que représente la messe. — L'ère nationale des Arméniens a été fixée à l'an 552 de J. C., à l'époque où la scission s'annonça. L'année ecclésiastique commence chez eux le 11 août, et se termine le 7 juillet. — Le baptême se fait par immersion : on tient la tête de l'enfant tournée vers l'Occident, les yeux vers le ciel ; l'immersion a lieu trois fois de suite, afin, dit la rubrique, de rappeler que J. C. resta enseveli trois jours. — Quant au sacrement de l'extrême-onction, ou on le regarde comme inutile, ou on le néglige ; ou on n'attache aucune idée bien saine à cette cérémonie, qui n'a lieu que pour certaines personnes (les prêtres par exemple), et après que le malade a rendu le dernier soupir. — Le clergé arménien reconnaît pour chef le katholikos ou patriarche, dont l'élection a lieu par le suffrage universel. Quand le siége est vacant, le corps entier du clergé nomme trois vartabieds qui remplissent les mêmes fonctions que les cardinaux dans l'Église romaine. Quant aux *vartabieds* ou docteurs, ce sont les évêques qui les nomment. Il y a deux classes de vartabieds : ceux de la première classe portent à la main un bâton en forme de caducée, avec deux serpents entortillés ; ceux de la seconde classe ont aussi un caducée, mais avec un seul serpent. Ces bâtons, d'un bois précieux, sont enrichis de perles et travaillés avec soin. Pour qu'un homme puisse être vartabied, il doit passer par quatorze degrés d'ordres mineurs et majeurs. Le célibat n'est obligatoire pour les prêtres que lorsqu'ils ont déjà reçu les ordres majeurs ; car un homme légitimement marié peut devenir prêtre et docteur, et user de ses droits d'époux ; celui qui n'a reçu que les ordres mineurs peut aussi prendre une femme. Les membres des ordres monastiques sont dans tous les cas obligés par la loi du célibat. Le prêtre marié ne peut être élevé à l'épiscopat que dans le cas où il vient à perdre sa femme. Tout ce que nous venons de dire sur le clergé arménien ne s'applique qu'aux seuls schismatiques, car le clergé arménien catholique n'a pas d'autres règles que celles du clergé romain.

ARMER (*arts et mét.*). Dans les fabriques de soieries, *armer un métier*, c'est quand la chaîne est passée à travers le remisse, qu'elle est tirante, et qu'on veut la faire mouvoir pour former le corps de l'étoffe, attacher des ficelles aux lisserons par de longues boucles, enfiler les marches et les ajuster pour faire lever ou baisser les lisses, et partager la chaîne, afin que l'ouvrier puisse passer la navette. — En *terme de jardinage*, c'est garnir d'épines le pied et le tronc d'un arbre pour empêcher les bestiaux de s'y frotter et d'endommager l'écorce. Quand on transplante les arbres d'une pépinière où ils ont été constamment à l'ombre, il faut avoir soin de les *armer* pour ne pas les exposer tout d'un coup aux fortes gelées ou à la trop grande ardeur du soleil. — En *terme d'artillerie*, armer, *désarmer un canon*, c'est y mettre le boulet ou l'en retirer. *Armer un fourneau de mine*, c'est, après avoir chargé de la poudre nécessaire, couvrir le coffre avec des madriers pour servir de base aux étançons qui soutiennent le ciel du fourneau, et fermer ensuite la chambre avec de forts madriers, qu'on appelle *la porte*, et qu'on arc-boute en dehors. — En *terme de musique*, *armer la clef*, c'est y placer le nombre de dièses ou de bémols nécessaire pour marquer le ton et le mode dans lequel se trouvera le morceau qu'on veut composer. — En *terme de manège*, on dit d'un cheval *qu'il s'arme*, quand il baisse la tête et courbe son encolure jusqu'à appuyer les branches de la bride sur son poitrail pour résister au mors, et défendre ainsi ses barres et sa bouche. On dit qu'il *s'arme des lèvres* quand il couvre ses barres avec ses lèvres pour amortir l'effet du mors. On remédie au premier inconvénient en attachant sous la bouche de l'animal une boule de bois entre les os de la mâchoire inférieure, ce qui l'empêche de porter sa bouche jusqu'au poitrail ; on pare au second en donnant au cheval un mors plus large.

ARMES (*V.* ARME et ARMOIRIES).

ARMET. On appelait ainsi un chapeau de fer que les chevaliers faisaient porter avec eux dans les batailles par leurs écuyers, et qu'ils mettaient sur leur tête lorsqu'ils se retiraient de la mêlée pour reprendre haleine, et qu'ils quittaient leur heaume. Il est souvent question dans Froissart de ces chapeaux de fer, espèce de casque léger, sans visière et sans gorgerin. L'armet était autrefois l'armure de tête de la cavalerie légère et des fantassins.

ARMFELDT (CHARLES, Baron d'), général au service de la Suède, né en 1666, fit ses premières armes en Allemagne, où il acquit de la réputation. En 1708 il retourna en Suède, et fut employé par Charles XII. Après la malheureuse journée de Pultawa (1709) il fut envoyé dans la Finlande pour garantir cette contrée de l'invasion russe. Assiégé en 1713 dans la forteresse d'Helsingfors, il détermina les habitants à mettre le feu à leur ville plutôt que de la rendre aux ennemis. Obligé (1718) de céder au nombre, après une lutte longue et opiniâtre, il quitta la Finlande pour aller porter la guerre dans la Norvège. Les glaces et les rigueurs extraordinaires de l'hiver firent périr les deux tiers de ses soldats; il rentra presque seul à Stockholm, où il mourut en 1736, peu de temps après Charles XII. — Gustave-Maurice D'ARMFELDT, petit-fils du précédent, obtint la faveur de Gustave III, montra de la bravoure et du talent dans la guerre de 1788 à 1790 contre la Russie, conclut avec cette puissance, en qualité de lieutenant général, le traité de Werelæ qui termina la guerre, et fut décoré de plusieurs ordres de Russie. Après la mort de Gustave, des intrigues de cour l'obligèrent de s'expatrier (1782) : il partit pour Naples avec le titre d'ambassadeur. La haine de ses ennemis, à la tête desquels s'était placé le duc de Sudermanie, régent du royaume, n'était point satisfaite. Il fut accusé, poursuivi pour crimes imaginaires, condamné, dégradé de la noblesse. Armfeldt se trouvait alors en Allemagne, où il resta jusqu'en 1799. Gustave IV, devenu majeur, annula le jugement, et réintégra l'ancien favori de son père dans toutes ses charges. Ambassadeur à Vienne, général d'infanterie, président du conseil de guerre, *seigneur* du royaume, il demanda et obtint sa retraite en 1810. Il voulait vivre dans le repos; mais de nouvelles persécutions l'atteignirent et le forcèrent d'aller chercher un asile en Russie, où il reçut un accueil flatteur, et fut élevé à la dignité de comte; il y mourut en 1814; il était né en 1757.

ARMIDE. Le Tasse a créé *Armide*, comme Molière a créé *Tartufe* et *Harpagon*. Ces deux derniers noms ont acquis un sens auquel personne ne se méprend : on sait qu'ils signifient *hypocrite* et *avare*. De même, Armide est devenue le type de la beauté unie aux grâces et à l'art de séduire; et comme cette enchanteresse avait construit un palais et des jardins où elle avait épuisé, pour les embellir, toutes les ressources de son art, on a dit proverbialement d'un palais magnifique, de superbes jardins, *c'est le palais d'Armide*, etc.

ARMIFÈRE, ARMIGER, mots tirés du latin, composés d'*arma ferre*, *arma gerere*, porter des armes. On donnait ce nom à ceux que plus tard on a nommés *écuyers*, et qui accompagnaient les chevaliers au combat et portaient leurs armes. On a quelquefois désigné par le nom d'*armiger* le premier degré de noblesse.

ARMILLAIRE (*sphère*), sphère artificielle qu'entourent plusieurs cercles de métal ou de bois, représentant les différents cercles de la sphère céleste (*V.* SPHÈRE, CERCLE). Le mot *armillaire* a été formé d'*armilla*, qui signifie *bague* ou *bracelet*. La sphère armillaire a été imaginée pour rendre sensibles aux yeux l'arrangement et le mouvement des corps célestes, et principalement de ceux qui font partie de notre système planétaire (*V.* CIEL, PLANÈTE, SOLEIL). Deux cercles fixes, l'un horizontal, l'autre perpendiculaire, figurent l'horizon et le méridien; d'autres cercles mobiles représentent l'équateur, les tropiques, les cercles polaires, l'écliptique et les deux colures (*V.* tous ces mots). — Outre la sphère armillaire dont nous venons de parler, il y a d'autres sphères qui représentent les divers systèmes du monde, et décrivent les cercles ou orbites que les planètes y sont censées parcourir. Ainsi il y a les sphères armillaires de Ptolémée, de Copernic, de Tycho-Brahé.

ARMILLES (*architect.*), s. m. pl., petits listels ou filets qui entourent les chapiteaux et leur servent d'ornement. Vignole en donne trois aux chapiteaux d'ordre dorique du théâtre de Marcellus, et quatre à ceux du grand temple de Pœstum, aussi d'ordre dorique. Ces armilles ou annelets vont diminuant de saillie et d'épaisseur jusqu'au nu de la colonne. — ARMILLES se dit encore d'un instrument d'astronomie en usage autrefois, abandonné maintenant. M. de Lalande croit que les armilles consistaient en deux cercles de cuivre fixés dans le plan de l'équateur et du méridien, auxquels peut-être on ajoutait un troisième cercle mobile, de même que dans l'astrolabe de Ptolémée. Comme Proclus donne aux armilles une demi-aune romaine de diamètre, on croit que le diamètre des armilles était d'environ 3 pieds. Les armilles d'Alexandrie, entre les mains de Tymocharès et d'Eratosthène, servirent à d'importantes observations astronomiques sur la déclinaison de l'épée de la Vierge; les plus anciennes sont de l'an 294 avant J. C. Ces observations conduisirent Hipparque à déterminer le changement de situation des étoiles fixes et la précession des équinoxes. Ptolémée se servit pareillement d'ar-

milles pour les observations du même genre, depuis l'an 132 de J. C. jusqu'à l'an 147. Mais comme les anciens astronomes se trompaient de quinze minutes dans leur appréciation de la hauteur du pôle, ce qui produisait une erreur de quinze heures sur l'instant précis de l'équinoxe, on pense que toutes les observations qu'ils ont pu faire manquent de précision et de justesse. Tycho est le dernier astronome qui s'est servi d'armilles.

ARMILUSTRE, s. m., ou ARMILUSTRIE, s. f., nom d'une fête que les Romains célébraient tous les ans au champ de Mars, le 19 octobre, et dans laquelle il y avait une revue générale des troupes, et après la revue un sacrifice expiatoire, au son des instruments militaires, pour la prospérité des armes romaines. Ces deux mots venaient du latin *arma lustrare*, visiter les armes, ou *arma lustrare* pour *luere*, purifier les armes. Les chevaliers, les centurions et les soldats portaient tous des couronnes.

ARMINIANISME, ARMINIENS, ARMINIUS. On appelle *arminianisme* les doctrines d'Arminius et de ses sectateurs. C'est une branche du calvinisme qui, sur plusieurs points principaux, tels que la prédestination, la justification, la grâce, le libre arbitre et la persévérance, s'éloigne de la sombre et sauvage doctrine du maître jusqu'à professer des sentiments diamétralement opposés. — Jacques Arminius, né à Oude-water, ville de la Hollande, en 1560, obligé de quitter Genève où il faisait ses études aux frais des magistrats d'Amsterdam, parce qu'il avait embrassé et soutenu les opinions philosophiques de Ramus, ministre pendant quinze ans dans cette dernière ville, professeur de théologie à Leyde en 1603, mort en 1609, d'un mal que la fatigue, les chagrins, les persécutions rendirent incurable, n'ayant pu concevoir Dieu tel que Calvin le peignait; c'est-à-dire comme un tyran cruel et capricieux qui prédestinait une portion des hommes à la damnation, enseigna une doctrine modérée qui se rapprochait beaucoup de l'orthodoxie catholique, et à laquelle on ne pouvait guère reprocher que de trop donner à la liberté, et, par conséquent, d'affaiblir les effets de la grâce. Les sentiments d'Arminius, dont le nom propre est *Harmensen*, sont exposés dans les divers ouvrages qu'il publia : *Opera theologica*, Francfort, 1731 à 1735, in-4°; *Disputationes de diversis christianæ religionis capitibus*; *Dissertatio de vero sensu capitis* VII *ad Romanos*; *Examen libelli de prædestinationis modo et ordine*, etc. La doctrine d'Arminius lui survécut; professée et soutenue par ses disciples, mais altérée et marchant vers le socinianisme, elle forme encore aujourd'hui la religion de beaucoup de Hollandais. — On prétend que quelques ecclésiastiques de Delft (près d'Amsterdam), ayant combattu dans un écrit les idées de Calvin sur la prédestination, Arminius fut chargé de répondre à cet écrit. Arminius accepta la mission qu'on lui confiait; mais en examinant de près l'opinion qu'il devait réfuter, il se convainquit que cette opinion était juste, et au lieu de l'attaquer, il l'embrassa et la défendit, ce qui lui attira de nombreux ennemis. Les supralapsaires et les sublapsaires s'unissant contre lui sous la bannière de Gomar, calviniste rigide, le poursuivirent de leur haine pendant sa vie, et condamnèrent sa doctrine et sa mémoire après sa mort (*V.* SUPRALAPSAIRE, SUBLAPSAIRE, GOMAR), dans le fameux synode protestant de Dordrecht, tenu en 1618 et 1619 (*V.* DORDRECHT [synode de]). Les arminiens cités à ce synode y exposèrent leurs doctrines renfermées dans les cinq propositions suivantes : 1° Qu'on ne saurait reconnaître en Dieu aucun *décret absolu* par lequel il aurait résolu, de toute éternité, de donner Jésus-Christ aux seuls élus; et de ne donner aussi qu'à eux seuls, par une vocation efficace, la foi, la justification, la persévérance et la gloire; mais qu'il avait donné Jésus-Christ pour rédempteur à tout le monde, afin de justifier et de sauver tous ceux qui croiraient en lui....; que Dieu, dans le choix des élus et la réprobation des autres, avait égard à la foi et à la persévérance des premiers, à l'infidélité et à la persévérance des autres dans le mal; 2° que le prix payé par le Fils de Dieu n'était pas seulement suffisant pour tous, mais qu'il avait été payé actuellement pour tous et pour chacun en particulier; que nul n'était exclu de la rédemption par un décret absolu, mais seulement par sa faute; 3° que la grâce est nécessaire pour tout bien, tant pour l'achever que pour le commencer; mais que la grâce n'était pas irrésistible, c'est-à-dire qu'elle n'empêchait pas le libre arbitre de s'exercer, et que l'homme conservait le pouvoir de lui résister s'il en avait la volonté; 4° que Dieu, bien que la grâce ne fût pas donnée également à tous, Dieu en donnait à chacun une suffisante, même à ceux à qui l'Évangile était annoncé pour la première fois, et qui refusaient de se convertir; et que Dieu leur offrait cette grâce avec le désir sincère de les sauver tous, attendu que Dieu ne faisait pas semblant de vouloir ce qu'au fond il ne voudrait pas, et qu'il ne poussait pas en secret les hommes au péché qu'il défendait publiquement; 5° enfin que Dieu donnait aux fidèles régénérés par sa grâce les moyens de se conserver dans cet état; que néanmoins ils pouvaient perdre la vraie foi justifiante et tomber dans le péché, y persévérer, mourir dans l'impénitence, ou s'en relever par la pénitence, sans que néanmoins la grâce lés contraignît à le faire. — Toutes ces propositions étaient directement contraires au système de Calvin, qui admettait un décret positif de prédestination pour quelques-uns, et de réprobation pour tous les autres, avant toute prévision de leurs mérites ou démérites futurs, et qui prétendait que l'homme, une fois justifié, ne pouvait plus perdre la grâce, *totalement* ni *finalement*, c'est-à-dire tout à fait pour un certain temps, ni à jamais et sans retour. Persécutés par les gomaristes, les arminiens adressèrent aux états généraux des Provinces-Unies (1611) une longue requête ou remontrance dans laquelle ils exposaient les principaux articles de leur croyance; ce qui leur fit donner le nom de *remontrants* (*V.* REMONTRANTS). Les arminiens, condamnés par le synode de Dordrecht, ne se tinrent point pour battus. Ils attaquèrent, dit Mosheim dans son *Histoire ecclésiastique* (traduction de Maclaine), leurs antagonistes avec tant de courage, d'esprit et d'éloquence, qu'une multitude de gens fut persuadée de la justice de leur cause. Quatre provinces de Hollande refusèrent de souscrire au synode de Dordrecht. Ce synode fut reçu en Angleterre avec mépris, parce que les anglicans témoignaient du respect pour les anciens Pères, dont aucun n'a osé mettre des bornes à la miséricorde divine. Dans les églises de Brandebourg et de Brême, à Genève même, l'arminianisme a prévalu. » Mosheim n'aurait dû ajouter, comme il le fait, que les calvinistes de France se rapprochèrent des arminiens, car il est positif que le décret de Dordrecht fut accepté formellement dans le synode de Charenton de l'an 1623. (*V.* DORDRECHT [synode de]). — Les arminiens modernes sont tolérés aujourd'hui en Hollande; mais ils ont singulièrement modifié les doctrines de leur maître, et, sous la direction de Simon Episcopius, devenu chef de la secte dans le XVIIIe siècle (*V.* EPISCOPIUS), ils ont abandonné la doctrine d'Arminius sur la prédestination et l'élection, faite de toute éternité par suite de la prévision des mérites, *parce que*, selon Episcopius, Dieu n'élit les fidèles que dans le temps et lorsqu'ils croient actuellement. Ils prétendent que, l'Ecriture ne contenant aucun précepte qui commande d'adorer le Saint-Esprit, la doctrine de la Trinité n'est nullement nécessaire, et qu'au surplus on doit la même tolérance à toutes les sectes chrétiennes, parce qu'il ne conste pas quelle est celle dont les principes sont le plus conformes à la parole divine. — L'esprit de parti en Hollande profita de l'irritation des esprits, causée par les discussions religieuses, et l'on désigna par le nom d'*arminiens* tous ceux qui se montrèrent opposés aux desseins du prince d'Orange. Le grand pensionnaire Barneveld, de Witt, et plusieurs autres périrent victimes de leur opposition.

ARMINIUS, et mieux HERMANN, chef célèbre des Chérusques, nation de la grande Germanie, né vers l'an 18 av. J. C., fut élevé à Rome et créé chevalier par Auguste, ce qui ne l'empêcha pas de former le projet de délivrer sa patrie du joug romain. Il engagea Q. Varus, qui commandait les légions de la Germanie, à s'enfoncer dans les défilés de Teutberg sous prétexte de surprendre quelques rebelles. Varus donna dans le piège; mais il ne fut pas plus tôt arrivé au fond des gorges, qu'enveloppé par les Germains, il ne put ni se défendre ni rallier ses troupes. Deux de ses légions furent massacrées, le reste se sauva par la fuite; il se donna la mort lui-même dans le désespoir. Arminius prit alors le commandement des Germains, qui, de tous côtés, accoururent sous ses drapeaux. Ségeste, son beau-père, jaloux de sa gloire, appela Germanicus, qui n'obtint que de sanglants triomphes. Tacite, qui donne tous les détails de cette guerre, fait assez clairement entendre que, sans l'imprudente fougue d'un général d'Arminius, les légions de Cécinna auraient eu le même sort que celles de Varus. Un chef des Cattes, allié perfide d'Arminius, offrit aux Romains de l'empoisonner. Sa lettre fut lue devant l'empereur en plein sénat; Tibère répondit que Rome devait triompher par le fer et non par le poison. Quelque temps après, Arminius voulut s'arroger le pouvoir suprême et se faire proclamer roi; mais ses propres officiers l'empoisonnèrent vers l'an 17 de J. C., et les Germains furent de nouveau subjugués. Arminius était alors âgé d'environ trente-huit ans. Les biographes allemands ne parlent de lui que sous le nom de *Hermann*, qui signifie chef ou général d'armée.

ARMISCARA ou ARMISCARE (l'). Espèce d'amende que les Francs et les Lombards imposaient en certains cas, et dont il est question dans les Capitulaires de Charlemagne et de ses successeurs. On en proportionnait le montant à la gravité de la faute, comme cela résulte d'un Capitulaire de Charles le Chauve; *Nostram harmiscaram, secundum modum culpæ, sustineant.* — Quelquefois l'armiscare ne consistait pas seulement en amende, on y ajoutait quelque humiliante pénalité, comme, par exemple, de porter un chien sur les épaules avant de subir le supplice, s'il s'agissait d'un noble ou d'un homme libre, ou de porter une selle sur le dos si le coupable n'était qu'un serf. Le pape Innocent III, lettre CXXXVe, ordonna qu'un noble allemand qui avait empoisonné un sous-diacre, porterait, depuis le lieu du crime jusqu'à Magdebourg, le *opprobrium quod harmiscare vulgariter appellatur.* Ce fait, rapporté par Ducange, lui fait supposer que le mot *armiscare* vient du latin *urmus* ou *humerus*, épaule, et d'un ancien usage qu'on appelait *scaram facere*, qui consistait, de la part d'un esclave, à transporter une chose d'un lieu à un autre. Quoi qu'il en soit, la peine de porter la selle sur le dos, *armiscara, id est, sella ad suum dorsum*, lit-on dans un décret de l'empereur Louis III, fut étendue des esclaves aux hommes libres, et la peine du fouet infligée aux esclaves. C'était d'ordinaire celle que le seigneur infligeait à son vassal rebelle. Il fallait que le coupable vînt en chemise, sans chaussure et nu-tête, une selle sur le dos, et marchant sur les pieds et sur les mains, se mettre à la disposition de son seigneur.

Une selle à son col pendue
Son dos offre à chevauchier,
Ne se put plus humilier.
C'en estoit coustume à cel jour
De querre merci à son seigneur.

Ce ne fut qu'à la fin du XIIIe siècle que l'armiscare devint une simple amende honorable et que l'usage de la selle fut supprimé.

ARMISTICE, s. m. Trêve fort courte ou suspension d'armes pour fort peu de temps, quelquefois pour un seul jour (*V.* TRÊVE).

ARMOGAN (*t. de marine*), temps propice pour la navigation; il n'est d'usage que sur la Méditerranée.

ARMOIRE, du latin *armarium.* C'est un ouvrage de menuiserie contenant des tiroirs ou des tablettes, et destiné à renfermer des hardes, des provisions, des objets de toute sorte. Le premier usage qu'on fit des armoires, comme le mot latin l'indique, ce fut pour y placer des armes; plus tard les Romains y déposèrent des livres. Pline avait dans sa maison de campagne une bibliothèque en forme d'armoire; il en fait lui-même la description; *Parieti*, dit-il, *in bibliothecæ speciem armarium insertum est, quod non legendos libros sed lectitandos capit.*

ARMOIRE DE FER. Nom par lequel on a désigné une armoire secrète du château des Tuileries, découverte au mois de novembre 1792, par les lâches révélations de l'ouvrier qui l'avait construite. Les papiers qu'on y trouva, ou qu'on prétendit y avoir trouvés, fournirent contre l'infortuné Louis XVI divers chefs de l'accusation sous laquelle il succomba.

ARMOIRIES, s. f. pl., marques ou signes qui sont héréditaires dans les familles nobles, et qui ne servent pas moins à les faire distinguer les unes des autres. L'origine des armoiries est assez incertaine; ce qu'on peut dire, c'est que l'usage d'avoir des armoiries ne remonte pas au delà des premiers tournois, et que c'est à partir du XIIe siècle qu'elles sont devenues héréditaires; jusque-là chaque individu avait quelque symbole, emblème ou devise; mais les enfants n'avaient pas toujours celui de leur père, ainsi que l'a prouvé le père Lobineau dans sa collection gravée de sceaux et signets. — Les armoiries, avant 1789, se composaient : 1° d'un écusson représentant le bouclier qu'on portait à la guerre ou dans les tournois, renfermant des emblèmes ou des pièces héraldiques, et pouvant avoir diverses formes; 2° d'un insigne appelé *capital* ou *cheftain*, parce qu'autrefois cette pièce était destinée à couvrir la tête; 3° de deux figures qu'on appelait *tenants*, quand elles étaient de nature humaine, et *supports* dans tous les autres cas; 4° de quelque légende héréditaire, et de certains insignes affectés à des dignités personnelles, ou nobiliaires. — L'écusson doit être blasonné des pièces et des couleurs qui appartiennent à la famille, et qu'on dispose suivant les règles de l'art; il peut aussi se former de plusieurs autres écussons différents d'origine, soit pour marquer des alliances ou la possession de domaines nobles, soit par suite de quelque concession du souverain, ou par *assomption*. Le champ de l'écusson se divise verticalement ou horizontalement: dans le premier cas, chaque division se nomme *parti*; dans le second, *coupé*. L'écu peut se diviser aussi en quatre portions; ce qu'on nomme *écartelé*; chaque quartier, dans ce cas, peut porter des armoiries différentes. —Il y a d'autres manières de diviser l'écu, comme le *tranché*, le *taillé*, l'*écartelé*, le *contre-écartelé*. Nous croyons superflu d'entrer à cet égard dans de plus longs détails, autant parce que la science héraldique est aujourd'hui très-négligée, que parce qu'on trouvera aux mots ci-dessus de plus amples renseignements. — L'écusson doit être *sommé*, ou surmonté du *capital* ou *cheftain*, et ce capital est analogue à la dignité de celui à qui les armoiries appartiennent. Ainsi le souverain pontife, au-dessus de la tiare d'argent chargée de trois couronnes d'or, a pour capital une croix grecque, issant du globe terrestre. Les rois de France avaient une couronne diadémée de onze fleurs de lis, et fermée de ving arceaux doublés de pourpre. La couronne du dauphin ne portait que sept fleurs de lis; celle des princes du sang n'en avait que cinq. L'empereur d'Autriche a conservé l'ancienne couronne du saint-empire romain; l'empereur de Russie porte une espèce de couronne impériale qu'inventa ou dessina le czar Pierre Ier, etc. Le grand-duc de Toscane et les princes romains ont des couronnes radiales. Les princes allemands ont des couronnes analogues au bonnet électoral. Un chapeau de *gueule*, à cordelières tombantes, couronne les armoiries des cardinaux. L'écu des archevêques et des évêques est pareillement sommé d'un chapeau; mais pour eux le chapeau est de *sinople*. Quant aux cordelières, elles se composent de vingt-neuf *fiocchi* ou glands pour les cardinaux, de vingt et un pour les archevêques, et de quinze pour les évêques. — La couronne ducale en France consistait en un cercle fleuronné de neuf feuilles d'acanthe et un diadème chargé de neuf pierreries aux couleurs de l'écu. La couronne de marquis consiste en un diadème à trois fleurons, séparés par deux groupes de trois perles, figurant par leur ajustement une feuille de trèfle, et en un bandeau de sept perles ou pierres de couleur. La couronne de comte n'a point de fleurons, mais elle est garnie de onze perles; celle de vicomte n'a qu'un simple bandeau, surmonté de trois boules d'or: toutes les couronnes sont doublées de pourpre, etc. Les chevaliers surmontaient leurs écus d'un casque *taré*, c'est-à-dire posé de trois quarts, ajusté de lambrequins découpés et bigarrés des deux principales couleurs de l'écu, savoir celle du champ et celle de la *pièce honorable*. L'ancienne famille royale de France avait pour tenants deux anges de carnation naturelle, revêtus de tuniques d'azur, frangées d'or et chargées en cœur de trois fleurs de lis. L'ancienne famille d'Anjorrant avait les mêmes supports; c'était par concession de François Ier; ce prince, lit-on dans le *Mémorial de Valois*, arrivant un soir très-fatigué au château de Claye et de Mitclose, trouva le seigneur au milieu de ses enfants et de ses domestiques, récitant la prière du soir; et comme personne ne parut s'émouvoir et ne se dérangea qu'après que la prière fut entièrement finie: « Eh! par ma foi, mon conseiller, » s'écria le roi, vous avez bon droit à ce nom de *Ange orant* que vous portez, » et il accorda au seigneur d'Anjorrant le droit d'avoir les deux anges pour tenants de ses armoiries. — Les légendes héraldiques se divisent en *cris de guerre* et en *devises d'armes*. Les cris de guerre étaient *en invocation*, comme celui de France: *Montjoie Saint-Denis!* ou celui de Montmorency: *Dieu aide au premier baron chrétien!* ou *en provocation*, comme, *À tout venant, beau jeu; boutez en avant*, etc. Les devises d'armes n'étaient guère que des sentences religieuses ou morales, ou des devises héraldiques: *Lilia non laborant neque nent*, légende de France; *nec plus ultra*, sur une banderole ajustée aux deux colonnes d'Hercule, légende d'Espagne; *Dieu et mon droict*, légende d'Angleterre. La maison de Rohan avait pour devise: *Duc je ne daigne, roy je ne puys, Rohan je suys*. La famille de Quélen de Bretagne avait pour devise ces mots d'origine celtique: *Enper Emser Quelen*, le houx est toujours vert, etc. — Le cimier se compose ordinairement d'une pièce de blason tirée de l'écu, qu'on place sur le sommet du casque. Comme dans les règles le cimier ne doit pas s'adapter aux couronnes, il en résulte qu'en France on fait peu d'usage de cette pièce. Il n'en est pas ainsi en Allemagne, où le plus mince baron place sur la couronne autant de cimiers qu'il a de quartiers

dans son écu. — Certains objets qui ne font point partie du blason proprement dit entrent comme ornement dans l'ensemble des armoiries: ainsi, au-dessous de l'écusson du pape on place les clefs de saint Pierre en sautoir; le sceptre et la main de justice ornent l'écusson des rois. Le glaive sert d'attribut aux princes souverains, la croix patriarcale aux archevêques, le bâton d'azur fleurdelisé aux maréchaux de France, la crosse et la mitre aux évêques. Le manteau doublé d'hermine indique les membres des maisons souveraines, les anciens ducs et pairs de France, les grands d'Espagne; la crosse d'or, les dignités abbatiales et chapitrales, etc. — Quant aux femmes veuves, il a toujours été d'usage, depuis la mort de Charles VIII, que leur écu eût la forme de losange, entouré d'une cordelière de sable. La même règle avait lieu pour les abbesses et chanoinesses; mais pour ce qui est de la devise d'Anne de Bretagne, *j'ai le corps delyé*, elle a cessé d'être en usage dès le milieu du XVIIe siècle. — Il y avait autrefois dix-huit espèces particulières d'armoiries: 1o *de sang ou de nom;* c'étaient celles qui provenaient des aïeux paternels en ligne directe légitime; 2o *d'alliance*, celles où l'on voyait un ou plusieurs quartiers provenant des aïeux maternels; 3o *de succession*, celles dont on use par droit de succession, quand il n'y a point d'héritiers du sang, et qu'on est appelé à recueillir l'héritage comme légataire ou autrement; 4o *substituées*, celles d'une famille éteinte dont on est chargé de prendre le nom et les armes; 5o *de concession*, celles qui ont été octroyées à nous ou à nos ascendants par un souverain; 6o *d'assomption*, celles où l'on a ajouté un quartier pour perpétuer le souvenir de quelque fait honorable; 7o *de domaine* ou *de possession*, celles où l'on fait entrer divers quartiers, dont chacun renferment les armes d'un pays ou d'un domaine qu'on possède; telles sont les armes d'Espagne, où l'on voit des tours et des lions pour le Léon et la Castille; 8o *pleines* ou *primogènes*, celles qui appartiennent exclusivement aux chefs de la branche aînée. Ceux-ci pouvaient obliger leurs cadets à masquer leurs armes par quelque brisure. Madame de Sévigné, écrivant au comte de Bussy, lui disait: « Vous êtes un chétif cadet que je vais réduire au *lambel*. » 9o *brisées*, pour les cadets, et *diffamées*, pour les enfants naturels: la brisure consistait dans l'adjonction d'une bande, d'une barre, du lambel, du bâton-péri, etc; la *diffamation* consistait, tantôt dans le retranchement d'une pièce, tantôt dans le changement des couleurs de l'écu paternel; 10o *de communauté*, celles qui appartiennent aux femmes mariées, et qui doivent s'accoler du côté gauche à celles de leur mari, sous la même couronne, avec les mêmes tenants ou supports; 11o *bénéficiales*, celles qui sont affectées à la possession d'un bénéfice ecclésiastique; 12o *de congrégation*, celles qui appartiennent à un ordre de chevaliers, à un ordre monacal, à une congrégation religieuse, etc.; 13o *de corporation*, celles qui appartiennent à un corps, comme l'université, les académies, les compagnies de commerce; 14o *expectatives*, celles des domaines dont les possesseurs, dans l'ancien empire d'Allemagne, s'étaient engagés solennellement à laisser succession au survivant d'entre eux, dans le cas de décès sans enfants ni successibles; 15o *de prétention*, celles que portent concurremment deux hommes qui prétendent à la propriété ou à la possession du même domaine; 16o *à l'enquerre*, celles qui ont été faites contrairement aux règles du blason; telles étaient les armoiries du royaume de Jérusalem, cinq croix d'or à champ d'argent, la règle ne permettant pas d'appliquer des pièces de métal sur un fond de métal: on range dans la même classe celles qui ont des figures de *carnation*, c'est-à-dire coloriées au naturel, au lieu de l'être suivant les émaux ou métaux héraldiques; 17o *fausses*, celles qui ont été composées contre les règles du blason: telles sont la plupart de celles que Bonaparte avait conférées; telles étaient surtout celles de l'empire français, dont la pièce honorable était un *oiseau contourné* (un aigle), c'est-à-dire, ayant la tête *à sénestre* ou à gauche, ce qui, suivant toutes les lois héraldiques, signifie origine entachée de *bâtardise* ou de *forfaiture*; 18o enfin, *parlantes*, celles qui représentent des choses dont le nom a de l'analogie avec le nom de l'individu: les armes de Mailli sont trois maillets de sinople en champ d'or; celles de Créqui consistent en une sorte de houx épineux, qu'on nomme *créquier* dans la province d'Artois; celles de Chabot-Rohan, consistant en trois petits poissons que, dans l'ancienne Saintonge on nomme *chabots*. Nous pourrions ajouter beaucoup d'autres exemples d'*armes parlantes*, mais ceux que nous avons cités suffisent. On trouvera, au surplus, de nouveaux détails aux articles BLASON, SCIENCE HÉRALDIQUE (*V.* aussi tous les mots indiqués dans cet article).

ARMOISE (*hist. nat.*), genre de plantes dont les espèces sont nombreuses, de la famille des corymbifères de Jussieu, *artemisia*. Linné l'a réunie à l'aurone, *abrotanum*. L'armoise vulgaire, vivace, commune, croissant sans culture le long des murailles et des chemins, offre une tige haute d'environ un mètre, chargée de feuilles alternes, découpées, cotonneuses en dessous, et des feuilles jaunâtres en panicules rameuses, portées sur un embryon, et soutenues par un calice écailleux. Parmi les fleurons dont se composent les bouquets de fleurs, on voit quelques embryons surmontés d'un filet fourchu, lesquels deviennent des semences semblables à celles de l'absinthe, dont l'armoise ne diffère guère que par son port extérieur. Il s'exhale de cette plante, et surtout des sommités fleuries, une odeur aromatique assez agréable. Les fleurs de l'armoise, ses feuilles, sa racine, en infusion, en poudre, en sirop, ont été d'un grand usage dans la médecine, parce qu'on attribuait à cette plante de grandes vertus vulnéraires, apéritives, fortifiantes, hystériques, antispasmodiques. Dans le *sirop aromatique* on l'associe avec la sabine et la rhubarbe. On a reconnu aujourd'hui que l'absinthe possède les mêmes qualités que l'armoise, à un plus haut degré. Un médecin allemand, le docteur Burdach, prétend toutefois avoir employé l'armoise, *artemisia vulgaris*, avec beaucoup de succès contre l'épilepsie (*V.* ABSINTHE, AURONE, ESTRAGON). Les semences de deux espèces d'armoise, l'*artemisia contra* et l'*artemisia judaica*, constituent le *semen-contra* des pharmaciens, employé comme vermifuge. Les Chinois et les Japonais tirent leur *moxa* d'une espèce d'armoise (*V.* MOXA).

ARMOSIN (*t. de manuf.*), nom d'un taffetas très-léger qui se fabrique en Italie, et principalement à Florence (*V.* TAFFETAS).

ARMON (*t. de charr. et de carross.*), nom qu'on donne aux deux pièces de bois qui aboutissent au timon de la voiture et qui soutiennent la cheville.

ARMORIAL, livre ou registre qui contient les armoiries d'une ville, d'une province, d'un royaume, peintes, dessinées, ou simplement décrites. Le plus ancien armorial non suspect se trouve déposé à la Bibliothèque royale : il renferme les armoiries de tous les barons et chevaliers qui partirent pour la première croisade, à la fin du XIe siècle (1096) ; mais l'écriture du manuscrit appartient évidemment au XIVe, de sorte que cet armorial ne saurait constater autre chose que la nature des armoiries de tous ceux que l'auteur nomme, telles qu'elles existaient à l'époque où il a écrit. L'auteur de l'*Histoire de Normandie*, le fameux Dumoulin, a placé à la fin de son livre une liste de tous les seigneurs et nobles qui suivirent Guillaume à la conquête de l'Angleterre, en 1066; mais les armoiries n'y ont été ajoutées qu'après coup. — Dès le commencement du XIVe siècle, on avait cherché à établir dans chaque province des tables armoriales; mais la plupart des recueils qui avaient été dressés furent détruits par les guerres civiles, ou par les Anglais partout où ils pénétrèrent. Charles VIII rétablit ces registres, et créa même un maréchal d'armes, en 1487; mais sous le règne agité de ses successeurs, Louis XII, François Ier et ses fils, le maréchal d'armes resta sans fonctions, et les usurpations de titres et d'armoiries continuèrent. Louis XIII, sur la demande de la noblesse aux états généraux de 1614, créa la charge de juge général des armes et blasons, laquelle fut d'abord occupée par François de Chevrier, auquel succéda Pierre d'Hozier, et cette charge devint héréditaire dans la famille d'Hozier, qui l'a possédée jusqu'en 1790. Ces juges généraux ont publié 10 vol. in-fol., de 1738 à 1768, contenant un armorial ou plutôt un nobiliaire où ils ont fait preuve de connaissances héraldiques, mais où on les accuse d'avoir montré une condescendance coupable pour beaucoup de familles dont les titres étaient plus que suspects. Il ne faut pas confondre cet armorial avec celui de Charles d'Hozier, commencé en 1696, dans un temps où les malheurs de la guerre et la pénurie des finances obligeaient le gouvernement à *faire ressource de tout*. Il avait été ordonné à tous les nobles de faire inscrire leurs armes, moyennant 20 livres à payer, dans cet armorial d'espèce nouvelle, et il était permis à toutes les vanités bourgeoises ou industrielles d'acquérir pour la même somme de belles armoiries, que Charles d'Hozier composait. Ce juge d'armes, qui voulait gagner les émoluments de sa place comme les spadassins de l'Italie du moyen âge, qui voulaient gagner l'argent qu'on leur avait promis pour tuer quelqu'un, et qui les tuaient quoiqu'ils reçussent contre-ordre, ce Charles d'Ho-

zier qui, suivant Boileau, trouvait à chaque individu *cent aïeux dans l'histoire*, composait des armes faussées pour les nobles récalcitrants qui refusaient de s'inscrire. L'armorial général existe à la Bibliothèque royale; chaque volume est divisé en deux parties : l'une contient les armes que d'Hozier a reçues directement des familles, l'autre les armes qu'il a fabriquées pour les absents.

ARMORIQUE (*Ar-mor-righ*, pays maritime). Ce nom n'a servi communément qu'à désigner cette partie des Gaules qui comprenait la Bretagne actuelle et une partie de la Normandie; mais il paraît que les Gaulois désignaient par le nom d'*Armorique* toutes leurs provinces maritimes. Cette assertion de Jules César est confirmée par celle de Pline, qui, en parlant de l'Aquitaine, dit que cette dernière province était autrefois appelée *Armorique*, et que le nom d'*Aquitaine* à la même signification de *maritime*. Plus tard, l'Aquitaine et l'Armorique formèrent des duchés ou commandements séparés; le duc d'Aquitaine étendait sa juridiction dans l'intérieur, celui de l'Armorique sur toute la côte, de la Garonne à la Seine; la partie supérieure de la côte jusqu'au Rhin formait un commandement particulier sous le nom de *Tractus Nervicanus*, côte des Nerviens. — Il avait existé depuis les plus anciens temps, entre toutes les tribus gauloises que Jules César trouva encore bords de la mer, une ligue que Jules César trouva encore subsistante, et contre laquelle il dut employer trois corps d'armée. Cette ligue perdit peu à peu de son importance, et telle sorte que lorsque Rome, subjuguée par les Barbares, abandonna les Gaulois à leurs propres ressources, la ligue se trouva réduite aux peuples compris entre la Seine et la Loire, sur les bords de l'Océan. Le pays en delà de la Seine était ravagé par les Germains et les Francs, et tout le pays en delà de la Loire était tombé au pouvoir des Goths. Le nom d'*Armorique* parut alors réservé pour les tribus d'entre Seine et Loire. Ces tribus conservèrent quelque temps leur indépendance, mais elles reconnurent la domination des successeurs de Clovis, et leur pays fut compris dans les divers partages qui eurent lieu sous la première race des rois francs (*V.* BRETAGNE, NORMANDIE, LIGUE ARMORICAINE).

ARMSTRONG (BON), né à Castleton, ville de la Grande-Bretagne, en 1690, mort en 1779, presque nonagénaire, fit ses études ou les acheva à Edimbourg, où il se rendit en 1735 à Londres, où il se fit connaître par son *Essai sur les moyens d'abréger l'étude de la médecine*. Cet ouvrage, spirituellement écrit, est dirigé principalement contre les empiriques. Il fut suivi de l'*Économie de l'amour*, poëme qui dut son succès à quelques tableaux licencieux plus encore qu'au talent du poëte. En 1768, Armstrong donna lui-même de cet opuscule une édition corrigée et surtout épurée. Dans l'*Art de conserver la santé*, poëme en quatre chants, Armstrong a su revêtir des plus brillantes couleurs le sujet qui semblait devoir se montrer le plus rebelle aux inspirations et aux formes poétiques : son style y est toujours pur, précis, élégant et plein de vigueur. Ce poëme, publié en 1744, a été souvent réimprimé. Il en a paru une traduction française en 1827, 1 vol. in-18, Paris. Deux ans après cette publication, Armstrong fut nommé médecin des soldats estropiés ou malades; en 1760, il suivit l'armée anglaise en Allemagne; après la paix, il revint à Londres, exercer la médecine, mais avec peu de succès. L'espèce d'abandon qu'il éprouva de la part du public lui causa un chagrin qui contribua peut-être à le conduire au tombeau plus tôt qu'il n'y serait descendu.

ARMURE, tout ce qui sert à l'homme, tant pour attaquer que pour se défendre, ou pour garantir de toute attaque les parties du corps qui n'ont pas de défense naturelle; plus particulièrement, la partie de l'équipement qui sert à la défense. Ce ne fut que par degrés qu'on en vint à posséder une armure complète, couvrant toutes les parties du corps de manière à le rendre à peu près invulnérable. Une armure, au XVe siècle, se composait d'un bouclier, d'un *casque* avec *visière*, d'un *hausse-col*, d'une *cuirasse*, d'*épaulettes*, de *brassarts*, de *gantelets*, de *tassettes*, de *cuissarts*, de *grèves* ou armure de jambes, et de *genouillères*. On joignait à cette armure, pour la rendre complète, des *goussets*, c'est-à-dire des pièces qui s'attachaient sous les aisselles, et qui les couvraient quand l'homme d'armes levait le bras. Et comme cette armure garantissait le cavalier de toute atteinte, et que les fantassins s'attachaient à blesser et à tuer d'abord le cheval, afin de renverser celui qui le montait, on imagina de couvrir d'une armure la tête et le poitrail du cheval (*V.* CASQUE, VISIÈRE, HAUSSE-COL, HAUBERT, CUIRASSE, COTTE DE MAILLES, ÉPAULETTES, etc.).

ARMURE (*V.* ARMATURE) (*phys.*), plaques de fer dont on entoure une pierre d'aimant, ce qui en augmente considérablement la force. — (*Manuf. de soie.*) Ordre dans lequel on fait mouvoir les lisses de chaîne ou de poil, pour la fabrication des étoffes. — (*Serrur.*) Toute ferrure d'une poutre, d'une machine servant à consolider ou à conserver. — (*Passement.*) Petites pièces ou lames de fer dont on garnit les deux bouts de la navette pour qu'ils ne s'émoussent pas en tombant.

ARMURIE ou **ARMERIE**, vieux mot dont se servaient les trouvères et les chroniqueurs pour désigner une grande salle ou galerie, dans laquelle les seigneurs châtelains enfermaient leurs armes, celles de leurs enfants, de leurs domestiques, etc. C'était une sorte d'arsenal particulier : on y voyait des piques, des dards, des pieux, des javelots, des arcs, des flèches, des armures. Les deux armuries les plus considérables après celle de Vincennes, au temps de la reine Marguerite et de Brantôme, étaient celles du duc de La Trémouille, à Thouars, et celle de La Rochefoucauld, en Angoumois. Les princes de Rohan-Rohan ont conservé soigneusement, jusqu'en 1790, dans leur château de Guéménée, en Bretagne, une riche collection d'armures et de costumes anciens. — Dans la plupart des châteaux, c'était le vestibule qu'on disposait en armurie, sous le nom de *salle des gardes*. La voûte et les parois étaient couvertes de lances, appliquées en biais sur des piques et d'autres armes d'hast, dont les montants ou hampes étaient disposés de manière à former des vides qu'on remplissait de stylets croisés, de médaillons, de bandoulières et d'autres objets semblables. On figurait avec des hallebardes et des mousquets surmontés de leurs baïonnettes, des colonnes, des piliers carrés ou circulaires, des panneaux, des pilastres. Une file de gibernes formait l'architrave; on imitait la frise avec une ligne de cymbales, et les moulures avec les pommeaux de pistolets, dont on n'apercevait que le bout inférieur en bois damasquiné. Des hausse-cols, des plaques de ceinturons, des boutons d'uniforme, étaient disposés en arabesques. Puis venaient les bannières, les guidons armoriés, les étendards, les anciennes armures, les trophées héraldiques. — Les rois d'Angleterre ont toujours gardé l'ancien usage de France pour l'ajustement et la décoration de leurs arsenaux ou salles de gardes, comme cela se voit au palais de Saint-James, au château de Windsor, à la tour de Londres, etc. — Ce fut vers le temps de la Ligue que la collection des armures françaises commença de se disperser. Louis XIV la fit de nouveau former. L'armure de Jeanne d'Arc fut rachetée chez un marchand hollandais nommé *Wenig*, pour la somme de 10,000 écus. En 1789, les arsenaux ou armuries de Paris et de Versailles furent dépouillés par les *vainqueurs* de la Bastille. Le musée de l'Arsenal à Paris eut le même sort dans les journées du 28 et du 29 juillet 1830.

ARMURIER. On appelait autrefois de ce nom l'ouvrier qui fabriquait les armes, tant offensives que défensives ; mais après l'invention de la poudre la profession d'armurier se divisa en deux branches : l'armurier continua de fabriquer les armes blanches, et l'arquebusier fabriqua les armes à feu. Les armuriers les plus renommés du moyen âge furent d'abord ceux de Damas, en Syrie, ensuite ceux de Tolède, et ceux de Crémone, en Italie. Les armuriers de Birmingham et de Sheffield en Angleterre, et de Klingenthal en France jouissent d'une grande réputation. — Les principales opérations de l'armurier consistent à forger, à donner la trempe, à polir, à brunir, à fourbir (*V.* tous ces mots); mais comme chacune d'elles demande une industrie particulière, l'*armurerie* proprement dite, de même que l'*arquebuserie*, ont plusieurs divisions. On ne trouverait peut-être pas en France ou en Angleterre un seul armurier capable de confectionner, lui seul, une bonne paire de pistolets.

ARNALDISTES ou **ARNAUDISTES**, hérétiques du XIIe siècle, ainsi nommés de leur chef Arnaud de Bresse. Leurs déclamations contre l'Église et contre la possession qu'elle avait de biens légitimement acquis, et leurs erreurs sur le baptême et l'eucharistie, les firent condamner par le concile de Latran, en 1139. Poursuivis en France, ils passèrent en Angleterre; mais ils y furent arrêtés ou dispersés en 1160. Leur secte proscrite devint plus tard une branche de l'hérésie des Albigeois (*V.* ARNAUD DE BRESSE).

ARNAOUTES, ARNAUTES ou **ARNOUTES**, peuples de l'Albanie, sur la côte orientale de l'Adriatique ou golfe de Venise. On donne le même nom aux Albanais qui se sont fixés dans l'île de Nio, une des îles de l'Archipel. Les Arnaoutes, que quelques écrivains se sont plu à peindre comme un peuple de héros, combattant pour la liberté de leur pays, ne sont guère que des espèces de sauvages, vivant dans la licence, plus d'une fois de vol et de pillage, n'ayant point d'habitations fixes, et très-peu différents des Bédouins (*V.* ALBANIE).

ARNAUD DE BRESSE, ainsi nommé parce qu'il naquit à Brescia, ville d'Italie, dans les premières années du XIIe siècle. Il se rendit de bonne heure en France, où il reçut les leçons d'Abeilard, qu'il ne tarda pas à laisser loin derrière lui dans la carrière de l'erreur. De retour en Italie, il embrassa l'état monastique, et, digne avant-coureur de Luther, non moins fougueux que lui, il commença de se déchaîner avec une sorte de fureur contre toute possession de biens temporels par le clergé. Un ecclésiastique qui possédait des biens devait être nécessairement damné; car cette possession était une usurpation sur les laïques, un véritable vol. A ces principes, débités du haut de la chaire, dans une siècle de barbarie fécond en désordres, Arnaud joignit de graves mais volontaires erreurs, qu'il comptait faire adopter à la faveur de ses déclamations violentes : il ne réussit que trop bien, et il eut bientôt des disciples qui publièrent avec lui que le sacrifice de la messe était une impiété, qu'il ne fallait point prier pour les morts, baptiser les enfants, honorer la croix, etc., et surtout que les prêtres, les religieux, les évêques étaient des spoliateurs. Le résultat des prédications des arnaldistes fut la révolte du peuple contre l'évêque de Brescia. On fut obligé d'employer contre les rebelles la force des armes. Arnaud fut condamné par le concile de Latran, présidé par Innocent II. Frappé d'anathème, il s'hérésiarque se sauva dans les montagnes de la Suisse, où il s'érigea en docteur. Le parti qu'il s'était fait en Italie ne tarda pas à le rappeler. Il se rendit à l'invitation de ses amis, et sa présence fut le signal de nouveaux désordres. Les Romains se révoltèrent contre le pape, Innocent II; ils s'assemblèrent au Capitole (1144), rétablirent le sénat, nommèrent un patrice, prétendirent forcer Eugène III, successeur de Luce II qui lui-même avait succédé à Innocent, à confirmer le rétablissement du sénat; et sur le refus du souverain pontife, ils le chassèrent de leur ville. Arnaud y entra aussitôt, et, s'arrogeant l'autorité suprême, il abolit la préfecture, confirma les pouvoirs du patrice, et mit au pillage les biens du clergé et de l'Église. Le désordre dura plusieurs années; mais à la fin, Adrien IV, plus courageux que tous ses prédécesseurs, ne craignit pas de lutter corps à corps contre les arnaldistes et leur chef, prononça sur eux anathème, et lança l'interdit sur la ville rebelle. Les Romains épouvantés expulsèrent Arnaud, qui, peu de temps après, fut arrêté et conduit à Rome, malgré les efforts que fit, pour le sauver, le vicomte de Campanie. Il fut immédiatement livré au supplice (1155); ses restes furent jetés dans le Tibre. — On ne saurait être surpris que des protestants, ennemis du catholicisme, deviennent les défenseurs obligés de toutes les hérésies ; mais lorsqu'on entreprend une histoire ecclésiastique, et qu'on se vante d'impartialité, on devrait, ce semble, s'abstenir de tout jugement apologétique, écrit avec l'intention trop évidente d'atténuer et de pallier les plus condamnables excès. On lit dans Mosheim qu'Arnaud de Bresse, « d'une érudition immense, d'une austérité étonnante, mais d'un caractère turbulent et impétueux, *ne paraît avoir adopté aucune doctrine incompatible avec l'esprit de la véritable religion*; que les principes qui le firent agir ne furent répréhensibles que *parce qu'il les poussa trop loin*; qu'à la fin il fut victime *de la vengeance de ses ennemis*; que l'an 1155 il fut crucifié et jeté au feu. » Il est surprenant que Mosheim, qui peint les moines du XIIe siècle comme très-ignorants, parle de l'immense érudition d'un moine qui n'a pas laissé après lui un seul ouvrage pour constater sa science. Quant à son austérité, Arnaud eut cela de commun avec Arius et beaucoup d'autres hérétiques, intéressés à imposer au peuple par de grands dehors de piété. Pour ce qui est de ses doctrines, Mosheim n'ose pas affirmer qu'elles ne sont pas incompatibles avec l'esprit de la religion; il se contente de dire que cela lui paraît ainsi. Sans parler ici des opinions impies d'Arnaud sur les sacrements, il suffit de savoir qu'Arnaud, par ses prédications, a fait naître la révolte, pour conclure du fait de ses doctrines, que les doctrines étaient subversives de l'ordre établi : Mosheim ne pouvait pas croire que l'esprit de rébellion fût en harmonie avec celui de la véritable religion. Enfin, quand on a livré Arnaud à un juste supplice, ce ne sont point des haines particulières ou personnelles qu'on a voulu satisfaire, c'est un grand coupable d'infraction aux lois, c'est un perturbateur de la paix publique qu'on a voulu et dû punir. Ajoutons qu'Arnaud de Bresse ne fut pas crucifié et jeté au feu, ni brûlé vif, comme on le lit dans un dictionnaire moderne, mais étranglé d'abord, et puis brûlé.

ARNAUD (FRANÇOIS), né à Aubignan, le 17 juillet 1721, embrassa de bonne heure la carrière ecclésiastique, fut abbé de Grand-Champ, lecteur et bibliothécaire de Monsieur, membre de l'Académie française et de celle des inscriptions, et mourut à Paris en 1784. Il débuta dans les lettres par un ouvrage intitulé : Lettres sur la musique, au comte de Caylus. Ces lettres, prônées bien au delà de leur mérite, valurent à l'auteur de grands éloges, ce qui l'engagea à prendre parti dans la querelle qui s'éleva entre les piccinistes et les gluckistes (1777). — L'abbé Arnaud travailla au Journal étranger, à la Gazette de France et à la Gazette d'Europe; il travailla aussi au Recueil de pièces concernant la philosophie, la littérature et les arts, publié sous le titre de Variétés littéraires, de 1764 à 1769, 4 vol. in-12. On lui doit aussi la Description des principales pièces gravées du cabinet du duc d'Orléans; 1780, 2 vol. in-fol.; des Dissertations insérées dans les Mémoires de l'Académie des inscriptions et belles-lettres; des Opuscules, publiés en 1808. L'abbé Arnaud avait de la facilité; peu d'instruction, assez de paresse, beaucoup d'esprit; il faisait, par sa conversation, le charme des sociétés où il passait sa vie; et cela valait mieux à ses yeux que la réputation qui s'attache au vrai mérite, et dont souvent ne jouit pas celui à qui elle est due.

ARNAUD (FRANÇOIS-THOMAS-MARIE BACULARD D'), né à Paris, en septembre 1718, d'une famille originaire de la Provence, mort dans la même ville en novembre 1805, dans sa quatre-vingt-neuvième année. Après avoir fait ses études chez les jésuites, il travailla pour le théâtre, et fit trois tragédies qui ne furent pas jouées : l'une d'elles, Coligny, eut les honneurs de l'impression (1740). Voltaire voulut faire un philosophe du jeune poëte; il l'encouragea, l'aida même, dit-on, de sa bourse, et lui procura la protection du roi de Prusse, qui l'attira bientôt à Berlin; Arnaud fut bien accueilli par le roi-poëte, qui, dans une pièce de vers qu'il lui adressa, osa le comparer à l'Apollon de la France s'acheminant à sa décadence. Voltaire, qui était cet Apollon, et se trouvait alors, il faut en convenir, dans toute la force de son talent, ne pardonna jamais cette comparaison ni au royal écrivain qui l'avait faite, ni au mince poëte qui en était l'objet. Il se vengea par de piquantes épigrammes, et il n'eut pas de peine à tourner en ridicule la manière sombre et sentimentale d'Arnaud. Après un an de séjour à Berlin, ce dernier fut envoyé à Dresde en qualité de conseiller de légation. Le désir de revoir sa patrie ne tarda pas à le ramener à Paris. Dès le commencement de la révolution, il se montra assez attaché à l'ancienne monarchie pour mériter d'être traduit au tribunal révolutionnaire, et il eut le bonheur peu commun d'y être acquitté. Il rentra dans le monde dénué de tout, et malgré le produit de ses ouvrages, qui furent nombreux s'ils ne furent pas excellents, malgré les secours qu'il obtint du gouvernement, il vécut dans un état de médiocrité fort voisin de la misère : il n'avait jamais su être économe. Il a laissé vingt-quatre volumes de Délassements de l'homme sensible et d'Épreuves du sentiment, modèles du genre romanesque larmoyant. L'abbé Sabathier de Castres prétend que toutes les productions d'Arnaud sont des traités de morale mise en action. Nous ne disons point que l'auteur des Épreuves du sentiment n'a pas eu de très-bonnes intentions, mais nous dirons que cette sensibilité de commande, dont l'auteur fait ostentation, finit par fatiguer, parce qu'elle dégénère en sensiblerie; que d'ailleurs nous pensons qu'il est toujours dangereux de présenter aux cœurs sensibles des lecteurs de romans, des tableaux où la passion extrême est peinte des plus vives couleurs, et, qu'en général, c'est un mauvais moyen de guérir les passions que de les exciter; les passions, même dans les autres, ont toujours un côté séduisant, qui nous porte à les imiter plutôt qu'à tâcher de les vaincre. Les Loisirs utiles, recueil d'anecdotes, de contes et de nouvelles; les Époux malheureux; les Œuvres dramatiques, où se trouve le comte de Comminges; un livre de Lamentations de Jérémie, traduites en vers sacrés, sont encore sortis de la plume féconde de Baculard d'Arnaud. Nous dirons, en finissant, que le comte de Comminges, où l'on met en scène l'ordre de la Trappe en contact avec les passions mondaines, dut le succès éphémère qu'il obtint à la nouveauté d'un spectacle plus fait pour faire frissonner que pour faire naître de douces émotions. Le comte de Comminges fut le précurseur de la Mélanie de La Harpe, des Rigueurs du cloître, et d'autres pièces de ce genre, où l'auteur peut

compter sur des sympathies de parti plus que sur le mérite de son ouvrage.

ARNAUD DE VILLENEUVE, médecin du XIIIᵉ siècle, né vers l'an 1235, mort dans un naufrage en 1314. Il s'était adonné de bonne heure à l'étude des langues, à la médecine et à l'astronomie. Après plusieurs années consacrées à des voyages entrepris dans l'intention d'acquérir des connaissances nouvelles, il se rendit à Paris, où il exerça la médecine et enseigna l'astronomie, ou, pour mieux dire, l'astrologie; car ce fut sur les fausses lumières de cette vaine science qu'il annonça la fin du monde pour le milieu du XIVᵉ siècle, probablement l'an 1335 ou 1345. Il ne se borna pas là : il publia de vive voix, et par écrit, que le démon avait tout corrompu, que tous les moines seraient damnés, que le feu éternel n'était que pour ceux qui donnaient aux autres de mauvais exemples. L'université de Paris condamna les doctrines, ou plutôt les rêveries d'Arnaud, qui se retira auprès de Ferdinand d'Aragon, qui s'était mis en possession de la Sicile. Quelque temps après, ce prince le fit partir pour la France, où se trouvait le pape Clément V souffrant et malade, pour qu'il prît soin de lui. Arnaud s'embarqua; mais le navire qui le portait ayant fait naufrage non loin de la côte, il se noya. Son corps, rejeté par les flots sur le rivage, fut enseveli à Gênes (1314). Quelques propositions, extraites de ses ouvrages, furent condamnées après sa mort à Tarragone par le saint office. Ses ouvrages ont été imprimés à Lyon, en 1504 et 1505, et à Bâle, en 1585, in-fol., avec sa vie et des notes de Taurellus. Sa vie a été publiée à Aix, en 1719, sous le nom de Pierre-Joseph, par un Provençal nommé de Haitre. On a dit d'Arnaud qu'il avait tenté d'opérer la reproduction de l'espèce humaine par des moyens purement chimiques; mais quoiqu'il ait donné des preuves que son esprit n'a pas été exempt de faiblesse, on ne doit pas croire qu'il ait poussé à ce point la démence. Il y a loin de la métamorphose d'un morceau de cuivre en un morceau d'or, à la fabrication d'un homme, et jamais l'alchimie ne porta jusqu'à ce résultat ses prétentions insensées. Il paraît certain qu'Arnaud déploya, comme médecin, une science au-dessus de son siècle; seulement il ne put se défendre de la manie, commune à ses contemporains, de charger ses raisonnements de tant de subtilités, qu'il en rend l'intelligence très-difficile. Mais s'il donne dans ses écrits de sages préceptes d'hygiène, s'il indique des procédés utiles contre certaines maladies, s'il paraît pour avoir, le premier, extrait l'esprit-de-vin, l'huile de térébenthine, les acides sulfurique, muriatique et nitrique, ce qui prouve en lui des connaissances réelles, il a montré aussi aux femmes l'art de se procurer des eaux de senteur, et de faire du rouge avec de la lie de vin et du bois de teinture; et, de plus, il indique aux médecins la manière de capter la confiance des malades, ce qui prouve qu'il n'était pas étranger aux pratiques du charlatanisme.

ARNAUD DE RONSIL (GEORGE), né en 1698, à Paris, d'un père démonstrateur au Jardin du Roi, alla mourir à Londres le 27 février 1774, après avoir exercé la chirurgie avec beaucoup d'éclat. Parmi ses nombreux ouvrages, on distingue son excellent Traité des hernies, publié d'abord à Londres, 1749, 2 vol. in-12. C'est un ouvrage magistral, qui a servi de point d'appui aux travaux dont cette importante matière a été l'objet; ce livre est encore regardé comme classique. Placé en quelque sorte sur la limite qui sépare la science stationnaire du XVIIIᵉ siècle de la science avancée du XIXᵉ, Arnaud de Ronsil a contribué aux progrès de cette dernière. Au Traité des hernies, il faut joindre les Mémoires historiques sur l'étude de la chirurgie et de la médecine en France et en Angleterre; Londres, 1768, 2 vol. in-4°. On doit encore à cet habile chirurgien des Observations sur l'anévrysme, et des Instructions sur les maladies de l'urèthre et de la vessie. Tous les ouvrages d'Arnaud ont été recueillis et traduits en français, 2 vol. in-4°.

ARNAUD, OU ARNAULT DE NOBLEVILLE (LOUIS-DANIEL), né à Orléans, en 1701, et mort en 1778, exerça la médecine avec succès. On lui doit le Manuel des dames de charité, formules de médicaments d'une préparation facile, 1747, in-12, traduit en plusieurs langues, et souvent réimprimé; Adologie, ou Traité du rossignol franc ou chanteur, 1751, in-12; Histoire naturelle des animaux, pour servir de suite à la Matière médicale de Geoffroi; Description des plantes employées dans le Manuel de charité, 1767, in-12; Cours de médecine pratique, d'après les principes de Ferrein, 1769-81, 3 vol. in-12.

ARNAULD, abbé de Bonneval, ordre de Saint-Benoît, diocèse

de Chartres, fut ami de saint Bernard, qui lui écrivit sa dernière lettre de son lit de mort. Il composa le second livre de la vie de son ami, qu'on attribuait à un autre Arnauld, abbé de Bonneval, en Dauphiné. Il passe également pour l'auteur des douze traités intitulés : *De operibus Christi cardinalibus*, adressés au pape Adrien IV. Ces deux ouvrages lui ont été contestés, mais les suivants sont reconnus lui appartenir : *Tractatus de septem verbis Domini in cruce; Sermo de laudibus B. Mariæ; Tractatus de operibus sex dierum*. Les deux premiers ont été publiés par le P. Titelman, cordelier, et le P. Schott, jésuite; le troisième, par Denis Pertonnet, théologal d'Auxerre.

ARNAULD (ANTOINE), fils aîné d'un autre Antoine Arnauld, issu d'une famille originaire de la Provence, établie depuis le XIVᵉ siècle en Auvergne, où elle tenait un rang distingué, naquit à Paris en 1560, fut reçu avocat au Parlement, et s'y distingua par ses plaidoyers. Ce fut principalement en défendant l'université de Paris contre les jésuites, qu'il acquit une grande réputation, ou plutôt une grande vogue auprès des ennemis de cette société, qu'il attaquait sans ménagement, avec plus d'emportement et d'aigreur que de véritable éloquence. Il a laissé plusieurs ouvrages de circonstance, aujourd'hui oubliés, tels que l'*Anti-Espagnol*, et des *Philippiques* contre Philippe II, roi d'Espagne; *la Fleur de lys*; *la Délivrance de la Bretagne*; *Avis à Louis XIII pour bien régner*, etc. Il mourut en 1619, âgé de 59 ans. Il avait eu de sa femme, *Catherine Marion*, vingt-deux enfants, sur lesquels douze moururent très-jeunes. Dix lui survécurent; parmi ces derniers, il y avait six filles, qui toutes prirent le voile à Port-Royal. On l'a accusé d'être calviniste, parce qu'il se montra toujours ennemi déclaré de la Ligue; mais il ne le fut pas moins de la prétendue réforme.

ARNAULD D'ANDILLY (ROBERT), fils aîné d'Antoine Arnauld, naquit à Paris en 1589. Il remplit à la cour divers emplois qui le firent jouir d'un crédit qu'il n'employa jamais que pour obliger. Parvenu à sa cinquante-cinquième année, il se sépara volontairement du monde pour aller s'enfermer à Port-Royal-des-Champs. Il mourut à quatre-vingt-cinq ans, en 1675; il avait conservé jusqu'à son dernier jour ses facultés intellectuelles. On a de lui une traduction des *Confessions de saint Augustin* et de l'*Histoire des Juifs* de Josèphe. Ces traductions, qui forment 6 vol. in-8° et in-12, dont cinq pour l'histoire des Juifs, passent généralement pour élégantes, mais pour peu exactes. C'est le jugement qu'en a porté le P. Gillet, qui a traduit aussi l'historien juif. Arnauld a traduit encore les *Vies des saints Pères du désert* et de quelques saintes, écrites par des Pères de l'Eglise; 3 vol. in-8°; l'*Echelle sainte de saint Jean Climaque*; les *Œuvres de sainte Thérèse*, in-4°, 1670; la *Vie du B. Jean d'Avila*, in-fol. Arnauld possédait mieux le latin que le grec; aussi ses traductions de cette dernière langue sont-elles inférieures en mérite à celles du latin. Le style du traducteur est d'ailleurs clair et facile. Arnauld d'Andilly a fait encore un petit poème sur la *Vie de Jésus-Christ*. Ce n'est point là un sujet à traiter en vers : les préceptes de morale, les exemples de patience, de résignation, d'humilité, la pratique des vertus chrétiennes, les vérités sublimes de la religion, ne se prêtent point aux fictions, aux exagérations, aux prestiges de la poésie (*V.* RACINE fils). Quant aux *Mémoires de sa vie*, nous ne pouvons en dire autre chose, si ce n'est que, de quelque dehors d'humilité qu'il se pare, celui qui écrit les événements de sa vie élève un monument à sa vanité plus qu'il ne compose un ouvrage utile aux autres. — Henri ARNAULD, frère cadet du précédent, naquit à Paris en 1597. Il entra, jeune encore, dans la carrière ecclésiastique, et, dans les fonctions diverses qu'il eut à remplir, il montra tant de zèle et de piété, qu'à la mort de l'évêque de Toul le chapitre de cette ville l'élut à l'unanimité pour lui succéder. Le roi avait confirmé l'élection, mais des querelles suscitées au chapitre sur l'exercice de son droit d'élire, ne permirent pas à l'abbé Arnauld d'accepter. En 1645, il fut envoyé à Rome par le gouvernement français, et, à son retour en France, il fut élevé à l'épiscopat d'Angers. On dit de lui qu'il ne quitta qu'une seule fois son diocèse, encore ce ne fut que pour réconcilier le prince de Tarente avec son père, le duc de La Trémouille. En 1652, la reine mère s'était rendue à Angers dans l'intention d'en punir les habitants qui s'étaient livrés à des mouvements séditieux. Le pieux prélat apaisa son courroux en lui donnant la communion : « Recevez, lui dit-il, votre Dieu, qui, en mourant, a pardonné à ses ennemis. » Cette morale sublime du pardon des offenses était si bien dans le cœur

du prélat, qu'on disait de lui, que *le meilleur titre pour en obtenir quelque grâce, c'était de l'avoir offensé*. L'accomplissement de ses devoirs absorbait tous ses instants. On lui disait qu'il devrait prendre un jour au moins par semaine pour se livrer à un repos nécessaire. « Je le ferais bien, répondit-il, si un jour par semaine je n'étais pas évêque. » On a soupçonné ce prélat d'avoir penché en secret vers le jansénisme : ce qui est certain, c'est qu'il ne signa le formulaire qu'après avoir quelque temps hésité, et sa réconciliation avec Clément IX (*V.* ce nom) ne fut peut-être pas entièrement franche.

ARNAULD (ANTOINE), frère des deux précédents, et le vingtième enfant d'Antoine Arnauld et de Catherine Marion (qu'un parti a désigné par le nom de *grand Arnauld*, à cause de la part qu'il prit aux querelles du jansénisme, querelles où il déploya des connaissances profondes comme écrivain, comme savant, comme théologien, comme métaphysicien), naquit à Paris le 6 février 1612, et, traversant tout le XVIIᵉ siècle, termina sa longue carrière à Bruxelles en 1694. Il fit ses études dans les collèges de Calvi et de Lisieux, et prit ensuite les leçons de Lescot (*V.* ce nom). Dans son *Acte de tentative*, qu'il soutint en 1635, il montra sur la grâce, des sentiments tout à fait opposés à ceux qu'on lui avait dictés. Il les défendit avec beaucoup de talent. Six ans plus tard il reçut le bonnet de docteur de Sorbonne, et quand il prêta le serment d'usage à Notre-Dame, sur l'autel, il jura de défendre la vérité au péril de sa vie. Deux ans s'étaient à peine écoulés, qu'avec l'approbation de quelques évêques et de vingt-quatre docteurs, il publia son *Traité de la fréquente communion*. Cet ouvrage fut vivement attaqué, plus vivement défendu. Bientôt après Arnauld écrivit deux lettres à l'occasion du refus qu'avait fait un prêtre de Saint-Sulpice au duc de Liancourt, grand partisan de Jansénius, de lui donner l'absolution à la suite de sa confession; et de ces deux lettres furent extraites deux propositions qui furent censurées par la Sorbonne en 1656. L'une, *de droit*, était ainsi conçue : « Les Pères nous montrent un juste en la personne de saint Pierre, à qui la grâce, sans laquelle on ne peut rien, a manqué dans une occasion où l'on ne saurait dire qu'il n'ait point péché. » L'autre, *de fait*, offrait les termes suivants : « On peut douter que les cinq propositions condamnées par Innocent X et par Alexandre VII, comme étant de Jansénius, évêque d'Ypres, soient dans le livre de cet auteur. » Arnauld refusa de souscrire à la décision de la Sorbonne : il en fut exclu. Il s'était déjà condamné à vivre dans la retraite; cet événement l'empêcha d'en sortir avant 1678, époque de sa prétendue paix avec le souverain pontife. — Arnauld, présenté au nonce, au roi, à la cour, reçut partout l'accueil qu'il pouvait attendre de ses talents et le désir qu'il montra de vivre désormais soumis à l'autorité de l'Eglise. Il résolut alors d'employer contre le calvinisme la logique puissante dont il n'avait jusque-là fait usage que contre la Sorbonne et les évêques. Ce fut durant cette trop courte époque de paix qu'il publia *La perpétuité de la foi*, *le renversement de la morale de J. C. par les calvinistes*, et plusieurs autres ouvrages de controverse qui firent redouter par ces derniers. Egaré par le besoin de dogmatiser qui s'empara de nouveau de lui, Arnauld se rendit tellement suspect au roi, qu'il se crut obligé de se soustraire par la fuite au danger qui pouvait l'atteindre. Il se retira à Bruxelles, en 1679. Là il écrivit son *Apologie du clergé de France et des catholiques d'Angleterre*. Le ministre Jurieu, dont les doctrines étaient attaquées, se défendit par un libelle : l'*Esprit de M. Arnauld*. Celui-ci n'y répondit pas, mais il en conçut un violent chagrin. Bientôt son attention se porta vers un autre sujet de querelle. Le P. Malebranche avait sur la grâce d'autres sentiments que ceux d'Arnauld. Il envoya son traité sur la grâce à ce dernier, et Arnauld, qui ne put empêcher l'impression du livre de Malebranche, déclara la guerre à son auteur par son manifeste *Des vraies et des fausses idées* (1683). Il n'attaquait point le traité sur la grâce, mais l'opinion émise par Malebranche dans un autre ouvrage, que *l'on voit tout en Dieu*. Ce fut par le long détour qu'il en vint, au bout de deux ans, à publier ses *Réflexions philosophiques et théologiques sur le Traité de la nature et de la grâce*. Cette dispute, qui ne put produire l'irritation entre les partisans d'Arnauld et ceux de Malebranche, dura jusqu'à la mort du premier, c'est-à-dire pendant plus de dix ans. — Le parti de Jansénius perdit en son plus habile défenseur. On transporta son cœur à Port-Royal, et de là à Palaiseau. Santeuil et Boileau lui firent des épitaphes. — Tout le monde convient qu'aucun écrivain du XVIIᵉ siècle n'était né avec un esprit plus étendu, ni plus philosophique ; mais on ajoute que l'esprit de parti altéra chez lui les dons heureux de la nature. La gloire d'être chef de secte l'avait aveuglé jusqu'au point de soutenir et de défendre des opinions auxquelles, dit-on, il n'était nullement attaché. Il rendit l'âme entre les bras du P. Quesnel, son disciple, qui lui administra les sacrements quoiqu'il n'eût pas les pouvoirs de l'ordinaire. — Nous n'entrerons ici dans aucun détail sur les doctrines d'Arnauld ; nous renvoyons nos lecteurs aux articles GRACE, JANSÉNISME. Nous nous contenterons de nommer les principaux ouvrages de ce fameux écrivain, qui, pendant soixante ans, perdit en discussions toujours inutiles, et très-souvent dangereuses, un temps qu'il aurait pu employer à l'édification des fidèles en combattant l'hydre du protestantisme. Ces ouvrages forment environ cent cinquante volumes de tout format sur une infinité de matières. Ils ont été réunis, en 1783 et années suivantes, sous le même format in-4°, en quarante-huit volumes. On trouve en tête le catalogue de toutes ses œuvres ; on le trouve aussi dans le grand Dictionnaire de Moréri. — Les écrits d'Arnauld se divisent en plusieurs classes. La première classe se compose de ceux qui ne concernent que les belles-lettres et la philosophie, heureux s'il n'avait occupé ses loisirs que d'ouvrages de ce genre : 1° *Grammaire générale et raisonnée contenant les fondements de l'art de parler*, par MM. de Port-Royal. Cet ouvrage a eu plusieurs éditions, et a été augmenté de notes par Duclos, de l'Académie française, et d'un supplément par l'abbé Froment. M. Lancelot avait travaillé conjointement avec l'auteur ; 2° *Éléments de géométrie* ; 3° *La logique ou l'art de penser*, avec Nicole ; ce livre est justement estimé ; 4° *Objections sur les méditations de Descartes* ; 5° *Traité des vraies et des fausses idées*, dirigé contre Malebranche ; 6° *Réflexions sur l'éloquence des prédicateurs* : c'est la réfutation de l'opinion de Dubois, de l'Académie française, que les *prédicateurs doivent s'abstenir de tous les moyens oratoires*. — Les ouvrages de la seconde classe consistent en écrits sur la nature de la grâce. Le principal est celui qu'il dirigea contre Malebranche : *Réflexions théologiques et philosophiques*, etc., cité plus haut ; tous les autres ne sont que des opuscules sur des querelles particulières. La traduction de plusieurs ouvrages de saint Augustin, *De la grâce*, *De la correction*, etc., appartiennent à cette division. — La troisième comprend les écrits sur l'Écriture sainte : 1° *Histoire et concorde évangélique*, en latin ; 2° la *Traduction du Missel en langue vulgaire*, *autorisée par l'Écriture sainte et par les Pères* ; 3° *Défense du Nouveau Testament de Mons*, contre les sermons de Maimbourg ; conjointement avec Nicole, etc. — La quatrième classe renferme tous ses écrits contre les calvinistes : 1° *La perpétuité de la foi*. Les papes Clément IX et Innocent XI le firent remercier et complimenter pour cet ouvrage, que, toutefois, plusieurs écrivains attribuent à Nicole, et qu'on ne fit paraître sous son nom que pour ajouter à sa renommée ; 5° *Traité sur l'autorité de chef de parti* ; car, dit-on encore, sa grande réputation fut l'ouvrage de sa secte plus que celui de sa science, et ce n'était point pour ses connaissances réelles que les jansénistes l'ont appelé le *Grand Arnauld* ; 2° *Le renversement de la morale de J. C. par les calvinistes* ; 3° *L'impiété de la morale des calvinistes* ; 4° *Les calvinistes convaincus de dogmes impies sur la morale* ; 5° *L'apologie pour les catholiques* ; 6° *Le prince d'Orange, nouvel Absalon, nouvel Hérode, nouveau Cromwell*. Le style de ce titre, dit Voltaire, ressemble à celui du P. Garasse ; l'ouvrage n'est donc pas de M. Arnauld. Mais on aurait pu répondre à Voltaire que M. Arnauld n'était pas trop sobre d'expressions piquantes ou injurieuses avec ceux qu'il attaquait. Il a prouvé en plus d'une occasion, notamment dans ses démêlés avec Malebranche, qu'il ne ménageait pas ses adversaires. Au reste, malgré l'assertion de Voltaire, *Le prince d'Orange* a toujours passé pour appartenir à Arnauld. Enfin on peut former une dernière classe de tous les livres ou libelles que l'auteur composa contre les jésuites. Le principal de ces ouvrages porte pour titre la *Morale pratique des jésuites*, en 8 vol., et l'on pourrait en dire ce que Martial disait lui-même de ses épigrammes : « Il y a peu de bon, assez de médiocre, beaucoup de mauvais. » Il y a dans la *Morale pratique*, c'est-à-dire dans cette satire amère dirigée contre un ordre célèbre, certaines choses qui sont vraies, beaucoup d'altérées, et presque partout l'exagération, l'exagération qui dénature les faits, et qui, à peu de chose près, équivaut au mensonge. — On a encore du docteur Ar-

nauld plusieurs volumes de lettres. Dans l'un de ces volumes, on trouve une *Dissertation selon la méthode des géomètres, pour la justification de ceux qui, en certaines rencontres, emploient en écrivant des termes que le monde estime durs*. Dans cette dissertation, au moins singulière, Arnauld a voulu établir, par l'exemple des Pères, et même par l'Écriture, qu'il est permis de combattre ses adversaires avec les termes qu'on lui reprochait d'avoir employés. Mais ses adversaires, les évêques de France et Malebranche, n'étaient point les adversaires de l'Écriture ou des Pères. Arnauld, mieux que personne, car il était excellent logicien, n'ignorait pas que les traits vifs et piquants, les expressions dures et injurieuses, ne prouvent rien dans une discussion.

ARNAULD (SIMON), marquis de Pomponne, fils cadet de Robert Arnauld d'Andilly, et neveu du précédent, fut employé dès l'âge de vingt-trois ans en qualité de négociateur et d'intendant de l'armée royale à Naples et en Catalogne. En 1665, il fut envoyé en Suède avec le titre d'ambassadeur ; en 1671, il fut appelé par le roi au ministère des affaires étrangères ; mais il n'avait pas dans ses actes, dit Louis XIV (dans un mémoire aujourd'hui déposé à la Bibliothèque royale) « ce caractère de grandeur qui convient au ministre d'un roi de France ; tout ce qui passait par ses mains se rétrécissait et perdait de son importance » (1679). L'espèce de disgrâce de M. de Pomponne, ouvrage du jaloux marquis de Louvois, ne lui fit rien perdre dans l'estime des personnes qui le connaissaient, ni même dans celle du roi, qui lui promit de le rappeler, et qui en effet le rappela au ministère en 1691, après la mort de Louvois. Il mourut en 1699, à l'âge de quatre-vingt-un ans.

ARNAULD (HENRI-CHARLES), connu sous le nom d'abbé de Pomponne, naquit en 1662, à La Haye, où son père était alors ambassadeur. Les états généraux offrirent à ce dernier de faire tenir son enfant en son nom sur les fonds baptismaux, ce qui aurait valu au nouveau-né 2,000 écus de pension. Le marquis refusa l'offre des états, afin, dit-il, que la reconnaissance ne pût jamais devenir un obstacle à ses devoirs de négociateur. L'abbé de Pomponne fut pourvu, dès l'âge de quinze ans, d'une abbaye qu'il ne voulut point conserver lorsque, neuf ans plus tard, il fut nommé abbé de Saint-Médard. Envoyé à Venise après la mort de son père, il soutint dignement l'honneur de la France. À son retour, il fut successivement chancelier, garde des sceaux, surintendant des finances, et dans tous ces hauts emplois il se distingua par la fermeté de son caractère, autant que par l'attention qu'il mit à se rendre utile au roi et à l'État. Il mourut en 1756, plus que nonagénaire. Tous les membres de cette famille ont eu le rare privilège de pousser leur carrière au delà du terme ordinaire où la mort atteint le plus grande partie des hommes. L'abbé de Pomponne fut élu membre de l'Académie des inscriptions en 1743.

ARNAULT (FRANÇOIS), seigneur de Laborie, né au commencement du XVIᵉ siècle, embrassa l'état ecclésiastique, et s'y distingua par son mérite. Il devint archidiacre de Bordeaux et chancelier de l'université de cette ville. Il mourut à Périgueux en 1607, dans un âge très-avancé. On a de lui les *Antiquités du Périgord*, 1577, ouvrage très-rare ; un *Traité des anges et des démons*, traduit du latin de Jean Maldonat ; Rouen, 1619, in-12 ; l'*Antidrusac*, apologie des femmes nobles de Toulouse, bonnes et honnêtes ; Toulouse, 1564.

ARNAULT (ANTOINE-VINCENT), né à Paris en 1766 ; mort dans la même ville en 1832. Il fit ses études au collège de Juilly, dirigé par des oratoriens. À peine se fut-il éloigné de ses maîtres que, dominé par un irrésistible penchant pour la littérature dramatique, il travailla pour le Théâtre-Français. En 1790 on joua aux Français sa tragédie de *Marius à Minturnes*, sa première et sa meilleure pièce, la seule même qui ait obtenu un succès légitime et durable. L'année suivante il donna *Lucrèce*, qui prouva que son talent n'avait pas augmenté. Ses tragédies étaient toutes semées de maximes républicaines. Toutefois, quand il vit ses théories mises en pratique au 10 août et au 2 septembre, il quitta Paris et se rendit à Bruxelles, d'où il voulait passer en Angleterre. À la fin de 1793 il ne craignit pas d'aller à Dunkerque, où il comptait s'embarquer. Il y fut arrêté comme émigré, et traduit devant le tribunal révolutionnaire, où sa qualité de poète, dit-on, motiva la sentence qui le rendit à la liberté. De retour à Paris, il se livra de nouveau à la poésie dramatique, fit plusieurs tragédies, dont tout, jusqu'au nom, est aujourd'hui oublié. Mais, grand admirateur de Bonaparte, il chanta ce général, et en 1797, ce général reconnaissant lui donna le gouvernement des îles Ioniennes. L'année suivante, et quand son protecteur partit pour l'Égypte, il s'embarqua avec lui ; mais il n'alla que jusqu'à Malte, où il resta auprès de Regnault de Saint-Jean-d'Angely ; son beau-frère, malade. De Malte, Arnault revint en France, où Lucien, alors ministre de l'intérieur, le nomma chef de la division d'instruction publique, et depuis cette époque il ne cessa de chanter et d'adulter l'homme du pouvoir ; mais son enthousiasme s'évanouit après l'abdication de Fontainebleau. Il alla au-devant de Louis XVIII à Compiègne, et ce prince lui fit un accueil gracieux, ce qui n'empêcha pas le poète, durant les cent-jours, de se charger de l'administration de l'Université, et d'accepter sa nomination de membre de la chambre éphémère de cette époque. A la seconde restauration il fut compris dans la liste des trente-huit individus exceptés de l'amnistie offerte à toutes les défections. Arnault obtint pourtant son rappel, et en 1829 il rentra dans l'Académie française, d'où il avait été exclu ; il devint même secrétaire de ce corps savant après la mort d'Andrieux. — Arnault a laissé plusieurs tragédies, les Vénitiens, Oscar, le Roi et le laboureur, Germanicus ; une comédie intitulée les Mœurs du XIVe siècle ; une petite pièce de circonstance en deux actes, les Gens à deux visages ; des Poésies diverses, des odes, des fables, des mélanges, en prose, les Souvenirs d'un sexagénaire. Tous ses ouvrages sont marqués du coin des idées dont il s'était déclaré le champion, dès 1790 ; l'auteur y est toujours Grec et Romain. Quant à leur mérite littéraire, on peut dire que, l'essor qu'il avait pris dans Marius ne s'est pas soutenu, et que son génie épuisé, même avant de tomber, ne s'était plus assez élevé pour craindre une chute. Son style a quelquefois de la vigueur ; on y trouve de la concision et de l'énergie ; mais presque partout il manque de chaleur, de grâce et d'élégance.

ARNAUTES (V. ARNAOUTES).

ARNAY-LE-DUC (géog.), petite ville de l'ancien duché de Bourgogne, diocèse d'Autun, à 5 lieues de cette ville et à 10 de Dijon. Elle fut acquise par le duc Robert II en 1289, pour la somme de 4,500 livres, ce qui lui valut le nom d'Arnay-le-Duc. Philippe le Bon l'unit ensuite au comté de Charny, qu'il donna pour dot à sa fille naturelle, Marie, en la mariant avec Pierre de Beaufremont. Ce fut auprès d'Arnay qu'Henri IV fit ses premières armes, dans la bataille du 27 juin 1570. Coligny commandait les protestants, le maréchal de Cossé-Brissac les catholiques. — Le valet de chambre de la fameuse Marguerite de Navarre, Bonaventure Desperriers, auteur du Cymbalum mundi, était natif d'Arnay-le-Duc.

ARNDT (JEAN), né à Ballenstadt, dans le duché d'Anhalt, en 1555, étudia d'abord la médecine, puis la théologie, et devint ministre. En 1611, le duc George de Lunebourg lui donna la surintendance de toutes les églises de son duché. Arndt mourut dix ans après. Il est auteur d'un ouvrage qui, à l'époque où il parut, fit grande sensation : il l'intitula : Du vrai christianisme (traduit en latin, Londres, 1708 ; 2 vol. in-8°, et ensuite en français). Arndt veut prouver que le dérèglement des mœurs chez les protestants vient uniquement de ce qu'ils rejettent les bonnes œuvres, se contentant d'une foi stérile.

ARNDT (JOSUÉ), fut professeur de logique à Rostock et conseiller ecclésiastique du duc de Mecklembourg. Il mourut au commencement d'avril 1687, dans sa soixante et unième année. Il avait de vastes connaissances en histoire, et il a laissé plusieurs ouvrages, parmi lesquels on distingue la Clavis antiquitatum judaïcarum, Leipzig, 1707, in-4°.

ARNDT (ERNEST-MAURICE), professeur de philosophie à Greifswald dans la Poméranie, né en 1769, mort en 1824. Après avoir longtemps parcouru les sombres profondeurs de l'idéologie allemande, et nourri son esprit de vagues spéculations philosophiques, voulant s'ériger en défenseur de son pays, et se livrant tout entier aux influences de la haine qu'il avait ou qu'il affectait contre Bonaparte, il contribua puissamment au soulèvement de l'Allemagne entière ; mais ce fut seulement après que l'armée française, vaincue à Moscou par les glaces d'un hiver rigoureux, qu'il n'attendait pas, se fut retirée en désordre en deçà de l'Elbe. Arndt ne cessa d'enfanter pour ses écrits, libelles sur libelles, à cette époque fatale à nos guerriers. Son livre sur l'Esprit du temps, avait déjà attiré l'attention de l'empereur, qui voulut le faire arrêter. Arndt se sauva en Suisse, d'où il gagna la Suède. Après la chute de l'empereur il revint de son exil, et reçut de nombreuses marques d'estime. En 1818, le roi de Prusse lui donna

la chaire d'histoire à l'université de Bonn ; mais ses principes républicains le rendirent suspect à la police prussienne ; il perdit sa place et devint l'objet de poursuites actives, qui, dit-on, abrégèrent sa vie.

ARNE (THOMAS-AUGUSTIN), naquit à Londres en 1704. Il était fils d'un tapissier, qui voulait en faire un avocat : ses inclinations en firent un musicien. Sa sœur avait reçu de la nature une belle voix : elle devint cantatrice ; il épousa lui-même une autre cantatrice, Cécile Young. En 1744 il fut engagé comme compositeur au théâtre de Drury-Lane, et nommé plus tard professeur de musique à Oxford. Il mourut en 1778. Il a composé plusieurs opéras que nos voisins d'outre-mer estiment et vantent beaucoup ; mais qui probablement auraient fort peu de succès en France.

ARNHEIM (JEAN-GEORGE D'), plus connu sous le nom de Capucin luthérien, naquit en 1581, d'une famille ancienne d'Allemagne, servit d'abord en Suède, sous Gustave-Adolphe, passa en 1626 sous les ordres de Wallenstein, général de l'empereur, entra plus tard dans les troupes saxonnes, qu'il commandait en 1631 à la célèbre bataille de Leipzig, se retira dans ses terres après la paix de Prague ; fut enlevé par le feld-maréchal Wrangel, et transporté en Suède ; se sauva de la prison où on l'avait jeté, reçut de nouveau le commandement des armées impériale et saxonne, et mourut en 1641. Arnheim se montra toujours protestant zélé ; mais il passait pour catholique et jésuite déguisé, ce qui lui avait fait donner le surnom de Capucin luthérien aussi Richelieu s'écria-t-il, en apprenant sa mort : quelle Rome a vaincu, beaucoup perdu.

ARNHEM, ville de l'ancienne Gueldre, sur le Rhin, à une demi-lieue de l'endroit où l'Yssel commence. Le célèbre Cohorn, le rival de Vauban, en répara les fortifications en 1702. Elle est grande et bien bâtie ; c'était autrefois la résidence des ducs de Gueldre. Son église principale renferme un grand nombre de tombeaux.

ARNICA, s. f., genre de plantes de la syngénésie polyg. de Linné et des corymbifères de Jussieu. Lamarck l'a réuni au genre doronic, avec lequel l'arnica a les plus grands rapports. L'espèce arnica montana, commune sur nos montagnes, est très-excitante. On emploie ses racines et ses fleurs comme sternutatoires et stimulants ; mais elles peuvent exciter des nausées et des vomissements. Dans le commerce on lui substitue la racine d'aunée, enula dysenterica ; mais celle-ci est ronde, jaune-brun, de saveur mucilagineuse, amère, et d'une odeur faible ; tandis que celle de l'arnica est blanchâtre, menue, très-fibreuse, d'une odeur forte et d'une saveur âcre et aromatique. On emploie les feuilles au même usage que les racines.

ARNIM. C'est le nom d'une famille allemande très-ancienne, qui s'établit dans le Brandebourg, vers le commencement du Xe siècle. Elle a fourni à la Prusse des généraux et des hommes d'État.

ARNIM (LOUIS-ACHEM D'), romancier allemand, naquit à Berlin le 26 janvier 1781. Il commença par se livrer à l'étude des sciences naturelles avec une ardeur qui lui fit faire de grands progrès. A dix-huit ans il publia sa Théorie des apparitions électriques ; mais bientôt après il composa des romans dans lesquels il se livra tout entier aux écarts de son imagination fantastique et ténébreuse : des fantômes, des tombeaux, des cadavres, des crimes, du repentir, de l'endurcissement, des larmes, tout cela se trouve dans ses romans, qui, pareils à nos mélodrames, font frissonner et pleurer tous ceux qui ne haussent point des épaules de pitié. Der Knaben Wunderhorn (le cor merveilleux), fut le fruit des observations qu'il avait recueillies dans ses voyages à travers l'Allemagne. Ensuite fit il paraître le Jardin d'hiver, collection de nouvelles, les Amours de Hallin, avec la biographie de J. J. Rousseau, les Manifestations d'Ariel ; la Comtesse Dolores, sous le titre d'Indigence, richesse, faute et pénitence de la comtesse Dolores, histoire faite pour l'instruction et le plaisir honnête des pauvres demoiselles ; c'est l'histoire d'une femme qui de la pauvreté a passé à l'opulence, et qui, par suite d'une faute qu'elle a commise, retombe dans l'indigence. Isabelle d'Égypte, autre roman d'Arnim, offre le tableau pittoresque de la vie des Bohémiens. Arnim passa les dernières années de sa vie dans la retraite ; ce ne fut qu'en 1827 qu'il publia son dernier ouvrage, les Gardiens de la couronne. Il mourut quatre ans après.

ARNISOEUS, professeur de médecine dans l'université de Helmstadt, à la fin du XVIe et au commencement du XVIIe siècle, fit plusieurs voyages en France et en Allemagne, et devint conseiller et médecin du roi de Danemark Christian IV.

Il a laissé divers ouvrages de médecine, de jurisprudence, et même de politique (*De auctoritate principum in populum semper inviolabili*, Francfort, 1612, in-4°; ce livre roule sur cette maxime, qui assure la paix des États que le peuple, en aucun cas, ne doit attenter à l'autorité du prince, même quand l'insurrection pourrait paraître à quelques esprits exaltés un saint devoir, *De jure majestatis*, 1610, in-4°; *De jure connubiorum*, 1613, in-4°; *De subjectione et exemptione clericorum*, in-4°; *Observationes anatomicæ*, 1610, in-4°, etc.

ARNO (V. FLORENCE).

ARNOBE, l'ancien, rhéteur et philosophe, né à Sicca, ville d'Afrique, vers la fin du III° siècle de l'Église. Sectateur ardent du paganisme, (dit saint Jérôme), il eut en songe des visions qui le déterminèrent à embrasser le christianisme, malgré les dangers qui, à cette époque de persécutions, accompagnaient toujours une profession de foi. La sienne fut vive et sincère; elle fut aussi courageuse; car il ne craignit pas de manifester ses opinions dans ses livres de *Disputationes contra gentes* (dont les meilleures éditions sont celles de Rome, 1542, in-fol.; de Leyde, 1561, in-4°, et de Paris, 1660, à la suite des œuvres de saint Cyprien. Le style africain d'Arnobe a de la chaleur et de la véhémence, mais il se sert fréquemment de mots durs, emphatiques, obscurs; et souvent encore le rhéteur se montre sous la plume de l'écrivain philosophe. Il n'avait pas encore reçu le baptême quand il écrivit son livre; c'est là ce qui explique les méprises, les erreurs qui lui sont échappées quand il a parlé des mystères, dont il n'était instruit qu'imparfaitement. Aussi réussit-il bien mieux quand il s'élève contre les illusions grossières du paganisme, que lorsqu'il veut défendre la religion qu'il avait embrassée. Il mourut vers l'an 320. Lactance fut son disciple.

ARNOBE LE JEUNE, Gaulois d'origine, était, à ce qu'on croit, moine de Lérins, au milieu du V° siècle. On a de lui un *Commentaire sur les psaumes*, Bâle, 1537, in-8°; Paris, 1539, in-8°. On trouve aussi cet ouvrage dans la Bibliothèque des Pères. On l'a accusé de semi-pélagianisme. Le style de cet écrivain n'est pas dépourvu d'élégance, quoiqu'il se ressente de la décadence de la littérature latine.

ARNODES, nom que les Grecs donnaient à ceux qui allaient récitant des vers d'Homère, une branche de laurier à la main, dans les assemblées publiques, dans les fêtes ou les banquets. On les appelait ainsi parce qu'on leur donnait ordinairement pour récompense un agneau, ἀρνός, génitif de ἀρή. On les appelait aussi *rhapsodes*, ou *rhapsodistes* (V. RHAPSODES).

ARNOGNES (les), canton des environs de Nevers, dans lequel on ne voit ni villes ni villages; mais où l'on admire la fécondité du sol, qui produit en abondance du vin, des grains, du jardinage, du bois et des herbages.

ARNOLD, bénédictin de Saint-Alban, de Mayence, écrivit un ouvrage intéressant sur les calamités de son temps (1324), il peint de vives couleurs l'état déplorable de l'Église, de l'empire germanique et son propre ordre; il avait commencé une vie de Louis de Bavière; il l'a laissée imparfaite. Ses autres écrits sont perdus.

ARNOLD (JEAN), dit *Bergellanus*, parce qu'il naquit à Bergell, près de Francfort-sur-le-Mein, fut correcteur de l'imprimerie de Mayence, et l'un des meilleurs poëtes de son siècle. Son *Encomium calcographiæ* (poëme sur l'invention de l'imprimerie), inséré dans le tome II des *Script. rerum magunt.* est écrit d'un style merveux et en même temps facile. Il publia ce poëme en 1541, et il le dédia au cardinal Albert, archevêque de Mayence. C'est de lui-même qu'on sait qu'il fut correcteur d'imprimerie.

> Res operosa quidem, blandis sed grata camœnis
> Et nobis vietum per tria lustra dedit.

ARNOLD (CHRISTOPHE), paysan de Sommerfeld, près de Leipzig, naquit en 1646, et mourut dans son village en 1695. La nature l'avait formé astronome; il avait élevé sur sa première maison un observatoire qui a subsisté jusqu'en 1794. Il découvrit les comètes de 1683 et 1686, et le passage de Mercure en 1690. Toutes les observations d'Arnold se trouvèrent si exactes, bien qu'il n'eût eu, en les faisant, d'autre secours que celui de sa propre raison, qu'on les inséra dans les *Acta eruditorum*. Trois vallées ou prétendues vallées remarquées dans la lune par l'astronome Schrœter, ont reçu le nom d'Arnold.

ARNOLD (SAMUEL), né vers l'an 1740, apprit la musique dans la chapelle de Londres. A peine âgé de vingt-trois ans, il fut attaché au théâtre de Covent-Garden en qualité de compositeur. Plus tard, il fut reçu à Oxford docteur en musique, et en 1783 il fut nommé organiste de la chapelle royale, où il avait reçu les premières leçons de son art. En 1789, il fut créé directeur de l'Académie de musique et organiste de Westminster. Il mourut à Londres en 1802. Il travailla peu pour la scène, mais il a composé plusieurs oratorio. On vante le dernier, la Sunamite, *Elijah, or the woman of Shunam*.

ARNOLD (BENOIT), général américain, plein de bravoure, mais infidèle à la cause qu'il avait embrassée et servie, conduit par la jalousie à la trahison. Pendant la première moitié de sa vie, il combattit contre les Anglais pour l'indépendance de sa patrie; mais, poussé par d'injustes ressentiments, il voulut livrer aux Anglais le pays qu'il avait vaillamment défendu. Il avait été nommé, en 1778, gouverneur de Philadelphie, et il parut n'avoir pris ce commandement que pour se livrer, à la faveur de l'impunité, aux plus odieuses exactions. Il fut accusé de péculat, de concussion, etc. L'assemblée provinciale de Pensylvanie le renvoya devant une cour martiale, qui le condamna à recevoir une réprimande publique. Dès ce moment le désir de la vengeance entra dans son cœur (1779); ce fut surtout de Washington qu'il voulut se venger, parce que, depuis longtemps jaloux de son autorité, il l'accusait de sa propre disgrâce. Washington lui confia néanmoins le commandement d'un point important qui défendait l'entrée du territoire américain. On dit que le prix de la trahison offerte par Arnold fut stipulé à 36,000 livres sterling, avec la conservation du grade de brigadier général qu'Arnold avait déjà dans l'armée américaine. Le projet échoua, parce que l'émissaire du général anglais Clinton, le major André, fut arrêté à peu de distance de la forteresse. André périt par le supplice, prix assez digne du vil rôle d'espion dont il s'était chargé. Arnold, plus heureux, parvint à se sauver; mais depuis cette époque jusqu'à sa mort, arrivée en 1801, il ne jouit d'aucune considération, même en Angleterre; aussi, assure-t-on qu'avant sa mort, il exprima les plus vifs regrets de sa conduite passée.

ARNOLD (GEORGE-DANIEL), né à Strasbourg en 1780, mort dans la même ville en 1829. Après avoir fait à Strasbourg ses premières études, il alla passer deux ans à Gœttingue, où il fut reçu docteur en droit; de là il se rendit à Paris, où il resta jusqu'à l'institution des écoles de droit. Il fut envoyé d'abord à Coblentz, puis dans sa ville natale, où, après avoir fait des cours d'histoire, de droit des gens et de droit commercial, il devint doyen de la faculté en 1820. Il était aussi conseiller de préfecture. Ses opinions politiques après les derniers jours motivèrent sa révocation. On lui doit des *Éléments de droit romain, conférés avec le droit du Code*; Paris et Strasbourg, 1812. Il a fait aussi plusieurs petits poëmes, on l'on remarque plus de facilité que de poésie, et une comédie populaire, intitulée le *Lundi de Pentecôte, Der Pfingstmontag*, écrite dans le jargon strasbourgeois, et vantée par Gœthe dans son *Traité de l'art et de l'antiquité, Ueber Kunst und Alterthum*.

ARNOLD (GODEFROY), né en septembre 1666, fut historiographe du roi de Prusse Frédéric I°°, et professeur d'histoire à Giessen; mais il ne tarda pas à se démettre de ses emplois pour se livrer tout entier à la théologie. Devenu ministre de Perleberg, il composa plusieurs ouvrages, et notamment son *Histoire de l'Église et des hérésies*, pour laquelle il eut à subir des critiques amères, et même des persécutions de plus d'un genre. Ce n'était pas sans raison que son livre était condamné par les protestants comme par les catholiques; Arnold laisse voir partout la tendance qui le pousse vers les *piétistes*. On sait que les membres de cette secte (V. PIÉTISTES) prétendent réduire la foi chrétienne aux seuls préceptes de morale de l'Évangile. Arnold a composé plusieurs autres ouvrages tous empreints du même caractère d'exaltation mystique. *Sophie, ou Mystère de la sagesse divine; Tableau de la foi et de l'amour des premiers chrétiens; Histoire de la théologie mystique*, etc. Ce dernier livre est, et paraît être le seul écrit en latin; tous les autres sont en allemand.

ARNOLDI (JEAN-CONRAD), professeur à l'université protestante de Giessen, dans le grand-duché de Hesse, naquit à Trarbach sur la Moselle, le 1° novembre 1658, d'un père ministre, et recteur du gymnase. Après ses premières études, il visita plusieurs universités, soutenant partout des thèses qui lui valurent le grade de docteur en théologie. Arnoldi visita ensuite la France, et quelque temps après son retour il devint professeur de théologie, et successivement, recteur de l'université de Giessen. Il mourut doyen de la faculté de théologie en mai 1735. On a de lui une foule de dissertations écrites en latin, sur divers sujets, et deux petits ouvrages allemands : *Traité sur le respect dû aux temples et aux églises*; Giessen, 1714, in-4°; *Géographie historique et politique*, 1718, in-8°.

ARNOLDI (JEAN D'), né à Herborn en 1751, reçu avocat à Gœttingue, et successivement secrétaire des archives à Dillenburg, membre de la chambre des finances, membre de la régence et directeur des archives. Lorsque la révolution des Pays-Bas eut fait perdre au stathouder ses domaines, Arnoldi fit d'infructueux efforts pour procurer à son ancien souverain un dédommagement. En 1803 il entra au service du prince de Fulde, devint conseiller intime, et tenta d'opérer un soulèvement dans la Hesse contre Napoléon. En 1815, Arnoldi voulut se retirer dans ses terres : le roi Guillaume prévint cette résolution en le nommant conseiller intime du nouveau royaume de Hollande. Arnoldi conserva cette place jusqu'à sa mort (1827). On a d'Arnoldi, outre un grand nombre d'écrits de circonstance, et des dissertations sur divers objets politiques, des *Mélanges de diplomatie et d'histoire*, 1798, et l'*Histoire des pays de Nassau-Orange et de ses princes*; Hadamar, 1799-1816, 3 vol.

ARNOLDUS (NICOLAS), ministre protestant, né en 1618, successivement recteur de l'école de Jablonow, et professeur de théologie à Franeker, se fit quelque réputation par ses sermons; et, bien différent de ses confrères, qui ne disent ou n'écrivent pas deux lignes que l'une ne soit dirigée contre l'Église catholique, Arnoldus n'attaque jamais que ceux qui nient la divinité de Jésus-Christ. On a de lui une *Réfutation du Catéchisme des sociniens*, un *Commentaire sur l'Épître aux Hébreux*; *Lux in tenebris*, explication des passages de l'Écriture faussement interprétés par les sociniens.

ANOLFO DI LAPO (*V.* ARNULPHE).

ARNON, chanoine régulier du XIIᵉ siècle, doyen de la communauté de Reichesberg en Bavière, mort au commencement de 1175. On a de lui un ouvrage intitulé *Scutum canonicorum*, où il parle des coutumes et des observances des chanoines réguliers de son temps; il règne dans cet écrit un grand fond de piété. On le trouve dans le *Recueil de pièces de Duelli*, publié à Augsbourg, 1723, in-4°, sous le titre de *Miscellanea*.

ARNON, torrent de Judée, dans la tribu de Ruben, dont il formait la limite méridionale. Il prenait sa source dans les montagnes de l'Arabie, traversait le désert, divisait les Moabites des Amorrhéens, et se jetait dans le lac Asphaltite.

ARNOULD, fils naturel de Carloman, roi de Bavière et d'Italie, duc de Carinthie en 880, roi de Germanie sept ans après, et proclamé empereur d'Allemagne en 896. Le désir de s'approprier la succession de son oncle Charles le Gros l'avait conduit en Italie: Courageux et entreprenant, et secondé par les Hongrois, il soutint plusieurs guerres où presque toujours il fut victorieux. Gui, qui s'était mis en possession de l'Italie, lui en disputa longtemps la souveraineté; mais à la fin il fut vaincu et défait complètement en 893, ce qui laissa Arnould sans rivaux. Quelque temps après, il soumit le roi ou duc de Moravie, Zwentabold, qui s'était révolté contre lui. Ce fut après de nombreuses victoires qu'il se rendit à Rome pour en obtenir le prix de la main du pape Formose, qui mit sur sa tête la couronne impériale; mais au bout de deux ans (898) le concile de Rome annula l'élection de Formose, ce qui contraignit Arnould à soutenir de nouvelles guerres. L'Italie révoltée avait proclamé empereur Louis, roi d'Arles: Arnould mit aussitôt le siége devant Spolette. On dit qu'il y fut empoisonné par un breuvage qu'une femme, gagnée par Ageltrude, veuve de Gui, lui fit prendre. C'était un poison lent, qui n'agit qu'au bout de quelques mois. Quand il repassa les Alpes, il était malade et souffrant. Il mourut l'année suivante (899), devant la ville de Fermo, qu'il tenait investie. Il laissa pour héritier son fils Louis IV, qui lui succéda; sa fille Ghismonde fut mère de Conrad Iᵉʳ. Plusieurs écrivains traitent de fable l'empoisonnement, et ils soutiennent qu'Arnould mourut d'apoplexie. Les restes d'Arnould furent transférés à Ratisbonne peu de jours après son décès, et ensevelis dans l'abbaye de Saint-Emmeran, ce qui a fait dire à quelques écrivains qu'il était mort à Ratisbonne.

ARNOULD, évêque de Metz. Après avoir exercé divers emplois à la cour du roi d'Austrasie, Théodebert II, Arnould perdit sa femme, et il embrassa aussitôt l'état ecclésiastique. Il parvint au bout de peu de temps à l'épiscopat (614). Lorsque Clotaire II, divisant ses États, en 622, eut donné l'Austra-

sie à son fils Dagobert, il mit Arnould et Pepin de Landen à la tête du conseil. Malheureusement pour Dagobert, Arnould, voulant se consacrer tout entier à la pénitence, alla s'enfermer dans les déserts des Vosges, et le pouvoir resta tout entier aux mains de l'ambitieux Pepin. Arnould avait eu de Dode, sa femme, deux fils, dont l'un, Anchise, fut père de Pepin d'Héristal, qui le fut de Charles Martel., tige des rois de la seconde race. Arnould mourut le 16 août 641. L'Église l'a mis au nombre de ses saints : sa fête, en France, a lieu le 16 août.

ARNOUL (saint et martyr). On ignore les particularités de sa vie; tout ce qu'on sait de lui c'est qu'il prêcha la foi parmi les Francs après le baptême de Clovis; qu'il eut à lutter sans cesse contre la persécution, et qu'il finit par en devenir la victime: il fut martyrisé dans la forêt d'Yveline, entre Paris et Chartres. On célèbre sa fête, en France, le 19 juillet.

ARNOUL (saint). Un légat du pape Grégoire VII avait réuni un concile à Soissons; les habitants et le clergé de cette ville demandèrent aux Pères du concile de leur donner Arnoul pour évêque: Arnoul, d'une famille illustre, avait servi avec distinction sous le roi Robert et son fils Henri Iᵉʳ. Arnoul refusa d'abord de se charger du fardeau qu'on voulait lui imposer; mais à la fin, cédant aux représentations qui lui furent faites, il accepta l'épiscopat, dont il exerça les fonctions avec beaucoup de zèle. Plus tard, il se retira dans le monastère d'Aldenbourg qu'il avait fondé, entre Bruges et Ostende, et il y mourut en 1087. Le concile de Beauvais constata, en 1121, les miracles qui s'étaient opérés sur son tombeau.

ARNOUL (FRANÇOIS), dominicain, imagina, vers le milieu du XVIIᵉ siècle, de fonder pour les femmes un ordre de chevalerie destiné à propager le culte de la sainte Vierge. La reine Anne d'Autriche lui donna son agrément, et il publia son projet en 1647 à Paris, et à Lyon, sous le titre de *Collier céleste du sacré rosaire, composé de cinquante demoiselles*. Les gens du monde s'égayèrent aux dépens du père Arnoul, qu'ils traitèrent de visionnaire, et aucune demoiselle ne se présenta pour recevoir la croix de chevalerie. Il fit plus tard imprimer à Lyon, 1651, in-12, un recueil de remèdes, préalablement approuvés par la Faculté de médecine, sous le titre de *Révélations charitables de plusieurs remèdes*.

ARNOUL; d'abord archidiacre de Séez, élu évêque de Lisieux en 1141, accompagna Louis le Jeune à son expédition de Palestine, en 1147. Il revint au bout de deux ans. En 1160 il fut nommé par le pape Alexandre légat apostolique en Angleterre, avec mission de terminer les différends qui s'étaient élevés entre Henri II et le fameux Thomas Becket. Sur la fin de sa vie il se retira à l'abbaye de Saint-Victor, où il mourut, en 1182. Il a laissé divers ouvrages: 1° un recueil de lettres et de poésies sous ce titre : *Conciones, epistolæ et epigrammata*; Paris, 1585, in-8°. Ses poésies sont écrites d'un style correct, et la versification en est très-exacte; mais elles sont dépourvues d'imagination. Les lettres offrent quelque intérêt sous le rapport de l'histoire contemporaine et de la discipline ecclésiastique. 2° *Tractatus brevis ad Gaussidium episcopum, de schismate inter Innocentium II et Petrum Leonem antipapam*; ce traité se trouve dans le tome II du *Spicilége*. 3° *Sermo in synodo Turonensi*, prononcé à l'occasion de l'excommunication de l'antipape Victor; on le trouve dans le tome X de la *Collection de conciles* de Labbe, p. 140.

ARNOUL (AMBROISE-MARIE), successivement député au conseil des anciens, à celui des cinq-cents, et membre du tribunat. Exclusivement occupé des finances, il se fit peu remarquer dans les discussions jusqu'à la journée du 13 vendémiaire an IV, dont il fut un des promoteurs. Obligé de se cacher pour se soustraire aux proscriptions, il ne se remontra qu'en 1798, et l'année suivante il devint membre des commissions législatives chargées, après le 18 brumaire, de rédiger le plan de la constitution nouvelle. Il mourut, en 1812, maître des comptes. On a de lui plusieurs ouvrages: 1° *De la balance du commerce, et des relations commerciales extérieures de la France*; Paris, 1795, 2 vol. in-8°, avec cartes et tableaux. 2° *Système maritime politique des Européens pendant le XVIIIᵉ siècle*, 1797, in-8°. 3° *Mémoires sur différents sujets relatifs à la marine*, 1792, in-8. 4° *Histoire générale des finances depuis le commencement de la monarchie*, 1806, in-4°.

ARNOULD (SOPHIE), actrice célèbre, moins par ses talents dramatiques et par la beauté de sa voix, que par la finesse et la vivacité de ses réparties. Malheureusement elle gâta son esprit par la licence de ses mœurs; et tous les bons mots qu'on a recueillis d'elle, ou qu'on lui attribue, sont empreints d'une liberté qu'elle appelait du *laisser aller*, et qu'on nommera plus justement du *cynisme*. Sophie Arnould, paraissant avec tous les avantages d'un esprit brillant et cultivé au milieu d'un monde corrompu, devint une puissance en fait de réputations et de mode, et son salon était le rendez-vous des grands seigneurs de son temps, des poëtes et des philosophes. D'Alembert, Diderot, Helvétius, Mably, Duclos, Jean-Jacques Rousseau lui-même, allaient tous les jours y recevoir les réponses de l'oracle. Sa causticité n'épargnait personne; il fallait même qu'elle surpassât en ironie, en médisance, en calomnies spirituelles, tout son entourage, pour devenir un personnage important. Nous voudrions pouvoir citer quelques-uns de ses bons mots; mais dans le nombre de ceux qui forment l'*Arnoldiana*, le choix est difficile, quand on ne veut blesser ni la modestie, ni les bienséances. Marmontel venait de faire représenter son opéra de *Zémire et Azor*, ou *la belle et la bête*. « Vous avez vu mon opéra, lui dit-il, qu'en pensez-vous? — *Je pense que c'est la musique qui est la belle.* » On lui montrait une tabatière sur laquelle étaient les portraits de Sully et de Choiseul. « *Voilà*, dit-elle, *la recette et la dépense.* » Un jeune homme disait devant elle, dans l'intention de la mortifier : « Maintenant l'esprit court les rues. — *N'en croyez rien*, répondit-elle, *ce n'est qu'un bruit que les sots font courir.* » Sophie Arnould naquit le 14 février 1744, d'un homme qui tenait un hôtel garni dans la maison même où Coligny fut égorgé; elle est morte en 1802, tout à fait oubliée, et punie par l'indifférence publique d'avoir consacré toute sa vie à la frivolité.

ARNOULT (JEAN-BAPTISTE), religieux, né à Besançon en 1689, et mort dans la même ville en 1753, a laissé : 1° un recueil de proverbes français, espagnols et italiens, sous le titre de *Traité de la prudence*; Besançon, 1733, in-12. L'auteur y attaque souvent les jésuites. 2° *Traité de la grâce*, 1738. Ces deux ouvrages parurent sous le nom d'*Antoine Dumont*. 3° *Le précepteur*. Ce sont divers traités où l'auteur a suivi le système d'orthographe que certains novateurs voulaient introduire en France, lequel consistait à la prononciation sensible par l'écriture. Ainsi, il a intitulé ses traités de la manière suivante : *Gramaire francèze, Ortografe francèze, Elémans d'arimétique, Abrégé de cronologie, Géografie, Elémans de la religion crétiène, Art de se santifier*. Arnoult avait annoncé de nouveaux ouvrages, auxquels il appliquerait son systême; mais ces ouvrages n'ont point paru.

ARNOUX (le P. JEAN), né à Riom dans le XVIe siècle, acquit de la célébrité par ses prédications et ses livres de controverse. Il était entré chez les jésuites dès l'âge de dix-sept ans, et il y professa successivement les humanités, la philosophie et la théologie. A la mort du P. Cotton, en 1617, il devint confesseur de Louis XIII. En 1622, il se rendit à Toulouse, d'où il partit, après une année de séjour, pour la capitale du monde chrétien. Il retourna de Rome à Paris en 1632. Il se retira ensuite chez les jésuites de Lyon, et il y mourut en 1636. Les protestants, contre lesquels il soutint toute sa vie une polémique très-vive, l'ont accusé d'intolérance, parce qu'il sortait constamment victorieux de ces disputes.

ARNSTADT, ancienne ville de la Thuringe, en Allemagne, dans la haute Saxe. L'empereur Othon Ier avait donné cette ville à l'abbaye de Hersfeld; mais peu de temps après, elle passa sous la domination des comtes de Schwartzbourg. Depuis cette époque, et surtout dans ces derniers temps, elle a plusieurs fois changé de maître. On y compte quatre églises, et on y voit un palais bâti au commencement du XVIIe siècle, pour servir de résidence aux princesses douairières de Schwartzbourg. Il y a aussi une école publique et plusieurs édifices, où se tenaient les collèges ecclésiastiques et civils du pays, ainsi que la chambre des finances.

ARNULPHE, de Carinthie (*V.* ARNOUL, empereur). — Ce nom d'Arnulphe est connu dans l'histoire d'Allemagne. On y voit figurer Arnulphe de Bavière, qui prit le titre de roi d'Allemagne en 908, et Arnulphe le Grand, comte de Flandre, en 917.

ARNULPHE DI LAPO, ou ARNOLFO, architecte et sculpteur, né à Florence en 1232, et mort en 1300. Élève de Cimabue, qui lui enseigna le dessin, il était destiné à rendre à l'architecture le même service que Cimabue rendait à la peinture. Florence lui doit un grand nombre d'ouvrages; mais celui qui donne à son auteur des droits à l'immortalité, c'est l'église fameuse de *Santa-Maria dei Fiori*, magnifique édifice que d'autres ont pu surpasser en étendue, mais qu'aucun ne surpasse en régularité, en beauté de l'ensemble, en justesse des

proportions. — Antérieur à la renaissance des arts, ce monument ne s'est point modelé sur le goût antique, mais il n'a rien emprunté au style gothique, alors en pleine vigueur; son style tient le milieu entre les deux genres. La disposition, la décoration et la construction, confondues et mêlées dans le gothique, ont reçu d'Arnulphe leur destination particulière, indépendante. La décoration est chez lui, il est vrai, la partie de l'art le moins avancée; mais il fit déjà beaucoup en bannissant de son ouvrage ces décorations puérilement futiles qu'on remarque dans tous les édifices de ce temps. — Michel-Ange, qui était assurément un bon juge en fait d'architecture, trouve dans Santa-Maria une conception grande et hardie, une disposition sage, solide et légère à la fois, une telle combinaison de forces, que rien ne s'y montre exagéré, que tout y paraît simple et naturel. Cette église est divisée en trois nef par de vastes arcades cintrées; elle est toute construite en pierre, revêtue de marbre en beaucoup d'endroits, surtout à l'extérieur; elle a, hors d'œuvre, 426 pieds de long et 363 d'élévation, du sol au sommet de la croix; la croisée a 313 pieds de longueur; la nef principale, 143 pieds de haut; les nefs collatérales, 91 pieds. La première pierre de cet édifice fut posée en 1298, par le cardinal légat; mais Arnulphe n'eut pas la satisfaction de voir son ouvrage terminé : il ne put qu'élever les murs, en faire le revêtement extérieur, et bander les trois arcs principaux sur lesquels la coupole est assise. Quant à cette coupole, qui encore aujourd'hui fait l'admiration des connaisseurs, elle fut construite par Brunelleschi, le véritable restaurateur de l'architecture (*V.* BRUNELLESCHI).

AROBE ou ARROBE, s. f., mesure de poids dont on se sert en Espagne, en Portugal, dans l'ancienne Amérique espagnole, et dans les provinces méridionales de France. Les arobes varient de poids, suivant les localités. En général, elles se composent de 25 livres, plus une livre de tare; mais la livre n'est pas égale partout. Les 25 livres de Madrid n'équivalent qu'à 23 livres un quart de Paris. Les livres de Séville et de Cadix en égalaient 26 de Paris. Dans le midi de la France, c'était de cette dernière qu'on faisait usage (*V.* QUINTAL). L'arobe de Portugal est plus forte que celle de Séville.

AROIDES ou AROIDÉES, plantes de la classe des monocotylédones à étamines hypogynes de Jussieu, ayant une spathe qui renferme un spadice ou corps pyramidal, sur lequel s'élèvent les organes de la fructification, des étamines et pistils définis ou indéfinis, un calice uni ou formant plusieurs parties, des pistils mêlés avec les étamines ou séparés, une baie ou une capsule, des feuilles alternes. Les aroïdes composent une famille de plantes qui ressemblent beaucoup à l'arum (*V.* ARUM).

AROMATES. On comprend sous le nom d'*aromates* tous les végétaux qui sont pourvus d'une huile et d'un sel âcre dont l'union forme une substance savonneuse, principe de l'odeur qui s'en exhale et du goût âcre, stimulant et échauffant qu'on y trouve. De ce genre sont : le cardamome, le gérofle, la cannelle, le poivre, etc. L'aromate et le parfum, que souvent on prend l'un pour l'autre, comme lorsqu'on dit *brûler des parfums*, diffèrent en ce sens qu'en général parfum s'entend du corps duquel s'exhale une odeur, et que le parfum est l'odeur même qui sort du corps odorant. D'un autre côté, tout aromate est ou peut être parfum, au lieu que tout parfum n'est pas aromate, car il y a des parfums qui sont extraits de substances animales ou autres, et l'aromate ne se dit que des plantes. — La nature a répandu les aromates avec profusion sur toute la terre, principalement dans les pays chauds, où ils sont devenus pour les habitants des objets de première nécessité. — Les anciens consacraient les aromates au besoin du culte religieux. Les Hébreux s'en servaient pour purifier tout ce qui devait être employé au service de l'autel. Il est à présumer que les Hébreux tenaient des Egyptiens l'usage des aromates (*V.* EMBAUMEMENT et MOMIES). Les Grecs et les Romains ont fait aussi une grande consommation d'aromates. — Les aromates sont employés comme *médicament* ou comme *assaisonnement*. — L'action des aromates est stimulante; leurs principes, qui s'incorporent au sang, portent avec lui leur action dans toutes les parties du corps : aussi les substances aromatiques sont-elles, en général, regardées comme stomachiques et antispasmodiques. On s'en sert fréquemment, dans les pays chauds, pour réparer les forces abattues par la chaleur. Dans les pays tempérés, ils ne sont admis dans les compositions pharmaceutiques que comme accessoires, soit pour relever des substances inodores, soit pour déguiser un peu le goût ou l'odeur des substances fétides. — Comme assaisonnement, les aromates ne doivent entrer que par petites quantités dans la préparation des aliments, car leur trop grand usage peut entretenir ou même provoquer des irritations, des inflammations d'estomac ou d'intestins. — On emploie encore les aromates comme cosmétiques; les parfumeurs leur doivent souvent des parfums très-suaves (*V.* ODEURS, PARFUMS).

AROMATISER, mêler des aromates avec d'autres substances pour leur donner l'odeur aromatique.

AROMATITE, s. f., pierre précieuse qu'on trouve en Egypte et en Arabie. Elle est formée d'une substance bitumineuse qui a l'odeur et la couleur de la myrrhe, d'où lui était venu le nom de *myrrhinite*, que lui donnent souvent les anciens écrivains.

AROME, s. m. (de ἄρωμα, parfum). C'est le principe odorant des plantes. Les anciens pensaient qu'il était inhérent aux *eaux essentielles* (*V.* ce mot), et ils l'appelaient *esprit recteur*. La nouvelle nomenclature chimique a proscrit ce terme. — Il résulte de plusieurs expériences faites par M. Robiquet que dans certaines substances, l'arome est tenu en dissolution, par certains véhicules gazeux ou volatils, tels que les huiles essentielles et l'ammoniaque. C'est pour cela sans doute que certaines substances, peu odorantes, ou même inodores par l'absence de ces véhicules, peuvent répandre une odeur très-forte par le mélange d'une autre substance qui facilite la volatilisation. Le tabac, par exemple, doit une partie de son odeur à des sels d'ammoniaque, qu'on y mêle pendant la préparation. Le musc parfaitement desséché n'a point d'odeur. Tandis qu'on le dessèche, on en sépare une substance particulière qu'on nomme *ammoniaque*; et c'est certainement cette substance qui sert de véhicule à l'odeur, car le musc, devenu inodore par la dessication, reprend toute son odeur quand on y mêle une petite partie d'ammoniaque.

ARONDE (queue d'), *t. de fortif.* On appelle ainsi les branches d'un ouvrage à corne ou à couronne, qui vont se rapprochant vers le corps de la place, de sorte que la gorge est moins étendue que le front. *En t. de menuis.*, c'est une entaille faite dans le bois en forme de queue d'hirondelle; servant à retenir deux pièces de charpente ensemble.

ARONDEL. *V.* ARUNDEL.

ARONDELLE, *t. de pêche.* C'est le nom d'un instrument de pêche consistant en une longue corde qu'on étend à marée basse sur le sable, et à laquelle sont attachés les *avançons*. On appelle de ce dernier nom de petites lignes longues de quatre ou cinq pieds, et distantes l'une de l'autre de cinq à six, armées chacune d'un hameçon. Les poissons qui arrivent avec la marée montante ne manquent guère de se prendre aux lignes de l'arondelle, s'ils viennent du côté où elle se trouve; mais ce genre de pêche offre l'inconvénient de ne pouvoir retirer le poisson qu'au bout de douze heures, puisque les pêcheurs ne peuvent relever leurs arondelles qu'à marée basse. — En *t. de marine*, on donne le nom d'*arondelles de mer* aux bâtiments légers, tels que brigantins, pinasses, etc.

AROT et MAROT. Nom que Mahomet donne à deux prétendus anges envoyés de Dieu pour enseigner les hommes et les former à la pratique des vertus; mais il arriva que ces anges se laissèrent séduire par une très-belle femme, qui les invita à se rendre chez elle et leur fit boire du vin, ce qui les échauffa tellement, qu'ils voulurent posséder cette femme. Celle-ci promit de les satisfaire s'ils voulaient lui apprendre les paroles sacrées au moyen desquelles on montait au ciel. Aveuglés par leur passion, les anges la contentèrent; mais une fois maîtresse de leur secret, la femme s'éleva au ciel, où elle fit à Dieu le récit de ce qui s'était passé. Dieu la changea en l'étoile du matin, *Lucifer* ou *Aurore*, et les deux anges furent sévèrement punis. Pour que de tels événements ne se renouvelassent point, Dieu, dit Mahomet, défendit très-sévèrement l'usage du vin.

AROURA, mesure carrée des Grecs, équivalant à 2,500 pieds grecs carrés, laquelle répond à 2 ares 37 centiares. L'aroura était la moitié du *pléthron* (*V.* PLÉTHRON). L'aroura égyptien se composait de 100 coudées carrées.

AROW ou AROU, île de la mer des Indes, à l'orient des Moluques et au sud de la Nouvelle-Guinée. Cette île est assez considérable; on lui donne trente lieues de long sur dix de large. On y trouve à peu près les mêmes produits qu'aux Moluques.

ARPADES, nom de la première dynastie des rois de Hongrie, issue d'Arpad, qui était chef ou prince des Madjares. Lorsque ces tribus sauvages eurent franchi les monts Carpathes en 819, pour s'établir dans la Pannonie, leurs chefs se partagèrent le pays conquis, et prirent le titre de ducs; mais saint Etienne, petit-fils d'Arpad, prit le titre de roi, que ses des-

cendants ont porté jusqu'en 1300 (*V.* ÉTIENNE, HONGRIE).

ARPAGE. *V.* HARPAGE.

ARPAJON (LOUIS, Duc d') embrassa de bonne heure la carrière des armes, se distingua en 1621 au siège de Montauban, défendit avec succès Casal, le Montferrat et le Piémont, s'empara de Lunéville, et soumit la Guyenne en 1642. Trois ans plus tard, il alla offrir ses services au grand-maître de l'ordre de Malte, qui les accepta. Malte était menacée par les Turcs; mais le nouveau général pourvut si bien à la sûreté de l'île, que les Turcs n'osèrent rien entreprendre de sérieux. Le grand-maître et le conseil de l'ordre, pleins de reconnaissance, accordèrent à Louis d'Arpajon le privilège, tant pour lui que pour ses descendants, d'écarteler dans leurs armes celles de la religion, et de nommer chevalier à leur choix un de leurs enfants au moment même de sa naissance, lequel serait grand'croix à l'âge de dix-huit ans. Ce privilège, à l'extinction des mâles, fut continué à une fille du dernier Arpajon, mariée au comte de Nuailles. — A son retour en France, Louis fut nommé à l'ambassade de Pologne, et il favorisa puissamment l'élection de Casimir. Louis XIV érigea en duché sa terre d'Arpajon, en 1651; il mourut dans son château de Séverac, en 1679.

ARPE (PIERRE-FRÉDÉRIC), né à Kiel, capitale du duché de Holstein, en 1682; mort à Hambourg, en 1748. Il avait occupé pendant quelques années une chaire de professeur à Kiel. Il a laissé plusieurs ouvrages qui sont recherchés par les curieux, mais pleins de sentiments très-hétérodoxes. Voici les principaux: 1º *Bibliotheca fatidica, sive Museum scriptorum de Divinitate*, 1711, in-8º; 2º *Theatrum fati, sive Notitia scriptorum de Providentia, fortuna et fato*; 1712, in-8º; 3º *Dintriba de prodigiosis naturæ et artis operibus*, etc., 1717, in-8º; 4º *Laicus veritatis vindex, sive de jure laïcorum præcipue germanorum in promovendo religionis negotio*, 1720, in-4º; 5º *Themis cimbrica, sive de Cimbrorum antiquissimis institutis*, 1737, in-4º. M. Renouard attribue à cet écrivain le livre des *Trois imposteurs*; mais il paraît que cet écrit, qui n'a commencé de circuler en France qu'en 1769, n'est simplement qu'un extrait des principes de Spinosa, imprimé à la suite de sa biographie (*V.* SPINOSA).

ARPÉGE (*musiq.*), ARPÉGEMENT, ARPEGGIO, procédé par lequel celui qui joue d'un instrument fait entendre successivement et avec rapidité les divers sons d'un accord au lieu de les faire entendre à la fois. Il y a des instruments sur lesquels on ne peut faire entendre un accord plein ou parfait qu'en arpégeant; tels sont: le violon, l'alto, le violoncelle, la basse, dont on frappe les cordes avec l'archet; tels sont surtout les instruments à vent, d'où l'on ne peut, en aucun cas, tirer que des sons isolés. — L'arpége du violon et des instruments analogues ne peut être composé que de quatre sons; puisque ces instruments n'ont que quatre cordes, et que chaque corde ne rend qu'un son. L'arpége s'exécute d'un seul coup d'archet qui commence sur la grosse corde et finit sur la chanterelle, d'où l'archet retourne sur la grosse corde. Pour que l'arpége produise de l'effet, il faut que les doigts se trouvent arrangés sur les quatre cordes, car s'ils ne se rangeaient que successivement, ce ne serait plus un arpége qu'on exécuterait, mais une succession rapide de sons. — La méthode d'arpégement a pris naissance sur la harpe. Comme cet instrument ne peut soutenir les sons, on a imaginé de les faire entendre l'un après l'autre, il est vrai, mais avec assez de vitesse pour que l'impression causée par le son grave, qu'on frappe le premier, dure encore lorsqu'on arrive au son aigu. Il en est de même au piano; mais il faut avoir soin, quand l'arpége n'est que d'un accord plein, de ne lever les doigts qui reposent sur les notes graves que lorsque l'arpége est terminé. Les arpéges sur le piano et la harpe peuvent varier à l'infini, et parcourir plusieurs octaves. Sur les instruments à archet, ils ne peuvent guère se composer que de quatre notes. Quant aux instruments à vent, comme les arpéges ne peuvent consister qu'en sons successifs; il n'y a guère que la flûte et la clarinette qui permettent à l'artiste de lier entre elles les notes de l'arpége, de manière à ce qu'elles ne ressemblent point à des notes détachées.

ARPENT, ancienne mesure de surface contenant 100 perches ou 30 toises carrées, et 900 toises de superficie. L'arpent de Paris se mesurait avec une perche de 18 pieds; l'arpent des eaux et forêts n'était aussi que de 100 perches; mais la perche avait 4 pieds de plus, ce qui lui donnait une superficie de 1,344 toises (*V.* MESURES-AGRAIRES). Quoique depuis longtemps le mot *hectare* eût été substitué à celui d'*arpent* dans tous les actes d'administration, on a continué de se servir de ce dernier terme jusqu'au 1er janvier 1840. Au reste, quand on exprimât en arpents la contenance d'une pièce de terre, on avait soin d'ajouter en hectares et en ares la valeur relative. L'arpent de Paris contenait 34 ares 19 centiares. (*V.* ARE, MESURES AGRAIRES, NOUVELLES.)

ARPENTAGE, mesurage des terres par arpents. Il se dit, en général, de l'art de mesurer la superficie des terres (afin de pouvoir les diviser ou les réunir, en former des lots, en fixer les limites par des bornes, faire, en un mot, toutes les opérations nécessaires qu'exigent les circonstances) et de dresser et de lever les plans, de les transporter sur le papier, etc. (*V.* ARPENTEUR). L'arpentage est un art très-ancien. Hérodote en attribue l'invention aux anciens Égyptiens. Comme le Nil, dit-il, dans ses crues périodiques, inondait toutes les terres et en faisait disparaître toutes les limites, on dut recourir à quelque moyen de reconnaître l'étendue de chaque propriété, et de déterminer ensuite cette étendue par des bornes qui se pussent retrouver après la retraite des eaux. Cet ancien historien croit que ce fut de cet art de mesurer les terres que la géométrie se forma (*V.* GÉOMÉTRIE). L'arpentage a trois parties : la première, l'arpentage proprement dit, consiste à prendre les mesures sur le terrain même; la seconde, à transporter sur le papier ces mesures, c'est-à-dire, à lever le plan figuratif du terrain; la troisième, à trouver l'aire du terrain, c'est-à-dire, à faire le calcul du toisé.—Pour la première partie, il faut procéder par l'observation des angles et la mesure des distances. On se sert, pour observer les angles, de divers instruments, tels que graphomètres, croix d'arpenteur, planchette, boussole, cercle d'arpenteur, etc. (*V.* ces mots.) On mesure les distances avec la chaîne ou l'odomètre (*V.* CHAINE, ODOMÈTRE ou COMPTE-PAS). — La seconde partie, ou levée du plan, s'exécute avec le rapporteur et l'échelle d'arpenteur (*V.* ces deux mots). Quant au calcul du toisé, on s'opère en réduisant la superficie en triangles, en carrés, en parallélogrammes, en trapèzes, mais surtout en triangles, après quoi on détermine la surface ou aire de chaque figure, et en additionne tous les résultats (*V.* AIRE, TRIANGLE, TRAPÈZE, etc.). — Depuis plus d'un siècle, on a élevé une question qui paraît plus importante qu'elle ne l'est réellement. Il s'agit de savoir si, dans la mesure d'un terrain incliné, on doit prendre sa superficie réelle, ou bien celle de sa base horizontale. Mais, comme il faut déterminer nécessairement les limites du terrain qu'on mesure, et son inclinaison sur l'horizon, le résultat vient toujours à être le même, soit qu'on mesure la superficie réelle, soit qu'on ne mesure que la base horizontale. Supposons, en effet, un terrain de 50 mètres d'étendue à sa base, s'élevant en dos d'âne à 50 mètres de hauteur, et que sur chaque côté se trouvent implantés dix rangées de chênes à 5 mètres de distance l'un de l'autre; il est évident que, la superficie de chaque côté incliné étant égale à la largeur de la base, cette double superficie aurait deux fois la largeur de la base horizontale, et que réellement la superficie des plans inclinés excéderait la superficie horizontale. Mais il est aussi évident que, sur le plan incliné, le nombre des rangées d'arbres ne sera pas plus grand que sur le plan horizontal; car la distance de 2 mètres et demi, à laquelle se trouveront les arbres, sur le premier plan, équivaudra, pour la quantité de terrain, aux 5 mètres de l'autre plan. Qu'on élève, en effet, des terrasses de 5 en 5 mètres, il faudra incontestablement dix terrasses pour atteindre le sommet du dos d'âne, mais chacune de ces dix terrasses n'aura que 2 mètres et demi de largeur, ce qui produira, pour la superficie horizontale de ce plan incliné, une somme totale de 25 mètres, équivalant à la moitié de la largeur de la base (*V.* au surplus, pour les questions auxquelles peut donner lieu l'emploi des deux méthodes, les mots CULTELLATION, DÉVELOPPEMENT [méthode de]; *V.* aussi GÉODÉSIE.)

ARPENTEUR, celui dont l'office est de mesurer les terrains et de les évaluer en arpents ou en autres mesures agraires. L'arpenteur ne doit pas seulement avoir une teinture superficielle de l'arithmétique et de la géométrie pratique; il doit encore avoir de ces deux sciences des notions exactes et assez étendues, car il est une infinité de cas où la simple pratique ne suffit pas, et ce n'est que par une bonne théorie que l'on peut suppléer à ce qui manque à la pratique. L'arpenteur doit être pareillement en état de dresser correctement un rapport de ses opérations, de planter des bornes, d'apprécier la nature et la valeur des terres, d'appliquer, s'il le faut, les lois relatives aux propriétés, de fixer l'usage des servitudes, de remplir enfin toutes les fonctions attribuées aux experts.

ARPENTEUSE. (*hist. nat. insect.*) *Eraca geometra*. C'est le nom par lequel on a désigné toutes les chenilles qui n'ont que

dix ou douze pieds. C'est leur démarche qui leur a valu ce nom; parce que, pour faire un pas, elles rapprochent leurs pieds de derrière de ceux de devant, en ployant leur corps par le milieu, et portant ensuite en avant toute la partie antérieure; de sorte qu'à chaque pas elles mesurent un espace de terrain égal à la longueur de la portion de leur corps qui se trouve comprise entre les pieds de devant et ceux de derrière. Toutes les arpenteuses se changent en phalènes (*V.* PHALÈNE). Il y en a beaucoup d'espèces dont quelques-unes commettent de grands dégâts dans les lieux qu'elles attaquent. La plupart de ces chenilles, en état de repos, se tiennent toutes droites sur leur jambes de derrière, ou à demi courbées.

ARPHAXAD, fils de Sem, et petit-fils de Noé, né deux ans après le déluge, et père de Caïnan, suivant les Septante. Josèphe dit qu'il passa le Tigre, et qu'il se fixa dans le pays appelé Chaldée, lequel porta d'abord le nom d'Arphaxatide. — Il est parlé, au livre de Judith, d'un roi des Mèdes appelé ARPHAXAD, qu'on croit être le même que Phraortès, fils et successeur de Déjocès; Hérodote dit qu'il se rendit maître de tous les royaumes de l'Asie qu'il attaqua les uns après les autres; mais que s'étant avancé vers Ninive, il fut vaincu et tué par Nabuchodonosor, la vingt-deuxième année de son règne. Ce récit d'Hérodote s'accorde assez avec le livre de Judith, où il est dit qu'Arphaxad construisit Ecbatane, et qu'il fut défait dans la plaine de Ragan.

ARPINO (JOSEPH-CÉSAR D'), né au château d'Arpin en 1560. Dès l'âge de treize ans, il fut employé à broyer les couleurs des peintres qui travaillaient au Vatican par ordre de Grégoire XIII. Ce pape remarqua dans le jeune broyeur de si heureuses dispositions, qu'il lui fixa un écu d'or par jour d'appointements. Le pape Clément VIII le créa chevalier du Christ, et directeur de Saint-Jean-de-Latran. Henri IV lui donna le cordon de Saint-Michel lorsqu'il vint en France à la suite de Marie de Médicis. Il mourut à Rome en 1640. Arpino a mis beaucoup de finesse dans ses tableaux, mais son coloris est froid et son style maniéré; sa *bataille des Romains et des Sabins* passe pour son meilleur ouvrage.

ARPULI (*hist. nat. bot.*) nom que les habitants de Malabar donnent à un arbrisseau que Linné appelle *cassia, sophora, foliis decemjugis lanceolatis, glandula blaveos oblonga*. C'est un arbrisseau de cinq ou six pieds d'élévation, en forme de buisson, ovoïde, pointu; racine en pivot replié pour tracer sous terre horizontalement; garni de fibres; bois et écorce jaunes sous une peau noirâtre; tige d'un brun cendré, garnie sur toute la longueur de branches de même couleur; feuilles alternes, disposées circulairement le long des branches, longues de dix-huit à vingt lignes, portées sur un pédicule cylindrique très-court. On a mal à propos confondu l'*arpuli* avec la *casse*. On a fait quelquefois usage des fleurs de cet arbrisseau en médecine; mais son usage a été à peu près abandonné, parce qu'on a reconnu son peu d'efficacité.

ARQUÉ, qui a la forme d'un arc; ou qui se rapproche de cette forme. On dit *navire arqué* celui dont la quille est courbée en arc, soit par accident, soit par vétusté; *quille arquée*, celle dont le milieu tombe plus que les deux bouts. — *En terme de manége*, on nomme *arqué* tout cheval dont les tendons des jambes antérieures se sont retirés par suite d'une fatigue excessive, de façon que la jambe se ploie en dessous, et le genou se porte en avant.

ARQUEBUSADE (EAU D') (*mat. méd.*) (*V.* EAU VULNÉRAIRE SPIRITUEUSE). Cette eau passe pour spécifique dans une infinité de cas, et principalement pour les plaies faites par une arme à feu.

ARQUEBUSE, arme à feu de la longueur d'un mousquet ou d'un fusil ordinaire, montée sur un long bâton qui sert à la soutenir. Cette arme, dit le P. Daniel, ne commença d'être en usage sur la fin du règne de Louis XII; il cite plusieurs autorités qui toutes s'accordent à placer l'invention de l'arquebuse en une date *très-peu éloignée*. — Quand on se servait d'arquebuses, on appelait *arquebusiers* les soldats qui en étaient armés; il y en avait à pied et à cheval. Dans presque toutes les villes de France on donnait un prix d'*arquebuse* dont l'établissement avait pour objet d'engager les bourgeois à s'exercer au tir de cette arme. Quelques villes ont conservé cet usage jusqu'à la révolution, et quoiqu'on s'y servît de fusils, l'institution avait retenu le nom de *prix de l'arquebuse*. — Les premières arquebuses ont dans l'armée impériale que commandait le connétable de Bourbon (1524). Elles étaient alors si lourdes et si difficiles à manier, qu'il fallait deux hommes par arquebuse. On la posait, pour tirer, sur un bâton fourchu. C'était l'arquebuse à forquine. Au reste, il paraît que l'arquebuse à croc est la première qu'on ait employée; est venue ensuite l'arquebuse *à mèche* et *à serpentin*, et enfin l'arquebuse *à rouet* (*V.* pour l'histoire de cette arme, et sa description particulière, le mot ROUET [*arquebuse à*]).

ARQUEBUSIER, ouvrier qu'on appelait d'abord *artillier*, et qui fabriquait les petites armes à feu, arquebuses, mousquets, fusils, pistolets. Dans les premiers temps, il exécutait seul toutes les opérations qui sont aujourd'hui réparties entre un nombre infini d'artisans et d'artistes. L'arquebusier fabriquait le canon, la platine, le fût en bois et la baguette. Aujourd'hui, de perfectionnement en perfectionnement, on en est venu au point que la profession d'arquebusier exigeant une si grande réunion de talents, il a fallu nécessairement introduire le système de la division du travail entre plusieurs classes d'ouvriers spéciaux. Les arquebusiers, ceux même qui par leurs inventions ont fait faire à la fabrication de l'arme à feu les plus grands progrès, ne sont au fond que des ajusteurs qui se bornent à exécuter dans l'ordre convenable toutes les pièces dont l'arme se compose, pièces qui, avant d'arriver jusqu'à eux, ont déjà passé par quinze ou vingt mains (*V.* CANON DE FUSIL, PLATINE, BASSINET, CHIEN, FUT, BAGUETTE; *V.* aussi DAMASQUINURE). — La division du travail produit nécessairement cet avantage, qu'un ouvrier chargé constamment de la fabrication des mêmes pièces, acquiert la dextérité, l'adresse et la promptitude d'exécution qui, sans nuire à la solidité, deviennent le fruit de l'expérience et de l'habitude. Les ouvriers de Paris et de Versailles ont longtemps passé pour les plus habiles, soit pour la fabrication, soit pour l'ajustement; ceux de Saint-Étienne ont atteint le même degré de perfection pour l'ajustement; mais leur supériorité dans la fabrication des canons est aujourd'hui incontestable, soit qu'elle tienne à quelque cause locale, soit qu'elle provienne ou qu'ils la doivent à des procédés qu'eux seuls connaissent, ou à leur propre industrie.

ARQUES (*géog. hist.*), petite ville de France, au pays de Caux, dans l'ancienne Normandie; sur la rivière de même nom (département de la Seine-Inférieure). Arques, peuplée d'environ 1,200 habitants, est à deux lieues de Dieppe. Elle est célèbre dans nos annales par la grande victoire que Henri IV y remporta, le 21 septembre 1589, sur le duc de Mayenne, qui avait des forces plus que sextuples.

ARRACHE, se dit, *en terme de blason*, des arbres et des plantes dont les racines se montrent à découvert, et, en général, de tout ce qui semble avoir été arraché violemment. On voit quelquefois des armoiries qui consistent en un champ d'argent avec un arbre de sinople *arraché*.

ARRACHEMENT (*t. d'archit.*). Ce mot s'entend des pierres qu'on arrache, et de celles qu'on laisse alternativement à un mur à côté duquel on veut en élever un autre qui fasse corps avec lui. L'arrachement a lieu sur un mur déjà existant; on ne doit pas le confondre avec les pierres d'attente (*V.* ATTENTE [pierres d']). On donne encore le nom d'*arrachement* aux premières retombées d'une voûte enclavée dans le mur.

ARRACHER, enlever de force une chose du lieu où elle est placée. — *En terme de graveur*, c'est enlever de dessus le cuivre des parties déjà gravées, qu'on veut corriger. — *En terme de chapelier*, c'est enlever le *jarre*, c'est-à-dire le poil luisant qu'on remarque sur les peaux de castor. C'est ordinairement une femme qui est chargée d'éplucher le jarre; on la nomme ARRACHEUSE.

ARRACHION, athlète fameux d'Arcadie, deux fois vainqueur aux jeux Olympiques (612 et 608 avant J. C.). Il n'avait plus à vaincre qu'un seul adversaire, qui avait eu déjà un doigt du pied fracassé. Celui-ci ayant déclaré qu'il était hors de combat, Arrachion cessa de le presser. Son adversaire profita de la générosité d'Arrachion pour le surprendre et le saisir à la gorge avec tant de violence, qu'il l'étrangla. Indignés de cette ruse perfide, les Éléens adjugèrent le prix au cadavre d'Arrachion. Pausanias, qui rapporte ce trait, ne dit pas si les juges envoyèrent l'assassin au supplice.

ARRAGONITE (*V.* ARAGONITE).

ARRAS, l'ancienne *Nemetacum*, capitale des Atrèbates, depuis chef-lieu du comté d'Artois, et aujourd'hui du département du Pas-de-Calais, sur la Scarpe, qui la divise en deux parties, à 44 lieues nord de Paris. Conquise par Jules César, dévastée par les Vandales en 407 et par les Normands en 880, restaurée au commencement du xe siècle, prise et reprise vingt fois dans le cours des guerres qui ont signalé les siècles suivants, cette ville fut enfin annexée à la couronne, pour ne plus s'en détacher, par Louis XIII, qui en chassa les Espagnols en 1640. Arras est assez bien bâtie, elle a de belles places publi-

ques, et ses fortifications sont dues à Vauban. Ses plus beaux édifices sont la cathédrale et l'hôtel de ville; elle possède un collège royal, une académie fondée en 1738, une bibliothèque de 34,000 volumes, un musée, un jardin botanique, etc. On y compte environ 23,000 habitants, qui s'occupent de la fabrication de dentelles, d'articles de bonneterie, de sucre de betterave; ils ont aussi des filatures de coton et des tanneries. C'est la patrie du trop fameux Robespierre.

ARRASEMENT (*t. d'archit.*), dernière assise d'un mur qui est arrivé à la hauteur du couronnement. C'est encore une dernière assise laissée à une certaine hauteur pour quelque motif particulier. — Les menuisiers et charpentiers emploient ce mot pour indiquer des pièces égales en hauteur. — *Arraser*, c'est mettre une assise de pierres de niveau, ou arrase aussi des panneaux de menuiserie. — On appelle ARRASES, s. f. pl., des matériaux dont on remplit les creux ou les vides qui sont restés dans un coin d'assise, pour en rendre la surface unie.

ARRÉPHORIES, nom d'une fête athénienne instituée en l'honneur de Minerve et de Hersé, fille de Cécrops. Elle se célébrait dans le mois de scirophorion. On l'appela d'abord *Hersephoria*, mais plus souvent *Arretophoria*, parce qu'on y voyait des objets mystérieux, ἄῤῥητα, portés (de φίρω, je porte) par quatre jeunes filles de haute naissance, et quatre jeunes garçons, qui devaient être âgés de sept à onze ans. Ces garçons, qu'on désignait par le nom d'Ἀῤῥηφόροι, étaient les principaux ministres de cette fête.

ARRÉRAGES (*jurisp.*) se dit assez improprement de tout ce qui est dû ou échu d'une rente, d'un revenu, d'un loyer, etc. On ne doit, à la rigueur, l'entendre que des annuités échues d'une rente constituée, perpétuelle ou viagère. Le revenu produit par les immeubles porte le nom de *fermage* ou de *loyer*; le revenu des capitaux s'appelle *intérêt*. Toutefois, et quoique les législateurs paraissent avoir distingué les unes des autres les diverses espèces de revenus, le mot *arrérages*, dans l'usage ordinaire, sert à exprimer tout ce qui est dû des annuités d'une rente, d'un fermage ou d'un capital (*V.* RENTE, INTÉRÊTS, DOMMAGES-INTÉRÊTS, PRESCRIPTION, PRÊT, etc.).

ARRESTATION (*jurisp.*), action d'arrêter une personne, soit en vertu d'un ordre de justice ou d'un titre exécutoire, soit par un acte arbitraire (*V.* CONTRAINTE PAR CORPS, LIBERTÉ INDIVIDUELLE, MANDAT DE COMPARUTION, DE DÉPOT, D'AMÉNER, D'ARRÊT; FLAGRANT DÉLIT, SÉQUESTRATION DE PERSONNES). L'arrestation a lieu quelquefois par mesure de précaution ou de garantie contre un individu violemment soupçonné d'un crime ou d'un délit; on n'y peut procéder que sur l'ordre précis du magistrat que la loi investit du pouvoir de le donner (*V.* PRÉVENTIVE [*mesure*]). — On donnait autrefois le nom d'*arrestation* à la saisie d'objets ou de deniers appartenant à un débiteur (*V.* SAISIE-OPPOSITION, CONFISCATION).

ARRÊT (*t. de chasse*), c'est l'action du chien qui s'arrête lorsqu'il aperçoit le gibier, et tient l'œil fixé sur le lieu où ce dernier est blotti, tandis que le chien courant le poursuit à la course. Un bon chien d'arrêt conserve sa position jusqu'à l'arrivée du chasseur; on dit qu'il *force l'arrêt*, s'il s'élance sur le gibier avant que le chasseur soit arrivé (*V.* CHIEN D'ARRÊT).

ARRÊT (*jurisp.*). On appelle ainsi les décisions des cours souveraines. Il ne suffit pas qu'un jugement soit en dernier ressort, et, par conséquent, non sujet à l'appel, pour qu'on puisse lui appliquer le nom d'*arrêt*, quoiqu'il semble d'abord, quand on cherche à déduire la valeur du mot de son étymologie, qu'il indique toute sentence au delà de laquelle on ne saurait aller, par laquelle on se trouve arrêté définitivement. « Si sachez, dit Bouthillier, que d'arrest de parlement ne peut être appelé; et pour ce, l'appelle-t-on *arrest*, qui tellement est arrêté, que nuls appeaux n'y chéent. » Un jugement d'un tribunal de première instance jugeant en dernier ressort, une simple sentence du juge de paix dans les cas qui lui sont dévolus *arrête* les parties et les lie tout aussi bien qu'une décision de cour royale; mais ce mot d'*arrêt* a été réservé pour les cours souveraines, comme pour les honorer et les élever au-dessus des tribunaux ordinaires. — Dans le moyen âge, les arrêts étaient rendus en latin, mais en latin macaronique, où l'on voit figurer le mot burlesco-barbare d'*arrestum*. Il fallut une ordonnance formelle de François Ier (1539) pour obliger les magistrats à rédiger leurs arrêts et autres actes quelconques, en langage naturel françois. » Ce prince sentait fort bien qu'un plaideur, qu'il gagne ou qu'il perde son procès, ne doit pas avoir besoin d'interprète pour entendre le juge qui décide souverainement de son honneur, de sa vie ou de sa fortune. Il serait à désirer que, dans un siècle où tous prétendent au perfectionnement, une ordonnance nouvelle ou une bonne loi enjoignît aux ministres de la justice, parmi lesquels se trouvent tant d'hommes de talent, de rédiger ou faire rédiger leurs arrêts en meilleur français, de s'exprimer en termes intelligibles pour tout le monde (car les décisions de la justice ne doivent pas être comme les oracles des sibylles), et de purger surtout le palais de ces locutions surannées qui, non-seulement sont dures, barbares, étranges, mais encore qui n'offrent à l'esprit aucune idée précise. Que signifient, par exemple, ces mots par lesquels commence toujours la décision : *Met l'appellation et ce dont appel à néant?* N'y a-t-il pas même là une contradiction manifeste? Si l'appellation est anéantie, ce dont appel, c'est-à-dire le jugement attaqué par l'appel, continue de subsister. Si tout rentre dans le néant, jugement et appel du jugement, la cour qui va statuer ne reste-t-elle pas dessaisie de la cause? La cour, en effet, ne peut être nantie que par l'appel, comme le premier juge l'a été par l'ajournement; or, de même que le premier juge se trouverait dessaisi par l'anéantissement de l'ajournement, de même la cour se prive elle-même du droit de retenir la cause, quand elle anéantit l'acte duquel son droit dérive. — Il fallait autrefois un nombre considérable de magistrats pour qu'un arrêt fût valable. Au parlement de Paris ce nombre était de onze, à Toulouse de dix, à Nancy, à Grenoble il n'en fallait que six ou sept, le président non compris. Quand la révolution survint, passant au niveau sur toutes les institutions monarchiques, à la place des parlements et des conseils souverains qui en tenaient lieu dans les pays conquis, comme l'Artois et le Roussillon, elle créa des tribunaux de département parfaitement égaux entre eux, et devenant réciproquement tribunaux d'appel les uns pour les autres. Le mot *arrêt* disparut alors du palais; mais quand Napoléon fut appelé par le sénat à l'empire, le mot se remonta, car il appartient au langage monarchique, et, sauf quelques termes qu'on laissa subsister par faveur quelque illusion à ceux qui croyaient encore à la république, c'était bien une monarchie qu'il s'agissait de reconstituer. Il fut donc ordonné que les jugements des *cours de justice* seraient désormais intitulés *arrêts*. Quand les nouveaux codes eurent paru, ainsi que le décret impérial d'organisation des cours de justice, il fut réglé que dans les cours impériales il ne faudrait que sept juges dans la chambre civile et cinq dans la chambre correctionnelle, et qu'à la cour de cassation le nombre des juges serait de onze. — Le code d'instruction criminelle avait fixé à cinq le nombre des juges dont se composait la cour d'assises; une loi du 24 décembre 1830 a réduit ce nombre à trois, et cette innovation en général n'a point semblé heureuse, car ce n'est jamais sans inconvénient qu'on diminue les garanties que la loi fournit à l'accusé. Ici l'inconvénient a paru plus sensible encore lorsqu'il a été décidé que, dans le cas où les jurés déclareraient, sept contre cinq, l'accusé coupable, la cour pourrait, à la simple majorité, renvoyer l'accusé à une autre session, prolonger ainsi de trois mois son agonie, lui faire subir l'épreuve terrible d'un second jugement, et le présenter à ses nouveaux juges entouré de la défaveur qui naturellement découle de l'arrêt de renvoi. — Quand la chambre des pairs est constituée en haute cour de justice, elle ne doit rendre d'arrêt de condamnation qu'à une majorité de cinq sur huit de tous les membres présents. — Les arrêts aujourd'hui ne peuvent statuer que sur des contestations privées, qui n'intéressent qu'indirectement la société, et qui, dans aucun cas, ne peuvent influer sur les grandes questions d'ordre public, dont la solution n'appartient qu'aux grands corps politiques de l'État. Autrefois, au contraire, les cours souveraines se trouvaient par le fait investies d'une portion essentielle du pouvoir politique administratif et législatif, et elles exerçaient ce pouvoir par les *arrêts d'enregistrement des édits*, et les *arrêts de règlement*. — On donnait le nom d'*arrêt d'enregistrement* à l'acte par lequel le parlement, après mûr examen de l'édit, déclaration ou ordonnance que lui transmettait le chancelier, en ordonnait la transcription sur ses registres, ordonnait, en outre, que des copies collationnées de l'édit enregistré seraient envoyées à toutes les juridictions de son ressort, pour y être publiées, enregistrées et exécutées. Il était évident que ce droit d'examen exercé par les cours souveraines produisait pour elles le droit de refuser l'enregistrement, ou de n'enregistrer qu'avec des modifications, ou, dans tous les cas, s'adresser au roi d'*humbles remontrances pour le plus grand bien et avantage de son royaume*. — On a demandé si ce droit exorbitant des parlements provenait d'une concession royale expresse ou tacite, ou d'une usurpation consacrée par le temps. Nous pensons qu'il n'y eut jamais de concession expresse ni d'usurpation, mais simplement un usage qui s'était introduit par hasard, avait pris, en se continuant, la force d'une habitude, et avait reçu la sanction du temps. En effet, on lit dans une ordonnance de saint Louis, du mois de décembre 1230, les mots suivants : *De sincerâ voluntate nostrâ et de communi consilio baronum nostrorum.* Il résulte de là que, dans le XIIIe siècle, nos rois ne statuaient par voie d'édit ou d'ordonnance qu'avec le consentement ou le conseil des barons. Plus tard (*V.* les ordonnances de Philippe le Bel, de 1302, et de Philippe le Long, de 1316), le parlement de Paris se forma d'une fraction du conseil du roi, et depuis ce moment, ce parlement devint conseil légal; de sorte que les rois se rendaient au sein de ce conseil, et y délibéraient leurs ordonnances avec ses membres, qui de là prirent le titre de conseillers. « La plupart des anciennes ordonnances, dit le chancelier Olivier, sont faites au parlement, le roi y séant ou autre pour lui » (*V.* PARLEMENT, ENREGISTREMENT DES ÉDITS); quant à l'usage de l'enregistrement, il paraît remonter au règne de Charles V, s'être fortifié sous le règne de Charles VI, et avoir été formellement reconnu par Louis XI (*V.* VACQUERIE [LA]). — Les arrêts de règlement statuaient d'ordinaire sur des points controversés de droit coutumier (*V.* DROIT COUTUMIER), de haute police, de discipline, de procédure et de voirie, et ces arrêts, dûment publiés dans le ressort, y avaient force de loi tant que le roi n'avait pas expliqué sa volonté souveraine par un édit, une ordonnance ou une déclaration. — Les arrêts d'enregistrement et de règlement se rendaient généralement toutes les chambres assemblées; les cours et les tribunaux aujourd'hui ne peuvent statuer par voie de règlement: il leur est seulement permis de prendre des arrêts de discipline intérieure pour régler l'ordre du service, la distribution des causes et la police des audiences. — Les arrêts rendus sur contestations privées ont force de loi entre les parties. Lors même que les juges se seraient évidemment trompés en fait ou en droit, s'il n'y a pas de voie légale pour attaquer leur décision, cette décision est considérée comme la vérité. Cela ne pourrait être autrement sans priver l'ordre social d'une de ses bases les plus solides. L'un des actes qui contribuèrent le plus à ébranler le pouvoir impérial, en le privant de l'appui de la confiance publique, ce fut de voir, en 1813, un sénatus-consulte annuler une déclaration du jury, et l'arrêt d'acquittement rendu par suite de cette déclaration. Oter son effet à la *chose jugée*, c'est enlever à la loi toute sa puissance morale. — Il ne faut pas croire pourtant que le respect dû à la chose jugée puisse lier ceux qui furent étrangers à la contestation sur laquelle est intervenu l'arrêt. Lors même qu'une cause offrirait les mêmes circonstances, les mêmes points à juger qu'une cause déjà jugée, le premier arrêt ne pourrait être invoqué comme autorité, mais seulement comme exemple; car, ni les juges de qui une sentence émane, ne sont liés par le principe qu'elle consacre, ni les juges étrangers à une décision ne sont obligés d'adopter l'opinion d'autres juges. Quand le président de Thou entendait citer un arrêt, il disait toujours : *bon pour lui*, c'est-à-dire, l'arrêt est bon pour celui qui l'a obtenu. On ne peut disconvenir néanmoins que la jurisprudence des arrêts ne soit d'un grand poids, surtout lorsque plusieurs arrêts ont été rendus sur la même question, résolue dans le même sens. Ajoutons que les variations qui ont lieu trop souvent dans cette jurisprudence ne peuvent produire que des conséquences fâcheuses, parce qu'elles font naître beaucoup de procès. Il est des cas pourtant où changer de jurisprudence est pour le magistrat une vertu: c'est lorsque, plaçant sa conscience au-dessus de son amour-propre, il reconnaît franchement l'erreur où il était tombé; et que, s'il ne peut la réparer pour le passé, il la répare pour l'avenir en proclamant hautement le principe contraire. — Les arrêts autrefois n'étaient point motivés; il était défendu même aux magistrats de les motiver. On pensait probablement que l'arrêt souverain n'avait aucun compte à rendre de son opinion. Mais il arrivait souvent, quand la question jugée était importante, que le président, tout en prononçant l'arrêt, faisait connaître au barreau les motifs qui l'avaient fait rendre. Tous les arrêts aujourd'hui doivent être motivés: c'est une innovation très-sage et féconde en résultats; car les juges ne sont seulement obligés d'examiner les affaires avec plus de soin, mais encore ils trouvent dans cette obligation même une barrière contre la pente naturelle qui pourrait les conduire à l'arbitraire. — Outre les arrêts des parlements et cours souveraines, il y avait autrefois des *arrêts du conseil*; et ces arrêts étaient rendus par le roi séant en son conseil. Ils étaient de trois sortes : les uns avaient pour objet l'explication ou la confirmation de quelque ordonnance, édit ou déclaration; les autres approuvaient certaines concessions faites par lettres patentes, préalablement enregistrées par le parlement du ressort; les troisièmes statuaient sur les contestations privées par suite du recours en cassation contre les arrêts souverains, car les fonctions actuelles de la Cour de cassation étaient alors exercées par le conseil du roi. Les arrêts du conseil d'État s'intitulent aujourd'hui *avis* ou *délibérations* (*V.* CONSEIL D'ÉTAT). — Les arrêts des cours royales ne peuvent être attaqués que par *requête civile*, *pourvoi en cassation*, *prise à partie* et *tierce opposition* (*V.* ces quatre termes). Nous nous bornons ici à dire que pour la validité d'un arrêt, il faut qu'il ait été rendu par le nombre de juges prescrit, que les juges aient assisté à toutes les audiences de la cause, qu'il soit prononcé en public et suffisamment motivé (*V.* MAGISTRAT [devoirs du]). — Il y a aujourd'hui des arrêts de plusieurs sortes : les uns sont *contradictoires*, les autres *par défaut*. Les premiers sont ceux qui sont rendus, les parties entendues par leurs avoués respectifs; le nom donné aux seconds indique assez qu'ils n'ont été rendus qu'en l'absence des parties : ces derniers, en matière criminelle, sont appelés *arrêts par contumace*; ils indiquent que l'accusé n'a pu être saisi. — Si dans un procès qui s'instruit par écrit, une partie néglige de produire, l'arrêt qui intervient sur la production de l'autre partie, prend le nom d'*arrêt par forclusion*. On appelle *arrêts d'expédient*, ceux dont les dispositions arrêtées d'avance entre les parties sont ensuite soumises à la sanction de la cour. L'*arrêt de défense* est celui qui, en certains cas, défend à la partie qui a obtenu un jugement exécutoire par provision de mettre ce jugement à exécution jusqu'à l'évacuation de l'appel. Enfin on nomme *préparatoires* les arrêts qui ne servent qu'à régler le mode d'instruction à suivre dans une cause; *interlocutoires*, ceux qui ordonnent quelque opération qui préjuge le fond; *définitif*, celui qui termine la contestation et ne laisse plus rien à juger (*V.* MINUTE, EXPÉDITION DES ARRÊTS, EXÉCUTION).

ARRÊT (*t. de manège*). C'est la pause que fait le cheval en cheminant, lorsque le cavalier l'arrête sur ses hanches. Pour former cet arrêt, le cavalier commence par approcher le gras des jambes afin d'animer le cheval, puis il porte le corps en arrière, lève la main qui tient la bride, sans lever le coude, étend ensuite ses jarrets avec force, et appuie vigoureusement sur l'étrier, ce qui contraint le cheval à former son arrêt, et à fournir ensuite deux ou trois courbettes. Le contraire de l'arrêt est le partir (*V.* PARTIR, PESADE, COURBETTE, etc.). — *Arrêt* se disait autrefois d'une pièce du harnais à laquelle les hommes d'armes arrêtaient et appuyaient leur lance. — Dans beaucoup de professions, horlogerie, serrurerie, etc., on appelle *arrêt* une pièce de fer destinée à retenir d'autres pièces dans la situation qu'on veut qu'elles gardent. — En *terme de couture*, on appelle *arrêts* les ganses qu'on met à l'extrémité d'une ouverture faite à une étoffe, pour empêcher que cette étoffe ne se déchire. — En *terme de marine*, on nomme *arrêt de vaisseaux* la mesure qui consiste à retenir dans un port tous les vaisseaux qui s'y trouvent, pour qu'on puisse les appliquer, s'il le faut, au service de l'État. L'arrêt diffère de l'*embargo*, en ce que l'embargo ne se met que sur les bâtiments étrangers, en cas de guerre déclarée ou de guerre imminente.

ARRÊTÉ (*jurisp. admin.*), nom attribué aux décisions des corps administratifs, comme celui d'arrêt l'est aux décisions des cours de justice. Autrefois même, dans les parlements, on nommait *arrêté* ce qui, plus tard, s'est appelé *arrêt de règlement*. C'est depuis la révolution de 1789 que ce mot a servi exclusivement à désigner les actes du corps législatif, ceux du directoire, ceux du conseil des Cinq-Cents, et plus tard ceux des consuls, jusqu'à l'an XII. A cette époque, on substitua le mot *décret* à celui d'*arrêté*, et ce dernier resta spécialement affecté aux actes de l'administration et de ses officiers, tels que préfets, sous-préfets et maires. On qualifie de même les décisions des conseils de préfecture. Les dispositions prises par la police sont pareillement des arrêtés, excepté à Paris, où on les appelle *ordonnances* (*V.* RÈGLEMENTS ADMINISTRATIFS).

ARRÊTÉ D'UN COMPTE, acte par lequel on arrête les chapitres de dépense et de recette d'un compte, soit à l'amiable, soit devant la justice, et on établit la balance entre l'avoir et le

devoir, afin de pouvoir reconnaître celle des deux parties qui se trouve créancière de l'autre pour l'excédant de la recette sur la dépense, ou de celle-ci sur la recette (*V.* COMPTE [reddition de]).

ARRÊTÉ (*t. de blason*) se dit d'un animal planté sur ses quatre pieds, sans que l'un avance devant l'autre. — En *terme de peinture*, on appelle *dessin arrêté* celui dont on a déterminé les contours avec précision.

ARRÊTE-BŒUF (*bot.*), plante vivace, à fleur légumineuse, d'une odeur presque fétide, et dont les longues et fortes racines arrêtent le soc de la charrue quand on laboure; c'est ce qui lui a fait donner le nom qu'elle porte. On l'appelle aussi *bugrande* (*V.* ce nom).

ARRÊTER (*t. de marine*). *Arrêter l'artillerie*, c'est placer des coins qu'on arrête avec des clous, sur le pont, derrière les affûts des canons, pour les empêcher de vaciller dans les balancements du vaisseau. — En *terme de jardinage*, *arrêter un arbre*, *une haie*, c'est les empêcher de monter trop haut, en coupant les branches à la hauteur où l'on veut les tenir; *arrêter des melons* ou *des concombres*, c'est abattre les bras trop longs de la plante. — En *terme de metteur en œuvre*, c'est fixer la pierre, en rabattant la sertissure de distance en distance, afin de pouvoir achever ensuite de la fixer avec moins de prise.

ARRÊTS (*disc. milit.*), genre de punition qui s'inflige aux officiers pour des fautes légères; c'est leur donner la chambre pour prison, avec défense d'en sortir. L'officier d'ordinaire garde les arrêts sur sa parole; mais s'il vient à les rompre ou qu'on veuille aggraver la punition, on place un factionnaire à sa porte. C'est ce qu'on appelle *arrêts forcés*. Celui qui subit les arrêts forcés ne peut sortir au dehors sous aucun prétexte. Quelquefois on ordonne les arrêts à deux officiers pour les empêcher de donner suite à quelque querelle. Au reste, les arrêts n'ont rien de déshonorant pour celui qui est condamné à les subir, ce qui a donné lieu à des déclamations prétendues philosophiques, et qui ne sont que haineuses. On s'est étonné que l'officier mis aux arrêts ne demeurât pas taré dans l'opinion, tandis qu'un malheureux citoyen que la calomnie aura fait précipiter dans une prison pour des crimes dont il est innocent voit son nom flétri dans l'opinion. D'abord, il n'est pas vrai que l'homme reconnu innocent demeure flétri dans l'opinion : en second lieu, il faut considérer que le citoyen qu'on jette en prison n'est vraisemblablement poursuivi que pour quelque fait peu honorable et qui mérite l'animadversion publique; tandis que l'officier mis aux arrêts n'est puni que pour des fautes légères, d'un genre qui ne touche pas à ce que le siècle appelle *honneur*.

ARRHABONAIRES, sectaires du XVIe siècle, aussi appelés *sacramentaires*. Ils prétendaient que l'eucharistie avait été donnée comme arrhes ou gage du corps de J.-C., et comme investiture de l'hérédité promise.

ARRHÉNIUS, professeur d'histoire à l'université d'Upsal, a recommandé son nom à la postérité par sa probité autant que par son désintéressement et son savoir. Il naquit à Linkoping, et mourut âgé de soixante-treize ans, en 1725. On a de lui : *Patria et jus amor*, *ex Cicer. de Leg. librit duo*, Upsal, 1760; *Recueil de cantiques*, en suédois, 1689; des *Dissertations* en latin, *sur divers sujets d'histoire et de littérature*.

ARRHES (*jurisp.*), du latin *arrha*, qui lui-même vient du grec ἀῤῥαβών, que les Grecs avaient emprunté à l'hébreu *arâbon*, qui signifie *gage*. C'est une somme d'argent qu'entre deux parties qui veulent se lier par une convention, l'une d'elles donne à l'autre, comme gage de sa volonté de tenir le marché conclu. D'après la loi romaine et la loi française, celui qui refuse sans cause légitime de tenir son engagement est condamné à perdre les arrhes qu'il a données, ou à restituer le double des arrhes reçues, *Leg. XVII, cod. de fide instrum.*; art. 1590 du Code civil. Si le marché vient à se rompre du consentement des deux parties, les arrhes se rendent purement et simplement : si le marché s'est conclu, les arrhes sont censées reçues à compte sur le prix stipulé. — Si les arrhes avaient été données non comme gage de la promesse de conclure un marché, mais comme preuve d'un marché conclu, celui qui voudrait violer l'engagement contracté n'en serait pas quitte pour la perte des arrhes ou la restitution du double; il pourrait encore être tenu à payer des dommages qui seraient estimés d'après les circonstances (*V.* DENIER A DIEU).

ARRIA, dame romaine. Pœtus Cecinna, son époux, accusé de conspiration contre l'empereur Claude, fut condamné à mort. Arria, ne pouvant le sauver, l'engagea par son exemple à ne pas abandonner sa vie aux bourreaux. Elle s'enfonça un poignard dans le sein, puis, retirant le fer de sa blessure, elle le présenta à Pœtus en lui disant : *Pœte, non dolet.* Pœtus se frappa du même fer (*V.* VERTU CHEZ LES PAIENS).

ARRIAGA (RODÉRIC D'), né à Logrogno, en Espagne, en 1592. Il entra dès l'âge de quatorze ans dans la compagnie de Jésus, et fort jeune encore il professa la théologie à Salamanque et à Prague, où il mourut en 1667. On a de lui un *Cours de philosophie*, 1632, Anvers, in-fol. Cet ouvrage se distingue par la solidité du raisonnement, quoique parfois l'auteur se livre à de vaines subtilités. Une *Théologie*, 8 vol. in-fol. La mort, qui le surprit au milieu de ses travaux, ne lui permit pas de les terminer. Arriaga est diffus et souvent obscur; on l'accuse d'étouffer son sujet sous les raisonnements et les preuves qu'il accumule, et qui, sans ajouter à la conviction du lecteur, fatiguent son attention. On estime beaucoup sa logique et sa métaphysique; on est moins satisfait de ce qui concerne l'Écriture et les Pères. — Il ne faut pas confondre cet écrivain avec un autre jésuite de même nom, Paul-Joseph d'Arriaga, qui fut professeur de rhétorique au Pérou vers la fin du XVIe siècle, remplit avec succès plusieurs missions importantes, fut recteur du collège de Lima, publia divers écrits asiatiques, notamment un *Traité sur la manière de travailler à la conversion des infidèles*, Lima, 1621, in-4°, et périt par un naufrage, en 1622, lorsqu'il retournait en Espagne.

ARRIEN, poëte qui vivait au temps d'Auguste et de Tibère. Comme il a composé ou qu'on lui attribue un poëme en 24 chants en l'honneur d'Alexandre le Grand, on l'a mal à propos confondu avec le suivant, qui vivait cent ans plus tard.

ARRIEN (FLAVIUS), historien célèbre de l'antiquité, naquit à Nicomédie vers l'an 105 de J. C., et mourut dans un âge avancé; mais on ignore la date précise de sa mort. Il commença par étudier la philosophie sous Épictète, dont il devint le disciple favori; il entra ensuite au service des empereurs romains, et, dans sa carrière nouvelle, il déploya tant de zèle, d'activité, de bravoure et de talent, que les villes de Rome, d'Athènes, et plusieurs autres l'admirent au nombre de leurs citoyens. Adrien lui donna même le gouvernement de la Cappadoce, et Arrien sut garantir sa province de l'invasion des Alains, qui commençaient à se montrer sur les frontières de l'empire. Marc-Aurèle lui accorda pour récompense la pourpre consulaire. On ne sait si ce fut vers la même époque qu'il reçut le titre de grand prêtre de Cérès et de Proserpine, titre dont il exerça les fonctions jusqu'au moment où il cessa de vivre. — Arrien tenait de la nature une grande aptitude pour toutes les sciences, celles mêmes qui paraissent le plus opposées. Il fut également guerrier, homme d'État, écrivain et philosophe. Dans celui de ses ouvrages qui a fait principalement sa réputation, *Histoire de l'expédition d'Alexandre*, il joint au mérite de l'impartialité et de la franchise, d'une critique judicieuse mais douce, d'une admirable clarté dans les détails, l'avantage, déjà assez rare au IIe siècle, d'un style élégant, gracieux et correct, qui l'a fait surnommer le *second Xénophon*; on prétend qu'il s'était proposé cet écrivain pour modèle, parce que, de même que Xénophon, il écrivit un *Traité sur la chasse.* —On a encore d'Arrien les *Indiques*, qui, à proprement parler, ne sont que le complément de l'*Histoire d'Alexandre*; un *Périple du Pont-Euxin*, adressé à l'empereur Adrien; une *Instruction sur l'ordre de bataille contre les Alains*; un *Traité de tactique*; et, dans ces diverses compositions, il ne se montre pas moins versé dans la science militaire que dans la politique. Tous ces ouvrages ont été imprimés, en grec et en latin, à Amsterdam en 1683, et réimprimés en 1750 in-8°. Le *Traité de la chasse* y a été réuni, de même que l'*Enchiridion* ou *Manuel d'Épictète*. Quant à l'*Histoire d'Alexandre*, elle a été imprimée à Leipzig, à Leyde, à Amsterdam, dans plusieurs formats. L'édition la plus estimée est celle de Schmieder, Leipzig, 1792-98, avec la traduction latine de Vulcanius. Cet ouvrage a été traduit plusieurs fois en français, par d'Ablancourt, Chaussard, etc. Les *Indiques* ont aussi été traduits dans la même langue par Billecoq, sous le titre de *Voyages de Néarque*. Comme historien d'Alexandre, Arrien est placé au-dessus de Quinte-Curce pour son exactitude et sa fidélité; il paraît qu'il s'était servi de la *Vie d'Alexandre* écrite par Ptolémée Lagus, et de l'ouvrage d'Aristobule. Dans son *Enchiridion*, il reproduit, autant que cela se peut, les propres expressions d'Épictète, ce qui rend ce petit volume très-précieux pour les amateurs de la philosophie et de l'antiquité.

Arrien avait composé encore d'autres ouvrages dont il ne nous reste plus rien.

ARRIÈRE, mot formé du latin *ad retro*, et qui a la même signification; opposé à *avant*. Il est à remarquer seulement que ces deux mots s'emploient toujours avec la préposition *en : aller en avant, rester en arrière.* Cette règle souffre une exception, c'est lorsque le mot *arrière* devient lui-même une proposition invariable, qui se joint à un autre mot, pour donner à ce dernier un caractère de postériorité, comme dans tous les mots suivants :

ARRIÈRE-BAN, autrefois réunion de tous les nobles du royaume qui n'avaient pas de fiefs, sur la convocation faite par le souverain pour résister à l'ennemi. Nous disons : qui n'avaient pas de fiefs, parce que tous les possesseurs de fiefs et arrière-fiefs étaient obligés, à la première sommation, de se rendre à l'armée avec leurs contingents. — Convoquer le ban et l'arrière-ban, c'était appeler toute la noblesse, sans distinction, dès que les circonstances rendaient nécessaire l'emploi de tous les moyens de résistance (*V.* BAN). — On dit au figuré le *ban* et l'*arrière-ban*, lorsqu'on a convoqué pour une réunion tous ceux qui pouvaient y figurer et faire nombre (*V.* GARDE NATIONALE).

ARRIÈRE-BOUCHE (*t. d'anat.*) (*V.* PHARYNX).

ARRIÈRE-CHANGE, intérêt des intérêts (*V.* ANATOCISME, USURE).

ARRIÈRE-CHOEUR (*archit.*). C'est le chœur d'un monastère placé derrière le maître-autel (*V.* CHOEUR). *Arrière-corps*, portion du bâtiment qui est en arrière de la ligne de la façade principale (*V.* AVANT-CORPS). En *terme de serrurerie*, ce sont des morceaux de fer ajoutés au nu d'un ouvrage, de manière à ce que le nu fasse relief sur eux comme l'avant-corps fait relief sur le nu.

ARRIÈRE-COUR (*arch.*), petite cour intérieure qui sert à donner du jour aux petits appartements intérieurs d'un grand bâtiment. Vitruve désigne les arrière-cours par le nom de *mesaulæ.*

ARRIÈRE-FAIX (*anat.*), *secondines* ou *délivre*, tout ce qui reste dans la matrice après la sortie du fœtus, savoir, le placenta et les membranes, qui ordinairement ne sortent qu'après le fœtus: ce sont les restes du *faix* (fardeau) dont la femme a été chargée durant sa grossesse.

ARRIÈRE-FIEF. C'est un fief mouvant ou dépendant d'un autre fief. Les arrière-fiefs commencèrent au temps où les ducs et les comtes rendirent leurs gouvernements héréditaires. Ils distribuèrent à leurs officiers quelques parties du domaine royal qui se trouvait dans leurs provinces, et ils leur permirent même de gratifier à leur tour les soldats qui avaient servi sous eux (*V.* FIEF).

ARRIÈRE-FLEUR (*t. de chamoiseur*), reste de fleur qui n'a pas été enlevé de dessus les peaux en les effleurant (*V.* FLEUR, EFFLEURER).

ARRIÈRE-GARANT ou SOUS-GARANT.

ARRIÈRE-GARDE, corps de troupes qui marche derrière le corps principal d'une armée, et qui est principalement chargé de couvrir la marche que l'avant-garde ouvre et facilite. — En *terme de marine*, c'est la division qui fait la queue de l'escadre ou qui est sous le vent; c'est aussi un bâtiment hors d'état de faire le service de mer, et qu'on laisse dans le port avec un corps de garde. — En *terme de droit coutumier*, dans la plupart des coutumes on appelait *garde* le droit qu'avait le roi ou le seigneur de jouir des biens des mineurs, ses vassaux, dont le père était décédé, à la charge de les entretenir, et sans être tenu d'aucun compte pour la jouissance (*V.* GARDE-NOBLE). Quand celui à qui ce droit appartenait était mineur lui-même, et en la garde de son seigneur immédiat, la garde de l'arrière-vassal appartenait aussi à ce seigneur, et c'était là ce qu'on appelait arrière-garde.

ARRIÈRE-GOUT, dernière saveur que laisse un aliment, une liqueur, quand on épuise tout ce que contient le plat ou le flacon, assez différent du goût qu'on a trouvé en commençant; ce qui arrive, soit parce que l'assaisonnement et les parfums mêlés à l'aliment ou à la liqueur saisissent d'abord le palais et ne permettent de trouver le goût réel qu'après que l'impression causée par les palliatifs s'est dissipée, soit parce qu'en approchant du fond du flacon ou du plat, on trouve le goût de la lie ou du gratin. L'arrière-goût est en général désagréable.

ARRIÈRE-MAIN (*t. de manège*). C'est tout le train de derrière du cheval. — En *terme de jeu de paume*, renvoyer la balle d'arrière-main, c'est la renvoyer du revers de la raquette.

ARRIÈRE-NEVEU, petit-fils du neveu. On l'emploie au figuré pour dire la postérité la plus reculée.

ARRIÈRE-PENSÉE se dit de toute pensée intérieure qu'on ne manifeste point, et qu'on cache sous une autre pensée qu'on laisse voir, et qui souvent lui est tout opposée.

ARRIÈRE-POINT (t. de couture). C'est une sorte de point employé aux poignets des chemises, aux surplis, et généralement dans tous les ouvrages de lingerie où l'on veut tracer des façons ou des dessins. On commence par séparer avec la pointe de l'aiguille un des fils de la toile, et on l'arrache sur toute la longueur où l'on veut former des arrière-points, de sorte qu'il ne reste que les fils de la chaîne. Cela fait, on passe l'aiguille par-dessous, et l'on prend deux, trois ou quatre fils de la chaîne, suivant la longueur qu'on veut donner aux arrière-points. On repasse l'aiguille par-dessus, et on la fait rentrer par le même endroit, puis on la pousse par-dessous, de sorte qu'elle reprenne les premiers fils et un égal nombre de nouveaux fils. L'aiguille, pour former le second point, rentre par le trou d'où elle est sortie la première fois, et ainsi de suite.

ARRIÈRE-SAISON se dit de la fin de l'automne, et en général des mois qui précèdent la moisson, la vendange, la récolte des foins, celle des olives, etc. On se sert au figuré de ce terme pour exprimer la vieillesse.

ARRIÈRE-VASSAL, celui qui relève d'un vassal.

ARRIÈRE-VOUSSURE (archit.), espèce de voûte qui se pratique derrière l'ouverture d'une porte ou croisée, dans l'épaisseur du mur, afin de former l'embrasement, et faciliter le jeu des portes (V. VOUSSURE, COUPE DES PIERRES.)

ARRIÈRE, s. m. (t. de marine) ou poupe. C'est la partie postérieure du vaisseau, soutenue par l'étambot, le trépot et la barre d'arcasse, et comprise entre l'artimon et le gouvernail. C'est à l'arrière que se trouvent la dunette, la galerie, la chambre du capitaine, etc. — Faire vent arrière, c'est prendre le vent en poupe. Quand le vaisseau porte vent arrière, il va moins vite que lorsqu'il fait vent largue et qu'il prend le vent de quartier, en supposant néanmoins que, dans les deux cas, le vent est d'égale force : car avec le vent largue toutes les voiles servent, parce qu'elles prennent le vent de biais ; au lieu que si le vent est en poupe, et qu'il porte également entre deux écoutes, la voile d'artimon dévole une partie du vent à la grande voile, qui l'ôte presque tout à la misaine (V. LARGUE.)

ARRIMAGE ou ARRUMAGE, s. m. (t. de marin.). C'est l'action et l'art d'arranger dans l'intérieur d'un vaisseau tout ce qui doit y entrer. Dans la marine militaire cet art est presque une science, car c'est en grande partie d'un bon arrimage que dépendent les qualités d'un vaisseau à la mer. Il faut que les objets pesants aient des places fixes, déterminées par le calcul, et qu'ils soient distribués dans le sens de la longueur, de telle manière que le vaisseau soit capable de résister à tous les efforts de l'eau du dehors qui le supporte et le repousse, et des objets du dedans qui tendent à le faire entrer par leur poids. Dans la marine marchande, au contraire, on ne cherche guère qu'à faire porter le plus possible ; toutefois, les objets de poids sont distribués avec sagesse, quoiqu'on ne le fasse qu'à l'estime ; mais ici la pratique tient lieu de théorie et de science. Il y a même beaucoup de ports où l'on trouve des arrimeurs jurés, qui d'ordinaire sont très-experts, et savent très-bien placer tous les objets de la cargaison, de telle sorte que non-seulement ils évitent la confusion et l'encombrement, mais encore qu'ils laissent aux hommes le plus d'espace possible, et disposent les poids de manière à maintenir le navire dans la position la plus favorable pour la marche. Cette position est celle dans laquelle le vaisseau se tient bien droit, et, comme on le dit dans les mers du Levant, en bonne estive.

ARRIVER (t. de marine), ou obéir au vent. Pour arriver on pousse la barre du gouvernail sous le vent, et on manœuvre comme si on voulait prendre le vent en poupe. Ainsi le commandement d'arrive, fait au timonnier, l'avertit de pousser le gouvernail pour que le vaisseau obéisse au vent et mette vent en poupe. — Arrive sous le vent à lui, ou n'arrive pas, est le commandement de gouverner le vaisseau plus vers le vent, ou de tenir plus le vent.

ARROCHE (botan.), s. f. ; en anglais, arach ; en allemand, melde, plante apétale, dont les étamines sortent d'un calice à cinq feuilles, et dont le pistil se transforme en une semence ronde et aplatie, enveloppée par le calice ou par une capsule. Ce genre de plantes à plusieurs espèces : blanche, rouge et puante. La blanche, qu'on appelle aussi belle-dame ou bonne-dame, se cultive dans les jardins; elle est annuelle; mais une fois semée, elle se renouvelle d'elle-même par la chute de ses graines. Mêlée à l'oseille en petite quantité, elle corrigera trop grande acidité de cette dernière. Elle est rafraîchissante et légèrement laxative. L'arroche rouge a les mêmes propriétés. Pour l'arroche puante, voyez VULVAIRE. — Ce genre a donné son nom à tout un ordre de la classe des dicotylédones apétales, à étamines périgynes, laquelle renferme beaucoup de plantes à feuilles émollientes et alimentaires.

ARRON (ILES) (géog.), groupe d'environ trente îles, situé entre les 5e et 7e degrés de latitude S., et les 132e et 133e de longitude E. On dit qu'elles sont assez peuplées et fertiles. Les Hollandais y ont eu quelques établissements. Balbi n'en nomme que deux ou trois : Kobror, Maïkor et Trassoua.

ARRONDIR (manége). Arrondir un cheval, c'est le dresser à courir en rond au trot et au galop, et à porter les épaules et les hanches sans se traverser et se jeter de côté. On se sert pour cela d'une longe dont l'extrémité est tenue au centre du rond que parcourt l'animal. Par là il prend l'habitude de s'arrondir, et il perd celle de faire des pointes. — En terme de peinture, arrondir les objets, c'est fondre leurs extrémités avec le fond, et distribuer sur les parties saillantes des lumières et des ombres vives, qui leur donnent du relief et font fuir les autres. — En terme d'horlogerie, c'est mettre en rond les extrémités des dents d'une roue ou d'un pignon, ou plus particulièrement, leur donner la courbure qu'elles doivent avoir (V. DENT, ENGRENAGE, ROUE, PIGNON, etc. [horlog.]). — On nomme arrondisseur un instrument dont on se sert pour arrondir les dents des peignes : c'est une espèce de couteau dont la lame se termine carrément avec un petit biseau au bout et au tranchant, qui est immédiatement au-dessous.

ARRONDISSEMENT. C'est, depuis la révolution de 1789, l'une des parties ou divisions d'un département, qu'on appela d'abord district (V. DÉPARTEMENT). Chaque arrondissement se divise lui-même en cantons ; il a un chef-lieu, et dans ce chef-lieu, outre le conseil municipal, un conseil d'arrondissement et une sous-préfecture (V. CONSEIL MUNICIPAL, CONSEIL D'ARRONDISSEMENT, SOUS-PRÉFECTURE, CANTON). — On appelle arrondissements forestiers, les vingt divisions de la direction générale des eaux et forêts de l'État ; chaque arrondissement a un conservateur, qui réside au chef-lieu de la conservation, et des inspecteurs et sous-inspecteurs, qui habitent les divers départements compris dans l'arrondissement forestier. — Par arrondissements maritimes, on entend certaines divisions territoriales qui embrassent une assez grande étendue de côtes ; ils sont au nombre de cinq : Cherbourg, Brest, Lorient, Rochefort et Toulon. Il y a dans chacun un préfet maritime, qui est vice-amiral ou contre-amiral, et de plus, conseiller d'État. Ce préfet a, au surplus, de juridiction que pour ce qui concerne la marine (V. PRÉFET MARITIME).

ARROSAGE, s. m. (fabric. de poudre à canon). C'est par ce nom que, dans les moulins à poudre, on désigne l'opération qui consiste à verser, de cinq en cinq heures, de l'eau dans les mortiers, pour y faire le liage du salpêtre, du soufre et du charbon sous les pilons, dont on arrête le mouvement pour quelques instants.

ARROSEMENT (horticult.). De l'eau et du soleil, dit un grand agriculteur, et je féconderai le sol le plus ingrat. La chaleur et l'humidité sont, en effet, les deux grands moteurs de la végétation des plantes ; là où ils manquent, là où ils sont inégalement répartis, là où le terrain semble condamné à la stérilité, l'industrie humaine vient au secours de la nature, et l'arrosement supplée au défaut d'humidité. Mais pour que l'arrosement puisse profiter à la fois au sol et aux plantes, il faut, autant qu'il se peut, imiter la nature elle-même. Les pluies douces du printemps humectent la terre sans la presser, sans en bouleverser la surface ; l'air se charge d'une fraîcheur qui pénètre les feuilles ; des nuages légers enlèvent au soleil une portion de son activité ; la terre s'abreuve à loisir, et la plante, ranimée, relève sa tête auparavant inclinée et languissante. L'arrosement artificiel sera donc d'autant plus utile à la plante, qu'il pourra se rapprocher davantage de l'arrosement naturel. Ainsi, on adapte à l'arrosoir une pomme percée de très-petits trous, ce qui, en penchant l'arrosoir, en fait tomber une gerbe de pluie fine, qui mouille la plante sans l'accabler : il ne suffit pas, au reste, d'arroser le pied de la plante : il convient encore de répandre la pluie artificielle autour d'elle, à une assez grande distance, et de recommencer l'arrosement à plusieurs reprises. La plante reprend même plus vite la vigueur dont elle a besoin, si l'on jette aussi un peu d'eau sur ses feuilles, surtout après une longue sécheresse. — Si la plante est trop délicate pour supporter le poids de l'eau tombant de l'arrosoir, il faut employer un petit goupillon, qu'on secoue légèrement par-dessus. Il est aussi avantageux pour prévenir l'affaissement de la terre, qui presque toujours suit l'arrosement, de couvrir le pied de la plante d'un peu de litière fine, ou de pelures de gazon retournées, et l'on arrose par-dessus. — Le temps le plus propre à l'arrosement, c'est, pendant la saison des chaleurs, le soir, l'heure qui voit le soleil se coucher. Dans l'automne comme dans les premiers mois du printemps, l'arrosement du soir serait dangereux à cause de la trop grande fraîcheur des nuits; mais on peut arroser vers le milieu du jour; il n'est pas à craindre alors que le soleil agisse trop fortement sur la terre humectée, en absorbant par l'évaporation toute l'humidité qu'elle a reçue. — Les arrosements, une fois commencés, doivent être continués et se faire au moins trois fois par semaine. Cesser l'arrosement, c'est exposer la plante à périr. D'un autre côté, il faut se garder des arrosements trop fréquents ou trop copieux, qui noient les racines des plantes. C'est là que le jardinier a besoin du secours de l'expérience: il doit savoir que certaines plantes ne demandent que très-peu d'eau; que d'autres veulent être souvent abreuvées; que les arbustes, les arbres à feuillage perenne exigent des arrosements assez fréquents, même dans la saison froide; que ceux qui de bonne heure se dépouillent de leurs feuilles n'en ont presque aucun besoin; en un mot, il doit savoir régler la fréquence et la quantité de l'arrosement sur la saison, sur la qualité de la terre, sur la nature des plantes; il doit également connaître la qualité de l'eau, car si l'eau des rivières et des ruisseaux est, en général, bienfaisante, les eaux crues, marécageuses, visqueuses sont plus nuisibles qu'utiles. — Tout ce que nous venons de dire de l'arrosement ne se rapporte qu'au jardinage; quant à celui des prairies, des champs, etc., nous en parlerons au mot IRRIGATION (*V.* ce mot).

ARROSOIR (*hist. nat.*), genre de vers marins, de la famille des branchiodèles, vivant dans une espèce de tube formé d'une humeur visqueuse qui transsude de leur corps, et se durcit à mesure. La forme de ce tube, assez semblable à celle d'une pomme d'arrosoir, a fait donner à ces vers le nom qu'ils portent. On en a reconnu deux espèces, l'une dans l'île de Java, l'autre dans la Nouvelle Zélande.

ARROUMA, plante de la Guyane, dont les tiges refendues et l'écorce servent aux naturels à faire des nattes, des corbeilles, des chaussures.

ARROWSMITH, éditeur de cartes géographiques, né à Londres, vers le milieu du XVIIIᵉ siècle, et mort dans la même ville en 1822. Occupé toute sa vie de géographie, il avait acquis des connaissances assez étendues; toutefois, on lui reproche des inexactitudes, parce qu'il a souvent admis comme constatés des faits qu'il n'a point vérifiés. Son meilleur ouvrage, c'est sa *mappemonde*, d'après la projection de Mercator.

ARROW-ROOT, fécule extraite du *maranta indica* (*arundinacea* de Linné), plante originaire des Indes orientales, transplantée aux Antilles, et principalement cultivée aujourd'hui à la Jamaïque. Les Anglais l'ont ainsi nommée, d'*arrow*, flèche, et de *root*, racine, parce que les habitants des Antilles, attribuant à la racine du maranta les plus merveilleuses propriétés, l'appliquent sur les blessures faites par les flèches. Cette fécule, qu'on extrait comme toutes les autres fécules, est moins blanche que l'amidon, mais plus fine au toucher, insipide et adoucissante. On en fait quelque usage en médecine; elle convient assez, dit-on, dans certains cas d'irritation du canal intestinal.

ARROY (BÉSIAN), docteur de Sorbonne et théologal de Lyon, est connu par quelques ouvrages pour la composition desquels il a fallu assez d'érudition, mais qui ne prouvent, dans leur auteur, ni beaucoup de goût, ni une critique bien éclairée: 1º *Questions décidées sur la justice des armes des rois de France, et l'alliance avec les hérétiques et les infidèles*, Lyon, 1634, in-8º; 2º *Apologie pour l'Église de Lyon contre les notes et prétendues corrections sur le nouveau Bréviaire de Lyon*, 1644, in-8º; 3º *Briève et dévote histoire de l'abbaye de la Barbe*, 1664, in-12; 4º *Domûs Umbræ-Vallis vimiacæ descriptio*, 1661, in-4.

ARRUBAL (PIERRE) naquit, en 1559, dans une petite ville d'Espagne, à égale distance de la Navarre et de la Vieille-Castille, devint jésuite à vingt ans, professa la théologie à Sala-

manque et à Rome, où il fut chargé de défendre les doctrines de Molina, dans les congrégations *De auxiliis*, à la place de Valentin, qui était tombé malade pendant le cours de ces discussions. Il mourut à Salamanque en 1603. On a de lui deux ouvrages: 1º *De Deo uno et trino*; 2º *De angelis*. Ces deux ouvrages sont écrits avec beaucoup de clarté et de précision.

ARSACE (*hist.*), fondateur de la puissante dynastie des Arsacides, qui, pendant près de cinq cents ans, disputa aux Romains l'empire de l'Asie. Après la mort d'Alexandre, la Parthie, vaste et célèbre contrée, qui s'étendait de l'Hircanie au nord jusqu'à la Caramanie au midi, et de la Bactriane à l'orient jusqu'à la Médie à l'occident, était entrée dans le lot de Séleucus Nicator, qui fonda la dynastie des rois Séleucides de Syrie. Antiochus Théos (le dieu), petit-fils de Séleucus, avait donné au satrape Agathoclès le commandement des provinces syriennes situées au delà de l'Euphrate. Deux frères, Bactriens de naissance, mais qu'on disait issus des anciens rois de Perse, vivaient obscurément dans un canton de la Bactriane. C'étaient Arsace et Tiridate. Celui-ci reçut du satrape un outrage qu'il jura de laver dans le sang; il fit aisément partager ses ressentiments à son frère. Tous deux prirent les armes. Les Bactriens se rangèrent en foule sous leurs drapeaux, et ils élurent Arsace pour chef. Le satrape, surpris par la révolte (si l'on peut appeler révolte l'insurrection d'un peuple qui s'arme contre l'usurpation pour rendre le trône à l'héritier de ses anciens rois), rassembla quelques troupes; mais, mal secondé par elles ou trahi par la fortune, il fut complètement battu. Suivant les uns, il périt dans la mêlée; suivant les autres, il fut fait prisonnier et mis à mort. Les troupes syriennes furent promptement chassées de toute la Parthie; les officiers d'Antiochus les suivirent, et le pays, libre du joug étranger, releva dans Hécatompylos (*la ville aux cent portes*; *V.* ce mot) le trône de Darius, que l'épée d'Alexandre avait renversé. Arsace fut proclamé souverain (l'an 56 de l'ère des Séleucides, 256 ans avant J. C., 498 de la fondation de Rome). — Arsace régna douze ans avec gloire; il employa ce temps à consolider sa puissance, à fortifier ses frontières, à donner des lois à son peuple. Il mourut en 243 avant J. C. Il eut pour successeur son frère Tiridate. Tous les successeurs d'Arsace, au nombre de trente, ajoutèrent son nom du fondateur à leur nom propre. La dynastie des Arsacides s'éteignit l'an 226 de l'ère chrétienne, sous le trente et unième Arsacide, ou Artaban IV (*V.*; pour l'histoire des Arsacides, les mots PARTHES et PARTHIE: on y trouvera le tableau de tous les princes de cette dynastie; les détails particuliers seront contenus dans les articles spéciaux consacrés aux noms propres).

ARSACIUS (SAINT), Persan de nation, occupait des emplois importants à la cour des empereurs, lorsque, touché par la grâce, il embrassa le christianisme avec tant de ferveur qu'il attira sur lui des persécutions violentes. Il se retira dans la ville de Nicomédie, où il vécut dans l'isolement; il avait choisi pour l'habiter une vieille tour abandonnée de la ville. Il y passait les nuits et une partie du jour en prières; il n'en sortait guère que pour aller prêcher aux habitants la pénitence. Mais il eut beau les menacer d'un terrible châtiment du ciel, il ne gagna rien sur les cœurs endurcis dans le vice. Arsacius n'avait que trop bien lu dans l'avenir; il avait prédit un tremblement de terre qui renverserait Nicomédie, et l'événement ne tarda pas à suivre la prédiction. En 358, les maisons, ébranlées jusqu'aux fondements, s'écroulèrent, et la moitié des habitants restèrent ensevelis sous les ruines. Ceux qui survécurent à ce désastre trouvèrent saint Arsacius mort dans sa cellule, que le tremblement de terre avait laissée debout; il était dans l'attitude d'un homme en prières.

ARSAME, l'un des cent quinze fils naturels d'Artaxerce Mnémon, et le bien-aimé de son père. Ochus, son frère aîné, le fit assassiner, de peur qu'il ne lui fût préféré pour remplacer Artaxerce.

ARSCHIN (*comm.*), mesure dont on se sert dans la Chine pour mesurer les étoffes. Elle est égale en longueur à l'aune de Hollande, qui contient 24 pouces 11 lignes, mesure ancienne de France. 7 arschins équivalaient à 4 aunes de Paris (4 mètres 80 centimètres). L'arschine de Russie équivaut à 25 pouces 6 lignes.

ARSCHOT, nom d'une famille très-ancienne des Pays-Bas, qui tire son nom d'une petite ville du Brabant méridional, peuplée d'environ 2,000 habitants. Philippe, comte de Guines et de Croy, fut nommé par Charles-Quint duc d'Arschot ou Aerschot, et il joua un rôle assez actif durant les troubles qui signalèrent le règne de Philippe II. Plus tard ce duché passa dans la maison d'Aremberg, qui en prend le titre, quoique par les événements politiques qui se sont succédé depuis un demi-siècle le domaine ait cessé de lui appartenir. Arschot se trouve située entre Malines et Louvain.

ARSDEKIN (RICHARD), jésuite, né à Kilkine en Irlande, enseigna la philosophie et la théologie à Louvain vers le milieu du XVIIe siècle. Il a laissé un ouvrage intitulé : *Theologia tripartita universa*, etc., contenant l'histoire complète de la théologie scolastique, spéculative et pratique; la positive, la controverse, et tout ce qui a rapport aux propositions de Jansénius et à celles de ses adversaires. De 1677, époque où l'ouvrage parut pour la première fois, 1 vol. in-4°, Louvain, jusqu'en 1696, douze éditions eurent lieu. L'auteur mourut pendant qu'on imprimait la douzième.

ARSEN. Nom qu'on donne à une petite mesure d'étendue équivalant à peu près à 35 centimètres, de laquelle on se sert dans quelques échelles du Levant, principalement à Caffa, sur la mer Noire, pour mesurer les étoffes.

ARSENAL. On entend par ce mot une réunion d'édifices destinés à la fabrication des armes et machines de guerre et à la garde des objets confectionnés. Les uns font dériver ce mot de *arx* (forteresse), et veulent qu'on l'écrive *arcenal*. Embarrassés de la seconde moitié du mot, ils ajoutent que cette seconde moitié n'est que le mot *navalis* contracté, de sorte qu'*arsenal* vient de *arx navalis* (citadelle navale ou maritime); mais comme il y a eu des armées de terre longtemps avant qu'il y eût des armées navales, il est probable qu'on a construit des arsenaux ou magasins d'armes avant de construire des arsenaux maritimes. Nous ne croyons donc pas qu'*arsenal* vienne d'*arx navalis*. Ducange assigne une autre étymologie, et ce mot, suivant lui, vient du latin *ars*, qui signifie *engin* ou *machine*, et beaucoup d'écrivains ont adopté l'opinion de Ducange. D'autres enfin prétendent que ce mot s'est formé dans le moyen âge du mot *darzena*, *darzana* ou *tarzana*, par lequel les Arabes ont désigné leurs arsenaux. Ce qui est certain, c'est que les Arabes d'Espagne s'en servirent à Gebal-Taric (Gibraltar) et l'Ile Verte (Algésiras), et généralement dans toutes les villes maritimes où ils eurent des arsenaux. L'arsenal de Barcelone, quoiqu'on puisse le comparer à une véritable citadelle, porte encore le nom d'*Atarazana*, et il ne s'appela jamais *arx navalis*. — En France, il existe aujourd'hui des arsenaux de trois sortes : d'*artillerie*, de *génie* et *maritimes*. — Sans entrer ici dans le détail de tous les ateliers, de tous les magasins, de tous les chantiers dont ces arsenaux se composent; de tous les genres d'ouvriers en bois, en fer, en métaux qu'on y voit rassemblés, nous nous bornerons à dire que chaque arsenal renferme tout ce qui est nécessaire en matériaux, en instruments, en ouvriers pour faire et fabriquer toute sorte d'armes, et qu'on y voit de plus de vastes magasins où sont conservés en dépôt des armes à feu, fusils, pistolets, mousquetons, des armes blanches, sabres, épées; des canons montés et démontés. Il y a même des magasins à poudre et des salles d'artifice. — Dans les arsenaux du génie, on ne confectionne que les outils de pionniers et les voitures nécessaires pour leur transport. Ces arsenaux n'offrent en temps de paix que peu d'activité. Les arsenaux d'artillerie les plus importants sont ceux de Lille, Metz, Strasbourg, Besançon et Perpignan. — Dans les arsenaux maritimes on remarque les chantiers de construction de vaisseaux, les ateliers où l'on fabrique les ancres, les voiles, les câbles et cordages, les agrès de tout genre, des magasins pour les objets confectionnés, d'autres magasins pour les matériaux non ouvrés, des magasins de vivres, de munitions, etc. Les arsenaux maritimes de première classe sont ceux de Brest, Toulon et Rochefort; viennent ensuite Lorient et Cherbourg; il y a de plus des arsenaux secondaires à Dunkerque, au Hâvre, à Nantes, à Bordeaux, à Bayonne. — Les Anglais ont six arsenaux maritimes : Deptford, Woolwich, Chatham, Sheerness, Portsmouth et Plymouth, sans compter Gibraltar en Espagne et l'île de Malte. Les Espagnols ont la Corogne, Cadix, Carthagène et Barcelone. En Italie, on trouve Gênes, Livourne, Naples, Ancône, Trieste, Venise. L'arsenal de Venise, autrefois si célèbre, construit en 1337 par André de Pise, est aujourd'hui sans importance réelle. Dans la Belgique, on trouve l'arsenal d'Anvers; dans le Danemark, celui de Copenhague. Dantzig et Hambourg avaient été érigés par Napoléon en arsenaux maritimes; ils sont rentrés dans la classe des ports marchands. La Suède a Karlscrone et Stockholm; la Russie, Cronstadt, Saint-Pétersbourg, Sébastopol, sur la mer Noire, etc. (*V.* tous ces noms de ville).

ARSÈNE, diacre de l'Eglise romaine, homme d'un grand mé-

rite, choisi par le pape Damase en 383, pour devenir le précepteur des fils de l'empereur Théodose, Arcadius et Honorius. On dit qu'un jour l'empereur étant entré dans la chambre de ses enfants, au moment de la leçon, voyant le maître debout devant ses élèves assis, ordonna à ceux-ci de se lever, et au premier de s'asseoir, ajoutant qu'ils ne croiraient indignes du trône, s'ils ne commençaient par donner à leur maître des preuves du respect qui lui était dû. Les leçons d'Arsène ne pouvant toutefois triompher du mauvais naturel d'Arcadius, il prit le parti de se retirer, et d'aller se cacher dans le désert de Natron ou de Scethé, entre l'Egypte et la Libye. Il mourut presque centenaire en 449, avec une réputation de sainteté qui l'a fait placer dans le martyrologe romain, où sa fête est indiquée au 19 juillet. — Un autre Arsène, évêque d'Hypsèle, dans la Thébaïde, appartenait à la secte des méléciens. Eusèbe de Nicomédie et d'autres partisans de l'arianisme accusèrent Athanase de l'avoir tué, et d'avoir conservé une de ses mains desséchée pour la faire servir à ses opérations magiques; ils représentaient en effet une main qu'ils prétendaient être celle d'Arsène. Saint Athanase confondit ses ennemis en démontrant qu'Arsène, qui s'était rendu en secret au concile de Tyr, et qui venait d'abjurer ses erreurs aux pieds du saint patriarche. — Arsène, moine du mont Athos, devint en 1255 patriarche de Constantinople. L'empereur Michel Paléologue ayant fait crever les yeux au jeune Lascaris, Arsène l'excommunia, et l'empereur à son tour exila le patriarche, qui alla mourir dans l'île de Proconèse en 1264. On a d'Arsène un *Testament* en grec et en latin, qu'on trouve dans le tome II des *Monuments de l'Eglise grecque* et un *Recueil des canons*, divisé en cent quarante et un titres. Il ne faut pas confondre le patriarche de Constantinople avec un autre moine grec du même nom d'Arsène, auteur d'un *Recueil d'apophthegmes* grecs et de *Scolies sur les tragédies d'Euripide*, lequel vivait dans le XVIe siècle.

ARSÉNIATES (*chim.*). On appelle ainsi des sels formés par la combinaison de l'acide arsénique avec une base quelconque. Les arséniates, souvent employés dans les arts, causent plus d'une fois de graves accidents, parce qu'ils sont tous des poisons très-actifs, et qu'on ne prend pas assez de précautions pour en faire usage. Les arséniates se décomposent par le charbon à une haute température, parce que le charbon s'empare de l'oxygène de l'acide arsénique, laissant ainsi l'arsenic à nu sous la forme métallique. On les divise en deux sortes : avec excès d'acide, et on les appelle *sur-arséniates*, ou avec excès de base, ou *sous-arséniates*. Les sur-arséniates contiennent deux fois autant d'acide que les autres à quantité égale de base; les sous-arséniates contiennent une fois et demi autant de base à quantité égale d'acide. Les arséniates ont plusieurs propriétés communes avec les arsénites, mais ils se distinguent par d'autres propriétés les uns des autres. Ainsi, l'acide hydrochlorique ne trouble pas les dissolutions des arséniates, mais il précipite en blanc celles des arsénites. — On obtient l'arséniate d'ammoniaque en versant de l'ammoniaque liquide dans une dissolution d'acide arsénique concentré, jusqu'à ce qu'on aperçoive un précipité. Livré à une évaporation spontanée, l'arséniate neutre cristallise en gros prismes obliques, qui s'effleurissent à l'air et deviennent un sel acide. On se procure le sur-arséniate en sursaturant d'acide la base, et en laissant cristalliser naturellement. Toutes ces combinaisons sont très-vénéneuses, et le charbon les réduit en arsenic. — Macquer obtenait son neutre arsenical, ou *arséniate acide*, ou *sur-arséniate de potasse*, en chauffant au rouge un mélange de deutoxyde d'arsenic et de nitrate de potasse, en dissolvant le résidu dans l'eau, et faisant évaporer la liqueur. Ce sel cristallise en octaèdres à base carrée. Si on sature l'excès d'acide par la potasse, on a l'arséniate neutre de potasse, qui déliquescent quand ce sel cristallise pas. Il en est de même du sur-arséniate de soude. Quant à l'arséniate neutre de soude, on le produit en versant une dissolution de soude dans une dissolution d'acide arsénique, jusqu'à saturation. Le sel qui reste après l'évaporation est très-soluble dans l'eau, et cristallise en prismes hexaèdres réguliers efflorescents.

ARSENIC, de ἄρσεν (de ἄρην ou ἄρρην, mâle ou homme, et de νικάω, vaincre, tuer); métal qui est l'un des poisons les plus actifs qui existent. C'est un corps solide, gris d'acier, à cassure brillante, de texture grenue, quelquefois écailleuse, très-fragile. A la chaleur, il se volatilise en répandant une forte odeur alliacée; il donne un sublimé blanc soluble dans l'eau chaude, et forme un précipité jaune si on le mêle à l'hydrogène sulfuré. L'ammoniaque dissout ce précipité. Suivant

Haüy, l'arsenic cristallise en prismes réguliers; suivant quelques autres, en octaèdres à base carrée; d'autres encore prétendent qu'il affecte le système rhomboédrique. L'arsenic natif, celui dont il s'agit ici, se trouve ordinairement dans les filons métallifères, notamment dans ceux qui fournissent de l'argent, du cuivre, du cobalt ou de l'antimoine; il a pour gangue du quartz, du carbonate de chaux, du sulfate de baryte. On le trouve en Saxe, dans le Hartz, dans les Vosges, etc. — L'arsenic ne se présente pas seulement dans la forme métallique; on le voit souvent combiné avec le soufre ou l'oxygène. — L'arsenic oxydé porte aussi le nom d'arsenic blanc. Il se compose d'environ soixante-quinze parties d'arsenic sur vingt-cinq d'oxygène. Il est blanc, soluble dans l'eau, et il se volatilise par l'action du feu. — L'arsenic jaune, ou orpiment, celui auquel les Grecs donnèrent plus particulièrement le nom d'arsenicon, est une substance pesante, aisément divisible en feuilles minces, flexibles, mais non élastiques. Il se trouve au milieu des marnes et argiles des terrains secondaires en petite quantité; il a ordinairement trois parties d'arsenic et deux parties de soufre. L'arsenic sulfuré rouge ou réalgar est d'un rouge orangé, qui acquiert, par le poli, assez d'éclat, et ne diffère guère que par la couleur de l'orpiment; aussi Haüy n'en fait-il qu'une seule espèce; toutefois il entre en poids, dans le réalgar, plus d'arsenic que dans l'orpiment, et il cristallise en prismes rhomboïdaux obliques, tandis que les masses de l'orpiment forment des prismes rhomboïdaux droits. Le réalgar se trouve dans les filons ou au milieu des terrains primordiaux, et assez souvent dans les terrains volcaniques. — La plupart des chimistes ont classé l'arsenic au rang des métaux; il a néanmoins tant d'analogie avec le phosphore, qu'il semble qu'on devrait plutôt le ranger parmi les métalloïdes. — L'arsenic natif a beaucoup d'affinité pour l'oxygène: à l'air, il s'oxyde; mouillé d'eau, il s'échauffe à un très-haut degré; chauffé dans l'oxygène, il brûle en donnant une flamme bleuâtre, et devient acide arsénieux ou arsenic oxydé; jeté dans du chlore, il prend feu; mêlé avec du chlorate de potasse, il peut s'enflammer si on le frappe avec un marteau, et il produit alors une violente détonation. L'arsenic métallique qu'on livre au commerce porte le nom de cobalt ou de pierre à mouches (V. PIERRE A MOUCHES). — L'arsenic s'allie presque à tous les métaux, qu'il rend cassants et plus fusibles; le tombac blanc ou argent haché n'était pas autre chose qu'un alliage de cuivre et d'arsenic (V. TOMBAC). L'acide arsénieux ou arsenic oxydé s'extrait des mines de Reichenstein et d'Altenberg, en Silésie (V. REICHENSTEIN); c'est là seulement qu'on s'occupe de l'extraction des produits arsenicaux. — L'arsenic est l'une des substances les plus vénéneuses que la nature ait produites. L'homme n'a pas craint toutefois de l'appliquer extérieurement, et même intérieurement, dans un grand nombre de cas, comme remède excitant et tonique; mais bien que Celse, Galien et d'autres médecins aient parlé des merveilleux effets de ce médicament, ce n'est guère que dans les XVIe et XVIIe siècles que l'usage interne de l'arsenic s'est introduit en Europe. L'on ne peut guère douter qu'il n'ait une vertu fébrifuge très-prononcée. Quelques médecins prétendent l'avoir employé avec succès contre les affections nerveuses et les maladies de la peau; d'autres ont dit que l'arsenic était le meilleur antidote contre les poisons animaux; mais sa vertu, dans ce cas, est plus qu'équivoque, de même que dans le traitement du cancer, pour lequel il a été longtemps regardé comme spécifique. — Ce qui doit paraître extraordinaire au premier coup d'œil, c'est qu'à l'état de pureté métallique ou d'alliage avec d'autres métaux, l'arsenic est inoffensif pour l'homme; si parfois il a produit sur quelques individus de funestes effets, c'est parce que quelque cause imprévue aura développé l'acide arsénieux, qui seul est vénéneux, et c'est précisément cet acide qui entre dans la plupart des préparations pharmaceutiques arsénicales (V. PATE ARSENICALE). Il n'est pas nécessaire de dire que l'emploi de ce puissant réactif, que beaucoup de médecins proscrivent comme très-dangereux, et tôt ou tard suivi de fâcheux accidents, exige les plus grandes précautions, et qu'il faut absolument en défendre l'usage à tout individu au tempérament faible et délicat.

ARSÉNITE, combinaison du deutoxyde d'arsenic, ou acide arsénieux, avec une base quelconque. Les arsénites sont précipités en vert par les sels de cuivre, en jaune par le nitrate d'argent, et en blanc par les sels de chaux. L'arsénite de potasse, dissous dans une grande quantité d'eau et mêlé à l'alcool de mélisse, donne la liqueur minérale de Fow-

ler, prescrite dans les fièvres intermittentes (V. FOWLER).

ARSÉNIURE D'HYDROGÈNE. C'est la combinaison de l'arsenic avec l'hydrogène. Il y en a de deux espèces: l'hydrure d'arsenic, et l'hydrogène arsénié. Ce sont deux substances très-vénéneuses: la première, solide et brunâtre, contient un atome d'arsenic et deux d'hydrogène; la seconde forme un gaz sans couleur, qui brûle en répandant l'odeur alliacée, et dépose l'arsenic en une couche noire.

ARSENNE (V. ARSÈNE, patriarche d'Alexandrie).

ARSINOÉ ou CLYSMA (géog.) (V. SUEZ). Ce nom était commun à plusieurs autres villes de l'Égypte, de l'Asie et même de l'Europe. La plus célèbre était la capitale du nome Arsinoïte (aujourd'hui Fayoûm), au centre d'une île formée par le lac Mœris (V. ce mot) et deux canaux qui se déchargeaient dans le lac. Cette ville portait aussi le nom de Crocodilopolis (V. ce mot). Il y avait encore une ville d'Arsinoé dans la Cyrénaïque; les autres s'élevaient dans la Cilicie sur la côte, dans la Syrie, dans l'île de Chypre, dans l'Acarnanie, à quelque distance du fleuve Achéloüs (aujourd'hui Aspro-Potamo).

ARSINOÉ (myth.). Arsinoé, fille de Leucippe, fut aimée d'Apollon et devint, suivant quelques-uns, mère d'Esculape. Après sa mort elle reçut les honneurs divins, et les Spartiates lui consacrèrent un temple sur la place Hellénique. — Une seconde Arsinoé, fille de Nicocréon, roi de Chypre, inspira une passion si violente au jeune Arcéophon, que, ne pouvant la rendre sensible, il mourut de désespoir. Arsinoé regarda passer d'un œil sec les restes de l'infortuné Arcéophon. Vénus, irritée de tant d'insensibilité, la métamorphosa en pierre. — (Histoire.) Arsinoé, fille de Ptolémée Lagus, épousa Lysimaque, roi de Thrace, déjà avancé en âge, de qui elle eut plusieurs enfants. Pour assurer la couronne à ces derniers elle fit périr Agathocle, fils d'un premier mariage de Lysimaque. Ce fut un crime inutile: car, après la mort de ce prince, Ptolémée Céraune, son frère aîné, qu'elle épousa, fit périr tous ses neveux, enfants de Lysimaque, et il la relégua elle-même dans l'île de Samothrace, où elle mourut vers l'an 290 avant J. C. — Une fille de ce même Lysimaque, aussi nommée Arsinoé, devint l'épouse de Ptolémée Philadelphe, qui ne tarda pas à la répudier pour épouser la troisième Arsinoé, sa sœur. Celle-ci, quoique plus âgée que son époux, prit sur son esprit un ascendant qu'elle conserva toute sa vie. Après sa mort elle fut divinisée sous le nom de Vénus Zéphyrite. L'architecte Dinocharis jeta les fondements d'un temple où la nouvelle déesse, représentée par une statue de fer, devait être maintenue au milieu de l'air par la force attractive de plusieurs aimants placés dans la voûte. Dinocharis mourut avant la fin des travaux; aussi n'eut-il pas la honte où l'entreprise échoué dans l'exécution d'un projet insensé (V. DINOCHARIS). — Arsinoé, aussi nommée Eurydice et Cléopâtre, fut sœur et femme de Ptolémée Philopator, qui en eut un fils. La naissance de cet enfant ne suffit point à la malheureuse Arsinoé pour fixer le cœur de son époux, qui, après l'avoir éloignée d'Alexandrie, envoya l'ordre de la faire mourir, ordre qui fut exécuté l'an 207 avant J. C. — La dernière princesse de ce nom qui joue un rôle dans l'histoire était sœur de la fameuse Cléopâtre, à qui César avait donné l'Égypte, au préjudice de Denis, qu'elle avait épousé suivant la volonté de leur père, Ptolémée Aulète. La partialité de César fit soulever contre lui le général Achillas et l'eunuque Photin, que le roi avait désignés comme tuteurs et conseillers de son fils. Arsinoé qui, dans le partage fait par César, n'avait obtenu que l'île de Chypre, passa dans le camp d'Achillas, qui la fit aussitôt proclamer souveraine à la place de Cléopâtre. Achillas fut exécuté. Arsinoé le remplaça par Ganimède, que ses grands talents militaires ne purent soustraire à la honte d'une défaite. Arsinoé tomba aux mains du vainqueur, qui en orna son triomphe. Elle fut ensuite reléguée dans une ville de l'Orient, où elle vécut quelque temps ignorée. Lorsqu'après la mort de César, Antoine se fut emparé de l'Égypte, il conçut pour la belle reine de cette contrée une passion désordonnée qui causa sa ruine; le premier sacrifice qu'elle exigea de lui, ce fut d'ordonner l'assassinat d'Arsinoé, dont elle craignait les talents et les grâces.

ARSIN (bois), mot uniquement employé pour désigner des bois sur pied, auxquels le feu a été mis par accident.

ARSIS, de arsus, brûlé; se dit des vins trop ardents et qui ont le goût brûlé ou rôti. — En terme de déclamation et de prosodie, c'est le procédé à peu près involontaire par lequel, en lisant des vers ou des phrases oratoires bien cadencées, la voix, qui s'élève au commencement, va s'abaisser ensuite, pour se relever et s'abaisser de nouveau. C'est cette alternative d'aigu et de grave que les anciens désignaient par les mots grecs *arsis* et *thesis*. De la prononciation accentuée, qui est une espèce de déclamation musicale, ces deux mots passèrent à la musique, où ils exprimèrent l'art de passer du grave à l'aigu, *arsis*, et de descendre de l'aigu au grave, *thesis*. C'est ce qu'on a appelé plus tard *contre-fugue*, ou *fugue renversée* (*V.* CONTRE-FUGUE).

ART. C'est là un de ces mots dont le sens, en quelque sorte élastique, s'étend ou se rétrécit, suivant que celui qui l'emploie ou qui cherche à le définir a plus ou moins de portée dans ses facultés intellectuelles, et dans la manière dont il lui est donné de considérer les objets. Ainsi, quand on dit l'art, ou l'on exprime toujours plus que ne peut concevoir un esprit vulgaire, ou bien on reste au-dessous de l'idée que doit se former un esprit élevé. Le premier ne verra dans l'art qu'une collection de règles d'une exécution plus ou moins facile, de principes d'une nature plus ou moins abstraite, qui peuvent donner à chacun de ceux qui s'y conforment le moyen de réussir dans l'ouvrage qu'il veut entreprendre. Le second, au contraire, voudra considérer l'art sous un rapport tellement vaste, qu'il tâchera de renfermer dans sa définition, comme cela existe à sa pensée, non-seulement les moyens de bien faire par l'observation des règles, mais encore le principe même de ces règles ; heureux, toutefois, lorsqu'il voudra définir ce principe, soit qu'il le cherche dans l'imitation de la belle nature, soit qu'il le regarde comme un sentiment intime, s'il ne se jette dans le vague, et si, à force de procéder par voie de synthèse ou d'analyse, il ne finit par se rendre inintelligible. Tout ce qu'on peut dire de moins contestable, c'est que le mot *art* est toujours accompagné d'une certaine idée d'habileté, de talent, de supériorité sur les moyens ordinaires, qui peut s'appliquer au poëte, à l'orateur, au peintre, au musicien, à l'architecte, à l'exclusion néanmoins de ceux qui exercent les professions purement mécaniques, et pour lesquels le mot ne saurait offrir qu'un sens très-restreint. Considéré sous ce point de vue, l'art est en quelque sorte une pure abstraction qu'on sent en soi-même et qu'on ne peut saisir ; c'est mille fois plus que la pratique, qui n'exige qu'une main habile, ou un esprit routinier qui fait ce qu'il a vu faire ; ce n'est pas non plus la science, ni la théorie, car la théorie n'est pas autre chose que la collection raisonnée des procédés qui peuvent être mis en usage pour pratiquer avec succès ; et la science consiste dans la connaissance des lois sur lesquelles ces procédés ont été établis. On dirait que l'art se compose de la cause même de ces lois, sentiment mystérieux que nous trouvons en nous, en quelque sorte surnaturel, qui nous porte à aimer et à imiter tout ce qui est parfait, et nous fait rechercher dans les autres ce qui se rapproche de l'idée prototype qui nous domine. — Un de nos philosophes modernes, tout imbu des doctrines allemandes, a dit que l'art n'était que la représentation du général, c'est-à-dire de l'idéal, et par l'idéal il entend le beau absolu. A cela on peut répondre d'abord qu'il n'y a pas de beau absolu ; car l'expérience prouve que ce qui est beau pour les uns, même en morale, ne l'est pas pour les autres. Nous ne craignons pas de dire *même en morale :* la vertu de Caton qui se donne la mort pour ne point survivre à la défaite de son parti, cette vertu sauvage qui a inspiré à Lucain ce vers sacrilége :

Victrix causa diis placuit, sed victa Catoni,

cette vertu n'est pas la vertu chrétienne. Quant au beau physique, rien n'est mieux constaté que cette immense variété de goûts qui divisent les hommes. On dit, il est vrai, qu'il y a des choses qui sont belles en elles-mêmes, et qui frappent généralement tous les hommes du même sentiment d'admiration. Il n'y a là, suivant nous, qu'un spécieux paradoxe. Si tous les hommes à qui on représente l'objet prétendu beau se trouvent dans la même situation d'esprit et de cœur, il n'est pas douteux que cet objet fera sur tous la même impression ; mais hors ce cas il y aura autant d'impressions que d'hommes. Placez devant les Pyramides un Samoïède et un savant qui, Hérodote en main, parcourra l'Égypte : assurément ces deux hommes n'éprouveront pas la même sensation, car ils ne peuvent pas sentir de même. Le plus beau de tous les spectacles n'est sans contredit que l'aspect du ciel et de l'univers ; mais le stupide insulaire de la mer du Sud ne contemplera pas cette œuvre du Créateur du même œil que le philosophe chrétien. On sent qu'ici même le sentiment qui se développe devant ce tableau magnifique est relatif aux idées

que chaque spectateur apporte avec lui. De là il s'ensuivra que si l'art consiste dans la représentation ou dans l'expression du beau idéal, il n'y aura jamais d'art possible, parce qu'il n'y a pas de beau absolu universellement senti, ou senti de la même manière. Encore il nous semble que, dans le cas même où il y aurait un beau idéal absolu, l'art ne consisterait pas seulement dans l'expression de cet idéal, mais qu'il faudrait encore, pour constituer l'art, unir à la faculté d'exprimer la faculté de sentir d'abord soi-même ce qu'on veut faire sentir aux autres.

Si vis me flere, dolendum est
Primum ipsi tibi,

a dit le sage législateur du parnasse ; et ce précepte n'est pas seulement applicable à la poésie : en changeant l'expression il peut s'appliquer à tout. — Quelques écrivains ont avancé que l'art, n'étant qu'imitation, résidait tout entier dans la forme. Ce système rentre à peu de chose près dans celui que nous venons d'examiner. Mais comment peut-on faire consister l'art dans une chose qui est aussi variée et aussi variable que la forme ? S'il n'y avait absolument dans la nature qu'une seule forme pour tous les objets, ou du moins une seule forme pour chaque espèce d'objets, on pourrait, avec plus de raison, soutenir que l'art est dans l'imitation de cette forme ; mais dans cette multitude infinie de formes que la nature donne non-seulement aux objets matériels qui nous entourent, mais encore aux produits de notre imagination, à nos plaisirs, à nos jouissances, quelle sera la forme que l'artiste choisira ? qui lui répondra que celle qui lui conviendra le mieux sera précisément celle qui conviendra le mieux aux autres ? Ne voit-on pas chaque jour, dans les produits de l'industrie, des formes tellement variées, et souvent même tellement étranges et éloignées des formes ordinaires, qu'on est tenté de croire qu'il n'y a plus de règles, et que le caprice seul de l'artiste doit en tenir lieu ? Convenons même en passant que ceci est vrai dans bien des cas, et que la seule chose à laquelle il faut que l'artiste ou l'ouvrier donne son attention, c'est que la forme qu'il donne à l'objet qu'il fabrique ne blesse point nos yeux par une figure d'un effet désagréable. Citons un exemple au hasard : vous apercevez un superbe portique dont l'entablement repose sur des colonnes corinthiennes. Ne vous est-il pas arrivé de vous demander comment il s'est fait qu'on ait couronné ces colonnes d'un vase, et que ce vase, formé de feuilles renversées, ait été donné pour appui à de lourdes masses qui doivent les écraser par leur poids ? Eh bien ! malgré cette réflexion qui vous dit qu'il y a là un démenti donné à la nature des choses, cette ordonnance vous a plu et vous avez admiré le portique. L'art peut donc conduire à l'imitation de formes fantastiques ; car si l'on disait que les chapiteaux corinthiens imitent quelque chose, on pourrait répondre que l'imitation est si loin du modèle, qu'en vérité ces chapiteaux n'imitent plus rien. Et ce que nous disons ici de l'architecture peut s'entendre également des ouvrages d'esprit. La poésie, l'éloquence, l'art dramatique, avaient reçu des formes que depuis vingt siècles on aimait à imiter, parce qu'on n'en imaginait pas de meilleures. Une école nouvelle s'est tout à coup formée, et repoussant dédaigneusement ces formes anciennes, cette école s'est dégagée des règles existantes pour adopter des formes nouvelles que ces règles n'auraient point souffertes. Décidez maintenant entre les deux méthodes, et dites quelle est la meilleure. — Il n'est donc pas possible que l'art consiste dans la forme, puisqu'il n'y a pas une forme unique. Au fond, l'art est le principe qui produit : la forme est ce qui est produit : ainsi il y a là deux choses distinctes.— On a longtemps entendu par le mot *art* l'industrie humaine appliquée aux productions de la nature, soit par nécessité de satisfaire aux besoins, soit pour augmenter les jouissances par la commodité et le luxe, soit par simple curiosité, etc., et, suivant la nature de l'objet auquel cette application était faite, le résultat recevait le nom d'*art* ou de *science : art*, si l'application était mécanique ; *science*, s'il s'agissait seulement d'examiner les objets sous leurs diverses faces. De là vient que tout art peut avoir, outre la pratique, une partie spéculative, la théorie ; et de là encore la distinction si souvent faite entre les arts libéraux et les arts mécaniques. Toutes ces définitions ont le même inconvénient : elles ne considèrent l'art que comme un moyen d'exécution, au lieu de le considérer comme principe. Mais, qui ne sent que l'art de la peinture, c'est-à-dire le talent qui consiste dans l'application de certaines couleurs sur la toile d'après certaines règles, n'est pas l'art qui fait le peintre, c'est-à-dire qui donne au peintre la faculté de sentir le beau et le bon ; et s'il n'a rien à imiter, de créer dans les limites pourtant du possible ? qui ne sent que l'art de faire des vers ne constitue pas le poëte ? qui ne sent que les rhétoriques, à commencer par celle d'Aristote, peuvent former un excellent rhéteur, mais ne peuvent former un orateur, si l'orateur, comme le poëte, n'a pas dans le cœur le principe de l'éloquence ? — Il n'en est pas moins vrai que les arts, pris dans l'acception ordinaire, ne sont que des moyens, non des principes ; car tout ouvrage d'art n'est qu'un produit obtenu par l'accomplissement de certaines règles convenues, ou nées de l'expérience : c'est la théorie mise en pratique ; mais dans une acception plus élevée l'art doit être le principe qui a fait naître la théorie. — On a dit souvent que les règles ne sont venues qu'après des effets observés. Nous le croyons ainsi ; mais ces effets sur lesquels on a imaginé des règles, afin de produire des effets semblables, ont eu certainement une cause : or, cette cause c'est l'art lui-même, car si les règles étaient l'art, l'imagination resterait toujours enfermée dans les mêmes limites, et les règles traceraient autour d'elle un cercle d'effets à produire, au delà desquels elle ne pourrait rien inventer. Mais il n'en est point ainsi : les règles n'ont pas tout prévu ; chaque jour le génie produit des effets indépendants de ces règles ; le principe de ces effets c'est encore l'art. — Mais que faut-il entendre enfin par ce mot ? Nous croyons qu'on peut le définir de la manière suivante : *Sentiment intime, exquis, délicat, qui nous découvre dans tous les objets, matériels ou immatériels, ce qu'ils peuvent offrir de bon, et nous donne en même temps la faculté d'exprimer ce que nous sentons, de la manière la plus convenable à la nature de l'objet de nos sensations.* On sent qu'en effet nos sensations provenant d'une foule d'objets tout différents, la nature de ces sensations doit recevoir des modifications ; qu'arrivant à notre âme par l'intermédiaire des sens, elles ne peuvent pas s'opérer d'une manière uniforme ; que celles qui nous arrivent par le sens de l'ouïe ne sont pas les mêmes que celles qui nous arrivent par le sens de la vue ; que surtout celles qui sont produites par les organes extérieurs ressemblent fort peu à celles que nous devons à la perception de notre esprit. De là on pourrait conclure encore que toutes les sensations qui se rapportent à une même classe d'objets forment un art particulier, et que la réunion de tous ces éléments particuliers forme cet art que nous cherchons à définir, principe du bon et du beau, et en même temps générateur des moyens d'exécution. Ainsi, dans chacune de ces divisions de l'art, il faut considérer la nature des objets dont elles se composent, les moyens d'exprimer leurs effets, et la fin pour laquelle cette expression cherche se manifester. Or, ces objets n'ont de rapport qu'avec un certain genre d'idées relatives à nos besoins ou à nos plaisirs ; les moyens dépendent des instruments par lesquels ces idées se réalisent, et la fin est de plaire de la seule manière dont ces idées réalisées peuvent agir sur nos sens. — Prenons un exemple : le plaisir de l'harmonie est dans la poésie, dans la musique, dans la peinture ; la poésie, la musique et la peinture ont donc le même but, qui est de faire naître en nous le plaisir par l'harmonie. Mais chacune d'elles, pour réussir, voudra produire le genre d'harmonie qui lui est propre ; de plus, comme toutes trois s'adressent à des sens différents, il faut qu'elles emploient des moyens différents. Si le poëte, si le musicien, si le peintre, ont de vrais artistes, s'ils possèdent ce sentiment exquis qui leur montre le beau dans les choses spéciales dont ils s'occupent, et leur fait reconnaître les meilleurs moyens d'exécution, le premier donnera des vers sonores, riches de pensées qui formeront entre elles un tout harmonieux ; le second charmera par de ravissants accords ; le troisième, semblable au poëte, à l'harmonie des couleurs joindra celle des proportions, et la composition matérielle s'harmonisera ainsi avec l'idée créatrice. En dernier résultat, l'art est, suivant nous, le principe du beau dans l'imitation (imitation plus ou moins exacte, suivant les exigences du goût), réuni à la faculté d'exécuter, et appliqué à chaque classe d'objets suivant leur nature, leurs moyens et leur fin. — Après avoir parlé de l'art en général, nous devrions le suivre dans ses deux grandes divisions en arts libéraux et en arts mécaniques ; suivre ensuite ces divisions dans leurs diverses branches, et chaque branche dans ses rameaux. Ainsi, après avoir dit, par exemple, qu'on compte parmi les arts libéraux l'éloquence, la poésie, la musique, la peinture, la sculpture, l'architecture et la gravure considérée sous le rapport du dessin, nous dirions que l'éloquence a trois sous-divisions : la *chaire*, la *tribune* et le *barreau* ; nous dirions que la poésie a le genre LYRIQUE,

HÉROÏQUE, DRAMATIQUE, DIDACTIQUE, etc. ; mais ce n'est point ici le lieu d'entrer dans les immenses développements que le sujet comporte. Nous nous contentons de dire que chacun de ces mots donnera matière à un article spécial, ou même à plusieurs articles spéciaux. Nous renvoyons en conséquence nos lecteurs aux mots LIBÉRAUX (*arts*), MÉCANIQUES (*arts*), BEAUX-ARTS, ÉLOQUENCE, CHAIRE, TRIBUNE, etc., etc.

ART MILITAIRE (*V.* MILITAIRE [*art*], STRATÉGIE, TACTIQUE).

ART MNÉMONIQUE (*V.* MNÉMONIQUE, MÉMOIRE).

ART NAUTIQUE (*V.* MARINE, NAVIGATION).

ART ORATOIRE (*V.* ÉLOQUENCE, ORATEUR, DÉCLAMATION).

ART POÉTIQUE (*V.* VERSIFICATION, POÉSIE, HORACE, BOILEAU, etc.).

ART ANGÉLIQUE ou DES ESPRITS. On lit dans Cardan, *De rer. variet., lib.* XVI, qu'avec le secours de son ange gardien ou de quelque autre bon ange, on peut acquérir la connaissance de tout ce qu'on veut savoir. Cet écrivain visionnaire distingue deux sortes d'art angélique : l'un, qui s'exerce par voie de contemplation et d'extase ; l'autre, qui s'opère par le ministère des anges. Cardan, père de l'écrivain, avait disputé, disait-il, contre trois esprits qui soutenaient la doctrine d'Averroès, et il sortit vainqueur de cette dispute, grâce aux lumières qu'il recevait d'un bon génie qui voulut bien vivre avec lui trente-trois ans. Cardan fils aurait dû respecter les faiblesses de son père, et les tenir cachées loin de les divulguer ; mais il les partageait, et il paraît avoir eu la plus grande confiance dans la force des conjurations, par le moyen desquelles on contraignait les esprits à dire tout ce qu'ils savaient (*V.* plus bas ART NOTOIRE).

ART DE SAINT ANSELME, moyen de guérir les plaies en touchant les linges qui couvrent les blessures. Les fourbes qui avaient ce beau privilège disaient que leur art avait été inventé par saint Anselme ; mais Delrio, qui n'est pas suspect d'incrédulité, prétend que cet art de guérir fut mis en vogue par un empirique de Parme, nommé Anselme, auquel il fait l'honneur de l'appeler *grand magicien.*

ART NOTOIRE, moyen d'acquérir toutes les sciences par infusion, en pratiquant quelques jeûnes et en se soumettant à certaines pratiques. Ce fut Salomon, disent les prétendus adeptes, qui en fut l'inventeur, et qui en renferma les préceptes dans un petit livre. Voici ce qu'en dit le père Delrio dans ses *Disq. mag.*, part. II : Il faut que les aspirants commencent par fréquenter les sacrements, qu'ils jeûnent au pain et à l'eau chaque vendredi pendant sept semaines, le tout accompagné de prières. Ce temps passé, on leur fait faire d'autres prières et adorer certaines images les sept premiers jours de la lune, au lever du soleil, pendant trois mois. Puis on choisit un jour où ils se sentent disposés plus que de coutume à la dévotion, et on les fait agenouiller dans une église ou ailleurs ; ils répètent trois fois le premier verset de l'hymne *Veni Creator Spiritus*, etc. Après toutes ces cérémonies, les aspirants sont devenus savants. Saint Thomas d'Aquin, saint Antonin, Gerson, le cardinal Cajetan et plusieurs autres ont pris la peine de démontrer la vanité de l'art notoire. Cela pouvait être utile en temps où ils ont vécu ; personne aujourd'hui ne saurait y voir qu'une superstition grossière. L'art notoire fut condamné par la Faculté de théologie de Paris, l'an 1320.

ART DE SAINT PAUL. C'était une sorte d'art notoire qu'on disait avoir été enseigné par saint Paul. On ne sait quelles cérémonies on faisait subir à l'adepte qui voulait, sans aucune peine, acquérir l'instruction la plus complète.

ART SACERDOTAL, ou PHILOSOPHIE HERMÉTIQUE. C'était la connaissance des procédés de la nature dans la production des corps mixtes. Les anciens prêtres égyptiens ne la donnaient qu'à ceux qui demandaient l'initiation. Cette science se dérobait à l'œil des profanes sous des hiéroglyphes, dont l'intelligence n'était pas donnée même à tous les prêtres. Ceux qui en connaissaient le mystère devaient garder le secret sous peine de mort.

ART-ET-PART, terme de jurisprudence employé en Écosse et dans une partie de l'Angleterre pour exprimer qu'un accusé est convaincu non-seulement d'avoir conseillé et approuvé le crime, mais encore d'avoir aidé et participé à l'exécution.

ARTABAN (*hist.*), nom commun à plusieurs princes perses et à quelques rois parthes. Le premier Artaban, suivant Hérodote, était frère de Darius Hystaspes, le *Goushtasp* des historiens persans. Il s'opposa, mais inutilement, à l'expédition de Xerxès son neveu (l'*Ishfoundir* des mêmes historiens) contre les Grecs. A la mort de son frère, ses deux neveux se disputant la couronne, s'en rapportèrent à sa décision. Artabazane était l'aîné, mais Xerxès s'était couvert de gloire : Artaban prononça en faveur de ce dernier, et Artabazane se soumit sans murmure au choix de son oncle (*V.* GOUSHTASP). — Le second Artaban fut, suivant Diodore, favori de Xerxès Ier, fils de Darius Hystaspes. Après avoir assassiné son maître et fait périr Darius, fils aîné de Xerxès, il s'empara de la couronne, qu'il garda sept mois. Au bout de ce temps, Artaxerxès Longuemain (le *Bâhman* des Persans) lui donna la mort de sa propre main. Tout ce récit, bien que confirmé par Justin, est très-suspect, car il n'en est fait aucune mention chez les historiens persans; et Xerxès, ou Ishfoundir, fut tué dans le Séistan en combattant contre un sujet rebelle (*V.* ISHFOUNDIR).

ARTABAN Ier, ou ARSACE III, roi des Parthes, mourut en 196 avant J. C., après un règne de vingt ans. Il avait fait un traité d'alliance avec Antiochus III, roi de Syrie, qui avait tenté vainement de recouvrer la Parthie. — *Artaban* II, ou *Arsace* VIII, succéda à son neveu Phraate l'an 157 av. J. C. Il fut tué dans une bataille qu'il livra aux Tocharéens, tribu scythe. Il n'avait régné que trois ans. — *Artaban* III, ou *Arsace* XIX, succéda, l'an 4 de J. C., à Vonone Ier. Il s'était montré l'ami et l'allié des Romains tant que Germanicus avait vécu ; mais il n'eut pas plutôt appris la mort de ce prince, qu'il se montra mal disposé contre Rome, n'épargnant pas même ses propres sujets. Tibère, à qui les Parthes s'étaient adressés pour qu'il leur donnât un autre roi, nomma Tiridate. Artaban se sauva chez les Scythes ; mais bientôt la mollesse de Tiridate indisposa les Parthes. Artaban profita de la disposition des esprits, et il se remit en possession du trône. La mort de Tibère, survenue vers le même temps, lui donna les moyens de s'y affermir. Cependant ses sujets le chassèrent une seconde fois, mais ils ne purent l'empêcher de ressaisir le sceptre. Ce ne fut pas, il est vrai, pour long-temps, car il mourut fort peu de temps après, vers l'an 44. — *Artaban* IV, ou *Arsace* XXXI, monta sur le trône l'an 216 de l'ère chrétienne, et il lutta courageusement contre les Romains, qui furent contraints d'acheter la paix ; mais après un règne d'environ dix ans, qui n'avait pas été sans gloire, il fut attaqué, battu et tué par un de ses officiers, qui s'était révolté contre le satrape Agathoclès, et qui, sur les ruines de l'empire arsacide, fonda le second empire des Perses, fatal aux Romains (*V.* ARDESCHIR, SASSANIDES).

ARTABAZANE (*V.* ARTABAN).

ARTABAZE, général perse qui devint favori de Darius Codoman, qu'il servit toujours fidèlement. A la mort de ce malheureux prince il se soumit à Alexandre, qui lui accorda une confiance sans bornes.

ARTABAZE, ou ARTAVASDE Ier, roi d'Arménie, fils et successeur de Tigrane, vers l'an 70 avant J. C., obtint quelques succès contre les Romains commandés par Crassus; mais il fut vaincu par Antoine, qui le traîna derrière son char de triomphe, et le fit périr ensuite pour plaire à Cléopâtre, l'an 30 avant J. C. On prétend que ce prince avait composé des tragédies et plusieurs livres d'histoire. — *Artabaze* ou *Artavasde*, né en Arménie, devint gendre de Léon III, dit l'*Isaurien*, empereur de Constantinople. Il comptait lui succéder ; mais Constantin Copronyme s'étant saisi du trône, ce qui n'empêcha pas Artabaze de se faire proclamer empereur par l'armée, en 742; mais l'année suivante Constantin l'assiégea dans Constantinople, dont il se rendit maître, et le fit prisonnier. Le vainqueur lui fit crever les yeux et l'envoya en exil. Pendant son règne d'un an, Artabaze s'était rendu agréable au peuple par son affabilité. Il avait protégé les catholiques contre les iconoclastes.

ARTABÉ, ancienne mesure de capacité des Perses, qui, d'après Hésychius et quelques autres, équivalait au médimne attique (environ 4 boisseaux ou 52 litres). Hérodote augmente sa capacité de 3 chénices, ce qui répond à 54 litres. L'artabé des Égyptiens ne valait que la moitié de celui des Perses.

ARTAXATE, aujourd'hui *Ardesch*, ancienne capitale de l'Arménie, fut bâtie vers l'an 197 avant J. C. par Annibal, qui s'était réfugié auprès d'Artaxias, roi de cette contrée, et qui voulut que la ville nouvelle portât le nom de son protecteur. Plus tard cette ville, que les guerres avaient ruinée, fut rebâtie par Tiridate, qui lui donna le nom de *Néronia* en l'honneur de Néron. Quelquefois, dit Strabon, on la désignait

par le nom de *Carthage d'Arménie*, par allusion à la patrie de son célèbre et malheureux fondateur.

ARTAXERCÈS ou ARTAXARE, plus connu sous le nom d'*Ardeschir Babigan*, fondateur du second empire des Perses (*V.* ARDESCHIR).

ARTAXERXÈS LONGUEMAIN, plus connu des Persans sous les noms de *Bâhman* et d'*Ardeschir Dirazdust*. Il était fils d'Ishfoundir, le Xerxès Ier des Grecs. Après que ce prince eut été mortellement blessé dans son combat avec l'Hercule des Perses, Roustan, il recommanda son fils Bâhman à son vainqueur, et celui-ci promit d'en prendre soin. Quand le vieux Goushtasp (Darius, fils d'Hystaspes), dit Firdoussi, eut appris la mort de son fils, il en conçut une si vive douleur qu'il ne tarda pas à descendre au tombeau après avoir légué la couronne à son petit-fils. Celui-ci se rendit de bonne heure recommandable par sa sagesse et son habileté. Il avait un grand nombre d'agents secrets, qui l'informaient non-seulement de tout ce qui se passait, mais encore de la conduite de ceux qu'il employait. Il recevait aussi tous les ans des envoyés des campagnes et des provinces les plus éloignées de la Perse, afin d'apprendre d'eux d'une manière certaine quelle était la situation du pays. Peu de temps après son avénement il envoya des troupes dans le Séistan, qu'il fit rentrer dans l'obéissance. — Ardeschir avait étendu ses conquêtes vers l'occident : mécontent du gouverneur de Babylone, il le remplaça par un de ses favoris, qui, d'après ses ordres exprès, traita les Hébreux avec bienveillance, et leur permit même de se donner un chef de leur propre nation. Ces faveurs étaient dues à l'influence qu'une des femmes du prince, Juive de naissance, exerçait sur son esprit. Tel est le récit de Firdoussi et de plusieurs autres historiens persans. Aussi Josèphe n'hésite-t-il pas à dire que Bâhman Ardeschir, ou Artaxerxès Longuemain est l'Assuérus de l'Écriture, qui eut Esther pour épouse (*V.* ESTHER, ESDRAS). Ce prince mourut après un très-long règne, vers l'an 422 avant J. C. — Les historiens grecs s'accordent, pour le fond des événements, avec Firdoussi : les uns et les autres parlent de sa difformité naturelle, qui lui valut le surnom de *Longuemain*, de ses guerres, de la sagesse de son administration. Mais les Persans disent qu'il gouverna la Perse durant cent douze ans, au lieu que l'Artaxerxès des Grecs ne porta la couronne qu'environ quarante-deux ou quarante-trois ans. Cependant, il faut observer que les premiers ne parlent d'aucun autre Ardeschir ou Artaxerxès, d'où l'on peut inférer avec quelque probabilité qu'ils ont confondu avec l'histoire de Bâhman celle d'Artaxerxès Mnémon, et celle d'Artaxerxès Ochus, et cela est d'autant plus probable, que le règne des deux premiers Artaxerxès avec le règne intermédiaire de Sogdius et de Darius Nothus n'excédent point en longueur la durée prétendue du règne de Bâhman. Suivant une ancienne coutume des rois de l'Orient, Ardeschir avait épousé, disent les Persans, sa fille Homaï, qui fut mère de Darab (Darius Nothus). Les Grecs, Artaxerxès Mnémon avait aussi épousé sa fille Atossa, qui fut mère d'Ochus; et d'après les mêmes historiens grecs, Darius Nothus, qu'ils placent après Longuemain, fut l'époux de sa sœur Parysatis. Il est à présumer que l'Homaï perse, qu'on représente comme une princesse douée de grandes qualités, est la même que Parysatis et Atossa, et que le premier Darah, que Firdoussi fait contemporain de Philippe de Macédoine, n'est que l'Ochus des Grecs. Toute cette partie de l'histoire de la Perse est très-obscure dans les historiens nationaux, et chez les historiens grecs elle est mêlée de beaucoup de fables.

ARTAXERXÈS MNÉMON, ainsi nommé par les Grecs à cause de sa prodigieuse mémoire, était fils de Darius Nothus (*V.* ce mot) et de Parysatis (Homaï), fille d'Artaxerxès aux longues mains. Il eut d'abord à réprimer la révolte de son frère, Cyrus le Jeune, qui lui disputait la couronne. Cyrus fut vaincu, et, s'il faut en croire Diodore et Justin, il périt de la propre main de son frère. Ce fut après la bataille où Cyrus perdit la vie que les Grecs, ses alliés, conduits par Xénophon, exécutèrent la fameuse retraite dite des *dix mille* (*V.* DIX-MILLE, XÉNOPHON). Artaxerxès eut un règne de quarante-six ans ; il avait désigné pour lui succéder son fils Darius, né de sa propre fille Atossa, qu'il avait épousée; mais Darius, impatient de régner, ayant pris les armes, fut vaincu par son père et livré au supplice. Mnémon mourut vers l'an 358 avant J. C. ; il était âgé de quatre-vingt-quatorze ans. Il eut pour successeur son fils Artaxerxès Ochus (*V.* OCHUS), qui se rendit fameux par sa cruauté. Mnémon avait joué un rôle actif dans les troubles de la Grèce, fomentés par sa politique, et il avait su em profiter pour les contraindre à lui faire d'importantes concessions (387 avant J. C.) (*V.* ANTALCIDE).

ARTAXIAS, ou ARTAXA Ier, général d'Antiochus le Grand, se rendit maître de l'Arménie, qu'il érigea en royaume indépendant (190 avant J. C.). Après avoir été l'ennemi des Romains, il devint leur allié; ce qui l'aida à se maintenir sur le trône qu'il avait fondé. — Artaxias II, aussi roi d'Arménie, était fils d'Antabaze Ier, auquel il succéda l'an 30 avant J. C. Ses exactions le rendirent odieux aux Arméniens, qui appelèrent les Romains à leur secours: Ceux-ci accoururent, conduits par Antoine, qui combattit Artaxias, le vainquit et le remplaça par Tigrane II. — Artaxias III fut placé par Germanicus sur le trône d'Arménie, l'an 17 de l'ère vulgaire, après que les Arméniens eurent chassé leur roi Vonones. Tacite donne à ce prince dix-sept ans de règne.

ARTÉAGA (ÉTIENNE), jésuite espagnol, né dans un village de la Galice en 1744, et mort à Paris le 30 octobre 1799. Il était entré dans son ordre peu de temps avant la suppression, et il s'y était distingué par son aptitude. Il trouva un asile à Bologne, auprès du cardinal Albergati, qui l'attacha à sa personne. Dans un voyage à Rome, il fit connaissance avec le chevalier Azara, et se lia avec lui d'une étroite amitié. Nommé à l'ambassade de France par le roi d'Espagne (Charles IV), Azara l'emmena à Paris. Artéaga avait acquis une grande réputation par l'ouvrage qu'il avait publié à Bologne en 1783, sous le titre de: *Rivoluzioni del teatro musicale italiano, dalla sua origine fino al presente*, 3 vol. in-8°; lequel il fit réimprimé, deux ans plus tard, à Venise, avec des changements et des additions. Ce livre, écrit purement et plein de recherches curieuses et d'aperçus spirituels, obtint, dès son apparition, un succès mérité; mais il n'a pas encore trouvé de traducteur. En 1788, il est vrai, il en parut une traduction allemande, à Leipzig; mais on la dit fort au-dessous de l'original, et l'on ne peut pas donner le nom de traduction à un très-court extrait en français, imprimé à Londres en 1802. — On attribue au savant jésuite un *Traité sur le beau idéal*, en espagnol, et plusieurs dissertations en italien, *Sur le rhythme accentué et le rhythme muet des anciens*, qu'il se proposait de publier au moment où il fut surpris par la mort.

ARTÉDI (PIERRE), médecin suédois, né en 1705, lié d'amitié avec le célèbre Linné, auquel il se rendit très-utile par ses recherches sur les quadrupèdes, les poissons et les pierres. Il périt malheureusement en traversant un des canaux d'Amsterdam, en 1735, à la fleur de l'âge. Linné fit imprimer les ouvrages de son ami sous le titre de: *Bibliotheca ichthyologica*, et de *Philosophia ichthyologica*; Leyde, 1738, 2 vol. in-8°.

ARTÉMIDORE, nom commun à plusieurs anciens personnages de la Grèce. Nous citerons les principaux. — *Artémidore*, d'Éphèse, géographe, vivait vers la fin du IIe siècle avant J. C. Il avait fait, en onze livres, une *Description de la terre*, souvent citée par Strabon, Pline, Athénée, etc. — *Artémidore*, de Cnide, en Carie, était contemporain d'Auguste et de Tibère. Il fut lié d'amitié avec Brutus, qui lui fit part de la conjuration formée contre César. Artémidore en donna sur-le-champ avis à ce dernier, par un billet qu'il lui remit à l'entrée du sénat; César, au lieu de le lire, le serra, sur lui pour en prendre connaissance à loisir. Cet écrit fut trouvé sur lui après sa mort. — *Artémidore*, surnommé *l'Aristophanien*, parce qu'il fut disciple d'Aristophane de Byzance, contemporain de Ptolémée Philométor, se fit connaître par un dictionnaire raisonné de tous les termes de cuisine. — *Artémidore* le *Daldien*, parce que sa mère était de Daldys, ville de Lydie, était natif d'Éphèse, et contemporain d'Antonin le Pieux. Il composa un *Traité des songes et de la chiromancie*, fruit d'immenses recherches et de longs voyages. Il est divisé en cinq livres; et l'on ne saurait trop déplorer l'abus que les hommes peuvent faire de leur talent, quand on réfléchit qu'un ouvrage d'un genre aussi frivole a pu absorber la travail d'une vie entière. La première édition grecque de ce traité fut publiée à Venise, en 1518, par Alde Manuce; depuis cette époque, les éditions se sont succédé; la meilleure est celle de Reiff; Leipzig, 1815, 2 vol. in-8°, avec beaucoup de notes, sous le titre de: *Artemidori oneirocritica*. Il existe de ce même ouvrage une ancienne traduction française par Dumoulin; Rouen, 1664, in-12.

ARTÉMIS, nom que les Grecs donnèrent à Diane, et par lequel ils désignaient quelquefois la sibylle de Delphes, nommée communément *Daphné*.

ARTÉMISE, fille de Lygdamis et reine d'Halicarnasse. Elle

joignit sa flotte à celle de Xerxès (Isbfoundir), et déploya tant de bravoure et d'habileté à la bataille fameuse de Salamine, que Xerxès dit publiquement que, dans cette journée, les hommes s'étaient conduits comme des femmes, et les femmes comme des hommes. Les Athéniens, honteux de ne pouvoir vaincre une femme, mirent sa tête à prix. On ajoute qu'Artémise, follement éprise d'un jeune homme d'Abydos, nommé Dardanus, lui creva les yeux dans un moment de dépit, et qu'ensuite elle se précipita du fameux rocher de Leucade dans la mer. Hérodote et le crédule Justin sont les seuls qui parlent de cette anecdote, ce qui la rend assez suspecte.

ARTÉMISE, reine de Carie, sœur et femme de Mausole, qui fut célèbre par sa beauté. Elle l'aima, dit-on, avec tant d'excès, qu'ayant eu le malheur de le perdre, elle recueillit ses cendres, qu'elle avala; elle lui érigea, de plus, un monument funèbre si magnifique, qu'il fut appelé *Mausolée*, nom qui, depuis, a été donné à tous les monuments de ce genre. Artémise promit, en même temps, une récompense au poëte qui composerait la meilleure élégie sur la mort de son époux; Théopompe obtint le prix. Les Rhodiens crurent pouvoir profiter de la circonstance pour attaquer les Cariens; mais Artémise, qui n'était ni moins courageuse ni moins habile que son homonyme, battit complètement les agresseurs et détruisit leur flotte. Artémise mourut deux ans après Mausole.

ARTÉMISIES, fêtes qu'on célébrait en plusieurs lieux de la Grèce, et principalement à Delphes, en l'honneur de Diane. On lui sacrifiait un mulot.

ARTÉMISIUM LITTUS (*rivage artémisien*), côte septentrionale de l'île d'Eubée, célèbre par la destruction d'une partie de la flotte de Xerxès (*V.* ARISTIDE, THÉMISTOCLE). — Les Macédoniens donnaient le nom d'*artémisius* à un de leurs mois (*V.* MOIS MACÉDONIENS).

ARTÉMON, ingénieur, contemporain de Périclès. On lui attribue l'invention de la tortue et du bélier, dont furent employés, pour la première fois, au siége de Samos. — *Artémon*, jeune Syrien, poussé par Laodice, veuve d'Antiochus qu'elle avait empoisonné, joua le rôle du défunt pour appeler au trône Seleucus Callinicus, fils aîné de cette princesse. — *Artémon*, peintre, vécut à Rome sous ses premiers empereurs, et embellit, dit-on, cette ville d'un grand nombre de peintures remarquables. — *Artémon*, du grec ἀρτάω (je suspends), troisième moufle d'une *polyspate* (*V.* ce mot), machine servant à élever des fardeaux.

ARTÉMON ou ARTÉMAS, chef des artémonites, sectaires du IIIe siècle, peu différents des théodosiens. Les uns et les autres soutenaient que Jésus-Christ était un pur homme; ils corrompaient hardiment les passages de l'Écriture pour étayer leurs impies doctrines: si on leur objectait quelque passage qui les condamnait, ils ne donnaient que des réponses évasives. Ils s'occupaient de géométrie et de médecine plus que de théologie.

ARTÈRE, du grec ἀήρ, air, et τηρεῖν, conserver; réservoir d'air. Cette dénomination, qui convient assez à la trachée-artère, ἀρτηρία τραχεῖα, n'a été appliquée aux artères, proprement dites que par suite de l'erreur des Grecs, qui, trouvant presque toujours, dans les cadavres, les artères vides, s'étaient imaginé qu'elles ne contenaient que de l'air. Les modernes, plus avancés dans les sciences anatomiques, ont donné le nom d'*artères* aux vaisseaux qui portent le sang du cœur aux poumons et aux autres parties du corps, et ils ont établi deux systèmes d'artères: l'un, sortant du ventricule droit, et portant du sang noir aux poumons (*artère pulmonaire*); l'autre, formé de l'*aorte* ou *grande artère* (*V.* AORTE) et de ses branches nombreuses, qui reçoivent du ventricule gauche le sang rouge ou artériel, et vont le distribuer à tous les organes. — Le tissu artériel se compose de trois tuniques superposées: la première, extérieure, se confond en partie dans le tissu cellulaire voisin; l'interne présente quelquefois, dans les grosses artères, deux feuillets distincts, dont l'intérieur est désigné sous le nom de *membrane nerveuse*. Cette tunique interne n'est que le prolongement de celle qui tapisse les ventricules du cœur; elle est à demi transparente. La tunique intermédiaire est formée de fibres transversales jaunâtres ou blanchâtres, solidement unies entre elles par des filaments obliques. La couleur du tissu est, en général, d'un gris tirant sur le jaune; mais la couleur devient plus ou moins rouge, suivant que l'artère, diminuant de grosseur, le tissu moins épais laisse apercevoir davantage la couleur du sang. — La nature, en mère prévoyante, a mis partout les artères à couvert, parce que leur rupture, même dans les plus petites artérioles, n'est pas exempte de danger, et que, dans les plus grandes, elle entraîne la mort de l'individu.—L'extravasation de sang qui se fait par la rupture, ou simplement par la dilatation du tissu, forme ce qu'on nomme *anévrisme*. — Chaque tronc artériel se divise et sous-divise en une infinité prodigieuse de rameaux, dont les extrémités vont se joindre aux veines qui ramènent le sang au cœur. — L'élasticité des artères prouvent qu'elles peuvent se contracter facilement, et que cette faculté de se contracter favorise la circulation du sang. — Le tissu cellulaire est, en général, plus faible que celui des veines; il l'est même beaucoup plus dans les grosses artères que dans les artérioles, qui opposent plus de résistance à l'effort qui tend à les rompre. — Les artères ont des divisions moins nombreuses que les veines, mais elles communiquent fréquemment entre elles par des *anastomoses* (*V.* ce mot), ce qui rend la circulation plus facile encore (*V.* VEINE, ANÉVRISME, CIRCULATION, ANASTOMOSE, CAPILLAIRES, POULS, CŒUR, etc.; *V.* aussi RÉTRACTILITÉ des artères, OSSIFICATION).

ARTÉRIAQUES (*t. de médec.*), par lequel on désigne tous les remèdes qu'on emploie ordinairement contre les maladies de la trachée-artère et du larynx. Au nombre de ces remèdes, on peut mettre les huiles d'amandes douces, les semences froides, le pavot blanc et les sirops qu'on fait avec ces substances; les opiates; les vapeurs qui s'élèvent des décoctions de plantes farineuses ou émollientes.

ARTÉRIEL; tout ce qui a rapport aux artères; *conduit artériel*, portion de l'artère pulmonaire qui, dans le fœtus humain, s'insère dans l'aorte (*V.* PULMONAIRE, FŒTUS). — *Sang artériel*, nom qui s'applique au sang rouge des artères. Les veines pulmonaires qui contiennent aussi du sang rouge sont appelées *veines artérielles*. — On nomme *ligament artériel* le canal artériel fermé après la naissance du fœtus. — Le *système artériel* s'entend de l'ensemble des artères considérées depuis leur sortie du cœur jusqu'à leur terminaison.

ARTÉRIOGRAPHIE, description des artères. — *Artériologie*, traité des artères. — ARTÉRIOLE, petite artère.

ARTÉRIOTOMIE, du grec ἀρτηρία, artère, et de τέμνω, je coupe; opération chirurgicale qui consiste dans l'ouverture d'une artère avec la lancette pour en tirer du sang. Cette espèce de saignée ne se pratique que sur les artères temporales superficielles ou sur les auriculaires postérieures, parce qu'il est aisé d'arrêter l'hémorragie, tant à cause de la situation superficielle de ces artères, que parce que les os du crâne servent de point d'appui pour la compression. Après que le chirurgien s'est assuré de la position de l'artère, il marque avec l'ongle l'endroit où il doit piquer avec sa lancette. Il fixe ensuite l'artère avec le doigt au-dessous de l'endroit marqué, et il ouvre l'artère en travers en pratiquant une incision de trois ou quatre lignes. Le sang sort aussitôt avec force et par jets saccadés; lorsqu'il en est sorti une quantité suffisante, on arrête l'hémorragie en comprimant l'artère avec le doigt au-dessous de l'ouverture; on rapproche ensuite les bords de la petite plaie et on recouvre d'une compresse un peu serrée. Si la compresse ne suffisait pas, il faudrait recourir au nœud d'emballeur (*V.* NŒUD). — Quelques médecins ont voulu faire usage de l'artériotomie dans l'apoplexie, mais ils n'ont pas eu d'imitateurs. Aujourd'hui on remplace l'artériotomie par la saignée de la jugulaire (*V.* JUGULAIRE).

ARTÉRITE, s. f., inflammation des artères. Cette maladie, encore peu connue, attaque la membrane interne ou le tissu cellulaire sous-jacent; elle a lieu ou par suite d'une lésion de l'artère, ou par le voisinage de quelque inflammation. L'artérite s'annonce par une augmentation de force dans les battements artériels, et un sentiment local de malaise et de chaleur. Si l'irritation artérielle est générale, elle se lie à celle du cœur, et les symptômes annoncent alors ce que les physiologistes appellent *fièvre inflammatoire* ou *angiolénique* (*V.* ces mots).

ARTÉSIENS (puits) (*V.* PUITS ARTÉSIENS). — On appelle Artésiens les habitants de l'ancienne province d'Artois.

ARTEVELD ou ARTEVELLE (JACQUES et PHILIPPE). Jacques, qui pendant neuf ans représenta la démagogie en Flandre, était un brasseur de Gand, audacieux, adroit et plein d'ambition. Le comte Louis Ier avait excité des murmures et des plaintes en grevant le peuple d'impôts; Jacques se mit à la tête des mécontents, s'empara du pouvoir à l'aide de la révolte, chassa de Gand non-seulement le comte, mais encore toute la noblesse, et s'empara despotiquement de leurs biens. Louis alla implorer la protection du roi de France, Philippe de Valois; Jacques appela, de son côté, le roi d'Angleterre à son

secours; c'était Edouard III, qui ne cherchait qu'une occasion pour déclarer la guerre. Arteveld lui conseilla même d'écarteler ses armes de celles de France, et il le fit proclamer roi de France dans plusieurs villes de Flandre, du chef de Philippe le Bel, son aïeul. Edouard ne put toutefois empêcher le comte Louis de rentrer dans ses États. Arteveld, réduit à ses propres forces, tenta, mais sans succès, la voie des négociations. Ne pouvant rien obtenir du roi de France, il offrit au roi Edouard la couronne de comte de Flandre pour le prince de Galles. Les Flamands se révoltèrent contre le projet d'Arteveld. Assailli dans sa maison par la populace, il fut assassiné; plusieurs de ses amis eurent le même sort (19 juillet 1345). Sa révolte avait commencé neuf ans auparavant. — Philippe Arteveld, son fils, se tint longtemps éloigné des affaires; mais les Flamands s'étant de nouveau révoltés en 1382, contre le comte Louis II, Philippe, en qui les années n'avaient pas éteint l'ambition, se mit à la tête des révoltés, au nombre de quarante mille. Une armée française, sous les ordres de Clisson, ne tarda pas à paraître. Une bataille sanglante fut livrée dans la plaine de Rosebeck (27 novembre); les Flamands y furent complétement défaits, et leur général resta sur le champ de bataille. Son corps, retrouvé le lendemain, fut ignominieusement pendu à un arbre.

ARTHONITE (*bot.*), ancien nom du cyclamen (*V.* ce mot); on ne l'emploie aujourd'hui que pour désigner un onguent dans lequel on fait ou plutôt on faisait entrer cette plante, car aujourd'hui l'usage en est abandonné.

ARTOLITE ou PAIN DU DIABLE (*hist. nat.*), pierre figurée, qui ressemble à un pâté ou à un pain d'épice.

ARTHRALGIE, du grec ἄρθρον, articulation, et de ἄλγος, douleur, douleur dans les articulations.

ARTHRITE ou ARTHRITIS, inflammation des articulations. Quelques écrivains ont regardé l'arthrite traumatique, l'arthrite rhumatismale et la goutte comme trois variétés de la même affection. Roche, au contraire, soutient que ce sont trois maladies différentes (*V.* TRAUMATIQUE [arthrite], RHUMATISME, GOUTTE).

ARTHRITIQUE, adj., se dit de tout ce qui a rapport aux articulations. — ARTHROCACE, s. f., affections morbides des jointures, comme ulcères fongueux, carie des surfaces articulaires, etc. — ARTHRODIE, s. f., articulation formée d'une cavité osseuse peu profonde, dans laquelle s'emboîte l'extrémité peu saillante d'un autre os. — ARTHRODYNIE, s. f., douleur des articulations, sans chaleur ni gonflement: tel est, suivant Cullen, le rhumatisme chronique.

ARTHUR (*V.* ARTUR).

ARTICHAUT (*hist. nat.*), *cynara scolymus* de Linné, genre de plante de la famille des synanthérées, et de la tribu des cynarocéphales, à calice dilaté, à écailles imbriquées, charnues à leur base, mucronées à leur sommet; à réceptacle couvert de soies, entre lesquelles se trouvent les petites fleurs. La tige de l'artichaut, haute de deux à trois pieds, est garnie de grandes feuilles, extrêmement découpées, blanchâtres par-dessous. — On croit que l'artichaut est originaire de l'Andalousie, d'où il fut transporté à Naples et à Venise, dans la seconde moitié du XVe siècle; ce ne fut qu'un demi-siècle plus tard qu'il passa en France. — L'artichaut, livré à lui-même dans l'état de nature, est petit, sec, coriace, couvert d'épines; ce n'est guère qu'un chardon. Transporté dans les jardins et soumis à une culture réglée, il devient grand, et sa tête charnue, succulente, offre un aliment léger, sain, agréable. La transformation de l'artichaut par la culture, de plante insipide en précieuse plante alimentaire, prouve combien l'art peut souvent aider la nature à perfectionner ses propres ouvrages. — Nous avons plusieurs espèces d'artichauts : le *petit artichaut vert* de Provence et de nos départements méridionaux, qu'on mange en salade à cause de son goût relevé. Il y en a plusieurs variétés. Le *petit artichaut violet* et le *petit artichaut rouge*. Ils sont d'un goût encore plus délicat que l'artichaut vert. Vient ensuite le gros artichaut vert, qu'on cultive aux environs de Paris : il offre les mêmes variétés de *violet*, de *rouge*, de *blanc* que le petit artichaut de Provence; mais ces variétés ne diffèrent guère les unes des autres que par la couleur. — L'artichaut fournit un aliment dont les formes varient à l'infini. On le mange à la sauce blanche, à la barigoule, en friture, à la poulette, sur le gril, à la poivrade. Dans la plupart de ces préparations, on ôte les premières feuilles, on coupe des autres tout ce qui serait trop dur, ensuite on enlève les soies du cœur ou réceptacle (ce qu'on appelle *le foin*), et on met à la place une boulette de champignons pétris avec du beurre, du persil, de la ciboule, du sel et du poivre. — La fleur d'artichaut, comme celle du cardon, a la propriété de coaguler le lait. On met une pincée de fleurs dans un nouet, qu'on trempe dans l'eau bouillante, et qu'on laisse ensuite égoutter; puis on exprime légèrement le nouet, de sorte que quelques gouttes tombent dans le lait. — Pour que les artichauts résistent aux hivers, il faut leur donner un terrain fort profond, incliné au midi, et beaucoup d'engrais; il faut aussi les avoir semés sur place. Ceux qu'on multiplie par œilletons sont moins robustes. Lorsqu'une tige porte plus d'un fruit, on n'en laisse qu'un et on coupe les autres. Dans l'automne, on peut recouvrir la plante avec un lambeau de toile cirée. — On obtient des artichauts très-gros en fendant la tige à trois pouces au-dessous du fruit; on introduit un morceau de bois dans la fente pour qu'elle ne se referme pas, puis on attache les feuilles au-dessus du fruit. L'artichaut acquiert, dit-on, un goût très-délicat si on l'enveloppe d'un morceau de linge noir dès qu'il commence à croître (*V.* CARDON D'ESPAGNE, TOPINAMBOUR).

ARTICHAUT (en t. d'archit.) signifie des défenses de fer, en forme d'artichaut, qu'on place sur les pilastres, sur les barrières, etc.

ARTICLE (technolog.), en latin *articulus*, diminutif de *artus*, membre, mot formé du grec ἄρθρον, articulation, jointure des os. *En terme de médecine*, on appelle *articles* les articulations mobiles (*V.* ARTICULATION). Les chirurgiens emploient ce mot plus encore que les médecins; ils disent *amputation dans les articles*, etc. — Par une extension dont il serait assez difficile de rendre raison, on applique ce mot, au figuré, à une infinité de cas où l'on ne voit au sens figuré, et une articulation ou jointure. Ainsi, des *articles de loi* signifient des dispositions particulières d'une loi, lesquelles règlent certains objets; les *articles d'un contrat de mariage* règlent les droits respectifs des époux entre eux, ou vis-à-vis des tiers; des *articles de compte, de dépense, de recette* sont les parties d'un compte qui se rapportent à des choses déterminées dont le compte doit être rendu; des *articles de politique, de littérature*, etc., dans les journaux, sont des matières de politique, de littérature, etc., traitées dans une feuille publique; on dit aussi, en parlant des journaux, *l'article de Londres, l'article de Paris*, pour dire la portion du journal où, sous la rubrique de ces villes, sont réunies toutes les nouvelles qui les concernent; en général, c'est la partie d'un livre, d'un discours, etc. — On dit quelquefois *article* au lieu de *ce qui concerne*; ainsi on dira d'un homme, qui ne passe pas pour être de bonne foi, qu'il n'est pas délicat *sur l'article de...* — Ce mot s'emploie aussi pour désigner des parties de la croyance religieuse qu'on est tenu de croire. Les dogmes, les mystères sont des *articles de foi*. On dit proverbialement, au figuré et dans le style familier, d'une chose à laquelle on refuse de croire : *Ce n'est pas article de foi*. Dans le même sens, à peu près, on dit, pour exprimer le contraire de la chose dont on parle : *Oh! pour cela, c'est un autre article!* — *Être à l'article de la mort*, c'est arriver à son dernier moment. — On dit dans un sens absolu, les *quatre articles*, pour les quatre articles de la déclaration de l'Église gallicane, de l'an 1682, rédigés par Bossuet et adoptés par les évêques de France (*V.* BOSSUET, GALLICANE [Église]). On entend en Angleterre, par les *quarante-deux articles* adoptés en 1549 par le parlement, et réduits à trente-neuf en 1560, la confession de foi de l'Église anglicane, confession qu'on exigeait de tous les fonctionnaires, tant séculiers qu'ecclésiastiques (*V.* CRANMER, archevêque de Canterbury). Dans ces derniers temps, on a désigné par les *vingt-quatre*, et plus tard, par les *quinze articles* les conditions que les grandes puissances proposaient aux Belges et aux Hollandais comme base du traité d'accommodement qui devait terminer les différends qui les divisaient (*V.* CONFÉRENCE DE LONDRES). *En t. de palais*, *articles* se dit des circonstances particulières sur lesquelles une partie veut faire interroger sa partie adverse; mais, dans ce cas, il se joint toujours au mot *faits : interroger sur faits et articles*.

ARTICLE (gramm.). L'article est un mot monosyllabique qui se place avant un autre mot substantif ou pris substantivement, non pour indiquer le nombre et le genre de ce substantif, comme l'ont dit plusieurs grammairiens, bien que le nombre et le genre du substantif soient d'avance indiqués par l'article, mais, en quelque sorte, pour donner à un ou plusieurs individus de l'espèce que l'on désigne, une existence particulière et le présenter ou les présenter à l'es-

prit isolément, et comme séparés de la classe ou de l'espèce à laquelle ils appartiennent. Ainsi, lorsqu'on dit : *prince, homme, arbre*, on sent que ces mots sont des noms communs à tous les individus princes, hommes ou arbres. Si, au contraire, on dit *le prince, l'homme, l'arbre*, on donne clairement à entendre qu'il n'est question que d'un seul individu de chacune de ces trois espèces. Ainsi, ce mot *le* n'indique aucune qualité, ne spécifie aucune chose; mais il fait considérer le mot qu'il précède sous un point de vue déterminé; il le tire de sa signification vague pour lui faire prendre une signification propre. — Pourquoi ce *monosyllabique* a-t-il reçu le nom d'*article?* Quel rapport peut exister entre ce prépositif *le* et les jointures des os du corps humain? C'est là ce qu'il n'est pas facile d'indiquer. L'auteur assez moderne d'une grammaire générale suppose que l'ἄρθρον des Grecs, ou l'*artus* des Latins, indiquant les jointures « qui, non-seulement attachent les membres les uns aux autres, mais encore servent à les distinguer les uns des autres, » on s'est servi du même mot pour exprimer ce qui sert à faire prendre une signification vague ce qui sert à faire prendre les membres entre eux. Il nous semble que c'est là chercher bien loin une explication obscure, qui a besoin elle-même d'interprétation, tandis qu'une explication bien plus simple se présente ici d'elle-même. L'*artus* des Latins ne signifie pas seulement *jointure*, il signifie aussi *membre*; *articulus* équivaut donc à *petit membre*. Que les anciens aient comparé un discours, une période à l'ensemble du corps humain, cela se conçoit aisément; ils tiraient de cette comparaison des règles d'ordre, d'harmonie, de proportion. En suivant cette comparaison, ils assimilaient aux membres du corps les parties dont se composait la période, et ces parties ont été, de tout temps, appelées *membres de phrase*; le monosyllabe prépositif, qui est une des parties la plus petite de toutes, a donc reçu le nom d'*articulus*, article, petit membre. — Si la simple origine étymologique de l'article a donné lieu à d'assez grandes difficultés, on doit pressentir que l'embarras a été plus grand lorsqu'il s'est agi de définir, de préciser les fonctions de l'article. De là sont nées des questions importantes, dont la discussion nous conduirait trop loin, mais que nous nous proposons de traiter sous le mot PRÉPOSITIF, auquel nous renvoyons le lecteur (*V.* PRÉPOSITIF). Nous nous bornerons ici à quelques remarques particulières à ce que nous nommons proprement l'*article*. — Les langues dont les noms sont indéclinables, telles que le chaldéen, l'hébreu, le syriaque, et la plupart des langues modernes, sont les seules qui paraissent avoir besoin de l'article : c'était ainsi du moins que s'exprimaient d'anciens grammairiens; mais rien n'est moins exact que cette idée, car le chaldéen, l'hébreu et le syriaque ont leurs noms en partie indéclinables, excepté néanmoins lorsqu'ils passent du singulier au pluriel (dans ce cas leur désinence varie), et ces langues n'ont point d'articles; l'hébreu, il est vrai, a des prépositifs qu'on appelle *préfixes*, et dont les fonctions consistent à faire connaître les mêmes circonstances où les objets sont placés par la déclinaison des Grecs et des Latins, ce qu'on nomme *cas*. Ajoutons que ces préfixes, ne se mettant jamais au cas que ces derniers appellent le *nominatif*, ces préfixes sont regardés comme des prépositions plus que comme des articles. D'un autre côté, les Grecs, bien que déclinant leurs noms, ont l'article ὁ, ἡ, τὸ, τῆς, etc., et ils s'en servent très-fréquemment; et les Latins, quoique Quintilien ait dit formellement *noster sermo articulos non desiderat*, s'ils n'avaient point d'articles, employaient si souvent leur démonstratif *ille*, que ce mot leur en tenait lieu; il est même à présumer que c'est de *ille, illa*, que vient notre article *le, la*, de même que notre pronom *il, elle*, qui précède les verbes. On ne peut donc pas dire que l'article n'est nécessaire qu'aux langues dont les noms sont indéclinables. Si, dans quelques cas, la déclinaison rend inutile l'emploi de l'article, dans beaucoup d'autres cas la déclinaison ou l'emploi du cas ne suffit point à peindre à l'esprit tout ce qui est exprimé par l'article. Ainsi, par exemple, *hominis* peut vouloir dire de l'homme en général, de l'homme dont il s'agit, d'un seul homme... Il faut que d'autres mots servent à déterminer le sens précis de ce mot *hominis*. En français, au contraire, les mots *d'homme, de l'homme, d'un homme* indiquent par eux-mêmes des idées précises qu'il n'est guère possible de confondre et de prendre l'une pour l'autre (*V.* CAS, DÉCLINAISON). — Nous entendons ordinairement par *articles* les mots *le* pour le masculin, *la* pour le féminin, *les* pour le pluriel des deux genres; mais n'est-ce pas sans raison que beaucoup d'autres prépositifs, tels que *ce* ou *cet, quelque, tout, chaque, nul, aucun, mon, ton*, son, etc., sont rangés dans la classe des pronoms, puisqu'ils ne se mettent jamais à la place du nom, et qu'ils ne servent qu'à donner aux noms qui les suivent une signification déterminée, telle qu'ils pourraient la recevoir des articles? — Ces trois articles *le*, *la*, *les* sont ce qu'on appelle *articles simples*; ils deviennent *articles composés*, lorsqu'ils se joignent aux prépositions *à* ou *de* : ils forment alors les quatre monosyllabiques *au*, *aux*, *du*, *des*. *Au* remplace *à le*. Nos pères disaient *al*; c'est par suite de l'habitude où ils étaient de changer *l* en *u*, comme dans *mal*, *cheval*, etc., dont on a fait *maux*, *chevaux*, que l'article composé *al* est devenu *au*. *A le* s'est conservé devant les mots qui commencent par une voyelle, *à l'esprit*, *à l'arbre*. *Aux*, au pluriel, se met pour *à les* dans les deux genres, soit que le nom commence par une consonne, soit qu'il commence par une voyelle; car, dans ce dernier cas, comme la dernière lettre de *aux* se lie avec le mot suivant, il n'y a point de cacophonie. Il serait dur pour l'oreille qu'on prononçât *au esprit*, *au enfant*; il ne l'est pas qu'on prononce *aux esprits*, *aux enfants*, comme s'il y avait *au zesprits au zenfants*. — *Du*, qui ne sont aussi que des contractions de *le*, *de les*. Au singulier, néanmoins, on dit *de le*, de même que *à le*, dans le même cas, c'est-à-dire si le mot suivant commence par une voyelle : *de l'esprit*, *de l'enfant* au lieu de *du esprit*. — Les Italiens ont un grand nombre de prépositions qui se contractent avec leurs articles. Outre *di*, *a*, *da*, ils ont encore *con*, avec; *in*, dans; *per*, pour; *sopra*, sur, qui se change en *su*, etc. Les Anglais, au contraire, ne font pas éprouver de contraction à leurs articles, que le mot commence par une consonne ou par une voyelle : ils disent *the soul*, l'âme; *of the soul*, *to the soul*, *the exchange*, *of the exchange*, etc. — Ces prépositions servent, dit-on, à marquer les cas; et il y a là un véritable abus de langage, car notre langue, ni en général les langues modernes, n'ont point de cas proprement dits. Quand nous disons : *j'ai vu des hommes qui, donnez-moi du pain*, il n'y a réellement là que des ellipses; c'est comme si l'on disait : j'ai vu quelques-uns de ces êtres qu'on appelle *les hommes*, donnez-moi une partie de cette chose qu'on nomme *le pain*. Ces deux mots sont si peu, comme cela devrait résulter de beaucoup de grammaires, au cas du génitif, que, si on traduisait ces phrases en latin, il faudrait les mettre à l'accusatif, *vidi homines, da mihi panem* (mais V. CAS, PRÉPOSITION). Le *de* qui précède l'article n'est pas autre chose que la préposition latine *de*. Quand Lentulus priait Cicéron d'avoir toujours soin de sa dignité, de sa gloire, il s'exprimait ainsi : *De nostrâ dignitate velim tibi ut semper curæ sit*. Il est évident qu'aux mots *de nostrâ dignitate*, il y a d'autres mots sous-entendus, tels que *ratio*... je voudrais que l'intérêt de ma dignité fût toujours l'objet de vos soins. Quand Virgile a dit : *templum de marmore ponam*, n'est-il pas encore hors de doute qu'il a fait de la préposition *de* le même usage que nous en ferions en français, en disant : *je bâtirai un temple de marbre?* Qui dira que ces derniers mots *de marbre* constituent ce que les grammairiens appellent le *génitif* (V. GÉNITIF)? C'est ainsi qu'Ovide, parlant des quatre âges, dit du dernier : *de duro est ultima* (*ætas*) *ferro*. N'est-il pas clair comme le jour que *de ferro* n'est pas au génitif? Pourquoi s'y trouverait-il donc si nous traduisions l'*âge de fer?* Bien positivement le *de* latin n'étant, dans cet exemple et dans mille autres qu'on pourrait citer, qu'une simple préposition, le *de* français n'est qu'une préposition et ne peut être autre chose (V. DE). — Il en est de même de notre préposition *à*, qui répond à l'*ad* des Latins, que les Italiens conservent encore devant les noms qui commencent par une voyelle : *ad uomo d'ingegno*, à un homme d'esprit. Les Latins disaient : *pertinere ad aliquem*, appartenir à quelqu'un; *loqui ad aliquem*, parler à, etc. Quelquefois même notre préposition *à* répond également à l'*ad* des Latins et à leur *ab*, car ils disaient : *auferre alicui* ou *ab aliquo*, *petere alicui* ou *ab aliquo*, enlever à, demander à, etc., ce qui prouve que l'*à* français, qui ne fait que représenter l'*ad* et l'*ab* latin, ne saurait être un datif (V. DATIF). — D'après les diverses observations que nous venons de faire, et qui recevront, au mot PRÉPOSITIF, de nouveaux développements, nous pouvons conclure que les articles *le*, *la*, *les*, ne sont que de simples adjectifs indicatifs des rapports qui existent entre le nom qui les suit et la classe ou espèce à laquelle ce nom appartient; que, d'après cette règle, on doit ranger dans la même catégorie les mots *un*, *quelque*, *aucun*, *tout*, *ce*, *ces*, *mon*, etc., puisque de même que *le* et *les*, ils marquent les aspects divers sous lesquels les mots peuvent être considérés, et qu'ils se placent de la même

manière devant les mots; que *de* et *à* ne sont que des prépositions qui précèdent l'article. — L'article n'est pas toujours employé devant les noms : c'est d'abord quand le nom est pris adjectivement, *homo sum et humani nihil*, etc., je suis homme, et rien de ce qui intéresse l'humanité ne m'est étranger. Il est évident que le substantif *homme* est pris adjectivement. Quand Isaïe, c. XI, v. 6, disait : *Omnis caro fœnum*, *fœnum* était un véritable adjectif. En second lieu, quand le substantif est pris dans un sens indéfini, sans aucune application à un cas particulier, il ne reçoit point d'article. On dit : *agir avec sagesse*, *se conduire en héros*, *vivre sans contrainte*, *faire compassion*, *avoir honte*, etc.; on voit que dans ce cas le nom est précédé d'une préposition ou d'un verbe. L'article, dans ces circonstances, prouverait qu'on veut parler du nom dans un sens individuel; comme si l'on disait : *agir avec la sagesse nécessaire*, *vivre sans la contrainte* que la bienséance impose, etc. En troisième lieu, on supprime l'article lorsque le nom que précède la préposition ne sert qu'à qualifier le nom qui est avant la préposition. Dans *une montre d'or*, *une table de marbre*, *un marchand de vin*, *un homme d'épée*, les mots *or*, *table*, *vin*, *épée*, indiquent l'espèce des premiers noms, *montre*, *table*, *marchand*, *homme*. Si dans ce cas on disait *la montre d'or*, *la table de marbre*, il semblerait qu'on veut parler d'or, à plusieurs montres, plusieurs tables, dont l'une est d'or, de marbre, etc. En quatrième lieu, on ne met point d'article entre le nom de nombre et le substantif : *nous n'avons que cinq pains et deux poissons* (Luc, c. IX, v. 13). Toutefois, si l'on prend le substantif précédé d'un nom de nombre dans un sens relatif à quelque autre chose, on met l'article : *alors Jésus prit les cinq pains et les deux poissons*, *les bénit*, etc.; on sent qu'il s'agit uniquement ici des pains et des poissons dont les apôtres avaient parlé. Devant les noms propres on ne met point d'article, à moins qu'on ne veuille en faire des noms d'espèce, comme *les Horace*, *les Virgile*, *les Corneille*, *les Molière*, etc. Les Italiens mettent souvent l'article devant le nom propre : *le Dante*, *l'Arioste*, *le Tasse*, *le Titien*, *le Corrège*; il y a là une ellipse : aux premiers noms on sous-entend le *poëte*; aux derniers, le *peintre*. Nous avons en français des noms qualificatifs qui sont devenus appellatifs : *Le Blond*, *Le Brun*, *Le Noir*, *Le Maire*, etc. — Les noms propres de pays et de royaumes prennent tantôt l'article et tantôt le rejettent; l'usage est sur ce point le meilleur maître; ainsi on dit : *les vins d'Espagne* ont beaucoup de réputation; *l'intérêt de l'Espagne* exige, etc. — Quant à l'emploi de l'article avec la négation V. NÉGATION. — On a demandé si les langues qui ont des articles ont de l'avantage sur celles qui n'en ont pas; et la question n'a pas été décidée, parce qu'au lieu de traiter la question elle-même, on n'a fait qu'établir des comparaisons oiseuses entre deux langues qui ne doivent pas être comparées. Par exemple, on met en opposition le français et le latin, et l'on prouvera que si le français est clair, exact, méthodique, le latin est concis, nerveux, expressif; on établira que chaque langue a des avantages particuliers; mais cela ne décide rien. Il faut commencer par supposer toutes choses égales entre les deux langues, même exactitude, même ordre, même clarté, en même temps même vigueur dans l'expression, même énergie, même rapidité dans la marche; qu'ensuite on demande si l'usage de l'article est ou n'est pas avantageux, et la solution ne sera pas difficile. On ne peut nier qu'une langue qui a de plus qu'une autre une espèce de mots qui servent à modifier, étendre ou restreindre le sens des autres mots, n'ait un avantage réel sur celle à qui cette espèce de mots n'a pas été donnée. Cela est si vrai que le latin, qui n'a point d'articles, a très-souvent recours aux démonstratifs : *Illa rerum domina fortuna* (Cic. pro Marc.); *Quisquis fuit ille deorum* (Ovid.); *Ausonia pars illa procul quam pandit Apollo* (Virg. Æneid.), etc. Mais il est beaucoup de cas où le défaut d'articles et l'impossibilité de les remplacer par les démonstratifs rendent le sens obscur. Lorsque Ovide, parlant de Médée, dit qu'elle sortit de son appartement *nuda pedem*, s'agit-il d'un pied nu ou de deux pieds nus? Tous les traducteurs d'Ovide ont cru que Médée avait les pieds nus; le savant abbé Banier a traduit cela : *ayant un pied nu*; et Banier a eu seul raison. Virgile, parlant de Didon qui eut recours aux enchantements, n'a pas laissé d'équivoquer : *Unum exuta pedem vinclis....* Citons encore un exemple tiré de la même langue. Les mots *filius regis* peuvent se traduire de quatre manières : *fils de roi*, *fils d'un roi*, *fils du roi*, *le fils du roi*. *Fils de roi* peut se dire de celui dont le père était roi; *fils d'un roi*, fils de quelque roi qu'on ne désigne pas; *fils du roi*, c'est-à-dire un fils du roi régnant; *le fils du roi* semble indiquer le fils unique du roi.

ARTICLES DE FOI (*V.* DOGME).

ARTICULAIRE (*t. de médec.*), qui appartient à quelque articulation. Les *artères* et les *veines articulaires* appartiennent à l'articulation du genou. On appelle *capsules art.* des ligaments capsulaires qui enveloppent certaines articulations. On a donné quelquefois ce nom aux membranes synoviales. — On donne le nom d'*apophyses artic.* à celles des vertèbres (*V.* VERTÈBRES, CONCRÉTIONS). — *En terme de botanique*, on donne le nom d'*articulaires* aux feuilles qui naissent aux nœuds et articulations de la plante, comme dans l'œillet, dans le blé, etc.

ARTICULATION, réunion de pièces osseuses, mobiles ou non mobiles l'une sur l'autre, tantôt s'emboîtant avec force de manière à former un ensemble inébranlable, tantôt se joignant par l'intermédiaire de cartilages élastiques, tantôt roulant librement l'une dans l'autre sur des cartilages imprégnés d'un fluide onctueux (*V.* SYNOVIE), et retenues par des ligaments et des capsules dont la résistance ne peut être vaincue que par des efforts très-violents (*V.* LUXATION, ENTORSE). Cette différence de conformité dans les articulations les a fait distinguer en trois classes : les mobiles ou *diarthroses*, les immobiles ou *synarthroses*, les mixtes ou *amphiarthroses*, qu'on appelle aussi *symphyses* (*V.* DIARTHROSE, SYNARTHROSE, AMPHIARTHROSE, SYMPHYSE). — Les articulations deviennent souvent le siége de maladies graves qui peuvent changer, altérer, ou même anéantir les fonctions articulaires : telles sont l'ankylose des diarthroses, la soudure des synarthroses (*V.* ANKYLOSE, SOUDURE DES OS). (*V.* aussi ARTHRITE, PLAIE DES ARTICULATIONS). On a donné le nom de *fausse articulation* à celle qui, quelquefois, se développe à la suite de quelque luxation qui n'a pas été réduite, ou de quelque fracture qui a laissé écartés, mais non réunis, les bouts de l'os fracturé (*V.* PSEUDARTHROSE).

ARTICULATION DES SONS (*V.* PRONONCIATION, PROSODIE, PAROLE, VOIX [mécanisme de la]).

ARTICULATION (*technol.*). *En terme de botanique*, ce sont les nœuds que présentent les tiges des graminées et des caryophyllées. — *En terme de pratique*, ce mot se dit de l'exposition des faits précis dont on demande à faire preuve. — *En terme de dessin et de peint.*, c'est l'art de bien caractériser les jointures du corps humain. Cet art exige, dans le dessinateur et le peintre, une connaissance raisonnée de l'ostéologie, et surtout la pratique avec des modèles vivants ; car la forme extérieure des articulations varie beaucoup suivant l'âge et la complexion des personnes. Une articulation inexacte dépare une figure, quelque belle qu'elle puisse être d'ailleurs.

ARTICULÉS (animaux) (*zool.*). C'est l'une des premières divisions des animaux non vertébrés de Lamarck, comprenant tous ceux qui sont dépourvus de colonne dorsale ou épinière, et dont le corps est annelé dans sa longueur. Dans la classification de G. Cuvier, c'est la troisième grande division du règne animal. Les anneaux qui entourent le corps, et assez souvent les membres de l'animal, présentent des parties assez dures pour lui servir de point d'appui lorsqu'il veut se mouvoir en avant ou en arrière, ce qu'il ne peut exécuter qu'en se repliant sur lui-même, de manière à porter le second anneau à la place qu'occupait le premier, le troisième à la place du second, etc.; en poussant ainsi en avant la partie antérieure du corps qui s'est trouvée déplacée par le mouvement des anneaux. Les articulés ont un cerveau très-petit placé sur l'œsophage. De là partent les nerfs des parties qui tiennent à la tête, et ceux de deux cordons qui, après leur sortie de l'œsophage, se prolongent sur toute l'étendue du ventre. Ces deux cordons sont réunis de distance en distance par des nœuds ou ganglions qui font l'office du cerveau; c'est à l'existence de ces ganglions qu'est due cette sensibilité qu'on remarque sur les parties de l'articulé qu'on a séparées de la tête ou de la partie antérieure du corps. Cuvier a divisé les articulés en quatre classes : les *annélides* ou *vers à sang rouge*, les *crustacés*, les *arachnides*, les *insectes* (*V.* ces mots; *v.* aussi VERS INTESTINAUX, INFUSOIRES).

ARTIFICE (*technol.*), tout ce qui se fait avec art, soit pour imiter la nature, soit pour tromper et séduire par des illusions; il est bon de dire que dans cette première acception, ce mot se prend ordinairement en mauvaise part, et qu'*artifice* signifie ordinairement fraude, ruse, tromperie. *Réussir par artifice*, c'est devoir le succès à des moyens peu

honorables. Des moralistes plus que relâchés excusent l'artifice; lorsque c'est la faiblesse qui l'oppose à la violence; ce sont ceux qui excusent le mensonge quand celui qui l'emploie y trouve un avantage. Mais ce qui est mauvais en lui-même est toujours mauvais; les circonstances, quelles qu'elles soient, ne peuvent jamais légitimer le mal, et la fraude qui profite à son auteur n'en est pas moins de la fraude. — On appelle *artifice* toute composition de matières inflammables, soit pour former des illuminations et des feux dans les fêtes publiques, soit pour servir de moyens de défense dans la guerre. Le charbon, le soufre, le salpêtre, le bitume, le camphre, les esprits, etc., sont les matières ordinaires dont on se sert pour ces sortes d'artifice. L'art de les composer s'appelle *pyrotechnie* (*V.* donc PYROTECHNIE et ARTIFICIER).

ARTIFICIEL, tout ce qui s'opère par industrie ou par art, opposé à *naturel* : *fleurs artificielles*, *aimant artificiel*. Quand ce mot se joint à un substantif au sens duquel est inhérente quelque idée de bonté ou de beauté, *artificiel* se prend en mauvaise part; on dit d'une femme fardée qu'elle a une *beauté artificielle*. — *Le jour naturel* est l'espace de temps qui s'écoule d'un minuit à l'autre minuit; le *jour artificiel* est l'espace compris entre le lever et le coucher du soleil, le jour par opposition à la nuit. Quelques écrivains ont donné au contraire le nom de *naturel* à ce dernier, et celui d'*artificiel* à l'espace de vingt-quatre heures. — On appelle *globe artificiel* une machine sphérique imitant la convexité de la terre et la concavité du ciel; *horizon artificiel*, *rationnel* ou *mathématique*, celui qu'on suppose couper la terre en deux hémisphères, par opposition à l'*horizon sensible*, c'est-à-dire à l'horizon qui se présente à l'œil de chaque observateur. — *En géométrie*, on appelle *lignes artificielles* qu'on trace sur un compas de proportion ou une échelle quelconque pour représenter les logarithmes des sinus et des tangentes. Ces lignes, conjointement avec celles des nombres, servent à résoudre les problèmes de trigonométrie et autres semblables, etc. Les *nombres artificiels* sont les *sécantes*, les *sinus*, les *tangentes* (*V.* ces mots). — *Artificiel* diffère d'*artificieux*, en ce que ce dernier mot, toujours pris en mauvaise part, signifie plein de ruse, de malice, de fourberie; on dit un *homme artificieux*, une *conduite artificieuse* ou déloyale.

ARTIFICIER, celui qui compose des feux d'artifice pour les réjouissances et fêtes publiques. — On donne aussi ce nom à des ouvriers attachés au corps de l'artillerie, et chargés de confectionner les artifices qu'on emploie à la guerre, comme pétards, grenades, bombes à feu, etc. On désignait autrefois par ce nom, dans chaque compagnie de bombardiers du corps royal d'artillerie, un certain nombre de soldats spécialement attachés à la confection des artifices de guerre (*V.* FEUX D'ARTIFICE, et GUERRE [artifices de]). Aujourd'hui on donne le nom d'artificiers à des soldats dont le grade est inférieur à celui de brigadier, et dont les fonctions, en présence de l'ennemi, consistent à fournir aux artilleurs les munitions qu'ils tirent des caissons.

ARTIGAS (JOSEPH), originaire d'Espagne, né à Montevideo vers le milieu du XVIIIe siècle. A l'époque où les colonies espagnoles se révoltèrent contre la métropole, Artigas était capitaine d'infanterie, et c'était là plus qu'il ne pouvait espérer, si, dans la distribution des places, on n'avait consulté que le mérite. Quelques difficultés survenues entre le gouverneur portugais de la ville du Saint-Sacrement et lui le firent passer au service de la junte de Buenos-Ayres en 1811. Quelques succès obtenus, avec des bandes d'aventuriers, sur les troupes fort mal disposées qui composaient l'armée royale lui valurent, au bout de peu de temps, un commandement supérieur. Il attacha à sa cause des tribus sauvages, excita la jalousie ou la méfiance du directeur de la junte, abandonna la cause qu'il venait de servir, et tenta de se rendre indépendant. Durant cinq ou six ans, il ne fit que guerroyer tantôt avec les Portugais, tantôt avec les Espagnols; après de vains efforts pour se ressaisir du pouvoir, il fut obligé d'aller demander un asile au dictateur du Paraguay, le docteur Francia, qui l'accueillit, mais qui en même temps prit des précautions pour se mettre à l'abri des inconvénients du caractère inquiet de son hôte. Artigas mourut en 1825 dans un couvent de franciscains, laissant une réputation méritée d'activité et de courage, non de fidélité et de talent.

ARTILLERIE. Attirail de guerre composé de canons, de mortiers, d'obusiers, de caissons, de munitions, de bombes, etc.; corps de troupes uniquement destinées au service de l'artillerie; ouvriers, artisans, train de chevaux, de chariots, d'affûts, etc. ; science de l'officier et du soldat consistant dans l'art de construire les machines de guerre, de les diriger et de les employer contre l'ennemi dans les batailles, ou de s'en servir pour l'attaque et la défense des places. On a donné à ce mot plusieurs origines : les uns le font venir de *ars tollendi* ; d'autres de l'italien *arte di tirare* ; d'autres, enfin, du vieux mot français *artiller*, qui signifiait *fortifier avec art*. Cette dernière étymologie est la plus vraisemblable, car, dès le XII° siècle, il existait en France un grand maître d'artillerie. On compte vingt-deux maîtres qui ont exercé cette charge l'espace de deux siècles avant Louis XI, ce qui indique que l'artillerie existait avant l'invention de la poudre à canon, et qu'elle comprenait tous les instruments de guerre qui étaient en usage chez les anciens, tels que catapultes, balistes, béliers, etc. ; ce qui a fait dire avec raison à un écrivain du XVIII° siècle, que c'est mal à propos que l'on prétend faire entrer l'art des artifices de guerre dans l'artillerie. Depuis 1479, il y a eu sept maîtres généraux jusqu'à l'ordonnance de François Ier (1515) qui créa un grand maître de l'artillerie. — L'artillerie, telle que nous l'entendons aujourd'hui par ce mot, a été en usage dès le commencement du XIV° siècle. Le P. Daniel prétend qu'on se servit de canons, en France, en 1338 au siège de Puy-Guillaume. D'anciennes chroniques affirment qu'à la trop fameuse bataille de Crécy (1346), il y avait dans l'armée anglaise six pièces de canon qui jetèrent l'épouvante parmi les Français, ce qui contribua à leur prompte défaite. Avant cette époque, on avait vu de l'artillerie employée dans les sièges. Lorsque Alphonse IX fit le siège d'Algésiras en 1343, les Maures qui s'y étaient renfermés firent usage de machines qui, à la suite d'une explosion violente, accompagnée de détonation, lançaient des projectiles à une grande distance. Les Vénitiens, au siège de Claudia-Fossa, en 1366, firent usage de deux canons servis par les Allemands qui les avaient amenés. — Il paraît que les premiers canons furent de bois reliés en fer ; que, plus tard, on les fabriqua en tôle, ou en bandes de fer reliées l'une contre l'autre par des cercles et des cordages. Dès le XV° siècle, on connut l'art de fondre l'artillerie. Louis XI fit fondre un canon dont le boulet, dit-on, pesait cinq cents livres, ce qui est très-probablement une grande exagération. Une pièce de ce calibre aurait été vingt fois plus embarrassante qu'utile. En 1494, Charles VIII avait de l'artillerie en bronze ; des chevaux la traînaient. Les Vénitiens furent les premiers à suivre l'exemple des Français, et l'usage de ces armes nouvelles ne tarda pas à devenir général. Ce fut surtout durant les longues guerres de François Ier et de Charles-Quint que l'artillerie fit de grands progrès et reçut d'importantes améliorations. En 1574, il parut divers règlements concernant la longueur, le poids, la forme des canons, la quantité de la charge et le poids des projectiles. Quant aux mortiers et aux bombes, les Français prétendent que leur *maître d'artillerie*, Jean Bureau, s'en servit au siège de Bordeaux (1552) ; mais les Allemands leur contestent l'honneur de la découverte : ils soutiennent qu'ils ont eu les premiers mortiers, en 1588, au siège de Gueldres. — Pour ce qui concerne l'*artillerie de campagne*, il est à peu près reconnu que Gustave-Adolphe fut le premier qui la mit en usage ; il attacha deux pièces de quatre à chacun de ses régiments ; deux chevaux suffisaient pour les traîner ; et comme il s'aperçut que ces pièces lui avaient rendu de grands services, il en augmenta le nombre dans ses armées, et il établit des parcs de réserve avec lesquels il formait des batteries là où le besoin l'exigeait. Louis XIV profita de l'exemple de Gustave-Adolphe ; il eut une artillerie nombreuse et bien servie ; et, pour former ses artilleurs, il fonda une école à Douai, créa des compagnies de canonniers, de bombardiers, d'ouvriers, de mineurs. Mais ce ne fut que peu à peu, et à force de tâtonnements qu'on parvint à obtenir une organisation régulière ; l'ordonnance de 1732 renfermait tout un nouveau système. Aussi l'artillerie française l'emportait-elle sur celle des autres nations de l'Europe ; longtemps Frédéric introduisit dans la sienne des améliorations importantes. Ce fut ce prince qui, le premier, imagina de mettre ses canonniers à cheval. — Les Allemands avaient imité les Prussiens : les Français ne restèrent pas longtemps en arrière. De grands changements dans le personnel eurent lieu dès l'an 1755 ; une école fut créée l'année suivante à La Fère ; huit ou neuf ans après, le corps royal d'artillerie se composait de huit mille quatre cents hommes, sur lesquels on comptait près de neuf cents officiers. On s'occupa successivement du matériel, et la direction de tous les travaux fut confiée à Gribeauval, qui avait en cette partie des connaissances spéciales. Il y eut,

en 1772, une espèce de réaction, un retour vers l'ancien système ; mais cela ne dura pas, et le nouveau fut pleinement rétabli, sauf quelques modifications. En 1791, on forma deux compagnies d'artillerie à cheval ; le nombre en fut bientôt porté jusqu'à trente. Napoléon, qui eut une immense artillerie, à laquelle il dut de grandes victoires, réorganisa le matériel et le personnel en 1802 et 1803. Les gens de l'art ont prétendu que les modifications qu'on fit subir au système du matériel de Gribeauval ne furent pas heureuses ; aussi ont-elles été presque toutes abandonnées. — A la restauration, l'artillerie reçut de grandes modifications pour le personnel ; le matériel en reçut aussi ; ce fut principalement une ordonnance de 1827 qui régla sur le meilleur pied tout le matériel de campagne. Le matériel de siège fut aussi amélioré, un même esprit de réforme fut étendu au matériel de place. Enfin une ordonnance de 1833 a tout réorganisé (*V.* MATÉRIEL D'ARTILLERIE, PERSONNEL D'ARTILLERIE, SIÉGE [artill. de], CAMPAGNE [artill. de], CHEVAL [artill. à]. RÉSERVE [artill. de], MARINE [artill. de], COTES [artill. des], AFFUT, BATTERIES, CANON, MORTIER, OBUSIER.)

ARTIGNI (ANTOINE GACHET D'), né à Vienne en Dauphiné, en 1706, mort en 1778, embrassa la carrière ecclésiastique et devint chanoine de l'église primatiale de sa ville natale. Il a laissé quelques écrits qui ne sont pas sans intérêt. On a distingué dans le temps ses *Mémoires d'histoire et de littérature*, 7 vol. in-12 ; Paris, 1749.

ARTIS (GABRIEL D'), né à Milhau, ministre protestant, d'un caractère inquiet et d'un esprit peu traitable, réfugié à Berlin à l'époque de la révocation de l'édit de Nantes. Dès les premiers temps de son ministère, il se fit des ennemis de tous ses confrères, réfugiés comme lui, en les accusant de socinianisme. Forcé de quitter Berlin, il n'y rentra au bout de quelque temps que pour s'en faire expulser de nouveau. Il se rendit à La Haye, où il publia un livre intitulé *Recueil de trois écrits importants à la religion*, 1774, in-12. De nouvelles querelles l'obligèrent d'aller demeurer à Hambourg, où il publia un journal qui cessa de paraître en 1696, après deux ans d'existence. On croit que d'Artis mourut vers ce temps, dans cette dernière ville.

ARTIMON (t. de marine) du grec ἀρτέμων, autrefois grande voile du navire, aujourd'hui mât de l'arrière ou de la poupe du vaisseau, vergue que ce mât supporte, et voile attachée à cette vergue. On donne aussi le nom d'artimon à toutes les manœuvres qui servent pour ce mât et ses dépendances. — Le mât d'artimon est le plus petit des trois mâts du vaisseau ; il ne descend point jusqu'à la cale, mais il s'arrête à la hauteur du faux pont, où il porte sur une épontille qui soutient le plancher par-dessous. La vergue d'artimon est suspendue dans la direction de la poupe à la proue, non en travers comme les vergues des autres mâts. Autrefois la voile d'artimon était triangulaire ; elle a aujourd'hui la forme carrée ; elle se cargue le long de sa vergue. On conçoit aisément pourquoi la vergue et la voile sont placées de manière à recevoir le vent de biais, c'est afin que les autres voiles, et principalement celle du grand mât, n'en soient point privées quand le vent vient d'arrière.

ARTISAN, nom par lequel on désigne les ouvriers qui professent les arts mécaniques qui ne paraissent pas demander beaucoup d'intelligence. Marmontel, qui appartient à la secte encyclopédique du XVIII° siècle, trouvait fort surprenant qu'on estimât beaucoup les artistes, qui n'exerçaient que des arts d'agrément, et qu'on estimât si peu les artisans, qui exercent des arts utiles. Il convient toutefois, après cette saillie philosophique, que la distinction qui se fait entre l'artiste et l'artisan est juste et raisonnable. Et comment décider autrement, quand on est convaincu que ce dernier n'a besoin que de ses bras, de ses mains et de la pratique routinière, tandis que le premier, mieux que ce don de la nature qu'on appelle génie, ne s'élèverait pas au-dessus du vulgaire, si au génie il ne joignait l'instruction et le goût ? Qui mettra jamais sur la même ligne l'ouvrier qui taille, qui équarrit, qui arrondit un bloc de pierre, et le statuaire qui en tire une image pleine de vie, ou l'architecte qui a tiré du sein de la terre Saint-Pierre de Rome ?

ARTISAN (*jurisp.*). Les simples artisans qui fabriquent des ouvrages avec les matières qu'ils achètent, pour les revendre aux personnes qui les ont commandées ou qui en ont besoin, ne sont pas soumis à toutes les obligations qui pèsent sur les commerçants. Toutefois, ils sont justiciables du tribunal de commerce, parce que la loi répute actes de commerce tout achat de marchandises ou denrées pour les revendre soit en nature, soit après les avoir travaillées et mises en œuvre: ainsi le cordonnier, le menuisier, et en général tous ceux qui achètent la matière des ouvrages qu'ils vendent après l'avoir travaillée, sont réputés commerçants à l'égard de ceux de qui ils achètent ces matières. Il n'en est pas de même du simple ouvrier qui loue son travail et son industrie. — D'après l'article 1326 du code civil, tout billet portant obligation d'une somme d'argent doit être écrit en entier de la main du souscripteur, ou tout au moins muni d'un approuvé de la somme en toutes lettres; les artisans, par une exception particulière, sont dispensés de cette formalité, et leur simple signature suffit. Ils ne sont pas non plus restituables contre les engagements qu'ils ont pris à raison de leur art, excepté dans les cas de dol et de fraude ou autres prévus par la loi. Les artisans sont d'ailleurs responsables civilement du fait de leurs garçons ou apprentis. Les règles établies pour ceux qui mettent en œuvre la matière appartenant à autrui, à l'insu du propriétaire, sont communes à tous les artisans (*V.* l'art. 570 et suivants du code civil).

ARTISTE. Ce mot fut d'abord synonyme d'artisan; mais la vanité créa bientôt une distinction importante entre les deux qualifications : ce fut lorsque les arts libéraux se séparèrent des arts mécaniques; le mot *artiste* parut même exclusivement affecté à ceux qui s'occupaient de dessin, ou qui avaient besoin d'être dessinateurs pour l'art qu'ils exerçaient, tels que les peintres, les sculpteurs et les architectes. Les anciens, moins travaillés que les modernes de cette fausse délicatesse qui craint d'appeler les choses par leur nom, ne distinguaient pas entre l'artiste et l'artisan. Cicéron, qui certes était bien en état d'apprécier le mérite de Phidias, lui donne tout simplement le nom d'*artifex* : *N<ce>que enim ille artifex, càm faceret Jovis formam aut Minervæ.....* — Quel peintre aujourd'hui, quel habile sculpteur souffrirait qu'on l'appelât *artifex?* Il aurait au surplus raison de se plaindre. Le plus mince peintre d'enseignes prétend au titre d'artiste; celui qui peignit la coupole de Sainte-Geneviève peut-il consentir à partager ce titre! La même maladie gagne les artisans, ceux même à qui le nom d'artisan n'appartient pas. Qui n'a vu au Palais-Royal à Paris, sur la porte d'une boutique, ces mots écrits : *Artiste décrotteur?* Ce fut peut-être la lecture de cette inscription qui fit naître dans l'esprit d'un perruquier voisin l'heureuse idée de s'intituler *Professeur de coiffure.*

ARTOIS (géog.), ancienne province de France dans les Pays-Bas, avec titre de comté, bornée par l'ancienne Flandre, par le Hainaut, par le Cambrésis et la Picardie; elle avait Arras pour capitale. Cette province fait aujourd'hui partie du département du Pas-de-Calais (*V.* PAS-DE-CALAIS).

ARTOIS (ROBERT DE FRANCE, Comte d') (*V.* ROBERT D'ARTOIS).

ARTOLATRE, du grec ἄρτος, pain, et λαθρεία, culte, secte de chrétiens qu'on accusait d'adorer le pain.

ARTOLITHE, du grec ἄρτος, pain, et de λίθος, pierre, concrétion pierreuse qui a la forme d'un pain pétrifié.

ARTORIUS, soldat romain de l'armée de Titus. Il avait escaladé un mur du temple de Jérusalem; près d'être enveloppé par les flammes, il pria son ami Lucius de le recevoir dans sa chute, en lui promettant de le nommer son héritier. Lucius accepta, et Artorius se laissa tomber du haut du mur. Celui-ci fut sauvé; mais Lucius, écrasé par le poids, périt sur la place.

ARTOTYRITES, du grec ἄρτος et de τυρός, fromage, secte d'hérétiques du IIᵉ siècle, qui corrompaient le sens des Écritures, et communiquaient la prêtrise aux femmes, qui, dans leurs assemblées, jouaient le rôle de prophétesses. Dans le sacrement de l'Eucharistie ils employaient le pain et le fromage, ou du pain dans lequel on avait fait cuire du fromage. Ils se fondaient sur ce que les premiers hommes avaient offert à Dieu, avec les fruits de la terre, les prémices du produit de leurs troupeaux. Ce fut pour cela, dit saint Augustin, qu'on leur donna le nom d'*artotyrites.* Leur secte n'était au fond qu'une branche de celle des *montanistes* (*V.* ce mot).

ARTS (BEAUX-) (*V.* BEAUX-ARTS, ÉCOLE DES BEAUX-ARTS, EXPOSITION DES ARTS ET DE L'INDUSTRIE, MÉTIERS [arts et]).

ARTUR ou ARTHUR, roi des anciens Bretons, naquit, suivant les chroniques fabuleuses de l'Angleterre, dans le milieu du Vᵉ siècle, succéda à son père au commencement du VIᵉ, et mourut à la suite des blessures qu'il avait reçues, tout couvert des lauriers qu'il avait cueillis dans le dernier combat qu'il eut à soutenir. On lui fait conquérir toute la Grande-Bretagne, battre et subjuguer les Écossais, les Pictes

et les Saxons dans douze grandes batailles. Son cercueil fut trouvé, dit-on, en 1189, sous le règne de Henri II. L'historien Hume se montre à peu près convaincu de la vérité de la tradition. Le docteur Lingard croit qu'Artur avait le siége de son gouvernement dans le comté de Lincoln, et que ce fut dans cette province qu'eurent lieu toutes les batailles dont le gain, vrai ou supposé lui a valu cette renommée qui a survécu à douze ou treize siècles. Ce qui surtout a rendu son nom classique, c'est l'établissement de l'ordre fameux de la *Table ronde* qu'on lui attribue. Les Gallois ont été longtemps persuadés qu'Artur n'était point mort et qu'il reparaîtrait un jour parmi eux.

ARTUR de Bretagne, comte d'Anjou, était petit-fils de Henri II, roi d'Angleterre, et neveu de Richard Cœur-de-Lion. Celui-ci mourut sans enfants : la couronne appartenait de droit au jeune prince, comme unique représentant de Geoffroi, troisième fils de Henri. Elle lui fut disputée par Jean-sans-Terre, son oncle, frère puîné de Geoffroi. Jean, maître des trésors de Richard, se fit des partisans; il fut proclamé souverain. Les Bretons, les Normands, les Angevins, au contraire, reconnurent les droits d'Artur. La guerre s'alluma aussitôt entre l'oncle et le neveu. Celui-ci, plein d'un courage d'autant plus remarquable qu'il était encore très-jeune, rassembla quelques troupes et se mit à leur tête. Jean courut à sa rencontre avec une armée nombreuse, l'enveloppa, le vainquit et le fit prisonnier. Après l'avoir traîné pendant quelques mois de prison en prison, Jean le relégua dans une tour du château de Rouen. Au bout de quelques jours il se rendit auprès de son neveu, et n'ayant pu, dit-on, lui arracher une renonciation à ses droits, il le tua de sa propre main, et jeta son corps dans la Seine (1202). Artur avait à peine atteint sa quinzième année. Son cadavre, retrouvé dans les filets d'un pêcheur, fut transporté furtivement à l'abbaye de Notre-Dame du-Pré, où il reçut les derniers devoirs (*V.* JEAN-SANS-TERRE).

ARUM, genre de plantes qui a donné son nom à la famille des aroïdes, dont plusieurs espèces, notamment l'*arum esculentum* de Linné (chou caraïbe), fournissent des fécules nutritives. L'*arum maculatum* (*arum tacheté, gouet* ou *pied-de-veau*) croît abondamment en France aux environs de Paris. Sa racine est ovoïde, brunâtre à l'extérieur, blanchâtre en dedans, et garnie par le bas de quelques fibres; elle a une saveur douce d'abord, et peu de temps après très-caustique; mais son principe âcre se perd par la dessiccation, et elle peut devenir alors un aliment sain. Autrefois on employait sa racine soit comme fébrifuge, soit comme incisive, dans les affections asthmatiques; mais son usage a été abandonné. L'*arum seguinum* des Antilles est très-vénéneux; on le reconnaît aisément à l'odeur fétide qui s'en exhale.

ARUNDEL, petite ville du comté de Sussex, peuplée d'environ 3,000 âmes, sur la petite rivière d'Arna, qui se jette dans la mer à quatre milles au-dessous, et forme à son embouchure le petit port appelé *Little Hampton*. On remarque à Arundel le château gothique du duc de Norfolk. L'escalier, de même que toute la boiserie du premier étage, est en acajou massif. Le second étage est tout en chêne anglais. Dans la salle dite *des Barons*, éclairée par douze croisées à vitraux peints, on admire les peintures de la grande croisée, lesquelles représentent le roi Jean donnant la grande charte. Ce château, du haut duquel on a une vue superbe qui s'étend jusqu'à l'île de Wight, donna à son possesseur le titre de premier comte et pair du royaume. Un canal construit depuis peu fait communiquer Arundel avec Portsmouth.

ARUNDEL (THOMAS, fils de Robert, Comte d'), évêque d'Ély sous Édouard III, fut transféré par le pape, en 1388, au siége archiépiscopal d'York. Il devint ensuite grand chancelier d'Angleterre, et en 1396 il passa d'York à Canterbury. Il ne jouit pas tranquillement de son nouveau titre. Accusé de haute trahison, il ne put se soustraire à la mort que par la fuite. Il se rendit à Rome, où Boniface IX l'accueillit avec bienveillance, et le nomma archevêque de Saint-André en Écosse. Thomas Arundel engagea par ses conseils le duc de Lancastre, qui régna depuis sous le nom d'Henri IV, à tenter le sort des armes, et Henri le vengea de Richard II, qui fut détrôné. Il mourut en 1414. Il avait défendu de traduire l'Écriture en langue vulgaire. Il fut poussé à cette mesure par le désir d'empêcher l'abus qu'en faisaient les novateurs. L'hérésiarque Wiclef et les lollards (on donne ce nom aux sectateurs de Wiclef) trouvèrent toujours en lui un défenseur zélé de la foi chrétienne.

ARUNDEL (THOMAS HOWARD, Comte d') se rendit célèbre

II.　　　　　　　　　　　　　　　　　　　　　91

au commencement du XVIIᵉ siècle autant par la protection éclairée qu'il accorda aux artistes et aux savants, que par ses propres connaissances et son goût exquis. Il avait envoyé à Rome le savant Evelyn pour compléter quelques recherches relatives à l'antiquité romaine. Encouragé par les résultats qu'il obtint, il envoya, peu de temps après (1627), William Petty en Grèce, avec mission de s'y procurer des antiquités grecques. Petty découvrit, par des fouilles habilement exécutées, un grand nombre de monuments précieux, et notamment les marbres fameux qui furent nommés d'abord marbres *de Paros* ou *d'Arundel*, et qui, tombés au pouvoir de l'université d'Oxford, sont désignés aujourd'hui par le nom de *marmora oxoniensia*. Le comte d'Arundel avait formé de tous les objets d'antiquité qu'il avait recueillis une superbe galerie : elle contenait trente-sept statues, cent vingt-huit bustes, deux cent cinquante-quatre marbres chargés d'inscriptions, et un nombre infini d'autels, de sarcophages, de torses, de fragments de toute espèce. La guerre civile força d'Arundel à s'expatrier en 1642; il mourut à Padoue quatre ans plus tard. Sa succession et son musée se divisèrent entre ses enfants. L'un d'eux, le comte de Strafford, fut décapité sous le règne du malheureux Charles Iᵉʳ, qui devait bientôt après porter sa tête royale sur le même échafaud. Un autre, Henri Howard, possesseur des marbres, en fit don à l'université d'Oxford (*V.* STRAFFORD).

ARUNDEL (marbres d') ou DE PAROS (*V.* OXFORD [marbres d']).

ARUSPICES, formé de *ara*, autel, et de *inspicio*, j'observe. C'étaient des prêtres institués par Romulus et chargés d'examiner à l'autel les entrailles des victimes pour en tirer des présages. De tous les peuples d'Italie, les Etrusques étaient ceux qui avaient les meilleurs aruspices. Aussi les Romains faisaient-ils venir de leur pays ceux dont ils se servaient; ils envoyaient aussi tous les ans en Etrurie un certain nombre de jeunes gens de la classe sacerdotale, pour y étudier l'aruspicisme. Ces jeunes gens étaient toujours choisis dans les plus illustres familles. — Les aruspices examinaient principalement le foie, la rate, les reins, le cœur et la langue de la victime. Une couleur livide, des organes maigres ou flétris, un défaut dans quelqu'une de ces parties, étaient regardés comme du plus fâcheux augure. Après l'assassinat de Jules-César on publia que deux animaux qu'on avait sacrifiés le matin du jour où l'attentat fut commis n'avaient point de cœur (*V.* AUGURES).

ARVALES, nom qu'on donnait autrefois dans Rome à douze prêtres qui officiaient dans les *ambarvales*, fêtes célébrées dans la campagne pour obtenir un temps favorable et de bonnes récoltes (*V.* AMBARVALES). Les arvales portaient pour marque de leur dignité une couronne ou guirlande d'épis, attachée avec un ruban blanc.

ARVÉRIS, ancien dieu égyptien, né d'Osiris et d'Isis, conçu dans le sein de cette dernière avant qu'elle fût née elle-même. Arvéris était le dieu de la lumière. Les Grecs, qui en ont fait leur Apollon, l'ont mal à propos confondu avec Anubis et Horus. Il avait chez les Phéniciens un temple portatif traîné par des bœufs. Les Egyptiens lui avaient consacré le second jour intercalaire de l'année.

ARVERNI, *Arvernes*, ancien peuple de la Gaule celtique, dans l'Aquitaine première. Leur pays reçut plus tard le nom d'Auvergne (*V.* AUVERGNE).

ARVIEUX (LAURENT D'), né à Marseille en 1635, apprit les langues orientales pendant un séjour de douze ans dans le Levant. De retour en France il fut envoyé à Tunis pour y négocier un traité en 1668 : il fit rendre la liberté à trois cent quatre-vingts esclaves. Il devint ensuite consul d'Alger, puis d'Alep en 1679. Innocent IX, pour prix du zèle qu'il ne cessa de montrer pour la propagation de la vraie religion, lui fit tenir un bref par lequel il le nommait évêque de Babylone, avec pouvoir, en cas de refus pour lui-même, de conférer l'épiscopat à tout autre. Darvieux désigna un carme déchaussé. Il mourut en 1702, emportant l'estime et les regrets du souverain pontife. Les *Mémoires du chevalier d'Arvieux*, contenant ses voyages à Constantinople, en Asie, etc., 6 vol. in-12, Paris, 1735, ont été publiés par le père Labat; le *Voyageur d'Arabie*, par La Roque, Paris, 1717, in-12, a été extrait des manuscrits d'Arvieux.

ARVISENET (CLAUDE), né à Langres en 1755, mort à Gray en 1831, vicaire général du diocèse de Troyes, fit ses premières études dans un collège de province, et vint étudier la théologie à Paris. Après avoir reçu la prêtrise, il se rendit à Langres sur l'invitation de M. de la Luzerne, qui le nomma

chanoine et archidiacre du diocèse. Il exerça les fonctions qui lui avaient été confiées jusqu'à la révolution. Le refus du *serment civique* l'obligea de s'expatrier ; il se réfugia en Suisse; là il composa divers ouvrages de piété, notamment son *Memoriale vitæ sacerdotalis*, qui lui valut les éloges de Pie VII. En 1803, il était rentré en France; l'archevêque-évêque de Troyes lui offrit un canonicat et la place de vicaire général ; et après la mort de M. de La-Tour-du-Pin, ses successeurs ont maintenu Arvisenet dans son poste jusqu'à son décès.

ARYSDAGHÈS (saint), né à Césarée de Cappadoce, était second fils de saint Grégoire *l'Illuminateur*, l'apôtre de l'Arménie. Tyridate, roi de cette contrée, l'appela auprès de lui et lui donna l'évêché de Diospont. Saint Arysdaghès fut sacré par son propre père, et il honora l'épiscopat par l'exercice constant de toutes les vertus chrétiennes. Il fonda plusieurs monastères et construisit deux églises. Comme il se rendait à la seconde, qui se trouvait dans la province de Sophène, il fut surpris par le gouverneur de cette province, Archelaüs, son ennemi déclaré, qui le fit périr l'an 339 de J. C.

ARYTÉNO-ÉPIGLOTTIQUE (muscle). Winslow a décrit sous ce nom des faisceaux musculaires qui vont du cartilage aryténoïde à l'épiglotte (*V.* ci-dessous ARYTÉNOÏDIEN).

ARYTÉNOÏDE, de ἀρύταινα, entonnoir, et de εἶδος, forme. On désigne par ce nom deux petits cartilages situés au-dessus du cartilage cricoïde, en haut et en arrière du larynx. Ils ressemblent à une pyramide un peu contournée sur elle-même, se correspondent par leur face interne, et sont unis l'un à l'autre par le muscle aryténoïdien et la membrane muqueuse qui les tapisse. Les *glandes aryténoïdes* sont de petits corps glanduleux, blanchâtres, situés devant les cartilages de même nom. Ils sont formés d'un grand nombre de follicules dont les conduits excréteurs répandent sur la membrane du larynx une humeur lubrifique.

ARYTÉNOÏDIEN se dit de tout ce qui appartient aux cartilages aryténoïdes. Winslow distingue trois muscles distincts auxquels il donne ce nom. Les anatomistes de nos jours regardent ces trois muscles comme ne formant qu'un seul muscle impair.

ARZACHEL ou EIZARCHEL (ABRAHAM), astronome célèbre du XIIᵉ siècle, né à Tolède de parents juifs, fut un des auteurs principaux des *Tables alphonsines*. On a de lui un traité sur l'obliquité du zodiaque, qu'il fixa à 23° 31'.

ARZAN, pontife païen d'Arménie, au temps où saint Grégoire l'Illuminateur cherchait à répandre dans le pays les lumières du christianisme. Arzan voulut s'opposer par tous les moyens au succès de la réforme : il marcha en armes contre le pieux missionnaire. Tyridate se hâta d'envoyer au secours de Grégoire un corps de troupes. Les rebelles furent complètement battus, et Arzan qui, malgré son grand âge, s'était mis à leur tête, fut tué dans la mêlée l'an 302 de J. C. — Un autre Arménien du même nom d'*Arzan*, postérieur d'environ deux siècles, a traduit dans sa langue les œuvres de saint Athanase. Il a laissé plusieurs ouvrages manuscrits.

ARZEGAYE ou AZAGAYE, espèce de lance qu'on appelait aussi *lancegaye*. Elle se composait d'un fer pointu très-étroit, monté sur une hampe légère. Si les cavaliers étaient obligés de combattre à pied, ils coupaient la hampe à la moitié, et se trouvaient armés d'une demi-pique.

ARZEL se dit d'un cheval qui a des poils blancs aux pieds de derrière, depuis le sabot jusqu'au boulet. Nos pères regardaient comme portant malheur dans les combats les chevaux arzels; ils évitaient avec soin d'en avoir de pareils à leur service.

AS, mot purement latin que les Romains employaient pour désigner une unité prise absolument, une unité de poids, ou bien une unité du système monétaire. — L'as, sous le premier rapport, était considéré comme un tout divisible, et ce nom pouvait s'appliquer à tout, à la mesure de poids comme à celle d'étendue, de surface, de capacité, comme à des noms abstraits, tels que succession, héritage, fonds de terre, meubles, etc.; de là venait cette expression fréquemment employée, *hæres ex asse*, héritier pour la totalité, héritier universel. Chaque multiple de l'as avait un nom particulier, à quelque chose que l'as s'appliquât, et quelle que fût la nature de l'unité. Ainsi deux as formaient un *dupondius*, deux as et demi un *sestertius* ou *sesqui-tertius* (jusqu'à la moitié du troisième), trois as un *tressis*, quatre as un *quatrussis*, cinq as un *quinquissis*, six as un *sexussis*, et ainsi de suite jusqu'à cent as, ou *centussis*. De plus, l'as, unité de poids, d'étendue, de monnaie, etc., avait douze parties qu'on appelait onces, *unciæ*, et les multiples de l'once, fraction de l'as, avaient aussi leurs noms particuliers :

As.	12 onces.
Deunx.	11
Dextans.	10
Dodrans.	9
Bès ou dès.	8
Septunx.	7
Semis ou semissis.	6
Quincunx.	5
Triens.	4
Quadrans ou teruncius.	3
Sextans.	2
Uncia.	1
Sexcunx ou semiuncia.	» 1/2

L'once se divisait en 2 *semiuncia*, 3 *duella*, 4 *sicilicus*, 6 *sextula*, 24 *scrupulum*, 48 *oboles*, 144 *silicus*. Les fractions de l'as étaient employées au même usage que l'as lui-même, c'est-à-dire qu'on s'en servait pour déterminer toute espèce de poids, d'étendue, de mesure ou de quantité. Ainsi *hæres ex dodrante* signifiait héritier pour neuf onces, c'est-à-dire pour les trois quarts ou neuf douzièmes de l'héritage. C'est par la connaissance de ces divisions qu'on peut facilement expliquer certains passages anciens, qui, sans cela, resteraient inintelligibles. Ainsi, quand Cicéron, dans son oraison *pro Cæcinnâ*, s'exprime ainsi : *Testamento facto moritur mulier, facit hæredem ex deunce et semiunciâ Cæcinnam; ex duobus sextulis M. Fulcinium ; Obutio sextulam adspergit*, il veut dire que par le testament dont il parle, Cécinna a eu pour sa part un déunce et demi-once, c'est-à-dire onze onces et demie, ou bien onze douzièmes et demi ; que Fulcinius n'hérite que de deux sextules ou sixièmes d'once, et Obutius d'une sextule. Or, ces trois sextules jointes à la demi-once de Cécinna en sus du déunce, forment la douzième once, ou dernier douzième de l'héritage. — Les intérêts se calculaient aussi par l'as et ses fractions. La loi des Douze Tables avait fixé le taux de l'intérêt, pour un centussis ou cent as, à une once par mois, ou un as par an ; c'était là ce qu'on appelait *usuræ unciæ*, ou *fænus usurarum*. Plus tard et au temps des empereurs on prenait un as par mois au lieu d'une once, ce qui donnait douze pour cent par an. Ce genre d'usure s'appelait *centesimæ*, parce qu'au bout de cent mois le capital se trouvait doublé par les intérêts. Il y avait chez les Romains, comme chez les modernes, d'honnêtes usuriers qui ne se contentaient pas de ce léger bénéfice ; ils exigeaient un triens, un quincunx par mois, c'est-à-dire quatre, cinq onces, quatre, cinq douzièmes, *usuræ trientes, quincunces per mensem*. — L'as, considéré comme poids ou livre romaine, équivalait, d'après les recherches les plus scrupuleuses, à 10 onces 5 gros 40 grains, ancien poids de Paris, ou 3 hectog. 27, 187 (*V.* pour les divisions de la livre et la valeur de ces divisions le mot MESURES ROMAINES). — L'as, considéré comme monnaie (aussi nommé *Æs, assipondium, libella*), a changé plusieurs fois de poids et de valeur, comme l'ont fait les monnaies de tous les temps et de tous les pays. L'as, dans l'origine, ne fut qu'un morceau de cuivre informe, du poids d'une livre, ne portant ni effigie ni inscription. Servius Tullius y fit graver la figure d'une brebis ; de là vient le nom de *pecunia* donné d'abord à la monnaie ; et comme l'as ne se prêtait pas à toutes les transactions commerciales, on frappa de nouvelles monnaies multiples ou fractions de l'as. On conserva cette monnaie, malgré sa pesanteur, jusqu'au commencement de la première guerre punique (490 de Rome). L'as fut d'abord réduit au poids d'un sextans ou deux onces, et peu de temps après (539 de Rome) au poids d'une once. Cette nouvelle monnaie portait l'effigie d'un char à deux ou à quatre chevaux, ce qui fit donner aux pièces les noms de *bigati* et *quadrigati*. On ne s'en tint pas là, et vingt-six ans plus tard la loi Papiria réduisit le poids de l'as monnaie à une demi-once. Quand les Romains eurent des monnaies d'argent, l'as prit une valeur relative. Le denier valait dix as, dont on estime la valeur à 80 cent. de notre monnaie, ce qui donnerait 8 cent. pour chaque as. En 537, quand le poids de l'as fut réduit à une once, le denier valut 16 onces au lieu de 10, et l'as, au lieu de 8 centimes, n'en valut plus que 5. Enfin, lorsque les monnaies d'argent devinrent communes, on cessa de compter par as, et l'on ne compta plus que par sesterces (de deux as et demi chacun). (*V.* SESTERCES, MONNAIE ROMAINE). — On donne aujourd'hui le nom d'*as, en terme de jeu*, aux cartes qui n'ont qu'une seule figure, autre néan-

moins que les figures de personnages, et à la face du dé qui n'est marquée que d'un seul point. — L'as est encore usité en Hollande l'une des divisions de la livre poids de marc : il faut 32 as pour un angel, 10 angels pour un loot, et 32 loots pour la livre ; de sorte qu'il entre dans la livre 10,240 as.

ASA, roi de Juda, successeur de son père Abia, l'an 955 avant J. C., ne fut pas plutôt sur le trône, qu'il rétablit dans son royaume le culte du vrai Dieu ; mais, s'il abattit les idoles, s'il ferma leurs temples, s'il priva sa propre mère de toute participation au pouvoir parce qu'elle était prêtresse des faux dieux ; il laissa subsister les divers lieux d'adoration qu'une ancienne habitude avait fait consacrer par le peuple, qui allait y offrir des sacrifices au lieu de les offrir dans le temple, comme la loi l'ordonnait. Quelques écrivains sacrés lui ont fait ce reproche ; d'autres l'ont excusé sur le motif assez vague qu'il s'agissait d'une coutume fortement enracinée, pour l'extirpation de laquelle les circonstances étaient peu favorables. Dans les premières années de son règne, qui fut de quarante et un ans, il avait soutenu la guerre contre les Madianites, qu'il avait vaincus, et contre le roi d'Éthiopie, Zara, dont il repoussa l'agression. Faut-il croire, comme l'ont dit quelques écrivains, que l'armée de Zara se composait d'*un million d'hommes*, et qu'Asa lui en opposa cinq cent quatre-vingt mille ? Quoi qu'il en soit, Baasa, roi d'Israël, l'ayant attaqué vers l'an 928 avant J. C., Asa demanda le secours du roi de Syrie, Ben Adad ; Baasa échoua dans ses tentatives, mais le prophète Ananus reprocha amèrement au roi de Juda d'avoir eu plus de confiance en un prince de la terre qu'en l'appui du Seigneur : Asa laissa le trône à son fils Josaphat l'an 914 avant J. C.

ASAEL (*V.* HASAEL).

ASA FOETIDA (*V.* ASSA FOETIDA).

ASAMINTHE, siège sur lequel se plaçait le prêtre du temple de Minerve Cranea. Ce prêtre devait être un enfant, qu'au bout de cinq ans on remplaçait par un autre. Pendant son *quinquennium*, il ne quittait pas un instant le service de la déesse.

ASAN (*V.* ASANIDES).

ASANDER, gouverneur du Bosphore, sous le règne de Pharnace, roi de Pont, vers l'an 47 avant J. C., fit soulever sa province contre le roi, comptant sur le secours des Romains. Pharnace marcha d'abord contre lui et périt dans le combat. Mithridate, de Pergame, comptant trouver Asander affaibli, envahit le Bosphore, et ne fut pas plus heureux que Pharnace. Asander resta maître du Bosphore, et Auguste, devenu à son tour maître de l'empire, sanctionna son usurpation.

ASANIDES, famille ou dynastie de rois de Bulgarie, fondée par Asan, qui était Bulgare, d'origine valaque, et suivant quelques écrivains, issu d'une ancienne famille royale. Asan, aidé de ses frères, Pierre et Jean, fit révolter les Bulgares contre l'empereur de Constantinople, Isaac l'Ange. Vers l'an 1190, c'est-à-dire quatre ou cinq ans après sa révolte, il avait si bien affermi son pouvoir, qu'il put offrir à l'empereur Frédéric Ier, qui dans ce moment se trouvait à Andrinople, de lui fournir quarante mille Bulgares, pour l'aider à détruire l'empire grec. Frédéric, qui craignit que ce nouveau souverain ne devînt trop puissant, n'accepta pas son offre intéressée, et conclut la paix avec les Grecs. L'année suivante, Asan fut tué par Jean, son frère, (quelques-uns disent son parent,) qui s'empara de sa dépouille. Après sa mort, arrivée en 1209, Jean Asan, fils du premier de ce nom, se rendit maître du pays, et il y établit le schisme grec pour se ménager le bienveillance de la maison impériale. Il mourut en 1241, après avoir guerroyé toute sa vie avec des succès divers. La couronne passa de sa tête sur celle de son fils Coloman, qui la transmit au frère de sa sœur ; celui-ci eut pour successeur Asan III, dont le règne assez court finit par l'abdication, vers l'an 1280. Ce prince avait épousé une fille de l'empereur Michel Paléologue. Lorsqu'il voulut abdiquer, il se rendit à Constantinople, sous prétexte d'aller voir son beau-père ; il avait eu soin d'emporter tous ses trésors, qui étaient considérables. Sa famille continua de séjourner dans cette ville, tandis qu'une autre branche conserva le trône de Bulgarie jusqu'à l'an 1384.

ASAPH, fils de Barachias, de la tribu de Lévi, fut chantre de David et habile musicien. Douze psaumes portent son nom, et quelques écrivains en ont inféré qu'il les avait composés ; d'autres pensent, au contraire, que son nom ne se trouve accolé à ces psaumes que parce qu'il les avait mis en musique, et qu'il les chantait lui-même avec ses frères. Toutefois, comme quelques-uns de ces psaumes parlent de la captivité du peuple d'Israël à Babylone, on présume qu'ils sont l'ouvrage des descendants d'Asaph, s'ils n'appartiennent plutôt au saint roi, rempli de l'esprit prophétique.

ASAPHIE, de α, privatif, et de σαφής, manifeste. C'est un *terme de médecine* qui signifie altération de la voix; provenant d'un vice de conformation ou d'enrouement.

ASAPPE, nom par lequel les Turcs désignaient les troupes qu'ils levaient chez les chrétiens soumis, et qu'ils plaçaient toujours au premier rang pour soutenir le choc des ennemis.

ASARAMEL, lieu de la Palestine qu'on croit être le même que Mello. Ce fut là que les principaux d'Israël, rassemblés, conférèrent l'autorité suprême à Simon Machabée.

ASARET (bot.) (*asarum europæum* de L.), plante de la famille des *asaroïdes*, vulgairement appelée *cabaret*. On fait usage, en médecine, de ses feuilles et de sa racine (*V.* CABARET).

ASARHADDON, roi d'Assyrie, fils et successeur de Sennachérib (II *Liv. des Rois*, XIX, 37; Isaïe, XXXVII, 28; Esdras, IV, 2). Il monta sur le trône de Ninive vers l'an 712 avant J. C. suivant les uns, vers l'an 680 seulement suivant les autres. L'Ecriture lui donne quelquefois les noms d'*Asenaphon* et de *Sargon*. Il réunit pour quelque temps le royaume de Babylone à celui de Ninive, fit la guerre aux Philistins, aux Egyptiens, aux Iduméens, aux Chaldéens, aux Israélites. Il prit même Jérusalem, emmena le roi à Babylone, et envoya plusieurs colonies de Babyloniens, de Cuthéens, de Sépharnéens dans le royaume d'Israël ou de Samarie, pour y remplacer les habitants qu'il jeta dans les fers. Les uns lui donnent vingt-neuf ans de règne, d'autres plus d'un demi-siècle; on rapporte le temps de sa mort à l'an 667 avant J.C. Quelques chronologistes et le savant Fréret, entre autres, ont cru qu'Asarhaddon était le même que le Sardanapale des Grecs; mais c'est là une opinion que rien ne justifie.

ASARIA (*V.* AZARIA).

ASBAMÉE, fontaine de Cappadoce, près de la ville de Tyane, patrie du fameux Apollonius. Philostrate, biographe de ce dernier, dit que les eaux de cette fontaine, froides au sortir de la source, deviennent ensuite bouillantes. Ce qu'il ajoute est bien plus merveilleux : Ces eaux, dit-il, sont belles, saines, agréables pour les hommes honnêtes qui tiennent à leur parole; elles sont un véritable poison pour les parjures et les méchants.

ASBESTE OU ASBYSTES, peuple de la Libye intérieure, près de la Cyrénaïque. C'était sur leur terrain qu'était bâti le temple de Jupiter Ammon, qui prenait de là le nom d'*Asbystius*.

ASBESTE (minér.). Ce nom est donné à une substance filamenteuse plus ou moins flexible, incombustible; il n'appartient pas à une seule substance minérale, comme on l'a cru longtemps; mais plusieurs minéraux offrant les mêmes caractères, le nom d'*asbeste* devient un nom de genre. — Toutes les espèces d'asbestes n'ont pas la même flexibilité, les fils n'en sont pas toujours également soyeux; aussi a-t-on donné le nom de *chair*, de *cuir*, de *liége* ou de *papier de montagne* (*V.* AMIANTE). L'asbeste proprement dit, ἀσβεστὸς, servait autrefois aux Grecs et aux Romains à faire des mèches pour des lampes qu'ils alimentaient par une source de bitume; ils le fabriquaient en lampes perpétuelles. Toutefois l'asbeste, s'il n'est pas combustible, est au moins fusible et vitrifiable. Le plus bel asbeste vient des environs de Tarente et des côtes de la Corse.

ASCAGNE, fils d'Enée et de Créuse, nommé plus tard *Iule* ou *Jules*. Il succéda à son père qui, par son mariage avec Lavinie, fille du roi Latinus, était devenu roi du Latium; mais à la majorité de Sylvius, fils de cette même Lavinie, il lui rendit le sceptre, et il alla fonder la ville d'*Albe la Longue*, l'an 1152 avant J. C. Il mourut treize ans après, et il eut pour successeur, dans le sacerdoce, son fils Jules, mais la couronne passa sur une autre tête; ce fut le fils de Lavinie, qui, non content d'avoir recouvré les Etats de son aïeul, voulut y joindre la ville nouvelle.

ASCALAPHE (myth.), gardien de Proserpine dans les champs Elysées. Cérès avait obtenu de Jupiter la promesse de lui rendre sa fille, à condition qu'elle n'aurait rien mangé depuis son enlèvement et son entrée aux enfers. Ascalaphe prétendit qu'il l'avait vue cueillir une grenade dans le jardin de Pluton, et qu'elle en avait mangé six grains. Tout ce que Cérès put alors obtenir, ce fut que sa fille passerait six mois auprès d'elle et six mois aux enfers. Cérès, irritée contre Ascalaphe, le métamorphosa en hibou. Minerve, informée du malheur d'Ascalaphe, le prit sous sa protection, parce que le hibou l'avertissait de tout ce qui se passait durant la nuit.

ASCALON, ville ancienne de la Phénicie, voisine de la mer. C'était dans cette ville que les Philistins avaient transporté l'arche d'alliance qu'ils avaient prise aux Hébreux. Hérode y fit construire des bâtiments magnifiques, et quand la Judée fut devenue province romaine, elle passa pour la seconde ville du pays. Ascalon était renommée pour la bonté de ses vins et la beauté des cyprès qui croissaient dans les environs. — A l'époque des croisades, cette ville était au pouvoir des calif.s fatimites d'Egypte. Une armée formidable d'Arabes, de Nubiens et d'Egyptiens, accourut au secours de Jérusalem, s'arrêta dans la plaine d'Ascalon, en recevant la nouvelle que Jérusalem avait succombé; Godefroy de Bouillon, informé de son approche, marcha au devant d'elle, et quoique les chrétiens fussent moins nombreux, ils remportèrent une victoire complète en 1099 Toutefois la ville ne tomba au pouvoir des chrétiens qu'en 1153; le fameux Salah-Eddin la reprit en 1187; mais quatre ans après, craignant de ne pouvoir la défendre contre les croisés, qui venaient de s'emparer de Saint-Jean-d'Acre, il la fit démanteler. En 1270, le sultan Bibars acheva de la ruiner, afin que les croisés ne pussent pas en faire une place d'armes. Ce n'est aujourd'hui qu'une misérable bourgade.

ASCANIE, un vieux château du comté d'*Aschersleben*, dont les ruines existent encore non loin de la ville chef-lieu du comté. La famille des seigneurs de ce château était une branche de la maison d'Anhalt. Durant la seconde moitié du XIIe siècle, elle posséda le margraviat de Brandebourg et le duché de Saxe. Cette famille se divisa ensuite en Saxe-Lauembourg et Saxe-Vittemberg La première branche s'éteignit en 1689. La seconde avait obtenu, en 1370, le titre électoral; elle s'était éteinte en 1422.

ASCARIC, prince ou roi franc. Dans les premières années du IVe siècle, il secoua le joug des Romains, profitant de l'absence de Constance Chlore, qui était en Bretagne, où il mourut en 306. Constantin marcha contre Ascaric, le vainquit, et par un acte de barbarie peu digne d'un grand prince, le traîna chargé de fers à Rome, et le livra aux bêtes.

ASCARIDES (vers), de ἀσκαρίζειν, sautiller, remuer, genre de vers entozoaires, à corps arrondi, pointu aux deux extrémités, à bouche garnie de trois papilles charnues. Les seules espèces qu'on rencontre dans le corps humain sont l'ascaride vermiculaire et l'ascaride lombricoïde (*V.* LOMBRICOÏDE, VERS INTESTINAUX). Le vermiculaire, qui porte particulièrement le nom d'*ascaride*, est beaucoup plus petit que le lombricoïde; il réside dans les gros intestins, surtout dans le rectum.

ASCARUS OU ASCARUM (mus. des anc.). C'était, suivant Musonius, un instrument de percussion, carré, d'environ 21 pouces de long sur une largeur égale. Sur cet instrument étaient tendues des cordes qui, dit le même écrivain, résonnaient en tournant. Il est difficile de concevoir comment on faisait tourner des cordes sur une table d'harmonie, et surtout comment ces cordes produisaient un son en tournant; il est probable que c'était l'instrument tout entier qui tournait, ce qui devait procurer aux cordes la rencontre de quelque corps saillant et élastique ou flexible, et de cette rencontre naissait le son. L'auteur allemand d'un dictionnaire de musique, Walther, dit que l'instrument était garni de tuyaux de plume, et que c'étaient ces tuyaux qui, frappant les cordes, en tiraient le son; mais ce n'est là qu'une conjecture.

ASCELIN, religieux de l'ancienne abbaye du Bec, qui travailla conjointement avec Lanfranc (*V.* LANFRANC), son abbé, à combattre les erreurs de Bérenger, que, dans une conférence tenue à Brionne, en 1050, il confondit et réduisit au silence. On trouve encore dans la collection des conciles du P. Labbe une *lettre d'Ascelin à Bérenger*.

ASCENDANT, de *ascendere*, monter. *En terme d'astronomie*, on appelle *ascendants* les astres ou les degrés qui montent sur l'horizon dans quelque parallèle à l'équateur. On appelle *nœuds* les points opposés, où une planète, une comète ou la lune coupent l'écliptique une fois en la franchissant du sud au nord, et une seconde fois en passant du nord au sud. Le premier s'appelle *nœud ascendant*, le second *nœud descendant*. Quand on veut trouver la direction dans l'espace du plan de l'orbite d'un astre, on commence par prendre son inclinaison sur l'écliptique et la longitude du nœud ascendant, c'est-à-dire la distance de ce nœud à l'équateur, ou bien l'angle que formeraient deux lignes droites tirées du centre du soleil à l'équinoxe du printemps et au nœud ascendant de l'orbite (*V.* ASCENSION DROITE; *v.* aussi ORBITE; SIGNES, PLANÈTE, HORIZON. — Les astrologues appelaient l'ascendant *horoscope*, et ils entendaient par là le degré de l'écliptique qui se lève sur l'horizon au moment de la naissance d'un individu (*V.* HOROSCOPE). Ce degré avait, selon eux, une grande influence sur la fortune et la vie du nouveau-né. C'était de ce point qu'ils prenaient leur division en douze maisons. La planète qui répondait à ce point était censée *dominer à l'ascendant*.

ASCENDANT. *en terme d'anatomie*, se dit des parties dont la direction est plus ou moins verticale. L'*aorte ascendante* est le tronc supérieur de l'artère qui fournit le sang à la tête ; le COLON *ascendant* est la portion lombaire droite du colon ; la *veine cave ascendante* est celle qui rapporte au cœur le sang des parties inférieures. Les anciens anatomistes l'avaient appelée *veine cave descendante*, parce qu'ils croyaient que le sang descendait du foie par cette veine.

ASCENDANT (*technol.*). Ce mot, pris au figuré, s'entend de l'espèce d'autorité qu'un homme prend sur l'esprit ou la volonté d'un autre homme par ses lumières, ses qualités morales, sa position dans le monde, ou par toute autre cause. L'ascendant diffère de l'influence, en ce que celle-ci suppose qu'elle s'acquiert par insinuation ; l'un et l'autre diffèrent de l'autorité, de l'empire, en ce que l'autorité paraît fondée sur la coutume ou sur la loi, et que l'empire suppose la faculté d'employer la force. — En généalogie, on appelle *ligne ascendante* celle qui va en montant du fils au père, du père à l'aïeul, etc. — *En terme de géométrie*, on appelle *progression ascendante* celle dont les termes vont en croissant. Telle est la progression arithmétique des nombres 1, 2, 3, 4, etc. (*V.* SÉRIE). — *En terme de musique*, on désigne par *harmonie ascendante* celle qui naît d'une suite de quintes en montant.

ASCENDANT (*jurisp.*), parent en ligne directe, en remontant vers la souche : le père, l'aïeul, le bisaïeul, etc., la mère, l'aïeule, etc. — La nature a imposé des devoirs réciproques aux ascendants envers leurs descendants, et à ceux-ci envers les premiers ; la loi, dans l'intérêt de la société et de la famille, a déterminé ces devoirs, leur a imposé des limites, les a soumis à des formes, et a fait ainsi naître des droits. L'enfant jusqu'à un certain âge, incapable de conduire lui-même, de pourvoir à sa subsistance, de se frayer une route à travers les embarras du monde pour arriver à un établissement solide, disposé à regarder comme convenable, juste, tout ce qui lui paraît tel dans un âge où l'expérience n'a pu encore rectifier son jugement, l'enfant doit naturellement rester sous la surveillance de son père ; mais cette surveillance serait souvent inefficace et quelquefois impossible, si le père n'était pourvu d'une autorité capable de forcer à la soumission et à l'obéissance. D'un autre côté, il ne faut pas que cette autorité puisse devenir du despotisme et de la tyrannie. De ce double principe naissent les droits et les obligations des uns envers les autres. — Parmi les droits de l'ascendant, il en est qui sont particuliers au père et à la mère ; d'autres sont communs à tous les ascendants, à quelque degré qu'ils se trouvent. Les premiers consistent dans l'exercice de la puissance paternelle, dans l'usufruit légal accordé au père et à la mère sur les biens de leurs enfants au-dessous de dix-huit ans ; la faculté de nommer, par un acte de dernière volonté, un tuteur pour les enfants mineurs ; le droit de les émanciper, c'est-à-dire de les faire jouir de certains droits qui n'appartiennent qu'aux majeurs. L'exercice de tous ces droits entraîne des obligations ; ces obligations sont d'élever et nourrir les enfants, et de surveiller leur conduite, sous peine de répondre de leurs délits et quasi-délits. — Les droits qui appartiennent aux ascendants, en général, sont les suivants : donner ou refuser le consentement au mariage des descendants, y former opposition, en poursuivre la nullité ; accepter pour eux une donation, une hérédité, un legs ; leur succéder en tout ou en partie ; avoir dans leurs biens une réserve dont ils ne peuvent disposer à leur préjudice ; exiger d'eux des aliments, etc. — La plupart de ces obligations sont réciproques entre les ascendants et les descendants : telle est celle de se fournir des aliments, tel est le droit de successibilité ; mais il en est qui n'appartiennent qu'aux ascendants : de ce genre est le droit de ceux-ci de former opposition au mariage de leurs enfants ou descendants, ou même de pouvoir l'empêcher absolument jusqu'à la majorité de ces derniers, tandis que les enfants ne peuvent, sous aucun prétexte, former opposition à un second mariage de leur père ou de leur mère. — On peut consulter le titre du Code civil intitulé, *de la puissance paternelle*, et toutes les dispositions relatives au *mariage*, à la *tutelle légale*, aux droits de *successibilité* (*V.* au surplus PUISSANCE PATERNELLE, MARIAGE, OPPOSITION, SUCCESSIBILITÉ, TUTELLE LÉGALE). — Quant aux crimes dont les ascendants et

les descendants se rendent coupables les uns envers les autres, la poursuite et la répression en ont lieu comme dans les cas ordinaires ; seulement il y a une aggravation de peine contre le coupable, et cette aggravation est juste, car l'enfant doit plus à son père ou à son aïeul qu'à un étranger, et le père est d'autant plus répréhensible, que son titre lui donne plus d'autorité pour opprimer, et paralyse en quelque sorte dans le fils le droit de résistance. Ces principes ne s'appliquent d'ailleurs que lorsque le crime est dirigé contre la personne. S'agit-il de soustraction frauduleuse entre les de cendants et les ascendants? La loi ne donne aux uns et aux autres qu'une action civile pour obtenir une indemnité suffisante ou la restitution des objets soustraits. Cela se conçoit : la poursuite des crimes n'appartient qu'au ministère public ; celle des délits appartient à la partie lésée ; mais il serait contre les bonnes mœurs qu'un père poursuivît son fils, qu'un fils poursuivît son père pour obtenir une condamnation à quelque peine corporelle.

ASCENSION (*astron.*). On entend par *ascension* d'un astre la distance comprise entre le point où se trouve le soleil sur l'écliptique à l'équinoxe du printemps, c'est-à-dire le commencement d'*aries*, et le point ou degré de l'équateur qui passe au même méridien que l'astre dans le même temps. Les astronomes donnent à l'ascension le nom de *droite*, parce que le méridien auquel on la rapporte fait toujours angle droit avec la ligne équinoxiale. L'ascension droite se compte donc d'occident en orient par degrés ou *heures* de 15° chacune. — La détermination de l'ascension droite du soleil et de celle d'une étoile fixe, voilà, dit M. de La Caille, le fondement de toute l'astronomie, *astronomiæ fundamenta*. C'est que l'ascension droite connue d'une seule étoile fixe fait trouver aisément celle de toutes les autres, parce que la première sert de point de comparaison. Pour obtenir en peu de temps l'ascension droite d'une étoile, on tire du pôle à cette étoile un arc de méridien dont le prolongement va couper perpendiculairement l'équateur. La distance du point où les deux cercles se rencontrent au point équinoxial donne l'ascension droite de l'étoile. — On appelle *ascension oblique* la distance de ce point équinoxial au point de l'équateur qui se lève en même temps que l'étoile dans la sphère oblique. La différence entre les deux ascensions comptées sur l'équateur est ce qu'on nomme *différence ascensionnelle*. — L'ascension oblique n'est plus d'aucun usage aujourd'hui ; on y supplée avec succès par la *déclinaison*, c'est-à-dire l'arc de méridien compris entre l'astre et l'équateur céleste (*V.* DÉCLINAISON). L'ascension droite et la déclinaison correspondent à ce que, sur la terre, nous appelons *longitude* et *latitude*. — L'*ascension droite du milieu du ciel* est définie, par M. de La Lande, l'ascension droite du point de l'équateur qui se trouve dans le méridien à une heure donnée. C'est, en d'autres termes, la distance du point équinoxial au méridien ; elle est égale à la somme de l'ascension droite du soleil et du temps, vrai réduit en degrés ; ou bien à la somme de la longitude moyenne et du temps moyen.

ASCENSION (*hist. eccl. et relig.*), élévation miraculeuse de Jésus-Christ au ciel, en corps et en âme, en présence et à la vue d'un grand nombre de ses disciples, qui ont versé leur sang en confirmation du témoignage qu'ils ont rendu. Le fait de l'Ascension, explicitement exprimé au Symbole des Apôtres, se trouve rapporté avec toutes ses circonstances et tel qu'il est admis dans l'Église catholique, dans le chap. Ier des Actes des Apôtres. Dans les premiers siècles de l'ère chrétienne, on a cru généralement que l'Ascension avait eu lieu sur la montagne des Oliviers, et que Jésus-Christ, avant de s'élever aux régions célestes, avait imprimé sur la roche la trace de ses pieds. Saint Jérôme, saint Optat, évêque de Milèse, saint Paulin, évêque de Nole, et Sulpice-Sévère l'affirment. Josèphe rapporte que lorsque l'armée romaine fit le siège de Jérusalem, elle campa sur la montagne des Oliviers, et que les vestiges continuèrent de subsister. Au commencement du VIIIe siècle, les choses n'avaient pas changé, dit le vénérable Bède ; mais aujourd'hui les vestiges ont disparu : les musulmans ont enlevé la pierre où se voyait l'empreinte sacrée, et ils l'ont employée à fermer la porte orientale du temple. — Les apellistes croyaient que J. C. avait laissé son corps sur la terre ou tout au moins dans les airs. J. C., disaient-ils, n'avait pas apporté de corps lorsqu'il vint sur la terre ; il le forma d'éléments terrestres, en retournant au ciel, il a rendu sa dépouille humaine à ces éléments. Les séleuciens et les hermiens croyaient que le corps de J. C. ne monta que jusqu'au soleil, où il est demeuré en dépôt ; ils se fondaient sur ce passage du psalmiste : *Il a placé son taber-nacle dans le soleil.* Saint Grégoire de Nazianze attribue la même opinion aux manichéens. Tertullien s'est fortement élevé contre toutes ces hérésies : *Erubescant qui adfirmant carnem in cœlis vacuam sensu ut vagivum, exemplo Christo, sedere; aut qui carnem et animam tantumdem, aut tantummodo animam, carnem verò non jam:* — L'Église célèbre la fête de l'Ascension quarante jours après Pâques ou la Résurrection; cette fête date des premiers temps du christianisme; saint Augustin dit qu'elle fut établie par les apôtres mêmes.

ASCENSION (géog.). Plusieurs îles portent ce nom. L'une est placée entre l'Afrique et le Brésil, vers les 7° 55′ 29″ de latitude sud, et les 16° 43′ 32″ de longitude occid. Elle fut découverte en 1508, par Tristan de Acugna, le jour de l'As-cension. Le manque total d'eau et la mauvaise qualité du terrain ont très-longtemps empêché d'y faire aucun établis-sement. En 1815, les Anglais y placèrent vingt-cinq hommes sous les ordres d'un lieutenant. Ce nombre est aujourd'hui quadruple. On y a ouvert deux routes dont l'une aboutit du port à la montagne Verte, et l'autre à la source de Dampier, la seule qui existe dans l'île. On y a creusé quelques citernes ou réservoirs pour y conserver les eaux pluviales. La source fut découverte en 1701 par Dampier, qui perdit son vaisseau près de cette île, et qui parvint à s'y réfugier avec son équi-page. *Green-Mountain* offre quelque verdure et donne des fruits et des légumes, grâce à la patiente industrie des colons. Mais, ce poste excepté, tout le reste de l'île est d'une com-plète stérilité : on n'y voit que des roches noires et rouges, entièrement décharnées et brûlées par l'action des volcans. Les tortues de mer abondent sur la côte; elles forment la prin-cipale nourriture des habitants. Les navires qui relâchent à l'Ascension y prennent quelques tortues qui se vendent 60 francs ou 12 piastres. — Il y a une seconde île de l'Ascen-sion dans le golfe de Saint-Laurent, à cinquante lieues du cap Bréton, vers le nord-ouest, à quinze lieues du continent. Le sol est de craie blanche, mais sur la côte on voit quelques arbres.

ASCENSIONS AÉROSTATIQUES (*V.* AÉROSTAT, BALLON).

ASCÈTES, de ἀσκητής, dérivé de ἀσκέω, s'exercer à un tra-vail; nom qu'on appliquait en général à tous ceux qui se consacraient plus particulièrement à des exercices de piété, qui embrassaient un genre de vie très-austère, et travaillaient plus efficacement que le commun des hommes à se procurer les vertus chrétiennes. Avant l'ère chrétienne, les juifs eurent leurs ascètes : c'étaient les esséniens et les pharisiens, qui se piquaient de rigorisme. Les païens eux-mêmes en purent compter parmi leurs philosophes. Les pythagoriciens et les stoïciens étaient de véritables ascètes. Ceux qu'on désignait ainsi chez les premiers chrétiens se distinguaient du vulgaire par l'austérité de leurs mœurs et leur frugalité extrême. Quand la vie monastique eut été mise en honneur dans l'O-rient, on donna aux moines la qualification d'*ascètes,* prin-cipalement à ceux qui allèrent peupler les déserts de Scéthé ou ceux de la Thébaïde. Aussi appela-t-on les monastères *asceteria.* Plus tard ce nom d'*ascètes* sembla réservé pour certains établissements créés par l'empereur Anastase et con-firmés par Justinien (*nov.* 13), dans lesquels étaient réunis des moniales et des acolytes, dont les fonctions consistaient à donner la sépulture aux morts. Plus tard les Grecs don-nèrent le nom d'*ascètes* à tous les moines, cénobites ou ana-chorètes; mais il est certain que dans les premiers temps, *ascète* et *moine* n'étaient pas des mots synonymes, car, ainsi que le remarquent le père Pagi, et M. de Valois dans ses notes sur Eusèbe, il y a toujours eu des ascètes dans l'Église, tandis qu'il n'y a eu de moines que dans le viº siècle. Les ascètes, d'ailleurs, vivaient dans les villes sans être astreints à d'au-tres règles qu'aux lois générales de l'Église; les moines, au contraire, vivaient dans la solitude, assujettis aux statuts des fondateurs. « La vie ascétique, dit Fleury, consistait à pra-tiquer volontairement tous les exercices de la pénitence. Les ascètes s'enfermaient d'ordinaire dans des maisons où ils vi-vaient en grande retraite, gardant la continence, et ajoutant à la frugalité chrétienne des abstinences et des jeûnes ex-traordinaires. Ils pratiquaient la *xérophagie* ou nourriture sèche, et les jeûnes renforcés de deux ou trois jours de suite, ou plus longs encore. Ils s'exerçaient à porter le silice, à mar-cher nu-pieds, à dormir sur la terre, à veiller une grande partie de la nuit, à lire assidûment l'Écriture sainte, et prier le plus continuellement qu'il était possible : telle était la vie ascétique. De grands évêques et de fameux docteurs, entre

autres Origène, l'avaient menée. » — Mosheim, dans son *His-toire ecclésiastique,* trouve dans l'ascétisme l'origine de la vie monacale, et il a raison; mais lorsqu'il ajoute que « telle a été l'origine de cette multitude de vœux et de cérémonies austères *et superstitieuses,* qui ternissent la beauté et la sim-plicité de la religion chrétienne; comme aussi du célibat des prêtres, de ces mortifications et *de ces pénitences infruc-tueuses,* et de ces essaims innombrables de moines qui privent la société *de leurs talents et de leur travail pour acquérir une perfection imaginaire,* » n'est-on pas fondé à lui dire que, s'il avait pris la peine d'examiner sans prévention la chose dont il parlait, il se serait gardé soigneusement de ces vaines déclamations. Les philosophes modernes, dont la tactique fut toujours d'accuser sans preuves, de dénaturer les faits, et d'envelopper la vérité de nuages, ne se sont pas montrés moins injustes envers les ascètes. Cependant, quand Jésus-Christ sur la terre a pratiqué le jeûne, la pénitence, le déta-chement des choses de la terre; qu'il s'est montré humble, satisfait de sa pauvreté; qu'il a spécialement recommandé la prière, et prié lui-même avec ferveur, ne sont-ce pas des le-çons qu'il a voulu donner aux hommes; et quand, après lui, l'Apôtre a vanté la vie austère et pénitente des prophètes, et de ceux qui, pour dompter leurs passions, mortifiaient leur chair, sera-ce à nous, plongés dans les délices du monde, à jeter le blâme sur ces hommes pieux, en qui vivait encore l'impression récente de la parole divine? Mais citer aux phi-losophes l'autorité de Jésus-Christ et de son Église, autorité qu'ils se font gloire de méconnaître, c'est pour ainsi dire les provoquer à la moquerie, au sarcasme, à l'insulte. A ces or-gueilleux discoureurs, qui pour arbitre de leurs opinions n'admettent que la raison humaine, cette raison qui, depuis tant de siècles, a fait tant de fameux naufrages, opposons les armes qu'ils emploient; invoquons aussi la raison, mais la raison éclairée par l'expérience. Nous demanderons d'abord si, pour le bonheur des sociétés, il faut permettre aux hommes de se livrer à toutes leurs passions, ou s'il faut au contraire les engager à les modérer et à les vaincre; si les passions sans frein ne conduisent pas à l'anarchie dans la famille et suc-cessivement dans l'État; si les passions non retenues n'ont pas tous les vices pour escorte. Nous demanderons ensuite quelles furent, sur ce point, les opinions et les doctrines de Pythagore, de Zénon, de Platon, de tous les philosophes païens, de cet Épictète, dont la devise fut : *S'abstenir et souf-frir.* Tous furent convaincus que la sagesse des hommes fait le bonheur de la société, et que les hommes ne sont vraiment sages que lorsqu'ils peuvent surmonter leurs passions. Or, est-ce en s'y abandonnant qu'on apprend à les vaincre? Entre le cœur où les sens et la raison, le combat est rude et pé-rilleux pour cette dernière. Veut-on qu'elle triomphe? il faut l'aider par de pénibles efforts. Qui ne sait que plus on cède à la passion, plus elle devient impérieuse; que plus on la combat, plus elle s'affaiblit. S'abstenir et souffrir, c'est le moyen de vaincre. Les philosophes ne récuseront pas cette sentence d'un philosophe. Que faisaient les ascètes? qu'ont fait après eux les religieux, objet de si violentes déclama-tions? Les ascètes s'abstenaient et souffraient; ils sacrifiaient la chair, comme dit saint Paul aux Galates, afin de crucifier avec elle leurs vices et leurs affections mondaines; ils es-sayaient de suivre, autant que cela leur était donné, les exem-ples sublimes qu'avait laissés après lui le divin fondateur du christianisme; ils tâchaient d'abattre leurs sens pour que leur esprit s'élevât plus facilement vers Dieu par la prière; ils tendaient de toutes leurs forces à la perfection. — Les moines, venus après eux, qu'ont-ils fait à leur tour? Ils ont marché courageusement dans les voies du salut; ils y ont fait entrer les autres par leurs prédications ou leurs exemples; ils ont défriché des terres jusque-là incultes et stériles; ils ont nourri autour de leurs paisibles retraites un grand nombre d'hommes et de familles fuyant la misère et la servitude; ils ont conservé comme le feu sacré la morale de l'Évangile; ils ont combattu l'hérésie par leurs actions; plus tard ils ont sauvé les sciences, les lettres, la philosophie elle-même de l'invasion des barbares; ils sont allés, au péril de leur vie, répandre jusqu'aux extrémités de la terre les consolations de la religion et la foi chrétienne; ils ont prié pour eux et pour les autres. Pour ceux qu'ils accusaient de *superstition,* de *pénitences infructueuses* et de *paresse coupable.* — Si dans quelque occasion on a pu reprocher à des corps monastiques de s'être relâchés dans leurs mœurs, de s'être trop occupés d'intérêts terrestres, c'est d'abord parce qu'il n'est pas donné à l'homme d'être parfait; c'est surtout parce qu'ils se sont écartés des principes de leur institution. N'accusez donc point l'institution; prenez-vous-en à la faiblesse humaine; sans cela, censeurs injustes et téméraires, vous prononceriez contre vous-mêmes la sentence de condamnation que vous voulez faire peser sur les autres (*V.* VIE MONASTIQUE, CONTEMPLATION). — On nomme *ascétiques* les livres de morale religieuse et d'exercices spirituels, et en général tout ce qui se rapporte à ces exercices.

ASCHAFFENBOURG. (*géogr.*), petite ville de l'ancienne Franconie, aujourd'hui cercle bavarois du Bas-Mein, chef-lieu d'une principauté. Cette ville a dépendu longtemps de l'électeur de Mayence; en 1806, elle fit partie du grand-duché de Francfort, et en 1814 elle fut cédée au roi de Bavière. Le château jouit d'une belle position, la ville possède quelques établissements d'instruction publique. Une diète, réunie en 1447 dans Aschaffenbourg, s'occupa de régler quelques droits que l'Eglise allemande prétendait faire valoir contre le saint-siége. Le traité fut conclu à Vienne, mais on lui donna le nom de *concordat d'Aschaffenbourg.*

ASCHAM (ROGER) (*biogr.*), né dans le voisinage d'York, vers l'an 1515, fut secrétaire d'Elisabeth pour la langue latine. Il mourut à Londres âgé de cinquante-trois ans. On a de lui, *le Maître d'école* en anglais, des *Lettres latines*, imprimées à Oxford en 1703, *De rebus in Germaniâ gestis.* — Il ne faut le confondre avec Antoine Ascham, qui fut membre du long parlement après le meurtre de Charles I.er, et ambassadeur en Espagne. Des Anglais réfugiés le tuèrent en 1650. Il avait publié un ouvrage intitulé *Révolutions du gouvernement*, 1649, in-8°.

ASCHAM (*géog.*) (*V.* ASSAM).

ASCHARI, célèbre docteur musulman, chef de la secte des aschariens, qui ont pour adversaires les disciples de Hanbal. Ceux-ci prétendent que Dieu n'agit que par des volontés particulières, et pour l'avantage de chaque créature; ceux-là soutiennent que Dieu agit d'après les règles générales qu'il a établies, laissant les hommes libres de suivre la voix de leur conscience ou la voix du démon : c'est à peu près la question du libre arbitre. Les hanbalites soutiennent de plus que les actions des hommes sont prévues, et qu'elles arrivent d'après les lois particulières faites pour chaque individu; les aschariens disent, au contraire, que Dieu n'a pas voulu contraindre l'homme dans ses actions, et qu'il l'a laissé maître de sa volonté, afin de le traiter ensuite selon ce qu'il aura mérité par obéissance ou par rébellion. — La doctrine d'Aschari, quoique réputée orthodoxe, est peu goûtée des musulmans, qui ont toujours montré la plus grande sympathie pour celle du fatalisme.

ASCHENBRENNER (BÈDE), abbé du couvent de bénédictins d'Oberalteich, né en mars 1756 dans une petite ville de la Bavière inférieure, entra de bonne heure dans l'enseignement, et devint professeur de rhétorique, de philosophie, de droit canon et d'histoire ecclésiastique dans l'université d'Ingolstadt et en d'autres lieux; on le nomma plus tard conseiller ecclésiastique de l'électeur et membre du conseil de justice. Aschenbrenner éprouva plus d'une contrariété : on l'accusa de prêcher la tolérance excessive, et qu'on affectait de regarder comme de l'indifférence en matière religieuse. Lorsqu'il fut devenu abbé, il subit des vexations d'un autre genre : son monastère et son église furent souvent dévastés et dépouillés, et en 1803 il se vit contraint de s'en éloigner. Après avoir souvent changé de résidence, il alla s'établir, en 1808, dans la ville d'Ingolstadt, qu'il avait déjà habitée. Il y mourut en juin 1817, dans sa soixante-deuxième année. Il travailla sur la fin de ses jours à deux journaux littéraires, auxquels il fournit de bons articles sur le droit canonique et sur l'histoire de l'Eglise.

ASCHMÉDAI (*V.* ASMODÉE).

ASCHMIN ou AKMIN (*géog.*). sur la rive droite du Nil, dans la haute Egypte, l'ancienne Πέμμις ou Pannopolis des Grecs; où l'on adorait le dieu Pan. On y voit encore un grand édifice enfoui presque en entier dans le sable; c'est le berba fameux dont parle Aboulféda. Pockoke y a remarqué un bloc énorme de pierre qu'il croit avoir fait partie de ce temple, qui, d'après les bas-reliefs d'une des faces de cette pierre, lui a semblé consacré au soleil. Macrisy, qui décrit cette ville, parle d'une coutume singulière qu'on y observait encore de son temps. Tous les ans, le jour des Rameaux, tous les prêtres chrétiens se réunissaient, et pendant que quelques-uns célébraient l'office divin, les autres se rendaient processionnellement chez le cadi, qu'ils encensaient en chantant des antiennes.

ASCHMOUNEIN (*géog.*), bourgade d'Egypte construite sur les débris de la grande Hermopolis des Latins et des Grecs, ou ville de Mercure. On y voit encore sur une éminence un très-beau portique, auquel on n'arrive qu'à travers des monceaux de ruines. Le diamètre des colonnes est de 9 pieds; leur élévation, la base comprise, est d'environ 50. L'architrave est composée de cinq dalles de 22 pieds de long; les pierres de la corniche étaient de plus grande dimension encore; celle qui reste a 34 pieds. Toutes ces pierres sont d'un grès extrêmement fin, aussi beau que le marbre. Elles ne sont liées entre elles par aucun ciment; elles ne s'ajustent que par le poli de leurs parois. Sur diverses parties de ce portique on remarque des globes ailés, comme on en voit presque toujours sur tous les monuments égyptiens. Les Cophtes attribuent la fondation d'Hermopolis à Ischmoun, fils de Mizraïm. — Quant à la ville moderne, il paraît qu'elle fut assez considérable dans les premiers temps de l'hégire. Elle avait conservé un château qui existait déjà au temps de Strabon. On en exportait des dattes et des grains, des chevaux, des mulets et des ânes.

ASCHRION, médecin de Pergame, qui, dit-on, fut maître de Galien. Celui-ci en parle comme d'un habile praticien.

ASCIDIE (*zool.*), famille de mollusques acéphales, du deuxième ordre de Cuvier, dits *acéphales sans coquille* (*V.* BIPHORE et BOTRYLLE). Ces animaux, que les anciens nommaient *thétyon*, et que Linné avait placés dans la classe des zoophytes, ont reçu le nom qu'ils portent de leur forme assez singulière; il dérive de ἀσκός, outre, et de εἶδος, forme. Tout leur corps en effet est contenu dans une enveloppe fermée de toutes parts comme une outre. Savigny a partagé l'ascidie en quatre genres, *boltenia, cynthia, phallusia* et *clavellia.* (*V.* ces mots).

ASCIENS. Ce nom, composé d'α privatif et de σκία, ombre, sert à désigner les habitants de certaines parties du globe, qui à midi n'ont point d'ombre, parce qu'à cette heure le soleil passe perpendiculairement sur leur tête. Tels sont ceux qui habitent entre les deux tropiques. Cela leur arrive deux fois chaque année, parce que le soleil passe deux fois au-dessus d'eux en allant vers le tropique et à son retour. Quant à ceux qui habitent sous les tropiques mêmes, ils ne sont asciens qu'une fois. (*V.* ANTISCIENS et PÉRISCIENS.)

ASCIOR, ASOR, ASUR ou HASUR (*musiq. anc.*). C'était un instrument des Hébreux à dix cordes, le même que la cithare, suivant Kircher et Dom Calmet. Ce dernier ajoute que dans le *Commentaire sur les Psaumes* attribué à saint Jérôme, la cithare est nommée n'ayant que six cordes, et que dans l'*Epître à Dardanus*, aussi attribuée à saint Jérôme, on suppose qu'elle en a vingt-quatre. Dom Calmet représente l'ascior sous la forme de la harpe commune. Kircher en donne une figure différente; il l'a tirée d'un ancien manuscrit du Vatican, où elle se trouvait avec les figures du kinnor, du nebel, du machul et du minnien (*V.* ces mots). Tous ces instruments, au surplus, se ressemblaient assez; ce qui peut faire croire que Kircher a rencontré plus juste que Don Calmet dans la description de l'ascior ou hasur. — On jouait de cet instrument soit en le pinçant avec les doigts, soit en touchant les cordes avec le plectrum.

ASCITE, s. f. (*médec.*), de ἀσκός, outre. C'est le nom que les anciens médecins donnaient autrefois à toutes les hydropisies du ventre, dans lesquelles cet organe est enflé comme une outre pleine d'eau. Les modernes en ont restreint la signification aux hydropisies abdominales, consistant en un amas de sérosité dans la cavité du péritoine. Cette maladie a aussi reçu le nom d'*hydro-gastre* ou *hydro-abdomen* (*V.* HYDRO-GASTRE). Pour les autres hydropisies, telles que les enkystées et celles qui affectent certains organes abdominaux, voyez le mot HYDROPISIE.

ASCITES, hordes d'Arabes qui traversaient les rivières sur des outres qu'ils liaient deux à deux. Ptolémée, qui les nomme *Aschitay*, dit qu'ils se servaient du même moyen pour aller pirater sur les côtes. — On désignait aussi, par le nom d'*ascites*, des hérétiques du IIe siècle de la secte des montanistes (*V.* ce mot). On les appela *ascites* parce qu'ils introduisirent dans leurs assemblées une espèce de bacchanales, qui consistaient en danses autour d'une outre, en disant : Nous sommes ces vases remplis de vin nouveau dont Jésus-Christ a parlé dans l'Evangile.

ASCLÉPIADE, vers en usage dans la poésie grecque et latine, inventés, dit-on, par le poëte Asclépiade, dont on ne sait absolument rien, si ce n'est qu'il fut l'inventeur de ce mètre; il se compose d'un spondée, de deux choriambes et d'un pyrrhique. On sait que le spondée a deux longues, le pyrrhique deux brèves, et que le choriambe, de quatre pieds, se forme de deux brèves placées entre deux longues; mais plus communément, au lieu de scander ainsi :

Mœce | nas atavis | edite re | gibus,

on scande de la manière suivante, par un spondée et un dactyle, suivis d'une césure longue et de deux dactyles :

Mœce | nas ata | vis | edite | regibus.

ASCLÉPIADES. Les anciens désignèrent par ce nom les descendants d'Esculape (*asclepios*), qui, divisés en plusieurs branches, se répandirent par toutes les contrées du monde connu pour y exercer la médecine (*V.* MACHAON, PODALYRE). Ils élevèrent des temples à leur aïeul, et fondèrent une corporation de prêtres sous le nom d'*asclépiades*, chargés de desservir les autels du nouveau dieu, et en même temps de procurer aux hommes leur guérison. Ils établirent un grand nombre d'écoles à Cos, à Rhodes, à Epidaure, à Cnide, etc. Dans les premiers temps nul ne pouvait être admis parmi les asclépiades s'il n'était de la famille d'Esculape; plus tard ils reçurent des étrangers de qui on exigeait les plus terribles serments qu'ils ne révéleraient pas les mystères du temple. L'art de guérir formait le premier de ces mystères, et c'était seulement dans l'enceinte sacrée qu'au milieu des préparatifs les plus propres à frapper l'imagination des malades ceux-ci recevaient les remèdes qui les rendaient à la santé, ou qu'ils étaient déclarés incurables. — Pythagore, qui se vantait d'être le dix-septième descendant d'Esculape, fit servir sa philosophie à la propagation de la médecine : Hippocrate et ses disciples consommèrent la révolution que Pythagore avait commencée, et la médecine mystérieuse des asclépiades disparut de la Grèce et de l'Asie Mineure. — Comme les asclépiades, dès les premiers temps, étudièrent les symptômes et la marche des maladies, ils avaient reçu ou pris le titre de *cliniques*, pour se distinguer des *empiriques* qui exerçaient sur les places et dans les marchés.

ASCLÉPIADE, de Pruse, contemporain de Pompée et de Cicéron, se rendit à Rome, où il professa d'abord la rhétorique, qu'il abandonna bientôt pour la médecine. Plus heureux qu'Archagathus (*V.* ce nom), qui, avec beaucoup de talent, n'obtint que des demi-succès, il fonda une école fameuse dans la ville qui l'avait adopté. Ce qui contribua, dit-on, à lui faire très-promptement une grande réputation, ce fut d'avoir reconnu, en voyant passer un convoi funèbre, que le prétendu mort vivait encore, et de lui rendre la vie par de prompts secours, au grand étonnement de tous les assistants et malgré l'opposition plus qu'intéressée des héritiers. Mais ce fait paraît un peu suspect, quand on le retrouve attribué, par plusieurs historiens arabes, à un habile médecin de Cordoue nommé Rhasez, contemporain d'Abderrahman le Grand. Quoi qu'il en soit, si Asclépiade montra plusieurs fois du talent, il ne fut pas tout à fait exempt de charlatanisme; car il se disait si certain de l'efficacité de ses remèdes, qu'il offrait à tout venant de parier qu'il ne mourrait point de maladie. L'événement du reste justifia ses prévisions ou ses espérances, car il mourut dans un âge très-avancé, et ce ne fut point de maladie, à ce qu'on dit, mais des suites d'une chute. Asclépiade avait écrit un grand nombre d'ouvrages : aucun ne nous est parvenu.

ASCLÉPIADE, philosophe pythagoricien, natif de Phsiose, ville du Péloponèse, disciple de Stilpon de Mégare, se lia d'une amitié très-étroite avec Ménédème, qui lui rendit affection pour affection; mais ils étaient l'un et l'autre si pauvres que, pour se procurer une chétive nourriture, ils servaient de manœuvres à des maçons; ils employaient à l'étude une partie de la nuit. Ils avaient d'abord formé le dessein de vivre dans le célibat; mais Asclépiade ayant épousé une jeune fille, Ménédème épousa la mère de la femme de son ami, afin de ne pas se séparer de lui. Asclépiade mourut aveugle, dans un âge très-avancé, vers l'an 320 avant J. C.

ASCLÉPIADE, médecin (qu'il ne faut pas confondre avec Asclépiade de Pruse, quoiqu'il fût originaire du même pays), ayant été affranchi par un certain Calpurnius, s'adonna tout entier à la médecine, et il acquit beaucoup de célébrité. Il vécut sous Trajan, Adrien et Antonin. — Il y a eu plusieurs autres personnages du nom d'Asclépiade : un historien grec, contemporain de Ptolémée Epiphane, auquel on attribue une *Histoire de Bithynie*, une *Histoire d'Alexandre*, et un *Traité des illustres grammairiens*; un patriarche d'Alexandrie, successeur de saint Sérapion, vers l'an 211 de J. C., mort en 217, etc.

ASCLÉPIADE (*botan.*), genre de plantes à fleurs monopétales, de la famille des apocynées (*V.* APOCYNÉES, DOMPTE-VENIN).

ASCLÉPIES, s. f. pl. (*antiq.*). C'étaient des fêtes qu'on célébrait dans plusieurs lieux de la Grèce en l'honneur d'Esculape : on y distribuait des prix d'éloquence et de musique. Les grandes asclépies (*mégalasclépies*) avaient lieu tous les ans à Epidaure.

ASCODRUTES ou **ASCODRUPITES**, hérétiques du IIe siècle qui rejetaient l'usage des sacrements sur le motif que des choses incorporelles ne pouvaient être communiquées par des choses corporelles, ni les mystères divins représentés par des objets visibles. Ils faisaient consister la *rédemption parfaite* dans ce qu'ils appelaient la *connaissance*, c'est-à-dire l'intelligence des mystères interprétés à leur gré : ils rejetaient le baptême. Ils avaient adopté en partie les opinions des *valentiniens* et des *marcusiens* (*V.* ces deux mots).

ASCOLIES, s. f. pl. (*hist. anc.*); fête que les paysans de l'Attique célébraient en l'honneur de Bacchus. Ils commençaient par sacrifier un bouc, parce que cet animal broute les bourgeons de la vigne; ensuite ils écorchaient la victime, et faisaient de sa peau une outre qu'ils emplissaient de vin. Cela fait, ils sautaient à cloche-pied sur l'outre qu'ils enduisaient pré lablement à l'extérieur de matières onctueuses, pour qu'elle fût très-glissante, ce qui occasionnait de fréquentes chutes. Virgile a décrit ces fêtes dans ses *Géorgiques*, liv. II. Celui des sauteurs assez adroit pour se tenir sur l'outre gagnait le vin dont elle était pleine.

ASCONIUS PEDIANUS, fameux grammairien de Padoue, vivait au temps de Néron et de Vespasien, suivant l'opinion de ceux qui n'admettent qu'un seul personnage de ce nom. D'autres pensent qu'il y a eu deux Asconius : ils font vivre le premier sous Auguste, et le donnent pour ami à Virgile; ils placent le second sous Vespasien. Quoi qu'il en soit, on sait qu'Asconius Pedianus a composé sur les oraisons de Cicéron des commentaires sous le titre d'*Enarrationes*, dont il ne reste que quelques fragments. Ces commentaires, à n'en juger que par ces fragments, seraient extrêmement précieux pour l'intelligence complète du texte. On dit qu'il avait aussi composé une vie de Salluste, et des commentaires sur Virgile; mais c'est à tort qu'on lui attribue un ouvrage assez médiocre intitulé : *Origo gentis romanæ*. Les fragments d'Asconius se trouvent dans l'édition de Cicéron de Gronovius, publiée en 1692, 2 vol. in-4°.

ASCRA (*géog.*), bourg de la Béotie, en Grèce, près du mont Hélicon. Ce bourg serait totalement oublié aujourd'hui si l'on ne savait qu'il fut la patrie d'Hésiode.

ASDRUBAL, nom commun à un grand nombre de généraux carthaginois. Le premier dont il est fait mention dans l'histoire était fils de Magon, auquel il succéda. Ce fut lui qui dirigea la première expédition des Carthaginois contre la Sardaigne. Il y reçut une blessure dont il mourut, l'an 420 av. J. C. Il laissa le commandement à son frère Amilcar. — Un fils d'Asdrubal, du même nom que lui, fit la guerre aux Numides, et il les obligea, par ses victoires, à renoncer au tribut que les Carthaginois avaient promis de leur payer, quand ils s'établirent sur la côte africaine, pour prix de la cession du terrain sur lequel ils bâtirent leur ville. — ASDRUBAL, fils d'Hannon, envoyé en Sicile pour en chasser les Romains, fut complétement défait par le proconsul Metellus, l'an 251 av. J. C. Les Carthaginois le punirent par le supplice d'avoir été malheureux. — ASDRUBAL, gendre d'Amilcar, fit la guerre aux Numides avec succès, prit le commandement suprême à la mort de son beau-père, passa immédiatement en Espagne, soumit cette contrée, et gouverna pendant huit ans avec beaucoup de sagesse et de modération. Il bâtit Carthagène (*Carthago nova*). Les Romains, qui le craignaient, firent un traité avec les Carthaginois. Il fut stipulé qu'Asdrubal ne s'étendrait pas au delà de l'Ibère (l'Ebre), et Asdrubal observa fidèlement le traité. Il fut assassiné peu de temps après (22 av. J. C.), par un esclave dont il avait fait périr le maître. —Asdrubal Barca, beau-frère du précédent et fils d'Amilcar Barca, amena des renforts considérables à son frère Annibal qui se trouvait en Italie. Il franchit rapidement les Alpes; mais les consuls Livius Salinator et Claudius Néron ayant intercepté les lettres d'Asdrubal à son frère, marchèrent à sa rencontre, et le défirent complétement. On dit que les Carthaginois perdirent plus de cinquante-cinq mille hommes sans compter six mille prisonniers environ. Asdrubal fut trouvé parmi les morts; les Romains lui coupèrent la tête, et, quelques jours après, ils la jetèrent dans le camp d'Annibal. « En perdant Asdrubal, s'écria douloureusement le héros de Carthage, je perds tout mon bonheur ; Carthage, de son côté, perd son plus solide appui. — ASDRUBAL, fils de Giscon, commanda l'armée des Carthaginois en Espagne pendant qu'Annibal poursuivait le cours de ses victoires dans l'Italie. Rappelé en Afrique par le sénat, il fut vaincu par Scipion, l'an 206 av. J. C. Appien dit qu'il fut condamné à mort pour s'être laissé vaincre ; d'autres, en plus grand nombre, rapportent qu'il rentra dans Carthage, et qu'il excita si bien tous les membres du sénat à continuer la guerre, que la guerre se poursuivit avec une vigueur nouvelle. Il ne faut pas le confondre avec un autre Asdrubal qui conseilla au sénat de faire la paix avec les Romains en présence d'Annibal même. — ASDRUBAL, dernier suffète de Carthage, avait conçu contre les Romains une haine profonde, bien qu'il ne fût pas de la famille des précédents. Pendant que les Romains faisaient le siège de Carthage, il commandait une armée de vingt mille hommes avec lesquels il ne cessa de harceler les assiégeants. Trop faible néanmoins pour tenir la campagne, il se jeta dans la ville avec les troupes qui lui restaient. Quand la ville eut été prise, il se retrancha, avec les transfuges de l'armée romaine, dans le temple d'Esculape, lieu qui semblait inexpugnable. Il s'y défendit longtemps, jusqu'à ce que, vaincu par l'idée du danger ou pressé par la faim, il sortit furtivement de sa retraite pour s'aller jeter aux pieds de Scipion. Celui-ci le fit voir en cet état d'abjection aux transfuges qui, après avoir chargé d'imprécations le lâche qui les abandonnait, mirent le feu au temple. La femme d'Asdrubal, partageant l'indignation des transfuges, monta sur un lieu élevé d'où l'armée romaine pouvait l'apercevoir, et, pleine de cet héroïsme païen, trop longtemps et trop souvent vanté, elle égorgea ses deux enfants, les précipita dans les flammes, et s'y précipita vivante après eux.

ASÉDI, poëte persan (V. ASSADY).

AZEDOTH, ville de la Palestine, au pied du mont Phasga, dans la tribu de Ruben, vers le sud-est, Josué, X, v. 40.

ASÉITÉ (t. de scolast.), dérivé du latin à se. C'est un mot qui sert à exprimer la nature d'un être qui n'existe par lui-même ; Or, comme Dieu seul existe sans cause, et que tout ce qui est hors de lui n'est que par lui, il est évident que l'aséité ne saurait se dire qu'en parlant de Dieu.

ASÉKI OU ASSEKAI, nom par lequel les Turcs désignent celle des femmes de leur souverain qui a mis au monde un fils. La sultane aséki, ou sultane reine, jouit dans le sérail d'une grande autorité ; mais ce pouvoir et ses priviléges personnels, elle les perd si son fils vient à mourir. Autrefois le sultan donnait solennellement à l'aséki le titre d'épouse, et lui assignait un revenu de cinq cent mille sequins (six millions de francs) ; mais cet usage, introduit par Sélim Ier, a été depuis longtemps aboli par mesure d'économie. Aujourd'hui la première des femmes qui a un fils est seule réputée légitime. Au fond, le crédit et la faveur de l'aséki dépendent tout à fait de l'art qu'elle peut employer pour obtenir sur l'esprit du despote un ascendant durable.

ASELLE, dame romaine qui vécut dans le IVe siècle, et mourut vers l'an 404. Il paraît que dès qu'elle eut atteint sa dixième année, elle se consacra au service de Dieu ; elle passa toute sa vie dans un monastère. Saint Jérôme a parlé d'elle avec éloge dans son épître XV adressée à Marcella. Le martyrologe romain en fait mention au 6 décembre.

ASELLE (hist. nat.), genre d'insectes de la famille des oniscus de Linné. C'est aussi le nom d'une étoile du signe de l'écrevisse.

ASELLI (GASPARD), médecin de Crémone, où il était né en 1581, professeur d'anatomie à Pavie en 1620, mort en 1626, s'est immortalisé par sa découverte des vaisseaux lactés dans le mésentère. Il publia son traité De lactibus, seu de lacteis venis quarto vasorum mesaraicorum genere, à Milan, l'année même de sa mort. Cet ouvrage fut réimprimé à Bâle, in-4°, l'année suivante, et à Leyde en 1645.

ASENAPHAR, roi d'Assyrie, qui envoya les Cuthéens dans la partie de la Judée que possédaient les dix tribus. Suivant la plupart des historiens, c'est le même qu'Asurhaddon (V. ce mot).

ASENETH, fille de Putiphar, et épouse de Joseph. Elle devint mère d'Ephraïm et de Manassé. Saint Jérôme, et quelques écrivains modernes qui l'ont suivi, croient que Putiphar, père d'Aseneth, est le même personnage que l'ancien maître de Joseph ; le plus grand nombre des commentateurs pensent au contraire que le beau-père de Joseph était un prêtre d'Héliopolis.

ASER, fils de Jacob et de Zelpha, servante de Lia, chef d'une des douze tribus. Il eut quatre fils et une fille, et vécut 126 ans. Le pays qui échut à ses enfants se trouvait entre le mont Liban et le mont Carmel, la Méditerranée et la tribu de Nephtali (V. TRIBUS [les douze]). — Aser est aussi le nom d'une petite ville de l'Arabie, sur le golfe de Bassora ; elle a un petit port assez commode ; mais elle est située dans un pays si stérile, que les habitants n'y vivent guère que de poisson. Les Portugais y avaient autrefois un consul.

ASES (mythol. scand.); race divine venue de l'Asie sous la conduite de Sigge. Elle pénétra, jusqu'aux extrémités de l'Europe septentrionale, à travers l'Allemagne et la Russie. Son chef alla établir en Suède le siége de son empire sous le nom d'Odin (V. ODIN), et il institua une caste sacerdotale. Tous les dieux scandinaves appartiennent à cette race, et ils habitent au ciel, qui a pris d'eux le nom d'Asgard, ou séjour des Ases.

ASGARD, ville célèbre des ases ou dieux scandinaves. On y allait de la terre par un grand pont qu'on croit être l'arc-en-ciel ou l'aurore boréale. La vallée d'Ida s'étendait au milieu de la ville. Dans cette vallée, s'élevait un palais d'or, séjour d'Odin. Autour du trône d'Odin, étaient rangés douze siéges destinés aux douze juges chargés de statuer sur les querelles des hommes. Il y avait un second palais, séjour des déesses. Cette ville fantastique était située sous le frêne Ydrasil, le plus bel arbre du monde. Les branches de cet arbre merveilleux s'élevaient au-dessus du ciel, et couvraient de leur ombre tout l'univers. Sous ses immenses racines étaient des fontaines merveilleuses, dont les eaux donnaient la sagesse. Elles servaient aussi à arroser l'arbre, à former la rosée, etc. Quand la fin du monde arrivera, la ville d'Asgard deviendra le séjour des hommes vertueux.

ASFELD (CLAUDE-FRANÇOIS-BIDAL, Marquis D'), lieutenant général au service de France, en 1704. Il fut envoyé en cette qualité en Espagne, où il contribua au gain de la bataille d'Almanza (1707), qui assura la couronne sur le front de Philippe V. En 1715, pour prix de ses services, il reçut l'ordre de la Toison d'or, et fut nommé directeur général des fortifications et conseiller aux conseils de guerre de la marine. En 1734, après la mort du maréchal de Berwick, tué devant Philisbourg, il obtint le commandement en chef de l'armée d'Allemagne, et le bâton de maréchal de France. Le roi d'Espagne l'avait autorisé à écarteler ses armes de celles du royaume de Valence, avec cette devise : Bellicæ virtutis in Hispaniâ præmium. Il mourut à Paris en 1743. — Un parent du marquis d'Asfeld, né en 1664, et mort à Paris en 1745, avait embrassé l'état ecclésiastique ; il était devenu abbé de La Vieuville en 1682, et docteur de Sorbonne dix ans plus tard. On lui a attribué plusieurs ouvrages, parmi lesquels on ne regarde comme véritablement de lui que la préface du livre intitulé : Règles pour l'intelligence des saintes Ecritures, les tomes IV, V et VI de l'Explication d'Isaïe, et l'Explication des Rois et des Paralipomènes. Il fut violemment soupçonné de jansénisme ; toutefois il s'éleva fortement contre les convulsionnaires. Ses conférences à la paroisse de Saint-Roch, à Paris, lui avaient fait de la réputation. Son style est pur et correct, mais froid.

ASGILL (JEAN), avocat et publiciste anglais, fut élu membre du parlement d'Irlande vers la fin du XVIIe siècle ; mais un ouvrage qu'il publia, et dans lequel il prétendait que l'homme peut être transporté à la vie éternelle sans passer par la mort, l'en fit exclure peu de temps après sa nomination. Il en fut de même en Angleterre : il fut expulsé de la chambre des communes pour le même motif. Plus tard, il fut emprisonné pour dettes, et il mourut centenaire, dans la prison du Banc-du-Roi, après trente années de détention, en 1738. Il a laissé, outre l'ouvrage qui le fit condamner comme impie, 1° un Essai sur la création d'une monnaie autre que l'or et l'argent ; 2° un Essai sur un registre pour les titres de terres ; 3° un traité De jure divino, ayant pour but de prouver que le trône d'Angleterre appartient de droit divin à la maison de Hanovre.

ASHANTIS (pays ou royaume des) (géog.). Cette contrée est située dans la Guinée, et s'étend du 5° 50' au 8° de latit. N., et du 3° de long. E. au 5° 40'. C'est par la relation de Bowdich (Mission from cape coast castle to Ashantees ; Londres, 1819), et par celle de Joseph Dupuis (Journal of residence in Ashantees ; Londres, 1826), que ce pays a commencé d'être connu ; car, bien qu'il en soit question dans les lettres de Bosman, gouverneur hollandais de Saint-George de la Mina, publiées en 1721, on n'y trouve aucun détail ni sur le pays ni sur les habitants. Le royaume

d'Ashantie n'a été fondé que vers le commencement du XVIIIe
siècle, et si, comme l'assure Dupuis, le roi ashanti a pour
tributaires ou vassaux une vingtaine de rois voisins, le
royaume entier offre une grande étendue de terrain. Il fait
partie du Wangarah, et se compose presque en entier de
plaines couvertes de bois impénétrables. On n'y voit ni hautes montagnes ni grandes rivières. Le sol produit peu, mais
on y recueille de l'or en paillettes. — Depuis quinze ans environ, tous les petits Etats de la côte se sont soustraits à la
domination du souverain ashanti, et ils se sont placés sous la
protection des forts anglais. — Les Ashantis sont noirs, mais
ils diffèrent beaucoup des nègres par les proportions de leur
corps, et surtout par les traits du visage. Ils ont presque tous
le visage ovale, la bouche moyenne et le nez aquilin. Leurs
cheveux sont longs et frisés; ils sont, il est vrai, dans l'usage
de les couper, mais ils ne les ont pas laineux comme les races
nègres. Leur langue est fort peu connue; elle a, ce semble,
beaucoup de voyelles, et paraît harmonieuse et douce. Ils ne
connaissent pas l'écriture; aussi ne savent-ils leur histoire
que par tradition. — Les Ashantis sont belliqueux et braves,
mais ils paraissent avoir un instinct de férocité qui les porte
au carnage. Le sang coule abondamment dans leurs batailles;
il coule aussi dans leurs fêtes publiques, de même que dans
les cérémonies funèbres et religieuses. C'est par centaines ou
même par milliers qu'on compte les victimes. Le résident anglais Hutchison assure que, durant son séjour à Commassie,
capitale du royaume, les fêtes donnèrent lieu à un véritable
massacre qui se prolongea durant quinze ou seize nuits:
c'était la nuit qu'on attendait pour égorger les victimes désignées par le caprice du souverain ou même par le hasard. —
Le roi jouit d'un pouvoir absolu; il a droit de vie et de mort
sur tous ses sujets. Toutefois, dans les occasions importantes,
il consulte un conseil d'Etat composé des grands du pays. —
La religion du pays est la même que celle des nègres en
général, c'est-à-dire l'idolâtrie et le culte des fétiches. Les
maisons sont construites en pieux et en claies d'osier, recouvertes d'un enduit de terre; des branches de bambou et des
feuilles de palmier forment la toiture. Les maisons des riches
ont un avant-corps ou vestibule extérieur. Quelques lambeaux
d'étoffe roulés autour du corps composent le costume des
hommes et des femmes; mais chacun se charge d'autant de
bijoux d'or qu'il peut s'en procurer. Ils se nourrissent de gibier et d'ignames; ils ont pour boisson du vin de palmier et
de la bière de maïs. — L'ordre de succession est le même
pour le souverain et pour les sujets: c'est le frère qui hérite;
après lui, c'est le fils de la sœur; à défaut de ce dernier, c'est
le fils du défunt; et, enfin, le premier esclave. — Les Ashantis,
ainsi que nous l'avons dit, n'ont pas d'histoire; mais, d'après
leurs traditions, ils viennent du nord-est et du nord, ce qui
s'accorde assez avec l'opinion de ceux qui les croient issus des
Abyssins; mais ils ignorent à quelle époque leur migration
a eu lieu. Il ne paraît pas que la date en soit très-reculée, et
bien que le consul Dupuis veuille la faire remonter jusqu'aux
premiers temps de l'islamisme, on peut croire, avec Bosman,
qu'elle est de la fin du XVIIe siècle: ce qui est certain, c'est
que les annales historiques des Ashantis ne commencent
qu'en 1731, année où Sai Apouko, frère de Sai Touto, qui avait
conquis une partie du pays, monta sur le trône, et ajouta
quelques cantons aux conquêtes de son prédécesseur. Depuis
Sai Apouko, dont le règne fut de deux ans, jusqu'à Sai Touto,
second du nom, qui a pris le sceptre en 1800, les Ashantis
comptent quatre souverains dont les règnes ont eu peu d'éclat.
Mais ce dernier, luttant avec avantage contre les Anglais, a
déployé une puissance, un courage, un talent, qu'on ne s'attendait pas à trouver chez un prince barbare, chef d'un peuple
ignorant et sauvage, étranger à toute civilisation. Les Anglais
avaient été obligés d'accepter la paix de Sai Touto en 1817, et
successivement en 1820; mais peu de temps après ils reprirent les hostilités. Ils obtinrent d'abord quelques avantages
sur les Ashantis; le gouverneur en chef Maccarthy, excité par
ces légers succès, voulut terminer la guerre par une action
décisive. Une bataille sanglante eut lieu le 21 janvier 1824, et
après une lutte opiniâtre l'armée anglaise fut entièrement
détruite; Maccarthy lui-même y perdit la vie. Les Anglais
revinrent à la charge, et après deux années qui se passèrent
en préparatifs, ils portèrent de nouveau la guerre chez les
Ashantis, et peu s'en fallut qu'ils n'éprouvassent une seconde
défaite. Leurs fusées à la congrève, employées comme dernière ressource, jetèrent le désordre et l'épouvante parmi les
Africains. Sai Touto fit d'incroyables efforts pour rétablir le
combat; mais à la fin, blessé dangereusement lui-même,

il fut entraîné par les fuyards. Les Anglais n'osèrent toutefois
troubler sa retraite, et un nouveau traité de paix fut conclu
en 1826.

ASHMOLE (ELIE), fameux antiquaire anglais, né en 1617, se
livra de bonne heure à l'étude des lois. En 1641 il fut nommé
procureur à la *cour des plaids communs*. Bientôt après, il
abandonna cette carrière pour celle des armes, et, dévoué à la
cause royale, il entra au service avec le grade de capitaine,
qu'il conserva jusqu'à la hideuse catastrophe qui fit asseoir la
révolte sur le trône ensanglanté des Stuarts. Ashmole revint à
Londres, s'occupa d'alchimie, publia plusieurs traités sur la
pierre philosophale, reconnut la frivolité de ses recherches,
s'adonna sans relâche à l'étude de l'histoire, publia celle de
l'*Ordre de la Jarretière*; Londres, 1672, 1 vol. in-fol., fit
une riche collection d'objets rares, en fit don à l'université
d'Oxford, devint membre de la Société royale, et mourut en
1692, dans sa soixante-quinzième année.

ASIARQUE (de Asie et de ἄρχειν, commander), nom qu'on
donne à certains magistrats ou pontifes élus pour cinq ans,
et chargés de présider aux jeux sacrés qu'on célébrait dans
plusieurs villes de l'Asie Mineure, en l'honneur des dieux et
des empereurs. Cette charge donnait beaucoup d'autorité,
mais elle devenait très-onéreuse par les dépenses auxquelles
l'asiarque était entraîné, car il donnait la fête à ses dépens;
aussi fallait-il être extrêmement riche pour aspirer aux fonctions d'asiarque. L'élection de ces magistrats avait lieu de la
manière suivante: les villes choisissaient chacune, parmi les
habitants, celui qu'elles jugeaient le plus capable de remplir
la charge honorablement. Les candidats se rendaient à Ephèse,
à Pergame, ou à Smyrne. On les réduisait au nombre de dix
par la voie des suffrages. Les dix élus se présentaient au proconsul, et le proconsul proclamait l'un d'eux asiarque. Si
l'asiarque nommé venait à mourir, ou si, par un motif quelconque, il ne pouvait exercer, le second sur la liste le remplaçait, et après le second, le troisième; ainsi de suite, sans qu'il
fût nécessaire de recourir à une élection nouvelle.

ASIATICUS, sénateur romain, né à Vienne dans les Gaules, avait pris part à la conspiration de Chereas contre Caligula. Après la mort de ce dernier, il fut question de l'élever à
l'empire. Claude l'emporta sur lui, et Asiaticus dut se contenter du consulat. Mais comme il possédait de grands biens,
et notamment les magnifiques jardins de Lucullus, Messaline,
qui les regardait d'un œil d'envie, le fit accuser par Suillius
d'avoir tenté la fidélité des soldats pour renverser l'empereur.
Asiaticus se lava sans peine d'une accusation qui n'avait
point de fondement; mais au moment où l'on délibérait sur
la question de culpabilité, le perfide Vitellius, *qui se disait
son ami*, demanda pour lui qu'il lui fût permis de choisir le
genre de sa mort, ce qui lui fut sur-le-champ accordé par
l'empereur. Asiaticus, dit Tacite (Ann. II, c. 1, 2, 3), se fit
ouvrir les veines, et mourut sans proférer une seule plainte
(47 de J. C.). — Un autre *Asiaticus*, probablement fils du
précédent, servit la cause de Vitellius, qui lui donna sa fille
en mariage (69 de J. C.). Quelques écrivains le confondent
avec un second Valerius *Asiaticus*, qui embrassa le parti du
Gaulois Vindex sous le court règne de Vitellius, et qui fut mis
à mort avec plusieurs autres chefs de ce parti. — On donne
aussi le nom d'*Asiaticus* à un esclave de Vitellius, que son
maître affranchit, combla de biens, et poussa aux honneurs.
Asiaticus abusa de la faveur de Vitellius, et se fit beaucoup
d'ennemis; après la mort de cet empereur, il fut accusé, condamné et exécuté à la manière des esclaves.

ASIATIQUES (*sociétés*). Des sociétés savantes ont été plusieurs fois instituées pour recueillir et publier les résultats des
diverses recherches à faire sur la géographie, l'histoire et la
statistique d'un pays. Quand les Anglais se furent solidement
établis dans l'Inde, ils s'occupèrent de recherches scientifiques
concernant principalement la langue primitive du pays
(le sanscrit), la religion, le gouvernement et l'histoire. Ce fut
à William Jones que la ville de Calcutta dut sa *Société asiatique* (1788), et la publication des seize premiers volumes des
Asiatics researches. On reproche à ce savant orientaliste de
s'être quelquefois livré à des hypothèses qu'il a présentées
comme des vérités positives. Bombay n'a pas voulu rester en
arrière; elle a aussi fondé une société asiatique dont les travaux ont été pareillement publiés. Les Hollandais avaient
précédé les savants de Bombay dans cette utile et laborieuse
carrière, et leur société de Batavia est à peu près de la même
date que celle de Calcutta. Les orientalistes que Paris renfermait en 1822, pleins d'une noble émulation, se réunirent
en société, et ils consignèrent le fruit de leurs travaux dans

un recueil mensuel intitulé *Journal asiatique*, lequel, en 1828, a ajouté à son titre le mot *nouveau*. Cette société se compose d'un comité de rédacteurs, et d'un nombre indéterminé de souscripteurs. Les Anglais, en 1824, ont établi à Londres une société du même genre, avec le titre de *Royal asiatic Society of Great Britain and Ireland*. Londres a vu encore se former dans ses murs un comité chargé spécialement de publier et de traduire des manuscrits orientaux. Les Allemands, à leur tour, impriment un recueil qu'ils ont nommé *Mines de l'Orient*; et l'empereur de Russie, dont la domination embrasse un tiers de l'Asie, a formé à Saint-Pétersbourg un établissement pour les langues orientales, et un musée d'objets recueillis en Asie.

ASIE. On l'a dit cent fois, l'Asie est le berceau du genre humain. Les arts, les langues, les religions, les sociétés, les peuples, tout est né dans l'Asie; et des sommets de l'Iran, comme les eaux d'un grand fleuve, les générations ont coulé vers l'Afrique et l'Europe, entraînant avec elles la civilisation et l'industrie. Ce fut dans les plaines de la Mésopotamie que le premier homme sentit les premiers battements de son cœur; ce fut entre le Tigre et l'Euphrate que les premiers accents de sa voix retentirent dans l'air, là que ses premiers regards se levèrent vers le ciel, là que ses yeux, pour la première fois, se tournèrent vers la compagne que Dieu lui avait donnée; et, lorsqu'après sa chute les portes d'Eden se fermèrent sur lui, ce fut encore auprès de son ancienne demeure qu'il chercha d'abord un asyle pour y cacher ses regrets, sa douleur et sa honte. Ce qui, surtout, imprime à l'Asie un caractère en quelque sorte sacré, c'est que, du haut de ses montagnes, l'Eternel daigna parler à l'homme de sa propre bouche; c'est que, dans ses villes, les prophètes firent entendre leur voix inspirée; c'est que l'un de ses peuples fut chargé du dépôt de sa loi sainte; c'est qu'une de ses contrées fut choisie pour servir de théâtre à la manifestation des sublimes mystères de la rédemption. — Les premiers âges du monde, depuis la création jusqu'à la catastrophe qui fit périr le genre humain, n'ont pu avoir d'autre historien que Moïse; Dieu a réservé pour lui seul la connaissance de ces temps qu'il nous est permis seulement d'entrevoir. Toutefois l'Esprit saint nous a révélé ce qu'il nous importait de savoir : la création de l'univers tiré du néant à la voix toute-puissante de l'Être incréé, la création de l'homme, les suites de sa désobéissance, la généalogie de ses descendants, le châtiment qui frappa l'humanité corrompue et rebelle. C'est aux pages si précises de la Genèse que nous devons renvoyer nos lecteurs. — Quant aux temps post-diluviens, nous nous abstiendrons ici d'entrer dans aucun détail. Suivre dans son accroissement, dans ses migrations, dans les progrès de son industrie, la descendance de Noé, rapporter la formation des plus anciens empires de la terre, exposer leurs développements, leur grandeur et leur chute, présenter les irruptions à l'ouest et au sud des premières peuplades que les générations sans cesse naissantes refoulaient au dehors du sol natal, ce serait entreprendre un ouvrage qui demanderait des volumes. Nous nous bornerons à esquisser à grands traits les événements principaux de l'histoire, et nous renverrons, pour les notions particulières, aux articles spéciaux (V. plus bas le paragraphe *Histoire de l'Asie*). — Il en sera de même pour tout ce qui concernera la géographie, et la statistique de cette immense région; nous offrirons à nos lecteurs un tableau général dont ils retrouveront les détails aux mots qui leur seront indiqués. — S'il faut en croire les Grecs, c'est d'eux que vient le nom d'*Asia*. Asia, dit Apollodore, était une nymphe, fille de l'Océan et de Thétis. Elle épousa Japet, fils de Titan et de la Terre, qui régna dans la Thessalie, étendit au loin son empire et devint très-puissant. Ce fut de cette nymphe que l'Asie reçut le nom qu'elle porte encore. Hérodote, au contraire, fait dériver le nom de cette partie du monde, d'*Asius*, fils de Cotys, roi de Lydie. Ce Cotys avait pour père Manès, et pour mère Callirhoé, fille de l'Océan; il épousa la nymphe *Asia*, fille de Tellus ou la Terre, et il en eut deux enfants, dont l'un fut Asius. Des écrivains modernes ont supposé, sans avoir plus de preuves en faveur de leur opinion que n'en eurent jadis Hérodote et Apollodore, que le mot d'*Asie* venait d'un mot phénicien, signifiant, suivant les uns, *pays central*; suivant les autres, *pays du feu ou du soleil*. Dans la grande Encyclopédie allemande, on le fait sortir du sanscrit. *As*, dans cette langue, signifie *être établi, être assis*; ce qui veut dire que la contrée ainsi nommée fut celle où se formèrent les premiers établissements. Nous n'insisterons pas sur ces étymologies, qui sont au moins fort incertaines. — L'Asie, telle

que nous la connaissons aujourd'hui, s'étend en longitude E. du 23e au 127e, et en latitude, depuis 10e jusqu'à 78e N.; ce qui offre une superficie d'environ douze cent mille lieues carrées, près de cinq fois aussi grande que celle de l'Europe. Ce vaste continent est situé, dans sa partie méridionale, sous la zone torride; dans toute sa partie centrale, qui est la plus considérable, sous la zone tempérée. Son extrémité septentrionale s'étend au delà du cercle polaire. Il a pour limites, à l'ouest, la chaîne de l'Oural et la rivière de même nom qui le séparent de l'Europe, la Méditerranée et l'isthme de Suez; au sud-ouest, la mer Rouge et le golfe Persique; au sud, la mer des Indes, le golfe de Bengale, celui de Siam, et les îles asiatiques qui le séparent de l'Australie; à l'est, la mer de Corée, la mer du Japon et l'océan Pacifique; au nord, le détroit de Behring qui le sépare de l'Amérique, et la mer Glaciale. — Jamais les Grecs ni les Romains ne connurent les véritables bornes de l'Asie à l'orient et au nord. Dans les premiers temps ils ne donnèrent le nom d'*Asie* qu'à cette petite portion de l'Asie Mineure dont la mer Egée baignait les rivages; ce ne fut que bien longtemps après qu'ils reculèrent les bornes de l'Asie jusqu'au fleuve Halys (aujourd'hui Kisil-Irmak), et successivement leur assignèrent pour limites le mont Taurus, le Tigre, l'Indus (ou *Shind*), le Gange, le Daona (l'*Ava* ou *Tsampou*); mais ils n'allèrent jamais plus loin; ils ne connaissaient rien au delà du Caucase et de l'Immaüs, encore n'avaient-ils sur le Perse et sur l'Arabie que des notions très-imparfaites. — Ce que nous venons de dire doit faire apprécier à leur juste valeur les récits des anciens sur l'étendue de ce *monde entier*, soumis par Bacchus, Osiris, Sésostris; les conquêtes de ces fameux personnages ne pouvaient pas bien certainement embrasser un plus grand espace que celui qu'on donnait à la terre. Remarquons encore que lorsque nous parlons du Shind, du Gange et de l'Ava, nous ne voulons pas dire que les anciens connussent tout le pays que ces fleuves arrosent; ces fleuves, au contraire, formaient une barrière qu'ils n'avaient jamais franchie dans leurs explorations les plus aventureuses. — L'Asie, ainsi restreinte au quart environ de sa superficie réelle, comprenait l'ASIE MINEURE, la SYRIE, la COLCHIDE, l'ARMÉNIE, la MÉSOPOTAMIE, la BABYLONIE avec la CHALDÉE, l'ARABIE, la PERSE et l'INDE (V. tous ces mots). Les fleuves de cette portion de l'Asie étaient, au nord, le Cyrus qui descend du Caucase et se jette dans la mer Caspienne à l'orient, l'Indus, le Gange et le Daona; à l'occident, le Tigre et l'Euphrate (V. CYRUS, INDUS, GANGE, DAONA, TIGRE, EUPHRATE). Le TAURUS et l'AMANUS, le LIBAN et l'ANTI-LIBAN, le CAUCASE, le PAROPAMÈRE, l'IMMAÜS (V. tous ces noms), étaient les seules montagnes de l'Asie connues des Grecs et des Romains. — Les anciens divisèrent l'Asie, 1° en *mineure et majeure*; 2° en *inférieure* et en *supérieure*; 3° en *Asie en deçà du Taurus* et en *Asie au delà du Taurus*; 4° en *Asie romaine* ou *proconsulaire*, et en *Asie indépendante*. Quelquefois on divisait l'Asie en *méridionale* et *septentrionale*, et cette division était formée par la chaîne de l'Immaüs. — La première de ces divisions en mineure et majeure n'a guère été en usage que depuis les conquêtes des Romains. L'Asie mineure et l'Amanus formaient la ligne divisoire. L'Asie mineure contenait onze royaumes ou provinces : la MYSIE, la LYDIE, la CARIE, la BITHYNIE, la PHRYGIE, la LYCIE, la PAMPHYLIE, la PISIDIE, la PAPHLAGONIE, le PONT, la CAPPADOCE, la CILICIE (V. ces noms). Toutes ces contrées sont aujourd'hui comprises sous le nom d'*Anatolie*, ou *Turquie d'Asie*. L'Asie Majeure renfermait aussi onze contrées : la COLCHIDE, l'ARMÉNIE, la PARTHIE, la MÉSOPOTAMIE, la BABYLONIE, la CHALDÉE, l'ASSYRIE, la SYRIE, l'ARABIE, la PERSE et l'INDE (V. tous ces noms). L'ÉOLIDE, l'IONIE et la TROADE (V. ces noms), se trouvaient comprises, la première dans la Carie, la seconde dans la Lydie, et la troisième dans la Mysie. — La seconde division en inférieure et supérieure était connue des Grecs; la limite était à peu près la même que dans la division précédente. Après avoir quelque temps varié, elle fut fixée à la chaîne du Taurus. L'Asie inférieure ne se composait que de l'Asie Mineure, et l'Asie supérieure ou Grande Asie ne comprenait que les pays situés entre l'Euphrate et l'Indus; la Syrie, l'Arabie et l'Inde étaient alors inconnues, ou formaient des régions à part. — La troisième division, en deçà et au delà du Taurus, répond uniquement aux deux premières; sa limite est aussi la même, tantôt la première, tantôt la seconde, plus souvent celle-ci. — La quatrième division a dû varier, diminuer ou s'étendre, en proportion des conquêtes des Romains et du succès de leurs armes. L'Asie romaine ne se composa d'abord que du royaume de Pergame, qui ne fut lui-même, dans l'origine, qu'un petit canton de la Mysie, et qui, depuis, s'étendit sur une grande partie de l'Asie Mineure (V. PERGAME). Attale III, dernier roi de ce pays, et décédé sans enfants, avait institué les Romains pour ses héritiers. Ceux-ci soutinrent la validité du testament par la force des armes; la Syrie, qui depuis longtemps avait subi le joug de Rome, et les portions soumises de l'Arménie et de l'Arabie, furent ajoutées au royaume de Pergame, et comme toutes ces provinces étaient régies par des proconsuls, on donna le nom de *proconsulaire* à l'Asie romaine. Elle conserva les anciennes divisions de l'Asie Mineure. Sous Constantin, cette portion de l'empire fut divisée en trois diocèses : 1° d'*Asie*, composé de la Mysie ou Hellespont, de la Lydie, de la Carie, de la Phrygie, de la Lycaonie, de la Pisidie et de la Pamphylie: c'était la partie orientale de l'Asie Mineure; 2° de *Pont*, comprenant la Bithynie, l'Honorie, la Paphlagonie, le Pont, la Cappadoce, l'Arménie et la Galatie: 3° d'*Orient*, contenant la Cilicie, l'Osroène, la Syrie, la Phénicie, la Palestine et l'Arabie (V. ces noms). Plusieurs de ces provinces, telles que la Phrygie, le Pont, la Cappadoce, l'Arménie, la Galatie, la Cilicie, la Phénicie et l'Arabie, étaient partagées en première et seconde; la Syrie et la Palestine avaient trois sous-divisions, première, seconde et troisième. L'*Asie indépendante* comprenait tout le reste de l'Asie. — Quant à la division en septentrionale et méridionale, elle s'appliquait guère qu'aux contrées situées au delà de la mer Caspienne. La Perse et l'Inde faisaient partie de la seconde; la première ne se composait que de ces contrées hyperboréennes que les anciens désignaient par les noms de *Sarmatie* ou *Scythie asiatique*, et qui leur étaient complétement inconnues.—Les divisions les plus naturelles de l'Asie sont celles que déterminent les fleuves et les montagnes: car les fleuves et les montagnes influent sur le sol, sur le climat, sur les mœurs et les coutumes des habitants, de même que sur leurs intérêts politiques. On peut donc diviser l'Asie en septentrionale, centrale et méridionale, dans la direction de l'est à l'ouest, et en orientale et occidentale dans la direction du midi au nord. L'Asie septentrionale renferme la *Sibérie*, le *Kamtschatka*, toutes les côtes de la mer Glaciale et les îles qu'elle renferme. L'Asie centrale comprend les pays voisins du Caucase, la Tartarie indépendante, la Mantchourie et la Mongolie chinoises, le Thibet et le Kashmir. L'Asie méridionale se compose des deux *presqu'îles en deçà* et *au delà du Gange*, des *Maldives*, des *îles de la Sonde* et des *Philippines*. L'Asie occidentale contient tous les pays situés sur la mer Noire et la Méditerranée : le Turkestan, la Syrie, la Perse, l'Arabie. Dans l'Asie orientale, on trouve la Chine, la Corée, le Japon, l'île Formose, celle de Hainan, et les autres îles voisines des côtes. Toutes les contrées de l'Asie centrale, depuis le 30° de latit. jusqu'au 50°, forment une suite de plateaux élevés que l'on désigne communément par le nom de *Haute Asie*. La plus grande élévation est à l'orient : c'est un terrain escarpé, sec, aride, coupé, et souvent à pic. Du côté opposé, au contraire, c'est-à-dire à l'occident, le terrain s'incline par degrés et finit par s'aplatir tout à fait vers le nord-ouest, où il se déroule en steppes immenses (V. SIBÉRIE, KAMTSCHATKA, RUSSIE ASIATIQUE, TARTARIE, MONGOLIE, MANTCHOURIE, TURKESTAN, CARAMANIE, KHARISMIE, ARABIE, PERSE, CABOUL, AFGHANISTAN, BUKHARIE, INDOSTAN, THIBET, KASHMIR, EMPIRE BIRMAN, COCHINCHINE, TONQUIN, CHINE, CORÉE, TONGOUSES, JAPON, etc., etc.). — Le mont Altaï, dont le point central s'appelle *Bogdo oola* (hauteur majestueuse), se divise en une infinité de branches dont les principales sont : le Taurus, le Liban, le Macis ou Ararat, le Caucase d'Arménie, le Bélur-Tag ou montagne nébuleuse dans la Bukharie (la Sogdiane des anciens); l'Himalaya (qui en sanscrit signifie *montagne de neige*); le Mouztag (l'ancien Immaüs); le Hinkan; le Sajani; le grand Altaï, qui va se joindre au Kangaï, (montagne sacrée des Mantchoux, célébrée par l'empereur Kien-Long), et se prolonge de là jusqu'au Japon. Les pics les plus élevés sont dans la chaîne d'Himalaya : c'est là qu'on aperçoit le Dsawala-Giri, qui s'élève à 28,015 pieds anglais, ce qui donne une hauteur d'environ 26,000 pieds de France (plus de 8,000 mètres); c'est au pied de cette montagne qu'on voit reparaître le Gange, qui pendant assez longtemps s'est dérobé aux regards sous les masses de neige et de roches. Le Caucase offre dans sa formation des chaînes particulières qui sont propres aux contrées occidentales de l'Asie : ses versants se prolongent au N.-O. jusqu'à la mer Noire, au S.-E. jusqu'à la mer Caspienne, et au S.-E.

jusqu'à la Méditerranée. Ses sommets les plus élevés n'excèdent guère 3,000 mètres; deux branches principales en sortent : le plateau du Taurus et le Libanon (V. CAUCASE). Les montagnes d'Asie forment toutes un plateau élevé d'où se détachent diverses branches en tout sens. Les montagnes du Kamtschatka renferment beaucoup de volcans, dont quelques-uns sont éteints; les monts Aïagu et Baïkal communiquent avec les chaînes de l'occident. Entre la mer Caspienne et la mer d'Azof, le sol est très-élevé. — Si l'Asie a des groupes nombreux de montagnes, elle a aussi des plaines d'une étendue considérable : telles sont les steppes des Kirguis, entre l'Oural, le Volga, la mer Caspienne et Samara; celles d'Isettis entre les monts Oural, celles de l'Irtisch, celles de la Sibérie, celles de Kobi ou Shamo qui s'étendent sur une longueur de 7 à 800 lieues. depuis la Mongolie jusqu'au Thibet (V. KOBI ou SHAMO). Les déserts de la Syrie et de l'Arabie sont assez semblables aux steppes de Kobi. Dans la Mésopotamie, entre le Tigre et l'Euphrate, on trouve les déserts d'Irac et de Dschésire; entre le cours du Tigre, la Caspienne et le Shind, on trouve aussi plusieurs déserts dont il sera fait mention dans les articles PERSE, CABOUL, KURDISTAN, etc.—Outre les mers qui entourent l'Asie sur les sept huitièmes de sa circonférence, l'Asie renferme plusieurs mers intérieures : la *Caspienne*, la mer d'*Aral*, la mer *Morte* ou *Asphaltite*; et un grand nombre de lacs, ceux d'*Erivan* et de *Van*, en Arménie; celui de *Bernidchef*, près de l'ancienne Babylone; celui de *Bachtegan*, près des ruines de Persépolis; celui de *Baikal*, et une infinité d'autres (V. CASPIENNE [mer], MORTE [mer]. ARAL, ERIVAN, VAN, BERNIDCHEF, BACHTEGAN, BAIKAL, TCHANY, BALKASEH, SAIHAN, TSCHANDRO, TONGTING-HOU, KAOY-HEAU-HOU, HONG-TSE-HOU, etc.). La division que nous avons présentée plus haut de l'Asie en cinq régions, résulte nécessairement de l'existence du plateau central, d'où jaillissent un nombre infini de rivières qui prennent leur cours diamétralement opposé vers les quatre horizons. La partie occidentale est la moins bien partagée; mais les autres parties sont arrosées par des fleuves immenses, formés par la jonction de mille rivières qui apportent de tous les points le tribut de leurs eaux. Parmi ceux qui se jettent dans la mer des Indes, on distingue le Shind, le Gange, le Bramahpoutre, l'Irawadi, le Mioup ou Pegu, le Tannasserim, le Hue, le Lau-Tse-Kiang; à l'est on remarque le Jan-Tse-Kiang ou fleuve Bleu, le Hoang-Ho ou fleuve Jaune, le Séghalien ou Amour, l'Anadyr. Le Léna, l'Indigioka, le Jenissey, l'Obi, l'Irtish se dirigent vers le pôle. Le Kisil-Irmak (Halys), le Seiban (Sarus), le Phase, le Leitane (Leontes), le Nabarkebir ou grand fleuve (Eleatherus), le Kur (Araxe) se jettent, les uns dans la mer Noire, les autres dans la Méditerranée. Le Bahr-el-Arden (Jourdain) tombe dans la mer Morte; le Kur et l'Arras (Araxe), dans la mer Caspienne; l'Euphrate et le Tigre, le Diala, le Gynde, dans le golfe Persique. L'Oxus (Jaxartes), l'Oschan, sont encore des fleuves considérables qui arrosent les contrées situées à l'est de la mer Caspienne et du lac d'Aral (V. tous les noms cités de fleuves et de rivières).— Sur toutes les côtes de l'Asie, la mer a cherché à se frayer des passages pour envahir les terres dont elle baigne les contours. Dans beaucoup d'endroits elle a réussi en partie; car lorsqu'on jette les yeux sur la carte de l'Asie on ne peut guère douter que toutes les îles qui se trouvent non loin de ses rivages, surtout au sud et plus encore à l'est, ne soient autant de portions de terre violemment arrachées du continent. Ce qui nous confirme dans cette opinion, c'est de voir que beaucoup de grandes îles ne sont séparées de la côte que par des bras de mer très-étroits : celui de Manaar, entre le continent et l'île de Ceylan, la Taprobane de Pline; celui de Weigatz, entre la Sibérie et la Nouvelle-Zemble; celui de Malaca, entre la presqu'île de même nom et l'île de Sumatra; celui de Tchoka, entre la Mantchourie et l'île de Séghalien, etc. On peut ajouter le détroit de Behring, qui sépare l'Asie de l'Amérique; celui d'Ormuz, entre l'Arabie orientale et la Perse; celui de Bab-el-Mandel, entre l'Arabie occidentale et l'Afrique, etc.— Parmi les îles principales de l'Asie on place Ceylan, les îles de la Sonde (*Borneo*, *Sumatra*, *Java*, etc.), les Maldives, les Moluques, les Philippines, Hainan, Formose, Lieukieu, les îles du Japon, les Mariannes, les Kuriles, Séghalien, les Aleutiennes, Liakhov, la Nouvelle-Zemble, Rhodes, Chypre, Chio, Mytilène, etc. (V. tous ces noms). — L'Asie, dans son immense étendue, embrasse toutes les zones : son climat doit donc éprouver de grandes variations, et ces variations se font ressentir tant sur les habitants que sur les produits du sol. Dans les régions tout à fait septentrionales, où règne un hiver presque perpétuel, le froid est si vif, que le sol y est presque toujours couvert de glace et de neige; et quand l'été de deux mois, durant lequel le soleil est constamment sur l'horizon, vient réchauffer l'atmosphère, le sol laisse à peine apercevoir quelques rares touffes d'herbe et de mousse. Les chiens marins, les phoques, et surtout les ours blancs, sont communs sous ces hautes latitudes; ces derniers passent la saison la plus rude dans les creux des rochers. Dans l'Asie centrale, on trouve alternativement des steppes sablonneuses, salées, arides, et des plaines magnifiques toujours couvertes de la plus belle végétation. L'Asie méridionale donne tous les produits des pays situés sous les tropiques; mais on y trouve beaucoup d'animaux que l'ardeur du climat rend féroces et sanguinaires; on y trouve aussi des troupeaux nombreux d'éléphants; le caféier, la canne à sucre, les plantes à épices, balsamiques, odorantes, médicinales; des fruits de toutes sortes, ceux qu'on voit en Europe et ceux qui sont particuliers à l'Asie. Le palmier-cocotier est une des plus précieuses productions de l'Indoustan; on en tire du vin, de l'arrak, un chou délicieux, de l'huile, des noix exquises (*V.* PALMIER-COCOTIER); le sagou, l'arékier, le dattier, le figuier du Bengale, le teck, sont autant d'arbres précieux de cette riche contrée; l'indigo, la garance, le jasmin grandiflore, le thé, l'arbre à poivre, l'arbre à soie, le baumier, le lentisque, le pin aromatique, le myrte, le camphrier, le cannelier, le bétel, toute sorte d'épiceries, le riz, le maïs, des grains, toutes les richesses du règne végétal, croissent en abondance dans toutes les régions de l'Asie tempérée. La plus grande partie des animaux qui se trouvent en Afrique, en Europe, en Amérique, se trouvent aussi en Asie: il est même un grand nombre de ces animaux qui, originaires de l'Asie, s'y retrouvent avec toute la beauté de formes, toute la vigueur, toute l'énergie qu'ils ont dû recevoir au moment de la création. On peut se borner à citer l'âne, si dégénéré, si humble, si abject dans nos climats, vif, fier, de haute taille, rapide à la course, et le cédant à peine au cheval. Celui-ci s'y montre de même avec toutes les perfections qu'on lui demande; l'hermine, la zibeline, le musc, le pangolin, le gnous, le zèbre, l'antilope, le renne et mille autres quadrupèdes; les huîtres à perles, les vers à soie, les perroquets, l'alouette de Tonquin, dont les naturels mangent les nids, les faisans, les paons, sont également répandus d'une extrémité à l'autre de l'Asie. — On trouve dans les diverses contrées qui composent cette partie du monde de grandes richesses minérales: l'or, l'argent, l'étain, le cuivre, le mercure, le fer, le plomb. Outre ces productions qui sont communes aux deux grands continents, l'Asie en a qui lui sont particulières: l'asphalte, le naphte, l'aimant, les plus beaux diamants de l'univers (à Golconde), le rubis, le saphir, l'émeraude, l'aigue-marine, le sel, etc. — Dans les plateaux les plus élevés du Thibet, à quinze ou seize mille pieds au-dessus du niveau de la mer, on trouve des couches immenses de coquillages fossiles, et dans les terrains de troisième formation de la Sibérie, on trouve des ossements d'animaux fossiles. — Sous le rapport de la température on peut diviser l'Asie en plusieurs grandes régions: la première, au nord, s'étend depuis la chaîne de l'Oural jusqu'à la pointe du Kamtschatka; elle descend, au midi, jusqu'au 50e degré de latitude. A l'occident cette région diffère peu de l'Europe; à l'orient elle a beaucoup de ressemblance avec la côte opposée de l'Amérique. Le froid y a tant d'intensité dans la partie septentrionale, que, suivant Gmelin, la température descend souvent à 72° de Fahrenheit au-dessous de zéro; quelquefois même elle descend à 120°. Il est probable qu'il y a de l'exagération dans ces assertions; car bien certainement à cette température, ni les hommes ni les animaux ne sauraient vivre, et nous ne concevons point par quel privilège l'observateur aurait pu se garantir d'une mort qui semble inévitable. Ce qui est certain, c'est qu'au-dessous de la couche légère de terre végétale qui se dépouille en été de l'assise de neige dont elle était couverte, le sol est constamment gelé. La végétation, comme nous l'avons dit, y est presque nulle: des bouleaux et des saules nains, quelques arbousiers et des ronces, c'est tout ce qu'en général on y voit; mais dans les parties méridionales, et lorsqu'on se rapproche du cinquantième parallèle, on trouve des cantons d'une merveilleuse fécondité; tantôt ce sont d'immenses forêts de bouleaux, de mélèzes et de sapins, parmi lesquels il n'est pas rare d'en trouver qui ont jusqu'à 120 pieds de hauteur; tantôt de vastes prairies, d'abondants pâturages, des campagnes émaillées de fleurs. Les grains y viennent très-bien, à l'exception du blé, qui a besoin de plus de chaleur. — La

seconde région, qui comprend tout le grand plateau, n'offre pas une végétation beaucoup plus riche que celle de la région sibérienne: ce sont les mêmes produits, la même rigueur de température. Sur le plateau de la Tartarie, les montagnes s'élèvent de 16 à 18.000 pieds, et elles se montrent toutes nues: elles n'y sont point de neige. Toutefois, dans quelques parties on voit beaucoup d'arbres: chênes, frênes, coudriers, peupliers, bouleaux, etc.; dans les basses terres on a d'excellents fruits. Les passages qui conduisent à travers l'Himalaya sont presque entièrement dépourvus de végétation: on n'y voit guère que de l'*assa fœtida*, et c'est la seule nourriture qu'y trouvent les bestiaux. — Dans le Kashmir et dans les parties septentrionales et orientales de la Perse, la végétation est presque semblable à celle des climats tempérés de l'Europe: l'oranger, le figuier, l'amandier, le grenadier, y mêlent leur feuillage au mûrier, au pêcher, au poirier d'Europe; le riz y croît au pied de la vigne; le tabac, la manne, le pavot y réussissent également; on commence même à y voir la canne à sucre et le cotonnier: les noyers y sont extrêmement communs. — L'Inde septentrionale, la Syrie, la Turquie d'Asie, l'Arabie du nord, sont constamment brûlées par le soleil ou desséchées par le vent; la végétation y est presque nulle. Dans les régions de l'Himalaya, on trouve dans les vallées tous les produits des climats tempérés joints à ceux des régions tropicales, souvent couverts de neige, on n'aperçoit que sur les hauts sommets qu'une végétation alpestre assez maigre. Au centre de l'Himalaya, dans les vallées, à 2,000 pieds environ de hauteur, on trouve l'oranger, le cachou, le cassier, l'euphorbe, le cotonnier gigantesque, des forêts de saules. — Plus le terrain s'abaisse plus il ressent l'influence du soleil des tropiques. Mais si dans l'Himalaya la végétation tropicale ne se retrouve plus au-dessus de 4,700 pieds, ainsi que l'assure M. Royle, la végétation des zones tempérées s'y fait voir à une élévation qu'elle ne peut atteindre dans aucun autre lieu du monde. A 11 ou 12,000 pieds, ou même plus haut, sont des forêts immenses de sapins, entremêlés d'ifs, de sycomores, de peupliers et de bouleaux. Le voyageur Webb affirme qu'on cultive le blé jusqu'à 9 et 10,000 pieds d'élévation. — Le nord de la Chine et le Japon jouissent à peu près de la même température et des mêmes avantages. — L'Hindoustan, l'Arabie Heureuse, l'empire Birman, le Siam, la Cochinchine et le midi de la Chine offrent dans leurs fertiles plaines toutes les richesses dont la nature est prodigue entre les tropiques. Dans les îles du Sud, situées à peu près sous l'équateur, on retrouve toutes les plantes tropicales; mais comme la chaleur s'y soutient constamment à un même degré et que l'eau y abonde, tout le sol s'y couvre de plantes, d'arbustes et d'arbres de toute sorte, dont les branches, s'entrelaçant les unes avec les autres, forment un toit impénétrable au vent et au soleil, ce qui favorise de plus en plus la végétation. — La population de l'Asie est loin d'avoir le même type. Il est évident que l'Arménien, le Turc, l'habitant des contrées caucasiques, n'a aucune ressemblance avec le Chinois, ni celui-ci avec le Samoïède, ni le Samoïède avec le Malais ou l'Hindou. Il est probable que cette dissemblance dans les habitants de l'Asie tient en grande partie à la différence de température et de climat, différence qui, plus qu'on ne le pense, influe sur les formes physiques, de même que sur le moral des individus. Quoi qu'il en soit, on ne peut douter que les Asiatiques ne forment aujourd'hui plusieurs races, qui se distinguent l'une de l'autre par la couleur non moins que par les traits du visage. La race caucasique était blanche, et sa couleur se retrouve avec quelques nuances de brun chez les Arméniens, les Tartares, les Perses et les Afghans, tous remarquables par la régularité de leurs formes: ils ont le front élevé, l'œil grand, le nez long et un peu recourbé, les joues colorées, les traits réguliers, les cheveux noirs ou châtains. Les Sibériens, les Mongols, les Tongouses, les Thibétains, les Chinois, les Japonais, les Indiens occidentaux, les Birmans et les Siamois se distinguent des premiers par une couleur tirant fortement sur le jaune; le brun-clair est la couleur de tous les Indiens orientaux. Dans les Maldives les habitants ont les cheveux noirs et bouclés, le nez aplati, la bouche grande et les lèvres saillantes. Dans les îles de Ceylan, de la Sonde, des Célèbes, des Moluques et des Philippines, les traits sont encore plus prononcés qu'aux Maldives, et les cheveux sont laineux. Les Mongols ont le visage aplati, les joues saillantes, les yeux très-petits: ils s'épilent la tête et la barbe. Les Kamtschadales, les Samoïèdes, les Yakouts, les Tchukis excèdent rarement la hauteur de quatre pieds. — On peut regarder tous ces peuples comme appartenant à trois races principales: tougouse et mongole, turque, et blonde ou indo-germanique. — La race tongouse habite à l'est des monts Khingham, qui commencent au nord-est de Pékin ; et se dirigent au nord. Il paraît qu'elle est sortie de l'extrémité orientale de l'Asie centrale, c'est-à-dire du pays situé au nord de la Corée. Elle porta d'abord le nom de *Su-Tchin* ou *Y-Lin*; plus tard elle fut désignée par celui de *Mo-Ki* ou *Mo-Ho.* Vers la fin du VIIe siècle elle fonda le royaume de Phou-Haï, et deux siècles plus tard, celui de Khi-Tan, dont les souverains se devinrent aussi de la Chine. Vers l'an 1115 ils furent remplacés par les *Ju-Tchin.* Quant à la race mongole, qui s'étend dans la Mongolie actuelle, et comprend les Khalkha, les Kalmoucks et les Bouriates de la Sibérie, elle ne fut originairement qu'une tribu de la nation des Tatars, qui vivait dans le Bouyour-Naour, près du Cathai. Ces tribus mongoles se mêlèrent de bonne heure avec les tribus tongouses. A l'ouest et au sud des Tongouses était autrefois la race des *Sian-Pi,* qui devinrent très-puissants vers le IIIe siècle avant J. C., et qui furent défaits au bout de trois cents ans par les *Hioung-Hou.* Quelques-uns se retirèrent dans la Corée; ils y fondèrent quelques petits Etats, ainsi que dans le nord de la Chine. — La race turque est descendue des monts Altaï et Tang-Nou; elle s'est répandue principalement au nord des provinces chinoises de *Chan-Si* et de *Chen-Si.* Les Chinois les appellent *Ty* ou *Chan-Jouny* (barbares des montagnes), de même qu'ils désignent par l'appellation générique de *Toumg-Hou* (barbares orientaux) tous les peuples qui sont à leur orient. Mille ans avant l'ère chrétienne, les peuples de race turque reçurent le nom de *Hioung-Nou* (détestables esclaves). Il paraît que De Guignes s'est trompé quand il les a pris pour les Huns. Les Hioung Nou avaient formé un empire qui dura jusqu'au 1er siècle de l'ère chrétienne. Ceux du nord, repoussés par les Chinois, se retirèrent vers le *Khang-Khin* (la Sogdiane). Ceux-ci prirent le nom de *Yué-Po* ou *Yué-Pou.* Les tribus turques du sud étaient devenues tributaires des Chinois; mais durant le cours du IVe siècle elles s'emparèrent d'une partie de la Chine, et y fondèrent deux royaumes : *Tchao* et *Liang;* mais au bout de cent ans ces royaumes disparurent. Les tribus qui se réfugièrent dans les montagnes formèrent une race nouvelle qui prit ou reçut d'abord le nom d'*Assena* (loup), qui bientôt devint nombreuse et puissante, et fut désignée par le nom de *Thou-Khiu,* ou de *Turcs.* L'an 552, son chef, nommé *Thoumen,* prit le titre de *il Khan,* et fonda l'empire des Turcs. Ici commencent les relations de ces peuples nouveaux avec l'empire grec de Constantinople : Thoumen y envoya des ambassadeurs en 562. — Les Ouigours, de race turque, se répandirent à l'occident jusqu'aux sources de l'Irtisch et jusqu'au lac Dzaisan. Soumis tantôt aux Chinois, tantôt aux Hioung-Nou, leur pays devint province chinoise au VIIe siècle. Les Ouigours se sont rendus célèbres par leur alphabet, qui a donné naissance aux caractères des Mongols, des Eleuths et des Mandchoux; cet alphabet est d'origine syriaque. Les Ouigours du nord furent désignés par le nom de *Kao-Tché.* — Entre les tribus turques et celles de l'Inde dont nous allons parler, étaient les tribus thibétaines, qui se vantaient d'être issues des singes. On sait que les Hindous révéraient parmi leurs anciens dieux le singe *Hanouman* (V. ce mot) : on peut présumer que les singes du Thibet étaient de la même famille que le dieu de l'Inde. Les Thibétains avaient fondé l'empire de *Thou-Fan,* mais ils finirent par se soumettre aux Chinois. Le bouddhisme ne s'est introduit parmi eux que vers le milieu du VIIe siècle. — La race blonde, caucasique ou indo-germanique se trouve, dès les premiers temps, occupant la centre de l'Asie; et là ses tribus divergent en tout sens : les unes vont peupler l'Inde, où elles implantent le sanscrit; les autres s'arrêtent en Perse, aux environs de leur patrie primitive; d'autres encore remontent vers le Volga et le Don et pénètrent en Europe. Si on remarque la grande quantité de mots à racine indo-germanique qui se trouvent dans la langue des Tongouses, des Mongols et des Mandchoux, on est presque forcé de croire que tous ces peuples appartiennent à cette race primitive. On peut croire de même que c'est le mélange de cette race avec les Turcs du nord qui a produit les Khirghiz. Quant aux peuples du Caucase et ceux qui habitent les rives de la mer Caspienne, de l'Oxus, et les vallées du Paropamysus, comme tous leurs idiomes paraissent avoir tiré leurs racines du sanscrit; de même que les langues tudesques, slaves, persanes, et autres de la même souche, on doit penser d'eux ce qu'on a dit des Tongouses, qu'ils ne sont tous que des tribus, des branches détachées de la grande race indo-germanique : les Parthes, les Bactriens, les Sogdiens, les Khorasmiens, les Gètes, les

Messagètes, les Alains, les Roxolans, les Yasiges, étaient tous de la même race. Cela était surtout sensible chez les Alains, qu'Ammien Marcellin a regardés comme le même peuple que les Messagètes : ils parlaient le sanscrit, et leur ville de Khotan était une colonie hindoue. Les Ossètes, qui habitent aujourd'hui le Caucase, descendent directement des Alains. — Pour ce qui est des peuples qu'on appelle *sémitiques*, tels que les Syriens, les Chaldéens, les Juifs, les Arabes, ils sont tellement mêlés avec la race indo-germanique, qu'il est bien difficile, pour ne pas dire impossible, de décider qu'ils ont ou qu'ils n'ont pas une souche commune (*V.* SÉMITIQUE (race)). Il se trouve encore en Asie un assez grand nombre de tribus ou peuplades qui semblent n'appartenir à aucune de ces grandes divisions de races, et qui toutefois ne sont vraisemblablement que des familles détachées du tronc principal en des temps éloignés, se mêlant à d'autres familles de races diverses, et perdant, par ce mélange et par le cours des siècles, les caractères distinctifs auxquels on aurait pu les reconnaître: nous en parlerons lorsqu'il sera question de décrire le pays qu'elles habitent (*V.* au surplus SAMOÏÈDES, IÉNISSÉIENS, USBEKS, BOULGARES, YAKOUTS, FINNOIS OURALIENS, etc.). — Une division assez naturelle qui se présente à l'esprit quand on parle des habitants de l'Asie, c'est celle qui les sépare en civilisés et en nomades : ces derniers, chasseurs et bergers, ont composé la population primitive; on les trouve encore dans les vastes plaines de l'Asie centrale. A l'occident, à l'orient et au midi, ce sont formées de grandes sociétés politiques qui sont devenues de grands empires. Ce qui distingue ces créations de celles du même genre en Europe, c'est qu'en Asie la caste sacerdotale et la caste guerrière ont imposé des formes en quelque sorte immuables aux classes les plus nombreuses de la nation, lesquelles se sont peu à peu façonnées à l'obéissance aveugle, ou même à la servitude, ce qui a produit l'arbitraire et le despotisme. On trouverait bien peu de tribus en Asie où le gouvernement en quelque sorte patriarcal des premiers âges se soit conservé. Ce qu'il importe de remarquer, c'est que c'est précisément à l'ombre de ce despotisme que se sont élevés le commerce, les arts, l'industrie, les connaissances morales et religieuses. L'Asie avait de puissants empires où la civilisation avait fait des progrès réels dans un temps où l'Europe se trouvait plongée dans l'ignorance. Ceci nous amène à esquisser en peu de mots l'histoire générale de ce vaste continent. — C'est par les livres sacrés et par les historiens grecs que les premières notions de l'Asie nous ont été données. L'empire de Ninive, celui de Babylone, la fondation des villes; celle de Jérusalem, les royaumes de la Chine, du Japon, de la Corée, du Caucase, de l'Inde et de la Perse : voilà les premiers objets qui se présentent dans cette histoire ancienne, dont tous les détails sont ignorés, dont l'origine même se cache dans les ténèbres qui enveloppent les premiers âges. Les travaux constants des orientalistes d'Europe entrepris depuis un siècle et non abandonnés, nous ont fait connaître, il est vrai, l'histoire des temps fabuleux, assez mal à propos nommés historiques, de certains peuples, tels que les Hindous, et les Chinois; mais les partisans de l'antiquité exagérée des Chinois et des Hindous, malgré tout leur désir de pouvoir donner un démenti formel à la Genèse, ne sauraient rien trouver, ne disons pas de positif, mais de vraisemblable et de probable avant le VIe siècle antérieur à notre ère; tout le reste, division des âges, dynasties, fondation d'empires et de villes, migrations de peuples, ne peut être considéré que comme hypothétique, dès qu'on s'écarte du seul livre qui, au mérite non contesté d'être le plus ancien livre du monde, joint le mérite immense d'offrir la seule certitude historique. Contentons-nous donc de dire qu'avant ce VIe siècle, Nemrod, le même que le fameux Bélus des Babyloniens, fonda un empire à une époque peu éloignée du grand cataclysme, qu'avec Usserius on fixe à l'an du monde 1656, et que la chronologie des Septante éloigne de plusieurs siècles (*V.* CHRONOLOGIE, DÉLUGE, SEPTANTE), ce qui laisse un plus grand laps de temps pour le développement de la race humaine entre la catastrophe qui fit périr les hommes de la création, et l'époque, antérieure de plus de vingt siècles à notre ère, à laquelle on rapporte la fondation de Ninive et de Babylone. Cet empire s'étendit sous Sémiramis, suivant les historiens grecs, jusqu'à l'Indus; il s'anéantit sous Sardanapale; mais de ses débris se formèrent deux nouveaux royaumes, celui d'Assyrie et celui de Babylone. Les Hindous à cette époque avaient aussi des souverains puissants qui, sous le nom de *Maha-Radjah,* étendaient leur sceptre sur un pays immense; les Grecs, dans l'Asie Mineure, fondaient des colonies d'où les lumières se répandaient au loin ; les Hébreux surtout offraient aux nations e spectacle d'une religion dont la pure morale, contrastant avec les désordres et les absurdités de l'idolâtrie, pouvait seule conduire les hommes au bien. Les Phéniciens, à l'esprit mercantile, avides d'or et de richesses, parcouraient tout le monde connu ; s'aventuraient même jusqu'au delà des colonnes d'Hercule, jetaient des colonies dans la Gaule, en Espagne, et jusque dans la Grande-Bretagne, où ils allaient chercher l'étain des îles Cassitérides. — Vers le commencement du vi^e siècle, temps où, par les rapports qui s'établissent entre l'Asie et l'Europe, les traditions acquièrent plus d'autorité, de nouvelles révolutions éclatent : les deux royaumes d'Assyrie et de Babylone retombent sous la main d'un même maître : Crésus soumet tous les petits États qui l'entourent, et fait briller le trône de Lydie du plus vif éclat ; mais le roi de l'Aria ou de la Médie paraît sur la scène ; il semble vouloir faire revivre l'empire de Sémiramis. D'un autre côté, Babylone a recouvré son indépendance ; ce n'est point pour longtemps : Cyrus réunit dans sa main le sceptre de la Médie et celui de la Perse ; bientôt après, il attaque Babylone, en triomphe, et sa domination s'étend depuis l'Euphrate jusqu'au Jaxartes, depuis l'Asie Mineure jusqu'au cours de l'Indus. Dans ce temps l'Arabie se divisait en tribus indépendantes ; l'Inde avait ses radjahs, la Chine se civilisait, Bouddha répandait ses doctrines dans l'Orient ; le Japon obéissait à ses daïri ; les tribus nomades des Mongols, des Tongouses, des Turcs, des Samoïèdes, se partageaient le plateau central et les régions septentrionales. — A la fin du ive siècle, l'invasion d'Alexandre créa pour l'Asie de nouveaux intérêts : sur la monarchie des Perses, fondée par Cyrus, s'établit une monarchie universelle qui devait placer sous les mêmes lois l'Asie, l'Europe et l'Afrique, donner à leurs habitants une civilisation commune, faire de tous les peuples une seule grande famille ; mais cette création gigantesque ne survécut pas à son auteur : le génie l'avait formée, le génie seul pouvait la soutenir, et l'homme de génie, en descendant dans la tombe, n'eut pour successeur que des ambitieux. L'empire d'Alexandre se divisa ; de ses débris surgirent plusieurs royaumes : les Ptolémée prirent avec l'Égypte le littoral asiatique contigu à l'isthme ; les Séleucides régnèrent dans l'Orient ; mais sous le règne d'Antiochus Théos, la Bactriane se détacha de la Syrie, et peu de temps après elle devint la proie des Parthes. L'Asie Mineure vit aussi de nouveaux États sortir de son sein : la Bithynie, la Cappadoce, Pergame, le Pont, eurent leurs rois. L'Inde continua d'avoir ses grands radjahs ; vers les sources de l'Oxus se forma le royaume de Khotan ; la Chine, au pouvoir des princes de Thsin, consolidait l'œuvre de ses anciens rois ; les Hioung-Nou fondaient pareillement au nord de la Chine une monarchie puissante qui s'étendait à l'occident jusqu'aux sources du Jaxartes et de l'Oxus. — Ce ne fut qu'aux premiers temps de l'ère vulgaire que les tribus des Massagètes et des Alains, s'éloignant de leurs pâturages, se portèrent des bords de la mer Caspienne sur les rivages septentrionaux de la mer Noire ; les Parthes, s'avançant dans une direction opposée, semblèrent menacer l'empire romain ; dans le même temps, les hordes thibétaines de Yue-Tchin, refoulées par les Hioung-Nou, allaient remplacer sur l'Oxus les tribus massagètes. Ce mouvement vers l'ouest était causé par les efforts des Chinois, qui repoussaient les Hioung-Nou au delà de leurs frontières. Cependant l'empire romain continuait de posséder l'Asie Mineure et la Syrie jusqu'à l'Euphrate ; mais les Yue-Tchin, toujours pressés par les Hioung-Nou, pressaient à leur tour les Massagètes, dont les tribus se répandaient sur l'Europe. La puissance des Chinois, toujours croissante jusqu'au iiie siècle, sous la dynastie des Hous, commença de décliner en même temps que celle des Romains. L'an 220, la Chine fut divisée en trois royaumes, et cent ans plus tard, les Alains, les Goths, les Suèves, s'établissaient sur les bords du Danube ; la Perse avait subi le joug des Sassanides ; la Chine se restaurait sous les Thsin ; le royaume de Ty s'élevait dans le Thibet, et les hordes hunniques se disposaient à suivre vers l'occident la route ouverte par les Massagètes. L'empire romain se divisait alors en deux parts, comme pour s'affaiblir au moment du danger. — Au vi^e siècle, la grande migration des barbares continua vers l'Europe : les Avares parurent, et l'empire des Turcs Thou-Khin ou de l'Altaï occupa les trois-quarts de l'Asie centrale, depuis la mer Caspienne jusqu'à la Corée. En même temps une puissance nouvelle commençait à s'agiter dans son berceau, et les hordes arabes se préparaient à s'élancer de l'Arabie, et, d'une main et le Coran de l'autre, le califat d'Orient remplaça le vaste empire d'Alexandre ; les deux mers, l'Oxus et le Shind, lui

servirent de limites : l'empire grec n'existait plus que réduit à d'étroites proportions ; mais l'empire chinois, sous les princes de Thang, s'avançait jusqu'à l'Inde ; le trône thibétain de Ty s'affermissait sur ses bases ; les Finnois orientaux, sous le nom de Khazars, s'établissaient au nord de la mer Caspienne, tandisque les Avares, traversant le Volga, pénétraient jusqu'au cœur de l'Allemagne, et que les Oigours ou Hoei-Hé campaient autour du lac Baïkal. — Après que le califat eut passé au pouvoir des Abbassides, il ne se soutint plus au degré de puissance où il était monté sous le célèbre contemporain de Charlemagne, Haroun-al-Raschid ; sous les successeurs de ce prince commença l'époque de décadence qui ne devait s'arrêter qu'à l'entière ruine. Mais au Thibet, dans l'Inde, en Chine, chez les Tongouses et les Khasars, l'autorité des chefs se consolidait, et la soumission des peuples à leurs souverains leur tenant lieu de civilisation, ils perdaient, peu à peu leurs habitudes féroces, et apprenaient à plier leur volonté sous la volonté d'un maître. — Le commencement du XIe siècle fut marqué par une révolution importante, à la suite de laquelle l'islamisme s'implanta dans l'Inde : Mahmoud de Ghazna envahit la riche contrée à laquelle autrefois les philosophes de la Grèce allaient demander la sagesse et les lumières, et il la soumit presque tout entière à ses lois. Les Samanides occupaient la Perse : les descendants de Mahmoud les en expulsèrent ; ceux-ci, à leur tour, cédèrent la place aux Seljoukides. L'apparition de Dghénghiz-Khan au XIIIe siècle vint tout changer ; ce conquérant mongol fonda le plus vaste empire qui ait jamais existé : l'empire d'Alexandre en Asie ne fut qu'une de ses provinces ; la Chine ; l'Asie centrale, la Perse, la Syrie, tout le pays depuis le lac Baïkal jusqu'aux limites septentrionales de la mer Noire, reconnurent ses lois ; mais à sa mort cet empire croula sous son propre poids. La dynastie des Ming s'établit dans la Chine à la place des Yuan, qui furent refoulés dans la Mongolie ; et les Turcs ottomans, déjà maîtres de l'Asie Mineure, passèrent le Bosphore et renversèrent pour toujours, dans l'antique Byzance, le squelette décharné qu'on appelait encore l'empire grec. — Au XVe siècle, un nouveau conquérant sortit des steppes de la Tartarie : ce fut Timur-Leng ; dans sa marche dévastatrice il ébranla tous les trônes de l'Asie, mais il ne créa rien ; il passa comme un torrent grossi par l'orage : dans son cours il dévaste ; mais quand il s'est écoulé, le mal se répare. Les empires que Timur avait menacés se raffermirent sur leurs fondements. Dans les siècles suivants, l'empire turc, la monarchie perse, l'empire mongol de l'Inde, celui de la Chine, au pouvoir des Mandchoux, sont parvenus à un très-haut degré de puissance ; mais à l'exception du premier, ils sont tous entrés dans les routes rapides de la décadence ; un nouvel empire s'est fortifié dans le nord, tandis que les autres s'affaiblissaient : c'est celui des Russes, qui, du fond des glaces polaires sont descendus jusqu'à l'Euphrate. D'un autre côté, les Anglais ont fondé sur les ruines de l'empire mongol une puissance d'une nature si envahissante, que d'un simple comptoir de marchands ils ont formé un trône qui s'appuie sur une population de 114,000,000 d'âmes (V. BENGALE, CALCUTTA, INDES ANGLAISES). — La civilisation remonte, en Asie, à des temps très-éloignés, mais en certains lieux elle s'est maintenue stationnaire, sans avancer ; dans d'autres, elle s'est rétrogradée ; en d'autres, elle s'est perfectionnée ; en d'autres encore, elle a tellement dégénéré, qu'elle a laissé à peine des traces de son existence : ainsi, dans la Chine, au Japon, où l'on ne peut douter qu'elle ne soit très-ancienne, elle n'a fait nul progrès, parce que les Chinois et les Japonais, enchaînés dans leurs usages, ont repoussé avec énergie toute sorte d'innovations, de quelque part qu'elles leur vinssent, et principalement de la part des Européens. Chez les peuples du Nord, au contraire, de même que chez les nomades du plateau central, on n'aperçoit pas le moindre vestige de civilisation antérieure. Dans l'Inde, elle a été poussée au plus haut degré en des temps qui précédent de plusieurs siècles l'ère vulgaire ; ensuite elle a disparu par l'effet des révolutions qui ont désolé cette belle contrée ; mais on y garde encore le souvenir d'Akber et d'Aureng-Zeb, qui, dans un temps où l'Europe sortait à peine de la barbarie du moyen âge, cherchaient à répandre les lumières autour de leur trône. Les Anglais, depuis qu'ils règnent dans l'Inde, y ont introduit la civilisation européenne. — On s'est demandé pourquoi la forme la plus générale du gouvernement en Asie est le despotisme : c'est que si, d'une part, les peuples ont senti l'avantage des grandes associations, de l'autre, toutes les religions de l'Asie ont mis en principe l'obéissance passive, divisé les hommes en classes, établi pour chacune des règles invariables qui ont rendu héréditaire la première impulsion reçue, et naturalisé en quelque sorte, au sein des sociétés qui se sont formées, l'arbitraire absolu des chefs et des gouvernants. Là où chacun doit rester au poste que la nature lui assigna par la naissance, où nul ne peut s'élever au-dessus de sa condition, où nulle carrière n'est ouverte aux ambitions particulières, les hommes doivent éprouver nécessairement une sorte d'indifférence pour tout ce qui est en dehors de la sphère où ils vivent ; et cette indifférence a laissé au despotisme tout le temps de s'asseoir et de s'affermir. Toutefois il ne faut point croire que le despotisme pèse également sur toute l'Asie, ni que les peuples qui vivent sous un prince despote soient les plus malheureux. On offrirait en vain la liberté à un Hindou, à un Chinois, il n'en voudrait pas ; et c'est parce que l'un et l'autre ne sacrifient point à cette divinité trompeuse, que les révolutions passent sur leur tête sans qu'ils les sentent. Les hordes nomades, depuis l'Arabie jusqu'au Kamtschatka, vivent libres ; quelques peuples nouveaux, tels que les Seikhs et même les Afhghans, croient à l'égalité politique, mais ils n'en jouissent qu'au profit de leurs chefs, et leurs mœurs n'en sont point meilleures, leur naturel n'en est pas plus doux. Les mœurs, les institutions, les lois elles-mêmes, reçoivent partout leur caractère essentiel des principes religieux établis ; le nomade, qui ne voit Dieu que dans son fétiche, ne peut avoir les mêmes idées qu'il aperçoit chez les peuples soumis à l'exercice d'un culte régulier. — Le brahmanisme règne exclusivement dans l'Inde ; on y trouve, il est vrai, des mahométans en grand nombre, des juifs, des chrétiens ; mais les uns et les autres sont étrangers à l'Inde : les premiers sont les descendants des conquérants ghaznevides et mongols ; les juifs sont là, comme par toute la terre, tolérés, mais odieux et sans patrie. Les intérêts du commerce, le désir de la fortune, y attirèrent les chrétiens de bonne heure ; les établissements qu'ils y ont formés n'ont été d'abord que des factoreries ; l'esprit de conquête est venu après. Le bouddhisme est né de la religion de Brahma, et il s'est étendu sur une grande partie de l'Asie. Plus dégagé d'abstractions, moins rigoureux dans ses préceptes, il a dû trouver plus de facilité à s'introduire parmi les hommes. Bouddha, sous divers noms, est le dieu qu'on adore dans toute la presqu'île au delà du Gange, au Thibet, dans la Mongolie et la Mandchourie, au Japon et dans la Chine, où le Fo du peuple n'est pas autre chose que le Bouddha indien. La religion de Confucius est celle de l'empereur, de ses mandarins et des lettrés, de même que dans le Japon celle du Sinto est réservée pour l'empereur et les grands de l'État. Tous les peuples du Nord n'ont point de religion proprement dite ; ils croupissent dans un grossier chamanisme. Il en est à peu près de même des habitants de l'Asie centrale : les chamans s'y partagent l'empire avec les fétiches. Le culte du feu ne se conserve que chez les Guèbres, successeurs des anciens sectateurs de Zoroastre ; on en retrouve encore quelques peuplades dans la Perse et dans le Caboulistan. La Perse en général est musulmane, de même que l'Arabie et tous les pays soumis autrefois aux califes. Au reste, comme l'islamisme est très-répandu en Asie, il se retrouve partout sous différentes formes, excepté dans la Chine et au Japon. Les Russes ont introduit dans leurs vastes domaines la religion grecque, mais il faut bien du temps encore pour faire, des grossiers idolâtres qui l'habitent, des hommes qui méritent le nom de chrétiens. Il y a des pays où toutes les croyances, mêlées et confondues, forment un amalgame indéfinissable : là, ce sont des juifs mêlant à leurs pratiques celles du brahmanisme ; là, des musulmans à demi orthodoxes, ou des bouddhistes semi-musulmans ; ici, d'autres joignent à leurs fétiches les dieux et les idoles du paganisme ; ailleurs, des chamans font leurs conjurations sacrilèges au nom du vrai Dieu ; partout des idées incohérentes, fausses, exagérées, dégradantes pour l'homme, injurieuses pour la divinité. On ne peut se dissimuler toutefois que depuis que les Européens fréquentent habituellement l'Asie, les idées grossières ne perdent peu à peu de leur caractère, pour faire place à des opinions plus rapprochées de la saine raison. La Turquie et la Perse ont donné l'exemple des progrès réels dans les voies de la sociabilité. Il est triste seulement pour les catholiques, de penser que ces progrès ne sont dus qu'au contact d'hommes qui, égarés eux-mêmes dans leur foi, ne peuvent répandre les lumières qu'accompagnées de leurs propres erreurs : c'est la coupe empoisonnée aux bords emmiellés. — L'Asie ne fait aujourd'hui que recevoir de l'Europe ce qu'elle lui donna jadis elle-même ; car c'est en Asie que naquirent la religion et la civilisation. On peut en dire autant des sciences et des arts : les ouvrages classiques

des Arabes, des Persans, et même des Turcs, les écrits des Chinois, et surtout les antiques chefs-d'œuvre de la langue sanscrite, prouvent qu'à une époque très-éloignée de nous les sciences florissaient dans l'Asie ; et lors même que nous n'aurions pas les *védas* ou livres sacrés des Hindous, les *Institutes* de Menou, le grand poëme de Viassa (le *Mahabarat*), le *Raghoa-Vangscha* de Kalidassa, l'un des plus grands poëtes de l'Orient, l'*Abignana-Sacontala* du même poëte, il nous suffirait de savoir, que Pythagore, Thalès et tous les anciens philosophes de la Grèce allaient chercher la *sagesse* dans l'Inde, pour que nous fussions convaincus que les sciences philosophiques et morales étaient très-avancées dans l'Inde à une époque antérieure de plusieurs siècles à la naissance de Jésus-Christ. Pour ce qui concerne les arts, qui ne sait que les riches tissus de l'Inde et de la Perse, les précieux lainages du Kashmir, les porcelaines de la Chine, embellissaient la demeure des fastueux proconsuls de Rome, longtemps avant qu'on sût en Europe fabriquer de la poterie grossière et des étoffes communes ? Qui ne sait que le commerce de l'Inde enrichit autrefois l'Égypte ? que plus tard il a fait la grandeur et la puissance des Vénitiens et des Génois ? Qui ne connaît l'histoire de ces caravanes qui, dans les premiers siècles de notre ère, et même depuis l'expédition d'Alexandre, allaient à travers l'Arabie, la Syrie et la Perse, chercher sur les bords du Shind les produits de l'inimitable industrie des naturels ? Nous ne pouvons ici descendre à aucun détail, ni même entreprendre d'offrir à nos lecteurs un tableau général des sciences, des arts et des lettres aux diverses périodes de l'histoire de l'Asie : ou nous serions trop courts en traitant un sujet aussi vaste, ou nous serions trop longs dans un article qui doit se borner à de rapides esquisses. Contentons-nous d'annoncer que cet objet fera la matière d'autant d'articles particuliers, qu'on trouvera aux mots ARABIE, PERSE, INDE, CHINE, SYRIE, etc., etc. — On compte en Asie plus de cent quatre-vingts idiomes ; mais la plus grande partie ne sont que des dialectes des langues principales, qu'on peut réduire, pour l'Occident, aux langues hébraïque, syriaque, mède et arabe, avec les langues du Caucase, qui dérivent très-probablement du sanscrit ; pour le Midi, à toutes les langues qui ont leur source dans le sanscrit, comme le pali, le pracrit, le devangari et l'indo - chinois ; pour l'Asie centrale, à la langue persane, fille du zend, et à celle des Tatars (souche des Turcs, des Turcomans, des Bachkirs, des Kirguis, des Boukhares, etc., de laquelle dérivent les dialectes du Tongou, de la Mongolie, de la Mandchourie, du Kalmouk, du Yakout, de la Turquie, etc.; pour l'Orient, le chinois (le japonais et le coréen sont de l'indo-chinois) ; enfin pour le Nord, les langues des Samoïèdes, des Kamtschadales, des Curiles, etc. Ajoutons que la langue des Ouigours, le plus ancien peuple civilisé de la haute Asie, s'est conservée dans le Thibet ; que le sanscrit s'est conservé de même, non sans altération, dans quelques cantons montagneux de l'Inde, et que le pehlwi, l'ancien idiome des Perses, se parle encore sur les frontières du Caboulistan. L'hébreu, le zend, le chaldéen, le phénicien, sont des langues mortes. — Les Européens n'ont eu, pendant plusieurs siècles, qu'une connaissance très-imparfaite de l'Asie. Les Grecs, avant Alexandre, ne reçurent que les notions vagues que leur apportaient leurs philosophes, qui, au fond, s'occupaient plus d'abstractions que de géographie et de statistique. La conquête d'Alexandre donna aux esprits une impulsion nouvelle : Denis d'Halycarnasse, Arrien, Moïse de Chorène, ajoutèrent de nombreuses observations aux récits très-incomplets d'Hérodote et de Xénophon. Au commencement du Xe siècle, la *Géographie orientale* de Massoudi, et les *Voyages* de Ibn-Haukal donnèrent de nouvelles lumières, le premier, en décrivant tous les pays connus des trois parties du monde ; le second, en donnant la statistique de tout l'empire arabe, ou plutôt de tous les lieux où florissait l'islamisme. En 1135 vint la *Géographie* d'Edrisi, et en 1232, celle d'Ibn-al-Wardi. Les pèlerinages du XIe siècle, les croisades des deux siècles suivants ajoutèrent aux connaissances des Européens. Mais le premier Européen qui ait visité l'Asie, c'est le dominicain Ascelinus, qui fut envoyé en 1245, par le pape Innocent IV, vers le khan des Mongols, et qui a laissé une bonne description de la Syrie et de la Mésopotamie. En 1250, le missionnaire André Lucimel alla prêcher l'Évangile dans la Mongolie, et il y fut suivi de près par Guillaume Rubruquis (dont le nom propre était *Ruisbroeck*), envoyé par saint Louis, roi de France. Vers le même temps, les Génois, qui s'étaient emparés du commerce de la mer Noire, étendirent jusqu'à l'Inde leurs spéculations commerciales à travers la Crimée, la Syrie et la Perse. Rubruquis fit un long séjour en Asie avec Nicolo Polo et le fameux Marc Polo, fils de ce dernier. On sait que Marc Polo passa trente-cinq ans dans la haute Asie, qu'il parcourut cette contrée en tous sens, que son titre d'ambassadeur auprès du grand-khan des Tatars-Mongols, depuis 1275 jusqu'à 1292, lui fournit les moyens de multiplier ses incursions; qu'il tint un journal très-exact de ce qu'il avait vu; qu'à son retour il traversa le détroit de Malaca; qu'il visita Sumatra, Ceylan, la côte de Malabar, et qu'il publia le résultat de son voyage sous le titre de *Mission de messire Marc Polo*. Le meilleur éloge qu'on puisse faire de cet ouvrage, c'est de dire que les récits de tous les voyageurs qui l'ont suivi confirment la justesse de ses observations. La géographie d'Aboul Féda, en 1345 (*Tanwin al Baldan*, ou *Description des pays habités*); celle d'Ibn-el-Nardi, en 1371; les *Voyages* de John Mandeville, et surtout ceux d'Ibn-Batuta en Inde et en Chine, depuis 1324 jusqu'en 1353, firent faire de grands progrès à la géographie de l'Asie. On consulte encore avec fruit les *Voyages* de ce dernier, qui ont été publiés à Londres en 1829 sous le titre de : *The travels of Ibn-Batuta, translated from the Arabic manuscript, copied by Lee*. De Marc Polo à Vasco de Gama, qui découvrit la route de l'Inde par le cap de Bonne-Espérance, on n'acquit point de lumières nouvelles; car bien que le nombre des voyageurs soit assez considérable, leurs récits sont tellement exagérés qu'ils ne méritent aucune confiance. Après Gama, qui donna l'essor au génie des découvertes, les Russes ont exploré les régions septentrionales; les jésuites ont donné sur la Chine et sur le Japon des connaissances exactes; de nombreux missionnaires ont pénétré dans la presqu'île au delà du Gange, les Espagnols ont conquis les Philippines, les Hollandais ont fondé Batavia, les Français avaient formé des établissements sur la côte de Coromandel; depuis un siècle enfin la domination anglaise s'étend sur l'Inde; de nos jours c'est le colosse russe qui porte ses bras au-dessus le Caucase, et vient étreindre la Turquie et la Perse; et de tous ces bouleversements politiques a jailli un faisceau de lumières, dont l'histoire et la géographie s'éclairent.

ASIE MINEURE (*V.* ANATOLIE et le commencement de l'article précédent, avec tous les renvois qui s'y trouvent indiqués).

ASIENTO, nom donné par les Espagnols au traité qu'ils firent au XVIIe siècle avec plusieurs puissances pour qu'elles fournissent des esclaves nègres à leurs colonies américaines. Après l'avénement de la maison de Bourbon au trône d'Espagne, il s'était formé en France une compagnie sous le nom de *Compagnie de l'Assiente*, chargée de cet odieux trafic. Les Espagnols avaient cherché d'abord à transporter en Amérique des cultivateurs européens, et ils avaient échoué dans leurs tentatives; ils songèrent alors à imiter les Portugais, qui retiraient de gros avantages de la traite des noirs, et ils s'adressèrent aux Anglais et aux Hollandais, qui, moyennant certaines redevances, s'obligèrent à leur vendre des hommes. Philippe V transporta le privilége à la compagnie française de Guinée (1702); mais à la paix d'Utrecht (1713), la France céda la fourniture des noirs aux Anglais, et le cabinet espagnol traita directement avec celui de Saint-James. Les Anglais obtinrent les mêmes conditions qui avaient été antérieurement accordées aux Français; on leur accorda de plus le droit d'expédier en Amérique un vaisseau de cinq cent à six cent cinquante tonneaux de marchandises anglaises; de leur côté ils s'engagèrent à livrer tous les ans de trente-huit à quarante mille esclaves. Les choses restèrent en cet état jusqu'en 1739. La guerre qui éclata pour lors entre ces deux puissances suspendit l'exécution du traité, laquelle, après la paix d'Aix-la-Chapelle (1748), ne fut reprise qu'imparfaitement, parce que durant la guerre, les Portugais, les Vénitiens et les Espagnols eux-mêmes s'étaient emparés de ce commerce qui, durant l'espace d'environ trois cents ans, a versé dans les colonies espagnoles huit ou neuf millions d'Africains, dont il ne reste rien ou presque rien. On peut consulter sur cet objet le dictionnaire *del Asiento*, par D. Jose Arguelles, publié à Madrid.

ASILE, ASILE (*jurispr.*), ASILE (*droit d'*), ASILE (*champ d'*), ASILE (*maison d'*) (*V.* ASYLE). On a toujours écrit *asyle* du latin *asylum* (qui lui-même est dérivé de l'α privatif des Grecs, et de συλάω, je ravis, j'arrache). Depuis quelques années on écrivait *asile*; mais il est évident que, pour rapprocher l'orthographe du mot français de son étymologie latine ou grecque, c'est *asyle* qu'il faut écrire.

ASILE, genre de diptères de la famille des tangstomes de Latreille, type de la famille des asilides. Les Romains, au rap-

port de Pline, appelèrent *asiles* les insectes que les Grecs appelaient *œstres*, lesquels se nourrissaient du sang des animaux. Linné a adopté le mot latin, mais il distingue l'asile ou œstre du taon, dont il fait trois genres, et il rapporte au genre *asile* treize espèces diverses. Au surplus, l'asile et le taon se ressemblent beaucoup par la forme et par les mœurs. L'asile a une trompe cornée, dirigée en avant et contenant un suçoir; un thorax gibbeux, des ailes allongées, des pattes longues, fortes, terminées par deux grands crochets; un abdomen allongé, rétréci dans sa partie postérieure; le corps velu, hérissé d'épines. L'asile est de grande taille; sa couleur est le noir tranché de jaune, de gris et de brun; il est carnassier, dangereux pour les autres insectes, qu'il tue très-promptement d'un coup de sa trompe. Il tourmente de ses piqûres les bœufs et les vaches, ce qui lui a fait donner le nom de *mosca boaria* ou *bucularia*. — On trouve l'asile dans le nouveau comme dans le vieux continent; il abonde surtout dans les pays chauds.

ASIMAH, divinité qu'on adorait à Samarie et à Emath. On la représentait tantôt sous la figure d'un singe, tantôt sous celle d'un bouc, ce qui fait présumer qu'on la regardait comme présidant au plaisir des sens. Quelques-uns confondent Asimah avec le grand Pan des Egyptiens. Il en est fait mention dans le IVe liv. des *Rois*, 17, 30.

ASINA, surnom qu'on donnait à Rome à la famille des Cornélius, parce que l'un d'eux, Cornélius Scipion, ayant acheté un fonds de terre, et le vendeur lui ayant demandé caution, il envoya une ânesse chargée de sacs d'argent.

ASINARIES ou ASINAIRES, fêtes instituées à Syracuse en mémoire de la destruction totale de la flotte athénienne commandée par Nicias et Démosthène. Cet événement se passa sur le bord du fleuve *Asinarius* (aujourd'hui *Falconara*, rivière de la Sicile).

ASINIUS POLLION, orateur, poëte, général, historien, se fit un nom sous l'empire d'Auguste par ses exploits et par ses écrits. Il fut consul l'an 714 de Rome, obtint les honneurs du triomphe pour avoir défait les Dalmates, ne cessa de faire ostentation de ses idées républicaines, et néanmoins servit Jules César, puis Marc-Antoine le triumvir, puis Auguste qui l'honora constamment de son amitié. Ce qui plus que tout a contribué à sa célébrité, c'est d'avoir été l'ami d'Horace et de Virgile, qui tous deux l'ont célébré dans leurs vers. Il avait, dit-on, composé des poëmes, des tragédies, des comédies, une histoire des guerres de César et de Pompée en dix-sept livres: mais tous ces ouvrages sont perdus; il ne reste de lui que trois lettres qui se trouvent parmi celles de Cicéron. Il mourut octogénaire, l'an 4 de J. C. —*Asinius Gallus*, fils de l'orateur, fut consul dix ans avant la mort de son père. Il avait épousé Vipsania, que Tibère avait répudiée. Ce mariage lui attira l'inimitié de l'empereur, et pour s'y soustraire, il se laissa mourir de faim. Il avait composé un parallèle entre son père et Cicéron, et comme il fallait s'y attendre, il a placé le premier fort au-dessus du second; mais ce jugement, fruit d'une aveugle piété filiale, n'a pas été confirmé par Quintilien.—*Asinius Quadratus*, écrivain du IIIe siècle, a composé en grec une histoire romaine qu'il intitula *Millénaire*, parce qu'elle contenait un espace de mille ans.

ASIOLI (BONIFACE), musicien compositeur, né dans le duché de Modène en 1769. Dès sa plus tendre enfance, il composa des morceaux de musique de différents genres. Il est mort à Correggio, son pays natal, en 1832. On lui doit plusieurs écrits sur la musique; ils sont savants, mais fort peu connus en France. On distingue dans le nombre le *Trattato di armonia*; les *Principi elementari*; la *Preparacione al bel canto*.

ASIONGABER (*géogr.*), port de l'Idumée, sur la côte occidentale du golfe Elanite, près d'*Ælana*. Ce port reçut plus tard le nom de *Bérénice*. C'était de là, dit-on, que partaient les flottes de Salomon pour se rendre à Ophir.

ASITIE (*t. de médec.*, de σῖτος, aliment, et de l'α privatif) abstinence d'aliments.

ASKE ou ASKUS, nom du premier homme dans la mythologie scandinave; il eut pour femme Emla. D'eux sont descendus tous les habitants de la terre.

ASKEW (ANNE), née en 1551 dans le Lincolnshire avec une imagination fantasque et déréglée, afficha de bonne heure des principes religieux en opposition aux croyances reçues. Elle fut dénoncée au sombre Henri VIII, qui la fit examiner par les évêques, le lord-maire et le chancelier. Ceux-ci la condamnèrent. Il paraît qu'elle fut aussi accusée d'entretenir des correspondances secrètes avec des ennemis de l'Etat, car elle fut appliquée à la question pour qu'elle découvrit ses complices. Elle résista, dit-on, à cette douloureuse épreuve, et ne confessa rien. Elle fut brûlée vive en 1546; elle avait alors vingt-cinq ans.

ASLANI, nom que les Turcs donnaient à une ancienne monnaie d'argent de Hollande; elle portait l'effigie d'un lion; mais ce lion était si mal fait, que les Arabes, qui le prenaient pour un chien, l'appelèrent *abukesb*. Elle est aujourd'hui hors d'usage.

ASMODÉE, nom d'un certain démon qui obsédait la fille de Raguel. Parmi les différentes explications qu'on a données de ce nom, la plus simple et la plus naturelle est celle des étymologistes, qui le dérivent du verbe hébreu *haschmed*, qui signifie *détruire*, *exterminer* (*V.* Tob. III, IV, VIII). Le Rabbin Elias prétend qu'Asmodée est le même que Samaël (*V.* SAMAEL). Beaucoup d'écrivains juifs font naître Asmodée de l'inceste de Tubalcaïn et de Noëma, sa sœur; ils ajoutent qu'après avoir détrôné Salomon, il se mit à sa place; mais que Salomon l'ayant pris à son tour, l'enchaîna et le força de l'aider à la construction du temple.

ASMONÉE ou ASSAMONÉE, de la tribu de Lévi, père de Simon, donna son nom aux Machabées ou descendants de Matathias, son petit-fils.

ASMONÉENS, descendants de Matathias, ainsi nommés parce qu'ils étaient originaires d'Asmon ou Asamon, ville de la tribu de Siméon (*V.* MACHABÉES).

ASMUND (*hist. de Suède*), successeur de Suibdager, qui avait péri dans un combat contre Hadding, roi de Danemark. Asmund voulut venger son père, mais Hadding était un guerrier redoutable. Le prince de Suède, Eric, fut renversé de la main du Danois. Asmund lui-même reçut un coup de lance qui lui traversa la poitrine. La reine Gulnida, dans un accès de désespoir causé par la double perte qu'elle éprouvait, se tua de sa propre main. — *Asmund* II, fils d'Isgard, qui avait péri sous le fer de ses sujets rebelles, prit les armes contre ces mêmes rebelles, autant pour le subjuguer que pour les punir. La fortune le favorisa; il fit tout rentrer dans le devoir; après quoi il ne s'occupa plus que du bonheur de ses peuples. Il aplanit les chemins, établit des communications nombreuses, éleva des villes et des villages, abattit des forêts, nettoya le pays de malfaiteurs; il enfin tout ce qu'il pût faire pour rendre heureux les Suédois. Il périt en 564 dans un combat qu'il eut à soutenir contre son propre frère, qui lui disputait la couronne. — *Asmund* III s'empara du trône de Suède, persécuta le christianisme qui commençait à se montrer dans ses Etats, en fut chassé par ses sujets, devint chef de pirates, et périt dans un combat l'an 748. — *Asmund* IV, surnommé *Kolbrenner* (brûleur), fit une loi d'après laquelle tout individu qui faisait tort à un autre était condamné à voir brûler sa propre maison en tout ou en partie, suivant que le dommage était considérable ou léger. Il favorisa les progrès de l'Evangile et montra les meilleures intentions; mais il se laissa entraîner dans une guerre contre le Danemark, et il y fut tué l'an 1035. — *Asmund* V, frère et successeur du précédent, fut loin de suivre son exemple; il laissa les lois s'affaiblir et perdre leur pureté. Pour mettre un terme aux querelles du Danemark et de la Suède, il céda aux Danois la province de Scanie, objet du litige; mais ses sujets lui en firent un crime et lui donnèrent le surnom de *Slemme*, imputant la cession à faiblesse et lâcheté. Asmund voulut se laver de ce reproche; il déclara rétracter la cession, la guerre se ralluma, et le roi de Danemark l'ayant assiégé dans un château, il fut tué sur la brèche en 1041.

ASNAH (*V.* ESNEH).

ASNOIS (*V.* POTÉ D'ASNOIS).

ASODE, de *a*, dégoût, s. des deux g. C'est le nom donné par Sauvages à une espèce de fièvre continue accompagnée d'anorexie, de dégoût, d'anxiétés, d'angoisses précordiales; mais cette dénomination a paru trop vague, et elle a été abandonnée.

ASOF (*V.* AZOF).

ASOPE, fils de Neptune, donna son nom à une ville de la Lucanie, près de Cyparisse, et à plusieurs fleuves de l'ancienne Grèce. Le plus connu de ces fleuves (qui ne sont guère que de grands ruisseaux) était celui de la Béotie, qui sortait du Cithéron, traversait la plaine de Platée, et se jetait dans la mer, en face d'Erithrée, ville de l'île d'Eubée ou Négrepont.

ASORATH, livre des musulmans qui renferme les interprétations des premiers califes et des docteurs les plus nommés sur les points obscurs du Coran, ou sur quelque point fondamental de doctrine. C'est, après le Coran le livre le plus respecté.

ASPALATH (*hist. nat.*), gros buisson ligneux et épineux qui croît dans l'île de Rhodes et sur les bords du Danube. Son bois est pesant, rougeâtre sous l'écorce, amer au goût, mais d'une odeur agréable; les parfumeurs s'en servent pour donner du corps à leurs parfums. On en tire une huile essentielle dont l'odeur est si semblable à celle de l'huile de rose, qu'on les donne souvent l'une pour l'autre. Les anciens appelaient l'aspalath *rhodium lignum*; mais on ne sait s'ils voulaient dire par le mot *rhodium*, provenant de Rhodes, ou bien ayant l'odeur de la rose.

ASPALAX ou SPALAX, nom grec de la taupe, donné à un genre de mammifères de l'ordre des rongeurs. C'est l'animal qu'en France on appelle communément *rat-taupe* (*V.* RATTAUPE, SPALAX ou TALPOIDE).

ASPARAGÉES, ASPARAGINÉES, ASPARAGOIDES. Ces trois mots qui servent à désigner le groupe de plantes qui ont pour type l'asperge, n'ont pas la même signification. Il paraît que les botanistes s'accordent assez à donner la première dénomination, ainsi que l'a fait M. de Candolle, à une tribu de la grande famille des liliacées, et à donner la seconde, avec M. de Jussieu, à une famille particulière qui se distingue des liliacées par ses fruits contenant un certain nombre de graines, et par des feuilles presque toujours sessiles; mais d'autres botanistes subdivisant cette famille, donnent le nom d'*asparagoïdes* aux espèces à fleurs hermaphrodites, et de *smilacées* à celles dont les fleurs n'ont qu'un sexe. — Les asparaginées, selon M. Richard, renferment cent quatre-vingts espèces qu'il distribue en vingt-sept genres ou en deux tribus: les *asparagides vraies*, présentant un stigmate unique, simple ou trilobé, et les *paridées*, qui offrent quatre stigmates distincts. Il faut dire toutefois que la division en vingt-sept genres est un peu vague, et que les limites qu'on leur assigne ne sont pas toujours bien marquées. De toutes les espèces d'asparaginées, l'asperge exceptée (*V.* ce mot), la plus intéressante est le *dragonnier* (*V.* DRAGONNIER, *dracœna*). Viennent ensuite le *convallaria maialis*, ou muguet de mai; le *ruscus* ou *fragon*; le *smilax*, dont plusieurs espèces fournissent la salsepareille (*V.* MUGUET DE MAI, FRAGON, SMILAX).

ASPARAGINE, s. f. principe cristallisable découvert dans le suc de l'asperge par Vauquelin et Robiquet, et successivement dans la pomme de terre. L'asparagine contient:

| 37,81 carbone, | 5, 66 hydrogène, |
| 34, 39 oxygène, | 22, 14 azote. |

Cette substance, insoluble dans l'alcool, ne précipite par aucun réactif. Les acides et les oxydes métalliques la transforment en un acide particulier que M. Plisson désigne par le nom d'*acide aspartique*. L'asparagine a été pareillement découverte dans la guimauve (*V.* ALTHÉINE), et il paraît que c'est un principe immédiat très-commun dans les végétaux.

ASPASIE, de Milet, fille d'Axiochus, courtisane célèbre, et, à ce qu'on dit, philosophe ou sophiste (ces deux mots se prennent souvent l'un pour l'autre quand il s'agit des personnages de l'antiquité). On croit qu'avant de se rendre à Athènes, elle passa quelque temps à Mégare où elle mérita, par sa conduite, la première des deux qualifications qu'on lui donne. Il appartenait aux grands hommes d'Athènes, vivant de son temps (non pas seulement les jeunes gens débauchés comme Alcibiade, mais encore les héros tels que Périclès, et le sage des sages comme Socrate), de placer la courtisane Aspasie au rang des précepteurs de morale philosophique. — Aspasie, en arrivant dans Athènes (441 avant J. C.), savait qu'au siècle précédent la courtisane Thargélie, qui, selon Plutarque, joignait à la beauté beaucoup d'esprit et un doux langage, avait fait servir ses charmes à séduire les guerriers grecs, à les énerver en leur faisant contracter le goût des plaisirs, et à préparer ainsi le triomphe des Perses: Aspasie voulut employer tous les siens, soutenus par tout l'ascendant de son esprit, à se créer un parti, à devenir chef de secte, si elle ne pouvait attacher à son char les hommes qui régissaient la ville de Minerve, et dominer par eux sur toute la Grèce. La corruption qui régnait alors dans Athènes favorisa son double projet. Anaxagore, qui l'avait précédée, enseignait la philosophie; Aspasie enseigna la politique et l'éloquence. L'un et l'autre eurent des disciples. Ils affluèrent surtout à celle des deux écoles où les leçons sortaient d'une bouche sur laquelle on voyait s'agiter le feu de la débauche, celle où le complaisant professeur d'éloquence s'entourait de jeunes filles toutes disposées, par son exemple et par leur propre dépravation, à mettre en action la morale du vice. Ce qu'on doit trouver de plus surprenant, c'est de voir les disciples du philosophe accourir, chez la courtisane, et de trouver parmi eux Périclès et Socrate. Périclès fut même si bien subjugué par les grâces de sa personne et de son esprit, qu'il ne craignit pas de donner le scandaleux spectacle d'un injuste divorce, et d'épouser la femme sans pudeur qui s'était emparée de ses affections. Quant à Socrate, dont quelques écrivains voudraient sauver la gloire, par respect sans doute pour la sagesse païenne, en peignant comme très-innocentes les relations du philosophe avec la courtisane, il est certain qu'il passait la plus grande partie de son temps chez Aspasie, et que c'était là qu'allaient le chercher ses propres disciples. Mais ce qui plus que tout peut servir à déterminer quelle était la nature des rapports qui existaient entre ces deux personnages, c'est de retrouver dans les paroles que le divin Platon prête à son maître dans son dialogue sur la République toutes les doctrines d'Aspasie sur la communauté des femmes, et autres matières semblables, et certes on ne croira pas que Platon n'ait pas été l'écho fidèle des expressions de Socrate (V. Communauté des femmes ; Socrate). Ainsi Aspasie, régnant également sur Socrate et sur Périclès, put gouverner l'État par la main du second, et modifier, par le premier, toute la philosophie morale. — Cependant tous les Athéniens n'étaient pas séduits. Un poëte comique, Hermippus, accusa d'impiété l'épouse de Périclès, il allégua qu'Aspasie débauchait des femmes et des filles pour servir aux plaisirs de Périclès et de ses amis. Périclès défendit Aspasie devant l'aréopage, et il réussit à la sauver, mais il laissa condamner son ancien maître Anaxagore, qu'on accusait aussi d'impiété ; tout ce qu'il obtint, ce fut la commutation de peine : l'exil au lieu de la mort. Phidias, autre ami de Périclès, Phidias, l'honneur de son art, accusé vers le même temps pour le même crime, termina dans les fers sa carrière. — Aspasie paya Périclès comme on pouvait le prévoir d'une femme qui n'aurait pas craint de devenir l'épouse de tout le peuple athénien : à peine Périclès eut-il fermé les yeux, qu'elle épousa un homme de basse et vile extraction, dit Plutarque ; un nommé Lysiclès, revendeur de bétail. Elle fit tant, il est vrai, par ses intrigues, qu'elle éleva Lysiclès aux premières charges de l'État. On ignore la date de la mort d'Aspasie ; on ignore de même celle de sa naissance. — On fait à Aspasie le juste reproche d'avoir suscité la guerre de Mégare pour venger l'injure prétendue de deux de ses courtisanes que de jeunes Mégariens avaient enlevées, et cette guerre de Mégare entraîna celle du Péloponèse, fatale aux Athéniens. Le reproche bien plus grave encore qu'on doit lui faire au nom des bonnes mœurs et de la pudeur publique, c'est d'avoir, dans son école de prostitution, réduit en art la profession infâme qu'elle exerçait ; d'avoir, par ses élèves, semé la dépravation dans toutes les cités de la Grèce ; d'avoir favorisé, servi la débauche de Périclès en attirant chez elle ou en y recevant les nombreux jeunes athéniens qui se prêtaient aux désirs du héros sybarite. — On a trouvé surprenant que les poëtes de cette époque ne se soient pas élevés contre la liaison de Périclès et d'Aspasie pour le temps qui précéda leur union, et qu'ils aient poursuivi de leurs traits les deux amants lorsqu'ils eurent contracté un lien sacré. Nous ne voyons là rien qui doive étonner. La liaison de Périclès et d'Aspasie ne fut d'abord qu'une coupable faiblesse, et par égard pour le héros et l'homme public, on ne relevait pas les torts de l'homme privé ; mais lorsque, se livrant sans réserve à la plus vile passion (la beauté, l'esprit d'Aspasie ne devaient que la rendre plus méprisable aux yeux de l'homme honnête), Périclès répudie la mère de ses deux enfants, de ses deux fils que son propre exemple entraîne à la plus sale débauche, qu'il s'unit scandaleusement à une femme dont on pouvait sans doute admirer les talents, mais qu'on ne pouvait estimer ; lorsqu'il flétrit ses propres lauriers en les associant à la honte qui s'attache au nom de sa nouvelle épouse ; qu'il sacrifie à sa divinité les véritables intérêts d'Athènes ; faut-il que les Athéniens restent muets ? faut-il qu'ils ménagent l'homme qui ne se ménage pas lui-même ? — Il existe au Vatican un buste de marbre, découvert il y a quelques années à Civita-Vecchia, représentant Aspasie ; son nom du moins se trouve gravé au-dessous du buste en lettres grecques. — Quant aux ouvrages qu'on dit d'Aspasie avoir composés, il n'en reste absolument rien ; car on ne saurait croire qu'un panégyrique, rapporté par Platon qui le lui attribue, soit réellement de cette femme ; il suffit de savoir, pour convertir le doute en certitude négative, que dans ce panégyrique (qui a pour objet de célébrer la mémoire des guerriers morts pour la patrie), on trouve un tel enthousiasme pour la vertu, que cet écrit aurait été la plus amère censure des mœurs de la courtisane.

On sait bien qu'un homme de talent peut écrire contrairement à ses opinions, l'esprit lui tenant lieu de conviction, mais cela ne peut être que dans le cas où ses opinions ne sont point connues. Mais quel homme affichant le vice, la corruption, l'immoralité, s'avisera de vanter les charmes de la vertu ? Non, la courtisane Aspasie n'écrivit point des leçons que sa conduite aurait publiquement démenties.

ASPECT, du latin aspectus, action de regarder, apparence extérieure de l'objet qu'on regarde. L'aspect diffère de la vue en ce que la vue ne se dit que de l'application de la faculté de voir à un objet quelconque, au lieu que par aspect on entend plus particulièrement la manière dont un objet se présente à la vue. C'est principalement dans ce sens que les peintres et en général les artistes emploient ce mot. On dit : Ce paysage est d'un aspect agréable ; ce précipice, cette montagne est d'un aspect trop sombre. L'architecte cherche à placer l'édifice qu'il élève sous le plus bel aspect : — Les marins entendent par aspect des côtes, des plans exacts d'une côte, afin de reconnaître cette côte à l'aspect. En t. de jardinage, on prend aspect pour exposition ; ainsi on dit que certaines plantes aiment l'aspect du midi. Au figuré, aspect signifie apparence extérieure : Voilà une affaire qui se présente sous un mauvais aspect. — En t. d'astronomie, aspect se dit de la situation des étoiles ou des planètes entre elles. Les astrologues désignaient par ce nom certaine configuration, certaine relation mutuelle entre les planètes, provenant de leur situation dans le zodiaque, situation qui, selon eux, augmentait ou diminuait leurs forces, suivant que les qualités actives qu'ils supposaient en elles se convenaient ou se contrariaient. — On peut définir aussi l'aspect par rencontre ou angle des rayons lumineux qui viennent de deux planètes à la terre. Les astrologues ajoutaient que ces diverses rencontres avaient la propriété de produire des influences naturelles. La science et le bon sens ont fait enfin justice des illusions astrologiques ; nous ne nous occuperons donc pas d'indiquer les divers aspects définis par les astrologues ; nous dirons simplement que les astronomes ne distinguent aujourd'hui que trois sortes d'aspects qu'ils désignent d'ordinaire par les noms spéciaux de conjonction, d'opposition et de quadrature. Il y a conjonction quand les longitudes astronomiques des deux astres sont les mêmes ; opposition, quand ces longitudes diffèrent d'une demi-circonférence, ou que les rayons émanés des deux astres se projettent sur des points opposés de l'écliptique ; quadrature, quand les longitudes ne diffèrent que d'un quart de circonférence (V. Conjonction, Opposition, Quadrature).

ASPENDIAS, célèbre joueur de lyre de la ville d'Aspende dans la Pamphylie. Il ne touchait les cordes que de la main gauche ; mais il les effleurait si légèrement, que souvent lui seul pouvait s'entendre. De là était venu le proverbe grec par lequel on désignait un égoïste : c'est le musicien Aspendias, il ne joue que pour lui seul.

ASPER (hist. nat.), petit poisson qu'on trouve dans le Rhône, et qu'on nomme asper à cause de la rudesse de ses écailles. Il a la tête large et pointue, la gueule médiocre et dépourvue de dents, la mâchoire dure et âpre au toucher. Il est rougeâtre et tacheté de noir ; sa chair, assez bonne à manger, passe pour apéritive.

ASPERGE (asparagus officinalis), plante vivace de la famille des asparaginées. Elle croît à l'état sauvage en Russie et en Pologne ; les Romains en faisaient grand usage. En France, et dans les contrées méridionales ou centrales de l'Europe, on la cultive avec beaucoup de soin ; elle donne une fleur vive, campaniforme et sans calice, à pétale évasé et recourbé par son bord. — Les asperges aiment un sol léger, ses racines durent trois ans ; mais, dans l'intervalle, il se forme sur les racines des griffes nouvelles, de sorte qu'un semis d'asperges peut durer douze ou quinze ans sans avoir besoin d'être renouvelé. On conserve l'hiver les plants en pleine terre en les couvrant de châssis qu'on entoure de fumier. Les asperges se multiplient en semis faits sur place, ou en pépinières, qui fournissent les griffes ou pattes qu'on transplante à demeure. On dit que l'asperge a produit par la culture plusieurs variétés ; mais il est à remarquer que les espèces qu'on désigne comme variété ne survivent pas au changement de place ou de localité, ce qui doit faire supposer que ce qui fait la variété n'est produit que par quelque accident de terrain, d'exposition, etc. L'asperge est un aliment très-sain, qui convient à tous les tempéraments et à tous les âges ; elle communique à l'urine une odeur fétide qu'on peut prévenir par l'assaisonnement à l'huile et au vinaigre, et un jaune d'œuf délayé dans cette sauce. Il est plus que probable que cette espèce de phénomène tient à la propriété que cette plante possède de s'assimiler très-promptement les matières végétales et animales dont elle peut aspirer les sucs, et que de matières putrides elle transforme en substance alimentaire. La racine de l'asperge, composée d'un paquet de radicules de la grosseur d'un tuyau de plume, sont en pharmacie une des cinq racines apéritives majeures. On compose un sirop de pointes d'asperges qui convient dans les maladies de cœur et de poitrine. On pile des pointes d'asperges fraîches, on filtre le suc au papier joseph; sur une livre de ce suc on met vingt-huit onces de sucre blanc cristallisé, et on cuit au bain-marie, puis on passe à la chausse de laine, et on conserve dans de bonnes bouteilles. La dose est d'une demi-once à une once matin et soir; on peut la prendre pur ou délayé dans un verre de tisane. Ce sirop ne fatigue point l'estomac.

ASPERSION, du latin *aspergo*, je répands. C'est l'action de répandre avec un aspersoir, sur un corps quelconque, de l'eau ou tout autre liquide disséminé en petites gouttes. L'aspersoir, que plus communément on appelle goupillon, est un morceau de bois ou de métal, à l'extrémité duquel on attache plusieurs brins de poil. On conçoit que lorsqu'on trempe dans l'eau ce goupillon, et qu'ensuite on le secoue par l'autre extrémité du manche, on fait tomber une petite pluie de gouttes. La plupart des anciens peuples pratiquèrent l'aspersion à la place de l'ablution, qui quelquefois devenait impossible. Les Romains faisaient des aspersions d'eau lustrale sur ceux qui entraient dans les temples; sous la loi de Moïse on le faisait de fréquentes aspersions (*Nombr.* XIV, 18). Quelquefois l'aspersion se faisait avec une branche d'arbre (*V.* au surplus GOUPILLON). L'aspersion a été adoptée par l'Église dans une infinité de cérémonies religieuses. Quand on dédie ou qu'on consacre un autel, avant la célébration des saints mystères, après la plupart des bénédictions, aux cérémonies funèbres, au baptême des cloches, au temps des Rogations, dans certaines fêtes indiquées par le rituel, le prêtre fait des aspersions d'eau bénite (*Voy.* ABLUTION, IMMERSION, SACRIFICES des anciens).

ASPÉRULE, s. f. (genre de plantes de la famille des rubiacées de Jussieu, *tétrandr. monogyn.* de Linné). L'aspérule odorante, ou muguet des bois, passe pour astringente ou tonique, mais on en fait peu d'usage. L'aspérule *cynanchica*, ou herbe à esquinancie, s'emploie avec succès en gargarisme contre l'esquinancie. Il existe une troisième espèce d'aspérule, que Linné appelle *tinctoria*; elle fournit une couleur analogue à celle de la garance.

ASPHALIQUE (*poste*), se dit d'une encre de sûreté dont se servent en plusieurs lieux les agents comptables de l'administration des postes, pour la confection de certaines pièces de comptabilité. Des falsifications qui avaient eu lieu à l'aide de procédés chimiques sur des mandats d'articles d'argent motivèrent, en novembre 1834, un arrêté de l'administration portant qu'à l'avenir on n'emploierait que l'encre asphalique, qui, lorsqu'elle est bien faite, paraît capable de résister à tous les réactifs connus.

ASPHALTE, s. m. (bitume solide ou bitume de Judée). L'asphalte a été nommé bitume de Judée, parce qu'on l'a tiré d'abord du lac Asphaltite, ou mer Morte; mais on donne aujourd'hui le nom d'asphalte à tout bitume solide, à celui de la Suisse, à celui des Grecs, à celui des Romains, etc. Sec, friable, inflammable, l'asphalte est inodore à froid, mais il répand en brûlant une forte odeur empyreumatique. Le frottement lui communique l'électricité résineuse. Il fournit, par la distillation, une huile blanche et claire qu'on a longtemps regardée en Allemagne comme antispasmodique. Quand l'asphalte se lève en masses, il est solide, noir, opaque; quand on le lève par tranches minces, il est friable, sa couleur vers les bords tire sur le rouge; sa cassure est inégale, mais brillante. L'asphalte se ramollit assez promptement lorsqu'il est exposé à l'action du feu, et bientôt après il entre en fusion. Les Égyptiens employaient l'asphalte pour embaumer leurs momies; mais comme ils employaient aussi le naphte, il est probable qu'ils faisaient dissoudre la première de ces substances dans la seconde. Les bitumes solides se trouvent assez souvent dans les terrains tertiaires, et c'est avec assez d'abondance, pour qu'ils puissent faire l'objet d'une exploitation réglée. Des exploitations de ce genre existent à Menot et à l'Escorchade (Puy-de-Dôme), à Lobsann (Bas-Rhin), à Seyssel (Ain), etc. Dans ces deux derniers lieux l'asphalte se trouve dans un grès sablonneux qui donne à peine trois pour cent, ou bien dans une roche calcaire; on retire de celle-ci jusqu'à

douze pour cent. On extrait du grès la substance, à laquelle on donne le nom de *malthe* ou *pétrole* (*V.* MALTHE, PÉTROLE). Le calcaire fournit le ciment asphaltique qu'on emploie aujourd'hui avec beaucoup de succès au pavage des trottoirs des rues, des cours, des places publiques, des ponts (*V.* NAPHTE, BITUME, CIMENT ASPHALTIQUE).

ASPHALTITE (lac) (*V.* MER MORTE).

ASPHODÈLE (ἀσφοδελος), plante vivace à fleurs liliacées, originaire de l'Italie. Du milieu de la fleur sort un pistil qui devient par la suite un fruit presque rond, charnu et triangulaire, divisé intérieurement en trois loges qui renferment des graines triangulaires. Il y en a deux espèces principales : *l'asphodèle à fleurs liliacées, asphodelus ramosus*, vulgairement appelé *verge de Jacob* ou *bâton royal*, dont les feuilles, bouillies, s'emploient quelquefois en médecine comme diurétiques. La racine abonde en fécule; on en a fait du pain en temps de disette. *L'asphodèle à fleur blanche*, en forme d'épi allongé, est une plante d'agrément qui vient en juillet. C'est *l'asphodelus spicatus*. On donne le nom d'*asphodélées*, ou *asphéloïdes*, à une famille de plantes monocotylédones, apétales, hypogynes. Quelques botanistes en ont fait un genre de la famille des liliacées. Il faut dire que ces asphodélées, auxquelles on donne pour type l'asphodèle, ne se distinguent des liliacées que par des nuances légères qu'il est difficile de saisir ou même d'apercevoir. Aussi plusieurs botanistes n'ont pas admis cette classification de Jussieu, quoique Brown l'ait adoptée, tout en convenant qu'il n'a pas su voir entre les deux familles des caractères distinctifs.

ASPHYXIE (ἀσφυξία de σφύξις pouls, et de l'α privatif). Conformément à l'étymologie, ce mot n'a servi pendant longtemps qu'à exprimer ce qu'on entend aujourd'hui par *syncope* (*V.* SYNCOPE); mais on ne l'emploie guère actuellement que pour exprimer la cessation de la respiration, et par suite celle des fonctions cérébrales, de la circulation et des autres conditions d'existence (*V.* RESPIRATION). On distingue plusieurs sortes d'asphyxie : 1° *Asphyxie par submersion;* telle est celle des noyés (*V.* NOYÉS), qui ne meurent que parce que, ne pouvant pas respirer dans le liquide où ils se trouvent plongés, l'absorption aérienne cesse de s'opérer, et que, par suite, le sang veineux n'étant plus vivifié par cette absorption, ne se convertit plus en sang artériel, ce qui arrête la circulation. 2° *Asphyxie par des gaz non respirables ou délétères :* les premiers (azote, hydrogène, oxyde de carbone, air atmosphérique non renouvelé, hydrogène carboné) ne sont pas délétères par leur nature, mais comme ils sont impropres à la libre respiration, leur présence finit par être mortelle; les seconds, tels que les moufettes, gaz des fosses d'aisance ou plomb, sont délétères par eux-mêmes : ce sont de véritables poisons. Au reste, l'action de ces gaz est plus ou moins rapide, suivant leur nature et leur intensité. 3° Ajoutons *l'asphyxie par suffocation ou strangulation*. Cette espèce d'asphyxie a lieu lorsqu'une cause interne ou externe s'oppose au libre passage de l'air par les voies respiratoires. Dans toutes les asphyxies autres que celle qui a pour cause la présence des gaz délétères non respirables, la mort arrive par le défaut de conversion du sang veineux en sang artériel, soit que le sang veineux exerce quelque influence fâcheuse, comme Bichat penchait à le croire, soit qu'il n'ait pas avant sa conversion les mêmes qualités vivifiantes que le sang artériel. Les secours à donner aux asphyxiés doivent être indiqués par le médecin, quand il est possible de s'en procurer un; mais il est tant de circonstances où un homme peut se trouver presque subitement asphyxié, tant d'autres cas où les secours doivent être administrés sans délai, que nous croyons nécessaire de faire connaître les moyens généraux qu'on peut employer immédiatement pour combattre le mal. Il faut premièrement soustraire l'asphyxié aux causes qui ont déterminé l'asphyxie, travailler ensuite à rétablir la respiration et la circulation. Pour y parvenir, on expose le malade à l'air peu libre, froid même; on ôte les vêtements qui pourraient gêner la respiration; on chatouille avec une plume les narines et l'intérieur du nez; on insuffle de l'air dans les poumons; on asperge par intervalles d'eau froide, le visage de l'asphyxié; on lui fait respirer des sels, du vinaigre, de l'ammoniaque liquide, vulgairement alcali volatil fluor; enfin on lui presse légèrement la poitrine comme pour imiter le mouvement de la respiration; on rapproche les fausses côtes, on en abaisse l'abdomen; on frotte avec une brosse de crin la plante des pieds, la paume des mains, et l'épine du dos; on peut administrer des lavements avec deux ou trois cuillerées de sel de cuisine. Quand le malade commence à revenir à lui, on le porte sur un lit, on continue les frictions aux extrémités; et on lui fait avaler quelques cuillerées d'eau très-légèrement ammoniaquée, du vin chaud sucré, ou du vin généreux en petite quantité. Il faut surtout de la persévérance dans les soins qu'on donne aux asphyxiés, car ce n'est quelquefois qu'au bout de plusieurs heures que le retour à la vie s'opère. Quelquefois, quand un enfant vient au monde, il paraît complètement asphyxié: c'est qu'à cause de son état de faiblesse, la respiration nécessaire au mode nouveau d'existence qu'il a reçu ne peut s'accomplir; il faut, en ce cas, appliquer les remèdes qui peuvent le mieux augmenter les forces du nouveau-né.

ASPIC (ἀσπίς). Les anciens ont beaucoup parlé de ce serpent que la mort de Cléopâtre a rendu si fameux, mais ils l'ont fort peu connu, à en juger par les contradictions que leurs récits contiennent. On a fait des aspics de terre et des aspics d'eau; on en a multiplié les espèces; on les a dits cendrés, noirs, jaunes, bruns, verts; etc.; on leur a donné un pied de long, une coudée, une brasse, jusqu'à cinq coudées. Les uns lui donnent des crochets qui sortent de sa bouche comme les défenses du sanglier; les autres, avec Pline, lui prêtent des dents creuses qui distillent sans cesse du venin. S'il faut en croire Agricola, il s'exhale de son corps une odeur insupportable; suivant Élien, il a des écailles rouges, marche très-lentement, répand son venin par la bouche: nous ne finirions pas s'il fallait rapporter tous les contes qu'on a faits sur l'aspic. Aussi l'a-t-on regardé souvent comme un animal fabuleux. Toutefois l'aspic existe; c'est un serpent de l'espèce couleuvre, l'haja, l'haje des naturalistes. Linné avait cru d'abord retrouver l'aspic dans un serpent du genre couleuvre, tout à fait innoffensif. Les naturalistes français de l'expédition d'Égypte, plus heureux que Linné, ont retrouvé l'aspic aux environs d'Alexandrie. La bouche de l'haje renferme deux crochets à venin, qui communiquent à un canal d'où découle l'humeur vénéneuse très-active, car, si elle pénètre dans le sang d'un animal, elle cause infailliblement la mort, à moins de secours immédiats. C'est avec l'aspic que les jongleurs du Caire étonnent la populace; ils ont soin seulement de lui arracher préalablement les crochets pour lui ôter tout moyen de nuire. Ils savent d'ailleurs qu'une forte pression sur la nuque du reptile le frappe immédiatement d'engourdissement convulsif.—En 1805, le Moniteur annonça qu'on avait trouvé deux véritables aspics dans la forêt de Fontainebleau, et la frayeur fut grande à Fontainebleau et même à Paris. Vérification faite, il se trouva que les deux aspics n'étaient qu'une variété de la vipère commune.

ASPIC (technol.). On donnait autrefois le nom d'aspic à une pièce de canon de douze, du poids de 4,250 livres.—On a désigné par le nom d'aspic (corruption du mot latin spica, épi) une espèce de lavande (lavandula spica de Linné), commune dans la Provence et sur les Pyrénées. On tire de ses fleurs une huile essentielle qui a les mêmes propriétés que celle qu'on extrait de la lavande (V. LAVANDE).—Le mot ASPIC s'emploie au figuré pour médisant. On dit d'un individu qui ne ménage personne par ses propos, qu'il a une langue d'aspic.

ASPIDIOTES, s. m. pl. du grec ἀσπίδ', bouclier, t. de botanique servant à désigner une famille de crustacés qu'on nomme aussi clypéacés, dont le corps est recouvert par la partie supérieure d'une lame cornée en forme de bouclier.

ASPIDOPHORES, s. m. pl. Poissons osseux de la famille des céphalotes, couverts d'une cuirasse écailleuse qui forme plusieurs boucliers. Lacépède en a fait un genre que Cuvier, en l'adoptant, a rangé au nombre de ses acanthoptérygiens à joues cuirassées. Les aspidophores ont beaucoup de ressemblance avec les cottes de Linné (V. COTTE). C'est un petit poisson, long de cinq à six pouces seulement, qu'on trouve dans les mers étrangères, sur nos côtes de l'ouest, mais non dans la Méditerranée. Son corps, presque octogone, est tout couvert d'écailles fort dures, liées entre elles par une membrane flexible. Il a sur la tête une petite crête osseuse terminée en épine.

ASPIRANT, adj., t. d'hydraulique par lequel on désigne le tuyau qui, dans une pompe, sert à élever l'eau à une certaine hauteur, en aspirant l'air qui est renfermé dans le corps du tuyau et en y formant le vide (V. POMPE ASPIRANTE).—Ce mot pris substantivement se dit de celui qui aspire à une chose, à une charge, à un emploi. Autrefois on appliquait spécialement ce terme à l'apprenti qui voulait devenir maître, soit dans quelque communauté des arts et métiers, soit dans les six corps des marchands. Les aspirants à maîtrise devaient avoir vingt ans accomplis, et rapporter des brevets ou certificats d'apprentissage durant un certain nombre d'années

suivant que l'état qu'ils voulaient embrasser exigeait plus ou moins de connaissances. Les pharmaciens, par exemple, devaient avoir quatre ans d'apprentissage et six ans de service chez les maîtres, tandis que dans le corps des marchands drapiers il suffisait de trois ans d'apprentissage et de deux ans de service. — Dans les communautés religieuses de femmes, on donnait le nom d'aspirante à la novice qui, après son noviciat expiré, était sensée aspirer à prononcer solennellement ses vœux. Encore aujourd'hui les bouquetières de Paris nomment aspirante celle qui n'a pas été reçue maîtresse. — Pendant la révolution, on a nommé aspirants de marine ceux qu'on appelait auparavant gardes-marines, c'est-à-dire les jeunes gens de famille qui, par l'instruction qu'ils avaient reçue, étaient destinés à devenir officiers de marine. Après la chute du gouvernement impérial, on a changé le nom d'aspirant pour celui d'élève, et c'est par cette dénomination qu'on désigne encore tous les jeunes marins qui doivent devenir officiers de vaisseau. Les aspirants de marine étaient divisés en deux classes; en 1817, les deux classes d'élèves ont été formées des anciens aspirants et des sous-lieutenants de marine, et au lieu de l'épaulette mêlée de soie bleue que portaient ces derniers, on a donné à tous les élèves l'ancienne aiguillette des gardes-marines. Les fonctions des élèves à bord consistent à aider les officiers dans leur service.

ASPIRATION. Action d'attirer en dedans l'air du dehors; c'est l'opposé de l'expiration, qui consiste à rejeter en dehors l'air du dedans. Ainsi la respiration dans l'homme et dans les animaux se compose d'aspiration et d'expiration. Dans ce sens, on se sert plus communément du mot inspiration, qui a la même signification. — En t. de physique, on appelle aspiration l'acte par lequel un fluide quelconque, cédant à la pression atmosphérique, s'élève dans un lieu où le vide a été fait, ou bien encore dans un lieu où la pression atmosphérique est moindre, comme dans les tubes capillaires. — En t. de grammaire, on entend par aspiration le mode de prononciation qu'on donne à une voyelle, lequel a lieu en aspirant et expirant, de manière pourtant que le mouvement d'aspiration soit beaucoup moins sensible que le second, comme lorsqu'on dit le héros, la haine. Les Grecs marquaient l'aspiration par un esprit rude; les Latins par un h, et nous avons imité les Latins. Il est inutile de dire que, devant les mots qui commencent par un h aspiré, la voyelle qui termine le mot précédent ne s'élide pas; qu'ainsi on pourrait former également un vers de six pieds des mots suivants: de ce monstre odieux, ou de ceux-ci: de ce monstre hideux (V. H lettre). — En t. de musique, l'aspiration est un agrément dans le chant, lequel consiste à passer d'une note grave à une note supérieure, sans quitter la première note (V. PORT DE VOIX): c'est aussi dans la musique instrumentale ce qu'on appelle appoggiatura (V. ce mot). — En langage ascétique, c'est l'élévation de l'âme à Dieu.

ASPIRAUX, se dit, dans les laboratoires où l'on se sert de fourneaux, des trous pratiqués dans les parties antérieures du fourneau, soit pour qu'on puisse en retirer la cendre et le nettoyer, soit pour donner la faculté d'activer le feu. Cette ouverture n'est ordinairement fermée que d'une grille.

ASPLE ou ASPE, s. m. On donne ce nom, dans les manufactures de soieries, au dévidoir sur lequel on tire les soies des cocons, et à celui qui, dans les moulins, se charge de la soie organsinée; le premier s'appelle asple de filature, et le second asple de tors.

ASPRE, s. f. Petite monnaie de Turquie qui valait autrefois huit deniers de notre monnaie. L'aspre d'argent, du poids de cinq grains, forme la cent vingtième partie d'une piastre; l'aspre forte est d'une valeur double.

ASPREMONT (FRANÇOIS, Vicomte D'), ingénieur du temps de Louis XIV, s'appliqua de même que Vauban à la fortification des places, et principalement à l'étude des sièges. Il se distingua particulièrement à Stenay, à Condé, à Valenciennes, à Dunkerque, à Tournai, etc., et devint maréchal de camp; il mourut, en juin 1678, à Toulon, où il avait été envoyé pour tracer divers ouvrages qui devaient servir à l'augmentation du port.

ASSA FOETIDA. C'est une gomme-résine qu'on obtient par l'incision de la tige et du collet de la racine du ferula assa fœtida, plante ombellifère. Cette gomme qui a de résine 65, de gomme 19, de bassorine 11, d'huile volatile 3, se produit en masses considérables d'un rouge brun, parsemées de lames blanches à demi transparentes. Il s'en exhale une odeur alliacée, fétide, forte, et sa saveur est âcre et nauséabonde. On l'emploie en médecine; c'est un puissant excitatif et antispasmodique. Il paraît toutefois qu'elle est loin de produire tous les bons effets qu'on lui attribue; son odeur et sa saveur sont, du reste, un obstacle à ce qu'on puisse l'employer en solution. Elle se dissout facilement dans le vinaigre, l'alcool affaibli et le jaune d'œuf.

ASSAF, fils de Barakia, était, suivant les traditions des musulmans, ministre ou visir de Salomon. Les grands talents d'Assaf se montrèrent surtout lorsque, suivant les mêmes traditions, Salomon eut perdu l'anneau merveilleux à la possession duquel sa sagesse était attachée; aussi les musulmans regardaient-ils Assaf comme le meilleur modèle des ministres. — Il existe un livre intitulé: *Fontaine de la sagesse*, lequel a été traduit en persan sous le titre de *Assaf-Hamel*, le livre d'Assaf. Ce titre a été donné à ce livre pour faire allusion au ministre prétendu de Salomon. Quelques écrivains ont pensé que cet Assaf était le même personnage que celui dont le nom se trouve en tête de plusieurs psaumes. — Assaf était aussi le nom d'une idole des Arabes koraïschites.

ASSARHADDON (*V.* ASARHADDON).

ASSAINISSEMENT. C'est l'action de rendre un lieu salubre par l'effet des procédés qu'on emploie, et d'éloigner de ce lieu toutes les causes morbifiques ou délétères qui peuvent influer d'une manière fâcheuse sur la santé des habitants. Les peuples les plus sauvages ont toujours eu grand soin de choisir pour leurs habitations un sol libre, aéré, sain; et si quelquefois on les a vus dans un endroit humide, marécageux, privé d'air et de lumière, ce n'a été que lorsqu'ils y ont été obligés par quelque intérêt puissant: à l'homme civilisé appartient l'insouciance funeste qui le fait vivre, végéter et mourir au milieu d'une atmosphère infecte, privé de toutes les conditions qui constituent la salubrité. Toutefois les législateurs, avertis par l'expérience, prirent, dès les plus anciens temps, des mesures propres à prévenir le mal. Les Indiens, les Perses, les Égyptiens, les Hébreux les Grecs, les Romains ont eu des préceptes d'hygiène publique; mais après l'invasion des barbares, quand d'épaisses ténèbres se furent répandues sur le monde connu; quand le droit de l'épée fut devenu le droit commun; quand les hommes vivant sur le sol furent tombés avec le sol même au pouvoir d'un conquérant dur et farouche, toute sollicitude pour la santé des peuples s'éteignit, toute bienveillance disparut, toute précaution sanitaire fut négligée ou proscrite. Il a fallu que douze siècles s'écoulassent pour que les hommes comprissent l'importance qu'ils devaient mettre à l'assainissement des lieux qu'ils habitent. Ils ont senti d'abord que sur les populations pressées en masse, les miasmes délétères agissent avec plus d'énergie; que le défaut d'air et de lumière oppose des obstacles réels au développement du corps humain, de même qu'à la vie des plantes; que les émanations qui s'exhalent de certains ateliers et même de la plupart des fabriques, engendrent des maux de toute espèce qui se convertissent souvent en épidémies meurtrières; que la mauvaise qualité des aliments, que leur bas prix met à la portée des gens du peuple, contribue à donner de l'énergie à toutes ces causes destructrices. Alors on a songé aux moyens de remédier au mal, et des lois de police ont été rendues pour corriger peu à peu le vice existant, pour arriver sans violence à son extirpation et empêcher efficacement son retour. Parmi les moyens à employer, les meilleurs sont évidemment ceux par lesquels on obtient une libre circulation de l'air atmosphérique, et la distribution abondante de la lumière: l'air, en se renouvelant, emporte les émanations fétides et corrompues; la lumière, de son côté, vivifie tout ce qu'elle touche. La destruction des forêts, qui arrêtent les vents du nord, ou sur lesquelles se concentrent les vapeurs aqueuses; en d'autres cas, des plantations d'arbres qui paralysent des influences atmosphériques, le desséchement des lieux marécageux, les cours d'eau établis sur les terrains arides, sont encore des moyens d'hygiène dont l'utilité est pleinement reconnue (*V.* SALUBRITÉ PUBLIQUE, USINES, VENTILATEURS, FORÊTS, PLANTATIONS, HYGIÈNE, etc.). A ces moyens, dont l'effet ne peut se faire sentir qu'à la longue, les sciences chimiques ont ajouté des procédés efficaces pour les besoins urgents qui demandent une application immédiate: ce sont les fumigations d'acide nitrique, de chlore, etc., et d'autres substances qui ont la propriété de décomposer les miasmes (*V.* DÉSINFECTION). Il est reconnu, au reste, que l'un des moyens les plus puissants d'assainissement, c'est la propreté, soit celle des rues, des places, des marchés; soit sur les individus eux-mêmes. Une des précautions qu'on a le plus négligées jusqu'à nos jours, et dont l'absence est pourtant si féconde en résultat insalubre, c'est la position des établissements insalubres, des cimetières, des voiries, et autres semblables foyers d'infection; on ne saurait trop veiller à ce qu'ils soient placés sous le vent, de sorte que lorsque le vent souffle, les exhalaisons soient entraînées loin des lieux habités (*V.* ÉTABLISSEMENTS INSALUBRES, ABATTOIRS, CIMETIÈRES, VOIRIE, POUDRETTE, OUVRIER, FOURNEAU D'APPEL).

ASSAISONNEMENT, mot générique dont on se sert tantôt pour désigner toutes les sortes de substances qu'on emploie pour préparer les aliments et leur donner un goût plus exquis, tantôt pour marquer le mode même de préparation. L'assaisonnement a pris de tous les temps une place si importante dans l'art culinaire, que tout celui d'un bon cuisinier consiste à proportionner, choisir et employer les ingrédients destinés à assaisonner. Cet art est extrêmement ancien; on peut dire qu'il est né avec les sociétés; les peuples les plus sauvages ne mangent pas leurs aliments sans préparation, préparation grossière, sans doute, mais suffisante pour des hommes qui n'en connaissent point d'autre. Les Hébreux appelaient *mathamim* l'art d'assaisonner; les Grecs, *artimata*; les Latins, *condimentum*. Des écrivains modernes, embarrassés pour trouver dans quelque un de ces mots l'étymologie d'assaisonnement, ont imaginé de le faire venir du latin *assatio*; mais une telle étymologie aurait le grand inconvénient d'indiquer une chose tout à fait contraire au sens du mot dérivé; car ce dernier indique des ingrédients étrangers employés pour apprêter les aliments; tandis que par le mot *assatio* (mot de la basse latinité ou plutôt barbarisme); que les médecins se sont approprié, on entend des aliments rôtis, ou des médicaments préparés avec leurs propres sucs, sans addition d'aucune liqueur ou substance étrangère. Les amateurs d'étymologies en trouveront, ce semble, une plus naturelle dans le mot *saison*; car presque tous les ingrédients qu'on emploie comme assaisonnement viennent à des époques différentes de l'année; il n'y a guère d'exception que pour ceux que fournit le règne minéral, comme le sel, ou ceux qui peuvent se conserver desséchés, comme le poivre, le gingembre, etc., de sorte que par assaisonnement on pourrait entendre l'art de préparer les mets suivant la saison. On a dit que les assaisonnements étaient nuisibles à la santé: *condimenta gulæ irritamenta*, répètent beaucoup de gens; mais cela n'est vrai que de l'abus. Entre la grossièreté du Tartare, qui mange la chair cuite sous la selle de son cheval, et la délicatesse outrée de nos Apicius, il y a un milieu qu'il convient de garder. Hippocrate, qui conseille les assaisonnements simples, veut qu'on rende les aliments plus sains et de plus facile digestion par la manière de les préparer, ne lui en empêchait pas de conseiller aussi la tempérance et l'exercice comme très-bon assaisonnement. — Les Grecs n'employaient guère dans les premiers temps que le sel, le miel et le lait; mais les voluptueux habitants de l'Asie firent entrer dans l'assaisonnement toutes les productions de leur sol, et toutes celles des pays étrangers qu'ils jugèrent propres à stimuler l'appétit ou à flatter le goût. L'art de l'assaisonnement pénétra peu à peu dans la Grèce; transplanté par les conquérants de l'empire de Darius et de la Grèce, il passa promptement à Rome, où ses progrès furent rapides. Les modernes ne le cèdent aujourd'hui aux Romains sur aucun point, et l'art culinaire, exploité par nos gastronomes, est devenu une véritable science. De là est sortie la distinction des assaisonnements en simples et en composés: les premiers sont ceux que la nature nous donne; les seconds sont les produits de l'art. Parmi les assaisonnements simples, on compte en première ligne le sel (*V.* SEL [*assaisonnement*]); en second lieu les acides, tels que le vinaigre, les citrons, le verjus; 3° les aromes; tels que persil, cerfeuil, estragon, thym, lavande, etc., et ceux qu'on désigne par le nom générique d'épiceries: girofle, cannelle, vanille, etc.; 4° les substances âcres: ail, ciboule, échalotte, oignon, poireau, cornichons, moutarde, raifort, radis, câpres, etc.; 5° les aromatico-âcres: poivre, piment, muscade, gingembre, feuilles de laurier; 6° les amers: fleurs d'oranger, amandes amères, safran; 7° les sucrés: miel et sucre; 8° les gras: huile, graisse, beurre. — Les assaisonnements composés sont des substances alimentaires préparées pour donner un haut goût à d'autres aliments. De ce genre sont les viandes ou poissons fumés, les anchois salés ou confits dans l'huile, le thon mariné, etc., et surtout le mélange artificiel de plusieurs substances simples. — L'usage des assaisonnements simples est répandu généralement dans toute l'Europe; il est même très-rare de voir des peuples qui n'assaisonnent pas leurs aliments, quels qu'ils soient. On ne saurait donc blâmer l'usage des substances condimenteuses, autorisé en quelque sorte par une pratique universelle. Il serait bien étonnant, en effet, que de tout temps les hommes eussent employé pour préparer leurs aliments des

substances nuisibles, comme d'ont prétendu quelques écrivains d'humeur chagrine. L'expérience aurait-elle manqué
de les avertir du danger; et le danger une fois connu, auraient-ils continué de s'y exposer? C'est, comme nous l'avons
déjà dit, l'abus qu'il faut proscrire; car, en provoquant un
appétit et une soif plus qu'ordinaires, il nous excite à surcharger notre estomac d'aliments et de boisson, ce qui ne produit que trop souvent des indigestions, ou même des sur-
excitations dans les nerfs et des inflammations d'intestins.
L'art d'assaisonner consisterait à proportionner la quantité
de la substance condimenteuse à celle de la substance principale, de manière à ce que celle-ci se trouvât pourvue du
nombre de molécules stimulantes propres à faciliter la digestion, nombre qu'il ne faudrait pas excéder en plus ou en
moins (*V.* tous les noms cités dans le cours de cet article).

ASSAM (*géogr.*). Grande contrée de l'Asie entre le Bengale,
le Thibet et l'empire birman; laquelle s'étend du 25° lat. N.
au 28° et du 95° long. E. au 99°. Le Brahmapoutre divise le
pays en deux parties. Celle du nord, l'*Ohorokorros* de Ptolémée, porte parmi les naturels le nom d'*Outtarakalà*; l'autre
partie, *Dakschinakala*, est celle du midi. L'Hymalaya sépare l'Assam du Boutan, qui fait partie du Thibet. Ce pays a
été fort peu connu des anciens. Ce n'est guère que depuis les
guerres des Anglais contre les Birmans que les modernes ont
acquis quelques notions un peu moins vagues. Il paraît que
la contrée est sujette aux débordements périodiques du Brahmapoutre, et qu'elle ressemble alors à un grand lac. On y
voit encore des restes de digues ou chaussées gigantesques,
qui paraissent avoir servi autrefois de communication entre
les divers cantons pendant le temps de l'inondation. De même
qu'en Égypte, l'Assam, après la retraite des eaux est tout couvert de verdure, mais les bords du fleuve, autrefois habités,
se sont couverts d'arbres, qui, sous leur épais feuillage, recèlent un grand nombre de bêtes féroces. La population actuelle, divisée en deux classes, est répartie entre la plaine et
les montagnes. Celle qui habite la plaine est ignorante, molle
et dépourvue de courage, mais ne manquant ni de ruse ni de
perfidie. Les tribus des montagnes sont guerrières, audacieuses, farouches, rejetant toute espèce de joug. Au centre
du pays se trouve l'île de Medjali, sous le 90° méridien,
formée par deux bras du Brahmapoutre. Les Anglais font de
plus magnifique éloge de la fertilité de cette île, de la beauté
de ses sites, des temples qui la décorent. Non loin de Medjali,
est l'ancienne capitale, Ghergong, ombre aujourd'hui de ce
qu'elle fut jadis. La capitale actuelle, Rangapoura, est située
au pied d'une haute montagne, sur laquelle on avait construit
un fort qui servait de prison; tous les princes de la famille
royale y étaient renfermés. Depuis 1792, les souverains résident à Johrat, à l'occident de Ghergong. On dit que la famille royale est tout à fait étrangère au pays; elle adore le
dieu Choung, d'origine barbare. — Le Kamaroùpa, partie
inférieure et occidentale de l'Assam, était régi par un vice-roi
qui avait soin d'entretenir la bonne harmonie avec le Bengale.
Dans le haut Assam, qui s'étend jusqu'au royaume d'Ava,
aujourd'hui dépendant de l'empire birman, les indigènes ont
emprunté la religion des Indiens; ils adorent Chrishna, qui,
d'un coup de hache, fendit le rocher qui s'opposait au cours
du Brahmapoutre, et lui ouvrit ainsi un large passage à travers les montagnes. — Le pays produit de l'or, ses rivières
charrient des paillettes, le fer et le sel y sont abondants, il
en est de même du riz qu'on cultive partout. Les fruits y sont
d'une grande beauté, les oranges principalement. — La plupart des animaux de l'Europe y viennent bien; mais on n'y voit
pas d'ânes. La soie forme une des principales branches du revenu du pays; elle y est si abondante, que les trois quarts
des habitants ne portent que des habits de soie. Les Assamois
parlent communément le bengali. Quant à leur religion,
quelques-uns adorent encore les anciennes idoles, mais le plus
grand nombre y suit les doctrines de l'Inde. Le royaume d'Assam, après un grand nombre de révolutions, fut envahi par les
Birmans, qui, venus en qualité d'auxiliaires d'un des prétendants à la couronne, voulurent s'emparer du pouvoir et
faire de ce royaume une province de leur nouvel empire.
Les Anglais, possesseurs du Bengale, n'ont pas voulu souffrir de tels voisins sur leurs frontières; ils ont déclaré la
guerre aux Birmans en 1824; ils les ont refoulés au delà de
l'Assam, et ils sont à leur tour restés maîtres de la contrée
en 1825. Le dernier souverain du pays, de même que le dernier empereur du Mogol, est devenu leur pensionnaire à
trois cents roupies par mois (*V.* BENGALE, BIRMANS).

ASSAPH. (*V.* ASSAF).

ASSAR, monnaie juive, vingt-quatrième partie de la
drachme. Elle valait un peu plus de deux centimes.

ASSAS (NICOLAS, Chevalier D'), capitaine au régiment d'Auvergne, commandait, le 16 octobre 1760, une avant-garde
française. Chargé dès le point du jour de faire une reconnaissance, il rencontra, près de Gueldre, à Clostercamp,
une colonne ennemie qui s'avançait en silence pour surprendre l'armée française. Menacé de la mort s'il proférait un seul
mot, il se retourna vers les siens, et d'une voix forte : « A
moi, Auvergne, s'écria-t-il, voilà les ennemis. » Au même
instant il tomba percé de coups; mais son dévouement sauva
l'armée. C'est à Voltaire, soyons justes envers tout le monde,
qu'est dû la connaissance de ce beau trait de courage, qui,
sans lui peut-être, serait resté à jamais ignoré. Le gouvernement royal récompensa la fidélité du chevalier d'Assas par
une pension de 1,000 livres attribuée à sa famille et réversible
à tous les aînés qui porteraient son nom. Cette pension fut
supprimée pendant la révolution de 89. Cependant, quoique
le chevalier d'Assas appartînt à l'ordre de la noblesse, il n'en
avait pas moins versé son sang pour la France.

ASSASSIN, ASSASSINAT, mots formés de l'arabe *haschischin*, nom qu'on donnait à une secte mahométane établie
dans les montagnes de la Syrie. On entend par *assassinat*
tout meurtre ou tentative de meurtre commis avec préméditation. Le meurtre simple peut n'être que l'effet d'un emportement frénétique dont on n'est point le maître; l'assassinat,
au contraire, suppose toujours un dessein conçu d'avance,
combiné avec soin pour en assurer la réussite, et froidement
exécuté quand le moment paraît favorable. On a demandé
s'il y a des règles bien précises pour déterminer le cas de préméditation où le meurtre se convertit en assassinat. C'est une
question que nous tâcherons de résoudre au mot PRÉMÉDI-
TATION; nous y renvoyons. — On a demandé encore si la société
avait le droit d'infliger à l'assassin la peine de mort: nous n'hési-
tons pas à nous prononcer pour l'affirmative, et nous espérons,
au mot PEINE CAPITALE, justifier pleinement notre opinion.
Enfin s'est agitée la question de savoir si, dans certains cas,
il n'était pas permis, louable même et méritoire de tuer un
homme, par exemple un tyran, un usurpateur de la souveraine puissance. Il y avait, dit-on, un certain droit des gens
établi parmi les républiques de la Grèce et de l'Italie, suivant
lequel on regardait comme un acte de vertu l'assassinat d'un
homme qui se serait emparé de la puissance souveraine : Brutus à Rome, Aristogiton et Harmodius à Athènes, furent regardés comme de glorieux champions de la liberté; pour nous,
nous ne saurions voir en eux que des assassins. Nous traiterons ailleurs cette question importante (*V.* BRUTUS et CAS-
SIUS). Nous nous bornons ici à dire que de tels principes sont
nécessairement subversifs de toute société. Car si la société se
croit autorisée par le consentement unanime de tous ses
membres à prononcer en certains cas la peine de mort contre
ses ennemis, il n'en est pas ainsi d'un simple individu qui
s'arroge le droit de faire ce qui n'appartient qu'à la société
tout entière. Tout assassin, avec le principe que nous con-
damnons, pourra, sur sa propre conviction bien ou mal fondée, se rendre arbitre suprême de l'existence des autres
hommes. Dès que son opinion sera fixée, quelle considération
pourra l'arrêter quand, la main armée d'un poignard, il voudra exécuter la sentence qu'il aura rendue? Si Brutus fut un
généreux ennemi du despotisme, si dans les excès de son
amour patriotique il fit une œuvre sainte en assassinant Jules
César, pourquoi ne pas honorer de même la mémoire de Ravaillac, de
Damiens, de Clément, et de tant d'autres ambitieux fanatiques qui pourraient aussi alléguer leur conviction profonde?
— En France la plupart des pays où l'assassinat est puni
de mort. Il en était de même autrefois chez presque tous les
peuples : les Égyptiens, les Juifs, les Grecs, les Romains livraient le coupable au dernier supplice. Mais ce n'est pas du
premier moment que les lois se sont montrées justement sévères. : Homère a représenté sur le bouclier d'Achille deux
hommes qui traitent ensemble d'un assassinat. Cela semble
dire qu'en certains cas les Grecs ne punissaient pas de mort
l'assassin. Tacite dit formellement que les Germains se contentaient de prendre une partie des biens de l'assassin pour en
gratifier les parents de la victime. *Luitur enim homicidium
certo armentorum ac pecorum numero, recipitque satis-
factionem universa domus.* Beaucoup de peuples, dans les
premiers temps du moyen âge, abandonnaient le meurtrier
à la famille de l'assassiné. Nos aïeux ne punissaient le meurtre
que d'une amende, d'après un tarif porté par la loi. Les Saliens, les Bourguignons, les Ripuaires, etc., et en général

tous les peuples compris sous le nom de Saxons, eurent sur ce point le même principe. Le meurtrier n'était tenu que d'une amende, dont une partie était dévolue au chef de la tribu, ce qui peut servir à expliquer pourquoi une législation aussi antisociale s'est si longtemps maintenue. D'un autre côté, il faut observer que ces lois avaient été faites par des peuples barbares, qui estimaient peu la vie des hommes, parce que chez eux la force faisait tout le droit (*V.* COMPOSITION PÉCU-NIAIRE). Avant la révolution, le roi, malgré sa toute-puissance, ne pouvait user de son droit de grâce en faveur d'un assassin (*V.* GRACE [droit de]).

ASSASSINS (*haschischin*), secte d'Ismaélites qui refusaient de reconnaître les califes prétendus orthodoxes, et qui, se montrant attachés exclusivement à la succession légitime d'Ali, époux de Fatime, fille de Mahomet, regardaient comme véritable représentant du prophète l'imam Ismaël, issu directement de Fatime. Cette secte, née au Caire, s'étendit dans l'Orient, fortifiée par la persécution. Le chef de la secte, après avoir parcouru la Syrie, la Perse, l'Arabie, finit par s'établir dans la forteresse d'Alamout, de laquelle il s'était rendu maître. Située dans les montagnes de l'ancienne Parthie, elle devint le siège d'un gouvernement fondé sur le fanatisme, le dévouement absolu des sujets à la personne du maître, et l'obéissance aveugle à ses ordres (*V.* pour l'histoire de cette secte et du gouvernement du *Vieux de la Montagne*, car c'était sous ce nom que le chef des assassins était désigné, l'article HASSAN-BEN-SABAH, et ISMAÉLITES). La principauté des assassins, fondée au XIe siècle, fut détruite après avoir épouvanté l'Asie, et même l'Europe, l'espace d'environ deux cents ans. Le dernier prince, Roknedin, assassin de son père, périt dans une bataille que lui livra sur les bords de l'Oxus une armée mongole, commandée par le fameux Houlacou, frère de Ghenghiz-Khan; le château d'Alamout fut emporté d'assaut et rasé. Ses débris furent livrés aux flammes.

ASSATION, du latin *assare*, rôtir; préparation des aliments ou des médicaments dans leur propre suc, par l'effet de la chaleur extérieure, et sans le secours d'aucune autre substance. Ce mot est peu usité; on se sert plus fréquemment du mot *rôti*, pour ce qui concerne les aliments; les pharmaciens emploient aussi de préférence le mot *ustion* ou *torréfaction*.

ASSAUT, du latin *assaltus*. Attaque prompte et vive dirigée contre une ville, une forteresse, un château, pour s'en rendre maître et l'emporter de force. Dans ce genre d'assaut les assaillants ne se couvrent d'aucun ouvrage, ils montent sur la brèche qui a été faite afin de s'introduire par elle dans la place. Pendant l'assaut le feu des batteries cesse, car les assiégeants et les assiégés se trouvent bientôt corps à corps, et on ne pourrait faire usage du canon sans tirer à la fois sur les deux partis. Seulement les assiégés, par des feux croisés, cherchent à défendre les approches de la brèche quand l'ennemi s'avance pour donner l'assaut; mais lorsqu'une fois l'ennemi est sur la brèche même, le canon devient inutile. Au surplus, les assiégeants, avant de monter à l'assaut, ont soin de détruire les feux de la place qui peuvent battre la brèche. Autrefois, le commandant d'une place ne pouvait la rendre qu'après avoir soutenu trois assauts; mais peu de places aujourd'hui soutiennent un assaut, car, lorsque la brèche existe et que tous les ouvrages flanquants sont complètement détruits, que par conséquent la brèche ne peut être défendue que par des feux de face, il est évident que la place doit être emportée, parce qu'à la fin la résistance doit céder au nombre. Les mahométans sont obligés de défendre jusqu'à l'extrémité les places qu'ils occupent, si toutefois il s'y trouve une mosquée, parce que, dans ce cas, le Coran leur défend de capituler; voilà pourquoi il a fallu emporter d'assaut Alger et Constantine. On lit dans les *Mémoires de Feuquières*, habile officier du XVIIe siècle, que lorsque la brèche peut être défendue par le feu des ouvrages non encore détruits, il est presque impossible de prendre une place d'assaut; et que, lorsque ces ouvrages ont été détruits ou s'ils n'existent pas, la place attaquée doit être emportée quand la colonne d'infanterie qui monte à l'assaut marche sur plus de rangs que n'en a l'infanterie qui défend la brèche. Les Français, dans la prise de Constantine, et dans la défense plus qu'héroïque de Mazagran, ont prouvé que la théorie de Feuquières pouvait recevoir de grandes exceptions (*V.* CONSTANTINE, MAZAGRAN).

—ASSAUT, en t. d'escrime, signifie un combat simulé, un exercice au fleuret entre deux individus. Avant d'en venir à l'assaut on commence par le salut (*V.* SALUT, *escrime*); le salut fait, les escrimeurs s'attaquent. L'adresse consiste à savoir prendre le défaut des mouvements de l'adversaire; ces

mouvements se réduisent à parer et à pousser. Or, comme ils ne peuvent s'exécuter que de cinq manières, c'est-à-dire comme l'estocade ne peut être poussée que 1° dans les armes; 2° hors les armes; 3° sur les armes; 4° sous les armes; et 5° en flanconnade, il n'y a que cinq manières de parer: la *quarte*, la *tierce*, la *quarte-basse*, la *seconde* et la *flanconnade* (*V.* ces mots). A Dieu ne plaise que nous veuillons ici donner ni des leçons ni des exemples de cet art meurtrier, reste de la barbarie de nos aïeux, ou, comme dit Molière, *apprendre à tuer démonstrativement son homme*; nous ne voulons que donner l'intelligence des termes (*V.* aussi DÉFAUT, *escrime*).

ASSAZOÉ, plante de l'Abyssinie que les habitants regardent comme un préservatif très-efficace contre la piqûre des serpents. Ces reptiles redoutent cette plante; son odeur seule suffit pour les tuer, son ombre même leur est fatale. Il est plus que probable qu'il y a dans les relations des voyageurs beaucoup d'exagération, et qu'ils ont prêté à l'assazoé des vertus imaginaires. On ne saurait guère douter, toutefois, qu'il ne croisse dans ce pays quelque plante de ce genre, dont les propriétés étaient connues des psylles. On sait que les hommes qu'on désignait par ce nom (*V.* PSYLLES) pouvaient manier impunément les serpents les plus venimeux.

ASSÉCHER (*t. de marine*), v. n., qui signifie *sécher en se découvrant*; il se dit des rochers du rivage que la mer couvre au moment du flux, et qui se découvrent dans le reflux. On emploie dans le même sens le mot *découvrir*. Ainsi on dit: un *rocher*, un *bas-fond*, un banc qui découvre ou *qui assèche* de basse mer.

ASSÉCUTION (*t. de droit canon*). Ce mot signifiait *obtention*. On disait en ce sens qu'un premier bénéfice vaquait par l'assécution d'un second.

ASSÉDI ou ASSADI, poète persan, né dans le Khorassan, fut maître du fameux Firdoussi, l'Homère de la Perse. Ce fut lui, dit-on, qui lui donna le dessin du *Sheh-Nameh*, poème qui comprend l'histoire des anciens rois de Perse jusqu'au règne du sultan Mahmoud. Firdoussi, contraint par des intrigues de cour à s'éloigner de la capitale, se retira auprès d'Assédi, auquel il parla de la crainte qu'il avait que s'il venait à mourir avant de terminer son poème, il ne se trouvât personne en état de le terminer. Assédi l'entreprit, et il ne quitta la plume qu'après avoir écrit quatre mille vers, qui servent de conclusion au *Sheh-Nameh*. Assédi a laissé plusieurs autres poèmes, parmi lesquels on distingue celui dans lequel il montre les avantages de la nuit sur le jour. Ses vers sont corrects, son style élégant; mais il montre peu d'imagination et de véritable poésie. Il ne faut pas confondre ce poète avec Sadi ou Saady, postérieur de deux siècles (*V.* SADY).

ASSÉEUR; nom par lequel on désignait autrefois à la cour des aides l'habitant d'un bourg ou d'un village qui était commis par la communauté pour asseoir les tailles et contributions sur tous les habitants, en proportion de l'avoir de chacun d'eux, et pour faire ensuite le recouvrement des sommes réparties.

ASSELIN, bourgeois de Caen. Guillaume le Conquérant étant mort à Rome, en 1087, son corps fut transféré à Caen, ainsi qu'il l'avait ordonné. Au moment où l'on procédait à l'inhumation dans l'église Saint-Étienne, qu'il avait fondée, Asselin se présenta et défendit, *au nom de Dieu*, que le corps de Guillaume fût placé dans la sépulture qui lui avait été préparée. Il alléguait que le terrain sur lequel l'église était bâtie lui avait été ravi de force par Guillaume, et que le prix ne lui en avait jamais été payé; et comme il se trouva là plusieurs personnes qui confirmèrent l'assertion de cet homme, les évêques qui procédaient à l'inhumation lui donnèrent soixante sous pour la valeur du terrain où la fosse était située, et ils lui promirent de l'indemniser pour tout le reste. — ASSELIN (Gilles-Thomas), docteur de Sorbonne et proviseur du collège d'Harcourt, naquit à Vire en 1682. Il avait eu pour maître Thomas Corneille, et pour ami Lamotte-Houdard. Il remporta le prix de poésie à l'Académie française, en 1709, et ceux de l'idylle et du poème lyrique aux jeux floraux, en 1711. Asselin mourut du octogénaire, en 1767. On a recueilli ses poésies, en 1 vol. in-8°, qu'on a publié à Paris en 1725. On y distingue ses deux odes *sur l'existence de Dieu* et *sur l'immortalité de l'âme.* — ASSELIN (Mathieu), né en 1736 à Bonnières, dans le diocèse d'Amiens, parcourut avec succès la carrière de ses études, et devint curé de Falaise. Cédant à la terreur que lui inspiraient les excès des révolutionnaires, il prêta le serment imposé par le gouvernement aux prêtres; peut-être, égaré par l'esprit de système, croyait-il que le serment civique n'engageait pas sa conscience, car il résista aux conseils et à l'autorité de son frère aîné, qui était curé de Notre-Dame de Paris. Après la terreur, Asselin fut curé à Saint-Omer, et en octobre 1797, il fut sacré évêque du Pas-de-Calais. On ne sait, au surplus, s'il fut élu par les prêtres constitutionnels du département, ou par le prétendu concile de 1797, dont il était membre. Quand il fut installé sur le siège épiscopal, il affecta de parcourir toutes les communes de son diocèse, monté constamment sur un âne, afin de se distinguer, disait-il, des évêques de l'ancien régime, ce qui lui valut le surnom d'évêque à baudet. Il donna sa démission en 1801, et se soumit à ce que le concordat exigeait des évêques constitutionnels. Il fut nommé ensuite curé à Saint-Omer, mais il se retira peu de temps après à Bonnières, où il est mort en 1825, avec les sentiments d'un vrai chrétien.

ASSELINE (Jean René), évêque de Boulogne, né en 1742, professa d'abord l'hébreu à la Sorbonne, devint grand vicaire de MM. de Beaumont et de Juigné, s'attira l'estime générale par sa modestie et ses vertus, qui égalaient ses lumières, et parut digne de l'épiscopat. Contraint, à la révolution, de quitter son diocèse et la France, il passa le temps de son exil en Allemagne. Son instruction pastorale du 24 octobre 1790 avait été adoptée par l'archevêque de Paris et quarante évêques; en Allemagne, il publia d'autres écrits relatifs aux affaires du temps. En 1801, il refusa sa démission, et il exposa les motifs de ce refus dans des écrits publiés en 1803 et 1804. — Louis XVIII l'appela auprès de lui pour remplacer l'abbé Edgeworth, son confesseur; le duc et la duchesse d'Angoulême l'honorèrent aussi de leur confiance, qu'il a conservée jusqu'à sa mort (10 avril 1813). Outre ses mandements et lettres pastorales, il a composé un grand nombre de livres de piété, dont voici les principaux, contenus dans les 6 vol. in-12 de ses OEuvres choisies, publiés en 1824: 1° Considérations sur les principaux mystères de la foi, tirées des diverses écritures et des ouvrages des Saints Pères; 2° Exposition abrégée du Symbole des apôtres; 3° Pratiques et Prières, tirées des Lettres de saint François-Xavier, etc.

ASSEMANI (Joseph-Simon), Syrien maronite, archevêque de Tyr et chanoine du Vatican, naquit en 1687, et mourut à Rome, en 1768, dans sa quatre-vingt-unième année. Très-versé dans les langues orientales, il composa plusieurs ouvrages estimés, parmi lesquels on distingue sa Bibliothèque orientale, dans laquelle il a fait entrer un grand nombre de manuscrits syriaques, arabes, perses, turcs, hébreux, etc., avec la biographie de leurs auteurs, sous le titre de Bibliotheca orientalis Clementino-Vaticana, recensens manuscriptos codices syriacos, arabicos, persicos, turcicos, hebraicos, samaritanos, armenicos, etc., de jussu et munificentiâ Clementis XI; Rome, 1719-28. On a aussi de lui les œuvres de saint Ephrem, avec des notes, des préfaces, des variantes, des commentaires, etc.: Sancti Ephrem Syri opera omnia quæ extant, græcè, syriacè et latinè, in sex tomos distributa, etc.; Rome, 6 vol. in-fol., 1732-1754. — Deux neveux du précédent, Étienne-Évode et Joseph-Moïse Assemani, se sont pareillement distingués comme orientalistes. Le premier, qui fut évêque d'Apamée, et successeur de son oncle dans la charge de préfet de la bibliothèque du Vatican, termina la publication commencée par Joseph-Simon, des OEuvres de saint Ephrem; il fit aussi paraître Acta martyrum orientalium et occidentalium, etc.; Rome, 2 vol. in-fol., 1748. Cet ouvrage, justement estimé, répond parfaitement à l'écrit de l'Anglais Dodwell, sur le petit nombre de martyrs. Ces actes ont été extraits de deux manuscrits chaldéens, de la bibliothèque du Vatican. Joseph-Moïse Assemani, fut professeur de syriaque au collège de la Sapience et à celui de la Propagande. Il mourut en 1782, après avoir publié son Codex liturgicus Ecclesiæ, 1749-63, 12 vol. in-4°. Il a aussi laissé des commentaires en latin sur les églises, leur droit d'asyle et le respect qui leur est dû, 1766, in-fol.; et des Commentaires sur les Catholicos ou patriarches des Chaldéens et des Nestoriens, 1775, in-4°. — L'abbé ASSEMANI (Simon), de la même famille que les précédents, naquit à Tripoli de Syrie, en mars 1749, et fit ses études à Rome, au collège des Maronites, après quoi il retourna dans l'Orient, où il exerça pendant douze ans les pénibles et périlleuses fonctions de missionnaire. Rappelé à Rome par son oncle, il fut ensuite envoyé à Vienne, où il fut pendant quelque temps employé à la bibliothèque impériale. De Vienne, il revint à Padoue, y fut professeur des langues orientales, et y mourut d'une

fluxion de poitrine, en avril 1821. Il a laissé plusieurs ouvrages écrits en italien et en latin, savoir: Description d'un globe céleste arabe, chargé d'inscriptions cufiques; Padoue, 1790, in-fol.; Description du Musée cufique de Nani à Venise; Catalogue raisonné des manuscrits orientaux de la bibliothèque de cette ville; Dissertations sur des monuments arabes, etc. Simon Assemani fut membre de plusieurs académies; et plusieurs de ses ouvrages ont été mentionnés avec éloge dans les Mémoires de l'Institut de France.

ASSEMBLAGE, réunion de plusieurs choses de même nature, ou de nature différente, qu'on met ensemble. Ce mot, employé seul, sans application directe, à une chose déterminée, sans se prendre précisément en mauvaise part, semble emporter l'idée du peu d'ordre ou confusion dans les choses assemblées. Ce mot est, au reste, fréquemment employé dans les arts, et bien qu'il indique toujours une réunion de plusieurs choses, il reçoit une signification particulière de son application. — En architecture, c'est l'art de réunir les parties avec le tout, tant par rapport à la décoration extérieure que pour ce qui regarde l'intérieur. C'est principalement dans l'assemblage des ordres que cet art devient nécessaire. Par exemple, s'il s'agit d'orner un portail, une façade, on la décore selon l'usage, en plaçant plusieurs ordres l'un sur l'autre. Là, deux règles doivent être gardées: la première veut que l'ordre le plus fort soit placé au-dessous de celui dont les formes plus délicates semblent le rendre moins propre à supporter de grandes masses. Ainsi l'ionique s'élève sur le dorique, et le corinthien sur le dorique. En supposant même qu'on donnerait à des colonnes corinthiennes un diamètre de quatre pieds, on ne devrait pas les placer sous un ordre dorique, quoique les colonnes de cette seconde ordonnance n'eussent que deux pieds, car c'est moins par leur dimension que par leur forme plus solide, que les colonnes doriques paraissent faites pour porter. Vitruve exige que les axes des colonnes de tout ordre superposé se trouvent sous le même aplomb. La seconde règle à observer, c'est que les colonnes ioniques, qui forment le second ordre, aient moins d'élévation que les doriques de la première ordonnance, dans la proportion de trois à quatre, et qu'il en soit de même pour le troisième ordre, qui est celui des colonnes corinthiennes. Au fond, on ne saurait rien prescrire de positif à cet égard; car les circonstances de localité, de destination, ou autres, peuvent apporter des modifications à toutes les règles, quelles qu'elles soient. D'ailleurs, ne sont-ce point les lois de la perspective, et surtout celles du goût qu'il faut principalement consulter? Le beau positif en architecture ne saurait être déterminé, car l'architecture est un art dont les principes sont, suivant nous, tout à fait dépendants du sens de l'us. — En t. de charpentier et de menuisier, l'assemblage est la manière de réunir plusieurs pièces de bois pour en former un ouvrage quelconque, de telle sorte que ces pièces ne se disjoignent pas. Les assemblages se forment au moyen de tenons, de mortaises, d'entailles, de clefs, de queues d'aronde, de rainures et de languettes; assembler, c'est réunir toutes les pièces qui doivent former un corps d'ouvrage, une porte, une cloison, un parquet, etc. (V. tous ces mots, et, de plus, les mots CHARPENTERIE et MENUISERIE.) — En t. de librairie ou plutôt de relieur et de brocheur, on donne le nom d'assemblage à un nombre plus ou moins grand de formes imprimées, qu'on range, suivant l'ordre alphabétique, de gauche à droite. L'assemblage est ordinairement de dix ou douze formes; on entend, par forme, la réunion d'une quantité déterminée de feuilles, première, seconde, troisième, etc., marquées chacune d'une lettre de l'alphabet ou d'un chiffre, qu'on nomme signature. L'assemblage se fait en levant de chaque forme une feuille, de sorte que la feuille 2 se trouve sur la feuille 1, la feuille 3 sur la feuille 2, et ainsi de suite. Quand on a ainsi assemblé un assez grand nombre de feuilles, on les met en piles; la réunion de plusieurs piles forme des parties. On assemble ensuite les parties comme on a fait des feuilles: c'est ce qu'on appelle mettre les parties en corps (V. RELIEUR, BROCHEUR.)

ASSEMBLÉE, réunion de plusieurs personnes dans un même lieu; lieu où se tient la réunion. — En terme de chasse, c'est le rendez-vous des chasseurs; en terme de guerre, c'est une batterie de tambour, une sorte de rappel qui avertit les soldats de se rendre à un lieu indiqué, qu'on appelle quartier d'assemblée. C'est aussi un signal pour que les soldats campés abattent leurs tentes, les roulent et se mettent sous les armes. Le troisième appel du tambour est appelé marche. — Les assemblées du clergé en France sont appelées synodes et conciles, en Angleterre, on les appelle *convocation*; mais en Écosse, l'assemblée de l'Église presbytérienne s'appelle *assemblée générale*. — Les Grecs et les Romains eurent souvent des assemblées où l'on délibérait sur les affaires importantes; on les désignait par le nom de *comices*. Dans les anciens gouvernements de la Germanie, le pouvoir suprême résidait dans une assemblée des États de la nation, c'est-à-dire des principaux chefs qui étaient convoqués par le roi. Les tribus franques qui envahirent la Gaule tenaient tous les ans des assemblées de ce genre (*V.* SYNODE, CONCILE, CONVOCATION, CONVENTICULE, COMICES, ÉTATS. CHAMP DE MAI, CHAMP DE MARS, CHAMBRE, PARLEMENT, CONGRÈS, ASSISES, etc.; *V.* aussi REPRÉSENTATION NATIONALE [assemblée], CONVENTION, CONSTITUANTE, LÉGISLATIVE).

ASSEMBLER un cheval, *en terme de manège*, c'est lui tenir la main en serrant les cuisses, ce qui l'oblige. pour ainsi dire, à rapprocher le train de derrière de celui de devant, et à relever la tête et les épaules.

ASSEMBLEUR (*t. de libr.*), ouvrier qui travaille à assembler.

ASSENTIMENT, adhésion expresse ou tacite qu'on donne à une proposition. L'assentiment diffère du consentement, en ce que ce dernier s'applique à une demande formelle dont l'objet est ou paraît subordonné à la volonté de celui dont le consentement est nécessaire, au lieu que l'assentiment se donne à une proposition simplement énoncée. Cet assentiment peut être exprès, comme si l'adhésion s'annonce par des mots ou des signes approbatifs; ou il est tacite, comme lorsqu'on est intérieurement obligé de convenir qu'une chose est vraie, lors même que la vérité se trouverait en opposition avec nos intérêts. — *En terme de vénerie*, on appelle *assentiment* l'odeur qui frappe le nez du chien, et qui le ramène sur la voie de l'animal. — *Assentir*, v. n., donner son assentiment. Il s'emploie dans le même sens que son substantif, mais il est de peu d'usage.

ASSEOIR, verbe actif, qui s'emploie souvent avec le pronom personnel. On dit *asseoir un malade*, pour le placer sur un siège; *asseoir un édifice* sur une base solide; *asseoir son jugement* sur des preuves; *asseoir les impôts*, en faire la répartition; *asseoir une cuve* (*t. de teint.*), la préparer, y mettre les ingrédients nécessaires pour y laisser les étoffes en bain. *Asseoir, en terme de maçon.*, c'est poser de niveau et à demeure les premières pierres des fondations, les pavés, les carreaux, etc. *Asseoir un cheval sur les hanches*, *en terme de manège*, c'est le dresser à galoper avec la croupe plus basse que les épaules.

ASSER (*hist. anc.*), espèce de bélier décrit par Végèce. C'est, dit-il, une longue poutre de moyenne grosseur, pendue au mât d'un vaisseau, ferrée par les deux bouts. Quand les vaisseaux ennemis venaient à l'abordage, on mettait cette poutre en mouvement. Poussée avec violence, elle écrasait ou renversait tout ce qui se trouvait sur son passage; elle faisait même aux navires des ouvertures considérables.

ASSER (*V.* ASER). Rabbin qui vivait vers le milieu du IV° siècle. Il est auteur du Talmud de Babylone, ou du moins il le commença; d'autres en firent l'achèvement plus de cent ans après (*V.* TALMUD DE BABYLONE). — *Asser* ou *Asserius*, évêque de Salisbury, en Angleterre, vécut dans le IX° siècle. Il avait commencé par être religieux bénédictin; son mérite le fit choisir pour précepteur des fils d'Alfred. Il écrivit la vie de ce prince et une histoire d'Angleterre. Il mourut, suivant les uns, en 883, et suivant les autres, en 909. La vie d'Alfred a été imprimée pour la première fois à Zurich en 1575.

ASSERMENTER, v. a., faire prêter aux fonctionnaires publics, aux agents du gouvernement et d'autres individus de ce genre, le serment de remplir fidèlement leurs fonctions. Au commencement de la révolution, on appela *prêtres assermentés* ceux ceux qui, par un motif quelconque, avaient prêté le serment civique (*V.* SERMENT).

ASSESSEUR, se dit d'un adjoint que se donnaient, avant la révolution, les maires ou autres magistrats en chef d'une ville pour leur servir de conseil, et les assister dans les jugements qu'ils devaient rendre. Dans beaucoup de juridictions, il y avait des assesseurs en titre d'office : c'étaient d'ordinaire des avocats. Les anciens consuls et échevins des villes, qui étaient autrefois juges du commerce, avaient toujours un assesseur : c'était là une précaution sage. Quelques lumières que l'on suppose dans un commerçant, il est bien rare d'en trouver un qui soit assez familiarisé avec les formes de la procédure et le langage des lois pour pouvoir se passer de tout secours. Beaucoup de tribunaux de commerce dans les villes où il existe des tribunaux de ce genre ont encore des assesseurs. —

On donnait ce nom, en Allemagne, aux conseillers de la chambre impériale. — C'étaient autrefois des magistrats inférieurs qui formaient le conseil du proconsul avant Constantin, et après lui, du préfet du prétoire. Ils jugeaient toute sorte d'affaires; mais dans les affaires criminelles, ils s'en référaient au proconsul et au préfet pour la confirmation de leurs sentences, au lieu que dans les affaires civiles, ils décidaient sans appel.

ASSES (*V.* ASES).

ASSETTE, marteau de couvreur, ayant une tête d'un côté et un tranchant de l'autre.

ASSEZ, adverbe qui signifie *autant qu'il en faut*. Comparé au mot *suffisamment*, dont la valeur est à peu près la même, il présente cette légère différence, que lorsqu'un homme dit *assez*, il veut dire qu'il ne lui en faut pas davantage; au lieu qu'en disant *suffisamment*, il donne seulement à entendre qu'il a la quantité qui lui est nécessaire. Ainsi, tout ce qu'on ajouterait à ce qui est assez serait de trop et pourrait devenir nuisible; au lieu que la quantité ajoutée à celle qui est suffisante ne ferait que produire l'abondance. Un homme qui aura un petit héritage, si cet héritage est d'un bon rapport, dira que son bien produit suffisamment; mais cela ne veut pas dire qu'il ait *assez* pour se procurer tout ce qui lui est nécessaire.

ASSIDARIUS (*V.* ESSEDARIUS), gladiateur qui combattait assis sur un char.

ASSIDÉENS, secte de juifs ainsi nommés de l'hébreu *hasidim* ou *tsadikim*, juste, par opposition à *reschagnim*, méchant. Par la suite, les hasidim se distinguèrent des tsadikim, en ce que ces derniers s'attachaient aux seuls préceptes de l'Évangile, tandis que les autres affectaient encore plus de rigidité, plus de sainteté que la loi n'en demandait : aussi le peuple, qui presque partout se laisse prendre aux apparences, les tenait-il pour *saints*, et avait pour eux la plus grande vénération. Ces assidéens, qui admettaient les œuvres de surérogation et les regardaient comme indispensables, d'où sont sortis les pharisiens, de qui les esséniens sont sortis. Ces deux dernières sectes étaient directement opposées à celle des saducéens, qui niaient la résurrection des morts, et, par suite, enseignaient qu'il n'y avait ni peine à craindre pour ses œuvres, ni récompense à espérer.

ASSIENNE (pierre) ou pierre d'asso, *assius lapis*. Il est fait mention de cette pierre dans Dioscoride, Pline et Galien. Suivant ce dernier, elle tire son nom d'Assos, ville de la Troade. Elle est d'une substance légère, spongieuse et friable; elle est couverte d'une poudre farineuse qu'on appelle *fleur de pierre d'asso*. Les molécules de cette fleur, extrêmement pénétrantes, rongent les chairs. Il ajoute que cette fleur est digestive et préservative comme le sel. Dioscoride dit que l'assienne est de la couleur de la pierre ponce, parsemée de veines jaunes. Elle consume en quarante jours les substances animales.

ASSIENTE, nom français d'une compagnie française qui s'était formée pour la traite des nègres (*V.* ASIENTO).

ASSIETTE, pièce de vaisselle dans laquelle on mange. On nomme ainsi cette pièce, parce qu'elle servait autrefois à désigner l'*assiette*, c'est-à-dire la place où chaque convive devait être assis. On entend quelquefois par *assiette* la quantité d'aliments que l'assiette contient. On dit, dans ce sens, *assiétée*, c'est-à-dire plein une assiette; mais ce mot est populaire. On appelle *assiettes volantes*, des assiettes creuses qu'on sert entre les plats, et dans lesquelles on place les hors-d'œuvre; *assiettes blanches*, celles qu'on donne en relevant celles qui ont servi. — On dit d'un parasite ou qui va cherchant de bons repas chez les autres, qu'il *pique l'assiette*, que c'est un *piqueur d'assiettes*. — On dit, au contraire, d'un homme qui est en pension et qui paye son dîner, quoiqu'il ne le prenne pas, que *son assiette dîne pour lui*.

ASSIETTE, *en terme d'architecture*, se dit de la situation d'une pierre, d'une poutre qu'on place sur un autre corps solide; on entend aussi ce terme la situation, la position d'une maison, d'un corps de bâtiment, d'un édifice. — *En terme de jurisprudence*, c'est le fonds sur lequel est assise une rente constituée; c'est aussi l'action d'asseoir l'impôt. On appelait autrefois *lettres d'assiette* des lettres qui s'obtenaient en chancellerie, pour faire la répartition d'une condamnation de dépens sur une communauté d'habitants. — *En terme de marine*, un *vaisseau en assiette* est celui qui se trouve dans la situation la plus convenable pour filer. — *En terme de manège*, c'est la façon dont le cavalier est posé sur la selle. S'il se tient ferme sur ses étriers, on dit qu'il *ne perd pas l'assiette*. — *En terme d'horlogerie*, l'*assiette* est une petite pièce de laiton adaptée à la tige d'un pignon; c'est sur cette pièce qu'on rive la roue. — *En terme de paveur*, c'est la surface du moellon qui doit poser sur le sable : ainsi l'assiette est diamétralement opposée à la surface qui forme le sol sur lequel on marche. — *En terme de teinturier*, c'est l'état d'une cuve préparée pour recevoir les étoffes en bain. — *En terme de doreur*, c'est la composition qu'on couche sur le bois avant de le dorer. Cette composition consiste en un mélange de bol d'Arménie, de sanguine, de mine de plomb broyés ensemble et humectés de colle de parchemin. — *En matière de vente de bois*, l'assiette est l'étendue de bois désignée pour être vendue ; elle se fait en présence de l'agent des eaux et forêts, par l'arpenteur ou les arpenteurs. Le mesurage s'assure par la marque des marteaux de l'État. (*V.* MARTELAGE).

ASSIGNAT (*t. de jurispr.*), affectation spéciale d'un héritage au service d'une rente. Pour donner à l'assignat plus de sûreté encore qu'il ne pourrait en recevoir de la simple hypothèque, le créancier stipule qu'il recevra lui-même des mains du fermier de l'héritage (*V.* DÉMONSTRATIE et LIMITATIF [assignat]).

ASSIGNATS (*V.* PAPIER-MONNAIE).

ASSIGNATION (*t. de prat.*), acte d'huissier signifié à un individu pour qu'il ait à comparaître en justice : c'est la même chose que l'ajournement. Toutes les différences qu'on a voulu établir entre ces deux noms n'expriment rien de réel (*V.* AJOURNEMENT). Dans le commerce ordinaire, on appelle de ce nom toute rescription ou mandement pour faire payer une dette sur certains fonds, dans un temps déterminé. Tous porteurs de ces assignations doivent les faire accepter par ceux sur qui elles sont fournies (*V.* DÉLÉGATION).

ASSIMILATION. C'est par ce mot qu'on désigne la faculté qu'ont tous les êtres organisés de transformer en leur propre substance toutes les matières dont ils se nourrissent. L'assimilation dans l'homme et la plupart des animaux n'est qu'un des actes de nutrition, car, avant que la substance alimentaire soit assimilée, elle doit subir plusieurs préparations, telles que l'insalivation, la digestion, la chylification, l'absorption, etc. (*V.* tous ces mots, ainsi que NUTRITION). Dans les végétaux, il y a de même assimilation : ce sont des sucs terrestres qui, préparés et digérés dans les vaisseaux de la plante, prennent une nature végétale, et font accroître le bois, les feuilles, les fleurs, le fruit. En physique même, il y a quelque sorte d'assimilation entre diverses substances dépourvues d'organes. Quelques philosophes donnaient à cette sorte d'assimilation le nom de *mouvement*, et ils définissaient ainsi ce mouvement : opération par laquelle des corps transforment d'autres corps, qui ont une disposition convenable, en une nature semblable ou homogène à leur propre nature. On cite pour exemple de cette assimilation la flamme qui convertit l'huile, les résines et les particules de tous les corps qui alimentent le feu, en matière ardente et lumineuse.

ASSIMINIER (*botan.*), *anona triloba*, de la famille des anones, laquelle contient plusieurs espèces d'arbres originaires de l'Amérique septentrionale. Trois petites feuilles cordiformes, creusées en cuilleron, et terminées en pointe, forment le calice de la fleur, dont le disque se compose de trois à six pétales, et d'un grand nombre d'étamines, à sommet quadrangulaire, attachées à l'embryon par de courts filaments. Plusieurs embryons arrondis et plusieurs styles, terminés par des stigmates obtus, forment le pistil. L'embryon devient un gros fruit charnu, ovale ou rond, à écorce écailleuse ; il ressemble à un concombre. L'assiminier se trouve en abondance dans les îles du canal de Bahama ; il ne s'élève guère au-dessus de sept à huit pieds. Plusieurs branches partent du pied : le fruit a la forme d'une poire renversée ; il sert de nourriture aux singes et à d'autres animaux ; les nègres le mangent aussi. L'assiminier a été acclimaté en Angleterre, et surtout en France, où il réussit très-bien, puisqu'il y donne des fruits, qui mûrissent parfaitement, et servent à le reproduire.

ASSINIPOELS, peuples de l'Amérique septentrionale, qui habitent sur les bords d'un grand lac auquel on donne le même nom ; et que les naturels appellent *Michinipi* (*V.* ce mot).

ASSISE, s. f., en t. d'archit. C'est un rang de pierres de même hauteur, soit de niveau, soit rampant, c'est-à-dire sur un plan incliné, soit continu, soit interrompu par les ouvertures des portes et croisées. On appelle *assise de pierre dure* celle qui se place sur les fondations d'un mur, et *assises de plat-parpin* celles dont les pierres ont toute l'épaisseur du mur (*V.* ÉCHIFFRE). En t. de bonnet, on appelle *assise* la soie qu'on étend sur les aiguilles, et qui, dans le travail, forme les mailles du bas.

ASSISE OU ASCISI, ville d'Italie dans les États de l'Église, célèbre par la naissance de saint François, dont le corps a été conservé dans l'église des religieux de son ordre. Cette ville est ancienne ; Ptolémée, et après lui Procope, en ont fait mention. Son nom lui vient de la rivière qui baigne ses murs, que les anciens nommaient *Assus*, et que les modernes appellent *Ciascio*. On voit dans Assise les restes d'un monument d'architecture très-remarquable. Ce qui existe encore formait le péristyle antérieur : six colonnes cannelées supportent le fronton ; elles sont d'ordre corinthien, leur diamètre est de trois pieds six pouces. Ce péristyle fait face à l'église de *Santa Maria di Minerva*, et ce nom a fait présumer que l'édifice détruit était un temple de Minerve. On voit encore dans Assise quelques autres ruines antiques.

ASSISES, réunion de juges assemblés pour entendre et juger des causes. Autrefois on ne donna ce nom qu'à une session extraordinaire que le juge supérieur tenait dans les sièges inférieurs et dépendants de sa juridiction, tant pour recevoir les appels qu'ise faisaient des sentences des premiers juges, que pour recevoir les plaintes qu'on pouvait porter contre eux. Il s'est tenu jusqu'à la révolution, dans plus d'une juridiction, de la part du juge supérieur, des espèces d'assises, reste de l'ancien usage. On entendait aussi par assises une cour ou assemblée des seigneurs et des hommes les plus considérables de la nation, qui se tenait dans le palais du prince, et dans laquelle on jugeait, en dernier ressort, les affaires les plus graves et les plus importantes. Les anciens écrivains nommaient ces cours *placita*, plaids, *nulla publica*, *curiæ generales*; et il y avait pourtant une différence faite entre les *assises* et les *plaids*. La justice était rendue par les vicomtes, ou lieutenants des comtés, qui tenaient deux sortes de cours : l'une, journalière, *placitum* ; l'autre, extraordinaire, *placitum generale* ou assises, à laquelle le comte assistait en personne. De là le mot d'assise s'étendit à toutes les *grands jours* de judicature, où il s'agissait d'entendre et de juger des causes solennelles (*V.* PLAIDS, GRANDS JOURS). — Dans l'origine de la monarchie franque, les champs de mars et de mai n'étaient que des grandes assises nationales, où l'on discutait les questions de paix, de guerre, de législation. Sous la seconde race, ces assemblées prirent le nom de *plaids*, de *parlements*, ou *états* sous la troisième. Quelques provinces, telles que la Bretagne et le Languedoc, avaient conservé dans leurs états particuliers une image de ces premières assises (*V.* LANGUEDOC, BRETAGNE, ÉTATS). Les parlements étaient venus ensuite, pour représenter les *plaids* et *états* dans la partie de leurs fonctions, qui concernaient l'administration de la justice. L'ombre de leur ancienne importance se faisait remarquer encore dans les droits des parlements, d'enregistrer les édits royaux pour les rendre exécutoires. Quand les parlements eurent été supprimés par la révolution, il fallut instituer des tribunaux pour juger les causes criminelles, dont on sentait bien que les larges doctrines révolutionnaires ne tendaient pas à diminuer le nombre ; mais ce n'est qu'après bien des épreuves et des tâtonnements que les cours d'assises ont été instituées, à l'imitation des assises d'Angleterre (*V.* COURS D'ASSISES, JUSTICE, INSTRUCTION CRIMINELLE). Les Anglais avaient deux sortes d'assises, particulières et générales. Les assises particulières n'étaient pas autre chose qu'une commission spéciale chargée de la connaissance et du jugement de certaines causes ; quant aux assises générales, dont le système est encore en pleine vigueur, elles sont formées par des juges ambulants, qui sont obligés de faire deux tournées dans la juridiction qui leur est marquée par la commission même qui les nomme. L'institution des assises date du règne de Henri II, et, depuis cette époque, elle n'a subi que des modifications peu importantes. Les juges d'assises sont nommés par le roi. La commission qu'ils reçoivent les appelle à connaître des cas de trahison, de félonie, de meurtre et d'autres grands crimes. Une seconde commission leur donne le droit de vider les prisons en faisant exécuter les condamnés, et en élargissant les innocents ou non convaincus. Ils peuvent obliger les juges de paix des lieux où ils tiennent l'assise d'y assister, sous peine d'amende (*V.* JUGES-AMBULANTS). — On a désigné par le nom d'*assises de Jérusalem* la constitution féodale et militaire qu'avaient établie les premiers croisés, en 1099, après la conquête de Jérusalem (*V.* JÉRUSALEM). — On dit familièrement, au style figuré, d'un homme qui s'est emparé, dans une maison, dans une société, d'une espèce d'autorité, soit par l'ascendant réel de son mérite, soit seulement par des prétentions soutenues avec persévérance, qu'il *tient ses assises dans...* Ce mot, quoiqu'il ne se prenne pas en mauvaise part, semble néanmoins indiquer que l'empire exercé par cet homme n'a pas un fondement bien légitime.

ASSISTANCE. Ce mot signifiait autrefois concours ou assemblée de personnes présentes à un acte, à un discours ; on dit aujourd'hui auditoire. *En t. de pratique, assistance* signifie présence d'un individu à l'égard d'un autre individu : ainsi des experts se rendent sur les lieux, et opèrent *avec l'assistance* des avoués des parties ; une femme plaide avec l'assistance de son mari ; on procède à une apposition ou levée de scellés avec l'assistance du juge de paix, etc.—C'est le secours qu'on donne à un homme dans le besoin. Il ne faut pas croire pourtant que *secours* soit synonyme *d'assistance*, ni même *d'aide* ; et quoique bien des gens prennent indifféremment l'un pour l'autre, il existe entre ces trois mots des différences réelles, bien qu'elles soient peu sensibles. Le secours suppose que la personne secourue est dans le danger ; l'aide donne à entendre que celui qu'on aide ne peut venir seul à bout de ce qu'il a entrepris ; l'assistance se joint toujours à une idée de compassion qu'inspire l'infortune de celui qu'on assiste. Ainsi, pour secourir, il faut le plus souvent de la générosité ; pour aider, de la bienveillance ; pour assister, de la commisération. On va au secours d'un homme qui est attaqué par plusieurs individus ; on aide celui qui, faute de temps ou de force, ne pourrait terminer son ouvrage ; on assiste celui qui est dans l'indigence.—On donne encore le nom *d'assistance* à une étendue de pays où un religieux remplit les fonctions d'assistant auprès du général ou du provincial de son ordre. Dans certains monastères, on appelait *assistant* un dignitaire qui, sous le supérieur, prenait soin des affaires de la communauté. Dans la congrégation de Saint-Lazare, chaque maison avait un supérieur et un assistant. Le général des jésuites avait cinq assistants, pour l'Italie, l'Allemagne, la France, l'Espagne, et le Portugal.—Dans l'ancienne pratique, on appelait *assistants* deux avocats qui devaient assister à l'audience l'avocat du demandeur en requête civile. L'ordonnance de 1667, en abrogeant cet usage, y substitua la nécessité de joindre aux lettres de requête une consultation signée de deux avocats.

ASSOCIATION, acte par lequel plusieurs personnes se réunissent dans un intérêt commun de simple convenance, de commerce, d'industrie, de politique, etc. Il n'est pas nécessaire de dire qu'il ne saurait y avoir d'association universelle ; car il serait bien difficile de concevoir comment tant de volontés individuelles pourraient converger sur un point unique, et former une seule volonté capable de donner la même impulsion au nombre infini d'actes qui peuvent être dans les habitudes, dans les besoins, ou dans la position sociale de chacun des associés. — Quant au droit d'association en lui-même, ce n'est pas autre chose que l'esprit de sociabilité né en quelque sorte avec l'homme ; mais ce droit, pour s'exercer, a besoin de se restreindre à des objets déterminés, par l'impossibilité de l'étendre à l'universalité des objets qui sont dans le domaine de l'esprit humain. Il n'y a donc que des associations particulières, telles que le mariage, et les sociétés scientifiques, littéraires, industrielles, commerciales, religieuses ou politiques ; et celles-ci, pour ne point se contrarier dans leur marche particulière, et ne point troubler dans la sienne la société générale, doivent être soumises à des règles positives que nous indiquerons en traitant de chacune de ces associations dans des articles spéciaux (*V.* FAMILLE, MARIAGE, ACADÉMIES, SOCIÉTÉS SAVANTES, SOCIÉTÉS DE COMMERCE, ORDRES MONASTIQUES, etc.).

ASSOCIATION HYPOTHÉCAIRE (*V.* HYPOTHÈQUE).

ASSOCIATION D'IDÉES. Quand deux idées se suivent immédiatement et constamment dans l'esprit, de manière que, dès que l'une se présente, l'autre se montre infailliblement, soit qu'il y ait entre elles connexion ou relation naturelle, soit qu'elles n'aient point de rapport direct, et qu'elles ne s'unissent ainsi que par accident ou par habitude, il y a association d'idées. Dans le premier cas, c'est-à-dire, si entre les deux idées il y a liaison naturelle, la faculté de les recueillir, de les classer, de les comparer pour en faire sortir des principes lumineux qui puissent nous diriger dans nos travaux intellectuels, c'est l'heureux apanage des bons esprits. Dans le second cas, c'est-à-dire, quand les deux idées n'ont aucune connexion naturelle ni nécessaire, et que leur union ne s'opère que fortuitement ou par l'effet d'une mauvaise direction donnée aux idées, l'association n'est que trop souvent une source d'aberration et d'erreur (*V.* ERREUR). L'erreur est d'autant plus imminente, que l'éducation, les mœurs, l'esprit de système, les opinions prétendues philosophiques nous ont plus surchargés d'idées disparates, que l'habitude de les voir ensemble nous fait considérer comme étroitement unies ; de telle sorte qu'il nous est presque impossible de les séparer : Cette fausse combinaison d'idées, dirons-nous avec Locke, produit les plus grandes et presque toutes les erreurs dont le monde est inondé (*V.* IDÉES).

ASSOLEMENT, c'est l'action d'assoler, c'est-à-dire, de diviser les terres labourables en plusieurs soles, afin de leur laisser le temps de réparer, par le repos, l'épuisement causé par des récoltes antérieures (*V.* ALTERNAT, ROTATION, CULTURE).

ASSOMPTION (*géogr.*). C'est le nom d'une ville du Paraguay, ainsi nommée en l'honneur de l'*Assomption de la sainte Vierge*, et située sur le fleuve Paraguay, dans un sol sablonneux et peu fertile. Elle est mal bâtie, mais le climat en est très-sain. Elle a un évêché. Ses habitants, au nombre de sept à huit mille, font quelque commerce. Les environs produisent l'herbe connue sous le nom d'*herbe de Paraguay* (*V.* PARAGUAY). — Il y a dans l'Amérique septentrionale, dans le golfe Saint-Laurent, une île qui porte le nom d'île de l'*Assomption* ou d'*Anticosti*. Elle est couverte de forêts, et le sol en est stérile. Elle appartient aux Anglais. — Assomption, *en t. de logique*, signifie la seconde proposition ou mineure d'un syllogisme. Ce mot se prend quelquefois pour conséquence des propositions qui composent un argument.

ASSOMPTION (de *assumere*, prendre, enlever, attirer à soi, *sumere ad se*). Ce mot avait été adopté dans l'ancienne Église pour désigner le jour de la mort d'un saint, *quia ejus anima in cœlum assumitur.* — Plus tard, dans l'Église romaine, de même que dans celle d'Orient, le mot *assomption* s'est employé, tant pour exprimer la résurrection et l'enlèvement au ciel de la sainte Vierge en corps et en âme, que pour rappeler la fête solennelle qui se célèbre le 15 août de chaque année en mémoire de cet événement, plus solennelle encore depuis qu'en 1638 Louis XIII mit sa personne et son royaume sous le patronage de Marie. Le vœu de Louis XIII fut renouvelé un siècle plus tard par Louis XV. — Ce fut sous l'empereur Justinien que, suivant quelques-uns, les Grecs commencèrent de célébrer la fête de *la mort de la Vierge* ; car il paraît qu'au milieu du Ve siècle on ne la célébrait pas encore. L'empereur Marcien ayant bâti une église à Constantinople en l'honneur de Marie, pria le patriarche de Jérusalem de lui envoyer le corps sacré si on pouvait le trouver. D'autres écrivains prétendent que ce fut sous l'empereur Maurice, contemporain du pape saint Grégoire le Grand, que la fête fut instituée. Quoi qu'il en soit, elle avait lieu dès la fin du VIIe siècle. André de Crète dit qu'à cette époque on ne la célébrait encore qu'en très-peu d'endroits. Au VIIIe siècle, Charlemagne en parle dans ses capitulaires, et le concile de Mayence, dans ses décrets (813). Au temps de Nicolas Ier (858), et même onze ans auparavant, sous le pape Léon IV, cette fête s'observait à Rome. Au XIIIe siècle, l'empereur Manuel Comnène ordonna qu'elle serait célébrée par tout l'empire, et il la fixa au 15 août, sous le nom de μετάστασις, *trépas* ou *passage*, ou de χοίμησις, *dormitio*, *sommeil* ou *repos*. Les Orientaux, et notamment les Coptes, font la fête du repos ou de la mort le 16 ou le 21 janvier, et celle de l'Assomption au 15 août. Il en est à peu près de même dans le martyrologe attribué à saint Jérôme. La première de ces deux fêtes, *depositio*, a lieu le 18 janvier, et la seconde, *assomption*, au 15 août. Le concile de Mayence, cité ci-dessus, la fixa pareillement au 15 août. Après le IXe siècle, la fête de l'Assomption fut établie partout.—Une grande question a été soulevée dès les premiers siècles de l'Église, et elle n'a pas encore reçu de solution. L'assomption de la sainte Vierge s'est-elle faite *en corps et en âme*, ou est-ce seulement son âme qui est montée au ciel ? L'opinion assez généralement reçue, c'est que Marie resta sur la terre un peu plus que vingt-trois ans après la résurrection et l'ascension de son divin fils, qu'elle mourut l'an 57, âgée d'environ soixante-douze ans, et que son âme fut immédiatement ravie au ciel. Quelques-uns pensent, et il faut convenir que c'est sur des documents bien incertains que le corps, après un séjour de soixante-douze heures dans le sépulcre, fut ranimé par son âme, descendue du ciel, et que, la résurrection opérée, elle alla prendre en corps et en âme possession de la place qui lui était réservée. Il fallait que les preuves qu'on alléguait de cette résurrection fussent bien équivoques, puisque plusieurs anciens Pères de l'Église en doutaient, notamment saint Épiphane, qui, sur l'hérésie 78, dit nettement qu'il ne veut point décider si la mère de Dieu est morte ou si elle est restée immortelle. Mais l'Église a prononcé depuis : elle déclare, dans l'oraison de la messe du jour, que la

Vierge est *morte selon la condition de la chair*. — Quant aux circonstances précises de la mort, on les ignore. Certains détails, il est vrai, se trouvent dans un ouvrage attribué à saint Denis l'Aréopagite, mais il est avéré aujourd'hui que cet ouvrage est supposé. Juvénal, patriarche de Jérusalem, qui vivait au Ve siècle, a rapporté quelques-unes de ces circonstances, et saint Jean Damascène s'est approprié son récit; mais il n'en est pas moins certain que l'opinion de ce saint n'avait pas été généralement adoptée, puisque le savant Usuard, religieux de Saint-Germain-des-Prés de Paris, dans son martyrologe, indiquant au 15 août, sous le nom de *Dormitio*, la fête de la *mort de la Vierge*, ajoute qu'on ne sait pas où son corps a été caché, suivant le dessein de Dieu, et, que l'Église, dans sa sagesse, a mieux aimé convenir pieusement de son ignorance à cet égard que de rien avancer de mal fondé ou d'apocryphe. *Plus elegit sobrietas Ecclesiæ cum pietate nescire, quàm aliquid frivolum et apocryphum ineâ tenendo docere.* Les mêmes mots se retrouvent dans le martyrologe d'Adon, archevêque de Vienne, et dans d'autres ouvrages du IXe siècle. Dans les siècles suivants, on a regardé l'assomption corporelle comme une *opinion pieuse*, mais non certaine; toutefois, beaucoup d'églises, et un grand nombre de Pères et de docteurs, tant grecs que latins, ont reçu cette opinion comme incontestable, ce qui a fait dire au cardinal Baronius, dans ses Annales, qu'on ne peut sans témérité enseigner le contraire et ôter à la Vierge la gloire de régner dans le ciel avec son fils, en corps et en âme. — Vers le milieu du XVIIe siècle, on substitua au texte d'Usuard, sur la mort (*dormitio*) de la Vierge, une homélie sur l'assomption, et le 1er août 1668, le chapitre de Paris fit une conclusion pour le rétablissement du texte. Quelques-uns soutinrent l'assomption corporelle, et s'élevèrent contre le rétablissement demandé. M. Joly, chantre de l'église de Paris et le célèbre docteur de Launoy, se déclarèrent pour le texte d'Usuard. La faculté de théologie de Paris, en condamnant le livre de Marie d'Agréda, en 1697, dit formellement qu'elle croyait que la sainte Vierge avait été enlevée au ciel en corps et en âme. Le pape Léon IV, qui mourut en 855, le croyait aussi, puisqu'il institua la fête de l'*octave de l'Assomption*. En nous résumant, nous dirons que l'Église universelle n'a point décidé la question de l'assomption corporelle, qui, par conséquent, n'est pas un article de foi; que, néanmoins, la plupart des docteurs, des Pères et des Églises, croyant à la résurrection et à l'assomption corporelle, il est sage de dire avec Baronius qu'il y a de la témérité dans le doute; et il paraît assez naturel de penser que Jésus-Christ n'a point voulu abandonner à la terre le corps de celle qui le porta lui-même dans son sein.

ASSONANCE, rapport, similitude de son dans la terminaison de certains mots qui, néanmoins, ne forment pas une rime (*V.* ce mot). Par exemple: *coule, redoute,* riment ensemble, mais *goût* et *redoute* ne sont qu'assonants. L'emploi des mots assonants est un défaut à éviter, même en prose. Les Latins, au contraire, y trouvaient une sorte d'agrément; leurs rhéteurs avaient fait une figure des *similiter desinentia*. Les Grecs faisaient aussi un fréquent usage des assonances, qu'ils appelaient ομοιοτελευτα.

ASSORTIMENT. Quantité de choses mises ensemble, et parmi lesquelles on peut trouver tout ce qui est nécessaire ou dont on a besoin, dans le genre de celles qui font l'assortiment. Ainsi, en *t. de librairie*, un assortiment comprend plusieurs ouvrages différents d'un même genre: assortiment de pièces de théâtre, de livres de morale, etc.; en *t. de peint.*, c'est la réunion de toutes les couleurs nécessaires pour peindre; en *t. d'imprimerie*, c'est tout ce qui dépend d'un corps de caractères, majuscules, petites majuscules, italiques, etc.—On entend par *assortiment de diamants, de porcelaines*, etc., une collection de ces divers objets pouvant satisfaire, par leur variété, à tous les besoins de celui à qui ils appartiennent. — Assortir une boutique, c'est la fournir de toutes les marchandises propres à certain genre de commerce. Assortir une étoffe d'une doublure convenable, c'est choisir, pour la doublure et pour l'étoffe, deux couleurs qui ne tranchent pas trop, ou dont le rapprochement ne produise pas un effet désagréable à l'œil. — En *t. de plumassier*, c'est employer des plumes de même grandeur et de couleurs qui s'harmonisent. En *t. de chapel.*, c'est mettre la forme dans un chapeau en blanc. Assortir se dit souvent au figuré, pour se convenir. Il faut à table *assortir les convives*; il faut, pour vivre en paix, que *les caractères soient assortis*.

ASSOUAN. (*V.* SYÈNE).

ASSOUCI, appelé *le singe de Scarron* (*V.* DASSOUCY).

ASSOUPISSEMENT, *sopor*. État voisin du sommeil, dans lequel les fonctions des organes sont complètement suspendues ou ne s'exercent qu'imparfaitement. La SOMNOLENCE, le CATAPHORA, le COMA ou CARUS, et la LÉTHARGIE, sont les divers degrés d'assoupissement (*V.* ces mots). On peut distinguer deux sortes d'assoupissements. L'un est naturel et ne provient d'aucune indisposition; on peut le regarder comme le commencement du sommeil: la fatigue, la chaleur, la pesanteur de l'atmosphère, suffisent pour le produire. L'autre naît de quelque dérangement de la machine. Les causes de ce dérangement sont fort nombreuses: la pléthore, l'effusion des humeurs, l'obstruction, la compression, l'inflammation, la suppuration, l'usage de l'opium et des narcotiques, l'abus des aromates, l'aspiration par les narines de matières spiritueuses, odorantes, les aliments gras et durs pris avec excès.

ASSOUPLIR, rendre souple. *Assouplir un cheval*, c'est lui faire plier le cou, les épaules, les côtes et les autres parties du corps, à force de le manier et de le faire trotter et galoper.

ASSOURDIR, rendre sourd. *En terme de peinture*, c'est diminuer la lumière et les détails dans les demi-teintes. Les graveurs disent, dans le même sens, *assourdir les reflets*, les rendre moins sensibles.

ASSUÉRUS, roi de Perse, époux d'Esther parente de Mardochée. Dans le grec du livre d'Esther, il est toujours désigné sous le nom d'Artaxercès, et un grand nombre de savants s'accordent à ne voir en lui que l'*Artaxercès Longuemain* des anciens historiens; mais l'hébreu et la vulgate lui donnent le nom d'Assuérus. Ussérius croit que cet Assuérus est le même qu'Astyage: aïeul maternel de Cyrus; d'autres veulent y voir Artaxercès Memnon, ou même Artaxercès Ochus. Dom Calmet croit que la première épouse de ce prince, Vasthy, est la même que l'Atossa des Grecs, et que par conséquent Assuérus est Darius, fils d'Hystaspes; mais toutes ces opinions sont peu vraisemblables (*V.* ARTAXERCÈS LONGUEMAIN et JUIF ERRANT).

ASSUJÉTIR, soumettre, subjuguer, rendre sujet. Ce mot s'emploie au figuré plus que dans le sens propre: on dit assujétir un peuple, assujétir une province; mais on dit plus souvent *assujétir ses passions, s'assujétir à des conditions onéreuses, être assujéti aux caprices des autres*. L'Académie écrit assujétir et assujétir, mais il est une règle générale à laquelle il n'y a pas de raison ici de se soustraire. On ne double les lettres *l, n, t*, que dans le cas où elles sont suivies d'un *e* muet. On écrit *jeter* et je *jette*; on écrit *sujet, sujette*; mais on écrit *sujétion* et non *sujettion*. Pourquoi donc écrire *assujettir* au lieu d'*assujétir*?

ASSUR, ville de la Palestine sur le bord de la mer, autrefois considérable, aujourd'hui ruinée, à quinze milles nord de Jaffa et quarante de Jérusalem. Ce fut d'abord un bourg nommé *Caphar Saléma*, non loin duquel Judas Machabée défit l'armée syrienne commandée par Nicanor. Hérode dit le Grand y fit bâtir une ville qu'il nomma *Antipatris* en l'honneur de son père Antipater. Il paraît que c'est la même que celle dont parlent Josèphe et Guillaume de Tyr; ils la placent à quelques milles de Jaffa vers la mer. Quelques écrivains distinguent l'Antipatris de Josèphe de l'Antipatris d'Hérode, quoique l'une et l'autre aient porté le nom d'Assur.

ASSUR, fils de Sem, lequel donna, dit-on, son nom à l'Assyrie propre: Josèphe, interprétant un passage de la Genèse, *de terrâ illâ egressus est Assur, et ædificavit Niniven*, dit qu'un fils de Sem, après avoir donné son nom à l'Assyrie, y fonda la ville de Ninive. Plusieurs modernes ont adopté l'interprétation de Josèphe, qui a pris le mot *Assur* pour le nom d'un homme. Mais les uns confondent Assur avec Ninive, et les autres avec Nembrod. L'erreur de Josèphe est évidente. C'est de Nembrod que parle Moïse, lorsqu'il dit qu'après avoir fondé Babylone et plusieurs autres villes de Sennaar, il sortit de cette terre (de Sennar), et, qu'étant entré au pays d'Assur, il fonda Ninive. C'est ainsi que Bochard a expliqué ce passage. Nembrod était fils de Chus, et petit-fils de Cham; Assur était fils d'Élam, et petit-fils de Sem. Tandis que le premier fondait son royaume à Babylone, le second s'établissait dans le pays qui prit de lui le nom d'Assyrie; mais Nembrod, audacieux et guerrier, poussé par le désir des conquêtes, sortit de la terre de Sennaar, entra dans celle d'Assur, dont il se rendit maître, et fonda Ninive.

ASSURANCE (*jurispr.*). Sûreté que donne un emprunteur ou obligé à celui qui prête, à celui qui stipule, pour répondre du remboursement du prêt ou de l'acquit de l'obligation. C'est un gage, une hypothèque ou une caution.—Dans la jurisprudence anglaise, on appelle *assurance collatérale* un acte accessoire à un premier acte, et dans lequel on mentionne expressément une clause qui était censée contenue dans le premier. — On appelle *contrat d'assurance* la convention par laquelle un ou plusieurs individus s'engagent, moyennant le payement qui leur sera fait d'une somme déterminée, à garantir un autre individu de toutes les pertes qu'il pourrait éprouver par événements fortuits, comme tempêtes, naufrages, incendies, grêle, sécheresse, etc. (*V.* INCENDIE, GRÊLE). En matière de commerce maritime, l'assureur répond à l'assuré des pertes ou avaries du vaisseau ou de la cargaison, à charge du payement annuel d'une prime plus ou moins forte, suivant, le plus ou le moins de dangers qu'il y a à courir (*V.* PRIME). Les contrats ou polices d'assurance maritime devaient être dressés, sous le régime de l'ordonnance de 1687, par le greffier de la chambre des assurances là où ces chambres existaient, et par-devant notaires, ou même par acte sous seing privé, quand il n'y avait pas de chambre d'assurance. Cette ordonnance n'a subi que peu de modifications, et le Code de commerce, en statuant sur cette matière, n'a fait que donner aux parties la plus grande latitude. Il exige seulement que toutes les circonstances du contrat soient expressément déclarées par écrit (*V.* les articles 332 et suivants du Code de commerce). — Il y avait autrefois des *assurances secrètes* qui se faisaient par correspondance. Sans nommer personne dans la police, on se bornait à énoncer que l'assurance avait lieu pour compte d'ami. — On croit que l'origine des assurances vient des juifs, qui, chassés de France en 1182, sous le règne de Philippe-Auguste, se servirent de ce moyen pour faciliter et assurer le transport de leurs effets. Ils l'employèrent de nouveau sous Philippe le Long, en 1321 (*V.* VIE [assurance sur la]).

ASSURANCE (*technol.*). En t. de marine, on appelle *coup d'assurance* un coup de canon qu'on tire du vaisseau qui vient d'arborer son pavillon devant un autre vaisseau, ou devant un port, comme pour affirmer que l'on appartient véritablement au pays dont on a arboré le pavillon. Il est de règle qu'un vaisseau peut arborer différents pavillons, s'il ne veut pas se faire reconnaître, mais qu'il ne peut pas en assurer d'autre que le sien. — En t. de fauconnerie, assurance se dit d'un oiseau qui est hors de filière, c'est-à-dire, qui n'est plus attaché par le pied. — En t. de chasse, on dit, aller d'assurance, de la bête qui va au pas, ne court pas et ne montre aucune crainte. — En t. d'arts et métiers, les fabricants de tapisserie de haute lisse appellent *assurance*, ou *assuré* le fil d'or, d'argent, de soie ou de laine, dont on couvre la chaîne de la tapisserie. C'est ce que, dans les manufactures d'étoffes et de toiles on appelle trame. — Les fabricants de paniers donnent le même nom à la baguette d'osier qui est sous l'osier tors dont le prolongement forme l'anse du panier.

ASSURÉ, sûr, certain (*gramm.*). Ces trois mots diffèrent entre eux par des nuances qu'on sent mieux qu'on ne les exprime. On dira bien qu'on a une fortune *assurée*, c'est-à-dire à l'abri de toutes les chances; mais on ne dira pas qu'on a une *fortune certaine*, du moins on ne le dira pas dans le même sens. Il semble que le mot *certain* se rapporte à ce genre de certitude que donnent l'étude et la science, que le mot *sûr* suppose la certitude acquise par quelque pratique, et que le mot *assuré* ne se dit que de la certitude qui s'applique à des faits. Ainsi on est *certain* d'une vérité mathématique; un homme a des principes *sûrs* quand il les fonde sur la religion; il est *assuré* d'un fait qu'il lui est attesté par plusieurs témoins, ou qu'il a vu de ses yeux. — En terme de commerce, on nomme *assuré* celui qui a fait assurer son vaisseau, sa maison, ses récoltes, etc. Quelquefois ce nom se donne à l'objet même qui est l'objet du contrat d'assurance, on dit : *un vaisseau assuré*, *des marchandises assurées*. — On dit (en terme de manège) qu'un animal est *assuré des pieds* lorsqu'il marche plus ferme. Les mulets, en général, sont assurés des pieds; aussi les choisit-on de préférence pour voyager dans les montagnes.

ASSURER son pavillon, *en terme de marine*, c'est tirer un coup de canon, en arborant le pavillon (*V.* ASSURANCE [coup d']); *assurer la bouche d'un cheval*, c'est l'accoutumer à souffrir la bride sans impatience; *assurer les épaules d'un cheval*, c'est l'empêcher de les porter de côté; *assurer un oiseau de proie*, c'est l'apprivoiser et empêcher qu'il ne s'effraye. — *Assurer le grain, en terme de corroyeur*, c'est donner au cuir la dernière préparation qui forme le grain qu'on remarque du côté de la fleur dans certains cuirs corroyés. Quand le grain est assuré, il ne reste plus d'autre façon à donner au cuir que le lustre. — *En terme de teinturier, assurer une couleur*, c'est la rendre tenace et durable par le

mélange de quelques ingrédients; mais il faut savoir employer ces ingrédients avec intelligence. En général, la couleur est moins assurée dans les étoffes teintes après la fabrication que dans celles qu'on fabrique avec des matières déjà teintes. — En terme de grammaire, assurer signifie, 1° affirmer : je vous assure que la chose est ainsi; 2° rendre témoignage de : il l'a assuré de mon dévouement; 3° rendre sûr : assurer une dette sur un immeuble (*V.* HYPOTHÈQUE); assurer un mur, une voûte, etc., c'est l'étayer; assurer un meuble, un vase, une table, c'est les poser de manière qu'ils ne puissent tomber; 4° rassurer, faire qu'un autre ne craigne pas. L'Académie autorise l'emploi de ce mot pris dans ce sens : assurez-vous, ne craignez rien. Corneille, Racine et Boileau s'en sont servis. Voltaire blâme aigrement Corneille d'une telle inconvenance; mais le ton de censeur convenait ici d'autant moins à Voltaire, qu'il a fait lui-même du mot *assuré* le plus détestable usage, quand il a dit dans sa tragédie de Brutus : *Du trône avec Tullie un assuré partage*. Voltaire devait se contenter de dire qu'*assurer* pour *rassurer* commençait à vieillir.

ASSYRIE (*géogr. hist.*), contrée d'Asie, aujourd'hui Arseroum ou Kurdistan, dans le Diarbekir, au nord de Bagdad. Elle avait jadis pour capitale la fameuse Ninive, que Moïse appelle la *Grande Ninive* (*V.* NINIVE). Elle était bornée au nord par la Gordiène, qui la séparait de l'Arménie; à l'est, par le mont Sagros, qui la séparait de la Médie; à l'ouest, par le Tigre, qui la séparait de la Mésopotamie; au sud par la Babylonie (*V.* KURDISTAN). Les anciens étendaient le nom d'*Assyrie* à plusieurs autres contrées, soit parce qu'elles étaient habitées par des hommes dont l'origine semblait être la même que celle des Assyriens, soit parce qu'elles ont fait partie, à diverses époques, du vaste empire d'Assyrie : ainsi on a souvent compris sous la dénomination d'*Assyrie*, la Syrie, la Phénicie, la Palestine, la Mésopotamie, la Babylonie et la Susiane. La Genèse a très-bien distingué l'Assyrie et la Babylonie, que beaucoup d'historiens ont souvent confondues. On y voit Nembrod, fils de Chus, possédant Babel ou Babylone, et plusieurs autres villes, se diriger de la terre de Sennaar vers la terre d'Assur, et fonder la ville à laquelle un de ses successeurs imposa le nom de *Ninive*. — L'histoire des anciens souverains de l'Assyrie doit être considérée comme très-douteuse; on pourrait presque dire comme un tissu de traditions fabuleuses, recueillies sans examen et sans critique par Ctésias, dont le nom seul rend suspects tous les faits qu'il rapporte (*V.* CTÉSIAS); et que néanmoins la plupart des historiens postérieurs ont servilement copié. On peut, il est vrai, avoir recours à Hérodote, qui, malgré l'accusation banale de crédulité qu'on ne cesse de formuler contre lui, est incontestablement plus digne de foi que Ctésias. Volney, qui a parcouru l'antique Assyrie Hérodote et Ctésias à la main, a victorieusement établi la chronologie de ce dernier ne saurait être admise, tandis que la chronologie du premier est à l'abri de la critique. — L'histoire ancienne nous offre deux empires d'Assyrie : le premier fut fondé par Nembrod à une époque fort incertaine. Le pays avait été d'abord colonisé par Assur, petit-fils de Sem (*V.* ASSUR); mais il paraît que celui-ci ne put se défendre contre l'usurpateur. Nembrod eut, dit-on, un long règne; mais c'est Ninus qu'on regarde comme le véritable fondateur de la monarchie assyrienne (2059 ans avant J. C.), dont il recula de toutes parts les limites, si toutefois on ne rejette pas le règne problématique de ce dernier. Rien n'est plus obscur que cette première partie de l'histoire d'Assyrie. Eusèbe, ordinairement si exact, a donné, d'après Jules Africain et d'autres annalistes dont les noms sont à peine connus, tels que Castor de Rhodes, Thallus, Céphallion, trois listes de rois d'Assyrie, formant trois dynasties, l'une chaldéenne, à laquelle il donne deux cent vingt-quatre ans de durée; la seconde, arabe, qui règne deux cent seize ans; et la troisième, assyrienne, qu'il fait de trente-sept rois, à la tête desquels il met Bélus, et qu'il termine par Sardanapale, après douze cent quatre-vingt-cinq ans d'existence. Mais il faut remarquer que cette triple liste d'Eusèbe n'est conforme ni au texte de Jules Africain, ni même à celui de Ctésias; on croit qu'il a suivi Castor. — Après Eusèbe, sont venus les chronologistes modernes, qui ont augmenté l'obscurité. Les uns en rejetant tout à fait les Chaldéens et les Arabes, les autres en admettant, au contraire, ces deux dynasties, et en retranchant de la liste assyrienne les noms intermédiaires, depuis le cinquième jusqu'au trente-cinquième inclusivement. Les difficultés se sont accrues encore, parce que les uns ont suivi la chronologie conforme à la Vulgate, et les autres la chronologie des Septante; et l'on doit convenir qu'en effet on doit se trouver à l'étroit avec le premier système chronologique, puisque en ajoutant la durée des trois dynasties aux huit cent quatre-vingt-seize ans avant J.-C., époque assignée à la mort de Sardanapale, on a un total qui, ajouté aux seize cent cinquante-quatre ans d'existence qu'avait le monde à l'époque du déluge, on trouve pour résultat que toute la dynastie chaldéenne est anti-diluvienne; aussi Ussérius, qui est le créateur du système qui ne met que deux mille trois cent cinquante ans d'intervalle entre le déluge et le commencement de l'ère chrétienne, s'est-il débarrassé de la dynastie assyrienne d'Eusèbe, pour en composer une arbitrairement. Dans les deux systèmes, on fait de Bélus le Nembrod de l'Ecriture, et on donne à ce dernier Ninus pour fils, quoique plusieurs siècles les séparent. Mais rien ici ne s'accorde, ni avec Erranius, cité par Etienne de Byzance, ni avec les mille neuf cent trois ans d'observations astronomiques faites à Babylone, et trouvées par Callisthènes, qui les fit passer à son oncle Aristote, ce qui donne un intervalle d'environ deux mille deux cents ans entre l'ère vulgaire et le commencement des observations; ni avec l'Ecriture, qui, dans plusieurs passages où il est question d'Abraham et de Chodorlaomor, roi des Elamites, donne clairement à entendre qu'il n'y avait pas alors d'empire d'Assyrie, puisque les pays dont se forma cet empire étaient possédés par divers souverains; ni avec les récits d'Hérodote, qui, tout incomplets qu'ils sont, doivent encore être regardés comme les plus sûrs documents historiques pour ces anciens temps, et qui ne donnent à l'empire d'Assyrie, fondé par Ninus, que cinq cent vingt ans d'existence. — Après avoir soigneusement compulsé tous les systèmes, prenant pour guide, autant que cela est possible, les passages de l'Ecriture qui se rapportent à l'Assyrie, et parmi les auteurs profanes, choisissant Hérodote de préférence à Ctésias, que les anciens eux-mêmes tenaient pour infiniment suspect, et dont Ussérius n'a pourtant pas dédaigné d'adopter en partie le fabuleux système, recourant à Etienne de Byzance et à Porphyre, qui nous servent à déterminer quelques points principaux de chronologie, il nous semble qu'on peut, en très-peu de mots, se former une idée assez juste de l'histoire du premier empire d'Assyrie. Nous n'adoptons pas en entier le système de Volney, qui nous paraît beaucoup trop disposé à se rapprocher de la chronologie newtonienne; car, quoiqu'il ne faille pas accorder aux anciens peuples l'antiquité dont ils se vantent, on ne doit pas non plus enfermer toute leur histoire dans un espace de temps trop circonscrit. Ninus, fils de Bélus, a commencé à régner, suivant lui, vers l'an 1237 avant J.-C.; mais il est bien douteux qu'un prince de ce nom ait précédé la fameuse Sémiramis, dont le règne est antérieur seulement de quelques années au siège de Troie, suivant l'opinion à peu près unanime de tous les historiens. Cet écrivain, au surplus, a démontré les erreurs de Ctésias, et adopté la chronologie d'Hérodote. — Nembrod avait pris part à la construction de la tour de Babel. Il fit bâtir dans le même lieu sa ville de Babylone; ensuite il se rendit maître de tout le pays jusqu'au pays d'Assur, où il jeta les fondements de Ninive et de quelques autres villes (Gen., c. x). L'Ecriture ne marque pas l'époque où ces grands événements se passèrent; mais lorsqu'Alexandre entra dans Babylone, l'an 330 avant J.-C., Callisthènes, qui l'avait suivi, découvrit une suite d'observations célestes faites dans cette ville depuis sa fondation, c'est-à-dire pendant une période de mille neuf cent trois ans. On peut conjecturer, sinon affirmer, que le règne de Nembrod remonte à l'an 2233 environ avant l'ère chrétienne. Ses successeurs ne sont pas connus, et il est à présumer que tout le pays qu'il avait conquis se divisa en plusieurs Etats; car, vers l'an 1914 avant J.-C., c'est-à-dire au temps d'Abraham, on comptait un roi des Elamites, un roi de Babylone, un roi de Pont ou d'Elassar, un roi de Goïm, et il est probable que ces rois, nommés par l'Ecriture, ne sont pas autres que ces prétendus rois arabes de la seconde dynastie d'Eusèbe; car ils régnèrent tous dans cette portion de la Mésopotamie que les anciens appelaient Arabie. Au fond, on ne sait rien de cette histoire jusqu'à l'an 1229 ou 30 avant J.-C., temps où, suivant Hérodote, un grand prince jeta les fondements du puissant empire assyrien, dont la durée fut d'environ cinq cent vingt ans. Ce prince fut-il Ninus? C'est ce qu'on ignore; mais on peut supposer que ceux qui le disent, sans preuves valables, ne le font que pour donner au nom de Ninive une étymologie convenable, méprisant le témoignage formel de Moïse, qui nomme Nembrod, et qui tout au plus aurait voulu désigner Assur, d'après l'interprétation de Josèphe. — Plusieurs écrivains ont révoqué en doute

l'histoire de Ninus, quoique Ctésias ait pris la peine de l'écrire fort au long. Quant à Sémiramis, le commencement de son règne paraît antérieur de près d'un demi-siècle au siège de Troie. Ses auteurs jusqu'à Phul sont inconnus. Ce dernier prince vivait vers l'an 765 avant J.-C.; il était contemporain de Manahem, roi d'Israël, qu'il vainquit (IV Rois, c. 15). Téglatphalasar, successeur de Phul, appelé au secours d'Achaz contre les rois d'Israël et de Syrie, défit ces deux princes et s'empara de Damas; Phacée était alors roi d'Israël (IV Rois, c. 16; Isaïe, c. 7). On croit que Téglatphalasar avait commencé de régner à Ninive en même temps que Nabonassar à Babylone, c'est-à-dire l'an 747 avant J.-C. Il laissa la couronne à son fils Salmanazar l'an 728, et celui-ci acheva de ruiner le royaume d'Israël (IV Rois, c. 17 et 18). Sennachérib, fils du précédent, appelé Sargoum par Isaïe, fut assassiné par deux de ses fils, vers l'an 709 avant J.-C., et il eut pour successeur son autre fils Asaraddon, à la même époque où Déjocès fondait le royaume des Mèdes, environ 709 ans avant J.-C., ou, suivant le calcul d'Hérodote, 150 ans avant Cyrus, ce qui est de tout point conforme à l'Ecriture; car ce fut à cette époque que Tobie le Jeune vint de Ragès, ville des Mèdes, à Ninive, auprès de son père, qui avait perdu la vue l'année même de la mort de Sennachérib, et qui la recouvra six ans après, lorsque son fils fut de retour. — C'est là qu'Hérodote fait finir le grand empire d'Assyrie, parce que beaucoup de peuples tributaires secouèrent le joug des rois de Ninive. Toutefois, dit encore l'historien grec, ces princes ne laissaient pas d'être puissants, et Asaraddon se dédommagea d'un côté de ce qu'il perdait de l'autre: il s'empara du royaume de Babylone l'an 680 avant J.-C. Ce fut lui qui transplanta des Babyloniens dans la Samarie. Il mourut l'an 667, et il eut pour successeur Saosduchée, qui, après un règne de vingt ans, transmit le sceptre à son fils Chiniladan (647), que l'auteur du livre de Judith appelle Nabuchodonosor, qu'Alexandre Polyhistor, cité par Eusèbe, nomme Sarac, et que les historiens profanes désignent par le nom de Sardanapale (quelques-uns donnent ce dernier nom à l'aïeul de Chiniladan, Asaraddon; d'autres, et particulièrement Ussérius, le confondent avec Phul). Chiniladan eut à soutenir une guerre opiniâtre contre le roi des Mèdes, Phraortes, et cette guerre fut d'abord heureuse; puisqu'il défit complètement le roi mède, qui même fut tué dans la mêlée (635); mais bientôt après, ayant exigé de ses peuples qu'ils l'adorassent, il excita de nombreux mécontentements. D'un autre côté, la mort de son général Holoferne ayant jeté la consternation parmi ses troupes, Cyaxare, fils et successeur de Phraortes, vengea complètement sa mort. Après des combats, Chiniladan périt, et le royaume de Ninive avec lui (Judith, c. 1 et 2; Hérodote, lib. 2). Le Sarac de Polyhistor, ne pouvant plus résister, et se voyant trahi par les officiers, se brûle dans son propre palais. Le prophète Nahum avait prédit que le dernier roi d'Assyrie chercherait le secours de son ennemi (Nah., c. 3, v. 11).(626 ans avant J.-C.) Après la mort de ce prince, les rois de Babylone prirent le titre de rois des Chaldéens. Ptolémée compte cinq de ces souverains, Nabopolassar, Nabolooassar, dans lequel on retrouve le Nabuchodonosor qui détruisit le royaume de Juda; Ilvarodame, très-vraisemblablement l'Evilmérodac de l'Ecriture; Niricassolassar ou plutôt Nériglissor, qui s'empara de la couronne et mourut au bout de quatre ans; on croit que c'est le Balthazar de Daniel. Le cinquième roi du canon de Ptolémée s'appelle Nabonate ou Nabonide, qui n'est pas autre que Darius le Mède. Celui-ci fut vaincu par Cyrus l'an 638 avant J.-C. — Au fond, dans tout ce que nous venons de dire, il reste encore tant d'incertitude, que nous n'oserions affirmer que le système de chronologie que nous venons d'embrasser soit mieux fondé que les autres: l'histoire d'Assyrie sera toujours enveloppée de grandes obscurités; mais nous sommes bien convaincus que les récits d'Hérodote sont plus dignes de foi que les romans de Ctésias; les premiers ont d'ailleurs le mérite, comme nous l'avons déjà dit, de se concilier parfaitement avec l'Ecriture.

ASTU (V. ASTI).

ASTACOIDES, de ἀστακός, écrevisse, et de εἶδος, forme; mille de crustacés qui ressemblent à l'écrevisse.

ASTACOLITHES, écrevisses pétrifiées.

ASTARAC, petit pays de France en Gascogne, avec titre de comté, entre l'Armagnac, le Bigorre et la Gascogne propre. Ce pays fut légué par Guillaume le Courbe, duc de Gascogne, dans le Xe siècle, à l'un de ses fils nommé Arnaud, auquel plusieurs autres comtés succédèrent. En 1587, ce comté entra dans la famille d'Epernon, par le mariage de Marguerite de Foix, qui le possédait, avec le fameux *Nogaret*, favori de Henri III, duc d'Epernon ; plus tard, il fit partie du domaine des ducs de Roquelaure, qui, en 1738, le transmirent à la maison de Rohan-Chabot. Le pays d'Astarac formait un triangle d'environ 12 lieues de côté.

ASTAROTH (*hist. anc.*), idole des Philistins, que les juifs abattirent sur l'ordre que leur en donna Samuel (*V.* ASTARTÉ).

ASTAROTH-CARNAIM, ville de la Palestine, où Chodorlahomor défit les Raphaïns (*Gen.* XIV, v. 5). Elle était située au delà du Jourdain, vers les montagnes de Galaad ou d'Hermon, près du torrent de Jaboc. On croit qu'elle devait son nom à l'idole Astaroth ou Astarté, à laquelle on rendait un culte solennel. Les Philistins suspendirent dans ce temple les armes de Saül (1 *Rois*, c. 31). — *Carnaïm* signifie *Corne*; l'idole portait sur la tête un croissant, ce qui a fait considérer Astarté comme représentant la lune. Cette ville était l'une des résidences d'Og, roi de Bazan, qui descendait de la race des Raphaïns ou géants, et qui fut vaincu et tué par les Israélites (*Deut.*, c. 1, v. 4; *Josué* IX, 10; XII, 4); elle appartint ensuite aux descendants de Manassé, et plus tard, à ceux de Lévi. Saint Jérôme nomme dans son livre *De la situation et des noms des villes des Hébreux*, deux forteresses qui portaient le même nom, dans la Batanie (tribu d'Aser).

ASTAROTHITES, secte de juifs qui joignaient l'idolâtrie au culte du vrai Dieu, car ils adoraient à la fois l'Eternel et l'idole d'Astaroth. Cette secte subsista depuis le temps de Moïse jusqu'à la captivité de Babylone.

ASTARTÉ, déesse des Phéniciens, des Syriens et des Carthaginois, désignée dans l'Ecriture comme *déesse des Sydoniens*. Salomon lui érigea des autels pour plaire à ses concubines. Les uns croient qu'Astarté est la même que l'*Atergatis* ou *Derceto* des Syriens; les autres la confondent avec Astaroth ou la Lune. Cicéron dit qu'elle est l'une des quatre Vénus, celle qui épousa le bel Adonis. Saint Augustin dit que dans le langage punique *Astarté* signifie *la déesse Junon*. Il paraît certain qu'à Carthage, de même que dans la Syrie et la Phénicie, Astarté, qu'on nommait indifféremment de ce nom ou de celui d'*Astaroth*, était regardée comme reine du ciel ou des astres; que les Grecs, en l'appelant *Aphrodite*, ajoutaient à ce nom celui d'*Uranie*, et que les Romains la nommèrent *la déesse du ciel*, *Héra Junon*, *Junon Souveraine*. — Les écrivains hébreux ont représenté Astarté sous la forme d'une brebis, parce que ce mot *Astarté* ou Astaroth signifie, dit-on, *troupeau de brebis*, et que de même que *Jupiter* Ammon ou *le Soleil* était adoré sous la forme d'un bélier, *Junon Ammonienne* ou *la Lune* était pareillement adorée sous la forme d'une brebis. On croit que cette déesse était la même que l'Isis égyptienne; les Arabes l'appelaient *Alitta*, les Assyriens *Mylitta*, les Perses *Mélra*, les Grecs *Diane*. Les écrivains sacrés ont presque toujours réuni les noms de *Baal* et d'*Astaroth* comme divinités des Sydoniens. — C'était dans les lieux retirés et au milieu des bois qu'on célébrait les mystères du culte d'Astarté, et tout ce que la plus déplorable superstition pouvait imaginer de plus infâme et de plus dégradant en honorait la partie la plus essentielle. Les femmes, les jeunes filles surtout, devaient à la déesse le sacrifice de leur chevelure ou celui de leur honneur, et c'était toujours aux dépens de l'honneur que la chevelure était conservée; aussi les écrivains sacrés désignent-ils constamment Astaroth comme le *dieu de l'abomination* des Sydoniens. Les talmudistes ont fait d'Astaroth une des premières puissances infernales. — Nous avons dit qu'Astarté fut représentée sous la forme d'une brebis; mais dans les derniers temps de l'idolâtrie, les Grecs et les Romains lui avaient donné les formes humaines. On la voit dans quelques médailles du second Démétrius de Syrie, représentée sous les traits d'une femme vêtue d'une longue tunique, le manteau relevé sur l'épaule, le bâton augural à la main. Dans d'autres médailles trouvées à Malte, on la voit couverte d'un voile et ayant pour attribut le lotus égyptien. Les Romains lui donnaient la forme et la taille d'une belle femme. Les médailles des empereurs la représentent assez souvent la tête couronnée de créneaux, la foudre dans une main, le sceptre dans l'autre, un lion pour monture.

ASTATHIENS, hérétiques du IXe siècle, sectateurs d'un certain Sergius, qui avait tenté de faire revivre les erreurs des manichéens. Ils s'étaient fortifiés sous l'empereur Nicéphore, qui, dit-on, les favorisa; mais l'empereur Michel Curopalate porta contre eux des édits très-rigoureux. Théophane en a parlé sous le nom d'*anthiganians*; et le P. Goar, dans ses notes sur Théophane, avance que les troupes de vagabonds qu'on désignait en France sous le nom de *bohémiens*, *Egyptiens* ou *Gitanos*, étaient des restes des astathiens. Constantin Porphyrogénète, et Cédrène, disent, au contraire, que ces sectaires s'éloignèrent peu de la Phrygie, où ils avaient pris naissance; ils ajoutent que leurs rites consistaient en un absurde amalgame de judaïsme et de christianisme.

ASTELL (MARIE), née à Newcastle, en 1668, fut initiée par son oncle dans toutes les sciences comprises dans l'enseignement: histoire, géographie, littérature, langues, philosophie, mathématiques, etc. Il paraît que l'officieux parent et l'élève docile ne négligèrent rien, l'un pour enseigner, l'autre pour s'instruire. Dès l'âge de vingt ans Marie vint à Londres, où elle publia un grand nombre d'ouvrages: *Essai de défense du sexe féminin*; *Méthode* (aux femmes) *pour le perfectionnement de leur esprit*; *Réflexions sur le mariage*, *la religion chrétienne professée par une fille de l'Eglise anglicane*, etc. Marie Astell mourut en 1731.

ASTER, d'Amphipolis, offrit ses services en qualité d'archer à Philippe de Macédoine, qui lui répondit que lorsqu'il ferait la guerre aux oiseaux il accepterait son offre. Cette plaisanterie coûta l'œil droit à Philippe. Au siège de Méthone, Aster, qui s'était jeté dans la place, apercevant Philippe non loin des murs, lui décocha une flèche avec cette inscription: *Aster envoie ce trait mortel à Philippe* (suivant quelques écrivains l'inscription portait: *Aster à l'œil droit de Philippe*). La blessure ne fut point mortelle. Philippe renvoya la flèche dans Méthone avec cette autre inscription: *Philippe fera pendre Aster s'il prend la ville*. La ville fut prise, et Aster pendu.

ASTER ATTICUS ou **OCULUS CHRISTI** (*jardin.*), de la famille des corymbifères, plante vivace de la grande espèce, à tiges rougeâtres. garnies de feuilles oblongues d'un vert clair, à fleur radiée, d'un bel aspect, de couleur bleue ou violette, quelquefois blanche et jaune dans le milieu. Cette plante croît dans les lieux incultes; elle fleurit en automne. On la place dans les parterres, dans les boulingrins, et le long des murs des terrasses. Il y en a plusieurs espèces; on en compte plus de cent. L'aster à feuilles de laurier, dont la tige, haute de sept à huit pieds, porte des fleurs bleuâtres, fournit aux abeilles une abondante moisson de sucs. L'aster de la Chine (reine marguerite) fleurit en août. Cette plante est recherchée pour les massifs ou pour les bordures, à cause de ses belles fleurs.

ASTÈRE (*V.* ASTÉRIUS).

ASTÉRIE (*myth.*), épouse de Persès, et mère de la fameuse Hécate. Elle fut aimée de Jupiter sous la forme d'un aigle. Elle donna le jour à Hercule Tyrien; le dieu inconstant ayant rompu avec elle, la métamorphosa en caille.

ASTÉRIE, petite île de la mer Ionienne, entre Ithaque et Céphalonie. On trouve trois odes d'Horace adressées à la courtisane *Astérie*.

ASTÉRIE, genre de zoophytes connus vulgairement sous le nom d'*étoiles de mer*, pourvus d'un corps convexe en dessus, plat en dessous, duquel partent cinq rayons ou bras en forme d'étoile, souvent en plus grand nombre; au centre de chaque bras est une gouttière, sur les côtés de laquelle on remarque de petits trous d'où sortent des tentacules qui servent à l'animal à se transporter; au centre des rayons est une large ouverture qui lui tient lieu de bouche et d'anus. On croit que les astéries se fécondent d'elles-mêmes; quelques naturalistes prétendent, toutefois, avoir trouvé des astéries accouplées. Si une astérie perd un de ses bras, elle répare le mal en deux ou trois jours; on assure que la même reproduction a lieu pour toute autre partie du corps. Ces zoophytes sont de couleurs très-variées; on en voit de rouges, de violets, d'orangés, etc. Quelques-uns nagent très-vite; d'autres, au contraire, ne peuvent que ramper sur les rochers du rivage. Ils sont tous fort voraces, et se nourrissent de vers et de coquillages.

ASTÉRIE (*minér.*). On ne sait pas quelle est la pierre à laquelle Pline donne ce nom; on croit que c'est une espèce d'opale, ou la pierre qu'on appelle *œil de chat*. On désigne aujourd'hui par le nom d'*astéries* de petites pierres plates, taillées en étoile, et marquées ordinairement de quelque trait sur les deux faces. On les trouve séparées, ou réunies et amoncelées en forme de colonne prismatique; dans ce cas, on les appelle *astéries columnaires*. Elles se composent d'un spath alcalin; dont les lames sont disposées en angle aigu avec les côtés de la colonne. Quelques-unes sont rayonnées, d'autres ne sont qu'anguleuses, différant en cela des trochites, qui sont circulaires. On croit que ces pierres ne sont pas autre chose que des zoophytes pétrifiés.

ASTÉRION (*mythol.*), fils de Minos et de Pasiphaé, passait pour l'homme le plus fort de son temps; mais il fut tué par Thésée, ce qui porte Apollodore à penser que le Minotaure et Astérion ne sont que le même individu. Selon quelques mythologues, Astérion, descendant d'Éole, enleva Europe, de laquelle il eut Minos, premier du nom. Comme il portait le prénom de Taurus, on imagina la fable de Jupiter enlevant Europe sous la figure d'un taureau. —Il y avait dans le pays d'Argos une rivière des eaux de laquelle on retirait des plantes qui servaient à tresser des couronnes pour les offrir à Junon Targienne. Ce fleuve avait eu trois filles qui servirent de nourrices à la déesse.

ASTÉRISME, s. m. (*V.* CONSTELLATION.)

ASTÉRISQUÉ (*t. de gramm. et d'impr.*), signe qu'on met au-dessus ou à côté d'un mot pour indiquer au lecteur qu'il doit chercher à la marge ou au bas de la page un signe pareil pour y voir quelque note ou observation relative au mot sur lequel ce signe se trouve. On l'appelle astérisque, parce qu'il a la forme d'une étoile; plusieurs astérisques à la suite l'un de l'autre indiquent qu'il manque quelque chose au texte. Isidore fait mention de l'astérisque *stella enim* ἀστὴς *greco sermone dicitur, a quo asteriscus, stellula, est derivatus.* Aristarque marquait d'un astérisque tous les vers d'Homère que les copistes avaient placés hors du lieu qu'ils devaient occuper. L'astérisque est un corps de lettre qui entre dans l'assortiment général d'une fonte. — Astérisque, *en t. d'anatomie*, se dit d'une petite tache de la cornée transparente; on lui donne aussi le nom de *perle* (*V.* CORNÉE).

ASTÉRISQUE (*t. de botan.*), genre de plante à fleur radiée, dont le disque est composé de plusieurs fleurons, et la couronne, de demi-fleurons soutenus par un calice étoilé qui s'élève au-dessus de la fleur. Les demi-fleurons sont posés sur des embryons qui deviennent par la suite des semences plates.

ASTÉRIUS (saint), souffrit le martyre sous Dioclétien. Les Grecs font mention d'un Astère, martyr, au 7 août; on ne sait s'ils parlent de celui qui vient d'être nommé, ou d'un autre Astère, sénateur romain, qui, ayant assisté au supplice de saint Marin, chargea le corps sur ses épaules, en présence du peuple, afin de lui rendre les derniers devoirs, et fut condamné lui-même à périr en 272. —ASTÉRIUS, orateur distingué, abandonna le barreau pour l'état ecclésiastique, et parvint à l'épiscopat. Il mourut très-avancé en âge dans les premières années du vᵉ siècle. On conserve de lui quelques homélies qui se distinguent par un style élégant, animé, pittoresque; entraînant. On vante surtout celle qui est intitulée *Daniel et Susanne.* Ces homélies ont été publiées par Combefis et Richard; mais, s'il paraît certain que les quatorze premières sont du saint prélat, il est fort douteux que les autres lui appartiennent.

ASTÉRIUS, évêque de Petra, en Arabie, dans le ivᵉ siècle, abjura l'arianisme au concile de Sardique en 347. Quinze ans plus tard on le voit encore député par le concile d'Alexandrie auquel il assista, pour porter la lettre synodale adressée à l'église d'Antioche. Il mourut peut-être vers ce temps, car il n'en est plus fait mention nulle part. Les Grecs et les Latins font mémoire de lui le 10 juin. Saint Athanase fait son éloge dans son *Épître aux solitaires.* —Dans le même temps il existait un sophiste arien de même nom, dont le même Athanase a parlé dans son livre des *Synodes*, et un autre Astérius, évêque arien, qui passait pour très-éloquent, et qui mourut subitement la veille du jour où il devait prêcher. Il composa, dit saint Jérôme, plusieurs ouvrages que les sectateurs d'Arius lisaient avidement. —Astérius, homme consulaire du milieu du vᵉ siècle, a traduit en vers latins toute la Bible. Chaque strophe renferme dans le premier vers un fait de l'Ancien Testament, et dans le second, l'application de ce fait à quelque point du Nouveau. Il a écrit d'un style assez pur, mais ses vers sont dépourvus de poésie. Il revit aussi et publia le *Poème pascal* de Sédulius; ce poème est inséré dans la Bibliothèque des Pères.

ASTERNAL (*anat.*), de α privatif et de στέρνον, se dit principalement des côtes qui ne s'articulent pas avec le sternum.

ASTÉROIDES, s. f. pl., genre de plante à fleur radiée en forme d'étoile (*V.* ASTÉRISQUE). On appelle aussi *astéroïdes* certains corps célestes qui font leur révolution autour du soleil dans des orbes elliptiques plus ou moins excentriques, et dont le plan peut se trouver incliné à l'écliptique. De ce nombre sont les planètes nouvellement découvertes, telles que Cérès, Junon et Pallas.

ASTÉROMÈTRE, instrument inventé par l'astronome Teau-

rat, pour mesurer le lever et le coucher des astres dont la déclinaison et le passage au méridien sont connus.

ASTÉROPE (*astron.*), l'une des filles d'Atlas, et la première des sept étoiles principales qui composent les pléiades. —C'est aussi le nom d'un arbrisseau de Madagascar de l'ordre des rosacées.

ASTÉROPÉE, fils de Pélégon, roi de Péonie, alla au secours de Priam, et fut tué par Achille.

ASTHÉNIE, s. f., de α privatif et de στενος, force. On désigne aujourd'hui par le nom d'asthénie une diminution partielle ou générale de l'action organique, soit qu'elle provienne de causes irritantes, soit qu'elle provienne de faiblesse et de débilité. C'est ainsi que le cerveau, trop excité par des travaux intellectuels, peut tomber dans l'asthénie, ou que l'estomac, excité par trop de stimulants, perd la faculté de digérer, etc.

ASTHME, en latin et en grec *asthma;* maladie nerveuse périodique, consistant dans une gêne habituelle de la respiration, une difficulté plus ou moins grande d'aspirer ou d'expulser l'air, avec des paroxysmes durant lesquels cette difficulté devient si grande, que la suffocation peut s'ensuivre. Cette maladie est assez rare, et ce qu'elle offre de singulier, c'est que, si la mort survient, elle ne laisse point de traces. Les maladies du cœur produisent des effets semblables à l'asthme: le malade éprouve beaucoup de gêne dans la respiration; aussi a-t-on prétendu dans ces derniers temps que l'asthme n'existait pas; mais la similitude de quelques symptômes ne suffit point pour nier qu'une maladie existe. L'expérience a prouvé que bien des gens qui ont toujours eu l'organe du cœur très-sain ont été affligés d'asthmes; elle prouve encore que, c'est une affection assez grave, contre laquelle l'art de la médecine est impuissant. On a donné le nom d'*asthme aigu* à une maladie qui paraît être le croup. (*V.* CROUP; *V.* aussi CAUCHEMAR).

ASTI ou AST, *Asta Pompeia*, ville d'Italie dans le Piémont, sur le Tanaro, avec évêché suffragant de Milan. C'est une place forte que défend une bonne citadelle; elle a cinq quartiers, la cité, le faubourg, la citadelle, le château, et le fort Saint-Pierre. Asti est le chef-lieu de la contrée qu'on appelle *Astezan*, autrefois république, plus tard soumise aux ducs de Milan. En 1531 elle fut cédée à la Savoie.

ASTIC, gros os de cheval ou de mulet, que les cordonniers emploient pour lisser les semelles des souliers. Ils les remplissent ordinairement de suif pour graisser leurs alènes.

ASTOLPHE ou AISTULFE, roi des Lombards, monta sur le trône en 750, et signala son avénement par une irruption sur le territoire de l'Église. Le pape Étienne III acheta sa retraite; mais le prince lombard manquant à sa foi, ne tarda pas à reparaître en armes. Étienne eut recours à Pepin, qui venait de s'emparer de la couronne de France. Pepin envoya d'abord des ambassadeurs à Astolphe, puis il passa lui-même en Italie avec une armée nombreuse. Astolphe épouvanté demanda la paix, et promit tout ce qu'on voulut; mais à peine Pepin fut-il parti, qu'Astolphe courut assiéger le pape dans Rome. Étienne appela de nouveau le roi de France; celui-ci reprit incontinent le chemin de l'Italie. Assiégé à son tour dans Pavie, Astolphe fut obligé de remettre tout ce qu'il avait usurpé: *L'exarchat de Ravenne, avec tout le terrain compris entre le Pô et l'Apennin, depuis Plaisance jusqu'aux marais de Venise, et tout celui qui se trouvait entre la rivière de Foglio et la mer Adriatique,* CE QUI FUT DONNÉ AU SAINT-SIÉGE, est-il dit dans le traité conclu entre le Lombard et Fulrade, abbé de Saint-Denis, plénipotentiaire de Pepin. Astolphe fut tué à la chasse peu de temps après, en 758.

ASTOMELLE, s. f., genre d'insectes de la famille des vésiculeux (*V.* ce mot).

ASTOMES, s. m. pl., du grec στόμα, bouche, et de l'α privatif, famille d'insectes diptères dont la bouche n'est pas apparente. Ce sont de grosses mouches qu'on appelle aussi *œstres.* — On donnait autrefois ce nom à des peuples fabuleux que Pline place dans l'Inde, et d'autres écrivains, en Afrique. On prétend qu'une peuplade africaine était dans l'usage de se couvrir la bouche, parce qu'elle regardait comme une honte de la montrer, et que cette coutume bizarre avait donné lieu de dire que ces hommes n'avaient pas de bouche.

ASTORGA, *Asturica augusta* ou *Asturium cimontanorum*, ancienne ville d'Espagne, dans le royaume de Léon. Elle a un évêché qui fut d'abord suffragant de Braga, qui l'est devenu de Compostelle après la séparation du Portugal et de l'Espagne. Cette ville, située dans une plaine, a quelques restes de ses anciennes fortifications; elle a peu d'habitants. On y célébra un synode en 447. Cette ville a titre de marquisat.

ASTRAGALE, s. m. (ἀστράγαλος), terme d'anatomie qui désigne un os du talon à la partie supérieure du tarse, où il s'articule avec les os de la jambe, de sorte que la partie du milieu est enclavée entre les deux malléoles. — C'est aussi le nom d'un genre de plantes (diadelph. décand. de L.) de la famille des légumineuses de J., dont quelques espèces produisent la gomme adragant. Il y a un astragale sans tige, dont la racine mucilagineuse et amère est quelquefois employée comme sudorifique. On lui a donné ce nom parce que sa graine offre quelque ressemblance avec l'os du talon. — Les Grecs et les Romains donnaient le nom d'astragale à l'os du talon des bêtes à pied fourchu. Ils se servaient de ces os pour jouer au jeu que nous appelons encore osselets; le jeu lui-même portait le nom d'astragalisme. — En terme d'architecture, l'astragale est une double moulure composée d'un demi-cercle et d'un filet. Presque tous les architectes appellent ainsi la moulure demi-ronde; cependant ce nom ne convient qu'aux deux moulures réunies. La partie supérieure du fût des colonnes se termine par un astragale qui ne dépend nullement du chapiteau, excepté néanmoins dans les ordres toscan et dorique. Dans l'ionique, la baguette ou filet appartient quelquefois au chapiteau, afin que celui-ci ne paraisse pas trop écrasé; ce qui, au surplus, n'a lieu que lorsque la colonne est d'une matière et le chapiteau d'une autre. — En t. d'artillerie, on donne le nom d'astragale à des moulures qu'on place comme ornement aux pièces de canon; chaque pièce en porte ordinairement trois: astragale de lumière, astragale de ceinture, astragale de volée (V. CANON).

ASTRAGALOIDE, genre de plante à fleurs papilionacées. Il s'élève du calice de la fleur un pistil qui devient une silique de la figure d'un bateau, laquelle est remplie de semences semblables à de petits reins.

ASTRAGALOMANCIE, s. f., divination qui se pratiquait au moyen d'osselets en guise de dés, sur chacun desquels on gravait des lettres de l'alphabet. Les lettres qui résultaient du coup formaient la réponse à la demande qui était faite. Ce mot se formait de ἀστράγαλος, osselet, et de μαντεία, divination. Quand on se servait de véritables dés, κύβοι, on lui donnait le nom de cubomantie. Auguste et Tibère, à ce que prétend Delrio, avaient beaucoup de goût pour l'astragalomancie; mais Suétone, cité par cet écrivain, ne dit pas autre chose, si ce n'est que ces deux empereurs aimaient le jeu de dés.

ASTRAKHAN. Cette ville, l'une des principales de la Russie, est située sur la rive gauche du Volga, à 12 ou 16 lieues de son embouchure, dans la mer Caspienne. Elle a une citadelle qui, de même que celle de Moscou, porte le nom de Kremlin. A quelques lieues d'Astrakhan on trouve les ruines de la ville ancienne. La ville actuelle est bâtie régulièrement; la plupart des maisons sont en pierres et en briques. La population est d'environ 50,000 âmes, elle se compose de Russes, d'Arméniens, de Tartares, de Persans, d'Hindous, de Turkomans, de Boukhares, et de Calmouks. Chacun de ces peuples divers exerce librement sa religion; aussi on y voit des temples luthériens, des églises grecques, arméniennes, catholiques, des pagodes hindoues. Les schismatiques grecs y ont vingt-cinq églises, les catholiques ont deux; il en est qu'une, les Arméniens schismatiques deux. Le gouvernement d'Astrakhan est divisé en quatre districts. Le pays est plat et rempli de marais salants. Le sol est sec et aride, excepté sur le bord des rivières; il ne donne guère que du maïs et de l'orge; la vigne y réussit bien. Les habitants se livrent à la pêche et au commerce; ils fabriquent aussi des soieries et des étoffes de coton; ils élèvent beaucoup de bétail. Les cuirs et le suif forment un article important de leur commerce. — L'ancien royaume d'Astrakhan occupait une superficie d'environ 15,000 lieues carrées; il est réparti entre les gouvernements d'Astrakhan, de Saratof, d'Orenbourg et du Caucase. Ce fut en 1554 que le czar Iwan Wassilievitch soumit la contrée et l'ancienne capitale. La Nouvelle Astrakhan ne devint une place importante de commerce que vers le milieu du XVIIe siècle, sous le règne d'Alexis Michaïlovitch. Plus tard, Pierre Ier lui accorda des priviléges et créa son port. Il voulut même unir le Don et le Volga par un canal; mais les guerres qu'il eut à soutenir l'empêchèrent d'exécuter son projet, qui fut repris par Catherine II, abandonné ensuite, et repris une seconde fois par l'empereur actuel, Nicolas Ier.

ASTRAL, qui appartient, qui a rapport aux astres. On appelle année astrale ou sidérale le temps que la terre emploie à faire sa révolution autour du soleil, c'est-à-dire à revenir d'un point de son orbite au même point, par opposi-

tion à l'année tropique, qui se compose de tout le temps qui s'écoule entre deux équinoxes de printemps ou d'automne. L'année sidérale, qu'on nomme autrement anomalistique ou périodique, est plus longue que l'année tropique.

ASTRAMPSYQUE, auteur pseudonyme de deux ouvrages curieux, dont l'un nous est parvenu. Le premier était intitulé De curâ asinorum : c'était, au rapport de Suidas, un traité complet sur les soins qu'on doit prendre des ânes. Le second a pour titre Ὀνειροκριτικόν, ou Interprétation des songes, que nous avons encore. Le patriarche Nicéphore en fit un abrégé que nous avons aussi.

ASTRE, mot générique qui s'applique aux étoiles, tant fixes qu'errantes, étoiles proprement dites, planètes, comètes, etc. Il se dit plus ordinairement des corps célestes qui ont une lumière propre, comme le soleil et les étoiles fixes. — Les païens ont adoré les astres, qu'ils croyaient immortels et animés, parce qu'ils les voyaient se mouvoir et briller sans aucune altération. L'influence du soleil sur les productions de la terre ne pouvait pas être remarquée sans faire naître l'idée d'une semblable influence dans la lune, et, de proche en proche, dans tous les astres. Il est assez étrange que la superstition se soit trouvée ici d'accord avec la physique générale, car on ne peut guère douter que les astres n'exercent une action plus ou moins sensible sur la terre et sur ses productions, et la connaissance des effets qui peuvent naître de cette action, et du rapport de ces effets avec les plantes, avec les animaux, et surtout avec l'homme, constitue une partie essentielle autant qu'intéressante des sciences naturelles. Mais dans cette branche de nos connaissances, que nous pourrions appeler astronomie physique, il est une distinction à faire entre les résultats qui peuvent s'appuyer sur des observations précises et positives, et les prétentions chimériques de la fausse science, qui veut prédire les événements de la vie humaine, comme si la destinée de l'homme était enchaînée à quelque corps céleste. Nous examinerons, sous ce double rapport, la science des astres; nous traiterons de la première partie au mot Influence des astres en médecine; nous renvoyons, pour la seconde, au mot Astrologie, que nous diviserons en naturelle et en judiciaire. Quant à ce qui concerne le mouvement et la marche des astres, nous indiquerons au mot Astronomie ceux auxquels le lecteur devra recourir, tels que Ciel, Firmament, Étoiles, Système planétaire, etc., pour trouver les détails nécessaires; notre intention étant seulement de donner, quant à présent, l'histoire de l'astronomie (V. Influence des astres en médecine, Météorologie, Astrologie, Astronomie).

ASTRÉE, fille d'Astréus et de l'Aurore, et suivant quelques mythologues, de Jupiter et de Thémis, est généralement regardée comme déesse de la justice. Elle descendit du ciel sur la terre pour l'habiter; mais les crimes des hommes l'ayant chassée de tous les lieux qui lui avaient servi de retraite, elle remonta au ciel, où, sous les traits d'une jeune vierge, elle prit place dans le zodiaque. — On la peignait sous les formes d'une femme au regard sévère, à l'air noble et majestueux, tenant une balance d'une main, une épée de l'autre. On la confond souvent avec Thémis, à qui les poëtes ont donné les mêmes attributs. — En terme d'histoire naturelle, on appelle astrées un genre de polypiers pierreux, tiré des madrépores de Linné. On leur a donné ce nom, parce qu'elles ont leur surface supérieure parsemée d'étoiles. Leur organisation paraît très-simple : elles offrent à l'extrémité de leur corps une bouche tout entourée de tentacules. Ces madrépores sont, au reste, très-peu connus. — Astrée (roman d') (V. d'Urfé [Honoré]). Le roman d'Astrée nous paraît mériter une mention particulière, parce qu'il exerça sur la littérature du XVIIe siècle une funeste influence, et qu'il servit de type aux monstrueuses productions des La Calprenède, des Desmarets et des Scudery, depuis les quinze ou vingt gros volumes de jargon sentimental, jusqu'aux petits volumes parfumés de fadeur du siècle qui vient de s'écouler.

ASTRINGENT, adj. et s., du latin astringere, resserrer (t. de médec.). On désigne par le nom d'astringents les médicaments qui, en déterminant sur les parties qu'ils touchent intérieurement ou extérieurement une sorte de crispation, et en resserrant les orifices par lesquels s'opère une évacuation, arrêtent cette évacuation ou la diminuent. Les astringents employés à l'extérieur sont désignés plus particulièrement par le nom de styptiques. L'action des astringents ne s'exerce pas seulement sur les premières voies; elle est souvent très-utile dans les hémorrhagies; dans les écoulements qui excèdent l'état normal, dans le relâchement des parties qui ont besoin d'une grande force tonique pour bien remplir les fonctions qui leur sont destinées. — Les astringents froncent les fibres et la plupart des solides par leur application ; ils produisent même cet effet sur les cadavres des animaux : il résulte de là qu'ils augmentent la force tonique en rendant plus active l'action des organes. — Les astringents sont, pour l'ordinaire, des sels, tels que l'acétate de plomb, le sulfate de potasse et d'alumine, ou des acides très-étendus ; ou bien encore ils empruntent leurs propriétés au tannin et à l'acide gallique dont ils sont formés, tels que la noix de galle, le cachou, le brou de noix, la racine de fraisier, le coing, etc. Le *Codex* compte parmi les substances astringentes, les racines sèches de bistorte et de tormentille, mêlées avec l'écorce de grenadier, parties égales (*V.* STYPTIQUES).

.ASTROC (*t. de mar.*), grosse corde qui s'attache à l'*escome*, grosse cheville de bois.

ASTROCYNOLOGIE, du grec ἄστρον, astre, κἶον, chien, et λόγος, discours ; traité sur les jours caniculaires. Il en est fait mention dans les actes de Leipzig pour l'année 1702 (*V.* CANICULAIRE).

ASTROÏTE (*hist. nat.*), sorte de pierre ou de corps marin couvert de figures étoilées ou prétendues étoilées. On en distingue de deux sortes : les uns renferment des animaux, et appartiennent à la famille des madrépores ; les autres sont de véritables pétrifications ; nous en parlerons au mot STELLITE (*V.* ce nom). L'astroïte madrépore est un corps pierreux plus ou moins gros, assez régulier, de couleur blanche ou blanchâtre. Les figures qu'on voit sur sa partie supérieure sont partie creuses, partie en relief. On a prétendu que ces figures ressemblent à des astres, à des étoiles : de là sont venus les mots *astroïte* et *pierre étoilée* ; nous disons pierre étoilée, car on a cru d'abord que les astroïtes étaient de simples pierres ; on les a mises ensuite dans la classe des plantes marines, d'où elles ont passé dans le règne animal. — Les astroïtes diffèrent par la grandeur des figures, dont les plus petites n'ont guère qu'une ligne de diamètre, dont les autres ont jusqu'à quatre ou cinq lignes. Elles sont en général rondes, terminées par un bord circulaire plus ou moins saillant. Dans l'aire de tous ces petits cercles, on voit des feuillets perpendiculaires qui s'étendent en forme de rayons du centre à la circonférence. Il existe une espèce d'astroïte dont la surface supérieure est creusée en sillons ondoyants qui forment des contours irréguliers qu'on a comparés aux anfractuosités du cerveau, ce qui leur a valu le nom de *cerveaux de mer*. — On trouve souvent des astroïtes fossiles et des astroïtes pétrifiées ; celles qui sont pétrifiées en agate reçoivent un très-beau poli et s'emploient dans la bijouterie. Comme l'Angleterre en fournissait beaucoup, on leur a donné le nom de *cailloux d'Angleterre*, mais fort improprement (*V.* CAILLOU D'ANGLETERRE, PÉTRIFICATION, FOSSILE, AGATE, etc.).

ASTROLABE, s. m. Ce mot, dont la signification a changé, de même que la forme de l'instrument, servait autrefois à désigner un système ou assemblage de cercles de la sphère, disposés entre eux dans une situation particulière ; cet instrument avait probablement beaucoup de rapport avec nos sphères armillaires. Le plus célèbre et premier astrolabe dont il soit fait mention est celui que l'astronome Hipparque avait construit dans Alexandrie pour son propre usage. Ptolémée se servit aussi de l'astrolabe, mais il en changea la forme, et il le réduisit à une surface plane, à laquelle il donna le nom de *planisphère*. Il faut supposer, pour rendre cette réduction plausible, que l'œil de l'observateur embrasse à la fois tous les cercles de la sphère, et qu'il les rapporte à un plan : c'est ce qu'on appelle *plan de projection*. Mais l'astrolabe diffère du tableau, en ce que celui-ci n'est qu'un plan de projection placé entre l'œil et l'objet ; au lieu que, dans le planisphère, le plan de projection est placé au delà de l'objet, qui est la sphère. — Pour plan de projection de l'astrolabe, on prend un des cercles de la sphère, ou un plan qui lui soit parallèle ; il ne s'agit ensuite que de fixer la position de l'œil par rapport à ce plan. Ptolémée prit pour son planisphère un plan de projection parallèle à l'équateur, et il supposa l'œil placé à l'un des pôles du monde. Tous les méridiens qui passent par l'œil et sont perpendiculaires au plan deviennent des lignes droites, ce qui est très-commode pour la description des planisphères ; mais les degrés égaux dans la figure circulaire deviennent très-inégaux quand le cercle se change en ligne droite ; de sorte que, dans l'astrolabe de Ptolémée, les degrés, fort petits vers le centre, deviennent très-grands vers les extrémités, ce qui a pour double inconvénient de rendre inexacte toute opération qui a lieu sur les degrés voisins du centre, à cause de l'impossibilité de diviser ces degrés en minutes et en secondes,

et de rendre difformes les figures des constellations qu'on veut rapporter à ces méridiens inégaux. — On a travaillé, sans beaucoup de succès, à faire disparaître ces inconvénients ; on n'a fait que les remplacer par d'autres. On a changé les plans de projection, on a changé la position de l'œil ; mais tous les efforts des savants du XVIIe et du XVIIIe siècles n'ont pu aboutir à créer un astrolabe parfait, c'est-à-dire, dont on puisse faire un usage universel. Il consiste en un disque horizontal, sur la surface duquel sont marquées les divisions nécessaires ; sur ce disque, sont deux alidades, entre chacune desquelles on place deux télescopes, dont l'un est fixe et l'autre mobile. — L'astronomie nouvelle ne fait plus aucun usage de cet instrument ; mais on s'en sert encore dans l'application de la géométrie. — L'astrolabe de mer est un instrument dont on se sert pour prendre en mer la hauteur du pôle ou celle du soleil, d'une étoile, etc. On dit que ce furent le médecin Rodriguez et Martin Behaïm, de Nuremberg, qui, sur l'invitation de Jean II, roi de Portugal, cherchant le moyen de reconnaître sa route sur mer, imaginèrent d'appliquer à la navigation l'astrolabe. Cet astrolabe de mer consiste en un anneau de cuivre d'environ quinze pouces de diamètre, qu'on peut tenir suspendu par un second anneau attaché à la partie supérieure de l'instrument. Le limbe ou bord extérieur du grand anneau est divisé en degrés et en minutes. Sur ce limbe est un index mobile qui peut tourner autour du centre. L'index porte deux pinnules. Quand on veut faire une observation, on tient l'astrolabe par le petit anneau, et on le tourne vers le soleil, de manière que les rayons passent par les deux pinnules. Le tranchant de l'index marque alors sur le limbe la hauteur qu'on cherche. — Le mot *astrolabe* vient du grec ἄστρον, astre, et de λαμβάνω, je prends. Les Arabes ont emprunté à la même langue le mot *astarlab*, par lequel ils désignent cet instrument.

ASTROLATRE, adorateur des astres ; ASTROLATRIE, culte des astres (*V.* SABÉISME).

ASTROLOGIE. Ce mot qui, à la lettre, signifie *discours sur les astres*, ne fut d'abord employé que pour exprimer la connaissance du ciel et des astres ; c'est ce qu'on appelle aujourd'hui ASTRONOMIE. Le nom d'astrologie a été réservé pour désigner l'art de prédire les événements futurs par l'aspect, la position et l'influence supposée des corps célestes. S'il ne s'agit que de prédire des effets naturels, tels que les changements de temps, les tempêtes, les vents, les orages, les inondations, les tremblements de terre, on conçoit qu'il n'est pas impossible de prédire avec quelque succès, si ce n'est d'une manière infaillible, des événements de ce genre, lorsque les prédictions sont le résultat d'un grand nombre d'observations antérieures ; car celui qui a observé que l'apparition de tel signe est toujours, ou presque toujours, suivie de tel effet, peut, jusqu'à un certain point, annoncer l'effet prochain toutes les fois qu'il voit le signe précurseur, et c'est là ce qu'on peut appeler *astrologie naturelle*. Un anglais, nommé Goad, a composé, en deux volumes, un ouvrage qu'il a intitulé *Astrologie* ; mais c'est à l'astrologie naturelle seule qu'il a appliqué ses observations. Il prétend que la contemplation des astres peut conduire, *par prévision*, à la connaissance des phénomènes. L'astrologie naturelle n'est donc, à proprement parler, qu'une branche de la physique, et la prédiction des effets naturels n'est qu'une suite *a posteriori* de l'observation des phénomènes passés. — M. Boyle, dans son *Histoire de l'air*, a fait en quelque sorte ressortir le mérite de cette astrologie naturelle. La génération et la décomposition, dit-il, sont les termes extrêmes du mouvement ; la raréfaction et la condensation en sont les termes moyens. Si les émanations des corps célestes peuvent contribuer immédiatement à la production des deux effets moyens, ils ne peuvent manquer de contribuer à la production des deux effets extrêmes, et d'affecter tous les corps physiques. Au premier coup d'œil, cette théorie paraît un peu étrange ; cependant, quand on la considère de près, on la trouve assez rationnelle. L'humidité, le froid, la chaleur, les vents, etc., dépendent presque entièrement de la révolution, du mouvement, de la situation des corps célestes, cela est certain, et l'humidité, le froid, la chaleur, etc., sont les moyens que la nature emploie pour produire la condensation et la raréfaction. Il est également certain que le soleil, en éclairant toutes les planètes, les échauffe par sa propre chaleur, et leur communique des propriétés qui, bien qu'elles aient une origine commune, prennent pourtant une nature différente, parce qu'elles se modifient diversement par les qualités propres à chaque planète. Ainsi les effets des émanations de ces corps célestes ont évidemment plus ou moins d'intensité, suivant que la modification opérée sur les propriétés qui leur sont communiquées par le soleil est plus ou moins grande, et encore suivant que l'aspect de ces corps avec le soleil est plus ou moins direct, que les rayons solaires y arrivent plus ou moins obliquement, etc. De là on peut inférer que ces corps célestes peuvent exercer sur la terre une influence plus ou moins certaine en produisant condensation et raréfaction. Nous reviendrons sur ce sujet aux mots INFLUENCE DES ASTRES EN MÉDECINE, et MÉTÉOROLOGIE (V. ces mots). — L'astrologie, telle qu'on l'entend communément, ou *astrologie judiciaire*, est l'art prétendu d'annoncer les événements qui dépendent de la volonté de l'homme et de ses actions libres, comme si les astres exerçaient sur lui un empire réel, et le forçaient d'agir dans un sens plutôt que dans un autre. Les anciens astrologues défendaient jadis leur art par des sophismes qui pouvaient éblouir des esprits superficiels ou inattentifs; mais lorsque cet art merveilleux et divin est tombé en discrédit, le nom d'astrologue, devenu presque ridicule, est resté le partage des faiseurs d'almanachs. — L'origine de l'astrologie remonte à la plus haute antiquité, et son histoire se lie à celle de l'astronomie, qui lui doit très-vraisemblablement ses premiers progrès. On croit qu'elle prit naissance dans la Chaldée. Les anciens Assyriens jouissaient d'un ciel pur et serein qui favorisait les observations astronomiques. Ils purent d'abord s'occuper des révolutions périodiques des corps célestes, et, remarquant entre les astres et les corps terrestres des analogies réelles ou supposées, ils en conclurent que les astres exerçaient sur la terre et ses habitants une influence directe. Si l'astrologie naquit dans la Chaldée, elle se propagea promptement dans l'Égypte, la Grèce et l'Italie. Quelques auteurs la font naître en Égypte, et ils en attribuent l'invention à Cham; ce qu'on peut dire, c'est qu'elle y était fort ancienne. Diodore de Sicile, en décrivant le cercle d'or impossible du tombeau fabuleux d'Osymandias, prétend que, sur le limbe de ce grand cercle de trois cent soixante-cinq coudées de circonférence, et d'une coudée d'épaisseur, on voyait gravée une table du lever et du coucher des constellations pour chaque jour de l'année. Une table semblable a été reconnue, par M. Champollion jeune, dans le tombeau d'un pharaon auquel il donne le nom de Rhamsès V. — Il est à présumer que, de la Chaldée, l'astrologie s'introduisit dans l'Inde, où l'on trouve des traités d'astronomie qui remontent à douze siècles au moins avant l'ère vulgaire. Les philosophes grecs reçurent probablement aussi les connaissances astrologiques de ceux de l'Inde et de la Grèce. Elles passèrent à Rome, où elles furent reçues avec tant d'enthousiasme, qu'elles nuisaient à l'étude des sciences, au point qu'il fallut plusieurs édits des empereurs pour bannir les astrologues (V. GÉNÉTHLIAQUES). Après la division de l'empire romain et la chute de celui d'Occident, les Arabes recueillirent toutes les traditions scientifiques qui avaient survécu au bouleversement, et, malheureusement, ils ne négligèrent pas celles qui ne concernaient que l'astrologie. L'Arabe, naturellement ami du merveilleux, apporta l'astrologie en Espagne, où il en fit sa science favorite, et de l'Espagne, l'astrologie se répandit par toute l'Europe avec la médecine et la science des nombres. — Comment expliquer maintenant l'ardeur avec laquelle se livrèrent aux investigations astrologiques tous les hommes qui passaient pour savants? Il faut croire que cet enthousiasme universel tenait aux magnifiques promesses que l'astrologie faisait aux adeptes; et l'on ne saurait nier que ce travers même, qui saisit les meilleurs esprits de cette époque, n'ait puissamment contribué à l'avancement, ou plutôt à la renaissance des sciences plus réelles; car tous les hommes qu'on cite comme ayant produit ce mouvement de progrès furent plus ou moins adonnés à l'astrologie. Les astrologues alors pullulèrent, et ils remplirent de leurs prédictions toute l'Europe. Ces prédictions, il est vrai, se trouvèrent souvent contredites par l'événement; mais on ne se désabusa point. En 1179, tous les astrologues chrétiens, juifs ou arabes, avaient prédit une catastrophe terrible pour l'an 1186. Cette année arriva, se passa fort tranquillement, et l'on n'en resta pas moins persuadé que les prédictions astrologiques étaient infaillibles; il en coûte tant de renoncer à des illusions qui nous flattent! Toutefois les prédictions, si souvent démenties par l'événement, devaient finir par détromper même les plus crédules, et c'est ce qui est arrivé. Les découvertes du XVIIe siècle ont consommé la ruine de l'astrologie. Mais alors on est tombé dans un autre excès: on a décrié l'astrologie; on a tourné les astrologues en ridicule; il n'est pas de traits acérés qu'on n'ait lancés contre ces *rêveurs imbéciles*; on les a traités de fous, d'insensés, de visionnaires; et cependant on ne nie pas que, si l'astronomie a fait de grands progrès, elle les doit en très-grande partie à l'appui qu'elle trouvait dans l'astrologie. De même que l'alchimie a produit la chimie, dit le savant Keppler, de même l'astrologie a soutenu l'astronomie en offrant un attrait que celle-ci seule n'aurait pas eu. — Un fait qu'on ne peut nier, c'est que le goût de l'astrologie n'ait été partagé de tout temps par les hommes les plus célèbres, tels qu'Hippocrate, Galien, Tacite, Ptolémée, Proclus, Porphyre, Albert, saint Thomas-d'Aquin, Tycho-Brahé, Keppler, et mille autres, juifs, chrétiens ou arabes. Peut-on supposer que ces hommes, qui ont donné tant de preuves d'un savoir éminent, se sont laissé tous surprendre par l'attrait d'une science évidemment vaine ou absurde? Croira-t-on qu'ils n'ont vu dans l'astrologie que ce qu'y voient encore aujourd'hui les tireurs d'horoscopes? Assurément nous sommes bien loin de nous faire les apologistes de l'astrologie; mais plus on réfléchit à la nature de cet art prétendu, et au genre d'étude qu'il a fallu entreprendre pour en pénétrer les mystères, plus on se persuade que l'astrologie n'est devenue une fausse science que parce que ceux qui s'en sont occupés ont dépassé le but qu'elle leur montrait, en lui demandant plus qu'ils ne pouvaient en tirer. — Si, comme nous l'avons énoncé plus haut, le soleil a sur l'atmosphère une influence visible, s'il peut causer par sa présence la raréfaction, et par son absence, la condensation, qui pourra prouver que les planètes, échauffées par ses rayons, n'acquièrent aucune propriété capable de leur donner une action, au moins secondaire, sur les végétaux et sur les animaux? Qui doute aujourd'hui de l'influence de la lune? Pourquoi les planètes en seraient-elles privées? Elles l'auront tout au plus à un moindre degré. Peut-être n'a-t-il manqué aux astrologues, pour faire de leur art une science réelle, que d'avoir des méthodes plus sûres, et surtout d'abandonner sans retour la prétention de vouloir soumettre à l'influence des astres la libre volonté de l'homme. Ticho-Brahé, qu'on nomme parmi les partisans de l'astrologie, s'est exprimé ainsi: «L'homme «renferme en lui une force bien plus grande que celle des «astres; s'il vit selon la justice, il surmontera toujours leurs «influences» (V. PHYSIQUE DES ASTRES, et, pour les diverses propriétés que les astrologues supposaient dans les planètes, V. PLANÈTES).

ASTROLOGUE, homme adonné à l'astrologie, à la divination par le moyen des astres. Les astrologues jouirent autrefois d'un très-grand crédit. Il est naturel que des hommes qui savaient lire dans l'avenir obtinssent la faveur de ceux qui avaient en leur science une confiance aveugle. Quelquefois pourtant, quand leurs prédictions ne s'accomplissaient pas, ils étaient sévèrement punis, si même ils n'étaient mis à mort. — Nous avons dit, dans l'article précédent, que des hommes d'un très-grand savoir avaient paru jadis s'adonner de fort bonne foi aux études astrologiques. Dans les temps plus modernes, on a vu en France des seigneurs et des princes, très-éclairés pour leur temps, avoir auprès d'eux des astrologues, et ne rien entreprendre sans les avoir consultés. Charles V, prince à qui ses contemporains décernèrent le titre de sage, où il le mérita, fonda un collège où il voulait que l'astrologie fût enseignée, et il combla de biens Me Gervais Chrétien, son médecin et *astrologien*, disent les vieilles chroniques. Le roi de Hongrie, le duc de Milan, Louis XI, beaucoup d'autres princes, se soumirent sans résistance à l'ascendant des astrologues; Catherine de Médicis surtout fut constamment dominée par les siens. — L'exemple des princes était contagieux pour les peuples: aussi, quand un astrologue prédisait quelque tempête, une peste, la famine, une inondation, ou quelque autre grande catastrophe, l'alarme devenait générale. Un nouveau déluge avait été prédit pour l'an 1524. Les craintes furent si vives, que beaucoup de personnes fabriquaient ou firent fabriquer des navires, et se précautionnèrent de provisions. Cependant les astrologues conservèrent encore du crédit. Henri IV fit tirer l'horoscope de son fils (Louis XIII) par son médecin Larivière; Richelieu et son successeur consultaient l'astrologue Jean-Marin. Cette faiblesse se serait prolongée bien au delà peut-être du XVIIe siècle, si Colbert, en instituant l'Académie des sciences (1666), n'avait défendu très-expressément aux astronomes de s'occuper d'astrologie. — Dans l'Orient, pays natal de l'astrologie, cette prétendue science continue d'être en honneur.

ASTROMÈLE ou **MASTROMÈLE**, petit étang de la Gaule dans la Viennaise, chez les Cavares, près de Massilia (Marseille); communiquant par un petit canal avec la Méditerranée (V. MARTIQUES [étang de]).

ASTRONOMIE, de ἄστρον, étoile, et de νόμος, règle, loi; science des lois qui régissent les astres. Cette signification primitive a été étendue par l'usage à tout ce qui se rapporte aux corps célestes, à leurs mouvements vrais ou apparents, à leur distance entre eux et leur éloignement de la terre, leur figure, leur constitution physique, leurs influences, etc. Par le mérite de la difficulté vaincue et l'importance des résultats obtenus, l'astronomie s'est placée naturellement au premier rang des sciences humaines; mais sans parler ici de tous les biens qu'elle procure, elle dirige ses spéculations et ses travaux vers un but si noble et si élevé, qu'il n'en faut pas davantage pour réveiller en nous des idées de grandeur; et, en contemplant l'étendue immense de l'univers, la sagesse des lois immuables qui le régissent. L'harmonie qui résulte de tant d'éléments divers, de tant d'actions différentes, de tant de formes si variées, de tant de propriétés particulières, qui toutes s'exercent sans s'entraver ni se heurter, nous nous sentons pénétrés d'une admiration qui, forçant notre raison ou plutôt notre orgueil à s'humilier, nous fait courber nos fronts dans la poussière en présence du Créateur.—Les avantages qui résultent de l'astronomie, dit un écrivain moderne, pour la distribution du temps, pour la navigation, pour la fixation de la position d'un lieu sur la terre, etc., ne sauraient être contestés. D'ailleurs il est nécessaire, pour ne pas dire indispensable, de connaître la connexion et les rapports exacts de notre globe avec l'univers; car une telle connaissance nous élève au-dessus des petits intérêts qui nous attachent sur la petite planète que nous habitons, et qui nous semblent si importants; peut-être même elle naître en nous une série de pensées qui, se perpétuant au delà du tombeau, peuvent contribuer à notre future félicité. » Sans nous charger d'expliquer comment ces pensées sur la terre pourront se continuer après la mort, nous conviendrons avec le naturaliste auquel appartient cette idée, que l'étude de l'astronomie est la plus propre à nous faire connaître un des effets de la toute-puissance qui, n'employant que des moyens extrêmement simples dans l'ordonnance de l'univers, produit tant de résultats différents. Ces résultats, nous tâcherons de les exposer avec ordre aux mots CIEL, MONDE (système du), UNIVERS; nous invitons le lecteur à y recourir; nous nous bornons ici à présenter en peu de mots l'histoire de l'astronomie, à laquelle serviront en quelque sorte d'introduction quelques réflexions succinctes sur les divisions principales de cette science. — M. Ampère (V. ce mot) a donné le nom d'uranologie à la science générale du ciel, et il a divisé l'uranologie en quatre sections : uranographie, ou description du ciel; héliostatique, ou théorie du soleil fixe; astronomie, ou lois des corps célestes; et astronomie physique, ou mécanique céleste. Les Allemands n'admettent guère que trois divisions, qu'ils nomment sphérique, théorique et physique, ce qui, sous d'autres noms, répond à peu de chose près au système d'Ampère, car ils appellent astronomie sphérique la connaissance de l'état apparent du ciel, de la situation des astres dans la sphère céleste, des groupes d'étoiles qui forment des constellations, et qui sont l'objet spécial de l'astrognosie, etc. Suivant M. Ampère, l'uranographie décrit « tout ce que le spectacle du ciel offre à l'observation immédiate..... le mouvement diurne de tous les astres, le mouvement propre du soleil, l'inclinaison de l'écliptique... le mouvement des planètes, celui de la lune et ses phases; et à l'aide du télescope elle observe les taches du soleil, etc. » L'astronomie théorique répond à ce que M. Ampère appelle héliostatique et astronomie propre, c'est-à-dire que dans ces branches de la science on apprend à déterminer les mouvements réels par la connaissance des mouvements apparents, surtout en ce qui concerne notre système planétaire; or c'est par cette connaissance des mouvements réels qu'on peut préciser avec la plus grande exactitude la marche des planètes, les éclipses, les oppositions et conjonctions, la hauteur d'un astre. A cette branche appartiennent l'examen des systèmes de Ptolémée, de Tycho-Brahé et de Copernic, la description de la forme réelle des astres, l'énonciation des lois générales qui les gouvernent, etc. Quant à l'astronomie physique, qui, dans les deux systèmes, forme la dernière division, elle traite des lois du mouvement combiné des astres; elle analyse, d'après les règles de la mécanique, les phénomènes de l'attraction mutuelle des corps célestes; et il semble qu'il n'était point nécessaire de séparer cette section des sections précédentes: on pouvait les comprendre sous le nom commun de scientifique, et mettre à sa place l'astronomie pratique, qui renferme tout ce qui a rapport aux observations, à la construction des instruments

et aux calculs astronomiques. Nous devons faire ici une remarque essentielle : en expliquant la mécanique céleste ou l'astronomie physique, certains écrivains ne considèrent dans l'univers qu'une machine dont les mouvements, produits par des causes toutes physiques ou mécaniques, ne dépendent en aucune manière de la volonté de l'ouvrier: c'est qu'ils ne veulent pas convenir que l'ouvrier existe. Déjà dès les premières années du XIXᵉ siècle s'annonçait une philosophie audacieuse, qui, dans les causes du mouvement des astres, ne voulait reconnaître ni intention providentielle, ni cause finale, ni action divine; qui, faisant découler tous les faits constatés depuis trois siècles d'une loi unique, refusait d'admettre le créateur de cette loi; qui prétendait qu'il n'y aurait de véritable science astronomique que lorsque, secouant d'anciens préjugés, l'astronomie aurait banni de son domaine le mot DIEU pour y substituer quelque principe positif, tel que celui de la GRAVITATION. — C'est là, sans contredit, le pur matérialisme, cherchant dans le mouvement imprimé et dans la réaction qui s'opère en sens contraire, dans la force de répulsion qui résiste à celle d'impulsion, un argument contre l'existence d'une volonté divine ; comme si l'admirable équilibre qui soutient dans le vide tous les corps célestes, ne prouvait pas, au contraire, qu'une intelligence suprême a présidé à la formation de ces corps, et créé le mouvement et la réaction qui constituent l'ordre et l'harmonie (V. MATÉRIALISME). — L'histoire de l'astronomie, comme celle de tous les anciens peuples qui la créèrent, se montre, dès son berceau, entourée de ténèbres et d'obscurité. Tout ce qu'on peut dire, c'est qu'elle remonte nécessairement à l'origine des sociétés. L'homme, en naissant, a tourné ses yeux vers le ciel; il a senti que, faible et nu sur la terre, il y avait au-dessus de lui une puissance protectrice; et tout en recevant la douce influence du soleil, en s'éclairant de la lumière des astres, son cœur s'est élevé vers le créateur des merveilles de l'univers, être inconnu qu'il ne pouvait voir; mais qu'il trouvait partout et qu'il reconnaissait dans ses œuvres. Mais plus il était convaincu, plus il éprouvait le désir de s'expliquer à lui-même les mouvements de son cœur et de son esprit à l'aspect du ciel. Conservait-il le souvenir d'une tradition antérieure? pressentait-il une autre patrie, séjour incorruptible, que ses œuvres pouvaient mériter pour le temps où il quitterait l'enveloppe terrestre qui retenait son âme captive? Oh! que le matérialiste explique cet accord unanime de tous les peuples naissants, dans tous les pays et dans tous les âges, cette pensée universelle qui monte vers le ciel; qu'il nous dise quelle portion de matière a donné à l'homme la conscience de son créateur! Qu'il, ne répète pas surtout l'accusation banale que les prêtres furent, dès leurs premiers pas sur la terre, des fauteurs de superstitions. Ils recueillirent avec soin toutes les observations qui tendaient à constater quelque rapport du ciel avec la terre, quelque nouveau bienfait de Dieu envers l'homme; ils en gardèrent le dépôt. Et ce ne fut que peu à peu que l'orgueil, se glissant dans leur cœur, les voulurent paraître seuls confidents de la Divinité, intermédiaires entre le peuple et l'objet révéré de son culte. — Aussi, tous les peuples qui ont eu les premiers des colléges de prêtres ont-ils prétendu à l'honneur d'avoir inventé l'astronomie; en même temps ils se donnent une antiquité prodigieuse : tels sont, les Perses, les Chaldéens, les Hindous, les Chinois, les anciens habitants de l'Égypte. — On dit que les plus anciennes observations astronomiques se trouvent chez les Chinois; on parle des progrès qu'ils avaient déjà faits dans l'astronomie sous le règne de l'empereur Yao, plus de vingt siècles avant l'ère vulgaire. On cite surtout celles de Tcheou-Kong, faites vers l'an 1100, c'est-à-dire mille ans après les premières. Si on n'a pas de plus amples renseignements, c'est que l'empereur Hoangti fit brûler tous les livres chinois l'an 213 de J. C. Mais quelques écrivains nient les observations astronomiques du temps de Yao; et, quant à toutes les autres... ils disent qu'elles ne se rapportent qu'à des événements fort communs, et qu'elles n'ont jamais produit aucun résultat utile pour la science. — Les Chaldéens ou Babyloniens se vantaient de 470 mille ans d'antiquité; mais on ne les a jamais crus sur ce point: ni les anciens ni les modernes. On prétend; est-il vrai, que Callisthène transmit à son oncle Aristote des observations faites à Babylone, et remontant à 1903 ans, ce qui donnerait à ces observations une antiquité d'environ vingt-deux siècles avant J. C.; et la chose n'est pas invraisemblable, car il paraît certain que la ville de Babylone s'éleva sur le lieu même où la tour de Babel avait été construite, et que ce fut peu de temps après la confusion des langues. A cela on objecte qu'Aristote ne fait pas mention des tables de Callisthène, et que Ptolémée, dans son *Almageste*, ne cite que trois éclipses de lune arrivées à Babylone, aux années 719 et 720. Mais on peut répondre que tous les ouvrages d'Aristote ne sont pas arrivés jusqu'à nous, et que, pour ce qui concerne Ptolémée, il a pu ne vouloir parler que des observations qui lui semblaient les plus authentiques, et négliger les autres, ce qui ne prouve nullement qu'il n'existait que celles qu'il a mentionnées. On ne peut nier, au surplus, que l'astronomie n'ait été en honneur dans la Chaldée à des époques très-reculées. C'est aux Chaldéens qu'on attribue la période de 6585 jours ⅓, durant laquelle la lune fait 223 révolutions par rapport au soleil, 239 révolutions anomalistiques, et 241 révolutions par rapport à ses nœuds. On leur attribue aussi l'invention des signes du zodiaque, signes qui bien certainement ne sont pas dus aux Egyptiens, ainsi qu'on l'a dit (*V.* ZODIAQUE). Il est même fort douteux que ces derniers aient jamais été bien versés dans l'astronomie; car lorsque Strabon visita l'Egypte, il trouva les prêtres tout à fait éloignés des travaux scientifiques; et lorsque, trois siècles auparavant, les Ptolémées étaient montés sur le trône, ils avaient dû recourir à des savants étrangers. Tout ce qu'on peut dire des Egyptiens, c'est qu'ils s'étaient approprié les connaissances de leurs voisins, comme l'indique la composition de leur année, de leur semaine, et même de leur période de 1462 ans, toutes choses communes aux Chaldéens, aux Perses, aux Chinois, etc. Les astronomes de l'école d'Alexandrie ne connaissaient aucune observation de leurs ancêtres; ils n'en avaient fait eux-mêmes qu'un très-petit nombre; tout le reste ils le tenaient des Chaldéens ou des Hindous. Lors même que leurs fameuses pyramides seraient parfaitement orientées, et l'on assure qu'elles inclinent au nord-ouest de vingt minutes, cela ne supposerait pas dans les constructeurs des connaissances transcendantes en astronomie. — Quant aux anciens Perses, on ne peut douter que leurs prêtres ne fussent souvent astronomes, car leurs principes religieux avaient une connexion intime avec la connaissance du ciel; toutefois, on ne peut rien dire de positif sur ce point, parce qu'aucun monument survivant à la chute de leur antique monarchie ne dépose aujourd'hui pour eux. Il n'en est pas de même de l'Inde, où très-probablement l'astronomie est née en même temps que les institutions, sans rien devoir à aucune source étrangère. Dès l'époque la plus reculée, les Hindous lièrent à leurs observations astronomiques l'histoire de leurs souverains, dont ils firent des divinités aériennes, régnant sur les planètes et sur les étoiles; dans leurs fictions mythologiques, ils confondirent sans cesse les faits qu'ils attribuaient à ces princes avec les révolutions des astres qu'ils leur assignaient pour demeures. Quelques siècles plus tard parurent les védas, les pouranas, et d'autres livres sacrés auxquels on accorde plus de trois mille ans d'existence; ces livres prescrivent une infinité de fêtes, de jeûnes et de cérémonies religieuses, dont les époques sont très-exactement réglées sur la position dans les cieux de certaines planètes, et sur les théories astrologiques nées de la contemplation des astres. Les plus anciennes pagodes de l'Indoustan sont toutes construites de manière que leurs quatre faces répondent avec la plus grande précision aux quatre points cardinaux, et les voûtes et les murs de ces édifices sont couverts de sculptures représentant les signes du zodiaque et les divers astérismes. Vers la fin du XVIII° siècle, M. Legentil apporta de l'Inde en France des tables astronomiques qu'il avait trouvées à Tirvalour: ces tables offraient, comme point de départ des observations, l'an 3102 avant notre ère. De vives contestations s'élevèrent entre les savants relativement à l'époque à laquelle ces tables avaient été dressées. Quelques-uns leur donnaient une antiquité prodigieuse; d'autres, au contraire, ont soutenu qu'elles n'ont été dressées que dans le XIII° ou le XIV° siècle de l'ère vulgaire; ils se sont fondés sur la raison même que ces observations qui ne représentent l'état du ciel que tel qu'il a été supposé par les astronomes indiens, pour assigner à tous les astres qui se meuvent dans le zodiaque un point de départ commun, non tel qu'il a dû être à cette époque éloignée. M. Plairfair, professeur célèbre d'astronomie à Edimbourg, a soutenu que la confection des tables de Tirvalour a demandé de profondes connaissances, que ces connaissances ne pouvaient naître que d'une très-longue expérience antérieure, et que, lors même qu'elles n'auraient été dressées que dans le XIII° siècle, elles prouveraient toujours que leurs auteurs possédaient une science déjà existante depuis bien des siècles. M. de La Place, qui, après avoir cru d'abord à l'antiquité des tables, a soutenu plus tard qu'elles ne remontent guère au-dessus du

XIII° siècle, ou que du moins elles ont été rectifiées à cette époque, résume ainsi son opinion dans son exposition du système du monde: « L'antique réputation des Indiens ne permet pas de douter qu'ils n'aient dans tous les temps cultivé l'astronomie. Lorsque les Grecs et les Arabes commencèrent à se livrer aux sciences, ils allèrent en puiser chez eux les premiers éléments: c'est de l'Inde que nous vient l'ingénieuse méthode d'exprimer tous les nombres avec dix caractères, en leur donnant à la fois une valeur absolue et une valeur de position, idée fine et importante.... qui avait échappé au génie d'Archimède et d'Apollonius, deux des plus grands hommes dont l'antiquité s'honore. » Les Anglais ont découvert à Bénarès un traité d'astronomie intitulé *Sourya-Siddhanta*, et l'on ne doute pas que ce ne soit le plus ancien livre d'astronomie qui soit au monde. Il suffit d'y jeter les yeux, dit M. Plairfair, pour décider que le système de trigonométrie qu'il renferme n'est emprunté ni à la Grèce ni à l'Arabie; car les règles fondamentales sur lesquelles il s'appuie étaient inconnues aux géomètres de ces deux contrées, et elles sont de beaucoup préférables à celles que ces derniers employaient. Il ajoute qu'on ne peut guère donner à ce livre moins de deux mille ans d'antiquité antérieure à notre ère, ce qui nous semble bien exagéré. Les rédacteurs de la savante *Revue d'Edimbourg* adoptent l'opinion qui regarde le système astronomique des Hindous comme le plus ancien de ceux dont nous avons connaissance. M. Colebrocke affirme que chaque *véda* contient, sous le titre de *Jyotish*, un traité qui indique la manière d'appliquer les divisions du calendrier pour l'accomplissement des devoirs religieux; et l'antiquité des *védas* est reconnue (*V.* VÉDA, JYOTISH). Nous n'ajouterons sur ce sujet qu'un seul mot emprunté au missionnaire Ward, qui, dans sa savante, mais partiale *Histoire de l'Inde*, n'a pas négligé une seule occasion de contester aux Hindous leur antiquité. « Les Hindous, dit-il, ont observé et compris les phénomènes célestes aussi bien qu'aucun autre peuple de l'antiquité; leurs livres astronomiques, tout remplis qu'ils sont d'extravagances, n'en sont pas moins un monument superbe de toutes les puissances de l'entendement. » — Les Grecs, comme nous venons de le dire, ont puisé chez les Indiens leurs connaissances astronomiques; mais ils n'ont pas eu, à proprement parler, de corps de doctrine avant la formation de l'école d'Alexandrie. Thalès, de retour de ses voyages, fonda, il est vrai, vers l'an 640, l'école ionienne, où il enseigna la sphéricité de la terre et l'obliquité de l'écliptique. Anaximandre, Anaximène et Anaxagore propagèrent les leçons qu'ils avaient reçues de Thalès; ce dernier éprouva même de violentes persécutions sur le motif qu'on soumettant la nature à des lois immuables, il laissait les dieux sans influence. De l'école ionienne sortit le fameux Pythagore, qui, vers le milieu du VI° siècle av. J. C., jeta les fondements d'une école nouvelle. Il enseigna le mouvement diurne de la terre sur son axe, et son mouvement annuel de rotation autour du soleil; il parla aussi des comètes, qu'il comprit, ainsi que les planètes, dans notre système solaire. Pythagore prétendit aussi que les planètes étaient habitées, et que les étoiles fixes étaient autant de soleils, centres d'autant de systèmes planétaires (*V.* ANAXIMÈNE, ANAXIMANDRE, ANAXAGORE, OEnopide de Chio, PYTHAGORE). — L'école d'Alexandrie, à laquelle appartient Ptolémée, ne se borna pas à profiter des travaux faits jusqu'à elle; elle voulut encore se frayer de nouvelles routes. Ptolémée Philadelphe, créateur de cette école, fit construire un observatoire pour les astronomes qu'il avait attirés à sa cour, et il mit à leur disposition une bibliothèque nombreuse. Aristille et Tymocharis, qui florissaient vers le commencement du III° siècle, furent les premiers astronomes de cette école: ils tentèrent de tracer le cours des planètes et d'assigner à chaque étoile sa place fixe dans le ciel. Ils furent suivis par Aristarque de Samos, qui jouit d'une grande réputation, mais dont les ouvrages, vantés par l'antiquité, ne sont point, par malheur, arrivés jusqu'à nous. Eratosthène vint ensuite et essaya de mesurer la terre. Des mesures qu'il prit de la hauteur du soleil à Alexandrie et à Syène, au moment du solstice d'été, et de la différence de hauteur de cet astre comparée à la distance existante entre les deux villes, il conclut que la longueur du méridien terrestre était de 252 mille stades, ce qui s'éloigne peu de la vérité. Il mesura aussi l'obliquité de l'écliptique. Hipparque (*V.* ce mot), qui vécut dans le II° siècle avant J. C., rendit sans doute de grands services à l'astronomie; à n'en juger que par les éloges continuels que lui donne Ptolémée, qui eut très-souvent recours à ses ouvrages, dont il ne nous reste qu'une très-petite partie; son *Commentaire sur la sphère d'Eu-*

doxe, et le poëme d'*Aratus* (*V.* EUDOXE, ARATUS) ; et c'est là il faut le dire, un des plus précieux monuments que nous ait légués l'école d'Alexandrie. C'est à Hipparque que nous devons la découverte de la précession des équinoxes (*V.* PRÉCESSION); et le premier moyen de déterminer la position des lieux sur la terre par la fixation de leur latitude et de leur longitude. Après Hipparque, on peut nommer Geminus, auteur d'un *Traité d'astronomie*, Possidonius, qui décrivit le phénomène du *flux et du reflux*, et Solygène, que César appela d'Alexandrie à Rome pour la réforme du calendrier. Profitant des travaux d'Hipparque et de tous ceux qui l'avaient suivi, Ptolémée voulut créer un système complet d'astronomie. Pour l'exposition de ce système, des avantages qu'il semblait offrir, des inconvénients qui en résultaient, et des motifs qui l'ont fait rejeter, le lecteur voudra bien recourir à l'article spécial PTOLÉMÉE (Claude). Cependant les Grecs continuaient de cultiver l'astronomie. Outre tous les noms que nous avons cités plus haut, on trouve Philolaüs de Crotone, qui, de même que Pythagore, prétendait que la terre se mouvait autour du soleil ; Méton, qui se rendit fameux par la réforme du calendrier, où il introduisit le cycle de dix-neuf ans, correspondant à deux cent trente-cinq lunaisons ; Calippe, inventeur de la période de soixante-seize ans, qui porte son nom, et qui remédie à l'inconvénient qu'offrait le cycle de Méton, de retarder d'environ six heures, à la fin de chaque période sur le renouvellement de la lune ; Pythéas, de Marseille, qui se distingua comme astronome et géographe ; ARchimède, qu'il suffit de nommer (*V.* PHILOLAUS, MÉTON, CALIPPE, PYTHÉAS, ARCHIMÈDE). — Auprès de ces hommes, qui cherchaient de bonne foi la vérité, beaucoup de philosophes grecs, emportés par une imagination trop active, émettaient des doctrines plus ou moins dénuées de vraisemblance, et ne s'arrêtaient dans leurs divagations qu'aux dernières périodes du ridicule. Métrodore enseignait que la voie lactée était l'ancienne route du soleil ; Leucippe, que le mouvement violent des étoiles fixes les faisait enflammer, qu'elles mettaient le feu au soleil, et que la lune finissait par se ressentir de cet embrasement ; Xénophane, que le soleil n'était qu'un nuage enflammé, et qu'il y avait plusieurs soleils pour éclairer les différentes parties de notre terre ; Chrysippe, chef des stoïciens, que tous les astres étaient animés chacun par une divinité ; Platon, que le monde entier était un animal intelligent (*V.* encore EUCLIDE, ERATOSTHÈNE, CONON). — L'astronomie, chez les Romains, fut extrêmement négligée. Nous avons dit au mot ANNÉE combien celle de Romulus était défectueuse ; Numa la réforma après sept siècles, avant l'ère vulgaire, en combinant les deux années solaire et lunaire, et en intercalant de deux en deux ans, après le mois de février, un mois vingt-deux jours, pour regagner les onze jours dont l'année solaire excédait les douze révolutions de la lune. Depuis Numa jusqu'à Jules César, Rome n'eut point d'hommes versés dans l'astronomie ; ce dernier ne put y trouver un seul homme capable d'entreprendre la réforme du calendrier. On sait que Manilius, Cicéron, Hyginus, affranchi d'Auguste, Pline, Sénèque, Agrippa, Plutarque, aimèrent l'astronomie, mais aucun d'eux n'en fit une étude particulière. L'indifférence des Romains pour cette belle science vient de ce qu'ils ne l'estimaient pas. Les Chaldéens l'enseignaient à Rome y mêlaient les folles erreurs de l'astrologie, et cela suffisait pour que les Romains, principalement occupés de guerres et de conquêtes, confondant l'astronomie avec l'astrologie, les enveloppassent dans la même proscription. — Le IVe siècle de l'ère chrétienne produisit un assez grand nombre d'astronomes : Firmicus, auteur d'un traité en huit livres, lequel serait estimé s'il ne l'avait gâté par le mélange de formules astrologiques ; Théon le Jeune, auteur d'un commentaire sur quelques ouvrages de Ptolémée ; Paul d'Alexandrie, qui voulut faire servir l'astronomie à confirmer sa théorie des horoscopes ; Synèse, évêque de Ptolémaïde, inventeur d'un astrolabe ; Capella, proconsul, auteur du *Satyricon* (*V.* ce mot) ; Proclus Lycius, ennemi acharné du christianisme ; au-dessus de tous s'élève la fameuse Hypathie, fille de Théon d'Alexandrie, non moins célèbre par son talent que par sa beauté, sa jeunesse et sa fin tragique. (*V.* FIRMICUS, THÉON, SYNÈSE, CAPELLA, PROCLUS, HYPATHIE, etc.). — Les siècles suivants virent peu d'astronomes. Ceux à qui l'on peut donner ce nom sont extrêmement rares. On trouve des notions d'astronomie dans Boèce, dans Denys le Petit, dans Leontius, dans Alcuin, dans le vénérable Bède, dans le moine Alcuin ; mais une teinture légère d'astronomie ne suffit pas pour les placer au rang des astronomes. — Ce ne fut guère que dans le VIIIe siècle que

les Arabes, maîtres d'une grande partie de l'ancien empire d'Alexandrie, s'appliquèrent avec ardeur à l'étude des sciences comme s'ils avaient voulu réparer par les lettres ce qu'ils avaient détruit par les armes. Le calife Almansour donna l'impulsion par son exemple : il appliqua fortement à l'astronomie, et à l'imitation fit des astronomes. Mais ce fut principalement sous le règne d'Almamoun, second fils et successeur d'Haroun al Raschid, devenu calife en 813, que l'astronomie abandonnée durant plusieurs siècles, parut rallumer ses flambeaux éteints. Vainqueur de l'empereur grec Michel III, Almamoun exigea de lui, par forme de tribut, qu'il lui livrât les meilleurs livres que possédait la Grèce. De ce nombre fut l'*Almageste* de Ptolémée : ce livre, traduit par les ordres du calife, en arabe, répandit parmi ses sujets le goût de la science ; un observatoire fut fondé, et l'on y publia les tables du soleil et de la lune, plus exactes que celles que Ptolémée avait rédigées. Almamoun fit aussi mesurer un degré terrestre dans les vastes plaines de Sennaar, par trois frères nommés Beni-Mouzza. Golius, dans ses notes sur Alfragan, a conservé le détail des opérations qui eurent lieu : on trouva que le degré équivalait à 200,500 coudées ; mais comme on ne connaît pas très-exactement la valeur de la coudée, cette mesure variant de 13 à 22 pouces, il n'est pas possible de dire jusqu'à quel point cette mesure était exacte. En calculant la coudée à 20 pouces, comme on le faisait ordinairement en Égypte et en Syrie, le nombre de coudées donné équivaudrait à 25 lieues communes de 2,280 toises. Peu de temps après, un astronome du calife fatimite Al-Hakem, nommé Ebn-Junis, construisit des tables sur lesquelles les Arabes et les Persans ont ensuite modelé toutes celles qu'ils ont faites. Il paraît, par quelques fragments qui nous sont parvenus de cet astronome, que depuis, Al-Mansour jusqu'à lui, c'est-à-dire dans l'intervalle d'environ trois siècles, les Arabes avaient réuni un grand nombre d'observations d'éclipses, d'équinoxes, solstices, conjonctions, oppositions, occultations d'étoiles ; qu'ils avaient reconnu l'inexactitude des observations de Ptolémée sur les équinoxes, et fixé la longueur de l'année avec beaucoup de précision. Dans l'année d'Ebn-Junis lui-même, on remarque à peine une erreur de 8". — Les Persans reçurent des Arabes le goût de la science astronomique ; Omar-Cheyan introduisit dans leur calendrier une réforme essentielle en intercalant, tous les trente-trois ans, huit années bissextiles. Dominique Cassini proposa cette même réforme, qui, d'après ses calculs, lui semblait amener un résultat plus exact que la réforme grégorienne : on assure qu'il ignorait qu'Omar-Cheyan l'avait déjà introduit en Perse. Les Tartares ne montrèrent pas moins d'inclination que les Arabes pour les sciences astronomiques. Dès le XIIIe siècle, Houlakou, frère de Ghenghiz-Khan, bâtit à Marágha un observatoire, où il réunit plusieurs astronomes sous la direction de Nasir-Eddin, qui, en 1261, dressa des tables très-estimées, et publia un commentaire d'Euclide, imprimé à Rome. Deux siècles plus tard, le prince Olough-Bey fit construire à Samarkand un collège et un observatoire. Les Turcs parlent avec enthousiasme d'un quart de cercle dont le rayon avait 180 pieds : ce n'est là, bien certainement, qu'une exagération orientale ; mais ce qui est vrai, c'est qu'aidé par ses astronomes, il dressa pour le méridien de Samarkand des tables qu'on estime plus exactes que celles paru jusqu'à celles de Tycho-Brahé, de même qu'un catalogue des étoiles fixes visibles dans cette ville. Il composa aussi plusieurs ouvrages, dont quelques-uns ont été traduits en latin. — L'astronomie avait été cultivée dans la Chine depuis un temps immémorial ; mais cette science fut négligée dans les premiers siècles de l'ère vulgaire. Nous avons vu l'empereur Tsin-Chi-Hoang condamner au feu tous les livres, à l'exception de ceux qui traitaient de médecine, d'astrologie et d'agriculture. Vers le milieu du VIIe siècle, il estima, l'empereur Lieou-Pang fit d'heureux efforts pour rétablir les sciences, et il érigea un nouveau tribunal de mathématiques ; mais il est plus que probable que les observations astronomiques qu'on a trouvées chez eux dans le XVIIe siècle, ont été apportées de la Tartarie par les descendants de Ghenghiz Koblai, frère d'Houlacou, fondateur d'une dynastie nouvelle, qui se déclara le protecteur des astronomes chinois, auxquels il accorda des secours de tout genre. Toutefois, la science fit peu de progrès ; les missionnaires qui pénétrèrent dans la Chine vers la fin du XVIe siècle trouvèrent que les connaissances des Chinois dans cette partie ne répondaient pas à la longue durée de leurs observations. — Les Juifs ont composé un grand nombre d'ouvrages sur la sphère ; quelques-uns ont été imprimés par

Munster, en hébreu et en latin; mais la science ne leur doit rien; ils se sont d'ailleurs attachés à l'astrologie plus qu'à l'astronomie. — Lorsque les Espagnols eurent conquis le Mexique et le Pérou, ils ne furent pas peu surpris de trouver chez les habitants de ces vastes contrées des preuves non équivoques que l'astronomie y avait été cultivée; car ils mesuraient leur année si exactement, que beaucoup d'écrivains, en comparant le degré de connaissance qu'il a fallu pour obtenir ces résultats, avec l'état peu avancé de leur civilisation, ont tiré de ces deux faits, qu'il n'est pas aisé de concilier, la conséquence que la composition de l'année leur venait du dehors par quelque voie inconnue. — Nous n'avons parlé jusqu'ici qu'en passant de l'Europe. Ce n'est guère qu'à dater du XIII° siècle que l'étude de l'astronomie y a pris quelque faveur. L'empereur Frédéric II aimait cette science au point de dire un jour à l'abbé de Saint-Gall, qu'il n'avait rien de plus cher au monde que son fils Conrad, et une sphère qui marquait les mouvements des planètes. Il fit traduire de l'arabe en latin les meilleurs ouvrages de philosophie, de médecine et d'astronomie. Jean de Sacro-Bosco, contemporain de ce prince, et anglais de naissance, fut professeur de philosophie à Paris. Ce fut dans cette ville qu'il composa son *Traité de la sphère*. Albert le Grand, évêque de Ratisbonne, publia aussi un *Traité d'astronomie* qui fit beaucoup de sensation quand il parut. Alphonse, roi de Castille, fit construire les tables qui portent son nom (*V.* ALPHONSE LE SAVANT). Dans le XIV° siècle, beaucoup d'Anglais, d'Italiens, d'Allemands, s'adonnèrent à l'astronomie. Un de ceux qui contribuèrent le plus au rétablissement de l'astronomie fut George Purbarchius, ainsi nommé parce qu'il était né à Purbarch, entre la Bavière et l'Autriche. Il était professeur de philosophie à Vienne. Le cardinal Bessarion, légat du pape, lui conseilla de se rendre en Italie pour y apprendre la langue grecque; et, dès qu'il en eut acquis une intelligence suffisante, il lut l'*Almageste* en original, au lieu de le lire dans des traductions faites sur des traductions hébraïques de traductions arabes, qui elles-mêmes étaient traduites du syriaque. Son principal disciple fut George Muller, plus connu sous le nom de Regiomontanus, ainsi appelé parce qu'il était natif de Kœnigsberg, en Prusse. Celui-ci composa des éphémérides pour plusieurs années, et les *Théories des Planètes*. Après avoir parcouru l'Italie avec le cardinal Bessarion, et plus tard l'Allemagne et la Hongrie, il se rendit à Nuremberg en 1471, fut créé quatre ans après évêque de Ratisbonne, partit aussitôt pour Rome, où il fut appelé par Sixte IV pour la réforme du calendrier, et y mourut au bout d'un an. Le juif Abraham Zachat, astrologue du roi de Portugal Emmanuel, mérite aussi d'être cité. Il composa un *Calendrier perpétuel* qui fut imprimé en 1500; on dit qu'il profita pour ce travail d'anciennes tables que d'autres juifs avaient faites. — Copernic parut, et l'astronomie prit une face nouvelle. Il s'était préparé, par de longues études, à la science dont il devait un jour sonder toutes les profondeurs. Il avait examiné, médité avec soin tous les systèmes des anciens, celui de Nicétas et d'Héraclide de Pont, qui faisaient tourner la terre sur son axe: celui de Pythagore et de Philolaüs, qui donnèrent à la terre un mouvement annuel autour du soleil; et il écrivit son livre immortel des *Révolutions célestes*; mais pour ne point heurter les préjugés scientifiques du temps où il vivait, il ne proposa son système que comme une hypothèse. Ce grand homme ne put jouir du triomphe de ses opinions sur toutes les opinions existantes; il mourut presque subitement en 1543. — Tycho-Brahé, né trois ans après la mort de Copernic, inventa un nouveau système d'astronomie par lequel il voulait en quelque sorte concilier Copernic et Ptolémée (*V.* COPERNIC, TYCHO-BRAHÉ); mais les savants n'ont pas adopté ses opinions malgré tous les prestiges de science dont il les avait entourées. Il n'en est pas moins vrai que c'est pour ainsi dire le travail de Tycho-Brahé qui a conduit Keppler à la découverte de la vraie théorie de l'univers et des lois qui déterminent le mouvement des astres. Huyghens, Newton ont complété les théories de Keppler, et établi sur d'inébranlables bases tout le système du monde (*V.* KEPPLER, HUYGHENS, NEWTON). Galilée perfectionnait vers ce temps le télescope qui devait lui découvrir dans le ciel ce qu'aucun astronome avant lui n'avait pu y apercevoir (*V.* TÉLESCOPE, GALILÉE). A l'aide de cet instrument, il aperçut les satellites de Jupiter, les montagnes de la lune, les taches du soleil, et sa révolution autour de son axe. Atteint par les censures de l'inquisition de Rome, qui, dans cette occasion, montra plus de zèle que de lumières, Galilée fut obligé de se

rétracter; mais ces censures ne lui ont fait rien perdre de l'autorité que lui donnait la science, et sa rétractation n'a pu nuire qu'à ceux qui l'avaient exigée. Helvétius, Gassendi, Bouillaud, Ward, parurent après Galilée (*V.* ces noms; *V.* aussi SATURNE, ANNÉE ÉCLIPTIQUE, MICROMÈTRE). Newton fut le premier qui démontra, par des principes physiques, les lois suivant lesquelles s'opèrent tous les mouvements des corps célestes (*V.* ATTRACTION, GRAVITATION, LUNE, etc.). — Huyghens avait découvert l'anneau de Saturne; il avait aussi inventé les horloges à pendule. Halley écrivit l'*Astronomie des planètes*. Flamsteed a donné des observations importantes sur le soleil, la lune et les planètes; il a dressé un catalogue de plus de trois mille étoiles fixes. Gregori a donné la théorie générale et complète des phénomènes célestes expliqués par les vrais mouvements des corps et par leurs causes physiques (*V.* HALLEY, FLAMSTEED, GREGORI; *V.* aussi CASSINI, BRADLEY, MAYER, ROEMER, LALANDE, LA CAILLE, HERSCHELL, LAGRANGE, D'ALEMBERT, etc.; *V.* encore OBSERVATOIRE). — Nous ne pourrions continuer ici l'histoire de l'astronomie sans descendre à des détails qui nous entraîneraient trop loin; car il faudrait parler de toutes les théories plus ou moins justifiées par les faits, de toutes les améliorations faites à celles qu'ont léguées au XIX° siècle les siècles qui le précèdent, de toutes les découvertes dont la science s'est enrichie depuis quarante ans. Nous invitons le lecteur à recourir aux mots SYSTÈME DU MONDE, MÉCANIQUE CÉLESTE, SOLEIL, LUNE, PLANÈTES, ÉTOILES, ÉCLIPTIQUE, MOUVEMENT, COMÈTE. Nous entrerons sur chacun de ces mots dans des développements qui non-seulement serviront de complément à l'histoire de l'astronomie, mais encore feront connaître la nature et l'objet de toutes les théories, et en offriront les résultats. Nous nous contenterons d'indiquer parmi l'innombrable quantité d'ouvrages qu'ont produits les sciences astronomiques ceux qui nous paraissent les plus importants. On consultera donc avec fruit les ouvrages suivants: *Révolutions célestes* de Copernic, 1566, et l'abrégé qu'en fit Keppler en 1635; les *Commentaires* du même Keppler *sur les mouvements de Mars*, 1609; l'*Astronomie philolaïque* de Bouillaud, 1645, et l'*Examen critique* de cet ouvrage publié par Ward, en 1657, sous le titre de: *Exposition des fondements de l'astronomie philolaïque*; l'*Astronomie géométrique* du même Ward, 1656; l'*Almageste nouveau* de Riccioli, 1651; l'*Astronomie physique et générale* de Grégory, 1702; l'*Introduction à la vraie astronomie* de Keil, 1718; les *Éléments d'astronomie* de Cassini, 2 vol. in-4°, 1740; les *Institutions astronomiques* par Le Monnier, in-4°, 1746: c'est la traduction du livre de Keil, augmentée d'un grand nombre de notes; *Leçons élémentaires d'astronomie géométrique et physique*, par La Caille, 1763, in-8°; *Tables astronomiques* de Halley, *pour les comètes et les planètes*, etc., 1759, in-8°; *Exposition du calcul astronomique* de Lalande, 1763, in-8°; *Astronomie* de Lalande, 2 vol. in-4°, 1764, réimprimé à Paris, 1772, 3 vol.; *Historiæ celestis*, vol. 3, in-fol. de Flamsteed, 1725; *Tables de logarithms*, Londres, 1741, in-4°, par Gardiner: cet ouvrage a été réimprimé à Avignon, en 1769, avec des augmentations par le P. Pezenas; *Connaissance des temps*, depuis 1760 jusqu'en 1774, par Lalande, ouvrage repris depuis, et continué jusqu'à ce jour; *Recherches sur la précession des équinoxes*, par d'Alembert, 1749, in-4°.; *Astronomie théorique et pratique*, par Delambre, 1814, 3 vol.: c'est un des meilleurs guides qu'on puisse prendre pour parcourir avec succès la vaste carrière des sciences astronomiques; *Astronomie théorique* de Schubert, Pétersbourg, 1798, 3 vol.: il y en a une édition nouvelle en français; *Traité élémentaire d'astronomie physique*, par Biot, Paris, 1810; *Exposition du système du monde*, par Laplace, Paris, 1824: c'est en quelque sorte un résumé de son grand ouvrage *Mécanique céleste*; *Traité élémentaire d'astronomie*, par Burja, Berlin, 1794, 5 vol.: cet ouvrage exige déjà de profondes connaissances préliminaires; Piazzi et Woodhouse ont donné, le premier en italien, le second en anglais, un ouvrage portant le même titre; *Lectures of astronomy* de Ferguson, excellent ouvrage qui a été traduit en allemand; Leipzig, 1816, 4 vol., et qui mérite de l'être dans toutes les langues; *Astronomie populaire* de Schubert, Pétersbourg, 1804: cet ouvrage s'adresse particulièrement aux gens du monde; l'ouvrage suivant, de Bessel, se recommande aux savants: *Beobachtungen auf der Kœnisberger Sternwarte*, 1813, in-fol.; *Histoire de l'Astronomie, ancienne, du moyen âge et moderne*, par Delambre, Paris, 1817,

5 vol.; *Histoire de l'Astronomie au* XVIIIᵉ *siècle*, par Mathieu; Paris, 1827, etc., etc.

ASTRUC (Jean), médecin de la faculté de Montpellier, né en 1684, mort à Paris en 1766, âgé de 83 ans, avec le titre de premier médecin du roi de Pologne. Il commença par professer à Montpellier; la faculté de Paris l'agrégea au nombre de ses membres en 1743. Louis XV le nomma professeur au collége royal, et l'admit parmi ses médecins ordinaires. Le bruit qu'il fit par ses leçons attirait à son école une foule d'auditeurs français et étrangers. On ne vante pas seulement la science d'Astruc, on loue aussi sa modestie, sa modération, son humeur bienveillante, ses vertus. Il a laissé un grand nombre d'ouvrages, dont voici les principaux: *Origine de la peste*, 1721, in-8°; *De la contagion de la peste*, 1725, in-8°; *Mémoires pour servir à l'Histoire du Languedoc*, 1737, in-4°; *De morbis venereis libri VI*; *De motu musculari*, 1710, in-12; *Traité des maladies des femmes*, 6 vol. in-12, 1761-1765: cet ouvrage, écrit avec beaucoup de méthode, indique tous les maux qui affligent le sexe; *L'art d'accoucher réduit à ses principes*, 1766, in-12: ce traité n'est que la mise en ordre des cours que l'auteur fit à l'école de médecine de Paris pour les sages-femmes de la capitale, en 1744, 46 et 47; *Doutes sur l'inoculation*, 1756, in-12; une infinité de dissertations, de mémoires, de thèses, de traités sur divers sujets de médecine, et même sur des objets étrangers à cette science, tels que ses *Conjectures sur les mémoires originaux qui ont servi à Moïse pour écrire la Genèse*; Paris, 1753, in-12, ouvrage qui est plus spécieux que solide: on y trouve une excellente réfutation dans les dernières éditions de la *Bible* de Vence; sa *Dissertation sur l'immatérialité et l'immortalité de l'âme*; Paris, 1755, in-12. Les ouvrages de ce savant ne sont pas seulement écrits pour les savants; ils peuvent encore être lus avec plaisir et avec fruit par les gens du monde, qui y trouveront de l'érudition, de la critique, des anecdotes curieuses, de la noblesse dans le style, et partout les sentiments d'un philosophe chrétien.

ASTRUM, terme que les chimistes du XVIIIᵉ siècle employaient pour exprimer l'augmentation de puissance ou de vertu qu'une substance acquérait par la préparation. Ainsi, *astrum sulphuris* signifiait soufre réduit en huile, surpassant de beaucoup en propriété le soufre en nature; *astrum salis*, le sel réduit en eau ou en huile; *astrum mercurii*, le mercure sublimé; en général, ils donnaient le nom d'*astrum* aux alcools et à toutes les essences.

ASTURA, petite rivière de l'ancien *Latium* (campagne de Rome), qui se dégorge dans la mer de Toscane, à dix lieues au-dessus de cette ville, à l'ouest des marais Pontins. On donnait le même nom à une petite île que la rivière formait à son embouchure, et dans laquelle Cicéron avait une maison de campagne. Ce fut là que ce grand homme s'embarqua pour Cayette après qu'il eut été proscrit, et que l'atteignirent ensuite les assassins envoyés par Antoine. Ce fut encore là que Charles, roi de Naples, battit et fit prisonnier le jeune Conrad et Frédéric (*V.* CONRAD).

ASTURIES, province d'Espagne, avec titre de principauté, située sur le golfe de Gascogne, à l'orient de la Galice et à l'ouest de la montagne de Santander, bornée au midi par une chaîne de montagnes de 3,500 à 5000 mètres de hauteur, offrant une population d'environ 365,000 habitants sur une superficie de 400 lieues carrées. Le versant des montagnes, au sud, présente sur presque toute sa ligne des précipices et des rochers inaccessibles. Cette disposition du sol rendit infructueuses toutes les tentatives des Arabes pour pénétrer dans cette province, qui servait d'asyle aux restes proscrits de la race des Goths. Du côté du nord, ces mêmes montagnes s'abaissent en pente douce jusqu'à l'Océan; et elles recèlent des contrées fertiles qu'arrosent plusieurs courants d'eau; On récolte dans le pays du maïs, des châtaignes, des noisettes, des fruits, des légumes, surtout des fèves; les pâturages y sont excellents: aussi le bétail à laine et à cornes y prospère; on y trouve en outre du gibier et du miel; la pêche y fournit des produits abondants; mais l'olivier y vient mal. En général, la contrée ne peut suffire à nourrir tous ses habitants: aussi un grand nombre de ces derniers se répandent-ils annuellement par toute l'Espagne, et principalement à Madrid, où presque tous les cochers et laquais sont Asturiens. Ce qu'il y a de plus extraordinaire, c'est que, malgré la bassesse de leur condition, ces cochers et ces laquais tiennent beaucoup au privilége de noblesse attachée à leur qualité d'Asturiens. On raconte que lorsque Pélage fut proclamé roi par le peuple des Astu-

ries, il dit aux assistants qui, suivant l'ancien usage, étaient à genoux pour prononcer le serment de fidélité: *Levantaos hijos de algo*, levez-vous, hidalgos ou nobles; et, c'est sur l'autorité de cette tradition, plus que suspecte, que tout individu qui a le bonheur d'être né sur le sol des Asturies se croit aussi noble que le plus grand seigneur de l'Espagne. L'Asturie des anciens étendait ses limites vers le midi jusqu'au cours du Duero. La ville d'Astorga, autrefois *Asturica*, était le chef-lieu des Astures. Quand les Romains envahirent la Péninsule, les Astures osèrent leur résister. Auguste les attaqua par terre et par mer, et probablement il aurait échoué dans son entreprise s'il n'avait pris la précaution d'acheter parmi eux des traîtres. Les Astures furent vaincus (25 ans av. J. C.); trois ans plus tard ils tentèrent de secouer le joug, mais ce fut sans succès. Plus heureux contre les Arabes, parce qu'ils furent plus unis, ils repoussèrent constamment leurs attaques, et ce fut au milieu de leurs montagnes sauvages que la monarchie espagnole trouva un berceau protecteur. Les rois des Asturies ne se défendirent pas seulement contre les dominateurs de l'Espagne, ils reculèrent peu à peu leurs limites, conquirent la Galice et le royaume de Léon, s'étendirent sur toute la ligne des Pyrénées, et jetèrent les fondements de la puissance qui, après plusieurs siècles d'une longue et sanglante lutte, devait abattre le croissant dans la Péninsule, et la rendre tout entière à la foi chrétienne. On trouvera l'histoire de toutes ces révolutions aux articles spéciaux consacrés aux princes qui régnèrent sur ce pays, depuis Pélage jusqu'au moment où les Asturies ne furent plus qu'une province du royaume d'Espagne (*V.* ESPAGNE, PÉLAGE, FAVILA, ALPHONSE, FROILA, MAUREGAT, BERMUDE, GARCIE, ORDOGNE, RAMIRE, etc.). — La révolution d'Espagne, suite de l'usurpation de Napoléon, avait fait perdre aux Asturiens leurs anciens priviléges, et soumis à un seul niveau toutes les provinces; en 1814, le rétablissement forcé de Ferdinand rendit aux Asturiens leur constitution et leurs droits, mais ce ne fut que pour peu de temps. Les cortès, envahissant peu à peu le pouvoir royal, avaient réduit Ferdinand à n'être qu'un vain simulacre. Une armée française releva le trône d'Espagne en 1823, et les Asturiens furent rétablis dans leur privilége bizarre de rester nobles dans l'abjection de la servitude. Cet état a subi de nouveaux changements depuis 1830. (*V.* ESPAGNE). La capitale des Asturies est Oviédo, l'ancien *Ovetum* (*V.* OVIEDO, GIHON, etc.). Le fils aîné des rois d'Espagne, depuis l'an 1388, portait le nom de prince des Asturies; ce titre le désignait comme héritier présomptif du trône.

ASTY, ἄστυ (ville), nom par lequel les Athéniens désignaient la ville d'Athènes, comme s'ils avaient dit: *la ville par excellence*. Les Grecs d'Égypte donnaient également le nom de πόλις à la capitale des Ptolémées; et les Romains se contentaient de dire *urbs*, qui a la même signification que πόλις et ἄστυ, pour parler de Rome. Dans nos départements, les habitants des campagnes ont une coutume analogue: ils disent *la ville*, lorsqu'ils veulent parler du chef-lieu du département.

ASTYAGE, fils de Cyaxares, et dernier roi des Mèdes. Quoique ce prince ait été contemporain de Cyrus, son histoire, en quelque sorte, appartient encore aux temps fabuleux sur lesquels on ne peut avoir que des présomptions. Hérodote, suivi par Justin, le fait aïeul de Cyrus, qui le détrôna. Xénophon, au contraire, fait Cyrus fils d'un roi de Perse. Le premier de ces historiens raconte qu'Astyage ayant marié sa fille Mandane à Cambyse, eut un rêve fâcheux qui l'inquiéta. Il avait vu une vigne sortir de son sein, et étendre ses rameaux sur toute l'Asie. Les astrologues de sa cour lui dirent que le fils qui naîtrait de Mandane lui ravirait la couronne. Astyage ordonna à un de ses officiers, nommé Harpage, de se saisir de l'enfant de Mandane, et de le mettre à mort; mais la tendresse vigilante de Mandane parvint à soustraire son fils aux fureurs d'Astyage. Celui-ci, irrité contre Harpage, tira de lui une vengeance non moins cruelle qu'injuste. Harpage garda le souvenir de l'injure, et quand Cyrus fut en âge de porter les armes, il l'attira dans la Médie, l'an 559 avant J. C. Astyage fut tué en défendant son trône. Xénophon convient aussi que Cyrus était petit-fils d'Astyage, mais fils d'un roi de Perse; il assure que ce prince vécut toujours en bonne intelligence, non-seulement avec son aïeul, mais encore avec Cyaxares, successeur de ce dernier. Suivant Hérodote, Cambyse, époux de Mandane, était un homme obscur; suivant Xénophon, Cambyse était de sang royal, et occupait un trône. Hérodote, né l'an 484 av. J. C., était presque contemporain d'Astyage. Xénophon, né vingt-quatre ans après Hérodote, avait à peu près, comme son devancier, l'avantage de parler d'événements très-récents dont la mémoire pouvait vivre encore parmi ses contemporains. Lequel des deux mérite plus de confiance? On fait à Hérodote le reproche d'être souvent trop crédule; mais on sait que Xénophon, dans sa *Cyropédie*, a fait un roman moral plutôt qu'une histoire, et l'on ne doit pas plus chercher la vérité historique dans la *Cyropédie*, qu'on ne peut apprendre l'histoire d'Écosse par les romans de Walter Scott, qui a produit tant de détestables copies. Hérodote était peut-être crédule; mais le temps où il écrivait est si rapproché de celui d'Astyage, qu'on ne peut raisonnablement douter que le fond de son récit ne soit vrai. Ce ne serait pas en débitant froidement des contes ridicules qu'Hérodote aurait acquis cette immense réputation qui s'est transmise jusqu'à nous d'âge en âge.

ASTYANAX (*myth.*), fils d'Hector et d'Andromaque. Calchas prédit, après la prise de Troie, que si cet enfant vivait, il serait plus brave que son père, qu'il vengerait sa mort, et qu'il relèverait les murs d'Ilion. Andromaque le cacha dans le tombeau de son père; mais Ulysse l'y découvrit, et il le précipita du haut des murs de Troie. Servius accuse Ménélas au lieu d'Ulysse; Pausanias dit Pyrrhus au lieu de Ménélas; d'autres prétendent qu'on substitua un autre enfant au fils d'Hector.

ASTYDAMAS, poëte tragique d'Athènes, disciple d'Isocrate. On dit qu'il composa deux cent quarante pièces de théâtre, mais que quinze seulement remportèrent le prix.

ASTYNOMES, de ἄστυ, ville, et de νέμειν, entretenir; nom que les Athéniens donnaient à des magistrats dont les fonctions ressemblaient à celles des édiles de Rome. Ils avaient l'intendance des routes et des édifices, et ils étaient en outre chargés de la police des rues et des places publiques.

ASYCHIS ou ATYCHIS, ancien roi ou pharaon d'Egypte, nommé par Hérodote, et désigné par lui comme successeur de Mycérinus. Rien n'est plus incertain que cette partie de l'histoire d'Egypte; Hérodote n'a pu dire que ce qu'il tenait des prêtres d'Héliopolis ou de Memphis, et ces prêtres lui ont souvent donné de fausses indications. Manéthon ne parle nulle part d'Asychis; mais d'après ce qu'Hérodote rapporte de ce prince, on conjecture que c'est le même personnage que le Zet de Manéthon, quatrième ou dernier pharaon de la vingt-troisième dynastie, lequel aurait commencé de régner vers le milieu du VIIIᵉ siècle avant J. C., et serait mort l'an 722. Ce prince fit construire dans le temple de Vulcain, à Memphis, une superbe galerie qu'il orna de statues et de dessins d'architecture; mais ce qui a contribué le plus à perpétuer sa mémoire, c'est la loi fameuse qui permettait au fils d'emprunter de l'argent sur la momie de son père, et que lui-même il privait lui-même de la sépulture, si, avant sa mort, il n'avait retiré des mains du prêteur ce gage précieux. Cette loi du code égyptien prouve l'importance qu'on attachait à l'avantage d'être inhumé avec soin. Asychis fit bâtir une pyramide de briques, et il la couvrit d'inscriptions fastueuses.

ASYLE, de *asylum*, qui lui-même est dérivé du grec συλάω, je prends, et de l'α privatif. L'asyle était autrefois un lieu sacré d'où l'on ne pouvait enlever, pour quelque cause que ce fût, celui qui s'y était réfugié. Ces lieux d'asyle ou de refuge ont existé dès l'antiquité la plus reculée, car on voit dans l'*Exode* que Moïse ordonne au peuple d'Israël d'avoir des villes de refuge. — Le premier asyle dont il soit fait mention dans l'histoire profane est celui que Cadmus établit dans sa ville de Thèbes, en Béotie. Suivant Stace, ce serait, au contraire, celui que les descendants d'Hercule établirent dans Athènes pour se garantir eux-mêmes des poursuites de leurs ennemis. Les tombeaux des héros, les statues des rois et des dieux, les autels, les temples étaient considérés comme lieux d'asyle, les temples surtout. On ne pouvait, sans se rendre coupable de sacrilège, ravir aux dieux le droit de juger et de punir l'homme qui se plaçait sous leur protection, ou de lui faire grâce. *Fera quidem pétram perfugium habet, servi vero aras deorum;* c'était une espèce de proverbe qui des Grecs avait passé aux Latins. Ces mots semblent attribuer au droit d'asyle une origine bien respectable. Si les bêtes féroces trouvent sur les rochers un asyle que la nature leur a ménagé, ne faut-il point permettre à l'esclave et à l'homme en danger de trouver un asyle dans le temple des dieux? Et si l'esclave, protégé par les dieux, est à l'abri de la vengeance humaine, n'est-il pas juste que ce privilège s'étende à tous, sans distinction d'âge ou de condition? Ce fut donc par un principe d'humanité que la religion semblait sanctionner que le droit d'asyle fût établi en faveur 1° des

malfaiteurs coupables de quelque crime, 2° des esclaves, 3° des débiteurs, de quelque nature que fût leur dette. Dans la suite, et quand on sentit que l'intérêt de la société pouvait être blessé grièvement par le trop fréquent et surtout l'aveugle exercice de l'immunité, on examinait la nature du crime: si le coupable l'avait commis de dessein prémédité, on ne l'arrachait pas de l'asyle, mais on l'y laissait mourir de faim, ou bien on allumait auprès de lui un grand feu pour l'obliger à déserter la place. C'est là ce qui explique un vers d'Euripide, sur lequel s'est plus d'une fois exercée l'imagination des commentateurs: Πῦρ τοι προσοίσω ; c'est Hermione qui, s'adressant à la malheureuse veuve d'Hector, la menace par ces mots terribles: *J'approcherai de toi un grand feu* (j'allumerai auprès de toi des feux qui te consumeront). Ce n'était que dans le cas où le crime était ou paraissait excusable que le réfugié jouissait pleinement de la faveur de l'asyle. — Tel était, en effet, le vrai principe de cette institution: protéger le malheureux que le hasard et les circonstances, un crime involontaire, exposaient à la rigueur des lois. Les Hébreux eurent six villes de refuge: *Bezer, Ramoth* et *Golan,* dans les tribus de Ruben, de Gad et de Manassé, au delà du Jourdain; et *Cadès, Sichem* et *Hébron,* dans les tribus de Nephtali, d'Ephraïm et de Juda, les trois premières nommées par Moïse, les trois autres par Josué; mais ces lieux d'asyle n'étaient ouverts qu'à ceux qui avaient tué quelqu'un involontairement. Quand le coupable y était arrivé, les juges du lieu examinaient la nature du meurtre. Dans le cas de préméditation, le réfugié était condamné à mort; dans le cas contraire, il pouvait demeurer dans l'enceinte de la ville, et nul n'avait le pouvoir de l'en arracher. Après la mort du grand prêtre qui se trouvait en charge, le réfugié pouvait sortir de la ville et se rendre où il voulait: le crime était censé remis; c'était une espèce de prescription. — Quant aux païens, ils se montraient bien moins sévères que les Hébreux, et l'asyle valait toujours l'impunité, même aux plus grands criminels. Leurs législateurs et leurs princes agissaient, les uns par esprit de religion exagéré et mal entendue, les autres par motif politique. Ce fut en offrant un asyle à tous les malfaiteurs, de quelque part qu'ils vinssent, que Thèbes, Athènes et Rome se remplirent d'abord d'habitants. Les asyles les plus renommés de l'antiquité furent celui de Cadmus à Thèbes; le temple de la Miséricorde, et l'autel des Euménides dans Athènes; le bois de Daphné près d'Antioche, et l'asylum ou sanctuaire de Romulus à Rome. Plus tard, beaucoup de villes reçurent ou s'attribuèrent pour leurs temples le droit d'asyle. Sur les médailles de plusieurs villes de la Syrie, on trouve très-souvent dans les inscriptions le mot ΑΣΥΛΟΙ, ou les mots ΙΕΡΑΣ ΚΑΙ ΑΣΥΛΟΣ. Le coupable allait ordinairement s'asseoir sur l'autel, car le droit d'asyle ne s'étendait pas toujours à l'enceinte tout entière du temple. Cet asyle était inviolable: quiconque aurait tenté d'en arracher un réfugié par la violence aurait encouru la peine de l'exil. Toutefois, comme nous l'avons dit plus haut, pour que l'espoir de l'impunité n'encourageât pas au crime, il était permis d'user de moyens détournés, pour obliger le coupable à se livrer lui-même à ceux qui le poursuivaient, s'il n'aimait mieux périr de faim. Tantôt on plaçait auprès de l'autel des brasiers ardents, dont la chaleur le forçait de s'éloigner; tantôt on plaçait des gardes sur toutes les avenues, afin d'empêcher le coupable de communiquer avec ses amis et de recevoir des vivres; quelquefois on élevait un mur autour du lieu où se tenait le réfugié. Ce fut ainsi qu'on en agit avec Pausanias, général spartiate (*V.* PAUSANIAS). — Il n'y avait pas là violation flagrante de la sainteté de l'asyle; mais la loi était éludée, ce qui produisait le même effet que la violation. Il aurait mieux valu cent fois limiter le droit d'asyle à certains cas, que d'y porter indirectement atteinte, au grand scandale du peuple, qui ne manquait jamais d'attribuer à l'emploi de ces détours frauduleux toutes les calamités qui venaient plus tard affliger le pays. Rien de plus sage à cet égard que la législation de Moïse. Ce grand homme avait compris que dans beaucoup de circonstances il pouvait être utile de ménager à ceux qu'on regardait comme coupables une retraite sacrée où leur vie fût protégée contre les premiers emportements de la vengeance; mais il laissait ensuite à la justice un libre cours toutes les fois que le fait, par sa nature, ne plaçait point le coupable dans l'exception légale. Tacite avait raison de blâmer avec force les prétentions de toutes les villes grecques qui demandaient le droit d'asyle pour leurs temples; mais Tacite ne blâmait que l'abus: il respectait le principe qui avait produit l'institution. Les empereurs n'eurent pas sur ce droit d'asyle

ATÉ (ἄτη, mal); nom que les Grecs donnaient à un mauvais génie, à une déesse malfaisante, contre laquelle on ne pouvait se défendre que par le secours des Lites (λιταί, prière), filles de Jupiter. C'est le même personnage que la Discorde des Latins. Elle avait cherché à mettre la zizanie entre les dieux ; Jupiter la saisit par les cheveux et là précipita sur la terre. Depuis ce moment, elle ne s'est plus occupée que de semer la division parmi les hommes. Les prières, boiteuses, dit Homère, n'ont pu la suivre que de loin, cherchant à réparer les maux qu'elle a faits.

ATECHNIE, de τεχνον, enfant, et de α privatif; nom par lequel Linné désigne l'impuissance virile. Quelques-uns, au lieu de τεχνον, indiquent le mot τεχνος, art, et par atechnie, ils entendent le défaut d'art.

ATÈLE, s. m.; singe qui habite l'Amérique entre les tropiques, et qui se distingue des autres espèces de singes par l'absence d'un pouce libre qu'il puisse opposer aux autres doigts, ce qui lui laisse à peine la faculté de saisir. Les membres de l'atèle sont tout à fait disproportionnés; leur corps, prodigieusement allongé, effilé dans ses formes, se soutient sur quatre bras ou jambes grêles, maigres, non moins que le corps: aussi les naturels lui ont-ils donné le nom caractéristique de singe-araignée. Il marche avec peine sur le sol, mais il s'élance facilement de branche en branche ; souvent même il saute d'un arbre à l'autre, franchissant ainsi une distance prodigieuse. Pour y réussir, il se suspend à une branche par l'extrémité de sa queue qui est très-longue, et qui s'enroule comme un serpent autour de la branche. Ainsi suspendu, il se balance de toutes ses forces, puis, se détachant tout d'un coup de la branche, il s'élance comme un trait par l'effet de l'impulsion que le balancement lui donne. —Le poil de l'atèle est dur comme du crin ; il redoute le froid, aussi voit-on souvent plusieurs de ces animaux couchés les uns sur les autres; ils sont d'un naturel doux et timide. L'atèle fournit plusieurs espèces; on distingue le couita et le chamec, décrits par Buffon, et l'atèle Belzebuth, ainsi nommé à cause de sa face noire et de ses poils frontaux tout hérissés. — Plusieurs espèces se trouvaient mal à propos confondues parmi les atèles. M. I. Geoffroy les en a détachées, et en a fait un genre particulier sous le nom d'ériodes, nom qu'il leur a donné à cause de leur pelage laineux (V. ÉRIODE). — Les Athéniens désignaient par le nom d'atèles les citoyens qui, par quelque service rendu à l'État, méritaient une exemption d'impôts en tout ou en partie.

ATELIER, lieu où plusieurs ouvriers, artisans ou artistes travaillent sous un même maître. Autrefois, surtout lorsqu'il s'agissait de simples ouvriers, on disait ouvroir ; il peut aujourd'hui paraître extraordinaire qu'on dise l'atelier d'un tailleur de pierre et l'atelier d'un sculpteur, l'atelier d'un peintre d'histoire et l'atelier d'un serrurier. L'atelier d'un charpentier porte le nom de chantier. Un peintre doit recevoir le jour du côté du nord pour l'avoir toujours égal. On dit de Rembrandt qu'il ne le recevait dans le sien que par une ouverture fort étroite, ce qui a beaucoup influé sur sa manière ; tous ses tableaux ne sont éclairés que sur un point; la lumière y est vive et brillante; en dehors de ce point les ombres sont fortement tracées. — L'atelier doit renfermer tous les outils nécessaires à l'art ou au métier qu'on y exerce. — On prend quelquefois le mot atelier pour le nombre d'élèves attachés à un maître. On dit dans ce sens qu'un peintre, qu'un statuaire a un nombreux atelier, c'est-à-dire beaucoup d'élèves.

ATELLANES, nom par lequel on désignait autrefois à Rome de petites pièces d'un caractère satyrique, gai quelquefois jusqu'à la bouffonnerie, souvent jusqu'à la licence. Elles ressemblaient assez aux comédies grecques, tant par le choix des sujets que par les acteurs, la musique et les danses. Ces petites pièces avaient pris naissance dans une ville du pays des Osques (la Campanie) nommée Atella. De là elles passèrent à Rome. C'est à cause de leur origine que Tacite appelle les atellanes oseum ludicrum, et Cicéron osis ludi. Tite-Live, historien élégant mais souvent suspect, surtout quand il s'agit de l'ancienne Rome, prétend que la peste ayant éclaté dans la ville, on fit venir des histrions étrusques pour amuser le peuple par des représentations scéniques, et que ces pièces ne paraissant pas assez gaies, on eut recours aux atellanes, pièces bouffonnes dont les acteurs avaient un costume qui n'était pas moins bizarre que leur langage. Ces sortes de pièces étaient déjà connues des Romains, qui les avaient d'abord négligées, et qui les accueillirent alors avec empressement. On ajoute que les atellanes ne furent pas abandonnées

aux histrions ordinaires, mais qu'elles étaient jouées par des jeunes gens de famille qui n'étaient point censés déroger. Aussi le public avait-il, pour ceux qui voulaient bien se dévouer ainsi à ses plaisirs, plus d'égards que pour les acteurs, qu'il forçait à quitter le masque et l'habit de leur rôle quand ils le remplissaient mal. Quant au genre des atellanes, il paraît qu'en général il descendait de la satire au bas-comique; que, parfois, le comique s'y mêlait au tragique d'une manière fort étrange, à peu près comme dans nos mélodrames. Vossius prétend qu'elles abondaient en saillies satiriques comme les comédies grecques; que la seule différence qu'il y avait entre ces dernières et les atellanes, c'était que dans celles-ci les acteurs n'étaient pas habillés en satyres comme chez les Grecs. Le même Vossius distingue les atellanes des mimes, qui n'étaient guère que des farces obscènes, au lieu que dans les atellanes il y avait quelque dehors de décence, dans les premiers temps du moins, car, dans la suite, les auteurs d'atellanes, Memmius particulièrement, ne gardèrent plus de ménagements; Ovide, qui certes n'était pas très-scrupuleux, dit, en parlant de Memmius, que toute pudeur était étrangère à ses vers, à ses expressions comme à ses pensées.

...... Quid Memmi carmen (referam) apud quem
Rebus abest omnis nominibusque pudor ?

Les atellanes se soutinrent sous les empereurs par le motif même qui devait les faire proscrire ; elles étaient licencieuses et satiriques, et le public saisissait avidement toutes les allusions; mais plus d'une fois les auteurs de ces pièces eurent à se repentir d'avoir offert, dans des allusions, un dangereux aliment à la malignité. Suétone rapporte que Caligula fit brûler sur l'arène un malheureux poëte qui s'était avisé de glisser dans une atellane un vers à double entente; vers que le peuple ne manqua pas d'appliquer à l'empereur. Pour mettre un terme à la licence des auteurs et des acteurs, le sénat finit par supprimer les atellanes.

ATEMA-DOWLET, titre que portait autrefois le premier ministre des rois de Perse. Il jouissait, dit-on, de revenus énormes.

ATERMOIEMENT (t. de palais). On appelait autrefois atermoiement un contrat qui avait lieu entre un failli et ses créanciers, et par lequel ceux-ci accordaient à leur débiteur un terme pour se libérer ; souvent même ils lui faisaient remise d'une partie de la dette. Le débiteur qui avait atermoyé n'était plus reçu à faire cession de biens (V. CESSION DE BIENS). Si l'atermoiement avait lieu d'accord, il suffisait d'un simple acte; s'il était forcé, le débiteur devait obtenir des lettres en petite chancellerie et les faire enregistrer en justice, tous les créanciers présents ou dûment appelés. Les créanciers hypothécaires n'étaient pas tenus d'adhérer au contrat. Aujourd'hui, l'atermoiement porte le nom de concordat, mais le concordat ne peut avoir lieu, dans le cas de faillite déclarée, qu'après l'accomplissement d'une foule de formalités onéreuses (516 du Code de commerce). Pour se soustraire à ces formalités, les créanciers n'ont pas plutôt appris par circulaires ou autrement que leur débiteur est obligé de suspendre ses payements, qu'ils s'empressent d'atermoyer, c'est-à-dire de traiter avec lui, soit pour lui faire une remise, soit pour lui donner du temps. Quelquefois les juges de commerce, ayant égard aux circonstances où peut se trouver un débiteur de bonne foi, accordent un délai durant lequel toutes poursuites sont suspendues. C'est une espèce d'atermoiement où le juge stipule pour le débiteur (V. CONCORDAT).

ATH, ville des Pays-Bas (Belgique) dans le Hainaut. Elle fut prise deux fois par Louis XIV et restituée d'abord par suite du traité de Nimègue, en 1678, et plus tard en vertu de la paix de Riswick, en 1697.

ATHA-ALLAH, Dieu-donné; surnom qui a été donné à plusieurs docteurs musulmans, et particulièrement à Mohammed-ben-Ahmed, natif d'Alexandrie, de la secte de Malek, et mort au Caire l'an 709 de l'ère vulgaire. Il est auteur d'un Traité du droit mahométan, intitulé Hekam-al-Athijah; il y en a un exemplaire à la Bibliothèque royale sous le n° 679.

ATHAI (Abou-Mohammed-ben-Ali-Rabah), né à la Mecque dans le VIIe siècle, recueillit, de la bouche d'Aïschad, veuve du prophète, plusieurs traditions relatives aux doctrines du Coran. Il fut maître d'Abou-Hanifa, qui devint lui-même chef d'une des quatre sectes orthodoxes. Mahomet ayant dit un jour que la pureté de l'intention faisait le principal mérite des bonnes œuvres, on demanda à Athai l'explication de ces paroles ; il répondit : que la pureté d'intention nous délivre non-seulement de l'hypocrisie, mais encore du doute et de la perplexité d'esprit, quand nous entreprenons un acte quel qu'il soit.

ATHALARIC, roi des Goths, fils d'Eutharic et d'Amalasonte, monta, fort jeune encore, sur le trône d'Italie (en 526) après la mort de Théodoric, son aïeul maternel. Il mourut après un règne de huit ans, usé par les plaisirs et la débauche. Les catholiques lui donnèrent des regrets parce qu'il les avait protégés, et que, sur la demande du pape Félix III, il avait, par un édit solennel, reconnu les libertés et les priviléges de l'Église.

ATHALIE (*Hist. des Juifs.*), fille d'Achab, roi de Samarie et de Jésabel, épousa Jósam, roi de Juda, et devint mère d'Ochosias. Cette femme, impie et cruelle autant qu'ambitieuse, apprenant que son fils, successeur de Joram, avait péri sous le fer d'un assassin dans une expédition qu'il avait entreprise, fit égorger les enfants d'Ochosias (884 avant J. C.) et avec eux tous les princes du sang de David qui pouvaient lui disputer le trône. Le plus jeune fils d'Ochosias avait échappé du massacre par les soins du grand prêtre Joïada et de Jocabed son épouse, sœur d'Ochosias. Au bout de six ans, Joïada ayant réuni dans son temple le peuple et les lévites, leur présenta l'enfant Joas qu'il avait sauvé des fureurs de son aïeule ; et aussitôt le peuple proclama Joas roi de Juda. Athalie accourut criant à la trahison ; le grand prêtre ordonna qu'on la chassât du temple, et, comme elle opposa quelque résistance, on la traîna par les cheveux hors de l'enceinte sacrée. La populace furieuse la massacra et courut renverser les autels de Baal qu'elle avait rétablis (877 avant J.C.). Saint Jérôme, parlant d'Athalie, dit qu'elle ne fut nommée fille d'Achab *que par imitation*, et pour faire entendre qu'elle avait imité Achab dans son impiété ; il se fonde sur ce qu'elle est aussi nommée *fille d'Amri*, mais elle n'était que petite-fille d'Amri, et Achab fut réellement son père. Dans l'Écriture, le nom de fils s'applique souvent aux descendants même les plus éloignés. Personne n'ignore que Racine a puisé dans l'histoire d'Athalie le sujet de sa plus belle tragédie, peut-être même de la plus belle conception dramatique qui ait jamais paru sur aucun théâtre (*V. ATHALIE).*

ATHALIN (CLAUDE-FRANÇOIS), né, en 1701, dans un bourg de la Franche-Comté, professa la médecine à Besançon, et mourut dans cette ville, en 1782. On a de lui un ouvrage élémentaire par demandes et par réponses : *Institutiones anatomicæ per placita et responsa*; Besançon, 1756, in-8°. Son petit-fils n'a pas suivi la même carrière ; il a préféré celle des armes.

ATHAMAS (*hist. anc. et myth.*), fils d'Eole, régna sur une partie de la Béotie, où il fonda Orchomène. Ce prince acquit beaucoup de célébrité par ses malheurs ; mais les anciens mythologues sont peu d'accord entre eux sur les accidents de sa vie. Apollodore, Pausanias, Ovide, Hygin, lui donnent les uns deux épouses, les autres trois ; ou bien les uns confondent ce que les autres distinguent. Voici ce qui paraît le plus vraisemblable. Il épousa d'abord Néphélé, qu'on nomme aussi *Thémisto*, et il en eut plusieurs fils et une fille. Parmi les premiers, on compte Phrixus ; la fille s'appelait Hellé. Thémisto ayant été atteinte d'un accès de folie, s'égara dans les bois, et disparut. Athamas, la croyant morte, s'unit à Ino, fille de

Cadmus, et il en eut deux ou trois enfants. Thémisto reparut trois ou quatre ans après : Ino fut répudiée ; mais quelques mois à peine s'étaient écoulés, et déjà Ino l'emportait sur sa rivale. Soit en haine de Thémisto, soit pour se venger des dédains de Phrixus, qui méprisa ses avances, elle fit demander par les ministres du temple le sang de Phrixus et d'Hellé. Ceux-ci, avertis du péril qui les menaçait, s'embarquèrent sur un bâtiment sur la proue duquel on avait sculpté un bélier ; et comme en fuyant ils emportaient les trésors d'Athamas, on publia qu'ils avaient pris la fuite sur un bélier à toison d'or, que Jupiter leur avait envoyé. Ino ne tarda pas à recevoir le prix de sa perfidie. Junon, toujours irritée contre la race de Cadmus, envoya Tisiphone à la cour d'Athamas. La présence de cette Furie fit perdre la raison au prince, qui, dans un accès de fureur, prenant Ino et ses enfants pour une lionne et ses lionceaux, saisit Léarque, l'un d'eux, et l'écrasa contre la muraille. Ino, désespérée, se précipita dans la mer. Neptune la métamorphosa en néréide ou en syrène. Athamas, recouvrant ensuite l'usage de ses sens, adopta pour ses héritiers ses petits-neveux, et il alla fonder un nouveau royaume entre l'Épire et la Thessalie (*V.* PHRYXUS, TOISON D'OR).

ATHANAGILDE, roi des Wisigoths d'Espagne, monta sur le trône en 554, poussé par la révolte des Andalous, qui en avaient fait tomber Agilas pour soutenir sa usurpation. Athanagilde appela d'Italie les légions romaines ; il avait promis à Justinien toutes les places maritimes depuis Gibraltar jusqu'à Barcelone. Vainqueur par leur secours, Athanagilde voulut remplir sa promesse ; mais comme beaucoup de villes ouvraient volontairement leurs portes aux Romains, pour se soustraire à la domination d'un arien, Athanagilde fut obligé d'employer la force pour retenir ces villes dans l'obéissance. Il mourut à Tolède en 567, après un règne de treize ans. Son administration fut sage. On prétend qu'il n'était arien qu'en apparence, et qu'au fond du cœur il était catholique. Il fut père de Brunehaut, qui épousa Sigebert, roi d'Austrasie, et de Galsuinde, épouse infortunée de Chilpéric, roi de Neustrie.

ATHANARIC, juge des Wisigoths, avait obtenu des empereurs la permission de s'établir avec ses tribus dans la Thrace ; mais ayant soutenu la révolte de Procope contre Valens, celui-ci le vainquit et l'obligea de demander la paix. Cet échec, soit qu'il vînt de son défaut de talent, soit qu'il ne fût produit que par sa mauvaise fortune, indisposa contre lui les Wisigoths. Il acheva de perdre leur affection, lorsqu'au bout de cinq ou six ans il fut battu par les Huns. Les Wisigoths élurent pour souverain un de leurs capitaines nommé Fritigern, et celui-ci les conduisit souvent à la victoire. Après sa mort, Athanaric ne mit sur les rangs pour lui succéder, et le choix des Wisigoths tomba sur lui. Il ne se servit du pouvoir que pour conclure la paix avec Théodose (381). Cette paix donna lieu à de nouveaux troubles de la part des Wisigoths mécontents. Athanaric se rendit en personne auprès de l'empereur, qui l'accueillit avec bonté ; mais à peine arrivé à Constantinople, il tomba malade et mourut. On attribue sa mort aux excès auxquels il se livra, quand l'empereur l'eut invité à sa table. Les Goths, en vertu du traité conclu avec Théodose, s'obligèrent à défendre le passage du Danube. — Athanaric, suivant Ammien-Marcellin, fut un prince doué de belles qualités ; Saint Jérôme, au contraire, le cite comme un prince barbare, ennemi et persécuteur acharné des chrétiens.

ERRATA.

Page 256, au mot Amour (*numis.*), lignes 15, 17, 36 : *Phrygillas*, *Storch, Tossie, Bracer, lisez* Phrygillus, Stosch, Tassie, Bracci.

323, au mot Ancône, ligne 8 : *un pont, lisez* un port.

468, au mot Antinous (*numism.*), lignes 9, 10 : Rium, Rhiôs, *lisez* Tium, Thios.

589, au mot A priori, à la fin de l'article Contrario, fortiorio, *lisez* Contrario [a] Fortiori [a].

Au mot Apseudes, ligne 1 : crustacées, *lisez* crustacés.

585, au mot Aquilienne (loi), ligne 28 : Gupape, *lisez* Guy pape.

586, au mot Aquitaine, vers la fin de la colonne : l'orateur Fronte, maître d'Antonin, était né dans l'Aquitaine : *effacez.*

Page 617, au mot Archaïsme. Ce mot a été imprimé par erreur sur un manuscrit non corrigé; il offre plusieurs fautes pour lesquelles nous réclamons l'indulgence du lecteur. Ainsi à la ligne 11, après ces mots *à toute expression surannée*, on sent que le sens de la phrase n'est point terminé; *ajoutez :* que d'employer des mots qui, pour être compris, auraient besoin de commentaire. Ligne 27, *correct au siècle d'Auguste, lisez* du siècle. Ligne 38 jusqu'à la fin : *ses petits poëmes dont rien au monde*, etc., *lisez :* mais ses petits poëmes sont si froids et d'une lecture si fatigante, que l'ennui fit bientôt fermer les portes de la nouvelle école.

www.ingramcontent.com/pod-product-compliance
Lightning Source LLC
Chambersburg PA
CBHW060541280326
41932CB00011B/1365